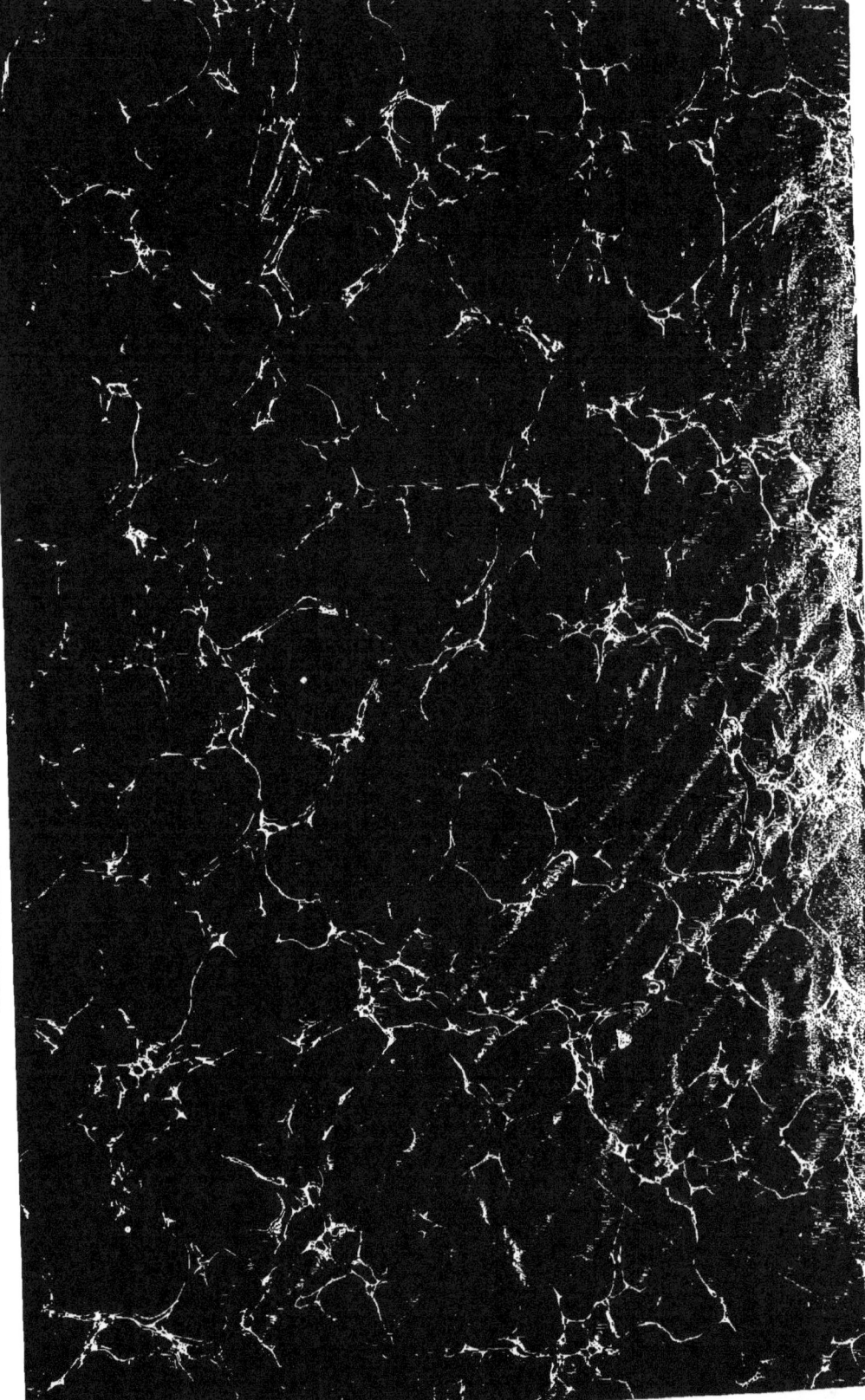

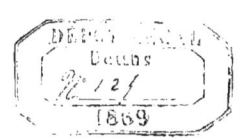

ŒUVRES COMPLÈTES
DE SAINT AUGUSTIN
ÉVÊQUE D'HIPPONE

TABLE DES TRAITÉS COMPRIS DANS LE TOME IX

De l'Accord des Evangélistes (Livre IV) 1
Explication du Sermon sur la Montagne (Deux Livres) 19
Questions sur les Evangiles (Deux Livres) 135
Dix-sept Questions sur l'Evangile selon saint Matthieu (Un Livre) 194
Traités sur l'Evangile selon saint Jean (Du Ier au XXXVe) 212

Traduits par M. PÉRONNE, chanoine titulaire de Soissons.

Besançon. — Imprimerie d'Outhenin-Chalandre fils.

ŒUVRES COMPLÈTES

DE

SAINT AUGUSTIN

ÉVÊQUE D'HIPPONE

TRADUITES EN FRANÇAIS ET ANNOTÉES

PAR MM.

PÉRONNE	ÉCALLE
Chanoine titulaire de Soissons, ancien professeur d'Écriture sainte et d'éloquence sacrée.	Professeur au grand séminaire de Troyes, traducteur de la *Somme contre les Gentils*.
VINCENT	**CHARPENTIER**
Archiprêtre de Vervins.	Doct. en théol., trad. des *Œuvres de S. Bernard*.

H. BARREAU

Docteur ès-lettres et en philosophie, chevalier de plusieurs ordres.

renfermant

LE TEXTE LATIN ET LES NOTES DE L'ÉDITION DES BÉNÉDICTINS

TOME NEUVIÈME

OUVRAGES EXÉGÉTIQUES SUR LE NOUVEAU TESTAMENT

PARIS

LIBRAIRIE DE LOUIS VIVÈS, ÉDITEUR

RUE DELAMBRE, 13

1869

DE L'ACCORD
DES ÉVANGÉLISTES

LIVRE QUATRIÈME

DE QUELQUES FAITS PARTICULIERS RACONTÉS PAR SAINT MARC, SAINT LUC ET SAINT JEAN.

PROLOGUE.

1. Nous avons étudié avec le plus grand soin l'enchaînement du récit de saint Matthieu, et en le comparant jusqu'à la fin avec le récit correspondant des trois autres évangélistes, nous avons démontré qu'il n'était en contradiction ni avec lui-même, ni avec les autres. Faisons maintenant du récit de saint Marc une étude semblable, et en laissant de côté tous les faits où il suit pas à pas saint Matthieu, et que nous avons examinés suffisamment, montrons par une étude sérieuse et comparée des autres faits, qu'aucun d'eux n'implique contradiction avec le récit des autres évangélistes jusqu'à la cène du Seigneur. Car pour ce qui suit la Cène jusqu'à la fin du récit évangélique, nous l'avons discuté et nous y avons trouvé une concordance parfaite entre les quatre évangélistes.

CHAPITRE PREMIER.

2. Saint Marc débute en ces termes : « Commencement de l'Evangile de Jésus-Christ, Fils de Dieu, comme il est écrit dans le prophète Isaïe, » etc. (*Marc*, I, 1), jusqu'à cet endroit : « Et ils vinrent à Capharnaüm, et Jésus entrant aussitôt dans la synagogue le jour du sabbat, les instruisait. » (*Ibid.*, 21.) Nous avons comparé avec le texte de saint Matthieu, tout ce qui, dans ce récit, précède le dernier fait. Saint Marc s'accorde avec saint Luc pour raconter que Jésus, étant entré à Capharnaüm, enseignait le jour du sabbat, dans leurs synagogues, mais il n'y a ici aucune difficulté.

CHAPITRE II.
Du possédé du démon.

3. Saint Marc continue : « Et ils s'étonnaient

DE
CONSENSU EVANGELISTARUM

LIBER QUARTUS

DE IIS QUÆ PECULIARIA SUNT MARCI, LUCÆ ET JOANNIS.

PROLOGUS.

1. Nunc quoniam Matthæi narrationem contextim considerantes, et ei tres alios conferentes usque in finem, in nullo eos vel sibi vel inter se repugnare docuimus, Marcum similiter videamus, ut exceptis iis quæ cum Matthæo dixit, de quibus jam quod disserendum videbatur absolvimus, cætera ejus inspecta atque collata, nulli eorum repugnare monstrentur usque ad cœnam Domini. Nam inde jam omnia omnium quatuor quemadmodum sibi conveniant usque in finem considerata tractavimus.

CAPUT PRIMUM.

2. Sic ergo incipit Marcus : « Initium Evangelii Jesu Christi filii Dei, sicut scriptum est in Isaia propheta, » etc. (*Marc.*, I, 1), usque ad illud ubi ait : « Et ingrediuntur Capharnaum, et statim sabbatis ingressus synagogam docebat eos. » (*Ibid.*, 21.) In hac tota contextione omnia superiora cum Matthæo considerata sunt : hoc autem Marcus, quia ingressus Capharnaum in synagogam eorum docebat eos sabbatis, cum Luca dixit (*Luc.*, IV, 31) : sed nihil habet quæstionis.

CAPUT II.
De dæmoniaco.

3. Sequitur Marcus, et dicit : « Et stupebant super

de sa doctrine, car il les enseignait comme ayant autorité, et non comme les scribes. Or, il y avait dans leur synagogue un homme possédé d'un esprit impur qui s'écria : Qu'y a-t-il de commun entre vous et nous, Jésus de Nazareth? Etes-vous venu pour nous perdre? » etc. (*Marc*, I, 22), jusqu'à cet endroit : « Et il prêchait dans leurs synagogues, parcourant la Galilée entière, et il chassait les démons. » (*Ibid.*, 39.) Il y a dans tout ce récit certains traits qui sont exclusivement propres à saint Marc et à saint Luc. (*Luc*, IV, 33, etc.) Cependant, nous en avons déjà parlé dans l'étude suivie que nous avons faite du texte de saint Matthieu, car ils se rattachaient si naturellement à son récit, que je n'ai pas cru devoir les passer sous silence. Toutefois saint Luc dit de cet esprit immonde, qu'il sortit de cet homme sans lui faire aucun mal; saint Marc, au contraire : « Que l'esprit impur, l'agitant violemment, sortit de lui en jetant un grand cri. » (*Marc*, I, 26.) Il y a ici, ce semble, une contradiction. Car comment cet esprit l'a-t-il agité violemment, ou, suivant quelques manuscrits, l'a-t-il courbé, si, d'après saint Luc, il ne lui a fait aucun mal? Mais cet évangéliste dit aussi que le démon, ayant violemment jeté cet homme au milieu de l'assemblée, il sortit de son corps, sans lui avoir fait aucun mal. Ces paroles de saint Marc : « Et l'agitant violemment, » reviennent donc à ces autres de saint Luc : « Lorsqu'il l'eut jeté au milieu de l'assemblée; » et alors ce que saint Luc ajoute : « Et il ne lui fit aucun mal, » signifie que cette agitation violente, cette secousse imprimée aux membres de cet homme, n'épuisèrent point ses forces, comme il arrive quelquefois lorsque les démons sortent des possédés en laissant tous leurs membres brisés et meurtris.

CHAPITRE III.

Du nom donné à Pierre.

4. Saint Marc continue : « Un lépreux vint à lui, l'implorant à genoux en disant : Si vous voulez, vous pouvez me guérir, » (*Marc*, I, 40) jusqu'à cet endroit : « Les esprits impurs en le voyant, s'écriaient : Vous êtes le Fils de Dieu, et il leur défendait avec de grandes menaces de révéler qui il était. » (*Ibid.*, III, 11-12.) Saint Luc raconte quelque chose d'analogue à ce dernier trait (*Luc*, IV, 41), mais sans qu'il y ait l'ombre de contradiction. Saint Marc continue : « Etant monté ensuite sur une montagne, il appela à lui ceux que lui-même voulut, et ils vinrent à lui. Il en établit douze pour être avec

---

doctrina ejus : erat enim docens eos quasi potestatem habens, et non sicut Scribæ. » (*Marc.*, 1, 22.) « Et erat in synagoga eorum homo in spiritu immundo, et exclamavit (v. 23,) dicens, quid nobis et tibi Jesu Nazarene? venisti perdere nos, » etc. (v. 24) usque ad eum locum ubi ait : « Et erat prædicans in synagogis eorum, et dæmonia ejiciens. » (v. 39.) Et in hoc toto loco quamvis sint quædam, quæ cum solo Luca dixit (*Luc.*, IV, 33, etc.), tamen jam tractata sunt, cum Matthæi narrationem continuam teneremus : quia in ipsum ordinem sic incurrerant, ut ea prætermittenda non arbitrarer. Sed Lucas de spiritu immundo ait quod sic exiret ab homine, ut nihil ei noceret : Marcus autem : « Et discerpens eum, inquit, spiritus immundus; exclamans voce magna exiit ab eo. » (*Marc.*, I, 26.) Potest ergo videri contrarium : quomodo enim « discerpens, » vel, sicut aliqui codices habent, « convexans eum, » cui nihil nocuit secundum Lucam? Sed et ipse Lucas : « Et cum projecisset illum, inquit, dæmonium in medium, exivit ab illo, nihilque ei nocuit. » (*Luc.*, IV, 35.) Unde intelligitur hoc dixisse Marcum, « convexans eum, » quod Lucas dixit, « cum projecisset eum in medium : » ut quod secutus ait, « nihilque ei nocuit, » hoc intelligatur, quia illa jactatio membrorum atque vexatio non eum debilitavit, sicut solent exire dæmonia, etiam quibusdam membris (*a*) amota vexatione elisis.

CAPUT III.

Petro nomen impositum.

4. Sequitur idem Marcus : « Et venit ad eum leprosus deprecans eum, et genu flexo dixit : Si vis, potes me mundare, » etc. (*Marc.*, I, 40), usque ad illud ubi ait : « Et clamabant dicentes : Tu es filius Dei : et vehementer comminabatur eis ne manifestarent illum. » (*Marc.*, III, 11 et 12.) Huic quod ultimum posuimus simile aliquid et Lucas dicit, sed sine aliqua repugnantiæ quæstione. (*Luc.*, IV, 41.) Sequitur Marcus : « Et ascendens in montem vocavit ad se quos voluit ipse, et venerunt ad eum (*Marc.*, III, 13) : et fecit ut essent duodecim cum illo, et ut mitteret eos prædicare (v. 14) : et dedit

---

(*a*) Mss. septem, *membris amputatis aut evulsis* : alii, *aut elisis*.

LIVRE IV. — CHAPITRE IV.

lui, et pour les envoyer prêcher, leur donnant le pouvoir de guérir les maladies et de chasser les démons. Et il donna à Simon le nom de Pierre, » etc. (*Marc*, III, 13-16), jusqu'à cet endroit : « Il s'en alla, et se mit à publier dans la Décapole, les grandes choses que Dieu avait faites pour lui, et tous étaient dans l'admiration. » (*Marc*, V, 20.) Je n'ai pas oublié que j'ai parlé précédemment des noms des apôtres, en suivant la narration de saint Matthieu, (liv. II, chap. XXVII et LIII), mais je crois devoir rappeler ici, que ce serait une erreur de penser que Simon ait alors reçu le nom de Pierre; erreur contredite par saint Jean, d'après lequel Jésus dit à Simon, bien longtemps auparavant : « Tu t'appelleras Céphas, c'est-à-dire Pierre. » (*Jean*, I, 42.) C'est ce que saint Marc rappelle par simple récapitulation, en disant : « Et il donna à Simon le nom de Pierre. » En effet, comme il se proposait d'énumérer les noms des douze apôtres, et qu'il devait nécessairement parler de Pierre, il eut la pensée d'indiquer brièvement qu'il n'avait pas toujours porté ce nom, et que le Seigneur le lui avait donné non pas alors, mais à l'époque où saint Jean a placé les paroles du Sauveur à son disciple. Le reste ne présente aucune contradiction, et nous en avons suffisamment parlé dans ce qui précède.

CHAPITRE IV.
Plus Jésus commande le silence à ceux qui sont témoins de ses miracles et plus ils les publient.

5. Saint Marc continue : « Jésus ayant repassé dans la barque de l'autre côté de la mer, il s'assembla une grande multitude autour de lui, et il était près de la mer, » etc. (*Marc*, V, 21), jusqu'à cet endroit : « Or, les apôtres s'étant rassemblés autour de Jésus, lui rendirent compte de tout ce qu'ils avaient fait et enseigné. » (*Ibid.*, VI, 30.) Cette dernière circonstance est également rapportée par saint Luc, sans la moindre discordance, le reste a été expliqué précédemment. Saint Marc continue : « Et il leur dit : Venez à l'écart en un lieu désert, et vous vous reposerez un peu, » etc. (*Marc*, VI, 31), jusqu'à cet autre endroit : « Mais plus il le leur défendait, plus ils le publiaient, et plus ils étaient dans l'admiration, disant : Il a fait bien toutes choses, il a fait entendre les sourds et parler les muets. » (*Marc*, VII, 36, 37.) Saint Marc s'accorde ici parfaitement avec saint Luc, et nous avons déjà examiné tout ce qui précède, en le comparant avec le récit de saint Matthieu. Mais il faut se garder de penser que les dernières paroles de saint Marc que je viens de reproduire soient en contradiction avec une vérité qui ressort de toutes les autres actions,

---

illis potestatem curandi infirmitates, et ejiciendi dæmonia. (*v.* 15.) Et imposuit Simoni nomen Petrus, » etc. (*v.* 16) usque ad illud ubi ait : « Et abiit, et cœpit prædicare in Decapoli quanta sibi fecisset Jesus, et omnes mirabantur. » (*Marc.*, V, 20.) De nominibus discipulorum jam et antea me locutum scio, cum Matthæi sequerer ordinem : at hic rursus admoneo, ne quisquam putet nunc accepisse nomen Simonem, ut Petrus vocaretur, et sit contrarium Joanni qui longe ante illi dictum esse commemorat : « Tu vocaberis Cephas, quod interpretatur Petrus. » (*Joan.*, I, 42.) Ipsa enim verba Domini commemoravit, quibus ei nomen imposuit : Marcus autem hoc loco id recapitulando commemoravit, cum ait : « Et imposuit Simoni nomen Petrus. » Cum enim vellet nomina duodecim Apostolorum enumerare, et necesse haberet Petrum dicere, breviter insinuare voluit quod non hoc antea vocaretur, sed hoc ei Dominus nomen imposuerit, non tunc, sed quando Joannes ipsa verba Domini posuit. Cætera nihil cuiquam repugnant, et antea jam pertractata sunt.

CAPUT IV.
Jussi tacere qui magis erant prædicaturi.

5. Sequitur Marcus : « Et cum transcendisset Jesus in navi rursus trans fretum, convenit turba multa ad illum, et erat circa mare, » etc., usque ad illud ubi ait : « Et convenientes Apostoli ad Jesum renuntiaverunt illi omnia, quæ egerant, et docuerant. » (*Marc.*, V, 21; VI, 30.) Hoc ultimum dixit cum Luca, nihilo discordans (*Luc.*, IX, 10) : cætera jam ante tractata sunt. Sequitur Marcus : « Et ait illis : Venite seorsum in desertum locum, et requiescite pusillum, » etc. (*Marc.*, VI, 31), usque ad illud ubi ait : « Quanto autem eis præcipiebat, tanto magis plus prædicabant, et eo amplius admirabantur, dicentes : Bene omnia fecit, et surdos fecit audire, et mutos loqui. » (*Marc.*, VII, 36 et 37.) In his cum Luca Marcus nihil est quod repugnare videatur : et superiora omnia jam consideravimus, quando eos Matthæo conferebamus. Sed cavendum est ne quisquam arbitretur, hoc quod in ultimo ex Evangelio Marci posui, repugnare omnibus qui eum aliis ejus plerisque

de toutes les paroles du Sauveur. C'est qu'il connaissait le fond du cœur des hommes, et qu'aucune de leurs pensées, de leurs volontés, ne pouvaient lui échapper, comme saint Jean le déclare en termes exprès : « Jésus ne se fiait point à eux, parce qu'il les connaissait tous, et il n'avait pas besoin que personne lui rendît témoignage d'aucun homme, car il savait ce qui était dans l'homme. (*Jean*, II, 24, 25.) Or, qu'y a-t-il d'étonnant qu'il connût les dispositions actuelles des hommes, alors qu'il prédit à Pierre une volonté qu'il n'avait pas encore, lorsqu'il assurait avec tant de présomption qu'il était prêt à mourir avec lui et pour lui. (*Matth.*, XXVI, 34.) Mais, s'il en est ainsi, n'est-ce point contredire cette connaissance et cette prescience, que de dire comme saint Marc : « Il leur défendit de parler à personne, mais plus il le leur défendait, et plus ils le publiaient? » Car, si en vertu de cette connaissance qu'il avait de toutes les dispositions présentes et futures des hommes, il savait qu'ils le publieraient d'autant plus qu'il le leur défendait, pourquoi leur faire cette défense? C'est qu'il voulait apprendre aux âmes tièdes, pour qui c'est un devoir de prêcher son nom, avec quel zèle, avec quelle ferveur ils doivent remplir ce ministère, puisque ceux mêmes à qui il le défendait, ne peuvent garder le silence.

CHAPITRE V.
Deux maximes du Seigneur conciliées ensemble.

6. Saint Marc continue : « En ce temps-là, le peuple s'étant trouvé encore une fois en grand nombre, et n'ayant pas de quoi manger, » etc. (*Marc*, VIII, 1), jusqu'à cet autre endroit : « Alors Jean prenant la parole, lui dit : Maître, nous avons vu un certain homme qui chasse les démons en votre nom, quoiqu'il ne nous suive pas, et nous l'en avons empêché. Mais Jésus lui répondit : Ne l'en empêchez pas, car il n'y a personne qui, ayant fait un miracle en mon nom, puisse aussitôt après parler mal de moi. Qui n'est pas contre vous, est pour vous. » (*Marc*, IX, 37, 39.) Saint Luc rapporte le même fait (*Luc*, IX, 49), avec cette différence qu'il ne dit pas : Il n'y a personne qui, ayant fait un miracle en mon nom, puisse aussitôt après parler mal de moi. Il n'y a donc ici aucun désaccord entre les deux évangélistes. Mais ce que dit ici le Sauveur n'est-il pas en opposition avec ce qu'il enseigne ailleurs : « Celui qui n'est pas avec moi est contre moi, et celui qui n'amasse pas avec moi, ne fait que dissiper? » (*Matth.*, XII,

---

factis et dictis ostendunt scisse quid ageretur in hominibus, id est quod eum cogitationes et voluntates eorum latere non poterant : sicut apertissime Joannes dicit : « Ipse autem Jesus non credebat semetipsum eis, eo quod ipse nosset omnes, » (*Joan.*, II, 24) « et quia opus ei non erat, ut quis testimonium perhiberet de homine; ipse enim sciebat quid esset in homine. » (*v.* 25.) Sed quid mirum si præsentes hominum voluntates videbat, qui etiam futuram (*a*) Petro prænuntiavit, quam tunc utique non habebat, quando pro illo vel cum illo paratum se mori præsumebat? (*Matth.*, XXVI, 34.) Quæ cum ita sint, quomodo huic ejus tantæ scientiæ et præscientiæ non est contrarium quod Marcus dicit : « Præcepit illis ne cui dicerent : quanto autem eis præcipiebat, tanto magis plus prædicabant? » Si enim sciebat eos, sicut ille qui notas habebat et præsentes et futuras hominum voluntates, tanto magis prædicaturos, quanto magis ne prædicarent eis præcipiebat, ut quid hoc præcipiebat? nisi quia pigris volebat ostendere, quanto studiosius quantoque ferventius eum prædicare debeant, quibus jubet ut prædicent, quando illi qui prohibebantur, tacere non poterant.

CAPUT V.
Domini sententiæ duæ invicem conciliatæ.

6. Sequitur Marcus : « In illis diebus iterum cum turba multa esset, (*b*) nec haberent quod manducarent, » etc. (*Marc.*, VIII, 1), usque ad illud ubi ait : « Respondit illi Joannes dicens : Magister, vidimus quemdam in nomine tuo ejicientem dæmonia qui non sequitur nobiscum, et prohibuimus eum. » (*Marc.*, IX, 37.) « Jesus autem ait : Nolite prohibere eum : nemo est enim qui faciat virtutem in nomine meo, et possit cito male loqui de me (*v.* 38) : qui enim non est adversum vos, pro vobis est. » (*v.* 39.) Hoc Lucas similiter narrat, nisi quod ipse non dicit : « Nemo est enim qui faciat virtutem in nomine meo, et possit cito male loqui de me. » (*Luc.*, IX, 49, etc.) Nulla est ergo inter eos quæstio cujusquam repugnantiæ. Sed videndum est ne hoc illi sententiæ Domini putetur contrarium ubi ait : « Qui mecum non est, adversus me est : et qui mecum non colligit, spargit. » (*Matth.*, XII, 30; *Luc.*, XI, 23.) Quomodo enim iste non erat adversus eum, qui cum illo non erat, de quo Joannes suggessit, quod cum

---

(*a*) Editi, *futuram negationem*. At Mss. non addunt, *negationem* : cujus loco subaudiendum est, *voluntatem*. — (*b*) In editis addebatur, *cum Jesu* : quod a Mss. et a sacris Bibliis abest.

30 ; *Luc*, XI, 23). Comment, en effet, ne pas regarder comme étant contre lui, cet homme qui n'était pas avec lui, et dont saint Jean nous dit qu'il ne suivait pas le Sauveur avec ses disciples, s'il est vrai que celui qui n'est pas avec lui est contre lui ; ou bien s'il était contre lui, comment peut-il dire à ses disciples : « Ne l'en empêchez pas, car celui qui n'est pas contre vous est pour vous ? » Dira-t-on que ces deux maximes diffèrent en ce que d'un côté Jésus dit à ses disciples : « Celui qui n'est pas avec vous est contre vous, » tandis que de l'autre, il parle de lui-même : « Celui qui n'est pas avec moi est contre moi. » Mais n'est-on pas nécessairement avec Jésus-Christ, lorsqu'on ne fait qu'un corps avec ses disciples qui sont ses membres ? Autrement où serait la vérité de ces paroles : « Celui qui vous reçoit, me reçoit ? » (*Matth.*, X, 40.) « Ce que vous avez fait au plus petit de mes frères, c'est à moi que vous l'avez fait. » (*Matth.*, XXV, 40.) Par la même raison, n'est-on pas contre lui, lorsqu'on est contre ses disciples ? Sans cela, comment aurait-il pu dire : « Celui qui vous méprise, me méprise ? » (*Luc*, X, 16.) Et encore : « Autant de fois que vous ne l'avez pas fait pour un de ces petits ; vous ne l'avez pas fait pour moi-même ? » (*Matth.*, XXV, 44). Et dans un autre endroit : « Saul, Saul, pourquoi me persécutez-vous, » quand Saul ne persécutait que ses disciples ? (*Act.*, IX, 4). Voici donc dans quel sens il veut que nous entendions ces deux maximes : On n'est pas avec lui en tant qu'on est contre lui ; on est avec lui, dans les actions où on agit de concert avec lui. Prenons pour exemple cet homme qui faisait des miracles au nom de Jésus-Christ, sans faire partie de la société de ses disciples ; il n'était pas contre eux, il était même avec eux en tant qu'il opérait des miracles au nom de Jésus ; mais en tant qu'il n'appartenait pas à leur société, il n'était pas avec eux, il était contre eux. Or, les apôtres voulaient lui interdire de faire ce en quoi il était d'accord avec eux, et c'est pour cela que le Seigneur leur dit : « Ne l'en empêchez pas. » Ce à quoi ils devaient se borner, c'était de lui défendre ce qui l'excluait de leur société pour l'amener à rentrer dans l'unité de l'Eglise ; en le laissant libre dans ce qu'il avait de commun avec eux, l'invocation du nom de leur Maître et de leur Seigneur pour chasser les démons. Telle est justement la conduite de l'Eglise catholique ; ce qu'elle désapprouve, ce qu'elle condamne chez les hérétiques, ce ne sont pas les sacrements qui leur sont communs avec nous, car en cela ils sont avec nous et non pas contre nous ; mais leur division, leur séparation d'avec nous ; mais les maximes opposées à la paix et à la vérité, car sous ce rapport, ils sont contre nous, ils ne recueillent pas avec nous, et par là même ils ne font que dissiper.

---

illis eum non sequebatur, si adversus illum est qui non est cum illo : aut si adversus illum erat, quomodo dicit discipulis : « Nolite prohibere : qui enim non est adversus vos, pro vobis est ? » An hoc interesse aliquis dicet, quia hic discipulis ait : « Qui non est adversus vos, pro vobis est : » ibi autem de seipso locutus est : « Qui mecum non est, adversus me est ? » Quasi vero possit cum illo non esse qui discipulis ejus tanquam membris ejus sociatur : alioquin quomodo verum erit : Qui vos recipit, me recipit (*Matth.*, X, 40) : et : Quando uni ex minimis meis fecistis, mihi fecistis (*Matth.*, XXV, 40) : aut potest etiam non esse adversus eum, qui fuerit adversus discipulos ejus ? Nam ubi erit illud : Qui vos spernit, me spernit (*Luc.*, X, 16) : et : Quando uni ex minimis meis non fecistis, neque mihi fecistis (*Matth.*, XXV, 44) ; et : Saule, Saule quid me persequeris (*Act.*, IX, 4) ? cum discipulos ejus persequeretur ? Sed nimirum hoc vult intelligi, in tantum cum illo non esse aliquem, in quantum est adversus illum ; et in tantum adversus illum non esse, in quantum cum illo est. Exempli gratia, sicut iste ipse qui in nomine Christi virtutes faciebat et in societate discipulorum Christi non erat, in quantum operabatur virtutes in illius nomine, in tantum cum ipsis erat, et adversus eos non erat ; in quantum vero eorum societati non adhærebat, in tantum cum ipsis non erat, et adversus eos erat. Sed quia illi hoc eum facere prohibuerant, in quo cum ipsis erat, dixit eis Dominus : « Nolite prohibere. » Illud enim prohibere debuerunt, quod extra eorum erat societatem, ut illi unitatem Ecclesiæ suaderent, non illud in quo cum illis erat, nomen scilicet Magistri et Domini eorum in dæmoniorum expulsione commendans. Sicut catholica Ecclesia facit, non improbans in hæreticis sacramenta communia ; in his enim nobiscum sunt, et adversus nos non sunt : sed improbat et prohibet divisionem ac separationem, vel aliquam adversam paci veritatique sententiam ; in hoc enim adversus nos sunt, quia in hoc nobiscum non sunt, et nobiscum non colligunt, et ideo spargunt.

CHAPITRE VI.

Enseignements de Jésus-Christ à l'occasion de cet homme qui chassait les démons en son nom.

7. Saint Marc continue : « Quiconque vous donnera à boire seulement un verre d'eau en mon nom, parce que vous appartenez au Christ, je vous dis en vérité qu'il ne perdra point sa récompense. Que si quelqu'un est un sujet de scandale à l'un de ces petits qui croient en moi, il vaudrait mieux pour lui qu'on lui attachât au cou une de ces meules qu'un âne tourne, et qu'on le jetât dans la mer. Et si votre main est pour vous un sujet de scandale, coupez-là. Il vaut mieux pour vous que vous entriez dans la vie n'ayant qu'une main, que d'en avoir deux et d'aller en enfer, dans ce feu qui brûle éternellement, où le ver qui les ronge ne meurt point, et où le feu ne s'éteint jamais, » et tout ce qui suit jusqu'à ces paroles : « Ayez du sel en vous, et conservez la paix entre vous. » (*Marc*, IX, 40-50.) Saint Marc place immédiatement ces paroles du Seigneur après la défense qu'il fit à ses disciples de s'opposer à celui qui chassait les démons en son nom, et ne marchait pas avec eux à sa suite. Or, certains détails sont exclusivement propres à cet évangéliste. Quelques autres lui sont communs avec saint Matthieu, d'autres avec saint Matthieu et saint Luc ; mais ces évangélistes les ont rattachés à des occasions différentes, et les rapportent dans un autre ordre, et dans des circonstances tout autres que celle où il est question de cet homme qui ne marchait pas à la suite de Jésus-Christ avec ses disciples, et qui cependant chassait les démons en son nom. Aussi, je crois, en me fondant sur le témoignage de saint Marc, que Notre-Seigneur a répété ici des vérités qu'il avait déjà dites dans d'autres circonstances, parce qu'elles se rattachaient assez naturellement à cette maxime d'après laquelle il défend à ses disciples de s'opposer à ce que cet homme opérât des miracles en son nom, sous le prétexte qu'il ne marchait pas avec eux à sa suite. Voici en effet comme s'enchaînent ces paroles : « Celui qui n'est pas contre vous est pour vous ; car quiconque vous donnera à boire seulement un verre d'eau en mon nom, parce que vous appartenez au Christ, je vous dis, en vérité, qu'il ne perdra pas sa récompense. » (*Marc.*, IX, 39, 40.) Le Sauveur nous apprend par là que cet homme dont Jean vient de lui parler, et qui a été l'occasion de ces enseignements, n'était point séparé de la société des disciples, au point de la condamner, comme ferait un hérétique. Sa conduite était celle de ces hommes qui, n'ayant pas encore le courage de recevoir les sacrements de Jésus-Christ, se montrent pourtant favorables pour le nom chrétien, et traitent avec bienveillance les chrétiens dans le seul but d'hono-

CAPUT VI.

Dicta a Christo occasione hominis ejicientis dæmonia in ipsius nomine.

7. Sequitur Marcus, et dicit : « Quisquis enim potum dederit vobis calicem aquæ in nomine meo, quia Christi estis, amen dico vobis, non perdet mercedem suam : » (*Marc.*, IX, 40.) « et quisquis scandalizaverit unum ex his pusillis credentibus in me, bonum est ei magis si circumdaretur mola asinaria collo ejus, et in mare mitteretur (*v.* 41) : et si scandalizaverit te manus tua, abscide illam : bonum est tibi debilem introire in vitam, quam duas manus habentem ire in gehennam, in ignem inexstinguibilem, ubi vermis eorum non moritur, et ignis non extinguitur, » (*v.* 42) et cætera, usque ad illud ubi ait : « Habete in vobis salem, et pacem habete inter vos. » (*v.* 50.) Hæc Marcus Dominum locutum, postea quam illum qui in nomine ejus ejiciebat dæmonia, et cum discipulis non eum sequebatur, vetuit prohiberi, contextim commemorat; aliqua ponens quæ nullus alius Evangelistarum posuit, aliqua vero quæ Matthæus quoque posuit, et aliqua itidem quæ et Matthæus et Lucas : sed illi ex aliis occasionibus, et alio rerum ordine, non hoc loco ubi de illo suggestum est, qui cum discipulis Christi non eum sequebatur, et dæmonia in ejus nomine ejiciebat. Unde mihi videtur etiam hoc loco Dominus secundum Marci fidem ideo dixisse quæ aliis etiam locis dixit, quia satis pertinebant ad hanc ipsam ejus sententiam, ut vetuit prohiberi virtutes in nomine suo fieri, etiam ab illo qui cum discipulis eum non sequebatur. Sic enim contexit : « Qui enim non est adversum vos, pro vobis est » (*Marc.*, IX, 39) : « quisquis enim potum dederit vobis calicem aquæ in nomine meo, quia Christi estis, amen dico vobis, non perdet mercedem suam. » (*v.* 40.) Unde ostendit etiam illum de quo Joannes suggesserat, et unde iste ejus sermo exortus est, quod non ita separabatur a societate discipulorum, ut eam tamquam hæreticus improbaret : sed sicut solent homines nondum audere Christi suscipere sacramenta, et tamen nomini

rer en eux le nom chrétien. C'est d'eux que Notre-Seigneur dit qu'ils ne perdront point leur récompense. Ce n'est pas que cette bienveillance à l'égard des chrétiens puisse leur donner une complète assurance, une pleine sécurité, avant que leur âme ait été purifiée dans les eaux du baptême de Jésus-Christ et qu'ils soient devenus les membres de son corps. Mais la miséricorde de Dieu qui leur sert de guide, les fera parvenir à cette grâce précieuse, et leur donnera de sortir de ce monde avec une juste confiance dans l'avenir. Or, une vérité certaine, c'est que souvent ces hommes, avant d'appartenir à la grande famille chrétienne, sont plus utiles que d'autres qui, portant le nom de chrétiens, et initiés aux sacrements de l'Eglise, donnent cependant de si mauvais conseils, qu'ils entraînent dans la damnation éternelle ceux qui ont le malheur de les écouter. Ce sont ces hommes que Notre-Seigneur compare aux membres du corps, à la main ou à l'œil qui scandalise, et il veut qu'ils soient impitoyablement retranchés du corps, c'est-à-dire de l'unité de l'Eglise, de sorte que nous entrions sans eux dans la vie, au lieu d'être précipités avec eux dans la mort éternelle. Or, les retrancher du corps, c'est refuser son assentiment à leurs mauvais conseils, c'est-à-dire à leurs scandales. Si leur perversité vient à être connue de toutes les âmes fidèles avec lesquelles ils sont en relation, il faut briser tout lien avec eux, et les exclure de la participation aux sacrements. Si, au contraire, leurs scandales ne sont connus que d'un petit nombre, et que le plus grand nombre ignore leur perversité, il faut les tolérer avec patience, comme on tolère la paille dans l'aire avant que le grain soit vanné ; mais sans participer, sans consentir en rien à leur vie criminelle, et d'un autre côté, sans se séparer pour eux de la société des bons. Telle est la conduite de ceux qui ont le sel en eux-mêmes, et qui veulent conserver la paix entre eux.

CHAPITRE VII.

La pauvre veuve.

8. Saint Marc continue : « Jésus étant parti de ce lieu, vint aux confins de la Judée, par le pays qui est au delà du Jourdain ; et le peuple s'étant encore assemblé auprès de lui, il recommença aussi à les instruire, selon sa coutume ; » etc. (*Marc*, x, 1), jusqu'à cet endroit : « Tous ont apporté ce qu'ils avaient de superflu, mais cette femme a donné de son indigence tout ce qu'elle avait, et tout ce qui lui restait pour vivre. » (*Ibid.*, xii, 44.) Nous avons examiné toute la suite de ce récit, pour nous assurer qu'il ne renfermait aucune contradiction, lorsque nous l'avons

---

favere Christiano, ita ut Christianos etiam suscipiant, et non ob aliud eis, nisi quia Christiani sunt, obsequantur, de qualibus dicit, quod non perdunt mercedem suam. Non quia jam tuti atque securi sibi debent videri ex hac benevolentia, quam erga Christianos habent, etiamsi Christi baptismo non abluantur, nec unitati ejus incorporentur : sed quia ita jam Dei misericordia gubernantur, ut ad (*a*) ea quoque perveniant, atque ita securi de hoc sæculo abscedant. Qui profecto et prius quam Christianorum numero socientur utiliores sunt, quam ii qui cum jam Christiani appellentur, et Christianis sacramentis imbuti sint, talia suadent, ut quibus ea persuaserint secum in æternam pœnam pertrahunt : quos membrorum corporalium nomine tamquam manum nec oculum scandalizantem jubet erui a corpore, hoc est ab ipsa unitatis societate, ut sine his potius veniatur ad vitam, quam cum eis eatur in gehennam. Hoc ipso autem separantur a quibus separantur, quod eis mala suadentibus, hoc est scandalizantibus non consentitur. Et si quidem omnibus bonis, cum quibus eis (*b*) societas est, etiam de hac perversitate innotescunt, ab omnium penitus societate, atque ab ipsa divinorum sacramentorum participatione separantur : si autem quibusdam ita noti sunt, pluribus autem ista eorum est ignota perversitas; ita tolerandi sunt, sicut ante ventilationem palea toleratur in area, ut neque illis ad iniquitatis communionem consentiatur, neque propter illos bonorum societas deseratur. Hoc faciunt qui habent in seipsis salem, et pacem habent inter se.

CAPUT VII.

De vidua paupercula.

8. Sequitur Marcus : « Et inde exsurgens venit in fines Judææ ultra Jordanem, et conveniunt iterum turbæ ad eum, et sicut consueverat iterum docebat illos, » etc. (*Marc.*, x, 1) usque ad illud ubi ait : « Omnes enim ex eo quod abundabat illis miserunt ; hæc vero de penuria sua omnia quæ habuit misit, totum victum suum. » (*Marc.*, xii, 44.) In hac tota contextione omnia superiora considerata sunt, ne

---

(*a*) Editi, *ad eam*. At Mss. *ad ea*. — (*b*) In plerisque Mss. *justitia est*.

comparé au récit de saint Matthieu. Quant à cette pauvre veuve qui jeta dans le trésor du temple deux petites pièces de monnaie, saint Marc et saint Luc sont les seuls qui en aient parlé, mais sans l'apparence même de désaccord. (*Luc*, XXI, 1.) Or, depuis cet endroit, à partir duquel nous avons examiné l'ensemble du récit évangélique, jusqu'à la Cène du Seigneur, saint Marc ne contient aucun fait qui nous force de le confronter avec le récit d'un autre évangéliste pour rechercher s'il renferme quelque contradiction.

CHAPITRE VIII.

Du préambule de l'Evangile selon saint Luc.

9. Etudions maintenant, en suivant l'ordre des faits, l'Evangile de saint Luc, laissant toutefois de côté tout ce qui lui est commun avec saint Matthieu et avec saint Marc, et que nous avons déjà examiné. Saint Luc commence ainsi : « Plusieurs ont entrepris de mettre par ordre le récit des choses qui se sont accomplies parmi nous, suivant que nous les ont transmises ceux qui, dès le commencement, les ont eux-mêmes vues, et qui ont été les ministres de la parole. J'ai donc cru, moi aussi, très-excellent Théophile, après m'être soigneusement informé de tout, dès l'origine, devoir vous en écrire par ordre toute l'histoire, pour vous faire connaître la vérité des choses qu'on vous a enseignées. » (*Luc*, I, 1-4.) Cet exorde ne fait point partie du récit évangélique. Nous y apprenons que c'est ce même saint Luc qui a écrit cet autre livre, appelé les *Actes des Apôtres*. Ce n'est pas seulement parce que nous y trouvons le nom de Théophile, car il pourrait se faire absolument parlant, qu'il y eût un autre Théophile, et en supposant que ce fût le même, qu'un auteur différent lui eût adressé ce second ouvrage. Mais cette conclusion repose sur le début du livre des *Actes* : « J'ai écrit un premier livre à Théophile, de tout ce que Jésus a fait et enseigné depuis le commencement, jusqu'au jour où il commanda par le Saint-Esprit aux apôtres qu'il avait choisis, de prêcher l'Evangile. » En effet, il donne évidemment à entendre qu'il avait déjà écrit un des quatre évangiles, dont l'autorité est si grande dans l'Eglise. De ce que saint Luc déclare avoir fait un écrit de tout ce que Jésus a fait et enseigné, jusqu'au jour où il a commandé aux apôtres de prêcher l'Evangile, il ne faudrait pas cependant conclure qu'il a embrassé dans son évangile, tout ce que Jésus a fait et dit pendant le temps qu'il a passé sur la terre avec ses disciples ; cette conséquence serait en contradiction avec ce que dit saint Jean : « Il y a encore beaucoup d'autres choses que Jésus a faites ; si elles étaient écrites en détail, je ne

---

quid viderentur habere contrarium; quando cum Matthæi ordine cæteros conferebamus : hoc autem de vidua paupercula quæ duo minuta misit in gazophylacium, duo soli dicunt, Marcus et Lucas (*Luc.*, XXI, 1, etc.), sed sine ulla quæstione concordant. Hinc jam usque ad cœnam Domini, unde omnium omnia considerata tractavimus, non dicit et Marcus quod cogat cum aliquo comparari, ad inquirendum ne quid repugnare videatur.

CAPUT VIII.

De prologo Evangelii Lucæ.

9. Nunc ergo deinceps Lucæ Evangelium ex ordine pertractemus, exceptis eis quæ habet cum Matthæo Marcoque communia; quoniam illa jam omnia pertractata sunt. Sic ergo incipit Lucas : « Quoniam quidem multi conati sunt ordinare narrationem quæ in nobis completæ sunt rerum » (*Luc.*, I, 1), « sicut tradiderunt nobis qui ab initio ipsi viderunt et ministri fuerunt sermonis (*v.* 2) : visum est et mihi assecuto a principio (*a*) omnibus diligenter ex ordine tibi scribere, optime Theophile (*v.* 3), ut cognoscas eorum verborum, de quibus eruditus es veritatem. » (*v.* 4.) Hoc principium ad Evangelii narrationem nondum pertinet. Admonet autem ut noverimus eumdem Lucam etiam illum librum scripsisse, qui Actus Apostolorum vocatur, non solum quia Theophili nomen etiam illic inest; nam posset fieri, ut et alius aliquis Theophilus esset, et si idem ipse esset ab alio ad illum aliquid scriberetur, sicut a Luca Evangelium : sed quia et ibi ita exorsus est ut diceret : « Primum quidem sermonem feci de omnibus, o Theophile, quæ cœpit Jesus facere et docere, usque in diem quo (*b*) Apostolis quos elegit, per Spiritum sanctum, » (*Act.*, I, 1 et 2) mandans jussit prædicare Evangelium : dedit intelligi quod jam scripserit Evangelii librum unum ex quatuor, quorum est in Ecclesia sublimis auctoritas. Nec ideo quia dixit de omnibus se fecisse sermonem, quæ cœpit Jesus fa-

---

(*a*) Mss. quatuor, *omnia*. Cæteri cum editis habent, *omnibus*; sic etiam antiqua Corb. Biblia, juxta Græc. πᾶσιν. — (*b*) Ita in aliquot Mss. At in editis, *quo Apostolos elegit*.

pense pas que le monde lui-même pût contenir les livres qu'il faudrait écrire. » (*Jean*, XXI, 25.) Nous trouvons d'ailleurs dans les autres évangélistes, un assez grand nombre de détails que saint Luc n'a point fait entrer dans son récit. Il a donc composé un écrit de tout l'ensemble de la vie du Sauveur, en choisissant parmi tous les faits qui la composent, pour en faire la matière de son récit, ceux qu'il jugeait les plus propres et les plus convenables à atteindre le but de la mission qui lui était confiée. « Plusieurs, ajoute-t-il, se sont efforcé d'écrire par ordre le récit des choses qui se sont accomplies parmi nous; » il veut parler de quelques auteurs qui n'ont pu conduire à terme la tâche qu'ils s'étaient imposée. Or, il déclare « qu'il a cru devoir écrire par ordre et avec soin cette histoire, parce que plusieurs s'étaient efforcé de le faire. » Nous devons entendre par là ceux qui n'avaient aucune autorité dans l'Eglise, parce qu'ils n'ont pu parvenir au but qu'ils s'étaient efforcé d'atteindre. Or, saint Luc ne s'est pas contenté de conduire son récit jusqu'à la résurrection et à l'ascension du Sauveur, ce qui déjà lui aurait assigné parmi les quatre évangélistes une place digne de son travail; mais il a encore écrit les Actes des Apôtres, ceux du moins qu'il a cru nécessaires pour édifier la foi des lecteurs ou des auditeurs; et ce livre jouit d'une telle autorité dans l'Eglise, qu'il est le seul qui soit jugé digne de foi pour ce qui concerne les actes des apôtres, à l'exclusion de tous ceux qui ont osé entreprendre le récit de ces actes, sans avoir droit à la même créance. En effet, saint Marc et saint Luc ont écrit dans un temps où ils ont pu être contrôlés et approuvés, non-seulement par l'Eglise de Jésus-Christ, mais encore par les apôtres qui vivaient encore à l'époque où parurent leurs écrits.

CHAPITRE IX.

De la pêche des poissons.

10. Saint Luc commence donc ainsi son évangile : « Sous le règne d'Hérode, roi de Judée, il y avait un prêtre nommé Zacharie, de la classe d'Abia, et sa femme aussi de la race d'Aaron, s'appelait Elisabeth, » etc. (*Luc*, I, 5), jusqu'à cet endroit : « Lorsqu'il eût cessé de parler, il dit à Simon : Avancez en pleine mer, et jetez vos filets pour pêcher. » (*Luc*, V, 4.) Aucun des faits qui composent ce récit ne présente la moindre contradiction. Saint Jean paraît rapporter un fait analogue, mais il est tout différent et n'eut lieu qu'après la résurrection sur la mer de Tibériade. (*Jean*, XII, 1.) Ce n'est pas

---

cere et docere usque in diem quo mandavit Apostolis, putari debet omnia scripsisse in Evangelio suo quæ Jesus cum Apostolis in terra versatus fecit et dixit; ne sit contrarium Joanni, qui ait multa alia fecisse Jesum, quæ si scriberentur, mundum totum non potuisse capere illos libros (*Joan.*, XXI, 25) : cum etiam constet ab aliis Evangelistis non pauca narrata, quæ Lucas ipse narrando non adtigit. De omnibus ergo fecit sermonem, eligendo de omnibus unde faceret sermonem, quæ judicavit apta et congrua sufficere officio dispensationis suæ. Et quod dicit, « multos conatos ordinare narrationem, quæ in nobis completæ sunt rerum, » videtur significare nonnullos, qui non potuerunt hoc susceptum munus implere : ideo autem dicit « sibi visum esse ex ordine diligenter scribere, quoniam multi conati sunt; » sed eos debemus accipere, quorum in Ecclesia nulla exstat auctoritas; quia id quod conati sunt, implere minime potuerunt. Iste autem non solum usque ad resurrectionem assumptionemque Domini perduxit narrationem suam, ut in quatuor auctoribus Evangelicæ scripturæ dignum labore suo haberet locum : verum etiam deinceps quæ per Apostolos gesta sunt, quæ sufficere credidit ad ædificandam fidem legentium vel audientium, ita scripsit, ut solus ejus liber fide dignus haberetur in Ecclesia de Apostolorum actibus narrantis, reprobatis omnibus qui non ea fide qua oportuit, facta dictaque Apostolorum ausi sunt scribere. Eo quippe tempore scripserunt Marcus et Lucas, quo non solum ab Ecclesia Christi, verum etiam ab ipsis adhuc in carne manentibus Apostolis probari potuerunt.

CAPUT IX.

De captura piscium.

10. Sic ergo narrare Lucas incipit Evangelium : « Fuit in diebus Herodis regis Judææ sacerdos quidam nomine Zacharias de vice Abia et uxor illi de filiabus Aaron, et nomen ejus Elisabeth, » etc. (*Luc.*, I, 5), usque ad eum locum ubi ait : « Ut cessavit autem loqui, dixit ad Simonem : Duc in altum, et laxate retia vestra in capturam. » (*Luc.*, V, 4.) Hoc totum non habet ullam repugnantiæ quæstionem. Joannes quidem videtur simile aliquid dicere, sed illud longe aliud est quod factum est post resurrectionem Domini ad mare Tiberiadis. (*Joan.*, XII, 1.) Ibi enim non solum ipsum tempus valde diversum

seulement le temps qui diffère, mais les circonstances de cette pêche qui sont tout autres. Car les rêts furent jetés à droite, ils prirent cent cinquante-trois poissons et des plus grands ; et l'Évangéliste remarque que malgré leur grandeur, les filets ne se rompirent pas. Saint Jean semble avoir eu en vue le fait que rapporte saint Luc, et où ils prirent une si grande quantité de poissons que leur filet se rompait. Pour le reste, le récit de saint Luc n'a aucune analogie avec celui de saint Jean, si ce n'est pour la passion et la résurrection du Seigneur. Nous avons examiné tout ce qui a rapport à ces deux grands événements, depuis la Cène jusqu'à la fin, en comparant les témoignages des quatre évangélistes, et en montrant qu'il n'y a entre eux aucune contradiction.

CHAPITRE X.
De l'évangéliste saint Jean, en quoi il diffère des autres.

11. Il ne nous reste plus à examiner que saint Jean dont nous ne pouvons comparer le récit à aucun autre. Il est difficile, en effet, de trouver du désaccord dans des faits qui ne sont racontés que par un seul, et dont les autres n'ont rien dit. Or, il paraît certain que les trois premiers évangélistes, saint Matthieu, saint Marc et saint Luc, se sont surtout attachés dans leur récit à l'humanité de Notre-Seigneur Jésus-Christ, selon laquelle il est à la fois prêtre et roi. Voilà pourquoi saint Marc qui dans le mystère des quatre animaux (*Apoc.*, IV, 6), nous est représenté sous l'emblème d'un homme, nous apparaît plutôt comme le compagnon de saint Matthieu, parce qu'il s'étend plus longuement avec lui, sur la dignité royale de Notre-Seigneur, dignité qui ne marche jamais sans cortége, comme je l'ai dit dans le premier livre (chapitre XXXI) ; ou, ce qui est plus vraisemblable, cet évangéliste marche en compagnie de saint Matthieu et de saint Luc. En effet, bien que pour la plupart des faits, son récit ait beaucoup d'analogie avec celui de saint Matthieu ; sur quelques autres points, il en a beaucoup plus avec celui de saint Luc, preuve évidente que Jésus-Christ, comme homme, figuré par saint Marc, qui se rapproche à la fois de ces deux évangélistes, réunit en lui les deux caractères du lion et du bœuf, c'est-à-dire la dignité royale dont parle saint Matthieu, et la dignité sacerdotale décrite par saint Luc. Saint Jean, au contraire, s'est proposé surtout de parler de la divinité du Christ, de son égalité avec son Père ; de nous le représenter comme le Verbe qui est Dieu, et qui est en Dieu, comme le Verbe fait chair, pour habiter parmi nous (*Jean*, 1, 14), et qui ne fait qu'un avec son Père. (*Jean*, X, 30.) Semblable à l'aigle, il s'arrête dans la sphère des plus sublimes enseignements du Sauveur, et ne descend que rarement sur la

---

est, sed etiam res ipsa plurimum distat. Nam retia illic in dexteram partem missa, centum quinquaginta tres pisces ceperunt ; magnos quidem : sed pertinuit ad Evangelistam dicere, quod cum tam magni essent, retia non sunt disrupta, respicientem scilicet ad hoc factum, quod Lucas commemorat, ubi præ multitudine piscium retia rumpebantur. Jam cætera similia Joanni Lucas non dixit, nisi circa Domini passionem et resurrectionem : qui totus locus a cœna ipsius usque ad finem, sic a nobis tractatus est, ut omnium collatis testimoniis nihil eos dissentire doceremus.

CAPUT X.
De Joanne evangelista, quid a cæteris tribus distet.

11. Joannes est reliquus, qui jam non restat cui conferatur. Quidquid enim singuli dixerunt, quæ ab aliis non dicta sunt, difficile est ut habeant aliquam repugnantiæ quæstionem. Ac per hoc liquido constat tres istos, Matthæum scilicet Marcum et Lucam maxime circa humanitatem Domini nostri Jesu Christi esse versatos, secundum quam et rex et sacerdos est. Et ideo Marcus, qui in illo mysterio quatuor animalium hominis videtur demonstrare personam (*Apoc.*, IV, 6), vel Matthæi magis comes videtur, quia cum illo plura dicit propter regiam personam, quæ incomitata esse non solet, quod in primo libro commemoravi, vel quod probabilius intelligitur, cum ambobus incedit. Nam quamvis Matthæo in pluribus, tamen in aliis nonnullis Lucæ magis congruit : ut hoc ipso demonstretur ad leonem et ad vitulum, hoc est, et ad regalem quam Matthæus, et ad sacerdotalem quam Lucas insinuat personam, id quod Christus homo est, pertinere, quam figuram Marcus gerit pertinens ad utrumque. Divinitas vero Christi qua æqualis est Patri, secundum quod Verbum est, et Deus apud Deum et Verbum caro factum ut habitaret in nobis (*Joan.*, 1, 14), secundum quod ipse et Pater unum sunt (*Joan.*, X, 30), a Joanne maxime commendanda suscepta est, qui sicut aquila in his quæ Christus sublimius locutus est, immoratur, nec

terre. Il déclare connaître parfaitement la Mère de Jésus-Christ, cependant il ne dit rien de sa naissance, comme saint Matthieu et saint Luc, il ne parle de son baptême, raconté par les trois autres évangélistes, que pour relever avec la sublimité qui lui est naturelle le témoignage de Jean, et il les quitte ensuite pour se rendre d'un seul trait aux noces de Cana, en Galilée. Là il déclare, il est vrai, que Marie est la Mère de Jésus, cependant Jésus lui fait cette réponse : « Femme, qu'y a-t-il de commun entre vous et moi ? » (*Jean*, II, 4.) Il ne renie point celle qui lui a donné son corps, mais au moment de changer l'eau en vin, il veut faire ressortir sa divinité qui avait créé sa mère, loin d'avoir été créée dans son sein.

12. Après quelques jours passés à Capharnaüm, Jésus revient dans le temple, et à cette occasion, saint Jean rapporte cette parole du Sauveur aux Juifs : « Détruisez ce temple, et je le rebâtirai dans trois jours. » Par là, il leur enseignait non-seulement qu'il était Dieu dans ce temple, le Verbe fait chair, mais qu'il a ressuscité cette même chair, en tant qu'il est un avec son Père, et que leur action est indivisible. Dans d'autres endroits de la sainte Ecriture, dans tous peut-être, il est dit que Dieu l'a ressuscité ; nulle part nous ne voyons aussi clairement, que Dieu, il est vrai, a ressuscité Jésus-Christ, mais qu'il s'est aussi ressuscité lui-même, parce qu'il est un seul Dieu avec son Père, c'est ce qu'il atteste par ces paroles : « Détruisez ce temple, et je le rebâtirai en trois jours. »

13. Vient ensuite l'entretien sublime et divin du Sauveur avec Nicodème (*Jean*, III, 1.) Puis, l'Evangéliste passe au témoignage de Jean-Baptiste (*Ibid.*, 22), et rappelle que l'ami de l'Epoux n'a d'autre joie que d'entendre la voix de l'époux. Ainsi nous enseigne-t-il que l'âme humaine ne peut avoir ni lumière, ni bonheur, que par sa participation à l'immuable sagesse. Il raconte ensuite l'histoire de la Samaritaine, où il parle de cette eau qui étanche à jamais la soif de celui qui en boira. (*Ibid.*, IV, 3.) Il revient de nouveau à Cana en Galilée, où il avait changé l'eau en vin, et où Jésus dit à l'officier royal, dont le fils était malade : « Si vous ne voyez des prodiges, vous ne croyez pas. » (*Jean*, 46, 48.) Il veut tellement élever l'esprit des fidèles au-dessus de tout ce qui est soumis au changement, qu'ils n'aient plus à demander des miracles dont Dieu est l'auteur, il est vrai, mais qui ne s'opèrent que par des changements produits dans les corps.

14. De là, Jésus revient à Jérusalem, où il guérit un paralytique malade depuis trente-huit ans (*Jean*, V, 1, etc.), et à cette occasion, quels

---

in terram quodammodo nisi raro descendit. Denique quamvis matrem Christi se nosse plane testetur, tamen nec in ejus nativitate cum Matthæo et Luca aliquid dicit, nec ejus baptismum cum tribus commemorat, sed tantummodo ibi testimonium Joannis alte sublimiterque commendans, relictis eis pergit cum illo ad nuptias in Cana Galilææ (*Joan.*, II, 1, etc.) : ubi quamvis ipse Evangelista matrem ejus fuisse commemoret, ille tamen dicit : « Quid mihi et tibi est mulier ? » (*v.* 4) non repellens de qua suscepit carnem, sed suam tunc maxime insinuans divinitatem, aquam conversurus in vinum : quæ divinitas illam etiam feminam fecerat, non illa facta erat.

12. Inde post paucos dies factos in Capharnaum, redit ad templum (*Ibid.*, XII, etc.), ubi eum commemorat dixisse de templo corporis sui : « Solvite templum hoc, et in tribus diebus excitabo illud : » (*Ibid.*, 19) ubi maxime insinuat, non solum quia Deus erat in templo Verbum caro factum; verum etiam quia eamdem carnem ipse resuscitavit, non utique nisi secundum id quod unum est cum Patre, nec separabiliter operatur : cum cæteris locis fortassis omnibus Scriptura non dicat, nisi quod Deus illum suscitaverit; nec alicubi sic expressum est quod cum Deus resuscitarit Christum, etiam ipse se resuscitavit, quia cum Patre unus Deus est, sicut hoc loco ubi ait : « Solvite templum hoc, et in tribus diebus suscitabo illud. »

13. Inde cum illo Nicodemo quam magna, quam divina locutus est ? (*Joan.*, III, 1, etc.) Inde rursus pergit ad testimonium Joannis, et commendat amicum sponsi non gaudere nisi propter vocem sponsi. (*Ibid.*, 22, etc.) Ubi admonet animam humanam non de seipsa sibi lucere, nec beari, nisi incommutabilis participatione sapientiæ. Inde ad mulierem Samaritanam, ubi commemoratur aqua, unde qui biberit non sitiet in æternum. (*Joan.*, IV, 5, etc.) Inde rursus in Cana Galilææ, ubi fecerat de aqua vinum (*Ibid.*, 46, etc.) : ubi eum commemorat dixisse Regulo, cujus filius infirmabatur : « Nisi signa et prodigia videritis, non creditis : » (*v.* 48) usque adeo super omnia mutabilia volens mentem credentis attollere, ut nec ipsa miracula, quæ quamvis divinitus de mutabilitate corporum fiunt, a fidelibus quæri velit.

14. Inde Hierosolymam redit, fit sanus triginta octo annorum languidus (*Joan.*, V, 1, etc.), ex hac occasione quæ dicuntur quam diu dicuntur ? (*v.* 18.) Ibi

enseignements aussi sublimes qu'étendus il adresse aux Juifs ! Les Juifs, dit l'Evangéliste, cherchaient à le faire mourir, parce que, non-seulement il violait le sabbat, mais qu'il disait que Dieu était son Père, se faisant ainsi égal à Dieu. » (*Jean*, v, 18.) On voit assez clairement par là, que Jésus appelait Dieu son Père, non pas dans le même sens que les hommes justes, mais comme étant parfaitement égal à son Père. En effet, il venait de leur dire, en réponse à l'accusation de violer le sabbat : « Mon Père, agit sans cesse, et moi j'agis aussi. » (*Ibid.*, 17.) Ils entrèrent donc en fureur, non pas précisément parce qu'il appelait Dieu son Père, mais parce qu'il voulait que l'on comprit qu'il était son égal, en disant : « Mon Père agit sans cesse, et moi j'agis aussi. » Il leur montre ainsi que dès lors que le Père agit, par une conséquence nécessaire, le Fils agit aussi, parce que le Père n'agit point séparément du Fils, il le leur dit en termes formels, et le leur répète un peu plus loin, malgré la colère que leur inspire ce langage : « Tout ce que le Père fait, le Fils le fait pareillement. » (*Ibid.*, 19.)

15. Saint Jean descend enfin de ces hauteurs, pour rejoindre les trois autres évangélistes, qui marchent sur la terre avec le Sauveur, et raconte avec eux le miracle des cinq mille hommes nourris avec cinq pains. Mais il est le seul qui rappelle que ces hommes ayant voulu proclamer Jésus roi, il s'enfuit seul sur une montagne. Le grand enseignement qu'il me paraît avoir voulu donner par cette conduite à l'âme raisonnable, c'est qu'il ne règne sur notre âme et sur notre raison, qu'autant qu'il est dans les cieux, où il n'a aucune communauté de nature avec les hommes, où il est seul parce qu'il est le Fils unique du Père. Ce mystère est si sublime, qu'il échappe aux hommes charnels qui rampent sur la terre; aussi Notre-Seigneur s'enfuit sur une montagne pour se dérober à ceux qui ne désirent son royaume que dans des intentions toute terrestres. Voilà pourquoi il dit ailleurs : « Mon royaume n'est pas de ce monde » (*Jean*, XVIII, 36), et cette parole ne nous est rapportée que par saint Jean, qui, dans son vol hardi, s'élève bien au-dessus de la terre, pour contempler avec bonheur la lumière éclatante du soleil de justice. Après le miracle de la multiplication des pains, il s'arrête quelques instants sur cette montagne avec les trois autres évangélistes, jusqu'à ce qu'ils aient repassé la mer, et que Jésus soit venu les retrouver en marchant sur les eaux. Puis, il s'élève de nouveau jusqu'aux paroles du Seigneur, et nous rapporte ce discours aussi remarquable par son étendue que par son importance, son élévation, sa sublimité, que le Sauveur adressa aux Juifs, à l'occasion de la multiplication des pains, après avoir dit à la multitude : « En vérité, en vérité, je vous le

---

dictum est : « Quærebant cum Judæi interficere, quia non solum solvebat sabbatum, sed et patrem suum dicebat Deum, æqualem se faciens Deo : » ubi satis ostenditur quam non usitate, sicut solent sancti homines dicere, dixerit patrem suum Deum, sed quod ei sit æqualis insinuans : quippe paulo superius dixerat eis de sabbato calumniantibus : « Pater meus usque modo operatur, et ego operor. » (*v.* 17.) Ibi exarserunt, non quia patrem suum diceret Deum; sed quod ei æqualis vellet intelligi, dicendo : « Pater meus usque modo operatur, et ego operor : » consequens esse ostendens, ut quoniam Pater operatur, et Filius operetur; quia Pater sine Filio non operatur. Ibi enim et paulo post ait, jam illis ob hoc irascentibus : « Quæcumque enim ille fecerit, hæc et Filius similiter facit. » (*v.* 19.)

15. Inde tandem descendit Joannes ad illos tres cum eodem Domino in terra gradientes, ut quinque millia hominum panibus quinque pascantur : ubi tamen solus commemorat, quod cum vellent eum regem facere, solus fugit in montem. (*Joan.*, VI, 1, etc.) Qua in re nihil mihi aliud videtur animam rationalem commonere voluisse, nisi eo se nostræ menti rationicæ regnare, quo est in excelsis, nulla cum hominibus communione naturæ, solus, quia unicus Patri : hoc autem mysterium deorsum repentes carnales homines fugit, quia valde sublime est; unde illos et ipse fugit in montem, qui regnum ejus terreno animo requirebant; unde et alibi dicit : » Regnum meum non est de hoc mundo. » (*Joan.*, XVIII, 36.) Neque etiam hoc nisi Joannes ipse commemorat, volatu quodammodo æthereo æminens terris, et gaudens luce solis justitiæ. Ab illo itidem monte post miraculum de quinque panibus factum, cum iisdem tribus paululum remoratus, donec mare transissent (*Joan.*, VI, 16), quando ambulavit super aquas, continuo rursus se in verbum Domini attollit, quam magnum, quam prolixum, quam diu supernum et excelsum, ex occasione panis exortum, cum dixisset turbis : « Amen, amen dico vobis, quæritis me, non quia signa vidistis, sed quia edistis de panibus, et satiati estis (*v.* 26) : operamini

dis, vous me cherchez, non parce que vous avez vu des miracles, mais parce que vous avez mangé des pains et que vous avez été rassasiés. Travaillez, non pas en vue de la nourriture qui périt, mais de celle qui demeure pour la vie éternelle » (*Jean*, vi, 26, 27), et il se maintient bien longtemps à cette hauteur extraordinaire. Cette élévation même fut la cause de la chute de plusieurs, qui cessèrent dès lors de marcher à sa suite, tandis que ceux qui purent comprendre ces paroles : « L'esprit vivifie, mais la chair ne sert de rien » (*Ibid.*, 64), s'attachèrent plus étroitement à lui. En effet, l'esprit peut servir par le moyen de la chair, il sert aussi par lui seul, tandis que la chair séparée de l'esprit, ne sert absolument de rien.

16. Lorsqu'ensuite ses frères, c'est-à-dire ses parents selon la chair, le pressent de se rendre à la fête de Pâques pour se faire connaître à la multitude, quelle sublime réponse il leur fait encore : « Mon temps n'est pas encore venu, mais votre temps est toujours prêt. Le monde ne peut vous haïr ; pour moi il me hait, parce que je rends de lui ce témoignage que ses œuvres sont mauvaises. » (*Jean*, vii, 6, 7.) Que veulent dire ces paroles : « Votre temps est toujours prêt ? » parce que vous désirez ce jour dont le prophète a dit : « Je n'ai point souffert en vous suivant, Seigneur, et je n'ai point désiré le jour de l'homme, vous le savez. » (*Jérem.*, xvii, 16.) C'est là vraiment s'envoler vers la lumière du Verbe, et désirer ce jour qu'Abraham a désiré voir, et dont la vue l'a comblé de joie. (*Jean*, viii, 56.) Jésus se rend alors dans le temple pour la solennité de Pâques, et quels admirables discours, quelle doctrine toute divine il y fait entendre au témoignage de saint Jean! Les Juifs ne peuvent venir où il devait aller, ils le connaissaient et ils savaient d'où il était ; celui qui l'avait envoyé était vrai, et ils ne le connaissaient pas (*Jean,* vii, 10), comme s'il leur eût dit : Vous savez d'où je suis, et vous ne savez pas d'où je suis. Que voulait-il dire ? c'est qu'ils pouvaient connaître sa nature mortelle, sa nation, sa patrie, mais que sa divinité leur était complétement inconnue. Il leur parle aussi du don de l'Esprit saint, leur fait connaître ce qu'il est, et le temps où il pourra faire part aux hommes de ce don au-dessus de tout don.

17. Saint Jean nous montre ensuite le Sauveur revenant du mont des Oliviers, et rapporte les discours si élevés qu'il tint aux Juifs après qu'il eut pardonné à la femme adultère qu'ils lui avaient amenée dans une intention perfide, afin qu'il la fît lapider. (*Jean,* viii, 1.) Il écrit de son doigt sur la terre, comme pour faire comprendre aux accusateurs de cette femme

---

non cibum qui perit, sed qui permanet in vitam æternam : » (*v.* 27) et inde jam talia diutissime atque excelsissime. Tunc ab ista verbi celsitudine ceciderunt, qui post eum deinceps non ambulaverunt; cui sane inhæserunt, qui potuerunt intelligere : « Spiritus est qui vivificat, caro autem nihil prodest : » (*v.* 64) quia utique per (a) carnem spiritus prodest; et solus spiritus prodest; caro autem sine spiritu nihil prodest.

16. Deinde suis fratribus, id est cognatis carnis suæ suggerentibus ut adscendat ad diem festum, quo possit innotescere multitudini : quanta altitudine respondit : « Tempus meum nondum advenit, tempus autem vestrum semper est paratum. » (*Joan.*, vii, 6.) « Non potest mundus odisse vos, me autem odit, quia ego testimonium perhibeo de illo, quia opera ejus mala sunt. » (*v.* 7.) Hoc est ergo : « Tempus vestrum semper est paratum, » quia vos diem istum concupiscitis, de quo Propheta dicit : Ego autem non laboravi subsequens te Domine, et diem hominis non concupivi, tu scis.

(*Jerem.*, xvii, 16.) Hoc est volare ad lucem verbi, et concupiscere illum diem quem videre concupivit Abraham, et vidit et gavisus est. (*Joan.*, viii, 56.) Inde jam ad diem festum cum ascendisset in templum, quæ illum Joannes locutum esse commemorat, quam mirabilia, quam divina, quam excelsa? (*Joan.*, vii, 10, etc.) quod ipsi venire non possent quo esset iturus; quod et ipsum nossent, et unde esset scirent; et esset verus qui eum miserit, quem illi nescirent : tanquam diceret : Et unde sim scitis, et unde sim nescitis. Quo quid aliud voluit intelligi, nisi secundum carnem notum se illis esse potuisse, et gentem, et patriam; secundum divinitatem autem incognitum? Ibi etiam de dono Spiritus sancti locutus, ostendit quis esset, quando munus altissimum dare potuisset.

17. Rursus illuc de Oliveti monte regredientem, quæ et quanta narrat locutum (*Joan.*, viii, 1, etc.), post veniam illi adulteræ datam, quæ velut lapidanda oblata illi a tentatoribus fuerat ; quando digito scribebat in terra, tanquam illos tales in terra scriben-

(a) Sic in septemdecim Mss. At in editis, *et carni spiritus prodest.*

que leurs noms devaient être écrits sur la terre et non dans le ciel, et il engage ses disciples à se réjouir de ce que leurs noms sont inscrits dans le ciel. (*Luc*, x, 20.) Ou bien en se baissant, il voulait montrer que c'était par ses humiliations qu'il opérerait de si grands prodiges sur la terre. Peut-être aussi était-ce pour figurer que le temps était venu d'écrire la loi non plus comme autrefois sur une pierre stérile, mais sur une terre qui pût donner des fruits. C'est après cette leçon qu'il se déclare la lumière du monde, et celui qui le suivra ne marchera point dans les ténèbres, mais il aura la lumière de la vie. Il se proclame aussi le principe, lui-même qui leur parlait. Par là il établit une distinction entre lui, la lumière par laquelle toutes choses ont été faites, et la lumière qu'il a créée. Ainsi lorsqu'il se dit la lumière du monde, il faut l'entendre dans un autre sens que lorsqu'il dit à ses disciples : « Vous êtes la lumière du monde. » (*Matth.*, v, 14.) Ses disciples étaient comme le flambeau qu'il ne faut point placer sous le boisseau, mais sur le chandelier, comme il le dit de Jean-Baptiste : « C'était un flambeau ardent et luisant. » (*Jean*, v, 35.) Mais pour lui, il était comme le principe dont il est dit : « Nous avons tous reçu de sa plénitude. » (*Ibid.*, 1, 16.) C'est là aussi qu'il se déclare le Fils, la Vérité, et tous ceux qu'il ne délivre pas restent dans l'esclavage. (*Ibid.*, VIII, 32 et 36.)

18. Puis à l'occasion de l'aveugle-né à qui Jésus rend la vue (*Jean*, IX, 1), saint Jean rapporte le long discours du Sauveur sur les brebis, le pasteur, la porte (*Ibid.*, X, 1), sur le pouvoir qu'il avait de donner sa vie et de la reprendre, pouvoir qui est une preuve des plus frappantes de sa divinité. Il nous rappelle ensuite la question que lui firent les Juifs pendant les fêtes de la Dédicace, à Jérusalem : « Jusques à quand tenez-vous notre âme en suspend? Si vous êtes le Christ, dites-nous-le ouvertement. » (*Ibid.*, 24.) Le Sauveur prend occasion de là, pour leur enseigner cette doctrine sublime que rapporte l'Évangéliste, c'est là qu'il leur dit : « Mon Père et moi nous sommes un. » (*Ibid.*, 30.) Puis il raconte la résurrection de Lazare, alors que Jésus prononce ces paroles : « Je suis la résurrection et la vie. Celui qui croit en moi, fût-il mort, vivra, et quiconque vit et croit en moi, ne mourra point pour toujours. » (*Jean*, XI, 1-25, etc.) Pouvait-il nous enseigner plus clairement la sublimité de sa divine puissance dont la participation doit nous faire vivre éternellement? Saint Jean rencontre ensuite saint Matthieu et saint Marc à Béthanie, où Marie répandit un parfum précieux sur les pieds et la tête du Sauveur (*Jean*, XII, 1, etc.), et à partir de là jusqu'à la passion du Sauveur, il marche de

---

dos significaret, non in cœlo, ubi monuit discipulos se scriptos esse gauderent (*Luc.*, x, 20); aut quod se humiliando, quod capitis inclinatione monstrabat, signa in terra faceret; aut quod jam tempus esset ut in terra quæ fructum daret, non in lapide sterili, sicut antea, lex ejus conscriberetur. Ergo post hæc lucem mundi se dixit, et qui eum sequeretur non ambulaturum in tenebris, sed habiturum lucem vitæ. Dixit etiam se esse principium, quod et loqueretur eis. Quo nomine utique se distinxit ab illa luce quam fecit, tamquam lux per quam facta sunt omnia : ut illud quod se dixerat lucem mundi, non sic acciperetur quemadmodum discipulis ait : « Vos estis lux mundi. » (*Matth.*, v, 14.) Illi enim tamquam lucerna, quæ non est ponenda sub modio, sed super candelabrum, sicut et de Joanne Baptista : « Ille erat, inquit, lucerna ardens et lucens : » (*Joan.*, v, 35) sed ipse sicut principium, de quo dictum est : « Nos omnes de plenitudine ejus accepimus. » (*Joan.*, 1, 16.) Ibi dixit se filium esse (*a*) veritatem, quæ nisi liberaverit, nemo erit liber. (*Joan.*, VIII, 32 et 36.)

18. Inde postea quam illuminavit a nativitate cæcum (*Joan.*, IX, 1, etc.), ex ipsa occasione in prolixo ejus sermone demorator Joannes, de ovibus, et pastore, et janua, et de potestate ponendi animam suam et iterum sumendi eam, in quo excellentissimam potestatem suæ divinitatis ostendit. (*Joan.*, X, 1, etc.) Inde cum Encœnia in Hierosolymis fierent, commemorat ei dixisse Judæos : « Quousque animam nostram tollis? si tu es Christus, dic nobis palam. » (*v.* 24.) Atque inde sumpta opportunitate sermonis quæ etiam sublimia dixerit, narrat. Ibi dixit : « Ego et Pater unum sumus. » (*v.* 30.) Inde jam resuscitatum ab eo Lazarum prædicat (*Joan.*, 11, 1, etc.), ubi dixit : « Ego sum resurrectio et vita : qui credit in me, etiam si mortuus fuerit, vivet (*v.* 25) : et omnis qui vivit et credit in me, non morietur in æternum. » (*v.* 26.) In quibus verbis quid nisi altitudinem divinitatis ejus agnoscimus, cujus in æternum participatione vivemus? Inde iterum Joannes occurrit in Bethania Matthæo et Marco, ubi factum est illud de unguento pretioso, quo pedes

---

(*a*) Ita omnes Mss. et Er. At Lov. *veritatis* Rat. *et veritatem.*

concert avec les trois autres Évangélistes, et les faits qui sont l'objet de son récit, se passent dans les mêmes lieux.

19. Du reste, toutes les fois qu'il est question des discours du Sauveur, saint Jean ne se lasse pas de reproduire la sublime doctrine qu'ils renferment, quelle que soit leur étendue. Ainsi, lorsque les Gentils témoignèrent par l'intermédiaire de Philippe et d'André le désir de voir Jésus, il tint un discours des plus élevés, qu'aucun autre Évangéliste n'a rapporté, et où il parle de nouveau de cette lumière qui répand ses clartés, et qui fait des enfants de lumière. Et pendant la Cène elle-même dont tous les Évangélistes ont parlé, quel magnifique et sublime discours prononcé par le Sauveur, et que saint Jean seul nous a conservé! (*Jean*, XIII, 1.) Ce n'est pas seulement l'humilité qu'il recommande, en lavant les pieds à ses disciples; mais lorsque le traître qu'il avait désigné par un morceau de pain fut sorti, et que les onze restent seuls avec lui, saint Jean reproduit dans toute son étendue cet admirable discours où Jésus leur dit : « Celui qui me voit, voit aussi mon Père. » (*Ibid.*, XIV, 9.) C'est là qu'il leur parle longuement de l'Esprit saint consolateur qu'il devait leur envoyer; de la gloire dont il a joui dans le sein de son Père avant que le monde fût créé, de l'unité que nous devons former en lui, de même que son Père et lui sont un. Il ne dit pas que nous, son Père et lui, nous ne faisons qu'un, mais que nous devons être un comme son Père et lui sont un. Ce même discours contient beaucoup d'autres considérations non moins relevées, mais chacun le comprendra, nous ne nous sommes point proposé dans cet ouvrage, de les expliquer comme elles le méritent, en fussions-nous d'ailleurs capable. Peut-être le ferons-nous ailleurs, mais la demande en serait ici déplacée. Voici, en effet, ce que nous avons voulu faire remarquer à ceux qui aiment la parole de Dieu, et qui recherchent avidement sa vérité sainte : saint Jean, dans son Évangile, annonce et prêche le Christ véritable et véridique dont les trois premiers Évangélistes ont écrit la vie, et dont les autres apôtres, sans s'être proposé d'écrire son histoire, n'ont pas laissé, comme de fidèles ministres, d'annoncer les grandeurs. Cependant, saint Jean présente ce caractère particulier que dès le début de son Évangile, il s'élève plus haut que les autres, pour décrire les divines prérogatives du Christ, et qu'il ne se rencontre que rarement avec eux : premièrement sur les bords du Jourdain, lors du témoignage que lui rend Jean-Baptiste (*Jean*, VI, 9); secondement, au delà de la mer de Tibériade,

---

ejus a Maria caputque perfusum est (*Joan.*, XII, 1, etc.; *Matth.*, XXVI, 6; *Marc.*, XIV, 3) : atque hinc deinceps usque ad passionem et resurrectionem Domini cum tribus Evangelistis Joannes graditur, sed in locis eisdem narratione versante.

19. Cæterum quod ad sermones Domini attinet, non cessat se attollere in ea quæ ille ab hinc etiam sublimiter diuturneque locutus est. Nam et quando eum voluerunt videre gentiles per Philippum et Andream, habuit excelsum sermonem, quem aliorum Evangelistarum nullus inseruit (*Joan.*, XII, 20, etc.) : ibi præclara iterum de luce illuminante et lucis filios faciente commemorat. Deinde in ipsa cœna, de qua Evangelistarum nullus tacuit, quam multa et quam excelsa verba ejus Joannes commemorat, quæ alii tacuerunt? (*Joan.*, XIII, 1, etc.) non solum de commendatione humilitatis, quando pedes discipulorum lavit; sed cum expressus per buccellam traditor ejus exiisset, remanentibus cum illo undecim, in sermone ipsius mirabiliter stupendo maximeque diuturno idem Joannes immoratus est, ubi dixit : « Qui vidit me, vidit et Patrem : » (*Joan.*, XIV, 9) ubi multa locutus est de Spiritu sancto paracleto quem missurus eis erat; et de sua clarificatione quam habuit apud Patrem prius quam mundus esset; et quod unum nos faceret in se, sicut ipse et Pater unum sunt; non ut ipse et Pater et nos unum, sed nos unum sicut ipsi unum : multaque alia miræque sublimia, de quibus disserere sicut dignum est, etiamsi essemus idonei, in hoc tamen opere non id nos suscepisse quis non advertat? quod alibi fortasse reddendum est, hic certe non est expetendum. Commendare quippe volumus amatoribus verbi Dei et studiosis sanctæ veritatis, quamvis ejusdem Christi qui verus et verax est, annuntiator atque prædicator Joannes in Evangelio suo fuerit, cujus et cæteri tres qui scripserunt Evangelium, et cæteri Apostoli qui non quidem ipsam narrationem scribendam susceperunt, in ea tamen prædicatione sui officii munus implevering : longe tamen hunc in Christi altiora subvectum ab ipso initio libri sui, raro fuisse cum cæteris, id est, primo circa Jordanem propter testimonium Joannis Baptistæ (*Joan.*, I); inde trans mare Tiberiadis quando turbas de quinque panibus pavit et super aquas ambulavit (*cap.* VI); tertio in Bethania, ubi unguento pretioso fidelis feminæ devotione perfusus est (*cap.* XII); donec inde illis occurreret ad passionis tempus (*cap.* XIII, etc.),

quand Jésus nourrit une grande multitude avec cinq pains, et qu'il marche ensuite sur les eaux; troisièmement, en Béthanie, où une pieuse femme répand sur lui un parfum d'un grand prix. (Chap. XII.) Il les rejoint ensuite à la passion qu'il devait nécessairement rapporter avec eux. (Chap. XIII, etc.) Cependant arrivé à la Cène du Seigneur que tous les autres ont racontée, il environne son récit de détails beaucoup plus riches qu'il semble avoir puisés dans le réservoir sacré de la poitrine du Seigneur, sur laquelle il avait coutume de reposer. C'est lui qui nous montre le Sauveur, cherchant à faire impression sur Pilate par ces paroles si élevées : « Mon royaume n'est pas de ce monde, » et lui déclarant qu'il est roi par naissance et qu'il est venu dans ce monde pour rendre témoignage à la vérité (*Jean*, XVIII, 36, 37), puis après sa résurrection, écartant Marie par une raison mystérieuse et profonde, en lui disant : « Ne me touchez pas, car je ne suis pas encore monté vers mon Père. » (*Jean*, XX, 17.) Nous voyons aussi le Sauveur donnant le Saint-Esprit à ses apôtres en soufflant sur eux, pour prévenir ainsi l'erreur de ceux qui prétendraient que l'Esprit saint, qui est consubstantiel et coéternel à la Trinité, n'est que l'esprit du Père, et non celui du Fils.

20. Enfin il confie le soin de ses brebis à Pierre qui l'aime, et qui vient de lui protester par trois fois de son amour. Il déclare en même temps qu'il veut que Jean demeure ainsi jusqu'à ce qu'il vienne. Ces paroles me paraissent renfermer un profond mystère, c'est-à-dire, que l'Évangile que saint Jean écrit par l'ordre de Dieu, dans lequel il s'élève jusqu'à cette lumière éclatante du Verbe, qui nous fait découvrir l'égalité et l'incommutabilité de l'auguste Trinité, et où il nous enseigne la raison de la distance qui nous sépare de l'homme uni au Verbe fait chair, ne pourra être saisi parfaitement et pleinement connu, que lorsque le Seigneur reviendra parmi nous. Il restera donc ainsi jusqu'à ce qu'il vienne; il restera maintenant pour être l'objet de la foi des croyants (I *Cor.*, XIII, 12), mais alors nous le contemplerons face à face, et lorsque notre vie apparaîtra, nous apparaîtrons avec lui dans la gloire (*Col.*, III, 4.) Mais si quelqu'un s'imagine que l'homme retenu encore dans les liens de cette vie mortelle, puisse arriver à écarter, à dissiper tous les nuages des fantômes qui viennent de la matière et des sens, pour jouir de la pure lumière de l'immuable vérité, et qu'il lui soit possible de briser si entièrement avec les habitudes de cette vie, que son âme contracte avec cette divine lumière une union étroite et indissoluble, il ne sait ce qu'il cherche, il ne se connaît pas lui-même. Qu'il se rende bien plutôt à cette autorité divine et infaillible, qui nous apprend que tant que nous sommes

quod cum eis erat necessarius narraturus : ubi tamen ipsam Dominicam cœnam, de qua nullus eorum tacuit, multo opulentius tanquam de cellario Dominici pectoris, ubi discumbere solebat, exhibuit. Ipsum deinde Pilatum verbis altioribus percutit, dicens regnum suum non esse de hoc mundo, regemque se natum, et ad hoc venisse in hunc mundum, ut testimonium perhibeat veritati. (*Joan.*, XVIII, 36 et 37.) Mariam quoque post resurrectionem mystica altitudine (*a*) vitans : « Noli me, inquit, tangere : nondum enim ascendi ad Patrem. » (*Joan.* XX, 17.) Discipulis etiam insufflando dedit Spiritum sanctum, ne ipse Spiritus qui Trinitati consubstantialis et coæternus est, tantummodo Patris esse, non etiam Filii Spiritus putaretur.

20. Postremo suas oves Petro se amanti, eumque amorem ter confitenti commendans, dicit eumdem Joannem sic se velle manere donec veniat (*Joan.*, XXI, 15 et 23) : ubi etiam mihi videtur alto docuisse mysterio, (*b*) istam ipsam Joannis Evangelicam dispensationem, qua in lucem liquidissimam Verbi sublimiter fertur, ubi Trinitatis æqualitas et incommutabilitas videri potest, et qua maxime proprietate distet a cæteris homo cujus susceptione Verbum caro factum est, perspicue cerni cognoscique non posse, nisi cum ipse Dominus venerit : ideo sic manebit donec veniat; manebit autem nunc in fide credentium (I *Cor.*, XIII, 12), tunc autem facie ad faciem contemplandum erit, cum apparuerit vita nostra, et nos cum ipso apparebimus in gloria. (*Col.*, III, 4.) Quisquis autem arbitratur, homini vitam istam mortalem adhuc agenti posse contingere, ut demoto atque discusso omni nubilo phantasiarum corporalium atque carnalium serenissima incommutabilis veritatis luce potiatur, et mente penitus a consuetudine vitæ hujus alienata illi constanter et inclinabiliter hæreat; nec quid quærat, nec quis quærat intelligit : credat ergo potius sublimi auctoritati

(*a*) Er. Lov. et Mss. *visitans*. Sed melius editio Rat. *vitans.* — (*b*) Mss. duo, *secretam ipsam*. Paulo post Mss. tres et Rat. *verbi sublimitate fertur.*

dans ce corps, nous voyageons loin du Seigneur, nous marchons à la lumière de la foi, et non aux splendeurs de la claire vue. (II *Cor.*, v, 6.) Qu'il garde donc, et qu'il retienne fidèlement dans son cœur, la foi, l'espérance et la charité, et qu'il aspire par les désirs de son âme après la vision des cieux, dont nous avons reçu le gage, l'Esprit saint, qui nous enseignera toute vérité, lorsque Dieu qui a ressuscité Jésus-Christ d'entre les morts, rendra la vie à nos corps mortels, par l'Esprit saint qui habite en nous. (*Rom.*, VIII, 11; II *Cor.*, IV, 11.) Mais avant que la vie soit rendue à ce corps qui est mort par suite du péché, il est sans nul doute soumis à la corruption, et il appesantit l'âme. Si parfois avec le secours de la grâce, elle s'élève au-dessus de ce nuage qui couvre toute la terre, c'est-à-dire ces ténèbres épaisses de la chair qui obscurcissent toute vie terrestre; c'est comme un éclair rapide qui brille à ses yeux, et elle retombe aussitôt dans son infirmité, ayant toujours le désir de prendre de nouveau son essor, mais n'étant pas assez pure pour rester sur ces hauteurs. Plus un homme est capable de ces efforts, plus il est grand; il est d'autant plus petit qu'il s'y porte avec moins d'ardeur. Or, l'âme qui n'a encore rien éprouvé de semblable, bien que Jésus-Christ habite en elle par la foi, doit s'appliquer à affaiblir, à détruire les convoitises de ce monde par la pratique sérieuse de la vertu, en marchant à la suite de Jésus-Christ, son médiateur, en compagnie des trois premiers Evangélistes. Elle doit s'attacher fidèlement, et dans la joie d'une espérance ferme à celui qui est toujours le Fils de Dieu, qui, pour nous, a daigné devenir le Fils de l'homme, afin que son éternelle puissance et sa divinité se proportionnant à notre faiblesse, et à notre mortalité, dans notre nature qu'il s'est unie, nous préparent dans sa personne une voie sûre pour arriver jusqu'à lui. Si elle veut éviter le péché, qu'elle se laisse diriger par Jésus-Christ qui est son roi; et si, par malheur, elle vient à tomber dans le péché, qu'elle en cherche l'expiation dans le même Jésus-Christ, qui est également notre prêtre. Ainsi nourrie et fortifiée dans les exercices d'une vie pure et sainte, élevée au-dessus de la terre sur les deux ailes puissantes du double amour de Dieu et du prochain, elle parviendra jusqu'au foyer de lumière qui se trouve en Jésus-Christ qui est le Verbe, le Verbe qui était au commencement, le Verbe qui était Dieu. (*Jean*, I, 1.) Elle ne le verra encore que comme dans un miroir et sous des images obscures, mais cependant d'une manière plus parfaite qu'à l'aide des images corporelles. Ainsi donc, quoique les esprits exercés voient briller dans les trois premiers Evangélistes les dons de la vie

---

minimeque fallaci, quamdiu sumus in corpore peregrinari nos a Domino, et ambulare per fidem, nondum per speciem (II *Cor.*, v, 6); ac sic perseveranter retineas atque custodiens fidem, spem et caritatem, intendat in speciem ex pignore quod accepimus sancti Spiritus, qui nos docebit omnem veritatem (*Joan.*, XVI, 13), cum Deus qui suscitavit Jesum Christum a mortuis, vivificabit et mortalia corpora nostra per inhabitantem Spiritum ejus in nobis. (*Rom.*, VIII, 11; II *Cor.*, IV, 11.) Prius autem quam vivificetur hoc quod mortuum est propter peccatum, procul dubio corruptibile est, et aggravat animam (*Sap.*, IX, 15); et si quando adjuta excedit hanc nebulam, qua tegitur omnis terra (*Eccli.*, XXIV, 6), id est, hanc carnalem caliginem, qua tegitur omnis vita terrena, tanquam rapida coruscatione perstringitur, et in suam infirmitatem redit, vivente desiderio quo rursus erigatur, nec sufficiente munditia qua figatur. Et quanto quisque hoc magis potest, tanto major est: quanto autem minus, tanto minor. Si autem nihil adhuc tale mens hominis experta est, in qua tamen habitat Christus per fidem, instare debet minuendis finiendisque cupiditatibus hujus sæculi, moralis virtutis actione, tanquam in comitatu trium illorum Evangelistarum cum mediatore Christo ambulans : eumque qui Filius Dei semper est, propter nos filium hominis factum, ut sempiterna virtus ejus et divinitas nostræ infirmitati et mortalitati contemperata de nostro nobis in se atque ad se faceret viam, cum magnæ spei lætitia fideliter teneat. Ne peccet, a rege Christo regatur : si forte peccaverit, ab eodem sacerdote Christo expietur : atque ita in actione bonæ conversationis et vitæ (*a*) nutritus, pennis geminæ dilectionis tanquam duabus alis validis evectus a terris, ab eodem ipso Christo Verbo illuminetur, Verbo quod in principio erat, et Verbum apud Deum erat, et Verbum Deus erat (*Joan.*, I, 1) : etsi per speculum et in ænigmate (I *Cor.*, XIII, 12), longe tamen sublimius ab omni similitudine corporali. Quapropter quamvis in illis tribus activæ, in Joannis autem Evangelio dona contemplativæ virtutis eluceant eis, qui hæc dignoscere sunt idonei :

(*a*) In septem Mss. probæ notæ et apud Engypium, *nutritis pennis*.

active, dans saint Jean, la grâce de la vie contemplative, cependant ce privilége de saint Jean qui est encore imparfait, restera ainsi jusqu'à ce que vienne ce qui est parfait. En effet, ici-bas, l'un reçoit du Saint-Esprit le don de parler avec sagesse, l'autre reçoit du même Esprit le don de parler avec science (I *Cor.*, XII, 8); celui-ci distingue les jours pour plaire au Seigneur (*Rom.*, XIV, 6); celui-là boit à la source plus pure de la poitrine du Seigneur; un autre enfin, ravi jusqu'au troisième ciel, y entend des paroles qu'aucune bouche ne peut exprimer; tous, cependant, tant qu'ils sont dans ce corps, voyagent loin du Seigneur, et tous les fidèles qui conservent la sainte espérance et dont les noms sont inscrits dans le livre de vie, attendent l'accomplissement de cette promesse : « Je l'aimerai moi aussi, et je me manifesterai à lui. » (*Jean*, XIV, 21.) Toutefois, pendant le pèlerinage de cette vie, plus un chrétien fera de progrès dans l'intelligence ou dans la science de cette vérité, plus aussi il devra se mettre en garde contre les deux vices propres au démon, l'orgueil et l'envie. Qu'il se rappelle que l'Evangile de saint Jean nous recommande d'autant plus le doux précepte de la charité, qu'il nous attire plus haut vers la contemplation de la vérité, et que le commandement le plus vrai et le plus salutaire qui puisse nous être donné, est celui-ci : « Plus vous êtes grand, plus vous devez vous humilier en toutes choses (*Eccli.*, III, 20); car l'Evangéliste qui nous a décrit d'une manière bien plus sublime que les autres les grandeurs de Jésus-Christ, est celui qui nous le montre aussi s'abaissant jusqu'à laver les pieds de ses disciples. (*Jean*, XIII, 5.)

---

tamen et hoc Joannis, quoniam ex parte est, sic manebit donec veniat quod perfectum est. (I *Cor.*, XIII, 10.) Et alii quidem datur per Spiritum sermo sapientiæ, alii sermo scientiæ secundum eumdem Spiritum (I *Cor.*, XII, 8); alius diem Domino sapit (*Rom.*, XIV, 6), alius de pectore Domini liquidius aliquid bibit, alius levatus usque ad tertium cœlum ineffabilia verba audit (II *Cor.*, XII, 2) : omnes tamen quamdiu sunt in corpore peregrinantur a Domino (I *Cor.*, V, 6), et omnibus bonæ spei fidelibus in libro vitæ scriptis servatur quod dictum est : « Et ego diligam eum, et ostendam meipsum illi. » (*Joan.*, XIV, 21.) Veruntamen in hac peregrinatione quantum in rei hujus intelligentia vel scientia quisque profecerit, tanto magis caveat diabolica vitia, superbiam et invidentiam. Meminerit hoc ipsum Evangelium Joannis quam multo amplius erigit ad contemplationem veritatis, tam multo amplius præcipere de dulcedine caritatis : et quia illud præceptum verissimum ac saluberrimum est : Quanto magnus es, tanto humilia te in omnibus (*Eccli.*, III, 20); qui Evangelista Christum longe cæteris altius commendat, apud eum discipulis pedes lavat. (*Joan.*, XIII, 5.)

AVERTISSEMENT

SUR LES LIVRES SUIVANTS

QUI CONTIENNENT L'EXPLICATION DU SERMON SUR LA MONTAGNE

Ce fut vers l'an de Jésus-Christ 393 ou 394, que saint Augustin n'étant que simple prêtre composa ces deux livres. C'est ce qu'il nous apprend lui-même dans le premier livre des *Rétractations*, où, après avoir rappelé la dispute qu'il eut sur la foi et le symbole, l'an 393 dans le concile d'Hippone, il parle de son ouvrage imparfait sur la Genèse expliquée littéralement, et ajoute immédiatement sans assigner d'autre date que celle de ce concile. « Ce fut dans le même temps que j'écrivis en deux livres l'explication du sermon du Seigneur sur la montagne d'après saint Matthieu. »

Dans le premier de ces livres il explique la première partie du sermon contenue dans le chapitre cinquième de saint Matthieu, et dans le second le reste de ce sermon renfermé dans les sixième et septième chapitres. Mais pourquoi saint Augustin choisit-il ce sermon pour en faire le premier objet de ses travaux sur l'Evangile? c'est ce qu'il semble indiquer au commencement même de son ouvrage: c'est-à-dire « parce qu'il avait compris que ce sermon renfermait toute la perfection des divins préceptes qui peuvent servir à former la vie chrétienne. » Il expose tous ces préceptes dans l'ordre suivi par saint Matthieu, en faisant voir qu'ils se rapportent tous aux sept premières maximes ou béatitudes, qui forment l'exorde de ce discours.

Plusieurs années après, un certain Pollentius lisant ces deux livres, y trouva quelques difficultés au sujet de l'épouse séparée de son mari et les proposa au saint Evêque qui les résolut dans son premier livre des *mariages adultères*.

Voyez sur ces deux livres, *Rétractations*, livre I, chapitre XIX.

ADMONITIO

IN SUBSEQUENTES LIBROS DE SERMONE DOMINI IN MONTE

Ad Christi annum 393 sive 394 pertinet hoc opus, ab Augustino presbyterii sui tempore elaboratum. Quippe in I *Retractationum* libro post recensitam illam, quam in Hippone-regiensi anni 393 concilio habuit de fide et symbolo disputationem, recordatus Augustinus libri sui de Genesi ad litteram imperfecti, neque alia quam quæ ex ante laudato concilio sumi possit, ætatis adsignata nota, facit proximo loco mentionem hujus operis in istæc verba : « Per idem tempus de sermone Domini in monte secundum Matthæum duo volumina scripsi. »

Porro uno volumine explicat primam ejusdem sermonis partem contentam Matthæi capite quinto : altero, posteriorem in sequentibus capitibus sexto et septimo comprehensam. Cur autem ex toto Evangelio istum in primis sermonem tractandum susceperit, eam videtur in operis initio subindicare causam, quod ipsum nempe « omnibus præceptis quibus Christiana vita informatur perfectum esse intellexisset. » Quæ quidem præcepta omnia, ea qua referuntur apud Matthæum serie sic exponit, ut illa ad priores septem sententias de Beatis in ipsius sermonis exordio pronuntiatas pertinere, iisque ex ordine respondere demonstret.

Pollentius plurimis post annis hoc opus evolvens, aliquot difficultates de uxore quæ a viro suo discessisset, offendit, easque sancto Doctori proposuit, quas ille priore de adulterinis conjugiis libro enodavit.

LES DEUX LIVRES DE SAINT A. AUGUSTIN
ÉVÊQUE D'HIPPONE
SUR LE
SERMON SUR LA MONTAGNE
SELON SAINT MATTHIEU [1]

LIVRE PREMIER
EXPLICATION DE LA PREMIÈRE PARTIE DU SERMON DE NOTRE-SEIGNEUR SUR LA MONTAGNE CONTENUE DANS LE CHAPITRE V DE SAINT MATTHIEU.

CHAPITRE PREMIER.

1. Celui qui voudra étudier dans un esprit de religion et de sagesse le discours que Notre-Seigneur Jésus-Christ a prononcé sur la montagne, tel que nous le lisons dans l'Evangile selon saint Matthieu, y trouvera, je n'en doute pas, la règle parfaite de la vie chrétienne pour la direction des mœurs. Cette promesse n'est point téméraire de notre part, elle est fondée sur les paroles mêmes du Sauveur. Voici en effet la conclusion de ce discours, où il déclare qu'il y a renfermé tous les préceptes nécessaires à la perfection de la vie chrétienne : « Tout homme donc qui entend ces paroles que je vous dis, et les met en pratique, sera comparé à l'homme sage qui a bâti sa maison sur la pierre, et la pluie est tombée, et les fleuves se sont débordés, et les vents ont soufflé, et ils ont fondu sur cette maison, et elle n'a pas été renversée, car elle était fondée sur la pierre. Mais quiconque entend ces paroles que je vous dis, et ne les met pas en pratique, sera semblable à l'insensé qui a bâti sa maison sur le sable, et la pluie est tombée, et les fleuves se sont débordés, et les vents ont soufflé, et ils ont soufflé sur cette maison, et elle a été renversée, et grande a été sa ruine. » (*Matth.*, VII, 24-27.) Or, comme il

[1] Ces deux livres ont été écrits environ vers l'an de Jésus-Christ 393.

S. AURELII AUGUSTINI, HIPPONENSIS EPISCOPI
DE
SERMONE DOMINI IN MONTE
SECUNDUM MATTHÆUM
LIBRI DUO

LIBER PRIMUS
EXPLICATUR PRIOR PARS SERMONIS A DOMINO IN MONTE HABITI, CONTENTA MATTHÆI CAPITE QUINTO.

CAPUT PRIMUM.

1. Sermonem quem locutus est Dominus noster Jesus Christus in monte, sicut in Evangelio secundum Matthæum legimus, si quis pie sobrieque consideraverit, puto quod inveniet in eo, quantum ad mores optimos pertinet, perfectum vitæ Christianæ modum : quod polliceri non temere audemus, sed ex ipsis ejusdem Domini verbis conjicientes. Nam sic ipse sermo concluditur, ut appareat in eo præcepta esse omnia quæ ad informandam vitam pertinent. Sic enim dicit : « Omnis ergo qui audit verba mea hæc, et facit ea, similabo eum viro sapienti, qui ædificavit domum suam supra petram : » (*Matth.*, VII, 24) « descendit pluvia, venerunt flumina, flaverunt venti, et offenderunt in domum illam, et non cecidit ; fundata enim erat super petram. (v. 25.) Et omnis qui audit verba mea hæc, et non facit ea, similabo eum viro stulto, qui ædificavit domum suam super arenam (v. 26) : descendit pluvia, venerunt flumina ; flaverunt venti, et offenderunt in domum illam, et cecidit ; et facta est ruina ejus magna. » (v. 27.) Cum ergo non dixit : « Qui audit verba mea » tantum, sed addidit dicens : Qui audit verba mea »

ne dit pas seulement : Tout homme qui entend mes paroles, mais : « Tout homme qui entend ces paroles que je dis, » il a voulu encore nous apprendre que les paroles qu'il a prononcées sur la montagne contiennent une doctrine des mœurs si parfaite pour ceux qui voudraient en faire la règle de leur vie, qu'on les compare justement à un homme qui bâtit sur la pierre. Ce que j'en dis ici est pour faire voir que ce discours renferme tous les préceptes de la perfection les plus propres à diriger la vie chrétienne, car nous mettrons cette vérité dans un plus grand jour, à mesure que l'occasion s'en présentera.

2. Voici donc le commencement de ce discours : « Jésus, voyant une grande foule, monta sur la montagne, et lorsqu'il se fut assis, ses disciples s'approchèrent de lui. Alors, ouvrant sa bouche, il les instruisait en disant : » (*Matth.*, v, 1-2.) Si l'on me demande ce que signifie cette montagne, je répondrai qu'on peut très-bien y voir une figure de la perfection plus grande des préceptes qu'il allait donner, comparativement aux préceptes donnés aux Juifs et qui étaient moins parfaits. C'est cependant un seul et même Dieu qui, dans les temps choisis et déterminés par son infaillible sagesse, a donné par les saints prophètes et par ses serviteurs des préceptes moins parfaits au peuple qu'il fallait encore retenir par la crainte, et par son Fils des commandements beaucoup plus parfaits au peuple qu'il voulait avec raison affranchir par l'amour. Toutefois, cette distribution des commandements plus ou moins parfaits selon les personnes et les temps, a pour auteur celui qui seul sait appliquer suivant les temps les remèdes convenables aux maux du genre humain. Or, il n'y a rien d'étonnant que le seul et même Dieu qui a fait le ciel et la terre donne des préceptes plus parfaits en vue du royaume des cieux, et de moins importants en vue du royaume de la terre. C'est de cette justice plus parfaite que le Prophète dit : « Votre justice est élevée comme les montagnes de Dieu, » (*Ps.* xxxv, 7) et c'est ce que signifie cet enseignement donné sur la montagne par le Maître unique, le seul capable de nous enseigner de si augustes vérités. Il enseigne étant assis, parce qu'ainsi l'exigeait sa dignité de maître et de docteur; ses disciples s'approchent de lui, afin que ceux dont le cœur était plus près de lui pour accomplir ses préceptes, fussent aussi plus rapprochés corporellement de sa présence pour entendre ses paroles : « Et ouvrant sa bouche, il les enseignait en disant : » Cette circonlocution : « Et ouvrant la bouche, » a peut-être pour but de nous avertir par sa longueur même que le discours qui va suivre sera plus long que d'habitude ; si l'on n'aime mieux dire que l'Évangéliste fait remarquer qu'il ouvrit maintenant lui-même sa bouche, parce que sous la loi ancienne, il ouvrait celle des prophètes.

---

hæc : satis, ut arbitror, significavit, hæc verba quæ in monte locutus est, tam perfecte instruere vitam eorum qui voluerint secundum ea vivere, ut merito comparentur ædificanti super petram. Hoc dixi, ut appareat istum sermonem omnibus præceptis, quibus Christiana vita informatur, esse perfectum : nam de hoc capitulo diligentius suo loco tractabitur.

2. Hujus igitur sermonis initium sic assumitur : « Cum vidisset autem turbas multas, ascendit in montem, et cum sedisset, accesserunt ad eum discipuli ejus; et aperiens os suum docebat eos, dicens. » (*Matth.*, v, 1, 2.) Si quæritur quid significet mons, bene intelligitur significare majora præcepta justitiæ : quia minora erant quæ Judæis data sunt. Unus tamen Deus per sanctos Prophetas et famulos suos, secundum ordinatissimam distributionem temporum, dedit minora præcepta populo, quem adhuc timore alligari oportebat; et per Filium suum majora populo, quem caritate jam liberari convenerat. Cum autem minora minoribus, majora majoribus dantur, ab eo dantur qui solus novit congruentem suis temporibus humano generi exhibere medicinam. Nec mirum est quod dantur præcepta majora propter regnum cœlorum, et minora data sunt propter regnum terrenum, ab eodem uno Deo qui fecit cœlum et terram. De hac ergo justitia, quæ major est, per Prophetam dicitur : Justitia tua sicut montes Dei (*Psal.* xxxv, 7) : et hoc bene significat, quod ab uno magistro solo docendis tantis rebus idoneo, docetur in monte. Sedens autem docet, quod pertinet ad dignitatem magisterii : et accedunt ad eum discipuli ejus, ut audiendis illius verbis hi essent etiam corpore viciniores, qui præceptis adimplendis etiam animo propinquabant. « Et aperiens os suum, docebat eos, dicens. » Ista circumlocutio qua scribitur : « Et aperiens os suum, » fortassis ipsa mora commendat aliquanto longiorem futurum esse sermonem : nisi forte non vacet quod nunc eum dictum est aperuisse os suum, quod ipse in Lege veteri aperire soleret ora Prophetarum.

3. Que dit donc Notre-Seigneur? « Bienheureux les pauvres d'esprit, parce que le royaume des cieux est à eux. » (*Matth.*, v, 3.) La sainte Ecriture dit, en parlant de la convoitise des biens temporels : « Tout est vanité et présomption d'esprit. » (*Eccle.*, I, 14 *sel. les Sept.*) Or, la présomption d'esprit veut dire orgueil et arrogance. On dit aussi ordinairement des orgueilleux qu'ils ont de grands esprits, et avec raison, puisque le mot esprit est synonyme de vent, comme nous le voyons dans ce verset d'un psaume : « Le feu, la grêle, la neige, la glace, l'esprit des tempêtes. » (*Ps.* CXLVIII, 8.) Or, qui ne sait qu'on dit aussi des orgueilleux qu'ils sont enflés, comme s'ils étaient gonflés par le vent? Ce qui a fait dire aussi à l'Apôtre : « La science enfle, mais la charité édifie. » (I *Cor.*, VIII, 1.) La raison conseille donc d'entendre ici par pauvres d'esprit les humbles, ceux qui craignent Dieu, c'est-à-dire qui n'ont pas cet esprit qui enfle. Il était impossible de donner un autre commencement à la béatitude, car elle devait nous faire parvenir à la souveraine sagesse ; or « le commencement de la sagesse est la crainte du Seigneur. » (*Eccli.*, XXI, 16.) Tandis qu'au contraire l'orgueil nous est présenté dans le même livre comme le commencement de tout péché. (*Ibid.*, X, 15.) Que les orgueilleux fassent donc du royaume de la terre l'objet de leurs désirs et de leur affection, mais heureux sont les pauvres d'esprit, parce que le royaume des cieux est à eux.

CHAPITRE II.

4. « Bienheureux ceux qui seront doux, parce qu'ils posséderont la terre. » (*Matth.*, v, 4.) Cette terre, je pense, est celle dont parle le Psalmiste lorsqu'il dit : « Vous êtes mon espérance et mon partage dans la terre des vivants. » (*Ps.* CXLI, 6.) Il veut nous faire entendre qu'il est question d'un héritage ferme, inébranlable, éternel, où l'âme se repose par un saint amour comme dans le lieu qui lui est propre, de même que le corps se repose dans la terre ; et où elle puise son aliment, comme le corps le trouve dans la terre ; cet héritage est le repos et la vie des saints. Les hommes doux sont ceux qui cèdent devant les injustices dont ils sont victimes, qui n'opposent point de résistance au mal, mais qui triomphent du mal par le bien. Que ceux donc qui ne connaissent point la douceur se querellent et soient en contestation pour les biens de la terre et du temps ; mais bienheureux ceux qui sont doux, parce qu'ils posséderont par héritage la terre d'où personne ne pourra les arracher.

5. « Bienheureux ceux qui pleurent, parce qu'ils seront consolés. » (*Matth.*, v, 5.) Le deuil

---

3. Quid ergo dicit? « Beati pauperes spiritu ; quoniam ipsorum est regnum cœlorum. » (*Matth.*, v, 3.) Legimus scriptum de appetitione rerum temporalium : Omnia vanitas et præsumtio spiritus (*Eccle.*, I, 14) : præsumtio autem spiritus, audaciam et superbiam significat : vulgo etiam magnos spiritus superbi habere dicuntur ; et recte, quandoquidem spiritus etiam ventus vocatur. Unde scriptum est : Ignis, grando, nix, glacies, spiritus (*a*) tempestatis. (*Psal.* CXLVIII, 8.) Quis vero nesciat superbos inflatos dici, tamquam vento distentos? Unde est etiam illud Apostoli : Scientia inflat, caritas vero ædificat. (I *Cor.*, VIII, 1.) Quapropter recte hic intelliguntur pauperes spiritu, humiles et timentes Deum, id est, non habentes (*b*) inflantem spiritum. Nec aliunde omnino incipere oportuit beatitudinem ; siquidem perventura est ad summam sapientiam : Initium autem sapientiæ timor Domini (*Eccli.*, XXI, 16) : quoniam et e contrario : Initium omnis peccati superbia inscribitur. (*Eccli.*, X, 15.) Superbi ergo appetant et diligant regna terrarum : « Beati autem pauperes spiritu ; quoniam ipsorum est regnum cœlorum. »

CAPUT II.

4. « Beati mites ; quoniam ipsi hæreditate possidebunt terram : » (*Matth.*, v, 4) illam credo terram, de qua in Psalmo dicitur : Spes mea es tu, portio mea in terra viventium. (*Psal.* CXLI, 6.) Significat enim quamdam soliditatem et stabilitatem hæreditatis perpetuæ, ubi anima per bonum affectum, tanquam loco suo requiescit, sicut corpus in terra ; et inde cibo suo alitur, sicut corpus ex terra : ipsa est requies et vita sanctorum. Mites autem sunt qui cedunt improbitatibus, et non resistunt malo, sed vincunt in bono malum. (*Rom.*, XII, 21.) Rixentur ergo immites, et dimicent pro terrenis et temporalibus rebus : « Beati autem mites ; quoniam ipsi hæreditate possidebunt terram, » de qua pelli non possint.

5. « Beati lugentes ; quoniam ipsi consolabuntur. » (*Matth.*, v, 5.) Luctus est tristitia de amissione carorum : conversi autem ad Deum, ea quæ in hoc mundo

---

(*a*) Sic Mss. At editi, excepto Mar. *spiritus procellarum.* — (*b*) Lov. cum quatuor Mss. *inflatum.* Cæteri codices, *inflantem.*

c'est la tristesse que nous fait éprouver la perte de ceux qui nous sont chers; or, ceux qui se convertissent à Dieu perdent par là même ce qu'ils aimaient le plus en ce monde; leurs joies changent alors de nature et d'objet; mais tant que l'amour des choses éternelles ne vit pas dans leur cœur, il est comme blessé par je ne sais quelle tristesse. Ils seront donc consolés par l'Esprit saint qui s'appelle pour cela Paraclet, c'est-à-dire consolateur, et qui, en échange de la joie passagère qu'ils perdent, les fera entrer en possession d'une joie éternelle.

6. « Bienheureux ceux qui ont faim et soif de la justice, parce qu'ils seront rassasiés. » Le Sauveur désigne ici ceux qui poursuivent le bien véritable et à l'abri de tout changement. Ils seront donc rassasiés de cette nourriture dont le Seigneur a dit : « Ma nourriture est de faire la volonté de mon Père, » (*Jean*, IV, 34) en quoi consiste la justice, et de cette eau qui deviendra pour celui qui l'aura bue, comme il le dit encore, une source d'eau qui rejaillit jusqu'à la vie éternelle. (*Ibid.*, XIV.)

7. « Bienheureux les miséricordieux, parce qu'ils obtiendront eux-mêmes miséricorde. » (*Matth.*, V, 7.) Il proclame bienheureux ceux qui viennent au secours de l'infortune, et qui reçoivent en retour la délivrance de leurs propres maux.

8. « Bienheureux ceux qui ont le cœur pur, parce qu'ils verront Dieu. » (*Matth.*, V, 8.) Qu'ils sont donc insensés ceux qui cherchent des yeux du corps Dieu qu'on ne peut voir que par les yeux du cœur, ainsi qu'il est dit ailleurs : « Cherchez-le dans la simplicité du cœur. » (*Sag.*, I, 1.) Car un cœur pur n'est autre chose qu'un cœur simple, et de même qu'il faut avoir les yeux du corps sains pour voir la lumière du jour, ainsi Dieu ne peut être vu si l'œil du cœur qui seul peut le percevoir n'a toute sa pureté.

9. « Bienheureux les pacifiques, parce qu'ils seront appelés les enfants de Dieu. » (*Matth.*, V, 9.) La perfection est dans la paix là où il n'y a nulle opposition; et les pacifiques sont appelés les enfants de Dieu, parce que rien en eux ne résiste à Dieu, et que les enfants doivent ressembler à leur père. Or, ceux-là sont pacifiques en eux-mêmes qui règlent tous les mouvements de leur âme, les soumettent à la raison, c'est-à-dire à l'esprit et à l'âme, tiennent sous le joug toutes les passions indomptées de la chair, et deviennent ainsi le royaume de Dieu. Dans ce royaume règne un ordre si parfait, que ce qu'il y a dans l'homme de plus noble et de plus excellent, commande sans éprouver de résistance, à cette autre partie de nous-mêmes qui nous est commune avec les animaux, tandis que la partie supérieure, c'est-à-dire l'âme et la raison,

---

cara amplectebantur, amittunt : non enim gaudent his rebus, quibus ante gaudebant : et donec fiat in illis (*a*) amor æternorum, nonnulla mœstitia sauciantur : consolabuntur ergo Spiritu sancto, qui maxime propterea paracletus nominatur, id est consolator, ut temporalem amittentes æterna lætitia perfruantur.

6. « Beati qui esuriunt et sitiunt justitiam; quoniam ipsi saturabuntur. » (*Matth.*, V, 6.) Jam istos amatores dicit veri et inconcussi boni. Illo ergo cibo saturabuntur, de quo ipse Dominus dicit : Meus cibus est ut faciam voluntatem Patris mei (*Joan.*, IV, 34), quod est justitia : et illa aqua, de qua quisquis biberit, ut idem dicit, fiet in eo fons aquæ salientis in vitam æternam. (*Ibid.*, 14.)

7. « Beati misericordes; quoniam ipsorum miserebitur. » (*Matth.*, V, 7.) Beatos esse dicit qui subveniunt miseris, quoniam eis ita rependitur, ut de miseria liberentur.

8. « Beati mundi corde; quoniam ipsi Deum videbunt. » (*Matth.*, V, 9.) Quam ergo stulti sunt qui Deum istis exterioribus oculis quærunt, cum corde videatur, sicut alibi scriptum est : Et in simplicitate cordis quærite illum. (*Sap.*, I, 1.) Hoc est enim mundum cor, quod est simplex cor : et quemadmodum lumen hoc videri non potest nisi oculis mundis, ita nec Deus videtur nisi mundum sit illud quo videri potest.

9. « Beati pacifici; quoniam ipsi filii Dei vocabuntur. » (*Matth.*, V, 9.) In pace perfectio est, ubi nihil repugnat; et ideo filii Dei pacifici, quoniam nihil (*b*) resistit Deo, et utique filii similitudinem patris habere debent. Pacifici autem in semetipsis sunt, qui omnes animi sui motus componentes et subjicientes rationi, id est menti et spiritui, carnalesque concupiscentias habentes edomitas, fiunt regnum Dei : in quo ita sunt ordinata omnia, ut id quod est in homine præcipuum et excellens, hoc imperet cæteris non reluctantibus, quæ sunt nobis bestiisque communia; atque idipsum quod excellit in homine, id est mens et ratio, subjiciatur potiori, quod est

---

(*a*) In Corbeiensi codice, *dulcedo æternorum*. Paulo infra in editis legebatur : *ut temporalia amittentes* : in duobus Belgicis Mss. *ut temporalem amittentes luctum* : sed melius in uno Vat. et decem Gallic. *ut temporalem amittentes* : subaudi, *lætitiam*. — (*b*) Sic Am. Er. et omnes Mss. At Lov. *nihil in istis resistit Deo*.

sont elles-mêmes soumises à un être plus élevé qui est la Vérité, le Fils unique de Dieu. Nous ne pouvons commander à ce qui est au-dessous de nous, à moins d'être soumis à ce qui est au-dessus. Telle est la paix promise sur la terre aux hommes de bonne volonté (*Luc*, II, 14), telle est la vie d'un homme parfait et consommé en sagesse. C'est de ce royaume où règne une paix profonde et un ordre admirable qu'a été chassé le prince de ce monde qui domine sur les âmes perverses et rebelles. Cette paix, une fois solidement affermie en nous-mêmes, quelles que soient les persécutions que soulève au dehors contre nous celui qui a été banni de ce royaume, il ne fait qu'augmenter la gloire qui est selon Dieu, il ne peut ébranler aucune pierre de cet édifice, et l'impuissance de ses machinations ne sert qu'à faire éclater la solidité de cette construction intérieure. C'est pour cela que Notre-Seigneur ajoute : « Bienheureux ceux qui souffrent persécution pour la justice, parce que le royaume des cieux est à eux. » (*Matth.*, V, 10.)

CHAPITRE III.

10. Toutes ces béatitudes sont au nombre de huit. Pour ce qui suit, Notre-Seigneur s'adresse à ceux qui étaient présents, et leur dit : « Vous serez bienheureux lorsque les hommes vous chargeront de malédictions, et vous persécuteront. » Les maximes qui précèdent étaient générales, il ne dit pas : Bienheureux les pauvres d'esprit, parce qu'à vous appartient le royaume des cieux, mais : « Parce que le royaume des cieux est à eux. » Il ne dit pas non plus : Bienheureux ceux qui sont doux, parce que vous posséderez la terre, mais : « Parce qu'ils posséderont la terre. » Il continue de la sorte jusqu'à la huitième béatitude ainsi conçue : « Bienheureux ceux qui souffrent persécution pour la justice, parce que le royaume des cieux est à eux. » (*Matth.*, V, 10.) Dans tout ce qui suit, le Sauveur s'adresse directement à ceux qui étaient présents, bien que tout ce qu'il a dit plus haut fût également pour eux, et que ce qu'il dit ensuite plus particulièrement à ceux qui l'écoutaient s'adresse aussi à ceux qui étaient absents ou qui devaient exister dans la suite des temps. Considérons donc attentivement le nombre de ces béatitudes. La première est la récompense de l'humilité : « Bienheureux les pauvres d'esprit, » c'est-à-dire qui ne sont point enflés, dont l'âme se soumet à l'autorité divine, dans la crainte des châtiments qui l'attendent après la mort, quel que soit le bonheur dont elle s'imagine jouir pendant cette vie. L'âme arrive de là à la connaissance des divines Écritures qui lui apprennent la nécessité de la douceur par esprit de piété, pour qu'elle ne soit pas tentée de blâmer ce que les ignorants traitent d'absurdité,

---

ipsa veritas unigenitus Filius Dei. Neque enim imperare inferioribus potest, nisi superiori se ipse subjiciat. Et hæc est pax quæ datur in terra hominibus bonæ voluntatis (*Luc.*, II, 14); hæc vita consummati perfectique sapientis. De hujusmodi regno pacatissimo et ordinatissimo missus est foras princeps hujus sæculi, qui perversis inordinatisque dominatur. Hac pace intrinsecus constituta atque firmata, quascumque persecutiones ille qui foras missus est, forinsecus concitaverit, auget gloriam quæ secundum Deum est; non aliquid in illo ædificio labefactans, sed deficientibus machinis suis innotescere faciens quanta firmitas intus exstructa sit. Ideo sequitur : « Beati qui persecutionem patiuntur propter justitiam; quoniam ipsorum est regnum cœlorum. » (*Matth.*, V, 10.)

CAPUT III.

10. Sunt autem omnes istæ octo sententiæ. Jam enim cætera compellans loquitur ad illos qui aderant, dicens : « Beati eritis, cum vobis maledicent, et persequentur vos. » Superiores autem sententias generaliter dirigebat : non enim dixit : « Beati pauperes spiritu, » quoniam vestrum est regnum cœlorum; sed, « quoniam ipsorum est, inquit, regnum cœlorum. » Neque « Beati mites, » quoniam vos possidebitis terram; sed, « quoniam ipsi possidebunt terram. » Et ita cæteras usque ad octavam sententiam, ubi ait : « Beati qui persecutionem patiuntur propter justitiam; quoniam ipsorum est regnum cœlorum. » (*Matth.*, V, 10.) Inde jam incipit loqui præsentes compellans, cum et illa quæ supra dicta sunt, ad eos etiam pertinerent, qui præsentes audiebant; et hæc postea quæ videntur præsentibus specialiter dici, pertinent etiam ad illos qui absentes vel post futuri erant. Quapropter iste sententiarum numerus diligenter considerandus est. Incipit enim beatitudo ab humilitate : « Beati pauperes spiritu, » id est, non inflati, dum se divinæ auctoritati subdit anima, timens post hanc vitam ne pergat ad pœnas, etiam si forte in hac vita sibi beata esse videatur. Inde venit ad divinarum Scripturarum cognitionem,

LIVRE I. — CHAPITRE IV.

et de se rendre coupable d'indocilité en se livrant à d'opiniâtres contestations. C'est alors qu'elle commence à savoir par quels liens les habitudes de la chair et les péchés l'enchaînent à ce monde ; voilà pourquoi dans ce troisième degré qui est celui de la science, elle pleure la perte du souverain bien qu'elle a sacrifié à des biens indignes d'elle. Le quatrième degré est celui du travail, où l'âme s'applique de toutes ses forces à se détacher des liens qui la tiennent enlacée par leur funeste douceur ; elle a donc faim et soif de la justice, et elle a grand besoin de force, car on ne laisse point sans douleur ce qu'on a possédé avec charme. Dans le cinquième degré le Sauveur donne à ceux qui ont persévéré dans ce travail, le conseil de s'en délivrer. Sans le secours d'une puissance supérieure, personne n'est capable de se dégager des embarras multipliés de si grandes misères. Or ce conseil plus sage, c'est que celui qui réclame l'appui d'un plus puissant vienne lui-même au secours d'un plus faible dans les choses où il est plus puissant que lui. « Bienheureux donc les miséricordieux, parce qu'ils obtiendront miséricorde. » Le sixième degré est la pureté du cœur, qui puise dans la conscience de ses bonnes œuvres la force de contempler le souverain bien qui ne peut être aperçu que par une intelligence pure et sans tache. Enfin la septième est la sagesse elle-même, c'est-à-dire la contemplation de la vérité qui purifie l'homme tout entier et lui donne le cachet de la ressemblance avec Dieu ; et elle conclut en ces termes : « Bienheureux les pacifiques, parce qu'ils seront appelés les enfants de Dieu. » La huitième béatitude revient à la première comme à sa source, parce qu'elle la montre élevée à sa plus haute perfection ; aussi dans la première comme dans la huitième se trouve expressément nommé le royaume des cieux : « Bienheureux les pauvres d'esprit, parce que le royaume des cieux est à eux ; » et « bienheureux ceux qui souffrent persécution pour la justice, parce que le royaume des cieux leur appartient, » lorsque l'on peut dire : « Qui nous séparera de la charité de Jésus-Christ ? Est-ce l'affliction, les angoisses, la persécution, la faim, la nudité, les périls, le glaive ? » (*Rom.*, VIII, 35.) Les sept premières béatitudes sont donc les degrés de la perfection ; la huitième lui donne le dernier trait et la montre dans tout son éclat, et la récompense de la première béatitude s'y trouve rappelée, pour que ces deux degrés extrêmes communiquent leur perfection aux degrés intermédiaires.

CHAPITRE IV.

11. Les sept opérations de l'Esprit saint dont parle le prophète Isaïe (*Isaïe*, XI, 2), me pa-

---

ubi oportet eam se mitem præbere pietate, ne id quod imperitis videtur absurdum vituperare audeat, et pervicacibus concertationibus efficiatur indocilis. Inde jam incipit scire, quibus nodis sæculi hujus per carnalem consuetudinem ac peccata teneatur : itaque in hoc tertio gradu, in quo scientia est, lugetur amissio summi boni, quia inhæretur extremis. In quarto autem gradu labor est, ubi vehementer incumbitur ut sese animus avellat ab eis, quibus pestifera dulcedine innexus est ; hic ergo esurit et sititur justitia, et multum necessaria (*a*) est fortitudo ; quia non relinquitur sine dolore quod cum delectatione retinetur. Quinto autem gradu perseverantibus in labore datur evadendi consilium ; quia nisi quisque adjuvetur a superiore, nullo modo sibi est idoneus ut sese tantis miseriarum implicamentis expediat : est autem justum consilium, ut qui se a potentiore adjuvari vult, adjuvet infirmiorem in quo est ipse potentior : itaque « Beati misericordes ; quia ipsorum miserebitur. » Sexto gradu est cordis munditia, de bona conscientia bonorum operum va-lens ad contemplandum summum illud bonum, quod solo puro et sereno intellectu cerni potest. Postremo est septima ipsa sapientia, id est contemplatio veritatis, pacificans totum hominem, et suscipiens similitudinem Dei, quæ ita concluditur : « Beati pacifici ; quoniam ipsi filii Dei vocabuntur. » Octava tanquam ad caput redit ; quia consummatum perfectumque ostendit et probat : itaque in prima et in octava nominatum est regnum cœlorum : « Beati pauperes spiritu ; quoniam ipsorum est regnum cœlorum : et : Beati qui persecutionem patiuntur propter justitiam ; quoniam ipsorum est regnum cœlorum : cum jam dicitur : Quis nos separabit a caritate Christi? tribulatio, an angustia, an persecutio, an fames, an nuditas, an periculum, an gladius? (*Rom.*, VIII, 33.) Septem sunt ergo quæ perficiunt : nam octava clarificat, et quod perfectum est demonstrat, ut per hos gradus perficiantur et cæteri, tanquam a capite rursum exordiens.

CAPUT IV.

11. Videtur ergo mihi etiam septiformis operatio

(*a*) Hic in decem Mss. non interponitur, *est*.

raissent correspondre aux sept degrés des béatitudes, mais avec cette différence que le prophète commence par les dons les plus excellents, et Notre-Seigneur par les moins parfaits. Isaïe, en effet, commence son énumération par la sagesse, et la termine par la crainte de Dieu ; or, la crainte du Seigneur est le commencement de la sagesse. (*Eccli.*, I. 16.) Si donc nous comptons ces degrés en montant, nous trouvons en premier lieu la crainte de Dieu, secondement la piété, troisièmement la science, quatrièmement la force, cinquièmement le conseil, sixièmement l'intelligence, septièmement la sagesse. Or, la crainte de Dieu est le propre des humbles, dont il est dit : « Bienheureux les pauvres d'esprit, » c'est-à-dire qui n'ont ni enflure, ni orgueil, selon cette recommandation de l'Apôtre : « N'ayez point de hautes pensées, mais tenez-vous dans la crainte, » (*Rom.*, XI, 20) c'est-à-dire ne vous élevez point. La piété convient à ceux qui sont doux, car celui qui cherche dans un esprit de piété, fait profession de respect pour la sainte Écriture, il ne s'érige pas en censeur de ce qu'il ne comprend point, et par là même, il ne résiste pas, ce qui constitue la vertu de douceur : « Bienheureux ceux qui sont doux. » La science se rapporte à ceux qui pleurent et qui connaissent maintenant par les saintes Écritures, dans quelle dure captivité les retiennent enchaînés ces maux que, dans leur ignorance, ils désiraient comme des biens qui leur étaient avantageux, et c'est d'eux qu'il est dit : « Bienheureux ceux qui pleurent. » La force convient à ceux qui ont faim et soif, parce qu'ils se fatiguent en cherchant leurs joies dans les biens véritables, et en désirant détacher leur cœur des choses terrestres et matérielles, et c'est d'eux que Notre-Seigneur dit ici : « Bienheureux ceux qui ont faim et soif de la justice. » Le conseil correspond parfaitement aux miséricordieux, car l'unique remède que nous ayons d'échapper à de si grands maux, c'est de pardonner comme nous voulons qu'on nous pardonne, et de secourir, et d'aider les autres de tout notre pouvoir, comme nous désirons qu'on vienne au secours de notre propre impuissance ; c'est de ceux-là qu'il est dit : « Bienheureux les miséricordieux. » L'intelligence se rapporte à ceux qui ont le cœur pur, et dont l'œil purifié aperçoit ce que l'œil du corps n'a point vu, ce que l'oreille n'a point entendu, ce que le cœur de l'homme n'a point compris (*Isaïe*, LXIV, 4 ; I *Cor.*, II, 9), et il est dit d'eux : « Bienheureux ceux qui ont le cœur pur. » La sagesse est le propre des pacifiques, dont l'âme est dans un ordre parfait (1), où ne s'élève aucun mouvement de révolte contre la raison, mais où tout est soumis à l'esprit de l'homme, parce qu'il est lui-même soumis à Dieu ; et c'est d'eux que Notre-Seigneur dit : « Bienheureux les pacifiques. »

(1) Dans ce sens que les pacifiques domptent les concupiscences de la chair pour arriver au jour à la paix pleine et entière. (1 *Retr.*, XIX, 1.)

Spiritus sancti, de qua Isaias loquitur (*Isa.*, XI, 2), his gradibus sententiisque congruere. Sed interest ordinis : nam ibi enumeratio ab excellentioribus cœpit, hic vero ab inferioribus. Ibi namque incipit a sapientia, et desinit ad timorem Dei : sed initium sapientiæ timor Domini est. (*Eccli.*, I, 16.) Quapropter si gradatim tanquam ascendentes numeremus, primus ibi est timor Dei, secunda pietas, tertia scientia, quarta fortitudo, quintum consilium, sextus intellectus, septima sapientia. Timor Dei congruit humilibus, de quibus hic dicitur : « Beati pauperes spiritu, » id est non inflati, non superbi : quibus Apostolus dicit : Noli altum sapere, sed time, id est, noli extolli. (*Rom.*, XI, 20.) Pietas congruit mitibus : qui enim pie quærit, honorat sanctam Scripturam, et non reprehendit quod nondum intelligit, et propterea non resistit, quod est mitem esse : unde hic dicitur : « Beati mites. » Scientia congruit lugentibus, qui jam cognoverunt in Scripturis quibus malis vincti teneantur, quæ tanquam bona et utilia ignorantes appetiverunt : de quibus hic dicitur : « Beati qui lugent. » (*Matth.*, V, 6.) Fortitudo congruit esurientibus et sitientibus : laborant enim desiderantes gaudium de veris bonis, et amorem a terrenis et corporalibus avertere cupientes : de quibus hic dicitur : « Beati qui esuriunt et sitiunt justitiam. » Consilium congruit misericordibus : hoc enim unum remedium est de tantis malis evadendi, ut dimittamus, sicut nobis dimitti volumus ; et adjuvemus in quo possumus alios, sicut nos in quo non possumus cupimus adjuvari : de quibus hic dicitur : « Beati misericordes. » Intellectus congruit mundis corde, tanquam purgato oculo, quo cerni possit quod corporeus oculus non vidit, nec auris audivit, nec in cor hominis ascendit (*Isa.*, LXIV, 4 ; I *Cor.*, II, 9) : de quibus hic dicitur : « Beati mundi corde. » Sapientia congruit pacificis, in quibus jam ordinata sunt omnia, nullusque motus adversus rationem rebellis est, sed cuncta obtemperant spiritui hominis, cum et ipse obtemperet Deo : de quibus hic dicitur : « Beati pacifici. »

LIVRE I. — CHAPITRE IV.

12. Or, il n'y a ici qu'une seule récompense, qui reçoit diverses dénominations, suivant ses différents degrés. Il est expressément nommé et avec raison dans la première béatitude, parce qu'il est la sagesse parfaite et souveraine de l'âme raisonnable. Ces paroles : « Bienheureux les pauvres d'esprit, parce que le royaume des cieux est à eux, » équivalent donc à celles-ci : « La crainte du Seigneur, est le commencement de la sagesse. » (*Eccli.*, 1, 16; *Ps.* cx, 10; *Prov.*, ix, 10.) C'est à ceux qui sont doux que l'héritage est donné, comme à des enfants qui cherchent avec piété le testament de leur père : « Bienheureux ceux qui sont doux, parce qu'ils possèderont la terre en héritage. » La consolation est pour ceux qui pleurent, c'est-à-dire par ceux qui savent ce qu'ils ont perdu, et dans quel abîme de maux ils sont plongés : « Bienheureux ceux qui pleurent, parce qu'ils seront consolés. » Ceux qui ont faim et soif sont rassasiés, c'est comme l'aliment réparateur donné à ceux qui travaillent et combattent courageusement pour leur salut : « Bienheureux ceux qui ont faim et soif de la justice, parce qu'ils seront rassasiés. » Les miséricordieux obtiennent miséricorde, parce qu'ils ont suivi le vrai et sage conseil de venir en aide à la faiblesse pour obtenir eux-mêmes le secours d'un plus puissant : « Bienheureux les miséricordieux, parce qu'ils obtiendront miséricorde. » A ceux qui ont le cœur pur, la faculté de voir Dieu, parce qu'eux seuls ont un œil assez pur pour voir et comprendre les choses éternelles : « Bienheureux ceux qui ont le cœur pur, parce qu'ils verront Dieu. » Aux pacifiques, la ressemblance avec Dieu, parce qu'ils possèdent la sagesse dans sa perfection, et qu'ils sont formés à l'image de Dieu par la régénération de l'homme nouveau : « Bienheureux ceux qui sont pacifiques, parce qu'ils seront appelés fils de Dieu. » Or, toutes ces promesses peuvent recevoir leur accomplissement en cette vie, comme nous croyons qu'elles l'ont eu dans les apôtres (1). Car aucune parole ne peut exprimer cette transformation complète, qui nous rendra semblables aux anges, et qui nous est promise après cette vie : « Bienheureux donc ceux qui souffrent persécution pour la justice, parce que le royaume des cieux leur appartient. » Cette huitième béatitude qui revient à la première et qui nous montre l'homme élevé à la perfection, est peut-être figurée par la circoncision, qui, dans l'ancienne loi, avait lieu le huitième jour, et par la résurrection de Notre-Seigneur, après le jour du sabbat, qui est à la fois le huitième et le premier jour ; et aussi par la célébration des huit jours qui suivent la régénération de l'homme nouveau, enfin, par le nombre même de la Pentecôte. En effet, au nombre sept, multiplié sept

(1) C'est-à-dire dans la perfection qu'ils ont atteinte et qui est celle dont cette vie est capable.

---

12. Unum autem præmium quod est regnum cœlorum, pro his gradibus varie nominatum est. In primo, sicut oportebat, positum est regnum cœlorum, quod est perfecta summaque sapientia animæ rationalis. Sic itaque dictum est : « Beati pauperes spiritu; quoniam ipsorum est regnum cœlorum : » tanquam diceretur : Initium sapientiæ timor Domini. (*Eccli.*, 1, 16.) Mititibus hæreditas data est (*Psal.* cx, 10), tanquam testamentum patris cum pietate quærentibus (*Prov.*, ix, 10) : « Beati mites; quoniam ipsi hæreditate possidebunt terram. » Lugentibus consolatio, tanquam scientibus quid amiserint, et quibus mersi sint : « Beati qui lugent; quoniam ipsi consolabuntur. » Esurientibus et sitientibus saturitas, tanquam refectio laborantibus fortiterque certantibus ad salutem : « Beati qui esuriunt et sitiunt justitiam; quoniam ipsi saturabuntur. » Misericordibus misericordia, tanquam vero et optimo consilio utentibus, ut hoc eis exhibeatur a potentiore, quod invalidioribus exhibent. « Beati misericordes; quoniam ipsorum miserebitur. » Mundis corde facultas videndi Deum, tanquam purum oculum ad intelligenda æterna gerentibus : « Beati mundi corde; quoniam ipsi Deum videbunt. » Pacificis Dei similitudo, tanquam perfecte sapientibus formatisque ad imaginem Dei per regenerationem renovati hominis : « Beati pacifici; quoniam ipsi filii Dei vocabuntur. » Et ista quidem in hac vita possunt compleri, sicut completa esse in Apostolis credimus. Nam illa omnimoda in angelicam formam mutatio, quæ post hanc vitam promittitur, nullis verbis exponi potest. « Beati ergo qui persecutionem patiuntur propter justitiam; quoniam ipsorum est regnum cœlorum. » Hæc octava sententia, quæ ad caput redit, perfectumque hominem declarat, significatur fortasse et circumcisione octavo die in Veteri Testamento; et Domini resurrectione post sabbatum, qui est utique octavus, idemque primus dies; et celebratione octavarum feriarum, quas in regeneratione novi hominis celebramus; et numero ipso Pentecostes. Nam septenario numero septies multiplicato, quo fiunt quadraginta novem, quasi octavus additur, ut quinquaginta compleantur

fois, et qui fait quarante-neuf, on ajoute un huitième jour, et on a ainsi les cinquante jours qui nous font revenir au point d'où nous sommes partis, au jour où a été envoyé l'Esprit saint qui nous conduit dans le royaume des cieux, qui nous met en possession de l'héritage, qui nous donne la consolation, la nourriture, la miséricorde, la pureté, la paix, et nous rend si parfaits, que nous sommes capables de supporter pour la vérité et la justice, toutes les persécutions qui viennent du dehors.

CHAPITRE V.

13. « Vous serez bienheureux, lorsque les hommes vous maudiront et vous persécuteront, et diront faussement toute sorte de mal contre vous, à cause de moi. Réjouissez-vous, et tressaillez de joie, parce que votre récompense est grande dans les cieux. » (*Matth.*, v, 11, 12.) Que celui qui, dans la profession du nom chrétien, recherche les délices du siècle, et la jouissance des biens de la terre, remarque ici que notre félicité est tout intérieure, comme le Roi-prophète l'a prédit de l'âme fidèle : « Toute la beauté de la fille du roi est intérieure. » (*Ps.* XLIV, 14.) Au dehors, on ne nous promet que des malédictions, des persécutions, des calomnies, mais avec elles et pour elles, une grande récompense dans les cieux, récompense que goûtent déjà par avance ceux qui souffrent patiemment et qui peuvent dire : « Nous nous glorifions dans les tribulations, sachant que la tribulation produit la patience ; la patience, l'épreuve ; l'épreuve, l'espérance. Or, l'espérance ne confond point, parce que la charité de Dieu a été répandue dans nos cœurs par l'Esprit saint qui nous a été donné. » (*Rom.*, v, 3.) Il ne suffit donc pas de souffrir ces épreuves pour en recueillir le fruit, il faut les supporter pour le nom de Jésus-Christ, non-seulement avec patience, mais avec joie. Combien d'hérétiques, en effet, que nous voyons séduire les âmes au nom de Jésus-Christ, ont à supporter de semblables épreuves, et cependant ils n'auront aucune part à cette récompense, parce que Notre-Seigneur n'a pas seulement dit : « Bienheureux ceux qui souffrent persécution, » mais qu'il ajoute : « Pour la justice. » Or, en dehors de la vraie foi, il n'y a point, il ne peut y avoir de justice, parce que le juste vit de la foi. (*Habac.*, II, 4 ; *Rom.*, I, 17.) Que les schismatiques ne se flattent point d'avoir plus de droits à cette récompense, car, sans la charité encore, il ne peut y avoir de justice, et l'amour du prochain n'opère point le mal. (*Rom.*, XIII, 10.) Or, s'ils avaient la charité, déchireraient-ils, comme ils le font, le corps de Jésus-Christ, qui est l'Église ? (*Col.*, I, 24.)

14. On peut demander quelle différence existe entre cette locution : « Lorsqu'ils vous maudi-

---

et tanquam redeatur ad caput, quo die missus est Spiritus sanctus, quo in regnum cœlorum ducimur, et hæreditatem accipimus, et consolamur, et pascimur, et misericordiam consequimur, et mundamur, et pacificamur ; atque ita perfecti, omnes extrinsecus illatas molestias pro veritate et justitia sustinemus.

CAPUT V.

13. « Beati eritis, inquit, cum vobis maledicent, et persequentur vos, et dicent omne malum adversum vos mentientes propter me. Gaudete et exultate, quoniam merces vestra multa est in cœlis. » (*Matth.* v, 11, 12.) Animadvertat quisquis delicias hujus sæculi et facultates rerum temporalium quærit in nomine Christiano, intrinsecus esse beatitudinem nostram : sicut de anima ecclesiastica ore prophetico dicitur : « Omnis pulchritudo filiæ regis intrinsecus (*Psal.* XLIV, 14) : nam extrinsecus maledicta et persecutiones et detractiones promittuntur : de quibus tamen magna merces est in cœlis, quæ sentitur in corde patientium, eorum qui jam possunt dicere : « Gloriamur in tribulationibus, scientes quoniam tribulatio patientiam operatur, patientia autem probationem, probatio vero spem, spes autem non confundit, quia caritas Dei diffusa est in cordibus nostris, per Spiritum sanctum qui datus est nobis. » (*Rom.*, v, 3, etc.) Non enim ista perpeti fructuosum est, sed ista pro Christi nomine non solum æquo animo, sed etiam cum exultatione tolerare. Nam multi hæretici, nomine Christiano animas decipientes, multa talia patiuntur : sed ideo excluduntur ab ista mercede, quia non dictum est tantum : « Beati qui persecutionem patiuntur ; » sed additum est, « propter justitiam : » Ubi autem sana fides non est, non potest esse justitia ; quia justus ex fide vivit. (*Habac.*, II, 4 ; *Rom.*, I, 17.) Neque schismatici aliquid sibi ex ista mercede promittant ; quia similiter : Ubi caritas non est, non potest esse justitia : Dilectio enim proximi malum non operatur. (*Rom.*, XIII, 10.) Quam si haberent, non dilaniarent corpus Christi quod est Ecclesia. (*Col.*, I, 24.)

14. Quæri autem potest quid intersit quod ait :

ront, » et cette autre : « Lorsqu'ils diront toute sorte de mal contre vous, » puisque maudire, n'est autre chose que dire du mal. Nous répondons qu'il y a une différence entre dire du mal de quelqu'un, en l'outrageant en sa présence, comme les Juifs qui disaient à Notre-Seigneur : « N'avons-nous pas raison de dire que vous êtes un Samaritain et un possédé du démon ? » (*Jean*, VIII, 48), et porter atteinte à sa réputation en son absence, comme il arriva encore pour le Sauveur : « Les uns, dit l'Évangéliste, disaient : C'est un prophète, les autres : Non, mais il séduit le peuple. » Quant au mot persécuter, il signifie faire violence à quelqu'un, ou lui tendre des embûches ; c'est ce qu'a fait celui qui a livré le Sauveur, et ceux qui l'ont crucifié. Notre-Seigneur ne se contente pas de dire : « Lorsqu'ils diront toute sorte de mal contre vous, » mais il ajoute : « faussement, » et encore : « A cause de moi. » Or, je crois qu'il avait ici en vue ceux qui voudraient tirer gloire de leurs persécutions, et du déshonneur qui s'attache justement à leur réputation, et qui prétendent faire partie des disciples de Jésus-Christ, parce qu'ils sont en butte à mille discours injurieux, bien que ces discours ne soient que l'expression de la vérité, lorsqu'ils ont pour objet leurs erreurs. Et si parfois on les accuse à faux, ce qui, par la légèreté des hommes, peut arriver fréquemment, ce n'est cependant pas pour Jésus-Christ qu'ils souffrent ces calomnies. Car on ne suit vraiment Jésus-Christ que lorsqu'on porte le nom de chrétien, en vivant selon la vraie foi et les règles de la doctrine catholique.

15. « Réjouissez-vous, dit le Sauveur, et tressaillez d'allégresse, parce que votre récompense est grande dans les cieux. » (*Matth.*, V, 12.) Je ne pense pas que les cieux désignent ici les parties supérieures de ce monde visible, car ce n'est pas dans les choses qui changent, et que le temps emporte, que nous devons placer notre récompense, qui doit être immuable et éternelle. Le ciel, dont parle ici le Sauveur, est le firmament spirituel, où habite l'éternelle justice, en comparaison duquel l'âme coupable est appelée terre, comme il fut dit au premier homme après son péché : « Vous êtes terre, et vous retournerez en terre. » (*Gen.*, III, 19.) C'est de ces cieux que l'Apôtre a dit : « Nous vivons déjà dans le ciel. » (*Philip.*, III, 20.) Ceux qui placent leur joie dans les biens spirituels, peuvent déjà pressentir cette récompense, mais ils n'en auront la parfaite jouissance, que lorsque ce corps mortel aura revêtu l'immortalité. (1 *Cor.*, XV, 54.) « Car c'est ainsi qu'ils ont persécuté les prophètes qui ont été avant vous. » (*Matth.*, V, 12.) La persécution est prise ici dans un sens général, et signifie tous les discours outrageants, tout ce qui déchire la réputation.

« Cum vobis maledicent, » et : « Omne malum dicent adversum vos : » cum maledicere, hoc sit, malum dicere. Sed aliter maledictum jactatur cum contumelia coram illo cui maledicitur, sicut Domino nostro dictum est : Nonne verum dicimus, quia Samaritanus es, et dæmonium habes? (*Joan.*, VIII, 48) aliter cum absentis fama læditur, sicut de illo item scribitur : Alii dicebant : Quia propheta est : alii autem dicebant : Non, sed seducit populum. (*Joan.*, VII, 12.) Persequi autem, est vim inferre, vel insidiis appetere : quod fecit qui cum tradidit, et qui eum crucifixerunt. Sane quod etiam hoc non est nude positum, ut diceretur : « Et dicent omne malum adversum vos, » sed additum est, « mentientes; » additum etiam, « propter me : » propter eos additum puto, qui volunt de persecutionibus et de famæ suæ turpitudine gloriari; et ideo dicere ad se pertinere Christum, quia multa de illis dicuntur mala; cum et vera dicantur, quando de illorum errore dicuntur : et si aliquando etiam nonnulla falsa jactantur, quod temeritate hominum plerumque accidit, non tamen propter Christum ista patiuntur. Non enim Christum sequitur, qui non secundum veram fidem et catholicam disciplinam Christianus vocatur.

15. « Gaudete, inquit, et exultate, quoniam merces vestra multa est in cœlis. » (*Matth.*, V, 12.) Non hic cœlos dici puto superiores partes hujus visibilis mundi. Non enim merces nostra, quæ inconcussa et æterna esse debet, in rebus volubilibus, et temporalibus collocanda est. Sed « in cœlis » dictum puto, in spiritualibus firmamentis, ubi habitat sempiterna justitia : in quorum comparatione terra dicitur anima iniqua, cui peccanti dictum est : Terra es, et in terram ibis. (*Gen.*, III, 19.) De his cœlis dicit Apostolus : Quoniam conversatio nostra in cœlis est. (*Philip.*, III, 20.) Sentiunt ergo jam istam mercedem, qui gaudent spiritalibus bonis : sed tunc ex omni parte perficietur, cum etiam hoc mortale induerit immortalitatem. « Ita enim persecuti sunt, inquit, et Prophetas qui ante vos fuerunt. » (*Matth.*, V, 12.) Nunc persecutionem generaliter posuit, et in maledictis et in dilaceratione famæ; et bene exemplo adhortatus

Or, l'exemple que leur donne le Sauveur, est on ne peut mieux choisi, car le langage de la vérité attire ordinairement des persécutions, et cependant la crainte de la persécution n'a jamais empêché les anciens prophètes d'annoncer hautement la vérité.

CHAPITRE VI.

16. Par un enchaînement des plus logiques, le Sauveur ajoute : « Vous êtes le sel de la terre. » (*Matth.*, v, 13.) Il nous enseigne par là qu'il faut regarder comme des insensés, ceux qui, en cherchant à jouir ou en craignant d'être privés des biens du temps, perdent les biens éternels que les hommes ne peuvent ni donner, ni enlever. « Si donc le sel perd sa force, avec quoi le salera-t-on ? » C'est-à-dire, si vous qui devez être comme l'assaisonnement des peuples, vous perdez le royaume des cieux par la crainte des persécutions temporelles, quels seront les hommes qui pourront vous guérir de vos erreurs, puisque c'est vous que Dieu a choisis pour corriger les erreurs des autres? « Donc le sel affadi n'est plus bon à rien qu'à être jeté dehors et à être foulé aux pieds. » Or, ce n'est pas celui qui souffre persécution qui est foulé aux pieds par les hommes, mais celui à qui la crainte de la persécution fait perdre sa force. On ne peut être foulé aux pieds que lorsqu'on est à terre ; or, on n'est jamais à terre, bien que le corps soit en butte sur la terre à mille mauvais traitements, lorsque par le cœur on habite dans le ciel.

17. « Vous êtes la lumière du monde. » (*Matth.*, v, 14.) Il leur a dit plus haut : « Vous êtes le sel de la terre, » il leur dit maintenant dans le même sens : « Vous êtes la lumière du monde. » Par cette terre dont il parle plus haut, il ne faut pas entendre celle que nous foulons aux pieds du corps, mais les hommes qui habitent sur la terre, et même les pécheurs dont la corruption doit être comme assaisonnée et absorbée par le sel apostolique. De même ici, par le monde, il faut entendre, non pas le ciel et la terre, mais les hommes qui habitent le monde, ou qui aiment le monde, et que les apôtres ont été appelés à éclairer : « Une ville située sur une montagne ne peut être cachée, » c'est-à-dire une ville assise sur une justice éminente, parfaite, figurée par la montagne du haut de laquelle Notre-Seigneur fait entendre sa parole. « Et on n'allume point une lampe pour la mettre sous le boisseau. » Or, quel est le sens de ces paroles : « Sous le boisseau ? » Signifient-elles seulement qu'il ne faut pas cacher cette lampe, comme si Notre-Seigneur voulait dire : Personne n'allume une lampe pour la cacher? Ou bien le mot boisseau a-t-il ici une signification particulière? Placer la lampe sous le boisseau, ne serait-ce pas préférer les avantages temporels

---

est, quia vera dicentes solent persecutionem pati : nec tamen ideo Prophetæ antiqui timore persecutionis a veritatis prædicatione defecerunt.

CAPUT VI.

16. Rectissime itaque sequitur : « Vos estis sal terræ : » (*Matth.*, v, 13) ostendens fatuos esse judicandos, qui temporalium bonorum vel copiam sectantes, vel inopiam metuentes, amittunt æterna, quæ nec dari possunt ab hominibus, nec auferri. « Itaque si sal infatuatum fuerit, in quo salietur ? » id est, si vos per quos condiendi sunt quodammodo populi, metu persecutionum temporalium amiseritis regna cœlorum ; qui erunt homines per quos a vobis error auferatur, cum vos elegerit Deus, per quos errorem auferat cæterorum? Ergo « ad nihilum valet » sal infatuatum, « nisi ut mittatur foras, et calcetur ab hominibus. » Non itaque calcatur ab hominibus qui patitur persecutionem, sed qui persecutionem timendo infatuatur. Calcari enim non potest nisi inferior : sed inferior non est qui quamvis corpore multa in terra sustineat, corde tamen fixus in cœlo est.

17. « Vos estis lumen mundi, » (*v.* 14.) Quomodo dixit superius « sal terræ, » sic nunc dicit « lumen mundi. » Nam neque superius ista terra accipienda est, quam pedibus corporeis calcamus, sed homines qui in terra habitant, vel etiam peccatores, quorum condiendis et extinguendis putoribus Apostolicum salem Dominus misit. Et hic mundum non cœlum et terram, sed homines qui sunt in mundo vel diligunt mundum, oportet intelligi, quibus illuminandis Apostoli missi sunt. « Non potest civitas abscondi super montem constituta : » id est, fundata super insignem magnamque justitiam, quam significat etiam ipse mons in quo disputat Dominus. « Neque accendunt lucernam, et ponunt eam sub modio. » (*v.* 15.) Quid putamus? ita esse dictum « sub modio, » ut occultatio tantum lucernæ accipienda sit, tanquam si diceret : Nemo accendit lucernam, et occultat illam? an aliquid etiam modius significat, ut hoc sit ponere lucernam sub modio, superiora facere corporis com-

à la prédication de la vérité, c'est-à-dire sacrifier la prédication de la vérité à la crainte d'être troublé dans la possession des biens du corps et du temps? Le boisseau est ici une figure très-juste des biens du corps, soit à cause de la récompense qui sera donnée avec mesure, car chacun recevra selon ce qu'il aura fait pendant qu'il était dans son corps, d'après ce témoignage de l'Apôtre : « Chacun recevra ce qui est dû à ses actions pendant qu'il était dans son corps, » (II *Cor.*, v, 10) et cet autre passage où il est encore question de ce boisseau du corps : « Vous serez mesurés à la même mesure que vous aurez mesuré les autres; » (*Matth.*, vii, 2) soit parce que ces biens temporels qui ont le corps pour objet et pour instrument ont aussi le temps pour mesure de leur existence passagère, mesure qui est figurée par le boisseau, tandis que ces choses spirituelles et éternelles, ne sont point renfermées dans ces étroites limites (1). On place donc la lampe sous le boisseau, toutes les fois qu'on obscurcit et qu'on voile la lumière d'une saine doctrine sous les nuages des biens temporels. « Mais on la place sur le chandelier. » Or, placer la lumière sur le chandelier, c'est assujettir son corps au ministère de la parole, de manière que la prédication de la vérité occupe le premier rang, et les soins du corps, la dernière place. Cependant cet assujettissement du corps donne à la doctrine un nouvel éclat, qui la fait pénétrer dans l'âme des disciples, à l'aide du concours que lui prête le corps, c'est-à-dire la voix, la langue et tous les autres mouvements du corps, qui contribuent aux bonnes œuvres. C'est ainsi que l'Apôtre place la lampe sur le chandelier, lorsqu'il dit : « Pour moi je combats, non comme frappant l'air, mais je châtie rudement mon corps, et je le réduis en servitude, de peur qu'après avoir prêché aux autres, je ne sois réprouvé moi-même. » (1 *Cor.*, ix, 26.) « Afin qu'elle éclaire tous ceux qui sont dans la maison. » Cette maison, c'est le lieu que les hommes habitent, c'est-à-dire le monde lui-même, comme l'indiquent les paroles qui précèdent : « Vous êtes la lumière du monde. » La raison ne s'oppose point d'ailleurs à ce que par cette maison, on entende l'Eglise.

CHAPITRE VII.

18. « Que votre lumière luise devant les hommes, afin qu'ils voient vos bonnes œuvres, et qu'ils glorifient votre Père qui est dans les cieux. » (*Matth.*, v, 16.) Si Notre-Seigneur s'était contenté de dire : Que votre lumière luise devant les hommes, afin qu'ils voient vos bonnes œuvres, il aurait paru leur assigner pour fin les louanges des hommes, que recherchent les hy-

---

(1) Ce passage ne s'applique avec vérité qu'à Jésus-Christ. (I *Retract.*, xix, 3.)

---

modia, quam prædicationem veritatis; ut ideo quisque veritatem non prædicet, dum timet ne aliquid in rebus corporalibus et temporalibus molestiæ patiatur? Et bene modius dicitur, sive propter retributionem mensuræ, quia ea quisque recipit quæ gessit in corpore, ut illic inquit Apostolus, recipiat unusquisque quæ gessit in corpore (II *Cor.*, v, 10) : et tanquam de hoc modio corporis alio loco dicitur : In qua enim mensura mensi fueritis, in ea remetietur vobis (*Matth.*, vii, 2) : sive quoniam temporalia bona, quæ in corpore peraguntur, certa dierum mensura et inchoantur et transeunt, quam fortasse significat modius; æterna vero et spiritalia nullo tali fine coercentur : Non enim ad mensuram dat Deus spiritum. (*Joan.*, iii, 34.) Sub modio ergo lucernam ponit, quisquis lucem bonæ doctrinæ commodis temporalibus obscurat et tegit. « Sed super candelabrum : » Super candelabrum autem, qui corpus suum ministerio Dei subjicit, ut superior sit prædicatio veritatis, et inferior servitus corporis; per ipsam tamen corporis servitutem excelsior luceat doctrina, quæ per officia corporalia, id est per vocem et linguam et cæteros corporis motus in bonis operibus insinuatur discentibus. Super candelabrum ergo ponit lucernam, cum dicit Apostolus : Non sic pugno tanquam aerem cædens, sed castigo corpus meum, et servituti subjicio, ne forte aliis prædicans ipse reprobus inveniar. (1 *Cor.*, ix, 26.) Quod vero ait : « Ut luceat omnibus qui in domo sunt. » (*Matth.*, v, 15.) Domum puto dictam habitationem hominum, id est, ipsum mundum, propter id quod superius ait : « Vos estis lumen mundi : » aut si domum quisque vult accipere Ecclesiam, nec hoc est absurdum.

CAPUT VII.

18. « Sic luceat, inquit, lumen vestrum coram hominibus, ut videant bona facta vestra, et glorificent Patrem vestrum qui in cœlis est. » (*Matth.*, v, 16.) Si tantummodo diceret : « Sic luceat lumen vestrum coram hominibus, ut videant bona facta vestra : » finem constituisse videretur in laudibus hominum,

pocrites, ceux qui ambitionnent les honneurs, et qui recherchent avidement la plus vaine des gloires. C'est contre eux que s'élève l'Apôtre quand il dit : « Si je plaisais encore aux hommes, je ne serais point serviteur de Jésus-Christ. » (*Galat.*, I, 10.) Le Prophète les condamne également par ces paroles : « Ceux qui s'attachent à plaire aux hommes, sont tombés dans la confusion, parce que Dieu les a couverts de mépris; » et encore : « Dieu a brisé les os de ceux qui veulent plaire aux hommes. » (*Ps.* LII, 6.) Entendez encore l'Apôtre : « Ne devenons pas avides d'une vaine gloire. » (*Galat.*, V, 26.) Et dans un autre endroit : « Que chacun éprouve ses propres œuvres, et alors il trouvera sa gloire en lui-même et non dans un autre. » (*Ibid.*, VI, 4.) Le Sauveur n'a donc pas dit seulement : « Afin qu'ils voient vos bonnes œuvres, » mais il ajoute : « Et qu'ils glorifient votre Père qui est dans les cieux, » c'est-à-dire, qu'en étant agréable aux hommes par ses bonnes œuvres, l'homme doit se proposer une autre fin et la rapporter à la gloire de Dieu, encore qu'il ne cherche à plaire aux hommes qu'afin que Dieu en soit glorifié. Il est même utile à ceux qui donnent des louanges qu'elles tournent à la gloire de Dieu plutôt qu'à la gloire de l'homme. Notre-Seigneur nous en a donné un exemple, lorsqu'on apporta devant lui un homme; la multitude était dans l'admiration de sa puissance qui avait guéri ce paralytique; mais l'Evangéliste ajoute : « Ils furent saisis de crainte, et ils rendirent gloire à Dieu, qui a donné une si grande puissance aux hommes. » (*Matth.*, IX, 8.) Aussi saint Paul, son fidèle imitateur, dit de son côté : « Les Eglises de Judée avaient seulement ouï dire : Celui qui autrefois nous persécutait, annonce maintenant la foi qu'il s'efforçait de détruire, et elles glorifiaient Dieu à cause de moi. » (*Gal.*, I, 23, 24.)

19. Après avoir exhorté ceux qui l'écoutaient à se préparer à tout souffrir pour la vérité et pour la justice, à ne point cacher la doctrine salutaire qu'ils allaient recevoir, mais à s'en instruire dans l'intention bienveillante de la communiquer aux autres, en rapportant toutes leurs bonnes œuvres, non pas à leur propre gloire, mais à la gloire de Dieu; Notre-Seigneur commence à leur faire connaître la matière de leur enseignement. Il semble supposer qu'ils lui ont fait cette question : Nous sommes disposés à tout souffrir pour votre nom, et à ne point cacher votre doctrine; mais quelle est cette doctrine qui ne doit point rester cachée, et pour laquelle vous nous ordonnez de tout souffrir? Sera-t-elle donc contraire à celle qu'enseigne la loi? Non, leur répond il, ne pensez pas que je sois venu détruire la loi et les prophètes : je ne suis pas venu les détruire, mais les accomplir. (*Matth.*, V, 17.)

---

quas quærunt hypocritæ, et qui ambiunt ad honores, et captant inanissimam gloriam. Contra quos dicitur : Si adhuc hominibus placerem, Christi servus non essem (*Gal.*, I, 10) : et per Prophetam : Qui hominibus placent, confusi sunt, quia Deus nihili fecit illos (*Psal.* LII, 6) : et iterum, Deus confregit ossa hominibus placentium (*Ibid.*) : et rursum Apostolus : Non efficiamur inanis gloriæ cupidi (*Gal.*, V, 26, et VI, 4) : et ipse iterum : Probet autem se homo, et tunc in semetipso habebit gloriam, et non in altero. Non ergo tantum dixit : « ut videant bona facta vestra : » sed addidit : « et glorificent Patrem vestrum qui in cœlis est : » ut ipsum quod homo per bona opera placet hominibus, non ibi finem constituat ut hominibus placeat; sed referat hoc ad laudem Dei, et propterea placeat hominibus ut in illo glorificetur Deus. Hoc enim laudantibus expedit, ut non hominem, sed Deum honorent : sicut in ipso homine (*a*) qui portabatur, Dominus ostendit, ubi admiratæ turbæ paralytico sanato virtutes ejus, sicut in Evangelio scriptum est : Timuerunt et glorificaverunt Deum, qui dedit potestatem talem hominibus. (*Matth.*, IX, 8.) Cujus imitator apostolus Paulus dicit : Tantum autem audientes erant, « quoniam qui aliquando nos persequebatur, nunc evangelizat fidem, quam aliquando vastabat, et in me glorificabant Deum. » (*Gal.*, I, 23.)

19. Postea quam ergo cohortatus est audientes, ut se præpararent ad omnia sustinenda pro veritate atque justitia, et ut non absconderent bonum quod accepturi erant, sed ea benevolentia discerent, ut cæteros docerent, non ad laudem suam, sed ad gloriam Dei bona sua opera referentes : incipit eos jam informare et docere quid doceant, tanquam si quærerent dicentes : Ecce volumus et omnia sustinere pro tuo nomine, et doctrinam tuam non abscondere; sed quid est hoc ipsum quod vetas abscondi, et pro quo jubes omnia tolerari? numquid alia dicturus es contra ea quæ in Lege scripta sunt? Non, inquit. « Nolite enim putare, quoniam veni solvere Legem aut Prophetas : non veni solvere, sed implere. » (*Matth.*, V, 17.)

(*a*) In undecim Mss. et in editis Am. et Er. *quem portabat* : apud Mar. *quem portabant*.

CHAPITRE VIII.

20. Cette maxime présente deux sens, qu'il faut expliquer successivement. En effet, celui qui dit : « Je ne suis pas venu pour détruire la loi, mais pour l'accomplir, » donne à entendre ou qu'il lui ajoute ce qui lui manque, ou qu'il fait ce qu'il prescrit. Examinons d'abord la première supposition. Celui qui ajoute à une chose ce qui lui manque, ne détruit pas ce qu'il y trouve, mais l'affermit en lui donnant une nouvelle perfection. Voilà pourquoi le Sauveur ajoute : « Je vous le dis en vérité, plutôt le ciel et la terre passeront, que passe un seul iota ou un seul point de la loi, sans que tout soit accompli. » (*Matth.*, v, 18.) En effet, si ce qui ne fait que perfectionner une chose doit s'accomplir, à bien plus forte raison ce qui en est comme le commencement. Ces paroles : « Un seul *iota* ou un seul point de la loi ne passera pas, » expriment énergiquement la perfection à laquelle nous sommes appelés (1), puisque chaque lettre en est comme la démonstration. Parmi ces lettres, la plus petite est l'iota, parce qu'elle s'écrit d'un seul trait, le point est un signe beaucoup plus petit qui surmonte l'iota. En s'exprimant de la sorte, Notre-Seigneur nous apprend que dans la loi, les plus petites choses doivent être accomplies avec le plus grand soin. Il ajoute ensuite : « Celui-là donc qui violera l'un de ces moindres commandements et enseignera ainsi aux hommes, sera le moindre dans le royaume des cieux. » (*Matth.*, v, 19.) Ces préceptes moindres que les autres sont figurés ici par l'*iota* et par le point. « Celui-là donc qui les viole et qui enseigne ainsi aux hommes, » c'est-à-dire, en tant qu'il les viole, et non pas en tant qu'il les trouve et qu'il les lit, « sera appelé le plus petit dans le royaume des cieux, » c'est-à-dire que peut-être même n'entrera-t-il pas dans le royaume des cieux, où ne sont admis que ceux qui sont véritablement grands. « Celui au contraire qui les gardera et enseignera ainsi les hommes, » c'est-à-dire, celui qui ne les a pas violés, et qui enseigne de même à ne pas les violer, « sera appelé grand dans le royaume des cieux. » Or, celui qui sera appelé grand dans le royaume des cieux, devra nécessairement entrer dans ce royaume où les grands sont admis, et c'est à cette pensée que se rattache ce qui suit.

CHAPITRE IX.

21. « Car je vous dis que si votre justice n'est pas plus abondante que celle des scribes et des pharisiens, vous n'entrerez pas dans le royaume

---

(1) Il ne faut cependant pas entendre cette perfection dans ce sens, qu'on puisse vivre sur la terre sans aucun péché. (I *Retract.*, xix, 3.)

CAPUT VIII.

20. In hac sententia sensus duplex est; secundum utrumque tractandum est. Nam qui dicit : « Non veni solvere Legem, sed implere; » aut addendo dicit quod minus habet, aut faciendo quod habet : illud ergo prius consideremus, quod primo posui. Nam qui addit quod minus habet, non utique solvit quod invenit, sed magis perficiendo confirmat : et ideo sequitur, et dicit : « Amen dico vobis, donec transeat cœlum et terra, iota unum aut unus apex non transiet a Lege, donec omnia fiant. » (v. 18.) Dum enim fiunt etiam illa quæ adduntur ad perfectionem, multo magis fiunt illa quæ præmissa sunt ad inchoationem. Quod autem ait : « Iota unum, aut unus apex non transiet a Lege, » nihil potest aliud intelligi nisi vehemens expressio perfectionis, quando per litteras singulas demonstrata est : inter quas litteras iota minor est cæteris, quia uno ductu fit; apex autem est etiam ipsius aliqua in summo particula. Quibus verbis ostendit in Lege ad effectum etiam minima quæque perduci. Deinde subjicit : « Qui enim solverit unum de mandatis istis minimis, et docuerit sic homines, minimus vocabitur in regno cœlorum. » (*Matth.*, v, 19.) Mandata ergo minima significantur per unum iota et unum apicem. Qui ergo « solverit et docuerit sic, » id est, secundum id quod solvit, non secundum id quod invenit et legit, « minimus vocabitur in regno cœlorum : » et fortasse ideo non erit in regno cœlorum, ubi nisi magni esse non possunt. « Qui autem fecerit et docuerit (*a*) sic, » hoc est, qui non solverit, et docuerit sic, secundum id quod non solvit, « magnus vocabitur in regno cœlorum. » Qui vero magnus vocabitur in regno cœlorum, sequitur ut etiam sit in regno cœlorum, quo magni admittuntur : ad hoc enim pertinet quod sequitur.

CAPUT IX.

21. « Dico enim vobis, quia nisi abundaverit justitia vestra plus quam Scribarum et Pharisæorum, non intrabitis in regnum cœlorum : » (*Matth.*, v, 20)

(*a*) In græco legebat, οὕτω, pro οὕτος.

TOM. IX.

des cieux ; » (*Matth.*, v, 2C) c'est-à-dire, si non contents d'observer ces moindres préceptes qui initient l'homme à la perfection, vous n'accomplissez encore ceux que j'y ajoute, moi qui suis venu, non pour détruire, mais pour accomplir la loi ; vous n'entrerez point dans le royaume des cieux (1 *Rétract.*, xix, 4.) Mais, me direz-vous, si en parlant plus haut de ces commandements moindres, le Sauveur appelle le plus petit dans le royaume des cieux quiconque violera l'un de ces commandements et enseignera à les violer ; et si, d'un autre côté, il proclame grand celui qui les observe et enseigne à les observer, et qui par conséquent sera dans le royaume des cieux parce qu'il est grand, qu'était-il besoin d'ajouter à ces commandements moindres, puisqu'on est grand dès lors qu'on les garde et qu'on enseigne à les garder ? Il faut donc entendre ces paroles : « Celui qui les gardera et enseignera ainsi, sera appelé grand dans le royaume des cieux, » de l'observation, non pas de ces commandements moindres, mais de ceux que Notre-Seigneur va y ajouter. Quels sont-ils ? C'est que votre justice soit plus abondante que celle des scribes et des pharisiens ; autrement vous n'entrerez point dans le royaume des cieux. Ainsi donc, celui qui aura violé les commandements moindres et qui aura enseigné à les violer, sera appelé le dernier, celui au contraire qui les accomplira et enseignera ainsi les hommes, ne devra pas être encore regardé comme grand, mais il sera tout à fait au-dessus de celui qui les viole. Toutefois s'il veut devenir grand et digne du royaume des cieux, il doit faire et enseigner à faire ce que Jésus-Christ enseigne ici, c'est-à-dire que sa justice doit être plus abondante que celle des scribes et des pharisiens. La justice des pharisiens consistait à ne pas tuer ; la justice de ceux qui doivent entrer dans le royaume des cieux va jusqu'à leur défendre de se mettre en colère sans raison. C'est donc peu de chose que de ne pas tuer, et celui qui aura transgressé ce commandement, sera appelé le plus petit dans le royaume des cieux ; mais celui qui l'accomplit en ne se rendant point coupable d'homicide, ne devient pas aussitôt grand et digne du royaume des cieux ; cependant il s'est élevé à un degré quelconque ; s'il étouffe en lui tout mouvement de colère qui est sans raison, il atteint la perfection, et par là même il s'éloigne beaucoup plus de l'homicide. Celui donc qui nous enseigne à réprimer la colère, loin de détruire la loi qui nous défend de tuer, l'accomplit bien plutôt, et en nous gardant ainsi de l'homicide au dehors et des mouvements intérieurs de colère, nous conservons notre innocence.

22. « Vous avez appris qu'il a été dit aux anciens : Vous ne tuerez point, et quiconque tuera, méritera d'être condamné par le jugement.

id est, nisi non solum illa minima Legis præcepta impleveritis quæ inchoant hominem, sed etiam ista quæ a me adduntur, qui non veni solvere Legem, sed implere, non intrabitis in regnum cœlorum. Sed dicis mihi : Si de illis mandatis minimis cum superius loqueretur, dixit minimum vocari in regno cœlorum quisquis unum eorum solverit, et secundum suam solutionem docuerit ; magnum autem vocari quisquis ea fecerit, et sic docuerit, et ex eo jam in regno cœlorum futurum esse quia magnus est : quid opus est addi præceptis Legis minimis, si jam in regno cœlorum potest esse, quia magnus est quisquis ea fecerit, et sic docuerit? Quapropter sic est accipienda illa sententia : « Qui autem fecerit et docuerit sic, magnus vocabitur in regno cœlorum : » id est, non secundum illa minima, sed secundum ea quæ ego dicturus sum. Quæ sunt autem ista ? Ut abundet justitia, inquit, vestra super Scribarum et Pharisæorum : quia nisi abundaverit non intrabitis in regnum cœlorum. Ergo qui solverit illa minima, et sic docuerit, minimus vocabitur : qui autem fecerit illa minima, et sic docuerit, non jam magnus habendus est et idoneus regno cœlorum ; sed tamen non tam minimus quam ille qui solvit : ut autem sit magnus atque illi regno aptus, facere debet et docere, sicut Christus nunc docet, id est, ut abundet justitia ejus super Scribarum et Pharisæorum. Justitia Pharisæorum est, ut non occidant ; justitia eorum qui intraturi sunt in regnum Dei, ut non irascantur sine causa : minimum est ergo non occidere ; et qui illud solverit, minimus vocabitur in regno cœlorum : qui autem illud impleverit ut non occidat, non continuo magnus erit et idoneus regno cœlorum, sed tamen ascendit aliquem gradum ; perficietur autem, si nec irascatur sine causa : quod si perfecerit, multo remotior erit ab homicidio. Quapropter qui docet ut non irascamur, non solvit Legem ne occidamus, sed implet potius, ut et foris dum non occidimus, et in corde dum non irascimur, innocentiam custodiamus.

22. « Audistis ergo, inquit, quia dictum est antiquis : Non occides : qui autem occiderit, judicio

Mais moi je vous dis que quiconque se mettra en colère contre son frère, méritera d'être condamné par le jugement; que celui qui dira à son frère : *Raca*, méritera d'être condamné par le conseil; et que celui qui lui dira : Vous êtes un fou, méritera d'être condamné au feu de l'enfer. » (*Matth.*, v, 21, 22.) Quelle différence entre ces trois degrés de condamnation, par le jugement, par le conseil, et au feu de l'enfer? Ce dernier châtiment paraît le plus rigoureux, et nous apprend qu'on est arrivé par degrés des fautes plus légères aux fautes les plus graves, jusqu'à ce qu'on se rende digne du feu de l'enfer. Si donc c'est une peine moins rigoureuse d'être condamné par le jugement que d'être condamné par le conseil; si la condamnation par le conseil doit aussi être moins rigoureuse que la condamnation au feu de l'enfer; il faut admettre que c'est une faute plus légère de se mettre en colère sans raison contre son frère, que de lui dire : *Raca*, et qu'on est aussi moins coupable de lui dire : *Raca*, que de lui dire : Vous êtes un fou. Car les châtiments ne seraient pas gradués, s'il n'y avait aussi des degrés dans les fautes.

23. Un seul mot présente ici de l'obscurité, c'est le mot *raca*, qui n'est ni grec ni latin, tous les autres sont en usage dans notre langue. Il en est qui ont voulu tirer du grec l'étymologie de ce mot, et comme *racos* (ῥάκος) en grec signifie haillons, ils en concluent que le mot *raca* veut dire : *couvert de haillons*. Mais si on leur demande quel est en grec le mot correspondant à *couvert de haillons*, ils ne répondent pas *raca*. D'ailleurs le traducteur latin, à la place de *raca*, aurait très-bien pu mettre *couvert de haillons*, et renoncer à se servir d'un mot qui n'existe pas dans la langue latine, et qui est inusité dans la langue grecque. Il est donc plus probable, comme je l'ai appris d'un juif, que ce mot n'a aucune signification déterminée, et qu'il exprime simplement le mouvement d'une âme pleine d'indignation. Les grammairiens appellent interjections ces parties du discours qui servent à exprimer les émotions de l'âme, comme lorsqu'un homme dans la douleur s'écrie : Hélas! ou dans un mouvement de colère : Ah! Ce mots sont propres à chaque langue, et ne peuvent être facilement traduits dans une autre; c'est ce qui a déterminé les deux traducteurs grec et latin à conserver ce mot, parce qu'ils ne trouvaient point d'expression équivalente dans leur langue.

24. Il y a donc des degrés bien marqués dans ces péchés. Le premier est de se mettre en colère, en comprimant toutefois ce mouvement qui a pris naissance dans le cœur. Si l'émotion intérieure se trahit par une parole de colère qui ne signifie rien, il est vrai, mais dont la vivacité seule atteste l'irritation de l'âme, et qui

---

reus erit. Ego autem dico vobis, quia omnis qui irascitur fratri suo sine caussa, reus erit judicio : qui autem dixerit fratri suo Racha, reus erit concilio : qui autem dixerit Fatue, reus erit gehennæ ignis. » (*Matth.*, v, 21, 22.) Quid interest inter reum judicio, et reum concilio, et reum gehennæ ignis? Nam hoc postremum gravissimum sonat, et admonet quosdam gradus factos a levioribus ad graviora, donec si levius est reum esse judicio quam reum esse concilio ; item levius est reum esse concilio, quam esse reum gehennæ ignis; oportet levius esse intelligatur irasci sine causa fratri, quam dicere Racha, et rursus levius esse dicere Racha, quam dicere Fatue. Non enim reatus ipse haberet gradus, nisi gradatim etiam peccata commemorarentur.

23. Unum autem hic verbum obscurum positum est, quia nec Græcum nec Latinum est Racha : cætera vero in sermone nostro usitata sunt. Nonnulli autem de Græco trahere voluerunt interpretationem hujus vocis, putantes pannosum dici Racha, quoniam Græce pannus ῥάκος dicitur : a quibus tamen cum quæritur quid dicatur Græce pannosus, non respondent Racha : deinde posset Latinus interpres ubi posuit Racha, pannosum ponere, nec uti verbo quod et in Latina lingua nullum sit, et in Græca inusitatum. Probabilius est ergo, quod audivi a quodam Hebræo, cum id interrogassem : dixit enim esse vocem non significantem aliquid, sed indignantis animi motum exprimentem. Has interjectiones Grammatici vocant particulas orationis significantes commoti animi affectum : velut cum dicitur a dolente : Heu ; vel ab irascente : Hem. Quæ voces quarumque linguarum sunt propriæ, nec in aliam linguam facile transferuntur : quæ causa utique coegit tam Græcum interpretem quam Latinum vocem ipsam ponere, cum quomodo eam interpretaretur non invenirent.

24. Gradus itaque sunt in istis peccatis, ut primo quisque irascatur, et cum motum retineat corde conceptum : jam si extorserit vocem indignantis ipsa commotio, non significantem aliquid, sed illum

peut blesser celui qui en est l'objet, on est plus coupable que si on réprimait en silence cette colère naissante. Mais si non contente d'une simple exclamation, la colère s'emporte à des paroles évidemment et personnellement outrageantes pour la personne à qui elles s'adressent, qui peut douter que la faute ne soit plus grave que si on n'avait fait entendre que l'expression vague d'une âme indignée? Ainsi, dans le premier cas, il n'y a qu'une chose, la colère seule; dans le second, la colère et la voix qui la manifeste au dehors; dans le troisième, la colère, la voix qui la manifeste, et de plus l'expression d'un outrage déterminé. Considérez maintenant les trois punitions correspondantes, le jugement, le conseil, le feu de l'enfer. Dans le jugement, il y a encore place pour la défense; dans le conseil, il y a presque toujours jugement, il est vrai, cependant la distinction qui en est faite ici, nous force d'établir une différence, c'est qu'il appartient au conseil de prononcer la sentence définitive. Le débat n'est plus entre les juges et le coupable pour savoir si ce dernier doit être condamné, mais entre les juges qui délibèrent entre eux sur le châtiment qu'il faut infliger au condamné. Dans la géhenne du feu, il n'y a plus aucun doute, ni sur la condamnation comme dans le jugement, ni sur le châtiment du condamné, comme dans le conseil; dans la géhenne du feu la condamnation est certaine aussi bien que le supplice du condamné. Il y a donc certains degrés dans les péchés comme dans les châtiments, mais qui peut dire par quels moyens secrets et invisibles ces châtiments s'appliquent aux âmes suivant le degré de leur culpabilité? Nous pouvons donc comprendre la différence qui existe entre la justice des pharisiens et la justice plus parfaite qui donne entrée dans le royaume des cieux, en ce que l'homicide étant un crime plus énorme qu'une parole outrageante; d'un côté, cependant, l'homicide ne rend justiciable que du jugement, punition infligée de l'autre côté à la simple colère qui est le plus léger des trois péchés énumérés par le Sauveur. C'est qu'ici, en effet, le crime d'homicide était jugé au tribunal des hommes, là, au contraire, toutes les fautes relèvent du tribunal de Dieu, où la condamnation des coupables aboutit au feu de l'enfer. Or, si l'on prétend que sous l'empire d'une justice plus parfaite un supplice plus rigoureux doit être réservé à l'homicide, puisque le simple outrage est puni par le feu de l'enfer, on est forcé d'admettre divers degrés dans les supplices de l'enfer.

25. Or, dans ces trois sentences, il faut faire attention aux mots sous-entendus. La première est complète et ne laisse rien à désirer : « Celui qui se met en colère (1 *Retract.*, XIX, 4) sans raison, sera soumis au tribunal du jugement. » Dans la

animi motum ipsa eruptione testantem, qua feriatur ille cui irascitur; plus est utique quam si surgens ira silentio premeretur : si vero non solum vox indignantis audiatur, sed etiam verbum quo jam certam ejus vituperationem in quem profertur, designet et notet, quis dubitet amplius hoc esse, quam si solus indignationis sonus ederetur? Itaque in primo unum est, id est, ira sola ; in secundo duo, et ira, et vox quæ iram significat ; in tertio tria, et ira, et vox quæ iram significat, et in voce ipsa certæ vituperationis expressio. Vide nunc etiam tres reatus, judicii, concilii, gehennæ ignis. Nam in judicio adhuc defensioni datur locus : in concilio autem quanquam et judicium esse soleat, tamen quia interesse aliquid hoc loco fateri cogit ipsa distinctio, videtur ad concilium pertinere sententiæ prolatio ; quando non jam cum ipso reo agitur, utrum damnandus sit, sed inter se qui judicant conferunt quo supplicio damnari oporteat quem constat esse damnandum : gehenna vero ignis, nec damnationem habet dubiam, sicut judicium ; nec damnati pœnam, sicut concilium ; in gehenna quippe ignis certa est et damnatio et pœna damnati. Videntur ergo aliqui gradus in peccatis et in reatu : sed quibus modis invisibiliter exhibeantur (a) meritis animarum, quis potest dicere? Audiendum est itaque quantum intersit inter justitiam Pharisæorum, et istam majorem quæ in regnum cœlorum introducit, quod cum sit gravius occidere quam verbo irrogare convicium, ibi occisio reum facit judicio, hic autem ira facit reum judicio, quod trium illorum peccatorum levissimum est : quia illic quæstionem homicidii inter homines agitabant; hic autem omnia divino judicio dimittuntur, ubi finis damnatorum est gehenna ignis. Quisquis autem dixerit quod graviore supplicio in majore justitia punitur homicidium, si gehenna ignis punitur convicium, cogit intelligi esse differentias gehennarum.

25. Sane in tribus istis sententiis subauditio verborum intuenda est. Habet enim prima sententia omnia verba necessaria, ut nihil subaudiatur : « Qui

(a) Lov. *exhibeantur pœnæ* : abest *pœnæ* ab aliis editis, et a Mss.

LIVRE I. — CHAPITRE X.

seconde où il est dit : « Celui qui dit à son frère raca, » il faut sous entendre : sans cause ; et puis ajouter : Sera soumis au tribunal du conseil. Dans la troisième où il est dit : « Mais celui qui dira : Vous êtes un fou, » il faut sous-entendre ces deux choses : A son frère et sans raison. C'est ainsi qu'on peut justifier l'Apôtre d'avoir appelé insensés les Galates qu'il nomme aussi ses frères ; parce qu'il ne le fait pas sans raison. Or, il faut sous-entendre ici le mot frère, car le Sauveur nous dira plus loin comment nous devons traiter un ennemi selon les règles de cette justice plus parfaite.

CHAPITRE X.

26. Il continue : « Si donc, lorsque vous offrez votre don à l'autel, vous vous souvenez que votre frère a quelque chose contre vous, laissez là votre offrande devant l'autel, et allez d'abord vous réconcilier avec votre frère, et revenant alors, vous offrirez votre don. » (*Matth.*, v, 23, 24.) Nous avons ici une preuve évidente qu'il était question plus haut de notre frère, puisque la conjonction qui unit les deux phrases, indique un rapport de conséquence entre celle qui précède et celle qui suit. Car, Notre-Seigneur ne dit pas simplement : Si lorsque vous offrez votre don à l'autel, mais : « Si donc, lorsque vous offrez votre don à l'autel. » En effet, s'il n'est pas permis de se mettre en colère contre son frère, ni de lui dire : *Raca*, ou, vous êtes un fou, à plus forte raison est-il défendu de conserver quelque chose contre lui dans son cœur et de laisser changer en haine le premier mouvement d'indignation. Cette même défense nous est rappelée dans cet autre endroit : « Que le soleil ne se couche pas sur votre colère. » (*Ephes.*, IV, 26.) Si donc, au moment d'offrir notre don à l'autel, nous nous souvenons que notre frère a quelque chose contre nous, il nous est commandé de laisser notre offrande devant l'autel, d'aller nous réconcilier avec notre frère, et puis de revenir alors offrir notre don. Si cette recommandation est prise au littéral, on est fondé à croire qu'elle n'est praticable qu'autant que notre frère est présent ; car ce n'est point une chose que vous puissiez traîner en longueur, puisqu'on vous commande de laisser votre don devant l'autel. Or, si ce souvenir vous vient à l'esprit, lorsque votre frère est absent, et même ce qui peut arriver au delà des mers, il serait absurde de croire qu'il vous faille laisser votre don devant l'autel pour venir l'offrir après avoir parcouru les terres et les mers. Nous sommes donc forcés de recourir au sens spirituel et caché de ces paroles pour échapper à une pareille absurdité.

27. Ainsi dans le sens spirituel, nous pouvons

---

irascitur, inquit fratri suo sine causa, reus erit judicio. » In secunda vero cum ait : « Qui autem dixerit fratri suo Racha, » subauditur sine causa, et ita jungitur, « reus erit concilio. » Jam in tertia ubi ait : « Qui autem dixerit Fatue, » duo subandiuntur, et fratri suo, et sine causa. Hoc est unde defenditur quod Apostolus Galatas vocat stultos (*Gal.*, III, 1), quos etiam fratres nominat : non enim id facit sine causa. Ideo autem hic frater subaudiendus est, quia de inimico postea dicitur, quomodo etiam ipse tractandus sit majore justitia.

CAPUT X.

26. Deinde hic sequitur : « Si ergo obtuleris munus tuum ad altare, et illic recordatus fueris, quod frater tuus habet aliquid adversum te ; relinque ibi munus tuum ante altare, et vade, prius reconciliare fratri tuo : et tunc veniens offer munus tuum. (*Matth.*, v, 23, 24.) Hinc utique apparet de fratre dictum superius ; quoniam sententia quæ sequitur, ea conjunctione connectitur ut superiori attestetur : non enim ait : Si autem obtuleris munus tuum ad altare ; sed ait : « Si ergo obtuleris munus tuum ad altare. » Nam si irasci fas non est fratri suo sine causa, aut dicere *racha*, aut dicere *fatue*; multo minus fas est animo tenere aliquid ut in odium indignatio convertatur. Quo pertinet etiam quod alio loco dicitur : Non occidat sol super iracundiam vestram. (*Ephes.*, IV, 26.) Jubemur ergo illaturi munus in altare, si recordati fuerimus aliquid adversum nos habere fratrem, munus ante altare relinquere, et pergere ac reconciliari fratri, deinde venire et munus offerre. Quod si accipiatur ad litteram, fortassis aliquis credat ita fieri oportere, si præsens frater sit : non enim diutius differri potest, cum munus tuum relinquere ante altare jubearis : si ergo de absente, et, quod fieri potest, etiam trans mare constituto aliquod tale veniat in mentem, absurdum est credere ante altare munus relinquendum, quod post terras et maria pererrata offeras Deo. Et ideo prorsus intro ad spiritalia refugere cogimur, ut hoc quod dictum est sine absurditate possit intelligi.

27. Altare itaque spiritaliter in interiore Dei templo ipsam fidem accipere possumus, cujus signum est altare visibile. Quodlibet enim munus offerimus

entendre cet autel de l'autel dressé dans le temple intérieur de Dieu, c'est-à-dire de la foi dont l'autel visible est le symbole. Quel que soit, en effet, le don que nous offrons à Dieu, interprétation des Ecritures, science, prière, hymne, psaume, ou tout autre don spirituel qui se présente à notre esprit, il ne peut être agréable à Dieu, sans avoir pour appui une foi véritable, sans être soutenu sur cette base ferme et inébranlable qui donne à nos paroles toute leur sincérité, toute leur pureté. Combien d'hérétiques, en effet, n'ayant pas d'autel, c'est-à-dire la vraie foi, profèrent des blasphèmes au lieu de louanges, et accablés qu'ils sont sous le poids des préjugés terrestres, jettent à terre, pour ainsi dire, leurs vœux et leurs prières? Mais il faut encore que l'intention de celui qui offre soit également pure. Lors donc que nous devons faire à Dieu une offrande de ce genre dans notre cœur, c'est-à-dire dans le temple intérieur de Dieu; « car, dit l'Apôtre, le temple de Dieu est saint, et ce temple, c'est vous; » (I *Cor.*, III, 17); et encore : « Jésus-Christ habite dans l'homme intérieur, dans vos cœurs par la foi; » (*Ephes.*, III, 17) voici la conduite qu'il faut tenir, lorsque nous nous souvenons alors que notre frère a quelque chose contre nous, c'est-à-dire, si nous l'avons offensé, ce qui lui donne lieu d'avoir quelque chose contre nous; car, c'est nous qui avons quelque chose contre lui, lorsque nous sommes les offensés; or, dans ce dernier cas, nous n'avons pas à provoquer une réconciliation, car, vous n'irez pas demander pardon à celui qui vous a outragé, il suffira que vous lui pardonniez, comme vous désirez que Dieu vous pardonne les fautes que vous avez commises. Lors donc que nous nous souvenons d'avoir commis quelque offense contre notre frère, il nous faut aller au-devant de la réconciliation, et y aller non avec les pieds du corps, mais par l'élan du cœur. C'est là que vous devez vous prosterner humblement aux pieds de votre frère vers qui vous avez couru par l'affection de votre cœur, et en présence de celui à qui vous devez faire votre offrande. C'est ainsi qu'agissant en toute sincérité, vous pourrez apaiser votre frère, et rentrer en grâce avec lui, en lui demandant pardon, comme s'il était présent, si vous commencez par le faire sous l'œil de Dieu, en allant trouver votre frère, non point par une marche nonchalante du corps, mais par l'élan rapide de la charité; et vous reviendrez ensuite, c'est-à-dire, vous ramènerez votre intention sur l'œuvre que vous aviez commencée, et vous offrirez votre sacrifice.

28. Or, quel est celui qui ne se met pas en colère sans raison contre son frère, ou qui ne lui dit pas *raca* sans raison, ou qui ne le lui dit pas également sans motif : Vous êtes un fou, autant d'effets d'un orgueil démesuré? Ou s'il vient à

Deo, sive prophetiam, sive doctrinam, sive orationem, sive hymnum, sive psalmum, et si quid tale aliud spiritalium donorum animo occurrit, acceptum esse non potest Deo, nisi fidei sinceritate fulciatur, et ei fixe atque immobiliter tanquam (*a*) imponatur, ut possit integrum atque illibatum esse quod loquimur. Nam multi hæretici non habentes altare, id est veram fidem, blasphemias pro laude dixerunt, terrenis videlicet opinionibus aggravati, votum suum tanquam in terram projicientes. Sed debet esse sana etiam offerentis intentio. Et propterea cum tale aliquid oblaturi sumus in corde nostro, id est, in interiore Dei templo, Templum enim Dei sanctum est, inquit, quod estis vos (I *Cor.*, III, 17) : Et : In interiore homine habitare Christum per fidem in cordibus vestris (*Eph.*, III, 17) : si in mentem venerit quod aliquid habeat adversum nos frater, id est, si nos cum in aliquo læsimus; tunc enim ipse habet adversum nos : nam nos adversus illum habemus, si ille nos læsit: ubi non opus est pergere ad reconciliationem; non enim veniam postulabis ab eo qui tibi fecit injuriam, sed tantum dimittes, sicut tibi dimitti a Domino cupis, quod ipse commiseris. Pergendum est ergo ad reconciliationem, cum in mentem venerit quod nos forte fratrem in aliquo læsimus : pergendum autem non pedibus corporis, sed motibus animi, ut te humili affectu prosternas fratri, ad quem cara cogitatione cucurreris, in conspectu ejus cui munus oblaturus es. Ita enim etiam si præsens sit, poteris eum non simulato animo lenire, atque in gratiam revocare veniam postulando, si hoc prius coram Deo feceris, pergens ad eum non pigro motu corporis, sed celerrimo dilectionis affectu : atque inde veniens, id est, intentionem revocans ad id quod agere cœperas, offeres munus tuum.

28. Quis autem hoc facit ut fratri suo vel non irascatur sine causa, vel *racha* non dicat sine causa, vel eum fatuum non appellet sine causa, quod totum superbissime admittitur; vel forte si in aliquo horum lapsus fuerit, quod est unum remedium, supplici

(*a*) Hic Lov. addit, *altari :* qua voce carent cæteri codices.

tomber dans quelqu'une de ces fautes, quel est celui qui recourt à l'unique remède, qui est d'implorer humblement son pardon, si ce n'est le chrétien dont l'esprit n'est point enflé par la vaine gloire ? « Bienheureux donc les pauvres d'esprit, parce que le royaume des cieux est à eux. » Voyons maintenant la suite.

CHAPITRE XI.

29. « Accordez-vous au plus tôt avec votre adversaire pendant que vous êtes en chemin avec lui, de peur qu'il ne vous livre au juge, que le juge ne vous livre au ministre, et que vous ne soyez jeté en prison. En vérité, je vous le dis, vous n'en sortirez point que vous n'ayez payé jusqu'à la dernière obole, (littéralement jusqu'au dernier quart d'un as). » (*Matth.*, v, 25.) Je comprends quel est ici le juge, car le Père ne juge personne, mais il a donné au Fils tout pouvoir de juger. (*Jean*, v, 22.) Je comprends également quel est ce ministre : « Et les anges, est-il dit, le servaient; » (*Matth.*, iv, 11) nous croyons, en effet, que les anges formeront son cortége, lorsqu'il viendra juger les vivants et les morts; je comprends enfin quelle est cette prison, c'est-à-dire les peines des ténèbres, que Notre-Seigneur, dans un autre endroit, appelle extérieures. (*Matth.*, viii, 12; xxii, 13; xxv, 30.) Et je suis autorisé à le penser, parce que c'est dans l'âme elle-même, et s'il est possible, dans un endroit plus intime encore que le serviteur fidèle goûtera cette joie des divines récompenses à laquelle le Sauveur le convie par ces paroles : « Entrez dans la joie de votre maître. » (*Matth.*, xxv, 23.) C'est ainsi que d'après l'ordre établi dans l'État, le secrétaire ou les soldats du juge mettent dehors celui qui est jeté en prison.

30. Quant à ce dernier quart d'un as, qu'il faudra payer, on peut, sans invraisemblance, l'entendre en ce sens, que rien ne restera impuni ; c'est ainsi que nous disons d'une chose exigée jusqu'à la rigueur, qu'on a été jusqu'à la lie. Ou bien ce quart d'un as peut signifier les péchés de la terre. En effet, la terre est le quatrième et le dernier des éléments de ce monde ; le ciel est le premier, l'air le second, l'eau le troisième, et la terre le quatrième. Ces paroles : « Avant d'avoir payé jusqu'au dernier quart d'un as, » peuvent donc s'entendre dans ce sens très-vraisemblable : Jusqu'à ce que vous ayez expié les péchés de la terre ; car l'homme pécheur a entendu prononcer contre lui cette sentence : « Vous êtes terre, et vous retournerez en terre. » (*Gen.*, iii, 19.) Quant à l'expression : « Jusqu'à ce que vous ayez payé, » je serais bien surpris si elle ne signifiait la peine éternelle. Car comment payer cette dette, dans un lieu où il n'y a plus moyen ni de se repentir, ni de

---

animo veniam deprecetur ; nisi quisquis inanis jactantiæ spiritu non inflatur : « Beati ergo pauperes spiritu, quoniam ipsorum est regnum cœlorum. » (*Matth.*, v, 3.) Nunc jam videamus quod sequitur.

CAPUT XI.

29. Esto, inquit, « adversario tuo benevolus cito dum es in via cum eo ; ne forte te tradat adversarius judici, et judex tradat te ministro, et in carcerem mittaris. Amen dico tibi, non exies inde, donec reddas novissimum quadrantem. » Judicem intelligo : Pater enim non judicat quemquam, sed omne judicium dedit Filio. (*Joan.*, v, 22.) Ministrum intelligo : Et Angeli, inquit, ministrabant ei (*Matth.*, iv, 11) : et cum Angelis suis venturum credimus ad judicandos vivos et mortuos. Carcerem intelligo ; pœnas videlicet tenebrarum, quas alio loco exteriores vocat (*Matth.*, viii, 12, et xxii, 13, et xxv, 30) : credo propterea quod intrinsecus sit in ipsa mente, vel etiam si quid secretius cogitari potest, gaudium divinorum præmiorum, de quo dicitur servo bene merito : Intra in gaudium Domini tui (*Matth.*, xxv, 23), quemadmodum etiam in hac ordinatione reipublicæ, vel a secretario, vel a prætorio judicis extra mittitur, qui in carcerem truditur.

30. De solvendo autem novissimo quadrante, potest non absurde intelligi, aut pro eo positum quod nihil relinquitur impunitum : sicut loquentes etiam dicimus : Usque ad fæcem, cum volumus exprimere aliquid ita exactum, ut nihil relinqueretur : vel ut significarentur nomine quadrantis peccata, terrena peccata. Quarta enim pars distinctorum membrorum hujus mundi, et ea novissima, terra invenitur, ut incipias a cœlo, secundum aerem numeres, aquam tertiam, quartam terram. Potest ergo convenienter videri dictum : « Donec solvas novissimum quadrantem, » donec luas terrena peccata ; hoc enim et peccator audivit : Terra es, et in terram ibis. (*Gen.*, iii, 19.) « Donec solvas » autem quod dictum est, miror si non eam significat pœnam, quæ vocatur æterna. Unde enim solvitur illud debitum,

changer de vie. En effet, cette locution : « Jusqu'à ce que vous ayez payé, » ne pourrait-elle pas s'entendre ici comme dans cet autre endroit : « Asseyez-vous à ma droite, jusqu'à ce que je réduise vos ennemis à vous servir de marchepied ? » (*Psal.* CIX, 1.) Car, il est évident qu'il ne cessera pas de s'asseoir à la droite, lorsque ses ennemis lui seront soumis. Ou bien comme dans ces autres paroles de l'Apôtre : « Il faut qu'il règne jusqu'à ce que le Père ait mis tous ses ennemis sous ses pieds, » (I *Cor.*, xv, 25) qui ne veulent pas dire sans doute qu'il cessera de régner lorsque ses ennemis seront sous ses pieds. De même donc que nous devons entendre ici que le règne de celui dont il est dit : « Il faut qu'il règne, jusqu'à ce que le Père place ses ennemis sous ses pieds, » sera éternel, parce que ses ennemis seront toujours sous ses pieds ; ainsi nous pouvons entendre que celui à qui il est dit : « Vous ne sortirez point de là jusqu'à ce que vous ayez payé jusqu'au dernier quart d'un as, » n'en sortira jamais, parce qu'il paiera toujours cette dernière obole, tant que dureront les peines éternelles dues aux péchés commis sur la terre. Ce que j'en dis ici n'est point pour me dispenser de traiter plus au long cette question ; comment les saintes Écritures appellent éternelles les peines des péchés, bien qu'il faille bien plutôt les éviter à tout prix que d'en connaître la nature.

31. Examinons maintenant quel est cet adversaire avec lequel le Sauveur nous ordonne de nous accorder bien vite, pendant que nous sommes avec lui dans le chemin : C'est ou le démon, ou l'homme, ou la chair, ou Dieu, ou son commandement. Quant au démon, je ne vois pas comment nous serions obligés de lui témoigner de la bienveillance, c'est-à-dire d'être avec lui en bonne intelligence et en parfait accord. En effet, les uns ont traduit le mot grec εὐνοῶν, par *qui est uni de cœur*, d'autres par *qui est d'accord* ; mais nous ne sommes nullement obligés de témoigner de la bienveillance au démon, car la bienveillance suppose l'amitié, et personne n'oserait dire que nous devions rechercher l'amitié du démon. Il ne nous est pas plus avantageux d'être en paix avec celui à qui nous avons renoncé, déclaré par là même une guerre éternelle, et dont la défaite seule peut assurer notre couronne. Enfin, aucun accord n'est possible avec celui qui ne nous a plongés dans cet abîme de misères que par l'accord qui existait entre nous et lui. Dira-t-on que cet adversaire est l'homme ? Il nous est ordonné, il est vrai, d'avoir la paix avec tous les hommes, autant qu'il est en nous, et on peut entendre par là et la bienveillance, et la bonne intelligence, et le parfait accord ; mais je ne vois pas comment nous pourrions admettre que nous serons livrés à notre juge par un homme, alors que ce juge

---

ubi jam non datur pœnitendi et correctius vivendi locus? Ita enim fortasse hic positum est : « Donec solvas, » quomodo in illo ubi dictum est : « Sede ad dexteram meam, donec ponam omnes inimicos tuos sub pedibus tuis (*Psal.* CIX, 1) : non enim cum fuerint inimici sub pedibus positi, desinet ille sedere ad dexteram. Aut illud Apostoli : Oportet enim illum regnare donec ponat omnes inimicos suos sub pedibus suis (I *Cor.*, xv, 25) : non enim cum positi fuerint, desinet regnare. Quemadmodum ergo ibi intelligitur, de quo dictum est : « Oportet cum regnare donec ponat inimicos sub pedibus suis, semper regnaturum, quoniam semper illi erunt sub pedibus : ita hic accipi potest, de quo dictum est : « Non exies inde, donec solvas novissimum quadrantem, » semper non exiturum esse ; quia semper solvit novissimum quadrantem, dum sempiternas pœnas terrenorum peccatorum luit. Neque ita hoc dixerim, ut diligentiorem tractationem videar ademisse de pœnis peccatorum, quomodo in Scripturis dicantur æternæ : quanquam quolibet modo vitandæ sunt potius quam sciendæ.

31. Sed videamus jam quis sit ipse adversarius, cui jubemur esse benevoli cito, cum sumus cum illo in via. Aut enim diabolus est, aut homo, aut caro, aut Deus, aut præceptum ejus. Sed diabolo non video quomodo jubeamur benevoli esse, id est concordes aut consentientes. Namque alii quod Græce positum est ἐυνοῶν, interpretati sunt « concors, » alii « consentiens : » sed neque benevolentiam diabolo jubemur exhibere, ubi enim benevolentia, ibi amicitia ; neque quisquam dixerit amicitiam cum diabolo esse faciendam ; neque concordare cum illo expedit, cui semel renuntiando bellum indiximus, et quo victo coronabimur ; neque consentire illi jam oportet, cui si nunquam consensissemus, nunquam in istas incidissemus miserias. De homine autem, quanquam jubeamur cum omnibus quantum in nobis est pacem habere, ubi utique et benevolentia et concordia et consensio potest intelligi ; non video tamen quomodo accipiam ab homine nos judici tradi, ubi Christum judicem intelligo, ante cujus tribunal omnes oportet

est le Christ devant le tribunal duquel nous devons tous comparaître, au témoignage de l'Apôtre. (*Rom.*, xiv, 10; II *Cor.*, v, 10.) Comment donc cet homme pourrait-il vous remettre entre les mains de votre juge, alors qu'il devra comparaître lui-même devant son tribunal? Dira-t-on que chacun est comme livré par un homme entre les mains du juge, parce qu'il s'est rendu coupable d'offenses envers un homme, bien que ce ne soit point l'offensé qui le livre? Mais il serait bien plus naturel de dire qu'il a été livré entre les mains du juge par la loi elle-même qu'il a violée en offensant un homme. Supposons même qu'un homme devienne l'adversaire de son frère en lui donnant la mort, il ne lui est plus possible de faire la paix avec lui dans le chemin, c'est-à-dire pendant cette vie. Cependant, qui osera dire que le repentir ne puisse guérir son âme, s'il a recours avec le sacrifice d'un cœur brisé par la douleur à la miséricorde de celui qui remet les péchés à ceux qui reviennent sincèrement à lui, et qui se réjouit plus de la conversion d'un seul pénitent, que de la persévérance de quatre-vingt-dix-neuf justes? Quant à la chair, je comprends beaucoup moins encore qu'on nous ordonne de lui témoigner de la bienveillance, ou de vivre en bonne intelligence, ou de nous mettre d'accord avec elle. Car ce sont surtout les pécheurs qui aiment leur chair, qui vivent en bonne intelligence et en parfait accord avec elle. Ceux, au contraire, qui la réduisent en servitude, loin de s'accorder avec la chair, la forcent de s'accorder avec eux.

32. Peut-être est-ce avec Dieu qu'il nous est ordonné de nous mettre d'accord en nous réconciliant avec lui, car le péché nous a séparés de lui, et en a fait comme notre adversaire. En effet, on peut dire avec raison qu'il est l'adversaire de ceux à qui il résiste; or, Dieu résiste aux superbes et il donne sa grâce aux humbles (*Jac.*, iv, 6); et encore: « L'orgueil est le principe de tout péché; le commencement de l'orgueil, c'est de se séparer de Dieu. » (*Eccli.*, x, 14, 15.) L'Apôtre dit aussi: « Si lorsque nous étions ennemis de Dieu, nous avons été réconciliés avec lui par la mort de son Fils, à plus forte raison, réconciliés, serons-nous sauvés par la vie de ce même Fils. (*Rom.*, v, 10.) D'où l'on peut conclure qu'aucune nature mauvaise n'est par elle-même ennemie de Dieu, puisque ses ennemis eux-mêmes peuvent se réconcilier avec lui. Tout homme donc qui pendant qu'il est en chemin, c'est-à-dire dans cette vie, ne se sera pas réconcilié avec Dieu par la mort de son Fils, sera livré par lui au juge, parce que le Père ne juge personne, et qu'il a donné au Fils tout pouvoir de juger. (*Jean*, v, 22.) Les paroles qui suivent et que nous avons déjà expliquées, s'adaptent d'elles-mêmes à cette explication. Une seule chose fait ici difficulté, comment peut-on dire avec quelque raison, que nous

---

exhiberi, sicut dicit Apostolus (*Rom.*, xiv, 10; II *Cor.*, v, 10): quomodo ergo judici traditurus est, qui ante judicem pariter exhibebitur? Aut si propterea traditur quisque judici, quia hominem læsit, quamvis illo non tradente qui læsus est; multo commodius accipitur a Lege ipsa reum tradi judici, contra quam fecit, cum hominem læderet. Quia et si occidendo quis nocuerit homini, non erit jam tempus quo concordet cum eo; quia jam non est cum illo in via, id est in hac vita: nec tamen ideo non sanabitur pœnitendo, et ad illius misericordiam cum sacrificio tribulati cordis refugiendo qui donat peccata conversis ad se, et qui plus gaudet de uno pœnitente, quam de nonaginta novem justis. (*Luc.*, xv, 7.) Carni vero multo minus video quomodo benevoli vel concordes vel consentientes esse jubeamur. Magis enim peccatores amant carnem suam, et concordant cum illa, et consentiunt ei: qui vero eam servituti subjiciunt, non ipsi ei consentiunt, sed eam sibi consentire cogunt.

32. Fortasse ergo jubemur Deo consentire, et illi esse benevoli, ut ei reconciliemur, a quo peccando aversi sumus, ut adversarius noster dici possit. Quibus enim resistit, recte dicitur eorum adversarius: Deus enim superbis resistit, humilibus autem dat gratiam (*Jac.*, iv, 6): Et: Initium omnis peccati superbia: Initium autem superbiæ hominis, apostatare a Deo (*Eccli.*, x, 14 et 15): et Apostolus dicit: Si enim cum inimici essemus, reconciliati sumus Deo per mortem Filii ejus, multo magis reconciliati salvi erimus in vita ipsius (*Rom.*, v, 10): Ex quo intelligi potest, nullam naturam malam inimicam Deo esse, quando quidem ipsi reconciliantur qui inimici fuerunt. Quisquis ergo in hac via, id est in hac vita, non fuerit reconciliatus Deo per mortem Filii ejus, tradetur judici ab illo; quia Pater non judicat quemquam, sed omne judicium dedit Filio (*Joan.*, v, 22): atque ita cætera quæ in hoc capitulo scripta sunt consequuntur, de quibus jam tractavimus. Unum solum est quod huic intellectui difficultatem facit,

sommes en chemin avec Dieu, s'il faut voir en lui, dans cet endroit, l'adversaire des pécheurs, avec lequel on nous commande de nous réconcilier au plus tôt? Ce n'est sans doute que parce qu'il est partout que nous sommes avec lui tout en marchant encore dans le chemin de cette vie. « En effet, si je monte vers les cieux, dit le Prophète, vous y êtes; si je descends au fond des enfers, je vous y trouve; si je prends des ailes pour m'élever dans les airs, et que j'aille habiter aux extrémités de la mer, c'est votre main qui m'y conduira, c'est votre droite qui m'y soutiendra. » Éprouvons-nous quelque difficulté à dire que les impies sont avec Dieu, bien que Dieu soit partout, comme à dire que les aveugles sont avec la lumière, bien que la lumière environne leurs yeux? Il ne nous reste plus à voir dans cet adversaire que le commandement de Dieu. En effet, quel adversaire plus déclaré contre ceux qui veulent pécher que le commandement de Dieu, c'est-à-dire sa loi et la divine Écriture qui nous a été donnée pour être avec nous, pour nous diriger dans le chemin de la vie, que nous ne devons point contredire, si nous ne voulons qu'elle ne nous livre entre les mains du juge, et avec laquelle il ne faut point tarder à nous mettre d'accord? Car, nul ne sait quand il sortira de cette vie. Or, qui est-ce qui se met d'accord avec la sainte Écriture, si ce n'est celui qui la lit ou l'écoute avec piété, qui reconnaît son autorité souveraine, ou ne prend point en haine ce qu'il comprend, parce qu'il y trouve la condamnation de ses péchés; mais qui reçoit avec amour ce qui le fait rentrer dans le devoir, et se réjouit qu'on n'épargne point ses maladies pour les guérir. S'il croit rencontrer dans quelques endroits de l'obscurité ou de l'invraisemblance, il n'en fait point la matière de débats contradictoires, mais il prie pour en obtenir l'intelligence, et n'oublie point cependant le respect affectueux qu'il doit à une si grande autorité. Or, qui est capable de se conduire ainsi, si ce n'est celui qui vient sans aigreur et sans menace, mais avec une douceur pleine de piété pour ouvrir le testament de son père et en prendre connaissance? « Bienheureux donc ceux qui sont doux, parce qu'ils posséderont la terre en héritage. » (*Matth.*, v, 4.) Voyons la suite.

CHAPITRE XII.

33. « Vous avez appris qu'il a été dit aux anciens : Vous ne commettrez point d'adultère. Et moi, je vous dis que quiconque regarde une femme pour la convoiter, a déjà commis l'adultère dans son cœur. » (*Matth.*, v, 27, 28.) La justice moins parfaite consiste donc à ne point

---

quomodo possit recte dici, in via nos esse cum Deo, si hoc loco ipse accipiendus est adversarius impiorum, cui jubemur cito reconciliari : nisi forte quia ipse ubique est, nos etiam cum in hac via sumus, cum illo utique sumus. « Si enim ascendero in cœlum, inquit, tu ibi es; si descendero in infernum, ades : si recipiam pennas meas in directum, et habitabo in (*a*) novissima maris : etenim illuc manus tua deducet me, et continebit me dextera tua. » (*Psal.* cxxxviii, 8, etc.) Aut si non placet impios dici esse cum Deo, quanquam nusquam non præsto sit Deus; quemadmodum non dicimus cæcos esse cum luce, tametsi oculos eorum lux circumfundat; unum reliquum est, ut hic adversarium præceptum Dei intelligamus. Quid enim sic adversatur peccare volentibus quam præceptum Dei, id est Lex ejus et Scriptura divina, quæ data est nobis ad hanc vitam, ut sit nobiscum in via, cui non oportet contradicere, ne nos tradat judici; sed ei oportet consentire cito? Non enim quisquam novit quando de hac vita exeat. Quis autem consentit Scripturæ divinæ, nisi qui legit vel audit pie, deferens ei culmen auctoritatis, ut quod intelligit non propter hoc oderit, quod peccatis suis adversari sentit; sed magis diligat correptionem suam, et gaudeat quod morbis suis donec sanentur non parcitur : quod vero aut obscurum, aut absurdum illi sonat, non inde concitet contradictionum certamina, sed oret ut intelligat, benevolentiam tamen et reverentiam tantæ auctoritati exhibendam esse meminerit. Sed quis hoc facit nisi quisquis ad testamentum patris aperiendum et cognoscendum, non litium minitatione acerbus, sed pietate mitis accesserit : « Beati ergo mites; quoniam ipsi hæreditate possidebunt terram. » (*Matth.*, v, 4.)Videamus sequentia.

CAPUT XII.

33. Audistis « quia dictum est antiquis : Non mœchaberis. Ego autem dico vobis, quia omnis qui viderit mulierem ad concupiscendum eam, jam mœchatus est eam in corde suo. » (*Matth.*, v, 27, 28.) Justitia ergo minor est, non mœchari corporum

---

(*a*) Am. Er. et Lov. *in novissimo*. At Mss. necnon editio Mar. *in novissima* : juxta Græc. LXX εἰς τὰ ἔσχατα.

LIVRE I. — CHAPITRE XII.

commettre extérieurement l'adultère, la justice plus excellente du royaume de Dieu, à ne pas s'en rendre coupable même dans son cœur. Or, quiconque s'abstient de l'adultère dans son cœur, se gardera bien plus facilement de l'acte extérieur de l'adultère. Celui donc qui a donné ce commandement, confirme par là même le premier, car il n'est pas venu pour détruire la loi, mais pour l'accomplir. Il est à remarquer que le Sauveur n'a pas dit : Quiconque aura convoité une femme, mais : « Quiconque aura regardé une femme pour la convoiter, » c'est-à-dire, avec l'intention et dans le but de la convoiter; car ce n'est plus là être seulement sensible aux pernicieux attraits de la chair, c'est donner un plein consentement à la passion, jusqu'à ne plus mettre de frein à ses appétits désordonnés, jusqu'à les assouvir si l'occasion s'en présente.

34. Or, trois choses concourent à la consommation du péché : la suggestion, la délectation et le consentement. La suggestion vient par la mémoire ou par les sens, c'est-à-dire, par la vue, par l'ouïe, par l'odorat, par le goût, par le toucher. Si l'on a trouvé du plaisir dans l'idée de la jouissance, il faut réprimer cette délectation criminelle. Ainsi, lorsque nous jeûnons, la vue des aliments excite et flatte notre appétit, ce qui n'est autre chose que la délectation ; mais nous n'y consentons pas, et nous la réprimons par l'ascendant de la raison qui lui est supérieure. Mais si nous y consentons, le péché est complet, Dieu le voit au fond de notre cœur, bien qu'aucun acte extérieur ne le fasse connaître aux hommes. Voici donc les trois degrés, la suggestion vient du serpent, c'est-à-dire d'un mouvement du corps glissant, rapide, passager ; car, en supposant que de semblables imaginations puissent se former au dedans de nous, elles ont toujours leur principe dans les objets extérieurs ; et si en dehors des cinq sens quelqu'autre action secrète du corps vient faire impression sur l'âme, cette action est elle-même rapide et passagère. Plus donc la suggestion se glisse en secret pour atteindre la pensée, plus il est juste de la comparer au serpent. Ces trois choses, comme j'avais commencé à le dire, sont semblables à ce que nous voyons raconter dans la Genèse. (Chap. III, 1.) C'est du serpent que vient la suggestion et une espèce de persuasion ; la délectation est dans l'appétit charnel figuré par Eve; et le consentement dans la raison qui est représentée par l'homme. Lorsque ces trois choses sont consommées, l'homme est chassé du Paradis, c'est-à-dire, que de la lumière de la justice qui le rendait heureux, il est précipité dans la mort. Et cela est de toute justice, car la persuasion n'impose aucune contrainte. Toutes les natures créées ont une beauté proportionnée au

---

conjunctione : justitia vero major regni Dei, non mœchari in corde. Quisquis autem non mœchatur in corde, multo facilius custodit ne mœchetur in corpore. Illud ergo confirmavit qui hoc præcepit : non enim venit Legem solvere, sed implere, Sane considerandum est quod non dixit, « Omnis » qui concupiverit mulierem ; sed, « qui viderit mulierem ad concupiscendum eam, » id est hoc fine et hoc animo attenderit ut eam concupiscat : quod jam non est titillari delectatione carnis, sed *(a)* plene consentire libidini, ita ut non refrenetur illicitus appetitus, sed si facultas data fuerit, satietur.

34. Nam tria sunt quibus impletur peccatum, suggestione, delectatione et consensione. Suggestio, sive per memoriam fit, sive per corporis sensus, cum aliquid videmus, vel audimus, vel olfacimus, vel gustamus, vel tangimus. Quo si frui delectaverit, delectatio illicita refrenanda est. Velut cum jejunamus et visis cibis palati appetitus assurgit, non fit nisi delectatione : sed huic tamen non consentimus *(b)*, et eam dominantis rationis jure cohibemus. Si autem consensio facta fuerit, plenum peccatum erit, notum Deo in corde nostro, etiamsi facto non innotescat hominibus. Ita ergo sunt isti gradus, quasi a serpente suggestio fiat, id est, lubrico et volubili, hoc est temporali *(c)* corporum motu : quia et si qua talia phantasmata intus versantur in anima, de corpore forinsecus tracta sunt : et si quis occultus præter istos quinque sensus motus corporis animam tangit, est etiam ipse temporalis et lubricus ; et ideo quanto illabitur occultius ut cogitationem contingat, tanto convenientius serpenti comparatur. Tria ergo hæc, ut dicere cœperam, similia sunt illi gestæ rei quæ in Genesi scripta est (*Gen.*, III, 1, etc.), ut quasi a serpente fiat suggestio et quædam suasio : in appetitu autem carnali tanquam in Eva delectatio : in ratione vero tanquam in viro consensio : quibus peractis, tanquam de paradiso, hoc est, de beatissima luce justitiæ in mortem homo expellitur ; justissime omnino. Non enim cogit, qui suadet. Et omnes naturæ in ordine suo gradibus suis pulchræ sunt : sed de superioribus in quibus rationalis animus ordinatus est,

---

(a) In omnibus prope Mss. *plane*. — *(b)* Editi Mar. et Lov, cæteris libris refragantibus, *si eam*. — *(c)* Mss. decem, *corporalium*.

rang qu'elles occupent dans la création, mais l'âme raisonnable ne doit pas descendre des sphères supérieures où Dieu l'a placée, pour se rabaisser aux objets qui sont au-dessous d'elle. Personne assurément n'y est forcé, celui donc qui consent à se dégrader jusque-là, sera puni par la justice de Dieu, car cette faute n'est pas chez lui involontaire. Toutefois, avant le consentement (1), la délectation est nulle ou si légère qu'elle est presque nulle, et c'est un grand péché d'y consentir lorsqu'elle est illicite. Or, dès qu'on y a consenti, on a commis le péché dans son cœur. Si l'on va jusqu'à la consommation de l'acte, il semble que la passion soit rassasiée et comme éteinte. Mais que la suggestion revienne de nouveau, la délectation renaît plus ardente, bien qu'elle soit encore moindre que celle qui se change en habitude par suite d'actes répétés, et dont il est très-difficile de triompher. Cependant, si l'on ne s'abandonne point soi-même, si l'on ne redoute point les combats de la vie chrétienne, on peut la surmonter sous la conduite et avec le secours de Dieu, et ainsi l'homme soumis au Christ, et la femme soumise à l'homme, recouvrent la paix et le rang qu'ils avaient perdus. (1 *Cor.*, xi, 3 ; *Ephes.*, v, 23.)

35. De même qu'on arrive au péché par ces trois degrés : la suggestion, la délectation et le consentement, on compte aussi trois espèces différentes de péchés : les péchés de pensée, les péchés d'action et les péchés d'habitude, qui sont comme trois morts différentes. L'une a lieu dans la maison, c'est-à-dire lorsque le cœur donne son consentement au mal ; l'autre s'avance comme au dehors de la porte, lorsque le consentement va jusqu'à l'action ; la troisième se produit lorsque l'âme est écrasée par la violence d'une habitude criminelle, comme sous le poids d'une masse de terre, et qu'elle est comme en proie à la corruption du tombeau. Quiconque a lu l'Evangile, sait que Notre-Seigneur a rendu la vie à ces trois espèces de morts ; et il a dû remarquer peut-être le langage différent dont il s'est servi en les ressuscitant. Dans le premier cas il dit : « Jeune fille, levez-vous ; » (*Matth.*, ix, 25) dans le second : « Jeune homme, levez-vous, c'est moi qui vous le dis ; » (*Luc.*, vii, 14) dans le troisième, il frémit intérieurement, il verse des larmes, il frémit de nouveau, et il crie ensuite à haute voix : « Lazare, sortez dehors. » (*Jean*, xi, 33, etc.)

36. Donc sous le nom d'adultère dont il est question dans ce chapitre, il faut comprendre toute convoitise charnelle et déréglée. En effet, comme l'Ecriture appelle constamment l'idolâtrie une fornication, et que l'apôtre saint Paul

---

(1) Nous traduisons d'après la variante *ante consensionem*, comme offrant un sens beaucoup plus en rapport avec le contexte.

---

ad inferiora non est declinandum. Nec quisquam hoc facere cogitur ; et ideo si fecerit (*a*), justa Dei lege punitur : non enim hoc committit invitus. Veruntamen delectatio ante (*b*) consuetudinem vel nulla est, vel tam tenuis ut prope nulla sit : cui consentire magnum peccatum est, cum illicita est. Cum autem quisque consenserit, committit peccatum in corde. Si autem etiam in factum processerit, videtur satiari et extingui cupiditas : sed postea cum suggestio repetitur, major accenditur delectatio : quæ tamen adhuc multo minor est quam illa quæ assiduis factis in consuetudinem vertit. Hanc enim vincere difficillimum est : et tamen etiam ipsam consuetudinem, si se quisque non deserat, et Christianam militiam non reformidet, illo duce atque adjutore superabit : ac sic in pristinam (*c*) pacem atque ordinem et vir Christo, et mulier viro subjicitur. (1 *Cor.*, xi, 3 ; *Ephes.*, v, 25.)

35. Sicut ergo tribus gradibus ad peccatum pervenitur, suggestione, delectatione, consensione : ita ipsius peccati tres sunt differentiæ, in corde, in facto, in consuetudine, tanquam tres mortes : una quasi in domo, id est cum in corde consentitur libidini ; altera jam prolata quasi extra portam, cum in factum procedit assensio ; tertia, cum vi consuetudinis malæ tanquam mole terrena premitur animus, quasi in sepulcro jam putens. Quæ tria genera mortuorum Dominum resuscitasse, quisquis Evangelium legit, agnoscit. Et fortasse considerat quas differentias habeat etiam ipsa vox resuscitantis, cum alibi dicit : Puella surge (*Matth.*, ix, 25) : alibi : Juvenis tibi dico, surge (*Luc*, vii, 14) : alibi infremuit spiritu, et flevit, et rursus fremuit, et post deinde voce magna clamavit : Lazare veni foras. (*Joan.*, xi, 33, etc.)

36. Quapropter nomine mœchantium qui hoc capitulo commemorantur, omnem carnalem et libidinosam concupiscentiam oportet intelligi. Cum enim tam assidue idolatriam Scriptura fornicationem dicat : Paulus autem Apostolus avaritiam idolatriæ

(*a*) Sic Mss. et Mar. At Am. Er. et Lov. *sine justa defensione punitur*. — (*b*) Sic Am. Er. et Mss. uno tantum excepto. At Mar. et Lov. *ante consensionem*. — (*c*) Am. Er. et Lov. *potestatem*. Mss. consuetiente Mar. *pacem*.

traite l'avarice d'idolâtrie (*Col.*, III, 5; *Ephes.*, v, 5), qui peut douter que toute concupiscence mauvaise ne puisse justement recevoir le nom de fornication, lorsque l'âme, au mépris de la loi supérieure qui doit lui servir de règle, se prostitue et se corrompt au prix des plus honteuses voluptés dans les objets d'une nature inférieure ? Que celui donc qui sent se révolter en lui contre la droite volonté, l'attrait des voluptés charnelles fortifié par l'habitude du vice dont la violence indomptée l'entraîne dans l'esclavage, se rappelle, autant qu'il est en lui, l'excellence de la paix qu'il a perdue par son péché, et qu'il s'écrie : « Malheureux homme que je suis, qui me délivrera de ce corps de mort! La grâce de Dieu par Jésus-Christ. » (*Rom.*, VII, 24.) En proclamant ainsi hautement son infortune, il implore par ses larmes le secours du divin Consolateur; car c'est faire un grand pas vers le bonheur, que de connaître son infortune; c'est pourquoi il est dit : « Bienheureux ceux qui pleurent, parce qu'ils seront consolés. » (*Matth.*, v, 5.)

CHAPITRE XIII.

37. Le Sauveur continue : « Si votre œil droit vous scandalise, arrachez-le, et jetez-le loin de vous; car il vaut mieux pour vous qu'un des membres de votre corps périsse, que tout votre corps soit jeté dans l'enfer. » Il faut ici un grand courage pour couper ses membres. Quelle que soit ici la signification de l'œil, sans aucun doute il est la figure de ce qu'on aime le plus vivement. Ne disons-nous pas tous les jours, lorsque nous voulons donner une idée de notre affection : Je l'aime comme mes yeux, ou même plus que mes yeux? Le Sauveur spécifie cet œil, c'est l'œil droit, pour faire ressortir davantage la vivacité de notre affection. Car bien qu'on fasse ordinairement usage des deux yeux pour voir, et qu'ils aient tous deux pour cela la même puissance; cependant les hommes redoutent bien plus de perdre l'œil droit. Voici donc le sens de ces paroles : Quel que soit l'objet de votre affection, vous fût-il plus cher que votre œil droit, s'il vous scandalise, c'est-à-dire, s'il est pour vous un obstacle au vrai bonheur, arrachez-le et jetez-le loin de vous. Il vous est avantageux de voir périr un objet que vous aimez à l'égal de vos membres, plutôt que de voir votre corps tout entier précipité dans l'enfer.

38. Mais comme le Sauveur parle ensuite de la main droite, et qu'il dit également : « Si votre main droite vous scandalise, coupez-la, et jetez-la loin de vous ; car, il vaut mieux pour vous qu'un des membres de votre corps périsse, que

---

nomine appellet (*Col.*, III, 5; *Eph.*, v, 5); quis dubitet omnem malam concupiscentiam recte fornicationem vocari, quando anima neglecta superiore lege qua regitur, inferiorum naturarum turpi voluptate, quasi mercede, prostituta corrumpitur? Et ideo quisquis carnalem delectationem adversus rectam voluntatem suam rebellare sentit per consuetudinem peccatorum, cujus (a) indomitæ violentia trahitur in captivitatem, recolat quantum potest qualem pacem peccando amiserit, et exclamet : « Infelix ego homo, quis me liberabit de corpore mortis hujus? Gratia Dei per Jesum Christum. » (*Rom.*, VII, 24.) Ita enim cum se infelicem exclamat, lugendo implorat consolatoris auxilium. Nec parvus est ad beatitudinem accessus, cognitio infelicitatis suæ : et ideo : « Beati etiam lugentes; quoniam ipsi consolabuntur.» (*Matth.*, v, 5.)

CAPUT XIII.

37. Deinde sequitur, et dicit : « Si autem oculus tuus dexter scandalizat te, erue eum, et projice abs te. Expedit enim tibi ut pereat unum membrorum tuorum, quam totum corpus tuum eat in gehennam. » (*Matth.*, v, 29.) Hic vero magna opus est fortitudine ad membra præcidenda. Quidquid enim est quod significat oculus, sine dubio tale est quod vehementer diligitur. Solet enim et ab eis qui vehementer volunt exprimere dilectionem suam, ita dici : Diligo eum ut oculos meos, aut etiam plus quam oculos meos. Quod autem additum est : « dexter, » fortasse ad augendam vim dilectionis valet. Quanquam enim ad videndum isti oculi corporis communiter intendantur, et si ambo intendantur, æqualiter possint; amplius tamen formidant homines dextrum amittere. Ut iste sit sensus : Quidquid illud est quod ita diligis, ut pro dextro oculo habeas, si scandalizat te, id est, si tibi impedimento est ad veram beatitudinem, erue illud, et projice abs te. Expedit enim tibi ut pereat unum horum, quæ ita diligis ut tanquam membra tibi hæreant, quam totum corpus tuum eat in gehennam.

38. Sed quoniam sequitur de manu dextera, et similiter dicitur : « Si dextera manus tua scandalizat te, abscide eam, et projice abs te : expedit enim tibi

(a) In decem Mss. *indomita*.

tout votre corps soit jeté dans l'enfer; » (*Matth.*, v, 30) il nous force d'examiner plus soigneusement ce qu'il entend par l'œil. Or, je ne crois pas pouvoir donner ici d'explication plus vraisemblable, qu'en disant que l'œil figure ici un ami tendrement chéri ; car, nous ne pouvons donner justement le nom de membre qu'à une personne pour laquelle nous ressentons une vive affection. J'ajoute que cet ami est un conseiller, parce qu'il est comme l'œil qui nous indique le chemin. Il nous conseille dans les choses divines, parce qu'il est l'œil droit, et l'œil gauche figurerait alors l'ami de bon conseil, mais dans les choses de la terre qui ont rapport aux besoins du corps. Or il n'était pas besoin de parler de l'œil gauche qui scandalise, après avoir dit qu'on ne doit pas même épargner l'œil droit. Le conseiller qui scandalise dans les choses divines, est celui qui s'efforce de vous entraîner dans quelque hérésie pernicieuse, sous le voile de la religion et de la vraie doctrine. La main droite est donc l'emblème de l'ami qui nous aide dans les œuvres spirituelles, car l'œil est la figure de la contemplation, comme la main est la figure de l'action, et la main gauche représente celui qui nous prête son concours dans les choses de la vie présente nécessaires à l'entretien du corps.

CHAPITRE XIV.

39. Il a été dit encore : « Quiconque veut quitter sa femme, qu'il lui donne un acte de répudiation. » (*Matth.*, v, 31.) Cette justice imparfaite est celle des pharisiens, et le Sauveur ne la contredit point en ajoutant : « Et moi, je vous dis que quiconque aura quitté sa femme, si ce n'est en cas d'adultère, la fait devenir adultère ; et que celui qui épouse cette femme renvoyée, commet un adultère. » (*Matth.*, v, 31, 32.) Car, celui qui commande de donner un acte de répudiation, ne fait pas un précepte par là même de renvoyer la femme, mais en disant : Celui qui voudra la renvoyer devra lui donner un acte de répudiation, il a voulu que la pensée de cet acte pût modérer la colère irréfléchie de celui qui renvoyait sa femme. En cherchant donc à entraver le renvoi de la femme, il a fait comprendre aux hommes les plus durs, qu'il n'approuvait point le divorce. Aussi le Sauveur interrogé dans un autre endroit sur cette même question, répond : « C'est à cause de la dureté de vos cœurs, que Moïse vous l'a permis. » (*Matth.*, XIX, 8.) Quelle que fût, en effet, la dureté de celui qui voulait renvoyer sa femme, la pensée que l'acte de répudiation permettrait à cette femme d'en épouser impunément un autre, pouvait le ramener à des sentiments plus doux. C'est donc pour confirmer ce principe, que le renvoi de l'épouse ne doit pas avoir lieu facilement, que le Seigneur ne lui reconnaît qu'un seul motif, la cause de fornication. Quant aux autres peines du mariage, s'il en existe quelques-unes,

ut pereat unum membrorum tuorum, quam totum corpus tuum eat in gehennam (v. 30) : cogit quærere diligentius, quid dixerit oculum. In qua quæstione nihil mihi occurrit congruentius, quam dilectissimum amicum ; nam hoc est utique quod membrum recte possumus appellare : quod vehementer diligimus : et hunc consiliarium ; quia oculus est, tanquam demonstrans iter ; et in rebus divinis, quia dexter est : ut sinister sit dilectus quidem consiliarius, sed in rebus terrenis ad necessitatem corporis pertinentibus ; de quo scandalizante superfluum erat dicere, quandoquidem nec dextro parcendum sit. In rebus autem divinis consiliarius scandalizans est, si in aliquam perniciosam hæresim nomine religionis atque doctrinæ conatur inducere. Ergo et dextera manus accipiatur dilectus adjutor et minister in divinis operibus : nam quemadmodum in oculo contemplatio, sic in manu recte actio intelligitur : ut sinistra manus intelligatur in operibus quæ huic vitæ et corpori sunt necessaria.

CAPUT XIV.

39. « Dictum est autem : Quicumque dimiserit uxorem suam, det illi libellum repudii. » (*Matth.*, v, 31.) Hæc justitia minor est Pharisæorum, cui non est contrarium quod Dominus dicit : « Ego autem dico vobis, quicumque dimiserit uxorem suam excepta fornicationis causa, facit eam mœchari ; et qui solutam a viro duxerit, mœchatur. (v. 32.) Non enim qui præcepit dari libellum repudii, hoc præcepit, ut uxor dimittatur : sed « Qui dimiserit, inquit, det illi libellum repudii : » ut iracundiam temerariam projicientis uxorem libelli cogitatio temperaret. Qui ergo dimittendi moram quæsivit, significavit quantum potuit duris hominibus, se nolle discidium. Et ideo ipse Dominus alio loco de hoc interrogatus, ita respondit : Hoc Moyses propter duritiam vestram fecit. (*Matth.*, XIX, 8.) Quantumvis enim durus esset, qui vellet dimittere uxorem, cum cogitaret libello repudii dato jam sine periculo eam posse nubere alteri, facile placare-

il veut qu'on les supporte courageusement, dans l'intérêt de la foi conjugale, et pour l'honneur de la chasteté, et il appelle adultère celui qui épouserait cette femme séparée de son mari. Or, l'Apôtre a déterminé les limites de ce précepte, en déclarant qu'il a force de loi pendant toute la vie du mari; mais après sa mort, il rend à la femme la liberté de se marier. (*Rom.*, VII, 2.) C'est aussi la règle qu'il a établie lui-même, et qu'il donne, non comme un conseil personnel, ainsi que pour quelques autres recommandations, mais comme un précepte formel du Seigneur : « Pour ceux qui sont dans le mariage, dit-il, ce n'est pas moi, mais le Seigneur qui leur fait ce commandement que la femme ne se sépare point de son mari. Si elle s'en sépare, qu'elle demeure sans se marier, ou qu'elle se réconcilie avec son mari. Que le mari, de même, ne quitte pas sa femme. » (I *Cor.*, VII, 10.) Par la même raison, ce me semble, ou l'homme qui renvoie sa femme ne doit pas en épouser une autre, ou il doit se réconcilier avec elle. Car, il peut se faire qu'il renvoie sa femme pour cause de fornication, exception autorisée par le Seigneur lui-même. Or, s'il n'est point permis à cette femme de s'unir à un autre, du vivant du mari qu'elle a quitté, et si lui-même ne peut prendre une autre épouse du vivant de celle qu'il a renvoyée, combien plus leur est-il défendu d'entretenir avec n'importe quelle autre personne un commerce criminel? Mais il faut estimer bien plus heureux les mariages où les époux qui ont eu des enfants, ou qui ont renoncé à l'espérance d'une postérité terrestre, ont pu garder la continence d'un mutuel accord. Ce n'est pas là enfreindre le précepte qui défend au mari de renvoyer son épouse, puisqu'il la garde chez lui en n'ayant avec elle que des relations toute spirituelles, et il observe ainsi la recommandation de l'Apôtre : « Il faut que ceux mêmes qui ont des femmes soient comme s'ils n'en avaient pas. » (I *Cor.*, VII, 20.)

CHAPITRE XV.

40. Une cause d'assez grandes inquiétudes pour les esprits faibles qui veulent cependant conformer leur vie aux préceptes du Christ, c'est ce que le Seigneur lui-même dit dans un autre endroit : « Si quelqu'un vient à moi, et ne hait point son père et sa mère, sa femme, ses enfants, ses frères, ses sœurs, et même sa propre vie, il ne peut être mon disciple. » (*Luc,* XIV, 26.) En effet, pour des intelligences peu exercées, il semble qu'il y ait contradiction entre la défense faite ici au mari de renvoyer sa femme, excepté le cas de fornication, et la condition indispensable pour tout homme qui veut être son disciple, de haïr son épouse. Si le

---

tur. Dominus ergo ad illud confirmandum ut non facile uxor dimittatur, solam causam fornicationis excepit : cæteras vero universas molestias, si quæ forte exstiterint, jubet pro fide conjugali et pro castitate fortiter sustineri; et mœchum dicit etiam virum, qui eam duxerit, quæ soluta est a viro. Cujus rei apostolus Paulus terminum ostendit, quia tamdiu observandum dicit, quamdiu vir ejus vivit : illo autem mortuo, dat nubendi licentiam.(*Rom.*, VII, 2.) Hanc enim etiam ipse regulam tenuit, et in ea non suum consilium, sicut in nonnullis monitis, sed præceptum Domini jubentis ostendit, cum ait : « Eis autem qui sunt in conjugio præcipio, non ego, sed Dominus, mulierem a viro non discedere; quod si discesserit, manere innuptam, aut viro suo reconciliari : et vir uxorem non dimittat. » (I *Cor.*, VII, 10.) Credo, simili forma, ut si dimiserit non ducat aliam, aut reconcilietur uxori. Fieri enim potest ut dimittat uxorem causa fornicationis, quam Dominus exceptam esse voluit. Jam vero si nec illi nubere conceditur vivo viro a quo recessit, neque huic alteram ducere viva uxore quam dimisit; multo minus fas est illicita cum quibuslibet stupra committere. Beatiora sane conjugia judicanda sunt, quæ sive filiis procreatis, sive etiam ista terrena prole contempta, continentiam inter se pari consensu servare potuerint : quia neque contra illud præceptum fit, quo Dominus dimitti conjugem vetat; non enim dimittit, qui cum ea non carnaliter, sed spiritaliter vivit : et illud servatur, quod per Apostolum dicitur : Reliquum est, ut qui habent uxores, quasi non habentes sint. (I *Cor.*, VII, 20.)

CAPUT XV.

40. Illud magis solet sollicitare animum parvulorum, qui tamen secundum præcepta Christi jam vivere gestiunt, quod alio loco ipse Dominus dicit : Quisquis venit ad me, et non odit patrem suum, et matrem, et uxorem, et filios, et fratres, et sorores, insuper et animam suam, non potest meus esse discipulus. (*Luc.*, XIV, 26.) Videri enim potest contrarium minus intelligentibus, quod hic vetat dimitti uxorem, excepta causa fornicationis, alibi vero discipulum suum negat esse posse quemquam qui non oderit uxorem. Quod si propter concubitum diceret,

Sauveur avait eu ici en vue les rapports des époux entre eux, il n'aurait point placé sur la même ligne, le père, la mère et les frères. Mais qu'il est donc vrai que le royaume des cieux souffre violence, et qu'il n'y a que ceux qui se font violence qui puisse le ravir! (*Matth.*, XI, 12.) Quelle force ne faut-il pas à l'homme, d'un côté, pour aimer ses ennemis, de l'autre, pour haïr son père, sa mère, son épouse, ses enfants, ses frères? C'est le double commandement qui nous est imposé par celui qui nous appelle au royaume des cieux. Or, il nous est facile en le prenant pour guide, de montrer que ces deux préceptes ne sont pas contradictoires; mais il est plus difficile de les accomplir quand on les a compris, bien que la grâce de Dieu puisse rendre cet accomplissement facile. En effet, dans le royaume éternel, où il daigne appeler ses disciples, qu'il nomme aussi ses frères, on ne connaît plus ces liens, ces relations qui n'étaient que pour la vie du temps. Ainsi, il n'y a plus ni juif, ni gentil, plus d'esclave, ni d'homme libre; plus d'homme, ni de femme; mais Jésus-Christ est tout en tous. » (*Gal.*, III, 28; *Colos.*, III, 11.) Et le Seigneur lui-même l'a dit en termes formels : « Au jour de la résurrection, les hommes n'auront point de femmes, ni les femmes de maris, mais ils seront comme les anges de Dieu dans le ciel. » (*Matth.*, XXII, 30.) Tout chrétien donc qui veut méditer ici-bas la vie de ce royaume éternel, doit nécessairement haïr, non pas les hommes eux-mêmes, mais ces relations du temps qui servent de soutien à cette vie passagère dont les deux termes sont la naissance et la mort. S'il n'est pas capable de cette haine, c'est un signe qu'il n'aime pas encore cette vie, où nous serons affranchis de la condition de naître et de mourir, seule cause des mariages de la terre.

11. Si donc je demande à un bon chrétien qui a une épouse et avec laquelle il a encore des enfants, s'il désire être uni avec une femme dans le royaume du ciel; au souvenir des promesses de Dieu, et de cette vie, où ce corps soumis à la corruption sera revêtu d'incorruptibilité, et où ce corps mortel sera revêtu d'immortalité (I *Cor.*, XV, 54), rempli d'amour pour ce royaume, ou si faiblement attiré qu'on le suppose, il répondra avec horreur qu'il est bien éloigné d'avoir ce désir. Si je lui demande de nouveau, si après que la résurrection aura produit en nous cette transformation qui nous rendra semblables aux anges, selon la promesse que Dieu a faite aux saints, il veut voir son épouse partager avec lui cette vie, il répondra qu'il le désire aussi vivement qu'il repousse l'autre proposition. C'est ainsi que le vrai chrétien dans une seule et même femme, aime la créature de Dieu, qu'il désire voir transformée et renouvelée, et qu'en même temps, il hait l'union, les relations

---

non etiam patrem, et matrem, et fratres in eadem conditione poneret. Sed quam verum est, quod regnum cœlorum vim patitur, et qui vim faciunt, diripiunt illud ! (*Matth.*, XI, 12.) Quanta enim vi opus est, ut homo diligat inimicos, et oderit patrem, et matrem, et uxorem, et filios, et fratres? Utrumque enim jubet, qui ad regnum cœlorum vocat. Et quomodo hæc non sint contraria inter se, ipso duce ostendere facile est; sed ea intellecta implere difficile : quanquam et hoc eodem ipso adjuvante facillimum. Regnum enim æternum quo discipulos suos, quos etiam fratres appellat, vocare dignatus est, non habet hujusmodi necessitudines temporales. Non enim est Judæus, neque Græcus, neque masculus, neque femina, neque servus, neque liber : sed omnia et in omnibus Christus. (*Gal.*, III, 28; *Colos.*, III, 11.) Et ipse Dominus dicit : « In resurrectione enim neque nubent, neque uxores ducent, sed erunt sicut Angeli Dei in cœlis. » (*Matth.*, XXII, 30.) Oportet ergo ut quisquis illius regni vitam jam hic meditari voluerit, oderit non ipsos homines, sed istas necessitudines temporales, quibus ista quæ transitura est vita fulcitur, quæ nascendo et moriendo peragitur : quod qui non odit, nondum amat illam vitam ubi nulla erit conditio nascendi atque moriendi, quæ copulat terrena conjugia.

11. Itaque si aliquem bene Christianum, qui tamen habet uxorem, quamvis cum ea adhuc filios generet, interrogem, utrum in illo regno habere velit uxorem ; memor utique promissorum Dei et vitæ illius, ubi corruptibile hoc induet incorruptionem, et mortale hoc induet immortalitatem (I *Cor.*, XV, 54) ; jam magno vel certe aliquo amore suspensus, cum exsecratione respondebit, se vehementer id nolle. Rursus si interrogem, utrum uxorem suam post resurrectionem accepta angelica (*a*) immutatione quæ sanctis promittitur, secum ibi vivere velit ; tam vehementer se id velle quam illud nolle respondebit. Sic invenitur bonus Christianus diligere in una femina creaturam Dei, quam reformari et renovari desiderat ;

(*a*) Sic Mss. et editi, præter Mar. et Lov. qui habent *immortalitate*.

corruptibles et mortelles, c'est-à-dire qu'il aime dans sa femme la nature humaine, et qu'il hait le caractère d'épouse. C'est de cette même manière qu'il aime son ennemi, non pas en tant qu'il est son ennemi, mais en tant qu'il est homme, jusqu'à désirer pour lui ce qu'il désire pour lui-même, c'est-à-dire qu'il parvienne après s'être réformé et renouvelé, au bonheur du royaume des cieux. Il faut raisonner de même d'un père, d'une mère et des autres liens du sang. (I *Rétract.*, XIX, 3.) Nous devons haïr en eux ce que la naissance et la mort donnent comme en apanage au genre humain; mais nous devons aimer ce qui peut parvenir avec nous à ce royaume où personne ne dit plus : Mon père, mais où tous disent au seul Dieu : Notre Père; où l'on ne dit plus : Ma mère, mais où tous disent à cette Jérusalem céleste : Notre mère; où, enfin l'on ne dit plus : Mon frère, mais où tous se disent mutuellement : Notre frère. Il se fera alors de tous les fidèles réunis, comme un seul mariage avec ce seul époux qui nous a délivrés par l'effusion de son sang, de la corruption du monde. Un disciple de Jésus-Christ doit donc nécessairement haïr toutes les choses qui passent dans ceux qu'ils désirent voir parvenir avec lui à ce bonheur qui doit durer éternellement, et sa haine pour ces choses qui passent sera d'autant plus grande que son amour pour eux est plus vif.

42. Un chrétien peut donc vivre dans un parfait accord avec sa femme; qu'il cherche dans cette union, soit une satisfaction donnée aux exigences de la chair, ce que l'Apôtre indique par condescendance et sans en faire un commandement (I *Cor.*, VII, 6), soit la procréation des enfants, ce qui est digne de louanges jusqu'à un certain point; soit enfin qu'il vive avec son épouse comme un frère, sans aucun rapport conjugal, ayant une épouse comme n'en ayant pas, ce qui est le degré de perfection le plus excellent et le plus sublime dans le mariage des chrétiens; mais quelque parti qu'il choisisse, il lui faut haïr en elle tout ce qui a rapport aux nécessités du temps, pour n'aimer que l'espérance de l'éternelle félicité. N'est-il pas vrai, en effet, que nous haïssons ce dont nous souhaitons voir un jour la fin, par exemple, la vie présente? Car si nous ne haïssions pas cette vie rapide et passagère, nous ne pourrions désirer la vie future qui est affranchie des lois du temps. C'est cette vie qui est désignée sous le nom d'âme dans ces paroles du Sauveur : « Celui qui ne hait pas même son âme, ne peut être mon disciple. (*Luc*, XIV, 26.) Cette vie a nécessairement besoin de la nourriture corruptible dont le Seigneur lui-même a dit : « Est-ce que la vie n'est pas plus que la nourriture? » c'est-à-dire cette vie à qui la nourriture est nécessaire.

---

odisse autem conjunctionem copulationemque corruptibilem atque mortalem: hoc est, diligere in ea quod homo est, odisse quod uxor est. Ita etiam diligit inimicum, non inquantum inimicus est, sed inquantum homo est; ut hoc ei velit provenire quod sibi, id est ut ad regnum cœlorum correctus renovatusque perveniat. Hoc et de patre et de matre et cæteris vinculis sanguinis intelligendum est, ut in iis oderimus quod genus humanum nascendo et moriendo sortitutum est, diligamus autem quod nobiscum potest ad illa regna perduci, ubi nemo dicit : Pater meus; sed omnes uni Deo, Pater noster : nec, Mater mea; sed omnes illi Jerusalem : Mater nostra : nec Frater meus; sed omnes de omnibus, Frater noster : conjugium vero cum illo simul nobis in unum redactis, quasi unius conjugis erit, qui nos de prostitutione hujus sæculi sui sanguinis effusione liberavit. Necesse est ergo ut oderit ea quæ transeunt discipulus Christi, in iis quos secum ad ea venire desiderat, quæ semper manebunt; et tanto magis hæc in eis oderit, quanto magis eos diligit.

42. Potest igitur Christianus cum conjuge concorditer vivere; sive indigentiam carnalem cum ea supplens, quod secundum veniam, non secundum (*a*) imperium dicit Apostolus (I *Cor.*, VII, 6); sive filiorum propagationem, quod jam nonnullo gradu potest esse laudabile; sive fraternam societatem, sine ulla corporum commixtione, habens uxorem tanquam non habens, quod est in conjugio Christianorum excellentissimum atque sublime : ut tamen oderit in ea (*b*) nomen temporalis necessitatis, et diligat spem sempiternæ beatitudinis. Odimus enim sine dubio, quod certe ut aliquando non sit optamus, sicut istam ipsam præsentis sæculi vitam, quam temporalem si non odissemus, non desideraremus futuram, quæ non est tempori obnoxia. Pro hac enim vita posita est anima, de qua ibi dictum est : Qui non oderit insuper et animam suam, non potest esse meus discipulus. (*Luc.*, XIV, 26.) Huic namque vitæ cibus est necessarius iste corruptibilis, de quo ipse Dominus

---

(*a*) In omnibus Mss. *non secundum debitum.* — (*b*) Am. Er. et Lov. *oderit in ea omnes temporales necessitates.* At Mss. *oderit in ea nomen temporalis necessitatis :* sic etiam Mar. ubi loco *necessitatis,* legendum videtur, *necessitudinis.*

TOM. IX.   4

(*Matth.*, vi, 25.) Et lorsqu'il dit ailleurs qu'il donnera son âme pour ses brebis (*Jean*, x, 15); il veut parler de la vie présente, puisqu'il déclare qu'il mourra pour nous.

CHAPITRE XVI.

43. Ici se présente une autre question : Le Seigneur permet au mari de renvoyer son épouse pour cause de fornication, que faut-il entendre par fornication? Devons-nous la restreindre, d'après le sens généralement admis, à la fornication qui consiste dans un commerce criminel? Ou bien, est-ce cette fornication plus générale, que les Ecritures, nous l'avons dit plus haut, appliquent à toute corruption criminelle de l'âme, comme l'idolâtrie, l'avarice, et toute transgression de la loi produite par la concupiscence qu'elle condamne? (1 *Rétract.*, xix, 6.) Mais, consultons l'Apôtre, afin de ne rien avancer à la légère : « Pour ceux qui sont dans le mariage, dit-il, ce n'est pas moi, mais le Seigneur qui leur fait ce commandement, que la femme ne se sépare point de son mari. Si elle s'en sépare, qu'elle demeure sans se marier, ou qu'elle se réconcilie avec son mari. » (1 *Cor.*, vii, 10, 11.) Il peut se faire, en effet, qu'elle se sépare pour la raison que le Seigneur lui-même autorise. Ou bien, s'il est permis à la femme de quitter son mari, en dehors même de la cause de fornication, et que cette permission ne soit point également donnée à l'homme, comment répondrons-nous à ce que l'Apôtre dit ensuite : Et que l'homme ne se sépare point de sa femme? Pourquoi n'a-t-il pas ajouté, excepté le cas de fornication, où le Seigneur autorise la séparation? C'est parce qu'il veut nous faire entendre que la condition du mari est ici la même que celle de la femme, et que s'il renvoie son épouse, (ce qui lui est permis dans le cas de fornication,) il ne doit pas s'unir à une autre, ou bien il doit se réconcilier avec son épouse. Ainsi, la réconciliation avec son épouse eût été un acte louable pour l'homme de cette femme, que personne n'osa lapider, et à qui le Seigneur dit : « Allez, et ne péchez plus. » (*Jean*, viii, 11.) En effet, celui qui fait cette défense : « Il n'est point permis de renvoyer son épouse, si ce n'est pour cause de fornication, » force de la garder si cette cause n'existe pas; dans le cas où elle se produit, il ne force pas, il permet seulement de la renvoyer, de même que l'on dit : Il n'est point permis à une femme, tant que son mari n'est pas mort, d'en épouser un autre; si cette femme, du vivant de son mari, en prend un autre, elle se rend coupable; si après qu'il est mort, elle n'en épouse pas un autre, elle ne pèche point; ce n'est point un ordre qui lui est donné, c'est une permission qu'on lui laisse de se marier. Donc il y a parfaite égalité de droits dans le

---

dicit : Nonne anima plus est quam esca (*Matth.*, vi) : id est, hæc vita cui necessaria est esca? Et quod dicit, ut animam suam ponat pro ovibus suis (*Joan.*, x, 15) : hanc utique vitam dicit, cum se pro nobis moriturum esse pronuntiat.

CAPUT XVI.

43. Exoritur hic altera quæstio, cum Dominus causa fornicationis permittat dimitti uxorem, quatenus hoc loco intelligenda sit fornicatio, utrum quousque intelligunt omnes, id est, ut eam fornicationem credamus dictam quæ in stupris committitur : an quemadmodum Scripturæ solent fornicationem vocare, sicut supra dictum est, omnem illicitam corruptionem, sicut est idolatria vel avaritia, et ex eo jam omnis transgressio legis propter illicitam concupiscentiam. Sed consulamus Apostolum, ne aliquid temere dicamus : « His qui sunt in conjugio, inquit, præcipio non ego, sed Dominus, uxorem a viro non discedere : quod si discesserit, manere innuptam, aut viro suo reconciliari. » (1 *Cor.*, vii, 10 et 11). Potest enim fieri ut discedat ea causa, qua Dominus permittit. Aut si feminæ licet virum dimittere etiam præter causam fornicationis, et non licet viro : quid respondebimus de hoc quod dixit posterius : Et vir uxorem ne dimittat? Quare non addidit, excepta causa fornicationis, quod Dominus permittit : nisi quia similem formam vult intelligi, ut si dimiserit, (quod causa fornicationis permittitur) maneat sine uxore, aut reconcilietur uxori? Non enim male reconciliaretur vir illi mulieri, quam cum lapidare nemo ausus esset, dixit ei Dominus : Vade, et vide deinceps ne pecces. (*Joan.*, viii, 11.) Quia et qui dicit : Non licet dimittere uxorem nisi causa fornicationis; cogit retinere uxorem, si causa fornicationis non fuerit : si autem fuerit, non cogit dimittere, sed permittit : sicut dicitur : Non liceat mulieri nubere alteri, nisi mortuo viro; si ante viri mortem nupserit, rea est; si post viri mortem non nupserit, non est rea : non enim jussa est nubere, sed permissa. Si ergo par forma est in isto jure conjugii inter

LIVRE I. — CHAPITRE XVI.

mariage entre l'homme et la femme, au point que l'Apôtre ne s'est pas contenté de dire de la femme : « Le corps de la femme n'est point à elle, il est à son mari, » mais qu'il a cru aussi devoir dire en parlant de l'homme : « De même le corps du mari n'est pas à lui, mais à sa femme. » (1 *Cor.*, VII, 4.) Si donc leurs droits sont égaux, il faut admettre qu'il n'est pas plus permis à la femme de quitter son mari, qu'il n'est permis à l'homme de se séparer de sa femme, en dehors du cas de fornication.

44. Examinons donc ce qu'il faut entendre ici par fornication, et prenons conseil de l'Apôtre comme nous l'avons déjà fait : « Quand aux autres, continue-t-il, ce n'est pas le Seigneur, mais c'est moi qui leur dit. » (1 *Cor.*, VII, 12.) Et d'abord quels sont ces autres dont il parle ? Il venait plus haut de s'adresser au nom du Seigneur à ceux qui sont dans les liens du mariage, il parle maintenant aux autres en son nom propre. Serait-ce à ceux qui ne sont pas mariés ? La suite ne permet pas cette interprétation, car il ajoute : « Si un mari fidèle a une femme qui soit infidèle, et qu'elle consente à demeurer avec lui, qu'il ne se sépare point d'elle. » (*Ibid.*, 12.) Il s'adresse donc encore à ceux qui sont mariés. Pourquoi donc cette expression : « Quant aux autres ? » C'est qu'il parlait précédemment aux époux qui étaient unis par la même foi en Jésus-Christ ; il s'adresse maintenant aux autres, c'est-à-dire à des époux dont un des deux seulement professait la foi chrétienne. Et que leur dit-il ? « Si un mari fidèle a une femme qui soit infidèle, et qu'elle consente à demeurer avec lui, qu'il ne se sépare point d'elle. Et si une femme fidèle a un mari qui soit infidèle, et qu'il consente à demeurer avec elle, qu'elle ne se sépare point de son mari. » (*Ibid.*, 13.) Dès lors qu'il ne commande point de la part du Seigneur, mais qu'il donne un conseil en son nom, il est, sans doute, bon de le suivre, mais si l'on agit autrement, il n'y a point transgression de la loi. Ainsi, lorsque parlant un peu plus loin des vierges, il déclare qu'il n'a point reçu de commandement du Seigneur, mais qu'il donne un simple conseil ; l'éloge qu'il fait de la virginité laisse toute liberté à celui qui voudra l'embrasser, mais sans qu'on viole un précepte, si l'on juge devoir faire autrement. Il faut distinguer, en effet, entre un commandement, un conseil, et une simple tolérance. Dieu commande à la femme de ne point se séparer de son mari, et si elle se sépare, de ne pas en prendre un autre, ou de se réconcilier avec son mari ; toute autre manière d'agir est défendue. Mais on donne le conseil à l'époux fidèle de ne point renvoyer une épouse infidèle qui consent à demeurer avec lui ; il peut donc la renvoyer, parce qu'il n'y a point de précepte divin qui s'oppose à son renvoi, mais un simple

---

virum et mulierem, usque adeo ut non tantum de femina idem Apostolus dixerit : « Mulier non habet potestatem sui corporis, sed vir ; » (1 *Cor.*, VII, 4.) sed etiam de illo non tacuerit dicens : « Similiter et vir sui corporis potestatem non habet, sed mulier : » si ergo similis forma est, non oportet intelligi licere mulieri virum dimittere, nisi causa fornicationis, sicut et viro.

44. Considerandum est itaque quatenus fornicationem intelligere debeamus, et consulendus, ut cœperamus, Apostolus. Sequitur enim et dicit : Cæteris autem ego dico, non Dominus. (*Ibid.*, 12.) Hic primo videndum est quibus cæteris ; dicebat enim superius ex Domini persona iis qui sunt in conjugio, nunc vero ex sua persona cæteris dicit : ergo fortasse iis qui non sunt in conjugio : sed non hoc sequitur. Ita enim subjungit : « Si quis frater habet uxorem infidelem, et hæc consentit habitare cum illo, non dimittat illam. » Ergo etiam nunc iis dicit qui sunt in conjugio. Quid sibi ergo vult quod ait, cæteris : nisi quia superius eis loquebatur, qui sic copulati erant, ut pariter in fide Christi essent ; cæteris vero nunc dicit, id est eis, qui sic copulati sunt, ut non ambo fideles sint ? Sed quid eis dicit ? « Si quis frater habet uxorem infidelem, et hæc consentit habitare cum illo, non dimittat illam : et si qua mulier habet virum infidelem, et hic consentit habitare cum illa, non dimittat virum. » Si ergo non præcipit ex Domini persona, sed ex sua persona monet, ita est hoc bonum, ut si quis aliter fecerit, non sit præcepti transgressor : sicut de virginibus paulo post dicit, præceptum Domini se non habere, consilium autem dare (*Ibid.*, 25) ; atque ita laudat virginitatem, ut arripiat eam qui voluerit, non tamen ut si non fecerit, contra præceptum fecisse judicetur. Aliud enim est quod jubetur, aliud quod monetur, aliud quod ignoscitur. Jubetur mulier a viro non discedere ; quod si discesserit, manere innuptam, aut viro suo reconciliari : aliter ergo non licet facere. Monetur autem vir fidelis, si habet uxorem infidelem consentientem secum habitare, non eam dimittere : licet ergo et dimittere ; quia non est præceptum Domini,

conseil de l'Apôtre. Ainsi encore, une vierge reçoit le conseil de ne pas se marier ; si elle se marie, elle ne suit pas ce conseil, mais elle ne transgresse aucune loi. Il y a simple tolérance, lorsqu'on s'exprime ainsi : « Or, je dis ceci par condescendance, et sans en faire un commandement. » (*Ibid.*, 6.) Si donc il est permis de renvoyer l'épouse infidèle, quoiqu'il soit mieux de ne pas le faire, et que d'un autre côté le précepte divin n'admette d'autre cause de renvoi que la fornication, l'infidélité est donc une véritable fornication.

45. Que dites-vous, ô grand Apôtre ? Vous voulez évidemment que l'époux fidèle ne renvoie point l'épouse infidèle qui consent à demeurer avec elle. Oui, répond-il ; mais, puisque le Seigneur lui-même défend au mari de renvoyer son épouse, si ce n'est pour cause de fornication, pourquoi dites-vous ici : « C'est moi, ce n'est pas le Seigneur ? » C'est parce que l'idolâtrie dont les infidèles font profession, et toute superstition dangereuse, sont une véritable fornication. Or, le Seigneur permet le renvoi de la femme, pour cause de fornication, mais comme c'est une simple permission et non un commandement, il laisse toute liberté à l'Apôtre de conseiller au mari de ne point renvoyer une femme infidèle, dans l'espérance qu'elle peut devenir fidèle. « Car le mari infidèle, continue-t-il, est sanctifié par la femme fidèle, et la femme infidèle est sanctifiée par le mari fidèle. » (*Ibid.*, 14.) Je suis porté à croire qu'on avait déjà vu des femmes infidèles ramenées à la foi par des maris chrétiens, et des maris infidèles par des femmes chrétiennes, et sans les nommer, saint Paul, se sert de ces exemples pour appuyer le conseil qu'il donne. Il ajoute : « Autrement vos enfants seraient impurs, au lieu que maintenant ils sont saints. » Car les petits enfants étaient déjà chrétiens, et ils avaient été sanctifiés dans le baptême, soit par l'autorité d'un des parents, soit du consentement des deux époux. Or, c'est ce qui n'aurait pu avoir lieu, si les époux s'étaient séparés, parce que l'un des deux était chrétien, et si l'infidélité de l'autre partie n'avait été supportée jusqu'à ce que vînt pour elle le moment favorable d'embrasser la foi. Tel est le conseil de celui à qui il a été dit, ce me semble : « Tout ce que vous dépenserez de plus, je vous le rendrai à mon tour. » (*Luc*, x, 35.)

46. Or, si l'infidélité est une fornication, l'idolâtrie une infidélité, et l'avarice une idolâtrie, nul doute que l'avarice elle-même ne soit une fornication. Et, si l'avarice est une fornication, qui pourra ôter à une convoitise coupable quelle qu'elle soit, le caractère de fornica-

ne dimittat, sed consilium Apostoli : sicut monetur virgo non nubere; sed si nupserit, consilium quidem non tenebit, sed contra præceptum non faciet. Ignoscitur cum dicitur : Hoc autem dico secundum veniam, non secundum imperium. (*Ibid.*, 6.) Quapropter si licet ut dimittatur conjux infidelis, quamvis melius sit non dimittere, et tamen non licet secundum præceptum Domini ut dimittatur conjux nisi causa fornicationis, fornicatio est etiam ipsa infidelitas.

45. Quid enim tu dicis Apostole ? Certe ut vir fidelis consentientem secum habitare mulierem infidelem non dimittat. Ita, inquit. Cum ergo hoc et Dominus præcipiat, ne dimittat vir uxorem, nisi causa fornicationis, quare hic dicis : Ego dico, non Dominus ? Quia scilicet idolatria quam sequuntur infideles, et quælibet noxia superstitio fornicatio est. Dominus autem permisit causa fornicationis uxorem dimitti : sed quia permisit, non jussit, dedit locum Apostolo monendi, ut qui voluerit non dimittat uxorem infidelem, quo sic fortasse possit fieri fidelis. « Sanctificatus est enim, inquit, vir infidelis in uxore (*a*); et sanctificata est mulier infidelis in fratre. » (*Ibid.*, 14.) Credo jam provenerat ut nonnullæ feminæ per viros fideles, et viri per uxores fideles in fidem venirent; et quamvis non dicens nomina, exemplis tamen hortatus est, ad confirmandum consilium suum. Deinde sequitur : « Alioquin filii vestri immundi essent : » nunc autem sancti sunt. Jam enim erant parvuli Christiani, qui sive auctore uno ex parentibus, sive utroque consentiente sanctificati erant : quod non fieret, si uno credente dissociaretur conjugium, et non toleraretur infidelitas conjugis usque ad opportunitatem credendi. Hoc est ergo consilium ejus, cui credo dictum esse : Si quid supererogaveris, rediens reddam tibi. (*Luc.*, x, 35.)

46. Porro si infidelitas fornicatio est, et idololatria infidelitas, et avaritia idololatria, non est dubitandum et avaritiam fornicationem esse. Quis ergo jam quamlibet illicitam concupiscentiam potest recte a fornicationis genere separare, si avaritia fornicatio

---

(*a*) Editi, *in uxore fideli* : et paulo post, *in fratre fideli*. At Mss. in utroque loco carent voce, *fideli* : quæ ab Apostoli Græco textu abest; nec in Latino erat, teste Augustino infra cap. xxII.

tion? Il faut donc conclure que toutes les convoitises criminelles, non-seulement celles qui conduisent les époux à un commerce honteux avec d'autres hommes ou avec d'autres femmes; mais toutes celles qui entraînent l'âme, par l'abus qu'elle fait de son corps, dans l'oubli de la loi de Dieu, et dans un abîme d'ignominie et de corruption où elle trouve sa perte, autorisent le mari à renvoyer sa femme, et la femme son mari, parce que le Seigneur fait une exception pour le cas de fornication, et que nous sommes forcés d'entendre cette fornication dans son sens général et universel.

47. Mais, en exceptant le cas de fornication, Notre-Seigneur n'a point spécifié si c'était la fornication de l'homme ou celle de la femme. Car, ce n'est pas seulement l'épouse coupable de fornication qu'il est permis de renvoyer; mais tout homme renvoyant sa femme qui veut l'entraîner dans le crime de fornication, la renvoie pour cause de fornication. Voici, par exemple, une femme qui veut forcer son mari de sacrifier aux idoles; celui qui la renvoie le fait évidemment pour cause de double fornication, fornication de l'épouse qui s'y est livrée, fornication du mari qui s'en préserve lui-même. Mais, ce serait de la part du mari une souveraine injustice que de renvoyer sa femme pour cause de fornication, s'il est convaincu d'être lui-même un fornicateur. Car alors il est sous le coup de ces paroles : « En condamnant les autres, vous vous condamnez vous-même. » (*Rom.*, II, 1.) Tout homme donc qui veut renvoyer sa femme pour cause d'adultère, doit être le premier exempt de ce crime, et j'en dis autant de la femme.

48. Quant à ces autres paroles du Sauveur : « Et celui qui épouse la femme renvoyée par son mari, commet un adultère, » on peut demander si cette femme est coupable d'adultère au même degré que celui qui l'épouse. Car l'Apôtre lui ordonne de rester sans se marier, ou de se réconcilier avec son mari, mais dans le cas, dit-il, où elle se sépare de son mari. En effet, il importe beaucoup de savoir si elle a quitté d'elle-même son mari, ou si elle en a été renvoyée. Si c'est elle-même qui ait quitté son mari, et qu'elle en ait épousé un autre, elle paraît n'avoir agi que par le désir de contracter un second mariage, désir qui est un véritable adultère. Au contraire, a-t-elle été renvoyée par son mari, qu'elle désirait ne point quitter, celui qui l'épouse commet un adultère d'après la parole du Seigneur, mais il n'est pas aussi évident qu'elle soit coupable du même crime, bien qu'il le soit beaucoup moins encore qu'un homme et une femme ayant commerce ensemble d'un commun consentement, l'un soit adultère à l'exclusion de l'autre. Ajoutez que s'il y a péché d'adultère pour celui qui épouse la femme

---

est? Ex quo intelligitur, quod propter illicitas concupiscentias, non tantum quæ in stupris cum alienis viris aut feminis committuntur, sed omnino quaslibet, quæ animam corpore male utentem a lege Dei aberrare faciunt, et perniciose turpiterque corrumpi, possit sine crimine et vir uxorem dimittere, et uxor virum : quia exceptam facit Dominus causam fornicationis; quam fornicationem, sicut supra consideratum est, generalem et universalem intelligere cogimur.

47. Cum autem ait : « Excepta causa fornicationis : » non dixit cujus ipsorum, viri an feminæ. Non enim tantum fornicantem uxorem dimittere conceditur, sed quisquis eam quoque uxorem dimittit, a qua ipse cogitur fornicari, causa fornicationis utique dimittit. Velut si aliquem cogat uxor sacrificare idolis, qui talem dimittit, causa fornicationis dimittit, non tantum illius, sed et suæ : illius, quia fornicatur; suæ, ne fornicetur. Nihil autem iniquius, quam fornicationis causa dimittere uxorem, si et ipse convincitur fornicari. Occurrit enim illud : In quo enim alterum judicas, temetipsum condemnas: eadem enim agis quæ judicas. (*Rom.*, II, 1.) Quapropter quisquis fornicationis causa vult abjicere uxorem, prior debet esse a fornicatione purgatus : quod similiter etiam de femina dixerim.

48. Quod autem dicit : « Quisquis solutam a viro duxerit, mœchatur (*Matth.*, V, 32) : quæri potest, utrum quomodo mœchatur ille qui ducit, sic et illa quam ducit. Jubetur enim et illa manere innupta, aut viro reconciliari : sed si discesserit, inquit, a viro. (*I Cor.*, VII, 11.) Multum autem interest utrum dimittat, an dimittatur. Si enim ipsa virum dimiserit, et alteri nupserit, videtur cupiditate mutandi conjugii virum priorem reliquisse, quæ sine dubio adulterina cogitatio est. Si autem dimittatur a viro, cum quo esse cupiebat; mœchatur quidem qui eam duxerit secundum Domini sententiam, sed utrum et ipsa tali crimine teneatur, incertum est. Quamvis multo minus inveniri possit, quomodo cum vir et mulier pari consensu sibi misceantur, unus eorum mœchus sit, et non sit alter. Huc accedit, quia si

séparée de son mari, bien que cette femme n'ait pas quitté d'elle-même, mais qu'elle ait été renvoyée, c'est elle-même qui rend cet homme adultère, ce qui est formellement défendu par le Seigneur. Il suit donc de là que la femme, ou qui a quitté son mari, ou qui en a été renvoyée, doit rester sans se marier, si elle n'aime mieux se réconcilier avec son mari.

49. On demande encore si avec la permission de son épouse ou qui est stérile, ou qui ne veut pas accomplir le devoir conjugal, un homme peut, sans se rendre coupable d'adultère, s'unir à une autre femme, qui n'est ni l'épouse d'un autre, ni séparée de son mari. L'histoire de l'Ancien Testament nous en offre des exemples, mais le genre humain est maintenant soumis à des préceptes plus parfaits dont les premiers étaient comme les degrés. Ces exemples peuvent servir à apprécier l'économie de la Providence divine qui s'accommode aux différents âges de l'humanité et vient toujours par les voies les plus sages au secours du genre humain, mais on ne peut les prendre pour règles de conduite. Cependant ces paroles de l'Apôtre : « La femme n'a point de puissance sur son corps, c'est le mari; de même le mari n'a pas de puissance sur son corps, c'est la femme, » vont jusqu'à autoriser le mari avec la permission de son épouse qui a pouvoir sur son corps à s'unir à une femme qui n'est ni mariée ni séparée de son mari? Nous répondons négativement pour ne point paraître accorder le même droit à la femme avec la permission de son mari, ce qui est rejeté par le sentiment universel.

50. Cependant, il peut exister des circonstances où une femme, du consentement de son mari, et dans l'intérêt même de son mari paraîtra devoir tenir cette conduite. C'est ce qui est arrivé à Antioche il y a environ cinquante ans (1), sous le règne de l'empereur Constance. Acyndinus alors préfet et plus tard consul exigeait d'un débiteur du fisc le paiement d'une livre d'or. Cédant à je ne sais quel emportement, danger ordinaire de ces hautes dignités qui transforment leurs caprices en droit, ou plutôt qui s'imaginent que tout ce qui leur plaît est sacré, le préfet fit à cet homme les plus terribles menaces accompagnées de serment et lui déclara sur le ton le plus affirmatif qu'il le ferait mettre à mort s'il n'avait point payé cette somme à un jour déterminé. Ce malheureux était renfermé dans un affreux cachot sans pouvoir se délivrer de sa dette, cependant le terme redoutable approchait, quelques jours seulement l'en séparaient. Cet homme avait une femme d'une rare beauté, mais sans ressources

(1) Vers l'an 343, puisque saint Augustin écrivait ceci l'an 393.

mœchatur ille ducendo eam quæ soluta est a viro, quanquam non dimiserit, sed dimissa sit, ipsa cum facit mœchari, quod nihilominus Dominus vetat. Ex quo colligitur, sive dimissa fuerit, sive dimiserit, oportere illam manere innuptam, aut viro reconciliari.

49. Rursum quæritur, utrum si uxoris permissu, sive sterilis, sive quæ concubitum pati non vult, adhibuerit sibi alteram vir, non alienam, neque a viro sejunctam, possit esse sine crimine fornicationis? Et in historia quidem veteris Testamenti invenitur exemplum : sed nunc præcepta majora sunt, in quæ per illum gradum generatio humana pervenit : tractanda illa sunt ad distinguendas ætates dispensationis divinæ providentiæ, quæ humano generi ordinatissime subvenit; non autem ad vivendi (a) regulas usurpandas. Sed tamen utrum quod ait Apostolus : « Mulier non habet potestatem sui corporis, sed vir; similiter et vir non habet potestatem sui corporis, sed mulier : » (1 Cor., VII, 4) possit in tantum valere, ut permittente uxore, quæ maritalis corporis potestatem habet, possit vir cum altera, quæ nec aliena uxor sit, nec a viro disjuncta, concumbere : sed non ita est existimandum, ne hoc etiam femina, viro permittente facere posse videatur, quod omnium sensus excludit.

50. Quanquam nonnullæ causæ possint existere, ubi et uxor, mariti consensu, pro ipso marito hoc facere debere videatur : sicut Antiochiæ factum esse perhibetur ante quinquaginta ferme annos, Constantii temporibus. Nam Acyndinus tunc præfectus, qui etiam consul fuit, cum quemdam libræ auri debitorem fisci exigeret, nescio unde commotus, quod plerumque in istis potestatibus periculosum est, quibus quod libet licet, aut potius putatur licere, comminatus est jurans et vehementer affirmans, quod si certo die quem constituerat memoratum aurum non exsolveret, occideretur. Itaque cum ille teneretur immani custodia, nec se posset debito illo expedire, dies metuendus imminere et propinquare cœpit. Et forte habebat uxorem pulcherrimam, sed nullius pecuniæ qua subveniret viro : cujus mulieris pulchri-

(a) In Corbeiensi cod. ad vivendi regulam usurpanda.

LIVRE I. — CHAPITRE XVII.

aucunes pour venir au secours de son mari. Un homme riche violemment épris de sa beauté lui fit promettre de lui donner cette livre d'or, si elle voulait s'abandonner à lui pour une nuit. Alors cette femme qui savait que son corps n'était pas en sa puissance, mais en celle de son mari, lui envoya dire qu'elle était prête à faire ce sacrifice pour lui, si tout maître qu'il était du corps de son épouse dont la chasteté lui était due tout entière, il consentait à ce qu'elle disposât de ce qui lui appartenait pour sauver sa vie. Son mari plein de reconnaissance autorisa son épouse à faire ce qu'elle proposait, ne regardant nullement comme un commerce adultère un acte où la passion n'avait aucune part, et qui n'était inspiré à cette femme que par la grandeur de son amour pour un époux qui nonseulement l'y autorisait, mais lui en donnait l'ordre. Cette femme se rendit donc à la campagne de ce riche, elle fit ce que voulait cet impudique, mais en cela elle ne livra son corps qu'à son mari plus désireux contre l'ordinaire de conserver sa vie que l'exercice des droits d'époux. Elle reçut l'or, mais celui qui le lui avait donné osa le lui soustraire frauduleusement, et lui substituer un sac semblable rempli de terre. Dès que la femme de retour chez elle s'en aperçut, elle s'empressa de courir sur la place publique, prête à publier par le même sentiment d'amour pour son mari ce qu'elle avait fait, comment elle avait été forcée de le faire. Elle interpelle le préfet, elle fait un aveu complet, et fait connaître la fraude dont elle a été victime. Le préfet commence par déclarer qu'il était le premier coupable, et que ses menaces avaient conduit cette femme à cette extrémité. Il prononce donc, comme s'il jugeait un autre, une sentence qui condamnait Acyndinus à payer au fisc de ses propres biens une livre d'or, et mettait cette femme en possession de cette campagne d'où on avait tiré la terre substituée à l'or. Je ne veux discuter ici ni le pour ni le contre, je laisse ce fait à la libre appréciation de chacun, car cette histoire n'est point tirée de livres revêtus d'une autorité divine. Cependant, au simple narré de ce fait, la raison n'éprouve pas pour l'action de cette femme exigée par son mari la même répulsion, la même horreur que lorsqu'il nous était raconté en dehors de tout exemple. Mais voici ce qui dans ce chapitre de l'Evangile doit attirer plus fortement notre attention, c'est que l'adultère est un crime si énorme qu'il est la seule exception qui autorise à briser les liens si étroits qui unissent les époux. Or nous avons expliqué ce qu'il faut entendre par fornication.

CHAPITRE XVII.

51. « Vous avez encore appris, continue Notre-

---

tudine cum quidam dives esset accensus, et cognovisset maritum ejus in illo discrimine constitutum, misit ad eam pollicens pro una nocte, si ei misceri vellet, se auri libram daturum. Tum illa quæ se sciret non habere sui corporis potestatem, sed virum suum, pertulit ad eum dicens, paratam se esse pro marito id facere, si tamen ipse conjugalis corporis dominus, cui tota illa castitas deberetur, tanquam de re sua pro vita sua vellet id fieri. Egit ille gratias, et ut id fieret imperavit, nullo modo judicans adulterinum esse concubitum, quod et libido nulla et magna mariti caritas se jubente et volente flagitaret. Venit mulier ad villam illius divitis, fecit quod voluit impudicus : sed illa corpus nonnisi marito dedit, non concumbere, ut solet, sed vivere cupienti. Accepit aurum : sed ille qui dedit, fraude subtraxit quod dederat, et supposuit simile ligamentum cum terra. Quod ubi mulier jam domi suæ posita invenit, prosiluit in publicum eadem mariti caritate clamatura quod fecerat, qua facere coacta est : interpellat præfectum, fatetur omnia, quam fraudem passa esset ostendit. Tum vero præfectus primo se reum, quod suis minis ad id ventum esset, pronuntiat, tanquam in alium sententiam dicens, de Acyndini bonis auri libram fisco inferendam, illam vero mulierem dominam in eam terram, unde pro auro terram accepisset, induci. Nihil hinc in aliquam partem disputo, liceat cuique æstimare quod velit : non enim de divinis auctoritatibus deprompta historia est : sed tamen narrato facto, non ita respuit hoc sensus humanus, quod in illa muliere viro jubente commissum est, quemadmodum antea cum sine ullo exemplo res ipsa poneretur, horruimus. Sed in hoc Evangelii capitulo nihil fortius considerandum est, quam tantum malum esse fornicationis, ut cum tanto vinculo sibi conjugia constringantur, hæc una causa solutionis excepta sit, quæ sit autem fornicatio, jam tractatum est.

CAPUT XVII.

51. Iterum, inquit, « audistis quia dictum est

Seigneur, qu'il a été dit aux anciens : Vous ne vous parjurerez point, mais vous tiendrez les serments faits au Seigneur. Et moi je vous dis de ne faire aucune sorte de serments ni par le ciel, parce que c'est le trône de Dieu, ni par la terre parce que c'est l'escabeau de ses pieds, ni par Jérusalem, parce que c'est la cité du grand Roi. Ne jurez pas non plus par votre tête, parce que vous ne pouvez en rendre un seul cheveu blanc ou noir. Mais que votre langage soit : Cela est, cela n'est pas. Ce qui se dit de plus vient du mal. » (*Matth.*, v, 33, 37.) La justice des pharisiens consistait à ne point se parjurer. Le Sauveur confirme cette justice en défendant de jurer, ce qui est le propre de la justice du royaume des cieux. Car de même qu'on ne peut mentir quand on ne parle point, on ne peut se parjurer quand on ne fait aucun serment. Cependant comme jurer c'est prendre Dieu à témoin, il nous faut examiner attentivement ce chapitre et voir si l'Apôtre n'a point enfreint ce précepte divin, lui que nous voyons souvent recourir à cette espèce de serment, par exemple : « Je prends Dieu à témoin que je ne mens pas dans tout ce que je vous écris; » (*Gal.*, I, 20) et encore : « Dieu et le Père de Notre-Seigneur Jésus-Christ qui est béni dans les siècles, sait que je ne mens pas; » (II *Cor.*, XI,

31) et dans un autre endroit : « Le Dieu que je sers en mon esprit, dans l'Evangile de son Fils, m'est témoin que je fais sans cesse mémoire de vous dans mes prières. » (*Rom.*, I, 9.) Dira-t-on que le serment proprement dit consiste à jurer directement par un être quelconque, et que l'Apôtre ne jure ici en aucune façon puisqu'il ne dit point : Par Dieu, mais simplement : « Dieu m'est témoin? » ce serait là une interprétation ridicule. Cependant par égard pour les esprits contentieux ou peu éclairés qui s'obstineraient à voir ici une différence, nous leur rappellerons que saint Paul a fait des serments de cette sorte, lorsqu'il a dit : « Je meurs tous les jours par votre gloire. » (I *Cor.*, XV, 31.) Et on ne peut interpréter ces paroles dans ce sens : « Votre gloire me fait tous les jours mourir, » de même que l'on dit : c'est par ses leçons qu'un tel est devenu savant, c'est-à-dire ses leçons l'ont conduit à une science éminente, car la question est tranchée par les exemplaires grecs où on lit νὴ τὴν καύχησιν ὑμετέραν, formule qui n'est employée que pour le serment. Celui donc qui comprend que la vérité seule ne suffit pas pour légitimer l'usage du serment, s'il n'est d'ailleurs nécessaire, doit s'imposer un frein pour n'y recourir que dans le cas de nécessité, lorsqu'il voit par exemple des hommes peu dis-

---

antiquis: Non pejerabis, reddes autem Domino jusjurandum tuum. (*Matth.*, v, 33.) Ego autem dico vobis, non jurare omnino, neque per cœlum, quia thronus Dei est (*v.* 34); neque per terram, quia scabellum est pedum ejus; neque per Ierosolymam, quia civitas est magni regis (*v.* 35); neque per caput tuum juraveris, quia non potes facere capillum unum album aut nigrum (*v.* 36). Sit autem sermo vester : Est, est ; Non, non : quod autem amplius est, a malo est (*v.* 37). Justitia Pharisæorum est, non pejerare : hanc confirmat qui vetat jurare, quod pertinet ad justitiam regni cœlorum. Sicut enim falsum loqui non potest qui non loquitur, sic pejerare non potest qui non jurat. Sed tamen quoniam jurat qui adhibet testem Deum, diligenter considerandum est hoc capitulum, ne contra præceptum Domini Apostolus fecisse videatur, qui sæpe hoc modo juravit, cum dicit : « Quæ autem scribo vobis, ecce coram Deo, quia non mentior: » (*Gal.*, I, 20) et iterum : « Deus et Pater Domini nostri Jesu Christi, qui est benedictus in sæcula, scit quia non mentior. » (II *Cor.*, XI, 31.) Tale est etiam illud :

« Testis enim mihi est Deus, cui servio in spiritu meo in Evangelio Filii ejus, quomodo sine intermissione memoriam vestri facio semper in orationibus meis. » (*Rom.*, I, 9.) Nisi forte quis dicat tunc habendam esse jurationem, cum per aliquid dicitur : ut non juraverit, quia non dixit : Per Deum; sed dixit : Testis est Deus. Ridiculum est hoc putare : tamen propter [a] contentiosos aut multum tardos, ne aliquid interesse quis putet, sciat etiam hoc modo jurasse Apostolum dicentem : Quotidie morior, per vestram gloriam. (l *Cor.*, XV, 31. Quod ne quis existimet ita dictum, tanquam si diceretur : Vestra gloria me facit quotidie mori; sicut dicitur : Per illius magisterium doctus factus est, id est, illius magisterio factum est ut perfecte doceretur : Græca exemplaria dijudicant, in quibus scriptum est, νὴ τὴν καύχησιν ὑμετέραν, quod nonnisi a jurante dicitur. Ita ergo intelligitur præcepisse Dominum ne juretur, ne quisquam sicut bonum appetat jusjurandum, et assiduitate jurandi ad perjurium per consuetudinem delabatur. Quapropter qui intelligit, non in bonis, sed in necessariis jurationem

[a] In undecim Mss. *propter calumniosos aut multum tardiores.*

LIVRE I. — CHAPITRE XVII.

posés à croire des vérités qu'ils ont intérêt de croire, s'il ne les affirme sous le serment. Tel est le sens de ces paroles : « Contentez-vous de dire : Cela est, cela est; cela n'est pas, cela n'est pas, » voilà ce qui est bien, voilà ce qui est désirable : « Ce qui est de plus, vient du mal, c'est-à-dire la nécessité où vous êtes de jurer vient de la faiblesse de ceux que vous voulez convaincre, faiblesse qui est un mal dont nous demandons tous les jours d'être délivrés par cette prière : « Délivrez-nous du mal. » (*Matth.*, VI, 13.) Aussi le Seigneur n'a point dit : Ce qui est au-delà est mal, car vous ne faites point mal en faisant un bon usage du serment, qui sans être bon est cependant nécessaire pour persuader à un autre ce qu'il lui importe de savoir; mais il dit : « Cela vient du mal, » c'est-à-dire de la mauvaise disposition de cet homme dont la dureté vous force de recourir au serment. Personne du reste ne peut savoir que celui qui l'a éprouvé combien il est difficile de détruire l'habitude de jurer, et de ne jamais faire légèrement ce que la nécessité nous oblige quelquefois de faire.

52. On peut demander pourquoi Notre-Seigneur à cette défense : « Et moi je vous dis de ne faire aucun serment, » ajoute : « Ni par le ciel, parce qu'il est le trône de Dieu, » et tout ce qui suit jusqu'à ces paroles : « Ni par votre tête. » C'est, je pense, parce que les Juifs ne regardaient pas comme obligatoires les serments qu'ils faisaient par ces choses; et comme ils avaient entendu dire : « Mais vous tiendrez les serments, que vous aurez faits au Seigneur; » ils ne se croyaient pas obligés d'accomplir ces serments s'ils juraient par le ciel ou par la terre, ou par la ville de Jérusalem ou par leur tête, ce qui ne venait point de l'obscurité de la loi, mais de ce qu'ils l'entendaient mal. Le Sauveur nous enseigne donc ici qu'il n'y a point de créature si vile qu'elle soit qui puisse autoriser de violer le serment fait par elle; car toutes les créatures, des plus grandes aux plus petites sont gouvernés par une providence divine à commencer du trône de Dieu jusqu'à un cheveu blanc ou noir. « Ni par le ciel, dit-il, parce qu'il est le trône de Dieu; ni par la terre, parce qu'elle est comme l'escabeau de ses pieds, » c'est-à-dire, lorsque vous jurez par le ciel et par la terre, n'allez pas croire que vous n'êtes pas redevables à Dieu de vos serments, car vous avez évidemment juré par celui qui a le ciel pour trône et la terre pour marche-pied. « Ni par Jérusalem, parce qu'elle est la cité du grand Roi, » expression préférable à celle-ci : Parce qu'elle est ma ville, bien que le sens soit le même. Or, comme il est le Sei-

---

habendam, refrenet se quantum potest, ut non ea utatur, nisi necessitate, cum videt pigros esse homines ad credendum, quod eis utile est credere, nisi juratione (a) firmentur. Ad hoc itaque pertinet quod sic dicitur : « Sit autem sermo vester : Est, est; Non, non : » hoc bonum est, et appetendum. « Quod autem amplius est, a malo est : » id est, si jurare cogeris, scias de necessitate venire infirmitatis eorum, quibus aliquid suades : quæ infirmitas utique malum est, unde nos quotidie liberari deprecamur, cum dicimus : Libera nos a malo. (*Matth.*, VI, 13.) Itaque non dixit : Quod autem amplius est, malum est ; tu enim non malum facis, qui bene uteris juratione, quæ etsi non bona, tamen necessaria est, ut alteri persuadeas quod utiliter suades : sed « a malo est, » illius cujus infirmitate jurare cogeris. Sed nemo novit nisi qui expertus est, quam sit difficile et consuetudinem jurandi extinguere, et nunquam temere facere quod nonnunquam facere necessitas cogit.

52. Quæri autem potest, cum diceretur : « Ego autem dico vobis, non jurare omnino, » (*Matth.*, V, 34, etc.) cur additum sit : « Neque per cœlum, quia thronus Dei est : » et cætera usque ad id quod dictum est : « Neque per caput tuum. » Credo propterea, quia non putabant Judæi se teneri jejurando, si per ista jurassent : et quoniam audierant : « Reddes autem Domino jusjurandum tuum; » non se putabant Domino debere jusjurandum, si per cœlum aut terram, aut per Jerosolymam, aut per caput suum jurarent : quod non vitio præcipientis, sed illis male intelligentibus, factum est. Itaque Dominus docet nihil esse tam vile in creaturis Dei, ut per hoc quisque pejerandum arbitretur : quando a summis usque ad ima divina providentia creata regantur, incipiens a throno Dei usque ad capillum album aut nigrum. « Neque per cœlum, inquit, quia thronus Dei est, neque per terram, quia scabellum pedum ejus est : » id est, cum juras per cœlum aut terram, non te arbitreris non debere Domino jusjurandum tuum : quia per eum jurare convinceris cujus cœlum thronus est, et cujus scabellum terra est. « Neque per Jerosolymam, quia civitas est magni regis : » melius quam si diceret, mea ; cum tamen hoc dixisse intel-

---

(a) In tribus Mss. *firmetur*.

gneur, celui qui jure par la ville de Jérusalem doit tenir son serment à l'égard du Seigneur. « Vous ne jurerez pas non plus par votre tête. » Est-il rien qui paraisse nous appartenir plus en propre que notre tête? Mais comment est-elle à nous alors que nous n'avons pas le pouvoir de rendre blanc ou noir un de nos cheveux? Celui donc qui croit devoir jurer par sa tête est tenu de s'acquitter de son serment envers Dieu qui a tout sous sa puissance d'une manière ineffable, et qui remplit tout de sa présence. Il faut raisonner de même de toutes les autres choses qu'il était impossible d'énumérer ici, comme dans ce serment de l'Apôtre que nous avons rappelé : « Je meurs tous les jours par votre gloire. » Et pour montrer qu'il regardait ce serment comme obligatoire devant le Seigneur, il ajoute : « Que je reçois de vous en Jésus-Christ. »

53. Or, je le dis pour les esprits qui ne jugent que par les sens, si le ciel est appelé le trône de Dieu, et la terre l'escabeau de ses pieds, ce n'est pas que Dieu repose ses membres dans le ciel et sur la terre, comme nous reposons les nôtres lorsque nous sommes assis. Le trône de Dieu signifie le jugement de Dieu. Le ciel est sans contredit la plus belle partie de l'univers créé, et, la terre occupe un rang bien inférieur; on dit donc que Dieu est assis dans les cieux parce qu'il semble y manifester sa présence par une plus grande magnificence; et qu'il foule la terre aux pieds, parce qu'il l'a placée au dernier rang comme la partie la moins brillante de la création. Dans le sens spirituel, le ciel signifie les âmes saintes, et la terre les pécheurs. L'homme spirituel qui juge toutes choses et n'est jugé par personne est justement appelé le trône de Dieu; quant au pécheur, à qui il a été dit : « Vous êtes terre, et vous retournerez en terre, parce que la justice qui rend à chacun suivant ses œuvres l'a relégué au dernier rang, et qu'il est puni par son asservissement à la loi pour n'avoir pas voulu rester soumis à la loi de Dieu, c'est avec non moins de raison qu'il est appelé l'escabeau de ses pieds.

CHAPITRE XVIII.

54. Enfin, pour conclure toute cette matière que peut-on exprimer ou imaginer de plus laborieux et de plus pénible et qui exige du chrétien fidèle toutes les ressources de son industrie que l'obligation où il est de triompher de ses mauvaises habitudes, de retrancher les membres qui l'empêcheraient d'entrer dans le royaume des cieux, et de ne point succomber à la douleur, de souffrir dans le mariage les incommodités les plus sensibles, mais qui ne portent pas le caractère d'une honteuse corruption, c'est-à-

---

ligatur. Et quia ipse utique Dominus est, Domino jusjurandum debet, qui per Jerosolymam jurat. « Neque per caput tuum juraveris. » Quid enim poterat quisque magis ad se pertinere arbitrari, quam caput suum? Sed quomodo nostrum est, ubi potestatem faciendi unius capilli albi aut nigri non habemus? Ergo Deo debet jusjurandum ineffabiliter tenenti omnia, et ubique præsenti, quisquis etiam per caput suum jurare voluerit : et hic etiam cætera intelliguntur, quæ omnia utique dici non poterant, sicut illud commemoravimus dictum ab Apostolo : « Quotidie morior per vestram gloriam. » Quam jurationem ut Domino se debere ostenderet, addidit, « quam habeo in Christo Jesu. »

53. Verumtamen propter carnales dico, non oportet opinari quod dictum est cœlum thronus Dei, et terra scabellum pedum ejus, quod sic habeat Deus collocata membra in cœlo et in terra, ut nos cum sedemus : sed illa sedes judicium significat : et quoniam in hoc universo mundi corpore maximam speciem cœlum habeat, et terra minimam; tanquam præsentior sit excellenti pulchritudini vis divina, minimam vero ordinet in extremis atque in infimis, sedere in cœlo dicitur terramque calcare. Spiritaliter autem sanctas animas cœli nomen significat; et terræ peccatrices : et quoniam spiritalis omnia judicat, ipse autem a nemine judicatur (1Cor., II, 15), convenienter dicitur sedes Dei : peccator vero qui dictum est : Terra es, et in terram ibis (Gen., III, 19); quia per justitiam meritis digna tribuentem, in infimis ordinatur, et qui in lege manere noluit, sub lege (a) punitur, congruenter accipitur scabellum pedum ejus.

CAPUT XVIII.

54. Sed jam ut istam quoque concludamus summam, quid laboriosius et operosius dici aut cogitari potest, ubi omnes nervos industriæ suæ animus fidelis exerceat, quam in vitiosa consuetudine superanda? præcidat membra impedientia regnum cœlorum, nec dolore frangatur : toleret in conjugali fide omnia, quæ quamvis sint molestissima, crimen ta-

---

(a) Arnulfensis cod. *sub lege ponitur.*

LIVRE I. — CHAPITRE XVIII.

dire de l'adultère; ainsi de supporter pour l'honneur de la foi et de l'union conjugale une femme stérile, difforme, d'une constitution débile, ou aveugle, ou sourde, ou boiteuse, épuisée de maladies, d'infirmités et de langueurs, et tout ce qu'on peut supposer de plus affreux en dehors de l'adultère? Et non-seulement il ne ne doit point renvoyer cette femme, mais s'il n'est pas marié il lui est interdit d'en épouser une qui serait séparée de son mari, eût-elle en partage la beauté, la santé, la richesse, la fécondité. Voilà ce qui lui est défendu, à plus forte raison tout commerce criminel quel qu'il soit, car il doit fuir non-seulement la fornication, mais encore tout acte de corruption déshonorante. Il doit dire la vérité et la rendre acceptable non par des serments répétés mais par l'honnêteté de ses mœurs. Enfin s'il veut triompher de cette multitude innombrable d'habitudes vicieuses toujours en révolte contre lui et qui sont comprises dans le petit nombre de celles dont nous avons parlé, qu'il monte dans la citadelle de la milice chrétienne, et que de là, comme d'un lieu élevé, il les abatte toutes à ses pieds. Mais qui osera entreprendre de si grands travaux, sinon celui qui brûle de l'amour de la justice, qui est comme dévoré de la faim et de la soif de la justice, et qui ne croyant point vivre, tant qu'il n'en est pas rassasié, se fait violence pour entrer dans le royaume des cieux? C'est par là seulement qu'il pourra revêtir la force nécessaire pour supporter toutes les peines, tous les efforts qu'exige le retranchement des mauvaises habitudes, et qui paraissent d'une difficulté insurmontable aux partisans du monde.

55. Mais si quelqu'un rencontre des difficultés dans cette voie laborieuse, et qu'en marchant par ce sentier rude et escarpé, environné de tentations multipliées, et voyant s'élever devant ses yeux comme une montagne, les misères de sa vie passée, il craigne de ne pouvoir arriver au terme, qu'il prenne conseil pour obtenir infailliblement du secours. Quel est ce conseil? C'est que celui qui désire le secours d'en haut, doit lui-même faire tout ce qu'il peut pour venir en aide à la faiblesse de ses frères. Considérons donc ce que demande de nous la miséricorde. La douceur et la miséricorde paraissent se confondre. Mais il y a cette différence que l'homme doux, dont nous avons parlé plus haut, par un sentiment de religion, ne contredit ni les maximes divines qui condamnent ses péchés, ni les paroles de Dieu qu'il ne comprend pas encore; mais il n'exerce aucun acte de bienfaisance à l'égard de celui à qui il n'oppose ni contradic-

---

men illicitæ corruptionis, id est, fornicationis non habent : veluti si uxorem quisque habeat, sive sterilem, sive deformem corpore, sive debilem membris, vel cæcam, vel surdam, vel claudam, vel si quid aliud, sive morbis et doloribus languoribusque confectam, et quidquid excepta fornicatione cogitari potest vehementer horribile, pro fide et societate sustineat; neque solum talem non abjiciat, sed etiam si non habeat, non ducat eam quæ soluta est a viro, pulchram, sanam, divitem, fecundam. Quæ si facere non licet, multo minus sibi licere arbitretur ad ullum alium illicitum concubitum accedere : fornicationemque sic fugiat, ut ab omni turpi corruptione sese extrahat. Verum loquatur, neque id jurationibus crebris, sed morum probitate commendet : rebellantes adversum se omnium malarum consuetudinum innumerabiles turbas, de quibus ut omnes intelligerentur, paucæ commemoratæ sunt, confugiens ad arcem Christianæ militiæ, tanquam de loco superiore prosternat. Sed quis tantos labores inire audeat, nisi qui sic flagrat amore justitiæ, ut tanquam fame et siti vehementissime accensus, et nullam sibi vitam donec ea satietur existimans, vim faciat in regnum cœlorum? Non enim aliter esse poterit fortis ad toleranda omnia, quæ in præcedendis consuetudinibus laboriosa et ardua et omnino difficilia sæculi hujus amatores putant. « Beati ergo qui esuriunt et sitiunt justitiam; quoniam ipsi saturabuntur. » (*Matth.*, v, 6.)

55. Verumtamen in his laboribus cum quisque difficultatem patitur, et per dura et aspera gradum faciens circumvallatus variis tentationibus, et hinc atque hinc insurgere præteritæ vitæ (*a*) moles intuens, timet ne aggressa implere non possit, arripiat consilium, ut auxilium mereatur. Quod est autem aliud consilium nisi ut infirmitatem aliorum ferat, et ei quantum potest opituletur, qui suæ divinitus desiderat subveniri? Consequenter itaque præcepta misericordiæ videamus. Mitis autem et misericors unum videntur : sed hoc interest, quod mitis, de quo superius tractatum est, pietate non contradicit divinis sententiis, quæ in sua peccata proferuntur, neque illis Dei sermonibus quos nondum intelligit; sed nullum beneficium præstat ei, cui non contradicit

(*a*) Sic Mss. et Mar. At Am, Er, et Lov. *vitæ molestias*.

tion, ni résistance. L'homme miséricordieux, au contraire, ne résiste pas dans l'intention de ramener au devoir celui que la résistance rendrait plus mauvais.

CHAPITRE XIX.

56. Notre-Seigneur continue en ces termes : « Vous avez appris qu'il a été dit : Œil pour œil, dent pour dent ; et moi je vous dis de ne pas résister à l'homme qui vous maltraite ; mais si quelqu'un vous frappe sur la joue droite, présentez-lui encore l'autre. Si quelqu'un veut plaider contre vous pour avoir votre tunique, abandonnez-lui encore votre manteau. Et si quelqu'un veut vous contraindre de faire mille pas avec lui, faites-en deux autres mille. Donnez à qui vous demande, et ne vous détournez point de celui qui veut vous emprunter. » (*Matth.*, v, 38, 42.) La justice imparfaite des pharisiens, consistait à ne point dépasser la mesure de la vengeance, et à ne pas rendre plus qu'on avait reçu, et c'est déjà un grand point. En effet, on en trouve bien peu, qui, pour un coup de poing, ne rendent qu'un coup de poing, et qui se contentent de répondre à une parole outrageante, par une seule parole semblable. Car, ou l'emportement de la colère fait dépasser les bornes de la vengeance, ou bien on se persuade qu'il est de toute justice que l'aggresseur soit plus maltraité que celui qui a reçu l'offense sans l'avoir provoquée. Cette disposition trouve un frein puissant dans ce texte de la loi : « Œil pour œil, dent pour dent, » paroles qui prescrivent à la vengeance de ne point dépasser l'injure. C'est là le commencement de la paix, mais la perfection est de s'interdire absolument toute vengeance.

57. Ainsi donc, entre cet excès que la loi condamne, de rendre plus de mal qu'on n'en a reçu, et la perfection dont le Seigneur fait un précepte à ses disciples, et qui consiste à ne point rendre le moindre mal à ceux qui nous en ont fait, il y a ce moyen terme qui ne rend que le mal qu'on a reçu. Ce moyen terme a été, suivant la différence des temps, la transition de la plus grande division à l'accord le plus parfait. Si donc avec un esprit de malveillance, et dans l'intention de nuire, vous prenez l'initiative de l'offense, vous êtes à une extrême distance de celui qui ne se venge point de l'offense qu'il a reçue. Si, sans avoir commencé, vous tirez de votre ennemi, par une simple volonté ou par un acte positif, une vengeance supérieure à l'offense, vous n'atteignez pas tout à fait le même degré d'iniquité, vous faites même un pas vers la souveraine justice, mais vous êtes encore loin de ce qu'a prescrit la loi de Moïse. Ne rendez-vous que le mal que vous avez reçu ? Vous vous montrez tant soit peu

---

nec resistit: misericors autem ita non resistit, ut propter ejus correctionem id faciat, quem redderet resistendo pejorem.

CAPUT XIX.

56. Sequitur ergo Dominus, et dicit : « Audistis quia dictum est : Oculum pro oculo, et dentem pro dente. (*Matth.*, v, 38.) Ego autem dico vobis non resistere adversus malum : sed si quis te percusserit in dexteram maxillam tuam, præbe illi et alteram (v. 39) ; et qui voluerit tecum judicio contendere et tunicam tuam tollere, remitte illi et vestimentum (v. 40) : et qui te angariaverit mille passus, vade cum illo alia duo (v. 41). Omni petenti te da, et qui voluerit a te mutuari, ne aversatus fueris (v. 42). » Pharisæorum justitia minor est, non excedere in vindicta modum, ne plus rependat quisque quam accepit, et magnus hic gradus est. Nemo enim facile invenitur qui pugno accepto pugnum reddere velit; et uno a conviciante verbo audito, unum et quod tantumdem valeat referre contentus sit : sed sive ira perturbatus immoderatius vindicat ; sive quia justum putat, eum qui læsit prior gravius lædi, quam læsus est qui non læserat. Talem animum magna ex parte refrenavit lex, in qua scriptum est : « Oculum pro oculo, et dentem pro dente : » quibus nominibus significatur modus, ut injuriam vindicta non transeat. Et hæc est pacis inchoatio : perfecta autem pax est, talem penitus nolle vindictam.

57. Inter illud ergo primum quod præter legem est, ut majus malum pro minore malo reddatur, et hoc quod Dominus perficiendis discipulis dixit, ne pro malo ullum malum reddatur; medium quemdam locum tenet, ut tantum reddatur quantum acceptum est, per quod a summa discordia ad summam concordiam pro temporum distributione transitus factus est. Quisquis ergo malum infert prior studio lædendi et nocendi, vide quantum distet ab eo qui nec læsus rependit. Quisquis autem nulli prior male fecit, sed tamen læsus rependit gravius, vel voluntate vel facto, recessit aliquantum a summa iniquitate, et processit ad summam justitiam, et tamen

LIVRE I. — CHAPITRE XIX.

généreux, car la peine ici n'est pas aussi grande pour le coupable que pour celui qui a reçu l'offense sans la provoquer. Or, celui qui est venu, non détruire, mais accomplir la loi, a porté à sa perfection cette justice ébauchée, exempte de sévérité, et où l'on sent déjà la miséricorde abandonner à notre intelligence les deux degrés intermédiaires, et il a mieux aimé nous instruire de ce que la miséricorde a de plus parfait. En effet, il reste encore quelque chose à faire à celui qui n'accomplit pas toute l'étendue de ce précepte qui conduit au royaume des cieux, c'est de ne pas égaler la vengeance à l'injure, par exemple de ne rendre qu'un coup de poing pour deux, ou de couper seulement l'oreille pour un œil arraché. Celui qui ne se venge pas du tout, monte encore plus haut, et se rapproche du commandement du Seigneur, sans y être toutefois arrivé. Car, c'est peu pour le Seigneur que vous ne tiriez point vengeance du mal que vous avez reçu, si vous n'êtes encore disposé à en supporter davantage. Aussi ne s'exprime-t-il pas de la sorte : Pour moi, je vous dis de ne pas rendre le mal pour le mal, bien que le précepte soit déjà grand, mais je vous dis de ne pas résister au mal. C'est-à-dire, non-seulement de ne pas rendre le mal qu'on vous a fait, mais de ne pas vous opposer à celui qu'on veut vous faire. Car, c'est le sens de ces paroles :

« Mais, si quelqu'un vous frappe sur la joue droite, présentez-lui encore l'autre. » Il ne dit pas : Si quelqu'un vous frappe, n'usez pas de représailles, mais préparez-vous à recevoir de lui de nouveaux coups. C'est là un acte de miséricorde parfaitement compris, par ceux qui se dévouent à servir dans leurs maladies des êtres tendrement aimés, des enfants, des personnes qui leur sont chères, soit en bas âge, soit atteintes de frénésie. Que n'ont-ils pas à en souffrir? Et si la santé de ces malades l'exige, ils sont disposés à en supporter encore davantage, jusqu'à ce que la faiblesse causée par l'âge, ou par la maladie soit passée. Quel enseignement plus utile le souverain Médecin des âmes pouvait-il donc donner à ceux qu'il formait à l'art de guérir leurs frères, que de supporter patiemment les faiblesses de ceux dont ils voulaient sauver les âmes? Car toute iniquité a pour cause la faiblesse, aussi personne n'est plus innocent que celui qui conserve dans la perfection la force intérieure de son âme.

58. Mais que signifie cette joue droite? Car, c'est ainsi qu'on lit dans les exemplaires grecs, qui sont les plus dignes de foi; un grand nombre d'exemplaires latins portent simplement la joue, sans désignation de la droite. Or, c'est au visage que l'on reconnaît un homme, et nous lisons dans l'apôtre saint Paul : « Vous souffrez qu'on

---

nondum tenet quod lex quæ per Moysen data est imperavit. Qui ergo tantum reddit quantum accepit, jam donat aliquid : non enim tantam pœnam meretur nocens, quantam ille qui ab eo læsus innocens passus est. Hanc ergo inchoatam, non severam, sed misericordem justitiam ille perficit, qui legem venit implere, non solvere. Duos ergo adhuc gradus qui intersunt intelligendos reliquit, et de ipso summo misericordiæ culmine dicere maluit. Nam est adhuc quod faciat, qui non implet istam magnitudinem præcepti, quæ pertinet ad regnum cœlorum; ut non reddat tantum, sed minus, velut pro duobus pugnis unum, aut pro evulso oculo aurem præcidat. Hinc ascendens qui omnino nihil rependerit, propinquat præcepto Domini, nec tamen adhuc ibi est. Parum enim adhuc videtur Domino, si pro malo quod acceperis nihil rependas mali, nisi etiam amplius sis paratus accipere. Quapropter non ait : « Ego autem dico vobis, » non reddere malum pro malo : quamquam hoc etiam magnum præceptum sit; sed ait : « Non resistere adversus malum : » ut non solum non rependas quod tibi fuerit irrogatum, sed etiam non resistas quo minus aliud irrogetur. Hoc est enim quod etiam consequenter exponit : « Sed si quis te percusserit in dexteram maxillam tuam, præbe illi et alteram : » non enim ait : Si quis te percusserit, noli tu percutere ; sed, para te adhuc percutienti. Quod ad misericordiam pertinere, hi maxime sentiunt, qui eis quos multum diligunt, tanquam filiis vel quibuslibet dilectissimis suis ægrotantibus serviunt vel parvulis vel phrenticis : a quibus multa sæpe patiuntur, et si eorum salus id exigat, præbent se etiam ut plura patiantur, donec vel ætatis vel morbi infirmitas transcat. Quos ergo Dominus medicus animarum, curandis proximis instruebat, quid eos aliud docere posset, nisi ut eorum, quorum saluti consulere vellent, imbecillitates æquo animo tolerarent? Omnis namque improbitas ex imbecillitate animi venit : quia nihil innocentius est eo qui in virtute perfectus est.

58. Quæri autem potest quid sibi velit dextera maxilla. Sic enim in exemplaribus Græcis, quibus major fides habenda est, invenitur ; nam multa Latina, maxillam tantum habent, non etiam dexteram. Facies est autem qua quisque cognoscitur : et legimus apud Apostolum : « Toleratis enim si quis vos in servitutem redigit, si quis devorat, si quis accipit,

vous asservisse, qu'on vous dévore, qu'on vous prenne votre bien, qu'on s'élève contre vous, qu'on vous frappe au visage. » (II *Cor.*, xi, 20.) Et il ajoute aussitôt : « Je le dis avec honte, » pour leur faire comprendre qu'être frappé au visage, signifie être un objet de mépris et de dédain. Si l'Apôtre s'exprime ainsi, ce n'est pas pour les détourner de supporter ceux qui les traitent de la sorte, c'est afin qu'ils le supportent bien plus volontiers, lui qui les aimait jusqu'à vouloir se sacrifier tout entier pour eux. Mais on ne peut distinguer le visage en visage droit et en visage gauche; cependant, on peut avoir une double dignité, l'une selon Dieu, l'autre selon le monde; de là cette distinction de joue droite et de joue gauche, distinction qui apprend à tout chrétien, lorsqu'il voit mépriser en lui son caractère de chrétien, à se montrer bien plus disposé à souffrir les mépris qui tomberaient sur les honneurs temporels dont il pourrait être revêtu. Ainsi, par exemple, si le même apôtre, lorsqu'on persécutait en lui le nom chrétien, eût gardé le silence sur sa dignité de citoyen romain, il n'aurait pas présenté la joue gauche à ceux qui le frappaient sur la droite. Car, s'il déclare qu'il est citoyen romain, ce n'est pas qu'il ne fût disposé à voir mépriser ce qu'il estimait si peu, par ceux qui avaient couvert d'outrages, dans sa personne, le titre si glorieux et si salutaire de disciple de Jésus-Christ. En effet, en supporta-t-il moins courageusement les chaînes dont il était défendu de charger les citoyens romains, ou a-t-il accusé l'auteur de cette injustice? Et, si quelques-uns eurent pour lui des égards par respect pour ce nom de citoyen romain, il ne s'en est pas moins offert à leurs coups, en cherchant à corriger par sa patience, une si grande perversité dans ceux qu'il voyait honorer en lui bien plus le côté gauche que le côté droit. Une seule chose est ici à considérer, c'est l'esprit qui inspirait toute sa conduite, c'est la bonté, c'est la clémence dont il usait envers ses persécuteurs. Ainsi, il reçoit un soufflet par ordre du grand-prêtre, parce qu'il avait paru l'outrager, en lui disant : « Dieu te frappera, muraille blanchie. » (*Act.*, xxiii, 3.) Cependant, ce n'est une parole injurieuse que pour les esprits peu intelligents; pour ceux qui voulaient réfléchir, c'était une prophétie. Cette muraille blanchie, c'est l'hypocrisie, c'est-à-dire, la dissimulation couverte de la dignité sacerdotale, cachant à l'intérieur sous ce nom, comme sous un voile éclatant de blancheur, un bourbier d'ignominie. Car, voyez, en effet, l'admirable fidélité de l'Apôtre aux inspirations de l'humilité, lorsqu'à ce reproche qui lui est fait : « Quoi, vous maudissez le grand-prêtre? » il répond : « Je ne savais pas, mes frères, que ce fût le grand-prêtre, car il est écrit : Vous ne maudirez point le chef de votre peuple. » (*Ibid.*, xxiii, 4, 5.) Il

---

si quis extollitur, si quis in faciem vos cædit : » (II *Cor.*, xi, 20) deinde continuo subjungit : Secundum ignobilitatem dico : ut exponat quid sit in faciem cædi, hoc est contemni atque despici. Quod quidem non ideo dicit Apostolus, ut illos non sustinerent; sed ut se magis, qui eos sic diligeret ut seipsum pro eis vellet impendi. Sed quoniam facies non potest dici dextera et sinistra, et tamen nobilitas et secundum Deum et secundum hoc sæculum potest esse; ita distribuitur tanquam in dexteram maxillam et sinistram, ut in quocumque discipulo Christi contemptum fuerit quod Christianus est, multo magis in se contemni paratus sit, si quos hujus sæculi honores habet. Sicut idem Apostolus, cum in eo persequerentur homines nomen Christianum, si taceret de dignitate quam habebat in sæculo, non præbuerat alteram maxillam, cædentibus dexteram. Non enim dicendo : Civis Romanus sum (*Act.*, xxii, 26), non erat paratus hoc in se contemni quod pro minimo habebat, ab eis qui in illo nomen tam pretiosum et salutare contempserant. Numquid enim ideo minus postea vincula toleravit, quæ civibus Romanis non licebat imponi, aut quemquam de hac injuria voluit accusare? Et si qui ei propter civitatis Romanæ nomen pepercerunt, non tamen ille ideo non præbuit quod ferirent, cum eos a tanta perversitate corrigere cuperet patientia sua, quos videbat in se sinistras partes magis quam dexteras honorare. Illud est enim tantum attendendum, quo animo faceret omnia, quam benevole et clementer in eos, a quibus ista patiebatur. Nam et pontificis jussu palma percussus, quod contumeliose visus est dicere, cum ait : Percutiet te Deus paries dealbate (*Act.*, xxiii, 3), minus intelligentibus convicium sonat; intelligentibus vero prophetia est. Paries quippe dealbatus, hypocrisis est, id est, simulatio sacerdotalem præferens dignitatem, et sub hoc nomine tanquam candido tegmine interiorem quasi luteam turpitudinem occultans. Nam quod humilitatis fuit, mirabiliter custodivit, cum ei diceretur : Principi sacerdotum maledicis? respondit : Nescivi fratres, quia princeps est sacerdotum, scriptum est enim : Principi populi tui non

fait voir ici avec quelle grande tranquillité d'âme il tient ce langage que l'on pourrait croire inspiré par le ressentiment, en faisant immédiatement une réponse si pleine de douceur, et dont seraient incapables des esprits troublés et emportés par la colère. Du reste, il disait vrai pour ceux qui auraient voulu comprendre : « Je ne savais pas que c'était le grand-prêtre, » c'est-à-dire : Je connais un autre grand-prêtre, pour le nom duquel je souffre ces persécutions, qu'il est défendu de maudire et que cependant vous maudissez, puisque la seule chose que vous haïssez en moi, c'est son nom. Ce n'est pas au dehors qu'il faut afficher un courage qui manque de sincérité, c'est dans le cœur qu'il faut être prêt à tout souffrir, de manière à pouvoir dire avec le Prophète : « Mon cœur est prêt, Seigneur, mon cœur est prêt. » (*Ps.* LVI, 8.) Car, il en est beaucoup qui sont capables de présenter l'autre joue, mais qui ne savent point aimer celui qui les a frappés. Or, le Seigneur lui-même, qui a le premier accompli les préceptes qu'il a donnés, n'a point présenté l'autre joue au serviteur du grand-prêtre, qui l'avait frappé, mais de plus il lui dit : « Si j'ai mal parlé, montrez ce que j'ai dit de mal ; » si j'ai bien parlé, pourquoi me frappez-vous ? Et cependant, il était disposé de cœur, non-seulement à recevoir un soufflet sur l'autre joue, pour le salut du monde, mais à voir son corps tout entier attaché à la croix.

59. Par la même raison, les paroles qui suivent : « Si quelqu'un veut plaider contre vous, pour vous prendre votre tunique, abandonnez-lui encore votre manteau, » sont un précepte qui doit s'entendre de la disposition du cœur, plutôt que d'un acte qui serait pour l'ostentation. Ce qui nous est commandé à l'égard de la tunique et du manteau, nous devons le faire, non-seulement pour ces objets, mais pour tous les biens dont nous avons la propriété, de quelque manière que ce soit. Car, si ce précepte porte sur le nécessaire, à plus forte raison nous fait-il un devoir d'abandonner le superflu ? Or, j'appelle biens qui nous appartiennent, tout ce qui peut être compris sous ces objets spécifiés par le Seigneur dans ce précepte : « Si quelqu'un veut plaider avec vous, pour vous prendre votre tunique. » Il faut donc entendre ici toutes les choses qu'on peut nous disputer devant les tribunaux, qui peuvent passer de notre domaine sous le domaine de celui qui les réclame, ou pour qui on les réclame en justice, comme par exemple, un vêtement, une maison, un fonds de terre, une bête de somme, et en général toute somme d'argent. Mais doit-on y comprendre les esclaves, c'est une grande question. Car un chrétien ne peut assimiler la propriété d'un esclave à la propriété d'un cheval ou d'une somme d'argent, quoiqu'il puisse se faire que le cheval soit d'un prix plus élevé qu'un esclave, à plus forte raison

---

maledices. (*Act.*, XXIII, 4, 5 ; *Exod.*, XXII, 28.) Ubi ostendit quanta tranquillitate illud dixisset, quod iratus dixisse videbatur, quod tam cito, tam mansuete respondit : quod ab indignantibus et perturbatis fieri non potest. Et in eo ipso intelligentibus verum dixit : Nescivi quia princeps est sacerdotum : tanquam si diceret : Ego alium scivi principem sacerdotum, pro cujus nomine ista sustineo, cui maledicere fas non est, et cui vos maledicitis, cum in me nihil aliud quam ejus odistis nomen. Sic ergo oportet non simulate ista jactare, sed in ipso corde esse ad omnia præparatum, ut possit canere illud Propheticum : Paratum cor meum Deus, paratum cor meum. (*Psal.* LVI, 8.) Multi enim alteram maxillam præbere noverunt, diligere vero illum a quo feriuntur ignorant. At vero ipse Dominus, qui utique præcepta quæ docuit primus implevit, percutienti se in maxillam ministro sacerdotis non præbuit alteram ; sed insuper dixit : « Si male locutus sum, exprobra de malo ; si bene, quid me cædis ? » (*Joan.*, XVIII, 23.) Non tamen ideo paratus corde non fuit, non solum in alteram maxillam cædi pro salute omnium, sed etiam toto corpore crucifigi.

59. Ergo et illud quod sequitur : « Et qui voluerit tecum judicio contendere, et tunicam tuam tollere, remitte illi et vestimentum, » (*Matth.*, V, 40) ad præparationem cordis, non ad ostentationem operis præceptum recte intelligitur. Sed de tunica et vestimento quod dictum est, non in eis solis, sed in omnibus faciendum est, quæ aliquo jure temporaliter nostra esse dicimus. Si enim de necessariis hoc imperatum est, quanto magis superflua contemnere convenit ? Verumtamen ea quæ nostra dixi, eo genere includenda sunt, quo Dominus ipse præscribit, dicens : « Si quis vult judicio tecum contendere, et tunicam tuam tollere. » Omnia ergo illa intelligantur, de quibus judicio nobiscum contendi potest, ita ut a nostro jure in jus illius transeant, qui contendit vel pro quo contendit : sicuti est vestis, domus, fundus, jumentum, et generaliter omnis pecunia. Quod utrum etiam de servis accipiendum sit, magna quæstio est. Non enim Christianum oportet sic possidere servum,

une somme d'or et d'argent. Mais, si vous qui êtes son maître, vous lui donnez une éducation plus sage, plus honnête, une direction plus en rapport avec le service de Dieu que ne le ferait celui qui désire vous l'enlever, je ne sais qui oserait vous conseiller de ne pas y attacher plus d'importance qu'à votre vêtement. Car, l'homme doit aimer son semblable comme soi-même, puisque le souverain Maître de tous les hommes lui commande d'aimer même ses ennemis, comme nous le verrons dans la suite.

60. Remarquons ici que toute tunique est un vêtement, mais que tout vêtement n'est pas une tunique. Le nom de vêtement est donc plus général que celui de tunique. Ainsi, lorsque le Seigneur dit : « Si quelqu'un veut plaider contre vous pour vous prendre votre tunique, abandonnez lui encore votre vêtement, » il me paraît vouloir dire : Si quelqu'un veut vous prendre votre tunique, abandonnez-lui encore tous vos autres vêtements. Aussi quelques-uns ont rendu par le mot latin *pallium*, manteau, le mot grec ἱμάτιον.

61. « Et si quelqu'un veut vous contraindre de faire mille pas avec lui, faites-en deux autres mille, » (*Matth.*, v, 41) paroles qui exigent beaucoup moins de vous de marcher en réalité, que d'être disposé à le faire. En effet, dans l'histoire de l'Église chrétienne, qui fait autorité pour nous, vous ne trouverez aucun exemple de ce genre qui vous soit donné par les saints ou par le Seigneur lui-même, quoique dans la nature humaine qu'il a daigné s'unir, il se soit proposé d'être le modèle de notre vie. Mais, en retour, vous les trouverez partout disposés à souffrir avec patience les procédés les plus injustes. Mais que signifient ces paroles : « Faites-en deux autres mille ? » Notre-Seigneur a-t-il voulu compléter le nombre trois, nombre qui exprime la perfection, pour rappeler à celui qui agit ainsi, qu'il fait un acte de justice parfaite, en supportant dans un esprit de miséricorde, les infirmités de ceux qu'il veut guérir. On pourrait admettre que c'est pour cette raison qu'il appuie ce précepte sur trois exemples : le premier, si quelqu'un vous frappe sur la joue ; le second, si l'on veut vous enlever votre tunique ; le troisième, si quelqu'un veut vous contraindre de faire mille pas, et que dans le troisième exemple, le nombre deux est ajouté à l'unité pour compléter le nombre trois. Si ce nombre n'est pas ici, comme nous l'avons dit, l'emblème de la perfection, il faut admettre que le Seigneur, dans ce précepte, commence par ce qui est plus facile, et s'élève peu à peu jusqu'à nous demander que nous supportions le double de l'injustice qui nous est faite. Ainsi, il vous commande en premier lieu de présenter

---

quomodo equum aut argentum : quanquam fieri possit, ut majore pretio valeat equus quam servus, et multo magis aliquid aureum vel argentum. Sed ille servus, si rectius et honestius et ad Deum colendum accommodatius abs te domino educatur, aut regitur, quam ab illo potest qui eum cupit auferre ; nescio utrum quisquam dicere audeat, ut vestimentum eum debere contemni. Hominem namque homo tanquam seipsum diligere debet, cui ab omnium Domino, sicut ea quæ sequuntur ostendunt, etiam ut inimicos diligat imperetur.

60. Sane animadvertendum est, omnem tunicam vestimentum esse, non omne vestimentum tunicam esse. Vestimenti ergo nomen plura significat quam nomen tunicæ. Et ideo sic dictum esse arbitror : « Et qui voluerit tecum judicio contendere, et tunicam tuam tollere, remitte illi et vestimentum : » tanquam si diceret : Qui voluerit tunicam tuam tollere, remitte illi et si quid aliud indumenti habes. Ideo nonnulli « pallium » interpretati sunt, quod Græce positum est ἱμάτιον.

61. « Et qui te angariaverit, inquit, mille passus, vade cum illo alia duo. » (*Matth.* v, 41.) Et hoc utique non tam ut pedibus agas, quam ut animo sis paratus. Nam in ipsa Christiana historia, in qua est auctoritas, nihil tales invenies factum esse a Sanctis, vel ab ipso Domino, cum in homine quem suscipere dignatus est, vivendi nobis præberet exemplum : cum tamen omnibus fere locis eos invenias paratos fuisse æquo animo tolerare quidquid eis improbe fuisset ingestum. Sed verbi gratia dictum putamus : « Vade cum eo alia duo ? » an tria compleri voluit, quo numero significatur perfectio ; ut meminerit quisque cum hoc facit, perfectam se implere justitiam, misericorditer perferendo infirmitates eorum quos vult sanos fieri ? Potest videri propterea etiam tribus exemplis hæc præcepta insinuasse : quorum primum, est, si quis te percusserit in maxillam ; secundum, si quis tunicam tollere voluerit ; tertium, si quis mille passus angariaverit : in quo tertio exemplo simplo duplum additur, ut triplum compleatur. Qui numerus hoc loco si non, ut dictum est, significat perfectionem ; illud accipiatur, quod in præcipiendo tanquam tolerabilius incipiens paulatim creverit, donec perveniret usque ad duplum aliud perferendum. Nam primo præberi voluit alteram maxillam, cum fuerit

l'autre joue à celui qui vous frappe sur la droite, c'est-à-dire d'être disposé à supporter un affront moindre que celui que vous avez reçu. Car tout ce qui est figuré par la droite est d'un plus grand prix que ce qui est représenté par la gauche, et celui qui a supporté quelque dommage dans une chose de grand prix, a beaucoup moins à souffrir lorsqu'il s'agit d'un objet de moindre valeur. Ensuite à celui qui veut vous prendre votre tunique, il vous commande d'abandonner votre manteau, c'est-à-dire de supporter une injure égale, ou de bien peu supérieure à la première, mais qui cependant n'en est pas le double. Dans le troisième exemple, où il vous commande d'ajouter aux mille premiers pas l'espace de deux autres mille, il vous ordonne de souffrir une injustice double de la première, et il vous apprend ainsi que quelles que soient à votre égard les injustices des méchants, qu'elles soient moindres que par le passé, qu'elles soient les mêmes, ou qu'elles soient plus grandes, vous devez les supporter avec patience.

CHAPITRE XX.

62. Ces trois exemples différents me paraissent comprendre toute espèce d'injustice. En effet, tous les actes de méchanceté dont nous pouvons avoir à souffrir, peuvent se diviser en deux classes, ceux où la réparation est impossible, et ceux qui peuvent être réparés. Or, c'est justement dans les offenses où la réparation n'est pas possible, qu'on cherche ordinairement la consolation de la vengeance. On vous a frappé, que vous sert cependant de rendre le coup que vous avez reçu? Avez-vous guéri par là la blessure faite à votre corps? Non, sans doute, mais une âme enflée d'orgueil désire de pareils adoucissements, tandis qu'un esprit raisonnable et ferme n'y trouve aucun attrait; bien au contraire, il croit devoir supporter dans un sentiment de compassion, la faiblesse du prochain, plutôt que de chercher dans son châtiment un adoucissement à sa propre faiblesse qui du reste n'existe pas.

63. Cependant, Notre-Seigneur ne défend pas ici la vengeance qui a pour objet la correction du prochain, car elle fait partie de la miséricorde, et se concilie très-bien avec la disposition de souffrir encore davantage de celui qu'on veut corriger. Mais on n'est capable de cette sorte de vengeance, qu'autant qu'on a dominé par la grandeur de la charité, la haine dont brûlent ordinairement ceux qui désirent se venger. En effet, il n'est pas à craindre qu'on accuse des parents de haïr leur petit enfant, lorsqu'ils le châtient de ses fautes pour l'empêcher d'y tomber à l'avenir. La perfection de l'amour de Dieu le Père nous est certainement proposée comme exemple dans les paroles qui suivent : « Aimez vos ennemis, faites du bien à ceux qui vous

---

dextra percussa, ut minus perferre paratus sis quam pertulisti. Quidquid enim dextera significat, et carius est utique quam id quod sinistra significat : et qui in re cariore aliquid pertulit, si et in viliore perferat, minus est. Deinde illi qui tunicam vult tollere, jubet et vestimentum remitti : quod aut tantumdem est, aut non multo amplius; non tamen duplum. Tertio de mille passibus, quibus addenda dicit duo millia, usque ad duplum aliud perferas jubet : ita significans, sive aliquanto minus quam jam fuit, sive tantumdem, sive amplius quisque improbus in te esse voluerit, æquo animo tolerandum esse.

CAPUT XX.

62. In his sane generibus trium exemplorum nullum genus injuriæ prætermissum esse video. Namque omnia in quibus improbitatem aliquam patimur, in duo genera dividuntur : quorum alterum est quod restitui non potest; alterum quod potest. Sed in illo quod restitui non potest, vindictæ solatium quæri solet. Quid enim prodest quod percussus repercutis? Numquid propterea illud quod in corpore læsum est, restituitur in integrum? Sed tumidus animus talia fomenta desiderat : sanum autem firmumque ista non juvant; quin potius misericorditer perferendam alterius infirmitatem judicat, quam alieno supplicio suam mitigandam, quæ nulla est.

63. Neque hic ea vindicta prohibetur, quæ ad correctionem valet : etiam ipsa enim pertinet ad misericordiam; nec impedit illud propositum, quo quisque paratus est ab eo quem correctum esse vult, plura perferre. Sed huic vindictæ referendæ non est idoneus, nisi qui odium quo solent flagrare qui se vindicare desiderant, dilectionis magnitudine superaverit. Non enim metuendum est ne odisse parvulum filium parentes videantur, cum ab eis vapulat peccans, ne peccet ulterius. Et certe perfectio dilectionis ipsius Dei Patris imitatione nobis proponitur, cum in sequentibus dicitur : « Diligite inimicos vestros, benefacite his qui oderunt vos, et orate pro eis qui

haïssent, et priez pour ceux qui vous persécutent; » (*Matth.*, v, 44) et cependant c'est de Dieu que le Prophète dit : « Le Seigneur châtie celui qu'il aime, il frappe de verges celui qu'il reçoit au nombre de ses enfants. » (*Prov.*, III, 12.) Le Sauveur nous dit aussi : « Le serviteur qui n'a point connu la volonté de son maître, et qui a fait des choses dignes de châtiment, recevra peu de coups; mais le serviteur qui a connu la volonté de son Maître, et ne l'a point exécutée, sera beaucoup plus sévèrement châtié. » (*Luc*, XII, 44.) Ce qui est ici requis, c'est que celui-là seul exerce la vengeance, qui est revêtu du pouvoir légitime d'après l'ordre établi, et qu'il ne l'exerce qu'avec le cœur d'un père qui châtie son enfant, sans pouvoir le haïr à cause de son âge. On peut tirer de là un exemple des plus propres à démontrer qu'il vaut mieux tirer vengeance du péché par amour, que de le laisser impuni ; c'est-à-dire, lorsque la vengeance se propose non pas d'attrister le coupable par le châtiment, mais de le rendre heureux, en le ramenant au devoir, et à la condition d'être prêt à souffrir encore davantage de celui qu'on veut corriger, soit qu'on ait, soit qu'on n'ait pas le pouvoir de réprimer ses excès.

64. De grands et de saints personnages, qui savaient très-bien que cette mort qui se borne à séparer l'âme du corps, n'est pas à redouter, se sont cependant conformés aux idées de ceux qui la craignaient, et ont puni certains crimes de mort, autant pour inspirer aux vivants une crainte salutaire, que dans l'intérêt de ceux qui étaient punis; car ce n'était pas la mort qui leur était préjudiciable, c'eût été bien plutôt leur péché qui aurait pu s'aggraver, s'ils avaient continué de vivre. Du reste, ils n'outrepassaient pas leurs droits en jugeant de la sorte, car Dieu même leur en avait donné le pouvoir. C'est ainsi qu'Elie en frappe plusieurs de mort, et de sa propre main, et par le feu qu'il fit descendre du ciel. (III *Rois*, XVIII, 40; IV *Rois*, I, 10.) D'autres grands personnages inspirés de Dieu ont agi avec la même autorité, et dans le même esprit de sauvegarder les intérêts de la société. Or, les disciples voulurent s'autoriser de l'exemple d'Elie, en rappelant au Seigneur ce qu'il avait fait, et dans l'intention d'obtenir eux-mêmes le pouvoir de faire descendre le feu du ciel, pour consumer ceux qui leur avaient refusé l'hospitalité. (*Luc*, IX, 54.) Mais le Seigneur les en reprit, en blâmant non pas l'action du saint prophète, mais l'ignorance qui les poussait à se venger comme des hommes encore grossiers; et en leur faisant remarquer que ce n'était pas l'amour de la correction fraternelle, mais la haine qui excitait en eux le désir de la vengeance. Aussi après qu'il leur eut enseigné ce que c'était que d'aimer le prochain comme soi-même, en répandant dans leur cœur le Saint-Esprit, qu'il leur envoya

---

vos persequuntur » (*Matth.*, v, 44) : et tamen de ipso dicitur per Prophetam : « Quem enim diligit Dominus corripit, flagellat autem omnem filium quem recipit. » (*Prov.*, III, 12.) Dicit et Dominus : « Servus qui nescit voluntatem domini sui, et facit digna plagis, vapulabit pauca : servus autem qui scit voluntatem domini sui, et facit digna plagis, vapulabit multa. » (*Luc.*, XII, 47.) Non ergo quaeritur, nisi ut et ille vindicet, cui rerum ordine potestas data est; et ea voluntate vindicet, qua pater in parvulum filium, quem per aetatem odisse nondum potest. Hinc enim aptissimum exemplum ducitur, quo satis appareat, posse peccatum amore potius vindicari, quam impunitum relinqui : ut illum in quem vindicat non pœna miserum, sed correctione beatum velit : paratus tamen, si opus sit, aequo animo plura tolerare ab eo illata, quem vult esse correctum, sive in eum habeat potestatem coercendi, sive non habeat.

64. Magni autem et sancti viri, qui jam optime scirent, mortem istam quae animam dissolvit a corpore, non esse formidandam, secundum eorum tamen animum qui illam timerunt, nonnulla peccata morte punierunt, quod et viventibus utilis metus incuteretur, et illis qui morte puniebantur, non ipsa mors noceret, sed peccatum, quod augeri posset, si viverent. Non temere illi judicabant, quibus tale judicium donaverat Deus. Inde est quod Elias multos morte affecit, et propria manu, et igne divinitus impetrato : quod et alii multi magni et divini viri eodem spiritu consulendi rebus humanis non temere fecerunt. (III *Reg.*, XVIII, 40; IV *Reg.*, I, 10.) De quo Elia cum exemplum dedissent discipuli : Domino commemorantes quid ab eo factum sit, ut etiam ipsis daret potestatem petendi de cœlo ignem ad consumendum eos, qui sibi hospitium non preberent (*Luc.*, IX, 54); reprehendit in eis Dominus non exemplum Prophetae sancti, sed ignorantiam vindicandi, quae adhuc erat in rudibus : animadvertens eos non amore correctionem, sed odio desiderare vindictam. Itaque postea quam eos docuit quid esset diligere proximum tanquam seipsum, infuso etiam Spiritu sancto, quem decem diebus completis

selon sa promesse, dix jours après son Ascension, on vit encore de semblables exemples de vengeance, quoique beaucoup plus rares que sous l'Ancien Testament. Car, d'un côté, c'étaient des esclaves qui agissaient presque toujours sous l'empire de la crainte; de l'autre, c'étaient des enfants devenus libres, dont la conduite était surtout inspirée par l'amour. Ainsi la parole de l'apôtre saint Pierre fit tomber morts à ses pieds Ananie et sa femme, comme nous le lisons dans les Actes des Apôtres (v, 3), et ils ne furent pas ressuscités, mais ensevelis.

65. Mais si certains hérétiques, (les manichéens), ennemis déclarés de l'Ancien Testament, rejettent l'autorité de ce livre, ils ne peuvent se refuser d'écouter l'apôtre saint Paul qu'ils lisent comme nous, lorsque parlant d'un pécheur public, il dit qu'il l'a livré à Satan pour la mort de sa chair, afin que son âme soit sauvée. (I *Cor.*, v, 5.) Diront-ils qu'il n'est pas ici question de la mort, ce qui en effet, n'est pas certain? Au moins sont-ils forcés d'avouer que l'Apôtre a voulu exercer ici une vengeance quelconque par le moyen de Satan, et dans un sentiment non de haine, mais d'amour, comme le prouvent ces paroles qu'il ajoute : « Afin que son âme soit sauvée. » Ils peuvent encore trouver la preuve de ce que nous disons, dans des livres dont l'autorité pour eux est grande, et où on lit que l'apôtre saint Thomas, souhaita comme punition, le genre de mort le plus cruel à un homme qui lui avait donné un soufflet, tout en recommandant à Dieu d'épargner son âme dans l'autre vie; et cet homme ayant été bientôt tué par un lion, sa main fut séparée de son corps et apportée par un chien à la table où mangeait l'Apôtre. Nous ne pouvons admettre l'autorité de ce livre, qui ne fait point partie du canon de l'Eglise catholique, mais pour eux, ils le lisent, ils l'ont en honneur, comme renfermant dans toute sa pureté l'exacte vérité, et en même temps ils se déchaînent avec un aveuglement incompréhensible contre les châtiments corporels que rapporte l'Ancien Testament, dans l'ignorance où ils sont et de l'esprit qui a présidé à ces châtiments et des temps où ils ont eu lieu.

66. Voici donc la règle que doit suivre un chrétien dans cette espèce d'injustice qui peut se réparer par la vengeance. A-t-il reçu quelqu'outrage de ce genre? que la haine n'entre pas dans son cœur, mais que par un sentiment de compassion pour la faiblesse, il se dispose à en supporter davantage; et, cependant, il ne doit point négliger le devoir de la correction qu'il peut exercer ou par conseil, ou par autorité, ou par puissance. Il est un autre genre d'injustice où l'on peut obtenir une entière réparation, elles sont de deux espèces : l'une s'attaque à l'argent, l'autre consiste dans des actes outra-

---

post ascensionem suam desuper ut promiserat, misit (*Act.*, ii, 1), non defuerunt tales vindictæ, quamvis multo rarius quam in Veteri Testamento. Ibi enim ex majore parte servientes timore premebantur : Hic autem maxime dilectione liberi nutriebantur. Nam et verbis apostoli Petri Ananias et uxor ejus, sicut in Actibus Apostolorum legimus, exanimes ceciderunt, nec resuscitati sunt, sed sepulti. (*Act.*, v, 3.)

65. Sed si huic libro hæretici qui adversantur Veteri Testamento, nolunt credere : Paulum apostolum quem nobiscum legunt, intueantur dicentem de quodam peccatore, quem tradidit Satanæ in interitum carnis, ut anima salva sit. (I *Cor.*, v, 5.) Et si nolunt hic mortem intelligere, (fortasse enim incertum est), quamlibet vindictam per Satanam factam ab Apostolo fateantur : quod non eum odio, sed amore fecisse manifestat illud adjectum, ut anima salva sit. Aut in illis libris quibus ipsi magnum tribuunt auctoritatem, animadvertant quod dicimus, ubi scriptum est Apostolum Thomam imprecatum cuidam, a quo palma percussus esset, atrocissimæ mortis supplicium, anima tamen ejus commendata, ut in futuro ei sæculo parceretur : cujus a leone occisi, a cætero corpore discerptam manum canis intulit mensis, in quibus convivabatur Apostolus. Cui scripturæ licet nobis non credere; non est enim in catholico canone : illi tamen eam et legunt, et tanquam incorruptissimam verissimamque honorant, qui adversus corporales vindictas quæ sunt in Veteri Testamento, nescio qua cæcitate acerrime sæviunt, quo animo et qua distributione temporum factæ sint omnino nescientes.

66. Tenebitur ergo in hoc injuriarum genere, quod per vindictam luitur, iste a (*a*) Christianis modus, ut accepta injuria non surgat in odium, sed infirmitatis misericordia paratus sit animus plura perpeti, nec correctionem negligat, qua vel consilio vel auctoritate vel potestate uti potest. Aliud injuriarum genus est, quod in integrum restitui potest :

(*a*) Mss. tres, *iste Christianus modus*. Paulo post in omnibus fere Mss. *surgat odium*, prætermissa propositione *n*.

geants. C'est pour cela que Notre-Seigneur nous donne ici l'exemple de la tunique, et du manteau, et de cet homme, qui outre les mille premiers pas est obligé d'en faire deux autres mille, parce qu'en effet, on peut rendre un vêtement qu'on a pris, et celui à qui vous avez rendu un service en action, peut au besoin vous en rendre un semblable. A moins cependant qu'on n'aime mieux faire cette distinction; le soufflet reçu sur la joue exprimerait tous les outrages des méchants dont il faut tirer vengeance pour les réparer; et l'exemple du vêtement comprendrait toutes les injures qui peuvent être réparées sans recourir à la vengeance. C'est peut-être pour cela que Notre-Seigneur ajoute : « Si quelqu'un veut plaider en justice avec vous; » parce qu'en effet ce qu'on nous enlève par autorité de justice, nous n'en sommes pas dépouillés par un acte de violence qui appelle nécessairement la vengeance. La troisième espèce d'injustice qui consiste dans des actions dommageables est un mélange des deux premières, et peut se réparer avec ou sans vengeance. En effet, celui qui sans aucun jugement exige avec violence un service auquel il n'a aucun droit, comme celui qui contraint méchamment un homme et le force par des voies injustes à l'aider, peut porter la peine de sa méchanceté, et rendre ce que l'on a fait pour lui, sur la demande de celui qui a souffert ses injustes exigences. Or, à l'égard de toutes ces injures, le Seigneur veut qu'un cœur chrétien se montre rempli de patience et de miséricorde, et disposé de grand cœur à en souffrir encore davantage.

67. Mais c'est peu de ne point nuire, il vous faut encore faire tout le bien qui est en votre pouvoir; voilà pourquoi le Sauveur ajoute : « Donnez à qui vous demande, et ne vous détournez pas de celui qui veut vous emprunter. » (*Matth.*, v, 42.) Il dit : « Donnez à tout homme qui vous demande, » mais non pas, à qui vous demande toute sorte de choses, c'est-à-dire, donnez-lui ce que l'honnêteté et la justice vous permettent de lui accorder. Quoi, vous donneriez de l'argent à celui qui veut s'en servir pour opprimer un innocent! Quoi, vous consentiriez à un acte de fornication! Mais pour ne pas poursuivre une matière qui serait inépuisable, il ne faut donner que ce qui ne peut être nuisible ni pour vous ni pour un autre, suivant la juste appréciation que l'homme en peut faire. Et lorsque vous croirez devoir refuser à quelqu'un ce qu'il vous demande, expliquez lui les motifs de votre refus pour ne pas le renvoyer sans qu'il ait rien reçu. C'est ainsi que vous donnerez à tout homme qui vous demande, sans lui donner toujours ce qu'il demande; et parfois vous lui aurez donné quelque chose de bien préférable, en lui faisant comprendre l'injustice de sa demande.

68. Le précepte qui suit : « Et ne vous détournez pas de celui qui veut vous emprunter, » a

---

cujus duæ species, una ad pecuniam, altera ad operam pertinet. Quapropter illius de tunica et vestimento, hujus de angaria mille passuum et duorum millium exempla subjecta sunt : quia et reddi vestimentum potest; et quem adjuveris opera, potest te etiam ipse, si opus fuerit, adjuvare. Nisi forte ita potius distinguendum est, ut prius quod positum est de percussa maxilla, omnia significet quæ sic ingeruntur ab improbis, ut restitui non possint nisi vindicta : secundum quod positum est de vestimento omnia significet quæ possunt restitui sine vindicta; et ideo forte additum est : « Qui volueril tecum judicio contendere, » quia quod per judicium aufertur, non ea vi putatur auferri, cui vindicta debeatur : tertium vero ex utroque confectum sit, ut et sine vindicta et cum vindicta possit restitui. Nam qui operam indebitam violenter exigit sine ullo judicio, sicut facit qui angariat hominem improbe, et cogit se illicite adjuvari ab invito, et pœnam improbitatis potest luere, et operam reddere, si hanc ille repetat qui improbum pertulit. In his ergo omnibus generibus injuriarum Dominus docet patientissimum et misericordissimum, et ad plura perferenda paratissimum animum Christiani esse oportere.

67. Sed quoniam parum est non nocere, nisi etiam præstes beneficium quantum potes, consequenter adjungit et dicit : « Omni petenti te da, et qui voluerit mutuari a te, ne aversatus fueris. (*Matth.*, v, 42.) Omni petenti, » inquit; non, omnia petenti : ut id dandum est, quod nec tibi nec alteri noceat, quantum sciri aut credi ab homine potest : et cui juste negaveris quod petit, indicanda est ipsa justitia, ut non cum inanem dimittas. Ita omni petenti te dabis, quamvis non semper id quod petit dabis; et aliquando melius aliquid dabis, cum petentem injusta correxeris.

68. Quod autem ait : « Qui volueril a te mutuari,

LIVRE I. — CHAPITRE XXI.

pour objet les dispositions intérieures de l'âme, « car Dieu aime celui qui donne gaiement. » (II *Cor.*, IX, 7.) Tout homme qui reçoit, emprunte, dût-il ne rien rendre ; car, comme Dieu rend à ceux qui exercent la charité plus qu'ils n'ont donné, tout homme qui fait un acte de bienfaisance prête à usure. Si cependant on ne veut entendre par emprunteur que celui qui reçoit avec l'obligation de rendre, il faut dire alors que le Seigneur comprend dans ses paroles ces deux manières de donner. Car, ou nous donnons gratuitement ce que nous donnons, ou nous faisons un prêt avec obligation de rendre. Or, la plupart des hommes qui sont disposés à donner gratuitement en vue des récompenses divines, se montrent beaucoup moins empressés à prêter ce qu'on leur demande, comme s'ils n'avaient plus rien à recevoir de Dieu, parce que c'est l'emprunteur qui doit rendre ce qu'il emprunte. C'est donc très-justement que l'autorité divine nous exhorte à ce genre de bienfait en nous disant : « Et ne vous détournez point de celui qui veut vous emprunter, » c'est-à-dire ne détournez point votre volonté de celui qui vous demande, sous le prétexte que votre argent restera infructueux, et vous n'aurez rien à recevoir de Dieu, puisque c'est l'homme qui s'acquittera envers vous. Car lorsque vous agissez ici pour obéir à Dieu, votre action ne peut demeurer sans fruit aux yeux de celui qui vous l'a commandée.

CHAPITRE XXI.

69. Notre-Seigneur continue en ces termes : « Vous avez appris qu'il a été dit : Vous aimerez votre prochain et vous haïrez votre ennemi. Et moi, je vous dis : Aimez vos ennemis, faites du bien à ceux qui vous haïssent, et priez pour ceux qui vous persécutent ; afin que vous soyez les enfants de votre Père qui est dans les cieux, qui fait lever son soleil sur les bons et les méchants, et descendre la pluie sur les justes et sur les injustes. Car, si vous aimez ceux qui vous aiment, quelle récompense aurez-vous ? Les publicains eux-mêmes n'en font-ils pas autant ? Et si vous ne saluez que vos frères, que faites-vous en cela de plus ? Les païens mêmes ne le font-ils pas ? Soyez donc parfaits comme votre Père céleste est parfait. » (*Matth.*, V, 43-48.) En effet, sans cet amour que Dieu nous ordonne d'avoir pour nos ennemis et pour ceux qui nous persécutent, qui peut accomplir les préceptes qu'il nous a donnés précédemment ? Or, la perfection de la miséricorde qui est le remède souverain pour l'âme épuisée de peine et de fatigue, ne peut aller plus loin que l'amour des ennemis ; aussi le Sauveur conclut par ces mots : « Soyez donc parfaits comme votre Père céleste, qui est dans les cieux, est parfait. » Toutefois, il faut entendre ici que Dieu est parfait comme il con-

---

ne aversatus fueris : » ad animum referendum est. Hilarem enim datorem diligit Deus. (II *Cor.*, IX, 7.) Mutuatur autem omnis qui accipit, etiam si non ipse soluturus est : cum enim misericordibus Deus plura restituat, omnis qui beneficium præstat, fœneratur. Aut si non placet accipere mutuantem nisi cum qui accipit redditurus, intelligendum est Dominum duo ipsa genera præstandi esse complexum : Namque aut donamus quod damus benevole, aut reddituro commodamus. Et plerumque homines, qui proposito divino præmio donare parati sunt, ad dandum quod mutuum petitur pigri fiunt, quasi nihil recepturi a Deo, cum rem quæ datur, ille qui accipit exsolvat. Recte itaque ad hoc beneficii tribuendi genus nos divina hortatur auctoritas dicens : « Et qui voluerit a te mutuari, ne aversatus fueris : » id est, ne propterea voluntatem alienes ab eo qui petit, quia et pecunia tua vacabit, et Deus tibi non redditurus est, cum homo reddiderit : sed cum id ex præcepto Dei facis, apud illum qui hæc jubet, infructuosum esse non potest.

CAPUT XXI.

69. Deinde adjungit, et dicit : « Audistis quia dictum est : Diliges proximum tuum, et oderis inimicum tuum. (*Matth.*, V, 43.) Ego autem dico vobis, diligite inimicos vestros, benefacite his qui vos oderunt, et orate pro eis qui vos persequuntur (*v.* 44) : ut sitis filii Patris vestri qui in cœlis est, qui solem suum oriri jubet super bonos et malos, et pluit super justos et injustos. (*v.* 45.) Si enim dilexeritis eos qui vos diligunt, quam mercedem habebitis ? nonne et Publicani hoc faciunt (*v.* 46) ? Et si salutaveritis fratres vestros tantum, quid amplius facitis ? nonne et Ethnici hoc ipsum faciunt (*v.* 47) ? Estote ergo vos perfecti, sicut et Pater vester, qui in cœlis est, perfectus est. » (*v.* 48.) Nam sine ista dilectione, qua etiam inimicos et persecutores nostros diligere jubemur, ea quæ superius dicta sunt implere quis potest ? Perfectio autem misericordiæ, qua plurimum animæ laboranti consulitur, ultra dilectionem inimici porrigi non potest, et ideo sic clauditur : « Estote ergo

vient à Dieu, et que l'âme est parfaite comme elle est susceptible de l'être.

70. Il y avait déjà un certain degré dans la justice des pharisiens, qui relevait de la loi ancienne; la preuve c'est qu'il en est beaucoup qui répondent par la haine à l'amour qu'on a pour eux; par exemple, les enfants débauchés qui haïssent leurs parents parce qu'ils veulent réprimer leurs excès. C'est donc s'élever d'un degré que d'aimer son prochain, tout en ayant de la haine pour son ennemi. Or, le commandement de celui qui est venu non détruire la loi mais l'accomplir, donne à la bienveillance et à la bonté toute leur perfection en les élevant jusqu'à l'amour des ennemis. Car ce premier degré, qui n'est pas sans importance, est cependant si faible qu'il peut nous être commun avec les publicains. D'ailleurs ces paroles de la loi : « Vous haïrez votre ennemi, » ne doivent pas être prises pour un commandement donné au juste, mais comme une concession faite aux âmes faibles.

71. Il se présente ici une difficulté qu'il nous est tout à fait impossible de passer sous silence : c'est qu'un grand nombre de passages de l'Ecriture, pour ceux qui ne les examinent point avec tout le soin et la prudence qu'ils demandent, semblent contredire le précepte que le Seigneur nous donne ici d'aimer nos ennemis, de faire du bien à ceux qui nous haïssent, et de prier pour ceux qui nous persécutent. Ainsi on trouve dans dans les prophètes une multitude d'imprécations contre les ennemis qui paraissent autant de malédictions, comme par exemple : « Que leur table soit devant eux comme un filet, » et toute la suite du psaume (*Ps.* LXVIII, 23); et encore : « Que ses enfants soient orphelins, et que sa femme devienne veuve; » (*Ps.* CVIII, 9) et tout ce que le Prophète prédit avant ou après dans ce psaume de la personne du traître Judas. On trouve dans les Ecritures une foule d'autres endroits qui paraissent en opposition et avec ce précepte divin et avec cette recommandation de l'Apôtre : « Bénissez et gardez-vous de maudire; » (*Rom.*, XII, 14) car il est écrit que le Seigneur lui-même a maudit les villes qui n'ont pas reçu sa parole (*Matth.*, XI, 21; *Luc*, X, 13); et ce même Apôtre dit en parlant d'un certain Alexandre : « Que Dieu lui rendra selon ses œuvres. » (II *Tim.*, IV, 14.)

72. Il est facile de résoudre cette difficulté, si l'on se rappelle que par ces imprécations le Prophète n'a pour objet que de prédire l'avenir. Ce n'est ni un vœu ni un désir de son cœur, c'est une simple prévision de son esprit. Il en est de même du Seigneur et de l'Apôtre, dont les paroles n'expriment d'ailleurs aucun souhait et ne sont que des prédictions. En effet, lorsque Notre-Seigneur dit : « Malheur à toi Capharnaüm; » il

---

vos perfecti, sicut et Pater vester, qui in cœlis est, perfectus est. » Ita tamen ut Deus intelligatur perfectus tanquam Deus, et anima perfecta tanquam anima.

70. Gradum tamen esse aliquem in Pharisæorum justitia, quæ ad Legem veterem pertinet, hinc intelligitur, quod multi homines eos etiam a quibus diliguntur oderunt, sicut luxuriosi filii parentes coercitores luxuriæ suæ : ascendit ergo aliquem gradum qui proximum diligit, quamvis adhuc oderit inimicum. Ejus autem imperio, qui venit Legem implere, non solvere, perficiet benevolentiam et benignitatem, cum eam usque ad inimici dilectionem perduxerit. Nam ille gradus quamvis nonnullus sit, tam parvus est tamen, ut cum publicanis etiam possit esse communis. Nec quod in Lege dictum est : « Oderis inimicum tuum, » vox jubentis justo accipienda est, sed permittentis infirmo.

71. Oritur hic sane nullo modo dissimulanda quæstio, quod huic præcepto Domini, quo nos hortatur diligere inimicos nostros, et benefacere his qui nos oderunt, et orare pro his qui nos persequuntur, multæ aliæ Scripturarum partes minus diligenter et sobrie considerantibus videntur adversæ, quia et in Prophetis inveniuntur multæ imprecationes adversus inimicos, quæ maledictiones putantur : sicut est illud : Fiat mensa eorum in laqueum : et cætera quæ ibi dicuntur. (*Psal.* LXVIII, 23.) Et illud : Fiant filii ejus pupilli, et uxor ejus vidua (*Psal.* CVIII, 9) : et quæ alia vel supra vel infra in eodem Psalmo in personam Judæ per Prophetam dicuntur. Multa alia usquequaque in Scripturis reperiuntur, quæ videantur esse contraria et huic præcepto Domini, et illi Apostolico, quo ait : Benedicite, et nolite maledicere (*Rom.*, XII, 14) : cum et de Domino scriptum sit, quod maledixerit civitatibus, quæ verbum ejus non acceperant (*Matth.*, XI, 21; *Luc*., X, 13); et memoratus Apostolus, de quodam ita dixerit : Reddet illi Dominus secundum opera illius. (II *Tim.*, IV, 14.)

72. Sed hæc facile solvuntur, quia et Propheta per imprecationem quid esset futurum cecinit, non optantis voto, sed spiritu prævidentis : ita et Dominus, ita et Apostolus : quanquam in horum etiam verbis non hoc invenitur quod optaverint, sed quod prædixerint. Non enim cum ait Dominus : Væ tibi Capharnaüm, aliud sonat nisi aliquid ei mali even-

ne fait que lui prédire le châtiment de son infidélité, châtiment qu'il ne lui souhaitait pas dans un esprit de malveillance, mais qu'il apercevait dans l'avenir des hauteurs de sa divinité. De même l'Apôtre ne dit pas : Que le Seigneur lui rende, mais : « Le Seigneur lui rendra selon ses œuvres, » ce qui est encore une simple expression prophétique et non une imprécation. C'est ainsi qu'en parlant de cette hypocrisie des Juifs dont il a été question plus haut (chap. XIX, 58), et dont l'Apôtre prévoyait la destruction prochaine, il dit : « Dieu te frappera, muraille blanchie. » (*Act.*, XXIII, 3.) Or les prophètes ont l'habitude de prédire l'avenir sous forme d'imprécations, de même qu'ils annoncent souvent les événements futurs en se servant du temps passé, comme dans ces paroles : « Pourquoi les nations ont-elles frémi? Pourquoi les peuples ont-ils médité de vains complots? » (*Ps.* II, 1.) Le Prophète ne dit pas : Pourquoi les nations frémiront-elles? Pourquoi les peuples méditeront-ils de vains complots? bien que son dessein fût non pas de rappeler le souvenir des événements passés, mais de découvrir ceux que réservait l'avenir. Il en est de même de cette autre prophétie : « Ils ont divisé mes vêtements, et ils ont tiré ma robe au sort, » (*Ps.* XXI, 19) car le Prophète ne dit pas non plus : Ils diviseront mes vêtements, et ils tireront ma robe au sort. Et cependant personne ne songe à blâmer cette manière de parler, si ce n'est celui qui ne comprend pas que cette variété de formes dans le langage ne porte aucune atteinte à la vérité, et développe singulièrement les affections du cœur.

CHAPITRE XXII.

73. Mais ce qui rend cette difficulté plus pressante ce sont ces paroles de l'apôtre saint Jean : « Si quelqu'un sait que son frère a commis un péché qui ne va point à la mort, qu'il prie, et Dieu donnera la vie à celui dont le péché ne va pas à la mort. Mais s'il y a un péché qui va à la mort, ce n'est pas pour celui-là que je dis qu'on doive prier. » (I *Jean*, V, 16.) Cet apôtre nous enseigne donc clairement que parmi nos frères il en est pour lesquels nous ne devons pas prier, tandis que le Seigneur nous commande de prier même pour nos persécuteurs. (*Matth.*, V, 44.) Cette difficulté ne peut se résoudre qu'en admettant que nos frères peuvent se rendre coupables de péchés plus graves que le crime de la persécution. Or les frères ici sont les chrétiens, comme on pourrait le prouver par un grand nombre de témoignages de l'Ecriture. Mais nulle part on ne le voit plus clairement que dans ces paroles de l'Apôtre : « Le mari infidèle est sanctifié par la femme fidèle, et la femme infidèle est sanctifiée par le frère. » (I *Cor.*, VII, 14.) Il ne dit pas : Notre frère ; il a cru que la chose était

---

turum merito infidelitatis : quod futurum Dominus non malevolentia optabat, sed divinitate cernebat. Et Apostolus non ait : Reddat, sed : Reddet illi Dominus secundum opera ejus : quod verbum prænuntiantis est, non imprecantis. Sicut et de illa hypocrisi Judæorum, de qua jam dictum est, cui eversionem imminere cernebat, dixit : Percutiet te Deus paries dealbate. (*Act.*, XXIII, 3.) Prophetæ autem maxime solent figura imprecantis futura prædicere, sicut figura præteriti temporis ea quæ ventura erant sæpe cecinerunt : sicut est illud : Quare fremuerunt gentes, et populi meditati sunt inania (*Psal.* II, 1)? Non enim dixit : Quare frement gentes, et populi meditabuntur inania : cum ea non quasi jam transacta meminisset, sed ventura prospiceret. Tale etiam illud est : Diviserunt sibi vestimenta mea, et super vestimentum meum miserunt sortem (*Psal.* XXI, 19) : et hic enim non dixit : Divident sibi vestimenta mea, et super vestimentum meum mittent sortem. Nec tamen de his verbis quisquam calumniatur, nisi qui non sentit varietatem istam figurarum in loquendo nihil veritati rerum minuere, et plurimum addere affectibus animorum.

CAPUT XXII.

73. Sed illud magis urget istam quæstionem, quod dicit Apostolus Joannes : « Si quis scit peccare fratrem suum peccatum non ad mortem, postulabit, et dabit illi Dominus vitam qui peccat non ad mortem : est autem peccatum ad mortem : non pro illo dico ut roget. » (I *Joan.*, V, 16.) Aperte enim ostendit esse quosdam fratres pro quibus orare non nobis præcipitur, cum Dominus etiam pro persecutoribus nostris orare jubeat. (*Matth.*, V, 44.) Nec ista quæstio solvi potest, nisi fateamur esse aliqua peccata in fratribus, quæ inimicorum persecutione graviora sint. Fratres autem Christianos significari, multis divinarum Scripturarum documentis probari potest. Manifestissimum tamen illud est, quod Apostolus ita ponit : « Sanctificatus est enim vir infidelis in uxore, et sanctificata est mulier infidelis in fratre. » (I *Cor.*, VII, 14.) Non enim addi-

assez évidente, alors que sous le nom de frère il désignait un chrétien uni à une femme infidèle. Aussi voyez comme il s'exprime un peu plus loin : « Que si l'infidèle se retire, qu'on le laisse aller, car notre frère et notre sœur ne sont plus asservis en cette rencontre. » (*Ibid.*, 15.) Je pense donc que ce péché d'un frère qui produit la mort est celui que commet un chrétien, lorsqu'après avoir connu Dieu par la grâce de Notre-Seigneur Jésus-Christ, il attaque la sainte union fraternelle, et que poussé par une ardente jalousie, il se déclare contre la grâce à laquelle il doit sa réconciliation avec Dieu (1). Au contraire le péché ne va pas jusqu'à la mort, lorsqu'on ne cesse pas d'aimer son frère, mais que par je ne sais quelle faiblesse d'esprit, on refuse de lui rendre les devoirs qu'exige la charité fraternelle. Pourquoi, en effet, Notre-Seigneur sur la croix a-t-il dit : « Mon Père, pardonnez-leur, parce qu'ils ne savent ce qu'ils font? » (*Luc*, XXIII, 34.) Parce qu'ils n'avaient pas encore reçu la grâce de l'Esprit saint, et qu'ils ne faisaient pas encore partie de la société fraternelle des saints.(*Act.*, VII, 59.) A son exemple, nous voyons dans les Actes des Apôtres le bienheureux Étienne prier pour ceux qui le lapidaient, parce qu'ils n'avaient pas encore la foi en Jésus-Christ et ne combattaient pas encore contre la grâce de l'union fraternelle. Au contraire l'apôtre saint Paul, à mon avis, ne prie point pour Alexandre, parce qu'il était déjà au nombre des frères, et qu'en attaquant par un sentiment d'envie l'union fraternelle, son péché allait à la mort. Or, s'agit-il de ceux qui n'avaient point rompu le lien de la charité, mais succombé seulement à la crainte, l'Apôtre prie Dieu de leur pardonner. « Alexandre, l'ouvrier en cuivre, dit-il, m'a fait beaucoup de mal, le Seigneur lui rendra selon ses œuvres. Gardez-vous aussi de lui; car il a résisté de toute sa force à mes paroles. » (II *Tim.*, IV, 14, 15.) Il fait connaître ensuite ceux pour qui il prie : « La première fois que j'ai défendu ma cause, personne ne m'a secouru, et tous m'ont abandonné. Je demande que Dieu ne le leur impute pas. » (*Ibid.*, 16.)

74. Cette différence dans les péchés sépare nettement Judas qui trahit son Maître, de Pierre qui le renie, non qu'on doive refuser de pardonner au repentir, ce serait aller contre cette recommandation du Seigneur qui nous ordonne d'accorder toujours à notre frère le pardon qu'il demande (*Luc*, XVII, 3; *Matth.*, XVIII, 22); mais parce que l'énormité du crime de Judas était si grande qu'il ne peut s'abaisser jusqu'à l'humilité de la prière, alors même que sa conscience coupable le force de reconnaître et d'avouer son péché. En effet, Judas dit bien, il est vrai : J'ai péché en livrant le sang du juste, et cependant

(1) Si toutefois il persévère jusqu'à la mort dans ces dispositions coupables. (*Retract.*, XIX, 7.)

dit, nostro : sed manifestum existimavit, cum fratris nomine Christianum intelligi voluit, qui infidelem haberet uxorem. Et ideo paulo post dicit : « Quod si infidelis discedit, discedat : non autem servituti subjectus est frater vel soror in hujusmodi. » (*Ibid.*, 15.) Peccatum ergo fratris ad mortem puto esse, cum post agnitionem Dei per gratiam Domini nostri Jesu Christi quisque oppugnat fraternitatem, et adversus ipsam gratiam, qua reconciliatus est Deo, invidentiæ facibus agitatur. Peccatum autem non ad mortem est, si quisquam non amorem a fratre alienaverit, sed officia fraternitatis debita per aliquam infirmitatem animi non exhibuerit. Quapropter et Dominus in cruce ait : Pater ignosce illis, quia nesciunt quid faciunt (*Luc.*, XXIII, 34) : nondum enim gratia Spiritus sancti participes facti societates sanctæ fraternitatis inierant. (*Act.*, VII, 59.) Et beatus Stephanus in Actibus Apostolorum orat pro eis a quibus lapidatur; quia nondum Christo crediderant, neque adversus illam communem gratiam dimicabant. Et Apostolus Paulus propterea credo non orat pro Alexandro, quia jam frater erat, et ad mortem, id est, invidentia fraternitatem oppugnando, peccaverat. Pro his autem qui non abruperant amorem, sed timore succubuerant, orat ut eis ignoscatur. Sic enim dicit : « Alexander ærarius multa mihi mala ostendit : reddet illi Dominus secundum opera ejus, quem et tu devita : » valde enim restitit nostris sermonibus. Deinde subjungit pro quibus orat, ita dicens : « In prima mea defensione nemo mihi affuit, sed omnes me dereliquerunt : non illis imputetur. » (II *Tim.*, IV, 14.)

74. Ista differentia peccatorum Judam tradentem a Petro negante distinguit : non quia pœnitenti non sit ignoscendum, ne contra illam sententiam Domini veniamus, qua præcipit semper ignoscendum esse fratri petenti ut sibi frater ignoscat (*Luc.*, XVII, 3; *Matth.*, XVIII, 22) : sed quia illius peccati tanta labes est, ut deprecandi humilitatem subire non possit, etiam si peccatum suum mala conscientia et agnoscere et enuntiare cogatur. Cum enim dixisset Judas : Peccavi, quod tradiderim sanguinem justum (*Matth.*,

LIVRE I. — CHAPITRE XXII.

le désespoir l'entraîne bien plus facilement à se pendre, que l'humilité ne l'amène à demander son pardon. Il importe donc de bien distinguer à quelle espèce de repentir Dieu accorde le pardon. Il en est beaucoup, en effet, qui s'empressent de s'avouer pécheurs, qui s'irritent contre eux-mêmes, comme s'ils avaient un violent déplaisir d'avoir péché, mais cependant ils ne savent pas abaisser leur orgueil jusqu'à l'humiliation, jusqu'à la contrition du cœur, jusqu'à implorer leur pardon, et on peut croire que cette disposition de leur âme, suite de la grandeur de leur péché, est déjà comme un commencement de damnation.

75. Or c'est peut-être là ce qu'on appelle pécher contre l'Esprit saint, c'est-à-dire chercher à détruire par malice et par envie la charité fraternelle après avoir reçu la grâce du Saint-Esprit, péché qui, selon la déclaration du Seigneur, ne sera remis ni dans ce monde ni dans l'autre. Cette explication nous amène à examiner si les Juifs commirent ce péché contre l'Esprit saint, lorsqu'ils accusèrent Notre-Seigneur de chasser les démons au nom de Béelzébub, prince des démons (*Matth.*, XII, 24; *Marc*, III, 22), c'est-à-dire si nous devons regarder cette accusation comme dirigée personnellement contre le Seigneur, parce qu'il dit de lui-même dans un autre endroit : « S'ils ont appelé le père de famille Béelzébub, à combien plus forte raison ses serviteurs. » (*Matth.*, X, 25.) Ou bien comme ils ne parlaient de la sorte que par un violent sentiment de jalousie, et qu'ils n'avaient que de l'ingratitude pour de si grands bienfaits, ne peut-on pas croire que par l'excès même de leur jalousie, ils ont péché contre l'Esprit saint, quoiqu'ils ne fussent pas encore chrétiens? Cette conséquence ne ressort pas des paroles du Seigneur. Il dit bien, il est vrai : « Quiconque aura parlé contre le Fils de l'homme, il lui sera remis; mais à celui qui aura parlé contre l'Esprit saint, il ne sera remis ni dans ce siècle, ni dans le siècle futur. » (*Matth.*, XII, 32.) Cependant on peut regarder ces paroles comme une exhortation à recevoir la grâce qui leur était offerte, et après qu'ils l'auraient reçue, à ne plus retomber dans le péché qu'ils avaient commis. Ils avaient proféré contre le Fils de l'homme une parole de blasphème, elle peut leur être pardonnée, s'ils veulent s'en repentir et croire en lui et recevoir le Saint-Esprit. Mais si après avoir reçu l'Esprit saint, ils portent encore envie à l'union fraternelle, et qu'ils cherchent à détruire la grâce qui leur a été accordée, ce péché ne leur sera pardonné ni en ce monde ni en l'autre. Et en effet, si le Sauveur les avait considérés comme déjà condamnés sans nulle espérance de retour, il n'eût pas continué de leur donner des conseils en ajoutant immédiatement : « Ou dites que l'arbre bon et que le fruit en est bon; ou dites que l'arbre mauvais

---

XXVII, 4); facilius tamen desperatione cucurrit ad laqueum, quam humilitate veniam deprecatus est. Quapropter multum interest quali pœnitentiæ ignoscat Deus. Multi enim multo citius se fatentur peccasse, atque ita sibi succensent ut vehementer se peccasse nollent : sed tamen animum ad humiliandum et obterendum cor, implorandamque veniam non deponunt : quam mentis affectionem propter peccati magnitudinem jam de damnatione illos habere credendum est.

73. Et hoc est fortasse peccare in Spiritum sanctum, id est : per malitiam et invidiam, fraternam oppugnare caritatem post acceptam gratiam Spiritus sancti, quod peccatum Dominus neque hic, neque in futuro sæculo dimitti dicit. Unde quæri potest, utrum in Spiritum sanctum Judæi peccaverint, quando dixerunt, quod in Beelzebub principe dæmoniorum dæmonia Dominus expelleret (*Matth.*, XII, 24; *Marc.*, III, 22) : utrum hoc in ipsum Dominum dictum accipiamus, quia de se dicit alio loco : Si enim patremfamilias Beelzebub vocaverunt, quanto magis domesticos ejus? (*Matth.*, X, 25.) An quoniam de magna invidentia dixerunt, ingrati tam præsentibus beneficiis, quamvis nondum Christiani fuerint, tamen propter ipsam invidentiæ magnitudinem in Spiritum sanctum peccasse credendi sunt? Non enim hoc colligitur de verbis Domini. Quamvis enim eodem loco dixerit : « Quicumque enim dixerit verbum nequam adversus filium hominis, remittetur ei : Qui autem dixerit verbum adversus Spiritum sanctum, non remittetur ei neque in hoc sæculo, neque in futuro. » (*Matth.*, XII, 32.) Tamen videri potest ad hoc eos monuisse, ut accedant ad gratiam, et post acceptam gratiam non ita peccent, ut nunc peccaverunt. Nunc enim in filium hominis dixerunt verbum nequam, et potest eis dimitti, si conversi fuerint, et ei crediderint, et Spiritum sanctum acceperint : quo accepto si fraternitati invidere, et gratiam quam acceperunt oppugnare voluerint, non eis dimitti, neque in hoc sæculo neque in futuro. Nam si eos sic haberet condemnandos, ut nulla spes illis reliqua esset, non adhuc monendos judicaret, cum addidit dicens : « Aut facite

et que son fruit aussi est mauvais. » (*Matth.*, XII, 33.)

76. Qu'il soit donc bien établi que le précepte d'aimer nos ennemis, de faire du bien à ceux qui nous haïssent, et de prier pour ceux qui nous persécutent, n'entraîne pas pour nous l'obligation de prier pour certains péchés commis pas nos frères, afin d'éviter ainsi de mettre, par suite de notre ignorance, l'Ecriture sainte en contradiction avec elle-même, ce qu'il est impossible d'admettre. Mais de même qu'il en est pour lesquels il faut s'abstenir de prier, en est-il aussi contre lesquels nous devions prier? C'est un point qui n'est pas encore suffisamment éclairci. Il nous est dit en général : « Bénissez et gardez-vous de maudire ; » (*Rom.*, XII, 14) et encore : « Ne rendez à personne le mal pour le mal. » (*Ibid.*, 17 ; 1 *Pier.*, III, 9.) Toutefois, ce n'est pas prier contre quelqu'un que de ne pas prier pour lui ; car il peut arriver que vous voyiez son châtiment assuré, son salut entièrement désespéré, et vous vous absteniez de prier pour lui, non point par un sentiment de haine, mais parce que vous comprenez l'inutilité de vos efforts, et que vous ne voulez point exposer votre prière à être rejetée par le juste Juge. Mais que dirons-nous de ceux contre lesquels nous savons que des saints ont prié, non pas afin d'obtenir leur conversion ; c'eût été bien plutôt prier pour eux, mais pour qu'ils fussent livrés à l'éternelle damnation ? Je ne parle pas ici de la prière que le Prophète fait contre celui qui a trahi le Seigneur ; c'était, nous l'avons dit, une prédiction de l'avenir plutôt qu'un souhait de condamnation ; ni de la prière de l'Apôtre contre Alexandre, nous l'avons suffisamment expliquée ; mais de la prière que nous lisons dans l'Apocalypse de saint Jean, et où les martyrs prient Dieu de venger leur sang répandu (*Apoc.*, VI, 10), alors que le premier martyr a prié Dieu de pardonner à ceux qui le lapidaient. (*Act.*, VII, 59.)

77. Or, cette prière n'a rien qui doive nous étonner ; car, qui oserait affirmer que cette prière des saints martyrs qui demandent vengeance est dirigée contre les hommes eux-mêmes, et non contre le règne du péché ? Quelle est, en effet, la vengeance pure et sainte des martyrs, vengeance pleine de justice et de miséricorde ? C'est de voir détruire le règne du péché sous la tyrannie duquel ils ont tant souffert. C'est la destruction de ce règne que poursuit l'Apôtre, quand il dit : « Que le péché ne règne donc pas dans votre corps mortel. » (*Rom.*, VI, 12.) Or, le règne du péché est détruit et renversé tout à la fois, et par la conversion des uns qui soumettent la chair à l'esprit, et par la damnation de ceux qui persévèrent dans le péché, et à qui la justice divine assigne une place, qui les met dans l'impossibilité de nuire aux

---

arborem bonam, et fructum ejus bonum : aut facite arborem malam, et fructum ejus malum. » (*Ibid.*, 33.)

76. Sic itaque accipiatur diligendos inimicos esse, et benefaciendum his qui nos oderunt, et orandum pro his qui nos persequuntur, ut pro quibusdam etiam fratrum peccatis intelligatur non praeceptum esse, ut oremus : ne per imperitiam nostram divina Scriptura (quod fieri non potest), a se dissentire videatur. Sed utrum sicut pro quibusdam non est orandum, ita etiam contra aliquos orandum sit, nondum satis apparuit. Generaliter enim dictum est : « Benedicite, et nolite maledicere : » (*Rom.*, XII, 14) et illud : « Nemini malum pro malo reddentes. » (*Ibid.*, 17 ; 1 *Petr.*, III, 9.) Pro quo autem non oras, non etiam contra illum oras : potes enim videre certam ejus poenam, et penitus desperatam salutem, et non quia odisti eum, ideo pro illo non oras ; sed quia sentis nihil te posse proficere, et orationem tuam non vis repelli a justissimo judice. Sed quid agimus de his, contra quos oratum a sanctis accipimus, non ut corrigerentur, nam hoc modo potius pro ipsis oratum est ; sed ad illam ultimam damnationem : non sicut contra Domini traditorem per Prophetam, nam illa, ut dictum est, praedictio futurorum, non optatio supplicii fuit : nec sicut ab Apostolo contra Alexandrum, nam et inde jam satis dictum est : sed sicut in Apocalypsi Joannis legimus Martyres orare ut vindicentur (*Apoc.*, VI, 10) ; cum ille primus Martyr ut lapidatoribus suis ignosceretur, oraverit. (*Act.*, VII, 59.)

77. Sed hinc non oportet moveri. Quis enim audeat affirmare, cum illi sancti candidati se vindicari petierint, utrum contra ipsos homines, an contra regnum peccati petierint ? Nam ipsa est sincera et plena justitiae et misericordiae vindicta Martyrum, ut evertatur regnum peccati, quo regnante tanta perpessi sunt. Ad cujus eversionem nititur Apostolus, dicens : « Non ergo regnet peccatum in vestro mortali corpore. » (*Rom.*, VI, 12.) Destruitur autem et evertitur peccati regnum, partim correctione hominum, ut caro spiritui subjiciatur ; partim damnatione perseverantium in peccato, ut ita justitia ordinentur,

justes qui règnent avec Jésus-Christ. Considérez l'apôtre Paul, ne vous paraît-il pas venger dans sa personne le martyr Etienne, lorsqu'il s'écrie : « Je combats, non comme frappant l'air, mais je châtie mon corps et je le réduis en servitude ? » Car ce qu'il terrassait en lui, ce qu'il affaiblissait, ce qu'il réglait sagement après en avoir triomphé, c'était ce qui avait servi d'instrument pour persécuter Etienne et les autres chrétiens. Qui donc pourrait prouver que telle n'est pas la vengeance que les saints martyrs ont demandée à Dieu, puisqu'ils ont bien pu en toute justice demander pour leur vengeance personnelle la fin de ce monde où ils avaient supporté les plus grandes extrémités ? Or, ceux qui prient de la sorte, prient pour leurs ennemis qui sont susceptibles d'être guéris, mais sans prier contre ceux qui refusent obstinément la guérison qui leur est offerte, parce que Dieu qui les châtie n'est point un bourreau cruel, mais un sage et juste ordonateur de toutes choses. Nul doute n'est donc ici possible, nous devons aimer nos ennemis, faire du bien à ceux qui nous haïssent, et prier pour ceux qui nous persécutent.

CHAPITRE XXIII.

78. Les paroles qui suivent et que Notre-Seigneur rattache aux précédentes : « Afin que vous soyez les enfants de votre Père qui est dans les cieux, » (*Matth.*, v, 45) doivent être entendues dans le même sens que ces autres de saint Jean : « Il leur a donné le pouvoir de devenir enfants de Dieu. » (*Jean*, I, 12.) Il n'y a qu'un seul Fils de Dieu par nature, infiniment éloigné du péché ; quant à nous, nous recevons le pouvoir de devenir enfants de Dieu, si toutefois nous accomplissons ses commandements. Aussi, suivant la doctrine de l'Apôtre, cette filiation est une adoption qui nous donne droit à l'héritage éternel où nous devenons les cohéritiers de Jésus-Christ. Nous devenons donc les enfants de Dieu par la régénération spirituelle, et nous sommes adoptés pour posséder le royaume de Dieu, non comme des étrangers, mais comme des créatures qui sont l'ouvrage de ses mains. Ainsi, par un premier bienfait il nous a tirés du néant pour nous donner l'être par sa toute-puissance, et par un second bienfait il nous adopte pour nous donner droit, comme ses enfants, à jouir avec lui, dans la mesure de nos mérites, de la vie éternelle. Voilà pourquoi il ne dit pas : Faites cela parce que vous êtes les enfants ; mais : « Faites cela afin que vous soyez les enfants. »

79. Or en nous appelant par son Fils unique à cette sublime vertu, il nous appelle à lui devenir

---

ut justis cum Christo regnantibus, molesti esse non possint. Intuere apostolum Paulum, nonne tibi videtur in seipso Stephanum martyrem vindicare, cum dicit : « Non sic pugno tanquam aerem caedens, sed castigo corpus meum, et servituti subjicio ? » (I *Cor.*, IX, 26.) Nam hoc in se utique prosternebat, et debilitabat, et (*a*) victum ordinabat, unde Stephanum caeterosque Christianos fuerat persecutus. Quis ergo convincit, Martyres sanctos non talem suam vindictam a Domino esse deprecatos, cum etiam finem hujus saeculi, in quo tanta exitia pertulerunt, ad suam vindictam potuerint licenter optare? Quod qui orant, et pro inimicis suis orant qui sanabiles sunt, et contra illos (*b*) non orant qui insanabiles esse voluerunt : quia Deus quoque puniendo illos non est malevolus tortor, sed justissimus ordinator. Sine ulla ergo dubitatione diligamus inimicos nostros, benefaciamus his qui oderunt nos, et oremus pro eis qui nos persequuntur.

CAPUT XXIII.

78. Quod autem consequenter positum est : « Ut sitis filii Patris vestri qui in coelis est » (*Matth.*, v, 45), ex illa regula intelligendum est, qua et Joannes dicit : Dedit illis potestatem filios Dei fieri. (I *Joan.*, I, 12.) Unus enim naturaliter Filius est, qui nescit omnino peccare : nos autem potestate accepta efficimur filii, inquantum ea quae ab illo praecipiuntur implemus. Unde Apostolica disciplina adoptionem appellat, qua in aeternum haereditatem vocamur, ut cohaeredes Christi esse possimus. (*Rom.*, VIII, 17; *Gal.*, IV, 5.) Filii ergo efficimur regeneratione spirituali, et adoptamur in regnum Dei, non tanquam alieni, sed tanquam ab illo facti et creati : quo nos fecit esse per omnipotentiam suam, cum ante nihil essemus ; alterum quo adoptavit, ut cum eo tanquam filii vita aeterna pro nostra participatione frueremur. Itaque non ait : Facite ista, quia estis filii ; sed : Facite ista, ut sitis filii.

79. Cum autem ad hoc nos vocat per ipsum Unigenitum, ad similitudinem suam nos vocat. Ille enim, sicut consequenter dicit : « Solem suum oriri facit super bonos et malos, et pluit super justos et injustos. » (*Matth.*, v, 45.) Sive solem suum non istum

---

(*a*) Undecim Mss. *vinctum.* — (*b*) Mss. duo, *et contra illos orant*, omissa negatione.

semblables. Car comme il l'ajoute : « Le Père céleste fait lever son soleil sur les bons et sur les mauvais, et descendre la pluie sur les justes et sur les injustes. » (*Matth.*, v, 45.) Or ce soleil, vous pouvez l'entendre non de celui qui est visible aux yeux du corps, mais de cette sagesse dont il est dit : « Elle est la splendeur de la lumière éternelle; » (*Sag.*, vii, 26) et encore : « Le soleil de justice s'est levé pour moi, » et dans un autre endroit : « Le soleil de justice se lèvera pour vous qui craignez le nom du Seigneur. » (*Malach.*, iv, 2.) La pluie peut aussi être prise pour la rosée que répand dans les âmes la doctrine de la vérité, parce qu'elle s'est manifestée aux bons et aux mauvais et que Jésus-Christ a été annoncé aux uns comme aux autres. Ou bien si vous l'aimez mieux, ce soleil est celui qui brille aux yeux corporels non-seulement des hommes mais aussi des animaux; et cette pluie est celle qui fait croître les fruits destinés à l'entretien du corps; interprétation qui me paraît plus vraisemblable, parce que le soleil spirituel ne se lève que pour les bons et pour les saints, et qu'il excite dans les méchants ces regrets amers que nous lisons dans le livre de la Sagesse : « Le soleil ne s'est pas levé pour nous. » (*Sag.*, v, 6.) De même cette pluie spirituelle ne se répand que sur les bons, car les méchants sont figurés par cette vigne à qui Dieu fait cette menace : « Je commanderai aux nuées de ne pas répandre leur rosée sur elle. » (*Isaïe*, v, 6.) Mais quelle que soit l'interprétation qu'on admette, c'est toujours un témoignage de la grande bonté de Dieu qu'on nous ordonne d'imiter, si nous voulons être les enfants de Dieu. Car quel cœur assez ingrat pour ne pas comprendre de quel soulagement est pour nous en cette vie et l'astre qui nous éclaire et la pluie matérielle? Et ce bienfait, Dieu l'accorde également dans cette vie aux justes et aux pécheurs. Or le Sauveur ne dit pas simplement : Qui fait lever le soleil sur les bons et sur les mauvais; mais « son soleil, » c'est-à-dire celui qu'il a fait, qu'il a fixé dans les cieux, qu'il n'a tiré d'aucune matière préalable, de même que les autres astres dont il est parlé dans la Genèse. (*Gen.*, i, 16.) C'est lui qui a le droit d'appeler sien tout ce qu'il a créé de rien, et qui nous apprend ainsi avec quelle largesse nous devons donner à nos ennemis, d'après ce précepte, ce que nous n'avons pas créé, mais ce que nous avons reçu de sa munificence.

80. Or, qui peut être disposé à supporter des injustices de la part des faibles, autant que l'intérêt de leur salut l'exige? quel est celui qui préfère être victime de l'iniquité, plutôt que de rendre le mal pour le mal? qui, à tout homme, donne ou la chose qu'il demande, si elle est en sa possession, et s'il le peut raisonnablement, ou au moins un bon conseil, témoignage de bienveillance; qui ne se détourne pas de celui qui veut lui emprunter, qui aime ses ennemis, fait du bien à ceux qui le haïssent, et prie pour ceux

carneis oculis visibilem accipias, sed illam sapientiam, de qua dicitur : Candor est enim lucis æternæ : (*Sap.*, vii, 26) de qua item dicitur : Ortus est mihi justitiæ sol : et iterum : Vobis autem qui timetis nomen Domini, orietur sol justitiæ (*Malach.*, iv, 2) : ut etiam pluviam accipias irrigationem doctrinæ veritatis, quia bonis et malis apparuit, et bonis et malis evangelizatus est Christus. Sive istum solem mavis accipere non solum hominum, sed etiam pecorum corporeis oculis propalatum; et istam pluviam qua fructus gignuntur, qui ad refectionem corporis dati sunt : quod probabilius intelligi existimo : ut ille sol spiritalis non oriatur, nisi bonis et sanctis; quia hoc ipsum est, quod plangunt iniqui in illo libro, qui Sapientia Salomonis inscribitur : Et sol non ortus est nobis (*Sap.*, v, 6) : Et illa pluvia spiritalis non irriget nisi bonos; quia malos significavit vinea, de qua dictum est : Mandabo nubibus meis ne pluant super eam. (*Isa.*, v, 6.) Sed sive hoc sive illud intelligas, magna Dei bonitate fit, quæ nobis imitanda præcipitur, si filii Dei esse volumus. Quantum enim hujus vitæ solatium afferat lux ista visibilis, et pluvia corporalis, quis tam ingratus est ut non sentiat? Quod solatium videmus et justis in hac vita et peccatoribus communiter exhiberi. Non autem ait : « Qui facit solem oriri super bonos et malos; » sed addidit : « Suum, » » id est : quem ipse fecit atque constituit, et a nullo aliquid sumpsit ut faceret, sicut in Genesi de omnibus luminaribus scribitur (*Gen.*, i, 16); qui proprie potest dicere sua esse omnia, quæ de nihilo creavit : ut hinc admoneremur, quanta liberalitate inimicis nostris ex præcepto ejus præstare debeamus quæ nos non creavimus, sed de muneribus ejus accepimus.

80. Quis autem potest vel paratus esse ab infirmis injurias sustinere, quantum eorum saluti prodest; et malle amplius iniquitatis alienæ perpeti, quam id quod perpessus est reddere; omni petenti vel aliquid, vel id quod petit, si habetur, et si recte dari potest, vel consilium bonum, vel benevolum dare

qui le persécutent? qui est capable de ces généreux efforts si ce n'est l'homme pleinement et parfaitement miséricordieux? C'est là l'unique moyen d'éviter l'infortune, avec la grâce de celui qui a dit : « J'aime mieux la miséricorde que le sacrifice. » (*Osée*, VI, 6.) « Bienheureux donc les miséricordieux, parce qu'ils obtiendront miséricorde. » (*Matth.*, V, 7.) Mais je crois qu'il est temps que le lecteur, fatigué de ce volume déjà si long, respire tant soit peu, et reprenne des forces pour méditer les vérités qui feront la matière du livre suivant.

LIVRE SECOND

DEUXIÈME PARTIE DU SERMON SUR LA MONTAGNE, QUI SE TROUVE COMPRISE DANS LES CHAPITRES SIXIÈME ET SEPTIÈME DE SAINT MATTHIEU.

CHAPITRE PREMIER.

1. La miséricorde par laquelle nous avons terminé le premier livre, est immédiatement suivie de la pureté du cœur qui fait le commencement du second. Or, la pureté du cœur est comme la netteté de l'œil destiné à voir Dieu et qu'il faut conserver avec le plus grand soin dans une simplicité aussi parfaite que l'exige la majesté de celui qui permet à cet œil de le contempler. Mais lors même que cet œil est en grande partie purifié, il est difficile qu'il ne s'y glisse quelque poussière, soulevée par les choses qui accompagnent ordinairement nos bonnes actions, les louanges humaines, par exemple. Il est dangereux de vivre sans règle, mais faire profession d'une vie régulière et repousser les louanges, qu'est-ce autre chose que de se déclarer contre les usages du monde d'autant plus misérable qu'il a moins d'estime pour une vie vertueuse et sainte? Si donc ceux au milieu desquels vous vivez ne vous louent pas de vos bonnes œuvres, ils sont dans l'erreur; mais s'ils vous louent, vous êtes vous-mêmes en danger, à moins que vous n'ayez un cœur si simple et si pur que dans le bien que vous faites, vous ne vous proposiez pas les louanges des hommes, et que vous les félicitiez beaucoup plus des louanges et de l'approbation qu'ils donnent à la vertu que vous ne vous félicitez vous-mêmes, car vous ne laisseriez pas de la pratiquer, quand même personne ne vous en louerait. Il vous faut, en un mot, comprendre que les

---

animum, nec se avertere ab eo qui mutuari cupit; diligere inimicos, benefacere his qui se oderunt, orare pro eis qui se persequuntur : quis ergo hæc facit, nisi plene perfecteque misericors? Quo uno consilio miseria devitatur, opitulante illo qui ait : Misericordiam volo magis quam sacrificium (*Oseæ*, VI, 6): « Beati ergo misericordes; quia ipsorum miserebitur. » (*Matth.*, V, 7.) Sed jam commode fieri puto, ut hic lector tam longo volumine fatigatus respiret aliquantum, et ad cætera se reficiat in alio libro consideranda.

LIBER SECUNDUS

IN POSTERIOREM PARTEM SERMONIS DOMINI IN MONTE, CONTENTAM MATTHÆI CAPITE SEXTO ET SEPTIMO.

CAPUT PRIMUM.

1. Misericordiam, usque ad cujus tractationem liber primus terminum accepit, sequitur cordis mundatio, unde iste sumit exordium. Cordis autem mundatio est, tanquam (a) oculi quo videtur Deus, cujus simplicis habendi tantam curam esse oportet, quantam ejus rei dignitas flagitat, quæ tali oculo conspici potest. Huic autem oculo magna ex parte mundato difficile est non subrepere sordes aliquas de his rebus, quæ ipsas bonas nostras actiones comitari solent, veluti est laus humana. Siquidem non recte vivere, perniciosum est : recte autem vivere, et nolle laudari, quid est aliud quam inimicum esse rebus humanis, quæ utique tanto sunt misericordiores, quanto minus placet recta vita hominum? Si ergo inter quos vivis, te recte viventem non laudaverint, illi in errore sunt : si autem laudaverint, tu in periculo : nisi tam simplex cor habueris et mundum, ut ea quæ recte facis non propter laudes hominum facias, magisque illis recta laudantibus gratuleris, quibus id quod bonum est placet, quam tibi ipsi; quia recte viveres, etiam si nemo laudaret : ipsamque laudem tuam tunc intelligas utilem esse laudantibus, si non teipsum in tua bona vita, sed Deum honorent, cujus

(a) Sic Mss. At editi, *tanquam oculus*.

louanges qui vous sont données, ne deviennent utiles à ceux qui les donnent, qu'autant qu'elles se rapportent à vos bonnes œuvres, non pas à votre gloire, mais à la gloire de Dieu dont toute âme vertueuse est le temple très-saint où s'accomplit alors ce que dit David : « Mon âme se glorifiera dans le Seigneur, que ceux qui ont le cœur doux m'entendent et partagent mon allégresse. » (*Ps.* XXXIII, 2.) Celui donc qui a l'œil pur dans le bien qu'il fait, n'a point en vue les louanges des hommes, et ne se propose point de les obtenir, c'est-à-dire qu'il ne fait aucune bonne œuvre dans l'intention de plaire aux hommes. Car autrement pourquoi ne pas se contenter des apparences de la vertu, si l'on n'a d'autre désir que d'être loué des hommes, puisque les hommes ne pouvant voir au fond du cœur peuvent aussi bien louer ce qui n'est que l'apparence du bien? Or ceux qui agissent ainsi, c'est-à-dire qui affectent les dehors de la vertu, ont le cœur double. Celui-là seul a donc le cœur simple, c'est-à-dire pur, qui s'élève au-dessus des louanges humaines, et qui, en faisant le bien, ne recherche les regards et l'approbation que de Celui qui pénètre le fond des cœurs. Or tout ce qui sort de cette source d'une conscience pure est d'autant plus digne d'approbation qu'on s'est moins proposé d'obtenir les louanges des hommes.

2. « Prenez garde, nous dit Notre-Seigneur, de ne pas faire votre justice devant les hommes pour être vus d'eux; » (*Matth.*, VI, 1) c'est-à-dire, gardez-vous de pratiquer la vertu dans cette intention et de faire consister tout votre bonheur à être vus des hommes. « Autrement vous ne recevrez point de récompense de votre Père qui est dans les cieux. » Je ne dis pas si vous êtes vus des hommes, mais si vous ne faites le bien que pour en être vus. Car autrement que deviendrait ce que dit Notre-Seigneur au commencement de ce discours : « Vous êtes la lumière du monde? Une ville située sur une montagne ne peut être cachée; et on n'allume pas une lampe pour la mettre sous le boisseau, mais sur le chandelier, afin qu'elle éclaire tous ceux qui sont dans la maison. Qu'ainsi votre lumière luise devant les hommes, afin qu'ils voient vos bonnes œuvres. » (*Matth.*, V, 14-16.) Mais telle ne doit pas être la fin qu'ils se proposeront, car il ajoute : « Et qu'ils glorifient votre Père qui est dans les cieux. » Ici au contraire, où il défend de se proposer cette fin dans les bonnes œuvres, c'est-à-dire de faire le bien uniquement dans le but d'être vu des hommes, après avoir dit : « Prenez garde de faire votre justice devant les hommes pour en être vus, » il n'ajoute rien. Preuve évidente que Dieu ne nous défend pas de faire nos œuvres de justice devant les hommes, mais de les faire devant les hommes pour en être vus, c'est-à-dire de ne nous proposer d'autre but, d'autre fin de nos bonnes œuvres.

---

sanctissimum templum est quisquis vivit bene : ut illud impleatur quod ait David : In Domino laudabitur anima mea, audiant mites, et jocundentur. (*Ps.* XXXIII, 2.) Pertinet ergo ad oculum mundum non intueri in recte faciendo laudes hominum, et ad eas referre quod recte facis, id est, propterea recte facere aliquid, ut hominibus placeas. Sic enim etiam simulare bonum libebit, si non attenditur nisi ut homo laudet; qui quoniam videre cor non potest, potest etiam falsa laudare. Quod qui faciunt, id est, qui bonitatem simulant, duplici corde sunt. Non ergo habet simplex, id est, mundum cor, nisi qui transcendit humanas laudes, et illum solum intuetur, cum recte vivit, et ei placere nititur, qui conscientiæ solus inspector est. De cujus conscientiæ puritate quidquid procedit, tanto est laudabilius, quanto humanas laudes minus desiderat.

2. « Cavete ergo, inquit, facere justitiam vestram coram hominibus, ut videamini ab eis : » (*Matth.*, VI, 1) id est, cavete hoc animo juste vivere, et ibi constituere bonum vestrum, ut vos videant homines : « Alioquin mercedem non habebitis apud Patrem vestrum, qui in cœlis est : » non si ab hominibus videamini; sed si propterea juste vivatis, ut ab hominibus videamini. Nam ubi erit, quod in principio sermonis hujus dictum est : « Vos estis lumen mundi? Non potest civitas abscondi super montem constituta (*Matth.*, V, *v.* 14) : neque accendunt lucernam et ponunt eam sub modio, sed super candelabrum, ut luceat omnibus qui in domo sunt. (*v.* 15.) Sic luceat lumen vestrum coram hominibus, ut videant bona facta vestra. » (*v.* 16.) Sed non ibi constituit finem : addidit enim, « et glorificent Patrem vestrum, qui in cœlis est. » Hic autem, quia hoc reprehendit, si ibi sit finis recte factorum, id est, si propterea recte faciamus, ut tantum videamur ab hominibus; postea quam dixit : « Cavete facere justitiam vestram coram hominibus, ut videamini ab eis, » nihil addidit. In quo apparet, non hoc eum prohibuisse ut recte fiat coram hominibus, sed ne ob id forte recte fiat coram hominibus, ut videamur ab eis, id est, ut hoc intueamur, et ibi finem nostri propositi collocemus.

3. En effet, l'Apôtre qui, d'un côté fait entendre ces paroles : « Si je plaisais encore aux hommes je ne serais point serviteur de Jésus-Christ, » (*Galat.*, III, 10) fait ailleurs cette recommandation : « Cherchez à plaire à tous en toutes choses, comme je le fais moi-même. » (I *Cor.*, x, 33.) Faute de comprendre ces paroles, on croit y voir une contradiction. Cependant en déclarant qu'il ne veut point plaire aux hommes, l'Apôtre veut simplement dire qu'il ne faisait pas le bien pour leur plaire, mais pour plaire à Dieu, et amener ainsi à son amour les cœurs des hommes, par là même qu'il leur était agréable. Il avait donc raison de dire qu'il ne plaisait pas aux hommes, parce que le but qu'il se proposait était de plaire à Dieu ; et il recommandait avec non moins de raison de plaire aux hommes, non pas qu'on dût se proposer cette fin comme récompense de ses bonnes œuvres, mais parce qu'il est impossible de plaire à Dieu, si l'on ne donne dans sa conduite à ceux qu'on veut sauver, l'exemple de toutes les vertus. Or nul ne peut imiter celui dont la conduite ne lui est pas agréable. De même donc qu'un homme pourrait dire sans absurdité : Dans cette démarche pour chercher un vaisseau, ce n'est pas le vaisseau que je cherche, c'est la patrie ; ainsi l'Apôtre a pu très-bien dire : « Dans ce soin que je mets à plaire aux hommes, ce n'est pas aux hommes, c'est à Dieu que je plais, car telle n'est pas la fin de mes désirs, je n'ai d'autre but que d'être imité par ceux que je veux sauver. » C'est ainsi qu'en parlant des offrandes destinées aux fidèles, le même Apôtre dit : « Ce n'est pas que je désire vos dons, mais je désire le fruit qui vous en reviendra. » (*Philipp.*, IV, 17.) Ce seul fait suffisait à prouver l'étendue des progrès qu'ils avaient faits dans les voies de Dieu, puisqu'ils offraient de grand cœur ce que l'Apôtre désirait non pour la joie qu'il éprouvait de leurs dons, mais pour maintenir l'union de la charité entre les fidèles.

4. Il ajoute : « Autrement vous n'auriez point de récompense de votre Père qui est dans les cieux. » Il nous apprend par là que nous devons nous garder de rechercher la gloire humaine comme récompense de nos bonnes œuvres, c'est-à-dire de croire qu'elle peut faire notre bonheur.

CHAPITRE II.

5. « Lors donc que vous donnez l'aumône, ne faites point sonner la trompette devant vous, comme font les hypocrites dans les synagogues et dans les rues, pour être honorés des hommes. » (*Matth.*, VI, 2.) Ne désirez pas, dit Notre-Seigneur, attirer l'attention sur vous comme font les hypocrites, car il est évident que les hypocrites n'ont point dans le cœur les sentiments qu'ils af-

---

3. Nam et Apostolus dicit : Si adhuc hominibus placerem, Christi servus non essem (*Gal.*, I, 10) : cum alio loco dicat : Placete omnibus per omnia, sicut et ego omnibus per omnia placeo. (I *Cor.*, x, 33.) Quod qui non intelligunt, contrarium putant ; cum ille se dixerit non placere hominibus, quia non ideo recte faciebat ut placeret hominibus, sed ut Deo, ad cujus amorem corda hominum volebat convertere, eo ipso quo placebat hominibus. Itaque et non se placere hominibus recte dicebat, quia in eo ipso ut Deo placeret intuebatur : et placendum esse hominibus recte præcipiebat, non ut hoc appeteretur tanquam merces recte factorum ; sed quia Deo placere non posset, qui non se iis quos salvos fieri vellet præberet imitandum : imitari autem illum qui sibi non placuerit, nullo pacto quisquam potest. Sicut ergo non absurde loqueretur, qui diceret : In hac opera qua navem quæro, non navem quæro, sed patriam : sic et Apostolus convenienter diceret : In hac opera, qua hominibus placeo, non hominibus, sed Deo placeo ; quia non hoc appeto, sed ad id refero ut me imitentur, quos salvos fieri volo. Sicut dicit de oblatione quæ fit in sanctos : Non quia quæro datum, sed inquiro fructum (*Philip.*, IV, 17) : id est : Quod quæro datum vestrum, non hoc quæro, sed fructum vestrum. Hoc enim indicio apparere poterat, quantum profecissent in Deum, cum id libenter offerrent, quod non propter gaudium de muneribus, sed propter communionem caritatis ab eis quærebatur.

4. Quanquam et cum addit, et dicit : « Alioquin mercedem non habebitis apud Patrem vestrum, qui in cœlis est » (*Matth.*, VI, 1), nihil aliud demonstrat, nisi id nos cavere oportere, ne humanam laudem pro nostrorum operum mercede quæramus, id est, ea nos beatos effici arbitremur.

CAPUT II.

5. Cum « ergo facis eleemosynam, inquit noli tuba canere ante te, sicut hypocritæ faciunt in synagogis et in vicis, ut glorificentur ab hominibus. » (*Matth.*, VI, 2.) Noli, inquit, sic velle innotescere, ut hypocritæ. Manifestum est autem, hypocritas non quod oculis prætendunt hominum, id etiam corde gestare. Sunt enim hypocritæ simulatores, tanquam pronun-

fectent aux yeux des hommes. Les hypocrites simulent, jouent le rôle de personnages qui leur sont étrangers, comme les acteurs au théâtre. En effet, celui qui joue le rôle d'Agamemnon dans la tragédie qui porte son nom, ou de quelqu'autre personnage qui fait partie du drame historique ou mythologique qu'on représente, n'est point réellement ce personnage, mais il s'efforce de le paraître, et on l'appelle un comédien. Ainsi dans l'Eglise comme dans la vie privée, celui qui veut paraître ce qu'il n'est pas est aussi un comédien, car il se couvre de l'extérieur du juste sans l'être en réalité, parce qu'il ne veut que les louanges des hommes pour tout fruit de ses bonnes œuvres, et que ces louanges peuvent être données aux hypocrites qui, en voulant paraître bons trompent ceux dont ils veulent obtenir les éloges. Mais ils n'ont à attendre de Dieu, qui examine le fond des cœurs, d'autre récompense que le châtiment de leur fourberie. Ils ont reçu des hommes leur récompense, dit le Sauveur, et ils mériteront d'entendre cette trop juste sentence : « Retirez-vous de moi, ouvriers trompeurs, » (*Matth.*, VII, 23) vous avez porté mon nom, mais vous n'avez point fait mes œuvres. Ils ont donc reçu leur récompense, ceux qui en faisant l'aumône, n'ont d'autre motif que la gloire qui vient des hommes ; ce n'est pas précisément parce qu'ils sont glorifiés, mais parce qu'ils n'ont agi que pour être glorifiés comme nous l'avons

dit plus haut. Celui qui fait le bien ne doit point désirer la louange des hommes ; il doit la laisser venir après la bonne œuvre, dans l'intérêt de ceux qui peuvent imiter ce qu'ils louent, et non dans l'espérance qu'ils puissent lui être utiles par leurs louanges.

6. « Mais lorsque vous faites l'aumône, que votre main gauche ne sache pas ce que fait votre main droite. » (*Matth.*, VI, 30.) Si par la gauche vous entendez les infidèles, il semble qu'il n'y aurait aucun mal à vouloir plaire aux fidèles ; et cependant il nous est défendu de nous proposer comme fruit et comme fin de nos bonnes œuvres la louange des hommes, quels qu'ils soient. Mais si vous cherchez à leur plaire dans vos bonnes œuvres pour les porter à vous imiter, ce n'est pas seulement en présence des fidèles, mais aussi des infidèles que vous devez faire le bien, afin qu'en louant vos bonnes œuvres ils glorifient Dieu et parviennent au salut. Que si par la gauche vous entendez votre ennemi, en ce sens que votre ennemi doit ignorer que vous faites l'aumône, comment expliquer que Notre-Seigneur ait guéri les hommes avec tant de bonté en présence des Juifs, ses plus cruels ennemis ? Pourquoi l'apôtre saint Pierre en guérissant ce boiteux dont il eut pitié près de la porte appelée la Belle, a-t-il attiré sur lui et sur les autres disciples de Jésus-Christ les fureurs de ses ennemis ? D'ailleurs si notre ennemi ne doit point

tiatores personarum alienarum, sicut in theatricis fabulis. Non enim qui agit partes Agamemnonis in Tragœdia, verbi gratia, sive alicujus alterius ad historiam vel fabulam quæ agitur pertinentis, vere ipse est ; sed simulat eum, et hypocrita dicitur. Sic in Ecclesia, vel in omni vita humana, quisquis se vult videri quod non est, hypocrita est. Simulat enim justum, non exhibet ; quia totum fructum in laude hominum ponit, quam possunt etiam simulantes percipere, dum fallunt eos quibus videntur boni, ab eisque laudantur. Sed tales ab inspectore cordis Deo mercedem non accipiunt, nisi fallaciæ supplicium : ab hominibus autem, inquit, « perceperunt mercedem suam : » rectissimeque his dicetur : Recedite a me operarii dolosi (*Matth.*, VII, 23) : nomen meum habuistis sed opera mea non fecistis. Illi ergo perceperunt mercedem suam, qui non ob aliud eleemosynam faciunt, nisi ut glorificentur ab hominibus : non si glorificentur ab hominibus, sed si ideo faciant ut glorificentur, sicut superius tractatum est. Laus enim humana non appeti a recte

faciente, sed subsequi debet recte facientem : ut illi proficiant, qui etiam imitari possunt quod laudant ; non ut hic putet aliquid eos sibi prodesse, quem laudant.

6. « Te autem faciente eleemosynam, non sciat sinistra tua quid faciat dextera tua. » (*Matth.*, VI, 3.) Si intellexeris sinistram infideles dici, videbitur nulla esse culpa, placere fidelibus velle : cum prorsus nihilo minus in quorumlibet hominum laude fructum et finem boni operis constituere prohibeamur. Quod autem ad id pertinet ut te imitentur, quibus recte facta tua placuerint, non tantum fidelibus, sed etiam infidelibus exhibendum est, ut laudandis bonis operibus nostris Deum honorent, et veniant ad salutem. Si autem sinistram inimicum putaveris, ut nesciat inimicus tuus cum eleemosynam facis ; cur ipse Dominus inimicis Judæis circumstantibus misericorditer sanavit homines ? Cur apostolus Petrus sanato eo, quem ad portam speciosam debilem miseratus est, etiam iras inimicorum in se atque in alios Christi discipulos pertulit ? (*Act.*, III, 2.) Deinde si non

savoir que nous faisons l'aumône, comment agirons-nous avec lui pour accomplir ce précepte : « Si votre ennemi a faim, donnez-lui à manger; s'il a soif, donnez-lui à boire ? » (*Prov.*, xxv, 21 ; *Rom.*, xii, 20.)

7. Certains esprits grossiers adoptent une troisième interprétation si absurde et si ridicule, que je ne la rappellerais point, si l'expérience ne m'avait appris que cette erreur compte un assez grand nombre de partisans, qui prétendent qu'ici la gauche signifie l'épouse. Comme dans l'administration de la dépense intérieure les femmes laissent difficilement échapper l'argent de leurs mains, les maris, pour éviter les querelles domestiques, doivent leur cacher les aumônes que la charité les porte à faire aux pauvres. Comme si les hommes seuls étaient chrétiens, et que ce précepte ne fut pas aussi pour les femmes à quelle main gauche la femme devra-t-elle donc cacher ses œuvres de miséricorde? Dira-t-on que l'homme est la gauche de sa femme ? ce serait la plus grande des absurdités. Prétendra-t-on qu'ils sont l'un pour l'autre cette main gauche ? Alors si l'un des deux fait l'aumône des biens domestiques contre la volonté de l'autre, ce ne sera plus là un mariage chrétien ; mais celui des deux qui, pour accomplir le précepte divin voudra faire l'aumône contre l'intention expresse de l'autre, sera nécessairement en opposition avec la volonté de Dieu, et devra être mis au rang des infidèles. Or, d'après le commandement fait aux époux, ils doivent par le spectacle d'une vie sainte, pure, gagner à Jésus-Christ, le mari fidèle sa femme, et pareillement la femme fidèle son mari. Ils ne doivent donc point se cacher l'un à l'autre leurs bonnes œuvres qui doivent être mutuellement pour eux une invitation puissante à embrasser la foi chrétienne. On ne doit pas non plus commettre de vol pour être agréable à Dieu, accordons même que la faiblesse de l'un des deux époux force l'autre de lui dérober la connaissance d'une œuvre dont il ne pourrait supporter la vue, il n'y a en cela rien d'injuste et d'illicite, mais on ne peut en conclure que la gauche signifie la femme, ce qui ne peut se concilier facilement avec l'ensemble du chapitre, où nous pourrons du reste trouver ce que le Sauveur a voulu entendre par la gauche.

8. « Prenez garde, nous dit-il, de ne pas faire votre justice devant les hommes pour être vus d'eux, autrement vous n'aurez point de récompense de votre Père qui est dans les cieux. » (*Matth.*, vi, 1.) Il n'a parlé jusqu'ici de la justice que d'une manière générale ; il va maintenant en parcourir les divers degrés. L'aumône est en effet une partie de la justice ; aussi Notre-Seigneur ajoute immédiatement : « Lorsque vous faites l'aumône, ne sonnez point de la trompette devant vous, comme font les hypocrites dans les synagogues

---

oportet scire inimicum, cum eleemosynam facimus, quomodo cum ipso inimico faciemus, ut illud impleamus præceptum: Si esurierit inimicus tuus, ciba illum; si sitierit, potum da illi (*Prov.*, xxv, 21; *Rom.*, xii, 20)?

7. Tertia solet esse carnalium opinio, tam absurda et ridenda, ut non eam commemorarem, nisi expertus essem non paucos eo errore detineri, qui dicunt sinistræ nomine uxorem significari : ut quoniam in re familiari tenaciores pecuniarum solent esse feminæ, lateat eas cum aliquid misericorditer viri earum egenis impendunt propter domesticas lites. Quasi vero soli viri Christiani sint, et non hoc præceptum etiam feminis datum sit. Cui ergo sinistræ jubetur femina occultare opus misericordiæ suæ? An etiam vir sinistra erit feminæ? quod absurdissime dicitur. Aut si quispiam putat invicem sibi sinistras esse si ab altero ita erogetur aliquid de re familiari, ut sit contra alterius voluntatem, non erit Christianum tale conjugium : sed necesse est ut quisquis eorum eleemosynam facere voluerit ex præcepto Dei, quemcumque adversum habuerit, inimicus sit præcepto Dei, et ideo inter infideles deputetur : præceptum est autem de talibus, ut bona sua conversatione ac moribus lucrifaciat uxorem maritus fidelis, vel maritum mulier fidelis : quapropter non sibi debent occultare bona opera sua, quibus invitandi sunt ab invicem, ut alter alterum possit ad Christianæ fidei communionem invitare. Nec furta facienda sunt, ut promereatur Deus. Quod si occultandum est aliquid, quamdiu alterius infirmitas æquo animo id non potest sustinere, quod tamen non injuste atque illicite sit : non tamen ipsam nunc sinistram significari totius capituli consideratione facile apparet, in qua simul invenietur quam sinistram vocet.

8. « Cavete, inquit, facere justitiam vestram coram hominibus, ut videamini ab eis : alioquin mercedem non habebitis apud Patrem vestrum, qui in cœlis est. » (*Matth.*, vi, 1.) Generaliter hic justitiam nominavit, deinde particulariter exsequitur. Est enim pars aliqua justitiæ opus quod per eleemosynam fit, et ideo connectit dicendo : « Cum ergo facis eleemosynam, noli tuba canere ante te, sicut hypocritæ

et dans les rues pour être honorés des hommes. » (*Matth.*, VI, 2.) Ces paroles correspondent à celles qui précèdent : « Prenez garde de ne pas faire votre justice devant les hommes pour être vus d'eux ; » et ce qui suit : « En vérité, je vous le dis, ils ont reçu leur récompense, » à celles qui précèdent : « Autrement vous n'aurez point de récompense de votre Père qui est dans les cieux. » Il continue : « Pour vous lorsque vous faites l'aumône, » quel est le sens de ces paroles : « Pour vous ? » vous ne devez point agir comme eux. Que m'est-il donc commandé ? « Pour vous, lorsque vous faites l'aumône, que votre main gauche ne sache pas ce que fait votre main droite. » Les hypocrites font donc l'aumône de manière à ce que leur main gauche sache ce que fait leur main droite. Ce que le Seigneur a condamné dans leur conduite, il vous est donc défendu de le faire. Or, qu'a-t-il condamné ? c'est d'agir de la sorte pour obtenir les louanges des hommes. La gauche, dans le sens le plus naturel, signifie donc le désir des louanges, et la droite l'intention d'accomplir les commandements de Dieu. Lors donc que le désir de la gloire humaine se glisse dans votre âme au moment où vous faites l'aumône, votre gauche devine les secrets de votre droite. Laissez donc votre gauche dans l'ignorance de ce que fait votre droite, c'est-à-dire que le désir des louanges des hommes ne trouve point de place dans votre âme, lorsque vous cherchez à remplir le précepte divin de l'aumône.

9. « Afin que votre aumône soit dans le secret. » (*Ibid.*, 4.) Qu'est-ce à dire « dans le secret ? » Dans une bonne conscience que ni les regards des hommes ne peuvent pénétrer, ni leurs paroles mettre à découvert ; car pour un grand nombre, leurs discours ne sont qu'un tissu de mensonges. Si donc la droite agit en secret dans l'intérieur de l'âme, la gauche représenterait tout ce qui est extérieur, toutes les actions visibles et passagères. Que votre aumône soit donc dans votre conscience, où un grand nombre font l'aumône par leur bonne volonté, lors même qu'ils n'ont ni argent ni autre chose à donner aux pauvres. Combien au contraire qui font l'aumône au dehors et ne la font pas dans l'intérieur de leur âme ; ils veulent paraître miséricordieux par ambition, ou pour quelque autre motif d'intérêt temporel, et on peut dire que la gauche seule agit dans de tels hommes. D'autres tiennent le milieu entre les deux ; ils font l'aumône avec l'intention de plaire à Dieu, et cependant ils laissent se mêler à cette intention excellente quelque désir de la gloire humaine ou de quelque intérêt temporel et fragile. Mais Notre-Seigneur nous interdit d'une manière bien plus expresse encore de laisser à la gauche seule le soin d'agir, puisqu'il lui défend même de se mêler aux œuvres de la droite.

---

faciunt in synagogis et in vicis, ut glorificentur ab hominibus. » (v. 2.) Ad hoc respicit quod superius ait : « Cavete facere justitiam vestram coram hominibus, ut videamini ab eis. » (v. 1.) Quod autem sequitur : « Amen dico vobis, perceperunt mercedem suam : » (v. 2) ad illud respicit quod supra posuit : « Alioquin mercedem non habebitis apud Patrem vestrum, qui in cœlis est. » (v. 3.) Deinde sequitur : « Te autem faciente eleemosynam. » Cum dicit : « Te autem, » quid aliud dicit, quam : Non quomodo illi ? Quid ergo mihi jubet ? « Te autem faciente, inquit, eleemosynam, non sciat sinistra tua quid faciat dextera tua. » Ergo illi sic faciunt, ut sciat sinistra eorum quid faciat dextera eorum. Quod igitur in illis culpatum est, hoc tu facere vetaris. In illis autem hoc culpatum est, quod ita faciunt ut laudes hominum quærant. Quapropter nihil consequentius sinistra videtur significare, quam ipsam delectationem laudis. Dextera autem significat intentionem implendi præcepta divina. Cum itaque conscientiæ facientis eleemosynam miscet se appetitio laudis humanæ, sit sinistra conscia operis dexteræ : « Nesciat ergo sinistra tua quid faciat dextera tua : » id est, non se misceat conscientiæ tuæ laudis humanæ appetitio, cum in eleemosyna facienda divinum præceptum contendis implere.

9. « Ut sit eleemosyna tua in abscondito. » (v. 4.) Quid est « in abscondito, » nisi in ipsa bona conscientia, quæ humanis oculis demonstrari non potest, nec verbis aperiri ? Quandoquidem multi multa mentiuntur. Quapropter si dextera intrinsecus agit in abscondito, ad sinistram pertinent omnia exteriora, quæ sunt visibilia et temporalia. Sit ergo eleemosyna tua in ipsa conscientia tua, ubi multi eleemosynam faciunt bona voluntate, etiam si pecuniam, vel si quid aliud, quod inopi largiendum est, non habent. Multi autem foris faciunt, et intus non faciunt, qui vel ambitione, vel alicujus rei temporalis gratia volunt misericordes videri, in quibus sola sinistra operari existimanda est. Item alii quasi medium inter utrosque locum tenent, ut et intentione quæ in Deum est eleemosynam faciant, et tamen inserat se huic optimæ voluntati nonnulla etiam laudis vel cujusce rei fragilis et temporalis cupiditas. Sed Dominus noster multo vehementius prohibet solam sinistram in nobis operari, quando

Ainsi non-seulement nous devons éviter de faire l'aumône dans des vues exclusivement humaines, mais l'intention que nous avons de faire cette action pour plaire à Dieu doit être entièrement pure et dégagée de tout désir d'avantages temporels. En effet, il s'agit ici de purifier le cœur, qui ne peut être pur qu'à la condition d'être simple. Or, comment sera-t-il pur, s'il sert deux maîtres, s'il ne purifie point son regard en le dirigeant exclusivement sur les biens éternels, mais qu'il le laisse s'obscurcir par l'amour des biens fragiles et mortels? « Que votre aumône soit donc dans le secret, et votre Père, qui voit dans le secret, vous le rendra. » Rien n'est plus conforme à la justice et à la vérité. Si vous attendez votre récompense de celui qui seul lit au fond de votre conscience, qu'il vous suffise pour obtenir cette récompense d'avoir votre conscience pour témoin. Un grand nombre d'exemplaires latins portent : « Et votre Père qui voit dans le secret, vous le rendra publiquement. » Mais comme nous n'avons point trouvé cette addition dans les exemplaires grecs qui sont les plus anciens (1), nous n'avons pas cru devoir la discuter.

CHAPITRE III.

10. « De même, lorsque vous priez, ne ressemblez pas aux hypocrites qui affectent de prier en se tenant debout dans les synagogues et aux coins des rues pour être vus des hommes. » (*Matth.*, VI, 5.) Ce qui est un mal, ce n'est pas d'être vu des hommes, c'est d'agir pour être vu des hommes; et il est inutile de répéter tant de fois les mêmes choses, puisque l'unique règle à observer est bien connue; il faut craindre et éviter non pas que les hommes sachent nos bonnes œuvres, mais de les faire dans le désir d'obtenir pour toute récompense de plaire aux hommes. Le Sauveur reproduit ici les mêmes expressions : « Je vous le dis en vérité, ils ont reçu leur récompense, » et nous défend par là de rechercher cette récompense qui fait la joie des insensés, c'est-à-dire les vaines louanges des hommes.

11. « Pour vous, lorsque vous priez, entrez dans votre chambre. » (*Ibid.*, 6.) Quelle est cette chambre? c'est le cœur lui-même que le Psalmiste nous représente sous cette figure, lorsqu'il dit : « Repassez en silence, dans le lieu de votre repos, les pensées de vos cœurs. » (*Ps.* IV, 5.) « Et la porte en étant fermée, continue le Sauveur, priez votre Père dans le secret. » (*Matth.*, VI, 6.) C'est peu d'entrer dans sa chambre, si la porte en reste ouverte aux importuns et donne entrée aux choses du dehors qui s'y précipitent

---

(1) Au contraire, cette addition se trouve aujourd'hui dans les exemplaires grecs et non dans les exemplaires latins.

---

etiam misceri eam vetat operibus dexteræ : ut scilicet non modo sola temporalium rerum cupiditate caveamus eleemosynam facere ; sed nec ita in hoc opere attendamus Deum, ut sese misceat vel adjungat exteriorum appetitio commodorum. Agitur enim de corde mundando, quod nisi fuerit simplex, mundum non erit. Simplex autem quomodo erit si duobus dominis servit, nec una intentione rerum æternarum purificat aciem suam, sed eam mortalium quoque fragiliumque rerum amore obnubilat? « Sit ergo eleemosyna tua in abscondito : et Pater tuus qui videt in abscondito, reddet tibi. » Rectissime omnino et verissime. Si enim præmium ab eo expectas qui conscientiæ solus inspector est, sufficiat tibi ad promerendum præmium ipsa conscientia. Multa Latina exemplaria sic habent : « Et pater tuus qui videt in abscondito, reddet tibi palam : » sed quia in Græcis, quæ priora sunt, non invenimus, « palam, » non putavimus hinc esse aliquid disserendum.

CAPUT III.

10. Et « cum oratis, inquit, non eritis sicut hypocritæ, qui amant in synagogis, et in angulis platearum stantes orare, ut videantur ab hominibus. » (*Matth.*, VI, 5.) Neque hic videri ab hominibus nefas est ; sed ideo hæc agere ut videaris ab hominibus : et superfluo toties eadem dicuntur, cum sit jam una regula custodienda, qua cognitum est, non si hæc sciant homines, formidandum esse aut fugiendum ; sed si hoc animo fiant, ut fructus in eis expetatur placendi hominibus. Servat etiam ipse Dominus eadem verba, cum adjungit similiter : « Amen dico vobis, perceperunt mercedem suam : » hinc ostendens id se prohibere, ne ea merces appetatur, qua stulti gaudent cum laudantur ab hominibus.

11. « Vos autem cum oratis, inquit, introite in cubicula vestra. » (*v. 6.*) Quæ sunt ista cubicula, nisi ipsa corda, quæ in Psalmo etiam significantur, cum dicitur : Quæ dicitis in cordibus vestris, et in cubilibus vestris compungimini? (*Psal.* IV, 5.) « Et claudentes ostia orate, ait : Patrem vestrum in abscondito. » (*Matth.*, VI, 6.) Parum est intrare in cubicula, si ostium pateat importunis, per quod ostium ea quæ foris sunt improbe se immergunt, et interiora nostra appetunt. Foris autem diximus esse omnia tempo-

dans l'intention de nous nuire, et envahissent tout notre intérieur. C'est au dehors, nous l'avons dit, que sont toutes les choses temporelles et visibles qui pénètrent par les sens de la chair dans nos pensées et nous étourdissent pendant la prière, par une multitude de vains fantômes. Il faut donc leur fermer la porte, c'est-à-dire résister aux obsessions des sens, afin que la prière toute spirituelle monte jusqu'au Père, après avoir été formée au plus intime du cœur, où l'âme prie Dieu dans le secret. « Et votre Père qui voit dans le secret, vous le rendra. » Telle devait être la conclusion, car Notre-Seigneur nous enseigne ici non pas l'obligation de la prière, mais la manière dont nous devons prier ; de même que plus haut il n'a point parlé de la nécessité de l'aumône, mais de l'intention dans laquelle on doit la faire. En effet, ce qu'il veut ici, c'est la pureté du cœur, et une seule chose est capable de lui donner cette pureté, c'est l'intention unique et simple qui se propose la vie éternelle par le seul et pur amour de la sagesse.

12. « Or, en priant, n'affectez point de parler beaucoup, comme les païens qui s'imaginent être exaucés à force de paroles. » (*Matth.*, VI, 7.) Le propre des hypocrites est de se donner en spectacle dans leurs prières et de n'y chercher d'autre fruit que de plaire aux hommes ; ainsi le propre des païens, c'est-à-dire des gentils, est de s'imaginer que c'est à force de paroles qu'ils seront exaucés dans leurs prières. En effet, toute cette superfluité de paroles vient des païens, qui s'occupent beaucoup plus du soin d'exercer leur langue que de purifier leur cœur. Ils transportent même jusque dans les prières qu'ils adressent à Dieu ce flux ridicule de paroles, dans la pensée qu'il se laissera, comme un juge mortel, gagner par des paroles. « Ne vous rendez donc pas semblables à eux, » vous dit le Maître unique et véritable, « car votre Père sait ce dont vous avez besoin, avant que vous le lui demandiez. » (*Ibid.*, 8.) Si cette abondance de paroles a pour objet d'instruire et d'enseigner l'ignorance, qu'en est-il besoin vis-à-vis de celui qui connaît toutes choses ? Toutes les choses qui existent lui parlent par le seul fait de leur existence, et proclament qu'elles ont été faites par lui, et les choses futures elles-mêmes n'ont point de secret pour sa science et sa sagesse pour lesquelles toutes les choses qui sont passées comme toutes les choses qui doivent passer sont immuablement présentes.

13. Mais comme Notre-Seigneur nous a enseigné lui, une formule de prière courte, il est vrai, mais verbale, cependant, on peut demander comment ce peu de paroles est nécessaire à celui qui sait toutes choses avant qu'elles arrivent, et qui connaît, comme nous l'avons dit, ce qui nous est nécessaire, avant que nous le lui demandions. Nous répondrons premièrement que ce

---

ralia et visibilia, quæ per ostium, id est, per carnalem sensum in cogitationes nostras penetrant, et turba vanorum phantasmatum orantibus obstrepunt. Claudendum est ergo ostium, id est, carnali sensui resistendum est, ut oratio spiritalis dirigatur ad Patrem, quæ fit in intimis cordis, ubi oratur Pater in abscondito. « Et pater, inquit, vester qui videt in abscondito, reddet vobis. » Et hoc tali clausula terminandum fuit : non enim hoc monet nunc ut oremus, sed quomodo oremus ; neque superius, ut faciamus eleemosynam, sed quo animo faciamus : quoniam de corde mundando præcipit, quod non mundat, nisi una et simplex intentio in æternam vitam solo et puro amore sapientiæ.

12. « Orantes autem nolite, ait, multum loqui, sicut ethnici : arbitrantur enim quod in multiloquio suo exaudiantur. » (*v.* 7.) Sicut hypocritarum est, præbere se spectandos in oratione, quorum fructus est, placere hominibus ; ita ethnicorum, id est, gentilium in multiloquio se putare exaudiri. Et revera omne multiloquium a gentilibus venit, qui exercendæ linguæ potius quam mundando animo dant operam. Et hoc nugatorii studii genus etiam ad Deum prece flectendum transferre conantur, arbitrantes sicut hominem judicem verbis adduci in sententiam. « Nolite itaque similes illis esse, » dicit unus et verus magister. « Scit enim Pater vester quid vobis necessarium sit, antequam petatis ab eo. » (*v.* 8.) Si enim verba multa ad id proferuntur, ut instruatur et doceatur ignarus, quid eis opus est ad rerum omnium cognitorem, cui omnia quæ sunt, eo ipso quo sunt, loquuntur, seseque indicant facta ; et ea quæ futura sunt ejus artem sapientiamque non latent, in qua sunt et quæ transierunt, et quæ transitura sunt, omnia præsentia, et non transeuntia ?

13. Sed quoniam, quamvis pauca, tamen verba et ipse dicturus est, quibus nos doceat orare, quæri potest cur vel his verbis paucis opus sit ad eum qui scit omnia antequam fiant, et novit, ut dictum est, quid nobis sit necessarium antequam petamus ab eo ? Hic primo respondetur, non verbis nos agere

n'est point par nos paroles que nous devons chercher à obtenir de Dieu ce que nous désirons, mais par les pensées actuelles de notre âme, par la droiture de notre intention, par la pureté de notre amour et la simplicité de notre cœur; et si le Sauveur nous a enseigné à exprimer verbalement ces pensées intérieures, c'est pour les confier à notre mémoire, qui nous en rappellera le souvenir au moment de la prière.

14. Mais on pourrait insister et demander encore en quoi la prière, qu'elle consiste en paroles ou en pensées intérieures, est nécessaire, puisque Dieu sait par avance ce dont nous avons besoin, s'il n'était évident que l'intention seule de la prière est pour l'âme une source de paix et de pureté, et la rend plus propre à recevoir les dons spirituels que Dieu répand en nous. Dieu n'exauce point nos prières par le désir qu'il a d'être prié; il est toujours prêt à nous donner sa lumière, non point cette lumière visible, mais la lumière intelligible et spirituelle. Pour nous, au contraire, nous ne sommes point toujours prêts à la recevoir, attirés que nous sommes par d'autres biens, et par la convoitise des choses de la terre qui couvrent notre âme de ténèbres. Dans la prière, notre cœur se tourne donc vers Dieu, qui est toujours disposé à nous donner, si nous sommes capables de recevoir ses dons. Or, dans ce mouvement de notre âme, l'œil intérieur se purifie en excluant le désir des biens du temps; et ainsi rendu à sa simplicité, il devient capable de supporter la lumière simple et divine qui brille d'une clarté immuable et sans déclin; non-seulement il peut en supporter l'éclat, mais il demeure au milieu de cette lumière sans en être blessé, disons plus, avec ce sentiment de joie ineffable qui est véritablement et réellement la perfection du bonheur.

CHAPITRE IV.

15. Il nous faut maintenant considérer quelle prière nous commande d'adresser à Dieu celui par lequel nous apprenons ce que nous devons demander, et nous obtenons ce que nous demandons. « Vous prierez donc de cette manière, nous dit-il : « Notre Père qui êtes dans les cieux, que votre nom soit sanctifié, que votre règne arrive; que votre volonté soit faite sur la terre comme au ciel. Donnez-nous aujourd'hui notre pain de chaque jour. Remettez-nous nos dettes comme nous les remettons à ceux qui nous doivent. Et ne nous induisez point en tentation, mais délivrez-nous du mal. » (*Matth.*, VI, 9-13.) Dans toute prière, il faut avant tout se concilier la bienveillance de celui qu'on prie, et lui exposer ensuite l'objet de sa demande. C'est par la louange qu'on se concilie cette bienveillance, et

---

debere apud Deum, ut impetremus quod volumus, sed rebus quas animo gerimus, et intentione cogitationis, cum dilectione pura et simplici affectu : sed res ipsas verbis nos docuisse Dominum nostrum, quibus memoriæ mandatis eas ad tempus orandi recordemur.

14. Sed rursus quæri potest, sive rebus, sive verbis orandum sit, quid opus sit ipsa oratione, si Deus jam novit quid nobis necessarium sit : nisi quia ipsa orationis intentio cor nostrum serenat et purgat, capaciusque efficit ad excipienda divina munera, quæ spiritaliter nobis infunduntur. Non enim ambitione precum nos exaudit Deus, qui semper paratus est dare suam lucem nobis, non visibilem, sed intelligibilem et spiritalem : sed nos non semper parati sumus accipere, cum inclinamur in alia, et rerum temporalium cupiditate tenebramur. Fit ergo in oratione conversio cordis ad eum, qui semper dare paratus est, si nos capiamus quod dederit : et in ipsa conversione purgatio interioris oculi, cum excluduntur ea quæ temporaliter cupiebantur, ut acies cordis simplicis ferre possit simplicem lucem (*a*), divinitus sine ullo occasu aut immutatione fulgentem : nec solum ferre, sed etiam manere in illa; non tantum sine molestia, sed etiam cum ineffabili gaudio, quo vere ac sinceriter beata vita perficitur.

CAPUT IV.

15. Sed jam considerandum est, quæ nos orare ille præceperit, per quem et discimus quid oremus, et consequimur quod oramus. « Sic itaque orate vos, inquit : Pater noster qui es in cœlis, sanctificetur nomen tuum (*Matth.*, VI, 9) : adveniat regnum tuum : fiat voluntas tua sicut in cœlo et in terra (v. 10) : panem nostrum quotidianum da nobis hodie (v. 11) : et dimitte nobis debita nostra, sicut et nos dimittimus debitoribus nostris (v. 12) : et ne nos inferas in tentationem; sed libera nos a malo. » (v. 13.) Cum in omni deprecatione benevolentia concilianda sit ejus, quem deprecamur, deinde dicendum quid deprecemur; laude illius ad quem oratio dirigitur, solet

---

(*a*) Mss. Vaticani duo et Corbeiensis, *lucem divinitatis*.

on la place ordinairement au commencement de la prière. D'après le commandement de Notre-Seigneur, nous ne devons y dire que ces seules paroles : « Notre Père qui êtes dans les cieux. » La loi contenait, il est vrai, sur la manière dont Dieu devait être loué, bien des recommandations qui se trouvent répandues dans toutes les saintes Ecritures sous mille formes différentes, comme on pourra s'en convaincre en les lisant ; mais nulle part on ne trouvera un précepte qui enseigne au peuple d'Israël à dire à Dieu : « Notre Père. » Dieu ne leur était présent que comme un maître qui commande à des serviteurs, c'est-à-dire à des hommes qui vivaient encore selon la chair. Je ne parle ici que du temps où ils reçurent les préceptes de la loi que Dieu leur commandait d'observer ; car les prophètes témoignent souvent que ce même Dieu Notre-Seigneur aurait pu être leur Père, s'ils ne s'étaient point écartés de ses commandements. Ainsi dans ces paroles : « J'ai nourri des enfants, je les ai élevés, et ils m'ont méprisé ; » (*Is.*, I, 2) dans ces autres : « J'ai dit : Vous êtes des dieux, et vous êtes tous les fils du Très-Haut ; » (*Ps.* LXXXI, 6) dans ces autres encore : « Si je suis votre maître, où est la crainte que vous avez pour moi ? et si je suis votre Père, où est l'honneur que vous me rendez ? » (*Malach.*, I, 6.) Dans mille autres endroits, où les prophètes reprochent aux Juifs d'avoir refusé par leurs prévarications d'être les enfants de Dieu. Il faut en excepter les oracles prophétiques qui avaient pour objet le futur peuple chrétien, et annonçaient qu'il aurait Dieu pour Père, conformément à ce que dit l'Evangile : « Il leur a donné le pouvoir de devenir enfants de Dieu. » (*Jean*, I, 12.) L'apôtre saint Paul confirme la même vérité. « Tant que l'héritier est encore enfant, dit-il, il ne diffère point d'un esclave, » et il rappelle que nous avons reçu l'esprit d'adoption dans lequel nous crions Abba, Père.

16. Or, si nous sommes appelés à l'héritage éternel pour devenir cohéritiers de Jésus-Christ, et enfants d'adoption, ce n'est point l'effet de nos mérites, mais de la grâce de Dieu, et nous payons un tribut de reconnaissance à cette grâce au commencement de notre prière, en disant : « Notre Père. » Ce nom excite à la fois la charité dans nos cœurs ; car qu'y a-t-il de plus cher à des enfants que leur père ? un sentiment d'affectueuse supplication, et l'espérance presque certaine d'obtenir ce que nous demandons, puisqu'avant même de formuler aucune demande, il nous accorde cette faveur extraordinaire de pouvoir dire à Dieu : « Notre Père ; » car que peut-il refuser aux prières de ses enfants, après ce bienfait inestimable de la filiation divine ? Enfin, avec quelle sollicitude celui qui

---

benevolentia conciliari, et hoc in orationis principio poni solet : in quo Dominus noster nihil aliud nos dicere jussit, nisi « Pater noster qui es in cœlis. » Multa enim dicta sunt in laudem Dei, quæ per omnes sanctas Scripturas varie lateque diffusa poterit quisque considerare, cum legit : nusquam tamen invenitur præceptum populo Israel ut diceret : « Pater noster, » aut ut oraret Patrem Deum ; sed Dominus eis insinuatus est, tanquam servientibus, id est, secundum carnem adhuc viventibus. Hoc autem dico, cum mandata Legis acciperent, quæ observare jubebantur : nam Prophetæ sæpe ostendunt eumdem Dominum nostrum etiam Patrem eorum esse potuisse, si ab ejus mandatis non aberrarent : sicuti est illud : Filios genui, et exaltavi, ipsi autem spreverunt me (*Isa.*, I, 2) : et illud : Ego dixi : Dii estis, et filii (*a*) excelsi omnes (*Ps.* LXXXI, 6) : et illud : Si Dominus sum, ubi est timor meus ? et si Pater sum, ubi est honor meus ? (*Malach.*, I, 6.) Et alia per multa, ubi arguuntur Judæi, quia filii esse peccando noluerunt : exceptis eis quæ in prophetia dicuntur de futuro populo Christiano, quod Patrem Deum esset habiturus, secundum illud Evangelicum : Dedit eis potestatem filios Dei fieri (*Joan.*, I, 12) : Apostolus autem Paulus dicit : Quamdiu hæres parvulus est, nihil distat a servo : et spiritum adoptionis nos accepisse commemorat, in quo clamamus : Abba Pater. (*Gal.*, IV, 1.)

16. Et quoniam quod vocamur ad æternam hæreditatem, ut simus Christi coheredes, et in adoptionem filiorum veniamus (*Rom.*, VIII, 23), non est meritorum nostrorum, sed gratiæ Dei ; eamdem ipsam gratiam in orationis principio ponimus, cum dicimus : « Pater noster. » Quo nomine et caritas excitatur ; quid enim carius filiis debet esse quam pater ? et supplex affectus, cum homines dicunt Deo : « Pater noster : » et quædam impetrandi præsumptio, quæ petituri sumus ; cum prius quam aliquid peteremus tam magnum donum accepimus, ut sinamur dicere : « Pater noster, » Deo. Quid enim jam non det filiis petentibus, cum hoc ipsum ante dederit, ut filii essent ? Postremo quanta cura ani-

(*a*) Mss. decem, *et filii Altissimi : vos autem sicut homines moriemini, et sicut unus ex principibus cadetis.*

dit : « Notre Père, » doit veiller à ne pas se rendre indigne d'un si auguste Père? Si un sénateur d'un âge avancé autorisait un homme du peuple à l'appeler son père; sans aucun doute cet homme, saisi de frayeur, oserait à peine se le permettre, en pensant à l'obscurité de sa naissance, à son extrême pauvreté, à la bassesse de sa condition. Mais combien plus devons-nous craindre d'appeler Dieu notre Père, si une vie souillée par le péché et des mœurs honteuses inspirent à Dieu plus d'horreur de nous voir approcher de lui que ce sénateur n'en éprouve pour la pauvreté de ce mendiant? Car ce qui dans la personne de ce mendiant exciterait la répulsion du riche, ne serait après tout qu'une situation où la fragilité des choses humaines pourrait le faire tomber lui-même, tandis qu'aucun rapport n'est possible entre Dieu et des mœurs impures. Et grâces soient rendues à la miséricorde de Dieu, qui exige de nous que nous l'ayons pour Père ; c'est un privilége que nous pouvons acquérir sans aucun frais et par le seul effet de notre bonne volonté. Ceux qui ont les richesses en partage, ou qui se glorifient d'une illustre origine, doivent aussi dès lors qu'ils sont devenus chrétiens, apprendre ici à ne point se conduire avec hauteur à l'égard de ceux qui sont pauvres et de condition obscure, puisque tous ensemble ils disent à Dieu : « Notre Père, » paroles qui ne peuvent avoir dans leur bouche ni l'accent de la piété, ni celui de la vérité, s'ils ne se reconnaissent tous pour frères.

CHAPITRE V.

17. Que le peuple nouveau appelé à l'héritage éternel parle donc le langage du Nouveau Testament et qu'il dise : « Notre Père qui êtes dans les cieux, » c'est-à-dire dans les saints et dans les justes, Dieu, en effet, ne peut être renfermé dans l'espace. On entend ordinairement par les cieux les parties de cet univers dont la nature est plus parfaite, mais cependant corporelle, et qui ne peuvent exister que dans un lieu. Or, si on admet que les cieux sont le séjour de Dieu, parce qu'ils sont les parties les plus élevées de ce monde, il faudra dire que les oiseaux sont de meilleure condition que nous, parce qu'ils vivraient alors dans des lieux plus rapprochés de Dieu. Or, il n'est pas écrit : Le Seigneur est proche des hommes qui habitent les lieux élevés ou les montagnes, mais : « Le Seigneur est proche de ceux qui ont le cœur contrit, » (*Ps.* XXXIII, 19) ce qui est bien plutôt le propre de l'humilité. De même donc que le pécheur est appelé terre, lorsque Dieu lui a dit : « Tu es terre, et tu retourneras en terre ; » (*Gen.*, III, 19) ainsi par une raison contraire, le nom de ciel convient parfaitement aux justes, car c'est aux justes qu'il est dit : « Le temple de Dieu est saint, et ce temple c'est vous. » (1 *Cor.*, III, 17.)

CAPUT V.

17. Utatur ergo voce Novi Testamenti populus novus, ad æternam hæreditatem vocatus, et dicat : « Pater noster qui es in cœlis : » id est, in sanctis et justis. Non enim spatio locorum continetur Deus. Sunt enim cœli excellentia quidem mundi corpora, sed tamen corpora, quæ non possunt esse nisi in loco : sed si in cœlis tanquam in superioribus mundi partibus locus Dei esse creditur, melioris meriti sunt aves, quarum vita est Deo vicinior. Non autem scriptum est : Prope est Dominus excelsis hominibus, aut eis qui in montibus habitant : sed scriptum est : Prope est Dominus obtritis corde (*Ps.* XXXIII, 19) : quod magis pertinet ad humilitatem. Sed quemadmodum terra appellatus est peccator, cum ei dictum est : Terra es, et in terram ibis (*Gen.*, III, 19) : sic cœlum justus e contrario dici potest. Justis enim dicitur : Templum enim Dei sanctum est, quod estis vos. (1 *Cor.*, III, 17.) Quapropter si in templo suo habitat Deus, et sancti templum ejus sunt; recte di-

Si donc Dieu habite dans son temple, et que les saints soient son temple, nous avons raison de dire : « Qui êtes dans les cieux, » c'est-à-dire qui êtes dans les saints. Et cette figure est des plus justes, car la distance spirituelle qui sépare les justes des pécheurs est aussi grande que la distance qui, dans le monde visible, sépare le ciel de la terre.

18. C'est comme expression de cette pensée que lorsque nous prions, nous nous tournons vers l'Orient, d'où nous voyons le ciel se lever. Ce n'est pas que Dieu y habite d'une manière particulière, à l'exclusion des autres parties du monde, lui qui est présent partout, non d'une présence limitée par l'espace, mais par la puissance de sa majesté. Notre intention par là est donc de rappeler à notre âme qu'elle doit se tourner vers la nature plus parfaite de Dieu, en même temps que notre corps qui est terrestre se tourne vers un corps céleste qui est aussi plus parfait. Il est convenable, en effet, au progrès de la religion, et il est très-avantageux que tous, petits et grands, conçoivent des sentiments dignes de Dieu. Voilà pourquoi il faut tolérer l'opinion de ceux qui, captivés encore par les beautés de ce monde visible, et incapables de se faire une idée d'un être incorporel, croient que Dieu, dont ils ne se forment qu'une idée matérielle, habite le ciel plutôt que la terre, obligés qu'ils sont de donner la préférence au ciel sur la terre. Ainsi lorsqu'ils connaîtront un jour que la dignité de l'âme est bien supérieure à un corps même céleste, ils chercheront Dieu dans leur âme, plutôt que de le chercher dans un corps céleste. De même encore, lorsqu'ils connaîtront la distance qui sépare les âmes des pécheurs des âmes des justes, eux qui n'osaient pas dans leurs pensées charnelles placer Dieu sur la terre, mais lui donnaient le ciel pour séjour ; à la lumière d'une foi plus saine, d'une raison plus éclairée, ils le chercheront bien plutôt dans les âmes des justes que dans les âmes des pécheurs. On ne peut donc donner une meilleure interprétation de ces paroles : « Notre Père qui êtes dans les cieux, » qu'en prenant les cieux pour les cœurs des justes, dans lesquels Dieu habite comme dans son temple. En même temps, celui qui prie conçoit le désir de voir habiter dans son âme celui qu'il invoque, et en poursuivant un si noble but, il s'attache à la justice qui est un attrait puissant pour inviter Dieu à fixer son séjour dans notre cœur.

19. Voyons maintenant quel doit être l'objet de nos prières. Le Sauveur nous a fait connaître celui que nous devons prier et le lieu qu'il habite. La première de toutes les demandes est celle-ci : « Que votre nom soit sanctifié. » Cette demande ne suppose point que le nom de Dieu ne soit pas saint par lui-même, mais elle exprime le désir que la sainteté de ce nom soit reconnue par tous les hommes, c'est-à-dire que les hommes aient

citur : « Qui es in cœlis, » qui es in sanctis. Et accommodatissima ista similitudo est, ut spiritaliter tantum interesse videatur inter justos et peccatores, quantum corporaliter inter cœlum et terram.

18. Cujus rei significandæ gratia, cum ad orationem stamus, ad Orientem convertimur, unde cœlum surgit : non tanquam ibi habitet et Deus, quasi cæteras mundi partes deseruerit, qui ubique præsens est, non locorum spatiis, sed (a) majestatis potentia : sed ut admoneatur animus ad naturam excellentiorem se convertere, id est ad Deum, cum ipsum corpus ejus quod est terrenum, ad corpus excellentius, id est ad corpus cœleste convertitur. Convenit etiam gradibus religionis, et plurimum expedit, ut omnium sensibus et parvulorum et magnorum bene sentiatur de Deo. Et ideo qui visibilibus adhuc pulchritudinibus dediti sunt, nec possunt aliquid incorporeum cogitare ; quoniam necesse est cœlum præferant terræ ; tolerabilior est opinio eorum, si Deum quem adhuc corporaliter cogitant, in cœlo potius credant esse, quam in terra : ut cum aliquando cognoverint dignitatem animæ cœleste etiam corpus excedere, magis eum quærant in anima, quam in corpore etiam cœlesti ; et cum cognoverint quantum distet inter peccatorum animas et justorum, sicut non audebant, cum adhuc carnaliter saperent, cum in terra collocare, sed in cœlo, sic postea meliori fide vel intelligentia magis eum in animis justorum quam in peccatorum requirant. Recte ergo intelligitur, quod dictum est : « Pater noster qui es in cœlis, » in cordibus justorum esse dictum, tanquam in templo sancto suo. Simul etiam ut qui orat, in se quoque ipso velit habitare quem invocat : et cum hoc affectat, tenet justitiam ; quo munere invitatur ad inhabitandum animum Deus.

19. Jam videamus quæ sint petenda. Dictum est enim quis sit qui petitur, et ubi habitet. Primum autem omnium quæ petuntur hoc est : « Sanctificetur nomen tuum. » Quod non sic petitur, quasi non sit sanctum nomen Dei, sed ut sanctum habeatur ab

---

(a) Sic Mss. At editi, *majestate potentiæ*.

LIVRE II. — CHAPITRE VI.

une connaissance si parfaite de Dieu, qu'ils n'estiment rien de plus saint que lui, rien qu'ils doivent plus craindre d'offenser. Il ne faut pas croire en effet que ces paroles : « Le Seigneur est connu dans la Judée, son nom est grand dans Israël, » (*Ps.* LXXV, 2) doivent être entendues en ce sens que Dieu soit plus petit dans une contrée et plus grand dans une autre ; mais son nom est grand là où il est prononcé avec un respect proportionné à la grandeur de sa majesté ; de même que son nom est saint là où on le prononce avec vénération et la crainte de l'offenser. Et voilà ce qui se fait maintenant, alors que la connaissance de l'Evangile se répandant jusqu'à ce jour parmi les différentes nations leur inspire un profond respect pour le nom de Dieu, par le ministère de son Fils.

CHAPITRE VI.

20. Vient ensuite la seconde demande : « Que votre règne arrive, » conformément à ce que Notre-Seigneur nous enseigne dans son Evangile, que le jour du jugement doit arriver, lorsque l'Evangile aura été prêché dans toutes les nations, ce qui se rattache à la sanctification du nom de Dieu. Or ces paroles : « Que votre règne arrive, » ne signifient pas que Dieu ne règne pas actuellement. Voudrait-on dire qu'elles signifient : Que ce règne arrive sur la terre ? Comme si Dieu ne régnait pas dès maintenant sur la terre, et n'y avait pas toujours régné depuis la création du monde. Cette expression : « Qu'il arrive » veut donc dire : Qu'il soit manifesté aux hommes. De même en effet que la lumière toute présente qu'elle est, est absente pour les aveugles et pour ceux qui ferment les yeux ; ainsi le royaume de Dieu, bien qu'il ne cesse de s'exercer sur la terre, y est cependant absent pour ceux qui ne le connaissent pas. Mais il n'y aura personne qui puisse ignorer le royaume de Dieu, lorsque son Fils unique viendra du ciel, non plus d'une manière spirituelle mais visible, sous la forme de l'homme qui fut le Seigneur (*Rétr.*, XIX, 2) pour juger les vivants et les morts. Après ce jugement, c'est-à-dire après le discernement et la séparation des justes d'avec les pécheurs, Dieu fixera son séjour dans les justes de telle sorte qu'aucun homme n'aura plus besoin d'être enseigné par son semblable, mais que « tous, comme il est écrit, seront les disciples de Dieu. » (*Isaï.*, LIV, 13 ; *Jean*, VI, 45.) Ensuite la vie heureuse recevra toute sa perfection dans les saints pour l'éternité, de même que les anges, élevés maintenant au comble de la sainteté et du bonheur, tirent leur sagesse et leur félicité de la lumière seule de Dieu, car c'est la promesse que Dieu a faite à ses élus. « Au jour de la résurrection, dit-il, ils seront comme les anges de Dieu dans les cieux. » (*Matth.*, XXII, 30.)

---

hominibus : id est, ita illis innotescat Deus, ut non existiment aliquid sanctius, quod magis offendere timeant. Neque enim quia dictum est : Notus in Judæa Deus, in Israel magnum nomen ejus (*Ps.* LXXV, 2) : sic intelligendum est quasi alibi minor sit Deus, alibi major : sed ibi magnum est nomen ejus, ubi pro suæ majestatis magnitudine nominatur. Ita ibi dicitur sanctum nomen ejus, ubi cum veneratione et offensionis timore nominatur. Et hoc est quod nunc agitur, dum Evangelium adhuc usque per diversas gentes innotescendo, commendat unius Dei nomen per administrationem Filii ejus.

CAPUT IV.

20. Deinde sequitur : « Adveniat regnum tuum. » (*Matth.*, XXIV, 14.) Sicut ipse Dominus in Evangelio docet, tunc futurum esse judicii diem, cum Evangelium prædicatum fuerit in omnibus gentibus : quæ res pertinet ad sanctificationem nominis Dei. Non enim et hic ita dictum est : « Adveniat regnum tuum, » quasi nunc Deus non regnet. Sed forte quis dicat : « Adveniat » dictum esse in terram. Quasi vero non etiam ipse nunc regnet in terra, semperque in ea regnaverit a constitutione mundi. « Adveniat » ergo accipiendum est, manifestetur hominibus. Quemadmodum enim etiam præsens lux absens est cæcis, et eis qui oculos claudunt : ita Dei regnum, quamvis nunquam discedat de terris, tamen absens est ignorantibus. Nulli autem licebit ignorare regnum Dei, cum ejus Unigenitus non solum intelligibiliter, sed etiam visibiliter in homine Dominico de cœlo venerit judicaturus vivos et mortuos. Post quod judicium, id est, cum discretio et separatio justorum ab injustis facta fuerit, ita inhabitabit justos Deus, ut non opus sit quemquam doceri per hominem, sed sint omnes, ut scriptum est, docibiles Deo. (*Isa.*, LIV, 13 ; *Joan.*, VI, 45.) Deinde beata vita omni ex parte perficietur in sanctis in æternum, sicuti nunc cœlestes Angeli sanctissimi atque beatissimi solo Deo illustrante sapientes et beati sunt : quia et hoc promisit Dominus suis : In resurrectione erunt, inquit, sicut Angeli in cœlis. (*Matth.*, XXII, 30.)

21. Voilà pourquoi cette demande : « Que votre règne arrive, » est immédiatement suivie de cette autre : « Que votre volonté soit faite sur la terre comme dans le ciel, » c'est-à-dire, de même que les anges accomplissent cette volonté en s'attachant étroitement à vous, et en jouissant de vous, sans qu'aucun nuage d'erreur obscurcisse leur intelligence, sans qu'aucune misère vienne troubler leur bonheur ; qu'elle s'accomplisse également dans les saints qui sont sur la terre, et dont le corps a été formé de terre, et qui tout appelés qu'ils sont au séjour des cieux et à la transformation des élus seront cependant pris de la terre pour être élevés au ciel. A cette demande se rattache cette proclamation des Anges : « Gloire à Dieu au plus haut des cieux, et paix sur la terre aux hommes de bonne volonté; » (*Luc.*, II, 14) c'est-à-dire que lorsque notre bonne volonté aura commencé par répondre à l'appel de Dieu, la volonté de Dieu s'accomplira parfaitement en nous comme dans les anges des cieux, et aucune adversité ne viendra s'opposer à notre bonheur, qui est la paix. Cette demande : « Que votre volonté soit faite, » peut encore être entendue dans ce sens : Soyez obéi dans vos commandements sur la terre comme dans le ciel, par les hommes comme vous l'êtes par les anges. En effet le Seigneur lui-même déclare qu'on fait la volonté de Dieu lorsqu'on obéit à ses commandements. « Ma nourriture, dit-il, est de faire la volonté de celui qui m'a envoyé. » (*Jean*, IV, 34.) « Je ne suis pas venu pour faire ma volonté, répète-t-il souvent, mais la volonté de celui qui m'a envoyé, » (*Ibid.*, VI, 38) et encore : « Voici ma mère et voici mes frères, et quiconque fait la volonté de mon Père qui est dans les cieux, celui-là est mon frère, ma mère et mes sœurs. » (*Matth.*, XII, 49, 50.) Ceux donc qui font la volonté de Dieu, voient aussi s'accomplir en eux cette même volonté divine, non pas dans ce sens qu'ils agissent sur la volonté de Dieu, mais parce qu'ils font ce qu'il veut, et qu'ils agissent d'une manière conforme à sa volonté.

22. On peut encore interpréter ces paroles : « Que votre volonté soit faite sur la terre, » dans ce sens qu'elle soit faite dans les pécheurs comme dans les saints et les justes. Ce qui peut de nouveau s'entendre de deux manières ; premièrement, lorsque nous prions pour nos ennemis (car quel autre nom donner à ceux dont la volonté se prononce contre le développement de la foi chrétienne et catholique), et ces paroles : « Que votre volonté soit faite sur la terre comme au ciel, » signifieraient alors : De même que les justes font votre volonté, que les pécheurs l'accomplissent également en se convertissant à vous. Secondement : « Que votre volonté soit faite sur la terre comme au ciel, » c'est-à-dire qu'on rende à chacun ce qui lui est dû, ce qui aura lieu au dernier jugement, lorsque les justes

---

21. Et ideo post illam petitionem, qua dicimus : « Adveniat regnum tuum, » sequitur : « Fiat voluntas tua sicut in cœlo et in terra : » id est, sicut est in Angelis qui sunt in cœlis, voluntas tua, ut omnimodo tibi adhæreant teque perfruantur, nullo errore obnubilante sapientiam eorum, nulla miseria impediente beatitudinem eorum, ita fiat in sanctis tuis qui in terra sunt, et de terra, quod ad corpus attinet, facti sunt, et quamvis in cœlestem habitationem atque immutationem, tamen de terra assumendi sunt. Ad hoc respicit etiam illa Angelorum prædicatio : Gloria in excelsis Deo, et in terra pax hominibus bonæ voluntatis (*Luc.*, II, 14) : ut cum præcesserit bona voluntas nostra, quæ vocantem sequitur, perficiatur in nobis voluntas Dei, sicuti est in cœlestibus Angelis; ut nulla adversitas resistat nostræ beatitudini, quod est pax. Item : « Fiat voluntas tua, » recte intelligitur, obediatur præceptis tuis: « Sicut in cœlo et in terra, » id est, sicut ab Angelis, ita ab hominibus. Nam fieri voluntatem Dei, cum obtemperatur præceptis ejus, ipse Dominus dicit, cum ait : Meus cibus est ut faciam voluntatem ejus qui me misit (*Joan.*, IV, 34) : et sæpe : Non veni facere voluntatem meam, sed voluntatem ejus qui me misit (*Joan.*, VI, 38) : et cum ait : « Ecce mater mea, et ecce fratres mei, et quicumque fecerit voluntatem Dei, hic mihi est frater, et mater, et soror. » (*Matth.*, XII, 49 et 50.) Qui ergo faciunt voluntatem Dei, in illis utique fit voluntas Dei : non quia ipsi faciunt quod velit Deus; sed quia faciunt quod ille vult, id est, faciunt secundum voluntatem ejus.

22. Est etiam ille intellectus : « Fiat voluntas tua sicut in cœlo et in terra, » sicut in sanctis et justis, ita etiam in peccatoribus. Quod adhuc duobus modis accipi potest ; sive ut oremus etiam pro inimicis nostris : (quid enim sunt aliud habendi, contra quorum voluntatem Christianum et catholicum nomen augetur ?) ut ita dictum sit : « Fiat voluntas tua sicut in cœlo et in terra, » tanquam si diceretur : Faciant voluntatem tuam sicut justi, ita etiam peccatores, ut a te convertantur. Sive ita : « Fiat voluntas tua sicut in cœlo et in terra, » ut sua cuique

recevront la récompense et les pécheurs la damnation, et que se fera la séparation des boucs d'avec les brebis. (*Matth.*, xxv, 33.)

23. Une autre interprétation, qui, loin d'être déraisonnable, est très-conforme à notre foi et à notre espérance, consiste à prendre le ciel et la terre pour l'esprit et la chair. Lorsque nous entendons dire à l'Apôtre : « J'obéis par l'esprit à la loi de Dieu, et par la chair à la loi du péché, » (*Rom.*, vii, 25) nous voyons la volonté de Dieu s'accomplir dans l'âme, c'est-à-dire dans l'esprit ; mais lorsque la mort aura été absorbée dans sa victoire et que ce corps mortel aura revêtu l'immortalité, ce qui aura lieu lors de la résurrection de la chair et de cette transformation glorieuse qui est promise aux justes selon la doctrine du même Apôtre; la volonté de Dieu s'accomplira sur la terre comme dans le ciel; c'est-à-dire, de même que l'esprit ne résiste point à Dieu en lui obéissant et en suivant sa volonté, ainsi le corps ne sera plus en opposition avec l'esprit ou avec l'âme qui a maintenant à souffrir de l'infirmité du corps et de l'entraînement des habitudes de la chair. Ce sera là le comble de la paix dans la vie éternelle, lorsque nous trouverons en nous non-seulement la volonté, mais la puissance d'accomplir le bien. « Ici-bas, dit l'Apôtre, je trouve en moi la volonté de faire le bien, mais je ne trouve point le moyen de l'accomplir, » (*Rom.*, vii, 18) parce que la volonté de Dieu ne se fait pas encore sur la terre comme dans le ciel, c'est-à-dire dans la chair comme dans l'esprit. Au milieu même de notre misère, la volonté de Dieu ne laisse pas de s'accomplir lorsque nous souffrons par le moyen de la chair les peines qui nous sont dues en vertu de notre mortalité, et que notre nature a méritées par son péché. Mais il nous faut demander que la volonté de Dieu se fasse sur la terre comme dans le ciel, c'est-à-dire, que de même que nous nous complaisons dans la loi de Dieu selon l'homme intérieur (*Ibid.*, 22), aucune partie de nous-même, grâce à la transformation de notre corps, ne vienne s'opposer à cette complaisance par la tentation, soit des douleurs, soit des voluptés de la terre.

24. On peut encore, sans s'éloigner de la vérité, entendre ces paroles : « Que votre volonté soit faite sur la terre comme dans le ciel, » dans ce sens : Que cette volonté s'accomplisse dans l'Eglise, comme dans Notre-Seigneur Jésus-Christ, dans l'Epouse qu'il s'est unie, comme dans l'homme qui a fidèlement accompli la volonté de son Père. En effet, le ciel et la terre sont une figure très-juste de l'homme et de la femme, parce que la terre ne produit des fruits qu'autant qu'elle est fécondée par le ciel.

---

tribuantur : quod fiet extremo judicio, ut justis præmium, peccatoribus damnatio retribuatur, cum agni ab hædis separabuntur. (*Matth.*, xxv, 33.)

23. Ille etiam non absurdus, imo et fidei et spei nostræ convenientissimus intellectus est, ut cœlum et terram accipiamus, spiritum et carnem. Et quoniam dicit Apostolus : Mente servio legi Dei, carne autem legi peccati (*Rom.*, vii, 25) ; videmus factam voluntatem Dei in mente, id est, in spiritu : cum autem absorpta fuerit mors in victoriam, et mortale hoc induerit immortalitatem (I *Cor.*, xv, 54), quod fiet carnis resurrectione, atque illa immutatione quæ promittitur justis, secundum ejusdem Apostoli prædicationem ; fiat voluntas Dei et in terra, sicut in cœlo ; id est, ut quemadmodum spiritus non resistit Deo, sequens et faciens voluntatem ejus : ita et corpus non resistat spiritui vel animæ, quæ nunc corporis infirmitate vexatur, et in carnalem consuetudinem prona est : quod erit summæ pacis in vita æterna, ut non solum velle adjaceat nobis, sed etiam perficere bonum. Nunc enim velle, inquit, adjacet mihi, perficere autem bonum non (*Rom.*, vii, 18) : quia nondum in terra sicut in cœlo, id est, nondum in carne sicut in spiritu facta est voluntas Dei. Nam et in miseria nostra fit voluntas Dei, cum ea patimur per carnem, quæ nobis mortalitatis jure debentur, quam peccando meruit natura nostra : sed id orandum est, ut sicut in cœlo, ita et in terra fiat voluntas Dei ; id est, ut quemadmodum corde condelectamur legi secundum interiorem hominem (*ibid.*, 22), ita etiam corporis immutatione facta, huic nostræ delectationi nulla pars nostra terrenis doloribus seu voluptatibus adversetur.

24. Nec illud a veritate abhorret, ut accipiamus : « Fiat voluntas tua sicut in cœlo et in terra, » sicut in ipso Domino nostro Jesu Christo, ita et in Ecclesia : tanquam in viro qui Patris voluntatem implevit, ita et in femina quæ illi desponsata est. Cœlum enim et terra convenienter intelligitur, quasi vir et femina ; quoniam terra cœlo fecundante fructifera est.

CHAPITRE VII.

25. La quatrième demande est ainsi conçue : « Donnez-nous aujourd'hui notre pain de chaque jour. » Ce pain quotidien peut s'entendre d'abord de toutes les choses qui sont nécessaires au soutien de cette vie, à l'occasion desquelles l'Évangéliste nous fait cette recommandation : « Ne soyez pas inquiets pour le lendemain. » (*Matth.*, VI, 34.) Ce qui explique ici cette addition : « Donnez-nous aujourd'hui, » ou bien du sacrement du corps de Jésus-Christ que nous recevons tous les jours, ou de la nourriture spirituelle dont le Seigneur a dit : « Travaillez en vue de la nourriture qui ne périt point ; » (*Jean*, VI, 27) et encore : « Je suis le pain de vie qui suis descendu des cieux. » (*Ibid.*, 41.) Mais on peut examiner quelle est la plus vraisemblable de ces trois interprétations. D'abord on sera peut-être surpris de nous voir demander à Dieu les choses nécessaires à la vie présente comme la nourriture et le vêtement, alors que le Seigneur nous dit : « Ne vous inquiétez pas de ce que vous mangerez, ni comment vous vous vêtirez. » (*Matth.*, VI, 31 ; *Luc*, XII, 22.) Car comment peut-on être sans inquiétude à l'égard d'une chose qu'on désire obtenir et qu'on doit demander à Dieu avec cette application extraordinaire de l'esprit que recommande si instamment Notre-Seigneur en parlant de la chambre dont il faut tenir la porte fermée ? Que dire encore de ces autres paroles : « Cherchez d'abord le royaume de Dieu et sa justice, et le reste vous sera donné par surcroît ? » (*Matth.*, VI, 33 ; *Luc*, XII, 31.) Il ne dit pas : Cherchez d'abord le royaume de Dieu, et puis ensuite ces choses ; mais : « Elles vous seront toutes données par surcroît, » sans que vous ayez besoin de les chercher. Mais comment peut-on dire en toute vérité que celui qui prie Dieu avec une si grande application, ne cherche pas la chose qu'il désire obtenir ? C'est une question difficile à résoudre.

26. Quant au sacrement du corps du Seigneur, nous ne laisserons pas soulever ici une difficulté par un grand nombre de chrétiens orientaux qui ne participent pas tous les jours à la Cène du Seigneur, bien que ce pain soit appelé quotidien ; nous ne leur permettrons pas de prendre la parole pour défendre leur sentiment qu'ils appuient même sur l'autorité ecclésiastique, parce que, disent-ils, cette conduite ne donne lieu à aucun scandale, et ceux qui sont à la tête des Églises ni ne s'opposent à cette manière d'agir, ni ne la condamnent comme une désobéissance. Cet usage est une preuve que dans ces contrées, tel n'est pas le sens qu'on attache à ces mots : pain quotidien ; autrement on condamnerait comme coupables d'une grande faute

---

CAPUT VII.

25. Quarta petitio est : « Panem nostrum quotidianum da nobis hodie. » Panis quotidianus, aut pro iis omnibus dictus est, quæ hujus vitæ necessitatem sustentant, de quo cum præciperet, ait : « Nolite cogitare de crastino (*Matth.*, VI, 34) ; ut ideo sit additum, « da nobis hodie : » aut pro sacramento corporis Christi, quod quotidie accipimus : aut pro spirituali cibo, de quo idem Dominus dicit : Operamini escam quæ non corrumpitur (*Joan.*, VI, 27) : et illud : Ego sum panis vitæ, qui de cœlo descendi. (*Ibid.*, 41.) Sed horum trium quid sit probabilius, considerari potest. Nam forte quispiam moveatur, cur oremus pro his adipiscendis quæ huic vitæ sunt necessaria, veluti est victus et tegumentum, cum ipse Dominus dicat : Nolite solliciti esse quid edatis, vel quid induamini. (*Matth.*, VI, 31 ; *Luc.*, XII, 22.) An potest quisque de ea re, pro qua adipiscenda orat, non esse sollicitus ; cum tanta intentione animi oratio dirigenda sit, ut ad hoc totum illud referatur quod de claudendis cubiculis dictum est ? Et illud quod ait : Quærite primum regnum Dei et justitiam ejus, et hæc omnia apponentur vobis ? (*Matth.*, VI, 33 ; *Luc.*, XII, 31.) Non ait utique : Quærite primum regnum Dei, et deinde ista quærite : sed hæc omnia, inquit, apponentur vobis, scilicet etiam non quærentibus. Quomodo autem recte dicatur non quærere aliquis quod ut accipiat, intentissime Deum deprecatur, nescio utrum inveniri queat.

26. De sacramento autem corporis Domini ut illi non moveant quæstionem, qui plurimi in Orientalibus partibus, non quotidie cœnæ Dominicæ communicant, cum iste panis quotidianus dictus sit : ut ergo illi taceant, neque de hac re suam sententiam defendant vel ipsa auctoritate Ecclesiastica (*a*), quod sine scandalo ista faciunt, neque ab eis qui Ecclesiis præsunt facere prohibentur, neque non obtemperantes damnantur ; unde probatur non hunc in illis partibus intelligi quotidianum panem ; nam magni peccati crimine arguerentur, qui ex eo non accipiunt quotidie : sed ut de istis, ut dictum est, nihil in ali-

---

(*a*) Hic apud Lov. additur, *sint contenti* : quod abest a cæteris codicibus editis et Mss.

LIVRE II. — CHAPITRE VII.

ceux qui ne le reçoivent point tous les jours. Mais sans entreprendre aucune discussion sur cette matière, il est facile de voir, pour peu qu'on y réfléchisse, que nous avons reçu du Seigneur la règle de la prière, à laquelle il ne nous est permis ni de rien ajouter, ni de rien retrancher. Or, s'il en est ainsi, qui oserait dire que nous ne devions réciter qu'une fois l'Oraison dominicale, ou si nous pouvons la réciter une deuxième et une troisième fois, qu'elle nous soit interdite après que nous avons communié au corps du Seigneur, et que nous ne devions plus faire cette prière pendant le reste du jour? Car il semble alors que nous ne pourrions plus dire : « Donnez-nous aujourd'hui » ce que nous aurions déjà, ou bien qu'on pourrait nous forcer de recevoir le sacrement vers la fin du jour.

27. Il ne nous reste donc plus qu'à entendre ce pain quotidien du pain spirituel, c'est-à-dire des préceptes divins, que nous devons tous les jours méditer et accomplir. C'est de ces préceptes que Notre-Seigneur dit : « Travaillez en vue de la nourriture qui ne périt pas. » (*Jean*, VI, 27.) Nous appelons cette nourriture quotidienne tant que dure cette vie du temps qui n'est qu'une succession de jours qui s'écoulent et se renouvellent sans cesse. En effet, tant que notre âme est soumise à cette triste alternative de pensées basses et relevées, d'affections tantôt spirituelles, tantôt charnelles, semblable à un homme qui tour à tour est rassasié de nourriture et souffre le besoin de la faim, elle a besoin d'un pain quotidien pour apaiser sa faim et réparer ses forces. Notre corps, pendant cette vie et avant sa transformation glorieuse, a besoin de la nourriture pour renouveler ses forces qui s'épuisent ; ainsi notre âme que les affections de la terre épuisent et éloignent de l'application aux choses de Dieu, a besoin de puiser de nouvelles forces en se nourrissant des préceptes de Dieu. Or, nous disons : « Donnez-nous aujourd'hui, » tant qu'on peut dire aujourd'hui, c'est-à-dire dans la vie présente. Car, après cette vie, nous serons tellement rassasiés de cette nourriture spirituelle pendant l'éternité, qu'on ne l'appellera plus le pain quotidien, parce que le cours rapide du temps qui fait succéder les jours aux jours, d'où vient que nous pouvons dire «aujourd'hui, » aura cessé d'exister. En effet, nous devons entendre ces paroles : « Donnez-nous aujourd'hui, » (*Ps.* XCIV, 8) dans le même sens que ces autres : « Aujourd'hui si vous entendez sa voix, » que l'Apôtre, dans son Epître aux Hébreux, interprète ainsi : « Tant qu'on dit aujourd'hui. » (*Hebr.*, III, 13.) Cependant, si quelqu'un veut entendre cette demande de la nourriture nécessaire au corps ou du sacrement du corps du Seigneur, il faut qu'il admette qu'elle comprend collectivement ces trois objets que nous demandons à Dieu comme notre

---

quam partem disseramus, illud certe debet occurrere cogitantibus, regulam nos orandi a Domino accepisse, quam transgredi non oportet vel addendo aliquid, vel prætereundo. Quod cum ita sit, quis est qui audeat dicere, semel tantum nos orare debere orationem Dominicam ; aut certe etiam si iterum vel tertio, usque ad eam tantum horam qua corpori Domini communicamus, postea vero non sic orandum per reliquas partes diei ? Non enim jam dicere poterimus, « da nobis hodie, » quod jam accepimus : aut poterit quisque cogere, ut etiam ultima diei parte sacramentum illud celebremus.

27. Restat igitur, ut quotidianum panem accipiamus spiritalem, præcepta scilicet divina, quæ quotidie oportet meditari, et operari. Nam de ipsis Dominus dicit : Operamini escam quæ non corrumpitur. (*Joan.*, VI, 27.) Quotidianus autem iste cibus nunc dicitur, quandiu ista vita temporalis per dies decedentes succedentesque peragitur. Et re vera quamdiu nunc in superiora, nunc in inferiora, id est nunc in spiritalia, nunc in carnalia animi affectus alternat, tanquam ei qui aliquando pascitur cibo, aliquando famem patitur, quotidie panis necessarius est, quo reficiatur esuriens, et relabens erigatur. Sicut itaque corpus nostrum in hac vita, ante illam scilicet immutationem, cibo reficitur, quia sentit dispendium : sic et animus quoniam temporalibus affectibus quasi dispendium ab intentione Dei patitur, præceptorum cibo reficiatur. « Da nobis hodie » autem dictum est, quandiu dicitur hodie, id est, in hac temporali vita. Sic enim cibo spiritali post hanc vitam saturabimur in æternum, ut non tunc dicatur quotidianus panis : quia ibi temporis volubilitas, quæ diebus dies succedere facit, unde appelletur quotidie, nulla erit. Ut autem dictum est : Hodie si vocem ejus audieritis (*Psal.* XCIV, 8); quod interpretatur Apostolus in epistola quæ est ad Hebræos : Quamdiu dicitur hodie (*Hebr.*, III, 13) : ita et hic accipiendum est : « Da nobis hodie. » Si quis autem etiam de victu corporis necessario, vel de sacramento Dominici corporis istam sententiam vult accipere, oportet ut conjuncte accipiantur omnia tria, ut scilicet quotidianum pa-

pain de chaque jour : le pain nécessaire au corps, le pain sacré qui est visible, et la nourriture invisible de la parole de Dieu.

CHAPITRE VIII.

28. Vient ensuite la cinquième demande : « Et remettez-nous nos dettes, comme nous les remettons à ceux qui nous doivent. » Il est évident que les dettes veulent dire ici les péchés, c'est dans ce même sens que le Sauveur dit encore lui-même : « Vous ne sortirez point de là que vous n'ayez payé jusqu'à la dernière obole, » (*Matth.*, v, 26) et qu'il appelle débiteurs ceux dont on vient lui annoncer qu'ils ont été écrasés par la chute d'une tour , ou ceux dont Hérode (1) avait mêlé le sang avec celui de leurs sacrifices. (*Luc*, XIII, 1, etc.) « Vous pensez, dit-il alors, que ces hommes étaient plus débiteurs, » c'est-à-dire plus pécheurs que les autres , et il ajoute : « En vérité, je vous le dis, si vous ne faites pénitence, vous périrez de la même manière. » (*Ibid.*, 3 et 5.) Notre-Seigneur ne nous fait donc pas ici un commandement de remettre à nos débiteurs une dette d'argent, mais de pardonner à tout homme qui nous offense. Quant à remettre l'argent qui nous est dû , c'est plutôt l'objet de ce commandement qui précède : « Si quelqu'un veut vous prendre votre tunique et plaider avec vous devant les tribunaux , abandonnez-lui encore votre manteau. » (*Matth.*, v, 40.) Nous ne sommes pas ici obligés à remettre indifféremment à tout débiteur l'argent qu'il nous doit, mais à celui qui refuse de le rendre, à ce point qu'il préfère engager un procès. « Car, dit l'Apôtre , il ne faut pas qu'un serviteur de Dieu dispute. » (II *Tim.*, II, 24.) Si donc votre débiteur, ou volontairement ou malgré vos instances, refuse de vous rendre l'argent qu'il vous doit, remettez-lui sa dette. Car il refuse de s'acquitter pour deux raisons : ou parce qu'il ne le peut, ou parce qu'il est avare et avide du bien d'autrui. Or , ce sont là deux pauvretés, d'un côté pauvreté d'argent, de l'autre pauvreté d'esprit. En lui remettant sa dette , vous la remettez donc à un pauvre, et vous faites une œuvre éminemment chrétienne d'après cette règle qui vous oblige d'être prêt intérieurement à perdre ce qui vous est dû. Quant à celui qui a recours aux voies de la modération et de la douceur pour obtenir restitution, en se proposant moins de recouvrer son argent que de corriger un homme qui s'expose à un véritable danger, puisqu'il ne rend pas ce qu'il peut rendre ; non-seulement il ne pèche point, mais il rend un grand service à son débiteur qui , en voulant s'enrichir avec l'argent d'autrui , s'expose à perdre la foi, perte d'autant plus grande qu'elle

---

(1) Le texte de saint Luc attribue ce fait à Pilate et non à Hérode.

---

nem simul petamus, et necessarium corpori, et (*a*) sacratum visibilem, et invisibilem verbi Dei.

CAPUT VIII.

28. « Sequitur quinta petitio : « Et dimitte nobis debita nostra, sicut et nos dimittimus debitoribus nostris. » Debita, peccata dici manifestum est , vel illo quod ait idem Dominus : Non exies inde donec reddas novissimum quadrantem (*Matth.*, v, 26); vel illo quo debitores appellavit qui ei nuntiati sunt extincti, vel in ruina turris, vel quorum sanguinem Herodes sacrificio miscuit. (*Luc.*, XIII, 1, etc.) Dixit enim , putare homines quod illi ultra modum debitores essent, id est peccatores; et addidit : Amen dico vobis, nisi pœnitentiam egeritis, similiter moriemini. (*Ibid.*, III, et 5.) Non hic ergo quisque urgetur pecuniam dimittere debitoribus , sed quæcumque in eum alius peccaverit. Nam pecuniam dimittere ille potius jubemur præcepto, quod superius dictum est : Si quis tibi tunicam tollere voluerit, et judicio tecum contendere , remitte ei et vestimentum (*Matth.*, v, 40) : Nec ibi necesse est omni pecuniario debitori dimittere debitum, sed ei qui reddere noluerit, in tantum ut velit etiam litigare : Servum autem Domini, ut ait Apostolus, non oportet litigare. (II *Tim.*, II, 24.) Qui ergo vel sponte vel conventus pecuniam debitam reddere noluerit, dimittenda illi est. Duas enim ob res nolet reddere, vel quod non habeat, vel quod avarus sit reique alienæ cupidus : utrumque autem pertinet ad inopiam : nam illa inopia est rei familiaris, hæc animi. Quisquis itaque tali dimittit debitum, inopi dimittit, opusque Christianum operatur, monente illa regula, ut in animo paratus sit amittere quod sibi debetur. Nam si modeste ac leniter omni modo egerit, ut sibi restituatur, non tam intendens fructum pecuniæ, quam ut hominem corrigat, cui sine dubio perniciosum est habere unde reddat, et non reddere; non solum non peccabit, sed proderit etiam plurimum, ne ille dum

---

(*a*) Sic plerique Mss. At editi, *et sacramentum visibile et invisibile verbi Dei*.

est incomparable. La conclusion à tirer de là, c'est que cette cinquième demande : « Remettez-nous nos dettes, » n'a point directement pour objet l'argent, mais toutes les offenses où nos droits se trouvent blessés, et par là même les dettes pécuniaires. En effet, celui qui, lorsqu'il le peut, refuse de rendre l'argent qu'il vous doit, commet à votre égard une véritable offense. Or, si vous ne lui remettez point cette dette, comment pourrez-vous dire : « Remettez-nous, comme nous remettons? » Si, au contraire, vous lui pardonnez, vous comprenez que cette prière qui vous est commandée vous fait un devoir de remettre aussi les dettes pécuniaires.

29. On peut encore examiner avec non moins de raison si ces paroles : « Remettez-nous nos dettes comme nous les remettons, » ne nous accusent pas d'agir contre cette règle, lorsque nous refusons d'accorder le pardon qu'on nous demande, tout en voulant que le Père des miséricordes nous accorde le pardon que nous lui demandons. Je ferai encore observer que le commandement qui nous fait un devoir de prier pour nos ennemis, ne s'applique point à ceux qui nous prient de leur pardonner, car dès lors qu'ils nous prient ils ne sont plus nos ennemis. D'ailleurs, il est tout à fait impossible de dire en vérité qu'on prie pour celui à qui on refuse de pardonner. Il faut donc reconnaître que nous devons remettre toutes les offenses qui sont commises contre nous, si nous voulons que le Père céleste nous pardonne celles dont nous sommes coupables à son égard. Quant à la vengeance, nous en avons parlé suffisamment plus haut (liv. I, chap. XIX et XX).

CHAPITRE IX.

30. La sixième demande est ainsi conçue : « Et ne nous portez point (inferas) dans la tentation. » Quelques exemplaires portent : « Et ne nous induisez pas (inducas) » ce qui me paraît présenter le même sens, car ces deux variantes sont la traduction littérale du mot grec εἰσενέγκῃς. Plusieurs disent en priant : « Et ne nous laissez point entrer en tentation, » et ils expliquent ainsi le sens du mot : « Ne nous induisez pas. » Car ce n'est pas Dieu qui, par lui-même, induit en tentation, mais il permet qu'on y entre, en privant de son secours, par une disposition secrète de sa justice, l'homme qui s'en est rendu indigne. Or être induit en tentation et être tenté sont deux choses différentes. Aucun homme, s'il n'a été tenté ne peut passer pour éprouvé soit à ses propres yeux, d'après ces paroles : « Celui qui n'a pas été tenté, que sait-il? » (*Eccli.*, XXXIV, 9, 11) soit aux yeux des autres, au témoignage de l'Apôtre : « Vous n'avez point méprisé l'épreuve à laquelle vous avez été mis à cause de

---

alienam pecuniam lucrum facere vult, damnum fidei patiatur; quod tanto est gravius, ut nulla sit comparatio. Ex quo intelligitur etiam in ista quinta petitione, qua dicimus : « Dimitte nobis debita nostra, » non de pecunia quidem dici; sed de omnibus quæ in nos quisque peccat, ac per hoc etiam de pecunia. Peccat namque in te, qui tibi pecuniam debitam, cum habeat unde reddat, recusat reddere. Quod peccatum si non dimiseris, non poteris dicere : « Dimitte nobis, sicut et nos dimittimus : » si autem ignoveris, vides etiam de pecunia dimittenda admoneri eum, cui tali prece orare præcipitur.

29. Illud sane tractari potest, ut quoniam dicimus : « Dimitte nobis debita nostra, sicut et nos dimittimus, » tunc convincamur contra istam regulam fecisse, si eis non dimittamus qui veniam petunt, quia et nos veniam petentibus nobis a benignissimo Patre dimitti volumus. Sed illo rursus præcepto, quo jubemur orare pro inimicis nostris (*Matth.*, V, 44), non pro his jubemur qui veniam petunt. Jam enim qui tales sunt non sunt inimici. Nullo modo autem quisquam vere dixerit orare se pro eo, cui non ignoverit. Quapropter fatendum est, omnia peccata dimittenda esse, quæ in nos admittuntur, si volumus nobis a Patre dimitti quæ admittimus. Nam de vindicta superius, ut arbitror, satis disputatum est.

CAPUT IX.

30. Sexta petitio est : « Et ne nos inferas in tentationem. » Nonnulli codices habent, « inducas, » quod tantumdem valere arbitror : nam ex uno Græco quod dictum est εἰσενέγκῃς, utrumque translatum est. Multi autem precando ita dicunt : « Ne nos patiaris induci in tentationem : » exponentes videlicet quomodo dictum sit, « inducas. » Non enim per seipsum inducit Deus, sed induci patitur eum, quem suo auxilio deseruerit, ordine occultissimo ac meritis. Causis etiam sæpe manifestis dignum judicat ille quem deserat, et in tentationem induci sinat. Aliud est autem induci in tentationem, aliud tentari. Nam sine tentatione probatus esse nullus potest, sive sibi ipsi, sicut scriptum est : Qui non est tentatus, qualia scit? (*Eccli.*, XXXIV, 9 et 11) sive alii, sicut Apostolus ait : Et tentationem vestram in carne mea

ma chair. » (*Gal.*, IV, 13.) Car la preuve pour lui de leur fermeté, c'est que les tribulations qu'il avait eu à souffrir dans sa chair n'avaient pas été capables d'affaiblir en eux la charité. Mais quant à Dieu, il nous connait avant toutes tentations, parce qu'il sait toutes choses avant même qu'elles arrivent.

31. Si donc il est écrit : « Le Seigneur votre Dieu vous tente pour savoir si vous l'aimez, » cette locution : « Pour savoir, » équivaut à celle-ci : Afin de vous faire connaître. C'est ainsi que nous disons un jour joyeux, parce qu'il nous remplit de joie; un froid paresseux, parce qu'il engourdit notre activité, et il est une foule d'autres locutions de ce genre que l'on rencontre soit dans l'usage ordinaire, soit dans le langage des docteurs, soit dans les saintes Ecritures. C'est faute de comprendre cette explication que les hérétiques ennemis déclarés de l'Ancien Testament croient devoir accuser d'ignorance celui dont il est écrit : « Le Seigneur votre Dieu vous tente, » comme s'il n'était pas dit aussi du Seigneur dans l'Evangile : « Il disait cela pour le tenter, car il savait ce qu'il devait faire. » (*Jean*, VI, 6.) Mais s'il connaissait le cœur de celui qu'il tentait, que voulait-il savoir en le soumettant à cette épreuve? Le Sauveur agit de la sorte, pour que le disciple qu'il éprouvait se connût lui-même, et condamnât sa défiance, en voyant le Seigneur rassasier d'un pain miraculeux cette foule qu'il avait pensé n'avoir pas de quoi manger.

32. L'objet de notre prière n'est donc pas ici de n'être pas tenté, mais de ne point être induit en tentation. C'est ainsi qu'un homme qui doit subir l'épreuve du feu, ne demande pas de n'être pas touché par le feu, mais de ne pas en être consumé. « Car la fournaise éprouve les vases du potier, et la tribulation les hommes justes. » (*Eccli.*, XXVII, 6.) Ainsi Joseph fut tenté par la séduction de l'adultère, mais il ne fut point induit en tentation (*Gen.*, XXXIX, 7); Suzanne fut soumise à la même épreuve, mais sans avoir été induite ou entraînée dans la tentation. (*Dan.*, XIII, 20.) Il en est de même de beaucoup d'autres personnages de l'un et l'autre sexe, et surtout de Job. Lorsque les hérétiques ennemis déclarés de l'Ancien Testament tournent sacrilégement en dérision son admirable fidélité au Seigneur son Dieu, ils publient sur tous les tons avec une espèce de prédilection que Satan a demandé à Dieu la permission de le tenter. (*Job*, I, 11.) Ils demandent à des hommes sans expérience, et incapables de comprendre de telles matières, comment Satan a pu s'entretenir avec Dieu. Ils ne voient point, aveuglés qu'ils sont par leur superstition et leurs vaines disputes, que Dieu ne remplit point l'espace comme un corps par son étendue, qu'il n'est point par conséquent présent dans un lieu, absent dans un autre, ou en partie

---

non sprevistis. (*Gal.*, IV, 13.) Hinc enim eos firmos ipse cognovit, quod eis tribulationibus, quæ Apostolo secundum carnem acciderant, non sunt a caritate deflexi. Nam Deo noti sumus et ante omnes tentationes, qui scit omnia antequam fiant.

31. Quod itaque scriptum est : Tentat vos Dominus Deus vester, ut sciat si diligitis eum (*Deut.*, XIII, 3) : illa locutione positum est, ut sciat, pro eo quod est, ut scire vos faciat : sicut diem lætum dicimus, quod lætos faciat; frigus pigrum, quod pigros facit; et innumerabilia hujusmodi, quæ sive in consuetudine loquendi, sive in sermone doctorum, sive in Scripturis sanctis reperiuntur. Quod non intelligentes hæretici qui Veteri Testamento adversantur, velut ignorantiæ vitio notandum putant eum de quo dictum est : Tentat vos Dominus Deus vester : quasi in Evangelio de Domino scriptum non sit : Hoc autem dicebat tentans eum : nam ipse sciebat quid esset facturus. (*Joan.*, VI, 6.) Si enim noverat cor ejus quem tentabat, quid est quod voluit videre tentando? Sed profecto illud factum est, ut ipse sibi notus fieret

qui tentabatur, suamque desperationem condemnaret saturatis turbis de pane Domini, qui eas non habere quod ederent existimaverat.

32. Non ergo hic oratur, ut non tentemur, sed ut non inferamur in tentationem : tanquam si quispiam cui necesse est igne examinari, non oret ut igne non contingatur, sed ut non exuratur. Vasa enim figuli probat fornax, et homines justos tentatio tribulationis. (*Gen.*, XXXIX, 7.) Joseph ergo tentatus est illecebra stupri, sed non est illatus in tentationem (*Dan.*, XIII, 20) : Susanna tentata est, nec ipsa inducta vel illata in tentationem; multique alii utriusque sexus : sed Job maxime, cujus admirabilem stabilitatem in Deo Domino suo, cum illi hæretici hostes Veteris Testamenti ore sacrilego irridere voluerint, illud præ cæteris ventilant, quod Satanas petierit eum tentandum. (*Job*, I, 11.) Quærunt enim ab imperitis hominibus talia intelligere nequaquam valentibus, quomodo Satanas cum Deo loqui potuerit: non intuentes, (non enim possunt, cum superstitione et contentione cæcati sint), Deum non loci spatium

LIVRE II. — CHAPITRE IX.

d'un côté et en partie de l'autre, mais qu'il est présent partout par sa divinité, sans aucune division de parties, et dans la perfection de son unité. Que s'ils entendent dans un sens matériel ces paroles : « Le ciel est mon trône et la terre l'escabeau de mes pieds; » (*Isai.*, LXVI, 1) paroles que le Seigneur lui-même confirme lorsqu'il dit : « Ne jurez ni par le ciel, parce qu'il est le trône de Dieu, ni par la terre, parce qu'elle est l'escabeau de ses pieds, » (*Matth.*, V, 34) qu'y a-t-il de surprenant que le démon, placé sur la terre, se soit tenu aux pieds de Dieu, et lui ait adressé la parole? Quand pourront-ils donc comprendre qu'il n'y a pas une seule âme si dépravée qu'elle soit, pourvu qu'elle soit tant soit peu susceptible de raisonnement, dans la conscience duquel Dieu ne puisse faire entendre sa voix? Qui a écrit dans les cœurs la loi naturelle? n'est-ce pas Dieu? C'est de cette loi que l'Apôtre a dit : « Lorsque les Gentils, qui n'ont point de loi, font naturellement les choses que la loi commande, n'ayant point la loi, ils sont à eux-mêmes la loi. Et ils font voir que ce que la loi ordonne est écrit dans leurs cœurs, par le témoignage que leur rend leur propre conscience, et par les différentes pensées qui tantôt les accusent et tantôt les défendent, dans le jour où le Seigneur jugera ce qui est caché dans le cœur des hommes. » (*Rom.*, II, 14, etc.) Si donc lorsque toute âme raisonnable, fût-elle aveuglée par la passion, pense et raisonne conformément en partie du moins à la vérité, il faut l'attribuer non pas à elle-même, mais à la lumière de la vérité qui l'éclaire, si faiblement que ce soit, en proportion de sa faiblesse, pour donner à son raisonnement quelque teinte de vérité, quoi de surprenant que l'âme du démon, toute dépravée qu'elle est par les passions mauvaises, ait appris de la voix de Dieu lui-même, c'est-à-dire de la voix de la vérité tout ce qu'il pensait de vrai sur cet homme juste, lorsqu'il voulut le tenter? Au contraire tout ce qu'il pensait de faux doit être attribué à ses inclinations vicieuses qui lui ont fait donner le nom de diable. D'ailleurs Dieu s'est souvent servi des créatures corporelles et visibles pour parler soit aux bons, soit aux mauvais, comme le Seigneur, comme le Maître souverain, comme le juste dispensateur de toutes choses, suivant les mérites de chacun. Il a employé aussi le ministère des anges qui ont apparu aux yeux des hommes, et celui des prophètes qui commençaient par dire : « Voici ce que dit le Seigneur : » Qu'y a-t-il d'étonnant encore une fois, en supposant que ce ne soit point un langage purement intérieur que Dieu ait parlé au démon par l'intermédiaire d'une créature choisie à cet effet?

33. Et qu'ils ne s'imaginent pas que ce soit par égard pour la dignité, ou comme récom-

---

mole corporis occupare; et sic alibi esse, alibi non esse, vel certe hic habere partem aliam, et alibi aliam : sed majestate ubique præsto esse, non per partes divisum, sed ubique perfectum. Quod si carnaliter intuentur quod dictum est : Cœlum mihi thronus est, et terra scabellum pedum meorum (*Isa.*, LXVI, 1) : cui loco et Dominus attestatur dicens: Non juretis, neque per cœlum, quia thronus Dei est, neque per terram, quia scabellum est pedum ejus (*Matth.*, V, 34) : quid mirum si in terra diabolus constitutus, ante pedes Dei stetit, et coram illo aliquid locutus est? Nam quando illi valent intelligere nullam esse animam, quamvis perversam, quæ tamen ullo modo ratiocinari potest, in cujus conscientia non loquatur Deus? Quis enim scripsit in cordibus hominum naturalem legem, nisi Deus? De qua lege Apostolus ait : « Cum enim gentes quæ legem non habent, naturaliter quæ legis sunt faciunt, hi legem non habentes ipsi sibi sunt lex, qui ostendunt opus legis scriptum in cordibus suis, contestante conscientia ipsorum, et inter se invicem cogitationum accusantium, aut etiam excusantium, in die qua judicabit Dominus occulta hominum.

TOM. IX.

(*Rom.*, II, 14, etc.) Quapropter si omnis anima rationalis etiam cupiditate cæcata, tamen cum cogitat et ratiocinatur, quidquid in ea ratiocinatione verum est, non ei tribuendum est, sed ipsi lumini veritatis, a quo vel tenuiter pro sui capacitate illustratur, ut verum aliquid in ratiocinando sentiat; quid mirum si diaboli anima prava cupiditate perversa, quidquid tamen verum de justo viro cogitavit, cum cum tentare vellet, ipsius Dei voce, id est, ipsius veritatis voce audisse perhibetur? Quidquid autem falsum, illi cupiditati tribuitur, qua diaboli nomen accepit. Quanquam etiam per creaturam corporalem atque visibilem Deus plerumque locutus est seu bonis seu malis, tanquam omnium Dominus et rector, et pro cujusque rei meritis ordinator : sicut per Angelos, qui hominum quoque adspectibus apparuerunt; et per Prophetas dicentes : Hæc dicit Dominus. Quid ergo mirum, si quanquam non in ipsa cogitatione, per aliquam certe creaturam tali operi accommodatam Deus locutus cum diabolo dicitur?

33. Nec dignitatis esse arbitrentur, et quasi justitiæ meritum, quod cum illo Deus locutus est : quo-

7

pense du mérite que Dieu se soit entretenu avec le démon. Il a parlé à cette nature angélique, quelle que fût sa dégradation et sa folie, comme s'il parlait à une âme humaine descendue au même degré d'extravagance et de convoitise coupables. Qu'ils expliquent donc eux-mêmes comment Dieu a parlé à ce riche dont il a voulu condamner la folle avarice en lui disant : « Insensé, cette nuit même on vous redemandera votre âme, et pour qui sera ce que vous aurez amassé? » (*Luc*, XII, 20.) Ces paroles de Notre-Seigneur se trouvent dans l'Évangile, dont ils sont obligés, bon gré malgré, de reconnaître l'autorité. Trouvent-ils mauvais que Satan ait demandé à Dieu de tenter un juste? Je ne leur donne point la raison de ce fait, mais je les somme de m'expliquer eux-mêmes, comme nous le lisons dans l'Évangile, pourquoi Notre-Seigneur dit à ses disciples : « Voilà que Satan a désiré nous passer au crible comme le froment, » (*Luc*, XXII, 31) et à Pierre : « Et moi j'ai prié pour toi afin que ta foi ne défaille pas.» (*Ibid.*, 32.) En répondant à cette question, ils se donneront à eux-mêmes la solution de la difficulté qu'ils proposent. S'ils sont incapables de la donner, qu'ils cessent donc de reprendre et de condamner, dans quelque livre de l'Écriture, ce qu'ils admettent sans difficulté dans l'Évangile.

34. C'est donc Satan qui est l'auteur des tentations, non en vertu de sa puissance naturelle, mais par la permission de Dieu qui veut ainsi ou punir les hommes pour leurs péchés, ou les éprouver et les exercer dans sa miséricorde. Et il importe de bien distinguer la nature de la tentation dans laquelle on tombe. Celle à laquelle Judas a succombé en vendant son Maître, n'est point la même que celle qui porta Pierre dans sa frayeur à le renier. Il y a aussi des tentations qu'on peut appeler humaines, lorsque par exemple un homme, dans une bonne intention, mais entraîné par la fragilité de sa nature, se trompe dans un conseil qu'il donne; ou tout en voulant ramener son frère au bien, s'emporte contre lui un peu au delà des bornes qui lui sont imposées par la patience chrétienne. Ce sont ces tentations que l'Apôtre caractérise en ces termes : « Qu'il ne vous arrive que des tentations qui tiennent à l'humanité, » et il ajoute : « Or, Dieu est fidèle, et il ne permettra pas que vous soyez tentés au delà de vos forces, mais il vous fera tirer profit de la tentation même, afin que vous puissiez persévérer. » (I *Cor.*, x, 13.) Il nous apprend suffisamment, par cette doctrine, que nous ne devons pas demander à Dieu de n'être point tentés, mais de ne point être induits en tentations; car nous sommes induits en tentation, si elles viennent si fortes que nous ne puissions les supporter. Or, comme les tentations dangereuses, dans lesquelles il est funeste pour

niam locutus est cum anima angelica, quanquam stulta et cupida, tanquam si loqueretur cum anima humana stulta et cupida. Aut ipsi dicant quomodo locutus est cum illo divite, cujus cupiditatem stultissimam arguere voluit, dicens : « Stulte, hac nocte anima tua expostulatur a te, hæc quæ præparasti cujus erunt? » (*Luc.*, XII, 20.) Certe hoc ipse Dominus in Evangelio dicit : cui hæretici isti velint nolint colla submittunt. Si autem hoc moventur, quod tentandum justum Satanas petit a Deo; non ego expono quare sit factum, sed ipsos cogo exponere quare sit dictum in Evangelio ab ipso Domino discipulis : Ecce Satanas petiit vos vexare quomodo triticum (*Luc.*, XXII, 31) : et Petro ait : Ego autem postulavi ne deficiat fides tua. (*Ibid.*, 32.) Cum autem hoc exponunt mihi, simul illud quod a me quærunt exponunt sibi. Si vero non valuerint hoc exponere, non audeant id quod in Evangelio sine offensione (*a*) legunt, in aliquo libro cum temeritate culpare.

34. Fiunt igitur tentationes per Satanam non potestate ejus, sed permissu Domini, ad homines aut pro suis peccatis puniendos, aut pro Domini misericordia probandos et exercendos. Et interest plurimum in qualem quisque tentationem incidat. Non enim in talem incidit Judas, qui vendidit Dominum, in qualem incidit Petrus, cum territus Dominum negavit. Sunt etiam tentationes humanæ, credo cum bono quisque animo, secundum humanam tamen fragilitatem, in aliquo consilio labitur; aut irritatur in fratrem studio corrigendi, paulo tamen amplius quam Christiana tranquillitas postulat : de quibus Apostolus dicit : « Tentatio vos non apprehendat, nisi humana : cum idem dicat : Fidelis Deus, qui vos non sinat tentari supra quam potestis ferre, sed faciet cum tentatione etiam proventum, ut possitis tolerare. » (I *Cor.*, x, 13.) In qua sententia satis ostendit, non id nobis orandum esse ut non tentemur, sed ne in tentationem inducamur. Inducimur enim, si tales acciderint quas ferre non possumus. Sed cum tentationes periculosæ, in quas inferri atque

(*a*) Sic Mss. At editi *sine offensione non intelligunt.*

LIVRE II. — CHAPITRE X.

nous d'être induits ou entraînés prennent naissance, ou des prospérités ou des adversités de cette vie ; tout homme qui ne se laisse point séduire au charme de la prospérité, est assuré aussi de ne point être brisé sous le poids de l'adversité.

35. Voici la septième et dernière demande : « Mais délivrez-nous du mal. » En effet, nous devons prier non-seulement pour éloigner de nous le mal dont nous avons été jusqu'ici préservés, ce qui était l'objet de la sixième demande, mais aussi pour être délivrés de celui dans lequel nous sommes déjà tombés. Ces deux choses accomplies, nous n'aurons plus aucune tentation à craindre, aucun écueil à redouter. Tant que dure cette vie où nous sommes enveloppés de cette mortalité, triste fruit de la séduction du serpent, nous ne pouvons espérer jouir d'un si heureux état ; cependant il est pour l'avenir l'objet de notre espérance, de cette espérance qui ne se voit pas, selon ces paroles de l'Apôtre : « L'espérance qui verrait, ne serait plus de l'espérance. » (*Rom.*, VIII, 24.) Toutefois les fidèles serviteurs de Dieu ne doivent pas désespérer d'obtenir la sagesse qu'il nous accorde, même pendant cette vie, et qui consiste à fuir avec une extrême vigilance ce que les commandements du Seigneur nous enseignent à éviter ; de poursuivre avec toute l'ardeur de la charité ce que ces mêmes commandements nous indiquent comme le digne objet de nos désirs. Ainsi, lorsque la mort aura déchargé l'homme du poids de cette mortalité, il jouira en son temps et dans toutes les parties de son être de ce bonheur parfait à peine commencé pendant cette vie et vers la possession duquel tendent ici-bas tous ses efforts.

CHAPITRE X.

36. Il nous faut maintenant examiner sérieusement et faire ressortir la différence de ces sept demandes. Notre vie actuelle s'écoule dans le temps et dans l'espérance de la vie éternelle. Or, comme les biens éternels l'emportent en dignité, bien qu'on n'y arrive qu'en passant par la vie du temps, l'objet des trois premières demandes dont l'accomplissement commence dès la vie présente, subsistera pendant toute l'éternité. En effet, le nom de Dieu a commencé à être sanctifié lors de l'avénement du Seigneur dans l'humilité de notre nature ; ce règne éclatant de splendeur, qui doit signaler son second avénement, se manifestera non après la consommation des temps, mais à la fin du monde, et l'accomplissement entier de sa volonté sur la terre comme dans le ciel (que par le ciel et la terre vous entendiez ou les justes et les pécheurs, ou l'esprit et la chair, ou le Seigneur et l'Eglise ou toutes ces choses réunies), recevra

---

induci perniciosum est, aut prosperis rebus temporalibus, aut adversis oriantur, nemo frangitur adversarum molestia, qui prosperarum delectatione non capitur.

35. Ultima et septima petitio est : « Sed libera nos a malo. » Orandum est enim ut non solum non inducamur in malum, quo caremus, quod sexto loco petitur ; sed ab illo etiam liberemur, quo jam inducti sumus. Quod cum factum fuerit, nihil remanebit formidolosum, nec omnino metuenda erit ulla tentatio. Quod tamen in hac vita quandiu istam mortalitatem circumferimus, in quam serpentina persuasione inducti sumus, non sperandum est posse fieri ; sed tamen aliquando futurum sperandum est, et hæc est spes quæ non videtur. De qua cum loqueretur Apostolus, ait : Spes autem quæ videtur, non est spes. (*Rom.*, VIII, 24.) Sed tamen sapientia, quæ in hac quoque vita concessa est, fidelibus servis Dei non est desperanda. Ea est autem, ut id quod Domino revelante fugiendum esse intellexerimus, cautissima vigilantia fugiamus ; et id quod Domino revelante appetendum esse intellexerimus, flagrantissima caritate appetamus. Ita enim reliquo mortalitatis hujus onere ipsa morte deposito, ex omni hominis parte opportuno tempore perficietur beatitudo, quæ in hac vita inchoata est, et cui capessendæ atque obtinendæ aliquando nunc omnis conatus impenditur.

CAPUT X.

36. Sed harum septem petitionum consideranda et commendanda distinctio est. Nam cum vita nostra temporaliter nunc agatur, atque speretur æterna, et cum æterna priora sint dignitate, quamvis temporalibus prius actis ad illa transeatur ; trium primarum petitionum impetrationes quanquam in hac vita, quæ isto sæculo agitur, exordium capiant : (Nam et sanctificatio nominis Dei ab ipso humilitatis Domini adventu agi cœpit ; et adventus regni ejus, quo in claritate venturus est, non jam finito sæculo, sed in fine sæculi manifestabitur ; et perfectio voluntatis ejus, sicut in cœlo et in terra, sive justos et pecca-

toute sa perfection de la perfection même de notre bonheur, et par conséquent à la fin des temps. De même, la sanctification du nom de Dieu se prolongera dans toute l'éternité, son règne n'aura point de fin et notre bonheur parfait a reçu la promesse d'une vie éternelle. Ces trois choses réunies subsisteront donc dans toute leur perfection pendant toute la durée de cette vie qui nous est promise.

37. Les quatre dernières demandes me paraissent se rapporter à la vie présente. La première de ces demandes est ainsi conçue : « Donnez-nous aujourd'hui notre pain de chaque jour. » Par cela même qu'on lui donne le nom de pain quotidien, qu'on l'entende soit du pain spirituel, soit du pain visible du sacrement ou de la nourriture du corps, il se rapporte évidemment au temps présent qu'on appelle aujourd'hui. Ce n'est pas, sans doute, que la nourriture spirituelle ne soit éternelle, mais c'est que le pain que l'Ecriture appelle quotidien n'est présenté à l'âme qu'à l'aide de la parole extérieure ou d'autres signes sensibles. Or, tous ces moyens cesseront d'être nécessaires lorsque nous serons tous enseignés de Dieu (*Isaïe*, LIV, 13 ; *Jean*, VI, 45), et que sans plus avoir besoin du mouvement des corps pour voir l'ineffable lumière de la vérité, nous la puiserons à sa source par la seule pureté du cœur. Peut-être le Sauveur s'est-il servi ici du mot de pain et non de boisson parce que le pain demande à être brisé et broyé pour se convertir en aliment, et c'est ainsi que les Ecritures ont besoin d'être ouvertes et divisées par parties pour devenir la nourriture de l'âme. La boisson, au contraire, passe dans le corps telle qu'elle est dans sa nature. Ainsi donc la vérité est comme un pain dans la vie présente où le pain quotidien nous est nécessaire ; elle sera pour nous un breuvage, lorsque sans aucun travail de discussions, de discours où nous brisons, où nous broyons pour ainsi dire la vérité, il nous suffira de puiser à la source même de la pure et éclatante vérité. Ici-bas encore les péchés nous sont remis et nous les remettons aux autres, et c'est la seconde des quatre dernières demandes ; alors, au contraire, le pardon des péchés ne sera plus nécessaire parce qu'il n'y aura plus de péchés. Les tentations ne cessent de nous inquiéter pendant la vie présente ; mais elles disparaîtront à jamais dans cette vie où s'accomplissent ces paroles : « Vous les cacherez dans le secret de votre face. » (*Ps.* XXX, 21.) De même encore, le mal dont nous demandons à être délivrés et la délivrance elle-même du mal appartiennent à cette vie que la justice de Dieu a soumise à la mort en punition de nos fautes et dont sa miséricorde nous délivre.

tores cœlum et terram intelligas, sive spiritum et carnem, sive Dominum et Ecclesiam, sive omnia simul, ipsa perfectione nostræ beatitudinis, et ideo sæculi terminatione complebitur,) tamen omnia tria in æternum manebunt. Nam et sanctificatio nominis Dei sempiterna erit, et regni ejus nullus est finis, et perfectæ nostræ beatitudini æterna vita promittitur. Permanebunt ergo ista tria consummata atque cumulata in illa vita, quæ nobis promittitur.

37. Reliqua vero quatuor quæ petimus, ad temporalem istam vitam pertinere mihi videntur. Quorum primum est : « Panem nostrum quotidianum da nobis hodie. » Hoc ipso enim quod dictus est quotidianus panis, sive spiritalis significetur, sive in sacramento aut in victu sit visibilis, ad hoc tempus pertinet, quod appellavit hodie : non quia spiritalis cibus non est sempiternus ; sed quia iste qui quotidianus dictus est in Scripturis, sive in strepitu sermonis, sive quibusque temporalibus signis exhibetur animæ : quæ omnia tunc utique non erunt, cum omnes erunt docibiles Deo (*Isa.*, LIV, 13 ; *Joan.*, VI, 45), et ipsam ineffabilem lucem veritatis non motu corporum significantes, sed puritate mentis haurientes. Nam fortasse et propterea panis dictus est, non potus, quia panis frangendo atque mandendo, in alimentum convertitur ; sicut Scripturæ aperiendo et disserendo animam pascunt ; potus vero paratus, sicuti est, transit in corpus : ut isto tempore panis sit veritas, cum quotidianus panis dicitur ; tunc autem potus, cum nullo labore disputandi et sermocinandi, quasi frangendi atque mandendi, opus erit, sed solo haustu sinceræ et perspicuæ veritatis. Et peccata nunc nobis dimittuntur, et nunc dimittimus ; quæ harum quatuor reliquarum secunda petitio est ; tunc autem nulla erit venia peccatorum ; quia nulla peccata. Et tentationes temporalem istam vitam infestant : non autem erunt, cum perfectum erit quod dictum est : Abscondes eos in abscondito vultus tui. (*Ps.* XXX, 21.) Et malum, a quo liberari optamus, et ipsa liberatio a malo ad hanc utique vitam pertinet, quam et justitia Dei mortalem meruimus, et unde ipsius misericordia liberamur.

CHAPITRE XI.

38. Le nombre de sept demandes dont se compose cette prière me paraît aussi se rapporter aux sept béatitudes d'où tout ce discours découle comme d'une source. En effet, si c'est la crainte de Dieu qui rend heureux les pauvres d'esprit, parce que le royaume des cieux est à eux (*Matth.*, v, 3, etc.), demandons que le nom de Dieu soit sanctifié par cette crainte chaste qui demeure dans les siècles des siècles. Si c'est la piété qui fait le bonheur de ceux qui sont doux, parce qu'ils posséderont la terre en héritage; demandons que son règne arrive, soit en nous pour nous communiquer cette douceur qui ne connaît point la résistance ; soit du ciel sur la terre dans tout l'éclat de l'avénement du Seigneur, alors que le Sauveur nous comblera de joie et de gloire en nous disant : « Venez les bénis de mon Père, prenez possession du royaume qui vous a été préparé dès le commencement du monde. » (*Matth.*, xxv, 34.) Car « mon âme, a dit le Prophète, se glorifiera dans le Seigneur, que ceux qui ont le cœur doux m'entendent et partagent mon allégresse. » (*Ps.* xxxiii, 2.) Si c'est la science qui donne à ceux qui pleurent le secret du bonheur, parce qu'ils seront consolés, prions que sa volonté se fasse sur la terre comme au ciel, car lorsque le corps qui est figuré par la terre sera soumis à l'esprit que représente le ciel, dans une paix entière et parfaite, nous ne serons plus dans les larmes. En effet, quel autre sujet avons-nous ici-bas de nous attrister que la lutte du corps contre l'esprit qui nous force de nous écrier : « Je sens dans mes membres une autre loi qui combat contre la loi de mon esprit, » et à témoigner notre douleur par ce cri lamentable : « Malheureux homme que je suis, qui me délivrera de ce corps de mort ? » (*Rom.*, vii, 23, 24.) Si c'est la force qui rend heureux ceux qui ont faim et soif de la justice parce qu'ils seront rassasiés, demandons à Dieu qu'il nous donne aujourd'hui notre pain de chaque jour, afin que, nourris et fortifiés de cet aliment céleste, nous puissions parvenir là où nous serons pleinement rassasiés. Si c'est le conseil qui fait le bonheur de ceux qui sont miséricordieux, parce qu'ils obtiendront miséricorde, remettons leurs dettes à ceux qui nous doivent, et prions-le de nous remettre à nous-mêmes ce que nous lui devons. Si c'est l'intelligence qui rend heureux ceux qui ont le cœur pur, parce qu'ils verront Dieu; demandons à Dieu de ne pas entrer en tentation pour ne pas tomber dans la duplicité du cœur qui nous fait poursuivre les biens terrestres et périssables au lieu du bien simple qui devrait être la fin de toutes nos actions. En effet, les tentations qui prennent leur source

CAPUT XI.

38. Videtur etiam mihi septenarius iste numerus harum petitionum congruere illi septenario numero, ex quo totus iste sermo manavit. Si enim timor Dei est, quo beati sunt pauperes spiritu, quoniam ipsorum est regnum cœlorum (*Matth.*, v, 3, etc.) : petamus ut sanctificetur in hominibus nomen Dei, timore casto permanente in sæcula sæculorum. Si pietas est, qua beati sunt mites, quoniam ipsi hæreditate possidebunt terram : petamus ut veniat regnum ejus, sive in nos ipsos, ut mitescamus, nec ei resistamus ; sive de cœlo in terras in claritate adventus Domini, quo nos gaudebimus, et (*a*) laudabimur, dicente illo : Venite benedicti Patris mei, accipite regnum, quod vobis paratum est ab origine mundi. (*Matth.*, xxv, 34.) In Domino enim, inquit Propheta, laudabitur anima mea : audiant mites, et jocundentur. (*Psal.* xxxiii, 2.) Si scientia est, qua beati sunt qui lugent, quoniam ipsi consolabuntur : oremus ut fiat voluntas ejus sicut in cœlo et in terra; quia cum corpus tanquam terra, spiritui tanquam cœlo, summa et tota pace consenserit, non lugebimus : nam nullus alius hujus temporis luctus est, nisi cum adversum se ista confligunt, et cogunt nos dicere : « Video aliam legem in membris meis, repugnantem legi mentis meæ : et luctum nostrum lacrymosa voce testari : Miser ego homo, quis me liberabit de corpore mortis hujus ? » (*Rom.*, vii, 23, 24.) Si fortitudo est, qua beati sunt qui esuriunt et sitiunt justitiam, quoniam ipsi saturabuntur : oremus ut panis noster quotidianus detur nobis hodie, quo fulti atque sustentati, ad plenissimam illam saturitatem venire possimus. Si consilium est, quo beati sunt misericordes, quoniam ipsorum miserebitur : dimittamus debita debitoribus nostris, et oremus ut nobis nostra dimittantur. Si intellectus est, quo beati sunt mundi corde, quoniam ipsi Deum videbunt : oremus non induci in tentationem, ne habeamus duplex cor, non appetendo simplex bonum, quo referamus omnia quæ operamur, et simul temporalia et (*b*) terrena sectando. Tentationes enim de his rebus quæ graves et calamitosæ videntur homi-

---

(*a*) Editi Mar. et Lov. *laudabimus*. Am. et Er. *lætabimur*. At Mss. *laudabimur*. — (*b*) Duo e Vatic. Mss. *temporalia et æterna sectando*.

dans les accidents que les hommes regardent comme d'insupportables calamités, ne pourront rien contre nous si nous avons su triompher de celles qui viennent des flatteuses séductions de ces choses où les hommes placent leur bonheur et leur joie. Si c'est la sagesse qui rend heureux les pacifiques, parce qu'ils seront appelés les enfants de Dieu; prions qu'il nous délivre du mal, car cette délivrance nous établira dans la sainte liberté des enfants de Dieu et nous fera crier dans l'esprit d'adoption, *Abba*, Père. (*Rom.*, VIII, 15; *Gal.*, IV, 6.)

39. N'oublions pas encore de remarquer que de toutes les formules de cette prière que le Seigneur nous a prescrite, il en est une qu'il a cru devoir nous recommander par-dessus tout, c'est celle qui a pour objet la rémission des péchés. Il veut ainsi nous former à la miséricorde comme l'unique moyen d'échapper à nos misères; en effet, dans aucune autre demande de cette prière, nous ne faisons avec Dieu une espèce de convention, en lui disant : « Remettez-nous comme nous remettons. » Si nous n'observons pas cette convention, nul fruit à espérer de notre prière. « Car, dit le Sauveur, si vous remettez aux hommes leurs offenses, votre Père céleste vous remettra aussi vos péchés. Mais si vous ne les remettez point aux hommes, votre Père céleste ne vous remettra pas non plus vos péchés. » (*Matth.*, VI, 14.)

CHAPITRE XII.

40. Vient ensuite le précepte du jeûne, qui se rattache à cette même pureté de cœur dont il est question. Car il faut prendre garde qu'il ne se glisse dans cette action quelque ostentation, quelque désir de gloire humaine, qui rendent le cœur double, et ne lui permettent point d'être ni assez simple, ni assez pur pour comprendre Dieu. « Lorsque vous jeûnez, dit-il, ne soyez pas tristes comme les hypocrites qui exténuent leur visage, afin que leur jeûne paraisse aux regards des hommes. En vérité, je vous le dis, ils ont reçu leur récompense. Pour vous, quand vous jeûnez, parfumez votre tête et lavez votre face, afin qu'il ne paraisse pas aux hommes que vous jeûnez, mais à votre Père qui est présent dans le secret; et votre Père qui voit dans le secret, vous le rendra. » (*Matth.*, v, 16-18). Il est évident que ces préceptes tendent à diriger toute notre intention vers les joies intérieures, de peur qu'en cherchant au dehors notre récompense, nous ne venions à nous conformer au monde et à perdre la promesse d'une félicité d'autant plus solide et d'autant plus ferme qu'elle est plus intime, et en vue de laquelle Dieu nous a prédestinés à être conformes à l'image de son Père. (*Rom.*, VIII, 29.)

nibus, non in nos valent, si non valeant illæ, quæ blanditiis earum rerum accidunt, quas homines bonas et lætandas putant. Si sapientia est, qua beati sunt pacifici, quoniam ipsi filii Dei vocabuntur : oremus ut liberemur a malo : ipsa enim liberatio liberos nos faciet, id est, filios Dei, ut spiritu adoptionis clamemus : Abba Pater. (*Rom.*, VIII, 15; *Gal.*, IV, 6.)

39. Sane non negligenter prætereundum est, quod ex omnibus iis sententiis, quibus nos orare Dominus præcepit, eam potissimum commendandam esse judicavit, quæ pertinet ad dimissionem peccatorum : in qua nos misericordes esse voluit, quod unum est consilium miserias evadendi. In nulla enim alia sententia sic oramus, ut quasi paciscamur cum Deo : dicimus enim : « Dimitte nobis sicut et nos dimittimus. » In qua pactione si mentimur, totius orationis nullus est fructus. Sic enim dicit : « Si enim dimiseritis hominibus delicta eorum, dimittet et vobis Pater vester qui in cœlis est. (*Matth.*, VI, 14.) Si autem non dimiseritis hominibus, neque Pater vester dimittet vobis peccata vestra. (*v.* 26.)

CAPUT XII.

40. Sequitur de jejunio præceptum, pertinens ad eamdem cordis mundationem, de qua nunc agitur. Nam et in hoc opere cavendum est, ne subrepat aliqua ostentatio et appetitus laudis humanæ qui duplicet cor, et non sinat mundum et simplex esse ad intelligendum Deum. « Cum autem jejunatis, inquit, nolite fieri sicut hypocritæ tristes : exterminant enim vultum suum, ut videantur hominibus jejunantes : amen dico vobis perceperunt mercedem suam. (*Matth.*, VI, 16.) Vos autem jejunantes unguite capita vestra, et facies vestras lavate (*v.* 17), ne videamini hominibus jejunantes, sed Patri vestro qui est in abscondito ; et Pater vester qui videt in abscondito reddet vobis. » (*v.* 18.) Manifestum est his præceptis omnem nostram intentionem in interiora gaudia dirigi, ne foris quærentes mercedem huic sæculo conformemur, et amittamus promissionem tanto solidioris atque firmioris, quanto interioris beatitudinis, qua nos elegit Deus conformes fieri imaginis Filii ejus.

LIVRE II. — CHAPITRE XII.

41. Une remarque importante à faire sur cette matière, c'est qu'on peut mettre de la vanité non-seulement dans l'éclat et le luxe de tout ce qui tient au corps, mais jusque dans l'extérieur négligé, symbole du deuil et de la tristesse; vanité alors d'autant plus dangereuse qu'elle cherche à tromper sous les dehors de la religion. Celui donc qui cherche à briller par une propreté affectée, ou par une recherche excessive dans ses vêtements ou dans les autres choses à son usage, est convaincu par ce seul fait d'être partisan des pompes du siècle, et il ne trompera personne par l'apparence d'une sainteté hypocrite. Quant à celui qui, faisant profession d'une vie chrétienne, cherche à fixer sur lui les yeux du public par le spectacle d'une malpropreté extraordinaire, et cela avec intention, et sans y être réduit par la nécessité; l'ensemble de sa vie prouvera s'il agit ainsi par le mépris d'un luxe superflu, ou par un motif quelconque d'ostentation. Car le Seigneur nous recommande de nous mettre en garde contre les loups qui viennent à nous sous des peaux de brebis. « Vous les connaîtrez à leurs fruits, » nous dit-il. (*Matth.*, VII, 16.) En effet, lorsque par suite de certaines épreuves ils se seront vus dépouillés et privés des avantages qu'ils avaient obtenus, ou qu'ils recherchaient sous ce voile d'austérité, on verra clairement si c'est un loup revêtu d'une peau de brebis ou une brebis dans la sienne. Mais il ne faut pas non plus qu'un chrétien cherche à flatter les regards des hommes par des ornements superflus, sous le prétexte que les hypocrites se couvrent de cet extérieur austère et pauvre pour tromper des esprits peu attentifs. Les brebis ne doivent point se dépouiller de leur peau, parce que les loups s'en revêtent quelquefois.

42. J'entends souvent demander quel est le sens de ces paroles : « Mais vous, lorsque vous jeûnez, parfumez votre tête et lavez votre visage, afin de ne pas faire paraître aux hommes que vous jeûnez. » Bien que nous ayons l'habitude de nous laver tous les jours le visage, il serait hors de raison de nous commander de parfumer aussi notre tête lorsque nous jeûnons, ce qui, de l'aveu de tous, serait souverainement indigne d'un chrétien. Il faut donc rapporter à l'homme intérieur cette recommandation de parfumer notre tête et de laver notre visage. Parfumer sa tête est un signe de joie, laver son visage un indice de propreté; par conséquent se parfumer la tête, c'est faire régner la joie dans son esprit et dans sa raison. En effet, par la tête nous pouvons très-bien entendre la faculté première de l'âme qui en est comme la reine, et qui dirige évidemment toutes les autres facultés, toutes les actions de l'homme. Or, voilà ce que fait celui qui ne cherche pas la joie au dehors, et ne met pas grossièrement son bonheur dans les louanges des hommes. En effet, le corps créé pour être

---

41. In hoc autem capitulo maxime animadvertendum est, non in solo rerum corporearum nitore atque pompa, sed etiam in ipsis sordibus luctuosis esse posse jactantiam; et eo periculosiorem, quo sub nomine servitutis Dei decipit. Qui ergo immoderato cultu corporis atque vestitus vel cæterarum rerum nitore præfulget, facile convincitur rebus ipsis, pomparum sæculi esse sectator, nec quemquam fallit dolosa imagine sanctitatis : qui autem in professione Christianitatis inusitato squalore ac sordibus intentos in se oculos hominum facit, cum id voluntate facit, non necessitate patitur, cæteris ejus operibus potest conjici, utrum hoc contemptu superflui cultus, an ambitione aliqua faciat; quia et sub ovina pelle cavendos lupos Dominus præcipit : Sed ex fructibus, inquit, eorum cognoscetis eos. (*Matth.*, VII, 16.) Cum enim cœperint aliquibus tentationibus ea ipsa illis subtrahi vel negari, quæ isto velamine vel consecuti sunt, vel consequi cupiunt, tunc necesse est appareat, utrum lupus in ovina pelle sit, an ovis in sua. Non enim propterea ornatu superfluo debet aspectus hominum mulcere Christianus, quia illum parcum habitum ac necessarium etiam simulatores sæpius usurpant, ut incautos decipiant : quia et illæ oves non debent pelles suas deponere, si aliquando eis lupi se contegunt.

42. Quæri ergo solet quid sit quod ait : « Vos autem cum jejunatis, unguite capita vestra, et facies vestras lavate, ne videamini hominibus jejunantes. » Non enim quispiam recte præceperit, quamvis faciem quotidiana consuetudine lavemus, unctis etiam capitibus cum jejunamus, nos esse debere. Quod si turpissimum omnes fatentur, intelligendum est hoc præceptum unguendi caput, et faciem lavandi, ad interiorem hominem pertinere. Unguere ergo caput, ad lætitiam pertinet : lavare autem faciem, ad munditiam : et ideo caput unguit, qui lætatur interius mente atque ratione. Hoc enim recte accipimus caput, quod in anima præeminet, et quo cætera hominis regi et gubernari manifestum est. Et hoc facit qui non foris quærit lætitiam, ut de laudibus hominum carnaliter gaudeat. Caro enim quæ subjecta

sujet n'est en aucune façon la tête de toute la nature humaine. Sans doute personne n'a jamais haï sa propre chair, » (*Ephes.*, v, 29) comme le dit l'Apôtre, en recommandant au mari d'aimer son épouse ; mais l'homme est le chef de la femme, comme il a lui-même Jésus-Christ pour chef. (I *Cor.*, XI, 3.) Que celui donc qui, pour obéir à ce précepte, veut parfumer sa tête, se réjouisse intérieurement de son jeûne, parce qu'en jeûnant il a rompu avec les voluptés du monde pour se soumettre à Jésus-Christ. Par là aussi il lavera son visage, c'est-à-dire il purifiera son cœur appelé à voir Dieu, non plus à travers le voile de l'infirmité, suite des souillures du péché, mais avec fermeté et sans hésitation, parce qu'il sera pur et simple. « Lavez-vous, dit-il, purifiez-vous, faites disparaître de devant mes yeux la malice de vos pensées. » (*Is.*, I, 16.) Il nous faut donc purifier notre visage des souillures qui blessent les regards de Dieu. « Car nous qui contemplons à face découverte la gloire du Seigneur, nous serons transformés en sa ressemblance. » (II *Cor.*, III, 18.)

43. Souvent encore la préoccupation des nécessités de cette vie blesse, obscurcit notre œil intérieur, et la plupart du temps rend notre cœur double. Il arrive alors que le bien que nous pa- raissons faire aux hommes n'est plus fait dans l'esprit qui nous est recommandé par le Seigneur, c'est-à-dire dans un esprit de charité, mais parce que nous espérons obtenir des hommes quelque avantage nécessaire à la vie présente. Or, c'est en vue de leur salut éternel et non pour nos intérêts temporels que nous devons faire du bien aux hommes. Que le Seigneur incline donc notre cœur vers ses commandements, et qu'il les détourne de la cupidité. (*Ps.* CXVIII, 36.) « Car la fin des commandements est la charité d'un cœur pur, d'une bonne conscience et d'une foi sincère. » (1 *Tim.*, I, 4.) Celui qui fait du bien à son frère pour subvenir à ses propres nécessités dans cette vie, ne lui fait pas de bien par esprit de charité, car il ne cherche plus les intérêts de son frère qu'il doit aimer comme lui-même, mais ses propres intérêts. Ou pour mieux dire, il n'agit même pas dans son intérêt, parce qu'il se fait ainsi un cœur double qui l'empêche de voir Dieu, le seul bonheur qui soit certain et éternel.

CHAPITRE XIII.

44. Notre-Seigneur, qui veut à tout prix purifier notre cœur, nous fait donc le sage com-

esse debet, nullo modo est totius naturæ humanæ caput. Nemo quidem unquam carnem suam odio habuit (*Eph.*, v, 29,), sicut Apostolus dicit, cum de diligenda uxore præcipit : sed caput mulieris vir, cui viro caput est Christus. (I *Cor.*, XI, 3.) Interius ergo gaudeat in jejunio suo, eo ipso quo sic se jejunando avertit a voluptate sæculi ut sit subditus Christo, qui secundum hoc præceptum caput unctum habere desiderat. Ita enim et faciem lavabit, id est, cor mundabit, quo visurus est Deum, non interposito velamine propter infirmitatem contractam de sordibus ; sed firmus et stabilis, quoniam mundus et simplex. « Lavamini, inquit, mundi estote, auferte nequitias ab animis vestris, atque a conspectu oculorum meorum. » (*Isa.*, I, 16.) Ab his igitur sordibus facies nostra lavanda est, quibus Dei aspectus offenditur. Nos enim revelata facie gloriam Domini speculantes, in eamdem imaginem transformabimur. (II *Cor.*, III, 18.)

43. Sæpe etiam cogitatio necessariarum rerum ad istam vitam pertinentium, sauciat et sordidat interiorem oculum nostrum : et plerumque cor duplicat, ut ea quæ videmur cum hominibus recte facere, non eo corde faciamus, quo Dominus præcipit, id est, non quia eos diligimus, sed quia commodum ab eis aliquod propter necessitatem præsentis vitæ adipisci volumus. Debemus autem benefacere illis propter salutem ipsorum æternam, non propter temporale commodum nostrum. Inclinet ergo Deus cor nostrum in testimonia sua (*Psal.* CXVIII, 36), et non in emolumentum. Finis enim præcepti est caritas de corde puro, et conscientia bona, et fide non ficta. (1 *Tim* I, 5.) Qui autem propter suam in hac vita necessitatem fratri consulit, non utique caritate consulit : quia non illi, quem debet tanquam seipsum diligere, sed sibi consulit ; vel potius nec sibi : quando quidem hinc sibi facit duplex cor, quo impeditur ad videndum Deum : in qua sola visione beatitudo est certa atque perpetua.

CAPUT XIII.

44. Recte ergo sequitur, et præcipit, qui mundando cordi nostro instat, dicens : « Nolite vobis condere thesauros in terra, ubi (*a*) tinea et comestura exterminant, et ubi fures effodiunt et furantur :

(*a*) Sic habent Mss. et Mar. necnon Cyprianus in lib III, ad Quirinum. At Am. Er. et Lov. *ubi ærugo et tinea exterminant, et reliquo*; suppressis, ut solent, cæteris verbis Scripturæ, quæ a nobis passim hoc in opere magna religione restituuntur ex Mss.

LIVRE II.— CHAPITRE XIII.

mandement qui suit : « Ne vous amassez pas de trésors sur la terre, où les vers et la rouille les mangent et où les voleurs les déterrent et les dérobent. Mais faites-vous des trésors dans le ciel, où ni les vers ni la rouille ne les consument et où il n'y a point de voleurs qui les déterrent et les dérobent. Car où est votre trésor, là aussi est votre cœur. » (*Matth.*, VI, 19, 21.) Si donc notre cœur est sur la terre, c'est-à-dire si nous nous proposons pour motif de notre conduite un intérêt temporel, comment notre cœur peut-il demeurer pur en se traînant ainsi sur la terre ? Si, au contraire, il s'élève jusqu'au ciel, il sera pur, parce que le ciel est le séjour de toute pureté. Tout objet qu'on mêle à une nature inférieure devient impur, bien que cette nature ne soit pas impure dans son espèce. Est-ce que par exemple l'argent le plus pur ne ternit pas l'or auquel on le mêle ? Ainsi notre âme se souille par le désir des choses de la terre, bien que la terre soit pure en elle-même et dans le rang qu'elle occupe dans la création. Or, il ne faut pas entendre ici le ciel dans un sens matériel ; tout ce qui est corporel doit être considéré comme de même nature que la terre. Car tout l'univers est digne de mépris aux yeux de celui qui amasse des trésors pour le ciel. Il s'agit donc ici du ciel dont il est dit : « Le ciel des cieux appartient au Seigneur ; » (*Ps.* CXIII, 16) c'est-à-dire du firmament spirituel. Ce n'est pas, en effet, dans ce qui doit passer que nous devons placer et établir notre trésor et notre cœur, mais dans ce qui doit avoir une durée éternelle ; « or, le ciel et la terre passeront. » (*Matth.*, XXIV, 35.)

45. Le Sauveur fait voir clairement que toutes ces recommandations tendent à purifier le cœur, lorsqu'il ajoute : « Votre œil est la lampe de votre corps. Si votre œil est simple, tout votre corps sera lumineux. Mais si votre œil est mauvais, tout votre corps sera ténébreux. Si donc la lumière qui est en vous n'est que ténèbres, combien seront grandes les ténèbres mêmes. » (*Matth.*, VI, 22, 23.) Le sens de ces paroles est que nous reconnaîtrons que toutes nos œuvres sont pures et agréables aux yeux de Dieu si elles sont faites avec un cœur simple, c'est-à-dire avec une intention surnaturelle et par un motif de charité, car la charité est la plénitude de la loi. (*Rom.*, XIII, 10.) Cet œil c'est l'intention qui préside à toutes nos actions. Si elle est pure et droite, si elle n'a en vue que le but qu'elle doit se proposer, toutes nos œuvres qui reçoivent d'elle leur direction seront nécessairement bonnes. Ce sont toutes ces œuvres que Notre-Seigneur appelle le corps, et l'Apôtre lui-même donne le nom de membres à certaines œuvres qu'il condamne et qu'il commande de faire mourir : « Faites donc mourir, dit-il, les membres de l'homme terrestre qui est en vous,

---

thesaurizate autem vobis thesauros in cœlo, ubi neque tinea neque comestura exterminant, et ubi fures non effodiunt nec furantur. Ubi enim est thesaurus tuus, ibi erit et cor tuum. » (*Matth.*, VI, 19.) Ergo si in terra erit cor, id est, si eo corde quisque operetur aliquid, ut terrenum commodum adipiscatur, quomodo erit mundum, quod in terra volutatur ? Si autem in cœlo, mundum erit, quia munda sunt quæcumque cœlestia. Sordescit enim aliquid, cum inferiori misceatur naturæ, quamvis in suo genere, non sordidæ ; quia etiam de puro argento sordidatur aurum, si misceatur : ita et animus noster terrenorum cupiditate sordescit, quamvis ipsa terra in suo genere atque ordine munda sit. Cœlum autem hoc loco non corporeum acceperimus ; quia omne corpus pro terra habendum est. Totum enim mundum debet contemnere, qui sibi thesaurizat in cœlo. In illo ergo cœlo de quo dictum est : Cœlum cœli Domino, id est (*Psal.* CXIII, 16), in firmamento spirituali, non enim in eo quod transiet, constituere et collocare debemus thesaurum nostrum et cor nostrum, sed in eo quod semper manet : Cœlum autem et terra transient. (*Matth.*, XXIV, 35.)

45. Et hic manifestat de mundando corde se cuncta ista præcipere, cum dicit : « Lucerna corporis tui oculus tuus est. Si ergo oculus tuus simplex fuerit, totum corpus tuum lucidum erit. Si autem oculus tuus nequam est, totum corpus tuum tenebrosum erit. Si ergo lumen quod in te est tenebræ sunt, tenebræ quantæ ? (*Matth.*, VI, 22, 23.) Qui locus sic intelligendus est, ut noverimus omnia opera nostra tunc esse munda, et placere in conspectu Dei, si fiant simplici corde, id est, intentione superna fine illo caritatis : quia et Plenitudo Legis caritas. (*Rom.* XIII, 10.) Oculum ergo hic accipere debemus ipsam intentionem, qua facimus quidquid facimus : quæ si munda fuerit et recta, et illud aspiciens quod aspiciendum est ; omnia opera nostra, quæ secundum eam operamur, necesse est bona sint. Quæ omnia opera totum corpus appellavit ; quia et Apostolus opera nostra dicit quædam opera, quæ improbat, et mortificanda præcipit, dicens : « Mortificate ergo

la fornication, l'impureté, l'avarice et les autres vices de ce genre. » (*Col.*, III, 5.)

46. Ce qu'il faut considérer dans la vie d'un homme, ce ne sont donc pas ses actions, mais ses intentions. Et c'est cette intention qui est la lumière de notre âme parce que nous pouvons savoir clairement si nous agissons avec une bonne intention ; « car la lumière met tout en évidence. » (*Ephes.*, V, 13.) Quant aux actions, qui sont une conséquence de nos rapports avec les hommes, leur résultat est pour nous incertain, et c'est pour cela que Notre-Seigneur les appelle ténèbres. Je donne par exemple de l'argent à un pauvre qui me demande l'aumône, je ne sais ni ce qu'il en fera, ni ce qui lui en arrivera. Il peut se faire qu'il s'en serve pour faire le mal, ou que cet argent soit pour lui la cause de quelque accident, et cependant je n'avais en le lui donnant ni cette volonté, ni cette intention. Si donc mon intention était bonne, et j'ai dû le savoir en agissant, car c'est pour cela qu'on lui donne le nom de lumière, cette lumière rejaillit sur toute mon action, quelqu'en soit le résultat, résultat qu'on appelle ténèbres parce qu'il est pour nous incertain et inconnu. Si, au contraire, mon intention a été mauvaise, la lumière elle-même devient ténèbres. On lui donne le nom de lumière parce que chacun sait quelle intention le fait agir, même lorsque cette intention est mauvaise ; mais cette lumière elle-même devient ténèbres parce qu'elle n'était pas simple, et qu'au lieu de s'élever vers le ciel elle se rabaisse sur la terre, et qu'en rendant le cœur double, elle produit une véritable obscurité. « Si donc la lumière qui est en vous n'est que ténèbres, combien grandes seront les ténèbres elles-mêmes. » Si l'intention du cœur qui préside à vos actions et qui vous est connue se laisse ternir et aveugler par le désir des biens terrestres et passagers, à plus forte raison cette action dont vous ignorez le résultat, sera-t-elle impure et ténébreuse. Je veux que ce que vous avez fait avec une mauvaise intention soit utile à un autre, vous serez jugé sur le motif qui vous a fait agir et non sur le résultat plus ou moins utile de votre action.

CHAPITRE XIV.

47. Les paroles qui suivent : « Personne ne peut servir deux maîtres, » (*Matth.*, VI, 24) se rapportent encore à l'intention, et Notre-Seigneur explique sa pensée en ajoutant : « Car ou il haïra l'un et méprisera l'autre, ou il se soumettra à l'un et aimera l'autre. » Méditons attentivement ces paroles. Il nous explique lui-même quels sont ces deux maîtres en ajoutant : « Vous ne pouvez servir Dieu et Mam-

---

membra vestra quæ sunt super terram, fornicationem, immunditiam, avaritiam, et cætera talia. » (*Col.*, III, 5.)

46. Non ergo quid quisque faciat, sed quo animo faciat, considerandum est. Hoc est enim lumen in nobis, quia hoc nobis manifestum est bono animo nos facere quod facimus : Omne enim quod manifestatur, lumen est. (*Ephes.*, V, 13.) Nam ipsa facta quæ ad hominum societatem a nobis procedunt, incertum habent exitum : et ideo tenebras eas vocavit. Non enim novi, cum pecuniam porrigo indigenti et petenti, quid inde aut facturus sit, aut passurus ; et fieri potest, ut vel faciat ex ea, vel propter eam patiatur aliquid mali, quod ego cum darem, non evenire voluerim, neque hoc animo dederim. Itaque si bono animo feci, quod mihi cum facerem, notum erat, et ideo lumen vocatur ; illuminatur etiam factum meum, qualemcumque exitum habuerit : qui exitus quoniam incertus et ignotus est, tenebræ appellatæ sunt. Si autem malo animo feci, etiam ipsum lumen tenebræ sunt. Lumen enim dicitur, quia novit quisque quo animo faciat, etiam cum malo animo facit : sed ipsum lumen tenebræ sunt, quia non in superna dirigitur simplex intentio, sed ad inferiora declinatur, et duplici corde quasi umbram facit. « Si ergo lumen, quod in te est, tenebræ sunt, tenebræ quantæ ? » hoc est : Si ipsa cordis intentio, qua facis quod facis, quæ tibi nota est, sordidatur appetitu rerum terrenarum et temporalium, atque cæcatur ; quanto magis ipsum factum, cujus incertus est exitus, sordidum et tenebrosum est ? quia etsi bene alicui proveniat, quod tu non recta et munda intentione facis ; quomodo tu feceris, tibi imputatur, non quomodo illi provenerit.

CAPUT XIV.

47. Quod autem sequitur, et dicit : « Nemo potest duobus dominis servire, » ad hanc ipsam intentionem referendum est, quod consequenter exponit, dicens : « Aut enim unum odio habebit, et alterum diliget : aut alterum patietur, et alterum contemnet. » (*Matth.*, VI, 24.) Quæ verba diligenter consideranda sunt : nam qui sint duo domini, deinceps ostendit, cum dicit : « Non potestis Deo servire et mammonæ. » Mammona apud Hebræos divitiæ

LIVRE II. — CHAPITRE XV.

mon. » Le mot *mammona* signifie en hébreu richesses ; il en est de même dans la langue punique où Mammona veut dire également gain ou richesse. Or, celui qui est l'esclave de Mammona, c'est-à-dire des richesses, devient aussi l'esclave de celui que sa perversité a fait préposer au gouvernement des choses de la terre et que le Seigneur appelle le prince de ce monde. (*Jean*, XII, 31 ; XIV, 30, etc.) L'homme haïra donc nécessairement l'un, c'est-à-dire le démon ; et il aimera l'autre, c'est-à-dire Dieu, ou il se soumettra à l'un et méprisera l'autre. En effet, celui qui est l'esclave de l'argent, est asservi à un maître dur et funeste ; car, enchaîné par sa convoitise, il subit l'esclavage du démon sans qu'il l'aime cependant, car qui peut aimer le démon ? et cependant il le supporte. Ainsi dans une grande maison, celui qui est uni à une servante étrangère, est soumis par sa passion même à une dure servitude sans qu'il ait aucune affection pour le maître dont il aime la servante.

48. « Et il méprisera l'autre. » Il ne dit pas : Il le haïra (I *Rétract.*, XIX, 8), car il n'est peut-être pas un homme qui puisse haïr Dieu dans son cœur, mais on peut le mépriser, c'est-à-dire cesser de le craindre parce qu'on se tient comme assuré de sa bonté. C'est à cette négligence et à cette funeste sécurité que l'Esprit saint veut nous arracher lorsqu'il nous dit par le Prophète : « Mon fils, n'ajoutez pas péché sur péché, et ne dites pas : La miséricorde du Seigneur est grande. » (*Eccl.*, V, 5.) Et dans un autre endroit : « Ignorez-vous que la bonté de Dieu vous invite à la pénitence ? » (*Rom.*, II, 4.) Car quelle plus grande miséricorde peut-on trouver que celle de Dieu qui pardonne aux pécheurs repentants et fait participer l'olivier sauvage au suc et à la sève de l'olivier franc. Mais aussi quelle plus grande sévérité que celle de ce même Dieu qui n'a point épargné les branches naturelles, mais les a brisées à cause de leur incrédulité. (*Rom.*, XI, 17, etc.) Que celui donc qui veut aimer Dieu et fuir ce qui l'offense ne se flatte point de pouvoir servir deux maîtres, et qu'il purifie et dégage son intention de toute duplicité. Il aura ainsi des sentiments dignes de Dieu et il le cherchera dans la simplicité de son cœur. (*Sag.*, I, 1.)

CHAPITRE XV.

49. « C'est pourquoi, je vous dis, continue le Sauveur : Ne vous inquiétez point où vous trouverez de quoi manger pour votre vie, ni d'où vous aurez des vêtements pour couvrir votre corps. » (*Matth.*, VI, 25.) Il ne veut pas que notre cœur se partage par la recherche non plus du superflu, mais même du nécessaire, et que pour nous le procurer notre intention se détourne de sa véritable fin dans les actions que nous parais-

---

appellari dicuntur. Congruit et Punicum nomen : nam lucrum Punice, mammon dicitur. Sed qui servit mammonæ, illi utique servit, qui rebus istis terrenis merito suæ perversitatis præpositus, magistratus hujus sæculi a Domino dicitur. (*Joan.*, XII, 31, et XIV, 30, etc.) « Aut ergo hunc odio habebit homo, et alterum diliget, » id est, Deum : « Aut alterum patietur, et alterum contemnet. » Patitur enim durum et perniciosum Dominum, quisquis servit mammonæ ; sua enim cupiditate implicatus, subditur diabolo : et non eum diligit ; quis enim est qui diligat diabolum ? sed tamen patitur : sicut in majore aliqua domo, qui ancillæ alienæ conjunctus est, propter cupiditatem suam duram patitur servitutem, etiam si non diligat eum, cujus ancillam diligit.

48. « Alterum autem contemnet, » dixit (I *Retr.*, XIX, 8) ; non, odio habebit. Nullius enim fere conscientia Deum odisse potest : contemnit autem, id est non timet eum, quasi de ejus bonitate securus est. Ab hac negligentia et perniciosa securitate revocat Spiritus sanctus, cum per Prophetam dicit : Fili, ne adjicias peccatum super peccatum, et dicas : « Miseratio Dei magna est (*Eccli.*, V, 5) : et : Ignoras quia patientia Dei ad pœnitentiam te invitat ? (*Rom.*, II, 4.) Cujus enim tanta misericordia commemorari potest, quam ejus qui omnia donat peccata conversis, et oleastrum facit participem pinguedinis olivæ ? Et cujus tanta severitas, quam ejus qui naturalibus ramis non pepercit, sed propter infidelitatem fregit illos ? (*Rom.*, XI, 17, etc.) Sed quisquis vult diligere Deum, et cavere ne offendat, non se arbitretur duobus dominis posse servire, et intentionem cordis sui rectam ab omni duplicitate explicet : ita enim sentiet de Domino in bonitate, et in simplicitate cordis quæret illum. (*Sap.*, I, 1.)

CAPUT XV.

49. « Ideo, inquit, dico vobis, non habere sollicitudinem animæ vestræ quid edatis, neque corpori vestro quid induatis. » (*Matth.*, VI, 25.) Ne forte, quamvis jam superflua non quærantur, propter ipsa necessaria cor duplicetur, et ad ipsa conquirenda

sons faire par un motif de miséricorde. C'est-à-dire qu'il ne veut pas que tout en paraissant nous dévouer aux intérêts du prochain, nous ayons moins en vue son utilité que notre avantage personnel, et que nous nous regardions comme exempts de fautes parce que nous ne voulons obtenir que le nécessaire et non le superflu. Le Seigneur veut donc que nous ayons toujours présente à l'esprit cette vérité, qu'en nous créant et en formant notre être d'une âme et d'un corps il nous a donné beaucoup plus que la nourriture et le vêtement dont il ne veut pas que le souci partage notre cœur. « Est-ce que l'âme, nous dit-il, n'est pas plus que la nourriture. » C'est-à-dire qu'il veut vous faire comprendre que celui qui vous a donné votre âme, vous donnera bien plus facilement la nourriture. « Et le corps que le vêtement, » c'est-à-dire est bien plus que le vêtement, pour vous faire entendre également que celui qui vous a donné le corps vous procurera beaucoup plus facilement de quoi le vêtir.

50. Une question se présente ordinairement en cet endroit : Cette nourriture peut-elle se rapporter à l'âme, puisque l'âme est incorporelle et cette nourriture matérielle ? L'âme ici est prise pour cette vie dont les aliments matériels sont le soutien nécessaire. C'est dans ce même sens que Notre-Seigneur dit : « Celui qui aime son âme la perdra. » (*Jean*, XII, 25.) Si nous n'entendions ces paroles de la vie présente que nous devons sacrifier pour le royaume de Dieu, comme les martyrs l'ont fait d'une manière si frappante, ce commandement serait en contradiction avec ces autres paroles du Sauveur : « Que sert à l'homme de gagner tout l'univers, s'il vient à perdre son âme ? » (*Matth.*, XVI, 26.)

51. « Considérez les oiseaux du ciel, ils ne sèment point, ils ne moissonnent point, et ils n'amassent rien dans les greniers, et votre Père céleste les nourrit. N'êtes-vous pas beaucoup plus qu'eux ? » (*Matth.*, VI, 26) c'est-à-dire vous valez beaucoup plus ; car un être raisonnable tel que l'homme occupe un rang plus élevé dans la création que les êtres sans raison comme sont les oiseaux. « Or qui est celui d'entre vous qui puisse avec tous ses soins ajouter à sa taille la hauteur d'une coudée ? Pourquoi aussi vous inquiétez-vous pour le vêtement ? » Celui dont la puissance souveraine a fait parvenir votre corps à sa taille actuelle, ne peut-il pas aussi le vêtir par sa providence ? Une preuve que ce n'est point votre sollicitude personnelle qui a donné cette taille à votre corps, c'est que même quand vous le voudriez, vous ne pourriez malgré tous vos efforts ajouter une seule coudée à votre taille. Laissez donc le soin de couvrir votre corps à celui qui a pris soin de lui donner une taille aussi élevée.

nostra detorqueatur intentio, cum aliquid quasi misericorditer operamur ; id est, ut cum consulere alicui videri volumus, nostrum emolumentum ibi potius, quam illius utilitatem attendamus : et ideo nobis non videamur peccare, quia non superflua, sed necessaria sunt quæ consequi volumus. Dominus autem admonet, ut meminerimus multo amplius nobis Deum dedisse, quod nos fecit et composuit ex anima et corpore, quam est alimentum atque tegumentum, quorum cura nos duplicare cor non vult. « Nonne, inquit, anima plus est quam esca ? » Ut tu intelligas eum qui dedit animam, multo facilius escam esse daturum. « Et corpus quam vestimentum, » id est, plus est : ut similiter intelligas, eum qui corpus dedit, multo facilius daturum esse vestimentum.

50. Quo loco quæri solet, utrum ad animam cibus iste pertineat, cum anima incorporea sit, iste cibus corporeus. Sed animam hoc loco pro ista vita positam noverimus, cujus retinaculum est alimentum istud corporeum. Secundum hanc significationem dictum est etiam illud : Qui amat animam suam, perdet illam. (*Joan.*, XII, 25.) Quod nisi de hac vita acceperimus, quam oportet pro regno Dei perdere, quod potuisse Martyres claruit, contrarium hoc præceptum erit illi sententiæ, qua dictum est : Quid prodest homini, si totum mundum lucretur, animæ autem suæ detrimentum faciat ? (*Matth.*, XVI, 26.)

51. « Respicite, inquit, volatilia cœli, quoniam non serunt, neque metunt, neque congregant in horrea, et Pater vester cœlestis pascit illa : nonne vos pluris estis illis ? » (*Matth.*, VI, 26) id est carius vos valetis. Quia utique rationale animal, sicuti est homo, sublimius ordinatus est in rerum natura, quam irrationabilia, sicut sunt aves. « Quis autem vestrum curans, inquit, potest adjicere ad staturam suam cubitum unum ? (*v.* 27) Et de vestimento quid solliciti estis ? (*v.* 28) id est : Cujus potestate atque dominatu factum est, ut ad hanc staturam corpus vestrum perduceretur, ejus providentia etiam vestiri potest : non autem vestra cura factum esse, ut ad hanc staturam veniret corpus vestrum, ex hoc intelligi potest, quod si curetis, et velitis adjicere unum cubitum huic staturæ, non potestis : illi ergo etiam tegendi corporis curam relinquite, cujus videtis cura factum esse, ut tantæ staturæ corpus habeatis.

52. Mais il fallait un exemple particulier pour le vêtement, comme le Sauveur en avait donné un pour la nourriture. Il ajoute donc : « Considérez comment croissent les lis des champs; ils ne travaillent point, ils ne filent point; et cependant je vous déclare que Salomon, même dans toute sa gloire, n'a jamais été vêtu comme l'un d'eux. Si donc Dieu a soin de vêtir de cette sorte une herbe des champs, qui est aujourd'hui et qui sera demain jetée dans le four, combien aura-t-il plus de soin de vous vêtir, ô homme de peu de foi ! » (*Matth.*, VI, 29, 30.) Nous ne devons point discuter ces exemples comme de simples allégories, ni rechercher ce que signifient les oiseaux du ciel et les lis des champs. Ces comparaisons, empruntées à des créatures inférieures, ont pour but de nous faire comprendre des vérités d'un ordre plus élevé. Il en est de même de ce juge qui n'avait ni crainte de Dieu, ni égards pour les hommes, et qui cependant céda aux instances réitérées de cette veuve, et consentit à examiner sa cause non par un sentiment de compassion ou d'humanité, mais pour se débarrasser de ses importunités. (*Luc*, XVIII, 2.) Il est évident que ce juge inique ne peut en aucune façon être dans un sens allégorique, la figure de Dieu : Le Seigneur a voulu simplement nous montrer par là combien Dieu, la bonté et la justice même, étend sa sollicitude sur ceux qui le prient, puisqu'un homme vendu même à l'injustice, a fini par écouter ceux qui le fatiguaient de leurs instances, ne fût-ce que pour échapper à leurs importunités.

CHAPITRE XVI.

53. « Ne vous mettez donc point en peine, continue le Sauveur, en disant : « Que mangerons-nous, ni que boirons-nous, ou de quoi nous vêtirons-nous, comme font les païens qui recherchent toutes ces choses? Car votre Père céleste sait que vous en avez besoin. Cherchez donc premièrement le royaume de Dieu et sa justice, et le reste vous sera donné par surcroît. » (*Matth.*, VI, 31-33.) Notre-Seigneur nous enseigne ici de la manière la plus claire que ce ne sont pas là les véritables biens en vue desquels nous devons pratiquer la vertu, mais que cependant ils nous sont nécessaires. Car il nous fait voir la différence qui existe entre le bien qui doit être l'objet de nos désirs, et le nécessaire qu'il faut simplement recevoir quand il nous dit : « Cherchez d'abord le royaume de Dieu et sa justice, et toutes ces choses vous seront données par surcroît. » Le royaume de Dieu et sa justice, voilà donc notre bien véritable, et c'est dans ce bien que nous devons placer la fin de toutes les bonnes œuvres que nous pouvons faire. Mais comme nous avons à combattre en cette vie pour conquérir ce royaume, et que nous ne pouvons

---

52. Dandum autem erat etiam documentum propter vestimentum, sicut datum est propter alimentum. Itaque sequitur, et dicit : « Considerate lilia agri, quomodo crescunt, non laborant neque nent (*Ibid.*) : dico autem vobis quia nec Salomon in omni gloria sua sic vestitus est ut unum ex his (*v.* 29) : Si autem fœnum agri, quod hodie est et cras in clibanum mittitur, Deus sic vestit; quanto magis ergo vos modicæ fidei? » (*v.* 30.) Sed ista documenta non sicut allegoriæ discutienda sunt, ut quæramus quid significent aves cœli, aut lilia agri : posita sunt enim, ut de rebus minoribus majora persuaderentur : sicuti illud est de Judice, qui nec Deum timebat, nec hominem reverebatur, et tamen sæpe interpellanti viduæ cessit, ut ejus causam consideraret : non propter pietatem aut humanitatem, sed ne tædium pateretur. (*Luc.*, XVIII, 2.) Non enim ullo modo ille injustus judex personam Dei allegorice sustinet : sed tamen quantum Deus, qui bonus est et justus, curet deprecantes se, hinc conjici Dominus voluit, quod nec injustus homo eos, qui illum assiduis precibus tundunt, vel propter tædium devitandum, potest contemnere.

CAPUT XVI.

53. « Nolite ergo, inquit, solliciti esse, dicentes : Quid edemus, aut quid bibemus, aut quid vestiemur? (*Matth.*, VI, 31.) Hæc enim omnia gentes quærunt. Scit enim Pater vester quia horum omnium indigetis. (*v.* 32.) Quærite ergo primum regnum Dei et justitiam ejus, et hæc omnia apponentur vobis. » (*v.* 33.) Hic manifestissime ostendit, non hæc esse appetenda, tanquam talia bona nostra, ut propter ipsa debeamus bene facere, si quid facimus, sed tamen esse necessaria. Quid enim intersit inter bonum quod appetendum est, et necessarium quod sumendum est, hac sententia declaravit, cum ait : « Quærite primum regnum Dei et justitiam ejus, et hæc omnia apponentur vobis. » Regnum ergo et justitia Dei bonum nostrum est, et hoc appetendum, et ibi finis constituendus, propter quod omnia faciamus quæcumque facimus. Sed quia in hac vita militamus, ut

conserver cette vie sans le soutien de ces biens temporels, le Seigneur nous dit : « Ils vous seront donnés par surcroît, » mais cherchez d'abord le royaume de Dieu et sa justice. Ces paroles : « Cherchez d'abord, » signifient qu'il faut chercher en second lieu les choses de la terre non selon l'ordre du temps, mais selon l'estime que nous devons en faire ; cherchons le royaume de Dieu comme notre bien ; les choses de la terre comme une nécessité de la vie, et ces choses nécessaires en vue du véritable bien.

54. Ainsi, par exemple, nous ne devons pas annoncer l'Evangile pour nous procurer de quoi manger, mais nous devons manger afin de pouvoir annoncer l'Evangile ; car si nous prêchons l'Evangile pour avoir de quoi manger, nous faisons moins de cas de l'Evangile que de la nourriture et nous plaçons notre bien dans le manger, et le nécessaire dans la prédication de l'Evangile. C'est ce que l'Apôtre nous défend expressément lorsqu'il nous dit qu'il a droit d'user de la permission que le Seigneur donne à ceux qui annoncent l'Evangile, de vivre de l'Evangile, c'est-à-dire de se procurer par la prédication de l'Evangile les choses nécessaires à la vie, mais que cependant il n'a point usé de ce droit. (I *Cor.*, IX, 14.) En effet, il en était un grand nombre qui désiraient trouver l'occasion d'acheter et de vendre l'Evangile, » (*Act.* XX, 34) et c'est pour leur retrancher cette occasion que l'Apôtre a mieux aimé pourvoir à sa nourriture du travail de ses mains. (II *Cor.*, XI, 12.) Et cependant, si à l'exemple d'autres saints apôtres, il avait usé du droit que lui donnait le Seigneur de vivre de l'Evangile, il n'aurait point par là même fait de cette nourriture le but et la fin de la prédication de l'Evangile ; mais au contraire il eut bien plutôt fait de la prédication de l'Evangile le but de cette nourriture ; c'est-à-dire, comme je l'ai fait observer plus haut, qu'il n'aurait pas annoncé l'Evangile pour se procurer la nourriture et les autres choses nécessaires à la vie, mais qu'il aurait usé de ces choses pour accomplir le devoir de la prédication par amour et non par nécessité. Il rejette en effet cette dernière manière lorsqu'il dit : « Ne savez-vous pas que les ministres du peuple mangent de ce qui est offert dans le temple, et que ceux qui servent à l'autel ont part aux oblations de l'autel ? Ainsi le Seigneur ordonne que ceux qui annoncent l'Evangile vivent de l'Evangile. Mais moi je n'ai usé d'aucun de ces droits. » (I *Cor.*, IX, 13, etc.) Paroles qui indiquent que c'était une simple permission et non un ordre ; autrement il serait convaincu d'avoir agi contre le commandement exprès du Seigneur. Puis il ajoute : « Et encore maintenant je ne vous écris point ceci, afin qu'on en use ainsi avec moi ; j'aimerais mieux mourir que de laisser quelqu'un m'enlever cette gloire. » (*Ibid.*, 15.) Il s'exprime

ad illud regnum pervenire possimus, quæ vita sine his necessariis agi non potest ; « Apponentur vobis hæc, » inquit, sed vos regnum Dei et justitiam ejus primum quærite. Cum enim dixit illud primum, significavit quia hoc posterius quærendum est, non tempore, sed dignitate : illud tanquam bonum nostrum, hoc tanquam necessarium nostrum ; necessarium autem propter illud bonum.

54. Neque enim, verbi gratia, ideo debemus evangelizare, ut manducemus ; sed ideo manducare, ut evangelizemus : nam si propterea evangelizamus, ut manducemus, vilius habemus Evangelium quam cibum ; et erit jam bonum nostrum in manducando, necessarium autem in evangelizando. Quod etiam Apostolus prohibet, cum dicit, licere sibi quidem, et permissum esse a Domino, ut qui Evangelium annuntiant, de Evangelio vivant (I *Cor.*, IX, 14), id est, de Evangelio habeant ea quæ huic vitæ sunt necessaria : sed tamen se non esse abusum hac potestate. Erant enim multi, qui occasionem habere cupiebant acquirendi et vendendi Evangelium, quibus eam volens amputare Apostolus, manibus suis victum suum toleravit. (*Act.*, XX, 34.) De his enim alio loco dicit : Ut amputem occasionem, iis qui quærunt occasionem. (II *Cor.*, XI, 12.) Quanquam etiam si, ut cæteri boni Apostoli, permissu Domini de Evangelio viveret, non ideo in eo victu constitueret finem evangelizandi, sed magis ipsius victus sui finem in Evangelio collocaret : id est, ut superius dixi, non ideo evangelizaret, ut perveniret ad cibum, et si qua sunt alia necessaria ; sed ideo ista sumeret, ut illud impleret, ne non volens, sed necessitate evangelizaret. Hoc enim improbat, cum dicit : « Nescitis quoniam qui in templo operantur, quæ de templo sunt edunt ; et qui altario deserviunt, altario compartiuntur : sic et Dominus ordinavit iis qui Evangelium annuntiant, de Evangelio vivere : ego autem nullius horum usus sum. » (I *Cor.*, IX, 13, etc.) Hinc ostendit permissum esse, non jussum : alioquin contra præceptum Domini fecisse tenebitur. Deinde sequitur, et dicit : « Non autem scripsi hæc, ut ita fiant in me. Bonum est mihi magis mori, quam gloriam meam quisquam

LIVRE II. — CHAPITRE XVI.

de la sorte parce qu'il avait déjà résolu de vivre du travail de ses mains pour combattre la conduite de ceux qui cherchaient une occasion : « Car si je prêche l'Evangile, continue-t-il, ce ne m'est point un sujet de gloire, » (*Ibid.*, 16) c'est-à-dire si j'annonce l'Evangile pour qu'on en use ainsi avec moi, si j'annonce l'Evangile pour obtenir ces avantages, et que je place le but, la fin de la prédication de l'Evangile dans la nourriture, la boisson et le vêtement. Mais pourquoi n'est-ce point alors pour lui un sujet de gloire? « Ce m'est une nécessité, » répond-il, c'est-à-dire je suis obligé nécessairement d'annoncer l'Evangile, parce que je n'ai pas de quoi vivre et de chercher un avantage purement temporel dans la prédication des choses éternelles ; car alors la prédication de l'Evangile n'est plus pour moi une chose volontaire, c'est une nécessité. « Et malheur à moi, ajoute-t-il, si je ne prêche l'Evangile ! » Mais comment doit-il le prêcher ? En ne se proposant pour récompense que l'Evangile et le royaume de Dieu, car alors la prédication de l'Evangile sera vraiment pour lui une chose volontaire et non plus une nécessité. « Que si je le prêche de bon cœur, continue-t-il, j'en aurai la récompense, mais si je ne le fais qu'à regret, je dispense seulement ce qui m'a été confié. » (*Ibid.*, 17.) C'est-à-dire si j'annonce l'Evangile, pressé par le besoin des choses nécessaires à la vie présente, d'autres à qui mes prédications inspireront l'amour de l'Evangile en recueilleront le fruit par mon ministère ; et moi j'en serai privé, parce que ce n'est pas l'Evangile que j'aime, mais les avantages temporels qui en sont pour moi toute la récompense. Or voilà ce que Dieu défend, qu'un ministre de l'Evangile l'annonce non comme un fils, mais comme un serviteur qui dispense ce qui lui a été confié, qui en fait part comme d'un bien étranger dont il ne veut retirer lui-même que les aliments qui n'ont rien de commun avec le royaume de Dieu, et ne sont donnés que pour soutenir la misérable servitude de cette vie présente. Dans un autre endroit, il est vrai, l'Apôtre se donne le nom de dispensateur. En effet, un serviteur que l'adoption a mis au nombre des enfants peut très-bien dispenser à ses semblables le bien qu'il a reçu en sa qualité de cohéritier. Mais en disant ici : « Si je ne le fais qu'à regret, je dispense seulement ce qui m'a été confié, » il veut nous faire entendre un dispensateur qui fait part du bien d'autrui sans en retirer lui-même aucun profit.

55. Donc toute chose qui n'est pour nous qu'un moyen d'arriver à une autre est, sans aucun doute, d'une valeur moindre à nos yeux que celle qui est le but de nos recherches. Ainsi la première dans notre esprit est celle que nous avons en vue comme fin et non celle qui est pour nous un moyen d'atteindre cette fin. Si donc nous cherchons l'Evangile et le royaume

---

inanem faciat. » (*Ibid.*, 15.) Hoc dixit, quia jam statuerat, propter quosdam occasionem quærentes, manibus suis victum transigere. Si enim evangelizavero, inquit, non est mihi gloria : id est, si evangelizavero, ut ista fiant in me, id est, si propterea evangelizavero, ut ad illa perveniam, et finem Evangelii in cibo et potu et vestitu collocavero. (*Ibid.*, 16.) Sed quare non est ei gloria? « Necessitas enim, inquit, mihi incumbit : » id est, ut ideo evangelizem, quia unde vivam non habeo, aut ut acquiram temporalem fructum de prædicatione æternorum : sic enim jam necessitas erit in Evangelio, non voluntas. « Væ enim mihi est, inquit, si non evangelizavero. » Sed quomodo debet evangelizare? scilicet ut in ipso Evangelio et in regno Dei ponat mercedem : ita enim potest non coactus evangelizare, sed volens. « Si enim volens, inquit, hoc facio, mercedem habeo : si autem invitus, dispensatio mihi credita est : » (*Ibid.*, 17) id est, si coactus inopia earum rerum, quæ temporali vitæ sunt necessariæ, prædico Evangelium ; alii per me habebunt mercedem Evangelii, qui Evangelium ipsum me prædicante diligent : ego autem non habebo, quia non ipsum Evangelium diligo, sed ejus pretium in illis temporalibus constitutum. Quod nefas est fieri, ut non tanquam filius ministret quisque Evangelium, sed tanquam servus cui dispensatio credita est ; ut tanquam alienum eroget, nihil inde ipse accipiat præter cibaria, quæ non de participatione regni, sed ad sustentaculum miseræ servitutis dantur extrinsecus. Quanquam alio loco et dispensatorem se dicat. Potest enim et servus in filiorum numerum adoptatus, eam rem in qua cohæredis sortem meruit, fideliter dispensare participibus suis. Sed nunc ubi ait : « Si autem invitus, dispensatio mihi credita est : » talem dispensatorem intelligi voluit, qui alienum dispensat, unde ipse nihil accipiat.

55. Ergo quæcumque res propter aliud aliquid quæritur, sine dubio inferior est, quam id propter quod quæritur : et ideo illud primum est propter quod istam rem quæris, non ista res quam propter illud quæris. Quapropter si Evangelium et regnum Dei propter cibum quærimus, priorem facimus ci-

de Dieu en vue de la nourriture, nous donnons à la nourriture la priorité sur le royaume de Dieu, c'est-à-dire que si la nourriture ne nous faisait défaut, nous ne nous inquiéterions pas du royaume de Dieu. C'est là chercher d'abord la nourriture et ensuite le royaume de Dieu, c'est-à-dire mettre l'une au premier rang et l'autre au second. Si, au contraire, nous cherchons la nourriture comme un moyen d'arriver au royaume de Dieu, nous accomplissons ce commandement : « Cherchez d'abord le royaume de Dieu et sa justice, et le reste vous sera donné par surcroît. »

CHAPITRE XVII.

56. En effet, si nous cherchons d'abord le royaume de Dieu et sa justice, c'est-à-dire si nous les préférons à tout et que nous leur rapportions tous les autres biens, n'ayons aucune crainte de manquer des choses qui nous sont nécessaires en cette vie pour arriver au royaume de Dieu. Car le Sauveur nous a dit plus haut : « Votre Père sait que vous en avez besoin. » Aussi, après nous avoir recommandé de chercher d'abord le royaume de Dieu et sa justice, il n'ajoute pas : Cherchez ensuite les autres choses, bien qu'elles soient nécessaires, mais : « Toutes ces choses vous seront données par surcroît, » c'est-à-dire, si vous cherchez les premières, les autres suivront d'elles-mêmes, sans aucune difficulté pour vous, et sans aucune crainte qu'en cherchant ces biens vous ne soyez détournés des premiers ou obligés de vous proposer deux fins à la fois, le royaume de Dieu pour lui-même et ensuite les choses nécessaires. Au contraire, qu'elles ne soient pour vous qu'un moyen d'arriver au royaume de Dieu, alors elles ne vous feront point défaut. Vous ne pouvez servir deux maîtres. On s'efforce de servir deux maîtres lorsqu'on recherche le royaume de Dieu comme un bien d'un grand prix, et tout ensemble les biens de la terre. Or, nous ne pouvons avoir l'œil simple et servir un seul Seigneur, un seul Dieu, à moins que toutes les autres choses, je parle des nécessaires, ne soient pour nous qu'un moyen de parvenir au but unique, c'est-à-dire au royaume de Dieu. De même que tous les soldats reçoivent leur ration et leur solde; ainsi donc ceux qui annoncent l'Evangile reçoivent la nourriture et le vêtement. Mais tous les soldats ne servent pas dans l'intérêt de la république, il en est beaucoup qui n'ont en vue que le salaire qu'ils reçoivent. Ainsi tous les ministres de l'Evangile ne se proposent pas dans le service de Dieu l'intérêt de l'Eglise, mais ces biens temporels qui leur sont donnés comme subsistance et comme solde, ou bien ils ont en vue ces deux choses à la fois. Or nous l'avons déjà dit plus haut : « Personne ne peut servir deux maîtres. » Nous devons donc faire

bum, et posterius regnum Dei; ita ut si non desit cibus, non quæramus regnum Dei : hoc est primum quærere cibum, et deinde regnum Dei, id est, hoc priore loco ponere, illud posteriore. Si autem ideo quæramus cibum, ut habeamus regnum Dei, facimus quod dictum est : « Quærite primum regnum Dei, et justitiam ejus, et hæc omnia apponentur vobis. »

CAPUT XVII.

56. Quærentibus enim primum regnum et justitiam Dei, id est, hoc præponentibus cæteris rebus, ut propter hoc cætera quæramus, non debet subesse sollicitudo ne illa desint, quæ huic vitæ propter regnum Dei sunt necessaria. Dixit enim superius : « Scit Pater vester quod horum omnium indigetis. » (*Matth.*, VI, 32.) Et ideo cum dixisset : « Quærite primum regnum Dei et justitiam ejus, » non dixit : Deinde ista quærite; quamvis sint necessaria : sed ait : « Hæc omnia apponentur vobis, » id est consequentur, si illa quæratis, sine ullo vestro impedimento : ne cum ista quæritis illinc avertamini; aut ne duos fines constituatis, ut et regnum Dei propter se appetatis, et ista necessaria; sed hæc potius propter illud : ita vobis non deerunt. Quia duobus dominis servire non potestis. Duobus autem dominis servire conatur, qui et regnum Dei pro magno bono appetit, et hæc temporalia. Non poterit autem simplicem habere oculum, et uni Domino Deo servire, nisi quæcumque sunt cætera, si sunt necessaria, propter hoc unum assumat, id est, propter regnum Dei. Sicut autem omnes militantes accipiunt annonam et stipendium, sic omnes evangelizantes accipiunt victum et tegumentum. Sed non omnes propter salutem reipublicæ militant, sed propter illa quæ accipiunt : sic et non omnes propter salutem Ecclesiæ ministrant Deo, sed propter hæc temporalia, quæ tanquam annonam et stipendia consequantur : aut et propter hoc, et propter illud. Sed supra jam dictum est : « Non potestis duobus dominis servire. » (*Matth.*, VI, 24.) Ergo simplici corde tantummodo propter regnum Dei debemus operari bonum ad om-

LIVRE II. — CHAPITRE XVII.

le bien à l'égard de tous avec un cœur simple et en vue seulement du royaume de Dieu ; et, dans cette action, ne nous proposer ni exclusivement, ni conjointement avec le royaume de Dieu la récompense des biens temporels. Il réunit tous ces avantages temporels sous le nom de lendemain en nous disant : « Ne vous inquiétez pas du lendemain. » Ce mot de lendemain ne s'emploie que dans le temps, là où le passé fait place à l'avenir. Quand donc nous faisons le bien, pensons non pas aux choses du temps, mais aux biens de l'éternité, alors nos œuvres auront toute leur bonté, toute leur perfection. « Car le lendemain aura soin de lui-même, » ajoute le Seigneur, ce qui signifie que vous prendrez votre nourriture, votre boisson, votre vêtement quand il en sera temps, c'est-à-dire lorsque le besoin s'en fera sentir. Toutes ces choses seront à notre disposition, parce que notre Père sait que nous en avons besoin. « A chaque jour suffit son mal, » dit encore le Sauveur ; il suffit que vous preniez ce que demandera la nécessité. Il appelle cette nécessité un mal (I *Rétract.*, XIX, 9), parce qu'elle est pour nous une peine et qu'elle fait partie de cette fragilité et de cette mortalité qui est une punition de notre péché. N'allez donc pas rendre plus accablante cette peine des nécessités temporelles, c'est déjà assez de subir cette servitude des besoins de la vie, n'allez pas encore chercher dans le service de Dieu les moyens d'y subvenir.

57. Mais nous devons aussi prendre un soin extrême lorsque nous voyons un serviteur de Dieu qui cherche à se procurer le nécessaire, soit pour lui, soit pour ceux dont le soin lui est confié, de ne pas l'accuser d'enfreindre le commandement du Seigneur et d'être inquiet pour le lendemain. Est-ce que le Seigneur lui-même, qui était servi par les anges, n'a pas daigné, et pour notre exemple, et pour prévenir tout scandale, lorsqu'on verrait un de ses serviteurs se procurer les choses nécessaires à la vie, est-ce qu'il n'a pas daigné, dis-je, pour subvenir à tous ses besoins, avoir une bourse et de l'argent dont le dépositaire et le voleur était le traître Judas, comme nous le voyons dans l'Evangile. (*Jean*, XII, 6.) Est-ce que l'apôtre saint Paul aussi ne s'est pas inquiété du lendemain, lorsqu'il fait cette recommandation : « Quant aux aumônes qu'on recueille pour les saints, faites vous aussi, comme je l'ai réglé pour les Eglises de Galatie ? Qu'au premier jour de la semaine, chacun de vous mette quelque chose à part chez soi, réunissant ce qu'il veut donner, afin qu'on n'attende pas mon arrivée pour recueillir les aumônes. Et lorsque je serai arrivé, j'enverrai ceux que vous aurez désignés par vos lettres porter vos libéralités à Jérusalem. S'il

---

nes : non autem in hac operatione, vel solam, vel cum regno Dei mercedem temporalium cogitare : quorum omnium temporalium nomine crastinum posuit, dicens : « Nolite (a) cogitare de crastino. » (v. 34.) Non enim dicitur crastinus dies, nisi in tempore, ubi præterito succedit futurum. Ergo cum aliquid boni operamur, non temporalia, sed æterna cogitemus : tunc erit illud bonum et perfectum opus. « Crastinus enim dies, inquit, sollicitus erit sibi ipsi : » id est, ut cum oportuerit sumas cibum vel potum vel indumentum, cum ipsa scilicet necessitas urgere cœperit. Aderunt enim hæc, quia novit Pater noster quod horum omnium indigeamus. « Sufficit enim, inquit, diei malitia sua : » id est, sufficit quod ista sumere urgebit ipsa necessitas. Quam propterea malitiam nominatam arbitror, quia pœnalis est nobis : pertinet enim ad hanc fragilitatem et mortalitatem, quam peccando meruimus. Huic ergo pœnæ temporalis necessitatis noli addere aliquid gravius, ut non solum patiaris harum rerum indigentiam, sed etiam propter hanc explendam milites Deo.

57. Hoc autem loco vehementer cavendum est, ne forte cum viderimus aliquem servum Dei providere ne ista necessaria desint, vel sibi, vel eis quorum sibi cura commissa est, judicemus eum contra præceptum Domini facere, et de crastino esse sollicitum. Nam et ipse Dominus, cui ministrabant Angeli (*Matth.*, IV, 11), tamen propter exemplum, ne quis postea scandalum pateretur, cum aliquem servorum ejus animadvertisset ista necessaria procurare, loculos habere dignatus est (b) cum pecunia, unde usibus necessariis quidquid opus fuisset præberetur : quorum loculorum custos et fur, sicut scriptum est : Judas fuit, qui eum tradidit. (*Joan.*, XII, 6.) Sicut et apostolus Paulus potest videri de crastino cogitasse, cum dixit : « De collectis autem in sanctos, sicut ordinavi Ecclesiis Galatiæ, ita et vos facite : secundum unam sabbati unusquisque vestrum apud se ponat thesaurizans, quod ei placuerit, ut non cum venero, tunc collectæ fiant. Cum autem advenero, quoscumque probaveritis per epistolas, hos mittam perferre gratiam vestram in Jerusalem : quod si dignum fue-

(a) In Mss. prope omnibus : *Nolite solliciti esse de crastino.* — (b) Mss. octo, *quibus portabatur pecunia.*

TOM. IX.

est à propos que j'y aille moi-même, ils viendront avec moi. Or, j'irai vous voir lorsque j'aurai passé la Macédoine, car je traverserai cette province. Peut-être même que je m'arrêterai chez vous et que j'y passerai l'hiver, afin que vous me conduisiez partout où j'irai. Car ce n'est pas seulement en passant que je veux vous voir cette fois, et j'espère demeurer assez longtemps chez vous; si le Seigneur le permet je demeurerai à Ephèse jusqu'à la Pentecôte. » (I *Cor.*, XVI, 1-8.) Ne lisons-nous pas encore dans les *Actes des Apôtres* que, pour échapper au danger d'une famine imminente, on fit les provisions nécessaires pour l'avenir ? « En ces jours, est-il écrit, des prophètes vinrent de Jérusalem à Antioche, et il y eut une grande joie. Et l'un d'eux, nommé Agabus, se levant, prédit par inspiration qu'il y aurait une grande famine dans toute la terre, comme elle arriva sous l'empereur Claude. Et les disciples résolurent, chacun selon son pouvoir, d'envoyer quelques aumônes aux frères qui demeuraient en Judée. Ce qu'ils firent, en faisant passer ces aumônes aux prêtres par les mains de Barnabé et de Saul. » (*Act.*, XI, 27-30.) Ne voyons-nous pas encore dans le même livre que le même apôtre Paul, étant sur le point de s'embarquer, on lui donna tout ce qui était nécessaire et des provisions pour bien plus d'un jour ? (*Act.*, XXVIII, 10.) Enfin,

n'a-t-il pas écrit dans une de ses Epîtres : « Que celui qui dérobait ne dérobe plus, mais qu'il s'occupe en travaillant des mains à quelque ouvrage bon et utile pour avoir de quoi donner à ceux qui sont dans l'indigence ? » (*Ephes.*, IV, 28.) Il en est, il est vrai, qui faute de comprendre le sens de ces paroles, y voient une transgression de ce précepte du Seigneur : « Regardez les oiseaux du ciel, ils ne sèment ni ne moissonnent, ils n'amassent point dans des greniers; » et : « Considérez encore comment croissent les lis des champs, ils ne travaillent point, ils ne filent point; » (*Matth.*, VI, 26-28) puisqu'il leur recommande de s'occuper à travailler de leurs mains, pour avoir de quoi donner aux autres. (I *Thess.*, II, 9.) Et lorsqu'il dit si souvent de lui-même, qu'il a travaillé de ses mains pour n'être à charge à personne; (II *Thess.*, III, 8) et lorsque nous lisons qu'il avait fait choix de la demeure d'Aquila parce qu'il était du même métier pour travailler avec lui et gagner sa vie; (*Act.*, XVIII, 3.) il ne paraît pas qu'il ait imité ni les oiseaux du ciel, ni les lis des champs. Ces différents passages de l'Ecriture et d'autres semblables prouvent suffisamment que ce que le Seigneur condamne ce n'est pas qu'on cherche à se donner le nécessaire par les voies ordinaires, mais qu'on ne s'attache au service de Dieu que pour se les procurer en ne

---

rit ut et ego eam, mecum ibunt. Veniam autem ad vos, cum Macedoniam transiero, nam Macedoniam pertransibo : apud vos autem forsitan remanebo, vel etiam hyemabo, ut vos me deducatis quocumque iero. Nolo enim vos nunc in transitu videre : spero enim me aliquod temporis manere apud vos, si permiserit Dominus. Permanebo autem Ephesi usque ad Pentecosten. » (I *Cor.*, XVI, 1, etc.) Item in Actibus Apostolorum scriptum est, ea quæ ad victum sunt necessaria, procurata esse in futurum propter imminentem famem. Sic enim legimus : « In illis autem diebus descenderunt ab Jerosolymis Prophetæ Antiochiam, eratque magna exultatio. Congregatis autem nobis, surgens unus ex illis nomine Agabus, significabat per Spiritum, famem magnam futuram in universo mundo, quæ et facta est sub Claudio Cæsare (*a*). Discentium autem ut quisque abundabat, statuerunt unusquisque eorum in ministerium mittere presbyteris habitantibus in Judæa fratribus, qui et miserunt per manum Barnabæ et Sauli. » (*Act.*, XI, 27, etc.) Et quod naviganti eidem apostolo Paulo

imposita sunt utensilia, quæ offerebantur, non ad unum tantum diem videtur victus esse procuratus. (*Act.*, XXVIII, 10.) Et quod idem scribit : « Qui furabatur, jam non furetur : magis autem laboret operans manibus suis bonum, ut habeat unde (*b*) tribuere cui opus est. » (*Ephes.*, IV, 28.) Male intelligentibus non videtur servare præceptum Domini, quo ait : « Respicite volatilia cœli, quoniam non serunt neque metunt, neque congregant in horrea : » (*Matth.*, VI, 26) et : « Considerate lilia agri quomodo crescunt, non laborant neque nent. » (*Ibid.*, 28.) Cum istis præcipit ut laborent, operantes manibus suis, ita ut habeant quod etiam aliis possint tribuere. (I *Thess.*, II, 9.) Et quod sæpe de seipso dicit, quod manibus suis operatus sit, ne quem gravaret (II *Thess.*, III, 8) : et de illo scriptum est, quod conjunxerit se Aquilæ propter artis similitudinem, ut simul operarentur unde victum transigerent (*Act.*, XVIII, 3), non videtur imitatus aves cœli et lilia agri. His et hujusmodi Scripturarum locis, satis apparet Dominum nostrum non hoc improbare, si quis hu-

---

(*a*) Am. Er. et Lov. *descendentium*. Verius Mar. et Mss. *discentium*. — (*b*) Sic Mss. juxta Græc. textum Apostoli. At Am. Er. et Lov. *unde tribuat cui opus est quod bonum est.*

se proposant dans ses actions que ces avantages temporels bien plus que le royaume de Dieu.

58. Tout ce commandement se réduit donc à cette règle : Qu'en cherchant le nécessaire, nous ne devons pas perdre de vue le royaume de Dieu ; et qu'en combattant pour le royaume de Dieu, nous devons nous affranchir de la pensée des biens du temps. S'il arrive alors quelquefois que ces biens même nécessaires nous fassent défaut, ce que Dieu permet le plus souvent pour nous exercer, notre résolution, loin d'en être ébranlée, n'en serait que plus épurée, plus éprouvée, plus affermie. « Nous nous glorifions dans nos afflictions, dit l'apôtre saint Paul, sachant que l'affliction produit la patience, la patience l'épreuve, et l'épreuve l'espérance. Or, cette espérance n'est pas confondue, parce que l'amour de Dieu a été répandu dans nos cœurs par l'Esprit saint qui nous a été donné. » (*Rom.*, v, 3.) Lorsque le même Apôtre fait l'énumération de ses tribulations et de ses travaux, il comprend non-seulement les prisons, les naufrages et d'autres tribulations de ce genre, mais ce qu'il a eu à souffrir de la faim, de la soif, du froid, de la nudité. (II *Cor.*, xi, 25.) Au récit de ces épreuves, ne croyons pas qu'en laissant souffrir de la faim, de la soif, de la nudité, l'Apôtre, qui combattait pour le royaume de Dieu, Dieu ait failli à sa promesse : « Cherchez le royaume de Dieu et sa justice, et tout le reste vous sera donné comme par surcroît. » Ces soutiens de notre existence, le médecin entre les mains duquel nous nous sommes remis tout entiers et de qui nous tenons les promesses de la vie présente et de la vie future, sait quand il est utile pour nous de nous les donner ou de nous en priver, lui dont la Providence nous dirige ici-bas à travers les consolations et les épreuves pour nous établir après cette vie dans l'assurance inébranlable d'un éternel repos. Est-ce que l'homme lui-même, parce qu'il prive de nourriture sa bête de somme, cesse d'en prendre soin, et n'est-ce pas bien plutôt dans son intérêt qu'il le fait?

CHAPITRE XVIII.

59. Mais on ne peut savoir quelle intention nous porte à nous procurer les ressources de la vie, ou à les mettre en réserve, si elles ne sont pas immédiatement nécessaires, et nous pouvons agir ici avec une intention simple ou avec duplicité ; Notre-Seigneur ajoute donc très à propos : « Ne jugez pas, et vous ne serez pas jugés, car vous serez jugés selon que vous aurez jugé les autres, et on se servira envers vous de la mesure dont vous vous serez servis. » (*Matth.*, vii,

---

mano more ista procuret : sed si quis propter ista Deo militet, ut in operibus suis non regnum Dei, sed istorum acquisitionem intueatur.

58. Ad hanc ergo regulam hoc totum præceptum redigitur, ut etiam in istorum provisione regnum Dei cogitemus, in militia vero regni Dei ista non cogitemus. Ita enim etiamsi aliquando defuerint, quod plerumque propter exercitationem nostram Deus sinit, non solum non debilitant propositum nostrum, sed etiam examinatum probatumque confirmant. « Gloriamur enim, inquit, in tribulationibus, scientes quod tribulatio patientiam operatur, patientia autem probationem, probatio autem spem, spes vero non confundit; quia caritas Dei diffusa est in cordibus nostris per Spiritum sanctum, qui datus est nobis. » (*Rom.*, v, 3, etc.) In commemoratione autem tribulationum ac laborum suorum idem Apostolus non tantum in carceribus et naufragiis, atque hujusmodi multis molestiis, sed etiam in fame et siti, in frigore et nuditate se laborasse commemorat. (II *Cor.*, xi, 25.) Quod cum legimus, non æstimemus Domini promissa titubasse, ut famem ac sitim et nuditatem pateretur Apostolus, quærens regnum et justitiam Dei, cum dictum sit nobis : « Quærite primum regnum Dei, et justitiam ejus, et hæc omnia apponentur vobis » quandoquidem ista sicut adjutoria novit ille medicus, cui semel nos totos commisimus, et a quo habemus promissionem vitæ præsentis et futuræ, quando apponat, quando detrahat, sicut nobis judicat expedire, quos et consolandos et exercendos in hac vita, et post hanc vitam in perpetua requie stabiliendos atque firmandos gubernat, ac dirigit. Non enim et homo, cum plerumque jumento suo cibaria detrahit, deserit illud cura sua, ac non potius curando hæc facit.

CAPUT XVIII.

59. Et quoniam cum ista vel procurantur in futurum, vel si causa non est quare illa impendas, reservantur, incertum est quo animo fiat, cum possit simplici corde fieri, possit et duplici, opportune hoc loco subjecit : « Nolite judicare, ne judicetur de vobis : in quo enim judicio judicaveritis, judicabitur de vobis; et in qua mensura mensi fueritis, remetietur vobis. » (*Matth.*, vii, 1 et 2.) Hoc loco nihil aliud no-

1-2.) Notre-Seigneur, je pense, ne nous ordonne ici autre chose que d'interpréter en bonne part les actions dont le motif nous est inconnu. Car ce qu'il dit ailleurs : « Vous les reconnaîtrez à leurs fruits, » (*Ibid.*, 16) s'applique à celles dont la nature ne peut être douteuse, comme les outrages à la pudeur, les blasphèmes, les vols, l'ivrognerie, et d'autres crimes semblables qu'il nous est permis de juger au témoignage de l'Apôtre : « Pourquoi voudrais-je juger ceux qui sont hors de l'Eglise ? N'est-ce pas ceux qui sont dans l'Eglise que vous avez droit de juger ? » (I *Cor.*, v, 12.) Quant à la nature des aliments, comme tout ce qui sert à la nourriture de l'homme, peut être pris dans une bonne intention, avec un cœur simple et sans aucune convoitise coupable, le même Apôtre ne veut pas que ceux qui se nourrissaient de viande et buvaient du vin fussent jugés par ceux qui s'abstenaient de ces aliments ? « Que celui qui mange, disait-il, ne méprise point celui qui n'ose manger de tout, et que celui qui ne mange pas ne condamne point celui qui mange. » (*Rom.*, xiv, 3.) Et il ajoute : « Qui êtes-vous, pour oser ainsi condamner le serviteur d'autrui ? S'il tombe ou s'il demeure ferme, cela regarde son maître. » (*Ibid.*, 4.) Les chrétiens qu'il reprend voulaient, en effet, tout hommes qu'ils étaient, et dans des actions qui pourraient être faites dans une intention bonne, simple, élevée, quoiqu'elles pussent procéder aussi d'une intention mauvaise, se rendre juges des dispositions intérieures du cœur que Dieu seul s'est réservé de juger.

60. A cette recommandation se rattache encore ce qu'il dit dans un autre endroit : « Ne jugez point avant le temps, jusqu'à ce que le Seigneur vienne, qui éclairera ce qui est caché dans les ténèbres, et découvrira les plus secrètes pensées du cœur, et alors chacun recevra de Dieu la louange qui lui sera due. » (I *Cor.*, iv, 5.) Il est donc certaines actions intermédiaires dont nous ignorons l'intention, parce qu'elle peut être indifféremment bonne ou mauvaise, c'est une témérité de les juger, surtout pour les condamner. Le temps viendra de les juger, lorsque « le Seigneur éclairera ce qui est caché dans les ténèbres, et découvrira les plus secrètes pensées du cœur. » Le même Apôtre dit encore ailleurs : « Les péchés de quelques-uns sont manifestes et les devancent au jugement, mais ceux de certains autres les suivent. » (I *Tim.*, v, 24.) Il appelle manifestes les péchés dont l'intention est évidente ; ces péchés devancent les coupables au jugement, c'est-à-dire que le jugement que nous portons sur ces actions n'est point téméraire. Les péchés qui les suivent sont les péchés secrets qui seront mis au grand jour dans leur temps. Il faut raisonner de même des bonnes

---

bis præcipi existimo, nisi ut ea facta, quæ dubium est quo animo fiant, in meliorem partem interpretemur. Quod enim scriptum est : Ex fructibus eorum cognoscetis eos, de manifestis dictum est, quæ non possunt bono animo fieri : sicut sunt stupra, vel blasphemiæ, vel furta, vel ebriositates, et si qua sunt talia, de quibus nobis judicare permittitur, dicente Apostolo : « Quid enim mihi de iis qui foris sunt judicare ? nonne de iis qui intus sunt vos judicatis ? » (I *Cor.*, v, 12.) De genere autem ciborum, quia possunt bono animo et simplici corde sine vitio concupiscentiæ quicumque humani cibi indifferenter sumi, prohibet idem Apostolus judicari eos, qui carnibus vescebantur, et vinum bibebant, ab eis qui se ab hujusmodi alimentis temperabant. « Qui manducat, inquit, non manducantem non spernat ; et qui non manducat, manducantem non judicet. Ibi etiam ait : Tu quis es qui judices alienum servum ? Domino suo stat, aut cadit. » (*Rom.*, xiv, 3, 4.) De talibus enim rebus quæ possunt bono et simplici et magno animo fieri quamvis possint etiam non bono, volebant illi cum homines essent, in occulta cordis ferre sententiam, de quibus solus Deus judicat.

60. Ad hoc pertinet etiam illud quod alio loco dicit : « Nolite ante tempus quidquam judicare, quoadusque veniat Dominus, qui et illuminabit abscondita tenebrarum, et manifestabit cogitationes cordis : et tunc laus erit unicuique a Deo. » (I *Cor.*, iv, 5.) Sunt ergo quædam facta media, quæ ignoramus quo animo fiant, quia et bono et malo fieri possunt, de quibus temerarium est judicare, maxime ut condemnemus. Horum autem veniet tempus ut judicentur, cum Dominus illuminabit abscondita tenebrarum, et manifestabit cogitationes cordis. Item alio loco dicit idem Apostolus : Quorumdam hominum peccata manifesta sunt præcedentia ad judicium (*), quædam autem et subsequuntur. (I *Tim.*, v, 24.) Manifesta ea dicit, de quibus clarum est quo animo fiant : hæc præcedunt ad judicium, id est, quia si fuerit ista subsecutum judicium, non est temerarium. Subsequuntur autem illa quæ occulta sunt ; quia nec ipsa latebunt tempore suo. Sic et de bonis factis in-

(*) *f.* Quorumdam.

LIVRE II. — CHAPITRE XVIII.

œuvres : « De même, continue-t-il, il en est dont les bonnes œuvres sont manifestes, et si elles ne le sont pas encore, elles ne demeureront pas longtemps cachées. » (*Ibid.*, 25.) Bornons-nous donc à juger ce qui est évident, et laissons à Dieu le jugement de ce qui est caché, car les actions bonnes ou mauvaises ne pourront rester cachées, lorsque le jour des manifestations sera venu.

61. Or, il est deux circonstances où nous devons éviter le jugement téméraire, lorsque l'intention qui a dirigé telle action nous est inconnue, et quand nous ignorons ce que deviendra par la suite une personne qui nous paraît être actuellement bonne ou mauvaise. Par exemple un homme ne peut jeûner, dit-il, parce qu'il est faible d'estomac, et vous, refusant de le croire, vous l'accusez d'agir par gourmandise ; vous faites un jugement téméraire. Supposons, au contraire, que son intempérance et son penchant à l'ivrognerie soient notoires, vous le blâmez comme s'il ne pouvait jamais changer et devenir meilleur ; votre jugement est encore téméraire. Ne blâmons donc pas des actions dont nous ne connaissons pas l'intention, et quand à celles qui sont manifestement mauvaises, ne désespérons jamais de la guérison du malade ; nous éviterons ainsi le jugement dont le Sauveur nous dit ici : « Ne jugez point, et vous ne serez point jugés. »

62. Cependant on peut être surpris de ce qu'il ajoute : « Car vous serez jugés selon que vous aurez jugé les autres, et selon que vous aurez mesuré, on vous mesurera. » Est-ce que par exemple, si nous jugeons témérairement, Dieu nous jugera de la même manière ? Et si nous nous sommes servi d'une mesure injuste, Dieu nous appliquera-t-il une mesure semblable ? Car ces expressions mesure et jugement ont ici, je pense, le même sens. Dieu ne peut en aucune manière ni juger témérairement, ni se servir pour personne d'une mesure injuste ; ces paroles signifient donc que la témérité dont vous aurez rendu les autres victimes, sera elle-même votre châtiment. A moins que vous ne vous imaginiez que l'iniquité nuit à celui qui en est l'objet et ne fait aucun mal à celui qui en est l'auteur. Souvent au contraire, l'injustice ne nuit en rien au premier, mais elle fait nécessairement un tort immense au second. En quoi l'iniquité des persécuteurs a-t-elle été nuisible aux martyrs ? Mais au contraire, elle est retombée de tout son poids sur leurs bourreaux. Quelques-uns se sont convertis, il est vrai ; cependant dans le temps où ils étaient persécuteurs, leur malice les aveuglait. C'est ainsi que le jugement téméraire est presque toujours inoffensif pour celui qui en est l'objet, mais il est nécessairement funeste à celui qui juge témérairement. C'est aussi d'après cette même règle, je pense, qu'il faut entendre

---

telligendum est. Nam ita subjungit : « Similiter et facta bona manifesta sunt, et quæcumque aliter se habent, abscondi non possunt. » (v. 25.) De manifestis ergo judicemus, de occultis vero Deo judicium relinquamus : quia et ipsa abscondi non possunt, sive mala sive bona, cum tempus advenerit quo manifestentur.

61. Duo sunt autem in quibus temerarium judicium cavere debemus, cum animo incertum est quo quidque factum sit, vel cum incertum est qualis futurus sit qui nunc vel bonus vel malus apparet. Si ergo quispiam, verbi gratia, conquestus de stomacho jejunare noluit, et tu id non credens edacitatis ei vitio tribueris, temere judicabis. Item si manifestam edacitatem ebriositatemque cognoveris, et ita reprehenderis quasi nunquam ille possit corrigi atque mutari, nihilo minus temere judicabis. Non ergo reprehendamus ea quæ nescimus quo animo fiant ; neque ita reprehendamus quæ manifesta sunt, ut desperemus sanitatem ; et vitabimus judicium, de quo nunc dicitur : « Nolite judicare, ne judicetur de vobis. »

62. Potest autem movere quod ait : « In quo enim judicio judicaveritis, judicabitur de vobis ; et in qua mensura mensi fueritis, in ea remetietur vobis. » Numquid enim si nos judicio temerario judicaverimus, temere etiam de nobis Deus judicabit ? Aut numquid si in mensura iniqua mensi fuerimus, et apud Deum iniqua mensura est unde nobis remetietur ? nam et mensuræ nomine ipsum judicium significatum arbitror. Nullo modo Deus vel temere judicat, vel iniqua mensura cuiquam rependit : sed hoc dictum est, quoniam temeritas qua punis alium, eadem ipsa te puniat necesse est. Nisi forte arbitrandum est, quod iniquitas ei noceat aliquid in quem procedit, ei autem nihil a quo procedit ; imo vero sæpe nihil nocet ei qui patitur injuriam, ei autem qui facit necesse est ut noceat. Quid enim nocuit Martyribus iniquitas persequentium ? ipsis autem persecutoribus plurimum. Quia etsi aliqui eorum correcti sunt, eo tamen tempore quo persequebantur, excæcabat illos malitia eorum. Sic et temerarium judicium plerumque nihil nocet ei de quo temere judicatur : ei autem qui temere judicat, ipsa temeritas necesse est ut noceat. Ista regula etiam illud dictum arbitror : Omnis qui percusserit gladio,

ces paroles : « Tous ceux qui frapperont du glaive, périront par le glaive. » (*Matth.*, xxvi, 52.) Car combien en est-il qui frappent de l'épée et ne périssent point par l'épée, non plus que Pierre lui-même ? Mais peut-être quelqu'un pourrait penser que grâce au pardon accordé à cet apôtre, il a évité la peine du glaive, bien que ce soit le comble de l'absurdité de regarder la peine du glaive à laquelle Pierre a échappé, comme supérieure au supplice de la croix auquel il a été condamné. » Que dira-t-il donc des deux voleurs crucifiés avec Notre-Seigneur ? Car enfin l'un a obtenu son pardon après avoir été crucifié, et l'autre est mort sans l'avoir obtenu. (*Luc*, xxiii, 53.) Est-ce que par hasard ils avaient crucifié tous ceux qu'ils avaient mis à mort, et que c'est par là qu'ils ont mérité le supplice de la croix ? Il serait ridicule de le penser. « Ces paroles : Quiconque frappera de l'épée, périra par l'épée, » ne signifient donc autre chose, sinon que l'âme meurt du péché même dont elle se rend coupable.

CHAPITRE XIX.

63. Le dessein de Notre-Seigneur est ici de nous prémunir contre le jugement téméraire et injuste ; car il veut que nous fassions toutes nos œuvres avec un cœur simple et qui n'a que Dieu en vue. Comme il y a d'ailleurs un grand nombre d'actions dont le motif est inconnu, et qu'on ne peut juger sans témérité ; jugement téméraire dont se rendent coupables ceux qui se prononcent légèrement et avec sévérité dans les choses incertaines, et qui aiment mieux blâmer et condamner que de corriger et de ramener au bien, ce qui est toujours un effet de l'orgueil et de l'envie ; il poursuit sa pensée et il ajoute : « Pourquoi voyez-vous une paille dans l'œil de votre frère, vous qui ne voyez pas une poutre dans votre œil ? » (*Matth.*, vii, 3.) Ainsi, par exemple, un homme vous offense par un mouvement de colère, vous le reprenez par un sentiment de haine ; il y a autant de distance entre sa colère et votre haine qu'entre un fétu et une poutre. La haine, en effet, est une colère invétérée qui a pris une telle force en vieillissant, qu'elle mérite justement le nom de poutre. Il peut se faire qu'en vous mettant en colère contre un homme, vous vouliez le corriger ; mais si vous avez de la haine contre lui, vous ne pourrez jamais le rendre meilleur.

64. « Comment dites-vous à votre frère : Laissez-moi ôter la paille de votre œil, lorsqu'il y a une poutre dans le vôtre ? Hypocrite, ôtez d'abord la poutre de votre œil, et alors vous verrez à ôter la paille de l'œil de votre frère. » C'est-à-dire, commencez par chasser la haine de votre cœur, et vous pourrez ensuite travailler à la correction de celui que vous aimez. C'est bien avec

gladio morietur. (*Matth.*, xxvi, 52.) Quam multi enim gladio percutiunt, nec tamen gladio moriuntur, sicut neque ipse Petrus. Sed ne istum venia peccatorum talem evasisse pœnam quis putet, quanquam nihil absurdius, quam ut majorem putet gladii pœnam esse potuisse, quæ Petro non accidit, quam crucis quæ accidit : quid tamen de latronibus dicturus est, qui cum Domino crucifixi sunt : quia et ille qui meruit veniam, postea quam crucifixus est meruit, et alter omnino non meruit? (*Luc.*, xxiii, 33.) An forte omnes quos occiderant, crucifixerunt ; et propterea hoc etiam ipsi pati meruerunt ? Ridiculum est hoc putare. Quid ergo aliud dictum est : « Omnis enim qui gladio percusserit, gladio morietur, » nisi quia ipso peccato anima moritur, quodcumque commiserit ?

CAPUT XIX.

63. Et quoniam de temerario et iniquo judicio nos hoc loco Dominus monet : vult enim ut simplici corde et in unum Deum intento faciamus quæcumque facimus ; et multa incertum est quo corde fiant, de quibus judicare temerarium est ; maxime autem hi temere judicant de incertis, et facile reprehendunt, qui magis amant vituperare et damnare, quam emendare atque corrigere ; quod vitium vel superbiæ est, vel invidentiæ : consequenter subjecit, et dicit : « Quid autem vides festucam in oculo fratris tui, trabem autem in oculo tuo non vides ? » Ut si forte, verbi gratia, ira ille peccavit, tu odio reprehendas : quantum autem inter festucam et trabem, quasi tantum inter iram distat et odium. Odium enim est ira inveterata, quasi quæ vetustate ipsa tantum robur acceperit, ut merito appelletur trabes. Fieri autem potest, ut si irascaris homini, velis eum corrigi : si autem oderis hominem, non potes eum velle corrigere.

64. « Quomodo enim dicis fratri tuo. Sine ejiciam festucam de oculo tuo, et ecce trabes est in oculo tuo ? Hypocrita ejice primum trabem de oculo tuo, et tunc videbis ejicere festucam de oculo fratris tui : » (*v.* 4, 5) id est, primum abs te expelle odium, et

raison que le Sauveur le traite d'hypocrite, car il n'appartient qu'à la vertu, qu'à la bonté de reprendre les vices; lorsque les méchants essaient de le faire, ils usurpent un rôle qui leur est étranger. C'est ce que font les comédiens qui cachent sous un déguisement emprunté ce qu'ils sont, et s'en servent en même temps pour paraître ce qu'ils ne sont pas. Sous le nom d'hypocrites, il faut entendre ici les hommes dissimulés. Or, rien n'est plus à craindre, rien n'est plus dangereux que cette race d'hommes dissimulés, que la haine et l'envie portent à se rendre les accusateurs de tous les vices, et qui avec cela veulent paraître des hommes de bon conseil. Veillons donc avec un soin religieux, lorsque la nécessité nous fait un devoir de blâmer ou de reprendre quelqu'un, à nous faire tout d'abord cette question : N'avons-nous jamais commis cette faute, ou en sommes-nous actuellement corrigés? Si nous ne l'avons jamais commise, pensons que nous sommes des hommes et que nous aurions pu la commettre. Si, au contraire, nous nous en sommes rendus coupables, et que nous ayons cessé de l'être, souvenons-nous de notre commune fragilité, afin que notre réprimande et nos reproches soient inspirés non par la haine, mais par la miséricorde; et alors que notre réprimande ait pour effet de rendre le coupable meilleur ou pire, car le résultat est incertain, nous serons toujours certains que notre œil est demeuré simple. Mais si en réfléchissant sur nous-mêmes, nous découvrons en nous ce même vice dont est coupable celui que nous voulons reprendre, abstenons-nous de toute réprimande, de tout reproche; confondons bien plutôt nos gémissements avec les siens, ne l'invitons pas à obéir à nos conseils, mais excitons-nous mutuellement à de courageux efforts.

65. Lorsque l'Apôtre disait : « J'ai vécu avec les Juifs comme juif, pour gagner les Juifs; avec ceux qui étaient sous la loi, comme si j'eusse encore été sous la loi, quoique je n'y fusse plus assujetti, pour gagner ceux qui étaient sous la loi; avec ceux qui n'avaient point la loi, comme si je ne l'avais point moi-même, quoique je ne fusse pas sans la loi de Dieu, ayant celle de Jésus-Christ, afin de gagner ceux qui étaient sans la loi. Je me suis rendu faible avec les faibles, pour gagner les faibles. Enfin je me suis fait tout à tous, pour les sauver tous. » (1 *Cor.*, IX, 20.) Lorsque saint Paul tenait ce langage, agissait-il par dissimulation, comme l'ont prétendu quelques-uns qui voudraient couvrir leur détestable hypocrisie de l'autorité d'un si grand exemple? Non, il agissait sous l'inspiration de la charité qui lui faisait regarder comme sienne propre l'infirmité de celui qu'il voulait guérir. C'est ce qu'il commence par bien établir : « Étant libre à l'égard de tous, je

---

deinde poteris jam cum quem diligis, emendare. Et bene ait : « Hypocrita. » Accusare enim vitia, officium est bonorum virorum et benevolorum : quod cum mali faciunt, alienas partes agunt; sicut hypocritæ, qui tegunt sub persona quod sunt, et ostentant in persona quod non sunt. Hypocritarum ergo nomine simulatores acceperis. Et est vere multum cavendum et molestum simulatorum genus, qui cum omnium vitiorum accusationes odio et livore suscipiant, etiam consultores videri se volunt. Et ideo pie cauteque vigilandum est, ut, cum aliquem reprehendere vel objurgare nos necessitas coegerit, primum cogitemus utrum tale sit vitium quod numquam habuimus, vel quo jam caruimus : et si numquam habuimus, cogitemus nos homines esse, et habere potuisse : si vero habuimus, et non habemus, tangat memoriam communis infirmitas, ut illam reprehensionem aut objurgationem non odium, sed misericordia præcedat : ut sive ad correctionem ejus, propter quem id facimus, sive ad perversionem valuerit, (nam incertus est exitus :) nos tamen de simplicitate oculi nostri securi simus. Si autem cogitantes nosmetipsos invenerimus in eo esse vitio, in quo est ille quem reprehendere parabamus, non reprehendamus, neque objurgemus : sed tamen congemiscamus; et non illum ad obtemperandum nobis, sed ad pariter (*a*) conandum invitemus.

65. Nam et illud quod dicit Apostolus : « Factus sum Judæis tanquam Judæus, ut Judæos lucrifacerem; his qui sub Lege sunt, quasi sub Lege, cum non sim ipse sub Lege, ut eos qui sub Lege erant lucrifacerem; his qui sine Lege sunt, quasi sine Lege, cum sine Lege Dei non sim, sed sim in Lege Christi, ut lucrifacerem eos qui sine Lege sunt : factus sum infirmis infirmus, ut infirmos lucrifacerem : omnibus omnia factus sum, ut omnes lucrifacerem : » (1 *Cor.*, IX, 20, etc.) non utique simulatione faciebat, quemadmodum quidam intelligi volunt, ut eorum detestanda simulatio tanti exempli auctoritate communiatur : sed hoc faciebat caritate, qua ejus infirmitatem, cui volebat subvenire, tanquam suam cogi-

(*a*) Ita Mss. At editi excepto Mar. *cavendum*.

me suis rendu le serviteur de tous pour en gagner un plus grand nombre. » (*Ibid.*, 19.) Et pour vous faire comprendre que c'était là un acte non de dissimulation mais de charité qui nous fait compâtir aux infirmités de nos frères comme si nous en étions atteints nous-mêmes, il nous donne dans un autre endroit ce sage conseil : « Vous êtes appelés, mes frères, à la liberté ; ayez soin seulement que cette liberté ne vous soit point une occasion de vivre selon la chair ; mais soyez par la charité les serviteurs les uns des autres. » (*Gal.*, v, 13.) Or cela n'est possible qu'à celui qui s'identifie complètement avec l'infirmité de son prochain pour la supporter avec patience, jusqu'à ce qu'il en ait délivré le malade dont il veut obtenir la guérison.

66. Or ce n'est que rarement et dans une grande nécessité qu'il faut employer ces reproches, et nous devons nous y proposer comme but unique le service de Dieu, jamais notre intérêt personnel. Car c'est lui qui est notre fin, nous ne devons donc rien faire avec un cœur double mais ôter de notre œil la poutre de l'envie, de la malice, de la dissimulation avant de songer à enlever la paille de l'œil de notre frère. Nous la verrons alors avec les yeux de la colombe que l'Esprit saint relève dans l'épouse de Jésus-Christ (*Cant.*, IV, 1), dans l'Eglise que Dieu s'est choisie pleine de gloire, n'ayant ni tache, ni ride, c'est-à-dire éclatante de pureté et de simplicité. (*Eph.*, v, 27.)

CHAPITRE XX.

67. Ce nom de simplicité pouvait induire en erreur quelques esprits désireux d'obéir aux commandements du Seigneur ; leur donner à croire qu'on pèche en dissimulant quelquefois la vérité, comme en disant un mensonge, et par là même en découvrant à certaines personnes des vérités qu'elles sont incapables de supporter, ils pouvaient leur faire beaucoup plus de mal qu'en ensevelissant ces vérités dans un complet et éternel silence. C'est pour rectifier cette erreur que le Sauveur ajoute : « Ne donnez pas les choses saintes aux chiens, et ne jetez point les perles devant les pourceaux, de peur qu'ils ne les foulent aux pieds, et que se tournant contre vous, ils ne vous déchirent. » (*Matth.*, VII, 6.) En effet, Notre-Seigneur n'a jamais fait le moindre mensonge, cependant il déclare à ses disciples qu'il a cru devoir cacher certaines vérités : « J'ai encore beaucoup de choses à vous dire, mais vous ne pouvez les supporter maintenant. » (*Jean*, XVI, 12.) Et l'apôtre saint Paul dit lui-même aux Corinthiens : « Je n'ai pu vous parler comme à des hommes spirituels, mais comme à des personnes encore charnelles, et comme à des enfants en Jésus-Christ. Je ne vous ai nourris que de lait et non pas de viandes solides, parce que vous ne pourriez les supporter ;

---

tabat. Hoc enim et præstruit dicendo : « Cum enim liber sim ex omnibus, me omnium servum feci, ut plures lucrifacerem. » (*Ibid.*, 19.) Quod ut intelligas non simulatione, sed caritate fieri, qua infirmis hominibus tanquam nos simus compatimur, ita monet alio loco, dicens : « Vos in libertatem vocati estis, fratres, tantum ne libertatem in occasionem carnis detis, sed per caritatem servite invicem. » (*Gal.*, v, 13.) Quod fieri non potest, nisi alterius infirmitatem quisque habeat quasi suam, ut eam æquanimiter ferat, donec ab ea liberetur ille, cujus curat salutem.

66. Raro ergo et in magna necessitate objurgationes adhibendæ sunt, ita tamen ut etiam in his ipsis non nobis, sed Deo ut serviatur instemus. Ipse est enim finis : ut nihil duplici corde faciamus, auferentes trabem de oculo nostro, invidentiæ, vel malitiæ, vel simulationis, ut videamus ejicere festucam de oculo fratris. Videbimus enim eam oculis columbæ, quales in sponsa Christi prædicantur (*Cant.*, IV, 1), quam sibi elegit Deus gloriosam Ecclesiam, non habentem maculam neque rugam, id est mundam et simplicem. (*Eph.*, v, 27.)

CAPUT XX.

67. Sed quoniam potest nonnullos Dei præceptis obtemperare cupientes nomen simplicitatis decipere, ut sic putent vitiosum esse aliquando verum occultare, quomodo vitiosum est aliquando falsum dicere, atque hoc modo aperiendo ea quæ hi quibus aperiuntur sustinere non possunt, amplius noceant quam si ea penitus semperque occultarent, rectissime subjungit : « Nolite sanctum dare canibus, neque miseritis margaritas vestras ante porcos, ne forte conculcent eas pedibus suis, et conversi disrumpant vos. » (*Matth.*, VII, 6.) Quia et Dominus quamvis nihil mentitus sit, vera tamen aliqua occultare se ostendit, dicens : « Adhuc multa habeo vobis dicere, sed adhuc non potestis illa portare. » (*Joan.*, XVI, 12.) Et apostolus Paulus : « Non potui, inquit, vobis loqui quasi spiritalibus, sed quasi carnalibus ;

LIVRE II. — CHAPITRE XX.

à présent même vous ne le pouvez pas encore, parce que vous êtes toujours charnels. » (I *Cor.*, III, 1, 2.)

68. Or dans ce commandement qui nous défend de jeter les choses saintes aux chiens, il faut examiner sérieusement ce que sont ici les choses saintes, les perles, les chiens, les pourceaux. Ce qui est saint c'est ce qu'on ne peut profaner, souiller sans crime; la volonté se rend coupable de cette tentative sacrilége, alors même que la chose sainte reste par sa nature à l'abri de toute profanation, de toute corruption. Les perles sont les choses spirituelles du plus grand prix. Comme elles sont naturellement cachées, on les tire comme des profondeurs de la mer et on ne parvient à les trouver qu'en ouvrant, comme des coquillages qui leur servent d'enveloppe, les voiles allégoriques qui les couvrent. Ainsi on peut admettre que cette chose sainte et cette perle désignent ici un seul et même objet; c'est une chose sainte parce qu'on doit prendre garde de la profaner; c'est une perle, parce qu'on doit se garder d'en mépriser la valeur. Or on essaie de corrompre ce qu'on ne veut pas laisser en entier, et on méprise ce qu'on regarde comme vil et au-dessous de soi. Voilà pourquoi on dit d'un objet méprisé qu'il est foulé aux pieds. Comme les chiens s'élancent pour déchirer leur proie, et qu'ils mettent en pièces ce qu'ils déchirent, le Sauveur nous fait cette recommandation : « Ne donnez pas aux chiens ce qui est saint. » Car bien qu'ils ne puissent ni le mettre en pièces, ni le corrompre, et qu'il demeure entier et inviolable, il faut considérer la violence, l'hostilité de leur résistance, et leurs efforts autant qu'il est en eux pour détruire la vérité, si elle pouvait être détruite. Quant aux pourceaux, quoiqu'ils ne déchirent pas avec les dents, comme les chiens, ce qu'ils rencontrent, ils le souillent en le foulant çà et là dans la fange. « Ne jetez donc pas vos perles devant les pourceaux, de peur qu'ils ne les foulent aux pieds, et que se retournant, ils ne vous déchirent. » D'après une interprétation assez juste, les chiens sont donc ceux qui attaquent la vérité, et les pourceaux ceux qui la méprisent.

69. « De peur que s'étant retournés, ils ne vous déchirent. » Remarquez, c'est vous et non les perles qu'ils déchirent. Pour elles, ils les foulent aux pieds, et lors même qu'ils se retournent pour entendre encore quelque vérité, ils déchirent celui dont ils ont foulé les perles aux pieds, car comment pouvez-vous trouver le moyen d'être agréable à celui qui a foulé des perles dans la fange, c'est-à-dire qui méprise des vérités divines qui ont coûté tant de travaux et de peines? Il est donc impossible que celui qui enseigne de tels disciples ne soit pas déchiré par l'indigna-

---

tanquam parvulis in Christo, lac vobis potum dedi, non escam : neque enim poteratis, sed neque nunc potestis; adhuc enim estis carnales. (I *Cor.*, III, 1, etc.)

68. In hoc autem præcepto quo prohibemur sanctum dare canibus, et mittere ante porcos margaritas nostras, diligenter quærendum est quid sit sanctum, quid margaritæ, quid canes, quid porci. Sanctum est, quod violare atque corrumpere nefas est : cujus utique sceleris conatus et voluntas tenetur rea, quamvis illud sanctum natura inviolabile atque incorruptibile maneat. Margaritæ autem, quæcumque spiritalia magni æstimanda sunt, et quia in abdito latent, tanquam de profundo eruuntur, et allegoriarum integumentis quasi apertis conchis inveniuntur. Licet itaque intelligi, quod una eademque res et sanctum et margarita dici potest : sed sanctum ex eo quod non debet corrumpi, margarita ex eo quod non debet contemni. Conatur autem quisque corrumpere quod non vult esse integrum : contemnit vero quod vile ducit, et quasi infra se esse existimat; et ideo calcari dicitur quidquid contemnitur. Quapropter canes quoniam insiliunt ad dilacerandum, quod autem dilacerant integrum esse non sinunt : « Nolite, inquit, sanctum dare canibus : » quia etsi dilacerari et corrumpi non potest, et manet integrum atque inviolabile : illi tamen quid velint cogitandum est, qui acriter atque inimicissime resistunt, et quantum in ipsis est, si fieri possit, conantur perimere veritatem. Porci vero quamvis non ita ut canes morsu appetant, passim tamen calcando coinquinant. « Non ergo miseritis margaritas vestras ante porcos, ne forte conculcent eas pedibus suis, et conversi disrumpant vos. » Canes ergo pro oppugnatoribus veritatis, porcos pro contemptoribus positos non incongrue accepimus.

69. Quod autem ait : « Conversi disrumpant vos, » non ait ipsas margaritas disrumpant. Illas enim conculcando, etiam cum convertuntur ut adhuc aliquid audiant, disrumpunt tamen eum a quo jam missas margaritas conculcaverunt. Non enim facile invenieris quid gratum ei esse possit, qui margaritas calcaverit, id est, cum magno labore divina inventa contempserit. Qui autem tales docet, quomodo non disrumpatur indignando et stomachando, non video. Utrumque autem animal immundum est, et canis et

tion et la douleur. Le chien et le porc sont tous deux des animaux immondes. Il faut donc se garder de rien expliquer à celui qui n'est pas en état de comprendre; il vaut mieux lui laisser chercher ce qui est caché pour lui, que d'exposer à ses outrages ou à ses mépris ce qui lui serait découvert. En effet, vous ne trouverez point d'autres raisons pour eux de rejeter des vérités dont la certitude égale la grandeur, que la haine et le mépris; la haine les assimile aux chiens, le mépris aux pourceaux. Or toute impureté prend sa source dans l'amour des choses de la terre, c'est-à-dire dans l'amour de ce siècle auquel Dieu nous commande de renoncer si nous voulons être purs. Celui donc qui désire avoir un cœur pur et simple, ne doit point se croire coupable s'il dérobe la connaissance d'une vérité à un homme incapable de la comprendre. Il ne faut pas conclure de là cependant qu'il soit permis de mentir, car dérober la connaissance de la vérité n'est point faire un mensonge. Commençons donc d'abord par éloigner les obstacles qui s'opposent à l'intelligence de la vérité, et si ces obstacles viennent d'une âme souillée par le péché, il faut la purifier autant que nous le pouvons par nos paroles et par nos œuvres.

70. Mais de ce que Notre-Seigneur ait souvent enseigné des vérités qu'un grand nombre de ceux qui l'écoutaient n'ont point voulu recevoir, par mépris ou par opposition, il ne faudrait pas non plus en conclure qu'il donnait les choses saintes aux chiens, ou qu'il jetait les perles devant les pourceaux. Car il parlait non pour ceux qui ne pouvaient le comprendre, mais pour ceux de ses auditeurs dont l'intelligence en était capable et qu'il n'était pas juste d'abandonner à cause de l'indignité des autres. Et lorsque ses ennemis l'interrogeaient pour le tenter et que ses réponses leur rendaient toute contradiction impossible; il est vrai que, loin de rassasier leur âme de cette divine nourriture, ils se desséchaient bien plutôt dans les poisons qui la consumaient; mais il y en avait un grand nombre d'autres capables de le comprendre, et qui profitaient de cette occasion pour entendre des leçons utiles. Si je fais cette observation, c'est pour ôter à celui qui ne pourrait répondre aux questions qui lui sont faites, cette excuse qu'il ne veut pas donner les choses saintes aux chiens ou jeter les perles devant les pourceaux. En effet, s'il est en état de répondre, il doit le faire lorsqu'il s'agit de vérités utiles et qui font partie de la doctrine du salut, ne fût-ce que dans l'intérêt de ceux qui seraient tentés de perdre l'espérance s'ils s'imaginaient que la difficulté proposée est insoluble. Il est un grand nombre de choses vaines, superflues et souvent nuisibles qui sont l'objet des questions de cer-

---

porcus. Cavendum est ergo ne quid aperiatur ei qui non capit : melius enim quærit quod clausum est, quam id quod apertum est aut infestat aut negligit. Neque vero alia causa reperitur, cur ea quæ manifesta et magna sunt (*a*), non accipiant præter odium et contemptum, quorum propter unum canes, propter alterum porci nominati sunt. Quæ tamen omnis immunditia rerum temporalium dilectione concipitur, id est, dilectione hujus sæculi, cui jubemur renuntiare ut mundi esse possimus. Qui ergo mundum et simplex cor habere appetit, non debet sibi reus videri, si aliquid occultat quod ille cui occultat capere non potest. Nec ex eo arbitrandum est licere mentiri : non enim est consequens, ut cum verum occultatur, falsum dicatur. Agendum ergo primum est, ut impedimenta detrahantur, quibus efficitur ut non capiat : quia utique si propter sordes non capit, mundandus est vel verbo vel opere, quantum fieri a nobis potest.

70. Quod autem Dominus noster quædam dixisse invenitur, quæ multi qui aderant, vel resistendo vel contemnendo non acceperunt, non putandus est sanctum dedisse canibus, aut margaritas misisse ante porcos : non enim dedit eis, qui capere non poterant, sed eis qui poterant, et simul aderant; quos propter aliorum immunditiam negligi non oportebat. Et cum eum tentatores interrogabant, respondebatque illis, ita ut quid contradicerent non haberent, quamvis venenis suis contabescerent potius, quam illius cibo saturarentur; alii tamen qui poterant capere, ex illorum occasione multa utiliter audiebant. Hoc dixi, ne quis forte, cum interroganti respondere non potuerit, hac sententia sibi excusatus videatur, si dicat nolle se sanctum dare canibus, vel ante porcos mittere margaritas. Qui enim novit quid respondeat, debet respondere, vel propter alios, quibus desperatio suboritur, si propositam quæstionem solvi non posse crediderint : et hoc de rebus utilibus, et ad instructionem salutis pertinentibus. Multa sunt enim quæ inquiri ab otiosis possunt, supervacua et inania, et plerumque noxia, de quibus tamen nonnihil dicendum est : sed hoc ipsum ape-

(*a*) Editi, *accipiantur*. At Mss. *accipiunt* : subauditur, *illi*.

tains esprits oiseux. Cependant il faut y répondre quelque chose, mais en se contentant d'expliquer et de faire connaître qu'on doit s'abstenir de semblables questions. S'agit-il de choses utiles ? C'est quelquefois un devoir de répondre aux questions qui nous sont adressées, comme le Seigneur l'a fait lorsque les Sadducéens vinrent lui demander à qui appartiendrait au jour de la résurrection une femme qui avait eu sept maris. (*Matth.*, XXII, 23 ; *Marc*, XII, 19 ; *Luc*, XX, 28.) Il leur répondit qu'après la résurrection les hommes n'auraient point de femmes, ni les femmes de maris; mais qu'ils seraient comme les anges de Dieu dans le ciel. D'autres, pour le tenter, lui demandent si on doit payer le tribut ; il leur demande à son tour de qui était l'image empreinte sur la pièce de monnaie qu'ils lui présentaient ; ils lui répondirent que c'était l'image de César, et par là même ils répondirent à la question qu'ils avaient faite au Seigneur. Aussi se borne-t-il à tirer cette conclusion de leur propre réponse : « Rendez donc à César ce qui est à César, et à Dieu ce qui est à Dieu. » (*Matth.*, XXII, 16-21.) Lorsqu'enfin les princes des prêtres et les anciens du peuple lui adressent cette question : « Par quelle autorité faites-vous ces choses ? » Il leur demande à son tour d'où était le baptême de Jean, et, comme ils ne voulaient point répondre parce qu'ils prévoyaient que leur réponse tournerait contre eux et que d'ailleurs ils n'osaient parler mal de Jean à cause du peuple qui les entourait, il leur dit : « Je ne vous dirai pas non plus par quelle autorité je fais ces choses, » (*Matth.*, XXI, 23-27) ce qui fut trouvé très-juste par tous ceux qui étaient présents, car ils répondirent qu'ils n'ignoraient pas ce qu'ils savaient très-bien, mais qu'ils n'osaient avouer. N'était-il pas de toute justice, en effet, que ceux qui exigeaient une réponse à leur question répondissent d'abord à ce qu'on leur demandait, car en répondant au Sauveur ils se seraient ainsi répondu à eux-mêmes. Ils avaient envoyé demander à Jean qui il était, ou plutôt c'étaient eux-mêmes, prêtres et lévites, qu'on avait envoyés dans la pensée que Jean était le Christ. Il le nia formellement et rendit témoignage au Sauveur. Or, s'ils avaient voulu reconnaître ce témoignage, ils auraient appris eux-mêmes par quelle autorité Jésus-Christ faisait ces choses; mais non, ils affectent de l'ignorer et interrogent Notre-Seigneur pour avoir occasion de le calomnier.

CHAPITRE XXI.

71. A cette défense de donner les choses saintes aux chiens et de jeter les perles devant les pour-

---

riendum et explicandum cur inquiri talia non oporteat. De rebus ergo utilibus aliquando ad id respondendum est, quod interrogamur : sicut Dominus fecit, cum enim Sadducæi de muliere interrogassent, quæ septem viros habuit, cujus eorum in resurrectione futura esset. (*Matth.*, XXII, 23 ; *Marc.*, XII, 19 ; *Luc.*, XX, 28.) Respondit enim, quod in resurrectione neque uxores ducent, neque nubent, sed erunt sicut Angeli in cœlis. Aliquando autem ille qui interrogat, interrogandus est aliud, quod tamen si dixerit, ipse sibi ad id quod interrogavit, respondeat : si autem dicere noluerit, non videatur iis qui adsunt injustum, si et ipse quod interrogavit non audiat. Nam et illi qui interrogaverunt tentantes, utrum reddendum esset tributum (*Matth.*, XXII, 16), interrogati sunt aliud, id est, cujus haberet nummus imaginem, qui ab ipsis prolatus est : et quia dixerunt quod interrogati erant, id est : Cæsaris imaginem habere nummum, ipsi sibi quodammodo responderunt id quod Dominum interrogaverant : itaque ille ex eorum responsione ita conclusit : Reddite ergo Cæsari quod Cæsaris est, et Deo quod Dei est. (*Ibid.*, 21.) Cum autem principes sacerdotum et seniores populi interrogassent in qua potestate illa faceret, interrogavit eos de baptismate Joannis; (*Matth.*, XXI, 23) et cum nollent dicere, quod contra se videbant dici, de Joanne autem nihil mali dicere auderent propter circumstantes : Nec ergo vobis dicam, inquit, in qua potestate hæc facio (*Ibid.*, 27) : quod justissimum apparuit circumstantibus. Hoc enim se dixerunt nescire, quod non nesciebant, sed dicere nolebant. Et revera justum erat, ut qui sibi volebant responderi quod interrogaverant, prius ipsi facerent quod erga se fieri postulabant : quod si fecissent, ipsi sibi utique respondissent. Ipsi enim miserant ad Joannem quærentes quis esset; vel potius ipsi missi erant sacerdotes et Levitæ, putantes quod ipse esset Christus, quod ille se negavit esse, et de Domino testimonium perhibuit (*Joan.*, I, 19) : de quo testimonio si confiteri vellent, ipsi se docerent in qua potestate illa faceret Christus : quod quasi nescientes interrogaverant, ut calumniandi aditum reperirent. .

CAPUT XXI.

71. Cum igitur præceptum esset, ne sanctum detur canibus, et margaritæ ante porcos mittantur, potuit

ceaux, un auditeur dans la conviction de son ignorance et de sa faiblesse entendant qu'on lui défendait de donner ce qu'il était convaincu de n'avoir pas encore reçu, aurait pu faire cette objection : « Quelle est donc cette chose sainte que vous me défendez de donner aux chiens ? Quelles sont ces perles que je ne dois point jeter devant les pourceaux ? Je n'ai encore rien de toutes ces choses. » C'est pour prévenir cette question que le Sauveur ajoute : « Demandez et on vous donnera, cherchez et vous trouverez, frappez et on vous ouvrira. Car quiconque demande reçoit, et celui qui cherche trouve et l'on ouvrira à celui qui frappe. » (*Matth.*, VII, 7-8 ; 1 *Rétract.*, XIX, 9.) La demande a pour objet d'obtenir la santé et la force de l'âme afin qu'elle puisse accomplir les commandements ; la recherche se propose de trouver la vérité. La vie heureuse, pour être parfaite, doit réunir l'action et la connaissance ; or, l'action exige le libre exercice des forces de l'âme, la contemplation désire que la vérité lui soit révélée ; il faut donc demander la première de ces choses pour l'obtenir et chercher la seconde pour la trouver. Mais dans cette vie nous connaissons bien plutôt la voie qui conduit au bonheur que le bien lui-même que nous devons posséder. Ce n'est qu'après avoir trouvé la véritable voie qu'on parviendra à la possession du bien, qui nous sera ouverte aussitôt que nous aurons frappé.

72. Pour rendre plus sensible la distinction de ces trois choses, demander, chercher et frapper, donnons un exemple. Supposons un homme qui, infirme des pieds, ne puisse marcher, il faut d'abord le guérir et le fortifier pour lui rendre la marche possible, c'est l'objet de ce précepte : « Demandez. » Mais que lui servirait de pouvoir marcher, courir même, s'il s'égarait dans ses voies détournées ? Le second point important est donc qu'il trouve la voie qui conduit au terme où il veut parvenir. Est-il entré dans cette voie ; est-il parvenu à l'endroit qu'il veut habiter s'il trouve la porte fermée ; il ne lui servirait de rien d'avoir pu marcher, d'être même arrivé au terme si on ne lui ouvre la porte ; c'est l'objet de cette troisième recommandation : « Frappez. »

73. Quelle grande espérance nous a donnée et nous donne celui dont les promesses ne sont jamais trompeuses ! « Quiconque demande reçoit, nous dit-il, et celui qui cherche trouve, et on ouvre à celui qui frappe. » La persévérance nous est donc nécessaire, si nous voulons recevoir ce que nous demandons, trouver ce que nous cherchons, et nous faire ouvrir quand nous frappons. Notre-Seigneur suit ici la même marche que précédemment, lorsqu'il nous a proposé l'exemple des oiseaux du ciel et des lis des champs pour nous ôter toute inquiétude au su-

auditor occurrere, et dicere, conscius ignorantiæ atque infirmitatis suæ, et audiens præcipi sibi ne daret, quod seipsum nondum accepisse sentiebat : potuit ergo occurrere, ac dicere : Quod sanctum me dare canibus, et quas margaritas me mittere ante porcos vetas, cum adhuc ea me habere non videam : opportunissime subjecit dicens : « Petite, et dabitur vobis, quærite, et invenietis ; pulsate et aperietur vobis. Omnis enim qui petit accipit, et qui quærit invenit, et pulsanti aperietur. » (*Matth.*, VII, 7, 8.) Petitio pertinet ad impetrandam sanitatem firmitatemque animi, ut ea quæ præcipiuntur, implere possimus : inquisitio autem ad inveniendam veritatem. Cum enim beata vita actione et cognitione compleatur, actio facultatem virium, contemplatio manifestationem rerum desiderat : horum ergo primum petendum, secundum quærendum est ; ut illud detur, hoc inveniatur. Sed cognitio in hac vita, viæ prius quam ipsius (*a*) possessionis est : sed cum quisque veram viam invenerit, perveniet ad ipsam possessionem ; quæ tamen pulsanti aperitur.

72. Ut ergo tria ista, id est, petitio, inquisitio, pulsatio, manifesta fiant, sub aliquo exemplo ponamus, aliquem infirmis pedibus ambulare non posse : prius ergo sanandus et firmandus est ad ambulandum ; et ad hoc pertinet, quod dixit : « Petite. » Quid autem prodest quod ambulare jam, vel etiam currere potest, si per devia itinera erraverit ? secundum est ergo, ut inveniat viam quæ ducit eo quo vult pervenire : quam cum tenuerit, et pervenerit ad cum ipsum locum, ubi habitare vult, si clausum invenerit, neque ambulare potuisse, neque ambulasse huc pervenisse profuerit, nisi aperiatur ad hoc ergo pertinet quod dictum est : « Pulsate. »

73. Magnam autem spem dedit et dat ille qui promittendo non decipit : ait enim : « Omnis qui petit accipit, et qui quærit invenit, et pulsanti aperietur. » Ergo perseverantia opus est, ut accipiamus quod petimus, et inveniamus quod quærimus, et quod pulsamus aperiatur. Quemadmodum autem egit de volatilibus cœli, et de liliis agri, ne victum nobis vestitumque desperaremus adfuturum, ut spes a mino-

---

(*a*) Er. et Lov. *possessio*. Sed melius Mss. et antiquiores editi, *possessionis*.

LIVRE II. — CHAPITRE XXII.

jet de la nourriture et du vêtement, voulant ainsi élever notre espérance de ces moindres choses à des objets plus importants. « Qui de vous, leur dit-il, si son fils lui demande du pain, lui donnera une pierre? Ou s'il lui demande un poisson, lui donnera un serpent? Si donc vous, tout méchants que vous êtes, vous savez donner de bonnes choses à vos enfants, combien plus votre Père qui est dans les cieux donnera-t-il ce qui est bon à ceux qui le prient? » (*Matth.*, VII, 9, 10, 11.) Comment les méchants peuvent-ils donner de bonnes choses? Ceux à qui il donne ici ce nom sont les pécheurs et ceux qui aiment la vie de ce monde. Les biens qu'ils donnent peuvent être appelés bons d'après leur manière de voir, parce qu'ils les tiennent pour tels; et encore, considérés seulement dans l'ordre naturel des choses, ces biens ont une bonté réelle mais passagère, puisqu'ils sont les soutiens de cette misérable vie. Or, tout méchant qui les donne, ne les donne pas de son fonds, car la terre et tout ce qu'elle renferme est au Seigneur qui a fait le ciel et la terre, la mer et tout ce qu'ils contiennent. (*Ps.* XXIII, 1; *Ps.* CXLV, 6.) Si donc, tout méchants que nous sommes, nous ne laissons pas de donner ce qu'on nous demande, à combien plus forte raison devons-nous espérer que Dieu nous donnera les biens que nous lui demanderons. Car nous ne trompons pas nos enfants, et quels que soient les biens que nous leur donnons, nous les tirons non pas de notre fonds, mais des trésors de Dieu.

CHAPITRE XXII.

74. Or, une conduite sage et réglée donnant à l'homme une certaine fermeté et la force de marcher dans les voies de la sagesse, le fait parvenir jusqu'à la pureté, jusqu'à la simplicité du cœur; et Notre-Seigneur conclut tous les développements qu'il vient de donner sur cette matière par ces paroles : « Faites donc aux hommes tout le bien que vous voulez qu'ils vous fassent, car c'est là la loi et les prophètes. » (*Matth.*, VII, 12.) Dans les exemplaires grecs, nous lisons simplement : « Faites aux hommes tout ce que vous voulez qu'ils vous fassent. » Je crois que les Latins ont ajouté le mot bien pour donner plus de jour à cette vérité. En effet, il pouvait arriver que, s'autorisant de cette maxime, un homme demandât qu'on fît pour lui une action criminelle, par exemple s'il voulait qu'on l'excitât à boire avec excès et à se gorger de boissons, et qu'il donnât le premier l'exemple de ce qu'il veut qu'on fasse pour lui; or, il est absurde de penser qu'il accomplirait ce précepte. C'est pour éviter cet inconvénient, je pense, qu'on a cru devoir, pour plus de clarté, ajouter un mot et compléter ainsi la pensée. « Faites aux hommes tout le bien que vous vou-

---

ribus ad majora consurgeret : ita et hoc loco : « Aut quis erit ex vobis, inquit, homo, quem si petierit filius ejus panem, numquid lapidem porriget ei? (*v.* 9) aut si piscem petierit, numquid serpentem porriget ei? (*v.* 10.) Si ergo vos cum sitis mali, nostis bona data dare filiis vestris; quanto magis Pater vester, qui in cœlis est, dabit bona petentibus se? » (*v.* 11.) Quomodo mali dant bona? Sed malos appellavit dilectores adhuc sæculi hujus et peccatores. Bona vero quæ dant, secundum eorum sensum bona dicenda sunt, quia hæc pro bonis habent. Quanquam et in rerum natura ista bona sint, sed temporalia et ad istam vitam infirmam pertinentia : et quisquis ea malus dat, non de suo dat, Domini est enim terra et plenitudo ejus, qui fecit cœlum et terram, mare et omnia quæ in eis sunt. (*Psal.* XXIII, 1; *Psal.* CXLV, 6.) Quantum ergo sperandum est daturum Deum nobis bona petentibus, nec nos posse decipi, ut accipiamus aliud pro alio, cum ab ipso petimus; quando etiam nos, cum simus mali, novimus id dare quod petimur? Non enim decipimus filios nostros; et qualiacumque bona damus, non de nostro, sed de ipsius damus.

CAPUT XXII.

74. Firmitas autem et valentia quædam ambulandi per sapientiæ viam, in bonis moribus constituta est, qui perducuntur usque ad mundationem simplicitatemque cordis, de qua jam diu loquens ita concludit : « Omnia ergo quæcumque vultis ut faciant vobis homines bona, ita et vos facite illis : hæc est enim Lex et Prophetæ. » (*Matth.*, VII, 12.) In exemplaribus Græcis sic invenimus : « Omnia ergo quæcumque vultis ut faciant vobis homines, ita et vos facite illis. » Sed ad manifestationem sententiæ puto a Latinis additum, « bona. » Occurrebat enim quod si quisquam flagitiose aliquid erga se fieri velit, et ad hoc referat istam sententiam; veluti si velit aliquis provocari ut immoderate bibat, et se velit aliquis provocari poculis, et hoc prior illi faciat a quo sibi ingurgitet poculis, et hoc prior illi faciat a quo sibi fieri cupit, ridiculum est hunc putare istam implevisse sententiam. Cum ergo hoc moveret, ut arbitror,

lez qu'ils vous fassent. » Si ce mot manque dans les exemplaires grecs, il faut les corriger ; mais qui oserait se le permettre ? Disons donc que cette recommandation est entière et parfaite, même sans l'addition de ce mot. Car cette expression : « Tout ce que vous voulez, » ne doit pas être prise ici dans son sens ordinaire et général, mais dans la signification propre du mot. Or, la volonté n'existe que dans les bons ; dans les mauvais, ce n'est pas de la volonté, c'est, à proprement parler, de la cupidité. Sans doute, les Ecritures ne s'expriment pas toujours dans ce sens rigoureux, mais lorsqu'il est nécessaire elles emploient une expression tellement propre, qu'elles ne permettent pas de lui donner une autre signification.

75. Or, ce précepte paraît se rattacher à l'amour du prochain et non à l'amour de Dieu, quoique le Seigneur nous dise dans un autre endroit qu'il y a deux commandements qui renferment toute la loi et les prophètes. (*Matth.*, XXII, 40.) Car s'il eût dit : Tout ce que vous voulez qu'on vous fasse, faites-le vous-même, ces deux préceptes se fussent trouvés compris dans cette seule recommandation. En effet, on dirait aussitôt que chacun veut être aimé et de Dieu et des hommes ; donc en lui commandant de faire ce qu'il veut qu'on lui fasse, on lui fait un devoir d'aimer lui-même Dieu et les hommes. Mais comme le Seigneur désigne plus expressément les hommes : « Faites aux hommes tout ce que vous voulez qu'ils vous fassent ; » le sens propre de ces paroles est que vous devez aimer votre prochain comme vous-même. Il ne faut pas non plus passer légèrement sur ce qu'il ajoute : « C'est là la loi et les prophètes. » (*Matth.*, VII, 12.) Lorsqu'il parle des deux commandements, il ne dit pas seulement qu'ils renferment la loi et les prophètes, mais qu'ils renferment toute la loi et les prophètes, c'est-à-dire tous les écrits des prophètes. Or Notre-Seigneur, en ne s'exprimant pas ici de la sorte, réserve la place à l'autre commandement, qui est celui de l'amour de Dieu. Mais comme il recommande ici tout ce qui a rapport à la pureté du cœur, et qu'il faut surtout craindre d'avoir un cœur double à l'égard de ceux pour qui le cœur peut demeurer caché, c'est-à-dire à l'égard des hommes, le Sauveur a dû donner ici ce commandement. En effet, il n'est presque personne qui veuille qu'on agisse à son égard avec un cœur double. Or, il est impossible d'éviter cette duplicité et d'avoir ce cœur simple dans les rapports avec les hommes, si dans le bien qu'on leur fait on n'exclut pas toute espérance d'avantages temporels, et qu'on n'agisse pas avec

additum est ad manifestationem rei unum verbum, ut postea quam dictum est : « Omnia ergo quæcumque vultis ut faciant vobis homines, adderetur bona. » Quod si deest exemplaribus Græcis, etiam illa emendanda sunt : sed quis hoc audeat ? Intelligendum est ergo, plenam esse sententiam, et omnino perfectam, etiam si hoc verbum non addatur. Id enim quod dictum est, « quæcumque vultis, » non usitate ac passim, sed proprie dictum accipi oportet. Voluntas namque non est nisi in bonis : nam in malis flagitiosisque factis cupiditas proprie dicitur, non voluntas. Non quia semper proprie loquuntur Scripturæ, sed ubi oportet ita omnino proprium verbum tenent, ut non aliud sinant intelligi.

75. Videtur autem hoc præceptum ad dilectionem proximi pertinere, non etiam ad Dei, cum alio loco duo præcepta esse dicat, in quibus tota Lex pendet et (*a*) Prophetæ. (*Matth.*, XXII, 40.) Nam si dixisset : Omnia quæcumque vultis fieri vobis, hæc et vos facite : hac una sententia utrumque illud præceptum complexus esset : cito enim diceretur : diligi se velle unumquemque, et a Deo, et ab hominibus : itaque cum hoc ei præciperetur, ut quod sibi fieri vellet, hoc faceret ; id utique præciperetur, ut diligeret Deum et homines. Cum vero expressius de hominibus dictum est : « Omnia ergo quæcumque vultis ut faciant vobis homines, ita et vos facite illis : » nihil aliud dictum videtur, quam : Diliges proximum tuum tanquam teipsum. Sed non est negligenter attendendum quod hic subjecit : « Hæc est enim Lex et Prophetæ (*Matth.*, VII, 12.) In his autem duobus præceptis, non tantum ait : Lex pendet et Prophetæ : sed etiam addidit, tota Lex et (*b*) Prophetæ (*Matth.*, XXII, 40); pro eo quod est tota prophetia : quod cum hic non addidit, servavit locum alteri præcepto, quod ad dilectionem Dei pertinet. Hic autem quoniam præcepta simplicis cordis exsequitur, et erga eos metuendum est ne habeat quisque duplex cor, quibus occultari cor potest, id est erga homines, idipsum præcipiendum fuit. Nemo enim fere est, qui velit quemquam duplici corde secum agere. Id autem fieri non potest, id est, ut simplici corde homo homini aliquid tribuat, nisi ita tribuat, ut nullum ab eo temporale commodum

(*a*) In editione Mar. et decem Mss. *et omnes Prophetæ*. — (*b*) Hoc loco rursum additur, *omnes*, in duobus Var. Mss.

LIVRE II. — CHAPITRE XXIII.

cette intention pure que nous avons suffisamment expliquée plus haut, en parlant de l'œil simple.

76. L'œil ainsi purifié et rendu simple sera plus fort et plus capable de voir et de contempler sa lumière intérieure, car cet œil est l'œil du cœur. Or, cet œil pur et simple est le propre de celui qui, dans ses bonnes œuvres et pour leur conserver ce caractère véritable de bonté, n'a point pour but et pour fin de plaire aux hommes, et qui, s'il arrive qu'il leur plaise, cherche bien plutôt en cela leur salut et la gloire de Dieu que la satisfaction d'une vaine complaisance. De même encore, s'il travaille au salut du prochain, ce n'est point en vue de se procurer les ressources nécessaires à la vie. Il se garde bien aussi de juger témérairement l'intention et la volonté d'un homme dans une action où cette intention, cette volonté ne sont pas évidentes. Enfin, tout le bien qu'il peut faire à ses semblables l'anime de cette intention qu'il désire voir dans ce qu'on fait pour lui, c'est-à-dire qu'il agit sans espérance d'aucun avantage temporel. Tel est le cœur pur et simple avec lequel il faut chercher Dieu. « Bienheureux ceux qui ont le cœur pur, parce qu'ils verront Dieu. » (*Matth.*, v, 8.)

CHAPITRE XXIII.

77. Mais comme c'est là le partage d'un petit nombre, Notre-Seigneur commence à nous enseigner la recherche et la possession de la sagesse qui est l'arbre de vie; et le but de tout ce qui précède a été de rendre l'œil assez pur pour rechercher, pour contempler cette divine sagesse, et arriver ainsi à découvrir la voie resserrée et la porte étroite. Le Sauveur ajoute donc : « Entrez par la porte étroite, parce que la porte de la perdition est large, et le chemin qui y mène est spacieux et il y en a beaucoup qui entrent par elle. Que la porte de la vie est petite, que la voie qui y mène est étroite, et qu'il y en a peu qui la trouvent ! » (*Matth.*, vii, 13, 14.) Or ces paroles ne signifient point que le joug du Seigneur est dur et son fardeau pesant, mais qu'il en est peu qui désirent la fin de leurs travaux, parce qu'ils croient faiblement à celui qui leur crie : « Venez à moi vous tous qui êtes fatigués et je vous soulagerai. Prenez mon joug sur vous et apprenez de moi que je suis doux et humble de cœur, car mon joug est doux et mon fardeau est léger. » (*Matth.*, xi, 28, etc.) Remarquez que Notre-Seigneur a commencé justement ce discours en parlant de ceux qui sont doux et hum-

---

expectet, et ea intentione faciat, de qua superius satis tractavimus, cum de oculo simplici loqueremur.

76. Mundatus ergo oculus simplexque redditus, aptus et idoneus erit ad intuendam et contemplandam interiora lucem suam. Iste enim oculus cordis est. Hunc autem oculum talem habet ille, qui finem bonorum operum suorum, ut vere bona opera sint, non in eo constituit ut hominibus placeat, sed etiam si provenerit ut eis placeat, ad eorum salutem potius hoc refert et ad gloriam Dei, non ad inanem jactantiam suam; neque propterea boni aliquid ad salutem proximi operatur, ut ex eo comparet ea, quæ huic vitæ transigendæ sunt necessaria; neque temere animum hominis voluntatemque condemnat in eo facto, in quo non apparet quo animo et voluntate sit factum : et quidquid officiorum exhibet homini, hac intentione exhibet, qua sibi exhiberi vult, id est, ut non ab eo aliquid commodi temporalis expectet : ita erit cor simplex et mundum in quo quæritur Deus. « Beati ergo (*a*) mundi corde ; quoniam ipsi Deum videbunt. » (*Matth.*, v, 8.)

CAPUT XXIII.

77. Sed hoc quia paucorum est, jam incipit de investiganda et possidenda sapientia loqui, quod est lignum vitæ (*b*) : cui utique investigandæ ac possidendæ, id est contemplandæ, talis oculus per omnia superiora perductus est, quo videri jam possit arcta via et angusta porta. Quod ergo deinceps dicit : « Introite per angustam portam (*c*) ; quia lata porta et spatiosa via, quæ ducit ad perditionem; et multi sunt, qui introeunt per eam : quam angusta est porta, et arcta via, quæ ducit ad vitam ; et pauci sunt, qui eam inveniunt; » (*Matth.*, vii, 13, 14) non ideo dicit, quia jugum Domini asperum est, aut sarcina gravis : sed quia labores finiri pauci volunt, minus credentes clamanti : « Venite ad me omnes qui laboratis, et ego vos reficiam. Tollite jugum meum super vos, et discite a me quoniam mitis sum et humilis corde : jugum enim meum lene est, et sarcina mea levis est » (*Matth.*, ii, 28, etc.) (hinc autem iste sermo sumpsit exordium de humilibus et mitibus corde) (*d*), quod jugum lene et levem sarcinam multi respuunt, pauci

---

(*a*) Mss. plures hic et alibi, sed non constanter, *mundi cordes.* — (*b*) Mss. *cujus*, sic etiam Mar. et Am. — (*c*) Mar. et Mss. uno tantum excepto *quam lata porta.* — (*d*) Sic Mss. At editi excepto Mar. habent, *quoniam jugum lene et levem sarcinam multi respuunt, pauci subeunt; eo quod sit arcta via.*

bles de cœur. Or il en est beaucoup qui rejettent et très-peu qui consentent à porter ce joug si doux, ce fardeau si léger, et voilà ce qui rend si resserrée la voie qui conduit à la vie et si étroite la porte par laquelle on y entre.

CHAPITRE XXIV.

78. C'est ici qu'il faut surtout nous mettre en garde contre ceux qui promettent la sagesse et la connaissance de la vérité qu'ils n'ont point, comme les hérétiques qui, la plupart du temps, se font de leur petit nombre un titre de recommandation. Aussi après avoir déclaré qu'il en est peu pour trouver la porte étroite et la voie resserrée, de peur que les hérétiques ne se présentent à nous comme étant de ce petit nombre, il ajoute aussitôt : « Gardez-vous des faux prophètes qui viennent à vous couverts de peaux de brebis, et qui au dedans sont des loups ravissants. » Mais ils ne parviennent point à tromper un œil simple qui sait reconnaître l'arbre par ses fruits. « En effet, dit le Sauveur, vous les reconnaîtrez à leurs fruits, » vérité qu'il explique à l'aide des comparaisons suivantes : « Cueille-t-on du raisin sur des épines, ou des figues sur des ronces ? Ainsi tout bon arbre porte de bons fruits, et tout arbre mauvais de mauvais fruits. Un bon arbre ne peut porter de mauvais fruits, ni un arbre mauvais porter de bons fruits. Tout arbre qui ne porte pas de bons fruits sera coupé et jeté au feu. Vous les connaîtrez donc à leurs fruits. » (*Matth.*, 16-20.)

79. Il faut se garder ici de l'erreur de ceux qui prétendent voir dans ces deux espèces d'arbres deux natures, l'une qui serait la nature de Dieu, l'autre qui ne serait pas la nature de Dieu et qui ne viendrait pas même de Dieu. Nous avons déjà longuement discuté cette erreur dans d'autres livres, nous n'avons ici qu'à prouver que la comparaison des deux arbres ne peut servir d'appui à leur opinion. D'abord, il est tellement évident que le Sauveur parle ici des hommes, que celui qui lira seulement ce qui précède et ce qui suit ne pourra que s'étonner de l'aveuglement de ces hérétiques. Ils s'attachent ensuite à ces paroles : « Un bon arbre ne peut porter de mauvais fruits, ni un mauvais arbre en porter de bons, » et ils en concluent qu'une âme qui est mauvaise ne peut devenir meilleure, ni celle qui est bonne devenir mauvaise, comme si Notre-Seigneur avait dit : Un arbre bon ne peut devenir mauvais, ni un arbre mauvais devenir bon; tandis qu'il s'est exprimé en ces termes : « Un bon arbre ne peut produire de mauvais fruits, ni un mauvais arbre en produire de bons. » Or, l'arbre c'est l'âme, c'est-à-dire l'homme lui-même; les fruits ce sont ses œuvres. L'homme qui est mauvais ne peut donc faire de bonnes actions, ni celui qui est bon en faire de mauvaises. Si donc celui

---

subeunt; eoque fit arcta via quæ ducit ad vitam, et angusta porta qua intratur in eam.

CAPUT XXIV.

78. Hic ergo illi qui promittunt sapientiam cognitionemque veritatis quam non habent, præcipue cavendi sunt; sicut sunt hæretici, qui se plerumque paucitate commendant. Et ideo cum dixisset, paucos esse qui inveniunt angustam portam et arctam viam, ne se illi supponant nomine paucitatis, statim subjecit : « Cavete a pseudoprophetis, qui veniunt ad vos in vestitu ovium, intrinsecus autem sunt lupi rapaces. » (*Matth.*, VII, 15.) Sed isti non fallunt oculum simplicem, qui arborem dignoscere ex fructibus novit. Ait enim : « A fructibus eorum cognoscetis eos. » (v. 16.) Deinde similitudines adjungit : « Numquid colligunt de spinis uvas, aut de tribulis ficus ? (v. 17.) Sic omnis arbor bona, fructus bonos facit; mala autem arbor, malos fructus facit : non potest arbor bona malos fructus facere; neque arbor mala fructus bonos facere. (v. 18.) Omnis enim arbor quæ non facit fructum bonum, excidetur, et in ignem mittetur. Igitur ex fructibus eorum cognoscetis eos. » (v. 19.)

79. Quo loco illorum error maxime cavendus est, qui de his ipsis duabus arboribus duas naturas opinantur esse, quarum una sit Dei, altera vero neque Dei, neque ex Deo. De quo errore in aliis libris et jam disputatum est uberius, et si adhuc parum est, disputabitur : nunc autem, non eos adjuvare duas istas arbores, docendum est. Primum, quia de hominibus eum dicere tam clarum est, ut quisquis præcedentia et consequentia legerit, miretur eorum cæcitatem. Deinde attendunt quod dictum est : « Non potest arbor bona fructus malos facere, neque arbor mala fructus bonos facere : » et ideo putant, neque animam malam fieri posse ut in melius commutetur, neque in deterius bonam; quasi dictum sit : Non potest arbor bona mala fieri, neque arbor mala bona fieri : sed dictum est : « Non potest arbor bona malos fructus facere, neque arbor mala bonos fructus facere. » Arbor est quippe ipsa anima, id est, ipse homo, fructus vero opera hominis : non ergo potest

LIVRE II. — CHAPITRE XXIV.

qui est mauvais veut produire de bonnes actions, qu'il commence par devenir bon lui-même. C'est ce que Notre-Seigneur lui-même exprime plus clairement dans un autre endroit : « Ou faites un arbre bon, ou faites un arbre mauvais. » (*Matth.*, XII, 33.) Or, si dans sa pensée les deux natures des hérétiques étaient figurées par ces deux arbres, il ne dirait pas : « Faites, » car qui, parmi les hommes, peut créer une nature? Enfin dans ce même endroit, après avoir apporté la comparaison de ces deux arbres il ajoute : « Hypocrites, comment pouvez-vous dire de bonnes choses, étant mauvais? » (*Ibid.*, 34.) Tant qu'un homme reste mauvais, il ne peut donc produire de bons fruits, s'il vient à en produire, c'est qu'il a cessé d'être mauvais. C'est ainsi qu'on peut dire dans un sens très-véritable : Il est impossible que la neige soit chaude, car dès qu'elle commence à devenir chaude, ce n'est plus de la neige, c'est de l'eau. Il peut donc se faire que ce qui a été de la neige n'en soit plus, mais que la neige soit chaude, jamais. Ainsi peut-il arriver que celui qui a été mauvais ne le soit plus, mais il est impossible qu'en demeurant mauvais, il puisse faire le bien. Si parfois il paraît faire quelque chose d'utile, ce n'est pas à lui qu'il faut l'attribuer, mais à l'action de la Providence divine, comme Notre-Seigneur disait des pharisiens : « Faites ce qu'ils vous disent, mais ne faites pas ce qu'ils font. » (*Matth.*, XXIII, 3.) Ils enseignaient une doctrine saine, et cette doctrine tournait au profit de ceux qui l'entendaient et la pratiquaient, mais elle ne venait pas d'eux. « Ils sont assis, dit Jésus-Christ, sur la chaire de Moïse. » (*Ibid.*, 2.) Ils enseignaient la loi de Dieu par une disposition de la divine Providence, et par là même, ils pouvaient être utiles aux autres en demeurant inutiles pour eux-mêmes. C'est de ces hommes que le Prophète a dit dans un autre endroit : « Vous avez semé du blé, et vous moissonnerez des épines; » (*Jérém.*, XII, 13) parce qu'ils enseignent le bien, et qu'ils font eux-mêmes le mal. Ceux donc qui écoutaient leurs enseignements et les mettaient en pratique, ne cueillaient pas des raisins sur des épines, mais ils cueillaient des raisins sur la vigne à travers les épines. Ainsi celui qui passe la main dans un buisson, autour duquel une vigne est enroulée, cueille le raisin sur la vigne, et ce raisin est bien le fruit de la vigne et non des épines.

80. Il est très-important d'examiner quels sont les fruits sur lesquels le Sauveur veut attirer notre attention et qui doivent nous faire connaître la nature de l'arbre. Plusieurs, en effet, prennent pour des fruits ce qui n'est que le vêtement des brebis, et c'est ainsi qu'ils se laissent tromper par les loups. Je veux parler ici des jeûnes, des prières, des aumônes, toutes œuvres

---

malus homo bona operari, neque bonus mala. Malus ergo si vult bona operari, bonus primo fiat. Sic alio loco evidentius dicit ipse Dominus : « Aut facite arborem bonam, aut facite arborem malam. » (*Matth.*, XII, 33.) Quod si duas naturas istorum, his duabus arboribus figuraret, non diceret : Facite : quis enim hominum potest facere naturam? Deinde etiam ibi cum ipsarum duarum arborum mentionem fecisset; subjecit : Hypocritæ, quomodo potestis bona loqui, cum sitis mali? (*Ibid.*, 34.) Quandiu ergo quisque malus est, non potest facere fructus bonos : si enim bonos fructus fecerit, jam malus non erit. Sic verissime dici potuit : Non potest esse nix calida : cum enim calida esse cœperit, non jam eam nivem, sed aquam vocamus. Potest ergo fieri, ut quæ nix fuit, non sit : non autem potest fieri, ut nix calida sit. Sic potest fieri, ut qui malus fuit, non sit malus, non tamen fieri potest, ut malus bene faciat. Qui etiamsi aliquando utilis est, non hoc ipse facit, sed fit de illo divina providentia procurante, sicut de Pharisæis dictum est : Quæ dicunt, facite : quæ autem faciunt, facere nolite. (*Matth.*, XXIII, 3.) Hoc ipsum quod bona dicebant, et ea quæ dicebant, utiliter audiebantur et fiebant, non erat illorum : Super cathedram enim, inquit, Moysi sedent. (*Ibid.*, 2.) Per divinam ergo providentiam legem Dei prædicantes, possent esse audientibus utiles, cum sibi non essent. De talibus alio loco per Prophetam dictum est (a) : Seminastis triticum, et spinas metetis (*Jerem.*, XII, 13) : quia bona præcipiunt, et mala faciunt. Non ergo qui eos audiebant, et faciebant quæ ab eis dicebantur, de spinis legebant uvas, sed per spinas de vite legebant uvas : tanquam si manum aliquis per sepem mittat, aut certe de vite, quæ sepi fuerit involuta, uvam legat, non spinarum est fructus iste, sed vitis.

80. Rectissime sane quæritur quos fructus nos attendere voluerit, quibus cognoscere arborem possimus. Multi enim quædam in fructibus deputant, quæ ad vestitum ovium pertinent, et hoc modo a lupis decipiuntur : sicuti sunt vel jejunia, vel orationes, vel eleemosynæ; quæ omnia nisi fieri etiam ab hypocritis possent, non superius diceret : Cavete justi-

---

(a) Novem Mss. *Seminatis triticum, et spinas metitis.*

TOM. IX.

qui peuvent être faites par les hypocrites, car autrement le Sauveur ne nous aurait pas dit plus haut : « Prenez garde de faire votre justice devant les hommes pour être vus d'eux. » (*Matth.*, VI, 1.) Aussitôt après cette recommandation, il parle successivement de l'aumône, de la prière, du jeûne. Il en est beaucoup en effet, qui font d'abondantes aumônes, mais plutôt par ostentation que par charité; beaucoup qui prient ou plutôt qui paraissent prier sans avoir Dieu en vue, et uniquement pour plaire aux hommes; beaucoup enfin qui jeûnent sans autre but que d'étaler aux yeux des hommes des actes extraordinaires de mortification qu'ils regardent comme d'autant plus honorables qu'ils sont plus frappés de leur difficulté. C'est dans ces pièges qu'ils prennent les hommes en les trompant d'un côté par un extérieur mensonger et de l'autre en pillant et en mettant à mort ceux qui ne peuvent distinguer les loups sous la peau des brebis. Ce ne sont donc pas là les fruits qui peuvent nous aider à les reconnaître. Si ces actions sont faites dans la vérité avec une intention droite, elles sont, il est vrai, les vêtements propres aux brebis, mais elles ne font que couvrir les loups lorsqu'elles partent d'un cœur où l'erreur règne en maître. Ce n'est pas toutefois une raison pour les brebis d'avoir horreur de ces vêtements, par ce qu'ils servent trop souvent à couvrir les loups.

81. A quels fruits donc reconnaîtrons-nous un mauvais arbre? L'Apôtre nous l'apprend : « Or, il est aisé de connaître les œuvres de la chair qui sont la fornication, l'impureté, la luxure, l'idolâtrie, les empoisonnements, les dissensions, les inimitiés, les jalousies, les animosités, les querelles, les divisions, les hérésies, les sectes, les envies, les ivrogneries, les débauches et autres crimes semblables. Je déclare, comme je l'ai déjà dit, que ceux qui font de telles choses n'obtiendront point le royaume de Dieu. » (*Gal.*, v, 19, etc.) Et quels sont les fruits auxquels nous reconnaîtrons un bon arbre? Le même Apôtre nous l'enseigne également : « Au contraire, les fruits de l'esprit sont : la charité, la joie, la paix, la longanimité, la bénignité, la bonté, la foi, la douceur, la continence. » (*Ibid*, XXII, etc.) Remarquons que le mot joie est pris ici dans son sens propre, cette joie est inconnue des méchants dont on dit plus justement qu'ils en éprouvent les transports extérieurs; de même que nous avons dit plus haut que les méchants n'ont point la volonté proprement dite en expliquant ces paroles : « Faites aux hommes tout ce que vous voudriez qu'ils vous fassent. » (*Matth.*, VII, 12.) C'est d'après le sens propre de ce mot qui ne permet pas de dire que les méchants éprouvent une joie véritable, que le Prophète dit : « Il n'y a pas de joie pour les impies, dit le Seigneur. » (*Isaïe*, LVII, 21, sel. les Sept.)

---

tiam vestram facere coram hominibus, ut videamini ab eis. (*Matth.*, VI, 1.) Qua sententia præposita, ipsa tria exsequitur, eleemosynam, orationem, jejunium. Multi enim multa pauperibus, non misericordia, sed ambitione largiuntur : et multi orant, vel potius videntur orare, non intuentes Deum, sed hominibus placere cupientes : et multi jejunant, et mirabilem abstinentiam prætendunt eis, quibus ista difficilia videntur, et honore digna existimantur : et hujuscemodi dolis eos capiunt, dum aliud ostentant ad decipiendum, aliud exserunt ad deprædandum vel interficiendum eos qui sub isto vestitu ovino lupos videre non possunt. Hi ergo non sunt fructus de quibus cognosci arborem monet. Ista enim cum bono animo in veritate fiunt, propriæ sunt ovium vestes; cum autem malo in errore, non aliud quam lupos contegunt. Sed non ideo debent oves odisse vestimentum suum, quia plerumque illo se occultant lupi.

81. Qui sunt ergo fructus quibus inventis cognoscamus arborem malam, dicit Apostolus : « Manifesta autem sunt opera carnis, quæ sunt fornicationes, immunditiæ, luxuriæ, idolorum servitus, veneficia, inimicitiæ, contentiones, æmulationes, animositates, dissensiones, hæreses (*a*), sectæ, invidiæ, ebrietates, comessationes, et his similia, quæ prædico vobis sicut prædixi, quoniam qui talia agunt, regnum Dei non possidebunt. » (*Gal.*, v, 19, etc.) Et qui sunt fructus per quos cognoscamus arborem bonam, idem ipse consequenter dicit : « Fructus autem spiritus est caritas, gaudium, pax, longanimitas, benignitas, bonitas, fides, mansuetudo, continentia. » (*Ibid.*, 22, etc.) Sane sciendum est, hic gaudium proprie positum : mali enim homines non gaudere, sed gestire dicuntur proprie : sicut superius diximus voluntatem proprie positam, quam non habent mali, ubi dictum est : Omnia quæcumque vultis ut faciant vobis homines, hæc et vos facite illis. (*Matth.*, VII, 12.) Ex ista proprietate verbi, qua gaudium non dicitur nisi in bonis, etiam Propheta loquitur, dicens : Non est gaudere impiis, dicit Dominus. (*Isa.*, LVII, 21, *sec.* 70.)

(*a*) Ex septem Mss. additur, *secta* : quæ vox in editis deerat.

La foi est mise ici dans le même sens; ce n'est pas une foi quelconque, c'est une foi véritable. Quant aux autres vertus que l'Apôtre énumère, nous en retrouvons certaines apparences extérieures dans les méchants et dans les imposteurs, mais ces apparences ne peuvent tromper celui dont l'œil pur et simple sait discerner la vérité du mensonge. L'ordre naturel exigeait donc que le Sauveur nous enseignât d'abord la nécessité de purifier l'œil avant de nous faire connaître les dangers qu'il nous faut éviter.

CHAPITRE XXV.

82. Mais quelque soin qu'on prenne de purifier cet œil, quelles que soient la simplicité et la sincérité du cœur, on ne peut cependant pénétrer dans le cœur d'un autre; or, ce que ni les actions ni les paroles ne peuvent découvrir, les tentations le mettent au grand jour. Ces tentations sont de deux sortes; c'est ou l'espérance d'obtenir, ou la crainte de perdre quelque avantage temporel. Tout en aspirant vers la sagesse qui ne se trouve qu'en Jésus-Christ, dans lequel sont cachés tous les trésors de la sagesse et de la science (*Coloss.*, II, 3), il nous faut prendre bien garde qu'à la faveur du nom du Christ les hérétiques ou ceux qui comprennent mal la vérité et les partisans de ce monde ne cherchent à nous tromper; c'est contre ce danger que Notre-Seigneur nous prémunit en ajoutant : « Tous ceux qui me disent : Seigneur, Seigneur, n'entreront point dans le royaume des cieux; mais celui qui fait la volonté de mon Père qui est dans les cieux, celui-là entrera dans le royaume des cieux. » (*Matth.*, VII, 21.) Gardons-nous donc de croire que pour produire les fruits dont il a parlé plus haut, il suffise de dire à Dieu : « Seigneur, Seigneur, » et qu'à ces seules marques nous puissions reconnaître un bon arbre. Ces fruits consistent à faire la volonté du Père qui est dans les cieux en imitant celui qui a daigné nous en donner l'exemple dans sa personne.

83. Mais on peut être justement embarrassé pour concilier cette maxime avec ces paroles de l'Apôtre : « Nul homme parlant par l'Esprit de Dieu, ne dit anathème à Jésus, personne ne peut dire Jésus est le Seigneur, si ce n'est par l'Esprit saint. » (I *Cor.*, XII, 3.) Car, d'un côté, nous ne pouvons soutenir que des hommes qui ont l'Esprit saint et persévèrent jusqu'à la fin, n'entreront point dans le royaume des cieux ; et d'un autre côté, il nous est aussi impossible d'affirmer que ceux qui disent : « Seigneur, Seigneur, » et cependant n'entrent point dans le royaume des cieux, aient en eux ce divin Esprit. Comment donc expliquer que personne ne peut dire Jésus est le Seigneur, que par l'Esprit saint? En admettant que l'Apôtre a employé ici

---

Ita quoque posita est fides, non quæcumque utique, sed vera fides : et cætera quæ hic posita sunt, habent quasdam imagines suas in malis hominibus et deceptoribus; ut omnino fallant, nisi quisque jam mundum oculum et simplicem habuerit, quo ista cognoscat. Optimo itaque ordine primo actum est de mundando oculo, et deinde dicta sunt quæ caverentur.

CAPUT XXV.

82. Sed quoniam quamvis quisque oculo mundo sit, id est, simplici et sincero corde vivat, non potest tamen cor alterius intueri : quæcumque in factis vel dictis apparere non potuerint, tentationibus aperiuntur. Tentatio autem duplex est, aut in spe adipiscendi aliquod commodum temporale, aut in terrore amittendi. Et maxime cavendum est, ne tendentes ad sapientiam, quæ in solo Christo inveniri potest, in quo sunt omnes thesauri sapientiæ et scientiæ absconditi (*Coloss.*, II, 3) : cavendum ergo est, ne ipso Christi nomine ab hæreticis vel quibuslibet male intelligentibus et sæculi hujus amatoribus decipiamur. Nam ideo sequitur, et monet, dicens : « Non omnis qui dicit mihi, Domine, Domine, intrabit in regnum cœlorum : sed is qui facit voluntatem Patris mei, qui in cœlis est, ipse intrabit in regnum cœlorum : » (*Matth.*, VII, 21) ne putemus ad illos fructus jam pertinere, si quis Domino nostro dicat : « Domine, Domine; » et ex eo nobis arbor bona videatur. Sed illi sunt fructus, facere voluntatem Patris qui est in cœlis, cujus faciendæ seipsum exemplum præbere dignatus est.

83. Sed merito potest movere, quomodo huic sententiæ conveniat illud Apostoli ubi ait : « Nemo in Spiritu Dei loquens dicit anathema Jesu, et nemo potest dicere, Dominum Jesum, nisi in Spiritu sancto : » (I *Cor.*, XII, 3) quia neque aliquos habentes Spiritum sanctum possumus dicere non introituros in regnum cœlorum, si perseveraverint usque in finem; neque illos qui dicunt : « Domine, Domine, » et tamen non intrant in regnum cœlorum, possumus dicere habere Spiritum sanctum. Quomodo ergo nemo dicit Domi-

le mot dire dans un sens propre pour exprimer la volonté et l'intelligence de celui qui prononce ces paroles. Le Sauveur, au contraire, lui a conservé la signification qu'il a généralement dans ces paroles : « Tout homme qui dit : Seigneur, Seigneur, n'entrera point dans le royaume des cieux. » Celui qui, en effet, ni ne veut, ni ne comprend ce qu'il dit, paraît cependant dire en un certain sens; mais celui-là seul parle dans le sens propre du mot qui exprime par le son de sa voix la volonté et la pensée de son âme. C'est également dans ce sens propre que l'Apôtre met la joie au nombre des fruits de l'esprit dont nous avons parlé plus haut ; sens tout différent de celui où il l'emploie quand il dit : « La charité ne se réjouit point de l'iniquité. » (I *Cor.*, XIII, 6.) Comme si on pouvait se réjouir de l'iniquité, comme si ce n'était pas là le transport, l'agitation d'une âme troublée, plutôt que la véritable joie qui est le partage exclusif des bons. Ceux-là donc ont l'air de dire, dont l'intelligence et la volonté restent étrangères aux paroles qu'ils prononcent et qui se bornent à les prononcer. C'est dans ce sens que le Seigneur dit : « Tout homme qui me dit Seigneur, Seigneur, n'entrera point dans le royaume des cieux. » Ceux, au contraire, qui disent dans un sens propre et véritable, établissent une harmonie parfaite entre leur intelligence, leur volonté et les paroles qu'ils prononcent. C'est d'après cette dernière signification que l'Apôtre a dit : « Personne ne peut dire Jésus est le Seigneur, que par l'Esprit saint. » (I *Cor.*, XII, 3.)

84. Un point des plus importants et qui se rattache à cet avertissement, c'est de ne pas nous laisser tromper, nous qui aspirons à la contemplation de la vérité, non-seulement par ceux qui, se couvrant du nom du Christ, invoquent ce nom sans en pratiquer les œuvres ; mais encore par certains prodiges, par certains miracles tels que le Seigneur en opère en faveur des infidèles, tout en nous avertissant de ne pas nous laisser surprendre en croyant que ces miracles soient l'indice certain d'une sagesse intérieure et invisible. C'est pour cela que Notre-Seigneur ajoute : « Plusieurs me diront en ce jour-là : Seigneur, Seigneur, n'avons-nous pas prophétisé en votre nom ? N'avons-nous pas chassé les démons en votre nom ? Et n'avons-nous pas, en votre nom, fait beaucoup de miracles ? Alors je leur dirai hautement : « Je ne vous ai jamais connus. Retirez-vous de moi, vous qui faites des œuvres d'iniquité. » (*Matth.*, VII, 22-23.) Il ne connaîtra donc que celui qui pratique la justice. N'a-t-il pas défendu à ses disciples de ne point se réjouir de ce qu'ils opéraient de semblables prodiges, par exemple, que les démons leur étaient soumis. Réjouissez-

---

num Jesum, nisi in Spiritu sancto, nisi quia proprie Apostolus posuit verbum quod est, dicit, ut significet voluntatem atque intellectum dicentis? Dominus vero generaliter posuit verbum quod ait : « Non omnis qui dicit mihi, Domine, Domine, intrabit in regnum cœlorum. » Videtur enim dicere etiam ille, qui nec vult, nec intelligit quod dicit : sed ille proprie dicit, qui voluntatem ac mentem suam sono vocis enuntiat. Sicut paulo ante quod dictum est, gaudium in fructibus spiritus (*a*), proprie dictum est ; non eo modo quo alibi dicit idem Apostolus : Non gaudet super iniquitatem (I *Cor.*, XIII, 6) : quasi quisquam possit super iniquitatem gaudere : quia illa elatio est animi (*b*) turbide gestientis, non gaudium : nam hoc soli boni habent. Ergo dicere videntur etiam illi, qui non hoc quod sonant et intellectu cernunt, et voluntate agunt, sed voce tantum sonant : secundum quem modum Dominus ait : « Non omnis qui dicit mihi, Domine, Domine, intrabit in regnum cœlorum. » Vere autem ac proprie illi dicunt, a quorum voluntate ac mente non abhorret prolatio sermonis sui, secundum quam significationem dixit Apostolus : Nemo potest dicere Dominum Jesum, nisi in Spiritu sancto. (I *Cor.*, XII, 3.)

84. Atque illud ad rem maxime pertinet, ne decipiamur tendentes ad contemplationem veritatis, non solum nomine Christi, per eos qui nomen habent et facta non habent, sed etiam quibusdam factis atque miraculis : qualia propter infideles cum fecerit Dominus, monuit tamen ne talibus decipiamur, arbitrantes ibi esse invisibilem sapientiam, ubi miraculum visibile viderimus. Adjungit ergo, et dicit : « Multi mihi dicent in illa die, Domine, Domine, nonne in nomine tuo prophetavimus, et in nomine tuo dæmonia ejecimus, et in nomine tuo virtutes multas fecimus ? (*Matth.*, VII, 22.) Et tunc dicam illis. Nunquam vos cognovi : recedite a me qui operamini iniquitatem. » (v. 23.) Non ergo cognoscet nisi eum qui operatur æquitatem. Nam et ipsos discipulos suos prohibuit gaudere de talibus, id est, quod dæmonia illis subjecta fuerint : Sed gaudete, inquit, quia nomina vestra scripta sunt in cœlis (*Luc.*, X,

---

(*a*) Am. Er. et Lov. addunt, *sancti* : quod a Mar. et Mss. abest. — (*b*) Duo o Vaticanis Mss. *turpiter*.

LIVRE II. — CHAPITRE XXV.

vous bien plutôt, leur dit-il, que vos noms sont écrits dans les cieux, » (*Luc.*, x, 20) c'est-à-dire dans cette cité de la Jérusalem céleste où les justes et les saints seront admis seuls à régner : « Car ne savez-vous pas, dit l'Apôtre, que les injustes ne seront pas héritiers du royaume des cieux ? » (I *Cor.*, vi, 9.)

85. Objecterez-vous que les pécheurs ne peuvent opérer ces miracles visibles et qu'il faut bien plutôt regarder comme un mensonge ce qu'ils diront alors à Jésus-Christ : C'est en votre nom que nous avons prophétisé, que nous avons chassé les démons et fait un grand nombre de miracles? Lisez donc les prodiges que les mages d'Egypte ont opérés dans un esprit d'opposition à Moïse ; ou si vous refusez d'admettre cet exemple parce qu'ils n'ont pas fait ces prodiges au nom de Jésus-Christ, lisez du moins ce que le Seigneur lui-même dit des faux prophètes : « Alors si quelqu'un vous dit : Voici que le Christ est ici ou là, n'en croyez rien ; car de faux christs et de faux prophètes s'élèveront, et ils feront de grands prodiges et des choses étonnantes ; de manière à séduire, s'il était possible, les élus mêmes. Je vous le prédis d'avance. » (*Matth.*, xxiv, 23.)

86. Qu'il est donc nécessaire d'avoir un cœur pur et simple pour trouver le chemin de la sagesse, autour duquel les méchants et les pervers font retentir tant de séductions, tant d'erreurs! Echapper à tous ces pièges, c'est arriver à une paix certaine et assurée, à la demeure permanente de l'immuable sagesse. Car il est bien à craindre que dans la chaleur de la discussion et de la dispute, on ne voie point ce qui ne peut être aperçu que d'un petit nombre, et que le bruit des contradicteurs paraisse peu de chose, si l'on ne vient à en faire partie soi-même. C'est ici qu'on doit se rappeler ces paroles de l'Apôtre : « Il ne faut pas qu'un serviteur du Seigneur intente de procès, mais il doit être modéré envers tout le monde, capable d'instruire, patient, reprenant avec douceur ceux qui pensent différemment, dans l'espérance que Dieu leur donnera un jour l'esprit de pénitence pour leur faire connaître la vérité. » (II *Tim.*, xxiv, 2, etc.) « Bienheureux donc les pacifiques, parce qu'ils seront appelés les enfants de Dieu. »

87. La conclusion de tout ce discours est effrayante et demande toute notre attention. « Quiconque entend donc ces paroles que je dis et les pratique, sera comparé à un homme sage qui a bâti sa maison sur la pierre. » (*Matth.*, vii, 24.) Car on ne peut donner de solidité à ce qu'on entend ou à ce qu'on reçoit qu'en le mettant en pratique. Or, si Jésus-Christ est la pierre, comme nous le voyons dans un grand nombre de témoignages de l'Ecriture (I *Cor.*, x, 4), c'est bâtir sur Jésus-Christ que de mettre en pratique ses divins enseignements. « Et la pluie est tombée, et les

---

20), credo in illa civitate Jerusalem quæ est in cœlis, in qua nonnisi justi sanctique regnabunt. An nescitis, ait Apostolus, quoniam iniqui regnum Dei non possidebunt ? (I *Cor.*, vi, 9.)

85. Sed fortasse quis dicat, non posse iniquos visibilia illa miracula facere, et mentiri potius illos credat, qui dicturi sunt : « In nomine tuo prophetavimus, et dæmonia ejecimus, et virtutes multas fecimus. » Legat ergo quanta fecerint resistentes famulo Dei Moysi magi Ægyptiorum : aut si hoc non vult legere, quia non in nomine Christi fecerunt, legat quæ ipse Dominus dicit de pseudo prophetis, ita loquens : Tunc si quis vobis dixerit : « Ecce hic est Christus, aut illic, nolite credere ; surgent enim pseudo christi et pseudo prophetæ, et dabunt signa magna et prodigia, ita ut in errorem inducantur etiam electi : ecce prædixi vobis. » (*Matth.*, xxiv, 23, etc.)

86. Quam ergo mundo et simplici oculo opus est, ut inveniatur via sapientiæ, cui tantæ malorum et perversorum hominum deceptiones erroresque obstrepunt, quos omnes evadere, hoc est venire ad certissimam pacem et immobilem stabilitatem sapientiæ. Vehementer enim metuendum est, ne studio altercandi et contendendi quisque non videat quod a paucis videri potest, ut parvus sit strepitus contradicentium, nisi etiam ipse sibi obstrepat. Quo pertinet etiam illud, quod Apostolus dicit : « Servum autem Domini non oportet litigare, sed mitem esse ad omnes, docibilem, patientem, in modestia corripientem diversa sentientes, ne forte det illis Deus pœnitentiam ad cognoscendam veritatem. » (II *Tim.*, ii, 24, etc.) « Beati ergo pacifici ; quoniam ipsi Filii Dei vocabuntur. » (*Matth.*, vi, ix.)

87. Conclusio ergo hujus totius sermonis quam terribiliter inferatur, valde attendendum est : « Omnis ergo, inquit, qui audit verba mea hæc, et facit ea, similis est viro sapienti qui ædificavit domum suam super petram. » (*Matth.*, vii, 24.) Non enim quisque firmat quod audit vel percipit, nisi faciendo. Et si petra Christus est, sicut multa Scripturarum testimonia prædicant (I *Cor.*, x, 4), ille ædificat in Christo, qui quod audit ab illo, facit. « Descendit

fleuves se sont débordés, et les vents ont soufflé et sont venus fondre sur cette maison et elle n'est point tombée, parce qu'elle était fondée sur la pierre. » (*Matth.*, VII, 25.) Celui-là ne craint pas les superstitions ténébreuses (car c'est ce que représente la pluie, lorsqu'elle est prise au figuré, en mauvaise part), ni les bruits confus du monde comparés aux vents je pense, ni le fleuve de cette vie, figure des concupiscences charnelles qui coulent comme un torrent sur la terre. Ces trois espèces d'adversités renversent celui que la prospérité séduit. Mais rien de tout cela n'est à craindre pour celui dont la maison est bâtie sur la pierre, c'est-à-dire qui, non content d'écouter les préceptes du Seigneur, se fait un devoir de les accomplir. Au contraire on s'expose infailliblement à tous ces dangers lorsqu'on écoute la parole de Dieu sans la mettre en pratique ; car on n'a point de fondements solides, et en écoutant ses préceptes sans les accomplir, on ne bâtit que des ruines, conséquence que le Sauveur lui-même nous met sous les yeux : « Mais quiconque entend ces paroles que je dis et ne les pratique point, sera semblable à un homme insensé qui a bâti sa maison sur le sable ; et la pluie est tombée, et les fleuves se sont débordés, et les vents ont soufflé et sont venus fondre sur cette maison, et elle a été renversée, et la ruine a été grande. Or, Jésus ayant achevé tous ces discours, la multitude était dans l'admiration de sa doctrine, car il les instruisait comme ayant de l'autorité et non pas comme leurs scribes et leurs pharisiens. » (*Ibid.*, 26, 28.) C'est comme je l'ai dit, ce que le Prophète semble avoir eu en vue dans les Psaumes lorsqu'il dit : « J'agirai à son égard avec confiance ; les paroles du Seigneur sont des paroles chastes, de l'argent éprouvé par le feu, passé par le creuset, purifié sept fois. » (*Ps.* XI, 6, 7.) Ce nombre sept m'a donné la pensée de rapporter tous ces préceptes aux sept maximes qui forment l'exorde de ce discours et qui ont pour objet les béatitudes ; comme aussi aux sept opérations de l'Esprit saint, rapportées par le prophète Isaïe. (*Is.*, XI, 2.) Mais qu'on adopte cette division, ou qu'on en suive une autre, il n'en reste pas moins vrai que nous devons mettre en pratique les enseignements du Seigneur, si nous voulons bâtir sur la pierre.

pluvia, venerunt flumina, flaverunt venti, et offenderunt in domum illam, et non (*a*) cecidit ; fundata enim erat supra petram. » (*Matth.*, VII, 25.) Non ergo iste metuit ullas caliginosas superstitiones (quid enim aliud intelligitur pluvia, cum in mali alicujus significatione ponitur?) aut rumores hominum, quos ventis comparatos puto : aut vitæ hujus fluvium, carnalibus concupiscentiis tanquam fluentem super terram. Horum enim trium qui prosperitatibus inducitur, adversitatibus frangitur : quorum nihil metuit, qui fundatam habet domum super petram, id est, qui non solum audit præcepta Domini, sed etiam facit. Et his omnibus periculose subjacet, qui audit et non facit : non enim habet stabile fundamentum, sed audiendo et non faciendo ruinam ædificat. Ait enim consequenter : « Et omnis qui audit verba mea hæc, et non facit ea, similis erit viro stulto, qui ædificat domum super arenam (*v.* 26) ; descendit pluvia, venerunt flumina, flaverunt venti, et offenderunt in domum illam, et cecidit, et facta est ruina ejus magna (*v.* 27). Et factum est cum consummasset Jesus verba hæc, admirabantur turbæ super doctrina ejus : erat enim docens eos, quasi potestatem habens, non quasi Scribæ eorum (*b*) » (*v.* 28). Hoc est quod ante dixi per Prophetam esse significatum in Psalmis, cum diceret : « Fiducialiter agam in eo, eloquia Domini, eloquia casta, argentum igne examinatum, probatum terræ, purgatum septuplum. » (*Psal.* XI, 6, etc.) Propter quem numerum admonitus sum etiam præcepta ista ad septem illas referre sententias, quas in principio sermonis hujus posuit, de Beatis cum diceret ; et ad illas septem operationes Spiritus sancti, quas Isaias propheta commemorat (*Isai.*, XI, 2) : sed sive iste ordo in his considerandus sit, sive aliquis alius, facienda sunt quæ audivimus a Domino, si volumus ædificare super petram.

(*a*) Sic Mss. At editi excepto Mar. *non potuerunt illam movere*. — (*b*) Apud Am. Er. et Lov. additur, *et Pharisæi*. Id tamen hic nullo in Mss. reperimus, nec apud Mar. Est quidem in versione Vulgata, sed non exstat in textu Græco.

LES DEUX LIVRES DES QUESTIONS
SUR LES ÉVANGILES [1]

PROLOGUE.

Je n'ai pas écrit cet ouvrage dans l'intention de donner une exposition suivie de l'Evangile d'après l'ordre des événements; mais je me suis conformé à la volonté comme aux loisirs de celui qui lisait ce livre avec moi et me consultait sur les obscurités qu'il y rencontrait. Aussi ai-je laissé de côté un grand nombre d'endroits plus obscurs peut-être, parce qu'il les comprenait parfaitement, et que s'attachant exclusivement à connaître ce qu'il ignorait, il ne voulait point que son désir de savoir fût arrêté par des matières qu'avait profondément gravées dans sa mémoire l'habitude qu'il avait de les entendre et de les discuter. On ne trouvera pas non plus ici les faits présentés dans le même ordre que dans l'Evangile, parce que nous reprenions, lorsque nous en avions le temps, certaines questions que notre empressement nous forçait d'ajourner, et qu'on écrivait sans autre ordre à la suite des matières qui avaient déjà été traitées. Lorsque je m'en fus aperçu, c'est-à-dire lorsque j'eus appris qu'on avait recueilli et disposé en un seul corps d'ouvrage ces questions qui avaient été dictées comme on avait pu, sans méthode suivie; pour ne point rebuter par ce défaut d'ordre, celui qui chercherait dans cet ouvrage la solution d'un passage obscur de l'Evangile qui l'embarrasserait, j'ai rendu facile à chacun les recherches en marquant par des chiffres les titres des différentes questions.

TITRES DES QUESTIONS DU LIVRE PREMIER SUR L'ÉVANGILE SELON SAINT MATTHIEU.

I. — Sur ces paroles de Notre-Seigneur : « Personne ne connaît le Fils si ce n'est le Père. »
II. — Les disciples froissent les épis et les mangent.

[1] L'époque où ces livres ont été écrits se trouve fixée non-seulement par le livre des *Rétractations*, où ils prennent place parmi les Opuscules publiés vers l'an de Jésus-Christ 400, mais par ces paroles de saint Augustin lui-même dans la question 13 du livre II : « L'Eglise étant maintenant dans sa splendeur, et le peuple des Gentils délivré de la servitude des démons, c'est dans des lieux retirés que ceux qui ont refusé de croire en Jésus-Christ accomplissent leurs rites sacriléges, » paroles qui indiquent clairement qu'il n'était plus alors permis d'adorer publiquement les idoles, dont le culte fut proscrit par les lois que l'empereur Honorius publia l'an 377.

QUÆSTIONUM EVANGELIORUM
LIBRI DUO

PROLOGUS.

Hoc opus non ita scriptum est, ac si Evangelium exponendum ex ordine susceptum esset a nobis : sed pro arbitrio et tempore consulentis, cum quo legebatur, si quid ei videbatur obscurum. Ideoque multa, et fortassis obscuriora prætermissa sunt; quia jam ea noverat, qui ea quæ nondum noverat, inquirebat, nec teneri volebat festinationem suam in iis, quæ antea jam sic acceperat, ut etiam assiduitate audiendi atque tractandi, memoriæ stabiliter firmeque mandaret. Nonnulla etiam hic non eodem ordine inveniuntur exposita, quo in Evangelio narrata sunt; quoniam quædam festinatione dilata, cum tempus daretur, retractabantur, et eo loco scribebantur, qui vacuus in ordine jam expositarum rerum subsequebatur. Quod postea quam comperi, ne quis forte quærens aliquid legere in hoc opere, quod cum in Evangelio movisset et ad quærendum excitasset, tædio perturbati ordinis offenderetur (quandoquidem ea quæ carptim ut poterant dictabantur, in unum collecta et contexta cognovi), feci ut ad ordinem numerorum præscriptis titulis, quod cuique opus esset, facile investigaret.

TITULI [a] QUÆSTIONUM LIBRI PRIMI IN EVANGELIUM SECUNDUM MATTHÆUM.

I. — Quod ait : « Nemo novit Filium nisi Pater. »
II. — Quod discipuli Domini cœperunt vellere spicas, et manducare.

[a] Quæstionum titulos ab Erasmo et Lovaniensibus immerito rejectos, huc revocamus ex Mss. et antiquioribus editis.

III. — La mèche qui fume.
IV. — L'aveugle et le muet.
V. — Sur ces paroles : « Et si je chasse les démons au nom de Béelzébub. »
VI. — Sur ces paroles : « Race de vipères. »
VII. — Sur ces paroles : « Comme Jonas a été trois jours et trois nuits dans le sein de la baleine. »
VIII. — Sur ces autres : « Lorsque l'esprit immonde est sorti d'un homme. »
IX. — Du fruit qui rapporte, cent, soixante, trente.
X. — Sur ces paroles : « Recueillez premièrement l'ivraie. »
XI. — Du grain de sénevé qui devient le plus grand des légumes.
XII. — Du levain qu'une femme prend et mêle dans trois mesures de farine.
XIII. — Du trésor caché dans un champ.
XIV. — Sur ce que dirent les Juifs : « D'où lui vient cette sagesse et cette puissance ? »
XV. — Jésus marche sur la mer pour aller rejoindre ses disciples.
XVI. — Explication de ces paroles : « Toute offrande que je ferai tournera à votre profit. »
XVII. — Sur ces paroles : « Tout plant que mon Père n'a point planté sera arraché. »
XVIII. — Du serviteur du centurion et de la fille de la Chananéenne.
XIX. — Que représente les muets, les aveugles, les sourds et les boiteux que l'on amène à Notre-Seigneur pour être guéris.
XX. — Sur ces paroles : « Le soir venu, vous dites : Il fera beau, parce que le ciel est rouge. »
XXI. — Sur ces paroles : « Elie viendra, et rétablira toutes choses. »
XXII. — De l'homme qui tombait souvent dans le feu, quelquefois dans l'eau.
XXIII. — Sur cette parole du Sauveur lorsqu'on exigeait de lui le paiement de l'impôt : « Donc les enfants sont libres. »
XXIV. — Sur ces paroles : « Celui qui aura scandalisé un de ces petits. »
XXV. — Du débiteur qui devait dix mille talents.
XXVI. — Du riche qui ne peut entrer dans le royaume des cieux.
XXVII. — Notre-Seigneur prédit sa passion à deux de ses disciples en particulier. (aux douze, II *Retr.*, 12.)
XXVIII. — Il rend la vue à deux aveugles en sortant de Jéricho.
XXIX. — Sur ce qu'il dit à ses disciples : « Vous direz à cette montagne, lève-toi, et jette-toi dans la mer. »
XXX. — Sur ces paroles : « Celui qui tombera sur cette pierre sera brisé. »
XXXI. — Du roi qui célébra les noces de son fils.
XXXII. — Des sept frères qui n'ont eu qu'une seule femme.
XXXIII. — Explication de ces paroles : « Toute la loi est renfermée dans ces deux préceptes. »
XXXIV. — Sur ces paroles : « Quel est le plus grand, de l'or ou du temple qui sanctifie l'or. »
XXXV. — Sur ces paroles : « Ils rejettent un moucheron, et ils avalent un chameau. »
XXXVI. — Sur ces paroles : « Combien de fois ai-je voulu rassembler tes enfants comme une poule. »

III. — De lino fumigante.
IV. — De cæco et muto.
V. — Quod ait : « Etsi ego in Beelzebub ejicio dæmones. »
VI. — Quod ait : « Progenies viperarum. »
VII. — Quod ait : « Sicut enim fuit Jonas in ventre ceti tribus diebus et tribus noctibus. »
VIII. — Quod ait : « Cum spiritus immundus exierit ab homine. »
IX. — De fructu centeno, sexageno et triceno.
X. — Quod ait : « Colligite primo zizania. »
XI. — De grano sinapis quod majus fit omnibus oleribus.
XII. — De fermento quod accepit mulier, et abscondit in farinæ satis tribus.
XIII. — De thesauro in agro abscondito.
XIV. — Quod dixerunt Judæi : « Unde huic sapientia hæc et virtus. »
XV. — Quod ambulavit in mari ad discipulos.
XVI. — Quid sit : « Munus quodcumque est ex me tibi proderit. »
XVII. — Quod ait : « Omnis plantatio quam non plantavit Pater meus eradicabitur. »
XVIII. — De puero Centurionis et filia Chananææ mulieris.
XIX. — Quid significent muti et cæci et surdi et claudi, qui curandi oblati sunt Domino.
XX. — Quod ait : « Facto vespere dicitis : Serenum erit, rubicundum est enim cœlum. »
XXI. — Quod ait : « Elias quidem venturus est, et restituet omnia. »
XXII. — De illo qui sæpe cadebat in ignem et aliquando in aquam.
XXIII. — Quod ait : « Ergo liberi sunt filii, » cum tributum exigeretur.
XXIV. — Quod ait : « Qui autem scandalizaverit unum ex pusillis istis. »
XXV. — Quod oblatus est ei debitor decem millium talentorum.
XXVI. — De divite qui non intrat in regnum Dei.
XXVII. — Quod duobus seorsum discipulis se passurum indicat.
XXVIII. — Quod cum Jericho egrederetur duos cæcos illuminat.
XXIX. — Quod ait discipulis : « Dicetis monti huic : Tolle et jacta te in mare. »
XXX. — Quod ait : « Et qui ceciderit super lapidem istum confringetur. »
XXXI. — De homine rege qui fecit nuptias filio suo.
XXXII. — De septem fratribus qui unam uxorem habuerunt.
XXXIII. — Quid sit quod ait : « Tota Lex pendet in his duobus præceptis. »
XXXIV. — Quod ait : « Quid enim majus est aurum an templum quod sanctificat aurum. »
XXXV. — Quod ait : « Excolantes culicem, camelum autem glutientes. »
XXXVI. — Quod ait : « Quoties volui congregare filios tuos sicut gallina. »

PROLOGUE.

XXXVII. — Sur ces paroles : « Priez que votre fuite n'ait pas lieu l'hiver ou le jour du sabbat. »
XXXVIII. — Sur ces paroles : « Comme l'éclair part de l'Orient et va jusqu'à l'Occident. »
XXXIX. — Sur ces paroles : « Apprenez cette comparaison tirée du figuier. »
XL. — Sur ce que Notre-Seigneur dit de Judas : « Il eût été bon pour lui qu'il ne fût pas né. »
XLI. — Jésus vendu trente deniers.
XLII. — Sur ces paroles : « Là où le corps sera, les aigles s'assembleront. »
XLIII. — Sur ces paroles : « Je ne boirai plus désormais du fruit de la vigne. »
XLIV. — Les Juifs crachent à la face de Jésus et lui donnent des soufflets.
XLV. — Du triple reniement de Pierre.
XLVI. — Pierre suit de loin le Sauveur se rendant au lieu de ses souffrances.
XLVII. — Notre-Seigneur prie trois fois avant d'être trahi.

TITRES DES QUESTIONS DU LIVRE SECOND SUR L'ÉVANGILE SELON SAINT LUC.

I. — Zacharie reçoit de l'ange l'assurance que sa prière a été exaucée.
II. — Jésus monte sur une barque pour enseigner la foule.
III. — Sur ces paroles qu'il adresse au lépreux qu'il a guéri : « Allez, montrez-vous au prêtre. »
IV. — Du paralytique qu'on descend par le toit à ses pieds.
V. — Comment Joseph a pu avoir deux pères.
VI. — Des soixante-dix-sept générations.
VII. — De l'homme qui avait la main droite desséchée.
VIII. — Sur ces paroles : « On versera dans votre sein une mesure bien pleine, pressée, entassée, et se répandant par dessus. »
IX. — Sur ces paroles : « Est-ce qu'un aveugle peut conduire un aveugle ? »
X. — De celui qui creuse à fond pour asseoir sur la pierre le fondement de sa maison.
XI. — Des enfants qui s'assoient sur la place publique et crient les uns aux autres.
XII. — Sur ces paroles : « Personne n'allume une lampe pour la cacher sous un vase ou la placer sous un lit. »
XIII. — Du possédé dans lequel se trouvait une légion de démons.
XIV. — Des soixante et douze disciples.
XV. — Sur ces paroles : « Si la lumière qui est en vous est ténèbres, combien grandes seront les ténèbres elles-mêmes. »
XVI. — Sur ces paroles : « Maintenant vous, ô pharisiens ! vous nettoyez le dehors de la coupe et du bassin plat. »
XVII. — Du doigt de Dieu.
XVIII. — Du jeûne des enfants de l'Époux.
XIX. — Du voyageur qui allant de Jérusalem à Jéricho tomba dans les mains des voleurs.
XX. — Marthe reçut Jésus dans sa maison, où Marie s'assied aux pieds du Sauveur.
XXI. — De celui qui demande à son ami trois pains au milieu de la nuit.
XXII. — Du pain, du poisson et de l'œuf.

XXXVII. — Quod ait : « Orate ne fiat fuga vestra hyeme vel sabbato. »
XXXVIII. — Quod ait : « Sicut fulgur exit ab Oriente et pervenit usque in Occidentem. »
XXXIX. — Quod ait : « Ab arbore fici discite similitudinem. »
XL. — Quod ait de Juda : « Bonum erat illi non nasci. »
XLI. — Quod triginta argenteis venditus est.
XLII. — Quod ait : « Ubi fuerit corpus, illo congregabuntur aquilæ. »
XLIII. — Quod ait : « Non bibam a modo de hac generatione vitis. »
XLIV. — Quod spuerunt in faciem ejus et colaphis eum percusserunt.
XLV. — De trina Petri negatione.
XLVI. — Quod a longe secutus est Dominum euntem ad passionem.
XLVII. — Quod ter Dominus oravit prius quam traderetur.

TITULI QUÆSTIONUM LIBRI SECUNDI IN EVANGELIUM SECUNDUM LUCAM.

I. — Quod Zacharias audit ab Angelo : Exaudita est oratio tua.
II. — Quod de navicula docet turbas.
III. — Quod ait leproso mundato : « Vade, ostende te sacerdoti. »
IV. — De paralytico qui per tectum est ad eum depositus.
V. — Quomodo duos patres habere potuerit Joseph.
VI. — De septuaginta septem generationibus.
VII. — De eo qui habebat dexteram manum aridam.
VIII. — Quod ait : « Mensuram bonam, confertam et coagitatam et supereffluentem dabunt in sinum vestrum. »
IX. — Quod ait : « Numquid potest cæcus cæcum ducere ? »
X. — De illo qui fodit in altum et posuit fundamentum super petram.
XI. — De pueris sedentibus in foro et ad invicem clamantibus.
XII. — Quod ait : « Nemo lucernam accendens operit eam vase, aut subtus lectum ponit. »
XIII. — De illo in quo erat legio dæmoniorum.
XIV. — De septuaginta duobus discipulis.
XV. — Quod ait : « Si quod in te est lumen tenebræ sunt, ipsæ tenebræ quantæ sunt. »
XVI. — Quod ait : « Nunc vos Pharisæi quod de foris est calicis et catini mundatis. »
XVII. — De digito Dei.
XVIII. — De jejunio filiorum sponsi.
XIX. — De illo qui descendens ab Jerusalem in Jericho incidit in latrones.
XX. — Quod Martha excepit illum in domum suam, ubi Maria sedebat ad pedes ejus.
XXI. — De illo qui media nocte ab amico petit tres panes.
XXII. — De pane et pisce et ovo.

XXIII. — Sur ces paroles : « Vous avez pris la clef de la science. »
XXIV. — Sur ces paroles : « L'âme est plus que la nourriture. »
XXV. — Sur ces paroles : « Ayez vos reins ceints et des lampes dans vos mains. »
XXVI. — De la mesure de blé que donne l'économe fidèle à la famille.
XXVII. — Sur ces paroles : « Lorsque vous verrez une nuée s'élevant du côté du couchant. »
XXVIII. — Sur ce que dit Notre-Seigneur de la taille du corps à laquelle on ne peut rien ajouter.
XXIX. — Sur ces paroles : « Ne soyez pas comme suspendus en l'air.
XXX. — Des invités au festin.
XXXI. — Des dépenses nécessaires pour bâtir une tour, et du roi qui a vingt mille hommes.
XXXII. — Du sel affadi et de la brebis perdue.
XXXIII. — Des deux fils, dont le plus jeune part pour une région lointaine.
XXXIV. — Sur ces paroles : « Faites-vous des amis avec l'argent de l'iniquité. »
XXXV. — Sur ces paroles : « Si vous n'avez pas géré fidèlement un bien étranger. »
XXXVI. — Sur ces paroles : « Nul ne peut servir deux maîtres. »

XXXVII. — Sur ces paroles : « Le royaume des cieux souffre violence. »
XXXVIII. — Du riche à la porte duquel était couché Lazare couvert d'ulcères.
XXXIX. — Sur cette demande des disciples au Seigneur : « Augmentez en nous la foi. »
XL. — Des dix lépreux.
XLI. — De celui qui est sur le toit et dont les meubles sont dans la maison.
XLII. — De celui qui est dans son champ et ne doit point revenir sur ses pas.
XLIII. — De la femme de Loth.
XLIV. — Des deux hommes couchés dans un lit, des deux femmes qui tournent la meule, et des deux hommes dans un champ.
XLV. — Du juge injuste interpellé par une veuve.
XLVI. — De l'homme noble qui s'en va dans un pays étranger prendre possession d'un royaume.
XLVII. — Du chameau qui passe par le trou d'une aiguille.
XLVIII. — De l'aveugle qui recouvre la vue aux portes de Jéricho.
XLIX. — De la vie des saints après la résurrection.
L. — Sur ces paroles : « Priez pour ne point entrer en tentation. »
LI. — Sur ce que l'Évangéliste dit du Seigneur, qu'il fit semblant d'aller plus loin.

XXIII. — Quod ait : « Tulistis clavem scientiæ. »
XXIV. — Quod ait : « Anima plus est quam esca. »
XXV. — Quod ait : « Sint lumbi vestri præcincti et lucernæ ardentes. »
XXVI. — De mensura tritici quam dat fidelis dispensator familiæ.
XXVII. — Quod ait : « Cum videritis nubem orientem ab Occasu. »
XXVIII. — Quod ait de statura corporis cui non possint aliquid addere.
XXIX. — Quod ait : « Nolite in sublime extolli. »
XXX. — De invitatis ad cœnam.
XXXI. — De sumptibus ad turrem ædificandam, et rege qui habet viginti millia.
XXXII. — De sale infatuato et ove perdita.
XXXIII. — De duobus filiis quorum junior profectus est in regionem longinquam.
XXXIV. — Quod ait : « Facite vobis amicos de mammona iniquitatis. »
XXXV. — Quod ait : « Si in alieno fideles non fuistis. »
XXXVI. — Quod ait : « Nemo potest duobus dominis servire. »

XXXVII. — Quod ait : « Regnum cœlorum vim patitur. »
XXXVIII. — De divite ad cujus januam jacebat Lazarus ulcerosus.
XXXIX. — Quod dixerunt discipuli Domino : « Adauge nobis fidem. »
XL. — De decem leprosis.
XLI. — De illo qui in tecto est, et vasa ejus in domo.
XLII. — De illo qui in agro est, ut non redeat retro.
XLIII. — De uxore Loth.
XLIV. — De duobus in lecto et duabus molentibus et duobus in agro.
XLV. — De judice iniquo quem vidua interpellabat.
XLVI. — De homine nobili qui abiit in regionem longinquam accipere sibi regnum.
XLVII. — De camelo per foramen acus.
XLVIII. — De cæco illuminato cum propinquaret ad Jerico.
XLIX. — De vita Sanctorum cum resurrexerint.
L. — Quod ait : « Orate ne intretis in tentationem. »
LI. — Quod scriptum est de domino : « Finxit se longius ire. »

LIVRE PREMIER

QUESTIONS SUR L'ÉVANGILE SELON SAINT MATTHIEU.

Question I. — Notre-Seigneur, après ces paroles : « Personne ne connaît le Fils, si ce n'est le Père; » (*Matth.*, xi, 27) n'ajoute point : Et celui à qui le Père aura voulu le révéler; mais après avoir dit : « Personne ne connaît le Père, si ce n'est le Fils; » il ajoute : « Et celui à qui le Fils aura voulu le révéler. » Il ne faut pas entendre ces paroles dans ce sens que le Fils ne puisse être connu par nul autre que par le Père seul, tandis que le Père pourrait être connu non-seulement par le Fils, mais encore par ceux à qui le Fils l'aurait révélé. Si le Sauveur s'exprime de la sorte, c'est pour nous faire comprendre que le Père et le Fils nous sont connus par la révélation du Fils, parce qu'il est lui-même la lumière de notre intelligence. Ce qu'il ajoute : « Et celui à qui le Fils l'aura révélé » doit donc s'appliquer aussi bien au Fils qu'au Père, car ces paroles se rapportent à l'ensemble de la pensée du Sauveur. C'est par son Verbe, en effet, que le Père se fait connaître, mais le Verbe ne révèle pas seulement ce qu'il exprime, il se révèle encore lui-même.

Question II. — Les disciples du Seigneur arrachant des épis et les mangeant (*Matth.*, xii, 1) ce qu'ils n'auraient pu faire sans les froisser, expriment allégoriquement cette vérité : « Mortifiez vos membres qui sont sur la terre, » (*Coloss.*, iii, 5) c'est-à-dire qu'on ne peut être incorporé au Christ, qu'après avoir dépouillé le vêtement de la chair, et cette autre : « Dépouillez-vous du vieil homme, » (*Ibid.*, 9) et encore : « Soyez circoncis, mais non de la circoncision qui se pratique extérieurement sur la chair. » (*Coloss.*, ii, 11.)

Question III. — A l'occasion de la mèche qui fume (*Matth.*, xii, 20), remarquons qu'en perdant sa lumière, elle exhale une mauvaise odeur.

Question IV. — « Alors on lui présenta un homme possédé du démon, aveugle et muet, » (*Matth.*, xii, 22) c'est-à-dire un homme qui ne croit point et qui est l'esclave du démon, un homme qui ne comprend pas et ne confesse point la foi dont il est écrit : « On confesse de bouche pour être sauvé; » (*Rom.*, x, 10) ou bien un homme qui ne rend pas gloire à Dieu.

Question V. — Le Sauveur dit aux Juifs : « Si

LIBER PRIMUS

QUÆSTIONES IN EVANGELIUM SECUNDUM MATTHÆUM.

Quæst. I. — Cum diceret : « Nemo novit Filium Pater, » non dixit, « et cui voluerit Pater revelare : » (*Matth.*, ii, 27) quemadmodum cum diceret : « Nemo novit patrem nisi Filius, » addidit, « et cui voluerit Filius revelare. » Quod non ita intelligendum est, quasi Filius a nullo possit cognosci, nisi a patre solo; Pater autem non solum a Filio, sed etiam ab eis quibus revelaverit Filius. Sic enim potius dictum est, ut intelligamus et Patrem et ipsum Filium per Filium revelari; quia ipse est menti nostræ lumen : ut quod postea intulit, « et cui voluerit Filius revelare, » non tantum Patrem, sed etiam Filium accipias : ad totum enim quod dixit, illatum est. Verbo enim suo ipse Pater declaratur : verbum autem non solum id quod per verbum declaratur, sed etiam seipsum declarat.

Quæst. II. — Quod discipuli Domini « cœperunt vellere spicas, et manducare, » (*Matth.*, xii, 1) nisi confricantes eas, facere non possent, hinc est : Mortificate membra vestra quæ sunt super terram : (*Col.*, iii, 5) id est, quia quisque non transit in corpus Christi, nisi carnalibus expoliatus fuerit indumentis : hinc est et : Exuite vos veterem hominem : (*Ibidem* 9) hinc est et : Circumcisione non manufacta in expoliationem carnis. (*Col.*, ii, 11.)

Quæst. III. — « In (a) lino fumigante »(*Matth.*, xii, 20) notandum, quia et desertum lumine facit putorem.

Quæst. IV. — « Tunc oblatus est ei dæmonium habens, cæcus et mutus : » (*Matth.*, xii, 22) id est, qui non credit, et subditus est diabolo : qui non intelligit, et non confitetur ipsam fidem, de qua dictum est : Ore autem confessio fit in salutem : (*Rom.*, x, 10) vel qui non dat laudem Deo.

Quæst. V. — Quod dixit : « Et si ego in Beelzebub

(a) In editis quæstio III, sic incipit : *Arundinem quassatam Judæos dicit, propter quod et unum erant, et ab invicem discrepabant :* tum sequitur : *In lino fumigante*, etc. At in Mss. omnibus caret prima illa parte ; adeoque in Quæstionum elencho prænotatur, non *de arundine quassata*, sed hocce titulo : *De lino fumigante.*

je chasse les démons par Béelzébub, » même dans votre pensée, « le royaume de Dieu est parvenu jusqu'à vous; » (*Matth.*, XII, 27) car ce royaume du démon qui, de votre aveu, est divisé contre lui-même, ne peut subsister. Ce royaume de Dieu dont il parle est celui qui condamne les impies et les sépare des fidèles qui font maintenant pénitence de leurs péchés. Il appelle le démon, le fort, parce qu'il tenait les hommes si étroitement enchaînés qu'ils ne pouvaient secouer son joug par leurs propres forces, mais seulement par la grâce de Dieu. « Tout ce qu'il possède, » ce sont tous les infidèles. « S'il n'enchaîne auparavant le fort, » c'est-à-dire s'il ne lui enlève le pouvoir d'empêcher la volonté des fidèles de suivre le Christ, et d'obtenir le royaume de Dieu.

QUESTION VI. — Il les appelle : « Race de vipères, » (*Matth.*, XII, 34) dans le même sens qu'il les appelle fils du démon. Car on est d'autant plus son fils qu'on imite en péchant sa conduite coupable.

QUESTION VII. — « Comme Jonas qui fut trois jours et trois nuits dans le ventre de la baleine, ainsi le Fils de l'homme sera trois jours et trois nuits dans le sein de la terre. » (*Matth.*, XII, 40.) Il faut compter pour une nuit et pour un jour, c'est-à-dire pour un jour tout entier la partie du sixième jour où il a été enseveli, avec la nuit précédente; puis la nuit et le jour du sabbat, et enfin la nuit du dimanche, avec le commencement de ce même jour, vous aurez ainsi, en prenant la partie pour le tout, trois jours et trois nuits. Ainsi on dit que le temps de la grossesse d'une femme est de dix mois, c'est-à-dire de neuf mois pleins; mais le commencement du dixième est compté pour un mois. C'est ainsi encore que la transfiguration du Seigneur sur la montagne eut lieu six jours après le fait qui la précède, suivant un Évangéliste (*Matth.*, XVII, 1), et huit jours après suivant un autre (*Luc*, IX, 28), qui compta pour des jours pleins et entiers la dernière partie du premier jour où le Sauveur promit à ses disciples ce prodige, et la première partie du dernier jour où il accomplit cette promesse. Par conséquent celui qui ne compte que six jours n'a fait entrer dans ce nombre que les jours intermédiaires qui sont les seuls véritablement pleins et complets. Dans la Genèse, le jour commence avec la lumière et finit à la nuit, » (*Gen.*, 1, 5) pour figurer la chute de l'homme; maintenant au contraire il commence avec les ténèbres et finit avec le jour, selon ces paroles de l'Apôtre : « Il a fait sortir la lumière des ténèbres, » (II *Cor.*, IV, 6) parce que l'homme délivré des ténèbres du péché est parvenu à la lumière de la justice.

QUESTION VIII. — Par ces paroles : « Lorsque l'esprit impur est sorti d'un homme, » (*Matth.*, XII, 43) Notre-Seigneur veut nous apprendre

qu'il en est dont la foi sera si faible qu'ils retourneront au monde, incapables qu'ils seront de travaux de la mortification. Il ajoute qu'il prend avec lui sept autres esprits, pour nous faire comprendre que celui qui tombe des hauteurs de la justice devient en même temps hypocrite. En effet, lorsque la concupiscence de la chair, chassée par les œuvres ordinaires de la pénitence, ne trouve plus un lieu d'agréable repos, elle revient avec plus d'empressement et s'empare de nouveau du cœur de l'homme, pour peu qu'après l'avoir chassée il se soit laissé aller à la négligence. Alors la parole de Dieu ne peut plus avoir d'accès par la saine doctrine pour habiter cette maison nettoyée de ses souillures. Et comme cette concupiscence de la chair ne prend pas seulement avec elle les sept vices qui sont opposés aux sept dons de l'Esprit saint, mais qu'elle affectera par hypocrisie d'avoir ces mêmes vertus, on peut dire qu'elle revient avec sept démons plus méchants, c'est-à-dire avec les sept démons de l'hypocrisie, de manière que l'état de cet homme devient pire que le premier.

QUESTION IX. — Ces paroles du Sauveur : « L'un rapporte cent, un autre soixante, un autre trente pour un, » (*Matth.*, XIII, 8 et 23) désignent : le centuple, le fruit que produisent les martyres rassasiés de la vie et pleins de mépris pour la mort ; le nombre soixante, le fruit que rendent les vierges qui, goûtant le repos intérieur, n'ont plus à soutenir les combats de la chair ; en effet, on donne la retraite après l'âge de soixante ans aux soldats ou aux fonctionnaires publics ; le nombre trente, le fruit des époux, car c'est l'âge de ceux qui sont appelés à combattre, et ils ont en effet les plus rudes assauts à soutenir pour ne pas être vaincus par les passions.

QUESTION X. — On donne ici le nom d'ivraie à toute herbe qui gâte la moisson. (*Matth.*, XIII, 25.) Il leur dit qu'on sépare d'abord l'ivraie parce que la tribulation qui précédera le jugement séparera les pécheurs des justes, ce qui se fera par le ministère des anges ; car les bons, de même qu'un roi, de même qu'un juge peuvent très-bien remplir le ministère de la vengeance dans une bonne intention, tandis que les méchants sont incapables d'exercer les offices de la miséricorde.

QUESTION XI. — Le grain de sénevé, parce qu'il figure la ferveur de la foi, ou à cause de la vertu qu'on lui attribue d'expulser le poison, devient plus grand que tous les autres légumes, c'est-à-dire que tous les autres dogmes. Je veux parler des opinions et des systèmes adoptés par les différentes sectes hérétiques au gré de leurs caprices.

ab homine, » (*Matth.*, XII, 43) significat quosdam ita credituros, ut ferre non possint labores continentiæ, et ad sæculum redituri sint : Quod dictum est : « Assumit secum alios septem, » (*ibidem,* 4, 5) intelligitur quia cum quis ceciderit de justitia, etiam simulationem habebit. Cupiditas enim carnis expulsa per pœnitentiam a consuetis operibus, cum non invenerit in quibus delectationibus conrequiescat, avidius redit, et rursus occupat mentem hominis (*a*), si cum pulsa esset, negligentia subsecuta est, ut non introduceretur tanquam habitator mundatæ domui sermo Dei per sanam doctrinam. Et quoniam non solum habebit illa septem vitia, quæ septem (*b*) virtutibus spiritalibus sunt contraria, sed etiam per hypocrisim se ipsas virtutes habere simulabit : propterea assumptis secum septem aliis nequioribus, hoc est, ipsa septenaria simulatione, redit illa concupiscentia, ut sint novissima hominis pejora quam erant prima.

QUÆST. IX. — « Quod dicit : Aliud centesimum, aliud sexagesimum, aliud trigesimum : » (*Matth.*, XIII, 8 et 23) centesimum Martyrum, propter (*c*) satietatem vitæ vel contemptum mortis : sexagesimum Virginum, propter otium interius, quia non pugnant contra consuetudinem carnis ; solet enim otium concedi sexagenariis post militiam, vel post actiones publicas : tricesimum conjugatorum, quia hæc est ætas præliantium ; ipsi enim habent acriorem conflictum, ne libidinibus superentur.

QUÆST. X. — « Omnis immunditia in segete, zizania » dicuntur. Quod primo separata « zizania » dicuntur, (*Matth.*, XIII, 23, etc.) quia tribulatione præcedente separabuntur impii a piis : quod per bonos Angelos intelligitur fieri ; quia officia vindictæ possunt implere boni bono animo, quomodo (*d*) rex, quomodo judex ; officia vero misericordiæ mali implere non possunt.

QUÆST. XI. — « Granum sinapis » (*Matth.*, XIII, 31) ob fervorem fidei, vel quod dicatur venena expellere, majus fit omnibus oleribus, id est dogmatibus. Dogmata autem sunt placita sectarum, id est, quod placuit singulis sectis.

(*a*) Am. Er. et Lov. *sic cum expulsa esset justitia, negligentia subsecuta est.* Emendamus ad octo Mss. et ad editionem Rat. — (*b*) Mss. Corb. et Sanvictorini duo, *virtutum spiritibus.* — (*c*) Rat. Am. Er. et octo Mss. *sanctitatem.* — (*d*) Sic Rat. et Ms. Cisterciensis. At alii codices, *lex.*

QUESTION XII. — Dans cette comparaison : « Le levain qu'une femme prend et mêle dans trois mesures de farine, » (*Matth.*, XIII, 33) la femme représente la sagesse, le levain la charité, parce qu'il excite et qu'il échauffe. Les trois mesures de farine sont ces trois choses qui se trouvent dans l'homme et qui sont exprimées par ces paroles : « De tout votre cœur, de toute votre âme et de tout votre esprit; » ou bien les trois récoltes qui donnent l'une cent, l'autre soixante et l'autre trente ; ou bien les trois espèces d'hommes dont parle Ezéchiel : « Noé, Daniel et Job. » (*Ezéch.*, XIV.)

QUESTION XIII. — Le trésor caché dans le champ, ce sont les deux Testaments qui se trouvent dans l'Eglise. Lorsqu'un homme parvient à les atteindre par une partie seulement de son intelligence, il comprend que ce champ renferme de grandes richesses, « il s'en va, il vend tout ce qu'il possède, et il l'achète, » c'est-à-dire que par le mépris des choses temporelles il achète le repos, afin de s'enrichir du trésor de la connaissance de Dieu.

QUESTION XIV. — Les Juifs disaient : « D'où vient à celui-ci cette sagesse et cette puissance ? » (*Matth.*, XIII, 56.) La sagesse dans ses discours; la puissance dans les prodiges qu'il opérait. Aussi l'Apôtre dit que Jésus-Christ est la puissance et la sagesse de Dieu (I *Cor.*, I, 24); il rapporte la puissance aux miracles pour les Juifs et la sagesse à la doctrine pour les Grecs c'est-à-dire pour les Gentils.

QUESTION XV. — Les disciples qui voyant Jésus marcher sur les eaux, dirent : « C'est un fantôme, » (*Matth.*, XIV, 26) sont la figure de ceux dont il est écrit : « Pensez-vous que le Fils de l'homme trouvera de la foi sur la terre ? » (*Luc*, XVIII, 8) et qui s'étant laissé vaincre par le démon douteront de l'avénement du Christ. Pierre, au contraire, qui implore le secours du Seigneur pour ne pas être submergé, représente l'Eglise qui, après la dernière persécution, aura encore besoin d'être purifiée par quelques tribulations; vérité qu'exprime l'apôtre saint Paul lorsqu'il dit : « Il ne laissera pas d'être sauvé, mais comme par le feu. » (I *Cor.*, III, 15.) Nous voyons ensuite tous ceux qui étaient dans la barque l'adorer en disant : « Vous êtes vraiment le Fils de Dieu, » (*Matth.*, XIV, 33) c'est le présage de la manifestation éclatante de sa gloire aux yeux de ceux qui marchent ici-bas dans la foi, et qui le verront tel qu'il est.

QUESTION XVI. — « Le présent qui est offert de mon bien tournera à votre profit, » (*Matth.*, XV, 5) c'est-à-dire le présent que vous offrez pour moi, vous appartiendra désormais; paroles qui signifient que les enfants n'avaient plus besoin des sacrifices que leurs parents offraient pour eux lorsqu'ils étaient arrivés à l'âge où ils pourraient les offrir eux-mêmes. Lors donc qu'ils

---

QUÆST. XII. — « Fermentum quod accepit mulier, et abscondit in farinæ satis tribus : » (*Matth.*, XIII, 33) mulierem, sapientiam dicit : fermentum, dilectionem; quod fervefacit et excitat. In farinæ autem satis tribus, vel tria illa in homine : Ex toto corde, et ex tota anima, et ex tota mente ; vel tria illa fructifera : Centenum, sexagenum, tricenum; vel tria illa genera hominum Noe, Daniel et Job.

QUÆST. XIII. — « Thesaurum in agro absconditum, » (*Matth.*, XIII, 44) dixit duo Testamenta Legis in Ecclesia, quæ quis cum ex parte intellectus attigerit, sentit illic magna latere : et « vadit et vendit omnia sua, et emit agrum illum, » id est, contemptu temporalium comparat sibi otium, ut sit dives cognitione Dei.

QUÆST. XIV. — Quod dixerunt Judæi : « Unde huic sapientia hæc et virtutes ? » (*Matth.*, XIII, 56.) Sapientia in his quæ loquebatur, virtutes in his quæ operabatur. Ideoque et Apostolus cum dixit Christum Dei virtutem et Dei sapientiam : (I *Cor.*, I, 24) virtutem ad signa retulit propter Judæos, sapientiam autem ad doctrinam propter Græcos, id est, Gentes.

QUÆST. XV. — Quod dixerunt discipuli « phantasma esse, » (*Matth.*, XIV, 26) significat id quod dictum est : Putas inveniet fidem in terra : (*Luc.*, XVIII, 8) quia quidam qui cesserint diabolo, de Christi adventu dubitabunt. Quod autem Petrus implorat a Domino auxilium, ne mergatur, significat quibusdam tribulationibus etiam post ultimam persecutionem purgandam esse Ecclesiam. Quod et Paulus significat dicens : Salvus erit, sic tamen quasi per ignem. (I *Cor.*, III, 15.) Quod sequitur, ut adorantes omnes qui in navi erant, dicerent : « Vere filius Dei es, » (*Matth.*, XIV, 33) significat claritatem ejus tunc manifestam futuram, per speciem jam videntibus, qui per fidem nunc ambulant.

QUÆST. XVI. — « Munus quodcumque est ex me, tibi proderit, » (*Matth.*, XV, 5) id est, munus quod offers causa mei, ad te jam pertinebit : quibus verbis significat filii jam non sibi opus esse parentum pro se oblationes, quod ad eam ætatem pervenissent, ut possent jam ipsi offerre pro se. In hac ergo ætate

étaient parvenus à cet âge où ils pouvaient tenir ce langage à leurs parents, les pharisiens niaient qu'ils fussent coupables de manquer à l'honneur qu'ils leur devaient.

QUESTION XVII. — « Toute plante que mon Père céleste n'a point plantée sera arrachée, » (*Matth.*, xv, 13) c'est-à-dire la convoitise charnelle des pharisiens qui se scandalisaient qu'on n'observât point des prescriptions purement figuratives ou même leurs traditions, tandis qu'ils ne faisaient aucun cas des préceptes de la vie qui purifient l'âme de la convoitise.

QUESTION XVIII. — Le fils du centurion et la fille de la Chananéenne qui ont été guéris sans que le Sauveur soit entré dans leurs maisons, » (*Matth.*, VIII, 13; xv, 28) figurent les nations qui, sans être visitées extérieurement par Jésus-Christ, seront sauvées par sa parole. C'est à la prière du Centurion et de la Chananéenne que leurs enfants (1) sont guéris, et ils sont en cela la figure de l'Eglise, qui est tout à la fois pour elle-même et la mère et les enfants; car la réunion de tous ceux qui composent l'Eglise porte le nom de mère, et chacun des membres reçoit le nom d'enfants.

QUESTION XIX. — La multitude présente au Seigneur des muets qui ne louent pas Dieu ou ne confessent point leur foi; des aveugles qui obéissent aux ordres qu'on leur donne sans les comprendre; des sourds qui les comprennent mais ne veulent pas y obéir; des boiteux qui n'accomplissent pas les préceptes.(*Matth.*, xv, 30.)

QUESTION XX. — Ces paroles du Seigneur : « Le soir vous dites, il fera beau, car le ciel est rouge, » (*Matth.*, xvi, 2, etc.) signifient que la rémission des péchés est accordée dans le premier avénement par le sang que Jésus-Christ a versé dans sa passion; et ces autres : « Le matin vous dites : Il y aura de l'orage aujourd'hui, car le ciel est d'un rouge sombre, » que dans son second avénement le Christ sera précédé par le feu. « Vous savez donc discerner les différentes apparences du ciel, et vous ne savez pas reconnaître les signes des temps. » Ces signes des temps sont dans la pensée du Seigneur son avénement ou sa passion, qui nous sont représentés par un ciel qui est rouge le soir; et la tribulation qui précèdera son second avénement, figurée par un ciel qui, le matin, est sombre et rougeâtre.

QUESTION XXI. — Notre-Seigneur dit : « Elie viendra et rétablira toutes choses,» (*Matth.*, xvii, 11) c'est-à-dire en rétablissant ceux que la persécution de l'Antechrist aura ébranlés; ou en acquittant lui-même sa dette en mourant.

QUESTION XXII. — « Il tombe souvent dans le feu, et quelquefois dans l'eau.»(*Matth.*, xvii, 14.)

(1) Ce ne fut point le fils du centurion, mais son serviteur qui fut guéri; ce sentiment adopté par saint Augustin, ne s'explique ici que parce que dans le grec le mot παῖς, signifie à la fois *enfant* et *serviteur*.

---

constitutos, ut possent parentibus suis hoc dicere, cum hoc dixissent, negabant Pharisæi reos esse, si parentibus suis non præstarent honorem.

QUÆST. XVII. — « Omnis plantatio, quam non plantavit Pater meus cœlestis, eradicabitur, » (*Matth.*, xv, 13) id est, carnalis cupiditas, secundum quam sentientes offendebantur de prætermissis rerum signis, vel etiam traditionibus suis; et præcepta vitæ non curabant, quæ a cupiditate animum purgant.

QUÆST. XVIII. — « Quod et puerum Centurionis, et filiam Chananææ mulieris » (*Matth.*, VIII, 13 et cap. 15, 28) non veniens ad domos eorum, salvat, significat gentes ad quas non venit, salvas fore per verbum suum. Quod ipsis rogantibus filii sanantur, intelligenda est Ecclesiæ persona, quæ sibi est et mater et filii : nam simul omnes, quibus constat Ecclesia, mater dicitur; singuli autem iidem ipsi filii appellantur.

QUÆST. XIX. — Quod turbæ obtulerunt Domino « mutos, » qui Deum non laudant, vel non confitentur fidem : « cæcos, » qui non intelligunt, etiamsi obtemperant jubentibus : « surdos, » qui non obtemperant, etiamsi intelligunt : « claudos, » qui præcepta non implent. (*Matth.*, xv, 30.)

QUÆST. XX. — Quod dixit Dominus : « Facto vespere dicitis : Serenum erit, rubicundum est enim cœlum, » (*Matth.*, xvi, 2, etc.) id est sanguine passionis Christi, in primo adventu indulgentia peccatorum datur. « Et mane, Hodie tempestas, rubet enim cum tristitia cœlum, » id est, quod secundo adventu igne præcedente venturus est. « Faciem ergo cœli judicare nostis, signa autem temporum non potestis ? » Signa temporum dixit de adventu suo vel passione, cui simile est roseum cœlum vespere : et item de tribulatione ante adventum suum futura, cui simile est mane roseum cum tristitia cœlum.

QUÆST. XXI. — Quod dixit Dominus : « Elias quidem venturus est, et restituet omnia, » (*Matth.*, xvii, 11) id est, vel eos quos persecutio Antichristi conturbaverit; vel ut ipse restituat moriendo quæ debet.

QUÆST. XXII. — Quod dixit : « Sæpe cadit in ignem, et aliquando in aquam. » (*Matth.*, xvii, 14.)

Le feu représente la colère, parce qu'il tend à s'élever en haut, et l'eau les voluptés de la chair. Les disciples font à Jésus cette question : « Pourquoi n'avons-nous pu chasser ce démon ? » (*Ibid.*, 18.) La puissance d'opérer ces miracles aurait pu leur inspirer de l'orgueil; le Sauveur leur apprend donc à guérir bien plutôt par l'humilité de la foi, comme par un grain de sénevé, tout orgueil humain, figuré par la montagne qu'il faut faire disparaître.

QUESTION XXIII. — « Donc, dit le Sauveur, les enfants sont libres. » (*Matth.*, XVII, 25.) Dans tout royaume les enfants sont libres, c'est-à-dire qu'ils ne sont point soumis à l'impôt; donc à plus juste titre les fils de ce roi de qui relèvent tous les royaumes doivent être libres de l'impôt dans tous les royaumes de la terre.

QUESTION XXIV. — « Celui, dit le Seigneur, qui scandalisera un de ces petits, » (*Matth.*, XVIII, 6) c'est-à-dire un des humbles, tels que doivent être ses disciples, en refusant d'obéir ou en résistant à l'autorité, comme l'Apôtre le dit d'Alexandre, l'ouvrier en cuivre d'Éphèse (1 *Tim.*, IV, 14) : « Il vaudrait mieux qu'on lui attachât une meule de moulin au cou, et qu'il fût précipité au fond de la mer (*Matth.*, XVIII, 6), c'est-à-dire qu'il serait préférable pour lui que la passion pour les biens de la terre, passion qui est comme le poids auquel sont attachés les insensés et les aveugles, l'entraînât à la mort.

QUESTION XXV. — « On présenta au roi un débiteur qui lui devait dix mille talents, et il commanda qu'on le vendit, lui, sa femme et ses enfants, et tout ce qu'il avait, pour satisfaire à cette dette. » (*Matth.*, XVIII, 24.) Cet homme est la figure de celui qui est débiteur des dix préceptes de la loi qu'il a transgressée, et qui doit subir des châtiments sévères pour payer la dette qu'il a contractée par sa convoitise et ses œuvres coupables, représentées ici par sa femme et par ses enfants; car le prix de cet homme qui est vendu, c'est le supplice du damné. Notre-Seigneur ajoute : « Il ne voulut point pardonner à son compagnon, mais il s'en alla et le fit mettre en prison, » etc., c'est-à-dire qu'il persévéra dans la volonté de le livrer à la justice et au châtiment. Les autres serviteurs qui viennent raconter à leur maître ce qui se passait, peuvent figurer l'Église qui exerce le pouvoir de délier l'un et de lier l'autre.

QUESTION XXVI. — Le Seigneur déclare à ses disciples que les riches n'entreront point dans le royaume des cieux (*Matth.*, XIX, 23, 25), et les disciples lui font cette question : « Qui pourra être sauvé ? » Or, comme le nombre des riches est peu considérable en comparaison de la multitude des pauvres, nous devons comprendre que les disciples mettaient au nombre des riches tous ceux qui désirent les richesses.

Ignem ad iram, quod alta petat : aquam ad voluptates carnis. Item quod dicunt discipuli : « Quare nos non potuimus ejicere cum ? » (*Ibidem*, XVIII) ne illis miraculis faciendis extollerentur in superbiam, admoniti sunt potius per humilitatem fidei, quasi per sinapis granum, elationem terrenam, quæ montis nomine significata est, curare ut transiret.

QUÆST. XXIII.— Quod dixit : « Ergo liberi sunt filii. » (*Matth.*, XVII, 25.) In omni regno intelligendum est liberos esse filios, id est, non esse vectigales. Multo ergo magis liberi esse debent in quolibet regno terreno filii regni illius sub quo sunt omnia regna terrena.

QUÆST. XXIV. — Quod Dominus dicit : « Qui autem scandalizaverit unum de pusillis istis, » (*Matth.*, XVIII, 6) id est, ex humilibus, quales vult esse discipulos suos non obtemperando, vel etiam contraveniendo, sicut de Alexandro ærario Apostolus dicit. (*Tim.*, IV, 14.) « Expedit ei ut mola asinaria suspendatur collo ejus, et præcipitetur in profundum maris, » (*Matth.*, XVIII, 6) id est, congruit ei ut cupiditas rerum temporalium, cui stulti et cæci colligantur, eum devinctum pondere suo deducat ad interitum.

QUÆST. XXV. — « Quod oblatus est Domino debitor decem millium talentorum et jussit eum venumdari, et uxorem ejus, et filios, et omnia quæ habebat, et reddi : » (*Matth.*, XVIII, 24, etc.) intelligendum est decem præceptorum Legis eum fuisse debitorem; et pro cupiditate atque operibus suis, tanquam uxore et filiis, pœnas solvere debuisse, quod est pretium ejus : pretium enim venditi, supplicium damnati intelligitur. Quod dixit : « Noluit ignoscere conservo suo, sed abiit et misit eum in carcerem, » et reliqua : intelligendum, tenuit contra eum hunc animum, ut supplicia illi vellet. Conservi autem qui narraverunt Domino quæ fiebant, potest intelligi Ecclesia, quæ et illum solvit, et illum ligat.

QUÆST. XXVI. — Quod ait Dominus, « divitem non intrare in regnum Dei : » et discipuli dicunt : « Quis potest salvus fieri ? » (*Matth.*, XIX, 23 et 25) cum pauci sint divites in comparatione multitudinis pauperum : intelligendum quod omnes qui talia cupiunt, in eorum numero haberi animadverterint.

QUESTION XXVII. — Notre-Seigneur prend à part deux de ses disciples (*Les douze*, II *Retract.*, XII) et leur prédit sa passion (*Matth.*, XX, 17), pour qu'ils fussent plus tard les témoins de la vérité de ses paroles, selon ce qu'il dit ailleurs : « Toute parole sera confirmée par l'autorité de deux ou trois témoins. » (*Matth.*, XVIII, 16.) D'un côté, en effet, il ne voulait point que cette prédiction fût divulguée ; de l'autre, il fallait lui donner l'appui d'un témoignage humain qu'on ne pût ébranler ; il ne pouvait donc s'expliquer devant moins de deux personnes. Peut-être aussi a-t-il voulu figurer ici le mystère de la charité ; car la charité exige au moins, pour exister, deux personnes. Or, le Sauveur devait souffrir, non pour payer nécessairement la dette contractée par ses péchés, mais par charité, et pour l'expiation de nos crimes.

QUESTION XXVIII. — « Notre-Seigneur sort de Jéricho, » (*Matth.*, XX, 29, etc.) c'est-à-dire qu'il s'éloigne de cette terre après sa résurrection. « Il est suivi par une grande multitude de peuple, » c'est-à-dire par les peuples et les nations qui croient en lui. Les deux aveugles assis le long du chemin, sont la figure de ceux qui, dans les deux peuples, s'attachent par la foi au mystère de la vie humaine de Jésus-Christ, par laquelle il est devenu notre voie, et qui désirent d'être éclairés, c'est-à-dire de comprendre quelque chose de l'éternité du Verbe ; or, c'est ce qu'ils espèrent obtenir lorsque Jésus vient à passer, c'est-à-dire par le mérite de la foi qui reconnaît que le Fils de Dieu s'est fait homme, qu'il est né et a souffert pour nous. En effet, d'après cette économie de l'incarnation, Jésus ne fait pour ainsi dire que passer, parce que cette action s'accomplit dans le temps. Or, il leur fallait crier assez haut pour dominer le bruit de la parole qui couvrait leur voix, c'est-à-dire il leur fallait s'appliquer avec persévérance à la prière, aux saints désirs, pour arriver à vaincre par la force de la volonté l'habitude des désirs charnels, qui, comme une foule tumultueuse, empêchent l'âme de voir la demeure de l'éternelle vérité, ou bien la foule elle-même des hommes charnels qui cherchent à nous rendre impossible les exercices spirituels de la prière. Or, Jésus qui a dit : « On donnera à celui qui demande, celui qui cherche trouvera, et on ouvrira à celui qui frappe, » (*Matth.*, VII, 7) entend ceux qui viennent à lui et que l'ardeur même de leurs désirs conduit à l'objet qu'ils désiraient. Il s'arrête, il les touche, et ouvre leurs yeux à la lumière. L'économie temporelle de son incarnation a passé, mais l'éternité du Verbe qui renouvelle toutes choses, tout en restant immuable en elle-même, ne passe point. En effet, comme c'est la foi au mystère de l'incarnation dans le temps qui nous prépare à l'intelligence des choses de l'éternité ; lorsque Jésus passe ils sont avertis que la lumière va

---

QUÆST. XXVII. — Quod Dominus « seorsum se duobus discipulis passurum refert, » (*Matth.*, XX, 17) ad confirmandum in posterum testimonium fecit : quia dixit. In ore duorum vel trium testium stabit omne verbum. (*Matth.*, XVIII, 16.) Ut enim neque vulgaretur quod dicebat, neque careret humani testimonii firmitate, paucioribus quam duobus dicere non potuit. Vel ad sacramentum caritatis ostendendum : minus enim quam inter duos caritas esse non potest. Erat autem ille non necessitate debiti propter peccatum suum, sed ad solvenda nostra peccata caritate passurus.

QUÆST. XXVIII. — « Ab Jericho egreditur Dominus, » (*Matth.*, XX, 29, etc.) jam de ista terra resurrectione discedens. « Sequuntur eum turbæ multæ, » credunt in eum populi et gentes : « Duo » autem « cæci sedentes juxta viam, » significant de utroque populo quosdam jam cohærentes per fidem dispensationi temporali, secundum quam Christus via est ; et desiderantes illuminari, id est, aliquid de Verbi æternitate intelligere, quod transeunte Jesu impetrare cupiebant, id est, per meritum fidei qua creditur Filius Dei et natus homo et passus propter nos. Per hanc enim dispensationem quasi transit Jesus, quia talis actio temporalis est. Oportebat autem ut tantum clamarent, donec resistentis sibi turbæ strepitum vincerent, id est, tam perseveranter animum intenderent orando atque pulsando, quousque consuetudinem desideriorum carnalium, quæ tanquam turba obstrepit cogitationi lucem veritatis æternæ videre conanti, vel ipsam hominum carnalium turbam studia spiritalia impedientem, fortissima intentione superarent. Itaque audiens Jesus qui ait : Petenti dabitur, et quærens inveniet, et pulsanti aperietur (*Matth.*, VII, 7), venientes ad se, ipso scilicet desiderii ardore pervenientes ad id quod desiderant, stans eos tangit, atque illuminat. Non enim sicut illa dispensatio temporalis, ita etiam Verbi æternitas transit, quæ in seipsa manens omnia innovat. (*Sap.*, VII, 27.) Quapropter quia fides incarnationis temporalis ad æterna intelligenda nos præparat, transeunte Jesu admoniti sunt ut illuminarentur, et ab stante illu-

leur être rendue, et Jésus s'arrête pour leur ouvrir les yeux, car les choses du temps passent, celles de l'éternité sont immuables.

QUESTION XXIX. — Cette promesse que le Sauveur fait à ses disciples : « Vous direz à cette montagne : Lève-toi et va te précipiter dans la mer, » (*Matth.*, XXI, 21) a pour objet l'orgueil des hommes du siècle. C'est le langage que le serviteur de Dieu doit tenir à la montagne de l'orgueil pour la repousser loin de lui. Ou bien encore on peut dire que par la foi des Apôtres qui ont prêché l'Évangile, le Seigneur lui-même, que l'Écriture compare à une montagne, a été enlevé du milieu des Juifs pour être jeté parmi les Gentils comme au sein de la mer.

QUESTION XXX. — « Celui qui tombera sur cette pierre, dit Notre-Seigneur, sera brisé, et elle écrasera celui sur lequel elle tombera. » (*Matth.*, XXI, 44.) Ceux qui tomberont sur cette pierre sont ceux qui l'accablent actuellement de mépris et d'outrages ; ils ne périssent pas sans ressource, mais ils sont cependant brisés, et ne marchent plus dans les sentiers de la justice. Ceux, au contraire, sur lesquels tombera cette pierre, la verront fondre sur eux du haut du ciel au jour du jugement avec des châtiments sans retour ; c'est pour cela qu'il ajoute : « Elle les écrasera, » et les impies seront comme la poussière que le vent disperse de dessus la face de la terre.

QUESTION XXXI. — « Le royaume des cieux est semblable à un roi qui fit les noces de son fils. » (*Matth.*, XXII, 2.) Ces noces sont l'incarnation du Verbe, car c'est par cette union de la nature humaine avec le Verbe, que l'Église est devenue l'épouse de Dieu. Le roi dit : « Mes bœufs et tous les animaux que j'avais fait engraisser sont tués. » (*Ibid.*, 4.) Ces bœufs sont les chefs des peuples, et ce qu'il désigne sous le nom d'*altilia*, tous les animaux qu'on engraisse. « Allez donc aux détours des chemins, continue le roi, et appelez aux noces tous ceux que vous trouverez. » Ces détours des chemins sont les dogmes erronés des Gentils, car c'est du milieu de toutes ces erreurs qu'ils sont venus aux noces, c'est-à-dire qu'ils ont embrassé la foi de Jésus-Christ.

QUESTION XXXII. — Il y avait parmi nous, disent les sadducéens au Seigneur, sept frères. Le premier ayant épousé une femme, mourut. La même chose arriva au second et au troisième. » (*Matth.*, XXII, 25.) Ces sept frères représentent les impies qui n'ont pu produire aucun fruit de justice pendant les sept âges du monde. Ces sept âges forment la durée de la terre qui passera elle-même après les sept âges de son existence, comme les impies ont passé sur la terre sans rien produire, à l'exemple des sept maris de cette femme.

QUESTION XXXIII. — Notre-Seigneur dit : « Dans ces deux préceptes sont renfermés la loi

---

minati sunt. Temporalia enim transeunt, æterna stant.

QUÆST. XXIX. — Quod Dominus dicit discipulis suis : « Dicetis monti huic : Tolle et jacta te in mare, » (*Matth.*, XXI, 21) de superbia dixit quæ ad sæculares pertinet : hoc sibi servus Dei dicere debet, ut eam a se repellat, quia ipsi non congruit. Vel quod per eorum fidem, quia per eos Evangelium prædicatum est, ipse Dominus qui mons appellatus est, ablatus est a Judæis, ut in gentes tanquam in mare porro jaceretur.

QUÆST. XXX. — Quod Dominus dicit : « Et qui ceciderit super lapidem istum, confringetur : super quem vero ceciderit, conteret eum : » (*Matth.*, XXI, 44) de his dicit quod cadent super eum, qui illum modo contemnunt, vel injuriis afficiunt ; ideo nondum penitus intereunt, sed tamen confringuntur, ut non recte ambulent : super quos autem cadit, veniet illis de super in judicio cum pœna perditionis ; ideo dixit : Conteret eos, ut sint impii tanquam pulvis, quem projicit ventus a facie terræ. (*Psal.* 1, 4.)

QUÆST. XXXI. — Quod Dominus dixit : « Simile est regnum cœlorum homini regi qui fecit nuptias filio suo : » (*Matth.*, XXII, 2) nuptias dixit Verbum incarnatum, quia in ipso homine suscepto Ecclesia Deo copulata est. Quod dixit : « Tauri mei et altilia occisa sunt : » (*v.* 4) tauros dixit principes plebium ; altilia vero omnia saginata. Quod dixit Dominus : « Ite ad exitus viarum, et quoscumque inveneritis, vocate ad nuptias : » (*v.* 9) viæ intelliguntur dogmata gentium ; quia ex omnibus illis ad nuptias venerunt, id est, Christo crediderunt.

QUÆST. XXXII. — Quod Sadducæi dicunt Domino : « Fuerunt apud nos septem fratres, et unus accepta uxore obiit, et secundus, et cæteri, » (*Matth.*, XXII, 25) intelliguntur homines impii, qui fructum justitiæ non potuerunt afferre in terra per omnes septem mundi ætates, quibus ista terra consistit : postea enim et ipsa terra transiet, per quam omnes illi quasi septem mariti steriliter transierunt.

QUÆST. XXXIII. — Quod Dominus dicit : « In his duobus præceptis tota Lex pendet et Prophetæ : »

et les prophètes; » (*Matth.*, XXII, 40) c'est-à-dire qu'ils se rapportent à ces deux préceptes comme à leur terme, comme à leur fin.

Question XXXIV. — « Lequel est le plus grand, dit Notre-Seigneur aux Juifs, de l'or ou du temple qui sanctifie l'or? » Et encore : « Lequel doit-on le plus estimer, ou le don, ou l'autel qui sanctifie le don? » (*Matth.*, XXIII, 17.) Par le temple et l'autel, il faut entendre Jésus-Christ lui-même; par l'or et les offrandes, les louanges et les sacrifices de prières que nous offrons en Jésus-Christ. Car ce ne sont pas ces offrandes qui sanctifient le Christ, mais c'est le Christ qui les sanctifie.

Question XXXV. — Ces paroles de Notre-Seigneur : « Vous passez ce que vous buvez, de peur d'avaler un moucheron, » (*Matth.*, XXIII, 23, 24) se rapportent au reproche qu'il leur a fait de payer la dîme des plus petites choses. « Vous avalez un chameau, » c'est-à-dire comme il le leur a reproché plus haut : « Vous négligez ce qu'il y a de plus important dans la loi, la miséricorde, la justice et la foi. » En d'autres termes, vous observez scrupuleusement les petites choses, vous négligez les grandes. C'est par suite de cette perversité d'esprit qu'ils en arrivèrent à cette extrémité dont on peut voir ici une figure, de mettre Barabbas en liberté parce qu'il était fidèle observateur de la loi du sabbat qu'ils observaient scrupuleusement eux-mêmes dans un sens grossier et tout charnel; et de mettre le Seigneur à mort parce qu'il leur enseignait à observer un sabbat tout spirituel par la pratique de la miséricorde, de la justice et de la foi, objets de leurs souverains mépris. Le moucheron représente ici avec assez de vraisemblance cet homme séditieux, parce que cet animal nous importune par son bourdonnement, et se nourrit avidement de sang; de même que le chameau qui s'abaisse pour recevoir les lourds fardeaux dont on le charge est une figure assez convenable des abaissements du Seigneur.

Question XXXVI. — Notre-Seigneur, s'adressant à Jérusalem, s'écrie : « Combien de fois ai-je voulu rassembler tes enfants comme une poule rassemble ses petits sous ses ailes, et tu ne l'as pas voulu? » (*Matth.*, XXIII, 37.) Cet animal a une tendresse excessive pour ses petits, elle s'affecte de leurs souffrances jusqu'à en devenir malade elle-même; et ce que vous trouverez difficilement dans les autres oiseaux, elle couvre ses petits de ses ailes et les défend contre les oiseaux de proie. C'est ainsi que notre mère, la sagesse de Dieu, devenue infirme en quelque sorte par son union avec notre chair, selon cette parole de l'Apôtre : « Ce qui paraît en Dieu une faiblesse est plus fort que les hommes, » protège notre infirmité et résiste aux attaques du démon qui voudrait nous enlever. Dans ce combat, la poule s'efforce de lutter contre l'oiseau de proie

---

(*Matth.*, XXII, 40) « pendet » dixit, id est, illo refertur, ibi habet finem.

Quæst. XXXIV. — Quod Dominus dixit : « Quid enim majus est, aurum, an templum quod sanctificat aurum? » et item dixit : « Quid enim majus est, donum, an altare quod sanctificat donum? » (*Matth.*, XXIII, 17) intelligendum templum et altare ipsum Christum : aurum et donum, laudes et sacrificia precum, quæ in eo per eum offerimus. Non enim ille per hæc, sed ista per illum sanctificantur.

Quæst. XXXV. — Quod Dominus dixit : « Excolantes culicem, » refertur ad id quod dixit, decimare illos minuta quæque. « Camelum glutientes, » refertur ad id quod dixit : « Præteritis graviora Legis, misericordiam et judicium et fidem : » (*Matth.*, XXIII, 23 et 24) ut iste sit sensus : Minima observatis, maxima contemnitis. Ex hac enim perversitate etiam illud eis accidit, quo possunt hæc per allegoriam referri, ut dimitterent Barabbam (*Matth.*, XXVII, 20), quia videlicet ipse non solveret sabbatum, quod magna diligentia carnaliter observabant : occiderent autem Dominum spiritaliter sabbatum insinuantem per misericordiam et judicium et fidem, quæ illi maxime contemnebant. Nam et culicis nomine non absurde figuratur seditiosus homicida; quia hoc animal et strependo inquietat, et sanguine delectatur : et cameli nomine propter humiliantem se ad subeunda onera magnitudinem, intelligitur congruenter Dominus.

Quæst. XXXVI. — Quod dixit Dominus ad Jerusalem : « Quoties volui congregare filios tuos, sicut gallina congregat filios suos sub alas, et noluisti? » (*Matth.*, XXIII, 37.) Hoc genus animantis magnum affectum in filios habet, ita ut eorum infirmitate affecta et ipsa infirmetur; et quod difficilius in cæteris animantibus invenies, alis suis filios protegens, contra milvum pugnet : sic etiam mater nostra Sapientia Dei, per carnis susceptionem infirmata quodammodo (unde et Apostolus dicit : Quod infirmum est Dei, fortius est hominibus :) (*I Cor.*, I, 25) : protegit infirmitatem nostram, et resistit diabolo, ne nos rapiat. In qua defensione, quod illa adversus

par son amour, la sagesse divine triomphe du démon par sa souveraine puissance. »

QUESTION XXXVII. — « Priez, dit Notre-Seigneur, que votre fuite n'arrive ni pendant l'hiver, ni le jour du sabbat, » (*Matth.*, XXIV, 20) c'est-à-dire priez qu'aucun empêchement ne vienne mettre obstacle à votre fuite. Pendant l'hiver, on est retenu par les pluies ou par le froid; et le jour du sabbat, la loi défendait d'entreprendre aucun voyage. Ou bien encore, priez pour que personne ne soit surpris en ce jour ou dans la tristesse, ou dans la joie que causent les choses de la terre.

QUESTION XXXVIII. — « Comme un éclair qui part de l'Orient parait tout d'un coup jusqu'à l'Occident, ainsi sera l'avènement du Fils de l'homme. » (*Matth.*, XXIV, 27.) Par l'Orient et par l'Occident, Notre-Seigneur a voulu désigner ici l'univers entier dans lequel l'Eglise devait se répandre après avoir commencé par Jérusalem la prédication de l'Evangile. (*Luc*, XXIV, 27.) C'est dans le même sens que le Sauveur a dit : « Vous verrez le Fils de l'homme venant sur les nuées, » (*Matth.*, XXVI, 64) qu'il compare très-justement l'Eglise à l'éclair, parce que c'est du sein des nuées que jaillissent les éclairs. Après avoir établi d'une manière claire et évidente l'autorité de l'Eglise sur toute la terre, par une conséquence légitime il recommande à ses disciples, à tous les fidèles, à tous ceux qui voudront croire en lui, de ne point ajouter foi aux schismatiques et aux hérétiques. Tout schisme, en effet, et toute hérésie s'établit sur la terre et y occupe une place, ou se glisse dans des réunions secrètes et ténébreuses pour tromper la curiosité de l'esprit humain. C'est pourquoi Notre-Seigneur ajoute : « Si quelqu'un vous dit : Le Christ est ici ou là, » (*Marc*, XIII, 21) ce qui indique une partie ou une contrée de la terre; « ou dans le lieu le plus retiré de la maison, » c'est-à-dire dans les conventicules secrets et ténébreux des hérétiques. Il déclare que son avénement se manifestera de l'Orient en Occident, et il condamne par là les sectes qui sont limitées à certaines contrées et prétendent que le Christ est avec elles. Ces autres paroles : « Comme l'éclair, » condamnent également ceux qui s'assemblent en secret comme dans des lieux retirés, et en petit nombre comme dans un désert, car la comparaison de l'éclair a pour but de faire ressortir l'éclatante manifestation de l'Eglise et aussi les ténèbres et les tempêtes de ce monde, car c'est alors que la foudre brille avec plus d'éclat.

QUESTION XXXIX. — « Comprenez ceci par une comparaison prise du figuier. » (*Matth.*,

---

milvum conatur affectu, hæc adversus diabolum perficit potestate.

QUÆST. XXXVII. — Quod Dominus dixit : « Orate ne fiat fuga vestra hyeme vel sabbato, » (*Matth.*, XXIV, 20) id est, ne impedimento aliquo detineamini : quia et hyeme, imbribus vel frigore; et sabbato, in quo proficisci non licebat, impediebatur quis ab itinere. Vel aliud, ne in tristitia aut lætitia rerum temporalium quis inveniatur a die illa.

QUÆST. XXXVIII. — Quod Dominus dicit : « Sicut enim fulgur exit ab Oriente, et pervenit usque ad Occidentem, ita erit et adventus filii hominis : » (*Matth.*, XXIV, 27) Orientis et Occidentis nomine totum orbem voluit significare, per quem futura erat Ecclesia, incipiente Evangelio ab Jerusalem (*Luc.* XXIV, 47), secundum illum sensum, quo dixit : A modo videbitis filium hominis venientem in nubibus (*Matth.*, XXVI, 64) convenienter enim (*a*) Ecclesiam nunc fulgur nominavit, quod maxime solet emicare de nubibus. Constituta ergo auctoritate Ecclesiæ per orbem terrarum clara atque manifesta, consequenter discipulos admonet, atque omnes fideles, et qui in eum credere voluerint, ne schismaticis atque hæreticis credant. Unumquodque enim schisma, et unaquæque hæresis, aut locum suum habet in orbe terrarum, partem aliquam tenens; aut obscuris atque occultis conventiculis curiositatem hominum decipit. Quo pertinet quod ait : « Si quis vobis dixerit : Ecce hic est Christus aut illic, » (*Marc.*, XIII, 21) quod significat terrarum partes et provinciarum : « aut in penetralibus, aut in deserto, » quod significat obscura et occulta conventicula hæreticorum. Quod ergo dixit, ab Oriente in Occidentem perventurum adventum suum, contra illos valet qui per terrarum particulas nominantur, et dicunt apud se esse Christum. Quod autem ait : « Sicut fulgur, » contra illos valet, qui occulte congregant tanquam in penetralibus, et paucos tanquam in deserto : ad manifestationem quippe claritatemque pertinet Ecclesiæ, fulguris nomen, significans etiam noctem vel nubila sæculi hujus : tunc enim fulguris candor apparet.

QUÆST. XXXIX. — Quod Dominus dixit : « Ab arbore autem fici discite similitudinem, » (*Matth.*,

---

(*a*) Très Mss. *Convenienter enim etiam nunc fulgur*, etc. Alii totidem : *Convenienter etenim jam nunc fulgur*, etc.

XXIV, 32.) Le figuier est ici la figure du genre humain à cause des vifs désirs qu'excitent les passions de la chair. « Lorsque ses branches sont tendres, » c'est-à-dire lorsque les enfants des hommes commenceront à produire les fruits de l'esprit par la foi en Jésus-Christ et qu'on verra briller en eux l'honneur de l'adoption des enfants de Dieu.

QUESTION XL. — Notre-Seigneur dit de Judas : « Il vaudrait mieux pour lui qu'il ne fût pas né. » (*Matth.*, XXVI, 24.) A-t-il voulu parler dans le langage ordinaire, de cette vie présente? Car une chose ne peut être bonne que pour celui qui existe. Si quelqu'un prétend qu'il y a une vie antérieure à celle-ci, il sera forcé de convenir que ce n'est pas seulement pour Judas, mais pour tout autre, qu'il n'était pas avantageux de naître. Ou bien Jésus veut-il dire qu'il ne lui était pas avantageux de naître au démon, c'est-à-dire pour pécher? Ou bien enfin, était-il bon pour Judas de ne pas naître à Jésus-Christ afin de ne point devenir un apostat?

QUESTION XLI. — Judas, vendant le Seigneur trente pièces d'argent (*Matth.*, XXVI, 16), représente l'injustice des Juifs qui, en poursuivant les biens terrestres et périssables (qui sont l'objet des cinq sens du corps), ont rejeté le Christ; et, comme ils ont commis ce crime au sixième âge du monde, ils ont reçu pour prix du Seigneur qu'ils ont vendu une somme figurative composée du chiffre six multiplié par cinq. C'est aux auteurs de cette grande injustice que le Prophète adresse ce reproche : « Enfants des hommes, jusques à quand aurez-vous le cœur appesanti? Pourquoi aimez-vous la vanité et recherchez-vous le mensonge? » (*Ps.* IV, 3.) Que dans les cinq premiers âges les hommes fussent excusables dans une certaine mesure de suivre la vanité, au moins devaient-ils, le sixième âge, venir s'attacher à la vérité que Notre-Seigneur annonçait et rendait visible, de même que ce fut le sixième jour que l'homme fut fait à l'image de Dieu. (*Gen.*, I, 26.) Mais parce qu'ils n'ont pas voulu comprendre, ils portent empreinte sur leur âme l'image du prince du monde au lieu de l'image du Christ, par qui, Seigneur, la lumière de votre visage est imprimée en nous. (*Ps.* IV, 7.) Et parce qu'il est écrit encore que la parole de Dieu est pure comme l'argent et qu'ils n'ont eu de la loi qu'une intelligence charnelle, ils ont comme gravé sur l'argent l'effigie de ce pouvoir terrestre auquel ils ont été soumis après avoir perdu le Seigneur.

QUESTION XLII. — « Là où sera le corps, dit le Sauveur, là s'assembleront les aigles, » (*Matth.*, XXIV, 28) c'est-à-dire dans le ciel où le Seigneur a élevé dans sa personne le corps qu'il avait pris en se revêtant de notre humanité, et auquel il

XXIV, 32) arborem fici genus humanum intellige, propter pruritum carnis. « Cum jam ramus ejus tener fuerit, » id est, cum filii hominum per fidem Christi ad spiritales fructus profecerint, et in eis honor adoptionis filiorum Dei eminuerit.

QUÆST. XL. — Quod Dominus de Juda dixit : « Bonum erat illi non nasci, » (*Matth.*, XXVI, 24) utrum in hanc vitam? ut usitate locutus sit. Non enim potest bonum esse aliquid ei, qui non est. Et si quisquam contendit esse aliquam vitam ante istam, non Judæ tantum ut nasceretur, sed nulli expedire convincitur. An diabolo dicit non nasci ad peccatum? An etiam bonum illi erat ut Christo non nasceretur per vocationem, ne esset apostata?

QUÆST. XLI. — Quod Dominus « triginta argenteis venditus est, » (*Matth.*, XXVI, 16) significat per Judam Judæos iniquos, qui sequenter carnalia et temporalia, quæ ad quinque sensus pertinent corporis, Christum habere noluerunt : quod quia sexta mundi ætate fecerunt (a), sexies quinos eos tanquam pretium venditi Domini accepisse significatum est. De quo tempore talibus insultat Propheta, dicens : Filii hominum quo usque graves corde, ut quid diligitis vanitatem, et quæritis mendacium? (*Psal.* IV, 3) ut si quinque ætatibus fuisset aliqua excusatio sequendæ vanitatis, vel sexta comprehenderent veritatem, quæ per Dominum nostrum prædicabatur et demonstrabatur, sicut sexta die homo factus est ad imaginem Dei. (*Gen.*, I, 26.) Quod quia noluerunt, habent sexies quini impressam imaginem principis sæculi, et non habent Christum per quem signatum est in nobis lumen vultus tui Domine. (*Psal.* IV, 7.) Et quia eloquium Domini argentum est, (*Psal.* XI, 7) illi autem etiam ipsam legem carnaliter intellexerunt, tanquam in argento impressam sæcularis principatus imaginem amisso Domino tenuerunt.

QUÆST. XLII. — Quod Dominus dicit : « Ubi fuerit corpus, illo congregabuntur aquilæ, »(*Matth.*, XXIV, 28) id est in cœlum, quo hinc secum levavit corpus in homine suscepto : quod etiam cadaver ideo appella-

---

(a) Editio Am. *sexies quini eos*, etc. Sic etiam plerique Mss. apud quos rursum paulo infra legebamus, *sexies quini* : ubi in editis habetur, *sexies quinque impressam*, etc.

donne le nom de cadavre, parce qu'il était sur le point de mourir lorsqu'il parlait de la sorte : « Là se rassembleront les aigles, » c'est-à-dire les hommes spirituels qui, par l'imitation de ses souffrances et de ses humiliations, semblent se nourrir de son corps. Car c'est pour nous qu'il a pris un corps dévoué aux humiliations et aux souffrances.

QUESTION XLIII. — Notre-Seigneur, aux approches de sa passion, dit à ses disciples : « Je ne boirai plus désormais de ce fruit de la vigne jusqu'au jour où je le boirai nouveau avec vous dans le royaume de mon Père. » Ce vin nouveau dont il parle doit nous faire comprendre que le premier était ancien. Il avait pris de la race d'Adam, qui est appelée le vieil homme, ce corps qu'il devait livrer à la mort dans sa passion. C'est pour cela qu'il nous donne son sang sous l'apparence du vin. Or, que signifie ce vin nouveau, si ce n'est l'immortalité de nos corps qui doivent être renouvelés? Et en leur disant : « Je le boirai avec vous, » il promet à ses disciples que leurs corps ressusciteront pour revêtir l'immortalité. Toutefois ces paroles : « Avec vous, » ne doivent pas s'entendre de la même époque, mais du même renouvellement. C'est dans ce sens que l'Apôtre déclare que nous sommes ressuscités avec Jésus-Christ (*Coloss.*, II, 12), afin que l'espérance de ce bonheur à venir soit pour nous une source de joie dès cette vie. Il appelle nouveau ce fruit de la vigne pour nous apprendre que ces mêmes corps, que leur vétusté terrestre condamne à la mort, ressusciteront un jour par un principe de renouvellement tout céleste. Si par ce fruit ancien de la vigne, dont le Seigneur a bu le calice dans sa passion, vous entendez les Juifs ; par la même raison, il faudra entendre le fruit nouveau de cette même nation qui doit un jour s'incorporer au Christ par une sainte nouveauté de vie, lorsque la plénitude des nations étant entrée tout Israël sera sauvé. (*Rom.*, XI, 25.)

QUESTION XLIV. — Les Juifs qui lui crachèrent au visage (*Matth.*, XXVI, 67) représentent ceux qui rejettent la présence de sa grâce. Il est encore frappé à coups de poing par ceux qui lui préfèrent leur propre gloire, et ceux qui lui donnent des soufflets sont ceux que la perfidie aveugle, qui nient sa venue et qui voudraient repousser et détruire sa présence sur la terre.

QUESTION XLV. — Pierre, avant d'être affermi dans la foi, a renié trois fois le Seigneur.(*Matth.*, XXVI, 70), et ce triple renoncement représente les pernicieuses erreurs des hérétiques. Car (1)

(1) Dans les manuscrits, la question XLV commence à ces paroles : « L'erreur des hérétiques, » sans qu'elles soient précédées de celles-ci : « Pierre, avant d'être affermi, » etc. Cependant, dans quelques exemplaires on lit à la place de ces dernières paroles : « Du triple renoncement de Pierre. » D'ailleurs, dans les éditions de Ratisbonne, d'Amerbach et d'Erasme, on trouve cette addition : « Remarquons que Pierre, reniant le Seigneur pour la première fois avant le premier chant du coq, représente ceux qui avant la résurrection du Christ, ont

tum est, quia moriturus hæc loquebatur. « Illo congregabuntur aquilæ, » dictum est de spiritalibus, qui ejus passionem humilitatemque imitando, tanquam de ejus corpore saturantur. Corpus enim propter humilitatem pro nobis passionemque suscepit.

QUÆST. XLIII. — Quod Dominus dicit sub tempus passionis discipulis : « Non bibam a modo de hoc genimine vitis, usque in diem illum, cum illud bibam vobiscum novum in regno Patris mei, » (*Matth.*, XXVI, 29) vult intelligi hoc vetus esse, cum illud novum dicit. Quia ergo de propagine Adam, qui vetus homo appellatur, corpus susceperat, quod in passione morti traditurus erat (unde etiam per vini sacramentum commendat sanguinem suum), quid aliud novum vinum, nisi immortalitatem renovatorum corporum intelligere debemus ? quod cum dicit : « Vobiscum bibam, » etiam ipsis resurrectionem corporum ad induendam immortalitatem promittit. « Vobiscum » enim non ad idem tempus, sed ad eamdem innovationem dictum accipiendum est. Nam et nos dicit Apostolus resurrexisse cum Christo, ut spes rei futuræ jam præsentem lætitiam afferat. (*Coloss.*, II, 12.) Quod autem de hoc genimine vitis etiam illud novum esse dicit, significat eadem utique corpora resurrectura secundum innovationem cœlestem, quæ nunc secundum terrenam vetustatem moritura sunt. Si autem vitem de cujus vetustate hunc passionis calicem bibit, ipsos Judæos intellexeris, significatum est etiam ipsam gentem ad corpus Christi per novitatem vitæ accessuram, cum ingressa plenitudine gentium omnis Israel salvus fiet. (*Rom.*, XI, 25.)

QUÆST. XLIV. — Quod dictum est : « Expuerunt in faciem ejus, » (*Matth.* XXVI, 67) significavit eos, qui ejus præsentiam gratiæ respuunt. Item tanquam colaphis cum cædunt, qui honores suos ei præferunt : palmas in faciem ejus dant, qui perfidia cæcati cum non venisse affirmant, tanquam præsentiam ejus exterminantes et repellentes.

QUÆST. XLV. — Quod Petrus necdum solidatus in fide, Deum ter negavit (*Matth.*, XXVI, 70, etc.), videtur ipsa trina ejus negatio pravum errorem hæreticorum designasse. Nam error hæreticorum de

toutes les erreurs des hérétiques sur la personne de Jésus-Christ se sont toujours renfermées dans ces trois objets : la divinité de Jésus-Christ, ou son humanité, ou les deux natures à la fois.

Question XLVI. — Pierre, suivant de loin le Seigneur qui marchait vers sa passion, est la figure de l'Eglise qui doit suivre, c'est-à-dire imiter la passion du Seigneur, mais d'une manière bien différente, car l'Eglise souffre pour elle-même, tandis que le Sauveur souffre pour l'Eglise.

Question XLVII. — De même qu'il y a trois tentations de la concupiscence, la crainte nous tente aussi de trois manières différentes. Ainsi à la concupiscence des yeux ou de la curiosité correspond la crainte de la mort; car de même que la première est un désir ardent de connaître toutes choses, de même la seconde est la crainte de perdre cette connaissance. A la concupiscence ou au désir de l'honneur et de la louange, correspond la crainte de l'ignominie et des outrages, et à la concupiscence du plaisir, la crainte de la douleur. On peut donc raisonnablement admettre que le Seigneur a prié par trois fois pour que le calice s'éloignât de lui en vue de la triple tentation de la passion, mais en subordonnant tout à l'accomplissement de la volonté de son Père.

refusé de croire à sa divinité, dans le trouble où sa mort les avait jetés. En le reniant une seconde fois avant le second chant du coq, il figure ceux pour qui la divinité, ou l'humanité du Christ, ou ces deux choses réunies, sont une matière d'erreur, et qui nient la vérité avant la résurrection de l'Eglise. Ainsi le premier chant du coq représenterait la résurrection du Chef ou du Seigneur lui-même ; le second chant la résurrection du Chef dans tout son corps qui est l'Eglise. » Ces paroles ne se trouvent dans aucun autre exemplaire, si ce n'est dans un manuscrit de Cîteaux.

LIVRE SECOND

QUESTIONS SUR L'ÉVANGILE SELON SAINT LUC.

Question I. — Zacharie, au moment où il prie pour le peuple, entend un ange lui dire : « Votre prière est exaucée; Elisabeth votre femme concevra et enfantera un fils que vous appellerez Jean. » (*Luc*, 1, 13.) Remarquons ici tout d'abord qu'il n'est point vraisemblable qu'au moment où il offrait le sacrifice pour les péchés, pour le salut et la rédemption du peuple, puisque le peuple attendait qu'il eût achevé son oblation, Zacharie, ce vieillard dont la femme était avancée en âge, ait pu interrompre la prière publique pour demander à Dieu de lui accorder des enfants; d'autant plus que personne ne songe à demander dans ses prières ce qu'il n'a aucune espérance d'obtenir. Or Zacharie nourrissait si peu l'espérance d'avoir des enfants, qu'il refusa

Christo tribus generibus terminatur : aut enim de divinitate ejus, aut de humanitate, aut de utroque falluntur.

Quæst. XLVI. — Quod ad passionem euntem Dominum « a longe sequebatur Petrus, » (*Matth.*, xxvi, 58) significat Ecclesiam secuturam quidem, hoc est, imitaturam passionem Domini, sed longe differenter : Ecclesia enim pro se patitur, at ille pro Ecclesia.

Quæst. XLVII. — Sicut tentatio cupiditatis trina est, ita etiam tentatio timoris trina est. Cupiditati quæ in curiositate est, opponitur timor mortis : sicut enim in illa cognoscendarum rerum est aviditas, ita in ista metus amittendæ talis notitiæ. Cupiditati vero honorum vel laudis, opponitur timor ignominiæ et contumeliarum. Cupiditati autem voluptatis, opponitur timor doloris. Non absurde ergo intelligitur propter trinam tentationem passionis, « ter Dominum orasse ut transiret calix, » (*Matth.*, xxvi, 39) sed ita ut potius impleretur voluntas Patris.

LIBER SECUNDUS

QUÆSTIONES IN EVANGELIUM SECUNDUM LUCAM.

Quæst. 1. — Quod Zacharias orans pro populo, audit ab Angelo : « Exaudita est oratio tua, ecce Elizabeth uxor tua concipiet et pariet filium, et vocabis nomen ejus Joannem, » (*Luc.*, I, 13) primo hoc attendendum est, quia non est veri simile, ut cum pro populi peccatis vel salute vel redemptione ille offerret, si quidem populus eum expectabat offerentem, quod potuerit relictis publicis votis homo senex, uxorem habens anum, pro accipiendis filiis orare : præsertim quia nemo orat accipere, quod se accep-

de croire à la promesse de l'ange. Ces paroles donc : « Votre prière a été exaucée, » doivent s'entendre de la prière qu'il faisait pour le peuple. Mais comme le salut, la rédemption de ce peuple et la rémission des péchés devaient avoir lieu par Jésus-Christ, l'ange annonce de plus à Zacharie qu'il lui naîtrait un fils destiné à être le précurseur du Christ. Zacharie refuse de croire à la promesse de l'ange, et l'ange lui annonce la punition de son incrédulité : « Dans ce moment même vous allez devenir muet jusqu'au jour où ces choses arriveront. » (*Luc*, I, 20.) Ces paroles de l'ange signifient que jusqu'à Jean les prophéties étaient comme privées de la voix qui devait les faire comprendre, car elles ne furent véritablement comprises qu'après leur accomplissement en Notre-Seigneur.

QUESTION II. — Notre-Seigneur, enseignant la foule de la barque sur laquelle il est monté (*Luc*, V, 3), nous a donné une figure du temps présent où il enseigne les nations par l'autorité de l'Eglise. En montant dans cette barque, il prie son disciple de s'éloigner un peu de la terre, pour nous apprendre qu'il faut parler au peuple un langage plein de modération et de réserve. Il ne faut pas lui prêcher une doctrine terrestre, mais il faut se garder également de trop l'éloigner de la terre pour le jeter dans les profondeurs insondables des mystères. Cette circonstance peut encore signifier qu'il faut d'abord annoncer l'Evangile aux peuples des pays voisins, de même que bientôt il dira : « Avancez en pleine mer, » (*Ibid.*, 4) c'est-à-dire prêchez aux nations les plus éloignées, à qui l'Evangile fut plus tard annoncé, suivant la prédiction d'Isaïe : « Levez l'étendard à la vue des nations; devant celles qui sont près comme devant celles qui sont loin. » (*Isaïe*, LXII, 10; LVII, 19.) Les filets qui se rompent sous le poids de cette énorme quantité de poissons, les barques qui en sont remplies au point qu'elles étaient près de couler à fond, figurent cette multitude immense d'hommes charnels qui devaient un jour abonder dans l'Eglise; et qui, après même que la rupture de l'unité fit sortir de son sein les hérétiques et les schismatiques, devait encore être si nombreuse et offrir le spectacle d'une incrédulité si grande, d'une dépravation si profonde, que l'Eglise est forcée de dire à Jésus : « Eloignez-vous de moi, car je suis un pécheur. » (*Luc*, V, 8.) Remplie de cette foule d'hommes charnels et presque submergée par leurs mœurs dépravées, elle semble éloigner d'elle le règne des hommes spirituels, qui sont la plus haute représentation de la personne du Christ. Ce n'est point de bouche que les hommes tiennent ce langage aux vertueux ministres de Dieu pour les éloigner d'eux, c'est par la voix de leurs mœurs et de leurs actions, qu'ils les pressent de se retirer pour se soustraire à la direction des bons. Leurs instances sont d'autant

---

turum esse desperat : usque adeo autem ille jam se habiturum filios desperabat, ut hoc Angelo promittenti non crederet. Ergo quod ei dicitur : « Exaudita est oratio tua, » pro populo intelligendum est : cujus populi quoniam salus et redemptio et peccatorum abolitio per Christum futura erat, ad hoc nuntiatur Zachariæ filius nasciturus, quia præcursor Christi destinabatur. Quod autem ei non credenti Angelo, ab eodem Angelo dicitur : « Et ecce eris tacens donec impleantur hæc in tempore suo, » (*v*. 20) intelligendum est significasse, quod prophetia usque ad Joannem, tanquam a sono sileret intelligibili : quia non est intellecta, donec in Domino compleretur.

QUÆST. II. — Quod Dominus « de navicula docet turbas, » (*Luc.*, v, 3) significavit hoc tempus, quando Dominus de auctoritate Ecclesiæ docet gentes. Quod Dominus « ascendens in navim, quæ erat Petri, rogat eum a terra reducere pusillum, » significat vel temperate utendum verbo ad turbas, ut nec terrena eis præcipiantur, nec sic a terrenis in profundiora sacramentorum recedatur, ut ea penitus non intelligant : vel prius in proximis regionibus gentibus prædicandum : ut quod dicit item Petro : « Duc in altum, et laxate retia vestra in capturam, » (*v*. 4) ad remotiores gentes, quibus postea prædicatum est, pertineat : sicuti Isaias dicit : Tolle signum in gentes, ad eas quæ prope, et ad eas quæ longe. (*Isai.*, LXII, 10 et LVII, 19.) Et quod etiam retia rumpebantur piscium copia, et naviculæ impletæ sunt, ita ut mergerentur, significet hominum carnalium multitudinem tantam futuram in Ecclesia, ut etiam disruptione pacis, exeuntibus inde hæresibus et schismatibus, tanta remaneret, et tanta esset futura illi amissio fidei et bonorum morum, ut Christo dicere videatur talis Ecclesia : « Exi a me, quia peccator homo sum : » (*Luc.*, V, 8) tanquam turbis carnalium repleta, et eorum moribus pene submersa, regimen spiritalium, in quibus maxime Christi persona eminet, a se repellat quodammodo. Non enim hoc voce linguæ dicunt homines bonis ministris Dei, ut eos a se repellant : sed voce morum et actuum suorum suadent a se recedi, ne per bonos regantur : et eo

plus vives, qu'ils témoignent en même temps de l'honneur et du respect à ceux qu'ils repoussent par leur conduite criminelle. Pierre figure à la fois ce respect en se jetant aux pieds du Seigneur; et leurs mœurs, lorsqu'il dit : « Eloignez-vous de moi, parce que je suis un pécheur. » Le Seigneur ne se rend pas aux désirs de Pierre, et ne s'éloigne point, mais il fait avancer les barques et conduit ses disciples au rivage. Il apprend ainsi aux hommes vertueux et spirituels à ne pas céder au désir d'abandonner le ministère ecclésiastique pour mener une vie plus calme et plus tranquille, parce qu'ils ne peuvent supporter les désordres de la foule. Ils ramènent leurs barques à terre, et Pierre, Jacques et Jean quittent tout pour suivre Jésus; et en cela ils sont la figure de ce qui arrivera à la fin des temps, où ceux qui se seront attachés à Jésus-Christ quitteront pour toujours la mer agitée du monde.

QUESTION III. — Notre-Seigneur dit au lépreux qu'il a guéri : « Allez, montrez-vous au prêtre, et offrez pour votre guérison le don prescrit par Moïse, en témoignage pour eux. » (*Luc*, v, 14.) Il paraît approuver ici le sacrifice prescrit par Moïse et que cependant l'Eglise n'a point conservé. Si donc le Sauveur en fait ici un précepte au lépreux, c'est que le sacrifice du Saint des saints, c'est-à-dire de son corps, n'avait pas encore été institué. Il n'avait pas encore offert son holocauste dans sa passion, et ce ne fut que lorsque ce sacrifice fut établi parmi les peuples qui avaient embrassé la foi, que le temple où s'offraient les sacrifices de l'ancienne loi fut renversé, et ainsi fut accomplie la prophétie de Daniel. (*Dan.*, IX, 27.) En effet, les sacrifices figuratifs ne devaient cesser d'être offerts que lorsque le véritable sacrifice qu'ils figuraient aurait été confirmé par le témoignage de la prédication des Apôtres, et par la foi des peuples fidèles.

QUESTION IV. — Sur le paralytique. (*Luc*, v, 18.) On peut voir dans ce paralytique une image de l'âme privée de l'usage de ses membres, c'est-à-dire de ses opérations, et qui cherche Jésus-Christ, c'est-à-dire la volonté du Verbe de Dieu. Elle ne peut arriver jusqu'à lui, empêchée qu'elle en est par la foule; il faut qu'elle découvre le toit, c'est-à-dire le voile des Ecritures, pour arriver ainsi à la connaissance de Jésus-Christ, c'est-à-dire pour descendre par une foi pieuse jusqu'aux abaissements du Sauveur. Ceux qui déposent le paralytique peuvent représenter les vrais docteurs de l'Eglise, et le lit sur lequel il est déposé signifie que c'est tandis que l'homme est revêtu d'un corps mortel qu'il doit chercher à connaître Jésus-Christ. Lorsqu'il est guéri, Notre-Seigneur lui commande de porter son lit et de s'en aller dans sa maison; il veut nous faire entendre que c'est par la rémission des péchés

---

vehementius, quo deferunt eis honorem, et tamen factis suis a se recedere admonent : ut honorificentiam eorum significaverit Petrus, cadens ad pedes Domini ; mores autem in eo quod dixit : « Exi a me Domine, quia peccator homo sum. » Quod tamen quia non fecit Dominus ; non enim recessit ab eis, sed eos subductis navibus ad littus perduxit : significat in bonis et spiritalibus viris non esse oportere hanc voluntatem, ut peccatis turbarum commoti, quo quasi securius tranquilliusque vivant, munus ecclesiasticum deserant. Quod ergo « subductis ad terram navibus, relictis omnibus secuti sunt eum » Petrus et Jacobus et Joannes, potest significare finem temporis, quo ab hujus mundi salo, qui Christo inhæserint, penitus recessuri sunt.

QUÆST. III. — Quod Dominus dicit leproso mundato : « Vade, ostende te sacerdoti, et offer munus pro emundatione tua, sicut præcepit Moyses, in testimonium illis : » (*Luc.*, v, 14) hic videtur approbare sacrificium, quod per Moysen præceptum est, cum id non receperit Ecclesia. Quod ideo jussisse intelligi potest, quia nondum esse cœperat sacrificium sanctum sanctorum, quod corpus ejus est. Nondum enim in passione obtulerat holocaustum suum, quo sacrificio confirmato in credentibus populis, templum ipsum eversum est, ubi illa sacrificia offerri solebant. Hoc autem factum est secundum prophetiam Danielis. (*Dan.*, IX, 27.) Non enim oportebat auferri significantia sacrificia, prius quam illud quod significabatur confirmatum esset contestatione Apostolorum prædicantium, et fide credentium populorum.

QUÆST. IV. — « De paralytico. » (*Luc.*, v, 18, etc.) Potest intelligi anima dissoluta membris, hoc est bonis operationibus, Christum quærere, id est, voluntatem Verbi Dei : impediri multitudine turbis, nisi tecta, id est, operta Scripturarum aperiat, ut per hæc ad notitiam Christi perveniat, hoc est, ad ejus humilitatem fidei pietate descendat. Hi autem a quibus deponitur, bonos in Ecclesia doctores possunt significare. Quod autem cum lecto deponitur, significat ab homine in ista carne adhuc constituto Christum debere cognosci. Quem tamen lectum sanus postea jubetur portare, et ire in domum suam, ut remissione peccatorum convalescentibus per spem bonam membris animæ, hoc corpus restaurare in-

qui rend la santé à l'âme et ranime ses espérances qu'il répare aussi les forces du corps. L'âme ne devra plus se reposer davantage dans les joies charnelles comme sur un lit, mais elle doit, au contraire, réprimer toutes les convoitises de la chair et tendre vers le repos mystérieux de son cœur.

QUESTION V. — On peut sans absurdité proposer cette question : Comment Joseph a pu avoir deux pères? En effet, saint Matthieu dit qu'il fut engendré par Jacob (*Matth.*, I, 16); et saint Luc dit qu'il était fils d'Héli. (*Luc*, III, 23.) On ne peut dire ici qu'un seul homme pouvait bien avoir deux noms, suivant une coutume qui, de l'aveu de tous, existait non-seulement chez les Gentils, mais chez les Juifs. La suite des autres générations suffit pour détruire cette supposition. Car comment expliquer pourquoi les noms des aïeux, des bisaïeux, des trisaïeux et des autres ancêtres sont différents dans les deux Évangélistes qui les ont insérés dans leurs généalogies? Que dire enfin du nombre, puisque saint Luc compte quarante-trois générations de Notre-Seigneur jusqu'à David, tandis que saint Matthieu n'en compte que vingt-sept ou vingt-huit depuis David jusqu'à Notre-Seigneur? En effet, pour une raison évidemment mystérieuse, un nom se trouve répété deux fois dans la série qui se termine à la transmigration et au commencement de celle qui suit immédiatement. Il nous faut donc examiner de nouveau comment saint Joseph a pu avoir deux pères. On peut donner trois raisons qui expliquent cette divergence entre les deux Évangélistes. Ou bien nous avons d'un côté le père naturel de Joseph, et de l'autre son père adoptif; ou bien suivant la coutume des Juifs (*Deutér.*, XXV, 5), l'un des deux qui nous sont donnés comme pères de Joseph, étant mort sans enfants, son plus proche parent aura épousé sa femme, et donné ainsi un enfant à celui qui était mort, et dans cette supposition Joseph étant engendré pour un autre que celui qui lui avait donné la vie, on conçoit qu'il y ait eu pour lui une double paternité. Ou bien encore l'un donne le nom du père naturel de Joseph, l'autre celui de son aïeul maternel ou de l'un de ses ancêtres, dont Joseph, à cause des liens du sang, pouvait sans invraisemblance être appelé le fils, ce qui expliquerait pourquoi la généalogie de saint Luc jusqu'à David est différente de celle de saint Matthieu. De ces trois hypothèses, la seconde nous parait moins solide, car lorsqu'un homme chez les Juifs voulait susciter des enfants à l'un de ses frères ou de ses parents dont il épousait la femme, l'enfant qui naissait de cette union portait le nom du défunt (1). Cette question peut donc être résolue ou par l'adoption ou par l'hypothèse des ancêtres dont les noms figurent dans

(1) C'est-à-dire qu'il était appelé son fils sans l'être en réalité. (II *Retract.*, XII.)

telligatur : ut jam non in carnalibus gaudiis tanquam in lecto requiescat infirmitas animi, sed magis ipsa contineat affectiones carnales, et tendat ad requiem secretorum cordis sui.

QUÆST. V. — Non absurde quæstio proponitur : « Quomodo potuerit duos patres habere Joseph. » (*Matth.*, I, 16 ; *Luc*, III, 23.) Nam Matthæus cum dicit genitum ab eo qui vocabatur Jacob, Lucas vero filium esse dicit ejus qui vocabatur Heli. Neque hoc loco illud dici potest, quod unus homo, sicut non solum apud gentes, sed etiam apud Judæos accidere solere manifestum est, duo nomina habuerit. Cætera enim serie generationum, qui hoc putat, facile refellitur. Quid enim de avis, atavis, proavis, cæterisque majoribus dicturus est, quorum diversa nomina singuli Evangelistæ in sua quisque narratione contexunt? Quid postremo de ipso numero? quandoquidem Lucas a Domino usque ad David quadraginta tres generationes enumerat, Matthæus autem a David usque ad Dominum viginti octo vel viginti septem? Certi enim sacramenti gratia usque ad transmigrationem, et ab ipsa item transmigratione unus bis numeratur. Quærendum igitur quomodo duos patres potuerit habere Joseph? Et mihi quidem in præsentia tres causæ occurrunt, quarum aliquam Evangelista secutus sit. Aut enim unus erat Joseph naturalis pater, et alter eum adoptaverat : aut more Judæorum (*Deut.*, XXV, 5), cum sine filiis unus decessisset, uxorem ejus propinquus accipiens, filium quem genuit propinquo mortuo deputavit ; ut cum ab altero alteri genitus esset Joseph, convenienter duos patres habere diceretur. Aut unus Evangelista patrem ejus a quo genitus est nominavit : alter vero vel avum maternum, vel aliquem de cognatis majoribus posuit, cui propter consanguinitatis vinculum in filii loco Joseph non absurde constitueretur, ut inde jam usque ad David non eumdem quem Matthæus generationum ordinem texeret. In quibus causis illa videtur infirma, quam secundo loco posuimus : quia cum quisque apud Judæos defuncto fratre vel propinquo prolem de uxore ejus exsuscitat, illud quod nascitur nomen defuncti solet accipere. Ergo aut

la généalogie, ou par toute autre raison qui nous échappe en ce moment. C'est ce qui fait ressortir les prétentions insensées de ceux qui accusent trop facilement les Evangélistes de mensonge, plutôt que de rechercher sérieusement les motifs de cette divergence dans les noms des ancêtres du Sauveur. Aussi est-ce une témérité que de soutenir qu'il n'y ait que deux principes de solution à cette difficulté, bien qu'une seule suffise pour la résoudre.

QUESTION VI. — On peut encore demander pourquoi on compte soixante-dix personnes dans la généalogie de saint Luc. Notre-Seigneur se sert du même nombre lorsque Pierre lui demande combien de fois on doit pardonner à son frère. Jésus lui répond qu'il faut pardonner non-seulement sept fois, mais soixante-dix fois sept fois. (*Matth.*, XVIII, 22.) On conclut donc avec raison de ce nombre exprimé par le Sauveur qu'il nous commande de pardonner toutes les offenses sans exception, puisque celui par qui tous nos péchés sont remis a daigné descendre parmi les hommes sous une forme humaine, dans la soixante-dix-septième génération d'après le témoignage de l'Evangéliste que nous venons de citer. C'est donc par une raison pleine de convenance, tandis que saint Matthieu suit une autre ligne généalogique que saint Luc, après le baptême du Seigneur, compte soixante-dix-sept personnes dans sa généalogie en suivant l'ordre ascendant. Cette généalogie ascendante est une figure de notre retour et de notre ascension vers Dieu, avec lequel nous sommes réconciliés par la rémission des péchés. Car le baptême remet tous les péchés figurés par ce nombre. En effet, dans le baptême du Seigneur, ce n'est point le Seigneur lui-même qui a reçu la rémission de ses péchés, ce sont les hommes qui ont reçu la rémission de toutes leurs iniquités par sa miséricorde et par sa puissance, rémission dont son baptême et le nombre de ces générations était un symbole sacré. Ce n'est donc point sans raison que le Seigneur est venu à la soixante-dix-septième génération pour effacer tous les péchés; il y a dans ce nombre une signification mystérieuse qui exprime l'universalité des péchés. Considérons-la dans les nombres onze et sept, nombres qui, multipliés par eux-mêmes, donnent le nombre soixante-dix-sept, car onze fois sept ou sept fois onze font soixante-dix-sept. Le nombre onze est comme la transgression du nombre dix. Le nombre dix exprime le bonheur parfait; aussi voyons-nous tous les ouvriers loués pour travailler à la vigne recevoir un denier pour salaire (*Matth.*, XX, 2), ce qui a lieu lorsque la créature, figurée par le nombre sept,

adoptio solvit istam quæstionem, aut origo majorum, aut aliqua alia causa, quæ nobis in præsentia non occurrit. Quapropter tanta est eorum dementia, qui facilius dilabuntur ad Evangelistarum aliquem de mendacio criminandum, quam causas quærant, cur diversa patrum nomina singuli commemoraverint, ut temere dicatur duas solas esse causas, quibus id recte fieri potuerit, cum tamen ad solvendam quæstionem vel unam invenire sufficiat.

QUÆST. VI. — Quid sibi velit quod septuaginta septem personæ secundum generationes, quas Lucas secutus est, inveniuntur, quæri potest. (*Luc.*, III, 23.) Nam et hujus numeri mentionem Dominus fecit, cum eum Petrus de dimittendis peccatis fratris interrogasset. Ait enim, non solum septies, sed septuagies septies esse dimittendum. (*Matth.*, XVIII, 22.) Unde recte creditur commemoratione hujus numeri omnia peccata jussisse dimitti: quandoquidem ipse per quem peccata omnia dimissa sunt, septuagesima et septima generatione, secundum Evangelistæ memorati testimonium, ad homines humaniter venire dignatus est. Convenientissime autem, cum sit etiam alia series generationum quam Matthæus explicat, hanc ille tenuit, qui baptizato Domino generationes ipsas per septuaginta et septem personas sursum versus enumerat. (*Matth.*, I, 1; *Luc.*, III, 23.) Nam et reditus est et tanquam ascensus ad Deum, cui post peccatorum abolitionem reconciliamur, expressus, cum sursum versus per illas generationes ascenditur. Et utique per baptismum fit omnium remissio peccatorum, quæ illo numero significatur. Non enim in baptismo Domini ipsi Domino peccata dimissa sunt, sed ipsa ibi remissio peccatorum omnium, quæ misericordia ejus et potestate donata est hominibus, per illum baptismum Domini et per illum numerum generationum consecrata atque signata est. Nec temere Dominus et frustra septuagesima et septima generatione venit abolituros omnia peccata, nisi quia in illo numero aliquid latet, quod ad significationem pertineat omnium peccatorum. Hoc autem in undenario et septenario considerandum est: qui numeri per se multiplicati, ad tantum perveniunt: nam undecies septem vel septies undecim, septuaginta et septem fiunt. Undecim autem transgressionem denarii significat: ac si in denario perfectio beatitudinis significatur, unde est etiam illud, quod omnes conducti ad vineam, denario remunerantur (*Matth.*, XX, 2), quod fit cum sep-

s'unit à la Trinité créatrice. Il est donc évident que le nombre supérieur au nombre dix représente le péché de celui qui par orgueil veut avoir plus, et qui perd ainsi son intégrité et sa perfection. Ce nombre se trouve multiplié sept fois pour indiquer que cette transgression vient de l'action volontaire de l'homme. En effet, le nombre trois représente dans l'homme la partie immatérielle; c'est pour cela qu'il nous est ordonné d'aimer Dieu de tout notre cœur, de toute notre âme, de tout notre esprit (*Deut.*, vi, 5; *Matth.*, xxii, 37); et le nombre quatre, la partie corporelle, car on retrouve fréquemment ce nombre dans la nature corporelle. L'homme étant un composé de ces deux matières, peut donc être comparé avec assez de vraisemblance au nombre sept. Quant au mouvement et à l'action, ils ne sont point représentés par les nombres, lorsque nous disons : un, deux, trois, quatre, etc., mais bien lorsque nous comptons : une fois, deux fois, trois fois. Aussi, comme je l'ai dit, ce n'est point sept et onze, mais sept fois onze, qui signifie que la transgression est le résultat de l'action de l'homme pécheur, c'est-à-dire qui est sorti des limites certaines de la perfection par le désir d'avoir quelque chose de plus, et mérite ce reproche que le Prophète fait à l'âme pécheresse : « Tu espérais en t'éloignant de moi trouver quelque chose de supérieur. » Tous les péchés sortent en foule de cette source empoisonnée de l'orgueil. Cependant le Sauveur nous en promet le pardon, lorsqu'il nous recommande de pardonner soixante-dix fois sept fois (*Matth.*, xviii, 22), pour nous apprendre qu'il n'est aucun péché que l'Église représentée ici par Pierre, ne puisse remettre au pécheur repentant et qui implore son pardon.

QUESTION VII. — Notre-Seigneur, à l'occasion de cet homme qui avait une main desséchée, fit aux Juifs cette question : « Je vous le demande, est-il permis le jour du sabbat de faire du bien ou de faire du mal, de sauver l'âme ou de la laisser périr? » (*Luc*, vi, 9.) Or, pourquoi le Sauveur, après avoir guéri le corps de cet homme, fait-il cette question : « Est-il permis de sauver l'âme ou de la laisser périr? » C'est parce qu'il opérait ses miracles pour établir la foi qui est le salut de l'âme, ou encore parce que la guérison de la main droite était le symbole de la guérison spirituelle de l'âme, qui en cessant de faire des bonnes œuvres, avait pour ainsi dire la main droite desséchée. Ou bien enfin, l'âme est prise ici pour l'homme tout entier, comme lorsqu'on dit : Il y avait là tant d'âmes. (*Gen.*, xlvi, 27.)

QUESTION VIII. — « Donnez, dit le Seigneur, et il vous sera donné. On versera dans votre sein une bonne mesure pressée et remuée et répandant par dessus les bords. » (*Luc*, vi, 38.)

---

tenaria creatura Trinitati creatoris adjungitur; manifestum est quod transgressio denarii peccatum significat per superbiam plus aliquid habere cupientis, et integritatem perfectionemque amittentis. Hoc autem septies propterea ducitur, ut motu hominis facta significetur illa transgressio. Ternario enim numero incorporea pars hominis significatur; unde est quod ex toto corde, et ex tota anima, et ex tota mente jubemur diligere Deum (*Deut.*, vi, 5; *Matth.*, xxii, 37): quaternario vero corpus; multis enim modis quadripartita invenitur natura corporis. Ex his ergo conjunctis homo constans, non absurde septenario numero significatur. Motus autem in numeris non exprimitur, cum dicimus, unum, duo, tria, quatuor, etc., sed cum dicimus, semel, bis, ter, quater : quapropter, ut dixi, non septem et undecim, sed septies undecim, significatur transgressio, quæ motu facta est hominis peccantis, hoc est perfectionis suæ stabilitatem transgredientis cupiditate amplius aliquid habendi : ut tanto post per Prophetam animæ diceretur : Sperabas si a me discessisses, aliquid amplius te habituram? Ex quo vitio superbiæ omnia peccata silvescunt : quæ tamen dimittuntur, cum septuagies septies ignoscendum esse admonemur (*Matth.*, xviii, 22), ut intelligamus nullum peccatum excipi, quod pœnitenti et veniam deprecanti per Ecclesiam, cujus personam Petrus gestat, non dimittetur.

QUÆST. VII. — Quod dicit Dominus Judæis, de eo qui habebat manum dexteram aridam : « Interrogabo vos, si licet sabbato bene facere, an male; animam salvam facere, an perdere? » (*Luc*, vi, 9.) Quæritur cum corpus curaverit, quare sic interrogaverit, « animam salvam facere, an perdere? » Vel quod illa miracula propter fidem faciebat, ubi salus est animæ : vel quod ipsa sanatio manus dexteræ, salutem animæ significabat, quæ a bonis operibus cessans, aridam quodammodo dexteram habere videbatur : vel animam pro homine posuit, sicut dici solet : Tot animæ ibi fuerunt.

QUÆST. VIII. — Quod Dominus dicit : « Date, et dabitur vobis, mensuram bonam, confertam et coagitatam et superfluentem dabunt in sinum ves-

Ces paroles peuvent être entendues dans le même sens que ces autres qu'il a prononcées dans une autre circonstance : « Afin qu'ils vous reçoivent dans les tabernacles éternels. » (*Luc*, xvi, 9.) Ce serait donc un commandement qu'il ferait au peuple en disant : « Donnez et on vous donnera; » et c'est également dans le même sens que l'Apôtre fait cette recommandation : « Que celui que l'on instruit dans les choses de la foi, communique tous ses biens à celui qui l'instruit. » (*Gal.*, vi, 6.) En effet, il dit : « Ils verseront dans votre sein, parce que c'est par les mérites de ceux à qui ils auront donné en son nom un verre d'eau froide qu'ils mériteront de recevoir la récompense céleste. » (*Matth.*, x, 42.)

QUESTION IX. — Lorsque Notre-Seigneur dit : « Est-ce qu'un aveugle peut conduire un autre aveugle? Ne tomberont-ils pas tous deux dans le précipice? » (*Luc*, vi, 39) peut-être a-t-il voulu leur ôter l'espoir de recevoir des lévites auxquels ils payaient les dîmes, cette mesure dont il vient de dire : « Ils verseront dans votre sein. » Le Sauveur les appelle des aveugles, parce qu'ils ne recevaient pas l'Evangile. Il veut donc que le peuple attende désormais cette récompense des disciples du Seigneur, qu'il déclare devoir être ses imitateurs, en ajoutant : « Le disciple n'est pas au-dessus du maître. »

QUESTION X. — « Quiconque vient à moi et écoute mes paroles, et les met en pratique, dit encore Notre-Seigneur, je vous montrerai à qui il est semblable. Il est semblable à un homme qui bâtissant une maison a creusé très-avant, et en a posé le fondement sur la pierre. » (*Luc*, vi, 47.) Creuser, c'est, dans la pensée du Sauveur, extraire de son cœur toutes les vues terrestres et ne se proposer dans le service de Dieu aucun motif de ce genre. Creusez très-avant jusqu'à ce qu'on ait rencontré la pierre, c'est s'attacher à Jésus-Christ, c'est le servir sans aucun intérêt, c'est ne point chercher comme fin et comme récompense du culte que l'on rend à Dieu, je ne dis pas les choses superflues, mais même ces biens qui paraissent indispensables à la vie présente, et que tout homme juste peut acquérir et conserver sans se rendre coupable, car ce sont des choses purement terrestres et temporelles.

QUESTION XI. — Par cette comparaison des enfants assis sur la place publique et qui crient les uns aux autres (*Luc*, vii, 32), Notre-Seigneur répond dans un ordre inverse aux questions qui lui sont faites. Ces paroles : « Nous nous sommes lamentés et vous n'avez point pleuré, se rapportent à la prédication de Jean-Baptiste, qui par son abstinence dans le manger et le boire, figurait la tristesse de la pénitence. Celles-ci au contraire : « Nous avons joué de la flûte et vous n'avez pas dansé, » sont une allusion à Notre-Seigneur lui-même, qui, en adoptant la

QUÆST. X. — Quod Dominus dicit : « Omnis qui venit ad me, et audit sermones meos, et facit eos, ostendam vobis cui similis sit, similis est homini ædificanti domum, qui fodit in altum, et posuit fundamentum super petram : » (*Luc.*, vi, 47, etc.) fodere dixit, humilitate Christiana omnia terrena exhaurire de corde suo ne propter aliquid tale Deum colat. In altum autem fodere, donec ad petram perveniat : in tantum Christum gratis sequi, et gratis eum colere, ut non solum non propter superflua, sed nec propter illa quæ videntur huic vitæ necessaria, et quæ sine culpa a quovis justo sumi et haberi possunt, tamen temporalia atque terrena sunt, colendus Deus putetur.

QUÆST. XI. — « De pueris sedentibus in foro, et ad invicem clamantibus » converso ordine ad proposita respondit. (*Luc.*, vii, 32.) Nam quod ait : « Lamentavimus, et non plorastis, » ad Joannem pertinet, cujus abstinentia a cibis et potu, luctum pœnitentiæ significabat. Quod autem ait : « Cantavimus tibiis, et non saltastis, » ad ipsum Dominum, qui utendo

---

trum, » (*Luc.*, vi, 38) ex illa sententia accipi potest, qua dicit et alio loco : Ut ipsi recipiant vos in æterna tabernacula (*Luc.*, xvi, 9) : ut plebi præceptum esse videatur, quod dictum est : « Date et dabitur vobis. » Secundum quam sententiam dicit Apostolus : Communicet qui catechizatur verbo, ei qui se cathechizat in omnibus bonis. (*Gal.*, vi, 6.) Non enim diceret, « dabunt in sinum vestrum, » nisi quia per illorum merita, quibus vel calicem aquæ frigidæ in nomine discipuli dederint, mercedem cœlestem recipere merebuntur. (*Matth.*, x, 42.)

QUÆST. IX. — Quod Dominus dicit : « Numquid potest cæcus cæcum ducere? nonne ambo in foveam cadunt? » (*Luc.*, vi, 39) fortasse hoc ideo subjunxerit, ne sperarent a Levitis se accepturos mensuram illam, de qua dixit : « Dabunt in sinum vestrum, » quoniam ipsis dabant decimas. Quos cæcos dixit, quia Evangelium non tenerent : ut illam remunerationem per discipulos Domini potius plebs inciperet jam sperare : quos imitatores suos volens ostendere, addidit etiam : « Non est discipulus super magistrum. »

manière ordinaire de vivre des hommes avec lesquels il mangeait et buvait, représentait la joie du royaume. Or, les Juifs n'ont voulu s'associer ni aux humiliations de Jean, ni à la joie que leur apportait Jésus-Christ; ils accusèrent le premier d'être possédé du démon, et traitèrent le Sauveur d'homme de bonne chère, adonné au vin, ami des publicains et des pécheurs. Le Sauveur ajoute : « Et la sagesse a été justifiée par tous ses enfants. » Il veut par là nous faire entendre que les enfants de la sagesse comprennent que la justice ne consiste ni à se permettre ni à s'interdire la nourriture, mais dans cette égalité d'âme qui supporte la pauvreté avec patience, qui use modérément de l'abondance de manière à ne point s'en laisser corrompre, en un mot tantôt à faire usage, tantôt à s'abstenir suivant les circonstances de ces choses où ce n'est point l'usage modéré, mais la sensualité seule qui est coupable. Qu'importe, en effet, la nature des aliments que vous prenez pour subvenir aux nécessités du corps, dès lors que vous vous conformez pour le choix des aliments aux habitudes de ceux avec lesquels vous êtes appelés à vivre? La quantité même des aliments que vous prenez est également indifférente. Nous en voyons dont l'estomac est bien vite rassasié, et qui cependant soupirent avec une ardeur, une impatience tout à fait honteuse après ce peu qui suffit pour apaiser leur faim. D'autres, au contraire, ont un plus grand appétit, mais ils supportent plus patiemment la privation, et ils regardent d'un œil tranquille et sans y toucher les mets servis devant eux, si la nécessité ou les bienséances le demandent. Ce qui importe, ce n'est donc ni la nature, ni la quantité des aliments qu'un homme peut prendre suivant les exigences de son tempérament, les convenances de sa position, les besoins de sa santé, mais la facilité, mais l'égalité d'âme avec lesquels il supporte les privations lorsque l'utilité ou la nécessité même lui en fait un devoir. C'est ainsi qu'un chrétien accompli en lui-même ces paroles de l'Apôtre : « Je sais vivre pauvrement, je sais vivre dans l'abondance Ayant tout éprouvé, je suis fait à tout, au bon traitement et à la faim, à l'abondance et à l'indigence ; je puis tout en celui qui me fortifie. » (*Philip.*, IV, 12.) Et ces autres : « Si nous mangeons, nous ne serons pas plus devant Dieu, et nous ne serons pas moins si nous ne mangeons pas. » (I *Cor.*, VIII, 8.) Et encore : « Le royaume de Dieu ne consiste point dans le boire et dans le manger, mais dans la justice, dans la paix et dans la joie. » (*Rom.*, XIV, 17.) Et comme les hommes placent ordinairement leur joie dans les festins grossiers, il a soin de dire : « La joie dans l'Esprit saint. » La sagesse est donc justifiée par tous ses enfants qui comprennent que l'usage des biens de la terre est subordonné aux circonstances, tandis que la facilité avec laquelle

---

cum cæteris cibo et potu, lætitiam regni figurabat. At illi nec humiliari cum Joanne, nec cum Christo gaudere voluerunt : dicentes illum dæmonium habere, istum voracem et ebriosum et amicum publicanorum et peccatorum. Quod autem subjungit : « Et justificata est Sapientia ab omnibus filiis suis, » ostendit filios Sapientiæ intelligere, nec in abstinendo, nec in manducando esse justitiam, sed in æquanimitate tolerandi inopiam, et temperantia per abundantiam non se corrumpendi, atque opportune sumendi vel non sumendi ea quorum nec usus, sed concupiscentia reprehendenda est. Non enim interest omnino quid alimentorum sumas, ut succurras necessitati corporis, dummodo congruas in generibus alimentorum his cum quibus tibi vivendum est. Neque quantum sumas multum interest ; cum videamus aliorum stomachum citius satiari, et eos tamen illi ipsi parvo quo satiantur, ardenter et intolerabiliter et omnino turpiter inhiare : alios autem plusculo quidem satiari, sed tolerabilius inopiam perpeti, et vel ante (*a*) ora positas epulas, si id in tempore aut opus sit, aut necesse sit, cum tranquillitate aspicere, neque tangere. Magis ergo interest, non quid vel quantum alimentorum pro congruentia hominum atque personæ suæ et pro suæ valetudinis necessitate quis capiat; sed quanta facilitate atque serenitate animi careat, cum his vel oportet vel etiam necesse est carere : ut illud in animo Christiani compleatur quod Apostolus dicit : « Scio et minus habere, scio et abundare, in omnibus et in omnibus imbutus sum, et satiari et esurire, et abundare et penuriam pati : omnia possum in eo qui me confortat. » (*Philip.*, IV, 12.) Et illud : Neque si manducaverimus, abundabimus, neque si non manducaverimus, egebimus (I *Cor.*, VIII, 8); et illud : Non est enim regnum Dei esca et potus, sed justitia et pax et gaudium. (*Rom.*, XIV, 17.) Et quia solent homines multum gaudere de carnalibus epulis, addidit, in Spiritu sancto. Justificatur ergo sapientia ab omnibus filiis suis, qui intelligunt utendis terrenis

(*a*) Rat. Am. et novem Mss, *ante horam*.

l'âme en supporte la privation et l'amour qui lui fait aspirer après les biens éternels, ne varient point suivant les temps, mais doivent rester toujours les mêmes.

QUESTION XII. — « Personne, après avoir allumé une lampe, dit Notre-Seigneur, ne la couvre d'un vase ou ne la met sous un lit, mais il la met sur le chandelier afin que ceux qui entrent voient la lumière. » (*Luc,* VIII, 16.) Celui qui cache la parole de Dieu par la crainte d'un préjudice ou d'un dommage temporel, préfère les intérêts de la chair à la manifestation de la vérité; et, en tremblant d'annoncer cette parole, il la couvre pour ainsi dire avec la chair. En effet, la chair, dans la pensée du Sauveur, est ici figurée par le vase ou le lit sous lequel cache la lumière celui qui trahit les intérêts de la vérité.

QUESTION XIII. — Cet homme, que Notre-Seigneur guérit en le délivrant d'une légion de démons qui le possédait, figurait les Gentils esclaves d'une multitude de démons. Il était sans vêtements, c'est-à-dire qu'il n'avait ni la foi, ni les autres vertus. Il n'habitait point dans sa maison, c'est-à-dire qu'il ne reposait pas dans sa conscience. Il demeurait dans les tombeaux, c'est-à-dire qu'il se plaisait dans les œuvres mortes qui sont les péchés. Les entraves et les chaînes de fer qui liaient ses membres, représentent les lois sévères et rigoureuses qui réprimaient les crimes dans les gouvernements idolâtres. Cet homme, ayant brisé ses chaînes, était entraîné par le démon dans le désert, c'est-à-dire que lorsqu'on a violé les lois humaines la passion conduit à des forfaits qui dépassent la mesure des crimes ordinaires. Le Sauveur permet au démon d'entrer dans des pourceaux qui paissaient sur les montagnes et qui sont la figure de ces hommes à la fois immondes et superbes que le culte impur des idoles place sous la tyrannie des démons. Ils sont précipités dans la mer, c'est-à-dire que l'Eglise étant aujourd'hui glorifiée et le peuple des Gentils délivré de la domination des démons (1), ceux qui n'ont pas voulu croire à Jésus-Christ, précipités dans les abîmes d'une curiosité aveugle et démesurée, sont condamnés à célébrer dans des retraites cachées leurs rites sacriléges. Les gardiens des pourceaux qui s'enfuirent en publiant ce qui venait d'arriver, représentent les princes des idolâtres qui ne veulent pas observer la loi chrétienne mais qui, néanmoins, sont remplis d'admiration pour elle, et ne peuvent s'empêcher de publier parmi les infidèles sa puissance étonnante et ses merveilles. Les Géraséniens sortent pour voir ce qui vient de se passer, ils trouvent assis aux pieds de Jésus cet homme qui a repris ses vêtements et recouvré la liberté de

(1) Après les lois qu'Honorius porta contre le culte des idoles l'an 399. Voyez le livre XVIII, *De la Cité de Dieu*, chapitre LIV.

tempora opportuna esse debere : facilitatem vero carendi talibus, et amorem fruendi æternis, non variari oportere per tempora, sed perpetuo retineri.

QUÆST. XII. — Quod Dominus ait : « Nemo autem lucernam accendens operit eam vase, aut subtus lectum ponit, sed super candelabrum ponit, ut intrantes videant lumen » (*Luc.*, VIII, 16) qui verbum Dei timore carnalium incommodorum abscondit, ipsam utique carnem præponit manifestationi veritatis, et ea quasi cooperit verbum, timendo prædicare : eam itaque vasis et lecti nomine appellavit, sub quo lucernam ponere ait eum qui hoc facit.

QUÆST. XIII. — « Quod in regione Gerasenorum curavit Dominus eum in quo erat legio dæmoniorum, » (*Luc.*, VIII, 27, etc.) significatæ sunt gentes quæ multis dæmonibus serviebant. Quod sine vestimento erat, non habebat fidem, etc. Quod in domo non habitabat, in conscientia sua non requiescebat. Quod in monumentis manebat, in mortuis operibus, hoc est, peccatis, delectabatur. Quod autem compedibus ferreis et catenis ligabatur, significat graves et duras leges gentium, quibus et in eorum republica peccata cohibentur. Quod etiam vinculis talibus disruptis agebatur a dæmonio in eremum, significat quod etiam ipsis transgressis legibus, ad ea scelera cupiditate ducebatur, quæ jam vulgarem consuetudinem excederent. Quod autem in porcos pascentes in montibus dæmonia ire permissa sunt, significat immundos et superbos homines, quibus dæmonia dominantur per idolorum cultus. Quod autem in stagnum præcipitati sunt, significat quod jam clarificata Ecclesia, et liberato populo gentium a dominatione dæmoniorum, in abditis agunt sacrilegos ritus suos, qui Christo credere noluerunt, cæca et profunda curiositate submersi. Quod autem pastores porcorum fugientes, ista nuntiaverunt, significat quosdam etiam primates impiorum, quanquam Christianam legem fugiant, potentiam tamen ejus per gentes stupendo et mirando prædicare. Quod Geraseni prodeunt videre quod factum est, et inveniunt hominem vestitum, et mente sana sedere ad pedes Jesu, et cognoscentes quid factum sit, rogant

ses actions. La vue de ce miracle les remplit de crainte ; ils prient Jésus de s'éloigner, et figurent cette multitude d'hommes qui, séduits et retenus par les plaisirs dans lesquels s'est écoulée toute leur vie, honorent la religion chrétienne, mais ne veulent point se soumettre à ses prescriptions sous le prétexte qu'ils ne pourraient les accomplir. Ils ne laissent pas toutefois d'admirer le peuple fidèle qu'ils voient guéri de l'état désespéré où l'avait réduit les crimes de sa vie passée. Cet homme veut rester auprès de Jésus-Christ et le Sauveur s'y oppose : « Retournez en votre maison, lui dit-il, et racontez les grandes choses que Dieu a faites pour vous ; » paroles dont l'Apôtre nous donne la juste signification lorsqu'il dit : « J'ai d'une part un ardent désir d'être dégagé des liens du corps et d'être avec Jésus-Christ, ce qui est sans comparaison le meilleur ; mais de l'autre, il est plus avantageux pour vous que je demeure en cette vie. » (*Philip.*, I, 23.) Apprenons de là qu'après avoir obtenu la rémission de nos péchés ; il faut rentrer dans une bonne conscience et chercher à étendre l'Évangile pour le salut des autres si l'on veut un jour se reposer avec Jésus-Christ ; car, en désirant d'être réuni prématurément au Sauveur, on s'expose à négliger le ministère de la prédication qui a pour objet le salut du prochain.

QUESTION XIV. — Des soixante-douze disciples. (*Luc*, X, 1.) De même que la lumière parcourt et éclaire tout l'univers dans l'espace de vingt-quatre heures, ainsi le ministère sacré qui a pour fin d'éclairer tous les hommes par la prédication du mystère de la Trinité, est confié à soixante-douze disciples ; car trois fois vingt-quatre heures font soixante-douze. Jésus les envoie prêcher deux à deux, ou parce que le précepte de la charité est double, ou bien parce que toute charité suppose nécessairement deux personnes.

QUESTION XV. — « Si la lumière qui est en vous est ténèbres, combien grandes seront les ténèbres elles-mêmes. » (*Luc*, XI, 35 ; *Matth.*, VI, 23.) Cette lumière, c'est la pureté d'intention de l'âme qui dirige nos œuvres ; les ténèbres, ce sont les œuvres elles-mêmes ; soit parce que les hommes ignorent dans quelle intention nous les faisons, soit parce que nous ignorons nous-mêmes quelles conséquences elles doivent avoir, c'est-à-dire quel sera leur résultat pour ceux dans l'intérêt desquels nous les avons faites. Trop souvent les hommes font un mauvais usage de nos bienfaits, et trouvent leur perte dans des actions qu'un sentiment de bienveillance et d'intérêt nous avait inspirées en leur faveur.

QUESTION XVI. — « Vous, pharisiens, vous nettoyez le dehors de la coupe et du plat. » (*Luc*, XI, 39.) Les reproches qu'il fait ici et dans la suite aux pharisiens et aux docteurs de la loi,

Jesum ut ab eis discederet, magno timore percussi, significat multitudinem vetusta sua vita delectatam, honorare quidem, sed nolle pati Christianam legem, dum dicunt quod eam implere non possint ; admirantes tamen fidelem populum a pristina perdita conversatione sanatum Quod ille cupit jam esse cum Christo, et dicitur ei : « Redi domum tuam, et enarra quanta tibi fecit Deus, » ex illa Apostoli sententia recte potest intelligi, cum ait : Dissolvi et esse cum Christo, multo magis optimum ; manere in carne, necessarium propter vos. (*Philip.*, I, 23.) Ut sic quisque intelligat post remissionem peccatorum redeundum sibi esse in conscientiam bonam, et serviendum Evangelio propter aliorum etiam salutem, ut deinde cum Christo requiescat : ne cum præpropere jam vult esse cum Christo, negligat ministerium prædicationis, fraternæ redemptioni accommodatum.

QUÆST. XIV. — « De septuaginta duobus discipulis. » (*Luc.*, X, 1.) Sicut viginti quatuor horis totus orbis peragitur, atque a sole lustratur : ita (*a*) mysterium illustrandi orbis per Evangelium Trinitatis in septuaginta duobus discipulis intimatur. Viginti quatuor enim ter in septuaginta duobus ponimus. Quod autem binos mittit, sacramentum est caritatis : sive quia duo sunt caritatis præcepta, sive quia omnis caritas minus quam inter duos esse non potest.

QUÆST. XV. — « Si lumen quod est in te tenebræ sunt, ipsæ tenebræ quantæ ? » (*Luc.*, XI, 35 ; *Matth.*, VI, 23.) Lumen dicit bonam intentionem mentis, qua operamur : tenebras autem ipsa opera appellat, sive quia ignoratur ab aliis quo animo illa faciamus, sive quia eorum exitum etiam ipsi nescimus, id est, quomodo exeant atque proveniant eis, quibus nos ea bono animo impendimus. Plerumque enim beneficiis nostris male utendo corrumpuntur, quibus nos ea misericorditer benevola intentione præstamus.

QUÆST. XVI. — « Nunc vos Pharisæi quod de foris est calicis et catini mundatis. » (*Luc.*, XI, 39.) Hinc et deinceps quod dicit in Pharisæos et Legis doctores,

---

(*a*) Rat. et Ms. Cisterciensis, *ministerium*.

expliquent ces paroles qu'il avait dites plus haut : « Il s'affermit dans la résolution d'aller à Jérusalem, » (*Luc*, IX, 51) pour leur dire ouvertement la vérité et leur reprocher leurs vices et leurs crimes.

QUESTION XVII. — Le Saint-Esprit est appelé le doigt de Dieu (*Luc*, XI, 20), à cause de la distribution des dons dont il est l'auteur et qui est propre à chacun des hommes ou des anges, car la division n'est dans aucun de nos membres aussi marquée que dans les doigts de la main.

QUESTION XVIII. — Il y a deux sortes de jeûne : le jeûne de l'affliction et le jeûne de la joie. On jeûne dans l'affliction pour obtenir de Dieu le pardon de ses péchés ; on jeûne dans la joie lorsque l'âme est d'autant moins sensible aux plaisirs de la chair, qu'elle jouit en plus grande abondance des douceurs de l'esprit. Or, le Seigneur interrogé pourquoi ses disciples ne jeûnaient pas, s'explique successivement sur ces deux sortes de jeûne. Et d'abord sur le jeûne qui a lieu dans l'affliction, en prédisant que les fils de l'Epoux jeûneront lorsque l'Epoux leur aura été enlevé ; car ils seront alors dans la désolation, dans la tristesse et les larmes jusqu'à ce que la joie, la consolation leur aient été rendues par l'Esprit saint. Mais après qu'ils auront reçu ce don, quoi de plus convenable que les fils de l'Epoux, déjà renouvelés dans la vie spirituelle, pratiquent le jeûne qui s'accomplit dans la joie ? Avant qu'ils aient reçu l'Esprit saint, le Sauveur les compare à des vêtements usés auxquels il ne convient pas de coudre un morceau de drap neuf, c'est-à-dire un fragment de la doctrine qui a pour objet la tempérance de la vie nouvelle. Car alors la doctrine est comme divisée et rompue par ce fragment sur le jeûne des aliments que l'on fait connaître mal à propos, puisque le jeûne qu'elle enseigne est un jeûne général qui interdit non-seulement le désir des aliments, mais toute joie qui prend sa source dans les plaisirs de la terre. Or, Notre-Seigneur ne veut pas qu'on donne ce fragment, ce lambeau de doctrine qui concerne les aliments, à des hommes encore esclaves des anciennes coutumes, autrement il se fera une déchirure, et ce lambeau de doctrine nouvelle ne peut convenablement s'unir avec ce qui est vieux. Le Sauveur les compare encore à de vieilles outres qui se rompent sous l'effort du vin nouveau, c'est-à-dire des préceptes spirituels au lieu de le contenir. Il étaient déjà devenus des outres neuves, lorsqu'après l'ascension de Notre-Seigneur, l'Esprit saint vint les renouveler, en leur inspirant le désir de ses divines consolations, l'esprit de prière et d'espérance. Ils reçurent alors l'Esprit saint (*Actes*, II, 1, etc.) qui remplit leur âme et leur donna de parler les langues des diverses nations qui se trouvaient à Jérusalem, ce qui fit dire qu'ils étaient

---

hoc est quod superius dixit : « Obfirmaverat faciem in Jerusalem, » (*Luc.*, IX, 51) ut eis aperte vera diceret vitia et peccata eorum.

QUÆST. XVII.— Ideo dicitur : « Spiritus sanctus digitus Dei, » (*Luc.*, XI, 20) propter partitionem donorum quæ in eo dantur, unicuique propria, sive hominum, sive Angelorum. In nullis enim membris nostris magis apparet partitio, quam in digitis.

QUÆST. XVIII. — Jejunium aut in tribulatione est, aut in gaudio : in tribulatione, ad propitiandum Deum pro peccatis ; in gaudio vero, cum tanto minus delectant carnalia, quanto spiritualium major sagina est. Cum ergo Dominus interrogatus esset, cur discipuli ejus non jejunarent, de utroque jejunio respondit. (*Luc.*, V, 33, etc.) Namque ad illud quod in tribulatione jejunari solet, pertinet quod ait, sponsi filios tunc jejunaturos, cum ab eis ablatus fuerit sponsus : tunc enim desolabuntur, et in mœrore ac luctu erunt, donec eis per Spiritum sanctum gaudia consolatoria retribuantur. Quo dono percepto, etiam jejunii alterum genus, quod fiet per lætitiam, jam renovati in vitam spiritalem convenientissime celebrabunt. Quod antequam accipiant, dicit eos tanquam vetera vestimenta, quibus inconvenienter novus pannus assuitur, id est aliqua particula doctrinæ, quæ ad novæ vitæ temperantiam pertinet : quia si hoc fiat, et ipsa doctrina quodammodo scinditur, cujus particula quæ ad jejunium ciborum valet, inopportune traditur, cum illa doceat generale jejunium, non a concupiscentia ciborum tantum, sed ab omni lætitia temporalium delectationum : cujus quasi pannum, id est partem aliquam, quæ ad cibos pertinet, dicit non oportere hominibus adhuc veteri consuetudini deditis impertiri : quia et illinc quasi conscissio videtur fieri, et ipsi vetustati non convenit. Dicit etiam similes eos esse veteribus utribus, quos vino novo, id est spiritalibus præceptis, facilius disrumpi, quam id continere dicit. Erant autem jam utres novi, cum post ascensum Domini desiderio consolationis ejus orando et sperando innovabantur. Tunc enim acceperunt Spiritum sanctum, quo impleti, cum omnium qui de diversis gentibus aderant

pleins de vin nouveau. En effet, le vin nouveau remplissait alors les outres neuves.

QUESTION XIX. — « Un homme descendait de Jérusalem à Jéricho. » (*Luc*, x, 30, etc.) Cet homme représente Adam avec tout le genre humain; Jérusalem, la cité céleste de la paix dont l'homme a perdu la félicité par son péché; Jéricho, qui signifie *Lune,* est la figure de notre mortalité qu'on voit successivement naître, croître, vieillir et mourir. Les voleurs sont le démon et ses anges qui l'ont dépouillé de l'immortalité. « Et l'ayant couvert de blessures, » en le portant au mal, « le laissèrent à demi-mort. » En effet, l'homme est vivant en tant qu'il peut concevoir et connaître Dieu; mais il est mort dans la partie de lui-même qui succombe aux atteintes mortelles du péché, c'est ce que le Sauveur indique par ces paroles : « Et ils le laissèrent à demi-mort. » Le prêtre et le lévite qui passèrent outre après l'avoir vu, représentent le sacerdoce et le ministère de l'Ancien Testament qui étaient impuissants pour le salut de l'homme. Le mot Samaritain veut dire gardien, et c'est Notre-Seigneur qui est représenté dans ce Samaritain. Le bandage des plaies est la figure de la répression du péché; l'huile représente la douce consolation de l'espérance donnée par la miséricorde divine, qui nous obtient le bienfait de la réconciliation; le vin, l'exhortation à une vie fervente dans l'Esprit saint. Le cheval du Samaritain représente la chair dont le Fils de Dieu s'est revêtu pour venir jusqu'à nous. On est placé sur cette monture lorsqu'on croit à l'incarnation du Christ. L'hôtellerie est l'Eglise où viennent reprendre des forces les voyageurs qui retournent de la terre étrangère dans l'éternelle patrie. Le jour suivant est le temps qui a suivi la résurrection du Sauveur. Les deux deniers sont les deux préceptes de la charité que les Apôtres ont reçus de l'Esprit saint pour annoncer l'Evangile, ou encore, la promesse de la vie présente et de la vie future. C'est en vue de ces deux promesses que Notre-Seigneur a dit : « Il recevra sept fois autant dans ce monde, et la vie éternelle dans le siècle futur. » (*Matth.*, xix, 29.) Cet hôtelier représente l'Apôtre. Ce qu'il donne en plus, c'est ou le conseil qu'il exprime en ces termes : « Touchant les vierges, je n'ai point reçu de préceptes du Seigneur, mais je donne un conseil; » (1 *Cor.*, vii, 25) ou le travail des mains auquel il s'est livré pour n'être à charge à aucun des chrétiens faibles au commencement de la prédication de l'Evangile, quoique cependant il lui fût permis de vivre de l'Evangile. (II *Thess.*, iii, 8.)

QUESTION XX. — Marthe qui reçut Jésus dans sa maison (*Luc*, x, 38, etc.) est la figure de

---

linguis loquerentur, dicti sunt musto pleni. (*Act.*, ii, 1, etc.) Novum enim vinum jam novis utribus venerat.

QUÆST. XIX. — « Homo quidam descendebat ab Jerusalem in Jericho (*Luc.*, x, 30, etc.) : ipse Adam intelligitur in genere humano. « Jerusalem » civitas pacis illa cœlestis, a cujus beatitudine lapsus est. « Jericho : » Luna interpretatur, et significat mortalitatem nostram, propter quod nascitur, crescit, senescit (*a*), et occidit. « Latrones, » diabolus et angeli ejus : « qui eum spoliaverunt, » immortalitate : « et plagis impositis, » peccata suadendo : « reliquerunt semivivum : » quia ex parte qua potest intelligere et cognoscere Deum, vivus est homo ; ex parte qua peccatis contabescit et premitur, mortuus est, et ideo semivivus dicitur. « Sacerdos autem et Levita, » qui eo viso præterierunt, sacerdotium et ministerium Veteris Testamenti significant, quæ non poterant prodesse ad salutem. « Samaritanus, » custos interpretatur : et ideo ipse Dominus significatur hoc nomine. Alligatio vulnerum, est cohibitio peccatorum. Oleum consolatio spei bonæ, propter indulgentiam datam ad reconciliationem pacis. Vinum, exhortatio ad operandum ferventissimo spiritu. Jumentum ejus est caro, in qua ad nos venire dignatus est. Imponi jumento, est in ipsam incarnationem Christi credere. Stabulum est Ecclesia, ubi reficiuntur viatores de peregrinatione redeuntes in æternam patriam. Altera dies est post resurrectionem Domini. (*Matth.*, xxii, 37.) Duo denarii, sunt vel duo præcepta caritatis, quam per Spiritum sanctum acceperunt Apostoli ad evangelizandum cæteris ; vel promissio vitæ præsentis et futuræ. Secundum enim duas promissiones dictum est : Accipiet in hoc sæculo (*b*) septies tantum, et in sæculo futuro vitam æternam consequetur. (*Matth.*, xix, 29.) Stabularius ergo est Apostolus. Quod superogat, aut illud est consilium quod ait : De virginibus autem præceptum Domini non habeo, consilium autem do (1 *Cor.*, vii, 25) : aut quod etiam manibus suis operatus est, ne infirmorum aliquem in novitate Evangelii gravaret, cum ei liceret pasci ex Evangelio. (II *Thess.*, iii, 8.)

QUÆST. XX. — « Quod Martha excepit illum in

(*a*) Sic octo Mss. At editi excepto Rat. *senescit. Et incidit in latrones, diabolum et angelos ejus.* — (*b*) Editi, *centies tantum.* At Mss. codice suffragante Eugypio, *septies tantum.* Sic profecto Augustinus in opere super Epistolam ad Galatas, cap. ii, vers. 6, etc. Forte pro Græco ἑκατοντα πλασιονα, quod *Matth.*, xix, 29, et *Marc.*, x, 30, habetur, legerat interpres ἑπταπλασιονα.

l'Eglise de la terre recevant le Seigneur dans son cœur. « Marie, sa sœur, qui était assise aux pieds du Sauveur et écoutait sa parole, » (*Luc*, x, 38) représente aussi l'Eglise, mais dans le siècle à venir où, affranchie du soin et du service des pauvres, elle n'aura plus qu'à jouir de la sagesse. Marthe est tout entière aux soins nombreux du service, parce que l'Eglise sur la terre doit s'occuper des œuvres de miséricorde. Marthe se plaint que sa sœur ne vient pas l'aider, et elle donne occasion à Notre-Seigneur de nous montrer l'Eglise de la terre, inquiète et troublée de beaucoup de choses, tandis qu'il n'y a de nécessaire qu'une seule chose à laquelle on arrive par cette vie d'action. Il déclare que Marie a choisi la meilleure part, qui ne lui sera point ôtée, pour nous faire comprendre que c'est par la première qu'on parvient à la seconde, qui ne sera jamais ôtée. Quant à la part du ministère extérieur, quoiqu'elle soit bonne, elle sera cependant ôtée, lorsque les nécessités auxquelles il doit pourvoir n'existeront plus.

QUESTION XXI. — Cet homme, qu'un de ses amis vient prier au milieu de la nuit de lui prêter trois pains (*Luc,* xi, 5) est la figure de celui qui, du milieu de la tribulation, prie Dieu de lui accorder l'intelligence de la Trinité pour le consoler des travaux et des peines de la vie présente. C'est une comparaison du moins au plus; car si l'ami se lève de son lit et donne ce qu'on lui demande, pour se débarrasser d'un importun plutôt que par amitié, à combien plus forte raison Dieu donnera-t-il, lui qui accorde avec tant de libéralité tout ce qu'on lui demande. Ces trois pains sont aussi la figure de l'unité de substances dans la Trinité. Cet ami qui arrive de voyage et auquel son ami, qui demande à emprunter, n'a rien à offrir, c'est l'appétit sensuel de l'homme qui doit être assujetti à la raison, mais qui était devenu l'esclave des habitudes du monde qu'il appelle la voie, parce que tout y passe avec le temps. Or, lorsque l'homme se convertit à Dieu, l'appétit sensuel est arraché à ses anciennes habitudes. Mais si, en même temps, la doctrine spirituelle, qui proclame la Trinité du Créateur, ne répand dans l'âme la consolation et la joie, l'homme est en proie à de grandes angoisses, et il est comme accablé par les chagrins de cette vie. En effet, d'un côté on lui interdit les joies extérieures, et il est privé intérieurement de la consolation que produit la doctrine du salut. Cet état d'angoisse, c'est le milieu de la nuit où il est forcé de demander avec instance les trois pains dont il a besoin. L'ami qui répond de l'intérieur de sa maison que la porte est fermée, que ses enfants sont également couchés, figure le temps où les hommes éprouveront la faim de

---

domum suam, » (*Luc.*, x, 38, etc.) significat Ecclesiam quæ nunc est, excipientem Dominum in cor suum. « Maria soror ejus quæ sedebat ad pedes Domini, et audiebat verbum ejus, » significat eamdem Ecclesiam, sed in futuro sæculo, ubi cessans ab opere ministerioque indigentiæ, sola Sapientia perfruetur. Martha ergo occupata est circa multum ministerium; quia nunc talibus operibus exercetur Ecclesia. Quod autem queritur quod se soror ejus non adjuvet, occasio datur sententiæ Domini, qua ostendit istam Ecclesiam sollicitam esse et turbari circa plurima, cum sit unum necessarium, ad quod per ministerii hujus merita pervenitur. Mariam vero dicit optimam partem elegisse, quæ non auferetur ab ea : et ideo intelligitur optima, quia et per hanc ad illam tenditur, et non auferetur : illa vero ministerii, quamvis sit bona, tamen auferetur, quando indigentia, cui ministratur, transierit.

QUÆST. XXI. — « Amicus ad quem venitur media nocte ut accommodet tres panes, » (*Luc.*, xi, 5, etc.) utique ad similitudinem ponitur, secundum quam quis Deum rogat in media tribulatione constitutus, ut ei tribuat intelligentiam Trinitatis, qua præsentis vitæ consoletur labores. Sed comparatio est a minore. Si enim amicus homo surgit de lecto, et dat, non amicitia, sed tædio compulsus ; quanto magis, Deus dat qui sine tædio largissime donat quod petitur, sed ad hoc se peti vult, ut capaces donorum ejus fiant qui petunt. In tribus autem panibus etiam illud significatur, unius esse substantiæ Trinitatem. Amicus autem, quem dicit ille qui petit, venisse de via, et non se habere quod ponat ante illum, intelligitur hominis appetitus, qui debet obtemperare rationi. Serviebat autem consuetudini temporali, quam viam vocat, propter omnia per tempus transeuntia. Converso autem homine ad Deum, etiam ille appetitus a consuetudine revocatur : sed si non consolatur interius gaudium de doctrina spiritali, qua Creatoris Trinitas prædicatur, magnæ augustiæ sunt in homine, quem premit ærumna mortalis, cum ab iis quæ foris delectant præcipitur abstinentia, et intus non est refectio de lætitia doctrinæ (*a*) salutaris : et ipsa angustia est media nox, qua cogitur vehementer instare petendo, ut accipiat tres panes. Quod autem

---

(*a*) Duo Mss. *spiritualis*. Rat. et Ms. Cist. *salvatoris*.

la parole de Dieu, lorsque l'intelligence en sera fermée, et que ceux qui ont distribué le pain de la sagesse évangélique, en prêchant par tout l'univers, les enfants du père de famille seront entrés dans leur repos mystérieux avec le Seigneur. Et cependant que l'homme ne cesse de prier, et Dieu se rendant à ses désirs lui donnera l'intelligence, quand même il n'aurait aucun maître pour lui enseigner la sagesse.

Question XXII. — Cette question a pour objet le pain, le poisson et l'œuf auxquels le Sauveur oppose la pierre, le serpent, le scorpion. (*Luc*, XI, 11.) Ce pain représente la charité, parce qu'elle est le bien le plus désirable, et si nécessaire que tout le reste n'est rien sans elle, de même qu'une table sans pain est une table où manque le nécessaire. Le vice opposé à la charité, c'est la dureté du cœur, qui est comparée à une pierre. Le poisson représente la foi aux choses invisibles, ou à cause de l'eau du baptême, ou parce que le poisson est tiré des profondeurs invisibles des eaux. Il peut aussi figurer la foi qui est assaillie et ballottée par les flots de ce monde sans en être ébranlée. Au poisson, Notre-Seigneur oppose le serpent à cause du venin perfide qu'il a jeté dans le cœur du premier homme, en le portant au mal. L'œuf est la figure de l'espérance, car l'œuf n'est pas encore le petit être dans sa perfection mais il en donne l'espérance aussitôt qu'il aura été couvé. Le Sauveur leur oppose le scorpion, qui porte derrière lui le venin de son redoutable aiguillon; ainsi le défaut opposé à l'espérance est de regarder en arrière, parce que l'espérance des biens futurs se porte toujours en avant.

Question XXIII. — Notre-Seigneur dit aux Scribes ou aux docteurs de la loi : « Vous avez pris la clef de la science, vous-mêmes n'êtes point entrés, et vous avez empêché d'entrer ceux qui se présentaient, » (*Luc*, XI, 52) c'est-à-dire qu'ils ne voulaient ni comprendre dans les divines Ecritures, ni laisser comprendre aux autres l'humilité de Jésus-Christ.

Question XXIV. — « L'âme est plus que la nourriture, dit Notre-Seigneur à ses disciples, et le corps plus que le vêtement. » (*Luc*, XII, 23.) Si donc Dieu vous a donné ce qui est bien plus important, comment pourrait-il vous refuser ce qui l'est beaucoup moins ?

Question XXV. — Notre-Seigneur nous recommande de ceindre nos reins (*Luc*, XII, 35) en réprimant en nous l'amour des choses du monde, et d'avoir des lampes allumées, c'est-à-dire, d'agir en cela pour une fin louable et par une intention droite.

Question XXVI. — Notre-Seigneur dit à Pierre :

---

ei dicitur de intus, jam ostium clausum esse, pueros quoque ejus cum eo in cubili esse, significat tempus famis verbi, cum intelligentia clauditur, et illi qui Evangelicam sapientiam tanquam panem erogantes, per orbem terræ prædicaverunt, pueri patris familias jam sunt in secreta quiete cum Domino : et tamen orando efficitur ut accipiat desiderans intellectum ab ipso Deo, etiamsi homo desit per quem sapientia prædicetur.

Quæst. XXII. — « De pane, pisce, et ovo, » quibus contraria posuit, lapidem, serpentem et scorpionem. (*Luc.*, XI, 11, etc.) Intelligitur panis caritas, propter majorem appetitum, et tam necessarium ut sine illa cætera nihil sint, sicut sine pane mensa inops : cui contraria est cordis duritia, quam lapidi comparavit. Piscis autem intelligitur fides invisibilium, vel propter aquam baptismi, vel quia de invisibilibus locis capitur : quod etiam fides hujus mundi fluctibus circumlatrata non frangitur, recte pisci comparatur : cui contrarium posuit serpentem, propter venena fallaciæ, quæ etiam primo homini male suadendo præseminavit. In ovo intelligitur spes : ovum enim nondum est fetus perfectus, sed fovendo speratur : cui contrarium posuit scorpionem, cujus aculeus venenatus retro timendus est : sicut spei contrarium est retro respicere, cum spes futurorum in ea quæ ante sunt se extendat.

Quæst. XXIII. — De eo quod dicit Dominus Scribis vel doctoribus Judæorum : « Tulistis clavem scientiæ, ipsi non introistis, et eos qui intrabant prohibuistis. » (*Luc.*, XI, 52.) Quod in Scriptura (a) Dei humilitatem Christi nec ipsi intelligere, nec ab aliis intelligi volebant.

Quæst. XXIV. — Quod Dominus dicit discipulis : « Animas plus est quam esca, et corpus quam vestimentum : » (*Luc.*, XII, 23) Et utique, si hoc tibi dedit quod plus est, quanto magis dabit quod minus est?

Quæst. XXV. — Quod Dominus dicit : « Sint lumbi vestri accincti, » propter continentiam ab amore rerum sæcularium : « lucernæ ardentes, » (*Luc.*, XII, 35) hoc ipsum ut vero fine et recta intentione faciatis.

Quæst. XXVI. — Quod Dominus dixit Petro :

(a) Sic plerique Mss. At editi, *quod in Scriptura de humanitate Christi dicitur, quam nec ipsi intelligere.*

« Quel est, à votre avis, le dispensateur fidèle et prudent que le maître a établi sur ses serviteurs, pour donner à chacun sa mesure de froment en son temps? » (*Luc*, XII, 42.) Il emploie le terme de mesure, parce que la capacité varie suivant les auditeurs.

QUESTION XXVII. — Ces paroles du Sauveur : « Lorsque vous voyez un nuage s'élever de l'Occident » (*Luc*, XII, 54) sont la figure de sa chair ressuscitant d'entre les morts, car c'est de ce moment que la pluie de la prédication évangélique s'est répandue sur toute la terre. Le vent du Midi qui souffle (*Ibid.*, 55) avant les chaleurs est le symbole des tribulations plus légères qui précéderont le jugement.

QUESTION XXVIII. — Notre-Seigneur, parlant de l'accroissement de la taille du corps, dit : « Si donc les moindres choses dépassent votre pouvoir, » car c'est pour Dieu une des moindres choses que d'opérer sur la nature corporelle.

QUESTION XXIX. — 1. Après avoir défendu à ses disciples toute sollicitude à l'égard des aliments, le Sauveur ajoute : « Et ne vous élevez point dans des pensées d'orgueil. » (*Luc*, XII, 29.) Car l'homme recherche d'abord ces choses pour satisfaire à ses besoins, mais lorsqu'il les a en abondance, il en conçoit de l'orgueil; semblable à un blessé qui se vanterait d'avoir quantité de remèdes dans sa maison, alors qu'il lui serait mille fois plus avantageux d'être sans blessure et de n'avoir pas besoin de remèdes.

2. (1) Le Sauveur compare justement l'hydropique à l'animal qui est tombé dans un puits (*Luc*, XIV, 5), car c'est un excès d'humeur qui le rendait malade, de même qu'il a comparé plus haut à l'animal qu'on délie pour le mener boire la femme qui était liée depuis dix-huit ans et qu'il avait délivrée. L'hydropique est une figure très-juste du riche avare; plus les humeurs épanchées abondent chez l'hydropique, plus il est dévoré par la soif; ainsi plus le riche voit s'augmenter les richesses dont il fait un mauvais usage, plus aussi ses désirs deviennent ardents. Cette femme tellement courbée par la maladie qu'elle ne pouvait se relever, représente l'âme que les pensées de la terre énervent, affaiblissent et rendent incapables de penser aux choses divines.

QUESTION XXX. — Les invités au festin qui sont amenés de la ville (*Luc*, XIV, 21) représentent ceux qui, parmi les Juifs, ont embrassé la foi. Affaiblis par leurs péchés, ils n'avaient pas l'orgueil de cette fausse justice qui rendait les

---

(1) Le titre de cette question ne fait aucune mention de cette addition. Il existe cependant dans Eugyppius où on lit après la première partie, *de l'Hydropique et de la femme courbée*.

« Quis putas est fidelis dispensator et prudens, quem constituet Dominus super familiam suam, ut det illis in tempore tritici mensuram : » (*Luc.*, XII, 42) mensuram dicit propter modum capacitatis quorumque audientium.

QUÆST. XXVII. — Quod Dominus dicit : « Cum videritis nubem orientem ab Occasu, » (*Luc.*, XII, 54) carnem suam a morte resurgentem significat : ex illo enim omnibus terris imber Evangelicæ prædicationis infusus est. « Austrum flantem (*v.* 55) ante æstus, tribulationes leviores ante judicium.

QUÆST. XXVIII. — Quod Dominus dicit : « Si enim quod minimum est non potestis : » (*Luc.*, XII, 26) cum de augenda corporis statura diceret : minimum est enim hoc, sed Deo, corpora operari.

QUÆST. XXIX. — 1. Cum diceret discipulis, non debere haberi sollicitudinem de cibis, ait : « Et nolite in sublime extolli. » (*Luc.*, XII, 29.) Primo enim hæc ad necessitatem implendam homo quærit : cum autem hæc abundaverint, incipit et superbire de talibus. Tale est hoc ac si se vulneratus quis jactet quia habet multa emplastra in domo, cum hoc illi bonum esset, ut vulnera non haberet, et ne uno quidem indigeret emplastro.

2. Congruenter « hydropicum » animali quod cecidit in puteum, comparavit (*Luc.*, XIV, 5); humore enim laborabat : sicut et illam « mulierem quam decem et octo annis alligatam » dixerat, (*Luc.*, XIII, 11), et ab eadem alligatione solvebat, comparavit jumento quod solvitur ut ad aquam ducatur, Hydropem autem recte comparamus diviti avaro : sicut enim ille quanto magis abundat humore inordinato, tanto amplius sitit; sic iste quanto est copiosior divitiis, quibus non bene utitur, tanto ardentius talia concupiscit. Illam vero ita morbo incurvatam, ut se erigere non posset, animæ (*a*) terrenis opinionibus debilitatæ atque oppressæ, ita ut divina cogitare non valeat.

QUÆST. XXX. — Quod de civitate adducit « invitatos ad cœnam, » (*Luc.*, XIV, 21, etc.) de ipsa gente Judæorum qui crediderunt significat, debiles peccatis, non habentes superbiam quasi justitiæ, quæ

(*a*) Editi refragantibus Mss. addunt hic, *assimilavit*: pro quo subaudiendum est, *comparamus*. Et mox Rat. Am. et Er. habent, *terrenis opinionibus vel operibus*.

chefs de cette nation incapables de recevoir la grâce du salut. Les autres convives qu'il envoie chercher le long des haies et sur les chemins, tant qu'il reste des places à table, figurent les Gentils égarés dans les chemins de tant d'erreurs différentes et embarrassées dans les épines de leurs péchés.

Question XXXI. — Les dépenses nécessaires pour la construction d'une tour (*Luc*, xiv, 28, etc.) sont les forces dont il faut faire usage pour devenir disciple de Jésus-Christ. Les dix mille hommes de ce roi qui se prépare à combattre contre celui qui en a vingt mille, représentent la simplicité du chrétien qui doit combattre contre la duplicité du démon, c'est-à-dire contre ses ruses et ses artifices, et le Sauveur fait consister cette force et cette simplicité dans le renoncement intérieur à tout ce qu'on possède. Voici en effet la conclusion qu'il tire de cette comparaison : « Ainsi donc, quiconque d'entre vous ne renonce pas à tout ce qu'il possède, ne peut être mon disciple. » (*Ibid.*, 33.) Or ce renoncement à tout comprend nécessairement la vie présente elle-même; vous devez la posséder comme un bien temporaire et si on menace de vous l'enlever, cette menace ne doit point vous faire sacrifier la vie éternelle. De même que Notre-Seigneur combat la pensée de construire une tour qu'on ne pourrait achever par la crainte des railleries auxquelles on s'exposerait : « Cet homme a commencé à bâtir, et il n'a pu achever ; » (*Ibid.*, 30) ainsi dans la parabole du roi contre lequel il faut combattre, il désapprouve et condamne la paix qu'on est obligée de faire : « Autrement, tandis que celui-ci est encore loin, il envoie des ambassadeurs demander la paix. » (*Ibid.*, 33.) Il nous enseigne par là que ceux qui ne renoncent pas à tout ce qu'ils possèdent, sont incapables de soutenir les assauts des tentations du démon, et qu'ils sont obligés de faire la paix avec lui, en consentant au péché qu'il les engage à commettre. En effet, bâtir cette tour, combattre contre ce roi, c'est être disciple de Jésus-Christ; posséder les ressources nécessaires pour achever cette tour, avoir dix mille hommes éprouvés à opposer aux vingt mille de l'ennemi, c'est renoncer à toutes les choses qu'on possède.

Question XXXII. — Dans le sel affadi, Notre-Seigneur a voulu nous représenter l'apostat; et dans la brebis qui s'égare tous les pécheurs qui se réconcilient avec Dieu par la pénitence. (*Luc*, xiv, 34 ; xv, 4, etc.) Il porte cette brebis sur ses épaules, parce que c'est par ses humiliations qu'il relève les pécheurs. Les brebis qu'il laisse dans le désert au nombre de quatre-vingt-dix-neuf, sont la figure des orgueilleux qui portent pour ainsi dire la solitude dans leur âme en cherchant à concentrer l'attention sur eux seuls et à qui manque l'unité, condition essentielle de la perfection. En effet, celui qui se sépare de l'unité véritable, le fait toujours par un sentiment d'orgueil; il veut être son maître et jouir de soi-

---

mendax primates eorum a gratia prohibebat. Quod autem de sepibus et viis alios adduci jussit, cum adhuc locus esset, gentes significat, propter diversas vias sectarum et spinas peccatorum.

Quæst. XXXI. « Sumptus ad turrim ædificandam, » vires ad discipulatum Christi obtinendum : « et decem millia prœliaturi cum rege qui habebat viginti millia, » (*Luc.*, xiv, 28, etc.) simplicitatem Christiani dimicaturi cum duplicitate diaboli, hoc est cum dolis et fallaciis ejus, in affectu constituit renuntiantis omnibus quæ sunt ejus. Ita enim concludit : « Sic ergo omnis ex vobis qui non renuntiat omnibus quæ sunt ejus, non potest meus esse discipulus. » (*v.* 33.) Inter quæ omnia etiam ipsa temporalis vita intelligatur necesse est, quam oportet sic possidere ad tempus, ut non te impediat ab æterna, qui eam fuerit minatus auferre. Sicut autem de turri non perfecta, per opprobrium deterruit dicentium : « Quia hic homo cœpit ædificare, et non potuit consummare : » (*v.* 30) sic in rege cum quo dimicandum est, ipsam pacem accusavit, cum ait : « Adhuc illo longe agente, legationem mittens rogat ea quæ sunt pacis : » (*v.* 33) significans etiam minas imminentium a diabolo tentationum, non sustinere homines qui non renuntiant omnibus quæ possident, et pacem cum eo facere consentiendo illi ad committenda peccata. Turrim quippe ædificare, et contra regem illum dimicare, esse discipulum Christi est : habere autem sumptus ad perficiendam turrim, et habere fortia decem millia contra viginti millia regis, renuntiare est omnibus quæ sunt ejus.

Quæst. XXXII. — « Salem infatuatum, apostatam : ovem perditam, » (*Luc.*, xiv, 34, et *cap.* xv, 4, etc.) omnes peccatores dixit, qui per pœnitentiam reconciliantur Deo. Quam humeris suis portat, quia humiliando se tales erexit. Ideo autem illas nonaginta novem dixit, quas reliquit in deserto : quia superbos significant, tanquam solitudinem gerentes in animo, dum solos se videri volunt, quibus ad perfectionem unitas deest. Cum enim quisque a vera unitate divel-

même, et refuse de suivre l'unité qui n'est autre que Dieu. Voilà pourquoi les quatre-vingt-dix-neuf brebis et les neuf drachmes représentent ceux qui, par présomption, se préfèrent aux pécheurs repentants ; car l'unité manque au nombre neuf pour faire la dizaine, et au nombre quatre-vingt-dix-neuf pour former la centaine. Il en est de même des autres nombres. L'unité manque au nombre neuf cent quatre-vingt-dix-neuf pour faire mille, et au nombre neuf mille neuf cent quatre-vingt-dix-neuf pour arriver à dix mille. On peut donc varier indéfiniment en les augmentant ou en les diminuant tous les nombres auxquels manque l'unité pour être parfaits. L'unité, au contraire, demeure toujours immuable en elle-même, et elle donne la perfection au nombre auquel elle vient s'ajouter. C'est à cette unité que le Sauveur ramène tous ceux qui sont réconciliés par la grâce de la pénitence, qui ne peut s'obtenir que par l'humilité.

QUESTION XXXIII. — 1. Cet homme qui a deux fils, c'est Dieu père des deux peuples qui sont comme les deux souches du genre humain, l'une composée de ceux qui sont restés fidèles au culte d'un seul Dieu, et l'autre de ceux qui ont oublié le vrai Dieu jusqu'à adorer des idoles. Or c'est dès l'origine de la création des hommes qu'il faut considérer l'application de cette vérité. Le fils aîné embrasse le culte du seul et vrai Dieu, le plus jeune part pour une contrée lointaine. Il a demandé à son père la portion de bien qui devait lui revenir. Ainsi, l'âme séduite par la puissance qu'elle croit avoir, demande à être maîtresse de sa vie, de son intelligence, de sa mémoire, de la supériorité de son esprit ; ce sont là des dons de la libéralité divine, mais Dieu les lui donne pour en disposer selon sa volonté. Voilà pourquoi le père leur fit le partage de ses biens. Le plus jeune s'en va dans une contrée lointaine par l'abus qu'il fait de ces biens naturels, parce qu'il a abandonné son père dans le désir de jouir des créatures au mépris du Créateur.

2. C'est peu de jours après qu'ayant rassemblé tout ce qu'il avait il partit pour une région lointaine, c'est-à-dire que ce fut peu de temps après la création du genre humain que l'âme voulut à l'aide de son libre arbitre, se rendre maîtresse de sa nature et s'éloigner de son Créateur dans un sentiment exagéré de ses forces. Mais elle les perdit d'autant plus vite qu'elle s'éloignait de celui qui en était la source. Aussi Notre-Seigneur appelle une vie de prodigalité cette vie qui aime à se répandre, à errer en liberté dans les pompes extérieures du monde, tandis que l'âme est vide au dedans d'elle-même ; cette vie qui fait qu'on poursuit les vanités qu'elle enfante, tandis qu'on abandonne celui qui est au dedans de nous-mêmes. Cette région lointaine, c'est donc l'oubli

---

litur, superbia divellitur : suæ quippe potestatis esse cupiens, non sequitur unum, quod Deus est. Ideoque et in nonaginta novem ovibus et in novem drachmis ponit eorum significationem, qui de se præsumentes peccatoribus ad salutem redeuntibus se præponunt. Unum enim deest et ad novem ut decem sint, et ad nonaginta novem ut centum sint. Et si per cæteros numeros hoc consideres. Nam et nongentisnonagintanovem unum deest ut mille sint, et ad novem millia nongentos nonaginta novem unum deest ut decem millia sint. Variari ergo per brevitatem et magnitudinem numeri possunt, quibus unum deest ut perficiantur : ipsum vero unum sine varietate in se manens cum accesserit perficit, cui deputat omnes per pœnitentiam reconciliatos, quæ humilitate obtinetur.

QUÆST. XXXIII. — 1. « Homo habens duos filios, » (*Luc.*, xv, 11, etc.) Deus ad duos populos intelligitur, tanquam stirpes duas generis humani : unam eorum qui permanserunt in unius Dei cultu, alteram eorum qui usque ad colenda idola deseruerunt Deum. Ab ipso autem exordio creaturæ mortalium consideratio debet intendi. Major ergo filius ad cultum unius Dei pertinet. Minorem in regionem longinquam profectum esse dicit. Petiit enim ut sibi pars substantiæ quæ eum tangeret, daretur a patre, tanquam anima potestate sua delectata, id quod illi est vivere, intelligere, meminisse, ingenio alacri excellere, omnia ista divina sunt munera, quæ in potestatem accipiens per liberum arbitrium, quia divisit pater liberis substantiam, minor filius in regionem longinquam profectus est, male utendo naturalibus bonis, eo ipso quod patrem deseruit cupiditate fruendi creatura, relicto ipso Creatore.

2. Quod non post multos dies dixit factum, ut congregatis omnibus peregre proficisceretur in regionem longinquam : quia non multo post institutionem humani generis placuit animæ per liberum arbitrium ferre secum quamdam velut potentiam naturæ suæ, et deserere cum a quo condita est, prætidens viribus suis, quas vires tanto consumit citius, quanto eum deserit a quo datæ sunt. Itaque hanc vitam prodigam vocat, amantem fundere atque spatiari pompis exterioribus, intus inanescentem, cum ea quisque sequitur quæ ab illa procedunt, et relinquit eum qui sibi est interior. Regio itaque longin-

de Dieu. La famine doit se faire sentir dans cette contrée, c'est la faim de la parole de vérité. L'habitant de cette contrée, c'est quelque prince de l'air, faisant partie de la milice de Satan. Cette maison des champs figure le genre de puissance qu'il exerce. Les pourceaux sont les esprits immondes dont le démon est le chef. Les siliques dont les pourceaux se nourrissaient sont les doctrines du siècle aussi vides que sonores, dont retentissent les discours et les poèmes consacrés à la louange des idoles, et les fables des dieux qu'adorent les Gentils et qui font la joie des démons. Ainsi ce jeune homme qui voulait se rassasier, cherchait dans cette nourriture un élément solide et réel de bonheur, et il ne le trouvait pas, comme l'indiquent ces paroles : « Et personne ne lui en donnait. »

3. « Rentrant alors en lui-même, » en ramenant dans l'intérieur de sa conscience les affections qu'il avait laissé s'égarer sur toutes les vanités extérieures qui nous séduisent et nous entraînent, il s'écria : « Combien de mercenaires dans la maison de mon père ont du pain en abondance ! » (*Ibid.*, 17.) Mais comment pouvait-il le savoir, lui, qui, comme tous les idolâtres, était tombé dans un si grand oubli de Dieu? Cette pensée de retour, ce réveil de l'âme ne lui vinrent donc qu'à la prédication de l'Evangile. Cette âme alors put déjà s'apercevoir que dans le grand nombre de ceux qui prêchaient la vérité, il en était plusieurs qui n'étaient pas conduits par l'amour de la vérité, mais par le désir d'obtenir les avantages de la terre. C'est d'eux que l'Apôtre disait : « Il en est qui ne prêchent pas l'Evangile avec des vues pures, » (*Philip.*, I, 17) « et qui veulent trafiquer de la piété. » (I *Tim.*, VI, 5.) Ils ne prêchaient pas un autre Evangile comme les hérétiques; ils prêchaient la même doctrine que l'Apôtre saint Paul, mais dans un esprit bien différent. Aussi les appelle-t-on justement mercenaires, parce qu'ils demeurent dans la même maison, et dispensent le même pain de la parole; toutefois ils ne sont pas appelés à l'héritage éternel, mais ils travaillent pour une récompense purement temporelle. C'est d'eux que le Sauveur a dit : « En vérité je vous le dis, ils ont reçu leur récompense. » (*Matth.*, VI, 2.) « Et moi, dit l'enfant prodigue, je meurs ici de faim. » (*Luc*, XV, 17 et 18.) Il ajoute : « Je me lèverai, » parce qu'il était comme étendu à terre, « et j'irai, » parce qu'il était bien éloigné; « à mon père, » parce qu'il était au service du maître de ces pourceaux. Les autres paroles sont celles de l'âme qui se prépare à faire pénitence par la confession de ses péchés, mais qui n'en vient pas encore à l'action, car il ne fait pas encore cet aveu à son père; il se propose de le faire lorsqu'il se présentera devant lui. Comprenez donc bien ce que signifie : « Venir à son père, » c'est-à-dire

qua, oblivio Dei est. Fames autem in illa regione, est indigentia verbi veritatis. Unius civium regionis illius, aliquis aerius princeps ad militiam diaboli pertinens. Villa ejus, modus potestatis ejus. Porci, immundi spiritus qui sub ipso essent. Siliquæ quibus porcos pascebat, sæculares doctrinæ, sterili vanitate resonantes, de quibus laudes idolorum fabularumque ad deos gentium pertinentium vario sermone atque carminibus percrepant, quibus dæmonia delectantur : unde cum iste saturari cupiebat, aliquid solidum et rectum quod ad beatam vitam pertineret, invenire volebat in talibus, et non poterat. Hoc est enim quod ait : « Et nemo illi dabat. »

3. « In se autem reversus, » (*v.* 17) jam scilicet ab eis quæ forinsecus frustra illiciunt et seducunt, in conscientiæ interiora reducem faciens intentionem suam, dixit : « Quanti mercenarii in domo patris mei abundant panibus? » Unde hoc scire poterat, in quo erat tanta oblivio Dei, sicut in omnibus idololatris fuit, nisi quia ista recogitatio jam resipiscentis est, cum Evangelium prædicaretur? Jam enim poterat talis animadvertere multos prædicare veritatem, inter quos quidam essent non ipsius amore veritatis ducti, sed cupiditate comparandorum sæcularium commodorum. De quibus dicebat Apostolus, esse quosdam qui Evangelium annuntiarent non caste (*Philip.*, 1, 17), existimantes quæstum esse pietatem. (I *Tim.*, VI, 5.) Non enim aliud annuntiabant, sicut hæretici; sed hoc quod apostolus Paulus, non eo tamen animo quo apostolus Paulus : unde et mercenarii recte appellantur, in eadem quidem domo eumdem panem verbi tractantes, non tamen in hæreditatem æternam vocati, sed temporali mercede conducti. De talibus dictum est : Amen dico vobis, perceperunt mercedem suam. (*Matth.*, VI, 2.) « Ego ergo, inquit, hic fame pereo. » Deinde ait : « Surgam, » quia jacebat : « et ibo, » (*Luc.*, XV, 17 et 18) quia longe aberat : « ad patrem meum, » quia sub principe porcorum erat. Cætera verba sunt pœnitentiam meditantis in confessione peccati, nondum tamen agentis. Non enim jam dicit Patri, sed dicturum se esse promittit cum venerit. Intelligas igitur

être établi par la foi dans l'Eglise, où la confession est à la fois légitime et avantageuse. Qu'est-ce donc qu'il se propose de dire à son père? « Mon père, j'ai péché contre le ciel et à vos yeux; je ne suis plus digne d'être appelé votre fils, traitez-moi comme l'un de vos mercenaires. » (*Ibid.*, XVIII, 19.) Mais ce péché contre le ciel est-il le même que le péché commis sous les yeux de Dieu, dans ce sens que le ciel ici serait la souveraine majesté du Père, d'après ces paroles du Psalmiste : « Il part des hauteurs des cieux, » (*Ps.* XVIII, 7) c'est-à-dire du sein du Père lui-même? Ou bien faut-il entendre : « J'ai péché contre le ciel » en présence des âmes saintes qui sont le trône de Dieu, « et devant vous, » dans le secret le plus intime de ma conscience? »

4. « Et se levant, il vint à son père. Comme il était encore loin, » (*Luc,* XV, 20) avant même qu'il comprît bien ce qu'était Dieu, qu'il commençait cependant à chercher avec amour, « son père le vit. » L'Ecriture nous dit avec raison que Dieu ne voit point les impies et les superbes comme s'ils n'étaient pas présents à ses yeux; car il n'y a que ceux qu'on aime dont on puisse dire qu'on les a toujours devant les yeux. « Et touché de compassion il accourut, et se jeta à son cou. » Le Père n'a point quitté son Fils unique dans lequel il est accouru et s'est abaissé jusque dans notre lointain pèlerinage, car Dieu était dans Jésus-Christ se réconciliant le monde (II *Cor.*, v, 19), et Notre-Seigneur lui-même nous dit : « Mon Père qui demeure en moi, fait lui-même les œuvres que je fais. » (*Jean.*, XIV, 11.) Qu'est-ce à dire qu'il se jette à son cou? c'est-à-dire qu'il incline, qu'il abaisse son bras pour l'étreindre, ce bras dont le Prophète a dit : « Et à qui le bras du Seigneur a-t-il été révélé? » (*Is.*, LIII, 1) ce bras qui n'est autre que Notre-Seigneur Jésus-Christ. « Et il le baisa. » Il le console par la parole de la grâce qui lui donne l'espérance de la rémission de ses péchés; c'est ainsi qu'au retour de ses égarements il lui donne le baiser d'amour paternel. Une fois entré dans l'Eglise, il commence la confession de ses péchés, mais sans la faire aussi complète qu'il se l'était proposé; il va seulement jusqu'à ces paroles : « Je ne suis pas digne d'être appelé votre fils, » car il veut obtenir de la grâce de Dieu ce dont il avoue que ses péchés le rendent indigne. Aussi n'ajoute pas ce qu'il avait d'abord résolu en lui-même de dire : « Traitez-moi comme un de vos mercenaires. » Lorsqu'il était sans pain, il désirait la condition des mercenaires; mais après avoir reçu le baiser de son père, il la dédaigne avec une noble fierté.

5. Cette robe première, c'est la dignité qu'Adam a perdue par son péché; les serviteurs qui l'apportent sont les prédicateurs de la récon-

---

hoc nunc accipiendum esse venire ad patrem, in Ecclesia constitui per fidem, ubi jam possit esse peccatorum legitima et fructuosa confessio. Quid ergo patri dicturum se dicit? « Pater peccavi in cœlum et coram te, et jam non sum dignus vocari filius tuus, fac me sicut unum de mercenariis tuis. »(*v.* 18 et 19.) Utrum hoc est : « Peccavi in cœlum, » quod est : « Coram te : » ut cœlum appellaverit ipsam summitatem Patris : unde est etiam illud in Psalmo : A summo cœlo egressio ejus (*Psal.* XVIII, 7), cum ab ipso Patre vellet intelligi. An potius : « Peccavi in cœlum, » coram sanctis animis, in quibus est sedes Dei : « Coram te » autem, in ipso penetrali interiore conscientiæ.

4. « Et surgens venit ad patrem suum. Cum autem adhuc longe esset, » (*Luc.*, XV, 20) antequam intelligeret Deum, sed tamen cum jam pie quæreret : « Vidit illum pater ipsius. » Impios enim et superbos convenienter non videre dicitur, tanquam ante oculos non habere : ante oculos enim haberi, nonnisi qui diliguntur dici solent. « Et misericordia motus est : et accurrens cecidit super collum ejus. » Non enim Pater unigenitum Filium deseruit, in quo usque ad nostram longinquam etiam peregrinationem cucurrit atque descendit; quia Deus erat in Christo mundum reconcilians sibi (II *Cor.*, v, 19) : et ipse Dominus ait : Pater in me manens ipse facit opera sua. (*Joan.*, XIV, 10.) Quid est autem, super collum ejus cadere, nisi inclinare et humiliare in amplexum ejus brachium suum : Et brachium Domini cui revelatum est? (*Isa.*, LIII, 1.) Quod est utique Dominus noster Jesus Christus. « Et osculatus est illum. » Consolari verbo gratiæ Dei ad spem indulgentiæ peccatorum, hoc est, post longa itinera remeantem mereri a patre osculum caritatis. Et incipit jam peccata constitutus in Ecclesia confiteri. Nec dicit omnia quæ dicturum se esse promiserat, sed usque ad illud : « Non sum dignus vocari filius tuus. » Hoc enim vult fieri per gratiam, quo se indignum esse per merita fatetur. Non addit quod in illa meditatione dixerat : « Fac me sicut unum de mercenariis tuis. » Cum enim panem non haberet, vel mercenarius esse cupiebat : quod post osculum patris generosissime jam dedignatur.

5. Stola prima, est dignitas quam perdidit Adam. Servi qui eam proferunt, reconciliationis prædicato-

ciliation. L'anneau mis au doigt de la main, c'est le gage de l'Esprit saint à cause de la participation à la grâce dont le doigt est une juste figure. La chaussure qu'on lui met aux pieds figure la prédication à la préparation de l'Évangile par l'éloignement des choses de la terre. Le veau gras, c'est le Seigneur qui a été rassasié d'opprobres dans sa chair. On donne l'ordre qu'on l'amène, c'est-à-dire qu'on l'annonce, et qu'en l'annonçant on le fasse entrer dans les entrailles épuisées de ce fils mourant de faim. Le père ordonne aussi de le mettre à mort, c'est-à-dire de prêcher sa mort, car il est vraiment immolé pour celui qui croit à son immolation et à sa mort : « Et mangeons, » ajoute-t-il, c'est une marque de joie dont il donne les motifs : « Car mon fils que voici était mort, et il revit ; il était perdu, et il est retrouvé. » Ces festins de joie et cette fête se célèbrent aujourd'hui par toute l'Eglise répandue dans tout l'univers, car ce veau gras qui est le corps et le sang du Seigneur est offert à Dieu le Père, et nourrit toute sa famille.

6. Le fils aîné qui pendant ce temps n'est point allé dans une région lointaine, mais n'est pas cependant dans la maison, représente le peuple d'Israël. Il est dans les champs, c'est-à-dire qu'il est tout entier aux œuvres de la terre, dans le riche héritage de la loi et des prophètes, et dans toutes sortes d'observances judaïques. On en a vu et on en voit encore un grand nombre de ce genre. Il revient des champs et approche de la maison, c'est-à-dire qu'il désapprouve le travail de ses œuvres serviles, en considérant, d'après les mêmes Ecritures, la liberté de l'Eglise. Il entend une symphonie et des danses, c'est-à-dire des hommes qui, remplis de l'Esprit saint, prêchaient l'Evangile dans une parfaite harmonie, suivant cette recommandation de l'Apôtre : « Je vous conjure, mes frères, au nom de Notre-Seigneur Jésus-Christ, d'avoir tous un même langage. » (I *Cor.*, I, 10.) Il entend aussi les concerts de louanges qui s'élèvent en l'honneur de Dieu comme d'un seul cœur et d'une seule âme. Il appelle un des serviteurs, et lui demande ce que tout cela veut dire ; en d'autres termes, il se met à lire un des Prophètes, et cherche à savoir en l'interrogeant la cause de ces fêtes qu'on célèbre dans l'Eglise dont il voit qu'il ne fait pas encore partie. Le Prophète, serviteur de son père, lui répond : « Votre frère est revenu, et votre père a tué le veau gras, parce qu'il l'a recouvré sain et sauf, » (*Luc*, XV, 27) c'est-à-dire, votre frère s'en était allé aux extrémités de la terre ; de là cette joie plus vive de ceux qui font entendre des chants nouveaux, car ses louanges retentissent

---

res. Annulus in manu, pignus Spiritus sancti propter gratiæ (a) partitionem, quæ digito bene significatur. Calceamenta in pedes, præparatio evangelizandi ad non tangenda terrena. Vitulus saginatus ipse idem Dominus, sed secundum carnem satiatus opprobriis. Quod autem imperat ut adducant eum, quid aliud, nisi ut prædicent eum, et annuntiando venire faciant in exhausta fame viscera filii esurientis? Nam etiam ut occidant eum jubet, hoc est, ut mortem ejus insinuent : tunc enim cuique occiditur, cum credit occisum. « Et epulemur, » (*Luc.*, XV, 23) inquit : hoc ad lætitiam valet, propter illa quæ consequenter dicit : « Quia hic filius meus mortuus erat, et revixit ; perierat et inventus est. » (*v.* 24.) Et istæ epulæ atque festivitas nunc celebrantur per orbem terrarum Ecclesia dilatata atque diffusa. Vitulus enim ille in corpore et sanguine Dominico et offertur Patri, et pascit totam domum.

6. Cum interea major filius, populus Israel secundum carnem, non quidem profectus in longinquam regionem, sed tamen in domo non est. In agro autem est, id est, in ipsa hæreditaria opulentia Legis et Prophetarum terrena potius operatur, et in quibuscumque Israeliticis (b) considerationibus. Nam multi tales inventi sunt in eis, et sæpe inveniuntur. Veniens de agro domui propinquare cœpit, id est, labore servilis operis improbato, ex iisdem Scripturis Ecclesiæ libertatem consideravit. Audit symphoniam et chorum, scilicet spiritu (c) plenos vocibus consonis Evangelium prædicare : quibus dictum est : Obsecro vos, fratres, per nomen Domini nostri Jesu Christi, ut idipsum dicatis omnes. (1 *Cor.*, I, 10.) Audit quoque concorditer conversantium animam et cor unum in laudes Dei. Vocat unum de servis, et interrogat quæ illa sint : sumit utique ad legendum aliquem Prophetarum, et in eo quærens quodammodo interrogat, unde ista festa in Ecclesia celebrantur, in qua se esse non videt. Respondet ei servus patris Propheta : « Frater tuus venit, et occidit pater tuus vitulum saginatum, quia salvum illum recepit. (*Luc.*, XV, 27.) In extremis enim terræ fuit frater tuus : sed inde major exultatio cantantium Domino canticum novum,

---

(a) Lov. *participationem* Alii codices, *partitionem* : melius, uti supra q. XVII. — (b) Sic Rat. et quatuor Mss. At Am. et Er. *Israelitis consideratoribus*. Lov. *Israeliticis considerationibus*. Ms. Michaelinus, *Israeliticis consideratoribus*. — (c) Rat. et duo Mss. *Spiritu sancto plenos*.

d'un bout de la terre à l'autre. (*Is.*, XLII, 10.) Et pour célébrer le retour de celui qui était égaré, on a immolé l'homme qui sait ce que c'est de souffrir (*Is.*, LIII, 3); « car ceux auxquels il n'avait point été annoncé l'ont vu, et ceux qui n'ont point entendu parler de lui l'ont compris. » (*Ibid.*, LII, 15.)

7. L'indignation du peuple d'Israël dure encore, et il ne veut pas entrer. Mais lorsque la plénitude des nations sera entrée dans l'Eglise, le père sortira dans le temps opportun, afin que tout Israël soit sauvé. (*Rom.*, XI, 25.) Ce peuple est tombé en partie dans l'aveuglement, figuré par l'absence du fils aîné dans les champs, jusqu'à ce que le plus jeune revienne pleinement de ses longs égarements au milieu de l'idolâtrie des nations, pour manger le veau gras. Les Juifs, en effet, seront un jour ouvertement appelés au salut qui vient de l'Evangile; et cette vocation manifeste nous est ici représentée par la sortie du père qui vient prier son fils aîné d'entrer.

8. La réponse du fils aîné soulève deux questions. Et d'abord comment faut-il entendre que le peuple juif n'ait jamais transgressé le commandement de Dieu; et quel est ce chevreau qu'il n'a jamais reçu pour manger avec ses amis? Il est évident d'abord que cette fidélité à ne transgresser aucun commandement ne doit pas s'entendre de tous les commandements, mais de celui qui est le premier et le plus nécessaire, c'est-à-dire qu'on ne l'a jamais vu adorer d'autre dieu que le Dieu, seul créateur de toutes choses. (*Exod.*, XX, 1.) Il n'est pas moins certain que ce fils aîné ne représente pas tous les Israélites, mais ceux qui n'ont jamais quitté le culte du vrai Dieu pour adorer des idoles; car, bien que ce fils dont la vie se passait dans les champs, n'eût d'autres désirs que ceux des biens de la terre, il n'attendait cependant que du seul vrai Dieu ces biens communs ici-bas aux justes et aux pécheurs. Aussi est-ce dans un sens très-juste qu'on applique à la synagogue ces paroles d'un psaume d'Asaph : « Je suis devant vous comme l'animal stupide, cependant j'ai toujours été avec vous. » (*Ps.* LXXII, 22.) C'est ce que le père confirme lui-même par son témoignage : « Vous êtes toujours avec moi. » Il ne l'accuse pas de mensonge, mais il le loue de sa persévérance à demeurer avec lui, et l'invite à prendre part avec lui à une joie plus grande et plus parfaite.

9. Mais quel est ce chevreau qu'il n'a jamais reçu pour faire un festin? Le pécheur est ordinairement représenté sous l'emblème du bouc ou du chevreau. Mais loin de moi d'y voir la figure de l'Antechrist. Car je ne vois pas comment on pourrait admettre les conséquences de cette interprétation. En effet, il est souverainement absurde que ce fils, à qui son père dira

---

quia laus ejus ab extremis terræ (*Isai.*, XLII, 10; LIII, 3): et propter eum qui absens erat, occisus est vir in plaga positus, et sciens ferre imbecillitatem : quia quibus non est narratum de eo viderunt, et qui non audierunt, intellexerunt. (*Isai.*, LII, 15.)

7. Sed indignatur etiam nunc, et adhuc non vult introire. Cum ergo plenitudo gentium intraverit, egredietur opportuno tempore pater ejus, ut et jam omnis Israel salvus fiat : cui ex parte cæcitas facta est velut absentiâ in agro, donec plenitudo filii minoris longe in idolatriâ gentium constituti redux ad manducandum vitulum intraret. (*Rom.*, XI, 25.) Erit enim quandoque aperta vocatio Judæorum in salutem Evangelii. Quam manifestationem vocationis, tanquam egressum patris appellat ad rogandum majorem filium.

8. Deinde quæ respondet idem major filius, duas quæstiones habent, quomodo videlicet accipiatur ille populus nunquam mandatum Dei præteriisse : et quem dicat hædum quem nunquam accepit, ut cum amicis suis epularetur. Sed de mandato non prætergresso facile illud occurrit, neque de omni mandato dictum esse, sed de uno maxime necessario, quo nullum Deum alium præter unum creatorem omnium colere jussus est (*Exod.*, XX, 3) : neque iste filius in omnibus Israelitis, sed in his intelligitur habere personam, qui nunquam ab uno Deo ad simulacra conversi sunt. Quanquam enim tanquam in agro positus iste filius terrena desideraret, ab uno tamen Deo ista desiderabat bona, quamvis communia cum pecoribus. Unde in Psalmo ex persona synagogæ, quod interpretatur Asaph, convenienter accipitur dictum : Quasi pecus factus sum ad te, et ego semper tecum. (*Psal.* LXXII, 23.) Quod etiam patris ipsius testimonio comprobatur, cum dicit : « Tu me ipsum es semper. (*Luc.*, XV, 31.) Non enim quasi mentientem redarguit, sed secum perseverantiam ejus approbans, ad perfructionem potioris atque jocundioris exultationis invitat.

9. Quis est ergo hædus, quem nunquam accepit ad epulandum ? Peccator profecto hædi nomine significari solet. Sed absit ut Antichristum intelligam. Non enim exitum invenio hujusce sententiæ. Multum

bientôt : « Vous êtes toujours avec moi, » ait demandé à son père de croire à l'Antechrist. On ne peut davantage voir dans ce fils ceux des Juifs qui devaient embrasser le parti de l'Antechrist. Si ce chevreau était la figure de l'Antechrist, comment ce fils pourrait-il en faire un festin, lui qui ne croit pas à l'Antechrist? Mais si le festin de joie qui est fait avec ce chevreau signifie la joie causée par la ruine de l'Antechrist, comment ce fils aîné du père peut-il dire que cette faveur ne lui ait jamais été accordée, puisque tous les enfants de Dieu doivent applaudir à la condamnation de son ennemi déclaré? Voici donc, dans une matière si obscure, ce que j'ose avancer, sans préjudice d'un examen plus approfondi : Il se plaint que le Seigneur ne lui ait pas été donné en festin, parce qu'il le prend pour un pécheur. Car, comme cette nation considère le Sauveur comme un chevreau et comme un bouc, en le regardant comme un violateur et un profanateur du sabbat, elle n'a pu mériter la faveur d'être admise à son festin. Voici donc le sens de ces paroles : « Vous ne m'avez jamais donné de chevreau pour faire un festin avec mes amis. » Vous ne m'avez jamais donné, pour faire un festin de joie, celui qui était à mes yeux comme un chevreau, et vous me l'avez refusé précisément parce que je le regardais comme un chevreau. Il dit : « Avec mes amis, » ce qu'on peut entendre ou des principaux des Juifs avec le peuple, ou des habitants de Jérusalem avec les autres peuples de Juda. Les femmes perdues avec lesquelles le plus jeune est accusé d'avoir dissipé son bien, sont les superstitions qui font abandonner la légitime alliance contractée avec le vrai Dieu, pour se livrer à une honteuse fornication avec le démon.

10. Pourquoi maintenant le père, après avoir dit à son fils aîné : « Vous êtes toujours avec moi, » ce que nous avons expliqué, ajoute : « Et tout ce que j'ai est à vous? » Gardons-nous d'entendre ces paroles : « Et tout ce que j'ai est à vous » dans un sens exclusif du plus jeune frère. S'il s'agissait d'un héritage de la terre, vous pourriez demander avec une certaine inquiétude comment le fils aîné pourrait avoir tout l'héritage, si le plus jeune ne laisse pas d'y avoir part. Mais quant aux enfants arrivés à la perfection, que la grâce a purifiés entièrement et fait entrer déjà dans l'immortalité, ils possèdent toutes choses, comme si chacune d'elles était à tous, et comme si toutes étaient à chacun d'eux. La cupidité ne peut rien posséder qu'avec un cœur étroit, la charité agrandit et dilate le cœur. Mais comment le fils aîné possède-t-il tout? Peut-on admettre, dira-t-on, que Dieu ait donné à ce fils la possession des anges, des vertus sublimes, des puissances et de tous les esprits célestes qui sont

---

enim absurdum est, cum cui dicitur : « Tu mecum es semper, » hoc a patre optasse, ut Antichristo crederet. Neque omnino in eis Judæorum, qui Antichristo credituri sunt, istum filium fas est intelligi. Quomodo autem epularetur ex illo hædo, si ipse esset Antichristus, qui ei non crederet? Aut si non est epulari ex hædi occisione, quod est de Antichristi perditione lætari, quomodo dicit filius quem recepit pater hoc sibi non fuisse concessum, cum omnes filii Dei de illius adversarii damnatione lætaturi sint? Nimirum ergo, (quod in re obscurissima sine præjudicio diligentioris inquisitionis dixerim,) ipsum Dominum sibi negatum ad epulandum conqueritur, dum eum peccatorem putat. Cum enim hædus est illi genti, id est, cum eum sabbati violatorem et profanatorem Legis existimat, jocundari epulis ejus non meruit : ut quod ait : « Nunquam dedisti mihi hædum, ut cum amicis meis epularer : » (v. 29) tale sit ac si diceret, eum qui mihi hædus videbatur, nunquam dedisti mihi ad epulandum, eo ipso mihi illum ipsum non concedens, quo mihi hædus videbatur. Quod autem dicit, « cum amicis meis, » aut ex persona principum cum plebe intelligitur, aut ex persona populi Jerosolymitani cum cæteris populis Juda. Meretrices autem cum quibus dissipasse substantiam suam filius junior accusatus est, recte intelliguntur superstitiones, relicto uno connubio legitimo veri Dei, cum turba dæmoniorum cupiditate turpissima fornicari.

10. Quid deinde sibi vult quod cum pater diceret « Tu mecum es semper, » quod jam tractatum est, addidit : « Et omnia mea tua sunt ? » (v. 31) Qua in re primo cavendum est, ne intelligas dissipasse dictum, « omnia mea tua sunt, » quasi non sint et fratris, ut tanquam in terrena hereditate, patiaris angustias, quomodo possint omnia esse majoris, si habet ibi etiam junior partem suam. Sic enim a perfectis et perpurgatis, ac jam immortalibus filiis habentur omnia, ut sint et omnium singula, et omnia singulorum. Ut enim cupiditas nihil sine angustia, ita nihil cum angustia caritas tenet. Sed quomodo omnia ? Num et Angelos, ait aliquis, et Virtutes sublimes ac Potestates, atque universa cœlestia Dei ministeria Deus in possessionem tali filio subjecisse putandus est? Si possessionem sic accipias, ut ejus possessor ipse sit dominus; non utique omnia. Non enim do-

ses ministres, en les soumettant à son pouvoir? Si par possession vous entendez ici que le possesseur soit le propriétaire et le maître, il ne lui a pas tout donné, car ceux dont le Sauveur a dit : « Ils seront comme les anges de Dieu, » (*Matth.*, XXII, 30) ne seront pas les maîtres des anges, mais partageront leur bonheur. Mais si vous entendez le mot possession dans le sens que nous disons que les âmes possèdent la vérité, je ne vois pas pourquoi nous ne prendrions pas l'expression « tout » dans son sens propre et littéral, car en disant que les âmes possèdent la vérité, nous ne voulons pas dire que les âmes en soient maîtresses; si enfin le sens propre du mot possession ne se prête pas à cette interprétation, nous y renonçons volontiers, car le père ne dit pas : Je vous donnerai tout en possession, ou bien vous possédez ou vous posséderez tout ce qui est à moi, mais : « Tout ce qui est à moi est à vous. » Cependant tout n'est pas à lui comme à Dieu. En effet, ce que nous avons d'argent peut être destiné, soit à l'entretien, soit à l'ornement de notre famille, ou à quelqu'autre usage semblable. Car puisque ce fils peut dire, dans un sens vrai, que son père est à lui, pourquoi ne pourrait-il pas le dire de ce que possède son père, quoique d'une manière différente? Ainsi, lorsque nous serons en possession de la béatitude des cieux, les choses supérieures seront à nous pour les contempler; les êtres qui nous sont égaux, pour partager leur sort; les créatures inférieures, pour les dominer. Le frère aîné peut donc se livrer à la joie en toute sécurité, parce que son jeune frère était mort et qu'il est ressuscité, qu'il était perdu et qu'il est retrouvé. (*Luc*, XV, 32.)

QUESTION XXXIV. — Dans l'économe que son maître prive de son emploi et qu'il loue d'avoir assuré son avenir (*Luc*, XVI, 1, etc.), nous ne devons pas tout prendre comme modèle de notre conduite. Ainsi il nous est défendu de faire aucun tort à notre maître, comme aussi de faire l'aumône avec le bien que nous avons dérobé. Nous ne devons pas non plus considérer comme les débiteurs de Dieu et de Notre-Seigneur, ceux par qui nous voulons être reçus dans les tabernacles éternels; ce sont les justes et les saints qui nous sont ici figurés et qui introduisent dans les tabernacles éternels ceux qui ont secouru leur indigence, en partageant avec eux les biens de la terre. C'est d'eux que Notre-Seigneur a dit : « Si quelqu'un donne seulement un verre d'eau froide à l'un de ces plus petits, en sa qualité de mon disciple, il ne perdra pas sa récompense. » (*Matth.*, X, 42.) Ces paraboles sont tirées d'objets qu'on peut appeler contraires, c'est-à-dire que si cet économe, tout en se rendant coupable de fraude, a mérité les éloges de son maître, combien plus ceux qui accomplissent les mêmes œuvres, en se conformant aux pré-

---

mini erunt, sed consortes potius Angelorum, de quibus dictum est: Erunt æquales Angelis Dei. (*Matth.*, XXII, 30.) Sin vero possessio sic intelligitur, quomodo recte dicimus possidere animas veritatem; non invenio cur non vere ac proprie accipere possimus omnia quæ dicta sunt omnia. Non enim illud ita loquimur, ut dominas veritatis dicamus animas, quam ab eis dicimus possideri. Aut si nomine possessionis ad hunc sensum impedimur, id quoque auferatur. Non enim ait pater : Omnia in possessionem tibi dabo, sive: Omnia mea possides vel possidebis; sed: « Omnia mea tua sunt. » Nec tamen ita sunt ejus, ut ipsius Dei. Quod enim est in nostra (*) pecunia, potest familiæ nostræ vel alimentum esse vel ornamentum, vel aliquid hujusmodi. Et certe cum ipsum patrem recte ille posset suum dicere, non video quæ ipsius recte sua vocare non possit, diversis duntaxat modis. Cum enim beatitatem illam obtinuerimus, nostra erunt ad videndum superiora, nostra erunt ad convivendum æqualia, nostra erunt ad dominandum inferiora. Congaudeat ergo securissimus major frater, quia junior frater « mortuus erat et revixit, perierat et inventus est. » (*Luc.*, XV, 32.)

QUÆST. XXXIV. — « In villico » quem Dominus ejiciebat de villicatu, et laudavit eum quod in futurum sibi prospexerit (*Luc.*, XVI, 1, etc.), non omnia debemus ad imitandum sumere. Non enim aut Domino nostro facienda est in aliquo fraus, ut de ipsa fraude eleemosynas faciamus : aut eos a quibus recipi volumus in tabernacula æterna, tanquam debitores Dei et Domini nostri fas est intelligi; cum justi et sancti significentur hoc loco, qui eos introducant in tabernacula æterna, qui necessitatibus suis terrena bona communicaverint : de quibus etiam dicit, quod si quis alicui eorum calicem aquæ frigidæ dederit tantum in nomine discipuli, non perdet mercedem suam (*Matth.*, X, 42) : sed etiam e contrario ducuntur istæ similitudines, ut intelligamus si laudari potuit ille a Domino qui fraudem faciebat, quanto amplius placeant Domino Deo, qui secundum ejus

(*) *f.* possessione.

ceptes de Dieu, sont-ils assurés de lui plaire. C'est ainsi qu'en parlant de ce juge inique qui était importuné par une veuve, Notre-Seigneur établit une espèce de comparaison avec le souverain Juge, à qui ce juge inique ne peut cependant être comparé sous aucun rapport. L'action de cet économe, qui au lieu de cent barils d'huile en fait souscrire cinquante au débiteur, et au lieu de cent mesures de froment, quatre-vingt, doit être, ce me semble, entendu en ce sens que les dons que les Juifs offraient aux prêtres et aux lévites doivent être bien plus abondants dans l'Eglise chrétienne, afin que la justice des chrétiens surpasse celle des scribes et des pharisiens; c'est-à-dire que tandis que les Juifs ne donnaient que la dîme de leurs biens, les chrétiens doivent donner la moitié des leurs, comme Zachée qui donna la moitié, non de ses revenus, mais de ses biens; ou qu'ils doivent surpasser les offrandes des Juifs, en donnant au moins la double dîme, c'est-à-dire la cinquième partie de leurs biens. Notre-Seigneur appelle *Mammon* d'iniquité cet argent dont la possession n'est pour nous que passagère, parce que le mot *Mammon* signifie richesses, et que ces richesses ne sont qu'entre les mains des méchants qui placent en elles leur confiance et toute l'espérance de leur félicité. Au contraire, lorsque les justes sont maîtres de ces richesses, ils ont, il est vrai, entre les mains le même argent, mais leurs richesses à eux sont toute célestes et toute spirituelles. C'est à l'aide de ces richesses qu'ils pourvoient à leur indigence spirituelle, qu'ils éloignent d'eux la pauvreté et la misère, et qu'ils s'enrichissent d'un bonheur sans mesure.

QUESTION XXXV. — Ces paroles du Sauveur : « Si vous n'avez pas été fidèles dans un bien étranger, » (*Luc*, XVI, 2) désignent les biens de la terre, parce que personne ne peut les emporter avec lui en mourant, suivant ce que dit David : « Ne craignez pas l'homme quand il multipliera ses richesses et qu'il étendra la gloire de sa maison ; à la mort, il n'emportera pas ses richesses et sa gloire ne descendra pas avec lui dans le tombeau. » (*Ps.* XLVIII, 17.)

QUESTION XXXVI. — La distinction qui suit : « Ou il haïra l'un (des deux maîtres) et aimera l'autre ; ou il s'attachera à l'un et méprisera l'autre, » (*Luc*, XVI, 13) doit être pesée avec une attention toute spéciale, car Notre-Seigneur ne l'a pas faite au hasard et sans dessein. Sans doute, il n'est pas un homme qui, à cette question : Aimez-vous le démon ? ne réponde que loin de l'aimer, il a en horreur, tandis que presque tous se font gloire de proclamer qu'ils aiment Dieu. Voici donc le sens de ces paroles : Ou il haïra l'un, c'est-à-dire le démon ; et il ai-

---

præceptum illa opera faciunt : sicut etiam de judice iniquitatis qui interpellabatur a vidua, comparationem duxit ad judicem Deum (*Luc.*, XVIII, 2), cui nulla ex parte judex iniquus conferendus est. Quod autem de centum cadis olei, quinquaginta scribi fecit a debitore; et de centum coris tritici, octoginta; ad nihil aliud valere arbitror, nisi ut ea quæ similiter (*a*) atque in Levitas Judæi quisque operatur in Christi Ecclesiam, abundet justitia ejus super Scribarum et Pharisæorum (*Matth.*, V, 20), ut cum illi decimas darent, isti dimidias dent : sicut non de fructibus, sed de ipsis bonis suis fecit Zachæus (*Lucæ*, XIX, 8) : aut certe duplicet decimam, ut duas decimas dando superet impendia Judæorum. « Mammona vero iniquitatis » ob hoc a Domino appellata est ista pecunia, quam possidemus ad tempus, quia Mammona divitiæ interpretantur, nec sunt istæ divitiæ nisi iniquis, qui in eis constituunt spem atque copiam beatitudinis suæ : a justis vero cum hæc possidentur, est quidem ista pecunia, sed non sunt illis divitiæ nisi cœlestes et spiritales, quibus indigentiam suam spiritaliter supplentes exclusa egestate miseriæ, beatitudinis copia ditantur.

QUÆST. XXXV. — Quod dicit : « Si in alieno fideles non fuistis, » (*Luc.*, XVI, 12) alienas appellat terrenas facultates : quia nemo eas secum moriens aufert. Hoc est, quod dicit David : « Ne timueris cum dives factus fuerit homo, et cum multiplicata fuerit gloria domus ejus : quoniam non cum morietur accipiet omnia, neque simul descendet cum eo gloria ejus. » (*Psal.* XLVIII, 17.)

QUÆST. XXXVI. — Quod ait : « Aut unum odiet, et alterum diliget; aut uni adhærebit, et alterum contemnet, » (*Luc.*, XVI, 13) non sine consideratione distinguenda sunt. Non enim passim aut quasi temere dicta sunt. Nemo enim interrogatus utrum diligat diabolum, respondet se diligere, sed potius odisse : Deum autem se diligere omnes fere proclamant. Ergo aut unum odiet, et alterum diliget, ut fieri debet : odiet scilicet diabolum, diliget Deum. Quod vero

---

(*a*) Ita melioris notæ Mss. necnon Ital. Am. et Er. nisi quod in his editionibus loco *Ecclesiam*, legitur *Ecclesia*. At apud Lov. habetur sic, *quæ similiter in sacerdotes, atque in Levitas Judæi, quisque operatur in Christi Ecclesia*.

mera l'autre, c'est-à-dire Dieu comme il doit le faire. Notre-Seigneur ajoute : « Ou il s'attachera à l'un et méprisera l'autre, » c'est-à-dire il s'attachera au démon en poursuivant la jouissance de ses faveurs temporelles, et il méprisera Dieu. Remarquez qu'il ne dit pas ici : Il haïra, mais « il méprisera, » comme font tant de chrétiens qui mettent leurs passions au-dessus de ses menaces et qui se flattent d'obtenir de sa bonté l'impunité de leurs crimes. C'est à ces hommes que Salomon donne ce conseil : « Mon fils, n'ajoutez point péché sur péché, et ne dites pas : la miséricorde du Seigneur est grande. » (*Eccli.*, v, 5.)

QUESTION XXXVII. — « Le royaume des cieux souffre violence, et il n'y a que ceux qui se font violence qui le ravissent. » (*Matth.*, XI, 12 ; *Luc*, XVI, 16.) Il faut pour cela que chacun de nous méprise non-seulement les jouissances de la terre, mais les discours de ceux qui se moquent de cette indifférence complète pour ces jouissances passagères. C'est à l'aide de ce mépris que, semblable à un conquérant intrépide, on emporte d'assaut le royaume des cieux. En effet, l'Evangéliste rapporte ces paroles après avoir fait observer que les pharisiens se moquèrent de Jésus qui leur enseignait le mépris des richesses de la terre.

QUESTION XXXVIII. — 1. « Il y avait un homme riche qui était vêtu de pourpre et de fin lin et qui faisait tous les jours une chère splendide, » etc. (*Luc*, XVI, 19.) Dans le sens allégorique, on peut voir dans ce riche la figure des riches orgueilleux qui ne connaissaient point la justice de Dieu et s'efforçaient d'établir leur propre justice : La pourpre et le fin lin sont l'indice de la dignité royale. « Le royaume de Dieu vous sera enlevé, leur dit le Sauveur, et sera donné à une nation qui pratique la justice. » Ces festins splendides, c'est l'ostentation de la loi dans laquelle ils se glorifiaient par orgueil et pour se faire valoir plutôt que de la pratiquer pour la faire servir à leur salut. Ce mendiant, du nom de Lazare, qui signifie *celui qui est indigent*, représente la pauvreté des gentils ou des publicains qui obtiennent d'autant plus de secours, qu'ils présument moins de leurs propres ressources. Tels étaient les deux hommes qui priaient dans le temple, l'un publicain, l'autre pharisien. (*Luc,* XVIII, 10.) Le riche, donc rassasié en quelque sorte de sa justice, et qui ne peut être mis au nombre de ceux qui ont faim et soif de la justice (*Matth.*, V, 6), dit à Dieu : « Je vous rends grâce de ce que je ne suis point comme ce publicain. » Le pauvre, au contraire, qui désire qu'on vienne à son secours, s'écrie : « Soyez-moi propice, à moi qui suis un pécheur. » Il désire cependant être rassasié des miettes qui tombent de la table du riche à la porte duquel il est étendu. Car ce riche ne l'admettait pas

---

adjunxit : « Aut alteri adhærebit, et alterum contemnet : » adhærebit scilicet diabolo, cum quasi ejus præmia temporalia sectatur : contemnet autem Deum. Non dixit odiet, sed « contemnet : » sicut solent minas ejus postponere cupiditatibus suis, qui de bonitate ejus ad impunitatem sibi blandiuntur. Quibus per Salomonem dicitur : Fili ne adjicias peccatum super peccatum, et dicas : Miseratio Dei magna est. (*Eccli.*, v, 5.)

QUÆST. XXXVII. — « Regnum cœlorum vim patitur, et qui vim faciunt, diripiunt illud. (*Matth.*, XI, 12 ; *Luc.*, XVI, 16.) Non solum ut quisque ista contemnat, sed etiam linguas deridentium se talia contemnentem ; hac enim vi facta invadit quodammodo quasi prædator violentus regnum cælorum. Hoc enim subjunxit Evangelista, cum dixisset derisum fuisse Jesum a Pharisæis, cum de contemnendis terrenis divitiis loqueretur.

QUÆST. XXXVIII. — 1. « Homo quidam erat dives, et induebatur purpura et bysso, et epulabatur quotidie splendide, » (*Luc.*, XVI, 19 etc.) et cætera. Per allegoriam sic accipi possunt, ut in divite intelligantur superbi Judæorum, ignorantes Dei justitiam, et suam volentes constituere. (*Rom.*, X, 3.) Purpura et byssus, dignitas regni est. Et auferetur, inquit, a vobis regnum Dei, et dabitur genti facienti justitiam. (*Matth.*, XXI, 43.) Epulatio splendida, jactantia Legis est, in qua gloriabantur plus ad pompam elationis abutentes ea, quam ad necessitatem salutis utentes. Mendicus autem nomine Lazarus, quod interpretatur adjutus, significat indigentem, veluti gentilem aliquem aut publicanum, qui tanto magis adjuvatur, quanto minus de suarum copia facultatum præsumit. Tales erant duo qui orabant in templo, unus publicanus, et alius Pharisæus. (*Luc.*, XVIII, 10.) Dives ergo dicit tanquam satiatus justitia, non inter illos beatos numerandus qui esuriunt et sitiunt justitiam. (*Matth.*, V, 6.) Gratias tibi ago, quia non sum sicut publicanus iste. Pauper autem qui se adjuvari desiderat, dicit : Propitius esto mihi peccatori. Desiderat tamen saturari de micis quæ cadunt de mensa divitis jacens ad januam. Non enim admittebatur ad epulas ejus, qui

à ses festins où il commettait tant d'excès, et il ne lui en donnait rien pour soulager sa pauvreté, semblable au scribe qui, ayant entre les mains les clefs du royaume des cieux, n'y entrait pas lui-même (*Luc*, xi, 52) et ne permettait pas aux autres d'entrer. Les miettes de pain qui tombaient de la table du riche sont certaines paroles de la loi que les Juifs laissaient emphatiquement tomber à terre lorsqu'ils parlaient au peuple avec orgueil. Les ulcères du pauvre figurent la confession des péchés, et ces humeurs mauvaises qui sortent du fond des entrailles et se produisent au dehors. Les chiens qui léchaient ces ulcères figurent ces hommes profondément corrompus, dévoués au mal, qui ne cessent de louer à bouche ouverte les œuvres d'iniquité que déplorent par leurs gémissements et leurs aveux ceux qui les ont commises. Le sein d'Abraham, c'est le lieu de repos des pauvres bienheureux et à qui appartient le royaume des cieux où ils sont reçus après cette vie. La sépulture dans l'enfer signifie cet abime de supplices qui dévore après cette vie les orgueilleux et ceux qui ont été sans miséricorde. Toutefois, le Seigneur nous apprend dans ce récit qu'ils voient de loin et pressentent le repos des bienheureux auquel ils ne pourront jamais parvenir.

2. Ce riche demande une goutte d'eau pour rafraichir sa langue au milieu des flammes qui l'enveloppent de toutes parts, accomplissant ainsi ce qui est écrit : « La mort et la vie sont au pouvoir de la langue ; » (*Prov.*, xviii, 21) et encore : « Il faut confesser de bouche pour obtenir le salut, » (*Rom.*, x, 10) ce que son orgueil l'a empêché de faire. L'extrémité du doigt signifie la plus petite des œuvres de miséricorde inspirée par l'Esprit saint. Abraham lui répond : « Vous avez reçu les biens dans cette vie. » (*Luc*, xvi, 25) parce qu'il a concentré toutes ses affections dans les jouissances de ce monde et qu'il n'a aimé d'autre vie que celle où il étalait tout le faste de son orgueil. Il ajoute : « Lazare, au contraire, a reçu les maux, parce qu'il a compris que la fragilité des choses de cette vie, les travaux, les douleurs, les souffrances étaient la peine du péché, dont il est écrit : « Nous étions par notre nature enfants de colère, comme le reste des hommes ; » (*Ephes.*, ii, 3) et encore : « L'enfant, dont la vie n'a été que d'un seul jour sur la terre, n'est point exempt de péché, » (*Job*, xiv, 4, scl. les Sept.) parce que nous mourons tous en Adam qui a été soumis à la mort en punition de sa désobéissance.

3. Abraham déclare que les justes, quand ils le voudraient, ne peuvent passer dans les lieux où les impies souffrent d'inexprimables tourments, c'est-à-dire que par suite de la sentence immuable de Dieu, les justes, quand ils le voudraient, ne pourront exercer aucun acte de miséricorde envers ceux qui seront jetés dans cette

---

nec bene illis utebatur, nec egenti dabat, tanquam Scriba claves habens regni cœlorum, nec ipse intrans, nec alios intrare permittens. (*Luc.*, xi, 52.) Micæ cadentes de mensa divitis, sunt quædam verba Legis, quæ illi jactantes quasi projiciebant in terram, cum superbe populo loquerentur. Ulcera sunt confessiones peccatorum, velut mali humores a visceribus intimis foras erumpentes. Canes qui ea lingebant, nequissimi homines amantes peccata, qui lata lingua etiam laudare non cessunt opera mala, quæ in se alius gemens et confitens detestatur. Sinus Abrahæ, requies beatorum pauperum, quorum est regnum cœlorum, in quo post hanc vitam recipiuntur. Sepultura inferni, pœnarum profunditas, quæ superbos et immisericordes post hanc vitam vorat. Quos tamen Dominus in ista narratione dicit videre de longinquo, atque sentire beatorum requiem, quo sane transire non possunt.

2. Quod autem linguam sibi vult refrigerari, cum in flamma utique totus arderet, significat quod scriptum est : Mors et vita in manibus linguæ (*Prov.*, xviii, 21) : et quia ore confessio fit ad salutem, quod per superbiam ille non fecit. (*Rom.*, x, 10.) Extremum autem digiti, vel minimum operationem misericordiæ significat, qua per Spiritum sanctum subvenitur. Cum autem ei dicitur : « Recepisti bona in vita tua, » (*Luc.*, xvi, 25) illud tangitur, quia felicitatem dilexit sæculi, nec aliam vitam præter istam in qua superbus tumebat, adamavit. Lazarum autem mala dicit recepisse, quia intellexit hujus vitæ mortalitatem, labores, dolores, et ærumnas, pœnas esse peccati : de quo scriptum est : Eramus et nos naturaliter filii iræ, sicut et cæteri (*Ephes.*, ii, 3) : de quo iterum scriptum est, nec infantem cujus est unius diei vita super terram mundum esse a peccato (*Job*, xiv, 4); quia omne utique in Adam morimur (II *Cor.*, xv, 22), qui factus est transgressione mortalis.

3. Quod autem dicit, ad ea loca in quibus torquentur impii justos, etiam si velint, non posse transire (*Matth.*, v, 26), quid aliud significat, nisi post hanc vitam ita receptis in carcere, ut non inde exeant donec reddant novissimum quadrantem, per incom-

prison dont ils ne pourront sortir avant d'avoir payé jusqu'à la dernière obole. Dieu les avertit donc par là d'être utiles pendant cette vie à tous ceux qui pourront profiter de leurs bons offices, de peur que, même après avoir été reçus dans les cieux, ils soient dans l'impuissance de porter secours à ceux qu'ils aiment; car ces paroles : « Afin qu'ils vous reçoivent dans les tabernacles éternels, » (*Luc*, XVI, 9) ne s'appliquent ni aux superbes, ni aux âmes sans miséricorde, tel qu'était ce mauvais riche, et indignes d'être reçues par les saints dans les tabernacles des cieux; mais à ceux qui se sont fait des amis avec les œuvres de la charité. Du reste, si les justes les reçoivent dans les tabernacles éternels, ce n'est point en vertu de leur propre pouvoir, et comme s'ils les récompensaient d'eux-mêmes, mais en vertu de la promesse et de la permission de Celui qui leur a donné le conseil de se faire des amis et qui, dans sa bonté qui l'a rendu notre libérateur, a daigné être nourri, vêtu, reçu, visité dans chacun de ses moindres serviteurs. Or, cette réception doit-elle avoir lieu aussitôt après cette vie ou à la fin du monde après la résurrection des morts et la sentence du jugement dernier, c'est une question difficile à résoudre. Mais quel que soit le temps où elle se fera, aucun passage de l'Ecriture ne la promet à ceux qui imitent la conduite de ce mauvais riche.

4. Les cinq frères qu'il dit avoir dans la maison de son Père, représentent les Juifs. Ils sont au nombre de cinq, parce qu'ils étaient soumis à la loi donnée par Moïse et renfermée dans les cinq livres qu'il a écrits. Il demande que Lazare soit envoyé à ses frères parce qu'il comprend qu'il est indigne de rendre témoignage à la vérité. Et comme il n'a pu obtenir le moindre rafraîchissement dans ses souffrances, il espère beaucoup moins pouvoir sortir des enfers pour aller faire connaître la vérité. Abraham lui répond : « S'ils veulent croire, ils ont Moïse et les prophètes, » non pas qu'il leur donne la supériorité sur l'Evangile, mais parce que l'Evangile, comme le dit l'Apôtre, est confirmé par le témoignage de la loi et des prophètes. (*Rom.*, III, 21.) Il veut donc dire qu'en croyant à la loi et aux prophètes, ils parviendront à la connaissance de l'Evangile. C'est ce que le Seigneur lui-même nous enseigne dans un autre endroit : « Si vous croyiez à Moïse, vous me croiriez aussi, parce que c'est de moi qu'il a écrit. » (*Jean*, V, 46.) C'est à cette même vérité que se rapportent ces paroles d'Abraham : « S'ils n'écoutent ni Moïse, ni les prophètes, quand même quelqu'un des morts ressusciterait, ils ne croiraient pas. » (*Luc*, XVI, 31.) En effet, Moïse et les prophètes ont annoncé Celui qui est ressuscité des morts, et ont prédit même le fait de sa ré-

---

mutabilitatem divinæ sententiæ, nullum auxilium misericordiæ posse præberi a justis, etiam si eam velint præbere? Quo admonet scilicet, ut in hac vita homines subveniant quibus possunt, ne postea etiam si optime recepti fuerint, eis quos diligunt opitulari non valeant. Illud enim quod scriptum est : Ut et ipsi recipiant vos in æterna tabernacula (*Luc.*, XVI, 9), non de superbis et immisericordibus scriptum est, qualis iste dives fuisse demonstratur, quod recipi a sanctis in illa tabernacula mereantur : sed de his qui sibi amicos officiosissimis operibus misericordiæ fecerint : quanquam nec ipsos justi velut propria potestate quasi gratificando recipiant; sed promissione atque permissione illius, qui eos consilio præmonuit, ut sibi amicos facerent, et qui seipsum pasci, vestiri, hospitio recipi, visitari in unoquoque minorum suorum, liberatoris bonitate dignatus est. Quanquam illa receptio, utrum statim post istam vitam fiat, an in fine sæculi in resurrectione mortuorum atque ultima retributione judicii, non minima quæstio est : sed quandolibet fiat, certe de talibus qualis ille dives insinuatur, nulla Scriptura fieri pollicetur.

4. Quinque autem fratres quos habere se dicit in domo patris sui : Judæos significant. Appellati enim sunt quinque, quia sub Lege detinebantur quæ per Moysen data est, qui libros quinque conscripsit. Quod vero Lazarum petit mitti ad fratres suos, sensit se utique indignum qui testimonium perhibeat veritati. Et quia non impetraverat (*a*) paululum se refrigerari, multo minus credit relaxari se posse ab inferis ad prædicationem veritatis. Quod Abraham dicit : « Si volunt credere, habent Moysen et Prophetas (*v.* 29), » non istos Evangelio præposuit; sed quia Evangelium, sicut dicit Apostolus, testimonium habet a Lege et Prophetis (*Rom.*, III, 21), illis credendo posse eos significat ad Evangelium pervenire. Sicut alio loco ipse Dominus dicit : Si crederetis Moysi, crederetis et mihi : ille enim de me scripsit. (*Joan.*, V, 46.) Denique ad hoc pertinet quod etiam postea dicit : « Si Moysen et Prophetas non audiunt, neque si quis ex mortuis resurrexerit credent : » (*Luc.*, XVI, 31) quia eum prænuntiaverunt Moyses et Prophetæ qui surrexit a mor-

---

(*a*) Mss. *paululum sibi refrigerari* forte, *palatum sibi*, etc.

surrection ; donc s'ils ne veulent point les croire, ils ne veulent pas non plus croire en Jésus-Christ. Ils croiront donc beaucoup moins encore à un homme quel qu'il fût, qui ressusciterait des morts, puisqu'ils refusent de croire à Celui dont Moïse et les prophètes, auxquels ils ne croient pas non plus, ont prédit la résurrection.

5. Ce récit peut encore recevoir une autre explication. Lazare serait la figure du Seigneur étendu à la porte de ce riche, parce que les humiliations de son incarnation l'ont abaissé jusqu'aux oreilles superbes des Juifs. « Il désirait se rassasier des miettes qui tombaient de la table de ce riche, » c'est-à-dire qu'il leur demandait les plus petites œuvres de justice qui ne fussent pas enlevées par leur orgueil à sa table, c'est-à-dire à sa puissance. Il leur demandait de pratiquer ces œuvres de miséricorde et d'humilité, fussent-elles d'une importance minime, et sinon sous l'influence d'une vie régulière et constamment vertueuse, au moins de temps en temps et par hasard, comme les miettes qui tombent de la table. Les ulcères sont les souffrances du Seigneur, suite de l'infirmité de la chair dont il a daigné se revêtir pour notre salut. Les chiens qui venaient lécher ces ulcères sont les Gentils que les Juifs traitaient de pécheurs et d'immondes, et qui cependant goûtent avec une douceur et un amour ineffables par toute la terre les souffrances du Seigneur dans le sacrement de son corps et de son sang. Le sein d'Abraham est le secret du Père où il est monté après sa passion et sa résurrection. Il y a été porté par les Anges, parce que ce sont les anges qui ont annoncé aux disciples témoins de son ascension qu'il était remonté dans le sein du Père. En effet, quel est le sens de ces paroles qu'ils adressent aux disciples : « Pourquoi demeurez-vous là regardant les cieux ? » (Act., I, 1.) C'est que ce séjour mystérieux où se rendait Notre-Seigneur, lorsqu'il montait au ciel en leur présence, était tout à fait impénétrable aux yeux des hommes. L'interprétation que nous avons donnée plus haut peut s'appliquer au reste du récit, et le sein du Père peut très-bien s'entendre du lieu où les âmes des justes, avant la résurrection, vivent dans la société de Dieu. Il est d'autant plus vrai que Dieu est partout, qu'il n'est circonscrit par aucun lieu, comme Notre-Seigneur le dit au larron : « Tu seras aujourd'hui avec moi dans le paradis, » (Luc, XXIII, 43) d'où le Fils de Dieu n'est jamais sorti, alors même que dans la chair qu'il avait prise, il avait tant à souffrir dans la ville de Jérusalem.

QUESTION XXXIX.—1. Lorsque les disciples font à Notre-Seigneur cette prière : « Augmentez en nous la foi, » (Luc, XVII, 5) on peut entendre qu'ils demandent l'accroissement de la foi aux choses qu'on ne voit point ; mais il y a aussi la

tuis, hoc ipsum etiam de illo quod resurrecturus esset a mortuis, quibus non credendo utique nec Christo volunt credere. Multo minus ergo cuilibet possunt credere qui a mortuis resurrexerit, quando ei non credunt, cujus resurrectionem Moyses et Prophetæ prædicaverunt, quibus credere nolunt.

5. Aliter etiam intelligi potest ista narratio, ut per Lazarum Dominum significari accipiamus, jacentem ad januam illius divitis, quia se ad aures superbissimas Judæorum incarnationis humilitate dejecit : « Cupiens saturari de micis quæ cadebant de mensa divitis, » (Luc., XVI, 21) quærens ab eis vel minima opera justitiæ, quæ suæ mensæ, hoc est, suæ potestati per superbiam non usurparent, quæ opera misericordiæ atque humilitatis, quamvis minima et sine disciplina et perseverentia vitæ bonæ, saltem interdum vel casu facerent, sicut micæ de mensa cadere solent. Ulcera passiones sunt Domini ex infirmitate carnis, quam pro nobis suscipere dignatus est. Canes ergo qui ea lingebant, gentes sunt, quos homines peccatores et immundos dicebant Judæi, et tamen passiones Domini in sacramentis corporis et sanguinis ejus, per totum jam orbem suavitate lambunt devotissima. Jam sinus Abrahæ intelligitur secretum Patris, quo post passionem resurgens assumptus est Dominus : quo eum portatum ab Angelis ideo dictum puto, quia ipsam receptionem qua in secretum Patris abscessit : Angeli annuntiaverunt discipulis intuentibus. Dicendo enim : Quid statis adspicientes in cœlum? (Act., I, 11) quid aliud dixerunt, nisi nullo modo posse oculos hominum usque in illud penetrare secretum quo ibat Dominus, cum in conspectu discipulorum ferretur in cœlum? Jam cætera secundum superiorem expositionem accipi possunt : quia secretum Patris bene intelligitur, ubi etiam ante resurrectionem justorum animæ vivunt cum Deo. Tanto enim verius ubique est Deus, quanto nullo continetur loco, sicut et latroni dictum est : Hodie mecum eris in paradiso (Luc., XXIII, 43) : unde nunquam recessit Dei Filius, quamvis ab hominibus per susceptam carnem in civitate Judæorum tanta pateretur.

QUÆST. XXXIX. — 1. Quod dixerunt discipuli Domino : « Adauge nobis fidem, » (Luc., XVII, 5) potest quidem intelligi hanc fidem sibi eos augeri postulasse, qua creduntur ea quæ non videntur : sed ta-

foi qui nous fait croire non-seulement aux paroles, mais aux choses elles-mêmes qui sont présentes, ce qui s'accomplira lorsque la sagesse de Dieu, par qui toutes choses ont été faites (*Ps*. CIII, 24), se manifestera elle-même aux yeux des saints dans toute sa splendeur. C'est peut-être de cette foi qui aura pour objet les choses elles-mêmes et cette lumière éclatante que l'apôtre saint Paul a dit : « C'est dans l'Evangile que nous est révélée la justice de Dieu, qui naît de la foi et s'augmente dans la foi. » (*Rom.*, I, 17.) Car le même Apôtre s'exprime ainsi dans un autre endroit : « Et nous tous qui contemplons la gloire du Seigneur sans avoir de voile sur le visage, nous sommes transformés en sa ressemblance de clarté en clarté comme par l'Esprit du Seigneur. » (II *Cor.*, III, 18.) Ces paroles : « De la foi en la foi » ont donc le même sens que ces autres : « De clarté en clarté. » De même donc que, de la clarté de l'Evangile qui éclaire ici-bas ceux qui croient, nous passerons à la clarté de la vérité immuable et sans voile que nous contemplerons, après avoir été transformés; ainsi nous passerons de la foi des paroles sur l'autorité desquelles nous croyons ce que nous ne voyons pas, à la foi des choses qui nous mettra en possession pour l'éternité de ce qui fait ici-bas l'objet de notre croyance. Cette vérité se trouve confirmée par ces paroles de saint Jean dans son épître aux Parthes : « Mes bien-aimés, nous sommes maintenant enfants de Dieu, mais on ne voit pas encore ce que nous serons. Nous savons que, lorsqu'il apparaîtra, nous serons semblables à lui, parce que nous le verrons tel qu'il est. » (I *Jean*, III, 2.) Comment sommes-nous maintenant les enfants de Dieu? C'est parce qu'il nous a donné le pouvoir de devenir enfants de Dieu (*Jean*, I, 12), à nous qui croyons en son nom, afin que nous voyions comme en énigme. (I *Cor.*, XIII, 12.) Et comment serons-nous alors semblables à Dieu? Parce que, suivant l'Apôtre, nous le verrons tel qu'il est, comme il le dit en termes exprès : « Alors nous le verrons face à face. »

2. Comme la plupart ne comprennent pas cette foi à la vérité se manifestant sans nuage, il peut leur paraître que Notre-Seigneur n'a pas répondu à la prière que lui adressaient les disciples. En effet, lorsqu'ils lui eurent fait cette demande : « Augmentez notre foi, » il leur dit : « Si vous aviez de la foi comme un grain de sénevé, vous diriez à ce mûrier : Déracine-toi, et transplante-toi dans la mer; et il vous obéira. » (*Luc*, XVII, 6.) Puis il ajoute : « Qui de vous, ayant un serviteur attaché au labourage ou aux soins des troupeaux, lui dise aussitôt qu'il est revenu des champs : Va te mettre à table? et ne lui dise pas au contraire : Prépare moi à souper, ceins-toi et me sers jusqu'à ce que j'ai mangé et

---

men dicitur etiam fides rerum, quando non verbis, sed rebus ipsis præsentibus creditur : quod futurum est, cum jam per speciem manifestam se contemplandam præbebit sanctis ipsa Dei Sapientia per quam facta sunt omnia. (*Psal*. CIII, 24.) De qua fide rerum lucisque illius (*a*) præsentatæ forsitan Paulus Apostolus dicit : Justitia enim Dei in eo revelatur ex fide in fidem. (*Rom.*, I, 17.) Dicit enim et alio loco : « Nos autem revelata facie gloriam Domini speculantes, in eamdem imaginem transformamur de gloria in gloriam, tanquam a Domini spiritu. » (II *Cor.*, III, 18.) Sicut enim hic ait, de gloria in gloriam, ita et ibi, ex fide in fidem : de gloria scilicet Evangelii, quo nunc credentes illuminantur, in gloriam ipsius incommutabilis et manifestæ veritatis, qua tunc commutati perfruentur : ita ex fide verborum quibus nunc credimus quod nondum videmus, in fidem rerum qua in æternum quod nunc credimus, obtinebimus. Secundum sententiam hanc etiam illud dictum est a Joanne in Epistola ad Parthos : Dilectissimi, nunc filii Dei sumus, et nondum apparuit quid erimus : scimus quia cum apparuerit similes ei erimus, quoniam videbimus eum sicuti est. (I *Joan.*, III, 2.) Unde enim nunc filii Dei sumus, nisi quia potestatem dedit nobis filios Dei fieri (*Joan.*, I, 12), credentibus in nomine ejus, ut videamus in ænigmate? (I *Cor.*, XIII, 12) unde autem tunc similes ei erimus, nisi quoniam ut ipse ait, videbimus eum sicuti est? Quod etiam dictum est : Tunc autem facie ad faciem.

2. Illam ergó fidem præsentissimæ veritatis plerisque non intelligentibus videri potest Dominus noster, discipulis suis non ad id quod petiverant responsum disse. Cum enim dixissent Domino : « Adauge nobis fidem : » ait illis : « Si habueritis fidem tanquam granum sinapis, diceretis huic arbori moro : Eradicare et transplantare in mare, et obediret vobis. » *Luc*, XVII, 6.) Deinde sequitur : « Quis autem vestrum habens servum arantem aut pascentem, qui regresso de agro dicet illi statim : Transi, recumbe (*v*. 7); et non dicet ei : Para quod cœnem, et præcinge te, et ministra mihi donec manducem et bibam, et post hæc tu manducabis

---

(*a*) Mss. quatuor, *præsentia*.

bu; après quoi tu mangeras et boiras? Est-ce qu'il devra de la reconnaissance à ce serviteur parce qu'il aura exécuté ses ordres? Je ne le pense pas. De même vous, quand vous aurez fait ce qui vous est commandé, dites : Nous sommes des serviteurs inutiles, ce que nous devions faire, nous l'avons fait. » (*Ibid.*, 7-10.) Quel rapport entre ces paroles du Seigneur et la prière que lui font les disciples : « Augmentez en nous la foi ? » On le saisit difficilement à moins de comprendre ce passage de la foi à la foi, c'est-à-dire qu'il a voulu leur faire comprendre que de la foi qui les appliquait au service de Dieu, ils passeraient à cette foi où ils jouiraient éternellement de Dieu. En effet, notre foi sera augmentée lorsqu'après avoir eu pour objet la parole de la prédication, elle s'étendra même aux choses visibles. Or, cette foi contemplative est accompagnée d'un repos ineffable que Dieu nous prépare dans son royaume éternel, et ce repos parfait est la récompense des travaux méritoires accomplis pour le service de l'Église. Ainsi que le serviteur laboure dans les champs, ou qu'il paisse les troupeaux, c'est-à-dire qu'il soit occupé des affaires du siècle ou de la vie de la terre, ou bien qu'il soit au service des hommes stupides figurés par ces troupeaux ; il faut qu'après ces travaux accomplis il rentre à la maison, c'est-à-dire qu'il soit réuni à l'Église, qu'il s'y occupe du service de son Maître jusqu'à ce qu'il se soit mis à table pour manger et pour boire (car nous le voyons chercher des fruits sur un arbre pour apaiser sa faim (*Matth.*, XXI, 19), et demander à la Samaritaine de l'eau pour étancher sa soif) (*Jean*, IV, 7), et qu'il ait mangé et bu la confession et la foi des Gentils, qui lui est présentée par ses serviteurs, c'est-à-dire par les prédicateurs de l'Évangile. C'est dans cette même pensée qu'il leur répond en leur proposant tout d'abord la comparaison du grain de sénevé, c'est-à-dire qu'ils doivent avoir d'abord la foi nécessaire à la vie présente, foi qui paraît très-petite, tant que ce trésor est renfermé dans des vases de terre, mais on la voit bientôt s'échauffer et se développer avec une force extraordinaire. Notre-Seigneur Jésus-Christ qui veut être nourri par le ministère de ses serviteurs, c'est-à-dire qui veut s'incorporer ceux qui croient après les avoir pour ainsi dire immolés et mangés, les nourrit lui-même ici-bas de la parole de la foi et du mystère de sa passion, « car il n'est pas venu pour être servi, mais pour servir. » (*Matth.*, XX, 28.) Que les serviteurs aient donc de la foi comme un grain de sénevé, et qu'ils disent à ce mûrier, c'est-à-dire à l'Évangile de la croix du Seigneur, ou les blessures de son corps attaché à ce bois sont comme autant de fruits teints de son sang et destinés à nourrir les peuples; qu'ils disent à cet arbre de se déraciner du milieu des Juifs perfides, et d'aller se transplanter dans la mer des Gentils ;

---

cabis et bibes? (v. 8.) Numquid gratiam habet servo illi, quia fecit quæ sibi imperaverat? (v. 9.) Non puto. Sic et vos cum feceritis omnia quæ præcepta sunt vobis, dicite : Servi supervacui sumus, quod debuimus facere fecimus. » (v. 10.) Quid hæc pertineant ad id quod dictum est Domino : « Adauge nobis fidem, » difficile apparet, nisi intelligamus ex fide in fidem, id est, ex fide ista in qua ministratur Deo, in illam fidem eos significasse transferri ubi fruantur Deo. Augebitur enim fides, cum primo verbis prædicantibus, deinde rebus apparentibus credetur. Sed illa contemplatio summam quietem habet, quæ in æterno Dei regno tribuetur : summa vero quies illa, præmium est justorum laborum, qui in Ecclesiæ ministratione peraguntur. Et ideo quamvis in agro aret servus aut pascat, hoc est, in vita sæculari vel terrena verset negotia, vel stultis hominibus tanquam pecoribus serviat : opus est ut post illos labores domum veniat, hoc est, Ecclesiæ societur; laboret etiam ibi ministrans Domino suo donec manducet et bibat : (nam et esuriens ille quæsivit poma in arbore (*Matth.*, XXI, 19), et a Samaritana aquam sitiens postulavit) (*Joan.*, IV, 7) : manducet ergo et bibat confessionem et fidem gentium, ministrantibus, hoc est, evangelizantibus servis suis. Quo pertinet etiam illud quod de grano sinapis eis primo respondit, prius illos fidem habere debere præsenti vitæ necessariam, quæ minima videtur quandiu thesaurus est in vasis fictilibus, sed vi maxima effervet et germinat. Dominus noster Jesus Christus, qui vult pasci ministerio servorum suorum, hoc est, in suum corpus quasi mactatos et manducatos transferre credentes, etiam hic pascit eos verbo fidei et sacramento passionis suæ. Non enim venit ministrari, sed ministrare. (*Matth.*, XX, 28.) Dicant ergo illi servi per sinapis granum arbori huic moro, hoc est, ipsi Evangelio crucis Dominicæ, per poma sanguinea, tanquam vulnera in ligno pendentia (*a*), verbo populis præbitura : dicant ergo illi ut eradicetur de perfidia Judæorum, et in mare gentium transferatur atque

---

(*a*) Raf. et Ms. Cisterc. *vinum populis præbitura.*

c'est ainsi que comme de fidèles serviteurs ils préparéront au Seigneur la nourriture qui doit apaiser sa faim et sa soif. Qu'ils cherchent enfin à s'assurer pour l'éternité l'aliment incorruptible de la divine sagesse en disant : « Nous sommes des serviteurs inutiles, nous avons fait ce que nous avons dû faire. » C'est-à-dire il ne nous reste plus rien à faire, nous avons achevé notre course, notre combat est terminé, nous n'avons plus qu'à attendre la couronne de justice. (I *Tim.*, IV, 7.) Car on peut tout dire de cette jouissance ineffable de la vérité, et on le peut d'autant plus qu'aucune parole n'est capable d'en donner une juste idée. Elle est la lumière de ceux qui ont besoin d'être éclairés, le repos qui suit les travaux, la patrie de ceux qui reviennent de l'exil, la nourriture des indigents, la couronne des vainqueurs, et tous ces biens temporels passagers que les infidèles, dans leur erreur, demandent aux différentes parties de la création, la piété des enfants les trouvera réunis dans toute leur vérité et pour l'éternité, au sein du Créateur de toutes choses.

QUESTION XL. — 1. Ces dix lépreux que le Seigneur guérit en leur disant : « Allez, montrez-vous aux prêtres, » (*Luc*, XVII, 14, etc.) donnent lieu à plusieurs questions dignes de toute l'attention des esprits sérieux. Je ne parle pas seulement de la signification du nombre dix, ni de cette circonstance qu'un seul d'entre eux rend grâces au Sauveur, ce sont là des questions libres, et qu'on peut se dispenser d'approfondir sans que la pensée du lecteur en soit sensiblement arrêtée. Mais je veux parler surtout de la raison pour laquelle Notre-Seigneur les envoie aux prêtres de sorte qu'ils fussent guéris en y allant. A l'exception des lépreux, on ne voit point qu'il ait jamais envoyé aux prêtres un seul de ceux dont il a guéri les infirmités. Il avait déjà dit à ce lépreux qu'il avait purifié : « Allez, montrez-vous aux prêtres, et offrez pour votre guérison le don prescrit par Moïse, en témoignage pour eux. » (*Luc*, V, 14; *Lev.*, XIV, 4.) Mais quelle pouvait être la guérison spirituelle de ces hommes dont il accuse l'ingratitude ? Il est facile de voir que le corps d'un homme n'est point atteint de la lèpre, sans que son âme soit pour cela exempte de taches; mais quand on veut examiner la signification de ce miracle, l'esprit se demande avec une certaine émotion comment on peut dire d'un ingrat qu'il est pur.

2. Examinons donc la signification mystérieuse de la lèpre. On ne dit point de ceux qui en ont été délivrés qu'ils ont été guéris, mais qu'ils ont été purifiés. C'est une affection qui vicie la couleur de la peau, plutôt qu'elle ne porte atteinte à la santé ou à la force des organes et des membres du corps. Les lépreux sont donc la figure assez juste de ceux qui, n'ayant point la science de la vraie foi, professent ouvertement

plantetur : hac enim domestica servitute esurienti et sitienti Domino ministrabunt. Tunc demum quærant escis incorruptibilibus in æternum divinæ Sapientiæ perfrui, cum dixerint : « Servi supervacui sumus, quod debuimus facere fecimus : » nihil nobis operis restat; cursum consummavimus, agonem perfecimus, superest nobis corona justitiæ. (II *Tim.*, IV, 7.) Omnia enim dici possunt de illa ineffabili perfructione veritatis : et tanto magis omnia dici possunt, quanto minus digne dici aliquid potest. Nam et lux est illuminatorum, et requies exercitatorum, et patria redeuntium, et esca indigentium, et corona vincentium : et quæcumque bona temporaliter transeuntia per creaturæ partes error appetit infidelium, veriora in æternum manentia in Creatore omnium simul inventura est pietas filiorum.

QUÆST. XL. — 1. « In decem leprosis » quos Dominus ita mundavit, cum ait : « Ite, ostendite vos sacerdotibus, » (*Luc.*, XVII, 14, etc.) multa quæri possunt quæ merito quærentes movent. Non solum de numero quid sibi velint quod decem sunt, et quod unus ex illis solus gratias agit : hæc enim libere quæruntur, ut etiam non investigata, vel nihil vel non multum impediant intentionem legentis : sed illa potius, cur eos ad sacerdotes miserit, ut cum irent mundarentur. Nullum enim eorum quibus hæc corporalia beneficia præstitit, invenitur misisse ad sacerdotes, nisi leprosos. Nam et illum a lepra mundaverat cui dixit : Vade, ostende te sacerdotibus, et offer pro te sacrificium, quod præcepit Moyses, in testimonium illis. (*Luc.*, V, 14; *Levit.*, XIV, 4.) Deinde qualis mundatio spiritalis possit intelligi eorum, quos ingratos exstitisse redarguit. Secundum corpus enim facile est videre posse hominem non habere lepram, et tamen animi esse non boni : secundum significationem autem hujus miraculi, conturbat considerantem, quomodo mundus dici possit ingratus.

2. Quærendum igitur est, quid ipsa lepra significet. Non enim sanati, sed mundati dicuntur qui ea caruerunt. Coloris quippe vitium est, non valetudinis aut integritatis sensuum atque membrorum. Leprosi ergo non absurde intelligi possunt, qui

les doctrines si diverses de l'erreur. En effet, au lieu de cacher leur inhabileté, ils la produisent au grand jour comme le chef-d'œuvre de la science, et l'étalent avec complaisance dans des discours pleins d'ostentation. Il n'est point, on le sait, de fausse doctrine qui ne soit mélangée de quelque vérité. Or ce mélange incohérent de vérités et d'erreurs dans une seule et même discussion, dans un seul et même discours et qui vient comme nuancer la couleur d'un seul corps, figure la lèpre qui altère et flétrit les corps qu'elle atteint par le mélange hideux des nuances vraies et fausses de ses diverses couleurs. L'Eglise doit éviter la société de tels hommes, et les tenir à une grande distance, afin, s'ils en sont capables, qu'ils puissent s'adresser de loin au Sauveur avec de grands cris, comme ces dix lépreux qui se tenaient éloignés, élevèrent la voix et dirent : « Jésus, notre Maître, ayez pitié de nous. » Je ne sache pas qu'aucun de ceux qui ont demandé à Jésus de les guérir, aient employé ce nom. En l'appelant donc Maître, ces lépreux font assez voir que la lèpre est une fausse doctrine qu'il n'appartient qu'au bon Maître de faire disparaître.

3. Quant au sacerdoce des Juifs, il est peu de fidèles qui ne sachent qu'il était la figure du sacerdoce royal que Dieu devait établir dans l'Eglise pour consacrer tous ceux qui font partie du corps de Jésus-Christ, le seul véritable prince des prêtres. Maintenant, en effet, tous les chrétiens reçoivent l'onction autrefois réservée aux rois et aux prêtres, et lorsque saint Pierre écrivant au peuple chrétien, lui dit : « Vous êtes un sacerdoce royal, » (1 *Pierre*, II, 9) il déclare par là que ce double nom appartient au peuple qui a droit à cette onction. Tous les autres vices qui affectent la santé de ce qu'on peut appeler les membres de l'âme et des sens, Notre-Seigneur les guérit et les corrige par lui-même dans la conscience et dans l'âme des chrétiens ; mais c'est à l'Eglise qu'il a proprement donné le pouvoir de sanctifier les âmes par les sacrements et de les instruire par la prédication extérieure et par des lectures où se dessinent clairement à leurs yeux les couleurs de la vérité et de la sincérité, parce qu'elles se produisent au grand jour et qu'elles sont accessibles à tous, car ce ministère s'accomplit non dans le secret des pensées du cœur, mais par des opérations extérieures et sensibles. Voilà pourquoi Paul, après avoir entendu le Seigneur lui-même lui dire : « Pourquoi me persécutez-vous ? » et encore : « Je suis Jésus que vous persécutez, » (*Act.*, IX, 4-5) ne laissa pas d'être envoyé à Ananias afin de recevoir du sacerdoce établi dans l'Eglise les enseignements mystérieux de la foi et faire consacrer comme vraie la couleur de sa

---

scientiam veræ fidei non habentes, varias doctrinas profitentur erroris. Non enim vel abscondunt imperitiam suam, sed pro summa peritia proferunt in lucem, et (*a*) jactantia sermonis ostentant. Nulla porro falsa doctrina est, quæ non aliqua vera intermisceat. Vera ergo falsis inordinate permixta, in una disputatione vel narratione hominis, tanquam in unius corporis colore apparentia, significant lepram, tanquam veris falsisque colorum fucis humana corpora variantem atque maculantem. Hi autem tam vitandi sunt Ecclesiæ, ut si fieri potest longius remoti magno clamore Christum interpellent : sicut isti decem « steterunt a longe, et levaverunt vocem, dicentes, Jesu præceptor miserere nostri. » Nam et quod præceptorem vocant, quo nomine nescio utrum quisquam Dominum interpellaverit pro medicina corporali, satis puto significare, lepram falsam esse doctrinam, quam bonus præceptor abstergit.

3. Sacerdotium vero Judæorum nemo fere fidelium dubitat figuram fuisse futuri sacerdotii regalis, quod est in Ecclesia, quo consecrantur omnes pertinentes ad corpus Christi, summi et veri principis sacerdotum. Nam nunc et omnes unguuntur, quod tunc regibus tantum et sacerdotibus fiebat : et quod ait Petrus ad Christianum populum scribens : Regale sacerdotium (1 *Pet.*, II, 9) : utrumque nomen illi populo convenire declaravit, quo illa unctio pertinebat. Cætera itaque vitia tanquam valetudinis et quasi membrorum animæ atque sensuum, per seipsum interius in conscientia et intellectu Dominus sanat et corrigit : doctrina vero vel imbuendi per sacramenta, vel catechizandi per sermonem sonantem atque lectionem, ubi color quidam intelligitur verus atque sincerus, quia in promptu est et foris eminentissimus (non enim in occultis cogitationibus, sed in manifestis operationibus hæc aguntur) : Ecclesiæ proprie contributa est. Itaque et Paulus voce Domini audita : Quid me persequeris? et : Ego sum Jesus, quem tu persequeris : ad Ananiam tamen missus est (*Act.*, IX, 4 et 5), ut illo sacerdotio quod in Ecclesia constitutum est, sacramentum doctrinæ fidei perciperet, et verus ejus approbaretur color. Non

---

(*a*) Mss. nostri omnes, *jactantiam* : et paulo infra pro *colorum fucis*, habent *colorum locis*.

doctrine. Ce n'est pas, sans doute, que le Seigneur ne puisse tout faire immédiatement par lui-même, car quel autre que lui opère toutes ces merveilles dans l'Eglise ? Mais il a voulu que la société des fidèles réunis, par cette approbation réciproque et cette communication mutuelle de la doctrine de la vraie foi dans l'enseignement comme dans l'administration des sacrements, présentât l'aspect d'une seule et même couleur, celle de la vérité. C'est à ce principe que saint Paul lui-même rend témoignage lorsqu'il dit : « Quatorze ans après, j'allai à Jérusalem avec Barnabé ayant pris aussi Tite avec moi : or, j'y montai suivant une révélation et j'exposai aux fidèles et en particulier à ceux qui étaient les plus considérés, l'Evangile que je prêche parmi les Gentils, de peur de courir ou d'avoir couru inutilement. » (*Gal.*, I, 2.) Et un peu plus loin : « Lorsque Jacques, Pierre et Jean, qu'on regardait comme les colonnes de l'Eglise, eurent reconnu la grâce que j'avais reçue, ils nous associèrent avec eux en nous donnant la main, à Barnabé et à moi. » (*Ibid.*, 9.) Cette communication réciproque faisait ressortir l'unité de la doctrine dont toute différence était exclue. C'est la recommandation salutaire qu'il faisait lui-même aux Corinthiens : « Je vous conjure, mes frères, leur disait-il, au nom de Notre-Seigneur Jésus-Christ, d'avoir tous un même langage. » (I *Cor.*, I, 10.) Voyez encore, un ange vient apprendre au centurion Corneille que ses aumônes étaient agréables à Dieu et ses prières favorablement accueillies, et cependant pour consacrer l'unité dans la doctrine et dans les sacrements, l'ange reçoit l'ordre de l'envoyer à Pierre, et il semble dire à lui et aux siens : « Allez, montrez-vous aux prêtres. » Et pendant qu'ils y allaient, ils furent purifiés. Pierre était déjà venu vers eux, mais comme ils n'avaient pas encore reçu le baptême, ils n'étaient pas encore parvenus spirituellement jusqu'aux prêtres, et cependant leur purification fut solennellement déclarée par la descente du Saint-Esprit et par le don admirable des langues.

4. Les choses étant ainsi, il est facile de voir qu'un homme peut, dans l'Eglise dont il est membre, suivre une doctrine saine et véritable, prendre pour règle de tous ses discours la foi catholique, distinguer parfaitement le Créateur de la créature, montrer par là qu'il est tout à fait exempt de ces erreurs variées figurées par la lèpre ; et cependant être plein d'ingratitude pour Dieu et pour le Seigneur qui l'a purifié, parce qu'enflé d'orgueil il ne veut pas, dans un sentiment de religieuse humilité, s'abaisser jusqu'à rendre grâces, et qu'il devient semblable à

---

quia non potest per seipsum Dominus omnia facere, nam quis alius hæc facit etiam in Ecclesia? sed ut ipsa societas congregatorum fidelium, approbando in invicem atque communicando veræ fidei doctrinam in omnibus quæ dicuntur verbis vel signantur sacramentis, tanquam unam speciem veri coloris obducat. Ad hoc etiam pertinet quod idem dicit Apostolus : « Deinde post annos quatuordecim ascendi Jerosolymam cum Barnaba assumpto et Tito : ascendi autem secundum revelationem; et exposui eis Evangelium quod prædico in gentibus, seorsum autem iis qui videbantur (*a*) : ne forte in vacuum curro, aut cucurri. » (*Gal.*, II, 1 et 2.) Et paulo post : « Cum cognovissent, inquit, gratiam quæ data est mihi : Jacobus, Petrus et Joannes, qui videbantur columnæ esse, dexteras dederunt mihi et Barnabæ societatis. » (*Ibid.*, 9.) Ipsa enim collatio unam doctrinæ speciem exclusa omni varietate monstrabat : quod salubriter etiam Corinthios monet, dicens : « Obsecro autem vos, fratres, per nomen Domini nostri Jesu Christi, ut idipsum dicatis omnes. » (1 *Cor.*, I, 10.) Cornelius etiam cum et eleemosynæ ejus acceptæ, et preces ejus auditæ illi ab Angelo nuntientur (*Act.*, X, 4, etc.), propter doctrinæ tamen sacramentorumque unitatem ad Petrum jubetur mittere, tanquam illi et suis diceretur : « Ite, ostendite vos sacerdotibus. » Nam et cum irent mundati sunt. Jam enim ad eos venerat Petrus, sed tamen ipsi nondum accepto baptismatis sacramento, nondum spiritaliter ad sacerdotes pervenerant; et tamen infusione Spiritus sancti, et admiratione linguarum eorum mundatio declarata est.

4. Quæ cum ita se habeant, jam facile est etiam illud videre, fieri posse ut quisque in Ecclesiæ societate doctrinam integram veramque assequatur, et omnia secundum catholicæ fidei regulam edisserat, distinguat a Creatore creaturam, eoque manifestetur varietate mendaciorum tanquam lepra caruisse : et tamen ingratus sit Deo et Domino mundatori suo, quia elatus superbia, gratiarum agendarum pia humilitate non sternitur, similisque efficitur illis, de quibus dicit Apostolus : « Qui cum cognovissent

---

(*a*) Editi, *videbantur esse aliquid*. Mss. quatuor, *videntur* : qui codices, aliique e Mss. non addunt *esse aliquid* : quod etiam ab antiquis Corbeiensibus versionis Vulgatæ Bibliis abest ; neque in Græco textu Apostoli est nisi Τοῖς δοκοῦσι, id est, juxta Augustini expositionem in Epist. ad Gal. *eis qui eminebant in Ecclesia.*

ceux dont l'Apôtre a dit : « Ayant connu Dieu, ils ne l'ont pas glorifié comme Dieu ou ils ne lui ont point rendu grâces. » (*Rom.*, 1, 21.) En disant qu'ils ont connu Dieu, l'Apôtre montre qu'ils ont été purifiés de la lèpre, mais cependant il les accuse aussitôt d'ingratitude. Aussi ils resteront dans le nombre neuf, symbole de leur imperfection. Ajoutez un à neuf, vous avez comme une espèce d'unité, et le nombre est si complet que vous ne pouvez aller plus loin sans revenir à l'unité; règle qui s'observe dans tous les nombres jusqu'à l'infini. Il faut donc ajouter un à neuf pour avoir dans le nombre dix une certaine image de l'unité; mais pour conserver l'unité, on n'a pas besoin du nombre neuf. Voilà pourquoi ces neuf qui n'ont pas rendu grâces ont été réprouvés et exclus de toute participation à l'unité, tandis que le seul d'entre eux qui a rendu grâces a mérité l'approbation et les louanges du Sauveur, comme étant la figure de l'unité de l'Eglise. Et comme ils étaient Juifs, il a déclaré qu'ils avaient perdu par leur orgueil le royaume des cieux où règne l'unité la plus parfaite. Ce samaritain, au contraire, dont le nom veut dire *gardien*, a renvoyé à son auteur la gloire du bienfait qu'il avait reçu; et en chantant ces paroles du Psalmiste : « C'est en vous que je conserverai ma force, » (*Ps.* LVIII, 10.) il s'est soumis au roi par sa reconnaissance et a conservé l'unité du royaume par son humble piété.

QUESTION XLI. — Que signifient ces paroles : « Que celui qui se trouvera sur les toits et dont les meubles sont dans la maison, ne descende point pour les emporter ? » (*Luc*, XVII, 31.) Celui qui est sur le toit est le chrétien qui élevé au-dessus des préoccupations de la chair, respire un air libre dans la sphère des choses spirituelles. Les meubles qui sont dans la maison sont les sens du corps qui ont bien souvent égaré et en grand nombre ceux qui les ont pris pour guides dans la recherche de la vérité que l'intelligence seule peut nous faire trouver. Les meubles de cet homme spirituel restent sans emploi dans sa maison, parce que la force de son intelligence, relevant son âme bien au-dessus de son corps, le place comme sur un toit, et que la pénétration de sa sagesse lui donne la jouissance d'un ciel plus serein et plus pur. Qu'il se garde donc, au jour de la tribulation, de céder de nouveau à l'attrait de la vie charnelle qui se nourrit par les sens du corps et de descendre pour prendre ses meubles dans sa maison.

QUESTION XLII. — Quel est le sens de ces autres paroles du Sauveur : « Et que celui qui est dans les champs ne retourne pas en arrière ? » (*Luc*, XVII, 31) c'est-à-dire que celui qui travaille dans l'Eglise, qui plante ou arrose comme Paul et Apollon, ne doit point jeter un œil de regret

Deum, non ut Deum magnificaverunt, aut gratias egerunt. » (*Rom.*, 1, 21.) Quod enim dicit eos Deum cognovisse, ostendit quidem a lepra fuisse mundatos, sed tamen statim accusat ingratos. Ideoque tales in novenario numero tanquam imperfecti remanebunt. Unum enim si addatur ad novem, quædam effigies unitatis impletur : quo fit tanta completio, ut ultra non progrediatur numerus, nisi rursus ad unum redeatur; et hæc per infinitatem numeri regula custodiatur. Novem itaque indigent uno, ut quadam unitatis forma coagulentur et decem sint : unum autem non eis indiget ut custodiat unitatem. Quamobrem ut illi novem qui gratias non egerunt, reprobi effecti, a consortio unitatis exclusi sunt : ita unus ille qui gratias egit, unicæ Ecclesiæ significatione approbatus atque laudatus est. Et quia illi erant Judæi, amisisse per superbiam declarati sunt regnum cœlorum, ubi maxime unitas custoditur : iste vero qui erat Samaritanus, quod interpretatur custos, illi a quo accepit tribuens quod accepit, et quodammodo cantans illud de Psalmo : Fortitudinem meam ad te custodiam (*Psal.* LVIII) : per gratiarum actionem regi subjectus, unitatem regni humili devotione servavit.

QUÆST. XLI. — Quid est quod dicit Dominus : « Qui fuerit in tecto, et vasa ejus in domo, non descendat tollere illa ? » (*Luc.*, XVII, 31.) « In tecto » est, qui excedens carnalia, tanquam in aura libera spiritaliter vivit : « Vasa ejus in domo, » sunt sensus carnales, quibus ad investigandam veritatem, quæ intellectu capitur, multi utentes penitus erraverunt. Hujus ergo spiritalis viri jam vasa ista vacant in domo ; quia mente corpori superemenens per aciem intelligentiæ tanquam in tecto positus, perspicuitate sapientiæ veluti cœlo apertissimo fruitur. Caveat ergo iste, ne in die tribulationis rursus vita carnali, quæ per sensus corporis pascitur, delectatus, ad vasa hujusmodi tollenda descendat.

QUÆST. XLII. — Quid est quod dictum est : « Et qui in agro fuerit, similiter non redeat retro ? » (*Luc.*, XVII, 31.) Qui operatur in Ecclesia, sicut Paulus et

vers les espérances du monde auxquelles il a renoncé.

Question XLIII. — La femme de Loth est la figure de ceux qui, dans la tribulation, regardent en arrière et détournent les yeux de l'espérance des promesses divines. Or, elle fut changée en statue de sel pour avertir les hommes de ne point imiter son exemple et comme pour assaisonner leur cœur du sel qui les préserve de l'affadissement et de la corruption.

Question XLIV. 1. — Que représentent ces deux hommes dans le même lit, ces deux femmes occupées à moudre ensemble, ces deux hommes qui sont au champ et dont un seul des deux sera pris, tandis que l'autre sera laissé ? Notre-Seigneur veut nous représenter ici trois classes d'hommes différentes. La première est composée de ceux qui préfèrent mener une vie de loisir et de repos affranchie de toute occupation, soit séculière, soit ecclésiastique, le lit est l'image de ce repos. La seconde comprend ceux qui, faisant partie du peuple, sont conduits par les docteurs et sont occupés des choses de ce monde. Ils sont ici figurés par des femmes, parce qu'il leur est avantageux de se laisser diriger par de plus habiles; et par des femmes qui tournent la meule, image du cercle tournant sans cesse sur lui-même des affaires de ce monde. Notre-Seigneur les représente tournant la meule ensemble, c'est-à-dire que ces hommes s'occupent de ces affaires du siècle tout en contribuant de leurs biens et de leurs travaux aux besoins de l'Eglise. La troisième classe est composée de ceux qui travaillent dans les divers ministères de l'Eglise comme en cultivant le champ de Dieu, dont parle l'Apôtre. (I *Cor.*, III, 9.) Ces trois classes, à leur tour, en renferment deux autres que l'on distingue par le degré d'énergie qui leur est propre. Car, bien qu'ils paraissent tous faire partie du corps de l'Eglise, cependant quand arrive l'épreuve de la tribulation parmi ceux qui vivent dans le repos comme parmi ceux qui sont occupés des affaires de ce monde ou du service de Dieu dans le ministère ecclésiastique, les uns demeurent fermes, les autres tombent. Donc ces paroles : « L'un sera pris, l'autre sera laissé, » ne doivent point s'entendre de deux hommes en général, mais de deux genres de dispositions qui existent dans chaque espèce de ces trois classes différentes. Il dit : « Dans cette nuit, » c'est-à-dire au milieu de cette tribulation.

2. Je crois qu'on peut rattacher à ces trois espèces d'hommes qui sont pris les noms de ces trois saints personnages qui seront seuls délivrés, au témoignage du prophète Ezéchiel : Noé, Daniel et Job. (*Ezech.*, XIV, 14.) Noé représente ceux qui gouvernent l'Eglise, de même

---

Apollo plantat et rigat (I *Cor.*, III, 6), non respiciat spem sæcularem, cui renuntiavit.

Quæst. XLIII. — Quid significavit « uxor Loth ? » (*Luc.*, XVII, 32.) Eos qui in tribulatione retro respiciunt, et se ab spe divinæ promissionis avertunt. Et ideo statua salis facta est, ut admonendo homines ne hoc faciant, tanquam condiat cor eorum ne sint fatui.

Quæst. XLIV. — 1. « Qui sunt in illa nocte duo in lecto, et duæ molentes in unum, et duo in agro, » (*Luc.*, XVII, 34, etc.) de quibus omnibus binis singuli assumuntur, et singuli relinquentur? Tria genera hominum hic videntur significari : unum eorum qui otium et quietem eligunt, neque negotiis sæcularibus neque negotiis ecclesiasticis occupati; quæ illorum quies lecti nomine significata est : alterum eorum qui in plebibus constituti reguntur a (*a*) doctioribus, agentes ea quæ sunt hujus sæculi; quos et feminarum nomine significavit, quia consiliis, ut dixi, peritorum, regi eis expedit; et molentes dixit, propter temporalium negotiorum orbem atque circuitum : quas tamen in unum molentes dixit, in quantum de ipsis rebus et negotiis suis præbent usibus Ecclesiæ : tertium eorum qui operantur in Ecclesiæ ministerio tanquam in agro Dei, de qua agricultura Apostolus loquitur. (I *Cor.*, III, 9.) In his ergo tribus generibus bina sunt rursus genera hominum in singulis, et pro robore suarum virium discernuntur. Cùm enim omnes ad Ecclesiæ membra pertinere videantur, adveniente tamen tentatione tribulationis, et ex illis qui sunt in otio, et ex illis qui sunt in negotiis sæculi, et ex illis qui Deo ministrant in Ecclesia, aliqui permanent, aliqui cadunt : qui permanent assumuntur, qui cadunt relinquuntur. Ergo « unus assumetur, et unus relinquetur, » non quasi de duobus hominibus dictum est, sed de duobus generibus affectionum, in singulis generibus trium professionum. « In illa ergo nocte » dixit, in illa tribulatione.

2. Ad ipsa tria genera quæ assumuntur, pertinere arbitror etiam tria illa nomina virorum sanctorum, quos solos liberandos Ezechiel propheta pronuntiat, Noe, Daniel et Job. (*Ezech.*, XIV, 14.) Videtur enim

---

(*a*) Rat. et quinque Mss. *doctoribus*.

qu'il dirigeait sur les eaux l'arche, figure de l'Eglise. Daniel qui choisit le célibat et méprisa toute union terrestre pour vivre sans inquiétude et ne penser qu'aux choses de Dieu (I *Cor.*, vii, 32), représente ceux qui vivent dans le repos, mais qui ne laissent pas de déployer une force extraordinaire dans l'épreuve et méritent ainsi d'être pris. Job, qui avait une femme, des enfants et d'immenses richesses (*Job*, i, 3), est la figure de ceux qui sont occupés à tourner la meule, mais à la condition qu'ils seront inébranlables comme lui au milieu des tribulations, condition essentielle pour être choisis. Je ne pense pas qu'il y ait dans l'Eglise d'autres espèces d'hommes en dehors des trois classes dont nous venons de parler et qui ont chacune ce double caractère que, parmi ceux qui les composent, les uns sont pris et les autres laissés, bien que cette diversité de goûts et de volontés, qui se rencontrent dans chacun d'eux, concourent cependant à établir le bon accord et l'unité.

Question XLV. — 1. Pourquoi Notre-Seigneur, voulant nous engager à prier sans jamais nous lasser, nous propose-t-il la parabole de ce juge inique « qui ne craignait point Dieu, et ne se souciait point des hommes, » (*Luc*, xviii, 2, etc.) et cependant finit par céder aux instances continuelles d'une veuve, et lui rendit justice pour se débarrasser de ses importunités, comme il le déclare lui-même, « de peur qu'elle ne vienne et ne me fasse quelque affront ? » (*Ibid.*, 5.) Tantôt Notre-Seigneur tire ses paraboles d'une similitude, comme dans cette parabole du serviteur à qui son maître remet, après compte fait, tout ce qu'il lui devait (*Matth.*, xviii, 23-35); dans celle du créancier qui, ayant remis à ses deux débiteurs ce qu'ils lui devaient, fut plus aimé de celui à qui il avait remis une plus forte dette (*Luc.*, vii, 41-43); dans celle de l'homme qui avait deux fils, l'aîné qui demeurait près de lui dans les champs, l'autre qui mène une vie de débauche dans une contrée lointaine (*Ibid.*, xv, 11), et dans une foule d'autres semblables. Dans ces paraboles, c'est justement ce caractère d'analogie qui donne l'intelligence de la vérité qu'elles sont destinées à proposer ou à faire rechercher. Tantôt, au contraire, le Sauveur s'appuie sur un caractère de dissemblance ou d'opposition, comme lorsqu'il dit : « Si Dieu revêt ainsi l'herbe des champs qui est aujourd'hui, et demain sera jetée au four, combien plus le fera-t-il pour vous, gens de peu de foi ? » (*Matth.*, vi, 30.) C'est à cette même espèce de paraboles qu'appartient celle de ce serviteur à qui son maître avait déclaré qu'il lui retirait l'administration de ses biens. Il fit un tort considérable à

Noe pertinere ad eos, per quos Ecclesia regitur; sicut per illum in aquis arca gubernata est (*Gen.*, vii, 7, etc.), quæ figuram gestabat Ecclesiæ. Daniel autem, qui elegit cælibem vitam, id est nuptias terrenas contempsit, ut sicut dicit Apostolus, sine sollicitudine viveret, cogitans quæ sunt Dei (I *Cor.*, vii, 32), genus eorum significat qui sunt in otio, sed tamen fortissimi in tentationibus ut possint assumi. Job autem quia uxorem et filios habuit, et amplas terrenarum rerum copias (*Job.*, i, 2 etc.), ad illud genus pertinet, cui molendinum deputatum est, sed tamen ut sint fortissimi in tentationibus, sicut ille fuit; non enim aliter assumi poterunt. Nec puto esse alia genera hominum quibus constat Ecclesia, quam ista tria, habentia binas differentias, propter assumptionem et relictionem; quamvis in singulis multæ studiorum voluntatumque diversitates, ad concordiam tamen unitatemque concurrentes, possint inveniri.

Quæst. XLV. — 1. Quid est quod ad semper orandum et non deficiendum, « de judice iniquo » voluit parabolam ponere, « qui cum Deum non timeret, et hominem non revereretur, viduæ tamen assiduis interpellationibus cessit, » (*Luc.*, xviii, 2, etc.) ut eam vindicaret, ne sibi ab illa tædium fieret? Nam hoc est quod ait : « Ne veniens suggillet me. » (*v.* 5.) Quoniam parabolas Dominus aut secundum similitudinem aliquam ponit : sicut de servo illo, cui Dominus dimisit quod ratione reddita debere inventus est, et ipse conservo suo dilationem saltem dare noluit (*Matth.*, xviii, 27); et de fœneratore, qui cum duobus debitoribus donasset quod debebant, ab eo plus dilectus est cui plus donavit (*Luc.*, vii, 41); et de homine qui habebat duos filios, majorem in agro sibi propinquantem, minorem autem in longinquo luxuriantem (*Luc.*, xv, 11); et innumerabilia hujusmodi. De his enim, in quantum similia sunt, ducitur intellectus ejus rei, cui adhibentur (a), insinuandæ aut requirendæ. Aut ex ipsa dissimilitudine aliquid probat, veluti est illud : Quod si fœnum agri, quod hodie est, et cras in clibanum mittitur, Deus sic vestit, quanto magis vos modicæ fidei? (*Matth.*, vi, 30.) Ad hoc genus pertinet etiam illud quod de servo ait, cui Dominus denuntiaverat ut a villicatu removeretur : fraudem quippe ille fecit domino suo, ut

---

(a) Sic Mss. At editi, *cui adhibentur ad mysterium insinuandæ aut requirendæ veritatis.*

son maître en falsifiant les billets souscrits, et en déchargeant les débiteurs autant qu'il le jugeait convenable à ses intérêts. Notre Seigneur, par cet exemple, ne veut nullement nous engager à le tromper lui-même; mais s'il déclare que cet homme fut loué par son maître d'avoir pourvu à son avenir par ces moyens frauduleux, avec quelle activité bien plus grande veut-il que nous assurions nos intérêts en faisant des œuvres de justice avec les richesses d'iniquité, comme nous l'avons expliqué en son lieu? On peut rattacher encore à ce même genre de paraboles celle de cet homme qui interrompt son sommeil pour prêter trois pains à son ami, ce qu'il fait non par amitié, mais pour se débarrasser de ses importunités. En effet, si cet homme a donné, fatigué qu'il était des instances de son ami, à combien plus forte raison Dieu qui aime ses serviteurs et les presse de lui adresser leurs prières, leur accordera-t-il les biens qu'ils lui demandent? Dans la première espèce de paraboles, on peut raisonner de la sorte. Ce fait est semblable à celui-ci; dans la seconde, au contraire : si telle chose ne se fait pas, à plus forte raison telle autre; mais ces conséquences sont exprimées avec plus ou moins de clarté ou d'obscurité. L'exemple de ce juge impie n'est donc point un exemple de ressemblance, mais un exemple par les contraires, et Notre-Seigneur par cet exemple a voulu montrer combien grande doit être l'assurance de ceux qui prient avec persévérance Dieu, qui est la source de la justice et de la miséricorde, et ce qu'on peut dire ou entendre de plus parfait, puisque les instances persévérantes de cette femme ont forcé ce juge d'iniquités de lui accorder ce qu'elle demandait.

2. Or, cette femme peut être considérée comme la figure de l'Eglise, elle est dans la désolation jusqu'à l'avénement du Seigneur, qui la couvre ici-bas de sa protection secrète et mystérieuse. Nous sommes peut-être surpris que les élus de Dieu lui demandent vengeance comme le font également les martyrs dans l'Apocalypse de saint Jean (*Apoc.*, vi, 10), bien qu'il nous soit expressément recommandé de prier pour nos ennemis et nos persécuteurs. (*Matth.*, v, 44.) Il nous faut donc bien comprendre que cette vengeance des bons a pour objet la destruction du règne des méchants. Or, ce règne peut finir de deux manières : ou par le retour des méchants à la justice, ou par le châtiment qui leur ôte le pouvoir de faire le mal, pouvoir dont ils font maintenant usage pour un temps contre les justes, tant que le bien de ces derniers le demande. En supposant que tous les hommes, et par conséquent les ennemis pour lesquels il nous est commandé de prier se convertissent à Dieu, resterait encore le démon qui exerce maintenant son pouvoir sur les enfants d'incrédulité, et qui doit être condamné à la fin du monde; et comme les

---

falsatis chirographis, debitoribus ejus, quantum commodum visum est, relaxaret. (*Luc.*, xvi, 1.) Neque ullo modo nos Dominus ut sibi fraudem faciamus hortatur : sed si qui fraudando sibi providit in posterum, laudatum eum dicit a domino; quanto majore alacritate sibi providere debent in æternam vitam, quibus ut juste operentur jubetur de mammona iniquitatis? quod suo loco (*sup. q.* 34) expositum est. Ad hoc genus pertinet et ille, qui non propter amicitiam, sed ut tædio careret, jam dormiens excitatur, ut tres panes commodet amico suo. (*Luc.*, xi, 5.) Si enim ille molestia compulsus dedit, quanto magis Deus, qui servos suos diligens ut petamus hortatur, dabit bona petentibus se? (*Matth.*, vii, 7, etc.) Itaque illud superius genus his verbis adjungi potest : Sicut illud, ita et illud : hoc autem posterius his verbis : Si illud, quanto magis illud? aut: Si non illud, quanto minus illud? sed alicubi obscure, alicubi aperte ista ponuntur. Hic ergo iniquus judex non ex similitudine, sed ex dissimilitudine adhibitus est, ut ostenderet Dominus quanto certiores esse debeant qui Deum perseveranter rogant fontem justitiæ atque misericordiæ, vel si quid excellentius dici aut audiri potest, cum apud iniquissimum judicem usque ad effectum implendi desiderii valuerit perseverantia deprecantis.

2. Ipsa vero vidua potest habere similitudinem Ecclesiæ, quod desolata videtur donec veniat Dominus, qui tamen in secreto etiam nunc curam ejus gerit. Si autem movet cur electi Dei se vindicari deprecantur, quod etiam in Apocalypsi Joannis de martyribus dicitur (*Apoc.*, vi, 10), cum apertissime moneamur ut pro nostris inimicis et persecutoribus oremus (*Matth.*, v, 44); intelligendum est eam vindictam esse justorum (*Luc.*, vi, 27), ut omnes mali pereant : pereunt autem duobus modis, aut conversione ad justitiam, aut amissa per supplicium potestate, qua nunc adversus bonos, quamdiu hoc ipsum bonis expedit, vel temporaliter aliquid valent. Itaque etiamsi omnes homines converterentur ad Deum, inter quos sunt etiam inimici, pro quibus jubemur orare; diabolus tamen, qui operatur in filiis diffi-

justes désirent ardemment que cette fin du monde arrive, on conçoit que tout en priant pour leurs ennemis, ils désirent d'être vengés de leur mortel ennemi.

QUESTION XLVI. — « Cet homme de grande naissance qui s'en alla en un pays lointain pour y prendre possession d'un royaume, et revenir ensuite, » (*Luc*, XIX, 12) représente Notre-Seigneur Jésus-Christ. Ce pays lointain, c'est l'Eglise des Gentils répandue jusqu'aux extrémités de la terre. Il annonce qu'il doit revenir, car il s'est en allé pour faire entrer la plénitude des nations; et il reviendra pour que tout Israël soit sauvé. (*Rom.*, XI, 25.) Les dix mines sont les dix commandements de la loi appelés le décalogue. Les dix serviteurs représentent ceux à qui la grâce a été annoncée, lorsqu'ils vivaient sous la loi, c'est-à-dire que ces mines leur furent confiées, lorsqu'ils comprirent que la loi elle-même, dégagée de ses voiles, se rapportait à l'Evangile. Ceux de son pays qui lui envoyèrent des députés chargés de lui dire qu'ils ne voulaient pas qu'il régnât sur eux, sont la figure des Juifs, qui même après la résurrection du Sauveur, envoyèrent des persécuteurs contre les Apôtres, et repoussèrent la prédication de l'Evangile. Jésus-Christ revient après avoir pris possession de son royaume, parce qu'il doit revenir, en effet, dans tout l'éclat de sa gloire, lui dont le premier avénement a été si humble lorsqu'il disait : « Mon royaume n'est pas de ce monde. » (*Jean*, XXVIII, 36.) Les serviteurs qui rendent compte de l'argent qu'ils ont reçu et que leur maître loue de l'avoir fait fructifier, représentent ceux qui ont fait un bon usage des grâces qu'ils ont reçues en augmentant les richesses du Seigneur, c'est-à-dire le nombre de ceux qui croient en lui, et qui ont ainsi un compte favorable à rendre. Ceux qui n'ont point voulu agir de la sorte sont figurés par le serviteur qui a gardé sa mine enveloppée dans un linge. Il est, en effet, des hommes à qui une coupable illusion fait tenir ce langage : C'est bien assez que chacun rende compte pour soi ; quel besoin d'aller prêcher aux autres et se charger d'un ministère qui nous forcera de rendre compte de leur âme, puisqu'au tribunal de Dieu, ceux qui n'ont pas reçu la loi, et qui sont morts sans avoir connu l'Evangile seront inexcusables, parce que le spectacle de la création suffisait pour leur faire connaître le Créateur, dont les perfections invisibles sont devenues visibles par tout ce qui a été fait depuis la création du monde ? (*Rom.*, I, 20.) N'est-ce pas là vouloir moissonner où il n'a pas semé, et regarder comme coupables d'impiété ceux à qui ni la loi ni l'Evangile n'ont été annoncés ? Or, sous le prétexte de se soustraire au danger d'un jugement si sévère, ils

---

dentiæ (*Ephes.*, II, 2), remaneret in sæculi fine damnandus : quem finem justi cum venire desiderant, quamvis pro inimicis suis orent, tamen non absurde vindictam desiderare dicuntur.

QUÆST. XLVI. — « Homo quidam nobilis abiit in regionem longinquam accipere sibi regnum, et reverti (*Luc.*, XIX, 12, etc.), ipse Dominus noster Jesus Christus intelligitur. Regio longinqua, Ecclesia gentium usque ad fines terræ. Reverti tamen se dicit : abiit enim, ut plenitudo gentium intraret ; revertetur, ut omnis Israel salvus fiat. (*Rom.*, II, 25.) Per decem mnas, Legem significat propter decalogum. Decem autem servos, quibus sub illa positis gratia prædicata est. Sic enim intelligendum est eis datas mnas ad usum, cum intellexerunt eam ipsam legem remoto velamine ad Evangelium pertinere. Cives ejus qui post eum miserunt legationem, dicentes nolle ut regnet sibi, Judæi sunt, qui etiam post resurrectionem ejus miserunt (*a*) persecutores Apostolis, et prædicationem Evangelii respuerunt. Rediit autem accepto regno, quia in manifestissima et eminentissima claritate venturus est, qui eis humilis apparuit, cum diceret : Regnum meum non est de hoc mundo. (*Joan.*, XVIII, 36.) Quod autem servi reddentes rationem ex eo quod acceperant, laudantur qui lucrati sunt, significat eos bonam reddere rationem, qui bene usi sunt eo quod acceperunt, ad augendas divitias Domini per eos qui credunt in eum. Quod qui facere nolunt, in illo significati sunt qui mnam suam in sudario servavit. Sunt enim homines hac sibi perversitate blandientes ut dicant : Sufficit ut de se unusquisque rationem reddat, quid opus est aliis prædicare aut ministrare, ut etiam de ipsis reddere rationem quisque cogatur, cum apud Dominum etiam illi sint inexcusabiles quibus lex data non est, neque audito Evangelio dormierunt, quia per creaturam poterant cognoscere Creatorem, cujus invisibilia a constitutione mundi per ea quæ facta sunt, intellecta conspiciuntur ? (*Rom.*, I, 20.) Hoc est enim quasi metere ubi non seminavit, id est etiam eos impietatis reos tenere, quibus verbum Legis aut Evangelii non ministratum est. Hoc autem

---

(*a*) Rat. et duo Mss. *immiserunt persecutiones Apostolis* : moxque alii tres e Mss. et *prædicatores Evangelii*, etc.

renoncent dans les loisirs d'une honteuse oisiveté à exercer le ministère de la parole, c'est-à-dire qu'ils tiennent enveloppé dans un linge le talent qu'ils ont reçu. La banque dans laquelle cet argent devait être placé est la profession même de la religion qui est ouverte à tous pour leur offrir les moyens d'arriver au salut. Parmi les serviteurs qui ont fait un bon emploi de l'argent qui leur a été confié, l'un a gagné dix mines et l'autre cinq. Ils représentent ceux à qui la grâce a donné l'intelligence de la loi, et qui ont été acquis et gagnés au troupeau du Seigneur, soit parce que la loi est contenue dans le décalogue, soit parce que celui qui l'a promulguée a composé cinq livres ; ces dix villes et ces cinq auxquelles ces serviteurs sont préposés, ont la même signification. Car la multiplicité des sens que fait naître en foule la variété qui existe dans un seul précepte ou dans un seul livre, ramenée à un seul objet, forme comme une cité vivante de raisons éternelles. En effet une ville n'est pas une réunion d'êtres quelconques, mais une multitude d'intelligences raisonnables unies ensemble par les liens d'une loi commune. On ôte à celui qui n'a point fait fructifier son argent la mine qu'il avait reçue, pour la donner à celui qui en avait dix ; ce qui nous apprend qu'on mérite de perdre le don de Dieu lorsqu'on l'a reçu sans en faire aucun usage, et que ce don est doublé dans celui qui l'avait dans un sens véritable, c'est-à-dire qui en a fait un bon usage. Ces ennemis que le roi ordonne de mettre à mort en sa présence, sont la figure de l'impiété des Juifs qui ont refusé de se convertir à lui.

QUESTION XLVII. — Que signifient ces paroles : « Il est plus facile à un chameau de passer par le chas d'une aiguille, qu'à un riche d'entrer dans le royaume de Dieu ? » (*Luc.*, XVIII, 26.) Jésus donne ici le nom de riche à celui qui joint à la convoitise des biens de la terre, l'orgueil qu'inspire les richesses. A ces riches sont opposés les pauvres d'esprit, à qui appartient le royaume des cieux. (*Matth.*, V, 31.) Une preuve évidente que tous les gens cupides, fussent-ils dépourvus des richesses de ce monde, font partie de ces riches que le Sauveur condamne ici, c'est la question que lui adressèrent ceux qui l'entendirent : « Qui pourra donc être sauvé ? » alors cependant que le nombre des pauvres est incomparablement plus grand que celui des riches. Ils comprirent donc qu'il fallait ranger parmi les riches ceux qui sans posséder les biens de la terre sont dominés par la passion de les obtenir. Or, le sens des paroles de Notre-Seigneur est qu'il est plus facile à Jésus-Christ de souffrir pour ceux qui aiment le monde, qu'à ceux qui aiment le monde de se convertir à Jésus-Christ. Il se désigne lui-même sous l'emblème d'un chameau, parce qu'il s'est abaissé pour se charger du fardeau de nos iniquités.

veluti periculum judicii devitantes, pigro languore a verbi ministratione conquiescunt, et hoc est quasi in sudario ligare quod acceperunt. Mensam quo danda erat pecunia, professionem ipsam religionis accipimus, quæ tanquam publice proponitur ad usum necessarium saluti. Quod autem unus eorum qui bene usi sunt, decem acquisivit et alter quinque, significat eos esse acquisitos in gregem Dei, a quibus ipsa lex per gratiam intellecta est : sive quia decalogo continetur, sive quia ille per quem lata est, libros quinque conscripsit : ad hoc pertinent et decem et quinque civitates, quibus eos præponit. Multiplicatio enim intelligentiæ in ipsa varietate, quæ de unoquoque præcepto vel de unoquoque libro pullulat, ad unum redacta, quasi civitatem facit viventium rationum æternarum. Est enim civitas, non quorumlibet animantium, sed rationalium multitudo legis unius societate devincta. Quod autem ab illo qui uti noluit aufertur quod acceperat, et ei datur qui decem habebat, significatur et illum posse amittere munus Dei qui habens non habet, id est non utitur ; et in eo augeri qui habens habet, hoc est bene utitur. Inimicos ergo suos quos jubet coram se interfici, significat impietatem Judæorum, qui ad eum converti noluerunt.

QUÆST. XLVII. — Quid est quod ait : « Facilius est camelum per foramen acus transire, quam divitem intrare in regnum Dei. » (*Luc.*, XVIII, 25.) Divitem hic appellat cupidum rerum temporalium et de talibus superbientem. His divitibus contrarii sunt pauperes spiritu, quorum est regnum cœlorum. (*Matth.*, V, 3.) Nam eo manifestatur omnes cupidos, etiamsi facultatibus hujus mundi careant, ad hoc genus divitum quod est reprehensum pertinere ; quia postea dixerunt qui audiebant : « Et quis poterit salvus fieri ? » cum incomparabiliter major turba sit pauperum : videlicet intelligentes in eo numero deputari etiam illos, qui quanquam talia non habeant, tamen habendi cupiditate rapiuntur. Sensus est autem, facilius Christum pati pro dilectoribus sæculi, quam dilectores sæculi ad Christum posse converti. Cameli autem nomine se intelligi voluit, quia humiliatus

Aussi dans quel autre qu'en lui-même pouvons-nous mieux comprendre le sens de ces paroles : « Plus vous êtes grand, plus vous devez vous humilier en toutes choses. » (*Eccli.*, III, 20.) L'aiguille signifie les piqûres, et les piqûres les douleurs de sa passion ; le trou de l'aiguille est donc le symbole des angoisses de sa passion. Notre-Seigneur ajoute : « Ce qui est impossible aux hommes est possible à Dieu, » (*Luc*, XVIII, 27) paroles dont le sens n'est pas que les avares et les orgueilleux dont ce riche est l'image, entreront dans le royaume des cieux avec leur convoitise et leur orgueil ; mais qui signifient que Dieu peut par sa parole, comme il l'a déjà fait, et comme il le fait encore tous les jours sous nos yeux, ramener de la convoitise des biens de la terre, à l'amour des biens éternels, et des pernicieux entraînements de l'orgueil à la pratique d'une humilité salutaire.

QUESTION XLVIII. — 1. Nous pourrions entendre ces paroles : « Comme ils étaient près de Jéricho, » (*Luc*, XVIII, 35) dans ce sens qu'ils étaient déjà sortis de cette ville, mais sans en être fort éloignés. Cette manière de parler n'est pas très-usitée, je l'avoue ; cependant ce qui motiverait ici cette interprétation c'est que d'après le récit de saint Matthieu, comme ils sortaient de Jéricho (*Matth.*, XX, 29), Jésus rendit la vue à deux aveugles assis le long du chemin. Le nombre des aveugles ne peut faire ici aucune difficulté ; qu'un évangéliste ne parle que d'un seul aveugle sans faire mention de l'autre, peu importe. Saint Marc lui-même ne parle que d'un seul à qui Notre-Seigneur rendit la vue lorsque ses disciples et lui sortaient de Jéricho. Il va même jusqu'à nous faire connaître son nom et celui de son père, pour nous faire entendre que l'un avait plus de notoriété que l'autre, et motiver ainsi la mention expresse qu'il en fait à l'exclusion de l'autre. Cependant comme la suite du récit dans l'Évangile selon saint Luc démontre jusqu'à l'évidence que cette guérison eut lieu lorsqu'ils se dirigeaient vers Jéricho, il ne reste d'autre solution que de dire que ce miracle se répéta deux fois ; premièrement, sur un seul aveugle, lorsque Jésus allait entrer dans Jéricho, et secondement sur deux autres, lorsqu'il en sortait. Saint Luc a raconté le premier miracle et saint Matthieu le second, ce qui n'est pas sans quelque mystère. En effet, si Jéricho veut dire *lune*, et soit par là même la figure de notre mortalité, cet aveugle, dont parle saint Luc, représente les Juifs, à qui seuls Notre-Seigneur, aux approches de sa mort, avait commandé de porter la lumière de l'Évangile ; mais après sa résurrection et avant de monter au ciel, il veut qu'elle soit portée aux Gentils comme aux Juifs, et ces deux peuples sont figurés par les deux aveugles dont parle saint Matthieu.

2. Le temple dont il est question dans l'Evangile représente l'humanité du Sauveur, ou bien le corps qu'il s'est uni et qui est l'Eglise. C'est comme chef de l'Eglise qu'il a dit : « Détruisez ce temple, et je le rebâtirai en trois jours. » (*Jean*, II, 19.) Mais c'est du temple en tant qu'il représente l'Eglise qu'il dit dans un autre endroit : « Emportez tout cela, car il est écrit : La maison de mon Père est une maison de prière, et vous en avez fait une maison de trafic et une caverne de voleurs. » (*Jean*, II, 16; *Luc*, XIX, 46; *Isaïe*, LVI, 7; *Jerem.*, VII, 11; *Matth.*, XXI, 13.) Il a voulu nous apprendre par là qu'on en verrait un jour qui travailleraient dans l'Eglise à leurs propres affaires, et qui en feraient comme un asile destiné à cacher leurs crimes, plutôt que d'imiter la charité de Jésus-Christ et de réformer leur vie après avoir obtenu par la confession le pardon de leurs péchés.

QUESTION XLIX. — « Alors, dit Notre-Seigneur, ils ne pourront plus mourir. » (*Luc*, XX, 36.) En effet, le mariage a pour fin les enfants; on a des enfants pour laisser des héritiers, et des héritiers à cause de la mort; donc où il n'y a plus de mort, il n'y a plus de mariage. De même que notre parole se forme et se compose de syllabes qui se suivent et se succèdent, ainsi les hommes auteurs de la parole, concourent par une suite et une succession continuelle à former l'ordre de ce siècle dont l'ensemble résulte de la beauté des choses du temps. Mais comme dans la vie future, le Verbe de Dieu dont nous jouirons, n'a besoin pour être parfait d'aucune suite, d'aucune succession de syllabes, et qu'il possède toutes choses simultanément, et d'une manière permanente; ainsi pour ceux qu'il fera entrer en participation de son être, et dont il sera seul la vie, il n'y aura plus ni places vacantes par la mort, ni succession par la naissance.

QUESTION L. — Notre-Seigneur, après avoir dit à ses disciples : « Priez afin de ne point entrer en tentation, s'éloigna d'eux à la distance d'un jet de pierre, » (*Luc*, XXII, 40, 41) pour leur apprendre à diriger, à conduire jusqu'à lui le sens de la loi qui était écrite sur la pierre; car cette pierre peut arriver jusqu'à lui, « parce que Jésus-Christ est la fin de la loi pour justifier tous ceux qui croient. » (*Rom.*, X, 4.)

QUESTION LI. — 1. Saint Luc dit en parlant de Notre-Seigneur « qu'il fit semblant d'aller plus loin, » (*Luc*, XXIV, 28) et il n'y a point en cela de mensonge. En effet, toute fiction n'est pas un mensonge; il n'y a de mensonge que lorsque la fiction ne présente aucun sens. Mais lorsque

---

2. (*a*) « Templum » in Evangelio (*Luc.*, XIX, 45) ipsum hominem intelliges, vel etiam adjuncto corpore ejus, quod est Ecclesia. Secundum autem illud quod est caput Ecclesiæ, dictum est : « Solvite templum hoc, et in triduo suscitabo illud. » (*Joan.*, II, 19.) Secundum id vero quod etiam adjuncta Ecclesia intelligitur templum, videtur dixisse : « Auferte ista hinc : scriptum est : Domus mea domus orationis vocabitur, vos autem fecistis eam domum negotiationis, vel speluncam latronum. » (*Ibid.*, 16; *Luc.*, XIX, 46; *Isa.*, LVI, 7; *Jerem.*, VII, 11; (*Matth.*, XXI, 13). Significavit enim futuros in Ecclesia, qui sua negotia potius agerent, vel receptaculum ibi haberent ad occultanda scelera sua, quam ut caritatem Christi sequerentur, et peccatorum confessione accepta venia corrigerentur.

QUÆST. XLIX. — Ad id quod dixit : « Non enim ultra incipiunt mori : » (*Luc.*, XX, 36) quia connubia propter filios, filii propter successionem, successio propter mortem : ubi ergo mors non est, neque connubia. Sicut enim nunc sermo noster decedentibus et succedentibus syllabis peragitur atque perficitur : ita et ipsi homines quorum sermo est, decedendo ac succedendo peragunt atque perficiunt ordinem hujus sæculi, qui temporalium rerum pulchritudine contexitur. In illa autem vita quoniam Verbum Dei quo fruemur, nulla decessione et successione syllabarum completur, sed omnia quæ habet semper manendo simul habet, ita participes ejus, quibus ipsum solum erit vita, neque moriendo sibi decedent, neque nascendo succedent.

QUÆST. L. — Quod dixit Dominus discipulis : « Orate ne intretis in tentationem : et ipse avulsus est ab eis quantum jactus est lapidis : » (*Luc.*, XXII, 40 et 41) tanquam hoc eos admonuerit, ut in eum dirigerent lapidem, id est, usque ad cum perducerent intentionem Legis, quæ scripta erat in lapide, (*Deut.*, IX, 9.) Usque ad illum enim potest pervenire ille lapis quoniam finis Legis est Christus ad justitiam omni credenti. (*Rom.*, X, 4.)

QUÆST. LI. — 1. Quod scriptum est de Domino : « Finxit se longius ire, » (*Luc.*, XXIV, 28) non ad mendacium pertinet. Non enim omne quod fingimus mendacium est : sed quando id fingimus quod nihil significat, tunc est mendacium. Cum autem fictio nostra refertur ad aliquam significationem,

---

(*a*) Hanc in *templum* adnotationem Augustinus in præfixo huic operi Quæstionum elencho non recenset. Apud. Lov. incipit sic : *Templum in Evangelio ipsum Deum hominem factum intelliges* : at alii codices nec *Deum* addunt, nec *factum*.

notre fiction renferme une signification réelle, elle n'est plus un mensonge, c'est une figure de la vérité. Autrement il faudrait regarder comme des mensonges toutes les expressions figurées employées par de saints personnages, ou par Notre-Seigneur lui-même, puisque dans leur sens ordinaire ces paroles n'ont rien de vrai. Ainsi cet homme qui eut deux fils dont le plus jeune, après avoir reçu la part de bien qui lui revenait, partit pour une contrée lointaine, et toutes les autres circonstances de ce récit, ne doivent pas s'entendre d'un fait réel, c'est-à-dire d'un homme dont les deux fils ont agi de la sorte ou qui a tenu cette conduite à leur égard. Ce récit parabolique est donc la figure d'une vérité bien supérieure et incomparablement plus grande, puisque cet homme représente Dieu lui-même. Or ce n'est pas seulement dans les paroles, mais dans les actions que la fiction est exempte de mensonge, lorsqu'elle a pour but de faire connaître une vérité quelconque. Telle est l'action du Seigneur cherchant des fruits sur un figuier, dans un temps où il ne pouvait y en avoir. (*Matth.*, XXI, 19.) En effet, il est évident que le Sauveur n'a point cherché réellement ces fruits, car tout homme, au défaut d'une connaissance divine, aurait pu savoir par la saison même où on était, que cet arbre ne pouvait en porter. Ainsi donc une fiction qui a pour objet de faire connaître une vérité est une figure, toute autre est un mensonge. Quelle vérité veut donc nous apprendre le Sauveur, lorsqu'il feignit d'aller plus loin, tandis qu'il marchait avec ses disciples qui ne le reconnaissaient point et à qui il découvrit le sens des saintes Ecritures? Quelle est cette vérité? Il a voulu enseigner aux hommes que la pratique du devoir de l'hospitalité était un moyen sûr d'arriver à le connaître; et que lors même qu'il se serait bien plus éloigné des hommes en s'élevant au-dessus de tous les cieux, cependant il serait encore avec ceux qui rempliraient ce devoir à l'égard de ses serviteurs. Et lorsqu'ils lui diront : « Seigneur, quand est-ce donc que nous vous avons vu sans asile, et que nous vous avons recueilli ? il leur répondra : Chaque fois que vous l'avez fait à l'un de ces plus petits d'entre mes frères, c'est à moi que vous l'avez fait. » (*Matth.*, XXV, 38, 40.) Ainsi celui qui, en retour de l'instruction qu'il a reçue, assiste de tous ses biens celui qui l'a instruit, retient Jésus-Christ pour l'empêcher d'aller plus loin, et met en pratique la recommandation de l'Apôtre : « Que celui que l'on instruit dans les choses de la foi, assiste de ses biens en toute manière celui qui l'instruit. » (*Gal.*, VI, 6.) Et dans un autre endroit, après avoir dit : « Soyez charitables pour soulager les nécessités des saints, » il ajoute : « Toujours prêts à donner l'hospitalité. » (*Rom.*, XII, 13.) En effet, les disciples d'Emmaüs avaient reçu l'enseignement de la parole lorsque le Sau-

non est mendacium, sed aliqua figura veritatis. Alioquim omnia quæ a sapientibus et sanctis viris, vel etiam ab ipso Domino figurate dicta sunt, mendacia deputabuntur, quia secundum usitatum intellectum non subsistit veritas talibus dictis. Non enim homo qui habuit duos filios, quorum junior accepta parte patrimonii sui profectus est in regionem longinquam (*Luc.*, XV, 11), et cætera quæ in illa narratione contexuntur, ita dicuntur tanquam vere fuerit quisquam homo qui hoc in filiis suis duobus aut passus sit, aut fecerit. Ficta sunt ergo ista ad rem quamdam significandam, tam longe lateque majorem et tam incomparabiliter differentem, ut per illum fictum hominem Deus verus intelligatur. Sicut autem dicta, ita etiam facta finguntur sine mendacio ad aliquam rem significandam : unde est etiam illud ejusdem Domini, quod in fici arbore quæsivit fructum eo tempore, quo illa poma nondum essent. (*Matth.*, XXI, 19.) Non enim dubium est illam inquisitionem non fuisse veram : quivis enim hominum sciret, si non divinitate, vel tempore, poma illam arborem non habere. Fictio igitur quæ ad aliquam veritatem refertur, figura est : quæ non refertur, mendacium est. Quid ergo significat quod se ire longius Dominus finxit, cum comitaretur discipulis, exponens eis sanctas Scripturas, utrum ipse esset ignorantibus? quid putamus, nisi quia hospitalitatis officio ad suam cognitionem pervenire posse homines intimavit? ut cum longius ipse ab hominibus abscesserit super omnes cœlos, tamen ita cum eis sit qui hæc exhibent servis ejus, ut cum dicere cœperint : Domine quando te vidimus hospitem et adduximus? (*Matth.*, XXV, 38) tanquam eum scilicet qui longe abcesserat : respondeat ille : Cum uni ex minimis meis fecistis, mihi fecistis. (*Ibid.*, 40.) Tenet ergo Christum ne longius ab illo eat, quisquis catechizatus verbum, in omnibus bonis ei qui se catechizat communicat, sicut Apostolus dicit : Communicet qui catechizatur verbum ei qui se catechizat in omnibus bonis. (*Gal.*, VI, 6.) Et alio loco cum dixisset : Necessitatibus sanctorum communicantes : statim subjecit : Hospitalitatem sectantes. (*Rom.*, XII,

veur leur expliquait les Ecritures, et pour récompense de l'hospitalité qu'ils lui offrirent, ils méritèrent de connaître dans la fraction du pain celui qu'ils n'avaient pas reconnu lorsqu'il leur découvrait le sens des Ecritures. Car « ce ne sont pas ceux qui écoutent la loi qui sont justes aux yeux de Dieu, mais ce sont ceux qui la pratiquent qui seront justifiés. » (*Rom.*, II, 13.)

2. (1) Ceux qui, dans la passion du Sauveur, le dépouillèrent de ses vêtements pour le revêtir d'un manteau couleur écarlate, représentent ces hérétiques qui ont soutenu qu'il n'avait pas un corps réel, mais un corps fictif.

(1) Cette courte annotation n'est point indiquée dans la table qui précède, et ne se trouve pas dans tous les manuscrits ; on la rencontre cependant dans un grand nombre, et dans un des plus anciens de l'abbaye de Corbies. Elle ne se trouve pas dans les éditions d'Amerbach et d'Erasme. Dans l'édition de Ratisbonne, et dans le manuscrit de la Sorbonne, elle fait partie du livre suivant des questions sur saint Matthieu.

13.) Et isti enim catechizati erant verbo, cum eis exponeret Scripturas, et quia hospitalitatem sectati sunt, eum quem in ipsa expositione Scripturarum non cognoverant, in panis fractione cognoscunt. Non enim auditores Legis justi sunt apud Deum, sed factores Legis justificabuntur. (*Rom.*, II, 13.)

2. Quod Dominum in passione exuerunt veste propria, et induerunt fucata (*Luc.*, XXIII, 11 ; *Matth.*, XXVII, 28), significati sunt hi hæretici qui eum aiunt non verum corpus habuisse, sed fictum.

AVERTISSEMENT

SUR LE LIVRE

DES DIX-SEPT QUESTIONS SUR L'ÉVANGILE SELON S. MATTHIEU

Si nous plaçons parmi les ouvrages authentiques de saint Augustin, cet autre livre de questions sur saint Matthieu, bien qu'il ne porte pas en titre, comme d'ordinaire, le nom du saint docteur, ce n'est point sans motif et sans raison. Les théologiens de Louvain reconnaissent après Erasme que pour la forme comme pour le fond, cet opuscule a beaucoup de ressemblance avec ses autres ouvrages. Des fragments de ce livre sont cités sous le nom de saint Augustin dans le quatrième livre des Commentaires de Raban Maur sur l'Evangile de saint Matthieu, composés vers l'an 840, des différentes explications des anciens. Enfin, dans un manuscrit de la table des ouvrages de saint Augustin par Possidius et qui a été publiée par Jean Ulimmérius d'après le manuscrit de la bibliothèque de Villars, on lit page 5 : *Questions sur l'Evangile, deux livres*, et aussitôt après : *Annotations sur saint Matthieu, un livre*.

Cependant une circonstance qui est ici de nature à faire impression, c'est que saint Augustin ne parle point de ce troisième livre dans ses Rétractations où il ne fait mention que des deux livres de Questions sur les Evangiles, dans lesquels il a réuni toutes les questions qu'il avait dictées sur saint Matthieu, et sur saint Luc ; et il prévient ensuite que sa préface indique et énumère exactement tous les passages de ces deux évangélistes dont il a donné l'explication. Nous avons indiqué le chapitre du livre des Rétractations où saint Augustin fait cette observation (II *Rétr.* xII), et nous avons rétabli dans cette édition la table de toutes les questions. C'est ainsi qu'en repassant le livre des quatre-vingt-trois questions, le saint docteur les a toutes énu-

ADMONITIO

IN LIBRUM SEPTEMDECIM QUÆSTIONUM SUPER MATTHÆUM.

Ut hic exhibeatur inter Augustini germana opera, nec tamen ipsius, uti solet, Augustini nomine prænotetur iste alius quæstionum in Matthæum liber, non temere fit neque frustra. Nempe stilum in primis et res congruere Augustino censent post Erasmum Lovanienses Theologi. Deinde fragmenta ejusdem libri quædam cum nomine Augustini profert Rabanus Maurus in lib. IV, Commentarii super Matthæi Evangelium, quem ipse circiter 840 Christi annum collectis hinc inde veterum expositionibus concinnabat. Denique in Indiculo operum Augustini Possidiano, qui per Joannem Ulimmerium ex Villariensi codice vulgatus est, recensentur p. 5 : *Quæstiones Evangeliorum*, lib. II, moxque : *Annotationes aliquot in Matthæum*, lib. I.

Attamen quod, merito moveat, hujus tertii libri nihil meminit Augustinus in Retractationibus, cumque libros quæstionum in Evangelia duos tantummodo recognoscat, in eos redactas dicit, quas tum super Matthæum tum super Lucam quæstiones dictaverat : et monet postmodum, quæ de supradictis Evangelistis loca exposita fuerint, prologum suum adjunctis atque annumeratis eisdem quæstionibus indicare. Habes Retractationem (II *Retract.*, xII); et quæstionum omnium Elenchum sub prologo per nos restitutum, p. 134. Sic vero etiam in libri quæstionum octoginta trium recognitione, omnes et singulas ex ordine quæstiones, ne una quidem omissa, recensere ipsum

AVERTISSEMENT. — 195

mérées dans leur ordre naturel, sans en excepter une seule, preuve du soin scrupuleux avec lequel il veillait à ce qu'on ne publiât point sous son nom d'autres questions que celles dont il était l'auteur, et à ce que les copistes ne se permissent pas de joindre à ses ouvrages des appendices apocryphes, ce qu'ils faisaient assez fréquemment dans cette sorte d'ouvrage.

On ne peut dire non plus que ce troisième livre ayant été composé après les Rétractations, saint Augustin n'a pu en faire mention dans cet ouvrage ; car la parabole de l'ivraie est expliquée dans un sens tout différent de l'interprétation adoptée par le saint docteur, surtout depuis la conférence de Carthage où les Donatistes soutenaient opiniâtrement, malgré les réclamations des catholiques, ce que nous lisons dans la question XI de ce livre, que le champ, dans l'intention du Seigneur, signifiait le monde et non pas l'Eglise, comme on peut le voir dans les Actes de la Conférence, *Part.*, III, chap. 238, 265 et suiv. Voici comment saint Augustin s'en explique lui-même dans le livre qui a pour titre : *Après la Conférence avec les Donatistes*, ch. 8 : « Les Donatistes ont soutenu longtemps que l'ivraie que le père de famille laisse croître avec le bon grain jusqu'à la moisson, n'était point dans l'Eglise, mais dans le monde, contre l'interprétation du martyr Cyprien qui a dit : Nous voyons, il est vrai, de l'ivraie jusque dans l'Eglise, mais ni notre foi, ni notre charité n'en doivent être ébranlées. » Ajoutons que dans la question XII, n° 2, l'auteur de ce livre non-seulement ne tourne point contre les Donatistes, comme le fait toujours saint Augustin, la réponse du père de famille qui défend d'arracher l'ivraie avant la moisson, mais en donne une interprétation qui ne permet pas d'en faire une arme contre eux, puisqu'il l'explique de cette vie, qu'on ne doit point, dit-il, ôter aux hommes.

L'abbé Eugypius, qui vivait au commencement du sixième siècle, vient ajouter son témoignage négatif dans la collection volumineuse qu'il fit de tout ce qu'il pouvait se procurer des ouvrages de saint Augustin, il cite un grand nombre de questions empruntées aux deux livres précédents, quatre du premier, dix du second, mais nous ne voyons pas qu'il ait parlé en aucune façon de ce troisième livre.

---

non piguit. Qua profecto diligentia cavebat S. Doctor ne ejus nomine quæstiones alias quaslibet reciperemus ; neve librarii, quod in eo scripti genere liberius committebant, spurias appendices operibus ipsius assuerent.

Neque vero existimare licet tertium hunc librum Retractationibus posterius editum, ob idque in iis non recensitum fuisse. Quippe zizaniorum parabola hic exponitur longe secus quam soleret ab Augustino, ex tempore præsertim Carthaginensis collationis, in qua Donatistæ Catholicis reclamantibus id vehementer affirmabant, quod in hujus libri quæstione XI, n. 1 dicitur, agrum ipsum, non Ecclesiam, sed mundum Domino interpretante intelligendum esse, ut videre est in Actis Collationis parte III, c. 258, 265 et sequentibus. Qua de re Augustinus in lib. cui titulus : *Post collationem ad Donatistas*, c. 8. « Diu contenderunt, inquit, dicentes zizania, quæ cum tritico simul crescere usque ad messem permissa sunt, non in Ecclesia, sed in mundo esse, contra intellectum martyris Cypriani qui dixit : Etsi videntur in Ecclesia esse zizania, non tamen impediri debet aut fides aut caritas nostra. » Quid quod iste auctor in quæstione XII, n. 2, responsum illud patrisfamilias zizania ante messem evelli prohibentis, non modo non torquet in Donatistas more Augustini, sed interpretatur eo pacto ut in illos torqueri non valeat : quandoquidem de non auferendis ex hac vita hominibus sermonem haberi putat.

Accedit silentium Eugypii abbatis, qui olim, id est ineunte sexto sæculo, cum ex Augustini operibus amplissima collectaneorum volumina compararet, descripsit ex duobus præcedentibus libris quæstiones plures, scilicet ex primo saltem quatuor, ex secundo octodecim : nec tamen quidquam ex hoc tertio libro decerpsisse a nobis deprehenditur.

AVERTISSEMENT.

Quant aux anciens manuscrits, quelques-uns contiennent les deux premiers livres sans le troisième ; d'autres font suivre les deux premiers livres du troisième avec ce titre : *Ici commencent les questions sur l'Evangile*, mais sans le nom d'Augustin. L'abbaye de Corbies possède un manuscrit de cette seconde espèce, et qui a été évidemment écrit il y a plus de huit cents ans. On en trouve un semblable, mais beaucoup plus récent, dans la bibliothèque de Cîteaux ; bien qu'il ne porte pas le même titre, il a de commun avec celui de Corbies qu'il n'attribue point ce livre à saint Augustin.

Enfin, après avoir examiné avec le plus grand soin la table de Possidius dans les manuscrits les plus justement estimés, nous n'avons point trouvé sur cet ouvrage ce qu'on ne rencontre que dans l'édition d'Ulimmérius.

Quod veteres codices spectat, quidam duos priores libros continent sine tertio ; nonnulli tertium hunc duobus illis proxime subjectum exhibent cum hocce titulo : *Incipiunt Quæstiones Evangeliorum,* non addito nomine Augustini. Istius secundi generis exstat exemplar unum Corbeiense ante annos, ut videtur, octingentos scriptum : præter Cisterciensem codicem multo recentiorem, qui licet non eumdem titulum præferat, hoc tamen cum Corbeiensi convenit, quod prædictum librum non attribuit Augustino.

Ad extremum Indiculo Possidii in optimæ notæ Mss. diligenter explorato, id quod sola Ulimmeriana editio habet de subsequenti opere, nusquam reperimus.

LE LIVRE DES DIX-SEPT QUESTIONS
SUR L'ÉVANGILE

SELON SAINT MATTHIEU

Question I. — Les enfants âgés de deux ans et au-dessous qui sont mis à mort (*Matth.*, ii, 16), figurent les humbles qui sont remplis de la double charité et méritent, à l'exemple de ces jeunes enfants, de donner leur vie pour Jésus-Christ.

Question II. — « Ce que je vous dis dans les ténèbres, » c'est-à-dire lorsque vous êtes encore esclaves d'une crainte toute charnelle, parce que les ténèbres produisent la crainte, « dites-le à la lumière, » c'est-à-dire dans la confiance que donne la vérité, après avoir reçu l'Esprit saint. « Et ce qu'on vous a dit à l'oreille, prêchez-le sur les toits, » (*Matth.*, x, 27) c'est-à-dire, ce que vous avez entendu dans le secret annoncez-le en foulant aux pieds toutes les pensées suggérées par la chair.

Question III. — « Ne pensez pas que je sois venu apporter la paix sur la terre; je ne suis pas venu y apporter la paix, mais le glaive, car je suis venu séparer l'homme d'avec son père, » (*Matth.*, x, 34, 35) parce qu'il renonce au démon, dont il était le fils; « et la fille d'avec sa mère, » c'est-à-dire le peuple de Dieu d'avec la cité du monde, qui n'est autre que la société corrompue du genre humain, représentée dans l'Ecriture tantôt par Babylone, tantôt par Sodome, tantôt par l'Egypte et sous beaucoup d'autres dénominations. La belle-fille séparée d'avec sa belle-mère, c'est l'Eglise opposée à la synagogue, qui a enfanté, selon la chair, le Christ, époux de l'Eglise. Tous sont divisés par le glaive de l'Esprit, qui est la parole de Dieu, et les ennemis de l'homme sont ceux avec lesquels il était lié d'une intimité plus étroite.

Question IV. — Notre-Seigneur descendant de la montagne après avoir enseigné ses préceptes à ses disciples et au peuple, guérit aussitôt un lépreux, en étendant la main sur lui (*Matth.*, viii, 1, etc.), et il nous apprend par ce

QUÆSTIONUM SEPTEMDECIM
IN
EVANGELIUM SECUNDUM MATTHÆUM
LIBER UNUS

Quæst. I. — Quod dictum est, « occisos infantes a bimatu et infra, » (*Matth.*, ii, 16) significatum est humiles habentes geminam caritatem, tanquam parvulos bimos posse mori pro Christo.

Quæst. II. — « Quod dico vobis in tenebris, » id est, cum adhuc in timore carnali estis, quia in tenebris est timor : « dicite in lumine, » hoc est, in fiducia veritatis, accepto Spiritu sancto. « Et quod in aure auditis prædicate super tecta, » (*Matth.*, x, 27) id est, quod in secreto auditis, calcato carnis domicilio prædicate.

Quæst. III. — « Nolite arbitrari quia venerim pacem mittere in terram; non veni pacem mittere, sed gladium : veni enim separare hominem adversus patrem suum. » (*Matth.*, x, 34 et 35.) Quia renuntiat quis diabolo, qui fuit filius ejus. « Et filiam adversus matrem suam : » plebem Dei adversus mundanam civitatem, hoc est, perniciosam generis humani societatem, quam nunc Babylonia, nunc Ægypto, nunc Sodoma, nunc aliis atque aliis nominibus Scriptura significat. « Nurum adversus socrum, » Ecclesiam adversus synagogam, quæ secundum carnem Christum peperit sponsum Ecclesiæ. Dividuntur autem gladio spiritus, quod est verbum Dei. « Et inimici hominis domestici ejus, » (*v.* 36) cum quibus antea consuetudine implicatus erat.

Quæst. IV. — « Quod autem descendens de monte » postea quam præcepta illic discipulis et multitudini dedit, « leprosum statim extendens manum suam

miracle que ceux qui doutaient qu'on pût accomplir ses commandements pouvaient être guéris, par sa grâce, de cette espèce de lèpre.

Question V. — Notre-Seigneur dit au scribe qui voulait le suivre : « Les renards ont des tanières, et les oiseaux du ciel, des nids ; mais le Fils de l'homme n'a pas où reposer sa tête. » (*Matth.*, VIII, 20.) Il donne à comprendre par cette réponse que cet homme, séduit par l'éclat des miracles du Sauveur, voulut s'attacher à lui par un motif de vaine gloire, figurée ici par les oiseaux, et qu'il a joué le personnage d'un disciple obéissant, hypocrisie qui est ici représentée par les renards. L'action de reposer sa tête marque l'humilité de Notre-Seigneur, qui ne pouvait trouver accès dans cet homme à la fois hypocrite et superbe.

Question VI. — « Laissez les morts ensevelir leurs morts. » (*Matth.*, VIII, 24.) Les morts, dans la pensée du Sauveur, sont ceux qui ne croient point ; et leurs morts, ceux qui sont sortis de cette vie sans avoir la foi.

Question VII. — « Secouez la poussière de vos pieds, » (*Matth.*, X, 14) ou comme témoignage des travaux pénibles entrepris pour leur salut, ou comme preuve qu'ils avaient été si éloignés de chercher en cela aucun avantage terrestre, qu'ils ne voulaient même pas que la poussière de leurs pas s'attachât à leurs pieds.

Question VIII. — Soyez donc prudents comme des serpents (*Matth.*, X, 16) pour éviter le mal, en garantissant la tête, qui est Jésus-Christ. Car le serpent, lorsqu'il est poursuivi, expose tout son corps pour protéger sa tête, ou bien il se glisse dans des fissures étroites pour se dépouiller de son ancienne peau et s'en faire une nouvelle. C'est ce qu'imitent ceux à qui il est dit : « Entrez par la porte étroite, » lorsqu'ils le dépouillent du vieil homme. Si en nous recommandant d'éviter le mal, Notre-Seigneur avait voulu que nous résistions avec violence aux méchants, il n'eût pas dit précédemment : « Je vous envoie comme des brebis au milieu des loups. » Il veut aussi que nous soyons simples comme des colombes, dans la disposition de ne nuire à personne. En effet, cet oiseau ne donne la mort à aucun autre animal, non-seulement aux plus grands, contre lesquels il est sans force, mais même aux plus faibles qui deviennent la nourriture des petits passereaux. Or, il existe entre tous les animaux privés de raison une société véritable, de même que les êtres raisonnables, les hommes par exemple, ont une société étroite, non-seulement entre eux, mais avec les anges. Cette comparaison tirée de la colombe leur apprend donc à ne faire aucun mal aux membres de leur société, unis entre eux par le don de la raison.

Question IX. — « Je vous rends gloire, Père,

---

curat, » (*Matth.*, VIII, 1, etc.) significat eos qui de illis implendis dubitabant, suo auxilio ab hujusmodi varietate mundari.

Quæst. V. — Quod Dominus dixit Scribæ, qui cum sequi voluit : « Vulpes foveas habent, et volucres cœli tabernacula, filius autem hominis non habet ubi caput suum reclinet, » (*Matth.*, VIII, 20) intelligitur miraculis Domini commotus propter inanem jactantiam eum sequi voluisse, quam significant aves : finxisse autem discipuli obsequium, quæ fictio vulpium nomine significata est. Reclinatione vero capitis humilitatem suam significavit, quæ in illo simulatore ac superbo non habebat locum.

Quæst. VI. — « Dimitte mortuos sepelire mortuos suos. » (*Matth.*, VIII, 22.) « Mortuos » hic non credentes dixit : « Mortuos autem suos, » qui nihilominus sine fide de corpore exirent.

Quæst. VII. — « Excutite pulverem de pedibus vestris : » (*Matth.*, X, 14) aut ad contestationem laboris terreni, quem pro illis inaniter suscepissent : aut ut ostenderent usque adeo se ab ipsis nihil terrenum quærere, ut etiam pulverem de terra eorum sibi non paterentur adhærere.

Quæst. VIII. — « Estote ergo prudentes sicut serpentes : » (*Matth.*, X, 16) ad cavendum malum, in capite custodiendo, quod est Christus. Nam serpens totum corpus pro capite objicit persequenti : vel quod per angustias se coarctans veteri tunica exutus innovatur. Quod imitantur quibus dictum est : Intrate per angustam portam (*Matth.*, VII, 13) : cum vetere homine exuuntur. Nam si cavendum malum ita moneret, ut violenter resistendum esset malis, non supra dixisset : « Mitto vos sicut oves in medio luporum. » Simplices autem sicut columbas esse voluit, ad nulli nocendum. Nam hoc genus avis nullum omnino animalium necat, non solum grandium, contra quæ vires non habet, sed etiam minutissimorum, quibus etiam perparvi passeres aluntur. Est autem omnibus irrationalibus animantibus una quædam inter se societas, sicut etiam rationalibus sua, id est hominibus, non solum secum, sed etiam cum Angelis. Discunt ergo ex similitudine columbarum nulli prorsus nocere ad societatem suam pertinenti participatione rationis.

Quæst. IX. — « Confiteor tibi Pater Domine cœli et terræ. » (*Matth.*, XI, 25.) Notandum confessionem

Seigneur du ciel et de la terre. » (*Matth.*, XI, 25.) Remarquez que le mot confession est pris ici pour la louange de Dieu, car Notre-Seigneur ne confessait pas des péchés qu'il ne pouvait commettre. D'ailleurs un autre évangéliste rapporte qu'il prononça ces paroles en tressaillant de joie; et les termes mêmes dont il se sert ne laissent aucun doute qu'ils ne soient l'expression des louanges de Dieu. Dans le langage de l'Ecriture, le mot confession signifie donc l'expression manifeste, publique, de ce que l'on pense; ainsi, lorsque Notre-Seigneur dit ailleurs : « Si quelqu'un me confesse devant les hommes, je le confesserai moi-même devant mon père (*Matth.*, x, 32), ou comme il est dit dans un autre endroit : « Devant les anges de Dieu, » (*Luc*, XII, 8) on ne peut dire que celui qui confesse Jésus-Christ, confesse ses péchés. Dira-t-on que le Sauveur emploie ici le terme de confession parce que dans les temps de persécution le nom de Jésus-Christ était reproché comme un crime ? Mais est-ce donc aussi dans ce sens que Jésus-Christ confessera un jour devant son Père, ou devant les anges, celui qui l'aura confessé ? On lit encore dans l'Ecclésiastique : « Et vous direz dans votre confession : Toutes les œuvres du Seigneur sont excellentes. » (*Eccli.*, XXXIX, 20.) Or, il est hors de doute qu'il s'agit ici de célébrer les louanges de Dieu. Je donne ces explications pour éclairer l'ignorance de nos frères qui, lorsqu'ils entendent le lecteur prononcer cette expression, frappent aussitôt leur poitrine, sans faire attention dans quelles circonstances elle est employée, et comme si elle ne pouvait signifier que la confession des péchés.

QUESTION X. — Il est à remarquer, lorsque les Juifs reprochent aux disciples comme une action illicite d'arracher des épis le jour du sabbat (*Matth.*, XII, 1), que Notre-Seigneur leur répond par un exemple emprunté à la puissance royale dans la personne de David; et par un autre au ministère sacerdotal dans la personne des prêtres qui violent le sabbat pour le service du temple. L'accusation des épis froissés le jour du sabbat ne pouvait donc en aucune manière peser sur lui qui était vrai roi et le prêtre véritable et par conséquent le maître du sabbat.

QUESTION XI. — 1. « Pendant que les hommes dormaient, son ennemi vint et sema de l'ivraie au milieu du blé et s'en alla. » (*Matth.*, XIII, 25.) C'est-à-dire lorsque les premiers pasteurs se laissèrent aller à la négligence, ou bien lorsque les apôtres se sont endormis du sommeil de la mort, le démon est venu et il a semé par-dessus la bonne semence ceux que le Seigneur appelle les mauvais enfants. Mais il y a lieu de demander s'il veut parler des hérétiques ou des mauvais catholiques. Car on peut aussi donner le nom d'enfants mauvais aux hérétiques, parce qu'ils sont nés de la même semence de l'Evan-

---

poni in laude Dei. Non enim peccata Dominus confitebatur, quæ nulla habebat, præsertim quia eum exultantem hoc dixisse alius Evangelista commemorat : quanquam et verba ipsa quæ dicit non habeant dubitationem, quod in laude Dei dicantur. Ergo confessionem vocat Scriptura generaliter quidquid manifeste, sicut cernitur, enuntiatur. Nam et illud quod ait : « Si quis me confessus fuerit coram hominibus, confitebor et ego eum coram Patre meo : » (*Matth.*, x, 32) vel sicut alibi est, « coram Angelis Dei : » (*Luc.*, XII, 8) non utique peccata confitetur qui Christum confitetur. Quod si propterea putant aliqui confessionem vocari, quia pro crimine objiciatur Christi nomen tempore persecutionis ; nunquid ita etiam Christus coram Patre vel coram Angelis hominem qui se confessus fuerit confitetur ? Est etiam in Ecclesiastico ita positum : Et hæc dicetis in confessione, opera Domini universa, quoniam bona valde (*Eccli.*, XXXIX, 20), quo in loco indubitanter Dei laudes exaggerantur. Hæc dicta sunt propter imperitiam fratrum, qui cum legente lectore audiunt hoc verbum, pectora statim tundunt, non attendentes quo loco dicatur, quasi non possit nisi peccatorum esse confessio.

QUÆST. X. — Notandum de eo quod illicite factum videretur Judæis, quod « discipuli sabbato spicas evulsissent, » (*Matth.*, XII, 1 etc.) unum exemplum datum regiæ potestatis de David, alterum sacerdotalis de iis qui per ministerium templi sabbatum violant : ut multo minus ad ipsum evulsarum sabbato spicarum crimen pertineat, qui verus rex et verus sacerdos est, et ideo Dominus sabbati.

QUÆST. XI. — 1. « Cum autem dormirent homines, venit inimicus ejus et superseminavit zizania in medio tritici, et abiit. » (*Matth.*, XIII, 25.) Cum negligentius agerent præpositi Ecclesiæ, aut cum dormitionem mortis acciperent Apostoli, venit diabolus et superseminavit eos, quos malos filios Dominus interpretatur. Sed recte quæritur, utrum hæretici sint, an male viventes catholici. Possunt enim dici filii mali etiam hæretici, quia ex eodem Evangelii semine et Christi nomine procreati, pravis opinionibus ad

gile et du nom de Jésus-Christ; et qu'ils ont été ensuite entraînés par des opinions dépravées dans les doctrines du mensonge. Notre-Seigneur nous dit qu'ils ont été semés au milieu du froment, il semble donc qu'il a voulu désigner ceux qui appartiennent à une même communion. Cependant comme il nous déclare lui-même que ce champ est non pas l'Eglise, mais le monde entier, on peut très-bien voir dans cette ivraie les hérétiques qui, dans ce monde, se trouvent mêlés aux bons non par les liens d'une seule et même Eglise ou d'une même foi, mais par la société du nom chrétien qui leur est commun. Ceux qui conservent la vraie foi tout en la déshonorant par leur vie, sont plutôt semblables à la paille qu'à l'ivraie, parce que la paille a la même origine et la même racine que le froment. Dans le filet où se trouvent pris de bons et de mauvais poissons, on peut voir sans aucune invraisemblance les bons et les mauvais catholiques. En effet, la mer qui représente plus justement ce monde, est autre que le filet qui paraît indiquer la communion d'une même foi dans la société d'une même Eglise. Il y a cette différence entre les hérétiques et les mauvais catholiques, que les hérétiques embrassent l'erreur, tandis que les mauvais catholiques, tout en croyant la vérité, ne conforment point leur vie à leur foi.

2. Si l'on demande, comme on le fait ordinairement, en quoi les schismatiques différent des hérétiques, nous répondons que ce qui fait les schismatiques ce n'est point la différence de la foi, mais la rupture de l'unité de l'Eglise. Mais doit-on les ranger parmi l'ivraie? Il y a lieu d'en douter. Ils ressemblent bien plus aux épis gâtés, selon cette parole de l'Ecriture : « L'enfant d'iniquité sera corrompu au souffle du vent; ou aux pailles coupées ou brisées et qui sont détachées des épis. » Car plus ils sont élancés, c'est-à-dire plus remplis d'orgueil, plus aussi ils sont fragiles et légers. Il ne faudrait pas conclure cependant que tout hérétique ou tout schismatique soient extérieurement séparé de l'Eglise. Un homme a des idées fausses sur Dieu ou sur quelque point de doctrine qui tient à la foi, il n'éprouve point ce doute d'un esprit qui cherche, mais il croit d'une conviction ferme, produit de l'ignorance, a des opinions erronées, contraires à la foi, il est hérétique; il est séparé de l'âme de l'Eglise, bien qu'il semble faire partie de son corps. L'Eglise en renferme dans son sein un grand nombre de ce genre qui n'attirent pas l'attention de la multitude, en défendant leurs erreurs avec éclat; s'ils le faisaient, elle les retrancherait de sa communion. De même encore tous ceux qui portent envie aux bons, qui cherchent les occasions de les écarter ou de les priver de leur rang; tous ceux qui sont disposés à soutenir leurs crimes, s'ils viennent à être connus ou découverts, avec une opiniâtreté qui irait jusqu'à for-

---

falsa dogmata convertuntur. Sed quod dicit eos in medio tritici seminatos, quasi videntur illi significari qui unius communionis sunt : verumtamen quoniam Dominus agrum ipsum, non Ecclesiam, sed hunc mundum interpretatus est, bene intelliguntur hæretici, quia non societate unius Ecclesiæ vel unius fidei, sed societate solius nominis Christiani in hoc mundo permiscentur bonis : ut illi qui in eadem fide mali sunt, palea potius quam zizania deputentur : quia palea etiam fundamentum ipsum habet cum frumento, radicemque communem. In illa plane sagena, qua concluduntur et mali et boni pisces (*ibid.* 47), non absurde mali catholici intelliguntur. Aliud est enim mare, quod magis mundum istum significat : aliud sagena, quæ unius fidei vel unius Ecclesiæ communionem videtur ostendere. Inter hæreticos et malos catholicos hoc interest, quod hæretici falsa credunt, illi autem vera credentes non vivunt ita ut credunt.

2. Solet autem etiam quæri, schismatici quid ab hæreticis distent, et hoc inveniri quod schismaticos non fides diversa faciat, sed communionis disrupta societas. Sed utrum inter zizania numerandi sint, dubitari potest. Magis autem videntur spicis corruptis esse similiores, sicut scriptum est : Vento autem corrumpetur filius iniquus (*Sap.*, IV, 4) : vel paleis aristarum fractis, vel scissis et de segete abruptis. Quo enim altiores, id est, superbiores, eo fragiliores levioresque sunt. Nec tamen consequens est, ut omnis hæreticus vel schismaticus corporaliter ab Ecclesia separetur. Si enim falsa de Deo credit, vel de aliqua parte doctrinæ quæ ad fidei pertinet ædificationem, ita ut non quærentis cunctatione temperatus sit, sed inconcusse credentis, nec omnino scientis opinione atque errore discordans, hæreticus est, et foris est animo, quamvis corporaliter intus videatur. Multos enim tales portat Ecclesia, quia non ita defendunt falsitatem sententiæ suæ, ut intentam multitudinem faciant : quod si fecerint, tunc pelluntur. Item quicumque invident bonis, ita ut quærant occasiones excludendi eos, aut degradandi; vel crimina sua sic defendere parati sunt, si objecta vel prodita fuerint,

mer des divisions ou à exciter des troubles dans l'Eglise, ceux-là sont déjà schismatiques, séparés de l'unité par le cœur, quand même le défaut d'occasions, ou le voile qui recouvre leur conduite, les maintiendraient dans la communion extérieure de l'Eglise.

3. On ne doit donc ranger parmi les mauvais catholiques que ceux qui, tout en croyant comme vrais tous les dogmes de la foi, tout en étant prêts à s'instruire de ce qu'ils ignorent, et à éviter dans la discussion tout ce qui pourrait blesser la religion ou la vérité, en témoignant aux bons ou à ceux qu'ils jugent tels toute la charité et les égards qui sont en leur pouvoir, mènent cependant une vie déréglée et criminelle, en contradiction flagrante avec leur foi. S'ils viennent à être découverts et accusés, et que pour l'honneur de la discipline de l'Eglise et dans l'intérêt du salut de leur âme, ils soient repris publiquement et éloignés pour un temps de la participation aux sacrements, ils ne croient point cependant devoir se séparer de la communion de l'Eglise catholique, ils accepteront tous les moyens qu'on pourra leur donner de satisfaire pour leurs fautes, et on les verra quelquefois se changer en froment sous l'impression du repentir produit, soit par la réprimande, soit par la séparation, soit enfin par la crainte salutaire dont la seule parole de Dieu les a pénétrés sans autre accusation personnelle, sans autre reproche extérieur. Quelquefois sous les dehors de la pénitence, leur vie est semblable à celle qu'ils menaient autrefois, ou peu différente, et pour quelques-uns plus criminelle; et cependant ils ne veulent pas rompre avec l'unité catholique. Si la mort les surprend au milieu d'une telle vie, ils auront été de la paille jusqu'à la fin. C'est ce qu'ils font eux-mêmes profession de croire; car si leur foi était différente, et qu'elle fût à l'état de conviction arrêtée, il faudrait les ranger parmi les hérétiques qui croient que Dieu pardonnera à tous ceux qui ont persévéré jusqu'à la fin de leur vie dans les plus grands crimes, pourvu qu'ils soient toujours restés attachés à l'unité de l'Eglise, non par une charité véritable (car alors leur vie serait tout autre), mais par la seule crainte des châtiments. Telle n'est donc ni leur croyance, ni leur conviction, bien qu'ils cherchent peut-être encore à se le persuader, mais ils sont trompés par l'espérance de se convertir plus tard, ils se flattent de vivre de longues années, et de faire succéder une vie chrétienne à leurs mœurs dépravées. C'est contre eux que l'Esprit saint a prononcé cet oracle : « Ne tardez pas à vous convertir au Seigneur, ne différez pas de jour en jour, car sa colère viendra soudain, et au jour de la vengeance il vous perdra. » (*Eccli.*, v, 8, 9.) La marque d'une

---

ut etiam conventiculorum segregationes vel Ecclesiæ perturbationes cogitent excitare; jam schismatici sunt, et ab unitate corde discissi, etiamsi non inventis occasionibus aut occultatis factis suis sacramento Ecclesiæ corporali conversatione socientur.

3. Quapropter illi soli catholici mali recte deputantur, qui quamvis vera credant quæ ad fidei doctrinam pertinent, et si quid forte nesciunt, quærendum existiment, et salva pietate discutiant sine aliquo præjudicio ipsius veritatis, et bonos vel quos bonos putant ament atque honorent quantum possunt, tamen flagitiose atque facinorose vivunt, contra quam vivendum esse credunt. Tales enim etiamsi prodantur aut accusentur, pro disciplina Ecclesiæ salutisque suæ causa correpti, vel a communione suspensi, nullo modo sibi recedendum esse a communione (*a*) catholica existimant, quocumque permissi fuerint satisfactionis quærentes locum : et aliquando per pœnitentiam in frumenta mutantur, sive correpti, sive remoti, sive etiam verbo Dei nullo nominatim accusante aut increpante perterriti. Aliquando autem etiam sub nomine pœnitentium ita vivunt ut solent, aut non multo minus, quidam etiam amplius; nullo modo tamen a catholica unitate discedunt. Quibus ita viventibus si mors obrepserit, paleæ deputantur usque in finem. Hoc etiam ipsi credunt : nam si aliter credunt, et inconcusse tenent, jam inter hæreticos numerandi sunt, putantes omnibus Deum, etiam in magna iniquitate usque in finem vitæ perseverantibus, tantum quia Ecclesiæ unitatem, non sincera dilectione, (nam (*b*) bene viverent,) sed magis pœnarum timore tenuerunt, veniam daturum. Isti ergo non hoc credunt, vel non firmiter opinantur, etsi adhuc forsitan quærunt : sed magis eos decipit spes dilationis, dum se diutius victuros putant, et perditos mores aliquando in melius mutaturos. Contra quos dicitur : « Ne tardes converti ad Deum, neque differas de die in diem : subito enim veniet ira ejus, et in tempore vindictæ disperdet te. » (*Eccli.*, v, 8, 9) Illi enim convertuntur, qui recte

---

(*a*) Sic Mss. At. editi, *a communione catholica fidei existimant, quomodocumque*, etc. — (*b*) Rat. omittit, *nam bene viverent* : quod in plerisque Mss. reperitur. At. Am. Er. et Lov. habent ejus loco, *nisi ut bene viverent.* Vat. codex, *ut bene viverent.*

conversion véritable, c'est de commencer à mener une vie sainte, c'est là revenir sincèrement à Dieu. Mais pour ceux qui continuent d'être les esclaves de leurs convoitises, ils tournent le dos à Dieu, bien qu'en restant dans l'unité, ils s'efforcent souvent de tourner la tête pour le regarder; ils ne sont donc eux aussi, suivant l'expression du Prophète, « que chair, un souffle qui passe et ne revient plus. » (*Ps.* LXXVII, 44.) Cependant, comme nous l'avons dit, la foi qu'ils conservent, l'unité de l'Église à laquelle ils restent attachés nous défendent de les assimiler soit à l'ivraie qui a une racine différente, soit aux pailles qui enveloppent les épis, et qui osent élever au-dessus du blé leur forme dure et leur fragile grandeur, mais à la paille qui, bien que mêlée au froment, en sera au dernier jour, séparée par le van.

4. Les bons catholiques sont ceux qui joignent à une foi entière des mœurs pures. S'agit-il de la doctrine de la foi? s'ils croient devoir en examiner quelque point, ils le font en éloignant toute contestation dangereuse soit pour celui qui examine, soit pour celui qu'il consulte, soit pour ceux qui assistent à la discussion. Ont-ils à remplir le devoir de l'enseignement? ils font pénétrer les vérités communes et certaines, avec tout le calme, toute la confiance, toute la douceur dont ils sont capables. Mais pour les choses moins communes, eussent-elles à leurs yeux tout l'éclat de la vérité, au lieu de les imposer sous forme de précepte ou d'affirmation, ils les présentent à l'état de simples questions pour ménager la faiblesse de leurs disciples. En effet, si la vérité est d'un poids trop lourd pour les forces de celui qu'on enseigne, il faut attendre que ses forces se développent, et ne point le charger d'un fardeau qui écraserait sa faiblesse. De là vient cette parole du Seigneur : « Quand le Fils de l'homme viendra, pensez-vous qu'il trouvera de la foi sur la terre? » (*Luc*, XVIII, 8.) Quelquefois même, il faut tenir la vérité sous le voile, mais en laissant une espérance qui encourage, pour prévenir le désespoir qui glace les cœurs et faire naître le désir qui les rend capables de la recevoir. De là encore cette parole de Notre-Seigneur à ses disciples : « J'ai encore beaucoup de choses à vous dire, mais vous ne pouvez pas les porter maintenant. » (*Jean*, XVI, 12.) En ce qui concerne la pureté des mœurs, voici une règle aussi parfaite qu'elle est courte. Ou bien il faut lutter contre l'amour des biens temporels, et ne point lui permettre de triompher de nous; ou bien il doit être déjà tellement dompté et soumis, qu'il soit réprimé aussitôt qu'il essaie de se relever; ou enfin il est tellement détruit, qu'il ne se trahit plus par le moindre mouvement. Ces trois dispositions inspirent aux uns d'affronter la mort avec courage, aux autres avec calme, aux autres avec joie. Ce sont ces trois espèces de fruits de la terre fertile qui rend ou

---

vivere incipiunt; hoc est enim ad Deum redire : qui autem concupiscentias suas perseveranter sequuntur, dorsum quodammodo habent ad Deum, quamvis in unitate constituti sæpe illum retorto collo conentur aspicere. Ergo et isti, ut ait Propheta, caro sunt et spiritus ambulans et non revertens. (*Psal.* LXXVII, 44.) Sed tamen, ut dictum est, propter eamdem fidem atque unitatem Ecclesiæ, neque inter zizania, quoniam illa extra radicata sunt, neque inter aristarum paleam quæ se etiam frumentis audet aspera dissensione et fragili elatione superimponere, quamvis subjectam frumentis, tamen inter paleam quæ ultima ventilatione separanda est, numerantur.

4. Boni autem catholici sunt, qui et fidem integram sequuntur et mores bonos : quod autem ad fidei doctrinam pertinet, ita quærunt, si quid quærendum habent, ut absit concertatio periculosa, vel quærenti, vel ei cum quo quæritur, vel eis qui disserentes audiunt. Ita autem docent, si quid docendum habent, ut usitata et confirmata securissime et fidentissime et lenissime ut possunt insinuent : inusitata vero etiamsi veritatis manifestatione liquidissima perceperunt, quærendi potius quam præcipiendi aut affirmandi modo, propter audientis infirmitatem. Si enim tantum habet pondus aliquod verum, ut vires discentis excedat; suspendendum est ut extendat crescentem, non imponendum ut obterat parvulum. Inde est illud Domini : Sed filius hominis cum venerit, putas inveniet fidem in terra? (*Luc.*, XVIII, 8.) Aliquando autem et occultandum est, sed cum spe hortatoria, ut non faciat desperatio frigidiores, sed desiderium capaciores. Inde est illud ejusdem Domini, Multa habeo vobis dicere, sed non potestis portare modo. (*Joan.*, XVI, 12.) Quod vero ad mores pertinet, hoc bene et breviter dicitur : Aut confligendum est cum amore temporalium bonorum, ut non vincat; aut etiam edomitus subditusque esse debet, ut cum surgere cœperit, facile reprimatur; aut ita extinctus, ut se omnino nulla ex parte commoveat. Ex quo fit ut etiam ipsam mortem propter veritatem alii fortiter abeant, alii æquanimiter, alii libenter. Quæ tria genera fructus sunt fertilis terræ, tricesi et

trente ou soixante ou cent pour un. Or il faut faire partie au moment de la mort d'une de ces trois classes, si l'on veut sortir de cette vie dans de saintes dispositions.

5. Or il faut supporter, jusqu'à la moisson, non-seulement l'ivraie que le démon a semée au milieu du blé, lorsqu'il a répandu ses détestables erreurs et ses fausses doctrines, c'est-à-dire lorsqu'il a semé les hérésies sur la vérité, en se couvrant du nom du Christ, et puis en se cachant avec plus de soin et en se rendant invisible, comme l'indiquent ces paroles : « Et il s'en alla ; » mais il faut encore tolérer la paille jusqu'au moment où le blé sera vanné. Rien n'est plus propre à faire connaître le poids du froment que de remuer et d'agiter la paille ; celui qui ne peut résister à cette agitation, en défendant la vérité, cesse par là même de faire partie de l'unité. Il faut cependant admettre que dans cette parabole Notre-Seigneur, comme il l'explique lui-même en terminant, a voulu comprendre sous le nom d'ivraie non pas seulement quelques scandales, mais tous les scandales et tous les artisans d'iniquité.

QUESTION XII. — 1. « L'herbe ayant donc poussé, et étant montée en épi, l'ivraie aussi parut. » (*Matth.*, XIII, 26.) En effet, lorsque l'homme devient spirituel et commence à juger toutes choses (I *Cor.*, II, 15), les erreurs se dessinent alors à ses yeux. Or les serviteurs lui dirent : « Voulez-vous que nous allions l'arracher ? » (*Matth.*, XIII, 28.) Ces serviteurs sont-ils ceux qu'il appelle un peu plus loin les moissonneurs ? ou plutôt, comme dans l'explication de la parabole, Notre-Seigneur désigne les anges sous le nom de moissonneurs, et qu'il est difficile de dire que les anges ne savaient pas qui était venu semer l'ivraie au milieu du blé, et qu'ils ne s'en sont aperçu que lorsque l'ivraie fut poussée, ne serait-il pas plus naturel de voir dans ces serviteurs les hommes fidèles, qu'il appelle aussi la bonne semence ? Il n'y a rien d'étonnant du reste qu'ils soient désignés à la fois sous le nom de bonne semence et de serviteurs du père de famille. Notre-Seigneur n'a-t-il pas dit de lui-même qu'il est tout ensemble la porte et le pasteur ? (*Jean*, X, 7 et 11.) Une seule et même chose, suivant ses divers rapports, peut être comparée à des objets différents. Remarquez, en effet, qu'en parlant à ses serviteurs, le père de famille ne dit pas : Dans le temps de la moisson je vous dirai : Recueillez d'abord l'ivraie, mais : « Je dirai aux moissonneurs. » Donc le soin de recueillir l'ivraie pour la brûler forme un ministère tout différent, et aucun enfant de l'Eglise ne doit présumer que cet office lui appartienne.

2. Lors donc qu'un homme commence à devenir spirituel, il découvre les erreurs des hérétiques et il voit clairement et à fond que ce qu'il

a entendu, ce qui a fait l'objet de ses lectures, s'éloignait de la règle de la vérité. Mais tant qu'il n'a pas atteint la perfection de la vie spirituelle, tant que l'herbe n'a pas donné son fruit, la vue de tant d'erreurs, de tant d'hérésies qui se sont couvertes du nom du Christ peut faire impression sur lui, voilà pourquoi les serviteurs disent au maître : « N'avez-vous pas semé de bon grain dans votre champ? D'où vient donc qu'il y a de l'ivraie. » (*Matth.*, XIII, 27.) Puis lorsqu'il a compris que le démon n'a eu recours à cette manœuvre frauduleuse que parce que, sentant son impuissance contre l'autorité d'un nom si grand, il était contraint de couvrir ses fourberies du prestige de ce nom, il peut sentir naître en lui le désir de faire disparaître de tels hommes du commerce des choses humaines, s'il en avait le temps; mais il consulte la justice de Dieu pour savoir s'il doit le faire, si elle lui en fait un ordre, si elle lui donne au moins la permission, et si c'est aux hommes à remplir cette mission. De là cette question des serviteurs : « Voulez-vous que nous allions l'arracher? » Or la vérité elle-même leur répond que la condition de l'homme ici-bas ne lui permet pas de savoir avec certitude ce que deviendra par la suite celui dont il connaît et voit actuellement les erreurs, ni le profit que les bons eux-mêmes peuvent tirer de ses égarements. Dieu leur défend donc d'arracher cette ivraie, car en s'efforçant de faire périr les méchants on s'exposerait à faire périr les bons, puisqu'ils le seront peut-être un jour; ou à nuire aux bons eux-mêmes, puisque les méchants sont pour eux une occasion involontaire de vertu. Ce retranchement se fera donc bien plus à propos, lorsqu'à la fin ils n'auront plus le temps de changer de vie, et que le spectacle de leurs erreurs ne pourra plus être pour les bons une occasion de progrès dans la vérité, et alors ce ne sont pas les hommes, mais les anges qui seront chargés de cette opération. C'est la raison que leur donne le père de famille : « Non, de peur qu'en arrachant l'ivraie vous ne déraciniez en même temps le bon grain; mais au temps de la moisson je dirai aux moissonneurs, » etc. (*Ibid.*, 29) réponse bien propre à les calmer et à leur inspirer une grande patience.

3. A l'occasion de ces paroles du père de famille : « Liez-la en bottes pour la brûler, » (*Ibid.*, 30) on peut demander pourquoi il ne donne pas l'ordre de faire une seule botte ou un seul tas de toute l'ivraie. C'est peut-être à cause des différentes sortes d'hérétiques qui, non-seulement sont séparés du bon grain, mais sont encore divisés entre eux. Il a donc voulu désigner par ces bottes d'ivraie les conventicules de chaque hérésie dont tous les membres sont unis entre eux par des liens communs. Or ils sont liés ensemble et destinés au feu du moment qu'ils se séparent de la communion catholique

---

atque discernit quidquid audierit aut legerit abhorrere a regula veritatis : sed donec in eisdem spiritalibus perficiatur, et quodammodo maturescat in fructum quem herba dedit, potest eum movere, quare sub nomine Christiano tam multæ hæreticorum exstiterint falsitates. Inde est quod servi dicunt: « Nonne bonum semen seminasti in agro tuo? Unde ergo habet zizania? » (v. 27.) Deinde cum cognoverit hanc excogitasse fraudem diabolum, cum contra tanti nominis auctoritatem nihil se valere sentiret, ut fallacias suas eodem nomine obtegeret; potest ei suboriri voluntas, ut tales homines de rebus humanis auferat, si aliquam temporis habeat facultatem ; sed utrum facere debeat, justitiam Dei consulit utrum hoc ei præcipiat, vel permittat, et hoc officium esse hominum velit : hinc est quod servi dicunt: « Vis imus, et colligimus ea? » (v. 28.) Quibus quia veritas ipsa respondet, non ita hominem constitutum esse in hac vita, ut certus esse possit qualis quisque futurus sit postea, cujus in præsentia cernit errorem, vel quid etiam error ejus conferat ad provectum bonorum; non esse tales auferendos de hac vita, ne cum malos conatur interficere, bonos interficiat, quod forte futuri sunt; aut bonis obsit, quibus et inviti forte utiles sunt; sed tunc opportune fieri, cum jam in fine non restat vel tempus commutandæ vitæ, vel proficiendi ad veritatem ex occasione atque comparatione alieni erroris; tunc autem hoc non ab hominibus, sed ab Angelis fieri : inde est quod respondet paterfamilias : « Non, ne forte colligentes zizania, eradicetis simul et triticum, sed in tempore messis dicam messoribus, » et cætera. (v. 29.) Atque hoc modo eos patientissimos et tranquillissimos reddit.

3. Quæri autem potest quod ait : « Alligate fasciculos ad comburendum, » (v. 30) cur non unum fascem, aut unum acervum zizaniorum fieri dixit? Nisi forte propter varietatem hæreticorum, et non solum a tritico, verum etiam a seipsis discrepantium, ipsa uniuscujusque hæreseos propria conventicula, in quibus singillatim sua communione devincti sunt, nomine fasciculorum designavit : ut jam tunc incipiant alligari ad comburendum, cum a catholica

et qu'ils commencent à former des Eglises particulières. Mais ils ne seront livrés aux flammes qu'à la fin des temps, maintenant ils sont seulement réunis en gerbes. Cependant s'il en était ainsi, il n'y en aurait pas un si grand nombre qui rejetteraient leurs erreurs et les abjureraient pour rentrer dans l'Eglise catholique. Ce n'est donc qu'à la fin que les gerbes seront liées afin que l'opiniâtreté propre à chaque erreur ne soit pas punie sans discernement, et que chacun reçoive le châtiment proportionné au degré de sa perversité.

4. « De peur qu'en arrachant l'ivraie, vous ne déraciniez en même temps le bon grain. » (*Ibid.*, 29.) Est-ce parce que les bons, qui sont encore faibles, ont besoin dans certaines circonstances d'être mêlés aux méchants, soit afin que ce mélange serve d'épreuve à leur vertu, soit afin que ce rapprochement soit pour les méchants une exhortation puissante à devenir meilleurs; tandis que si les méchants disparaissaient, la racine profonde de la charité serait comme arrachée et flétrie, ou, si l'on veut, déracinée? Ce sont les termes mêmes dont se sert l'Apôtre : « Afin qu'enracinés et fondés dans la charité, vous puissiez comprendre. » (*Ephes.*, III, 18.) Ou bien ne peut-on pas dire encore que le blé est déraciné lorsqu'on arrache l'ivraie parce qu'il en est beaucoup qui ne sont d'abord que de l'ivraie, et qui deviennent ensuite du froment? Or, si on ne les supportait avec patience lorsqu'ils sont mauvais, on ne verrait jamais en eux ce changement admirable; si donc on les arrache, on déracine en même temps le bon grain, puisqu'ils seraient devenus eux-mêmes le bon grain, si on les eût épargnés.

QUESTION XIII. — « Le royaume des cieux est semblable à un marchand qui cherche de belles perles, et qui en ayant trouvé une de grand prix va vendre tout ce qu'il avait, et l'achète. » (*Matth.*, XIII, 45.) On se demande pourquoi Notre-Seigneur passe ici du pluriel au singulier, et comment cet homme qui cherchait de belles perles, en ayant trouvé une de grand prix, vend tout ce qu'il a pour l'acheter. Ou bien donc cet homme recherche la compagnie des hommes vertueux pour mener avec eux une vie sainte, et il trouve le seul homme qui soit sans péché, le médiateur de Dieu et des hommes, Notre-Seigneur Jésus-Christ. (I *Tim.*, II, 5.) Ou bien tandis qu'il cherche à connaître les préceptes dont l'observation le fera vivre saintement au milieu des hommes, il trouve le précepte de la charité qui, au témoignage de l'Apôtre, renferme tous les autres comme : « Vous ne tuerez point, vous ne commettrez point d'adultère, vous ne déroberez point, vous ne porterez point de faux témoignage, et s'il est quelqu'autres commandements ce sont autant de perles qui sont réunies dans cette seule parole : « Vous aimerez le prochain comme vous-mêmes. » (*Rom.*, XIII, 9.) Ou bien encore, cet homme cherche des esprits droits

communione segregati suas proprias quasi Ecclesias habere cœperint; ut combustio earum sit in fine sæculi, modo alligatio fasciculorum. Sed si ita esset, non jam multæ resipiscendo, et in Catholicam remeando ab errore desciscerent. Quapropter et alligatio fasciculorum in fine futura est, ut non confuse, sed pro modo perversitatis suæ uniuscujusque erroris pertinacia puniatur.

4. « Ne forte colligentes zizania eradicetis simul et triticum. » (v. 29.) Utrum quia etiam boni cum adhuc infirmi sunt, opus habent in quibusdam malorum commixtione, ut sive per eos exerceantur, sive ut eorum comparatione magna illis exhortatio fiat, ut nitantur ad melius, quibus sublatis altitudo caritatis quasi evulsa marcescat, quod est eradicari. Nam sic ait Apostolus: Ut in caritate radicati et fundati possitis comprehendere. (*Ephes.*, III, 18.) An forte ideo simul eradicatur triticum, cum auferuntur zizania , quia multi primo zizania sunt, et postea triticum fiunt? Qui nisi patienter cum mali sunt tolerentur, ad laudabilem mutationem non perveniunt : itaque si evulsi fuerint, simul eradicatur et triticum, quod futuri essent, si eis parceretur.

QUÆST. XIII. — « Simile est regnum cœlorum homini negotiatori quærenti bonas margaritas. Inventa autem una pretiosa margarita, abiit et vendidit omnia quæ habuit, et emit eam. » (*Matth.*, XIII, 45.) Quæstio est, cur a numero plurali ad singularem transierit, ut cum quærat homo bonas margaritas, unam inveniat pretiosam, quam venditis omnibus quæ habet, emat. Aut ergo iste bonos homines quærens, cum quibus utiliter vivat, invenit unum præ omnibus sine peccato, mediatorem Dei et hominum Christum Jesum (I *Tim.*, II, 5): aut præcepta quærens, quibus servatis cum hominibus recte conversetur, invenit dilectionem proximi, in quo uno dicit Apostolus omnia contineri : ut , non occides, non mœchaberis, non furaberis, non falsum testimonium dices, et si quod est aliud mandatum (*Rom.*, XIII, 9), singulæ margaritæ sint, quæ in hoc

et il trouve celui en qui seul sont contenus tous les esprits et dont il est dit : « Au commencement était le Verbe, et le Verbe était en Dieu, et le Verbe était Dieu, » (*Jean*, I, 1) Verbe qui brille de tout l'éclat de la vérité, qui est ferme de toute la force de l'éternité, qui, semblable de toutes parts à lui-même, resplendit de la beauté même de la divinité et en qui il faut reconnaître un Dieu sous l'enveloppe de chair dont il est revêtu. Il était déjà parvenu jusqu'à cette perle qui était restée quelque temps cachée sous les voiles de la mortalité, comme sous l'enveloppe d'une coquille, au milieu de la mer de ce monde et parmi les Juifs plus durs que les rochers; il était parvenu jusqu'à cette perle, celui qui a dit : « Si nous avons connu Jésus-Christ selon la chair, nous ne le connaissons plus maintenant. » (II *Cor*., V, 16.) Aucune autre intelligence quelle qu'elle soit, n'est digne du nom de perle que celle à laquelle on arrive après avoir secoué toutes les enveloppes charnelles dont la couvrent soit les paroles des hommes, soit les images qui l'environnent, pour la contempler clairement et sans crainte d'erreur dans toute sa pureté, dans sa constance, dans son immutabilité. Quant aux autres intelligences qui possèdent la vérité, qui sont affermies dans la perfection, une seule les contient en elle-même, c'est le Verbe de Dieu par qui toutes choses ont été faites. Quelle que soit celle de ces trois interprétations qu'on adopte, ou si même on en trouve une autre qui nous donne la signification de cette perle unique et précieuse c'est nous-mêmes qui sommes le prix de cette perle, et nous ne sommes libres de l'acquérir qu'en méprisant, pour obtenir cette heureuse délivrance, tout ce que nous possédons sur la terre. Car après avoir tout vendu, nous ne pouvons en recevoir un plus grand prix que nous-mêmes, puisque nous ne nous appartenions pas, lorsque ces biens nous enlaçaient comme autant de chaînes; et c'est nous-mêmes qu'il faut donner pour acquérir cette perle précieuse, non pas que nous soyons d'une valeur égale, mais parce que nous ne pouvons donner davantage.

QUESTION XIV. — 1. « Et ils ont fermé leurs yeux afin de ne pas voir de leurs yeux. » (*Matth*., XIII, 15.) C'est-à-dire qu'eux-mêmes ont été cause que Dieu leur a fermé les yeux; comme le dit un autre évangéliste : « Il a aveuglé leurs yeux. » (*Jean*, XII, 40.) Mais est-ce de telle sorte qu'ils ne voient jamais; ou bien est-ce afin qu'ils ne voient point en regrettant et en déplorant leur aveuglement, de manière qu'étant profondément humiliés de cet état, ils soient amenés à confesser leurs péchés, et à chercher Dieu avec amour? C'est ainsi que saint Marc l'entend : « De peur qu'ils ne viennent à se convertir, et

sermone recapitulantur, diliges proximum tuum tanquam teipsum. Aut bonos intellectus homo quærit, et invenit unum illud quo cuncti continentur, in principio Verbum, et Verbum apud Deum, et Verbum Deum (*Joan*., I, 1), lucidum candore veritatis, et solidum firmitate æternitatis, et undique sui simile pulchritudine divinitatis, qui Deus penetrata carnis testudine intelligendus est. Ille enim ad margaritam ipsam jam pervenerat, quæ in tegumentis mortalitatis, quasi concharum obstaculo, in profundo hujus sæculi, atque inter duritias saxeas Judæorum aliquando latuerat : ille ergo ad ipsam margaritam jam pervenerat, qui ait : Et si noveramus Christum secundum carnem, sed nunc jam non novimus. (II *Cor*., V, 16.) Nec ullus omnino intellectus margaritæ nomine dignus est, nisi ad quem discussis omnibus carnalibus tegminibus pervenitur, quibus sive per verba humana, sive per similitudines circumpositas operitur, ut purus et solidus et nusquam a se dissonans, certa ratione cernatur. Quos tamen omnes veros et firmos et perfectos intellectus unus ille continet, per quem facta sunt omnia, quod est verbum Dei. Quodlibet autem horum trium sit, vel si aliquid aliud occurrere potuerit, quod margaritæ unius et pretiosæ bene significetur, pretium ejus est nos ipsi : qui ad eam possidendam non sumus liberi, nisi omnibus pro nostra liberatione contemptis, quæ temporaliter possidentur. Venditis enim rebus nostris nullum earum majus accipimus pretium, quam nos ipsos; quia talibus implicati, nostri non eramus : ut rursus nos ipsos pro illa margarita demus, non quia (*a*) tanti valeamus, sed quia plus dare non possumus.

QUÆST. XIV. — 1. « Et oculos suos clauserunt, ne quando oculis videant : » (*Matth*., XIII, 15) id est, ipsi causa fuerunt, ut Deus eis oculos clauderet. Alius enim Evangelista dicit : « Excæcavit oculos eorum. » (*Joan*., XII, 40.) Sed utrum ut nunquam videant, an vero ne vel sic aliquando videant; cæcitate sua sibi displicentes, et se dolentes, et ex hoc humiliati atque commoti ad confitenda peccata sua, et pie quærendum Dominum. Sic enim Marcus hoc

---

(*a*) Plerique Mss. *non quia tanto valet*.

que leurs péchés ne leur soient pardonnés. » (*Marc*, IV, 12.) La conséquence de ces paroles, c'est que par leurs péchés, ils se sont rendus indignes de comprendre, et que cependant par un effet de la miséricorde de Dieu, ils ont pu connaître leurs péchés, et en obtenir le pardon par leur conversion. Mais les expressions dont se sert ici saint Jean : « Ils ne pouvaient croire, parce qu'Isaïe a dit encore : Il a aveuglé leurs yeux, et il a endurci leur cœur, de peur qu'ils ne voient de leurs yeux, et ne comprennent du cœur, et qu'ils se convertissent et que je les guérisse, » (*Jean*, XII, 39, etc.; *Isaïe*, VI, 10) paraissent contredire cette explication, et nous forcent d'entendre ces paroles : « De peur qu'ils ne voient de leurs yeux, » non pas d'un aveuglement qui leur permettra de voir un jour, mais d'un aveuglement qui sera perpétuel. En effet, saint Jean dit clairement : « Afin qu'ils ne voient point de leurs yeux ; » et en ajoutant : « C'est pour cela qu'ils ne pouvaient croire, » il montre assez que cet aveuglement n'a pas eu lieu, afin que vivement touchés de cet état, et regrettant de ne pas comprendre, ils se convertissent en faisant pénitence. Car c'est ce qu'ils ne pourraient faire sans croire tout d'abord, puisque la foi est le principe de leur conversion, comme leur conversion est le principe de leur guérison, et leur guérison la condition nécessaire pour comprendre. Mais cet Evangéliste nous déclare, au contraire, qu'ils ont été aveuglés, de manière que la foi leur fût impossible, puisqu'il dit ouvertement : « C'est pour cela qu'ils ne pouvaient croire. »

2. Or, s'il en est ainsi, qui ne prendrait la défense des Juifs et ne proclamerait qu'ils ne sont nullement coupables de n'avoir pas cru ? Car s'ils n'ont pas cru, c'est que Dieu les a aveuglés. Mais comme nous ne devons point supposer l'ombre de faute en Dieu, il nous faut reconnaître que certains autres péchés ont été cause de cet aveuglement qui leur a rendu la foi impossible. Car voici comme s'exprime saint Jean : « Ils ne pouvaient croire, parce qu'Isaïe a dit encore : Il a aveuglé leurs yeux. » C'est donc en vain que nous nous efforçons de comprendre qu'ils ont été aveuglés à cette fin qu'ils puissent se convertir, puisqu'au contraire, ils ne pouvaient pas se convertir parce qu'ils ne croyaient pas, et qu'ils ne pouvaient croire parce qu'ils étaient aveugles. On peut dire toutefois, avec quelque apparence de raison, qu'un certain nombre de Juifs auraient pu être guéris, mais que l'excès de leur orgueil était monté à un tel point, qu'il leur était avantageux de ne pas croire tout d'abord. Ils ont donc été aveuglés pour ne point comprendre les paraboles du Seigneur. Faute de les comprendre ils ne crurent pas en lui, et ne croyant pas en

---

dicit : « Ne quando convertantur et dimittantur eis peccata. » (*Marc.*, IV, 12.) Ubi intelliguntur peccatis suis meruisse ut non intelligerent, et tamen hoc ipsum misericorditer eis factum, ut peccata sua cognoscerent, et conversi veniam mererentur. Quod autem Joannes hunc locum ita dicit : « Propterea non poterant credere, quia iterum dixit Isaias : Excæcavit oculos eorum, et induravit cor eorum, ut non videant oculis, et intelligant corde, et convertantur, et sanem eos : » (*Joan.*, XII, 39, etc. ; *Isai*, VI, 10) adversari videtur huic sententiæ, et omnino cogere, ut quod hic dictum est : « Ne quando oculis videant, » non accipiatur ne vel sic aliquando oculis videant, sed prorsus ut non videant. Quando quidem aperte ita dicit : « Ut oculis non videant. » Et quod ait : « Propterea non poterant credere, » satis ostendit non ideo factam illam excæcationem, ut ea commoti et dolentes se non intelligere, converterentur aliquando per pœnitentiam ; non enim possent hoc facere, nisi prius crederent, ut credendo converterentur, conversione sanarentur, sanitate intelligerent : sed ideo potius excæcatos, ut non crederent. Dicit enim apertissime : « Propterea non poterant credere. »

2. Quod si ita est, quis non exsurgat in defensionem Judæorum, ut eos extra culpam fuisse proclamet, quod non crediderunt ? Propterea enim non poterant credere, quia excæcavit oculos eorum. Sed quoniam potius Deus extra culpam debet intelligi, cogimur fateri aliis quibusdam peccatis ita eos excæcari meruisse : qua tamen excæcatione non potuerunt credere. Verba enim Joannis ista sunt : « Propterea non poterant credere, quia iterum dixit Isaias : Excæcavit oculos eorum. » Frustra itaque conamur intelligere, ideo fuisse cæcatos, ut *(a)* converterentur, cum ideo converti non poterant, quia non credebant, et ideo credere non poterant quia excæcati erant. An forte non absurde dicimus, quosdam Judæorum fuisse sanabiles ; sed tanto tamen superbiæ tumore periclitatos, ut eis expedierit primo non credere, et ad hoc fuisse cæcatos, ut non intelligerent Dominum

---

(a) Am. Er. et Lov. *ut non converterentur*. Expungenda hinc negatio, quæ nec est in Mss. nec in antiqua editione Rat. nec apud Rabanum qui hunc locum transtulit in lib. IV, Comment. super Matth.

lui ils le crucifièrent avec les autres Juifs qui paraissaient perdus sans espoir. Mais après sa résurrection ils se convertirent, alors que profondément humiliés du crime du déicide qu'ils avaient commis, ils aimèrent avec plus d'ardeur celui qu'ils reconnaissaient avec joie leur avoir pardonné un si grand crime; car il fallait que la grandeur de leur orgueil fût abattue par cet excès d'humiliation. Cette interprétation pourrait paraitre inconvenante si les faits ne lui donnaient raison, comme nous le lisons dans le livre des Actes. (*Act.*, II, 37.) Ces paroles de saint Jean : « C'est pour cela qu'ils ne pouvaient croire, parce qu'il a aveuglé leurs yeux, afin qu'ils ne voient point, » ne sont pas contraires à cette interprétation. Nous disons, en effet, qu'il les a aveuglés afin qu'ils pussent se convertir, c'est-à-dire que les enseignements du Seigneur leur furent d'abord cachés sous le voile des paraboles, afin qu'après sa résurrection, ils fussent ramenés à lui par les sentiments d'une sincère pénitence. Aveuglés d'abord par l'obscurité de ce langage, ils ne comprirent point les paroles du Sauveur; ne les comprenant pas, ils ne crurent pas en lui, et ne croyant pas en lui ils le crucifièrent. Mais après sa résurrection, saisis d'épouvante à la vue des miracles qui se faisaient en son nom, ils furent touchés jusqu'au fond du cœur de l'énormité d'un si grand crime, et donnèrent les preuves du plus humble repentir;

et après avoir reçu le pardon de leurs péchés, ils firent preuve d'une obéissance proportionnée à l'ardeur de leur amour.

3. Quant à ceux pour qui cet aveuglement produit par l'enseignement parabolique ne fut point l'occasion de leur conversion, le Prophète en parle dans un autre endroit que l'Apôtre a rapporté en parlant de l'obscurité des langues : « Je parlerai à ce peuple en des langues étrangères et inconnues, et même après cela ils ne m'écouteront point, dit le Seigneur. » (I *Cor.*, XIV; *Isaï.*, XXVIII, 11.) Le Seigneur ne dirait pas : « Et même après cela ils ne m'écouteront point, » s'il ne leur avait parlé dans le dessein de se faire entendre, c'est-à-dire pour les amener à une humble confession, à une recherche exacte de leurs crimes et leur inspirer un repentir sincère et une ardente charité. Telle est aussi la méthode que l'on suit pour la guérison des corps. La plupart des remèdes font souffrir afin de guérir, et les collyres qu'on applique sur les yeux, si l'on est obligé de pénétrer l'intérieur de l'œil, ne deviennent efficaces qu'après avoir comme paralysé et troublé l'organe de la vue.

4. Il n'y a rien qui doive nous surprendre dans ces autres paroles du même Prophète : « Si vous ne croyez point vous ne pourrez comprendre, » comme si elles étaient contraires à ce que dit saint Jean : « C'est pour cela qu'ils

---

loquentem per parabolas, quibus non intellectis, non in eum crederent, non credentes autem cum cæteris desperatis crucifigerent eum; atque ita post ejus resurrectionem converterentur, quando jam de reatu mortis Domini amplius humiliati vehementius diligerent a quo sibi tantum scelus dimissum esse gauderent. Quoniam tanta erat eorum superbia, ut tali humiliatione esset dejicienda. Quod incongrue dictum esse quilibet arbitretur, si non ita contigisse in Actibus Apostolorum manifestissime legerit. (*Act.*, II, 37.) Non ergo abhorret quod ait Joannes : « Proptera non poterant credere, quia excæcavit oculos eorum ut non videant, » ab ea sententia, qua intelligimus ideo excæcatos ut converterentur, hoc est, ideo eis perobscuritates parabolarum occultatas sententias Domini, ut post ejus resurrectionem salubriore pœnitentia resipiscerent : quia per obscuritatem sermonis excæcati, dicta Domini non intellexerunt, et ea non intelligendo, non in eum crediderunt, non credendo crucifixerunt eum; atque ita post ejus resurrectionem miraculis, quæ in ejus nomine fiebant, exterriti,

majore criminis reatu compuncti sunt et prostrati ad pœnitentiam, deinde accepta indulgentia ad obedientiam flagrantissima dilectione conversi.

3. Nam quibus non profuit illa cæcitas ad conversionem, quæ per linguam parabolarum fiebat, ita de illis Propheta alio loco dicit, quod etiam Apostolus commemoravit cum de obscuritate linguarum ageret : In aliis linguis, et in aliis labiis loquar populo huic, et nec sic me exaudient, dicit Dominus. (I *Cor.*, XIV, 21; *Isa.*, XXVIII, 11.) Non enim diceretur : Nec sic me exaudient, nisi ad hoc fieret, ut vel sic exaudirent : id est, ut eis ad humilem confessionem et sollicitam inquisitionem et obedientem conversionem et ferventem dilectionem valeret. Est vero etiam ista ratio medicinæ corporalis. Nam et pleraque medicamenta prius affligunt ut sanent, et ipsa collyria quæ ad oculos pertinent, si ea opus est intrinsecus infundi, nisi sensum videndi prius claudant et perturbent, prodesse non possunt.

4. Nec moveat quod idem Propheta dicit. Nisi credideritis non intelligetis : quasi contrarium sit

ne pouvaient croire, parce qu'il avait aveuglé leurs yeux, » c'est-à-dire il leur parlait en paraboles de manière à ne pas en être compris. On pourra me dire, en effet, s'ils devaient croire pour comprendre, comment la foi leur était-elle impossible, parce qu'ils ne comprenaient point, c'est-à-dire parce qu'il avait aveuglé leurs yeux? Ces paroles d'Isaïe : « Si vous ne croyez point, vous ne comprendrez point, » (*Isaïe*, VII, sel. les Sept.) doivent s'entendre de cette intelligence des vérités ineffables où l'esprit demeurera pour toujours. Lorsqu'au contraire, on propose un objet à notre foi, nous ne pouvons le croire à moins de comprendre quel est cet objet dont on nous parle. Il faut donc comprendre le sens des paroles afin de croire la vérité dont elles sont l'expression, et croire les choses qui peuvent être dites pour comprendre celles que le langage ne peut exprimer.

QUESTION XV. — « Et il ne leur parlait point sans paraboles. » (*Matth.*, XIII, 34.) L'Evangéliste s'exprime ainsi, non que Notre-Seigneur n'ait jamais parlé dans le sens littéral, mais parce qu'il n'a presque jamais fait de discours où il n'ait enseigné quelque vérité sous le voile de la parabole, bien qu'il y ait parlé en même temps dans le sens littéral, c'est-à-dire que souvent son discours est tout entier composé de paraboles, tandis qu'on n'en trouve aucun où il ait exclusivement parlé dans le sens propre et littéral. Par discours entiers et complets, j'entends ceux que le Sauveur faisait suivant que l'occasion se présentait, jusqu'à ce que la matière qu'il traitait étant terminée, il passait à un autre sujet. On ne peut nier, du reste, que souvent un évangéliste présente en un seul discours ce qu'un autre évangéliste rapporte comme ayant été dit, dans des circonstances différentes, parce qu'il s'est attaché dans sa narration, non pas à l'ordre historique des faits, mais à l'ordre dans lequel ils se présentaient à son souvenir.

QUESTION XVI. — « Avez-vous compris tout ceci? Oui, Seigneur, répondirent-ils. Et il ajouta : « C'est pourquoi tout docteur, instruit de ce qui regarde le royaume des cieux, est semblable à un père de famille qui tire de son trésor des choses anciennes et nouvelles. » (*Matth.*, XIII, 51, 52.) Notre-Seigneur, en concluant ainsi son discours, a-t-il voulu expliquer quel est ce trésor caché dans le champ (*Ibid.*, 44), et nous faire entendre que ce sont les saintes Ecritures composées de l'Ancien et du Nouveau Testament, de même que dans un autre évangéliste nous voyons expliquée la comparaison du glaive à deux tranchants? (*Apoc.*, I, 16.) Ou bien comme il venait de leur parler en paraboles, et qu'à la question qu'il leur fit s'ils avaient compris, ils avaient répondu affirmativement, peut-être par cette dernière comparaison du père de famille

---

quod Joannes ait : « Propterea non poterant credere, quia excæcavit oculos eorum; » id est, quia illæ parabolæ ita dicebantur, ut ab eis non possent intelligi. Dicit enim aliquis : Si ut intelligerent credere debebant, quomodo propterea non poterant credere, quia non intelligebant, hoc est, quia excæcavit oculos eorum? Sed quod ait Isaias: Nisi credideritis, non intelligetis (*Isa.*, VII, 9, *sec.* LXX), de illa intelligentia dictum est, in qua semper manebitur, rerum ineffabilium : cum autem dicitur quod credatur, nisi quod dicitur intelligatur credi non potest. Intelligenda sunt ergo dicta, ut credantur quæ dici potuerunt : credenda autem quæ dici potuerunt, ut intelligantur quæ dici non possunt.

QUÆST. XV. — « Et sine parabolis non loquebatur eis. » (*Matth.*, XIII, 34.) Non quia nihil proprie locutus est, sed quia nullum fere sermonem explicavit, ubi non aliquid per parabolam significavit, quamvis in eo aliqua et proprie dixerit : ita ut sæpe inveniatur totus sermo ejus parabolis explicatus, totus autem proprie dictus nullus inveniatur. Explicatos autem sermones dico, quando ex aliqua occasione rerum incipit loqui quousque terminet quidquid ad ipsam rem pertinet, et transeat ad aliud. Nonnunquam sane alius Evangelista contexit, quod alius diversis temporibus dictum indicat. Non enim omnimodo secundum rerum gestarum ordinem, sed secundum suæ quisque recordationis facultatem, narrationem quam exorsus est ordinavit.

QUÆST. XVI. — « Intellexistis hæc omnia? Dicunt ei : Etiam. Ait illis : Ideo omnis Scriba doctus in regno cœlorum, similis est homini patri familias, qui profert de thesauro suo nova et vetera. » (*Matth.*, XIII, 51, 52.) Utrum ista conclusione exponere voluit quem dixerit thesaurum in agro absconditum? (*Ibid.*, 44.) Quoniam sanctæ Scripturæ intelliguntur, quæ nomine duorum Testamentorum novi et veteris concluduntur : quemadmodum apud alium Evangelistam gladium bis acutum tali conclusione videtur exponere. (*Apoc.*, I, 16.) An quia in parabolis ista locutus est; et cum quæsisset ab eis utrum intellixissent, responderunt se intellexisse ; fortasse ista

qui tire de son trésor des choses anciennes et nouvelles, a-t-il voulu nous apprendre qu'on doit regarder comme un homme docte dans l'Eglise celui qui comprend les anciennes Ecritures, même sous la forme de paraboles, en puisant dans les nouvelles les principes d'une bonne interprétation. Car le Seigneur est aussi l'auteur de ces enseignements paraboliques, bien que comme Christ il fût la fin des anciennes Ecritures, qui devaient recevoir en lui leur accomplissement. Or si le Christ, en qui les Ecritures reçoivent leur accomplissement et leur manifestation parle encore en paraboles jusqu'à ce que sa passion ait déchiré le voile, et qu'il n'y ait rien de caché qui ne soit révélé, nous devons en conclure que ce qui avait été prédit de lui si longtemps avant sa venue sur la terre était plus que tout le reste caché sous le voile des paraboles. Et c'est en voulant prendre ces paraboles à la lettre, que les Juifs ont refusé de devenir instruits en ce qui concerne le royaume des cieux, et de venir jusqu'à Jésus-Christ, pour qu'il ôtât le voile étendu sur leurs cœurs.

QUESTION XVII.— 1. « Ses frères, Jacques, Joseph, Simon et Jude, et ses sœurs ne sont-elles pas toutes parmi nous ? D'où lui viennent donc toutes ces choses ? Et il leur était un sujet de scandale. » (*Matth.*, XIII, 55, 56.) C'est un fait tellement établi que les Juifs appelaient du nom de frères de simples parents, qu'ils le donnaient non-seulement aux parents du degré le plus rapproché comme aux enfants de frères et de sœurs, comme c'est encore un usage fréquent parmi nous, mais même à l'oncle et au neveu, comme étaient Jacob et Laban et que l'Ecriture appelle frères. (*Gen.*, XXIX, 15.) Il n'est donc pas étonnant qu'on ait appelé frères du Seigneur tous ses parents du côté maternel, puisque les Juifs qui pensaient que Joseph était son père, appelaient également ses frères tous ceux qui étaient parents de Joseph (1).

1. On ne viole la justice générale que lorsque emporté par la passion, on transgresse soit les lois de la société humaine par le vol, la rapine, l'adultère, l'inceste et autres crimes de ce genre ; soit les lois de la nature, par les outrages, les coups, l'homicide, les crimes de sodomie et de bestialité ; ou bien lorsqu'on dépasse la mesure dans les choses permises, par exemple, en châtiant l'orgueilleux plus qu'il ne convient, en mangeant et en buvant au delà du nécessaire, en usant du mariage d'une manière immodérée, et autres choses semblables.

2. On comprend pourquoi l'Esprit saint a donné

(1, C'est ici que se termine cet Opuscule dans les éditions ou d'Amerbach et d'Erasme, aussi bien que dans les manuscrits du Vatican de la Sorbonne et de Citeaux ; et nous n'avons trouvé ce qui suit que dans l'édition des docteurs de Louvain, dans deux manuscrits de Saint-Victor, et dans un très-ancien manuscrit de Corbies.

similitudine ultima patrisfamilias proferentis de thesauro suo nova et vetera, ostendere voluit cum doctum habendum esse in Ecclesia, qui etiam Scripturas veteres parabolis explicatas intellexerit, ab istis novis accipiens regulas ? Quia et ista Dominus per parabolas enuntiavit, quamvis ipse Christus esset finis illorum ; id est, ut in eo illa vetera complerentur : ut si ipse in quo illa complentur et manifestantur, per parabolas adhuc loquitur, donec ejus passio velum disscindat, et nihil sit occultum quod non reveletur; multo magis illa quæ ad commendandam tantam salutem tam longe de illo scripta sunt, parabolis operta esse noverimus : quæ cum Judæi ad litteram acciperent, noluerunt esse docti in regno cœlorum, neque transire ad Christum, ut auferretur velamen, quod supra cor corum positum est (a).

QUÆST. XVII.— 1. « Fratres ejus Jacobus et Joseph et Simon et Judas, et sorores ejus, nonne omnes apud nos sunt ? unde ergo huic omnia ista ? Et scandalizabantur in eo. » (*Matth.*, XIII, 55, 56.) Fratres apud Judæos dici solere cognatos usque adeo probatur, ut non solum ex propinquo generationis gradu, sicut sunt filii fratrum et sororum, qui etiam apud nos usitatissime fratres dicuntur; sed etiam avunculus et sororis filius, sicut sibi erant Jacob et Laban, fratres appellati inveniantur. (*Gen.*, XXIX, 15.) Non ergo mirum est dictos esse fratres Domini ex materno genere quoscumque cognatos ; cum etiam ex cognatione Joseph dici potuerint fratres ejus ab eis, qui illum patrem Domini esse arbitrabantur.

1. Generalem justitiam non violat quis, nisi libidine transgressus fuerit aut placitum societatis humanæ, sicut est furtum, rapina, adulterium, incestus, et hujusmodi ; aut naturam, sicut est contumelia, cædes homicidium, concubitus masculorum vel pecorum, aut modum in concessis, sicut est superbum amplius verberare quam oportet, vel superfluum edere vel bibere amplius quam oportet, cum ipsa conjuge concumbere amplius quam oportet, et similia.

2. Bene intelligitur Spiritus sanctus ideo primum lin-

(a) In editione Rat. inscribitur hic quæstio in illa verba *Matth.*, XXIV, 36. *De die autem illo et hora nemo scit*, etc., sed quæ nihil differt ab ea quæ inter 83, qq. ordine est sexagesima.

d'abord aux hommes le don des langues qui doivent leur origine à la volonté et aux conventions des hommes entre eux, et que l'on apprend à l'aide des sens extérieurs par l'habitude de les entendre. Il voulait leur enseigner avec quelle facilité il pouvait les rendre sages par la sagesse divine qu'il répand dans leurs cœurs.

3. La volonté du Verbe éternel est toujours immuable, parce qu'elle possède en même temps toutes choses, tandis que notre volonté est toujours changeante, parce qu'elle est loin de posséder toutes choses, et qu'elle se porte tantôt vers un objet, tantôt vers un autre. Toutes les choses qui ont été faites ont d'abord existé dans le Verbe, et il a connu par avance la création de l'homme, comme un peintre qui veut reproduire sur la toile toute une maison, et qui sait par avance l'endroit où il doit la placer. Il en a tout le plan dans son esprit, en préparation, dans sa volonté, bien qu'il ne doive en exécuter chaque partie que successivement et dans son temps. C'est ainsi que toutes les créatures, et l'homme en qui devait se personnifier cette divine sagesse d'une manière mystérieuse et par une union vraiment ineffable a toujours existé dans cette sagesse, comme dans la science éternelle de Dieu, quoiqu'elle fasse chaque chose en son temps, qu'elle atteigne d'une extrémité à l'autre avec force, qu'elle dispose toutes choses avec douceur, et les renouvelle toutes en restant toujours immuable en elle-même. (*Sap.*, VIII, 1; VII, 27.)

4. Comment doit désirer mourir, s'il a ce désir, celui qui ayant une foi sincère, et voyant le terme où il doit aboutir, est parvenu à ce degré qu'il est disposé à quitter volontiers la vie? Car voir le terme où aboutit la vie, n'est pas encore l'aimer, et désirer y parvenir. Dès que ce désir existe sincèrement dans l'âme, on doit nécessairement mourir sans regret. C'est donc en vain que plusieurs, qui ont d'ailleurs une foi véritable, déclarent qu'ils ne veulent pas mourir, pour faire, disent-ils, des progrès, puisque le véritable progrès serait justement pour eux de vouloir mourir. S'ils veulent donc parler sincèrement, qu'ils cessent de dire : Je ne veux pas mourir, parce que je veux faire des progrès ; mais : Je ne veux pas mourir, parce que j'ai fait peu de progrès. Donc ne pas vouloir mourir, n'est pas une volonté fondée sur le désir de faire des progrès, mais un indice qu'on a fait peu de progrès. Par conséquent, ce qu'ils ne veulent pas dans le dessein d'être parfaits, qu'ils le veuillent, et ils arrivent par là même à la perfection.

---

guarum donum dedisse hominibus, quæ pacto et placito hominum institutæ sunt, et forinsecus per sensus corporis consuetudine audiendi discuntur, ut eis ostenderet quam facile posset sapientes facere per sapientiam Dei, quæ in eis interna est.

3. Item voluntas Verbi sempiterni stabilis est semper, quia simul habet omnia : nostra autem voluntas ideo non stat, quia non habet simul omnia; ideo modo hoc, modo illud volumus. Item sic fuerunt in illo Verbo omnia quæ facta sunt, et ipsa susceptio hominis sic ab eo præcognita est, quomodo si pictor velit pingere totam domum, et cogitet vel noverit locum ubi etiam se pingere debeat : totum in arte habet, et in præparatione, et in voluntate, quamvis certis et suis quæque temporibus explicet. Sic omnis creatura et ipse homo qui ejusdem sapientiæ personam mystice et inenarrabili susceptione gestaturus erat, in ipsa sapientia tanquam Dei arte sempiterna semper erat, quamvis suis quæque temporibus efficiat, quæ pertendit a fine usque ad finem fortiter. et disponit omnia suaviter, atque in se manens innovat omnia. (*Sap.*, VIII, 1, et VII, 27.)

4. Item quomodo quis velit velle mori, si sic velle mori pervenerat, qui jam habet sanam fidem et videt quo sibi perveniendum sit, ad hoc jam proficit, ut libenter de hac vita discedat. Non enim hoc est videre quo sibi perveniendum sit, quod est etiam amare illud, et ibi jam esse desiderare : quod in cujus animo effectum fuerit, necesse est ut libenter moriatur. Frustra itaque dicunt quidam, qui jam sanam fidem tenent, ideo se nolle mori ut proficiant, cum ipse profectus eorum in eo profectu sit, ut mori velint. Si ergo verum loqui volunt, non dicant : Ideo mori nolo, ut proficiam : sed : Ideo mori nolo, quia parum profeci. Itaque mori nolle fidelibus non consilium est ut proficiant, sed indicium quod parum profecerint. Proinde quod nolunt, ut perfecti sint, velint, et perfecti sunt.

AVERTISSEMENT

SUR

LES TRAITÉS DE S. AUGUSTIN SUR L'ÉVANGILE SELON S. JEAN

Nous croyons pouvoir rapporter avec assez de vraisemblance la composition des Traités de saint Augustin sur saint Jean à l'an de Jésus-Christ 416, ou à l'année suivante. Ce qu'il y a de certain, c'est qu'il expliquait cet Evangile au plus fort de la lutte entre les Catholiques et les Donatistes, puisque nous le voyons continuellement déployer toute l'ardeur de son zèle pour convaincre et ramener ces factieux. Leur autel même subsistait encore alors dans la ville d'Hippone, car dans le Traité sur l'Epître de saint Jean qu'il expliquait lorsqu'il avait déjà commencé l'explication de cet Evangile qu'il interrompit à cet effet, il s'en plaint en ces termes : « Pourquoi deux autels dans cette ville ? » On pourrait peut-être rapporter cette circonstance au temps qui précéda la conférence de Carthage qui eut lieu entre les Catholiques et les Donatistes l'an 411. Cependant comme dans ces Traités, et en particulier dans les Traités XLV, XLVIII, LXVIII, LXXXIII, CV, CXI, etc., nous y voyons clairement exposé non-seulement le dogme de la prédestination, mais que de plus le saint docteur y réfute sans les nommer les erreurs des Pélagiens, par exemple, dans les Traités LIII, LXVII, LXXXI, LXXXVI, etc., nous sommes autorisés à conclure que ces Traités n'ont pas été composés avant l'an de Jésus-Christ 411, époque à laquelle l'hérésie de Pélage commença à s'introduire dans l'Afrique. Mais une autre raison qui nous en fait reculer la composition à l'an 416, se trouve formulée en termes bien plus exprès dans le Traité CXX, où saint Augustin prouve que Nicodème vint souvent trouver Jésus-Christ, pour s'instruire à son école et devenir son disciple, par ce raisonnement : « Ce que la révélation du corps du bienheureux Etienne fait aujourd'hui solennellement connaître à toutes les nations (1). »

(1) Pour bien comprendre le sens de ces paroles de saint Augustin il faut se rappeler que le corps de Nicodème fut enseveli auprès de

ADMONITIO

DE SUBSEQUENTIBUS S. AUGUSTINI IN JOANNEM TRACTATIBUS.

Haud temere fecisse videbimur, si Augustini in Joannem Tractatus ascripserimus anno Christi supra quadringentesimum sexto decimo, aut proximo post tempori. Certe quidem hunc Evangelistam cum exponeret, flagrabat etiam tum Catholicorum cum Donatistis pugna; quando in factiosis illis revincendis tam multus tamque vehemens inibi est S. Doctor : præterquam quod ad id usque temporis schismaticum eorum altare stabat Hippone : unde in Tractatu super ejusdem Joannis Epistolam, (cui nimirum exponendæ Epistolæ, inchoata dudum ac intermissa paulisper Evangelii tractatione, dedit operam) in hæc verba conqueritur : « Quid faciunt in hac civitate duo altaria ? » Quod licet in tempora etiam anteriora Carthaginensi collatione, quæ cum Donatistis anno 411, habita fuit, referri queat : attamen quia per hos ipsos, de quibus agimus in Evangelium Tractatibus, non solum Prædestinationis fides, uti res maxime explorata, proponitur in Tract. XLV, XLVIII, LXVIII, LXXXIII, CV, CXI, etc., sed etiam perstringuntur tacito nomine Pelagiani in Tract. LIII, LXVII, LXXXI, LXXXVI, etc., hinc profecto intelligere licebat eosdem Tractatus non ante quadringentesimum et undecimum Christi annum, quo primum invehitur in Africam Pelagiana hæresis, editos fuisse. Sed aliud argumentum, quo fit ut in annum quadringentesimum decimum sextum a nobis remittantur, suppetit longe expressius est Tract. CXX, ubi Nicodemum sæpius venisse ad Christum, ut ejus discipulus audiendo fieret, probat Augustinus hac ratione : « Quod certe, ait, modo in revelatione corporis beatissimi Stephani (quæ videlicet anno quadringentesimo decimo quinto prope finito facta est) fere omnibus gentibus declaratur. »

AVERTISSEMENT.

Saint Augustin donnait ces Traités ou ces discours tous les jours de la semaine sans distinction. Le premier, par exemple, fut prononcé un dimanche, et le second, le lendemain, comme il le déclare lui-même dans le Traité II. Le Traité XLVI fut également donné un dimanche, comme nous l'apprend le Traité XLVII, et le XLV un samedi, d'après le Traité XLVI. Le trente-quatrième et les trois suivants furent donnés en quatre jours consécutifs, comme on le voit par l'exorde et la péroraison de chacun d'eux. Le trente-septième fut prononcé un dimanche, comme l'indique le Traité XXXVIII. Il en fut de même pour les Traités VIII, IX et X. Les cinq Traités XIX, XX, XXI, XXII, XXIII, furent aussi donnés en cinq jours de suite. On voit que saint Augustin s'appliquait à n'omettre aucune de ces instructions qu'il s'était proposé de faire à des jours déterminés, parce qu'ayant passé un jour sans expliquer l'Evangile, par suite de quelque nécessité, il crut devoir s'en excuser dans le Traité VIII; et dans le Traité XLVI, il renvoie à l'un des jours marqués à cet effet l'explication plus développées d'un passage de l'Evangile qui venait d'être lu. Dans le Traité XLVII qui fut prononcé un dimanche, il affirme que ce n'est pas le manque de temps qui l'empêche, comme d'ordinaire, de prolonger son discours. Il déclare quelquefois au contraire, par exemple à la fin du Traité VIII, qu'il ne veut point continuer son explication les jours de fêtes plus solennelles, parce qu'un grand nombre de ses auditeurs sont venus plutôt pour la solennité elle-même que pour entendre une instruction. Nous voyons par le Traité XLVI, et par quelques autres, qu'il avait coutume de faire lire dans l'office du jour, l'endroit qu'il voulait expliquer, et il tâchait de donner ensuite l'explication de tout ce qu'on avait lu. Mais lorsqu'elle le conduisait trop loin, il remettait à un autre jour ce qu'il n'avait pu expliquer, et faisait alors relire dans l'office le même endroit de l'Evangile qui était resté sans explication.

Saint Augustin commença l'explication de l'Evangile selon saint Jean, avant la fin de l'hiver, comme nous le voyons par le Traité VI, où il dit qu'il avait craint que la rigueur du froid n'empêchât le peuple de venir à l'église. Dans le sixième, il dit que la fête de la Passion et de la résurrection du Seigneur approchait, et dans le onzième, qu'il était temps d'adresser aux catéchumènes les instructions accoutumées. La veille du jour où il prononça

celui de saint Etienne, qu'une vision miraculeuse révéla les deux tombes à un pieux prêtre nommé Lucien de Caphargamala en Palestine, et que leurs dépouilles furent solennellement reconnues par Jean, évêque de Jérusalem.

Diebus porro quibuslibet Tractatus sermonesve hanc in rem suos habebat. Primum, exempli gratia, die Dominico, postridie secundum se pronuntiasse in hoc ipso Tract. II, indicat. Habitus item fuit Dominico die quadragesimus sextus, ex Tract. XLVII, pridie vero quadragesimus quintus ex Tract. XLVI, dictus fuerat. Trigesimus quartus tresque sequentes, quatuor diebus continuis, ut ex cujusque exordio ac peroratione patet, habiti sunt, et quidem trigesimus septimus die Dominico, ex Tract. XXXVIII. Sic octavus, nonus, et decimus; sic tandem isti quinque XIX, XX, XXI, XXII et XXIII, singuli singulis continenter diebus pronuntiati significantur. Hoc egisse Augustinum, ut e diebus habendæ concioni destinatis nullum præteriret, vel hinc intelligitur, quod unum hujuscemodi quadam occasione omissum diem in Tract. VIII, excusat, et in XLVI, prælecti de Evangelio loci tractationem diligentiorem in reddendi sermonis dies remittit. In XLVII, quem Dominico die habuit, dicit sese temporis ut solet angustias, quo minus orationem fusius prosequatur, minime prohiberi. Testatur contra nonnunquam, eo nolle se diebus solemnioribus sermonem producere, quod forte essent multi, qui potius solemnitatis causa quam sermonis audiendi desiderio convenissent : sic ad Tract. VIII finem. Ex XLVI autem aliisque eum intelligimus, quam Evangelii partem populo erat expositurus jubere solitum inter divina officia recitari : quam prælectam postea nitebatur explicare. Verum si quando hoc futurum fuisset æquo longius, residuum in aliud tempus differebat; ac tum quoque relegi Evangelium præcipiebat.

Cæterum exacta nondum hyeme suam in Joannis Evangelium explanationem aggressus est Augustinus. Testatur quippe in Tract. VI, sese subveritum ne populus a frequentanda ecclesia frigoris vi deterreretur. In X proximum significat tempus imminere, ut passionis ac resurrectionis Dominicæ solemnitas celebretur. In XI, autem ut adhortetur catechumenos, jam tempus exigere.

le douzième discours, il avait promis de parler de la paix de l'Eglise et de faire connaître ce qu'il avait déjà fait, ou ce qu'il espérait encore faire pour accomplir ce dessein. Mais il voulut auparavant donner comme d'ordinaire l'explication des paroles de l'Evangile qui avaient été lues, et remplir le devoir qu'il s'était prescrit. Que devait-il dire sur la paix de l'Eglise? nous ne le savons pas, et il n'en fait aucune mention à la fin de ce Traité. On serait fondé à conclure, d'après ce qu'il dit au commencement du treizième, qu'il avait interrompu depuis quelques jours l'explication de l'Evangile de saint Jean, et il l'interrompit en effet, pendant les fêtes de Pâques qui, l'an 416, tombaient le 2 avril, parce que c'était l'usage pendant ces fêtes de lire dans l'Eglise certaines leçons déterminées et tirées de l'Evangile, sans qu'il fût permis de leur en substituer d'autres, comme saint Augustin nous l'apprend dans la préface qui précède l'explication de l'Epître de saint Jean. Ce fut alors en effet qu'il entreprit l'explication de cette Epître, et lorsqu'il l'eut terminée, il reprit l'Evangile selon saint Jean. Il n'en était encore qu'au Traité XXVII, le jour de la fête de saint Laurent, bien comme nous l'avons observé, qu'il eût donné les cinq Traités, du XIX au XXIII en cinq jours de suite.

On trouve un grand nombre d'extraits de cet ouvrage dans les Commentaires de Bède et d'Alcuin sur saint Jean, dans les Commentaires de Florus sur les Epîtres de saint Paul, et qui ont été publiés sous le nom de Bède, comme aussi une multitude de citations que les anciens ont empruntées à ces Traités pour servir de preuves à la foi catholique. Ainsi Cassien rapporte un passage du second Traité dans son livre VII *de l'Incarnation*, chapitre 27; le Traité LXXVIII est cité par saint Léon pape dans sa lettre à l'empereur Léon, lettre 97, autrefois 134, etc. Le sénateur Cassiodore cite également quelques passages de ces traités dans le livre *des Institutions*, chapitre VII, et fait le plus grand éloge de la magnifique exposition que saint Augustin a donnée de l'Evangile de saint Jean. Possidius dans sa Table mentionne ainsi cet ouvrage: *Traités sur l'Evangile de saint Jean, du premier chapitre jusqu'à la fin, en six manuscrits*. Le saint docteur lui-même dans la préface de son explication de l'Epître de saint Jean, s'exprime en ces termes: « Votre Sainteté se rappelle que nous avons coutume d'expliquer l'Evangile selon saint Jean, en suivant l'ordre des

---

Pridie ejus diei quo habuit XII, dicturum se de pace Ecclesiæ vel quid egisset, vel quid adhuc agendum speraret, populo promiserat: sed præmittere solitam de lectione Evangelica tractationem voluit, ac tum fidem suam liberare. Quid illud porro fuerit, quod de Ecclesiæ pace dicendum habebat, incompertum est; neque in ejusdem tractationis fine conscriptum fuit. Videtur ex XIII, Tractatus exordio posse colligi, a diebus non ita paucis intermissum ab eo fuisse Joannis Evangelium: et re ipsa illud per Paschalia Festa, quæ in 2 diem Aprilis anno 416, incidebant, interrupit, eo quod his diebus fixas et certas ex Evangelio lectiones oporteret in Ecclesia recitari, quibus substituere alias non licebat: sicuti sua in Expositionem epistolæ Joannis præfatione docet. Nam interea temporis enarrandam hanc ipsam Epistolam suscepit: moxque ea pertractata rediit ad Evangelium. In cujus explicatione Tractatum XXVII, necdum in Laurentii martyris, quem ibidem laudat, celebritate excesserat: tametsi quinque Tractatus a XIX, uti jam observatum est, ad XXIII, diebus quinque continuis perfecisset.

Ex hoc opere decerpta quam multa reperies apud Bedam et Alcuinum super Joannem, apud Florum in commentariis super Pauli Epistolas Bedæ nomine vulgatis, etc., necnon sententias quasdam a veteribus confirmandæ catholicæ fidei causa prolatas ex variis Tractatibus, scilicet ex II a Cassiano lib. VII, *De Incarnatione*, c. 27. Ex LXXVIII, a Leone papa in epistola ad Leonem Augustum olim 97 nunc 134, etc. Recordatur ejusdem operis Cassiodorus Senator in lib. *Instit.*, c. 7. Joannem copiosa et insigni expositione ab Augustino illustratum commendans. Possidius in Indiculo, c. 6, sub his verbis: *Tractatus de Evangelio Joannis a capite usque ad finem, in codicibus sex*. Augustinus ipse in præfatione ad Tractatus super Epistolam Joannis: Meminit, inquit, Sanctitas vestra Evangelium secundum Joannem ex ordine lectionum nos solere

leçons. » Il y fait également allusion dans le livre xv de *la Trinité*, chapitre 27. « Nous avons, dit-il, parlé et écrit sur ce sujet dans un discours que nous avons prononcé en présence du peuple chrétien. » Sans doute s'il eût vécu plus longtemps il en aurait parlé plus au long dans les livres particuliers de ses Rétractations qu'il se proposait de composer sur les Traités et les homélies qu'il avait prononcés en public comme il le déclare dans sa lettre 224 *à Quod vult Deus*.

Cet ouvrage dans des manuscrits fort anciens, porte pour titre, dans les uns *Traités*, dans les autres *Sermons*, dans quelques-uns *Homélies sur saint Jean*. Mais ce titre est beaucoup plus développé dans les manuscrits de saint Ouen, de Jumièges et de Préaux où on lit : « Ici commencent les homélies du saint docteur Aurèle Augustin, évêque d'Hippone, sur l'Evangile de Notre-Seigneur Jésus-Christ selon saint Jean, homélies qu'il a prononcées d'abord devant le peuple, qui ont été recueillies par des notaires pendant qu'il parlait, et qu'il a ensuite revues lui-même et dictées mot à mot dans l'ordre où il les avait prononcées. » Quant à la préface qui suit on la cherche inutilement soit dans les manuscrits, soit dans les éditions d'Amerbach et de Bade. Les docteurs de Louvain l'ont reproduite après Erasme, tout en faisant observer qu'elle n'est point de saint Augustin, et qu'elle n'existe dans aucun manuscrit. On la trouve sauf quelques légers changements dans les Commentaires de Bède et d'Alcuin sur saint Jean.

tractare. Rursumque in lib xv, *de Trinitate*, c. 27, signat Tractatum in Joann. xcix, cum ait : De hac re in sermone quodam proferendo ad aures populi Christiani diximus, dictumque conscripsimus. Plura sane, si sat vixisset, dicturus in Retractationum libris peculiaribus, quos, uti ad Quodvultdeum epist. 224 scribit, in Tractatus populares homiliasque a se habitas meditabatur.

Opus in vetustis codicibus inscribitur, quibusdam *Tractatus*, aliis *Sermones*, nonnullis *Homiliæ in Joannem*. Sed paulo amplior titulus est in Ms. Audoenensi, Gemmeticensi, et Pratellensi, hunc in modum : « Aurelii Augustini Doctoris Hippon. Ep. Homiliæ in Evangelium Dom. Jesu secundum Joannem incipiunt, quas ipse colloquendo prius ad populum habuit, et inter loquendum a Notariis exceptas, eo quod habitæ sunt ordine verbum ex verbo postea dictavit. » Denique quod ad præfationem hic subjectam attinet, frustra eam quæras vel in Mss. vel in editis Am. et Bad. Hanc post Erasmum dederunt Lovanienses, qui tamen observant nec Augustini esse, nec in ullo Ms. exstare. Habetur paucis mutatis verbis apud Bedam et Alcuinum in Joannem.

PRÉFACE D'UN AUTEUR INCONNU

L'Evangile est de beaucoup supérieur à toutes les autres parties de l'Ecriture, parce que nous y voyons l'accomplissement de toutes les prédictions de la loi et des prophètes. Mais saint Jean tient à son tour le premier rang parmi les autres évangélistes à cause de la profondeur des mystères qui lui ont été révélés. Après l'ascension du Sauveur, il se contenta pendant soixante-cinq ans de prêcher de vive voix la parole de Dieu, sans rien écrire jusqu'aux dernières années de Domitien. Mais après la mort de cet empereur, Nerva, son successeur, ayant permis au saint apôtre de revenir à Ephèse, il écrivit à la prière des évêques d'Asie sur la divinité du Christ

PRÆFATIO AUCTORIS INCERTI

Omnibus divinæ Scripturæ paginis Evangelium excellit : quia quod Lex et Prophetæ futurum prædixerunt, hoc completum dicit Evangelium. Inter ipsos autem Evangeliorum scriptores Joannes eminet in divinorum mysteriorum profunditate, qui a tempore Dominicæ ascensionis per annos sexaginta quinque Verbum Dei absque adminiculo scribendi, usque ad ultima Domitiani prædicavit tempora. Sed occiso Domitiano, cum permittente Nerva de exilio rediisset Ephesum; compulsus ab Episcopis Asiæ, de coæterna Patri divinitate

coéternel au Père contre les hérétiques qui en son absence avaient envahi son Eglise et qui niaient que Jésus-Christ fût antérieur à Marie. Aussi est-ce avec raison que parmi les quatre animaux symboliques, il est comparé à l'aigle qui vole plus haut que tous les autres oiseaux, et fixe d'un regard intrépide les rayons du soleil sans en être ébloui. Les autres évangélistes se sont attaché surtout dans leur récit à raconter la naissance temporelle du Christ, et les actions de sa vie mortelle, et ont parlé moins de sa divinité, semblables aux animaux symboliques qui marchent avec le Seigneur sur la terre. Saint Jean, au contraire, raconte peu de faits de la vie du Sauveur, et fixant le regard perçant de son esprit sur la majesté divine, il s'envole avec le Seigneur dans les cieux. Il avait reposé pendant la Cène sur sa poitrine et avait puisé plus profondément que les autres à cette source mystérieuse de la divine sagesse. Saint Jean avait lu les Evangiles de saint Matthieu, de saint Marc et de saint Luc, et il avait rendu témoignage à leur exactitude et à leur véracité. Mais il y découvrit quelque lacune historique, et en particulier dans les faits de la vie du Sauveur pendant la première année de sa prédication, et avant que Jean-Baptiste eût été jeté en prison. Il entreprit donc de raconter les faits de la vie de Jésus que les autres avaient passés sous silence et qui appartenaient au temps qui précéda l'incarcération du saint Précurseur. Les trois autres évangélistes ont eu pour but principal de décrire la vie active du Sauveur, et ont raconté dans le plus grand détail tout ce qui tend à la sanctification de la vie présente, où tous nos efforts ont pour objet de purifier notre cœur, afin de voir Dieu. Saint Jean, au contraire, raconte peu de faits de la vie de Notre-Seigneur; mais il reproduit dans toute leur étendue et avec le plus grand soin ses discours, surtout ceux qui traitent de l'unité des trois personnes divines et du bonheur de la vie éternelle, et il paraît avoir eu pour dessein et pour fin, dans son récit, de relever le mérite de la vie contemplative, où l'on s'applique aux moyens de voir Dieu. Cet évangéliste est Jean, qui mérita d'être appelé de la mer orageuse des unions charnelles, et auquel à cause de sa virginité il confia sa mère qui était vierge.

Christi scripsit adversus hæreticos, qui eo absente irruperant in ejus Ecclesias; qui Christum ante Mariam fuisse negabant. Unde merito in figura quatuor animalium, aquilæ volanti comparatur: quæ volat altius cæteris avibus, et solis radios irreverberatis aspicit luminibus. Cæteri quippe Evangelistæ, qui temporalem Christi nativitatem, et temporalia ejus facta quæ gessit in homine, sufficienter exponunt, et de divinitate pauca dixerunt, quasi animalia gressibilia cum Domino ambulant in terra: hic autem pauca de temporalibus ejus gestis edisserens, sed divinitatis potentiam sublimius contemplans, cum Domino ad cœlum volat. Qui enim supra pectus Domini in cœna recubuit, cœlestis haustum sapientiæ cæteris excellentius de ipso Dominici pectoris fonte potavit. Legerat siquidem Evangelia trium Evangelistarum, et approbaverat fidem eorum et veritatem: in quibus deesse vidit aliqua gestarum rerum historiæ, et ea maxime quæ Dominus gessit primo prædicationis suæ tempore, scilicet antequam Joannes Baptista clauderetur in carcere. Hæc ergo quasi dimissa ab illis scribit Joannes, quæ fecit Jesus antequam Joannes clauderetur: sed maxime divinitatem Christi et Trinitatis mysterium commendare curavit. Tres siquidem alii Evangelistæ dicta et facta Domini temporalia, quæ ad informandos mores vitæ præsentis maxime valent, copiosius prosecuti, circa activam vitam sunt versati: in qua laboratur, ut cor mundetur ad videndum Deum. Joannes vero pauca Domini facta dicit: verba vero Domini quæ Trinitatis unitatem, et vitæ æternæ felicitatem insinuant, diligentius conscribit; et sic in contemplativa virtute commendanda, intentionem suam et prædicationem tenuit: in qua contemplativa vacatur ut Deus videatur. Iste siquidem est Joannes, quem Dominus de fluctivaga nuptiarum tempestate vocavit, et cui matrem virginem virgini commendavit.

TRAITÉS

SUR

L'ÉVANGILE DE S. JEAN [1]

TRAITÉ PREMIER [2].

Sur ces paroles de saint Jean : « Au commencement était le Verbe, et le Verbe était en Dieu, et le Verbe était Dieu, » etc., jusqu'à ces autres : « Et les ténèbres ne l'ont pas comprise. » (*Chap.* 1, *v.* 1-5.)

1. Lorsque je réfléchis sur ces paroles de l'Apôtre dont nous venons d'entendre la lecture : « L'homme animal ne conçoit pas les choses qui sont de l'Esprit de Dieu, » (I *Cor.*, II, 14) et que je viens à penser que dans cette assemblée, mes bien-aimés frères, il en est beaucoup qui se conduisent d'après les inspirations de la nature et de la chair, et qui sont incapables de s'élever jusqu'aux pures opérations de l'intelligence, je suis dans une grande incertitude, et je me demande si je puis vous exposer suivant les lumières que Dieu me donnera, ou vous expliquer, selon mes faibles moyens, ces paroles de l'Evangile qu'on vient de lire : « Au commencement était le Verbe, et le Verbe était en Dieu, et le Verbe était Dieu, » (*Jean*, I, 1) car l'homme animal ne peut s'élever si haut. Mais quoi! mes frères, est-ce un motif pour nous de garder le silence? Pourquoi lire ces paroles, s'il ne faut en rien dire? Pourquoi vous les faire entendre, si nous n'en donnons point l'explication? Comme aussi, à quoi sert cette explication si elle n'est point comprise? Mais comme d'un autre côté il en est parmi vous un certain nombre, j'en suis convaincu, qui sont capables de comprendre non-seulement nos explications, mais ces paroles elles-mêmes avant toute explication, je ne veux point les priver de ce qui leur est dû, en cédant à la crainte de parler inutilement pour ceux qui ne peuvent comprendre. Je compte enfin sur la miséricorde de Dieu pour répondre aux besoins de tous, et donner à chacun de vous l'intelligence dont il est capable, car celui même qui parle sur ces mystères n'en dit que ce qu'il peut. Qui est capable, en effet, de les exposer dans leur essence? Je ne crains

---

(1) Ces Traités ont été composés vers l'an 416 après Jésus-Christ.
(2) Ce premier Traité a été donné un jour de dimanche, voyez Traité 31, n° 1.

IN JOANNIS EVANGELIUM
TRACTATUS

TRACTATUS PRIMUS.

In illud Joannis : « In principio erat Verbum et Verbum erat apud Deum et Deus erat Verbum, » etc., usque ad id : « Et tenebræ eam non comprehenderunt. »

1. Intuens quod modo audivimus ex lectione Apostolica, quod animalis homo non percipit ea quæ sunt Spiritus Dei (I *Cor.*, II, 14), et cogitans, in hac præsenti turba Caritatis Vestræ necesse esse ut multi sint animales, qui adhuc secundum carnem sapiant, nondumque se possint ad spiritalem intellectum erigere, hæsito vehementer, quomodo, ut Dominus dederit, possim dicere, vel pro modulo meo explicare quod lectum est ex Evangelio : « In principio erat Verbum, et Verbum erat apud Deum, et Deus erat Verbum. » (*Joan.*, I, 1.) Hoc enim animalis homo non percipit. Quid ergo, fratres? silebimus hinc? Quare ergo legitur, si silebitur? aut quare auditur, si non exponitur? sed et quid exponitur, si non intelligitur? Itaque quoniam rursum esse non dubito in numero vestro quosdam, a quibus possit non solum expositum capi, sed et antequam exponatur intelligi, non fraudabo eos qui possunt capere, dum timeo superfluus esse auribus eorum qui non possunt capere. Postremo aderit misericordia Dei, forsitasse ut omnibus satis fiat, et capiat quisque quod potest : quia et qui loquitur, dicit quod potest. Nam dicere ut est, quis potest? Audeo dicere : Fratres

pas de le dire, mes frères, Jean lui-même ne les a pas exposés de la sorte, il en a parlé comme il a pu, parce qu'il était homme, et qu'il parlait de Dieu. Dieu l'inspirait, il est vrai, mais c'était toujours un homme. C'est à cette inspiration qu'il doit d'avoir pu parler de ce mystère ; sans elle, il n'en eût rien dit absolument, mais comme il parlait en homme inspiré, sans l'exposer dans toute sa profondeur, il en a dit ce qu'il était permis à un homme d'en dire.

2. En effet, mes frères bien-aimés, Jean était de ces montagnes dont il est écrit : « Les montagnes recevront la paix pour votre peuple, et les collines la justice. » (*Ps.* LXXI, 3.) Ces montagnes, ce sont les âmes élevées, les collines figurent les âmes encore faibles. Mais les montagnes ne reçoivent la paix que pour que les collines puissent recevoir la justice. Quelle est cette justice que reçoivent les collines ? La foi, parce que « le juste vit de la foi. » (*Habac.*, II, 47; *Rom.*, I, 17.) Or, les âmes encore faibles ne pourraient point recevoir la foi, si les âmes plus exercées, et qui sont figurées par les montagnes, ne recevaient de la sagesse elle-même cette vive lumière qu'elles communiquent à leur tour dans une juste mesure aux âmes plus faibles; et c'est ainsi que les collines vivent de de la foi, parce que les montagnes reçoivent la paix. Ce sont les montagnes elles-mêmes qui ont dit à l'Eglise : « La paix soit avec vous. » (*Jean.*, XX, 19) et les montagnes en annonçant la paix à l'Eglise ne se sont pas séparées de celui qui était pour elles l'auteur de la paix, c'est-à-dire qu'elles l'ont annoncée en toute vérité et sans dissimulation aucune.

3. Il y a d'autres montagnes que les naufrages ont rendu célèbres et où tout vaisseau qui vient aborder, se brise et se perd. Lorsqu'au milieu d'une tempête, les matelots croient découvrir la terre, il leur semble facile de diriger vers ce point leurs efforts; mais souvent la terre qu'on aperçoit est une montagne entourée de rochers cachés sous les eaux ; vous vous efforcez d'aborder à cette montagne, et vous vous brisez contre ces rochers, et au lieu du port que vous espériez, vous ne trouvez que la désolation. Nous avons vu de ces montagnes dont la hauteur frappait tous les regards; elles n'ont produit que des hérésies et des schismes, et ont divisé l'Eglise de Dieu; mais les auteurs de ces divisions n'étaient pas ces montagnes dont il est écrit : « Elles recevront la paix pour votre peuple. » Comment admettre qu'ils aient reçu la paix, eux qui ont divisé l'unité?

4. Quant à ceux qui ont reçu la paix pour la communiquer au peuple, ils ont contemplé la sagesse elle-même autant qu'il est permis à l'esprit humain d'atteindre « ce que l'œil n'a point vu, ce que l'oreille n'a point entendu, ce qui n'est point monté dans le cœur de l'homme. » (1 *Cor.*, II, 9.) Mais si cette sagesse n'est point montée dans le cœur de l'homme, comment

mei, forsitan nec ipse Joannes dixit ut est, sed et ipse ut potuit; quia de Deo homo dixit : et quidem inspiratus a Deo, sed tamen homo. Quia inspiratus, dixit aliquid; si non inspiratus esset, dixisset nihil : quia vero homo inspiratus, non totum quod est dixit; sed quod potuit homo, dixit.

2. Erat enim iste Joannes, Fratres carissimi, de illis montibus, de quibus scriptum est : Suscipiant montes pacem populo tuo, et colles justitiam. (*Psal.* LXXI, 3.) Montes, excelsæ animæ sunt : colles, parvulæ animæ sunt. Sed ideo montes excipiunt pacem, ut colles possint excipere justitiam. Quæ est justitia, quam colles excipiunt? Fides, quia justus ex fide vivit. (*Habac.*, II, 4; *Rom.*, I, 17.) Non autem exciperent minores animæ fidem, nisi majores animæ quæ montes dictæ sunt, ab ipsa Sapientia illustrarentur, ut possint parvulis trajicere quod possint parvuli capere, et vivere ex fide colles, quia montes pacem suscipiunt. Ab ipsis montibus dictum est Ecclesiæ : Pax vobiscum (*Joan.*, XX, 19) : et ipsi montes pacem annuntiando Ecclesiæ, non diviserunt se adversus eum, a quo susceperunt pacem, ut veraciter, non ficte nuntiarent pacem.

3. Sunt enim alii montes naufragosi, quo quisque navim cum impulerit, solvitur. Facile est enim cum videtur terra a periclitantibus, quasi conari ad terram : sed aliquando videtur terra in monte, et saxa latent sub monte; et cum quisque conatur ad montem, incidit in saxa; et non ibi invenit portum, sed planctum. Sic fuerunt quidam montes, et magni apparuerunt inter homines; et fecerunt hæreses et schismata, et diviserunt Ecclesiam Dei : sed isti qui diviserunt Ecclesiam Dei, non erant illi montes, de quibus dictum est : Suscipiant montes pacem populo tuo. Quomodo enim pacem susceperunt, qui unitatem diviserunt?

4. Qui autem susceperunt pacem nuntiandam populo, contemplati sunt ipsam Sapientiam, quantum humanis cordibus potuit contingi quod nec oculus vidit, nec auris audivit, nec in cor hominis ascendit. (I *Cor.*, II, 9.) Si in cor hominis non ascendit, quo-

a-t-elle pu monter dans le cœur de Jean? Est-ce que Jean n'était pas un homme? Ou bien dirons-nous qu'elle n'est point montée dans le cœur de Jean, mais que le cœur de Jean est monté jusqu'à cette divine sagesse? En effet, ce qui monte dans le cœur de l'homme est plus bas que lui, et le cœur de l'homme ne monte et ne s'élève que vers les choses qui sont au-dessus de lui. Cependant, mes frères, nous pouvons conserver cette manière de parler, car si la sagesse est montée dans le cœur de Jean, elle n'a pu le faire qu'autant que Jean n'était pas un homme. Qu'est-ce à dire qu'il n'était pas un homme? Entendez-le dans ce sens qu'il commençait à devenir un ange, car tous les saints sont des anges, parce qu'ils sont les messagers de Dieu. Aussi lorsque l'Apôtre s'adresse à des âmes charnelles, qui ne se conduisent que par les sens et ne peuvent concevoir les choses de Dieu, quel langage leur tient-il? « En disant : L'un, je suis à Paul, l'autre, je suis à Apollon, ne montrez-vous pas que vous vous conduisez en hommes? » (I *Cor.*, III, 4.) Il leur reproche d'être encore des hommes, mais que voulait-il donc qu'ils fussent? Voulez-vous le savoir? Ecoutez ce que nous lisons dans les Psaumes : « J'ai dit : Vous êtes des dieux, vous êtes tous les fils du Très-Haut. » (*Ps.* LXXXI, 6.) Dieu nous appelle donc à cesser d'être des hommes; or, cet heureux changement s'accomplira d'autant plus facilement que nous commencerons par reconnaître que nous ne sommes que des hommes, c'est-à-dire que c'est de l'humilité qu'il faut partir pour nous élever à cette hauteur; si au contraire nous sommes persuadés que nous sommes quelque chose, lorsqu'en en réalité nous ne sommes rien, non-seulement nous ne recevrons pas ce qui nous manque, mais nous perdrons même ce que nous sommes.

5. Jean était donc de ces montagnes, lui qui s'exprime de la sorte : « Au commencement était le Verbe, et le Verbe était en Dieu, et le Verbe était Dieu. » Cette montagne avait reçu la paix, elle contemplait la divinité du Verbe. A quelle hauteur s'élève cette montagne! Elle dépasse la cime des plus hautes montagnes de la terre, elle s'élève au-dessus des plaines de l'air, au-dessus de tous les astres, au-dessus des chœurs et des légions des anges. Il lui fallait, en effet, s'élever au-dessus de toutes les choses créées, pour parvenir jusqu'à celui par qui tout a été créé ; vous ne pouvez vous faire idée de tous les espaces qu'il a franchis, si vous ne voyez le terme où il est arrivé. Vous me demanderez : Est-ce le ciel et la terre? Ils ont été faits. Est-ce la multitude des êtres qu'ils renferment? A plus forte raison ils doivent l'existence à une puissance créatrice. Sont-ce les êtres spirituels, les anges, les archanges, les trônes, les dominations, les puissances, les principautés? Tous ces esprits ont été créés. En effet, le Roi Prophète après avoir fait

---

modo ascendit in cor Joannis? An non erat homo Joannes? An forte nec in cor Joannis ascendit, sed cor Joannis in illam ascendit? Quod enim ascendit in cor hominis, de imo est ad hominem : quo autem ascendit cor hominis, sursum est ab homine. Etiam sic, Fratres, dici potest, quia si ascendit in cor Joannis, si aliquo modo potest dici, intantum ascendit in cor Joannis, inquantum ipse Joannes non erat homo. Quid est : Non erat homo? In quantum cœperat esse Angelus : quia omnes sancti, Angeli; quia annuntiatores Dei. Ideo carnalibus et animalibus non valentibus percipere quæ sunt Dei, quid ait Apostolus? Cum enim dicitis : Ego sum Pauli : Ego Apollo, nonne homines estis? (I *Cor.*, III, 4.) Quid eos volebat facere, quibus exprobrabat, quia homines erant? Vultis nosse quid eos facere volebat? audite in Psalmis : Ego dixi, dii estis, et filii excelsi omnes. (*Psal.* LXXXI, 6.) Ad hoc ergo vocat nos Deus, ne simus homines. Sed tunc in melius non erimus homines, si prius nos homines esse agnoscamus, id est, ut ad illam celsitudinem ab humilitate surgamus : ne cum putamus nos aliquid esse, cum nihil simus, non solum non accipiamus quod non sumus, sed et amittamus quod sumus.

5. Ergo, Fratres, de his montibus et Joannes erat, qui dixit : « In principio erat Verbum, et Verbum erat apud Deum, et Deus erat Verbum. » Susceperat pacem mons iste, contemplabatur divinitatem Verbi. Qualis iste mons erat, quam excelsus? Transcenderat omnia cacumina terrarum, transcenderat omnes campos aeris, transcenderat omnes altitudines siderum, transcenderat omnes choros et legiones Angelorum. Nisi enim transcenderet ista omnia quæ creata sunt, non perveniret ad eum per quem facta sunt omnia. Non potestis cogitare quid transcenderit, nisi videatis quo pervenerit. Quæris de cœlo et terra? facta sunt. Quæris de his quæ sunt in cœlo et terra? utique multo magis et ipsa facta sunt. Quæris de spiritalibus creaturis, de Angelis, Archangelis, Sedibus, Dominationibus, Virtutibus, Principatibus? et ipsa facta sunt. Nam cum enumeraret hæc omnia Psalmus, conclusit sic : Ipse dixit : et facta sunt; ipse mandavit, et creata sunt. (*Psal.* CXLVIII, 5.) Si dixit :

l'énumération de tous ces êtres, ajoute : « Il a dit, et tout a été fait; il a ordonné, et tout a été créé. » (*Ps.* CXLVIII, 5.) S'il lui a suffi de dire pour que tout fût fait, c'est donc par le Verbe qu'il a fait toutes choses; or, si tout a été fait par le Verbe, le cœur de Jean ne pouvait donc parvenir à ce mystère sublime qu'il exprime en ces termes : « Au commencement était le Verbe, et le Verbe était en Dieu, et le Verbe était Dieu, » à moins de s'élever au-dessus de tout ce qui a été fait par le Verbe. Qu'elle est donc admirable cette montagne, qu'elle est sainte, qu'elle est élevée au-dessus de toutes les montagnes qui ont reçu la paix pour le peuple, afin que les collines pussent recevoir la justice.

6. Veuillez y réfléchir, mes frères, Jean ne serait-il pas de ces montagnes dont nous chantions, il n'y a qu'un instant : « J'ai levé mes yeux vers les montagnes, d'où me viendra le secours ? » (*Ps.* CXX, 1.) Donc, mes frères, si vous voulez avoir l'intelligence, levez vos yeux vers cette montagne, élevez-vous jusqu'à l'Évangéliste, jusqu'à la hauteur de sa pensée. Ce sont les montagnes qui reçoivent la paix; or comme on ne peut être en paix lorsqu'on place son espérance dans l'homme, en levant vos yeux vers la montagne, n'allez pas croire qu'il vous faille mettre votre confiance dans un homme, et dites : « J'ai levé mes yeux vers les montagnes d'où me viendra le secours, » mais en ajoutant aussitôt : « Mon secours viendra du Dieu qui a fait le ciel et la terre. » (*Ibid.*, 2.) Levons donc nos yeux vers les montagnes d'où nous viendra le secours, et cependant gardons-nous de mettre notre confiance dans ces montagnes, car elles ne nous donnent que ce qu'elles reçoivent; plaçons donc notre espérance dans la source même qui se répand sur ces montagnes. Lorsque nous levons les yeux vers les Ecritures qui nous ont été données par l'intermédiaire des hommes, nous levons les yeux vers les montagnes d'où nous viendra le secours, mais comme ceux qui ont écrit les livres saints étaient des hommes, leur lumière ne venait pas d'eux-mêmes; la vraie lumière est celle qui éclaire tout homme venant en ce monde. Jean-Baptiste était aussi une de ces montagnes; entendez-le déclarer en effet : « Je ne suis pas le Christ. » (*Jean*, I, 9.) Il craint qu'en mettant sa confiance en lui, on ne vienne à se séparer à jamais de celui qui éclaire les montagnes, et il confesse hautement : « Que nous nous avons tous reçu de sa plénitude. » (*Ibid.*, 20.) Lors donc que vous dites : « J'ai levé mes yeux vers les montagnes, d'où me viendra le secours, » n'attribuez pas aux montagnes le secours que vous attendez, mais hâtez-vous d'ajouter : « Le secours me viendra du Seigneur, qui a fait le ciel et la terre. »

7. Je vous donne ce conseil, mes frères, dans le désir qu'en élevant votre cœur vers les Ecri-

---

Et facta sunt, per Verbum facta sunt : si autem per Verbum facta sunt, non potuit Joannis cor pervenire ad id quod ait : « In principio erat Verbum, et Verbum erat apud Deum, et Deus erat Verbum : » nisi transcendisset omnia quæ sunt facta per Verbum. Qualis ergo iste mons, quam sanctus, quam altus inter illos montes, qui susceperunt pacem populo Dei, ut colles possent suscipere justitiam?

6. Videte ergo, Fratres, ne forte de ipsis montibus est Joannes, de quibus paulo ante cantavimus : Levavi oculos meos in montes, unde veniet auxilium mihi. (*Psal.* CXX, 1.) Ergo, fratres mei, si vultis intelligere, levate oculos vestros in montem istum, id est, erigite vos ad Evangelistam, erigite vos ad ejus sensum. Sed quia montes isti pacem suscipiunt, non potest autem esse in pace, qui spem ponit in homine; nolite sic erigere oculos in montem, ut putetis in homine spem vestram esse collocandam; et sic dicite : « Levavi oculos meos in montes, unde veniet auxilium mihi : ut statim subjungatis : Auxilium meum a Domino, qui fecit cœlum et terram. » (*Ibid.*, 2.) Ergo levemus oculos in montes, unde veniet auxilium nobis : et tamen non ipsi montes sunt, in quibus spes nostra ponenda est : accipiunt enim montes quod nobis ministrent : ergo unde et montes accipiunt, ibi spes nostra ponenda est. Oculos nostros cum levamus ad Scripturas, quia per homines ministratæ sunt Scripturæ, levamus oculos nostros ad montes, unde auxilium veniet nobis : sed tamen quia ipsi homines erant, qui scripserunt Scripturas, non de se lucebant; sed ille erat lumen verum, qui illuminat omnem hominem venientem in hunc mundum. (*Joan.*, I, 9.) Mons erat et ille Joannes Baptista, qui dixit : Non sum ego Christus (*Joan.*, 1, 20) : ne quisquam spem in montem ponens, caderet ab illo qui montes illustrat, et ipse confessus ait : Quoniam de plenitudine ejus omnes accepimus. (*Ibid.*, 16.) Ita debes dicere : « Levavi oculos meos in montes unde veniet auxilium mihi : » ne auxilium quod tibi venit, montibus imputes : sed sequaris, et dicas : « Auxilium meum a Domino, qui fecit cœlum et terram. »

7. Ergo, Fratres, ad hoc ista monuerim, ut quando

tures lorsque vous entendez ces paroles de l'Evangile : « Au commencement était le Verbe, et le Verbe était en Dieu, et le Verbe était Dieu, » et ce qui suit, vous compreniez que vous avez élevé les yeux vers les montagnes. Si les montagnes ne faisaient pas entendre ces paroles, vous ne pourriez en avoir la moindre pensée. C'est donc de ces montagnes que descend le secours qui vous les fait entendre, mais sans vous faire encore comprendre ce que vous avez entendu. Implorez donc le secours du Seigneur qui a fait le ciel et la terre. Les montagnes ont bien pu vous faire entendre la voix de Dieu, mais elles ne peuvent vous éclairer, parce qu'en entendant cette voix, elles ont reçu elles-mêmes la lumière qui les éclaire. C'est ainsi que Jean qui nous parle ce sublime langage, l'a reçu de Dieu lorsqu'il reposait sur la poitrine du Seigneur (*Jean*, XIII, 25), et il a puisé sur cette poitrine divine les eaux qu'il nous donne à boire; mais cette eau, qu'il vous présente, ce sont des paroles, et il vous en faut puiser l'intelligence à la source où il a puisé lui-même. Levez donc les yeux vers les montagnes d'où vous viendra le secours, et d'où vous recevrez la coupe, c'est-à-dire la parole qui vous est présentée comme une eau salutaire. Mais cependant, comme le secours vous viendra du Seigneur qui a fait le ciel et la terre, remplissez votre cœur à la source où l'Evangéliste a rempli le sien, car c'est pour cela que vous avez dit : « Ce secours me viendra du Seigneur qui a fait le ciel et la terre. » Dieu peut sans aucun doute remplir la capacité de votre cœur. Suivez donc, mes frères, le conseil que je vous donne : que chacun de vous élève son cœur suivant qu'il l'en juge capable, et qu'il comprenne les paroles qui lui sont adressées. Vous me direz peut-être que je vous suis plus présent que Dieu. Loin de vous cette pensée, rien ne vous est plus présent que Dieu; je n'apparais qu'à vos yeux, la présence de Dieu se fait sentir au plus intime de votre âme. Prêtez l'oreille à mes paroles, mais élevez votre cœur vers Dieu, l'une et l'autre seront ainsi remplies. Vous levez vers nous vos yeux et les sens de votre corps; ou plutôt ce n'est point vers nous, car nous ne sommes pas de ces montagnes; c'est vers l'Evangile lui-même, c'est vers l'Evangéliste; mais, pour le cœur, élevez-le vers le Seigneur, qui seul peut le remplir. Que chacun de vous élève son cœur avec la connaissance claire de ce qu'il élève et du terme où il veut parvenir. Que signifie cette manière de parler, savoir ce qu'il élève, et jusqu'où il l'élève? Qu'il considère attentivement quel est le cœur qu'il élève, car c'est vers le Seigneur qu'il le dirige; n'est-il pas affaissé sous le poids des voluptés charnelles, et ne va-t-il pas retomber avant même d'être soulevé? Chacun de nous d'ailleurs porte le lourd fardeau de sa chair; qu'il s'applique donc à purifier par la continence le cœur qu'il veut élever vers Dieu. « Car bienheureux les cœurs

erexistis cor ad Scripturas, cum sonaret Evangelium : « In principio erat Verbum, et Verbum erat apud Deum, et Deus erat Verbum, » et cætera quæ lecta sunt, intelligatis vos levasse oculos ad montes. Nisi enim montes ista dicerent, unde omnino cogitaretis, non inveniretis. Ergo ex montibus venit vobis auxilium, ut hæc vel audiretis : sed nondum potestis intelligere quod audistis. Invocate auxilium a Domino, qui fecit cœlum et terram : quia montes sic potuerunt loqui, ut non possint ipsi illuminare; quia et ipsi illuminati sunt audiendo. Inde qui hæc dixit, accepit Joannes ille, Fratres, qui discumbebat super pectus Domini (*Joan.*, XIII, 25), et de pectore Domini bibebat quod propinaret nobis. Sed propinavit verba : intellectum autem inde debes capere, unde et ipse biberat qui tibi propinavit : ut leves oculos ad montes, unde auxilium veniet tibi, ut inde tanquam calicem, id est (*a*), verbum propinatum acciperes; et tamen quia auxilium tuum a Domino, qui fecit cœlum et terram, inde impleres pectus, unde implevit ille : unde dixisti : « Auxilium meum a Domino, qui fecit cœlum et terram, » qui potest ergo (*b*), impleat. Fratres, hoc dixi : Levet quisque cor suum quomodo illud videt idoneum, et capiat quod dicitur. Sed forte hoc dicetis, quia ego vobis sum præsentior quam Deus. Absit. Multo est ille præsentior : nam ego oculis vestris appareo, ille conscientiis vestris præsidet. Ad me aures, ad illum cor, ut utrumque impleatis. Ecce oculos vestros et sensus istos corporis levatis ad nos; nec ad nos, non enim nos de illis montibus, sed ad ipsum Evangelium, ad ipsum Evangelistam : cor autem implendum ad Dominum. Et unusquisque sic levet, ut videat quid levet, et quo levet. Quid dixi, quid levet, et quo levet? Quale cor levet, videat; quia ad Dominum levat : ne sarcina voluptatis carnalis prægravatum, ante cadat, quam fuerit sublevatum. Sed videt

(*a*) In plerisque Mss. *verbo*. — (*b*) Sic Mss. At editi, *ergo*, *Fratres*, *impleat hoc quod dixi*.

purs, parce qu'ils verront Dieu. » (I *Matth.*, v, 8.)

8. Mais à quoi nous sert que ces paroles aient frappé nos oreilles : « Au commencement était le Verbe, et le Verbe était en Dieu, et le Verbe était Dieu? » En ouvrant la bouche, nous venons de prononcer des paroles. Est-ce une parole, un Verbe semblable à celui qui était en Dieu? Mais ces paroles que nous avons prononcées ont frappé l'air de leur son et ont disparu. Dirons-nous que le Verbe de Dieu cesse d'exister aussitôt qu'il s'est fait entendre? Comment dire alors que tout a été fait par lui et que rien n'a été fait sans lui? Comment peut-il gouverner ce qu'il a créé, s'il n'est qu'un son qui retentit et disparaît au même instant? Quel est donc ce Verbe qui se fait entendre et qui ne passe pas? Appliquez-vous, mes très-chers frères, le sujet est digne de toute votre attention. Tous les jours nous prononçons des paroles qui perdent pour nous leur valeur, parce qu'elles cessent d'exister aussitôt qu'elles ont retenti, et qu'elles ne sont rien autre chose que des paroles. Il y a aussi dans l'homme une parole, un verbe qui demeure à l'intérieur ; le son sort de la bouche, mais le verbe vraiment spirituel ce n'est pas la parole qui résonne, c'est le verbe que cette parole extérieure vous fait connaître. Lorsque je dis : Dieu, je prononce une parole. Que cette parole est courte, quatre lettres et deux syllabes la composent. Dirons-nous que Dieu tout entier est renfermé dans quatre lettres et deux syllabes? Ou au contraire que plus l'enveloppe paraît méprisable, plus la signification en est précieuse? Que s'est-il passé dans votre cœur lorsque vous avez entendu ce mot Dieu? Que s'est-il passé dans mon cœur lorsque je l'ai prononcé moi-même? Nous avons eu immédiatement l'idée d'une nature souveraine et infinie, élevée au-dessus de toutes les créatures, sujettes au changement, sensibles et charnelles. Et si je vous demande : Dieu est-il soumis au changement, ou bien est-il immuable? Vous me répondez aussitôt : Loin de moi la pensée que Dieu soit sujet au changement, il est souverainement immuable. Ainsi votre âme, malgré ses faibles conceptions, et bien que dominée encore par les sens n'a pu s'empêcher de répondre que Dieu était nécessairement immuable, tandis que toute créature était soumise à la loi des changements. Comment donc avez-vous pu jeter un regard lumineux sur ce qui est élevé au-dessus de toute créature pour me répondre avec autant d'assurance que Dieu était immuable? Que se passe-t-il dans votre cœur, lorsque vous vous représentez cette nature vivante, éternelle, toute puissante, présente partout, tout entière en tous lieux, et qui ne peut être circonscrite par aucun espace? Lorsque vous concevez cette pensée, c'est le Verbe de Dieu qui apparaît dans votre cœur. Mais serait-ce ce verbe sensible composé de

---

se quisque gestare onus carnis? det operam per continentiam, ut purget quod levet ad Deum. Beati enim mundi corde; quoniam ipsi Deum videbunt. (*Matt.*, v, 8.)

8. Nam ecce quid prodest, quia sonuerunt verba : « In principio erat Verbum, et Verbum erat apud Deum, et Deus erat Verbum? » Et nos diximus verba, cum loqueremur. Nunquid tale Verbum erat apud Deum? Nonne ea quæ diximus sonuerunt atque transierunt? Ergo et Dei Verbum sonuit et peractum est? Quomodo omnia per ipsum facta sunt, et sine ipso factum est nihil? Quomodo per illud regitur, quod per illud creatum est, si sonuit et transiit? Quale ergo Verbum quod et dicitur, et non transit? Intendat Caritas Vestra : magna res est. Quotidie dicendo verba viluerunt nobis, quia sonando verba et transeundo viluerunt, et nihil aliud videtur quam verba. Est verbum et in ipso homine, quod manet intus : nam sonus procedit ex ore. Est verbum quod vere spiritaliter dicitur, illud quod intelligis de sono, non ipse sonus. Ecce verbum dico, cum dico : Deus. Quam breve est quod dixi, quatuor litteras, et duas syllabas. Nunquidnam hoc totum est Deus, quatuor litteræ, et duæ syllabæ? An quantum hoc vile est, tantum carum est quod in eis intelligitur? Quid factum est in corde tuo, cum audisses, Deus? Quid factum est in corde meo, cum dicerem, Deus? Magna et summa quædam substantia cogitata est, quæ transcendat omnem mutabilem creaturam, carnalem et animalem. Et si dicam tibi : Deus commutabilis est, an incommutabilis? Respondebis statim : Absit, ut ego vel credam vel sentiam commutabilem Deum : incommutabilis est Deus. Anima tua quamvis parva, quamvis forte adhuc carnalis, non mihi potuit respondere nisi incommutabilem Deum : omnis autem creatura mutabilis : quomodo ergo potuisti scintillare in illud quod est super omnem creaturam, ut certus mihi responderes incommutabilem Deum? Quid est ergo illud in corde tuo, quando cogitas quamdam substantiam vivam, perpetuam, omnipotentem, infinitam, ubique præsentem, ubique totam, nusquam inclusam? Quando ista cogitas, hoc est verbum de Deo in corde tuo. Nunquid autem hoc est

quatre lettres et de deux syllabes? Non, toutes les paroles qui passent ne sont qu'un bruit qui frappe les oreilles, des lettres, des syllabes. Le verbe qui retentit à nos oreilles passe bien vite, mais ce que ce verbe signifie, ce verbe qui est à la fois dans celui qui l'a conçu avant de le dire, et dans celui qui le comprend après l'avoir entendu, reste indépendamment des sons qui ne font que passer.

9. Reportez sur ce verbe toute l'attention de votre esprit. Si vous pouvez avoir ce verbe dans votre cœur, il sera comme un dessein qui a été conçu au milieu de votre âme. C'est votre esprit qui l'a comme engendré, et il est comme l'enfant de votre esprit, comme le fils de votre cœur. En effet, s'agit-il de construire un édifice, d'exécuter une grande entreprise, votre esprit commence par en concevoir le dessein. Le plan en est arrêté et l'œuvre n'est pas encore exécutée; vous voyez ce que vous devez faire, mais personne ne peut admirer votre projet avant que vous ayez élevé ce grand et vaste édifice et que vous lui ayez donné toute sa forme et toute sa perfection. C'est alors qu'à la vue de cette magnifique construction, on admire le plan de celui qui l'a élevée, on est étonné de ce qu'on voit, et on admire ce qu'on ne voit pas, car on ne peut voir l'idée qui a présidé à cette construction. Or si un grand édifice vous fait admirer l'idée de l'architecte qui en a conçu le plan, voulez-vous voir la grandeur du dessein de Dieu, c'est-à-dire de Jésus-Christ, du Verbe de Dieu? Considérez l'admirable structure du monde, voyez tout ce qui a été fait par le Verbe, et vous aurez alors une idée de la grandeur du Verbe. Considérez ces deux grands corps du monde, le ciel et la terre. Qui pourra décrire la magnificence du du ciel? Quelles paroles pourront dépeindre la fécondité de la terre? Comment louer dignement l'admirable succession des saisons et la force productive des semences? Vous voyez que de choses je passe sous silence, je crains en m'arrêtant plus longtemps sur ce sujet de rester au-dessous de vos pensées. D'après cette structure du monde, jugez de la grandeur du Verbe par qui tout a été fait. Et ce n'est point le seul effet de sa puissance. Nous voyons toutes ces choses, parce qu'elles sont accessibles à nos sens corporels. Mais c'est encore par le Verbe qu'ont été faits les Anges, les Archanges, les Puissances, les Trônes, les Dominations, les Principautés; c'est par le Verbe, en un mot, que tout a été fait, jugez par là de la grandeur du Verbe.

10. Quelqu'un m'objectera peut-être : Comment peut-on se former une idée du Verbe? Lorsque vous entendez prononcer le nom du Verbe, gardez-vous de toute idée vulgaire, et ne vous figurez pas un verbe, une parole semblable à ces

---

sonus ille, qui quatuor litteris constat, et duabus syllabis? Ergo quæcumque dicuntur et transeunt, soni sunt, litteræ sunt, syllabæ sunt. Hoc verbum transit, quod sonat : quod autem significavit sonus, et in cogitante est qui dixit, et in intelligente est qui audivit, manet hoc transeuntibus sonis.

9. Refer animum ad illud verbum. Si tu potes habere verbum in corde tuo, tanquam consilium natum in mente tua, ut mens tua pariat consilium, et insit consilium quasi proles mentis tuæ, quasi filius cordis tui. Prius enim cor generat consilium, ut aliquam fabricam construas, aliquid amplum in terra moliaris ; jam natum est consilium, et opus nondum completum est : vides tu, quid facturus es ; sed alius non miratur, nisi cum feceris et construxeris molem, et fabricam illam ad exsculptionem perfectionemque perduxeris : attendunt homines mirabilem fabricam, et mirantur consilium fabricantis; stupent quod vident, et amant quod non vident : quis est qui potest videre consilium? Si ergo ex magna aliqua fabrica laudatur humanum consilium, vis videre quale consilium Dei est Dominus Jesus Christus, id est : Verbum Dei? Attende fabricam istam mundi : vide quæ sint facta per Verbum, et tunc cognosces quale sit Verbum. Attende hæc duo modi corpora, cœlum et terram : quis explicat verbis ornatum cœli? quis explicat verbis fecunditatem terræ? quis digne collaudat temporum vices? quis digne collaudat seminum vim? Videtis quæ taceam, ne diu commemorando parum dicam forte (a) quam potestis cogitare. Ex fabrica ergo ista animadvertite quale Verbum est per quod facta est : et non sola facta est. Omnia enim ista videntur, quia pertinent ad sensum corporis. Per illud Verbum et Angeli facti sunt : per illud Verbum et Archangeli facti sunt, Potestates, Sedes, Dominationes, Principatus : per illud Verbum facta sunt omnia : hinc cogitate quale Verbum est.

10. Respondet mihi modo forte nescio quis : Et quis hoc Verbum cogitat? Noli ergo tibi quasi vile aliquid formare, cum audis Verbum, et conjicere verba quæ audis quotidie : Ille talia verba dixit :

(a) Unus Becheronensis codex, *et minus quam potestis cogitare.* Hinc cum aliis sexdecim Mss. omissa particula *ex*, prosequitur sic : *Fabrica ergo ista animadversa, quale,* etc.

paroles que vous entendez tous les jours : Un tel m'a dit, m'a fait entendre, m'a raconté telles paroles, car l'usage habituel de ces paroles leur fait perdre tout leur prix à nos yeux. Ainsi quand vous entendez dire : « Au commencement était le Verbe, » pour éloigner de votre esprit toute idée semblable à celle que produisent en vous les paroles des hommes, considérez sur quoi doit s'arrêter votre pensée : « Et le Verbe était Dieu. »

11. Mais quoi! j'entends je ne sais quel infidèle partisan d'Arius qui vient me dire que le Verbe de Dieu a été fait. Comment peut-on supposer que le Verbe de Dieu ait été fait, puisque Dieu a fait toutes choses par son Verbe? Si le Verbe de Dieu a été fait, par quel autre Verbe a-t-il été fait? Si vous dites qu'il existe un Verbe du Verbe, par qui a été fait ce Verbe, je veux dire le Fils unique de Dieu? Au contraire si vous dites qu'il n'y a point de Verbe du Verbe, il faut que vous accordiez que celui par qui toutes choses ont été faites, n'a pas été fait lui-même. Car celui par qui toutes choses ont été faites, n'a pu être fait par lui-même; croyez donc aux paroles de l'Évangéliste. Il pouvait s'exprimer ainsi : Au commencement Dieu a fait le Verbe; c'est ainsi que Moïse commence son récit : « Au commencement Dieu fit le ciel et la terre, » (*Gen.*, I, 1) et qu'il parcourt toutes les parties de la création en se servant de cette formule : « Dieu a dit : Que cela soit, et il fut ainsi. » Si une parole a été dite, qui l'a dite? Dieu sans doute.

Qu'est-ce qui a été fait? Une créature quelconque. Or entre Dieu qui dit cette parole, et la créature qui a été faite, quel est celui par qui elle a été faite, si ce n'est le Verbe? Car en effet Dieu a dit : « Que cela soit, et cela fut ainsi. » C'est ce Verbe qui ne connaît point de changements; tout ce qui est fait par lui est sujet au changement, lui seul reste toujours immuable.

12. Gardez-vous donc de croire que le Verbe par qui tout a été fait, ait été fait lui-même, si vous voulez être réparé par celui qui répare et rétablit toutes choses. C'est par le Verbe que vous avez été fait, mais c'est aussi par le Verbe que vous devez être réparé, or vous ne le serez jamais si votre foi au Verbe est entachée d'erreur. C'est au Verbe que vous devez votre existence, c'est par lui que vous avez été fait, mais de vous-même, vous tendez à défaillir. Or puisque telle est votre tendance, il faut que celui qui vous a fait vous répare; puisque de vous-même vous devenez plus mauvais, c'est à celui qui vous a créé d'opérer en vous une nouvelle création. Mais comment le Verbe pourra-t-il produire en vous cette création, si vous vous êtes formé du Verbe des idées indignes de lui. L'Évangéliste s'exprime ainsi : « Au commencement était le Verbe, » et vous, au contraire, vous dites : Au commencement le Verbe a été fait. L'Évangéliste nous déclare que : « Toutes choses ont été faites par lui, » et vous soutenez que le Verbe lui-même a été fait. L'Évangéliste encore une fois pouvait dire :

Talia verba locutus est : Talia verba mihi narras ; assidue enim dicendo nomina verborum, quasi viluerunt verba. Et quando audis : « In principio erat Verbum, » ne vile aliquid putares, quale consuevisti cogitare, cum verba humana soleres audire, audi quid cogites : « Deus erat Verbum. »

11. Exeat nunc nescio quis infidelis Arianus, et dicat, quia Verbum Dei factum est. Quomodo potest fieri ut Verbum Dei factum sit, quando Deus per Verbum fecit omnia? Si et Verbum Dei ipsum factum est, per quod aliud Verbum factum est? Si hoc dicis, quia est Verbum Verbi, per quod factum est illud, ipsum dico ego unicum Filium Dei. Si autem non dicis Verbum Verbi, concede non factum per quod facta sunt omnia. Non enim per seipsum fieri potuit, per quod facta sunt omnia, crede ergo Evangelistæ. Poterat enim dicere : « In principio fecit Deus Verbum : quomodo dixit Moyses : In principio fecit Deus cœlum et terram (*Gen.*, I, 1) : et omnia sic enumerat : Dixit Deus : Fiat, et factum est. Si dixit, quis dixit? utique Deus. Et quid factum est? creatura aliqua. Inter dicentem Deum et factam creaturam quid est per quod factum est, nisi Verbum? quia dixit Deus : Fiat, et factum est. Hoc Verbum incommutabile : quamvis mutabilia per Verbum fiant, ipsum incommutabile est.

12. Noli ergo credere factum, per quod facta sunt omnia : ne non reficiaris per Verbum, per quod reficiuntur omnia. Jam enim factus es per Verbum, sed oportet te refici per Verbum : si autem mala fuerit fides tua de Verbo, non poteris refici per Verbum. Et si tibi contigit fieri per Verbum, ut per illud factus sis, per te deficis : si per te deficis, ille te reficiat qui te fecit : si per te deterior efficeris, ille te recreet qui te creavit. Quomodo te autem recreet per Verbum, si male aliquid sentias de Verbo? Evangelista dicit : « In principio erat Verbum : » et tu dicis : In principio factum est Verbum. Ille : « Omnia per ipsum facta sunt, » dicit : et tu dicis, quia et ipsum Verbum factum est. Poterat dicere Evangelista : In

Au commencement le Verbe a été fait, mais quel est au contraire son exorde : « Au commencement était le Verbe. » S'il était, il n'a pas été fait, et au contraire toutes choses ont été faites par lui, et sans lui rien n'a été fait. Si donc vous ne pouvez encore pénétrer par la pensée ces vérités : « Au commencement était le Verbe, et le Verbe était en Dieu, et le Verbe était Dieu, » attendez que vous soyez devenu plus fort. Le Verbe est une nourriture véritable, prenez le lait qui doit vous faire croître et vous rendre capable de prendre la nourriture solide.

13. Prenez garde, mes frères, de prendre les paroles qui suivent : « Toutes choses ont été faites par lui, et rien n'a été fait sans lui, » (*Jean*, I, 3) dans ce sens que le néant soit quelque chose. Il en est beaucoup qui, par une fausse interprétation de ces paroles : « Rien n'a été fait sans lui, » s'imaginent que le néant existe. Certainement le péché n'a pas été fait par lui, et il est évident que le péché est un néant, et que les hommes s'abaissent jusqu'au néant, lorsqu'ils commettent le péché. Les idoles non plus n'ont pas été faites par le Verbe, elles ont bien quelque forme humaine, mais si l'homme a été fait par le Verbe, la forme humaine que l'idole reproduit n'a pas été faite par lui, et il est écrit : « Nous savons que l'idole n'est rien. » (I *Cor.*, VIII, 4.) Ni le péché ni les idoles n'ont donc été créés par le Verbe, mais il a fait tout ce qui a été créé suivant les lois de la nature, tous les êtres que renferme le ciel, tout ce qui brille sur nos têtes, tout ce qui vole sous les cieux, tous les êtres animés dont le monde entier est composé, et pour parler plus clairement, mes frères, il a créé depuis les anges jusqu'aux vermisseaux. Quoi de plus éclatant que l'ange parmi toutes les créatures ? Quoi de plus bas que le vermisseau parmi tous les êtres créés ? Et cependant celui qui a fait l'ange a fait aussi le vermisseau, mais l'ange a été créé pour le ciel, et le vermisseau pour la terre. Celui qui les a créés l'a ainsi réglé. S'il avait placé le vermisseau dans le ciel, vous lui en feriez un reproche, s'il avait voulu tirer les anges d'une chair sujette à la corruption, vous y trouveriez à redire. Or Dieu a presqu'agi de la sorte, et il n'est point répréhensible. Que sont, en effet, tous les hommes qui prennent naissance de la chair ? Des vermisseaux, et de ces vermisseaux Dieu fait des anges. Si le Seigneur lui-même n'a pas craint de dire : « Pour moi, je suis un ver de terre, et non pas un homme, » (*Ps.* XXI, 7) qui hésitera à dire de lui-même ce que nous lisons dans le livre de Job : « Combien plus l'homme n'est-il que pourriture, et le fils de l'homme un vermisseau ? » (*Job*, XXV, 6.) Il commence par dire : « L'homme n'est que pourriture, » et ensuite : « Le fils de l'homme

---

principio factum est Verbum : sed quid ait ? « In principio erat Verbum. » Si erat, non est factum, ut ista omnia per ipsum fierent, et sine ipso nihil. Si ergo « erat in principio Verbum, et Verbum erat apud Deum, et Deus erat Verbum : » si non potes cogitare quid sit, differ ut crescas. Ille cibus est, accipe lac et nutriaris, ut sis validus ad capiendum cibum.

13. Sane, Fratres, quod sequitur : « Omnia per ipsum facta sunt, et sine ipso factum est nihil (*Joan.*, I, 3), videte ne sic cogitetis, quia nihil aliquid est. Solent enim multi male intelligentes : « sine ipso factum est nihil, » putare aliquid esse nihil. Peccatum quidem non per ipsum factum est : et manifestum est, quia peccatum nihil est, et nihil fiunt homines cum peccant. Et idolum non per Verbum factum est : habet quidem formam quamdam humanam, sed ipse homo per Verbum factus est ; nam forma hominis in idolo, non per Verbum facta est : et scriptum est : Scimus quia nihil est idolum. (I *Cor.*, VIII, 4.) Ergo ista non sunt facta per Verbum : sed quæcumque naturaliter facta sunt, quæcumque sunt in creaturis, omnia omnino quæ fixa in cœlo sunt, quæ fulgent de super, quæ volitant sub cœlo, et quæ moventur (a) in universa natura rerum, omnis omnino creatura : dicam planius, dicam, Fratres, ut intelligatis, ab Angelo usque ad vermiculum. Quid præclarius Angelo in creaturis ? quid extremius vermiculo in creaturis ? Per quem factus est Angelus, per ipsum factus est et vermiculus : sed Angelus dignus cœlo, vermiculus terra. Qui creavit, ipse disposuit. Si poneret vermiculum in cœlo, reprehenderes : si vellet Angelos nasci de putrescentibus carnibus, reprehenderes : et tamen prope hoc facit Deus, et non est reprehendendus. Nam omnes homines de carne nascentes, quid sunt nisi vermes : et de vermibus Angelos facit. Si enim ipse Dominus dicit : Ego autem sum vermis, et non homo (*Psal.* XXI, 7) : quis dubitat hoc dicere, quod scriptum est et in Job : Quanto magis homo putredo, et filius hominis vermis ? (*Job.*, XXV, 6.) Primo dixit, homo putredo ; et postea, filius hominis vermis :

(a) Hic in plerique Mss. non est præpositio *in*.

est un vermisseau, » parce que le vermisseau naît du sein de la pourriture, ainsi l'homme est pourriture, et le fils de l'homme un ver de terre. Voilà ce qu'a voulu devenir par amour pour nous celui dont il est dit : « Au commencement était le Verbe, et le Verbe était en Dieu, et le Verbe était Dieu. » Et pourquoi a-t-il voulu s'abaisser ainsi pour vous? Pour vous donner le lait des enfants, à vous qui étiez incapables de nourriture solide. Il vous faut donc, mes frères, entendre dans ce sens ces paroles : « Toutes choses ont été faites par lui, et rien n'a été fait sans lui. » Toutes les créatures, sans exception, ont été faites par lui, les petites comme les grandes, celles qui sont au-dessous de nous aussi bien que celles qui sont au-dessus, les natures spirituelles, les corporelles, tout en un mot a été fait par lui. Aucune espèce d'être créé, aucun assemblage, aucune harmonie de parties diverses, aucune nature quelle qu'elle soit, douée de poids, de nombre et de mesure ne peut exister que par ce Verbe, et en vertu de la puissance créatrice de ce Verbe à qui s'adressent ces paroles : « Vous avez réglé toutes choses avec nombre, avec poids et avec mesure. » (*Sag.*, XI, 21.)

14. Ne vous laissez donc pas séduire, lorsque les mouches vous sont incommodes. Il en est quelques-uns dont le démon s'est joué et pour qui les mouches ont été un piège. Les oiseleurs garnissent de mouches leurs filets pour tromper les oiseaux que la faim attire; et c'est ainsi que le démon s'est servi des mouches pour les tromper. Je ne sais quel homme était tourmenté par les mouches; un Manichéen le rencontre, il lui dit qu'il ne peut souffrir les mouches et qu'il les a en horreur. Mais qui donc a fait les mouches, lui demande aussitôt le Manichéen? Cet homme, sous l'impression d'ennui et d'aversion que les mouches lui font éprouver, n'ose répondre : C'est Dieu qui les a créées; et remarquez qu'il était catholique. Le Manichéen reprend aussitôt : Si ce n'est point Dieu qui a fait les mouches, qui donc les a créées? Je crois à n'en pouvoir douter, reprend l'autre, que c'est le démon. Mais, continue le Manichéen, si les mouches sont l'œuvre du démon, comme vous le reconnaissez fort bien, qui donc a fait l'abeille qui est un peu plus forte que la mouche? Cet homme n'osa répondre que Dieu avait fait l'abeille, alors qu'il n'avait pas fait la mouche, à cause du rapprochement qui existe entre ces deux animaux. De l'abeille, le Manichéen le fit passer à la sauterelle, de la sauterelle au lézard, du lézard à l'oiseau, de l'oiseau à la brebis, de la brebis au bœuf, du bœuf à l'éléphant, et ainsi jusqu'à l'homme, et il finit par lui persuader que l'homme n'était pas l'ouvrage de Dieu. C'est ainsi que cet infortuné, que les mouches impor-

---

quia vermis de putredine nascitur, ideo homo putredo, et filius hominis vermis. Ecce quid fieri voluit propter te illud quod « in principio erat Verbum, et Verbum erat apud Deum, et Deus erat Verbum. » Quare hoc factum est propter te? ut sugeres qui manducare non poteras. Omnino ergo, Fratres, sic accipite : « Omnia per ipsum facta sunt, et sine ipso factum est nihil. » Universa enim creatura per ipsum facta est, major, minor : per ipsum facta sunt supera, infera : spiritalis, corporalis, per ipsum facta sunt. Nulla enim forma, nulla compages, nulla concordia partium, nulla qualiscumque substantia, quæ potest habere pondus, numerum, mensuram, nisi per illud Verbum est, et ab illo Verbo creatore, cui dictum est : Omnia in mensura et numero et pondere disposuisti. (*Sap.*, XI, 21.)

14. Nemo ergo vos fallat, quando forte tædium patimini (*a*) ad muscas. Etenim aliqui derisi sunt a diabolo, et ad muscas capti sunt. Solent enim aucupes ponere in muscipula muscas, ut esurientes aves decipiant : sic et isti ad muscas a diabolo decepti sunt. Nam nescio quis tædium patiebatur ad muscas : invenit illum Manichæus tædio affectum; et cum diceret se non posse pati muscas et odisse vehementer illas, statim ille : Quis fecit has? Et quia tædio affectus erat, et oderat illas, non ausus est dicere : Deus illas fecit; erat autem catholicus. Ille statim subjecit : Si Deus illas non fecit, quis illas fecit? Plane, ait ille, ego credo quia diabolus fecit muscas. Et ille statim : Si muscam diabolus fecit, sicut te video confiteri, quia prudenter intelligis, apem quis fecit, quæ paulo amplior est musca? Non ausus ille est dicere, quia Deus fecit apem, et muscam non fecit, quia res erat proxima. Ab ape duxit ad locustam, a locusta ad lacertum, a lacerto ad avem, ab ave duxit ad pecus, inde ad bovem, inde ad elephantem, postremo ad hominem : et persuasit homini, quia non a Deo factus est homo. Ita ille miser cum tædium passus est ad muscas, musca factus est, quem diabolus possideret. Beelzebub

---

(*a*) Editi, *patimini a muscis* : et paulo infra, *patiebatur a muscis* : item postea, *passus est a muscis*. At Mss. omnes constanter habent, *ad muscas* : scilicet phrasi quadam Afris usitata, uti merito visum est Lovaniensibus.

tunaient, devint lui-même une mouche et tomba sous la domination du démon. En effet, le mot Béelzébub veut dire prince des mouches, dont il est écrit : « Les mouches qui meurent gâtent la bonne odeur du parfum. » (*Eccle.*, x, 1.)

15. Mais quoi mes frères, pourquoi vous tenir ce langage? Fermez les oreilles de votre cœur aux ruses de l'ennemi; comprenez que Dieu est le créateur de toutes choses, et qu'il les a toutes ordonnées et mises en leur rang. Mais pourquoi avons-nous tant à souffrir des créatures sorties de la main de Dieu? parce que nous avons offensé Dieu? Est-ce que les anges, par exemple, ont à souffrir ces mêmes incommodités? Nous pourrions peut-être nous-mêmes ne pas les craindre dans cette vie. N'accusez de vos souffrances que votre péché et non votre juge. C'est pour abaisser notre orgueil que Dieu a créé cet animal si petit et si abject avec la mission de nous tourmenter. L'homme dans son orgueil s'élève avec fierté contre Dieu; il est sujet à la mort, et il cherche à se faire craindre d'un mortel comme lui; il est homme, et il refuse de reconnaître dans l'homme un être semblable à lui; pour réprimer cette fierté, Dieu l'assujettit à de vils insectes. Pourquoi donc permettre à l'orgueil d'enfler votre cœur? Un homme vous dit une parole outrageante, et vous voilà transporté d'indignation et de colère. Essayez donc de résister à ces insectes qui troublent votre sommeil, et reconnaissez qui vous êtes. Voulez-vous une preuve que c'est pour réprimer notre orgueil que ces animaux importuns ont été créés? Considérez ce peuple superbe sur lequel régnait Pharaon; Dieu qui pouvait en triompher par des ours, par des lions, par des serpents, leur envoie des mouches et des grenouilles pour dompter leur orgueil par les êtres les plus vils. (*Exod.*, VIII, 6 et 21.)

16. Reconnaissez donc, mes frères, que « toutes choses, oui toutes choses sans exception, ont été faites par lui, et que rien n'a été fait sans lui. » (*Jean*, I, 3, 4.) Or comment expliquer que toutes choses ont été faites par lui? « Ce qui a été fait est vie en lui. » En effet, on peut lire ainsi : « Ce qui a été fait, est vie en lui. » Mais en lisant de la sorte, il faut admettre que tout ce qui existe est vie. Quelle est la créature qui n'ait pas été faite en lui? Il est la sagesse de Dieu, et il est écrit dans les Psaumes : « Vous avez fait toutes choses dans votre sagesse. » (*Ps.* CIII, 24.) Si donc Jésus-Christ est la sagesse de Dieu, et que, selon le Psalmiste, Dieu ait tout fait dans sa sagesse, toutes choses ont été faites en lui, comme elles ont été faites par lui. Or, mes frères bien-aimés, si toutes choses ont été faites en lui, et si d'un autre côté, tout ce qui a été fait en lui est vie, donc la terre est vie, donc le bois est vie. Nous disons, il est vrai, que le bois est vie, mais nous l'entendons du bois de la croix, qui a

---

quippe interpretari dicitur princeps muscarum : de quibus scriptum est : Muscæ (*a*) morituræ exterminant oleum suavitatis. (*Eccle.*, x, 1.)

15. Quid igitur, Fratres, quare ista dixi? Claudite aures cordis vestri adversus dolos inimici : intelligite quia Deus fecit omnia, et in suis gradibus collocavit. Quare autem patimur multa mala a creatura quam fecit Deus? quia offendimus Deum? Nunquid hæc Angeli patiuntur? Fortassis et nos in vita ista illa non timeremus. De pœna tua peccatum tuum accusa, non judicem. Nam propter superbiam instituit Deus (*b*) istam creaturam minimam et abjectissimam, ut ipsa nos torqueret : ut cum superbus fuerit homo, et se jactaverit adversus Deum; et, cum sit mortalis, mortalem terruerit; et, cum sit homo, proximum hominem non agnoverit; cum se erexerit, pulicibus subdatur. Quid est, quod te inflas humana superbia? Homo tibi dixit convicium, et tumuisti, et iratus es : pulicibus resiste ut dormias, cognosce qui sis. Nam ut noveritis, Fratres, propter superbiam nostram domandam creata ista, quæ molesta nobis essent, populum Pharaonis superbum potuit Deus domare de ursis, de leonibus, de serpentibus : muscas et ranas illis immisit (*Exod.*, VIII, 6, 21), ut rebus vilissimis superbia domaretur.

16. « Omnia ergo, Fratres, omnia omnino per ipsum facta sunt, et sine ipso factum est nihil. » (*Joan.*, I, 3 et 4.) Sed quomodo per ipsum facta sunt omnia? « Quod factum est, in illo vita est. » Potest (*c*) enim sic dici : « Quod factum est in illo, vita est : » ergo totum vita est, si sic pronuntiaverimus. Quid enim non in illo factum est? Ipse est enim Sapientia Dei, et dicitur in Psalmo : Omnia in Sapientia fecisti. Si ergo Christus est Sapientia Dei, et Psalmus dicit : Omnia in sapientia fecisti (*Psal.* CIII, 24) : omnia sicut per illum facta, ita in illo facta sunt. Si ergo omnia in illo, Fratres carissimi, et quod in illo factum est, vita est : ergo et terra vita est, ergo et lignum vita est. Dicimus quidem lignum vitam, sed

---

(*a*) Lov. *morientes*: cujus loco editi alii et Mss. *moriturae*. — (*b*) In plerisque Mss *instituit ut ista creatura minima*, etc. — (*c*) Sic omnes Mss. et antiquiores editi. At Lov. *Potest etiam*.

été pour nous une source de vie. Donc encore on pourra dire que la pierre est vie. Cette conséquence est on ne peut plus inconvenante, et elle donne lieu à la secte immonde des Manichéens de glisser de nouveau son venin et de nous dire que la pierre a en elle la vie, qu'une muraille est animée, qu'une corde a une âme aussi bien que la laine, que nos vêtements. Voilà ce qu'ils disent dans leur délire, et lorsque nous avons réfuté ces assertions ridicules, ils cherchent un appui dans les Ecritures. Pourquoi nous disent-ils, est-il écrit : « Ce qui a été fait en lui est vie. » Si toutes ces choses ont été faites en lui, il faut dire que tout est vie. Ne vous laissez pas séduire, mais lisez de cette manière : « Ce qui a été fait, » puis divisez ici le membre de phrase, et continuez : « Est vie en lui. » Qu'est-ce à dire ? La terre a été faite ; toutefois cette terre qui a été faite, n'est pas la vie, mais il y a dans la sagesse elle-même un principe intelligible en vertu duquel la terre a été faite, et ce principe c'est la vie.

17. Je vais m'expliquer comme je le pourrai, mes frères bien-aimés. Un artisan fait une armoire. Il a d'abord l'idée et le dessin de cette armoire ; si elle n'existait pas d'abord dans son idée, comment pourrait-il la construire ? Or, le plan de cette armoire existe dans l'idée de l'artisan, mais ce n'est point l'armoire elle-même telle que les yeux pourront la voir. Dans le dessin de l'artisan elle est invisible, l'exécution seule la rendra visible. Voici qu'elle est exécutée ; a-t-elle pour cela cessé d'exister dans l'idée de l'artisan ? Non, cette idée a été mise à exécution, mais le dessin, la forme en restent dans son esprit. Cette armoire peut tomber de vétusté, et le dessin qui en est resté servir à la construction d'une autre semblable. Considérez donc à la fois cette armoire dans son dessin et dans son exécution. Dans son exécution cette armoire n'est point la vie, mais dans son dessin elle est la vie, parce que l'âme de l'artisan qui renferme ce dessin avant qu'il se produise au dehors est vivante. C'est ainsi, mes très-chers frères, que la sagesse de Dieu par laquelle toutes choses ont été faites, renferme l'idée et le dessin de toutes choses avant qu'elles soient créées. Ce qui se fait en vertu de cette idée n'est point par la même la vie, mais tout ce qui a été fait est vie en lui. Vous voyez la terre, elle existe dans l'idée de son Créateur ; vous voyez le ciel, le soleil et la lune, ils existent également dans le plan qu'il a formé ; mais extérieurement ce sont des corps inanimés ; ils ont la vie dans la pensée de Dieu. Comprenez, si vous le pouvez, ce sujet est important ; moi qui vous l'expose ou qui suis l'instrument par lequel il arrive à votre esprit, je suis bien petit, mais la source à laquelle je puise cette vérité est bien élevée. Ce n'est point de moi-même, faible mortel, que viennent ces vérités ; et celui auquel je m'adresse pour vous en instruire n'a rien de faible ou de

---

secundum intellectum lignum crucis, unde accepimus vitam. Ergo et lapis vita est. Inhonestum est sic intelligere, ne rursum nobis subrepat eadem sordidissima secta Manichæorum, et dicat, quia habet vitam lapis, et habet animam paries, et restuicula habet animam, et lana et vestis. Solent enim delirantes dicere, et cum repressi fuerint et repulsi, quasi de Scripturis proferunt dicentes : Ut quid dictum est : « Quod factum est in illo, vita est ? » Si enim omnia in ipso facta sunt, omnia vita sunt. Non te abducant : pronuntia sic : « Quod factum est : » hic subdistingue, et deinde infer, « in illo vita est. » Quid est hoc ? Facta est terra, sed ipsa terra quæ facta est, non est vita : est autem in ipsa Sapientia spiritaliter ratio quædam, qua terra facta est, hæc vita est.

17. Quomodo possum, dicam Caritati Vestræ. Faber facit arcam. Primo in arte habet arcam : si enim in arte arcam non haberet, unde illam fabricando proferret ? Sed arca sic est in arte, ut non ipsa arca sit, quæ videtur oculis. In arte invisibiliter est, in opere visibiliter erit. Ecce facta est in opere, nunquid destitit esse in arte ? Et illa in opere facta est, et illa manet quæ in arte est : nam potest illa arca putrescere, et iterum ex illa quæ in arte est, alia fabricari. Attendite ergo arcam in arte, et arcam in opere. Arca in opere non est vita, arca in arte vita est : quia vivit anima artificis, ubi sunt ista antequam proferantur. Sic ergo, Fratres carissimi, quia Sapientia Dei, per quam facta sunt omnia, secundum artem continet omnia, antequam fabricet omnia ; hinc quæ fiunt per ipsam artem, non continuo vita sunt, sed quidquid factum est, vita in illo est. Terram vides, est in arte terra : cœlum vides, est in arte cœlum : solem et lunam vides, sunt et ista in arte : sed foris corpora sunt, in arte vita sunt. Videte, si quo modo potestis ; magna enim res dicta est : et si non a me magno, aut non per me magnum, tamen a magno. Non enim a me parvulo dicta sunt hæc : sed ille non est parvulus ad quem

petit. Que chacun de vous s'applique à comprendre comme il le peut et autant qu'il le peut. Et si cela dépasse ses forces, qu'il nourrisse son cœur pour devenir capable de comprendre. Et quelle nourriture lui donner? Du lait pour le rendre insensiblement capable d'un aliment plus substantiel. Qu'il ne s'éloigne pas du Christ fait homme, jusqu'à ce qu'il puisse parvenir jusqu'au Christ qui est né du Père, jusqu'au Verbe qui est Dieu, qui est en Dieu, et par qui toutes choses ont été faites, parce qu'il est la vie qui est en lui la lumière des hommes.

18. Telles sont, en effet, les paroles qui suivent : « Et la vie était la lumière des hommes, » (*Jean*, I, 4) et c'est de cette source de vie que la lumière se répand sur les hommes. Les animaux ne reçoivent point cette lumière, parce qu'ils n'ont pas d'âmes raisonnables pour contempler la sagesse ; tandis que l'homme, créé à l'image de Dieu, est doué d'une âme intelligente qui lui permet de connaître cette divine sagesse. Cette vie, par laquelle toutes choses ont été faites, cette vie est donc la lumière qui éclaire non pas tous les êtres animés, mais les hommes. C'est pour cela que l'Evangéliste ajoute un peu plus loin : « Il était la vraie lumière qui éclaire tout homme venant en ce monde. » (*Jean*, I, 9.) C'est cette lumière qui a éclairé Jean-Baptiste ; c'est cette même lumière qui a répandu ses clartés dans l'âme de Jean l'évangéliste. Jean-Baptiste était plein de cette lumière lorsqu'il s'écrie : « Je ne suis pas le Christ, c'est celui qui vient après moi, et je ne suis pas digne de dénouer les cordons de sa chaussure. » (*Jean*, I, 20-27.) Cette même lumière inondait l'Evangéliste lorsqu'il écrit ces paroles : « Au commencement était le Verbe, et le Verbe était en Dieu, et le Verbe était Dieu. » Cette vie était donc la lumière des hommes.

19. Mais les cœurs insensés, il faut le dire, ne sont pas capables de recevoir cette lumière, accablés qu'ils sont sous le poids de leurs péchés qui leur en dérobent la vue. Or qu'ils ne s'imaginent pas que la lumière ne luit point à leurs yeux, parce qu'ils ne peuvent l'apercevoir ; car, par suite de leurs péchés, ils sont eux-mêmes devenus d'épaisses ténèbres. « Et la lumière luit dans les ténèbres, et les ténèbres ne l'ont point comprise. » (*Ibid.*, 5.) Voyez, mes frères, un homme aveugle, placé devant le soleil ; cet astre lui fait sentir sa présence, mais il est lui-même absent pour le soleil ; il en est ainsi de tout insensé, de tout pécheur, de tout homme livré à l'impiété, il est aveugle de cœur. La sagesse est présente devant lui, mais elle est présente pour un aveugle ; elle est absente pour ses yeux, ou, pour parler plus juste, elle n'est pas absente loin de lui, c'est lui qui est bien loin d'elle. Qu'a-t-il donc à faire ? Qu'il purifie ces yeux qui ont le privilége de pouvoir contempler

---

respicio, ut dicam. Capiat quisque ut potest, inquantum potest : et qui non potest, nutriat cor, ut possit. Unde nutriat? De lacte nutriat, ut ad cibum perveniat. A Christo per carnem nato non recedat, donec perveniat ad Christum ab uno Patre natum, Verbum Deum apud Deum, per quod facta sunt omnia : quia illa vita (*a*) est, quæ in illo est lux hominum.

18. Hoc enim sequitur : « Et vita erat lux hominum : » (*Joan.*, I, 4.) et ex ipsa vita homines illuminantur. Pecora non illuminantur, quia pecora non habent rationales mentes, quæ possint videre sapientiam. Homo autem factus ad imaginem Dei, habet rationalem mentem, per quam possit percipere sapientiam. Ergo illa vita per quam facta sunt omnia, ipsa vita lux est : et non quorumque animalium, sed lux hominum. Unde paulo post dicit : Erat lumen verum, quod illuminat omnem hominem venientem in hunc mundum. (*Ibid.*, 9.) Ab illo lumine illuminatus est Joannes Baptista ; ab ipso et ipse Joannes Evangelista. Ex ipso lumine plenus erat qui dixit : « Non sum ego Christus, sed qui post me venit, cujus non sum ego dignus corrigiam calceamenti solvere. » (*Ibid.*, 20 et 27.) Ab illo lumine illuminatus erat qui dixit : « In principio erat Verbum, et Verbum erat apud Deum, et Deus erat Verbum. » Ergo illa vita lux est hominum.

19. Sed forte stulta corda adhuc capere istam lucem non possunt, quia peccatis suis aggravantur, ut eam videre non possint. Non ideo cogitent quasi absentem esse lucem, quia eam videre non possunt : ipsi enim propter peccata tenebræ sunt. « Et lux in tenebris lucet, et tenebræ eam non comprehenderunt. » (*Ibid.*, 5.) Ergo, Fratres, quomodo homo positus in sole cæcus, præsens est illi sol, sed ipse soli absens est : sic omnis stultus, omnis iniquus, omnis impius, cæcus est corde. Præsens est sapientia, sed cum cæco præsens est, oculis ejus absens est : non quia ipsa illi absens est, sed quia ipse ab illa absens est. Quid ergo faciat iste? Mundet unde possit videri

---

(*a*) Tres Mss. *quia illa vita quæ in illo est, lux hominum est.*

Dieu. Voici un homme qui ne peut voir parce que ses yeux sont malpropres ou blessés, ils sont obscurcis par la poussière, par l'humeur, par la fumée, le médecin lui dit : « Nettoyez votre œil, ôtez-en tout ce qui vous empêche de jouir de la lumière. Or, cette poussière, cette humeur, cette fumée, ce sont les péchés et les iniquités; faites disparaître tous les obstacles, et vous jouirez alors de la présence de la sagesse qui n'est autre que Dieu et dont il est dit : « Heureux ceux qui ont le cœur pur, parce qu'ils verront Dieu. » (*Matth.*, v, 8.)

TRAITÉ II [1].

Sur ces paroles : « Il y eut un homme envoyé de Dieu, et son nom était Jean, » etc., jusqu'à ces autres : « Plein de grâce et de vérité. »

1. Il est souverainement utile, mes frères, que nous vous donnions, suivant nos faibles moyens, l'explication du texte des saintes Écritures et surtout du saint Évangile sans rien excepter; il vous est utile de nous demander l'explication que nous pouvons vous donner, et de partager avec nous l'aliment spirituel qui nous sert à nous-mêmes de nourriture. Vous vous rappelez que le jour précédent, qui était dimanche, nous avons expliqué ces premiers versets : « Au commencement était le Verbe, et le Verbe était en Dieu, et le Verbe était Dieu. C'est lui qui, au commencement, était en Dieu. Toutes choses ont été faites par lui, et sans lui rien n'a été fait. Ce qui a été fait, était vie en lui, et la vie était la lumière des hommes; et la lumière luit dans les ténèbres, et les ténèbres ne l'ont point comprise. » (*Jean*, I, 2-5.) Notre explication, je crois, a été jusque-là, vous vous le rappelez, vous qui étiez présents, et pour vous qui n'y étiez pas, vous pouvez nous en croire, nous et ceux qui ont suivi cette explication. Maintenant, comme nous ne pouvons revenir toujours sur les mêmes choses dans l'intérêt de ceux qui désirent entendre l'exposition de ce qui suit, qu'il leur serait désagréable de voir reprendre les premiers versets et d'être ainsi privés de l'explication des paroles suivantes, je prie ceux qui n'étaient point présents la dernière fois de ne point exiger que nous revenions sur ce qui a été dit, mais d'écouter avec les autres ce que nous avons à dire aujourd'hui.

2. « Il y eut un homme envoyé de Dieu, son nom était Jean. » (*Ibid.*, 6.) Les paroles qui précèdent, mes frères bien-aimés, ont pour objet la divinité ineffable du Christ et en traitent d'une manière presqu'ineffable. Qui pourra comprendre, en effet, ces paroles : « Au commencement était le Verbe et le Verbe était en Dieu? » Et de peur que l'usage habituel du mot Verbe

[1] Ce traité a été donné le second jour de la semaine.

Deus. Quomodo si propterea videre non posset, quia sordidos et saucios oculos haberet, irruente pulvere vel pituita vel fumo, diceret illi medicus : Purga de oculo tuo quidquid mali est, ut possis videre lucem oculorum tuorum. Pulvis, pituita, fumus, peccata et iniquitates sunt : tolle inde ista omnia, et videbis sapientiam quæ præsens est : quia Deus est ipsa sapientia; et dictum est: Beati mundo corde, quoniam ipsi Deum videbunt. (*Matth.*, v, 8.)

TRACTATUS II.

De eo quod scriptum est : « Fuit homo missus a Deo, cui nomen erat Joannes, » etc., usque ad id : « Plenum gratiæ et veritatis. »

1. Bonum est, Fratres, ut textum divinarum Scripturarum, et maxime sancti Evangelii, nullum locum præternmittentes pertractemus, ut possumus; et pro nostra capacitate pascamur, et ministremus vobis unde et nos pascimur. Capitulum primum præterito die Dominico tractatum esse, meminimus, id est : « In principio erat Verbum, et Verbum erat apud Deum, et Deus erat Verbum (*Joan.*, I, 1) : hoc erat in principio apud Deum. (v. 2.) Omnia per ipsum facta sunt, et sine ipso factum est nihil. Quod factum est (v. 3), in illo vita est; et vita erat lux hominum (v. 4); et lux in tenebris lucet, et tenebræ eam non comprehenderunt. » (v. 5.) Huc usque tractatum esse credo : recordamini omnes qui adfuistis; et qui non adfuistis, credite nobis, et his qui adesse voluerunt. Nunc ergo quia non possumus semper omnia replicare, propter eos qui hoc volunt audire quod sequitur, et oneri est illis si repetantur priora cum defraudatione posteriorum; dignentur et qui non aderant non præterita exigere, sed cum his qui aderant et nunc audire præsentia.

2. Sequitur : « Fuit homo missus a Deo, cui nomen erat Joannes. » (v. 6.) Etenim ea quæ dicta sunt superius, Fratres carissimi, de divinitate Christi dicta sunt ineffabili, et prope ineffabiliter. Quis enim capiet : « In principio erat Verbum », et Verbum erat apud Deum? » Et ne vilescat tibi nomen Verbi, per consuetudinem quotidianorum verborum : « Et Deus

ne lui fasse perdre de son prix à vos yeux, l'Evangéliste ajoute : « Et le Verbe était Dieu. » C'est de ce Verbe que nous avons parlé longuement hier, et Dieu veuille que quelqu'unes de nos paroles soit parvenues jusqu'à vos cœurs. « Au commencement était le Verbe. » C'est le même Verbe qui est encore, il existe de la même manière, il est ce qu'il a toujours été, il est immuable, c'est-à-dire il est l'être par essence. C'est le nom qu'il révèle à son serviteur Moïse : « Je suis Celui qui suis » et « Celui qui est m'a envoyé. » (*Exod.*, III, 14.) Qui de vous pourra comprendre cette essence immuable, alors que vous avez sous les yeux la mutabilité de toutes les choses mortelles, les qualités changeantes, non-seulement des corps qui naissent, se développent, déclinent et meurent, mais des âmes elles-mêmes que des sentiments et des volontés opposées partagent et divisent? Ne voyez-vous pas encore des hommes qui pourraient connaître la sagesse à la condition de s'approcher de sa lumière et de sa chaleur et qui sont exposées à la perdre s'ils s'en éloignent par une volonté coupable? En présence de toutes ces choses soumises à des changements continuels, que dire de Celui qui est, si ce n'est qu'il est tellement au-dessus de tous les autres êtres, qu'ils ne sont plus rien auprès de lui? Encore une fois qui pourra le comprendre? Quand même quelqu'un d'entre vous dirigerait toutes les forces de son esprit pour atteindre autant qu'il le peut cet Etre par excellence, en supposant qu'il puisse l'atteindre de quelque manière par la pensée, comment pourra-t-il parvenir jusqu'à lui? Il ressemble à un homme qui voit de loin sa patrie, mais la mer l'en sépare; il voit où il faut aller, mais il ne sait comment s'y rendre. Nous voulons aussi parvenir à cette demeure immuable où est l'Etre par excellence, parce qu'il est toujours ce qu'il est, mais nous en sommes séparés par la mer de ce monde qui vient couper la voie dans laquelle nous marchons; bien que nous apercevions le terme de notre voyage, il en est cependant un grand nombre qui ne le voient pas. Pour nous frayer le chemin, Celui vers lequel nous nous dirigeons est venu du ciel sur la terre. Et qu'a-t-il fait? Il a établi le bois qui doit nous servir à traverser la mer. Car personne ne peut traverser la mer de ce monde s'il n'est porté par la croix de Jésus-Christ. Celui même dont les yeux sont malades peut embrasser cette croix. Que celui donc qui ne peut étendre sa vue jusqu'au terme de son voyage, ne se sépare pas de la croix, et la croix le conduira.

3. Puissé-je donc, mes frères, vous persuader de cette vérité! Si vous voulez mener une vie chrétienne et pieuse, attachez-vous à Jésus-Christ tel qu'il s'est fait pour nous, si vous voulez arriver à ce qu'il est véritablement, à ce qu'il a toujours été. C'est pour cela qu'il est descendu jusqu'à nous, car il s'est fait homme

---

erat Verbum. » Hoc Verbum idipsum est, unde hesterno die multum locuti sumus : et præstiterit Dominus, ut vel tantum loquendo aliquid ad corda vestra perduxerimus. « In principio erat Verbum. » Idipsum est, eodem modo est, sicut est semper sic est, mutari non potest, hoc est (*a*) est. Quod nomen suum dixit famulo suo Moysi: Ego sum qui sum (*Exod.*, III, 14) : et : Misit me qui est. Quis ergo hoc capiet, cum videatis omnia mortalia, cum videatis non solum corpora variari per qualitates, nascendo, crescendo, deficiendo, moriendo, sed etiam ipsas animas affectum per diversarum voluntatum distendi atque disscindi: cum videatis homines et percipere posse sapientiam, si se illius luci et calori admoverint; et amittere posse sapientiam, si inde malo affectu recesserint? Cum videatis ergo ista omnia esse mutabilia ; quid est quod est, nisi quod transcendit omnia, quæ sic sunt, ut non sint? Quis ergo hoc capiet? Aut quis, quomodocumque intenderit vires mentis suæ, ut attingat quomodo potest id quod est, ad id quod utcumque mente attigerit, possit pervenire? Sic est enim tanquam videat quisque de longe patriam, et mare interjaceat : videt quo eat, sed non habet qua eat. Sic ad illam stabilitatem nostram ubi quod est est, quia hoc solum semper sic est ut est, volumus pervenire : interjacet mare hujus sæculi qua imus, etsi jam videmus quo imus : nam multi nec quo eant vident. Ut ergo esset et qua iremus, venit inde ad quem ire volebamus. Et quid fecit? Instituit lignum, quo mare transeamus. Nemo enim potest transire mare hujus sæculi, nisi cruce Christi portatus. Hanc crucem aliquando amplectitur et infirmus oculis. Et qui non videt longe quo eat, non ab illa recedat, et ipsa illum perducet.

3. Itaque, Fratres mei, hoc insinuaverim cordibus vestris : si vultis pie et Christiane vivere, hærete Christo secundum id quod pro nobis factus est, ut perveniatis ad eum secundum id quod est, et se-

---

(*a*) Editi et Mss. *hoc est Deus est* : excepto cod. Bech. a quo abest vox, *Deus*.

pour nous, afin de porter les infirmes, de leur faire traverser la mer et de les faire aborder dans la patrie, où il n'est plus besoin de navire, parce qu'il n'y a plus de mer à traverser. Il vaut donc mieux ne pas voir par la pensée ce qui est et rester attaché à la croix de Jésus-Christ, que de l'apercevoir et de n'avoir que du mépris pour la croix du Sauveur. Mais il vaut beaucoup mieux, et il est bien préférable d'apercevoir, s'il est possible, le terme vers lequel il faut se diriger et d'y être conduit par une main qui vous soutient et vous porte. Tel a été le privilége de ces âmes élevées qui ont été comparées à des montagnes que le soleil de justice éclaire les premières de ses rayons; elles ont vu ce qui existe véritablement et elles ont pu s'en approcher, c'est en contemplant ce spectacle que saint Jean s'écrie : « Au commencement était le Verbe, et le Verbe était en Dieu, et le Verbe était Dieu. » Voilà ce qu'ils ont vu, et afin de parvenir à ce qu'ils ne voyaient que de loin, ils ne se sont point éloignés de la croix de Jésus-Christ et n'ont point méprisé ses humiliations. Mais pour les petits qui sont incapables de comprendre, qu'ils ne s'éloignent pas de la croix, de la passion et de la résurrection du Sauveur, et ils seront conduits vers ce terme qu'ils ne peuvent voir sur le même vaisseau qui porte ceux qui l'aperçoivent.

4. Il s'est trouvé dans le monde des philosophes qui ont cherché à connaitre le Créateur par le moyen des créatures, et elles peuvent en effet nous le faire découvrir, comme l'Apôtre le déclare en termes exprès : « Les perfections invisibles de Dieu sont devenues compréhensibles depuis la création du monde par les choses qui ont été faites, aussi bien que sa puissance éternelle et sa divinité, de sorte qu'ils sont inexcusables. » Et il ajoute : « Parce qu'ayant connu Dieu ; ils ne l'ont point glorifié comme Dieu, ou ne lui ont pas rendu grâces, mais ils se sont égarés dans leurs pensées, et leur cœur insensé a été rempli de ténèbres. » D'où sont venues ces ténèbres? Saint Paul nous l'apprend, de manière à ne nous laisser aucun doute : « Car en disant qu'ils étaient sages, ils sont devenus fous. » (*Rom.*, 1, 20-21.) Ils ont aperçu le terme où il fallait parvenir, mais dans leur ingratitude pour celui qui l'avait découvert à leurs yeux, ils n'ont voulu devoir ce privilége qu'à eux-mêmes, et ainsi leur orgueil leur a fait perdre ce qu'ils voyaient, et ils ont embrassé le culte des idoles, des représentations des fausses divinités, des démons pour adorer la créature au mépris du Créateur. Mais ils étaient déjà brisés lorsqu'ils se sont portés à ces excès, et c'est l'orgueil qui les avait brisés, cet orgueil qui leur inspirait de dire qu'ils avaient la sagesse en partage. Ceux

---

cundum id quod erat (*a*). Accessit, ut pro nobis hoc fieret ; quia hoc pro nobis factus est, ubi portentur infirmi, et mare sæculi transeant, et perveniant ad patriam ; ubi jam navi non opus erit, quia nullum mare transitur. Melius est ergo non videre mente id quod est, et tamen a Christi cruce non recedere, quam videre illud mente, et crucem Christi contemnere. Bonum est super hoc et optimum, si fieri potest, ut et videatur quo eundum sit, et teneatur quo portetur qui pergit. Hoc potuerunt mente magnæ montium, qui montes dicti sunt, quos maxime illustrat lumen justitiæ : potuerunt, et viderunt illud quod est. Nam videns Joannes dicebat : « In principio erat Verbum, et Verbum erat apud Deum, et Deus erat Verbum. » Viderunt hoc, et ut pervenirent ad id quod videbant de longe, a cruce Christi non recesserunt, et humilitatem Christi non contempserunt. Parvuli vero qui hoc non possunt intelligere, non recedentes a cruce et passione et resurrectione Christi, in ipsa navi perducuntur ad id quod non vident, in qua navi perveniunt et illi qui vident.

4. At vero quidam philosophi hujus mundi exstiterunt, et inquisierunt Creatorem per creaturam quia potest inveniri per creaturam, evidenter dicente Apostolo : « Invisibilia enim ejus a constitutione mundi, per ea quæ facta sunt intellecta conspiciuntur, sempiterna quoque virtus ejus et divinitas, ut sint inexcusabiles. » (*Rom.*, 1, 20, 21.) Et sequitur : « Quia cum cognovissent Deum. » Non dixit : Quia non cognoverunt : « sed, quia cum cognovissent Deum, non sicut Deum glorificaverunt, aut gratias egerunt, sed evanuerunt in cogitationibus suis, et obscuratum est insipiens cor eorum. » (*v.* 22.) Unde obscuratum ? Sequitur, et dicit apertius : Dicentes enim se esse sapientes, stulti facti sunt. Viderunt quo veniendum esset : sed ingrati ei qui illis præstitit quod viderunt, sibi voluerunt tribuere quod viderunt ; et facti superbi amiserunt quod videbant, et conversi sunt* inde ad idola et simulacra et ad culturas dæmoniorum, adorare creaturam, et contemnere Creatorem. Sed jam isti elisi ista fecerunt : ut autem eliderentur, superbierunt : cum autem

---

(*a*) Ita editi. At Mss. interpungunt sic : *Et secundum id quod erat accessit, ut pro nobis hoc fieret :* additque hic Bech. codex, *quod non erat.*

donc dont saint Paul déclare « qu'ils ont connu Dieu, » ont vu ce dont parle l'Evangéliste, c'est-à-dire que toutes choses ont été faites par le Verbe. Ces vérités se trouvent en effet dans les ouvrages des philosophes, nous y lisons également que Dieu a un Fils unique, par qui toutes choses ont été faites. Ils ont donc pu découvrir la vérité, mais ils ne l'ont aperçue que de loin, ils n'ont pas voulu s'attacher aux humiliations de Jésus-Christ, c'est-à-dire à ce vaisseau qui pouvait les faire parvenir sûrement au terme qu'ils apercevaient de loin, et ils n'ont eu que du dédain pour la croix du Sauveur. Eh quoi ? il faut que vous traversiez la mer, et vous méprisez le bois qui vous est offert ? O sagesse superbe, vous insultez à Jésus-Christ crucifié, et c'est lui-même que vous avez découvert de loin : « Au commencement était le Verbe, et le Verbe était en Dieu. Mais pourquoi a-t-il été crucifié ? parce que le bois de ses humiliations vous était nécessaire. L'orgueil avait enflé votre cœur, vous étiez rejeté bien loin de cette céleste patrie, les flots de ce monde vous interceptaient la voie, et il vous est impossible de parvenir dans la patrie si vous ne consentez à être porté par ce bois. Ingrat, vous vous moquez de celui qui est venu jusqu'à vous pour assurer votre retour ! Il s'est fait la voie, et la voie à travers cette mer, et il a voulu marcher sur la mer (*Matth.*, XIV, 25), pour montrer que le chemin à suivre traversait la mer ; mais vous, qui ne pouvez marcher vous-même sur la mer, laissez-vous porter par ce vaisseau, laissez-vous porter par ce bois ; croyez au crucifié, et vous serez certain de parvenir. C'est pour vous qu'il a été crucifié, pour vous enseigner l'humilité, et aussi parce qu'il n'aurait pas été connu, s'il était venu dans l'éclat de sa divinité. Supposez qu'il vienne dans la majesté qui convient à Dieu, il ne viendrait pas pour ceux qui ne pouvaient voir Dieu. Comme Dieu on ne peut dire ni qu'il est venu, ni qu'il nous a quittés, puisqu'il est présent partout, et qu'il ne peut être circonscrit dans aucun espace. Mais comment est-il venu ? sous l'apparence d'un homme.

5. Or comme l'humanité voilait en lui la divinité, un personnage extraordinaire fut envoyé devant lui pour attester par son témoignage qu'il était plus qu'un homme. Et quel est-il ? « Il y eut un homme. » (*Jean*, I, 6.) Et comment cet homme pouvait-il dire la vérité en parlant de Dieu ? « Il fut envoyé de Dieu. » Comment s'appelait-il ? Son nom était Jean. Quel était l'objet de sa mission ? Il vint comme témoin, pour rendre témoignage à la lumière, afin que tous crussent par lui. » (*Jean*, I, 7.) Quel est donc cet homme qui venait rendre témoignage à la lumière ? Jean est véritablement quelque chose de grand, grand par ses mérites, grand par la grâce qu'il a reçue, grand par

---

superbirent, sapientes se esse dixerunt. Hi ergo de quibus dixit : « Qui cum cognovissent Deum, viderunt hoc quod dicit Joannes, quia per Verbum Dei facta sunt omnia. « Nam inveniuntur et ista in libris philosophorum : et quia unigenitum Filium habet Deus, per quem sunt omnia. Illud potuerunt videre quod est, sed viderunt de longe : noluerunt tenere humilitatem Christi, in qua navi securi pervenirent ad id quod longe videre potuerunt ; et sorduit eis crux Christi. Mare transeundum est, et lignum contemnis ? O sapientia superba, irrides crucifixum Christum, ipse est quem longe vidisti : « In principio erat Verbum, et Verbum erat apud Deum. » Sed quare crucifixus est ? quia lignum tibi humilitatis ejus necessarium erat. Superbia enim tumueras, et longe ab illa patria projectus eras, et fluctibus hujus sæculi interrupta est via, et qua transeatur ad patriam non est, nisi ligno porteris. Ingrate, irrides eum qui ad te venit ut redeas. Ipse factus est via, et hoc per mare : inde in mari ambulavit (*Matth.*, XIV, 25), ut ostenderet esse in mari viam. Sed tu, qui quomodo ipse ambulare in mari non potes, navi portare, ligno portare : crede in crucifixum, et poteris pervenire. Propter te crucifixus est, ut humilitatem doceret : et quia si sic veniret ut Deus, non agnosceretur. Si enim sic veniret ut Deus, non veniret eis qui videre Deum non poterant. Non enim secundum id quod Deus est, aut venit, aut discedit : cum sit ubique præsens, et nullo loco contineatur. Sed secundum quid venit ? quod apparuit homo.

5. Quia ergo sic erat homo, ut lateret in illo Deus, missus est ante illum magnus homo, per cujus testimonium inveniretur plusquam homo. Et quis est hic ? « Fuit homo. » (*Joan.*, 1, 6.) Et quomodo posset iste verum de Deo dicere ? « missus a Deo. » Quid vocabatur ? « Cui nomen erat Joannes. » Quare venit ? » Hic venit in testimonium ut testimonium perhiberet de lumine, ut omnes crederent per illum. » Qualis iste qui testimonium perhiberet de lumine ? Magnum aliquid iste Joannes, ingens meritum, magna gratia, magna celsitudo. Mirare, plane

l'éminence de ses vertus. Admirez-le donc, oui admirez-le, mais comme une montagne. Une montagne reste dans les ténèbres, tant que la lumière ne l'a pas revêtue de ses rayons. Admirez donc Jean, mais tout en prêtant l'oreille aux paroles qui suivent : « Il n'était pas la lumière, » (*Ibid.* 8) de peur qu'en prenant la montagne pour la lumière, vous ne fassiez naufrage au pied de la montagne, au lieu d'y trouver le calme et la consolation. Que devez-vous donc admirer? la montagne en tant qu'elle est montagne; mais élevez-vous jusqu'à celui qui éclaire la montagne, elle n'a été élevée elle-même que pour recevoir la première les rayons, et annoncer à vos yeux l'arrivée de la lumière. Donc Jean « n'était pas la lumière. »

6. Pourquoi donc est-il venu? « Pour rendre témoignage à la lumière. » Pourquoi ce témoignage? « Afin que tous crussent par lui. » Et quelle est cette lumière à laquelle il venait rendre témoignage? « C'était la lumière véritable. » Pourquoi l'Évangéliste ajoute-t-il le mot « véritable? » Parce qu'on donne aussi le nom de lumière à l'homme qui est éclairé, tandis que la vraie lumière est celle qui éclaire en se communiquant. Ainsi nos yeux sont appelés les lumières du corps, et cependant, si durant la nuit on n'allume pas un flambeau, ou, si pendant le jour le soleil ne paraissait pas, c'est bien inutilement que ces lumières seraient ouvertes. C'est donc dans ce sens que Jean était la lumière, mais non pas la lumière véritable; avant d'être éclairé, il n'était que ténèbres, et il n'est devenu lumière que parce qu'il a été éclairé. Oui avant d'être éclairé il était ténèbres comme tous les impies, à qui saint Paul disait, après qu'ils avaient embrassé la foi : « Vous avez été autrefois ténèbres. » Mais maintenant qu'ils suivaient les inspirations de la foi, qu'étaient-ils? Vous êtes, leur dit-il, lumière dans le Seigneur. S'il n'ajoutait : « Dans le Seigneur, » nous ne comprendrions pas. « Vous êtes devenus lumière dans le Seigneur, » or vous n'étiez pas ténèbres dans le Seigneur. » « Vous avez été autrefois ténèbres, » mais il n'ajoute pas, dans le Seigneur. Vous étiez donc ténèbres en vous-mêmes, et vous êtes maintenant lumière dans le Seigneur. C'est ainsi que Jean n'était pas la lumière, mais qu'il était envoyé pour rendre témoignage à la lumière.

7. Mais où était cette lumière? « Celui-là était la vraie lumière, qui illumine tout homme venant en ce monde. » (*Jean*, 1, 9.) S'il éclaire tout homme qui vient en ce monde, il a donc éclairé Jean lui-même. Il éclairait donc celui qu'il avait choisi pour le manifester. Comprenez ceci, mes très-chers frères, il venait visiter des esprits infirmes, des cœurs blessés, et se montrer aux yeux débiles d'une âme malade. C'était le but de sa venue sur la terre. Or, par quel moyen cette âme pouvait-elle arriver à voir l'Être par excellence? de même que nous con-

---

mirare, sed tanquam montem. Mons autem in tenebris est, nisi luce vestiatur. Ergo tantum mirare Joannem, ut audias quod sequitur : « Non erat ille lumen : » (v. 8) ne cum montem putas lumen esse, naufragium in monte facias, non solatium invenias. Sed quid debes mirari? montem tanquam montem. Erige autem te ad illum, qui illuminat montem, qui ad hoc erectus est, ut prior radios excipiat, et oculis tuis nuntiet. Ergo : « Non erat ille lumen. »

6. Quare igitur venit? « Sed ut testimonium perhiberet de lumine. » Ut quid hoc? « ut omnes crederent per illum. » Et de quo lumine testimonium perhiberet? « Erat lux vera. » (v. 9.) Quare additum est, « vera? » Quia et homo illuminatus dicitur lux, sed vera lux illa est quæ illuminat. Nam et oculi nostri dicuntur lumina : et tamen nisi aut per noctem lucerna accendatur, aut per diem sol exeat, lumina ista sine causa patent. Sic ergo et Joannes erat lux, sed non vera lux : quia non vera illuminatus tenebræ, sed illuminatione factus est lux. Nisi autem illuminaretur, tenebræ erat, sicut omnes impii, quibus jam credentibus dixit Apostolus : Fuistis aliquando tenebræ. Modo autem quia crediderant, quid? Nunc autem lux, inquit, in Domino. Nisi adderet, in Domino, non intelligeremus. Lux, inquit, in Domino : tenebræ non in Domino eratis. Fuistis enim aliquando tenebræ : ibi non addidit, in Domino. Ergo tenebræ in vobis, lux in Domino. Sic et ille non erat lux, sed ut testimonium perhiberet de lumine.

7. Ubi autem est ipsa lux? « Erat lux vera, quæ illuminat omnem hominem venientem in hunc mundum. » (*Joan.*, 1. 9.) Si omnem hominem venientem, et ipsum Joannem. Ipse ergo illuminabat, a quo se demonstrari volebat. Intelligat Caritas Vestra : veniebat enim ad mentes infirmas, ad corda saucia, ad aciem animæ lippientis. Ad hoc venerat. Et unde posset anima videre quod perfecte est? Quomodo plerumque fit, ut in aliquo corpore radiato cognos-

naissons par des objets qu'il éclaire de ses rayons le lever du soleil que nous ne pouvons voir de nos yeux. Ceux dont les yeux sont malades peuvent facilement voir un mur, une montagne, un arbre, ou quelqu'autre objet que le soleil dore de ses rayons ; et ces objets qu'il éclaire annoncent le lever de cet astre aux yeux infirmes, qui ne peuvent encore le fixer. Ainsi donc tous ceux que Jésus-Christ est venu visiter, étaient incapables de le voir, il a fait luire sa lumière sur saint Jean, et le saint précurseur en déclarant que la lumière qui rayonnait en lui ne venait pas de lui, mais lui était donnée, fit connaître celui qui illumine, celui qui éclaire, celui qui remplit l'âme de ses divines clartés. Quel est-il ? Celui, dit-il, qui éclaire tout homme venant en ce monde. Si l'homme ne s'était point séparé de Dieu, il n'aurait pas besoin d'être éclairé, mais c'est pour lui une nécessité, parce qu'il s'est éloigné de cet éternel foyer de lumière.

8. Mais quoi donc ? S'il est venu ici-bas, où donc était-il ? « Il était dans ce monde. » (*Jean*, I, 10.) Oui, il y était, et il y est venu ; il y était par sa divinité, et il y est venu par son humanité, parce que sa divinité était inaccessible aux yeux des insensés, des aveugles et des pécheurs. Les pécheurs, en effet, sont ces ténèbres dont il est dit : « La lumière luit dans les ténèbres, et les ténèbres ne l'ont point comprise. » (*Ibid*, 5.) Il est donc dans ce monde, il y était, il y demeure toujours, et jamais il ne s'en éloigne pour se rendre ailleurs. Il faut donc qu'on vous donne les moyens de voir celui qui ne s'éloigne jamais de vous, il faut que vous ne vous écartiez jamais de celui qui ne s'écarte jamais de vous ; il faut que vous ne l'abandonniez pas, si vous ne voulez pas être abandonné. Gardez-vous de toute chute et cette lumière ne se couchera point pour vous. Si vous venez à tomber, elle disparaît à vos yeux, si vous restez debout, elle ne cessera de vous faire sentir sa présence. Mais vous n'avez pas su demeurer ferme, rappelez-vous d'où vous êtes tombé, de quelle hauteur vous a précipité celui qui est tombé le premier avant vous. Ce n'est ni par violence, ni par entraînement, mais de votre propre volonté qu'il vous a fait tomber. Si vous n'aviez point consenti au mal, vous seriez encore debout, et la lumière n'aurait point cessé de vous éclairer. Maintenant que votre chute n'est que trop certaine, et que vous êtes blessé dans votre cœur, qui seul était capable de voir cette lumière, elle s'est approchée de vous sous la forme la plus accessible à vos regards, elle s'est présentée à vous sous la forme d'un homme qui avait besoin qu'on lui rendît témoignage. Dieu demande donc le témoignage de l'homme, Dieu a l'homme pour témoin. Oui, Dieu avait l'homme pour témoin, mais c'est en faveur de

---

catur ortus esse sol, quem oculis videre non possumus. Quia et qui saucios habent oculos, idonei sunt videre parietem illuminatum et illustratum a sole vel montem vel arborem, aut aliquid hujusmodi idonei sunt videre : et in alio illustrato demonstratur illis ortus ille, cui videndo adhuc minus idoneam aciem gerunt. Sic ergo illi omnes, ad quos Christus venerat, minus idonei erant eum videre : radiavit Joannem ; et per illum confitentem se radiatum ac se illuminatum esse, non qui radiaret et illuminaret, cognitus est ille qui illuminat, cognitus est ille qui illustrat, cognitus est qui implet. Et quis est ? « Qui illuminat, inquit, omnem hominem venientem in mundum. » Nam si illinc non recederet, non esset illuminandus : sed ideo hic illuminandus, quia illinc recessit, ubi homo semper poterat esse illuminatus.

8. Quid ergo ? Si venit huc, ubi erat ? « In hoc mundo erat. » (*v.* 10.) Et hic erat, et huc venit : hic erat per divinitatem, huc venit per carnem : quia cum hic esset per divinitatem, ab stultis et cæcis et iniquis videri non poterat. Ipsi iniqui tenebræ sunt de quibus dictum est : « Lux lucet in tenebris, et tenebræ eam non comprehenderunt. » (*Joan.*, I, 5.) Ecce hic est et modo, et hic erat, et semper hic est ; et nunquam recedit, nusquam recedit. Opus est, ut habeas unde videas, quod tibi nunquam recedit : opus est, ut tu non recedas, ab eo qui nusquam recedit : opus est, ut tu non deseras, et non desereris. Noli cadere, et non tibi occidet. Si tu feceris casum, ille tibi faciet occasum : si autem tu stas, præsens est tibi. Sed non stetisti : recordare unde cecideris, unde te dejecit qui prior te cecidit. Dejecit enim te, non vi, non impulsu, sed voluntate tua. Si enim malo non consentires, stares, illuminatus maneres. Modo autem quia jam cecidisti, et factus es saucius corde, unde videri illa lux (*a*) potest, venit ad te talis qualem posses videre ; et talem se hominem præbuit, ut ab homine quæreret testimonium. Ab homine quærit testimonium Deus, et Deus testem habet hominem : habet Deus testem hominem, sed propter ho-

---

(*a*) Editi, *non potest*. Abest, *non*, a Mss. Sensus Augustini est, videri illam lucem non oculo, sed corde.

l'homme. Telle est notre infirmité, il nous faut un flambeau pour chercher le jour, et ce flambeau c'est Jean-Baptiste, comme Notre-Seigneur le déclare : « Il était un flambeau ardent et luisant, et pour un peu de temps vous avez voulu vous réjouir à sa lumière, mais pour moi, j'ai un témoignage plus grand que celui de Jean. » (*Jean*, v, 35.)

9. Il est donc évident, par ces paroles, que le Sauveur a voulu être manifesté par un flambeau pour affermir la foi de ceux qui croyaient en lui et tout ensemble confondre ses ennemis par ce flambeau. Ces ennemis sont ceux qui venaient le tenter et lui faire cette question : « Dites-nous, par quelle autorité faites-vous ces choses ? J'ai aussi une question à vous faire, leur répondit Jésus : Dites-moi, d'où était le baptême de Jean ? Du ciel ou des hommes ? Et ils furent troublés, et ils méditaient en eux-mêmes : Si nous répondons : Du ciel, il nous dira : Pourquoi donc n'y avez-vous pas cru ? (Jean-Baptiste avait, en effet, rendu témoignage à Jésus-Christ, et avait dit : C'est lui qui est le Christ, ce n'est pas moi.) (*Jean*, I, 20.) Mais si nous disons : Des hommes, nous craignons que le peuple ne nous lapide, car tout le peuple regardait Jean comme un prophète. » (*Matth.*, XXI, 23 ; *Marc*, XI, 28 ; *Luc*, XX, 4.) Ainsi la crainte d'être lapidés, et la crainte plus grande de confesser la vérité leur fit répondre un mensonge à la vérité, « et l'iniquité s'est mentie à elle-même. » (*Ps.* XXVI, 12.) Ils répondirent donc : « Nous ne savons. » Et le Seigneur voyant qu'ils se fermaient eux-mêmes la porte, en affirmant qu'ils ignoraient ce qu'ils savaient, ne voulut point lui-même la leur ouvrir, parce qu'ils n'avaient point frappé. Il est écrit en effet : « Frappez et on vous ouvrira. » (*Matth.*, VII, 7.) Or non-seulement ils n'ont point frappé pour qu'on leur ouvrît, mais par cette négation mensongère ils ont muré la porte contre eux. « Et Jésus leur dit aussi : Je ne vous dirai point non plus par quelle autorité je fais ces choses. » C'est ainsi qu'ils furent couverts de confusion par Jean-Baptiste, et on vit s'accomplir en eux cette prédiction : « J'ai préparé une lampe à mon Christ, et je couvrirai ses ennemis de confusion. » (*Ps.* CXXXI, 17.)

10. « Il était dans le monde, et le monde a été fait par lui. » (*Jean*, I, 10.) Ne pensez point que le Verbe était dans le monde comme sont dans le monde la terre, le soleil, la lune, les étoiles, les arbres, les animaux, les hommes. Ce n'est pas de cette sorte qu'il était dans le monde. Comment donc y était-il ? Comme le créateur du monde qui imprime la direction à ce qu'il a fait. Il n'a point fait le monde comme l'artisan façonne son ouvrage. Le meuble auquel l'artisan travaille est en dehors de lui, il occupe un espace différent, et bien qu'il soit près de lui, celui qui le façonne est dans un lieu distinct, et il est

---

minem : tam infirmi sumus. Per lucernam quærimus diem : quia lucerna dictus est ipse Joannes, Domino dicente : « Ille erat lucerna ardens et lucens, et vos voluistis exultare ad horam in lumine ejus ; ego autem habeo testimonium majus Joanne. » (*Joan.*, v, 35.)

9. Ergo ostendit quia propter homines voluit per lucernam demonstrari ad fidem credentium, ut per ipsam lucernam inimici ejus confunderentur. Illi enim inimici qui illum tentabant, et dicebant : « Dic nobis, in qua potestate ista facis ? Interrogabo vos et ego, inquit, unum sermonem : Dicite mihi : Baptismus Joannis unde est ? de cœlo, an ab hominibus ? Et turbati sunt, et dixerunt apud semetipsos : Si dixerimus de cœlo, dicturus est nobis : Quare ergo non credidistis illi ? (quia ille Christo perhibuerat testimonium, et dixerat : Non sum ego Christus, sed ille.) (*Joan.*, I, 20.) Si autem ex hominibus dixerimus esse, timemus populum ne lapidet nos : quia tanquam prophetam habebant Joannem. » (*Matth.*, XXI, 23 ; *Marc*, XI, 28 ; *Luc*, XX, 4.) Timentes lapidationem, sed plus timentes veritatis confessionem, responderunt mendacium veritati ; et mentita est iniquitas sibi. (*Psal.* XXVI, 12.) Dixerunt enim : Nescimus. Et Dominus, quia ipsi contra se clauserant, negando se scire quod noverant, nec ipse illis aperuit, quia non pulsaverunt. Dictum est enim : Pulsate, et aperietur vobis. (*Matth.*, VII, 7.) Non solum autem illi non pulsaverunt, ut aperiretur : sed negando, ostium ipsum contra se obstruxerunt. Et ait eis Dominus : « Nec ego dico vobis, in qua potestate ista facio. » Et confusi sunt per Joannem ; impletumque in illis est : Paravi lucernam Christo meo, inimicos ejus induam confusione. (*Psal.* CXXXI, 17.)

10. « In mundo erat, et mundus per eum factus est. » (*Joan.*, I, 10.) Ne putes quia sic erat in mundo, quomodo in mundo est terra, in mundo est cœlum, in mundo est sol, luna et stellæ, in mundo arbores, pecora, homines. Non sic iste in mundo erat. Sed quomodo erat ? Quomodo artifex, regens quod fecit. Non enim sic fecit, quomodo facit faber. Forinsecus est arca quam facit, et illa in alio loco posita est, cum fabricatur ; et quamvis juxta sit, ipse alio loco sedet

complétement en dehors de son ouvrage. Dieu, au contraire, est répandu dans le monde qu'il crée, il remplit de sa présence tous les lieux où il exerce sa puissance créatrice, il ne se retire point dans un lieu distinct, et ce n'est point de l'extérieur qu'il donne le mouvement à cette masse qu'il tire du néant. C'est par la présence de sa toute-puissance qu'il fait toutes choses, c'est par cette même présence qu'il gouverne ce qu'il a fait. Il était donc dans le monde, comme celui par qui le monde a été fait. « Le monde a été fait par lui, et le monde ne l'a pas connu. »

11. Qu'est-ce à dire que le monde a été fait par lui ? On donne le nom de monde au ciel, à la terre, à la mer, à tout ce qu'ils renferment. Dans un autre sens on appelle monde les amateurs du monde. « Le monde a été fait par lui, et le monde ne l'a point connu. » (*Jean*, I, 10.) Est-ce que les cieux n'ont point connu leur auteur ? Est-ce que les anges n'ont point connu celui qui les a faits ? Est-ce que les astres n'ont point connu leur créateur dont les démons eux-mêmes attestent la puissance ? Tout à l'envi lui a rendu témoignage. Quels sont donc ceux qui ne l'ont point connu ? Ceux à qui leur amour pour le monde a fait donner le nom de monde. L'amour fait une habitation à notre cœur dans ce qu'il aime, et cet amour du monde leur a mérité d'être appelés du nom du monde où ils habitaient. C'est ainsi que nous disons : Cette maison est mauvaise, ou cette maison est bonne ; en appelant l'une mauvaise, ce ne sont pas les murailles que nous accusons, et en disant de l'autre qu'elle est bonne, ce ne sont point aux murailles que s'adressent nos éloges. Cette qualification de maison vicieuse s'applique aux méchants qui l'habitent, de même que les bons méritent à l'autre le nom de maison bonne et vertueuse. C'est donc dans ce sens que nous appelons monde ceux qui, par amour du monde, y fixent leur habitation. Quels sont-ils ? Ceux qui aiment le monde, car leur cœur y a comme fixé son séjour. Ceux qui n'aiment pas le monde, y demeurent extérieurement, mais par le cœur ils habitent le ciel, suivant ces paroles de l'Apôtre : « Pour nous, nous vivons déjà dans le ciel. » Donc : « Le monde a été fait par lui, et le monde ne l'a pas connu. »

12. « Il est venu chez lui, » parce que tout a été fait par lui, « et les siens ne l'ont point reçu. » (*Jean*, I, 11.) Que faut-il entendre par « les siens ? » Les hommes qu'il a créés ? Ce sont les Juifs qu'il avait primitivement établis au-dessus de tous les peuples. Les autres nations adoraient les idoles et étaient esclaves des démons, mais les Juifs étaient sortis de la race d'Abraham, et ils étaient vraiment siens, car la chair qu'il a daigné prendre établissait entre ce peuple et lui une parenté véritable. « Il est venu chez lui, et les siens ne l'ont point reçu. » Quoi ? ils ont refusé abso-

---

qui fabricat, et extrinsecus est ad illud quod fabricat : Deus autem mundo infusus fabricat, ubique positus fabricat, et non recedit aliquo, non extrinsecus quasi versat molem quam fabricat. Præsentia majestatis facit, quod facit : præsentia sua gubernat, quod fecit. Sic ergo erat in mundo, quomodo per quem mundus factus est. « Per ipsum enim mundus factus est, et mundus eum non cognovit. »

11. Quid est : « Mundus factus est per ipsum ? » Cœlum, terra, mare et omnia quæ in eis sunt, mundus dicitur. Iterum alia significatione, dilectores mundi mundus dicuntur : « Mundus per ipsum factus est, et mundus eum non cognovit. » (*Ibid.*) Num enim cœli non cognoverunt Creatorem suum, aut Angeli non cognoverunt Creatorem suum, aut non cognoverunt Creatorem suum sidera, quem confitentur dæmonia ? Omnia undique testimonium perhibuerunt. Sed qui non cognoverunt ? Qui amando mundum dicti sunt Mundus. Amando enim habitamus corde : amando autem hoc appellari meruerunt, quod ille ubi habitabant. Quomodo dicimus : Mala est illa domus ; aut : Bona est illa domus : non in illa quam dicimus malam, parietes accusamus ; aut in illa quam dicimus bonam, parietes laudamus : sed malam domum, inhabitantes malos ; et bonam domum, inhabitantes bonos. Sic et mundum, qui inhabitant amando mundum. Qui sunt ? Qui diligunt mundum : ipsi enim corde habitant in mundo. Nam qui non diligunt mundum, carne versantur in mundo ; sed corde inhabitant cœlum, sicut Apostolus dicit : Nostra autem conversatio in cœlis est. Ergo « mundus per eum factus est, et mundus eum non cognovit. » (*Philip.*, III, 20.)

12. « In sua propria venit : » quia omnia ista per eum facta sunt. « Et sui eum non receperunt. » (*Joan.*, I, 11.) Qui sui ? Homines quos fecit. Judæi quos primitus fecit super omnes gentes esse. Quia aliæ gentes idola adorabant, et dæmonibus serviebant ; ille autem populus natus erat de semine Abrahæ : et ipsi maxime sui ; quia et per carnem quam suscipere dignatus est, cognati. « In sua propria venit, et sui eum non receperunt. » Non receperunt omnino, nul-

lument de le recevoir, personne ne l'a reçu? Alors personne n'a été sauvé, car personne ne peut l'être sans recevoir Jésus-Christ qui vient à lui.

13. Mais il ajoute : « Tous ceux qui l'ont reçu. » (*Ibid.*, 12.) Que leur a-t-il donné? Admirez l'excès de sa bonté, la grandeur de sa miséricorde. Le Verbe était le Fils unique de Dieu et il n'a point voulu qu'il demeurât seul. La plupart des hommes, lorsqu'ils n'ont point d'enfants, et que leur âge ne leur permet plus d'en espérer, en adoptent et se donnent par affection ce que la nature leur a refusé, voilà ce que font les hommes. Celui au contraire qui a un fils unique concentre en lui toute sa joie, tout son bonheur, parce qu'il doit seul posséder tous ses biens, et que nul autre ne doit partager avec lui son héritage, et par là même le diminuer. Telle n'est point la conduite de Dieu, il avait un fils unique qu'il avait engendré, et par qui il avait créé toutes choses, il l'a envoyé dans ce monde, afin qu'il ne fût pas seul, et qu'il eût des frères adoptifs. En effet, nous ne sommes pas nés de Dieu comme le Fils unique, mais nous avons été adoptés par sa grâce. Le Fils unique de Dieu est venu briser la chaîne des péchés qui nous retenaient captifs, et afin qu'ils ne fussent point un obstacle à notre adoption; il a brisé les liens de ceux qu'il voulait avoir pour frères, et il les a faits ses cohéritiers. C'est ce que dit l'Apôtre : « S'il est fils, il est aussi héritier par la grâce de Dieu, » (*Gal.*, IV, 7) et encore : « Nous sommes héritiers de Dieu et cohéritiers de Jésus-Christ. » (*Rom.*, VIII, 17.) Il n'a point craint d'avoir des cohéritiers, parce que son héritage ne s'appauvrit point pour être possédé par un grand nombre. Dieu les possède, et ils deviennent ainsi son héritage, et par un juste retour, il devient lui-même leur héritage. Ecoutez comment les hommes deviennent son héritage : « Le Seigneur m'a dit : Vous êtes mon fils, je vous ai engendré aujourd'hui, demandez-moi, et je vous donnerai les nations pour héritage. » (*Ps.* II, 7.) Et comment devient-il lui-même leur héritage? Le Psalmiste nous l'apprend : « Le Seigneur est la portion de mon héritage et de mon calice. » (*Ps.* XV, 5.) Que Dieu soit donc notre possession, et soyons aussi la sienne; qu'il nous possède comme étant notre maître, possédons-le nous-mêmes comme notre salut, comme notre lumière. Mais qu'a-t-il donné à ceux qui l'ont reçu? « Il leur a donné le pouvoir d'être faits enfants de Dieu, à ceux qui croient en son nom, » (*Jean*, I, 12) pour s'attacher au bois à l'aide duquel ils puissent traverser la mer.

14. Or comment a lieu cette naissance? Car puisqu'ils deviennent les enfants de Dieu et les frères de Jésus-Christ, ils sont soumis à cette naissance. Comment sans elle seraient-ils les enfants de Dieu? Les enfants des hommes naissent

---

lus recepit? Nullus ergo salvus factus est? Nemo enim salvus fiet, nisi qui Christum receperit venientem.

13. Sed addidit : « Quotquot autem receperunt eum. » (*v.* 12.) Quid eis præstitit? Magna benevolentia, magna misericordia. Unicus natus est, et noluit manere unus. Multi homines cum filios non habuerint, peracta ætate adoptant sibi; et voluntate faciunt, quod natura non potuerant, hoc faciunt homines. Si autem aliquis habeat filium unicum, gaudet ad illum magis; quia solus omnia possessurus est, et non habebit qui cum eo dividat hæreditatem, ut pauperior remaneat. Non sic Deus : Unicum eumdem ipsum quem genuerat, ut per quem cuncta creaverat, misit in hunc mundum, ut non esset unus, sed fratres haberet adoptatos. Non enim nos nati sumus de Deo, quomodo ille Unigenitus, sed adoptati per gratiam ipsius. Ille enim venit Unigenitus solvere peccata, quibus peccatis implicabamur, ne adoptaret nos propter impedimentum eorum : quos sibi fratres facere volebat, ipse solvit, et fecit cohæredes. Sic enim dicit Apostolus : Si autem filius et hæres per Deum. (*Gal.*, IV, 7.) Et iterum : Hæredes quidem Dei, cohæredes autem Christi. (*Rom.*, VIII, 17.) Non timuit ille habere cohæredes : quia hæreditas ejus non fit angusta, si multi possederint. Illi ipsi certe illo possidente fiunt hæreditas ipsius, et ipse vicissim fit hæreditas ipsorum. Audi quomodo ipsi fiant hæreditas ipsius : « Dominus dixit ad me : Filius meus es tu, ego hodie genui te, postula a me, et dabo tibi gentes hæreditatem tuam. » (*Psal.* II, 7.) Ille quomodo fit hæreditas eorum? Dicit in Psalmo : Dominus pars hæreditatis meæ et calicis mei. (*Psal.* XV, 5.) Et nos illum possideamus, et ipse nos possideat: ille nos possideat, sicut Dominus; nos illum possideamus sicut salutem, nos possideamus sicut lucem. Quid ergo dedit his qui receperunt illum? « Dedit eis potestatem filios Dei fieri, his qui credunt in nomine ejus : » (*Joan.*, I, 12) ut teneant lignum, et mare transeant.

14. Et quomodo illi nascuntur? Isti quia filii Dei fiunt et fratres Christi, utique nascuntur. Nam si non nascuntur, filii quomodo esse possunt? Sed filii hominum nascuntur ex carne et sanguine, et ex

de la chair et du sang, de la volonté de l'homme et de l'union des époux; comment naissent les enfants de Dieu? « Qui ne sont pas nés des sangs, » (*Ibid.*, 13) c'est-à-dire du sang de l'homme et du sang de la femme. Le mot sangs (sanguina) n'est pas latin, mais comme le texte grec met ce mot au pluriel, l'interprète a mieux aimé conserver cette locution, au risque de parler moins latin selon les règles de la grammaire, afin de donner de la vérité une explication proportionnée à la capacité des esprits faibles. S'il avait pris le mot sang au singulier, il n'aurait pas suffisamment expliqué sa pensée, car les hommes naissent de l'union du sang de l'homme avec celui de la femme. Conservons donc cette locution sans craindre la férule des grammairiens, pourvu que nous arrivions à donner une explication plus claire et plus solide de la vérité. Quoi! cette expression serait blâmée par celui qui comprend, et il serait si peu reconnaissant de l'intelligence qui lui est donnée? « Qui ne sont pas nés des sangs, ni de la volonté de la chair, ni de la volonté de l'homme. » La chair est ici mise pour la femme, parce qu'en effet lorsque la femme eut été formée d'une côte d'Adam, il lui dit : « Voilà maintenant l'os de mes os, et la chair de ma chair. » (*Gen.*, II, 23.) L'Apôtre dit aussi : « Celui qui aime sa femme s'aime lui-même, car jamais personne n'a haï sa propre chair. » (*Ephes.*, V, 28, 29.) Le mot chair est donc ici mis pour la femme, de même que l'esprit est quelquefois le symbole du mari. Pour quelle raison? Parce que c'est à l'esprit de gouverner, à la chair d'être gouvernée, c'est à l'esprit de commander, à la chair d'obéir. La maison où la chair commande et où l'esprit obéit, est une maison où règne le désordre. Quoi de plus triste qu'une maison où la femme prend l'empire sur son mari? La maison bien réglée est celle où l'homme commande et où la femme obéit. De même aussi l'homme droit et irréprochable est celui où l'esprit voit la chair soumise à ses ordres.

15. « Ils ne sont donc point nés de la volonté de la chair, ni de la volonté de l'homme, mais ils sont nés de Dieu. » Or, pour leur rendre possible cette naissance divine, Dieu s'est soumis d'abord à une naissance humaine; car si Jésus-Christ est Dieu, il est aussi né d'entre les hommes. Il n'a voulu chercher sur la terre qu'une mère, parce qu'il avait déjà un Père dans le ciel; il est né de Dieu pour nous faire enfants de Dieu, il est né d'une femme pour accomplir l'œuvre de notre réparation. Ne soyez donc point surpris, ô homme, de devenir fils de Dieu par un effet de la grâce, puisque vous tirez votre naissance de Dieu par son Verbe. Le Verbe a voulu tout d'abord se soumettre à une naissance humaine pour vous rendre plus certaine votre naissance divine et vous faire dire : Ce n'est pas sans raison que Dieu a voulu naître

voluntate viri, et ex complexu conjugii. Illi autem quomodo ei nascuntur? « Qui non ex sanguinibus : » (v. 13) tanquam maris et feminæ (*a*). Sanguina non est Latinum : sed quia Græce positum est pluraliter, maluit ille qui interpretabatur sic ponere, et quasi minus Latine loqui secundum Grammaticos, et tamen explicare veritatem secundum auditum infirmorum. Si enim diceret sanguinem singulari numero, non explicaret quod volebat : ex sanguinibus enim homines nascuntur maris et feminæ. Dicamus ergo, non timeamus ferulas Grammaticorum : dum tamen ad veritatem solidam et certiorem perveniamus. Reprehendit qui intelligit, ingratus quia intellexit. « Non ex sanguinibus, neque ex voluntate carnis, neque ex voluntate viri. » Carnem pro femina posuit : quia de costa cum facta esset, Adam dixit : Hoc nunc os de ossibus meis, et caro de carne mea (*Gen.*, II, 23) : et Apostolus ait : Qui diligit uxorem suam, seipsum diligit; nemo enim umquam carnem suam odio habet. (*Ephes.*, V, 28 et 29.) Ponitur ergo caro pro uxore, quomodo et aliquando spiritus pro marito. Quare? Quia ille regit, hæc regitur : ille imperare debet, ista servire. Nam ubi caro imperat, et spiritus servit, perversa domus est. Quid pejus domo, ubi femina habet imperium super virum? Recta autem domus, ubi vir imperat, femina obtemperat. Rectus ergo ipse homo, ubi spiritus imperat, caro servit.

15. « Hi ergo non ex voluntate carnis, neque ex voluntate viri, sed ex Deo nati sunt. » Ut autem homines nascerentur ex Deo, primo ex ipsis natus est Deus. Christus enim Deus, et Christus natus ex hominibus. Non quæsivit quidem nisi matrem in terra, quia jam patrem habebat in cœlo : natus ex Deo, per quem efficeremur; et natus ex femina, per quem reficeremur. Noli ergo mirari, o homo, quia efficeris filius per gratiam, quia nasceris ex Deo secundum Verbum ejus. Prius ipsum Verbum voluit nasci ex homine, ut tu securus nascereris ex Deo, et diceres tibi : Non sine causa Deus nasci ex homine voluit, nisi quia alicujus momenti me existimavit, ut im-

(*a*) Codices aliquot, *sanguines*; a secunda manu.

d'entre les hommes ; il m'a estimé d'un si grand prix, qu'il a voulu me rendre immortel en naissant lui-même à une vie mortelle. Aussi, l'Evangéliste après avoir dit : « Ils sont nés de Dieu, » prévient l'étonnement, l'effroi même que pourrait nous inspirer une si grande faveur, et le refus de croire que les hommes sont vraiment nés de Dieu ; il nous rassure en ajoutant : « Et le Verbe s'est fait chair et il a habité parmi nous. » (*Jean*, I, 14.) Pourquoi donc vous étonner que les hommes puissent naître de Dieu ? Considérez Dieu lui-même qui veut naître d'entre les hommes. « Et le Verbe s'est fait chair et il a habité parmi nous. »

16. « Le Verbe s'est donc fait chair et il a habité parmi nous, » et par sa naissance il a fait un collyre pour dessiller les yeux de notre cœur et nous permettre de voir sa Majesté à travers le mystère de ses humiliations. Voilà pourquoi l'Evangéliste dit : « Le Verbe s'est fait chair et il a habité parmi nous ; » il a guéri nos yeux. Or, quel a été l'effet de cette guérison ? « Et nous avons vu sa gloire. » Personne ne pourrait voir sa gloire s'il n'était guéri par l'humilité de sa chair. Et pourquoi donc ne pourrions-nous pas voir ? Soyez attentifs, mes bien-aimés frères, et comprenez ce que je vais dire. La poussière, la terre étaient venues se jeter dans l'œil de l'homme ; on lui envoie la terre pour le guérir.

En effet, les collyres, tous les médicaments ne sont rien que des composés de terre. La poussière vous a fait perdre la vue, la poussière vous la rend ; la chair vous avait aveuglé, la chair vous guérit. C'est en consentant aux affections de la chair que l'âme était devenue charnelle et que l'œil du cœur avait été aveuglé. « Le Verbe s'est fait chair ; » ce divin médecin vous a préparé un collyre. C'est parce qu'il est venu pour éteindre par sa chair les vices de la chair et détruire par sa mort l'empire de la mort que, grâce à ce que produit en vous le Verbe fait chair, vous pouvez dire : « Et nous avons vu sa gloire. » Quelle est cette gloire ? Est-ce la gloire qui lui convient comme Fils de l'homme ? Mais c'est bien plutôt pour lui un titre d'humiliation qu'un titre de gloire. Jusqu'où donc s'est avancée la pénétration de l'œil de l'homme guéri par la chair du Sauveur ? « Nous avons vu, dit l'Evangéliste, sa gloire, sa gloire comme Fils unique né du Père plein de grâce et de vérité. » Si Dieu daigne nous l'accorder, nous parlerons plus au long, dans une autre circonstance, de la grâce et de la vérité. C'en est assez pour aujourd'hui ; édifiez-vous en Jésus-Christ, fortifiez-vous dans la foi, soyez pleins de vigilance par la pratique des bonnes œuvres et ne vous séparez jamais du bois qui peut seul vous faire traverser la mer.

---

mortalem me faceret, et pro me mortaliter nasceretur. Ideo cum dixisset : « ex Deo nati sunt : » quasi ne miraremur, et exhorreremus tantam gratiam, ut nobis incredibile videretur quia homines ex Deo nati sunt, quasi securum te faciens, ait : « Et Verbum caro factum est, et habitavit in nobis. » (*Joan.*, I, 14.) Quid ergo miraris, quia homines ex Deo nascuntur ? Attende ipsum Deum natum ex hominibus : « Et Verbum caro factum est, et habitavit in nobis. »

16. Quia vero « Verbum caro factum est, et habitavit in nobis, » ipsa nativitate collyrium fecit, unde tergerentur oculi cordis nostri, et possemus videre majestatem ejus per ejus (*a*) humilitatem. Ideo « factum est Verbum caro, et habitavit in nobis : » sanavit oculos nostros : et quid sequitur ? « Et vidimus gloriam ejus. » (*Ibid.*) Gloriam ejus nemo posset videre, nisi carnis humilitate sanaretur. Unde non poteramus videre ? Intendat ergo Caritas Vestra, et videte quod dico. Irruerat homini quasi pulvis in oculum, irruerat terra, sauciaverat oculum, videre non poterat lucem : oculus iste sauciatus inungitur : terra sauciatus erat, et terra illuc mittitur ut sanetur. Omnia enim collyria, et medicamenta, nihil sunt nisi de terra. De pulvere cæcatus es, de pulvere sanaris : ergo caro te cæcaverat, caro te sanat. Carnalis enim anima facta erat consentiendo affectibus carnalibus, inde fuerat oculis cordis cæcatus. « Verbum caro factum est : » medicus iste tibi fecit collyrium. Et quoniam sic venit ut de carne vitia carnis exstingueret, et de morte occideret mortem : ideo factum est in te, ut quoniam : « Verbum caro factum est, » tu possis dicere : « Et vidimus gloriam ejus. » Qualem gloriam ? Qualis factus est filius hominis ? Illa humilitas ipsius est, non gloria ipsius. Sed quo perducta est acies hominis, curata per carnem ? « Vidimus, inquit, gloriam ejus, gloriam quasi Unigeniti a Patre, plenum gratia et veritate. » De gratia et veritate alio loco uberius in ipso Evangelio, si Dominus dignatus fuerit donare, tractabimus. Hæc nunc sufficiant, et ædificamini in Christo, et confortamini in fide, et vigilate in bonis operibus : et a ligno nolite recedere, per quod possitis mare transire.

(a) In omnibus prope Mss. *per ejus humanitatem.*

TRAITÉ III.

Depuis ces paroles : « Jean rend témoignage de lui, » etc., jusqu'à ces autres : « Le Fils unique, qui est dans le sein du Père, nous l'a fait connaître. »

1. La grâce et la vérité de Dieu dont son Fils unique, Notre-Seigneur et Sauveur Jésus-Christ parut plein aux yeux des saints, doivent être distinguées de ce qui avait lieu sous l'Ancien Testament, parce qu'elles sont un privilége du Nouveau. C'est ce que nous avons entrepris au nom du Seigneur et ce que nous avons promis de vous expliquer, frères bien-aimés. Donnez-moi donc toute votre attention afin que Dieu m'accorde de vous dire tout ce dont je suis capable, et à vous d'entendre tout ce que vous pouvez comprendre. Alors, si la semence répandue dans vos cœurs n'est ni enlevée par les oiseaux, ni étouffée par les épines, ni desséchée par la chaleur, la pluie de nos exhortations de chaque jour et vos bonnes pensées opèreront dans votre cœur ce que fait dans un champ la herse qui brise et dissémine la terre, et couvre la semence afin qu'elle puisse germer et produire les fruits qui feront le bonheur et la joie du laboureur. Mais si tout en recevant une bonne semence et la pluie fécondante, nous ne produisons pour tout fruit que des épines, ce n'est point la semence qu'on accusera, ce n'est point la pluie qui sera déclarée coupable, ce sont les épines qui seront jetées au feu qu'elles ont mérité.

2. Nous sommes chrétiens, mes bien-aimés frères, et je ne crois pas nécessaire de m'étendre longtemps sur cette vérité; or si nous sommes chrétiens, à ce seul titre nous appartenons à Jésus-Christ. Nous portons sur notre front le signe du Christ, et nous n'en rougissons point si nous le portons en même temps dans notre cœur. Le signe du Christ, c'est son humilité. C'est par une étoile que les mages l'ont connu (*Matth.*, II, 2), et le signe qui leur fut donné pour découvrir le Seigneur, était un signe céleste et brillant; mais ce n'est point une étoile, c'est sa croix qu'il a choisie pour être sur le front des fidèles le signe distinctif de ceux qui sont à lui. Les humiliations ont été le principe de sa gloire : il a relevé les humbles de l'abîme où ses humiliations l'ont fait descendre. Nous appartenons donc à l'Evangile, nous appartenons au Nouveau Testament. « La loi a été donnée par Moïse, la grâce et la vérité nous sont venues par Jésus-Christ. » (*Jean*, I, 17.) Interrogeons l'Apôtre, et nous l'entendrons nous dire : « Nous ne sommes plus sous la loi, mais sous la grâce. Dieu a donc envoyé son Fils formé d'une femme, soumis à la loi, pour racheter ceux qui étaient sous la loi afin que nous puissions recevoir l'adoption des enfants. » (*Galat.*, IV, 4.) Voilà donc l'objet de la mission de Jésus-Christ, racheter ceux qui

TRACTATUS III.

Ab eo quod scriptum est : « Joannes testimonium perhibet de ipso, » etc., usque ad id : Unigenitus filius, qui est in sinu Patris, ipse enarravit.

1. Gratiam et veritatem Dei, qua plenus sanctis apparuit unigenitus Filius Dominus et Salvator noster Jesus Christus, distinguendam a Veteri Testamento, quoniam res est Novi Testamenti, suscepimus in nomine Domini, et Vestræ Caritati promisimus. Adestote ergo intenti, ut et quantum capio, donet Deus, et quantum capitis, audiatis. Reliquum enim erit, ut si semen quod spargitur in cordibus vestris, non abstulerint aves, nec spinæ præfocaverint, nec æstus exusserit, accedente pluvia cohortationum quotidianarum, et cogitationibus vestris bonis, quibus hoc agitur in corde, quod agitur in agro rastris, ut gleba frangatur, et semen operiatur, et germinare possit : ut afferatis fructum, ad quem gaudeat et lætetur agricola. Si autem pro semine bono et pro pluvia bona, non fructum, sed spinas attulerimus; nec semen accusabitur, nec pluvia erit in crimine, sed spinis ignis debitus præparatur.

2. Homines sumus, quod puto non diu esse suadendum Caritati Vestræ, Christiani : et si Christiani, utique ipso nomine ad Christum pertinentes. Hujus signum in fronte gestamus : de quo non erubescimus, si et in corde gestemus. Signum ejus, est humilitas ejus. Per stellam cum magi cognoverunt (*Matth.*, II, 2); et erat hoc signum de Domino datum, cœleste atque præclarum : noluit stellam esse in fronte fidelium signum suum, sed crucem suam. Unde humiliatus, inde glorificatus : inde crexit humiles, quo humiliatus ipse descendit. Pertinemus ergo ad Evangelium, pertinemus ad Novum Testamentum. « Lex per Moysen data est, gratia autem et veritas per Jesum Christum facta est. » (*Joan.*, I, 17.) Interrogamus Apostolum, et dicit nobis, quoniam non sumus sub lege, sed sub gratia. (*Rom.*, VI, 14.) Misit ergo Filium suum factum ex muliere, factum sub lege, ut eos qui sub lege erant, redimeret, ut adoptionem Filiorum reciperemus. (*Galat.*, IV, 4.) Ecce

étaient sous la loi ; afin que nous ne soyons plus sous la loi, mais sous la grâce. Qui donc a donné la loi ? Celui qui a donné la loi est le même qui a donné la grâce : mais il a donné la loi par son serviteur, tandis qu'il est venu lui-même apporter la grâce. Et comment les hommes sont-ils arrivés à être sous la loi ? en n'accomplissant pas la loi. L'observateur fidèle de la loi n'est point sous la loi, mais avec la loi ; celui, au contraire, qui est sous la loi, loin d'être soulagé est comme accablé par la loi. La loi rend donc coupables tous les hommes qui sont placés sous la loi et elle est sur leur tête pour découvrir leurs péchés au lieu de les faire disparaître. La loi donc ne fait que commander, mais l'auteur de la loi vient adoucir le commandement par sa miséricorde. Les hommes ont cherché à accomplir par leurs propres forces ce que la loi commandait, et ils sont tombés victimes de leur présomption téméraire et imprudente. Ils ne sont donc pas avec la loi, ils sont devenus coupables sous la loi. Ils ne pouvaient accomplir la loi par leurs propres forces, et ils étaient coupables sous la loi qui les tenait assujettis ; c'est alors qu'ils ont imploré le secours d'un libérateur, et les crimes dont la loi les accusait ont été cause de la maladie de ces âmes superbes. La maladie des superbes a eu pour effet la confession des humbles. Les malades reconnaissent aujourd'hui leur maladie, vienne donc le médecin qui doit les guérir.

3. Quel est ce médecin ? Notre-Seigneur Jésus-Christ. Qu'est-ce que Notre-Seigneur Jésus-Christ ? Celui qui a été vu même par ceux qui l'ont crucifié ; celui dont ils se sont saisi, qu'ils ont souffleté, flagellé, couvert de crachats, couronné d'épines, attaché à une croix, et mis à mort ; celui qui a eu le côté percé d'une lance, qui a été descendu de la croix et enseveli dans un sépulcre. C'est Notre-Seigneur Jésus-Christ lui-même, c'est lui à n'en pouvoir douter, il est le médecin qui doit guérir toutes nos blessures, ce crucifié que ses bourreaux insultaient sur la croix et à qui ils disaient en branlant la tête : « S'il est le Fils de Dieu, qu'il descende de la croix. » Oui, je le répète, voilà notre unique médecin. Pourquoi donc n'a-t-il pas convaincu ceux qui l'insultaient, qu'il était vraiment le Fils de Dieu ? et s'il a permis qu'on l'attachât à une croix, pourquoi du moins lorsqu'ils disaient : « S'il est le Fils de Dieu, qu'il descende de la croix, » (*Matth.*, XXVII, 40) n'est-il pas descendu pour leur prouver que celui dont ils faisaient l'objet de leurs moqueries était vraiment le Fils de Dieu ? Il ne l'a pas voulu. Pourquoi ne l'a-t-il pas voulu ? est-ce par impuissance ? Non, il le pouvait sans doute. Qui exige en effet plus de puissance, de descendre de la croix ou de ressusciter du tombeau ? Mais il a préféré souffrir toutes ces insultes, parce qu'il a voulu être attaché sur la croix non pour faire éclater sa puissance, mais pour nous donner l'exemple de la patience. Il a

---

ad hoc venit Christus, ut eos qui sub lege erant redimeret : ut jam non simus sub lege, sed sub gratia. Quis ergo dedit legem ? Ille dedit legem, qui dedit et gratiam : sed legem per servum misit, cum gratia ipse descendit. Et unde facti erant homines sub lege ? non implendo legem. Qui enim legem implet, non est sub lege, sed cum lege : qui autem sub lege est, non sublevatur, sed premitur lege. Omnes itaque homines sub lege constitutos, reos facit lex ; et ad hoc illis super caput est, ut ostendat peccata, non tollat. Lex ergo jubet, dator legis miseretur in eo quod jubet lex. Conantes homines implere viribus suis quod a lege præceptum est, ipsa sua temeraria et præcipiti præsumtione ceciderunt ; et non sunt cum lege, sed sub lege facti sunt rei : et quoniam suis viribus implere non poterant legem, facti rei sub lege, imploraverunt liberatoris auxilium ; et reatus legis fecit ægritudinem superbis. Ægritudo superborum, facta est confessio humilium : jam confitentur ægroti quia ægrotant ; veniat medicus, et sanet ægrotos.

3. Medicus quis ? Dominus noster Jesus Christus. Quis Dominus noster Jesus Christus ? Ille qui visus est et ab eis a quibus crucifixus est. Ille qui apprehensus, colaphizatus, flagellatus, sputis illitus, spinis coronatus, in cruce suspensus, mortuus, lancea vulneratus, de cruce depositus, in sepulcro positus. Ille ipse Dominus noster Jesus Christus ; ille ipse plane, et ipse est totus medicus vulnerum nostrorum, crucifixus ille cui insultatum est, quo pendente persecutores caput agitabant, et dicebant : Si filius Dei est, descendat de cruce (*Matth.*, XXVII, 40) : ipse est totus medicus noster, ipse plane. Quare ergo non ostendit insultantibus, quia ipse erat Filius Dei, ut si se permisit in crucem levari, saltem cum illi dicerent : Si filius Dei est, descendat de cruce : tunc descenderet, et ostenderet eis verum se esse Filium Dei, quem illi ausi fuerant irridere ? noluit. Quare noluit : numquid quia non potuit ? potuit plane. Quid est enim amplius, de cruce descendere, an de sepulcro resurgere ? Sed pertulit insultantes : nam crux

guéri vos blessures sur cette croix où il a supporté si longtemps les siennes; il vous a guéris de la mort éternelle sur cette croix, où il a daigné se soumettre à la mort temporelle. Mais pouvons-nous dire qu'il est mort, ou plutôt n'est-ce point la mort qui a reçu le coup de la mort dans sa personne? Quelle est donc cette mort qui fait mourir la mort elle-même?

4. C'est cependant lui qui est Notre-Seigneur Jésus-Christ tout entier, lui que chacun voyait, qui était chargé de chaînes, qui était crucifié? Etait-ce vraiment lui tout entier? Oui, sans doute; mais ce que les Juifs ont vu n'est pas Jésus-Christ tout entier. Et qu'est-il donc? « Au commencement était le Verbe. » (*Jean*, I, 1, etc.) Quel est ce commencement? « Et le Verbe était en Dieu? » Qu'était ce Verbe? « Et le Verbe était Dieu. » Est-ce donc que ce Verbe aurait été fait par Dieu? Non, car au commencement il était en Dieu. Mais quoi! est-ce que les autres choses que Dieu a faites ne sont point semblables au Verbe? Non, « car toutes choses ont été faites par lui, et rien n'a été fait sans lui. » Comment toutes choses ont été faites par lui? Parce que tout ce qui a été fait était vie en lui, et était vie avant d'être fait. Ce qui a été fait n'est pas vie, mais dans la pensée, dans le dessein, dans la sagesse de Dieu, ce qui a été fait était vie avant d'être fait. Ce qui a été fait a une existence passagère; ce qui existe dans la sagesse de Dieu est immuable. Ce qui a été fait était donc vie en lui. Quelle était cette vie? L'âme est la vie du corps: notre corps a une vie qui lui est propre, et la perte de cette vie c'est pour lui la mort. Est-ce là cette vie dont nous venons de parler? Non, « la vie était la lumière des hommes. » Etait-ce aussi la lumière des animaux? car cette lumière extérieure éclaire à la fois les hommes et les animaux. Non, il y a une lumière propre et particulière aux hommes; voyons la distance qui sépare les hommes des animaux, et nous comprendrons alors la nature de cette lumière des hommes. Ce qui vous distingue des animaux, c'est l'intelligence seule; ne cherchez point ailleurs d'autre motif de vous glorifier. Vous êtes fier de vos forces? les animaux l'emportent sur vous; fier de votre vitesse? celle des mouches est supérieure; fier de votre beauté? quelle magnificence éclate sur les plumes du paon! D'où vous vient donc la supériorité sur les animaux? de l'image de Dieu. Où est cette image de Dieu? dans votre âme, dans votre intelligence. Si donc vous êtes supérieur aux animaux, parce que vous avez une âme intelligente et raisonnable dont les animaux sont privés, et si vous êtes hommes parce que vous êtes au-dessus des animaux, la lumière des hommes est donc la lumière des esprits. La lumière des esprits est au-dessus de tous les esprits et leur est bien supérieure. Telle

---

non (*a*) ad potentiæ documentum, sed ad exemplum patientiæ suscepta est. Ibi vulnera tua curavit, ubi sua diu pertulit: ibi te a morte sempiterna sanavit, ubi temporaliter mori dignatus est. Et mortuus est, an in illo mors mortua est? Qualis mors, quæ mortem occidit?

4. Ipse est tamen Dominus noster Jesus Christus totus, qui videbatur, et tenebatur, et crucifigebatur? Num (*b*) totus hoc ipse est? Ipse est quidem, sed non totus illud quod viderunt Judæi, non hoc est totus Christus. Et quid est? « In principio erat Verbum. » (*Joan.*, I, 1.) In quo principio? « Et Verbum erat apud Deum. » Et quale Verbum? « Et Deus erat Verbum. » Nunquid forte a Deo factum est hoc Verbum? Non. « Hoc enim erat in principio apud Deum. » (v. 2.) Quid ergo? Alia quæ fecit Deus non similia sunt Verbo? Non: quia « omnia per ipsum facta sunt, et sine ipso factum est nihil. » (v. 3.) Quomodo per ipsum omnia sunt facta? Quia « quod factum est, in ipso vita erat: » (v. 4) et antequam fieret, vita erat. Quod factum est, non est vita: sed in arte, hoc est, in Sapientia Dei, antequam fieret vita erat. Quod factum est, transiit: quod est in Sapientia, transire non potest. Vita ergo in illo erat, quod factum est. Et qualis vita? Quia et anima corporis vita est: corpus nostrum habet vitam suam, quam cum amiserit, mors est corporis: talis ergo erat illa vita? Non: sed « vita erat lux hominum. » Numquid lux pecorum? Nam ista lux et hominum et pecorum est. Est quædam lux hominum: unde distant homines a pecoribus videamus, et tunc intelligemus quid sit lux hominum. Non distas a pecore, nisi intellectu: noli aliunde gloriari. De viribus præsumis? a muscis vinceris: de pulchritudine præsumis? quanta pulchritudo est in pennis pavonis? Unde ergo melior es? ex imagine Dei. Ubi imago Dei? in mente, in intellectu. Si ergo ideo melior pecore, quia habes mentem qua intelligas, quod non potest pecus intelligere; inde autem homo, quia melior pecore; lux hominum est lux mentium. Lux mentium supra mentes est, et

---

(*a*) Mss. aliquot probæ notæ, *ad impotentiæ documentum*. — (*b*) Sic plures Mss. At editi hic et infra, *totum*.

est la vie par laquelle toutes choses ont été faites.

5. Où était cette lumière? Etait-elle dans ce monde? Etait-elle dans le Père sans être dans ce monde? ou, pour parler plus vrai, était-elle à la fois dans le Père et dans ce monde? Mais si elle était dans ce monde, pourquoi ne la voyait-on pas? Parce que la lumière luit dans les ténèbres, et que les ténèbres ne l'ont point comprise. O hommes! gardez-vous de devenir ténèbres, gardez-vous de l'infidélité, de l'injustice, de l'iniquité, de la rapine, de l'avarice, de l'amour du siècle: ce sont-là autant de ténèbres. Ce n'est point la lumière qui est absente, c'est vous qui vous dérobez à la présence de la lumière. Le soleil est présent pour l'aveugle exposé à ses rayons; mais l'aveugle est absent pour cet astre. Ne soyez donc point ténèbres; c'est peut-être là cette grâce dont je dois vous parler, qui changera nos ténèbres en lumière, et nous méritera d'entendre de la bouche de l'Apôtre ces paroles: « Vous avez été autrefois ténèbres, mais vous êtes maintenant lumière dans le Seigneur. » (*Ephes.*, v, 8.) Mais cette lumière des hommes, c'est-à-dire cette lumière des esprits, n'était pas aperçue; il fallut donc qu'un homme vînt rendre témoignage à la lumière, un homme qui n'était plus ténèbres, mais qui était déjà éclairé. Or bien qu'il fût éclairé, il n'était pas cependant la lumière. « Il venait pour rendre témoignage à la lumière. » Car, dit l'Evangéliste, « il n'était pas la lumière. » Quelle était donc la lumière? La vraie lumière était celle qui éclaire tout homme venant en ce monde. » (*Jean*, 1, 8, 9.) Et où était cette lumière? « Elle était dans ce monde. » Et de quelle manière était-elle dans ce monde? peut-on dire qu'elle y était comme cette lumière du soleil, de la lune, des flambeaux qui nous éclaire? Non, car « le monde a été fait par lui, et le monde ne l'a point connu, » c'est-à-dire « la lumière luit dans les ténèbres, et les ténèbres ne l'ont point comprise. » Le monde, ce sont les ténèbres, car ici le monde signifie ceux qui aiment le monde. Est-ce qu'en effet les créatures n'ont point connu leur Créateur? Le ciel lui a rendu témoignage par une étoile (*Matth.*, 1, 2), la mer lui a rendu témoignage en portant le Seigneur qui marchait sur ses flots (*Ibid.*, xiv, 20), les vents lui ont rendu témoignage en se calmant à sa voix (*Ibid.*, viii, 29) la terre lui a rendu témoignage en s'ébranlant lorsqu'il fut crucifié. (*Ibid.*, xxvii, 51.) En présence de tous ces témoignages, on ne peut dire que le monde ne l'a pas connu, qu'en prenant le monde pour ceux qui aiment le monde, qui habitent le monde de cœur et d'affection. C'est dans ce sens que le monde est mauvais, c'est-à-dire ceux qui habitent le monde; c'est dans ce même sens que nous disons: cette maison est mauvaise; ce n'est pas sans doute les murailles, mais les habitants de cette maison.

6. « Il est venu chez soi, » c'est-à-dire dans son

---

excedit omnes mentes. Hoc erat vita illa, per quam facta sunt omnia.

5. Ubi erat? hic erat, an apud Patrem erat, et hic non erat? an quod verius est, et apud Patrem erat, et hic erat? Si ergo hic erat, quare non videbatur? Quia « lux in tenebris lucet, et tenebrae eam non comprehenderunt. » (*v.* 5.) O homines, nolite esse tenebrae, nolite esse infideles, injusti, iniqui, rapaces, avari, amatores saeculi: hae sunt enim tenebrae: Lux non est absens, sed vos absentes estis a luce. Caecus in sole praesentem habet solem, sed absens est ipse soli. Nolite ergo esse tenebrae. Haec est enim forte gratia, de qua dicturus sum, ut jam non simus tenebrae, et dicat nobis Apostolus: Fuistis enim aliquando tenebrae, nunc autem lux in Domino. (*Ephes.*, v, 8.) Quia ergo non videbatur lux hominum, id est, lux mentium; opus erat ut homo diceret de luce testimonium, non quidem tenebrosus, sed jam illuminatus. Nec tamen quia illuminatus, ideo ipsa lux: « sed ut testimonium perhiberet de lumine. » Nam « non erat ille lux. » (*Joan.*, 1, 8.) Et quae erat lux? « Erat lux vera, quae illuminat omnem hominem venientem in hunc mundum. » (*v.* 9.) Et ubi erat ista? « In hoc mundo erat. » Et quomodo « in hoc mundo erat? » numquid sicut ista lux solis, lunae, lucernarum, sic et ista lux in mundo est? Non. Quia « mundus per eum factus est, et mundus eum non cognovit: » hoc est, « lux in tenebris lucet, et tenebrae eam non comprehenderunt. » Mundus enim tenebrae; quia dilectores mundi, mundus. Testimonium dedit coelum de stella (*Matth.*, 1, 2); testimonium dedit mare, portavit ambulantem Dominum (*Matth.*, xiv, 26); testimonium dederunt venti, ad ejus jussum quieverunt (*Matth.*, viii, 29); testimonium dedit terra, illo crucifixo contremuit (*Matth.*, xxvii, 51): si omnia ista testimonium dederunt, quomodo mundus cum non cognovit, nisi quia mundus dilectores mundi, corde habitantes mundum? Et malus mundus, quia mali habitatores mundi: sicut mala domus, non parietes, sed inhabitantes.

6. « In propria venit, » id est, in sua venit: « et

propre bien, « et les siens ne l'ont point reçu. » (*Jean*, I, 11.) Quelle est donc notre espérance? C'est « qu'il a donné à tous ceux qui l'ont reçu le pouvoir d'être faits enfants de Dieu. » (*Ibid.*, 12.) S'ils sont faits enfants de Dieu, c'est par naissance qu'ils le deviennent; si c'est par naissance, comment naissent-ils? Ce n'est point de la chair. « Ils ne sont point nés du sang, ni de la volonté de la chair ni de la volonté de l'homme, mais de Dieu. » (*Ibid.*, 13.) Que cette naissance divine les comble de joie, qu'ils soient fiers d'appartenir de si près à Dieu, et qu'ils reçoivent les preuves de cette filiation divine. « Et le Verbe a été fait chair, et il a habité parmi nous. » (*Ibid.*, 14.) Quoi, le Verbe n'a pas rougi de naître de l'homme, et les hommes rougissent de naître de Dieu! C'est parce qu'il s'est fait chair, qu'il nous a guéris, et c'est cette guérison qui nous a rendu l'usage de la vue. Ce Verbe fait chair, qui a habité parmi nous, est devenu pour nous un remède salutaire, et la terre a guéri l'aveuglement que la terre avait produit. Or quel spectacle ont vu nos yeux ainsi guéris? « Et nous avons vu sa gloire, comme la gloire du Fils unique du Père, plein de grâce et de vérité. »

7. « Jean rend témoignage de lui et il dit à haute voix : Voici celui dont je disais : Celui qui doit venir après moi a été fait avant moi. » (*Ibid.*, 15.) Il vient après moi, et il m'a précédé. Que signifient ces paroles : « Il a été fait avant moi? » Il a été mis au-dessus de moi; elles ne veulent pas dire, il a été fait avant que je fusse fait moi-même; mais il a été fait avant moi, tel est le sens de ces paroles : « Il a été fait avant moi. » Mais pourquoi a-t-il été placé avant vous, puisqu'il ne doit venir qu'après vous? « Parce qu'il était avant moi. Il était avant vous, ô saint précurseur; mais qu'y a-t-il de si grand pour lui d'être avant vous? Je le veux, vous lui avez rendu un glorieux témoignage. Ecoutons Jésus-Christ lui-même nous dire : « Avant qu'Abraham fût, moi je suis. » (*Jean*, VIII, 58.) Mais Abraham lui-même est né au milieu du travail des générations humaines; un grand nombre d'hommes ont vu le jour avant et après lui. Ecoutez donc la voix du Père s'adressant à son Fils : « Je vous ai engendré avant l'étoile du matin. » (*Ps.* CIX, 3.) Celui qui a été engendré avant l'étoile du matin est celui qui éclaire tous les autres. On a donné le nom d'étoile du matin ou de Lucifer à l'un des esprits qui sont tombés; c'était un ange, et il est devenu un démon, et l'Ecriture a dit de lui : « Lucifer est tombé, lui qui paraissait si brillant au point du jour. » (*Is.*, XIV, 12.) Pourquoi l'appelait-t-on Lucifer? Parce que la lumière qui brillait en lui, lui avait été donnée. Comment s'est-il couvert de ténèbres? Parce qu'il n'a point demeuré dans la vérité. (*Jean*, VIII, 44.) Donc la vraie lumière existait avant Lucifer, avant qu'aucune créature ne fût illu-

---

sui eum non receperunt. » (*Joan.*, I, 11.) Quæ ergo spes est, nisi quia « quotquot receperunt eum, dedit eis potestatem filios Dei fieri? » (*v.* 12.) Si filii fiunt, nascuntur : si nascuntur, quomodo nascuntur? Non ex carne, «non ex sanguinibus, non ex voluntate carnis, non ex voluntate viri : sed ex Deo nati sunt. » (*v.* 13.) Gaudeant ergo, quia ex Deo nati sunt; præsumant se pertinere ad Deum; accipiant documentum, quia ex Deo nati sunt : « Et Verbum caro factum est, et habitavit in nobis. » (*v.* 14.) Si Verbum non erubuit nasci de homine, erubescunt homines nasci de Deo? Hoc autem quia fecit, curavit : quia curavit, videmus. Hoc enim quod « Verbum caro factum est, et habitavit in nobis, » medicamentum nobis factum est, ut (*a*) quia terra cæcabamur, de terra sanaremur. Et sanati quid videremus? « Et vidimus, inquit, gloriam ejus, gloriam tanquam Unigeniti a Patre, plenum gratia et veritate. »

7. « Joannes testimonium perhibet de ipso, et clamat dicens : Hic erat quem dixi : Qui post me venit, ante me factus est. » (*v.* 15.) Post me venit, et præcessit me. « Quid est, ante me factus est? » Præcessit me : non, factus est antequam factus essem ego; sed, antepositus est mihi : « hoc est, ante me factus est. » Quare ante te factus est, cum post te venerit? « Quia prior me erat. » Prior te, o Joannes? Quid magnum, si prior te? Bene, quia tu illi perhibes testimonium : audiamus ipsum dicentem : Et ante Abraham ego sum. (*Joan.*, VIII, 58.) Sed et Abraham in medio genere humano ortus est; multi ante illum, multi post illum : audi vocem Patris ad Filium : Ante luciferum genui te. (*Psal.* CIX, 3.) Qui ante luciferum genitus est, omnes ipse illuminat. Dictus est enim quidam lucifer qui cecidit : erat enim angelus, et factus est diabolus; et dixit de illo Scriptura : Lucifer qui mane oriebatur, cecidit. (*Isai.*, XIV, 12.) Unde lucifer? quia illuminatus lucebat. Unde autem tenebrosus factus? quia in veritate non stetit. (*Joan.*, VIII, 44.) Ergo ille ante luciferum, ante omnem illuminatum : siquidem ante omnem illuminatum sit

(*a*) Mss. tres, *quia a terra*. Alii totidem, *qui a terra*. Unus, *quia de terra*.

minée, car il est de toute nécessité que celui dont la lumière découle sur tous ceux qui peuvent la recevoir, existe avant toutes les créatures qu'il illumine de ses clartés.

8. Aussi l'Evangéliste ajoute : « Et nous avons reçu tous de sa plénitude. » (*Jean*, I, 10.) Qu'avez-vous reçu ? « Et grâce pour grâce. » C'est ce que porte le texte latin des saints Evangiles, collationné avec les exemplaires grecs. Il ne dit pas : Et nous avons reçu tous de sa plénitude, grâce pour grâce, mais : « Et nous avons reçu tous de sa plénitude, et grâce pour grâce, » c'est-à-dire, nous avons reçu je ne sais quelle faveur extraordinaire de sa plénitude, et de plus grâce pour grâce. Quelle est la première grâce que nous avons reçue ? La foi, car en marchant à la lumière de la foi, nous marchons dans la grâce. Comment avons-nous mérité cette grâce ? par quelles bonnes œuvres précédentes ? Que personne ici ne se flatte, qu'il rentre dans sa conscience, qu'il sonde les replis de ses pensées, qu'il repasse la suite de ses actions ; qu'il considère non pas ce qu'il est, s'il est maintenant quelque chose, mais ce qu'il a été avant d'être quelque chose, et il trouvera qu'il n'est digne que de châtiment. Si donc, lorsque vous ne méritiez que le châtiment, le Sauveur est venu non pour punir vos péchés, mais pour vous les pardonner, c'est une grâce qu'il vous a faite, ce n'est pas une récompense qu'il vous a donnée.

Pourquoi lui donne-t-on le nom de grâce ? parce qu'elle est donnée gratuitement, car ce n'est point avec vos mérites précédents que vous avez acheté ce que vous avez reçu. La première grâce qu'a reçue le pécheur est donc la rémission de ses péchés. Qu'a-t-il mérité ? Qu'il interroge la justice, il ne trouvera que le châtiment ; qu'il interroge la miséricorde, il trouvera la grâce. Dieu l'avait promis par son prophète, aussi lorsqu'il est venu accomplir l'effet de ses promesses, ce n'est pas seulement la grâce qu'il a donnée, mais la vérité. Comment a-t-il manifesté sa vérité, par l'accomplissement des promesses qu'il avait faites.

9. Que signifient donc ces paroles : « Grâce pour grâce ? » C'est par la foi que nous nous sommes rendu Dieu favorable, nous n'étions pas digne d'obtenir la rémission de nos péchés, et comme elle nous a été donnée, sans que nous l'ayons méritée, on lui donne le nom de grâce. Qu'est-ce que la grâce ? Une faveur accordée gratuitement. Qu'est-ce qu'une faveur accordée gratuitement ? Celle qui est un pur don, et non un salaire, une récompense : Si elle vous était due, c'est un salaire qui vous est payé, ce n'est pas une grâce qui vous est donnée ; or, si cette grâce vous était due, c'est donc que vous étiez bon ; mais si, comme il est bien plus vrai, étant mauvais, vous avez cru en celui qui justifie le

---

necesse est, a quo illuminantur omnes qui illuminari possunt.

8. Ideo hoc sequitur : « Et de plenitudine ejus nos omnes accepimus. » (*Joan.*, I, 16.) Quid accepistis ? « Et gratiam pro gratia. » Sic enim habent verba Evangelica, collata cum exemplaribus Græcis. Non ait : Et de plenitudine ejus nos omnes accepimus, gratiam pro gratia : sed sic ait : « Et de plenitudine ejus nos omnes accepimus, et gratiam pro gratia, » id est, accepimus : ut nescio quid nos voluerit intelligere de plenitudine ejus accepisse ; et insuper gratiam pro gratia. Accepimus enim de plenitudine ejus, primo gratiam ; et rursum accepimus gratiam, gratiam pro gratia. Quam gratiam primo accepimus ? fidem. In fide ambulantes, in gratia ambulamus. Unde enim hoc meruimus ? quibus nostris præcedentibus meritis ? Non se quisque (*a*) compalpet, redeat in conscientiam suam, quærat latebras cogitationum suarum, redeat ad seriem factorum suorum : non attendat quid sit, si jam aliquid est ; sed quid fuerit,

ut esset aliquid ; inveniet non se dignum fuisse nisi supplicio. Si ergo supplicio dignus fuisti, et venit ille qui non peccata puniret, sed peccata donaret ; gratia tibi data est, non merces reddita. Unde vocatur gratia ? quia gratis datur. Non enim præcedentibus meritis emisti quod accepisti. Hanc ergo accepit gratiam primam peccator, ut ejus peccata dimitterentur. Quid meruit ? Interroget justitiam ; inveniet pœnam : interroget misericordiam ; inveniet gratiam. Sed non et promiserat Deus per Prophetas : itaque cum venit dare quod promiserat, non solum gratiam dedit, sed et veritatem. Quomodo exhibita est veritas ? quia factum est quod promissum est.

9. Quid est ergo, « gratiam pro gratia ? » Fide promeremur Deum ; et qui digni non eramus quibus peccata dimitterentur, ex eo quia tantum donum indigni accepimus, gratia vocatur. Quid est gratia ? gratis data. Quid est gratis data ? donata, non reddita. Si debebatur, merces reddita est, non gratia donata : si autem vere debebatur, bonus fuisti : si

---

(*a*) Ms. Fossatensis, *quisquam palpet*, a secunda manu.

pécheur (*Rom.*, v, 5) (qu'est-ce à dire qu'il justifie le pécheur? de pécheur qu'il était, il le rend saint et vertueux), réfléchissez au châtiment dont vous menaçait la loi, et à ce que la grâce vous a fait obtenir. Or après avoir reçu cette grâce de la foi, vous serez juste en vertu de cette foi, « car le juste vit de la foi; » (*Habac.*, II, 4, *Rom.*, I, 17) et vous vous rendrez digne de Dieu, en vivant de la foi, et après vous être concilié son amitié par cette vie de la foi, vous recevrez pour récompense l'immortalité et la vie éternelle. Cette vie elle-même, est une grâce, car pour quel mérite recevez-vous la vie éternelle? pour une grâce. En effet, si la foi est une grâce, et que la vie éternelle soit la récompense de la foi, il paraît au premier abord que Dieu accorde la vie éternelle comme une chose qui est due (à qui est-elle due? au fidèle qui l'a méritée par la foi); mais comme la foi elle-même est une grâce, la vie éternelle est une grâce donnée pour une autre grâce.

10. Ecoutez saint Paul proclamant hautement cette grâce, et demandant ensuite ce qui lui est dû. Où fait-il l'aveu de la grâce qu'il a reçue? « Moi qui étais autrefois un blasphémateur, un persécuteur, et un véritable ennemi, mais Dieu m'a fait miséricorde. » (I *Tim.*, I, 13.) Il se reconnaît indigne de tout pardon, il l'a cependant obtenu, non par ses mérites, mais par la miséricorde de Dieu. Ecoutez-le encore, demandant à Dieu de lui donner ce qui lui est dû, lui qui avait d'abord reçu la grâce sans aucun mérite de sa part : « Pour moi je suis près d'être immolé, et le temps de ma mort approche; j'ai combattu le bon combat, j'ai achevé ma course, j'ai gardé la foi, reste la couronne de justice qui m'est réservée. » (II *Tim.*, IV, 6.) Vous le voyez, il demande instamment, il exige la récompense qui lui est due, comme l'indiquent les paroles suivantes : « Que le Seigneur, juste juge, me rendra en ce jour. » La grâce qu'il a reçue tout d'abord, venait nécessairement de la miséricorde du Père, mais pour la récompense de la grâce, c'est au juste Juge qu'il s'adresse. Celui qui n'a point condamné le pécheur, condamnera-t-il le fidèle? Et cependant, si vous voulez y réfléchir, Dieu vous a donné d'abord la foi, par laquelle vous avez fait des œuvres dignes de lui, car ce n'est point de vous-même que vous avez acquis un droit à une récompense quelconque. Si donc Dieu vous accorde à la fin la récompense de l'immortalité, ce sont ses dons qu'il couronne, ce ne sont point vos mérites. Donc, mes frères, « nous avons tous reçu de sa plénitude » de la plénitude de sa miséricorde, de la richesse de sa bonté. Qu'avons-nous reçu? La rémission des péchés, c'est-à-dire la justification par la foi. Qu'avons-nous encore reçu? « Et

---

autem, (*a*) ut verum est, malus fuisti, credidisti autem in eum qui justificat impium (*Rom.*, IV, 5) : (Quid est, qui justificat impium? ex impio facit pium) cogita quid per legem tibi imminere debebat, et quid per gratiam consecutus sis. Consecutus autem istam gratiam fidei, eris justus ex fide : Justus enim ex fide vivit (*Habac.*, II, 4; *Rom.*, I, 17) : et promereberis Deum vivendo ex fide : cum promerueris Deum vivendo ex fide, accipies præmium immortalitatem, et vitam æternam. Et illa gratia est. Nam pro quo merito accipis vitam æternam? pro gratia. Si enim fides gratia est, et vita æterna quasi merces est fidei : videtur quidem Deus vitam æternam tanquam debitam reddere : (Cui debitam? fideli, quia promeruit illam per fidem): sed quia ipsa fides gratia est; et vita æterna gratia est pro gratia.

10. Audi Paulum Apostolum confitentem gratiam, et postea debitum expetentem. Confessio gratiæ quæ est in Paulo? Qui prius fui blasphemus, et persecutor et injuriosus : sed misericordiam, inquit, consecutus sum. (*Tim.*, I, 13.) Indignum se dixit qui consequeretur : consecutum tamen non per merita sua, sed per misericordiam Dei. Audi illum jam flagitantem debitum, qui primo indebitam susceperat gratiam : « Ego enim, inquit, jam immolor, et tempus resolutionis meæ instat : bonum certamen certavi, cursum consummavi, fidem servavi : de cætero reposita est mihi corona justitiæ. » (II *Tim.*, IV, 6, etc.) Jam debitum flagitat, jam debitum exigit. Nam vide verba sequentia : Quam mihi reddet Dominus in illa die, justus judex. Ut ante susciperet gratiam, misericordem patrem opus habebat : ut præmium gratiæ, judicem justum. Qui non damnavit impium, damnabit fidelem? Et tamen si bene cogites, ipse dedit fidem primo, qua cum promeruisti : non enim de tuo promeruisti, ut tibi aliquid deberetur. Quod ergo præmium immortalitatis postea tribuit, dona sua coronat, non merita tua. Ergo, Fratres, « omnes de plenitudine ejus accepimus : » de plenitudine misericordiæ ejus, de abundantia bonitatis ejus accepimus. Quid? remissionem peccatorum, ut justificaremur ex fide. Et insuper quid? « Et gratiam pro gratia : » id est, pro

(*a*) Editi interponebant hic, *non merito tuo* : quod abest a Mss.

grâce pour grâce, » c'est-à-dire, pour cette grâce qui nous fait vivre de la foi, nous devons en recevoir une autre, mais qui ne peut être qu'une grâce. Car si je prétends qu'elle m'est due, je la revendique comme une dette contractée envers moi. Or Dieu couronne en nous les dons de sa miséricorde, mais à la condition que nous aurons persévéré dans la première grâce que nous avons reçue.

11. « Car la loi a été donnée par Moïse, » (*Jean*, 1, 17) et elle n'a fait que peser sur des coupables. Que dit en effet l'Apôtre ? « La loi est survenue pour donner lieu à l'abondance du péché. » Il était avantageux aux superbes que le péché devînt plus fréquent, ils étaient pleins d'eux-mêmes, ils avaient une idée exagérée de leurs forces, et ils ne pouvaient accomplir les devoirs de la justice, sans le secours de celui qui les leur imposait. Dieu qui voulait dompter leur orgueil, leur donna donc la loi, comme pour leur dire : Tenez, accomplissez cette loi, et ne vous imaginez plus que vous êtes en dehors de tout précepte. Celui qui fait ici défaut, ce n'est point le maître qui commande, c'est le fidèle observateur de la loi.

12. Or, s'il n'y a personne pour accomplir la loi, quelle en est la cause ? C'est que l'homme est né avec le germe du péché et de la mort. Il est né d'Adam, et il a reçu avec la vie les tristes fruits qu'Adam avait produits. Le premier homme est déchu de son premier état, et tous ses descendants ont hérité de lui la concupiscence de la chair. Il fallait donc qu'il naquît un autre homme inaccessible à toute concupiscence. Ainsi, il y a deux hommes différents, un homme qui donne la mort et un homme qui donne la vie, c'est ce que nous enseigne l'Apôtre : « C'est par un homme que la mort est venue, c'est aussi par un homme que vient la résurrection des morts. » (1 *Cor.*, XV, 21.) Quel est cet homme par qui la mort est venue, quel est cet homme par qui vient la résurrection des morts ? Ne vous pressez pas tant, voici la suite : « Comme tous meurent en Adam, tous revivront aussi dans le Christ. » (*Ibid.*, 22.) Quels sont ceux qui appartiennent à Adam ? Tous ceux qui tirent de lui leur naissance. Quels sont ceux qui appartiennent à Jésus-Christ ? Tous ceux qui sont nés par Jésus-Christ. Pourquoi tous les hommes naissent-ils pécheurs ? Parce qu'ils ne peuvent naître que d'Adam. Ils naissent d'Adam et c'est une conséquence nécessaire de la condamnation portée contre lui ; ils naissent par Jésus-Christ, c'est un effet de la volonté et de la grâce de Dieu. Les hommes ne sont point forcés de naître par Jésus-Christ, mais ils naissent d'Adam indépendamment de leur volonté. Or tous ceux qui naissent d'Adam naissent pécheurs et coupables de péché, tous ceux qui naissent par Jésus-Christ, reçoivent la justification et la justice, non point en eux-mêmes, mais en lui. Si vous leur demandez ce qu'ils sont en eux-mêmes, ils vous répondront : Nous descendons d'Adam ; si vous leur demandez ce qu'ils sont en Jésus-

---

hac gratia in qua ex fide vivimus, recepturi sumus aliam : quid tamen nisi gratiam ? Nam si dixero, quia et hoc debetur, aliquid mihi assigno, quasi cui debeatur. Coronat autem in nobis Deus dona misericordiæ suæ : sed si in ea gratia quam primum accepimus, perseveranter ambulemus.

11. « Lex enim per Moysen data est : » (*Jo in.*, 1, 17) quæ reos tenebat. Quid enim ait Apostolus ? Lex subintravit, ut abundaret delictum (*Rom.*, V, 20.) : Hoc proderat superbis, ut abundaret delictum : multum enim sibi dabant, et quasi viribus suis multum assignabant ; et non poterant implere justitiam, nisi adjuvaret ille qui jusserat. Superbiam illorum volens domare Deus, dedit Legem, tanquam dicens : Ecce implete, ne putetis deesse jubentem. Non deest qui jubeat, sed deest qui impleat.

12. Si ergo deest qui impleat, unde non implet ? Quia natus cum traduce peccati et mortis. De Adam natus, traxit secum quod ibi conceptum est. Cecidit primus homo ; et omnes qui de illo nati sunt, de illo traxerunt concupiscentiam carnis. Oportebat ut nasceretur alius homo, qui nullam traxit concupiscentiam. Homo, et homo : homo ad mortem, et homo ad vitam. Sic dicit Apostolus : Quoniam quidem per hominem mors, et per hominem resurrectio mortuorum. (1 *Cor.*, XV, 21.) Per quem hominem mors, et per quem hominem resurrectio mortuorum ? Noli festinare : sequitur, et dicit : « Sicut enim in Adam omnes moriuntur, sic et in Christo omnes vivificabuntur. » (*v.* 22.) Qui pertinent ad Adam ? omnes qui nati sunt de Adam. Qui ad Christum ? omnes qui nati sunt per Christum. Quare omnes in peccato ? quia nemo natus est præter Adam. Ut autem nascerentur ex Adam, necessitatis fuit ex damnatione : nasci per Christum, voluntatis est et gratiæ. Non coguntur homines nasci per Christum : non quia voluerunt, nati sunt ex Adam. Omnes tamen qui ex Adam, cum peccato peccatores ; omnes qui per Christum, justificati et justi,

Christ, ils vous diront : Nous appartenons à Jésus-Christ. Pourquoi ? Parce que celui qui est notre chef, Notre-Seigneur Jésus-Christ, est venu sur la terre revêtu d'une chair mortelle, mais sans les tristes germes du péché.

13. La mort était le juste châtiment du péché, mais dans le Seigneur elle a été un acte de miséricorde et non la peine du péché. Notre-Seigneur, en effet, n'avait en lui aucune cause légitime de mort. Il le déclare expressément : « Voici que le prince de ce monde vient, mais il n'a aucun droit sur moi. » (*Jean*, XIV, 3.) Pourquoi donc vous soumettre à la mort ? « Mais afin que le monde connaisse que j'aime mon Père et que je fais ce que mon Père m'a ordonné, levez-vous, sortons d'ici. » Le Fils de Dieu n'avait donc en lui aucun motif qui nécessitât sa mort, et cependant il a voulu mourir ; vous, au contraire, vous portez en vous-même la cause de votre mort et vous refusez de vous y soumettre ? Consentez donc à souffrir, puisque vous l'avez méritée, la mort qu'il a daigné souffrir pour vous délivrer de la mort éternelle. De part et d'autre il y a un homme, mais d'un côté il n'y a qu'un homme, de l'autre il y a le Dieu homme. L'un est l'homme du péché, l'autre est l'homme de la justice. Vous êtes mort en Adam, ressuscitez en Jésus-Christ, cette double condition vous est échue en partage. Vous avez déjà cru en Jésus-Christ, vous ne laisserez pas que de payer la dette que vous avez héritée d'Adam. Mais les liens du péché ne vous enchaîneront pas éternellement, car la mort temporelle de votre Sauveur a détruit la mort éternelle qui vous attendait. Voilà la grâce, mes frères, voilà la vérité, elle avait été promise, elle a reçu son accomplissement.

14. Cette grâce n'existait pas sous l'Ancien Testament, parce que la loi menaçait, mais ne soulageait pas ; elle commandait, elle ne guérissait pas ; elle découvrait la maladie, elle ne la faisait pas disparaître. Mais Dieu préparait les voies au médecin qui devait venir avec la grâce et la vérité ; il envoie donc son serviteur comme le médecin envoie vers le malade qu'il a l'intention de guérir, afin de constater l'impuissance à laquelle il est réduit. L'homme était malade, il ne voulait pas être guéri, et il repoussait si bien toute idée de guérison qu'il se vantait tout haut d'être en bonne santé. Dieu envoya donc la loi qui l'enchaîna, il se reconnut coupable et poussa des cris vers Dieu du milieu de ses chaînes. Le Seigneur se rend à ses cris, il lui donne pour le guérir des remèdes quelquefois amers et violents, et dit au malade : Souffrez ; supportez ; il lui dit : N'aimez pas le monde, ayez de la patience, laissez-vous guérir par le feu de la continence, laissez appliquer sur vos plaies le fer des persécutions. Vous étiez saisi d'effroi malgré vos chaînes ; le Sauveur

---

non in se, sed in illo. Nam in se si interroges, Adam sunt : in illo si interroges, (*a*) Christi sunt. Quare ? Quia ille caput Dominus noster Jesus Christus, non cum traduce peccati venit : sed tamen venit cum carne mortali.

13. Mors (*b*) peccatorum pœna erat : in Domino munus misericordiæ erat, non pœna peccati. Non enim aliquid habebat Dominus quare juste moreretur. Ipse ait : Ecce venit princeps hujus mundi, et in me nihil invenit. (*Joan.*, XIV, 30 et 31.) Quare ergo moreris ? « Sed ut sciant omnes, quia voluntatem Patris mei facio, surgite eamus hinc. » Non habebat ille quare moreretur, et mortuus est : tu habes quare, et mori dedignaris ? Dignare æquo animo pati per meritum tuum, quod ille pati dignatus est, ut te a sempiterna morte liberaret. Homo, et homo : sed ille nonnisi homo, iste Deus (*c*) homo. Ille homo peccati, iste justitiæ. Mortuus es in Adam, resurge in Christo : nam utrumque debetur tibi. Jam credidisti in Christum, reddes tamen quod debes de Adam. Sed non te in æternum tenebit vinculum peccati : quia mortem tuam æternam occidit mors temporalis Domini tui. Ipsa est gratia, Fratres mei, ipsa est et veritas : quia promissa et exhibita.

14. Non erat ista in Veteri Testamento, quia Lex minabatur, non opitulabatur ; jubebat, non sanabat ; languorem ostendebat, non auferebat : sed illi præparabat medico venturo cum gratia et veritate ; tanquam ad aliquem quem curare vult medicus, mittat primo servum suum, ut ligatum illum inveniat. Sanus non erat, sanari nolebat, et ne sanaretur, sanum se esse jactabat : missa Lex est, ligavit eum ; invenit se reum, jam clamat de ligatura. Venit Dominus, curat amaris aliquantum et acribus medicamentis : dicit enim ægroto : Ferto ; dicit : Tolera ; dicit : Noli diligere mundum, habeto patientiam, curet te ignis continentiæ, ferrum persecutionum tolerent vulnera tua. Expavescebas quamvis ligatus :

(*a*) Carcassonensis Ms. *Christus sunt.* — (*b*) Mss. quatuor, *Mors in Adam pœna peccatorum erat.* — (*c*) Editi, *Deus et homo.* Expungitur *et*, auctoritate Mss.

libre, affranchi de tout lien, a bu le premier le remède qu'il vous présentait, il a souffert le premier pour mieux vous consoler en vous disant : Ce que vous craignez de souffrir pour vous, je le supporte le premier dans votre intérêt. N'est-ce pas là une grâce et une grâce extraordinaire, et quelles louanges pourront jamais égaler sa grandeur?

15. Je vous parle de l'humilité de Jésus-Christ, mes frères; qui parlera dignement de sa majesté, de sa divinité? Voulons-nous donner une explication quelconque de l'humilité du Sauveur? nous ne pouvons suffire à cette tâche, elle est au-dessus de nos forces; nous abandonnons ce sujet aux pensées de ceux qui nous écoutent, mais nous ne remplissons point leur attente. Méditez-donc vous-même sur l'humilité de Jésus-Christ. Vous me direz : Qui nous la fera comprendre, si vous ne nous l'expliquez? Que Jésus devienne lui-même votre maître intérieur. Celui qui habite en vous vous enseignera plus sûrement que celui dont la voix se fait entendre au dehors. Qu'il vous découvre lui-même la grâce de son humilité, puisqu'il a bien voulu habiter dans vos cœurs. Car, si pour expliquer seulement son humilité, notre impuissance est évidente, comment parler dignement de sa majesté? Le Verbe fait chair jette le trouble dans notre âme, comment aborder l'explication de ces paroles : « Au commencement était le Verbe? » Attachez-vous donc, mes frères, à ce solide fondement.

16. « La loi a été donnée par Moïse, la grâce et la vérité nous sont venues par Jésus-Christ. » (*Jean*, I, 17.) La loi a été donnée par un serviteur, elle n'a fait que des coupables ; la grâce a été donnée par le Souverain, elle a délivré les coupables. « La loi a été donnée par Moïse. » Que le serviteur ne s'attribue rien au delà de ce qui a été fait par lui. Il a été choisi pour un sublime ministère comme un serviteur fidèle dans la maison de Dieu, il n'est toutefois qu'un serviteur, il peut agir conformément à la loi, mais il ne peut délivrer de l'état de culpabilité produit par la loi. La loi a donc été donnée par Moïse, la grâce et la vérité nous sont venues par Jésus-Christ.

17. On pourrait peut-être dire : Est-ce que la grâce et la vérité ne sont pas venues par Moïse qui a vu Dieu? L'Evangéliste prévient cette question en ajoutant aussitôt : « Personne n'a jamais vu Dieu. » (*Ibid.*, 18.) Comment donc Dieu s'est-il fait connaître à Moïse? Parce que le Seigneur s'est révélé à son serviteur. Quel est ce Seigneur? C'est Jésus-Christ lui-même qui a envoyé la loi par son serviteur avant de venir lui-même avec la grâce et la vérité. « Personne n'a jamais vu Dieu. » Et comment donc s'est-il manifesté à son serviteur autant qu'il en était capable? C'est que « le Fils unique qui est dans le sein du Père l'a fait connaître. » Qu'est-ce à dire dans le sein du Père? dans le secret du Père. Dieu, en effet, n'a pas de sein comme ce-

---

liber ille et non ligatus bibit quod tibi dabat : prior passus est ut te consolaretur, tanquam dicens : quod times pati pro te, prior patior pro te. Hæc est gratia, et magna gratia. Quis illam digne collaudat?

15. De humilitate Christi loquor, Fratres mei. majestatem Christi et divinitatem Christi quis loquitur? In explicando et dicendo ut quoquo modo humilitatem Christi loqueremur, non sufficimus, imo deficimus : totum cogitantibus comittimus, non audientibus adimplemus. Cogitate humilitatem Christi. Sed quis nobis, inquis, eam explicat, nisi tu dicas? Ille intus dicat. Melius illud dicit, qui intus habitat, quam qui foris clamat. Ipse vobis ostendat gratiam humilitatis suæ, qui cœpit habitare in cordibus vestris. Jam vero si in ejus humilitate explicanda et eroganda deficimus, majestatem ejus quis loquatur? Si Verbum caro factum conturbat nos, in principio erat Verbum quis explicabit? Tenete ergo, Fratres, soliditatem istam.

16. « Lex per Moysen data est, gratia et veritas per Jesum Christum facta est. (*Joan.*, I, 17.) Per servum Lex data est, reos fecit : per Imperatorem indulgentia data est, reos liberavit. « Lex per Moysen data est. » Non sibi aliquid amplius servus assignet, quam quod per illum factum est. Electus ad magnum ministerium tanquam fidelis in domo, sed tamen servus, agere secundum Legem potest, solvere a reatu Legis non potest. « Lex ergo per Moysen data est, gratia et veritas per Jesum Christum facta est. »

17. Et ne forte aliquis dicat : Et gratia et veritas non est facta per Moysen, qui vidit Deum? Statim subjecit : « Deum nemo vidit unquam. » Et unde innotuit Moysi Deus? Quia revelavit servo suo Dominus. Quis Dominus? Ipse Christus, qui præmisit Legem per servum, ut veniret ipse cum gratia et veritate. « Deum enim nemo vidit unquam. » (v. 18.) Et unde illi servo quantum capere posset apparuit? Sed « unigenitus, inquit, Filius qui est in sinu Patris, ipse enarravit. » Quid est, « in sinu Patris? » in secreto Patris. Non enim Deus habet sinum, sicut nos

lui qui est formé par nos vêtements, il ne s'asseoit pas comme nous, il ne porte point de ceinture qui puisse former ce que nous appelons le sein ; mais comme notre sein est caché, on donne le nom de sein au secret du Père. Celui qui a connu le Père dans le secret du Père l'a fait connaître lui-même, car « personne n'a jamais vu Dieu. » Il est donc venu lui-même, et nous a révélé tout ce qu'il avait vu. Qu'a vu Moïse ? Moïse a vu la nuée, il a vu un Ange, il a vu le feu (*Exod.*, III, 2) ; ce ne sont là que des créatures qui étaient des symboles figuratifs du Seigneur, mais qui ne le rendaient pas véritablement présent. Ouvrez le livre de la loi, vous y lisez ces paroles : « Et Moïse s'entretenait avec le Seigneur face à face, comme un ami parle à son ami ; » voyez la suite et vous entendrez Moïse dire à Dieu : « Si j'ai trouvé grâce devant vous, montrez-moi votre visage à découvert afin que je puisse vous voir. » (*Exod.*, XXXIII, 13.) Et non-seulement Moïse s'exprime de la sorte, mais il reçut de Dieu cette réponse : « Tu ne peux voir mon visage. » (*Ibid.*, 20.) Moïse, mes frères, parlait donc avec un ange qui était la figure du Seigneur, et toutes les choses qui s'accomplirent par l'intermédiaire de cet ange, annonçaient la grâce et la vérité de la nouvelle alliance. Ceux qui font une étude approfondie de la loi, le savent bien, et lorsque l'occasion favorable se présente pour nous de vous entretenir de ces vérités, nous le faisons, mes frères bien-aimés, dans la mesure des lumières qui nous sont données.

18. Soyez donc bien persuadés d'une chose, c'est que tous les signes extérieurs qui apparurent alors n'étaient point la substance même de Dieu. Ces signes étaient visibles pour les yeux du corps, mais comment voir la nature divine ? Interrogez l'Évangile : « Heureux ceux qui ont le cœur pur, vous répond-il, parce qu'ils verront Dieu. » (*Matth.*, V, 8.) Il s'est rencontré des hommes (les ariens) qui, séduits par la vanité de leur cœur, ont avancé que le Père était, il est vrai, invisible, mais que le Fils était visible. Comment l'est-il ? Si c'est par le moyen de la chair qu'il a prise, il n'y a aucune difficulté. Parmi ceux, en effet, qui ont vu la chair de Jésus-Christ, quelques-uns ont cru en lui ; d'autres l'ont crucifié, et ceux même qui avaient cru, sentirent leur foi chanceler lorsqu'ils furent témoins de son crucifiement, et s'ils ne l'avaient touché après sa résurrection, la foi ne fût pas rentrée dans leur cœur. Si donc c'est par le moyen de sa chair que le Fils est visible, nous l'accordons sans peine, et c'est ce qu'enseigne la foi catholique ; mais s'ils prétendent qu'il était visible avant qu'il fût revêtu de notre chair, c'est-à-dire avant son incarnation, c'est une folie extrême, c'est une erreur profonde. Tous ces objets ont été rendus visibles extérieurement par le moyen des créatures, comme autant de symboles figuratifs, mais ce n'était

---

habemus in vestibus, aut cogitandus est sic sedere quomodo nos, aut forte cinctus est ut sinum haberet : sed quia sinus noster intus est, secretum Patris sinus Patris vocatur. In secreto Patris qui Patrem novit, ipse enarravit. Nam « Deum nemo vidit unquam. » Ipse ergo venit, et narravit quidquid vidit. Quid vidit Moyses ? Moyses vidit nubem, vidit Angelum, vidit ignem (*Exod.*, III, 2) : omnis illa creatura est : typum Domini sui gerebat, non ipsius Domini præsentiam exhibebat. Namque aperte habes in Lege : Et loquebatur Moyses cum Domino, contra in contra, sicut amicus cum amico suo. Sequeris ipsam Scripturam, et invenis Moysen dicentem : Si inveni gratiam in conspectu tuo, ostende mihi teipsum manifeste, ut videam te. (*Exod.*, XXXIII, 13.) Et parum est quia dixit : responsum accepit : Non potes videre faciem meam. (*Ibid.*, 20.) Loquebatur ergo, Fratres mei, cum Moyse Angelus portans typum Domini, et illa omnia quæ ibi per Angelum facta sunt, futuram istam gratiam et veritatem promittebant. Qui bene scrutantur Legem, noverunt : et cum opportunum est, ut et nos aliquid inde dicamus, quantum Dominus revelat, non tacemus Caritati Vestræ.

18. Illud autem sciatis, quia omnia quæ corporaliter visa sunt, non erant illa substantia Dei. Illa enim oculis carnis videmus : Dei substantia unde videtur ? Evangelium interroga : Beati mundo corde ; quia ipsi Deum videbunt. (*Matth.*, V, 8.) Fuerunt homines (Ariani) qui dicerent vanitate sui cordis decepti, Pater invisibilis est, Filius autem visibilis est. Unde visibilis ? Si propter carnem, quia suscepit carnem ; manifestum est. Illi enim qui carnem Christi viderunt, aliqui crediderunt, aliqui crucifixerunt : et qui crediderunt, illo crucifixo nutaverunt ; et nisi ipsam post resurrectionem palparent, fides ad eos non revocaretur. Si ergo propter carnem visibilis Filius ; et nos concedimus, et est catholica fides : si autem ante carnem sicut ipsi dicunt, id est, antequam incarnaretur ; multum delirant, et multum errant. Facta enim sunt illa visibilia corporaliter per

point une révélation, une manifestation de la nature divine. Faites attention, mes bien-aimés frères, à cet enseignement si abrégé. La sagesse de Dieu ne peut être vue des yeux du corps, si donc Jésus-Christ est la sagesse et la puissance de Dieu (I *Cor.*, I, 24), si Jésus-Christ est le Verbe de Dieu, comment peut-on voir le Verbe de Dieu alors que le verbe de l'homme est inaccessible à nos regards.

19. Chassez donc de vos cœurs toute pensée charnelle, afin que vous soyez vraiment sous la grâce, et que vous fassiez partie du Nouveau Testament. C'est pour cela que la vie éternelle nous est promise dans le Nouveau Testament. Lisez l'Ancien Testament, et vous y verrez que Dieu imposait à ce peuple, encore grossier, les mêmes commandements qu'il nous donne. Ainsi Dieu nous fait un précepte de n'adorer qu'un seul Dieu (*Exod.*, XX, 3); il nous ordonne comme aux Juifs de ne point prendre inutilement le nom du Seigneur, et c'est le second commandement. L'observation du jour du sabbat est pour nous un commandement plus rigoureux, parce que nous sommes obligés de l'observer dans un sens spirituel. Les Juifs observent servilement le jour du sabbat, en le passant dans la débauche et les excès de l'ivresse. Leurs femmes feraient beaucoup mieux de travailler la laine que de profaner ce jour par des danses sur les terrasses. Ah! ce ne sont point là, disons-le hautement, de véritables observateurs du sabbat. Le chrétien, lui, observe le sabbat dans un sens spirituel, parce qu'il s'abstient de toute œuvre servile. Qu'est-ce à dire de toute œuvre servile? Il s'abstient du péché. Comment le prouver? Interrogez le Seigneur : « Quiconque commet le péché est esclave du péché. » (*Jean*, VIII, 34.) Dieu nous fait donc un précepte de l'observation spirituelle du sabbat. Mais voici des commandements dont l'observation nous est plus fortement recommandée : « Vous ne tuerez point; vous ne commettrez point d'adultère; vous ne déroberez point. Vous ne direz point de faux témoignage. Honorez votre père et votre mère. Vous ne désirerez point le bien de votre prochain. » (*Exod.*, XX, 13; *Deut.*, V, 17.) Est-ce qu'en effet nous ne sommes pas soumis à tous ces commandements? Mais quelle est la récompense promise aux Juifs? « Vos ennemis fuiront devant votre face, et vous entrerez en possession de la terre que Dieu a promise à vos pères. » (*Lev.*, XXVI, 7.) Ils étaient incapables de comprendre les choses invisibles, Dieu les retenait par les biens extérieurs et sensibles. Pourquoi cette conduite? Pour les préserver de la ruine entière, où les aurait précipités le culte des idoles. C'est le triste spectacle qu'ils donnèrent, mes frères, lorsqu'ils perdirent le souvenir des pro-

creaturam, in quibus typus ostenderetur : non utique substantia ipsa demonstrabatur et manifestabatur. Et hoc attendat Caritas Vestra (*a*) leve documentum. Sapientia Dei videri oculis non potest. Fratres, si Christus Sapientia Dei et Virtus Dei (1 *Cor.*, I, 2-24); si Christus Verbum Dei; verbum hominis oculis non videtur, Verbum Dei videri sic potest?

19. Expellite ergo de cordibus vestris carnales cogitationes, ut vere sitis sub gratia, ut ad Novum Testamentum pertineatis. Ideo vita æterna promittitur in Novo Testamento. Legite Vetus Testamentum, et videte, quia carnali adhuc populo ea quidem præcipiebantur quæ nobis. Nam unum Deum colere, et nobis præcipitur. (*Exod.*, XX, 3, etc.) Non accipies in vanum nomen Domini Dei tui, et nobis præcipitur : quod est secundum præceptum. Observa diem sabbati, magis nobis præcipitur : quia spiritaliter observandum præcipitur. Judæi enim serviliter observant diem sabbati, ad luxuriam, ad ebrietatem. Quanto melius feminæ eorum lanam facerent, quam illo die in (*b*) menianis saltarent. Absit, Fratres, ut illos dicamus observare sabbatum. Spiritaliter observat sabbatum Christianus, abstinens se ab opere servili. Quid est enim ab opere servili? a peccato. Et unde probamus? Dominum interroga : Omnis qui facit peccatum, servus est peccati. (*Joan.*, VIII, 34.) Ergo et nobis præcipitur spiritaliter observatio sabbati. Jam illa omnia præcepta nobis magis præcipiuntur, et observanda sunt : Non occides : Non mœchaberis : Non furaberis : Non falsum testimonium dices : Honora patrem et matrem : Non concupisces rem proximi tui : Non concupisces uxorem proximi tui. (*Exod.*, XX, 13; *Deut.* V, 17.) Nonne ista omnia et nobis præcipiuntur? Sed quære mercedem, et invenies ibi dici : Ut expellantur hostes a facie tua, et accipiatis terram quam promisit Deus patribus vestris. (*Lecit.*, XXVI, 7, etc.) Quia non poterant capere invisibilia, per visibilia tenebantur. Quare tenebantur? Ne penitus interirent, et ad idola la-

---

(*a*) Mss. plerique, *leve documentum* : forte pro, *breve*. — (*b*) Editi, *neomeniis* : corrupte pro, *menianis*, quod nostri omnes Mss. prætulerunt. Meniana veteres vocant podiolos seu domorum solaria.

diges extraordinaires que Dieu avait opérés devant leurs yeux. » (*Exod.*, XIV, 21.) La mer s'était divisée en deux parties pour leur ouvrir un chemin au milieu des flots, leurs ennemis qui les poursuivaient, furent engloutis dans ces mêmes eaux qu'eux-mêmes avaient traversées, et à peine Moïse se fut-il éloigné d'eux, qu'ils demandèrent des idoles et dirent : « Faites-nous des dieux qui marchent devant nous, car cet homme nous a abandonnés. » (*Exod.*, XXXII, 1.) Ainsi c'était dans un homme et non pas en Dieu qu'ils plaçaient toute leur espérance. Cet homme est mort, je le suppose, est-ce que Dieu qui les avait tirés de la terre d'Egypte était mort? Et lorsqu'ils eurent fait l'image d'un veau, ils l'adorèrent et s'écrièrent : « Voici vos dieux, ô Israël! qui vous ont tirés de l'Egypte. » Qu'ils eurent bientôt oublié un bienfait aussi éclatant! Comment donc ce peuple pouvait-il être retenu dans le service de Dieu, si ce n'est par les promesses des biens sensibles?

20. Les préceptes qui nous sont donnés sont les mêmes que ceux du Décalogue, mais les promesses sont différentes. Quelles sont les promesses qui nous sont faites? La vie éternelle; or la vie éternelle consiste à vous connaître, vous le seul Dieu véritable, et Jésus-Christ que vous avez envoyé. » (*Jean*, XVII, 3.) On nous promet la connaissance de Dieu, c'est une grâce pour une autre grâce. Maintenant, mes frères, nous croyons, mais nous ne voyons pas, la récompense de cette foi sera de voir ce que nous croyons. Les prophètes ont eu révélation de cette récompense, mais elle demeurait cachée jusqu'à son accomplissement. Ecoutez dans les Psaumes les soupirs d'un cœur rempli d'amour. « Je n'ai demandé qu'une grâce au Seigneur, et je la demanderai sans cesse. » (*Ps.* XXVI, 4.) Que croyez-vous qu'il demande? Peut-être une terre où coulent le lait et le miel dans le sens matériel, bien qu'on doive demander et rechercher cette terre dans un sens spirituel? Ou bien l'assujettissement de ses ennemis, ou la mort de ceux qui lui sont contraires, la puissance et les biens de ce monde ? En effet, quel cœur brûlant d'amour, quelles vives aspirations, quels ardents désirs! Voyons donc quel est l'objet de sa prière : « Je n'ai demandé qu'une seule chose et je la demanderai toujours. » Que demande-t-il? « C'est d'habiter dans la maison du Seigneur, tous les jours de ma vie. » Et dans la maison du Seigneur quel sera le principe de votre joie? « Et d'y contempler les délices du Seigneur. »

21. Mes frères, quel est en vous le principe de ces cris, de cette joie, de cet amour? N'est-ce pas l'étincelle de cette charité dont votre cœur est embrasé? Quel est l'objet de vos désirs, dites-moi? Peut-on le voir, peut-on le toucher, est-ce

---

berentur. Nam fecerunt hoc, Fratres mei, sicut legitur, obliti tanta miracula quæ fecit Deus coram oculis eorum. (*Exod.*, XIV, 21.) Mare discissum est; via facta est in mediis fluctibus; sequentes hostes eorum eisdem aquis operti sunt, per quas illi transierunt : et cum Moyses homo Dei recessisset ab oculis eorum, idolum petierunt, et dixerunt : Fac nobis deos qui nos præeant, quia ille homo diuisit nos. (*Exod.*, XXXII, 1.) Tota spes eorum in homine posita erat, non in Deo. Ecce mortuus est homo : numquid mortuus est Deus, qui eruerat eos de terra Ægypti? Et cum fecissent sibi imaginem vituli, adoraverunt, et dixerunt : Hi sunt dii tui Israel, qui te liberaverunt de terra Ægypti. Quam cito obliti tam (*a*) manifestam gratiam? Quibus ergo modis teneretur populus talis, nisi promissis carnalibus?

20. Ea ibi jubentur in decalogo Legis quæ et nobis, sed non ea promittuntur quæ nobis. Nobis quid promittitur? Vita æterna. « Hæc est autem vita æterna, ut cognoscant te unum verum Deum, et quem misisti Jesum Christum. » (*Joan.*, XVII, 3.) Cognitio Dei promittitur : ipsa est gratia pro gratia. Fratres, modo credimus, non videmus : pro ista fide præmium erit, videre quod credimus. Noverant hoc Prophetæ, sed occultum erat antequam veniret. Nam quidam suspirans amator in Psalmis ait : Unam petii a Domino, hanc requiram. (*Psal.*, XXVI, 4.) Et quæris quid petat? Forte enim terram petit fluentem lacte et melle carnaliter, quamvis spiritaliter ista quærenda sit et petenda : aut forte subjectionem hostium suorum, aut mortem inimicorum, aut imperia et facultates hujus sæculi. Ardet enim amore, et multum suspirat, et æstuat, et anhelat. Videamus quid petat : Unam petii a Domino, hanc requiram. Quid est hoc quod requirit? Ut inhabitem, inquit, in domo Domini, per omnes dies vitæ meæ. Et puta quia habitas in domo Domini, unde ibi erit gaudium tuum? Ut contemplar, inquit, delectationem Domini.

21. Fratres mei, unde clamatis, unde exultatis, unde amatis, nisi quia ibi est scintilla hujus caritatis? Quid desideratis rogo vos? Videri potest ocu-

---

(*a*) Editi, *magnificam*. Mss. omnes, *manifestam*.

une beauté qui puisse charmer nos yeux? N'avons-nous pas pour les martyrs une charité ardente? Quand leur souvenir se présente à notre esprit, ne sentons-nous pas notre cœur s'embraser d'amour pour eux? Or qu'aimons-nous en eux, mes frères? Des membres déchirés par les bêtes féroces? Quoi de plus affreux, si nous ne consultons que les yeux du corps? quoi de plus beau, si nous interrogeons les regards du cœur? Comment envisagez-vous un jeune homme éclatant de beauté, mais qui est un voleur? Vos yeux en ont horreur. Est-ce que les yeux du corps peuvent concevoir de l'horreur? Si vous en croyez leur témoignage, il n'y a rien de mieux composé, de mieux ordonné que ce corps, le juste rapport de tous ses membres et le charme de son coloris sont pour eux un spectacle des plus attrayants; et cependant dès qu'on vous a dit que ce jeune homme est un voleur, votre cœur s'en éloigne aussitôt. Voici au contraire un vieillard courbé, il s'appuie sur un bâton, il peut à peine se mouvoir, son visage est creusé par de profondes rides, qu'y a-t-il en lui d'attrayant pour les yeux? On vous dit que c'est un homme juste, vous vous sentez naître aussitôt pour lui de l'amour, de l'attachement. Voilà, mes frères, de quelle nature sont les récompenses qui nous sont promises, voilà les biens qu'il faut aimer, le royaume après lequel il faut soupirer, la patrie qu'il faut désirer, si vous voulez parvenir aux biens que Notre-Seigneur est venu nous apporter, c'est-à-dire à la grâce et à la vérité. Mais si vous désirez que Dieu vous donne ces biens sensibles, vous êtes encore sous la loi, et par là-même vous n'accomplirez point la loi. Lorsque vous voyez ces biens répandus avec abondance sur ceux qui offensent Dieu, vos pas chancellent, et vous vous dites: Je sers Dieu fidèlement, je viens tous les jours dans l'Eglise, mes genoux sont comme usés par mes longues prières, et je ne cesse d'être malade. Voici des hommes coupables d'homicide, de vols et de rapines, ils sont dans la joie et dans l'abondance, et tout leur réussit. Ce sont donc là les biens que vous désirez recevoir de Dieu? Cependant vous appartenez à la loi de grâce. Si donc Dieu vous a donné la grâce, parce qu'il vous l'a donnée gratuitement, aimez-le aussi gratuitement. N'aimez pas Dieu pour la récompense qu'il donne, qu'il soit lui-même votre récompense. Que votre âme répète ces paroles: « Je n'ai demandé qu'une grâce au Seigneur, et je la demanderai toujours, c'est d'habiter dans la maison de Dieu tous les jours de ma vie, et de contempler les délices du Seigneur. » Ne craignez pas que le dégoût s'empare de vous, le charme de cette beauté est d'une nature toute particulière, vous jouirez toujours de sa présence, et vous n'en serez point rassasié, ou plutôt, vous serez toujours rassasié, sans l'être jamais. Que je vous dise en effet: Vous ne serez point rassasié, vous sentirez quelque violent désir; que je vous dise au contraire: Vous

lis? tangi potest? pulchritudo aliqua est quæ oculos delectat? Nonne martyres amati sunt vehementer; et quando eos commemoramus, inardescimus amore? Quid in illis amamus Fratres? Membra laniata a feris? Quid fœdius, si oculos carnis interroges: quid pulchrius, si oculos cordis interroges? Quid tibi videtur adolescens pulcherrimus fur? Quomodo horrent oculi tui? Nunquid oculi carnis horrent? Si ipsos interroges, nihil illo corpore compositius, nihil *(a)* ordinatius; et parilitas membrorum, et coloris delectatio illicit oculos: et tamen cum audis quia fur est, fugis hominem animo. Vides ex alia parte senem curvum, baculo innitentem, vix se moventem, rugis undique exaratum: quid vides quod oculos delectet? Audis quia justus est: amas, amplecteris. Talia nobis præmia promissa sunt, Fratres mei: tale aliquid amate, tali regno suspirate, talem patriam desiderate; si vultis pervenire ad id, cum quo venit Dominus noster, id est, ad gratiam et veritatem. Si autem corporalia præmia concupieris a Deo, adhuc sub Lege es, et ideo ipsam Legem non implebis. Quando enim videris abundare ista temporalia in eis qui Deum offendunt, nutant gressus tui, et dicis tibi: Ecce ego colo Deum, quotidie ad ecclesiam curro, genua mihi trita sunt in orationibus, et assidue ægroto, homicidia faciunt homines, rapinas faciunt, exultant et abundant, bene est illis. Talia ergo quærebas a Deo? Certe ad gratiam *(b)* pertinebas. Si gratiam ideo tibi dedit Deus, quia gratis dedit, gratis ama. Noli ad præmium diligere Deum, ipse sit præmium tuum. Dicat anima tua: « Unam petii a Domino, hanc requiram, ut inhabitem in domo Domini per omnes dies vitæ meæ, ut contempler delectationem Domini. » Noli timere, ne fastidio deficias: talis erit illa delectatio pulchritudinis, ut semper tibi præsens sit, et nunquam satieris; imo semper satieris, et nunquam satieris. Si enim dixero, quia non satiaberis, fames erit; si

(c) Editi, *ornatius*. Sed melius Mss. *ordinatius*. — *(b)* Ms. Germanensis, *non pertinebas*.

serez rassasié, je crains que vous n'éprouviez du dégoût; je ne sais donc comment exprimer ce bonheur qui affranchit à la fois notre âme de tout dégoût et de tout désir; mais Dieu a de quoi satisfaire ceux qui, impuissants à exprimer la nature de la récompense, croient sans hésiter qu'ils la recevront de ses mains.

TRAITÉ IV.

Depuis ces paroles : « Or voici le témoignage de Jean, lorsque les Juifs lui envoyèrent de Jérusalem des prêtres, » etc., jusqu'à ces autres : « C'est lui qui baptise dans l'Esprit saint. »

1. Vous avez souvent entendu dire, mes très-chers frères, et vous savez parfaitement que la naissance éclatante de Jean-Baptiste au-dessus de tous les enfants des femmes, et sa profonde humilité au milieu des signes qui lui font connaître le Seigneur, lui ont mérité d'être l'ami intime de l'Epoux. Il fut plein de zèle pour les intérêts de l'Epoux, et non pour les siens, il chercha toujours non pas sa gloire, mais la gloire de son juge dont il était le précurseur. Aussi tandis que les Prophètes n'avaient fait que prédire longtemps à l'avance les événements de la vie de Jésus-Christ, Jean-Baptiste eut le privilége de le montrer du doigt. De même en effet que Jésus-Christ n'était point connu de ceux qui n'ont pas voulu croire aux oracles des prophètes avant sa venue, il était également ignoré de ceux au milieu desquels il vivait. Car son premier avénement fut caché sous les voiles de l'humilité, voiles qui le cachaient d'autant plus que son humilité était plus profonde; et les hommes qui, dans leur orgueil, n'avaient que du mépris pour l'humilité de Dieu, ont crucifié leur Sauveur, et ont ainsi mérité qu'il devînt pour eux un juge sévère.

2. Mais ce Dieu dont le premier avénement a été caché, parce qu'il est venu dans l'humilité, ne doit-il pas venir environné d'un éclat proportionné à sa grandeur? Vous avez entendu, il n'y a qu'un instant, ce psaume : « Dieu viendra manifestement, notre Dieu viendra, et il ne se taira pas. » (*Ps.* XLIX, 3.) Il s'est tu lorsqu'il a été jugé, il ne se taira pas lorsqu'il viendra lui-même pour juger les hommes. Le Psalmiste ne dirait pas : « Il viendra manifestement, » si son premier avénement n'eût été caché; il ne dirait pas non plus : « Il ne gardera point le silence, » s'il ne l'avait gardé lorsqu'il vint pour la première fois. Dans quel sens a-t-il gardé le silence? Interrogez Isaïe : « Il a été mené à la mort comme une brebis qu'on va égorger, il a demeuré dans le silence sans ouvrir la bouche, comme un agneau est muet devant celui qui le tond. » (*Isaïe*, LIII, 7.) Il viendra donc manifestement et il ne se taira pas. Quels seront les signes qui le manifesteront? « Le feu marchera en sa présence, et une tempête violente l'environnera. » (*Ps.* XLIX, 3.)

---

dixero, quia satiaberis, fastidium timeo : ubi nec fastidium erit, nec fames, quid dicam nescio : sed Deus habet quod exhibeat non invenientibus quomodo dicant, et credentibus quod accipiant.

TRACTATUS IV.

Ab eo quod scriptum est : « Et hoc est testimonium Joannis, quando miserunt Judæi ab Jerosolymis sacerdotes, » etc., usque ad id : Ipse est qui baptizat in Spiritu sancto.

1. Sæpissime audivit Sanctitas Vestra, et optime nostis, quoniam Joannes Baptista quanto præclarior erat in natis mulierum, et quanto humilior ad cognoscendum Dominum, tanto meruit esse amicus sponsi ; sponso zelans, non sibi ; non suum honorem quærens, sed judicis sui, quem tanquam præco præibat. Itaque Prophetis præcedentibus prænuntiare de Christo futura concessum est : huic autem digito ostendere. Sicut enim ignorabatur Christus ab his qui Prophetis non crediderunt antequam veniret, sic ab eis ignorabatur et præsens. Venerat enim humiliter primo et occultius ; tanto occultior, quanto humilior : populi autem spernentes per superbiam suam humilitatem Dei, crucifixerunt Salvatorem suum, et fecerunt damnatorem suum.

2. Sed qui primo venit occultus, quia venit humilis, nunquid deinceps non est venturus manifestus, quia excelsus? Audistis modo Psalmum, Deus manifestus veniet, Deus noster et non silebit. (*Psal.* XLIX, 3.) Siluit ut judicaretur, non silebit cum cœperit judicare. Non diceretur, manifestus veniet, nisi primo venisset occultus ; nec diceretur, non silebit, nisi quia primo siluit. Quomodo siluit? Interroga Isaiam : « Sicut ovis ad occisionem ductus est, et sicut agnus coram eo qui se (*a*) tonderet, fuit sine voce, sic non aperuit os suum. » (*Isa.*, LIII, 7.) Veniet autem manifestus, et non silebit. Quomodo manifestus? Ignis ante eum præibit, et in circuitu ejus tempestas valida. (*Psal.* XLIX, 3.) Tempestas illa tollere habet totam paleam de area, quæ modo trituratur ; et ignis

---

(*a*) Editi, *tondet.* At Mss. *tonderet.*

Cette tempête aura pour effet d'enlever la paille de l'aire, où le blé est maintenant trituré. Jésus-Christ se tait maintenant, il se tait comme juge, mais il ne se tait pas comme maître qui commande. Si Jésus-Christ se tait, que veulent dire les Evangiles, que signifient les voix des apôtres, les cantiques des Psaumes, les oracles des prophètes, car ce sont là autant d'organes par lesquelles Jésus-Christ fait entendre sa voix? Il fait taire en ce moment la voix de sa justice, mais il ne fait point taire celle de ses avertissements. Il viendra un jour dans tout l'éclat qui l'environnera comme juge, et il apparaîtra à tous les hommes, à tous ceux-mêmes qui ont refusé de croire en lui. Lors de son premier avénement où sa présence était voilée, il devait être un objet de mépris. Car sans le mépris, il n'aurait pas été crucifié, et sans la croix où il a été attaché il n'aurait point répandu le sang au prix duquel il nous a rachetés. C'est pour payer ce prix de notre rédemption qu'il a été crucifié, c'est pour être crucifié qu'il a voulu être méprisé; et c'est pour être méprisé qu'il est venu sous les livrées de l'humilité.

3. Cependant comme il nous est apparu pendant la nuit, pour ainsi parler, sous le voile d'un corps mortel, il a voulu allumer un flambeau qui le découvrît. Ce flambeau, c'est Jean, dont vous avez déjà entendu parler bien souvent (*Jean*, v, 36); la partie de l'Evangile qui vient d'être lue contient les paroles de Jean-Baptiste, et surtout la déclaration expresse qu'il n'est point le Christ. La vertu de Jean-Baptiste était si éminente, qu'on pouvait croire qu'il était le Christ, et il fit paraître sa grande humilité en affirmant qu'il ne l'était pas, alors qu'on était disposé à le regarder comme le Messie. Donc « voici le témoignage » de Jean, lorsque les Juifs lui envoyèrent de Jérusalem des prêtres et des lévites pour lui demander : « Qui êtes-vous ? » (*Jean*, I, 19.) Ils n'auraient pas envoyé cette députation s'ils n'y avaient été portés par la grande autorité dont il jouissait, et en vertu de laquelle il baptisait. « Et il déclara, et il ne nia point. » Que déclara-t-il? « Et il déclara : Je ne suis point le Christ. » (*Ibid.*, 20.)

4. « Ils lui demandèrent : Quoi donc? Etes-vous Elie? » (*Ibid.*, 21.) Ils savaient en effet qu'Elie devait précéder le Christ, car il n'était personne chez les Juifs qui n'eût connaissance du nom du Christ. Ils ne crurent pas que Jésus fût le Christ, mais ils ne laissaient pas de croire à la venue du Christ. C'est donc dans l'attente où ils étaient de son avénement qu'ils vinrent se heurter contre sa présence, c'est-à-dire contre une humble pierre. Cette pierre était encore alors fort petite, mais déjà détachée de la montagne sans l'action de l'homme; c'est cette pierre que le prophète Daniel affirme avoir vue se détachant de la montagne sans la main d'au-

---

incendere quod tempestas abstulerit. Modo autem tacet : tacet judicio, sed non tacet præcepto. Si enim tacet Christus, quid sibi volunt hæc Evangelia? quid sibi volunt voces Apostolicæ? quid cantica Psalmorum? quid eloquia Prophetarum? In his enim omnibus Christus non tacet. Sed tacet modo, ut non vindicet : non tacet, ut non moneat. Veniet autem præclarus in vindictam, et apparebit omnibus, et qui in eum non credunt. Modo vero quia et præsens occultus erat, oportebat ut contemneretur. Nisi enim contemneretur, non crucifigeretur : si non crucifigeretur, non funderet sanguinem, quo pretio nos redemit. Ut autem daret pretium pro nobis, crucifixus est; ut crucifigeretur, contemptus est; ut contemneretur, humilis apparuit.

3. Tamen quia quasi in nocte apparuit in corpore mortali, lucernam sibi accendit unde videretur. Ipsa lucerna Joannes erat (*Joan.*, v, 35), de quo jam multa audivistis : et præsens lectio Evangelii, verba Joannis continet, primo, quod præcipuum est, confitentis quia non ipse erat Christus. Tanta autem excellentia erat in Joanne, ut posset credi Christus : et in eo probata est humilitas ejus, quia dixit se non esse, cum posset credi esse. Ergo « Hoc est testimonium Joannis, quando miserunt Judæi ad Jerosolymis sacerdotes et Levitas ad eum, ut interrogarent eum : Tu quis es ? » (*Joan.*, I, 19.) Non autem mitterent, nisi moverentur excellentia auctoritatis ejus, quia ausus est baptizare. « Et confessus est, et non negavit. » Quid confessus est ? « Et confessus est, non sum ego Christus. » (*v.* 20.)

4. « Et interrogaverunt eum : Quid ergo? Elias es tu ? » (*v.* 21.) Noverant enim quia præcessurus erat Elias Christum. Non enim alicui incognitum erat nomen Christi apud Judæos. Istum non putaverunt esse Christum : non omnino Christum non esse venturum. Cum sperarent venturum, sic offenderunt in præsentem, offenderunt tanquam in humilem lapidem. Lapis enim ille adhuc parvus erat, jam quidem præcisus de monte sine manibus : sicut dicit Daniel propheta, vidisse se lapidem præcisum de monte sine manibus. (*Dan.*, II, 34, etc.) Sed quid sequitur? Et

cun homme. (*Dan.*, II, 34.) Mais écoutez la suite : « Et le volume de cette pierre s'accrût, et elle devint une grande montagne, et elle remplit toute la terre. » Considérez attentivement, mes bien-aimés frères, ce que j'ai à vous dire : Jésus-Christ présent au milieu des Juifs était déjà détaché de la montagne. Cette montagne, dont parle le prophète, c'est le royaume des Juifs. Mais le royaume des Juifs n'avait pas rempli la terre tout entière. Cette pierre s'en est détachée, parce que Notre-Seigneur a voulu naître du peuple juif selon la chair. Pourquoi dit-on que cette pierre s'est détachée sans la main d'aucun homme? parce que la Vierge a enfanté Jésus-Christ en dehors de l'action de l'homme. (*Luc*, I, 34.) Cette pierre détachée sans la main d'aucun homme, était donc devant les yeux des Juifs, mais sous un aspect bien modeste. En effet, cette pierre n'avait pas encore pris ces grands accroissements qui lui firent remplir la terre tout entière ; ce prodige s'est accompli dans le royaume de Jésus-Christ qui est l'Eglise, par laquelle il a couvert toute la surface du monde entier. Mais comme cette pierre n'avait encore pris aucun accroissement, ils vinrent se heurter contre elle, et on vit se vérifier en eux ces paroles : « Celui qui tombera sur cette pierre, sera brisé, et ceux sur qui elle tombera, elle les écrasera. » (*Luc*, XX, 18.) Ils sont venus heurter contre le Sauveur dans son état d'humilité, il viendra sur eux dans son état de gloire et d'élévation, mais avant de les écraser dans cet état, il les a brisés par son humilité. Ils ont heurté contre lui, et ils ont été brisés ; ils n'ont pas été écrasés mais brisés, il viendra dans sa gloire et il les écrasera. Disons cependant que les Juifs étaient excusables en quelque sorte d'être venus heurter contre cette pierre qui n'avait encore pris aucun développement. Mais que dire de ceux qui sont venus heurter contre la montagne elle-même ? Vous savez de qui je veux parler ; ceux qui nient la diffusion de l'Eglise par toute la terre, viennent heurter non contre une pierre humble et petite, mais contre la montagne elle-même, car cette petite pierre est devenue par ses progrès successifs une grande montagne. Les Juifs aveuglés n'ont pas vu cette pierre de modeste apparence, mais quel aveuglement bien plus grand de ne pas voir la montagne elle-même ?

5. Ils ont donc vu le Sauveur dans son état d'humilité et ils ne l'ont point connu. Dieu leur prépara un flambeau pour le leur découvrir. En effet, le plus grand des enfants des femmes (*Matth.*, XI, 11) lui rend témoignage en déclarant qu'il n'est pas le Christ. On lui demande : « Etes-vous Elie? il répond : Je ne le suis point. » (*Jean*, I, 20, 21.) Jésus-Christ nous dit de Jean-Baptiste qu'il envoie Elie devant lui, et le saint précurseur affirme qu'il ne l'est pas, c'est une difficulté qu'il nous faut résoudre. Prenons garde qu'une intelligence superficielle

crevit, inquit, lapis ille, et factus est mons magnus, et implevit universam faciem terræ. Videat ergo Caritas Vestra quod dico : Christus ante Judæos jam præcisus erat de monte. Montem regnum vult intelligi Judæorum. Sed regnum Judæorum non impleverat universam faciem terræ. Inde præcisus est ille lapis, quia inde natus est in præsentia Dominus. Et quare sine manibus? quia sine opere virili virgo peperit Christum. (*Luc.*, I, 34.) Jam ergo erat lapis ille præcisus sine manibus, ante oculos Judæorum : sed humilis erat. Non immerito ; quia nondum creverat lapis ille, et impleverat orbem terrarum : quod ostendit in regno suo, quod est Ecclesia, qua implevit totam faciem terræ. Quia ergo nondum creverat, offenderunt in illum tanquam in lapidem : et factum est in eis quod scriptum est : Qui ceciderit super lapidem istum, conquassabitur, et super quos ceciderit lapis ille, conteret eos. (*Luc.*, XX, 18.) Primo super humilem ceciderunt, excelsus super illos venturus est : sed ut eos venturus excelsus conterat, primo eos humilis quassavit. Offenderunt in eum, et quassati sunt ; non contriti, sed quassati : veniet excelsus, et conteret eos (*a*). Sed ignoscendum est Judæis, quia offenderunt in lapidem, qui nondum creverat. Quales sunt illi qui in ipsum montem offenderunt? Jam de quibus dicam cognoscitis. Qui negant Ecclesiam toto orbe diffusam, non in humilem lapidem, sed in ipsum montem offendunt : quod factus est ille lapis dum cresceret. Cæci Judæi non viderunt humilem lapidem : quanta cæcitas est non videre montem?

5. Ergo viderunt humilem, et non cognoverunt. Demonstrabatur illis per lucernam. Nam primo ille, quo major nemo surrexerat in natis mulierum (*Matth.*, XI, 11), dixit : « Non sum ego Christus. » Dictumque illi est : « Nunquid tu es Elias? Respondit : Non sum. » (*Joan.*, I, 20 et 21.) Christus enim præmittit ante se Eliam : et dixit : « Non sum, » et fecit nobis quæstionem. Timendum est enim, ne mi-

(*a*) Vetus codex Remigiensis : *Si ignoscendum non est.*

de ces paroles nous fasse croire que Jean-Baptiste s'est mis ici en contradiction avec Jésus-Christ. Dans une circonstance particulière où Notre-Seigneur Jésus-Christ parlait à ses disciples de ce qui le concernait, ils lui firent cette question : « Pourquoi donc les scribes, c'est-à-dire les docteurs de la loi, disent-ils qu'il faut qu'Elie vienne auparavant ? » Le Seigneur leur répondit : « Elie est déjà venu, et ils lui ont fait souffrir tout ce qu'ils ont voulu, et si vous voulez le comprendre, c'est Jean-Baptiste lui-même. » (*Matth.*, xvii, 10.) Ainsi Notre-Seigneur Jésus-Christ dit expressément : « Elie est déjà venu, » et c'est Jean-Baptiste lui-même. On interroge Jean-Baptiste et il déclare qu'il n'est pas plus Elie qu'il n'est le Christ. En effet il affirme comme une vérité certaine qu'il n'est pas Elie, de même qu'il a déclaré qu'il n'était pas le Christ. Comment accorder la déclaration du précurseur avec les paroles du Juge ? Loin de nous la pensée que le précurseur ait pu mentir, car il ne dit que ce qu'il a appris du Juge lui-même. Pourquoi donc affirme-t-il : « Je ne suis pas Elie, » tandis que le Seigneur dit à ses disciples Jean-Baptiste lui-même est Elie ? Notre-Seigneur voulait donner ici un signe figuratif de son second avénement et dire que Jean-Baptiste était venu dans l'esprit d'Elie. Ce que Jean-Baptiste a été pour le premier avénement, Elie le sera pour le second. Il y a deux avénements pour le Juge, il y a aussi deux précurseurs. Le Juge est le même dans les deux avénements, mais il y a deux précurseurs, quoi qu'il n'y ait pas deux juges. Le Juge devait d'abord venir pour être jugé ; il a envoyé devant lui un premier précurseur, et il lui a donné le nom d'Elie, parce qu'Elie sera pour le second avénement, ce que Jean a été pour le premier.

6. Considérez, mes frères bien-aimés, combien cette explication est fondée sur la vérité. Au moment où Jean fut conçu, ou plutôt lors de sa naissance, le Saint-Esprit avait fait cette prédiction qui devait s'accomplir en lui : « Il sera le précurseur du Très-Haut, dans l'esprit et la vertu d'Elie. » (*Luc*, i, 17.) Il n'est donc point Elie, mais il avait l'esprit et la vertu d'Elie. Qu'est-ce à dire « dans l'esprit et la vertu d'Elie ? » Dans le même Esprit de sainteté à la place d'Elie. Pourquoi à la place d'Elie ? Parce que Jean-Baptiste a été pour le premier avénement ce qu'Elie sera pour le second. Jean-Baptiste a donc répondu conformément à la vérité dans le sens propre. Notre-Seigneur déclare dans un sens figuré que Jean est Elie, et Jean comme je viens de le dire, affirme qu'il n'est pas Elie dans le sens propre. Si vous faites attention à ce que figurait le précurseur, Jean-Baptiste est Elie, car il a été pour le premier avénement ce qu'Elie sera pour le second. Mais si vous considérez les qualités propres de chaque personnage, Jean-

---

nus intelligentes contraria putent Joannem dixisse quam Christus dixit. Quodam enim loco, cum Dominus Jesus Christus in Evangelio quædam diceret de se, responderunt illi discipuli : « Quomodo ergo dicunt Scribæ, id est periti Legis, quia Eliam oportet primum venire ? Et ait Dominus : Elias jam venit, et fecerunt ei quæ voluerunt : et si vultis scire, ipse est Joannes Baptista. » (*Matth.*, xvii, 10, etc.) Dominus Jesus Christus dixit : Elias jam venit, et ipse est Joannes Baptista : Joannes autem interrogatus sic se confessus est Eliam non esse, quomodo nec Christum esse. Et utique sicut verum confessus est Christum se non esse, sic verum confessus est nec Eliam se esse. Quomodo ergo comparabimus dicta præconis cum dictis judicis ? Absit ut præco mentiatur : hoc enim loquitur quod audit a judice. Quare ergo ille : « Non sum Elias : » et Dominus : Ipse est Elias ? Quia in eo Dominus Jesus Christus præfigurare voluit futurum adventum suum, et hoc dicere, quia in spiritu Eliæ erat Joannes. Et quod erat Joannes ad primum adventum, hoc erit Elias ad secundum adventum. Quomodo duo adventus judicis, sic duo præcones. Judex quidem ipse, præcones autem duo : non duo judices. Oportebat enim judicem primo venire judicandum. Misit ante se primum præconem, vocavit illum Eliam : quia hoc erit in secundo adventu Elias, quod in primo Joannes.

6. Namque intendat Caritas Vestra quam verum dicam. Quando conceptus est Joannes, vel potius quando natus est : Spiritus sanctus hoc de illo homine implendum prophetavit : Et erit, inquit, præcursor Altissimi, in spiritu et virtute Eliæ. (*Luc.*, i, 17.) Non ergo Elias, sed in spiritu et virtute Eliæ : Quid est in spiritu et virtute Eliæ ? in eodem Spiritu sancto vice Eliæ. Quare vice Eliæ ? quia quod Elias secundo, hoc Joannes primo adventui fuit. Recte ergo modo Joannes proprie respondit. Nam Dominus figurate, Elias ipse est Joannes : iste autem, ut dixi, proprie : « Non sum ego Elias. » Si figuram præcursionis advertas : Joannes ipse est Elias : quod enim ille ad primum adventum, hoc ille ad secundum erit. Si proprietatem personæ interroges : Joannes Joannes :

Baptiste est Jean-Baptiste comme Élie est Élie. Le Seigneur a donc pu très-bien dire dans un sens figuré : « Jean-Baptiste est Élie, » de même que Jean a pu dire avec autant de vérité dans le sens propre : « Je ne suis point Élie. » Ni Jean-Baptiste ni le Seigneur n'ont donc parlé contre la vérité; ni le précurseur ni le Juge ne peuvent être accusés de mensonge, si toutefois vous comprenez bien leurs paroles. Mais qui pourra les comprendre? Celui qui aura imité l'humilité du précurseur, et connu la majesté du Juge. Personne ne fut plus humble que le saint précurseur. Cet acte d'humilité est un des plus méritoires de sa vie. Il pouvait induire les hommes en erreur, passer pour le Christ, être regardé comme le Christ (tant était grande la grâce qu'il avait reçue, tant sa vertu était éminente), et cependant il déclare ouvertement : « Je ne suis pas le Christ. » Etes-vous Élie? S'il répondait : Je le suis, il donnerait à penser que Jésus-Christ allait venir pour la seconde fois comme juge, et non pour la première, afin d'être jugé. Or, en répondant : « Je ne suis pas Élie, » il fait entendre qu'Élie doit venir. Attachez-vous donc à l'humilité de celui dont Jean-Baptiste est le précurseur, pour ne point éprouver la puissance de celui dont Élie doit précéder l'avénement. Notre-Seigneur termine en disant : « Jean-Baptiste lui-même est Élie qui doit venir. » Jean-Baptiste a été le symbole de ce qu'Élie sera en réalité. Alors Élie sera Élie en personne; Jean l'est maintenant en figure; Jean est maintenant Jean en réalité, Élie en est la figure. Les deux précurseurs ont été la figure l'un de l'autre, tout en conservant leurs qualités personnelles et distinctes; mais il n'y a qu'un seul Juge, quelque soit le précurseur qui marche devant lui.

7. « Et ils l'interrogèrent de nouveau : Quoi donc! êtes-vous Élie? Et il répondit : Non. Ils lui dirent : Etes-vous prophète? Et il répondit : Non. Alors ils lui demandèrent : Qui êtes-vous donc? afin que nous puissions rendre réponse à ceux qui nous ont envoyés. Jean répondit : Je suis la voix de celui qui crie dans le désert. » (*Jean*, I, 21, 23.) C'est ce qu'Isaïe avait prédit, et cette prédiction : « Je suis la voie de celui qui crie dans le désert, » (*Is.*, XL, 3) s'est accomplie dans la personne de Jean-Baptiste. Or, que crie cette voix? « Dirigez la voie du Seigneur, rendez droits les sentiers de notre Dieu. » Est-ce que l'office du héraut n'est pas de crier au contraire : Retirez-vous, laissez le chemin libre. Oui, le héraut crie : Retirez-vous, et Jean-Baptiste, au contraire : Venez. Le héraut éloigne la foule du Juge, Jean-Baptiste l'invite à se presser autour du Juge. Jean appelle à venir trouver celui qui est si humble pour ne pas ressentir un jour les effets de sa justice lorsqu'il viendra dans sa ma-

---

Elias Elias. Dominus ergo ad præfigurationem recte : Ipse est Elias : Joannes autem recte ad proprietatem : « Non sum Elias. » Nec Joannes falsum, nec Dominus falsum : nec præco falsum, nec judex falsum; sed si intelligas. Quis autem intelliget? Qui imitatus fuerit humilitatem præconis, et cognoverit celsitudinem judicis. Nihil enim humilius ipso præcone. Fratres mei, nullum tantum meritum Joannes habuit quam de ista humilitate, quod cum posset fallere homines, et putari Christus, et haberi pro Christo (tantæ enim gratiæ tantæque excellentiæ fuit), confessus est tamen aperte, et dixit : « Non sum ego Christus. Nunquid tu Elias es? » Jam si diceret : Elias sum; ergo jam in secundo adventu adveniens Christus judicaret, non adhuc in primo judicaretur. Tanquam dicens : « Venturus est et Elias : « Non sum, » inquit : « Elias. » Sed observate humilem, ante quem venit Joannes, ne sentiatis excelsum ante quem venturus est Elias. Nam et Dominus ita complevit : Ipse est Joannes Baptista qui venturus est. Ipsa præfigura- tione venit iste, qua proprietate venturus est Elias. Tunc Elias per proprietatem Elias erit, nunc per similitudinem Joannes (*a*) erat. Modo Joannes per proprietatem Joannes, per similitudinem Elias est. Ambo præcones sibi dederunt similitudines suas, et tenuerunt proprietates suas : unus autem Dominus judex, sive illo præcone præcedente, sive illo.

7. « Et interrogaverunt eum : Quid ergo? Elias es tu? Et dixit : Non. Et dixerunt ei : Propheta es tu? Et respondit : Non. (*Joan.*, I, 21.) Dixerunt ergo ei : Quis es tu? ut responsum demus his qui miserunt nos. Quid dicis de teipso? (*v.* 22.) Ait : Ego vox clamantis in deserto. » (*v.* 23.) Isaias illud dixit. In Joanne prophetia ista impleta est : « Ego vox clamantis in deserto. » Quid clamantis? « Dirigite viam Domini, rectas facite semitas Dei nostri. » (*Isa.*, XL, 3.) Non vobis videtur præconis esse dicere : Exite, facite viam? Nisi quod præco : Exite dicit : Joannes dicit : Venite. A judice repellit præco, ad judicem vocat Joannes. Imo vocat Joannes ad humilem, ne

(*a*) Sic omnes Mss. At editi, *nunc per similitudinem Joannes Elias erat. Modo Joannes per proprietatem Joannes est, tunc per similitudinem Elias Joannes erit.*

jesté. « Je suis la voix de celui qui crie dans le désert : Préparez la voie du Seigneur, comme a dit le prophète Isaïe. » Il ne dit pas : Je suis Jean, je suis Élie, je suis prophète. Mais que leur répond-il ? Je m'appelle : « La voix de celui qui crie dans le désert : Préparez la voie au Seigneur. » Je suis cette prophétie elle-même.

8. « Et ceux qui avaient été envoyés étaient des pharisiens, c'est-à-dire des principaux d'entre les Juifs. Et ils l'interrogèrent de nouveau, et lui dirent : Pourquoi baptisez-vous, si vous n'êtes ni le Christ, ni Élie, ni prophète ? » (*Jean*, I, 24, 25.) C'était à leurs yeux comme un acte de présomption téméraire que de baptiser, et ils lui demandent : Qui êtes-vous pour baptiser ? Nous vous demandons si vous êtes le Christ ; vous dites que vous ne l'êtes pas ; nous vous demandons : Ne seriez-vous pas son précurseur, car nous savons qu'Élie doit précéder l'avènement de Jésus-Christ, vous le niez encore. Nous vous demandons enfin si vous n'êtes pas un de ces hérauts qui étaient envoyés devant lui longtemps d'avance, c'est-à-dire un prophète, et si vous n'auriez pas reçu ce pouvoir, et vous répondez : Je ne suis pas prophète. En effet, Jean n'était pas prophète ; il était plus que prophète, au témoignage de Notre-Seigneur lui-même : « Qu'êtes-vous allé voir dans le désert ? un roseau agité par le vent ? » (*Matth.*, XI, 7.) Il faut sous-entendre :

Non, il n'était pas agité par le vent, car Jean n'était pas de ceux qui sont le jouet du vent, et que l'esprit de séduction agite en tous sens. « Qu'êtes-vous donc allé voir ? un homme vêtu mollement ? » (*Ibid.*, 8.) Jean était vêtu d'un habit grossier, c'est-à-dire d'une tunique faite de poils de chameau. « Ceux qui sont vêtus mollement se trouvent dans les palais des rois. » Ce n'est donc point un homme vêtu de cette sorte que vous êtes allé trouver. Mais qu'êtes-vous donc allé voir ? un prophète ? Oui, je vous le déclare, il est plus qu'un prophète. » (*Ibid.*, 9.) En effet, les prophètes ont annoncé le Sauveur longtemps d'avance, tandis que Jean-Baptiste a fait connaître sa présence.

9. « Pourquoi baptisez-vous, si vous n'êtes ni le Christ, ni Élie, ni prophète ? Jean leur répondit : Je vous baptise dans l'eau, mais il y en a un au milieu de vous que vous ne connaissez pas. » (*Jean*, I, 25, 26.) Son humilité le dérobait aux regards, et c'est pour le découvrir qu'un flambeau fut allumé. Voyez comme Jean-Baptiste qui pouvait passer pour un autre que ce qu'il était, éloigne des esprits cette pensée. C'est lui qui doit venir après moi, lui qui a été fait avant moi ; c'est-à-dire, comme nous l'avons déjà expliqué, lui qui a été placé avant moi. (*Ibid.*, 27.) « Et je ne suis pas digne de dénouer les cordons de ses souliers. » Quelle profonde humilité ! C'est à cette humilité qu'il doit d'avoir

---

judex sentiatur excelsus. « Ego vox clamantis in deserto : Dirigite viam Domini, sicut dixit Isaias Propheta. » Non dixit : Ego sum Joannes, ego sum Elias, ego sum Propheta. Sed quid dixit ? Hoc vocor : « Vox clamantis in deserto, dirigite viam Domino : » Ego sum ipsa prophetia.

8. « Et qui missi fuerant, erant ex Pharisæis : » (*Joan.*, I, 24) id est, ex principibus Judæorum. « Et interrogaverunt, et dixerunt ei : Quid ergo baptizas, si tu non es Christus, neque Elias, neque Propheta ? » (*v.* 25.) Quasi audaciæ videbatur esse baptizare, quasi, In qua persona ? quærimus utrum tu sis Christus ; tu dicis te non esse : quærimus ne forte præcursor illius sis, quia novimus ante Christi adventum venturum esse Eliam ; negas te esse : quærimus ne forte aliquis multum præveniens præco es, id est propheta, et accepisti hanc potestatem ; nec prophetam te esse dicis. Et non erat propheta Joannes : major erat quam propheta. Dominus de illo tale testimonium dedit : Quid existis in desertum videre ? Arundinem vento agitari ? (*Matth.*, XI, 7.) Utique, non vento agi-

tari, subaudis, quia non hoc erat Joannes, quasi qui a vento moveretur : qui enim a vento movetur, circumflatur omni spiritu seductorio. Sed quid existis videre ? Hominem mollibus vestitum ? (*v.* 8.) Vestiebatur enim Joannes asperis, id est, tunica facta de pilis cameli. « Ecce qui mollibus vestiuntur, in domibus regum sunt. » Non ergo existis videre hominem mollibus vestitum. Sed quid existis videre ? Prophetam ? « Ita dico vobis, major quam Propheta hic : » (*v.* 9) quia Prophetæ longe ante prænuntiaverunt, Joannes præsentem demonstrabat.

9. « Quid ergo tu baptizas, si tu non es Christus, neque Elias, neque Propheta ? Respondit eis Joannes, et dixit : Ego baptizo in aqua, medius autem vestrum stetit quem vos nescitis. » (*Joan.*, I, 25, 26.) Humilis enim non videbatur, et propterea lucerna accensa est. Videte quomodo dat locum, qui aliud posset putari. « Ipse est qui post me venit, qui ante me factus est. » (*v.* 27.) Sicut jam diximus, id est, antepositus est mihi. « Cujus ego non sum dignus ut solvam corrigiam calceamenti ejus. » Quantum se

été élevé si haut, car celui qui s'humilie sera élevé. » (*Luc*, XIV, 11.) Soyez ici les juges, mes frères bien-aimés ; si Jean-Baptiste s'est humilié jusqu'à dire : « Je ne suis pas digne de dénouer les cordons de ses souliers, » quel sujet d'humiliation pour ceux qui disent : C'est nous qui baptisons, nous donnons ce qui est à nous, et ce qui est à nous est saint ? Jean-Baptiste dit ouvertement : « Ce n'est pas moi; » eux, au contraire, disent c'est moi. Jean ne se croit pas digne de dénouer les cordons de ses souliers, et s'en fût-il jugé digne, quelle preuve d'humilité encore ! Oui, s'il s'en fût jugé digne, et qu'il eût dit : Celui qui vient après moi, a été placé avant moi, et je ne suis que digne de dénouer les cordons de ses souliers, il eût fait un acte de profonde humilité. Mais il ne se crut pas digne de lui rendre cet office; il était donc vraiment plein de l'Esprit saint, ce serviteur qui connut ainsi toute l'excellence de son Maître, et qui de serviteur mérita de devenir son ami.

10. « Cela se passa au delà du Jourdain, où Jean baptisait. Le jour suivant, Jean vit Jésus qui venait à lui, et il dit : Voici l'Agneau de Dieu, voici celui qui efface le péché du monde. » (*Jean*, I, 28, 29.) Que personne donc dans un sentiment de présomption, ne vienne à dire qu'il efface lui-même le péché. Considérez ici, mes frères, quels sont les superbes que Jean-Baptiste semble nous montrer du doigt. Des rives du Jourdain, il s'élève contre ceux qu'il condamne maintenant par l'Évangile, Jésus vient le trouver, et que dit-il ? « Voici l'Agneau de Dieu, » si l'Agneau est innocent, Jean est aussi un agneau. Est-ce donc qu'il ne partage pas l'innocence de cet Agneau ? Mais qui peut se dire innocent, et jusqu'où s'étend son innocence ? Tous viennent de cette tige, de ce rejeton dont David chantait en gémissant : « J'ai été conçu dans l'iniquité, et c'est dans le péché que ma mère m'a nourri lorsque j'étais dans son sein. » (*Ps.* L, 7.) Cet Agneau est donc le seul qui ne soit pas venu dans ces conditions. Il n'a point été conçu dans l'iniquité, parce que notre nature mortelle n'a pas été le principe de sa conception. Une vierge l'a conçu, une vierge l'a enfanté, parce qu'elle l'a conçu et enfanté par la foi. « Voici donc l'Agneau de Dieu. » Il n'a point reçu le germe qui, d'Adam, se transmet à tous ses descendants, il a pris la chair qui vient d'Adam, mais sans prendre son péché. Il n'a point pris le péché qui pèse sur notre nature corrompue, et c'est pour cela qu'il est celui qui efface le péché du monde. « Voici donc l'Agneau de Dieu, voilà celui qui efface le péché du monde. »

11. Vous avez entendu quelquefois des hommes tenir ce langage : Nous purifions les hommes de

---

abjecit ? Et ideo multum elevatus est : quoniam qui se humiliat, exaltabitur. (*Luc.*, XIV, 11.) Unde debet videre Sanctitas Vestra, quia si Joannes sic se humiliavit, ut diceret : « Non sum ego dignus corrigiam solvere : » quomodo habent humiliari, qui dicunt : Nos baptizamus, nos quod damus nostrum est, et quod nostrum est, sanctum est. Ille dicit : Non ego, sed ille : illi dicunt : Nos. Non est dignus Joannes solvere corrigiam calceamenti ejus : quod si dignum se diceret, quam humilis esset ? Et si dignum se diceret, et sic diceret : Ille venit post me, qui ante me factus est, cujus tantummodo corrigiam calceamenti dignus sum solvere : multum se humiliasset. Quando autem nec ad hoc dignum se dicit, vere plenus Spiritu sancto erat, qui sic servus Dominum agnovit, et ex servo amicus fieri meruit.

10. « Hæc in Bethania facta sunt trans Jordanem, ubi erat Joannes baptizans. Altera die vidit Joannes Jesum venientem ad se, et ait : Ecce Agnus Dei, ecce qui tollit peccatum mundi. » (*Joan.*, I, 28, 29.) Nemo sibi arroget, et dicat, quia ipse auferat (a) peccatum mundi. Jam intendite, contra quos superbos intendebat digitum Joannes. Nondum erant nati hæretici, et jam ostendebantur : contra illos clamabat tunc a fluvio, contra quos modo clamat ex Evangelio. Venit Jesus; et quid dicit ille ? « Ecce Agnus Dei. » Si agnus innocens, et Joannes agnus. An non et ipse innocens ? Sed quis innocens ? quantum innocens ? Omnes ex illa traduce veniunt et ex illa propagine, de qua cantat gemens David : Ego in iniquitate conceptus sum, et in peccatis mater mea in utero me aluit. (*Psal.* L, 7.) Solus ergo ille Agnus, qui non sic venit. Non enim in iniquitate conceptus est; quia non de mortalitate conceptus est : nec cum in peccatis mater ejus in utero aluit, quem virgo concepit, virgo peperit ; quia fide concepit, et fide suscepit. Ergo « ecce Agnus Dei. » Non habet iste traducem de Adam : carnem tantum sumpsit de Adam, peccatum non assumpsit. Qui non assumpsit de nostra massa peccatum, ipse est qui tollit nostrum peccatum. « Ecce Agnus Dei, ecce qui tollit peccatum mundi. »

11. Nostis quia quidam homines dicunt aliquando : Nos tollimus peccata hominibus, qui sancti sumus :

(a) Sic Mss. prope omnes. At editi, *auferat peccata. Unde jam intendite.*

leurs péchés, parce que nous sommes saints ; car si l'homme qui baptise est dépourvu de cette sainteté, comment peut-il effacer le péché d'un autre, alors qu'il est lui-même rempli de péché. Ne répondons point de nous-mêmes à ces vains raisonnements, contentons-nous de leur opposer ces paroles du précurseur : « Voici l'Agneau de Dieu, voilà celui qui ôte le péché du monde. » Ne plaçons point dans les hommes une confiance présomptueuse, que le passereau ne s'enfuie pas vers les montagnes, qu'il se confie en Dieu (*Ps.* x, 2), et s'il lève les yeux vers les montagnes d'où doit venir le secours qu'il attend (*Ps.* cxx, 1), qu'il comprenne que son secours ne peut venir que de Dieu qui a fait le ciel et la terre. Voyez Jean d'une vertu si éminente, on lui demande : Etes-vous le Christ ? Non, répond-il. Etes-vous Elie ? Non. Etes-vous prophète ? Non. Pourquoi donc baptisez-vous ? « Voici l'Agneau de Dieu, voilà celui qui ôte le péché du monde. C'est celui dont j'ai dit : Un homme vient après moi, qui a été fait plus grand que moi, parce qu'il était avant moi. » Il vient après moi, parce que sa naissance est postérieure à la mienne. « Il a été fait plus grand que moi, parce qu'il a été mis avant moi. » (*Jean,* 1, 29, 30.) Il était avant moi, « parce qu'au commencement était le Verbe, et le Verbe était en Dieu, et le Verbe était Dieu. »

12. « Et moi, je ne le connaissais pas, ajoute saint Jean, mais c'est afin qu'il fût manifesté en Israël que je suis venu baptiser dans l'eau. » Jean rendit encore ce témoignage : « J'ai vu, dit-il, l'Esprit descendre comme une colombe, et il s'est reposé sur lui. Et moi, je ne le connaissais pas, mais celui qui m'a envoyé pour baptiser dans l'eau m'a dit : Celui sur qui tu verras l'Esprit descendre et se reposer, c'est lui qui baptise dans l'Esprit saint. J'ai vu et j'ai rendu témoignage qu'il est le Fils de Dieu. » (*Jean,* 1, 31-34.) Prêtez-moi, mes très-chers frères, un peu d'attention. A quel temps Jean a-t-il connu Jésus-Christ ? Il avait été envoyé pour baptiser dans l'eau. On a demandé pourquoi ce baptême ? C'est afin qu'il fût manifesté en Israël, » répond-il. A quoi servait le baptême de Jean ? Mes frères, s'il avait été de quelqu'utilité, il subsisterait encore maintenant, les hommes recevraient encore ce baptême, et arriveraient ainsi au baptême de Jésus-Christ. Mais que nous dit le saint précurseur ? « C'est afin qu'il fût manifesté en Israël, » c'est-à-dire que Jean-Baptiste est venu baptiser dans l'eau pour que Jésus-Christ fût manifesté en Israël. Jean fut établi le ministre de ce baptême pour préparer la voie au Seigneur dans l'eau de la pénitence, sans qu'il fût lui-même le Seigneur. Mais dès que le Seigneur fut connu, il n'était plus besoin de lui préparer la voie, il est devenu la voie pour ceux qui le connaissaient; aussi le baptême de Jean ne fut pas de longue

si enim non fuerit sanctus qui baptizat, quomodo tollit peccatum alterius, cum sit homo ipse plenus peccato ? Contra istas disputationes verba nostra non dicamus, hunc legamus : « Ecce Agnus Dei, ecce qui tollit peccatum mundi. » Non sit præsumptio hominibus in homines : non transmigret passer in montes, in Domino confidat (*Psal.* x, 2); et si levat oculos in montes, unde veniet auxilium ei (*Psal.* cxx, 1), intelligat quia auxilium ejus a Domino, qui fecit cœlum et terram. Tantæ excellentiæ Joannes, dicitur ei : Tu es Christus? dicit : Non. Tu es Elias? dicit : Non. Tu es propheta? dicit : Non. Quare ergo baptizas? « Ecce Agnus Dei, ecce qui tollit peccatum mundi, hic est de quo dixi : Post me venit vir qui ante me factus est, quia prior me erat. (*Joan.,* 1, 29, 30.) Post me venit, » quia posterius natus est : « ante me factus est, » quia prælatus est mihi : « prior me erat, » quia in principio erat Verbum, et Verbum erat apud Deum, et Deus erat Verbum.

12. « Et ego nesciebam eum, dixit : sed ut manifestaretur Israeli, propterea veni ego in aqua baptizans. (*v.* 31.) Et testimonium perhibuit Joannes, dicens : Quia vidi Spiritum de cœlo descendentem quasi columbam, et mansit super eum (*v.* 32) : et ego nesciebam eum, sed qui me misit baptizare in aqua, ille mihi dixit : Super quem videris Spiritum descendentem et manentem super eum, hic est qui baptizat in Spiritu sancto (*v.* 33) : et ego vidi et testimonium perhibui, quia hic est Filius Dei. » (*v.* 34.) Intendat modicum Caritas Vestra : Joannes quando didicit Christum ? Missus est enim ut baptizaret in aqua. Quæsitum est quare ? « Ut manifestaretur Israeli, » dixit. Quid profuit baptismus Joannis ? Fratres mei, si profuit aliquid, et modo maneret, et baptizarentur homines baptismo Joannis ; et sic venirent ad baptismum Christi. Sed quid ait ? « Ut manifestaretur Israeli : » id est, ipsi Israel, populo Israel ut manifestaretur Christus, venit baptizare in aqua. Accepit ministerium baptismatis Joannes, in aqua pœnitentiæ, parare viam Domino, non exsistens Dominus : at ubi cognitus est Dominus, superfluo ei via parabatur; quia cognoscentibus se ipse factus est via : ita-

durée. Mais comment le Seigneur fut-il manifesté? Sous les dehors de l'humilité, afin que Jean pût devenir le ministre du baptême que le Seigneur lui-même devait recevoir.

13. Mais le Seigneur avait-il donc besoin d'être baptisé? Et moi je demanderai à mon tour : Le Seigneur avait-il besoin de naître? Avait-il besoin d'être crucifié? Avait-il besoin de mourir? Avait-il besoin d'être mis dans le tombeau? Si donc il s'est réduit pour nous à cet état d'humiliation, pourquoi n'aurait-il pas reçu le baptême? Or dans quel but a-t-il voulu recevoir le baptême des mains de son serviteur? Afin que vous ne refusiez pas de recevoir le baptême du Seigneur. Donnez-moi toute votre attention, mes très-chers frères. Il devait y avoir dans l'Eglise des catéchumènes d'une vertu éminente. Il vous arrive, en effet, quelquefois de voir un catéchumène qui embrasse le célibat le plus absolu, dit adieu au monde, renonce à tout ce qu'il possédait, distribue ses biens aux pauvres, et cependant il n'est que catéchumène, mais plus instruit dans la doctrine du salut qu'un grand nombre de fidèles. Or, il est à craindre que ce catéchumène si parfait ne vienne à dire intérieurement du saint baptême qui efface les péchés : Quelle grâce plus abondante recevrai-je avec le baptême? Voilà que je suis meilleur que tel et tel chrétien, et sa pensée s'arrête sur des chrétiens, sur des personnes engagées dans le mariage, ou sur des ignorants, ou sur des fidèles qui ont conservé la possession des biens qu'il a distribués aux pauvres. Il se juge donc meilleur que celui qui a été baptisé, et il dédaigne de recevoir le baptême en disant : Quoi! je recevrai ce qu'a reçu un tel et un tel? Il jette les yeux sur ces hommes qu'il méprise, il lui paraît humiliant pour lui de recevoir ce qu'ont reçu des gens qui lui sont inférieurs et au-dessus desquels il se place dans son esprit. Cependant tous ses péchés demeurent sur lui, et s'il n'approche de ce baptême du salut qui efface les péchés, malgré toute sa vertu il ne peut entrer dans le royaume des cieux. Or c'est pour attirer ces âmes plus parfaites à son baptême qui efface les péchés, que Jésus a voulu recevoir lui-même le baptême de son serviteur. Il n'avait aucun péché à effacer, aucune souillure à laver, il n'a pas laissé de recevoir le baptême des mains de son serviteur, et par cette conduite il semble tenir ce langage à l'enfant d'orgueil plein de lui-même, et qui dédaigne de recevoir avec les ignorants ce qui seul peut assurer son salut? Jusqu'où s'étendent vos prétentions? A quelle hauteur vous élevez-vous? Quelle est donc votre supériorité, quelle grâce si excellente avez-vous reçue? Est-elle donc plus grande que la mienne? Quoi! je suis venu trouver mon serviteur, et vous dédaignez de venir trouver votre Seigneur? J'ai consenti à recevoir le baptême des mains de mon serviteur, et vous

---

que non duravit diu baptismus Joannis. Sed quomodo demonstratus est Dominus? Humilis : ut ideo acciperet baptisma Joannes, in quo baptizaretur ipse Dominus.

13. Et opus erat Domino baptizari? Et ego interrogans cito respondeo : Opus erat Domino nasci? opus erat Domino crucifigi? opus erat Domino mori? opus erat Domino sepeliri? Si ergo tantam suscepit pro nobis humilitatem, baptismum non erat suscepturus? Et quid profuit quia suscepit baptismum servi? ut tu non dedignareris suscipere baptismum Domini. Intendat Caritas Vestra : Futuri erant aliqui in Ecclesia excelsioris gratiæ catechumeni. Fit enim aliquando ut videas catechumenum abstinentem ab omni concubitu, valefacientem sæculo, renuntiantem omnibus quæ possidebat, distribuentem pauperibus, et catechumenus est, instructus etiam forte doctrina salutari supra multos fideles. Timendum est huic ne dicat apud semetipsum de baptismate sancto quo peccata dimittuntur : Quid plus accepturus sum? Ecce ego melior sum illo fideli et illo fideli : cogitans fideles aut conjugatos, aut forte idiotas, aut habentes et possidentes res suas, quas ipse distribuit jam pauperibus, et meliorem se esse arbitrans quam ille qui jam baptizatus est, dedignetur venire ad baptismum, dicens : Hoc sum accepturus quod habet ille et ille : et proponat sibi illos quos contemnit, et quasi sordeat illi hoc accipere quod acceperunt inferiores, quia jam videtur ipse sibi melior : tamen omnia peccata super illum sunt, et nisi venerit ad salutarem baptismum, ubi peccata solvuntur, cum omni excellentia sua non potest intrare in regnum cœlorum. Sed ut illam excellentiam invitaret Dominus ab baptismum suum, ut peccata illi dimitterentur, venit ipse ad baptismum servi sui : et cum ipse non haberet quod ei dimitteretur, nec quod in illo lavaretur, suscepit a servo baptismum : et tanquam filius superbientem et extollentem se, ac dedignantem forte accipere cum idiotis unde ei possit salus venire, et quasi dicens : Quantum te extendis? quantum extollis? quanta est excellentia tua? quanta gratia tua? major potest esse quam mea? si ego veni ad servum, tu dedignaris venire ad Dominum? si

dédaignez d'être baptisé par le Seigneur lui-même.

14. Voulez-vous vous convaincre, en effet, que ce n'était point pour voir briser les chaînes du péché que Notre-Seigneur s'approchait de Jean, écoutez les paroles du saint précurseur, telles que les rapportent les autres évangélistes, lorsque Notre-Seigneur vient à lui pour être baptisé : « C'est moi qui dois être baptisé par vous, et vous venez à moi ? » Et que lui répond le Sauveur ? « Laissez maintenant, car il convient que toute justice soit accomplie. » (*Matth.*, III, 14, 15.) Qu'est-ce à dire : « Que toute justice soit accomplie ? » Je suis venu mourir pour les hommes, et je refuserais d'être baptisé pour eux ? Que signifient donc ces paroles : « Il faut accomplir toute justice ? « Il faut accomplir le devoir de l'humilité dans toute son étendue. Quoi donc ? Notre-Seigneur n'aurait pas reçu le baptême des mains de son serviteur fidèle, lui qui, dans sa passion, a souffert les plus cruels traitements de la part de ses méchants serviteurs ? Donnez-moi ici toute votre attention. Lorsque le Seigneur fut baptisé, si la fin du baptême de Jean était de manifester l'humilité du Sauveur qui le reçut, est-ce qu'aucun autre ne devait recevoir ce baptême ? Nous voyons, au contraire, qu'un grand nombre de personnes reçurent ce baptême; Notre-Seigneur le reçut lui-même, et le baptême de Jean cessa d'exister, car Jean fut presque immédiatement mis en prison, et on ne voit plus qu'aucun autre ait été baptisé par lui. Si donc la fin de la mission du baptême de Jean était de nous manifester l'humilité du Seigneur, et de nous engager ainsi à recevoir du Seigneur lui-même ce qu'il avait reçu des mains de son serviteur, est-ce que Jean devait en baptiser d'autres que le Seigneur ? Si Notre-Seigneur avait été le seul qui fût baptisé par Jean, il n'aurait pas manqué d'hommes pour croire que le baptême de Jean était plus saint que le baptême de Jésus-Christ, par cette prétendue raison que Jésus-Christ seul avait été jugé digne du baptême de Jean, tandis que son propre baptême était donné à tout le genre humain. Pesez attentivement, mes très-chers frères, ce que je vais dire. Nous avons reçu le baptême de Jésus-Christ, et non-seulement nous, mais l'univers entier, et ce baptême sera donné jusqu'à la fin des temps. Qui de nous peut, sous aucun rapport, être mis en comparaison avec le Christ dont saint Jean a dit qu'il était indigne de dénouer les cordons de sa chaussure ? Or si Jésus-Christ, l'Homme-Dieu dont la grandeur ne souffre aucune comparaison avait été le seul pour recevoir le baptême de Jean, qu'auraient dit les hommes ? Que l'excellence du baptême de Jean est grande, quel ineffable mystère ! Voyez, Jésus-Christ seul a mérité de recevoir ce baptême. Il arriverait ainsi que le baptême du serviteur paraîtrait plus grand que

---

ego suscepi baptismum servi, tu dedignaris a Domino baptizari?

14. Nam ut noveritis Fratres mei, quia non ex necessitate alicujus vinculi peccati Dominus veniebat ad ipsum Joannem; sicut dicunt alii Evangelistæ, cum ad illum veniret baptizandus Dominus, ait ipse Joannes : Tu ad me venis ? ego a te debeo baptizari. Et quid ei ipse respondit ? Sine modo, impleatur omnis justitia. (*Matth.*, III, 14, 15.) Quid est, impleatur omnis justitia? Mori veni pro hominibus, baptizari non habeo pro hominibus ? Quid est, impleatur omnis justitia? impleatur omnis humilitas. Quid ergo? Non erat susceptuturus baptismum a bono servo, qui passionem suscepit a servis malis? Intendite ergo : Baptizato Domino, si propterea baptizavit Joannes, ut in ejus baptismo Dominus ostenderet humilitatem, nemo alius baptizaretur baptismo Joannis? Multi autem baptizati sunt baptismo Joannis : baptizatus est Dominus baptismo Joannis, et cessavit baptismus Joannis : inde jam missus est in carcerem Joannes, deinceps nemo baptizatus invenitur illo baptismate.

Si ergo propterea venit et Joannes baptizans, ut Domini humilitas nobis demonstraretur, ut quia ille suscepit a servo, nos non dedignaremur suscipere a Domino : Dominum solum Joannes baptizaret ? Sed si solum Dominum Joannes baptizaret, non deessent qui putarent sanctius fuisse baptisma Joannis quam Christi : quasi baptismate Joannis solus Christus meruisset baptizari, baptismate autem Christi genus humanum. Intendat Caritas Vestra : Baptismate Christi baptizati sumus, non tantum nos, sed et universus orbis terrarum, et baptizatur usque in finem. Quis nostrum potest ex aliqua parte comparari Christo, cujus se Joannes dixit indignum solvere corrigiam calceamenti ? Si ergo ille Christus tantæ excellentiæ homo Deus, solus baptizaretur baptismo Joannis, quid dicturi erant homines ? Qualem baptismum habuit Joannes? magnum baptismum habuit, ineffabile sacramentum : vide, quia solus Christus meruit baptizari Joannis baptismo. Atque ita major videretur baptismus servi, quam baptismus Domini. Baptizati sunt et alii baptismo Joannis, ne melior

le baptême du Seigneur. D'autres ont donc reçu le baptême de Jean, afin qu'on ne crût pas que ce baptême était supérieur au baptême de Jésus-Christ. Le Seigneur lui-même s'est soumis à ce baptême, afin que les serviteurs ne dédaignassent pas de recevoir le baptême du Seigneur, alors que le Seigneur avait consenti à être baptisé par son serviteur. Tel fut donc l'objet de la mission de Jean-Baptiste.

15. Or, Jean-Baptiste connaissait-il ou non Jésus-Christ? S'il ne le connaissait pas, pourquoi disait-il quand Jésus-Christ vint sur les bords du Jourdain : « C'est moi qui dois être baptisé par vous? » (*Matth.*, III, 14) c'est-à-dire je sais qui vous êtes. Dira-t-on qu'il le connaissait déjà? il est certain que Jean l'a connu lorsqu'il vit la colombe qui descendait sur lui. Or, il n'est pas moins certain que la colombe ne descendit sur le Seigneur que lorsqu'il fut sorti des eaux où il avait été baptisé. Le Seigneur, après son baptême, sortit de l'eau, les cieux s'ouvrirent et Jean vit la colombe descendre sur sa tête. Si donc ce n'est qu'après qu'il fut baptisé que la colombe descendit sur sa tête et que, d'ailleurs, Jean lui dit avant son baptême : « Vous venez à moi, c'est moi qui dois être baptisé par vous, » il le connaissait donc pour lui tenir ce langage : « C'est moi qui dois être baptisé par vous et vous venez à moi? » Comment donc expliquer ces paroles : « Et moi, je ne le connaissais pas, mais celui qui m'a envoyé pour baptiser dans l'eau m'a dit : « Celui sur qui vous verrez l'Esprit descendre et se reposer sous la forme d'une colombe, c'est lui qui baptise dans l'Esprit saint. » (*Jean*, I, 33.) Cette difficulté n'est pas légère, mes frères. Si vous voyez bien l'état de la question, c'est déjà beaucoup, il faut maintenant que le Seigneur nous en donne la solution. Cependant je le répète, si vous voyez bien le nœud de la difficulté, c'est déjà beaucoup. Jean-Baptiste est donc sous vos yeux, il se tient sur les rives du fleuve; Notre-Seigneur s'approche de lui pour être baptisé, il ne l'est pas encore; écoutez ce que lui dit le saint précurseur : « C'est moi qui dois être baptisé par vous et vous venez à moi? » Il connaît donc déjà le Seigneur, puisqu'il veut recevoir le baptême de ses mains. Jésus, ayant été baptisé, sort aussitôt de l'eau; les cieux s'ouvrent, l'Esprit saint descend, et à ces signes Jean connaît le Sauveur. Or, si c'est alors seulement qu'il le connaît, pourquoi lui a-t-il dit auparavant c'est moi qui dois être baptisé par vous. Si, au contraire, il n'a pas attendu ce moment pour le connaître, parce qu'il le connaissait déjà; que signifient ces paroles : « Je ne le connaissais pas, mais celui qui m'a envoyé pour baptiser dans l'eau, m'a dit : « Celui sur qui vous verrez l'Esprit descendre et se reposer sous la forme d'une colombe, c'est lui qui baptise dans l'Esprit saint? »

---

baptismus videretur Joannis quam Christi : baptizatus autem et Dominus, ut Domino suscipiente baptismum servi, non dedignarentur alii servi suscipere baptismum Domini, ad hoc ergo missus erat Joannes.

15. Sed noverat Christum, an non noverat? Si non noverat, quare dicebat quando venit ad fluvium Christus : Ego a te debeo baptizari? (*Matth.*, III, 14) hoc est : Scio qui sis. Si ergo jam noverat, certe tunc cognovit quando vidit columbam descendentem. Manifestum est quia columba non descendit super Dominum, nisi postea quam ascendit ab aqua baptismi. Dominus baptizatus ascendit ab aqua, aperti sunt cœli, et vidit super eum columbam. Si ergo post baptismum descendit columba, et antequam baptizaretur Dominus, dixit illi Joannes : Tu ad me venis, ego a te debeo baptizari : ante, illum noverat, cui dixit : « Tu ad me venis, ego a te debeo baptizari » quomodo ergo dixit : « Et ego nesciebam eum, sed qui me misit baptizare in aqua, ille mihi dixit : Super quem videris Spiritum descendentem sicut columbam, et manentem super eum, ipse est qui baptizat in Spiritu sancto? » (*Joan.*, I, 33.) Non parva quæstio est, Fratres mei. Si vidistis quæstionem, non parum vidistis : superest ut ipsius solutionem Dominus det. Tamen illud dico, si vidistis quæstionem, non est parum. Ecce positus est Joannes ante oculos vestros, stans ad fluvium Joannes Baptista : ecce venit Dominus adhuc baptizandus, nondum baptizatus : audi vocem Joannis : Tu ad me venis, ego a te debeo baptizari : ecce jam cognoscit Dominum, a quo vult baptizari. Baptizatus Dominus ascendit ab aqua, aperiuntur cœli, descendit Spiritus, modo illum cognoscit Joannes : si modo illum cognoscit, quid dixit antea : Ego a te debeo baptizari? Si autem non cum modo cognoscit, quia jam noverat eum, quid est quod dixit : « Non noveram eum, sed qui me misit baptizare in aqua, ille mihi dixit : Super quem videris Spiritum descendentem, et manentem super eum sicut columbam, ipse est qui baptizat in Spiritu sancto? »

16. Mes frères, si j'entreprenais de résoudre aujourd'hui cette question, nul doute que vous n'en soyez fatigués, ce discours s'étant déjà beaucoup prolongé. Il est bon, d'ailleurs, que vous sachiez que cette question, une fois résolue, suffit seule pour détruire le parti de Donat. Ce que je vous en dis, mes très-chers frères, a pour but, selon mon habitude, de vous rendre plus attentifs. Je veux aussi par là que vous adressiez à Dieu des prières pour nous et pour vous, afin que Dieu nous accorde de dire des choses dignes de lui et qu'il vous donne la grâce de les comprendre. Veuillez cependant consentir à ce que nous ajournions cette explication ; en attendant je vous fais en peu de mots cette recommandation ; interrogez avec calme, sans dispute, sans contention, sans altercation, sans inimitiés, cherchez vous-mêmes la solution de cette difficulté, interrogez aussi les autres et dites-leur : Notre évêque nous a proposé aujourd'hui cette question, et si Dieu nous l'accorde, il doit nous en donner bientôt la solution. Mais soit que cette difficulté soit résolue, soit qu'elle reste sans solution, soyez persuadés que je suis vivement préoccupé de la difficulté que je vous ai signalée. D'un côté, Jean dit : « C'est moi qui dois être baptisé par vous, » comme s'il connaissait Jésus-Christ. Car, s'il ne connaissait pas Celui des mains duquel il désirait recevoir le baptême, c'est donc au hasard qu'il lui disait : « Je dois être baptisé par vous. » (*Matth.*, III, 14.) Donc il connaissait le Sauveur. Or, s'il le connaissait, que signifie ce langage : « Je ne le connaissais pas, mais celui qui m'a envoyé pour baptiser dans l'eau m'a dit : Celui sur qui vous verrez l'Esprit descendre et se reposer, sous la forme d'une colombe, c'est lui qui baptise dans l'Esprit saint? » (*Jean*, I, 33.) Que dirons-nous ? Que nous ne savons pas quand la colombe est venue ? Pour que nos adversaires n'en ignorent, qu'ils lisent les autres évangélistes, dont le récit est plus explicite, nous y trouvons en termes exprès que la colombe est descendue lorsque le Seigneur est sorti de l'eau. Les cieux s'ouvrirent sur sa tête lorsqu'il fut baptisé, et Jean vit l'Esprit saint descendre sur lui. Si donc il ne l'a connu que lorsqu'il fut baptisé, pourquoi lui dire lorsqu'il s'approche pour recevoir le baptême : « C'est par vous que je dois être baptisé. » Méditez sur cette difficulté, conférez-en les uns avec les autres et traitez-la tous ensemble de concert. Que le Seigneur notre Dieu daigne en révéler la solution à quelqu'un d'entre vous avant que j'essaie de vous la donner. En attendant, soyez persuadés, mes frères, que la solution de cette difficulté ôtera la parole aux partisans de Donat sur la question du baptême où ils répandent des ténèbres sur l'esprit des ignorants et tendent des filets aux oiseaux qui volent dans l'air. Malgré toute leur audace ils se verront réduits

---

16. Fratres, ista quæstio si hodie solvatur, gravat vos, non dubito, quia jam multa dicta sunt. Sciatis autem talem istam quæstionem esse, ut hæc sola perimat partem Donati. Ad hoc dixi Caritati Vestræ, ut intentos vos facerem, similiter ut soleo : simul ut oretis pro nobis et vobis, ut et nobis det Dominus digna loqui, et vos digna capere mereamini. Interim hodie dignamini differre : sed hoc breviter dico interim, donec solvatur, interrogate pacifice, sine rixa, sine contentione, sine altercationibus, sine inimicitiis ; et vobiscum quærite, et alios interrogate, et dicite: Hanc quæstionem proposuit nobis hodie Episcopus noster, aliquando si Dominus concesserit, soluturus eam. Sed sive solvatur, sive non solvatur, putate me proposuisse quod me movet : moveor enim multum. Dicit Joannes : Ego a te debeo baptizari : tanquam Christo cognito. Si enim non noverat eum a quo volebat baptizari : temere dicebat, Ego a te debeo baptizari. (*Matth.*, III, 14.) Noverat ergo eum. Si noverat eum, quid est ergo quod dicit, « non noveram eum, sed qui me misit baptizare in aqua, ipse mihi dixit : Super quem videris Spiritum descendentem et manentem super eum, sicut columbam, ipse est qui baptizat in Spiritu sancto ? » (*Joan.*, I, 33.) Quid dicturi sumus? Quia non scimus quando venerit columba? Ne forte ibi (*a*) lateant, legantur alii Evangelistæ, qui planius illud dixerunt : et invenimus apertissime tunc descendisse columbam, cum Dominus ab aqua ascendit. Super baptizatum enim aperti sunt cœli, et vidit Spiritum descendentem. (*Matth.*, III, 16 ; *Marc*, I, 10 ; *Luc.*, III, 21 et 22.) Si jam baptizatum cognovit, veniente ad baptisma quomodo dicit : Ego a te debeo baptizari? Hanc vobiscum interim ruminate, hanc vobiscum conferte, hanc vobiscum tractate. Præstet Dominus Deus noster, ut antequam a me audiatis, alicui vestrum priori eam revelet. Tamen Fratres hoc sciatis, quia per istius quæstionis solutionem, vocem pars Donati de baptismi gratia, ubi nebulas obtendunt imperi-

(*a*) Editi *lateal*. Mss. *lateant* : scilicet Donatistæ.

au silence et leurs bouches seront fermées à jamais.

TRAITÉ V.

Sur ces mêmes paroles : « Et moi je ne le connaissais pas, » etc. Quelle vérité nouvelle le Seigneur a révélé à Jean par le moyen de la colombe.

1. Nous voici arrivés, par la volonté de Dieu, au jour fixé pour remplir notre promesse ; il nous accordera aussi de pouvoir accomplir parfaitement ce que nous avons promis. Les enseignements que nous vous adressons vous sont utiles ainsi qu'à nous s'ils viennent de Dieu ; s'ils viennent de l'homme, ce sont des mensonges au témoignage de Notre-Seigneur Jésus-Christ lui-même : « Celui qui dit le mensonge, dit ce qu'il trouve en lui-même. » (*Jean*, VIII, 44.) Tout homme ne possède de lui-même que le mensonge et le péché. S'il y a en lui quelque vérité, quelque justice, elles découlent de cette source après laquelle nous devons ardemment soupirer dans le désert de cette vie, afin qu'arrosés de ses eaux, consolés dans les épreuves de notre pèlerinage et fortifiés contre les défaillances de la route, nous parvenions à l'éternel repos où tous nos désirs seront satisfaits. Si donc celui qui dit le mensonge, parle de son propre fonds ; celui qui dit la vérité, dit ce qu'il tient de Dieu. Jean est véridique, mais Jésus-Christ est la vérité ; Jean est véridique, mais tout homme véridique doit sa sincérité à la vérité. Si donc Jean est véridique, et si d'ailleurs l'homme ne peut être vrai dans ses paroles que par la vérité, Jean ne pouvait être vrai que par la vertu de celui qui a dit : « Je suis la vérité. » (*Jean*, XIV, 6.) La vérité ne peut donc être opposée à l'homme vrai, ni l'homme vrai à la vérité. C'est la vérité qui a envoyé celui dont le témoignage est véridique, et cet homme n'est véridique que parce qu'il a été envoyé par la vérité. Si c'est la vérité qui a envoyé Jean, c'est de Jésus-Christ qu'il tient sa mission. Mais ce que le Christ fait conjointement avec le Père, le Père le fait ; et ce que le Père fait avec le Christ, le Christ le fait également. Le Père ne fait rien séparément du Fils, et le Fils ne fait rien séparément du Père ; dans le Père et dans le Fils l'amour, l'unité, la majesté, la puissance sont indivisibles et inséparables selon ces paroles du Sauveur : « Mon Père et moi nous sommes un. » (*Jean*, X, 30.) Qui donc a envoyé Jean ? Dirons-nous le Père ? c'est la vérité ; si nous répondons c'est le Fils, nous disons vrai encore ; mais il est bien plus véritable de dire c'est le Père et le Fils. Or, celui qui a été envoyé par le Père et le Fils a été envoyé par un seul Dieu, parce que le Fils a dit : « Mon père et moi nous sommes un. » Or, comment se fait-il que Jean ne connût pas celui qui l'avait envoyé ? Il nous dit, en effet : « Et moi, je ne le connaissais pas, mais

---

tis, et retia tendunt avibus volantibus, si frontem habeant, omnino non habebunt : omnino eorum ora claudentur.

TRACTATUS V.

Rursum in illud : « Et ego nesciebam eum, » etc. Quid novi Joannes didicerit de Domino per columbam.

1. Sicut Dominus voluit, ad diem promissionis nostræ pervenimus : præstabit etiam hoc, ut ad ipsius promissionis redditionem pervenire possimus. Tunc enim ea quæ dicimus, et nobis et vobis utilia sunt, si ab ipso sunt : quæ autem ab homine sunt, mendacia sunt : sicut ipse dixit Dominus noster Jesus Christus : Qui loquitur mendacium, de suo loquitur. (*Joan.*, VIII, 44.) Nemo habet de suo, nisi mendacium et peccatum. Si quid autem homo habet veritatis atque justitiæ, ab illo fonte est, quem debemus sitire in hac eremo, ut ex eo quasi guttis quibusdam irrorati, et in hac peregrinatione interim consolati, ne deficiamus in via, venire ad ejus requiem satietatemque possimus. Si ergo qui loquitur mendacium, de suo loquitur : qui loquitur veritatem, de Dei loquitur. Verax Joannes, veritas Christus : verax Joannes, sed omnis verax a veritate verax est : si ergo verax est Joannes, et verax esse homo non potest, nisi a veritate ; a quo erat verax, nisi ab eo qui dixit : Ego sum veritas ? (*Joan.*, XIV, 6.) Non ergo possct dicere, aut veritas contra veracem, aut verax contra veritatem. Veracem veritas misit : et ideo verax erat, quoniam a veritate missus erat. Si veritas Joannem miserat, Christus eum miserat. Sed quod Christus cum Patre facit, Pater facit : et quod Pater cum Christo facit, Christus facit. Nec seorsum Pater aliquid facit sine Filio ; nec seorsum aliquid Filius sine Patre : inseparabilis caritas, inseparabilis unitas, inseparabilis majestas, inseparabilis potestas, secundum hæc verba quæ ipse posuit : Ego et Pater unum sumus. (*Joan.*, X, 30.) Quis ergo misit Joannem ? Si dicamus, Pater, verum dicimus : si dicamus, Filius, verum dicimus : manifestius autem ut dicamus, Pater et Filius. Quem misit autem Pater et Filius, unus Deus misit :

Celui qui m'a envoyé baptiser dans l'eau m'a dit. » (*Jean*, 1, 33.) Je fais à Jean-Baptiste cette question. Que vous a dit Celui qui vous a envoyé baptiser dans l'eau? « Celui sur qui vous verrez l'Esprit descendre et se reposer, sous la forme d'une colombe, c'est lui qui baptise dans l'Esprit saint. » Voilà donc, saint précurseur, ce que vous a dit Celui qui vous a envoyé. Oui, voilà ce qui m'a été dit. Mais qui donc vous a envoyé? Peut-être est-ce le Père. Dieu, le Père est vrai et Dieu le Fils est la vérité; si le Père vous a envoyé séparément du Fils, Dieu vous a envoyé sans la vérité. Si, au contraire, vous êtes véridique parce que vous dites la vérité et que vous parlez d'après la vérité, le Père ne vous a point envoyé par une action séparée du Fils, mais votre mission vient à la fois du Père et du Fils. Or, si vous avez été envoyé par le Fils comme par le Père, comment pouviez-vous ignorer Celui qui vous a envoyé? Celui que vous aviez vu dans la vérité vous a envoyé pour qu'il fût manifesté dans la chair, et il vous a dit : « Celui sur qui vous verrez l'Esprit saint descendre comme une colombe et se reposer sur lui, c'est lui qui baptise dans l'Esprit saint. »

2. Ces paroles ont-elles été dites à Jean pour lui faire connaître celui dont il n'avait nulle connaissance, ou pour lui découvrir plus pleinement celui qu'il connaissait déjà? S'il n'avait eu du Sauveur nulle connaissance, il n'aurait pu lui dire, lorsque Jésus vint sur les bords du fleuve pour être baptisé : « C'est moi qui dois être baptisé par vous, et vous venez à moi! » (*Matth.*, III, 14) il le connaissait donc. Mais à quel moment la colombe descendit-elle du ciel? Lorsque le Seigneur était baptisé, et qu'il sortait de l'eau. Ainsi celui qui l'a envoyé lui a tenu ce langage : « Celui sur qui vous verrez l'Esprit saint descendre sous la forme d'une colombe, et se reposer sur lui, c'est lui qui baptise dans l'Esprit saint; » Jean ne le connaissait donc pas avant que la colombe le lui fît connaître; or la colombe ne descendit sur le Seigneur que lorsqu'il fut sorti de l'eau. Nous voyons d'ailleurs que Jean connaissait le Seigneur lorsqu'il le vit venir à lui sur les rives du fleuve, il est donc évident que Jean connaissait le Seigneur sous un rapport et qu'il ne le connaissait pas sous un autre, si nous l'entendons autrement, Jean était coupable de mensonge. Comment admettre qu'il a parlé selon la vérité, en déclarant qu'il le connaissait, lorsqu'il lui dit : « C'est moi qui devrais être baptisé par vous, et vous venez à moi? » Etait-il dans la vérité en tenant ce langage? Mais alors comment peut-il dire la vérité en s'exprimant ailleurs de la sorte : « Pour moi, je ne le connaissais pas, mais celui qui m'a envoyé baptiser dans l'eau, m'a dit : Celui sur qui vous verrez l'Esprit saint descendre sous la

---

quia Filius dixit : Ego et Pater unum sumus. Quomodo ergo nesciebat eum a quo missus est? Dixit enim : « Ego nesciebam eum, sed qui me misit baptizare in aqua, ipse mihi dixit. » (*Joan.*, I, 33.) Interrogo Joannem : Qui te misit baptizare in aqua, quid tibi dixit? « Super quem videris Spiritum descendentem, sicut columbam, et manentem super eum, ipse est qui baptizat in Spiritu sancto. « Hoc tibi o Joannes dixit, qui te misit? manifestum quia hoc. Quis ergo te misit? Forte Pater. Verus Deus Pater, et veritas Deus Filius : si Pater sine Filio te misit, Deus sine veritate te misit : si ideo autem verax es, quia veritatem loqueris, et ex veritate loqueris, non te misit Pater sine Filio, sed simul te misit Pater et Filius : si ergo et Filius te misit cum Patre, quomodo nesciebas eum a quo missus es? Quem videras in veritate, ipse te misit ut agnosceretur in carne, et dixit : « Super quem videris Spiritum descendentem sicut columbam, et manentem super eum, ipse est qui baptizat in Spiritu sancto.

2. Hoc audivit Joannes, ut nosset eum quem non noverat, an ut plenius nosset quem jam noverat? Si enim omni ex parte non nosset, non veniret ad fluvium ut baptizaretur diceret : Ego a te debeo baptizari, et tu venis ad me (*Matth.*, III, 14), noverat ergo. Quando autem columba descendit? jam baptizato Domino, et ab aqua ascendente. At si ille qui eum misit, dixit : « Super quem videris Spiritum descendentem, sicut columbam, et manentem super eum, ipse est qui baptizat in Spiritu sancto, » et non noverat eum, sed columba descendente cognovit eum; columba vero tunc descendit, quando Dominus ab aqua ascendit; tunc autem cognoverat Joannes Dominum, quando ad eum Dominus ad aquam veniebat : manifestatur nobis, quia Joannes secundum aliquid noverat, secundum aliquid nondum noverat Dominum. Nisi autem hoc intellexerimus, mendax erat. Quomodo erat verax agnoscens, qui dicit : Tu ad me venis baptizari, et ego a te debeo baptizari? Verax est cum hoc dicit? Et quomodo rursus verax est cum dicit : « Ego non noveram eum, sed qui misit me baptizare in aqua, ipse mihi dixit : Super

forme d'une colombe, et reposer sur lui, c'est lui qui baptise dans l'Esprit saint? » Donc par le moyen de cette colombe, le Seigneur s'est manifesté non pas à celui qui ne le connaissait pas, mais à celui qui connaissait une partie de ses propriétés, et qui ignorait les autres. C'est donc à nous de chercher ce que Jean ne connaissait pas encore dans le Sauveur, et qui lui fut révélé par la colombe.

3. Dans quel but Dieu a-t-il envoyé Jean pour baptiser? Je me rappelle, mes très-chers frères, vous l'avoir déjà dit, autant que cela m'a été possible. Si le baptême de Jean était nécessaire à notre salut, on doit continuer de le donner, car on ne peut dire que les hommes ne puissent plus prétendre aujourd'hui au salut, ou qu'ils ne soient plus sauvés en si grand nombre, ou que les conditions du salut soient différentes. Si Jésus-Christ est changé, les conditions du salut le sont également, mais si notre salut dépend toujours de Jésus-Christ, Jésus-Christ reste le même, comme le salut dont il est l'auteur. Pourquoi donc Jean a-t-il été envoyé avec la mission de baptiser? Parce qu'il fallait que Jésus-Christ fût baptisé. Pourquoi fallait-il que Jésus-Christ reçût le baptême? Et pourquoi a-t-il fallu qu'il prît naissance? Pourquoi a-t-il fallu qu'il fût crucifié? (1) Il est venu pour nous frayer la voie de l'humilité et pour devenir lui-même cette voie, il fallait donc qu'en toute circonstance il accomplît les devoirs de l'humilité. C'est par là aussi qu'il a daigné autoriser le baptême qu'il a établi, il a fait connaître à ses serviteurs avec quel empressement ils devaient courir au baptême du Seigneur, quand lui-même n'a pas dédaigné de recevoir le baptême de son serviteur. En effet, par un privilége spécial Jean a donné son nom au baptême qu'il administrait.

4. Soyez attentifs mes bien-aimés frères, et remarquez bien cette distinction. Le baptême dont Jean était le ministre, a été appelé le baptême de Jean. Il est le seul qui ait reçu ce privilége, et aucun des justes qui l'ont précédé ou qui l'ont suivi, n'a donné son nom à un baptême qu'il aurait reçu le pouvoir d'administrer. Jean a reçu le pouvoir de donner ce baptême, et il ne pouvait rien de lui-même, car celui qui parle de son propre fonds ne peut dire que le mensonge qu'il trouve en lui-même. (*Jean*, VII, 4.) Et de qui a-t-il reçu ce pouvoir, si ce n'est de Notre-Seigneur Jésus-Christ? Il a reçu le pouvoir de baptiser de celui qu'il a baptisé ensuite. N'en soyez point surpris, Jésus-Christ fait ici à l'égard de Jean quelque chose de semblable à ce qu'il a fait pour sa mère. Il a été dit du Christ: « Toutes choses ont été faites par lui. » Si toutes choses ont été faites par lui, Marie dont il est né dans la suite des temps, a donc aussi été faite par lui. Veuillez faire attention, mes très-chers frères, de même qu'il

---

(1) Saint Augustin répond à la question qu'il se pose par d'autres questions comme dans le Traité IV, n° 13.

---

quem videris Spiritum descendentem, sicut columbam, et manentem super eum, ipse est qui baptizat in Spiritu sancto? » Innotuit per columbam Dominus, non ei qui se non noverat, sed ei qui in eo aliquid noverat, aliquid non noverat. Nostrum est ergo quærere quid in eo Joannes nondum noverat, et per columbam didicit.

3. Quare missus est Joannes baptizans? jam memini me quantum potui dixisse Caritati Vestræ. Si enim baptismus Joannis necessarius erat saluti nostræ, et modo debuit exerceri. Non enim modo non salvantur homines, aut non modo plures salvantur, aut alia tunc salus erat, et alia modo. Si mutatus est Christus, mutata est et salus: si salus in Christo est, et idem ipse Christus est, eadem nobis salus est. Sed quare missus est Joannes baptizans? quia oportebat baptizari Christum. Quare oportebat baptizari Christum? Quare oportuit nasci Christum? quare oportuit crucifigi Christum? Si enim viam humilitatis demonstraturus advenerat, et seipsum facturus ipsam humilitatis viam: in omnibus ab eo implenda erat humilitas. Auctoritatem dare baptismo suo hinc dignatus est, ut cognoscerent servi quanta alacritate deberent currere ad baptismum Domini, quando ipse non dedignatus est suscipere baptismum servi. Donatum enim erat hoc Joanni, ut ipsius baptismus diceretur.

4. Hoc attendat, et distinguat, et noverit Caritas Vestra: Baptismus quem accepit Joannes, baptismus Joannis dictus est: solus tale donum accepit: nullus ante illum justorum, nullus post illum, ut acciperet baptismum, qui baptismus illius diceretur. Accepit quidem, non enim a se posset aliquid: si enim a se quis loquitur, mendacium de suo loquitur. (*Joan.*, VIII, 4.) Et unde accepit, nisi a Domino Jesu Christo? Ab illo ut baptizare posset accepit, quem postea baptizavit. Nolite mirari: sic enim hoc fecit Christus in Joanne, quomodo quiddam fecit in matre. De Christo enim dictum est: Omnia per ipsum facta sunt (*Joan.*, I, 3): si omnia per ipsum, et Maria per ipsum facta est, de qua postea natus est Christus. Intendat Cari-

a créé Marie, et qu'il a été en quelque sorte créé par Marie, il a donné à Jean le pouvoir d'administrer le baptême, et il a reçu ce baptême de ses mains.

5. Or en recevant le baptême de Jean, c'est-à-dire en recevant un baptême inférieur des mains d'un de ses serviteurs, Jésus-Christ a voulu enseigner à ses inférieurs à recevoir un baptême beaucoup plus auguste. Mais pourquoi n'a-t-il pas été le seul qui fût baptisé par Jean, si Jean a été envoyé pour baptiser Jésus-Christ, et préparer ainsi la voie au Seigneur, c'est-à-dire à Jésus-Christ lui-même? Je vous en ai déjà dit la raison, mais je crois nécessaire de la rappeler ici pour la question qui nous occupe. Si Notre-Seigneur Jésus-Christ eût été le seul qui eût reçu le baptême de Jean, (retenez bien ce que je vais dire, que le monde n'ait point sur vous tant de pouvoir, qu'il efface de vos cœurs ce que l'Esprit saint lui-même y a gravé, que les épines des sollicitudes de la terre ne puissent étouffer la semence jetée dans vos âmes, car pourquoi sommes-nous obligés de revenir sur les mêmes choses si ce n'est parce que nous ne sommes pas sûrs de la mémoire de votre cœur?) si donc Notre-Seigneur eût été le seul baptisé par Jean-Baptiste, il n'aurait pas manqué de gens pour en conclure que le baptême du précurseur était supérieur au baptême de Jésus-Christ. Ils diraient : La supériorité de ce baptême est si évidente, que Jésus-Christ seul a été digne de le recevoir. C'est donc pour nous donner un exemple d'humilité, pour nous apprendre à recevoir la grâce salutaire de son baptême, que Jésus-Christ a reçu ce qu'il n'avait aucun besoin de recevoir pour lui, mais ce qu'il devait recevoir dans notre intérêt. Disons encore que d'autres ont reçu ce baptême de Jean, afin que le baptême que Jésus a daigné recevoir de ses mains ne fût pas mis au-dessus de son propre baptême. Remarquez aussi que le baptême de Jean a été insuffisant pour ceux qui l'ont reçu, ils ont dû recevoir le baptême de Jésus-Christ, baptême tout différent du baptême de Jean. Ceux qui reçoivent le baptême de Jésus-Christ, ne cherchent pas à recevoir le baptême de Jean, tandis que ceux qui ont reçu le baptême de Jean, ont cru devoir recourir au baptême de Jésus-Christ. Donc le baptême de Jean a suffi à Jésus-Christ. Comment n'aurait-il pas suffi, puisqu'il ne lui était point nécessaire? Il n'avait besoin d'aucun baptême, et c'est uniquement pour nous enseigner à recevoir son baptême, qu'il a voulu être baptisé par son serviteur. Et afin que le baptême du serviteur ne fût pas préféré au baptême du Seigneur, d'autres que lui ont reçu le baptême de celui qui était comme eux le serviteur de Dieu. Mais ceux qui ont été baptisés par le serviteur, ont dû nécessairement recevoir le baptême du Seigneur, tandis que ceux qui ont reçu le baptême

---

tas vestra : Quomodo creavit Mariam, et creatus est per Mariam, sic dedit baptismum Joanni, et baptizatus est a Joanne.

5. Ad hoc ergo accepit baptismum a Joanne, ut accipiens quod inferius erat ab inferiore, ad id quod superius erat hortaretur inferiores. Sed quare non solus ipse baptizatus est a Joanne, si ad hoc missus erat Joannes, per quem baptizaretur Christus, ut pararet viam Domino, id est ipsi Christo? Et hoc jam diximus : sed commemoramus, quia necessarium est præsenti quæstioni. Si solus Dominus noster Jesus Christus baptizatus esset baptismate Joannis : tenete quod dicimus; non tantum valeat sæculum ut deleat e cordibus vestris, quod ibi scripsit Spiritus Dei; non tantum valeant spinæ curarum, ut effocent semen quod seminatur in vobis : quare enim cogimur eadem repetere, nisi quia de memoria cordis vestri securi non sumus? Si ergo solus Dominus baptizatus esset baptismo Joannis, non deessent qui sic eum haberent, ut putarent baptismum Joannis majorem esse, quam est baptismus Christi. Dicerent enim : Usque adeo illud baptisma majus est, ut solus Christus eo baptizari meruisset. Ergo ut daretur nobis a Domino exemplum humilitatis, ad percipiendam salutem baptismatis, Christus suscepit quod ei opus non erat, sed propter nos opus erat. Et rursus, ne hoc ipsum quod accepit a Joanne Christus, præponeretur baptismati Christi, permissi sunt et alii baptizari a Joanne. Sed qui baptizati sunt a Joanne, non eis suffecit : baptizati sunt enim baptismo Christi; quia non baptismus Christi erat baptismus Joannis. Qui accipiunt baptismum Christi, baptismum Joannis non quærunt : qui acceperunt baptismum Joannis, baptismum Christi quæsierunt. Ergo Christo suffecit baptismus Joannis. Quomodo non sufficeret, quando nec ipse erat necessarius? Illi enim nullus baptismus erat necessarius, sed ad hortandos nos ad baptismum suum, suscepit baptismum servi. Et ne præponeretur baptismus servi baptismo Domini, baptizati sunt alii baptismate conservi. Sed qui baptizati sunt baptismate conservi, oportebat ut baptizarentur baptismate Domini : qui autem baptizantur

n'ont eu nul besoin de recourir au baptême du serviteur.

6. Jean avait donc le pouvoir de donner un baptême qui s'appelait proprement le baptême de Jean; mais Notre-Seigneur Jésus-Christ ne voulut donner à personne le pouvoir de donner son baptême de cette sorte, non pas que le baptême du Seigneur dût être refusé à qui que ce fût, mais parce que c'était le Seigneur lui-même qui devait toujours donner ce baptême. Il fut donc établi que le Seigneur donnerait ce baptême par ses ministres, c'est-à-dire que ceux qui recevraient le baptême des mains des ministres seraient baptisés par le Seigneur, et non par les ministres eux-mêmes. Il y a, en effet, une grande différence entre baptiser comme ministres, et baptiser en vertu d'un pouvoir personnel. (*De consecr.*, dist. 4, cap. *Aliud.* IV *Sent.*, dist. 5, cap. I.) Le baptême est en raison directe de la puissance de celui au nom duquel il est donné, il n'en est pas de même de celui qui ne donne le baptême que comme simple ministre. Le baptême de Jean était comme Jean lui-même, c'était un baptême saint donné par un saint, mais qui n'était qu'un homme, bien qu'il eût reçu de Dieu cette grâce extraordinaire et privilégiée, d'être le précurseur de son juge, de le montrer du doigt, et d'accomplir cette prophétie : « Je suis la voix de celui qui crie dans le désert : Préparez la voie au Seigneur. » Le baptême du Seigneur au contraire avait la même vertu que le Seigneur; c'était donc un baptême divin, parce qu'il avait pour auteur le Seigneur, Dieu lui-même.

7. Notre-Seigneur Jésus-Christ pouvait sans doute, s'il avait voulu, conférer à l'un de ses serviteurs le pouvoir de donner le baptême à sa place (IV *Sent.*, dist. 5, cap. II), transmettre le pouvoir de baptiser, en investir quelqu'un de ses serviteurs, et communiquer à ce baptême donné par un serviteur la même vertu qu'avait le baptême donné par le Seigneur lui-même. Il ne l'a pas voulu, afin que ceux qui auraient été baptisés n'eussent d'espérance qu'en celui qu'ils reconnaissaient comme l'auteur de leur baptême. Il ne voulut donc point que les hommes missent leur espérance dans leurs semblables. Voilà pourquoi l'Apôtre s'écriait, lorsqu'il voyait que les fidèles voulaient placer leur espérance en lui : « Est-ce que Paul a été crucifié pour vous? ou bien avez-vous été baptisés au nom de Paul? » (I *Cor.*, I, 13.) Paul a baptisé comme ministre, mais non comme ayant le pouvoir direct; Notre-Seigneur au contraire a baptisé comme étant la source même du pouvoir. Renouvelez votre attention. Il pouvait donner ce pouvoir à ses serviteurs, il ne l'a pas voulu; s'il leur avait donné ce pouvoir, c'est-à-dire, s'ils eussent possédé en propre ce qui appartient au Seigneur, il y aurait autant de baptêmes qu'il y a de serviteurs; de même que nous disons le baptême de Jean, on dirait le baptême

---

baptismate Domini, non opus habent baptismate conservi.

6. Quoniam ergo acceperat Joannes baptismum, qui proprie Joannis diceretur; Dominus autem Jesus Christus noluit baptismum suum alicui dare, non ut nemo baptizaretur baptismo Domini, sed ut semper ipse Dominus baptizaret : id actum est, ut et per ministros Dominus baptizaret, id est, ut quos ministri Domini baptizaturi erant, Dominus baptizaret, non illi. Aliud est enim baptizare per ministerium, aliud baptizare per potestatem. Baptisma tale est, qualis est ille, in cujus potestate datur; non qualis est ille, per cujus ministerium datur. (*De consecr.*, dist. 4, cap. *Aliud.* IV *Sent.*, dist. 5, cap. 1.) Talis erat baptismus Joannis, qualis Joannes : baptismus justus tanquam justi, tamen hominis : sed qui acceperat a Domino istam gratiam, et tantam gratiam, ut dignus esset præire judicem, et eum digito ostendere, et implere vocem prophetiæ illius : Vox clamantis in deserto, parate viam Domino. Tale autem baptisma Domini, qualis Dominus : ergo baptisma Domini divinum, quia Dominus Deus.

7. Potuit autem Dominus Jesus Christus, si vellet, dare potestatem alicui servo suo, ut daret baptismum suum tanquam vice sua, et transferre a se baptizandi potestatem, et constituere in aliquo servo suo, et tantam vim dare baptismo translato in servum, quantam vim haberet baptismus datus a Domino. Hoc noluit ideo, ut in illo spes esset baptizatorum, a quo se baptizatos agnoscerent. (IV *Sent.*, dist. 5, cap. 2.) Noluit ergo servum ponere spem in servo. Ideoque clamabat Apostolus, cum videret homines volentes ponere spem in seipso : Nunquid Paulus pro vobis crucifixus est, aut in nomine Pauli baptizati estis? (I *Cor.*, I, 13.) Baptizavit ergo Paulus tanquam minister, non tanquam ipsa potestas : baptizavit autem Dominus tanquam potestas. Intendite : Et potuit hanc potestatem servis dare, et noluit. Si enim daret hanc potestatem servis, id est, ut ipsorum esset quod Domini erat, tot essent baptismi quot essent servi :

de Pierre, le baptême de Paul, le baptême de Jacques, le baptême de Thomas, de Matthieu, de Barthélemi, car comme vous le savez le baptême donné par le précurseur s'est appelé le baptême de Jean. Mais on me fera peut-être ici une difficulté : Prouvez-nous, me dira-t-on, que ce baptême a été véritablement appelé le baptême de Jean. Je vous le prouverai par le témoignage de la Vérité elle-même, lorsqu'elle faisait aux Juifs cette question : « D'où vient le baptême de Jean, est-ce du ciel ou des hommes ? » (*Matth.*, xxi, 25.) C'est donc afin qu'on ne distinguât point autant de baptêmes qu'il y avait de serviteurs qui baptisaient en vertu du pouvoir qu'ils avaient reçu du Seigneur, que le Seigneur s'est réservé le pouvoir de donner le baptême, et n'en a donné à ses serviteurs que l'administration. Le serviteur dit qu'il baptise, et ce langage est vrai, comme celui de l'Apôtre, lorsqu'il dit : « J'ai baptisé la maison d'Etienne ; » (I *Cor.*, 1, 16) mais entendons-nous, comme ministre. Supposez par conséquent un méchant serviteur qui ait reçu ce ministère, les hommes ne le connaissent pas, mais Dieu le connaît, et la volonté de Dieu est que le baptême soit ici donné par celui qui s'est réservé le pouvoir de baptiser.

8. Voilà ce que Jean ne connaissait pas dans le Seigneur. Il savait bien qu'il était le Seigneur, il savait que c'était par le Seigneur qu'il devait lui-même être baptisé, et il l'a déclaré, parce que le Seigneur était la vérité et qu'il était lui-même un témoin véridique envoyé par la vérité, voilà ce qu'il savait. Mais quel est donc le mystère caché dans le Seigneur qu'il ne connaissait pas? C'est qu'il devait retenir le pouvoir de donner le baptême sans le transmettre à aucun de ses serviteurs. Ainsi, que le baptême fût administré par un bon ou par un mauvais serviteur, celui qui le recevrait serait assuré qu'il est baptisé par celui qui s'en est réservé le pouvoir. Or une preuve, mes frères, que Jean ne connaissait pas cette propriété dans le Sauveur, c'est qu'il ne l'apprit que par la colombe. Il savait que Jésus était le Seigneur, mais il ne savait pas encore qu'il devait retenir le pouvoir de donner le baptême sans le communiquer en propre à aucun de ses serviteurs, et c'est dans ce sens qu'il dit : « Pour moi, je ne le connaissais pas. » Voulez-vous vous convaincre que c'est alors que cette vérité lui fut révélée ? Ecoutez ce qui suit : « Celui qui m'a envoyé baptiser dans l'eau, m'a dit : Celui sur qui vous verrez l'Esprit saint descendre comme une colombe et demeurer sur lui, c'est lui-même. » Qu'est-ce à dire, c'est lui-même? C'est le Seigneur. Mais Jean connaissait déjà le Seigneur. Arrêtez-vous à ces simples paroles de Jean : « Pour moi, je ne le connaissais pas, mais celui qui m'a envoyé baptiser dans l'eau, m'a dit. » Que lui a-t-il dit? Voici la suite : « Celui sur

---

ut quomodo dictum est baptisma Joannis, sic diceretur baptisma Petri, sic baptisma Pauli ; sic baptisma Jacobi , baptisma Thomæ, Matthæi, Bartholomæi, illud enim baptisma Joannis dictum est. Sed forte aliquis resistit, et dicit : Proba nobis quia illud baptisma Joannis dictum est. Probabo, ipsa veritate dicente, quando interrogavit Judæos : Baptisma Joannis unde est, de cœlo, an ex hominibus ? (*Matth.*, xxi, 25.) Ergo ne tot baptismata dicerentur, quot essent servi qui baptizarent accepta potestate a Domino ; sibi tenuit Dominus baptizandi potestatem, servis ministerium dedit : Dicit se servus baptizare, recte dicit, sicut Apostolus dicit : Baptizavi autem et Stephanæ domum (I *Cor.*, 1, 16) : sed tanquam minister. Ideo si sit et malus, et contingat illi habere ministerium, et si eum homines non norunt, et Deus eum novit : permittit Deus baptizari per eum, qui sibi tenuit potestatem.

8. Hoc autem Joannes non noverat in Domino. Quia Dominus erat, noverat : quia ab ipso debebat baptizari, noverat : et confessus est, quia veritas erat ille, et ille verax missus a veritate, hoc noverat. Sed quid in eo non noverat? Quia sibi retenturus erat baptismatis sui potestatem, et non eam transmissurus et translaturus in aliquem servum : sed sive baptizaret in ministerio servus bonus, sive baptizaret in ministerio servus malus, non sciret se ille qui baptizaretur baptizari, nisi ab illo qui sibi tenuit baptizandi potestatem. Et ut noveritis, Fratres, quia hoc in illo non noverat Joannes, et hoc didicit per columbam : Dominum enim noverat, sed eum baptizandi sibi potestatem retenturum, et nulli servo eam daturum, nondum noverat : secundum hoc dicit : « Et ego nesciebam eum. » Et ut noveritis, quia ibi hoc didicit, attendite sequentia : « Sed qui misit me baptizare in aqua, ipse mihi dixit : Super quem videris Spiritum descendentem, quasi columbam, et manentem super eum, ipse est. » Quid ipse est? Dominus. Sed jam noverat Dominum. Ergo putate huc usque dixisse Joannem : « Ego non noveram eum, sed qui me misit baptizare in aqua, ipse mihi dixit. » Quærimus quid dixerit? sequitur : « Super

qui vous verrez l'Esprit saint descendre sous la forme d'une colombe et s'arrêter sur lui. » Je ne vais pas plus loin, méditez bien ces paroles : « Celui sur qui vous verrez l'Esprit saint descendre sous la forme d'une colombe et s'arrêter sur lui, c'est lui-même. » Qu'est-ce à dire c'est lui-même? Quel enseignement celui qui m'a envoyé a voulu me donner par le moyen de la colombe? Qu'il était le Seigneur? Je connaissais déjà celui qui m'a envoyé, je connaissais déjà celui à qui j'ai dit : Vous venez vous faire baptiser par moi, c'est moi qui dois être baptisé par vous. Je connaissais si bien le Seigneur, que je voulais être baptisé par lui au lieu de le baptiser moi-même, et c'est alors qu'il m'a dit : « Laissez, maintenant il faut accomplir toute justice. » (*Matth.*, III, 15.) Je suis venu pour souffrir, et je refuserais d'être baptisé? Accomplissons toute justice, me dit mon Dieu, accomplissons toute justice, je veux enseigner l'humilité dans toute sa perfection. Je sais qu'il s'élèvera plus tard au milieu de mon peuple des hommes superbes, fiers des grâces extraordinaires qu'ils auront reçues, et qui croyant l'emporter sur les autres par la pratique de la chasteté, par leurs aumônes, par leur science, dédaigneront de recevoir ce qu'ont reçu ceux qui leur paraissent bien au-dessous d'eux. Il faut que je guérisse cette présomption, il faut qu'ils consentent à venir recevoir le baptême du Seigneur, puisque je n'ai pas dédaigné de recevoir le baptême du serviteur.

9. Jean savait donc cette vérité, et il connaissait le Seigneur. Que lui a donc enseigné la colombe? Qu'a voulu lui enseigner par la colombe, c'est-à-dire par l'Esprit saint, celui qui l'avait envoyé et qui lui dit : « Celui sur qui vous verrez l'Esprit saint descendre sous la forme d'une colombe et se reposer sur lui, c'est lui-même. » Qu'est-ce à dire c'est lui-même? le Seigneur, je le sais. Mais saviez-vous également, dites-moi, que le Seigneur qui avait le pouvoir de baptiser, ne donnerait ce pouvoir à aucun de ses serviteurs, mais se le réserverait exclusivement, afin que tout homme qui serait baptisé par le ministère d'un de ses semblables, n'attribuât pas la vertu de son baptême au serviteur, mais au Seigneur? Non, je ne le savais pas; aussi que me dit Dieu? « Celui sur qui vous verrez l'Esprit saint descendre comme une colombe, et se reposer sur lui, c'est lui qui baptise dans l'Esprit saint. » Il ne dit pas : c'est lui qui est le Seigneur; il ne dit pas : c'est lui qui est le Christ; il ne dit pas : c'est lui qui est Dieu; il ne dit pas : c'est lui qui est Jésus, c'est lui qui est né de la vierge Marie, qui est venu après vous, mais qui était avant vous; il ne dit rien de tout cela, car Jean connaissait toutes ces prérogatives. Mais qu'ignorait-il donc? C'est que le Seigneur se réserverait, à l'exclusion de tout autre, le pouvoir

---

quem videris Spiritum descendentem, quasi columbam, et manentem super eum. » Non dico sequentia; interim attendite : « Super quem videris Spiritum descendentem, tanquam columbam, et manentem super eum, ipse est. » Sed quid ipse est? Quid me voluit per columbam docere qui me misit? quia ipse erat Dominus? Jam noveram a quo missus eram : jam noveram cui dixi : Tu ad me venis baptizari? ego a te debeo baptizari : usque adeo ergo noveram Dominum, ut ego ab eo vellem baptizari, non ut a me ipse baptizaretur : et tunc mihi dixit : Sine modo, impleatur omnis justitia (*Matth.*, III, 15), pati veni, baptizari non venio? Impleatur omnis justitia, ait mihi Deus meus, impleatur omnis justitia, doceam plenam humilitatem : novi superbientes in futuro populo meo, novi aliquos in aliqua excellentiori gratia futuros homines, ut cum viderint idiotas aliquos baptizari, illi quia meliores sibi videntur, sive continentia, sive eleemosynis, sive doctrina, dedignentur isti fortasse accipere quod illi inferiores acceperunt : oportet ut sanem eos, ut non dedignentur venire ad baptisma Domini, quia ego veni ad baptisma servi.

9. Jam ergo hoc noverat Joannes, et noverat Dominum. Quid ergo docuit columba? Quid voluit per columbam, id est, per Spiritum sanctum sic venientem docere, qui miserat eum, cui ait : « Super quem videris Spiritum descendentem, tanquam columbam, et manentem super eum, ipse est? » Quis ipse est? Dominus. Novi. Sed nunquid hoc jam noveras, quia Dominus iste baptizandi habens potestatem, eam potestatem nulli servo daturus est, sed sibi eam retenturus est, ut omnis qui baptizatur per servi ministerium, non imputet servo, sed Domino? nunquid hoc jam noveras? Non hoc noveram : adeo quid mihi dixit? « Super quem videris Spiritum descendentem tanquam columbam, et manentem super eum, ipse est qui baptizat in Spiritu sancto. » Non ait, ipse est Dominus; non ait, ipse est Christus; non ait, ipse est Deus; non ait, ipse est Jesus, non ait, ipse est qui natus est de virgine Maria, posterior te, prior te : non ait hoc; jam enim hoc noverat Joannes. Sed

auguste de baptiser, soit pendant qu'il était sur la terre, soit lorsqu'il serait remonté vers les cieux, et ne serait plus présent ici-bas que par sa majesté, afin que ni Pierre ni Paul ne pussent dire : mon baptême. Aussi considérez et méditez le langage des Apôtres. Aucun d'eux n'a dit : mon baptême. Quoique l'Evangile fût comme leur propriété commune, cependant nous les entendons quelquefois dire : Mon Evangile, mais jamais il n'ont dit : Mon baptême.

10. Voilà donc la vérité qui a été révélée à saint Jean, mes frères. Instruisons-nous comme lui à l'école de la colombe; cette colombe n'a pas instruit Jean à l'exclusion de l'Eglise, à qui il a été dit : « Ma colombe est unique. » (*Cant.*, VI, 8.) Que la colombe enseigne donc la colombe, que la colombe apprenne ce qui a été enseigné à Jean par le moyen de la colombe. L'Esprit saint est descendu sous la forme d'une colombe; or pourquoi Jean a-t-il appris cette vérité par le moyen de cette colombe? Il fallait qu'il apprît cette vérité; fallait-il également qu'il ne l'apprît que par la colombe? Que dirai-je de cette colombe, mes frères? Comment mon cœur, comment ma langue pourront-ils suffire à exprimer ce que je voudrais dire? Et encore puis-je me flatter que ce que je voudrais dire réponde à la dignité du sujet; or si je suis incapable d'exprimer ce que je voudrais dire, combien plus le suis-je de parler dignement d'un tel sujet? Aussi aimerai-je mieux écouter ici les explications d'un autre que de vous donner les miennes.

11. Jean apprend à connaître celui qu'il connaissait déjà; toutefois il apprend en lui, non ce qu'il savait, mais une particularité qu'il ignorait. Que savait-il? que c'était le Seigneur. Qu'ignorait-il? que le Seigneur ne transmettrait à aucun homme le pouvoir propre de son baptême, mais qu'il ne leur communiquerait qu'un ministère purement transitoire (*De consecr.*, dist. 4, cap. *Baptismus*, IV *Sent.*, dist. 4, cap. 2); que le pouvoir ne serait donné à personne, mais que le ministère serait communiqué aux bons et aux mauvais. Que la colombe n'ait pas horreur du ministère des mauvais serviteurs, qu'elle considère uniquement la puissance du Seigneur. Que vous fait que le ministre soit mauvais, si le Seigneur est bon? En quoi peut vous arrêter un héraut vicieux, si le juge est pour vous plein de bonté? Voilà l'enseignement qui a été donné à Jean par la colombe. Qu'a-t-il donc appris? qu'il nous le redise lui-même : « Il m'a dit : Celui sur qui vous verrez l'Esprit saint descendre sous la forme d'une colombe, et se reposer sur lui, c'est lui qui baptise dans l'Esprit saint. Ne vous laissez donc pas induire en erreur, ô colombe! par les séducteurs qui vous disent : Nous baptisons. Vous êtes la colombe, reconnaissez donc ce qu'a enseigné la colombe : « C'est lui qui baptise dans l'Esprit saint. » La colombe nous

---

quid non noverat? Tantam potestatem baptismi ipsum Dominum habiturum et sibi retenturum, sive præsentem in terra, sive absentem corpore in cœlo et præsentem majestate, sibi retenturum baptismi potestatem : ne Paulus diceret : Baptismus meus; ne Petrus diceret : Baptismus meus. Ideo videte, intendite voces Apostolorum. Nemo Apostolorum dixit : Baptismus meus. Quamvis unum omnium esset Evangelium, tamen invenis dixisse : Evangelium meum : non invenis dixisse : Baptisma meum.

10. Hoc ergo didicit Joannes, Fratres mei. Quod didicit Joannes per columbam, discamus et nos. Non enim columba Joannem docuit, et Ecclesiam non docuit, cui Ecclesiæ dictum est : Una est columba mea. (*Cant.*, VI, 8.) Columba doceat columbam; noverit columba, quod Joannes didicit per columbam. Spiritus sanctus in specie columbæ descendit. Hoc autem quod discebat Joannes in columba, quare in columba didicit? Oportebat enim ut disceret : nec hoc forte oportebat nisi ut per columbam disceret. Quid dicam de columba, Fratres mei? Aut quando mihi sufficit facultas vel cordis vel linguæ, dicere quomodo volo? Et forte non digne volo quomodo dicendum est; nec sic tamen possum dicere quomodo volo : quanto minus quomodo dicendum est? Ego a meliore hoc audire vellem, non vobis dicere.

11. Dicit Joannes cum quem noverat : sed in eo discit, in quo eum non noverat; in quo noverat non discit. Et quid noverat? Dominum. Quid non noverat? Potestatem Dominici baptismi in nullum hominem a Domino transituram, sed ministerium plane transiturum : potestatem a Domino in neminem, ministerium et in bonos et in malos. (*De consecr.*, dist. IV, cap. *Baptismus*, IV sent., dist. 3, cap. 2.) Non exhorreat columba ministerium malorum, respiciat Domini potestatem. Quid tibi facit malus minister, ubi bonus est Dominus? Quid te impedit malitiosus præco, si est benevolus judex? Joannes didicit columbam hoc. Quid est quod didicit? Ipse repetat : « Ipse mihi dixit, inquit, super quem videris Spiritum descendentem, tanquam columbam, et manentem super eum, hic est qui baptizat in Spiritu sancto. »

apprend que c'est lui qui baptise, et vous croyez être baptisé en vertu du pouvoir de celui qui n'est que le ministre du baptême? Si tels sont vos sentiments, vous ne faites point partie du corps de la colombe; et si vous ne faites point partie du corps de la colombe, rien d'étonnant que vous n'en ayez point la simplicité. La colombe est, en effet, le symbole de la simplicité.

12. Pourquoi, mes frères, Jean a-t-il appris par la simplicité de la colombe que « c'est lui qui baptise dans l'Esprit saint? » pour nous apprendre que ceux qui ont déchiré le sein de l'Eglise n'étaient pas des colombes. C'étaient des éperviers, des vautours, car la colombe ne déchire pas. Et vous les voyez chercher à nous rendre odieux comme les auteurs des persécutions qu'ils ont endurées. Ils ont souffert, il est vrai, des persécutions extérieures, c'est-à-dire des châtiments que Dieu leur envoyait visiblement pour prévenir par cette expiation passagère la damnation éternelle qu'ils ne pourraient éviter, s'ils ne reconnaissaient la main du Seigneur qui ne les frappait que pour les corriger. C'est réellement persécuter l'Eglise que d'employer contre elle la ruse et l'artifice, c'est lui faire au cœur une profonde blessure que de la frapper avec le glaive d'une langue perfide; c'est répandre cruellement son sang, que de faire tous ses efforts pour mettre à mort Jésus-Christ dans le cœur des hommes. La crainte d'être cités au tribunal des puissances de la terre, les épouvante. Que peut vous faire la puissance si vous êtes bon? Mais si vous êtes mauvais, vous avez raison de craindre, « car ce n'est pas en vain que le prince porte le glaive. » (*Rom.*, XIII, 14.) Cessez de tirer le glaive dont vous frappez Jésus-Christ. Vous êtes chrétien, que voulez-vous persécuter dans un chrétien? Qu'est-ce que le prince a fait souffrir en vous? Il a fait souffrir le corps, et c'est l'âme que vous persécutez dans les chrétiens, car ce ne sont point les corps que vous mettez à mort. Et cependant leur fureur ne s'est pas arrêtée à l'âme, ils ont mis cruellement à mort tous ceux qu'ils ont pu, sans épargner ni les leurs, ni les étrangers, c'est un fait connu de tous. La puissance est odieuse parce qu'elle est légitime, on s'attire la haine quand on agit selon le droit, on n'a rien à craindre de l'envie quand on s'affranchit des lois. Que chacun de vous, mes frères, considère tout ce que possède un chrétien. Il est homme, c'est une qualité qu'il partage avec un grand nombre, il est chrétien, c'est un caractère qui le distingue du grand nombre, et il y a pour lui beaucoup plus d'intérêt d'être chrétien que d'être homme. En effet, c'est en qualité de chrétien qu'il est renouvelé à l'image de Dieu, qui l'avait déjà créé à son image (*Coloss.*, III, 10); tandis que comme homme il peut être vicieux, il peut être esclave de toutes les er-

---

Non ergo te decipiant, o columba, seductores, qui dicunt: Nos baptizamus. Columba, agnosce quid docuit columba. « Hic est qui baptizat in Spiritu sancto. » Per columbam dicitur, quia hic est : et tu ejus potestate putas te baptizari, cujus ministerio baptizaris? Si hoc putas, nondum es in corpore columbæ : et si non es in corpore columbæ, non mirandum quia simplicitatem non habes. Simplicitas enim maxime per columbam designatur.

12. Quare per simplicitatem columbæ didicit Joannes, quia « hic est qui baptizat in Spiritu sancto, » Fratres mei, nisi quia columbæ non erant qui Ecclesiam dissipaverunt? Accipitres erant, milvi erant. Non laniat columba. Et vides illos invidiam nobis facere, quasi de persecutionibus quas passi sunt. Corporales quidem passi quasi persecutiones, cum essent flagella Domini manifeste dantis disciplinam ad tempus, ne damnet in æternum, si eam non cognoverint, seque correxerint. Illi vero persequuntur Ecclesiam, qui dolis persequuntur : illi gravius cor feriunt, qui linguæ gladio feriunt : illi acerbius sanguinem fundunt, qui Christum, quantum in ipsis est, in homine occidunt. Perterriti videntur quasi judicio potestatum. Quid tibi facit potestas si bonus es? Si autem malus es, time potestatem : Non enim frustra gladium portat (*Rom.*, XIII, 4), dicit Apostolus. Tuum gladium noli educere, quo percutis Christum. Christiane, quid tu persequeris in Christiano? quid in te persecutus est Imperator? Carnem persecutus est, in Christiano spiritum persequeris. Non occidis tu carnem. Et tamen nec carni parcunt : quotquot potuerunt cædendo necaverunt; nec suis nec alienis pepercerunt. Notum est hoc omnibus. Invidiosa est potestas, quia legitima est : invidiosa facit, qui jure facit; sine invidia facit, qui præter leges facit. Attendat unusquisque vestrum, Fratres mei, quid habeat Christianus. Quod homo est, commune cum multis : quod Christianus est, secernitur a multis; et plus ad illum pertinet quod Christianus, quam quod homo. Nam quod Christianus, renovatur ad imaginem Dei (*Col.*, III, 10), a quo homo factus est ad imaginem Dei : quod

reurs du paganisme et de l'idolâtrie. C'est donc ce qu'il y a de plus précieux dans le chrétien que vous persécutez, car vous voulez lui ôter le principe même de sa vie. Il vit de cette vie passagère et mortelle, grâce à l'esprit de vie qui anime le corps; mais il vit pour l'éternité par la vertu du baptême qu'il a reçu du Seigneur, c'est ce don précieux et divin dont vous voulez le dépouiller, vous voulez lui ôter le principe de la véritable vie. Les voleurs n'ont qu'un but, prendre tout et ne rien laisser à ceux qu'ils veulent dépouiller; pour vous, vous dépouillez votre frère, et vous n'en êtes pas plus riche, car ce que vous lui ôtez ne vous profite en rien. Ils ressemblent donc à ceux qui sont les homicides de l'âme, ils tuent l'âme de leur frère, et ils n'ont pas pour cela deux âmes.

13. Que voulez-vous donc ôter à votre frère ? Qu'est-ce qui vous déplaît dans celui que vous voulez rebaptiser ? Vous ne pouvez lui donner ce qu'il a déjà, mais vous lui faites renoncer à ce qu'il possédait. En quoi étaient plus cruels les païens persécuteurs de l'Église ? Ils tiraient le glaive contre les martyrs, ils lâchaient contre eux les bêtes féroces, ils appliquaient les flammes ardentes à tous leurs membres, et dans quel but ? Pour arracher à celui qu'ils torturaient cette parole : « Je ne suis pas chrétien. » Pour obtenir ce désaveu, le persécuteur allumait les bûchers, vous vous employez les artifices de votre langue, vous obtenez par la séduction ce que le persécuteur n'a pu obtenir par la mort. Et que donnerez-vous donc, et à qui donnerez-vous ? S'il vous dit la vérité, et que la séduction exercée par vous ne le force pas de mentir, il vous répondra : J'ai ce que vous voulez me donner. Vous lui demandez : Avez-vous le baptême ? Oui, vous répond-il. Tant que vous me répondrez que vous l'avez, dites-vous, je ne vous le donnerai pas. Renoncez en effet à ce dessein, car ce que vous voulez me donner ne peut demeurer en moi, parce que je ne puis être dépouillé de ce que j'ai reçu. Cependant attendez, que j'examine ce que vous voulez m'enseigner. Vous commencez par me dire : Avouez que vous n'avez pas le baptême; mais je l'ai par le fait, et si je dis le contraire, je fais un mensonge, car ce que j'ai, je l'ai en réalité. Non, vous ne l'avez pas, me répliquez-vous. Prouvez que je ne l'ai pas. C'est un homme indigne qui vous l'a donné. Si Jésus-Christ est un indigne, c'est un indigne qui me l'a donné. Non, me dites-vous, Jésus-Christ n'est pas indigne, mais ce n'est pas Jésus-Christ qui vous l'a donné. Et qui donc, s'il vous plaît, répondez, car je suis certain de l'avoir reçu de Jésus-Christ. Oui, on vous l'a donné, mais c'est je ne sais quel traître, ce n'est pas Jésus-Christ. C'est mon affaire d'examiner quel est le ministre, quel est le héraut; je ne m'inquiète pas ici du ministre, je fais attention au juge. L'accusation que vous formu-

---

autem homo, posset et malus, posset et paganus, posset et idolatra. Hoc tu persequeris in Christiano, quod melius habet : hoc enim illi vis auferre unde vivit. Vivit enim temporaliter secundum spiritum vitæ, quo corpus animatur : vivit autem ad æternitatem secundum baptisma, quod accepit a Domino : hoc illi vis tollere, quod accepit a Domino; hoc illi vis tollere unde vivit. Latrones eos quos volunt expoliare, sic volunt, ut ipsi plus habeant, et illi nihil habeant : tu et tollis huic, et apud te non erit plus; non enim plus tibi fit, quia huic tollis. Sed vere hoc faciunt, quod hi qui tollunt animam : et alteri tollunt, et ipsi duas animas non habent.

13. Quid ergo vis auferre? Unde tibi displicet quem vis rebaptizare? Dare non potes quod jam habet, sed facis negare quod habet. Quid acerbius faciebat paganus, persecutor Ecclesiæ? exerebantur gladii adversus martyres, omittebantur bestiæ, ignes admovebantur : ut quid ista ? ut diceret qui ista patiebatur : Non sum Christianus. Quid doces tu eum quem vis rebaptizare, nisi ut primo dicat : Non sum Christianus? Ad quod aliquando persecutor proferebat flammam, ad hoc tu producis linguam : seducendo facis, quod ille occidendo non fecit. Et quid est quod daturus es, et cui daturus es? Si tibi verum dicat, et non seductus a te mentiatur, dicturus est : Habeo? Interrogas : Habes baptisma ? Habeo : dicit. Quamdiu habeo dicit, inquis, non sum daturus. Et noli dare : quod enim vis dare, hærere in me non potest; quia quod accepi auferri a me non potest. Sed tamen expecta, videam quid me vis docere. Dic, inquit, primo : Non habeo. Sed hoc habeo : si dixero : Non habeo, mentior : quod enim habeo, habeo : Non habes, inquit. Doce quia non habeo. Malus tibi dedit. Si malus Christus, malus mihi dedit : Non inquit, malus Christus : sed non tibi Christus dedit. Quis ergo mihi dedit? Responde : ergo me a Christo scio accepisse. Dedit tibi, inquit, sed traditor nescio quis, non Christus. Videro quis fuerit minister, videro quis fuerit præco; de officiali non disputo, judicem attendo : et forte quod objicis officiali, mentiris : sed

lez contre le ministre est peut-être un mensonge, mais je ne veux même pas m'y arrêter, que celui qui est le Seigneur des deux examine la cause de son ministre. D'ailleurs, si je vous demande des preuves, vous ne pouvez en donner, vous me répondez par des mensonges, car il a été démontré que vous êtes dans l'impuissance de prouver ce que vous avancez (1). Mais encore une fois, ce n'est point là l'objet de ma cause, car je ne veux pas, en défendant chaleureusement des hommes innocents, vous laisser croire que je place mon espérance dans ces hommes parce qu'ils sont innocents; qu'ils soient donc ce que vous voulez, c'est de Jésus-Christ que j'ai reçu ce que j'ai, c'est par Jésus-Christ que j'ai été baptisé. Non, me dites-vous, c'est cet évêque qui vous a baptisé, et c'est le même qui communique avec les hérétiques. J'ai été baptisé par Jésus-Christ, j'en suis certain. Comment le savez-vous? C'est la colombe que Jean a vu qui me l'a enseigné. O vautour cruel, ne m'arrachez pas des entrailles de la colombe, je fais partie des membres de la colombe, et je sais ce que la colombe m'a enseigné. Vous me dites : C'est un tel ou un tel qui vous a baptisé, mais la colombe vous dit aussi bien qu'à moi : « C'est lui qui baptise. » Qui dois-je croire du vautour ou de la colombe?

14. Répondez-moi clairement afin que vous soyez confondu par ce même flambeau qui a confondu les premiers ennemis du Sauveur, les pharisiens vos pareils qui lui firent un jour cette question : « Par quelle autorité faites-vous ces choses? Jésus leur répondit : J'ai aussi une demande à vous faire? Dites-moi : D'où était le baptême de Jean, du ciel ou des hommes? » (*Matth.*, XXI, 23; *Marc*, XI, 28; *Luc*, XX, 2, etc.) Et les pharisiens qui se préparaient à lancer contre lui leurs traits perfides furent comme enlacés dans cette question, ils méditèrent donc en eux-mêmes et se dirent : « Si nous répondons qu'il vient du ciel, il nous dira : Pourquoi donc n'avez-vous pas cru ce qu'il vous enseignait. » Car Jean-Baptiste avait dit du Seigneur : « Voici l'Agneau de Dieu, voici celui qui efface le péché du monde. » (*Jean*, I, 29.) Pourquoi donc me demander par quelle autorité je fais ces choses. O loups! c'est par l'autorité de l'Agneau que je fais ce que je fais. Mais pour connaître cet Agneau, pourquoi n'avez-vous pas cru à Jean qui vous a dit : « Voici l'Agneau de Dieu, voici celui qui efface les péchés du monde. » Or comme ils savaient parfaitement le témoignage que Jean avait rendu au Seigneur, ils se dirent en eux-mêmes : « Si nous répondons que le baptême de Jean vient du ciel, il nous dira : Pourquoi n'avez-vous pas cru en lui? Si nous disons au contraire qu'il vient des hommes, nous serons lapidés par le peuple qui regarde Jean comme un Prophète. » Ils craignaient donc les hommes et sous

(1) Saint Augustin fait ici allusion à la cause de Cécilien, voyez les lettres 43, 88, 185, etc.

nolo discutere, causam officialis sui cognoscat Dominus amborum : forte si exigam ut probes, non probas; imo mentiris : probatum est te probare non potuisse : sed non ibi pono causam meam, ne cum studiose cœpero defendere homines innocentes, putes me spem meam vel in hominibus innocentibus potuisse : fuerint homines quales libet, ego a Christo accepi, ego a Christo baptizatus sum. Non, inquit, sed ille episcopus te baptizavit, et ille episcopus illis communicat. A Christo sum baptizatus, ego novi. Unde nosti? Docuit me columba, quam vidit Joannes. O milve male, non me dilanias a visceribus columbæ : in columbæ membris numeror; quia quod columba docuit, hoc novi : tu mihi dicis : Ille te baptizavit, aut ille te baptizavit : per columbam mihi et tibi dicitur : « Hic est qui baptizat : » cui credo, milvo an columbæ?

14. Certe tu mihi dic, ut per illam lucernam confundaris, qua confusi sunt et priores inimici (a) pares tui pharisæi, qui cum interrogarent Dominum : In

(a) Unus Parcensis. Ms. *patres.*

qua potestate ista faceret : Interrogabo et ego vos, inquit, istum sermonem : Dicite mihi, Baptisma Joannis unde est, de cœlo an ex hominibus? (*Matth.*, XXI, 23; *Marc.*, XI, 28; *Luc*, XX, 2, etc.) Et illi qui præparabant jaculari dolos, irretiti sunt quæstione, cœperunt volvere apud semetipsos, et dicere : Si dixerimus quia de cœlo est, dicturus est nobis : Quare non credidistis ei? Joannes enim dixerat de Domino, Ecce Agnus Dei, ecce qui tollit peccatum mundi : (*Joan.*, I, 29.) Quid ergo quæritis, in qua potestate facio? O lupi, in potestate Agni facio quod facio. Sed ut nossetis Agnum, quare non credidistis Joanni, qui dixit : Ecce Agnus Dei, ecce qui tollit peccatum mundi? Scientes ergo illi quid dixisset Joannes de Domino, dixerunt apud se : Si dixerimus quia de cœlo est baptismus Joannis, dicet nobis : Quare ergo non credidistis ei? Si dixerimus quia ex hominibus est, lapidamur a populo : quia prophetam habent Joannem. Hinc timebant homines, hinc veritatem

l'impression de cette crainte, ils n'osaient avouer la vérité. Les ténèbres firent une réponse ténébreuse, mais elles furent vaincues par la lumière. Quelle fut, en effet, leur réponse ? « Nous ne savons. » Ils le savaient fort bien, et ils répondent : « Nous ne savons. » Et que leur dit le Seigneur ? « Et moi non plus je ne vous dirai point par quelle autorité je fais ces choses. » Et ces premiers ennemis furent couverts de confusion. D'où leur vint cette confusion ? Du flambeau. Quel était ce flambeau ? Jean-Baptiste. Pouvons-nous prouver qu'il était vraiment un flambeau ? Nous le pouvons, par le témoignage du Seigneur lui-même qui dit de Jean-Baptiste : « Il était un flambeau ardent et luisant. » (*Jean*, v, 35.) Pouvons-nous prouver également que c'est par lui que les ennemis du Sauveur ont été confondus ? Ecoutez ces paroles du Psaume : « J'ai préparé un flambeau à mon Christ, je couvrirai ses ennemis de confusion. » (*Ps.* cxxxi, 17.)

15. Au milieu des ténèbres de cette vie, nous marchons encore à la clarté du flambeau de la foi, attachons-nous donc à Jean qui est pour nous un véritable flambeau, confondons par lui les ennemis de Jésus-Christ, ou plutôt que Jésus-Christ les couvre lui-même de confusion par son flambeau. Faisons nous aussi la même question que le Seigneur a faite aux Juifs et demandons : D'où vient le baptême de Jean ? Du ciel ou des hommes ? Que répondront-ils ? Faites attention, ce flambeau va encore couvrir ces nouveaux ennemis de confusion. Que vont-ils répondre ? S'ils disent, ce baptême vient des hommes, ils seront lapidés par les leurs ; s'ils disent au contraire, il vient du ciel, nous leur demanderons : Pourquoi n'avez-vous pas cru en lui ? Diront-ils : Nous croyons en lui ? Comment donc prétendez-vous que vous baptisez, tandis que Jean déclare expressément : « C'est lui-même qui baptise ? » Mais il faut, disent-ils, que les ministres d'un juge aussi auguste et dont il se sert pour donner le baptême, soient justes et irréprochables. (*De consecr.*, dist. IV, cap. *Baptismus*, IV *Sent.*, dist. 5, cap. 1.) Je l'admets sans peine et nous sommes tous d'accord sur ce point ; oui, les ministres d'un juge aussi auguste doivent être justes et saints. Qu'ils donnent donc l'exemple de la sainteté s'ils le veulent, mais si ceux qui sont assis sur la chaire de Moïse rejettent loin d'eux la justice, je suis rassuré par mon maître à qui son Esprit rend ce témoignage. « C'est lui qui baptise. » Et d'où me vient cette assurance ? « Les scribes et les pharisiens, dit le Sauveur, sont assis sur la chaire de Moïse, faites ce qu'ils vous disent, mais ne faites pas ce qu'ils font, car ils disent et ne font pas. » (*Matth.*, XXIII, 2.) Si le ministre est juste, je le mets au rang de Paul, au rang de Pierre, j'associe à ces saints apôtres tous les ministres saints et justes, car les ministres vraiment justes ne cherchent point leur gloire ; ils ne sont que des ministres, ils ne veulent point passer pour juges, ils redoutent par-

---

fateri confundebantur. Tenebræ tenebras responderunt, sed a luce superatæ sunt. Quid enim responderunt ? Nescimus : quod sciebant, dixerunt, nescimus. Et Dominus : Nec ego vobis dico, inquit, in qua potestate ista facio. Et confusi sunt primi inimici. Unde ? de lucerna. Quis erat lucerna ? Joannes. Probamus, quia lucerna erat ? probamus. Dominus enim dicit : Ille erat lucerna ardens et lucens. (*Joan.*, v, 35.) Probamus, quia et de ipso confusi sunt inimici ? Psalmum audi : Paravi, inquit, lucernam Christo meo, inimicos ejus induam confusione. (*Psal.* cxxxi, 17.)

15. Adhuc in hujus vitæ tenebris ad lucernam fidei ambulamus : teneamus et nos lucernam Joannem, confundamus et inde inimicos Christi : imo ipse confundat inimicos suos per lucernam suam. Interrogemus et nos quod Dominus Judæos, interrogemus et dicamus : Baptisma Joannis unde est ? De cœlo an ex hominibus ? Quid dicturi sunt ? Videte, si non et ipsi tanquam inimici de lucerna confunduntur. Quid dicturi sunt ? Si dixerint ex hominibus ; et ipsi sui eos lapidabunt : si autem dixerint, de cœlo ; dicamus eis : Quare ergo non credidistis ei ? Dicunt fortasse : Credimus ei. Quomodo ergo dicitis quia vos baptizatis, et Joannes dicit : « Hic est qui baptizat ? » Sed ministros, inquiunt, tanti judicis justos oportet esse, per quos baptizatur. Et ego dico, et omnes dicimus, quia justos oportet esse tanti judicis ministros : sint ministri justi, si volunt ; si autem noluerint esse justi qui cathedram Moysi sedent, securum me fecit magister meus, de quo Spiritus ejus dixit : « Hic est qui baptizat. » (*De consec.*, dist. IV, cap. *Baptismus*, IV Sent. dist. 5, cap. 1.) Quomodo securum me fecit ? « Scribæ, inquit, et Pharisæi cathedram Moysi sedent ; quæ dicunt, facite, quæ autem faciunt, facere nolite : dicunt enim, et non faciunt. » (*Matth.*, XXIII, 2.) Si fuerit minister justus, computo illum cum Paulo, computo illum cum Petro ; cum istis computo justos ministros : quia vere justi ministri gloriam suam non quærunt ; ministri enim

dessus tout que les hommes mettent en eux leur espérance. J'assimile donc à saint Paul les ministres vraiment justes. Que dit en effet ce grand apôtre : « C'est moi qui ai planté, c'est Apollon qui a arrosé, mais c'est Dieu qui a donné l'accroissement. Or celui qui plante n'est rien, non plus que celui qui arrose, mais Dieu qui donne l'accroissement. » (I *Cor.*, III, 6.) Au contraire, le ministre rempli d'orgueil est confondu avec le démon, mais le don de Jésus-Christ n'en reçoit aucune souillure, l'eau qui coule par son intermédiaire tombe pure et limpide sur la terre fertile. Il est vrai, il est de la nature de la pierre, il ne peut devenir fécond sous l'action de l'eau ; c'est ainsi que l'eau coule à travers un canal de pierre, pour se répandre dans les planches d'un parterre ; elle ne produit rien dans le canal de pierre, mais elle répand la fertilité dans les jardins. La vertu spirituelle du sacrement est comme la lumière, elle est reçue dans toute sa pureté par ceux qu'elle éclaire, et ne contracte aucune souillure des milieux impurs qu'elle traverse. Que les ministres soient donc justes, et qu'ils ne cherchent pas leur gloire, mais la gloire de celui dont ils sont les ministres ; qu'ils ne disent pas : c'est mon baptême, parce qu'en effet, ce n'est pas leur baptême. Qu'ils considèrent l'exemple de Jean-Baptiste. Jean était plein de l'Esprit saint, et son baptême venait du ciel et non des hommes. Mais pendant combien de temps ce baptême devait-il durer ? Il déclare lui-même qu'il était venu préparer la voie au Seigneur. Or dès que le Seigneur a été connu, il est devenu lui-même la voie, et il n'était plus besoin du baptême de Jean pour lui préparer la voie.

16. Cependant que nous objecte-t-on ordinairement ? Le baptême de Jean a été suivi d'un autre baptême. Avant que cette question fût traitée à fond dans l'Église catholique, il en est beaucoup même parmi des hommes aussi distingués par leur position que leur vertu qui sont ici tombés dans l'erreur (1). Mais comme ils faisaient partie des membres de la colombe, ils ne s'en sont point séparés, et on vit se vérifier en eux ces paroles de l'Apôtre : « Si vous avez d'autres pensées, Dieu vous le révélera. » (*Philipp.*, III, 15.) Ceux au contraire qui se sont séparés du corps de la colombe, sont devenus désobéissants et rebelles. Quelle est donc leur objection accoutumée ? On a rebaptisé après Jean-Baptiste, on ne rebaptiserait pas après les hérétiques ? Nous voyons en effet que quelques disciples qui avaient été baptisés par Jean, sur l'ordre de saint Paul reçurent le baptême de Jésus-Christ. (*Act.*, XIX, 4.) Pourquoi donc élever si haut le mérite de Jean, et condamner si amè-

---

(1) Saint Augustin fait ici allusion à saint Cyprien, et en même temps au concile de Carthage dont il parle dans son livre du Baptême contre les Donatistes, chap. VI et VII.

---

sunt, pro judicibus haberi nolunt, spem in se poni exhorrescunt : ergo computo cum Paulo justum ministrum. Quid enim dicit Paulus ? « Ego plantavi, Apollo rigavit, sed Deus incrementum dedit : neque qui plantat est aliquid, neque qui rigat, sed qui incrementum dat Deus. » (I *Cor.*, III, 6.) Qui vero fuerit superbus minister, cum (*a*) Zabulo computatur : sed non contaminatur donum Christi, quod per illum fluit purum, quod per illum transit liquidum venit ad fertilem terram : puta quia ipse lapideus est, quia ex aqua fructum ferre non potest : et per lapideum canalem transit aqua, transit aqua ad areolas ; in canali lapideo nihil generat, sed tamen (*b*) hortis plurimum fructum affert. Spiritalis enim virtus sacramenti ita est ut lux : et ab illuminandis pura excipitur, et si per immundos transeat, non inquinatur. Sint plane ministri justi, et gloriam suam non quærant, sed illius cujus ministri sunt : non dicant : Baptisma meum est ; quia non est ipsorum. Attendant ipsum Joannem. Ecce Joannes plenus erat Spiritu sancto ; et baptismum de cœlo habebat, non ex hominibus : sed quatenus habebat ? ipse dixit : Parate viam Domino. (*Isa.*, LX, 3.) Ubi autem cognitus est Dominus, ipse factus est via ; non jam opus erat baptismate Joannis, quo pararetur via Domino.

16. Tamen quid nobis solent dicere ? Ecce post Joannem baptizatum est. Antequam enim bene ista quæstio tractaretur in Ecclesia catholica, multi in ea erraverunt, et magni et boni sed quia de membris columbæ erant, non se præciderunt, et factum est in eis quod dixit Apostolus : Si quid aliter sapitis, hoc quoque vobis Deus revelabit. (*Phil.*, III, 15.) Unde isti qui se separaverunt, indociles facti sunt. Quid ergo solent dicere ? Ecce post Joannem baptizatum est, post hæreticos non baptisatur ? Quia quidam qui habebant baptisma Joannis, jussi sunt a Paulo baptizari : non enim habebant baptisma Christi. (*Act.*, XIX, 4.) Quid ergo exaggeras meritum Joannis, et quasi abjicis infelicitatem hæreticorum ? Et ego tibi con-

---

(*a*) In pluribus Mss. loco *Zabuli*, est ubique nomen *diaboli*. — (*b*) In omnibus Mss. *hortus*.

rement le malheur des hérétiques? Je vous accorde que les hérétiques soient coupables des plus grands crimes, mais ces hérétiques ont donné le baptême de Jésus-Christ, baptême que n'a point donné Jean-Baptiste.

17. Je reviens à Jean-Baptiste, et je dis avec lui : « C'est lui qui baptise. » Oui, Jean vaut beaucoup mieux qu'un hérétique, de même qu'il vaut incomparablement mieux qu'un ivrogne, qu'un homicide. Or, si nous devons rebaptiser après un homme aussi inférieur en vertu, parce que les apôtres ont baptisé après un homme qui lui est de beaucoup supérieur, alors que tous ceux qui chez eux ont été baptisés par un ivrogne (je ne dis point par un homicide, je ne dis point par le satellite d'un scélérat (1), par un ravisseur du bien d'autrui, par un oppresseur des orphelins, par un homme qui divise les époux, non, je passe tous ces crimes sous silence; je m'attache à ce qui est plus fréquent, à ce que nous voyons tous les jours, à ces invitations qu'on adresse à tout le peuple dans cette ville. livrons-nous aux joyeux propos et à la douceur des festins; tel jour du mois de janvier vous ne devez point jeûner; je ne relève ici que ce qui est plus léger, plus habituel); que tous ceux, dis-je, qui ont été baptisés par un ivrogne, me disent : Qui vaut mieux de Jean ou d'un ivrogne? Répondez, si vous le pouvez, que votre ivrogne vaut mieux que Jean-Baptiste; vous n'oseriez jamais le dire. Eh bien! vous qui êtes plus tempérant, baptisez donc après cet homme adonné au vin. Car si les apôtres ont baptisé après Jean-Baptiste, à plus forte raison un homme tempérant doit-il rebaptiser après un ivrogne. Vous me direz : Cet ivrogne est avec moi dans l'unité. Est-ce que Jean, l'ami de l'Epoux, n'était pas dans l'unité avec l'Epoux?

18. Mais je m'adresse à vous, qui que vous soyez, et je vous demande : Etes-vous meilleur que Jean? Vous n'oseriez dire : Je vaux mieux que Jean-Baptiste. Donc les partisans de vos idées doivent baptiser après vous, s'ils valent mieux que vous. Car si on a baptisé après le baptême de Jean, vous devez rougir qu'on ne baptise pas après vous. Vous me direz : Mais le baptême que je donne et que j'enseigne est le baptême de Jésus-Christ. Reconnaissez donc ici votre juge, et ne soyez point un prédicateur rempli d'orgueil. Vous donnez le baptême de Jésus-Christ, et c'est pour cela qu'on ne baptise plus après vous; tandis qu'on a baptisé après Jean, parce que le baptême qu'il donnait n'était pas celui de Jésus-Christ, mais son baptême à lui, et qui dans le dessein de Dieu était son baptême propre. Vous n'êtes donc pas meilleur que Jean, mais le baptême que vous administrez est supérieur au baptême de Jean. L'un était de Jésus-

(1) Allusion à Optat évêque de Thamugade dans la Numidie, qui était appelé le satellite de Gisdon; voyez la lettre 87 à Eucrite.

cedo sceleratos esse hæreticos : sed hæretici baptisma Christi dederunt, quod baptisma non dedit Joannes.

17. Recurro ad Joannem, et dico : « Hic est qui baptizat. » Sic enim melior Joannes quam hæreticus, quomodo melior Joannes quam ebriosus, quomodo melior Joannes quam homicida. Si post deteriorem baptizare debemus, quia post meliorem baptizarunt Apostoli ; quicumque apud ipsos baptizati fuerint ab ebrioso, non dico ab homicida, non dico a satellite alicujus scelerati, non dico a raptore rerum alienarum, non dico ab oppressore pupillorum, non a separatore conjugum ; nihil horum dico, quod solemne est dico, quod quotidianum est dico, quo vocantur omnes dico, et in ista civitate, quando eis dicitur (a), Alogiemus, bene sit nobis, et tali die festo Januariarum non debes jejunare, ea dico levia, quotidiana : ab ebrioso homine cum baptizatur, quis est melior, Joannes an ebriosus? Responde si potes, quod ebriosus tuus melior sit quam Joannes : nun-quam hoc audebis. Ergo tu quia sobrius es, baptiza post ebriosum tuum. Si enim post Joannem baptizaverunt Apostoli, quanto magis debet post ebriosum sobrius baptizare? An dicis, in unitate mecum est ebriosus? Ergo Joannes amicus sponsi, non erat in unitate cum sponso?

18. Sed tibi ipsi dico, quisquis es : Tu es melior, an Joannes? Non audebis dicere : Ego sum melior quam Joannes. Ergo post te baptizent tui, si te fuerint meliores. Si enim post Joannem baptizatum est, erubesce quia post te non baptizatur. Dicturus es : Sed ego baptismum Christi habeo, et doceo. Aliquando ergo agnosce judicem, et noli præco superbus esse. Baptismum Christi das, ideo non post te baptizatur : post Joannem ideo baptizatum est ; quia non Christi baptismum dabat, sed suum ; quia sic acceperat ut ipsius esset. Non ergo tu melior quam Joannes : sed baptismus qui per te datur, melior quam Joannis. Ipse enim Christi est, iste autem

(a) Bad. et Am. alongemur. Lov. alogiemus. Mss. aliquot probæ notæ, alogiemus. Verbum ductum est ab alogia, quæ dicitur, Augustino in epist. 36. ad Casulanum, n. 11 interpretante, cum epulis indulgetur, ut a rationis tramite devietur.

Christ, l'autre était de Jean. Le baptême que donnait Paul, celui que donnait Pierre, celui même qu'a pu donner Judas, était le baptême de Jésus-Christ. Judas a donné ce baptême, et on n'a plus baptisé après lui. Jean a baptisé, et il a fallu baptiser après lui, parce que le baptême qu'a pu donner Judas était le baptême de Jésus-Christ, et que celui qui a été donné par Jean, n'était que le baptême de Jean. Ce n'est donc point Judas que nous mettons au-dessus de Jean, c'est le baptême de Jésus-Christ administré même par les mains de Judas, que nous déclarons supérieur à celui qui a été donné par les mains de Jean. Il est écrit du Seigneur avant sa passion, qu'il baptisait plus de disciples que Jean, et l'Évangéliste ajoute : « Quoique Jésus ne baptisât point lui-même, mais ses disciples, » (*Jean*, IV, 1) c'était lui, et ce n'était pas lui ; c'était lui par sa puissance, c'étaient ses disciples comme ministres ; ils prêtaient leur ministère pour conférer le baptême, mais le pouvoir de baptiser demeurait dans Jésus-Christ. Ses disciples baptisaient donc, et parmi eux se trouvait encore Judas. (*De consecr.*, dist. 4, cap. *Aliud*.) Ainsi ceux que Judas a baptisés n'ont pas été rebaptisés ; ceux au contraire qui avaient reçu le baptême de Jean, ont été baptisés de nouveau. Oui, sans doute, mais ils n'ont pas reçu une seconde fois le même baptême. En effet, ceux que Jean a baptisés, ne l'ont été que par Jean, tandis que c'est Jésus-Christ qui a baptisé ceux qui ont été baptisés par Judas. (1 *Quæst.* 1, cap. *Dedit*.) Tous ceux donc qui ont reçu le baptême des mains d'un ivrogne, d'un homicide, d'un adultère, si c'était le baptême de Jésus-Christ, ont été baptisés par Jésus-Christ. Je ne m'effraie point du ministère d'un adultère, d'un ivrogne, d'un homicide, parce que je ne considère que la colombe qui me dit : « C'est lui qui baptise. » (*De consecr.*, dist. 4, cap. *Baptismus*.)

19. Du reste, mes frères, ce serait une extravagance de dire non pas que Judas, mais qu'un homme quel qu'il soit, ait surpassé en mérite celui dont il est dit : « Parmi les enfants des femmes, il n'en a point paru de plus grand que Jean-Baptiste. » (*Matth.*, II, 11.) Nous ne mettons donc aucun serviteur au-dessus de lui ; mais nous déclarons que le baptême du Seigneur, fût-il donné par un méchant serviteur, est préférable au baptême de l'ami du Seigneur et de son serviteur. Écoutez en quels termes l'apôtre saint Paul parle des faux frères qui prêchaient la parole de Dieu par un motif d'envie : « Je m'en réjouis, et je m'en réjouirai. » (*Philip.*, I, 18.) Car ils annoncent Jésus-Christ par un motif d'envie, je l'avoue, mais après tout c'est Jésus-Christ qu'ils annoncent. Ne considérez donc point le motif, mais l'objet de leur prédication. On vous prêche Jésus-Christ par un sentiment d'envie ; ne considérez que Jésus-Christ,

---

Joannes. Et quod dabatur a Paulo, et quod dabatur a Petro, Christi est : et si datum est a Juda, Christi erat (I *Quæst*, cap. *Dedit.*) Dedit Judas, et non baptizatum est post Judam ; dedit Joannes, et baptizatum est post Joannem : quia si datus est a Juda baptismus, Christi erat : qui autem a Joanne datus est, Joannis erat. Non Judam Joanni, sed baptismum Christi etiam per Judæ manus datum, baptismo Joannis etiam per manus Joannis dato recte præponimus. Etenim dictum est de Domino antequam pateretur, quia baptizabat plures quam Joannes (*Joan.*, IV, 1) : deinde adjunctum est : « Quamvis ipse non baptizaret, sed discipuli ejus. » Ipse, et non ipse : ipse potestate, illi ministerio : servitutem ad baptizandum illi admovebant, potestas baptizandi in Christo permanebat. Ergo baptizabant discipuli ejus, et ibi adhuc erat Judas inter discipulos ejus : quos ergo baptizavit Judas, non sunt iterum baptizati : et quos baptizavit Joannes, iterum baptizati sunt ? (*De consecr.*, dist. IV, cap. *Aliud*.) Plane iterum, sed non iterato baptismo. Quos enim baptizavit Joannes, Joannes baptizavit : quos autem baptizavit Judas, Christus baptizavit. (I *Quæst.*, I, cap. *Dedit.*) Sic ergo quos baptizavit ebriosus, quos baptizavit homicida, quos baptizavit adulter, si baptismus Christi erat, Christus baptizavit. Non timeo adulterum, non ebriosum, non homicidam : quia columbam attendo, per quam mihi dicitur : « Hic est qui baptizat. » (*De consecr.*, dist. IV, cap. *Baptismus*.)

19. Cæterum, Fratres mei, delirium est dicere, quia melioris meriti fuit, non dico Judas, sed quilibet hominum, quam ille de quo dictum est : In natis mulierum nemo exsurrexit major Joanne Baptista. (*Matth.*, II, 11.) Non ergo huic quisquam servus, sed baptisma Domini etiam per servum malum datum, baptismati etiam amici servi præponitur. Audi quales commemorat Apostolus Paulus falsos fratres, invidia prædicantes verbum Dei, et quid de illis dicit ? Et in hoc gaudeo, sed et gaudebo. (*Philip.*, I, 18.) Christum enim annuntiabant, per invidiam quidem, sed tamen Christum. Non per quid, sed quem vide : per invidiam tibi prædicatur Christus ? vide Chris-

évitez l'envie. N'imitez point le prédicateur qui est mauvais, mais imitez le bon et le saint qui vous est prêché. Il y en avait donc un certain nombre qui annonçaient Jésus-Christ par un sentiment d'envie. Et qu'est-ce que l'envie? un vice qui fait horreur. C'est le vice qui a perdu le démon; c'est ce mal funeste qui a été la cause de sa ruine, et cependant des prédicateurs de Jésus-Christ étaient travaillés de ce vice, et l'Apôtre leur laisse la liberté de prêcher. Pourquoi? Parce qu'ils prêchaient Jésus-Christ. Celui qui est envieux a de la haine, et celui qui a de la haine, qu'est-ce que l'Esprit saint a dit de lui? « Celui qui hait son frère, est un homicide. » (I *Jean,* III, 15.) Et toutefois on a baptisé après Jean, et on ne rebaptise pas après un homicide, parce que Jean n'a donné que son baptême, et que l'homicide a donné le baptême de Jésus-Christ. Or, la sainteté de ce sacrement est si grande, qu'elle ne peut être souillée par l'indignité d'un ministre homicide.

20. Je suis loin de rejeter Jean-Baptiste; je crois bien plutôt à sa parole. Pourquoi ai-je foi à sa parole? Parce qu'il a été instruit à l'école de la colombe. Que lui a-t-elle appris? « C'est lui qui baptise dans l'Esprit saint. » Retenez ces paroles, mes frères, et gravez-les dans vos cœurs. Le temps me manque pour vous expliquer parfaitement pourquoi c'est par la colombe qu'il a été instruit de cette vérité. Je vous ai expliqué suffisamment, ce me semble, mes très-chers frères, que c'est la colombe qui a fait connaître à Jean-Baptiste la propriété qu'il ne connaissait pas en Jésus-Christ, bien qu'il connût d'ailleurs le Sauveur. Mais pourquoi? est-ce par la colombe que cette vérité devait lui être révélée? Je répondrais immédiatement à cette question, si je pouvais le faire en peu de mots; mais cette réponse exige de longs développements, et je ne veux point vous fatiguer. De même donc qu'avec le secours de vos prières, j'ai accompli la promesse que je vous avais faite; ainsi, aidé encore de ces pieuses prières et de vos bonnes dispositions, je vous expliquerai pourquoi ce n'est que par la colombe que Jean a dû apprendre cette vérité sur la personne de Jésus-Christ, qu'il est « celui qui baptise dans l'Esprit saint, » et qu'il n'a transmis à aucun de ses serviteurs le pouvoir personnel de baptiser.

TRAITÉ VI.

Sur les mêmes paroles qui précédent; pourquoi Dieu a voulu que l'Esprit saint se manifestât sous la forme d'une colombe.

1. Je vous l'avoue, mes très-chers frères, j'avais craint que la rigueur de la saison ne refroidît aussi votre zèle pour ces saintes réunions; mais votre empressement à vous rendre ici en si

---

tum, vita invidiam. Noli imitari malum prædicatorem, sed imitare bonum (*a*) qui tibi prædicatur. Christus ergo a quibusdam per invidiam prædicabatur. Et quid est invidere? horrendum malum. Ipso malo Zabulus dejectus est (*b*), ipsum dejecit multum maligna pestis : et habebant illam quidam Christi prædicatores quos tamen prædicare permittit Apostolus. Quare? quia Christum prædicabant. Qui autem invidet, odit; et qui odit, quid de illo dicitur? Audi Apostolum Joannem : Qui odit fratrem suum, homicida est. (I *Joan.,* III, 15.) Ecce post Joannem baptizatum est, post homicidam non baptizatum est: quia Joannes dedit baptismum suum, homicida dedit baptismum Christi. Quod sacramentum tam sanctum est, ut nec homicida ministrante polluatur.

20. Non respuo Joannem, sed potius credo Joanni. Quid credo Joanni? quod didicit per columbam. Quid didicit per columbam? « Hic est qui baptizat in Spiritu sancto. » Jam ergo, Fratres, tenete hoc, et cordibus vestris infigite. Si enim hodie voluero plenius dicere, quare per columbam, tempus non sufficit. Quia enim res discenda insinuata est Joanni per columbam, quam non noverat in Christo Joannes, quamvis jam nosset Christum, exposui quantum arbitror Sanctitati Vestræ : sed quare hanc ipsam rem per columbam oportuit demonstrari, si breviter dici posset, dicerem : sed quia diu dicendum est, et onerare vos nolo, quomodo adjutus sum orationibus vestris, ut illud quod promisi, implerem; adjuvante etiam atque etiam pia intentione et votis bonis, et illud apparebit vobis, quare Joannes quod didicit in Domino, quia « ipse est qui baptizat in Spiritu sancto, » et nulli servo suo translegavit potestatem baptizandi, non debuit discere nisi per columbam.

TRACTATUS VI.

In eumdem Evangelii locum. Quare Deus per columbæ speciem ostendere voluerit Spiritum sanctum.

1. Fateor Sanctitati Vestræ, timueram ne frigus hoc frigidos vos ad conveniendum faceret : sed quia ista celebritate et frequentia vestra, spiritu vos fer-

---

(*a*) Editi, *quod.* At Mss. *qui :* recte, nam refertur ad Christum. — (*b*) In aliquot Mss. *ipso dejecit multos, maligna pestis est.*

grand nombre est une preuve de la ferveur qui vous anime ; je ne doute donc point que vous n'ayez demandé pour moi à Dieu la grâce de remplir l'engagement que j'ai contracté à votre égard. Je vous avais promis de répondre aujourd'hui par la grâce de Jésus-Christ à la question que le manque de temps m'avait empêché de discuter, c'est-à-dire pourquoi Dieu a voulu que l'Esprit saint se manifestât sous la forme d'une colombe. Le jour est venu de donner à cette question les développements qu'elle demande, et je sens que le vif désir de m'entendre et votre pieux empressement vous a réunis ici en plus grand nombre. Plaise à Dieu que ce qui sortira de ma bouche réponde à votre attente. C'est un sentiment d'amour qui vous a conduits ici, mais quel est l'objet de cet amour? Si c'est nous, je dirai que vous avez raison, car nous désirons être aimés de vous, mais pas en nous-mêmes. De même que nous vous aimons en Jésus-Christ, aimez-nous aussi en Jésus-Christ, et que notre amour mutuel gémisse pour nous auprès de Dieu, car c'est là le gémissement de la colombe.

2. Si donc tel est le gémissement de la colombe que nous connaissons tous, et si l'amour est la cause des gémissements de la colombe, écoutez ce que dit l'Apôtre et ne soyez plus surpris que l'Esprit saint ait voulu se manifester sous la forme d'une colombe : « Nous ne savons, dit-il, ce que nous devons demander dans la prière, mais l'Esprit lui-même demande pour nous par des gémissements inénarrables. » (*Rom.*, VIII, 26.) Quoi donc, mes frères, pouvons-nous dire que l'Esprit saint pousse des gémissements au milieu de la béatitude parfaite et éternelle dont il jouit avec le Père et le Fils? En effet, l'Esprit saint est Dieu, comme le Fils de Dieu est Dieu, comme le Père est Dieu. Je dis trois fois Dieu, mais non pas trois Dieux, parce qu'il est plus vrai de dire que Dieu est trois fois Dieu plutôt qu'il y a trois Dieux; car le Père, le Fils et le Saint-Esprit ne sont qu'un seul Dieu, comme vous le savez parfaitement. Ce n'est donc point en lui-même dans sa nature, dans la Trinité, au sein de cette béatitude, de cette substance éternelle que l'Esprit saint gémit, mais c'est en nous qu'il gémit parce qu'il nous inspire ces gémissements. Or, c'est un don bien précieux que l'Esprit saint nous fait en nous enseignant à gémir, il nous apprend ainsi que nous sommes voyageurs ici-bas, il nous apprend à soupirer après notre patrie, car nos soupirs sont des gémissements. Celui qui se trouve bien en ce monde ou plutôt qui s'imagine qu'il y est bien, qui met sa joie dans les jouissances charnelles, dans l'abondance des biens périssables et dans une félicité mensongère, a la voix d'un corbeau, car la voix du corbeau est criarde et non gémissante. Mais pour celui qui sent le poids accablant de cette nature mortelle, qui sait qu'il est éloigné du Seigneur (II *Cor.*, v, 6), qu'il

---

vere demonstratis, non dubito quia etiam orastis pro me, ut debitum vobis exsolvam. Promiseram enim in nomine Christi disserere hodie, cum angustia temporis tunc impediret, ne id possemus explicare tractando : Quare Deus per columbæ speciem ostendere voluerit Spiritum sanctum. Hoc ut explicetur, illuxit nobis dies hodiernus ; et sentio audiendi cupiditate et pia devotione vos celebrius congregatos. Expectationem vestram Deus impleat ex ore nostro. Amastis enim ut veniretis : sed amastis, quid? Si nos, et hoc bene; nam volumus amari a vobis, sed nolumus in nobis. Quia ergo in Christo vos amamus, in Christo nos redamate, et amor noster pro invicem gemat ad Deum : ipse enim gemitus columbæ est.

2. Si ergo gemitus columbæ est, quod omnes novimus, gemunt autem columbæ in amore; audite quid dicat Apostolus, et nolite mirari, quia in columbæ specie voluit demonstrari Spiritus sanctus : « Quid enim oremus sicut oportet, inquit, nescimus : sed ipse Spiritus interpellat pro nobis gemitibus inenarrabilibus. » (*Rom.*, VIII, 26.) Quid ergo, Fratres mei, hoc dicturi sumus, quia Spiritus gemit, ubi perfecta et æterna beatitudo est ei cum Patre et Filio? Spiritus enim sanctus Deus, sicut Dei Filius Deus, et Pater Deus. Ter dixi Deus, sed non dixi tres deos : magis enim Deus ter, quam dii tres, quia Pater et Filius et Spiritus sanctus unus Deus, hoc optime nostis. Non ergo Spiritus sanctus in semetipso apud semetipsum in illa Trinitate, in illa beatitudine, in illa æternitate substantiæ gemit : sed in nobis gemit, quia gemere nos facit. Nec parva res est, quod nos docet Spiritus sanctus gemere : insinuat enim nobis quia peregrinamur, et docet nos in patriam suspirare, et ipso desiderio gemimus. Cui bene est in hoc sæculo, imo qui putat quod ei bene sit, qui lætitia rerum carnalium, et abundantia temporalium, et vana felicitate exultat, habet vocem corvi : vox enim corvi clamosa est, non gemebunda. Qui autem novit in pressura se esse mortalitatis hujus, et peregrinari se a Domino (II *Cor.*, v, 6),

n'est pas encore entré en possession de cette félicité éternelle qui nous a été promise, mais qu'il n'a qu'en espérance ce bonheur qu'il doit posséder un jour lorsque le Seigneur, dont le premier avénement a été caché sous les voiles de l'humilité, viendra dans tout l'éclat de sa gloire; ah! celui-là ne peut que gémir. Si tel est le sujet de ses gémissements, ils sont légitimes, ils lui sont enseignés par l'Esprit saint, inspirés par la colombe. Mais il en est un grand nombre qui ne gémissent que des infortunes de la terre; les pertes qui ébranlent leur fortune, les maladies qui les accablent, la captivité qu'ils endurent, les chaînes dont ils sont chargés, les flots de la mer dont ils sont le jouet, les embûches dont leurs ennemis les entourent, voilà ce qui les fait gémir; mais ce ne sont point là les gémissements de la colombe, ce n'est pas l'amour de Dieu, ce n'est pas l'Esprit saint qui est le principe de ces gémissements. Aussi, lorsqu'ils sont délivrés de ces tribulations, rien de plus bruyant que les transports de leur joie, marque évidente que c'est la voix du corbeau et non celle de la colombe. C'est par un dessein plein de sagesse que le corbeau que Noé laissa aller de l'arche ne revint pas; il envoya aussi une colombe, mais elle revint; ce sont les deux oiseaux que Noé laissa partir. (*Gen.*, VIII, 6.) Il avait à la fois un corbeau et une colombe, car l'arche renfermait ces deux espèces. Si donc l'arche était la figure de l'Eglise, il faut, comme vous le voyez, que tant que dure le déluge de ce monde, l'Eglise aussi renferme ces deux espèces, le corbeau et la colombe. Quels sont ceux que figure le corbeau? Ceux qui cherchent leurs propres intérêts. (*Philip.*, II, 21.) Quels sont ceux dont la colombe est l'emblème? Ceux qui cherchent les intérêts de Jésus-Christ.

3. Lorsque l'Esprit saint a été envoyé sur la terre, il s'est donc manifesté sous deux formes visibles différentes; sous la forme d'une colombe, lorsqu'il descendit sur Notre-Seigneur après son baptême; et sous la forme de langues de feu, quand il descendit sur les apôtres. En effet, Notre-Seigneur étant remonté au ciel après sa résurrection, et après qu'il fût resté quarante jours avec ses disciples, il leur envoya l'Esprit saint le jour de la Pentecôte selon sa promesse. Soudain on entendit un bruit venant du ciel, pareil à un vent violent qui s'approche, et l'Esprit saint remplit l'endroit où se trouvaient les disciples, comme nous le lisons dans les Actes des Apôtres : « Et ils virent, dit l'auteur sacré, des langues de feu qui se partagèrent et qui se reposèrent sur chacun d'eux. Et ils furent remplis de l'Esprit saint, et ils commencèrent à parler diverses langues selon que l'Esprit saint les faisait parler. » (*Act.*, II, 3-4.) Nous voyons donc d'un côté la colombe descendant sur Notre-Seigneur, de l'autre des langues qui se partagent et se reposent sur les disciples réunis; ici c'est le symbole de la simplicité, là c'est l'emblème

---

nondum tenere illam perpetuam quæ nobis promissa est beatitudinem, sed habere illam in spe, habiturus in re, cum Dominus venerit in manifestatione præclarus, qui prius in humilitate venit occultus : qui hoc novit, gemit. Et quandiu propter hoc gemit, bene gemit : Spiritus illum docuit gemere, a columba didicit gemere. Multi enim gemunt in infelicitate terrena, vel quassati damnis, vel ægritudine corporis prægravati, vel carceribus inclusi, vel catenis colligati, vel fluctibus maris jactati, vel aliquibus inimicorum insidiis circumsepti gemunt : sed non columbæ gemitu gemunt, non amore Dei gemunt, non spiritu gemunt. Ideo tales cum ab ipsis pressuris fuerint liberati, exultant in grandibus vocibus : ubi apparet quia corvi sunt, non columbæ. Merito de arca missus est corvus, et non est reversus : missa est columba, et reversa est : illas duas aves misit Noe. (*Gen.*, VIII, 6.) Habebat ibi corvum, habebat et columbam, utrumque hoc genus arca illa continebat : et si arca figurabat Ecclesiam, videtis utique quia necesse est ut in isto diluvio sæculi utrumque genus contineat Ecclesia, et corvum et columbam. Qui sunt corvi? qui sua quærunt. Qui columbæ? qui ea quæ Christi sunt quærunt. (*Philip.*, II, 21.)

3. Propterea ergo cum mitteret Spiritum sanctum, duobus modis eum ostendit visibiliter; per columbam, et per ignem : per columbam super Dominum baptizatum, per ignem super discipulos congregatos. Cum enim ascendisset Dominus in cœlum post resurrectionem, peractis cum discipulis suis quadraginta diebus, impleto die Pentecostes, misit eis Spiritum sanctum, sicut promiserat. Spiritus ergo tunc veniens implevit locum illum, factoque primo sonitu de cœlo tanquam ferretur flatus vehemens, sicut in Actibus Apostolorum legimus : « Visæ, inquit, illis sunt linguæ divisæ velut ignis, qui et insedit super unumquemque eorum, et cœperunt linguis loqui, sicut Spiritus dabat eis pronuntiare. » (*Act.*, II, 3 et 4.) Hac vidimus columbam super Dominum, hac linguas divisas super discipulos congregatos : ibi

de la ferveur. Il en est, en effet, qui passent pour simples et qui sont négligents, on leur donne le nom de simples et ils sont sans énergie, tel n'était point Etienne rempli de l'Esprit saint. Il était simple, parce qu'il ne blessait personne, mais il était plein de ferveur dans les reproches qu'il adressait aux impies. Il ne dissimula point la vérité aux Juifs et ses paroles sont toutes de feu : « Hommes à la tête dure, incirconcis de cœur et d'oreilles, vous résistez toujours au Saint-Esprit. » (*Act.*, VII, 51.) Ces reproches sont bien vifs, mais la colère de la colombe est sans fiel. Voici la preuve de ce que j'avance : A ces mots, ceux qui avaient les instincts du corbeau, coururent aussitôt chercher des pierres pour se venger de la colombe et ils lapidèrent Etienne. Vous l'avez vu, il n'y a qu'un instant, bouillant et frémissant de zèle, se précipiter pour ainsi dire sur ses ennemis, et dans un emportement qui semble tenir de la violence, laisser échapper ces paroles ardentes et enflammées : « Hommes à la tête dure, incirconcis de cœur et d'oreilles ; » c'est-à-dire qu'en entendant ces reproches, on croirait qu'il veut les anéantir s'il était en son pouvoir. Or, voici qu'ils viennent avec des pierres dans leurs mains pour le lapider, Etienne se met à genoux et fait cette prière à Dieu : « Seigneur, ne leur imputez point ce crime. » (*Ibid.*, 59.) Ah ! c'est qu'il était étroitement attaché à l'unité de la colombe.

Son divin Maître, sur lequel la colombe était descendue, avait le premier donné l'exemple de cette douceur, lorsque sur la croix il disait : « Mon Père, pardonnez-leur, car ils ne savent ce qu'ils font. » (*Luc*, XXIII, 34.) La colombe enseigne donc à ceux qui ont été sanctifiés par l'Esprit saint à se garder de tout artifice, et le feu enseigne à la simplicité à éviter la froideur. Ne vous laissez pas impressionner ici par le partage des langues. Les langues sont différentes les unes des autres, c'est pour cela que l'Esprit saint apparut sous la forme de langues qui étaient partagées. « Et ils virent comme des langues de feu qui se partagèrent et se reposèrent sur chacun d'eux. » Oui, les langues sont différentes, mais ces différences ne constituent pas des schismes. Que cette différence des langues ne vous fasse pas craindre la division, reconnaissez dans la colombe le symbole de l'unité.

4. Il était nécessaire que l'Esprit saint descendît sur Notre-Seigneur sous la forme d'une colombe pour apprendre à tous les chrétiens qu'on reconnaîtra qu'ils ont vraiment reçu l'Esprit saint, s'ils ont la simplicité de la colombe et s'ils vivent avec leurs frères dans cette paix véritable que figurent les baisers des colombes. Les corbeaux donnent aussi des baisers, mais leur paix est mensongère tandis que celle des colombes est véritable. N'écoutez pas, comme une colombe, tout homme qui vous dit : La paix

---

simplicitas, hic fervor ostenditur. Sunt enim qui dicuntur simplices, et pigri sunt : vocantur simplices, sunt autem segnes. Non talis erat Stephanus plenus Spiritu sancto : simplex erat, quia nemini nocebat ; fervens erat, quia impios arguebat. Non enim tacuit Judæis, cujus sunt verba illa flammantia : Dura cervice, et non circumcisi corde et auribus, vos semper restitistis Spiritui sancto. (*Act.*, VII, 51.) Magnus impetus : sed columba sine felle sævit. Nam ut noveritis quia sine felle sæviebat, illi auditis his verbis qui corvi erant, ad lapides statim adversus columbam cucurrerunt, cœpit Stephanus lapidari : et qui paulo ante fremens et fervens spiritu, tanquam in inimicos impetum fecerat, et tanquam violentus invectus erat in verbis igneis atque ita flammantibus, ut audistis : Dura cervice, et non circumcisi corde et auribus : ut qui ea verba audiret, putaret Stephanum, si ei liceret, statim illos velle consumi : venientibus in se lapidibus ex manibus eorum, genu fixo ait : Domine ne statuas illis hoc delictum. (*v.* 59.) Inhæserat unitati columbæ. Prior

enim illud fecerat magister, super quem descendit columba : qui pendens in cruce ait : Pater ignosce illis, quia nesciunt quid faciunt. (*Luc.*, XXIII, 34.) Ergo ne Spiritu sanctificati dolum habeant, in columba demonstratum est : ne simplicitas frigida remaneat, in igne demonstratum est. Nec moveat, quia linguæ divisæ sunt. Distant enim linguæ, ideo divisis linguis apparuit. « Linguæ, inquit, divisæ velut ignis, qui et insedit super unumquemque eorum. » Distant inter se linguæ, sed linguarum distantia non sunt schismata. In linguis divisis noli dissipationem timere, unitatem cognosce in columba.

4. Sic ergo, sic oportebat demonstrari Spiritum sanctum venientem super Dominum, ut intelligat unusquisque si habet Spiritum sanctum, simplicem se esse debere sicut columbam : habere cum fratribus veram pacem, quam significant oscula columbarum. Habent enim oscula et corvi, sed in corvis falsa pax, in columba vera pax. (Il *Quæst.* VII, cap. *Non omnis qui.*) Non omnis ergo qui dicit : Pax vobiscum, quasi columba audiendus est. Unde ergo discernun-

soit avec vous. Comment donc pourrons-nous distinguer les baisers des corbeaux d'avec les baisers de colombe? Les corbeaux donnent aussi des baisers, mais en même temps ils déchirent; la colombe, de sa nature, ne sait pas déchirer. Là où vous voyez l'ardeur de déchirer, les baisers ne donnent point la véritable paix; cette paix est le privilége exclusif de ceux qui n'ont point déchiré l'Eglise. Les corbeaux se nourrissent de corps qui ont été mis à mort, ce que ne fait pas la colombe; elle ne se nourrit que des fruits de la terre, sa nourriture est simple et innocente, particularité vraiment admirable. Les passereaux, de forme beaucoup plus petite, tuent les mouches pour s'en nourrir, la colombe ne fait rien de semblable, car elle ne se nourrit point de cadavres. Ceux qui se nourrissent des victimes qu'ils ont mises à mort, sont ceux qui ont déchiré l'Eglise. La puissance de Dieu est grande, prions-le donc qu'il rende la vie à ceux qui ont été leur proie sans même qu'ils l'aient senti. Un grand nombre le reconnaissent aujourd'hui parce qu'ils sont rendus à la vie, et tous les jours leur retour nous comble de joie en Jésus-Christ. Efforcez-vous donc, mes frères, d'être à la fois pleins de simplicité et de ferveur, et que votre ferveur se produise dans vos discours. Ne gardez pas le silence, mais que les paroles ardentes qui sortiront de votre bouche aille enflammer les âmes les plus froides.

5. Mais quoi! mes frères, qui ne voit point ce qu'ils s'obstinent à ne pas voir? Et il n'y a ici rien d'étonnant, car ceux qui ne veulent point revenir de ces erreurs, sont comme le corbeau qui a été envoyé de l'arche. Encore une fois, qui ne voit ce que leurs yeux refusent de voir? Ils sont en cela pleins d'ingratitude pour l'Esprit saint. Voici, en effet, que la colombe est descendue sur le Seigneur, et sur le Seigneur après son baptême, et on vit alors se manifester cette sainte et véritable Trinité dans laquelle nous adorons un seul Dieu. Notre-Seigneur sort de l'eau, comme nous le lisons dans l'Evangile, et voici que les cieux s'ouvrirent, et Jean vit l'Esprit saint descendre sous la forme d'une colombe, et se reposer sur lui, et aussitôt en entendit une voix qui disait : « Tu es mon Fils bien-aimé, en qui j'ai mis mes complaisances. » (*Matth.*, III, 16, 17.) La Trinité se révèle ici de la manière la plus évidente : le Père dans la voix, le Fils dans l'homme, l'Esprit saint dans la colombe. Dans cette Trinité, au nom de laquelle les apôtres ont reçu leur mission, considérons attentivement ce qui se présente à nos regards, et ce qu'il est surprenant qu'ils ne voient point; car ils ne voient point en réalité, et ils ferment les yeux à ce qui vient frapper directement leurs regards. Les apôtres ont été envoyés au nom du Père, du Fils et du Saint-Esprit, par celui dont il est dit : « C'est lui qui baptise. » Voilà ce que dit à ses ministres celui qui s'est réservé ce pouvoir.

6. Voilà ce que Jean a vu en Jésus-Christ,

---

tur oscula corvorum ab osculis columbarum? Osculantur corvi, sed laniant : a laniatu innocens est natura columbarum : ubi ergo laniatus, non est vera in osculis pax : illi habent veram pacem, qui Ecclesiam non laniaverunt. Nam corvi de morte pascuntur, hoc columba non habet: de frugibus terræ vivit, innocens ejus victus est : quod vere, Fratres, mirandum est in columba. Sunt passeres brevissimi, vel muscas occidunt : nihil horum columba; non enim de morte pascitur. Qui laniaverunt Ecclesiam, de mortibus pascuntur. Potens est Deus, rogemus ut reviviscant qui devorantur ab eis et non sentiunt. Multi agnoscunt, quia reviviscunt; nam ad eorum adventum quotidie gratulamur in nomine Christi. Vos tantum sic estote simplices, ut sitis ferventes : et fervor vester in linguis sit. Nolite tacere : ardentibus linguis loquentes, accendite frigidos.

5. Quid enim, Fratres mei? Quis non videat quod illi non vident? Nec mirum : quia qui inde reverti nolunt, sicut corvus qui de arca emissus est. Quis enim non videat quod illi non vident? Et ipsi Spiritui sancto ingrati sunt. Ecce columba descendit super Dominum, et super Dominum baptizatum : et apparuit ibi sancta illa et vera Trinitas, quæ nobis unus Deus est. Ascendit enim Dominus ab aqua, sicut in Evangelio legimus : « Et ecce aperti sunt ei cœli, et vidit Spiritum descendentem velut columbam, et mansit super eum : et statim vox consecuta est : Tu es Filius meus dilectus, in quo mihi complacui. » (*Matth.*, III, 16 et 17.) Apparet manifestissima Trinitas, Pater in voce, Filius in homine, Spiritus in columba. In ista Trinitate quo missi sunt Apostoli, videamus quod videmus, et quod mirum est quia illi non vident : non enim vere non vident, sed ad id quod facies eorum ferit, oculos claudunt. Quo missi sunt discipuli, in nomine Patris et Filii et Spiritus sancti, ab illo de quo dictum est : « Hic est qui baptizat. » Dictum est enim ministris ab eo qui sibi tenuit hanc potestatem.

6. Hoc enim in illo vidit Joannes, et cognovit

voilà la propriété qu'il ne connaissait pas, et qui lui fut révélée. Il n'ignorait pas que Jésus fût le Fils de Dieu, il n'ignorait pas qu'il fût le Seigneur, qu'il fût le Christ, il n'ignorait même pas qu'il était celui qui devait baptiser dans l'eau et l'Esprit saint; mais ce qu'il ignorait et qui lui fut enseigné par la colombe, c'est que le Christ devait se réserver le pouvoir de baptiser, et ne le transmettre à aucun de ses ministres. Ce pouvoir que Jésus-Christ s'est exclusivement réservé, sans le communiquer à aucun de ses ministres, bien qu'il ait daigné se servir d'eux pour baptiser, est le fondement de l'unité de l'Eglise dont il est dit : « Ma colombe est unique, elle est unique pour sa mère. » En effet, mes frères, comme je vous l'ai déjà dit, si le Seigneur transmettait ce pouvoir personnel aux ministres de ce sacrement, il y aurait autant de baptêmes que de ministres, et l'unité du baptême serait détruite. (*De cons.*, d. 4, c. *Aliud*.)

7. Renouvelez votre attention, mes frères. Vous savez que c'est après le baptême de Notre-Seigneur que la colombe descendit sur lui et fit connaître à Jean une propriété particulière, suivant ce qui lui avait été dit : « Celui sur qui vous verrez l'Esprit saint descendre sous la forme d'une colombe, et se reposer sur lui, c'est lui qui baptise dans l'Esprit saint. » Avant que Notre-Seigneur se présentât pour recevoir le baptême, Jean savait donc qu'il baptise dans l'Esprit saint; mais c'est au moment de son baptême qu'il apprit que le pouvoir qu'il avait de baptiser ne serait jamais transmis à qui que ce fût, mais simplement communiqué. Et comment prouvons-nous que Jean savait déjà que le Seigneur devait baptiser dans l'Esprit saint? car c'est ainsi que nous comprendrons la vérité qui lui fut révélée par la colombe, c'est-à-dire qu'en baptisant dans l'Esprit saint, le Seigneur ne devait transmettre à personne ce pouvoir extraordinaire. Comment le prouvons-nous? La colombe descendit sur le Seigneur lorsqu'il était déjà baptisé; or, nous avons dit qu'avant que Jésus vînt sur les bords du Jourdain pour être baptisé, Jean le connaissait, comme il le témoigne en lui disant : « Vous venez à moi pour être baptisé, c'est bien plutôt moi qui dois être baptisé par vous. » (*Matth.*, III, 14.) Il savait donc qu'il était le Seigneur, il savait qu'il était le Fils de Dieu; comment prouverons-nous qu'il savait également qu'il devait baptiser dans l'Esprit saint? Avant que Jésus vînt sur les rives du Jourdain, Jean voyant un grand nombre de Juifs venir à son baptême, il leur dit : « Moi, je vous baptise dans l'eau, mais celui qui doit venir après moi est plus puissant que moi, et je ne suis pas digne de dénouer les cordons de ses souliers; c'est lui qui vous baptisera dans l'Esprit saint et le feu. » (*Ibid.*, 11.) Il connaissait donc cette circonstance.

quod non noverat : non quia eum non noverat Filium Dei, aut eum non noverat Dominum, aut non noverat Christum, aut vero et hoc non noverat quia ipse baptizaturus esset in aqua et Spiritu sancto; nam et hoc noverat : sed quia ita ut sibi teneret ipsam potestatem, et in nullum ministrorum eam transferret, hoc est quod didicit in columba. Per hanc enim potestatem, quam Christus solus sibi tenuit, et in neminem ministrorum transfudit, quamvis per ministros suos baptizare dignatus sit, per hanc stat unitas Ecclesiæ, quæ significatur in columba (*Cant.*, VI, 8), de qua dictum est : Una est columba mea, una est matri suæ. Si enim, ut jam dixi, Fratres mei, transferretur potestas a Domino ad ministrum, tot baptismata essent, quot ministri essent, et jam non staret unitas baptismi. (*De consecr.*, dist. 4, cap. *Aliud*.)

7. Intendite Fratres : Antequam veniret Dominus noster Jesus Christus ad baptismum, (nam post baptismum descendit columba in qua cognovit Joannes quiddam proprium, cum ei dictum esset : « Super quem videris Spiritum descendentem sicut columbam, et manentem super eum, ipse est qui baptizat in Spiritu sancto;) » noverat quia ipse baptizat in Spiritu sancto : sed quia tali proprietate, ut potestas ab eo non transiret in alterum, quamvis eo donante, hoc ibi didicit. Et unde probamus quia jam et hoc noverat Joannes, quia baptizaturus erat Dominus in Spiritu sancto : ut hoc intelligatur didicisse in columba, quod ita erat baptizaturus Dominus in Spiritu sancto, ut in neminem alium hominem potestas illa transiret? unde probamus? Columba jam baptizato Domino descendit : ante autem quam veniret Dominus ut baptizaretur a Joanne in Jordane, diximus quia noverat eum, illis vocibus ubi ait : Tu ad me venis baptizari? Ego a te debeo baptizari. (*Matth.*, III, 14.) Sed ecce Dominum noverat, noverat Filium Dei : unde probamus quod jam noverat quia ipse baptizaret in Spiritu sancto? Antequam veniret ad fluvium, cum multi ad Joannem concurrerent baptizari, ait illis : « Ego quidem baptizo vos in aqua, qui autem post me venit, major me est, cujus non sum dignus corrigiam calceamenti solvere : ipse vos baptizabit in Spiritu sancto et igni, » (*Ibidem*, 11) jam et hoc noverat. Quid ergo per columbam didicit, ne mendax postea inveniatur,

Qu'a-t-il donc appris de la colombe pour que sa véracité soit sauvegardée? (Dieu nous garde cependant de le soupçonner de mensonge.) C'est que Jésus-Christ aurait cette qualité propre et personnelle, que malgré la multitude de ces ministres saints ou pécheurs qui donneraient le baptême, la sainteté du baptême ne serait attribuée qu'à celui sur lequel est descendue la colombe, et dont il est dit : « C'est celui qui baptise dans l'Esprit saint. » (*Jean*, I, 33.) Que Pierre baptise, c'est celui-là qui baptise; que Paul baptise, c'est celui-là qui baptise; que Judas même baptise, c'est celui-là encore qui baptise.

8. Si la sainteté du baptême dépend de la diversité des mérites, il y aura autant de baptêmes qu'il y a de mérites différents, et chacun mesurera l'excellence du baptême qu'il a reçu sur la sainteté plus grande de celui qui l'a baptisé. Parmi les saints eux-mêmes, mes frères, comprenez cette vérité; parmi les saints eux-mêmes, étroitement unis à la colombe, membres vivants de la cité de Jérusalem, qui forment la partie saine de l'Eglise, et dont l'Apôtre dit : « Le Seigneur connaît ceux qui sont à lui, » (II *Tim.*, II, 19) il y a diversité de dons spirituels, les mérites ne sont pas égaux ; les uns sont plus saints, plus avancés dans la perfection que les autres. Comment se fait-il cependant que si un catéchumène est baptisé par un saint, tandis qu'un autre est baptisé par un ministre d'un mérite inférieur aux yeux de Dieu, d'une perfection moins grande, d'une chasteté moins parfaite, d'une vie moins sainte, ils reçoivent cependant tous deux une seule et même grâce? Je réponds, parce que « c'est celui-là qui baptise. » De même donc que dans le baptême donné par deux saints de mérite différent, la grâce reçue d'un côté n'est pas supérieure à l'autre, mais qu'elle est parfaitement égale, malgré le degré différent de leur sainteté, sans être plus excellente d'un côté, et inférieure de l'autre, ainsi lorsqu'un ministre indigne baptise par suite de l'ignorance ou de la tolérance de l'Eglise (car les méchants restent souvent ignorés ou tolérés jusqu'au dernier jour où l'aire de l'Eglise sera nettoyée), la grâce du baptême est une, elle ne varie point suivant les dispositions différentes des ministres, elle est toujours égale, parce que « c'est lui qui baptise. » (*De consecr.*, dist. 4, cap. *Cum baptisat.* IV *Sent.*, dist. 5, cap. 1.)

9. Donc, mes frères bien-aimés, considérons attentivement ce qu'ils ne veulent pas voir, ou plutôt ils le voient, mais ils s'affligent de le voir, et il semble que la vérité demeure voilée à leurs regards. Vers qui les disciples ont été envoyés comme ministres du baptême, au nom du Père et du Fils et du Saint-Esprit? « Allez, leur dit Jésus-Christ, baptisez les nations. » (*Matth.*, XXVIII, 19.) Vous avez appris, mes frères, comment cet héritage lui a été dévolu : « Demandez-

---

(quod avertat a nobis Deus opinari), nisi quamdam proprietatem in Christo talem futuram, ut quamvis multi ministri baptizaturi essent, sive justi, sive injusti, non tribueretur sanctitas baptismi, nisi illi super quem descendit columba, de quo dictum est : « Hic est qui baptizat in Spiritu sancto? » (*Joan.*, I, 33.) Petrus baptizet, hic est qui baptizat; Paulus baptizet, hic est qui baptizat; Judas baptizet, hic est qui baptizat.

8. Nam si pro diversitate meritorum baptisma sanctum est, quia diversa sunt merita, diversa erunt baptismata ; et tanto quisque aliquid melius putatur accipere, quanto a meliore videtur accepisse. Ipsi sancti, intelligite Fratres, boni pertinentes ad columbam, pertinentes ad sortem civitatis illius Jerusalem, ipsi boni in Ecclesia, de quibus dicit Apostolus : Novit Dominus qui sunt ejus (II *Tim.*, II, 19) : diversarum gratiarum sunt, non omnes paria merita habent : sunt alii aliis sanctiores, sunt alii aliis meliores. Quare ergo si unus ab illo, verbi gratia, justo sancto baptizetur; alius ab alio inferioris meriti apud Deum, inferioris gradus, inferioris continentiæ, inferioris vitæ, unum tamen et par et æquale est quod acceperunt, nisi quia « Hic est qui baptizat? » Quomodo ergo cum baptizat bonus et melior, non ideo juste bonum accepit, et ille melius ; sed quamvis bonus et melior fuerint ministri, unum et æquale est quod acceperunt, non est melius in illo, et inferius in isto: sic et cum baptizat malus ex aliqua vel ignorantia Ecclesiæ, vel tolerantia, (aut enim ignorantur mali, aut tolerantur, toleratur palea, quo usque in ultimo ventiletur area :) illud quod datum est, unum est, nec impar propter impares ministros; sed par et æquale, propter : « Hic est qui baptizat. » (*De consecr.*, dist. IV, cap. *Cum baptizat.*, IV *Sent.*, dist. 5, cap. 1.)

9. Ergo dilectissimi, videamus quod videre illi nolunt; non quod non videant, sed quod se videre doleant : quasi clausum sit contra illos. Quo missi sunt discipuli, in nomine Patris et Filii et Spiritus sancti, ut baptizarent tanquam ministri? quo missi sunt? Ite, dixit, baptizate gentes. (*Matth.*, XXVIII, 19.) Audistis, Fratres, quomodo venit illa hæreditas: « Pos-

moi leur dit Dieu, et je vous donnerai les nations pour héritage, et les extrémités de la terre pour empire. » (*Ps.* II, 8.) Vous avez appris comment la loi est sortie de Sion, et la parole de Dieu de Jérusalem (*Is.*, II, 3), car c'est là qu'il a été dit aux apôtres : « Allez, baptisez les nations au nom du Père et du Fils et du Saint-Esprit. » Ces paroles : « Allez, baptisez les nations, » ont excité notre attention. Au nom de qui doivent-ils baptiser? Au nom du Père et du Fils et du Saint-Esprit. Ce n'est ici qu'un seul Dieu, car nous ne lisons pas au pluriel : Aux noms du Père et du Fils et du Saint-Esprit, mais au singulier : « Au nom du Père et du Fils et du Saint-Esprit. » Là où vous n'entendez qu'un seul nom, il n'y a qu'un seul Dieu. L'apôtre saint Paul fait le même raisonnement en rappelant ce qui est dit de la postérité d'Abraham : « Toutes les nations seront bénies en celui qui sortira de vous. » (*Gen.*, XXII, 18; *Gal.*, III, 16.) Il ne dit pas : Dans ceux qui naîtront de vous, comme s'il parlait de plusieurs, mais il dit comme s'il parlait d'un seul : « En celui qui naîtra de vous, » c'est-à-dire en Jésus-Christ. De même donc que l'Apôtre, en ne disant pas en ceux qui naîtront de vous, veut vous enseigner qu'il n'y a qu'un seul Christ; de même ici cette expression analogue au nom, pris au singulier et non pas au pluriel, prouve que le Père, le Fils et le Saint-Esprit ne font qu'un seul Dieu.

10. Cependant les disciples font cette question au Seigneur : Nous savons au nom de qui nous devons baptiser, puisque vous nous avez dit : « Allez, baptisez au nom du Père et du Fils et du Saint-Esprit; » mais où irons-nous? Quoi! je ne vous l'ai pas dit? Allez vers mon héritage. Vous me demandez : Où irons-nous? Allez vers ceux que j'ai rachetés de mon sang. Et où donc? Allez vers les nations. J'avais pensé qu'il avait dit : Allez, baptisez les Africains au nom du Père et du Fils et du Saint-Esprit. Grâces à Dieu, le Seigneur a résolu cette question, la colombe m'a enseigné. Rendons grâces à Dieu, c'est aux nations que les apôtres ont été envoyés; si c'est aux nations, c'est à toutes les langues. Voilà ce qu'a voulu signifier l'Esprit saint, semblant se partager sous la forme de ces langues de feu, et nous offrant dans la colombe le symbole de l'unité. D'un côté les langues se partagent, de l'autre la colombe les assemble. Quoi! les langues des nations se sont réunies, et la seule langue de l'Afrique serait en discordance? Qu'y a-t-il de plus clair que cette vérité, mes frères? La colombe est le symbole de l'unité, et les langues celui de l'association. Autrefois l'orgueil a divisé les langues, et d'une seule langue on en a vu sortir plusieurs. Après le déluge, en effet, des hommes remplis d'orgueil s'efforcèrent, ce semble, de se fortifier contre Dieu, comme s'il y avait des hauteurs inaccessibles pour lui, ou

---

tula a me, et dabo tibi gentes hæreditatem tuam, et possessionem tuam terminos terræ. (*Psal.* II, 8.) Audistis quomodo a Sion prodiit lex, et verbum Domini ab Jerusalem (*Isa.*, II, 3) : ibi enim audierunt discipuli : Ite, baptizate gentes in nomine Patris et Filii et Spiritus sancti. Intenti facti sumus, cum audiremus : Ite, baptizate gentes. In cujus nomine? In nomine Patris et Filii et Spiritus sancti. Iste unus Deus, quia non in nominibus Patris et Filii et Spiritus sancti : sed, in nomine Patris et Filii et Spiritus sancti. Ubi unum nomen audis, unus est Deus : sicut de semine Abrahæ dictum est (*Gen.*, XXII, 18), et exponit Paulus Apostolus : « In semine tuo benedicentur omnes gentes, non dixit, in seminibus, tanquam in multis, sed tanquam in uno, et semine tuo quod est Christus. » (*Gal.*, III, 16.) Sicut ergo quia ibi non dicit in seminibus, docere te voluit Apostolus, quia unus est Christus : sic et hic cum dictum est in nomine, non in nominibus, quomodo ibi in semine, non in seminibus, proba-

tur unus Deus Pater et Filius et Spiritus sanctus.

10. Sed : Ecce, inquiunt discipuli ad Dominum, audivimus in quo nomine baptizemus, ministros nos fecisti, et dixisti nobis : Ite, baptizate in nomine Patris et Filii et Spiritus sancti : quo ibimus? Quo, non audistis? ad hæreditatem meam. Interrogatis : Quo ibimus? ad id quod emi sanguine meo. Quo ergo? Ad gentes, inquit. Putavi quia dixit : Ite, baptizate Afros in nomine Patris et Filii et Spiritus sancti. Deo gratias. Solvit Dominus quæstionem, docuit columba. Deo gratias. Ad gentes Apostoli missi sunt : si ad gentes, ad omnes linguas. Hoc significavit Spiritus sanctus divisus in linguis, unitus in columba. Hac linguæ (*a*) dividuntur, hac columba copulat. Linguæ gentium concordarunt, et una lingua Africæ discordavit? Quid evidentius, Fratres mei? In columba unitas, in linguis gentium societas. Aliquando enim et linguæ per superbiam discordaverunt, et tunc sunt factæ linguæ ex una multæ. Post diluvium enim superbi quidam homines, velut

(*a*) In quatuor Mss. *dividunt*.

TOM. IX.

un refuge assuré pour l'orgueil, et ils construisirent une tour qui pût les préserver d'une ruine entière, dans la supposition d'un nouveau déluge. (Gen., XI, 4, etc.) Ils avaient appris et ils se rappelaient que le déluge avait enseveli dans ses eaux tous les pécheurs, et comme ils ne voulaient pas renoncer à leurs iniquités, ils cherchaient à se prémunir par l'élévation de cette tour contre les eaux d'un nouveau déluge, et ils voulurent en faire une construction gigantesque. Dieu vit l'orgueil de ces insensés, et il répandit la confusion parmi eux, à ce point qu'ils ne se comprenaient plus en parlant, et que leurs langues furent divisées en punition de leur orgueil. Or, si l'orgueil a été le principe de la diversité des langues, l'humilité de Jésus-Christ les a toutes réunies. L'Eglise rassemble ceux que cette tour avait divisés. Une seule langue en a produit plusieurs; n'en soyez point surpris, c'est l'œuvre de l'orgueil; toutes ces langues divisées n'en ont plus fait qu'une; c'est, n'en soyez pas plus étonnés, c'est l'œuvre de l'humilité. Bien que les sons produits par ces langues soient différents, c'est cependant un seul et même Dieu qu'on invoque, une seule et même paix que l'on garde au fond du cœur. Comment l'Esprit saint, mes très-chers frères, voulant donner un symbole de l'unité, a-t-il dû se manifester, si ce n'est sous la forme d'une colombe, afin qu'on pût dire à l'Eglise jouissant de la paix : « Ma colombe est une? » (Cant., VI, 8.) Sous quelle forme devait paraître l'humilité? n'était-il pas beaucoup mieux de choisir un oiseau simple qui ne sait que gémir, qu'un oiseau orgueilleux et bruyant comme le corbeau?

11. Mais je les entends me dire : Puisqu'il y a une colombe et une seule colombe, il ne peut y avoir de baptême en dehors de cette unique colombe. Si donc la colombe est avec vous, ou si vous êtes la colombe, lorsque je viens vous trouver, donnez-moi ce que je n'ai point. Vous le savez, c'est là leur langage, vous verrez bientôt que ce n'est pas la voix de la colombe, mais le cri du corbeau. Prêtez un peu d'attention, mes très-chers frères; craignez les piéges qu'on peut vous tendre, ou plutôt mettez-vous sur vos gardes, et recevez les paroles de ces contradicteurs pour les rejeter aussitôt, et non pour vous les assimiler et les laisser descendre dans vos entrailles. Imitez le Seigneur qui a goûté, mais rejeté aussitôt le breuvage amer qui lui fut présenté (Matth., XXVII, 34); écoutez aussi ce langage, mais rejetez-le aussitôt. Voyons, en effet, ce qu'ils vous disent. C'est vous qui êtes la colombe, ô Eglise catholique, c'est à vous qu'il a été dit : « Ma colombe est unique, elle est unique pour sa mère. » (Cant., VI, 8.) Oui, c'est à vous que ces paroles s'adressent. Attendez un instant, cessez vos questions, prouvez-moi avant tout que c'est à moi que ces paroles ont été dites.

---

adversus Deum se munire conantes, quasi aliquid esset excelsum Deo, aut aliquid tutum (a) superbiæ, erexerunt turrim; quasi ne diluvio, si postea fieret, delerentur. (Gen., XI, 4, etc.) Audierant enim et recensuerant, quia omnis iniquitas erat deleta diluvio : ab iniquitate temperare nolebant; altitudinem turris contra diluvium requirebant; ædificaverunt turrim excelsam. Vidit Deus superbiam ipsorum, et hunc errorem illis immitti fecit, ut non se cognoscerent loquentes, et factæ sunt (b) diversæ linguæ per superbiam. Si superbia fecit diversitates linguarum, humilitas Christi congregavit diversitates linguarum. Jam quod illa turris dissociaverat : Ecclesia colligit. De una lingua factæ sunt multæ; noli mirari, superbia hoc fecit : de multis linguis fit una; noli mirari, caritas hoc fecit. Quia etsi soni diversi linguarum sunt, in corde unus Deus invocatur, una pax custoditur. Unde debuit ergo, Carissimi, demonstrari Spiritus sanctus, unitatem quamdam designans, nisi per columbam, ut pacatæ Ecclesiæ diceretur : Una est columba mea? (Cant., VI, 2.) Unde debuit humilitas, nisi per avem simplicem et gementem, non per avem superbam et exaltantem se sicut corvus?

11. Et forte dicent : Quia ergo columba, et una columba, præter unam columbam baptismus esse non potest : ergo si apud te est columba, vel tu es columba, quando ad te venio, tu da mihi quod non habeo. Scitis hoc ipsorum esse : modo vobis apparebit, non esse de voce columbæ, sed de clamore corvi. Nam paululum attendat Caritas Vestra, et timete insidias : imo caveto, et excipite verba contradicentium respuenda, non transglutienda et visceribus danda. Facite inde quod fecit Dominus, quando illi obtulerunt amarum potum (Matth., XXVII, 34); gustavit, et respuit : sic et vos, audite et abjicite. Quid enim dicunt? videamus. Ecce, inquit, tu es columba, o Catholica, tibi dictum est : Una est columba mea, una est matri suæ (Cant., VI, 8) : tibi certe dictum est. Expecta, noli me interrogare : si mihi dictum est, proba primum; si mihi dictum est,

---

(a) Sic Mss. At editi, aut aliquid tutum, superbia erexerunt turrim. — (b) Mss. propre omnes, divisæ linguæ de superbia.

Voilà ce que je veux savoir tout d'abord. Mais, reprend-il, c'est à vous évidemment qu'elles s'adressent. Et je réponds, en prenant la voix de l'Eglise catholique, oui, c'est à moi; et ces paroles que ma bouche seule prononce, mes frères, sont, j'en suis sûr, l'expression de tous vos cœurs; et nous répondons tous unanimement : c'est à l'Eglise catholique qu'il a été dit : « Ma colombe est unique, elle est unique pour sa mère. » Mais en dehors de la colombe, poursuit-il, il n'y a point de baptême. Or, j'ai été baptisé sans être uni à cette colombe; donc je ne suis pas vraiment baptisé; or, si je ne suis point baptisé, pourquoi ne pas me donner le baptême, quand je veux rentrer dans l'unité?

12. Je vais vous faire une question à mon tour. Faisons abstraction pour un moment de la personne à qui s'adressent ces paroles : « Ma colombe est unique, elle est unique pour sa mère. » Cherchons encore à qui elles ont été dites, c'est à vous ou à moi; supposons pour un instant la question non résolue. Je vous fais donc cette question : Si la colombe est simple, innocente, pacifique dans ses baisers, étrangère à tout acte de cruauté, dites-moi si l'on peut regarder comme les membres de cette colombe les avares, les ravisseurs, les fourbes, les ivrognes, les scélérats? sont-ils les membres de cette colombe? A Dieu ne plaise! répondez-vous. Et, en effet, mes frères, qui oserait le soutenir? Sans aller plus avant, et pour ne parler que des voleurs, ils peuvent bien être les membres d'un vautour, mais jamais de la colombe. Les milans, les vautours, les corbeaux, sont de leur nature des oiseaux ravisseurs; jamais, au contraire, on ne voit les colombes ravir ou déchirer; donc les ravisseurs ne sont point les membres de la colombe. Dites-moi, est-ce que vous ne comptez point parmi vous un seul voleur? Pourquoi donc regardez-vous comme valide le baptême donné non par la colombe, mais par un vautour? Pourquoi, chez vous, ne baptise-t-on pas de nouveau après les voleurs, les adultères et les ivrognes? Est-ce qu'ils sont par hasard les membres de la colombe? Quoi! vous deshonorez votre colombe au point de lui donner des membres de vautour? Quelle est ici ma pensée, mes frères? L'Eglise catholique renferme dans son sein des bons et des mauvais; chez eux tous sont mauvais. Aurai-je cédé en parlant de la sorte à un sentiment hostile? C'est ce que nous examinerons plus loin. Ils seront au moins obligés de convenir qu'il y a chez eux mélange des bons et des mauvais. Oseront-ils dire qu'il n'y a que des bons parmi eux? Que leurs partisans les croient sur paroles, et je souscris à leur assertion. Oui, qu'ils disent franchement, il n'y a parmi nous que des saints, que des justes, que des hommes chastes et tempérants; il n'y a ni adultères, ni usuriers, ni gens de mauvaise foi, ni parjures, ni ivrognes; je ne tiens pas compte de leur langage, je m'adresse à leur conscience. Mais nous

cito volo audire. Inquit : Tibi dictum est. Respondeo voce (f. vice) Catholicæ : Mihi. Hoc autem, Fratres, quod ore meo solius sonuit, ut arbitror, et de cordibus vestris, et omnes pariter diximus : Ecclesiæ catholicæ dictum est : Una est columba mea, una est matri suæ. Præter ipsam columbam, inquit, baptismus non est; ego præter ipsam columbam sum baptizatus; ergo non habeo baptismum : si baptismum non habeo, quare mihi non das quando ad te venio?

12. Et ego interrogo : interim sequestremus, cui dictum sit : Una est columba mea, una est matri suæ : adhuc quærimus : aut mihi dictum est, aut tibi dictum est : sequestremus cui dictum sit. Hoc ergo quæro, si columba est simplex, innocens, sine felle, pacata in osculis, non sæva in unguibus; quæro utrum ad hujus columbæ membra pertineant avari, raptores, subdoli, ebriosi, flagitiosi, membra sunt columbæ hujus? Absit, inquit. Et revera, Fratres, quis hoc dixerit? Ut nihil aliud dicam, raptores solos si dicam, membra accipitris possunt esse, non membra columbæ : milvi rapiunt, accipitres rapiunt, corvi rapiunt : columbæ non rapiunt, non dilaniant : ergo raptores non sunt membra columbæ. Non apud vos fuit vel unus raptor? Quare manet baptismus quem dedit accipiter, non columba? Quare non baptizatis apud vosipsos post raptores et adulteros et ebriosos, post avaros apud vos ipsos? An isti omnes membra columbæ sunt? Sic dehonestatis columbam vestram, ut ei membra vulturina faciatis. Quid ergo, Fratres, quid dicimus? Mali et boni sunt in Ecclesia catholica : ibi autem soli mali sunt. Sed forte inimico animo hoc dico : et hoc postea requiratur. Et ibi certe dicunt, quia sunt boni et mali : nam si dixerint solos bonos se habere, credant illis sui, et subscribo. Non sunt apud nos, dicant, nisi sancti, justi, casti, sobrii; non adulteri, non fœneratores, non fraudatores, non perjuri, non vinolenti. Dicant; non enim attendo linguas ipsorum, sed tango corda ipsorum. Cum autem noti sint

les connaissons, vous les connaissez vous-mêmes ; ils sont connus des leurs, de même que vous êtes connus d'eux et de l'Eglise catholique ; cessons donc de les accuser, et qu'ils cessent aussi de se flatter. Nous confessons que l'Eglise renferme dans son sein des bons et des mauvais, mais comme l'aire contient le bon grain et la paille. Souvent celui qui est baptisé par le bon grain n'est que la paille, et celui qui est baptisé par la paille est le bon grain. Admettez que le baptême donné par le bon grain est valide, tandis que le baptême donné par la paille est invalide ; alors il est faux de dire : « C'est lui qui baptise. » (*Jean*, 33.) Si au contraire ces paroles : « C'est lui qui baptise, » sont l'expression de la vérité, donc le baptême donné par un ministre indigne est valide, et il baptise de la même manière que la colombe. Ce ministre indigne n'est pas la colombe ; il ne fait point partie des membres de la colombe ; on ne peut le dire ni dans l'Eglise catholique ni parmi eux, s'ils prétendent que leur Eglise est la colombe. Quelle est ici ma pensée, mes frères ? C'est une vérité évidente, avouée de tous, et dont ils sont convaincus malgré toutes leurs résistances, c'est que chez nous comme chez eux, on ne réitère pas le baptême après qu'il a été donné par un ministre indigne. La colombe ne baptise pas après le corbeau, pourquoi le corbeau veut-il baptiser après la colombe ?

13. Veuillez ici faire attention, mes très-chers frères. Pourquoi est-ce par une colombe qui descendit sur le Seigneur après son baptême que Dieu a fait connaître cette vérité cachée, c'est-à-dire pourquoi l'Esprit saint descendit-il sous la forme d'une colombe et se reposa-t-il sur Jésus de manière à révéler à Jean ce pouvoir tout personnel que le Sauveur avait de baptiser ? Je l'ai dit, c'est parce que ce pouvoir était le fondement de la paix de l'Eglise. Il peut arriver qu'on reçoive le baptême en dehors de la colombe, mais ce baptême ne peut être utile qu'autant qu'on demeure uni à la colombe. Soyez attentifs mes très-chers frères, et comprenez ce que je veux dire, car on tend ici des pièges à la négligence ou à l'indifférence de quelques-uns de nos frères. Armons-nous de simplicité et de ferveur. Voici le langage qu'on nous tient : Ai-je reçu le baptême, ou ne l'ai-je pas reçu ? Je réponds : Vous l'avez reçu. Or si je l'ai reçu, vous n'avez rien à me donner, et de votre aveu je puis avoir toute sécurité. Je déclare avoir reçu le baptême, vous confirmez cette déclaration, ce double témoignage me donne toute assurance, que pouvez-vous donc me promettre ? Pourquoi voulez-vous que je me fasse catholique, puisque vous ne me donnerez rien de plus que ce que j'ai, et que de votre aveu j'ai reçu ce que vous avez vous-même. Lorsque je vous dis : Venez à moi, je déclare que vous n'avez pas ce que je veux

nobis et vobis et suis, sicut et vos et vobis in Catholica et illis noti estis; nec nos eos reprehendamus, nec illi se palpent. Nos fatemur in Ecclesia et bonos et malos esse, sed tanquam grana et paleam. Aliquando qui baptizatur a grano, palea est; et qui baptizatur a palea, granum est. Alioquin si qui baptizatur a grano, valet ; et qui baptizatur a palea, non valet : falsum est : « Hic est qui baptizat. » (*Joan.*, t, 33.) Si autem verum est : « Hic est qui baptizat : » et quod ab illo datur, valet ; et quomodo columba, baptizat. Non enim malus ille columba est, aut ad membra columbæ pertinet : nec hic potest dici in Catholica, nec apud illos, si illi dicunt, columbam esse Ecclesiam suam. Quid ergo intelligimus, Fratres ? Quoniam manifestum est, et omnibus notum, et si nolint convincuntur : quia et ibi quando dant mali, non post illos baptizatur, et hic quando dant mali, non post illos baptizatur. Columba non baptizat post corvum : corvus quare vult baptizare post columbam ?

13. Intendat Caritas Vestra : Et quare designatum est nescio quid per columbam, ut baptizato Domino veniret columba , id est : Spiritus sanctus in specie columbæ, et maneret super eum, cum in adventu columbæ hoc cognosceret Joannes, propriam quamdam potestatem in Domino ad baptizandum ? quia per hanc propriam potestatem, sicut dixi, pax Ecclesiæ firmata est. Et potest fieri ut habeat aliquis baptismum præter columbam : ut prosit ei baptismus præter columbam, non potest. Intendat Caritas Vestra, et intelligat quod dico : nam et ista circumventione sæpe seducunt Fratres nostros, qui pigri et frigidi sunt. Simus simpliciores et ferventiores. Ecce, inquiunt : ego accepi, an non accepi ? Respondeo : Accepisti. Si ergo accepi, non est quod mihi des ; securus sum, etiam testimonio tuo : et ego enim me dico accepisse, et tu me fateris accepisse : utriusque lingua securum me facit : quid ergo mihi promittis ? quare me vis catholicum facere, quando non mihi aliquid daturus es amplius, et me jam accepisse fateris quod te habere dicis ? ego autem quando dico : Veni ad me, dico quia non ha-

vous donner, mais vous qui reconnaissez que je l'ai, pourquoi me faire cette invitation de venir à vous ?

14. La colombe répond ici par une doctrine qu'elle puise à la source même du Seigneur. Vous avez le baptême, vous dit-elle, mais vous n'avez pas la charité qui me fait gémir. Que dites-vous ? J'ai le baptême, et je n'ai point la charité ? Veuillez ne pas crier si haut, et montrez-moi seulement comment on peut avoir la charité, quand on divise l'unité. J'ai le baptême, dites-vous. Oui, vous l'avez, mais ce baptême sans la charité ne vous est d'aucune utilité, parce que vous-même n'êtes rien sans la charité. Le baptême, sans doute, même dans celui qui n'est rien, est quelque chose, c'est un don précieux, inestimable, à cause de celui dont il est dit : « C'est lui qui baptise. » Mais n'allez pas croire que ce don précieux puisse vous être utile, si vous n'êtes pas dans l'unité, car la colombe est descendue sur le Seigneur après son baptême pour vous dire : Si vous avez le baptême, demeurez uni à la colombe, sans quoi ce que vous avez ne vous servira de rien. Nous vous disons donc de venir vous unir à la colombe, non pour commencer à posséder ce que vous n'aviez pas encore, mais afin que ce que vous avez commencé à vous être utile. En dehors de l'Église, le baptême que vous aviez ne pouvait que vous perdre, dans le sein de l'Église, il devient pour vous un principe de salut.

15. Non-seulement le baptême ne vous était pas utile, il vous était même nuisible. C'est qu'en effet, les choses saintes peuvent devenir nuisibles ; dans les bons, elles sont un gage de salut, dans les méchants, une cause de jugement. (*De cons.*, d. 2, c. *Et sancta.*) Certes, mes frères, nous avons ce que nous recevons et ce que nous recevons est une chose sainte, personne n'oserait dire le contraire, et cependant que dit l'Apôtre : « Celui qui mange et boit indignement, mange et boit son jugement. » (I *Cor.*, XI, 29.) Il ne dit pas que cette chose est mauvaise, mais que celui qui est mauvais, en la recevant avec de mauvaises dispositions, reçoit pour son jugement le don excellent qui lui est fait. Est-ce que le morceau qui fut donné par le Seigneur à Judas était mauvais ? (*Jean*, XIII, 26.) Loin de nous cette pensée, le médecin ne pouvait donner du poison, il offrit un gage de salut, mais en le recevant indignement, le traître disciple le reçut pour sa perte. Il en est de même de celui qui a le baptême. J'ai reçu le baptême, dites-vous. Je vous le concède, mais considérez bien ce que vous avez, ce sera pour vous un principe de damnation. Pour quelles raisons ? Parce que vous avez les dons de la colombe sans être uni à la colombe. Si vous possédez les dons de la colombe dans l'unité de la colombe, vous

---

bes tu, qui fateris quia habeo : quare dicis : Veni ad me ?

14. Docet nos columba. Respondet enim de capite Domini, et dicit : Baptistum habes, caritatem autem qua gemo, non habes. Quid est hoc, inquit, Baptismum habeo, caritatem non habeo? (*a*) Sacramenta habeo, et caritatem non? Noli clamare : ostende mihi quomodo habeat caritatem, qui dividit unitatem. Ego, inquit, habeo baptismum. Habes, sed baptismus ille sine caritate nihil tibi prodest : quia sine caritate tu nihil es. Nam baptismus ille, etiam in illo qui nihil est, non est nihil : baptisma quippe illud aliquid est, et magnum aliquid est : propter illum de quo dictum est : « Hic est qui baptizat. » Sed ne putares illud quod magnum est, tibi aliquid prodesse posse si non fueris in unitate, super baptizatum columba descendit, tanquam dicens : Si baptismum habes, esto in columba, ne non tibi prosit quod habes. Veni ergo ad columbam, dicimus : non ut incipias habere quod non habebas, sed ut prodesse tibi incipiat quod habebas. Foris enim habebas baptismum ad perniciem : intus si habueris, incipit prodesse ad salutem.

15. Non enim tantum tibi non proderat baptisma, non etiam oberat. Et sancta possunt obesse : in bonis enim sancta ad salutem insunt ; in malis ad judicium. (*De consecr.*, dist. 2, cap. *Et sancta.*) Certe enim fratres novimus quid accipiamus, et utique sanctum est quod accipimus, et nemo dicit, non esse sanctum : et quid ait Apostolus ? Qui autem manducat et bibit indigne, judicium sibi manducat et bibit. (I *Cor.*, II, 29.) Non ait quia illa res mala est : sed quia ille malus male accipiendo, ad judicium accipit bonum quod accipit. Num enim mala erat buccella, quæ tradita est Judæ a Domino ? (*Joan.*, XIII, 26) absit. Medicus non daret venenum : salutem medicus dedit, sed indigne accipiendo ad perniciem accepit, qui non pacatus accepit. Sic ergo et qui baptizatur. Habeo, inquit, mihi. Fateor, habes : observa quod habes, eo ipso quod habes damnaberis. Quare ? quia rem columbæ præter columbam habes. Si rem columbæ in columba habeas,

---

(*a*) Editi, *Sacramentum*, Mss. *Sacramenta*.

n'avez rien à craindre. Supposez que vous suivez la carrière des armes, si vous portez les insignes de l'empereur en lui restant uni, vous pouvez combattre en toute sécurité, mais si vous portez ses insignes en vous séparant de lui, non-seulement ces insignes ne vous serviront de rien, dans les combats, mais elles vous feront punir comme déserteur. Venez donc, hâtez-vous, et ne dites pas : J'ai ce qu'il me faut, cela me suffit. Venez, la colombe vous appelle, elle vous appelle par ses gémissements. Mes frères, je vous le répète, appelez par vos gémissements, et non par des disputes, appelez par vos prières, par vos invitations pressantes, par vos jeûnes, qu'ils comprennent que c'est la charité qui vous a fait plaindre leur triste sort. Nul doute, mes frères, que le spectacle de votre douleur les couvrira de confusion et les ramènera de la mort à la vie. Venez donc, venez sans crainte, et craignez bien plutôt si vous ne venez point, ce n'est pas assez de craindre, abandonnez-vous aux lamentations. Venez donc et vous serez comblé de joie, vous gémirez sans doute au milieu des tribulations inséparables du voyage, mais l'espérance vous remplira intérieurement de joie. Venez là où est la colombe à qui il a été dit : « Ma colombe est unique, elle est unique pour sa mère. » (*Cant.*, VI, 8.) Vous voyez une colombe au-dessus de la tête de Jésus-Christ, vous ne voyez point les langues diverses qui se partagent l'univers entier? C'est le même esprit qui se manifeste sous la forme d'une colombe, et sous la forme de langues. Si c'est le même esprit qui s'est manifesté sous la forme d'une colombe et sous la forme de langues de feu ; l'Esprit saint a été donné à l'univers tout entier, et vous vous êtes séparé de lui pour crier avec le corbeau au lieu de gémir avec la colombe. Hâtez-vous donc de venir.

16. Mais une chose vous préoccupe, vous dites : J'ai été baptisé en dehors de l'Eglise, je crains de m'être rendu coupable d'avoir reçu le baptême en dehors de l'unité. Vous commencez à connaître sur quoi vous devez gémir, vous êtes dans la vérité en vous reconnaissant coupable non pas d'avoir reçu le baptême, mais de l'avoir reçu en dehors de l'Eglise. Conservez donc ce que vous avez reçu, et corrigez la faute que vous avez faite en le recevant hors du sein de l'Eglise. Vous avez reçu le don de la colombe, mais sans être uni à la colombe. Ainsi vous l'entendez, il y a ici deux choses : Vous avez reçu le baptême, et vous l'avez reçu sans être dans l'union de la colombe ; j'approuve ce que vous avez reçu mais je vous blâme de l'avoir reçu en dehors de l'Eglise. Conservez donc le don que vous avez reçu, ce don ne subit aucun changement, nous reconnaissons son existence; c'est le caractère de mon roi. Je ne serai point sacrilège, je cherche à corriger le déserteur, mais je ne change point le caractère.

17. Ne vous glorifiez pas de votre baptême, parce que je vous dis que c'est le baptême véri-

---

securus habes. Puta te esse militarem, si characterem imperatoris tui intus habeas, securus militas : si extra habeas, non solum tibi ad militiam non prodest character ille, sed etiam pro desertore punieris. Veni ergo, veni, et noli dicere : Jam habeo, jam sufficit mihi. Veni, columba te vocat, gemendo te vocat. Fratres mei, vobis dico, gemendo vocate, non rixando : vocate orando, vocate invitando, (*a*) vocate jejunando, de caritate intelligant quia doletis illos. Non dubito, Fratres mei, quia si videant dolorem vestrum, confundentur, et reviviscent. Veni ergo, veni : noli timere; time si non venis : imo non time, sed plange. Veni, gaudebis si veneris : gemes quidem in tribulationibus peregrinationis; sed gaudebis in spe. Veni ubi est columba, cui dictum est : Una est columba mea, una est matri suæ. (*Cant.*, VI, 8.) Columbam unam vides super caput Christi, linguas non vides in toto orbe terrarum? Idem Spiritus per columbam, idem et per linguas : si per columbam idem Spiritus, et per linguas idem Spiritus, Spiritus sanctus orbi terrarum datus est, a quo te præcidisti, ut clames cum corvo, non ut gemas cum columba. Veni ergo.

16. Sed sollicitus es forte, et dicis : Foris baptizatus, timeo ne inde sim reus, quia foris accepi. Jam cœpisti cognoscere quid gemendum sit : verum dicis, quia reus es; non quia accepisti, sed quia foris accepisti. Tene ergo quod accepisti, emenda quod foris accepisti : accepisti rem columbæ, præter columbam : duo sunt quæ audis, accepisti, et præter columbam accepisti : quod accepisti, approbo; quia foris accepisti, improbo. Tene ergo quod accepisti; non mutatur, sed agnoscitur : character est Regis mei, non ero sacrilegus ; corrigo desertorem, non immuto characterem.

17. Noli de baptismate gloriari, quia dico ipsum est : ecce dico ipsum est, tota Catholica dicit ipsum est : advertit columba, et agnoscit, et gemit, quia

---

(*a*) Editi, *vocate jejunando in caritate.* At Mss. habent, *de caritate :* et omittunt, *vocate jejunando*, exceptis paucis.

table. Oui, je le répète, c'est le baptême véritable, et toute l'Eglise catholique le dit avec moi. La colombe le voit, elle le reconnait et elle gémit que vous l'ayez reçu en dehors de son sein. Elle voit en vous le sacrement qu'elle reconnait, elle voit la faute qu'elle voudrait corriger, vous avez reçu le baptême véritable, revenez donc à l'unité. Vous vous glorifiez de l'avoir reçu et vous refusez de venir. Que dirons-nous donc des méchants qui n'appartiennent pas à la colombe? Elle vous dit elle-même : Voici les méchants qui ne font point partie de mes membres, et qui me forcent de gémir au milieu d'eux, est-ce qu'ils n'ont pas aussi ce baptême que vous vous glorifiez d'avoir; est-ce qu'un grand nombre d'ivrognes, d'avares et d'idolâtres même, n'ont pas reçu le baptême, et ce qui est pire encore, est-ce qu'ils ne l'ont pas reçu furtivement? Est-ce qu'étant païens, ils ne vont pas, ou n'allaient pas publiquement adorer les idoles? et maintenant qu'ils sont devenus chrétiens, ils recherchent secrètement les devins et consultent les astrologues. Cependant tous ont le vrai baptême, mais la colombe ne laisse pas de gémir au milieu de ces corbeaux. Pourquoi donc vous réjouir d'avoir aussi ce baptême, c'est un avantage que vous partagez avec les méchants. Ayez bien plutôt l'humilité, la charité, la paix, ayez le bien que vous ne possédez pas encore et qui vous rendra profitable le bien que vous avez déjà.

18. Ce que vous avez vous est commun avec Simon le Magicien (*Act.*, VIII, 13), j'en prends à témoin les Actes des Apôtres, ce livre canonique que l'on doit lire en effet chaque année dans l'Eglise. Vous savez que ce livre est lu dans les jours de la fête anniversaire qui suit la passion du Seigneur. C'est là que nous lisons la conversion de l'Apôtre, comment de persécuteur il devint prédicateur de l'Evangile (*Act.*, IX, 1, etc.), comment le jour de la Pentecôte, l'Esprit saint a été envoyé sous la forme de langues de feu qui se partagèrent. (*Act.*, II, 3.) Nous voyons encore dans ce livre qu'un grand nombre d'habitants de Samarie embrassèrent la foi à la prédication de Philippe (*Act.*, VIII, 5), qui était ou un des apôtres, ou un des diacres, car ce même livre nous apprend que les apôtres ordonnèrent sept diacres dont un du nom de Philippe. (*Act.*, VI, 5.) Les Samaritains crurent donc par la prédication de Philippe, et la Samarie compta bientôt un grand nombre de chrétiens. Là se trouvait Simon le Magicien qui, par ses opérations magiques, avait séduit le peuple et s'était fait passer pour la vertu de Dieu. Cependant les prodiges opérés par Philippe firent impression sur lui, et il embrassa la foi, mais dans quelles dispositions, la suite le fit voir; il reçut aussi le baptême. (*Act.*, VIII, 9.) Les apôtres qui étaient à Jérusalem, apprirent que les habitants de Samarie avaient reçu la parole de Dieu et ils leur envoyèrent Pierre et Jean qui en trouvèrent un grand nombre ayant reçu le baptême. Mais comme aucun d'eux n'avait reçu l'Esprit

---

ipsum foris habes : videt ibi quod agnoscat, videt et quod corrigat. Ipsum est, veni : gloriaris quia ipsum est, et non vis venire. Quid ergo mali, qui non pertinent ad columbam? Ait tibi columba : Et mali inter quos gemo, qui non pertinent ad membra mea, et necesse est ut inter illos gemam, nonne habent quod te habere gloriaris? nonne multi ebriosi habent baptismum? nonne multi avari? nonne multi idololatræ, et quod est pejus, furtim? nonne Pagani ad idola eunt, vel ibant publice? nunc occulte Christiani sortilegos quærunt, mathematicos consulunt. Et isti habent baptismum, sed columba gemit inter corvos. Quid ergo gaudes quia habes? hoc habes quod habet et malus. Habeto humilitatem, caritatem, pacem : habeto bonum quod nondum habes, ut prosit tibi bonum quod habes.

18. Nam quod habes, habuit et Simon Magus (*Act.*, VIII, 13): Actus Apostolorum testes sunt, ille liber canonicus omni anno in Ecclesia recitandus. Anniversaria solemnitate post passionem Domini nostis illum librum recitari, ubi scriptum est, quomodo conversus sit Apostolus, et ex persecutore prædicator factus (*Act.*, IX, 1, etc.) : ubi etiam die Pentecostes missus est Spiritus sanctus, in linguis divisis velut ignis. (*Act.*, II, 3.) Ibi legimus multos credidisse in Samaria per prædicationem Philippi (*Act.*, VIII, 5, etc.) : intelligitur autem sive unus ex Apostolis, sive ex Diaconis; quia septem ibi Diaconos legimus ordinatos (*Act.*, VI, 5), inter quos est etiam nomen Philippi. Per Philippi ergo prædicationem crediderunt Samaritæ : Samaria cœpit abundare fidelibus : ibi erat iste Simon Magus; per magicas factiones suas dementaverat populum, ut eum virtutem Dei putarent : commotus tamen signis quæ a Philippo fiebant; etiam ipse credidit; sed quomodo ipse crediderit, posteriora sequentia demonstraverunt (*Act.*, III, 9, etc.) : baptizatus est autem et Simon. Audierunt hoc Apostoli, qui erant Jerusalem : missi sunt ad illos Petrus et Joannes, invenerunt multos baptizatos : et quia nullus ipsorum adhuc acceperat Spiritum sanctum, sicut

saint ainsi qu'il descendait alors sur les fidèles comme symbole des nations qui devaient embrasser la foi, et pour leur communiquer le don des langues, ils leur imposèrent les mains en priant pour eux, et ils reçurent le Saint-Esprit. Simon, qui n'était pas dans l'Eglise une colombe mais un corbeau, parce qu'il cherchait ses intérêts bien plus que ceux de Jésus-Christ (*Philipp.*, II, 24), et qu'il aimait bien plus dans les chrétiens la puissance que la justice, vit que le Saint-Esprit était donné par l'imposition des mains des Apôtres. (Ce n'est pas cependant qu'ils le donnassent eux-mêmes, mais il était donné à la suite de leurs prières). Simon dit donc aux Apôtres : « Quelle somme d'argent voulez-vous recevoir, pour que le Saint-Esprit me soit donné par l'imposition des mains ? » Et Pierre lui répondit : « Que votre argent périsse avec vous, vous qui avez cru que le don de Dieu peut s'acquérir avec de l'argent. » (*Act.*, VIII, 18.) A qui s'adressent ces paroles : « Que votre argent périsse avec vous ? » A un homme qui était baptisé, il avait reçu le baptême, mais il n'était pas attaché aux entrailles de la colombe. En voulez-vous une preuve ? Méditez les paroles suivantes de saint Pierre : « Vous n'avez point de part, et vous ne pouvez prétendre à ce ministère de foi, car je vois que vous êtes plein d'un fiel d'amertume. » La colombe n'a point de fiel, Simon en avait et c'est pour cela qu'il était séparé des entrailles de la colombe. A quoi lui servait son baptême ? Ne vous glorifiez donc point de votre baptême, comme s'il suffisait pour vous sauver, ne vous emportez point, renoncez à tout fiel d'amertume, venez vous unir à la colombe, et alors ce qui vous était inutile, je dirai plus, ce qui vous était nuisible, vous deviendra souverainement avantageux.

19. Et ne dites pas : Je ne réponds pas à votre invitation, parce que j'ai été baptisé en dehors de l'Eglise. Commencez à cultiver la charité, commencez à la rendre féconde, à porter des fruits, et la colombe vous fera entrer dans l'Eglise. Cette vérité nous est enseignée par l'Ecriture. L'arche avait été faite de bois incorruptibles (*Gen.*, VI, 14), et ces bois incorruptibles sont la figure des saints, des fidèles qui appartiennent à Jésus-Christ. De même que les fidèles sont appelés les pierres vivantes de ce temple, dans la construction duquel ils entrent, de même aussi on appelle des bois incorruptibles ceux qui persévèrent dans la foi. Il y avait donc dans l'arche des bois incorruptibles, car l'arche est la figure de l'Eglise, c'est là que baptise la colombe ; l'arche était portée sur les eaux ; les bois incorruptibles ont été baptisés dans l'intérieur de l'arche. D'autres bois, tous les arbres qui existaient sur la terre, ont été baptisés en de-

---

tunc descendebat, ad ostendendam significationem gentium crediturarum, ut linguis loquerentur in quos descendebat Spiritus sanctus; imposuerunt illis manus orantes pro eis, et acceperunt Spiritum sanctum. Simon ille, qui non erat in Ecclesia columba, sed corvus, quia ea quæ sua sunt quærebat, non quæ Jesu Christi (*Philip.*, II, 24); unde in Christianis potentiam magis amaverat quam justitiam, vidit per impositionem manuum Apostolorum dari Spiritum sanctum (non quia ipsi dabant, sed quia ipsis orantibus datus est), et ait Apostolis : « Quid vultis a me accipere pecuniæ, ut et per impositionem manuum mearum detur Spiritus sanctus? Et ait illi Petrus : Pecunia tua tecum sit in perditionem : quoniam donum Dei putasti pecunia comparandum. » (*Act.*, VIII, 18, etc.) Cui dicit : Pecunia tua tecum sit in perditionem? utique baptizato. Jam baptisma habebat : sed columbæ visceribus non hærebat. Audi quia non hærebat : verba ipsa Petri apostoli adverte, sequitur enim : « Non est tibi pars neque sors in hac fide ; in felle enim amaritudinis video te esse. » (v. 21.) Columba fel non habet : Simon habebat ; ideo separatus erat a columbæ visceribus. Baptisma illi quid proderat? Noli ergo de baptismate gloriari, quasi ex ipso salus tibi sufficiat : noli irasci, depone fel, veni ad columbam : hic tibi proderit, quod foris non solum non proderat, sed etiam oberat.

19. Neque dicas : Non venio, quia foris sum baptizatus. Ecce incipe habere caritatem, incipe habere fructum, inveniatur in te fructus (*a*), mittet te columba intro. Invenimus hoc in Scriptura. Imputribilibus lignis arca fuerat fabricata (*Gen.*, VI, 14) : imputribilia ligna sancti sunt, fideles pertinentes ad Christum. Quomodo enim in templo lapides vivi de quibus ædificatur templum, homines fideles dicti sunt : sic ligna imputribilia homines perseverantes in fide. In ipsa ergo arca ligna imputribilia erant ; arca enim Ecclesia est : ibi baptizat columba ; arca enim illa in aqua ferebatur : ligna imputribilia intus baptizata sunt. Invenimus quædam ligna foris baptizata, omnes arbores quæ erant in mundo. Ipsa tamen aqua erat, non erat altera : omnis de cœlo venerat,

---

(*a*) Editi, *mittat*. Mss. *mittet*.

hors. C'était cependant la même eau sans aucune différence, elle venait tout entière du ciel ou des sources cachées dans les profondeurs de la terre; c'était la même eau qui servit à baptiser les bois incorruptibles qui étaient dans l'arche et les bois qui se trouvaient en dehors. Une colombe fut envoyée, et n'ayant point d'abord trouvé où se reposer, elle revint dans l'arche, car toute la terre était couverte par les eaux et elle aima mieux rentrer dans l'arche que de recevoir un nouveau baptême. Un corbeau fut aussi envoyé avant que les eaux de la terre fussent séchées, il fut de nouveau plongé dans les eaux et y trouva la mort. Que Dieu éloigne de nous une mort semblable. Pourquoi ne revint-il pas? Parce que les eaux lui rendirent ce retour impossible. La colombe, au contraire, qui ne trouvait point où se reposer, revint vers l'arche malgré les invitations pressantes que les eaux lui faisaient : Venez, venez vous plonger ici; c'est ainsi que les hérétiques vous crient : Venez, venez, vous trouverez ici le baptême. Noé fit partir de nouveau la colombe, de même que l'arche vous envoie aussi pour leur parler. Que fit donc alors la colombe? Comme tous les arbres étaient plongés dans l'eau en dehors de l'arche, elle rapporta à Noé un rameau d'olivier. Ce rameau avait à la fois des feuilles et des fruits; ne vous contentez donc pas de simples paroles, c'est-à-dire de n'avoir que des feuilles, ayez aussi des fruits et revenez dans l'arche, non de vous-même, mais parce que la colombe vous rappelle. Faites entendre vos gémissements au dehors pour les ramener dans l'intérieur de l'arche.

20. En effet, si vous voulez y faire attention, vous comprendrez ce que signifie le fruit de l'olive. Le fruit de l'olive est le symbole de la charité. Comment le prouver? L'huile ne peut être comprimée par aucune liqueur, elle rompt tous les obstacles et surnage constamment; ainsi la charité ne peut être comprimée sous les choses inférieures, elle s'élève nécessairement au-dessus. Voilà ce qui fait dire à l'Apôtre parlant de la charité : « Mais je vais vous montrer encore une voix beaucoup plus excellente. » (I *Cor.*, XII, 31.) Nous avons dit que l'huile s'élève au-dessus de toutes les autres liqueurs; doutons-nous que c'est de la charité que l'Apôtre a dit : « Je vais vous montrer encore une voie beaucoup plus excellente? » écoutons ce qui suit : « Quand je parlerais toutes les langues des hommes et des anges mêmes, si je n'ai pas la charité, je suis comme un airain sonnant et une cymbale retentissante. » (I *Cor.*, XIII, 1.) Allez maintenant, Donat, proclamer à haute voix : Je suis éloquent, je suis savant. Jusqu'où s'étend votre éloquence, jusqu'où s'étend votre science? Avez-vous jamais parlé le langage des anges? Et quand même vous parleriez ce langage, si vous n'avez point

---

et de abyssis fontium : ipsa erat aqua, in qua baptizata sunt ligna imputribilia, quæ erant in arca; in qua baptizata sunt ligna foris. Missa est columba, et primo non invenit requiem pedibus suis : rediit ad arcam; plena enim erant aquis omnia, et maluit redire quam rebaptizari. Corvus autem ille emissus est antequam (*a*) siccaret aqua : rebaptizatus redire noluit; mortuus est in his aquis. Avertat Deus corvi illius mortem. Nam quare non est reversus, nisi quia aquis interceptus est? At vero columba non inveniens requiem pedibus suis, cum ei undique clamaret aqua : Veni, veni, hic tinguere : quomodo clamant isti hæretici : Veni, veni, hic habes : non inveniens illa requiem pedibus suis, reversa est ad arcam. Et misit illam Noe iterum, sicut vos mittit arca, ut loquamini illis : et quid fecit postea columba? quia erant ligna foris baptizata, reportavit ad arcam ramum de oliva. Ramus ille et folia et fructum habebat : non sint in te sola verba, non sint in te sola folia; sit fructus, et redis ad arcam, non per teipsum, columba te revocat. Gemite foris, ut illos intro revocetis.

20. Etenim fructus iste olivæ, si discutiatur, invenies quid erat. Olivæ fructus, caritatem significat. Unde hoc probamus? Quomodo enim oleum a nullo humore premitur, sed disruptis omnibus exsilit et supereminet : sic et caritas non potest premi in ima; necesse est, ut ad superna (*b*) emineat. Propterea de illa dicit Apostolus : Adhuc supereminentiorem viam vobis demonstro. (I *Cor.*, XII, 31.) Quia diximus de oleo, quia supereminet, ne forte non de caritate dixerit Apostolus : « Supereminentiorem viam vobis demonstro, audiamus quid sequitur : Si linguis hominum loquar et Angelorum, caritatem autem non habeam, factus sum tanquam æramentum sonans, aut cymbalum tinniens. » (I *Cor.*, XIII, 1.) I nunc Donate, et clama : Disertus sum. I nunc, et clama : Doctus sum. Quantum disertus? quantum doctus? nunquid linguis Angelorum locutus es? Et tamen si linguis Angelorum loquereris, caritatem non habens,

---

(*a*) Sic in Mss. At in editis, *siccaretur*. — (*b*) In omnibus fere Mss. *emicat*.

la charité, vous ne faites entendre à mon oreille qu'un airain sonnant et une cymbale retentissante. Je cherche quelque chose de plus solide, je veux trouver du fruit avec les feuilles ; les paroles seules ne suffisent pas, que les rameaux portent des olives, qu'ils reviennent dans l'arche.

21. Mais, me direz-vous, j'ai en moi un mystère sacré. Vous dites vrai, ce mystère est divin, vous avez reçu le baptême, je le reconnais. Or, savez-vous ce que dit le même Apôtre : « Quand je pénétrerais tous les mystères, quand j'aurais le don de prophétie et toute la foi possible jusqu'à transporter les montagnes. » (*Ibid.*, 2.) Il prévient ainsi cette vaine justification : J'ai embrassé la foi, cela me suffit. Que dit d'ailleurs l'apôtre saint Jacques? « Les démons croient aussi et tremblent. » (*Jacq.*, II, 19.) La foi est une grande chose, mais elle ne sert de rien sans la charité. Les démons proclamaient le pouvoir du Christ ; c'était donc la foi et non la charité qui leur faisait dire : « Qu'y a-t-il entre vous et nous ? » Ils avaient la foi, mais sans la charité, et c'était pour cela qu'ils étaient des démons. Ne vous glorifiez donc point de votre foi si vous voulez éviter d'être comparé aux démons. Ne dites point à Jésus-Christ : Qu'y a-t-il entre vous et moi? C'est l'unité du Christ qui qui vous parle : Venez, reconnaissez où est la paix véritable; revenez, rentrez dans les entrailles de la colombe. Vous avez reçu le baptême en dehors de l'Eglise, portez du fruit et revenez dans l'arche.

22. Je vous entends me dire : « Pourquoi nous cherchez-vous, si nous sommes mauvais? C'est afin que vous deveniez bons. C'est justement parce que vous êtes mauvais que nous vous cherchons; si vous n'étiez pas mauvais, vous seriez avec nous et il ne serait pas nécessaire de vous chercher. Celui qui est bon, est tout trouvé, mais celui qui est mauvais a besoin qu'on le cherche. Voilà pourquoi nous vous cherchons, revenez donc dans l'arche. Mais j'ai déjà le baptême. « Quand je pénétrerais tous les mystères, quand j'aurais le don de prophétie et toute la foi possible jusqu'à transporter les montagnes, si je n'ai pas la charité je ne suis rien. » Je veux voir du fruit, je veux voir le fruit de l'olive, je veux vous voir rentré dans l'arche.

23. Mais pourquoi ce langage, me dites-vous encore? Ne sommes-nous pas en butte à mille persécutions? Je l'accorde si vous souffriez pour la cause Jésus-Christ et non pour la conservation de vos dignités. Ecoutez, en effet, ce qui suit : Ils se vantent quelquefois de faire de nombreuses aumônes, de distribuer leurs biens aux pauvres, de souffrir mille tribulations; mais c'est pour Donat, et non pour la cause de Jésus-Christ. Considérez donc la cause de vos peines et de vos souffrances; si vous souffrez pour Donat vous souffrez pour un orgueilleux, et si vous

---

audirem æra sonantia et cymbala tinnientia. Soliditatem aliquam quæro, fructum in foliis inveniam : non sint sola verba, habeant olivam, redeant ad arcam.

21. Sed, inquies, habeo sacramentum. Verum dicis : sacramentum divinum est : habes baptisma, et ego confiteor. Sed quid dicit idem Apostolus? « Si sciero omnia sacramenta, et habuero prophetiam et omnem fidem, ita ut montes transferam : » (v. 2) ne forte et hoc diceres : Credidi, sufficit mihi. Sed quid dicit Jacobus? Et dæmones credunt, et contremiscunt. (*Jac.*, II, 19.) Magna est fides, sed nihil prodest si non habeat caritatem. Confitebantur et dæmones Christum. Ergo credendo, sed non diligendo dicebant : Quid nobis et tibi? (*Marc.*, I, 24.) Fidem habebant, caritatem non habebant : ideo dæmones erant. Noli de fide gloriari, adhuc dæmonibus comparandus es. Noli dicere (a) Christo : Mihi et tibi quid est? Unitas enim Christi tibi loquitur. Veni, cognosce pacem, redi ad viscera columbæ.

(a) Sic Mss. At editi : *Noli dicere Christiano*.

Foris baptizatus es : habeto fructum, et redis ad arcam.

22. Et tu : Quid nos quæritis si mali sumus? Ut boni sitis. Ideo vos quærimus, quia mali estis : nam si mali non essetis, invenissemus vos, non vos quæreremus. Qui bonus est, jam inventus est : qui malus est, adhuc quæritur. « Ideo vos quærimus : redite ad arcam. Sed jam habeo baptismum. Si omnia sacramenta sciero, et habuero prophetiam et omnem fidem, ita ut montes transferam, caritatem autem non habeam, nihil sum. » Fructum ibi videam, olivam ibi videam, et revocaris ad arcam.

23. Sed quid ais? Ecce nos multa mala patimur. Hæc si pro Christo pateremini, non pro honoribus vestris. Audite quod sequitur : Jactant se enim aliquando, quia eleemosynas multas faciunt, dant pauperibus; quia patiuntur molestias : sed pro Donato, non pro Christo. Vide quomodo patiaris : nam si pro Donato pateris, pro superbo pateris : non es in columba, si pro Donato pateris. Non erat ille amicus

souffrez pour lui, vous n'êtes pas uni à la colombe. Il n'était point l'ami de l'Epoux (*Jean*, XII, 29), car s'il l'avait été, il aurait cherché la gloire de l'Epoux plutôt que la sienne propre. Entendez l'ami de l'Epoux vous dire : « C'est lui qui baptise. » Mais celui pour qui vous souffrez, n'était point l'ami de l'Epoux. Vous n'avez pas la robe nuptiale, et si vous vous présentez au festin, vous vous exposez à être jeté dehors. (*Matth.*, XXII, 12.) Je dirai plus, vous êtes malheureux parce que vous avez été jeté dehors, revenez donc à l'unité et cessez de vous glorifier. Ecoutez ce que dit l'Apôtre : « Et quand je distribuerais tous mes biens aux pauvres et que je livrerais mon corps pour être brûlé, si je n'ai point la charité. » Voilà ce que vous n'avez pas. « Quand je livrerais mon corps pour être brûlé, » même pour le nom de Jésus-Christ. Mais il en est beaucoup qui le font par un désir de vaine gloire et non par un motif de charité. Aussi l'Apôtre ajoute : « Quand je livrerais mon corps pour être brûlé, si je n'ai point la charité, cela ne me sert de rien. » La charité a inspiré aux martyrs de sacrifier leur vie dans les temps de persécution, ils ont agi sous l'impression de la charité; ceux-ci, au contraire, n'exposent leur vie que par un motif d'orgueil et de vaine gloire; et, au défaut de persécuteur, ils vont eux-mêmes au-devant de la mort. Venez donc pour recevoir la charité. Mais nous avons aussi des martyrs, me direz-vous? Quels martyrs? Ce ne sont point des colombes, aussi en essayant de prendre leur vol, ils sont tombés du haut de la pierre.

24. Vous le voyez donc, mes frères, tout élève la voix contre eux, toutes les pages des livres saints, toutes les prophéties, l'Evangile tout entier, tous les écrits des Apôtres, tous les gémissements de la colombe, et ils ne sortent pas encore de leur sommeil et de leur assoupissement. Mais si nous sommes nous-mêmes la colombe, gémissons, patientons, espérons; la miséricorde de Dieu embrasera votre simplicité du feu de l'Esprit saint, et ils reviendront à nous. Un grand nombre déjà ont reconnu leur impudence, ils en ont rougi, Jésus-Christ étendra cette grâce à tous les autres. Et il le faut ainsi, mes frères, il faut que la paille seule reste dehors, et que tout le bon grain soit recueilli, tout ce qui porte du fruit doit rentrer dans l'arche par la colombe.

25. Confondus sur tous les points, que nous alléguent-ils encore, au défaut de raisons sérieuses qu'ils ne peuvent trouver? Ils ont pris nos métairies, ils se sont emparés de nos terres. Qu'ils produisent les testaments des donateurs. Voici une terre que Gaiuséius a donné à l'Eglise que gouvernait Faustin. De quelle Eglise Faustin était-il évêque? Quelle est cette Eglise? L'Eglise, disent-ils, à la tête de laquelle se trouvait Faustin. Faustin était à la tête, non pas

---

sponsi : nam si amicus esset sponsi, gloriam sponsi quæreret, non suam. (*Joan.*, III, 29.) Vide amicum spousi dicentem : « Hic est qui baptizat. » Ille non erat amicus sponsi, pro quo pateris. Non habes vestem nuptialem; et si ad convivium venisti, foras habes mitti (*Matth.*, XXII, 12) : imo quia foras missus es, ideo miser es : redi aliquando, et noli gloriari. Audi quid dicat Apostolus : « Si distribuero omnia mea pauperibus, et tradidero corpus meum ut ardeam, caritatem autem non habeam. » (1 *Cor.*, XIII, 3.) Ecce quod non habes. Si tradidero, inquit, corpus meum ut ardeam : et utique pro nomine Christi : » sed quia sunt multi qui jactanter illud faciunt, non cum caritate, ideo : « Si tradidero corpus meum ut ardeam, caritatem autem non habeam, nihil mihi prodest. » Caritate fecerunt martyres illi, qui in tempore persecutionis passi sunt; caritate fecerunt : isti autem de tumore et de superbia faciunt : nam cum persecutor desit, seipsos præcipitant. Veni ergo, tu habeas caritatem. Sed nos habemus martyres. Quos martyres? Non sunt columbæ, ideo volare conati sunt, et de petra ceciderunt.

24. Omnia ergo, Fratres mei, videtis, quia clamant adversus illos, omnes paginæ divinæ, omnis prophetia, totum Evangelium, omnes Apostolicæ litteræ, omnis gemitus columbæ : et nondum evigilant, nondum expergiscuntur. Sed si columba sumus, gemamus, toleremus, speremus : aderit misericordia Dei, ut efferveat ignis Spiritus sancti in simplicitate vestra, et venient. Non est desperandum, orate, prædicate, diligite, prorsus potens est Dominus. Jam cœperunt cognoscere frontem suam : multi cognoverunt, multi erubuerunt : aderit Christus, ut cognoscant et cæteri. Et certe, Fratres mei, vel palea sola ibi remaneat, omnia grana colligantur : quidquid ibi fructificavit, redeat ad arcam per columbam.

25. Modo deficientes ubique, quid nobis proponunt, non invenientes quid dicant? Villas nostras tulerunt, fundos nostros tulerunt. Proferant testamenta hominum. Ecce ubi Gaiuseius donavit fundum Ecclesiæ, cui præerat Faustinus. Cujus episcopus erat Faustinus Ecclesiæ? quid est Ecclesia? Ecclesiæ, dixit, cui præerat Faustinus : sed non Ecclesiæ præerat Fausti-

d'une Eglise, mais d'un parti. La colombe, voilà la véritable Eglise. Pourquoi tant crier? Nous n'avons pas englouti vos métairies, c'est à la colombe qu'elles appartiennent, cherchez quelle est la colombe. Ces domaines lui reviennent de droit. Car, vous le savez, mes frères, ces métairies n'appartiennent pas à Augustin; si vous l'ignorez, si vous croyez que je mette ma joie dans la possession de ces domaines, j'en appelle à Dieu qui sait parfaitement quels sont ici mes pensées et mes sentiments; il connaît mes gémissements, lui qui a daigné m'associer en partie aux dispositions de la colombe. Voici donc ces métairies, en vertu de quel droit les revendiquez-vous? Est-ce au nom du droit divin? est-ce au nom du droit humain? Qu'ils répondent; le droit divin se trouve dans les Ecritures, le droit humain dans les lois des rois. Sur quoi est fondé le droit de propriété, n'est-ce pas sur le droit humain? Car de droit divin : « La terre est au Seigneur avec tout ce qu'elle renferme; » (*Ps.* XIII, 1) Dieu a formé du même limon les pauvres et les riches, et la même terre porte sans distinction les uns et les autres. Cependant en vertu du droit humain, un homme dit : Cette métairie m'appartient, cette maison, ce serviteur sont à moi. C'est en vertu du droit humain, du droit dont les empereurs sont les protecteurs et garants. Pourquoi? Parce que Dieu a distribué au genre humain ces droits par les empereurs et les rois de la terre. Voulez-vous que nous vous citions les lois des empereurs, et que nous traitions à ce point de vue la question de ces métairies? Si vous voulez les posséder en vertu du droit humain et civil, citons les lois des empereurs et voyons s'ils ont voulu que les hérétiques aient la capacité de posséder. Mais que me fait l'empereur, me direz-vous? C'est en vertu du droit de propriété qu'il vous donne que vous possédez vos domaines. Faites disparaître ce droit, qui osera encore dire : Cette métairie m'appartient, cette maison, ce serviteur sont à moi? Or si le droit de propriété des hommes n'est fondé que sur les lois des rois, voulez-vous que nous citions ces lois, afin de vous donner la joie de posséder un seul jardin et de n'attribuer qu'à la douceur de la colombe la permission qui vous est laissée d'en rester en possession? Nous avons des lois claires et formelles dans lesquelles les empereurs défendent de rien posséder au nom de l'Eglise, à ceux qui portent injustement le nom de chrétiens en dehors de la communion de l'Eglise catholique, et qui ne veulent pas adorer le Dieu de paix dans un esprit de paix et de concorde.

26. Mais qu'y a-t-il de commun entre nous et l'empereur? Je l'ai déjà dit, il est question d'un droit humain. D'ailleurs, l'Apôtre veut qu'on rende aux rois les devoirs et les honneurs qui leur sont dus : « Respectez le roi, nous dit-il. »

---

nus, sed parti præerat. Columba autem Ecclesia est. Quid clamas? Non devoravimus villas, columba illas habeat : quæratur quæ sit columba, et ipsa habeat. Nam nostis, Fratres mei, quia villæ istæ non sunt Augustini : et si non nostis, et putatis me gaudere in possessione villarum : Deus novit, ipse scit quid ego de illis villis sentiam, vel quid ibi sufferam : novit gemitus meos, si mihi aliquid de columba impertire dignatus est. Ecce sunt villæ : quo jure defendis villas? divino an humano? Respondeant : divinum jus in Scripturis habemus, humanum jus in legibus regum. Unde quisque possidet quod possidet? nonne jure humano? Nam jure divino : Domini est terra et plenitudo ejus (*Psal.* XXIII, 1) : pauperes et divites Deus de uno limo fecit, et pauperes et divites una terra supportat. Jure tamen humano dicit : Hæc villa mea est, hæc domus mea, hic servus meus est. Jure ergo humano, jure imperatorum. Quare? quia ipsa jura humana per imperatores et reges sæculi Deus distribuit generi humano. Vultis legamus leges imperatorum, et secundum ipsas agamus de villis? Si jure humano vultis possidere, recitemus leges imperatorum : videamus si voluerunt aliquid ab hæreticis possideri. Sed quid mihi est imperator? Secundum jus ipsius possides terram. Aut tolle jura imperatorum, et quis audet dicere : Mea est illa villa, aut meus est ille servus, aut domus hæc mea est? Si autem ut teneantur ista ab hominibus, jura acceperunt regum, vultis recitemus leges, ut gaudeatis quia vel unum hortum habetis, et non imputetis nisi mansuetudini columbæ, quia vel ibi vobis permittitur permanere? Leguntur enim leges manifestæ, ubi præceperunt Imperatores, eos qui præter Ecclesiæ catholicæ communionem usurpant sibi nomen Christianum, nec volunt in pace colere pacis auctorem, nihil nomine Ecclesiæ audeant possidere.

26. Sed quid nobis et imperatori? Sed jam dixi, de jure humano agitur. Et tamen Apostolus voluit serviri regibus, voluit honorari reges, et dixit : Regem reveremini. (1 *Pet.*, II, 17.) Noli dicere : Quid mihi et regi? Quid tibi ergo et possessioni? Per jura regum possidentur possessiones. Dixisti : Quid mihi et

TRAITÉ VII.

(I *Pier.*, II, 17.) Ne dites donc pas : Qu'y a-t-il de commun entre le roi et moi? Qu'y a-t-il de commun entre vous et les biens que vous possédez? C'est des rois que vient votre droit de propriété sur ces biens. Vous dites : Qu'y a-t-il de commun entre le roi et moi? Alors cessez de prétendre à la possession de vos domaines, puisque vous renoncez au droit qui vous en assure la propriété. Mais j'en appelle au droit divin, dites-vous? Lisons donc l'Evangile, voyons jusqu'où l'Eglise catholique appartient à Jésus-Christ sur lequel est descendue la colombe qui enseigne à Jean cette vérité : « C'est lui qui baptise. » (*Jean*, I, 33.) Comment donc celui qui dit : Je baptise, peut-il posséder de droit divin, alors que la colombe déclare expressément : « C'est lui qui baptise; » alors que l'Ecriture n'est pas moins expresse : « Ma colombe est unique, elle est unique pour sa mère. » (*Cant.*, VI, 8.) Pourquoi donc déchirez-vous la colombe? Ou plutôt pourquoi déchirez-vous vos propres entrailles? Car vous vous déchirez vous-même, et la colombe ne reçoit aucune atteinte de vos coups. Donc mes frères, s'ils ne peuvent apporter aucune excuse, je leur dirai la conduite qu'ils doivent tenir. Qu'ils rentrent dans le sein de l'Eglise catholique, et ils posséderont avec nous, non-seulement la terre, mais celui qui est le créateur du ciel et de la terre.

(1) Ce Traité a été donné un dimanche, voyez n° 24.

TRAITÉ VII (1).

Depuis ces paroles : « J'ai vu et j'ai rendu témoignage qu'il est le Fils de Dieu, » jusqu'à ces autres : « En vérité je vous le dis, vous verrez les anges de Dieu monter et descendre sur le Fils de l'homme. »

1. Votre empressement à vous rendre ici en si grand nombre nous comble de joie et dépasse toutes nos espérances. Voilà, en effet, notre joie, notre consolation au milieu de tous les travaux et des épreuves de cette vie; c'est votre amour pour Dieu, votre pieux empressement, votre ferme espérance, et votre sainte ferveur. Vous avez vu dans le Psaume qu'on vient de réciter que le pauvre et celui qui est sans secours poussent des cris vers Dieu dans le cours de cette vie. (*Ps.* LXXIII, 2.) On vous l'a dit bien souvent et vous devez vous en souvenir, ce n'est pas ici la voix d'un seul homme, et c'est cependant un seul homme qui parle. Ce n'est pas la voix d'un seul homme, parce que c'est le cri d'un grand nombre de fidèles, ces bons grains qui sont répandus sur la surface de la terre et qui gémissent au milieu de la paille, c'est la voix d'un seul homme, parce que nous sommes tous les membres de Jésus-Christ, et que nous ne formons tous qu'un seul corps. Ce peuple donc pauvre et sans secours, ne connaît point les joies du siècle, sa douleur, comme sa joie, sont au dedans de lui, là où il

---

regi? Noli dicere possessiones tuas : quia ad ipsa jura humana renuntiasti, quibus possidentur possessiones. Sed de divino jure ago, ait. Ergo Evangelium recitemus : videamus quo usque Ecclesia catholica Christi est, super quem venit columba, quæ docuit : « Hic est qui baptizat. » Quomodo ergo jure divino possideat, qui dicit : Ego baptizo; cum dicat columba : « Hic est qui baptizat (*Joan.*, I, 33); cum dicat Scriptura : Una est columba mea, una est matri suæ? (*Cant.*, VI, 8.) Quare laniastis columbam? Imo laniastis viscera vestra : nam vobis laniatis, columba integra perseverat. Ergo, Fratres mei, si ubique non habent quod dicant, ego dico quod faciant : veniant ad Catholicam ; et nobiscum habebunt non solum terram, sed etiam illum qui fecit cœlum et terram.

TRACTATUS VII.

Ab eo quod scriptum est : « Et ego vidi, et testimonium perhibui, quia hic est Filius Dei : » usque ad id : « Amen dico vobis, videbitis cœlum apertum, et Angelos ascendentes et descendentes super filium hominis. »

1. Congaudemus frequentiæ vestræ, quia ultra quam sperare potuimus, alacriter convenistis. Hoc est quod nos lætificat, et consolatur in omnibus laboribus, et periculis vitæ hujus, amor vester in Deum, et pium studium, et certa spes, et fervor spiritus. Audistis cum Psalmus legeretur, quia inops et pauper clamat ad Deum in hoc sæculo. (*Psal.* LXXIII, 21.) Vox enim est, ut sæpius audistis, et meminisse debetis, non unius hominis, et tamen unius hominis : non unius, quia fideles multi; multa grana inter paleas gementia, diffusa toto orbe terrarum : unius autem, quia membra Christi omnes; ac per hoc unum corpus. Iste ergo populus inops et pauper, non novit gaudere de sæculo : et dolor ejus intus est, et gaudium ejus intus est, ubi non videt nisi ille

n'a pour témoin que celui qui exauce ses gémissements, et couronne ses espérances. La joie du monde n'est que vanité. On l'attend avec une vive impatience, et à peine est-elle arrivée qu'elle s'échappe de nos mains. Voyez ce jour, qui est un jour de joie pour les hommes de perdition, il n'existera plus demain, et eux-mêmes ne seront pas demain ce qu'ils sont ajourd'hui. Tout passe, tout s'envole et s'évanouit comme la fumée; malheur donc à ceux qui placent leur affection dans ces vanités! Toute âme suit nécessairement le sort de ce qu'elle aime. « Tous les mortels ne sont que de l'herbe, et tout leur éclat ressemble à la fleur des champs; l'herbe de la prairie s'est desséchée, la fleur est tombée, mais la parole de Dieu demeure éternellement. » (*Isa.*, XL, 6.) Peut-être auriez-vous pu dire : Comment pourrais-je atteindre le Verbe de Dieu? « Et le Verbe s'est fait chair, et il a habité parmi nous. » (*Jean*, I, 14.)

2. Ainsi donc, mes très-chers frères, regardons comme un devoir de notre pauvreté et de notre misère, de gémir sur le sort de ceux qui s'imaginent être dans l'abondance. Leur joie ressemble à celle du frénétique. Le frénétique, la plupart du temps, se livre à la joie, aux rires dans ses accès de folie, il plaint le sort de ceux qu'il voit en bonne santé. Si donc, mes très-chers frères, nous avons reçu le divin remède qui vient du ciel et qui nous a guéri de la frénésie dont nous étions nous-mêmes atteints, maintenant que nous avons cessé d'aimer ce que nous aimions, gémissons devant Dieu sur ceux qui sont entraînés par leurs égarements. La puissance de Dieu est assez grande pour les sauver. Mais il faut qu'ils considèrent attentivement ce qu'ils sont, et qu'ils commencent à se déplaire. Ils veulent tout voir, et ils ne veulent pas se voir eux-mêmes. S'ils veulent arrêter un instant seulement leurs regards sur eux-mêmes, ils verront bientôt leur confusion. Jusque-là montrons des goûts contraires, et donnons à notre âme des distractions différentes. Notre douleur est plus puissante que leur joie. Quant à ce qui est de nos frères, il est difficile que quelqu'un d'entre eux se laisse entraîner par cette fête, mais pour nos sœurs, nous sommes contristés et nous nous affligeons de ce qu'elles n'accourent pas de préférence à l'Eglise, car si elles sont insensibles à la crainte, la pudeur aurait dû suffire pour les ramener. Dieu qui voit tout, sait ce qu'il en est, et sa miséricorde, espérons-le, guérira toutes ces blessures. Pour nous qui sommes réunis ici, prenons part au banquet divin, et que la parole de Dieu soit la joie de notre cœur. Lui-même nous a invités à entendre l'explication de son Evangile, il est notre nourriture, et il n'en est point de plus douce

qui exaudit gementem, et coronat sperantem. Lætitia sæculi, vanitas. Cum magna exspectatione speratur ut veniat, et non potest teneri cum venerit. Iste enim dies qui lætus est perditis hodie in ista civitate, cras utique non erit: nec iidem ipse cras hoc erunt quod hodie sunt. Et transeunt omnia, et evolant omnia, et sicut fumus vanescunt: et væ qui amant talia. Omnis enim anima sequitur quod amat. Omnis caro fœnum, et omnis honor carnis quasi flos fœni: fœnum aruit, flos decidit.: verbum autem Domini manet in æternum. (*Iso.*, LX, 6.) Ecce quod ames, si vis manere in æternum. Sed dicere habebas : Unde possum apprehendere Verbum Dei? Verbum caro factum est, et habitavit in nobis. (*Joan.*, I, 14.)

2. Quapropter, Carissimi, ad inopiam nostram et paupertatem nostram pertineat, et quod illos dolemus qui sibi abundare videntur. Gaudium enim ipsorum quasi phreneticorum est. Quomodo autem phreneticus gaudet in insania plerumque, et ridet; et plangit illum qui sanus est : sic et nos : carissimi, si recepimus medicinam de cœlo venientem, quia et nos omnes phrenetici eramus, tanquam salvi facti, quia ea quæ diligebamus non diligimus, gemamus ad Deum de iis qui adhuc insaniunt. Potens est enim ut et ipsos salvos faciat. Et opus est ut respiciant se, et displiceant sibi (*a*). Spectare volunt, et spectare se non noverunt. Nam si aliquantum oculos ad se convertant, vident confusionem suam. Quod donec fiat, alia sint studia nostra, alia sint avocamenta animæ nostræ. Plus valet dolor noster, quam gaudium illorum. Quantum pertinet ad numerum fratrum, difficile est ut quisquam illa celebritate raptus fuerit ex viris : quantum autem ad sororum numerum, contristati nos, et hoc magis dolendum est, quia non ipsæ potius ad Ecclesiam currunt, quas debuit si non timor, certe verecundia de publico revocare. Viderit hoc qui videt, et aderit misericordia ejus, ut sanet omnes. Nos autem qui convenimus, pascamur epulis Dei, et sit gaudium nostrum sermo ipsius. Invitavit enim nos ad Evangelium suum : et ipse cibus noster est,

(*a*) Mss. *Spectari volunt.*

pour celui dont le palais intérieur n'est point affadi.

3. Vous n'avez point oublié, mes très-chers frères, que dans la lecture toujours convenablement divisée de cet Evangile, nous suivons l'ordre naturel des faits, et vous devez vous rappeler, je pense, les explications que nous avons données récemment sur Jean et la colombe. Nous vous avons dit quelle était cette propriété nouvelle dans le Sauveur, que la colombe avait révélée à Jean qui connaissait déjà le Seigneur. Grâce aux lumières de l'Esprit saint, nous vous avons dit que Jean connaissait, il est vrai, le Seigneur, mais qu'il avait appris par la colombe, que le baptême du Seigneur aurait ce caractère particulier qu'il ne transmettrait à personne le pouvoir personnel de le donner. Voilà ce que signifiaient ces paroles : « Celui sur qui vous verrez l'Esprit saint descendre comme une colombe, et se reposer sur lui, c'est lui qui baptise dans l'Esprit saint. » (*Jean*, I, 33.) Qu'est-ce à dire c'est lui ? Ce n'est pas un autre, bien que le baptême soit administré par un autre. Mais pourquoi est-ce par la colombe que cette vérité lui est révélée ? J'en ai donné des raisons multipliées et il est sans utilité d'ailleurs, de les reproduire ici. Je dirai cependant que c'est surtout pour signifier la paix. En effet la colombe ayant trouvé du fruit sur les arbres qui avaient été comme baptisés en dehors de l'arche, elle apporta ce fruit dans l'arche. Vous vous rappelez que Noé fit partir une colombe de l'arche qui voguait sur les eaux du déluge, et qui était comme baptisée par ces eaux sans être submergée. (*Gen.*, VIII, 11.) Après donc que la colombe fut sortie de l'arche, elle apporta une branche d'olivier qui, non-seulement était couverte de feuilles, mais qui portait des fruits. Voilà pourquoi nous désirons vivement que nos frères qui ont reçu le baptême en dehors de l'Eglise, portent du fruit. La colombe ne les laissera point dehors, elle les ramènera dans l'arche. Or ce fruit consiste tout entier dans la charité, sans laquelle l'homme n'est rien, quelles que soient d'ailleurs ses autres vertus. Nous avons rappelé cette doctrine si largement développée par l'Apôtre lui-même. N'est-ce pas lui qui nous dit, en effet : « Quand je parlerais toutes les langues des hommes et le langage des anges, si je n'ai point la charité, je ne suis que comme un airain sonnant et une cymbale retentissante. Et quand j'aurais le don de prophétie, que je pénétrerais tous les mystères, que j'aurais une parfaite science de toute chose ; et quand j'aurais encore toute la foi (et dans quel sens dit-il toute la foi ?) jusqu'à transporter les montagnes, si je n'ai point la charité je ne suis rien. Et quand je distribuerais tout mon bien pour nourrir les pauvres, et que je livrerais mon corps pour être brûlé, si je n'ai point la charité cela ne me servira de rien. »

---

quo nihil dulcius; sed si quis habet palatum sanum in corde.

3. Bene autem arbitror meminisse Caritatem Vestram hoc Evangelium lectionibus congruis ex ordine recitari : et puto vobis non excidisse quæ jam tractata sunt, maxime recentiora de Joanne et columba. De Joanne scilicet, quid novum didicerit in Domino per columbam, qui jam noverat Dominum. Et hoc inventum est inspirante Spiritu Dei, quod jam quidem Joannes noverat Dominum, sed quod ipse Dominus ita esset baptizaturus, ut baptizandi potestatem a se in neminem transfunderet, hoc didicit per columbam, quia dictum ei erat : « Super quem videris Spiritum descendentem velut columbam, et manentem super cum, hic est qui baptizat in Spiritu sancto. » (*Joan.*, I, 33.) Quid est, hic est? non alius, etsi per alium. Quare autem per columbam? Multa dicta sunt, necpossum, nec opus est omnia retexere : præcipue tamen propter pacem ; quia et ligna quæ baptizata sunt foris, quia fructum in eis invenit columba, ad arcam attulit : sicut meministis columbam emissam a Noe de arca, quæ diluvio natabat, et baptismo abluebatur, non mergebatur. (*Gen.*, VIII, 11.) Cum ergo esset emissa, attulit ramum olivæ : sed non sola folia habebat, habebat et fructum. Itaque hoc optandum est fratribus nostris qui foris baptizantur, ut habeant fructum : non illos sinet columba foris, nisi ad arcam reduxerit. Fructus autem est totus caritas : sine qua nihil est homo, quidquid aliud habuerit. Et hoc uberrime ab Apostolo dictum commemoravimus et recensuimus. Ait enim : « Si linguis hominum loquar et Angelorum, caritatem autem non habeam, factus sum velut æramentum sonans, aut cymbalum tinniens : et si habuero omnem scientiam, et sciam omnia sacramenta, et habeam omnem prophetiam, et habuero omnem fidem, (fidem autem quomodo dixit omnem?) ut montes transferam, caritatem autem non habeam, nihil sum. Et si distribuero omnia mea pauperibus, et si tradidero corpus meum ut ardeam, caritatem autem non habeam, nihil mihi prodest. » (*I Cor.*, XIII, 1, etc.) Nullo modo autem possunt dicere se habere carita-

(I *Cor.*, XIII, 1, etc.) Or il est impossible que ceux qui divisent l'unité aient en aucune manière la charité. Voilà ce que nous avons dit, voyons la suite.

4. « Jean a donc rendu témoignage de ce qu'il a vu. » (*Jean*, I, 34.) Quel est ce témoignage ? C'est que Jésus est le Fils de Dieu. Le baptême devait nécessairement être donné non par un fils adoptif, mais par le Fils unique. Les fils adoptifs sont les ministres du Fils unique ; le Fils unique a le pouvoir, les fils adoptifs n'ont que le ministère. Que le ministre qui baptise ne soit pas du nombre des enfants, parce que sa vie est coupable et ses actions mauvaises ; quelle est ici notre consolation ? La certitude que « c'est Lui qui baptise. »

5. « Le lendemain, Jean était encore là avec deux de ses disciples, et voyant passer Jésus, il dit : Voici l'Agneau de Dieu. » (*Jean*, I, 35-36.) Jésus est l'Agneau par excellence, car le nom d'agneau a été donné aussi aux disciples : « Voici que je vous envoie comme des agneaux au milieu des loups, » (*Matth.*, x, 16) aussi bien que le nom de lumière : « Vous êtes la lumière du monde, » (*Matth.*, v, 14) mais dans un sens bien différent qu'il est dit du Fils de Dieu : « Il était la vraie lumière qui éclaire tout homme venant en ce monde. » (*Jean*, I, 21.) C'est aussi dans un autre sens qu'il est l'Agneau par excellence le seul qui soit sans tache, sans péché, le seul qui n'a pas eu besoin d'être purifié, parce qu'il n'y a en lui aucune souillure. Que signifient, en effet, ces paroles de saint Jean en parlant du Seigneur : « Voici l'Agneau de Dieu ? » Est-ce que Jean n'était pas un agneau ? Est-ce qu'il n'était pas un saint ? Un ami de l'époux ? Donc Jésus est par excellence l'Agneau de Dieu, parce que ce n'est que par le sang de cet Agneau que les hommes ont pu être entièrement rachetés.

6. Mes frères, si nous reconnaissons que le prix de notre rédemption c'est le sang de cet Agneau, que dire de ceux qui célèbrent aujourd'hui la fête du sang de je ne sais quelle femme, et quelle ingratitude est la leur ? Des boucles d'oreilles en ont été arrachées de l'oreille de cette femme et le sang a coulé, l'or a été mis dans une balance et le sang l'a rendu beaucoup plus pesant ; si le sang de cette femme a pu rendre l'or plus pesant, le sang de l'Agneau, par qui le monde a été fait, n'aura-t-il pas beaucoup plus de poids pour faire pencher la balance en faveur du monde ? On a, dit-on, apaisé par le sang je ne sais quel esprit, pour qu'il rendît le poids plus lourd. Les esprits immondes connaissent la venue prochaine du Christ, ils l'avaient apprise à la fois des anges et des prophètes, et ils s'attendaient qu'il viendrait bientôt ; car, sans cette attente, comment expliquer ce cri : « Qu'il y a-t-il de commun entre vous et nous, vous êtes venu nous perdre avant le temps ;

---

tem, qui dividunt unitatem. Hæc dicta sunt : sequentia videamus.

4. « Perhibuit Joannes testimonium, » (*Joan.*, I, 34) quia vidit. Quale testimonium perhibuit ? « Quia ipse est Filius Dei. » Oportebat ergo ut ille baptizaret qui est Filius Dei unicus, non adoptatus. Adoptati filii, ministri sunt Unici : Unicus habet potestatem, adoptati ministerium. Licet baptizet minister non pertinens ad numerum Filiorum, quia male vivit et male agit, quid nos consolatur ? Hic est qui baptizat.

5. « Altera die iterum stabat Joannes, et ex discipulis ejus duo : (*v.* 35.) et respiciens Jesum ambulantem, dicit : Ecce Agnus Dei. » (*v.* 36.) Utique singulariter iste Agnus : nam et discipuli dicti sunt agni, Ecce ego mitto vos sicut agnos in medio luporum. (*Matth.*, x, 16.) Dicti sunt et ipsi lumen : Vos estis lumen mundi (*Matth.*, v, 14) : Sed aliter ille de quo dictum est : Erat lumen verum quod illuminat omnem hominem venientem in hunc mundum. (*Joan.*, I, 9.) Sic et Agnus singulariter, solus sine macula, sine peccato : non cujus maculæ abstersæ sint, sed cujus macula nulla fuerit. Quid enim quia dicebat Joannes de Domino : « Ecce Agnus Dei ? » Ipse Joannes non erat agnus ? non erat vir sanctus ? non erat amicus sponsi ? Ergo singulariter ille hic est Agnus Dei : quia singulariter hujus Agni sanguine solo homines redimi potuerunt.

6. Fratres mei, si agnoscimus pretium nostrum quia sanguis est Agni, qui sunt illi qui hodie celebrant festivitatem sanguinis, nescio cujus mulieris ? et quam ingrati sunt ? Raptum est aurum, dicunt, de aure mulieris, et cucurrit sanguis, et positum est aurum in trutina vel statera, et præponderavit multum de sanguine. Si pondus ad inclinandum aurum habuit sanguis mulieris, quale pondus habet ad inclinandum mundum sanguis Agni, per quem factus est mundus ? Et quidem ille spiritus nescio quis, ut premeret pondus, placatus est sanguine. Immundi spiritus noverant venturum Jesum Christum, audierant ab Angelis, audierant ex Prophetis, et sperabant eum venturum. Nam si non sperabant, unde clamaverunt : « Quid nobis et tibi est ? venisti ante

nous savons qui vous êtes, le saint Dieu. » (*Marc*, I, 24.) Ils savaient qu'il devait venir, mais ils ignoraient l'époque précise. Or, que dit le Roi-prophète de Jérusalem dans le psaume que vous avez récité? « Les ruines de Jérusalem ont été agréables à vos serviteurs et ils pleureront sur sa poussière; pour vous, Seigneur, vous vous lèverez et vous aurez pitié de Sion, parce que le temps est venu d'avoir pitié d'elle. » (*Ps.* CI, 15.) Lorsque le temps de la clémence fut arrivé, l'Agneau vint sur la terre. Quel est cet Agneau devant lequel tremblent les loups? Quel est cet Agneau qui, mis à mort le premier, a donné au lion le coup de la mort? Car le démon est appelé un lion qui rôde en rugissant et qui cherche quelqu'un à dévorer. (I *Pier.*, V, 8.) Le sang de l'Agneau a triomphé de ce lion; voilà quels sont les spectacles des chrétiens. Et ce qui leur assure la supériorité, c'est que les partisans du monde voient la vanité des yeux du corps tandis que nous contemplons la vérité des yeux du cœur. Non, ne croyez pas, mes frères, que Dieu nous ait laissés sans spectacle; si nous n'avions point de spectacles, pourquoi aujourd'hui cette réunion nombreuse? Vous avez vu ce que nous venons de décrire et ce spectacle a excité vos acclamations qu'on ne pourrait expliquer si vous n'en n'aviez été les témoins. C'est, en effet, un grand et admirable spectacle que de voir par toute la terre le lion vaincu par le sang de l'Agneau, les membres de Jésus-Christ arrachés des dents des bêtes féroces et réunis au corps de Jésus-Christ. Or, ce mauvais esprit a essayé, je ne sais comment, de contrefaire le grand acte de la rédemption en inspirant de racheter son image par le sang, parce qu'il savait que le sang serait un jour le prix de la rédemption du genre humain. Les mauvais esprits cherchent, en effet, à s'attribuer quelques simulacres d'honneur pour induire en erreur ceux qui suivent Jésus-Christ. C'est à ce point que ceux qui séduisent les hommes par leurs amulettes, leurs maléfices, leurs inventions diaboliques, y mêlent toujours le nom de Jésus-Christ. Il leur est impossible, ils le voient, de tromper les chrétiens; que font-ils? Ils mêlent un peu de miel à leur poison pour déguiser sous la douceur de l'un, l'amertume de l'autre, et faire avaler ce breuvage mortel. Ainsi, j'ai entendu moi-même dire au prêtre de cette idole, coiffée du pileus (1), ce dieu est chrétien. Pourquoi donc agissent-ils de la sorte? Parce qu'ils ne peuvent autrement séduire les chrétiens?

7. Ne cherchez donc pas Jésus-Christ ailleurs que là où il a voulu être annoncé, attachez-vous fortement aux enseignements qu'il a lui-même déterminés et écrivez-les dans votre cœur. Ce sera comme un rempart contre toutes les atta-

---

(1) Le pileus était un bonnet de laine de la forme de la moitié d'un œuf et s'ajustant parfaitement à la tête. Les Romains le portaient dans les festins, aux spectacles, dans les fêtes, en particulier dans les saturnales; les gladiateurs souvent vainqueurs recevaient aussi le pileus avec la liberté. On donnait à Castor et Pollux le nom de pileati fratres, frères coiffés du pileus.

---

tempus perdere nos? scimus qui sis, Sanctus Dei. » (*Marc.*, I, 24.) Venturum sciebant, sed tempus ignorabant. Sed quid audistis in Psalmo de Jerusalem? Quoniam beneplacitum habuerunt servi tui lapides ejus, et pulveris ejus miserebuntur : tu exsurgens, inquit, misereberis Sion, quoniam venit tempus ut miserearis ejus. (*Psal.* CI, 15.) Quando venit tempus ut misereretur Deus, venit Agnus. Qualis Agnus, quem lupi timent? qualis Agnus est, qui leonem occisus occidit? Dictus est enim diabolus leo circumiens et rugiens, quærens quem devoret (I *Pet.*, V, 8.): sanguine Agni victus est leo. Ecce spectacula Christianorum. Et quod est amplius, illi oculis carnis vident vanitatem, nos cordis oculis veritatem. Ne putetis, Fratres, quod sine spectaculis nos dimisit Dominus Deus noster : nam si nulla sunt spectacula, cur hodie convenistis? Ecce quod diximus, vidistis, et exclamastis : non exclamaretis nisi vidissetis. Et magnum est hoc spectare per totum orbem terrarum, victum leonem sanguine Agni, educta de dentibus leonum membra Christi, et adjuncta corpori Christi. Ergo nescio quid simile imitatus est quidam spiritus, ut sanguine simulacrum suum emi vellet, quia noverat pretioso sanguine quandocumque redimendum esse genus humanum. Fingunt enim spiritus mali umbras quasdam honoris sibimetipsis, ut sic decipiant eos qui sequuntur Christum. Usque adeo, Fratres mei, ut illi ipsi qui seducunt per ligaturas, per præcantationes, per machinamenta inimici, misceant præcantationibus suis nomen Christi: quia jam non possunt seducere Christianos, ut dent venenum, addunt mellis aliquid, ut per id quod dulce est, lateat quod amarum est, et bibatur ad perniciem. Usque adeo ut ego noverim aliquo tempore illius Pileati sacerdotem solere dicere : Et ipse Pileatus Christianus est. Ut quid hoc, Fratres, nisi quia aliter non possunt seduci Christiani?

7. Ne quæratis ergo alibi Christum, quam ubi se vobis voluit prædicari Christus : et quomodo vobis voluit prædicari, sic illum tenete, sic in corde ves-

ques, contre toutes les embûches de l'ennemi. Soyez sans crainte, le démon ne peut tenter qu'autant qu'il en obtient la permission, et la vérité est qu'il ne peut rien absolument qu'autant que Dieu le lui permet ou qu'il l'envoie. Il est envoyé comme un ange mauvais par la puissance à laquelle il est soumis, et cette puissance ne lui permet d'agir que pour éprouver les justes et punir les méchants. Qu'avez-vous donc à craindre? Marchez toujours en union avec votre Dieu et soyez bien assuré que vous ne souffrirez que ce que Dieu aura voulu tout d'abord ; et s'il permet pour vous cette épreuve, ce sera le châtiment d'un père qui corrige plutôt que le supplice d'un juge qui condamne. Ces épreuves nous sont envoyées en vue de l'héritage éternel et nous refusons de les accepter! Mes frères, que diriez-vous d'un enfant qui refuserait de se soumettre à la correction, à la punition matérielle que veut lui imposer son père? Ne l'accuseriez-vous pas avec raison d'être un enfant orgueilleux qui ne laisse aucune espérance, et qui méconnaît les droits de l'éducation paternelle? Et quelle est l'intention de ce père en châtiant son fils? C'est qu'il puisse conserver les biens qu'il a lui-même acquis et augmentés pour lui ; c'est que cet enfant ne dissipe pas un jour cet héritage qu'il n'a pu lui-même conserver éternellement. Il enseigne son fils avec lequel il ne partagera point de son vivant la possession de ses biens, mais qu'il veut simplement avoir pour héritier après lui. Si donc, mes frères, un père enseigne son fils qui doit lui succéder et dont la vie doit s'écouler au milieu des mêmes vicissitudes que la sienne ; quel doit être, je vous le demande, l'enseignement de notre Père auquel nous ne devons pas succéder, mais que nous devons aller rejoindre un jour pour jouir avec lui de cet héritage éternel qui ne peut ni dépérir, ni se perdre, et qui est à l'abri de la tempête? Cet héritage, c'est le Père céleste lui-même. C'est lui que nous posséderons un jour et nous repousserions ses enseignements? Recevons, au contraire, avec soumission, les leçons de notre Père. Lorsque nous avons des maux de tête, ne courons pas demander de vains remèdes aux devins et aux sorciers. Mes frères, comment ne pas déplorer un tel abus, tous les jours j'en suis témoin, que voulez-vous que je fasse? Quoi! je ne pourrai persuader à des chrétiens que c'est en Jésus-Christ qu'ils doivent placer leur espérance? Qu'un de ceux dont je parle vienne à mourir (combien sont morts, en effet, malgré les remèdes, et combien, au contraire, sont revenus à la santé et à la vie sans y avoir recours?) avec quelle confiance son âme se sera-t-elle présentée devant Dieu? Elle a perdu le signe de Jésus-Christ pour prendre le signe du démon. Osera-t-elle dire : J'ai conservé le signe de Jésus-Christ? Vous l'avez donc porté simulta-

---

tro scribite. Murus est adversus omnes impetus et adversus omnes insidias inimici. Nolite timere, nec tentat ille, nisi permissus fuerit : constat illum nihil facere, nisi permissus fuerit aut missus. Mittitur tanquam angelus malus a potestate dominante : permittitur, quando aliquid petit : et hoc, Fratres, non sit, nisi ut probentur justi, puniantur injusti. Quid ergo times? Ambula in Domino Deo tuo, certus esto : Quod te non vult pati, non pateris : Quod te permiserit pati, flagellum corrigentis est, non pœna damnantis. Ad hæreditatem sempiternam erudimur, et flagellari dedignamur? Fratres mei, si recusaret quisquam puer colaphis aut flagellis cædi a patre suo, quomodo diceretur superbus, desperatus, ingratus paternæ disciplinæ? Et ut quid erudit pater homo filium hominem? ut possit non perdere temporalia quæ illi acquisivit, quæ illi collegit, quæ non vult eum perdere, quæ ipse qui relinquit, non potuit in sempiternum tenere. Non docet filium cum quo possideat, sed qui post eum possideat. Fratres mei, si filium docet pater successorem, et quem docet et ipsum similiter per illa omnia transiturum, qua et ille qui monebat transiturus est : quomodo vultis erudiat nos Pater noster, cui non successuri, sed ad quem accessuri sumus, et cum quo in æternum mansuri in hæreditate, quæ non marcescit, nec moritur, nec grandinem novit? Et ipse hæreditas et ipse Pater est. Hunc possidebimus, et erudiri non debemus? Sufferamus ergo eruditionem Patris. Non quando nobis dolet caput, curramus ad (a) præcantatores, ad sortilegos et remedia vanitatis. Fratres mei, non vos plangam? Quotidie invenio ista : et quid faciam? Nondum persuadeo Christianis in Christo spem esse ponendam? Ecce, si cui factum est remedium, moriatur, (quam multi enim cum remediis mortui sunt, et quam multi sine remediis vixerunt), qua fronte exiit anima ad Deum? Perdidit signum Christi, accepit signum diaboli. An forte dicat : Non perdidi signum Christi? Ergo signum Christi cum signo diaboli habuisti. Non vult Christus

(a) In plerisque Mss. *præcantationes*.

nément avec le signe du démon. Jésus-Christ repousse cette alliance, il veut posséder seul ce qu'il a racheté. Il ne vous a achetés à un si grand prix que pour vous posséder seul ; et vous, vous lui associez le démon à qui vous vous étiez vendus par le péché. « Malheur à ceux qui ont le cœur double, » (*Eccli.*, II, 14) et qui partagent leur cœur entre Dieu et le démon ! Dieu justement irrité de cette partie que vous laissez au démon, se retire, et abandonnera votre cœur tout entier au démon. C'est donc avec raison que l'Apôtre nous dit : « Ne donnez point d'entrée au démon. » (*Ephes.*, IV, 27.) Appliquons-nous donc à connaître l'Agneau, mes frères, et à comprendre la grandeur du prix que nous lui avons coûté.

8. « Jean était encore là avec deux de ses disciples. » (*Jean*, I, 35.) Voici deux des disciples de Jean, voyez les sentiments de Jean comme ami de l'Epoux, il ne cherchait pas sa gloire, mais il rendait témoignage à la vérité. Songea-t-il à retenir près de lui ses disciples en les empêchant de suivre le Seigneur ? Non, il aima mieux leur montrer lui-même Celui qu'ils devaient suivre. Les disciples de Jean regardaient leur Maître comme l'Agneau, et que leur dit-il ? Pourquoi vous attacher à moi ? Je ne suis point l'Agneau ; « voici l'Agneau de Dieu, » ce qu'il avait déjà dit précédemment. Et que doit nous donner cet Agneau de Dieu ? « Voici Celui qui efface le péché du monde. » A ces paroles, les deux disciples qui étaient avec Jean se mirent à la suite de Jésus.

9. Voyons la suite. « Voici l'Agneau de Dieu, » dit Jean. Les deux disciples l'entendirent parler ainsi et suivirent Jésus. « Alors Jésus s'étant retourné et les voyant qui le suivaient, leur dit : Que cherchez-vous ? Ils répondirent : Rabbi (c'est-à-dire Maître), où demeurez-vous ? » (*Jean*, I, 37-38.) Ils ne le suivaient pas encore d'une manière définitive, car il est certain qu'ils ne s'attachèrent à lui que lorsqu'il les appela à quitter leurs barques. André était de ces deux disciples, comme vous l'avez vu il n'y a qu'un instant. Or, nous savons par l'Evangile que le Seigneur appela Pierre et André de la barque où ils se trouvaient alors en leur adressant ces paroles : « Venez à ma suite, et je ferai de vous des pêcheurs d'hommes. » (*Matth.*, IV, 19.) Et de ce moment ils s'attachèrent à lui pour ne plus le quitter. S'ils le suivent aujourd'hui, ce n'est pas d'une manière définitive, mais ils voulurent voir où il habitait et mettre en pratique ce conseil de l'Ecriture : « Que votre pied presse le seuil de sa porte, allez le trouver dès le point du jour et instruisez-vous de ses préceptes. » (*Eccli.*, VI, 36.) Jésus leur montra donc où il demeurait, ils virent et ils demeurèrent avec lui. Quel jour heureux, quelle douce nuit ils durent passer ! Qui nous redira l'entre-

---

communionem, sed solus vult possidere quod emit. Tanti emit ut solus possideat : tu facis ei consortem diabolum, cui te per peccatum vendideras. Væ duplici corde (*Eccl.*, II, 14) : qui in corde suo partem faciunt Deo, partem faciunt diabolo. Iratus Deus, quia fit ibi pars diabolo, discedit, et totum diabolus possidebit. Non frustra itaque Apostolus dicit : Neque detis locum diabolo. (*Ephes.*, IV, 27.) Cognoscamus ergo Agnum, Fratres, cognoscamus pretium nostrum.

8. « Stabat Joannes, et ex discipulis ejus duo. » (*Joan.*, I, 35.) Ecce duo de discipulis Joannis : quia talis erat Joannes amicus sponsi, non quærebat gloriam suam, sed testimonium perhibebat veritati : nunquid voluit apud se remanere discipulos suos, et non sequerentur Dominum ? magis ipse ostendit discipulis suis quem sequerentur. Habebant enim illum tanquam Agnum : et ille : Quid me attenditis ? Ego non sum Agnus : « Ecce Agnus Dei, » (v. 29) de quo etiam superius dixerat : « Ecce Agnus Dei. » Et quid nobis prodest Agnus Dei ? « Ecce, ait, qui tollit peccatum mundi. » Secuti sunt illum hoc audito duo qui erant cum Joanne.

9. Videamus sequentia : « Ecce Agnus Dei. » hoc Joannes. « Et audierunt eum duo discipuli loquentem, et secuti sunt Jesum. (v. 37.) Conversus autem Jesus, et videns eos sequentes se, dicit eis : Quid quæritis ? Qui dixerunt, Rabbi, quod dicitur interpretatum magister : Ubi habitas ? » (v. 38.) Non sic illum sequebantur quasi jam ut inhæserunt illi : nam manifestum est quando illi inhæserunt, quia de navi eos vocavit. In his enim duobus erat Andreas, sicut modo audistis : Andreas autem frater Petri erat : et novimus in Evangelio quod Petrum et Andream Dominus de navi vocavit, dicens : « Venite post me, et faciam vos piscatores hominum. » (*Matth.*, IV, 19.) Et ex illo jam inhæserunt illi, ut non recederent. Modo ergo quod illum sequuntur isti duo, non quasi non recessuri sequuntur, sed videre voluerunt ubi habitaret, et facere quod scriptum est : Limen ostiorum ejus exterat pes tuus, surge ad illum venire assidue et erudire præceptis ejus. (*Eccl.*, VI, 36.) Ostendit eis ille ubi maneret : venerunt et fuerunt cum illo. Quam beatum diem duxerunt, quam beatam

tien que le Seigneur eut avec eux? Elevons nous-mêmes et construisons dans notre cœur une maison où le Sauveur vienne nous enseigner et s'entretenir avec nous.

10. « Jésus leur dit : Que cherchez-vous ? Ils lui répondirent : Rabbi, c'est-à-dire Maître, où demeurez-vous? Il leur dit : Venez et voyez. Ils vinrent et virent où il demeurait, et ils restèrent près de lui ce jour-là. Or, il était environ la dixième heure. » (*Jean*, I, 38-39.) Croyons-nous que ce soit sans dessein que l'Evangéliste précisait quelle heure il était alors ? Ce nombre est la figure de la loi qui fut donnée en dix commandements. Or, le temps était venu où cette loi devait être accomplie par l'amour, parce que la crainte avait été impuissante pour la faire accomplir aux Juifs. C'est ce qui fait dire au Seigneur : « Je ne suis pas venu détruire la loi, mais l'accomplir. » (*Matth.*, V, 17.) Aussi n'est-ce pas sans raison que ces deux amis de l'Epoux le suivirent à la dixième heure, et qu'à cette même heure le Sauveur s'entendit donner le nom de Maître. S'il reçut ce nom à la dixième heure, et que d'un autre côté le nombre dix soit le symbole de la loi, le Maître de la loi n'est autre que Celui qui a donné la loi. Que personne ne dise que Celui qui a donné la loi est différent de Celui qui l'enseigne, le Maître de la loi n'est autre que Celui qui l'enseigne. La miséricorde est sur ses lèvres, aussi la miséricorde inspire et dirige son enseignement comme l'Ecriture le dit de la sagesse : « Elle porte la loi et la miséricorde sur ses lèvres. » (*Prov.*, XXXI, 26.) Ne craignez donc pas de ne pouvoir accomplir la loi, cherchez un refuge dans la miséricorde. S'il vous paraît difficile de l'accomplir, recourez à ce traité, à cet écrit, à ces prières composées et rédigées par le jurisconsulte céleste.

11. Ceux qui, sous le poids d'une affaire sérieuse, veulent adresser une supplique à l'empereur, cherchent un jurisconsulte habile pour rédiger cette supplique de peur que leur requête mal formulée, loin de leur obtenir ce qu'ils demandent, ne leur attire le châtiment pour tout bénéfice. Les apôtres donc qui voulaient adresser une requête à Dieu et ne savaient comment aborder le souverain Maître, dirent à Jésus-Christ : « Seigneur, enseignez-nous à prier, » (*Luc.*, XI, 1) c'est-à-dire, vous qui êtes notre jurisconsulte, l'assesseur de Dieu, ou plutôt vous qui êtes assis avec lui sur le même trône, rédigez-nous une formule de prière. Le Seigneur prit donc cette formule dans le livre du droit divin et il leur enseigna comment ils devaient prier, en ajoutant cette condition : « Pardonnez-nous nos offenses comme nous les pardonnons à ceux

noctem! Quis est qui nobis dicat quæ audierint illi a Domino? Ædificemus et nosmetipsi in corde nostro, et faciamus domum quo veniat ille, et doceat nos, colloquatur nobis.

10. « Quid quæritis ? Qui dixerunt ei : Rabbi, quod interpretatum dicitur magister : Ubi habitas ? (*Joan.*, I, 38.) Dicit eis : Venite, et videte. Et venerunt, et viderunt ubi maneret, et apud eum manserunt die illo : hora autem erat quasi decima. » (v. 39.) Nihilne arbitramur pertinuisse ad Evangelistam, dicere nobis quota hora erat ? Potest fieri ut nihil ibi nos animadvertere, nihil quærere voluerit ? Decima erat hora. Numerus iste legem significat, quia in decem præceptis data est lex. Venerat autem tempus, ut impleretur lex per dilectionem ; quia a Judæis non poterat impleri per timorem. Unde Dominus dicit : Non veni solvere legem, sed implere. (*Matth.*, v, 17.) Merito ergo decima hora cum secuti sunt ad testimonium amici sponsi duo isti : et decima hora audivit, « Rabbi, » quod interpretatur magister. Si decima hora « Rabbi » Dominus audivit, et decimus numerus ad legem pertinet : magister legis non est nisi dator legis. Nemo dicat quia alius dedit legem, et alius docet legem : ipse illam docet qui illam dedit : ipse est magister legis suæ, et docet illam. Et misericordia est in lingua ipsius, ideo misericorditer docet legem, sicut dictum est de sapientia : Legem autem et misericordiam in lingua portat. (*Prov.*, XXXI, 26.) Noli timere, ne implere legem non possis, fuge ad misericordiam. Si multum est ad te legem implere, utere pacto illo, utere chirographo, utere precibus quas tibi constituit et composuit jurisperitus cœlestis.

11. Qui enim habent causam, et volunt supplicare imperatori, quærunt aliquem scholasticum jurisperitum, a quo sibi preces componantur ; ne forte si aliter petierint quam oportet, non solum non impetrent quod petunt, sed et pœnam pro beneficio consequantur. Cum ergo quærerent supplicare Apostoli, et non invenirent quomodo adirent imperatorem Deum, dixerunt Christo, Domine, doce nos orare : (*Luc.*, XI, 1) hoc est, Jurisperite noster, assessor, imo consessor Dei, compone nobis preces. Et docuit Dominus de libro juris cœlestis, docuit quomodo orarent : et in ipso quod docuit, posuit quamdam conditionem : Dimitte nobis debita nostra, sicut et nos dimittimus debitoribus nostris. Si non secundum legem petieris, reus eris. Contremiscis imperatorem

qui nous sont redevables. » Si vous ne demandez pas conformément à la loi, vous vous rendez coupable. La pensée de votre crime vous fait trembler devant le souverain Maître ? Offrez un sacrifice d'humilité, offrez un sacrifice de miséricorde et dites dans vos prières : Pardonnez-moi, parce que j'ai pardonné moi-même. Ne vous contentez pas de le dire, mettez-le en pratique. Car que faire, où aller, si vous veniez à mentir jusque dans vos prières ? Vous ne perdriez pas seulement le bénéfice du rescrit, suivant le langage des tribunaux, vous ne pourriez même l'obtenir. En effet, le droit judiciaire veut que celui qui a fait un mensonge dans sa requête, ne puisse tirer aucun profit de ce qu'il a pu obtenir. Voilà ce que les hommes ont établi, parce que l'homme, parce que l'empereur peuvent être trompés par l'exposé de votre requête. Vous avez dit ce que vous avez voulu, et celui à qui vous l'avez dit ne sait si votre requête est fondée sur la vérité ; il donne donc le droit à votre adversaire de constater le mensonge, et si vous êtes convaincu devant les tribunaux, vous êtes dépouillé du bénéfice que le rescrit vous a fait obtenir. Pour Dieu, au contraire, qui sait parfaitement si votre requête est dictée par le mensonge ou par la vérité, il ne vous prive point par son jugement de l'avantage que vous auriez pu obtenir, mais il ne permet même pas que vous l'obteniez, parce que vous avez osé mentir à la vérité.

12. Que ferez-vous donc, dites-moi ? Il est difficile d'accomplir la loi dans toutes ses parties sans transgresser aucun de ses préceptes, vous deviendrez donc certainement coupable, et vous ne voulez pas user du remède ? Or, voici, mes frères, le remède que Dieu a préparé contre les maladies de l'âme. Quel est-il ? Lorsque vous avez mal à la tête, nous vous louons d'y appliquer l'Évangile plutôt que des amulettes. En effet, la faiblesse humaine en est venue à ce point, et les hommes qui recourent aux amulettes sont si dignes de larmes que nous nous réjouissons lorsque nous voyons un homme étendu sur son lit en proie à la fièvre et aux plus vives douleurs qui ne met sa confiance que dans l'Évangile en demandant qu'on l'applique sur sa tête ; non pas que l'Évangile nous ait été donné dans ce but, mais parce que cet homme a eu plus de confiance dans l'Évangile que dans les amulettes. Si donc vous appliquez l'Évangile sur votre tête lorsqu'elle est malade, vous ne l'appliquerez pas sur votre cœur pour le guérir ? Que faire donc ? Posez-le sur votre cœur pour le guérir de ses souffrances. Il est bon, oui il est bon de ne vous préoccuper de la santé du corps que pour la demander à Dieu. S'il prévoit qu'elle doive vous être utile, il vous la donnera ; s'il vous la refuse, c'est qu'il ne vous était pas avantageux de la recouvrer. Combien en est-il qui doivent à la maladie qui les retient dans leur lit la conservation de leur innocence et

---

factus reus? offer sacrificium humilitatis, offer sacrificium misericordiæ, dic in precibus : Dimitte mihi, quoniam et ego dimitto. Sed si dicis, fac. Quid enim facturus es, quo iturus es, si mentitus fueris in precibus? Non quomodo dicitur in foro, carebis beneficio rescripti : sed nec rescriptum impetrabis. Juris enim forensis est, ut qui in precibus mentitus fuerit, non illi prosit quod impetravit. Sed hoc inter homines, quia potest falli homo ; potuit falli imperator, quando preces misisti : dixisti enim quod voluisti, et cui dixisti, nescit an verum sit : dimisit te adversario tuo convincendum, ut si ante judicem convictus fueris de mendacio, quia non potuit ille nisi præstare, nesciens an fueris mentitus, ibi carebis ipso beneficio rescripti, quo perduxisti rescriptum. Deus autem qui novit utrum mentiaris, an verum dicas, non facit ut in judicio tibi non prosit : sed nec impetrare te permittit, quia ausus es mentiri veritati.

12. Quid ergo facturus es? dic mihi. Implere legem ex omni parte, ita ut in nullo offendas, difficile est : reatus ergo certus est ; remedio uti non vis? Ecce, Fratres mei, quale remedium posuit Dominus contra ægritudines animæ. Quod ergo? Cum caput tibi dolet, laudamus si Evangelium ad caput tibi posueris, et non ad ligaturam cucurreris. Ad hoc enim perducta est infirmitas hominum, et ita plangendi sunt homines qui currunt ad ligaturas, ut gaudeamus quando videmus hominem in lecto suo constitutum, jactari febribus et doloribus, nec alicubi spem posuisse, nisi ut sibi Evangelium ad caput poneret : non quia ad hoc factum est, sed quia prælatum est Evangelium ligaturis. Si ergo ad caput ponitur ut quiescat dolor capitis, ad cor non ponitur ut sanetur a peccatis? Fiat ergo. Quid fiat? Ponatur ad cor, sanetur cor. Bonum est, bonum, ut de salute corporis non satagas, nisi ut a Deo illam petas. Si scit tibi prodesse, dabit illam : si non tibi dederit, non proderat habere illam. Quam multi ægrotant in lecto innocentes ; et si sani fuerint, procedunt ad scelera

pour qui la santé aurait été une occasion de crimes? Combien à qui la santé a été nuisible? Voici un voleur qui sort de sa maison pour se mettre en embuscade et commettre un homicide, n'eût-il pas mieux valu qu'il fût retenu par la souffrance? En voici un autre qui se lève la nuit pour percer le mur d'autrui, combien eût-il été préférable qu'il fût tourmenté par la fièvre? La maladie eût été la sauvegarde de son innocence, la santé l'a porté au crime. Dieu sait donc ce qui nous est avantageux, veillons seulement à ce que notre cœur ne soit point atteint de la maladie du péché, et alors prions Dieu avec confiance lorsque notre corps est éprouvé par la souffrance. L'apôtre saint Paul lui demanda de le délivrer de l'aiguillon de la chair, et cette grâce lui fut refusée. En fût-il troublé, attristé au point de se regarder comme abandonné? Au contraire, il se crut d'autant moins abandonné qu'il ne fut point délivré de la maladie dont il désirait la guérison. C'est ce que lui enseigna la voix du médecin : « Ma grâce te suffit, car la force se perfectionne dans l'infirmité. » (II *Cor.*, XII, 9.) Comment savez-vous que Dieu ne veut point vous guérir? Il vous est avantageux que votre épreuve se prolonge. Qui vous a dit combien sont profondément gangrénées les parties que retranche le médecin en enfonçant le fer dans la plaie? Ne sait-il pas son art, ce qu'il doit faire et la précision avec laquelle il doit opérer? Est-ce que les cris de douleur de celui qu'on opère retient la main du médecin qui coupe avec habileté les parties gangrénées? Le malade crie, le médecin poursuit son opération. Est-il cruel parce qu'il ne se rend pas à ses cris, ne montre-t-il pas, au contraire, sa compassion en extirpant le mal pour guérir le patient? Si je vous parle ainsi, mes frères, c'est pour vous détourner de chercher du secours ailleurs qu'en Dieu, lorsqu'il nous envoie quelque épreuve. Ne vous exposez pas à une perte certaine, ne vous éloignez point de l'Agneau dans la crainte d'être dévorés par le lion.

13. Je vous ai dit pourquoi il était alors dix heures; voyons la suite : « André, frère de Simon-Pierre, était un de ceux qui avaient entendu le témoignage de Jean, et qui avaient suivi Jésus. Il rencontre le premier son frère Simon et lui dit : Nous avons trouvé le Messie, c'est-à-dire le Christ. » (*Jean*, I, 40.) Le mot Messie est un mot hébreu qui veut dire Christ en grec, oint en latin. Le Sauveur s'appelle Christ à cause de l'onction qu'il a reçue. Le mot grec Χρῖσμα signifie onction; le mot Christ veut donc dire qui a reçu l'onction. Il a donc reçu une onction plus parfaite, plus excellente; tous les chrétiens la reçoivent, le Sauveur l'a reçue d'une manière supérieure. Ecoutez ce que dit le Psalmiste : « C'est pourquoi votre Dieu vous a sacré d'une onction de joie qui vous élève au-dessus de tous ceux qui doivent la partager. » (*Ps.* XLIV, 8.) Tous les saints participent à cette onction;

committenda? Quam multis obest sanitas? Latro qui procedit ad faucem occidere hominem, quanto illi melius erat ut ægrotaret? Qui noctu surgit ad fodiendum parietem alienum, quanto illi melius si febribus jactaretur? Innocentius ægrotaret, sceleratæ sanus est. Novit ergo Deus quid nobis expediat : id agamus tantum, ut cor nostrum sanum sit a peccatis : et quando forte flagellamur in corpore, ipsum deprecemur. Rogavit cum Paulus Apostolus, ut auferret stimulum carnis, et noluit auferre. Numquid perturbatus est? numquid contristatus dixit se desertum? Magis se dixit non desertum, quia non ablatum est quod volebat auferri, ut illa infirmitas sanaretur. Hoc enim invenit in voce medici : « Sufficit tibi gratia mea, nam virtus in infirmitate perficitur. » (II *Cor.*, XII, 9.) Unde ergo scis quod non vult te sanare Deus? Adhuc tibi expedit flagellari. Unde scis quam putre est quod secat medicus, agens ferrum per putria? Nonne novit modum quid (*f.* quo id) faciat, quo usque faciat? Numquid ululatus ejus qui secatur, retrahit manus medici artificiose secantis? Ille clamat : ille secat. Crudelis qui non audit clamantem, an potius misericors, qui vulnus persequitur ut sanet ægrotum? Hæc, Fratres mei, ideo dixi, ne quis quærat aliquid præter auxilium Dei, quando forte in aliqua correptione Domini sumus. Videte ne pereatis, videte ne ab Agno recedatis, et a leone devoremini.

13. Diximus ergo quare hora decima : sequentia videamus. « Erat Andreas frater Simonis Petri unus ex duobus qui audierant ab Joanne, et secuti fuerant eum. (*Joan.*, I, 40.) Invenit hic Simonem fratrem suum, et dicit ei : Invenimus Messiam, quod est interpretatum Christus. » (*v.* 41.) Messias Hebraice, Christus Græce est : Latine unctus. Ab unctione enim dicitur Christus. Χρῖσμα unctio est Græce, ergo Christus unctus. Ille singulariter unctus, præcipue unctus, unde omnes Christiani unguntur, ille præcipue. Quomodo in Psalmo dicit, audi : Propterea unxit te Deus Deus tuus oleo exsultationis, præ participibus tuis. (*Psal.* XLIV, 8.) Participes enim ejus omnes

mais Jésus est le saint des saints par excellence; son onction surpasse celle de tous les autres, et il est le Christ d'une manière qui ne souffre pas de comparaison.

14. « Et il l'amena à Jésus. Jésus l'ayant regardé, lui dit : Vous êtes Simon, fils de Jonas; vous serez appelé Céphas, c'est-à-dire Pierre. » (*Jean*, I, 42.) Ce n'est pas une chose étonnante que le Seigneur ait dit à Simon de qui il était fils. Qu'y avait-il ici de difficile pour le Seigneur? Il connaissait les noms de ses saints qu'il avait prédestinés avant la création du monde, et vous vous étonneriez qu'il ait dit à un seul homme : Vous êtes le fils d'un tel, et vous vous appellerez de ce nom? Etait-ce pour lui une si grande chose de changer son nom et de substituer au nom de Simon celui de Pierre? *Petrus*, Pierre, vient de *petra*, pierre; le nom de Pierre est donc la figure de l'Eglise. Quel est celui qui est en sûreté, si ce n'est l'homme qui construit sur la pierre? Et que dit le Seigneur lui-même : « Tout homme qui entend les paroles que je dis, et les accomplit, sera comparé à un homme sage qui a bâti sa maison sur la pierre (qui ne cède point aux tentations); et la pluie est descendue, et les fleuves sont venus, et les vents ont soufflé et se sont précipités sur cette maison, et elle n'est point tombée, parce qu'elle était fondée sur la pierre. Tout homme au contraire qui entend mes paroles, et ne les accomplit pas, sera semblable à l'insensé qui a bâti sa maison sur le sable; et la pluie est descendue, et les fleuves sont venus, et les vents ont soufflé et se sont précipités sur cette maison, et elle est tombée, et sa ruine a été grande. » (*Matth.*, VII, 24, etc.) Que sert d'entrer dans l'Eglise à celui qui veut bâtir sur le sable? Il écoute sans mettre en pratique, il bâtit, mais sur le sable. S'il n'écoutait pas, il ne bâtirait pas; il écoute, donc il bâtit. Mais voyons sur quel fondement s'élève cette construction. S'il écoute les paroles et les met en pratique, il bâtit sur la pierre; s'il les écoute sans les accomplir, il bâtit sur le sable. On peut bâtir de deux manières bien différentes, ou sur la pierre ou sur le sable. Que dire donc de ceux qui n'écoutent point les paroles? Sont-ils en sûreté? Quoi! Notre-Seigneur les proclamerait en sûreté, parce qu'ils ne construisent rien? Ils sont exposés nus à la pluie, aux vents, au débordement des fleuves, toutes choses qui les font disparaître avant de détruire les maisons. L'unique gage de sécurité est donc de bâtir et de bâtir sur la pierre. Si vous vous contentez d'écouter les paroles sans les mettre en pratique, vous construisez, mais vous ne construisez qu'une ruine, et bientôt arrive l'épreuve qui renverse la maison, et devient tout à la fois la cause de sa ruine et de la vôtre. Si au contraire vous n'écoutez point les paroles, vous restez à découvert, et vous êtes entraîné par le torrent des tri-

---

sancti : sed ille singulariter sanctus sanctorum, singulariter unctus, singulariter Christus.

14. « Et duxit eum ad Jesum. Intuitus autem eum Jesus, dixit : Tu es Simon filius Joannis, tu vocaberis Cephas, quod interpretatur Petrus. » (*Joan.*, I, 42.) Non magnum, quia Dominus dixit cujus filius esset iste. Quid magnum Domino? Omnia nomina sanctorum suorum sciebat, quos ante constitutionem mundi prædestinavit : et miraris, quia dixit uni homini : Tu es filius illius, et tu vocaberis illud? Magnum, quia mutavit ei nomen, et fecit de Simone Petrum? Petrus autem a petra, petra vero Ecclesia : ergo in Petri nomine figurata est Ecclesia. Et quis securus, nisi qui ædificat super petram? Et quid ait ipse Dominus? « Qui audit verba mea hæc, et facit ea, similabo eum viro prudenti, ædificanti super petram (non cedit tentationibus) : descendit pluvia, venerunt flumina, flaverunt venti, et impegerunt in domum illam, et non cecidit ; fundata erat super petram. Qui audit verba mea et non facit ea (jam unusquisque nostrum timeat et caveat) : similabo eum cum viro stulto, qui ædificavit domum suam super arenam : descendit pluvia, venerunt flumina, flaverunt venti, et impegerunt in domum illam, et cecidit : et facta est ruina ejus magna. » (*Matth.*, VII, 24, etc.) Quid prodest quia intrat Ecclesiam, qui vult super arenam ædificare? Audiendo enim et non faciendo, ædificat quidem, sed super arenam. Si enim nihil audit, nihil ædificat : si autem audit, ædificat. Sed quærimus, ubi. Si enim audit et facit, super petram : si audit et non facit, super arenam. Duo sunt genera ædificantium, aut super petram, aut super arenam. Quid ergo illi qui non audiunt? securi sunt? securos eos dicit, quia nihil ædificant? Nudi sunt sub pluvia, ante ventos, ante flumina : cum venerint ista, ante illos tollunt, quam domos dejiciant. Ergo una est securitas, et ædificare, et super petram ædificare. Si audire vis et non facere, ædificas ; sed ruinam ædificas : cum autem venerit tentatio, dejicit domum, et cum ipsa ruina tua te tollit. Si autem non audis, nudus es, illis tentationibus tu ipse traheris. Audi ergo, et fac : unum est remedium. Quanti forte hodie audiendo

bulations. Combien de ceux qui écoutent sans mettre en pratique ont été entraînés par le torrent de la fête profane qu'on célèbre aujourd'hui? Ils écoutaient sans mettre en pratique; cette fête annuelle est arrivée comme un fleuve, le torrent a débordé, il passera bien vite et se desséchera, mais malheur à celui qu'il entraîne. Soyez donc bien convaincus d'une chose, mes très-chers frères, c'est que si vous écoutez les paroles sans les mettre en pratique, vous ne bâtissez pas sur la pierre, et vous n'avez aucun rapport avec ce grand nom auquel la parole du Seigneur a donné une si grande importance. Il a voulu vous rendre ici attentifs à cette vérité. Si cet Apôtre avait porté précédemment le nom de Pierre, vous n'en n'auriez pas compris le mystère, et vous l'auriez attribué au hasard plutôt qu'à un dessein providentiel. Dieu a donc voulu qu'il portât un nom différent, afin que le nom qui lui fût substitué fît ressortir davantage la force du mystère qu'il renfermait.

15. « Le jour suivant, il voulut aller en Galilée, et trouva Philippe, et Jésus lui dit : Suivez-moi. Or, Philippe était de Bethsaïde, de la même ville qu'André et Pierre. Philippe, que le Seigneur avait déjà appelé, trouva Nathanaël et lui dit : « Celui de qui Moïse a écrit dans la loi, et qu'ont annoncé les prophètes, nous l'avons trouvé, Jésus de Nazareth, fils de Joseph. » (*Jean*, 1, 43-45.) C'est-à-dire que sa mère était l'épouse de Joseph, car tous les chrétiens ont appris de l'Evangile que Jésus a été conçu, et qu'il est né d'une vierge. C'est ce que Philippe veut dire à Nathanaël, et il ajoute le nom de la ville où il demeure, « de Nazareth. » Et Nathanaël lui dit : « Peut-il sortir de Nazareth quelque chose de bon? » (*Ibid.*, 46.) Quel est le sens de ces paroles? Ce n'est pas celui que quelques interprètes leur donnent. Il faut leur donner le sens interrogatif : « Peut-il sortir de Nazareth quelque chose de bon? » Car Philippe répond : « Venez et voyez. » Du reste, la réponse de Philippe se prête également à ces deux significations. Ou bien la proposition de Nathanaël est affirmative : « Il peut venir quelque chose de bon de Nazareth, » et Philippe ajoute : « Venez et voyez. » Ou bien elle est dubitative et sous forme d'interrogation : « Peut-il sortir de Nazareth quelque chose de bon? » et Philippe répond : « Venez et voyez. » Quelle que soit du reste celle des deux significations qu'on adopte, elle s'harmonise parfaitement avec ce qui suit. C'est donc à nous d'examiner le sens qui est préférable.

16. La suite nous fait connaître quel était ce Nathanaël. Ecoutez, c'est le Seigneur lui-même qui lui rend témoignage. Le Seigneur et le souverain Maître a été connu par le témoignage de Jean; c'est le témoignage de la vérité elle-même qui nous fait connaître le bienheureux Nathanaël. Quand le Seigneur n'aurait pas eu pour

---

et non faciendo rapti sunt fluvio celebritatis hujus? Audiendo enim et non faciendo, venit fluvius ipsa celebritas anniversaria, impletus est torrens, transiturus est et siccaturus : sed væ illi quem tulerit. Illud ergo noverit Caritas Vestra, quia nisi quis et audiat et faciat, non ædificat super petram; et non pertinet ad nomen tam magnum, quod sic commendavit Dominus. Intentum enim te fecit. Nam si hoc ante Petrus vocaretur, non ita videres mysterium petræ; et putares casu eum sic vocari, non providentia Dei : ideo voluit eum aliud prius vocari, ut ex ipsa commutatione nominis, sacramenti vivacitas commendaretur.

15. « Et in crastinum voluit exire in Galilæam, et invenit Philippum. Dicit ei : Sequere me (*Joan.*, 1, 43). Erat autem de civitate Andreæ et Petri. (*v.* 44) Et invenit Philippus Nathanaelem : » (*v.* 45) jam vocatus a Domino Philippus. « Et dixit ei : Quem scripsit Moyses in Lege et Prophetæ, invenimus Jesum filium Joseph. » Ejus filius dicebatur, cui desponsata erat mater ejus. Nam quod ea intacta conceptus et natus sit, bene noverunt omnes Christiani ex Evangelio. Hoc Philippus dixit Nathanaeli; addidit et locum, « a Nazareth. Et dixit ei Nathanael : A Nazareth potest aliquid boni esse. » (*v.* 46.) Quid intelligitur, Fratres? Non quomodo aliqui pronuntiant : nam et sic solet pronuntiari : « A Nazareth potest aliquid boni esse? » Sequitur enim vox Philippi, et dicit : « Veni, et vide. » Ambas autem pronuntiationes potest ista vox sequi, sive sic pronuntias tanquam confirmans : « A Nazareth potest aliquid boni esse : » et ille : « Veni, et vide, » sive sic dubitans, et totum interrogans : « A Nazareth potest aliquid boni esse? Veni, et vide. » Cum ergo sive illo modo, sive isto pronuntietur, non repugnant verba sequentia : nostrum est quærere quid potius intelligamus in his verbis.

16. Qualis fuerit Nathanael iste, in sequentibus probamus. Audite qualis fuerit : Dominus ipse perhibet testimonium. Magnus Dominus cognitus testimonio Joannis : beatus Nathanael cognitus testimonio veritatis. Quia Dominus etsi testimonio Joannis non

lui le témoignage de Jean-Baptiste, il avait son propre témoignage, et la vérité n'a point besoin d'un autre témoignage que le sien. Mais les hommes étant incapables de comprendre la vérité, la cherchaient à l'aide d'un flambeau, c'est dans ce dessein que Jean fut envoyé, afin de faire connaître le Seigneur. Ecoutez donc le témoignage que le Seigneur rend à Nathanaël : « Nathanaël répondit : Il peut sortir quelque chose de bon de Nazareth. Philippe lui dit : Venez et voyez. Jésus voyant venir Nathanaël, dit de lui : Voilà un vrai Israélite, en qui il n'y a aucun artifice. » (*Jean*, 1, 46, 47.) Glorieux témoignage, qui ne fut rendu ni à André, ni à Pierre, ni à Philippe, et dont Nathanaël seul est jugé digne : « Voici un vrai Israélite, dans lequel il n'y a aucun artifice. »

17. Quelle conclusion prétendons-nous tirer de là, mes frères ? Est-ce que Nathanaël devrait être le premier parmi les Apôtres ? Non-seulement Nathanaël n'est pas le premier, mais il ne tient pas le milieu, il n'a pas même la dernière place parmi les Apôtres, lui à qui le Fils de Dieu a rendu un si grand témoignage par ces paroles : « Voici un vrai Israélite, dans lequel il n'y a point d'artifice. » Quelle en est la raison ? Je crois l'avoir trouvée, grâce au Seigneur. Nous devons admettre que Nathanaël était un homme habile et versé dans la science de la loi, or c'est justement la raison pour laquelle le Sauveur n'en a point fait un de ses apôtres, parce que son dessein était de choisir des ignorants pour mieux confondre le monde. Ecoutez l'Apôtre nous révélant cette grande vérité : « Considérez votre vocation, mes frères, vous trouverez parmi vous peu de sages selon la chair, peu de puissants et peu d'illustres. Mais Dieu a choisi les faibles selon le monde, pour confondre les forts, il a choisi les plus vils et les plus méprisables selon le monde, et ce qui n'était rien, pour détruire ce qui est. » (I *Cor.*, 1, 26.) Si Dieu avait choisi des savants, ils auraient peut-être attribué leur vocation au mérite de leur science. Notre-Seigneur Jésus-Christ voulant donc humilier le faste des superbes, ne s'est point servi des orateurs pour gagner un pêcheur, mais d'un pêcheur pour gagner les orateurs. Cyprien était un grand orateur, mais Dieu appela en premier lieu un simple pêcheur, Pierre, pour amener à la foi non-seulement les orateurs mais les empereurs. Aucun noble, aucun savant, n'a été choisi tout d'abord ; Dieu a voulu choisir ce qui est faible selon le monde pour confondre ce qui est fort. Nathanaël était donc un homme important et sans artifice, c'est le seul motif pour lequel il ne fut point choisi comme apôtre, car le Seigneur ne voulait point qu'on pût dire qu'il avait choisi des savants. Nathanaël était plein de la doctrine de la loi, il avait approfondi les Ecritures, et il savait que c'était de Nazareth que le Sauveur

---

commendaretur, ipse sibi perhibebat testimonium ; quia sufficit sibi ad testimonium suum veritas. Sed quia veritatem non poterant capere homines, per lucernam quærebant veritatem : et ideo Joannes per quem Dominus ostenderetur, missus est. Audi Dominum Nathanaeli testimonium perhibentem : « Et dixit ei Nathanael : A Nazareth potest aliquid boni esse. Dicit ei Philippus : Veni, et vide. (v. 46.) Et vidit Jesus Nathanaelem venientem ad se et dicit de eo : Ecce vere Israelita in quo dolus non est. » (v. 47), Magnum testimonium : hoc nec Andreæ dictum, nec Petro dictum, nec Philippo, quod dictum est de Nathanaele : « Ecce vere Israelita, in quo dolus non est. »

17. Quid ergo facimus, Fratres ? Deberet iste primus esse in Apostolis ? Non solum primus non invenitur in Apostolis, sed nec medius, nec ultimus inter duodecim Nathanael est, cui tantum testimonium perhibuit Filius Dei, dicens : « Ecce vere Israelita, in quo dolus non est. » Quæritur causa ? quantum Dominus intimat, probabiliter invenimus. Intelligere enim debemus ipsum Nathanaelem eruditum et peritum Legis fuisse : propterea noluit illum Dominus inter discipulos ponere ; quia idiotas elegit, unde confunderet mundum. Audi Apostolum dicentem ista : « Videte enim, inquit, vocationem vestram, Fratres, quia non multi sapientes secundum carnem, non multi potentes, non multi nobiles : sed infirma mundi elegit Deus, ut confundat fortia ; et ignobilia mundi et contemptibilia elegit Deus, et ea quæ non sunt, tanquam quæ sunt, ut quæ sunt evacuentur. » (I *Cor.*, 1, 26, etc.) Si doctus eligeretur, fortasse ideo se diceret electum, quia doctrina ejus meruit eligi. Dominus noster Jesus Christus volens superborum frangere cervices, non quæsivit per oratorem piscatorem : sed de piscatore lucratus est imperatorem. Magnus Cyprianus orator, sed prior Petrus piscator, per quem postea crederet non tantum orator, sed et imperator. Nullus nobilis primo electus est, nullus doctus : quia infirma mundi elegit Deus, ut confunderet fortia. Erat ergo iste magnus et sine dolo : hoc solo non electus, ne cuiquam videretur Dominus doctos elegisse. Et ex ipsa doctrina Legis veniebat, quod cum

devait sortir, ce que les autres scribes et les pharisiens ne pouvaient pas savoir facilement. Aussi à peine cet homme si savant dans la loi a-t-il entendu dire à Philippe : « Nous avons trouvé celui dont Moïse a écrit dans la loi, et qu'ont annoncé les Prophètes, Jésus de Nazareth, fils de Joseph, » (*Jean*, I, 45) qu'à ce seul nom de Nazareth, la science qu'il avait des Écritures, lui inspire un vif sentiment d'espérance et lui fait dire : « Il peut sortir quelque chose de bon de Nazareth. » (*Ibid.*, 46.)

18. Voyons maintenant la suite : « Voici un vrai Israélite dans lequel il n'y a point d'artifice. » (*Ibid.*, 47.) Que signifient ces paroles : « Dans lequel il n'y a point d'artifice ? » Est-ce que Nathanaël était sans péché ? Est-ce qu'il n'avait aucune maladie ? Est-ce qu'il n'avait pas besoin de médecin ? Gardons-nous de le penser. Il n'est aucun mortel qui puisse se passer des soins de ce divin médecin. Quel est donc le sens de ces paroles : « Dans lequel il n'y a point de ruse ? » Examinons-les attentivement, le Seigneur nous les fera comprendre. Le Sauveur dit qu'il n'y a point d'artifice, de dol dans cet homme; tous ceux qui comprennent la langue latine savent qu'il y a dol lorsqu'on fait une chose et qu'on en simule une autre. Veuillez faire attention, mes très-chers frères, le dol, *dolus* n'est pas la même chose que la douleur *dolor*, et je fais cette remarque, parce qu'un grand nombre de nos frères qui ne savent pas le latin s'expriment ainsi : Le dol le fait souffrir, au lieu de dire la douleur. Le dol est la même chose que la fraude, le mensonge. Il y a dol, mensonge, lorsqu'un homme tient un langage différent de la pensée qu'il tient cachée dans son cœur; il a comme deux cœurs, l'un dans le secret duquel il voit la vérité, l'autre dont les replis cachent le mensonge qu'il a conçu. C'est un véritable mensonge au témoignage du Psalmiste lorsqu'il dit : « Leurs lèvres sont trompeuses. » (*Ps.* XI, 3.) Qu'est-ce à dire : « Leurs lèvres sont trompeuses ? » Ils disent le mal avec un cœur et un cœur, c'est-à-dire avec un cœur double. Si donc Nathanaël était exempt de ruse, le médecin a jugé non pas qu'il était en parfaite santé, mais qu'il pouvait être guéri. Il y a une grande différence entre ces trois termes, être en bonne santé, être guérissable, être incurable. Celui dont la maladie laisse de l'espoir, est guérissable; celui dont la maladie est désespérée, est incurable; celui qui est en bonne santé n'a point besoin du médecin. Le médecin donc qui venait pour guérir les malades, vit que Nathanaël était susceptible de guérison, parce qu'il n'y avait point en lui d'artifice ? Dans quel sens n'y avait-il point en lui d'artifice. S'il est pécheur, il reconnaît sincèrement qu'il est pécheur. Si, au contraire, étant pécheur, il soutenait qu'il fût juste, son langage serait empreint d'artifice. Donc le Sei-

---

audisset « a Nazareth : » (scrutatus enim erat Scripturas, et sciebat quia inde erat expectandus Salvator, quod non facile alii Scribæ et Pharisæi noverant :) iste ergo doctissimus Legis, cum audisset Philippum dicentem : « Invenimus Jesum, quem scripsit Moyses in Lege et Prophetæ, a Nazareth, filium Joseph : » (*Joan.*, I, 45.) ille qui optime Scripturas noverat, audito nomine « Nazareth, » erectus est in spem, et dixit : « A Nazareth potest aliquid boni esse. » (*v.* 46.)

18. Jam cætera de ipso videamus. « Ecce vere Israelita, in quo dolus non est. » (*v.* 47.) Quid est, « in quo dolus non est? » Forte non habebat peccatum ? forte non erat æger ? forte illi medicus non erat necessarius ? absit. Nemo hic sic natus est, ut illo medico non egeret. Quid sibi ergo vult, « in quo dolus non est? » Aliquanto intentius quæramus, apparebit modo in nomine Domini. Dolum dicit Dominus : et omnis qui verba Latina intelligit, scit quia dolus est, cum aliud agitur et aliud fingitur. Intendat Caritas Vestra : Non dolus dolor est : propterea dico, quia multi fratres imperitiores Latinitatis loquuntur sic, ut dicant : Dolus illum torquet, pro eo quod est dolor. Dolus fraus est, simulatio est. Quando aliquis aliquid in corde tegit, et aliud loquitur, dolus est, et tanquam duo corda habet : unum quasi sinum cordis habet, ubi videt veritatem; et alterum sinum, ubi concipit mendacium. Et ut noveritis hunc esse dolum, dictum est in Psalmis : Labia dolosa. (*Psal.* XI, 3.) Quid est : Labia dolosa? Sequitur : In corde et corde locuti sunt mala. Quid est : In corde et corde; nisi, duplici corde? Si ergo dolus in isto non erat, sanabilem illum medicus judicavit, non sanum. Aliud est enim sanus, aliud sanabilis, aliud insanabilis : qui ægrotat cum spe, sanabilis dicitur : qui ægrotat cum desperatione, insanabilis : qui autem jam sanus est, non eget medico. Medicus ergo qui venerat sanare, vidit istum sanabilem, quia dolus in illo non erat. Quomodo dolus in illo non erat? Si peccator est, fatetur se peccatorem. Si enim peccator est, et justum se dicit; dolus est in ore ipsius. Ergo in Natha-

gneur a loué en Nathanaël l'aveu qu'il faisait de son péché, mais ne l'a pas déclaré sans péché.

19. Aussi lorsque les pharisiens qui se regardaient comme justes faisaient un crime à ce divin médecin de se mêler aux malades, et lui disaient : « Voici ceux avec lesquels il mange, avec des publicains et des pécheurs, » il répondit à ces frénétiques : « Ce ne sont point ceux qui se portent bien qui ont besoin du médecin, mais ceux qui sont malades, je ne suis pas venu appeler les justes, mais les pécheurs, » (*Matth.*, ix, 12) paroles dont voici le sens : Vous prétendez que vous êtes justes, alors que vous êtes pécheurs; vous estimez que vous êtes en bonne santé, alors que vous êtes atteints de langueur; vous repoussez le remède, vous n'avez point la santé. C'est ainsi que le pharisien qui avait invité le Sauveur à un festin, se croyait exempt de toute maladie. Au contraire, cette femme pécheresse si malade, entre comme de vive force dans cette maison où elle n'était pas invitée, le désir de son salut la rend saintement impudente, elle s'approche non de la tête ni des mains du Seigneur, elle se prosterne à ses pieds, elle les lave de ses larmes, elle les essuie de ses cheveux, elle les baise, elle les couvre de parfum, et pécheresse repentante, elle fait la paix avec les pas du Sauveur. Le pharisien, témoin de cette scène, et qui se croit exempt de toute maladie, blâme la conduite du médecin. « S'il était prophète, dit-il, il saurait quelle est cette femme qui s'approche de lui. » (*Luc*, vii, 39.) Il s'imagine que Notre-Seigneur ne la connaît point, parce qu'il n'a point repoussé les mains impures de cette femme de ses pieds sacrés. Mais Jésus la connaissait bien, et il permet qu'elle touche ses pieds, pour que ce contact la guérisse de ses maladies. Il voit les pensées du pharisien, et il lui propose cette parabole : « Un créancier avait deux débiteurs, l'un lui devait cinq cents deniers, et l'autre cinquante. Comme ils n'avaient pas de quoi payer leur dette, il la leur remit à tous deux. Lequel l'a aimé davantage? Simon répondit : Celui, je pense, auquel il a le plus remis. Jésus lui dit : Vous avez bien jugé. Et se tournant vers cette femme, il dit à Simon : Voyez-vous cette femme? Je suis entré dans votre maison, et vous ne m'avez pas donné d'eau pour me laver les pieds; elle au contraire, a arrosé mes pieds de ses larmes, et les a essuyés de ses cheveux. Vous ne m'avez point donné de baiser, mais elle n'a point cessé de me baiser les pieds. Vous ne m'avez point versé de parfum sur la tête, et elle a répandu ses parfums sur mes pieds. C'est pourquoi je vous dis : beaucoup de péchés lui sont remis, parce qu'elle a beaucoup aimé; mais celui à qui on remet moins, aime moins. »(*Ibid.*, 41, etc.) C'est-à-dire vous êtes bien plus malade, mais vous vous imaginez que vous êtes en bonne santé, vous croyez qu'on a peu à

---

naele confessionem peccati laudavit, non judicavit non esse peccatorem.

19. Propterea cum Pharisæi qui sibi videbantur justi, reprehenderent Dominum quia miscebatur ægrotis medicus, et dicerent : Ecce cum quibus manducat, cum publicanis et peccatoribus : respondit medicus phreneticis : Non est opus sanis medicus, sed male habentibus, non veni vocare justos, sed peccatores. (*Matth.*, ix, 12.) Hoc est dicere : Quia vos justos dicitis, cum sitis peccatores, sanos vos (*a*) judicatis, cum langueatis, medicinam repellitis, non sanitatem tenetis. Unde ille Pharisæus qui vocaverat Dominum ad prandium, sanus sibi videbatur : ægrota autem illa mulier irrupit in domum, quo non erat invitata, et desiderio salutis facta impudens, accessit, non ad caput Domini, non ad manus, sed ad pedes; lavit eos lacrymis, tersit capillis, osculata est eos, unxit unguento, pacem fecit cum vestigiis Domini peccatrix. Reprehendit ille tanquam sanus medicum, ille Pharisæus qui illic discumbebat; et ait apud se :

Hic si esset propheta, sciret quæ mulier illi pedes tetigisset. (*Luc*, vii, 39.) Ideo autem suspicatus erat eum ignorasse, quia non illam repulit, quasi ne immundis manibus tangeretur : noverat autem ille, permisit se tangi, ut tactus ipse sanaret. Dominus videns cor Pharisæi, proposuit similitudinem : « Duo debitores erant cuidam fœneratori, unus ei debebat quinquaginta denarios, alter quingentos : cum non haberent unde redderent, donavit ambobus : quis eum plus dilexit? Et ille : Credo Domine, cui plus donavit. Et conversus ad mulierem, dixit Simoni : Vides istam mulierem? Intravi in domum tuam, aquam mihi ad pedes non dedisti; illa autem lacrymis lavit pedes meos, et capillis suis tersit : osculum mihi non dedisti, illa non destitit pedes meos osculari : oleum mihi non dedisti, illa pedes meos unxit unguento : propterea dico tibi dimittuntur ei peccata multa, quoniam dilexit multum : cui autem modicum dimittitur, modicum diligit. » (*Ibid.*, 41, etc.) Hoc est dicere : Plus ægrotas, sed sanum te putas :

(*a*) Mss. *prædicatis.*

vous remettre tandis que votre dette est bien plus considérable. La conduite de cette femme est mille fois plus louable, exempte de tout artifice, elle s'est rendue digne du remède qui l'a guérie. Dans quel sens n'avait-elle aucun artifice? Elle confessait sincèrement ses péchés. C'est cette absence de tout artifice que le Sauveur croit devoir louer dans Nathanaël, pour opposer cet exemple à celui des pharisiens qui se prétendaient justes malgré les péchés dont ils étaient couverts, et qui, par cette dissimulation coupable, mettaient un obstacle insurmontable à leur guérison.

20. Jésus vit donc cet homme exempt de toute dissimulation et il dit : « Voici un vrai Israélite dans lequel il n'y a point d'artifice. Nathanaël lui dit : D'où me connaissez-vous ? Jésus lui répondit : Avant que Philippe vous appelât, lorsque vous étiez sous le figuier, je vous ai vu. » (*Jean*, 1, 47, 48.) Nathanaël lui répondit : Maître, vous êtes le Fils de Dieu, vous êtes le roi d'Israël. » (*Ibid.*, 49.) Nathanaël a pu voir un signe de grande puissance dans ces paroles : « Lorsque vous étiez sous le figuier, et avant que Philippe vous eût appelé, je vous ai vu, » puisqu'il lui répondit : « Vous êtes le Fils de Dieu, le roi d'Israël, » confession semblable à celle que fit Pierre lorsque le Sauveur lui donna cet éloge : « Vous êtes bienheureux, Simon, fils de Jonas, parce que ce n'est ni la chair ni le sang qui vous l'ont révélé, mais mon Père, qui est dans les cieux. » (*Matth.*, XVI, 17.) C'est alors qu'il le compare à une pierre, et qu'en récompense de sa foi il l'établit le fondement de l'Eglise. Ici Nathanaël n'hésite pas à proclamer qu'il est le Fils de Dieu, le roi d'Israël. Pourquoi? Parce que Jésus lui a dit : « Avant que Philippe vous eût appelé, lorsque vous étiez encore sous le figuier, je vous ai vu. »

21. Examinons si ce figuier ne renferme pas quelque mystère. Soyez attentifs, mes frères. Nous avons vu un figuier maudit, parce qu'il n'avait que des feuilles sans porter des fruits. Dès l'origine du genre humain, Adam et Eve, après leur péché, se firent des ceintures de feuilles de figuier. (*Gen.*, III, 7.) Ces feuilles de figuier représentent donc les péchés. Or, Nathanaël était assis sous un figuier, comme à l'ombre de la mort. C'est là qu'il fut aperçu par le Seigneur, dont il est dit : « La lumière s'est levée sur ceux qui étaient assis à l'ombre de la mort. » (*Is.*, IX, 2.) Quelles paroles a-t-il donc adressées à Nathanaël? Vous me demandez, ô Nathanaël, comment je vous ai connu? Vous me parlez en ce moment, parce que vous avez été appelé par Philippe. Mais avant que son apôtre l'appelât, Jésus avait vu qu'il faisait déjà partie de son Eglise. O vous, Eglise chrétienne! ô vous, Israël! exempt de tout artifice, si vous êtes vraiment le peuple d'Israël dans lequel il n'y a point de ruse, vous connaissez aussi maintenant Jésus-Christ par les

---

modicum putas tibi dimitti, cum plus debitor sis. Bene ista, quia dolus in illa non erat, meruit medicinam. Quid est, dolus in illa non erat? confitebatur peccata. Hoc et laudat in Nathanaele, quod dolus in illo non erat : quia multi Pharisæi qui abundabant peccatis, justos se dicebant, et dolum afferebant, per quem sanari non poterant.

20. Vidit ergo jam istum in quo dolus non erat, et ait : « Ecce vere Israelita, in quo dolus non est. Dicit ei Nathanael : Unde me nosti? Respondit Jesus, et dixit : Priusquam te Philippus vocaret, cum esses sub ficu, vidi te : » (*Joan.*, 1, 47, 48) id est, sub arbore ficí. « Respondit ei Nathanael, et ait : Rabbi, tu es Filius Dei, tu es rex Israel. » (*v.* 49.) Aliquid magnum potuit Nathanael iste intelligere, in eo quod dictum est : « Cum esses sub fici arbore, vidi te, priusquam te Philippus vocaret. » Nam talem vocem protulit : « Tu es Filius Dei, tu es rex Israel : » qualem tanto post Petrus, quando ei Dominus ait : Beatus es Simon Bar Jona, quia non tibi revelavit caro et sanguis, sed Pater meus qui est in cœlo. (*Matth.*, XVI, 17.) Et ibi nominavit petram, et laudavit firmamentum Ecclesiæ in ista fide. Hic jam dicit : « Tu es Filius Dei, tu es rex Israel. » Unde? Quia dictum est ei : « Antequam te Philippus vocaret, cum esses sub arbore fici, vidi te. »

21. Quærendum est, an aliquid significet ista arbor fici. Audite enim, Fratres mei : Invenimus arborem fici maledictam, quia sola folia habuit, et fructum non habuit. In origine humani generis Adam et Eva cum peccassent, de foliis ficulneis succinctoria sibi fecerunt (*Gen.*, III, 7) : folia ergo ficulnea intelliguntur peccata. Erat autem Nathanael sub arbore fici, tanquam sub umbra mortis. Vidit cum Dominus, de quo dictum est : Qui sedebant sub umbra mortis, lumen ortum est eis. (*Isa.*, IX, 2.) Quid ergo dictum est Nathanaeli? Dicis mihi, o Nathanael : « Unde me nosti? » Modo jam loqueris mecum, quia vocavit te Philippus. Jam quem vocavit per Apostolum, ad Ecclesiam suam vidit pertinere. O tu Ecclesia, o tu Israel, in quo dolus non est ; si es populus Israel in quo dolus non est, modo jam cognovisti Christum

apôtres, comme Nathanaël a connu Jésus-Christ par Philippe. Mais sa miséricorde vous a découvert avant que vous ayez pu le connaître, lorsque vous étiez étendu, accablé sous le poids de vos péchés. Est-ce nous, en effet, qui avons les premiers cherché Jésus-Christ? N'est-ce pas lui au contraire qui nous a cherchés le premier? Est-ce nous, pauvres malades, qui sommes venus au-devant du médecin? N'est-ce pas plutôt le médecin qui est venu trouver les malades? Est-ce que la brebis ne s'était pas égarée avant que le pasteur, laissant les quatre-vingt-dix-neuf autres, se soit mis à sa recherche, l'ait trouvée et rapportée plein de joie sur ses épaules? (*Luc*, xv, 4.) Cette femme n'avait-elle pas perdu sa drachme avant d'allumer une lampe et de chercher par toute sa maison cette pièce de monnaie jusqu'à ce qu'elle l'eût trouvée? Et n'est-ce pas alors seulement qu'elle dit à ses voisins : « Réjouissez-vous avec moi, car j'ai retrouvé la drachme que j'avais perdue? » Et nous aussi, nous étions égarés comme cette brebis, nous étions perdus comme cette drachme; notre pasteur a retrouvé sa brebis, mais il a commencé par la chercher; comme cette femme, il a retrouvé sa drachme, mais seulement après l'avoir cherchée. Quelle est cette femme? C'est la chair de Jésus-Christ. Quelle est cette lampe? J'ai préparé, dit Dieu par la bouche du Roi-prophète, une lampe pour mon Christ. (*Ps.* cxxxi, 17.) Nous avons donc été cherchés avant d'être trouvés, et c'est seulement après avoir été trouvés que nous pouvons parler. Loin de nous tout sentiment d'orgueil; nous étions perdus sans retour, si Dieu ne nous avait cherchés pour nous retrouver. Que ceux que nous aimons si tendrement, que nous voudrions gagner à la paix de l'Eglise catholique, cessent donc de nous dire : Que voulez-vous faire de nous? Pourquoi nous chercher, si nous sommes pécheurs? Nous vous cherchons pour vous arracher à une perte certaine; nous vous cherchons, parce que nous avons été cherchés nous-mêmes; nous voulons vous trouver, parce que nous avons été nous-mêmes l'objet d'une semblable faveur.

22. Lorsque Nathanaël eut demandé au Sauveur : « Comment me connaissez-vous? » Jésus lui répondit : « Avant que Philippe vous appelât, lorsque vous étiez sous le figuier, je vous ai vu. » O vous, Israël! qui êtes sans artifice, qui que vous soyez, peuple qui vivez de la foi, avant que je vous aie appelé par mes apôtres, lorsque vous étiez encore dans l'ombre de la mort, et que vous ne pouviez me voir, je vous ai vu. Le Seigneur lui dit alors : « Vous croyez, parce que je vous ai dit que je vous ai vu sous le figuier; vous verrez de bien plus grandes choses. » (*Jean*, I, 50.) Qu'est-ce à dire : « Vous verrez de bien plus grandes choses? » Et il ajouta : « En vérité, en vérité, je vous le dis, vous verrez le ciel ouvert et les anges de Dieu monter et descendre sur le Fils de l'homme. » (*Ibid.*, 51.) Mes frères, je

---

per Apostolos, quomodo Nathanael cognovit Christum per Philippum. Sed misericordia sua ante te vidit (*a*), quam tu eum cognosceres, cum sub peccato jaceres. Numquid enim nos prius quæsivimus Christum, et non ille nos quæsivit? Numquid nos venimus ægroti ad medicum, et non medicus ad ægrotos? Nonne ovis illa perierat, et relictis nonaginta novem pastor quæsivit illam et invenit, quam lætus in humeris reportavit? (*Luc.*, xv, 4.) Nonne perierat drachma illa, et accendit mulier lucernam, et quæsivit in tota domo sua donec invenit? Et cum invenisset : Collætamini mihi, ait vicinis suis, quia inveni drachmam quam perdideram. Sic et nos sicut ovis perieramus, et sicut drachma perieramus : et pastor noster invenit ovem, sed quæsivit ovem : mulier invenit drachmam, sed quæsivit drachmam. Quæ est mulier? caro Christi. Quæ est lucerna? Paravi lucernam Christo meo. (*Psal.* cxxxi, 17.) Ergo quæsiti sumus, ut inveniremur; inventi loquimur. Non superbiamus, quia antequam inveniremur, perieramus, si non quæreremur. Non ergo nobis dicant quos amamus, et volumus lucrari paci Ecclesiæ catholicæ : Quid nos vultis? quid nos quæritis, si peccatores sumus? Ideo vos quærimus, ne pereatis : quærimus, quia quæsiti sumus; invenire vos volumus, quia inventi sumus.

22. Itaque Nathanael cum dixisset : « Unde me nosti? » ait illi Dominus : « Prius quam te vocaret Philippus, cum esses sub arbore fici, vidi te. » O tu Israel sine dolo, quisquis es, o popule vivens ex fide, antequam te per Apostolos meos vocarem, cum esses sub umbra mortis, et tu me non videres, ego te vidi. Dominus deinde dicit ei : « Quia dixi tibi : Vidi te sub arbore fici, credis : majus his videbis. » Quid est hoc : « Majus his videbis? » (*Joan.*, 1, 30.) Et dicit ei : Amen amen dico vobis, videbitis cœlum apertum, et Angelos ascendentes et descendentes super filium hominis. » (*v.* 51.) Fratres, nescio quid majus

(*a*) Mss. nostri omnes omittunt, *quam tu eum cognosceres*.

viens vous révéler un mystère beaucoup plus grand que celui que renferment ces paroles : « Je vous ai vu sous le figuier. » N'est-ce pas un plus grand mystère, en effet, de nous avoir justifiés après nous avoir appelés, que de nous avoir vus comme ensevelis dans l'ombre de la mort? Que nous aurait-il servi qu'il nous ait vus si nous étions restés dans l'état où il nous a vus? N'y serions-nous pas encore? Quelle est donc cette chose plus grande que prédit le Sauveur, lorsque nous avons vu les anges monter et descendre sur le Sauveur?

23. Je vous ai déjà parlé de ces anges qui montent et descendent; je me borne donc à ces quelques mots pour vous remettre en mémoire ce que je vous en ai dit; je m'étendrais davantage si je vous en parlais pour la première fois. Jacob vit en songe une échelle, et des anges monter et descendre le long de l'échelle, et il consacra par une onction la pierre qu'il avait mise sous sa tête. (*Gen.*, XXVIII, 12.) Je vous ai dit que le Messie est le Christ, je vous ai dit que le Christ a reçu l'onction. Jacob n'a point érigé cette pierre qu'il avait consacrée par l'onction, pour recevoir ses adorations; elle eût été alors un monument idolâtrique, et non une figure de Jésus-Christ. Il répandit de l'huile sur cette pierre, mais non pour en faire une idole. Cette pierre a reçu l'onction. Pourquoi a-t-il choisi une pierre? « Je m'en vais mettre pour fondement de Sion une pierre, une pierre éprouvée, une pierre précieuse; celui qui croira en elle, ne sera pas confondu. » (*Is.*, XXVIII, 16; I *Pier.*, II, 6.) Pourquoi cette pierre reçoit-elle l'onction? Parce que le nom de Christ vient du mot onction. Que vit Jacob sur cette échelle? Les anges de Dieu qui montaient et descendaient. C'est la figure de l'Eglise, mes frères; les anges de Dieu sont les bons prédicateurs, qui annoncent Jésus-Christ, c'est-à-dire qui montent et descendent sur le Fils de l'homme. Comment montent-ils et comment descendent-ils? Un seul pourra nous servir d'exemple; écoutez l'apôtre saint Paul, nous étendrons aux autres prédicateurs de la vérité les considérations que sa conduite nous suggère. Voyez-le d'abord monter : « Je connais un homme en Jésus-Christ qui fut ravi, il y a quatorze ans, jusqu'au troisième ciel, si ce fut avec son corps ou sans son corps, je ne le sais pas, Dieu le sait. Et il entendit des paroles mystérieuses, qu'il n'est pas permis à un homme de rapporter. » (II *Cor.*, XII, 2.) Vous avez entendu son langage lorsqu'il s'élève, écoutez comme il s'exprime quand il descend : « Je n'ai pu vous parler comme à des hommes spirituels, je vous ai parlé comme à des hommes encore charnels; je vous ai donné à boire du lait comme à des petits enfants en Jésus-Christ, plutôt qu'une nourriture solide. » (I *Cor.*, III, 1.) Vous voyez comment descend cet Apôtre qui était

---

dixi, quam est, « sub arbore fici vidi te. » Plus enim est quod nos Dominus vocatos justificavit, quam quod vidit jacentes sub umbra mortis. Quid enim nobis proderat si ibi remansissemus, ubi nos vidit? Numquid non jaceremus? Quid est hoc majus? Quando vidimus Angelos ascendentes et descendentes super filium hominis?

23. Jam aliquando de his ascendentibus et descentibus Angelis dixeram : sed ne obliti fueritis, breviter dico tanquam commemorans : pluribus enim dicerem si non commemorarem, sed modo insinuarem. Scalas vidit Jacob per somnium, et in ipsis scalis vidit Angelos ascendentes et descendentes : et lapidem quem sibi posuerat ad caput, unxit. (*Gen.*, XXVIII, 12.) Audistis quia Messias Christus est, audistis quia unctus Christus est. Non enim sic posuit lapidem unctum, ut veniret et adoraret : alioquin idololatria esset, non significatio Christi. Facta est ergo significatio, quo usque oportuit fieri significationem, et significatus est Christus. Lapis unctus, sed non in idolum. Lapis unctus : Lapis quare ? Ecce pono in Sion lapidem electum, pretiosum, et qui crediderit in illum, non confundetur. (*Isa.*, XXVIII, 16; I *Pet.*, II, 6.) Quare unctus? Quia Christus a chrismate. Quid autem vidit tunc in scalis? ascendentes et descendentes Angelos. Sic est et Ecclesia, Fratres : Angeli Dei, boni prædicatores, prædicantes Christum : hoc est, super filium hominis ascendunt et descendunt. Quomodo ascendunt, et quomodo descendunt? Ex uno habemus exemplum : audi apostolum Paulum : quod in ipso invenerimus, hoc de cæteris veritatis prædicatoribus credamus. Vide Paulum ascendentem : « Scio hominem in Christo ante annos quatuordecim raptum fuisse usque in tertium cœlum, sive in corpore, sive extra corpus nescio, Deus scit : et audisse ineffabilia verba, quæ non licet homini loqui. » (II *Cor.*, XII, 2, etc.) Ascendentem audistis, descendentem audite. « Non potui loqui vobis quasi spiritalibus, sed quasi carnalibus : quasi parvulis in Christo lac vobis potum dedi, non escam. » (I *Cor.*, III, 1, etc.) Ecce descendit qui ascenderat. Quære quo ascenderat? usque in tertium cœlum. Quære quo descenderit? usque ad

monté si haut. Jusqu'où s'était-il élevé ? Jusqu'au troisième ciel. Jusqu'où descend-il ? Jusqu'à donner du lait aux enfants. Voyez comme il descend, comme il s'abaisse. « Je me suis fait petit, au milieu de vous, dit-il, comme une nourrice qui réchauffe ses petits enfants. » (I *Thes.*, II, 7.) Nous voyons en effet les nourrices et les mères se rapetisser jusqu'aux faiblesses de leurs petits enfants. Si elles savent la langue latine, elles en tronquent les mots; elles dénaturent leur langage pour faire d'une langue élégante, un amusement pour leurs enfants; car si elles parlaient cette langue dans sa pureté, l'enfant ne la comprendrait pas, et ne pourrait profiter de ce qu'on lui dit. Voyez encore ce père versé dans l'art de bien dire, et qui vient de faire retentir la place publique et le barreau du bruit de son éloquence; rentré dans sa maison, s'il a un petit enfant, il dépose ce ton de voix magnifique qui s'était élevé si haut, le change en une espèce de bégaiement pour se mettre à la portée de son enfant. Ecoutez comme dans un seul endroit, dans un même sujet, l'Apôtre sait monter et descendre : « Soit que nous soyons hors de nous-mêmes, c'est pour Dieu; soit que nous nous tempérions, c'est pour vous. » (II *Cor.*, v, 13.) Que signifient ces paroles : « Soit que nous nous tempérions ? » « Ai-je prétendu parmi vous savoir autre chose que Jésus-Christ et Jésus-Christ crucifié ? » (1 *Cor.*, II, 2.) Si le Seigneur lui-même a bien voulu monter et descendre, il est évident que ceux qui sont ses prédicateurs montent aussi par l'imitation de ses vertus, et descendent par la prédication de sa parole.

24. Je vous ai retenus un peu plus longtemps que de coutume, mon intention a été de laisser passer ces heures si mal employées en dehors de cette enceinte, je crois qu'ils ont terminé leurs vains amusements. Pour nous, mes frères, après nous être rassasiés de cette nourriture salutaire, faisons tous nos efforts pour passer le jour du dimanche dans les sentiments d'une joie toute spirituelle, comparons les plaisirs de la vérité avec les plaisirs de la vanité, et si les premiers nous font horreur, attristons-nous, si notre tristesse est sincère, prions, si nous prions nous serons exaucés, et si nous sommes exaucés, nous sommes sûrs de les gagner à Jésus-Christ.

TRAITÉ VIII (1).

Depuis ces paroles de l'Evangile : « *Trois jours après il se fit des noces en Galilée ;* » *jusqu'à ces autres :* « *Femme, qu'y a-t-il de commun entre vous et moi ? mon heure n'est pas encore venue.* »

1. Le miracle par lequel Notre-Seigneur Jésus-Christ a changé l'eau en vin, n'a rien de surprenant pour ceux qui savent que Dieu en est l'auteur. (*Jean*, II, 9.) Il a en ce jour et pour le

(1) Ce discours a été prononcé la veille du jour où le suivant a été donné.

---

lac parvulis dandum. Audi quia descendit : Factus sum parvulus, inquit, in medio vestrum, tanquam si nutrix foveat filios suos. (I *Thess.*, II, 7.) Videmus enim et nutrices et matres descendere ad parvulos : et si norunt Latina verba dicere, decurtant illa, et quassant quodammodo linguam suam, ut possint de lingua diserta fieri blandimenta puerilia : quia si sic dicant, non audit infans, sed nec proficit infans. Et disertus aliquis pater, si sit tantus orator ut lingua illius fora concrepent, et tribunalia concutiantur ; si habeat parvulum filium, cum ad domum redierit, seponit forensem eloquentiam quo ascenderat, et lingua puerili descendit ad parvulum. Audi uno loco ipsum Apostolum ascendentem et descendentem, in una sententia. « Sive enim, inquit, mente excessimus, Deo ; sive temperantes sumus, vobis. » (II *Cor.*, v, 13.) Quid est, mente excessimus Deo ? ut illa videamus quæ non licet homini loqui. Quid est, temperantes sumus vobis ? Numquid judicavi me aliquid scire inter vos, nisi Jesum Christum et hunc crucifixum ? (1 *Cor.*, II, 2.) Si ipse Dominus ascendit et descendit ; manifestum est, quia et prædicatores ipsius ascendunt imitatione, descendunt prædicatione.

24. Et si aliquanto vos diutius tenuimus, consilii fuit ut importunæ horæ transirent : arbitramur jam (a) illos peregisse vanitatem suam. Nos autem, Fratres, quando pasti sumus epulis salutaribus, quæ restant agamus, ut diem Dominicum solemniter impleamus in gaudiis spiritalibus, et comparemus gaudia veritatis cum gaudiis vanitatis : et si horremus, doleamus ; si dolemus, oremus ; si oramus, exaudiamur ; si exaudimur, et illos lucramur.

TRACTATUS VIII.

Ab eo Evangelii loco : « *Et die tertia nuptiæ factæ sunt in Cana Galilææ :* » *usque ad id :* « *Quid mihi et tibi est mulier ? Nondum venit hora mea* »

1. Miraculum quidem Domini nostri Jesu Christi, quo de aqua vinum fecit (*Joan.*, II, 9), non est mi-

(a) Mss. melioris notæ, *illas* : forte quod mulieres potissimum spectaret ista celebritas. Vide supra, n. 2, et 6.

besoin des époux produit du vin dans ces six urnes qu'il a fait remplir d'eau, miracle qu'il renouvelle tous les ans dans les fruits de la vigne. Ce que les serviteurs ont versé dans ces urnes, a été changé en vin par la puissance du Seigneur, et cette même puissance change en vin l'eau et la rosée que répandent les nuées. Nous n'admirons pas ce dernier prodige, parce qu'il se renouvelle tous les ans, et que par sa continuité même il a cessé d'être admirable. Cependant par lui-même, il est bien plus digne de fixer notre attention que le miracle qui s'accomplit dans les urnes pleines d'eau. Qui peut, en effet, considérer les œuvres de Dieu dans le gouvernement et la conduite du monde entier, sans être saisi d'étonnement et comme écrasé sous le poids d'aussi grands prodiges? La force renfermée dans un seul grain, dans n'importe quelle semence est un spectacle admirable qui inspire à un esprit attentif un sentiment de surprise et d'étonnement. Mais comme les hommes appliqués à d'autres objets sont devenus insensibles au spectacle des œuvres divines qui devaient leur faire louer leur créateur, Dieu s'est réservé des prodiges inaccoutumés, destinés à réveiller les hommes de leur assoupissement, et à les ramener au grand devoir de l'adoration qui lui est due. Il est ressuscité après avoir été mis à mort, les hommes ont admiré ce prodige; tous les jours une multitude innombrable d'hommes naissent à la vie, personne n'en est frappé. Cependant à examiner sérieusement les choses, c'est un plus grand miracle pour un homme de commencer à exister, que de revivre après avoir déjà existé. Or Dieu, le Père de Notre-Seigneur Jésus-Christ, accomplit ce double prodige par son Verbe et gouverne tous les êtres qu'il a créés. Il a fait le premier prodige par son Verbe qui est en lui et Dieu comme lui, il a opéré le second par son Verbe incarné et fait homme pour nous. Nous admirons les œuvres miraculeuses qu'a faites Jésus-Christ homme, admirons celles qu'a opérées Jésus-Christ Dieu. C'est par Jésus-Christ Dieu qu'ont été faits le ciel, la terre, la mer, les magnificences du ciel, la terre si fertile, la mer si féconde, toutes ces richesses qui se déroulent sous nos yeux sont l'œuvre de Jésus-Christ Dieu. Voilà le spectacle qui frappe nos regards, et si l'Esprit de Dieu est en nous, ces œuvres que nous admirons nous font louer l'artisan loin de nous détourner de lui, en concentrant notre attention dans les œuvres de ses mains, et en tournant le dos au créateur qui les a faites.

2. Voilà ce qu'il nous est donné de voir, et le spectacle que nous avons sous les yeux; mais que dire de ce que nous ne pouvons voir, des Anges, des Vertus, des Puissances, des Dominations, et de tous les habitants de ces demeures célestes inaccessibles à nos regards? Il est vrai de dire cependant que les anges, dans les cir-

---

rum eis qui noverunt quia Deus fecit. Ipse enim fecit vinum illo die in nuptiis in sex illis hydriis, quas impleri aqua præcepit, qui omni anno facit hoc in vitibus. Sicut enim quod miserunt ministri in hydrias, in vinum conversum est opere Domini : sic et quod nubes fundunt, in vinum convertitur ejusdem opere Domini. Illud autem non miramur, quia omni anno fit : assiduitate amisit admirationem. Nam et considerationem majorem invenit, quam id quod factum est in hydriis aquæ. Quis est enim qui considerat opera Dei, quibus regitur et administratur totus hic mundus, et non obstupescit obruiturque miraculis? Si consideret vim unius grani, cujuslibet seminis, magna quædam res est, horror est consideranti. Sed quia homines in aliud intenti perdiderunt considerationem operum Dei, in qua darent laudem quotidie Creatori : tanquam servavit sibi Deus inusitata quædam quæ faceret, ut tanquam dormientes homines, ad se colendum mirabilibus excitaret. Mortuus resurrexit, mirati sunt homines : tot quotidie nascuntur, et nemo miratur. Si consideremus prudentius, majoris miraculi est esse qui non erat, quam reviviscere qui erat. Idem tamen Deus Pater Domini nostri Jesu Christi per Verbum suum facit omnia hæc, et regit qui creavit. Priora miracula fecit per Verbum suum Deum apud se : posteriora miracula fecit per ipsum Verbum suum incarnatum, et propter nos hominem factum. Sicut miramur quæ facta sunt per hominem Jesum, miremur quæ facta sunt per Deum Jesum. Per Deum Jesum facta sunt cœlum et terra, mare, et omnis ornatus cœli, opulentia terræ, fecunditas maris, omnia hæc quæ oculis adjacent, per Jesum Deum facta sunt. Et videmus hæc, et si est in nobis Spiritus ipsius, sic nobis placent ut artifex laudetur : non ut ad opera conversi ab artifice avertamur, et faciem quodammodo ponentes ad ea quæ fecit, dorsum ponamus ad eum qui fecit.

2. Et hæc quidem videmus, et adjacent oculis : quid illa quæ non videmus, sicut sunt Angeli, Virtutes, Potestates, Dominationes, omnisque habitator fabricæ hujus supercœlestis, non adjacens oculis nostris? Quanquam sæpe et Angeli, quando oportuit,

constances nécessaires, ont apparu aux hommes sous une forme extérieure. Or, n'est-ce pas Dieu qui, par son Verbe, c'est-à-dire par son Fils unique Notre-Seigneur Jésus-Christ, a fait toutes ces merveilles? Que dire encore de l'âme humaine invisible à nos yeux, mais dont les opérations rendues sensibles par le moyen du corps excitent dans ceux qui les considèrent attentivement une si grande admiration? Qui a créé cette âme? N'est-ce pas Dieu, et par qui l'a-t-il créée? si ce n'est par son Fils? Mais ne parlons pas encore de l'âme de l'homme ; prenons les animaux, voyez comme l'âme dirige la masse qu'elle anime, comme elle tient tous les sens en éveil, les yeux pour voir, les oreilles pour entendre, l'odorat pour sentir les odeurs, le goût pour apprécier la saveur des aliments, tous les membres enfin pour s'acquitter des fonctions qui leur sont propres. Est-ce le corps, ou plutôt n'est-ce pas l'âme, hôte du corps, qui est le principe de toutes ces opérations? Cependant elle est invisible et ce sont ses œuvres qui excitent en nous ce vif sentiment d'admiration. Allez maintenant plus loin et considérez l'âme humaine, à qui Dieu a donné l'intelligence pour connaître son Créateur, pour discerner le bien du mal, le juste de l'injuste, que ne fait-elle point par le moyen du corps? Considérez l'ordre que les gouvernements si variés des hommes ont établi par toute la terre, les diverses administrations, la hiérarchie des pouvoirs, l'état et les droits des cités, les lois, les mœurs, les arts, c'est l'âme qui préside à toutes ces opérations, et cette puissance de l'âme cependant échappe aux regards. A peine a-t-elle quitté le corps, elle ne laisse plus qu'un cadavre, tant qu'elle lui reste unie, elle embaume pour ainsi dire et neutralise les éléments de corruption. Toute chair est corruptible et tend de sa nature à tomber en pourriture, si l'âme n'était pour elle comme un assaisonnement et un préservatif. Mais ce que nous venons de dire lui est commun avec l'âme des bêtes, combien plus admirables les opérations qui sont propres à l'esprit et à l'intelligence, à l'aide desquels l'homme se renouvelle à la ressemblance de son Créateur, à l'image duquel il a été créé. Quelle ne sera point la puissance de l'âme, lorsque le corps aura revêtu l'incorruptibilité, lorsque cette nature mortelle aura revêtu l'immortalité? Si elle opère de si grandes choses par le moyen d'une chair corruptible, que ne fera-t-elle pas unie à un corps spirituel après la résurrection des morts? Et cependant cette âme dont la nature, dont la substance est si admirable, qui est invisible à nos yeux, et ne peut être comprise que par l'intelligence, a été faite par Jésus-Christ Dieu, parce qu'il est le Verbe de Dieu. « Toutes choses ont été faites par lui, et rien n'a été fait sans lui. » (*Jean*, 1, 3.)

3. Or à la vue des merveilles extraordinaires qui sont l'œuvre de Jésus-Christ Dieu, qu'y a-t-il

demonstraverunt se hominibus. Nonne Deus et per Verbum suum, id est, unicum Filium suum Dominum nostrum Jesum Christum fecit hæc omnia? Quid ipsa anima humana, quæ non videtur, et per opera quæ exhibet in carne, magnam præbet admirationem bene considerantibus, a quo facta est nisi a Deo? et per quem facta est, nisi per Filium Dei? Nondum dico de anima hominis. Cujusvis pecoris anima quomodo regit molem suam : sensus omnes exserit, oculos ad videndum, aures ad audiendum, nares ad percipiendum odorem, oris judicium ad sapores discernendos, membra denique ipsa ad peragenda officia sua. Numquid hæc corpus, et non anima, id est, habitatrix corporis agit? Nec tamen videtur oculis, et ex his quæ agit admirationem movet. Accedat jam consideratio tua etiam ad animam humanam, cui tribuit Deus intellectum cognoscendi Creatorem suum, dignoscendi et distinguendi inter bonum et malum, hoc est inter justum et injustum : quanta agit per corpus? Attendite universum orbem terrarum ordinatum in ipsa humana republica : quibus administrationibus, quibus ordinibus potestatum, conditionibus civitatum, legibus, moribus, artibus? Hoc totum per animam geritur, et hæc vis animæ non videtur. Cum subtrahitur corpori, cadaver jacet : cum autem adest corpori, primo condit quodammodo putores. Corruptibilis est enim omnis caro, in putredines defluit, nisi quodam condimento animæ teneatur. Sed hoc commune illi est cum pecoris anima : illa magis miranda quæ dixi, quæ ad mentem et intellectum pertinent; ubi etiam ad imaginem Creatoris sui renovatur, ad cujus imaginem factus est homo. Quid erit hæc vis animæ, cum et corpus hoc induerit incorruptionem, et mortale hoc induerit immortalitatem? Si tanta potest per carnem corruptibilem, quid poterit per corpus spiritale post resurrectionem mortuorum? Hæc tamen anima, ut dixi, admirabilis naturæ atque substantiæ, invisibilis res est et intelligibilis : et hæc tamen per Jesum Deum facta est, quia ipse est Verbum Dei. Omnia per ipsum facta sunt, et sine ipso factum est nihil. (*Joan.*, I, 3.)

3. Cum ergo tanta videamus facta per Deum Je-

d'étonnant pour nous dans l'eau changée en vin par ce même Jésus fait homme? En se faisant homme, il n'a point perdu sa nature divine, l'humanité s'est unie en lui à la divinité sans la lui faire perdre. Celui qui a fait ce miracle est donc l'auteur de toutes les merveilles que nous voyons. Ne soyons donc point surpris qu'il ait fait ce miracle, mais soyons-lui reconnaissants qu'il l'ait opéré parmi nous et dans l'intérêt de notre salut. Mais les circonstances elles-mêmes de ce miracle renferment une signification mystérieuse. Ce n'est point sans dessein que Jésus assiste à ces noces. En dehors même du miracle il y a ici dans le fait même qui en fut l'occasion un mystère caché. Frappons afin qu'il nous ouvre, et nous enivre du vin spirituel et invisible; car nous n'étions que de l'eau, et il nous a changé en vin, il nous a donné le goût de la sagesse, et nous goûtons ainsi la foi qu'il nous donne, nous qui étions auparavant insipides et sans aucune saveur. Peut-être, en effet, est-ce l'œuvre de la sagesse unie à l'honneur que nous devons à Dieu, à la louange de sa majesté, à l'amour de sa puissante miséricorde de comprendre le sens caché de ce miracle.

4. Le Seigneur invité à des noces se rend à cette invitation. Qu'y a-t-il de surprenant qu'il vienne dans cette maison assister à des noces, lui qui est venu dans le monde pour célébrer des noces toutes divines? Si tel n'est pas l'objet de sa venue sur la terre, il n'a point d'épouse ici-bas. Que signifient alors ces paroles de l'Apôtre : « Je vous ai fiancé à cet unique époux, Jésus, pour vous présenter à lui comme une vierge pure. » (II *Cor.*, XI, 2.) Et quelle est la crainte de l'Apôtre? C'est que la virginité de l'épouse de Jésus-Christ ne soit corrompue par les artifices du démon. « Je crains, dit-il, que comme Eve fut séduite par les artifices du serpent, vos esprits de même ne se corrompent et ne dégénèrent de la simplicité et de la chasteté qui est selon Jésus-Christ. » (*Ibid.*, 3.) Le Sauveur a donc ici-bas une épouse qu'il a rachetée de son sang, et à laquelle il a donné l'Esprit saint comme gage de son amour. Il l'a délivrée de l'esclavage du démon, il est mort pour ses péchés et il est ressuscité pour sa justification. Qui offrira jamais à son épouse des dons aussi précieux ? Que les hommes offrent tous les ornements que la terre met à leur disposition, de l'or, de l'argent, des pierres précieuses, des chevaux, des esclaves, des domaines, des terres, s'en trouvera-t-il un seul pour offrir son sang? S'il donnait son sang à son épouse, comment pourrait-il l'épouser? Le Seigneur au contraire meurt en assurance, il a donné son sang pour celle qu'il devait épouser après sa résurrection, et qu'il s'était unie déjà dans le sein de la très-sainte Vierge. Car le Verbe est l'époux, la chair humaine est l'épouse, et ces deux natures ne forment qu'un seul Fils de Dieu, un seul et même fils de l'homme. Le sein de la Vierge Marie a été

---

sum, quid miramur aquam in vinum conversam per hominem Jesum? Neque enim sic factus est homo, ut perderet quod Deus erat : accessit illi homo, non amissus est Deus. Ipse ergo fecit hoc, qui illa omnia. Non itaque miremur quia Deus fecit : sed amemus quia inter nos fecit, et propter nostram reparationem fecit. Aliquid enim et in ipsis factis innuit nobis. Puto quia non sine causa venit ad nuptias. Excepto miraculo, aliquid in ipso facto mysterii et sacramenti latet. Pulsemus ut aperiat, et de vino invisibili inebriet nos : quia et nos aqua eramus, et vinum nos fecit, sapientes nos fecit : sapimus enim fidem ipsius, qui prius insipientes eramus. Et forte ad ipsam sapientiam pertinet, cum honore Dei, et cum laude majestatis ejus, et cum caritate potentissimæ misericordiæ ejus, intelligere quid sit gestum in hoc miraculo.

4. Dominus invitatus ad nuptias venit. Quid mirum si in illam domum ad nuptias venit, qui in hunc mundum ad nuptias venit? Si enim non venit ad nuptias, non hic habet sponsam. Et quid est, quod ait Apostolus : Aptavi vos uni viro, virginem castam exhibere Christo ? (II *Cor.*, XI, 2.) Quid est quod timet, ne virginitas sponsæ Christi per astutiam diaboli corrumpatur? « Timeo, inquit, ne sicut serpens Evam seduxit astutia sua, sic et vestræ mentes corrumpantur a simplicitate et castitate quæ est in Christo. » (*Ibid.*, 3.) Habet ergo hic sponsam quam redemit sanguine suo, et cui pignus dedit Spiritum sanctum. Eruit eam de mancipatu diaboli : mortuus est propter delicta ejus, resurrexit propter justificationem ejus. Quis offeret tanta sponsæ suæ? Offerant homines quælibet ornamenta terrarum, aurum, argentum, lapides pretiosos, equos, mancipia, fundos, prædia : numquid aliquis offeret sanguinem suum? Si enim sanguinem suum sponsæ dederit, non erit qui ducat uxorem. Dominus autem securus moriens, dedit sanguinem suum pro ea quam resurgens haberet, quam sibi jam conjunxerat in utero virginis. Verbum enim sponsus, et sponsa caro humana; et

comme un lit nuptial où il est devenu le chef de l'Eglise, et il en est sorti comme un époux qui sort du lit nuptial, selon la prédiction du Roi-prophète : « Semblable à un époux qui sort de son lit nuptial, il s'est élancé comme un géant pour parcourir sa carrière. » Il est sorti comme un époux de son lit nuptial et s'est rendu à l'invitation qui lui était faite d'assister aux noces.

5. Dans un dessein évidemment plein de mystère, il paraît méconnaître la mère du sein de laquelle il est sorti comme un époux, lorsqu'il lui dit : « Femme, qu'y a-t-il de commun entre vous et moi? Mon heure n'est pas encore venue. » Que signifient ces paroles? Jésus aurait-il voulu assister à ces noces pour apprendre aux enfants à mépriser leurs mères? Celui dont il honorait les noces de sa présence prenait une épouse pour en avoir des enfants, et son désir était sans doute de recevoir des enfants qu'il souhaitait des témoignages d'honneur. Jésus, au contraire, aurait assisté à ces noces pour déshonorer sa mère, alors que le mariage n'a été institué et qu'on ne prend des femmes comme épouses que pour avoir des enfants, à qui Dieu fait un commandement d'honorer leurs parents. Sans aucun doute, mes frères, il y a ici quelque mystère caché. Il s'agit ici d'une vérité des plus importantes, car il s'est rencontré des hommes contre lesquels, comme nous l'avons dit, l'Apôtre veut nous mettre en garde par ces paroles : « Je crains, dit-il, que comme Eve fut séduite par les artifices du serpent, vos esprits de même ne se corrompent et ne dégénèrent de la simplicité et de la chasteté qui est en Jésus-Christ; » (II *Cor.*, XI, 3) et qui sans crainte de contredire l'Evangile ont soutenu que Jésus n'était pas né de la Vierge Marie et cherché un appui à leur erreur dans ces paroles du Sauveur. Comment admettre, disent-ils, que Marie était sa mère devant ces paroles : « Femme, qu'y a-t-il de commun entre vous et moi? » Il faut donc leur répondre et expliquer pourquoi le Seigneur s'est exprimé de la sorte, afin que ces insensés ne puissent se flatter d'avoir trouvé quelque moyen d'ébranler la saine doctrine, de corrompre la virginité de l'épouse vierge, et d'altérer la foi de l'Eglise. Car ne l'oublions pas, mes frères, c'est laisser corrompre sa foi que de préférer le mensonge à la vérité. Ces hommes en paraissant honorer Jésus-Christ et en niant qu'il ait eu une chair véritable, que font-ils autre chose que de le faire passer publiquement pour un menteur? Or établir le mensonge dans le cœur des hommes, n'est-ce pas en chasser la vérité? Ils y font entrer le démon, ils en chassent Jésus-Christ, ils y font entrer un adultère, ils en chassent l'époux véritable, ce sont les paranymphes ou plutôt les entremetteurs du serpent. Que se proposent-ils dans leurs discours? de livrer les âmes au serpent et d'en chasser Jésus-Christ.

---

utrumque unus Filius Dei, et idem filius hominis : ubi factus est caput Ecclesiæ, ille uterus virginis Mariæ thalamus ejus, inde processit tanquam sponsus de thalamo suo, sicut Scriptura prædixit : Et ipse tanquam sponsus procedens de thalamo suo, exultavit ut gigas ad currendam viam (*Psal.* XVIII, 6) : de thalamo processit velut sponsus, et invitatus venit ad nuptias.

5. Certi sacramenti gratia, videtur matrem de qua sponsus processit, non agnoscere, et dicere illi : « Quid mihi et tibi est mulier? nondum venit hora mea. » (*Joan.*, II, 4.) Quid est hoc? Ideone venit ad nuptias, ut doceret matres contemni? Utique ad cujus nuptias venerat, ideo ducebat uxorem, ideo ut filios procrearet; et ab eis quos ut procrearet optabat, utique honorari cupiebat : ille ergo venerat ad nuptias, ut exhonoraret matrem, cum propter filios habendos, quibus reddere honorem parentibus imperat Deus, ipsæ nuptiæ celebrentur, et ducantur uxores? Procul dubio, Fratres, latet ibi aliquid. Nam tanta res est, ut quidam quos cavendos præmonuit Apostolus, sicut supra commemoravimus, dicens : « Timeo ne sicut serpens Evam seduxit astutia sua, sic et vestræ mentes corrumpantur a simplicitate et castitate, quæ est in Christo, » (II *Cor.*, XI, 3) derogantes Evangelio, et dicentes, quod Jesus non sit natus de Maria virgine; hinc argumentum sumere conarentur erroris sui, ut dicerent : Quomodo erat mater ejus, cui dixit : « Quid mihi et tibi est mulier? » Respondendum ergo est eis, et disserendum quare dixerit Dominus : ne sibi aliquid adversus sanam fidem insanientes invenisse videantur, unde sponsæ virginis castitas corrumpatur, id est, unde fides Ecclesiæ violetur. Revera enim, Fratres, corrumpitur fides eorum qui præponunt mendacium veritati. Nam isti qui videntur sic honorare Christum, ut negent eum carnem habuisse, nihil aliud eum quam mendacem prædicant. Qui ergo mendacium ædificant in hominibus, quid ab eis expellunt, nisi veritatem? Immittunt diabolum, excludunt Christum : immittunt adulterum, excludunt sponsum : paranymphi scilicet, vel potius lenones serpentis. Ad hoc enim loquuntur ut serpens possideat, Christus excludatur.

Comment le serpent en devient-il le maître? lorsque le mensonge s'en est emparé. Dès que le mensonge règne sur un cœur, le serpent en est le maître, tant qu'il demeure soumis à la vérité Jésus-Christ seul règne sur lui. C'est lui qui a dit : « Je suis la vérité, » (*Jean*, XIV, 6) tandis qu'en parlant du démon, il s'exprime de la sorte : « Il n'est pas demeuré dans la vérité, parce que la vérité n'est pas en lui. » Or Jésus-Christ est tellement vérité que tout absolument est vrai en lui. Il est le Verbe véritable, Dieu égal à son Père, il a une âme et un corps véritable, il est vrai Dieu et vrai homme, sa naissance, sa passion, sa mort, sa résurrection, sont des faits d'une vérité incontestable. Si vous en révoquez un seul en doute, la corruption entre dans votre âme, le venin du serpent engendre les vers des mensonges, et aucune partie ne peut échapper à leurs atteintes.

6. Quel est donc le sens de ces paroles du Seigneur : « Qu'y a-t-il de commun entre vous et moi? » Peut-être en trouverons l'explication dans celles qui suivent : « Mon heure n'est pas encore venue. » Voici en effet la réponse tout entière du Sauveur : « Qu'y a-t-il de commun entre vous et moi; mon heure n'est pas encore venue? » Or il nous faut chercher la raison de cette réponse. Commençons d'abord par combattre l'erreur des hérétiques. Que dit l'antique serpent qui, depuis tant de siècles, distille et inspire le poison avec ses sifflements? Que dit-il? Jésus n'eut pas une femme pour mère. Où sont vos preuves? Ces paroles sorties de sa bouche : « Femme, qu'y a-t-il de commun entre vous et moi? Quel est l'auteur du récit d'après lequel nous croyons qu'il les a vraiment prononcées? Qui est-il? C'est Jean l'Évangéliste. Mais ce même évangéliste nous dit : « Et la mère de Jésus y était. » Voici, en effet, le commencement de son récit : « Le jour suivant, il se fit des noces à Cana en Galilée, et la mère de Jésus y était. Jésus y fut aussi convié et il s'y trouvait avec ses disciples. » Nous avons donc ici deux faits rapportés par le même évangéliste. Il commence par dire : « Et la mère de Jésus y était » et c'est lui encore qui nous rapporte les paroles de Jésus à sa mère. Et de quelle manière nous rapporte-t-il cette réponse de Jésus à sa mère? Il commence en ces termes : « Et sa mère lui dit. » Remarquez ces paroles, mes frères, pour prémunir contre la langue du serpent la sainte virginité de votre cœur. Ainsi dans l'Évangile même nous lisons ce témoignage formel de l'Évangéliste : « Et la mère de Jésus y était. » Et plus loin : « La mère de Jésus lui dit. » Qui nous rapporte ce fait? Jean l'Évangéliste. Quelle fut la réponse de Jésus à sa mère? « Qu'y a-t-il de commun entre vous et moi? » Qui nous a rapporté ces paroles? Le même évangéliste saint Jean. O évangéliste si fidèle, si vrai dans votre récit, vous me rapportez ces paroles

---

Quomodo possidet serpens? quando possidet mendacium. Quando possidet falsitas, serpens possidet : quando possidet veritas, Christus possidet. Ipse enim dixit : Ego sum veritas (*Joan.*, XIV, 6) : de illo autem dixit : Et in veritate non stetit (*Joan.*, VIII, 44), quia veritas non est in eo. Sic est autem veritas Christus, ut totum verum accipias in Christo : Verum Verbum, Deus æqualis Patri, vera anima, vera caro, verus homo, verus Deus, vera nativitas, vera passio, vera mors, vera resurrectio. Si aliquid horum dixeris falsum, intrat putredo, de veneno serpentis nascuntur vermes mendaciorum, et nihil integrum remanebit.

6. Quid est ergo, inquit, quod ait Dominus : « Quid mihi et tibi est mulier? » Forte in eo quod sequitur ostendit nobis Dominus, quare hoc dixerit : « Nondum, inquit, venit hora mea. » Sic enim ait : « Quid mihi et tibi est mulier? nondum venit hora mea. » Et hoc cur dictum sit, requirendum est. Prius ergo hinc resistamus hæreticis. Quid dicit serpens veternosus, venenorum insibilator et inspirator antiquus? Quid dicit? Non habuit matrem feminam Jesus. Unde probas? Quia dixit, inquit : « Quid mihi et tibi est mulier? » Quis hoc narravit, ut credamus quia hoc dixit? quis hoc narravit? Nempe Joannes Evangelista. At ipse Joannes Evangelista dixit : « Et erat ibi mater Jesu. » Nam ita narravit : « Altera die nuptiæ factæ sunt in Cana Galilææ, et erat ibi mater Jesu. Venerat autem illuc invitatus ad nuptias cum discipulis suis. (*Joan.*, II, 1, 2.) Tenemus duas sententias ab Evangelista prolatas. « Erat ibi mater Jesu : » Evangelista dixit : quid dixerit matri suæ Jesus, ipse Evangelista dixit. Et quomodo dixit respondisse matri suæ Jesum, ut primo diceret : « Ait illi mater ejus, » (v. 3) videte, fratres, ut adversus linguam serpentis munitam virginitatem cordis habeatis. Illic in ipso Evangelio eo ipso Evangelista narrante dicitur : « Erat ibi mater Jesu : » et : « Dixit illi mater ejus. » Quis hoc narravit? Joannes Evangelista. Et quid respondit matri Jesus? « Quid mihi et tibi est mulier? » (v. 4.) Quis hoc narrat? idem ipse Joannes Evangelista. O Evangelista fidelissime et veracissime, tu mihi nar-

de Jésus à sa mère : « Femme, qu'y a-t-il de commun entre vous et moi ? » Pourquoi lui donnez-vous une mère qu'il ne reconnait point ? Vous avez dit, en effet, que la mère de Jésus était là, et « la mère de Jésus lui dit. » Pourquoi ne vous êtes-vous pas expliqué de la sorte : « Marie était là, » et « Marie lui dit ? » Mais non, votre récit se compose de ces deux choses distinctes : « Sa mère lui dit, » et Jésus lui répondit : « Femme, qu'y a-t-il de commun entre vous et moi ? » Or ceux dont nous parlons veulent bien admettre le récit de l'Évangéliste, lorsqu'il rapporte la réponse que Jésus fit à sa mère: « Femme, qu'y a-t-il de commun entre vous et moi ? » et ils refusent de croire à ce même évangéliste, lorsqu'il dit : « La mère de Jésus était là, » et « sa mère lui dit. » Or quel est celui qui résiste au serpent, s'attache à la vérité, et qui ne laisse point corrompre la virginité de son cœur par les artifices du démon ? Celui qui croit d'une foi ferme à la vérité de ces deux choses que la mère de Jésus était là, et que Jésus fit cette réponse à sa mère. S'il ne comprend pas encore le sens de cette réponse : « Femme, qu'y a-t-il de commun entre vous et moi ? » qu'il commence par croire que Jésus a fait cette réponse, et qu'il l'a faite à sa mère. Que la piété anime sa foi, et l'intelligence en sera le précieux fruit.

7. C'est donc vous que j'interroge, chrétiens fidèles. La mère de Jésus se trouvait-elle là ? Répondez : Oui, elle y était. Comment le savez-vous ? Répondez : C'est l'Évangile qui nous l'apprend. Quelles sont les paroles que Jésus adresse à sa mère ? Répondez : « Femme, qu'y a-t-il de commun entre vous et moi ? mon heure n'est pas encore venue. » Qui vous a fait connaître cette réponse ? Répondez : C'est l'Évangile qui m'en assure. Ne laissez corrompre votre foi par personne, si vous voulez conserver à votre époux votre virginité pure de toute atteinte. Si l'on vous demande pourquoi Jésus a fait cette réponse à sa mère, que celui qui en connait la raison la dise ; mais que celui qui ne la comprend pas, ne laisse pas de croire d'une foi ferme que Jésus a fait cette réponse, et qu'il l'a faite à sa mère. Cette foi pleine de religion lui méritera de comprendre le sens de cette réponse, s'il frappe par la prière à la porte de la vérité, et qu'il s'abstienne de toute dispute. Qu'il prenne garde seulement, en croyant savoir ou en rougissant d'ignorer pourquoi Jésus a répondu de la sorte, d'être forcé d'admettre ou que l'Évangéliste a parlé contre la vérité en disant : « La mère de Jésus était là, » ou que Jésus-Christ a souffert une mort fausse et imaginaire pour nos péchés, et qu'il n'a montré que de fausses cicatrices de ses blessures pour notre justification, et encore qu'il a prononcé un mensonge lorsqu'il a dit : « Si vous demeurez dans ma parole, vous serez vraiment mes disciples, et vous connaîtrez

---

ras dixisse Jesum : « Quid mihi et tibi est mulier? » cur ei apposuisti matrem quam non agnoscit? Nam tu dixisti, quia « ibi erat mater Jesu ; » et quia « dixit ei mater ejus » cur non potius dixisti : Erat ibi Maria ; et : Dixit ei Maria ? Utrumque tu narras, et « Dixit ei mater ejus ; » et « Respondit ei Jesus : Quid mihi et tibi est mulier ? » Quare hoc, nisi quia utrumque verum est? Illi autem in eo volunt credere Evangelistæ, quod narrat Jesum dixisse matri : « Quid mihi et tibi est mulier ; » et in eo nolunt credere Evangelistæ quod ait : « Erat ibi mater Jesu ; » et : « Dixit ei mater ejus. » Quis est autem qui resistit serpenti et tenet veritatem, cujus virginitas cordis non corrumpitur astutia diaboli ? qui utrumque verum credit, et quia erat ibi mater Jesu, et quia illud respondit matri Jesus. Sed si nondum intelligit quemadmodum dixerit Jesus : « Quid mihi et tibi est mulier : » interim credat quod dixerit, et quod matri dixerit. Sit primo pietas in credente, et erit fructus in intelligente.

7. Interrogo vos, o fideles Christiani : Erat ibi mater Jesu? respondete : Erat. Unde scitis? respondete : Hoc loquitur Evangelium. Quid respondit matri Jesus? respondete : « Quid mihi et tibi est mulier ? nondum venit hora mea. » Et hoc unde scitis? respondete : Hoc loquitur Evangelium. Nullus vobis corrumpat hanc fidem, si vultis sponso servare castam virginitatem. Si autem quæritur a vobis, cur hoc matri responderit : dicat qui intelligit ; qui autem nondum intelligit, firmissime tamen credat, hoc respondisse, et tamen matri respondisse Jesum. Hac pietate merebitur etiam intelligere cur ita responderit, si orando pulset, et non rixando accedat ad ostium veritatis. Tantum caveat, ne dum se putat scire, aut erubescit nescire cur ita responderit, cogatur credere aut Evangelistam fuisse mentitum qui ait : « Erat ibi mater Jesu : » aut ipsum Christum falsa morte passum propter delicta nostra, et falsas cicatrices ostendisse propter justificationem nostram : falsumque dixisse : Si manseritis in verbo meo, vere discipuli mei estis, et cognoscetis veritatem, et veritas liberabit vos. (*Joan.*, VIII, 31, 32.) Si enim falsa

la vérité, et la vérité vous délivrera. » (*Jean*, VIII, 31, 32.) Car s'il n'a point eu une mère véritable, sa chair, sa mort, les blessures de sa passion, les cicatrices de sa résurrection, tout est faux; ce n'est point la vérité qui délivrera ceux qui croient en lui, ce sera bien plutôt le mensonge. Mais non, que le mensonge cède la place à la vérité; qu'ils soient couverts de confusion tous ceux qui veulent paraître véridiques en s'efforçant de démontrer que Jésus-Christ nous a trompés, et qui repoussent ce juste reproche que nous leur faisons : Nous ne vous croyons pas, parce que vous mentez en accusant de mensonge la vérité elle-même. Si nous leur demandons : Comment savez-vous que Jésus-Christ a dit ces paroles : « Femme, qu'y a-t-il de commun entre vous et moi? » c'est, répondent-ils, parce que nous croyons à l'Evangile. Pourquoi donc refusent-ils de croire à l'Evangile lorsqu'il nous dit : « La mère de Jésus était là, » et : « La mère de Jésus lui dit? » Si l'Evangile parle ici contre la vérité, pourquoi y ajouter foi lorsqu'il nous rapporte cette réponse de Jésus : « Femme, qu'y a-t-il de commun entre vous et moi? » Les insensés! ne feraient-ils pas beaucoup mieux de croire fermement que c'est à sa propre mère, et non à une femme étrangère que le Seigneur a fait cette réponse, et d'en chercher religieusement le sens? Il y a, en effet, une grande différence entre celui qui tient ce langage : Je désire savoir pourquoi Jésus a fait cette réponse à sa mère, et celui qui dit avec assurance : Je sais que le Christ n'a point répondu de la sorte à sa mère. On ne peut mettre sur la même ligne celui qui désire pénétrer ce qui est caché, et celui qui refuse de croire une vérité manifeste. Lorsqu'on dit : Je veux savoir pourquoi le Sauveur a répondu de la sorte à sa mère, on désire comprendre le sens de l'Evangile, à la vérité duquel on croit; mais celui qui tient ce langage : Je sais que Jésus-Christ n'a point fait cette réponse à sa mère, accuse de mensonge l'Evangile, d'après lequel il a dû croire que le Sauveur a réellement fait cette réponse.

8. Laissons-les donc, mes frères, si vous le voulez, laissons-les s'égarer de plus en plus dans un aveuglement que l'humilité seule pourra guérir, et cherchons à savoir pourquoi Notre-Seigneur a fait cette réponse à sa mère. Il a ce singulier privilège d'être né de son Père, sans le concours d'une mère, d'être né d'une mère sans avoir de père; comme Dieu il n'a point de mère, comme homme il n'a point de père; il est sans mère avant tous les siècles, il est sans père à la fin des temps. La réponse qu'il a faite, il l'a faite à sa mère, c'est l'Evangile qui nous en assure : « La mère de Jésus était là, et Jésus dit à sa mère. » Nous savons que la mère de Jésus était là, par le même témoignage qui nous apprend que Jésus lui fit cette réponse : « Femme, qu'y a-t-il de commun entre vous et moi? mon heure n'est pas encore venue. » Croyons donc

mater, falsa caro, falsa mors, falsa vulnera passionis, falsæ cicatrices resurrectionis ; non veritas credentes in eum, sed potius falsitas liberabit. Imo vero falsitas cedat veritati, et confundantur omnes qui propterea se volunt videri veraces, quia Christum conantur demonstrare fallacem, et nolunt sibi dici : Non vobis credimus quia mentimini ; cum ipsam veritatem dicant esse mentitam. Quibus tamen si dicamus : Unde nostis dixisse Christum : « Quid mihi et tibi est mulier : » Evangelio se credidisse respondent. Cur non credunt Evangelio dicenti : « Erat ibi mater Jesu : » et « Dixit ei mater ejus? » Aut si hoc mentitur Evangelium, quomodo ei creditur quod dixerit Jesus : « Quid mihi et tibi est mulier? » Cur non potius miseri, et quod ita non extraneæ, sed matri Dominus responderit, fideliter credunt; et cur ita responderit, pie quærunt? Multum enim interest inter eum qui dicit : Volo scire quare Christus hoc matri responderit : et eum, qui dicit : Scio quod hoc Christus non matri responderit. Aliud est intelligere velle quod clausum est, aliud nolle credere quod apertum est. Qui dicit : Scire volo cur ita Christus matri responderit, aperiri sibi vult Evangelium cui credit : qui autem dicit : Scio quod hoc Christus non matri responderit, ipsum Evangelium arguit de mendacio, ubi credidit quod Christus ita responderit.

8. Jam ergo si placet, Fratres, illis repulsis, et in sua cæcitate errantibus semper, nisi humiliter sanentur, nos quæramus, quare Dominus noster sic matri responderit. Ille singulariter natus de patre sine matre, de matre sine patre; sine matre Deus, sine patre homo; sine matre ante tempora, sine patre in fine temporum. Quod respondit, matri respondit, quia « erat ibi mater Jesu, » et : Dixit ei mater ejus. Hoc totum Evangelium loquitur. Illic novimus, quia « erat ibi mater Jesu, » ubi novimus quod dixerit ei : « Quid mihi et tibi est mulier? » nondum venit hora mea. » Totum credamus, et quod nondum intelligimus requiramus. Et primum hoc videte, ne

tout ce que l'Evangile nous rapporte, et cherchons le sens de ce que nous ne comprenons pas encore. Et d'abord mettons-nous ici sur nos gardes, car de même que les Manichéens ont voulu appuyer leurs perfides erreurs sur ces paroles : « Femme, qu'y a-t-il de commun entre vous et moi? » il pourrait se faire que les astrologues cherchent aussi à autoriser leurs rêves trompeurs de ces autres paroles : « Mon heure n'est pas encore venue. » Si le Sauveur a parlé ici dans le sens des astrologues, nous avons commis un sacrilége en livrant leurs écrits aux flammes. Si au contraire cette action est louable, comme elle a été du temps des apôtres (*Actes*, XIX, 19), ce n'est point dans leur sens que Jésus a fait cette réponse : « Mon heure n'est pas encore venue. » Ces vains discoureurs, tout à la fois séduits et artisans de séduction, viennent nous dire : Vous voyez bien que le Christ était soumis au destin, puisqu'il dit : « Mon heure n'est pas encore venue. » A qui donc répondrons-nous en premier lieu? aux hérétiques ou aux astrologues? Les uns et les autres sont inspirés par le serpent, et se proposent de corrompre la virginité du cœur de l'Eglise, qui consiste pour elle dans une foi pure et entière. Commençons, si vous le voulez, par ceux dont nous avons déjà parlé, et à qui nous avons déjà répondu en grande partie. Mais de peur qu'ils ne s'imaginent que nous n'avons rien à dire sur ces paroles que le Seigneur adresse à sa mère, nous voulons vous en donner une explication plus développée et opposée à leurs erreurs; car ce que nous avons déjà dit suffit pour les réfuter.

9. Pourquoi donc le Fils dit-il à sa mère : « Femme, qu'y a-t-il de commun entre vous et moi, mon heure n'est pas encore venue? » Notre-Seigneur Jésus-Christ était à la fois Dieu et homme; comme Dieu, il n'avait pas de mère; comme homme, il en avait une. Elle était donc la mère de sa chair, la mère de son humanité, la mère de cette nature sujette aux infirmités qu'il a prise pour notre salut. Or, le miracle qu'il allait opérer était une œuvre de sa divinité et non de son humanité; il devait le faire comme Dieu qui a toujours existé, et non comme homme faible, né dans le temps. « Mais ce qui paraît en Dieu une faiblesse, est plus fort que tous les hommes. » (I *Cor.*, I, 25.) Sa mère lui demandait un miracle; Jésus, au moment de faire une œuvre toute divine, semble méconnaître le sein de sa mère et lui dire : Vous n'avez pas engendré le principe qui doit en moi opérer des miracles, vous n'avez pas engendré ma divinité; mais comme vous avez engendré ma nature faible et mortelle, je vous reconnaîtrai lorsque cette nature sera attachée à la croix; voilà ce que signifient ces paroles : « Mon heure n'est pas encore venue. » C'est alors en effet qu'il reconnut publiquement sa mère, lui qui n'avait jamais cessé de la connaître. Avant qu'il eût pris une nouvelle naissance dans son sein, il l'avait connue

---

forte quomodo invenerunt Manichæi occasionem perfidiæ suæ, quia dixit Dominus : « Quid mihi et tibi est mulier? » sic inveniant mathematici occasionem fallaciæ suæ, quia dixit : « Nondum venit hora mea. » Et si hoc secundum mathematicos dixit, sacrilegium fecimus incendendo codices eorum. Si autem recte fecimus, sicut Apostolorum temporibus factum est (*Act.*, XIX, 19) : non secundum eos dixit Dominus : « Nondum venit hora mea. » Dicunt enim vaniloqui et seducti seductores : Vides quia sub fato erat Christus, qui dicit : « Nondum venit hora mea. » Quibus ergo prius respondendum est, hæreticis an mathematicis? Utrique enim a serpente illo veniunt, volentes corrumpere virginitatem cordis Ecclesiæ, quam habet in integra fide. Primo si placet, eis quos proposueramus, quibus quidem jam ex magna parte respondimus. Sed ne arbitrentur nos uon habere quid dicamus de his verbis, quæ Dominus matri respondit, vos magis adversus illos instruimus : nam illis refellendis, puto quod sufficiant, quæ jam dicta sunt.

9. Cur ergo ait matri filius : « Quid mihi et tibi est mulier, nondum venit hora mea? » Dominus noster Jesus Christus, et Deus erat et homo : secundum quod Deus erat, matrem non habebat; secundum quod homo erat, habebat. Mater ergo erat carnis, mater humanitatis, mater infirmitatis quam suscepit propter nos. Miraculum autem quod facturus erat, secundum divinitatem facturus erat, non secundum infirmitatem; secundum quod Deus erat, non secundum quod infirmus natus erat. Sed infirmum Dei fortius est hominibus. (I *Cor.*, I, 25.) Miraculum ergo exigebat mater, at ille tanquam non agnoscit viscera humana, operaturus facta divina, tanquam dicens : Quod de me facit miraculum, non tu genuisti, divinitatem meam non tu genuisti : sed quia genuisti infirmitatem meam, tunc te cognoscam, cum ipsa infirmitas pendebit in cruce, hoc est enim : « Nondum venit hora mea. » Tunc enim cognovit, qui utique semper noverat. Et antequam de illa natus esset, in prædestinatione noverat matrem; et antequam

dans les secrets de sa prédestination ; avant que Dieu eût donné l'être à celle de laquelle il devait le recevoir, il connaissait sa mère ; mais à une certaine heure, par un dessein mystérieux, il semble la méconnaître, et à une autre heure qui n'est pas encore venue, il la reconnaîtra par suite du même dessein. Il l'a reconnue lorsque la nature qu'elle avait engendrée mourait sur la croix. Ce qui mourait ce n'était point la nature qui a donné l'être à Marie, ce qui mourait, ce n'était point l'éternelle divinité, c'était la chair soumise aux infirmités. Par cette réponse, le Sauveur veut donc bien distinguer pour la foi des croyants ce qu'il est par nature, et comment il est venu sur la terre. Il est venu par le moyen d'une femme qui est sa mère, lui le Dieu et le Seigneur du ciel et de la terre. Comme Seigneur du monde, comme Dieu et souverain Maître du ciel et de la terre, il est aussi le souverain Maître de Marie. Comme Créateur du ciel et de la terre, il est également le créateur de Marie ; mais en tant qu'il a été, selon l'Apôtre, formé d'une femme et assujetti à la loi (*Gal.*, IV, 4), il est le fils de Marie. Il est donc à la fois le Seigneur et le fils de Marie, il a donné l'être à Marie, il a reçu l'être de Marie. Ne soyez pas surpris qu'il soit à la fois son Seigneur et son fils ; il est le fils de Marie comme l'Ecriture l'appelle le fils de David, et il est le fils de David parce qu'il est le fils de Marie. Ecoutez ce témoignage si exprès de l'Apôtre : « Qui lui est né de la race de David selon la chair. » (*Rom.*, I, 3.) Il est également le Seigneur de David ; c'est David lui-même qui le déclare : « Le Seigneur a dit à mon Seigneur. » (*Ps.* CIX, 1.) Jésus lui-même a invoqué ce témoignage contre les Juifs, et leur a prouvé ainsi sa divinité. (*Matth.*, XXII, 45.) Comment est-il à la fois le Seigneur et le fils de David ? Il est fils de David selon la chair, il est le Seigneur de David selon sa divinité. C'est ainsi qu'il est le fils de Marie par la chair qu'il a prise dans son sein, et qu'il est son Seigneur par sa nature divine. Or, comme elle n'était pas la mère de sa divinité, et que le miracle qu'elle demandait était une œuvre de sa nature divine, il lui répond : « Femme, qu'y a-t-il de commun entre vous et moi ? » Ne croyez pas cependant que je vous renie pour mère, « mon heure n'est pas encore venue ; » je vous reconnaîtrai lorsque cette nature sujette aux infirmités et dont vous êtes la mère, sera attachée à la croix. Prouvons la vérité de cette interprétation. Lors de la passion du Sauveur, le même Evangéliste qui connaissait la mère de Jésus, et qui nous apprend qu'elle assistait à ces noces, nous dit aussi : « La mère de Jésus était près de sa croix, et Jésus dit à sa mère : Femme, voilà votre fils. Ensuite il dit au disciple : Voilà votre mère. » (*Joan.*, XIX, 25, 26.) Il recommande sa mère à son disciple, il recommande sa mère, lui qui devait mourir

ipse Deus crearet, de qua ipse homo crearetur, noverat matrem : sed ad quamdam horam in mysterio non agnoscit ; et ad quamdam horam quæ nondum venerat, in mysterio rursus agnoscit. Tunc enim agnovit, quando illud quod peperit moriebatur. Non enim moriebatur per quod facta erat Maria, sed moriebatur quod factum erat ex Maria : non moriebatur æternitas divinitatis, sed moriebatur infirmitas carnis. Illud ergo respondit, discernens in fide credentium, quis, qua venerit. Venit enim per matrem feminam, Deus et Dominus cœli et terræ. Secundum quod Dominus mundi, quod Dominus cœli et terræ, Dominus utique et Mariæ : secundum quod creator cœli et terræ, creator et Mariæ : secundum autem quod dictum est : Factum ex muliere, factum sub Lege, filius Mariæ. (*Gal.*, IV, 4.) Ipse Dominus Mariæ, ipse filius Mariæ : ipse creator Mariæ, ipse creatus ex Maria. Noli mirari, quia et filius et Dominus : sicut enim Mariæ, ita et David dictus est filius ; et ideo David filius, quia Mariæ filius. Audi Apostolum aperte dicentem : Qui factus est ei ex semine David secundum carnem. (*Rom.*, I, 3.) Audi eum et Dominum David : dicat hoc ipse David : Dixit Dominus Domino meo, sede ad dexteram meam. (*Psal.*, CIX, 1.) Et ipse Jesus hoc proposuit Judæis, et eos inde convicit. Quomodo ergo David et filius et Dominus ? (*Matth.*, XXII, 45) filius David secundum carnem, dominus David secundum divinitatem : sic Mariæ filius secundum carnem, et Mariæ Dominus secundum majestatem. Quia ergo non erat illa mater divinitatis, et per divinitatem futurum erat miraculum quod petebat ; respondit ei : « Quid mihi et tibi est mulier ? » sed ne putes quod te negem matrem : « Nondum venit hora mea : » ibi enim te agnoscam, cum pendere in cruce cœperit infirmitas cujus mater es. Probemus si verum est. Quando passus est Dominus, sicut idem Evangelista dicit, qui noverat matrem Domini, et qui nobis insinuavit etiam in his nuptiis matrem Domini, ipse narrat : Erat, inquit, illic circa crucem mater Jesu, et ait Jesus matri suæ : Mulier, ecce filius tuus : et ad discipulum : Ecce mater tua. (*Joan.*, XIX, 25 et 26.) Commendat matrem discipulo :

avant elle et ressusciter avant qu'elle mourût elle-même; comme homme il recommande à un homme ce qui appartenait à la nature humaine; c'est cette nature qu'avait enfantée Marie. L'heure dont il avait dit : « Mon heure n'est pas encore venue, » était enfin arrivée.

10. Nous avons, ce me semble, suffisamment répondu aux hérétiques; répondons maintenant aux astrologues. Sur quoi se fondent-ils pour alléguer que Jésus était assujetti à la fatalité? Sur ces paroles sorties de sa bouche : « Mon heure n'est pas encore venue. » Nous croyons donc à ces paroles, disent-ils. S'il avait dit : Je n'ai point d'heure, il eût ruiné toute l'argumentation des astrologues; mais, au contraire, il déclare expressément : « Mon heure n'est pas encore venue. » Si donc il avait dit : Je n'ai point d'heure, il eût fermé la bouche aux astrologues et leurs calomnies n'auraient aucun fondement; mais que répondre maintenant à des paroles aussi expresses : « Mon heure n'est pas encore venue? » C'est une chose vraiment étonnante de voir les astrologues s'efforcer au nom de la foi aux paroles de Jésus-Christ, de persuader aux chrétiens que le Sauveur a vécu sous le joug de la fatalité. Qu'ils croient donc aussi à Jésus-Christ lorsqu'il dit : « J'ai le pouvoir de donner ma vie et j'ai le pouvoir de la reprendre, personne ne me l'ôte, mais je la donne de moi-même et je la reprends de nouveau. » (*Jean*, x, 18.) Cette puissance serait-elle aussi soumise à la fatalité? Qu'ils nous montrent un homme qui ait le pouvoir de mourir ou de prolonger sa vie quand et comme il le veut, ils ne pourront nous en produire un seul. Qu'ils croient donc à ces paroles du Fils de Dieu : « J'ai le pouvoir de donner ma vie et j'ai le pouvoir de la reprendre; » qu'ils cherchent à comprendre le sens de ces autres paroles : « Mon heure n'est pas encore venue, » et qu'ils cessent d'assujettir à la fatalité le Créateur du ciel, Celui qui a tiré du néant les astres et leur a tracé leur route. Car en supposant même cette fatalité qui vient des astres, le Créateur des astres ne pourrait y être assujetti. Ajoutez enfin que non-seulement Jésus-Christ n'a pas été soumis à ce que vous appelez le destin, mais ni vous, ni moi, ni aucun autre homme que ce soit.

11. Cependant ces hommes cherchent à tromper comme ils ont commencé par l'être eux-mêmes, et ils tendent leurs pièges pour prendre les hommes jusque sur les places publiques. Ceux qui veulent prendre les animaux sauvages ne tendent leurs filets que dans les forêts ou dans la solitude, mais qu'elle est déplorable la vanité des hommes que l'on veut faire tomber dans des pièges jusque sur les places de nos cités! Lorsque les hommes se vendent à d'autres hommes, ils reçoivent en échange une somme d'argent; ceux-ci, au contraire, donnent

---

commendat matrem prior matre moriturus, et ante matris mortem resurrecturus : commendat homo homini hominem. Hoc pepererat Maria. Illa hora jam venerat, de qua tunc dixerat : Nondum venit hora mea. »

10. Quantum arbitror, Fratres, responsum est hæreticis : mathematicis respondeamus. Et ipsi unde conantur convincere, quia sub fato erat Jesus? Quia ipse ait, inquiunt : « Nondum venit hora mea. » Ergo illi credimus; et si dixisset : Horam non habeo, exclusisset mathematicos : sed ecce, inquiunt, ipse dixit : « Nondum venit hora mea. » Si ergo dixisset : Horam non habeo, exclusisset mathematicos, non esset unde calumniarentur : nunc vero quia dixit : « Nondum venit hora mea, » contra ipsius verba quid possumus dicere? Mirum est quod mathematici credendo verbis Christi, conantur convincere Christianos quod sub hora fatali vixerit Christus. Credant ergo Christo dicenti : « Potestatem habeo ponendi animam meam, et iterum sumendi eam : nemo tollit eam a me, sed ego pono eam a meipso, et iterum sumo eam. » (*Joan.*, x, 18.) Ergo ne ista potestas sub fato est? Ostendant hominem qui potestatem habeat quando moriatur, quandiu vivat : omnino non ostendent. Credant ergo Deo dicenti : Potestatem habeo ponendi animam meam, et quærant quare sit dictum : « Nondum venit hora mea : » nec ideo jam sub fato ponant conditorem cœli, creatorem atque ordinatorem siderum. Quia si esset fatum de sideribus, non poterat esse sub necessitate siderum conditor siderum. Adde quia non solum Christus non habuit quod appellas fatum : sed nec tu, aut ego, aut ille, aut quisquam hominum.

11. Verumtamen seducti seducunt, et proponunt fallacias hominibus : tendunt ad capiendos homines, et hoc in plateis. Nam qui tendunt ad capiendas feras, vel in silvis atque in solitudine id agunt; quam infeliciter vani sunt homines, quibus capiendis in foro tenditur? Nummos accipiunt, cum se homines hominibus vendunt : dant isti nummos, ut se vanitatibus vendant. Intrant enim ad mathematicum, ut

de l'argent pour se vendre à ces vaines superstitions. Ils entrent chez un astrologue pour s'acheter tels maîtres qu'il lui plaira de leur imposer, ou Saturne, ou Jupiter, ou Mercure, ou quelqu'autre nom sacrilége. Cet homme est entré libre pour vendre sa liberté au prix de l'argent qu'il donne et sortir esclave. Parlons plus juste, il n'entrerait pas chez cet astrologue s'il était libre, il y est allé entraîné par l'erreur qui le domine, par la passion qui le tyrannise, ce qui a fait dire à la Vérité elle-même : « Tout homme qui commet le péché, est esclave du péché. »

12. Pourquoi donc Notre-Seigneur a-t-il dit : « Mon heure n'est pas encore venue ? » C'est justement parce qu'il avait le pouvoir de mourir quand il voudrait, et qu'il jugeait que le moment n'était pas encore venu d'user de ce pouvoir. Nous-mêmes, mes frères, nous nous exprimons de la même manière, nous disons par exemple : L'heure précise est arrivée pour nous d'aller célébrer les saints mystères. Devancer cette heure sans nécessité, n'est-ce pas intervertir l'ordre, n'est-ce pas agir à contre-temps ? Or, de ce que nous n'agissons que lorsque le moment convenable est arrivé, dira-t-on que dans ces actions et en parlant de la sorte nous tenons compte de la fatalité ? Quel est donc le sens de ces paroles : « Mon heure n'est pas encore venue ? » L'heure n'est pas encore arrivée, ou je sais que mes souffrances, que ma passion seront avantageuses et utiles; quand ce moment sera venu, je souffrirai de ma propre volonté. C'est ainsi que se concilient ces deux vérités : « Mon heure n'est pas encore venue; » et « j'ai le pouvoir de donner ma vie, et j'ai le pouvoir de la reprendre. » Le Fils de Dieu était donc venu avec le pouvoir de mourir quand il le voudrait. S'il était mort avant d'avoir choisi ses disciples, sa mort eût été évidemment prématurée ; s'il n'était qu'un homme qui n'a point en son pouvoir l'heure de sa mort, cette heure eût pu sonner avant qu'il eût choisi ses disciples; et s'il n'était mort qu'après les avoir choisis, après les avoir instruits, ce serait par une faveur qui lui serait faite et non pas un acte de sa puissance personnelle. Il n'en a pas été ainsi du Fils de Dieu. Il était venu avec le pouvoir de sortir de la vie et d'y rentrer quand il le voudrait, de fournir la carrière qu'il s'était tracée ; les enfers lui furent ouverts non-seulement à sa mort, mais à sa résurrection ; et pour nous apprendre les espérances d'immortalité qu'il donnait à son Eglise, il fit voir dans le chef ce que les membres devaient attendre. Celui qui a voulu ressusciter comme la tête de l'Eglise, ressuscitera aussi dans ses autres membres. L'heure n'était pas encore venue, le moment favorable n'était pas encore arrivé. Il lui fallait auparavant appeler ses disciples, annoncer le royaume des cieux, opérer des prodiges, prouver sa divinité par des mi-

---

emant sibi dominos, quales mathematico dare placuerit, vel Saturnum, vel Jovem, vel Mercurium, vel si quid aliud sacrilegi nominis. Intravit liber, ut nummis datis servus exiret. Imo vero non intraret, si liber esset : sed intravit quo eum dominus error, et domina cupiditas traxit. Unde et veritas dicit : Omnis qui facit peccatum, servus est peccati. (*Joan.*, VIII, 34.)

12. Quare ergo dicit : « Nondum venit hora mea ? » Magis quia in potestate habebat quando moreretur, nondum videbat esse opportunum, ut illa potestate uteretur. Quomodo nos, Fratres, verbi gratia, sic loquimur : Jam certa hora est, qua excamus ut celebremus sacramenta. Si ante excamus quam opus est, nonne perversi et præposteri sumus ? Quia ergo non facimus, nisi quando opportunum est; propterea in his agendis, cum ita loquimur, fatum consideramus ? Quid est ergo : « Nondum venit hora mea ? » quando ego scio opportunum me pati, quando passio mea utilis erit, nondum venit ipsa hora : tunc voluntate patiar (*a*) ut utrumque serves, et : « Nondum enim hora mea, » et : Potestatem habeo ponendi animam meam, et iterum sumendi eam. Venerat ergo habens in potestate quando moreretur. At si ante moreretur quam discipulos elegisset, certe præposterum esset : si esset homo qui non haberet in potestate horam suam, posset ante mori quam discipulos elegisset : et si forte moreretur jam electis eruditisque discipulis, præstaretur ei, non ipse hoc faceret. At vero qui venerat in manu habens quando iret, quo usque excurreret, cui paterent inferi, non tantum morienti, sed et resurgenti, ut nobis ostenderet spem immortalitatis Ecclesiæ suæ, in capite ostendit quod membra expectare deberent. Resurget etiam in cæteris membris, qui resurrexit in capite. Hora ergo nondum venerat, opportunitas nondum erat. Vocandi erant discipuli, annuntiandum erat regnum cœlorum, faciendæ erant virtutes, commendanda erat divinitas Domini in miraculis, commendanda erat humanitas Domini in ipsa compas-

(*a*) In aliquot Mss. *et utrumque verum est.*

racles et son humanité en partageant les infirmités de notre nature. Celui qui éprouvait le besoin de la faim parce qu'il était homme, nourrit plusieurs mille personnes avec cinq pains parce qu'il était Dieu. Il dormait parce qu'il était homme, il commandait aux vents et aux flots parce qu'il était Dieu. Voilà les vérités qu'il fallait d'abord bien établir et qui devaient être la matière du récit des évangélistes et de la prédication de l'Eglise. Lorsqu'il eut accompli tout ce qu'il avait jugé nécessaire de faire, c'est alors que vint l'heure marquée non par la nécessité, mais par sa volonté, l'heure fixée non par les exigences de la nature, mais par la puissance divine.

13. Or après avoir répondu aux uns et aux autres, mes frères, ne dirons-nous rien de la signification mystérieuse de ces urnes, de l'eau changée en vin, du maître d'hôtel, de l'époux, de la présence de la mère de Dieu, et de ces noces elles-mêmes auxquelles elle assiste? Oui, il nous faut expliquer toutes ces circonstances, mais sans vous fatiguer. J'aurais voulu le faire dans la journée d'hier, où j'ai coutume de vous adresser la parole, mais des occupations pressantes ne me l'ont point permis. Si cela vous est agréable, remettons à demain les enseignements mystérieux que contient ce miracle, pour éviter toute fatigue à votre faiblesse et à la mienne. Il en est beaucoup qui sont venus ici pour la solennité du jour, plutôt que pour entendre une instruction. Que ceux qui viendront demain, viennent dans l'intention d'entendre la parole sainte, de cette manière nous satisferons au pieux désir des uns sans être à charge à l'indifférence des autres.

TRAITÉ IX (1).

Sur le même fait que le Traité précédent. Quel mystère est renfermé dans le miracle que Jésus à opéré à Cana en Galilée.

1. Que Dieu vienne à notre aide, et nous accorde de remplir la promesse que nous avons faite hier, mes très-chers frères, s'il vous en souvient. Resserré dans un espace de temps très-restreint, nous n'avons pu achever le discours que nous avions commencé, et force nous a été de renvoyer à ce jour l'explication que je me propose de vous donner, avec la grâce de Dieu, des enseignements mystérieux que renferme ce récit évangélique. Il est donc inutile de nous arrêter plus longtemps à faire ressortir le miracle opéré par la puissance de Dieu. C'est Dieu, en effet, qui, tous les jours dans l'univers, ne cesse d'opérer des miracles qui, par leur répétition plutôt que par leur facilité d'exécution, ont perdu de leur prix aux yeux des hommes. Au contraire, les prodiges plus rares qui ont été faits par le même Dieu, c'est-à-dire par le Verbe in-

(1) Ce traité a été donné un jour après le traité précédent, et un jour avant le traité suivant.

---

sione mortalitatis. Ille enim qui esuriebat, quia homo erat; pavit quinque panibus tot millia, quia Deus erat : qui dormiebat, quia homo erat, ventis et fluctibus imperabat, quia Deus erat. Hæc omnia commendanda erant prius, ut esset quod scriberent Evangelistæ, quod prædicaretur Ecclesiæ. At ubi tantum fecit, quantum sufficere judicavit ; venit hora non necessitatis, sed voluntatis, non conditionis, sed potestatis.

13. Quid ergo, Fratres, quia illis et illis respondimus, nihil dicemus quid sibi velint hydriæ, quid aqua in vinum conversa, quid architriclinus, quid sponsus, quid mater Jesu in mysterio, quid ipsæ nuptiæ? Dicenda sunt omnia, sed onerandi non estis. Volui quidem in nomine Christi et hesterno die, quo solet sermo deberi Caritati Vestræ, id agere vobiscum, sed non sum permissus necessitatibus quibusdam impedientibus. Si ergo placet Sanctitati Vestræ, hoc quod ad mysterium pertinet hujus facti, in crastinum differamus, et non oneremus et vestram et nostram infirmitatem. Sunt forte hodie multi qui propter solemnitatem diei, non propter audiendum sermonem convenerunt. Crastino qui venient, venient audituri : ut nec fraudemus studiosos, nec gravemus fastidiosos.

TRACTATUS IX.

In eamdem Evangelii lectionem. Quid mysterii sit in miraculo facto in nuptiis apud Cana Galilææ.

1. Adsit Dominus Deus noster, ut donet nobis reddere quod promisimus. Hesterno enim die, si meminit Sanctitas Vestra, cum temporis excluderemur angustia, ne sermonem inchoatum impleremus, in hodiernum distulimus, ut ea quæ in hoc facto Evangelicæ lectionis mystice in sacramentis posita essent, ipso adjuvante aperirentur. Non itaque opus est jam immorari diutius in commendando Dei miraculo. Ipse est enim Deus, qui per universam creaturam quotidiana miracula facit, quæ hominibus non facilitate, sed assiduitate viluerunt : rara autem quæ

carné pour nous ont produit sur les hommes une bien plus grande impression. Ils n'étaient cependant point supérieurs à ceux qu'il opère tous les jours dans toute la création, mais ces derniers qui se répètent tous les jours, sont comme une suite des lois naturelles, tandis que les autres sont des témoignages placés sous les yeux des hommes d'une puissance qui fait sentir plus vivement sa présence. Comme je l'ai dit précédemment et vous ne l'avez pas oublié, la résurrection d'un seul a frappé les hommes d'étonnement, tandis que personne ne s'étonne de voir tous les jours naître ceux qui n'existaient pas. De même qui n'admire ici l'eau changée en vin, alors cependant que Dieu renouvelle tous les ans ce prodige dans les vignes? Or toutes les actions de Notre-Seigneur Jésus-Christ n'ont pas seulement pour but d'exciter nos cœurs par leur caractère miraculeux, mais encore de les édifier dans la doctrine de la foi; il nous faut donc examiner quel est le sens mystérieux des différentes circonstances de ce miracle. Nous avons, en effet, renvoyé à ce jour, s'il vous en souvient, de vous expliquer ce qu'elles signifient.

2. Notre-Seigneur se rend à l'invitation qui lui est faite d'assister à des noces, et par là, indépendamment de toute signification allégorique, il a voulu confirmer cette vérité qu'il est l'auteur du mariage. Il devait s'élever des hérétiques signalés par l'Apôtre, qui devaient interdire de se marier (1 *Tim.*, IV, 3), et enseigner que le mariage était une chose criminelle; et cependant Notre-Seigneur, dans son Evangile, interrogé par ses disciples s'il est permis de renvoyer son épouse pour quelque cause que ce soit, a répondu que cela n'est permis que pour cause de fornication (*Matth.*, XIX, 6), et il ajoute : « Que l'homme ne sépare donc point ce que Dieu a uni. » Ceux qui sont parfaitement instruits dans la foi catholique, savent que Dieu est l'auteur des noces, et que c'est Dieu qui unit les époux, comme c'est le démon qui les sépare. S'il est permis de renvoyer son épouse pour cause de fornication, c'est parce qu'elle a renoncé la première à son titre d'épouse en violant la foi conjugale à l'égard de son mari. Celles mêmes qui consacrent à Dieu leur virginité, bien qu'elles aient dans l'Eglise un degré plus élevé d'honneur et de sainteté, ne sont pas sans être mariées, elles font partie avec l'Eglise tout entière de ces noces spirituelles où c'est Jésus-Christ qui est l'époux. Si donc Notre-Seigneur accepte l'invitation qui lui est faite d'assister à ces noces, c'est pour établir la loi de la chasteté conjugale, et faire voir le mystère qui est figuré par le mariage. En effet, le Sauveur était représenté ici par l'époux à qui le maître d'hôtel dit : « Vous avez conservé le bon vin jusqu'à présent. » Jésus-Christ a conservé

---

facta sunt ab eodem Domino, id est, a Verbo propter nos incarnato, majorem stuporem hominibus attulerunt : non quia majora erant, quam sunt ea quæ quotidie in creatura facit, sed quia ista quæ quotidie fiunt, tanquam naturali cursu peraguntur; illa vero efficacia potentiæ tanquam præsentis exhibita videntur oculis hominum. Diximus, sicut meministis, resurrexit unus mortuus, obstupuerunt homines : cum quotidie nasci qui non erant, nemo miretur. Sic aquam in vinum conversam quis non miretur, cum hoc annis omnibus Deus in vitibus faciat? Sed quia omnia quæ fecit Dominus Jesus, non solum valent ad excitanda corda nostra miraculis, sed etiam ad ædificanda in doctrina fidei : scrutari nos oportet, quid sibi velint illa omnia, id est, quid significent. Horum enim omnium significationes, sicut recordamini, in hodiernum distulimus.

2. Quod Dominus invitatus venit ad nuptias, etiam excepta mystica significatione, confirmare voluit quod ipse fecit (a) nuptias. Futuri enim erant, de quibus dixit Apostolus, prohibentes nubere (1 *Tim.*, IV, 3); et dicentes quod malum essent nuptiæ, et quod diabolus eas fecisset : cum idem Dominus dicat in Evangelio, interrogatus utrum liceat homini dimittere uxorem suam ex qualibet causa, non licere excepta causa fornicationis. In qua responsione, si meministis, hoc ait : Quod Deus conjunxit, homo non separet. (*Matth.*, XIX, 6.) Et qui bene eruditi sunt in fide catholica, noverunt quod Deus fecerit nuptias, et sicut conjunctio a Deo, ita divortium a diabolo sit. Sed propterea in causa fornicationis licet uxorem dimittere, quia ipsa esse uxor prior noluit, quæ fidem conjugalem marito non servavit. Nec illæ quæ Virginitatem Deo vovent, quamquam ampliorem gradum honoris et sanctitatis in Ecclesia teneant, sine nuptiis sunt : nam et ipsæ pertinent ad nuptias cum tota Ecclesia, in quibus nuptiis sponsus est Christus. Ac per hoc ergo Dominus invitatus venit ad nuptias, ut conjugalis castitas firmaretur, et ostenderetur sacramentum nuptiarum : quia et illarum nuptiarum sponsus personam Domini figurabat, cui dictum est : « Servasti vinum bonum usque adhuc. »

(a) Mss. non addunt hic, *nuptias*.

jusqu'à présent le bon vin, c'est-à-dire son Evangile.

3. Commençons l'explication des mystères cachés que renferme ce miracle selon les lumières qui nous seront données par celui au nom duquel nous vous avons promis cette explication. La prophétie a commencé dès les temps les plus anciens, et par un dessein providentiel chaque siècle a été marqué par de nouveaux oracles. Mais ces prophéties, tant qu'on n'y voyait point Jésus-Christ, n'étaient que de l'eau ; car le vin est en quelque sorte caché dans l'eau. Or l'Apôtre nous apprend la vérité cachée qu'il nous faut comprendre dans cette eau : « Jusqu'à ce jour, dit-il, lorsqu'ils lisent Moïse, ils ont un voile sur le cœur qui ne peut être levé que par Jésus-Christ. Lorsque vous allez jusqu'au Seigneur (1) le voile sera levé. » (II *Cor.*, III, 15.) Le voile ici c'est l'obscurité qui rend impossible l'intelligence de la prophétie. Le voile est ôté lorsque vous allez jusqu'au Seigneur, alors l'eau se change pour vous en vin. Lisez tous les écrits des prophètes sans y voir Jésus-Christ, quoi de plus insipide, quoi de plus dénué de sens ? Mais si vous y découvrez Jésus-Christ, ce que vous lisez non-seulement est plein de goût pour vous, mais vous enivre, élève votre âme au-dessus du corps, vous fait oublier ce qui est derrière vous, et avancer vers ce qui est devant vous. (*Philipp.*, III, 13.)

4. La prophétie donc qui remonte aux temps les plus anciens, depuis que les générations humaines ont commencé leurs cours, n'a jamais cessé de parler de Jésus-Christ, mais il y était comme caché, car la prophétie n'était encore que de l'eau. Comment prouvons-nous que depuis les temps les plus anciens jusqu'à l'époque de la venue de Jésus-Christ, toutes les prophéties n'ont cessé de parler de lui ? Par le témoignage de Notre-Seigneur lui-même. Après sa résurrection, il trouva ses disciples dans le doute et l'incertitude au sujet de celui qu'ils avaient suivi comme leur maître. Ils l'avaient vu mourir, ils n'espéraient point qu'il ressusciterait, et toutes leurs espérances étaient anéanties. Aussi ce voleur, qui obtint les éloges du Sauveur, mérita d'entrer ce jour-là dans le paradis, parce qu'il confessa la divinité de Jésus-Christ lorsqu'il était attaché sur la croix, et dans le moment où ses disciples en doutaient. (*Luc*, XXIII, 43.) Il les trouva donc dans cette incertitude, et se reprochant même d'avoir espéré qu'il serait l'auteur de leur rédemption. Ils s'affligeaient cependant qu'il eût été mis à mort sans être coupable d'aucun crime, car ils étaient parfaitement convain-

(1) La Vulgate porte : « Lorsque ce peuple sera converti, » cependant saint Augustin non-seulement ici mais dans le livre XII, contre Fauste chapitre IV, et ailleurs adopte cette version. « Lorsque vous aurez passé. » Peut-être l'auteur de cette version a pris le verbe grec ἐπιτρέψῃ pour la seconde personne de la voix moyenne.

Bonum enim vinum Christus servavit usque adhuc, id est, Evangelium suum.

3. Jam enim incipiamus ipsa sacramentorum operta detegere, quantum ille donat in cujus nomine vobis promisimus. Erat prophetia antiquis temporibus, et a prophetiæ dispensatione nulla tempora cessaverunt : sed illa prophetia, quando in illa Christus non intelligebatur, aqua erat. In aqua enim vinum quodammodo latet. Dicit Apostolus quid intelligamus in ista aqua : « Usque ad hodiernum, inquit, diem quamdiu legitur Moyses, idipsum velamen super cor eorum positum est : quod (*a*) non revelatur, quia in Christo evacuatur. Et cum transieris, inquit, ad Dominum, auferetur velamen. » (II *Cor.*, III, 15, etc.) Velamen dicit adoptionem prophetiæ, ut non intelligeretur. Tollitur velamen, cum transieris ad Dominum : sic tollitur insipientia, cum transieris ad Dominum, et quod aqua erat, vinum tibi sit. Lege libros omnes propheticos, non intellecto Christo, quid tam insipidum et fatuum invenies ? Intellige ibi Christum, non solum sapit quod legis, sed etiam inebriat : mutans mentem a corpore, ut præterita obliviscens, in ea quæ ante sunt extendaris. (*Phil.*, III, 13.)

4. Ergo prophetia ab antiquis temporibus, ex quo prorsus currit ordo nascentium in genere humano, de Christo non tacuit : sed occultum ibi erat, adhuc enim erat aqua. Unde probamus quod omnibus temporibus superioribus usque ad ætatem qua Dominus venit, prophetia de illo non defuit ? ipso Domino dicente. Cum enim resurrexisset a mortuis, invenit discipulos dubitantes de ipso quem secuti erant. Viderunt enim eum mortuum, et non speraverant resurrecturum, et tota spes eorum concidit. Unde ille latro laudatus, ipso die meruit esse in paradiso (*Luc*, XXIII, 43) : quia in cruce fixus tunc confessus est Christum, quando de illo discipuli dubitaverunt. Ergo invenit eos nutantes, et quodammodo arguentes seipsos, quod in illo redemptionem speraverant. Dolebant tamen eum sine culpa occisum, quia noverant innocentem. Et hoc ipsi post resurrectionem dixerunt, cum quosdam eorum tristes invenisset in

(*a*) Lov. *nunc revelatur*. At editi alii et Mss. habent, *non revelatur* : pro quo apud Apostolum legitur, *manet non revelatum*.

cus de son innocence. C'est le langage que deux d'entre eux lui tiennent lorsqu'il les rencontre sur la route se livrant à ces tristes pensées : « Etes-vous seul étranger dans Jérusalem, lui dirent-ils, au point d'ignorer ce qui vient de s'y passer en ces jours? Et il leur dit : Quoi donc? Ils répondirent : Nous parlons de Jésus de Nazareth, ce prophète puissant en œuvres et en paroles devant Dieu et devant tout le peuple; et comme les princes des prêtres et nos magistrats l'ont livré pour être condamné à mort et l'ont crucifié. Or nous espérions qu'il délivrerait Israël, et maintenant ce jour est le troisième depuis que ces choses sont arrivées. » (*Luc*, XXIV, 18 et suiv.) Voilà entre autres choses ce que lui dirent les deux disciples qu'il rencontra sur la route près du bourg d'Emmaüs, et que leur répond le Sauveur? « Insensés dont le cœur est si lent à croire ce que les prophètes ont annoncé! Ne fallait-il pas que le Christ souffrît toutes ces choses, et qu'il entrât ainsi dans sa gloire? Et parcourant tous les Prophètes en commençant par Moïse, il leur expliquait ce qui le concerne dans toutes les Ecritures. » Dans une autre circonstance lorsqu'il voulut que ses disciples le touchassent de leurs mains afin de croire ainsi que son corps était vraiment ressuscité (*Luc*, XXIV, 39), il leur dit encore : « C'est là ce que je vous ai dit, étant encore avec vous, qu'il fallait que tout ce qui est écrit de moi dans la loi de Moïse, dans les Prophètes et dans les Psaumes s'accomplît. » Alors il leur ouvrit l'esprit, pour qu'ils comprissent les Ecritures, et il leur dit : « Il est ainsi écrit, il fallait que le Christ souffrît, et qu'il ressuscitât d'entre les morts le troisième jour, et qu'on prêchât en son nom la pénitence et la rémission des péchés dans toutes les nations, en commençant par Jérusalem. » (*Ibid.*, 44 et suiv.)

5. Ces paroles si claires de l'Evangile, une fois bien comprises jettent une vive lumière sur tous les mystères cachés dans ce miracle de Notre-Seigneur. Remarquez, en effet, ce qu'il dit : « Il fallait que toutes les prophéties qui ont pour objet le Christ s'accomplissent. » Où sont écrites ces prophéties? Dans la loi, dans les Prophètes et dans les Psaumes. Il n'omet aucune partie de l'Ancien Testament. C'était encore de l'eau, et il les appelle insensés, parce qu'ils avaient encore du goût pour l'eau, plutôt que pour le vin. Comment a-t-il changé l'eau en vin? En leur ouvrant l'esprit, et leur expliquant les Ecritures en parcourant tous les Prophètes depuis Moïse. Aussi s'écrient-ils dans une sainte ivresse : « N'est-il pas vrai que notre cœur était tout brûlant au dedans de nous, lorsqu'il nous parlait dans le chemin et nous expliquait les Ecritures. » (*Luc.*

---

via : « Tu solus peregrinaris in Jerusalem, et non cognovisti quæ facta sunt in illa istis diebus? Ille autem dixit eis : Quæ? Illi autem dixerunt : De Jesu Nazareno, qui fuit vir propheta, potens in factis et dictis in conspectu Dei et universi populi, quomodo hunc tradiderunt sacerdotes et principes nostri in damnationem mortis, et cruci eum fixerunt : nos autem sperabamus, quia ipse erat qui redempturus esset Israel : et nunc (*a*) tertius dies agitur hodie, ex quo hæc facta sunt. » (*Luc.*, XXIV, 18, etc.) Hæc atque alia cum dixisset unus ex duobus, quos invenit in via euntes ad propinquum castellum : respondit ipse et ait : « O insensati et tardi corde ad credendum super omnia quæ locuti sunt Prophetæ! nonne hæc omnia oportebat pati Christum, et introire in claritatem suam? Et fuit incipiens a Moyse et omnibus Prophetis, interpretans illis in omnibus Scripturis, quæ de ipso erant. Item alio loco, cum etiam palpari se manibus discipulorum voluit, ut crederent quia in corpore resurrexerat (*Luc.*, XXIV, 39) : Hi sunt, inquit, sermones, quos locutus sum ad vos, cum adhuc essem vobiscum, quia oporteret impleri omnia, quæ scripta sunt in Lege Moysi et Prophetis et Psalmis de me. Tunc adaperuit illis sensum, ut intelligerent Scripturas, et dixit illis : Quia sic scriptum est, pati Christum, et resurgere a mortuis tertia die, et prædicari in nomine ejus pœnitentiam et remissionem peccatorum in omnes gentes, incipiens ab Jerusalem. » (*v.* 44, etc.)

5. His ex Evangelio, quæ certe manifesta sunt, intellectis, patebunt illa omnia mysteria, quæ in isto miraculo Domini latent. Videte jam sensum, quia oportebat impleri in Christo quæ de illo scripta sunt. Ubi scripta sunt? In Lege, inquit, et Prophetis et Psalmis. Nihil Scripturarum veterum prætermisit. Illa erat aqua : et ideo dicti sunt illi a Domino insensati, quia eis adhuc aqua sapiebat, non vinum. Quomodo autem fecit de aqua vinum? Cum aperuit eis sensum, et exposuit eis Scripturas, incipiens a Moyse per omnes Prophetas. Unde jam inebriati dicebant : Nonne cor nostrum erat ardens in via, cum aperiret nobis Scripturas? (*Luc.*, XXIV, 32.) Intellexerunt enim Christum in his libris, in quibus eum non noverant. Mutavit ergo aquam in vinum Dominus noster Jesus

---

(*a*) Mss. plures, *tertium diem agit hodie* : juxta Græc. τρίτην ταύτην ἡμέραν ἄγει σήμερον.

XXIV, 32.) Ils avaient découvert le Christ dans ces livres où jusqu'alors ils ne l'avaient pas aperçu. Notre-Seigneur Jésus-Christ a donc changé l'eau en vin, et il donne une saveur toute divine à ce qui était sans goût, et une vertu enivrante à ce qui n'avait aucune force. Il aurait pu commander de répandre l'eau qui était dans les urnes, et la remplacer par un vin qu'il aurait tiré des profondeurs mystérieuses de la nature, de même qu'il a multiplié les pains lorsqu'il a rassasié tant de mille personnes. (*Matth.*, XIV, 19.) En effet, ce n'est pas avec les cinq pains qu'il pouvait nourrir cinq mille personnes, ou remplir même douze corbeilles, c'est donc la toute-puissance du Seigneur qui a été la source et l'origine de ce pain. Il aurait donc pu faire répandre l'eau et la remplacer par du vin. Mais s'il eût agi de la sorte, il eût paru condamner les Ecritures de l'Ancien Testament. Au contraire en changeant l'eau en vin, il nous fait voir qu'il est l'auteur de l'Ancien Testament, car c'est par son ordre que les urnes ont été remplies. Oui, les Ecritures de l'Ancien Testament viennent de lui, mais elles n'ont aucune saveur tant qu'on n'y découvre point Jésus-Christ.

6. Veuillez faire attention à ces paroles : « Tout ce qui est écrit de moi dans la loi, dans les Prophètes et dans les Psaumes. » Nous savons à quelle époque remontent les récits historiques de la loi, c'est-à-dire jusqu'au commencement du monde : « Au commencement Dieu a fait le ciel et la terre. » (*Gen.*, I, 1.) Depuis cette époque jusqu'à celle où nous vivons, on vous l'a dit souvent, et vous le savez, on compte six âges. Le premier âge s'étend depuis Adam jusqu'à Noé; le second depuis Noé jusqu'à Abraham, le troisième, suivant l'ordre et la division adoptés par saint Matthieu, d'Abraham à David (*Matth.*, I, 17); le quatrième depuis David jusqu'à la transmigration de Babylone; le cinquième depuis la transmigration de Babylone jusqu'à Jean-Baptiste; le sixième depuis Jean-Baptiste jusqu'à la fin du monde. Aussi Dieu a créé l'homme le sixième jour à son image, parce que c'est dans le sixième âge que l'Evangile nous enseigne à reformer notre âme à l'image de celui qui nous a créés; l'eau est changée en vin, et nous goûtons Jésus-Christ qui nous est manifesté dans la loi et dans les Prophètes. C'est aussi d'après le même dessein qu'il y avait là six urnes qu'il commanda de remplir d'eau. (*Jean*, II, 6.) Ces six urnes sont donc la figure des six âges où Dieu n'a cessé de parler par les Prophètes. Ces six époques, divisées en autant de parties distinctes, seraient comme autant de vases vides, si Jésus-Christ ne les remplissait. Qu'ai-je dit? que ces siècles s'écouleraient inutilement si la prédication de Jésus-Christ n'était venue en sanctifier le cours? Les prophéties ont été accomplies, on a rempli les urnes d'eau, mais pour que cette eau

---

Christus, et sapit quod non sapiebat, inebriat quod non inebriabat. Si enim jussisset inde aquam effundi, et sic ipse mitteret vinum ex occultis creaturæ sinibus, unde fecit et panem quando saturavit tot millia (*Matth.*, XIV, 19); non enim quinque panes habebant quinque millium hominum saturitatem, aut saltem duodecim cophinos plenos, sed omnipotentia Domini quasi fons panis erat : sic posset et effusa aqua vinum infundere : quod si fecisset, videretur Scripturas veteres improbasse. Cum autem ipsam aquam convertit in vinum, ostendit nobis quod et Scriptura vetus ab ipso est : nam jussu ipsius impletæ sunt hydriæ. (*Joan.*, II, 7.) A Domino quidem et illa Scriptura, sed nihil sapit si non ibi Christus intelligatur.

6. Intendite autem quod ipse ait : « Quæ scripta sunt in Lege et Prophetis et Psalmis de me. Novimus autem Legem ex quibus temporibus narret, id est, ab exordio mundi : In principio fecit Deus cœlum et terram. » (*Gen.*, I, 1.) Inde usque ad hoc tempus quod nunc agimus, sexta ætas est, ut sæpe audistis et nostis. Nam prima ætas computatur ab Adam usque ad Noe : secunda a Noe usque ad Abraham : et sicut Matthæus Evangelista per ordinem sequitur et distinguit (*Matth.*, I, 17), tertia ab Abraham usque ad David : quarta a David usque ad transmigrationem in Babyloniam : quinta a transmigratione in Babyloniam usque ad Joannem Baptistam : sexta inde usque ad finem sæculi. Propterea et sexta die fecit Deus hominem ad imaginem suam : quia sexta ista ætate manifestatur per Evangelium reformatio mentis nostræ, secundum imaginem ejus, qui creavit nos : et convertitur aqua in vinum, ut jam manifestatum Christum in Lege et Prophetis sapiamus. Ideo « erant ibi sex hydriæ, » (*Joan.*, II, 6) quas jussit impleri aqua. Sex ergo illæ hydriæ, sex ætates significant, quibus non defuit prophetia. Illa ergo tempora sex, quasi articulis distributa atque distincta, quasi vasa essent inania, nisi a Christo implerentur. Quid dixi tempora, quæ inaniter currerent, nisi in eis Dominus Jesus prædicaretur? Impletæ sunt prophetiæ, plenæ sunt hydriæ : sed ut aqua in

se change en vin, il faut comprendre que Jésus-Christ est l'objet de toutes ces prophéties.

7. Que signifie donc cette circonstance que « ces urnes contenaient chacune deux ou trois mesures? » Cette manière de parler nous fait évidemment pressentir quelque mystère. L'Evangéliste appelle ces vases *metretas*, c'est-à-dire des mesures d'une certaine dimension, comme s'il disait : des urnes, des amphores ou d'autres vases de même forme. Le nom *metreta* donné à ces vases vient d'un mot qui signifie mesure, c'est-à-dire du mot grec μέτρον qui veut dire mesure. « Ces urnes contenaient donc chacune deux ou trois mesures. » Que signifie cette manière de parler, mes frères? Si l'Evangéliste nous avait dit simplement qu'elles contenaient trois mesures, notre esprit n'aurait point d'autre pensée que celle du mystère de la Trinité. Cependant gardons-nous d'éloigner aussitôt notre esprit de cette pensée parce que ces urnes contenaient, dit l'Evangéliste, deux ou trois mesures, car avec le Père et le Fils, il faut nécessairement entendre le Saint-Esprit. Car l'Esprit saint n'est pas seulement l'Esprit du Père ou l'Esprit du Fils, il est tout à la fois l'Esprit du Père et du Fils. En effet, il est écrit : « Si quelqu'un aime le monde, l'Esprit du Père n'est pas en lui, » (1 *Jean*, II, 15) et nous lisons également dans un autre endroit : « Celui qui n'a point l'Esprit de Jésus-Christ n'est point à lui. » (*Rom.*, VIII, 9.) L'Esprit du Père est donc le même que l'Esprit du Fils. Par conséquent, en nommant le Père et le Fils, on comprend nécessairement le Saint-Esprit, puisqu'il est l'Esprit du Père et du Fils. Si vous prononcez les noms du Père et du Fils, vous exprimez deux mesures, si vous y comprenez l'Esprit saint vous en exprimez trois. Aussi remarquez que l'Evangéliste n'a point dit que parmi ces urnes celles-ci contenaient deux mesures, celles-là trois; mais les six urnes « contenaient deux ou trois mesures. » Et il semble par là nous tenir ce langage : Lorsque je dis qu'elles contiennent deux mesures, je veux que l'on comprenne l'Esprit du Père et du Fils dans ces deux mesures, et quand je dis trois mesures, j'exprime plus clairement les trois personnes de la Trinité.

8. Toutes les fois donc que l'un d'entre vous prononce le nom du Père et du Fils, il faut qu'il y joigne la charité qui unit le Père et le Fils, c'est-à-dire le Saint-Esprit. Peut-être en étudiant sérieusement les Ecritures (ce que je ne dis point dans l'intention de le faire aujourd'hui, ou comme s'il n'y avait point d'autre interprétation), nous trouverions que l'Esprit saint est charité. Et gardez-vous de croire que la charité est une chose de peu de valeur. Comment en serait-il ainsi, puisque nous appelons chères

---

vinum convertatur, in illa tota prophetia Christus intelligatur.

7. Quid est ergo : « Capiebant metretas binas vel ternas? » Mysterium nobis maxime ista locutio commendat. Metretas enim dicit mensuras quasdam, tanquam si diceret urnas, amphoras, vel si quid hujusmodi. Nomen mensurae est metreta, et a mensura accepit nomen ista mensura. Μέτρον enim mensuram dicunt Graeci : inde appellatae metretae. « Capiebant » ergo « metretas binas vel ternas. » Quid dicimus, Fratres? Si ternas tantum diceret, non curreret animus noster nisi ad mysterium Trinitatis. Sed forte nec sic debemus inde cito jam sensum avertere, quia dixit « binas vel ternas : » quia nominato Patre et Filio, consequenter et Spiritus sanctus intelligendus est. Spiritus enim sanctus non est Patris tantummodo, aut Filii tantummodo Spiritus; sed Patris et Filii Spiritus. Scriptum est enim : Si quis dilexerit mundum, non est (*a*) Spiritus Patris in illo (1 *Joan.*, II, 15) : item scriptum est : Quisquis autem Spiritum Christi non habet, hic non est ejus. (*Rom.*, VIII, 9.) Idem autem Spiritus Patris et Filii. Nominato itaque Patre et Filio, intelligitur et Spiritus sanctus : quia Spiritus est Patris et Filii. Cum autem nominatur Pater et Filius, tanquam duae metretae nominantur : cum autem ibi intelligitur Spiritus sanctus, tres metretae. Ideo non dictum est, capientes metretas aliae binas, aliae ternas : sed ipsae sex hydriae « capiebant metretas binas vel ternas. » Tanquam diceret : Et quando dico binas, etiam Spiritum Patris et Filii cum his intelligi volo : et quando dico ternas, ipsam Trinitatem manifestius enuntio.

8. Quisquis itaque nominat Patrem et Filium, oportet ibi intelligat tanquam caritatem invicem Patris et Filii, quod est Spiritus sanctus. Fortassis enim discussae Scripturae (quod non sic dico, ut hodie docere possim, aut quasi aliud inveniri non possit) : sed tamen fortasse scrutatae Scripturae indicant, quod Spiritus sanctus caritas est. Et ne putetis vilem esse caritatem. Quomodo autem vilis est, quando omnia quae dicuntur non vilia, cara dicuntur? Si ergo quae

(*a*) Sic omnes codices. At Vulgata, *caritas* : consentiente Graeco.

toutes les choses qui ont quelque prix? Or, si nous appelons cher ce qui a quelque prix, qu'y a-t-il de plus cher que la charité elle-même? Voici l'éloge qu'en a fait l'Apôtre : « Je vous montrerai encore une voie beaucoup plus excellente. Quand je parlerais toutes les langues des hommes et des anges, si je n'ai point la charité, je suis comme un airain sonnant, et une cymbale retentissante. Quand je pénétrerais tous les mystères et toutes les sciences, quand j'aurais le don de prophétie et toute la foi possible jusqu'à transporter les montagnes, si je n'ai point la charité, je ne suis rien. Et quand je distribuerais tous mes biens aux pauvres, et que je livrerais mon corps pour être brûlé, si je n'ai point la charité, cela ne me sert de rien. » (I *Cor.*, XII, 31 ; XIII, 1-3.) Qu'elle est donc grande l'excellence de la charité, puisque sans elle tout le reste ne sert de rien, et qu'avec elle tout devient avantageux ! Et cependant cet éloge si riche et si magnifique de la charité, que fait l'apôtre saint Paul, en fait moins ressortir le prix que ces deux mots de l'apôtre saint Jean, auteur de cet Evangile : « Dieu est charité. » (I *Jean*, IV, 16.) Il est encore écrit « que la charité de Dieu a été répandue dans nos cœurs par l'Esprit saint qui nous a été donné. » (*Rom.*, V, 5.) Qui donc peut prononcer le nom du Père et du Fils sans y comprendre la charité du Père et du Fils? S'il commence à l'avoir, il aura en lui l'Esprit saint; si la charité lui fait défaut, il ne peut espérer d'avoir l'Esprit saint. Votre corps est-il privé de l'Esprit qui est votre âme, il est mort; de même votre âme est-elle privée de l'Esprit saint, c'est-à-dire de la charité, elle est également comme morte. Ces urnes contenaient donc deux mesures, parce que les prophéties de tous les temps ont pour objet le Père et le Fils, mais il ne faut pas en séparer le Saint-Esprit, et c'est pour cela que l'Evangéliste ajoute : Ou trois mesures. « Mon Père et moi, dit Jésus-Christ, nous sommes un. » (*Jean*, X, 30.) Mais loin de nous la pensée qu'il veuille exclure l'Esprit saint en disant : « Mon Père et moi nous sommes un. » Notre-Seigneur fait ici mention du Père et du Fils, c'est ce que figurent ces urnes qui contiennent deux mesures; mais écoutez la suite : « Ou trois mesures. » Allez, dit en effet le Sauveur, baptisez les nations au nom du Père, du Fils et du Saint-Esprit. Dans les deux mesures la Trinité n'est pas exprimée, elle est virtuellement comprise; dans les trois mesures elle est énoncée en termes exprès.

9. Il y a une autre interprétation que je ne dois point passer sous silence. Chacun peut choisir celle qui lui plaît davantage, mais je ne dois point vous priver des explications que la lumière de Dieu me suggère. C'est ici la table du Sei-

---

non sunt vilia, cara sunt : quid est carius ipsa caritate? Sic autem commendatur caritas ab Apostolo, ut dicat : Supereminentiorem viam vobis demonstro (I *Cor.*, XII, 31) : « Si linguis hominum loquar et Angelorum, caritatem autem non habeam, factus sum æramentum sonans, aut cymbalum tinniens : et si sciero omnia sacramenta et omnem scientiam, et habuero prophetiam et omnem fidem, ita ut montes transferam; caritatem autem non habeam, nihil sum : et si distribuero omnia mea pauperibus, et tradidero corpus meum ut ardeam, caritatem autem non habeam, nihil mihi prodest. » (I *Cor.*, XIII, 1, etc.) Quanta est ergo caritas, quæ si desit, frustra habentur cætera : si adsit, (*a*) recte habentur omnia? Tamen caritatem laudans Apostolus Paulus copiosissime atque uberrime, minus de illa dixit quam quod ait breviter Apostolus Joannes, cujus est hoc Evangelium. Neque enim dubitavit dicere : Deus caritas est. (I *Joan.*, IV, 16.) Scriptum est etiam : Quia caritas Dei diffusa est in cordibus nostris per Spiritum sanctum, qui datus est nobis. (*Rom.*, V, 5.) Quis ergo nominet Patrem et Filium, et non ibi intelligat caritatem Patris et Filii? Quam cum habere cœperit, Spiritum sanctum habebit : quam si non habuerit, sine Spiritu sancto erit. Et quomodo corpus tuum sine spiritu, quod est anima tua, si fuerit, mortuum est : sic anima tua sine Spiritu sancto, id est, sine caritate si fuerit, mortua deputabitur. Ergo metretas binas capiebant hydriæ, quia in omnium temporum prophetia Pater et Filius prædicatur : sed ibi est et Spiritus sanctus ; ideoque adjunctum est, « vel ternas. » Ego et Pater, inquit, unum sumus (*Joan.*, X, 30) : sed absit ut desit Spiritus sanctus, ubi audimus : Ego et pater unum sumus. Tamen quia Patrem et Filium nominavit, capiant hydriæ binas metretas : sed audi, « vel ternas. » Ite baptizate gentes in nomine Patris et Filii et Spiritus sancti. (*Matth.*, XXVIII, 19.) Itaque in eo quod dicuntur binæ, non exprimitur, sed intelligitur : in eo vero quod dicuntur vel ternæ, etiam exprimitur Trinitas.

9. Sed est et alius intellectus non prætermittendus, et ipsum dicam : eligat quisque quod placet;

(*a*) In Mss. omittitur, *recte*.

gneur, et son ministre ne doit point frustrer les convives de leur attente, surtout lorsque leur faim va jusqu'à l'avidité. Les prophéties que Dieu n'a cessé d'inspirer depuis les temps anciens, ont pour objet le salut de toutes les nations. Moïse n'a été envoyé qu'au peuple d'Israël; et c'est exclusivement à ce peuple que la loi a été donnée par son ministère. C'est de ce peuple seulement que sont sortis les prophètes, et c'est sur l'histoire de ce peuple que repose les grandes divisions des siècles. Voilà pourquoi ces six urnes étaient là « pour les ablutions en usage chez les Juifs. » (*Jean.*, II, 6.) Cependant il n'est pas moins vrai que les prophéties s'adressaient à toutes les autres nations de la terre, puisque Jésus-Christ y était caché, lui en qui sont bénies toutes les nations, selon la promesse que Dieu fit à Abraham : « Et toutes les nations de la terre seront bénies en celui qui sortira de toi. » (*Gen.*, XXII, 18.) Toutefois on ne comprenait pas encore que le Christ était l'objet de ces prophéties, parce que l'eau n'était pas encore changée en vin. C'est donc à toutes les nations que s'adressaient les prophéties. Pour mettre dans tout son jour cette vérité, disons quelques mots de ces différentes époques, comme des urnes qui en sont le symbole.

10. Dès l'origine, Adam et Eve furent les premiers pères non-seulement des Juifs, mais de toutes les nations; et tous les traits figuratifs de Jésus-Christ, qu'Adam réunissait dans sa personne, étaient pour l'instruction de tous les peuples qui ne peuvent être sauvés que par Jésus-Christ. Que puis-je dire de mieux de l'eau de la première urne, que ce que l'Apôtre a dit d'Adam et d'Eve ? Personne n'accusera cette interprétation d'être vicieuse, car elle n'est pas la mienne, mais celle de l'Apôtre. Ce seul fait renferme donc un des plus grands mystères de Jésus-Christ, mystère que l'Apôtre rappelle lorsqu'il dit : « Ils ne feront tous deux qu'une seule chair, ce sacrement est grand. » (*Ephes.*, v, 31, 32.) Et n'allez pas croire, semble ajouter l'Apôtre, que la grandeur de ce sacrement vienne de toutes les unions que les hommes contractent avec leurs épouses : « Ce sacrement est grand, mais je dis en Jésus-Christ et en son Eglise. » Quel est donc le grand sacrement renfermé dans ces paroles : « Ils ne feront tous deux qu'une même chair ? » Il s'explique parce que le livre de la Genèse dit en parlant d'Adam et d'Eve : « C'est pourquoi l'homme quittera son père et sa mère et s'attachera à son épouse, et ils ne feront tous deux qu'une même chair. » (*Gen.*, II, 24.) Si donc Jésus-Christ s'est attaché à l'Eglise de manière à ne former tous deux qu'une même chair, dans quel sens peut-on dire qu'il a quitté son père, qu'il a quitté sa mère ? Il a quitté son père, lorsqu'ayant la nature de Dieu, il n'a point cru

---

nos quod suggeritur non subtrahimus. Mensa enim Domini est, et non oportet ministrum fraudare convivas, præsertim sic esurientes, ut appareat aviditas vestra. Prophetia quæ ab antiquis temporibus dispensatur, ad salutem omnium gentium pertinet. Ad solum quidem populum Israel missus est Moyses, et ei soli populo per eum Lex data est (*Exod.*, III, etc., 20), et ipsi Prophetæ ex illo populo fuerunt, et ipsa distributio temporum secundum eumdem populum distincta est; unde et hydriæ dicuntur « secundum purificationem Judæorum » (*Joan.*, II, 6) : sed tamen quod illa prophetia etiam cæteris gentibus annuntiabatur, manifestum est : quandoquidem Christus in eo occultus erat, in quo benedicuntur omnes gentes, sicut promissum est Abrahæ dicente Domino : In semine tuo benedicentur omnes gentes. (*Gen.*, XXII, 18.) Nondum autem intelligebatur, quia nondum aqua conversa erat in vinum. Ergo omnibus gentibus dispensabatur prophetia. Quod ut emineat jucundius, de singulis ætatibus, tanquam de singulis hydriis, pro tempore quædam commemoremus.

10. In ipso exordio : Adam et Eva parentes omnium gentium erant, non tantummodo Judæorum ; et quidquid figurabatur in Adam de Christo, ad omnes utique gentes pertinebat, quibus salus est in Christo. Quid ergo potissimum dicam de aqua primæ hydriæ, nisi quod Apostolus ait de Adam et Eva ? Nemo enim me dicet prave intellexisse, quando intellectum non meum, sed Apostoli profero. Illud ergo unum quantum mysterium de Christo continet, quod commemorat Apostolus, dicens : Et erunt duo in carne una : sacramentum hoc magnum est? (*Eph.*, v, 31 et 32.) Et ne quis magnitudinem istam sacramenti in singulis quibusque hominibus uxores habentibus intelligeret. Ego autem, inquit, dico in Christo et in Ecclesia. Quod est hoc sacramentum magnum : Erunt duo in carne una? Cum de Adam et Eva Scriptura Geneseos loqueretur, unde ventum est ad hæc verba : « Propterea relinquet homo patrem et matrem, et adhærebit uxori suæ, et erunt duo in carne una. » (*Gen.*, II, 24.) Si ergo Christus adhæsit Ecclesiæ, ut essent duo in carne una, quomodo reliquit patrem ? quomodo matrem ? Reliquit Patrem, quia cum in forma Dei esset, non rapinam arbitratus est esse æqualis Deo, sed semetipsum exi-

que ce fût pour lui une usurpation de s'égaler à Dieu, et que cependant il s'est anéanti lui-même en prenant la forme d'esclave. (*Philip.*, II, 6.) C'est-à-dire qu'il a quitté son père, sans se séparer, sans s'éloigner de lui, et parce qu'il a paru parmi les hommes sous une forme différente de celle qui le rend égal à son Père. Comment a-t-il quitté sa mère ? En abandonnant la synagogue des Juifs qui a été sa mère selon la chair, et en s'attachant à l'Eglise qu'il a réunie de toutes les nations. La première urne contenait donc une prophétie qui avait pour objet Jésus-Christ ; mais tant que ces vérités n'étaient point annoncées aux peuples, c'était de l'eau, elle n'était pas encore changée en vin. Mais aujourd'hui que le Seigneur a répandu sur nous ses lumières par son Apôtre, pour nous faire comprendre la vérité renfermée dans cette seule proposition : « Ils ne feront tous deux qu'une même chair ; ce sacrement est grand en Jésus-Christ et en son Eglise. » Il nous est permis de chercher Jésus-Christ partout, et de porter du vin dans toutes ces urnes. Adam s'endort pour donner lieu à la création d'Eve ; (*Gen.*, II, 21.) Jésus-Christ meurt pour donner naissance à l'Eglise. Pendant le sommeil d'Adam, Eve est formée d'une de ses côtes ; après la mort de Jésus-Christ un coup de lance perce son côté pour en laisser couler les sacrements qui doivent concourir à la formation de l'Eglise. (*Jean*, XIX, 34.) Qui peut s'empêcher de voir dans ces faits des premiers temps des figures de ce qui devait se faire par la suite, puisque l'Apôtre déclare qu'Adam « était la figure de celui qui devait venir ? » (*Rom.*, V, 14.) Tous les mystères de la loi nouvelle étaient donc figurés par avance. N'allons pas croire, en effet, que Dieu ne pût tirer une côte à Adam sans qu'il dormît, et en former le corps de la femme. Le sommeil d'Adam était-il nécessaire pour lui épargner la douleur occasionnée par cette côte qui lui était arrachée ? Qui donc peut dormir si profondément qu'on puisse lui arracher un os sans qu'il s'éveille ? Dira-t-on que l'homme était insensible parce que c'était la main de Dieu qui lui enlevait cette côte ? Dieu pouvait donc aussi bien la tirer sans douleur pour l'homme sans qu'il dormît, puisqu'il l'a bien pu faire pendant son sommeil. Mais il est hors de doute que la première urne était remplie, et la prophétie de ces temps anciens avait pour objet les événements des temps actuels.

11. Jésus-Christ a été aussi figuré dans Noé de même que l'arche représentait l'univers entier. (*Gen.*, VII, 7, etc.) Pourquoi, en effet, Dieu commanda-t-il de renfermer dans l'arche toutes les espèces d'animaux, si ce n'est comme figure de toutes les nations de la terre ? Ce n'est pas assurément qu'il fût difficile à Dieu de créer de nouveau toutes ces espèces. Alors qu'elles n'existaient pas, il lui avait suffi de commander à la terre de les produire, et elle les avait produites. (*Gen.*, I, 24.) La même puissance qui les avait tirées du

nanivit, formam servi accipiens. (*Philip.*, II, 6.) Hoc est enim, reliquit Patrem, non quia deseruit et recessit a Patre ; sed quia non ea in forma apparuit hominibus, in qua æqualis est Patri. Quomodo reliquit matrem ? Relinquendo synagogam Judæorum, de qua secundum carnem natus est ; et inhærendo Ecclesiæ, quam ex omnibus gentibus congregavit. Ergo et prima hydria habebat prophetiam de Christo : sed quando ista quæ loquor non prædicabantur in populis, adhuc aqua erat, in vinum mutata nondum erat. Et quia illuminavit nos per Apostolum Dominus, ut ostenderet nobis quid ibi quæreremus in ipsa una sententia : Erunt duo in carne una, sacramentum magnum in Christo et in Ecclesia : jam licet nobis ubique Christum quærere, et de omnibus hydriis vinum potare. Dormit Adam ut fiat Eva (*Gen.*, II, 21) : moritur Christus ut fiat Ecclesia. Dormienti Adæ fit Eva de latere : mortuo Christo lancea percutitur latus, ut profluant sacramenta (*Joan.*, XIX, 34), quibus formetur Ecclesia. Cui non appareat quia in illis tunc factis futura figurata sunt, quandoquidem dicit Apostolus ipsum Adam formam futuri esse ? Qui est, inquit, forma futuri. (*Rom.*, V, 14.) Præfigurabantur omnia mystice. Neque enim vere non poterat Deus vigilanti costam educere, feminamque formare. An forte ne doleret latus quando costa detracta est, propter hoc oportebat ut ille dormiret ? Quis est qui sic dormiat, ut ei ossa non evigilanti evellantur ? An quia Deus evellebat, propterea homo non sentiebat ? Poterat ergo et vigilanti sine dolore evellere, qui potuit dormienti. Sed procul dubio hydria prima implebatur : prophetia illius temporis de futuro isto tempore dispensabatur.

11. Christus etiam figuratus est in Noe, et in illa arca orbis terrarum. (*Gen.*, VII, 7, etc.) Quare enim in arca inclusa sunt omnia animalia, nisi ut significarentur omnes gentes ? Non enim deerat Deo rursus creare omne genus animalium. Quando enim omnia non erant, nonne dixit : Producat terra, et produxit terra ? (*Gen.*, I, 24.) Unde ergo tunc fecit,

néant pouvait donc encore leur donner l'existence ; il les avait créées d'une seule parole, une seule parole pouvait les créer de nouveau. Mais il nous donnait par là un enseignement mystérieux, il remplissait la seconde urne prophétique et il voulait que ce qui était la figure de l'univers entier fût délivré par le bois, parce que celui qui est la vie de l'univers devait être attaché sur le bois.

12. Venons à la troisième urne, c'est-à-dire à Abraham dont nous avons déjà parlé et à qui il a été dit : « Toutes les nations seront bénies dans Celui qui sortira de vous. » (*Gen.*, XXII, 18.) Qui ne voit celui que représentait figurativement son fils en portant le bois du sacrifice dont il devait être la victime ? Car Notre-Seigneur, en effet, a porté lui-même sa croix, comme l'Evangile le rapporte. (*Jean,* XIX, 17.) Mais c'en est assez pour la troisième urne.

13. Quant à David, ai-je besoin de dire que sa prophétie embrasse toutes les nations de la terre ? Vous venez d'entendre le psaume qui la contient et il est difficile de réciter un psaume où la même vérité ne se trouve exprimée. Mais ce qui est certain, c'est que nous avons chanté il n'y a qu'un instant : « Levez-vous, Seigneur, jugez la terre, toutes les nations seront votre héritage. » (*Ps.* LXXXI, 8.) Voilà pourquoi les donatistes ont été exclus du festin des noces, de même que cet homme qui n'avait point l'habit nuptial, bien qu'invité et s'étant rendu à l'invitation n'en fut pas moins exclu du nombre des invités, parce qu'il n'avait point le vêtement qui fait honneur à l'Epoux. (*Matth.*, XXII, 13.) En effet, celui qui cherche sa gloire plutôt que celle de Jésus-Christ, n'a point le vêtement nuptial, et il refuse de s'associer à la voix de l'ami de l'Epoux qui dit : « C'est lui qui baptise. » (*Jean*, I, 33.) C'est à juste titre qu'on adresse ce reproche à celui qui n'avait point l'habit nuptial : « Mon ami qu'êtes-vous venu faire ici ? » (*Matth.*, XXII, 12.) Cet homme se tut, et ils sont eux-mêmes réduits à garder le silence. A quoi sert le bruit des paroles quand le cœur est muet ? Ils savent bien au dedans d'eux-mêmes qu'ils n'ont rien à répondre. Leur âme reste muette, leurs paroles font grand bruit. Mais qu'ils le veuillent, qu'ils ne le veuillent pas, il faut qu'ils entendent chanter ces paroles dans leurs réunions : « Levez-vous, Seigneur, jugez la terre, parce que toutes les nations seront votre héritage ; » et puisqu'ils refusent d'être en communion avec toutes les nations, peuvent-ils ne pas reconnaître qu'ils sont complétement déshérités ?

14. Ce que je viens de dire, mes frères, de cette prophétie, qu'elle embrasse toutes les nations (car je veux vous indiquer une autre signification de ces paroles : « Elles contenaient deux ou trois mesures ; ») cette vérité, dis-je, que la prophétie de David embrasse toutes les

---

inde reficeret; verbo fecit, verbo reficeret : nisi quia mysterium commendabat, et secundam hydriam propheticæ dispensationis implebat, ut per lignum liberaretur figura orbis terrarum ; quia in ligno figenda erat vita orbis terrarum.

12. Jam in tertia hydria, ipsi Abrahæ, quod jam commemoravi, dictum est : In semine tuo benedicentur omnes gentes. (*Gen.*, XXII, 18.) Et quis non videat, cujus habebat figuram unicus ejus, qui sibi ad sacrificium, quo ipse immolandus ducebatur, ligna portabat ? Portavit enim Dominus crucem suam, sicut Evangelium loquitur. (*Joan.*, XIX, 17.) Hoc de tertia hydria commemorasse suffecerit.

13. De David autem, quid dicam quod ad omnes gentes pertinebat prophetia ejus ; quando modo audivimus Psalmum, et difficile est ut dicatur Psalmus, ubi hoc non sonet ? Sed certe, ut dixi, modo cantavimus : Surge Deus, judica terram; quoniam tu hæreditabis in omnibus gentibus. (*Psal.* LXXXI, 8.) Et ideo Donatistæ tanquam projecti de nuptiis : sicut ille homo qui non habebat vestem nuptialem, invitatus est et venit, sed projectus est de numero vocatorum, quia non habebat vestem ad sponsi gloriam (*Matth.*, XXII, 13) : qui enim suam gloriam quærit, non Christi, non habet vestem nuptialem : non enim volunt consonare voci illius qui amicus erat sponsi, et ait : Hic est qui baptizat. (*Joan.*, I, 33.) Nec immerito illi qui non habebat vestem nuptialem, hoc per increpationem objectum est, quod non erat : Amice, quid huc venisti ? (*Matth.*, XXII, 12.) Et sicut ille obmutuit, ita et isti. Quid enim prodest strepitus oris, muto corde ? Noverunt quippe intus apud semetipsos non se habere quod dicant. Intus obmutuerunt, foris perstrepunt. Audiunt, velint nolint, etiam apud se cantari : Surge Deus, judica terram, quoniam tu hæreditabis in omnibus gentibus : et non communicando omnibus gentibus, quid aliud quam se exhæredatos esse cognoscunt ?

14. Quod ergo dicebam, Fratres, quia ad omnes gentes pertinet prophetia (volo enim alium sensum ostendere in eo quod dictum est : « Capientes metretas binas vel ternas : ») ad omnes, inquam, gen-

nations, je l'ai également démontré pour Adam qui était la figure de Celui qui devait venir. (*Rom.*, v, 14.) Qui ne sait que c'est de lui que sont sorties toutes les nations et que les quatre lettres de son nom figurent dans la langue grecque les quatre points cardinaux. Si vous exprimez en grec l'Orient, l'Occident, le septentrional et le Midi, comme l'Ecriture les exprime dans la plupart des endroits où elle y fait allusion, vous trouvez le nom d'Adam formé des premières lettres de ces quatre mots dont les Grecs se servent pour exprimer les quatre points cardinaux : Ἀνατολή, Δύσις, Ἄρκτος, Μεσημβρία. Si vous écrivez ces quatre noms comme des vers les uns sous les autres, la réunion de leurs premières lettres forme le nom d'Adam. Cette vérité a donc été figurée du temps de Noé dans l'arche où toutes les espèces d'animaux réunies représentaient toutes les nations de la terre. Elle a été figurée dans Abraham à qui il a été dit plus clairement : « Toutes les nations seront bénies dans Celui qui sortira de vous. » Elle a été figurée dans David des psaumes duquel, sans parler d'autres témoignages, nous chantions il n'y a qu'un instant : « Levez-vous, Seigneur, jugez la terre, parce que toutes les nations sont votre héritage. » Pourquoi dit-il à Dieu : « Levez-vous, » si ce n'est parce qu'il suppose qu'il a dormi ? « Levez-vous, jugez la terre. » Il semble lui dire : La terre vous a jugé lorsque vous étiez comme endormi, levez-vous afin de juger la terre à votre tour. Et quel est le but de cette prophétie? « Parce que toutes les nations sont votre héritage. »

15. Dans le cinquième âge, figuré par la cinquième urne, Daniel vit une pierre qui se détachait de la montagne sans la main d'aucun homme et qui brisait tous les royaumes de la terre ; puis cette pierre prit de l'accroissement et devint une grande montagne qui remplit toute la terre. (*Dan.*, II, 34.) Quoi de plus clair que cette prophétie, mes frères ? Une pierre se détache de la montagne, « c'est la pierre que les architectes ont rejetée et qui est devenue la pierre de l'angle. » (*Ps.* CXVII, 22.) De quelle montagne est détachée cette pierre? Du royaume des Juifs dont Notre-Seigneur est né selon la chair. Elle est détachée sans la main de l'homme en dehors de son action, parce que le Sauveur est né d'une vierge en dehors de toutes relations conjugales. Cette montagne d'où elle se détache n'avait pas rempli toute la terre, car le royaume des Juifs ne s'étendait pas à tous les peuples, tandis que nous voyons le royaume de Jésus-Christ soumettre à ses lois l'univers entier.

16. Au sixième âge appartient Jean-Baptiste, le plus grand parmi les enfants des femmes (*Matth.*, XI, 11) et dont Jésus-Christ a dit : « Il est plus qu'un prophète » Or, comment nous

---

tes pertinet prophetia : modo commemoravimus demonstratum in Adam, qui est forma futuri. (*Rom.*, v, 14.) Quis autem nesciat quod de illo exortæ sunt omnes gentes : et in ejus vocabulo quatuor litteris, quatuor orbis terrarum partes per Græcas appellationes demonstrantur ? Si enim Græce dicantur, Oriens, Occidens, Aquilo, Meridies, sicut eas plerisque locis sancta Scriptura commemorat, in capitibus verborum invenis Adam : dicuntur enim Græce quatuor memoratæ mundi partes, ἀνατολή, δύσις, ἄρκτος, μεσημβρία. Ista quatuor nomina si tanquam versus quatuor sub invicem scribas, in eorum capitibus Adam legitur. Hoc in Noe propter arcam figuratum est, in qua erant omnia animalia, quæ significabant omnes gentes : hoc in Abraham, cui apertius dictum est : In semine tuo benedicentur omnes gentes : hoc in David, de cujus Psalmis, ut alia omittam, modo cantavimus : Surge Deus, judica terram ; quoniam tu hæreditabis in omnibus gentibus. Cui enim Deo dicitur : Surge, nisi ei qui dormivit ? Surge Deus, judica terram. (*Psal.* XXXI, 8.) Tanquam diceretur : Dormisti, judicatus a terra : surge, ut judices terram. Et quo pertinet illa prophetia : Quoniam tu hæreditabis in omnibus gentibus?

15. Jam vero in quinta ætate, tanquam in quinta hydria, Daniel vidit lapidem præcisum de monte sine manibus, et fregisse omnia regna terrarum, et crevisse illum lapidem, et factum esse montem magnum, ita ut impleret universam faciem terræ. (*Dan.*, II, 34.) Quid apertius, Fratres mei ? Lapis de monte præciditur : ipse est lapis quem reprobaverunt ædificantes, et factus est in caput anguli. (*Psal.* CXVII, 22.) De quo monte præciditur, nisi de regno Judæorum, unde Dominus noster Jesus Christus secundum carnem natus est ? Et præciditur sine manibus, sine opere humano ; quia sine amplexu maritali de virgine exortus est. Mons ille unde præcisus est, non impleverat universam faciem terræ : non enim tenuerat regnum Judæorum omnes gentes. At vero regnum Christi, universum orbem terrarum cernimus occupare.

16. Jam ad sextam ætatem pertinet Joannes Baptista, quo nemo exsurrexit major in natis mulierum:

a-t-il enseigné que Jésus-Christ est envoyé à toutes les nations? Lorsque les Juifs vinrent pour recevoir son baptême, il leur dit pour étouffer les sentiments d'orgueil que leur inspirait le nom d'Abraham : « Race de vipères, qui vous montre à fuir devant la colère qui vient? Faites donc de dignes fruits de pénitence. » (*Matth.*, III, 7.) c'est-à-dire soyez humbles, car il s'adressait à des orgueilleux. Qu'est-ce donc qui les rendait si fiers? La descendance charnelle d'Abraham et non l'imitation des vertus de leur père. Or, que leur dit Jean-Baptiste? « Ne vous complaisez point à dire : Nous avons Abraham pour père, car je vous dis que de ces pierres mêmes Dieu peut susciter des enfants à Abraham. » (*Matth.*, III, 9.) Ces pierres ce sont toutes les nations qu'il appelle ainsi, non à cause de leur fermeté comme cette pierre figurative que les architectes ont rejetée, mais à cause de leur dureté et de leur stupidité, parce qu'en effet ils étaient devenus semblables à ceux qu'ils adoraient, ils adoraient des idoles stupides et insensés, et ils devenaient insensés eux-mêmes. Comment devenaient-ils insensés? Selon ces paroles du Psalmiste : « Qu'ils deviennent semblables aux idoles ceux qui les font et ceux qui se confient en elles. » (*Ps.* CXIII, 16.) Aussi, lorsque les hommes commencent à embrasser le culte du vrai Dieu, quels enseignements leur sont donnés? « Soyez les fils de votre Père qui est dans les cieux, qui fait lever son soleil sur les bons et sur les mauvais et descendre la pluie sur les justes et sur les injustes. » (*Matth.*, v, 45.) Si donc l'homme devient semblable à celui qu'il adore, que signifient ces paroles : « Dieu est assez puissant pour susciter de ces pierres des enfants d'Abraham? » (*Matth.*, III, 9.) Interrogeons-nous nous-mêmes et voyons ce qui s'est fait. Nous sommes venus du milieu des nations et nous n'aurions pu venir si Dieu n'eût des pierres suscité des enfants d'Abraham. Nous sommes devenus les enfants d'Abraham, non point en sortant de sa race selon la chair, mais par l'imitation de sa foi. De même que les Juifs ont été déshérités pour avoir dégénéré de leur père, nous avons été adoptés pour avoir imité ses vertus. Donc, mes frères, la prophétie de cette sixième urne a pour objet toutes les nations, et c'est pour cela qu'il est dit de toutes ces urnes : « Elles contenaient deux ou trois mesures. »

17. Mais comment justifier l'application à toutes les nations de ces deux ou ces trois mesures? L'Évangéliste a eu certainement une raison pour s'exprimer de la sorte : « Elles contenaient deux ou trois mesures, » et il a voulu nous avertir qu'il y avait ici un mystère. Comment les nations sont-elles figurées par les deux mesures? Parce qu'elles sont composées des circoncis et des incirconcis. (*Colos.*, III, 11.) Ce sont les deux sortes de peuples dont l'Ecri-

---

de quo dictum est : Major quam propheta. (*Matth.*, XI, 11, etc.) Quomodo et ipse ostendit, quia omnibus gentibus missus est Christus? Quando Judæi venerunt ad eum ut baptizarentur, et ne superbirent de nomine Abraham : Generatio, inquit, viperarum, quis ostendit vobis fugere ab ira ventura? facite ergo fructum dignum pœnitentiæ (*Matth.*, III, 7) : id est, humiles estote : superbis enim loquebatur. Unde autem erant superbi? De genere carnis, non de fructu imitationis patris Abraham. Quid eis ait? « Nolite dicere, patrem habemus Abraham : potens est enim Deus de lapidibus istis suscitare filios Abrahæ.» (*Matth.*, III, 9.) Lapides dicens omnes gentes, non propter firmitatem, sicut lapis dictus est, quem reprobaverunt ædificantes : sed propter stoliditatem et duritiam stultitiæ; quia eis quos adorabant similes facti erant : adorabant enim insensata simulacra, pariter insensati. Unde insensati? Quoniam in Psalmo dicitur : Similes illis fiant qui faciunt ea, et omnes qui confidunt in eis. (*Psal.* CXIII, 16.) Ideo cum cœperint homines Deum adorare, quid audiunt? « Ut sitis filii Patris vestri, qui in cœlis est, qui solem suum facit oriri super bonos et malos, et pluit super justos et injustos. » (*Matth.*, v, 45.) Quapropter si ei fit homo similis quem adorat; quid est : Potens est Deus de lapidibus istis suscitare filios Abrahæ? (*Matth.*, III, 9.) Nos ipsos interrogemus, et videmus quia factum est. Nos enim de gentibus venimus : de gentibus autem non veniremus, nisi Deus de lapidibus suscitasset filios Abrahæ. Facti sumus filii Abrahæ imitando fidem, non nascendo per carnem. Sicut enim illi degenerando exhæredati : sic nos imitando adoptati. Ergo, Fratres, ad omnes gentes pertinebat etiam ista sextæ hydriæ prophetia : et ideo de omnibus dictum est : « Capientes metretas binas vel ternas. »

17. Sed quomodo ostendimus omnes gentes pertinere ad binas vel ternas metretas? Æstimantis enim fuit quodammodo, ut ipsas diceret binas, quas dixerat ternas, ad commendandum scilicet sacramentum. Quomodo sunt binæ metretæ? Circumcisio et præputium. (*Col.*, III, 11.) Hos duos populos Scriptura commemorat, et nullum prætermittit hominum ge-

ture fait mention, et elle comprend tout le genre humain sous cette dénomination des circoncis et des incirconcis. Sous ces deux noms, en effet, vous avez toutes les nations, ce sont les deux mesures. Ces deux murs venaient en sens contraire, et Jésus-Christ est devenu la pierre angulaire qui les a unis dans sa personne en mettant la paix entre eux. (*Ephes.*, II, 14.) Faisons voir maintenant l'application des trois mesures à toutes les nations. Noé avait trois fils par lesquels le genre humain s'est reproduit. (*Gen.*, v, 31.) Aussi le Seigneur compare le royaume des cieux au levain qu'une femme prend et mêle dans trois mesures de farine jusqu'à ce que le tout ait fermenté. (*Luc*, XIII, 21 ; *Matth.*, XIII, 33.) Quelle est cette femme? La chair du Seigneur. Que figure le levain? L'Evangile. Et les trois mesures? Toutes les nations figurées également dans les trois fils de Noé. Les six urnes qui contiennent chacune deux ou trois mesures sont donc les six âges, comprenant les prophéties qui embrassent toutes les nations, soit dans ces deux races d'hommes, les Juifs et les Gentils, suivant la distinction rappelée souvent par l'Apôtre (*Rom.*, II, 9, etc.; I *Cor.*, I, 24, etc.), ou dans les trois dont les trois fils de Noé ont été la figure et la souche. La prophétie figurative s'étend à toutes les nations. C'est parce qu'elle s'étend jusqu'à elles qu'on lui donne le nom de mesure, au sens de ces paroles de l'Apôtre : « Suivant la mesure que nous avons reçue, nous sommes parvenus jusqu'à vous. » (II *Cor.*, x, 13.) C'est en annonçant l'Evangile aux Gentils qu'il s'exprime de la sorte : Selon la mesure qui nous a été donnée de parvenir jusqu'à vous. »

TRAITÉ X [1].

Depuis ces paroles de l'Evangile : « Ensuite, il descendit à Capharnaum, lui et sa mère, » etc., jusqu'à ces autres : « Il parlait du temple de son corps. »

1. Vous venez d'entendre dans le Psaume les gémissements du pauvre, dont les membres répandus par toute la terre souffrent des tribulations jusqu'à la fin du monde. Efforcez-vous, mes frères, d'être unis à ces membres, de faire partie de ces membres, car toutes ces tribulations passeront un jour. Malheur à ceux qui sont dans la joie. La vérité dit : « Bienheureux ceux qui pleurent, parce qu'ils seront consolés. » (*Matth.*, v, 5.) Dieu s'est fait homme, que doit devenir l'homme pour lequel Dieu a daigné se revêtir de la nature humaine? Que cette espérance nous console au milieu de toutes les tribulations et de toutes les épreuves de cette vie. Notre ennemi ne cesse de nous persécuter, et ce qu'il ne fait point à force ouverte, il cherche à le faire par les pièges secrets qu'il nous tend. Que fait-

[1] Ce traité a été prononcé le jour qui a suivi celui où le précédent a été donné, et peu de temps avant la fête de Pâques.

---

nus, quando dicit : Circumcisio et præputium : in duobus istis nominibus habes omnes gentes : binæ metretæ sunt. His duobus parietibus de diverso venientibus ad pacem in seipso faciendam, lapis angularis factus est Christus. (*Ephes.*, II, 14.) Ostendamus et ternas metretas in eisdem ipsis omnibus gentibus. Tres erant filii Noe, per quos reparatum est genus humanum. (*Gen.*, v, 31.) Unde Dominus ait : Simile est regnum cœlorum fermento, quod accepit mulier et abscondit in farinæ mensuris tribus, quoad usque fermentaretur totum. (*Luc*, XIII, 21 ; *Matth.*, XIII, 33.) Quæ est ista mulier, nisi caro Domini? Quod est fermentum, nisi Evangelium? Quæ sunt tres mensuræ, nisi omnes gentes, propter tres filios Noe? Ergo « sex hydriæ capientes binas vel ternas metretas, » sex sunt ætates temporum, capientes prophetiam pertinentem ad omnes gentes, sive in duobus generibus hominum, id est, Judæis et Græcis, sicut sæpe Apostolus commemorat; (*Rom.*, II, 9, etc.; I *Cor.*, I, 24, etc.) sive in tribus, propter Noe tres filios, significatas. Figurata est enim prophetia pertingens usque ad omnes gentes. Nam in eo quod pertingit, dicta est metreta, sicut dicit Apostolus : Accepimus mensuram pertingendi usque ad vos. (II *Cor.*, x, 13). Gentibus enim evangelizans, hoc ait, mensuram pertingendi usque ad vos.

TRACTATUS X.

Ab eo Evangelii loco : « Post hæc descendit ad Capharnaum ipse et mater ejus, » etc., usque ad id : « Ille autem dicebat de templo corporis sui. »

1. In Psalmo audistis gemitum pauperis, cujus membra per totam terram tribulationes patiuntur usque in finem sæculi. Satis agite, Fratres mei, esse in his membris et de his membris : nam tribulatio tota transitura est. Væ gaudentibus. Veritas dicit : Beati lugentes, quoniam ipsi consolabuntur. (*Matth.*, v, 5.) Deus homo factus est : quid futurus est homo, propter quem Deus factus est homo? Hæc spes consoletur nos in omni tribulatione et tentatione hujus vitæ. Non enim cessat inimicus persequi, et si non aperte sævit, insidiis agit. Quid enim agit? Et super

il en effet? A la fureur il joint la ruse, voilà pourquoi il est appelé à la fois lion et dragon. Mais que dit au Christ le Roi-prophète : « Vous foulerez aux pieds le lion et le dragon. » (*Ps.* xc, 13.) Le démon est un lion quand il attaque à force ouverte, un dragon, lorsqu'il tend secrètement ses piéges. C'est le dragon qui a chassé Adam du paradis, c'est ce même lion qui persécute toujours l'Eglise, au témoignage de saint Pierre : « Le démon, votre ennemi tourne autour de vous comme un lion rugissant, cherchant quelqu'un à dévorer. » (I *Pier.*, v, 8.) Ne croyez point qu'il ait rien perdu de sa fureur, c'est lorsqu'il vous flatte qu'il faut vous en défier davantage. Mais à tous ces piéges, à toutes ces tentations dont il est l'auteur qu'opposerons-nous, si ce n'est la conduite qui vient de nous être tracée ? « Pour moi, lorsqu'ils m'accablaient, je me revêtais d'un cilice, et j'humiliais mon âme par le jeûne. » (*Ps.* xxxiv, 13.) Il est un Dieu qui vous exaucera, n'hésitez point à lui adresser vos prières, et celui qui les exaucera est au dedans de vous. Ne tournez donc point vos regards vers une montagne quelconque, ne levez les yeux ni vers les étoiles, ni vers le soleil, ni vers la lune. Ne vous imaginez point que vous serez plus sûrement exaucés lorsque vous serez sur la mer; ayez bien plutôt en horreur de semblables prières. Appliquez-vous seulement à purifier la demeure de votre cœur, n'importe où vous serez, quel que soit le lieu où vous prierez, celui qui vous exaucera est au dedans de vous, dans cet endroit secret de votre cœur, que le Psalmiste appelle son sein : « Et je répandrai ma prière dans mon sein. » (*Ps.* xxxiv, 13.) Non, celui qui vous exaucera n'est pas loin de vous. Il est donc inutile d'aller bien loin, ou de vous élever comme pour l'atteindre avec vos mains. Au contraire si vous vous élevez, votre chute est assurée; et si vous vous humiliez, il s'approchera de vous. C'est lui qui est le Seigneur notre Dieu, le Verbe de Dieu, le Verbe fait chair, le Fils du Père, le Fils de Dieu, le Fils de l'homme, il nous a créés par sa puissance, il nous sauve par son humilité; il a paru parmi les hommes, soumis aux infirmités de notre nature, et voilant les attributs de sa nature divine.

2. « Après cela, il descendit à Capharnaüm avec sa mère, ses frères et ses disciples, et ils n'y demeurèrent que peu de jours. » (*Jean*, II, 12.) Ainsi, d'après l'Evangéliste, le Sauveur a une mère, il a des frères, il a des disciples ; il a des frères par la même raison qu'il a une mère. L'Ecriture ne donne pas le nom de frères exclusivement à ceux qui sont nés d'un même père, d'une même mère, ou seulement d'une même mère, ou d'un même père, quoique de mères différentes, ou à ceux qui sont au même degré enfants de frères ou de sœurs; elle ne restreint pas le nom de frères à ces différentes sortes de personnes. Il faut accepter la signification qu'elle donne à ce nom. Elle a sa langue particulière,

---

iram dolose agebant. Inde dictus est, leo et draco. Sed quid dicitur Christo? Et conculcabis leonem et draconem. (*Psal.* xc, 13.) Leo propter apertam iram, draco propter occultas insidias. Draco ejecit Adam de paradiso, idem ipse leo persecutus est Ecclesiam, dicente Petro : Quia adversarius vester diabolus sicut leo rugiens circuit, quærens quem devoret. (I *Pet.*, v, 8.) Non tibi sævitiam suam perdidisse diabolus videatur : quando blanditur, tunc magis cavendus est. Sed inter has omnes insidias et ejus tentationes, quid faciemus, nisi quod ibi audivimus : Ego autem cum mihi molesti essent, induebam me cilicio, et humiliabam in jejunio animam meam. (*Psal.* xxxiv, 13.) Est qui exaudiat, ne dubitetis orare : qui autem exaudit, intus manet. Non in montem aliquem oculos dirigatis, non faciem in stellas aut solem aut lunam levetis. Non tunc exaudiri vos arbitremini, quando super mare oratis : imo detestamini tales orationes. Munda tantum cubiculum cordis : ubi fueris, ubicumque oraveris, intus est qui exaudiat, intus in secreto, quem sinum vocat cum ait : Et oratio mea in sinu meo converteretur. (*Ibid.*) Qui te exaudit, non est præter te. Non longe vadas, nec te extollas, ut quasi attingas illum manibus. Magis si te extuleris, cades : si te humiliaveris, ipse appropinquabit. Hic Dominus Deus noster Verbum Dei, Verbum caro factum, Filius patris, Filius Dei, Filius hominis : excelsus ut nos faceret, humilis ut nos reficeret, ambulans inter homines, patiens humana, abscondens divina.

2. « Descendit, ut dicit Evangelista, in Capharnaüm, ipse et mater ejus, et fratres ejus, et discipuli ejus, et ibi manserunt non multis diebus. (*Joan.*, II, 12.) Ecce habet matrem, habet fratres, habet et discipulos: inde fratres, unde matrem. Fratres enim Scriptura nostra, non eos solos appellare consuevit, qui nascuntur ex eodem viro et femina, aut ex eodem utero, aut ex eodem patre, quamvis diversis matribus, aut certe ex eodem gradu velut compatrueles aut consobrinos : non solum hos fratres, novit dicere Scriptura nostra. Quomodo loquitur, sic intelligenda

celui qui ne sait pas cette langue s'étonne et se demande : Comment le Seigneur a-t-il pu avoir des frères? Est-ce que Marie est devenue mère une seconde fois? Loin de nous cette pensée. C'est par elle que la virginité a levé son glorieux étendard. Elle a pu être femme (femina), elle n'a pu jamais être femme mariée (mulier). Si ce dernier nom lui a été donné, c'est à cause de son sexe, et non parce que sa virginité a souffert la moindre atteinte, et je le prouve par le langage habituel de l'Ecriture. Aussitôt qu'Eve eut été formée d'une des côtes de l'homme, avant toute relation avec son mari, elle reçoit le nom de femme (mulier). « Et Dieu en forma la femme. » (*Gen.*, II, 22.) Qu'étaient donc ces frères du Seigneur? Ils étaient les parents de Marie à un degré quelconque. Comment le prouver? Par l'Ecriture elle-même. Loth est appelé le frère d'Abraham, bien qu'il fût le fils de son frère. (*Gen.*, XIII, 8; XIV, 14.) Lisez en effet, vous trouverez qu'Abraham était l'oncle de Lot, et cependant l'Ecriture les appelle frères. Pourquoi? Parce qu'ils étaient parents. De même encore Jacob avait pour oncle Laban le Syrien, qui était le frère de la mère de Jacob, de Rebecca épouse d'Isaac. (*Gen.*, XXVIII, 2.) Lisez encore l'Ecriture, et vous verrez que l'oncle et le neveu sont appelés frères. (*Gen.*, XXIX, 15.) A l'aide de cette règle, il vous sera facile de comprendre que les frères du Seigneur étaient simplement les parents de Marie.

3. Mais en qualité de disciples de Jésus ils étaient ses frères à bien plus juste titre, car les parents dont il est ici question ne seraient pas ses frères, s'ils n'étaient ses disciples, et ils seraient bien inutilement ses frères, s'ils ne reconnaissaient dans Jésus leur maître en même temps que leur frère. En effet, dans une circonstance où on était venu annoncer à Jésus que sa mère et ses frères se tenaient au dehors, tandis qu'il s'entretenait avec ses disciples (*Matth.*, XII, 48), il répondit : « Qui est ma mère, et qui sont mes frères? Et étendant la main sur ses disciples, il dit : Voici ma mère, et voici mes frères. Car quiconque fera la volonté de mon Père, celui-là est ma mère, mon frère et ma sœur. » Donc Marie est aussi sa mère à ce titre, parce qu'elle a fait la volonté de son Père. Ce que le Seigneur a glorifié en elle, ce n'est point d'avoir enfanté la chair du Fils de Dieu, c'est d'avoir fait la volonté du Père céleste. Renouvelez votre attention, mes très-chers frères. Lorsque la multitude était saisie d'admiration à la vue des miracles et des prodiges qui révélaient dans Notre-Seigneur une puissance secrète et cachée, quelques voix s'écrièrent dans un sentiment d'admiration : « Bienheureuses les entrailles qui vous ont porté. Et Jésus leur répond : Bien plus heureux sont ceux qui écoutent la parole de Dieu et la mettent en pratique. » (*Luc*, XI, 27.) C'est dire en termes équivalents : ma mère que vous proclamez heureuse, l'est surtout pour avoir mis

---

est. Habet linguam suam : quicumque hanc linguam nescit, turbatur, et dicit: Unde fratres Domino? Num enim Maria iterum peperit? absit. Inde cœpit dignitas virginum. Illa femina mater esse potuit, mulier esse non potuit. Dicta est autem mulier secundum femineum sexum, non secundum corruptionem integritatis : et hoc ex lingua ipsius Scripturæ. Nam et Eva statim facta de latere viri sui, nondum contacta a viro suo, nostis quia mulier appellata est : Et formavit eam in mulierem. (*Gen.*, II, 22.) Unde ergo fratres? Cognati Mariæ fratres Domini, de quolibet gradu cognati. Unde probamus? Ex ipsa Scriptura. Frater Abrahæ dictus est Lot, filius erat fratris ipsius. (*Gen.*, XIII, 8 et XIV, 14.) Lege, et invenies quia Abraham patruus erat Lot, et dicti sunt fratres. (*Gen.*, XI, 31.) Unde, nisi quia cognati? Item Jacob Laban Syrum habebat avunculum : frater enim erat Laban matris Jacob, id est, Rebeccæ uxoris Isaac. (*Gen.*, XXVIII, 2.) Lege Scripturam, et invenies quia fratres dicuntur avunculus et sororis filius. (*Gen.*, XXIX, 15.) Qua regula cognita, invenies omnes consanguineos Mariæ fratres esse Christi.

3. Sed illi discipuli magis erant fratres; quia et illi cognati fratres non essent, si discipuli non essent : et sine causa fratres, si magistrum non agnoscerent fratrem. Nam quodam loco cum ei nuntiati essent mater et fratres ejus foris stantes, ille autem cum discipulis suis loquebatur, ait : « Quæ mihi mater, vel qui fratres? Et extendens manum super discipulos dixit : Hi sunt fratres mei. Et, quicumque fecerit voluntatem Patris mei, ille mihi mater et frater et soror est. » (*Matth.*, XII, 48.) Ergo et Maria, quia fecit voluntatem Patris. Hoc in ea magnificavit Dominus, quia fecit voluntatem Patris, non quia caro genuit carnem. Intendat Caritas Vestra. Propterea cum Dominus in turba admirabilis videretur, faciens signa et prodigia, ut ostenderet quid lateret in carne, admiratæ quædam animæ dixerunt : « Felix venter qui te portavit. Et ille, imo felices qui audiunt verbum Dei et custodiunt. » (*Luc*, XI, 27.) Hoc est dicere : Et mater mea quam appellastis felicem, inde

en pratique la parole de Dieu. Son bonheur ne vient point de ce que le Verbe s'est fait chair dans son sein pour habiter parmi nous; mais de ce qu'elle a gardé fidèlement le Verbe de Dieu par qui elle a été faite, et qui s'est fait chair dans son chaste sein. Que les hommes se glorifient donc non point de leurs nombreux enfants, mais de ce qu'ils sont unis spirituellement à Dieu. Ces réflexions nous ont été suggérées par ce que dit l'Evangéliste : « Que Jésus demeura peu de jours à Capharnaüm avec sa mère, ses frères et ses disciples. »

4. Quelle est la suite de ce récit? « La Pâque des Juifs étant proche, Jésus monta à Jérusalem. » L'Evangéliste raconte un autre événement, suivant qu'il se présentait à son souvenir : « Il trouva dans le temple des hommes qui vendaient des bœufs, des brebis et des colombes, et des changeurs assis à leurs tables. Et ayant fait comme un fouet avec des cordes, il les chassa du temple avec les brebis et les bœufs, jeta par terre l'argent des changeurs, et renversa leurs tables. Et il dit à ceux qui vendaient des colombes : Emportez cela d'ici, et ne faites pas de la maison de mon Père une maison de trafic. » (*Jean*, VI, 13-16.) Que venons-nous d'entendre, mes frères? Ce temple n'était encore que figuratif, et Notre-Seigneur en chasse tous ceux qui venaient y chercher leurs intérêts, et y faire le trafic. Et qu'y vendaient-ils? Les victimes nécessaires aux sacrifices alors en usage. Vous savez, mes très-chers frères, que c'était à cause de ses instincts grossiers et de son cœur de pierre que ces sacrifices avaient été imposés à ce peuple pour le retenir sur le penchant qui l'entraînait au culte des idoles. Il immolait donc dans le temple des victimes, des bœufs, des brebis, des colombes, comme vous le savez pour l'avoir lu. Il n'y avait donc pas grand mal à vendre dans le temple ce qu'on achetait pour offrir dans le temple, et cependant le Seigneur chasse ces marchands dehors. Qu'aurait-il fait s'il y avait trouvé des hommes plongés dans l'ivresse. Il chasse du temple ceux qui vendaient des objets permis et qui ne blessaient point la justice (car on peut vendre licitement ce qu'on peut acheter sans se rendre coupable), et il n'a point souffert que la maison de la prière devînt une maison de trafic. Or, si la maison de Dieu ne doit pas être une maison de commerce, doit-on en faire une maison de buveurs? Lorsque nous parlons de la sorte, ces hommes grincent des dents contre nous, et nous nous consolons en nous rappelant ces paroles du Roi-prophète : « Ils ont grincé des dents contre moi. » (*Ps.* XXXIV, 6.) Nous savons entendre les paroles qui peuvent nous guérir, bien que les coups de fouet se multiplient contre le Christ lorsque ses paroles sont l'objet des plus vils outrages : « Leurs coups et leurs outrages se sont multipliés contre moi, et ils ont semblé

felix, quia verbum Dei custodit : non quia in illa Verbum caro factum est, et habitavit in nobis; sed quia custodit ipsum Verbum Dei per quod facta est, et quod in illa caro factum est. Homines non gaudeant prole temporali, exsultent si spiritu junguntur Deo. Hæc diximus propter id quod ait Evangelista, quia cum matre sua et fratribus suis et discipulis habitavit in Capharnaum paucis diebus.
4. Inde quid sequitur? « Et prope erat Pascha Judæorum, et ascendit Jerosolymam. » (*Joan.*, II, 13.) Aliam rem narrat, sicut se habebat recordatio annuntiantis. « Et invenit in templo vendentes boves et oves et columbas, et nummularios sedentes (v. 14) : et cum fecisset quasi flagellum de resticulis, omnes ejecit de templo : boves quoque et oves, et nummulariorum effudit æs, et mensas subvertit (v. 15) : et his qui columbas vendebant, dixit : Auferte ista hinc, et nolite facere domum Patris mei domum negotiationis. » (v. 16.) Quid audivimus fratres? Ecce templum illud figura adhuc erat, et ejecit inde Dominus omnes qui sua quærebant, qui ad nundinas venerant. Et quæ ibi vendebant illi? quæ opus habebant homines in sacrificiis illius temporis. Novit enim Caritas Vestra, quod sacrificia illi populo pro ejus carnalitate et corde adhuc lapideo talia data sunt, quibus teneretur ne in idola deflueret : et immolabant ibi sacrificia, boves, oves et columbas; nostis quia legistis. Non ergo magnum peccatum, si hoc vendebant in templo, quod emebatur ut offerretur in templo : et tamen ejecit inde illos. Quid si ibi ebriosos inveniret, quid faceret Dominus; si vendentes ea quæ licita sunt, et contra justitiam non sunt (quæ enim honeste emuntur, non illicite venduntur), expulit tamen, et non est passus domum orationis fieri domum negotiationis? Si negotiationis domus non debet fieri domus Dei, potationis debet fieri? Nos autem quando ista dicimus, stridunt dentibus suis adversus nos : et consolatur nos Psalmus quem audistis : Striderunt super me dentibus suis. (*Psal.* XXXIV, 16.) Novimus et nos audire unde curemur, etsi ingeminantur flagella Christo, quia flagellatur sermo ipsius : Congregata sunt, inquit, in me flagella, et

l'ignorer. » (*Ibid.*, 15.) Notre-Seigneur s'est vu chargé de coups de fouet par les Juifs, il l'est encore aujourd'hui par les blasphèmes des faux chrétiens, ils multiplient contre lui leurs coups, et ils semblent l'ignorer. Pour nous, avec la grâce de Dieu, imitons la conduite du Roi-prophète : « Lorsqu'ils m'accablaient d'outrages, je me revêtais d'un cilice, et j'humiliais mon âme par le jeûne. »

5. Disons cependant, mes frères, que Notre-Seigneur a voulu nous révéler une vérité cachée en faisant un fouet avec des cordes et en frappant avec ce fouet ces hommes de désordre qui faisaient du temple de Dieu une maison de trafic. Chacun de nous se fait une véritable corde avec ses péchés. Le Prophète a dit : « Malheur à vous, qui traînez l'iniquité comme une longue corde ! » (*Isa.*, v, 18, *sec.* LXX.) Quel est celui qui se fait une longue corde ? Celui qui ajoute un nouveau péché à celui qu'il a déjà commis. Comment cela se fait ? Lorsque les péchés anciens sont couverts et surchargés de nouveaux péchés. Un homme a fait un vol ; pour n'être point découvert, il va trouver un astrologue. C'est assez pour vous d'avoir commis ce vol, pourquoi vouloir ajouter un nouveau péché au premier ? Voilà donc deux péchés. Vous défend-on d'aller trouver un astrologue, vous blasphémez contre l'évêque, voilà un troisième péché. Vient-on à prononcer contre vous cette sentence : Faites-le sortir de l'Eglise, vous dites aussitôt : J'embrasse le parti de Donat, voilà un quatrième péché. La corde s'allonge, craignez les coups de fouet. Il vous est avantageux de recevoir ici le châtiment qui fait disparaître en vous ce qu'il y a de mauvais. Vous échappez ainsi à cette sentence qui sera prononcée au dernier jour : « Liez-lui les pieds et les mains et jetez-le dans les ténèbres extérieures. » (*Matth.*, XXII, 13.) Car chacun est lié par les chaînes de ses péchés. (*Prov.*, V, 22.) Le premier témoignage vient directement de Notre-Seigneur, le second est tiré d'un autre endroit de l'Ecriture, mais Notre-Seigneur les résume tous deux. Les péchés sont comme autant de chaînes qui lient les hommes et ils sont ainsi jetés dans les ténèbres extérieures.

6. Examinons cependant quels sont ceux qui vendent des bœufs, afin que la figure nous révèle le mystère que renferme cette action. Quels sont ceux qui vendent des brebis et des colombes ? Ceux qui recherchent leurs intérêts plutôt que ceux de Jésus-Christ. Ils ne veulent pas être rachetés, et ils trafiquent de tout ; ils ne veulent pas être achetés, et ils veulent vendre. Il leur est avantageux cependant d'être rachetés par le sang de Jésus-Christ, pour parvenir à la paix de Jésus-Christ. A quoi leur sert

---

nescierunt (*a*). (*Ibid.*, 15.) Flagellatus est flagellis Judæorum, flagellatur blasphemiis falsorum Christianorum : multiplicant flagella Domino suo, et nesciunt. Faciamus nos, quantum ipse adjuvat. Ego autem cum mihi molesti essent, induebam me cilicio, et humiliabam in jejunio animam meam. (*Ibid.*, 18.)

5. Dicimus tamen, Fratres (non enim et ipse pepercit illis : qui flagellandus erat ab eis, prior illos flagellavit), signum quoddam nobis ostendit, quod fecit flagellum de resticulis, et inde indisciplinatos, negotiationem de Dei templo facientes, flagellavit. Etenim unusquisque in peccatis suis restem sibi texit. Propheta dicit : Væ his qui trahunt peccata sicut restem longam. (*Isa.*, v, 18, *sec.* 70.) Quis facit restem longam ? qui peccato addit peccatum. Quomodo adduntur peccata peccatis ? cum peccata quæ facta sunt, cooperiuntur aliis peccatis. Furtum fecit, ne inveniatur (*b*) quia fecit, quærit mathematicum. Sufficeret furtum fecisse : quare vis adjungere peccatum peccato ? ecce duo peccata. Cum ad mathematicum prohiberis accedere, blasphemas episcopum : ecce tria peccata. Cum audis : Mitte illum foras de Ecclesia, dicis : Duco me ad partem Donati : ecce addis quartum. Crescit restis : time restem. Bonum est tibi ut hic inde cum flagellaris, corrigaris ; ne in fine dicatur : Ligate illi pedes et manus, et projicite eum in tenebras exteriores. (*Matth.*, XXII, 13.) Criniculis enim peccatorum suorum unusquisque constringitur. (*Prov.*, v, 22.) Illud Dominus dicit, illud alia Scriptura dicit, sed utrumque Dominus dicit. De peccatis suis ligantur homines, et mittuntur in tenebras exteriores.

6. Qui sunt tamen qui vendunt boves ? ut in figura quæramus mysterium facti. Qui sunt qui oves vendunt et columbas ? ipsi sunt qui sua quærunt in Ecclesia, non quæ Jesu Christi. (*Philip.*, II, XXI.) Venale habent totum, (*c*) qui nolunt redimi : emi nolunt, et vendere volunt. Bonum est enim eis ut redimantur sanguine Christi, ut perveniant ad pacem Christi. Quid enim prodest adquirere in hoc sæculo quodlibet temporale et transitorium, sive sit pecunia, sive sit voluptas ventris et guttu-

(*a*) Editi, *nesciebant*. Mss. *nescierunt*. At. Vulgata, *ignoravi*. — (*b*) Lov. *qui fecit*. Cæteri codices, *quia*. — (*c*) Mss. *quia nolunt redimi*.

d'acquérir en ce monde tous ces biens passagers et éphémères, ou les richesses, ou les plaisirs de la table et les raffinements de la sensualité, ou l'honneur qui vient de l'estime des hommes? Tous ces biens sont-ils autre chose que de la fumée et du vent? Ne les voyez-vous pas passer et disparaître avec rapidité? Or, malheur à ceux qui s'attachent à des choses passagères, parce qu'ils passeront avec elles. Est-ce que tous ces biens ne sont pas comme un fleuve qui court se précipiter dans la mer? Malheur à celui qui tombe, il sera emporté lui-même dans la mer. Gardons nos affections de toutes ces convoitises. Ceux qui recherchent ces biens, mes frères, ne les recherchent que pour les vendre. Pourquoi Simon voulait-il acheter l'Esprit saint? (*Act.*, VIII, 18.) Parce qu'il voulait vendre l'Esprit saint. Il croyait que les apôtres étaient de ces marchands semblables à ceux que Notre-Seigneur a chassés du temple. Il était lui-même de ce nombre, il voulait acheter ce qu'il pourrait ensuite revendre, il était de ceux qui vendent les colombes; car, c'est sous la forme d'une colombe que l'Esprit saint a voulu apparaître. (*Matth.*, III, 16.) Quels sont donc, mes frères, ceux qui vendent les colombes? Ceux qui disent: Nous donnons l'Esprit saint. Pourquoi tiennent-ils ce langage et à quel prix le vendent-ils? Au prix des dignités qu'ils ambitionnent. Ils reçoivent en échange des dignités temporelles et paraissent du nombre de ceux qui vendent les colombes. Qu'ils craignent le fouet qui est fait avec des cordes. La colombe ne peut être vendue, elle est donnée gratuitement, parce qu'elle porte le nom de grâce. Aussi voyez la conduite de tous ces vendeurs, chacun fait l'éloge de la marchandise qu'il vend; que de desseins, que de systèmes différents? Celui de Primianus de Carthage est tout autre que celui de Maximien, celui de Rogatus de Mauritanie est différent des systèmes des nombreux sectaires de la Numidie qu'on peut à peine énumérer (1). Aperçoivent-ils quelqu'un qui veut acheter la colombe, ils s'empressent de faire l'éloge de leur marchandise dans l'intérêt de leur système. Fuyez du fond du cœur tous ces marchands, venez où l'on reçoit gratuitement la colombe. Hélas! ils ne rougissent pas, mes frères, en voyant que leurs dissensions coupables et pleines d'amertume, leurs prétentions à s'arroger des prérogatives qu'ils n'ont pas, à s'élever en s'imaginant qu'ils sont quelque chose tandis qu'ils ne sont rien (*Galat.*, VI, 3), les ont divisés en tant de parties. Mais cette impénitence qu'est-elle autre chose que l'accomplissement de cette prophétie du Psalmiste que vous avez entendue : « Ils ont été dissipés sans

(1) Saint Augustin indique ici les principaux chefs des factions qui divisaient le parti des donatistes, et dont chacun prétendait avoir à l'exclusion des autres le seul baptême valide, Voyez, Liv. I, *du Baptême*, chap. VI, sur Primianus et Maximien. *Explicat. des Psaumes*, *Explic.* du Psaumes XXXVI, et sur Rogatus, voyez Lettre XCIII à Vincent.

ris, sive sit honor in laude humana? Nonne omnia fumus et ventus? nonne omnia transeunt, currunt? Et væ his qui hæserint transeuntibus, quia simul transeunt. Nonne omnia fluvius præceps currens in mare? Et væ qui ceciderit, quia in mare trahetur. Ergo tenere debemus omnes affectus a talibus concupiscentiis. Fratres mei, qui talia quærunt, vendunt. Nam et Simon ille ideo volebat emere Spiritum sanctum, quia vendere volebat Spiritum sanctum (*Act.*, VIII, 18) : et putabat Apostolos mercatores tales esse, quales Dominus de templo flagello ejecit. Talis enim ipse erat, et quod venderet emere volebat : de illis erat qui columbas vendunt. Etenim in columba apparuit Spiritus sanctus. (*Matth.*, III, 16.) Qui ergo vendunt columbas, Fratres, qui sunt, nisi qui dicunt: Nos damus Spiritum sanctum? Quare enim hoc dicunt, et quo pretio vendunt? pretio honoris sui. Accipiunt pretium cathedras temporales, ut videantur ipsi vendere columbas. Caveant à flagello de resticulis. Columba non est venalis : gratis datur, quia gratia vocatur. Ideo, Fratres mei, quomodo videtis eos qui vendunt (*a*), propolarios, quisque quod vendit laudat : quot proposita fecerunt? Alterum propositum habet Carthagine Primianus, alterum habet Maximianus, alterum habet in Mauritania Rogatus, alterum habent in Numidia illi et illi, quos jam nec nominare sufficimus. Circuit ergo aliquis emere columbam, unusquisque ad propositum suum laudat quod vendit. Avertatur illius cor ab omni vendente, veniat ubi gratis accipitur. Nec sic erubescunt, Fratres, quia per ipsas dissensiones suas amaras et malitiosas, sibi tribuunt quod non sunt, cum extolluntur putantes se aliquid esse cum nihil sint (*Gal.*, VI, 3), partes de se fecerunt. Sed quid in eis impletum est quod nolunt corrigi, nisi quod audistis in Psalmo :

(*a*) In tribus codicibus, *popularios*. Sed melius in cæteris, *propolarios*, id est *propolas* : quam vocem originis Græcam alii putant, ductam a verbo πωλεῖν, vendere : Augustinus vero hic Latinam omnino esse, et natam ex eo significat, quod venditor quisque merces *ad propositum audat*.

TRAITÉ X.

être pour cela touchés de componction? » (*Ps.* XXXIV, 16.)

7. Que figurent ceux qui vendent les bœufs? Les bœufs sont le symbole de ceux qui ont été pour nous les dispensateurs des saintes Ecritures. Les apôtres, les prophètes étaient pour nous comme des bœufs. Ce qui a fait dire à l'apôtre saint Paul : « Vous ne lierez pas la bouche au bœuf qui foule le grain. » Est-ce que Dieu a souci des bœufs? N'est-ce pas plutôt pour nous qu'il a fait cette prescription? Oui, sans doute, c'est pour nous qu'il a été écrit que celui qui laboure doit labourer dans l'espérance de recueillir, et celui qui bat le grain dans l'espérance d'y avoir part. Ces bœufs nous ont donc laissé le précieux souvenir des Ecritures. Ce n'est pas de leur propre fond qu'ils nous les ont données, car ils n'ont cherché que la gloire du Seigneur. Qu'avez-vous entendu dans ce même psaume? Que ceux-là disent sans cesse : « Que le Seigneur soit glorifié, qui désirent la paix de son serviteur. » (*Ps.* XXXIV, 27.) Le serviteur de Dieu c'est le peuple de Dieu, c'est l'Eglise de Dieu. Ceux qui veulent la paix de son Eglise doivent glorifier le Seigneur et non son serviteur, et dire sans cesse : « Que le Seigneur soit glorifié. » Quels sont ceux qui forment ce souhait? Ceux qui désirent la paix de son serviteur. Cette voix est évidemment la voix du peuple, la voix du serviteur, que vous avez entendue dans les plaintes du Roi-prophète, et cette voix faisait impression sur vous parce que vous faites partie du peuple de Dieu. Ce qu'un seul chantait, sortait de tous les cœurs. Heureux ceux qui ont pu se reconnaître dans ces paroles comme dans un miroir. Quels sont donc ceux qui veulent la paix de son serviteur, la paix de son peuple, la paix de celle qu'il appelle son unique et qu'il désire voir délivrée de la fureur du lion : « Délivrez de la puissance du chien mon âme qui est mon unique? » (*Ps.* XXI, 21.) Ce sont ceux qui disent sans cesse : « Que le Seigneur soit glorifié. » Ces bœufs ont donc glorifié le Seigneur et n'ont point recherché leur propre gloire. Voyez comme le bœuf glorifie son Seigneur en reconnaissant son maître. (*Isa.*, I, 3.) Considérez comme il craint qu'on n'abandonne le maître du bœuf pour s'appuyer sur le bœuf lui-même, comme il redoute ceux qui veulent mettre en lui leur espérance : « Est-ce que Paul a été crucifié pour vous? Où avez-vous été baptisés au nom de Paul? » (I *Cor.*, I, 13.) Ce que j'ai donné, ce n'est pas moi qui l'ai donné; vous l'avez reçu gratuitement, la colombe est descendue du ciel. « J'ai planté, nous dit-il, Apollon a arrosé, mais c'est Dieu qui a donné l'accroissement. Ce n'est ni celui qui plante, ni celui qui arrose qui sont quelque chose, mais Celui qui donne l'accroissement, Dieu. » (I *Cor.*, III, 6.) Que ceux-là donc qui désirent la paix du serviteur ne cessent de dire : « Que le Seigneur soit glorifié. » (*Ps.* XXXIV, 27.)

Discissi sunt, nec compuncti sunt? (*Psal.* XXXIV, 16.)

7. Qui ergo boves vendunt? Boves intelliguntur qui nobis Scripturas sanctas dispensaverunt. Boves erant Apostoli, boves erant Prophetæ. Unde dicit Apostolus : « Bovi trituranti os non infrenabis. Numquid de bobus pertinet ad Deum? An propter nos dicit? Propter nos enim dicit : quia debet in spe qui arat arare, et triturans in spe participandi. » (I *Cor.*, IX, 9.) Ergo illi boves reliquerunt nobis memoriam Scripturarum. Non enim de suo dispensaverunt, quia gloriam Domini quæsierunt. Quid enim audistis in ipso Psalmo? Et dicant semper : Magnificetur Dominus, qui volunt pacem servi ejus. (*Psal.* XXXIV, 27.) Servus Dei, populus Dei, Ecclesia Dei. Qui volunt pacem Ecclesiæ ipsius, magnificent Dominum, non servum : et dicant semper : Magnificetur Dominus. Qui dicant? Qui volunt pacem servi ejus. Ipsius populi, ipsius servi vox est illa evidens, quam in lamentationibus audistis in Psalmo, et movebamini cum audiretis, quia inde estis. Quod cantabatur ab uno, de omnibus cordibus resonabat. Felices qui se in illis vocibus tanquam in speculo cognoscebant. Qui ergo volunt pacem servi ejus, pacem populi ejus, pacem unius quam dicit unicam, et quam vult erui a leone. Erue de manu canis unicam meam? (*Psal.* XXI, 21-22) qui dicunt semper : Magnificetur Dominus. Ergo boves illi Dominum magnificaverunt, non se. Videte bovem magnificantem Dominum suum, quia agnovit bos possessorem suum (*Isa.*, I, 3) : attendite bovem timentem ne deseratur possessor bovis, et in bove præsumatur; quomodo expavescit eos qui volunt in illo ponere spem : Numquid Paulus pro vobis crucifixus est, aut in nomine Pauli baptizati estis? (I *Cor.*, I, 13.) Quod dedi, non ego dedi : gratis accepistis, columba de cœlo descendit. « Ego, inquit, plantavi, Apollo rigavit, sed Deus incrementum dedit : neque qui plantat est aliquid, neque qui rigat, sed qui incrementum dat Deus. » (I *Cor.*, III, 6, etc.) Et dicant semper : Magnificetur Dominus, qui volunt pacem servi ejus. (*Psal.* XXXIV, 27.)

8. Quant à ceux dont j'ai parlé, ils se servent des Ecritures pour tromper les peuples, pour en obtenir des honneurs, des louanges, et empêcher les hommes de se convertir à la vérité. Mais en faisant servir les Ecritures à tromper les peuples pour en obtenir des honneurs, ils vendent les bœufs, ils vendent les brebis, c'est-à-dire les peuples eux-mêmes. Et à qui les vendent-ils? Au démon lui-même. En effet, mes frères, si l'Eglise est la seule, l'unique épouse de Jésus-Christ, tout ce qui s'en détache devient nécessairement la proie de ce lion rugissant qui rôde autour de vous, cherchant qui il pourra dévorer. (I *Pier.*, v, 8.) Malheur à ceux qui se détachent de l'Eglise, car pour elle, elle demeure toujours ce qu'elle est. « Le Seigneur connaît ceux qui sont à lui. » (II *Tim.*, II, 19.) Et cependant, autant qu'il est en eux, ils vendent des bœufs, des brebis, des colombes; qu'ils prennent garde à la juste punition de leurs péchés. Et lorsqu'ils souffrent quelque châtiment semblable par suite de leurs iniquités, qu'ils reconnaissent que c'est le Seigneur qui a fait un fouet avec des cordes, et qui les avertit de changer de vie, de cesser ce criminel trafic; car s'ils persévèrent dans leurs voies coupables, ils entendront à la fin cette terrible sentence : « Liez-lui les pieds et les mains, et jetez-le dans les ténèbres extérieures. » (*Matth.*, XXII, 13.)

9. Alors les disciples se ressouvinrent qu'il est écrit : « Le zèle de votre maison me dévore ; » (*Psal.* LXVIII, 10; *Jean*, II, 17.) car c'est par un mouvement de zèle que le Seigneur a chassé ces marchands du temple. Mes frères, que chaque chrétien, au milieu des membres de Jésus-Christ, soit aussi dévoré de zèle. Quel est celui qui est vraiment dévoré du zèle de la maison de Dieu? Celui qui s'efforce de corriger le mal sous quelque forme qu'il se présente, qui désire le faire disparaître, qui ne cesse d'y travailler, et qui, s'il ne peut réussir, le supporte en gémissant. Le bon grain n'est pas jeté en dehors de l'aire ; il supporte la paille, afin de pouvoir entrer dans le grenier lorsque la paille en aura été séparée. Avant le moment où vous serez porté dans le grenier, si vous êtes le bon grain, ne vous laissez pas jeter en dehors de l'aire, de peur d'être ramassé par les oiseaux avant d'être recueilli dans les greniers. Car les oiseaux du ciel, c'est-à-dire les puissances de l'air sont toujours disposées à enlever quelque chose de l'aire, ce qu'elles ne peuvent faire que lorsque le grain a été jeté dehors. Soyez donc dévoré du zèle de la maison de Dieu; que ce zèle embrase tous les chrétiens qui sont autant de membres de la maison de Dieu. Qu'est-ce qui est plus votre maison que la maison où vous obtenez le salut éternel? Vous entrez dans votre maison pour y goûter un repos passager, vous entrez dans la maison de Dieu pour mériter le repos éternel. Si donc vous tenez

---

8. Isti autem de Scripturis ipsis fallunt populos, ut accipiant ab ipsis honores et laudes, et non convertantur homines ad veritatem. Quia vero ipsis Scripturis fallunt populos, a quibus quærunt honores : vendunt boves, vendunt et oves, id est ipsas plebes. Et cui vendunt, nisi diabolo? Namque, Fratres mei, si Christi unica Ecclesia est, et una est; quidquid inde præciditur, quis tollit nisi leo ille rugiens et circumiens, quærens quem devoret? (I *Petr.*, v, 8.) Væ his qui præciduntur : nam illa integra permanebit. Novit enim Dominus qui sunt ejus. (II *Tim.*, II, 19.) Tamen quantum in ipsis est, vendunt boves et oves, vendunt et columbas : observent flagellum peccatorum suorum. Certe quando aliquid tale patiuntur propter istas iniquitates suas, agnoscant quia Dominus fecit flagellum de resticulis, et ad hoc admonet eos ut mutent se, ut non sint negotiatores : nam si se non mutaverint, audient in fine: « Ligate illis manus et pedes, et projicite in tenebras exteriores. » (*Matth.*, XXII, 13.)

(a) Sic Mss. At editi, *satagit emendare, cupit corrigere.*

9. Tunc scriptum esse : Zelus domus tuæ comedit me, recordati sunt discipuli (*Psal.* LXVIII, 10; *Joan.*, II, 17) : quia zelo domus Dei ejecit istos de templo Dominus. Fratres, unusquisque Christianus in membris Christi zelo domus Dei comedatur. Quis comeditur zelo domus Dei? Qui omnia quæ forte ibi videt perversa, satagit *(a)* corrigi, cupit emendari, non quiescit : si emendare non potest, tolerat, gemit. Non excutitur de area granum, sustinet paleam ; ut intret in horreum, cum palea fuerit separata. Si ante horreum, si granum es, noli excuti de area; ne prius ab avibus colligaris, quam in horreum congregeris. Aves enim cœli aeriæ potestates expectant aliquid rapere de area, et non rapiunt nisi quod inde fuerit excussum. Ergo zelus domus Dei comedat te : unumquemque Christianum zelus domus Dei comedat, in qua domo Dei membrum est. Non enim magis est domus tua, quam domus ubi habes salutem sempiternam. Domum tuam intras propter requiem temporalem : domum Dei intras propter requiem

à ce qu'il ne se passe dans votre maison rien de répréhensible, devez-vous souffrir, si vous pouvez l'empêcher, la moindre action coupable dans la maison de Dieu, où l'on vous enseigne à sauver votre âme et à mériter le repos de l'éternité? Voyez-vous votre frère courir au théâtre? arrêtez-le, avertissez-le, attristez-vous si le zèle de la maison de Dieu vous dévore; le voyez-vous courir, s'enivrer, et jusque dans le lieu saint, ce qui est un crime partout, empêchez tous ceux que vous pouvez, retenez tous ceux que vous pouvez, effrayez tous ceux que vous pouvez, reprenez par la douceur ceux que vous ne pouvez gagner autrement, mais ne cessez d'agir. Est-ce votre ami? avertissez-le avec douceur. Est-ce votre épouse? mettez un frein sévère à sa légèreté. Est-ce votre servante? employez même les moyens extérieurs pour la réprimer. Faites tout ce que vous pouvez, eu égard à la position que vous occupez, et vous accomplissez cette maxime : « Le zèle de la maison de Dieu me dévore. » Mais si vous êtes froid, languissant, ne voyant que vous-même, comme si vous n'aviez que vous à penser, et que vous disiez dans votre cœur : Qu'ai-je besoin de m'occuper des péchés des autres? c'est assez pour moi de veiller sur mon âme, et de la conserver pure aux yeux de Dieu; eh quoi! vous dirai-je, vous ne vous rappelez pas ce serviteur qui a caché son talent et n'a pas voulu en faire usage? N'a-t-il pas été accusé, non d'avoir perdu son talent, mais de ne point l'avoir fait fructifier? (*Matth.*, xxv, 25.) Profitez donc de cet avertissement pour ne point rester dans un repos coupable. Je vais vous donner un conseil : que celui qui est au dedans de vous l'imprime dans vos cœurs, car même par mon intermédiaire c'est lui qui vous le donne. Vous savez comment vous devez agir chacun dans votre maison avec votre ami, avec celui qui habite sous votre toit, avec votre subordonné, avec vos supérieurs, avec vos inférieurs; suivant que Dieu vous ménage l'entrée, et ouvre la porte à sa parole, ne cessez de gagner des âmes à Jésus-Christ, pour imiter Jésus-Christ qui vous a gagnés à lui.

10. « Les Juifs prenant la parole, lui dirent : Quel signe nous montrez-vous pour que vous fassiez ces choses? Notre-Seigneur leur répondit : Détruisez ce temple, et je le rebâtirai en trois jours. Les Juifs répartirent : On a mis quarante-six ans à bâtir ce temple, et vous dites : Je le rebâtirai en trois jours? » (*Jean*, II, 18-20.) Ils étaient chair, et n'entendaient les choses que dans le sens matériel, tandis que Jésus leur parlait dans un sens spirituel. Mais qui pouvait comprendre de quel temple il voulait parler? Nous n'avons pas besoin de grandes recherches; il nous a expliqué par son Évangéliste de quel temple il voulait parler : « Détruisez ce temple, et je le rebâtirai en trois jours. On a mis qua-

---

sempiternam. Si ergo in domo tua ne quid perversum fiat satagis : in domo Dei ubi salus proposita est et requies sine fine, debes pati quantum in te est, si quid forte perversum videris? Verbi gratia : Vides fratrem currere ad theatrum? prohibe, mone, contristare, si zelus domus Dei comedit te. Vides alios currere et inebriari velle, et hoc velle in locis sanctis, quod nusquam decet? prohibe quos potes, tene quos potes, terre quos potes, quibus potes blandire; noli tamen quiescere. Amicus est? admoneatur leniter. Uxor est? severissime refrenetur. Ancilla est? etiam verberibus compescatur. Fac quidquid potes, pro persona quam portas : et perficis, « zelus domus tuæ comedit me. » Si autem fueris frigidus, marcidus, ad te solum spectans, et quasi tibi sufficiens, et dicens in corde tuo : Quid mihi est curare aliena peccata? sufficit mihi anima mea; ipsam integram servem Deo. Eia, non tibi venit in mentem servus ille qui abscondit talentum, et noluit erogare? (*Matth.*, xxv, 25.) Numquid enim accusatus est, quia perdidit, et non quia sine lucro servavit? Sic ergo audite Fratres mei, ut non quiescatis. Ego vobis consilium daturus sum : det ille qui intus est; quia et si per me dederit, ille dat. Nostis quid agatis unusquisque in domo sua cum amico, cum inquilino, cum cliente suo, cum majore, cum minore : quomodo dat Deus aditum, quomodo aperit januam verbo suo, nolite quiescere lucrari Christo; quia lucrati estis a Christo.

10. « Dixerunt illi Judæi : Quod signum ostendis nobis, quia hæc facis?» Et Dominus : « Solvite templum hoc, et in tribus diebus excitabo illud. Dixerunt ergo Judæi : Quadraginta et sex annis ædificatum est templum hoc, et tu dicis, in tribus diebus excitabo illud? » (*Joan.*, II, 18-20.) Caro erant, carnalia sapiebant : ille vero loquebatur spiritaliter. Quis autem posset intelligere de quo templo dicebat? Sed non multum quærimus; per Evangelistam nobis aperuit, dixit de quo templo diceret : « Solvite templum hoc, et in tribus diebus excitabo illud. Quadraginta et sex annis ædificatum est templum, et triduo suscitabis illud? Dicebat autem, ait Evangelista, de templo

rante-six ans à construire ce temple, et vous le rebâtirez en trois jours? Mais il parlait, dit l'Evangéliste, du temple de son corps. » (*Ibid.*, 21.) Il est certain, en effet, que trois jours après sa mort Notre-Seigneur est ressuscité. C'est un fait connu maintenant de tous, et s'il demeure obscur et comme fermé pour les Juifs, c'est parce qu'ils se tiennent en dehors de l'Eglise; mais pour nous c'est un fait évident, parce que nous connaissons celui en qui nous croyons. Nous devons bientôt célébrer la fête anniversaire de la destruction et de la reconstruction de ce temple; nous vous exhortons de vous y préparer à recevoir la grâce, vous qui n'êtes encore que catéchumènes; il en est temps, il est temps de concevoir et d'engendrer ce qui doit naître alors. Nous connaissons donc ce mystère.

11. Mais peut-être veut-on savoir de nous, s'il n'y a point quelque mystère dans ce temple qu'on a mis quarante-six ans à bâtir. Nous aurions bien des choses à dire sur ce sujet, contentons-nous de quelques explications courtes et faciles à comprendre. Mes frères, je vous l'ai déjà dit hier, ce me semble (1), Adam ne faisait qu'un seul homme, et il est cependant le genre humain tout entier. C'est ce que nous avons dit, s'il vous en souvient. Il a été comme fractionné comme divisé et les différentes parties viennent se réunir en une seule pour former une société spirituelle où règne la concorde la plus parfaite. Ce pauvre unique qui est Adam, gémit maintenant, mais il est renouvelé en Jésus-Christ, car ce nouvel Adam est venu sans péché pour effacer le péché d'Adam dans sa chair, et pour le réparer en lui à l'image de Dieu. La chair de Jésus-Christ vient d'Adam, et c'est de lui par conséquent que vient le temple que les Juifs ont détruit et que le Seigneur a ressuscité en trois jours. Car il a ressuscité son corps, et remarquez-le, parce qu'il était Dieu égal à son Père. Mes frères, dit l'Apôtre, « c'est lui qui l'a ressuscité d'entre les morts. » De qui veut-il parler? Du Père. « Il s'est rendu, dit-il, obéissant jusqu'à la mort, et jusqu'à la mort de la croix, c'est pourquoi Dieu l'a ressuscité d'entre les morts, et lui a donné un nom qui est au-dessus de tout nom. » Notre-Seigneur a donc été ressuscité et glorifié. Il l'a ressuscité, qui? son Père à qui il fait dans les Psaumes cette prière : « Ressuscitez-moi, et je le leur rendrai. » (*Ps.* XL, 11.) Son Père l'a donc ressuscité, et il ne s'est pas ressuscité lui-même? Qu'est-ce que le Père fait sans son Verbe? Qu'est-ce que le Père fait sans son Fils unique? Voulez-vous une preuve que le Fils était Dieu lui-même? Ecoutez-le dire aux Juifs : « Détruisez ce temple, et je le rebâtirai en trois jours. » A-t-il dit : Détruisez ce temple, et mon Père le relèvera en trois jours? Il faut donc entendre que

(1) Dans le Traité précédent.

corporis sui. » (v. 21.) Et manifestum est, occisum Dominum post triduum resurrexisse. Hoc modo omnibus nobis notum est : et si Judæis clausum est, quia foris stant; nobis tamen apertum est, quia novimus in quem credimus. Ipsius templi solutionem et reædificationem, anniversaria solemnitate celebraturi sumus : ad quam vos exhortamur, ut præparetis vos, si qui estis catechumeni, ut accipiatis gratiam : jam nunc tempus est, jam nunc parturiatur quod tunc nascatur. Ergo illud novimus.

11. Sed forte hoc exigitur a nobis, utrum habeat aliquod sacramentum quadraginta sex annis ædificatum templum. Sunt quidem multa quæ hinc dici possint; sed quod breviter dici potest et facile intelligi, hoc interim dicimus. Fratres, diximus jam, nisi fallor, hesterno die, Adam unum hominem fuisse, et ipsum esse totum genus humanum. Nam ita diximus, si meministis. Quasi fractus est, et sparsus colligitur, et quasi conflatur in (*a*) unum societate atque concordia spirituali. Et gemit unus pauper modo ipse Adam, sed in Christo innovatur : quia sine peccato venit Adam, ut peccatum Adam solveret in carne sua, et ut redintegraret sibi Adam (*b*) imaginem Dei. De Adam ergo caro Christi : de Adam ergo templum quod destruxerunt Judæi, et resuscitavit Dominus triduo. Resuscitavit enim carnem suam : videte, quia Deus erat æqualis Patri. Fratres mei, dicit Apostolus: Qui cum excitavit a mortuis. De quo dicit ? de Patre: « Factus, inquit, obediens usque ad mortem, mortem autem crucis (*Philip.*, II, 8) : propter quod et Deus illum (*c*) excitavit a mortuis, et dedit ei nomen quod est super omne nomen. » Resuscitatus et exaltatus est Dominus. Resuscitavit eum. Quis? Pater, cui dixit in Psalmis : Excita me, et reddam illis. (*Psal.*, XL, 11.) Ergo Pater eum resuscitavit. Non se ipse? Quid autem facit Pater sine Verbo? Quid facit Pater sine Unico suo? Nam audi quia et ipse Deus erat : Solvite templum hoc, et in tribus diebus excitabo illud. Numquid

(*a*) Sic Mss. At editi *in unam societatem atque concordiam spiritualem*. — (*b*) Ms. Fossatensis, *in imaginem*. — (*c*) Tres Mss. *exaltavit a mortuis*.

lorsque le Père ressuscite le Fils, le Fils se ressuscite également, de même que lorsque le Fils se ressuscite, le Père le ressuscite avec lui, en vertu de ces paroles du Fils : « Mon Père et moi nous ne sommes qu'un. » (*Jean*, x, 30.)

12. Mais que signifie donc ce nombre de quarante-six ? Je vous ai montré hier dans les quatre premières lettres de quatre mots grecs, comment Adam est répandu par toute la terre. Si vous écrivez les uns sous les autres ces quatre mots qui expriment les quatre parties du monde, l'Orient, l'Occident, le Septentrion et le Midi, c'est-à-dire l'univers entier, ce qui fait dire au Seigneur que lorsqu'il viendra juger le monde, il réunira ses élus des quatre vents du ciel, si dis-je vous écrivez ces quatre mots grecs :

ἀνατολή, c'est-à-dire l'Orient,

δύσις, qui veut dire l'Occident,

ἄρκτος, qui signifie le Nord,

μεσημβρία, c'est-à-dire le Midi,

vous avez dans les premières lettres de ces quatre mots grecs le nom d'Adam. Mais comment y trouverons-nous le nombre quarante-six ? Parce que la chair de Jésus-Christ vient d'Adam. Les Grecs se servent de lettres pour exprimer les nombres. Notre lettre *a*, alpha α dans leur langue, veut dire un. La lettre β *bêta*, qui est leur *b*, signifie numériquement deux. La lettre γ *gamma* signifie trois. La lettre δ *delta* signifie quatre, et toutes les autres lettres ont de même une signification numérique. La lettre que nous appelons *m* et qu'ils appellent *my* μ, signifie quarante de cette manière μ.-τεσσαράκοντα. Considérez maintenant le chiffre que forment ces lettres et vous trouverez que le temple a été bâti en quarante-six ans. En effet le nom d'Adam se compose de l'alpha α qui signifie un, du delta δ qui signifie quatre, ce qui fait cinq, et d'un nouvel alpha α un, ce qui fait six, enfin d'un μ. *my* qui signifie quarante, ce qui forme le chiffre total de quarante-six. Cette interprétation, mes frères, a été donnée par ceux qui nous ont précédés (1), et qui ont trouvé dans ces lettres le nombre quarante-six. Notre-Seigneur Jésus-Christ a pris un corps d'Adam, mais il n'en a point pris le péché, il en a pris le temple de son corps, mais non pas l'iniquité qui doit être chassée du temple. Les Juifs ont crucifié la chair qu'il a prise d'Adam (car Marie descend d'Adam, et la chair du Seigneur vient de Marie), mais il devait ressusciter le troisième jour cette même chair qu'ils avaient attachée à la croix. Ils ont détruit le temple dont la construction avait duré quarante-six ans, et lui l'a relevé en trois jours.

(1) Livre des montagnes de Sina et de Sion contre les Juifs, parmi les œuvres de saint Cyprien.

dixit : Solvite templum, quod triduo Pater resuscitet? Sed quomodo cum Pater suscitat, et Filius suscitat : sic cum filius suscitat, et Pater suscitat : quia Filius dixit : Ego et Pater unum sumus. (*Joan.*, x, 30.)

12. Quid ergo sibi vult numerus quadragenarius senarius? Interim ipse Adam quia per totum orbem terrarum est, audistis jam hesterno die in quatuor litteris Græcis quatuor verborum Græcorum. Si enim ista verba quatuor scribas sub invicem, id est, nomina quatuor partium mundi, Orientis, Occidentis, Aquilonis et Meridiani, quod est totus orbis; unde dicit Dominus a quatuor ventis collecturum se electos suos cum venerit ad Judicium (*Marc.*, XIII, 27) : si enim facias ista quatuor nomina Græca, ἀνατολή, quod est Oriens; δύσις, quod est Occidens, ἄρκτος, quod est Septentrio; μεσημβρία, quod est Meridies : Anatole, dusis, arctos, mesembria, capita verborum Adam habent. Quomodo ergo ibi invenimus et quadragenarium senarium numerum? Quia caro Christi de Adam erat. Ad litteras numeros computant Græci. Quod nos facimus *a* litteram, ipsi lingua sua ponunt alpha α, et vocatur alpha α unum. Ubi autem in numeris scribunt beta β, quod et *b* ipsorum, vocatur in numeris duo. Ubi scribunt gamma γ, vocatur in numeris ipsorum tria. Ubi scribunt delta δ, vocatur in numeris ipsorum quatuor : et sic per omnes litteras numeros habent. *m*, quod nos dicimus, et illi dicunt *my* μ, quadraginta significat : dicunt enim *my* μ τεσσαράκοντα. Jam videte istæ litteræ quem numerum habeant ; et ibi invenietis quadraginta sex annis ædificatum templum. Habet enim Adam alpha α, quod est unum : habet delta δ, quod sunt quatuor, habes quinque : habet iterum alpha α, quod est unum, habes sex : habet et *my* μ, quod est quadraginta, habes quadraginta sex. Hæc, Fratres mei, etiam ab anterioribus majoribus nostris dicta sunt, et inventus iste est numerus in litteris quadragesimus senarius. Et quia Dominus noster Jesus Christus de Adam corpus accepit, non de Adam peccatum traxit; templum corporeum inde sumpsit, non iniquitatem quæ de templo pellenda est : ipsam autem carnem quam traxit de Adam, (Maria enim de Adam et Domini caro de Maria,) Judæi crucifixerunt; et ille resuscitaturus erat ipsam carnem in triduo, quam illi in cruce erant occisuri : illi solverunt templum quadraginta sex annis ædificatum, et ille in triduo resuscitavit illud.

13. Nous bénissons le Seigneur notre Dieu de nous avoir réunis pour nous remplir d'une joie toute spirituelle. Conservons toujours l'humilité du cœur, et que notre joie soit tout entière en lui. Ne nous laissons pas enfler par les prospérités du monde, quelles qu'elles soient, mais rappelons-nous que notre bonheur ne commencera que lorsque toutes les choses de la terre auront passé. Que maintenant donc notre joie soit toute en espérance, mes frères, que personne ne mette sa joie dans les biens présents, de peur de se trouver arrêté dans le chemin. Que toute notre joie soit dans l'espérance des biens futurs, que tous nos désirs soient pour la vie éternelle. Que tous nos soupirs s'exhalent vers Jésus-Christ, ne désirons que lui seul, lui l'auteur de toute beauté, qui nous a aimés dans notre difformité pour nous rendre la beauté que nous avions perdue. Courons vers lui seul, qu'il soit l'objet de nos gémissements, et que ceux qui désirent la paix de son serviteur disent toujours : « Que le Seigneur soit glorifié. » (*Ps.* XXXIV, 27.)

TRAITÉ XI [1].

Depuis ces paroles : « Lorsque Jésus était à Jérusalem pendant la fête de Pâques, beaucoup crurent en son nom, » jusqu'à ces autres : « Nul, s'il ne renait de l'eau et du Saint-Esprit, ne peut entrer dans le royaume des cieux. »

1. La lecture de l'Evangile que nous venons de faire en suivant l'ordre des faits, par un dessein providentiel vient on ne peut plus à propos, car je suppose, mes très-chers frères, que vous avez remarqué que j'ai entrepris de vous expliquer l'Evangile selon saint Jean, en suivant l'ordre adopté par cet évangéliste. Ces paroles que vous venez d'entendre : « Nul, s'il ne renait de l'eau et de l'Esprit saint, ne verra le royaume de Dieu » sont donc on ne peut plus opportunes. Il est temps, en effet, que nous vous adressions nos exhortations à vous qui n'êtes encore que catéchumènes, et qui tout en croyant en Jésus-Christ portez encore le fardeau de vos péchés. « Nul ne pourra entrer dans le royaume des cieux s'il reste chargé de ses péchés, car il ne peut régner avec Jésus-Christ si ses péchés ne lui sont pas remis, et ils ne peuvent être remis qu'à celui qui a reçu une nouvelle naissance dans l'eau et l'Esprit saint. » Mais considérons la force de chacune de ces paroles pour apprendre à ceux qui sont indolents avec quelle sainte activité ils doivent s'empresser de se décharger de leur fardeau. S'ils portaient une lourde charge de pierres ou de bois, ou même d'un butin quelconque, si leur charge était de blé, de vin, d'argent, ils se hâteraient de la mettre bas ; ils portent le fardeau de leurs péchés, et ils ne s'empressent nullement d'en être soulagés. Courons donc au plus vite déposer ce lourd fardeau, il nous accable, il nous écrase.

[1] Ce Traité a été donné un peu avant la fête de Pâque comme on le voit n° 1, et un jour de dimanche comme le prouve le Traité suivant, n° 1.

13. Benedicimus Domino Deo nostro, qui ad lætitiam spiritalem congregavit nos. Simus in humilitate cordis semper, et gaudium nostrum penes ipsum sit. Non de prosperitate aliqua hujus sæculi inflemur, sed noverimus felicitatem nostram non esse nisi cum ista transierint. Modo gaudium nostrum, Fratres mei, in spe sit : nemo gaudeat quasi in re præsenti, ne hæreat in via. Totum gaudium de spe futura sit, totum desiderium vitæ æternæ sit. Omnia suspiria Christo anhelent : ille unus pulcherrimus, qui et fœdos dilexit ut pulchros faceret, desideretur : ad illum unum curratur, illi ingemiscatur : et dicant semper : Magnificetur Dominus, qui volunt pacem servi ejus. (*Psal.* XXXIV, 27.)

TRACTATUS XI.

Ab eo quod scriptum : « Cum autem esset Jerosolymis in Pascha in die festo, multi crediderunt in nomine ejus, » usque ad id : « Nisi quis renatus fuerit ex aqua et Spiritu, non potest introire in regnum Dei. »

1. Opportune nobis Dominus procuravit hodierno die lectionis hujus ordinem : nam quia ex ordine Evangelium secundum Joannem considerare atque tractare suscepimus, credo quod adverterit Caritas Vestra. Opportune ergo occurrit, ut hodie audiretis ex Evangelio, quia : « Nisi quis renatus fuerit ex aqua et Spiritu, non videbit regnum Dei. » (*Joan.*, III, 5.) Tempus est enim ut vos exhortemur, qui adhuc estis catechumeni : qui sic credidistis in Christum, ut adhuc vestra peccata portetis. Nullus autem regnum cœlorum videbit oneratus peccatis ; quia nisi eis dimissa fuerint, non regnabit cum Christo : dimitti autem non possunt, nisi ei qui renatus fuerit ex aqua et Spiritu sancto. Sed omnia verba quemadmodum se habeant advertamus, ut hic inveniant qui pigri sunt, quanta sollicitudine sibi festinandum sit ad onus deponendum. Quia si ferrent aliquam sarcinam gravem, aut lapidis aut ligni, aut alicujus etiam lucri, si frumentum portarent, si vinum, si pecuniam, currerent ut deponerent onera : portant sarcinam peccatorum, et pigri sunt currere. Currendum est ut deponatur hæc sarcina ; premit, et mergit.

2. Vous venez d'entendre l'Evangéliste vous dire que lorsque Notre-Seigneur Jésus-Christ était à Jérusalem pendant la fête de Pâque beaucoup crurent en son nom, en voyant les miracles qu'il faisait. (*Jean*, II, 23.) « Beaucoup crurent en son nom, » et qu'ajoute-t-il ? « Mais Jésus ne se fiait pas à eux. » Quel est donc le sens de ces paroles : « Ils croyaient en son nom, mais Jésus ne se fiait pas à eux ? » Est-ce donc qu'ils ne croyaient pas réellement en lui, et qu'ils n'avaient que l'apparence de la foi, que Jésus ne se fiait pas à eux ? Mais l'Evangéliste ne se fût point exprimé de la sorte : « Beaucoup crurent en son nom, » s'il n'avait voulu rendre un véritable témoignage de leur foi. Il y a donc ici quelque chose de grand et de mystérieux, les hommes croient en Jésus-Christ, et Jésus-Christ ne se fie pas à eux. Comme Fils de Dieu, c'est parce qu'il l'a voulu, qu'il a souffert, et sans sa volonté sa passion n'aurait pas eu lieu. Sa naissance elle-même est l'effet de sa volonté, s'il avait seulement voulu naître sans mourir, rien ne serait arrivé que ce qu'il aurait voulu, parce qu'il est le Fils tout puissant d'un Père tout puissant. Prouvons-le par des faits; lorsque les Juifs voulurent s'emparer de sa personne, il se déroba à leurs efforts, nous dit l'Evangile. Lorsqu'ils voulurent le précipiter du haut d'une montagne, il leur échappa sans qu'ils lui aient fait aucun mal. » (*Luc*, IV, 29.) Lorsqu'enfin ils vinrent pour se saisir de lui après que le traître Judas le leur eut vendu, dans la persuasion qu'il était en son pouvoir de trahir et de vendre son Maître et son Seigneur, Jésus fit bien paraître que sa passion était l'effet de sa volonté et non de la nécessité. Les Juifs s'approchent pour se saisir de sa personne, il leur dit : « Qui cherchez-vous? » Ils lui répondirent : Jésus de Nazareth. C'est moi, leur dit-il. A ces mots, ils reculèrent en arrière, et tombèrent à la renverse. » En les renversant par cette seule réponse, le Sauveur donne une preuve de sa puissance pour mieux montrer que c'était volontairement qu'il laissait ses ennemis s'emparer de sa personne. Sa passion a donc été une œuvre de miséricorde. « Il a été livré pour nos péchés et il est ressuscité pour notre justification. » (*Rom.*, IV, 25.) Ecoutez ce qu'il dit lui-même aux Juifs : « J'ai le pouvoir de donner ma vie, et j'ai le pouvoir de la reprendre, personne ne me la ravit, mais je la donne de moi-même, pour la reprendre de nouveau. » (*Jean*, X, 18.) Avec une si grande puissance qu'il affirmait et dont il donnait des preuves par ses paroles et par ses actes, comment expliquer que Jésus ne se fiait point à eux, comme s'ils pouvaient lui nuire, ou lui faire quelque mal contre sa volonté, alors qu'ils croyaient déjà en son nom? Car ceux dont l'Evangéliste nous dit: « Ils crurent en son nom, »

2. Ecce audistis quia : « Cum esset Dominus Jesus Christus Jerosolymis in Pascha in die festo, multi crediderunt in nomine ejus, videntes signa ejus quæ faciebat. Multi crediderunt in nomine ejus : » (*Joan.*, II, 23) et quid sequitur? « Ipse autem Jesus non credebat semetipsum eis. » (v. 24.) Quid sibi ergo hoc vult : Illi « credebant in nomine ejus, et ipse Jesus non credebat semetipsum eis? » An forte non crediderant ei, et fingebant se credidisse, et propterea Jesus non se credebat eis? Sed non diceret Evangelista : « Multi crediderunt in nomine ejus, » nisi verum illis testimonium perhiberet. Magna ergo res, et mira res : credunt homines in Christum, et Christus non se credit hominibus. Præsertim quia Filius Dei est, utique volens passus est; et si nollet, numquam pateretur; qui si nollet, nec nasceretur : si autem hoc solum vellet, ut nasceretur tantum, et non moreretur, et quidquid vellet, faceret : quia omnipotentis Patris Filius omnipotens est. Ex ipsis rebus probemus : quia cum voluissent eum tenere, discessit ab eis : loquitur Evangelium : Et cum voluissent eum de vertice montis præcipitare, discessit ab eis illæsus. (*Luc.*, IV, 29, etc.) Et quando venerunt ad eum comprehendendum, jam venditum a Juda traditore, cum ille putaret in potestate se habere, tradere magistrum et Dominum suum; et ibi ostendit Dominus voluntate se pati, non necessitate. Nam cum eum comprehendere Judæi voluissent, dixit illis : Quem quæritis? At illi dixerunt, Jesum Nazarenum. Et ille : Ego sum. (*Joan.*, XVIII, 5, etc.) Hac voce audita, redierunt retro, et ceciderunt. In eo quod eos respondens dejecit, ostendit potestatem : ut in eo quod ab eis comprehensus est, ostenderet voluntatem. Ergo quod passus est, misericordiæ fuit. Traditus est enim propter delicta nostra, et resurrexit propter justificationem nostram. (*Rom.*, IV, 25.) Audi verba ipsius : « Potestatem habeo ponendi animam meam, et potestatem habeo iterum sumendi eam : nemo tollit eam a me, sed ego pono illam a meipso, ut iterum sumam eam. » (*Joan.*, X, 18.) Cum ergo haberet tantam potestatem, cum eam dictis prædicaret, factis ostenderet; quid sibi vult quod non se credebat eis Jesus, quasi aliquid nolenti nocituris, aut aliquid nolenti facturis, præsertim quia jam crediderant in nomine ejus? Et de ipsis dicit Evangelista : « Crediderunt in nomine ejus, » de

sont les mêmes dont il ajoute : « Mais Jésus ne se fiait pas à eux. » Pourquoi ? « Parce qu'il les connaissait tous, et qu'il n'avait pas besoin que personne lui rendît témoignage d'aucun homme, car il savait lui-même ce qu'il y avait dans l'homme. » (*Jean*, II, 24, 25.) L'artisan connaissait mieux ce qu'il y avait dans son ouvrage, que l'ouvrage ce qu'il était en lui-même. Le Créateur de l'homme savait ce qu'il y avait dans l'homme ; ce que l'homme, œuvre du Créateur, ne pouvait connaître. N'en avons-nous pas une preuve dans la personne de Pierre qui ne connaissait pas ses dispositions intérieures, lorsqu'il disait : « Je vous suivrai jusqu'à la mort ? » Mais voyez comme Notre-Seigneur connaissait parfaitement l'intérieur de l'homme : « Vous me suivrez jusqu'à la mort, lui dit-il ? avant que le coq chante, vous me renierez trois fois. » (*Matth.*, XXVI, 33, etc. ; *Luc*, XXII, 33, etc.) L'homme ne savait donc pas ce qui était en lui, mais le Créateur de l'homme le savait bien. « Cependant beaucoup crurent en lui, mais Jésus ne se fiait pas à eux. » Que voulons-nous dire, mes frères ? Peut-être la suite nous révélera le sens mystérieux de ces paroles. Ces hommes avaient cru en lui, c'est un fait évident, véritable, personne n'en doute, l'Evangéliste qui le rapporte et qui l'atteste est digne de foi. D'un autre côté il n'est pas moins évident, il n'est pas moins indubitable que Jésus ne se fiait pas à eux, d'après le récit de l'Evangéliste dont nous ne pouvons récuser le témoignage. Pourquoi donc ont-ils cru au nom de Jésus-Christ tandis que Jésus-Christ ne voulait pas se fier à eux ? Voyons la suite du récit.

3. « Il y avait, parmi les pharisiens, un homme nommé Nicodème, membre du grand conseil des Juifs. Il vint de nuit trouver Jésus, et lui dit : Rabbi. » (*Jean*, III, 1-2.) Rabbi, vous le savez, veut dire Maître. « Nous savons que vous êtes un docteur envoyé de Dieu, car personne ne saurait faire les miracles que vous faites si Dieu n'est avec lui. » Nicodème était donc un de ceux qui avaient cru en son nom à la vue des miracles et des prodiges qu'il opérait. En effet, l'Evangéliste a dit plus haut : « Lorsqu'il était à Jérusalem, pendant la fête de Pâques, beaucoup crurent en son nom. » Pourquoi crurent-ils en lui ? Il ajoute : « En voyant les miracles qu'il faisait. » Que dit-il maintenant de Nicodème ? « Il y avait un des chefs des Juifs, nommé Nicodème, il vint de nuit trouver Jésus et lui dit : Maître, nous savons que vous êtes un docteur envoyé de Dieu. » Nicodème avait donc lui-même cru au nom de Jésus. Quel motif l'avait déterminé à croire ? « Car personne ne saurait faire les miracles que vous faites, si Dieu n'est avec lui. » Si donc Nicodème était du nombre de

---

quibus dicit : « Ipse autem Jesus non credebat semetipsum eis. » Quare? « Quod ipse nosset omnes, et quia opus ei non erat, ut quis testimonium perhiberet de homine ; ipse enim sciebat quid esset in homine. (*Joan.*, II, 24, 25.) Plus noverat artifex quid esset in opere suo, quam ipsum opus quid esset in semetipso. Creator hominis noverat quid esset in homine, quod ipse creatus homo non noverat. Nonne hoc probamus de Petro, quia non noverat quid in ipso esset, quando dixit : Tecum usque ad mortem ? Audi quia Dominus noverat quid esset in homine : « Tu mecum usque ad mortem? Amen, amen dico tibi, prius quam gallus cantet, ter me negabis. » (*Matth.*, XXVI, 33, etc. ; *Luc.*, XXII, 33, etc.) Homo ergo nesciebat quid esset in se, sed Creator hominis noverat quid esset in homine. Crediderunt tamen in nomine ejus multi, et ipse Jesus non se credebat eis. Quid dicimus, Fratres? Forte consequentia indicabunt nobis, quid sibi vult mysterium verborum istorum. Quia crediderunt in eum homines, manifestum est, verum est : nemo dubitat, Evangelium loquitur, verax Evangelista testatur. Item quia ipse Jesus non credebat semetipsum illis, et hoc manifestum est, et nullus Christianus dubitat : quia et hoc Evangelium loquitur, et idem verax Evangelista testatur. Quare ergo crediderunt illi in nomine ejus, et Jesus non credebat semetipsum illis? Sequentia videamus.

3. « Erat autem homo ex Pharisæis, Nicodemus nomine, princeps Judæorum : hic venit ad eum nocte, et dixit ei : Rabbi » (*Joan.*, III, 1-2.) Jam hoc nostis, quia Rabbi magister dicitur : « Scimus quia a Deo venisti magister : nemo enim potest hæc signa facere, quæ tu facis, nisi fuerit Deus cum eo. » Ergo iste Nicodemus ex his erat, qui crediderant in nomine ejus, videntes signa et prodigia quæ faciebat. Superius enim hoc dixit : « Cum autem esset Jerosolymis in Pascha in die festo, multi crediderunt in nomine ejus. » Quare crediderunt? sequitur et dicit : « videntes signa ejus quæ faciebat. » Et de Nicodemo quid dicit? « Erat princeps Judæorum, nomine Nicodemus : hic venit ad eum nocte, et ait illi : Rabbi, scimus quia a Deo venisti magister. » Et iste ergo crediderat in nomine ejus. Et ipse unde crediderat? sequitur: « Nemo enim potest hæc signa facere, quæ tu facis, nisi fuerit Deus cum eo. » Si ergo Nicodemus de illis multis erat, qui crediderant in nomine

ceux qui avaient cru en son nom, considérons dans sa personne les raisons pour lesquelles Jésus ne se fiait pas à eux. Jésus leur répondit : « En vérité, en vérité je vous le dis, nul, s'il ne naît de nouveau, ne peut voir le royaume de Dieu. » (*Ibid.*, 3.) Jésus a donc foi en ceux qui ont pris une nouvelle naissance. En effet, ils avaient foi en Jésus et Jésus n'avait point de foi en eux. Tels sont tous les catéchumènes, ils ont foi au nom de Jésus-Christ, mais Jésus n'a point foi en eux. Appliquez-vous, mes très-chers frères, pour bien comprendre cette vérité. Si nous demandons à un catéchumène : Croyez-vous en Jésus-Christ ? Il nous répond : Je crois, et il fait le signe de la croix, il porte cette croix sur le front et il ne rougit plus de la croix de son maître. Il croit donc en son nom. Demandons-lui maintenant : Mangez-vous la chair du Fils de l'homme et buvez-vous son sang ? Il ne sait ce que nous voulons lui dire, parce que Jésus ne s'est pas encore fié à lui.

4. Or, comme Nicodème était du nombre de ceux qui croyaient en Jésus, il vint trouver le Sauveur, mais il vint la nuit, et cette circonstance n'est pas indifférente pour la question qui nous occupe. Il vient trouver le Seigneur et il vient de nuit ; il vient vers la lumière et il vient dans les ténèbres. Mais quel langage tient l'Apôtre à ceux qui ont reçu une nouvelle naissance dans l'eau et l'Esprit saint ? « Autrefois vous étiez ténèbres, mais maintenant vous êtes lumière dans le Seigneur, marchez comme des enfants de lumière. » (*Ephes.*, v, 8.) Et dans un autre endroit : « Nous qui sommes du jour, soyons sobres. » (1 *Thess.*, v, 8.) Ceux donc qui ont reçu cette nouvelle naissance, ont été de la nuit et sont du jour ; ils ont été ténèbres, et ils sont lumière. Jésus se fie à eux désormais, ils ne viennent plus trouver Jésus de nuit comme Nicodème, ils ne cherchent pas le jour dans les ténèbres. Ils professent même ouvertement leur foi, Jésus s'est approché d'eux et leur a donné la grâce du salut, parce qu'il leur a dit : « Celui qui ne mange pas ma chair et ne boit point mon sang, n'aura point la vie en lui. » Les catéchumènes portent le signe de la croix sur le front, et par là même ils font partie de la grande famille, mais il leur reste de devenir enfants d'esclaves qu'ils sont. On ne peut dire qu'ils ne soient rien, puisqu'ils font partie de cette grande maison. Mais, dites-moi, à quel temps le peuple d'Israël a-t-il mangé la manne ? Lorsqu'il eut traversé la mer Rouge. Or, que figurait la mer Rouge ? Ecoutez l'Apôtre : « Je ne veux pas que vous ignoriez, mes frères, que nos pères ont tous été sous la nuée et qu'ils ont tous passé la mer. » (I *Cor.*, x, 1.) Pourquoi ont-ils passé la mer ? Il semble qu'il ait voulu répondre à cette question en ajoutant : « Et ils ont tous été baptisés par Moïse dans la nuée et dans la mer. »

---

ejus, jam in isto Nicodemo attendamus quare Jesus non se credebat eis. « Respondit Jesus, et dixit ei, Amen, amen dico tibi, nisi quis natus fuerit denuo, non potest videre regnum Dei. » Ipsis ergo se credit Jesus, qui nati fuerint denuo. Ecce illi crediderant in eum, et Jesus non se credebat eis. Tales sunt omnes catechumeni : ipsi jam credunt in nomine Christi, sed Jesus non se credit eis. Intendat et intelligat Caritas Vestra : Si dixerimus catechumeno : Credis in Christum ? respondet : Credo, et signat se : (*a*) jam crucem Christi portat in fronte, et non erubescit de cruce Domini sui. Ecce credidit in nomine ejus. Interrogemus cum : Manducas carnem filii hominis, et bibis sanguinem filii hominis ? nescit quid dicimus, quia Jesus non se credidit ei.

4. Cum ergo ex eo numero Nicodemus esset, venit ad Dominum : sed nocte venit : et hoc forte ad rem pertinet. Ad Dominum venit, et nocte venit : ad lucem venit, et in tenebris venit. Renati autem ex aqua ex Spiritu, quid audiunt ab Apostolo ? Fuistis aliquando tenebræ, nunc autem lux in Domino, sicut filii lucis ambulate (*Ephes.*, v, 8) : et iterum : Nos autem qui diei sumus, sobrii simus. (I *Thess.*, v, 8.) Qui ergo renati sunt, noctis fuerunt, et diei sunt : tenebræ fuerunt, et lumen sunt. Jam credit se illis Jesus, et non nocte veniunt ad Jesum sicut Nicodemus, non in tenebris quærunt diem. Tales enim jam etiam profitentur : accessit ad illos Jesus, fecit in illis salutem : quia ipse dixit : Nisi quis manducaverit carnem meam, et biberit sanguinem meum, non habebit in se vitam. (*Joan.*, vi, 54.) Et quod signum crucis habent in fronte catechumeni, jam de domo magna sunt ; sed fiant ex servis filii. Non enim nihil sunt, qui jam ad domum magnam pertinent. Quando autem manna manducavit populus Israel ? cum transisset mare rubrum. Mare autem rubrum quid significet, audi Apostolum : Nolo autem vos ignorare, Fratres, quia omnes patres nostri sub nube fuerunt, et omnes per mare transierunt. (I *Cor.*, x, 1, etc.) Ut quid per mare transierunt ? quasi quæreres ab

(*a*) Sic plerique Mss. cum editis Bad. et Am. At. et Lov. *signat se cruce Christi, portat*, etc. Nonnulli e Mss. *portans*.

Si la mer, qui n'était qu'un symbole, a eu tant de puissance, quelle sera l'efficacité du véritable baptême? Si un fait purement figuratif a pu, après le passage de la mer Rouge, conduire le peuple jusqu'à la manne, quelles grâces donnera Jésus-Christ dans son baptême véritable au peuple qui a traversé la mer sous sa conduite? C'est par le baptême qu'il fait traverser ceux qui croient en détruisant leurs ennemis comme autant d'ennemis qui les poursuivent, de même que tous les Egyptiens ont été engloutis dans la mer Rouge. Et jusqu'où nous conduit-il, mes frères, jusqu'où nous conduit par son baptême Jésus dont Moïse était la figure lorsqu'il fit traverser la mer Rouge au peuple de Dieu? Jusqu'où nous fait-il passer? Jusqu'à la manne. Quelle est cette manne? « Je suis, dit-il, le pain descendu du ciel. » (*Jean*, VI, 51.) Les fidèles reçoivent donc la manne après avoir traversé la mer Rouge. Pourquoi la mer Rouge? Ils ont traversé la mer, pourquoi la mer Rouge? Cette mer était la figure du baptême de Jésus-Christ. Pourquoi le baptême de Jésus-Christ a-t-il cette couleur? Parce qu'il est consacré par le sang de Jésus-Christ. Jusqu'où donc conduit-il ceux qui croient et qui ont reçu le baptême? Jusqu'à la manne. Je dis la manne, on sait ce qu'ont reçu les Juifs, le peuple d'Israël, on sait ce que Dieu fit pleuvoir pour eux du ciel, et les catéchu-

mènes ne savent point ce que reçoivent les chrétiens. Qu'ils rougissent donc de l'ignorer, qu'ils traversent la mer Rouge, qu'ils mangent la manne, ainsi de même qu'ils ont cru au nom de Jésus, Jésus pourra se fier à eux.

5. Veuillez faire attention, mes frères, à la réponse que fait à Jésus le docteur qui vient le trouver de nuit. Il est venu trouver Jésus, mais il est venu de nuit, et voilà pourquoi ses paroles sont comme empreintes des ténèbres qui environnent sa chair. Il ne comprend pas ce que lui dit Notre-Seigneur, il ne comprend pas ce que lui dit « la lumière qui éclaire tout homme venant en ce monde. » (*Jean*, I, 9.) Le Sauveur lui a dit : « Nul, s'il ne renaît de nouveau, ne verra le royaume de Dieu. » Nicodème lui répond : « Comment peut naître un homme déjà vieux? » (*Jean*, III, 3-4.) L'Esprit lui parle et il ne goûte que la chair. Il goûte les inspirations de sa chair, parce qu'il n'a pas encore goûté la chair de Jésus-Christ. Lorsque Notre-Seigneur eut dit aux Juifs : « Celui qui ne mangera pas ma chair et ne boira point mon sang, n'aura point la vie en lui; » quelques-uns de ceux qui le suivaient furent scandalisés et se dirent les uns aux autres : « Cette parole est dure, et qui peut l'écouter? » (*Jean*, VI, 54-61.) Ils s'imaginaient que Jésus voulait leur dire qu'ils pourraient faire cuire et manger sa chair comme celle d'un agneau coupé

---

illo, secutus ait : « Et omnes per Moysen baptizati sunt in nube et in mari. « Si ergo figura maris tantum valuit, species baptismi quantum valebit? Si quod gestum est in figura, trajectum populum ad manna perduxit; quid exhibebit Christus in veritate baptismi sui, trajecto per eum populo suo? Per baptismum suum trajicit credentes, occisis omnibus peccatis, tanquam hostibus consequentibus, sicut in illo mari omnes Aegyptii perierunt. Quo trajicit, Fratres mei? Quo trajicit per baptismum Jesus, cujus figuram tunc gerebat Moyses, qui per mare trajiciebat? Quo (*a*) trajicit? ad manna. Quod est manna? Ego sum, inquit, panis vivus, qui de coelo descendi. (*Joan.*, VI, 51.) Manna accipiunt fideles, jam trajecti per mare rubrum. Quare mare rubrum? Jam mare, quare et rubrum? Significabat mare illud rubrum baptismum Christi. Unde rubet baptismus Christi, nisi Christi sanguine consecratus? Quo ergo perducit credentes et baptizatos? ad manna. Ecce dico manna : notum est quid acceperint Judaei, populus iste Israel, notum est quid illis pluisset Deus de coelo : et nesciunt catechumeni quid accipiant Christiani. Erubescant ergo, quia nesciunt; transeant per mare rubrum, manducent manna : ut quomodo crediderunt in nomine Jesu, sic se ipsis credat Jesus.

5. Ideo intendite, Fratres mei, quid respondeat iste qui nocte venit ad Jesum. Quamvis ad Jesum venerit, tamen quia nocte venit, adhuc de tenebris carnis suae loquitur. Non intelligit quod audit a Domino, non intelligit quod audit a luce, quae illuminat omnem hominem venientem in hunc mundum. (*Joan.*, I, 9.) Jam ei Dominus dixit : « Nisi quis natus fuerit denuo, non videbit regnum Dei. Dicit ad eum Nicodemus : Quomodo potest homo nasci cum sit senex? » (*Joan.*, III, 3, 4.) (*b*) Spiritus ei loquitur, et ille carnem sapit. Carnem suam sapit, quia carnem Christi nondum sapit. Cum enim dixisset Dominus Jesus : Nisi quis manducaverit carnem meam, et biberit sanguinem meum, non habebit in se vitam (*Joan.*, VI, 54) : scandalizati sunt quidam qui eum sequebantur, et dixerunt apud semetipsos : Durus est hic sermo, quis potest eum audire? (v. 61.) Putabant enim hoc

---

(*a*) Editi, *trajiciebat*. At Mss. *trajicit*. — (*b*) Quatuor Mss. *Christus ei loquitur*.

par morceaux; ces paroles leur firent horreur, ils se retirèrent, et de ce jour cessèrent de l'accompagner. C'est ce que nous apprend l'Evangéliste. Le Seigneur resta avec les douze qui lui dirent : « Seigneur, voilà qu'ils vous ont quitté. » Le Sauveur leur répondit : « Et vous, voulez-vous aussi vous en aller? » Il veut leur apprendre qu'ils avaient besoin de lui, mais que lui n'avait aucun besoin d'eux. Que personne d'entre vous ne s'imagine effrayer Jésus-Christ lorsqu'on vous engage à vous faire chrétien, et que vous différez comme si vous deviez ajouter au bonheur du Sauveur en devenant chrétien. Il vous est souverainement avantageux d'être chrétien, mais si vous refusez de le devenir, il n'en résultera aucun mal pour Jésus-Christ. Ecoutez ce que dit le Psalmiste : « J'ai dit au Seigneur : vous êtes mon Dieu, parce que vous n'avez pas besoin de mes biens. » (*Ps.* xv, 2.) Voilà donc la raison pour laquelle vous êtes mon Dieu, c'est que vous n'avez pas besoin de mes biens. Si vous êtes sans Dieu, vous serez nécessairement amoindri, mais si vous êtes avec Dieu, Dieu n'en deviendra point plus grand. Vous ne pouvez ajouter à sa grandeur, mais sans lui vous ajoutez à votre petitesse. Croissez donc en lui, ne vous retirez pas de lui comme s'il devait en être amoindri. C'est vous qui avez tout à gagner en vous approchant de lui, tout à perdre en vous éloignant. Il demeure ce qu'il est sans aucune altération, soit que vous vous approchiez, soit que vous vous retiriez de lui. Lors donc qu'il eut dit à ses disciples : « Et vous, voulez-vous aussi vous en aller? » Pierre, cette pierre symbolique s'écrie au nom de tous : « Seigneur, à qui irions-nous? vous avez les paroles de la vie éternelle. » (*Jean*, vi, 68, etc.) La chair du Seigneur lui avait fait sentir son véritable goût. Jésus leur avait expliqué le véritable sens de ses paroles, lorsqu'il leur avait dit : « C'est l'Esprit qui vivifie. » En effet, lorsqu'il eut fait cette déclaration, « si quelqu'un ne mange ma chair et ne boit mon sang, il n'aura pas la vie en lui, » pour prévenir toute interprétation charnelle, il ajoute : « C'est l'Esprit qui vivifie, la chair ne sert de rien. Les paroles que je vous ai dites sont esprit et vie. »

6. Nicodème qui était venu trouver Jésus de nuit, ne goûtait ni cet esprit ni cette vie. Jésus lui dit : « Nul s'il ne renaît de nouveau, ne verra le royaume de Dieu. » Ce docteur qui ne goûtait encore que les inspirations de la chair, et qui ne connaissait pas le goût divin de la chair de Jésus-Christ, répond au Sauveur : « Comment un homme peut-il naître lorsqu'il est vieux? Peut-il rentrer dans le sein de sa mère et naître de nouveau? » (*Jean*, iii, 3, 4.) Nicodème ne connaissait qu'une naissance, celle qui vient d'Adam et d'Eve; il ne connaissait pas encore celle que nous recevons de Dieu et de l'Eglise. Il ne con-

---

dicere Jesum, quod eum possent concisum sicut agnum coquere, et manducare : abhorrentes a verbis ejus, recesserunt, et amplius cum non sunt secuti. Sic Evangelista loquitur : Et Dominus ipse remansit cum duodecim : et illi ad eum, Domine, ecce illi dimiserunt te : et ille : Numquid et vos vultis (*a*) abire? (*Ibid.*, 68.) Ostendere volens, quia ipse illis erat necessarius, non illi erant Christo necessarii. Ne quis terreat Christum, quando dicitur ut sit Christianus : quasi beatior erit Christus, si tu fueris Christianus. Bonum est tibi, ut sis Christianus : nam si non fueris, malum Christo non erit. Audi vocem Psalmi : Dixi Domino : Deus meus es tu, quoniam bonorum meorum non eges. (*Psal.* xv, 2.) Ideo Deus meus es tu, quoniam bonorum meorum non eges. Si fueris sine Deo, minor eris : si fueris cum Deo, major Deus non erit. Non ex te ille major, sed tu sine illo minor. Cresce ergo in illo, noli te subtrahere, ut quasi ille deficiat. Reficieris, si accesseris : deficies, si recesseris. Integer manet te accedente, integer manet et te cadente. Cum ergo dixisset discipulis : Numquid et vos vultis abire? Respondit Petrus, petra illa, voce omnium, Domine, ad quem ibimus? Verba vitæ æternæ habes. (*Joan.*, vi, 68, etc.) Bene sapuit in ore ipsius caro Domini. Dominus autem exposuit eis, et dixit : « Spiritus est qui vivificat : cum dixisset : Nisi quis manducaverit carnem meam, et biberit sanguinem meum, non habebit in se vitam : ne carnaliter intelligerent : Spiritus est, inquit, qui vivificat, caro autem nihil prodest : verba quæ locutus sum vobis, spiritus est et vita. » (*Ibid.*, 64.)

6. Hunc spiritum et hanc vitam non sapiebat iste Nicodemus, qui nocte venerat ad Jesum. Ait ei Jesus : « Nisi quis natus fuerit denuo, non videbit regnum Dei. » (*Joan.*, iii, 3.) Et ille carnem suam sapiens, in cujus ore nondum sapiebat caro Christi : « Quomodo, inquit, potest homo, cum sit senex, iterum nasci? Numquid potest in ventrem matris suæ iterum introire, et nasci? » (*v.* 4.) Non noverat iste nisi unam nativitatem ex Adam et Eva; ex Deo et Ecclesia non-

---

(*a*) Mss. hic et infra; *vultis ire.*

naissait que les parents qui engendrent des enfants pour la mort; il ne connaissait pas les parents qui les engendrent pour la vie. Il ne connaissait que les parents qui engendrent des enfants qui doivent leur succéder, il ne connaissait pas encore les parents qui toujours vivants engendrent des enfants appelés eux-mêmes à être immortels. Il y a donc deux naissances différentes, et Nicodème n'en comprenait qu'une seule. L'une vient de la terre, l'autre du ciel; l'une de la chair, l'autre de l'Esprit; celle-ci sort d'un principe mortel, celle-là d'un principe éternel; l'une enfin a pour auteur l'homme et la femme, l'autre Dieu et son Eglise. Ces deux naissances sont distinctes l'une de l'autre, mais ni l'une ni l'autre ne peuvent se renouveler. Nicodème comprenait parfaitement la naissance de la chair; il vous faut entendre la naissance de l'Esprit dans le sens qu'il entendait la naissance de la chair, comment l'entendait-il? « Est-ce qu'un homme peut rentrer dans le sein de sa mère et naître de nouveau? » A celui donc qui vous dit que vous devez renaître de nouveau spirituellement, répondez comme Nicodème : « Est-ce que l'homme peut rentrer dans le sein de sa mère et naître de nouveau? » J'avais la naissance d'Adam, Adam ne peut m'engendrer de nouveau; de même je tiens de Jésus-Christ une autre naissance; il ne peut m'engendrer une seconde fois. On ne peut rentrer dans le sein de sa mère, on ne peut pas davantage rentrer dans les eaux du baptême.

7. Celui qui naît du sein de l'Eglise catholique a pour mère Sara, une femme libre ; celui qui naît au sein de l'hérésie a pour mère une esclave, quoiqu'il descende d'Abraham. Veuillez méditer, mes très-chers frères, sur la grandeur de ce mystère. Voici ce que Dieu atteste et déclare à haute voix : « Je suis le Dieu d'Abraham, le Dieu d'Isaac, et le Dieu de Jacob. » (*Exod.*, III, 6.) N'y avait-il donc pas d'autres patriarches? et avant ces patriarches n'y avait-il pas Noé, qui seul de tout le genre humain mérita d'échapper au déluge avec toute sa famille, et qui fut ainsi avec ses enfants la figure de l'Eglise? Ils échappent au déluge dans l'arche qui les porte. (*Gen.*, VII, 7.) Nous voyons ensuite ces grands personnages que nous connaissons, et dont la sainte Ecriture fait l'éloge, tel que Moïse « qui a été fidèle dans toute la maison de Dieu. » (*Nomb.*, XII, 7; *Hebr.*, III, 2.) Et cependant Dieu ne nomme que les trois dont nous avons parlé, comme s'ils étaient les seuls qui eussent trouvé grâce à ses yeux. « Je suis le Dieu d'Abraham, le Dieu d'Isaac, et le Dieu de Jacob. » (*Exod.*, III, 6.) Voilà le nom que je prends pour l'éternité. Il y a ici un profond mystère; Dieu est assez puissant pour ouvrir notre bouche et vos cœurs, afin que nous puissions vous faire connaître les vérités qu'il a daigné nous révéler, et que vous

---

dum noverat : non noverat nisi eos parentes qui generant ad mortem, nondum noverat eos parentes qui generant ad vitam : non noverat nisi eos parentes qui generant successuros, nondum noverat eos qui semper viventes generant permansuros. Cum ergo sint duæ nativitates, ille unam intelligebat. Una est de terra, alia de cœlo : una est de carne, alia de Spiritu : una est de mortalitate, alia de æternitate : una est de masculo et femina, alia de Deo et Ecclesia. Sed ipsæ duæ singulæ sunt : nec illa potest repeti, nec illa. Recte intellexit Nicodemus nativitatem carnis : sic et tu intellige nativitatem spiritus, quomodo intellexit Nicodemus nativitatem carnis. Quid Nicodemus intellexit? « Numquid potest homo denuo in ventrem matris suæ intrare, et nasci? » Sic quicumque tibi dixerit : ut spiritaliter iterum nascaris : responde quod dixit Nicodemus : « Numquid potest homo iterum in ventrem matris suæ intrare, et nasci? » Jam natus sum de Adam, non me potest iterum generare Adam : jam natus sum de Christo, non me potest iterum generare Christus. Quomodo uterus non potest repeti, sic nec baptismus.

7. Qui nascitur de Ecclesia catholica, tanquam de (*a*) Sara nascitur de libera nascitur : qui nascitur de hæresi tanquam de ancilla nascitur sed ex semine Abraham. Advertat Caritas Vestra quam magnum Sacramentum : Testatur Deus, et dicit : Ego sum Deus Abraham, et Deus Isaac, et Deus Jacob. (*Exod.*, III, 6.) Non erant alii patriarchæ? non erat ante istos sanctus Noe, qui solus in toto genere humano cum tota domo sua meruit de diluvio liberari, in quo et in filiis ejus figurata est Ecclesia? (*Gen.*, VII, 7.) Ligno portante evadunt diluvium. Deinde postea magni quos novimus, quos sancta Scriptura commendat, Moyses fidelis in tota domo ejus. (*Num.*, XII, 7; *Heb.*, III, 2.) Et illi tres nominantur, quasi eum soli promeruerint : Ego sum Deus Abraham, et Deus Isaac, et Deus Jacob (*Exod.*, III, 6) : hoc mihi nomen est in æternum. Sacramentum grande. Potens est Dominus et ora nostra aperire, et corda vestra, ut dicere pos-

---

(*a*) In Mss. hic et alibi constanter *Sarra*, cum duplici *rr*.

les compreniez d'une manière utile au salut de vos âmes.

8. Ces trois patriarches sont donc Abraham, Isaac et Jacob. Vous savez que les enfants de Jacob étaient au nombre de douze, et que c'est d'eux qu'est sorti le peuple d'Israël, car Jacob s'appelait lui-même Israël, et le peuple d'Israël était composé de douze tribus descendant des douze fils d'Israël. Abraham, Isaac et Jacob sont trois pères, et il n'y a qu'un seul peuple. Ces trois pères apparaissent à l'origine même du peuple de Dieu, et ils sont la figure autant du peuple juif que du peuple chrétien, car le peuple juif figurait à son tour le peuple chrétien. D'un côté nous voyons la figure, de l'autre la vérité ; d'un côté l'ombre, de l'autre la réalité, au témoignage de l'Apôtre : « Toutes ces choses qui leur arrivaient étaient des figures. » (I *Cor.*, x, 11.) Et saint Paul ajoute : « Elles ont été écrites pour nous instruire, nous qui nous trouvons à la fin des temps. » Reportez maintenant vos souvenirs aux temps d'Abraham, d'Isaac et de Jacob, vous y verrez des femmes libres et des servantes devenir mères, vous y voyez les enfants des femmes libres et les enfants des servantes. La servante ne signifie rien de bon : « Chassez la servante et son fils, dit Dieu à Abraham, car le fils de la servante ne sera point héritier avec le fils de la femme libre. » (*Gen.*, XXI, 10.) L'Apôtre rappelle ce fait, et dans ces deux fils d'Abraham il nous fait voir la figure des deux Testaments, du Nouveau et de l'Ancien. (*Gal.*, IV, 30, etc.) A l'Ancien Testament appartiennent ceux qui aiment les choses du temps, ceux qui aiment le monde ; au Nouveau Testament, ceux qui aiment les biens éternels. C'est pour cela que la Jérusalem terrestre n'était que l'ombre de la Jérusalem céleste, notre mère à tous, et qui est dans le ciel, ce sont les propres paroles de l'Apôtre. Vous savez déjà bien des choses qui vous ont été enseignées sur cette cité, loin de laquelle nous voyageons ici-bas. Or, nous trouvons une circonstance vraiment admirable dans ces enfantements, je veux dire dans les enfants des femmes libres et des servantes, c'est-à-dire quatre classes d'hommes, qui embrassent comme figure tout le peuple chrétien, ce qui nous explique ce qui est dit des trois patriarches : « Je suis le Dieu d'Abraham, le Dieu d'Isaac, et le Dieu de Jacob. » (*Exod.*, III, 6.) En effet, parmi les chrétiens, veuillez y faire attention, mes frères, ou les méchants donnent naissance aux bons, ou les bons aux bons, ou les bons aux méchants, ou les méchants aux méchants, vous ne pouvez trouver une autre hypothèse en dehors de ces quatre classes. Je vais les redire, soyez

---

simus sicut revelare dignatus est, et capere possitis sicut expedit vobis.

8. Tres ergo isti patriarchæ, Abraham, Isaac et Jacob. Jam nostis filii Jacob quia duodecim fuerunt, et inde populus Israel : quia ipse Jacob Israel, et populus Israel tribus duodecim, pertinentes ad duodecim filios Israel. Abraham, Isaac, et Jacob, (*a*) tres patres, et populus unus. Tres patres tanquam in principio populi; tres patres in quibus figurabatur populus : et populus ipse prior, præsens populus. In populo enim Judæorum figuratus est populus Christianorum. Ibi figura, hic veritas : ibi umbra, hic corpus, dicente Apostolo : Hæc autem in figura contingebant illis. (I *Cor.*, x, 11.) Vox est Apostoli : Scripta sunt, inquit, propter nos, in quos finis sæculorum obvenit. Recurrat nunc animus vester ad Abraham, Isaac, et Jacob. (XXXII q. 4, c. *Recurrat.*) In istis tribus invenimus parere liberas, parere et ancillas : invenimus ibi partus liberarum, invenimus ibi et partus ancillarum. (*Gen.*, XXI, 10.) Ancilla nihil boni significat : Ejice ancillam, inquit, et filium ejus; non enim hæres erit filius ancillæ cum filio liberæ. (*Galat.*, IV, 30, etc.) Apostolus hoc commemorat; et in illis duobus filiis Abrahæ, dicit Apostolus fuisse figuram duorum Testamentorum, Veteris et Novi. Ad Vetus Testamentum pertinent dilectores temporalium, dilectores sæculi : ad Novum Testamentum dilectores vitæ æternæ. Ideo illa Jerusalem in terra, umbra erat cœlestis Jerusalem matris omnium nostrum, quæ est in cœlo : et hæc Apostoli verba sunt. (*Ibid.*, 26.) Et de ista civitate unde peregrinamur, multa nostis, multa jam audistis. Invenimus autem rem miram in istis partubus, id est, in istis fetibus, in istis generationibus liberarum et ancillarum, quatuor scilicet genera hominum : in quibus quatuor generibus, completur figura futuri populi Christiani, ut non sit mirum quod in illis tribus dictum est : Ego sum Deus Abraham, et Deus Isaac, et Deus Jacob. (*Exod.*, III, 6.) In omnibus enim Christianis, Fratres intendite, aut per malos nascuntur boni, aut per bonos nascuntur mali, aut per bonos boni, aut per malos mali : amplius istis quatuor generibus non potestis invenire. Quæ iterum repetam, advertite, retinete, excutite corda vestra,

---

(*a*) In Mss. hic post vocem *Jacob*, non additur *tres patres*; neque *unus*, post voces *et populus*.

attentifs, retenez-les bien, secouez la négligence et la paresse de vos cœurs, comprenez pour ne pas y être pris comment on peut diviser tous les chrétiens en quatre classes distinctes. Ou bien les bons donnent naissance aux bons, ou les méchants aux méchants, ou les bons aux méchants, ou enfin les méchants aux bons. Je crois que cette division est claire. Les bons donnent naissance aux bons, lorsque par exemple ceux qui baptisent sont bons, et que ceux qui sont baptisés ont une foi droite, et font sincèrement partie des membres de Jésus-Christ. Les méchants donnent naissance aux méchants, si ceux qui baptisent sont vicieux, et si ceux qui sont baptisés viennent à Dieu avec un cœur double, sans avoir ces mœurs pures qu'enseigne l'Eglise, et qui chassent dehors la paille pour ne conserver que le bon grain. Combien en est-il de cette sorte? vous le savez, mes très-chers frères. Les méchants donnent naissance aux bons; ainsi un adultère donne le baptême, et celui qui le reçoit est justifié. Enfin les bons donnent naissance aux méchants, car il arrive quelquefois que ceux qui baptisent sont des saints, et que ceux qui sont baptisés refusent de marcher dans la voie de Dieu.

9. Ce que je dis, mes frères, est connu dans l'Eglise et des exemples journaliers se chargent de le prouver; considérons cependant cette vérité dans nos pères qui nous ont précédés, et nous y découvrirons ces quatre classes d'hommes. Les bons ont donné naissance aux bons, Ananie a baptisé Paul. (*Act.*, IX, 18.) Comment les méchants ont-ils donné naissance aux méchants? L'Apôtre parle de certains prédicateurs de l'Evangile qui ne prêchent pas l'Evangile avec des vues pures et qu'il tolère cependant dans la société des chrétiens, et il ajoute : « Mais qu'importe, pourvu que Jésus-Christ soit annoncé de quelque manière que ce puisse être, soit par occasion, soit par un vrai zèle, je m'en réjouis. » (*Philipp.*, I, 18.) Le grand Apôtre voulait-il donc le mal, et se réjouissait-il du mal commis par les autres? Non, mais comme les méchants prêchaient la vérité, et que des bouches coupables annonçaient Jésus-Christ, si parmi ceux qu'il baptisait, il s'en trouvait de semblables à eux, alors les méchants baptisaient les méchants, si au contraire ceux qui recevaient le baptême de leurs mains étaient du nombre des disciples à qui Notre-Seigneur fait cette recommandation : « Faites ce qu'ils disent, mais ne faites pas ce qu'ils font, » les bons étaient baptisés par les méchants. Les bons donnaient le baptême aux méchants, comme lorsque Simon le Magicien fut baptisé par saint Philippe. Ces quatre classes d'hommes sont donc bien connues. Je veux de nouveau les énumérer, mes frères, retenez-les bien, comptez-les, observez-les, gardez-vous de celles qui sont mauvaises, attachez-vous à celles qui sont bonnes. Les bons donnent naissance aux bons, lorsque les saints sont baptisés par des saints. Les méchants donnent naissance aux mé-

---

nolite pigri esse : capite ne capiamini, quomodo quatuor genera sunt omnium Christianorum. Aut per bonos nascuntur boni, aut per malos nascuntur mali, aut per bonos mali, aut per malos boni. Puto quia planum est : Per bonos boni : si et qui baptizant boni sunt; et qui baptizantur, recte credunt, et in membris Christi recte numerantur. Per malos mali, si et qui baptizant, mali sunt; et qui baptizantur, duplici corde accedunt ad Deum, et non tenent eos mores, quos audiunt in Ecclesia, ut non ibi sint palea, sed frumentum. Quam enim multi sint, novit Caritas Vestra. Per malos boni : aliquando baptizat adulter, et qui baptizatur justificatur. Per bonos mali : aliquando qui baptizant, sancti sunt; qui baptizantur, tenere viam Dei nolunt.

9. Puto, Fratres, notum esse in Ecclesia, et quotidianis exemplis manifestari ea quæ dicimus : sed in prioribus nostris patribus ea consideremus, quia habuerunt et illi ista quatuor genera. Per bonos boni : Ananias Paulum baptizavit. (*Act.*, IX, 18.) Quid per malos mali? Dicit Apostolus quosdam prædicatores Evangelii, quos dicit non caste annuntiare solere Evangelium, quos tolerat in societate Christiana, et dicit : « Quid enim? dum omni modo sive occasione sive veritate Christus annuntietur, et in hoc gaudeo. » (*Philip.*, I, 18.) Nunquid malevolus erat, et de alieno malo gaudebat? Sed quia et per malos verum prædicabatur, et per malorum ora Christus prædicabatur; si quos isti sui similes baptizabant, mali malos baptizabant : si quos isti baptizabant tales, quales admonet Dominus cum dicit : Quæ dicunt facite, quæ autem faciunt, facere nolite (*Matth.*, XXIII, 3), mali bonos baptizabant. Boni malos baptizabant, quomodo a Philippo sancto Simon magus baptizatus est. (*Act.*, VIII, 13.) Nota sunt ergo ista quatuor genera, Fratres mei. Ecce iterum ea repeto, tenete illa, numerate illa, advertite illa, cavete quæ mala sunt, tenete quæ bona sunt. Per bonos boni nascuntur, cum per sanctos sancti baptizantur : Per malos mali, cum et qui baptizant et qui baptizantur

chants, lorsque ceux qui baptisent comme ceux qui sont baptisés vivent dans le crime et l'impiété. Les méchants donnent naissance aux bons, lorsque les mauvais baptisent les bons. Enfin les bons donnent naissance aux méchants lorsque ceux qui baptisent sont bons, tandis que ceux qui sont baptisés sont mauvais.

10. Mais comment trouver ces quatre classes dans ces trois noms : « Je suis le Dieu d'Abraham, le Dieu d'Isaac et le Dieu de Jacob? » (*Exod.*, III, 6.) Les servantes représentent pour nous les méchants, les femmes libres les bons; les femmes libres enfantent les bons, Sara donne le jour à Isaac (*Gen.*, XXI, 3), les servantes enfantent les méchants, Agar donna le jour à Ismaël. (*Gen.*, XVI, 15.) Dans le seul Abraham nous trouvons donc ces deux classes, les bons donnant naissance aux bons, et les méchants aux méchants. Où voyons-nous la figure des bons donnant naissance aux méchants? Rebecca, épouse d'Isaac, était de condition libre; or lisez, vous verrez qu'elle enfanta deux jumeaux, dont l'un était bon et l'autre mauvais. (*Gen.*, XXV, 24, etc.) La sainte Ecriture ne vous dit-elle pas ouvertement au nom même et par la voix de Dieu : « J'ai aimé Jacob et j'ai haï Esaü? » (*Malac.*, I, 2; *Rom.*, IX, 13) Et par suite l'un est choisi, l'autre repoussé, l'un succède à l'héritage de son père et l'autre est déshérité. Ce n'est point d'Esaü mais de Jacob que Dieu se sert pour former son peuple. Il n'y a eu qu'un seul et même père, et les deux enfants qui ont été conçus sont différents; un seul et même sein qui a donné le jour à deux enfants entièrement dissemblables. La femme libre qui a enfanté Jacob, n'est-elle pas la même qui a enfanté Esaü? Ces deux enfants s'entre-choquaient dans le sein de leur mère, et il fut dit à Rebecca qui se plaignait de cette lutte intestine : « Deux nations sont en ton sein. » (*Gen.*, XXV, 23.) Ces deux hommes représentent deux peuples, le peuple bon, le peuple mauvais, et cependant ils s'entre-choquent dans un même sein. Que de méchants sont dans l'Eglise, et un seul et même sein les porte jusqu'à la séparation du dernier jour! Les bons protestent contre les méchants, les méchants se récrient contre les bons, et c'est dans les entrailles d'une même mère que se passent ces luttes intestines. Seront-ils donc toujours ensemble? Non, au dernier jour, ils sortiront à la lumière, on verra clairement la naissance qui est ici mystérieusement figurée, et la vérité de ces paroles : « J'ai aimé Jacob, et j'ai haï Esaü. »

11. Nous avons donc trouvé, mes frères, ces trois classes, les bons donnant naissance aux bons dans la femme libre qui enfante Isaac; les méchants donnant naissance aux méchants, dans la servante qui donne le jour à Ismaël; et les bons aux méchants dans Rebecca donnant le jour à Esaü. Où trouverons-nous maintenant les méchants donnant naissance aux bons? Il nous reste

---

inique et impie vivunt : Per malos boni, cum mali sunt qui baptizant, et boni qui baptizantur : Per bonos mali, cum boni sunt qui baptizant, et mali qui baptizantur.

10. Quomodo invenimus ista in tribus istis nominibus : Ego sum Deus Abraham, Deus Isaac, et Deus Jacob? (*Exod.*, III, 6.) Ancillas accipimus in malis, liberas accipimus in bonis : pariunt liberæ bonos : Sara peperit Isaac (*Gen.*, XXI, 3) : pariunt ancillæ malos : Agar peperit Ismael. (*Gen.*, XVI, 15.) Habemus in uno Abraham et illud genus cum per bonos boni, et illud genus cum per malos mali. Per bonos mali ubi figurati sunt? Libera erat Rebecca uxor Isaac : legite, peperit geminos, unus erat bonus, alter malus. (*Gen.*, XXV, 24, etc.) Habes aperte Scripturam dicentem Dei voce : Jacob dilexi, Esau autem odio habui. (*Malac.*, I, 2; *Rom.*, IX, 13.) Istos duos genuit Rebecca, Jacob et Esau : unus inde eligitur, alius (a) reprobatur : unus succedit in hæreditatem, alter exhæredatur. Non facit populum suum Deus de Esau : sed facit de Jacob. Semen unum, diversi qui concepti sunt : uterus unus, diversi qui nati sunt. Numquid non libera peperit Jacob, quæ libera peperit Esau? Luctabantur in ventre matris suæ, et dictum est Rebeccæ, cum ibi luctarentur : Duo populi sunt in utero tuo. (*Gen.*, XXV, 23.) Duo homines, duo populi : bonus populus, malus populus : sed tamen in uno ventre luctantur. Quanti mali sunt in Ecclesia, et unus uterus portat, donec in fine discernantur : et boni adversus malos clamant, et mali adversus bonos reclamant, et in unius visceribus utrique luctantur. Numquid semper simul erunt? In fine exitur ad lucem, declaratur nativitas quæ hic in sacramento figuratur : et tunc apparebit, Jacob dilexi, Esau autem odio habui.

11. Jam ergo invenimus, Fratres, et de bonis bonos, de libera Isaac : et de malis malos, de ancilla Ismael : et de bonis malos, Esau de Rebecca. De malis bonos ubi inveniemus? Restat Jacob ut in tribus patriarchis quatuor generum istorum perfectio con-

(a) Mss. *improbatur*.

Jacob pour que les trois patriarches nous offrent dans leurs enfants l'image complète de ces quatre classes différentes. Jacob eut pour épouses des femmes libres, il eut aussi des servantes, les unes comme les autres sont devenues mères, et c'est d'elles que sont sortis les douze fils d'Israël.(*Gen.*, XXIX, 23, etc.; XXX, 4, etc.) Si vous faites l'énumération de ces enfants et des mères qui leur ont donné le jour, vous verrez que tous n'ont pas eu pour mères des femmes libres, que tous aussi n'ont pas eu pour mères des servantes, mais que tous ont eu le même père. Mais quoi, mes frères, est-ce que ceux qui sont nés de mères esclaves ne sont pas entrés en possession de la terre promise aussi bien que leurs frères? Nous trouvons ici des enfants de Jacob qui ont été bons parmi ceux qui sont nés de femmes libres comme parmi ceux qui ont eu des servantes pour mères. Le sein des esclaves qui les a portés ne leur a fait aucun tort, parce qu'ils se sont rappelé que c'était de leur père qu'ils tenaient leur origine; et c'est pour cela qu'ils sont entrés en possession du royaume avec leurs frères. La naissance de mères esclaves n'a donc fait aucun tort aux enfants de Jacob, qui avaient en effet des servantes pour mères, et ne les a point empêchés de devenir les chefs du peuple de Dieu, et de partager avec leurs frères la terre promise, parce que l'origine qu'ils tenaient de leur père a prévalu. De même ceux qui reçoivent le baptême des mains de ministres coupables, semblent avoir des esclaves pour mères, mais cependant qu'ils ne s'attristent point, ils sont sortis de la semence de la parole de Dieu dont Jacob est le symbole, et ils auront part à l'héritage avec leurs frères. Que celui donc qui est sorti d'une bonne semence se rassure; qu'il prenne garde seulement de ne point imiter la conduite de l'esclave, s'il l'a eue pour mère. N'imitez point la servante coupable qui s'enfle d'un vain orgueil. Pourquoi en effet les enfants de Jacob qui étaient nés de mères esclaves ont-ils partagé la terre promise avec leurs frères, tandis qu'Ismaël, qui avait eu aussi une servante pour mère, fut exclu de l'héritage? Pour quelle raison, parce qu'il s'est enorgueilli, et que les enfants de Jacob sont restés humbles et modestes. Ismaël a levé fièrement la tête et a voulu séduire son frère en jouant avec lui.

12. Il y a ici un grand mystère; Ismaël et Isaac jouaient ensemble. Sara voit le fils d'Agar qui jouait avec son fils, et elle dit à Abraham : « Chassez cette servante avec son fils, car le fils de cette servante ne sera pas héritier avec mon fils. » (*Gen.*, XXI, 10.) Abraham fut contristé de cette demande que lui faisait son épouse, mais Dieu lui-même vint la confirmer. Il y a donc évidemment ici un mystère, et je ne sais quel événement des temps à venir figurait cette action de Sara. Elle voit ces deux enfants jouer ensemble, et elle dit : « Chassez cette servante et son fils. » Que signifie cette conduite? Quel mal Ismaël avait-il fait à Isaac en jouant avec lui? Ce

---

cludatur. Habuit uxores Jacob liberas, habuit et ancillas : pariunt liberæ, pariunt et ancillæ, et fiunt duodecim filii Israel. (*Gen.*, XXIX, 23, etc.; *Gen.*, XXX, 4, etc.) Si numeres omnes de quibus nati sunt, non omnes de liberis, non omnes de ancillis : sed tamen omnes ex uno semine. Quid ergo, Fratres mei, numquid qui nati sunt de ancillis, non simul possederunt terram promissionis cum fratribus suis? Invenimus ibi bonos filios Jacob natos de ancillis, et bonos filios Jacob natos de liberis. Nihil illis obfuit nativitas de uteris ancillarum, quando in patre cognoverunt semen suum, et consequenter regnum cum fratribus tenuerunt. Quomodo ergo in filiis Jacob non obfuit illis qui nati sunt de ancillis, quo minus tenerent regnum, et terram promissionis cum fratribus ex æquo acciperent, non illis obfuerunt natales ancillarum, sed prævaluit semen paternum: sic quicumque per malos baptizantur, tanquam de ancillis videntur nati, sed tamen quia ex semine verbi Dei, quod figuratur in Jacob, non contristentur, simul hæreditatem cum fratribus possidebunt. Securus ergo sit, qui de semine bono nascitur, tantum non imitetur ancillam, si de ancilla nascitur. Ancillam malam superbientem non imiteris. Unde enim filii Jacob de ancillis nati, possederunt terram promissionis cum fratribus, Ismael autem de ancilla natus, expulsus est ab hæreditate? unde, nisi quia ille superbus erat, illi humiles? Erexit ille cervicem, et voluit seducere fratrem suum, ludens cum illo.

12. Magnum ibi sacramentum : Ludebant simul Ismael et Isaac, vidit illos Sara ludentes, et ait Abrahæ : Ejice ancillam et filium ejus, non enim hæres erit filius ancillæ cum filio meo Isaac. (*Gen.*, XXI, 10.) Et cum contristatus esset Abraham, confirmavit ei Dominus dictum uxoris ejus. Jam hic manifestum est sacramentum, quia nescio quid futurum parturiebat illa res gesta. Ludentes vidit, et dicit : Ejice ancillam et filium ejus. Quid est hoc, Fratres? Quid enim mali fecerat Ismael puero Isaac, quia ludebat cum illo? Sed illa lusio, illusio erat : illa lusio deceptio-

jeu était une dérision, ce jeu était une tromperie. Veuillez considérer ce grand mystère, mes très-chers frères. L'Apôtre appelle ce jeu, cet amusement une persécution : « De même, dit-il, que celui qui était né selon la chair persécutait alors celui qui était né selon l'Esprit, il en est de même encore aujourd'hui ; » (*Gal.*, IV, 29.) c'est-à-dire que ceux qui sont nés selon la chair persécutent ceux qui sont nés suivant l'Esprit. Quels sont ceux qui sont nés selon la chair ? ceux qui aiment le monde, ceux qui chérissent le siècle. Quels sont ceux qui sont nés selon l'Esprit ? ceux qui aiment le royaume des cieux, qui n'ont d'amour que pour Jésus-Christ, de désir que pour la vie éternelle, et qui servent Dieu par des motifs purs et désintéressés. Quoi ! ces deux enfants jouaient, et l'Apôtre parle de persécution ? Et en effet après ces paroles : « Comme alors celui qui était né selon la chair persécutait celui qui était né selon l'Esprit, il en est de même aujourd'hui, » il continue en expliquant de quelle persécution il voulait parler : « Mais que dit l'Ecriture ? Chassez la servante et son fils, car le fils de la servante ne sera point héritier avec mon fils Isaac. » (*Gal.*, IV, 29, 30.) Si nous cherchons dans quelle circonstance l'Ecriture s'exprime de la sorte, et s'il est vrai qu'Ismaël ait vraiment persécuté Isaac, nous trouvons que Sara fait cette demande lorsqu'elle vit ces deux enfants qui jouaient ensemble. Sara les vit simplement jouer ensemble, dit l'Ecriture, et l'Apôtre appelle ce jeu une persécution. Vos plus véritables persécuteurs sont donc ceux qui cherchent à vous faire illusion, à vous séduire en vous disant : Venez, venez vous faire baptiser ici, vous y trouverez le vrai baptême. Ne vous laissez point aller à ce jeu, il n'y a qu'un seul vrai baptême, c'est un jeu qu'on vous propose, on veut vous séduire, et vous avez tout à craindre de cette persécution. Il vous serait bien plus avantageux de gagner Ismaël et de le faire entrer en participation du royaume, mais il ne veut point, il ne veut que s'amuser. Conservez donc l'héritage de votre père, et écoutez ces paroles : « Chassez la servante et son fils, car le fils de la servante ne sera point héritier avec mon fils Isaac. »

13. Ceux dont je parle osent se plaindre de la persécution dirigée contre eux par les rois ou par les princes chrétiens. Quelles persécutions ont-ils à endurer ? La souffrance du corps ? c'est à eux de savoir et de se demander au fond de leurs consciences, s'ils ont eu à souffrir et comment ils ont souffert. Cependant j'admets qu'ils ont eu à souffrir dans leur corps, mais la persécution dont ils sont les auteurs est mille fois plus cruelle. Mettez-vous en garde lorsqu'Ismaël veut jouer avec Isaac, lorsqu'il cherche à vous flatter, lorsqu'il vous propose un autre baptême, répon-

---

nem significabat. Nam magnum sacramentum attendat Caritas Vestra. Persecutionem illam vocat Apostolus : ipsam lusionem, ipsum lusum persecutionem vocat : ait enim : « Sed sicut tunc ille qui secundum carnem natus erat, persequebatur eum qui secundum spiritum, ita et nunc : » (*Galat.*, IV, 29) id est, qui secundum carnem nati sunt, persequuntur eos qui secundum spiritum nati sunt. Qui sunt secundum carnem nati ? dilectores mundi, amatores sæculi. Qui sunt secundum spiritum nati ? amatores regni cœlorum, dilectores Christi, desiderantes vitam æternam, gratis colentes Deum. Ludunt, et dicit Apostolus persecutionem. Nam postea quam dixit hæc verba Apostolus : « Et sicut tunc ille qui secundum carnem natus erat, persequebatur eum qui secundum spiritum, ita et nunc : » secutus est, et ostendit de qua persecutione diceret : Sed quid dicit Scriptura ? « Ejice ancillam et filium ejus, non enim hæres erit filius ancillæ cum filio meo Isaac. » (*Ibid.*, 30.) Quærimus ibi hoc dicat Scriptura, ut videamus utrum aliqua persecutio præcesserit Ismaelis in Isaac : et invenimus hoc dictum esse a Sara, quando vidit pueros ludentes simul. (*Gen.*, XXI, 9.) Quam lusionem dicit Scriptura vidisse Saram, hanc persecutionem dicit Apostolus. Plus ergo vos persequuntur qui vos illudendo seducunt : Veni, veni, baptizare hic, hic habes verum baptismum. Noli ludere, unus est verus : ille lusus est : (*a*) seduceris, et ista persecutio gravis tibi erit. Melius tibi erat, ut Ismaelem tu lucrareris ad regnum : sed non vult Ismael, quia ludere vult. Tene tu hæreditatem patris, et audi : Ejice ancillam et filium ejus, non enim hæres erit filius ancillæ cum filio meo Isaac.

13. Isti etiam audent dicere, quia persecutionem solent pati a catholicis regibus, aut a catholicis principibus. Quam persecutionem tolerant ? afflictionem corporis : si tamen aliquando passi sunt, aut quomodo passi sunt, ipsi sciant, et conveniant conscientias suas, tamen afflictionem corporis passi sunt : persecutio quam faciunt gravior est. Cave quando vult ludere Ismael cum Isaac, quando tibi blanditur, quando offert alterum baptismum : responde : Habeo

(*a*) In tribus Mss. *lusus est seducens* : in uno, *seductoris*.

dez-lui alors : « Je suis déjà baptisé. Si le baptême que vous avez reçu est véritable, celui qui vous en propose un autre veut se jouer de vous. Défiez-vous de ce persécuteur de votre âme. Si le parti de Donat a eu à souffrir de la part des princes chrétiens, c'est dans son corps, il n'a eu à souffrir aucune dérision dans son esprit; voyez du reste, et considérez attentivement comme les faits anciens sont dans toutes leurs circonstances les signes et les figures des événements futurs. Sara se conduit sévèrement à l'égard de sa servante Agar. Sara est la femme libre, elle voit l'orgueil de sa servante, elle s'en plaint à Abraham et lui dit : « Chassez cette servante, » qui lève fièrement la tête contre moi. Sara se plaint à Abraham comme s'il était la cause de l'orgueil d'Agar. Mais Abraham qui n'était point lié à sa servante par une passion criminelle, et qui ne tenait à elle que pour avoir des enfants, c'est-à-dire pour la fin que s'était proposée Sara en la lui donnant, lui répondit : « Voilà votre servante, faites-en ce que vous voudrez. » (*Gen.*, XVI, 6.) Sara la traita donc fort mal, et Agar fut obligée de s'enfuir. Vous le voyez, la femme libre traite sévèrement la servante, et saint Paul n'appelle point cette conduite une persécution; le serviteur joue avec son maître, et c'est une persécution au témoignage de l'Apôtre. Cette conduite sévère n'est point une persécution, tandis qu'il donne ce nom à ce qui ne paraît qu'un simple jeu. Que vous en semble, mes frères? Ne comprenez-vous pas l'enseignement qui vous est ici donné? Lorsque Dieu veut exciter les puissances contre les hérétiques, contre les schismatiques, contre ceux qui veulent détruire l'Eglise, anéantir le nom de Jésus-Christ, contre les blasphémateurs du baptême, qu'ils cessent d'en être étonnés, c'est Dieu qui excite Sara à traiter sévèrement Agar. Que doit donc faire Agar? Reconnaître ce qu'elle est, abaisser son orgueil. En effet, lorsqu'après cette humiliation, elle s'éloignait de sa maîtresse, un ange se présenta à elle et lui dit : « Que faites-vous, Agar, servante de Sara? » Agar lui fit part de ses plaintes contre Sara, et que lui répond l'ange? « Retournez vers votre maîtresse. » (*Gen.*, XVI, 8, 9.) Elle n'a donc été traitée durement que pour la déterminer à revenir. Et plût à Dieu qu'elle revînt, car alors ses enfants comme ceux de Jacob auront part à l'héritage avec leurs frères.

14. Ils sont surpris que les princes chrétiens exercent leur puissance contre ces sacriléges destructeurs de l'Eglise. Faudrait-il donc qu'ils restassent indifférents? Et comment pourraient-ils alors rendre compte à Dieu de leur puissance? Veuillez faire attention, mes frères, à ce que je vais dire : C'est un devoir pour les rois chrétiens de procurer pendant la durée de leur règne la paix à l'Eglise leur mère, qui les a enfantés spirituellement à Jésus-Christ. Dans le livre de

---

jam baptismum. Si enim verus est iste baptismus, qui tibi vult dare alterum, illudere te vult. Cave animæ persecutorem. Nam si a principibus catholicis aliquid passa est pars Donati aliquando, secundum corpus passa est, non secundum illusionem spiritus. Audite et videte in ipsis veteribus factis, omnia futurarum rerum signa et indicia. Invenitur Sara afflixisse Agar ancillam : Sara libera est : postea quam superbire cœpit ancilla, questa est Abrahæ Sara, et dixit : Ejice ancillam, crexit adversum me cervicem suam. (*Gen.*, XXI, 10.) Et quasi ab Abraham fieret, de Abraham questa est mulier. Abraham vero qui non in ancilla libidine abutendi tenebatur, sed officio generandi, quoniam Sara ei dederat, unde prolem susciperet, ait ei : Ecce ancilla tua, utere ea sicut vis. (*Gen.*, XVI, 6.) Et afflixit eam graviter Sara, et fugit a facie ejus. Ecce libera afflixit ancillam, et non illam vocat persecutionem Apostolus : ludit servus cum domino, et persecutionem vocat : afflictio ista non vocatur persecutio, et lusio illa vocatur persecutio. Quid vobis videtur, Fratres? Nonne intelligitis quid significatum sit? Sic ergo quando vult Deus concitare potestates adversus hæreticos, adversus schismaticos, adversus dissipatores Ecclesiæ, adversus exsufflatores Christi, adversus blasphematores baptismi, non mirentur : quia Deus concitat, ut a Sara verberetur Agar. Cognoscat se Agar, ponat vicem : quia cum humiliata discederet a domina sua, occurrit ei Angelus, et dixit : Quid est Agar ancilla Saræ? cum conquesta esset de domina, quid audivit ab Angelo? Revertere ad dominam tuam. (*Gen.*, XVI, 8 et 9.) Ad hoc ergo affligitur, ut revertatur. Atque utinam revertatur : quia proles ejus, sicut filii Jacob, cum fratribus hæreditatem tenebit.

14. Mirantur autem, quia commoventur potestates Christianæ adversus detestandos dissipatores Ecclesiæ. Non ergo moverentur? Et quomodo redderent rationem de imperio suo Deo? Intendat Caritas vestra quid dicam, quia pertinet hoc ad reges sæculi Christianos, ut temporibus suis pacatam velint matrem suam Ecclesiam, unde spiritaliter nati sunt. Legimus Danielis visiones et gesta prophetica (*Daniel*,

Daniel qui contient le récit de visions et d'actions qui étaient autant de prophéties, nous voyons que les trois enfants louaient Dieu dans la fournaise; le roi Nabuchodonosor s'étonna de voir ces enfants louer Dieu sans que le feu qui les entourait leur fît aucun mal (*Dan.*, III, 91, etc.), et après qu'il eut admiré ce prodige, que dit le roi Nabuchodonosor, non pas un Juif, non pas un circoncis, mais ce roi idolâtre qui avait élevé sa statue, et convoqué tous ses peuples pour l'adorer? Les louanges que chantaient les trois enfants l'ont profondément ému, il a vu la majesté de Dieu au milieu de la fournaise, et que dit-il? «Voici le décret que je fais pour toutes les tribus et pour toutes les langues sur toute la terre.» Quel est ce décret? «Tous ceux qui auront proféré un blasphème contre le Dieu de Sidrac, de Misac et d'Abdenago périront et leur maison sera détruite.» Voilà les peines sévères qu'un roi idolâtre édicte contre les blasphémateurs du Dieu d'Israël, parce que sa puissance a délivré trois enfants du feu, et ils voudraient que des rois chrétiens fussent moins sévères contre ceux qui veulent anéantir Jésus-Christ, qui a délivré non point trois enfants, mais l'univers entier avec les rois eux-mêmes des flammes de l'enfer? En effet, mes frères, ces trois enfants n'ont été préservés que d'un feu matériel et passager. Est-ce que le Dieu de ces trois enfants n'était pas aussi le Dieu des Machabées? Cependant il a délivré les premiers du feu, les autres ont perdu la vie au milieu des flammes dévorantes, mais ils ont persévéré dans leur attachement aux préceptes de la loi. Les uns ont été délivrés d'une manière éclatante, les autres ont été couronnés secrètement. L'acte qui nous sauve des flammes de l'enfer est bien supérieur à celui qui préserve du feu allumé par les puissances de la terre. Si donc le roi Nabuchodonosor a rendu un hommage aussi éclatant à la puissance de Dieu, qui avait délivré ces trois enfants de la fournaise; s'il a proclamé si haut sa gloire que d'envoyer ce décret à tout son royaume: «Tous ceux qui auront blasphémé le Dieu de Sidrac, de Misach et d'Abdenago périront et leurs maisons seront détruites;» (*Dan.*, III, 91) comment ces rois pourraient rester indifférents non pas devant le spectacle de trois enfants délivrés des flammes, mais devant leur propre délivrance de l'enfer, lorsqu'ils voient des chrétiens chercher à détruire le nom de Jésus-Christ leur libérateur, lorsqu'ils entendent dire à un chrétien: Renoncez au titre de chrétien? Voilà les excès auxquels ils veulent se porter et ils ne voudraient point en porter le châtiment.

13. Voyez, en effet, d'un côté ce qu'ils font, de l'autre ce qu'ils souffrent. Ils tuent les âmes, et ils sont châtiés dans leur corps; la mort qu'ils donnent est éternelle, et ils se plaignent qu'on leur fasse souffrir une mort qui ne dure qu'un

---

III, 91 etc.) : tres pueri in igne laudaverunt Dominum; miratus est Nabuchodonosor rex laudantes Deum pueros, et circa eos ignem (*a*) innocentem : et cum admiratus esset, quid ait Nabuchodonosor rex, non vel Judæus vel circumcisus, ille qui statuam suam erexerat, et ad eam adorandam omnes coegerat : tamen laudibus trium puerorum commotus, ubi vidit majestatem Dei præsentis in igne, quid ait? « Et ego proponam decretum omnibus tribubus et linguis in omni terra. » Quale decretum? « Quicumque dixerint blasphemiam in Deum Sidrac, Misac, et Abdenago, in interitum erunt, et domus eorum in perditionem. » Ecce quomodo sævit rex alienigena, ne blasphemetur Deus Israel, quia potuit tres pueros de igne liberare : et nolunt ut sæviant reges Christiani, quia Christus exsufflatur, a quo non tres pueri, sed orbis terrarum cum ipsis regibus a gehennarum igne liberatur? Nam tres illi pueri, Fratres mei, liberati sunt ab igne temporali. Numquid non ipse est Deus Machabæorum, qui et trium puerorum?

(*a*) Edili, *non nocentem*, Mss. *innocentem*.

(II *Machab.*, VII, 1 etc.) Illos ab igne liberavit : illi in tormentis igneis corpore defecerunt, sed in legitimis mandatis animo permanserunt. Illi aperte liberati sunt, illi occulte coronati sunt. Plus est liberari de flamma gehennarum, quam de fornace potestatis humanæ. Si ergo Nabuchodonosor rex laudavit et prædicavit, et gloriam dedit Deo, quia liberavit de igne tres pueros, et tantam gloriam dedit, ut decretum mitteret per regnum suum: «Quicumque dixerint blasphemiam in Deum Sidrac, Misac, et Abdenago, in interitum erunt, et domus eorum in perditionem: » (*Daniel.*, III, 96) quomodo isti reges non moventur, qui non tres pueros attendunt liberatos de flamma, sed seipsos liberatos de gehenna, quando vident Christum, a quo liberati sunt, exsufflari in Christianis, quando audiunt dici Christiano: Dic te non esse Christianum? Talia facere volunt, et saltem talia pati nolunt.

15. Nam videte qualia faciunt, et qualia patiuntur. Occidunt animas, affliguntur in corpore : sempiternas mortes faciunt, et temporales se perpeti conque-

instant. Et encore quelles morts ont-ils eu à souffrir! Ils nous citent je ne sais quels martyrs de leur secte victimes de la persécution. C'est un Marculus qui a été précipité du haut d'un rocher; c'est un Donat de Baga qui a été jeté dans un puits. Quand a-t-on vu les empereurs romains commander ce nouveau genre de supplice, et précipiter les coupables du haut d'un rocher? Que répondent les catholiques nos frères? je ne sais ce qui s'est passé, mais que disent-ils? C'est que ces prétendus martyrs se sont donné eux-mêmes la mort, et que leur parti en veut faire retomber l'odieux sur l'autorité publique. Rappelons-nous ici la manière d'agir de la puissance romaine, et voyons ici qui nous devons croire. Les nôtres affirment qu'ils se sont précipités eux-mêmes. S'ils ne sont pas les disciples de ceux qui maintenant encore se précipitent du haut des rochers, sans que personne les persécute, refusons de le croire; mais qu'y a-t-il d'étonnant que les premiers aient fait ce qui est ordinaire à ceux de leur parti? Jamais la puissance romaine n'a ordonné de semblables supplices. Mais ne pouvaient-ils donc se donner la mort ouvertement? Ils voulaient être honorés après leur mort, et ils n'ont point trouvé de mort qui pût leur attirer plus de célébrité. Mais en fin de cause que s'est-il passé, je n'en sais rien. Si vous avez eu à souffrir, ô parti de Donat, dans votre corps, de la part de l'Eglise catholique, c'est Agar qui est traitée sévèrement par Sara; retournez vers votre maîtresse. Cet endroit de l'Ecriture que j'ai cru nécessaire de vous expliquer, nous a retenu un peu trop longtemps pour que nous puissions vous expliquer toute la partie du texte évangélique qui vous a été lue. C'en est assez pour cette fois; mes très-chers frères, d'autres explications pourraient faire sortir de vos cœurs celles que nous vous avons données. Conservez-les donc avec soin, répétez-les au besoin; sortez d'ici enflammés d'un saint zèle, et embrasez tous ceux qui restent froids.

TRAITÉ XII.

Depuis ces paroles: « Ce qui est né de la chair, est chair, » etc., jusqu'à ces autres: « Celui qui fait la vérité, vient à la lumière, afin que ses œuvres apparaissent, parce qu'elles sont faites en Dieu. »

1. L'appel que nous avons fait hier à votre piété, mes frères, a produit des fruits; je le vois à l'empressement avec lequel vous vous êtes réunis ici en plus grand nombre. Commençons donc, si vous le voulez, par vous donner l'explication que réclame la lecture suivie de l'Evangile qui vous a été faite; nous vous apprendrons ensuite, mes très-chers frères, ce que nous avons fait, et ce que nous espérons encore faire pour la paix de l'Eglise. Appliquez maintenant toute votre attention à l'Evangile, à l'exclusion de toute autre pensée. Car celui qui est tout entier à cette explication la comprend à peine,

runtur. Et tamen quas patiuntur? Proferunt nobis nescio quos in persecutione suos martyres. Ecce Marculus de petra præcipitatus est: ecce Donatus Bagaiensis in puteum missus est. Quando potestates Romanæ talia supplicia decreverunt, ut præcipitarentur homines? Quid autem respondent nostri? Quid sit gestum nescio: tamen quid tradunt nostri? Quia ipsi se præcipitaverunt, et potestates infamaverunt. Recordemur consuetudinem potestatum Romanarum, et videamus cui credendum sit. Dicunt nostri illos se præcipitasse: si non sunt ipsi discipuli ipsorum qui se modo de saxis nullo persequente præcipitant, non credamus: quid mirum, si fecerunt illi quod solent? Nam potestates Romanæ nunquam talibus suppliciis usæ sunt. Num enim non poterant occidere aperte? Sed illi qui se mortuos coli voluerunt, famosiorem mortem non invenerunt. Postremo quidquid illud est, non novi. Et si passa es, o pars Donati, corporalem afflictionem ab Ecclesia catholica, a Sara passa es Agar: redi ad dominam tuam. Locus quidem necessarius aliquanto diutius nos tenuit, ut textum totum Evangelicæ lectionis exponere minime valeremus. Fratres, sufficiat interim Caritati Vestræ, ne hæc quæ dicta sunt, dicendo alia, excludantur de cordibus vestris. Hæc tenete, talia dicite, flammantes illuc procedite, accendite frigidos.

TRACTATUS XII.

Ab eo Evangelii loco: « Quod natum est de carne, caro est, » etc., usque ad id: « Qui autem facit veritatem, venit ad lucem, ut manifestentur ejus opera, quia in Deo sunt facta. »

1. Ex eo quod hesterno die intentam fecimus Caritatem Vestram, intelligimus vos alacrius et numerosius convenisse: sed interim lectioni Evangelicæ ex ordine sermonem debitum reddamus, si placet: deinde audiet Caritas Vestra de pace Ecclesiæ vel quid egerimus, vel quid adhuc agendum speremus. Nunc ergo tota intentio cordis ad Evangelium feratur: nemo aliunde cogitet. Si enim qui totus adest,

celui dont l'esprit est partagé par mille pensées diverses, ne perdra-t-il pas infailliblement ce qu'il avait compris? Vous vous rappelez, mes frères, que dimanche dernier (1) nous avons traité, autant que Dieu a daigné nous en faire la grâce, de la régénération spirituelle; nous avons fait reprendre aujourd'hui cette même lecture, afin de compléter aujourd'hui, au nom de Jésus-Christ, et à l'aide de vos prières, les explications que nous n'avons pu vous donner.

2. Il n'y a qu'une seule régénération spirituelle, comme il n'y a qu'une seule régénération charnelle. Nicodème disait vrai lorsqu'il répondait à Notre-Seigneur qu'un homme déjà vieux ne pouvait rentrer dans le sein de sa mère et naître de nouveau. Il ne le disait que d'un homme déjà vieux, comme s'il le pourrait s'il était encore enfant. Mais non; il est absolument impossible aussi bien à un enfant qui vient de naître comme à un homme avancé en âge, de rentrer dans le sein de sa mère et de naître de nouveau. Or, de même que le sein des mères n'ont la vertu que de donner une seule naissance selon la chair, le sein de l'Eglise ne peut aussi donner qu'une seule fois la naissance spirituelle, par un seul et unique baptême. Et qu'on ne dise pas : Celui-ci est né dans l'hérésie, celui-là dans le schisme, nous avons coupé court à toutes ces difficultés, si vous vous le rappelez, dans ce que nous avons dit des trois patriarches dont Dieu a voulu être appelé le Dieu, non pas qu'il fussent les seuls dont il était le Dieu, mais parce qu'ils étaient les seuls dans lesquels nous trouvons la figure la plus complète du peuple futur. Nous y voyons, en effet, le fils d'une servante exclu de l'héritage que possède seul le fils d'une femme libre; et d'un autre côté le fils d'une femme libre déshérité, tandis que le fils d'une servante a part à l'héritage. Ainsi Ismaël, né d'une servante, est exclu de l'héritage. (*Gen.*, XXI, 10.) Isaac, né d'une femme libre, est l'unique héritier. (*Gen.*, XXV, 5.) Esaü, né d'une femme libre, est à son tour privé de l'héritage paternel (*Gen.*, XXVII, 35), et les enfants de Jacob qui avaient des servantes pour mères, partagent l'héritage avec leurs frères. (*Gen.*, XLIX.) Ces trois patriarches nous offrent donc une figure parfaite du peuple chrétien, et c'est à juste titre que Dieu se proclame : « Le Dieu d'Abraham, le Dieu d'Isaac, le Dieu de Jacob; » (*Exod.*, III, 6) c'est là, dit-il, mon nom pour l'éternité. Rappelons-nous surtout la promesse qu'il fit à Abraham; elle a été également faite à Isaac, à Jacob. Quelle est-elle? « Toutes les nations seront bénies en celui qui sortira de toi. » (*Gen.*, XXII, 18.) Abraham crut seul alors ce qu'il ne voyait pas; aujourd'hui les hommes voient et sont aveuglés. La promesse faite à un seul s'est accomplie pour les nations,

(1) Dans le Traité précédent.

---

vix capit : qui se per cogitationes diversas dividit, nonne et quod ceperat fundit ? Meminit autem Caritas Vestra Dominico præterito, quantum Dominus adjuvare dignatus est, disseruisse nos de spiritali regeneratione : quam lectionem vobis iterum legi fecimus, ut quæ tunc non dicta sunt, in Christi nomine adjuvantibus orationibus vestris impleamus.

2. Regeneratio spiritalis una est, sicut generatio carnalis una est. Et quod Nicodemus Domino ait, verum dixit, quia non potest homo cum sit senex, redire rursum in uterum matris suæ et nasci. Ille quidem dixit, quia homo cum sit senex, hoc non potest, quasi, et si infans esset, posset. Omnino enim non potest, sive recens ab utero, sive annosa jam ætate, redire rursum in materna viscera et nasci. Sed sicut ad nativitatem carnalem valent muliebria viscera ad semel pariendum : sic ad nativitatem spiritalem valent viscera Ecclesiæ, ut semel quisque baptizetur. Propterea ne quis forte dicat : Sed iste in hæresi natus est, et iste in schismate natus est : amputata sunt omnia, si meministis, quæ vobis disputata sunt de tribus patribus nostris, quorum Deus dici voluit, non quia soli erant, sed quia in solis expleta est integritas significandi populi futuri. Invenimus enim natum de ancilla exhæredatum, natum de libera hæredem : rursum invenimus natum de libera exhæredatum, natum de ancilla hæredem. Natus de ancilla exhæredatus Ismael, natus de libera hæres Isaac, natus de libera exhæredatus Esau, nati de ancillis hæredes filii Jacob. (*Gen.*, XXI, 10; XXV, 5; XXVII, 35 et 49.) In illis itaque tribus patribus, omnis futuri populi figura perspecta est : nec immerito Deus inquit: Ego sum Deus Abraham, et Deus Isaac, et Deus Jacob (*Exod.*, III, 6); hoc mihi, inquit, nomen est in æternum. Magis meminerimus, quid promissum sit ipsi Abrahæ : hoc enim promissum est Isaac, hoc promissum est et Jacob. Quid invenimus? In semine tuo benedicentur omnes gentes. (*Gen.*, XXII, 18.) Credidit tunc unus quod nondum videbat : vident homines; et excæcantur. Completum est in gentibus, quod promissum est uni : et separantur a

et ceux qui refusent de voir l'accomplissement de cette promesse se séparent de la communion des nations. Mais quel fruit leur revient-il de cette obstination à refuser de voir? Ils sont forcés de voir, qu'ils le veuillent, qu'ils ne le veuillent pas; la vérité qui brille de tout son éclat frappe jusqu'aux yeux qui s'obstinent à rester fermés.

3. Jésus a répondu à Nicodème qui était du nombre de ceux qui croyaient en Jésus, mais à qui Jésus lui-même ne se fiait pas. Il en était quelques-uns, en effet, à qui le Sauveur ne croyait pas devoir se confier, bien qu'ils crussent en lui. C'est ce que nous lisons dans l'Evangile : « Beaucoup crurent en lui, en voyant les miracles qu'il faisait; mais Jésus ne se fiait point à eux. Et il n'avait pas besoin que personne lui rendît témoignage d'aucun homme, car il savait lui-même ce qu'il y avait dans l'homme. » (*Jean*, II, 23-25.) Ils en étaient venus à croire en Jésus, et Jésus ne se fiait point à eux. Pourquoi? Parce qu'ils n'avaient pas encore reçu une nouvelle naissance de l'eau et de l'Esprit saint. Voilà pourquoi nous avons exhorté et nous exhortons encore nos frères les catéchumènes. Si vous les interrogez, ils vous répondront qu'ils croient en Jésus-Christ; mais comme ils ne reçoivent pas encore sa chair et son sang, Jésus ne se fie point encore à eux. Que doivent-ils faire pour que Jésus consente à se fier à eux? Qu'ils renaissent de l'eau et de l'Esprit saint, que l'E-glise fasse paraître ceux qu'elle enfante. Ils ont été conçus, qu'ils soient produits au grand jour; ils trouveront des mamelles qui les allaiteront, qu'ils ne craignent point d'être étouffés en naissant, qu'ils ne s'éloignent pas du sein maternel.

4. Nul ne peut rentrer dans le sein de sa mère, et naître de nouveau; mais je ne sais qui a pu naître d'une servante. Est-ce que ceux qui ont eu des servantes pour mères sont rentrés dans le sein de femmes libres pour recevoir une nouvelle naissance? Le sang d'Abraham se retrouve dans Ismaël, et c'est l'épouse même d'Abraham qui autorisa son mari à rendre mère sa servante. (*Gen.*, XVI, 2.) Ismaël dut sa naissance au sang d'Abraham, et s'il ne fut point conçu dans le sein de son épouse, il le fut du moins par son consentement. Est-ce donc parce qu'il était né d'une servante qu'il fut deshérité? Mais si tel est le motif pour lequel il fut exclus de l'héritage, nuls de ceux qui ont eu des servantes pour mères ne devraient y avoir part. Cependant les enfants de Jacob ont partagé l'héritage; Ismaël au contraire en a été exclu, non point parce qu'il était né d'une servante, mais parce qu'il s'était conduit insolemment à l'égard de sa mère et de l'enfant de sa mère, car Sara était sa mère à plus juste titre qu'Agar. Agar prêta son sein, il est vrai, mais ce fut par la volonté expresse de Sara. Abraham n'aurait point voulu agir ici contre la volonté de son épouse; Ismaël est donc à plus juste titre le fils

---

communione gentium, qui et quod impletum est videre nolunt. Sed quid illis prodest quia videre nolunt? Vident, velint, nolint : aperta veritas et clausos oculos ferit.

3. Responsum est Nicodemo, qui ex eis erat qui crediderant in Jesum, et ipse Jesus non se credebat eis. Quibusdam enim non se credebat, cum jam in illum credidissent. Sic habes scriptum : « Multi crediderunt in nomine ejus, videntes signa quæ faciebat. Ipse autem Jesus non credebat semetipsum illis. Non enim opus habebat, ut quisquam testimonium perhiberet de homine, ipse enim sciebat quid esset in homine. » (*Joan.*, II, 23, 24, 25) Ecce jam illi credebant in Jesum, et ipse Jesus non se credebat eis. Quare? Quia nondum erant renati ex aqua et Spiritu. Inde hortati sumus, et hortamur Fratres nostros catechumenos. Si enim interroges eos, jam crediderunt in Jesum : sed quia nondum carnem ejus et sanguinem accipiunt, nondum se illis credidit Jesus. Quid faciant ut se illis credat Jesus? Renascantur ex aqua et Spiritu, proferat Ecclesia quos parturit. Concepti sunt, edantur in lucem : habent ubera quibus nutriantur, non timeant ne nati suffocentur, ab uberibus maternis non recedant.

4. Nullus potest homo redire in matris viscera, et iterum nasci. Sed de ancilla nescio quis natus est? Numquid tunc qui nati sunt de ancillis, redierunt in uterum liberarum, ut denuo nascerentur? Semen Abraham et in Ismael : et ut posset Abraham facere filium de ancilla, uxor auctor fuit. (*Gen.*, XVI, 2.) Natus est ex semine viri, et non utero, sed solo placito uxoris. Numquid quia de ancilla, ideo exhæredatus? Si propterea exhæredatus quia de ancilla natus est, nulli ancillarum filii admitterentur ad hæreditatem. Filii Jacob admissi sunt ad hæreditatem : Ismael autem, non quia ex ancilla natus, exhæredatus, sed quia superbus matri, superbus in filium matris; mater enim ejus magis Sara quam Agar. Illius uterus accommodatus, illius voluntas accessit : non faceret Abraham quod Sara nollet : magis ergo ille filius

de Sara. Mais parce qu'il s'était conduit avec orgueil à l'égard de son frère, orgueil qui lui fit tourner le jeu en dérision (*Gen.*, XXI, 10), que dit Sara? « Chassez la servante et son fils, car le fils de la servante ne sera pas héritier avec mon fils Isaac. » Ce n'est donc point le sein dont il était sorti qui l'a fait chasser dehors, c'est l'orgueil insolent de l'esclave. Qu'un homme libre se laisse dominer par l'orgueil, il est esclave, et ce qui est pire, d'un très-mauvais maître, de l'orgueil lui-même. Donc, mes frères, répondez que l'homme ne peut naître de nouveau, et répondez en toute assurance que cela est impossible. Tout ce qu'on essaie dans ce sens est une dérision, toute tentative nouvelle est un jeu. Ismaël se livre à ce jeu, qu'il soit mis dehors. Sara voit les deux enfants jouant ensemble, dit l'Ecriture, et elle dit à Abraham : « Chassez la servante et son fils. » Ce jeu déplut à Sara; elle vit dans ce jeu quelque nouveauté qui la blessa. Est-ce que les femmes qui ont des enfants ont d'autre désir que de les voir jouer ensemble? Sara voit ces deux enfants jouer, et elle désapprouve leur jeu. Je ne sais ce qu'elle y remarqua; elle y vit sans doute de la dérision, elle y vit l'orgueil du fils de l'esclave, voilà ce qui lui déplut et lui fit demander son renvoi. Les enfants nés de servantes et dont la conduite est mauvaise, sont chassés dehors, et Esaü, né d'une femme libre, l'est également. Que personne donc ne se rassure sur la vertu de ceux qui lui ont donné le jour, que personne ne mette une confiance présomptueuse dans le baptême qui lui a été conféré par un saint. Que celui qui a reçu le baptême des mains d'un saint, prenne garde d'être un Esaü plutôt qu'un Jacob. Permettez-moi, mes frères, de vous le dire, il vaut mieux être baptisé par des hommes qui cherchent leurs intérêts et qui aiment le monde, figuré par le nom de servante, pourvu qu'on cherche spirituellement l'héritage de Jésus-Christ et qu'on soit comme fils de Jacob par une servante, que d'être baptisé par des saints, et d'en concevoir de l'orgueil, jusqu'à devenir un Esaü qu'il faut chasser dehors, quoiqu'ayant une femme libre pour mère. Attachez-vous, mes frères, à ces enseignements; nous ne vous flattons pas, nous ne voulons pas que vous mettiez en nous votre espérance, nous avons horreur de la flatterie autant pour vous que pour nous; chacun ici porte son fardeau. C'est notre devoir de vous parler de la sorte, pour ne point nous exposer à être mal jugé; c'est votre devoir de nous écouter, et de nous écouter du fond du cœur, pour qu'on n'exige pas de nous ce que nous donnons, ou plutôt qu'en l'exigeant on y trouve non point une cause de préjudice, mais un véritable profit.

5. Jésus répond à Nicodème en lui expliquant cette vérité : « En vérité, en vérité je vous le dis, nul, s'il renaît de l'eau et de l'Esprit, ne

---

Sarae. Sed quia superbus in fratrem, et superbus ludendo, quia deludendo; quid ait Sara? Ejice ancillam et filium ejus, non enim hæres erit filiæ ancillæ cum filio meo Isaac. (*Gen.*, XXI, 10.) Non ergo illum viscera ancillæ ejecerunt foras, sed cervix servilis. Etsi liber superbus sit, servus est; et quod pejus est, malæ dominæ, ipsius superbiæ. Itaque, Fratres mei, respondete homini, non posse rursus nasci hominem; respondete securi, non posse rursus nasci hominem. Quidquid iterum fit, illusio est : quidquid iterum fit, lusus est. Ismael ludit, foras mittatur. Animadvertit enim eos Sara ludentes, ait Scriptura, et dixit Abrahæ : Ejice ancillam et filium ejus. Displicuit Saræ lusus puerorum, aliquid novum vidit pueros ludere. Nonne optant hoc quæ filios habent, videre ludentes filios suos? Vidit illa, et improbavit. Nescio quid vidit in lusu : illusionem vidit in illo lusu, animadvertit servi superbiam, displicuit illi, ejecit foras (*a*). Nati de ancillis improbi mittuntur foras, et natus de libera mittitur foras Esau. Nemo ergo præsumat quia de bonis nascitur, nemo præsumat quia per sanctos baptizatur. Qui per sanctos baptizatur, adhuc caveat ne non sit Jacob, sed Esau. Hoc ergo, Fratres, dixerim : Melius est ab hominibus sua quærentibus et mundum diligentibus, quod significat nomen ancillæ, baptizari, et spiritaliter hæreditatem quærere Christi, ut sit tanquam filius Jacob de ancilla, quam baptizari per sanctos et superbire, ut sit Esau foras mittendus, quamvis natus ex libera. Hæc Fratres tenete. Non vos palpamus, nulla spes vestra in nobis sit : nec nobis blandimur, nec vobis : unusquisque suam sarcinam portat. Nostrum est dicere, ne male judicemur : vestrum est audire, et corde audire, ne exigatur quod damus; imo quando exigitur, lucrum inveniatur, non detrimentum.

5. Dicit Dominus Nicodemo, et exponit ei : « Amen, amen dico tibi, nisi quis renatus fuerit ex aqua et Spiritu, non potest introire in regnum Dei. » (*Joan.*, III, 5.) Tu, inquit, carnalem generationem intelligis,

---

(*a*) Tres Mss. *Nati de ancillis ad hæreditatem admittuntur filii Jacob, et natus de libera*, etc.

peut entrer dans le royaume de Dieu. » (*Jean*, III, 5.) Vous ne voyez que la génération charnelle lorsque vous dites : « Est-ce que l'homme peut rentrer dans le sein de sa mère ? » Mais il faut qu'il naisse de l'eau et de l'Esprit pour voir le royaume de Dieu. Si l'enfant naît pour hériter les biens temporels d'un père qui n'est qu'un homme comme lui, il doit naître du sein d'une mère mortelle ; mais s'il naît pour entrer en possession de l'héritage éternel de Dieu le Père, il faut qu'il prenne naissance dans le sein de l'Eglise. Un père mortel engendre de son épouse un fils qui doit lui succéder ; Dieu engendre par l'Eglise des enfants qui ne doivent point lui succéder, mais qui doivent vivre éternellement avec lui. Le Sauveur ajoute : « Ce qui est né de la chair est chair, et ce qui est né de l'Esprit est esprit. » (*Jean*, III, 6.) Il s'agit donc ici pour nous d'une naissance spirituelle, et cette naissance spirituelle nous est donnée par la parole et par le sacrement. L'Esprit saint est là comme le principe, comme la cause invisible de votre naissance qui est également invisible. Ecoutez, en effet, la suite : « Ne vous étonnez pas que je vous aie dit : Il faut que vous naissiez de nouveau ; l'Esprit souffle où il veut, et vous entendez sa voix, mais vous ne savez d'où il vient, ni où il va. » (*Ibid.*, 7-8.) Personne ne voit l'Esprit saint, et comment entendons-nous sa voix ? Nous entendons un psaume, c'est la voix de l'Esprit saint ; nous entendons l'Evangile, c'est la voix de l'Esprit saint ; nous entendons la parole de Dieu, c'est la voix de l'Esprit saint. « Vous entendez sa voix, et vous ne savez ni d'où il vient, ni où il va. » Or, si vous naissez vous-même de l'Esprit saint, il arrivera que celui qui n'a point encore eu part à cette naissance, ne saura ni d'où vous venez, ni où vous allez. C'est ce que Notre-Seigneur ajoute : « Ainsi en est-il de tout homme qui est né de l'Esprit. »

6. « Nicodème lui répondit : Comment cela se peut-il se faire ? » (*Ibid.*, 9.) Et en effet, dans le sens matériel ces paroles étaient pour lui inintelligibles. Ce que Notre-Seigneur avait dit, se vérifiait en lui ; il entendait la voix de l'Esprit et il ne savait ni d'où il venait, ni où il allait. « Jésus lui dit : Vous êtes maître en Israël et vous ignorez ces choses ? » (*Ibid.*, 10.) O mes frères, devons-nous penser que Notre-Seigneur ait voulu comme insulter à ce docteur des Juifs? Non, Jésus savait ce qu'il faisait, il voulait pour Nicodème cette naissance de l'Esprit. Or, nul ne peut naître de l'Esprit, s'il ne commence par être humble ; c'est l'humilité qui nous fait naître de l'Esprit, parce que le Seigneur est près des cœurs contrits et humiliés. Nicodème était infatué de sa dignité, il se croyait un homme important, parce qu'il était un des docteurs des Juifs. Jésus réprime cet orgueil pour qu'il puisse naître de l'Esprit, il semble lui faire un reproche de son ignorance, mais ce n'est point par le dé-

---

cum dicis : « Numquid potest homo redire in viscera matris suæ? » ex aqua et Spiritu oportet ut nascatur propter regnum Dei. Si propter hæreditatem patris hominis temporalem nascitur, nascatur ex visceribus matris carnalis : si propter hæreditatem patris Dei sempiternam, nascatur ex visceribus Ecclesiæ. Generat per uxorem filium pater moriturus successurum : generat Deus de Ecclesia filios non successuros, sed secum mansuros. « Quod natum est de carne, caro est : et quod natum est de Spiritu, spiritus est. » (*v.* 6.) Spiritaliter ergo nascimur, et in spiritu nascimur verbo et sacramento. Adest Spiritus, ut nascamur : Spiritus invisibiliter adest unde nasceris, quia et tu invisibiliter nasceris. Sequitur enim, et dicit : « Non mireris quia dixi tibi, oportet vos nasci denuo (*v.* 7) : Spiritus ubi vult spirat, et vocem ejus audis, sed nescis unde veniat, aut quo vadat. » (*v.* 8.) Nemo videt Spiritum : et quomodo audimus vocem Spiritus? Sonat Psalmus, vox est Spiritus : sonat Evangelium, vox est Spiritus : sonat sermo divinus, vox est Spiritus. « Vocem ejus audis, et nescis unde veniat, et quo vadat. » Sed si nascaris et tu de Spiritu, hoc eris, ut ille qui non est adhuc natus de Spiritu, non sciat de te unde venias, et quo eas. Hoc enim secutus ait : « Sic est et omnis qui natus est ex Spiritu. »

6. « Respondit Nicodemus, et dixit ei : Quomodo possunt hæc fieri? » (*v.* 9.) Et revera carnaliter non intelligebat. In illo fiebat quod dixerat Dominus, vocem Spiritus audiebat, et nesciebat unde venerat, et quo ibat. « Respondit Jesus, et dixit ei : Tu es magister in Israel, et hæc ignoras? » (*v.* 10.) O Fratres : Quid, putamus Dominum huic magistro Judæorum quasi insultare voluisse ? Noverat Dominus quid agebat, volebat illum nasci ex Spiritu. Nemo ex Spiritu nascitur, nisi humilis fuerit : quia ipsa humilitas facit nos nasci de Spiritu ; quia prope est Dominus obtritis corde. Ille magisterio inflatus erat, et alicujus momenti sibi esse videbatur, quia doctor erat Judæorum : deponit ei superbiam, ut possit nasci de Spiritu : insultat tanquam indocto ;

sir de lui paraître supérieur. Quelle grandeur pour Dieu d'être supérieur à l'homme, pour la vérité de l'emporter sur le mensonge? Peut-il venir à la pensée qu'on doive ou qu'on puisse dire que Jésus-Christ est plus grand que Nicodème? Celui qui dirait que Jésus-Christ est bien supérieur aux anges exciterait la risée, car il est sans aucune comparaison bien au-dessus de toute créature, lui par qui toute créature a été faite. Il veut donc tout simplement combattre l'orgueil de cet homme : « Vous êtes maître en Israël et vous ignorez ces choses? » Paroles qui veulent dire; vous ne savez rien vous, docteur superbe du peuple, naissez donc de l'Esprit; si vous avez part à cette naissance, vous serez dans la voie de Dieu et vous pourrez suivre l'humilité de Jésus-Christ. Pourquoi, en effet, est-il élevé au-dessus de tous les anges? « parce qu'ayant la nature de Dieu, il n'a point cru que ce fût pour lui une usurpation de s'égaler à Dieu, et qu'il s'est cependant anéanti lui-même en prenant la nature et la forme de serviteur en se rendant semblable aux hommes et étant reconnu pour homme par tout son extérieur. Il s'est humilié lui-même en se rendant obéissant jusqu'à la mort (et afin que vous n'imaginiez pas un genre de mort de votre choix), jusqu'à la mort de la croix. » (*Philipp.*, II, 6-8.) Il était attaché sur une croix où il était l'objet de toutes les insultes. Il pouvait descendre de la croix, mais il aima mieux attendre pour ressusciter du sein du tombeau. Le Seigneur a supporté ses orgueilleux serviteurs, le médecin a souffert les outrages des malades. Si telle a été la conduite de ce véritable Maître descendu du ciel qui enseigne non-seulement les hommes, mais les anges, que doivent faire ceux qui veulent naître de l'Esprit? Si les anges ont été enseignés, ils l'ont été par le Verbe de Dieu. Si le Verbe de Dieu a été leur Maître, cherchez comment ils ont été enseignés et vous trouverez : « Au commencement était le Verbe, et le Verbe était en Dieu, et le Verbe était Dieu. » (*Jean*, I, 1.) On ôte à l'homme sa tête dure et opiniâtre, mais pour la rendre simple et propre à porter le joug de Jésus-Christ dont il est écrit : « Mon joug est doux et mon fardeau léger. » (*Matth.*, XI, 30.)

7. Notre-Seigneur ajoute : « Si vous ne croyez pas lorsque je parle des choses qui sont sur la terre, comment croirez-vous lorsque je vous parlerai des choses qui sont dans le ciel? » (*Jean*, III, 12.) Quelles sont, mes frères, ces choses de la terre qu'a dites le Sauveur? Sont-ce ces paroles : « Nul s'il renaît de nouveau? » ou ces autres : « L'Esprit souffle où il veut, et vous entendez sa voix et vous ne savez ni d'où il vient, ni où il va? » A-t-il voulu parler du vent naturel et sensible comme l'ont pensé quelques-uns (1)? On leur demandait quelles choses de la terre

---

(1) Cyrille d'Alexandrie, saint Chrysostome, Théophylacte et l'auteur des questions sur le nouveau et l'Ancien Testament, question LX, entendent ces paroles du vent : mais saint Augustin soutient ici le sentiment contraire avec saint Ambroise. Lib. II, *de Fide*, cap. III.

---

non quia superior vult videri Dominus. Quid magnum, Deus ad hominem, veritas ad mendacium? Major Christus quam Nicodemus dici debet, dici potest, cogitandum est? Si diceretur major Christus quam Angeli, ridendum erat : incomparabiliter enim major omni creatura, per quem facta est omnis creatura. Sed exagitat superbiam hominis : « Tu es magister in Israel, et hæc ignoras? » Tanquam dicens : Ecce nihil nosti princeps superbus, nascere ex Spiritu : si enim natus fueris ex Spiritu, vias Dei tenebis, et Christi humilitatem sequaris. « Sic enim altus est super omnes Angelos, quia cum in forma Dei esset, non rapinam arbitratus est esse æqualis Deo, sed semetipsum exinanivit formam servi accipiens, in similitudinem hominum factus, et habitu inventus ut homo, humiliavit semetipsum factus obediens usque ad mortem (et ne mortis genus tibi aliquod placeat), mortem autem crucis. » (*Philip.*, II, 6.) Pendebat, et insultabatur ei. De cruce descendere poterat : sed differebat, ut de sepulcro resurgeret. Pertulit superbos servos Dominus, medicus ægrotos. Si hoc ille, quid illi quos oportet nasci ex Spiritu? si hoc ille verus magister in cœlo, non hominum tantum, sed et Angelorum? Si enim docti sunt Angeli, Verbo Dei docti sunt. Si Verbo Dei docti sunt, quærite unde docti sunt; et invenietis : In principio erat Verbum, et Verbum erat apud Deum, et Deus erat Verbum. (*Joan.*, I, 1.) Tollitur homini cervix, sed aspera et dura, ut sit lenis cervix ad portandum jugum Christi, de quo dicitur : Jugum meum lene est, et sarcina mea levis est. (*Matth.*, XI, 30.)

7. Et sequitur : « Si terrena dixi vobis, et non creditis, quomodo si dixero vobis, cœlestia, credetis? » (*Joan.*, III, 12.) Quæ terrena dixit, Fratres? « Nisi quis natus fuerit denuo, » terrenum est? « Spiritus ubi vult spirat, et vocem ejus audis, et nescis unde veniat, et quo eat, » terrenum est? Si enim de isto vento diceret, sicut nonnulli intellexerunt, cum

avait dites Notre-Seigneur et auxquelles il fait allusion par ces paroles : « Si vous ne croyez pas lorsque je parle des choses qui sont sur la terre, comment croirez-vous lorsque je vous parlerai des choses qui sont dans le ciel ? » A cette question qui leur était adressée : quelles sont ces choses de la terre que Notre-Seigneur a dites? Ils furent fort embarrassés et ils appliquèrent au vent ces paroles : « L'Esprit souffle où il veut, et vous entendez sa voix et vous ne savez ni d'où il vient, ni où il va. » A quoi peut, dans ce qu'a dit Notre-Seigneur, s'appliquer cette dénomination de terrestre ? Il vient de parler de la génération spirituelle, il ajoute : « Ainsi en est-il de tout homme qui est né de l'Esprit. » Et puis, qui de nous, mes frères, ne voit point par exemple l'Auster venir du Midi au Nord, ou un autre vent de l'Orient à l'Occident ? Comment donc dire que nous ne savons ni d'où il vient, ni où il va ? Quelles sont donc ces choses de la terre dites par le Sauveur et que les hommes ne croyaient pas ? Ne serait-ce pas ce qu'il aurait prédit du temple qu'il devait rebâtir ? (*Jean*, II, 19.) Le corps qu'il avait pris venait de la terre, et cette terre qu'il avait prise d'un corps de terre il allait bientôt la ressusciter. Or, on ne crut pas qu'il pouvait ressusciter la terre. « Si vous ne croyez pas, lorsque je vous parle des choses qui sont sur la terre, comment croirez-vous lorsque je vous parlerai des choses qui sont dans le ciel ? » C'est-à-dire, si vous ne croyez pas que je puisse relever ce temple après que vous l'aurez détruit, comment croirez-vous que les hommes puissent être régénérés par l'Esprit saint?

8. « Car nul n'est monté au ciel que Celui qui est descendu du ciel, le Fils de l'homme qui est dans le ciel. » (*Jean*, III, 13.) Il était donc là et dans le ciel ; il était là par sa chair, il était dans le ciel par sa divinité, ou plutôt il était partout par sa divinité. Il a pris naissance dans le sein d'une mère, mais sans sortir du sein de son Père. Nous reconnaissons deux naissances en Jésus-Christ, l'une divine, l'autre humaine ; l'une qui nous a créés, l'autre qui nous a réparés, toutes deux admirables; l'une où il n'y a point de mère, l'autre où il n'y a point de père. Mais le Sauveur avait reçu son corps d'Adam, puisque Marie vient d'Adam, et c'est ce corps qu'il devait ressusciter. Voilà les choses terrestres qu'il avait dites : « Détruisez ce temple, et je le rebâtirai en trois jours. » (*Jean*, II, 19.) Au contraire, son langage est tout céleste lorsqu'il dit : « Nul, s'il ne renaît de l'eau et de l'Esprit, ne verra le royaume de Dieu. » (*Ibid.*, III, 5.) Courage, mes frères, Dieu a voulu devenir Fils de l'homme, et il veut aussi que les hommes deviennent fils de Dieu. Il est descendu pour nous, il nous fait monter pour répondre à son appel. Il est le seul qui descende et qui monte, il l'a

---

quæreretur ab eis quid terrenum dixerit Dominus, dum ait : « Si terrena dixi vobis, et non creditis; quomodo si cœlestia dixero, credetis? » (*v.* 12.) Cum ergo quæreretur a quibusdam, quid terrenum dixerit Dominus, angustias passi dixerunt : Quod ait : « Spiritus ubi vult spirat, et vocem ejus audis, et nescis unde veniat, et quo eat, » de isto vento dixit. Quid enim nominavit terrenum? Loquebatur de generatione spirituali : secutus ait : « Sic est omnis qui natus est ex Spiritu. » Deinde, Fratres, quis nostrum non videat, verbi gratia : Austrum euntem de Meridie ad Aquilonem ; aut alium ventum venientem ab Oriente ad Occidentem? quomodo ergo nescimus unde veniat et quo eat? Quid ergo dixit terrenum, quod non credebant homines? an illud quod de templo resuscitando dixerat? (*Joan.*, II, 19.) Corpus enim suum de terra acceperat, et ipsam terram de terreno corpore susceptam parabat suscitare. Non ei creditum est terram suscitaturo. « Si terrestria, inquit, dixi vobis et non creditis, quomodo si cœlestia dixero, credetis? » Hoc est, si non creditis quia templum possum resuscitare dejectum a vobis, quomodo credetis quia per Spiritum possint homines regenerari?

8. Et sequitur : « Et nemo ascendit in cœlum nisi qui descendit de cœlo, filius hominis qui est in cœlo. » (*Joan.*, III, 13.) Ecce hic erat, et in cœlo erat : hic erat carne, in cœlo erat divinitate, imo ubique divinitate. Natus de matre, non recedens a Patre. Duæ nativitates Christi intelliguntur, una divina, altera humana : una per quam efficeremur, altera per quam reficeremur : ambæ mirabiles : illa sine matre, ista sine patre. Sed quia de Adam corpus acceperat, quia Maria de Adam, ipsumque corpus suscitaturus erat : terrenum quiddam dixerat : Solvite templum hoc, et in tribus diebus suscitabo illud. (*Joan.*, II, 19.) Cœleste autem quiddam dixit : « Nisi quis renatus fuerit ex aqua et Spiritu, non videbit regnum Dei. » (*Joan.*, III, 5.) Eia, Fratres, Deus voluit esse filius hominis, et homines voluit esse filios Dei. Ipse descendit propter nos, nos ascendamus propter ipsum. Solus enim descendit et

déclaré : « Personne ne monte dans le ciel que Celui qui est descendu du ciel. » Est-ce donc que ceux qu'il a fait les fils de Dieu ne monteront point dans le ciel ? Sans aucun doute ils y monteront, nous en avons la promesse : « Ils seront semblables aux anges de Dieu. » (*Matth.*, XXII, 30.) Comment donc est-il vrai de dire que personne ne monte dans le ciel que Celui qui en descend ? Parce qu'il n'y en a qu'un seul qui descende, un seul qui monte. Que faut-il penser des autres, sinon qu'ils seront ses membres et qu'en réalité il n'y en aura qu'un seul pour monter, comme le déclare Notre-Seigneur : « Nul ne monte dans le ciel que Celui qui est descendu du ciel, le Fils de l'homme qui est dans le ciel. » Vous êtes étonné qu'il fût tout à la fois sur la terre et dans le ciel ? Il a communiqué ce privilége à ses disciples. Ecoutez l'apôtre saint Paul vous dire : « Nous vivons déjà dans le ciel. » (*Philip.*, III, 20.) Or, si l'apôtre saint Paul, qui n'était qu'un homme tout en étant sur la terre dans un corps mortel, vivait déjà dans le ciel, est-ce que le Dieu du ciel et de la terre ne pouvait pas être à la fois dans le ciel et sur la terre ?

9. Si donc nul autre que lui n'est descendu et n'est monté, quelle espérance reste aux autres ? Cette espérance c'est qu'il n'est descendu du ciel que pour s'unir tous ceux qui devaient monter avec lui, de manière à ce qu'ils ne fussent qu'un en lui et avec lui. « Dieu ne dit pas à Abraham : Et à ceux qui naîtront de vous, comme s'il eût voulu en marquer plusieurs, dit l'Apôtre, mais il dit comme parlant d'un seul : « Et à celui qui naîtra de vous, qui est Jésus-Christ. » (*Galat.*, III, 16.) Et saint Paul s'adressant aux fidèles leur dit : « Vous êtes à Jésus-Christ ; or, si vous êtes à Jésus-Christ, vous êtes donc de la race d'Abraham. » (*Ibid.*, 29.) Ce que le Sauveur dit d'un seul, il le dit donc de nous tous. Pourquoi le chant des psaumes est-il quelquefois exécuté par plusieurs voix, tantôt par une seule ? C'est pour montrer dans le premier cas comment l'unité résulte de la pluralité, dans le second comment la pluralité arrive à former l'unité. Il n'y avait qu'un seul homme pour être guéri dans la piscine de Siloë, et aucun autre, quel qu'il fût, qui descendait après le premier, ne pouvait être guéri. (*Jean*, V, 4.) Or, ce seul homme guéri était le symbole de l'unité de l'Eglise. Malheur à ceux qui haïssent l'unité et qui se font un parti parmi les hommes ! Qu'ils écoutent Celui qui voulait ramener tous les fidèles à l'unité dans un seul, qu'ils l'écoutent dire aux Corinthiens : Ne cherchez pas à vous diviser en plusieurs partis ; « j'ai planté, Apollon a arrosé, mais c'est Dieu qui a donné l'accroissement. » (I *Cor.*, II, 6.) Ils disaient : « Je suis à Paul, je suis à Apollon, je suis à Céphas ; » et Paul leur répondait : « Est-ce que Jésus-Christ est di-

---

ascendit, qui hoc ait : « Nemo ascendit in cœlum, nisi qui descendit de cœlo. » Non ergo ascensuri sunt in cœlum quos facit filios Dei ? Ascensuri plane : hæc nobis promissio est : Erunt æquales Angelis Dei. (*Matth.*, XXII, 30.) Quomodo ergo nemo ascendit nisi qui descendit ? quia unus descendit, unus ascendit. Quid de cæteris, quid intelligendum, nisi quia membra ejus erunt, ut unus ascendat ? Propterea sequitur : « Nemo ascendit in cœlum nisi qui de cœlo descendit, filius hominis qui est in cœlo. » Miraris quia et hic erat et in cœlo ? Tales fecit discipulos suos. Paulum audi apostolum dicentem : Nostra autem conversatio in cœlis est. (*Philip.*, III, 20.) Si homo Paulus apostolus ambulabat in carne in terra, et conversabatur in cœlo, Deus cœli et terræ non poterat esse et in cœlo et in terra ?

9. Si ergo nemo nisi ille descendit et ascendit, quæ spes est cæteris ? Ea spes est cæteris, quia ille propterea descendit ut in illo et cum illo (*a*) unus essent, qui per illum ascensuri essent. Non dicit : « Et seminibus, ait Apostolus, tanquam in multis, sed tanquam in uno : Et semini tuo, quod est Christus. » (*Galat.*, III, 16.) Et fidelibus ait : Vos autem Christi, si autem Christi, ergo semen Abrahæ estis. (*Ibid.*, 29.) Quod dixit unum, hoc dixit omnes nos esse. Ideo in Psalmis aliquando plures cantant, ut ostendatur quia de pluribus sit unus : aliquando unus cantat, ut ostendatur quid fiat de pluribus. Propterea unus sanabatur in illa piscina ; et quisquis alius descendebat, non sanabatur. (*Joan.*, V, 4.) Ergo iste unus commendat unitatem Ecclesiæ. Væ illis qui oderunt unitatem, et partes sibi faciunt in hominibus. Audiant illum qui volebat eos facere unum in uno ad unum : audiant illum dicentem : Nolite vos facere multos : « ego plantavi, Apollo rigavit, sed Deus incrementum dedit : sed neque qui plantat est aliquid, neque qui rigat, sed qui incrementum dat Deus. » (I *Cor.*, III, 6.) Illi dicebant : Ego sum Pauli, ego Apollo, ego Cephæ. Et ille : Divisus est Christus ? (I *Cor.*, I, 12.) In uno estote, unum estote, unus

(*a*) Editi, *unum*. Mss. *unus*.

visé ? » (I *Cor.*, I, 11.) Demeurez dans un seul, ne formez qu'un seul corps, ne formez qu'une seule personne. « Nul ne monte dans le ciel que Celui qui descend du ciel. » Nous voulons être à vous, disaient les fidèles à saint Paul, et ce grand Apôtre leur répondait : Je ne veux pas que vous soyez à Paul, soyez à Celui à qui Paul appartient avec vous.

10. Il est descendu du ciel et il est mort, et par sa mort il nous a délivrés de la mort; victime de la mort, il a triomphé de la mort à son tour. Vous savez, mes frères, que c'est par l'envie du démon que cette mort est entrée dans le monde. « Dieu n'a point fait la mort, dit l'Ecriture, et il ne se réjouit pas de la perte des vivants; il a tout créé afin que tout subsiste. » (*Sag.*, I, 13.) Or, qu'ajoute l'Esprit saint ? « C'est par l'envie du démon que la mort est entrée dans le monde.» (*Sag.*, II, 24.) L'homme n'aurait jamais pu être forcé de boire ce poison de la mort que le démon lui verse, car le démon n'a point à sa disposition de puissance coercitive, il n'a que les artifices de la persuasion. Vous n'auriez pas consenti, le démon n'aurait fait aucun mal; c'est votre consentement, ô homme, qui vous a conduit à la mort. Nous étions nés mortels d'un homme mortel, d'immortels nous sommes devenus sujets à la mort. Depuis Adam, tous les hommes y sont soumis. Mais Jésus le Fils de Dieu, le Verbe de Dieu, par qui tout a été fait, le Fils unique égal à son Père, s'est lui-même assujetti à la mort, parce que « le Verbe s'est fait chair et qu'il a habité parmi nous. »

11. Il a donc pris la mort et il l'a attachée à la croix, et c'est ainsi qu'il en a délivré tous les mortels. Notre-Seigneur rapporte ici le fait qui, chez les anciens, a été le symbole de cette délivrance. « Et comme Moïse a élevé le serpent dans le désert, il faut de même que le Fils de l'homme soit élevé; afin que quiconque croit en lui, ne périsse point, mais qu'il ait la vie éternelle. » (*Jean*, III, 14-15.) C'est là un grand mystère, et ceux qui l'ont lu, le connaissent; mais que ceux qui ne l'ont point lu ou qui ont oublié ce qu'ils en ont lu ou entendu écoutent ce que je vais leur en dire. Les Israélites succombaient dans le désert sous les cruelles morsures des serpents; la mort faisait de nombreuses victimes, car c'était la main de Dieu qui s'appesantissait sur eux et les frappait pour les instruire. C'était en même temps un signe des plus marquants du mystère qui devait s'accomplir dans la suite, comme Notre-Seigneur l'atteste en cet endroit, et nous ne pouvons interpréter ce fait autrement que la vérité qui se l'applique à elle-même. Le Seigneur ordonna donc à Moïse de faire un serpent d'airain et de l'élever au haut d'un arbre dans le désert, et de recommander à tous ceux qui auraient été mordus par les serpents de regar-

---

estote : « Nemo ascendit in cœlum, nisi qui de cœlo descendit. » Ecce volumus esse tui, dicebant Paulo. Et ille : Nolo sitis Pauli, sed ejus estote, cujus est vobiscum Paulus.

10. Descendit enim et mortuus est, et ipsa morte liberavit nos a morte : morte occisus, mortem occidit. Et nostis, Fratres, quia mors ista per diaboli invidiam intravit in mundum. Deus mortem non fecit : Scriptura loquitur; nec lætatur, inquit, in perditione vivorum : creavit enim ut essent omnia. (*Sap.*, I, 13.) Sed quid ibi ait? Invidia autem diaboli mors intravit in orbem terrarum. (*Sap.*, II, 24.) Ad mortem a diabolo propinatam non veniret homo vi adductus : non enim cogendi potentiam diabolus habebat, sed persuadendi versutiam. Non consentires, nihil invexerat diabolus : consensio tua, o homo, te perduxit ad mortem. A mortali mortales nati, ex immortalibus mortales facti. Ab Adam omnes homines mortales : Jesus autem Filius Dei, Verbum Dei, per quod facta sunt omnia, unicus æqualis Patri, mortalis factus est;

11. Ergo mortem suscepit, et mortem suspendit in cruce : et de ipsa morte liberantur mortales. Quod in figura factum est apud antiquos, commemorat illud Dominus : « Et sicut, inquit, Moyses exaltavit serpentem in eremo, ita exaltari oportet filium hominis : ut omnis qui credit in eum non pereat, sed habeat vitam æternam. » (*Joan.*, III, 14, 15.) Magnum sacramentum, et qui legerunt, noverunt. Deinde audiant vel qui non legerunt, vel qui forte lectum sive auditum obliti sunt. Prosternebatur in eremo populus Israel morsibus serpentum, fiebat magna strages (*a*) multarum mortium (*Num.*, XXI, 8 et 9) : plaga enim Dei erat corripientis, et flagellantis, ut erudiret. Demonstratum est ibi magnum sacramentum rei futuræ, ipse Dominus testatur in hac lectione, ut nemo possit aliud interpretari quam quod ipsa veritas de se indicat. Dictum est enim ad Moysen a Domino, ut faceret æneum serpentem, et exaltaret in ligno in eremo; et admoneret populum

---

(*a*) In Mss. *strages multorum mortuorum*.

der ce serpent élevé sur un arbre. Moïse exécuta cet ordre, tous ceux qui étaient mordus jetaient les yeux sur ce serpent et étaient guéris. Que sont ces serpents qui déchirent par leurs morsures? Les péchés qui viennent de la chair mortelle. Quel est ce serpent élevé dans le désert? La mort du Seigneur sur la croix. C'est du serpent que vient la mort, elle a pour symbole figuratif l'image du serpent. La morsure du serpent a donné la mort, la mort du Seigneur a rendu la vie. Il suffisait de regarder le serpent pour détruire l'effet des morsures du serpent. Qu'est-ce à dire? Il suffit de considérer la mort pour anéantir toute sa puissance. Mais de quelle mort s'agit-il? De la mort de la vie, si on peut parler de la sorte; de la mort de la vie, expression aussi légitime qu'elle est admirable. Hésiterions-nous donc à dire ce qui a dû se faire? Quoi, j'hésiterais à dire ce que le Seigneur a daigné accomplir pour moi? Est-ce que Jésus-Christ n'était pas la vie? et cependant il a été attaché à la croix. Est-ce que Jésus-Christ n'est pas la vie? et cependant il est mort. Mais dans la mort de Jésus-Christ la mort a trouvé sa propre mort, parce que la vie frappée par la mort a détruit l'empire de la mort, la plénitude de la vie a comme englouti la mort, la mort a été absorbée dans le corps de Jésus-Christ. Voilà ce que nous dirons nous-mêmes au moment de la résurrection, lorsque nous ferons entendre ce chant de triomphe : « Mort, où est ta puissance? Mort, où est ton aiguillon? » (I *Cor.*, xv, 55.) En attendant, mes frères, jetons les yeux sur Jésus-Christ crucifié pour être guéris de nos péchés. Car, « comme Moïse a élevé le serpent dans le désert, il faut de même que le Fils de l'homme soit élevé, afin que tout homme qui croit en lui ne périsse pas, mais qu'il ait la vie éternelle. » De même que les morsures des serpents cessaient d'être mortelles pour ceux qui regardaient le serpent d'airain, ainsi ceux qui considèrent avec foi la mort de Jésus-Christ sont guéris des morsures de leurs péchés. Les Israélites, en échappant à la mort, ne recouvraient qu'une vie temporelle et passagère, mais ici Notre-Seigneur nous promet une vie éternelle. Voilà, en effet, la différence entre le signe figuratif et l'objet figuré. Le signe figuratif ne donnait qu'une vie temporelle, l'objet figuré nous donne la vie éternelle.

12. « Car Dieu n'a pas envoyé son Fils dans le monde pour juger le monde, mais afin que le monde soit sauvé par lui. » (*Jean*, III, 17.) Le médecin a tout fait pour venir guérir le malade. Celui donc qui refuse d'observer les prescriptions du médecin, se donne lui-même la mort. Le Sauveur est venu dans le monde, pourquoi a-t-il été appelé le Sauveur du monde? c'est parce qu'il doit sauver le monde et non le juger. Vous refusez le salut qu'il vous apporte, vous serez

Israel, ut si quis morsus esset a serpente, illum serpentem in ligno exaltatum attenderet. Factum est : mordebantur homines, intuebantur, et sanabantur. Quid sunt serpentes mordentes? peccata de mortalitate carnis. Quis est serpens exaltatus? mors Domini in cruce. Quia enim a serpente mors, per serpentis effigiem figurata est. Morsus serpentis lethalis, mors Domini vitalis. Attenditur serpens, ut nihil valeat serpens. Quid est hoc? Attenditur mors, ut nihil valeat mors. Sed cujus mors? Mors vitæ : si dici potest : Mors vitæ; imo quia dici potest, mirabiliter dicitur. Sed numquid non erit dicendum, quod fuit faciendum? Ego dubitem dicere, quod Dominus pro me dignatus est facere? Nonne vita Christus? et tamen in cruce Christus. Nonne vita Christus? et tamen mortuus Christus. Sed in morte Christi mors mortua est; quia vita mortua occidit mortem, plenitudo vitæ deglutivit mortem ; absorpta est mors in Christi corpore. Sic et nos dicemus in resurrectione, quando jam triumphantes cantabimus : Ubi est mors contentio tua? ubi est mors aculeus tuus? (I *Cor.*, xv, 55.) Interim modo, Fratres, ut a peccato sanemur, Christum crucifixum intueamur : quia « sicut Moyses, inquit, exaltavit serpentem in eremo, ita exaltari oportet filium hominis, ut omnis qui credit in eum, non pereat, sed habeat vitam æternam. » Quomodo qui intuebantur illum serpentem, non peribant morsibus serpentum : sic qui intuentur fide mortem Christi, sanantur a morsibus peccatorum. Sed illi sanabantur a morte ad vitam temporalem : hic autem ait, ut « habeant vitam æternam. » Hoc enim interest inter figuratam imaginem et rem ipsam : figura præstabat vitam temporalem; res ipsa cujus illa figura erat, præstat vitam æternam.

12. « Non enim misit Deus Filium suum in mundum, ut judicet mundum, sed ut salvetur mundus per ipsum. » (*Joan.*, III, 17.) Ergo quantum in medico est, sanare venit ægrotum. Ipse se interimit, qui præcepta medici observare non vult. Venit Salvator ad mundum : quare Salvator dictus est mundi, nisi ut salvet mundum, non ut judicet mundum? Salvari

jugé sur votre conduite. Que dis-je, vous serez jugé. Ecoutez ce que dit le Sauveur : « Celui qui croit en lui n'est point jugé, mais celui qui ne croit point. » Que pensez-vous qu'il va dire ? qu'on ne le juge point ? Il est déjà jugé, ajoute le Sauveur. (*Ibid.*, 18.) Le jugement n'a pas encore été publié, mais il est déjà prononcé. (II *Tim.*, II, 19.) Le Seigneur connaît ceux qui sont à lui, il connaît ceux à qui la couronne est réservée et ceux qu'attend le châtiment, il distingue dans son aire le bon grain de la paille, la moisson de l'ivraie. Celui qui ne croit point, est déjà jugé, pourquoi ? « Parce qu'il ne croit pas dans le nom du Fils unique de Dieu. » (*Jean*, III, 18.)

13. « Or la cause de ce jugement, c'est que la lumière est venue dans le monde, et que les hommes ont mieux aimé les ténèbres que la lumière parce que leurs œuvres étaient mauvaises. » (*Ibid.*, 19.) Mes frères, quels sont ceux dont les œuvres ont été trouvées bonnes par le Seigneur ? Pas un seul. Il a trouvé leurs œuvres à tous, mauvaises. Comment alors quelques-uns ont-ils fait la vérité, et sont-ils venus à la lumière, comme l'indiquent les paroles suivantes : « Celui qui fait la vérité vient à la lumière, afin que ses œuvres apparaissent, parce qu'elles sont faites en Dieu ? » (*Ibid.*, 21.) Comment les uns ont-ils pu faire le bien et venir à la lumière, c'est-à-dire à Jésus-Christ, tandis que les autres ont mieux aimé les ténèbres ? S'il a trouvé tous les hommes pécheurs, s'il les guérit tous du péché, si le serpent, signe figuratif de la mort du Seigneur, guérit ceux qui ont été atteints par les morsures des serpents, si c'est contre ces morsures qu'a été élevé le serpent, c'est-à-dire la mort du Seigneur qui a sauvé les hommes assujettis à la mort et qu'elle a trouvés dans le péché, comment faut-il entendre ces paroles : « Or la cause de ce jugement, c'est que la lumière est venue en ce monde, et que les hommes ont mieux aimé les ténèbres que la lumière, car leurs œuvres étaient mauvaises. » Qu'est-ce à dire ? Quels sont ceux dont les œuvres étaient bonnes ? N'êtes-vous pas venu pour justifier les pécheurs ? Mais ils ont mieux aimé, dites-vous, les ténèbres que la lumière. C'est ici le point essentiel. Il en est beaucoup qui ont mieux aimé leurs péchés, il en est beaucoup qui les ont confessés, or celui qui confesse et accuse ses péchés fait déjà cause commune avec Dieu. L'homme et le pécheur sont comme deux choses bien distinctes. L'homme est l'ouvrage de Dieu, le pécheur est l'ouvrage de l'homme. Effacez ce que vous avez fait, afin que Dieu sauve ce qu'il a créé. Il faut que vous haïssiez en vous ce qui est votre ouvrage, et que vous y aimiez l'œuvre de Dieu.

---

non vis ab ipso, ex te judicaberis. Et quid dicam, judicaberis ? Vide quid ait : « Qui credit in eum, non judicatur : qui autem non credit, » (*v.* 18) quid dicturum (*a*) speras nisi, judicatur ? « Jam, inquit, judicatus est. » Nondum apparuit judicium, sed jam factum est judicium. Novit enim Dominus qui sunt ejus (II *Tim.*, II, 19) : novit qui permaneant ad coronam, qui permaneant ad flammam : novit in area sua triticum, novit paleam : novit segetem, novit zizania. Jam judicatus est qui non credit. Quare judicatus ? « Quia non (*b*) credidit in nomine unigeniti Filii Dei. » (*Joan.*, III, 18.)

13. « Hoc est autem judicium, quia lux venit in mundum, et dilexerunt homines magis tenebras quam lucem : erant enim mala opera eorum. » (*v.* 19.) Fratres mei, quorum opera bona invenit Dominus ? nullorum. Omnium mala opera invenit. Quomodo ergo quidam fecerunt veritatem, et venerunt ad lucem ? Et hoc enim sequitur : « Qui autem facit veritatem, venit ad lucem, ut manifestentur opera ejus, quia in Deo sunt facta. » (*v.* 21.) Quomodo quidam opus bonum fecerunt, ut venirent ad lucem, id est, ad Christum ? Et quomodo quidam dilexerunt tenebras ? Si enim omnes peccatores invenit, et omnes a peccato sanat, et serpens ille in quo figurata est mors Domini, eos sanat qui morsi fuerant, et propter morsum serpentis erectus est serpens, id est, mors Domini, propter mortales homines, quos invenit injustos ; quomodo intelligitur : « Hoc est judicium, quia lux venit in mundum, et dilexerunt homines magis tenebras quam lucem : erant enim mala opera eorum ? » Quid est hoc ? Quorum enim erant bona opera ? Nonne venisti ut justifices impios ? Sed « dilexerunt, inquit, tenebras magis quam lucem. » Ibi posuit vim : multi enim dilexerunt peccata sua, multi confessi sunt peccata sua : quia qui confitetur peccata sua, et accusat peccata sua, jam cum Deo facit. Accusat Deus peccata tua : si et tu accusas, conjungeris Deo. Quasi duæ res sunt, homo et peccator. Quod audis homo, Deus fecit : quod audis peccator, ipse homo fecit. Dele quod fecisti, ut Deus salvet quod fecit. Oportet ut oderis in te opus tuum,

---

(*a*) Mss. duodecim, *putas*. Alii tres, *sperabas*. — (*b*) Sic etiam legebatur in antiquis Corb. Bibliis, juxta Græcum, πεπίστευκεν. At nunc in Vulgata est, *credit*.

Lorsque vous commencerez à détester ce que vous avez fait, l'accusation du mal que vous avez commis sera le commencement de vos bonnes œuvres. Le commencement des bonnes œuvres est la confession des mauvaises. Vous faites alors la vérité et vous venez à la lumière. Qu'est-ce à dire vous faites la vérité? Vous cessez de vous flatter, de vous abuser, de vous faire illusion. Vous ne dites pas je suis juste tout en étant pécheur, et vous commencez à faire la vérité. Vous venez alors à la lumière, afin que vos œuvres apparaissent, parce qu'elles sont faites en Dieu. En effet, cette disposition qui vous inspire de l'horreur pour le péché, ne naîtrait pas dans votre âme si Dieu n'y faisait luire sa lumière, si sa vérité ne vous montrait à vous-même tel que vous êtes. Mais celui qui, après cet avertissement, continue d'aimer ses péchés, hait la lumière qui l'avertit, et la fuit dans la crainte de voir découvrir les œuvres mauvaises qu'il aime. Celui au contraire qui fait la vérité, devient contre lui l'accusateur du mal qu'il a commis, il ne s'épargne point, il ne se pardonne point pour que Dieu lui pardonne, parce qu'il reconnaît le mal dont il sollicite le pardon ; il vient à la lumière, et il lui rend grâce de lui avoir découvert ce qui, dans son âme, devait être l'objet de sa juste haine. Il dit à Dieu : « Détournez votre visage de mes péchés. » (*Ps.* L, 11.) Et dans quels sentiments parle-t-il de la sorte? Ecoutez la suite : « Parce que je connais mon crime, et mon péché est toujours devant moi. » Ayez toujours vos péchés devant les yeux, si vous voulez qu'ils ne soient pas devant Dieu. Mais si vous les placez derrière vous, Dieu les amène sous vos yeux, et les ramène alors que la pénitence ne peut plus produire aucun fruit.

14. Hâtez-vous, mes frères, de peur que les ténèbres ne vous surprennent, réveillez-vous, travaillez sans relâche à votre salut, et travaillez tandis qu'il est encore temps; qu'aucun d'entre vous ne se laisse retarder lorsqu'il doit se rendre à la maison de Dieu, lorsqu'il doit faire l'œuvre de Dieu, qu'aucun ne se laisse détourner du devoir de la prière persévérante, et ne se laisse ravir le fruit de sa piété accoutumée. Eveillez-vous donc, puisqu'il est jour, le jour brille de tout son éclat, c'est Jésus-Christ qui est ce jour. Il est prêt à pardonner à ceux qui reconnaissent leurs fautes, mais il est disposé à punir ceux qui se défendent, ceux qui prétendent qu'ils sont justes, et qui s'imaginent être quelque chose, alors qu'ils ne sont rien. Quant à celui qui marche dans l'amour de Dieu et sous la conduite de sa miséricorde, après même qu'il a été délivré de ses péchés plus graves et qui sont mortels, tels que les crimes, les homicides, les vols, les adultères, il ne laisse pas de faire la vérité, et de venir à la lumière par la pratique des bonnes œuvres, en se confessant de ces péchés qui pa-

---

et ames in te opus Dei. Cum autem cœperit tibi displicere quod fecisti, inde incipiunt bona opera tua, quia accusas mala opera tua. Initium operum bonorum, confessio est operum malorum. Facis veritatem, et venis ad lucem. Quid est : Facis veritatem? Non te palpas, non tibi blandiris, non (*a*) te adulas, non dicis justus sum, cum sis iniquus, et incipis facere veritatem. Venis autem ad lucem ut manifestentur opera tua, quia in Deo sunt facta : quia et hoc ipsum quod tibi displicuit peccatum tuum, non tibi displiceret, nisi Deus tibi luceret, et ejus veritas tibi ostenderet. Sed qui et admonitus diligit peccata sua, odit admonentem lucem et fugit eam, ut non arguantur opera ejus mala quæ diligit. Qui autem facit veritatem, accusat in se mala sua : non sibi parcit, non sibi ignoscit ut Deus ignoscat : quia quod vult ut Deus ignoscat, ipse agnoscit, et venit ad lucem : cui gratias agit, quod illi quid in se odisset ostenderit. Dicit Deo : Averte faciem tuam a peccatis meis. (*Psal.* L, 11.) Et qua fronte dicit, nisi iterum dicat :
Quoniam facinus meum ego cognosco, et peccatum meum coram me est semper? Sit ante te, quod non vis esse ante Deum. Si autem post te feceris peccatum tuum, retorquet illud tibi Deus ante oculos tuos : et tunc retorquet, quando jam pœnitentiæ fructus nullus erit.

14. Currite, ne tenebræ vos comprehendant (*Joan.*, XII, 35), Fratres mei : evigilate ad salutem vestram, evigilate dum tempus est : nullus retardetur a templo Dei, nullus retardetur ab opere Domini, nullus avocetur ab oratione continua, nullus a solita devotione fraudetur. Evigilate ergo cum dies est, lucet dies, Christus est dies. Paratus est ignoscere, sed agnoscentibus : punire autem defendentes se, et justos se jactantes, et putantes se esse aliquid, cum nihil sint. In dilectione autem ejus et in misericordia ejus qui ambulat, etiam liberatus ab illis lethalibus et grandibus peccatis, qualia sunt facinora, homicidia, furta, adulteria, propter illa quæ minuta videntur esse peccata linguæ, aut cogitationum, aut immodera-

---

(*a*) Sic Mss. At editi, *tibi adularis*.

raissent plus légers, tels que les péchés de la langue ou de pensée, ou d'excès dans l'usage des choses licites. C'est qu'en effet, ces péchés qui paraissent petits, donnent la mort lorsqu'on néglige d'y faire attention. Bien petites sont les gouttes qui remplissent les fleuves, bien petits sont les grains de sable, cependant ayez à porter une masse de sable, elle vous accable, elle vous écrase. Une ouverture qu'on néglige dans la cale d'un vaisseau produit le même effet qu'une masse d'eau qui fait irruption ; l'eau pénètre insensiblement dans la cale, et à force d'entrer sans qu'on songe à l'épuiser, elle coule à fond le vaisseau. Or dans quel sens faut-il vider la sentine ? en veillant par la pratique des bonnes œuvres à n'être point écrasé sous le poids de ses péchés? en gémissant, en jeûnant, en faisant l'aumône, en pardonnant. Le chemin de la vie est difficile, il est rempli d'écueils, de tentations; ne vous laissez ni enfler par la prospérité, ni abattre par le malheur. Celui à qui vous devez le bonheur de la vie, vous l'a donné pour vous consoler et non pour vous corrompre. De même s'il vous châtie sur cette terre, ce n'est point pour vous perdre, c'est pour vous corriger. Supportez la leçon d'un père, si vous ne voulez éprouver le juste châtiment d'un juge. Voilà ce que nous ne cessons de vous dire tous les jours, et il faut souvent le répéter, car rien n'est plus utile ni plus salutaire.

tionis in rebus concessis, facit veritatem confessionis, et venit ad lucem in operibus bonis : quoniam minuta plura peccata si negligantur, occidunt. Minutæ sunt guttæ quæ flumina implent, minuta sunt grana arenæ : sed si multa arena imponatur, premit, atque opprimit. Hoc facit sentina neglecta, quod facit fluctus irruens : paulatim per sentinam intrat, sed diu intrando et non exhauriendo, mergit navim. Quid est autem exhaurire, nisi bonis operibus agere ne obruant peccata, gemendo, jejunando, tribuendo, ignoscendo? Iter autem hujus sæculi molestum est, plenum est tentationibus : in rebus prosperis ne extollat, in rebus adversis ne frangat. Qui tibi dedit felicitatem hujus sæculi, ad consolationem tuam dedit, non ad corruptionem. Rursus qui te flagellat in isto sæculo, ad emendationem, non ad damnationem facit. Ferto patrem erudientem, ne sentias judicem punientem. Hæc quotidie dicimus vobis, et sæpe dicenda sunt, quia bona et salutaria sunt.

TRAITÉ XIII.

Depuis ces paroles : « Après cela Jésus vint avec ses disciples dans la terre de Judée, » etc., jusqu'à ces autres : « L'ami de l'Epoux, qui se tient debout et l'écoute, est rempli de joie à cause de la voix de l'Epoux. »

1. La suite de l'Evangile selon saint Jean, je fais ici appel au souvenir de ceux qui ont quelque souci de leur avancement, nous amène naturellement à expliquer la partie du récit évangélique qui vient de vous être lue. Vous vous rappelez que tout ce qui précède depuis le commencement jusqu'à la lecture de ce jour vous a été expliqué. Si vous avez oublié une grande partie de ces explications, l'accomplissement fidèle de notre devoir est présent à votre mémoire. Vous avez retenu, sinon en totalité, du moins en partie, ce que nous avons dit du baptême de Jean, de la raison pour laquelle le Saint-Esprit a voulu paraître sous la forme d'une colombe, de la solution qu'on peut donner à cette question, quelle est cette propriété particulière au Seigneur que Jean ne connaissait pas bien qu'il connût le Seigneur, et qu'il apprit par la colombe lorsqu'au moment de le baptiser, il lui dit : « C'est moi qui devrais être baptisé par vous, et vous venez à moi? et que le Seigneur lui répondit : Laissez maintenant, il faut que toute justice s'accomplisse. » (*Matth.*, III, 14, 15.)

TRACTATUS XIII.

Ab eo Evangelii loco. « Post hæc venit Jesus et discipuli ejus in Judæam terram, » etc., usque ad id : «Amicus autem sponsi qui stat et audit eum, gaudio gaudet propter vocem sponsi. »

1. Ordo lectionis Evangelicæ secundum Joannem, sicut potestis meminisse, qui curam geritis profectus vestri, ita sequitur, ut hæc quæ modo lecta est, hodie nobis tractanda proponatur. Ab ipso principio usque ad hodiernam lectionem, quæ supra dicta sunt, meministis jam esse tractata. Et si forte inde multa estis obliti, certe vel officium nostrum manet in vestra memoria. Quæ hinc audieritis de baptismo Joannis, et si non tenetis omnia, audisse vos tamen credo quod teneatis : quæ dicta sunt etiam, quare Spiritus sanctus in columbæ specie apparuerit : et quomodo illa nodosissima quæstio soluta sit, quia nescio quid quod non noverat, didicit Joannes in Domino per columbam, cum jam eum nosset, quando venienti ut baptizaretur, ait : « Ego a te debeo baptizari, et tu venis ad me? quando ei Dominus respondit : Sine modo, ut impleatur omnis justitia. » (*Matth.*, III, 14 et 15.)

2. La suite de la lecture du saint Évangile nous ramène aujourd'hui à ce même Jean-Baptiste. Il est celui qui a été prédit par Isaïe en ces termes : « Voix de celui qui crie dans le désert, rendez droits ses sentiers. » (*Isa.*, XL, 3.) Voilà le témoignage qu'il a rendu à son Seigneur, et comme il lui est permis de le dire à son ami : et le Seigneur de Jean qui est aussi son ami, lui a rendu également témoignage. En effet, il dit de Jean : « Parmi les enfants des femmes, il n'en a point paru de plus grand que Jean-Baptiste ; mais le plus petit dans le royaume des cieux est plus grand que lui. » (*Matth.*, XI, 11.) Notre-Seigneur se met donc au-dessus de Jean, et ce qui le rend supérieur à Jean, c'est qu'il était Dieu. « Mais le plus petit dans le royaume des cieux est plus grand que lui. » Il est plus petit par sa naissance, il est plus grand par sa puissance, plus grand par sa divinité, par sa majesté, par sa clarté, car « le Verbe était dans le commencement, et le Verbe était en Dieu et le Verbe était Dieu. » Or, dans toutes les circonstances qui précèdent, en rendant témoignage au Seigneur, Jean déclarait qu'il était le Fils de Dieu, mais il n'affirmait pas qu'il était Dieu, bien cependant qu'il ne le niât point. Il ne proclamait pas, mais il ne niait pas non plus qu'il fût Dieu. Peut-être en trouverons-nous la preuve dans la lecture de ce jour. « Il avait appelé Jésus le Fils de Dieu, mais les hommes eux-mêmes ont reçu ce nom. » (*Jean*, I, 34.) Il avait déclaré que sa prééminence sur lui était si grande, qu'il n'était pas digne de dénouer les cordons de ses souliers. (*Ibid.*, 27.) Cette grandeur nous donne déjà beaucoup à penser, puisque le plus grand des enfants des femmes n'était pas digne de dénouer les cordons de ses souliers. Il est donc évident qu'il était au-dessus de tous les anges et de tous les hommes. Nous voyons, en effet, dans l'Ecriture qu'un ange défend à un homme de se prosterner à ses pieds. Dans une circonstance où un ange dévoilait certains mystères à Jean auteur de cet Évangile, cet apôtre épouvanté de cette grande vision, tombe aux pieds de l'ange. « Mais l'ange lui dit : Levez-vous, gardez-vous de le faire et adorez Dieu, car je suis serviteur comme vous et comme vos frères. » L'ange défendit donc à Jean de se prosterner à ses pieds. N'est-il pas évident que le Sauveur est au-dessus de tous les anges, puisque le plus grand de tous ceux qui sont nés des femmes se reconnaît indigne de dénouer les cordons de ses souliers ?

3. Demandons cependant à Jean-Baptiste un témoignage plus évident en faveur de la divinité de Notre-Seigneur Jésus-Christ. Tâchons de le trouver dans ce qui vient d'être lu, car n'est-ce pas de lui que nous avons chanté : « Le Sei-

---

2. Nunc ergo ad eumdem Joannem cogit nos ordo lectionis reverti. Ipse est ille qui prophetatus est per Isaiam : Vox clamantis in eremo, parate viam Domino, rectas facite semitas ejus. (*Isai.*, XL, 3.) Tale testimonium reddidit Domino suo, et (quia ille dignatus est), amico suo : Dominusque ipsius et amicus ipsius perhibuit et ipse testimonium Joanni. Dixit enim de Joanne : In natis mulierum non exsurrexit major Joanne Baptista. (*Matth.*, XI, 11.) Sed quia illi se præposuit; in hoc quod plus erat Joanne, Deus erat. « Qui autem minor est, inquit, in regno cœlorum, major est illo. » Minor nativitate, major potestate, major divinitate, majestate, claritate : tanquam in principio erat Verbum, et Verbum erat apud Deum, et Deus erat Verbum. (*Joan.*, I, 1.) Sic autem perhibuerat in superioribus lectionibus Joannes Domino testimonium, ut Filium Dei quidem diceret, Deum non diceret, nec tamen negaret : tacuerat Deum, non negaverat Deum, sed non omnino tacuit Deum. Fortassis enim invenimus hoc in hodierna lectione: Dixerat Filium Dei : sed dicti sunt et homines filii Dei. (*Ibid.*, 34.) Dixerat tantæ excellentiæ illum fuisse, ut non esset ipse dignus corrigiam calceamenti ejus solvere. (*Ibid.*, 27.) Jam magnitudo ista multum dat intelligi, cujus non erat dignus corrigiam calceamenti solvere, ille quo nemo surrexerat major in natis mulierum. Plus enim erat omnibus hominibus et Angelis. Nam Angelum invenimus prohibuisse, ne homo illi ad pedes caderet. Cum enim quædam in Apocalypsi Angelus ostenderet Joanni, qui scripsit hoc Evangelium, conterritus magnitudine visionis Joannes cecidit ad pedes Angeli. Et ille : Surge, vide ne feceris hoc, (*a*) Deum adora : nam ego conservus tuus sum et fratrum tuorum. (*Apoc.*, XXII, 9.) Cadere ergo sibi ad pedes hominem Angelus prohibuit. Nonne manifestum est quia super omnes Angelos est, cui talis homo, quo major nemo surrexit in natis mulierum, dicit indignum se esse solvere corrigiam calceamenti ?

3. Tamen aliquid evidentius dicat Joannes, quia Deus est Dominus noster Jesus Christus. Inveniamus hoc in præsenti lectione, quia forte et de illo canta-

---

(*a*) Plerique Mss. *illum adora, hoc est Deum.*

gneur a régné sur toute la terre? » témoignage que ne peuvent se résoudre à entendre ceux qui pensent qu'il règne dans l'Afrique à l'exclusion de toute autre contrée. C'est de Jésus-Christ, en effet, et non d'un autre, qu'il est question dans ces paroles : « Le Seigneur a régné sur toute la terre. » Quel autre roi avons-nous que Notre-Seigneur Jésus-Christ? Oui, il est vraiment notre roi. Et qu'avez-vous entendu dans ce psaume que vous venez de chanter? « Chantez notre Dieu, chantez, célébrez le Seigneur, célébrez notre roi. » (*Ps.* XLVI, 7.) Celui qu'il vient d'appeler son Dieu, il l'appelle en même temps son roi : « Chantez notre Dieu, chantez, célébrez le Seigneur, célébrez notre roi, chantez avec sagesse. » N'allez pas restreindre à une seule partie de la terre le règne de celui dont vous venez de chanter : « Dieu est le roi de toute la terre. » Mais comment est-il le roi de toute la terre, lui qui ne s'est manifesté que dans une seule contrée, dans la ville de Jérusalem, dans la Judée, vivant au milieu des hommes, lui qu'on a vu naître, être allaité, croître, manger, boire, veiller, dormir, se reposer de ses fatigues sur le bord d'un puits; lui qui a été garotté, flagellé, couvert de crachats, suspendu à une croix, percé d'une lance, et qui enfin est mort et a été enseveli, comment encore une fois est-il le roi de toute la terre? Ce qu'on voyait dans un lieu déterminé, c'était la chair du Sauveur; sa chair se manifestait aux yeux du corps, mais cette chair sujette à la mort voilait aux regards une majesté immortelle. Et quels yeux étaient capables de pénétrer à travers cette enveloppe de la chair pour contempler cette immortelle majesté? Il y a un autre œil, il y a l'œil intérieur. Tobie n'était point sans avoir des yeux, lorsque tout privé qu'il était des yeux du corps, il donnait à son fils les préceptes de la vie. (*Tob.*, IV, 2.) Son fils tenait la main de son père pour diriger ses pas incertains; le père donnait des conseils à son fils pour qu'il suivit toujours la voie de la justice. Il y a donc ici des yeux, je le vois, il y a ici des yeux, je le comprends. Les yeux de celui qui donne les conseils de la vie sont bien supérieurs aux yeux de celui qui tient la main de son père. Voilà les yeux que recherchent Jésus lorsqu'il dit : « Philippe, celui qui me voit, voit aussi mon Père. » (*Jean*, XIV, 9.) Ces yeux sont situés dans l'intelligence, ils sont au milieu de l'âme. Aussi le Psalmiste après avoir dit : « Parce que Dieu est le roi de toute la terre, » ajoute aussitôt : « Chantez avec sagesse. » (*Ps.* XLVI, 8.) Ce Dieu dont je dis : « Chantez notre Dieu, chantez, » c'est à la fois notre Dieu et notre roi. Ce roi, vous l'avez vu confondu au milieu des hommes comme un simple mortel, vous l'avez vu livré aux souf-

---

vimus: Regnavit Deus super omnem terram : contra quod surdi sunt, qui putant cum in Africa sola regnare. Non enim non dictum est de Christo, cum dictum est : Regnavit Deus super omnem terram. Quis est enim alius rex noster, nisi Dominus noster Jesus Christus? Ipse est rex noster. Et quid audistis in ipso psalmo, recenti versu modo cantato? Psallite Deo nostro, psallite : psallite regi nostro, psallite. (*Psal.* XLVI, 7.) Quem dixit Deum, ipsum dixit regem nostrum : Psallite Deo nostro, psallite : psallite regi nostro, psallite intelligenter. Ne in una parte velis intelligere cui psallis : Quoniam rex omnis terræ Deus. (*Ibid.*, 8.) Et quomodo est omnis terræ rex, qui visus est in una parte terrarum, in Jerosolyma, in Judæa, ambulans inter homines, natus, sugens, crescens, manducans, bibens, vigilans, dormiens, fatigatus ad puteum sedens, comprehensus, flagellatus, sputis illitus, spinis coronatus, ligno suspensus, lancea percussus, mortuus, sepultus? quomodo ergo rex omnis terræ? Quod videbatur in loco, caro erat : oculis carneis caro apparebat : in carne mortali majestas immortalis occultabatur. Et quibus oculis majestas immortalis penetrata compage carnis poterit intueri? Est alius oculus, est interior oculus. Non enim nullos oculos habebat et Tobias, quando cæcus oculis corporeis filio dabat præcepta vitæ. (*Tob.*, IV, 2.) Ille patri manum tenebat, ut pedibus ambularet : ille filio consilium dabat, ut viam justitiæ teneret. Et hac oculos video, et hac oculos intelligo. Et meliores oculi dantis vitæ consilium, quam oculi tenentis manum. Tales oculos quærebat et Jesus, quando ait Philippo : Tanto tempore vobiscum sum, et non cognovistis me? (*Joan.*, XIV, 9.) Tales oculos quærebat, cum ait : Philippe, qui videt me, videt et Patrem. Isti oculi in intelligentia sunt, isti oculi in mente sunt. Ideo cum dixisset Psalmus : Quoniam rex omnis terræ Deus : subjecit statim : Psallite intelligenter. (*Psal.* XLVI, 8.) Quod enim dico : Psallite Deo nostro, psallite : Deum dico regem nostrum. Sed regem nostrum inter homines vidistis tanquam hominem, vidistis passum, crucifixum, mortuum : latebat aliquid in illa carne, (*a*) quam oculis carneis

(*a*) Sic Mss. At editi, *quod oculis carneis videre non potuistis.*

frances, attaché à la croix, mort, mais il y avait sous cette chair un mystère caché que vous ne pouviez point voir des yeux du corps. Quel était ce mystère? « Chantez avec sagesse : » ne cherchez pas à voir des yeux ce que l'âme seule peut apercevoir. Que votre langue célèbre ses louanges, parce qu'il se manifeste au milieu de vous sous l'apparence de la chair; mais parce que le Verbe s'est fait chair, et qu'il a habité parmi nous, que votre bouche célèbre sa chair, et réservez pour Dieu les yeux de l'âme. Chantez avec sagesse, car vous voyez que le Verbe s'est fait chair, et qu'il a habité parmi nous.

4. C'est à Jean-Baptiste à produire maintenant son témoignage : « Après cela, Jésus vint avec ses disciples dans la terre de Judée, et il demeurait avec eux, et y baptisait. » (*Jean*, III, 22.) Il baptisait après avoir baptisé lui-même. Mais il ne donnait pas le baptême qu'il avait reçu. Le Sauveur donne le baptême après avoir été baptisé par son serviteur pour nous montrer la voie de l'humilité, et il nous conduit ainsi au baptême du Seigneur, c'est-à-dire à son propre baptême par cet exemple d'humilité, parce qu'il n'a point dédaigné de recevoir le baptême de son serviteur. Le baptême du serviteur préparait la voie au Seigneur, et le Seigneur en recevant le baptême s'est rendu la voie de ceux qui viennent à lui. Ecoutons-le : « Je suis la voie, la vérité et la vie. » (*Jean*, XIV, 6.) Si vous cherchez la vérité, suivez la voie, car la voie est en même temps la vérité. » Elle est le terme où vous allez, elle est le moyen que vous prenez pour y arriver, vous ne pouvez ni vous proposer un autre but, ni prendre un autre moyen, point d'autre voie pour parvenir à Jésus-Christ ; c'est par Jésus-Christ que vous arrivez à Jésus-Christ. Comment parvenir à Jésus-Christ par Jésus-Christ? Par Jésus-Christ homme, vous parvenez à Jésus-Christ Dieu ; par le Verbe fait chair, vous parvenez au Verbe qui au commencement était Dieu en Dieu; de cette nourriture que mange l'homme, vous arrivez à celle que les anges mangent tous les jours. Car il est écrit : « Il leur a donné le pain du ciel : l'homme a mangé le pain des anges. » (*Ps.* LXXVII, 24, 25.) Quel est ce pain des anges? « Au commencement était le Verbe, et le Verbe était en Dieu, et le Verbe était Dieu. » Comment l'homme a-t-il mangé le pain des anges? « Et le Verbe s'est fait chair, et il a habité parmi nous. » (*Jean*, I, 14.)

5. Nous venons de dire que les anges mangeaient; gardez-vous de l'entendre dans le sens ordinaire. Dans ce sens, Dieu dont les anges se nourrissent serait comme mis en pièces. Mais qui peut déchirer ainsi la justice? Vous me direz à votre tour : Qui peut se nourrir de la justice? D'où vient donc le bonheur de ceux qui ont faim et soif de la justice, parce qu'ils seront rassa-

---

videre potuistis. Quid ibi latebat ? Psallite intelligenter : nolite oculis quærere quod mente conspicitur. Psallite lingua, quia inter vos caro : sed quia Verbum caro factum est, et habitavit in nobis, reddite sonum carni, reddite Deo mentis obtutum. Psallite intelligenter et videtis quia Verbum caro factum est, et habitavit in nobis.

4. Dicat et Joannes testimonium : « Post hæc venit Jesus et discipuli ejus in Judæam terram, et illic demorabatur cum eis, et baptizabat. » (*Joan.*, III, 22.) Baptizatus baptizabat. Non eo baptismo baptizabat quo baptizatus est. Dat baptismum Dominus baptizatus a servo, ostendens humilitatis viam, et perducens ad baptismum Domini, hoc est baptismum suum, præbendo humilitatis exemplum, quia ipse non respuit baptismum servi. Et in baptismo servi via præparabatur Domino, et baptizatus Dominus viam se fecit (a) venientibus. Ipsum audiamus: Ego sum via, veritas et vita. (*Joan.*, XIV, 6.) Si veritatem quæris, viam tene : nam ipsa est via quæ est veritas. Ipsa est quo is, ipsa est qua is : non per aliud is ad aliud, non per aliud venis ad Christum : per Christum ad Christum venis. Quomodo per Christum ad Christum? Per Christum hominem ad Christum Deum : per Verbum carnem factum, ad Verbum quod in principio erat Deus apud Deum : ab eo quod manducavit homo, ad illud quod quotidie manducant Angeli. Sic enim scriptum est : Panem cœli dedit eis : panem Angelorum manducavit homo. (*Psal.* LXXVII, 24 et 25.) Quis est panis Angelorum. In principio erat Verbum, et Verbum erat apud Deum, et Deus erat Verbum. (*Joan.*, I, 1.) Quomodo panem Angelorum manducavit homo? Et Verbum caro factum est, et habitavit in nobis. (*Ibid.*, 14.)

5. Sed quia diximus manducare Angelos, Fratres, ne putetis morsibus fieri. Nam si hoc intellexeritis, quasi dilaniatur Deus quem manducant Angeli. Quis dilaniat justitiam? Sed rursum mihi aliquis dicit : Et quis est qui manducat justitiam ? Unde ergo beati qui esuriunt et sitiunt justitiam, quoniam ipsi satu-

---

(a) Mss. quatuor, *viam fecit ad se venientibus*. Tres alii, *viam se fecit ad se venientibus*.

siés. La nourriture que vous prenez par la bouche ne peut vous fortifier qu'à la condition de se détruire; il faut qu'elle se consume pour réparer vos forces; nourrissez-vous de la justice, vous serez fortifié, et elle demeure dans son entier. C'est ainsi que la vue de la lumière extérieure récrée nos yeux; c'est une chose corporelle qui est aperçue des yeux du corps. Il arrive pour un grand nombre, qu'après avoir été longtemps dans les ténèbres, leur vue s'affaiblit par suite de ce long jeûne de la lumière. Les yeux privés de la nourriture qui leur est propre, sont fatigués, affaiblis par ce jeûne, au point qu'ils deviennent incapables de voir la lumière qui les récrée, et si son absence se prolonge, ils s'éteignent, et l'organe de la vision meurt tout à fait en eux. Or, je vous le demande, cette lumière qui nourrit tous les jours un si grand nombre d'yeux, en devient-elle moindre? Non, elle les nourrit, et elle demeure toujours entière. Or, si la puissance de Dieu a pu aller jusque là pour une lumière corporelle destinée à éclairer les yeux du corps, ne pourra-t-il pas offrir aux cœurs purs cette lumière, qui reste toujours dans tout son éclat, et ne connaît ni amoindrissement, ni défaillance? Quelle est cette lumière? « Au commencement était le Verbe, et le Verbe était en Dieu. » Voyons, en effet, s'il est cette lumière. « En vous est la source de la vie, et dans votre lumière nous verrons la lumière. » (*Ps.* xxxv, 10.) Sur la terre la source est différente de la lumière. Vous cherchez une source pour y étancher votre soif, et pour parvenir à cette source, vous cherchez la lumière; et si c'est pendant la nuit, vous allumez une lampe pour vous diriger vers cette source. Mais cette source est en même temps la lumière; pour celui qui a soif, c'est une source, pour celui qui est aveugle, c'est une lumière; ouvrez vos yeux pour voir la lumière; ouvrez la bouche de votre cœur pour boire à cette source; ce que vous buvez, vous voyez, vous l'entendez. Dieu devient tout pour vous, parce qu'il réunit en lui pour vous toutes les choses que vous aimez. Dans les choses extérieures et visibles, ni le pain n'est Dieu, ni l'eau n'est Dieu, ni cette lumière n'est Dieu, ni le vêtement n'est Dieu, ni la maison n'est Dieu, car toutes ces choses sont matérielles et distinctes l'une de l'autre. Le pain n'est pas l'eau, le vêtement n'est pas la maison, et Dieu est bien différent de toutes ces choses extérieures et visibles. Dieu est tout pour vous; vous avez faim, il est votre pain; vous avez soif, il est l'eau qui vous rafraîchit; vous êtes dans les ténèbres, il est pour vous la lumière, parce qu'il demeure toujours incorruptible; si vous êtes nu, il est pour vous un vêtement d'immortalité, lorsque ce corps corruptible se revêtira d'incorruptibilité, et que ce corps de mort se revêtira d'immortalité. (I *Cor.*, xv, 54.) On peut tout dire de Dieu, et on ne parlera jamais dignement de Dieu. Il n'y a rien de plus étendu que cette pauvreté. Vous cherchez un nom qui lui convienne, vous

---

rabuntur? (*Matth.*, v, 6.) Cibus quem manducas per carnem, ut reficiaris tu, ille deficit; ut reparet te, consumitur : manduca justitiam, et tu reficeris, et illa integra perseverat. Quomodo videndo istam lucem corpoream reficiuntur isti oculi nostri, et res est corporea quæ videtur oculis corporeis. Multi enim cum fuerint diutius in tenebris, infirmatur acies ipsorum, quasi jejunio lucis. Fraudati oculi cibo suo, (luce quippe pascuntur,) defatigantur jejunio, et debilitantur, ita ut ipsam lucem qua reficiuntur videre non possint : et si diutius abfuerit, extinguuntur, et tanquam moritur in eis ipsa acies lucis. Quid ergo, quia tot oculi quotidie ista luce pascuntur, minor fit? Et illi reficiuntur, et ipsa integra permanet. Si hoc potuit Deus de luce corporea corporeis oculis exhibere : non exhibet mundis cordibus lucem illam infatigabilem, integram perseverantem, nulla ex parte deficientem? Quam lucem? In principio erat Verbum, et Verbum erat apud Deum. Videamus si lux est. Quoniam apud te est fons vitæ, et in lumine tuo videbimus lumen. (*Psal.* xxxv, 10.) In terra aliud est fons, aliud lumen. Sitiens quæris fontem, et ut pervenias ad fontem, quæris lucem : et si dies non est, accendis lucernam, ut ad fontem pervenias. Fons ille, ipsa est lux : sitienti fons est, cæco lux est : aperiantur oculi ut videant lucem, aperiantur fauces cordis ut bibant fontem; quod bibis, hoc vides, hoc audis. Totum tibi fit Deus : quia horum quæ diligis, totum tibi est. Si visibilia attendis, nec panis est Deus, nec aqua est Deus, nec lux ista est Deus, nec vestis est Deus, nec domus est Deus. Omnia enim hæc visibilia sunt, et singula sunt : quod est panis, non hoc est aqua; et quod est vestis, non hoc est domus; et quod sunt ista, non hoc est Deus : visibilia enim sunt. Deus tibi totum est : si esuris, panis tibi est : si sitis, aqua tibi est : si in tenebris es, lumen tibi est, quia incorruptibilis manet : si nudus es, immortalitatis vestis tibi est, cum corruptibile hoc induerit incorruptionem, et mortale hoc induerit immortalitatem. (I *Cor.*, xv, 54.) Omnia possunt dici de Deo, et nihil digne

n'en trouverez pas; vous cherchez à vous exprimer d'une manière quelconque, tous les noms se présentent à vous. Quelle analogie entre l'agneau et le lion? Ces deux noms cependant sont donnés à Jésus-Christ : « Voici l'agneau de Dieu. » (*Jean*, I, 29.) Comment est-il un lion? « Le lion de la tribu de Juda a remporté la victoire. » (*Apoc.*, v, 5.)

6. Ecoutons Jean : « Jésus baptisait. » Nous avons dit que le Seigneur baptisait. Comment était-il Jésus? Comment le Seigneur, comment le Fils de Dieu? comment le Verbe? « Mais le Verbe a été fait chair. » Or Jean baptisait aussi à Ennon près de Salim. Ennon était une espèce de lac. Qui nous le donne à entendre que c'était un lac? Parce qu'il y avait là beaucoup d'eau, et plusieurs y venaient se faire baptiser, car Jean n'avait pas encore été mis en prison. (*Jean*, III, 22-24.) Si vous vous le rappelez bien (mais je vais le redire), j'ai dit pourquoi Jean baptisait, parce qu'il fallait que le Seigneur lui-même fût baptisé. Et pourquoi cette nécessité? Parce qu'un grand nombre devaient témoigner du mépris pour le baptême en se croyant élevés à une grâce beaucoup plus éminente que les autres fidèles. Ainsi, par exemple, un catéchumène vivant dans la continence mépriserait un fidèle engagé dans les liens du mariage, en se disant plus parfait que lui. Ce catéchumène pourrait dire en son cœur : Qu'ai-je besoin de recevoir le baptême, pour ne recevoir d'autre grâce que celui-ci auquel je suis déjà supérieur? Or, c'est afin que ces sentiments altiers n'en fissent point tomber un certain nombre des hauteurs d'une justice qui leur inspirait tant d'orgueil, que le Seigneur a voulu être baptisé par son serviteur, et qu'il semble tenir ce langage à ces fils qui portent la tête si haute : Pourquoi cet orgueil, pourquoi cette fierté? Parce que vous avez l'un la prudence, l'autre la doctrine, celui-ci la chasteté, celui-là la force de la patience. Aurez-vous jamais autant de vertu que moi à qui vous devez la vôtre? Et cependant j'ai reçu le baptême des mains de mon serviteur, et vous dédaignez d'être baptisés par le Seigneur. J'ai donc agi ainsi pour accomplir toute justice. (*Matth.*, III, 15.)

7. On me dira : Il suffisait donc que Jean baptisât le Seigneur, mais quelle nécessité que d'autres vinssent recevoir le baptême de Jean? J'ai déjà répondu que si le Seigneur avait été le seul pour recevoir le baptême de Jean, les hommes n'eussent pas manqué de croire que le baptême de Jean était supérieur à celui du Seigneur. Ils auraient dit : Le baptême de Jean était si parfait que le Christ seul fut digne de le recevoir. C'est donc pour établir la supériorité du baptême que devait donner le Seigneur, et faire bien comprendre que l'un était le baptême

---

dicitur de Deo. Nihil latius hac inopia. Quæris congruum nomen, non invenis : quæris quoquo modo dicere, omnia invenis. Quid simile, agnus et leo? De Christo utrumque dictum est : Ecce Agnus Dei. (*Joan.*, I, 29.) Quomodo leo? Vicit leo de tribu Juda. (*Apoc.*, v, 5.)

6. Audiamus Joannem : « Baptizabat Jesus. » (*Joan.*, III, 22.) Diximus quia baptizabat Jesus. Quomodo Jesus? quomodo Dominus? quomodo Dei Filius? quomodo Verbum? Sed Verbum caro factum est. « Erat autem et Joannes baptizans in Aenon juxta Salim (*a*). » (v. 23.) Lacus quidam *Aenon*. Unde intelligitur, quia lacus erat? « Quia aquæ multæ erant ibi, et veniebant, et baptizabantur. Nondum enim missus erat in carcerem Joannes. » (v. 24.) Si meministis : (Ecce iterum dico :) dixi quare baptizabat Joannes : quia oportebat ut Dominus baptizaretur? quia multi contempturi erant baptismum, eo quod jam majore gratia præditi viderentur, quam viderent alios fideles. Verbi gratia, jam continenter vivens catechumenus, contemneret conjugatum, et diceret se meliorem quam ille sit fidelis. Ille catechumenus, posset dicere in corde suo : Quid mihi opus est baptismum accipere, ut hoc habeam quod et iste, quo jam melior sum? Ne ergo cervix ista præcipitaret quosdam de meritis justitiæ suæ plurimum elatos, baptizari voluit Dominus a servo, tanquam alloquens filios capitales. Quid vos extollitis? quid erigitis vos habetis, ille prudentiam, ille doctrinam, ille castitatem, ille fortitudinem patientiæ? Nunquid tantum habere potestis, quantum ego qui dedi? Et tamen ego baptizatus sum a servo, vos dedignamini a Domino. Hoc est, ut impleatur omnis justitia. (*Matth.*, III, 15.)

7. Sed dicet aliquis : Sufficiebat ergo ut baptizaret Dominum Joannes : quid opus erat ut alii baptizarentur a Joanne? Et hoc diximus : quia si solus Dominus baptizaretur a Joanne, non deesset ista cogitatio hominibus, quod meliorem habebat baptismum Joannes quam Dominus. Dicerent enim : Usque adeo magnus erat baptismus quem habuit Joannes, ut solus Christus illo fuerit dignus baptizari. Ergo ut ostenderetur melior baptismus quem daturus erat

---

(*a*) In aliquot Mss. *Salim locus quidam*, *Aenon lacus.*

du Seigneur, l'autre le baptême du serviteur, que le Sauveur voulut être baptisé, nous donnant en cela un grand exemple d'humilité ; mais il ne voulut pas être le seul qui reçut ce baptême, dans la crainte qu'on ne vînt à mettre le baptême de Jean au-dessus du baptême du Seigneur. Notre-Seigneur, comme je vous l'ai dit, mes frères, nous fraye ici la voie, pour prévenir dans les catéchumènes cette orgueilleuse présomption d'une vertu éminente, et le mépris qu'ils feraient par là même du baptême du Seigneur. Car, quels que soient les progrès que fasse un catéchumène, il porte encore le poids de son iniquité; elle ne lui est pardonnée que lorsqu'il vient recevoir le baptême. De même que le peuple d'Israël n'a été délivré des Egyptiens que lorsqu'il eut traversé la mer Rouge (*Exod.*, XIV, 27), ainsi personne ne peut être déchargé du fardeau de ses péchés que lorsqu'il s'est plongé dans les eaux du baptême.

8. « Or, il s'éleva une question entre les disciples de Jean et les Juifs touchant le baptême. » (*Jean*, III, 25.) Jean baptisait, Jésus-Christ baptisait également, les disciples de Jean en furent émus, on courait en foule à Jésus-Christ, on venait trouver Jean. Tous ceux qui venaient à Jean, il les envoyait se faire baptiser par Jésus, tandis que ceux qui étaient baptisés par Jésus-Christ n'étaient pas envoyés à Jean. Les disciples de Jean en furent donc troublés et ils engagèrent une discussion avec les Juifs comme il arrive d'ordinaire. Il est probable que les Juifs soutinrent que Jésus-Christ était supérieur à Jean, et qu'il fallait s'empresser de recevoir son baptême. Les disciples de Jean qui ne comprenaient pas encore cette vérité, défendaient le baptême de leur maître. On vint donc trouver Jean Baptiste pour qu'il décidât cette question. Veuillez bien le comprendre, mes très-chers frères, nous pouvons reconnaître ici l'utilité de l'humilité, et voir si Jean a voulu profiter pour sa propre gloire de l'erreur où étaient les hommes sur ce point. Peut-être va-t-il dire : Vous avez raison, vous défendez la vérité, mon baptême est supérieur, voulez-vous une preuve évidente de sa supériorité ? J'ai baptisé Jésus-Christ lui-même. Voilà ce que Jean pouvait dire après le baptême de Jésus-Christ. Quelle occasion pour lui de se glorifier, s'il avait voulu en profiter ! Mais il aimait bien mieux s'humilier devant celui qui était bien au-dessus de lui par sa naissance ; il voulut donc avouer son infériorité parce qu'il savait que son salut était tout entier en Jésus-Christ. Il avait déjà dit précédemment : « Nous avons reçu tous de sa plénitude. » (*Jean*, I, 16.) C'était confesser sa divinité. Car s'il n'était Dieu, comment tous les hommes auraient-ils pu recevoir de sa pléni-

---

Dominus, et ille tanquam servi intelligeretur, ille tanquam Domini ; baptizatus est Dominus, ut præberet humilitatis exemplum : non solus autem baptizatus est ab eo, ne baptismus Joannis melior baptismo Domini videretur. Ad hoc autem viam præbuit Dominus noster Jesus Christus, sicut audistis, Fratres, ne quis arrogans quod habeat abundantiam alicujus gratiæ, dedignetur baptizari baptismo Domini. Quantumcumque enim catechumenus proficiat, adhuc sarcinam iniquitatis suæ portat : non illi dimittitur, nisi cum venerit ad baptismum. Quomodo non caruit populus Israel populo Ægyptiorum, nisi cum venisset ad mare rubrum (*Exod.*, XIV, 27) : sic pressura peccatorum nemo caret, nisi cum ad fontem baptismi venerit.

8. « Facta est ergo quæstio ex discipulis Joannis cum Judæis de purificatione. » (*Joan.*, III, 25.) Baptizabat Joannes, baptizabat Christus : moti sunt discipuli Joannis, concurrebatur ad Christum, veniebatur (*a*) ad Joannem. Qui enim veniebant ad Joannem, mittebat illos ad Jesum baptizari : non mittebantur ad Joannem, qui a Christo baptizabantur. Turbati sunt discipuli Joannis, et cœperunt quæstionem tractare cum Judæis, quomodo solet fieri. Intelligas dixisse Judæos, majorem esse Christum, et ad ejus baptismum debere concurri. Illi nondum intelligentes, defendebant baptismum Joannis. Ventum est ad ipsum Joannem, ut solveret quæstionem. Intelligat Caritas Vestra : Et hic utilitas ipsa humilitatis agnoscitur, et ostenditur utrum in ipsa quæstione cum errarent homines, gloriari apud se voluerit Joannes. Fortasse enim dixit : Verum dicitis, recte contenditis, baptismus meus est melior ? Nam ut noveritis quod baptismus meus est melior, ipsum Christum ego baptizavi. Poterat hoc dicere Joannes baptizato Christo. Quantum se si vellet extendere, habebat ubi se extenderet ? Sed melius noverat apud quem se humiliaret : quem se noverat nascendo antecedere, illi voluit confitendo cedere : salutem suam intelligebat in Christo esse. Jam dixerat superius : Nos omnes de plenitudine ejus accepimus. (*Joan.*, I, 16.) Et hoc confiteri Deum est. Quomodo enim omnes homines de plenitudine ejus accipiunt,

(*a*) Duo Mss. *veniebatur a Joanne.*

tude? S'il est homme et non Dieu, il reçoit lui-même de la plénitude de Dieu, et ainsi il n'est pas Dieu. Mais si tous les hommes reçoivent de sa plénitude, il est une source inépuisable où ceux-ci viennent étancher leur soif. Ceux qui boivent de l'eau d'une source sont encore sujets à la soif et peuvent boire de nouveau ; la source n'a jamais soif, elle n'a point besoin d'elle-même. Ils accourent à la source pour rafraîchir leurs entrailles desséchées, leur gosier altéré ; la fontaine coule pour rafraîchir, il en est ainsi du Seigneur Jésus.

9. Voyons donc ce que leur répond Jean-Baptiste. « Etant venus trouver Jean, ils lui dirent : Maître, celui qui était avec vous au delà du Jourdain, à qui vous avez rendu témoignage, voilà qu'il baptise et tous vont à lui ; » (*Jean*, III, 26) c'est-à-dire qu'en pensez-vous? Ne faut-il pas les empêcher, et les amener bien plutôt à vous? « Jean répondit : L'homme ne peut rien recevoir, s'il ne lui a pas été donné du ciel. » (*Ibid.*, 27.) De qui pensez-vous que parle ici Jean-Baptiste? De lui-même. J'ai reçu tout du ciel comme un homme. Veuillez méditer ces paroles, mes très-chers frères. « L'homme ne peut rien recevoir, s'il ne lui a été donné du ciel. Vous m'êtes vous-mêmes témoins que j'ai dit : Je ne suis point le Christ. » (*Ibid.*, 28.) Il semble leur dire : Pourquoi vous tromper vous-mêmes? En quels termes m'avez-vous proposé cette question? Que m'avez-vous dit? « Maître, celui qui était avec vous au delà du Jourdain, à qui vous avez rendu témoignage. » Ainsi vous connaissez le témoignage que je lui ai rendu, croyez-vous donc que je vais dire maintenant qu'il n'est pas celui que j'ai proclamé hautement alors? Donc parce que j'ai reçu du ciel d'être quelque chose, vous voulez faire de moi un être frivole qui parle contre la vérité? « L'homme ne peut rien recevoir, s'il ne lui a été donné du ciel. Vous me rendez vous-mêmes témoignage que j'ai dit : Je ne suis point le Christ. » Vous n'êtes pas le Christ? mais ne seriez-vous pas plus grand que lui, vous qui l'avez baptisé? Non, « j'ai été envoyé, » je suis le héraut, tandis qu'il est le juge.

10. Ecoutez un témoignage beaucoup plus fort et plus explicite. Considérez quel enseignement nous est ici donné, voyez quel doit être l'objet de notre amour, considérez que donner à un homme cet amour, qui est dû à Jésus-Christ, c'est un adultère. Pourquoi vous tenir ce langage? Faisons attention aux paroles de Jean-Baptiste, l'erreur était facile à son égard, on pouvait le prendre pour ce qu'il n'était pas, il repousse un honneur qui ne lui était pas dû, pour s'attacher à l'inébranlable vérité. Voyez ce qu'il dit de Jésus-Christ, ce qu'il dit de lui-même : « Celui qui a l'épouse est l'époux. »

---

nisi ille sit Deus? Nam si sic ille homo ut non Deus, de plenitudine Dei accipit etiam ipse, et sic non Deus est. Si autem omnes homines de plenitudine ejus accipiunt, ille est fons, illi bibentes. Qui bibunt fontem, et sitire possunt et bibere : fons nunquam sitit, fons seipso non eget. Fonte egent homines; aridis visceribus, aridis faucibus currunt ad fontem ut reficiantur : fons fluit ut reficiat; ita Dominus Jesus.

9. Videamus ergo quid responderit Joannes : « Venerunt ad Joannem, et dixerunt ei : Rabbi, qui erat tecum trans Jordanem, cui tu testimonium perhibuisti, ecce hic baptizat, et omnes veniunt ad illum : » (*Joan.*, III, 26) hoc est : Quid dicis? Non sunt prohibendi, ut ad te potius veniant? « Respondit, et dixit : Non potest homo quidquam accipere, nisi ei fuerit de cœlo. » (*v.* 27.) De quo putatis hoc dixisse Joannem? de seipso : Quasi homo accepi, ait, de cœlo. Intendat Caritas Vestra. « Non potest homo quidquam accipere, nisi fuerit ei datum de cœlo. Ipsi vos mihi testimonium perhibetis quod dixerim : Ego non sum Christus. » (*v.* 28.) Tanquam dicens : Quid vos fallitis? vosipsi mihi quomodo proposuistis istam quæstionem? Quid mihi dixistis? « Rabbi, qui erat tecum trans Jordanem, cui tu testimonium perhibuisti. » Nostis ergo quale testimonium illi perhibui : modo dicturus sum non esse illum, quem dixi esse? (*a*) Ergo quia aliquid accepi de cœlo ut aliquid essem, inanem me vultis esse, ut loquar contra veritatem? « Non potest homo accipere quidquam, nisi fuerit illi datum de cœlo. Ipsi vos mihi testimonium perhibetis quod dixerim : Ego non sum Christus. » Non es tu Christus? sed quid si major illo, quia tu illum baptizasti? « Missus sum : » ego præco sum, ille judex est.

10. Et audi testimonium multo vehementius, multo expressius. Videte quid nobiscum agitur; videte quid amare debeamus; videte quia aliquem hominem amare pro Christo, adulterium est. Quare hoc dico? Attendamus vocem Joannis : poterat in illo errari, poterat ipse putari qui non erat : respuit a se falsum honorem, ut teneat solidam veritatem. Videte quid dicat Christum, quid se : « Qui habet sponsam, spon-

---

(*a*) In pluribus Mss. *Ego qui*.

Soyez chastes, aimez l'époux. Mais qu'êtes-vous, vous qui nous dites : « Celui qui a l'épouse a l'époux, mais l'ami de l'époux, qui se tient debout et l'écoute, est rempli de joie à cause de la voix de l'époux? » Que le Seigneur vienne au secours de mon cœur troublé, oppressé par les gémissements, pour que je puisse dire ce qui m'afflige si vivement. Mais je vous supplie par Jésus-Christ lui-même de méditer sur ce que je ne puis dire, car je sens que je ne puis exprimer la douleur que je ressens. Je vois un grand nombre d'adultères qui veulent posséder cette épouse achetée à un si grand prix, que le Sauveur a aimée toute affreuse qu'elle était pour la rendre belle, et qu'il a voulu lui-même acheter, délivrer, orner si richement, et tous leurs discours tendent à se faire aimer à la place de l'époux. Il a été dit de lui : « C'est lui qui baptise. » (*Jean*, I, 33.) Qui osera venir dire ici : C'est moi qui baptise? Qui osera venir dire : Ce que je donne est saint? Qui osera tenir ici ce langage : Il vous est avantageux que je sois l'auteur de votre naissance? Ecoutons l'ami de l'époux et non ceux qui sont coupables d'adultère à son égard, écoutons un homme plein de zèle, mais pour un autre que par lui-même.

11. Mes frères, rentrez en esprit dans vos maisons, je vais vous parler le langage de la chair, le langage de la terre; je vais vous parler humainement à cause de la faiblesse de votre chair. (*Rom.*, VI, 19.) Beaucoup parmi vous ont des épouses, beaucoup veulent en avoir; pour un grand nombre vous ne les avez plus contre votre volonté, beaucoup enfin qui ne veulent point d'épouses, ont eu pour mères les épouses de leurs pères. Il n'est donc point de cœur qui ne soit accessible à ce sentiment, il n'est personne, si étranger qu'il soit aux affections naturelles au genre humain, qui ne sente ce que je vais dire. Supposez un homme qui part pour un long voyage, confie la garde de son épouse à un de ses amis; veillez bien, mon très-cher, lui dit-il, à ce qu'en mon absence personne ne prenne ma place dans son cœur. Or, que penserez-vous de celui qui, chargé de garder l'épouse de son ami, veille avec le plus grand soin à ce qu'elle n'en aime aucun autre, mais cherche à se substituer dans son cœur à la place de son époux, et veut ainsi abuser de celle qui lui a été confiée? Ne sera-t-il pas un objet d'abomination pour tout le genre humain? Il voit cette femme jeter des regards indiscrets par la fenêtre ou badiner avec quelqu'un, il s'y oppose par un sentiment de zèle; je vois un homme zélé, mais pourquoi? Est-ce pour son ami qui est absent ou pour lui-même qui est présent? Or, voilà qu'a fait Notre-Seigneur Jésus-Christ. Il a confié son épouse à son ami, il est allé dans un pays lointain pour se mettre en possession de son royaume, comme il le dit dans son Evangile, et

---

sus est. » (*v.* 29.) Casti estote, sponsum amate. Quid autem tu es, qui nobis dicis : « Qui habet sponsam, sponsus est? Amicus autem sponsi qui stat et audit eum, gaudio gaudet propter vocem sponsi. » Aderit Dominus Deus noster pro motu cordis mei, multo enim gemitu plenum est, dicere quod doleo : sed obsecro vos per ipsum Christum, ut quod dicere non potuero, vos cogitetis : novi enim dolorem meum exprimi satis digne non posse. Multos enim adulteros video, qui sponsam tanto pretio emptam, amatam fœdam ut pulchra fieret, illo emptore, illo liberatore, illo decoratore possidere volunt : et id agunt verbis suis, ut pro sponso amentur. De illo dictum est : Hic est qui baptizat. (*Joan.*, I, 33.) Quis huc exit et dicit : Ego baptizo? quis huc exit et dicit : Ego quod dedero hoc est sanctum? quis huc procedit qui dicit: Bonum est tibi ut nascaris ex me? Amicum sponsi audiamus, non adulteros sponsi : audiamus zelantem, sed non sibi.

11. Fratres, regredimini corde ad vestras domos, carnalia loquor, terrena loquor; humanum dico, propter infirmitatem carnis vestræ. (*Rom.*, VI, 19.) Multi habetis conjuges, multi habere vultis, multi etsi non vultis, habuistis : multi qui omnino conjuges habere non vultis, de conjugibus patrum vestrorum nati estis : nullum cor est quod non iste tangat affectus; nullus in rebus humanis tam avius a genere humano est, qui quod dico non sentiat. Ponite aliquem peregre profectum, commendasse amico suo sponsam suam : Vide, quæso te, carus meus es, ne forte me absente pro me aliquis ametur. Qualis ergo ille, qui custodiens sponsam vel uxorem amici sui, dat quidem operam ut nullus alius ametur, sed si se amari pro amico voluerit, et uti voluerit commendata sibi, quam detestandus universo humano generi apparet? Videat illam aliquando petulantius per fenestram attendere aut jocari cum aliquo, prohibet tanquam zelet : video zelantem, sed videam cui, utrum amico absenti, an sibi præsenti. Putate hoc Dominum nostrum Jesum Christum fecisse. Commendavit amico suo sponsam suam, peregre profectus est accipere regnum (*Luc.*, XIX, 12), sicut dicit ipse in Evangelio,

cependant il est présent par sa majesté. Qu'on puisse tromper un ami qui est allé au delà des mers, s'il est trompé, malheur à celui qui le trompe; mais à quoi sert de chercher à tromper Dieu, Dieu qui voit les cœurs de tous les hommes et qui pénètre dans leurs profondeurs les plus cachées? Voici un hérétique qui vient vous dire: C'est moi qui donne la grâce, c'est moi qui sanctifie, c'est moi qui justifie, je ne veux pas que vous alliez vers telle secte. Il a du zèle, je le reconnais, mais examinez pour qui. N'allez pas chez les idolâtres, son zèle est légitime; n'allez pas chez les devins, le zèle est encore louable. Voyons donc en faveur de qui il déploie ce zèle. Ce que je donne est saint, parce que c'est moi qui le donne; celui que je baptise est bien baptisé, celui que je ne baptise pas n'a point le vrai baptême. Ecoutez l'ami de l'Epoux, apprenez à devenir zélé pour votre ami, écoutez ce que Jean vous dit : « C'est lui qui baptise. » (*Jean*, I, 33.) Pourquoi vouloir vous attribuer ce qui ne vous appartient pas. Croyez-vous donc à l'absence complète de Celui qui a laissé ici-bas son Epouse? Ne savez-vous pas qu'il est ressuscité des morts et qu'il est assis à la droite de son Père? Les Juifs l'ont méprisé en le voyant attaché à la croix, mais vous, vous le méprisez maintenant qu'il est assis dans le ciel. Sachez-le bien, mes très-chers frères, la douleur que me fait éprouver un si grand crime est extrême, mais comme je vous l'ai dit, j'abandonne le tout à vos réflexions. Je ne vous dis pas, quand je vous parlerais toute la journée, quand je ne cesserais de gémir du matin au soir, lors même que j'aurais une fontaine de larmes, pour me servir de l'expression du prophète, je ne pourrais suffire à déplorer un tel malheur; mais quand même, je serais changé tout en larmes, lors même que je ne serais plus que larmes et que tout mon être serait changé en une multitude de langues prêtes à prendre la parole, mon impuissance serait égale.

12. Revenons donc et voyons ce que dit Jean-Baptiste : « Celui qui a l'épouse est l'époux. » (*Jean*, III, 29.) L'épouse ne m'appartient pas. Et vous ne vous réjouissez pas de leur union ? C'est là, répond-il, le sujet de ma joie. « Mais l'ami de l'Epoux, qui se tient debout et l'écoute, est rempli de joie à cause de la voix de l'Epoux. » Ce qui me remplit de joie, ce n'est point ma voix, c'est la voix de l'Epoux. Pour moi, je n'ai qu'à écouter, c'est à lui de parler, j'ai besoin d'être éclairé, il est la lumière; je prête l'oreille, il est le Verbe. L'ami de l'Epoux se tient donc debout et l'écoute. Pourquoi se tient-il debout? Parce qu'il ne tombe point. Pourquoi ne tombe-t-il point? Parce qu'il est humble. Voyez comme il se tient sur un terrain solide : « Je ne suis pas digne de dénouer les cordons de sa chaussure. » (*Jean*, I, 27.) Vous avez raison de vous humilier, vous faites bien de ne point tomber, de vous tenir debout, de l'écouter et d'être rem-

---

et tamen præsens est majestate. Fallatur amicus qui trans mare profectus est; et si fallitur, væ illi qui fallit : quid Deum fallere conantur, Deum intuentem omnium corda, et omnium secreta rimantem? Existit aliquis hæreticus, et dicit : Ego do, ego sanctifico, ego justifico, nolo eas ad illam sectam. Bene quidem zelat, sed vide cui. Non eas ad idola, bene zelat : non ad sortilegos, bene zelat. Videamus cui zelat : Ego quod do sanctum est, quia ego do : ego quem baptizo baptizatus est, quem non baptizo non est baptizatus. Audi amicum sponsi, disce zelare amico tuo : audi vocem illius : Hic est qui baptizat. Quare tibi vis arrogare quod tuum non est? Usque adeo absens est qui hic reliquit sponsam suam? (*Joan.*, I, 35.) Nescis quia ille qui a mortuis resurrexit, ad dexteram Patris sedet? Si contempserunt eum Judæi in ligno pendentem, tu contemnis in cœlo sedentem? Noverit Caritas Vestra magnum dolorem me pati de hac re : sed, ut dixi, dimitto cætera cogitationibus vestris.

Non enim dico, si loquar tota die ; si plangam tota die, non sufficio : non dico, si habeam, sicut dicit Propheta, fontem lacrymarum : sed si convertar (*a*) in lacrymas, et lacrymæ fiam ; in linguas, et linguæ fiam, parum est.

12. Redeamus, videamus quid dicit iste : « Qui habet sponsam, sponsus est : » (*Joan.*, III, 29) non est mea sponsa. Et non gaudes in nuptiis? Imo gaudeo, ait : « Amicus autem sponsi qui stat et audit eum, gaudio gaudet propter vocem sponsi. » Non, inquit, gaudeo propter vocem meam, sed propter vocem sponsi gaudeo. Ego sum in audiendo, ille in dicendo : ego sum enim illuminandus, ille lumen : ego sum in aure, ille Verbum. Ergo amicus sponsi stat, et audit eum. Quare stat? quia non cadit. Quare non cadit? quia humilis est. Vide stantem in solido : Non sum dignus corrigiam calceamenti ejus solvere. (*Joan.*, I, 27.) Bene te humilias, merito non cadis, merito stas, merito audis eum, et gaudio gaudes

---

(*a*) Mss. prope omnes omittunt, *in lacrymas et lacrymæ fiam*.

pli de joie en entendant la voix de l'Epoux. C'est dans le même sens que l'Apôtre, cet autre ami de l'Epoux, se montre zélé, non pour lui, mais pour l'Epoux. Ecoutez ce que lui inspire son zèle : « Je suis jaloux de vous d'une jalousie de Dieu ; » il ne dit pas : De ma jalousie ou dans mon intérêt, mais « d'une jalousie de Dieu. » D'où vient cette jalousie, quelle est sa nature, quel en est l'objet et la fin ? « Je vous ai fiancée à un Epoux unique, au Christ, pour vous présenter à lui comme une vierge pure. » Mais pourquoi cette crainte, pourquoi cette jalousie ? « Je crains, dit-il, que comme le serpent séduisit Eve par son astuce, ainsi vos esprits ne se corrompent et ne dégénèrent de la simplicité qui est en Jésus-Christ. » (II *Cor.*, XI, 1-2.) L'Eglise tout entière porte le nom de vierge. Il y a divers membres dans l'Eglise, vous les voyez se distinguer par des grâces différentes qui font leur joie, les uns, devenus veufs, ne cherchent pas à s'unir à de nouvelles épouses ; les autres, privées de leurs maris, ne veulent point s'engager dans les liens d'un nouveau mariage ; ceux-ci ont conservé la chasteté depuis leur enfance, celles-la ont consacré à Dieu leur virginité ; les dons sont divers, mais tous ne forment qu'une seule vierge. Où réside cette virginité ? Ce n'est point dans le corps. La chaste intégrité du corps et l'honneur qui en résulte sont le privilège d'un petit nombre de femmes et aussi d'un petit nombre d'hommes, si toutefois on peut employer le mot de virginité en parlant des hommes. Quant aux autres membres de l'Eglise, ils ne pratiquent point la virginité du corps, mais tous gardent fidèlement la virginité de l'âme. En quoi consiste cette virginité de l'âme ? Dans une foi entière, dans une espérance ferme, dans une charité sincère. C'est cette virginité que l'ami zélé de l'Epoux craignait de voir corrompue par le serpent. De même qu'un membre déterminé du corps peut être l'objet d'une profanation, ainsi les artifices de la langue violent la virginité du cœur. Voulez-vous ne point garder inutilement la virginité du corps ? défendez votre âme contre toute corruption.

13. Que vous dirai-je, mes frères ? Les hérétiques eux-mêmes ont des vierges, et on en compte un grand nombre parmi eux. Voyons s'ils aiment véritablement l'Epoux lorsqu'ils sont fidèles à garder cette virginité. Pour qui la gardent-ils ? Pour Jésus-Christ, répondent-ils. Examinons si c'est, en effet, pour Jésus-Christ et non pour Donat qu'ils gardent cette virginité, nous pourrons facilement nous en assurer. Je leur montre l'Epoux parce que lui-même s'est manifesté. Jean lui rend ce témoignage : « C'est lui qui baptise. » (*Jean*, I, 33.) O vous, qui êtes vierge, si c'est pour cet Epoux que vous conservez votre virginité, pourquoi courez-vous vers celui qui dit : Je baptise, lorsque l'ami

---

propter vocem sponsi. Sic et Apostolus amicus sponsi, zelat et ipse, non sibi, sed sponso. Audi vocem zelantis : Zelo Dei vos zelo, dixit : non meo, non mihi, sed zelo Dei. Unde ? quomodo ? quam zelas, vel cui zelas ? « Desponsavi enim vos uni viro, virginem castam exhibere Christo. (II *Cor.*, XI, 2.) Quid ergo times ? quare zelas ? Timeo, inquit, ne sicut serpens seduxit Evam astutia sua, sic et vestri sensus corrumpantur a castitate quæ est in Christo. » Omnis Ecclesia virgo appellata est. Diversa esse membra Ecclesiæ, diversis donis pollere videtis atque gaudere : alii conjugati, aliæ conjugatæ, alii viduati uxores ultra non quærunt, aliæ viduatæ maritos ultra non quærunt, alii integritatem ab ineunte ætate conservant, aliæ virginitatem suam Deo voverunt : Diversa sunt munera, sed omnes isti una virgo est. Ubi est ista virginitas ? non enim in corpore. (*a*) Paucarum feminarum est, et si dici virginitas in viris potest, paucorum virorum sancta integritas etiam corporis est in Ecclesia, et honorabilius membrum est : alia autem membra non in corpore, sed omnia in mente servant virginitatem. Quæ est virginitas mentis ? Integra fides, solida spes, sincera caritas. Hanc virginitatem timebat ille, qui zelabat sponso, a serpente corrumpi. Sicut enim membrum corporis violatur in quodam loco, sic seductio linguæ violat virginitatem cordis. In mente non corrumpatur, quæ non vult sine causa tenere corporis virginitatem.

13. Quid ergo dicam, Fratres ? Et hæretici habent virgines, et multæ sunt virgines hæreticorum ? Videamus si sponsum amant, ut virginitas ista custodiatur. Cui custoditur ? Christo, inquit. Videamus si Christo, non Donato : videamus cui servetur ista virginitas ; cito probare poteritis. Ecce ostenso sponsum, quia ipse se ostendit : perhibet illi testimonium Joannes : Hic est qui baptizat. (*Joan.*, I, 33.) O tu virgo, si sponso huic servas virginitatem tuam, quare curris ad eum qui dicit : Ego baptizo : cum amicus sponsi

---

(*a*) Sic aliquot Mss. At editi : *Non enim in corpore. In corpore paucarum feminarum est.* Et post loco *sancta integritas*, habent *sanctitas, integritas*.

de l'Epoux vous déclare que c'est lui qui baptise? D'ailleurs le règne de votre Epoux s'étend à toute la terre, pourquoi vous laissez corrompre en le restreignant à une partie? Quel est votre Epoux? « C'est le Dieu, le roi de toute la terre. » (*Ps.* XLVI, 7.) Votre Epoux est le Maître de tout l'univers, parce qu'il l'a acheté tout entier sans exception. Considérez le prix qu'il lui a coûté, et vous comprendrez ce qu'il a racheté. Qu'a-t-il donné pour le racheter? Il a donné son sang. Où a-t-il donné, où a-t-il répandu son sang? Dans sa passion. Ne chantez-vous pas en l'honneur de votre Epoux ou ne paraissez-vous pas chanter son triomphe sur l'univers tout entier, lorsque vous dites : « Ils ont percé mes mains et mes pieds, ils ont compté tous mes os, ils m'ont regardé, ils m'ont considéré attentivement, ils se sont partagé mes vêtements, ils ont tiré ma robe au sort? » (*Ps.* XXI, 18-19.) Vous êtes l'épouse, reconnaissez la robe de votre Epoux. Quelle robe a-t-on tirée au sort? Interrogez l'Evangile, voyez à qui vous avez été fiancée et de qui vous avez reçu les arrhes de votre union. Interrogez l'Evangile, voyez ce qu'il vous dit lorsqu'il raconte la passion du Sauveur. Il y avait là une robe, quelle était sa forme? « Elle était d'un seul tissu du haut jusqu'en bas. » (*Jean*, XIX, 23.) Que signifie cette robe d'un seul tissu, si ce n'est la charité? Que figure cette robe d'un seul tissu, si ce n'est l'unité? Considérez attentivement cette tunique que les bourreaux de Jésus-Christ eux-mêmes n'ont pas divisée. « Ils se dirent entre eux : Ne la divisons pas, mais tirons-la au sort. » Voilà ce que le psaume vingt et unième vous apprend. Les bourreaux du Sauveur n'ont pas déchiré sa robe, les chrétiens osent diviser son Eglise.

14. Que vous dirai-je encore, mes frères? Voyons clairement ce que Jésus-Christ a voulu acheter. Il l'a acheté là où il en a payé le prix. Pour quel nombre a-t-il payé? S'il a payé pour l'Afrique, soyons donatistes et ne portons plus ce nom, mais celui de chrétiens, car Jésus-Christ n'a racheté que l'Afrique bien qu'il y ait ici autre chose que des donatistes. Mais le Sauveur ne nous a pas laissé ignorer quel a été l'objet de ce trafic tout divin. Il a rédigé un acte d'acquisition, grâces à Dieu, il ne nous a point trompés. Il faut que l'épouse en entende la lecture et qu'elle sache bien à qui elle a consacré sa virginité. Cet acte est dans le même psaume où il est dit : « Ils ont percé mes mains et mes pieds, ils ont compté tous mes os, » et qui contient une histoire si claire, si précise de la passion du Sauveur. Ce psaume est lu tous les ans chez nous aussi bien que chez eux, dans la dernière semaine, aux approches de la Passion, au milieu de tout le peuple réuni et religieusement attentif. Considérez donc, mes frères, ce qu'il a acheté, qu'on lise le contrat d'acquisition, écou-

---

tui dicat : Hic est qui baptizat? Deinde sponsus tuus totum orbem tenet, quare tu in parte corrumperis? Quis est sponsus? Quoniam rex omnis terræ Deus. (*Psal.* XLVI, 7.) Ipse sponsus tuus totum tenet, quia totum emit. Vide quanti emerit, ut intelligas quid emerit : quod pretium dedit? sanguinem dedit. Ubi dedit, ubi fudit sanguinem suum? in passione. Nonne sponso tuo cantas, aut cantare te fingis, quando emptus est totus orbis : « Foderunt manus meas et pedes, dinumeraverunt omnia ossa mea : ipsi vero consideraverunt, et conspexerunt me, diviserunt sibi vestimenta mea, et super vestem meam miserunt sortem? » (*Psal.* XXI, 17, etc.) Sponsa es, agnosce vestem sponsi tui. Super quam vestem missa est sors? Interroga Evangelium : vide cui desponsata sis, vide a quo arrhas accipias. Interroga Evangelium : vide quid tibi dicat in passione Domini. Erat ibi tunica : videamus qualis : desuper texta. (*Joan.*, XIX, 23.) Desuper texta tunica quid significat nisi caritatem? desuper texta tunica quid significat nisi unitatem?

(a) In plerisque Mss. *ubi pretium dedit.*

Hanc tunicam attende, quam nec persecutores Christi diviserunt. Ait enim : Dixerunt inter se : Non dividamus eam, sed sortem super eam mittamus. (v. 24.) Ecce unde audistis Psalmum. Vestem persecutores non consciderunt : Christiani Ecclesiam dividunt.

14. Sed quid dicam, Fratres? Aperte videamus quid emerit. Ibi enim emit, (a) ubi pretium dedit. Pro quanto dedit? Si pro Africa dedit, simus Donatistæ, et non appellemur Donatistæ, sed Christiani; quia Christus solam Africam emit : quanquam et hic non soli Donatistæ. Sed non tacuit in commercio suo quid emerit. Fecit tabulas : Deo gratias, non nos fefellit. Opus est ut audiat illa sponsa, et ibi intelligat cui voverit virginitatem. Ibi in ipso Psalmo, ubi dictum est : Foderunt manus meas et pedes, dinumeraverunt omnia ossa mea (*Psal.* XXI, 17, etc.) : ubi passio Domini apertissime declaratur : qui psalmus omni anno legitur novissima hebdomada intento universo populo, imminente passione Christi, et apud nos, et apud illos Psalmus iste legitur. Intendite Fratres

tez quel en est l'objet : « Les peuples les plus reculés se souviendront du Seigneur et se tourneront vers lui, toutes les nations se prosterneront devant lui, parce que c'est à lui qu'appartient l'empire, et il régnera sur tous les peuples. » (*Ps.* XXI, 28, etc.) Voilà ce qu'il a acheté, et vous le voyez, votre Epoux est le Dieu et le roi de toute la terre. Pourquoi voulez-vous donc, dans une si grande richesse, le réduire à des haillons? Reconnaissez-le, il a acheté l'univers tout entier, et vous voulez restreindre son royaume à une seule partie. Ah! si vous étiez agréable à votre époux, si ce langage ne vous était pas inspiré non par la corruption de votre corps, mais, ce qui est plus affreux, par celle de votre cœur, vous aimez un homme à la place de Jésus-Christ. Vous aimez celui qui vous dit : C'est moi qui baptise, vous n'écoutez pas l'ami de l'Epoux qui vous fait cette déclaration : C'est lui qui baptise; (*Jean*, I, 33) vous ne l'écoutez pas lorsqu'il vous dit : « Celui qui a une épouse est l'époux. » (*Jean*, III, 29.) Pour moi je n'ai pas d'épouse, nous dit-il, mais que suis-je? « L'ami de l'Epoux, qui se tient debout et l'écoute, est rempli de joie en entendant la voix de l'Epoux. » (*Jean*, III, 29.)

15. Il est évident, mes frères, qu'il ne leur sert de rien de garder la virginité, de pratiquer la continence, de donner l'aumône, que toutes les bonnes œuvres, recommandées par l'Eglise, leur sont tout à fait inutiles, parce qu'ils déchirent l'unité, c'est-à-dire la tunique de la charité. Que font-ils? Il en est beaucoup parmi eux qui ont un grand talent de parole, leur éloquence coule comme un fleuve de leur bouche. Leur langage égale-t-il celui des anges? Qu'ils écoutent l'ami de l'Epoux plein de zèle, non pour lui-même, mais pour l'Epoux : « Quand je parlerais toutes les langues des hommes et des anges mêmes, si je n'ai point la charité, je suis comme un airain sonnant et une cymbale retentissante. » (I *Cor.*, XIII, 1.)

16. Cependant que nous objectent-ils? Nous avons le vrai baptême. Oui, vous l'avez, mais il ne vous appartient pas. Avoir n'est pas la même chose qu'être le maître. Vous avez le baptême parce que vous l'avez reçu pour être baptisé, vous l'avez reçu parce que vous étiez éclairé, si toutefois vous n'avez pas vous-même replongé votre âme dans les ténèbres. Lors donc que vous donnez le baptême, vous le donnez comme ministre, non comme maître; vous élevez la voix comme le héraut, non comme le juge. C'est par l'intermédiaire du héraut que le juge fait connaître son jugement, et cependant on n'écrit point dans les actes publics le héraut a dit, mais le juge a prononcé. Examinez donc si ce que vous avez vous appartient en propre, et si vous êtes obligé de reconnaître que vous l'avez reçu; dites hautement avec l'ami de l'Epoux : « L'homme ne peut rien recevoir s'il ne lui a été donné du ciel; » ajoutez avec l'ami

---

quid ibi emit; recitentur tabulæ commerciales; quid ibi emit, audite : « Commemorabuntur et convertentur ad Dominum universi fines terræ : et adorabunt in conspectu ejus universæ patriæ gentium : quoniam ipsius est regnum, et ipse dominabitur gentium. » (*Psal.* XXI, 28, etc.) Ecce quid emit. Ecce quoniam rex omnis terræ Deus est sponsus tuus. Quid ergo ad pannos vis deduci talem divitem? Agnosce : totum emit, et tu dicis : Partem hic habes. O si placeres sponso, o si non corrupta loquereris, et corrupta, quod pejus est, corde, non corpore. Amas hominem pro Christo, amas dicentem : Ego baptizo : amicum sponsi non audis dicentem : Hic est qui baptizat : non audis dicentem : « Qui habet sponsam, sponsus est. » (*Joan.*, I, 33.) Ego non habeo sponsam, dixit : sed quid sum ? « Amicus autem sponsi qui stat et audit eum, gaudio gaudet propter vocem sponsi. » (*Joan.*, III, 29.)

15. Evidenter ergo, Fratres mei, nihil prodest istis servare virginitatem, habere continentiam, eleemosynas dare, omnia illa quæ laudantur in Ecclesia, nihil illis prosunt, quia conscindunt unitatem, id est, tunicam illam caritatis. Quid faciunt? Diserti sunt multi inter illos, magnæ linguæ, flumina linguarum. Numquid angelice loquuntur? Audiant amicum sponsi zelantem sponso, non sibi : « Si linguis hominum loquar et Angelorum, caritatem autem non habeam, factus sum ut æramentum sonans, aut cymbalum tinniens. » (I *Cor.*, XIII, 1.)

16. Sed quid dicunt? Habemus baptismum. Habes, sed non tuum. Aliud est habere, aliud dominari. Baptismum habes, quia accepisti ut baptizatus sis, accepisti tanquam illuminatus, si tamen a te non tenebratus : et quando das, minister das, non possessor; præco clamas, non judex. Per præconem loquitur judex, et in Actis tamen non scribitur : Præco dixit; sed : Judex dixit. Proinde vide si tuum est quod das, potestate. Si autem accepisti, confitere cum amico sponsi : « Non potest homo accipere quidquam, nisi datum fuerit ei de cœlo. » Confitere cum

de l'Epoux : « Celui qui a l'épouse est l'époux, mais l'ami de l'Epoux se tient debout et l'écoute. » Mais si vous vouliez vous tenir debout et l'écouter, et ne pas tomber à ce point de vous écouter vous-même ! En l'écoutant avec docilité, vous resteriez debout et vous pourriez l'entendre, tandis qu'en voulant prendre la parole, vous vous infatuez de vous-même. Moi qui suis l'épouse, dit l'Eglise, qui ai reçu des arrhes, qui ai été rachetée au prix de son sang, j'écoute la voix de l'Epoux, et je ne prête l'oreille à la voix de l'ami de l'Epoux qu'autant qu'il cherche la gloire de l'Epoux et non la sienne. Que l'ami de l'Epoux dise donc : « Celui qui a l'épouse est l'époux ; mais pour l'ami de l'Epoux, il se tient debout et l'écoute, et il est rempli de joie à cause de la voix de l'Epoux. » (*Jean*, III, 29.) Vous avez les sacrements, je vous l'accorde. Vous avez la forme extérieure, mais vous êtes un sarment détaché de la vigne ; vous me montrez la forme extérieure, je cherche la racine. Cette forme extérieure ne produit du fruit qu'autant qu'elle est unie à la racine ; or, cette racine n'existe que là où est la charité. Voulez-vous savoir à quoi se réduit la forme extérieure des sarments ? Paul va nous l'apprendre : « Quand je pénétrerais tous les mystères, quand j'aurais le don de prophétie et toute la foi possible (et quelle foi ?) jusqu'à transporter les montagnes, si je n'ai point la charité, je ne suis rien. » (I *Cor.*, XIII, 2.)

17. Que personne donc ne vous séduise en vous vendant des fables. Pontius, disent-ils, a fait un miracle, Donat a prié et Dieu lui a répondu du haut des cieux. D'abord ils se trompent ou bien ils trompent les autres ; mais supposons qu'ils puissent transporter les montagnes, si je n'ai point la charité, dit saint Paul, je ne suis rien. Voyons donc si Donat a la charité. Je le croirais s'il n'avait divisé l'unité, car Dieu m'a mis en garde contre ces faiseurs de miracles, si je puis parler de la sorte, lorsqu'il a dit : « Dans les derniers temps, il s'élèvera de faux christs et de faux prophètes, et ils feront des miracles et des prodiges au point de séduire même les élus, s'il était possible, voici que je vous l'ai prédit. » (*Marc*, XIII, 22.) L'Epoux nous a donc mis en garde contre ces miracles qui ne doivent point nous tromper. Un déserteur peut quelquefois effrayer un gouverneur de province, mais celui qui veut se prémunir contre le danger de crainte et de séduction examine attentivement s'il fait partie de l'armée et si le signe extérieur qu'il porte peut lui être de quelque utilité. Attachons-nous donc à l'unité, mes frères (1 q., 1 cap. *Teneamus*), en dehors de cette unité celui même qui fait des miracles n'est rien. Le peuple d'Israël était dans l'unité et ne faisait point de miracles ; les magiciens de Pharaon étaient en dehors de l'unité, et ils en faisaient de semblables à ceux de Moïse. (*Exod.*,

---

amico sponsi : « Qui habet sponsam, sponsus est ; amicus autem sponsi stat, et audit eum. » Sed o si stares et audires eum, et non caderes ut audires te ! Audiendo enim eum stares, et audires : nam loqueris, et tibi caput inflas. Ego, inquit, Ecclesia, si sponsa sum, si arrhas accepi, si pretio sanguinis illius redempta sum, audio vocem sponsi ; et secundum amici sponsi tunc audio, si sponso meo det gloriam, non sibi. Dicat amicus : « Qui habet sponsam, sponsus est : amicus autem sponsi stat, et audit eum, et gaudio gaudet propter vocem sponsi. (*Joan.*, III, 29.) Ecce habes sacramenta, et ego concedo. Habes formam, sed sarmentum es de vite præcisum : tu formam ostendis, ego radicem quæro : de forma fructus non exit, nisi ubi est radix : ubi autem est radix, nisi in caritate ? Et audi formam sarmentorum, Paulus loquatur : « Si sciam, inquit, omnia sacramenta, et habeam omnem prophetiam et omnem fidem, (et quantam fidem ?) ita ut montes transferam, caritatem autem non habeam, nihil sum. » (I *Cor.*, XIII, 2.)

17. Nemo ergo vobis fabulas vendat. Et Pontius fecit miraculum ; et Donatus oravit, et respondit ei Deus de cœlo. Primo, aut falluntur aut fallunt. Postremo fac illum montes transferre. Caritatem autem, inquit, non habeam, nihil sum. Videamus utrum habuerit caritatem. Crederem, si non divisisset unitatem. Nam et contra istos, ut sic loquar, mirabiliarios cautum me fecit Deus meus, dicens : « In novissimis temporibus exsurgent pseudo prophetæ, facientes signa et prodigia, ut in errorem inducant, si fieri potest, etiam electos : ecce prædixi vobis. » (*Marc.*, XIII, 22.) Ergo cautos nos fecit sponsus, quia et miraculis decipi non debemus. Aliquando enim et desertor terret Provincialem : sed utrum in castris sit, et aliquid illi prosit character ille in quo signatus est, hoc attendit qui terreri et seduci non vult. Teneamus ergo unitatem, Fratres mei (I *q.*, I, *cap.* Teneamus) : præter unitatem et qui facit miracula nihil est. In unitate enim erat populus Israel, et non faciebat miracula : præter unitatem erant magi Pharaonis, et faciebant similia Moysi. (*Exod.*, VII, 12 ;

VII, 12, et VIII, 7, etc.) Le peuple d'Israël, comme je l'ai dit, ne faisait point de miracles, mais aux yeux de Dieu quels étaient ceux qui étaient sauvés de ceux qui opéraient des prodiges ou de ceux qui n'en faisaient pas? L'apôtre saint Pierre a ressuscité un mort (*Act.*, IX, 40), Simon le magicien a fait un grand nombre de prodiges, il y avait là des chrétiens qui ne pouvaient faire ni ce que faisait Pierre, ni ce que faisait Simon, mais de quoi se réjouissaient-ils? De ce que leurs noms étaient écrits dans le ciel. C'est cette vérité que Notre-Seigneur Jésus-Christ, en faveur de la foi des nations, rappelle à ses disciples qui reviennent d'évangéliser les peuples. Ils lui dirent, en se glorifiant peut-être : « Voici, Seigneur, que les démons eux-mêmes nous sont soumis en votre nom. » Ils ont bien fait de proclamer publiquement ce fait, en même temps qu'ils rendent hommage au nom de Jésus-Christ, et cependant que leur répond le Sauveur? « Toutefois ne vous réjouissez point de ce que les démons vous sont soumis, mais réjouissez-vous plutôt de ce que vos noms sont écrits dans les cieux. » (*Luc*, X, 17, etc.) Pierre a chassé les démons, tandis que je ne sais quelle pauvre petite vieille femme ou quel simple fidèle qui ont la charité, une foi ferme et entière, n'opèrent point ces prodiges, Pierre dans le corps fait l'office de l'œil, ceux-là sont simplement les doigts du corps; mais ils font partie du même corps que Pierre, et bien que le doigt ait moins d'importance que l'œil, il n'est cependant pas retranché du corps. Mieux vaut n'être que le doigt et faire partie du corps, que d'être l'œil et d'en être séparé.

18. Donc, mes frères, veillez à ce que personne ne vous trompe, ni ne vous séduise ; aimez la paix de Jésus-Christ qui a été crucifié pour vous, tout Dieu qu'il était. Paul vous l'a dit : « Ce n'est ni celui qui plante, ni celui qui arrose qui est quelque chose, c'est Dieu qui donne l'accroissement. » (I *Cor.*, III, 7.) Et il y aurait quelqu'un parmi nous qui oserait se dire quelque chose? Si nous avons la prétention d'être quelque chose et que nous refusions de rendre gloire à Dieu, nous sommes des adultères, nous voulons être aimés à la place de l'Époux. Pour vous, aimez Jésus-Christ, aimez-nous en Jésus-Christ comme nous vous aimons nous-mêmes en Jésus-Christ. Que les membres s'aiment d'un amour réciproque, mais que tous vivent sous un même chef. La douleur, mes frères, m'a forcé d'entrer dans ces développements, et je vous ai dit encore peu de chose ; je n'ai pu terminer l'explication de ce qui a été lu, Dieu nous fera la grâce de l'achever en temps utile. Je n'ai point voulu fatiguer plus longtemps vos cœurs que j'aime beaucoup mieux voir tout entiers aux gémissements et aux prières dans l'intérêt de ceux qui ont encore les oreilles fermées et ne peuvent comprendre.

VIII, 7, etc.) Populus Israel, ut dixi, non faciebat : qui erant salvi apud Deum, qui faciebant, an qui non faciebant? Petrus Apostolus resuscitavit mortuum (*Act.*, IX, 40) : Simon Magus fecit multa (*Act.*, VIII, 10) : erant ibi quidam Christiani qui non poterant facere, nec quod faciebat Petrus, nec quod faciebat Simon : sed unde gaudebant? quia nomina eorum erant scripta in cœlo. Nam et redeuntibus discipulis, Dominus noster Jesus Christus propter fidem gentium hoc ait. Dixerunt enim gloriantes ipsi discipuli: « Ecce Domine in nomine tuo etiam dæmonia nobis subjecta sunt : Bene quidem confessi sunt, detulerunt honorem nomini Christi : et tamen quid ait eis? Nolite in hoc gloriari, quia dæmonia vobis subjecta sunt, sed gaudete, quia nomina vestra scripta sunt in cœlo. » (*Luc*, X, 17, etc.) Petrus dæmonia exclusit; nescio quæ anicula vidua, nescio quis homo qualiscumque laicus habens caritatem, tenens integritatem fidei, non facit hoc : Petrus in corpore oculus est, ille in corpore digitus; in eo tamen corpore est, in quo et Petrus : et si minus valet digitus quam oculus, non est tamen præcisus a corpore. Melius est esse digitum et esse in corpore, quam esse oculum et evelli de corpore.

18. Proinde, Fratres mei, nemo vos fallat, nemo vos seducat : amate pacem Christi, qui pro vobis crucifixus est, cum Deus esset. Paulus dicit : « Neque qui plantat est aliquid, neque qui rigat, sed qui incrementum dat Deus. » (I *Cor.*, III, 7.) Et quisquam nostrum dicit quia aliquid est? Si dixerimus quia aliquid sumus, et non illi gloriam dederimus, adulteri sumus : nos amari volumus, non sponsum. Vos Christum diligite, et nos in illo, in quo et vos a nobis diligimini. Invicem se diligant membra, sed omnia sub capite vivant. Dolore quidem, Fratres mei, multa coactus sum dicere, et (*a*) parva dixi : lectionem finire non potui, aderit Dominus ut opportune finiatur. Nolui enim amplius onerare corda vestra, quæ volo vacare gemitibus, et orationibus pro his qui adhuc surdi sunt, et non intelligunt.

(*a*) Sic Mss. At editi, *et pauca dixi : lectionem tamen finire*.

TRAITÉ XIV.

Depuis ces paroles : « Cette joie est donc pleinement réalisée par moi, » etc., jusqu'à ces autres : « Celui qui ne croit point au Fils, ne verra point la vie, mais la colère Dieu demeure sur lui. »

1. La lecture que nous venons de faire du saint Évangile nous enseigne à la fois l'excellence de la divinité de Notre-Seigneur Jésus-Christ et l'humilité de cet homme qui a mérité d'être appelé l'ami de l'Époux, et en même temps nous fait voir la différence qui existe entre celui qui n'est qu'un homme, et l'Homme-Dieu. En effet, Notre-Seigneur Jésus-Christ est l'Homme-Dieu, Dieu avant tous les siècles, et homme dans le temps. Dieu né du Père, homme né d'une vierge, et ne faisant cependant qu'un seul et même Seigneur, et Sauveur Jésus-Christ, Fils de Dieu, Dieu et homme tout ensemble. Jean a été envoyé devant lui avec une grâce tout extraordinaire, et il a été éclairé par celui qui est la lumière. C'est de Jean, en effet, qu'il a été dit : « Il n'était pas la lumière, mais pour rendre témoignage à la lumière. » (*Jean*, I, 8.) On peut dire sans doute qu'il est la lumière, et il l'est véritablement dans un certain sens; mais il est la lumière qui est éclairée, et non la lumière qui éclaire, car il y a une grande différence entre la lumière qui éclaire et celle qui est éclairée. Nos yeux portent le nom de lumières, et cependant ils sont ouverts au milieu des ténèbres, et ne peuvent voir. Au contraire, la lumière qui éclaire est la lumière par elle-même, elle est à soi-même sa lumière; elle n'a nul besoin d'une autre lumière pour briller, tandis que toutes les autres ne peuvent avoir d'éclat que par elle.

2. Jean fit donc cette déclaration que vous avez entendue, lorsqu'on vint lui apprendre pour lui inspirer un sentiment de jalousie que Jésus comptait un grand nombre de disciples. Ils semblent parler à un homme que l'envie domine : « Voici, disent-ils, qu'il fait plus de disciples que vous. » Mais Jean confessa hautement ce qu'il était, et il mérita d'être uni étroitement à Jésus, parce qu'il n'osa point s'attribuer ce qui n'appartenait qu'au Sauveur. Voici donc sa déclaration : « L'homme ne peut rien recevoir, s'il ne lui a été donné du ciel. » (*Jean,* III, 27.) C'est donc Jésus-Christ qui donne, et l'homme reçoit. « Vous me rendez le témoignage que je vous ai dit : Je ne suis point le Christ, mais je suis envoyé devant lui. Celui qui a l'épouse est l'époux; mais pour l'ami de l'Époux qui se tient debout et l'écoute, il est rempli de joie à cause de la voix de l'Époux. » (*Ibid.*, 28, 29.) Ce n'est point en lui-même qu'il cherche le principe de sa joie. Celui qui veut trouver en lui-même la cause de sa joie sera toujours triste; celui au contraire qui place en Dieu le principe de sa joie ne verra jamais la fin de sa joie, parce que

---

TRACTATUS XIV.

Ab eo Evangelii loco : « Ec ergo gaudium meum impletum, est, » etc., usque ad id : « Qui autem incredulus est Filio, non videbit vitam, sed ira Dei manet super eum. »

1. Lectio ista de sancto Evangelio excellentiam divinitatis Domini nostri Jesu Christi, et humilitatem hominis qui meruit dici amicus sponsi, nos docet : ut distinguamus quid intersit inter hominem hominem, et hominem Deum. Quia homo Deus Dominus noster Jesus Christus, Deus ante omnia sæcula, et homo in nostro sæculo : Deus de Patre, homo de virgine, unus tamen atque idem Dominus et salvator Jesus Christus, Filius Dei, Deus et homo. Joannes vero excellentis gratiæ missus ante ipsum, illuminatus ab illo qui lumen est. De Joanne enim dictum est : Non erat ille lumen, sed ut testimonium perhiberet de lumine. (*Joan.*, I, 8.) Potest quidem dici lumen, et bene dicitur et ipse lumen : sed illuminatum, non illuminans. Aliud est enim lumen quod illuminat, et aliud lumen quod illuminatur : nam et oculi nostri lumina dicuntur, et tamen in tenebris patent, et non vident. Lumen autem illuminans a seipso lumen est, et sibi lumen est, et non indiget alio lumine ut lucere possit, sed ipso indigent cætera ut luceant.

2. Confessus est ergo Joannes, sicut audistis, quia cum discipulos multos faceret Jesus, et perferretur ad eum veluti ut instigaretur; quasi invido enim narraverunt : Ecce ille facit plures discipulos quam tu : ille confessus est quid esset, et inde meruit ad ipsum pertinere, quia non est ausus se dicere quod est ille. Hoc ergo dixit Joannes : « Non potest homo accipere quidquam, nisi datum illi fuerit de cœlo. » (*Joan.*, III, 27.) Ergo Christus dat, homo accipit : « Ipsi vos mihi testimonium perhibetis quod dixerim : Ego non sum Christus, sed quia missus sum ante illum. (v. 28.) Qui habet sponsam, sponsus est : amicus autem sponsi qui stat et audit eum, gaudio gaudet propter vocem sponsi. » (v. 29.) Non sibi gaudium fecit de se. Qui enim vult gaudere de se, tristis erit : qui autem de Deo vult gaudere, semper gau-

Dieu est éternel. Voulez-vous que votre joie dure toujours? Attachez-vous à celui qui est éternel. C'est ce qu'a fait Jean, comme il le déclare lui-même. L'ami de l'Epoux, nous dit-il, se réjouit d'entendre la voix de l'Epoux, et non point la sienne, et il se tient debout, et il l'écoute. S'il vient à tomber, il ne l'écoute plus, car il est écrit de celui qui est tombé, du démon : « Il ne s'est point tenu dans la vérité. » (*Jean*, VIII, 44.) L'ami de l'Epoux doit donc se tenir debout et l'écouter. Que signifie l'expression : se tenir debout? Persévérer dans la grâce qu'il a reçue du Sauveur; et il écoute la voix qui le remplit de joie. Tel était Jean-Baptiste; il connaissait la source de la véritable joie, il se gardait bien de vouloir passer pour ce qu'il n'était pas; il savait parfaitement qu'il avait été éclairé et qu'il n'était pas la lumière qui éclaire. « La lumière véritable, dit l'Evangéliste, est celle qui éclaire tout homme venant en ce monde. » (*Jean*, I, 9.) Si elle éclaire tout homme, elle éclaire donc Jean lui-même, puisqu'il est aussi un homme. Parmi les enfants des femmes, il n'en a point paru de plus grand que Jean-Baptiste; mais cependant il n'en est pas moins un de ceux qui sont nés des femmes. Pouvons-nous le comparer à celui qui est né parce qu'il l'a voulu, et dont l'enfantement a été aussi nouveau que sa naissance? Les deux générations du Seigneur, la génération divine et la génération humaine, sont toutes deux extraordinaires; dans la génération divine, il n'a point de mère, dans la génération humaine, il n'a point de père. Jean-Baptiste donc était un des enfants des femmes, mais il avait reçu une grâce privilégiée qui l'élevait au-dessus de tous les autres, et il rend à Notre-Seigneur Jésus-Christ un si grand témoignage, qu'il le proclame l'Epoux, tandis que lui est l'ami de l'Epoux; mais même à ce titre il n'est pas digne de dénouer les cordons de ses chaussures. Je suis déjà entré dans de grands développements sur cette matière; voyons la suite : l'intelligence ici est tant soit peu difficile; mais puisque Jean lui-même nous déclare que l'homme ne peut rien recevoir, s'il ne lui est donné du ciel, demandons à celui qui donne du haut du ciel l'intelligence de ce que nous ne pourrons comprendre, car nous ne sommes que des hommes, et nous ne pouvons rien recevoir que ce qui nous sera donné par celui qui n'est pas un homme.

3. Voici donc la suite; Jean ajoute : « Cette joie est donc pleinement réalisée en moi. » (*Jean*, III, 29.) En quoi consiste cette joie? à se réjouir en entendant la voix de l'Epoux : « Cette joie est pleinement réalisée en moi; » j'ai la grâce qui m'est propre, je ne prétends à rien de plus pour ne point m'exposer à perdre ce que j'ai reçu. Quelle est cette joie? « Il se réjouit en entendant la voix de l'Epoux. » Que l'homme comprenne donc qu'il ne doit point se réjouir de sa sagesse,

---

debit; quia Deus sempiternus est. Vis habere gaudium sempiternum? Inhaere illi qui sempiternus est. Talem se dixit Joannes. Propter vocem sponsi gaudet amicus sponsi, ait, non propter vocem suam : et stat, et audit eum. Si ergo cadit, non audit eum : de illo enim quodam qui cecidit, dictum est : Et in veritate non stetit (*Joan.*, VIII, 44); de diabolo dictum est : Ergo stare debet amicus sponsi et audire. Quid est stare? permanere in gratia ejus quam accepit. Et audit vocem qua gaudeat. Sic erat Joannes : noverat unde gaudebat, non sibi arrogabat quod ipse non erat : sciebat illuminatum se, non illuminatorem. Erat autem lumen verum, ait Evangelista, quod illuminat omnem hominem venientem in hunc mundum. (*Joan.*, I, 9.) Si ergo omnem hominem, et ipsum Joannem; quia et ipse de hominibus. Etenim quamvis nemo exsurrexerit major Joanne in natis mulierum (*Matth.*, XI, 11), unus tamen et ipse ex his qui nati sunt ex mulieribus. Numquid comparandus est ei, qui quia voluit natus est? et ideo novo partu, quia novus natus? Ambae enim generationes Domini inusitatae sunt, et divina et humana : Divina non habet matrem, humana non habet patrem. Ergo unus de caeteris Joannes, sed tamen majoris gratiae, ita ut in natis mulierum nemo exsurgeret major illo, tantam testificationem tribuit Domino nostro Jesu Christo, ut illum dicat sponsum, se amicum sponsi, non dignum tamen solvere corrigiam calceamenti ipsius. Hinc audivit jam multa Caritas Vestra : quod sequitur videamus : aliquantum enim spissum est ad intelligendum. Sed quoniam dicit ipse Joannes, quia « non potest homo accipere quidquam, nisi datum illi fuerit de caelo : » quidquid non intellexerimus, rogemus eum qui dat de caelo; quia homines sumus, et non possumus accipere quidquam, nisi ille dederit qui homo non est.

3. Hoc ergo sequitur, et dicit Joannes : « Hoc ergo gaudium meum impletum est. » (*Joan.*, III, 29.) Quod est gaudium ipsius? ut gaudeat ad vocem sponsi. Impletum est in me, habeo gratiam meam, plus mihi non assumo, ne et quod accepi amittam. Quod est hoc gaudium? « Gaudio gaudet propter vo-

mais de la sagesse qu'il a reçue de Dieu. Qu'il ne cherche rien davantage, et il ne perdra point ce qu'il a trouvé. En effet, il en est un grand nombre qui sont devenus des insensés, parce qu'ils ont dit qu'ils étaient sages. L'Apôtre condamne ces prétendus sages lorsqu'il dit en parlant d'eux : « Ce que l'on peut connaître de Dieu leur est connu; Dieu même le leur a manifesté. » Ecoutez, ô impies, ce que le même Apôtre dit de ces ingrats : Dieu même le leur a manifesté. « En effet, ses perfections invisibles, rendues compréhensibles depuis la création du monde par les choses qui ont été faites, sont devenues visibles aussi bien que sa puissance éternelle et sa divinité, de sorte qu'ils sont inexcusables. » Pourquoi sont-ils inexcusables? Parce qu'ayant connu Dieu (il ne dit pas parce qu'ils ne l'ont pas connu), parce qu'ayant connu Dieu, ils ne l'ont point glorifié comme Dieu, ou ils ne lui ont point rendu grâces, mais ils se sont perdus dans leurs pensées, et leur cœur insensé a été obscurci. Ainsi, en disant qu'ils étaient sages, ils sont devenus fous. (*Rom.*, 1, 19-22.) Puisqu'ils avaient connu Dieu, ils avaient connu en même temps que toute leur sagesse ne pouvait venir que de Dieu. Ils n'auraient donc pas dû s'attribuer ce qu'ils n'avaient pas d'eux-mêmes, mais en renvoyer la gloire à celui qui le leur avait donné. Or, en refusant de lui rendre grâces, ils sont devenus fous. Dieu ne recueillit donc que de l'ingratitude des dons tout gratuits qu'il leur avait accordés. Jean se garda bien de les imiter; il voulut être reconnaissant, il confessa hautement qu'il avait reçu tout de Dieu; il déclara qu'il était plein de joie à cause de la voix de l'Epoux, et il ajouta : « Cette joie est donc réalisée en moi. »

4. « Il faut que je croisse et qu'il diminue. » Que signifient ces paroles? Il faut qu'il soit élevé, et que je sois humilié. Comment peut croître Jésus? Comment peut croître Dieu? Celui qui est parfait n'est pas susceptible de croissance; Dieu ne peut ni croître ni diminuer. S'il croît, il n'est plus parfait; s'il diminue, il n'est plus Dieu. Comment donc Jésus qui est Dieu peut-il croître? Sous le rapport de l'âge, parce qu'il a daigné se faire homme, et qu'il a été enfant. Lui qui est le Verbe de Dieu a été couché comme un petit enfant dans une crèche, lui le créateur de sa mère, il a sucé du sein de cette vierge mère le lait destiné à nourrir son enfance. Ces paroles donc : « Il faut que je croisse et que je diminue, » s'appliquent peut-être aux progrès de l'âge auxquels Jésus a soumis son corps. Mais que signifient ces paroles prises même dans ce sens? Jean et Jésus, sous le rapport de la naissance temporelle, étaient contemporains (*Luc*, I, 36); il y avait entre eux six mois de différence; ils avaient grandis simultanément, et si Notre-Seigneur Jésus-Christ avait voulu

prolonger sa vie sur la terre, et y retenir Jean avec lui, de même qu'ils avaient grandi, ils pouvaient vieillir ensemble. Quel est donc le vrai sens de ces paroles : « Il faut qu'il croisse et que je diminue ? » D'abord, Notre-Seigneur avait trente ans; est-il ordinaire qu'un jeune homme de trente ans croisse et grandisse encore? A cet âge les hommes commencent à être sur le retour, et ils inclinent vers l'âge mûr, et de là vers la vieillesse. Maintenant, s'ils étaient tous deux enfants, il ne dirait pas : « Il faut qu'il croisse et que je diminue, » mais : Il faut que nous croissions tous deux. Mais l'un et l'autre sont âgés de trente ans; les six mois qui les séparent ne font aucune différence d'âge; une simple lecture, sans plus d'examen, suffit pour nous convaincre de cette vérité.

5. Quel est donc le sens de ces paroles : « Il faut qu'il croisse et que je diminue ? » Elles renferment un grand mystère; veuillez le comprendre, mes très-chers frères. Avant la venue du Sauveur, les hommes mettaient toute leur gloire en eux-mêmes : il est venu et s'est fait homme pour diminuer la gloire de l'homme et accroître la gloire de Dieu. Car il est venu exempt de tout péché, et il a trouvé tous les hommes coupables de péché. S'il est venu pour remettre les péchés, c'est à la condition que la miséricordieuse libéralité de Dieu sera précédée par la confession de l'homme. L'homme s'humilie quand il confesse ses péchés, et Dieu l'élève pour ainsi dire, quand il exerce sa miséricorde. Si donc le Sauveur est venu pour pardonner à l'homme ses péchés, que l'homme reconnaisse son humiliation pour que Dieu lui fasse miséricorde. « Il faut qu'il croisse et que je diminue ; » c'est-à-dire c'est à lui de donner, à moi de recevoir, à lui d'être glorifié, à moi de lui rendre gloire. Que l'homme comprenne donc bien la place qu'il occupe, et qu'il écoute le langage que l'Apôtre tient à l'homme orgueilleux, plein de lui-même, et qui veut s'élever au-dessus des autres : « Qu'avez-vous que vous n'ayez reçu, et si vous l'avez reçu, pourquoi vous glorifier comme si vous ne l'aviez pas reçu ? » (I *Cor.*, IV, 7.) Que l'homme donc qui voulait s'attribuer ce qui ne lui appartient pas, comprenne qu'il a tout reçu de Dieu, et qu'il s'amoindrisse devant lui, car il lui est avantageux que Dieu soit glorifié en lui. Qu'il s'amoindrisse en lui-même pour qu'il puisse s'accroître en Dieu. Ces enseignements et cette vérité se trouvent confirmés par la mort différente de Jésus-Christ et de Jean-Baptiste. Jean fut diminué de la tête, et Jésus-Christ fut élevé en croix, et ainsi se vérifièrent ces paroles : « Il faut qu'il croisse et que je diminue. » Remarquez encore que Jésus est né lorsque les jours commencent à croître, tandis que la naissance de Jean eut lieu lorsqu'ils commencent à décroître. C'est ainsi que la nature et la mort de Jésus et

hic secum esse, quomodo pariter creverant, ita pariter senescere poterant : quare ergo : « Illum oportet crescere, me autem minui ? » Primo, quia jam et Dominus triginta annorum erat (*Luc.*, III, 23) : numquid juvenis, si jam triginta annorum sit, adhuc crescit ? Jam ab ipsa ætate vergere incipiunt homines, et declinare ad graviorem ætatem, et inde ad senectutem. Sed et si pueri essent ambo, non diceret : « Illum oportet crescere, me autem minui : » sed diceret : Simul nos oportet crescere. Nunc autem triginta annorum ille, triginta et ille : sex menses qui intererant, nullam distinguunt ætatem : magis illud invenit lectio quam aspectio.

5. Quid ergo est : « Illum oportet crescere, me autem minui ? » Magnum hoc sacramentum, intelligat Caritas Vestra. Antequam veniret Dominus Jesus, homines gloriabantur de se : venit ille homo, ut minueretur hominis gloria, et augeretur gloria Dei. Etenim venit ille sine peccato, et invenit omnes cum peccato. Si sic venit ille ut dimitteret peccata, Deus largiatur, homo confiteatur. Etenim confessio hominis, humilitas hominis : miseratio Dei, altitudo Dei. Si ergo venit ille dimittere homini peccata, agnoscat homo humilitatem suam, et Deus faciat misericordiam suam. « Illum oportet crescere, me autem minui : » hoc est, illum oportet dare, me autem accipere : illum oportet glorificari, me autem confiteri. Intelligat homo gradum suum, et confiteatur Deo, et audiat Apostolum dicentem homini superbienti et elato, extollere se volenti : « Quid enim habes quod non accepisti ? si autem et accepisti, quid gloriaris quasi non acceperis ? » (I *Cor.*, IV, 7.) Intelligat ergo homo quia accepit, qui volebat suum dicere quod non est ejus; et minuatur : bonum est enim illi ut Deus in illo glorificetur. Ipse in se minuatur, in Deo augeatur. Hæc testimonia et hanc veritatem, etiam passionibus suis significaverunt Christus et Joannes. Nam Joannes capite minutus, Christus in cruce exaltatus : ut et ibi appareret quid est : « Illum oportet crescere, me autem minui. » Deinde natus est Christus cum jam inciperent crescere dies, natus est Joannes quando coeperunt minui dies. Attestata est

de Jean attestent la vérité de ces paroles du saint précurseur : « Il faut qu'il croisse et que je diminue. » Que la gloire de Dieu croisse donc dans notre âme, et que notre propre gloire s'amoindrisse, pour qu'elle puisse s'accroître en Dieu. C'est ce que nous recommande l'Apôtre, c'est ce que nous enseigne la sainte Écriture : « Que celui qui se glorifie ne se glorifie que dans le Seigneur. » (I *Cor.*, I, 31 ; *Jérem.*, IX, 23.) Vous voulez vous glorifier en vous-même, vous voulez croître, mais c'est un accroissement coupable qui ne peut tourner qu'à votre ruine. Celui qui veut croître ainsi contre la règle est justement amoindri. Que Dieu qui est toujours parfait croisse donc seul en vous. Plus vous avancez dans la connaissance de Dieu, plus vous comprenez ce qu'il est, plus aussi Dieu paraît croître en vous, car il ne peut croître en lui-même puisqu'il est parfait de toute éternité. Vous le connaissiez peu hier, vous le connaissez davantage aujourd'hui, vous le connaîtrez plus encore demain ; la lumière de Dieu s'accroît en vous, Dieu lui-même paraît croître, bien qu'il demeure toujours dans le même état de perfection. Lorsque les yeux d'un aveugle sont guéris de leur cécité, il commence d'abord par voir un peu la lumière ; le jour suivant il la voit davantage, la lumière paraît s'accroître pour lui ; cependant elle a toute sa perfection, qu'il la voie ou qu'il ne la voie point. Il en est ainsi de l'homme intérieur ; il fait des progrès dans la connaissance de Dieu, et Dieu paraît croître en lui, tandis qu'il s'amoindrit lui-même et tombe pour ainsi dire de sa propre gloire, pour se relever dans la gloire de Dieu.

6. Nous comprenons maintenant clairement et distinctement le sens des paroles que nous avons entendues : « Celui qui vient d'en haut est au-dessus de tout. » (*Jean*, III, 31.) Voyez ce qu'il dit de Jésus-Christ, voyez ce qu'il dit de lui-même : « Celui qui vient de la terre, est terrestre, et son langage aussi ; Celui qui vient d'en haut, est au-dessus de tout, c'est Jésus-Christ ; celui qui vient de la terre est terrestre, et son langage aussi, » c'est Jean-Baptiste. Quoi, c'est à cela que se réduit le saint précurseur ? Jean vient de la terre et son langage est terrestre ? Quoi, le témoignage qu'il rend à Jésus-Christ est terrestre ? Ce ne sont point les paroles de Dieu qu'il nous fait entendre, lorsqu'il rend témoignage à Jésus-Christ ? Comment donc peut-il dire que son langage est terrestre ? Il veut parler ici de l'homme. A ne considérer en lui que l'homme, il vient de la terre et son langage est terrestre, mais si par fois il s'élève jusqu'aux choses divines, il le doit à la lumière qu'il reçoit de Dieu. Sans cette lumière la terre ne pourrait parler qu'un langage terrestre. La grâce de Dieu est donc bien distincte de la nature de l'homme. Examinez la nature de l'homme, vous la voyez naître, croître, apprendre ce qu'apprennent ordinairement les

---

ipsa creatura et ipsæ passiones verbis Joannis dicentis : « Illum oportet crescere, me autem minui. » Crescat ergo in nobis gloria Dei, et minuatur gloria nostra, ut in Deo crescat et nostra. Hoc enim dicit Apostolus, hoc dicit Scriptura sancta : Qui gloriatur, in Domino glorietur. (1 *Cor.*, I, 31 ; *Jerem.*, IX, 23.) In te vis gloriari ? crescere vis : sed malo tuo male crescis. Qui enim male crescit, juste minuitur. Crescat ergo Deus qui semper perfectus est, crescat in te. Quanto enim magis intelligis Deum, et quanto magis capis, videtur in te crescere Deus : in se autem non crescit, sed semper perfectus est. Intelligebas heri modicum, intelligis hodie amplius, intelliges cras multo amplius : lumen ipsum Dei crescit in te ; ita velut Deus crescit, qui semper perfectus manet. Quemadmodum si curarentur alicujus oculi ex pristina cæcitate, et inciperet videre paululum lucis, et alia die plus videret, et tertia die amplius, videretur illi lux crescere : lux tamen perfecta est, sive ipse videat, sive non videat. Sic est et interior homo : proficit quidem (*a*) in Deo, et Deus in illo videtur crescere : ipse tamen minuitur, ut a gloria sua decidat, et in gloriam Dei surgat.

6. Et distincte jam et manifeste apparet quod modo audivimus. « Qui de sursum venit, supra omnes est. » (*Joan.*, III, 31.) Vide quid dicat de Christo. Quid de se ? « Qui est de terra, de terra est, et de terra loquitur. » Qui de sursum venit, supra omnes est, » Christus est : « Qui autem est de terra, de terra est, et de terra loquitur, » Joannes est. Et hoc est totum, Joannes de terra est, et de terra loquitur ? totum testimonium quod perhibet de Christo, de terra loquitur ? non voces Dei audiuntur a Joanne, ubi testimonium perhibet de Christo ? Quomodo ergo de terra loquitur ? Sed de homine dicebat. Quantum ad ipsum hominem pertinet, de terra est, et de terra loquitur : si autem aliqua loquitur divina, illuminatus est a Deo. Nam si non esset illuminatus, terra terram loqueretur. Ergo seorsum est gratia Dei, seorsum natura hominis. Modo naturam hominis interroga : nascitur et crescit, usi-

(*a*) Vindociuensis Ms. *in Deum.*

hommes. A l'école de la terre, elle n'apprend que les choses de la terre. Son langage, ses connaissances, ses goûts, tout se sent de l'humanité, elle est charnelle, elle apprécie, elle juge au point de vue de la chair, voilà l'homme tout entier. Que la grâce de Dieu vienne donc éclairer ses ténèbres, suivant ces paroles du Psalmiste : « C'est vous, Seigneur, qui allumez mon flambeau, ô mon Dieu, éclairez mes ténèbres. » (*Ps.* XVII, 29.) Qu'il prenne cette âme humaine pour la tourner vers la lumière, et alors elle pourra dire avec l'Apôtre : « Ce n'est point moi, mais la grâce de Dieu avec moi; » (I *Cor.*, IV, 11) et encore : « Je vis, ou plutôt, ce n'est plus moi, c'est Jésus-Christ qui vit en moi. » (*Galat.*, II, 20.) Voilà ce que signifient ces paroles : « Il faut qu'il croisse et que je diminue. » Donc Jean-Baptiste, considéré dans ce qu'il est naturellement, vient de la terre et parle de la terre. S'il vous enseigne quelque vérité divine, vous le devez à celui qui l'éclaire, et non à celui qui reçoit la lumière.

7. « Celui qui vient du ciel est au-dessus de tous, et ce qu'il a vu et entendu, il en rend témoignage, mais personne ne reçoit son témoignage. » (*Jean*, III, 31, 32.) Notre-Seigneur vient du ciel, il est au-dessus de tous, c'est de lui qu'il est dit plus haut : « Personne n'est monté au ciel que celui qui est descendu du ciel, le Fils de l'homme qui est dans le ciel. » (*Jean*, III, 13.) Il est au-dessus de tous, « et il dit ce qu'il a vu et entendu. » Le Fils de Dieu a aussi un Père, il a un Père, et il entend ce que lui dit le Père. Or quel est le langage du Père à son Fils, qui pourra l'expliquer? Quand ma langue, quand mon cœur pourront suffire, mon cœur à comprendre, ma langue à exprimer ce que le Fils a entendu le Père lui dire? Le Fils a-t-il entendu le Verbe du Père? Mais il est lui-même le Verbe du Père. Vous le voyez, nous nous épuisons en efforts inutiles, toutes les conjectures, toutes les pensées de notre esprit sont impuissantes, et laissent notre âme enveloppée de ténèbres. J'entends l'Ecriture m'apprendre que le Fils ne dit que ce qu'il a entendu dire à son Père, et dans un autre endroit elle m'enseigne que le Fils lui-même est le Verbe du Père. « Au commencement était le Verbe, et le Verbe était en Dieu, et le Verbe était Dieu. » (*Jean*, I, 1.) Nos paroles sont passagères et fugitives, à peine la parole sortie de votre bouche a frappé l'air qu'elle passe, elle produit le son qui lui est propre et rentre dans le silence. Pouvez-vous suivre ce son et l'arrêter pour lui donner une forme permanente? Votre pensée cependant demeure dans votre esprit, et cette pensée est le principe de toutes ces paroles fugitives que votre bouche prononce. Qu'est-ce à dire mes frères, Dieu, lorsqu'il a parlé, s'est-il expri-

---

tata ista hominum discit. Quid novit nisi terram de terra? Humana loquitur, humana novit, humana sapit; carnalis carnaliter æstimat, carnaliter suspicatur: ecce est totus homo. Veniat gratia Dei, illuminet tenebras illius, sicut dicit : « Tu illuminabis lucernam meam Domine, Deus meus illumina tenebras meas : » (*Psal.* XVII, 29) assumat mentem humanam (*a*), convertat ad lucem suam : incipit jam dicere, quod Apostolus dicit : Non ego autem, sed gratia Dei mecum (1 *Cor.*, XV, 10) : et : Vivo autem jam non ego, vivit autem in me Christus. (*Galat.*, II, 20.) Hoc est : « Illum oportet crescere, me autem minui. » Ergo Joannes, quod ad Joannem pertinet, de terra est, et de terra loquitur. Si quid divinum audisti a Joanne, illuminantis est, non recipientis.

7. « Qui de cœlo venit, supra omnes est : et quod vidit et audivit, hoc testificatur, et testimonium ejus nemo accipit. » (*Joan.*, III, 31, 32) De cœlo venit, supra omnes est, Dominus noster Jesus Christus : de quo superius dictum est : Nemo ascendit in cœlum, nisi qui de cœlo descendit, filius hominis qui est in cœlo. (*v.* 13.) Est autem super omnes; « et quod vidit et audivit, hoc loquitur. » Habet enim et Patrem ipse Filius Dei; habet et Patrem, et audit a Patre. Et quod audit a Patre quid est? quis hoc explicat? Quando lingua mea, quando cor meum sufficere potest, vel cor ad intelligendum, vel lingua ad proferendum, quid est quod Filius audivit a Patre? Forte Filius Verbum Patris audivit? Imo Filius Verbum Patris est. Videtis quemadmodum hic fatigetur omnis conatus humanus : videtis quemadmodum hic deficiat omnis conjectura pectoris nostri, et omnis intentio mentis caligantis. Audio dicentem Scripturam, quia Filius hoc loquitur, quod audit a Patre (*Joan.*, III, 32; VIII, 26) : et rursus audio dicentem Scripturam, quia ipse Filius Verbum Patris est : In principio erat Verbum, et Verbum erat apud Deum, et Deus erat Verbum (*Joan.*, I, 1.) Nos loquimur verba volantia et transeuntia : mox ut sonuerit ore tuo verbum tuum, transit, peragit strepitum suum et transit in silentium. Numquid potes sequi sonum tuum, et tenere ut stet? Cogitatio tamen tua manet, et de ipsa cogitatione ma-

---

(*a*) Editi, *convertatur.* Melius Ms. *convertat*, scil. *gratia.*

mé au moyen de la voix, par l'intermédiaire des sons et des syllabes? S'il s'est servi de ces moyens extérieurs, dans quelle langue a-t-il parlé, dans la langue hébraïque, ou grecque ou latine? Les langues sont nécessaires là où il y a distinction et diversité de nations. Mais qui peut dire que Dieu ait parlé telle ou telle langue? Considérez ce qui se passe dans votre esprit, lorsque vous concevez la parole que vous devez prononcer (je ne dirai ici, si je le puis, que ce que nous pouvons observer en nous, sans prétendre vous faire comprendre cette vérité); lors donc que vous concevez une parole que votre bouche doit prononcer, vous voulez exprimer une idée, et la conception de cette idée est déjà une parole dans votre esprit. Elle n'est pas encore sortie, mais elle est conçue, elle est née dans votre cœur, elle y demeure jusqu'à ce qu'elle en sorte. Or, vous faites attention à qui vous adressez cette parole, si c'est un Latin, vous cherchez une expression latine; si c'est un Grec, vous cherchez une expression grecque, s'il est Carthaginois, vous vous demandez si vous savez la langue carthaginoise. Vous parlez à chacun la langue qu'il entend, pour lui faire comprendre la parole que vous avez conçue dans votre âme, mais cette parole intérieure n'était pas attachée nécessairement à une langue quelconque. Or puisque Dieu en parlant n'a eu recours à aucune langue, ne s'est servi d'aucune parole extérieure, comment a-t-il été entendu de son Fils puisqu'il a parlé à son Fils? De même que vous avez dans votre cœur la parole que vous devez prononcer, elle est en vous, et la conception de cette parole est toute spirituelle (car votre âme est esprit, et par là même la parole que vous concevez est également esprit, elle n'a point encore revêtu les sons qui la partagent en syllabes, mais elle demeure dans la conception du cœur et dans le miroir de l'esprit); ainsi Dieu a produit sa parole, son Verbe, c'est-à-dire a engendré son Fils. Pour vous, vous enfantez votre parole intérieure dans le temps. Dieu engendre en dehors du temps le Fils par lequel il a créé tous les temps. Or, comme le Verbe de Dieu est le Fils de Dieu, et que c'est le Fils de Dieu qui nous a parlé, celui qui parlait, le Verbe du Père, a voulu nous faire connaitre non sa parole, mais la parole du Père. Jean-Baptiste a exposé ce mystère, autant qu'il était nécessaire de le faire et de la manière la plus convenable, et nous vous l'avons exposé nous-même comme il nous a été possible de le faire. Celui dont le cœur est resté jusqu'à présent fermé à l'intelligence d'un si grand mystère, sait où il doit s'adresser, où il doit frapper, auprès de qui il doit chercher, demander et recevoir la grâce de le comprendre.

8. « Celui qui vient du ciel est au-dessus de

---

nente dicis multa verba transeuntia. Quid dicimus, Fratres? Deus cum loqueretur, adhibuit vocem, adhibuit sonos, adhibuit syllabas? Si adhibuit ista, qua lingua locutus est? Hebræa, an Græca, an Latina? Ibi necessariæ linguæ, ubi distinctio gentium. Ibi autem nemo potest dicere, illa lingua, vel illa lingua locutum esse Deum. Cor tuum attende. Quando concipis verbum quod dicas : dicam enim, si potero, quod in nobis attendamus, non unde illud comprehendamus : quando ergo concipis verbum quod proferas, rem vis dicere, et ipsa rei conceptio in corde tuo jam verbum est : nondum processit, sed jam natum est in corde, et manet ut procedat : attendis autem ad quem procedat, cum quo loquaris : si Latinus est, vocem Latinam quæris; si Græcus est, verba Græca meditaris; si Punicus est, attendis si nosti linguam Punicam; pro diversitate auditorum diversas linguas adhibes, ut proferas verbum conceptum : illud autem quod corde conceperas, nulla lingua tenebatur. Cum ergo Deus loquens, linguam non quæreret, et genus (*a*) locutionis non assumeret, quomodo auditus est a Filio, cum ipsum Filium sit locutus Deus? Quomodo enim tu verbum quod loqueris, in corde habes, et apud te est, et ipsa conceptio spiritalis est (nam sicut anima tua spiritus est, ita et verbum quod concepisti, spiritus est; nondum enim accepit sonum ut per syllabas dividatur, sed manet in conceptione cordis et in (*b*) speculo mentis) : sic Deus edidit Verbum, hoc est, genuit Filium. Et tu quidem ex tempore gignis verbum etiam in corde : Deus sine tempore genuit Filium, per quem creavit omnia tempora. Cum ergo Verbum Dei Filius sit, Filius autem locutus est nobis, non verbum suum, sed Verbum Patris, se nobis loqui voluit, qui Verbum Patris loquebatur. Hoc ergo quomodo decuit, et oportuit, dixit Joannes : quomodo potuimus, nos exposuimus. Cui ad cor nondum pervenit dignus de tanta re intellectus, habet quo se convertat, habet quo pulset, habet a quo quærat, habet a quo petat, habet a quo accipiat.

8. « Qui de cœlo venit, supra omnes est : et quod vidit et audivit, hoc testatur; et testimonium ejus

---

(*a*) In omnibus Mss. *elocutionis.* — (*b*) Plerique Mss. *in spectaculo mentis.*

tous, il rend témoignage à ce qu'il a vu et entendu et personne ne reçoit son témoignage. » (*Jean*, III, 31, 32.) Si personne ne reçoit son témoignage, pourquoi est-il venu ? C'est donc parmi un certain nombre qu'il n'y a eu personne. Il y a, en effet, un peuple préparé pour la colère de Dieu, qui doit partager la damnation du démon ; personne, parmi ce peuple, ne reçoit le témoignage de Jésus-Christ. Car s'il n'y avait personne absolument, aucun homme en un mot, que signifieraient les paroles qui suivent : « Mais celui qui reçoit son témoignage, atteste que Dieu est véridique ? » On ne peut donc dire qu'il n'y a personne, puisque vous déclarez vous-même que celui qui reçoit son témoignage, atteste que Dieu est véridique. Si vous interrogiez Jean, il vous répondrait sans doute : Je sais ce que j'ai dit, en déclarant qu'il n'y a personne. Car il y a un peuple qui semble né pour la colère de Dieu, et dont Dieu a prévu la damnation. Dieu sait, en effet, ceux qui doivent croire et ceux qui doivent rester incrédules, il connaît ceux qui doivent persévérer dans la foi, et ceux qui doivent la perdre ; tous ceux qui doivent entrer dans la vie éternelle sont déjà comptés, et Dieu connaît ce peuple qui est séparé du reste des hommes. Or, s'il a cette connaissance, il a pu la communiquer aux Prophètes par son Esprit, il a pu la communiquer à Jean lui-même. Jean voyait donc, non pas de ses yeux, car à ne le considérer qu'en lui-même, il est terre, et il parle de la terre, mais il voyait dans la grâce qu'il a reçue de Dieu ce peuple impie, ce peuple infidèle, il le voyait dans son infidélité, et c'est ce qui lui fait dire : « Personne ne reçoit le témoignage de celui qui vient du ciel. « Personne d'entre lesquels ? D'entre ceux qui seront un jour à la gauche, et à qui on dira : « Allez au feu éternel qui a été préparé pour le diable et ses anges. » (*Matth.*, XXV, 41.) Quels sont ceux qui le reçoivent ? Ceux qui doivent être à la droite et auxquels il sera dit : « Venez les bénis de mon Père, possédez le royaume qui vous a été préparé dès l'origine du monde. » Jean a donc considéré en esprit la division de ces deux peuples qui se trouvent mêlés au milieu du genre humain, il a séparé par l'intelligence par l'œil du cœur ce qui ne l'est pas encore en réalité ; il a vu ces deux peuples, le peuple des fidèles et celui des infidèles, et c'est en considérant ce dernier qu'il dit : « Celui qui vient du ciel est au-dessus de tous, » et il rend témoignage à ce qu'il a vu et entendu, et personne ne reçoit son témoignage. » Puis détournant ses regards de la gauche, il les reporte sur la droite et il ajoute : « Celui qui reçoit son témoignage atteste que Dieu est véridique. » Qu'est-ce à dire il atteste que Dieu est véridique ? c'est-à-dire que l'homme est menteur de sa nature, et que Dieu est véri-

---

nemo accipit. » (*Joan.*, III, 31, 32.) Si nemo, ut quid venit? Quorumdam ergo nemo. Est quidam populus præparatus ad iram Dei, damnandus cum diabolo : horum nemo accipit testimonium Christi. Nam si omnino nemo, nullus homo ; quid est quod sequitur : « Qui autem accipit testimonium ejus, signavit quia Deus verax est? » (*v.* 33) Certe ergo non nemo, si tu ipse dicis : « Qui accepit testimonium ejus, signavit quia Deus verax est. » Responderet ergo fortasse Joannes interrogatus, et diceret : Novi quid dixerim, nemo. Est enim quidam populus natus ad iram Dei, et ad hoc præcognitus. Qui sint enim credituri, et qui non sint credituri, novit Deus : qui sint perseveraturi in eo quod crediderunt, et qui sint lapsuri, novit Deus : et numerati sunt Deo omnes futuri in vitam æternam ; et novit jam illum populum distinctum. Et si ipse novit, et Prophetis dedit nosse per Spiritum suum, dedit et Joanni. Attendebat ergo Joannes, non oculo suo ; nam quantum ad ipsum pertinet, terra est, et de terra loquitur : sed in ea gratia Spiritus, quam accepit a Deo, vidit quemdam populum impium, infidelem : attendens illum in infidelitate sua, ait : Testimonium ejus qui venit de cœlo, nemo accipit. Quorum nemo? Eorum qui ad sinistram futuri sunt, eorum quibus dicetur : Ite in ignem æternum, qui præparatus est diabolo et angelis ejus. (*Matth.*, XXV, 41, etc.) Qui ergo accipiunt? Illi qui ad dexteram futuri sunt, illi quibus dicetur : « Venite benedicti Patris mei, percipite regnum quod vobis paratum est ab origine mundi. » Attendit ergo in spiritu divisionem, in genere autem humano commixtionem ; et quod nondum locis separatum est, separavit intellectu, separavit cordis aspectu ; et vidit duos populos, fidelium et infidelium : attendit infideles, et ait : « Qui de cœlo venit, supra omnes est, et quod vidit et audivit, hoc (*a*) testatur, et testimonium ejus nemo accipit. » Deinde transtulit se a sinistra, et adspexit ad dexteram, et secutus ait : « Qui accepit testimonium ejus, signavit quia Deus verax est. » Quid est, « signavit quia Deus verax est, » nisi homo mendax est, et Deus verax est? Quia nemo hominum potest dicere quod veritatis est, nisi illuminetur ab eo

(*a*) Mss. *loquitur :* et post, loco *transtulit*, habent *tulit*.

dique. Aucun homme, en effet, ne peut parler le langage de la vérité, s'il n'est éclairé par celui qui ne peut mentir. Dieu est donc véridique, et Jésus-Christ est Dieu. Voulez-vous le prouver ? Recevez son témoignage, et vous avez trouvé l'accomplissement de ces paroles : « Celui qui reçoit son témoignage atteste que Dieu est véridique. » Quel est ce Dieu ? Celui qui est venu du ciel et qui est au-dessus de tous, voilà le Dieu véridique. Mais si vous ne comprenez pas encore qu'il est Dieu, vous n'avez pas encore reçu son témoignage ; recevez-le, et vous attestez et vous comprenez par anticipation, vous reconnaissez avec certitude que Dieu est véridique.

9. « Car celui que Dieu a envoyé dit les paroles de Dieu. » (*Jean*, III, 34.) Il est le Dieu véridique, et Dieu l'a envoyé : un Dieu a envoyé un Dieu. Réunissez-les tous les deux, ils ne forment qu'un seul Dieu, un Dieu véridique envoyé par Dieu. Demandez ce qu'est chacun d'eux, il est Dieu ; demandez ce qu'ils sont tous deux, un seul Dieu. On ne peut dire que chacun d'eux pris séparément est Dieu, et que les deux forment plusieurs Dieux, chacun d'eux est Dieu, et tous deux réunis ne forment également qu'un seul Dieu. L'amour de l'Esprit saint est si grand, la concorde qui les unit est si parfaite, que si vous me demandez de chacune des trois personnes ce qu'elle est, je vous réponds : Elle est Dieu, et si vous me demandez de la Trinité tout entière ce qu'elle est, je réponds également, elle est Dieu. Si lorsque l'esprit de l'homme s'attache à Dieu, il devient un même esprit avec lui (I *Cor.*, VI, 17), combien plus le Fils qui s'unit à Dieu comme son égal doit-il être avec lui un seul Dieu ? Ecoutez un autre témoignage. Vous savez le grand nombre de ceux qui embrassèrent la foi, et qui vinrent apporter aux pieds des Apôtres tout ce qu'ils possédaient pour être distribué à chacun selon ses besoins ; que dit l'Ecriture de cette assemblée de saints ? « Ils n'avaient qu'un cœur et qu'une âme dans le Seigneur. » (*Act.*, IV, 32.) Si la charité n'a fait de tant d'âmes qu'une seule âme, et de tant de cœurs qu'un seul cœur, combien grande doit être la charité qui unit le Père et le Fils ? Ah sans doute, elle est plus grande que celle de ces hommes qui n'avaient qu'un cœur et qu'une âme. Si donc la charité n'a fait de ce grand nombre de fidèles qu'un seul cœur, qu'une seule âme, oseriez-vous dire que Dieu le Père et Dieu le Fils font deux Dieux ? S'il en était ainsi, l'amour qui les unit ne serait point parfait. Quoi ! sur la terre la charité va jusqu'à ne plus faire de votre âme et de celle de votre ami qu'une seule âme, et l'on pourrait dire qu'ici le Père et le Fils ne sont pas un seul Dieu ? Une foi véritable a horreur de cette pensée. Comprenez par ce raisonnement la grandeur et l'excellence de cette charité. Voici un grand nombre d'hommes et par

---

qui mentiri non potest. Deus ergo verax, Christus autem Deus. Vis probare? Accipe testimonium ejus, et invenis : « Qui enim accipit testimonium ejus, signavit quia Deus verax est. » Quis? Ipse qui de cœlo venit et supra omnes est, Deus verax est. Sed si nondum illum intelligis Deum, nondum accepisti testimonium ejus : accipe, et signas, præsumenter intelligis, definienter agnoscis, quia Deus verax est.

9. « Quem enim misit Deus, verba Dei loquitur. » (*Joan.*, III, 34.) Ipse est Deus verax, et misit illum Deus : Deus misit Deum. Junge ambos, unus Deus, Deus verax missus a Deo. De singulis interroga, Deus : et de ambobus interroga, Deus. (*a*) Non singuli Deus et ambo dii, sed singulus quisque Deus et ambo Deus. Tanta enim ibi est caritas Spiritus sancti, tanta pax unitatis, ut de singulis cum interrogatur, Deus tibi respondeatur ; de Trinitate cum interrogatur, Deus tibi respondeatur. Si enim spiritus hominis quando inhæret Deo unus spiritus est, aperte Apostolo dicente : Qui adhæret Domino, unus spiritus est (I *Cor.*, VI, 17) : quanto magis Filius æqualis adhærens Patri simul cum illo unus Deus est? Audite alterum testimonium. Nostis quam multi crediderunt, quando omnia quæ habebant, ad pedes Apostolorum vendita posuerunt, ut distribueretur unicuique sicut opus erat : et de illa congregatione sanctorum quid dicit Scriptura? Erat illis anima una et cor unum in Domino. (*Act.*, IV, 32.) Si caritas de tot animis fecit animam unam, et de tot cordibus fecit cor unum : quanta est caritas inter Patrem et Filium? Major utique potest esse quam inter illos homines quibus erat cor unum. Si ergo multorum fratrum cor unum propter caritatem, et multorum fratrum anima una propter caritatem : Deus Pater et Deus Filius dicturus es quia duo sunt? Si duo dii sunt, non est ibi summa caritas. Si enim hic tanta caritas est, ut animam tuam et animam amici tui unam animam faciat, quomodo ibi non est unus Deus Pater et Filius? absit ut hoc sentiat fides non ficta. Prorsus quantum excellat caritas illa, hinc intelligite : Multæ animæ sunt multorum homi-

(*a*) Sic omnes Mss. At editi : *Non singuli dii.*

conséquent plusieurs âmes, s'ils s'aiment les uns les autres ils ne font plus qu'une seule âme, et toutefois on peut dire en parlant des hommes qu'il y a toujours plusieurs âmes, parce que l'union n'est jamais parfaite. Ici au contraire, vous ne pouvez dire qu'une chose c'est qu'il n'y a qu'un seul Dieu, et il vous est défendu de dire qu'il y a deux ou trois dieux. Voilà ce qui fait ressortir à vos yeux la supériorité, la perfection de cet amour qu'on ne peut supposer plus grand.

10. « Car celui que Dieu a envoyé dit les paroles de Dieu. » (*Jean*, III, 34.) Voilà ce que Jean disait de Jésus-Christ pour établir une distinction entre le Sauveur et lui. Mais quoi! est-ce que Dieu n'a pas envoyé Jean lui-même? Est-ce qu'il n'a pas dit : « J'ai été envoyé devant lui? » et encore : « Celui qui m'a envoyé baptiser dans l'eau? » (*Jean*, I, 33.) C'est encore de lui qu'il est dit : « Voici que j'envoie mon ange devant vous et il préparera la voie. » (*Malac.*, III, 1.) N'a-t-il pas dit aussi les paroles de Dieu, lui dont le Sauveur a déclaré qu'il était plus qu'un prophète? Si donc il a été envoyé de Dieu, s'il dit les paroles de Dieu, comment faut-il entendre ce caractère distinctif qu'il nous donne du Christ : Celui que Dieu a envoyé, dit les paroles de Dieu? Mais voyez ce qu'il ajoute : « Parce que Dieu ne lui donne pas son Esprit avec mesure. » Que signifient ces paroles : « Dieu ne donne pas son Esprit avec mesure? » Trouvons-nous quelque part que Dieu donne son Esprit avec mesure? Ecoutez l'Apôtre qui vous dit : « Selon la mesure du don de Jésus-Christ. » (*Ephés.*, IV, 7.) Dieu donne aux hommes son Esprit avec mesure, mais à son Fils unique il le donne sans mesure. Comment le donne-t-il aux hommes avec mesure? « A l'un est donné par l'Esprit la parole de sagesse, à un autre la parole de science selon le même Esprit; à un autre la foi par le même Esprit; à un autre la prophétie, à un autre le discernement des esprits, à un autre le don des langues diverses, à un autre la grâce des guérisons. » (I *Cor.*, XII, 8-10.) Tous sont-ils apôtres? tous sont-ils prophètes? tous sont-ils docteurs? tous opèrent-ils des miracles? tous ont-ils la grâce de guérir? tous parlent-ils diverses langues? tous ont-ils le don d'interpréter? » (*Ibid.*, 29, 30.) Celui-ci reçoit une grâce, et celui-là une autre, et le don que reçoit l'un est différent de celui que reçoit l'autre. Les dons sont comme mesurés et divisés. Dieu donne donc ses grâces aux hommes avec mesure, et la concorde ne fait de tous qu'un seul corps. De même que la main reçoit une faculté pour agir, l'œil une autre pour voir, l'oreille une autre pour entendre, le pied une autre pour marcher, et cependant il n'y a qu'une seule âme qui agit véritablement dans tous ces membres, dans la main pour travailler, dans le pied pour marcher, dans l'oreille pour entendre, dans l'œil

---

num, et si se diligunt, una anima est : sed possunt dici et multæ animæ, possunt in hominibus; quia non est tanta conjunctio. Ibi autem, unum Deum licet dicas : duos aut tres deos non licet dicas. Hinc tibi commendatur supereminentia et summitas caritatis tanta, ut major esse non possit.

10. « Quem enim misit Deus, verba Dei loquitur. » (*Joan.*, III, 34.) Hoc utique de Christo dicebat, ut se ab illo distingueret. Quid enim? ipsum Joannem nonne Deus misit? An non ipse dixit : Missus sum ante eum (*Ibid.*, 28) : et : Qui me misit baptizare in aqua (*Joan.*, I, 33) : et de illo dictum est : Ecce mitto angelum meum ante te, et præparabit viam tuam? (*Malach.*, III, 1.) Nonne et ipse verba Dei loquitur, de quo etiam dictum est, quod sit amplius quam propheta? Si ergo et ipsum Deus misit, et verba Dei loquitur; quomodo ad distinctionem, de Christo cum dixisse accipimus : « Quem enim misit Deus, verba Dei loquitur? » (*Joan.*, III, 34.) Sed vide quid adjungat : « Non enim ad mensuram dat Deus Spiritum.» Qui est hoc : « Non enim ad mensuram dat Deus Spiritum? » Invenimus quia ad mensuram dat Deus Spiritum? Audi Apostolum dicentem : Secundum mensuram donationis Christi. (*Ephes.*, IV, 7.) Hominibus ad mensuram dat, unico Filio non dat ad mensuram. Quomodo hominibus ad mensuram? (1 *Cor.*, XII, 8.) Alii quidem datur per Spiritum sermo sapientiæ : alii sermo scientiæ secundum eumdem spiritum : alii fides in eodem spiritu, alii prophetia, alii dijudicatio spirituum, alii genera linguarum, alii donatio curationum. Numquid omnes Apostoli? numquid omnes Prophetæ? numquid omnes Doctores? numquid omnes Virtutes? numquid omnes dona habent sanitatum? numquid omnes linguis loquuntur? numquid omnes interpretantur? Aliud habet iste, aliud ille : et quod habet ille, non habet iste. Mensura est, divisio quædam donorum est. Ergo hominibus ad mensuram datur, et concordia ibi unum corpus facit. Quomodo aliud accipit manus ut operetur, aliud oculus ut videat, aliud auris ut audiat, aliud pes ut ambulet; anima tamen una est quæ agit omnia, in manu ut operetur, in pede ut ambulet, in aure ut audiat,

pour voir; ainsi les dons accordés aux fidèles sont divers et ils sont distribués comme aux membres du corps selon la mesure qui est propre à chacun. Mais pour Jésus-Christ qui est l'auteur de ces dons, il ne reçoit pas l'Esprit avec mesure.

11. Ecoutez, en effet, ce qu'il ajoute à ce qu'il vient de dire du Fils : « Dieu ne donne pas son Esprit avec mesure. Car le Père aime le Fils et il a tout remis entre ses mains. » (*Jean*, III, 34, 35.) Il ajoute donc : « Il lui a remis tout entre les mains, » pour déterminer la signification particulière de ces paroles : « Le Père aime le Fils. » En effet, est-ce que le Père n'aime pas Jean ? et cependant il ne lui a pas tout remis entre les mains. Est-ce que le Père n'aime pas Paul ? et il ne lui a pas non plus remis tout entre ses mains. « Le Père aime le Fils, mais comme un père aime son fils, non pas comme un serviteur aime son maître; comme un père aime non pas un fils adoptif, mais un fils unique. Il lui a donc remis toutes choses entre les mains. » Qu'est-ce à dire toutes choses ? Afin que le Fils soit aussi grand que le Père. Il a engendré comme son égal « celui qui n'a pas cru que ce fût une usurpation de se faire égal à Dieu. » (*Philip.*, II, 6.) « Le Père aime le Fils et il lui a tout remis entre les mains. » Lors donc qu'il a daigné nous envoyer son Fils, ne croyons pas qu'il ait envoyé quelqu'un d'inférieur au Père. Le Père en envoyant son Fils a envoyé un autre lui-même.

12. Les disciples qui étaient encore persuadés que le Père est plus grand que le Fils; qui voyaient sa chair et ne comprenaient pas la divinité qu'elle recouvrait, lui dirent : « Seigneur, montrez-nous le Père et cela nous suffit. » (*Jean*, XIV, 8.) Nous vous connaissons déjà, et nous vous bénissons de cette connaissance que vous nous avez donnée; nous vous rendons grâces de vous être ainsi manifesté à nous, mais nous ne connaissons pas encore le Père. Voilà pourquoi notre cœur brûle, pourquoi il est travaillé d'un saint désir de voir votre Père qui vous a envoyé, montrez-nous le et nous ne désirerons plus rien autre chose, car il nous suffit de voir, de contempler celui dont la grandeur ne peut être surpassée. Leur désir était bon, et leur demande légitime, mais ils faisaient preuve de peu d'intelligence. Aussi Notre-Seigneur Jésus-Christ regardant ces petits esprits qui cherchaient de grandes choses, et se considérant, lui, la grandeur par essence, au milieu des petits et petit lui-même au milieu des petits, dit à Philippe, un de ces disciples qui lui avaient fait cette demande : « Il y a tant de temps que je suis avec vous, Philippe, et vous ne me connaissez pas encore. » Philippe aurait pu lui répondre : Nous vous connaissons, aussi ne vous ai-je pas dit :

---

in oculo ut videat : sic sunt etiam diversa dona fidelium, tanquam membris ad mensuram cuique propriam distributa. Sed Christus qui dat, non ad mensuram accipit.

11. Audi enim adhuc quid sequitur, quia de Filio dixerat : « Non enim ad mensuram dat Deus Spiritum. Pater diligit Filium, et omnia dedit in manu ejus. » (*Joan.*, III, 34, 35.) Adjecit : « Omnia dedit in manu ejus : » ut nosses et hic (*a*) qua distinctione dictum sit : « Pater diligit Filium. » Quare enim? Pater non diligit Joannem? et tamen non omnia dedit in manu ejus. Pater non diligit Paulum? et tamen non omnia dedit in manu ejus. « Pater diligit Filium : » sed quomodo Pater Filium, non quomodo dominus servum : quomodo unicum, non quomodo adoptatum. Itaque « omnia dedit in manu ejus. » Quid est, « omnia ? » Ut tantus sit Filius, quantus est Pater. Ad æqualitatem enim sibi genuit eum, cui rapina non esset in forma Dei esse æqualem Deo. (*Philip.*, II, 6.) « Pater diligit Filium, et omnia dedit in manu ejus. » Ergo cum ad nos dignatus est mittere Filium, non putemus aliquid minus nobis missum quam est Pater. Pater mittens Filium, se alterum misit.

12. Namque putantes adhuc discipuli, quia Pater aliquid majus est quam Filius, videntes carnem et non intelligentes divinitatem, dixerunt ei : Domine ostende nobis Patrem, et sufficit nobis. (*Joan.*, XIV, 8.) Tanquam dicerent : Jam novimus te, et benedicimus te, qui novimus te : gratias enim tibi agimus, quia ostendisti te nobis, sed Patrem nondum novimus : propterea cor nostrum ardet, et satagit concupiscentia quadam sancta videndi Patris tui qui te misit : ipsum nobis ostende, et nihil amplius a te desiderabimus : sufficit enim nobis cum ille fuerit demonstratus, quo major esse nemo potest. Bona concupiscentia, bonum desiderium : sed parvus intellectus. Attendens enim ipse Dominus Jesus, parvos magna quærentes, et se ipsum magnum inter parvos, et parvum inter parvos, ait Philippo qui hoc dixerat, uni ex discipulis : « Tanto tempore vobiscum sum, et non cognovistis me, Philippe ? » Posset hic Philippus respondere : Cognovimus te : sed numquid diximus tibi, ostende nobis

(*a*) Remigiensis Ms. *quia ad distinctionem*.

Montrez-vous à nous? Nous vous connaissons, mais nous cherchons à connaître votre Père. Jésus ajoute aussitôt : « Celui qui me voit voit aussi mon Père. » Si donc celui que le Père a envoyé lui est égal, ne le jugeons point par l'infirmité de la chair, mais considérons que la majesté divine s'est revêtue de cette chair sans en souffrir la moindre altération. Tout en demeurant Dieu dans le sein de son Père, il s'est fait homme parmi les hommes, afin que vous deveniez capables de connaître Dieu grâce à celui qui a daigné se faire homme pour vous. L'homme était incapable de connaître Dieu, l'homme pouvait voir et connaître son semblable, mais il ne pouvait connaître Dieu. Et d'où lui venait cette impossibilité? Parce qu'il n'avait pas l'œil du cœur, qui seul peut voir et connaître Dieu. Il y avait donc au dedans de lui une partie malade, et une partie saine au dehors, les yeux du corps étaient sains, les yeux de l'âme étaient malades. Le Fils de Dieu s'est fait homme pour se rendre visible aux yeux du corps afin qu'en croyant en celui qui pouvait être vu des yeux du corps, vous fussiez guéri pour voir celui que vous ne pouvez voir spirituellement. « Il y a tant de temps que je suis avec vous, Philippe, et vous ne me connaissez pas encore. Celui qui me voit voit aussi mon Père. » Pourquoi donc les disciples ne le voyaient-ils pas? Ils voyaient le Sauveur et ils ne voyaient pas son Père ; ils voyaient son corps, mais la majesté divine restait cachée pour eux. Ce qu'ont vu les disciples qui aimaient Jésus a été vu aussi des Juifs qui l'ont crucifié. Il était donc tout entier à l'intérieur, et il était caché sous le voile de la chair tout en demeurant dans le sein de son Père, car il n'a point quitté le sein du Père en venant se revêtir de notre chair.

13. Un esprit encore charnel ne comprend pas cette vérité ; qu'il en remette donc l'intelligence à un autre temps, qu'il commence par la foi, et qu'il écoute les paroles qui suivent : « Celui qui croit au Fils a la vie éternelle, celui qui ne croit point au Fils ne verra point la vie, mais la colère de Dieu demeure sur lui. » (*Jean,* III, 36.) Il ne dit point : La colère de Dieu vient à lui, mais : « La colère de Dieu demeure sur lui. » Tous ceux qui naissent à cette vie mortelle sont sous le poids de la colère de Dieu. Quelle est cette colère? Celle qui s'appesantit sur Adam notre premier père. Lorsque le premier homme eut péché, Dieu prononça contre lui cette sentence : « Tu mourras de mort ; » (*Gen.,* II, 17) il fut donc soumis à la mort, dès lors nous ne sommes nés que pour mourir, et la colère de Dieu est sur nous dès notre naissance. Or, le Fils de Dieu est venu sur la terre exempt de tout péché, il s'est revêtu de notre chair, il s'est revêtu de notre mortalité. Il a voulu partager avec nous la colère de Dieu, et nous hésiterions à entrer avec lui en participation de la grâce de Dieu?

---

te ? Te cognovimus, sed Patrem quærimus. Subjecit statim : « Qui me vidit, vidit et Patrem. » Si ergo æqualis Patri missus est, non eum æstimemus ex infirmitate carnis, sed cogitemus majestatem indutam carne, non oppressam carne. Manens enim Deus apud Patrem, apud homines factus est homo, ut tu per illum qui ad te factus est homo, fieres talis qualis capit Deum. Non enim homo poterat capere Deum : videre poterat homo hominem, capere Deum non poterat. Unde non poterat capere Deum? Quia oculum cordis unde caperet, non habebat. Erat ergo aliquid intus saucium, et aliquid foris sanum : corporis oculos habebat sanos, cordis oculos habebat saucios. Factus est ille homo ad corporis oculum : ut credens in eum qui videri corporaliter potuit, (*a*) curareris ad eum ipsum videndum quem spiritaliter videre non poteras. Tanto tempore vobiscum sum, et non cognovistis me, Philippe ? Qui me vidit, vidit et Patrem. Quare illi non illum videbant ? Ecce videbant illum, et Patrem non videbant : videbant carnem, sed majestas latebat. Quod videbant discipuli qui amaverunt, viderunt et Judæi qui crucifixerunt. Intus ergo erat totus ille, et sic intus in carne, ut apud Patrem maneret : non enim descruit Patrem quando venit ad carnem.

13. Carnalis cogitatio non capit quod dico : differat intellectum, et incipiat a fide : audiat quod sequitur : « Qui credit in Filium, habet vitam æternam : qui autem incredulus est Filio, non videbit vitam, sed ira Dei manet super eum. » (*Joan.,* III, 36.) Non dixit, ira Dei venit ad eum, sed ira Dei manet super eum. Omnes qui nascuntur mortales, habent secum iram Dei. Quam iram Dei? Quam accepit primus Adam. Si enim peccavit primus homo, et audivit : Morte morieris (*Gen.,* II, 17) : factus est mortalis ille, et cœpimus nasci mortales, cum ira Dei nati sumus. Venit inde Filius non habens peccatum, et indutus est carne, indutus est mortalitate. Si ille nobiscum communicavit iram Dei, nos pigri sumus cum illo communicare gratiam Dei ? Qui ergo non vult cre-

(*a*) Editis, *curreres :* consentiunt Mss. exceptis duobus, qui ferunt, *curareris.*

Celui donc qui ne veut point croire au Fils, la colère de Dieu demeure sur lui. Quelle est cette colère? Celle dont l'Apôtre dit : « Nous avons été par notre nature, enfants de colère comme le reste des hommes. » (*Ephes.*, II, 3.) Nous sommes donc tous enfants de colère, parce que nous venons tous de la malédiction de la mort. Croyez-en Jésus-Christ qui s'est fait mortel pour vous, afin que vous puissiez le connaître dans sa nature immortelle, lorsque vous l'aurez connu dans son immortalité, vous cesserez vous-mêmes d'être esclaves de la mort. Il vivait et vous mouriez; il est mort pour vous rendre la vie. Il vous a apporté la grâce de Dieu, il vous a délivrés de la colère de Dieu. Dieu a triomphé de la mort, pour détruire le triomphe de la mort sur l'homme.

TRAITÉ XV [1].

Depuis ces paroles de l'Evangile : « Jésus donc ayant su que les Pharisiens avaient appris qu'il faisait plus de disciples, » etc., jusqu'à ces autres : « Et nous savons qu'il est vraiment le Sauveur du monde. »

1. Ce n'est pas un spectacle nouveau pour votre esprit, mes très-chers frères, que de voir l'évangéliste saint Jean prendre, comme l'aigle, son essor dans des régions plus hautes, s'élever au-dessus des sombres nuages de la terre, pour contempler d'un œil ferme la lumière de la vérité.

(1) Ce Traité a été prononcé un jour avant le Traité suivant.

Déjà avec la grâce de Dieu, nous vous avons expliqué une assez grande partie de son Evangile, et la suite naturelle de son récit nous a conduit jusqu'au fait dont on vient de vous faire lecture. Ce que j'ai à vous dire aujourd'hui avec le secours du ciel, sera plutôt pour rappeler à plusieurs d'entre vous ce qu'ils savent déjà que pour leur apprendre ce qu'ils ignorent. Ce n'est pas cependant un motif pour que votre zèle se ralentisse. On vient donc de vous lire, et nous avons entre les mains le texte de cette lecture que Notre-Seigneur Jésus-Christ s'entretenait près du puits de Jacob avec une femme de Samarie. De grands mystères ont été révélés dans cet entretien, de grandes vérités y ont été figurées sous des comparaisons sensibles pour nourrir l'âme qui a faim et réparer les forces de celle qui est languissante.

2. « Notre-Seigneur donc ayant su que les pharisiens avaient appris qu'il faisait plus de disciples et baptisait plus que Jean (quoique Jésus ne baptisât point lui-même, mais ses disciples), il quitta la Judée, et s'en alla de nouveau en Galilée. » (*Jean*, IV, 1, 2.) Nous n'expliquerons pas longuement ces paroles, de peur qu'en nous arrêtant à des choses qui sont claires, le temps nous manque pour approfondir et vous exposer ce qui est plus obscur. Si le Sauveur avait prévu que les pharisiens, en apprenant

---

dere in Filium, ira Dei manet super eum. Quæ ira Dei? De qua dicit Apostolus : Fuimus et nos natura filii iræ, sicut et cæteri. (*Ephes.*, II, 3.) Omnes ergo filii iræ; quia de maledicto mortis venientes. Crede in Christum factum pro te mortalem, ut illum capias immortalem : quando enim ceperis ejus immortalitatem, nec tu eris mortalis. Vivebat, moriebaris : mortuus est ut vivas. Attulit gratiam Dei, abstulit iram Dei. Deus (*a*) vicit mortem, ne mors vinceret hominem.

TRACTATUS XV.

Ab eo Evangelii loco : «Ut ergo cognovit Jesus, quia audierunt Pharisæi, quia Jesus plures discipulos facit, » etc., usque ad id : « Et scimus quia hic est vere Salvator mundi. »

1. Non rude est auribus Caritatis Vestræ, Evangelistam Joannem velut aquilam volare altius, caliginemque terræ transcendere, et lucem veritatis firmioribus oculis intueri. Multa enim jam ex Evangelio ejus per ministerium nostrum Domino adjuvante

(*a*) Sic aliquot optimæ notæ Mss. At editi, *bibit mortem, ne mors biberet hominem.*

tractata sunt : ex ordine autem sequitur hæc lectio, quæ hodie recitata est. Ea quæ dicturus sum Domino donante multi sic audituri estis, ut magis recognoscatis quam discatis. Non ideo tamen pigra debet esse intentio, quia non est cognitio, sed recognitio. Hoc lectum est, et hanc lectionem tractandam gestamus in manibus, quod Dominus Jesus ad puteum Jacob loquebatur cum Samaritana muliere. Dicta enim ibi sunt magna mysteria, et magnarum similitudines rerum : pascentes animam esurientem, reficientes languentem.

2. Dominus enim hæc « cum audisset, cognovisse Pharisæos quod plures discipulos faceret quam Joannes, et plures baptizaret : quanquam Jesus non baptizaret, sed discipuli ejus : reliquit Judæam terram, et abiit iterum in Galilæam. » (*Joan.*, IV, 1, 2.) Hinc diutius disputandum non est, ne immoramur in manifestis, angustias temporis patiamur ad obscura scrutanda et aperienda. Utique Dominus si sciret Pharisæos ita de se cognovisse, quod plures disci-

qu'il faisait plus de disciples et qu'il en baptisait un plus grand nombre que Jean, se détermineraient à le suivre pour sauver leur âme, à devenir ses disciples, à recevoir son baptême, il n'eût pas quitté la Judée, il y serait bien plutôt resté dans leur intérêt. Mais en sachant ce qu'ils avaient appris, il savait en même temps la jalousie qui les travaillait, et qui devait leur inspirer non le désir de le suivre, mais celui de le persécuter ; il crut donc devoir s'éloigner de la Judée. Il pouvait sans doute y rester sans crainte de tomber entre leurs mains, sans crainte d'être mis à mort, à moins qu'il ne le voulût, puisque sa naissance elle-même est un acte de sa volonté. Mais dans toutes les actions qu'il a faites comme homme, il a voulu servir de modèle aux hommes qui devaient croire en lui. En effet, un serviteur de Dieu ne pèche point en se retirant dans un autre lieu, pour échapper à la fureur de ses persécuteurs, ou de ceux qui cherchent à lui nuire, or sa conduite paraîtrait répréhensible si l'exemple du Seigneur ne l'autorisait. Ce n'est donc point par un sentiment de crainte, mais pour nous instruire que ce bon Maître agit de la sorte.

3. Vous trouverez peut-être extraordinaire que l'Evangéliste s'exprime ainsi : « Jésus en baptisait un plus grand nombre que Jean, » et qu'après avoir dit expressément : « Il baptisait, » il ajoute : « Bien que Jésus ne baptisât point lui-même, mais ses disciples. » Quoi donc! la première proposition était-elle fausse et l'Evangéliste avait-il besoin de la rectifier en ajoutant : « Bien que Jésus ne baptisât point, mais ses disciples? » Ou bien ces deux propositions sont-elles vraies, et que Jésus baptisait et qu'il ne baptisait pas? Il baptisait parce qu'il purifiait, il ne baptisait pas parce qu'il ne plongeait pas lui-même dans l'eau. Les disciples prêtaient leur ministère extérieur, Jésus prêtait le secours de sa majesté divine. Comment pourrait-il cesser de baptiser, puisqu'il ne cessait pas de purifier ? C'est de lui que le même Evangéliste a rapporté ce témoignage de Jean-Baptiste : « C'est lui qui baptise. » (*Jean*, I, 33.) Jésus continue donc de baptiser, et tant que nous aurons besoin d'être baptisés Jésus ne cessera de donner le baptême. Que l'homme approche donc en toute sécurité d'un ministre inférieur, car il a un maître qui lui est de beaucoup supérieur.

4. On me dira : Jésus baptise intérieurement mais non d'une manière extérieure. Comme si c'était par l'effet d'une grâce qui lui soit étrangère qu'un fidèle reçoive le sacrement extérieur et visible du baptême. Voulez-vous savoir, à n'en pouvoir douter, qu'il baptise non-seulement dans l'Esprit, mais dans l'eau? Ecoutez l'Apôtre qui vous dit : « Comme Jésus-Christ a aimé l'Eglise jusqu'à se livrer lui-même pour elle afin de la sanctifier en la purifiant dans le

---

pulos faceret, et quod plures baptizaret, ut hoc eis ad salutem valeret sequendi eum, ut et ipsi essent discipuli, et ipsi vellent ab eo baptizari ; magis non relinqueret Judæam terram, sed propter illos maneret ibi : quia vero cognovit eorum scientiam, simul cognovit et invidentiam, quia non hoc propterea didicerunt ut sequerentur . sed ut persequerentur ; abiit inde. Poterat quidem ille et præsens ab his non teneri, si nollet ; non occidi, si nollet : sed quia in omni re quam gessit ut homo, hominibus in se credituris præbebat exemplum ; (quia unusquisque servus Dei non peccat, si cesserit in alium locum, videns furorem forte persequentium se, aut quærentium in malum animam suam ; videretur autem sibi servus Dei peccare si faceret, nisi in faciendo Dominus præcessisset :) fecit hoc ille magister bonus ut doceret, non quod timeret.

3. Fortassis etiam hoc moveat, cur dictum sit : « Baptizabat Jesus plures quam Joannes : » et postea quam dictum est : « Baptizabat, » subjectum est : « Quanquam Jesus non baptizabat, sed discipuli ejus. » Quid ergo ? Falsum dictum erat, et correctum est, cum additum est : « Quanquam Jesus non baptizabat, sed discipuli ejus ? » An utrumque verum est, quia et Jesus baptizabat, et non baptizabat? Baptizabat enim, quia ipse mundabat : non baptizabat, quia non ipse tinguebat. Præbebant discipuli ministerium corporis, præbebat ille adjutorium majestatis. Quando enim cessaret a baptizando, quamdiu non cessat a mundando? De quo dictum est ab eodem Joanne, per Joannis Baptistæ personam dicentis : Hic est qui baptizat. (*Joan.*, I, 33.] Ergo Jesus adhuc baptizat : et quo usque baptizandi sumus, Jesus baptizat. Securus homo accedat ad inferiorem ministrum : habet enim superiorem magistrum.

4. Sed forte ait aliquis : Baptizat quidem Christus in spiritu, non in corpore. Quasi vero alterius dono quam illius, quisquam etiam sacramento corporalis et visibilis baptismatis imbuatur. Vis nosse quia ipse baptizat, non solum spiritu, sed etiam aqua? Audi Apostolum : « Sicut Christus, inquit, dilexit Ecclesiam, et seipsum tradidit pro ea, mundans

baptême de l'eau par la parole de vie pour la faire paraître devant lui pleine de gloire, n'ayant ni tache, ni ride, ni rien de semblable. » Il la purifie, comment? Dans le baptême de l'eau par la parole de vie. Qu'est-ce que le baptême de Jésus-Christ? Le baptême de l'eau par la parole de vie. Otez l'eau, il n'y a plus de baptême; supprimez la parole, il ne peut exister davantage.

5. Après ces préliminaires de l'entretien qu'il eut avec cette femme, voyons la suite qui est remplie de mystères et pleine d'augustes secrets. « Or, dit l'Evangéliste, il lui fallait passer par la Samarie. Il vint donc en une ville de Samarie appelée Sichar, près du champ que Jacob donna à son fils Joseph. Là était le puits de Jacob. » (*Jean*, IV, 4-6.) C'était un puits; or, tout puits est une fontaine ou une source, mais toute fontaine n'est pas un puits. L'eau qui jaillit des entrailles de la terre et satisfait aux besoins de ceux qui viennent y puiser, s'appelle une source; si elle jaillit à la surface de la terre et qu'elle soit comme sous la main, ce n'est qu'une source, mais si l'eau est à une grande profondeur dans la terre, c'est à la fois et un puits et une source.

6. « Jésus, fatigué de la route, s'assit sur le bord du puits; il était environ la sixième heure. » Voici le commencement des mystères. Ce n'est pas sans raison que Jésus est fatigué, ce n'est pas sans raison que la force de Dieu paraît succomber à la lassitude. Non, ce n'est pas sans motif que Jésus cède à la fatigue, lui qui répare les forces de ceux qui sont épuisés, lui dont l'abandon nous accable, dont la présence nous fortifie. Cependant Jésus est fatigué et il s'assied, et il s'assied près d'un puits, et c'est à la sixième heure qu'il vient s'y asseoir pour se reposer. Toutes ces circonstances ont une signification, renferment une vérité, elles éveillent notre attention et nous engagent à frapper. Que Celui donc qui a daigné nous exhorter à frapper en nous disant : « Frappez, et l'on vous ouvrira, » daigne nous ouvrir aussi bien à vous qu'à nous-même. C'est pour vous que Jésus est fatigué de la route. Nous trouvons Jésus à la fois plein de force et de faiblesse; plein de force, parce qu'au commencement était le Verbe, et le Verbe était en Dieu, et le Verbe était Dieu. (*Jean*, I, 1.) Voulez-vous voir la force souveraine du Fils de Dieu? Toutes choses ont été faites par lui et rien n'a été fait sans lui, et il a tout fait sans aucun travail. Qu'y a-t-il donc de plus fort, puisqu'il a tout créé sans éprouver la moindre fatigue? Voulez-vous connaître maintenant sa faiblesse? Le Verbe s'est fait chair et il a habité parmi nous. La force de Jésus-Christ vous a créé, son infirmité vous a racheté. La force de

---

cam lavacro aquæ in verbo, ut exhiberet ipse sibi gloriosam Ecclesiam non habentem maculam aut rugam, aut aliquid hujusmodi. » (*Ephes.*, v, 25.) Mundas eam. Unde? Lavacro aquæ in verbo. Quid est baptismus Christi? Lavacrum aquæ in verbo. Tolle aquam, non est baptismus : tolle verbum, non est baptismus.

5. Jam ergo his præjactis, per quæ venit ad collocutionem cum illa muliere, videamus quæ restant plena mysteriis, et gravida sacramentis. « Oportebat autem, inquit, eum transire per Samariam : Venit ergo in civitatem Samariæ quæ dicitur Sichar, juxta prædium quod dedit Jacob filio suo Joseph. Erat autem ibi fons Jacob. » (*Joan.*, IV, 5, 6.) Puteus erat : sed omnis puteus fons, non omnis fons puteus. Ubi enim aqua de terra manat, et usui præbetur haurientibus, fons dicitur : sed si in promptu et superficie sit, fons tantum dicitur; si autem in alto et profundo sit, ita puteus vocatur, ut fontis nomen non amittat.

6. « Jesus ergo fatigatus ex itinere, sedebat sic super fontem. Hora erat quasi sexta. » (*Ibidem.*) Jam incipiunt mysteria. Non enim frustra fatigatur Jesus; non enim frustra fatigatur Virtus Dei ; non enim frustra fatigatur, per quem fatigati recreantur ; non enim frustra fatigatur, quo deserente fatigamur, quo præsente firmamur. Fatigatur tamen Jesus ; et fatigatur ab itinere, et sedet, et juxta puteum sedet, et hora sexta fatigatus sedet. Omnia ista innuunt aliquid, indicare volunt aliquid ; intentos nos faciunt, ut pulsemus hortantur. Ipse ergo aperiat et nobis et vobis, qui dignatus est ita hortari ut diceret: Pulsate, et aperietur vobis. (*Matth.*, VII, 7.) Tibi fatigatus est ab itinere Jesus. Invenimus (*a*) Virtutem Jesum, et invenimus infirmum Jesum : fortem et infirmum Jesum : fortem, quia in principio erat Verbum, et Verbum erat apud Deum, et Deus erat Verbum : hoc erat in principio apud Deum. (*Joan.*, I, 1.) Vis videre quam iste Filius Dei fortis sit? Omnia per ipsum facta sunt, et sine ipso factum est nihil : (*v*, 3) et sine labore facta sunt. Quid ergo illo fortius, per quem sine labore facta sunt omnia? Infirmum vis nosse? Verbum caro factum est, et habitavit in nobis. (*v*. 14.) Fortitudo Christi te creavit, infir-

(*a*) Mss. quatuor, *fortem*.

Jésus-Christ a donné l'être à ce qui n'existait pas ; la faiblesse de Jésus-Christ a sauvé de la mort ce qui existait. C'est par sa force qu'il nous a créés, c'est par sa faiblesse qu'il nous a cherchés dans nos égarements.

7. C'est donc par sa faiblesse qu'il nourrit ceux qui sont faibles, comme la poule nourrit ses petits, car il n'a pas dédaigné de se comparer à une poule. « Combien de fois, dit-il à Jérusalem, ai-je voulu rassembler tes enfants comme une poule rassemble ses poussins sous ses ailes, et tu ne l'as pas voulu ? » (*Matth.*, XXIII, 37.) Vous savez, mes frères, comment la poule se rend faible avec ses poussins. Dans aucun autre oiseau nous ne voyons les signes extérieurs de la maternité. Nous voyons tous les jours les passereaux faire leurs nids sous nos yeux, aussi bien que les hirondelles, les cigognes, les colombes, et ce n'est qu'en les voyant dans leurs nids que nous reconnaissons que ces oiseaux sont devenus mères. Mais pour la poule, elle se rend tellement infirme avec ses petits, que lors même qu'elle n'en est pas accompagnée, lors même que vous ne voyez pas ses poussins, vous reconnaissez aussitôt qu'elle est mère. Ses ailes tombantes, ses plumes qui se hérissent, sa voix brisée, tous ses membres affaiblis et abattus vous font comprendre qu'elle est devenue mère, lors même qu'elle n'est pas suivie de ses poussins. Telle est l'image de la faiblesse de Jésus fatigué de la route. Cette route, c'est la chair qu'il a prise pour notre salut. Mais quelle route peut entreprendre Celui qui est partout et dont la présence ne fait défaut nulle part ? Comment expliquer où il va, d'où il vient, qu'en disant qu'il ne pouvait venir jusqu'à nous qu'en se revêtant d'une chair visible ? Et comme il a daigné choisir pour venir à nous la forme de serviteur et une chair semblable à la nôtre, son incarnation est la route qu'il a à parcourir. Il est fatigué de la route, c'est-à-dire il ressent les fatigues de la chair qu'il a prise. Jésus est faible dans sa chair, mais pour vous gardez-vous de vous laisser aller à la faiblesse, sa faiblesse doit faire votre force, car ce qui paraît en Dieu une faiblesse est plus fort que tous les hommes. (I *Cor.*, I, 25.)

8. Sous cette même allégorie, Adam, qui était la figure de Celui qui devait venir (*Rom.*, V, 14), nous a offert un symbole frappant de ce mystère, ou plutôt c'est Dieu qui nous l'a offert dans sa personne. C'est pendant qu'il dormait que Dieu lui donna une épouse (*Gen.*, II, 21) ; c'est d'une de ses côtes qu'elle est formée, parce que l'Eglise devait être formée du côté de Jésus-Christ endormi sur la croix, car c'est du côté du Sauveur attaché à la croix qu'ont découlé les sacrements de l'Eglise. (*Jean*, XIX, 34.) Mais pourquoi ai-je voulu vous rappeler ce fait, mes frères ? Parce que c'est la faiblesse de Jésus-

---

mitas Christi te recreavit. Fortitudo Christi fecit ut quod non erat esset : infirmitas Christi fecit ut quod erat non periret. Condidit nos fortitudine sua, quæsivit nos infirmitate sua.

7. Nutrit ergo ipse infirmus infirmos, tanquam gallina pullos suos : huic enim se similem fecit : « Quotiens volui, inquit ad Jerusalem, congregare filios tuos sub alas, tanquam gallina pullos suos, et noluisti ? » (*Matth.*, XXIII, 37.) Videtis autem, Fratres, quemadmodum gallina infirmetur cum pullis suis. Nulla alia avis quod sit mater agnoscitur. Videmus nidificare passeres quoslibet ante oculos nostros, hirundines, ciconias, columbas quotidie videmus nidificare, quos nisi quando in nidis videmus, parentes esse non agnoscimus. Gallina vero sic infirmatur in pullis suis, ut etiamsi ipsi pulli non sequantur, filios non videas, matrem tamen agnoscas. Ita fit alis demissis, plumis hispida, voce rauca, omnibus membris demissa et abjecta, ut quemadmodum dixi, etiamsi filios non videas, matrem tamen intelligas. Sic ergo infirmus Jesus, fatigatus ab itinere. Iter ipsius est caro pro nobis assumpta. Quomodo enim iter habet qui ubique est, qui nusquam deest ? Quo it, aut unde it, nisi quia non ad nos veniret, nisi formam visibilis carnis assumeret ? Quia ergo venire ad nos eo modo dignatus est, ut in forma servi assumpta carne appareret, ipsa carnis assumptio est iter ipsius. Ideo fatigatus ab itinere, quid est aliud, quam fatigatus in carne ? Infirmus in carne Jesus : sed noli tu infirmari ; in illius infirmitate tu fortis esto : quia quod infirmum est Dei, fortius est hominibus. (I *Cor.*, I, 25.)

8. Sub hac rerum imagine Adam qui erat forma futuri (*Rom.*, V, 14), præbuit nobis magnum indicium sacramenti, imo Deus in illo præbuit. Nam et dormiens meruit accipere uxorem, et de costa ejus facta est ei uxor (*Gen.*, II, 21) : quoniam de Christo in cruce dormiente futura erat Ecclesia de latere ejus, de latere scilicet dormientis : quia et de latere in cruce pendentis lancea percusso sacramenta Ecclesiæ profluxerunt. (*Joan.*, XIX, 34.) Sed quare hoc dicere volui, Fratres ? Quia infirmitas Christi nos

Christ qui nous rend forts. Cette vérité avait été figurée par un grand symbole. Dieu aurait pu prendre de la chair de l'homme pour en former la femme, et cela paraissait même plus convenable. C'était le sexe le plus faible qui était créé, et ce sexe plus faible devait, ce semble, être formé avec de la chair plutôt que d'un os, car les os sont ce qu'il y a de plus solide dans la chair. Cependant il n'a point pris de la chair pour en former la femme, mais il a pris un os, et de cet os il a formé la femme, et à la place de cette côte il mit de la chair. Il aurait pu remplacer cette côte par une autre côte, il aurait pu prendre non une côte mais de la chair pour en former la femme. Qu'a-t-il donc voulu nous figurer ? La femme a été formée d'une côte comme symbole de sa force, Adam a été formé de chair, symbole de sa faiblesse. C'est la figure de Jésus-Christ et de l'Eglise, la faiblesse de Jésus-Christ fait notre force.

9. Pourquoi était-il la sixième heure ? Parce qu'on était dans le sixième âge du monde. Comptez, en effet, dans l'Evangile, comme la première heure, le premier âge du monde depuis Adam jusqu'à Noé ; le second, de Noé jusqu'à Abraham ; le troisième, d'Abraham à David ; le quatrième, de David jusqu'à la transmigration de Babylone ; le cinquième, de la transmigration de Babylone jusqu'au baptême de Jean où commence le sixième âge. Pourquoi vous étonner ? Jésus vient sur la terre, et en s'humiliant il vient jusqu'au puits. Il arrive épuisé de fatigue, parce qu'il est revêtu d'une chair faible et infirme. Il vient à la sixième heure, c'est-à-dire au sixième âge du monde. Il vient près du puits, c'est-à-dire qu'il descend dans les profondeurs du séjour que nous habitons, comme il est dit dans les psaumes : « Des profondeurs de l'abîme, j'ai crié vers vous Seigneur. » (*Ps.* cxxix, 1.) Il s'est assis, c'est-à-dire, comme je l'ai expliqué, il s'est humilié.

10. « Or, une femme vint. » Cette femme est la figure de l'Eglise qui n'est pas encore justifiée, mais qui doit bientôt l'être, à la suite de son entretien avec le Sauveur. Elle vient sans rien savoir de ce qui va se passer ; elle trouve Jésus, cette grande affaire se traite avec elle. Voyons quelle était cette femme et pourquoi elle se trouvait là : « Or, une femme de Samarie vint puiser de l'eau. » (*Jean*, iv, 7.) Les Samaritains ne faisaient point partie de la nation des Juifs, ils étaient étrangers au peuple juif bien qu'habitant un pays voisin. Il serait trop long de retracer ici l'origine des Samaritains, cela nous entraînerait dans des développements qui ne sont pas nécessaires, il nous suffit donc de regarder les Samaritains comme étrangers pour les Juifs. Cette assertion, du reste, n'est nullement hasardée, mais parfaitement conforme à la vérité. Ecoutez, en effet, ce que

---

facit fortes. Magna ibi imago præcessit. Potuit Deus carnem detrahere homini unde faceret feminam, et magis videtur quasi congruere potuisse. Fiebat enim sexus infirmior, et magis de carne infirmitas fieri debuit quam de osse : ossa enim in carne firmiora sunt. Non detraxit carnem unde faceret mulierem ; sed detraxit os, et detracto osse formata est mulier, et in locum ossis caro adimpleta est. Poterat pro osse os reddere, poterat ad faciendam mulierem non costam, sed carnem detrahere. Quid igitur significavit? Facta mulier in costa tanquam fortis : factus est Adam in carne tanquam infirmus. Christus est et Ecclesia, illius infirmitas nostra est fortitudo.

9. Quare ergo hora sexta? Quia ætate sæculi sexta. Computa in Evangelio tanquam unam horam, unam ætatem ab Adam usque ad Noe : secundam a Noe usque ad Abraham : tertiam ab Abraham usque ad David : quartam a David usque ad transmigrationem Babyloniæ : quintam a transmigratione Babyloniæ usque ad baptismum Joannis : inde sexta agitur. Quid miraris? Venit Jesus, et humiliando se venit ad puteum. Fatigatus venit, quia infirmam carnem portavit. Hora sexta, quia ætate sæculi sexta. Ad puteum, quia ad profunditatem hujus habitationis nostræ. Unde dicitur in psalmis : De profundis clamavi ad te Domine. (*Psal.* cxxix, 1.) Sedit, ut dixi, quia (*a*) humiliatus est.

10. Et « venit mulier. » (*Joan.*, iv, 7.) Forma Ecclesiæ, non jam justificatæ, sed jam justificandæ, nam hoc agit sermo. Venit ignara, invenit eum, et agitur cum illa. Videamus quid, videamus quare : « Venit mulier de Samaria haurire aquam. » Samaritani ad Judæorum gentem non pertinebant : alienigenæ enim fuerunt, quamvis vicinas terras incolerent. Longum est originem Samaritanorum retexere, ne nos multa teneant, et necessaria non loquamur : sufficit ergo ut Samaritanos inter alienigenas deputemus. Et ne hoc audacius me arbitremini dixisse quam verius, audite ipsum Dominum

---

(*a*) Sic Mss. cum Bad. et Am. At. Er. et Lov. *humilis venit.*

Notre-Seigneur Jésus-Christ dit de ce samaritain, un des dix lépreux qu'il avait guéris et qui fut le seul qui revint lui rendre grâces : « Est-ce que les dix n'ont pas été guéris ? Où sont donc les neuf autres ? Il ne s'en est point trouvé qui revint et rendit gloire à Dieu, si ce n'est cet étranger. » (*Luc*, XVII, 17.) C'est, du reste, comme symbole de ce qui devait arriver, que cette femme qui figurait l'Eglise vient d'un peuple étranger, car l'Eglise devait venir aussi des nations étrangères au peuple juif. C'est donc nous-mêmes qu'il faut considérer et reconnaître dans cette femme, et dans sa personne, nous devons rendre grâces à Dieu pour nous-mêmes. Elle n'était que la figure et non pas la vérité, elle commence par être le symbole et elle est devenue la vérité. Car elle a cru en Celui qui voulait nous la donner comme figure de ce qui devait arriver. « Elle vint donc puiser de l'eau. » Elle venait tout simplement puiser de l'eau comme ont coutume de faire les hommes ou les femmes.

11. « Jésus lui dit : donnez-moi à boire, » (car ses disciples étaient allés dans la ville acheter de quoi manger). Cette femme samaritaine lui dit : « Comment, vous qui êtes juif, me demandez-vous à boire, à moi qui suis samaritaine. Car les Juifs n'ont point de commerce avec les Samaritains. » (*Jean*, IV, 7-9.) Vous voyez que c'étaient des étrangers, les Juifs ne voulaient se servir à aucun prix des vases qui étaient à leur usage. Aussi cette femme qui portait un vase pour puiser de l'eau, s'étonnait qu'un Juif lui demandait à boire, ce que ne faisaient jamais les Juifs. Mais celui qui lui demandait à boire avait soif de la foi de cette femme.

12. Ecoutez, en effet, quel est Celui qui demande à boire. Jésus lui répondit : « Si vous connaissiez le don de Dieu et qui est Celui qui vous dit : Donnez-moi à boire, peut-être lui en auriez-vous demandé vous-même, et il vous aurait donné une eau vive. » (*Jean*, IV, 10.) Il demande à boire et il promet de donner à boire. Il semble avoir le besoin de recevoir et son abondance est prête à rassasier tous les désirs. « Si vous connaissiez le don de Dieu, lui dit-il. » Le don de Dieu, c'est l'Esprit saint. Mais le langage qu'il tient à cette femme est encore voilé, il entre peu à peu dans son cœur. Il veut déjà l'instruire, mais quelle douceur, quel charme dans cet enseignement. « Si vous connaissiez le don de Dieu et quel est Celui qui vous dit : Donnez-moi à boire, peut-être lui en auriez-vous demandé et il vous aurait donné une eau vive. » Il la tient jusqu'ici en suspens. On donne ordinairement le nom d'eau vive à celle qui jaillit d'une source, car pour celle qu'on recueille dans des fossés ou dans des citernes on ne l'appelle point de l'eau vive. Lors même que cette

---

Jesum, quid dixerit de illo Samaritano, uno de decem leprosis quos mundaverat, qui solus rediit ut gratias ageret : « Nonne decem mundati sunt ? et novem ubi sunt ? non erat alius qui daret gloriam Deo, nisi alienigena iste. » (*Luc.*, XVII, 17.) Pertinet ad imaginem rei, quod ab alienigenis venit ista mulier, quæ typum gerebat Ecclesiæ : ventura enim erat Ecclesia de gentibus, alienigena a genere Judæorum. Audiamus ergo in illa nos, et in illa agnoscamus nos, et in illa gratias Deo agamus pro nobis. Illa enim figura erat, non veritas : quia et ipsa præmisit figuram, et facta est veritas. Nam credidit in eum, qui de illa figuram nobis præstendebat. « Venit ergo haurire aquam. » Simpliciter venerat haurire aquam, sicut solent vel viri vel feminæ.

11. « Dicit ei Jesus : Da mihi bibere. Discipuli enim ejus abierant in civitatem, ut cibos emerent. (*Joan.*, IV, 7 et 8.) Dicit ergo ei mulier illa Samaritana : Quomodo tu Judæus cum sis, bibere a me poscis, quæ sum mulier Samaritana ? Non enim cotuntur Judæi Samaritanis. » (*v.* 9.) Videtis alienigenas : omnino vasculis eorum Judæi non utebantur. Et quia ferebat secum mulier vasculum, unde aquam hauriret, eo mirata est, quia Judæus petebat ab ea bibere, quod non solebant facere Judæi. Ille autem qui bibere quærebat, fidem ipsius mulieris sitiebat.

12. Denique audi quis petat bibere. « Respondit Jesus, et dixit ei : Si scires donum Dei, et quis est qui dicit tibi : Da mihi bibere, tu forsitan petisses ab eo, et dedisset tibi aquam vivam. » (*v.* 10.) Petit bibere, et promittit bibere. Eget quasi accepturus, et affluit tanquam satiaturus. « Si scires, inquit, donum Dei. » Donum Dei est Spiritus sanctus. Sed adhuc mulieri tecte loquitur, et paulatim intrat in cor. Fortassis jam docet. Quid enim ista hortatione suavius et benignius ? « Si scires donum Dei, et scires quis est qui dicit tibi : Da mihi bibere, tu forsitan peteres, et daret tibi aquam vivam. » Huc usque suspendit. Viva aqua dicitur vulgo illa quæ de fonte exit. Illa enim quæ colligitur de pluvia in lacunas aut cisternas, aqua viva non dicitur. Et si de fonte

eau provient d'une source, si elle est recueillie dans un réservoir où ne coule point la source d'où elle provient et dont le cours se trouve ainsi interrompu, cette eau est séparée de la source qui l'a produite et ne peut porter le nom d'eau vive qui ne convient qu'à celle dans le courant de laquelle on vient puiser. Telle était l'eau qui se trouvait dans cette fontaine. Pourquoi donc promettait-il ce qu'il demandait?

13. Cependant cette femme comme en suspens, dit à Jésus : « Seigneur, vous n'avez pas de vase pour puiser, et le puits est profond. » (*Jean*, IV, 11.) Vous voyez comment elle entend l'eau vive de l'eau qui était dans le puits. Vous voulez me donner de l'eau vive, dit-elle à Jésus, mais seule j'ai le vase nécessaire pour la puiser, et vous ne l'avez pas. L'eau vive est ici, comment me la donnerez-vous? Elle entend cette eau dans un autre sens, dans un sens conforme aux instincts de la chair, et elle frappe en quelque sorte pour que le maître lui ouvre ce qui est fermé pour elle. Elle frappait par son ignorance et non par ses désirs, et elle était encore plus digne de compassion que d'instruction.

14. Notre-Seigneur s'explique plus clairement sur cette eau vive. Cette femme venait de lui dire : « Etes-vous plus grand que notre père Jacob qui nous a donné ce puits, et en a bu lui-même, et ses enfants et ses troupeaux? » Vous ne pouvez pas me donner cette eau vive, puisque vous n'avez pas de quoi la puiser. Peut-être me promettez-vous l'eau d'une autre source? Mais pouvez-vous être supérieur à notre père qui a creusé ce puits, et qui s'en est servi lui et toute sa famille? Que le Seigneur nous explique donc ce qu'il entend par cette eau vive. « Jésus lui répondit : Quiconque boit de cette eau aura encore soif, mais celui qui boira de l'eau que je lui donnerai n'aura jamais soif. L'eau que je lui donnerai deviendra en lui une fontaine d'eau jaillissante pour la vie éternelle. » (*Jean*, IV, 13, 14.) Notre-Seigneur s'exprime ici en termes plus clairs : « L'eau que je lui donnerai deviendra en lui une fontaine d'eau jaillissante pour la vie éternelle. Celui qui boira de cette eau n'aura jamais soif. » N'est-il pas de toute évidence qu'il promettait non pas une eau extérieure, mais une eau invisible, et qu'il parlait ici non pas dans un sens matériel, mais dans un sens tout spirituel?

15. Cependant cette femme est encore dominée par les goûts charnels, elle s'est réjouie à la pensée de n'avoir jamais soif, mais elle pensait que la promesse que lui en faisait le Seigneur devait s'entendre dans un sens matériel. Cette promesse s'accomplira aussi dans ce sens, mais après la résurrection des morts. Elle aurait voulu qu'elle le fût tout aussitôt. Dieu avait accordé autrefois à son serviteur Elie de n'avoir ni faim ni soif pendant quarante jours. (III *Rois*,

---

manaverit, et in loco aliquo collecta steterit, nec ad se illud unde manabat admiserit, sed (*a*) interrupto meatu, tanquam a fontis tramite separata fuerit; non dicitur aqua viva : sed illa aqua viva dicitur, quæ manans excipitur. Talis aqua erat in illo fonte. Quid ergo promittebat quod petebat?

13. Tamen mulier suspensa ait : « Domine, neque in quo haurias habes, et puteus altus est. » (*v.* 11.) Videte quomodo intellexerit aquam vivam, aquam scilicet, quæ erat in illo fonte. Tu mihi vis dare aquam vivam, et ego fero unde hauriam, et tu non fers. Aqua viva hic est, quomodo mihi daturus es? Aliud intelligens et carnaliter sapiens quodammodo pulsat, ut aperiat magister quod clausum est. Pulsabat ignorantia, non studio : adhuc miseranda, nondum instruenda.

14. Dicit aliquid evidentius Dominus de illa aqua viva. Dixerat enim mulier : « Numquid tu major es patre nostro Jacob, qui dedit nobis puteum, et ipse ex eo bibit, et filii ejus et pecora ejus? » (*v.* 12.) De hac aqua viva dare mihi non potes, quoniam haurito-rium non habes : forte alium fontem promittis? Patre nostro melior potes esse, qui hunc puteum fodit, et ipse cum suis usus est eo? Dominus ergo dicat, quid dixerit aquam vivam. « Respondit Jesus, et dixit ei : Omnis qui biberit ex aqua hac, sitiet iterum : qui autem biberit ex aqua quam ego dabo ei, non sitiet in æternum : sed aqua quam ego dabo ei, fiet in eo fons aquæ salientis in vitam æternam. » (*v.* 13.) Apertius locutus est Dominus : « Fiet in eo fons aquæ salientis in vitam æternam. Qui biberit de aqua ista, non sitiet in æternum. » Quid evidentius, quia non aquam visibilem, sed invisibilem promittebat? quid evidentius, quia non carnaliter, sed spiritaliter loquebatur?

15. Adhuc tamen illa mulier carnem sapit : delectata et non sitire, et putabat hoc secundum carnem promissum sibi esse a Domino. Quod quidem fiet, sed in resurrectione mortuorum. Jam hoc volebat illa. Dederat enim Deus aliquando servo suo Eliæ, ut per quadraginta dies nec esuriret, nec sitiret. (III *Reg.*,

(*a*) Mss. *inrupto*, sive *irrupto*.

xix, 8.) Celui qui pouvait accorder cette faveur pour quarante jours ne pouvait-il pas en perpétuer la jouissance? Cette femme soupirait donc après cette grâce pour échapper au besoin, pour être délivrée de tout travail. Elle était forcée de venir continuellement à ce puits, de s'en retourner chargée du poids de cette eau qui devait subvenir à ses besoins, et d'y revenir de nouveau lorsque sa provision était épuisée. Voilà le travail qu'il lui fallait recommencer tous les jours, parce que cette eau subvenait, il est vrai, à ses nécessités, mais ne les faisait point disparaître. Elle est charmée d'une faveur aussi précieuse, et elle demande à Jésus de lui donner cette eau vive.

16. N'oublions pas cependant que la promesse du Sauveur était spirituelle. Que signifient ces paroles : « Quiconque boira de cette eau aura encore soif? » Ce qui est vrai et de l'eau naturelle et de celle dont elle est la figure. L'eau dans le puits signifie les voluptés charnelles dans les profondeurs ténébreuses du siècle. C'est là que les hommes viennent la puiser avec l'urne de la convoitise. Ils s'abaissent en cédant aux inspirations de la convoitise avec laquelle ils descendent jusqu'à la volupté qu'ils puisent dans ces profondeurs, et ils jouissent de la volupté à l'aide de la convoitise, qui a été pour eux comme un instrument. Celui qui refuse l'aide de la convoitise, ne peut point parvenir jusqu'à la volupté. Laissez donc de côté l'urne, c'est-à-dire la convoitise, et l'eau qui se trouve dans ce puits profond, je veux dire la volupté. Supposez, en effet, qu'un homme parvienne à ces plaisirs que donne le monde : c'est le manger, le boire, le bain, les spectacles, les voluptés sensuelles, croyez-vous qu'il n'aura plus jamais soif? Donc quiconque boira de cette eau aura encore soif, mais celui qui recevra de l'eau que je lui promets, n'aura jamais soif. « Nous serons rassasiés, dit le Psalmiste, des biens de votre maison. » (*Ps.* LXIV, 5.) Quelle est donc cette eau qu'il doit nous donner? Celle dont il est écrit : « En vous est une source de vie ? » Car comment ceux qui seront enivrés de l'abondance de votre maison, pourront-ils avoir soif? (*Ps.* xxxv, 10.)

17. Ce que le Sauveur promettait à la Samaritaine, c'était donc l'effusion surabondante de l'Esprit saint qui devait rassasier son âme. Mais elle ne comprenait pas encore et dans son ignorance que répondait-elle? Cette femme lui dit : « Seigneur, donnez-moi de cette eau, afin que je n'aie plus soif, et que je ne vienne plus ici puiser. » (*Jean*, iv, 15.) Son indigence lui faisait une obligation de cette fatigue que sa faiblesse lui faisait repousser. Plût à Dieu qu'elle entendit ces paroles : « Venez à moi, vous tous qui êtes fatigués et qui pliez sous le fardeau, et je vous soulagerai. » (*Matth.*, xi, 28.) C'est ce que lui disait Jésus pour l'exempter de tout travail, mais elle ne comprenait pas encore le sens de ces paroles.

---

xix, 8.) Qui hoc potuit dare per quadraginta dies, non potuit dare semper? Suspirabat tamen illa, nolens indigere, nolens laborare. Assidue venire ad illum fontem, onerari pondere, quo indigentia suppleretur; et finito quod hauserat, rursus redire cogebatur : et quotidianus ei fuit iste labor; quia indigentia illa reficiebatur, non exstinguebatur. Delectata ergo tali munere, rogat ut ei aquam vivam daret. (*Joan.*, iv, 15.)

16. Verumtamen non prætereamus, quoniam Dominus spiritale aliquid promittebat. Quid est : « Qui biberit de aqua hac, sitiet iterum? » Et verum est secundum hanc aquam; et verum est secundum quod significabat illa aqua. Etenim aqua in puteo, voluptas sæculi est in profunditate tenebrosa : hinc eam hauriunt homines hydria cupiditatum. Cupiditatem quippe proni submittunt, ut ad voluptatem haustam de profundo perveniant; et fruuntur voluptate, præcedente et præmissa cupiditate. Nam qui non præmiserit cupiditatem, pervenire non potest ad voluptatem. Pone ergo hydriam, cupiditatem; et aquam de profundo, voluptatem : cum pervenerit quisque ad voluptatem sæculi hujus, cibus est, potus est, lavacrum est, spectaculum est, concubitus est; numquid non iterum sitiet? Ergo « de hac aqua qui biberit, iterum inquit, sitiet : » si autem acceperit a me aquam, « non sitiet in æternum. » Satiabimur, inquit, in bonis domus tuæ. (*Psal.* LXIV, 5.) De qua ergo aqua daturus est, nisi de illa de qua dictum est : Apud te est fons vitæ? Nam quomodo sitient qui inebriabuntur ab ubertate domus tuæ? (*Psal.* xxxv, 10.)

17. Promittebat ergo saginam quamdam et satietatem Spiritus sancti : et illa nondum intelligebat; et non intelligens, quid respondebat? « Dicit ad eum mulier, Domine, da mihi hanc aquam, ut non sitiam, neque veniam huc haurire. » (*Joan.*, iv, 15.) Ad laborem indigentia cogebat, et laborem infirmitas recusabat. Utinam audiret : Venite ad me omnes qui laboratis et onerati estis, et ego vos reficiam. (*Matth.*, xi, 28.) Hoc enim ei dicebat Jesus, ut jam non laboraret : sed illa nondum intelligebat.

18. Jésus qui veut enfin lui donner l'intelligence lui dit : « Allez, appelez votre mari, et venez ici. » (*Jean*, IV, 16.) Qu'est-ce à dire : « Appelez votre mari? » Voulait-il donc se servir de son mari pour lui donner cette eau? Ou bien, était-ce par lui qu'il voulait lui enseigner ce qu'elle ne comprenait pas, selon ce que l'Apôtre recommande aux femmes : « Si elles veulent s'instruire de quelque chose, qu'elles le demandent à leurs maris dans la maison. » (1 *Cor.*, XIV, 35.) Il leur recommande, il est vrai, d'interroger leurs maris dans la maison, là où on n'a point Jésus pour maître, et il s'adresse d'ailleurs aux femmes auxquelles il défend de prendre la parole dans l'Eglise; mais Jésus était présent, et parlait lui-même en personne à cette femme, quel besoin de lui parler par l'intermédiaire de son mari? Prenait-il ce moyen pour parler à Marie lorsqu'elle était assise à ses pieds pour écouter sa parole, et que Marthe, préoccupée des soins du service, murmurait du bonheur dans lequel sa sœur était laborieusement absorbée? Il nous faut donc, mes frères, entendre et comprendre le sens de ces paroles de Jésus à la Samaritaine : « Appelez votre mari. » Peut-être Notre-Seigneur dit-il aussi à notre âme : « Appelez votre mari. » Cherchons quel peut être le mari de l'âme. Pourquoi Jésus ne serait-il pas le vrai mari de notre âme? Donnez-moi tout votre entendement, ce que j'ai à vous dire peut à peine être compris avec une extrême attention, donnez-moi donc votre entendement pour comprendre ces paroles, peut-être l'entendement est-il lui-même le mari de l'âme.

19. Jésus voyant donc que cette femme ne comprenait pas ses paroles, et voulant lui en donner l'intelligence lui dit : « Appelez votre mari. » Vous ne comprenez pas ce que je dis, parce que votre intelligence n'est point ici avec vous. Je vous parle un langage spirituel et vous l'entendez dans un sens charnel. Les choses que je vous dis n'ont rapport ni au plaisir des oreilles, ni aux yeux, ni à l'odorat, ni au goût, ni au toucher, l'esprit seul peut les atteindre, l'intelligence seule peut les comprendre, cette intelligence vous fait ici défaut, comment voulez-vous comprendre ce que je dis? « Appelez votre mari, » c'est-à-dire faites que votre intelligence soit présente. Que vous sert d'avoir une âme vivante? C'est un avantage médiocre que vous partagez avec les animaux. Qui vous rend supérieur aux animaux? C'est l'intelligence que n'ont pas les animaux. Que signifient donc ces paroles : « Appelez votre mari? » Vous ne m'entendez pas, vous ne me comprenez pas, je vous parle du don de Dieu, vous ne pensez qu'aux choses matérielles; vous ne voulez point ressentir la soif du corps, et je ne vous parle que de la soif de l'âme, votre intelligence est absente : « Appelez votre mari. » « Ne soyez point semblable au che-

---

18. Denique volens ut intelligeret, « dicit ei Jesus: Vade voca virum tuum, et veni huc. » Quid est : « Voca virum tuum? » (*Joan.*, IV, 16.) Per virum suum ei volebat aquam illam dare? An quia non intelligebat, per virum suum eam volebat docere? Forte quomodo ait Apostolus de mulieribus : Si quid autem volunt discere, domi viros suos interrogent? (1 *Cor.*, XIV, 35.) Sed ibi dicitur, domi viros suos interrogent, ubi non est Jesus qui doceat : denique dicitur mulieribus quas prohibebat Apostolus loqui in Ecclesia. Cum vero ipse Dominus aderat, et præsens præsenti loquebatur, quid opus erat ut per virum ejus ei loqueretur? Numquid per virum suum loquebatur Mariæ sedenti ad pedes suos, et excipienti verbum suum, quando Martha circa multum ministerium etiam de sororis suæ felicitate occupatissima murmurabat? (*Luc.*, X, 39.) Ergo, Fratres mei, audiamus et intelligamus quod ait Dominus : « Voca virum tuum, » mulieri. Forte enim et animæ nostræ dicit : « Voca virum tuum. » Quæramus et de viro animæ. Cur jam non ipse Jesus vir animæ verus est? Adsit intellectus, quoniam quod dicturi sumus, vix capitur nisi ab intentis : adsit ergo intellectus ut capiatur, et ipse intellectus erit fortasse vir animæ.

19. Videns ergo Jesus quia mulier non intelligebat, et volens eam intelligere : « Voca, inquit, virum tuum. » Ideo enim nescis quod dico, quia intellectus tuus non adest : loquor ego secundum spiritum, tu audis secundum carnem. Quæ loquor, nec ad voluptatem aurium pertinent, nec ad oculos, nec ad olfactum, nec ad gustum, nec ad tactum : mente sola capiuntur, intellectu solo hauriuntur : ille intellectus non tibi adest, quomodo capis quod dico? « Voca virum tuum, » præsenta intellectum tuum. Quid tibi est enim animam habere? Non est magnum, nam et pecus habet. Unde tu melior? Quia intellectum habes, quod pecus non habet. Quid est ergo : « Voca virum tuum? » Non me capis, non me intelligis : de dono Dei tibi loquor, tu autem carnem cogitas : secundum carnem sitire non vis, ego spiritualiter alloquor : absens est intellectus tuus : « Voca virum tuum. » Noli esse sicut equus et mulus, qui-

val et au mulet, animaux sans intelligence. » (*Ps.* xxxi, 9.) Donc, mes frères, avoir une âme, et n'avoir point de raison, c'est-à-dire n'en point faire usage, vivre suivant ses inspirations, c'est mener une vie tout animale. Il y a, en effet, en nous une partie animale qui est le principe de la vie matérielle, mais elle doit toujours être dirigée par la raison. La raison doit diriger en maître les mouvements de l'âme qui veut suivre les inspirations de la chair, et qui désire se répandre sans mesure dans les plaisirs charnels. A qui doit-on donner le nom d'époux, à celui qui dirige ou à celui qui est dirigé? Sans nul doute, dans une vie bien réglée, c'est la raison qui dirige les opérations de l'âme, la raison qui est une des facultés de l'âme. La raison n'est point en effet quelque chose en dehors de l'âme, elle est une de ses facultés. L'œil est une partie du corps, cependant il jouit seul de la lumière; cette lumière se répand sur tous les autres membres du corps, mais ils ne peuvent la sentir, l'œil seul a le privilège d'en être inondé et d'en jouir. Ainsi en est-il dans notre âme, de ce que nous appelons la raison. Cette faculté de l'âme qu'on appelle la raison ou l'esprit est éclairée par une lumière supérieure. Or, cette lumière supérieure qui éclaire l'âme humaine c'est Dieu, car « il est la lumière véritable qui éclaire tout homme venant en ce monde. » (*Jean*, i, 1.) Cette lumière c'était Jésus-Christ, cette lumière s'entretenait avec cette femme, et elle n'était point présente par la raison qui aurait pu être non-seulement éclairée mais inondée de cette lumière. Aussi le Sauveur semble lui dire : Je voudrais vous éclairer et le sujet manque, appelez donc votre mari, faites usage de votre raison qui doit vous enseigner et vous conduire. Donc l'âme sans la raison c'est la femme; faire usage de la raison, c'est pour l'âme avoir un époux. Mais cet époux ne peut bien gouverner sa femme, qu'autant qu'il est dirigé lui-même par un maître qui lui est supérieur. « L'homme est le chef de la femme, mais Jésus-Christ est le chef de l'homme. » (I *Cor.*, xi, 3.) Le chef de l'homme s'entretenait avec la femme, et l'homme n'était point présent. Et le Seigneur semble lui dire : Appelez votre chef afin que lui-même se soumette à celui qui est son chef. « Appelez donc votre mari, et venez ici, » c'est-à-dire rendez-vous véritablement présente, car vous êtes absente, tant que vous ne comprenez point la voix de la vérité qui vous parle. Soyez présente, mais ne soyez pas seule, « venez ici avec votre mari. »

20. Mais cette femme qui n'a pas appelé son mari ne peut comprendre; ses goûts sont encore charnels, car son mari est absent. « Je n'ai point de mari, dit-elle. » (*Jean*, iv, 17.) Et le Seigneur continue de lui parler et lui révèle des mystères.

---

bus non est intellectus. (*Psal.* xxxi, 9.) Ergo, Fratres mei, animam habere, et intellectum non habere, hoc est, non adhibere, nec secundum eum vivere, bestialis est vita. Est enim in nobis quiddam bestiale quo in carne vivimus, sed intellectu regendum est. Motus enim animæ secundum carnem se moventis, et in delicias carnales immoderate diffluere cupientis, regit de super intellectus. Qui debet dici vir? qui regit, an qui regitur? Procul dubio cum ordinata vita est, intellectus animam regit, ad ipsam animam pertinens. Non enim aliquid aliud est quam anima, sed aliquid animæ est intellectus : quomodo non aliquid aliud quam caro est oculus, sed aliquid carnis est oculus. Cum autem carnis aliquid sit oculus, solus tamen luce perfruitur : cætera autem membra carnalia luce perfundi possunt, lucem sentire non possunt; solus ea oculus et perfunditur et perfruitur. Sic in anima nostra quiddam est quod intellectus vocatur. Hoc ipsum animæ quod intellectus et mens dicitur, illuminatur luce superiore. Jam superior illa lux, qua mens humana illuminatur, Deus est : Erat enim verum lumen, quod illuminat omnem hominem venientem in hunc mundum. (*Joan.*, i, 9.) Talis lux Christus erat, talis lux cum muliere loquebatur : et illa intellectu non aderat, qui illa luce illuminaretur, nec tantum perfunderetur, verum etiam frueretur. Ergo Dominus tanquam diceret : Illustrare volo, et non adest quem : « Voca, inquit, virum tuum : » adhibe intellectum per quem docearis, quo regaris. Ergo constitue animam excepto intellectu tanquam feminam : intellectum autem habere, tanquam virum. Sed iste vir non bene regit feminam suam, nisi cum a superiore regitur. Caput enim mulieris vir, caput autem viri Christus. (I *Cor.*, xi, 3.) Loquebatur caput viri cum femina, et non aderat vir. Et tanquam diceret Dominus : Adhibe caput tuum, ut ille suscipiat caput suum. Ergo « Voca virum tuum, et veni huc : » id est, adesto, præsens esto : velut enim absens es, dum non intelligis præsentis vocem veritatis : præsens esto, sed noli sola : cum viro tuo adesto.

20. Et adhuc illa nondum advocato illo viro, non intelligit, adhuc carnem sapit, absens est enim vir : « Non habeo, inquit, virum. » (*Joan.*, iv, 17.) Et Dominus sequitur, et mysteria loquitur. Intelligas revera istam mulierem non habuisse tunc virum : sed

Il vous faut admettre, en effet, que cette femme n'avait point alors de mari; elle vivait dans je ne sais quel commerce illicite avec un homme qui était plutôt un adultère qu'un époux légitime. Aussi le Seigneur lui répond : « Vous avez raison de dire que vous n'avez point de mari. » Mais pourquoi lui commandez-vous alors d'appeler son mari? Remarquez d'abord que le Seigneur savait parfaitement qu'elle n'avait pas de mari. « Il lui dit, » etc. Mais cette femme aurait pu croire que le Seigneur lui avait répondu : « Vous avez bien raison de dire que vous n'avez point de mari, » parce qu'elle le lui avait appris, et non par un effet de sa science divine; écoutez la réflexion qu'il lui fait et qu'elle ne lui a point apprise : « Car vous avez eu cinq maris, et celui que vous avez maintenant n'est point votre mari; en cela vous avez dit vrai. » (*Jean*, IV, 18.)

21. Je crois nécessaire d'examiner de nouveau avec plus de soin ce que signifient ces cinq maris. Un grand nombre d'interprètes ont pensé, et leur opinion n'est ni absurde, ni invraisemblable, que les cinq maris de cette femme représentent les cinq livres de Moïse (1). En effet, les Samaritains faisaient usage de ces livres, et vivaient sous la loi de Moïse, et c'est de là qu'ils avaient conservé la circoncision. Mais comme ce qui suit : « Et celui que vous avez maintenant n'est point votre mari, » est assez difficile à expliquer d'après cette interprétation, il me semble que nous pouvons plus facilement voir dans ces cinq premiers maris les cinq sens du corps. Lorsqu'un enfant vient au monde, avant qu'il puisse faire usage de son esprit et de sa raison, il n'est conduit que par les sens du corps. L'âme d'un petit enfant désire ou repousse tout ce qui frappe l'ouïe, la vue, l'odorat, tout ce qui est sensible au goût, au toucher. Il désire tout ce qui peut flatter, il repousse tout ce qui blesse les cinq sens du corps. Or, ce qui les flatte, c'est le plaisir, ce qui les blesse, c'est la douleur. L'âme commence par vivre soumise à ces cinq sens comme à cinq maris, parce qu'elle se laisse conduire par eux. Or, pourquoi sont-ils appelés ses maris? parce qu'ils sont légitimes, car Dieu en est l'auteur, et c'est lui qui les a donnés à l'âme. L'âme qui est dirigée par les cinq sens du corps, et qui agit sous la conduite de ces cinq maris, est encore faible; mais lorsqu'elle arrive à l'âge où la raison se manifeste, si elle est soumise à une règle sûre et aux enseignements de la sagesse, elle voit succéder à ces cinq maris qui lui servaient de guides, un seul époux véritable, légitime, bien supérieur aux cinq premiers, et dont la direction est bien préférable, car il la dirige vers l'éternité, il la cultive en vue de l'éternité, il la forme pour l'éternité. Les cinq sens

---

(1) C'est ainsi que l'a compris saint Ambroise dans son Commentaire sur les chapitres XIV et XX de saint Luc. Mais Origène pense comme saint Augustin, que les cinq maris de cette femme étaient la figure des cinq sens du corps.

---

coutebatur nescio quo non legitimo viro, adultero magis quam viro. « Et Dominus ei : Bene dixisti, quia non habeo virum. » Unde ergo tu dixisti : « Voca virum tuum? » Et audi, quia bene novit Dominus eam non habere virum : « Dicit ei, » etc. Ne forte putaret mulier ideo dixisse Dominum : « Bene dixisti, quia non habeo virum, » quod hoc a muliere didicerit, non quod ipse istud divinitate cognoverit, audi aliquid quod non dixisti : « Quinque enim viros habuisti, et iste quem habes, non est vir tuus, hoc vere dixisti. » (*Joan.*, IV, 18.)

21. Iterum cogit de istis quinque viris subtilius aliquid perscrutari. Multi quippe intellexerunt, non quidem absurde, nec usquequaque improbabiliter, quinque viros mulieris hujus, quinque libros Moysi. Utebantur enim eis Samaritani, et sub eadem Lege erant : nam inde illis et circumcisio inerat. Sed quoniam angustat nos quod sequitur : « Et nunc quem habes, non est vir tuus : » videtur mihi facilius nos posse accipere quinque viros priores animæ, quinque sensus corporis esse. Quando enim quisque nascitur, antequam uti possit mente atque ratione, non regitur nisi sensibus carnis. Anima in puero parvulo quod auditur, quod videtur, quod olet, quod sapit, quod tactu sentitur, hoc appetit aut fugit. Appetit quidquid mulcet, fugit quidquid offendit hos quinque sensus. Hos enim quinque sensus mulcet voluptas, offendit dolor. Secundum hos quinque sensus, tanquam quinque viros, prius vivit anima : quia istis regitur. Quare autem viri dicti sunt? quia legitimi. A Deo quippe facti, et a Deo donati animæ. Infirma est adhuc quæ istis quinque sensibus regitur, et sub istis quinque viris agit : at ubi venerit ad annos exserendæ rationis, si susceperit optima disciplina et doctrina sapientiæ, quinque illis viris ad regendum non succedit, nisi vir verus, legitimus et illis melior, et qui melius regat, et qui ad æternitatem regat, ad æternitatem excolat, ad æternitatem instruat. Nam isti quinque sensus non ad æternitatem nos regunt, sed ad ista temporalia vel appetenda vel

ne nous conduisent pas vers les biens éternels; ils nous enseignent seulement à rechercher ou à fuir les choses de la terre. Mais dès que la raison formée par la sagesse commence à prendre la direction de l'âme, elle sait qu'elle ne doit plus seulement fuir les précipices où elle pourrait tomber, et marcher sur le terrain uni que les yeux découvrent à l'âme encore faible; elle sait qu'elle ne doit plus seulement ni écouter avec plaisir les voix harmonieuses, et fuir celles qui sont discordantes; ni se plaire dans les senteurs agréables, et repousser les mauvaises odeurs, ni être charmée par ce qui est doux, et froissée par tout ce qui est dur ou amer. Toutes ces satisfactions sont nécessaires à une âme qui est encore faible. Quelle nouvelle direction lui imprime la raison? Elle ne vient point l'aider à discerner le blanc du noir, mais le juste de l'injuste, le bien du mal, les choses utiles de celles qui ne le sont point, la chasteté de l'impureté, l'une pour qu'il l'aime, l'autre pour qu'il l'évite; la charité de la haine, l'une pour qu'elle soit la vie de son âme, l'autre pour qu'il l'en éloigne avec soin.

22. Ce mari n'avait pas encore succédé aux cinq premiers pour cette femme. Or, tant que ce mari ne prend point la place des cinq premiers, l'âme est sous la domination de l'erreur. Lorsque l'âme est devenue capable de raison, elle se met alors sous la direction ou de la sagesse ou de l'erreur. Or, l'erreur est incapable de diriger, et ne peut qu'égarer. Après avoir obéi à ses cinq sens, cette femme était donc encore dans l'égarement et le jouet de l'erreur; et cette erreur n'était pas son légitime mari, mais un adultère. Aussi le Seigneur lui répond : « Vous avez bien raison de dire que vous n'avez point de mari, car vous avez eu cinq maris. » Les cinq sens du corps ont été vos premiers guides, vous avez atteint l'âge où vous deviez faire usage de votre raison, et vous n'êtes point parvenue à la sagesse, mais vous êtes tombée dans l'erreur. Donc après ces cinq premiers maris, celui que vous avez n'est point votre mari. Et s'il n'était point son mari, qu'était-il qu'un adultère? Appelez donc non pas un adultère, mais votre mari, afin que votre intelligence me comprenne, et que l'erreur ne vous inspire point quelque fausse opinion à mon sujet. Cette femme était encore dans l'erreur, elle qui ne pensait qu'à l'eau matérielle, alors que le Seigneur lui parlait de l'Esprit saint. Or, pourquoi était-elle dans l'erreur? parce qu'elle était unie à un adultère, et n'avait point d'époux légitime. Rompez donc avec cet adultère qui ne peut que vous corrompre, et «allez, appelez votre mari. » Appelez-le et venez, afin que vous puissiez me comprendre.

23. « La femme lui dit : Seigneur, je vois que vous êtes un prophète. » *(Jean,* IV, 19.) Son mari commence à venir, mais il n'est pas encore tout à fait venu. Elle prenait le Seigneur pour un prophète. Il l'était en effet, car il dit de lui-

---

fugienda. Ubi vero intellectus sapientia imbutus regere cœperit animam, scit jam non solum fugere foveam, et ambulare in æquali quod oculi ostendunt animæ infirmæ : nec tantum canoras voces suaviter audire, dissonasque repellere; vel blandis odoribus delectari, putoresque respuere; aut dulcedine capi, et amaritudine offendi; aut lenibus mulceri, et asperis lædi. Ista enim omnia infirmæ animæ sunt necessaria. Quid ergo regiminis adhibetur per illum intellectum? Non alba et nigra discreturus est, sed justa et injusta, bona et mala, utilia et inutilia, castitatem et impudicitiam, hanc ut amet, istam ut vitet; caritatem et odium, in hac ut sit, in illo ut non sit.

22. Hic vir quinque illis viris in ista muliere non successerat. Ubi enim non succedit ille, error dominatur. Nam cum cœperit anima capax esse rationis, aut a sapiente mente regitur, aut ab errore : sed error non regit, sed perdit. Post istos ergo quinque sensus mulier illa adhuc errabat, et error eam ventilabat. Error autem iste non erat legitimus vir, sed adulter : ideo ei Dominus ait : « Bene dixisti, quia non habeo virum. Quinque enim viros habuisti : » quinque te sensus carnis primo rexerunt : venisti ad ætatem utendæ rationis, nec ad sapientiam pervenisti, sed in errorem incidisti. Ergo post illos quinque viros, « iste quem habes, non est tuus vir. » Et quid erat, si vir non erat, nisi adulter? « Voca » itaque, non adulterum, sed « virum tuum : » ut intellectu me capias, non errore de me aliquid falsum sentias. Adhuc enim errabat mulier, quæ aquam illam cogitabat: cum jam Dominus de Spiritu sancto loqueretur. Quare errabat, nisi quia adulterum, non virum habebat? Tolle ergo hinc istum adulterum qui te corrumpit, et « Vade, voca virum tuum. » Voca, et veni, ut intelligas me.

23. « Dicit ei mulier, Domine video quia propheta es tu. » *(Joan.,* IV, 19.) Cœpit venire vir, nondum plene venit. Prophetam Dominum putabat. Erat quidem et propheta, nam de seipso ait : Non est pro-

même : « Il n'y a point de prophète sans honneur, si ce n'est dans sa patrie. » (*Luc*, IV, 24.) Il a été dit aussi de lui à Moïse : « Je leur susciterai du milieu de leurs frères un prophète semblable à toi; » (*Deut.*, XVIII, 18) semblable pour la forme extérieure du corps, mais non pour la grandeur de la majesté. Nous voyons donc par là que Notre-Seigneur Jésus-Christ a reçu le nom de prophète. Par conséquent l'erreur de cette femme n'était pas considérable. « Je vois, lui dit-elle, que vous êtes un prophète. » Elle commence à appeler son mari et à chasser l'adultère. « Je vois que vous êtes un prophète. » Et elle entame la discussion par le point qui la préoccupait le plus. Le grand sujet de dispute entre les Juifs et les Samaritains, était que les Juifs adoraient Dieu dans le temple bâti par Salomon, tandis que les Samaritains qui en étaient fort éloignés, adoraient Dieu en dehors de ce temple. Or, les Juifs se vantaient d'être supérieurs aux Samaritains, parce qu'ils adoraient Dieu dans le temple. « Car les Juifs n'ont aucun commerce avec les Samaritains, » qui leur disaient : Pourquoi tant vous vanter et prétendre que vous valez mieux que nous, parce que vous êtes en possession d'un temple que nous n'avons pas? Est-ce que nos pères, qui certes ont été agréables à Dieu, l'ont adoré dans ce temple? Nous sommes donc bien plus en droit de prier Dieu sur cette montagne où nos pères lui ont offert leurs adorations. Les uns comme les autres disputaient avec ignorance, parce qu'ils n'avaient point de mari, et ils se prétendaient supérieurs les uns aux autres : ceux-ci à cause de leur temple, ceux-là à cause de leur montagne.

24. Voyons cependant comment le Seigneur enseigne cette femme dont le mari commence à être présent. « La femme lui dit : Seigneur, je vois que vous êtes un prophète. Nos pères ont adoré sur cette montagne, et vous, vous dites que c'est à Jérusalem qu'il faut l'adorer. » Jésus lui dit : « Femme, croyez-moi. » (*Jean*, XIX, 19, 20.) L'Église viendra, comme il est dit dans le Cantique des Cantiques; elle viendra et elle passera outre en partant du commencement de la foi. Elle viendra pour passer, ce qu'elle ne peut faire qu'autant qu'elle commence par croire. Le mari de cette femme est présent, Jésus peut donc lui dire : « Croyez-moi. » Vous avez en vous celui qui doit croire; vous avez commencé à être présente par votre intelligence, lorsque vous m'avez appelé prophète. « Femme, croyez-moi; car si vous ne croyez pas, vous ne comprendrez point. » Donc, « femme croyez-moi; l'heure viendra où vous n'adorerez le Père ni sur cette montagne, ni dans Jérusalem. Vous adorez ce que vous ne connaissez point; pour nous, nous adorons ce que

---

pheta sine honore, nisi in patria sua. (*Luc.*, IV, 24.) Item de illo dictum est ad Moysen, Prophetam eis suscitabo de fratribus eorum, similem tui: (*Deut.*, XVIII, 18.) Similem scilicet ad formam carnis, non ad eminentiam majestatis. Ergo invenimus Dominum Jesum dictum prophetam. Proinde jam non multum errat mulier ista. « Video, inquit, quia propheta es tu. » Incipit vocare virum, adulterum excludere : « Video quia propheta es tu. » Et incipit quærere quod illam solet movere. Contentio quippe fuerat inter Samaritanos et Judæos, quia Judæi in templo a Salomone fabricato de fratribus eorum : Samaritani longe inde positi, non in eo adorabant. Ideo Judæi meliores se esse jactabant, quia in templo adorabant Deum. « Non enim coutuntur Judæi Samaritanis : » quia dicebant eis : Quomodo vos jactatis, et ideo vos meliores nobis esse perhibetis, quia templum habetis quod nos non habemus? Numquid patres nostri qui Deo placuerunt, in illo templo adoraverunt? nonne in monte isto adoraverunt, ubi nos sumus? Melius ergo nos, inquiunt, in hoc monte Deum rogamus, ubi patres nostri rogaverunt. Contendebant utrique ignari, quia virum non habentes : illi pro templo, illi pro monte inflabantur adversus invicem.

24. Dominus tamen modo quid docet mulierem, tanquam cujus vir cœperit præsens esse? « Dicit ei mulier : Domine, video quia propheta es tu. (*Joan.*, IV, 19.) Patres nostri in monte hoc adoraverunt, et vos dicitis, quia Jerosolymis est (a) locus, ubi adorare oportet. (v. 20.) Dicit ei Jesus : Mulier crede mihi. » (v 21.) Veniet enim Ecclesia, sicut dictum est in Canticis canticorum (*Cant.*, IV, 8, sec. LXX), veniet et transiet ab initio fidei. Veniet ut pertranseat, et pertransire non potest nisi ab initio fidei. Merito jam præsente viro audit : « Mulier crede mihi. » Jam enim est in te qui credat, quia præsens est vir tuus. Cœpisti adesse intellectu, quando me prophetam appellasti. « Mulier crede mihi : » quia nisi credideritis, non intelligetis. (*Isai.*, VII, 9, sec. LXX.) Ergo « Mulier crede mihi, quia veniet hora, quando neque in monte hoc, neque in Jerosolymis adorabitis Patrem. Vos adoratis quod nescitis, nos adoramus quod scimus,

---

(a) In Mss. omittitur, *est locus ubi*.

nous connaissons, car le salut vient des Juifs. Mais l'heure viendra. » Quand donc? « Elle est déjà venue. » Quelle est donc cette heure? « Quand les vrais adorateurs adoreront le Père en esprit et en vérité. » (*Jean*, IV, 21, 23.) Ce ne sera plus sur cette montagne, ce ne sera plus dans le temple, ce sera en esprit et en vérité, « car ce sont-là les adorateurs que le Père cherche. » Pourquoi le Père veut-il que ses adorateurs l'adorent non sur cette montagne, non dans le temple, mais en esprit et en vérité? « Dieu est esprit. » Si Dieu était un être matériel, on devrait l'adorer sur cette montagne qui est elle-même un être corporel; il faudrait l'adorer dans le temple, parce que le temple est également matériel; mais « Dieu est esprit, et ceux qui l'adorent doivent l'adorer en esprit et en vérité. » (*Ibid.*, 24.)

25. Nous l'avons entendu, et cette vérité est de toute évidence; nous étions sortis au dehors, et nous sommes rappelés au dedans. Oh! si je pouvais trouver, disiez-vous, quelque montagne élevée et solitaire, car je crois que Dieu est au-dessus de moi, et qu'il exauce plus sûrement la prière que je lui adresse sur les hauteurs. Parce que vous êtes sur une montagne, vous pensez que Dieu est plus près de vous, et qu'il vous exauce plus promptement, lorsque vous lui adressez aussi vos prières de plus près? Oui, Dieu a fixé son séjour dans les hauteurs, mais il abaisse ses regards sur les choses basses. Le Seigneur est proche; de qui? des âmes hautaines? Non; de ceux qui ont le cœur contrit. Spectacle admirable! Dieu habite dans les hauteurs, et il s'approche des humbles, il abaisse ses yeux sur les choses basses, et ne voit que de loin les choses hautes. (*Ps.* CXXXVII, 6.) Il ne voit que de loin les orgueilleux, et se tient d'autant plus éloigné d'eux qu'ils sont plus élevés à leurs yeux. Vous cherchiez une montagne? Descendez pour y parvenir. Mais vous voulez monter? Montez donc, mais sans chercher de montagne, « Il a disposé dans son cœur, dit le Psalmiste, des degrés pour monter dans cette vallée de larmes. » (*Ps.* LXXXIII, 6.) Une vallée est naturellement humble; renfermez donc tous vos efforts en vous-même. Vous cherchez quelque lieu élevé, quelque endroit consacré, offrez à Dieu un temple dans votre intérieur, « car le temple de Dieu est saint, et c'est vous qui êtes ce temple. » (I *Cor.*, III, 17.) Vous voulez prier dans un temple, priez en vous-même. Mais commencez par devenir le temple de Dieu, parce qu'il exaucera celui qui le prie dans son temple.

26. « L'heure vient donc et elle est déjà venue, où les vrais adorateurs adoreront le Père en esprit et en vérité. Nous adorons ce que nous connaissons; pour vous, vous adorez ce que vous ne connaissez pas, car le salut vient des Juifs. » Dieu a donné beaucoup aux Juifs, mais n'en concluez pas que les Samaritains sont réprouvés. Pensez à ce mur auquel est venu s'en

---

quia salus ex Judæis est. (*Joan.*, IV, 21, 22.) Sed veniet hora. » Quando? « et nunc est. » (*v.* 23.) Quæ ergo hora? « quando veri adoratores adorabunt Patrem in Spiritu et veritate : » non in monte isto, non in templo, sed in spiritu et veritate. « Nam et Pater tales quærit, qui adorent eum. » Quare Pater tales quærit qui adorent eum, non in monte, non in templo, sed in spiritu et veritate? « Spiritus est Deus. » (*v.* 24.) Si corpus esset Deus, oportebat eum adorari in monte, quia corporeus est mons : oportebat eum adorari in templo, quia corporeum est templum. « Spiritus est Deus : et eos qui adorant eum, in spiritu et veritate oportet adorare. »

25. Audivimus, et manifestum est : foras ieramus, intro missi sumus. O si invenirem, dicebas, montem aliquem altum et solitarium : credo enim quia in alto est Deus, magis me exaudit ex alto. Quia in monte es, propinquum te Deo putas, et cito te exaudiri, quasi de proximo clamantem? In excelsis habitat, sed humilia respicit. Prope est Dominus. Quibus? forte altis? His qui obtriverunt cor. Mira res est : et in altis habitat, et humilibus propinquat : humilia respicit, excelsa autem a longe cognoscit (*Psal.* CXXXVII, 6) : superbos longe videt, eo illis minus propinquat, quo sibi videntur altiores. Quærebas ergo montem? descende ut attingas. Sed ascendere vis? ascende : noli montem quærere. Ascensiones, inquit, in corde ejus (hoc Psalmus dicit), in convalle plorationis. (*Psal.* LXXXIII, 6.) Convallis humilitatem habet. Ergo intus age totum. Et si forte quæris aliquem locum altum, aliquem locum sanctum, intus exhibe te templum Deo. Templum enim Dei sanctum est, quod estis vos. (I *Cor.*, III, 17.) In templo vis orare, in te ora. Sed prius esto templum Dei, quia ille in templo suo exaudiet orantem.

26. « Venit ergo hora, et nunc est, quando veri adoratores adorabunt Patrem in spiritu et veritate. Nos adoramus quod scimus, vos adoratis quod nescitis : quoniam salus ex Judæis est. » Multum dedit Judæis : sed noli istos reprobos accipere. Parietem

joindre un autre pour être unis en paix par la pierre angulaire qui est Jésus-Christ. (*Ephes.*, II, 14.) L'un de ces murs vient des Juifs, l'autre des Gentils, ces deux murs sont éloignés l'un de l'autre jusqu'à ce qu'ils soient réunis par la pierre qui forme l'angle. Les étrangers étaient des hôtes complétement en dehors de l'alliance divine. C'est ce que Notre-Seigneur veut faire entendre lorsqu'il dit : « Nous adorons ce que nous savons. » Il parle ici au nom des Juifs, non pas de tous les Juifs; non pas des Juifs réprouvés, mais des Juifs tels qu'ont été les apôtres, tels qu'ont été les prophètes, tels qu'ont été tous les saints qui ont vendu tout ce qu'ils possédaient et en ont apporté le prix au pied des apôtres. (*Act.*, IV, 34.) « Car Dieu n'a point rejeté son peuple qu'il a connu dans sa prescience. » (*Rom.*, XI, 2.)

27. Cette femme le comprit et montra qu'elle avançait dans la connaissance de la vérité. Elle l'avait déjà reconnu comme prophète, mais elle vit que ce qu'il lui disait surpassait les enseignements des prophètes, et voyez ce qu'elle lui répond : « La femme lui répondit : Je sais que le Messie, c'est-à-dire le Christ, est sur le point de venir; lors donc qu'il sera venu, il nous instruira de toutes choses. » (*Jean*, IV, 25.) Que signifient ces paroles ? Maintenant, dit-elle, les Juifs disputent dans l'intérêt de leur temple, nous dans l'intérêt de cette montagne ; mais lorsque le Messie sera venu, il rejettera cette montagne, il détruira le temple, tous ses enseignements auront pour objet de nous faire adorer Dieu en esprit et en vérité. Elle savait donc Celui qui pourrait l'enseigner, mais elle ne reconnaissait pas encore que Jésus l'enseignait dès maintenant. Elle méritait donc qu'il se révélât à elle. Le mot Messie signifie qui est *oint*, en grec Christ, en hébreu Messie; de même dans la langue punique le mot *messe* veut dire *oignez*, car les trois langues hébraïque, punique et syrienne ont beaucoup de rapport et d'affinité entre elles.

28. « Cette femme lui répondit donc : Je sais que le Messie (c'est-à-dire le Christ) est sur le point de venir; lors donc qu'il sera venu, il nous instruira de toutes choses. Jésus lui dit : Je le suis, moi qui vous parle. » (*Jean.*, IV, 26.) Elle a fait venir son mari, le mari est devenu le chef de la femme et Jésus-Christ le chef du mari. (I *Cor.*, XI, 3.) Cette femme se range déjà sous l'obéissance de la foi et lui soumet la direction de toute sa vie. Après avoir entendu cette déclaration : « Je le suis, moi qui vous parle, » que pourrait-elle encore lui dire alors que Notre-Seigneur Jésus-Christ daigne se manifester à cette femme à qui il venait de dire : « Croyez-moi ? »

---

illum accipe cui adjunctus est alius, ut pacati in lapide angulari, quod est Christus, copulentur. (*Ephes.*, II, 14.) Unus enim paries a Judæis, unus a Gentibus : longe a se isti parietes, sed donec in angulo conjungantur. Alienigenæ autem hospites erant, et peregrini a testamento Dei. Secundum hoc ergo dictum est : « Nos adoramus quod scimus. » Ex persona quidem Judæorum dictum est, sed non omnium Judæorum, non reproborum Judæorum : sed de qualibus fuerunt Apostoli, quales fuerunt Prophetæ, quales fuerunt illi omnes sancti, qui omnia sua vendiderunt, et pretia rerum suarum ad pedes Apostolorum posuerunt. (*Act.*, IV, 34.) Non enim repulit Deus plebem suam quam præscivit. (*Rom.*, XI, 2.)

27. Audivit hoc mulier ista, et addidit. Jamdudum prophetam dixerat : vidit talia dicere eum cum quo loquebatur, quæ jam plus essent (a) ad prophetam : et quid respondit, videte : « Dicit ei mulier : Scio quia Messias veniet, qui dicitur Christus : cum ergo venerit ille, omnia nobis demonstrabit. » (*Joan.*, IV, 25.) Quid est hoc? Modo, inquit, de templo contendunt Judæi, et nos de monte contendimus ; cum ille venerit, et montem spernet, et templum evertet; docebit nos iste omnia, ut in spiritu et veritate noverimus adorare. Sciebat quis eam posset docere, sed jam docentem nondum agnoscebat. Jam ergo digna erat cui manifestaretur. Messias autem unctus est : unctus Græce Christus est : Hebraice Messias est : unde et Punice, Messe dicitur ungue. Cognatæ quippe sunt linguæ istæ et vicinæ, Hebraica, Punica, et Syra.

28. Ergo « dicit ei mulier : Scio quia Messias veniet, qui dicitur Christus : cum ergo venerit ille, nobis annuntiabit omnia. » (*v.* 26.) Vocavit virum suum, factus est vir ejus caput mulieris, factus est Christus caput viri. (I *Cor.*, XI, 3.) Jam mulier ordinatur in fide, et regitur bene victura. Postea quam audivit hoc : « Ego sum qui loquor tecum, » jam ultra quid diceret? quando Christus Dominus manifestare se voluit mulieri, cui dixerat : « Crede mihi. »

(a) In sex Mss. *plus esset a propheta.*

29. « En même temps ses disciples arrivèrent et ils s'étonnaient qu'il parlait avec une femme. » (*Jean*, IV, 27.) Ils admiraient comment il allait à la recherche de cette femme égarée, lui qui était venu chercher ce qui avait péri. Ils admirent le zèle du Sauveur, ils se gardent bien de soupçonner en rien sa conduite : « Néanmoins, aucun d'eux ne lui dit : Que lui demandez-vous? ou pourquoi parlez-vous avec elle? »

30. « La femme laissa donc sa cruche. » (*Jean*, IV, 28.) Après avoir entendu ces paroles : « Je le suis, moi qui vous parle » et reçu dans son cœur Notre-Seigneur Jésus-Christ, que pouvait-elle faire que d'abandonner sa cruche et de courir annoncer la bonne nouvelle? Elle rejette bien loin la convoitise et se hâte d'annoncer la vérité. C'est une leçon pour ceux qui veulent annoncer l'Évangile, qu'ils doivent rejeter la cruche et la laisser près du puits. Rappelez-vous ce que je vous ai dit plus haut de cette cruche, c'était un vase destiné à puiser de l'eau, on l'appelait en grec *hydria*, parce que l'eau se dit en grec ὕδωρ, comme qui dirait un vase destiné à contenir de l'eau. Elle abandonna donc sa cruche qui, loin de lui servir, était pour elle un poids inutile, car son désir le plus vif, le plus ardent, était de se rassasier de cette eau dont le Sauveur lui avait parlé. Elle se débarrasse donc de son fardeau pour annoncer Jésus-Christ, elle court vers la ville et dit aux habitants : « Venez voir un homme qui m'a dit tout ce que j'ai fait. » (*Ibid.*, 29.) Elle procède avec beaucoup de prudence pour prévenir le courroux, l'indignation, les persécutions même de ses concitoyens : « Venez voir un homme qui m'a dit tout ce que j'ai fait; ne serait-ce point le Christ? Ils sortirent donc de la ville et vinrent à lui. » (*Ibid.*, 30.)

31. « Cependant ses disciples le pressaient, en disant : Maître, mangez; » car ils étaient allés acheter des vivres et ils revenaient. « Mais il leur dit : J'ai une nourriture à manger que vous ne connaissez pas. Et les disciples se disaient l'un à l'autre : Quelqu'un lui aurait-il apporté à manger? » (*Jean*, IV, 31-33.) Quoi d'étonnant que cette femme n'eût pas compris la nature de l'eau que Jésus voulait lui donner, alors que ses disciples eux-mêmes ne comprennent pas quelle est cette nourriture dont il veut leur parler? Le Seigneur entendit pour ainsi dire leurs pensées, il les instruit en maître directement et ouvertement et sans prendre de circuits comme avec cette femme qu'il pressait d'appeler son mari : « Ma nourriture, dit-il, est de faire la volonté de Celui qui m'a envoyé. » Sa boisson à l'égard de cette femme était donc aussi de faire la volonté de Celui qui l'avait envoyé. Voilà pourquoi il lui disait : « J'ai soif, donnez-moi à boire, » c'est-à-dire qu'il voulait produire la foi dans son âme, boire cette foi et

---

29. « Et continuo venerunt discipuli ejus, et mirabantur quia cum muliere loquebatur. » (*Joan.*, IV, 27.) Quia quærebat perditam, qui venerat quærere quod perierat, hoc illi mirabantur. Bonum enim mirabantur, non malum suspicabantur. « Nemo tamen dixit : Quid quæris, aut quid loqueris cum ea? »

30. « Reliquit ergo hydriam suam mulier. Audito : Ego sum qui loquor tecum, » (*v.* 28) et recepto in cor Christo Domino, quid faceret nisi jam hydriam dimitteret, et evangelizare curreret? Projecit cupiditatem, et properavit annuntiare veritatem. Discant qui volunt evangelizare, projiciant hydriam ad puteum. Recordamini quid superius dixerim de hydria : vas erat unde aqua hauriebatur, Græco nomine appellatur hydria, quoniam Græce ὕδωρ aqua dicitur; tanquam si aquarium diceretur. Projecit ergo hydriam, quæ jam non usui, sed oneri fuit : avida quippe desiderabat aqua illa satiari. Ut nuntiaret Christum, onere abjecto, « cucurrit ad civitatem, et dicit illis hominibus : Venite, et videte hominem, qui mihi dixit omnia quæcumque feci. » (*v.* 29.) Pedetentim, ne illi quasi irascerentur, et indignarentur, et persequerentur. « Venite, et videte hominem, qui dixit mihi omnia quæcumque feci; numquid ipse est Christus? Exierunt de civitate, et veniebant ad eum. » (*v.* 30.)

31. « Et interea rogabant eum discipuli dicentes : Rabbi, manduca. » (*v.* 31.) Ierant enim emere cibos, et venerant. « Ille autem dixit : Ego habeo cibum manducare quem vos non scitis. (*v.* 32.) Dicebant ergo discipuli ad invicem : Numquid aliquis attulit ei manducare? » (*v.* 33.) Quid mirum si mulier illa non intelligebat aquam? ecce discipuli nondum intelligunt escam. Audivit autem cogitationes illorum, et jam instruit ut magister : non per circuitum, sicut illam cujus adhuc virum requirebat, sed jam aperte : « Meus, inquit, cibus est, ut faciam voluntatem ejus qui misit me. » (*v.* 34.) Ergo et potus ipse erat in illa muliere, ut faceret voluntatem ejus, qui miserat eum. Ideo dicebat : « Sitio, da mihi bibere, » scilicet ut fidem in ea operaretur, et fidem ejus biberet, et eam in corpus suum trajiceret : corpus enim ejus

la faire passer dans son propre corps qui est l'Eglise. « Voilà donc, leur dit-il, ma nourriture, c'est de faire la volonté de Celui qui m'a envoyé. »

32. « Ne dites-vous pas : Encore quatre mois et la moisson sera venue ? » Le Sauveur brûlait du désir d'accomplir son œuvre et avait hâte d'envoyer des ouvriers pour recueillir cette moisson. Vous comptez encore quatre mois jusqu'à la moisson, je vous en découvre une autre toute blanchie et toute prête. « Levez les yeux, et voyez les champs qui déjà blanchissent pour la moisson. » Il va donc envoyer des moissonneurs. Car ici, poursuit-il, s'applique l'adage : L'un sème et l'autre moissonne, afin que celui qui sème se réjouisse comme celui qui moissonne. Je vous ai envoyés moissonner où vous n'avez pas travaillé, et vous, vous êtes entrés dans leurs travaux. » (*Jean*, IV, 35-38.) Quoi donc, Notre-Seigneur envoie des moissonneurs et non pas des semeurs ? Et où envoie-t-il des moissonneurs ? Là où d'autres avaient déjà travaillé. Car on avait ensemencé les champs où on avait travaillé, et la semence déjà parvenue à sa maturité, ne demandait plus qu'à être coupée et à être battue. Où donc devait-il envoyer les moissonneurs ? Là où les prophètes avaient prêché, car ils étaient les véritables semeurs. S'ils ne l'étaient pas, d'où venait à la Samaritaine, cette connaissance : « Je sais que le Messie doit venir ? » Cette femme était donc un fruit déjà mûr, la moisson était blanchie et demandait à être coupée. « Je vous ai donc envoyés. » Où ? « Moissonner ce que vous n'avez pas semé ; d'autres ont semé, et vous êtes entrés dans leurs travaux. » Quels sont ceux qui ont travaillé ? Abraham, Isaac et Jacob. Lisez leurs travaux, et dans tous ces travaux vous trouverez une prophétie du Christ, ils ont donc été de véritables semeurs. Que n'ont pas souffert du froid qui les environnait quand ils semaient, Moïse, les autres patriarches et les autres prophètes ? La moisson dans la Judée était donc prête à être recueillie. Est-ce que cette moisson n'était pas mûre, en effet, lorsque tant de milliers d'hommes apportaient le prix de leurs biens et le déposaient aux pieds des apôtres, heureux de se décharger du fardeau des biens de la terre pour suivre Notre-Seigneur Jésus-Christ ? (*Act.*, IV, 35.) Oui, cette moisson était parvenue à sa véritable maturité. Qu'arriva-t-il ensuite ? Quelques grains de cette moisson ont été jetés dans la terre et ont ensemencé l'univers entier, et il en est sorti une autre moisson qui doit être recueillie à la fin des siècles. C'est de cette moisson qu'il est dit : Ceux qui sèment dans les larmes moissonneront dans la joie. Or, ce ne seront point les apôtres, mais les anges qui seront envoyés pour recueillir cette moisson. « Les moissonneurs, nous dit Jésus-Christ, sont les anges. » (*Matth.*, XIII,

---

Ecclesia. Ipse est ergo, inquit, « cibus meus, ut faciam voluntatem ejus qui me misit. »

32. « Nonne vos dicitis, quod adhuc quatuor menses sunt, et messis venit ? » (*v.* 35.) In opus fervebat, et operarios mittere disponebat. Vos quatuor menses computatis usque ad messem, ego vobis aliam messem albam et paratam ostendo. « Ecce dico vobis : Levate oculos vestros, et videte, quia jam albæ sunt regiones ad messem. » Ergo messores missurus est. « In hoc enim est verbum verum, quia alius est qui metit, alius qui seminat (*v.* 37) : ut et qui seminat simul gaudeat et qui metit. (*v.* 36.) Ego misi vos metere, quod vos non laborastis : alii laboraverunt, et vos in laborem eorum introistis. » (*v.* 38.) Quid ergo, messores misit, non seminatores ? Quo messores ? ubi jam alii laboraverunt. Nam ubi jam laboratum erat, utique seminatum erat : et quod seminatum erat, jam maturum erat factum, falcem et trituram desiderabat. Quo ergo erant messores mittendi ? ubi jam Prophetæ prædicaverant ; ipsi enim seminatores. Nam si ipsi non seminatores, unde ad illam mulierem pervenerat : « Scio quia Messias veniet ? » Jam ista mulier fructus maturus erat, et erant albæ messes, et falcem quærebant. « Misi vos ergo : Quo ? metere quod non seminastis : alii seminaverunt, et vos in labores eorum introistis. » Qui laboraverunt ? ipse Abraham, Isaac, et Jacob. Legite labores eorum : in omnibus laboribus eorum prophetia Christi ; et ideo seminatores. Moyses et cæteri Patriarchæ in omnes Prophetæ, quanta pertulerunt in illo frigore quando seminabant ? Ergo jam in Judæa messis parata erat. Merito ibi tanquam matura seges fuit, quando tot hominum millia pretia rerum suarum afferebant, et ad pedes Apostolorum ponentes (*Act.*, IV, 35), expeditis humeris a sarcinis sæcularibus, Christum Dominum sequebantur. Vere matura messis. Quid inde factum est ? De ipsa messe ejecta sunt pauca grana, et seminaverunt orbem terrarum, et surgit alia messis quæ in fine sæculi metenda est. De ista messe dicitur : Qui seminant in lacrymis, in gaudio metent. (*Psal.* CXXV, 5.) Ad istam ergo messem non Apostoli, sed Angeli mittentur. Messores, inquit, Angeli sunt.

39.) Cette moisson croît au milieu de l'ivraie et elle attend pour en être séparée jusqu'à la fin des siècles. Mais pour cette moisson vers laquelle les disciples sont dès maintenant envoyés et où les prophètes ont travaillé, elle était déjà dans sa maturité. Cependant, mes frères, considérez ces paroles du Sauveur : « Afin que celui qui sème se réjouisse comme celui qui moissonne. Ils ont travaillé à des époques bien différentes, mais ils auront part à la même joie et recevront pour récompense la vie éternelle. »

33. « Dans cette ville des Samaritains, beaucoup crurent en Jésus sur la parole de la femme qui avait rendu ce témoignage : Il m'a dit tout ce que j'ai fait. Les Samaritains étant donc venus vers lui, le prièrent de demeurer dans leur pays, et il y demeura deux jours. Et un plus grand nombre crurent en lui pour avoir entendu ses discours. Et ils disaient à la femme : Maintenant, ce n'est plus sur ce que vous avez dit que nous croyons, car nous-mêmes nous l'avons entendu, et nous croyons qu'il est vraiment le Sauveur du monde. » (*Jean*, IV, 39-42.) Arrêtons-nous un instant sur ces paroles qui terminent la lecture de ce jour. La femme a commencé par annoncer la venue du Sauveur, et sur son témoignage les Samaritains crurent et prièrent Jésus de demeurer avec eux, et il y resta deux jours, et un plus grand nombre crurent en lui, et après avoir cru, ils disaient à cette femme : « Maintenant ce n'est plus sur ce que vous avez dit que nous croyons, car nous-mêmes nous l'avons connu et nous savons qu'il est vraiment le Sauveur du monde. » D'abord, par ce que nous avons entendu dire de lui, ensuite par ce que nous avons vu de nos yeux. Il tient encore aujourd'hui la même conduite à l'égard de ceux qui sont en dehors de l'Eglise, et ne sont pas encore chrétiens. Ce sont les amis de Jésus-Christ déjà chrétiens eux-mêmes, qui commencent à le faire connaître, et c'est sur le témoignage de cette femme, c'est-à-dire de l'Eglise qu'ils viennent à Jésus-Christ. Ils crurent donc d'abord sur ce qu'ils entendent dire ; Jésus demeure avec eux deux jours, c'est-à-dire qu'il leur donne les deux préceptes de la charité, et un plus grand nombre croient et d'une foi plus ferme qu'il est vraiment le Sauveur du monde.

TRAITÉ XVI [1].

Depuis ces paroles de l'Evangile : « Deux jours après, il partit de là, et s'en alla en Galilée, » jusqu'à ces autres : « Et il crut, lui et toute sa maison. »

1. La partie de l'Evangile dont vous venez d'entendre la lecture et qu'il nous faut expli-

---

[1] Ce Traité a été donné le jour suivant comme on le voit aux nos 1 et 3.

(*Matth.*, XIII, 39.) Ista ergo messis crescit inter zizania, et expectat purgari in fine. Illa vero messis jam matura erat, quo prius missi sunt discipuli, ubi Prophetæ laboraverunt. Sed tamen, Fratres, videte quid dictum sit : « Simul gaudeat et qui seminat et qui metit. » (*a*) Dispares temporis labores habuerunt : sed gaudio pariter perfruentur, mercedem simul accepturi sunt vitam æternam.

33. « Ex civitate autem illa multi crediderunt in eum Samaritani, propter verbum mulieris testimonium perhibentis, quia dixit mihi omnia quæcumque feci. (*Joan.*, IV, 39.) Cum venissent autem ad cum Samaritani, rogaverunt ut apud eos maneret, et mansit ibi duos dies. (*v.* 40.) Et multo plures crediderunt propter sermonem ejus (*v.* 41) : et mulieri dicebant : Quia jam non propter tuam loquelam credimus, ipsi enim nos audivimus, et scimus, quia hic est vere Salvator mundi. » (*v.* 42.) Et hoc paululum animadvertendum est, quia lectio terminata est. Mulier primum nuntiavit, et ad mulieris testimonium crediderunt Samaritani, et rogaverunt eum ut apud eos maneret, et mansit ibi biduo, et plures crediderunt : et cum credidissent, dicebant mulieri : « Non jam propter verbum tuum credimus, sed ipsi cognovimus, et scimus, quia vere hic est Salvator mundi. » Primo per (*b*) famam, postea per præsentiam. Sic agitur hodie cum eis qui foris sunt, et nondum sunt Christiani : Christus nuntiatur per Christianos amicos ; tanquam illa muliere, hoc est Ecclesia annuntiante ; ad Christum veniunt, credunt per istam famam ; manet apud eos biduo, hoc est, dat illis duo præcepta caritatis ; et multo plures et firmius in eum credunt, quoniam vere ipse est Salvator mundi.

TRACTATUS XV.

Ab eo Evangelii loco : « Post duos autem dies exiit inde, et abiit in Galilæam : » usque ad id : « Et credidit ipse, et domus ejus tota. »

1. Hodierna evangelica lectio, hesterni diei sequitur lectionem, quæ nobis ad disputandum proponitur. In qua quidem sensus non sunt investigatione difficiles, sed digni prædicatione, digni admiratione et

---

(*a*) In tribus Mss. *Disparis*. — (*b*) Lov. *per feminam :* dissentientibus editis aliis et Mss.

quer, vient immédiatement après celle qui vous a été expliquée hier. Le sens n'en est point difficile à pénétrer, il n'a besoin que d'être présenté, et il est digne d'admiration et de louange. Considérons donc cet endroit de l'Evangile pour en faire ressortir les enseignements plutôt que pour en expliquer les difficultés. Jésus, deux jours après ce qu'il venait de faire dans la Samarie, s'en alla dans la Galilée où il avait été élevé. Et l'Evangéliste ajoute : « Car Jésus lui-même a rendu témoignage qu'un prophète n'est point honoré dans sa patrie. » (*Jean*, IV, 43, 44.) Jésus ne sort point deux jours après de la Samarie parce qu'il n'y était pas honoré, car la Samarie n'était point sa patrie, mais bien la Galilée. Or, après être sorti si vite de la Samarie, pour se rendre dans la Galilée où il avait été élevé, dans quel but peut-il attester « qu'un prophète est sans honneur dans sa patrie? » Il eût eu bien plus de raison de déclarer qu'un prophète n'était pas honoré dans sa patrie, s'il avait dédaigné de se rendre dans la Galilée et qu'il fût resté dans la Samarie.

2. Veuillez prêter toute votre attention, mes très-chers frères, car ces paroles renferment une leçon aussi mystérieuse qu'importante, que je vais vous expliquer avec le secours et la grâce de Dieu. Vous connaissez la difficulté, cherchez-en la solution. Mais répétons la proposition pour vous faire désirer plus vivement la solution de cette difficulté. Il nous paraît surprenant que l'Evangéliste ait dit : « Car Jésus lui-même a rendu ce témoignage qu'un prophète est sans honneur dans sa patrie. » Sous cette impression, nous avons repassé les paroles qui précèdent pour trouver le motif qui a déterminé l'Evangéliste à s'exprimer de la sorte, et nous lisons dans son récit que Jésus partit de la Samarie pour se rendre dans la Galilée. Donc le motif qui vous fait dire, ô Evangéliste, que Jésus a rendu témoignage qu'un prophète est sans honneur dans sa patrie, c'est que deux jours après il a quitté la Samarie pour se hâter de se rendre dans la Galilée? Quant à moi, il me paraît bien plus naturel et plus convenable de dire que si Jésus n'était pas honoré dans sa patrie, il n'avait aucun motif de quitter la Samarie pour s'y rendre. Mais si je ne me trompe, ou plutôt je ne me trompe point, et c'est la vérité, car l'Evangéliste a compris beaucoup mieux que je ne puis le faire pourquoi il s'exprimait ainsi, il voyait plus clairement que moi la vérité, lui qui l'avait puisée sur la poitrine du Seigneur. En effet, c'est Jean l'Evangéliste qui, parmi tous les disciples, eut le privilége de se reposer sur la poitrine du Seigneur, et pour lequel Jésus, qui aimait tous ses disciples, avait un amour de prédilection. Puis-je donc supposer qu'il se tromperait, et que c'est moi qui aurait découvert la vérité? Ah bien plutôt, si je me laisse guider par la foi, j'écou-

---

laudatione. Proinde locum istum Evangelii cum commendatione commemoremus, potius quam cum difficultate tractemus. Abiit enim Jesus post biduum quod fecerat in Samaria, in Galilæam ubi nutritus erat. (*Joan.*, IV, 43.) Secutus autem Evangelista ait : « Ipse enim Jesus testimonium perhibuit, quia propheta in patria sua honorem non habet. » (v. 44.) Non propterea post biduum discessit Jesus de Samaria, quia honorem in Samaria non habebat : non enim Samaria patria ipsius erat, sed Galilæa. Cum ergo istam deseruisset tam cito, et ad Galilæam venisset ubi nutritus erat : quomodo attestatur, « quia propheta in patria sua honorem non habet? » Magis videtur attestari potuisse, quod propheta in patria sua honorem non haberet, si contemneret pergere in Galilæam, et in Samaria remansisset.

2. Intendat ergo Caritas Vestra insinuatum nobis non modicum sacramentum, suggerente Domino et donante quod loquar. Quæstionem propositam cognovistis, solutionem ejus exquirite. Sed repetamus propositionem, ut solutionem desiderabilem faciamus. Movet nos cur Evangelista dixerit : « Ipse enim Jesus testimonium perhibuit, quod propheta in patria sua honorem non habet. » Hoc permoti retexuimus verba superiora, ut inveniamus cur hoc Evangelista dicere voluerit : et invenimus superiora verba ejus ita narrantis, quoniam post biduum profectus est de Samaria in Galilæam. (v. 43.) Propter hoc ergo dixisti, o Evangelista, testimonium perhibuisse Jesum, quod propheta in patria sua honorem non haberet; quia post biduum reliquit Samariam, et properavit venire in Galilæam ? Imo vero quasi videor mihi congruentius intelligere, quia non habebat, in eamdem relicta Samaria festinaret. Sed ni fallor, imo quia verum est, et non fallor, melius enim quam ego, vidit Evangelista quid diceret, melius me veritatem videbat, qui eam de pectore Domini bibebat. Ipse est enim Joannes Evangelista, qui inter omnes discipulos super pectus Domini discumbebat; (*Joan.*, XIII, 25) et quem Dominus caritatem debens omnibus, tamen præ cæteris diligebat. Ergo ille falleretur, et ego recta sentirem ?

terai avec docilité ce qu'il a dit, pour mériter de comprendre ce qu'il a compris.

3. Voici donc, mes très-chers frères, quel est mon sentiment, je vous le donne sans préjudice d'une interprétation meilleure que vous pourriez donner vous-même. Car nous avons tous un seul et même maître, et nous sommes tous condisciples dans une même école. Voici donc ce que je pense, voyez si je suis dans la vérité, ou si du moins j'en approche. Jésus resta deux jours dans la Samarie, et les Samaritains crurent en lui; il passa tant de jours dans la Galilée, et les Galiléens demeurèrent dans leur incrédulité. Rappelez dans votre mémoire la lecture d'hier et l'explication que nous en avons donnée. Jésus vint dans la Samarie où cette femme commença par l'annoncer, après qu'il lui eut révélé de si grands mystères près du puits de Jacob. Les Samaritains, après l'avoir vu et entendu, crurent d'abord sur le témoignage de cette femme, et ils crurent ensuite en plus grand nombre et plus fermement à la parole du Sauveur lui-même, voilà ce qui est écrit. Après y être resté deux jours (nombre qui, dans le sens allégorique, figure les deux préceptes auxquels se rattachent la loi et les prophètes) (*Matth.*, XXII, 40), il se rend dans la Galilée, et vient dans la ville de Cana en Galilée où il avait changé l'eau en vin. (*Jean*, IV, 46.) Or, lorsqu'il fit ce miracle, ses disciples, au rapport de l'Évangéliste, crurent en lui, et cependant la maison était pleine d'une multitude d'autres convives. A la vue d'un si grand miracle, il n'y eut que ses disciples pour croire en lui. Il revient donc aujourd'hui dans cette ville de Cana en Galilée. « Et voici qu'un officier du roi, dont le fils était malade, vint le trouver et le pria de descendre dans la ville qu'il habitait, ou dans sa maison, pour guérir son fils qui allait mourir. » (*Jean*, IV, 46.) Quoi donc, celui qui priait ne croyait pas? Qu'attendez-vous que je vous dise? Demandez au Seigneur ce qu'il pensait de lui. A la prière de cet homme, il répond : « Si vous ne voyez des signes et des prodiges vous ne croyez point. » Il reproche à cet homme sa foi tiède, sa foi morte, ou plutôt de manquer absolument de foi, et de venir à l'occasion de la santé de son Fils s'assurer de ce qu'était le Christ, de la nature et de l'étendue de sa puissance. Nous avons bien entendu sa prière, nous ne voyons pas la défiance qui travaillait son âme, mais nous le savons par le témoignage de Celui qui a entendu les paroles et tout à la fois a pénétré dans le fond du cœur. D'ailleurs l'Évangéliste lui-même atteste dans la suite de son récit que cet homme ne croyait pas encore, lorsqu'il priait le Seigneur de venir dans sa maison pour guérir son fils. Car lorsqu'on lui eut appris que son fils

---

Imo si pie sapio, obedienter audiam quod dixit, ut merear sentire quod sensit.

3. Accipite itaque Carissimi, quid hic sentiam, sine præjudicio, si vos melius aliquid senseritis. Magistrum enim unum omnes habemus, et in una schola condiscipuli sumus. Hoc ergo sentio, et videte si non aut verum est, aut propinquam veritati quod sentio. In Samaria biduum fecit, et crediderunt in eum Samaritani : tot dies in Galilæa fecit, et non in eum crediderunt Galilæi. Retexite vel recolite memoria hesterni diei et lectionem et sermonem. Venit in Samariam, ubi cum primo mulier illa prædicaverat, cum qua ad puteum Jacob locutus erat magna mysteria : eo viso Samaritani et audito crediderunt in eum propter verbum mulieris, et firmius crediderunt propter verbum ejus, et plures crediderunt, sic scriptum est. Ibi facto biduo, (quo numero dierum mystice commendatus est duorum numerus præceptorum, in quibus duobus præceptis tota Lex pendet et Prophetæ (*Matth.*, XXII, 40), sicut hesterno die nos commendasse meministis :) pergit in Galilæam, et venit in civitatem Canam Galilææ, ubi aquam vinum fecit. (*Joan.*, IV, 46.) Ibi autem quando aquam in vinum convertit, sicut scribit ipse Joannes, crediderunt in eum discipuli ejus (*Joan.*, II, 11) : et utique plena erat domus turbis convivantium. Factum est tam magnum miraculum, et non in eum crediderunt nisi discipuli ejus. Hanc civitatem Galilææ modo repetivit. « Et ecce quidam Regulus, cujus filius infirmabatur, venit ad eum, et rogare cœpit ut descenderet, » (*Joan.*, IV, 46, etc.) ad illam civitatem vel domum : « et sanaret filium ejus, incipiebat enim mori. » Qui rogabat, non credebat? Quid a me expectas audire? Dominum interroga, quid de illo senserit. Rogatus enim talia respondit : « Nisi signa et prodigia videritis, non creditis. » (v. 48.) Arguit hominem in fide tepidum, aut frigidum, aut omnino nullius fidei : sed tentare cupientem de sanitate filii sui, qualis esset Christus, quis esset, quantum posset. Verba enim rogantis audivimus, cor diffidentis non videmus : sed ille pronuntiavit, qui et verba audivit et cor inspexit. Denique et ipse Evangelista testimonio narrationis suæ ostendit, quia nondum crediderat, qui venire ad domum suam Dominum cupiebat, ad sanandum filium ejus. Nam postea quam ei nuntiatum est sanum esse filium ejus, et invenit ea hora

était guéri, et qu'il eut constaté que la guérison avait eu lieu à l'heure même où le Seigneur lui avait dit : « Allez, votre fils est plein de vie; il crut, lui et toute sa maison. » Si donc il crut, lui et toute sa maison, parce qu'il apprit que son fils était guéri, et par la comparaison qu'il fit de l'heure à laquelle il fut guéri, avec celle où Jésus l'assura de sa guérison, il ne croyait donc pas encore lorsqu'il vint prier le Sauveur. Les Samaritains n'avaient attendu aucun miracle, ils avaient cru simplement à sa parole, et ses compatriotes méritent qu'il leur fasse ce reproche : « Si vous ne voyez des signes et des prodiges, vous ne croyez point; » et même après un si grand miracle, il n'y eut pour croire que cet officier et sa maison. A la seule parole du Sauveur, un grand nombre crurent en lui, et après ce miracle il n'y eut pour croire que la maison où il fut opéré. Quelle est donc la leçon que veut nous donner ici Notre-Seigneur? La Galilée qui faisait partie de la Judée était alors la patrie du Seigneur, parce qu'il y avait été nourri. Or, ce fait contient quelque présage, ce n'est pas sans raison que l'on donne aux miracles le nom de prodiges, parce qu'ils sont le présage de quelque événement, le mot prodige a le même sens que le mot *porrodicium*, qui prédit l'avenir, qui annonce et signifie un événement futur. Ainsi donc puisque tous ces faits étaient comme la figure, comme la prédiction de l'avenir, admettons pour le moment que la patrie de Notre-Seigneur Jésus-Christ selon la chair (car il n'eut de patrie que selon la chair qu'il avait prise sur la terre), admettons, dis-je, que la patrie de Notre-Seigneur c'était le peuple juif. Voici qu'il est sans honneur dans sa patrie. Considérez maintenant la multitude du peuple juif, considérez cette nation dispersée par toute la terre, détruite et arrachée jusque dans ses racines, considérez ces rameaux brisés, coupés, dispersés, stériles, sur lesquels après qu'ils ont été brisés l'olivier sauvage a mérité d'être greffé (*Rom.*, XI, 17), considérez cette multitude du peuple juif, que vous dit-elle maintenant ? « Celui que vous honorez, que vous adorez, était notre frère. » Répondons-lui : « Un prophète est sans honneur dans sa patrie. » Enfin ils ont vu le Seigneur Jésus vivant au milieu d'eux, semant les prodiges sous ses pas, rendant la vue aux aveugles, l'ouïe aux sourds, la parole aux muets, l'usage de leurs membres aux paralytiques, marchant sur la mer, commandant aux vents et aux flots, ressuscitant les morts, et après de si grands miracles dont ils étaient témoins, quelques-uns à peine ont cru en Jésus-Christ. Je parle maintenant au peuple de Dieu, nous qui avons cru en si grand nombre, quels miracles avons-nous vus? Donc ce qui eut lieu alors

---

sanatum, qua hora Dominus dixerat : « Vade, filius tuus vivit. Et credidit, inquit, ipse et domus ejus tota. » (v. 50-53.) Si ergo propterea credidit ipse et domus ejus tota, quia nuntiatus est ei filius ejus sanus, et comparavit horam nuntiantium horæ prænuntiantis; quando rogabat, nondum credebat. Samaritani nullum signum expectaverant, verbo ejus tantummodo crediderant : cives autem ejus audire meruerunt : « Nisi signa et prodigia videritis, non creditis : » et ibi tamen facto tanto miraculo, non credidit nisi ipse et domus ejus. Ad solum sermonem crediderunt plures Samaritani : ad illud miraculum sola illa domus credidit, ubi factum est. Quid igitur, Fratres, quid nobis commendat Dominus? Tunc Galilæa Judææ patria erat Domini, quia ibi nutritus est: nunc vero quia portendit aliquid res illa; non enim sine causa dicta sunt prodigia, nisi quia aliquid portendunt : prodigium enim appellatum est quasi (*a*) porrodicium, quod porro dicat, porro significet, et aliquid futurum esse portendat : quia ergo aliquid illa omnia portendebant, aliquid illa omnia prædice- bant, faciamus modo nos patriam Domini nostri Jesu Christi secundum carnem: (non enim habuit patriam in terra, nisi secundum carnem, quam accepit in terra :) faciamus ergo patriam Domini populum Judæorum. Ecce in patria sua honorem non habet. Modo attende Judæorum turbas, attende jam gentem illam dispersam toto orbe terrarum, et evulsam radicibus suis : attende ramos fractos, concisos, dispersos, aridos, quibus fractis inseri meruit oleaster : vide turbam Judæorum, quid dicit modo? (*Rom.*, XI, 17.) Quem colitis, quem adoratis, frater noster erat. Et nos respondeamus : « Propheta in patria sua honorem non habet. » Denique illi ambulantem Dominum Jesum in terra, facientemque miracula, cæcos illuminantem, surdis aures aperientem, mutorum ora solventem, paralyticorum membra stringentem, super mare ambulantem, ventis imperantem et fluctibus, mortuos suscitantem, tanta signa facientem viderunt, et vix inde pauci crediderunt. Populo Dei loquor : Tam multi credidimus, quæ signa vidimus? Illud ergo quod factum est tunc, hoc quod nunc

(*a*) In plerisque Mss. *prodicium*.

était le présage de ce qui se passe sous nos yeux. Les Juifs ont été ou sont semblables aux Galiléens, nous sommes semblables aux Samaritains. On nous a prêché l'Evangile, nous lui avons donné notre adhésion, nous avons cru par l'Evangile en Jésus-Christ, sans avoir vu, sans avoir exigé aucun prodige.

4. Quoique Thomas fût un des douze saints apôtres choisis par Notre-Seigneur, il fut cependant Israélite, c'est-à-dire de la nation du Sauveur, lui qui désirait mettre ses doigts dans les trous des blessures de son divin Maître. Aussi Notre-Seigneur lui fait le même reproche qu'à cet officier : Il dit à ce dernier : « Si vous ne voyez des miracles et des prodiges vous ne croyez pas ; » et à Thomas : « Parce que vous avez vu, vous avez cru. » (*Jean*, xx, 29.) Notre-Seigneur était revenu dans la Galilée, après avoir quitté les Samaritains qui avaient cru à sa parole, bien qu'il n'eût opéré aucun prodige sous leurs yeux, et qu'il avait laissés en toute assurance fermes dans la foi, parce qu'il ne cessait d'être au milieu d'eux par sa divinité. Lors donc que Notre-Seigneur disait à Thomas : « Venez, mettez votre main, et ne soyez pas incrédule, mais fidèle ; » et lorsque ce disciple, après avoir touché la place des blessures, s'écriait : « Mon Seigneur et mon Dieu, » le Sauveur lui adresse ce reproche : « Parce que vous avez vu, vous avez cru. » Pourquoi ? « Parce qu'un prophète est sans honneur dans sa patrie. » Voulez-vous voir au contraire qu'un prophète est honoré chez les étrangers ? Ecoutez la suite : « Bienheureux ceux qui n'ont pas vu et qui ont cru. » Cette prédiction nous regarde, et le Seigneur a daigné accomplir en nous ce qu'il a loué si hautement pendant sa vie. Ceux qui l'ont crucifié l'ont vu, l'ont touché, et un petit nombre d'entre eux ont cru en lui ; nous, au contraire, sans le voir, sans le toucher, nous avons entendu parler de lui, et nous avons cru. Qu'il accomplisse en nous, dans toute son étendue, le bonheur qu'il a promis, et ici-bas, parce qu'il nous a préférés à sa patrie, et dans la vie future, parce que nous avons été entés à la place des rameaux brisés.

5. Le Sauveur montrait qu'il briserait ces rameaux, et qu'il enterait à la place cet olivier sauvage, lorsqu'il fut touché de la foi du Centurion, qui lui dit : « Je ne suis pas digne que vous entriez dans ma maison, mais dites seulement une parole, et mon serviteur sera guéri ; car je suis un homme soumis à l'autorité d'un autre, j'ai sous moi des soldats, je dis à celui-ci : Va, et il va ; et à un autre : Viens, et il vient ; et à mon serviteur : Fais cela, et il le fait. » Que répond en effet Jésus ? « Il se retourne vers ceux qui le suivaient, et il leur dit : En vérité je vous le dis, je n'ai point trouvé une si grande foi dans Israël. » Pourquoi ne l'a-t-il pas trouvée ? « Car un

---

agitur portendebat. Judæi fuerunt vel sunt similes Galilæis, nos similes illis Samaritanis. Evangelium audivimus, Evangelio consensimus, per Evangelium in Christum credidimus, nulla signa vidimus, nulla exigimus.

4. Quamvis enim unus ex duodecim electis et sanctis, tamen Israelita fuit, de gente scilicet Domini, Thomas ille, qui in loca vulnerum digitos cupiebat mittere. (*Joan.*, xx, 29.) Sic cum arguit Dominus quomodo istum Regulum. Huic dixit : « Nisi signa et prodigia videritis, non creditis : » (*Joan.*, iv, 48) illi autem dixit : Quia vidisti, credidisti. Ad Galilæos venerat, post Samaritanos qui sermoni ejus crediderant, apud quos nulla miracula fecerat, quos firmes in fide securus cito dimiserat, quia divinitatis præsentia non dimiserat. Ergo quando dicebat Dominus Thomæ : Veni mitte manum tuam, et noli esse incredulus, sed fidelis : et cum ille exclamaret tactis vulnerum locis, et diceret : Dominus meus et Deus meus : increpatur et dicitur ei : Quia vidisti, credidisti. (*v.* 28.) Quare, nisi « quia propheta in patria sua honorem non habet ? » Quia vero apud alienigenas propheta iste honorem habet, quid sequitur ? Beati qui non (*a*) viderunt et crediderunt. (*v.* 29.) Prædicti sumus nos : et quod Dominus ante laudavit, et in nobis implere dignatus est. Viderunt qui crucifixerunt, palpaverunt, et sic pauci crediderunt : nos non vidimus, non contrectavimus, audivimus, credidimus. Fiat in nobis, perficiatur in nobis beatitudo quam promisit ; et hic, quia patriæ ipsius prælati sumus ; et in futuro sæculo, quia pro ramis fractis inserti sumus.

5. Illos enim ramos se fracturum esse monstrabat, et hunc oleastrum inserturum, quando commotus Centurionis fide, qui ei dixit : « Non sum dignus ut sub tectum meum intres, sed tantum dic verbo, et sanabitur puer meus : nam et ego homo sum sub potestate constitutus, habens sub me milites, et dico huic : Vade, et vadit ; et huic : Veni, et venit ; et servo meo : Fac hoc, et facit : Conversus ad eos qui se sequebantur, dixit : Amen dico vobis, non inveni tan-

(*a*) Mss. *qui non vident et credunt.*

prophète est sans honneur dans sa patrie. » Est-ce que le Seigneur ne pouvait pas dire au Centurion ce qu'il dit à cet officier : « Allez, votre fils est plein de vie? » Remarquez ici les raisons de cette conduite toute différente. Cet officier désirait que le Seigneur descendît dans sa maison, le Centurion s'en reconnaissait indigne. Jésus dit à l'un : « J'irai, et je le guérirai, » et à l'autre : « Votre fils est plein de vie. » Il promettait à l'un d'aller chez lui en personne, il guérissait l'autre d'une seule parole. Cependant l'officier le priait avec instance de venir en personne ; le Centurion se reconnaissait indigne de cet honneur. Le Sauveur cède d'un côté à l'orgueil ; il accorde de l'autre à l'humilité ce qu'elle demande. Il semble dire à l'un : Allez, votre fils est plein de vie, ne m'importunez point davantage ; et à l'autre : « Si vous ne voyez des miracles et des prodiges vous ne croyez point ; » vous voulez que je descende en personne dans votre maison, je puis d'une seule parole guérir votre fils ; n'exigez pas des miracles pour croire. Ce Centurion, qui était étranger, a cru que je pouvais opérer cette guérison d'une seule parole, et il a cru avant même que j'eusse guéri son serviteur ; mais, pour vous, « si vous ne voyez des miracles et des prodiges vous ne croyez point. » S'il en est ainsi, que ces rameaux superbes soient brisés, que l'olivier sauvage soit enté à la place ; mais que la racine soit conservée, bien que les rameaux soient brisés, et que d'autres soient greffés à la place. Où demeure la racine? Dans les patriarches. En effet, la patrie de Jésus-Christ c'est le peuple d'Israël, parce que c'est de ce peuple qu'il est né selon la chair ; mais les racines de cet arbre sont les saints patriarches Abraham, Isaac et Jacob. Et où sont-ils? Ils se reposent avec Dieu environnés de si grands honneurs que c'est dans le sein d'Abraham que le pauvre Lazare est porté après sa mort, et que c'est dans ce même sein d'Abraham qu'il est aperçu par le riche superbe. (*Luc*, XVI, 22, etc.) Donc, la racine demeure, la racine reçoit des éloges, mais les rameaux superbes ont mérité d'être retranchés et se sont desséchés ; tandis que l'olivier sauvage, par son humilité, a pris la place de ces rameaux retranchés du tronc.

6. Or, comment les rameaux naturels ont-ils été retranchés, et comment l'olivier sauvage a-t-il été greffé en leur place? Apprenez-le par l'exemple du Centurion que j'ai rappelé ici pour le rapprocher de celui de l'officier royal. « En vérité je vous le déclare, dit Notre-Seigneur, je n'ai pas trouvé une si grande foi dans Israël ; aussi, je vous le dis, un grand nombre viendront de l'Orient et de l'Occident. » (*Matth.*, VIII, 10, etc.) Combien l'olivier sauvage s'éten-

---

tam fidem in Israel. » (*Matth.*, VIII, 8, etc.) Quare non invenit tantam fidem in Israel? Quia « propheta in patria sua honorem non habet. » Numquid non et illi centurioni poterat dicere Dominus, quod dixit huic Regulo, « Vade puer tuus vivit? » Videte distinctionem : Regulus iste Dominum ad domum suam descendere cupiebat : ille Centurio indignum se esse dicebat. Illi dicebatur : Ego (*a*) venio, et curabo eum (*Ibid.*, VII) huic dictum est : « Vade, filius tuus vivit. » Illi præsentiam promittebat : hunc verbo sanabat. Iste tamen præsentiam ejus extorquebat : ille se præsentia ejus indignum esse dicebat. Illic cessum est elationi illic concessum est humilitati. Tanquam huic diceret. « Vade, filius tuus vivit, » noli mihi tædium facere. « Nisi signa et prodigia videritis, non creditis : » præsentiam meam vis in domo tua, possum et verbo jubere : noli tu de signis credere : Centurio alienigena credidit me verbo posse facere, et antequam facerem credidit : vos « nisi signa et prodigia videritis, non creditis. » Ergo si ita est, frangantur superbi rami, humilis inseratur oleaster : maneat tamen radix, illis præcisis, istis receptis. Ubi manet radix? In patriarchis. Etenim patria Christi populus Israel, quia ex eis venit secundum carnem : sed hujus arboris radix, Abraham, Isaac, et Jacob, patriarchæ sancti. Et ubi isti? In requie apud Deum, in honore magno : ut in Abrahæ sinum (*b*) adjutus ille pauper post corporis exitum levaretur, et in Abrahæ sinu de longinquo a superbo divite videretur. (*Luc.*, XVI, 22, etc.) Ergo radix manet, radix laudatur : sed rami superbi et præcidi et arescere meruerunt ; oleaster autem humilis illorum præcisione invenit locum. (*Rom.*, XI, 17.)

6. Audi ergo quemadmodum præcidantur rami naturales, quemadmodum inseratur oleaster, ex ipso Centurione, quem propter comparationem hujus Reguli commemorandum putavi. « Amen, inquit, dico vobis, non inveni tantam fidem in Israel : propterea dico vobis, quia multi ab Oriente et Occidente. » (*Matth.*, VIII, 10, etc.) Quam late terram occupaverat

---

(*a*) Lov. *Ego veniam.* Cæteri libri, *Ego venio.* — (*b*) Editi, Am. Bad. et Er. *justus.* Vindocinensis Ms. *ad justos.* At Mss. alii cum Lov. *adjutus* : quod nomen ipsum Lazari est interpretatum.

dait au loin sur la terre ! Ce monde tout entier était une forêt amère ; et cependant l'humilité et ces paroles : « Je ne suis pas digne que vous entriez dans ma maison, » ont mérité à un grand nombre de venir de l'Orient et de l'Occident. Et qu'en fera-t-on lorsqu'ils seront venus ? S'ils viennent, c'est qu'ils ont cessé de faire partie de la forêt ; où seront-ils greffés pour qu'ils ne se dessèchent pas ? « Ils s'asseoieront, dit Jésus, avec Abraham, Isaac et Jacob. » A quel festin sont-ils invités à venir se désaltérer abondamment, et non à vivre éternellement ? « Ils s'asseoiront avec Abraham, Isaac et Jacob ? » Où ? « Dans le royaume des cieux. » Et que deviendront ceux qui descendent de la race d'Abraham ? Que fera-t-on des rameaux dont cet arbre était surchargé ? Que pourra-t-on en faire que de les retrancher pour greffer ceux-ci en leur place ? Qui nous apprend qu'ils ont été retranchés ? « Les fils du royaume seront jetés dans les ténèbres extérieures. »

7. Entourons donc d'honneur ce prophète qui a été sans honneur dans sa patrie. Il n'a point reçu d'honneur dans la patrie où il a pris naissance ; qu'il en reçoive dans la patrie qu'il s'est formée lui-même. C'est dans cette patrie terrestre que le Créateur de toutes choses a été créé dans la forme de serviteur. Cette ville où il a reçu le jour, Sion elle-même, le peuple juif, c'est lui, le Verbe de Dieu, qui les a créés lorsqu'il était dans le sein de son père. « Car toutes choses ont été faites par lui, et sans lui rien n'a été fait. » (*Jean*, II.) Or, cet homme dont nous avons entendu parler aujourd'hui, cet homme, unique médiateur de Dieu et des hommes, Jésus-Christ (1 *Tim.*, I, 5) a été prédit par le Psalmiste lorsqu'il a dit : « Un homme dira à Sion : Ma mère. » (*Ps.* LXXXVI, 5.) Oui un homme, médiateur de Dieu et des hommes, dira à Sion : « Ma mère. » Pourquoi appelle-t-il Sion sa mère ? Parce que c'est d'elle qu'il a reçu son corps, c'est d'elle qu'est sortie la vierge Marie, dans le sein de laquelle il a pris la forme de serviteur, pour se manifester à nous sous les dehors de l'humilité la plus grande. Un homme appelle Sion sa mère, et cet homme qui l'appelle sa mère a reçu le jour, il s'est fait homme au milieu d'elle. Or, celui qui s'est fait homme au milieu d'elle est le Très-Haut qui l'a créée et non cet homme qui s'est réduit à cet excès d'humiliation. Il s'est profondément humilié en se faisant homme au milieu d'elle, parce que « le Verbe s'est fait chair et il a habité parmi nous; » (*Jean*, I, 14) mais il est en même temps le Très-Haut qui l'a créée, « parce qu'au commencement était le Verbe, et le Verbe était en Dieu, et le Verbe était Dieu ; toutes ces choses ont été faites par lui. » Mais comme c'est lui qui a fondé cette patrie, rendons-lui les honneurs qui lui sont

---

oleaster ! Amara silva mundus hic fuit : sed propter humilitatem, propter Non sum dignus ut sub tectum meum intres, Multi ab Oriente et Occidente venient. Et puta quia venient : quid de illis fiet ? Si enim venient, jam præcisi sunt de silva : ubi inserendi sunt, ne arescant ? Et recumbent, inquit, cum Abraham et Isaac et Jacob. (*Ibid.*) In quo convivio ; ne forte non invites ad semper vivendum, sed ad multum bibendum ? « Recumbent cum Abraham et Isaac et Jacob. » Ubi ? In regno, inquit, cœlorum. » Et quid erit de illis qui venerunt de stirpe Abrahæ ? quid fiet de ramis quibus arbor plena erat ? quid nisi quia præcidentur, ut isti inserantur ? « Doce quia præcidentur : Filii autem regni ibunt in tenebras exteriores. »

7. Habeat ergo apud nos honorem propheta, quia non habuit honorem in patria sua. Non habuit honorem in patria, in qua conditus est : habeat honorem in patria quam condidit. In illa enim conditus est conditor omnium, conditus in illa est secundum formam servi. Nam ipsam civitatem in qua conditus est, ipsam Sion, ipsam Judæorum gentem, ipsam Jerusalem, ipse condidit cum esset apud Patrem Verbum Dei : Omnia enim per ipsum facta sunt, et sine ipso factum est nihil. (*Joan.*, I, 3.) De illo ergo homine de quo hodie audivimus, unus mediator Dei et hominum homo Christus Jesus (1 *Tim.*, II, 5), etiam Psalmus prælocutus est, dicens : Mater Sion dicet homo. (*Psal.* LXXXVI, 5.) Quidam homo, mediator Dei et hominum homo, Mater Sion dicit. Quare Mater Sion dicit ? Quia inde accepit carnem, inde virgo Maria, de cujus utero servi forma suscepta est, in qua dignatus est apparere humillimus. Mater Sion, dicit homo, et homo iste qui dicit Mater Sion, factus est in ea, homo factus est in ea. Nam Deus erat ante eam, et homo factus est in ea. Qui homo factus est in ea, ipse fundavit eam altissimus, non humillimus. Homo factus est in ea humillimus ; quia Verbum caro factum est, et habitavit in nobis (*Joan.*, I, 14) : ipse fundavit eam altissimus ; quia in principio erat Verbum, et Verbum erat apud Deum, et Deus erat Verbum : omnia per ipsum facta sunt. (*Ibid.*, I, etc.) Quia vero con-

dus. La patrie qui l'a vu naître l'a rejeté, qu'il soit donc reçu par la patrie qu'il a régénérée.

TRAITÉ XVII.

Depuis ces paroles : « Après cela le jour de la fête des Juifs étant venu, Jésus monta à Jérusalem, » jusqu'à ces autres : « Les Juifs cherchaient à le faire mourir, parce que non content de violer le sabbat, il disait encore que Dieu était son Père, se faisant égal à Dieu. »

1. Il ne doit point nous paraître surprenant que Dieu ait fait ici un miracle, il serait bien plus surprenant qu'un homme en fût l'auteur. C'est pour nous un bien plus digne sujet de joie et d'admiration que Notre-Seigneur et Sauveur Jésus-Christ se soit fait homme, que de voir ce Dieu fait homme opérer des œuvres divines aux yeux des hommes. Ce qu'il a daigné devenir lui-même pour les hommes a plus servi à notre salut que les miracles qu'il a opérés au milieu des hommes ; et il a fait beaucoup plus en guérissant les vices des âmes qu'en rendant la santé aux corps qui allaient mourir. Mais comme l'âme ne connaissait pas le divin médecin qui devait la guérir, et qu'elle avait dans son corps des yeux pour voir les faits extérieurs et sensibles, tandis qu'elle n'avait pas encore ces yeux sains de cœur pour reconnaître Dieu caché sous ces voiles, le Sauveur a opéré des œuvres qu'elle pût voir, afin de guérir les yeux qui étaient incapables de le reconnaître. Il entra dans un lieu où gisait une grande multitude de malades, d'aveugles, de boiteux, d'hommes ayant quelques membres desséchés ; et lui qui était le médecin des âmes et des corps, et qui était venu pour guérir les âmes de ceux qui devaient croire en lui, choisit parmi ces malades un seul d'entre eux pour le guérir, voulant ainsi nous donner une figure de l'unité. Si nous considérons ce fait avec une attention médiocre et avec les idées ordinaires de l'esprit humain, nous ne verrons ici ni un bien grand miracle, ni un acte de bonté extraordinaire : dans une si grande multitude de malades, un seul fut guéri, alors qu'il pouvait leur rendre à tous la santé d'une seule parole. Que faut-il conclure de là ? C'est que cette puissance et cette bonté s'appliquaient bien plus à faire comprendre aux âmes, par ses actes, les enseignements qui avaient pour objet le salut éternel qu'à donner aux corps la santé passagère dont ils pouvaient avoir besoin. Le véritable salut des corps, que nous attendons du Seigneur, aura lieu lors de la résurrection des morts ; alors rien de ce qui vivra ne sera désormais soumis à la mort, rien de ce qui sera guéri ne sera assujetti aux maladies ; ce qui sera rassasié n'éprouvera plus ni la faim, ni la soif ; ce qui sera renouvelé ne vieillira plus. Si nous considérons au contraire les mi-

---

didit istam patriam, hic habeat honorem. Repulit eum patria in qua generatus est : suscipiat eum patria quam regeneravit.

TRACTATUS XVII.

Ab eo quod scriptum est : « Post hæc erat dies festus Judæorum, et ascendit Jesus Jerosolymam : » usque ad id : « Quærebant eum Judæi interficere, quia non solum solvebat sabbatum, sed et patrem suum dicebat Deum, æqualem se faciens Deo. »

1. Mirum non esse debet a Deo factum miraculum : mirum enim esset si homo fecisset. Magis gaudere (*a*) quam mirari debemus, quia Dominus noster et salvator Jesus Christus homo factus est, quam quod divina inter homines Deus fecit. Plus est enim ad salutem nostram quod factus est propter homines, quam quod fecit inter homines : et plus est quod vitia sanavit animarum, quam quod sanavit languores corporum morituroum. Sed quia ipsa anima non eum noverat a quo sananda erat, et oculos habebat in carne unde facta corporalia videret, nondum habebat sanos in corde, unde Deum latentem cognosceret : fecit quod videre poterat, ut sanaretur unde videre non poterat. Ingressus est locum ubi jacebat magna multitudo languentium, cæcorum, claudorum, aridorum : et cum esset medicus et animarum et corporum, et qui venisset sanare omnes animas crediturorum, de illis languentibus unum elegit quem sanaret, ut unitatem significaret. Si mediocri corde, et quasi humano captu et ingenio consideremus facientem, et quod ad potestatem pertinet, non magnum aliquid perfecit ; et quod ad benignitatem, (*b*) parum fecit. Tot jacebant, et unus curatus est, cum posset uno verbo omnes erigere. Quid ergo intelligendum est, nisi quia potestas illa et bonitas illa magis agebat, quid animæ in factis ejus pro salute sempiterna intelligerent, quam quid quod temporali salute corpora mererentur ? Corporum enim salus vera quæ exspectatur a Domino, erit in fine in resurrectione mortuorum : tunc quod vivet, non morietur, tunc quod sanabitur, non ægrotabit ; tunc quod satia-

---

(*a*) Sic editi et Mss. ferunt. Forte librariorum lapsu, pro *et admirari*, sive uti olim scribebant, *et ammirari*, substitutum fuit *quam mirari*. — (*b*) In Mss. *parvum*.

racles de Notre-Seigneur et Sauveur Jésus-Christ, nous voyons que les yeux des aveugles, qu'il a ouverts, ont été fermés par la mort, que les membres des paralytiques, auxquels il avait rendu le mouvement, l'ont perdu de nouveau par la mort. Toutes les guérisons passagères dont les corps étaient l'objet n'ont pas eu plus de durée que la vie ; mais pour l'âme qui a cru en Jésus-Christ, elle passe de cette vie à une vie éternelle. Dans ce malade, qu'il guérit, Notre-Seigneur nous donne donc un symbole frappant de l'âme qui doit embrasser la foi, dont il était venu remettre les péchés, dont il était venu guérir les infirmités au prix de ses humiliations. Je vous expliquerai, comme je le pourrai, le mystère profond de ce miracle figuratif, autant que Dieu m'en fera la grâce, et si, avec votre attention, vous me prêtez le secours de vos prières. Celui par la grâce duquel je fais ce que je puis suppléera lui-même à l'insuffisance de mes paroles.

2. Je vous ai parlé longuement déjà, vous vous en souvenez, de cette piscine qui était entourée de cinq portiques dans lesquels était étendue une grande multitude de malades, et ce que je vous en dirai, pour un grand nombre, ne leur apprendra pas, mais leur rappellera ce qu'ils savent déjà. Cependant il n'est pas inutile de revenir sur des choses même connues ; ceux qui ne les connaissent pas, les apprennent, et pour les autres la connaissance qu'ils en ont est plus certaine. Je me contenterai donc d'en faire un court exposé, comme d'une chose qui vous est connue, et sans entrer dans des développements inutiles. Cette piscine et l'eau qu'elle contenait, me paraissent être la figure du peuple juif. Que les eaux soient la figure des peuples, l'Apocalypse de saint Jean nous l'enseigne ouvertement. Il demanda ce que signifiaient les grandes eaux qui lui furent montrées ; il lui fut répondu que ces eaux étaient les peuples. Cette eau de la piscine, c'est-à-dire ce peuple, était donc renfermé dans le cercle des cinq livres de la loi de Moïse, comme d'autant de portiques. Or les livres faisaient connaître les malades, mais ne les guérissaient point, car la loi convainquait les pécheurs, mais ne les déchargeait pas de leurs crimes. La lettre de la loi sans la grâce ne faisait que des coupables ; la grâce délivre ceux qui confessent leurs iniquités. Que dit en effet l'Apôtre? « Si la loi qui a été donnée avait pu donner la vie, on aurait pu dire véritablement que la justice se serait obtenue par la loi. » (*Galat.*, III, 21.) Pourquoi donc la loi a-t-elle été donnée? Le même Apôtre ajoute : « L'Ecriture a tout renfermé sous le péché, afin que ce que Dieu avait promis fût donné par la foi en Jésus-Christ à ceux qui croiraient. » (*Ibid.*, 22.) Quoi de plus clair? ces paroles ne nous font-elles pas comprendre et ces cinq por-

---

bitur, non esuriet aut sitiet ; tunc quod renovabitur, non veterascet. Nunc vero in illis factis Domini et salvatoris nostri Jesu Christi, et cæcorum aperti oculi, morte clausi sunt ; et paralyticorum membra constricta, morte dissoluta sunt ; et quidquid sanatum est temporaliter in membris mortalibus, in fine defecit : anima vero quæ credidit, ad vitam æternam transitum fecit. Animæ ergo credituræ, cujus peccata dimittere venerat, ad cujus languores sanandos se humiliaverat, de hoc languido sanato magnum signum dedit. Cujus rei et cujus signi profundum sacramentum, quantum Dominus donare dignatur, attentis vobis et orando adjuvantibus infirmitatem nostram, loquar ut potero. Quidquid autem non possum, supplebit in vobis ipse, quo adjuvante facio quod possum.

2. De hac piscina quæ quinque porticibus cingebatur, in quibus jacebat magna multitudo languentium, assidue nos tractasse memini ; et rem dicturus sum, quam mecum plures recognoscant potius quam cognoscant. Verum nihil est ab re, etiam nota repetere, ut et qui non noverant instruantur ; et qui noverant confirmentur. Proinde tanquam nota breviter perstringenda sunt, non otiose inculcanda. Piscina illa et aqua illa populum mihi videtur significasse Judæorum. Significari enim populos nomine aquarum, aperte nobis indicat Apocalypsis Joannis : ubi ei cum ostenderentur aquæ multæ, et interrogasset quid essent, responsum accepit, populos esse. (*Apoc.*, XVII, 15.) Aqua ergo illa, id est, populus ille, quinque libris Moysi, tanquam quinque porticibus claudebatur. Sed illi libri prodebant languidos, non sanabant. Lex enim peccatores convincebat, non absolvebat. Ideo littera sine gratia reos faciebat, quos confitentes gratia liberabat. Nam hoc dicit Apostolus : « Si enim data esset Lex quæ posset vivificare, omnino ex Lege esset justitia. » (*Gal.*, III, 21.) Quare ergo data est Lex? Sequitur, et dicit : « Sed conclusit Scriptura omnia sub peccato, ut promissio ex fide Jesu Christi daretur credentibus. » Quid evidentius? Nonne verba hæc exposuerunt nobis et quinque porticus, et languentium multitudinem? Quinque por-

tiques, et cette multitude de malades? Ces cinq portiques figurent la loi. Pourquoi ne guérissaient-ils point les malades? « Parce que si la loi qui a été donnée avait pu donner la vie, on aurait pu dire véritablement que la justice se serait obtenue par la loi. » Pourquoi donc contenaient-ils les malades, puisqu'ils ne pouvaient les guérir? « Parce que l'Ecriture a tout renfermé dans le péché, afin que ce que Dieu avait promis fût donné par la foi en Jésus-Christ à ceux qui croiraient. »

3. Mais comment se faisait-il que l'eau de la piscine étant agitée pût guérir ceux qui ne pouvaient l'être sous les portiques? Cette agitation se produisait soudainement, sans qu'on en vît l'auteur. Ce mouvement lui était imprimé par un ange, et cette circonstance n'était pas sans mystère. Aussitôt que l'eau avait été agitée, un malade, le premier qui le pouvait, descendait dans la piscine, et il était le seul qui fût guéri; celui qui serait descendu après lui, l'aurait fait inutilement. Quel enseignement nous était ici donné? C'est que Jésus-Christ, en venant au milieu des Juifs, par les prodiges qu'il opérait, par les enseignements salutaires qu'il devait donner, a troublé les pécheurs, il a troublé l'eau par sa présence, et ils ont pris de là occasion de le faire mourir. Mais il les a troublés en restant caché, car s'ils l'avaient connu, ils n'auraient jamais cruci-fié le roi de gloire. Descendez donc dans cette eau agitée, c'est-à-dire croyez humblement à la passion du Seigneur. Un seul malade était guéri, comme symbole de l'unité; aucun de ceux qui venait après n'était guéri, parce qu'en dehors de l'unité, il est impossible d'obtenir sa guérison.

4. Voyons donc ce que le Sauveur a voulu signifier dans ce seul paralytique, que pour conserver le mystère de l'unité, il a daigné guérir seul au milieu d'un si grand nombre de malades. Il a trouvé dans son âge un nombre qui paraît indiquer l'infirmité. « Il était malade depuis trente-huit ans. » (*Jean*, v, 5.) Il nous faut expliquer avec un peu plus de soin comment ce nombre a plus de rapport avec la maladie qu'avec la santé. Je demande ici toute votre attention; le Seigneur fera la grâce à moi de vous parler convenablement, et à vous de comprendre suffisamment ce que j'ai à vous dire. Le nombre quarante est un nombre sacré qui marque la perfection. Cette vérité doit vous être connue, mes très-chers frères; elle nous est fréquemment attestée par les divines Ecritures. En effet, nous y voyons Moïse (*Ex.*, xxxiv, 28), Elie, (III *Rois*, xix, 8) jeûner quarante jours, et Notre-Seigneur et Sauveur Jésus-Christ jeûner lui-même pendant le même espace de temps. (*Matth.*, iv, 2.) Or, Moïse représente la loi, Elie les prophètes, Notre-Seigneur l'Evangile. Voilà pourquoi ils apparurent tous trois sur

ticus Lex est. Quare quinque porticus non sanabant languentes? « quia si data esset Lex quæ posset vivi-ficare, omnino ex Lege esset justitia. Quare ergo continebant, quos non sanabant? quia conclusit Scriptura omnia sub peccato, ut promissio ex fide Jesu Christi daretur credentibus. »

3. Quid ergo fiebat ut in aqua illa turbata sanarentur, qui in porticibus sanari non poterant? Subito enim videbatur aqua turbata, et a quo turbabatur, non videbatur. Credas hoc angelica virtute fieri solere, non tamen sine significante aliquo sacramento. Post aquam turbatam mittebat se unus qui poterat, et sanabatur solus : post illum quisquis se mitteret, frustra faceret. Quid sibi ergo hoc vult, nisi quia venit unus Christus ad populum Judæorum; et faciendo magna, docendo utilia, turbavit peccatores, turbavit aquam præsentia sua, et excitavit ad passionem suam? Sed latens turbavit. Si enim cognovissent, nunquam Dominum gloriæ crucifixissent. (I *Corinth.*, ii, 8.) Descendere ergo in aquam turbatam, hoc est, humiliter credere in Domini passionem. Ibi sanatur unus, significans unitatem; postea quisquis veniret, non sanabatur : quia quisquis præter unitatem fuerit, sanari non poterit.

4. Videamus ergo quid voluerit significare in illo uno, quem etiam ipse servans unitatis mysterium, sicut prælocutus sum, de tot languentibus unum sanare dignatus est. Invenit in annis ejus numerum quemdam languoris : « Triginta octo annos habebat in infirmitate. » (*Joan.*, v, 5.) Hic numerus quomodo magis ad languorem pertineat, quam ad sanitatem, paulo diligentius exponendum est. Intentos vos volo : aderit Dominus, ut congrue loquar, et sufficienter audiatis. Quadragenarius numerus sacratus nobis in quadam perfectione commendatur. Notum esse arbitror Caritati Vestræ. Testantur sæpissime divinæ Scripturæ. Jejunium hoc numero consecratum est : bene nostis. Nam et Moyses quadraginta diebus jejunavit (*Exod.*, xxxiv, 28) et Elias totidem (III *Reg.*, xix, 8) et ipse Dominus noster et Salvator Jesus Christus hunc jejunii numerum implevit. (*Matth.*, iv, 2.) Per Moysen significatur Lex, per Eliam significantur Prophetæ, per Dominum significatur Evangelium. Ideo in illo monte tres apparuerunt, ubi se discipulis ostendit in claritate vultus

cette montagne, où Jésus se manifesta aux yeux de ses disciples dans tout l'éclat de son visage et de ses vêtements. Il apparut au milieu de Moïse et d'Élie, comme si la loi et les prophètes venaient rendre témoignage à l'Évangile. Donc dans la loi, comme dans les prophètes et dans l'Évangile, le nombre quarante est consacré par le jeûne. (*De cons.* dist. 5, cap. *Jejunium*.) Or, le grand jeûne, le jeûne qui oblige tous les hommes, le jeûne parfait, consiste à s'abstenir de l'iniquité et des plaisirs criminels du monde, « afin que renonçant à l'impiété et aux désirs du siècle, nous vivions en ce monde avec tempérance, avec justice, avec piété. » Quelle récompense l'Apôtre donne-t-il à ce jeûne? « Attendant toujours la félicité que nous espérons, et l'avénement glorieux du grand Dieu et de Notre Sauveur Jésus-Christ. » (*Tit.*, II, 12, 13.) Nous observons donc en ce monde les quarante jours de jeûne par une vie régulière, en nous abstenant de l'iniquité et des plaisirs coupables. Mais comme cette abstinence sera nécessairement suivie de sa récompense, nous attendons la félicité que nous espérons, et l'avénement glorieux du grand Dieu et de notre Sauveur Jésus-Christ. En vertu de cette espérance, lorsqu'elle fera place à la réalité, nous recevrons pour récompense un denier. C'est la récompense qui est donnée d'après l'Évangile aux ouvriers qui ont travaillé à la vigne (*Matth.*, XX, 9), vous vous en souvenez, je pense, et il n'est point nécessaire de vous rappeler tout, comme si je parlais à des ignorants ou à des fidèles peu instruits. On reçoit donc pour récompense un denier qui tire son nom du nombre dix, et qui, joint au nombre quarante, fait cinquante, c'est-à-dire qu'après avoir passé dans le travail et la peine les quarante jours qui précèdent Pâques, nous célébrons dans la joie les cinquante jours qui suivent la fête de Pâques, comme si nous avions reçu notre récompense. A ce travail salutaire des bonnes œuvres, représenté par le nombre quarante, vient s'ajouter le denier du repos et de la félicité pour former le nombre cinquante.

5. Notre Seigneur Jésus-Christ nous a donné un symbole plus frappant encore de cette vérité, lorsqu'après sa résurrection il vécut quarante jours sur la terre avec ses disciples (*Actes* I, 3), et qu'étant monté au ciel le quarantième jour, il envoya dix jours après la récompense de l'Esprit saint. (*Actes* II, 1.) Ces mystères ont été figurés, et les symboles ont précédé la réalité. Ces figures nourrissent notre âme, et nous donnent la force de parvenir aux choses réelles et permanentes. Nous sommes des ouvriers et nous travaillons encore dans la vigne ; lorsque le jour sera fini et le travail terminé, nous recevrons notre récompense. Mais quel ouvrier peut arriver

---

et vestis suæ. (*Matth.*, XVII, 3.) Apparuit enim medius inter Moysen et Eliam, tanquam Evangelium testimonium haberet a Lege et Prophetis. (*Rom.*, III, 21.) Sive ergo in Lege, sive in Prophetis, sive in Evangelio, quadragenarius numerus nobis in jejunio commendatur. (*De consecr.*, dist, 5, cap. *Jejunium*.) Jejunium autem magnum et generale est, abstinere ab iniquitatibus et illicitis voluptatibus sæculi, quod est perfectum jejunium : « ut abnegantes impietatem et sæculares cupiditates, temperanter et juste et pie vivamus in hoc sæculo. » (*Tit.*, II, 12.) Huic jejunio quam mercedem addit Apostolus ? Sequitur, et dicit : « Expectantes illam beatam spem, et manifestationem gloriæ beati Dei, et Salvatoris nostri Jesu Christi. » (*Ibid.*, XIII.) In hoc ergo sæculo quasi quadragesimam abstinentiæ celebramus, cum bene vivimus, cum ab iniquitatibus et ab illicitis voluptatibus abstinemus. Sed quia hæc abstinentia sine mercede non erit, expectamus beatam illam spem, et revelationem gloriæ magni Dei, et Salvatoris nostri Jesu Christi. In illa spe, cum fuerit de spe facta res, accepturi sumus mercedem denarium. Ipsa enim merces redditur operariis in vinea laborantibus secundum Evangelium (*Matth.*, XX, 9), quod vos credo reminisci : neque enim omnia commemoranda sunt, tanquam ignotis aut imperitis. Denarius ergo qui accepit nomen a numero decem, redditur, et conjunctus quadragenario fit quinquagesimarius : unde cum labore celebramus quadragesimam ante Pascha, cum lætitia vero tanquam accepta mercede quinquagesimam post Pascha. Nam huic tanquam salutari labori boni operis, qui pertinet ad quadragenarium numerum, additur quietis et felicitatis denarius, ut quinquagenarius fiat.

5. Significavit hoc et ipse Dominus Jesus multo apertius, quando post resurrectionem quadraginta diebus conversatus est in terra cum discipulis suis (*Act.*, I, 3), quadragesimo autem die cum ascendisset in cœlum, peractis decem diebus misit mercedem Spiritus sancti. (*Act.*, II, 1.) Significata sunt ista, et quibusdam significationibus res ipsæ præventæ sunt. Significationibus pascimur, ut ad res ipsas perdurantes pervenire possimus. Operarii enim sumus, et adhuc in vinea laboramus : finito die, finito opere, merces restituetur. Sed quis operarius perdurat ad accipiendam mercedem, nisi qui pascitur

à recevoir son salaire s'il n'est nourri pendant qu'il travaille? Vous ne vous contentez pas de donner à votre ouvrier son salaire, vous lui donnez encore la nourriture nécessaire pour réparer ses forces. Vous nourrissez celui à qui vous devez donner le salaire de son travail. C'est ainsi que le Seigneur daigne nourrir nos âmes au milieu de nos travaux par les figures des Ecritures. Si la joie que nous éprouvons à pénétrer ces symboles figuratifs nous était enlevée, nos forces défaillent sous le poids du travail, et nul d'entre nous ne pourra parvenir à la récompense.

6. Comment donc le nombre quarante donne-t-il à l'œuvre sa perfection? Peut-être est-ce parce que la loi a été donnée en dix préceptes et qu'elle devait être promulguée par tout l'univers qui se divise en quatre parties, l'Orient et l'Occident, le Midi et le Septentrion. Or, le nombre dix multiplié par quatre donne le nombre quarante. Ou bien est-ce parce que l'Evangile composé de quatre livres accomplit la loi suivant ces paroles du Sauveur que nous y lisons : « Je ne suis pas venu détruire la loi, mais l'accomplir? » (*Matth.*, v, 17.) Admettons l'une ou l'autre raison, ou une autre plus vraisemblable qui nous échappe, mais qui n'échappe pas aux plus instruits ; il est certain que le nombre quarante indique une certaine perfection dans les bonnes œuvres, lesquelles consistent surtout à s'abstenir des plaisirs criminels du monde, c'est-à-dire dans un jeûne qui s'étend à tout. Ecoutez l'Apôtre qui vous dit : « La charité est la plénitude de la loi. » (*Rom.*, XIII, 10.) Quel est le principe de la charité? C'est la grâce de Dieu, c'est l'Esprit saint. Car nous ne pourrions l'avoir de nous-mêmes comme si nous en étions les auteurs. « La charité, dit le même Apôtre, a été répandue dans nos cœurs par l'Esprit saint qui nous a été donné. » (*Rom.*, v, 5.) La charité accomplit donc la loi, et c'est dans un sens très-véritable qu'il a été dit : « La charité est la plénitude de la loi. » Cherchons cette charité suivant la recommandation du Seigneur. Souvenez-vous du but que je me suis proposé, je veux vous expliquer comment le nombre de trente-huit ans, dont ce paralytique est âgé, est un nombre qui a plutôt rapport à la maladie qu'à la santé. Donc, comme je le disais, la charité accomplit la loi. Le nombre quarante indique l'accomplissement parfait de la loi dans toutes les œuvres, et la charité nous est recommandée sous la forme de deux préceptes. Considérez, donc, je vous en supplie, et gravez dans votre mémoire ce que je vous dis, ne soyez pas des contempteurs de la parole de peur que votre âme ne devienne comme un chemin où le bon grain ne puisse germer. « Les oiseaux du ciel

---

cum laborat? Non enim et tu operario tuo mercedem solam daturus es : non etiam afferes illi unde vires reparet in labore? Pascis utique cui mercedem daturus es. Proinde et non Dominus in istis Scripturarum significationibus laborantes pascit. Nam si ista intelligendorum sacramentorum lætitia subtrahatur a nobis, deficimus in labore, et non erit qui perveniat ad mercedem.

6. Quomodo ergo quadragenario numero perficitur opus? Fortasse ideo, quia Lex in decem præceptis data est, et per totum mundum prædicanda erat Lex : qui totus mundus quatuor partibus commendatur, Oriente et Occidente, Meridie et Aquilone, unde denarius per quatuor multiplicatus, ad quadragenarium pervenit. Vel quia per Evangelium quod quatuor libros habet, impletur Lex : quia in Evangelio dictum est : Non veni solvere Legem, sed adimplere. (*Matth.*, v, 17.) Sive ergo illa, sive ista causa, sive alia aliqua probabiliore, quæ nos latet, doctiores non latet ; certum est tamen quadragenario numero significari quamdam perfectionem in operibus bonis, quæ maxime opera bona exercentur in abstinentia quadam ab illicitis (*a*) cupiditatibus sæculi, hoc est, generali jejunio. Audi et Apostolum dicentem : Plenitudo legis caritas. (*Rom.*, XIII, 10.) Caritas unde? per gratiam Dei, per Spiritum sanctum. Non enim haberemus illam ex nobis, quasi facientes illam nobis. Dei donum est, et magnum donum : Quoniam caritas Dei, inquit, diffusa est in cordibus nostris per Spiritum sanctum, qui datus est nobis. (*Rom.*, v, 5.) Caritas ergo implet Legem, et verissime dictum est : Plenitudo Legis caritas. Quæramus hanc caritatem, (*b*) quemadmodum commendatur a Domino. Mementote quid proposuerim : numerum triginta octo annorum in illo languido volo exponere, quare numerus ille trigesimus octavus languoris sit potius quam sanitatis. Ergo, ut dicebam, caritas implet Legem. Ad plenitudem Legis in omnibus operibus pertinet quadragenarius numerus : in caritate autem duo præcepta nobis commendantur. Intuemini obsecro, et figite memoriæ quod dico, ne sitis contemptores verbi, ne fiat anima vestra via, ubi grana jacta non

(*a*) Mss. *voluptatibus*. — (*b*) Lov. *qua admodum*. Cæteri libri, *quemadmodum*.

viendront, dit Notre-Seigneur, et mangeront la semence. » (*Marc*, IV, 4.) Comprenez donc cette vérité et renfermez-la dans vos cœurs. Le Seigneur nous a recommandé deux préceptes de la charité : « Vous aimerez le Seigneur votre Dieu de tout votre cœur, de tout votre esprit, de toute votre âme, et vous aimerez votre prochain comme vous-même. Ces deux commandements renferment la loi et les prophètes. » (*Matth.*, XXII, 37.) C'est pour figurer ces deux préceptes que cette pauvre veuve offre à Dieu tout ce qu'elle avait en jetant dans le tronc deux oboles (*Luc*, XXI, 2); c'est dans le même dessein que l'hôtelier reçut deux deniers pour prendre soin de ce voyageur qui avait été blessé par les voleurs (*Luc*, X, 35); c'est dans le même dessein que Jésus resta deux jours avec les Samaritains pour les affermir dans la charité. (*Jean*, IV, 40.) Toutes les fois qu'une bonne œuvre nous est présentée sous ce nombre deux, c'est le double précepte de la charité qui nous est recommandé. Si donc le nombre quarante emporte la perfection de la loi, et si la loi n'est accomplie que par les deux préceptes de la charité, pourquoi vous étonner que cet homme fût atteint de langueur, lui à qui il manquait le nombre deux pour atteindre le nombre quarante ?

7. Considérons maintenant par quel moyen merveilleux le Seigneur guérit ce paralytique. Notre-Seigneur, le docteur de la charité, la source abondante de la charité est venu sur la terre pour abréger et réduire toute parole comme le Prophète l'a prédit (*Isai.*, X, 23; XXVIII, 22; *Rom.*, IX, 28), et il nous a enseigné que ces deux préceptes de la charité renfermaient la loi et les prophètes. Ils renferment donc Moïse et Élie avec leur jeûne de quarante jours, et le Seigneur lui-même a voulu que ce nombre lui rendit témoignage. Ce paralytique est guéri par le Sauveur lui-même, mais que commence-t-il par lui dire ? « Voulez-vous être guéri ? » Cet homme répond qu'il n'a personne pour le descendre dans la piscine. En effet, il avait besoin d'un homme pour sa guérison, mais de cet homme qui est Dieu en même temps. « Car il n'y a qu'un Dieu et un médiateur entre Dieu et les hommes, Jésus-Christ homme. » (I *Tim.*, II, 5.) Il est donc venu cet homme qui lui était nécessaire, pourquoi différer plus longtemps sa guérison ? « Levez-vous, lui dit-il, prenez votre lit et marchez. » (*Jean*, V, 8.) Il lui dit trois choses distinctes : « Levez-vous, prenez votre lit et marchez. » Mais cette parole : « Levez-vous, » n'est pas un commandement qu'il lui fait, c'est l'acte même par lequel il le guérit. Et c'est lorsqu'il est guéri qu'il lui commande ces deux choses : « Prenez votre lit et marchez. » Je vous le demande, pourquoi ne suffisait-il pas de lui dire : « Marchez » ou même « levez-vous ? » Car cet homme, une fois guéri et levé,

---

germinent : Et venient, inquit, volatilia cœli, et colligent ea. (*Marc.*, IV, 4.) Percipite, et recondite in cordibus vestris. Caritatis præcepta duo sunt a Domino commendata : « Diliges Dominum Deum tuum ex toto corde tuo, et ex tota anima tua, et ex tota mente tua : et, diliges proximum tuum tanquam teipsum. » (*Matth.*, XXII, 37.) In his duobus præceptis tota Lex pendet et Prophetæ. (*Luc.*, XXI, 2.) Merito et illa vidua omnes facultates suas, duo minuta misit in dona Dei : merito et pro illo languido a latronibus sauciato, stabularius duos nummos accepit unde sanaretur (*Luc.*, X, 35) : merito apud Samaritanos biduum fecit Jesus, ut eos caritate firmaret. (*Joan.*, IV, 40.) Binario ergo isto numero cum aliquid boni significatur, maxime bipertita caritas commendatur. Si ergo quadragenarius numerus habet perfectionem Legis, et Lex non impletur nisi in gemino præcepto caritatis; quid miraris quia languebat, qui ad quadraginta, duo minus habebat?

7. Videamus proinde jam quo sacramento iste languidus curetur a Domino. Venit enim ipse Dominus, caritatis doctor, caritate plenus, brevians (*Isa.*, X, 23; et XXVIII, 22; *Rom.*, IX, 28), sicut de illo prædictum est, verbum super terram : et ostendit in duobus præceptis caritatis pendere Legem et Prophetas. Inde ergo pependit Moyses quadragenario suo, inde Elias cum suo, hunc numerum attulit Dominus in testimonio suo. Curatur iste languidus a præsente Domino, sed prius quid ei dicit ? « Vis sanus fieri ? » (*Joan.*, V, 6.) Respondit ille hominem se non habere, a quo in piscinam mittatur. Vere necessarius erat illi homo ad sanitatem, sed homo ille qui et Deus est. Unus enim Deus, unus et mediator Dei et hominum, homo Christus Jesus. (I *Tim.*, II, 5.) Venit ergo homo qui erat necessarius : quare sanitas differretur ? « Surge, inquit, tolle grabatum tuum, et ambula. » (*Joan.*, V, 8.) Tria dixit : « Surge, tolle grabatum tuum, et ambula. » Sed « Surge, » non operis imperium fuit, sed operatio sanitatis. Sano autem duo imperavit : « Tolle grabatum tuum, et ambula. » Rogo vos, cur non sufficeret : « Ambula ? » aut certe cur non sufficeret : « Surge ? » Neque enim ille cum sanus surrexisset, in loco remansisset. Nonne ad hoc

ne serait pas resté dans le même endroit. Il ne se serait levé que pour s'en aller. Je suis encore frappé de cette circonstance qu'il commande deux choses à cet homme dont la maladie dure depuis quarante ans moins deux années; car, en lui faisant ces deux commandements, il donne à ce nombre imparfait ce qu'il lui manquait.

8. Or, comment dans ces deux commandements que lui fait le Seigneur : « Enlevez votre lit et marchez, » trouvons-nous figurés les deux préceptes de la charité? Veuillez considérer avec moi, mes frères, la nature de ces deux préceptes. Ils doivent vous être très-connus, ce n'est pas seulement lorsque nous vous les rappelons, qu'ils doivent être présents à votre esprit, jamais leur souvenir ne doit s'effacer de vos cœurs. Pensez toujours, et à chaque instant, que vous devez aimer Dieu et le prochain ; Dieu de tout votre cœur, de tout votre esprit, de toute votre âme, et le prochain comme vous-même. (*Deut.*, VI, 5; *Matth.*, XXII, 37.) Tel doit être l'objet continuel de vos pensées, de vos méditations, de votre souvenir, de vos actions, de tous vos efforts. L'amour de Dieu est le premier qui soit commandé; l'amour du prochain est le premier qui doive être mis en pratique. Celui qui vous impose ces deux préceptes de l'amour, ne pouvait vous commander en premier lieu d'aimer votre prochain et Dieu ensuite, mais tout d'abord d'aimer Dieu et ensuite d'aimer le prochain. Mais comme vous ne voyez pas encore Dieu, en aimant le prochain vous vous rendez digne de voir Dieu ; en aimant le prochain vous donnez à votre œil la pureté nécessaire pour voir Dieu ; c'est ce que saint Jean nous enseigne expressément : « Si vous n'aimez point votre frère que vous voyez, comment pourrez-vous aimer Dieu que vous ne voyez point? « On vous fait ce commandement : Aimez Dieu; si vous me dites : Montrez-moi Celui que je dois aimer, quelle réponse vous ferai-je si ce n'est celle de saint Jean lui-même : « Personne n'a jamais vu Dieu? » (*Jean*, I, 18.) Ne croyez pas cependant qu'il vous soit tout à fait impossible de voir Dieu. « Dieu, dit le même Apôtre, est charité, et celui qui demeure dans la charité, demeure en Dieu. » (*Jean*, IV, 16.) Aimez donc votre prochain, et considérez en vous quel est le principe de cet amour du prochain, et autant qu'il est possible vous verrez Dieu. Commencez donc à aimer le prochain. « Partagez votre pain avec celui qui a faim, recevez sous votre toit celui qui n'a pas d'asile, lorsque vous voyez un homme nu, couvrez-le et ne méprisez point ceux qui sont formés de la même chair que vous. » (*Isaïe*, LVIII, 7.) Quelle sera pour vous la récompense de ces œuvres de charité? « Alors votre lumière brillera comme l'aurore. » (*Ibid.*, 8.) Votre lumière, c'est votre Dieu, c'est pour vous la lumière du matin, parce qu'elle succède à la nuit ténébreuse du siècle, car pour lui, il ne se lève, ni ne se couche, il de-

---

surrexisset ut abiisset? Movet ergo me etiam quod duo præcepit, qui illum jacentem duobus minus invenit : tanquam enim duo quædam jubendo, quod minus erat implevit.

8. Quomodo ergo inveniamus in his duobus Domini jussis, duo illa præcepta significata caritatis? « Tolle, inquit, grabatum tuum, et ambula. » Quæ sunt illa duo præcepta, Fratres, recolite mecum. Notissima enim esse debent, nec modo tantum venire in mentem cum commemorantur a nobis, sed deleri nunquam debent de cordibus vestris. Semper omnino cogitate, diligendum esse Deum et proximum : Deum ex toto corde, ex tota anima, et ex tota mente; et proximum tanquam seipsum. (*Deut.*, VI, 5; *Matth.*, XXII, 37.) Hæc semper cogitanda, hæc meditanda, hæc retinenda, hæc agenda, hæc implenda sunt. Dei dilectio prior est ordine præcipiendi, proximi autem dilectio prior est ordine faciendi. Neque enim qui tibi præciperet dilectionem istam in duobus præceptis, prius tibi commendaret proximum, et postea Deum; sed prius Deum, postea proximum. Tu autem quia Deum nondum vides, diligendo proximum promereris quem videas; diligendo proximum purgas oculum ad videndum Deum, evidenter Joanne dicente : Si fratrem quem vides non diligis, Deum quem non vides quomodo diligere poteris? (I *Joan.*, IV, 20.) Ecce dicitur tibi : Dilige Deum. Si dicas tibi : Ostende mihi quem diligam : quid respondebo, nisi quod ait ipse Joannes? Deum nemo vidit unquam. (*Joan.*, I, 18.) Et ne te alienum omnino a Deo videndo esse arbitreris : Deus, inquit, caritas est; et qui manet in caritate, in Deo manet. (I *Joan.*, IV, 16.) Dilige ergo proximum : et intuere in te unde diligis proximum; ibi videbis, si poteris, Deum. Incipe ergo diligere proximum. « Frange esurienti panem tuum, et egenum sine tecto induc in domum tuam : si videris nudum, vesti, et domesticos seminis tui ne despexeris. » (*Isa.*, LVIII, 7.) Faciens autem ista quid consequeris? Tunc erumpet velut matutina lux tua. (*Ibid.*, 8.) Lux tua Deus tuus est, tibi matutina, quia post noctem sæculi

meure toujours dans le même état. Il sera, pour vous qui revenez, la lumière du matin, lui qui avait été comme le soleil couchant au temps de vos égarements. Donc en disant à cet homme : « Prenez votre lit, » Notre-Seigneur me semble lui avoir fait ce commandement : « Aimez votre prochain. »

9. Toutefois, ce me semble, vous ne comprenez pas encore bien, et j'ai besoin de vous expliquer de nouveau comment Notre-Seigneur nous recommande la charité du prochain dans l'ordre qu'il donne à cet homme d'enlever son lit. Peut-être même êtes-vous blessés que le prochain soit figuré par un lit, matière insensible et inanimée. Il n'y a rien cependant qui doive blesser le prochain s'il nous est figuré par une chose qui n'a ni âme, ni sentiment. Notre-Seigneur et Sauveur Jésus-Christ a été appelé la pierre angulaire pour unir en lui deux peuples différents. » (*Ephés.*, II, 15.) On lui donne aussi le nom de pierre d'où l'eau a jailli. « La pierre c'était Jésus-Christ. » (I *Cor.*, x, 4.) Quoi donc d'étonnant si le Christ est figuré par la pierre, que le prochain le soit par le bois ? Ce n'est point, toutefois, un bois quelconque, de même que cette pierre n'est pas une pierre ordinaire, c'est une pierre d'où l'eau a jailli pour désaltérer ceux qui avaient soif ; c'est une pierre angulaire qui a servi à unir deux murailles qui venaient en sens contraire. De même le prochain n'est point figuré par un bois quelconque, mais par un lit.

Or, que nous faut-il voir dans ce lit, je vous le demande, si ce n'est que ce malade était porté par son lit, et qu'aussitôt guéri, il le porte lui-même ? Quelle est la recommandation que nous fait l'Apôtre ? « Supportez les fardeaux les uns des autres, et vous accomplirez ainsi la loi de Jésus-Christ. » (*Gal.*, VI, 2.) La loi de Jésus-Christ est donc charité, et nous ne pouvons pratiquer la charité qu'à la condition de supporter les fardeaux les uns des autres. « Supportez-vous les uns les autres avec charité, dit encore le même Apôtre, travaillant avec soin à conserver l'unité d'un même esprit par le lien de la paix. » (*Ephés.*, IV, 3.) Lorsque vous étiez malade, votre prochain vous portait, maintenant que vous êtes guéri, portez votre prochain à votre tour. Supportez les fardeaux les uns des autres, et c'est ainsi que vous accomplirez la loi de Jésus-Christ. Vous accomplirez ainsi, ô homme, ce qui vous manquait. « Prenez donc votre lit, » mais après que vous l'aurez pris, ne restez pas en place, « marchez. » Or, vous marchez en aimant le prochain, en prenant soin de lui. Vers quel but marchez-vous ? Vers le Seigneur votre Dieu, vers Celui que nous devons aimer de tout notre cœur, de toute notre âme, de tout notre esprit. » (*Deut.*, v, 5 ; *Matth.*, XXII, 37.) Nous ne sommes pas encore parvenus jusqu'au Seigneur, mais nous avons notre prochain avec nous. Portez donc celui avec qui vous marchez si vous voulez parvenir jusqu'à

---

tibi veniet : nam ille nec oritur, nec occidit ; quia semper manet. Erit tibi matutinus redeunti, qui tibi occasum fecerat pereunti. Ergo : « Tolle grabatum tuum, » mihi videtur dixisse : Dilige proximum tuum.

9. Sed clausum est adhuc, et expositione indiget, quantum arbitror, quare in tollendo grabato dilectio proximi commendetur : nisi forte hoc nos offendit, quod per grabatum, rem quamdam stolidam et insensatam, proximus commendatur. Non irascatur proximus, si commendatur nobis per rem quæ sine anima et sine sensu est. Ipse Dominus et Salvator noster Jesus Christus lapis angularis dictus est, ut duos conderet in se. (*Eph.*, II, 15.) Dictus est et petra, unde aqua profluxit : Petra autem erat Christus. (I *Cor.*, x, 4.) Quid ergo mirum si petra Christus, lignum proximus ? Non tamen qualecumque lignum : quomodo nec illa qualiscumque petra, sed unde aqua profluxerat sitientibus : nec qualiscumque lapis, sed angularis, qui in semetipso copulavit duos parietes e diverso venientes. Sic nec qualecumque lignum

proximum acceperis, sed grabatum. Quid ergo in grabato, obsecro te ? quid, nisi quia ille languidus grabato portabatur, sanus autem grabatum portat ? Quid dictum est ab Apostolo ? « Invicem onera vestra portate, et sic adimplebitis legem Christi. » (*Gal.*, VI, 2.) Lex ergo Christi caritas est, nec caritas impletur nisi invicem onera nostra portemus. « Sufferentes, inquit, invicem in dilectione, studentes servare unitatem spiritus in vinculo pacis. » (*Ephes.*, IV, 2.) Cum esses languidus, portabat te proximus tuus : sanus factus es, porta proximum tuum. « Invicem onera vestra portate, et sic adimplebitis legem Christi. » Sic adimplebis o homo quod tibi deerat. « Tolle ergo grabatum tuum. » Sed cum tuleris, noli remanere, « ambula. » Diligendo proximum, et curam habendo de proximo tuo, iter agis. Quo iter agis, nisi ad Dominum Deum, ad eum quem diligere debemus ex toto corde, ex tota anima, ex tota mente ? (*Deut.*, VI, 5 ; *Matth.*, XXII, 37.) Ad Dominum enim nondum pervenimus, sed proximum nobiscum habemus. Porta

Celui avec lequel vous désirez demeurer éternellement. « Prenez donc votre lit et marchez. »

10. Cet homme exécuta l'ordre qui lui était donné, et les Juifs en furent scandalisés. Ils voyaient un homme qui portait son lit le jour du sabbat, ils n'accusaient pas le Seigneur de l'avoir guéri le jour du sabbat, car il leur aurait répondu que si leur bœuf ou leur âne tombaient dans un puits, ils les retireraient le jour du sabbat et ne les laisseraient point périr. Ils ne lui reprochaient donc pas qu'il eût guéri un paralytique le jour du sabbat, mais que cet homme emportât son lit ce jour-là. Soit, il ne fallait pas tarder de le guérir, mais quelle nécessité de lui commander cette œuvre ? Il ne vous est pas permis, lui dirent-ils, de faire ce que vous faites, d'emporter votre lit. Et cet homme se contente d'opposer à ces calomniateurs l'autorité de celui qui l'a guéri. « Celui qui m'a guéri, leur dit-il, m'a dit : Emportez votre lit, et marchez. » Ne devais-je pas obéir à celui qui m'avait rendu la santé. « Et ils lui demandèrent : Quel est cet homme qui vous a dit : Prenez votre lit et marchez ? » (*Jean*, v, 12.)

11. « Mais celui qui avait été guéri ne savait pas quel était celui qui lui avait dit d'emporter son lit, car Jésus s'était retiré de la foule assemblée en ce lieu. » (*Jean*, v, 13.) Voyez comment cette circonstance s'accomplit aussi pour nous. Nous portons le prochain et nous nous dirigeons vers Dieu, mais nous ne voyons pas celui vers lequel nous marchons. Voilà pourquoi cet homme ne connaissait pas encore Jésus. Voilà donc l'enseignement mystérieux qui nous est donné, car nous croyons en celui que nous ne voyons pas encore, et il s'éloigne de la foule pour se dérober aux regards. Il est difficile de voir Jésus-Christ au milieu de la foule, notre âme a besoin d'une certaine solitude, et Dieu ne peut être vu que dans cette solitude que l'âme se fait à elle-même. La foule est toujours tumultueuse, et la vue de Dieu demande le silence et le secret. « Emportez votre lit, » vous qui avez été porté, portez votre prochain à votre tour, « et marchez » pour parvenir au but vers lequel vous tendez. Ne cherchez pas Jésus dans la foule, il ne fait point partie de ceux qui se mêlent à la foule, mais il précède de beaucoup toute cette multitude. Ce grand et mystérieux poisson est sorti le premier de la mer, et il est assis dans les cieux où il intercède pour nous, il est entré seul comme le grand-prêtre au dedans du voile, tandis que la multitude se tient au dehors. Marchez donc vous qui portez votre prochain, si toutefois vous avez appris à le porter vous qui étiez habitué à être porté. Vous ne connaissez pas encore Jésus, vous ne voyez pas encore Jésus, mais écoutez ce qui suit : Cet homme n'avait point cessé de porter son lit et de marcher, et Jésus le

---

ergo eum, cum quo ambulas; ut ad eum pervenias, cum quo manere desideras. « Tolle ergo grabatum tuum, et ambula. »

10. Fecit hoc ille, et scandalizati sunt Judæi. Videbant enim hominem die sabbati portantem grabatum suum, nec calumniabantur Domino quod sanum eum fecerat sabbato, ut eis respondere posset, quia si cujusquam eorum jumentum in puteum cecidisset, utique die sabbati erueret illud, et salvaret jumentum suum (*Luc.*, XIV, 5) : non itaque jam illi objiciebant quod die sabbati sanus factus esset homo ; sed quod portabat grabatum suum. Si sanitas non erat differenda, numquid et opus fuerat imperandum? «Non licet tibi, inquiunt, facere quod facis, tollere grabatum tuum. » (*Joan.*, v, 10.) Et ille auctorem sanitatis suæ objiciebat calumniatoribus : « Qui, inquit, me fecit sanum, ipse mihi dixit : Tolle grabatum tuum, et ambula. » (*v.* 11.) Non acciperem jussionem, a quo receperam sanitatem? Et illi : « Quis est ille homo qui tibi dixit : Tolle grabatum tuum, et ambula? » (*v.* 12.)

11. « Sed qui sanus erat factus nesciebat quis esset » (*v.* 13), a quo hoc audierat. « Jesus autem, » cum hoc fecisset, et jussisset, « declinaverat ab eo in turba. » Videte quemadmodum et hoc impleatur. Portamus proximum, et ambulamus ad Deum : sed cum ad quem ambulamus, nondum videmus : ideo et ille nondum noverat Jesum. Sacramentum hoc commendatum est, quia in eum credimus quem nondum videmus : et ut non videatur, declinat in turba. Difficile est in turba videre Christum : solitudo quædam necessaria est menti nostræ : quadam solitudine intentionis videtur Deus. Turba strepitum habet : visio ista secretum desiderat. « Tolle grabatum tuum, » porta portatus proximum tuum; « et ambula, » ut pervenias. Noli Jesum quærere in turba, non est tanquam unus de turba : prævenit omnem turbam. Prior ascendit de mari piscis ille magnus, et in cœlis sedet interpellans pro nobis : tanquam sacerdos magnus, unus intravit in interiora veli, turba foris stat. Ambula tu, qui portas proximum tuum ; si didicisti portare, qui solebas portari. Denique modo nondum nosti Jesum, nondum vides Jesum : quid postea se-

trouva ensuite dans le temple. Il n'avait pas vu Jésus au milieu de la foule, il le vit dans le temple. Le Seigneur Jésus le voyait aussi bien au milieu de la foule que dans le temple; mais pour lui il ne connaît pas Jésus au milieu de la foule, il ne le reconnaît que dans le temple. Il est donc parvenu jusqu'au Seigneur, il le voit dans le temple, il le voit dans un lieu sacré, dans le lieu saint. Et quelles paroles lui sont adressées par Jésus : « Vous voilà guéri, ne péchez plus, de peur qu'il ne vous arrive quelque chose de pire. » (Ibid., 14.)

12. Lors donc que cet homme eut vu Jésus et qu'il eut connu qu'il était l'auteur de sa guérison, il s'empressa de publier sans aucun retard le nom de son bienfaiteur. « Cet homme s'en alla et apprit aux Juifs que c'était Jésus qui l'avait guéri. » (Jean, v, 15.) Il proclame l'auteur de sa guérison, et les Juifs n'en deviennent que plus furieux; il publie à haute voix le salut qu'il a reçu de Jésus, mais les Juifs se souciaient peu de leur propre salut.

13. « Les Juifs persécutaient donc le Seigneur Jésus parce qu'il faisait ces choses le jour du sabbat. » (Jean, v, 16.) Or, écoutons ce que Notre-Seigneur leur répond. Je vous ai déjà dit ce qu'il répondait à ceux qui lui objectaient les hommes qu'il guérissait le jour du sabbat, c'est qu'eux-mêmes ne laissaient point périr leurs animaux le jour du sabbat, et qu'ils s'empressaient ce jour-là même de les délivrer aussi bien que de les guérir. Que répond-il maintenant sur l'action de cet homme qui emporte son lit? Une œuvre évidemment matérielle et servile avait été faite sous les yeux des Juifs; ce n'était point la guérison de ce paralytique, mais l'action d'emporter son lit, ce qui ne paraissait point aussi nécessaire que sa guérison. Que Notre-Seigneur nous déclare donc ouvertement le mystère de la loi du sabbat, que l'obligation de garder ce jour n'avait été donnée que pour un temps aux Juifs et que cette loi figurative trouvait en lui son accomplissement. « Mon Père, leur dit-il, continue d'agir jusqu'à présent, et moi aussi j'agis sans cesse. » Il excite parmi eux un grand tumulte, à l'arrivée du Seigneur l'eau est agitée, mais celui qui l'agite demeure caché. Cependant cette eau agitée doit guérir un seul grand malade, c'est-à-dire que la passion du Seigneur doit guérir le monde tout entier.

14. Voyons donc la réponse de la vérité. « Mon Père agit toujours, et moi aussi j'agis sans cesse. » Ce que dit la Genèse que Dieu s'est reposé de toutes ses œuvres le septième jour n'est donc point conforme à la vérité, et Notre-Seigneur Jésus-Christ se déclare contre l'Ecriture donnée par Moïse aux Juifs, lorsqu'il leur dit : « Si vous croyez Moïse, peut-être me croirez-vous aussi, car il a écrit de moi. » (Jean, v, 46.) Examinons si Moïse n'a point voulu nous don-

---

quitur? Quoniam non destitit ille tollendo grabatum suum, et ambulando : « Vidit eum postea Jesus in templo. » (v. 14.) In turba non eum vidit, in templo vidit. Dominus quidem Jesus et in turba eum videbat, et in templo : ille autem languidus Jesum in turba non cognoscit, in templo cognoscit. Pervenit ergo ille ad Dominum : vidit eum in templo, vidit eum in loco sacrato, in loco sancto. Et quid ab eo audit? « Ecce jam sanus factus es, noli peccare, ne quid tibi deterius contingat. »

12. Tunc ille, postea quam vidit Jesum, et cognovit Jesum auctorem sanitatis suæ, non fuit piger in evangelizando quem viderat : « Abiit, et nuntiavit Judæis, quia Jesus esset, qui eum sanum fecerat. » (v. 15.) Ille annuntiabat, et illi insaniebant : ille salutem suam prædicabat, illi salutem suam non quærebant.

13. « Persequebantur Judæi Dominum Jesum, quia hæc faciebat in sabbato. » (v. 16.) Quid ergo Dominus modo respondit Judæis, audiamus. De sanis factis hominibus sabbato, dixi quid soleat respondere, quia jumenta sua non contemnebant sabbato, vel liberando vel alendo. De portato grabato quid respondit? Manifestum opus corporale factum erat ante oculos Judæorum : non sanitas corporis, sed operatio corporis; quæ non videbatur ita necessaria, quemadmodum sanitas. Aperte ergo Dominus dicat sacramentum sabbati, et signum observandi unius diei ad tempus datum esse Judæis : impletionem vero ipsam sacramenti in illo venisse. « Pater meus, inquit, usque modo operatur, et ego operor. » (v. 17.) Misit in eos magnum tumultum; adventu Domini turbatur aqua: sed qui turbat, latet. Tamen sanandus est turbata aqua æger unus magnus, passo Domino totus mundus.

14. Videamus ergo responsionem Veritatis : « Pater meus usque modo operatur, et ego operor. » Falsum ergo dixit Scriptura, quia Deus requievit ab omnibus operibus suis in die septimo? (Gen., II, 2) et contra hanc Scripturam per Moysen ministratam, loquitur Dominus Jesus, cum ipse dicat Judæis : Si crederetis Moysi, crederetis et mihi; de me enim ille scripsit? (Joan., v, 46.) Videte ergo ne aliquid voluit signifi-

ner quelqu'enseignement mystérieux en disant que Dieu s'est reposé le septième jour. Dieu, en effet, ne s'était pas fatigué en tirant les créatures du néant, et il n'avait pas besoin de repos comme l'homme. Comment supposer la fatigue dans celui qui avait tout créé d'une seule parole? Cependant il est vrai que Dieu s'est reposé de toutes ses œuvres le septième jour, et ce que Jésus dit : « Mon Père continue d'agir jusqu'à présent, » est également vrai. Mais comment un homme pourra-t-il l'expliquer à un homme, un infirme à des infirmes, un ignorant à des esprits désireux de s'instruire? Et comprît-il quelque chose de la vérité, comment l'expliquer à des hommes qui ont de la peine à comprendre, quelque facile qu'en fût d'ailleurs l'explication? C'est-à-dire, mes frères, qui pourra expliquer comment Dieu opère en restant en repos, comment il se repose en continuant d'agir? Je vous en prie, attendez pour comprendre cette vérité que vous ayez fait quelques progrès; cette vision ne peut avoir lieu que dans le temple de Dieu, elle demande le secret du lieu saint; portez le prochain et marchez, vous le verrez là où vous ne chercherez plus à comprendre les paroles des hommes.

15. Peut-être pouvons-nous dire que ce repos de Dieu le septième jour est la figure mystérieuse de Notre-Seigneur et Sauveur Jésus-Christ qui disait : « Mon Père continue d'agir jusqu'à présent, et moi aussi j'agis sans cesse. » Car Notre-Seigneur Jésus-Christ est Dieu lui-même. Il est le Verbe de Dieu, et vous savez qu'au commencement était le Verbe, et non pas un verbe quelconque, mais que ce Verbe était Dieu, et toutes choses ont été faites par lui. Peut-être avons-nous ici la figure du repos qu'il devait prendre le septième jour après toutes ses œuvres. Lisez l'Evangile, et voyez la grandeur des œuvres de Jésus. Il a opéré notre salut sur la croix pour accomplir en lui tout ce qu'avaient prédit les Prophètes, il a été couronné d'épines, attaché à la croix où il s'est écrié : J'ai soif ; on lui a présenté une éponge trempée de vinaigre, pour accomplir ce qui est écrit : « Ils m'ont donné du vinaigre pour étancher ma soif. » (*Ps.* LXVIII, 22.) Mais dès qu'il eut achevé toutes ses œuvres, le sixième jour de la semaine, il inclina la tête et rendit l'esprit, et le septième jour il se reposa de toutes ses œuvres dans le sépulcre. Il semble donc dire aux Juifs : Pourquoi vouloir que je ne fasse rien le jour du sabbat? La loi qui vous ordonne de garder ce jour vous a été donnée en figure de ce que je devais faire. Vous considérez les œuvres de Dieu, j'étais là lorsqu'elles étaient créées, c'est par moi que toutes choses ont été faites, je les connais toutes. « Mon Père continue d'agir jusqu'à présent. » Mon Père a créé la lumière, pour la créer il a dit : « Que la lumière soit. » (*Gen.*, I, 3.) S'il l'a créée par sa parole, il l'a créée par son Verbe. J'étais son Verbe, je

care Moyses, quod Deus requievit in die septimo. Non enim defecerat Deus operando creaturam suam, et indigebat requie sicut homo. Quomodo defecerat qui verbo fecerat? Tamen et illud verum est, quia requievit Deus ab operibus suis in die septimo : et hoc verum est quod ait Jesus : « Pater meus usque modo operatur. » Sed quis explicet verbis, homo hominibus, infirmus infirmis, indoctus discere cupientibus et forte si quid sapit, promere et explicare non valens hominibus, difficile forte capientibus, etiam si explicari possit quod capitur? Quis, inquam, Fratres mei, explicet verbis, quomodo Deus et quietus operetur, et operans quiescat? Obsecro vos, ut hoc vobis proficientibus differatis; visio enim ista templum Dei quærit, sanctum locum quærit : portate proximum, et ambulate : ibi eum videbitis, ubi verba hominum non quæratis.

15. Hoc forte potius dicere valemus, quia et in eo quod Deus in die septimo requievit, ipsum Dominum et Salvatorem nostrum Jesum Christum, qui hæc loquebatur et dicebat, « Pater meus usque modo operatur, et ego operor, » magno sacramento significavit. Quia et Dominus Jesus utique Deus. Ipse est enim Verbum Dei, et audistis quia in principio erat Verbum (*Joan.*, I, 1), et non qualecumque Verbum, sed Deus erat Verbum, et omnia per ipsum facta sunt : forte significatus est requieturus in die septimo ab omnibus operibus suis. Legite enim Evangelium, et videte quanta operatus sit Jesus. Operatus est salutem nostram in cruce, ut implerentur in eo omnia prædicta Prophetarum : coronatus est spinis, suspensus est ligno, dixit : Sitio, accepit acetum in spongia, ut impleretur quod dictum est : Et in siti mea potaverunt me aceto. (*Psal.* LXVIII, 22.) At ubi impleta sunt omnia opera ejus, sexta sabbati inclinato capite reddidit spiritum, et in sepulcro sabbato requievit ab omnibus operibus suis. Ergo tanquam diceret Judæis : Quid expectatis ut non operer sabbato? Sabbati dies vobis ad significationem meam præceptus est. Opera Dei attenditis : ego ibi eram cum fierent, per me facta sunt omnia, ego novi : « Pater meus usque modo operatur. » Operatus est Pater lucem; sed dixit, ut fieret lux (*Gen.*, 1, 3) si

le suis encore, c'est par moi que le monde a été fait dans l'œuvre de sa création, c'est par moi que le monde est gouverné dans les œuvres de la Providence. Mon Père a donc agi lorsqu'il a créé le monde, et il continue d'agir en le gouvernant, c'est donc par moi qu'il a créé le monde, lorsqu'il l'a tiré du néant, et c'est par moi qu'il le gouverne, lorsqu'il lui fait sentir les effets de son action providentielle. Voilà les vérités que Jésus enseignait, mais à qui? à des sourds, à des aveugles, à des boiteux, à des malades qui ne reconnaissaient pas le médecin, et qui voulaient le mettre à mort comme dans un accès de frénésie.

16. Ecoutez, en effet, ce qu'ajoute l'Evangéliste : « Sur quoi les Juifs cherchaient encore avec plus d'ardeur à le faire mourir, parce que, non content de violer le sabbat, il disait encore que Dieu était son Père, » (*Jean*, v, 18) non pas d'une manière quelconque, mais comment? « En se faisant égal à Dieu. » Nous disons tous à Dieu : « Notre Père qui êtes dans les cieux. » (*Matth.*, VI, 9.) Nous voyons aussi que les Juifs disaient à Dieu : « Puisque vous êtes notre père. » (*Isa.*, LXIII, 16; LXIV, 8.) L'indignation des Juifs ne venait donc pas de ce qu'il nommait Dieu son Père, mais de ce qu'il l'appelait son Père d'une tout autre manière que les autres hommes. Voici donc que les Juifs comprennent ce que ne comprennent pas les Ariens. Les Ariens prétendent que le Fils n'est pas égal au Père, et de là est née cette hérésie qui afflige l'Eglise. Voyez, les aveugles eux-mêmes, les bourreaux, les meurtriers de Jésus-Christ, ont cependant compris les paroles de Jésus-Christ. Ils n'ont pas compris qu'il était Christ, ils n'ont pas compris qu'il était le Fils de Dieu, mais ils ont parfaitement compris que le Fils de Dieu dont on leur parlait était égal à Dieu. Ils ne savaient pas ce qu'était Jésus, mais ils reconnaissaient qu'il revendiquait hautement ce droit d'avoir Dieu pour père, en se faisant égal à Dieu. N'était-il donc pas égal à Dieu? Ce n'est pas lui-même qui se faisait égal à Dieu, c'est Dieu qui l'avait engendré parfaitement égal à lui-même. S'il s'était fait égal à Dieu, cette usurpation eût été cause de sa chute. Celui qui a voulu se faire égal à Dieu, lorsqu'il ne l'était pas a été précipité du haut des cieux (*Isa.*, XIV, 14), et d'ange qu'il était il est devenu démon, et il a cherché à communiquer à l'homme cet orgueil, cause de sa ruine. En effet, que dit-il à l'homme au bonheur duquel il portait envie après sa propre chute ? « Mangez ce fruit et vous serez comme des dieux, » (*Gen.*, III, 5) c'est-à-dire usurpez injustement ce que vous n'êtes pas en vertu de votre création, parce que je suis tombé moi-même victime de cette usurpation. Il ne s'exprimait pas aussi ouvertement, toutefois voilà ce qu'il conseillait. Mais pour Jésus-Christ, il n'avait pas été fait égal à son Père, il était né de la substance du Père. Et voici en quels termes

---

dixit : Verbo operatus est; Verbum ejus ego eram, ego sum : per me factus est mundus in illis operibus, per me regitur mundus in istis operibus : Pater meus et tunc operatus est cum fecit mundum, et usque nunc operatur cum regit mundum, ergo et per me fecit cum fecit, et per me regit cum regit. Dixit hæc, sed quibus? surdis, cæcis, claudis, languidis, medicum non agnoscentibus, et tanquam in phrenesi mente perdita occidere volentibus.

16. Proinde quid secutus Evangelista dixit? « Hinc ergo magis quærebant eum Judæi interficere, quia non solum solvebat sabbatum, sed et patrem suum dicebat Deum. » Non quomodocumque : sed quid? « æqualem se faciens Deo. » (*Joan.*, v, 18.) Nam omnes dicimus Deo : Pater noster qui es in cœlis. (*Matth.*, VI, 9.) Legimus et Judæos dixisse : Cum tu sis pater noster. (*Isa.*, LXIII, 16, et LXIV, 8.) Ergo non hinc irascebantur, quia patrem suum dicebat Deum : sed quod longe alio modo quam homines. Ecce intelligunt Judæi quod non intelligunt Ariani. Ariani quippe inæqualem Patri Filium dicunt, et inde hæresis pulsat Ecclesiam. Ecce ipsi cæci, ipsi interfectores Christi, intellexerunt tamen verba Christi. Non cum intellexerunt esse Christum, nec eum intellexerunt Filium Dei : sed tamen intellexerunt in illis verbis, quia talis commendaretur Filius Dei, quia æqualis esset Deo. Quis erat nesciebant : talem tamen prædicari agnoscebant, quia « patrem suum dicebat Deum, æqualem se faciens Deo. » Non erat ergo æqualis Deo? Non ipse se faciebat æqualem, sed ille illum genuerat æqualem. Si se ipse faceret æqualem Deo, caderet per rapinam. Qui enim se voluit æqualem facere Deo cum non esset, cecidit (*Isa.*, XIV, 14), et ex angelo factus est diabolus : et hanc superbiam homini propinavit, unde ipse dejectus est. Nam hoc dixit homini, cui stanti lapsus invidit : Gustate, et eritis sicut dii (*Gen.*, III, 5) : id est, usurpatione rapite quod facti non estis; quia et ego rapiendo dejectus sum. Non hoc prodebat, sed hoc suadebat. Christus autem æqualis Patri natus erat, non factus :

l'Apôtre parle de cette naissance divine : « Lui qui avait la nature de Dieu, n'a point cru que ce fût pour lui une usurpation de s'égaler à Dieu. » (*Philipp.*, II, 6.) Qu'est-ce à dire qu'il n'a point regardé comme une usurpation ? Il n'a point usurpé injustement l'égalité avec Dieu, mais il avait cette égalité qu'il tenait de sa naissance. Et pour nous, comment pourrions-nous parvenir jusqu'à celui qui est égal à Dieu ? « Il s'est anéanti lui-même en prenant la forme d'esclave. » Il s'est donc anéanti sans perdre ce qu'il était, mais en se revêtant de ce qu'il n'était pas. Les Juifs, n'ayant que du mépris pour cette forme de serviteur, ne pouvaient comprendre que Notre-Seigneur Jésus-Christ fût égal à Dieu le Père, bien qu'ils reconnaissaient sans nul doute qu'il s'attribuait cette égalité, et c'est ce qui redoublait leur fureur. Cependant Jésus les supportait encore et il cherchait à rendre la santé à ces furieux qui voulaient sa mort.

TRAITÉ XVIII (1).

Sur ces paroles : « En vérité, en vérité je vous le dis, le Fils ne peut rien faire de lui-même, mais seulement ce qu'il voit que le Père fait ; car tout ce que fait le Père, le Fils aussi le fait comme lui. »

Saint Jean, parmi ceux qui ont été appelés comme lui à la dignité d'évangélistes, a reçu du Seigneur (sur la poitrine duquel il a reposé pendant la cène, pour indiquer les sublimes secrets qu'il puisait dans ce cœur divin), ce don particulier, cette prérogative spéciale de révéler sur le Fils de Dieu des vérités qui peuvent stimuler les âmes encore faibles, mais attentives, et ne peuvent cependant satisfaire celles qui ne sont point préparées. Quant à celles qui ont déjà grandi, et qui sont parvenues intérieurement à l'âge viril, elles trouvent à la fois dans ces paroles et un exercice et un aliment. Vous avez entendu la lecture que nous en avons faite, et vous vous rappelez quelle est l'occasion de ce discours. On vous a lu hier : « Que les Juifs voulaient faire mourir Jésus, parce que non content de violer le sabbat, il disait encore que Dieu était son père, se faisant égal à Dieu. » Ce qui déplaisait aux Juifs était agréable au Père lui-même. Cette déclaration doit plaire également à ceux qui honorent le Fils comme ils honorent le Père, car si elle leur déplaisait, ils cesseraient eux-mêmes d'être agréables à Dieu. Si Dieu vous est agréable, il n'en sera pas plus grand, mais vous devenez nécessairement plus petit, s'il venait à vous déplaire. A cette calomnie des Juifs qui prend sa source ou dans l'ignorance, ou dans la malice, Notre-Seigneur a opposé une doctrine qu'ils ne comprendront pas entièrement,

---

(1) Ce Traité a été prononcé le lendemain du jour où saint Augustin a donné le Traité précédent. Voy. n° 10.

---

natus de substantia Patris. Unde illum sic commendat Apostolus : « Qui cum in forma Dei esset, non rapinam arbitratus est esse æqualis Deo. » (*Philip.*, II, 6.) Quid est, non rapinam arbitratus est? Non usurpavit æqualitatem Dei : sed erat in illa, in qua natus erat. Et nos ad æqualem Deum quomodo perveniremus? Semetipsum exinanivit formam servi accipiens. Non ergo se exinanivit amittens quod erat, sed accipiens quod non erat. Hanc formam servi contemnentes Judæi, Dominum Christum æqualem Patri intelligere non poterant : quamvis cum hoc de se dicere minime dubitabant : et ideo sæviebant : et adhuc tamen eos ille perferebat, et sanitatem sævientium requirebat.

TRACTATUS XVIII.

In eum Evangelii locum : *Amen, amen dico vobis, non potest Filius a se facere quidquam, nisi quod viderit Patrem facientem : quæcumque enim ille fecerit, hæc et Filius similiter facit.*

1. Joannes Evangelista inter consortes et comparticipes suos alios Evangelistas, hoc præcipuum et proprium donum accepit a Domino (super cujus pectus in convivio discumbebat (*Joan.*, XIII, 23), ut per hoc significaret, quia secreta altiora de intimo ejus corde potabat), ut ea diceret de Filio Dei quæ parvulorum mentes fortassis intentas excitare possint ; implere autem nondum capaces non possint : grandiusculis autem quibusque mentibus et ad ætatem quamdam interius virilem pervenientibus, dat aliquid verbis his, quo et exerceantur, et pascantur. Audistis cum legeretur, et unde sermo iste venerit meministis. Hesterno enim die lectum est, quod « propterea volebant Jesum Judæi interficere, quia non solum solvebat sabbatum, sed etiam Patrem suum dicebat Deum, æqualem se faciens Deo. » (*Joan.*, V, 18.) Quod Judæis displicebat, hoc ipsi Patri placebat. Hoc sine dubio placet etiam eis, qui honorificant Filium, sicut honorificant Patrem : quia si eis non placet, displicebunt. Non enim Deus erit major, quia placet tibi : sed tu minor, si displicet tibi. Adversus hanc autem eorum calumniam, venientem vel de ignorantia, vel de malitia, loquitur Dominus non omnino quod capiant, sed unde agi-

mais qui les jetant dans l'agitation et dans le trouble, les déterminera à chercher le médecin. Or, cette doctrine de Jésus devait être consignée par écrit, afin que nous puissions nous-même en prendre connaissance. Voyons donc l'effet qu'elle produisit sur les cœurs des Juifs lorsqu'ils entendirent ces paroles; mais réfléchissons plus attentivement sur l'impression qu'elle produit sur nous-mêmes. Les hérésies et les doctrines perverses qui enlacent les âmes et les précipitent dans l'abîme, prennent leur source dans une mauvaise interprétation des Ecritures, et dans les assertions téméraires et audacieuses qui naissent de cette mauvaise interprétation. Il nous faut donc, mes très-chers frères, écouter avec une prudence extrême, avec un sentiment de religion mêlé de crainte, comme l'Ecriture nous le recommande, ce que nous sommes encore trop faibles pour comprendre. Attachons-nous à cette règle salutaire de recevoir avec joie comme la nourriture de notre âme ce que la foi dont nous sommes pénétrés nous donne de comprendre. Quant à ce qui reste encore incompréhensible pour nous d'après cette même règle, n'en ayons aucun doute; attendons pour le comprendre et ne laissons pas de croire à la bonté, à la vérité de ce que nous ne savons pas. Et moi, mes frères, qui ai entrepris de vous expliquer ces vérités, que suis-je, veuillez y réfléchir, et quelle tâche me suis-je imposée? J'ai à vous parler de choses divines, moi qui ne suis qu'un homme, de choses toutes spirituelles, moi qui suis charnel, de vérités éternelles, moi qui suis soumis à la mort. Ah! loin de moi, mes très-chers frères, toute vaine présomption, si je veux me conduire avec sagesse dans la maison de Dieu, qui est l'Eglise du Dieu vivant, la colonne et le soutien de la vérité. (I *Tim.*, III, 15.) Je comprends, suivant la faiblesse de mon esprit, ce que je cherche à vous expliquer; si la vérité se découvre à moi, je m'en nourris comme vous; si elle demeure comme fermée, je frappe avec vous.

2. Les Juifs furent outrés d'indignation, avec raison sous un rapport, de ce qu'un homme osait s'égaler à Dieu; mais bien à tort sous un autre, parce que dans cet homme ils ne comprenaient pas qu'il y avait un Dieu. Ils voyaient la chair, ils ne connaissaient pas le Dieu. Ils apercevaient la demeure, ils ne voyaient pas celui qui l'habitait. Cette chair était un temple, Dieu habitait au dedans. Ce n'est donc point la chair que Jésus proclamait égale au Père, ce n'est pas la forme du serviteur qu'il assimilait au Seigneur, ce n'est pas en un mot ce qu'il est devenu par amour pour nous, mais ce qu'il était quand il nous a créés. Qu'est-ce que le Christ, en effet? Je parle ici à des catholiques, vous le savez, parce que la foi vous l'a enseigné; ce n'est ni le Verbe, ni la chair prise isolément, c'est le Verbe fait chair pour habiter parmi nous. Je vous

tentur et conturbentur, et fortasse vel conturbati medicum quærant. Dicebat autem quæ scriberentur, ut etiam a nobis postea legerentur. Viderimus ergo quid in Judæorum cordibus factum sit, cum hæc audirent : quid in nobis fiat cum hæc audimus, amplius cogitemus. Neque enim natæ sunt hæreses, et quædam dogmata perversitatis illaqueantia animas et in profundum præcipitantia, nisi dum Scripturæ bonæ intelliguntur non bene, et quod in eis non bene intelligitur, etiam temere et audacter asseritur. Itaque, Carissimi, valde caute hæc audire debemus, ad quæ capienda parvuli sumus; et corde pio et cum tremore, sicut scriptum est, hanc tenentes regulam sanitatis, ut quod secundum fidem qua imbuti sumus, intelligere valuerimus, bonum tamen et verum esse minime dubitemus. Et ego, Fratres, qui suscepi loqui vobis, cogitandus sum a vobis qui susceperim, et quæ susceperim : suscepi enim tractanda divina homo, spiritalia carnalis, æterna mortalis. Etiam a me, Carissimi, longe sit vana præsumptio, si volo sanus in domo Dei conversari, quæ est Ecclesia Dei vivi, columna et firmamentum veritatis (I *Tim.*, III, 15) : pro modulo meo capio quod vobis appono : ubi aperitur, pascor vobiscum; ubi clauditur, pulso vobiscum.

2. Commoti sunt ergo Judæi, et indignati sunt : merito quidem, quod audebat homo æqualem se facere Deo : sed ideo immerito, quia in homine non intelligebant Deum. Carnem videbant, Deum nesciebant : habitaculum cernebant, habitatorem ignorabant. Caro illa templum erat, Deus inhabitabat intus. Non ergo Jesus carnem æquabat Patri, non formam servi Domino comparabat : non quod factum est propter nos, sed quod erat quando fecit nos. Quis namque sit Christus : Catholicis loquor, nostis, quia bene credidistis : non Verbum tantum, nec caro tantum; sed Verbum caro factum est, ut habitaret in nobis. Recenseo de Verbo quod nostis : In principio

rappelle ici ce que vous savez du Verbe : « Au commencement était le Verbe, et le Verbe était en Dieu, et le Verbe était Dieu, » voilà l'égalité avec le Père. Mais « le Verbe s'est fait chair et il a habité parmi nous; » le Père est plus grand que cette chair, le Père est donc à la fois égal au Fils et plus grand que lui; égal au Verbe, plus grand que la chair; égal à celui par lequel il nous a faits, plus grand que celui qui s'est fait chair pour nous. C'est d'après cette règle de la foi catholique, que vous devez surtout vous appliquer à connaître, à laquelle vous devez rester inévitablement attachés, dont votre foi ne doit jamais s'écarter, qu'aucun raisonnement humain ne doit arracher de votre cœur, que nous devons mesurer les vérités que nous comprenons; et quant à celles que nous ne comprenons pas, c'est d'après cette même règle que nous devons remettre à les comprendre au temps où nous en serons devenus capables. Nous savons donc que le Fils de Dieu est égal à son Père, parce que nous savons qu'au commencement le Verbe était Dieu. Pourquoi donc les Juifs voulaient-ils le mettre à mort? Parce que non content de violer le sabbat, il disait que Dieu était son Père, se faisant égal à Dieu, c'est-à-dire qu'ils ne voyaient que la chair et ne voyaient pas le Verbe. Que le Verbe combatte donc leur erreur par le moyen de la chair; que celui qui habite intérieurement se fasse entendre par le corps qui lui sert de demeure, et qu'il en fasse ainsi connaître l'hôte intérieur à l'âme capable de le comprendre.

3. Que leur dit donc Jésus? « Jésus leur répondit, » et il dit à ceux qui étaient scandalisés de ce qu'il se faisait égal à Dieu : « En vérité, en vérité je vous le dis, le Fils ne peut rien faire de lui-même, mais seulement ce qu'il voit que le Père fait. » (*Jean*, v, 19.) Nous ne lisons pas dans l'Evangile ce que les Juifs répondirent à ces paroles, et peut-être gardèrent-ils le silence. Il en est au contraire qui veulent passer pour chrétiens, et qui ne gardent pas ici le silence, et ils puisent dans ces paroles des objections contre nous que nous ne devons point laisser de côté, aussi bien dans leur intérêt que dans le nôtre. En effet, les hérétiques appelés Ariens, qui prétendent que ce n'est point par son incarnation, mais avant son incarnation que le Fils, qui s'est revêtu de notre chair, est inférieur à son Père, et ne partage point la même nature que le Père, veulent appuyer leur sacrilége erreur sur ces paroles, et nous disent : Vous voyez que Notre-Seigneur Jésus-Christ, ayant remarqué que les Juifs se scandalisaient de ce qu'il se disait égal à son Père, tient un langage qui détruit dans leur esprit cette idée d'égalité. Ce qui indisposait les Juifs contre Jésus-Christ, disent-ils, c'est qu'il se faisait égal à Dieu. Le Sauveur, pour détruire dans leur esprit cette impression, et leur prouver que le Fils n'était pas égal au Père,

---

erat Verbum, et Verbum erat apud Deum, et Deus erat Verbum (*Joan.*, 1, 1) : hic æqualitas cum Patre. Sed Verbum caro factum est, et habitavit in nobis (v. 14) : hac carne major est Pater. Ita Pater et æqualis, et major : æqualis Verbo, major carne : æqualis ei per quem fecit nos, major eo qui factus est propter nos. Ad hanc regulam sanam catholicam, quam præcipue nosse debetis, quam tenete qui nostis, a qua prorsus fides vestra labi non debet, quæ nullis hominum argumentis extorquenda est cordi vestro, dirigamus ea quæ intelligimus; et quæ forte non intelligimus, dirigenda ad hanc regulam quandoque differamus, cum idonei fuerimus. Novimus ergo æqualem Patri Filium Dei, quia novimus in principio Deum Verbum. Quid ergo : « Judæi volebant eum interficere? quia non solum solvebat sabbatum, sed et patrem suum dicebat Deum, æqualem se faciens Deo : » videntes carnem, non videntes Verbum. Loquatur ergo et contra eos Verbum per carnem, et interior habitator sonet per habitaculum suum : ut qui potest noverit quis intus habitet.

3. Quid ergo eis dicit? « Respondit itaque Jesus, et dixit eis, » commotis quod æqualem se faceret Deo : « Amen, amen dico vobis, non potest Filius a se facere quidquam, nisi quod viderit Patrem facientem. » (*Joan.*, v, 19.) Ad hæc quid responderint Judæi, scriptum non est : et fortasse tacuerunt. Quidam tamen, qui Christianos se haberi volunt, non tacent, et quodammodo ex his verbis concipiunt quædam dicenda contra nos : quæ contemnenda non sunt, et propter ipsos et propter nos. Ariani quippe hæretici dicentes, non per carnem, sed ante carnem, Filium ipsum qui suscepit carnem, minorem esse quam Pater est, et non esse ejusdem substantiæ, cujus Pater est, capiunt ex his verbis ansam calumniæ, et respondent nobis : Videtis quia Dominus Jesus, cum animadverteret Judæos ex hoc moveri, quod Patri Deo æqualem se faceret, talia verba subjunxit, ut se æqualem non esse monstraret. Movebat enim Judæos, aiunt, adversus Christum, quia æqualem se faciebat Deo, et volens eos corrigere ab hoc motu Christus, et eis demonstrare Filium non esse æqualem Patri, id est,

c'est-à-dire égal à Dieu, semble leur dire : Pourquoi cette colère, pourquoi cette indignation ? Je ne suis pas l'égal de Dieu, puisque « le Fils ne peut rien faire de lui-même, mais seulement ce qu'il voit que le Père fait. » Car celui qui ne peut rien faire de lui-même, mais seulement ce qu'il voit que le Père fait, lui est nécessairement inférieur, et n'est pas son égal.

4. Que l'hérétique qui suit dans son cœur cette ligne tortueuse et coupable, écoute non pas encore les reproches, mais les simples questions que nous allons lui faire, et qu'il nous explique son sentiment. O vous ! qui que vous soyez (car supposons qu'il est ici présent), je pense que vous admettrez avec nous qu'au commencement était le Verbe. Oui, je l'admets, me répond-il. Et aussi que le Verbe était en Dieu ? Je l'admets également, me dit-il. Poursuivez donc, et croyez plus fermement encore que le Verbe était Dieu. Je le crois encore, me répond-il, mais celui-ci est un Dieu supérieur, celui-là un Dieu inférieur. Cette réponse respire je ne sais quelle odeur de paganisme, mais je m'imaginais parler à un chrétien. S'il existe un Dieu supérieur et un Dieu inférieur, nous adorons donc deux dieux et non pas un seul Dieu ? Pourquoi ? me répond-il. Ne dites-vous pas vous-même qu'il existe deux dieux égaux entre eux ? Non, ce n'est point là ce que je dis. Car en admettant cette égalité, j'admets en même temps une charité indivisible, et comme conséquence de cette charité indivisible, une parfaite unité. Eh quoi ! la charité que Dieu a répandue dans les hommes, fait de plusieurs cœurs un seul cœur, d'une multitude d'âmes une seule âme, comme il est écrit dans les Actes des Apôtres de l'amour que les premiers fidèles avaient les uns pour les autres. « Ils n'avaient tous pour Dieu qu'un cœur et qu'une âme. » Si donc votre âme et la mienne, sous l'impression des mêmes sentiments et du même amour, deviennent une seule âme, à combien plus forte raison Dieu le Père et Dieu le Fils ne feront qu'un seul Dieu dans la source même de l'amour ?

5. Mais cependant considérez avec attention ces paroles qui troublent votre âme, et repassons ensemble ce que nous voulons savoir du Verbe. Nous admettons que le Verbe était Dieu; il faut joindre une autre propriété que l'Evangéliste ajoute après ces paroles : « Il était au commencement en Dieu. » Quelle est-elle ? « Toutes choses ont été faites par lui. » Maintenant c'est à moi de vous presser de mes questions, de vous exciter, de vous interpeller contre vous-même; retenez seulement dans votre souvenir ces deux vérités sur le Verbe, c'est que le Verbe était Dieu et que toutes choses ont été faites par lui. Ecoutez donc ces paroles qui font sur vous tant d'impression, que vous déclarez le Fils inférieur au Père parce qu'il a dit : « Le

---

æqualem Deo, ait, quasi dicens : Quid irascimini ? Quid indignamini ? Non sum æqualis, quia « non potest Filius a se facere quidquam, nisi quod viderit Patrem facientem. » Qui enim « non potest, inquiunt, facere a se quidquam, nisi quod viderit Patrem facientem, » utique minor est, non æqualis.

4. In hac regula cordis sui distorta et prava, hæreticus audiat nos nondum objurgantes, sed adhuc quasi quærentes, et explicet nobis quod sentit. Puto enim, o quisquis ille es (faciamus enim cum tanquam præsentem adesse), tenes nobiscum, quia in principio erat Verbum? (Joan., 1, 1.) Teneo, inquit. Et quia Verbum erat apud Deum? Et hoc, inquit, teneo. Sequere ergo, et hoc fortius tene, quia Deus erat Verbum. Et hoc, inquit, teneo : sed ille Deus major, ille Deus minor. Jam nescio quid paganum redolet : cum Christiano me loqui arbitrabar. Si est Deus major, et est Deus minor; duos deos colimus, non unum Deum. Quare, inquit ? et tu non duos deos dicis æquales sibi ? Hoc ego non dico : æqualitatem enim istam sic intelligo, ut ibi intelligam etiam individuam caritatem; et si individuam caritatem, perfectam unitatem. Si enim caritas quam misit hominibus Deus, de multis hominum cordibus facit cor unum, et multas hominum animas facit animam unam, sicut de credentibus seseque invicem diligentibus scriptum est in Actibus Apostolorum : Erat illis anima una, et cor unum in Deum (Act., iv, 32) : si ergo anima mea et anima tua, cum idem sapimus nosque diligimus, fit anima una; quanto magis Pater Deus et Filius Deus in fonte dilectionis Deus unus est ?

5. Verum ad hæc verba, quibus commotum est cor tuum intende, et recole mecum quod de Verbo requirebamus. Jam tenemus, Deus erat Verbum : adjungo aliud, quia cum dixisset : Hoc erat in principio apud Deum, continuo subjecit Evangelista : Omnia per ipsum facta sunt. Nunc te quærendo exagito, nunc te contra te moveo, et te contra te interpello : tene tantum memoriter ista de Verbo, quia Deus erat Verbum, et omnia per ipsum facta sunt. Audi jam verba quibus commotus es, ut minorem diceres

Fils ne peut rien faire de lui-même, mais seulement ce qu'il voit que le Père fait. » C'est, en effet, la conclusion que je tire de ces paroles, me dit-il. Exposez-moi donc un peu votre sentiment ; à votre avis, je suppose, le Père fait certaines œuvres, le Fils considère comment le Père les fait pour les faire lui-même de la même manière que son Père. Vous établissez deux artisans auxquels vous comparez le père et le fils, l'un comme le maître, l'autre comme le disciple ; c'est ainsi que parmi les artisans nous voyons le père enseigner son art à ses enfants. Je descends jusqu'à vos pensées tout humaines, je partage pour un instant votre sentiment ; voyons si ces pensées peuvent se concilier avec ce que nous avons dit, avec ce que nous avons admis de concert sur la personne du Verbe, c'est-à-dire que le Verbe est Dieu et que toutes choses ont été faites par lui. Supposez donc que le Père est comme un artisan qui fait une œuvre quelconque, et le Fils, comme un apprenti « qui ne peut rien faire, mais seulement ce qu'il voit que le Père fait. » Il tient les yeux arrêtés en quelque sorte sur les mains de son Père pour étudier son mode d'action et de travail, et pour l'imiter ensuite lui-même dans ses œuvres. Mais toutes ces choses que fait le Père et qu'il veut que le Fils considère pour les faire de la même manière, par qui les fait-il ? Voyons, c'est maintenant qu'il faut vous rappeler les premières propositions que vous avez examinées, que vous avez admises avec moi, c'est-à-dire qu'au commencement était le Verbe, que le Verbe était en Dieu, que le Verbe était Dieu et que toutes choses ont été faites par lui. Ainsi donc, après que vous êtes convenus avec moi que toutes choses ont été faites par le Verbe, obéissant à je ne sais quelle impression grossière, à quel mouvement puéril, vous vous représentez dans votre esprit Dieu agissant et le Verbe attentif à ce que fait Dieu le Père, afin d'agir de la même manière. Mais qu'est-ce que Dieu fait en dehors du Verbe ? S'il fait quelque chose sans le Verbe, toutes choses n'ont pas été faites par le Verbe, il vous faut renoncer à ce que vous admettiez ; si au contraire toutes choses ont été faites par le Verbe, corrigez ce qu'il y a de défectueux dans votre sentiment. Le Père a fait toutes choses et ne les a faites que par le Verbe : comment le Verbe considère-t-il le Père qui agit sans le Verbe, pour agir de la même manière ? Tout ce que le Père a fait, il l'a fait par le Verbe, ou il est faux de dire : « Toutes choses ont été faites par lui. » Mais on ne peut contester cette vérité : « Toutes choses ont été faites par lui. » N'est-ce pas assez pour vous ? Ajoutez : « Et rien n'a été fait sans lui. »

6. Renoncez donc ici à la sagesse de la chair et cherchons le sens de ces paroles : « Le Fils ne peut rien faire de lui-même, mais seulement

---

Filium, nempe quia dixit : « Non potest Filius a se facere quidquam, nisi quod viderit Patrem facientem. » Ita, inquit. Expone hoc mihi paululum : sic quantum opinor intelligis, quoniam quædam facit Pater : Filius autem attendit quemadmodum faciat Pater, ut possit et ipse ea facere quæ viderit Patrem facientem. Duos quasi fabros constituisti : ita Patrem et Filium, ut etiam magistrum et discipulum, quomodo solent patres fabri docere filios suos artem suam. Ecce descendo ad carnalem sensum tuum, ita interim cogito ut tu : videamus si cogitatio hæc nostra inveniat exitum secundum illa quæ jam de Verbo pariter locuti sumus pariterque sentimus, quia Deus Verbum, et omnia per ipsum facta sunt. Pone igitur Patrem tanquam fabrum, quædam opera facientem : Filium autem tanquam discipulum, qui « non potest facere quidquam, nisi quod viderit Patrem facientem : » intendit enim quodammodo in manus Patris, ut quomodo viderit eum fabricare, sic et ipse tale aliquid fabricet in operibus suis. Sed Pater iste omnia illa quæ facit, et vult ut attendat eum Filius et talia et ipse faciat, per quem facit? Eia nunc est ut adsis sententiæ tuæ priori, quam mecum recensuisti mecumque tenuisti, quia in principio Verbum, et apud Deum Verbum, et Deus Verbum, et omnia per ipsum facta sunt. Tu ergo cum mecum tenueris, quia per Verbum facta sunt omnia ; rursum carnali sapore et puerili motu facis tibi in animo Deum facientem, et Verbum adtendentem, ut cum fecerit Deus, faciat et Verbum. Quid enim facit Deus præter Verbum? Si enim facit, non omnia per Verbum facta sunt, perdidisti quod tenebas : si autem omnia per Verbum facta sunt, corrige quod male intelligebas. Fecit Pater, et non fecit nisi per Verbum : quomodo attendit Verbum, ut videat Patrem facientem sine Verbo, quod similiter faciat Verbum ? Quidquid fecit Pater, per Verbum fecit : aut falsum est : Omnia per ipsum facta sunt. Sed verum est : Omnia per ipsum facta sunt. Parum fortasse tibi videbatur? Et sine ipso factum est nihil.

6. Recede ergo ab ista carnis prudentia, et quæramus quemadmodum dictum sit : « Non potest

ce qu'il voit que le Père fait. » Cherchons, si toutefois nous sommes dignes de le comprendre. Je l'avoue, c'est une chose aussi difficile qu'elle est grande de voir le Père agissant par le Fils ; de voir, non pas le Père et le Fils faisant chacun des œuvres différentes, mais le Père faisant toutes ses œuvres par le Fils, de manière qu'aucune œuvre absolument n'est faite par le Père sans le Fils, ou par le Fils sans le Père, parce que « toutes choses ont été faites par lui et que rien n'a été fait sans lui. » Après avoir établi solidement ces principes sur le fondement de la foi, comment expliquer que « le Fils ne peut rien faire de lui-même, mais seulement ce qu'il voit que le Père fait ? » Vous voulez savoir, ce me semble, comment le Fils agit ? cherchez tout d'abord comment le Fils voit. Que dit, en effet, Notre-Seigneur ? « Le Fils ne peut rien faire de lui-même, mais seulement ce qu'il voit que le Père fait. » Remarquez ces paroles : « Mais seulement ce qu'il voit que le Père fait. » Il commence par voir et il agit ensuite, car il ne voit que pour agir. Pourquoi cherchez-vous à savoir comment il agit, alors que vous ne savez pas encore comment il voit ? Pourquoi vous empresser de connaître ce qui suit sans faire attention à ce qui précède. Notre-Seigneur dit qu'il voit et qu'il fait, et non pas qu'il fait et qu'il voit. « Il ne peut rien faire de lui-même, mais seulement ce qu'il voit que le Père fait. » Vous voulez que je vous explique comment il agit, expliquez-moi vous-même comment il voit. Vous ne pouvez m'expliquer ce premier point, je ne puis davantage vous expliquer le second. Vous n'êtes pas encore capable de comprendre cette première vérité, je ne puis comprendre non plus la seconde. Cherchons donc tous les deux, frappons tous les deux pour mériter tous deux de recevoir. Pourquoi accuser mon ignorance comme si vous en saviez plus que moi ? Reconnaissons tous deux que nous ignorons, vous comment le Fils voit, moi comment il agit, et interrogeons notre commun maître au lieu de nous disputer comme des enfants dans son école. Nous avons tous deux déjà appris cette vérité, « que toutes choses ont été faites par lui. » Il est donc évident que le Père ne fait pas des œuvres différentes que le Fils a besoin de voir pour en faire de semblables ; mais ce sont les mêmes œuvres que le Père fait par le Fils, parce que toutes choses ont été faites par le Verbe. Or, comment Dieu fait-il ces œuvres, qui pourra le savoir ? Je ne dis pas comment il a fait le monde, mais comment il a fait votre œil au jugement duquel vous vous attachez d'une manière charnelle en comparant les choses visibles aux invisibles. Vos pensées sur Dieu sont semblables à celles que vous avez des objets extérieurs que vous voyez des yeux du corps. Or, si Dieu pouvait être vu des yeux du corps, il n'aurait pas dit : « Heureux ceux qui ont le cœur pur, parce qu'ils verront Dieu. » (*Matth.*, v, 8.) Vous avez donc, il

---

Filius a se facere quidquam, nisi quod viderit Patrem facientem. » Quæramus, si digni sumus qui apprehendamus. Fateor enim, magna res est, ardua omnino, videre Patrem facientem per Filium, non singula opera facientem Patrem et Filium, sed quolibet opus Patrem per Filium, ut nulla opera fiant vel a Patre sine Filio, vel a Filio sine Patre : quia omnia per ipsum facta sunt, et sine ipso factum est nihil. Quibus in fundamento fidei firmissime constitutis, jam quale est videre, quia « non potest Filius a se facere quidquam, nisi quod viderit Patrem facientem ? » Quæris, ut opinor, nosse Filium facientem : quære prius nosse Filium videntem. Certe enim quid ait ? « Non potest Filius a se facere quidquam, nisi quod viderit Patrem facientem. » Intende quod dixit, « nisi quod viderit Patrem facientem. » Præcedit visio, et sequitur effectio : videt enim ut faciat. Tu quid quæris jam nosse quomodo faciat, dum nondum scias quomodo videat ? Quid curris ad id quod posterius est, relicto quod prius est ? Videntem se dixit et facientem ; non, facientem et videntem : quia « non potest a se facere quidquam, nisi quod viderit Patrem facientem. » Vis ut explicem tibi quomodo faciat ? Tu mihi explica quomodo videat. Si hoc tu explicare non potes, nec ego illud : si hoc tu percipere nondum es idoneus, nec ego illud. Uterque ergo nostrum quærat, uterque pulset, ut uterque accipere mereatur. Quid quasi doctus calumniaris indocto ? Ego ad faciendum, tu ad videndum, ambo indocti a magistro quæramus, non in schola ejus pueriliter litigemus. Tamen simul jam didicimus, quia omnia per ipsum facta sunt. Ergo manifestum est, quia non alia opera facit Pater, quæ videat Filius, ut ipse faciat similia : sed eadem opera facit Pater per Filium, quia omnia per Verbum facta sunt. Jam quomodo faciat Deus quis novit ? non dico quomodo fecerit mundum, sed quomodo fecerit oculum tuum, cui carnaliter inhærens, visibilia invisibilibus comparas. Talia enim de Deo cogitas, qualia his oculis videre consuesti. Si autem istis oculis videri posset Deus, non diceret:

est vrai, l'œil du corps pour voir un artisan, mais vous n'avez pas encore l'œil du cœur pour voir Dieu, voilà pourquoi vous voulez transporter à Dieu ce que vous voyez dans l'artisan. Laissez sur la terre toute idée terrestre et élevez en haut votre cœur.

7. Mais que répondre, mes très-chers frères, à la question que nous avons faite, comment le Verbe voit, comment le Père est vu par le Verbe, quelle est dans le Verbe la propriété de voir? Je ne suis ni si audacieux, ni si téméraire que de promettre que vous ou moi nous répondrons à cette question, je soupçonne ici l'insuffisance de votre esprit et je connais parfaitement la mienne. Trouvez donc bon de ne pas nous arrêter plus longtemps à ces préliminaires, parcourons la suite de la leçon que nous avons lue, et voyons comment les paroles du Seigneur jettent le trouble dans les cœurs charnels, afin que ce trouble les détache de leurs premiers sentiments. Il faut leur arracher ce je ne sais quel jouet comme à des enfants qui se livrent à de dangereux amusements, afin de leur faire goûter des enseignements proportionnés à leur âge et les élever au-dessus de la terre où ils se traînaient. Levez-vous donc, cherchez, soupirez, désirez avec ardeur et frappez à cette porte qui vous est fermée. Si nous n'avons pas ces désirs ardents, empressés, si nous ne soupirons pas après la vérité, nous jetons les perles aux premiers venus, ou bien nous ne trouverons nous-mêmes que des perles très-ordinaires. Puissé-je donc, mes très-chers frères, exciter ces saints désirs dans votre cœur. Les mœurs conduisent à l'intelligence; un genre de vie conduit à un genre de vie. La vie terrestre est bien différente de la vie céleste; la vie des animaux est différente de la vie des hommes, comme la vie des hommes est différente de la vie des anges. La vie animale est toute plongée dans les satisfactions de la chair, elle ne cherche que les jouissances de la terre; toutes ses inclinations, tous ses goûts sont pour la terre; la vie des anges est toute céleste, la vie des hommes tient le milieu entre la vie des anges et la vie des animaux. Si l'homme vit selon la chair, il s'assimile aux animaux; s'il vit selon l'esprit, il entre dans la société des anges. Lorsque vous vivez selon l'esprit, cherchez même dans cette vie angélique si vous êtes grand ou petit. Si vous êtes encore petit, les anges vous disent: Croissez, le pain est notre aliment; pour vous, nourrissez-vous de lait, du lait de la foi pour parvenir à la nourriture de la claire vision. Mais si vous convoitez encore les plaisirs criminels, si vous songez à tromper votre prochain, si, loin d'éviter les mensonges vous y ajoutez les parjures, comment un cœur aussi impur ose-t-il dire: Expliquez-moi comment le Verbe voit, quand je le pourrais, quand je verrais claire-

---

Beati mundo corde, quia ipsi Deum videbunt. (*Matth.*, v, 8.) Ergo habes oculum corporis ad videndum fabrum, sed nondum habes oculum cordis ad videndum Deum : ideo quod soles videre in fabro, transferre vis ad Deum. Pone in terra terrena, sursum cor.

7. Quid ergo, Carissimi, explicaturi sumus nos quod interrogavimus, quomodo videat Verbum, quomodo Pater videatur a Verbo, quid sit videre Verbi? Non sum tam audax, tam temerarius, ut hoc explicare pollicear et me et vos : utcumque suspicor modulum vestrum, novi tamen meum. Si ergo placet, non diutius immoremur, percurramus lectionem, et videamus verbis Domini turbari corda carnalia; ad hoc turbari, ne in eo quod tenent remaneant. Extorqueatur tanquam pueris ludicrum nescio quid, quo se male avocant, ut possint inseri utiliora grandioribus, ut possint proficere qui repebant in terra. Surge, quære, suspira, anhela desiderio, et ad clausa pulsa. Si autem nondum desideramus, nondum inhiamus, nondum suspiramus, margaritas quibuscumque projecturi sumus, aut margaritas qualescumque nos ipsi inventuri sumus. Noverim ergo, Carissimi, desiderium in corde vestro. Mores perducunt ad intelligentiam : genus vitæ perducit ad genus vitæ. Alia vita terrena, alia vita cœlestis; alia vita pecorum, alia vita hominum, alia vita Angelorum. Vita pecorum, terrenis voluptatibus æstuat, sola terrena conquirit, in ea prona atque projecta est : vita Angelorum sola cœlestis : vita hominum media est inter Angelorum et pecorum. Si vivit homo secundum carnem, pecoribus comparatur : si vivit secundum spiritum, Angelis sociatur. Quando secundum spiritum vivis, quære etiam in ipsa angelica vita, utrum parvus an grandis sis. Si enim adhuc parvus es, dicunt tibi Angeli: Cresce, nos panem manducamus, tu lacte nutrire, lacte fidei, ut pervenias ad cibum speciei. Si autem adhuc inhiatur sordidis voluptatibus, si adhuc fraudes cogitantur, si mendacia non vitantur, si mendacia perjuriis cumulantur : tam immundum cor audet dicere : Explica mihi quomodo videt Verbum? etiam si possim, etiam si ego jam videam.

ment cette vérité? Mais bien que ma vie soit toute différente, je suis encore fort éloigné de cette intelligence claire et nette de la vérité, autant que peut l'être celui qui n'est pas encore enlevé par les désirs du ciel au-dessus des désirs de la terre qui l'accablent. Il y a une grande différence entre celui qui a de l'éloignement pour les biens du ciel et celui qui les désire, et la même différence existe entre celui qui les désire et celui qui en jouit. Vous menez la vie des animaux, elle ne vous inspire que de l'éloignement pour ces biens célestes; les anges, au contraire, jouissent de ces mêmes biens; si vous renoncez à cette vie tout animale, l'éloignement pour ces biens n'existe plus, vous commencez à désirer quelque chose sans que vous compreniez encore, votre désir seul est un commencement de la vie des anges. Que ce désir s'accroisse en vous, qu'il arrive à sa perfection et qu'il vous fasse comprendre ces vérités, non point par ses efforts, mais par la grâce de Celui qui m'a créé ainsi que vous.

8. Cependant le Seigneur ne nous laisse pas absolument sans lumière par ces paroles : « Le Fils ne peut rien faire de lui-même, mais seulement ce qu'il voit que le Père fait. » Il veut nous faire comprendre que les œuvres que le Père fait et que le Fils voit ne sont pas différentes de celles que fait le Fils après les avoir vu faire par le Père, mais que le Père et le Fils font littéralement les mêmes œuvres. Écoutez en effet ce qu'il ajoute : « Car tout ce que fait le Père, le Fils aussi le fait comme lui. » (*Jean*, v, 19.) Le Fils n'attend pas que le Père ait fait ses œuvres pour en faire de semblables, mais « tout ce que fait le Père, le Fils le fait aussi comme lui. » Si le Fils fait les œuvres que fait le Père, le Père les fait par le Fils; s'il fait toutes ses œuvres par le Fils, les œuvres du Père ne sont pas différentes des œuvres du Fils, mais elles sont absolument les mêmes. Et comment le Fils fait-il les mêmes œuvres? Il fait ces mêmes œuvres de la même manière. On aurait pu croire qu'il faisait les mêmes œuvres, mais d'une manière différente. « Il fait les mêmes œuvres, dit le Sauveur, et il les fait comme lui. » Comment pourrait-il faire les mêmes choses d'une manière différente? Veuillez considérer cet exemple que je tire des choses ordinaires. Lorsque nous écrivons des lettres, notre esprit commence à les former et puis ensuite notre main. D'où vient cette approbation générale que vous donnez à mes paroles? De ce que vous en reconnaissez la vérité. En effet, rien de plus certain, rien de plus évident pour nous tous qui que nous soyons. Notre esprit commence à former les lettres, notre corps les forme ensuite lui-même, la main obéit à l'ordre que lui donne l'esprit, l'esprit et la main forment les mêmes lettres. Peut-on dire en effet que les lettres que forme l'esprit sont différentes de celles que forme la main? La main forme donc les mêmes lettres, mais elle ne les forme point de la même manière : l'esprit ne leur donne qu'une forme

Porro autem si forte ego non sum in his moribus, et tamen ab ista visione longe sum : quantum ille qui nondum isto superno desiderio rapitur, terrenis desideriis præegravatus? Multum interest inter aversantem et desiderantem : et iterum multum interest inter desiderantem et fruentem. Vivis ut pecora, aversaris : Angeli perfruuntur. Tu autem si non vivis ut pecora, jam non aversaris : desideras aliquid, et non capis : inchoasti ipso desiderio vitam Angelorum. Crescat in te, et perficiatur in te : et capias hoc non a me, sed ab illo qui et me fecit, et te.

8. Tamen non utcumque nos dimisit et Dominus, qui voluit intelligi, quia in eo quod dixit : « Non potest Filius a se facere quidquam, nisi quod viderit Patrem facientem, » non alia opera Pater facit quæ videat Filius, et alia Filius cum viderit Patrem facientem ; sed eadem opera ipsa et Pater et Filius. Secutus enim ait : « Quæcumque enim ille fecerit, hæc et Filius similiter facit. » (*Joan.*, v, 19.) Non cum ille fecerit, alia Filius similiter facit : sed « quæcumque ille fecerit, hæc et Filius similiter facit. » Si hæc facit Filius quæ fecerit Pater, per Filium facit Pater : si per Filium facit quæ facit Pater, non alia Pater, alia Filius facit; sed eadem opera sunt Patris et filii. Et quomodo eadem facit et Filius? et eadem et similiter. Ne forte eadem, sed dissimiliter : « eadem, inquit, et similiter. » Et quomodo possit eadem non similiter? Accipite exemplum, quod puto ad vos non sit grande : Cum scribimus litteras, facit cor primo cor nostrum, et deinde manus nostra. Certe unde omnes acclamastis, nisi quia cognovistis? Certum est quod dixi, et manifestum omnibus nobis. Litteræ fiunt primo a corde nostro, deinde a corpore nostro: manus servit imperanti cordi, easdem litteras facit et cor et manus : numquid alias cor, alias manus? Easdem quidem facit manus, sed non similiter : cor enim nostrum facit eas intelligibiliter, manus autem visibiliter. Ecce quomodo fiunt eadem dissimiliter.

purement intelligible, la main leur donne une forme visible. Voilà comment les mêmes choses peuvent se faire d'une manière différente. Aussi Notre-Seigneur ne s'est pas contenté de dire : « **Tout ce que fait le Père, le Fils le fait ;** » mais il ajoute : « **Il le fait comme lui.** » Vous auriez pu comprendre, en effet, ces paroles dans le même sens que tout ce que fait l'esprit la main le fait aussi, mais d'une manière différente. Notre-Seigneur ajoute donc : « Le Fils le fait aussi comme lui. » S'il fait les mêmes choses, et s'il les fait de la même manière, réveillez-vous donc. Les Juifs se trouvent pressés par ces paroles, les hérétiques confondus, la foi des chrétiens est affermie. Le Fils est égal au Père.

9. « Car le Père aime le Fils et lui montre tout ce qu'il fait. » (*Jean*, v, 20.) Arrêtons-nous à cette expression : « Il lui montre. » Comment lui montre-t-il ? Comme à celui qui voit. Nous voici revenus à ce que nous ne pouvions expliquer, comment le Verbe voit. L'homme a été fait par le Verbe, mais l'homme a des yeux, il a des oreilles, il a des mains, son corps est composé de membres différents : les yeux lui servent pour voir, les oreilles pour entendre, les mains pour agir ; chacun de ses membres a une fonction différente. Un membre ne peut faire ce que fait un autre, et cependant, par suite de l'union qui règne entre les différents membres du corps, l'œil voit tout à la fois pour lui-même et pour l'oreille, et l'oreille entend pour elle-même et pour l'œil. Devons-nous supposer quelque chose de semblable dans le Verbe, « parce que toutes choses ont été faites par lui ? » L'Ecriture nous dit par la bouche du Psalmiste : « Vous qui, parmi le peuple, êtes des insensés, ayez donc de l'intelligence ; vous qui êtes fous, commencez enfin à devenir sages. Celui qui a fait l'oreille n'entendra-t-il point ? Ou celui qui a formé l'œil ne verra-t-il point ? » (*Ps.* xciii, 8.) Si donc le Verbe a formé votre œil, s'il a fait votre oreille, car tout a été fait par le Verbe, nous ne pouvons dire : Le Verbe n'entend pas, le Verbe ne voit point, si nous ne voulons que le Psalmiste nous adresse ce reproche : « Insensés, commencez à devenir sages. » Si donc le Verbe entend et voit, si par là même le Fils entend et voit, devrons-nous chercher dans le Verbe la place différente qu'occupent les yeux et les oreilles ? Supposerons-nous que le sens de l'ouïe est, chez lui, différent du sens de la vue, que l'oreille ne peut faire ce que fait l'œil, ni l'œil faire ce que fait l'oreille ? Est-il donc tout vue, tout ouïe ? Peut-être, ou plutôt rien n'est plus vrai, à cette condition cependant que ce qui est vue en lui, que ce qui est ouïe est tout différent de ce que la vue et l'ouïe sont en nous. Voir et entendre sont deux choses complètement identiques dans le Verbe. L'action d'entendre n'est pas différente de l'action de voir ; mais l'ouïe est la même chose que la vue, et la vue est la même chose que l'ouïe.

Unde parum fuit Domino dicere : « Quæcumque Pater fecerit, hæc et Filius facit, » nisi adderet, « et similiter. » Quid si enim hoc modo intelligeres quomodo quæcumque cor facit, hæc et manus facit, sed non similiter? Hic vero addidit, « hæc et Filius similiter facit. » Si et hæc facit, et similiter facit, expergiscere, stringatur Judæus, credat Christianus, convincatur hæreticus, æqualis est patri Filius.

9. « Pater enim diligit Filium, et omnia demonstrat ei quæ ipse facit. » (v. 20.) Ecce est illud, « demonstrat. » « Demonstrat » quasi cui? Utique quasi videnti. Redimus ad id quod explicare non possumus, quomodo Verbum videat. Ecce homo factus est per Verbum : sed homo habet oculos, habet aures, habet manus, diversa membra in corpore : per oculos potest videre, per aures potest audire, per manus operari : diversa membra, diversa membrorum officia. Non potest illud membrum quod potest alterum : tamen propter corporis unitatem, oculus et sibi et auri videt, et auris sibi et oculo audit. Numquid tale aliquid in Verbo arbitrandum est esse, quoniam omnia per ipsum? Et dixit Scriptura in Psalmo : Intelligite qui insipientes estis in populo, et stulti aliquando sapite : Qui plantavit aurem, non audiet, aut qui finxit oculum, non considerat? (*Psal.* xciii, 8.) Si ergo finxit oculum Verbum, quia omnia per Verbum ; si plantavit aurem Verbum, quia omnia per Verbum : non possumus dicere : Non audit Verbum, non videt Verbum : ne objurget nos Psalmus, et dicat : Stulti aliquando sapite. Itaque si audit Verbum et videt Verbum, audit Filius et videt Filius : numquid tamen et in ipso diversis locis quæsituri sumus oculos et aures? Aliunde audit, aliunde videt ; et auris ejus non potest quod oculus, et oculus non potest quod potest auris? An totus ille visus est, et totus auditus? Forte ita : imo non forte, sed vere ita : dum tamen et ipsum ejus videre, et ipsum ejus audire, longe alio modo quam nostrum sit. Et videre et audire simul in Verbo est, nec aliud est ibi audire, et aliud videre : sed auditus visus, et visus auditus.

10. Et pour nous, chez qui la faculté d'entendre est distincte de la faculté de voir, comment le savons-nous ? Rentrons en nous-mêmes, si nous ne sommes pas du nombre de ces prévaricateurs à qui il est dit : « Rentrez dans votre cœur, violateurs de ma loi. » (*Isaïe*, XLVI, 8.) Rentrez dans votre cœur, où allez-vous si loin de vous chercher volontairement votre perte ? Où allez vous dans ces voies désertes et solitaires ? Vous vous égarez dans ces courses vagabondes ; revenez. A qui ? au Seigneur. Hâtez-vous, revenez d'abord à votre cœur ; vous portiez bien loin de vous vos pas errants ; vous ne vous connaissez pas vous-mêmes, et vous voulez savoir par qui vous avez été fait ? Revenez, rentrez dans votre cœur, élevez-vous au-dessus de votre corps ; votre corps est votre demeure, c'est par votre corps que votre cœur éprouve les sentiments qui lui sont propres, mais votre corps n'est pas votre cœur ; laissez donc votre corps et rentrez dans votre cœur. Dans votre corps les yeux occupent une place différente de celle où sont les oreilles, est-ce la même chose dans votre cœur ? Est-ce que vous n'avez pas des oreilles dans votre cœur ? De qui donc Notre-Seigneur voulait-il parler lorsqu'il disait : « Que celui qui a des oreilles pour entendre, qu'il entende ? » (*Luc*, VIII, 8.) Est-ce que vous n'avez pas aussi des yeux dans votre cœur ? D'où vient donc que l'Apôtre dit : « Qu'il éclaire les yeux de votre cœur. » (*Ephes*, 1, 18.) Rentrez dans votre cœur, voyez quelles idées vous vous y faites de Dieu, car l'image de Dieu est dans votre cœur. En effet, Jésus-Christ habite dans l'homme intérieur, c'est dans l'homme intérieur que vous vous renouvelez à l'image de Dieu, connaissez donc Dieu dans son image. Voyez comme tous les sens du corps transmettent à l'intérieur du cœur les impressions qu'ils reçoivent du dehors. Voyez combien ce seul maître intérieur a de serviteurs à ses ordres, et ce qu'il peut faire lui-même intérieurement sans l'aide de ces serviteurs. Les yeux font connaître à l'esprit les diverses couleurs, le blanc, le noir ; les oreilles, les sons harmonieux et discordants ; les narines, les bonnes et les mauvaises odeurs ; le goût, ce qui est amer et ce qui est agréable ; le toucher, ce qui est doux et rude ; et l'esprit se dit à lui-même ce qui est juste et ce qui est injuste. Votre cœur voit donc et entend, il juge de tous les autres objets sensibles, et il s'élève jusqu'où les sens du corps ne peuvent atteindre ; il discerne le juste de l'injuste, le bien du mal. Montrez-moi les yeux, les oreilles, les narines de votre cœur. Les objets qui sont en relation avec votre cœur sont différents, et cependant on n'y trouve point d'organes distincts les uns des autres. Dans votre corps, le sens de l'ouïe est différent du sens de la vue ; dans votre cœur, les deux facultés sont identiques. S'il en est ainsi pour l'image, à combien plus forte raison pour celui dont vous êtes l'image ? Donc le Fils

---

10. Et nos qui aliter audimus, aliter videmus, hoc unde novimus? Redimus forte ad nos, si non sumus prævaricatores, quibus dictum est : Redite prævaricatores ad cor. (*Isa.*, XLVI, 8.) Redite ad cor : quid itis a vobis, et peritis ex vobis? quid itis solitudinis vias? Erratis vagando : redite. Quo? ad Dominum. (*a*) Cito est : primo redi ad cor tuum, exsul a te vagaris foris : teipsum non nosti, et quæris a quo factus es ? Redi, redi ad cor, tolle te a corpore : corpus tuum habitatio tua est : cor tuum sentit etiam per corpus tuum : sed corpus tuum non quod cor tuum : dimitte et corpus tuum, redi ad cor tuum. In corpore tuo inveniebas alibi oculos, alibi aures : in corde tuo numquid hoc invenis? An in corde tuo non habes aures? De quibus ergo Dominus dicebat : Qui habet aures audiendi audiat? (*Luc.*, VIII, 8) An in corde non habes oculos? Unde dicit Apostolus : Illuminatos oculos cordis vestri? (*Ephes.*, 1, 18.) Redi ad cor : vide ibi quid sentias forte de Deo, quia ibi est imago Dei. In interiore homine habitat Christus, in interiore homine renovaris ad imaginem Dei (*Ephes.*, III, 16), in imagine sua cognosce auctorem ejus. Vide quemadmodum omnes corporis sensus cordi intro nuntient quid senserint foris : vide quam multos ministros habeat unus interior imperator, et quid apud se etiam sine his ministris agat. Renuntiant oculi cordi alba et nigra ; renuntiant aures eidem cordi canora et dissona ; renuntiant nares eidem cordi odora et putentia ; renuntiat gustus eidem cordi amara et dulcia : renuntiat tactus eidem cordi lenia et aspera : renuntiat et sibi ipsum cor justa et injusta. Cor tuum et videt et audit, et cætera sensibilia dijudicat ; et quo non aspirant corporis sensus, justa et injusta, mala et bona discernit. Ostende mihi oculos, aures, nares cordis tui. Diversa sunt quæ ad cor tuum referuntur, et diversa ibi membra non inveniuntur. In carne tua alibi audis, alibi vides : in corde tuo ibi audis, ubi vides. Si hoc imago, quanto potentius ille

---

(*a*) Lov. *ad Dominum cito* : omisso *est*, quod cæteri codices habent.

voit, le Fils entend, le Fils est la vue, il est l'ouïe, et, pour lui, entendre, c'est la même chose qu'avoir l'être, voir est la même chose qu'exister. En vous la faculté de voir est distincte de l'être : vous pouvez perdre la vue, vous pouvez perdre l'ouïe, sans cesser pour cela d'exister.

11. Pensez-vous que nous ayons suffisamment frappé ? Ne s'est-il pas élevé en nous quelque pensée qui nous fait soupçonner, quelque peu du moins, d'où la lumière peut nous venir ? Je le crois, mes frères, car nous entretenir de ces choses, en faire l'objet de nos méditations, c'est un salutaire exercice. Et lorsqu'après nous être ainsi intérieurement exercés, nous retombons par notre propre poids dans nos pensées habituelles, nous ressemblons à ceux qui ont eu une ophtalmie et qu'on place en face de la lumière ; je suppose qu'ils avaient complétement perdu la vue, et qu'ils commencent à la recouvrer tant soit peu par les soins et l'habileté du médecin. Lorsque le médecin veut s'assurer du degré de leur guérison, il essaie de leur montrer ce qu'ils désiraient voir et ce qu'ils ne pouvaient voir dans leur état de cécité ; à mesure donc que l'organe de la vue se fortifie, il les met en présence de la lumière, mais à peine l'ont-ils fixée qu'ils sont comme repoussés par son éclat, et qu'ils disent au médecin qui la leur fait voir : J'ai vu, mais je ne puis continuer à voir. Que fait donc le médecin ? Il reprend le premier traitement, il applique un collyre pour entretenir dans le malade le désir de ce qu'il a vu, mais qu'il n'a pu continuer de voir, pour l'amener par ce désir à une guérison parfaite, lui faire supporter les remèdes énergiques qu'il emploie pour obtenir ce résultat, et lui inspirer un si vif amour pour la lumière qu'il s'écrie : Quand pourrai-je contempler d'un œil ferme cette lumière sur laquelle mes yeux blessés et malades n'ont pu s'arrêter ? Il presse donc le médecin, il le prie de hâter sa guérison. Vous donc, mes frères, si vous avez éprouvé quelque chose de semblable dans vos cœurs, si vous avez senti votre cœur s'élever jusqu'au désir de voir le Verbe, et qu'éblouis par l'éclat de sa lumière vous soyez retombés dans votre état habituel, priez le médecin de vous appliquer des remèdes plus actifs et plus violents, les préceptes de la justice. Ce que vous désirez voir existe, mais vous n'avez pas ce qu'il faut pour le voir. Vous ne vouliez pas me croire, lorsque je vous disais que ce que vous désirez voir existe, mais sous la conduite de la raison, vous vous êtes approché, vous avez fixé les yeux, vous avez tremblé, vous avez détourné les regards. Vous savez maintenant qu'il existe une lumière qui s'offre à votre vue, mais que vous êtes incapable de la voir. Il faut donc vous guérir, par quels remèdes ? Renoncez aux mensonges, aux parjures, aux adultères, aux injustices, aux fraudes. Mais vous en avez contracté l'habitude, et il vous est pénible de rompre avec elle, c'est

---

cujus imago ? Ergo et audit Filius, et videt Filius, et ipsa visio et auditio Filius : et hoc est illi audire quod esse, et hoc est illi videre quod esse. Tibi non hoc est videre quod esse : quia et si perdas visum, potes esse ; et si perdas auditum, potes esse.

11. Putamusne pulsavimus ? Erectum est aliquid in nobis quo vel tenuiter suspicemur, unde lumen veniat nobis ? Puto, Fratres, quia cum loquimur ista, et cum meditamur, exercemus nos. Et cum exercemus nos in ipsis, et rursus quasi reflectimur pondere nostro ad ista consueta, tales sumus quales lippientes, cum producuntur ad videndum lumen, si forte antea visum omnino non habebant, et incipiunt cumdem visum per diligentiam medicorum utcumque reparare. Et cum probare vult medicus quantum salutis eis accesserit, tentat eis ostendere quod videre desiderabant, et non poterant cum cæci essent : et redeunte jam utcumque acie oculorum, producuntur ad lucem : et cum viderint, fulgore ipso reverberantur quodammodo, et respondent medico demonstranti : Jam jam vidi, sed videre non possum. Quid ergo facit medicus ? Revocat ad solita, et addit collyrium, ut ad illud quod visum est, et videri non potuit, desiderium nutriat, et ex ipso desiderio curetur plenius ; et si qua mordacia reparandæ sanitati adhibentur, fortiter ferat, ut amore illius lucis accensus dicat sibi. Quando erit ut illud firmis oculis videam, quod sauciis infirmisque non potui ? Urget medicum, et rogat ut curet. Ergo, Fratres, si forte tale aliquid factum est in cordibus vestris, si utcumque erexistis cor vestrum ad videndum Verbum, et ipsius luce reverberati ad solita recidistis ; rogate medicum ut adhibeat collyria mordacia, præcepta justitiæ. Est quod videas, sed non est unde videas. Non mihi antea credebas, quia est quod videas : duce quadam ratione adductus es, propinquasti, intendisti, palpitasti, refugisti. Scis certe esse quod videas, sed idoneum non te esse qui videas. Ergo curare. Quæ sunt collyria ? Noli mentiri, noli perjurare, noli adulterare, noli furari, noli fraudare. Sed consuesti, et cum ali-

un remède douloureux, mais qui vous promet une guérison certaine. Car je vous le dis avec d'autant plus de liberté, que j'ai ici les mêmes craintes que vous; si vous cessez le traitement qui doit vous guérir, si vous négligez ce qui peut vous rendre capable de jouir de cette divine lumière, c'est-à-dire la santé de vos yeux, vous aimerez les ténèbres; cet amour des ténèbres vous y fera rester, et en restant ainsi dans les ténèbres, vous serez jeté dans les ténèbres extérieures. « C'est là qu'il y aura des pleurs et des grincements de dents. » (*Matth.*, XXII, 13.) Si l'amour de la lumière ne peut rien sur vous, que la crainte de la douleur supplée à l'impuissance de l'amour.

12. J'ai parlé suffisamment, ce me semble, et cependant je n'ai point achevé l'explication de la lecture de l'Evangile; si je continuais je vous fatiguerais et j'aurais lieu de craindre que ce que vous avez puisé dans mes paroles ne vînt à se répandre de vos cœurs. En voilà donc assez pour cette fois, mes très-chers frères. Nous sommes vos débiteurs non-seulement pour un jour, mais pendant toute notre vie, car c'est pour vous seuls que nous vivons. Cependant, mes frères, veuillez consoler par une vie sainte, au milieu du monde, notre vie si faible, si laborieuse, si pleine de dangers; ne nous attristez point, ne nous accablez point par le spectacle de vos mœurs coupables. Si lorsque votre vie criminelle nous scandalise, nous prenions le parti de nous éloigner, de nous séparer de vous, de renoncer à tout rapport avec vous, vous vous plaindriez aussitôt et vous diriez : Si nous étions atteints de langueurs, vous chercheriez à nous guérir, si nous étions malades, vous nous visiteriez. Or voici que nous voulons vous guérir, nous vous visitons, mais je vous en conjure, que nous n'ayons pas lieu de vous dire ce que l'Apôtre disait aux Galates : « Je crains d'avoir en vain travaillé parmi vous. »

TRAITÉ XIX [1].

Depuis ces paroles : « Le Fils ne peut rien faire de lui-même, mais seulement ce qu'il voit que le Père fait, » jusqu'à ces autres : « Parce que je ne cherche pas ma volonté, mais la volonté de celui qui m'a envoyé. »

1. Dans le dernier discours, à l'occasion de ces paroles de l'Evangile : « Le Fils ne peut rien faire de lui-même, mais seulement ce qu'il voit que le Père fait, » nous avons cherché à vous expliquer suivant notre impression et la pauvreté de nos idées, ce qu'il faut entendre par voir dans le Fils, c'est-à-dire par voir dans le Verbe, car le Fils est le Verbe. Et comme tout a été fait par le Verbe, nous avons examiné comment on peut comprendre que le Fils voit d'abord ce que le Père fait, et comment il fait en-

[1] Ce Traité a été donné le jour avant celui où le suivant a été prononcé.

---

quo dolore a consuetudine revocaris: hoc est quod mordet, sed sanat. Nam dico tibi liberius, ex timore et meo et tuo : Si curari destiteris, et esse idoneus ad perfruendum hac luce neglexeris, valetudine oculorum tuorum, tenebras amabis; et amando tenebras, in tenebris remanebis; et remanendo in tenebris, etiam in tenebras exteriores projiceris : ibi erit fletus et stridor dentium. (*Matth.*, XXII, 13.) Si nihil in te faciebat amor lucis, faciat timor doloris.

12. Sufficienter me locutum arbitror, et lectionem tamen Evangelicam non finivi : si dicam reliqua, onerabo vos, et timeo ne etiam quod haustum est effundatur : sufficiant ergo ista Caritati Vestrae. Debitores sumus, non nunc, sed semper quamdiu vivimus : quia propter vos vivimus. Verumtamen vitam nostram istam infirmam, laboriosam, periculosam, in hoc mundo consolamini bene vivendo : nolite nos contristare et atterere malis moribus vestris. Cum enim offendimur mala vita vestra, si refugiamus a vobis, et separemus nos a vobis, et ad vos non accedamus; nonne conqueremini, et dicetis: Et si languebamus, curaretis; et si infirmabamur, visitaretis? Ecce curamus, ecce visitamus : sed non nobis fiat quomodo audistis ab Apostolo : Timeo ne sine causa laboraverim in (*a*) vos. (*Galat.*, IV, 11.)

TRACTATUS XIX.

Ab eo quod scriptum est : « Non potest a se Filius facere quidquam, nisi quod viderit Patrem facientem; » usque ad id : « Quia non quaero voluntatem meam, sed voluntatem ejus qui misit me. »

1. Sermone pristino quantum nostrum movit affectum et intelligendi paupertatem, locuti sumus, ex occasione verborum Evangelicorum, ubi scriptum est : « Non potest Filius a se facere quidquam, nisi quod viderit Patrem facientem, » (*Joan.*, V, 19) quid sit videre Filii, hoc est, videre Verbi, quia Filius Verbum : et quia per Verbum facta sunt omnia, quomodo possit intelligi quod videat Filius primo Patrem facientem, tunc demum et ipse faciat quae facta

(*a*) Lor. *in vobis*. Editi alii et Mss. *in vos*, juxta Graecum.

suite ce qu'il a vu faire, alors que le Père ne fait rien que par son Fils. « Car toutes choses ont été faites par lui, et rien n'a été fait sans lui. » Cependant nous ne vous avons pas donné l'explication de cette difficulté, parce que nous n'avions pas en nous-même cette explication. Quelquefois la parole fait défaut, alors même que l'intelligence comprend la vérité, mais combien plus grande est l'impuissance de nos paroles lorsque l'intelligence ne peut atteindre son objet. Maintenant donc, parcourons brièvement cette lecture autant que Dieu nous en fera la grâce, et tâchons d'accomplir aujourd'hui notre tâche. S'il nous reste tant soit peu de temps et de forces nous allons reprendre cette question (autant que cela nous est possible à vous comme à nous) : Qu'est-ce que voir pour le Verbe? que signifie l'expression montrer appliquée au Verbe? Si nous entendons tout ce qui est dit ici selon les pensées ordinaires des hommes, notre âme pleine de fantômes ne nous représente autre chose que l'image de deux hommes, le Père et le Fils, l'un qui montre, l'autre qui voit, l'un qui parle, l'autre qui entend. Toutes ces représentations sont les idoles du cœur, si nous avons banni ces idoles de leurs temples, ne devons-nous pas bien plutôt les chasser des cœurs chrétiens?

2. « Le Fils, dit-il, ne peut rien faire de lui-même, mais seulement ce qu'il voit que le Père fait. » C'est la vérité, et il faut vous y attacher, mais sans perdre de vue cette autre vérité qui vous a été enseignée au commencement de cet Evangile : « Au commencement était le Verbe, et le Verbe était en Dieu, et le Verbe était Dieu, » et surtout : « Toutes choses ont été faites par lui. » Joignez à ces paroles celles que vous venez d'entendre, et ne les séparez point dans votre esprit. « Le Fils ne peut donc rien faire de lui-même, mais seulement ce qu'il voit que le Père fait, » dans ce sens cependant que le Père ne fait les œuvres qu'il fait que par le Fils, parce que le Fils est le Verbe, et qu'au commencement était le Verbe, que le Verbe était en Dieu, que le Verbe était Dieu, et que toutes choses ont été faites par lui. « Car tout ce que fait le Père le Fils aussi le fait comme lui. » (*Jean*, v, 19.) Il ne fait pas des œuvres différentes, mais les mêmes que fait le Père; il ne les fait pas autrement mais de la même manière.

3. « Car le Père aime le Fils, et il lui montre tout ce qu'il fait. » (*Jean*, v, 20.) Ces paroles : « Il lui montre tout ce qu'il fait, » paraissent se rapporter à celles qui précèdent : « Mais seulement ce qu'il voit que le Père fait. » Or, si le Père montre les œuvres qu'il fait, si le Fils ne peut faire que celles que le Père lui a montrées, et que le Père ne puisse lui montrer ces œuvres qu'en les faisant, il faut en conclure que le Père

conspexerit ; cum Pater nihil nisi per Filium fecerit. Omnia enim per ipsum facta sunt, et sine ipso factum est nihil. (*Joan.*, 1, 3.) Non tamen explicatum aliquid diximus : sed quia nec explicatum aliquid intelleximus. Aliquando quippe sermo deficit, ubi etiam intellectus proficit : quanto magis sermo patitur defectionem, quando intellectus non habet perfectionem ? Nunc itaque, quantum Dominus donat, breviter percurramus lectionem, et vel hodie expleamus debitum pensum. Si quid forte remanserit vel temporis vel virium, retractabimus, si potuerimus, (quantum et a nobis et apud vos fieri potest,) quid sit videre Verbi, quid demonstrari Verbo. Omnia quippe dicta sunt hic, quæ si intelligantur secundum humanum sensum carnaliter, nihil aliud nobis facit animus plena phantasmatis, nisi quasdam imagines velut duorum hominum Patris et Filii, unius ostendentis, alterius videntis ; unius loquentis, alterius audientis : quæ omnia idola cordis sunt : quæ si jam dejecta sunt de templis suis, quanto magis dejicienda sunt de pectoribus Christianis ?

2. « Non potest, inquit, Filius a se facere quidquam, nisi quod viderit Patrem facientem. » (*Joan.*, v, 19.) Verum est hoc, tenete hoc : dum tamen non amittatis quod in ipsius Evangelii exordio tenuistis, quia in principio erat Verbum, et Verbum erat apud Deum, et Deus erat Verbum (*Joan.*, 1, 1, etc), et præcipue quia omnia per ipsum facta sunt. Quod nunc enim audistis, conjungite illi audituli, et utrumque demum cordet in cordibus vestris. Sic itaque « non potest Filius a se facere quidquam, nisi quod viderit Patrem facientem, » ut tamen Pater ea quæ facit non faciat nisi per Filium, quia Filius est ejus Verbum, et in principio erat Verbum, et Verbum erat apud Deum, et Deus erat Verbum, et omnia per ipsum facta sunt. « Quæcumque enim ille fecerit, hæc et Filius similiter facit : » (*Joan.*, v, 19) non alia, sed hæc : nec dissimiliter, sed similiter.

3. « Pater enim diligit Filium, et omnia demonstrat ei quæ ipse facit. » (v. 20.) Ad hoc quod supra dixit, « nisi quod viderit Patrem facientem, » videtur pertinere et quod « omnia demonstrat ei quæ ipse facit. » Sed si Pater demonstrat quæ facit ; nec Filius potest facere nisi Pater demonstraverit, Paterque demonstrare non potest nisi fecerit ; consequens erit ut non per Filium faciat omnia Pater : porro si fixum atque

ne fait pas toutes choses par le Fils. Cependant si nous regardons comme un principe certain et incontestable que le Père fait tout par le Fils, il faut nécessairement qu'il lui montre ces œuvres avant de les faire. Car si le Père ne montre ces œuvres au Fils qu'après les avoir faites, afin que le Fils fasse lui-même les œuvres qui lui ont été montrées, et qui ne l'ont été que parce qu'elles étaient faites, il est certain qu'il y a des choses que le Père fait sans le Fils. Mais non, le Père ne fait rien sans le Fils, parce que le Fils de Dieu est le Verbe de Dieu, et que toutes choses ont été faites par lui. Il n'y a donc qu'une seule conclusion possible, c'est que le Père montre au Fils les œuvres qu'il doit faire, afin qu'elles soient faites par lui. Car si le Fils ne fait que les œuvres que le Père lui montre après les avoir faites, il est clair qu'il ne fait point par le Fils les œuvres qu'il ne lui montre qu'après les avoir faites. Elles ne pourraient dans cette hypothèse, être montrées au Fils qu'après avoir été faites, le Fils ne pourrait les faire qu'après les avoir vues, donc elles auraient été faites sans le Fils. Cependant il est incontestable que toutes choses ont été faites par lui, donc elles lui ont été montrées avant d'être faites. Mais nous avons dit que nous différions l'explication de ces paroles, et que nous y reviendrions après avoir parcouru ce qui a fait l'objet de la lecture de ce jour, si comme nous le disions, il nous reste assez de temps et assez de forces pour traiter de nouveau cette question dont nous avons ajourné la solution.

4. Voici des vérités plus étonnantes et plus difficiles encore : « Et il lui montrera des œuvres plus grandes que celles-ci qui vous jetteront dans l'admiration. » (*Jean,* v, 20.) « Des choses plus grandes, » en comparaison de quelles œuvres? Evidemment de celles dont vous venez d'entendre parler, la guérison des maladies du corps? Car Notre-Seigneur leur adresse ces paroles à l'occasion de cet homme qui était infirme depuis trente-huit ans, et qu'il avait guéri d'une seule parole. Il a pu donc leur dire : « Il lui montrera des œuvres plus grandes qui vous jetteront dans l'admiration. » Il y a, en effet, des œuvres plus grandes que la guérison du corps, ce sont ces œuvres que le Père doit montrer à son Fils. Il ne dit pas : Il a montré, au passé, mais : « Il montrera, » au futur, c'est-à-dire il doit montrer. Ces paroles donnent lieu à une question non moins difficile. Y a-t-il dans le Père quelque chose qui n'ait pas encore été montré au Fils? Peut-on admettre dans le Père des secrets inconnus au Fils lorsqu'il tenait ce langage? S'il « montrera, » c'est-à-dire s'il doit montrer, il n'a pas encore montré, et il ne doit montrer ces œuvres au Fils qu'en même temps qu'à ceux qui étaient présents, puisqu'il ajoute : « en sorte que vous serez dans l'admiration. » Il est difficile de comprendre comment le Père éternel peut montrer ou communiquer dans le temps des œuvres à son Fils qui lui est coéternel, et

---

inconcussum tenemus, quia per Filium omnia Pater facit, antequam faciat, demonstrat Filio. Nam si Pater cum fecerit, demonstrat Filio, ut Filius demonstrata faciat, quæ demonstrata jam facta sunt; aliquid procul dubio Pater sine Filio facit. Sed non facit Pater aliquid sine Filio, quia Filius Dei Verbum Dei est, et omnia per ipsum facta sunt. Remanet igitur fortasse, ut quæ Pater facturus est, demonstret facienda, ut per Filium sint facta. Nam si Filius ea facit, quæ demonstravit, ea quæ Pater facta demonstrat, non utique per Filium fecit. Monstrari enim non possent Filio nisi facta : facere Filius non posse, nisi monstrata : ergo sine Filio facta? Sed verum est : Omnia per ipsum facta sunt : ergo antequàm facta, monstrata sunt. Sed hoc diximus differendum esse, quo redeundum sit percursa lectione, si, ut diximus, aliquid vel temporis vel virium nobis remanserit, ad ea quæ distulimus retractanda.

4. Amplius audite et difficilius : « Et majora his, inquit, demonstrabit ei opera, ut vos miremini, Majora his : » quibus majora? Facile occurrit, iis quas modo audistis, curationibus languorum corporalium. De isto enim qui triginta et octo annos habebat in infirmitate, et Christi verbo sanatus est, nata est hujus occasio tota sermonis : et propter hoc Dominus dicere potuit : « Majora his demonstrabit ei opera, ut vos miremini. » Sunt enim opera majora quam ista, et demonstrabit ea Pater Filio. Non demonstravit, tanquam de præterito; sed « demonstrabit, « de futuro, hoc est, demonstraturus est. Rursus difficilis oritur quæstio. Est enim aliquid apud Patrem quod Filio nondum demonstratum sit? Est aliquid apud Patrem quod adhuc latebat Filium, quando ista Filius loquebatur? Si enim « demonstrabit, » hoc est, demonstraturus est, nondum demonstravit : et Filio tunc demonstraturus est, quando et istis; sequitur enim, « ut vos miremini. » Et hoc difficile est videre, « quomodo tanquam temporaliter Filio coæterno aliqua demon-

qui sait tous les desseins et les décrets du Père.

5. Cependant quelles sont ces œuvres plus grandes? Il est facile de le comprendre. « De même que le Père ressuscite les morts et leur donne la vie, ainsi le Fils donne la vie à qui il veut. » C'est donc une œuvre plus grande de ressusciter les morts, que de guérir les malades. Mais de même que le Père ressuscite les morts et leur rend la vie, ainsi le Fils donne la vie à qui il lui plaît. Le Père rend donc la vie a d'autres que le Fils? Non, car toutes choses ont été faites par lui; ceux que le Fils ressuscite sont donc les mêmes que ceux à qui le Père rend la vie, car le Fils ne fait point d'autres œuvres, et il ne les fait pas autrement que le Père, « mais le Fils les fait comme lui. » Voilà ce qu'il faut bien comprendre et bien retenir; mais n'oubliez pas non plus que le Fils donne la vie à qui il veut. Remarquez donc ici non-seulement la puissance du Fils, mais sa volonté. Ainsi le Fils donne la vie à qui il lui plaît, le Père lui-même donne la vie à qui il veut; ceux à qui le Fils donne la vie sont les mêmes à qui le Père la donne, et en tout la puissance comme la volonté du Père et du Fils est la même. Que signifient donc les paroles suivantes : « Car le Père ne juge personne, mais il a donné au Fils toute puissance pour juger, afin que tous honorent le Fils comme ils honorent le Père? » (*Jean*, v, 22, 23) paroles où Notre-Seigneur semble donner la raison de celles qui précèdent. Elles font sur moi une vive impression, soyez attentifs. Le Fils donne la vie à qui il lui plaît, le Père lui-même la donne à qui il veut; le Fils ressuscite les morts comme le Père ressuscite les morts, « car le Père ne juge personne. » Si c'est pour être jugés que les morts sont ressuscités, comment le Père rend-il la vie aux morts s'il ne juge personne? « Car il a donné au Fils toute puissance de juger. » Or, c'est pour ce jugement que les morts sont ressuscités; et les uns ressuscitent pour la vie, les autres pour le châtiment; si c'est donc l'œuvre exclusive du Fils, et que le Père soit en dehors de cette œuvre, « parce que le Père ne juge personne, mais qu'il a donné au Fils toute puissance de juger, » il semble qu'il y ait ici contradiction avec ce qui vient d'être dit : « Comme le Père ressuscite les morts et leur rend la vie, ainsi le Fils donne la vie à qui il lui plaît. » Le Père et le Fils ressuscitent donc ensemble les morts; s'ils les ressuscitent ensemble, c'est aussi de concert qu'ils leur donnent la vie, c'est également de concert qu'ils les jugent; comment donc admettre comme vrai que « le Père ne juge personne, mais qu'il a donné au Fils toute puissance de juger? » Que ces questions excitent en nous un vif intérêt; le Seigneur nous fera trouver du charme dans leur solution. Il en est ainsi, mes frères; si une question qui nous est proposée ne commence par nous intéresser vivement,

---

strat æternus Pater, omnia scienti quæ sunt apud Patrem.

5. Quæ sunt tamen illa majora? Hoc enim forte facile est intelligere. « Sicut enim Pater, inquit, suscitat mortuos, et vivificat : sic et Filius quos vult vivificat. » (*v.* 21.) Majora ergo sunt opera mortuos suscitare, quam languidos sanare. Sed « sicut suscitat Pater mortuos et vivificat, sic et Filius quos vult vivificat. » Alios ergo Pater, alios Filius? Sed omnia per ipsum : ipsos itaque Filius, quos et Pater : quia non alia, nec aliter ; sed « hæc et Filius similiter facit. » Ita plane intelligendum est, et ita tenendum : sed memento te quia « Filius quos vult vivificat. » Tenete hic ergo non solum potestatem Filii, verum etiam voluntatem. Et Filius quos vult vivificat, et Pater quos vult vivificat ; et ipsos Filius quos et Pater : ac per hoc eadem Patris et Filii et potestas est et voluntas. Quid est ergo quod sequitur? « Neque enim Pater judicat quemquam, sed judicium omne dedit Filio, (*v.* 22) ut omnes honorificent Filium, sicut honorificant Patrem : » (*v.* 23) quod ita subjunxit, tanquam rationem reddens superioris sententiæ. Multum movet, intenti estote. Filius quos vult vivificat, Pater quos vult vivificat : Filius suscitat mortuos, sicut Pater suscitat mortuos. « Neque enim Pater judicat quemquam. » Si in judicio suscitandi sunt mortui, quomodo Pater suscitat mortuos, si non judicat quemquam? « Omne quippe judicium dedit Filio. » In illo autem judicio suscitantur mortui ; et resurgunt alii ad vitam, alii ad pœnam : quod totum si Filius facit, Pater autem ideo non facit, quia « Pater non judicat quemquam, sed omne judicium dedit Filio. » contrarium videbitur ei quod dictum est : « Sicut Pater suscitat mortuos et vivificat, sic et Filius quos vult vivificat. » Simul ergo suscitant. Si simul suscitant, simul vivificant. Simul ergo judicant , quomodo itaque verum est : « Neque enim Pater judicat quemquam, sed omne judicium dedit Filio? » « Moveant interim propositæ quæstiones, præstabit Dominus ut solutæ delectent. Ita est, Fratres, omnis quæstio nisi intentum fecerit proposita, non delectabit exposita. Sequatur ergo ipse Dominus, ne forte in iis quæ subnectit,

l'explication qui nous en sera donnée aura pour nous peu d'attrait. Laissons donc le Sauveur continuer son discours; peut-être se découvrira-t-il en partie dans les paroles suivantes. Il a voilé sa lumière sous des nuages, et il est difficile de voler comme l'aigle au-dessus de tous les nuages qui enveloppent la terre (*Eccli.*, XXIV, 6), et de contempler dans les paroles du Seigneur la lumière dans tout son éclat. Peut-être cependant la chaleur de ses rayons dissipera les ténèbres qui nous environnent, et il daignera se révéler un peu à nous dans les paroles qui suivent; voyons donc ces paroles, en remettant à un autre moment l'explication de celles qui précèdent.

6. « Celui qui n'honore point le Fils, n'honore point le Père qui l'a envoyé. » (*Jean*, V, 23.) Cette vérité est de toute évidence, « car, comme le Sauveur l'a dit plus haut, le Père a donné au Fils toute puissance de juger, afin que tous honorent le Fils comme ils honorent le Père. » Mais s'il en était qui honorent le Père sans honorer le Fils? cela est impossible, répond le Sauveur; « celui qui n'honore point le Fils, n'honore point le Père qui l'a envoyé. » Personne donc ne peut dire : J'honorais le Père, parce que je ne connaissais pas le Fils; si vous n'honoriez pas encore le Fils, vous n'honoriez pas davantage le Père. Car qu'est-ce qu'honorer le Père? c'est l'honorer comme ayant un Fils. Autre chose, en effet, est de considérer Dieu, en tant qu'il est Dieu; autre chose est de le considérer en tant qu'il est Père. Lorsqu'on vous le fait considérer comme Dieu, vous vous le représentez comme le Créateur, comme l'être tout-puissant, comme un esprit souverain, éternel, invisible, immuable. Lorsqu'au contraire on vous le représente comme Père, cette idée réveille aussitôt dans votre esprit l'idée de Fils, puisqu'on ne peut donner le nom de père qu'à celui qui a un fils; de même qu'on ne peut donner le nom de fils qu'à celui qui a un père. Mais peut-être penseriez-vous à honorer le Père comme étant plus grand, le Fils comme lui étant inférieur, et vous me diriez : J'honore le Père, car je sais qu'il a un Fils, et je ne me trompe point sur la valeur de ce nom, c'est-à-dire je n'admets pas qu'il soit Père sans avoir un Fils, mais j'honore le Fils comme lui étant inférieur. Le Fils lui-même redresse cette erreur, et vous rappelle à la vérité en vous disant : « Afin que tous rendent au Fils non pas un honneur moindre, mais un honneur égal à celui qu'ils rendent au Père. Celui donc qui n'honore pas le Fils, n'honore pas le Père qui l'a envoyé. » Mais je veux, me dites-vous, donner un plus grand honneur au Père, un moins grand honneur au Fils. Vous détruisez tout l'honneur que vous voulez rendre au Père, en diminuant celui du Fils. En effet, dans ce sentiment, quelle pensée se présente à votre esprit? c'est que le Père ou n'a

---

aperiat se aliquantum. Subtexit enim nubilo lucem suam : et difficile est aquilæ more volare super omnem nebulam quæ tegitur omnis terra, et videre in verbis Domini sinceriscimam lucem. (*Eccli.*, XXIV, 5.) Ne forte ergo calore radiorum suorum discutiat caliginem nostram, et aliquantum se in consequentibus aperire dignetur, dilatis istis sequentia videamus.

6. « Qui non honorificat Filium, non honorificat Patrem qui misit illum. » (*Joan.*, V, 23.) Hoc verum est et planum est. « Omne quippe judicium dedit Filio, » sicut supra dixit, « ut omnes honorificent Filium, sicut honorificant Patrem. » Quid si inveniantur qui Patrem honorificant, et non honorificant Filium? Non potest, inquit, fieri : « Qui non honorificat Filium, non honorificat Patrem qui misit illum. » Non potest ergo dicere aliquis : Ego Patrem honorificabam, quia Filium non noveram. Si nondum Filium honorificabas nec Patrem honorificabas. Quid est enim honorificare Patrem, nisi quod habet Filium? Aliud est enim cum tibi commendatur Deus, quia Deus est; et aliud est cum tibi commendatur Deus, quia Pater est. Cum tibi quia Deus est commendatur, creator tibi commendatur, omnipotens tibi commendatur, spiritus quidam summus, æternus, invisibilis, incommutabilis tibi commendatur : cum vero tibi quia Pater est commendatur, nihil tibi aliud quam et Filius commendatur, quia Pater dici non potest, si Filium non habet; sicut nec Filius, si Patrem non habet. Sed ne forte Patrem quidem honorifices tanquam majorem, Filium vero tanquam minorem, ut dicas mihi : Honorifico Patrem, scio enim quod habeat Filium, et non erro in Patris nomine, non enim Patrem intelligo sine Filio; honorifico tamen et Filium tanquam minorem : corrigit ipse Filius, et revocat te dicens, « ut omnes honorificent Filium, » non inferius, sed « sicut honorificant Patrem. Qui ergo non honorificat Filium, non honorificat Patrem qui misit illum. » Ego, inquis, majorem honorem volo dare Patri, minorem Filio. Ibi tollis honorem Patri, ubi minorem das Filio. Quid enim aliud tibi videtur ita sentienti, nisi quia Pater æqualem sibi Filium generare aut noluit, aut non potuit?

pas voulu, ou n'a pu engendrer un Fils qui lui soit égal. S'il n'a pas voulu, c'est par une espèce d'envie; s'il n'a pu, c'est un aveu d'impuissance. Vous ne voyez donc pas qu'en voulant, dans ce sentiment, accorder un plus grand honneur au Père, vous lui faites outrage? Honorez donc le Fils comme vous honorez le Père, si vous voulez rendre un véritable honneur au Père et au Fils.

7. « En vérité, en vérité, je vous le dis, celui qui écoute ma parole et croit à Celui qui m'a envoyé a la vie éternelle et n'encourt point la condamnation, mais il a passé, il ne passe pas maintenant, il a passé de la mort à la vie. » (*Jean*, v, 24.) Remarquez la manière dont Notre-Seigneur s'exprime : « Celui qui écoute ma parole, » il n'ajoute pas : Et qui croit en moi, mais : « Qui croit à Celui qui m'a envoyé. » Il faut donc qu'il entende la parole du Verbe pour croire au Père. Pourquoi entend-il votre parole et croit-il à un autre? Lorsque nous entendons la parole de quelqu'un, nous croyons à cette personne qui nous parle et nous ajoutons foi à sa parole. Qu'a donc ici voulu dire Notre-Seigneur : « Celui qui écoute ma parole et croit à Celui qui m'a envoyé? » c'est-à-dire que sa parole est en moi. Et que signifie cette locution : « Qui entend ma parole, » si ce n'est qui m'entend? Or, il croit à Celui qui m'a envoyé, parce qu'en croyant en lui, il croit à son Verbe, et en croyant à sa parole ou à son Verbe, il croit en moi, parce que je suis le Verbe du Père. La plus parfaite harmonie règne donc dans les Ecritures, et il n'y a aucune contradiction. Bannissez donc de votre cœur toute contestation et comprenez la sublime harmonie des Ecritures. Est-ce que la vérité pourrait se contredire?

8. « Celui qui écoute ma parole et qui croit à Celui qui m'a envoyé a la vie éternelle, il ne vient pas en jugement, mais il a passé de la mort à la vie. » Vous vous souvenez de ce que nous avons établi plus haut, « que de même que le Père ressuscite les morts et leur donne la vie, le Fils donne aussi la vie à qui il lui plaît. » Le Sauveur commence à se révéler et à parler de la résurrection des morts, et voici que les morts ressuscitent déjà. « Celui qui écoute ma parole et qui croit à celui qui m'a envoyé a la vie éternelle, et il ne viendra pas en jugement. » Prouvez qu'il est ressuscité. « Mais il a passé, dit-il, de la mort à la vie. » Celui qui a passé de la mort à la vie est incontestablement ressuscité. Il ne pourrait, en effet, passer de la mort à la vie qu'à la condition d'être d'abord non dans la vie, mais dans la mort, et lorsqu'il a passé de cet état à un autre, il est dans la vie, il n'est plus dans la mort. Il était mort, et il revit, il était perdu, et il est retrouvé. (*Luc*, xv, 32.) Il se fait donc dès maintenant une espèce de résurrection, et les hommes passent d'une certaine mort à une certaine vie ; de la mort de l'infidé-

---

Si noluit, invidit : si non potuit, defecit. Non ergo vides, quia ita sentiendo ubi majorem honorem vis dare Patri, ibi es contumeliosus in Patrem? Proinde sic honorifica Filium, quomodo honorificas Patrem, si vis honorificare et Patrem et Filium.

7. « Amen, amen dico vobis, quia qui verbum meum audit, et credit ei qui misit me, habet vitam æternam ; et in judicium non venit, sed transiit, » non nunc transit, sed jam « transiit a morte in vitam. » (v. 24.) Et hoc attendite : « Qui verbum meum audit : » et non dixit, credit mihi ; sed « credit ei qui me misit. » Verbum ergo Filii audiat, ut Patri credat. Quare verbum audit tuum, et credit alteri? Nonne cum verbum alicujus audimus, eidem verbum proferenti credimus, loquenti nobis fidem accommodamus ? Quid ergo voluit dicere : « Qui verbum meum audit, et credit ei qui misit me : » audit verbum meum, » nisi audit me? « Credit autem ei qui misit me : » quia cum illi credit, verbo ejus credit : cum autem verbo ejus credit, mihi credit ; quia Verbum Patris ego sum. Pax ergo in Scripturis, et omnia disposita, nequaquam rixantia. Tu abjice litem cordis tui, intellige concordiam Scripturarum. Numquid contraria sibi diceret veritas ?

8. « Qui verbum meum audit, et credit ei qui misit me, habet vitam æternam ; et in judicium non venit, sed transiit a morte in vitam. » Meministis quod superius posueramus, quia « sicut Pater suscitat mortuos et vivificat, sic et Filius quos vult vivificat. » Incipit jam aperire se, et loqui de resurrectione mortuorum, et ecce jam resurgunt mortui. « Qui enim verbum meum audit, et credit ei qui misit me, habet vitam æternam, et in judicium non veniet. » Proba quia resurrexit. Sed « transiit, inquit, a morte in vitam. » Qui transiit a morte ad vitam, nullo dubitante utique resurrexit. Non enim transiret de morte ad vitam, nisi primo esset in morte, et non esset in vita : cum autem transierit, erit in vita, et non erit in morte. Mortuus ergo erat, et revixit ; perierat, et inventus est. (*Luc.*, xv, 32.) Fit proinde jam quædam resurrectio, et transeunt homines a morte quadam ad

lité à la vie de la foi ; de la mort du mensonge à la vie de la vérité; de la mort de l'iniquité à la vie de la justice. C'est donc là une espèce de résurrection des morts.

9. Que Notre-Seigneur nous découvre plus pleinement encore cette vérité comme il a commencé, et qu'elle brille à nos yeux dans toute sa clarté. « En vérité, en vérité je vous le dis, l'heure vient et elle est déjà venue. » (*Jean*, v, 25.) Nous attendions la résurrection des morts à la fin des temps suivant les enseignements de la foi, ou plutôt nous ne l'attendions pas, mais nous devons l'attendre avec certitude, car ce n'est pas une croyance erronée que cette foi à la résurrection des morts à la fin des temps. Or, Notre-Seigneur Jésus-Christ veut faire entrer dans notre esprit l'idée d'une autre résurrection des morts qui doit précéder la dernière résurrection. Cette résurrection est différente de celle de Lazare (*Jean*, xi, 43) ; du fils de la veuve de Naïm (*Luc*, vii, 14), de la fille du chef de la synagogue (*Marc*, v, 41), qui tous ont ressuscité pour mourir encore (car il faut admettre, en effet, qu'il y a eu de véritables résurrections de morts avant cette dernière résurrection) ; et voici comme le Sauveur l'exprime : « Il a, dit-il, la vie éternelle, il ne vient point en jugement, mais il a passé de la mort à la vie. » A quelle vie ? A la vie éternelle. Il n'en a pas été ainsi du corps de Lazare, il a passé de la mort du tombeau à la vie ordinaire des hommes, mais à une vie qui n'é-

tait pas la vie éternelle et qui devait se terminer de nouveau par la mort, tandis que les morts qui ressusciteront à la fin du monde passeront dans la vie éternelle. Notre-Seigneur Jésus-Christ, le docteur céleste, le Verbe du Père, la vérité même, voulant nous démontrer que cette dernière résurrection, suivie de la vie éternelle, était précédée par une autre résurrection, qui avait également pour fin la vie éternelle, nous dit : « L'heure vient. » Profondément pénétré de la foi à la résurrection de la chair, vous attendiez cette heure de la fin du monde, le jour du jugement. Mais pour vous prouver que ce n'est pas de cette heure qu'il s'agit ici, Notre-Seigneur ajoute : « Et elle est venue, » lors donc qu'il dit : « L'heure vient, » il ne veut point parler de cette dernière heure où, au commandement et à la voix de l'archange et au son de la trompette de Dieu, le Seigneur descendra du ciel, et ceux qui sont morts dans le Christ ressusciteront les premiers ; ensuite, nous qui vivons, qui sommes restés, nous serons emportés avec eux dans les nuées au-devant du Christ dans les airs, et ainsi nous serons à jamais avec le Seigneur. (I *Thess.*, iv, 15 et 16.) Cette heure viendra, mais elle n'est pas encore venue. Quant à cette heure qui est déjà venue, écoutez ce qu'en dit Notre-Seigneur : « L'heure vient et elle est déjà venue. » Quel événement doit avoir lieu à cette heure ? Une résurrection des morts. Et quelle espèce de résurrection ?

quamdam vitam ; a morte infidelitatis, ad vitam fidei ; a morte falsitatis, ad vitam veritatis ; a morte iniquitatis, ad vitam justitiæ. Est ergo et ista quædam resurrectio mortuorum.

9. Aperiat illam plenius, et dilucescat nobis, ut cœpit. « Amen, amen dico vobis, quia venit hora, et nunc est. » (*Joan.*, v, 25.) Nos expectabamus in fine resurrectionem mortuorum, nam ita credidimus : imo non expectabamus, sed plane expectare debemus ; neque enim falsum credimus in fine mortuos resurrecturos. Cum ergo vellet Dominus Jesus insinuare nobis quamdam resurrectionem mortuorum ante resurrectionem mortuorum : non sicut Lazari (*Joan.*, xi, 43), vel filii illius viduæ (*Luc.*, vii, 14), vel filiæ archisynagogi (*Marc.*, v, 41), qui resurrexerunt morituri : (nam et ipsorum mortuorum quædam resurrectio facta est ante resurrectionem mortuorum :) sed sicut hic dicit : « Habet, inquit, vitam æternam, et in judicium non venit, sed transiit a morte ad vitam. » Ad quam vitam ? ad æternam. Non

ergo sicut corpus Lazari : transiit enim et ille a morte sepulcri ad vitam hominum, sed non æternam, iterum moriturus ; resurrecturi autem in fine sæculi mortui, in vitam æternam transibunt. Cum ergo vellet Dominus noster Jesus Christus, magister cælestis, Verbum Patris et veritas demonstrare nobis quamdam resurrectionem mortuorum in æternam vitam, ante resurrectionem mortuorum in æternam vitam « Venit hora, » inquit. Tu procul dubio imbutus fide resurrectionis carnis, expectabas horam illam finis sæculi, diem judicii, quam ne in isto loco expectares, addidit, « et nunc est. » Quod ergo dicit : « Venit hora, » non dicit de illa hora novissima, « ubi in jussu et in voce Archangeli, et in tuba Dei Dominus ipse descendet de cœlo, et mortui in Christo resurgent primo : deinde nos viventes qui reliqui sumus, simul rapiemur cum illis in nubibus obviam Christo in aera, et ita semper cum Domino erimus. (I *Thess.*, iv, 15 et 16.) Veniet illa hora, sed non est nunc. Hora vero ista quæ sit, advertite :

afin que ceux qui auront part à cette résurrection vivent éternellement. C'est ce qui doit aussi avoir lieu à la fin des temps.

10. Quoi donc? Comment devons-nous entendre ces deux résurrections? Est-ce que ceux qui ressuscitent maintenant ne ressusciteront pas alors? Et seront-ce des personnes toutes différentes qui auront part à ces deux résurrections? Non, il n'en est pas ainsi, car cette première résurrection, si notre foi a été sincère, nous a vraiment ressuscités, et c'est nous-mêmes qui, après cette première résurrection, attendons encore celle qui aura lieu à la fin des temps. Nous ressuscitons actuellement pour la vie éternelle, si nous persévérons dans la foi; et nous ressusciterons alors pour cette même vie éternelle, lorsque nous deviendrons semblables aux anges. (*Luc*, x, 36.) Que Notre-Seigneur fasse lui-même cette distinction, qu'il daigne nous expliquer ce que nous avons osé avancer, comment une résurrection précède l'autre résurrection, comment ce sont les mêmes personnes qui ont part à ces deux résurrections et comment cette résurrection n'est point comme celle de Lazare, mais pour la vie éternelle. Cette grâce ne nous sera pas refusée. Ecoutez le Maître dont la lumière brille à nos yeux, le soleil dont les rayons se répandent dans nos cœurs, non pas celui que désirent les yeux du corps, mais celui que les yeux du cœur aspirent ardemment à contempler. Ecoutons-le donc : « En vérité, en vérité je vous le dis, que l'heure vient et elle est venue, où les morts (vous voyez qu'il s'agit de résurrection) entendront la voix du Fils de Dieu, et ceux qui l'entendront vivront. » Pourquoi a-t-il ajouté : « Et ceux qui l'entendront vivront? » Est-ce qu'ils pourraient l'entendre à moins de vivre? Il suffisait donc de dire : « L'heure vient et elle est venue, où les morts entendront la voix du Fils de Dieu. » Nous comprendrions par cela seul qu'ils vivent, puisqu'ils ne peuvent entendre qu'autant qu'ils sont vivants. Non, il n'en est pas ainsi, nous dit-il, ils n'entendent point parce qu'ils vivent, mais ils revivent parce qu'ils entendent. « Ils entendront cette voix, et ceux qui l'entendront vivront. » Que signifie donc cette parole : « Ils entendront? » Ils obéiront. A ne considérer que l'oreille du corps, on ne peut dire que tous ceux qui entendent vivront, car il en est beaucoup qui entendent et ne croient point, par là même qu'ils entendent sans croire, ils n'obéissent pas, et parce qu'ils n'obéissent point ils ne peuvent revivre. Cette expression « ceux qui entendront » ne signifie donc ici autre chose que « ceux qui obéiront. » Ceux donc qui obéiront à cette voix vivront, oui, ils vivront, qu'ils en soient certains, qu'ils en soient assurés. On leur prêche Jésus-Christ, le Verbe de Dieu, le Fils de Dieu, par qui tout a été fait; qui, par suite d'une disposition arrêtée dans les décrets de la miséricorde divine, a pris une chair semblable à la nôtre dans le sein d'une

---

« Venit hora, et nunc est. » Quid in ea fit? quid nisi resurrectio mortuorum? Et qualis resurrectio? ut qui resurgunt, in æternum vivant. Hoc erit et in novissima hora.

10. Quid igitur? quomodo intelligimus duas istas resurrectiones? Numquid forte qui nunc resurgunt, tunc non resurgent, ut aliorum fiat nunc resurrectio, aliorum tunc? Non est ita. Nam ista resurrectione, si recte credidimus, resurreximus; et nos ipsi qui jam resurreximus, alteram in fine resurrectionem expectamus. Sed et nunc in æternam vitam resurreximus, si in fide ipsa perseveranter manemus; et tunc in æternam vitam resurgemus, quando Angelis coæquabimur. (*Luc.*, xx, 36.) Ipse ergo distinguat, ipse aperiat quod loqui ausi sumus : quomodo fiat resurrectio ante resurrectionem, non aliorum et aliorum, sed eorumdem : nec talis qualis Lazari, sed in vitam æternam. Aperiet plane. Audite dilucescentem magistrum, et illabentem cordibus nostris solem nostrum; non quem desiderant oculi carnis, sed cui æstuant aperiri oculi cordis. Ipsum ergo audiamus : « Amen, amen dico vobis, quia venit hora, et nunc est, quando mortui, » videte exprimi resurrectionem, « quando mortui audient vocem Filii Dei, et qui audierint vivent. » Quare addidit, « qui audierint vivent? » Possent enim audire nisi viverent? Sufficeret ergo : « Venit hora et nunc est, quando mortui audient vocem Filii Dei. » Jam nos intelligeremus viventes eos; quando nisi viverent, audire non possent. Non, inquit, non ipsa vivunt audiunt, sed audiendo reviviscunt : « audient, et qui audierint vivent. » Quid est ergo, audient, nisi obaudient? Quantum enim pertinet ad auris auditum, non omnes qui audiunt vivent : multi enim audiunt et non credunt; audiendo et non credendo non obaudiunt; non obaudiendo non vivunt. Itaque hic, « qui audient, » nihil est aliud quam qui obaudient. Qui ergo obaudierint, vivent : certi sint, securi sint, vivent. Prædicatur Christus Verbum Dei : Filius Dei, per quem facta sunt omnia certæ (*f.* certæ) dispensationis gratia as-

Vierge, qui s'est soumis dans cette chair aux développements successifs de l'enfance et de la jeunesse, qui a voulu souffrir dans cette chair, mourir dans cette chair, ressusciter dans cette chair, monter au ciel dans cette chair, qui a promis la résurrection à la chair en même temps qu'il la promettait à l'âme, à l'âme avant la chair, à la chair après l'âme. Celui qui entend et obéit vivra, celui qui entend et refuse d'obéir, c'est-à-dire qui méprise la parole qu'il entend, entend cette parole sans y croire, ne vivra point. Pourquoi ne vivra-t-il point? Parce qu'il n'entend pas cette parole. Qu'est-ce à dire qu'il ne l'entend pas? Il ne lui obéit pas. Donc « ceux qui entendront vivront. »

11. Venons-en maintenant à la question dont nous avons différé l'explication, et voyons si nous pouvons en trouver la solution. Notre-Seigneur parlant de cette résurrection, ajoute aussitôt : « Car comme le Père a en soi la vie, ainsi il a donné au Fils d'avoir la vie en lui-même. » (*Jean*, v, 26.) Que signifient ces paroles : « Le Père a en soi la vie? » Il n'a point la vie d'ailleurs, il l'a en lui-même. Le principe de sa vie est en lui-même, il ne vient point d'ailleurs, il ne lui est pas étranger. Il n'a point la vie par emprunt, il n'entre point en participation d'une vie qui serait différente de lui-même, mais « il a la vie en soi, » c'est-à-dire qu'il est à lui-même sa vie. Si je puis vous exposer encore ici mes faibles idées par des exemples qui viendront en aide à votre intelligence, je le devrai à la grâce de Dieu, aux pieuses dispositions de votre cœur. Dieu est vivant, votre âme est vivante aussi, mais la vie de Dieu est immuable, la vie de l'âme est sujette au changement. Il ne peut y avoir en Dieu ni accroissement, ni défaillance, il est toujours le même en soi, il est tel qu'il est, son être n'est point différent aujourd'hui de ce qu'il était hier, de ce qu'il sera demain. La vie de l'âme au contraire n'est guère semblable à elle-même, elle vivait dans la folie, elle vit maintenant dans la sagesse; elle vivait dans l'iniquité, elle vit dans la justice; aujourd'hui elle se souvient, demain elle oublie; elle apprenait hier, elle est maintenant incapable d'apprendre; elle perd ce qu'elle avait appris, puis elle rapprend ce qu'elle avait perdu, en un mot, la vie de l'âme est pleine de vicissitudes. Et encore, lorsque l'âme vit dans l'iniquité, c'est une véritable mort, et lorsqu'elle devient juste, c'est en participant à une autre vie différente d'elle-même, c'est-à-dire que c'est en s'élevant jusqu'à Dieu, et en s'attachant à lui, qu'elle reçoit la justification de Dieu lui-même, selon ce qui est écrit : « A celui qui croit en Dieu qui justifie l'impie, sa foi est imputée à justice. » (*Rom.*, IV, 5.) En s'éloignant de Dieu, elle tombe dans l'iniquité, elle recouvre la justice en se rapprochant de lui. Ne vous semble-t-il pas voir un objet glacé qui devient brûlant quand on l'approche du feu, et qui retombe dans ce froid glacial lorsqu'on l'en éloigne? N'est-ce

---

sumpta carne natus ex virgine, infans in carne, juvenis in carne, patiens in carne, moriens in carne, resurgens in carne, ascendens in carne, promittens resurrectionem carni, promittens resurrectionem menti, menti ante carnem, carni post mentem. Qui audit et obaudit, vivet : qui audit et non obaudit, id est, audit et contemnit, audit et non credit, non vivet. Quare non vivet? quia non audit. Quid est, non audit? non obaudit. Ergo « qui audierint, vivent. »

11. Attende nunc quod dixeramus differendum, ut nunc si fieri potuerit aperiatur. Subjecit continuo de hac ipsa resurrectione : « Sicut enim Pater habet vitam in semetipso, sic dedit et Filio vitam habere in semetipso. » (*Joan.*, v, 26.) Quid est, « habet vitam Pater in semetipso? » Non alibi habet vitam, sed in semetipso. Vivere quippe suum in illo est : non aliunde, non alienum est : non quasi mutuatur vitam, nec quasi particeps fit vitæ, ejus vitæ quæ non est quod ipse : sed « habet vitam in semetipso, » ut ipsa vita sibi sit ipse. Si potuero adhuc modicum quid inde dicere, exemplis propositis ad intelligentiam vestram informandam, Domino adjuvante potero, et pietate intentionis vestræ. Vivit Deus, vivit et anima : sed vita Dei immutabilis est, vita animæ mutabilis est. Deus nec proficit, nec deficit, sed est ipse semper in se, est ita ut est : non aliter nunc, aliter postea, aliter antea. Animæ vero vita, valde aliter atque aliter : vivebat stulta, vivit sapiens; vivebat iniqua, vivit justa : nunc meminit, nunc obliviscitur; nunc discit, nunc discere non potest; nunc perdit quod didicerat, nunc percipit quod amiserat, mutabilis vita animæ. Et cum vivit anima in iniquitate, mors ejus est : cum autem fit justa, fit particeps alterius vitæ, quæ non est quod ipse : erigendo se quippe ad Deum et inhærendo Deo, ex illo justificatur. Dictum est enim : Credenti in eum qui justificat impium, deputatur fides ejus ad justitiam. (*Rom.*, IV, 5.) Deficiendo ab illo fit iniqua, proficiendo ad illum fit justa. Nonne videtur tibi quasi aliquid frigidum igni admotum fervescere, remotum ab igne torpescere? Nonne videtur tibi

pas encore comme un objet ténébreux qui devient brillant par son contact avec la lumière et qui reprend ses teintes ténébreuses dès qu'on l'en sépare? C'est une image de ce qui se passe dans l'âme, mais il n'en est pas ainsi de Dieu. L'homme peut dire que ses yeux jouissent maintenant de la lumière, qu'ils prennent donc la parole et qu'ils disent, s'ils le peuvent : Nous avons la lumière en nous-mêmes. On leur répondra : Vous êtes dans l'erreur, en disant que vous avez la lumière en vous-mêmes; vous avez la lumière, mais elle vient du ciel; vous jouissez de la lumière pendant la nuit, mais elle vient de la lune, elle vient des flambeaux, mais elle ne vient pas de vous-mêmes, et la preuve c'est que si vous venez à vous fermer, vous perdez cette lumière qui vous frappait lorsque vous étiez ouverts, vous n'avez donc pas la lumière en vous-mêmes. Lorsque le soleil a disparu, essayez de retenir la lumière, si vous le pouvez; la nuit est venue, et vous vous éclairez à la lumière en usage pendant la nuit; or, essayez de retenir même cette lumière en faisant disparaître le flambeau ; puisque le flambeau une fois enlevé vous demeurez dans les ténèbres, vous n'avez donc pas la lumière en vous-mêmes. Donc avoir la lumière en soi-même, c'est n'avoir pas besoin d'une lumière empruntée à un autre. C'est ici, si on veut bien le comprendre, que le Sauveur montre que le Fils est égal à son Père, lorsqu'il dit : « Comme le Père a la vie en soi, ainsi il a donné au Fils d'avoir la vie en soi. » La seule différence entre le Père et le Fils, c'est que le Père a la vie en soi, sans que personne la lui ait donnée, et que le Fils a en soi la vie que le Père lui a donnée.

12. Mais il s'élève encore ici un nuage qu'il faut dissiper. Ne nous fatiguons pas, soyons toujours attentifs, ce sont ici les pâturages de l'âme, gardons-nous de les dédaigner si nous voulons y trouver la vie. Vous avouez donc, me dites-vous, que le Père a donné la vie au Fils, afin qu'il ait la vie en lui-même, comme le Père a la vie en lui-même, de sorte que le Fils aussi bien que le Père ait une vie tout à fait indépendante, que le Fils soit lui-même la vie comme le Père, que tous deux étroitement unis ne fassent qu'une vie et non pas deux vies, parce qu'il n'y a qu'un seul Dieu et non pas deux dieux, et que ce soit là être la vie par essence. Comment donc le Père a-t-il donné au Fils d'avoir la vie? Ce n'est pas dans ce sens que le Fils était auparavant sans vie, et que pour vivre, il a eu besoin de recevoir la vie du Père, car s'il en était ainsi, il n'aurait pas la vie en lui-même. Je parlais de l'âme il n'y a qu'un instant. L'âme existe; bien qu'elle soit privée de la sagesse, de la justice, de la piété, l'âme ne laisse pas d'exister. Etre une âme est pour elle une chose distincte d'être sage, juste, pieuse, elle est donc quelque chose, bien qu'elle ne soit encore ni sage, ni juste, ni pieuse, on ne peut dire qu'elle n'est rien, qu'il n'y a en elle aucune vie, car elle prouve par certaines œuvres

---

quiddam tenebrosum, admotum luci clarescere, remotum a luce nigrescere? Tale quiddam est anima, non tale aliquid Deus. Potest et homo dicere, habere se lucem nunc in oculis suis. Dicant ergo quasi quadam voce propria oculi tui si possunt : Habemus lucem in nobis ipsis. Contra dicitur : Non proprie dicitis, habere vos lucem in vobis ipsis : habetis lucem, sed in cœlo : habetis lucem si forte nox est, sed in luna, in lucernis, non in vobis ipsis : nam clausi amittitis, quod aperti percipitis : non in vobis ipsis habetis lucem : sole occidente tenete lucem, si potestis : nox est, et lumine nocturno perfruimini; subducta lucerna tenete lucem : cum vero subtracta lucerna in tenebris remanetis, non lucem in vobis ipsis habetis. Hoc est ergo habere lucem in semetipso, non indigere luce ex altero. Ecce ubi, si quis intelligat, ostendit Filium æqualem Patri, ubi ait : « Sicut habet Pater vitam in semetipso, sic dedit et Filio vitam habere in semetipso : » ut hoc solum intersit inter Patrem et Filium, quia Pater habet vitam in semetipso, quam nemo ei dedit; Filius autem habet vitam in semetipso, quam Pater dedit.

12. Sed etiam hic oritur aliquod nubilum discutiendum. Non deficiamus, intenti simus : pascua mentis sunt, non fastidiamus, ut vivamus. Ecce, inquis, fateris ipse quod vitam Filio Pater dedit, ut habeat eam quidem in semetipso, sicut habet Pater vitam in semetipso, non indigens ille, non indigeat et iste; ut sit ille vita, sit et iste; et utrumque conjunctum una vita, non duæ; quia unus Deus, non duo dii : et hoc ipsum sit esse vitam. Quomodo ergo dedit Filio vitam Pater? Non sic quasi ante fuerit Filius sine vita, atque ut viveret a Patre acceperit vitam : nam si hoc esset, non haberet vitam in semetipso. Ecce de anima loquebar. Est anima : etsi non sit sapiens, etsi non sit justa, anima est; etsi non sit pia, anima est. Aliud illi ergo est esse animam, aliud vero esse sapientem, esse justam, esse piam. Est ergo aliquid quo nondum est sapiens, nondum justa, nondum pia, non tamen nihil est, non tamen nulla vita

qu'elle vit, bien qu'elle ne puisse également prouver qu'elle est douée de sagesse, de justice, de piété. Si, en effet, elle n'était pas vivante, elle ne pourrait donner le mouvement au corps, commander aux pieds de marcher, aux mains d'agir, aux yeux de voir, aux oreilles d'entendre, elle n'ouvrirait pas la bouche pour parler, elle ne remuerait pas la langue pour articuler distinctement les paroles. Ces actes prouvent que l'âme existe, et qu'elle est supérieure au corps, mais ces mêmes actes établissent-ils que l'âme est sage, juste et pieuse? Ne voyons-nous pas les insensés, les impies, les hommes injustes, marcher, agir, voir, entendre, parler? Mais lorsque l'âme s'élève vers un être tout différent d'elle-même, qui est au-dessus d'elle, et qui est le principe de son existence, elle reçoit alors la sagesse, la justice, la piété. Avant de les recevoir elle était morte, elle n'avait pas la vie qui la fait vivre elle-même, elle avait simplement la vie qu'elle communique au corps. Dans l'âme, en effet, le principe qui donne la vie au corps est différent de celui qui donne la vie à l'âme elle-même. L'âme vaut mieux que le corps, mais Dieu vaut mieux que l'âme. L'âme fût-elle insensée, injuste, impie, est donc la vie du corps. Mais comme Dieu est sa vie, de même que lorsqu'elle est dans le corps, elle lui donne la force, la bonté, le mouvement, l'usage de ses membres, ainsi lorsque Dieu, qui est sa vie, est en elle-même, il lui donne, la sagesse, la piété, la justice, la charité. La vie que l'âme communique au corps est donc différente de celle que Dieu communique à l'âme. L'âme donne la vie et la reçoit, toute morte qu'elle est elle donne la vie, sans qu'elle-même soit animée de sa propre vie. Lorsque la parole se fait entendre et se répand dans le cœur de ceux qui l'écoutent, et que non contents de l'écouter, ils lui obéissent, l'âme ressuscite de la mort à la vie qui lui est propre, c'est-à-dire de l'iniquité, de la folie, de l'impiété à son Dieu qui est pour elle la sagesse, la justice, la lumière. Qu'elle se lève donc pour aller à Dieu, si elle veut en être éclairée. « Approchez-vous de lui, nous dit le Psalmiste, et quel en sera pour nous le fruit? Et vous serez éclairés. »(*Ps* XXXIII, 5.) Si donc vous êtes éclairés en vous approchant de Dieu, et que vous retombiez dans les ténèbres en vous éloignant de lui, votre lumière n'était pas en vous-même, mais dans votre Dieu. Approchez-vous donc pour ressusciter, si vous vous éloignez vous mourrez. Si vous avez la vie en vous approchant de lui, si vous mourez en vous en éloignant, votre vie n'était donc point en vous, car votre vie n'est autre que la lumière qui vous éclaire. « En vous, ô mon Dieu, est la source de la vie, et dans votre lumière nous verrons la lumière. » (*Ps.* XXXV, 10.)

13. L'âme a donc déjà une existence quelconque avant d'être éclairée, et cette existence

est : nam ex operibus quibusdam suis ostendit se vitam, etsi non se ostendit sapientem, piam, justam. Nisi enim viveret, corpus non moveret, pedibus gressum, manibus opus, oculis intuitum, auribus auditum non imperaret, non aperiret os ad vocem, linguam ad distinctionem vocum non moveret. His itaque operibus vivere se ostendit, et esse aliquid quod sit corpore melius : sed numquid his operibus, sapientem, piam, justam se ostendit? Nonne ambulant, operantur, vident, audiunt, loquuntur et stulti, et impii, et injusti? Cum vero se erigit ad aliquid quod ipsa non est, et quod supra ipsam est, et a quo ipsa est, percipit sapientiam, justitiam, pietatem : sine quibus cum esset, mortua erat, nec vitam habebat qua ipsa viveret, sed qua corpus vivificaret. Aliud est enim in anima unde corpus vivificatur, aliud unde ipsa vivificatur. Melius quippe est quam corpus : sed melius quam ipsa est Deus. Est ergo ipsa, etiamsi sit insipiens injusta impia, vita corporis. Quia vero vita ejus est Deus, quomodo cum ipsa est in corpore, præstat illi vigorem, decorem, mobilitatem, officia membrorum : sic cum vita ejus Deus in ipsa est, præstat illi sapientiam, pietatem, justitiam, caritatem. Aliud est ergo quod præstatur corpori de anima ; aliud quod præstatur animæ de Deo : Vivificat, et vivificatur : mortua vivificat, si ipsa non vivificatur. Veniente itaque verbo et infuso audientibus, factisque illis non solum audientibus, sed etiam obedientibus, resurgit anima a morte sua ad vitam suam, hoc est, ab iniquitate, ab insipientia, ab impietate ad Deum suum, qui est illi sapientia, justitia, claritas. Surgat ad illum, illuminetur ab illo. Accedite, inquit, ad eum. (*Psal.* XXXIII, 5.) Et quid nobis erit? et illuminamini. Si ergo accedendo illuminamini, et recedendo tenebramini; non erat in vobis lumen vestrum, sed in Deo vestro. Accedite, ut resurgatis : si recesseritis, moriemini. Si ergo accedendo vivitis, recedendo morimini ; non erat in vobis vita vestra. Ipsa est enim vita vestra, quæ est lux vestra. Quoniam apud te est fons vitæ, et in lumine tuo videbimus lumen. (*Psal.* XXXV, 10.)

13. Non ergo sicut anima aliquid aliud est ante-

se perfectionne lorsqu'elle reçoit la lumière par sa participation à un être supérieur. Mais il n'en est pas ainsi du Verbe de Dieu, du Fils de Dieu, il n'avait pas une existence quelconque avant de recevoir la vie qu'il n'aurait que par une espèce de communication; mais il a la vie en lui-même et par suite il est lui-même la vie. Que signifient donc ces paroles : « Il a donné au Fils d'avoir la vie en lui-même? » Je réponds en deux mots : « Il a engendré son Fils. » On ne peut dire du Fils qu'il était sans vie, et qu'il a reçu la vie; mais il est la vie en naissant. Le Père est la vie sans être né, le Fils est la vie par sa naissance. Le Père ne vient d'aucun autre Père, le Fils vient de Dieu le Père. Le Père ne tient d'aucun autre ce qu'il est, et s'il est Père c'est à cause de son Fils. Le Fils au contraire est Fils relativement à son Père, et c'est le Père qui est le principe de son existence. Ces paroles donc : « Il a donné au Fils d'avoir la vie en lui-même, » reviennent à celles-ci : Le Père qui est la vie en lui-même a engendré un Fils qui fut la vie en lui-même. Il a voulu donner à cette expression : il a engendré, le sens de cette autre : il a donné. Supposons que nous disions à quelqu'un : Dieu vous a donné l'être. A qui l'a-t-il donné? S'il a donné l'être à quelqu'un qui existait déjà, il ne lui a point donné l'être, puisqu'avant ce don cette personne avait déjà l'être qui lui permettait de recevoir ce don. Lors donc que vous entendez ces paroles : Il vous a donné l'être, elles ne signifient pas que vous existiez déjà pour recevoir ce don, et que c'est en vertu de cette existence que vous avez reçu l'être. Un architecte donne à une maison l'existence. Que lui donne-t-il? D'être une maison. A qui donne-t-il? A cette maison. Que lui donne-t-il? D'être une maison. Comment a-t-il pu donner à une maison d'être une maison? Car si elle était déjà une maison, à qui donnerait-il de devenir une maison, puisqu'elle l'était déjà? Que signifient donc ces paroles : Il lui a donné d'être une maison? il a fait qu'elle devint une maison. Qu'a donc donné le Père au Fils? il lui a donné d'être le Fils, il l'a engendré pour qu'il fût la vie, c'est-à-dire il lui a donné d'avoir la vie en lui-même, d'être la vie qui n'a besoin d'aucune autre vie, pour exclure toute idée de participation de l'origine de cette vie. Car s'il n'avait la vie que par communication, il pourrait perdre la vie en perdant cette communication; or, gardons-nous de penser, de croire rien de semblable à l'égard du Fils. Le Père demeure donc la vie, le Fils demeure aussi la vie. Le Père est la vie en lui-même, et non par le Fils; le Fils est la vie en lui-même, mais il la tient du Père, car le Père l'a engendré pour qu'il fût la vie en lui-même, tandis que le Père est la vie en lui-même sans être engendré. Le Père n'a pas non plus engendré un Fils qui lui fût inférieur, et qui ne devînt son égal que par des accroissements successifs. L'être parfait par qui tous les temps ont été créés, n'a pas eu besoin

---

quam illuminetur, et fit melius cum illuminatur participatione melioris, ita et Verbum Dei, Filius Dei, aliquid aliud erat antequam acciperet vitam, ut participando habeat vitam : sed vitam habet in semetipso; ac per hoc ipse est ipsa vita. Quid ergo ait? « Dedit Filio vitam habere in semetipso? » Breviter dixerim : Genuit Filium. Neque enim erat sine vita, et accepit vitam : sed nascendo vita est. Pater vita est non nascendo : Filius vita est nascendo. Pater de nullo patre, Filius de Deo Patre. Pater quod est, a nullo est : quod autem Pater est, propter Filium est. Filius vero et quod Filius est, propter Patrem est; et quod est, a Patre est. Hoc ergo dixit : « Vitam dedit Filio, ut haberet eam in semetipso : » tanquam diceret : Pater qui est vita in semetipso, genuit Filium qui esset vita in semetipso. Pro eo enim quod est genuit, voluit intelligi dedit. Tanquam si cuiquam diceremus : Dedit tibi Deus esse. Cui dedit? Si alicui jam exsistenti dedit esse, non ei dedit esse : quia erat, antequam ei daretur, qui posset accipere. Cum ergo audis : Dedit tibi esse, non eras qui acciperes, et existendo accepisti ut esses. Dedit structor domui huic ut esset. Sed quid ei dedit? ut domus esset. Cui dedit? huic domui. Quid ei dedit? ut domus esset. Quomodo potuit dare domui ut domus esset? Etenim si domus erat : cui daret, ut domus esset, quando jam domus erat? Quid est ergo : Dedit ei ut domus esset? fecit ut domus esset. Quid ergo Filio dedit? dedit ei ut Filius esset, genuit ut vita esset : hoc est : « Dedit ei habere vitam in semetipso, » ut esset vita non egens vita, ne participando intelligatur habere vitam. Si enim participando haberet vitam, posset et amittendo esse sine vita : hoc in Filio ne accipias, ne cogites, ne credas. Manet ergo Pater vita, manet et Filius vita : Pater vita in semetipso, non a Filio : Filius vita in semetipso, sed a Patre. A Patre genitus ut esset vita in semetipso : Pater vero non genitus vita in semetipso. Nec minorem Filium genuit, qui crescendo fieret æqualis. Non enim ad sui perfectionem adjutus est tempore, per quem perfec-

de temps pour arriver à la perfection. Avant tous les temps il est coéternel au Père. Le Père n'a jamais été sans le Fils; le Père est éternel, le Fils est éternel comme lui. Mais pour vous, ô âme, qu'étiez-vous? Vous étiez morte, vous aviez perdu la vie, écoutez le Père qui vous parle par le Fils. Levez-vous, recevez la vie, et cette vie que vous n'avez pas en vous-même, recevez-la de celui qui a la vie en lui-même. C'est donc le Père et le Fils qui vous donnent la vie, et vous avez part à la première résurrection lorsque vous ressuscitez pour participer à la vie que vous n'avez pas en vous-même et que vous ne recevez qu'en participant à la vie. Ressuscitez de votre mort à votre vie qui est votre Dieu, et passez de la mort à la vie éternelle. Car le Père a la vie éternelle en lui-même, et s'il n'engendrait un Fils qui n'eût aussi la vie en lui-même, il ne serait point vrai de dire que de même que le Père ressuscite les morts et leur donne la vie, ainsi le Fils donne la vie à qui il lui plaît.

14. Que dirons-nous donc de la résurrection du corps? Car ceux qui entendent la voix et qui vivent, comment vivent-ils, si ce n'est parce qu'ils ont entendu cette voix? En effet, « l'ami de l'époux se tient debout et l'entend, et il se réjouit d'entendre la voix de l'époux, » (*Jean*, III, 29) non point sa propre voix ; c'est-à-dire qu'ils entendent cette voix et qu'ils vivent non point en vertu de leur existence, mais en vertu de leur participation à la vie, et tous ceux qui entendent cette voix vivent, parce que tous ceux qui sont dociles à cette voix reçoivent la vie. Seigneur, parlez-nous aussi un peu de la résurrection de la chair. Car il en est qui l'ont niée et qui ont prétendu qu'il n'y avait d'autre résurrection que celle qui a lieu par la foi. C'est de cette résurrection que Notre-Seigneur vient de parler et pour laquelle il nous a inspiré un ardent désir lorsqu'il a dit : « Les morts entendront la voix du Fils de Dieu et vivront. » Parmi ceux qui l'entendront, on ne peut dire que les uns mourront et que les autres vivront ; mais tous ceux qui l'entendront vivront, parce que tous ceux qui lui obéiront auront la vie. Nous voyons donc ici la résurrection de l'âme, mais ne perdons point pour cela la foi à la résurrection de la chair. Si vous-même, Seigneur Jésus, ne venez l'affirmer, que pourrons-nous opposer à ses contradicteurs? Toutes les sectes, en effet, qui se sont vantées d'enseigner aux hommes une religion quelconque, n'ont point nié cette résurrection des âmes dans la crainte qu'on ne leur fît cette objection : Si l'âme ne ressuscite point, pourquoi cherchez-vous à m'enseigner ? que voulez-vous produire en moi? Si vous ne me rendez pas meilleur que je ne suis, pourquoi me parlez-vous? Si d'injuste que je suis vous ne me faites pas juste, à quoi bon tous vos discours? Si au contraire vous remplacez en moi l'iniquité par la jus-

---

tum creata sunt tempora. Ante omnia tempora Patri coæternus est. Non enim unquam Pater sine Filio : æternus autem Pater est : ergo coæternus et Filius. Quid tu anima? Mortua eras, amiseras vitam, audi Patrem per Filium. Surge, recipe vitam : ut in eo recipias vitam quam non habes in te, qui habet vitam in semetipso. Vivificat ergo te Pater, et Filius : et agitur prima resurrectio, quando resurgis ad participandam vitam quod tu non es, et participando efficeris vivens. Resurge a morte tua in vitam tuam, qui est Deus tuus; et transi a morte in vitam æternam. Habet enim vitam æternam Pater in semetipso: et nisi Filium talem generaret, qui haberet vitam in semetipso, non sicut Pater suscitat mortuos et vivificat, sic et Filius quos vellet vivificaret.

14. Quid ergo de illa resurrectione corporis? Nam isti qui audiunt et vivunt, unde nisi audiendo vivunt? Amicus enim sponsi stat, et audit eum, et gaudio gaudet propter vocem sponsi (*Joan.*, III, 29), non propter vocem suam : hoc est, participando, non existendo audiunt et vivunt : et omnes qui audiunt vivunt; quia omnes qui obediunt vivunt. Dic aliquid Domine etiam de resurrectione carnis. Fuerunt enim qui eam negarent, et dicerent quia ista sola est resurrectio, quæ fit per fidem. Cujus resurrectionis modo Dominus fecit commemorationem, et inflammavit nos, quia (*a*) quidam « mortui audient vocem Filii Dei, et vivent. » (*Joan.*, v, 25.) Non eorum qui audierint alii morientur, et alii vivent : « sed omnes qui audierint vivent, » quia omnes qui obedierint vivent. Ecce videmus resurrectionem mentis : non ergo amittamus fidem de resurrectione carnis. Et nisi tu Domine Jesu dixeris eam, quem opponemus contradictoribus? Omnes enim sectæ, quæ se (*b*) aliquam religionem hominibus inserere præsumpserunt, non negaverunt istam mentium resurrectionem : ne diceretur eis : Si non resurgit anima, quare mihi loqueris? quid in me facere vis? si non facis ex deteriore meliorem, quare loqueris? si non facis ex iniquo justum, quare loqueris? si autem facis ex

---

(*a*) In quatuor Mss. *quidem*. — (*b*) Sic Mss. At editi, *se aliqua religione inserere*.

tice, l'impiété par la religion, la folie par la sagesse, vous avouez que mon âme est susceptible de résurrection, si je vous obéis, si je crois à vos paroles. Tous ceux donc qui se sont faits les auteurs de quelque secte ou de quelque fausse religion n'ont point nié cette résurrection des âmes pour conserver leur crédit auprès des hommes, et ils ont été unanimes pour l'admettre ; mais un grand nombre d'entre eux ont nié la résurrection de la chair, et ont enseigné que la résurrection avait déjà eu lieu par la foi. C'est à ces docteurs de mensonges que l'Apôtre s'oppose, lorsqu'il dit : « De ce nombre sont Hyménée et Philète, qui se sont écartés de la vérité en disant que la résurrection est déjà arrivée, et qui ont renversé la foi de quelques-uns. » (II *Tim.*, II, 17.) Ils affirmaient que la résurrection était déjà arrivée, dans un sens exclusif de toute autre résurrection, et ils reprenaient les hommes qui espéraient la résurrection de la chair, parce que, disaient-ils, la résurrection qui nous est promise a déjà eu lieu par la foi dans nos âmes. L'Apôtre les condamne donc, mais pourquoi les condamne-t-il? Est-ce qu'ils ne tenaient pas le même langage que nous venons d'entendre sortir de la bouche du Seigneur? « L'heure vient, et elle est déjà venue, où les morts entendront la voix du Fils de Dieu et ceux qui l'entendront vivront. » (*Jean*, v, 25.) Mais, répond Jésus, je ne vous parle encore ici que de la vie des âmes, je ne vous parle pas encore de la vie des corps; je vous parle de la vie qui donne la vie aux corps, c'est-à-dire des âmes qui sont le principe de la vie des corps; je sais qu'il est des corps qui sont ensevelis dans les tombeaux, je sais que le même sort attend vos propres corps, mais je ne parle pas encore de cette résurrection, je ne vous parle que de la résurrection des âmes, commencez par avoir part à cette première résurrection, si vous ne voulez que la seconde n'ait lieu que pour votre supplice. Et pour vous prouver que c'est de cette résurrection des âmes que je veux parler, écoutez les paroles qui suivent : « De même que le Père a en soi la vie, ainsi il a donné au Fils d'avoir la vie en soi. » Cette vie qui n'est autre que le Père, qui n'est autre que le Fils, avec quelle partie de nous-même entre-t-elle en rapport, avec le corps ou avec l'âme? Ce n'est point le corps, c'est l'âme qui est seule capable de recevoir cette vie de la sagesse. Et encore toute âme ne peut pas participer à cette vie. Les animaux ont une âme, mais l'âme des animaux n'est pas accessible à la sagesse. Donc l'âme de l'homme seule peut entrer en participation de cette vie que le Père a en lui-même, et qu'il a donné au Fils d'avoir en lui-même, car cette vie est la vraie lumière qui éclaire non pas toute âme, mais tout homme venant en ce monde. Or, puisque c'est à l'âme elle-même que je m'adresse, qu'elle entende ma parole, c'est-à-dire qu'elle lui obéisse et qu'elle vive.

iniquo justum, ex impio pium, ex stulto sapientem ; fateris resurgere animam meam, si tibi obtemperavero, si tibi credidero. Volentes ergo sibi credi omnes qui instituerunt alicujus etiam falsæ religionis sectam, negare istam mentium resurrectionem non potuerunt, omnes de illa consenserunt : sed multi carnis resurrectionem negaverunt, dixerunt in fide jam factam esse resurrectionem. Talibus resistit Apostolus, dicens : « Ex quibus est Hymenæus et Philetus, qui circa veritatem aberraverunt, dicentes resurrectionem jam factam esse, et fidem quorumdam subvertunt. » (II *Tim.*, II, 17.) Jam factam esse resurrectionem dicebant, sed eo modo ut alia non speraretur : et reprehendebant homines qui sperabant resurrectionem carnis, velut jam resurrectio quæ promissa erat, credendo impleretur in mente. Reprehendit eos Apostolus. Cur eos reprehendit ? Nonne hoc dicebant quod modo Dominus loquebatur: « Venit hora, et nunc est, quando mortui audient vocem Filii Dei, et qui audierint vivent? » (*Joan.*, v, 25.) Sed de vita mentium loquor adhuc, ait tibi Jesus: nondum loquor de vita corporum; sed loquor de vita vitæ corporum, id est, de animarum, in quibus est vita corporum : nam scio esse corpora in monumentis jacentia, scio et corpora vestra in monumentis futura; nondum de illa resurrectione loquor : de ista loquor, in ista resurgite, ne ad pœnam in illa resurgatis. Sed ut noveritis, quia de illa loquor, quid addo? « Sicut enim habet Pater vitam in semetipso, sic dedit et Filio habere vitam in semetipso. » (*v.* 26.) Hæc vita quod Pater est, quod Filius est, ad quid pertinet? ad animam, an ad corpus ? Non enim vitam illam sapientiæ sentit corpus, sed mens rationalis. Nam nec omnis anima potest sentire sapientiam. Habet enim et pecus animam : sed pecoris anima non potest sentire sapientiam. Ergo anima humana potest sentire istam vitam, quam habet Pater in semetipso, et dedit Filio vitam habere in semetipso : quia illud est verum lumen quod illuminat, non omnem animam, sed omnem hominem venientem in hunc mundum. Cum ergo ipsi menti loquor, audiat, id est, obediat, et vivat.

15. Veuillez donc Seigneur nous parler de la résurrection de la chair, de peur que les hommes refusent d'y croire, et que nous ne soyons obligés de changer nos prédications en discussions. Donc « de même que le Père a en soi la vie, ainsi il a donné au Fils d'avoir la vie en soi. » Que ceux qui entendent ces paroles les comprennent, qu'ils les croient afin de les comprendre, et qu'ils s'y rendent dociles pour avoir la vie. Qu'ils écoutent encore ce qui suit, et ils verront que toute résurrection n'est point consommée ici-bas. « Et il lui a donné la puissance pour juger. » (*Jean*, v, 27.) Qui a donné cette puissance? Le Père. A qui l'a-t-il donnée? Au Fils. Il a donné la puissance pour juger à celui à qui il a donné d'avoir la vie en soi, « parce qu'il est le Fils de l'homme. » Car le Christ est tout à la fois le Fils de Dieu et le Fils de l'homme. « Au commencement était le Verbe, et le Verbe était en Dieu, et le Verbe était Dieu. Il était au commencement en Dieu. » (*Jean*, I, 1, etc.) Voilà comme il lui a donné d'avoir la vie en soi. Mais comme le Verbe s'est fait chair et qu'il a habité parmi nous, en tant qu'il s'est fait homme dans le sein de la vierge Marie, il est le Fils de l'homme. Or, en cette qualité de Fils de l'homme, qu'a-t-il reçu? La puissance de juger. De quel jugement est-il ici question? De celui qui aura lieu à la fin du monde. C'est alors aussi que doit s'accomplir la résurrection des morts, je veux dire la résurrection des corps. Dieu ressuscite donc les âmes par Jésus-Christ, Fils de Dieu; Dieu ressuscite les corps par le même Jésus-Christ, Fils de l'homme. « Il lui a donné la puissance. » Il n'aurait pas cette puissance, s'il ne l'avait reçue, et il serait un homme sans puissance. Mais il est à la fois le Fils de l'homme et le Fils de Dieu. Le Fils de l'homme en s'unissant étroitement en unité de personne au Fils de Dieu, est devenu une seule personne qui est tout ensemble et le Fils de Dieu et le Fils de l'homme. Or, il faut distinguer soigneusement dans cette union ce qui est particulier à chaque nature. Le Fils de l'homme a une âme, il a un corps; le Fils de Dieu qui est le Verbe de Dieu, est uni à l'homme, comme l'âme l'est au corps. De même que l'âme unie au corps ne fait pas deux personnes, mais un seul homme; ainsi le Verbe uni à l'homme, ne fait pas deux personnes, mais un seul Christ. Qu'est-ce que l'homme? Une âme raisonnable unie à un corps. Qu'est-ce que le Christ? Le Verbe de Dieu uni à l'homme. Je vois de quels mystères je vous entretiens, qui je suis pour vous en parler, et à qui je tiens ce langage.

16. Ecoutez maintenant sur la résurrection des corps non pas ce que j'ai à vous dire, mais ce que le Seigneur va vous enseigner, de ceux qui ont ressuscité en sortant de la mort pour s'attacher à la vie. A quelle vie? A la vie qui ne connaît point la mort. Pourquoi ne connaît-elle

---

15. Noli itaque Domine tacere de resurrectione carnis; ne non eam credant homines, et remaneamus nos argumentatores, non prædicatores. Ergo « sicut habet Pater vitam in semetipso, sic dedit et Filio habere vitam in semetipso. » Intelligant qui audiunt, credant ut intelligant, obediant ut vivant. Audiant adhuc aliud, ne hic finitam esse resurrectionem putent. « Et dedit ei potestatem et judicium facere. » (*v.* 27.) Quis? Pater. Cui dedit? Filio. Cui enim dedit habere vitam in semetipso, potestatem dedit ei et judicium facere. « Quia filius hominis est. » Iste enim Christus, et Filius Dei et filius hominis est. In principio erat Verbum, et Verbum erat apud Deum, et Deus erat Verbum (*Joan.*, I, 1, etc.), hoc erat in principio apud Deum. Ecce quomodo dedit ei vitam habere in semetipso. Sed quia Verbum caro factum est, et habitavit in nobis, ex virgine Maria homo factus, filius hominis est. Proinde quia filius hominis est, quid accepit? potestatem et judicium facere. Quod judicium? in fine sæculi: et ibi erit resurrectio mortuorum, sed corporum. Animas ergo suscitat Deus, per Christum Filium Dei: corpora suscitat Deus, per cumdem Christum filium hominis. « Dedit ei potestatem. » Hanc potestatem non haberet nisi acciperet, et esset homo sine potestate. Sed ipse est filius hominis, qui et Filius Dei. Hærendo enim ad unitatem personæ filius hominis Filio Dei, facta est una persona, eademque Filius Dei, quæ et filius hominis. Quid autem propter quid habeat, dignoscendum est. Filius hominis habet animam, habet corpus. Filius Dei, quod est Verbum Dei, habet hominem, tanquam anima corpus. Sicut anima habens corpus, non facit duas personas, sed unum hominem: sic Verbum habens hominem, non facit duas personas, sed unum Christum. Quid est homo? Anima rationalis habens corpus. Quid est Christus? Verbum Dei habens hominem. Vide de quibus rebus loquar, et quis loquar, et quibus loquar.

16. Nunc audite de resurrectione corporum, non me, sed Dominum locuturum, propter eos qui resurrexerunt surgendo a morte, inhærendo vitæ. Cui vitæ? quæ non novit mortem. Quare non novit mor-

pas la mort? Parce qu'elle ne connaît pas le changement, parce qu'elle est la vie en elle-même. « Et il lui a donné le pouvoir de juger, parce qu'il est le Fils de l'homme. » Quelle est la nature et la forme de ce jugement? » Ne vous étonnez pas » de ce que je vous ai dit « qu'il lui a donné le pouvoir de juger, car l'heure vient. » Il n'ajoute pas : Et elle est venue; il veut donc nous faire entendre cette heure qui viendra à la fin du monde. L'heure est venue maintenant où les morts doivent ressusciter, l'heure viendra à la fin des siècles, où ils devront également ressusciter; mais ils ressuscitent maintenant dans leur âme, ils ressusciteront alors dans la chair; ils ressuscitent maintenant dans leur âme par le Verbe de Dieu, par le Fils de Dieu; ils ressusciteront alors dans la chair par le Verbe de Dieu fait chair, par le Fils de l'homme. En effet, ce n'est point le Père qui doit venir lui-même pour juger les vivants et les morts, bien que le Père ne se sépare jamais du Fils. Dans quel sens est-il donc vrai qu'il ne viendra pas lui-même? Parce qu'il ne paraîtra point dans ce jugement. « Ils verront celui qu'ils ont transpercé. » (*Jean*, XIX, 37.) Le juge apparaîtra sous cette forme dans laquelle il a comparu lui-même devant un juge; la nature qui jugera sera celle qui a été jugée; elle a été jugée injustement, elle jugera selon les règles de la justice. C'est donc la forme, la nature du serviteur qui viendra et qui apparaîtra à tous les regards. Comment, en effet, la nature divine pourrait-elle se manifester aux justes et aux pécheurs. Si le jugement ne devait s'exercer que sur les seuls justes, la nature divine se manifesterait à eux comme justes; mais comme le jugement doit comprendre à la fois les justes et sur les pécheurs, et qu'il n'est point permis aux pécheurs de voir Dieu, selon ces paroles : « Heureux ceux qui ont le cœur pur, parce qu'ils verront Dieu, » (*Matth.*, V, 8) il apparaîtra comme juge sous une forme qui lui permettra d'être vu à la fois par ceux qu'il doit couronner et par ceux qu'il doit condamner. C'est donc la nature du serviteur qui apparaîtra alors; la nature divine demeurera voilée. Le Fils de Dieu sera caché dans le serviteur, et le Fils de l'homme seul se manifestera, car le Père lui a donné le pouvoir de juger, parce qu'il est le Fils de l'homme. C'est justement pour établir cette vérité qu'il apparaîtra seul sous cette forme de serviteur, et que le Père n'apparaîtra point, parce qu'il ne s'est point revêtu de la forme de serviteur, que le Sauveur a dit plus haut : « Le Père ne juge personne, mais il a donné au Fils le pouvoir de juger. » Nous avons donc bien fait de différer l'explication de ces paroles pour la recevoir de la bouche même de celui qui les a prononcées. C'était jusqu'à présent une vérité cachée, mais qui devient maintenant de toute évidence, que « le Père lui a donné tout pouvoir de juger, parce qu'il ne juge personne, mais qu'il a donné au Fils tout pou-

---

tem? quia nescit mutabilitatem. Quare nescit mutabilitatem? quia vita est in semetipso. « Et potestatem dedit ei et judicium facere, quia filius hominis est. » (*Joan.*, V, 27.) Quod judicium, quale judicium? « Nolite mirari hoc, » quia dixi, « dedit ei potestatem et judicium facere. (*v.* 28.) Quia venit hora. » Non addidit, « et nunc est : » ergo horam quamdam vult insinuare in fine sæculi. Hora nunc est ut resurgant mortui, hora erit in fine sæculi ut resurgant mortui : sed resurgant nunc in mente, tunc in carne : resurgant nunc in mente per Verbum Dei Filium Dei, resurgant tunc in carne per Verbum Dei carnem factum, filium hominis. Neque enim ad judicium vivorum et mortuorum Pater ipse venturus est : nec tamen recedit a Filio Pater. Quomodo ergo non ipse venturus est? quia non ipse videbitur in judicio? Videbunt in quem pupugerunt. (*Joan.*, XIX, 37.) Forma illa erit judex, quæ stetit sub judice : illa judicabit quæ judicata est : judicata est enim inique, judicabit juste. Veniet ergo forma servi, et ipsa apparebit. Etenim forma Dei quomodo appareret justis et iniquis? Nam si judicium non fieret nisi inter solos justos, appareret tanquam justis forma Dei : quia vero judicium futurum est justorum et iniquorum, nec licet ut iniqui videant Deum; Beati enim mundi corde, quoniam ipsi Deum videbunt (*Matth.*, V, 8) : talis apparebit judex, qualis videri possit et ab eis quos coronaturus est, et ab eis quos damnaturus est. Forma ergo servi videbitur, occulta erit forma Dei. Occultus erit in servo Filius Dei, et apparebit filius hominis : quia « potestatem dedit ei et judicium facere, quia filius hominis est. » Et quia ipse solus apparebit in forma servi : Pater autem non apparebit, quia non est indutus forma servi; ideo superius ait : « Pater non judicat quemquam, sed omne judicium dedit Filio. » Bene ergo dilatum est, ut ipse esset expositor qui propositor. Superius enim occultum erat : nunc jam, ut arbitror, manifestum est, quia « dedit ei potestatem et judicium facere, quia Pater non judicat quemquam, sed omne

voir de juger, » car il exercera ce pouvoir de juger dans cette forme qui n'appartient pas au Père. Et quel sera ce jugement? « Ne vous en étonnez pas, l'heure vient. » Ce n'est pas l'heure actuelle où les âmes vont ressusciter, c'est l'heure à venir où les corps eux-mêmes ressusciteront.

17. Que Notre-Seigneur mette encore cette vérité dans un plus grand jour, pour confondre les mensonges des hérétiques qui nient la résurrection des corps, bien que la lumière se fasse déjà dans notre esprit. Lorsqu'il a dit plus haut: « L'heure vient, » il a ajouté : « elle est venue, » ici au contraire, il dit : « L'heure vient, » mais sans ajouter : « Et elle est venue. » Cependant qu'il dissipe par l'éclat de la vérité toutes les subtilités, tous les subterfuges de l'erreur et du mensonge, et qu'il brise tous les filets dans lesquels la calomnie voudrait nous enserrer : « Ne vous en étonnez pas, car l'heure vient, où tous ceux qui sont dans les sépulcres. » (*Jean*, v, 28.) Quoi de plus évident? quoi de plus exprès? Ce sont les corps qui sont dans les tombeaux, et non les âmes, soit des justes, soit des pécheurs. L'âme du juste était dans le sein d'Abraham, l'âme du pécheur souffrait d'horribles tourments dans les enfers, mais ni l'une ni l'autre n'étaient dans le tombeau. Notre-Seigneur a dit précédemment : « L'heure vient et elle est déjà venue, » je vous en prie, mes frères, prêtez-moi toute votre attention. Vous savez qu'on ne peut gagner sans travail le pain du corps, combien plus cela est-il vrai du pain de l'âme? Ce n'est point sans fatigue que vous vous tenez ici pour nous entendre mais il nous en coûte bien davantage de vous parler et de vous instruire. Nous ne reculons pas devant le travail dans votre intérêt, ne devez-vous pas dans ce même intérêt vous associer à nos fatigues? Lors donc que le Sauveur disait plus haut : « L'heure vient, » et qu'il ajoutait : « Et elle est venue, » comment continuait-il? « L'heure est venue où les morts entendront la voix du Fils de Dieu, et ceux qui l'entendront, vivront. » Il ne dit pas : Tous les morts, car ces morts dont il parle sont les pécheurs. Or, est-ce que tous les pécheurs obéissent à l'Evangile? L'Apôtre déclare ouvertement le contraire : « Tous n'obéissent pas à l'Evangile. » (*Rom.*, x, 16.) Cependant ceux qui entendent, vivront, parce que tous ceux qui obéissent à l'Evangile, passeront dans la vie éternelle par la foi; mais tous n'obéissent pas à l'Evangile, et voilà ce qui a lieu maintenant. Mais à la fin des temps, « tous ceux qui sont dans les tombeaux, » c'est-à-dire les justes et les pécheurs, entendront sa voix et en sortiront. Pourquoi n'a-t-il pas voulu dire : « Et ils vivront? » c'est que tous sortiront, il est vrai des tombeaux, mais tous n'auront point de part à la vie. En disant plus haut : « Tous ceux qui entendront vivront, » il a voulu nous faire comprendre que l'obéissance à sa parole était la

---

judicium dedit filio : » quia judicium per illam formam futurum est, quam non habet Pater. Et quale judicium? « Nolite mirari hoc; quia venit hora : » non ea quæ nunc est, ut resurgant animæ : sed quæ futura est, ut resurgant corpora.

17. Expressius hoc dicat, ut calumniam hæreticus negator resurrectionis corporis non inveniat : quanquam jam intellectus elucescat. Cum superius dictum esset : « Venit hora; » addidit, « et nunc est : » modo autem : « Venit hora; » non addidit, « et nunc est. » Tamen omnes ansas, omnes claviculas calumniarum, omnes nodos laqueorum aperta veritate disrumpat. « Nolite mirari hoc; quia venit hora, in qua omnes qui in monumentis sunt. » (*Joan.*, v, 28.) Quid evidentius? quid expressius? Corpora sunt in monumentis : animæ non sunt in monumentis, nec justorum, nec iniquorum. Justi anima in sinu Abrahæ fuit, iniqui anima apud inferos torquebatur : in monumento, nec illa, nec illa. Superius quando ait : « Venit hora, et nunc est : » obsecro intendite. Nostis Fratres, quia ad panem ventris cum labore pervenitur, quanto magis ad panem mentis? Cum labore statis, et auditis; sed nos cum majore stamus, et loquimur. Si laboramus propter vos, collaborare non debetis propter eosdem vos? Superius ergo cum diceret : « Venit hora, » et adderet, « et nunc est, » quid subjecit? « quando mortui audient vocem Filii Dei, et qui audierint vivent. » Non dixit : Omnes mortui audient, et qui audierint vivent : mortuos enim iniquos volebat intelligi. Et numquid omnes iniqui obaudiunt Evangelio? Aperte dicit Apostolus : Sed non omnes obaudiunt Evangelio. (*Rom.*, x, 16.) Tamen qui audiunt, vivent : quia omnes qui obaudiunt Evangelio, transient ad vitam æternam per fidem : non tamen omnes obaudiunt, et hoc nunc est. At vero in fine, « omnes qui sunt in monumentis, » hoc est justi et injusti, « audient vocem ejus, et procedent. (*v.* 29.) Quomodo noluit dicere, « et vivent? » Omnes enim procedent, sed non omnes vivent. In eo quippe quod supra dixit : « Et qui audierint vivent : » in ipsa obauditione vitam æternam intelligi voluit et beatam, quam non omnes habebunt qui de monu-

condition de la vie éternelle et bienheureuse, qui ne sera point le partage de tous ceux qui sortiront des tombeaux. Cette mention expresse des tombeaux et des morts qui doivent en sortir nous fait comprendre clairement qu'il s'agit ici de la résurrection des corps.

18. « Ils entendront tous sa voix, et ils sortiront. » Mais où est ici le jugement, si tous doivent entendre sa voix, si tous doivent sortir du tombeau? Tout paraît ici confondu, et je ne vois pas l'ombre de discernement. Vous avez, sans nul doute, reçu le pouvoir de juger, parce que vous êtes le Fils de l'homme, vous serez donc présent à ce jugement, les corps ressusciteront, dites-nous quelque chose de ce jugement, c'està-dire du discernement des justes et des pécheurs. « Ceux qui auront fait le bien sortiront du tombeau pour une résurrection de vie, ceux qui auront fait le mal, pour une résurrection de jugement. » Lorsque le Sauveur parlait précédemment de la résurrection des esprits et des âmes, a-t-il établi quelque distinction? Non, « tous ceux qui entendront vivront, » parce que c'est leur docilité à la voix du Fils de Dieu qui leur fera donner la vie. Au contraire ceux qui ressusciteront et sortiront des tombeaux, n'iront pas tous dans la vie éternelle, mais seulement ceux qui ont fait le bien; pour ceux qui ont fait le mal, ils n'ont à attendre que le jugement. Ici le mot jugement est synonyme de châtiment. C'est alors qu'aura lieu une séparation différente de celle qui existe ici-bas. Dans la vie présente, nous sommes séparés les uns des autres, non par la distance des lieux, mais par les affections, par les désirs, par la foi, par l'espérance, par la charité. Nous vivons comme en société avec les impies, mais la vie de tous ceux qui composent cette société n'est pas la même; la séparation existe, le discernement se fait dans le secret; nous sommes comme les grains de blé dans l'aire, et non comme ceux qui sont recueillis dans le grenier. Les grains de blé sont séparés dans l'aire, mais ils sont encore mêlés, ils sont séparés, c'est-à-dire dépouillés de leur paille; ils sont encore mêlés parce qu'ils ne sont pas encore passés au crible. Mais alors la séparation sera manifeste, elle existera dans la vie qui sera propre à chacun comme elle existe dans les mœurs; dans l'état des corps, comme dans les inclinations de l'âme. Ceux qui ont fait le bien iront vivre de la vie des anges de Dieu, ceux qui ont fait le mal, iront partager les supplices du démon et de ses anges. Alors aussi la forme du serviteur cessera d'exister dans Notre-Seigneur. Il s'était présenté dans cette forme pour juger; après qu'il aura jugé le monde, il quittera le lieu du jugement, conduira avec lui le corps dont il est la tête, et remettra le royaume à son Père. (I *Cor.*, xv, 24.) Il apparaîtra alors sans aucun voile dans cette nature divine qui ne pouvait être vue des pécheurs, aux yeux desquels il n'a présenté que la nature du serviteur. Ceux-ci, nous dit-il ailleurs (ceux qui sont à sa gauche), iront au supplice éternel du feu, et les justes à

---

mentis procedent. Jam ergo et commemoratione monumentorum, et expressione processionis de monumentis, aperte intelligimus corporum resurrectionem.

18. « Audient omnes vocem ejus, et procedent. » Et ubi judicium, si omnes audient, et omnes procedent? Quasi totum confusum est, nihil video discretum. Certe accepisti potestatem judicandi, quia filius hominis es : ecce aderis in judicio, resurgent corpora : de ipso judicio dic aliquid, hoc est de discretione malorum et bonorum. Et hoc audi : « Qui bona fecerunt, in resurrectionem vitæ : qui mala egerunt, in resurrectionem judicii. » Superius cum de resurrectione mentium et animarum loqueretur, numquid fecit discretionem? Sed omnes qui audient, vivent : quia obaudiendo vivent. At vero resurgendo et procedendo de monumentis, non omnes ad vitam æternam ibunt, sed qui bene fecerunt : qui autem male, ad judicium. Hic enim judicium pro pœna posuit. Et erit diremptio, et non qualis modo est. Nam et modo separamur non locis, sed moribus, affectibus, desideriis, fide, spe, caritate. Simul enim cum iniquis vivimus; sed non una vita est omnium : in occulto dirimimur, in occulto separamur : quomodo grana in area, non quomodo grana in horreo. Et separantur grana in area, et miscentur : separantur, cum a palea exspoliantur; miscentur, quia nondum ventilantur. Tunc aperta erit separatio, sicut morum, sic et vitæ; sicut sapientiæ, ita et corporum. Ibunt qui bene fecerunt, vivere cum Angelis Dei : qui male egerunt, torqueri cum diabolo et angelis ejus. Et transiet forma servi. Ad hoc enim se præsentaverat ut faceret judicium : post judicium perget hinc, ducet secum corpus cui caput est, et offeret regnum Deo. (I *Cor.*, xv, 24.) Tunc plane videbitur forma illa Dei, quæ non potuit videri ab iniquis, quorum visioni forma servi exhibenda erat. Dicit et alibi sic : Ibunt isti in ambustionem æternam (de quibusdam sinistris) : justi autem in vitam æternam (*Matth.*,

la vie éternelle, » (*Matth.*, xxv, 46) à cette vie éternelle dont il est dit dans un autre endroit : « Or, la vie éternelle, c'est qu'ils vous connaissent, vous le seul Dieu véritable, et celui que vous avez envoyé, Jésus-Christ. » (*Jean*, xvii, 3.) C'est là qu'on verra apparaître celui « qui, ayant la nature de Dieu n'a pas cru que ce fût pour lui une usurpation de s'égaler à Dieu; » (*Philipp.*, ii, 16) il se manifestera alors, comme il a promis de se manifester à ceux qui l'aiment. « Celui qui m'aime, dit-il, sera aimé de mon Père, et je l'aimerai aussi, et je me manifesterai à lui. » (*Jean*, xiv, 21.) Il était présent aux yeux de ceux à qui il tenait ce langage, mais ils ne voyaient en lui que la forme de serviteur, la nature divine échappait à leurs regards. Ils étaient conduits comme par une bête de somme à l'hôtellerie pour y être guéris; après leur guérison, il leur sera donné de voir. « Je me manifesterai à lui, » dit le Sauveur. Comment prouve-t-il qu'il est égal à son Père ? lorsqu'il dit à Philippe : « Philippe, celui qui me voit, voit mon Père. » (*Jean*, xiv, 9.)

19. « Je ne puis rien faire de moi-même; selon que j'entends, je juge, et mon jugement est juste. » (*Jean*, v, 30.) Nous aurions pu lui faire cette objection : C'est vous qui jugerez, et le Père ne jugera point, parce qu'il a donné au Fils tout pouvoir de juger, vous ne jugerez donc pas selon le Père. Le Sauveur prévient cette difficulté en ajoutant : « Je ne puis rien faire de moi-même; selon que j'entends, je juge; et mon jugement est juste, parce que je ne cherche pas ma volonté, mais la volonté de celui qui m'a envoyé. » (*Jean*, v, 30.) C'est une vérité hors de doute que le Fils donne la vie à qui il lui plait. Il ne cherche pas sa volonté, mais la volonté de celui qui l'a envoyé. Je ne cherche pas ma volonté, ma volonté personnelle, la volonté du Fils de l'homme, je ne cherche pas à faire la volonté qui peut être contraire à celle de Dieu. En effet, les hommes font leur volonté et non celle de Dieu, quand ils font ce qu'ils veulent, au lieu d'exécuter les ordres de Dieu. Mais lorsqu'ils font leur volonté de manière cependant à suivre la volonté de Dieu, ce n'est plus leur volonté qu'ils font, tout en faisant ce qu'ils veulent. Vous accomplissez volontiers l'ordre qui vous est donné, et ainsi vous ferez ce que vous voudrez, et vous ne ferez point votre volonté, mais la volonté de celui qui vous donne cet ordre.

20. Que signifient donc ces paroles : « Selon ce que j'entends, je juge ? » Le Fils entend et le Père lui montre, et le Fils voit ce que fait le Père. Nous avons différé l'explication plus complète que nous espérions vous donner de ces paroles, si le temps et les forces nous l'eussent permis après avoir achevé l'exposition de cette leçon. Si je vous disais que je puis vous donner dès aujourd'hui cette explication, peut-être ne se-

---

xxv, 46) : de qua alio loco dicit : Hæc est autem vita æterna, ut cognoscant te unum verum Deum, et quem misisti Jesum Christum. (*Joan.*, xvii, 3.) Tunc ibi apparebit qui cum in forma Dei esset, non rapinam arbitratus est esse æqualis Deo (*Philip.*, ii, 6) : tunc se ostendet, quomodo se dilectoribus suis ostensurum promisit. « Qui enim diligit me, ait, mandata mea custodit; et qui diligit me, diligetur a Patre meo, et ego diligam eum, et ostendam meipsum illi. » (*Joan.*, xiv, 21.) Quibus loquebatur, præsens eis erat : sed formam servi videbant; formam autem Dei non videbant. Per jumentum ad stabulum ducebantur curandi, sed sanati videbunt : quia ostendam, inquit, meipsum illi. Quomodo ostenditur æqualis Patri? cum dicit Philippo : Qui me videt, videt et Patrem meum. (*Ibid.*, 9.)

19. « Non possum ego a meipso facere quidquam : sicut audio judico, et judicium meum justum est. » (*Joan.*, v, 30.) Quia dicturi illi eramus : Tu judicabis, et Pater non judicabit, quia omne judicium dedit Filio; non ergo secundum Patrem judicabis : adjecit : « Non possum ego a meipso facere quidquam : sicut audio judico, et judicium meum justum est : quia non quæro voluntatem meam, sed voluntatem ejus qui misit me. » Certe Filius quos vult vivificat. Non quærit voluntatem suam, sed voluntatem ejus qui misit illum. Non meam, non propriam; non meam, non filii hominis; non meam, quæ resistat Deo. Faciunt enim homines voluntatem suam, non Dei, quando faciunt quod volunt, non quod jubet Deus : quando autem ita faciunt quod volunt, ut tamen sequantur voluntatem Dei, non faciunt voluntatem suam, quamvis quod volunt faciant. Volens fac quod juberis; atque ita et hoc facies quod vis, et non voluntatem tuam facies, sed jubentis.

20. Quid ergo? « Sicut audio, ita judico. » Audit Filius, et demonstrat ei Pater, et videt Filius Patrem facientem. Et ista distuleramus paulo enucleatius pro viribus pertractare, si tempus nobis peracta lectione et vires remansissent. Si dicam me posse loqui adhuc, forte vos audire jam non potestis. Item forte

riez-vous pas en état de l'entendre. Peut-être aussi le vif désir que vous en avez vous ferait dire : Nous le pouvons. Il vaut donc mieux que j'avoue mon impuissance, en vous disant que la fatigue m'empêche de continuer, plutôt que de donner à votre âme déjà rassasiée une nourriture qu'elle ne pourrait bien digérer. Soyez donc certains qu'avec la grâce de Dieu, j'exécuterai demain la promesse dont j'avais remis l'accomplissement à ce jour, si le temps me l'eût permis.

TRAITÉ XX [1].

Encore sur ces paroles : « En vérité, en vérité je vous le dis : le Fils ne peut rien faire de lui-même, mais seulement ce qu'il voit que le Père fait, car tout ce que fait le Père, le Fils aussi le fait comme lui. »

1. Les paroles de Notre-Seigneur Jésus-Christ, surtout celles que rapporte l'évangéliste saint Jean, qui ne s'est reposé sur le sein du Sauveur que pour y puiser les secrets de la plus haute sagesse, et nous verser, dans son évangile, les eaux mystérieuses dont son cœur aimant s'était comme abreuvé, sont tellement profondes et impénétrables, qu'elles jettent le trouble dans les cœurs coupables, tandis qu'elles sont l'objet des pieuses recherches des cœurs droits. Veuillez donc, mes très-chers frères, concentrer votre attention sur les quelques paroles dont on vient de faire lecture. Voyons, si toutefois nous le pouvons, avec le secours et la grâce de celui à qui nous devons d'avoir entendu la lecture de ses paroles qui n'ont été retenues et écrites que pour nous être communiquées, quel est le sens de ce qu'il vient de dire : « En vérité, en vérité je vous le dis, le Fils ne peut rien faire de lui-même, mais seulement ce qu'il voit que le Père fait, car tout ce que fait le Père, le Fils aussi le fait comme lui. » (*Jean*, v, 19.)

2. Or, il faut vous rappeler à quelle occasion ces paroles ont été dites, c'est à l'occasion du fait raconté plus haut, c'est-à-dire de la guérison de cet homme qui gisait au milieu des autres malades, sous les portiques de la piscine de Salomon, et à qui Notre-Seigneur avait dit : « Prenez votre lit, et allez dans votre maison. » Jésus avait opéré ce miracle le jour du sabbat, et les Juifs, comme bouleversés par ce fait miraculeux, l'accusaient de violer, de détruire la loi. C'est alors qu'il leur répondit : « Mon Père continue d'agir jusqu'à présent, et moi aussi j'agis sans cesse. » Les Juifs, qui prenaient dans un sens tout charnel l'observation du sabbat, pensaient que Dieu, après le travail de la création du monde, était plongé dans une espèce de sommeil, et qu'il avait sanctifié ce jour où il avait commencé à se reposer de ses travaux. Or, la loi du sabbat imposée à nos pères dans les temps anciens (*Exod.*,

---

[1] Ce Traité a été donné le jour suivant.

---

aviditate audiendi dicitis: Possumus. Melius est ergo ut ego infirmitatem meam fatear, quia jam fatigatus loqui non possum, quam ut vobis jam bene satiatis, adhuc infundam quod non bene digeratis. Proinde hujus promissionis quam ad hodiernum tempus, si superesset, distuleram, tenete me adjuvante Domino in crastinum debitorem.

TRACTATUS XX.

Rursum in illud : « Amen, amen dico vobis, non potest Filius a se facere quidquam, nisi quod viderit Patrem facientem : quæcumque enim Pater facit, hæc eadem et Filius facit similiter. »

1. Verba Domini nostri Jesu Christi, maxime quæ Joannes commemorat Evangelista, qui non sine causa super pectus Domini discumbebat (*Joan.*, XIII, 23), nisi ut secreta altioris sapientiæ ejus ebiberet, et quod amando biberat, evangelizando ructaret, ita secreta sunt et profunda intelligentiæ, ut omnes turbent qui perverso sunt corde, et omnes exerceant qui recto sunt corde. Proinde animadvertat Caritas Vestra ad hæc pauca quæ lecta sunt. Videamus si quo modo possumus, donante et adjuvante ipso, qui verba sua nobis voluit recitari, quæ tunc audita atque conscripta sunt, ut modo legerentur, quid sibi velit quod cum audistis modo dicere : « Amen, amen dico vobis, non potest Filius a se facere quidquam, nisi quod viderit Patrem facientem : quæcumque enim Pater facit, hæc eadem et Filius facit similiter. » (*Joan.*, v, 19.)

2. Unde autem natus sit sermo iste, commemorandi estis propter superiora lectionis, ubi curaverat Dominus quemdam inter illos, qui in quinque porticibus piscinæ illius Salomonis jacebant, cui dixerat : Tolle grabatum tuum, et vade in domum tuam. (v. 8.) Hoc autem fecerat sabbatis : unde perturbati Judæi calumniabantur, quasi eversorem et prævaricatorem Legis. Tunc eis dixerat : « Pater meus usque modo operatur, et ego operor. » (v. 17.) Illi enim carnaliter accipientes sabbati observationem, putabant Deum post laborem fabricati mundi usque ad hunc diem quasi dormire ; et propterea sanctificasse illum diem, ex quo cœpit velut a laboribus requiescere. Est autem

xx, 3), et que nous, chrétiens, nous observons dans un sens spirituel, nous ordonne de nous abstenir de toute œuvre servile, c'est-à-dire de tout péché (car le Seigneur dit : Tout homme qui commet le péché est esclave du péché (*Jean*, VIII, 34), et d'établir dans nos cœurs le repos, c'est-à-dire la tranquillité spirituelle. Tel est ici-bas le but de nos efforts; cependant nous ne parviendrons à ce repos parfait que lorsque nous serons sortis de cette vie. Or, il est dit que Dieu s'est reposé, parce qu'après qu'il eut achevé toutes les œuvres de la création, il ne tira plus du néant aucune créature. L'Ecriture donne à la cessation de toute création nouvelle le nom de repos, pour nous apprendre que le repos nous attend comme récompense de nos bonnes œuvres. Il est écrit dans la Genèse : « Toutes les œuvres que Dieu fit étaient très-bonnes (*Gen.*, I, 31 ; II, 2), et Dieu se reposa le septième jour. » Et c'est afin qu'en considérant, ô homme! que Dieu ne s'est reposé qu'après tant d'œuvres excellentes, vous n'espériez vous-même le repos que comme récompense des bonnes œuvres que vous aurez faites. De même encore que, c'est après avoir le sixième jour, fait l'homme à son image et à sa ressemblance, et achevé dans ce jour toutes ses œuvres qui étaient très-bonnes, que Dieu s'est reposé le septième jour; ainsi vous ne devez attendre le repos que lorsque vous serez revenu à cette ressemblance à laquelle vous avez été créé, et que vous avez perdue par le péché. Nous ne pouvons dire que Dieu s'est fatigué, lui qui a dit, et tout a été fait. Qui donc après un ouvrage accompli avec tant de facilité, éprouverait le besoin de se reposer de son travail? Vous commandez, on résiste à vos ordres ou ils ne sont pas exécutés, et vous avez de la peine à les faire mettre à exécution ; je conçois qu'on dise que vous vous êtes reposé de vos fatigues. Mais nous lisons dans le livre de la Genèse : « Dieu dit : Que la lumière soit, et la lumière fut; Dieu dit : Que le firmament soit, et le firmament a été, et tout le reste s'est ainsi fait aussitôt à sa seule parole. «(*Gen.*, I, 3, 6, etc.) Le Psalmiste rend témoignage à cette même vérité : « Il a dit, et tout a été fait, il a ordonné, et tout a été créé. »(*Ps.* XXII, 9 ; CXLVIII, 5.) Comment donc aurait-il besoin, après la création du monde, de cesser son travail pour se reposer, lui à qui l'ordre qu'il donnait n'avait coûté aucun travail? Il y a donc ici une signification mystérieuse, et l'Ecriture sainte s'exprime ainsi pour nous donner l'espérance du repos après cette vie, si toutefois nous avons été fidèles à la pratique des bonnes œuvres. Notre-Seigneur veut donc ici confondre l'impudence et l'erreur des Juifs, et leur montrer qu'ils avaient sur Dieu des idées fausses; et comme ils étaient scandalisés de ce qu'il guérissait les malades le jour du sabbat, il leur dit : « Mon Père continue d'agir

---

sacramentum sabbati antiquis Patribus nostris præceptum (*Exod.*, XX, 3), quod nos Christiani spiritaliter observamus, ut ab omni servili opere, id est ab omni peccato (quia Dominus dicit : Omnis qui facit peccatum, servus est peccati) (*Joan.*, 8, 34) abstineamus nos, et habeamus quietem in corde nostro, id est tranquillitatem spiritalem. Et quamvis in hoc sæculo id conemur, ad eam tamen requiem perfectam non perveniemus, nisi cum de hac vita exierimus. Sed ideo dictum est Deum requievisse, quia jam creaturam nullam condebat postquam perfecta sunt omnia. Quietem vero propterea appellavit Scriptura, ut nos admoneret post bona opera requieturos. Sic enim scriptum habemus in Genesi : Et fecit Deus omnia bona valde; et requievit Deus die septimo (*Gen.*, I, 31, et II, 2): ut tu homo cum attendis ipsum Deum post bona opera requievisse, non tibi speres requiem, nisi cum bona fueris operatus : et quemadmodum Deus postea quam fecit hominem ad imaginem et similitudinem suam sexto die, et in illo perfecit omnia opera sua bona valde, requievit septimo die; sic et tibi requiem non speres, nisi cum redieris ad similitudinem in qua factus es, quam peccando perdidisti. Non enim Deus laborasse dicendus est, qui dixit et facta sunt. Quis est qui post tantam operis facilitatem quasi post laborem velit requiescere? Si jussit et aliquis ei restitit, si jussit et non est factum, et ut fieret laboravit; merito dicatur post laborem requievisse : cum vero et in ipso libro Geneseos legamus : Dixit Deus : Fiat lux, et facta est lux : dixit Deus : Fiat firmamentum, et factum est firmamentum (*Gen.*, I, 3 et 6); et cætera in verbo ejus continuo facta: cui attestatur et Psalmus dicens : Ipse dixit et facta sunt, ipse mandavit et creata sunt (*Psal.* XXXII, 9, et CXLVIII, 5) : quomodo post mundum factum requiem quasi cessaret requirebat, qui in jubendo numquam laboraverat? Ergo illa mystica sunt, et propterea ita posita, ut nobis requiem speremus post hanc vitam, sed si bona opera fecerimus. Ideo Dominus retundens impudentiam et errorem Judæorum, et ostendens eos non recte sapere de Deo, ait illis scanda-

jusqu'à présent, et moi aussi j'agis de même. » Ne vous imaginez donc pas que le repos de mon Père le jour du sabbat ait été jusqu'à lui interdire absolument toute action; mais de même qu'il continue d'agir, moi aussi je ne cesse d'agir. Le Père agit sans travail, le Fils agit aussi sans travail. Dieu a dit et tout a été fait; Jésus-Christ a dit au paralytique : « Prenez votre lit et allez dans votre maison, » et il fut fait ainsi.

3. Or, la foi catholique enseigne que les œuvres du Père et du Fils sont inséparables. C'est ce que je voudrais vous expliquer, si je le puis, mes très-chers frères; mais c'est ici qu'il faut nous rappeler ces paroles du Seigneur : « Que celui qui peut comprendre, comprenne. » Quant à celui qui ne peut comprendre, qu'il ne m'attribue pas son impuissance, qu'il n'en accuse que la lenteur de son esprit, et qu'il s'adresse à celui qui ouvre le cœur pour qu'il y répande les dons de sa grâce. Enfin, si pour quelques-uns l'impossibilité de comprendre vient de ce que je ne m'exprime pas comme je le devrais, qu'ils pardonnent à la fragilité humaine, et qu'ils supplient la divine bonté. Nous avons tous pour maître intérieur Jésus-Christ. Tout ce qui dans les paroles que je vous adresse et que vous entendez vous paraît difficile à comprendre, demandez-en l'explication dans votre cœur à celui qui m'enseigne ce que je dois vous dire, et qui vous en donne à chacun l'intelligence comme il le juge à propos. Il sait ce qu'il doit donner, et sur qui tombent ses dons; il exaucera celui qui le prie et ouvrira à celui qui frappe. Mais quand même il n'accéderait pas à votre demande, gardez-vous de dire que Dieu vous abandonne. Il peut différer d'accorder ce qui lui est demandé; mais il ne laisse souffrir personne de la faim. S'il ne donne point sur l'heure, c'est qu'il veut exercer et augmenter nos désirs, ce n'est pas qu'il dédaigne notre prière. Considérez donc attentivement ce que je voudrais vous dire et ce qui peut-être est au-dessus de mes forces. La foi catholique que l'esprit de Dieu établit solidement dans l'âme de ses saints, enseigne contrairement aux erreurs des hérétiques que les œuvres du Père et du Fils sont inséparables. Quel est le sens de ces paroles? De même que le Père et le Fils sont inséparables, ainsi les œuvres du Père et du Fils sont également inséparables. Comment prouver que le Père et le Fils sont inséparables? Par ces paroles du Sauveur : « Mon Père et moi nous sommes un. » (*Jean*, x, 30.) En effet, le Père et le Fils ne sont pas deux dieux, mais un seul Dieu. Le Verbe et celui dont il est le Verbe, celui qui est seul et celui qui est unique, le Père et le Fils unis étroitement par la charité ne font qu'un seul Dieu; il n'y a également qu'un seul Esprit, l'Esprit d'amour qui les unit; et la Trinité résulte de ces trois personnes le Père, le Fils et le Saint-Esprit. Ce ne sont pas seulement

---

lizatis, quod sabbato operabatur hominum sanitatem : « Pater meus usque modo operatur, et ego operor: » (*Joan.*, v, 17) nolite ergo hoc putare quia sabbato ita requievit Pater meus, ut ex illo non operetur : sed sicut ipse nunc operatur, operor et ego. Sed sicut Pater sine labore, sic et Filius sine labore. Dixit Deus, et facta sunt : dixit Christus languenti: Tolle grabatum tuum, et vade in domum tuam, et factum est.

3. Catholica autem fides habet, quod Patris et Filii opera non sunt separabilia. Hoc est quod volo, si possum, loqui Caritati Vestræ : sed secundum illa verba Domini: Qui potest capere capiat. (*Matth.*, xix, 12.) Qui autem capere non potest, non mihi adscribat, sed tarditati suæ; et convertat se ad illum qui cor aperit, ut infundat quod donat. Postremo et si quisquam propterea non intellexerit, quia non a me sic dictum est ut dici debuit, ignoscat humanæ fragilitati, et supplicet divinæ bonitati. Habemus enim intus magistrum Christum. Quidquid per aurem vestram, et os meum capere non potueritis, in corde vestro ad eum convertimini, qui et me docet quod loquor, et vobis quemadmodum dignatur distribuit. Qui novit quid det et cui det, aderit petenti, et aperiet pulsanti. Et si forte non dederit, nemo se dicat desertum. Forte enim aliquid dare differt, sed neminem esurientem relinquit. Si enim non dat ad horam, exercet quærentem, non contemnit petentem. Videte ergo et attendite quid velim dicere, et si forte non possim. Catholica fides hoc habet, firmata Spiritu Dei in sanctis ejus, contra omnem hæreticam pravitatem, quia Patris et Filii opera inseparabilia sunt. Quid est quod dixi? Quomodo ipse Pater et Filius inseparabiles sunt, sic et opera Patris et Filii inseparabilia sunt. Quomodo Pater et Filius inseparabiles sunt? Quia ipse dixit: Ego et Pater unum sumus. (*Joan.*, x, 30.) Quia Pater et Filius non sunt duo dii, sed unus Deus, Verbum et cujus est Verbum, unus et Unicus, Deus unus Pater et Filius caritate complexi, unusque caritatis Spiritus eorum est, ut fiat Trinitas Pater et Filius et Spiritus sanctus. Non ergo tantum Patris et Filii, sed et

les œuvres du Père et du Fils qui sont inséparables comme leurs personnes sont elles-mêmes égales et inséparables, c'est encore la personne et les œuvres du Saint-Esprit. La foi catholique n'enseigne pas que Dieu le Père ait fait une chose, et le Fils une autre chose; mais ce que le Père a fait, le Fils et le Saint-Esprit l'ont fait également. Toutes choses ont été faites par le Verbe; lorsque Dieu dit et toutes choses ont été faites, c'est par le Verbe, c'est par le Christ qu'elles ont été faites. « Car au commencement était le Verbe, et le Verbe était en Dieu, et le Verbe était Dieu; toutes choses ont été faites par lui. » (*Jean*, I, 1.) Si toutes choses ont été faites par lui, lorsque Dieu dit : « Que la lumière soit, et la lumière fut,. » (*Gen.*, I, 3) c'est dans le Verbe, c'est par le Verbe que Dieu l'a faite.

4. Nous avons donc entendu la réponse que Jésus fait dans l'Evangile aux Juifs indignés, non-seulement de ce qu'il transgressait la loi du sabbat, mais de ce qu'il disait que Dieu était son Père, se faisant égal à Dieu; c'est ce qui est écrit dans la section précédente. Quelle est cette réponse que le Fils de Dieu, que la Vérité même oppose à leur colère insensée ? « En vérité, en vérité, je vous le dis, le Fils ne peut rien faire de lui-même si ce n'est ce qu'il voit que le Père fait. » (*Jean*, V, 19.) C'est-à-dire : Pourquoi vous scandaliser de ce que je dis que Dieu est mon Père, de ce que je me fais égal à Dieu ? Je suis son égal, mais dans ce sens qu'il m'a engendré ; je suis son égal, mais avec cette circonstance que ce n'est pas lui qui vient de moi, mais c'est moi qui viens de lui. Voilà ce que signifient ces paroles : « Le Fils ne peut rien faire de lui-même si ce n'est ce qu'il voit que le Père fait, » c'est-à-dire tout ce que le Fils peut faire, c'est du Père qu'il tient le pouvoir de le faire. Pourquoi tient-il du Père ce pouvoir ? Parce que c'est du Père qu'il tient d'être Fils. Pourquoi tient-il du Père d'être Fils ? Parce qu'il tient du Père et de pouvoir et d'être; car pour le Fils être et pouvoir sont une même chose. Pour l'homme il n'en est pas de la sorte. De la comparaison de la faiblesse humaine qui reste si fort au-dessous, levez plus haut vos cœurs, et si quelqu'un de nous, parvenu à ces hauteurs mystérieuses, et frappé d'épouvante devant l'éclat d'une si vive lumière, découvre quelque vérité propre à dissiper son ignorance, qu'il ne s'imagine pas pour cela posséder toute vérité, de peur que son orgueil ne lui fasse perdre ce qui lui a été découvert. Dans l'homme, ce qu'il est, est différent de ce qu'il peut. En effet, tantôt l'homme peut ce qu'il veut, tantôt, au contraire, le pouvoir ne répond pas à la volonté; chez lui donc, être et pouvoir sont deux choses distinctes. Si dans l'homme être et pouvoir étaient deux choses

---

Spiritus sancti, sicut æqualitas et inseparabilitas personarum, ita etiam opera inseparabilia sunt. Adhuc planius dicam quid sit, opera inseparabilia sunt. Non dicit catholica fides, quia fecit Deus Pater aliquid, et fecit Filius aliquid aliud : sed quod fecit Pater, hoc et filius fecit, hoc et Spiritus sanctus fecit. Per Verbum enim facta sunt omnia : quando dixit et facta sunt, per Verbum facta sunt, per Christum facta sunt. In principio enim erat Verbum, et Verbum erat apud Deum, et Deus erat Verbum : omnia per ipsum facta sunt. (*Joan.*, I, 1.) Si omnia per ipsum facta sunt : dixit Deus : Fiat lux, et facta est lux (*Gen.*, I, 3) : in Verbo fecit, per Verbum fecit.

4. Ecce ergo nunc audivimus Evangelium, cum responderet stomachantibus Judæis, quia non solum solvebat sabbatum, sed etiam Patrem suum dicebat Deum, æqualem se faciens Deo (*Joan.*, V, 18): sic enim scriptum est in superiori capitulo. Cum ergo tali eorum erranti indignationi Dei Filius et veritas responderet, ait : « Amen, amen dico vobis, non potest Filius a se facere quidquam, nisi quod viderit Patrem facientem. » (*Ibid.*, 19.) Tanquam diceret: Quid scandalizati estis, quia Patrem meum dixi Deum, et quia æqualem me facio Deo? Ita sum æqualis, ut ille me genuerit : ita sum æqualis, ut non ille a me, sed ego ab illo sim. Hoc enim intelligitur in his verbis: « Non potest Filius a se facere quidquam, nisi quod viderit Patrem facientem. » Hoc est: Quidquid Filius habet ut faciat, a Patre habet ut faciat. Quare habet a Patre ut faciat? quia a Patre habet ut Filius sit. Quare a Patre habet ut Filius sit? quia a Patre habet ut possit, quia a Patre habet ut sit. Filio enim hoc est esse quod posse. Homini non ita est. Ex comparatione humanæ infirmitatis, longe infra jacentis, utcumque corda sustollite : et ne forte aliquis nostrum attingat secretum, et quasi coruscatione magnæ lucis horrescens, sapiat aliquid, ne insipiens remaneat: non tamen se totum sapere putet, ne superbiat, et quod sapuit amittat. Homo aliud est quod est; aliud quod potest. Aliquando enim est homo, et non potest quod vult : aliquando autem sic est homo, ut possit quod vult : itaque aliud est esse ipsius, aliud posse ipsius. Si enim hoc esset esse ipsius, quod est posse ipsius, cum vellet posset. Deus autem cui non est alia sub-

identiques, il pourrait tout ce qu'il voudrait. Mais en Dieu la nature en vertu de laquelle il existe n'est point différente de la puissance qui le fait agir; tout ce qu'il est, comme tout ce qu'il a lui est consubstantiel. Donc, parce qu'il est Dieu, l'être n'est point en lui distinct du pouvoir, il a tout ensemble l'être et le pouvoir, parce qu'il peut également vouloir et faire. Donc puisque le pouvoir du Fils vient du Père, la nature du Fils vient aussi du Père; et réciproquement la puissance du Fils vient du Père, parce que la nature du Fils vient également du Père. Dans le Fils la puissance n'est pas distincte de la nature, la puissance est la même chose que la nature, la nature en vertu de laquelle il existe, la puissance en vertu de laquelle il peut agir. C'est donc parce que le Fils vient du Père qu'il a dit : « Le Fils ne peut rien faire de lui-même. » Le Fils ne tient pas l'être de lui-même, et c'est la raison pour laquelle il ne peut rien de lui-même.

5. Le Sauveur paraît se déclarer inférieur au Père en disant : « Le Fils ne peut rien faire de lui-même, si ce n'est ce qu'il voit que le Père fait. » L'orgueil des hérétiques lève ici fièrement la tête, je veux parler de ceux qui prétendent que le Fils est inférieur au Père dans sa majesté, dans sa puissance, et qui ne comprennent pas le sens mystérieux des paroles de Jésus-Christ. Veuillez donc considérer attentivement, mes très-chers frères, comment l'intelligence grossière qu'ils ont des paroles de Jésus-Christ répand le trouble dans leur esprit. Je vous ai dit, il n'y a qu'un instant, que la parole de Dieu jette le trouble dans les cœurs coupables, de même qu'elle est un sujet de pieuses recherches pour les cœurs innocents, cela est vrai, surtout des paroles qui nous ont été rapportées par l'évangéliste saint Jean. En effet, Dieu s'est servi de lui pour nous transmettre des vérités qui ne sont pas ordinaires, et qui, par leur hauteur, sont difficiles à comprendre. L'hérétique qui entend ces paroles se relève donc fièrement et nous dit : Vous voyez bien que le Fils est inférieur au Père, écoutez ce qu'il vous dit lui-même : « Le Fils ne fait rien de lui-même, si ce n'est ce qu'il voit que le Père fait. » Attendez un peu, suivant la recommandation du Sage : « Ecoutez avec douceur ce qu'on vous dit, afin d'acquérir l'intelligence. » (*Eccli.*, v, 13.) Supposez que je sois troublé en entendant ces paroles : « Le Fils ne peut rien faire de lui-même, si ce n'est ce qu'il voit que le Père fait, » parce que je soutiens que le Père et le Fils ont une même puissance et une même majesté. Dans le trouble que produisent en moi ces paroles, je vous fais cette question, à vous qui paraissez les avoir comprises. Nous savons par l'Evangile que le Fils de Dieu a marché sur la mer. (*Matth.*, XIV, 25.) Où a-t-il vu précédemment

---

stantia ut sit, et alia potestas ut possit, sed consubstantiale illi est quidquid ejus est, et quidquid (*a*) est, quia Deus est, non alio modo est, et alio modo potest; sed esse et posse simul habet, quia velle et facere simul habet. Quia ergo potentia Filii de Patre est, ideo et substantia Filii de Patre est : et quia substantia Filii de Patre, ideo potentia Filii de Patre est. Non alia potentia est in Filio, et alia substantia: sed ipsa est potentia quæ et substantia; substantia ut sit, potentia ut possit. Ergo quia Filius de Patre est, ideo dixit : « Filius non potest a se facere quidquam. » Quia non est Filius a se, ideo non potest a se.

5. Videtur enim quasi minorem se fecisse cum dixit : « Non potest Filius a se facere quidquam, nisi quod viderit Patrem facientem. » Hic erigit cervicem hæretica vanitas, eorum scilicet qui dicunt Filium minorem esse quam Patrem, minoris potestatis, majestatis, possibilitatis, non intelligentes mysterium verborum Christi. Attendat autem Caritas Vestra, et videte quemadmodum in carnali suo intellectu modo turbentur in ipsis verbis Christi. Hoc autem paulo ante prælocutus sum, quia omnia perversa corda perturbat, sicut pia corda exercet verbum Dei, maxime quod per Joannem Evangelistam dicitur. Alta enim per illum dicuntur, non qualiacumque, non quæ facile intelligantur. Ecce jam hæreticus si forte audit verba ista, erigit se, et dicit nobis : Ecce minor est Filius quam Pater, ecce audi verba Filii, qui dicit : « Non potest Filius a se facere quidquam, nisi quod viderit Patrem facientem. » Expecta, quemadmodum scriptum est : Esto mansuetus ad audiendum verbum (*Eccli.*, v, 13), ut intelligas. Puta enim me conturbatum esse his verbis, quoniam dico æqualem potestatem majestatemque esse Patris et Filii, cum audivi : « Non potest Filius a se facere quidquam, nisi quod viderit Patrem facientem. » Turbatus his verbis quæro abs te, qui jam tibi videris intellexisse: Novimus in Evan-

---

(*a*) Mss. octo, *sed consubsta. t ale illi est quidquid ejus est, et quidquid ejus est quod est, quia Deus est*. Remigianus vero addit *est* hoc loco, *et quidquid ejus est, est quod est, quia Deus est : nec minus recte*.

le Père marcher lui-même sur la mer ? Vous voilà troublé à votre tour. Laissez donc votre prétendue intelligence de ces paroles et cherchons ensemble ce qu'elles signifient. Que faisons-nous ? Nous avons entendu les paroles du Seigneur : « Le Fils ne peut rien faire de lui-même, si ce n'est ce qu'il voit que le Père fait. » Il a marché sur la mer, ce que le Père n'a jamais fait. Il n'est donc point vrai que le Fils ne fasse que ce qu'il voit faire au Père.

6. Revenez donc avec moi à ce que je vous disais, ce mode d'interprétation est peut-être le seul moyen de nous faire sortir de cette difficulté. Quant à moi, la foi catholique me découvre un moyen d'en sortir sans aucun préjudice, sans aucun scandale ; mais pour vous, qui êtes enfermé de toute part, vous cherchez par où vous pourrez sortir. Voyez d'abord par où vous êtes entré. Peut-être n'avez-vous pas compris ce que j'ai dit ; voyez par quelle ouverture vous êtes entré, entendez Jésus-Christ vous dire : « Je suis la porte. » (Jean, x, 7.) Ce n'est pas sans raison que vous cherchez par quelle issue vous pourrez sortir, sans pouvoir la trouver ; vous n'êtes pas entré par la porte, mais vous êtes tombé par la brèche. Efforcez-vous donc de vous relever comme vous le pouvez de votre chute et entrez par la porte, afin qu'en entrant sans danger de tomber, vous puissiez sortir sans crainte de vous égarer. Venez par Jésus-Christ, ne cherchez pas à produire les inspirations de votre cœur, mais ne dites que ce que le Sauveur vous a découvert. Voici comme la foi catholique sort de cette difficulté : le Fils de Dieu a marché sur la mer, il a imprimé sur les flots la trace des pieds de son corps ; le corps marchait, et la divinité le gouvernait ; alors donc que la divinité dirigeait le corps qui marchait, le Père était-il absent ? S'il était absent, comment le Fils peut-il dire : « Le Père qui demeure en moi fait lui-même les œuvres que je fais ? » (Jean, xiv, 10.) Si donc le Père demeurant dans le Fils fait lui-même les œuvres que fait le Fils, cette marche du corps de Jésus-Christ sur les flots était l'œuvre du Père par le Fils. Donc cette marche était l'œuvre inséparable du Père et du Fils. Je les vois tous deux agir dans ce miracle, le Père n'a point abandonné son Fils, le Fils ne s'est point séparé du Père. Ainsi tout ce que fait le Fils, il ne le fait point sans le Père, parce que tout ce que fait le Père, il ne le fait point non plus sans le Fils.

7. Nous voilà sortis de cette difficulté. Vous voyez que c'est avec raison que nous disons que les œuvres du Père, du Fils et du Saint-Esprit sont inséparables. Car vous, qui prétendez que le Fils est inférieur au Père parce qu'il a dit : « Le Fils ne peut rien faire de lui-même que ce qu'il voit que le Père fait, » comment, dans le

---

gelio Filium ambulasse super mare (*Matth.*, xiv, 25), ubi Patrem vidit ambulasse super mare ? Hic jam ille turbatur. Pone ergo quod intellexeras, et simul quæramus. Quid ergo facimus ? Verba Domini audivimus : « Non potest Filius a se facere quidquam, nisi quod viderit Patrem facientem. » Ambulavit ipse super mare, Pater nunquam ambulavit super mare. Certe « non facit Filius quidquam, nisi quod viderit Patrem facientem. »

6. Redi ergo mecum ad id quod dicebam, ne forte sic intelligendum sit, ut de quæstione ambo exeamus. Nam ego secundum fidem catholicam video quomodo exeam sine offensione, sine scandalo : tu autem circumclusus, quæris qua exeas. Qua intraveras vide. Forte non intellexisti et hoc quod dixi, Qua intraveras vide : ipsum audi dicentem : Ego sum janua. (*Joan.*, x, 7.) Non sine causa ergo quæris qua exeas, et non invenis, nisi quia non per januam intrasti, sed per maceriam cecidisti. Ergo quemadmodum potes, a ruina tua collige te, et intra per januam, ut sine offensione intres, et sine errore exeas. Per Christum veni, nec ex corde tuo afferas quod dicas : sed quod ille ostendit, hoc loquere. Ecce fides catholica quemadmodum exit de ista propositione : Ambulavit Filius super mare, pedes carnis fluctibus imposuit : caro ambulabat, et divinitas gubernabat : quando ergo caro ambulabat et divinitas gubernabat, Pater absens erat ? Si absens erat, quomodo ipse Filius dicit : Pater autem in me manens, ipse facit opera sua ? (*Joan.*, xiv, 10.) Si ergo Pater in Filio manens, ipse facit opera sua ; ambulatio illa carnis supra mare, a Patre fiebat, per Filium fiebat. Ergo illa ambulatio opus est Patris et Filii inseparabile. Utrumque ibi operantem video : nec Pater filium deseruit, nec Filius a Patre discessit. Ita quidquid facit Filius, non facit sine Patre : quia quidquid facit Pater, non facit sine Filio.

7. Exitum est hinc. Videte quia recte nos dicimus inseparabilia esse opera Patris et Filii et Spiritus sancti. Nam quomodo tu intelligis, ecce fecit Deus lucem (*Gen.*, 1, 3), et vidit Filius Patrem facientem lucem, secundum carnalem intellectum tuum, qui

sens matériel que vous donnez à ces paroles, entendez-vous celles-ci : « Dieu a fait la lumière (*Gen.*, I, 3) et : « Le Fils vit comment son Père faisait la lumière ? » Dieu le Père a fait la lumière, quelle autre lumière a faite le Fils ? Dieu a créé le firmament, le ciel entre les eaux inférieures et les eaux supérieures; dans votre interprétation, aussi retardée qu'elle est grossière, le Fils l'a vu, or, par cela que le Fils a vu le Père faire le firmament et qu'il a dit : « Le Fils ne peut rien faire de lui-même, si ce n'est ce qu'il voit faire au Père, » montrez-moi un autre firmament. Avez-vous donc perdu le fondement sur lequel vous avez été établis ? Ceux qui ont été édifiés sur le fondement des apôtres et des prophètes, et unis en Jésus-Christ qui est lui-même la première pierre de l'angle (*Ephes.*, II, 20), trouvent la paix en Jésus-Christ et sont à l'abri des disputes et des erreurs de l'hérésie. Nous comprenons donc que Dieu le Père a créé la lumière, mais par son Fils; Dieu le Père a fait le firmament, mais aussi par son Fils, car « toutes choses ont été faites par lui et rien n'a été fait sans lui. (*Jean*, I, 3.) Bannissez de votre esprit cette manière de comprendre que je n'appellerai point de l'intelligence, mais une sotte ignorance. Dieu le Père a fait le monde, quel autre monde a fait le Fils ? Donnez-moi un monde créé par le Fils. Ce monde dans lequel nous sommes, quel en est l'auteur? dites-nous qui l'a créé ? Si vous dites c'est le Fils, ce n'est pas le Père, vous êtes dans l'erreur au sujet du Père; si vous dites c'est le Père, ce n'est pas le Fils, l'Evangile vous répond : « Et le monde a été fait par lui et le monde ne l'a point connu. » (*Ibid.*, 10.) Reconnaissez donc Celui par qui le monde a été fait, et ne soyez pas du nombre de ceux qui n'ont pas connu Celui qui a créé le monde.

8. Les œuvres du Père et du Fils sont donc inséparables. Ces paroles : « Le Fils ne peut rien faire de lui-même, » signifient : Le Fils n'existe point par lui-même. » Il est Fils, donc il est né, et s'il est né, il tient l'être de Celui qui lui a donné naissance. Cependant il est égal en toutes choses à Celui qui l'a engendré. Rien n'a manqué à Celui qui l'a engendré, il n'a point cherché une époque déterminée pour l'engendrer, lui qui l'a engendré coéternel à lui-même; il n'a point eu besoin d'une mère pour lui donner naissance, lui qui a produit son Verbe de sa propre substance ; enfin le Père qui engendre n'est point ici antérieur au Fils qu'il a engendré et qui serait par là même inférieur à son Père. Quelqu'un dira-t-il que c'est après une longue série de siècles que le Père a engendré son Fils dans sa vieillesse ? On ne peut supposer de vieillesse dans le Père non plus que de l'accroissement dans le Fils; le Père n'a point vieilli, le Fils n'a été soumis à aucun accroissement. Le Père a engendré un Fils qui lui est égal en

---

ideo vis minorem intelligere, quia dixit : « Non potest Filius a se facere quidquam, nisi quod viderit Patrem facientem. » Fecit Deus Pater lucem, quam lucem aliam fecit Filius? Fecit Deus Pater firmamentum, cœlum inter aquas et aquas (*Ibid.*, 6), vidit eum Filius secundum intelligentiam tuam tardam et grossam : quia vidit Filius Patrem facientem firmamentum, et dixit : « Non potest Filius a se facere quidquam, nisi quod viderit Patrem facientem, » da mihi alterum firmamentum. An tu amisisti fundamentum? Superædificati autem supra fundamentum Apostolorum et Prophetarum, ipso summo lapide angulari existente Christo Jesu (*Ephes.*, II, 20), pacantur in Christo; nec contendunt et errant in hæresi. Intelligimus ergo lucem factam a Deo Patre, sed per Filium; firmamentum factum a Deo Patre, sed per Filium. Omnia enim per ipsum facta sunt, et sine ipso factum est nihil. (*Joan.*, I, 3.) Exuere intelligentiam tuam; nec intelligentiam vocandam, sed plane stultitiam. Deus Pater fecit mundum : quem fecit Filius alterum mundum? da mihi mundum Filii. Iste in quo sumus, cujus est? dic nobis, a quo factus est? Si dixeris, a Filio, non a Patre; errasti a Patre : si dixeris, a Patre, non a Filio; respondet tibi Evangelium : Et mundus per eum factus est, et mundus eum non cognovit. (*Ibid.*, 10.) Agnosce ergo eum per quem factus est mundus, et noli esse inter illos, qui eum qui fecit mundum non cognoverunt.

8. Inseparabilia sunt ergo opera Patris et Filii. Sed hoc est : « Non potest Filius a se quidquam facere, » quod esset si diceret : Non est Filius a se. Etenim si Filius est, natus est : si natus est, ab illo est de quo natus est. Sed tamen æqualem sibi genuit. Non enim defuit aliquid generanti, aut tempus quæsivit ut generaret, qui genuit coæternum; aut matrem quæsivit ut generaret, qui de se protulit Verbum; aut Pater generans ætate præcesserat Filium, ut minorem Filium generaret. Et forte dicit aliquis, quia post multa sæcula in senecta sua Deus suscepit Filium. Sicut Pater sine senectute, sic et Filius sine incremento : nec ille senuit, nec ille crevit : sed

toutes choses, il est éternel et a engendré un Fils qui est éternel comme lui. Comment, me demandez-vous, celui qui est éternel peut-il engendrer un être éternel? Comme la flamme qui brille dans le temps produit la lumière de même nature; la flamme qui engendre la lumière est contemporaine de cette lumière qu'elle produit, la flamme qui produit n'est point antérieure à la lumière qui est produite, la lumière existe au moment même où la flamme commence à exister. Donnez-moi une flamme sans lumière, et je vous concède un Dieu le Père sans Fils. Voilà donc le vrai sens de ces paroles : « Le Fils ne peut rien faire de lui-même, si ce n'est ce qu'il voit faire au Père, » parce que voir pour le Fils est la même chose qu'être né du Père. La vue et l'essence même du Fils ne sont pas deux choses distinctes, et sa puissance n'est pas différente de sa nature. Tout ce qu'il est, il l'est par le Père; toute sa puissance vient du Père, parce que la puissance et l'existence sont pour lui une seule et même chose qui vient tout entière du Père.

9. Notre-Seigneur confirme lui-même cette interprétation dans ce qui suit, il jette le trouble dans les esprits qui donnent à ses paroles un sens erroné pour les rappeler à une interprétation conforme à la vérité. Lorsqu'il disait : « Le Fils ne peut rien faire de lui-même, si ce n'est ce qu'il voit faire à son Père; » une interprétation grossière de ces paroles pouvait égarer les esprits en leur représentant l'image de deux artisans, l'un maître, l'autre apprenti, qui étudie le travail de son maître, comment par exemple il fabrique un coffre afin de faire lui-même un autre coffre sur le modèle de celui qu'il a vu faire à son maître. Or, c'est pour détruire cette interprétation grossière qui se représente un double objet dans cette nature divine si simple que Notre-Seigneur ajoute : « Car tout ce que fait le Père, le Fils le fait aussi comme lui. » (*Jean*, v, 19.) Le Fils ne fait pas seulement des œuvres semblables à celles que fait le Père, il fait les mêmes œuvres de la même manière. En effet, il ne dit pas : Le Fils fait des œuvres semblables à toutes celles que fait le Père, mais : « Tout ce que fait le Père, le Fils aussi le fait comme lui. » Ce que fait l'un, l'autre le fait donc également; le Père a fait le monde, le Fils a fait le monde, le Saint-Esprit a fait le monde. S'il y a trois dieux, il y a aussi trois mondes; s'il n'y a qu'un seul Dieu, Père, Fils et Saint-Esprit, il n'y a qu'un seule monde que le Père a fait par le Fils dans le Saint-Esprit. Le Fils fait donc les mêmes choses que fait le Père, et il ne les fait pas d'une manière différente; il fait les mêmes choses, et il les fait de la même manière.

10. Notre-Seigneur avait déjà dit : « Il fait les mêmes choses, » pourquoi ajoute-t-il : « Il

---

æqualis æqualem genuit, æternus æternum? Quomodo, inquit aliquis, æternus æternum? Quomodo flamma temporalis generat lucem temporalem. Coæva est autem flamma generans luci quam generat, nec præcedit tempore flamma generans lucem generatam : sed ex quo incipit flamma, ex illo incipit lux. Da mihi flammam sine luce, et do tibi Deum Patrem sine Filio. Hoc est ergo : « Non potest Filius a se facere quidquam, nisi quod viderit Patrem facientem; » quia videre Filii, hoc est natum esse de Patre. Non alia visio ejus et alia substantia ejus : nec alia potentia ejus, alia substantia ejus. Totum quod est, de Patre est : totum quod potest, de Patre est : quoniam quod potest et est, hoc unum est; et de Patre totum est.

9. Sequitur et ipse in verbis suis, et male intelligentes conturbat, ut ad rectum intellectum revocet errantes. Cum dixisset : « Non potest Filius a se facere quidquam, nisi quod viderit Patrem facientem; » ne forte carnalis subreperet intellectus, et averteret mentem, et faceret sibi homo quasi duos fabros, unum magistrum, alterum discipulum quasi attendentem ad magistrum, verbi gratia, facientem arcam; ut quomodo ille fecit arcam, faciat et iste alteram arcam secundum visionem quam inspexit in magistro operante. Sed ne tale aliquid sibi duplicaret in illa simplici divinitate intellectus carnalis, secutus ait : « Quæcumque enim Pater facit, hæc eadem et Filius facit similiter. » (*Joan.*, v, 19.) Non facit Pater alia, et alia Filius similia, sed eadem similiter. Non enim ait : Quæcumque facit Pater, facit et Filius alia similia; sed : « Quæcumque, inquit, Pater facit, hæc eadem et Filius facit similiter. » Quæ ille, hæc et ipse : mundum Pater, mundum Filius, mundum Spiritus sanctus. Si tres dii, tres mundi : si unus Deus Pater et Filius et Spiritus sanctus, unus mundus factus est a Patre per Filium in Spiritu sancto. Hæc ergo facit Filius, quæ facit et Pater, et non dissimiliter facit : et hæc facit, et similiter facit.

10. Jam dixerat, « hæc facit : » quare addidit, « similiter facit? » Ne alius pravus intellectus vel

les fait de la même manière? » Pour détruire par avance une autre interprétation erronée qui pourrait se présenter à l'esprit. Vous voyez l'ouvrage d'un homme, l'homme est composé d'un corps et d'une âme ; l'âme commande au corps, mais il y a une grande différence entre le corps et l'âme ; le corps est visible, l'âme est invisible, de même qu'entre la puissance, la vertu de l'âme et la puissance d'un corps quelconque, fût-ce même un corps céleste. Cependant l'âme commande à son corps, et le corps exécute l'ordre qui lui est donné, et le corps semble faire la même chose que l'âme. Oui, le corps paraît faire la même chose que l'âme, mais il ne le fait pas de la même manière. L'âme produit une parole en elle-même, elle commande à la langue, et celle-ci prononce la parole que l'âme a produite. La langue a fait ici ce que fait l'âme, le serviteur a fait la même chose que le maître du corps, mais le serviteur a reçu du maître le modèle de ce qu'il devait faire, et il ne l'a fait que sur l'ordre de son maître. Ils ont tous deux fait la même chose, mais l'ont-ils faite de la même manière? Quelle est donc ici la différence, me demandera-t-on? La parole qui est produite par mon âme demeure en moi; la parole que ma langue prononce frappe l'air et s'évanouit, elle n'existe plus. Lorsque vous prononcez intérieurement une parole et que votre langue la fait entendre au dehors, rentrez dans votre âme et vous y retrouverez la parole que vous avez prononcée. Or, est-elle demeurée sur votre langue comme elle est demeurée dans votre esprit? La parole que votre langue a fait entendre est due à votre langue qui l'a prononcée, à votre âme qui l'a produite par la pensée; mais la parole que votre langue a fait entendre a été passagère, celle qui est le produit de votre pensée intérieure demeure. Le corps a donc fait ici ce qu'a fait l'âme, mais il ne l'a pas fait de la même manière. L'âme a produit une chose qui demeure au dedans d'elle-même, la langue a produit un son qui va frapper l'oreille en traversant l'air. Pouvez-vous retenir les syllabes et leur donner une durée permanente? Ce n'est pas dans ce sens que le Fils agit comme le Père, il fait les mêmes choses, et il les fait de la même manière. Dieu a fait le ciel qui reste immuable, le Fils a fait aussi le ciel immuable. Dieu le Père a fait l'homme sujet à la mort, le Fils a fait le même homme sujet à la mort. Toutes les choses que le Père a créées dans un état permanent, le Fils les a créées dans le même état, parce qu'il les a créées de la même manière que le Père ; et toutes les choses auxquelles le Père a donné une existence passagère, le Fils leur a donné la même existence, parce que non-seulement il fait les mêmes choses que le Père, mais il les fait de la même manière. Le Père a fait toutes choses par le Fils, parce que le Père a fait toutes choses par le Verbe.

11. Cherchez une distinction dans le Père et

error in animo nasceretur. Vides enim hominis opus, animus est in homine et corpus : animus imperat corpori, sed multum interest inter corpus et animum : corpus visibile est, animus invisibilis : inter potentiam virtutemque animi, et cujusvis licet cœlestis corporis multum interest. Imperat tamen animus corpori suo, et facit corpus : et quod videtur animus facere, hoc facit et corpus. Videtur ergo corpus hoc idem facere quod animus, sed non similiter. Quomodo hoc idem facit, sed non similiter? Facit animus verbum apud se, jubet linguæ, et profert verbum quod fecit animus : fecit animus, fecit et lingua ; fecit dominus corporis, fecit et servus : sed ut faceret servus, a domino accepit quod faceret, et jubente domino fecit. Hoc idem ab utroque factum est : sed numquid similiter? Quomodo non similiter, ait aliquis? Ecce verbum quod fecit animus meus, manet in me : quod fecit lingua mea, percusso aere transiit, et non est. Cum dixeris verbum in animo tuo, et sonuerit per linguam tuam, redi ad animum tuum, et vide quia ibi est verbum quod fecisti. Numquid sicut mansit in animo tuo, mansit in lingua tua? Quod sonuit per linguam tuam, fecit lingua sonans, fecit animus cogitans : sed quod sonuit lingua, transiit; quod cogitavit animus, permanet. Hoc ergo fecit corpus, quod fecit animus, sed non similiter. Fecit enim animus quod teneat animus : fecit autem lingua quod sonat, et per acrem aurem verberat. Numquid sequeris syllabas, et facis ut maneant. Non ergo sic, Pater et Filius : sed hæc eadem facit, et similiter facit. Si fecit Deus cœlum quod manet : hoc fecit Filius cœlum quod manet. Si fecit Deus Pater hominem qui moritur, eumdem Filius hominem fecit qui moritur. Quæcumque fecit Pater stantia, hæc fecit et Filius stantia ; quia similiter fecit : et quæcumque fecit Pater temporalia, hæc eadem fecit Filius temporalia; quia non solum ipsa fecit, sed et similiter fecit. Pater enim fecit per Filium, quia per Verbum fecit Pater omnia.

11. Quære in Patre et Filio separationem, non

le Fils, vous ne la trouverez point, mais à la condition d'élever plus haut vos pensées ; si vous pouvez atteindre les régions supérieures à votre intelligence, vous ne la trouverez pas davantage. Si vous restez habituellement dans les idées que se forme l'esprit au milieu de ses erreurs, vous vous entretenez avec vos imaginations, et non pas avec le Verbe de Dieu, et vos imaginations vous trompent. Elevez-vous donc au-dessus de votre corps, n'écoutez que les inspirations de l'âme, élevez-vous même au-dessus de votre âme, afin de pouvoir goûter Dieu. Vous ne pouvez parvenir à Dieu qu'en vous élevant au-dessus de votre âme, comment donc espérer l'atteindre si vous restez esclave de la chair? Combien sont-ils éloignés de ce qui est Dieu, ceux qui suivent les inclinations de la chair, puisqu'ils ne pourraient même l'atteindre en suivant les inspirations de l'esprit? L'homme s'éloigne considérablement de Dieu lorsqu'il vit selon la chair; il y a une grande distance entre la chair et l'esprit; mais la distance qui sépare l'esprit de Dieu est beaucoup plus grande encore. Si vous vivez selon les lois de l'esprit, vous êtes dans le milieu, si vous jetez les yeux plus bas, c'est le domaine de la chair; si vous les élevez plus haut, c'est le règne de Dieu. Elevez-vous donc au-dessus du corps, élevez-vous au-dessus de vous-même. Ecoutez ce que dit le Psalmiste, et comment il vous enseigne à goûter Dieu : « Mes larmes ont été ma nourriture jour et nuit, pendant qu'on me dit sans cesse : Où est votre Dieu? » (*Ps.* XLI, 4.) C'est ce que peuvent nous dire les païens : Voici nos dieux, où est votre Dieu? Ils nous montrent ce qui frappe les yeux, tandis que nous adorons ce qui échappe aux regards de l'homme. Et à qui pourrions-nous montrer notre Dieu? A un homme qui n'a point les yeux pour voir. Car si les idolâtres voient leurs dieux des yeux du corps, nous avons d'autres yeux pour voir notre Dieu. Et encore il faut que Dieu purifie ces yeux pour que nous puissions le voir, suivant ces paroles du Sauveur : « Heureux ceux qui ont le cœur pur, parce qu'ils verront Dieu. » (*Matth.*, V, 8.) Après avoir rapporté le trouble où l'a jeté cette question qu'on lui fait tous les jours : Où est ton Dieu? Je me suis souvenu de ces choses, dit-il, c'est-à-dire de ces paroles que j'entends tous les jours : Où est votre Dieu, et dans le désir que j'avais de parvenir jusqu'à mon Dieu, « je me suis souvenu de ces choses, et j'ai répandu mon âme au-dessus de moi-même. » (*Ps.* XLI, 5.) Ainsi pour atteindre mon Dieu dont on me disait : Où est ton Dieu? je n'ai pas répandu mon âme sur ma chair, mais au-dessus de moi, je me suis élevé au-dessus de moi-même pour arriver jusqu'à Dieu. Car celui qui m'a créé est au-dessus de moi, et personne ne peut parvenir jusqu'à lui, qu'en s'élevant au-dessus de soi-même.

12. Considérez la nature de votre corps, il est mortel, il est terrestre, il est fragile, il est sujet

---

invenis : sed si assurrexisti, tunc non invenis : si aliquid supra mentem tuam tetigisti, tunc non invenis. Nam si in his versaris, quæ sibi errans animus facit; cum imaginibus tuis loqueris, non cum Verbo Dei : fallunt te imagines tuæ. Transcende et corpus, et sape animum : transcende et animum, et sape Deum. Non tangis Deum, nisi et animum transieris : quanto minus tangis, si in carne manseris? Illi ergo qui sapiunt carnem, quam longe sunt a sapiendo quod Deus est : quia non ibi essent, etiam si animum saperent. Recedit homo multum a Deo quando sapit carnaliter, et multum interest inter carnem et animum : plus tamen interest inter animum et Deum. Tu si in animo es, in medio es : si infra attendis, corpus est : si supra attendis, Deus est. Attolle te a corpore, transi etiam te. Vide enim quid dixit Psalmus, et admoneris quemadmodum sapiendus sit Deus : « Factæ sunt, inquit, mihi lacrymæ meæ panes die ac nocte, cum dicitur mihi quotidie : Ubi est Deus tuus. » (*Psal.* XLI, 4.) Tanquam pagani dicant : Ecce dii nostri, Deus vester ubi est? Ostendunt enim illi quod videtur : nos colimus quod non videtur. Et cui ostendamus? homini qui non habet unde videat? Nam utique si ipsi deos suos vident oculis : habemus et nos alios oculos, unde videamus Deum nostrum. Ipsi oculi mundandi sunt a Deo nostro, ut videamus Deum nostrum : Beati enim mundo corde; quia ipsi Deum videbunt. (*Matth.*, v, 8.) Ergo cum se conturbatum dixisset, cum dicitur illi quotidie : Ubi est Deus tuus : Hæc memoratus sum, inquit, quia dicitur mihi quotidie : Ubi est Deus tuus : et quasi volens apprehendere Deum suum : Hæc memoratus sum, inquit, et effudi super me animam meam. (*Psal.* XLI, 5.) Ut ergo attingerem Deum meum, de quo mihi dicebatur : Ubi est Deus tuus, non effudi animam meam super carnem meam, sed super me : transcendi me, ut illum tangerem. Ille enim est super me, qui fecit me : nemo eum attingit, nisi qui transierit se.

12. Cogita corpus, mortale est, terrenum est, fra-

TRAITÉ XX.

à la corruption, rejetez-le loin de vous. Mais peut-être est-ce que la chair a une existence passagère ? Considérez donc d'autres corps, les corps célestes qui sont plus grands, d'une nature plus parfaite, et qui jettent tant d'éclat; considérez ces corps, ils accomplissent leur révolution d'Orient en Occident, ils ne sont pas stationnaires, ils peuvent être vus non-seulement par l'homme mais par les animaux, élevez-vous donc au-dessus d'eux. Et comment, me direz-vous, puis-je m'élever au-dessus des corps célestes, attaché que je suis à la terre? Ce n'est point par les efforts du corps que vous vous élevez au-dessus, mais par les aspirations de l'esprit. Rejetez donc ces corps eux-mêmes, ils sont brillants, ils jettent du haut du ciel une lumière éclatante, mais ce sont des corps. Venez donc, car peut-être, en considérant tous ces corps admirables, ne croyez-vous pas qu'il existe au-dessus d'eux un objet plus digne de vos efforts. Où irai-je, me dites-vous, au delà des corps célestes? et quels autres espaces mon âme pourra-t-elle franchir? Vous avez observé toutes ces choses? Oui, me répondez-vous. Et à l'aide de quoi les avez-vous observées? Faites paraître ici l'observateur. Celui qui observe, qui considère toutes choses, qui les discerne, qui en fait la différence, et qui les pèse en quelque sorte dans la balance de la sagesse, c'est l'âme. Sans contredit votre âme, à l'aide de laquelle vous considérez toutes ces choses, vaut mieux que ces choses elles-mêmes qui sont l'objet de vos pensées. Or, votre âme est un esprit, ce n'est pas un corps, cependant élevez-vous encore au-dessus d'elle-même. Comparez d'abord votre âme à votre corps, pour mesurer la distance que vous devez franchir, ou plutôt ne faites pas au corps l'honneur de cette comparaison. Comparez l'âme à la lumière brillante du soleil, de la lune, des étoiles, l'âme est plus éclatante encore. Voyez d'abord la rapidité de sa pensée. L'étincelle de l'âme qui pense n'est-elle pas beaucoup plus vive que la splendeur du soleil dans tout son éclat ? Vous voyez dans votre esprit le soleil qui se lève, mais que ses mouvements sont lents auprès de la rapidité de votre esprit. En un instant, vous avez pu vous représenter la révolution entière du soleil. Vous le voyez partir de l'Orient pour se diriger vers l'Occident, et se lever le lendemain du côté opposé. Auprès de cette opération rapide de votre pensée qui vous a fait parcourir l'immensité de l'espace, quelle lenteur dans le soleil? C'est donc une grande chose que l'âme. Mais comment puis-je dire qu'elle est? Elevez-vous encore au-dessus d'elle; parce que l'âme est sujette aux changements, bien qu'elle soit supérieure à tous les êtres corporels. Elle connait aujourd'hui, elle ne connait plus demain, tantôt elle oublie et tantôt elle se rappelle, tantôt elle veut et puis elle ne veut plus, tantôt elle pèche, tantôt elle pratique la justice. Elevez-vous donc au-dessus de tous les changements, au-dessus non-seulement de ce qui est visible, mais de ce qui est sujet à la mutabilité. Vous avez dépassé le corps qui est vi-

---

gile est, corruptibile est : abjice. Sed forte caro temporalis est? Alia corpora cogita, cœlestia corpora cogita ; majora, meliora, splendida sunt : attende et ipsa, volvuntur ab Oriente ad Occidentem, non stant; videntur oculis, non solum ab homine, sed etiam a pecore : transi et ipsa. Et quomodo, inquies, transeo cœlestia corpora, cum ambulo in terra? Non carne transis, sed mente. Abjice et ipsa : quamvis luceant, corpora sunt; quamvis de cœlo fulgeant, corpora sunt. Veni, quoniam forte non te putas habere quo eas, cum consideras ista omnia. Et ultra cœlestia corpora quo iturus sum, inquis, et quid mente transiturus sum? Considerasti ista omnia? Consideravi, inquis. Unde considerasti ? Ipse considerator appareat. Ipse enim considerator istorum omnium, discriminator, distinctor et quodammodo appensor in libra sapientiæ, animus est. Sine dubio melior est animus quo ista omnia cogitasti, quam ista omnia quæ cogitasti. Animus ergo iste spiritus est, non corpus : transi et ipsum. Compara ipsum animum primo, ut videas quo transeas ; compara illum carni. Absit, ne digneris comparare. Compara illum fulgori solis, lunæ, stellarum : major fulgor est animi. Primo celeritatem animi ipsius vide. Vide si non vehementior scintilla est animi cogitantis, quam splendor solis lucentis. Solem orientem tu vides animo : motus ipsius quam tardus est ad animum tuum? Cito tu potuisti cogitare quod facturus est sol. Ab Oriente ad Occidentem venturus est, jam ex alia parte cras oritur. Ubi hoc fecit cogitatio tua, adhuc ille tardus est, et tu omnia peragrasti. Magna ergo res est animus. Sed quomodo dico, est? Transi et ipsum : quia et ipse animus mutabilis est, quamvis melior sit omni corpore. Modo novit, modo non novit : modo obliviscitur, modo recordatur : modo vult, modo non vult : modo peccat, modo justus est. Transi ergo omnem mutabilitatem : non solum omne quod videtur, sed et omne quod mutatur. Transisti

sible, vous avez dépassé le ciel, le soleil, la lune et les étoiles qui sont également visibles, élevez vous encore au-dessus de tout ce qui est sujet au changement. Après avoir franchi tout ce qui est visible, vous êtes arrivé à votre esprit, mais là encore vous avez trouvé la mutabilité qui lui est naturelle. Est-ce que Dieu est sujet à la mutabilité? Elevez-vous donc au-dessus de votre esprit. Répandez votre âme au-dessus de vous-même afin de pouvoir parvenir jusqu'à Dieu dont on vous demande : « Où est votre Dieu? »

13. Ne croyez pas que cette entreprise soit au-dessus des forces de l'homme. L'évangéliste saint Jean vous en a donné l'exemple. Il s'est élevé au-dessus de la chair, au-dessus de la terre qu'il foulait aux pieds, au-dessus de l'air où volent les oiseaux, au-dessus du soleil, au-dessus de la lune, au-dessus des étoiles, au-dessus de tous les esprits invisibles, au-dessus de son âme elle-même par les aspirations de son esprit. Après avoir franchi tous ces espaces, et répandu son âme sur elle-même, où est-il parvenu? Qu'a-t-il vu? « Au commencement était le Verbe, et le Verbe était en Dieu. » Vous ne voyez point de séparation dans la lumière; pourquoi en chercher dans l'action? Voyez Dieu, voyez sa parole étroitement unie à ce Verbe qui parle, car son langage n'est pas composé de syllabes; la splendeur éclatante de sa sagesse, voilà sa parole. Qu'est-ce que l'Esprit saint nous dit de sa sagesse? Elle est l'éclat de la lumière éternelle. (*Sag.*, VII, 26.) Considérez l'éclat du soleil; il est dans le ciel et il répand sa lumière sur toutes les contrées de la terre, sur toutes les mers, et cependant ce n'est qu'une lumière matérielle. Si vous pouvez séparer l'éclat du soleil, du soleil lui-même, séparez le Verbe du Père. Je parle du soleil, mais la flamme mince et légère d'une lampe qu'un souffle peut éteindre, répand sa lumière sur tous les objets qui l'environnent. Vous voyez cette lumière produite par la lampe se répandre partout; vous voyez son émission, vous n'apercevez pas de séparation. Comprenez donc, mes très-chers frères, que le Père, le Fils, le Saint-Esprit sont étroitement, inséparablement unis entre eux, que cette Trinité ne fait qu'un seul Dieu, et que toutes les œuvres de ce Dieu unique sont les œuvres du Père, les œuvres du Fils, les œuvres du Saint-Esprit. Quant aux autres paroles qui suivent, et qui font partie du discours de Notre-Seigneur Jésus-Christ dans l'Evangile, venez demain entendre l'explication que je dois vous en donner.

---

enim carnem quæ videtur, transisti cœlum, solem, lunam, et stellas quæ videntur : transi et omne quod mutatur. Jam enim istis transactis veneras ad animum tuum, sed et ibi invenisti mutabilitatem animi tui. Numquid mutabilis est Deus? Transi ergo et animum tuum. Effunde super te animam tuam, ut contingas Deum, de quo tibi dicitur : Ubi est Deus tuus?

13. Ne putes te aliquid facturum quod homo non possit. Hoc fecit ipse Joannes Evangelista. Transcendit carnem, transcendit terram quam calcabat, transcendit maria quæ videbat, transcendit aerem ubi alites volitant, transcendit solem, transcendit lunam, transcendit stellas, transcendit omnes spiritus qui non videntur, transcendit mentem suam (*a*) ipsa ratione animi sui. Transcendens ista omnia, super se effundens animam suam, quo pervenit? Quid vidit? In principio erat Verbum, et Verbum erat apud Deum. (*Joan.*, I, 1.) Si ergo separationem non vides in luce, quid separationem quæris in opere? Vide Deum, vide Verbum ejus (*b*) inhærere Verbo dicenti : quia ipse dicens non syllabis dicit; sed splendore sapientiæ fulgere, hoc est dicere. Quid dictum est de sapientia ipsius? Candor est lucis æternæ. (*Sap.*, VII, 26.) Attende candorem solis. In cœlo est, et expandit candorem per terras omnes, per maria omnia : et utique corporalis lux est. Si separas candorem solis a sole, separa Verbum a Patre. De sole loquor. Lucernæ una flammula tenuis, quæ uno flatu possit exstingui, spargit lucem suam super cuncta quæ subjacent. Vides lucem sparsam a flammula generatam, emissionem vides, separationem non vides. Intelligite ergo, Fratres Carissimi, Patrem et Filium et Spiritum sanctum inseparabiliter sibi cohærere : Trinitatem hanc unum Deum; et omnia opera unius Dei, hæc esse Patris, hæc esse Filii, hæc esse Spiritus sancti. Cætera quæ consequuntur, quæ pertinent ad sermonem ipsius Domini nostri Jesu Christi in Evangelio, quoniam et crastino die sermo debetur vobis, adestote ut audiatis.

(*a*) Unus codex, *ipsam rationem* : alius, *ipsamque rationem*. — (*b*) Sic Mss. At editi, *vide verbum ejus : inhære verbo dicenti*.

TRAITÉ XXI (1).

Depuis ces paroles : « Le Père aime le Fils, et lui montre tout ce qu'il fait, » jusqu'à ces autres : « Celui qui n'honore pas le Fils n'honore pas le Père qui l'a envoyé. »

1. Nous vous avons expliqué hier suivant la mesure de la grâce qui nous a été donnée, et nos faibles moyens, et vous avez compris suivant la mesure de votre intelligence comment les œuvres du Père et du Fils sont inséparables, que le Père ne fait pas d'autres œuvres que le Fils, mais que le Père fait tout par le Fils comme par son Verbe dont il est écrit : « Toutes choses ont été faites par lui, et rien n'a été fait sans lui. » (*Jean*, I, 3.) Voyons aujourd'hui les paroles qui suivent ; implorons la miséricorde du même Seigneur, et espérons que s'il le juge bon, nous comprendrons la vérité, et que si nous ne pouvons arriver jusque-là, nous n'irons point nous égarer dans les voies de l'erreur. L'ignorance vaut mieux que l'erreur ; mais la science est préférable à l'ignorance. Efforçons-nous donc avant tout d'arriver à la science ; si nous y parvenons, nous rendrons grâces à Dieu ; mais si nous ne pouvons encore parvenir à la vérité, n'allons point donner dans le mensonge. Nous devons considérer attentivement ce que nous sommes et ce que nous entreprenons de traiter. Nous sommes des hommes revêtus d'un corps de chair, voyageurs dans cette vie ; et bien que la semence de la parole de Dieu nous ait donné déjà une nouvelle naissance, nous sommes renouvelés en Jésus-Christ, mais sans être encore entièrement dépouillés du vieil homme, d'Adam. C'est une vérité manifeste qu'en nous la partie mortelle et corruptible qui appesantit notre âme vient d'Adam, et que la partie spirituelle qui en nous élève l'âme vient de la grâce et de la miséricorde de Dieu, qui a envoyé sur la terre son Fils unique, pour entrer en participation de notre mort et nous conduire à son immortalité. C'est lui qui est notre maître pour nous préserver du péché ; notre avocat, si après avoir péché nous confessons notre faute et revenons à Dieu ; notre intercesseur, si nous désirons obtenir quelque grâce de Dieu ; notre bienfaiteur avec le Père, parce que le Père et le Fils ne sont qu'un seul Dieu. Mais c'était comme homme que le Fils de Dieu enseignait ces vérités aux hommes ; la divinité était voilée en lui, l'humanité était visible et manifeste, afin qu'il pût faire autant de dieux de ceux qui étaient visiblement des hommes ; et lui, le Fils de Dieu, est devenu Fils de l'homme pour faire des enfants des hommes autant de fils de Dieu. Par quelles inventions de sa sagesse a-t-il opéré ces merveilles ? Il nous l'apprend lui-même par ses enseignements. Il se fait petit pour parler aux petits, mais pour lui il est tout

(1) Ce Traité a été prononcé le lendemain du jour où le précédent fut donné.

TRACTATUS XXI.

Ab eo quod scriptum est : « Pater enim diligit Filium, et omnia demonstrat ei quæ ipse facit : » usque ad id : « Qui non honorificat Filium, non honorificat Patrem qui misit illum. »

1. Hesterno die quantum Dominus donare dignatus est, qua potuimus facultate tractavimus, et qua potuimus capacitate intelleximus, quomodo inseparabilia sunt opera Patris et Filii ; nec alia facit Pater, alia Filius, sed omnia Pater facit per Filium, tanquam per Verbum suum, de quo scriptum est : Omnia per ipsum facta sunt, et sine ipso factum est nihil. (*Joan.*, I, 3.) Sequentia verba hodie videamus, et ab eodem Domino ejus misericordiam deprecemur, et speremus, ut primum si dignum ipse judicat, intelligamus quod verum est : si autem hoc non potuerimus, non eamus in illud quod falsum est. Melius est enim nescire, quam errare : sed scire est melius quam nescire. Itaque ante omnia conari debemus ut sciamus : si potuerimus, Deo gratias : si autem non potuerimus interim pervenire ad veritatem, non eamus ad falsitatem. Quid enim simus, et quid tractemus, considerare debemus. Homines sumus carnem portantes, in hac vita ambulantes : et si jam de semine verbi Dei renati, tamen ita in Christo innovati, ut nondum penitus ab Adam exspoliati. Quod enim nostrum mortale et corruptibile aggravat animam (*Sap.*, IX, 13), ex Adam esse apparet, et manifestum est : quod autem nostrum spiritale sublevat animam, de Dei dono et de misericordia ejus, qui Unicum suum misit communicare nobiscum mortem nostram, et ducere nos ad immortalitatem suam. Hunc habemus magistrum, ut non peccemus ; et defensorem, si peccaverimus et confessi atque conversi fuerimus ; et interpellatorem pro nobis, si quid boni a Domino desideraverimus ; et datorem cum Patre, quia Deus unus est Pater et Filius. Sed loquebatur ista homo hominibus ; Deus occultus, homo manifestus, ut manifestos homines faceret deos ; et Filius Dei, factus hominis filius, ut hominum filios faceret filios Dei. Qua hoc arte sapientiæ suæ faciat, in ejus verbis agnoscimus. Loquitur enim

à la fois petit et grand, tandis que pour nous, petits par nature, ce n'est qu'en lui que nous sommes grands; il nous parle donc comme une mère qui réchauffe et nourrit les enfants qu'elle allaite, et qui croissent de jour en jour par la vertu et l'amour de Dieu.

2. Notre-Seigneur avait dit précédemment : « Le Fils ne peut rien faire de lui-même, si ce n'est ce qu'il voit que le Père fait. » (*Jean*, v, 19.) Nous avons compris que le Père ne fait pas ses œuvres séparément, de sorte que le Fils voyant ces œuvres en fasse de semblables sur le modèle de celles qu'il a vu faire à son Père. Ces paroles : « Le Fils ne peut rien faire de lui-même, si ce n'est ce qu'il voit que le Père fait, » doivent s'entendre dans ce sens que le Fils vient tout entier du Père, et que toute sa nature, comme toute sa puissance, vient de celui qui l'a engendré. En effet, après avoir dit qu'il faisait de la même manière les œuvres que fait le Père, il veut que nous entendions non pas que le Père et le Fils font des œuvres différentes, mais que le Fils fait les mêmes œuvres que le Père en vertu de la même puissance, puisque le Père les fait par le Fils; il ajoute, ce qui fait l'objet de la lecture de ce jour : « Car le Père aime le Fils, et il lui montre tout ce qu'il fait. » (*Ibid.*, 20.) La pensée de l'homme se trouble de nouveau. Le Père montre au Fils tout ce qu'il fait; donc, me dira-t-on, le Père agit séparément, afin que le Fils puisse voir ce qu'il doit faire lui-même. Notre esprit se représente encore deux artisans dont l'un enseigne son art à son Fils et lui montre tout ce qu'il fait pour lui servir de modèle : « Il lui montre, dit le Sauveur, tout ce qu'il fait. » Lors donc que le Père agit, le Fils reste-t-il inactif pour voir ce que fait le Père? C'est une vérité certaine que « toutes choses ont été faites par lui, et que rien n'a été fait sans lui. » (*Jean*, i, 3.) Nous voyons par ces paroles dans quel sens le Père montre au Fils ce qu'il fait, puisque le Père ne fait rien que ce qu'il fait par le Fils. Qu'a fait le Père? Le monde. Or, a-t-il montré au Fils le monde après l'avoir fait, afin que le Fils en fît un semblable? Qu'on nous fasse voir ce monde que le Fils aurait fait. Mais non, toutes choses ont été faites par lui, sans lui rien n'a été fait, et le monde a été fait par lui. Si le monde a été fait par lui, si toutes choses ont été faites par lui, et si le Père ne fait rien que par le Fils, où le Père montre-t-il au Fils les œuvres qu'il fait, si ce n'est dans le Fils lui-même par lequel il les fait? Dans quel endroit le Père montrerait-il ses œuvres au Fils, comme si le Père était et travaillait en dehors du Fils attaché aux mains de son Père pour voir comment il travaille? Où est cette Trinité inséparable? Où est ce Verbe dont il est dit qu'il est la puissance et la sagesse du Père? (I *Cor.*, i, 24.)

---

parvulis parvus : sed ipse ita parvus ut et magnus; nos autem parvi, sed in illo magni : loquitur ergo tanquam fovens et nutriens lactentes, et amando crescentes.

2. Dixerat : « Non potest Filius a se facere quidquam, nisi quod viderit Patrem facientem. » (*Joan.*, v, 19.) Intelleximus autem quia non seorsum aliquid Pater facit, quod cum viderit Filius, faciat et ipse aliquid tale inspecto opere Patris sui; sed quod dixit : « Non potest Filius a se facere quidquam, nisi quod viderit Patrem facientem, » quia de Patre est totus Filius, et tota substantia et potentia ejus ex illo est qui genuit cum. Modo autem cum dixisset, se hæc facere similiter quæ facit Pater, ut non intelligamus alia facere Patrem, alia Filium, sed simili potentia facere Filium eadem ipsa quæ Pater facit, cum Pater facit per Filium; secutus ait quod hodie lectum audivimus : « Pater enim diligit Filium, et omnia demonstrat ei quæ ipse facit. » (*v.* 20.) Rursus mortalis cogitatio perturbatur. Demonstrat Pater Filio quæ ipse facit: ergo, ait aliquis, seorsum Pater facit, ut possit Filius videre quod facit. Rursus occurrunt humanæ cogitationi tanquam artifices duo, velut si faber doceat Filium suum artem suam, et demonstret ei quidquid facit, ut possit etiam ipse facere : « Omnia, inquit, demonstrat ei quæ ipse facit. » Cum ergo Pater facit, Filius non facit, ut possit videre Filius quod Pater facit? Certe omnia per ipsum facta sunt, et sine ipso factum est nihil. (*Joan.*, i, 3.) Hinc videmus quemadmodum Pater demonstrat Filio quod facit; cum Pater nihil faciat, nisi quod per Filium facit. Quid fecit Pater? mundum. Itane factum mundum demonstravit Filio, ut et ipse tale aliquid faceret? Detur ergo mundus nobis quem fecit et Filius. Sed, et omnia per ipsum facta sunt, et sine ipso factum est nihil, et mundus per eum factus est. (*Ibid.*, 10.) Si factus per eum est mundus, et omnia per ipsum facta sunt, et nihil facit Pater quod non per Filium faciat : ubi demonstrat Filio Pater quod facit, nisi in ipso Filio per quem facit? Quis enim locus ubi demonstretur opus Patris Filio, quasi extra faciat et extra sedeat, et Filius attendat manum

TRAITÉ XXI.

Comment expliquer ce que l'Ecriture dit de la sagesse elle-même : « Elle est l'éclat de la lumière éternelle. » (*Sag.*, VII, 26.) Et ces autres paroles que le même livre lui applique encore : « Elle atteint avec force depuis une extrémité jusqu'à l'autre, et elle dispose tout avec douceur. » (*Ibid.*, VIII, 1.) Si le Père fait quelque chose, il le fait par son Fils; s'il le fait par sa sagesse et sa puissance, il ne lui montre pas au dehors ce qu'il doit voir, mais il lui montre en lui-même ce qu'il fait.

3. Or, que voit le Père, ou plutôt que voit le Fils dans le Père pour agir de même? Je pourrais peut-être le dire, mais donnez-moi quelqu'un qui puisse me comprendre; ou peut-être pourrais-je tout au plus avoir dans mon esprit la réponse à cette question sans pouvoir l'exprimer, peut-être même mon esprit est-il incapable d'avoir cette réponse. En effet, la divinité est inaccessible à nos efforts, elle est au-dessus de nous comme Dieu est au-dessus des hommes, l'immortel au-dessus des mortels, l'éternel au-dessus de ceux qui ne vivent qu'un instant. Que Dieu donc daigne nous faire part de ses dons, qu'il daigne répandre dans nos cœurs quelques gouttes de cette fontaine de vie pour étancher notre soif, et rafraîchir notre âme desséchée dans le désert de cette vie. Disons-lui : « Seigneur, » nous qui avons appris à lui dire : « Mon Père. » Nous osons lui donner ce nom, parce que lui-même nous a donné cette confiance, à la condition toutefois que notre vie ne l'autorisera pas à nous faire ce reproche : « Si je suis votre Père, où est l'honneur que vous me rendez? Si je suis votre Seigneur, où est la crainte que vous me devez? » (*Malach.*, V, 6.) Disons-lui donc : Notre Père. A qui disons-nous : Notre Père? Au Père de Jésus-Christ. Or, celui qui dit au Père de Jésus-Christ, Notre Père, ne dit-il pas à Jésus-Christ par là-même : Notre frère? Cependant Dieu le Père n'est pas notre Père au même titre qu'il est le Père de Jésus-Christ, car Jésus-Christ ne nous a point unis si étroitement avec lui qu'il n'y eût entre nous et lui aucune distinction. Il est le Fils égal au Père, il est de toute éternité comme le Père, il est coéternel au Père; pour nous, au contraire, nous avons été faits par le Fils, et adoptés par le moyen du Fils unique. Aussi on n'a jamais entendu sortir de la bouche de Notre-Seigneur Jésus-Christ dans les discours qu'il adressait à ses disciples, cette expression : Notre Père, mais toujours il dit ou mon Père, ou votre Père. Jamais il n'a dit : Notre Père, jusque là que dans une certaine circonstance, il fait cette distinction : « Je vais vers mon Dieu et votre Dieu. » (*Jean*, XX, 17.) Pourquoi n'a-t-il pas dit : Vers notre Dieu? Nous l'entendons dire : Mon Père et votre Père, mais jamais : Notre Père. Il veut que ses disciples lui soient unis, mais tout en établissant une distinction entre nous et lui; et il établit cette distinction sans détruire le lien qui nous attache à lui. Il veut que nous soyons

---

Patris quemadmodum faciat? Ubi est illa inseparabilis Trinitas? ubi est Verbum de quo dictum est, quod ipse est Virtus et Sapientia Dei? (I *Cor.*, I, 24) ubi quod de ipsa Sapientia Scriptura dicit : Candor est enim lucis æternæ? (*Sap.*, VII, 26) ubi quod de illa iterum dicitur : Attingit a fine usque ad finem fortiter, et disponit omnia suaviter? (*Sap.*, VIII, 1.) Si quid facit Pater, per Filium facit; si per sapientiam suam, et virtutem suam facit : non extra illi ostendit quod videat, sed in ipso illi ostendit quod facit.

3. Quid videt Pater, vel potius quid videt Filius in Patre ut faciat et ipse? Possim forte dicere; sed da qui possit capere : aut forte possim cogitare, nec dicere; aut forte nec cogitare. Excedit enim nos illa divinitas tanquam Deus homines, tanquam immortalis mortales, tanquam æternus temporales. Inspiret et donet, de fonte illo vitæ nunc aliquid irrorare dignetur et distillare in sitim nostram, ne in hac eremo arescamus. Dicamus ei, Domine, cui didicimus dicere : Pater. Audemus enim hoc, quia ipse voluit ut audèremus : si tamen sic vivamus, ut non nobis dicat : Si Pater sum, ubi est honor meus; si Dominus sum, ubi est timor meus? (*Malac.*, I, 6.) Dicamus ergo illi : Pater noster. Cui dicimus : Pater noster? Patri Christi. Qui ergo Patri Christi dicit : Pater noster, quid dicit Christo nisi, Frater noster? Non tamen sicut Christi Pater, ita et noster Pater : nunquam enim Christus ita nos conjunxit, ut nullam distinctionem faceret inter nos et se. Ille enim Filius æqualis Patri, ille æternus cum Patre, Patrique coæternus : nos autem facti per Filium, adoptati per Unicum. Proinde nunquam auditum est ab ore Domini nostri Jesu Christi, cum ad discipulos loqueretur, dixisse illum de Deo summo Patre suo : Pater noster : sed, aut Pater meus dixit, aut Pater vester. Pater noster non dixit, usque adeo ut quodam loco poneret hæc duo : Vado ad Deum meum, inquit, et Deum vestrum. (*Joan.*, XX, 17.) Quare non dixit : Deum nostrum? Et Patrem meum dixit, et Patrem vestrum, non dixit Patrem nostrum. Sic jungit ut dis-

un en lui, mais pour lui il ne fait qu'un avec son Père.

4. Quelque grande que soit notre intelligence quelque pénétrante que soit notre vue des choses de Dieu, alors même que nous serons égaux aux anges, nous ne verrons pas comme voit le Fils. Lors même que nous ne voyons pas, nous sommes quelque chose. Et que sommes-nous lorsque nous ne voyons pas? Des hommes qui ne voient pas. Cependant nous existons alors même que nous ne voyons pas, et afin de voir nous nous tournons vers celui que nous désirons voir, et le fait de la vision qui n'existait pas alors que nous existions, se produit en nous. En effet, l'homme existe alors même qu'il ne voit pas, et lorsqu'il commence à voir, on l'appelle un homme qui voit. Pour l'homme, voir n'est pas la même chose qu'exister; si ces deux choses étaient identiques, l'homme verrait nécessairement toujours. Mais comme il peut exister sans voir, et qu'il cherche à voir ce qu'il ne voit pas, il a besoin de chercher et de se tourner du côté où la lumière doit lui apparaître, et lorsque grâce à ce moyen il l'aperçoit, il devient un homme qui voit, lui, qui précédemment était un homme qui ne voyait pas. La faculté de voir lui est donc donnée, et elle lui est retirée, elle lui est donnée lorsqu'il se tourne du côté de la lumière, elle lui est ôtée lorsqu'il s'en détourne. En est-il ainsi du Fils? A Dieu ne plaise! On ne peut supposer un temps où le Fils aurait été sans voir, et après lequel il aurait reçu cette propriété; pour lui voir le Père, c'est la même chose qu'être Fils. Lorsque nous nous détournons vers le péché, nous perdons la lumière, et nous la recouvrons en nous rapprochant de Dieu. En effet, la lumière qui nous éclaire est une chose tout à fait distincte de nous qui sommes éclairés. La lumière qui nous éclaire ne se détourne jamais d'elle-même, et ne perd jamais son éclat, parce qu'elle est la lumière. Le Père montre donc au Fils les œuvres qu'il fait, dans ce sens que le Fils voit toutes choses dans le Père, et que le Fils est toutes choses dans le Père. Il est né en voyant, et il voit en naissant. Mais on ne peut supposer un temps où il n'était pas né et après lequel il a pris naissance, de même qu'on ne peut supposer un temps où il ne voyait pas, et après lequel il aurait vu; pour lui, voir c'est la même chose qu'exister, la même chose qu'être né, la même chose que demeurer inaccessible à tout changement, la même chose que n'avoir ni commencement ni fin. Il ne faut donc point nous représenter dans un sens charnel que le Père entreprend une œuvre, l'exécute et la montre à son Fils, et que le Fils à son tour voit l'œuvre que le Père a faite, et qu'il en fait une semblable dans un autre endroit et d'une matière différente : « Car toutes choses ont été faites par lui, et rien n'a été fait sans lui. » Le Fils est le

---

tinguat, sic distinguit ut non sejungat. Unum nos vult esse in se, unum autem Patrem et se.

4. Quantumcumque ergo intelligamus et quantumcumque videamus, etiam cum Angelis æquati fuerimus, non videbimus sicut videt Filius. Nos enim et quando non videmus, sumus aliquid. Et quid aliud sumus quando non videmus, nisi non videntes? Sumus tamen vel non videntes; et ut videamus, convertimus nos ad eum quem videamus; et fit in nobis visio quæ non erat, quando nos tamen eramus. Est enim homo non videns, et idem ipse cum viderit, dicitur homo videns. Non ergo hoc est illi videre, quod esse hominem : nam si hoc illi esset videre quod esse hominem, nunquam esset homo nisi videns. Cum vero est homo non videns, et quærit videre quod non videt; est qui quærat, et est qui se convertat ut videat : et cum se bene converterit et viderit, fit homo videns, qui prius erat homo non videns. Videre ergo accedit illi, et recedit ab illo : accedit illi cum se converterit, recedit ab illo cum se averterit. Numquid ita Filius? absit. Numquam fuit Filius non videns, et postea factus est videns : sed videre Patrem, hoc illi est esse Filium. Nos enim avertendo ad peccatum, amittimus illuminationem; et convertendo nos ad Deum, percipimus illuminationem. Aliud est enim lumen quo illuminamur, aliud nos qui illuminamur. Lumen autem ipsum quo illuminamur, nec avertitur a se, nec perdit (a) lucem, quia lux est. Sic ergo demonstrat Pater rem quam facit Filio, ut in Patre videat omnia Filius, et in Patre sit omnia Filius. Videndo enim natus est, et nascendo videt. Sed non aliquando non erat natus, et postea natus est; sicut non aliquando non vidit, et postea vidit : sed in eo quod est illi videre, in eo est illi esse, in eo est illi natum esse, in eo est illi permanere, in eo est illi non mutari, in eo est illi sine initio et sine fine persistere. Non ergo carnaliter accipiamus quia sedet Pater, et facit opus, et demonstrat Filio; et videt Filius opus quod Pater facit, et facit illud in alio loco, aut ex alia materia.

(a) In decem Mss. *nec perdit lucere*.

Verbe du Père, Dieu ne dit aucune parole si ce n'est dans son Fils; et en disant dans son Fils les œuvres qu'il devait faire par son Fils, il a engendré ce même Fils par lequel il devait faire toutes choses.

5. « Et il lui montrera des œuvres plus grandes que celles-ci, qui vous jetteront dans l'admiration. » (*Jean*, v, 20.) Ces paroles jettent de nouveau le trouble dans nos pensées. Et qui peut dignement pénétrer ce mystérieux secret? Mais puisque Notre-Seigneur a daigné nous le proposer, lui-même nous le découvrira. Il ne voudrait pas nous dire des vérités dont il nous refuserait l'intelligence; puisqu'il a daigné nous les faire entendre, il a voulu sans nul doute exciter notre attention. Peut-on supposer qu'après nous avoir inspiré le vif désir de l'entendre, il nous abandonne sans le satisfaire? Nous avons exposé, comme nous l'avons pu, que la science du Fils était indépendante du temps, que cette science du Fils n'était pas distincte du Fils lui-même, que pour lui l'action de voir n'est pas différente de sa filiation divine, mais que voir et être Fils sont une seule et même chose; que la science et la sagesse du Père, c'est le Fils; que cette sagesse et cette vision sont éternelles comme le principe d'où elles proviennent, et qu'il n'y a là rien qui soit soumis aux vicissitudes du temps, rien de ce qui n'existait pas qui prenne naissance, rien de ce qui était qui cesse d'exister; voilà ce que nous avons dit, selon la mesure de nos forces. Mais comment expliquer cette circonstance de temps que mentionne le Sauveur lui-même dans ces paroles : « Il lui montrera des œuvres plus grandes? » c'est-à-dire il doit lui montrer, il lui montrera. Il montrera n'est pas la même chose que il a montré, nous disons du passé il a montré, et du futur il montrera. Que faisons-nous donc ici, mes frères? Quoi, celui que nous avons déclaré coéternel au Père, inaccessible aux changements du temps, celui en qui on ne peut supposer aucun mouvement correspondant à la durée ou à l'espace, celui qui demeure toujours avec le Père qu'il voit, et qui existe par là-même qu'il voit, nous rappelle de nouveau l'idée du temps? « Il lui montrera, dit-il, des œuvres plus grandes que celles-ci. » Il doit donc encore montrer au Fils des choses que le Fils ne connaît point? Que faire, comment comprendre ces paroles? Notre-Seigneur Jésus-Christ était d'en haut, il est maintenant d'en bas. Quand était-il d'en haut? Lorsqu'il dit : « Tout ce que fait le Père, le Fils le fait comme lui. » Comment est-il maintenant d'en bas? Dans ces paroles : « Il lui montrera des œuvres plus grandes que celles-ci. » O Seigneur, Jésus-Christ, notre Sauveur, Verbe de Dieu par qui toutes choses ont été faites, que peut vous montrer le Père que vous ignoriez? Qu'est-ce que le Père peut avoir d'inconnu pour vous?

Omnia enim per ipsum facta sunt, et sine ipso factum est nihil. (*Joan.*, I, 3.) Verbum Patris est Filius, nihil dixit Deus quod non dixit in Filio. Dicendo enim in Filio quod facturus erat per Filium, ipsum Filium genuit per quem faceret omnia.

5. « Et majora his demonstrabit ei opera, ut vos miremini. » (*Joan.*, v, 20.) Rursus hic turbat. Et quis est qui digne perscrutetur hoc tantum secretum? Sed jam quoniam nobis loqui dignatus est, ipse aperit. Neque enim vellet dicere quod nollet intelligi : quia dicere dignatus est, sine dubio excitavit audientiam : numquid quem excitavit ut audiret, excitatum deserit? Diximus ut potuimus, non temporaliter scire Filium, nec aliud esse Filii scientiam, aliud ipsum Filium; et aliud esse Filii visionem, et aliud ipsum Filium : sed ipsam visionem esse Filium, et ipsam scientiam vel sapientiam Patris esse Filium, eamque sapientiam et eam visionem æternam esse ab æterno, et ei a quo est coæternam; nec ibi per tempus aliquid variari; nec aliquid nasci quod non erat; nec aliquid perire quod erat. Diximus ut potuimus. Quid ergo hic modo facit tempus, ut diceret, « majora his demonstrabit ei opera? » id est demonstraturus est, hoc est demonstrabit. Aliud est demonstravit, aliud est demonstrabit : demonstravit, de præterito dicimus; demonstrabit, de futuro dicimus. Quid ergo hic agimus, Fratres? Ecce quem dixeramus Patri coæternum, nihil in illo variari per tempus, nihil moveri per spatia vel momentorum vel locorum, manere semper cum Patre videntem, videntem Patrem et videndo existentem, rursus nobis tempora nominans, « demonstrabit ei, inquit, his majora. » Ergo demonstraturus est adhuc aliquid Filio, quod non novit Filius? Quid ergo facimus? quomodo hoc intelligimus? Ecce Dominus noster Jesus Christus sursum erat, deorsum est. Quando sursum erat? Quando dixit : « Quæcumque facit Pater, hæc eadem et Filius facit similiter. » (v. 19.) Unde modo deorsum? « Majora his demonstrabit ei opera. » O Domine Jesu Christe, Salvator noster, Verbum Dei per quod facta sunt omnia, quid tibi Pater demonstraturus est quod adhuc nescis? quid

Qu'y a-t-il dans le Père de caché pour vous qui n'êtes point caché pour le Père? Quelles sont ces œuvres plus grandes qu'il doit vous montrer? Et en comparaison de quelles œuvres celles qu'il doit montrer sont-elles plus grandes? Car puisqu'il nous dit : « Plus grandes que celles-ci, » il nous faut d'abord comprendre quelles sont les œuvres qui sont ici le terme de comparaison.

6. Rappelons-nous quelle fut l'occasion de ce discours, c'est-à-dire la guérison de cet homme malade depuis trente-huit ans et à qui, après qu'il fut guéri, Notre-Seigneur commanda de prendre son lit et de s'en aller dans sa maison. Cette action irrita profondément les Juifs auxquels il parlait. (Il leur parlait extérieurement, mais il gardait le silence sur le sens de ses paroles, il le découvrait à ceux qui méritaient de le comprendre, mais le cachait à ceux que dominait une si injuste colère). Ce fut donc l'indignation des Juifs à la vue de ce miracle opéré par le Seigneur le jour du sabbat, qui donna lieu à ce discours. Ne séparons point ces paroles de ce qui a été dit plus haut, mais considérons ce paralytique de trente-huit ans subitement guéri aux yeux des Juifs étonnés et indignés. Ils aimaient mieux chercher les ténèbres dans la question du sabbat que la lumière que ce miracle faisait briller à leurs yeux. C'est donc aux Juifs indignés de cette guérison que Jésus dit ces paroles : « Il lui montrera des œuvres plus grandes que celles-ci. » Celles-ci, lesquelles? Le Père montrera au Fils des œuvres plus grandes que le miracle de cet homme guéri sous vos yeux après une maladie de trente-huit ans. Et quelles sont ces œuvres plus grandes? Le Sauveur nous l'apprend dans les paroles suivantes : « Comme le Père ressuscite les morts et leur donne la vie, ainsi le Fils donne la vie à qui il lui plaît. » Evidemment ce sont là des œuvres plus grandes. La résurrection d'un mort est un miracle supérieur à la guérison d'un malade, ces œuvres sont donc plus grandes. Mais quand le Père doit-il les montrer au Fils? Est-ce que le Fils ne les connaît pas? Est-ce que Celui qui tenait ce langage ne savait pas ressusciter les morts? Celui par qui toutes choses ont été faites avait-il besoin d'apprendre à ressusciter les morts? Lui qui nous a donné la vie lorsque nous n'existions pas, avait-il besoin d'apprendre par quels moyens il nous ressusciterait? Quelle est donc la signification de ces paroles?

7. Le Fils de Dieu est descendu jusqu'à nous, et Celui qui venait de nous parler comme Dieu, commence à nous parler comme homme. Cependant il est Dieu et homme tout ensemble, parce que Dieu a été fait homme; mais il a été fait ce qu'il n'était pas sans perdre ce qu'il était. La nature humaine s'est donc unie à la divinité pour que Celui qui était Dieu devînt homme, mais non pas afin qu'il devînt homme en cessant d'être Dieu. Ecoutons-le donc comme notre

te latet Patris? quid te latet in Patre, quem non latet Pater? quæ opera tibi majora demonstraturus est? aut quibus operibus majora sunt quæ demonstraturus est? Cum enim dixit, « majora his, » debemus prius intelligere quibus majora.

6. Recordemur unde sermo iste processit. Quando curatus est ille qui triginta et octo annos habebat in infirmitate, et jussit eum salvum tollere grabatum suum, et ire in domum suam. Hinc enim Judæi commoti, cum quibus loquebatur (loquebatur verbis, et tacebat intellectu; quodammodo innuebat intelligentibus, celabat irascentibus) : hinc ergo cum essent commoti Judæi, quia hoc sabbato Dominus faceret, dederunt occasionem sermoni huic. Non ergo sic audiamus hæc tanquam obliti quæ supra dicta sunt, sed respiciamus illum languidum triginta et octo annorum subito factum sanum, admirantibus Judæis et irascentibus. Quærebant tenebras magis de sabbato, quam lumen de miraculo. His ergo indignantibus loquens, ait hoc : « Majora his demonstrabit ei opera. His majora : » quibus? Quod vidistis hominem factum sanum, cujus languor duraverat usque ad triginta et octo annos, his majora Pater demonstraturus est Filio. Quæ sunt majora? sequitur, et dicit : « Sicut enim Pater suscitat mortuos et vivificat, sic et Filius quos vult vivificat. » (v. 21.) Plane majora sunt ista. Valde enim plus est ut resurgat mortuus, quam ut convalescat ægrotus. Majora sunt ista. Sed quando ea Pater demonstraturus est Filio? Nescit enim ea Filius? et ille qui loquebatur, non noverat mortuos suscitare? adhuc habebat discere resuscitare mortuos, per quem facta sunt omnia? qui fecit ut viveremus, qui non eramus, adhuc habebat discere ut resuscitaremur? Quid est ergo quod vult dicere?

7. Descendit enim ad nos, et qui paulo ante loquebatur ut Deus, cœpit loqui ut homo. Ipse est tamen homo qui Deus, quia Deus factus est homo : sed factus quod non erat, non amittens quod erat. Ergo accessit homo Deo, ut esset homo qui erat Deus; non ut jam homo esset, et non esset Deus. Audiamus ergo

frère, nous qui l'écoutons comme notre Créateur; comme notre Créateur, parce qu'il est le Verbe qui était au commencement, comme notre frère, parce qu'il est né de la Vierge Marie; notre Créateur qui était avant Abraham, avant Adam, avant la terre, avant le ciel, avant toutes les créatures visibles et invisibles; comme notre frère sorti de la race d'Abraham, de la tribu de Juda, né d'une Vierge d'Israël. Si nous sommes pénétrés de cette vérité que Celui qui nous parle est à la fois Dieu et homme, sachons comprendre le langage qu'il nous tient comme Dieu ou comme homme. Tantôt, en effet, ses paroles ne conviennent qu'à la majesté divine, tantôt elles se rapportent à son état d'humiliation; car lui, le Très-Haut, s'est humilié pour nous conduire à la grandeur par l'humilité. Quelles sont donc ici ses paroles? « Le Père me montrera des œuvres plus grandes qui vous jetteront dans l'admiration. » C'est donc à nous que le Père doit montrer ces œuvres et non à son Fils. Et c'est parce que c'est à nous que le Père doit montrer ces œuvres que le Sauveur ajoute: « Qui vous jetteront dans l'admiration. » Il explique le sens de ces paroles: « Le Père me montrera. » Or, pourquoi n'a-t-il pas dit: Le Père vous montrera, mais: « Il montrera au Fils? » Parce que nous sommes les membres du Fils et lorsque nous, qui sommes ses membres, nous apprenons quelque chose, c'est lui-même en une certaine manière qui apprend dans ses membres. Comment apprend-il en nous? De même qu'il souffre en nous. Comment prouver qu'il souffre en nous? Par cette parole qui se fit entendre du ciel: « Saul, Saul, pourquoi me persécutez-vous? » (*Act.*, IX, 4.) N'est-il pas Celui qui doit siéger comme juge à la fin du monde, placer les justes à sa droite et les méchants à sa gauche, et dire: « Venez, les bénis de mon Père, posséder le royaume; j'ai eu faim, et vous m'avez donné à manger, et lorsqu'ils lui demanderont: Seigneur, quand est-ce que nous vous avons vu avoir faim? il leur répondra: Autant de fois que vous avez donné au plus petit de mes frères, c'est à moi que vous avez donné. » (*Matth.*, XXV, 34, etc.) Interrogeons maintenant Celui qui a dit: « Lorsque vous avez donné à l'un de ces petits, qui sont mes frères, c'est à moi que vous avez donné, » et demandons-lui, Seigneur, quand donc pourrez-vous apprendre, vous qui enseignez toutes choses? Et aussitôt il vous répondra, d'après les principes de notre foi: « Lorsqu'un des moindres de mes frères apprend, c'est moi-même qui apprend. »

8. Applaudissons-nous donc et rendons grâces à Dieu de ce que nous sommes devenus non-seulement chrétiens, mais Jésus-Christ lui-même. Comprenez-vous, mes frères, la grâce que Dieu notre chef nous a faite? Soyez dans

---

eum et fratrem (*a*), qui audiebamus conditorem: conditorem, quia Verbum in principio; fratrem, quia natum ex virgine Maria: conditorem ante Abraham, ante Adam, ante terram, ante cœlum, ante omnia corporalia et spiritalia; fratrem autem ex semine Abrahæ, ex tribu Juda, ex virgine Israelitica. Si ergo novimus hunc, qui nobis loquitur, et Deum et hominem, intelligamus verba Dei et hominis: aliquando enim talia nobis dicit quæ pertineant ad majestatem, aliquando quæ pertineant ad humilitatem. Ipse enim excelsus, qui (*b*) humilis ut nos humiles faciat excelsos. Quid ergo ait? « Demonstrabit mihi Pater his majora, ut vos miremini. » (*v.* 20.) Ergo nobis est demonstraturus, non illi. Cum ergo nobis sit demonstraturus Pater: propterea dixit, « ut vos miremini. » Exposuit enim quod voluit dicere: « Demonstrabit mihi Pater. » Quare non dixit: Demonstrabit vobis Pater, sed: Demonstrabit Filio? Quia et nos membra sumus Filii; et nos membra tanquam quod discimus, ipse discit quodammodo in membris suis. Quomodo discit in nobis? Quomodo patitur in nobis? Unde probamus quia patitur in nobis? Ex illa voce de cœlo, Saule, Saule quid me persequeris? (*Act.*, IX, 4.) Nonne ipse est qui judex in fine sæculi residebit, et justos ad dexteram ponens, iniquos autem ad sinistram, dicturus est: « Venite benedicti Patris mei, percipite regnum, esurivi enim et dedistis mihi manducare? » cumque illi responderint, Domine, quando te vidimus esurientem? dicturus est eis: « Cum uni ex minimis meis dedistis, mihi dedistis. » (*Matth.*, XXV, 34, etc.) Qui ergo dixit: Cum uni ex minimis meis dedistis, mihi dedistis: et nunc interrogetur a nobis, et dicamus illi, Domine quando (*c*) eris discens, cum tu doceas omnia? Statim enim nobis in fide nostra respondet: Cum unus ex minimis meis discit, ego disco.

8. Ergo gratulemur et agamus gratias, non solum nos Christianos factos esse, sed Christum. Intelligitis,

---

(*a*) In duobus Mss. *quem.* — (*b*) Sic Bad. Am. Er. et 7 Mss. At Lov. *qui humiles facit excelsos.* — (*c*) Lov. *esuris* et infra, *Intelligitis, Fratres, gratiam Dei super nos? Capitis, admiramini*, etc. Emendatur uterque locus ad editiones antiquiores et ad Mss.

l'admiration et dans la joie, nous sommes devenus de véritables christs. S'il est le chef et nous les membres, nous formons nous et lui l'homme tout entier. C'est ce que nous enseigne l'apôtre saint Paul : « Afin que nous ne soyons plus flottants comme des enfants, et que nous ne nous laissions pas emporter à tout vent de doctrine. » (*Ephes.*, IV, 14.) Il avait dit précédemment : « Jusqu'à ce que nous parvenions tous à l'unité d'une même foi et d'une même connaissance du Fils de Dieu, à l'état d'un homme parfait, à la mesure de l'âge de la plénitude du Christ. » (*Ibid.*, 13.) La plénitude du Christ c'est la tête et les membres. Qu'est-ce que la tête et les membres ? Jésus-Christ et son Eglise. Ce serait orgueil de notre part de nous arroger cette prérogative, si lui-même n'avait daigné nous la promettre en nous disant par son Apôtre : « Vous êtes le corps et les membres de Jésus-Christ. » (I *Cor.*, XII, 27.)

9. Lors donc que le Père montre ses œuvres aux membres de Jésus-Christ, c'est à Jésus-Christ qu'il les montre. C'est là un prodige étonnant, mais cependant véritable, le Père montre au Christ ce que le Christ connaît, et il le montre au Christ par le moyen du Christ ; prodige remarquable et surprenant, mais que la sainte Ecriture nous confirme. Irons-nous contredire ses divins enseignements, et ne vaut-il pas mieux en comprendre le sens et rendre grâces à l'auteur d'un don si précieux ? Qu'est-ce à dire que le Père découvre ses œuvres au Christ par le moyen du Christ ? Il les découvre aux membres par le chef. En voici un exemple tiré de vous-même ; supposez que vous vouliez prendre un objet les yeux fermés ; votre main ne sait où se diriger, et cependant votre main est votre membre, elle n'est point séparée de votre corps ; ouvrez les yeux, votre main voit où elle doit aller, le membre suit la voie que lui indique la tête. Si donc on peut trouver en vous un exemple de cette vérité que votre corps peut découvrir quelque chose à votre corps, ne soyez point surpris de ce que j'ai dit que le Père montre ses œuvres au Christ par le Christ. La tête montre pour que les membres voient, la tête enseigne pour que les membres apprennent, cependant la tête et les membres ne font qu'un seul homme. Loin de se séparer de nous il a voulu s'unir à nous de l'union la plus étroite. Il était bien éloigné de nous, une distance immense nous séparait de lui, car quelle distance plus grande que celle qui existe entre Dieu et l'homme, entre la justice et l'iniquité, entre l'éternité et la mortalité ? Qu'il était donc éloigné de nous le Verbe qui était Dieu et en Dieu dès le commencement et par lequel toutes choses ont été faites ! Or, comment s'est-il rapproché de nous pour devenir ce que nous sommes et s'unir à nous si intimement ? « Le

---

Fratres, gratiam Dei super nos capitis? Admiramini, gaudete, Christus facti sumus. Si enim caput ille, nos membra; totus homo, ille et nos. Hoc est quod apostolus dicit Paulus : Ut ultra jam non simus parvuli, jactati et circumdati omni vento doctrinæ. (*Ephes.*, IV, 14.) Superius autem dixerat : « Donec occurramus omnes in unitatem fidei, et in agnitionem Filii Dei, in virum perfectum, in mensuram ætatis plenitudinis Christi. » (*Ibid.*, 13.) Plenitudo ergo Christi, caput et membra. Quid est caput et membra? Christus et Ecclesia. Arrogaremus enim nobis hoc superbe, nisi ipse dignaretur hoc promittere, qui per Apostolum eumdem dicit : Vos autem estis corpus Christi et membra. (I *Cor.*, XII, 27.)

9. Cum ergo ostendit Pater membris Christi, Christo ostendit. Fit quoddam miraculum magnum, sed tamen verum : ostenditur Christo quod noverat Christus, et ostenditur Christo per Christum. Res mira est et magna, sed Scriptura sic loquitur. Contradicturi sumus divinis eloquiis, et non potius intellecturi, et ex ipsius dono ei qui donavit gratias acturi? Quid est quod dixi, demonstratur Christo per Christum? Demonstratur membris per caput. Ecce vide illud in te : pone te clausis oculis velle aliquid tollere : nescit manus quo eat, et utique manus tua membrum tuum est, non enim a corpore tuo separata est : aperi oculos, videt jam manus quo eat, demonstrante capite membrum secutum est. Si ergo in te potuit inveniri tale aliquid, ut corpus tuum ostenderet corpori tuo, et per corpus tuum demonstraretur aliquid corpori tuo : noli mirari quia dictum est, demonstratur Christo per Christum. Demonstrat enim caput et membra videant, et docet caput ut membra discant : unus tamen homo caput et membra. Noluit se separare, sed dignatus est agglutinari. Longe a nobis erat, et multum longe : quid tam longe, quam conditum et Conditor? quid tam longe, quam Deus et homo? quid tam longe, quam justitia et iniquitas? quid tam longe, quam æternitas et mortalitas? Ecce quam longe erat Verbum in principio Deus apud Deum, per quem facta sunt omnia. Quomodo ergo factus est prope, ut esset quod nos,

TRAITÉ XXI.

Verbe s'est fait chair et il a habité parmi nous. »

10. Voilà donc la vérité qu'il doit nous découvrir et qu'il a découverte à ses disciples qui l'ont vu dans la chair. Quelle est cette vérité ? « Comme le Père ressuscite les morts et leur donne la vie, ainsi le Fils donne la vie à qui il lui plaît. » (*Jean*, v, 21.) Le Père rend-il la vie à d'autres que ceux que le Fils ressuscite ? Nous avons admis comme une vérité certaine que toutes choses ont été faites par lui. Que voulons-nous dire, mes frères ? Jésus-Christ a ressuscité Lazare, quel mort a ressuscité le Père pour apprendre à Jésus-Christ comment il devait ressusciter Lazare ? Lorsque Jésus-Christ a ressuscité Lazare, est-ce que le Père ne l'a pas ressuscité avec lui, et cette résurrection est-elle l'œuvre exclusive du Fils ? Lisez le récit de l'Evangéliste et vous verrez que le Fils invoque le Père avant de ressusciter Lazare. Comme homme, il invoque le Père, comme Dieu, il fait ce miracle conjointement avec le Père. Donc le Père et le Fils ont ressuscité Lazare par un don et par la grâce du Saint-Esprit, et ce miracle est l'œuvre de la Trinité tout entière. Nous ne devons donc point entendre ces paroles : « Comme le Père ressuscite les morts et leur donne la vie, ainsi le Fils donne la vie à qui il lui plaît, » dans ce sens que ceux que le Père ressuscite et à qui il donne la vie sont différents de ceux à qui le Fils rend aussi la vie car toutes choses ont été faites par lui et rien n'a été fait sans lui. Il veut d'ailleurs nous persuader que sa puissance est égale à celle du Père bien qu'il l'ait reçue du Père, et c'est pour cela qu'il nous dit : « Ainsi le Fils donne la vie à qui il lui plaît, » paroles qui établissent clairement sa volonté. Et pour prévenir cette objection : Le Père, il est vrai, ressuscite les morts par son Fils, mais le Père les ressuscite par un effet de la puissance qui lui appartient en propre, tandis que le Fils n'agit ici qu'en vertu d'une puissance étrangère, comme un serviteur qui exécute un ordre, comme un ange, il tient à établir clairement sa propre puissance. « Ainsi le Fils donne la vie à qui il veut. » Le Père n'a point une autre volonté que celle du Fils, ils n'ont tous deux qu'une même volonté, comme ils n'ont qu'une même nature.

11. Voyons maintenant quels sont ces morts à qui le Père et le Fils donnaient la vie ? Est-ce à ceux dont nous avons déjà parlé, Lazare (*Jean*, XI, 43), le fils de la veuve (*Luc*, VII, 14) ou la fille du chef de la synagogue ? (*Luc*, VIII, 54.) Car nous savons que ces trois personnes ont été ressuscitées par Jésus-Christ. Le Sauveur veut nous parler ici d'un autre prodige de sa puissance, de la résurrection des morts que nous attendons tous, et non pas de cette résurrection

---

et nos in illo ? Verbum caro factum est, et habitavit in nobis.

10. Hoc ergo est nobis demonstraturus : hoc demonstravit discipulis suis, qui eum in carne viderunt. Quid est hoc? « Sicut Pater suscitat mortuos et vivificat : sic et Filius quos vult vivificat. » (*Joan*., V, 21.) Aliosne Pater, aliosne Filius? Certe omnia per ipsum facta sunt. Quid dicimus, Fratres mei? Lazarum suscitavit Christus (*Joan*., XI, 43) : quem mortuum suscitavit Pater, ut videret Christus quemadmodum Lazarum suscitaret? An quando resuscitavit Lazarum Christus, non eum resuscitavit Pater, et sine Patre fecit Filius solus? Legite ipsam lectionem, et videte quia Patrem ibi invocat ut resurgat Lazarus. Sicut homo, invocat Patrem : sicut Deus, facit cum Patre. Ergo et Lazarus qui resurrexit, et a Patre et a Filio suscitatus est in dono et gratia Spiritus sancti : et illud mirabile opus Trinitas fecit. Non ergo sic intelligamus : « Sicut Pater suscitat mortuos et vivificat, sic et Filius quos vult vivificat, » ut alios a Patre resuscitari et vivificari, alios a filio existimemus : sed eosdem quos Pater suscitat et vivificat, ipsos et Filius suscitat et vivificat; quia omnia per ipsum facta sunt, et sine ipso factum est nihil. Et ut ostenderet habere se quamvis a Patre (*a*) datam, tamen parem potestatem, ideo ait : « Sic et Filius quos vult vivificat, » ut ostenderet ibi voluntatem suam : et ne quis diceret : Suscitat Pater mortuos per Filium, sed ille tanquam potens, tanquam potestatem habens, iste tanquam ex aliena potestate, tanquam minister facit aliquid, sicut Angelus : potestatem significavit ubi ait : « Sic et Filius quos vult vivificat. » Non enim vult Pater aliud quam Filius; sed sicut illis una substantia, sic et una voluntas est.

11. Et qui sunt isti mortui quos vivificat Pater et Filius ? An ipsi sunt de quibus diximus, Lazarus (*Joan*., II, 43), vel filius illius viduae, (*Luc*., VII, 14), vel filia archisynagogi? (*Luc*., VIII, 54) novimus enim istos a Christo Domino suscitatos. Aliud aliquid nobis vult insinuare, resurrectionem scilicet mortuorum,

---

(*a*) Ita Mss. quatuor. Alii plures cum editione Lov. omittunt, *datam*; habentque, *tamen apud Patrem potestatem*. At apud Am. Bad. et Er. legitur sic, *datam tamen Patris potestatem*.

de quelques personnes qui ont eu pour but d'inspirer la foi à ceux qui en furent témoins. En effet, Lazare est ressuscité pour mourir encore, nous ressusciterons pour vivre éternellement. Est-ce le Père, est-ce le Fils qui sera l'auteur de cette résurrection? Ce sera le Père dans le Fils; ce sera donc le Fils, et le Père dans le Fils. Comment prouvons-nous qu'il s'agit ici de cette résurrection? Après avoir dit : « Comme le Père ressuscite les morts et leur donne la vie, ainsi le Fils donne la vie à qui il veut, » pour prévenir l'application que nous pourrions faire de ces paroles au miracle de la résurrection qu'il vient d'opérer plutôt qu'à la vie éternelle, il ajoute : « Car le Père ne juge personne, mais il a donné au Fils toute puissance pour juger. » (*Jean*, v, 22.) Qu'est-ce à dire? Il venait de parler de la résurrection des morts dont il avait dit : « Comme le Père ressuscite les morts et leur donne la vie, ainsi le Fils donne la vie à qui il veut. » Pourquoi fait-il aussitôt mention du jugement en ajoutant : « Car le Père ne juge personne, mais il a donné au Fils toute puissance de juger, » si ce n'est parce qu'il venait de parler de la résurrection qui doit avoir lieu lors du jugement?

12. « Le Père ne juge personne, mais il a donné au Fils toute puissance de juger. » Nous pensions encore il n'y a qu'un instant que le Père pouvait faire quelque chose à l'exclusion du Fils, lorsqu'il disait : « Le Père aime le Fils, et il lui montre tout ce qu'il fait, » c'est-à-dire que le Père agissait, et que le Fils était simple spectateur. Nous laissions entrer dans notre esprit cette interprétation grossière que le Père agissait à l'exclusion du Fils, et que le Fils voyait le Père lui montrer les œuvres qu'il faisait. Or, de même qu'il nous semblait alors que le Père faisait ce que le Fils ne faisait pas, nous voyons ici le Fils faire une œuvre à laquelle le Père n'a point de part. Voyez comme Dieu nous éprouve, comme il tourne et retourne notre esprit en tout sens, et ne permet pas qu'il reste attaché à une inspiration quelconque de la chair; en agissant ainsi il veut nous exercer, en nous exerçant nous purifier, en nous purifiant étendre la capacité de notre âme, afin de la remplir tout entière. Qu'est-ce que ces paroles veulent faire de nous? Que disait précédemment le Sauveur, et que dit-il maintenant? Il nous disait il n'y a qu'un instant que le Père montrait au Fils tout ce qu'il faisait, et je voyais le Père agir, et le Fils attendre que l'œuvre fût terminée; maintenant je vois au contraire le Fils agir à l'exclusion du Père. « Le Père ne juge personne, mais il a donné au Fils toute puissance de juger. » Quoi donc! lorsque le Fils jugera, le Père restera étranger à ce jugement? Que veulent dire ces paroles? comment les comprendre? Seigneur que dites-vous? Vous êtes le Verbe Dieu, je ne

---

quam omnes expectamus : non illam quam quidam habuerunt ut crederent cœteri. Resurrexit enim Lazarus moriturus, resurgemus nos semper victuri. Talem resurrectionem Pater facit, an Filius? Imo vero Pater in Filio. Ergo Filius, et Pater in Filio. Unde probamus, quia de ista dicit resurrectione? Cum dixisset : « Sicut enim Pater suscitat mortuos et vivificat, sic et Filius quos vult vivificat : » ne intelligeremus illam mortuorum resurrectionem quam facit ad miraculum, non ad vitam æternam, secutus ait : « Neque enim Pater judicat quemquam, sed omne judicium dedit Filio. » (*Joan.*, v, 22.) Quid hoc est? De mortuorum resurrectione dicebat, quia » sicut Pater suscitat mortuos et vivificat, sic et Filius quos vult vivificat : » unde continuo tanquam rationem subjecit de judicio, dicens : « Neque enim Pater judicat quemquam, sed omne judicium dedit Filio, » nisi quia de illa resurrectione mortuorum dixerat, quæ futura est in judicio?

12. « Neque enim, ait, Pater judicat quemquam, sed omne judicium dedit Filio, » Paulo ante putabamus aliquid facere Patrem, quod non facit Filius; quando dicebat : « Pater enim diligit Filium et omnia demonstrat ei quæ ipse facit : » tanquam Pater faciebat, et Filius videbat. Sic erat subrepens menti nostræ intellectus carnalis, quasi Pater faceret quod Filius non faceret; Filius autem videret Patrem demonstrantem, quod fieret a Patre. Ergo velut Pater faciebat, quod Filius non faciebat : modo jam videmus aliquid facere Filium, quod non facit Pater. Quomodo nos versat, et mentem nostram pertractat, huc atque illuc ducit, uno carnis loco remanere non sinit, ut versando exerceat, exercendo mundet, mundando capaces reddat, capaces factos impleat. Quid de nobis faciunt verba hæc? quid loquebatur? quid loquitur? Paulo ante dicebat, quia demonstrat Filio Pater quidquid facit : videbam quasi Patrem facientem, Filium expectantem : modo rursus video Filium facientem, Patrem vacantem : « Non enim Pater judicat quemquam, sed omne judicium dedit Filio. » Quando ergo Filius judicaturus est, Pater vacabit et non judicabit? Quid est hoc? quid intelligam? Domine quid dicis? Ver-

suis qu'un homme. Vous dites que « le Père ne juge personne, mais qu'il donne au Fils toute puissance de juger. » Je vous entends dire dans un autre endroit : « Je ne juge personne ; il est quelqu'un qui cherchera et qui jugera. » (*Jean*, VIII, 15, 50.) De qui dites-vous : Il est quelqu'un qui cherchera et qui jugera ? Ce ne peut être que du Père. Il recherche les outrages qui vous sont faits, et il en fait justice. Comment donc entendre ici que le Père ne juge personne, mais qu'il a donné au Fils toute puissance de juger ? Interrogeons Pierre, entendons-le nous dire dans son Epître : « Le Christ a souffert pour vous, vous laissant un exemple, afin que vous suiviez ses traces ; lui qui n'a pas commis de péché et en qui n'a pas été trouvée la tromperie ; lui qui étant maudit, ne maudissait point, qui maltraité ne menaçait point, mais se livrait à celui qui le jugeait injustement. » (I *Pier.*, II, 21-23.) Comment donc peut-il être vrai que « le Père ne juge personne, mais qu'il a donné au Fils toute puissance de juger ? » Ces paroles jettent le trouble dans notre esprit ; que ce trouble soit pour nous une cause de travail, et que ce travail purifie notre intelligence. Efforçons-nous, avec le secours de Dieu, de pénétrer le sens profond de ces paroles. Peut-être est-ce témérité de notre part, de vouloir discuter et scruter les paroles de Dieu. Mais pourquoi ont-elles été dites, si ce n'est pour nous les faire connaître ? Pourquoi ont-elles retenti à nos oreilles, si ce n'est pour nous les faire entendre ? Pourquoi nous les faire entendre, si ce n'est pour nous les faire comprendre ? Que Dieu donc nous donne avec la force nécessaire l'intelligence qu'il lui plaira de nous accorder ; et si nous ne pouvons pénétrer jusqu'à la source, que nous puissions au moins boire de l'eau du ruisseau. Voici que Jean se présente à nous comme un ruisseau qui découle de la source ; il a conduit des hauteurs des cieux le Verbe jusqu'à nous ; il l'abaisse, il l'humilie devant nous, afin que ses grandeurs ne nous effrayent point, et que nous approchions sans crainte de ce Dieu humilié.

13. Nous devons admettre comme une vérité hors de doute, si notre esprit est capable de s'y attacher, que « le Père ne juge personne, mais qu'il a donné au Fils toute puissance pour juger ; » (IV *Sent.*, dist. 48, cap. *Sed cum*) paroles qu'il faut entendre dans ce sens que le Fils seul paraîtra dans ce jugement. Le Père sera inaperçu, le Fils se découvrira à tous les regards. Sous quels dehors se manifestera le Fils ? Sous la forme qu'il avait en montant au ciel. Dans sa nature divine, il demeure caché avec le Père ; c'est sous la forme de serviteur qu'il se manifestera aux hommes. Le Père ne juge donc personne, mais il donne au Fils toute puissance de juger, et de juger publiquement, et le Fils donnera à ce jugement la plus grande publicité, en se manifestant ouvertement aux yeux de ceux

---

bum Deus es, homo sum. Dicis quia « Pater non judicat quemquam, sed omne judicium dedit Filio ? » Lego alio loco te dicentem : Ego non judico quemquam, est qui quærat et judicet (*Joan.*, VIII, 15 et 50) : de quo dicis : Est qui quærat judicet, nisi de Patre. Ille quærit injurias tuas, ille et judicat de injuriis tuis. Quomodo hic « Pater non judicat quemquam, sed omne judicium dedit Filio ? » Interrogemus et Petrum, audiamus eum loquentem in Epistola sua : « Christus pro nobis passus est, inquit, relinquens nobis exemplum, ut sequamur vestigia ejus ; qui peccatum non fecit, nec dolus inventus est in ore ejus, qui cum malediceretur, non remaledicebat, cum injuriam acciperet, non minabatur, sed commendabat illi qui juste judicat. » (I *Pet.*, II, 21.) Quomodo verum est quia « Pater non judicat quemquam, sed omne judicium dedit Filio ? » Turbamur hic, turbati desudemus, desudantes purgemur. Conemur utcumque, donante ipso, penetrare alta secreta verborum istorum. Temere fortasse facimus, quia discutere et scrutari volumus verba Dei. Et quare dicta sunt, nisi ut sciantur ? quare sonuerunt, nisi ut audiantur ? quare audita sunt, nisi ut intelligantur ? Confortet ergo nos, et donet nobis aliquid quantum ipse dignatur : et si nondum penetramus ad fontem, de rivulo bibamus. Ecce ipse Joannes nobis tanquam rivulus emanavit, perduxit ad nos de alto Verbum, humiliavit, et quodammodo stravit, ut non horreamus altum, sed accedamus ad humilem.

13. Omnino est quidam intellectus verus, fortis, si quo modo eum tenere possumus, quia « Pater non judicat quemquam, sed omne judicium dedit Filio, » (IV *Sent.* *dist.* 48, cap. *Sed cum.*) Hoc enim, dictum est, quia hominibus in judicio non apparebit nisi Filius. Pater occultus erit, Filius manifestus. In quo erit Filius manifestus ? In forma qua ascendit. Nam in forma Dei cum Patre occultus est, in forma servi hominibus manifestus. « Non ergo Pater judicat quemquam, sed omne judicium dedit Filio, » sed manifestum : in quo manifesto judicio Filius judicabit, quia ipse judicandis apparebit. Evidentius nobis ostendit Scriptura, quia ipse apparebit. Quadragesimo

qu'il doit juger; c'est ce que l'Ecriture nous enseigne dans les termes les plus clairs. « Le quarantième jour après sa résurrection, il monta aux cieux en présence de ses disciples, et un ange leur dit : « Hommes de Galilée, pourquoi vous arrêtez-vous à regarder au ciel ? Ce Jésus, qui en se séparant de vous, s'est élevé dans le ciel, viendra de la même manière que vous l'y avez vu monter. » (*Act.*, I, 3.) Comment l'ont-ils vu monter au ciel ? Dans la chair qu'ils avaient touchée de leurs mains, dont ils avaient examiné et vérifié les cicatrices. Jésus avait ce même corps dans lequel il apparut à ses disciples pendant les quarante jours, se manifestant à leurs regards dans la vérité de sa chair, et en rendant impossible tout soupçon d'erreur. Ce n'était pas un fantôme, ce n'était pas une ombre, ce n'était pas un esprit; car, comme il le leur dit lui-même sans vouloir les tromper : « Touchez et considérez qu'un esprit n'a ni chair ni os, comme vous voyez que j'en ai un. » (*Luc*, XXIV, 39.) Ce corps est déjà digne du céleste séjour; il n'est plus soumis ni à la mort, ni à ces changements qui se succèdent avec les années. Il s'était assujetti aux progrès des années depuis l'enfance jusqu'à sa jeunesse; mais, parvenu à cet âge, il n'a point connu le déclin de l'âge mûr vers la vieillesse; il demeure dans l'état où il est monté au ciel, et c'est dans cet état qu'il en descendra pour juger ceux auxquels il veut auparavant que sa parole soit annoncée. Il viendra donc revêtu d'une forme humaine; elle sera vue des impies, elle sera vue de ceux qui seront placés à la droite comme de ceux qui seront relégués à sa gauche, ainsi qu'il est écrit : « Ils verront celui qu'ils ont percé. » (*Jean*, XIX, 37; *Zachar.*, XII, 10.) S'ils voient celui qu'ils ont percé, ils verront son corps qu'ils ont percé d'une lance. La parole est inaccessible aux coups de la lance; les impies verront le corps qu'ils ont pu couvrir de blessures. Ils ne verront pas Dieu qui sera caché sous le voile du corps; mais après le jugement Dieu se découvrira à ceux qui seront à la droite. Ces paroles : « Le Père ne juge personne, mais il a donné au Fils tout pouvoir de juger, » signifient que l'avénement du Fils de Dieu venant pour juger le monde sera manifeste, en ce sens qu'il apparaîtra aux hommes avec un corps semblable au leur, et qu'il dira à ceux qui seront à sa droite : « Venez les bénis de mon Père, possédez le royaume ; et à ceux qui sont à sa gauche : Allez au feu éternel, qui a été préparé au démon et à ses anges. »

14. La nature humaine en Jésus-Christ sera donc vue par les hommes religieux et par les impies, par les justes et par les pécheurs, par les fidèles et par les infidèles, par ceux qui seront dans la joie comme par ceux qui seront dans les pleurs, par ceux qui seront pleins de confiance comme par ceux qui seront couverts de confusion. Mais après que tous auront vu cette nature humaine du Fils de Dieu au jour

---

die post resurrectionem suam ascendit in cœlum, videntibus discipulis suis : et vox illis angelica : « Viri, inquit, Galilæi, quid statis aspicientes in cœlum ? Iste qui assumptus est a vobis in cœlum, sic veniet quemadmodum vidistis eum euntem in cœlum. » (*Act.*, I, 3, etc.) Quomodo eum videbant ire ? In carne, quam tetigerunt, quam palpaverunt, cujus etiam cicatrices tangendo probaverunt, in illo corpore in quo cum eis intravit et exivit per quadraginta dies, manifestans se eis in veritate ; non in aliqua falsitate : non phantasma, non umbra, non spiritus ; sed quemadmodum ipse dixit non fallens : Palpate, et videte, quia spiritus carnem et ossa non habet, sicut me videtis habere. (*Luc.*, XXIV, 39.) Est quidem illud jam corpus dignum cœlesti habitatione, non subjaces morti, non mutabile per ætates. Non enim sicut ad illam ætatem ab infantia creverat, sic ab ætate quæ juventus erat, vergit in senectutem : manet sicut ascendit, venturus ad eos quibus antequam veniat, verbum suum voluit prædicari. Sic ergo veniet in forma humana : hanc videbunt et impii : videbunt et ad dexteram positi, videbunt et ad sinistram separati ; sicut scriptum est : Videbunt in quem pupugerunt. (*Joan.*, XIX, 37, *Zacch.*, XII, 10.) Si videbunt in quem pupugerunt, corpus ipsum videbunt, quod lancea percusserunt : lancea non percutitur verbum : hoc ergo impii videre poterunt, quod et vulnerare potuerunt. Latentem Deum in corpora non videbunt : post judicium videbitur ab his qui ad dexteram erunt. Hoc est ergo quod ait : « Pater non judicat quemquam, sed omne judicium dedit Filio : » quia manifestus ad judicium veniet Filius, in humano corpore apparens hominibus, dicens dextris : « Venite benedicti Patris mei, percipite regnum : dicens sinistris : Ite in ignem æternum, qui paratus est diabolo et angelis ejus. » (*Matth.*, XXV, 34, etc.)

14. Ecce videbitur forma hominis a piis et impiis, a justis et ab injustis, a fidelibus et ab infidelibus, a gaudentibus et a plangentibus, a confisis et a confusis : ecce videbitur. Cum visa fuerit illa forma in judicio,

du jugement, et que ce jugement sera terminé dans le sens de ces paroles : « Le Père ne juge personne, mais il a donné au Fils toute puissance de juger, » parce que le Fils apparaîtra pour juger avec cette nature qu'il a reçue de nous, qu'arrivera-t-il ensuite ? Quand verra-t-on cette nature divine que tous les fidèles désirent si ardemment ? Quand verra-t-on ce Verbe qui était au commencement Dieu, qui était en Dieu et par lequel toutes choses ont été faites ? quand verra-t-on cette nature divine dont l'Apôtre a dit : « Lui qui avait la nature de Dieu, n'a point cru que ce fût pour lui une usurpation de s'égaler à Dieu. » (*Philipp.*, II, 6.) Qu'elle est grande cette nature qui nous fait connaître l'égalité du Père et du Fils, grandeur ineffable, incompréhensible, surtout pour de faibles enfants ! Quand se découvrira-t-elle à nous ? Voici que les justes sont à la droite, et les pécheurs à la gauche, tous voient également la nature humaine, tous voient le Fils de l'homme, ils voient celui qui a été percé, ils voient celui qui a été crucifié, ils voient celui qui a été humilié, ils voient celui qui est né d'une Vierge, ils voient l'Agneau de la tribu de Juda, mais quand verront-ils le Verbe Dieu qui était en Dieu ? Il sera aussi présent au jugement, mais la forme seule du serviteur apparaîtra. La forme de serviteur sera montrée aux serviteurs, la vue de la nature divine sera réservée aux enfants de Dieu. Que les serviteurs deviennent donc des enfants, que ceux qui sont à la droite aillent prendre possession de l'héritage qui leur a été promis, que les martyrs ont cru sans le voir, et pour la promesse duquel ils ont généreusement versé leur sang ; qu'ils entrent dans cet héritage et qu'ils jouissent du spectacle qui leur est offert. Mais à quel moment pourront-ils y entrer ? c'est à Notre-Seigneur de leur donner le signal : « Et les uns iront au feu éternel, et les justes à la vie éternelle. » (*Matth.*, XXV, 46.)

15. Le Sauveur vient de parler de la vie éternelle. Veut-il nous dire que nous y verrons et que nous y connaîtrons le Père et le Fils ? Serions-nous destinés à vivre éternellement, mais sans voir le Père et le Fils ? Ecoutez ce qu'il nous dit dans un autre endroit où il parle de la vie éternelle, et nous explique en quoi elle consiste. (*Jean*, XVII, 3.) Ne craignez pas, je ne vous trompe point, ce n'est pas en vain que j'ai fait cette promesse à ceux qui m'aiment : « Celui qui a mes commandements et les garde, c'est celui-là qui m'aime. Or, celui qui m'aime sera aimé de mon Père, et moi je l'aimerai et je me manifesterai à lui. » (*Jean*, XIV, 21.) Répondons au Seigneur, et disons-lui : Seigneur, notre Dieu, quel est ce grand spectacle que vous nous réservez, quel est-il ? Est-ce que vous devez vous manifester à nous ? Mais ne vous êtes-vous pas manifesté aux Juifs eux-mêmes. Ceux qui vous ont crucifié, ne vous ont-ils pas vu ? Vous vous

---

et fuerit peractum judicium, ubi dictum est : « Patrem non judicare quemquam, sed omne judicium dedisse Filio, » ab hoc, quia Filius apparebit in judicio in forma quam ex nobis accepit, quid postea futurum est ? Quando videbitur forma Dei, quam sitiunt omnes fideles ? quando videbitur illud quod erat in principio Verbum, Deus apud Deum, per quod facta sunt omnia ? quando videbitur illa forma Dei, de qua dicit Apostolus : Cum in forma Dei esset, non rapinam arbitratus est esse æqualis Deo ? (*Philip.*, II, 6.) Magna enim illa forma ubi adhuc æqualitas Patris et Filii cognoscitur : ineffabilis, incomprehensibilis, maxime parvulis. Quando videbitur ? Ecce ad dexteram sunt justi, ad sinistram sunt injusti : omnes pariter hominem vident, filium hominis vident, qui punctus est vident, qui crucifixus est vident, humiliatum vident, natum ex virgine vident, Agnum de tribu Juda vident : Verbum Deum apud Deum quando videbunt : Ipse erit et tunc, sed forma servi apparebit. Forma servi servis demonstrabitur : forma Dei filiis servabitur. Fiant ergo servi filii ; qui sunt ad dexteram, eant in æternam hæreditatem olim promissam, quam non videntes Martyres crediderunt, pro cujus promissione sanguinem suum sine dubitatione fuderunt : eant illuc et videant ibi. Quando illuc ibunt ? dicat ipse Dominus : Sic ibunt illi in ambustionem æternam, justi autem in vitam æternam. (*Matth.*, XXV, 46.)

15. Ecce vitam æternam nominavit. Numquid hoc nobis dixit, quia ibi videbimus et cognoscemus Patrem et Filium ? Quid si vivemus in æternum, sed illum Patrem et Filium non videbimus ? Audi alio loco ubi vitam æternam nominavit, et expressit quid sit vita æterna. (*Joan.*, XVII, 3.) Noli timere, non te fallo : non sine causa promisi dilectoribus meis dicens : « Qui habet mandata mea et servat ea, ille est qui diligit me ; et qui me diligit, diligetur a Patre meo, et ego diligam eum, et ostendam meipsum illi. » (*Joan.*, XIV, 21.) Respondeamus Domino, et dicamus : Quid Domine Deus noster magnum, quid magnum ? Nobis demonstraturus es teipsum ? Quid enim, et Judæis te non demonstrasti ? Non te viderunt et qui

manifesterez à nous au jour du jugement, lorsque nous serons placés à votre droite, mais est-ce que ceux qui seront placés à votre gauche ne vous verront pas ? Dans quel sens donc vous manifesterez-vous à nous ? Est-ce que nous ne vous voyons pas lorsque vous nous parlez ? Jésus nous répond : Je me manifesterai dans ma nature divine, vous ne voyez maintenant que la nature du serviteur. Je ne vous tromperai point, ô vous qui m'avez été fidèle, croyez que vous me verrez. Vous aimez et vous ne voyez pas, est-ce que l'amour ne peut vous conduire jusqu'à cette bienheureuse vision ? Aimez, persévérez dans l'amour, je ne tromperai point cet amour, moi qui ai purifié votre cœur. Car pourquoi ai-je purifié votre cœur, si ce n'est pour vous rendre capable de voir Dieu, suivant ces paroles : « Heureux ceux qui ont le cœur pur, parce qu'ils verront Dieu. » (*Matth.*, v, 8.) Mais, reprend le serviteur qui semble vouloir disputer avec le Seigneur, vous ne vous êtes pas exprimé de la sorte, lorsque vous avez dit : « Les justes iront dans la vie éternelle. » Vous n'avez pas dit : Ils iront pour me voir dans ma nature divine, pour voir le Père à qui je suis égal en toutes choses. Ecoutez ce qu'il dit dans un autre endroit : « La vie éternelle est de vous connaître, vous le seul Dieu véritable, et Jésus-Christ que vous avez envoyé. » (*Jean*, XVII, 3.)

16. Or, après ce jugement que le Père qui ne juge personne a remis tout entier au Fils, qu'arrivera-t-il ? Quelle est la suite ? « Afin que tous honorent le Fils comme ils honorent le Père. » (*Jean*, v, 23.) Les Juifs honorent le Père, ils n'ont que du mépris pour le Fils. Ils ne voyaient dans le Fils qu'un serviteur, ils honoraient le Père comme Dieu. Or, le Fils apparaîtra égal en tout au Père, afin que tous honorent le Fils, comme ils honorent le Père, et dès maintenant nous croyons à cette égalité parfaite. Qu'un Juif ne vienne pas me dire : J'honore le Père, qu'ai-je besoin de m'occuper du Fils ? Jésus lui répond : « Celui qui n'honore pas le Fils n'honore pas le Père. » Vous mentez effrontément, vous commettez un blasphème à l'égard du Fils, et vous outragez le Père ; car le Père a envoyé le Fils, vous méprisez celui qu'il a envoyé, comment pouvez-vous dire que vous honorez celui qui envoie, vous qui blasphémez celui qu'il a envoyé ?

17. Mais, me dira-t-on, le Fils a été envoyé, il est donc inférieur au Père qui l'a envoyé. Eloignez de votre esprit toute interprétation grossière. Le vieil homme ne peut suggérer que des idées surannées, pour vous, attachez-vous aux pensées nouvelles que vous inspire le nouvel homme. Que ce nouvel homme qui remonte au delà de tous les siècles, qui a toujours existé, qui

crucifixerunt? Sed demonstrabis te in judicio, cum stabimus ad dexteram tuam : numquid et illi qui ad sinistram stabunt non te videbunt ? Quid est quod demonstrabis nobis teipsum ? Nunc enim non te videmus cum loqueris ? Respondet : Demonstrabo meipsum in forma Dei, videtis modo formam servi. Non te fraudabo, o homo fidelis, crede quia videbis. Amas, et non vides : amor ipse non te perducet ut videas ? Ama, persevera in amando : non fraudabo, inquit, amorem tuum, qui mundavi cor tuum. Ut quid enim mundavi cor tuum, nisi ut Deus a te possit videri ? Beati enim mundo corde ; quia ipsi Deum videbunt. (*Matth.*, v, 8.) Sed hoc, inquit servus tanquam cum Domino disputans, non expressisti cum dixisti : Ibunt justi in vitam æternam : non dixisti : Ibunt ut videant me in forma Dei, videant Patrem cui æqualis sum. Alibi attende quid dixit : « Hæc est autem vita æterna, ut cognoscant te unum, verum et quem misisti Jesum Christum. » (*Joan.*, XVII, 3.)

16. Et (*a*) modo ergo post commemoratum judicium quod omne dedit Filio Pater non judicans quemquam, quid futurum est ? Quid sequitur ? « Ut omnes honorificent Filium, sicut honorificant Patrem. » (*Joan.*, v, 23.) Judæis honorificatur Pater, contemnitur Filius. Filius enim videbatur ut servus, Pater honorificabatur ut Deus. Apparebit et Filius æqualis Patri, ut omnes honorificent Filium, sicut honorificant Patrem. Modo ergo hoc habemus in fide. Nec dicat Judæus : Patrem honorifico, quid mihi est cum Filio ? Respondeat illi : « Qui non honorificat Filium, non honorificat Patrem. » Mentiris omnino, Filium blasphemas, et Patri facis injuriam. Pater enim Filium misit, tu contemnis quem misit : quomodo honorificas mittentem, qui blasphemas missum ?

17. Ecce, inquit aliquis, missus est Filius : et major est Pater, quia misit. Recede a carne. Vetus homo suggerit (*b*) vetustatem, tu in novo agnosce novitatem. Novus tibi a sæculo antiquus, perpetuus, æter-

(*a*) Mss. plures, *Et quomodo ergo post.* Alii vero, *Et quomodo ? Ergo et post.* — (*b*) Sic tres Mss. Alii autem habent, *vetustate* : vel cum editis, *vetustati*. Paulo post in editis legitur, *novus tibi, sæculo antiquus*, absque præpositione, *a*, quæ tamen est in omnibus Mss. Denique infra Lov. habet, *revocet ab hoc intellectu* : refragantibus editis aliis et Mss.

est éternel, vous donne l'intelligence de cette vérité. Vous dites que le Fils est inférieur parce qu'il a été envoyé? Je vois bien une mission, mais non une séparation. Vous insistez et vous m'objectez que dans les choses humaines celui qui envoie est plus grand que celui qui est envoyé. Je réponds que les choses humaines nous induisent en erreur, tandis que les choses divines purifient notre intelligence. Cessez donc de considérer les choses humaines ou celui qui envoie est plus grand que celui qui est envoyé, bien qu'ici l'exemple même que vous invoquez vous soit contraire. Ainsi, par exemple, un homme veut demander une femme en mariage, il ne peut faire lui-même cette démarche, il envoie un de ses amis qui lui est supérieur, pour en faire la demande à sa place. Dans une foule d'autres circonstances, celui qui est envoyé est supérieur à celui qui l'envoie. Pourquoi donc vouloir incidenter sur ce que l'un a envoyé, et que l'autre a été envoyé? Le soleil envoie ses rayons, la lune sa clarté, sans que ni l'un ni l'autre s'en séparent; un flambeau répand sa lumière et ne s'en sépare point davantage; dans ces différents exemples je vois une mission, je ne vois point de séparation. Vous cherchez des exemples dans les choses humaines, ô hérétique superbe, et comme je viens de vous le dire, dans bien des circonstances ces exemples que vous invoquez se tournent contre vous. Mais considérez la différence qui existe entre les choses humaines et les choses divines que vous voulez leur comparer. L'homme qui envoie demeure, tandis que celui qui est envoyé va exécuter l'ordre qui lui est donné; celui qui envoie se joint-il à celui qui l'envoie? Non. Au contraire, le Père qui a envoyé le Fils ne s'en est point séparé. Ecoutez ici le témoignage du Seigneur lui-même : « L'heure viendra où vous serez dispersés chacun de votre côté, et où vous me laisserez seul; mais je ne suis pas seul, parce que mon Père est avec moi. » (*Jean*, XVI, 32.) Comment a-t-il envoyé celui avec lequel il est venu? Comment a-t-il envoyé celui dont il ne s'est point séparé? Il est dit dans un autre endroit : « Le Père qui demeure en moi, fait lui-même les œuvres que je fais. » (*Jean*, XIV, 10.) Le Père est donc en lui, et il agit en lui. Celui qui envoie ne s'est point séparé de celui qui est envoyé, parce que celui qui envoie et celui qui est envoyé ne font qu'un.

TRAITÉ XXII (1).

Depuis ces paroles : « En vérité, en vérité je vous le dis, celui qui écoute ma parole et croit à celui qui m'a envoyé, a la vie éternelle, » jusqu'à ces autres paroles : « Parce que je ne cherche pas ma volonté ; mais la volonté de celui qui m'a envoyé. »

1. La leçon de l'Evangile, dont on vient de vous faire lecture, suit immédiatement, et fait partie du même discours que nous vous avons ex-

(1) Ce discours a été donné le lendemain du jour où saint Augustin avait prononcé le précédent.

pliqué hier et le jour précédent. Nous allons vous l'exposer par ordre, non selon la dignité du sujet, mais dans la mesure de nos forces; de même que vous aussi, vous ne pourrez puiser à cette source féconde en proportion de son abondance, mais selon la mesure de votre capacité. Et nous-même nous ne pouvons répandre sur vous tout ce qui coule en si grande abondance de cette source, nous ne pouvons transmettre à vos sens que ce que nous pouvons en recueillir en nous confiant dans Celui qui peut opérer bien plus efficacement dans vos cœurs que nous ne pouvons le faire extérieurement sur vous. Le sujet est grand, et l'intelligence de ceux qui le traitent, loin d'être aussi grande est excessivement petite; cependant Celui qui, de grand qu'il était, a daigné se faire petit, nous donne toute espérance et toute confiance. S'il ne nous exhortait pas lui-même, s'il ne nous invitait pas à comprendre ses enseignements, mais qu'il nous abandonnât comme n'étant dignes que de mépris (car notre esprit ne serait jamais capable de s'approcher de sa divinité s'il ne s'était approché de notre mortalité, s'il n'était descendu jusqu'à nous pour nous annoncer son Evangile), s'il n'était point entré en participation de ce qu'il y a en nous de faible et de misérable, nous pourrions croire que Celui qui a pris notre petitesse ne veut pas nous faire part de sa grandeur. Si je vous parle de la sorte, c'est que je ne veux pas qu'on me fasse le reproche d'extrême témérité d'aborder un sujet aussi élevé ou que quelqu'un d'entre vous désespère de pouvoir comprendre par la grâce de Dieu, ce que le Fils de Dieu a daigné lui dire. Nous devons donc croire les vérités qu'il a daigné nous dire, parce qu'il veut même que nous les comprenions. Si nous ne le pouvons de nous-mêmes, il accordera l'intelligence à nos prières, lui qui nous a fait entendre sa parole avant même que nous l'en ayons prié.

2. Considérez donc la profondeur mystérieuse de ces paroles : « En vérité, en vérité, je vous le dis, celui qui écoute ma parole et croit à Celui qui m'a envoyé a la vie éternelle. » Il est certain que nous tendons tous à la vie éternelle, et Notre-Seigneur nous dit : « Celui qui écoute ma parole et croit à Celui qui m'a envoyé a la vie éternelle. » Est-ce que Dieu aurait voulu que nous entendions sa parole tout en nous en refusant l'intelligence ? Non, car si entendre et croire cette parole est la vie éternelle, à plus forte raison la comprendre. Mais la foi est un des degrés de la religion, et le fruit de la foi est l'intelligence qui nous fait parvenir à la vie éternelle. Là nous n'entendrons plus lire l'Evangile, mais Celui qui nous a donné ici-bas l'Evangile, éloignant tous les livres, faisant taire la voix du lecteur et du docteur, apparaîtra aux yeux de tous ses élus dont il aura purifié le cœur, il apparaîtra dans un corps immortel à ceux qui seront immortels eux-mêmes, il purifiera, il éclai-

---

ex ordine pertractemus, non pro ejus dignitate, sed pro viribus nostris : quia et vos non pro inundantis fontis largitate, sed pro vestro modulo capitis. Et nos non tantum dicimus in aures vestras, quantum ipse fons manat ; sed quantum capere possumus, quod in vestros sensus trajiciamus, abundantius operante ipso in cordibus vestris, quam nobis in auribus vestris. Res enim magna tractatur, et non a magnis, imo multum parvis : spem tamen et fiduciam dat nobis, qui magnus propter nos factus est parvus. Si enim ab illo non exhortaremur, nec invitaremur ad eum intelligendum, sed desereret nos tanquam contemptibiles ; quia capere non possumus divinitatem ipsius, si non caperet ipse mortalitatem nostram, et perveniret ad nos ut loqueretur nobis Evangelium ; si quod in nobis abjectum et minimum est, noluisset communicare nobiscum; putaremus eum noluisse nobis dare magnum suum, qui suscepit parvum nostrum. Hæc dixi, ne quis vel nos reprehendat ista tractantes, quasi multum audaces : vel de se desperet quod possit capere dono Dei, quod illi dignatus est loqui Filius Dei. Ergo quod loqui nobis dignatus est, debemus credere, quia voluit ut intelligamus. Sed si non possumus, præstat intellectum rogatus; qui verbum præstitit non rogatus.

2. Ecce quæ verborum ista secreta sint, attendite. « Amen, amen dico vobis, quia qui verbum meum audit, et credit ei qui misit me, habet vitam æternam. » (Joan., v, 24.) Ad vitam certe æternam omnes tendimus : et ait : « Qui verbum meum audit, et credit ei qui misit me, habet vitam æternam. » Numquid ergo audire nos voluit verbum suum, et intelligere noluit ? Quandoquidem si in audiendo et credendo vita æterna est, multo magis in intelligendo. Sed gradus pietatis est fides, fidei fructus intellectus, ut perveniamus ad vitam æternam, ubi non nobis legatur Evangelium ; sed ille qui nobis modo Evangelium dispensavit, remotis omnibus lectionis paginis, et voce lectoris et tractatoris, appareat omnibus suis purgato corde assistentibus, et in corpore im-

rera ceux à qui il aura donné la vie et leur fera voir qu'au commencement était le Verbe, et que le Verbe était en Dieu. Considérons donc attentivement et ce que nous sommes et Celui que nous devons écouter. C'est le Christ-Dieu, il daigne parler aux hommes, il veut que nous le comprenions, qu'il nous en rende capables; il veut se manifester à nous, qu'il nous ouvre donc les yeux. Or, ce n'est pas sans dessein qu'il daigne nous parler sa parole, mais parce que les promesses qu'il nous fait sont la vérité même.

3. « Celui qui écoute mes paroles, nous dit-il, et qui croit en Celui qui m'a envoyé a la vie éternelle, il n'encourt point la condamnation, mais il a passé de la mort à la vie. » Dans quel lieu, dans quel temps passons-nous de la mort à la vie pour ne point encourir la condamnation? C'est dans cette vie qu'on passe de la mort à la vie, c'est dans cette vie qui n'est pas encore la vie que nous passons de la mort à la vie. Or, quel est ce passage? « Celui qui écoute ma parole, nous dit-il, et qui croit à Celui qui m'a envoyé. » Docile à ces paroles, vous croyez et vous passez. Est-ce qu'il est possible à quelqu'un de passer tout en restant dans cette vie? Oui, sans doute, il demeure corporellement, il passe en esprit. Où était-il? de quel endroit et vers quel terme passe-t-il? Il passe de la mort à la vie. Considérez un homme dans lequel ce mystère s'accomplit dans son entier. Il est là, il écoute, peut-être n'avait-il point la foi; elle lui vient parce qu'il entend, il n'y a qu'un instant il ne croyait pas, il croit maintenant, il a passé de la région de l'infidélité à la région de la foi par un mouvement non de son corps, mais de son cœur, mouvement qui tourne à bien pour lui, de même qu'il est funeste pour ceux qui abandonnent la foi. Ainsi donc dans cette vie qui, comme je l'ai dit, n'est pas encore la vie, nous passons de la mort à la vie pour échapper au jugement de condamnation. Et pourquoi ai-je dit que ce n'est pas encore la vie? Si cette vie était la véritable vie, Notre-Seigneur n'aurait pas dit à un homme qui l'interrogeait : « Si vous voulez parvenir à la vie, gardez les commandements. » (*Matth.*, xix, 17.) Il ne lui dit pas : Si vous voulez parvenir à la vie éternelle, il n'a point ajouté le mot éternel, il a dit simplement : « A la vie. » Cette vie ne mérite donc pas même le nom de vie, parce qu'elle n'est pas la véritable vie. Quelle est la véritable vie, si ce n'est la vie éternelle? Ecoutez ce que dit l'Apôtre à Timothée : « Ordonnez aux riches de ce monde de n'être point orgueilleux, de ne point mettre leur confiance dans les richesses incertaines, mais dans le Dieu vivant qui nous fournit avec abondance tout ce qui est nécessaire à la vie; d'être bienfaisants, de se rendre riches en bonnes œuvres, de donner l'aumône de bon cœur, de faire part de leurs biens. » Et pourquoi toutes ces recommandations? Ecoutez la suite : « Qu'ils

---

mortali jam nunquam morituris, mundans eos, et illuminans viventes, et videntes quod in principio erat Verbum, et Verbum erat apud Deum. Nunc ergo qui sumus attendamus, et quem audiamus cogitemus. Deus est Christus; et cum hominibus loquitur: capi se vult, faciat capaces : videri se vult, aperiat oculos. Non tamen sine causa loquitur nobis, nisi quia verum est quod promittit nobis.

3. « Verba mea, inquit, qui audit, et credit ei qui me misit, habet vitam æternam, et in judicium non veniet, sed transiit a morte ad vitam. » Ubi, quando venimus de morte ad vitam, ut non in judicium veniamus? In hac vita transitur a morte ad vitam : in hac vita quæ nondum est vita, hinc transitur a morte ad vitam. Qui est ille transitus? « Qui audit verba mea, dixit, et credit ei qui misit me. » Servans ista credis, et transis. Et est qui stando transit? Plane est : stat enim corpore, transit mente. Ubi erat, unde transiret, et quo transit? Transit a morte ad vitam. Vide unum hominem stantem, in quo agatur totum hoc quod dicitur. Stat, audit, forte non credebat, audiendo credit : paulo ante non credebat, modo credit : quasi de regione infidelitatis ad regionem fidei transitum fecit, moto corde, non moto corpore, moto in melius : quia iterum qui deserunt fidem, moventur in deterius. Ecce in hac vita, quæ, sicut dixi, nondum est vita, transitur a morte ad vitam, ut in judicium non veniatur. Quare autem dixi, quia nondum est vita? Si vita esset ista, non diceret Dominus cuidam : Si vis venire ad vitam, serva mandata. (*Matth.*, xix, 17.) Non enim ait illi : Si vis venire ad vitam æternam, non addidit æternam, sed tantum dixit, ad vitam. Ergo ista nec vita nominanda est, quia non est vera vita. Quæ est vera vita, nisi quæ est æterna vita? Audi Apostolum dicentem ad Timotheum : « Præcipe divitibus hujus sæculi, non superbe sapere, neque sperare in incerto divitiarum; sed in Deo vivo, qui præstat nobis omnia abundanter ad fruendum : bene faciant, divites sint in operibus bonis, facile tribuant, communicent. Ut quid hoc?

se fassent un trésor et s'établissent un fondement solide pour l'avenir afin d'arriver à la véritable vie. » (I *Tim.*, VI, 17-19.) S'ils doivent se faire un trésor et s'établir un fondement solide pour l'avenir afin d'arriver à la véritable vie, donc la vie actuelle est une vie mensongère. Car pourquoi voulez-vous arriver à une autre vie, si déjà vous êtes en possession de la véritable vie? Voulez-vous arriver à la véritable, il faut quitter celle qui n'est que mensonge. Et où faut-il diriger ses pas? Ecoutez, croyez, et vous avez passé de la mort à la vie et vous ne serez point soumis au jugement.

4. Qu'est-ce à dire, vous ne serez point soumis au jugement? Qui donc peut se vanter d'être meilleur que l'apôtre saint Paul qui nous dit : « Nous devons tous comparaître devant le tribunal du Christ, afin que chacun reçoive ce qui est dû aux bonnes ou aux mauvaises actions qu'il aura faites pendant qu'il était revêtu de son corps? » (II *Cor.*, V, 10.) Comment, Paul nous déclare qu'il nous faut tous comparaître devant le tribunal de Jésus-Christ, et vous osez vous promettre que vous ne viendrez point en jugement? Loin de moi cette pensée, me dites-vous, que j'ose me promettre un tel privilége, mais je crois à Celui qui me l'a promis. Le Sauveur parle, la Vérité elle-même fait cette promesse : « Celui qui écoute mes paroles, me dit-il, et qui croit à Celui qui m'a envoyé a la vie éternelle, il passe de la mort à la vie et il n'encourt point le jugement. » Qu'ai-je donc fait? J'ai écouté les paroles de mon Seigneur, j'y ai cru, d'incrédule que j'étais je suis devenu fidèle, docile à ses enseignements, j'ai passé de la mort à la vie, je suis donc affranchi du jugement en vertu non point de ma présomption personnelle, mais de la promesse formelle de Jésus-Christ. Paul est donc en contradiction avec Jésus-Christ, le serviteur avec son Seigneur, le disciple avec son maître, l'homme avec son Dieu, puisque d'un côté le Seigneur dit : « Celui qui écoute et qui croit passe de la mort à la vie et ne vient point en jugement, » tandis que l'Apôtre déclare qu'il nous faut tous comparaître devant le tribunal de Jésus-Christ? S'il ne vient point en jugement, pourquoi comparaître devant le tribunal? je ne sais ce que cela veut dire.

5. Le Seigneur notre Dieu va nous le révéler, et il nous apprend par ses Ecritures le sens que nous devons attacher au mot jugement. Je vous demande toute votre attention. Tantôt le mot jugement se prend dans le sens de châtiment, tantôt dans le sens de discernement, de séparation. Si vous l'entendez dans le sens de discernement, nous devons tous comparaître devant le tribunal de Jésus-Christ, pour que chacun reçoive ce qui est dû à ses bonnes ou à ses mauvaises actions pendant qu'il était revêtu de son corps. Car le vrai discernement consiste à dis-

---

Audi quod sequitur : Thezaurizent sibi fundamentum bonum in futurum, ut apprehendant veram vitam. » (I *Tim.*, VI, 17, etc.) Si debent sibi thezaurizare fundamentum bonum in futurum, ut apprehendant veram vitam; profecto ista in qua erant, falsa vita est. Nam ut quid velis apprehendere veram, si jam tenes veram? Apprehendenda est vera? migrandum est a falsa. Et qua migrandum? quo? Audi, crede : et transitum facis a morte ad vitam, et in judicium non venis.

4. Quid est hoc : Et in judicium non venis? Et quis melior erit Paulo apostolo, qui ait : Oportet nos exhiberi omnes ante tribunal Christi, ut illic recipiat unusquisque quæ per corpus gessit, sive bonum sive malum? (II *Cor.*, V, 10.) Paulus dicit : Oportet nos exhiberi omnes ante tribunal Christi : et tu tibi audes promittere, quia in judicium non venies? Absit, inquis, ut ego mihi hoc promittere audeam : sed credo promittenti. Salvator loquitur : Veritas pollicetur, ipse dixit mihi : « Qui audit verba mea, et credit ei qui me misit, habet vitam æternam, et transitum facit de morte in vitam, et in judicium non veniet. » Ego ergo audivi verba Domini mei, credidi : jam infidelis cum essem, factus sum fidelis : sicut me monuit, transii a morte ad vitam, ad judicium non venio; non præsumptione mea, sed ipsius promissione. Paulus autem contra Christum loquitur, servus contra Dominum, discipulus contra magistrum, homo contra Deum, ut cum Dominus dicat, quia « qui audit et credit, transit a morte ad vitam, et in judicium non veniet, » dicat Apostolus : Oportet nos omnes exhiberi ante tribunal Christi? Aut si ad judicium non venit, qui ad tribunal exhibetur; nescio quomodo intelligam.

5. Revelat ergo Dominus Deus noster, et per Scripturas suas admonet nos, quomodo intelligatur, quando dicitur judicium. Hortor ergo ut attendatis. Aliquando judicium pœna dicitur : aliquando judicium discriminatio dicitur. Secundum illum modum quo dicitur judicium discriminatio, oportet nos omnes exhiberi ante tribunal Christi, « ut illic recipiat homo quæ per corpus gessit, sive bonum sive malum;

tribuer aux bons la récompense, aux méchants le châtiment. Si le mot jugement était toujours pris en mauvaise part, le Psalmiste ne dirait pas : « Dieu, jugez-moi. » (*Ps.* XLII, 1.) On sera peut-être surpris d'entendre un homme dire : « Dieu, jugez-moi. » L'homme a coutume de dire : Que Dieu me pardonne, épargnez-moi, Seigneur ; mais qui oserait dire : « Dieu, jugez-moi ? » Et cependant ce verset se trouve quelquefois à l'endroit où le chant est alternatif, c'est-à-dire qu'il est récité par le lecteur pour être repris par le peuple. Est-ce qu'il est possible de chanter et de dire à Dieu : « Dieu jugez-moi » sans éprouver un sentiment de crainte et d'effroi ? C'est cependant ce que le peuple chante avec foi, il ne regarde pas comme coupable un vœu qui lui est suggéré par l'Ecriture divinement inspirée, et sans comprendre entièrement le sens de ces paroles, il croit que ce qu'il chante est conforme à l'esprit du christianisme. Toutefois le Psalmiste ne laisse point ces paroles sans explication. Il faut voir dans la suite du psaume de quel jugement il a voulu parler, ce n'est point du jugement de condamnation, mais du jugement de discernement. Que dit-il en effet ? « O Dieu, jugez-moi. » Qu'est-ce à dire : « Jugez-moi ? » « Et séparez ma cause de celle d'un peuple impie ? » S'il s'agit de ce jugement de séparation, nous devrons tous comparaître devant le tribunal de Jésus-Christ ; s'il est question, au contraire, du jugement de condamnation : « Celui qui écoute mes paroles, dit-il, et qui croit à Celui qui m'a envoyé, a la vie éternelle, et il ne viendra point en jugement, mais il a passé de la mort à la vie. » Qu'est-ce à dire qu'il ne viendra point en jugement ? Il n'encourra point la condamnation. Prouvons par les Ecritures que le mot jugement se prend quelquefois pour châtiment, bien que dans la suite même de cette leçon vous verrez que ce mot de jugement ne désigne que la condamnation et le châtiment. (*Infr.*, 13.) Or, l'Apôtre, dans une de ses épîtres où il s'adresse à ceux qui outrageaient le corps que vous connaissez, vous qui êtes fidèles et qui, en punition de ces outrages, étaient sévèrement repris par le Seigneur, s'exprime en ces termes : « C'est pourquoi il y en a beaucoup parmi vous qui sont malades et languissants, et plusieurs sont morts. » (I *Cor.*, XI, 30.) Un grand nombre d'entre eux, en effet, étaient frappés de mort en punition de ce crime. Et il ajoute : « Si nous nous jugions nous-mêmes, nous ne serions pas jugés de Dieu, » c'est-à-dire si nous nous reprenions nous-mêmes, nous ne serions pas repris par le Seigneur. « Mais lorsque nous sommes jugés, c'est le Seigneur qui nous reprend afin que nous ne soyons pas condamnés avec le monde. » Il en est donc que Dieu juge

ipsa est enim discriminatio, ut bonis bona, malis mala distribuantur. » Nam si judicium semper in malo acciperetur, non diceret Psalmus : Judica me Deus. (*Psal.* XLII, 1.) Audit forte aliquis dicentem : Judica me Deus, et miratur. Solet enim homo dicere : Ignoscat mihi Deus : Parce mihi Deus : quis est qui dicat : Judica me Deus? Et aliquando in Psalmo versus ipse in diapsalmate ponitur, qui præbeatur a lectore, et respondeatur a populo. Non forte alicui cor percutitur, et timet cantare Deo et dicere : Judica me Deus? Et tamen cantat populus credens, nec putat se male optare quod didicit a divina lectione : et si parum intelligit, credit aliquid boni esse quod cantat. Et tamen et ipse Psalmus non dimisit hominem sine intellectu. Secutus enim, verbis posterioribus ostendit quale judicium diceret ; quia non est damnationis ; sed discretionis. Ait enim : Judica me Deus. Quid est : Judica me Deus? Et discerne causam meam a gente non sancta. Ergo secundum hoc judicium discretionis, oportet nos omnes exhiberi ante tribunal Christi. Secundum judicium autem damnationis : « Qui audit verba mea, inquit, et credit ei qui misit me, habet vitam æternam, et in judicium non veniet, sed transitum facit a morte ad vitam. » Quid est, « in judicium non veniet ? » in damnationem non veniet. Probemus de Scripturis, quia dictum est judicium ubi pœna intelligitur : quanquam et in hac ipsa lectione paulo post (*Infra.*, n. 13) audietis ipsum verbum judicii non positum nisi pro damnatione et pœna. Tamen Apostolus dicit quodam loco, scribens ad eos qui Corpus quod fideles nostis, male tractabant ; et propter quod male tractabant, corripiebantur flagello Domini : ait enim illis : Propterea multi in vobis infirmi et ægroti dormiunt (*a*) sufficienter. (I *Cor.*, II, 30, etc.) Multi enim propterea etiam moriebantur. « Et secutus est : Si enim nos ipsos judicaremus, a Domino non judicaremur : hoc est, si nos ipsos corriperemus, a Domino non corriperemur. Cum judicamur autem, a Domino corripimur, ne cum hoc mundo damnemur. » Sunt ergo secundum pœnam qui judicantur hic, ut parcatur illis ibi : sunt quibus parcitur hic, ut abundantius tor-

(*a*) Sic omnes codices, licet apud Apostolum sit, non ἱκανῶς *sufficienter*, sed ἱκανοί *sufficientes* sive *multi*.

et punit ici-bas pour les épargner dans l'autre vie. Il en est qu'il épargne pendant cette vie parce qu'il leur réserve des châtiments plus rigoureux dans l'autre. Il en est enfin à qui Dieu envoie des châtiments qui ne leur servent de rien, si la main de Dieu, qui s'appesantit sur eux, ne les ramène au bien; et après avoir méprisé sur la terre les coups de sa main paternelle, ils sentiront dans l'autre vie la main du juge qui punit sévèrement. Il existe donc un jugement que Dieu, c'est-à-dire le Fils de Dieu réserve à la fin du monde au démon et à ses anges, et avec eux à tous les infidèles et à tous les impies; celui qui croit ici-bas à sa parole et passe par la foi de la mort à la vie, n'encourra point ce jugement.

6. Le Sauveur ne veut pas que vous espériez que la foi vous sauvera de la mort selon la chair, et qu'en donnant à ses paroles un sens charnel vous disiez : Mon Seigneur m'a promis que celui qui écoute ses paroles, et qui croit à celui qui l'a envoyé a passé de la mort à la vie, j'ai cru, donc je ne mourrai point. Non, sachez-le bien, vous paierez le tribut de la mort que vous devez au châtiment d'Adam, car nous étions tout en lui lorsque Dieu prononça contre lui cette sentence qui ne peut être annulée : « Tu mourras de mort. » (*Gen.*, II, 17.) Mais lorsque vous aurez payé ce tribut de la mort du vieil homme, vous entrerez dans la vie éternelle du nouvel homme, et vous passerez de la mort à la vie. Commencez cependant par accomplir ici-bas ce passage de la mort à la vie. Quelle est votre vie? La foi. « Le juste vit de la foi. » (*Habac.*, II, 4; *Rom.*, I, 17.) Que dirons-nous alors des infidèles? Ils sont morts. C'est parmi ces morts qu'il faut ranger cet homme qui venait de mourir et dont le Seigneur dit : « Laissez les morts ensevelir leurs morts. » (*Matth.*, VIII, 22.) Donc dans cette vie il en est qui sont morts, il en est qui sont vivants, bien que tous aient l'apparence de la vie. Quels sont les morts? ceux qui ont refusé de croire; quels sont les vivants? ceux qui ont embrassé la foi. Que dit l'Apôtre à ceux qui sont morts? « Levez-vous, vous qui dormez. » (*Ephés.*, V, 14.) Mais, me dites-vous, il veut parler du sommeil et non pas de la mort. Ecoutez la suite : « Et sortez d'entre les morts. » Et comme s'il demandait : Où irai-je? saint Paul lui répond : « Et Jésus-Christ vous éclairera. » Or, lorsque par la vertu de la foi vous avez été éclairé par Jésus-Christ, vous passez de la mort à la vie; demeurez dans cette vie à laquelle vous êtes passé, et vous ne viendrez point en jugement.

7. Notre-Seigneur lui-même explique ces paroles en ajoutant : « En vérité, en vérité, je vous le dis. » Dans la crainte que nous n'entendions de la résurrection future ces paroles : « Il a passé de la mort à la vie, » il veut nous montrer comment celui qui croit passe véritablement de ce passage de la mort à la vie, de l'incrédulité à la foi, de la justice à l'injustice, de l'orgueil à l'hu-

---

queantur ibi : sunt autem quibus distribuuntur ipsæ pœnæ sine flagello pœnæ, si flagello Dei correcti non fuerint; ut cum hic contempserint patrem verberantem, ibi sentiant judicem punientem. Ergo est judicium quo missurus est Deus, id est Filius Dei, in fine diabolum et angelos ejus, et omnes infideles et impios cum eo : ad hoc judicium non veniet, qui modo credens transitum facit a morte ad vitam.

6. Etenim ne putares credendo te non moriturum secundum carnem, et accipiendo carnaliter diceres tibi, Dominus meus mihi dixit : « Qui audit verba mea, et credit ei qui misit me, transiit a morte ad vitam : » ergo ego credidi, non sum moriturus. Scias te mortem quam debes supplicio Adam, persoluturum : accepit enim ille, in quo tunc omnes fuimus : Morte morieris (*Gen.*, II, 17); nec potest evacuari divina sententia. Sed cum persolveris mortem veteris hominis, suscipieris in vitam æternam novi hominis, et transitum facies a morte ad vitam. Modo interim fac transitum vitæ. Quæ est vita tua? Fides : Justus ex fide vivit. (*Habac.*, II, 4; *Rom.*, I, 17.) Infideles quid? mortui sunt. Inter tales mortuos erat ille corpore, de quo dicit Dominus : Dimitte mortuos, sepeliant mortuos suos. (*Matth.*, VIII, 22.) Ergo et in hac vita sunt mortui, sunt vivi, et quasi omnes vivunt. Qui sunt mortui? qui non crediderunt. Qui sunt vivi? qui crediderunt. Quid dicitur mortuis ab Apostolo? Surge qui dormis. (*Ephes.*, V, 14.) Sed somnum, inquit, dixit, non mortem. Audi sequentia : Surge qui dormis, et exsurge a mortuis? Et quasi diceret : Quo ibo? Et illuminabit te Christus. Jam cum te credentem illuminaverit Christus, transitum facis a morte ad vitam : mane in eo quo transisti, et non venies ad judicium.

7. Exponit illud jam ipse, et sequitur : « Amen, amen dico vobis. » (*Joan.*, V, 25.) Ne forte quia dixit, « transiit a morte ad vitam, » intelligamus hoc in futura resurrectione, ostendere volens quomodo transit qui credit; et hoc esse transire de morte ad vitam, transire ab infidelitate ad fidem, ab injustitia ad jus-

milité, de la haine à la charité, et il nous dit : « En vérité, en vérité, je vous le dis, l'heure vient et elle est venue. » Quoi de plus clair? Notre-Seigneur nous a expliqué lui-même le sens de ses paroles, et c'est maintenant que s'opère ce passage auquel il nous invite. « L'heure vient. » Quelle heure? « Et elle est venue où les morts entendront la voix du Fils de Dieu, et ceux qui l'entendront vivront. » Nous avons déjà parlé de ces morts. Qu'en pensez-vous, mes frères, dans cette multitude qui m'écoute, n'en est-il pas quelques-uns qui soient morts? Ceux qui croient et dont la vie est conforme à la vraie foi ne sont point morts, ils sont pleins de vie; mais pour ceux qui ne croient point, ou qui croient comme les démons, c'est-à-dire qui tremblent et mènent une vie criminelle (*Jacq.*, II, 19), qui confessent le Fils de Dieu et qui n'ont pas la charité, ils doivent être mis au nombre des morts. Or, cette heure continue encore; car cette heure dont parlait le Seigneur, n'est pas une des douze heures dont le jour est composé. Depuis qu'il a parlé jusqu'à ce jour et jusqu'à la fin du monde, c'est toujours la même heure dont saint Jean dit dans son épître : « Mes petits enfants, c'est maintenant la dernière heure. » (I *Jean*, II, 18.) Cette heure continue donc; que celui qui a la vie la conserve, que celui qui est mort revienne à la vie; que celui qui est étendu dans le tombeau entende la voix du Fils de Dieu, qu'il se lève et qu'il vive. Le Seigneur a élevé la voix sur le tombeau de Lazare, et ce mort de quatre jours est ressuscité. (*Jean,* XI, 43.) Lui dont le corps entrait en dissolution reparut à la lumière du jour; il était enseveli, une pierre recouvrait le tombeau, la voix du Sauveur pénétra la dureté de la pierre, et votre cœur est si dur que cette voix divine n'a pu encore le pénétrer. Levez-vous donc dans votre cœur, sortez de votre tombeau. Lorsque vous êtes mort dans votre cœur, vous êtes comme étendu dans un tombeau et comme écrasé sous la pierre de vos mauvaises habitudes. Levez-vous et sortez; qu'est-ce à dire : Levez-vous et sortez? Croyez et confessez. Celui qui a cru est ressuscité; celui qui a confessé est sorti. Pourquoi disons-nous que celui qui confesse est sorti du tombeau? Parce qu'avant la confession de sa foi, il était caché, mais lorsqu'il la confesse, il sort des ténèbres à la lumière. Et lorsqu'il a ainsi confessé sa foi, que dit Jésus aux serviteurs? « Déliez-le, et laissez-le aller. » (*Ibid.,* 44.) Comment s'accomplit cette parole? Il a dit aux Apôtres qui sont ses serviteurs : « Ce que vous aurez délié sur la terre, sera délié dans le ciel. » (*Matth.*, XVIII, 18.)

8. « L'heure vient et elle est venue, où les morts entendront la voix du Fils de Dieu, et ceux qui l'entendront vivront. » (*Jean*, V, 25.)

---

titiam, a superbia ad humilitatem, ab odio ad caritatem : nunc ait : « Amen, amen dico vobis, quia (*a*) venit hora, et nunc est. » Quid evidentius? Jam certe aperuit quod dicebat, quia modo fit quo nos Christus hortatur. « Venit hora. » Quæ hora? « Et nunc est, quando mortui audient vocem Filii Dei, et qui audierint vivent. » Jam de his mortuis locuti sumus. Quid putamus, Fratres mei, in ista turba quæ me audit, nulline sunt mortui? Qui enim credunt et secundum veram fidem agunt, vivunt et mortui non sunt : qui autem vel non credunt, vel sicut dæmones credunt, trementes et male viventes (*Jac.*, II, 19), Filium Dei confitentes et caritatem non habentes, mortui potius deputandi sunt. Et tamen agitur adhuc hora ista. Non enim hora de qua locutus est Dominus, una erit hora de duodecim horis unius diei. Ex quo locutus est usque ad hoc tempus, et usque ad finem sæculi, ipsa una hora agitur, de qua dicit in Epistola sua Joannes, Filioli, novissima hora est. (I *Joan.*, II, 18.) Ergo nunc est. Qui vivit, vivat : qui mortuus erat, vivat; audiat vocem Filii Dei qui mortuus jacebat, surgat, et vivat. Clamavit Dominus ad sepulcrum Lazari, et quatriduanus mortuus resurrexit. (*Joan.*, XI, 43.) Qui putebat, in auras processit : sepultus erat, lapis superpositus erat, vox Salvatoris irrupit duritiam lapidis : et cor tuum ita durum est, ut nondum illa vox divina te rumpat. Surge in corde tuo, procede de sepulcro tuo. Etenim mortuus in corde tuo tanquam in sepulcro jacebas, et tanquam saxo malæ consuetudinis gravabaris. Surge, et procede. Quid est : Surge, et procede? Crede, et confitere. Qui enim credidit, surrexit : qui confitetur, processit. Quare processisse diximus confitentem? Quia antequam confiteretur, occultus erat : cum autem confitetur, procedit de tenebris ad lucem. Et cum confessus fuerit, quid dicitur ministris? quod dictum est ad funus Lazari: Solvite illum, et sinite abire. (*Ibid.,* 44.) Quomodo? Dictum est ministris Apostolis. Quæ solveritis in terra, soluta erunt et in cœlo. (*Matth.*, XVIII, 18.)

8. « Venit hora, et nunc est, quando mortui audient vocem Filii Dei, et qui audierint vivent.» Unde vivent?

(*a*) In hac voce versiculi 25, vix unum codicem reperias sibi ipsi consentientem : nam editi et Mss. alias habent, *veniet*; alias, *venit*. Sic postea etiam in 28. vers. capitis ejusdem Joan. 5. vocem istam inconstanter permutant.

Et d'où leur viendra la vie? De la vie même. De quelle vie? De Jésus-Christ. Comment prouvons-nous qu'elle leur viendra de la vie qui est Jésus-Christ? « Je suis, nous dit-il, la voie, la vérité et la vie. » (*Jean*, XIV, 6.) Voulez-vous marcher? je suis la voie; voulez-vous éviter l'erreur, je suis la vérité; voulez-vous éviter la mort? je suis la vie. Voilà ce que vous dit le Sauveur; je suis l'unique terme vers lequel vous devez diriger vos pas, et vous ne pouvez y arriver que par moi. Cette heure existe donc encore maintenant, oui elle existe sans s'écouler jamais. Les hommes qui étaient morts se lèvent, ils passent à la vie, ils reprennent la vie à la voix du Fils de Dieu, c'est de lui qu'ils vivent en persévérant dans sa foi; car le Fils de Dieu a la vie, il a la vie pour la communiquer à tous ceux qui croient.

9. Et comment a-t-il la vie? Comme le Père l'a lui-même, « car comme le Père a la vie en soi, ainsi il a donné au Fils d'avoir la vie en soi. » (*Jean*, V, 26.) Mes frères, je m'expliquerai comme je le pourrai, car ces paroles sont de nature à troubler notre faible intelligence. Pourquoi a-t-il ajouté : « En soi? » Il lui suffisait de dire : « Comme le Père a la vie, ainsi il a donné au Fils d'avoir la vie. » Mais il ajoute : « En soi; car le Père a la vie en soi, et le Fils l'a aussi en soi. » Il y a dans cette addition « en soi, » une vérité qu'il veut nous faire comprendre, et cette vérité est renfermée dans le mot « en soi, » il faut donc frapper pour qu'on nous ouvre. Seigneur, qu'avez-vous dit? pourquoi avez-vous ajouté : « En soi? » Est-ce que l'apôtre saint Paul à qui vous avez donné la vie, n'avait pas la vie? Il l'avait, me répond-il. Lorsque les hommes qui sont morts revivent, et qu'ils passent à votre parole par la foi, dès qu'ils sont passés, est-ce qu'ils n'auront point la vie? Ils l'auront sans aucun doute, car j'ai dit il n'y a qu'un instant : « Celui qui écoute mes paroles, et qui croit à celui qui m'a envoyé, a la vie éternelle. » Donc ceux qui croient en vous ont la vie, mais vous n'avez pas dit, ils l'ont en eux-mêmes. Au contraire, lorsque vous parlez du Père, vous dites : « Comme le Père a en soi la vie; » lorsque vous parlez de vous-même, vous dites également : « Ainsi il a donné au Fils d'avoir la vie en soi. » Il a donné à son Fils de l'avoir comme il l'a lui-même. Comment Paul a-t-il la vie? il ne l'a pas en soi, mais en Jésus-Christ. Vous qui êtes fidèle, comment l'avez-vous? vous ne l'avez pas en vous-même, mais en Jésus-Christ. Voyons si l'Apôtre s'exprime de la sorte : « Je vis, ce n'est pas moi, c'est Jésus-Christ qui vit en moi. » (*Galat.*, II, 20.) Notre vie en tant qu'elle est nôtre, c'est-à-dire en tant qu'elle vient de notre propre volonté ne peut être que mauvaise, criminelle, injuste; la vie bonne et vertueuse au contraire n'est en nous que par un don de Dieu, c'est Dieu qui en est le

---

de vita. De qua vita? de Christo. Unde probamus quia de vita Christo? Ego sum, inquit, via, veritas et vita. (*Joan.*, XIV, 6.) Ambulare vis? ego sum via. Falli non vis? ego sum veritas. Mori non vis? ego sum vita. Hoc dicit tibi Salvator tuus : Non est quo eas, nisi ad me; non est qua eas, nisi per me. Nunc ergo ista hora agitur, hoc et agitur plane, et omnino non cessatur. Surgunt homines qui mortui erant, transeunt ad vitam, ad vocem Filii Dei vivunt, de illo, perseverantes in fide ipsius. Habet enim Filius vitam, unde vivant credentes habet.

9. Et quomodo habet? sicut habet Pater. Audi ipsum dicentem : « Sicut enim Pater habet vitam in semetipso, sic dedit et Filio vitam habere in semetipso. » (*Joan.*, V, 26.) Fratres, ut potero dicam. Hæc sunt enim illa verba, quæ parvum intellectum perturbant. Quare addidit, « in semetipso? » Sufficeret ut diceret : « Sicut enim Pater habet vitam, sic dedit et Filio habere vitam. » Addidit, « in semetipso : » habet enim in semetipso Pater vitam, habet et Filius in semetipso. Aliquid intelligere nos voluit, in eo quod ait, « in semetipso. » Et hic secretum in verbo hoc clausum est : pulsetur, ut aperiatur. O Domine, quid est quod dixisti? « In semetipso » quare addidisti? Etenim Paulus apostolus quem vivere fecisti, non habebat vitam? Habebat, inquit. Quantum homines mortui ut reviviscant, et ad verbum tuum credendo transeant : cum transierint, non in te habebunt vitam? Habebunt : nam et ego paulo ante dixi : « Qui audit verba mea, et credit ei qui me misit, habet vitam æternam. » (*v.* 24.) Ergo illi qui in te credunt, habent vitam : et non dixisti, in semetipsis. Cum autem de Patre loquereris : « Sicut Pater habet vitam in semetipso: » rursus cum de te loquereris, dixisti, « sic et Filio dedit habere vitam in semetipso. » Sicut habet, sic dedit habere. Ubi habet? in semetipso. Ubi dedit habere? in semetipso. Paulus ubi habet? non in semetipso, sed in Christo. Tu fidelis ubi habes? non in semetipso, sed in Christo. Videamus si hoc dicit Apostolus : Vivo autem jam non ego, vivit vero in me Christus. (*Gal.*, II, 20.) Vita nostra tanquam nostra, id est, de voluntate

principe, elle ne vient pas de nous-même. Mais pour Jésus-Christ il a en soi la vie comme le Père, parce qu'il est le Verbe de Dieu. Il n'y a point chez lui alternative ou succession de bonne et de mauvaise vie, tandis que la vie de l'homme est tantôt bonne, tantôt mauvaise. Celui qui vit dans le mal, vit de la vie qui lui est propre, celui dont la vie est pure a passé à la vie de Jésus-Christ. Vous êtes entré en participation de la vie, vous n'étiez pas ce que vous avez reçu d'être, vous étiez seulement capable de le recevoir ; mais pour le Fils de Dieu on ne peut supposer qu'il ait commencé par ne point avoir la vie, avant de la recevoir. Car s'il ne l'avait qu'en la recevant de la sorte, il ne l'aurait point en soi. Que signifie, en effet, cette expression : « En soi ? » Afin qu'il fût la vie elle-même.

10. Voici peut-être encore une explication plus claire. Vous allumez un flambeau, ce flambeau (1), considéré dans la petite flamme qui en jaillit a la lumière en soi, tandis que vos yeux qui, en l'absence de ce flambeau, étaient dans l'obscurité et ne voyaient rien, jouissent maintenant de la lumière, mais sans l'avoir en eux-mêmes. Par là même, s'ils se détournent de la lumière, ils retombent dans les ténèbres; s'ils se fixent sur elle, ils sont éclairés. La flamme, au contraire, brille tant qu'elle existe, si vous voulez faire disparaître sa lumière, vous éteignez en même temps la flamme ; car elle ne peut exister sans la lumière qu'elle projette. Quant à Jésus-Christ, il est la lumière qui ne peut jamais s'éteindre, il est coéternel au Père, lumière toujours éclatante, toujours brillante, toujours ardente, car si elle n'était toujours ardente, est-ce que le Psalmiste aurait dit : « Il n'est personne qui puisse se dérober à sa chaleur ? » (*Ps.* xviii, 7.) Votre péché vous avait comme glacé, vous vous tournez vers le foyer qui vous rendra la chaleur, si vous vous en éloignez, le froid vous saisira de nouveau. Votre péché vous avait couvert de ténèbres, vous vous tournez vers la lumière pour en être éclairé; si vous en détournez vos regards vous retomberez dans les ténèbres. Si donc de vous-même vous êtes ténèbres ; lorsque vous êtes éclairé, vous ne serez point la lumière, bien que vous soyez dans la lumière. C'est ce que vous enseigne l'Apôtre : « Vous étiez autrefois ténèbres, maintenant vous êtes lumière dans le Seigneur. » (*Ephés.*, v, 8.) Pourquoi après avoir dit : « Maintenant vous êtes lumière, » ajoute-t-il : « Dans le Seigneur ? » De vous-même vous n'êtes donc que ténèbres, mais vous êtes lumière dans le Seigneur. Pourquoi êtes-vous lumière ? Vous êtes lumière par la participation que vous avez à la lumière. Mais si vous vous retirez de la lumière qui vous éclaire, vous retombez dans vos ténèbres. Il n'en est pas ainsi de Jésus-Christ, il n'en est pas ainsi du Verbe de Dieu. Mais comment a-t-il la vie?

---

(1) Ces paroles semblent indiquer indirectement que saint Augustin prononça ce discours à la lumière, alors cependant que d'après le Traité xxvii, prononcé le jour de la fête du martyr saint Laurent, il paraît certain qu'on était alors dans l'été.

---

propria nostra, non erit nisi mala, peccatrix, iniqua : vita vero bona de Deo in nobis est, non a nobis; a Deo nobis datur, non a nobis. Christus autem in semetipso habet vitam sicut Pater, quia Verbum Dei. Non modo male vivit, et modo bene vivit : homo autem, modo male, modo bene. Qui male vivebat, in vita sua erat : qui bene vivit, ad vitam Christi transiit. Particeps factus vitæ, non eras quod accepisti, et eras qui acciperes : Filius autem Dei non quasi primo fuit sine vita, et accepit vitam. Si enim sic illam acciperet, non eam haberet in semetipso. Quid est enim, « in semetipso ? » ut ipsa vita ipse esset.

10. Adhuc aliud planius fortasse dicam. Lucernam quisque accendit : Exempli gratia, lucerna illa quantum pertinet ad flammulam quæ ibi lucet, ignis ille habet lucem in semetipso : oculi autem tui qui lucerna absente jacebant et nihil videbant, jam et ipsi habent lucem, sed non in semetipsis. Proinde si se a lucerna averterint, tenebrantur : si se converterint, illuminantur. At vero ille ignis quamdiu est, lucet : si volueris illi lucem tollere, simul et ipsum exstinguis ; nam sine luce non potest remanere. Sed lux Christus inexstinguibilis et coæternus Patri, semper candens, semper lucens, semper fervens : nam si non ferveret, numquid diceretur in Psalmo : Nec est qui se abscondat a calore ejus? (*Psal.* xviii, 7.) Tu autem in peccato tuo frigidus eras, converteris ut fervescas : si recesseris, frigescis. In peccato tuo tenebrosus eras, converteris ut illumineris : si averteris te, obscuraberis. Proinde quia in te tenebræ eras, cum illuminaberis, non eris lumen, quamvis sis in lumine. Ait enim Apostolus : Fuistis aliquando tenebræ, nunc autem lux in Domino. (*Ephes.*, v, 8.) Cum dixisset, nunc autem lux : addidit, in Domino. In te ergo tenebræ, lux in Domino. Lux quare? Quia participatione lucis illius lux es. Si autem a luce qua illuminaris, recesseris, ad tenebras tuas redis. Non sic Christus, non sic Verbum Dei. Sed quomodo ?

« Comme le Père a la vie en soi, ainsi il a donné au Fils d'avoir la vie en soi. » C'est-à-dire que ce n'est pas une vie de participation, mais une vie immuable, il est lui-même la vie dans un sens absolu. « C'est ainsi qu'il a donné au Fils d'avoir la vie. » Il l'a donné comme il l'a. Qu'est-ce que cela fait? Toujours est-il que l'un a donné, l'autre a reçu. Est-ce que le Fils n'existait pas lorsqu'il a reçu? Pouvons-nous concevoir le Christ un seul instant sans lumière, lui la sagesse du Père dont il a été dit : « Il est l'éclat de la lumière éternelle. » (*Sag.*, VII, 26.) Donc ces paroles : « Il a donné au Fils » ont le même sens que celles-ci : « Il a engendré le Fils, » car c'est en l'engendrant qu'il lui a donné. De même qu'il lui a donné d'être, il lui a donné d'être la vie, et il lui a donné d'être la vie en lui-même. Que signifie être la vie en lui-même? C'est-à-dire qu'il n'eut pas besoin d'aller ailleurs puiser la vie, mais qu'il fut lui-même la plénitude de la vie et la source de la vie pour tous ceux qui croient. « Il lui a donc donné d'avoir en soi la vie » et il lui a donné comme à son Verbe, comme à celui qui était le Verbe dans le commencement et le Verbe qui était en Dieu.

11. Mais le Verbe s'est fait homme; que lui a-t-il donné alors? « Il lui a donné toute puissance de juger, parce qu'il est le Fils de l'homme. » (*Jean*, V, 27.) En tant qu'il est Fils de Dieu, « de même que le Père a la vie en soi, ainsi il a donné au Fils d'avoir la vie en soi; » en tant qu'il est Fils de l'homme, « il lui a donné toute puissance de juger. » C'est ce que je vous ai expliqué hier, mes très-chers frères, en vous disant qu'au jour du jugement on verra l'homme, mais on ne verra pas Dieu; mais après le jugement, Dieu sera vu par ceux qui seront sortis victorieux du jugement, tandis qu'il restera invisible pour les méchants. C'est donc parce qu'il paraîtra dans le jugement sous cette forme humaine qu'il avait en montant au ciel qu'il avait dit précédemment : « Le Père ne juge personne, mais il a donné au Fils toute puissance de juger, » vérité qu'il répète ici en disant : « Et il lui a donné la puissance de juger, parce qu'il est le Fils de l'homme. » Il semble répondre par avance à cette question : Pourquoi lui a-t-il donné la puissance pour juger? Quand donc a-t-il été privé de cette puissance? Alors qu'au commencement était le Verbe, que le Verbe était en Dieu, et que le Verbe était Dieu, quand toutes choses ont été faites par lui, est-ce qu'il n'avait pas toute puissance pour juger? Entendez dans quel sens je dis qu'il a reçu ce pouvoir : « Il lui a donné la puissance de juger, parce qu'il est Fils de l'homme. » C'est donc en tant qu'il est Fils de l'homme qu'il a reçu le pouvoir de juger, car en tant qu'il est Fils de Dieu, il a tou-

« Sicut habet Pater vitam in semetipso, sic dedit et Filio habere vitam in semetipso : » (*Joan.*, V, 26) ut non participatione vivat, sed incommutabiliter vivat; et omnino ipse vita sit. « Sic dedit et Filio habere vitam. » Sicut habet, sic dedit. Quid interest? Quia ille dedit, iste accepit. Numquid jam erat quando accepit? Numquid intelligimus Christum aliquando fuisse sine luce, cum ipse sit sapientia Patris, de qua dictum est : Candor est lucis æternæ? (*Sap.*, VII, 26.) Ergo quod dicitur, « dedit Filio, » tale est ac si diceretur, genuit filium : generando enim dedit. Quomodo dedit ut esset, sic dedit ut vita esset, et sic dedit ut in semetipso vita esset. Quid est, in semetipso vita esset? Non aliunde vita indigeret, sed ipse esset plenitudo vitæ, unde credentes alii viverent dum viverent. « Dedit ergo illi habere vitam in semetipso : » dedit tanquam cui? tanquam Verbo suo, tanquam ei qui in principio erat Verbum, et Verbum erat apud Deum.

11. Deinde quia homo factus, quid illi dedit? « Et potestatem dedit ei judicium facere, quoniam filius hominis est. » (*Joan.*, V, 27.) Secundum quod Filius Dei est, « sicut habet Pater vitam in semetipso, sic et dedit Filio vitam habere in semetipso : » secundum autem quod filius hominis est, « potestatem dedit ei judicium faciendi. » Hoc est quod hesterno die exposui Caritati Vestræ, quia in judicio homo videbitur, Deus autem non videbitur : sed post judicium videbitur Deus ab his qui vicerint in judicio; ab impiis autem non videbitur Deus. Quia ergo homo videbitur in judicio forma illa, qua sic veniet sicut ascendit, ideo supra dixerat : Pater non judicat quemquam, sed omne judicium dedit Filio. (*v.* 22.) Hoc etiam in isto loco repetit, cum dicit : « Et potestatem dedit ei judicium faciendi, quoniam filius hominis est. » (*v.* 27.) Tanquam diceres tu : « Potestatem dedit ei judicium faciendi, » quare? Quando non habuit istam potestatem judicium faciendi? Quando in principio erat Verbum, et Verbum erat apud Deum, et Deus erat Verbum (*Joan.*, I, 1, etc.), quando omnia per ipsum facta sunt, numquid non habebat potestatem judicium faciendi? Sed secundum hoc dico : « Potestatem dedit ei judicium faciendi, quia Filius hominis est : » secundum hoc accepit potestatem judicandi, « quia Filius hominis est. » Nam secundum quod Dei Filius est, semper habuit hanc potestatem.

jours eu cette puissance. C'est celui qui a été crucifié qui a reçu cette puissance. Celui qui a été victime de la mort a repris la vie; mais pour le Verbe de Dieu il n'a jamais connu la mort, il est toujours dans la vie.

12. Peut-être quelqu'un d'entre nous, à ce mot de résurrection, dirait-il : « Mais nous sommes déjà ressuscités. » « Celui qui écoute les paroles du Christ, celui qui croit, passe de la mort à la vie, et ne viendra point en jugement; l'heure vient, et elle est venue, où celui qui entend la voix du Fils de Dieu, vivra; » il était mort, il a entendu cette voix, il ressuscite; quelle est donc cette autre résurrection dont on vient nous parler? Soyez ici plus soucieux de vos intérêts, ne précipitez point votre jugement, de peur d'en être victimes. Il y a, il est vrai, une résurrection qui se fait actuellement; les infidèles, les pécheurs étaient morts, ils vivent maintenant qu'ils sont justes, ils passent de la mort de l'incrédulité à la vie de la foi; mais n'allez pas en conclure qu'il ne doit point y avoir une résurrection des corps, croyez au contraire que cette résurrection aura certainement lieu. Ecoutez, en effet, ce que dit le Sauveur, après nous avoir parlé de la résurrection qui se fait par la foi, pour que personne ne crût qu'elle fût la seule, et ne tombât dans l'erreur, qui ôte tout espoir de ces hommes qui pervertissaient les esprits en affirmant que la résurrection était déjà faite; c'est d'eux que l'Apôtre a dit : « Ils renversent la foi de quelques-uns. » (II *Tim.*, II, 18.) Voici sans doute le raisonnement qu'ils faisaient : Le Seigneur a dit : « Celui qui croit en moi, a passé de la mort à la vie; » la résurrection a donc eu déjà lieu pour ceux qui ont cru après avoir été incrédules; comment venir encore parler d'une autre résurrection? Grâce au Seigneur notre Dieu qui affermit ceux qui chancellent, qui dirige ceux qui hésitent, qui confirme ceux qui sont dans le doute. Ecoutez les paroles qui suivent, et qui ne vous permettent pas de vous envelopper de l'obscurité de la mort. Si vous avez cru, croyez à tout l'ensemble de ces paroles. Quel est cet ensemble auquel il faut croire? Ecoutez ce que dit le Sauveur : « Ne vous étonnez pas de ceci, de ce qu'il a donné au Fils le pouvoir de juger, » c'est-à-dire à la fin du monde? Comment prouver que c'est à la fin du monde? « Ne vous en étonnez pas, car l'heure vient. » Il ne dit pas ici : Et elle est venue. Pour la résurrection de la foi il dit au contraire : « L'heure vient, et elle est venue. » Lorsqu'il parle au contraire de la résurrection future des morts : « L'heure vient, » nous dit-il; mais il n'ajoute pas : « Et elle est venue, » parce qu'elle ne doit venir qu'à la fin du monde.

13. Mais comment prouver, me dites-vous, qu'il a voulu parler de cette résurrection? Si vous voulez écouter avec un peu de patience, c'est

---

Accepit qui crucifixus est. Qui fuit in morte, est in vita : Verbum Dei nunquam in morte, semper in vita.

12. Jam ergo de resurrectione forte aliquis nostrum dicebat : Ecce resurreximus : Qui audit Christum, qui credit, et transit de morte ad vitam et in judicium non veniet (*Joan.*, v, 24, etc.); venit hora, et nunc est, ut qui audit vocem Filii Dei, vivat; mortuus erat, audivit, ecce resurgit : quid est quod dicitur postea resurrectio futura? Parce tibi, noli præcipitare sententiam, ne pergas post illam. Est quidem ista resurrectio quæ fit nunc : mortui erant infideles, mortui erant iniqui; vivunt justi, transeunt a morte infidelitatis ad vitam fidei : sed noli inde credere nullam futuram postea resurrectionem corporis, crede futuram et resurrectionem corporis. Audi enim quid sequatur post commendatam resurrectionem istam quæ fit per fidem, ne quis putaret istam solam esse, et incideret in illam desperationem et errorem hominum, qui pervertebant aliorum sensus, dicentes resurrectionem jam factam esse, de quibus dicit Apostolus : Et fidem quorumdam pervertunt. (II *Tim.*, II, 18.) Credo enim quia talia verba illis dicebant : Ecce Dominus ubi ait : « Et qui credit in me, transiit a morte ad vitam : » (*Joan.*, v, 24) jam facta est resurrectio in hominibus fidelibus qui fuerant infideles : quomodo altera dicitur resurrectio? Gratias Domino Deo nostro, fulcit nutantes, dirigit hæsitantes, confirmat dubitantes. Audi quid sequitur, quia non habes unde tibi facias caliginem mortis. Si credidisti, totum crede. Quid totum, inquis, credo? Audi quid dicit : « Nolite mirari hoc, » (v. 28) quia dedit potestatem Filio faciendi judicii. In fine dico, ait. Quomodo in fine? « Nolite mirari hoc : quia venit hora. » Hic non dixit, « et nunc est. » In illa resurrectione fidei quid dixit? « Venit hora, et nunc est. » (v. 25.) In ista resurrectione quam commendat futuram corporum mortuorum : « Venit hora, » dixit : non dixit, « nunc est : » quia in fine sæculi ventura est.

13. Et unde, inquis, mihi probas, quia de ipsa resurrectione dixit? Si patienter audias, tu ipse tibi modo probabis. Sequamur ergo : « Nolite mirari hoc :

vous-même qui vous en administrerez la preuve. Voyons donc la suite : « Ne vous en étonnez pas, car l'heure vient où tous ceux qui sont dans les tombeaux. » (*Jean*, v, 28.) Quoi de plus clair que cette résurrection? Précédemment il n'avait point dit : Ceux qui sont dans les tombeaux, mais : « Les morts entendront la voix du Fils de Dieu, et ceux qui l'entendront vivront. » Il ne dit pas les uns vivront, les autres seront condamnés, car tous ceux qui croiront vivront. Quand il en vient au contraire à ceux qui sont dans les tombeaux, comment s'exprime-t-il? « Tous ceux qui sont dans les tombeaux entendront sa voix et sortiront. » (*Ibid.*, 28.) Il ne dit pas : Ils entendront et vivront, car si la vie de ceux qui sont dans les tombeaux a été criminelle, ils ressusciteront pour la mort et non pour la vie. Voyons donc ceux qui sortiront des tombeaux. Nous avons vu il n'y a qu'un instant revenir à la vie les morts qui entendaient et croyaient, mais sans aucune distinction entre eux. Notre-Seigneur n'a pas dit : Ceux qui sont morts entendront la voix du Fils de Dieu, et lorsqu'ils l'auront entendue, les uns vivront, les autres seront condamnés; mais : « Tous ceux qui l'entendront vivront, » parce que tous ceux qui croient, tous ceux qui ont la charité vivront, et aucun d'eux ne sera soumis à l'empire de la mort. Mais pour ceux qui sont dans les tombeaux, « ils entendront la voix du Fils de Dieu, dit-il, et sortiront des tombeaux, ceux qui auront fait le bien pour une résurrection de vie, ceux qui auront fait le mal pour une résurrection de jugement. » (*Ibid.*, 29.) Ce jugement c'est le châtiment dont il avait dit précédemment : « Celui qui croit en moi a passé de la mort à la vie, et et n'encourra point le jugement de condamnation. »

14. « Je ne puis rien faire de moi-même. Selon que j'entends je juge, et mon jugement est juste. » Si vous jugez comme vous entendez, de qui entendez-vous? Si c'est du Père, il est certain que le Père ne juge personne, mais qu'il a donné au Fils toute puissance pour juger. Quand donc êtes-vous en quelque sorte comme le héraut du Père, en ne disant que ce que vous entendez? Je dis ce que j'entends, parce que je suis ce qu'est le Père; dire pour moi est la même chose qu'exister, parce que je suis le Verbe du Père. Voilà ce que vous dit Jésus-Christ. Vous vous demandez maintenant quel le sens de ces paroles : « Selon que j'entends, je juge. » Elles signifient : Selon ce que je suis. Examinons, en effet, mes frères, de quelle manière entend le Christ. Le Christ entend du Père. Comment le Père lui parle-t-il? S'il lui dit quelque chose il lui adresse la parole, car tout homme qui dit une chose à un autre, le fait nécessairement par la parole. Or, comment le Père parle-t-il au Fils, puisque le Fils est le Verbe du Père? Tout ce que le Père nous dit, il nous le dit par son Verbe; le Verbe du Père, c'est le Fils; par quel

---

quia venit hora, in qua omnes qui in monumentis sunt. » (*v.* 28.) Quid evidentius ista resurrectione? Jamdudum non dixerat, « qui in monumentis sunt : » sed, « mortui audient vocem Filii Dei, et qui audierint vivent. » (*v.* 25.) Non dixit, alii vivent, alii damnabuntur : quia omnes qui credunt vivent. De monumentis autem quid dicit? « Omnes qui sunt in monumentis, audient vocem ejus, et procedent. » (*v.* 28, 29.) Non dixit, « audient et vivent. » Si enim male vixerunt et jacebant in monumentis, ad mortem surgent, non ad vitam. Ergo videamus qui procedent. Licet paulo ante mortui audiendo et credendo vivebant, non ibi facta est discretio : non dictum est : Audient mortui vocem Filii Dei, et cum audierint, alii vivent, alii damnabuntur : sed : « Omnes qui audierint, vivent : » (*v.* 25) quia qui credunt vivent, qui habent caritatem vivent, et nemo morietur. De monumentis autem, « audient vocem, et procedent qui bene fecerunt, ad resurrectionem vitæ; qui male fecerunt, ad resurrectionem judicii. » (*v.* 29.) Hoc est judicium, pœna illa de qua paulo ante dixerat : « Qui credit in me, transiit a morte ad vitam, et in judicium non veniet. »

14. « Non possum ego a meipso facere quidquam : sicut audio judico, et judicium meum justum est. » (*v.* 30.) Si sicut audis judicas, a quo audis? Si a Patre, certe Pater non judicat quemquam, sed omne judicium dedit Filio. Quando tu quodammodo præco Patris, quod audis, hoc dicis? Quod audio hoc dico, quia quod est Pater, hoc sum : dicere enim meum esse est; quia Verbum Patris sum. Hoc enim tibi dicit Christus. Inde de tuo. (*f.* in corde tuo.) Quid est : « Sicut audio, ita judico, » nisi : Sicut sum? Quomodo enim audit Christus? Fratres, quæramus rogo vos. Audit Christus a Patre? Quomodo illi dicit Pater? Utique si dicit illi, verba ad illum facit : omnis enim qui aliquid alicui dicit, verbo dicit. Quomodo Pater Filio dicit, quando Filius Verbum Patris est? Quidquid nobis Pater dicit, verbo suo dicit : Verbum Patris Filius est, ipsi Verbo quo alio verbo dicit?

autre Verbe parle-t-il à son Verbe? Il n'y a qu'un seul Dieu, il n'a qu'un seul Verbe, et dans ce seul Verbe il comprend toutes choses. Que signifient donc ces paroles : « Selon que j'entends je juge? » Selon que je suis du Père, je juge. Donc « mon jugement est juste. » Mais Seigneur Jésus, si, comme le pensent les esprits grossiers, vous ne faites rien de vous-même, comment avez-vous pu dire un peu auparavant : « Ainsi le Fils donne la vie à qui il lui plaît? » Et voilà que vous dites maintenant : « Je ne fais rien de moi-même. » Que veut nous apprendre ici le Fils, si ce n'est qu'il vient du Père? Celui qui vient du Père, n'existe point de lui-même. Si le Fils était de lui-même, il ne serait plus Fils; or, il vient du Père. Le Père pour exister ne vient point du Fils; le Fils tire son existence du Père. Il est égal au Père, mais cependant le Fils vient du Père, tandis que le Père ne vient pas du Fils.

15. « Car je ne cherche point ma volonté, mais la volonté de celui qui m'a envoyé. » Le Fils unique déclare qu'il ne cherche point sa volonté; et les hommes veulent faire leur volonté. Celui qui est égal au Père descend jusqu'à ce degré d'humiliation, et nous voyons s'élever outre mesure celui que sa condition naturelle place si bas, et qui ne peut se relever si on ne lui tend la main. Faisons donc la volonté du Père, la volonté du Fils, la volonté du Saint-Esprit, car cette Trinité n'a qu'une seule volonté, une seule puissance, une seule majesté. Cependant le Fils dit : « Je ne suis point venu faire ma volonté, mais la volonté de celui qui m'a envoyé, » parce que Jésus-Christ ne vient point de lui-même, mais de son Père. Quant à la forme sous laquelle il a paru sur la terre comme homme, il l'a prise de la créature qu'il a lui-même tirée du néant.

TRAITÉ XXIII. (1).

Sur ces paroles de l'Evangile : « Si je rends témoignage de moi-même, » etc., jusqu'à ces autres : » Et vous ne voulez pas venir à moi pour avoir la vie; » Saint Augustin y reprend aussi le sujet des leçons précédentes depuis ces paroles : « En vérité en vérité je vous le dis, le Fils ne peut rien faire de lui-même, » etc.

1. Notre-Seigneur, dans un certain endroit de l'Evangile, compare l'auditeur sage de sa parole à un homme qui voulant construire une maison, creuse profondément jusqu'à ce qu'il rencontre la pierre ferme, et qu'il puisse élever avec sécurité sur ce fondement un édifice capable de braver la violence des eaux, que l'on verra se briser contre la solidité de cette maison, plutôt que leur choc impétueux ne soit cause de sa ruine. Considérons donc les divines Ecritures comme un camp où nous voulons construire un

(1) Ce Traité a été donné le lendemain du jour où le précédent a été prononcé. Voyez le n° 5.

Unus est Deus, unum Verbum habet, in uno Verbo omnia continet. Quid est ergo : « Sicut audio, ita judico? » Sicut de Patre sum, ita judico. Ergo « judicium meum justum est. » Nam si nihil facis ex te, o Domine Jesu, quomodo sentiunt carnales; si nihil facis ex te, quomodo paulo ante dixisti : Sic et Filius quos vult vivificat? Modo dicis : Ex me facio nihil. Sed quid commendat Filius, nisi quia de Patre est? Qui est de Patre, non est de se. Si de se Filius esset, non esset Filius : de Patre est. Pater ut sit non est de Filio, Filius ut sit de Patre est. Æqualis Patri : sed tamen iste de illo, non ille de isto.

15. « Quia non quæro voluntatem meam, sed voluntatem ejus qui misit me. » (*Ibid.*) Filius unicus dicit : « Non quæro voluntatem meam : » et homines volunt facere voluntatem suam? Ille tantum se humiliat qui æqualis est Patri : et tantum se extollit qui in imo jacet, et nisi ei manus porrigatur, non surgit? Faciamus ergo voluntatem Patris, (a) voluntatem Filii, voluntatem Spiritus sancti : quia Trinitatis hujus una voluntas, una potestas, una majestas est. Ideo tamen dicit Filius : « Non veni facere voluntatem meam, sed voluntatem ejus qui misit me : » quia Christus non est de se, sed de Patre suo est. Quod autem habuit ut homo appareret, de creatura assumpsit quam ipse formavit.

(a) In omnibus Mss. *voluntatem Christi*.

TRACTATUS XXIII.

In illam lectionem Evangelii : « Si ego testimonium perhibeo de me, » etc., usque ad id : « Et non vultis venire ad me, ut vitam habeatis. » Tum etiam repetuntur superiores lectiones jam ante tractatæ, scilicet ab his verbis : « Amen, amen dico vobis, non potest Filius a se facere quidquam, » etc.

1. Quodam loco in Evangelio Dominus ait, prudentem auditorem verbi sui similem esse debere homini, qui volens ædificare, fodit altius, donec perveniat ad fundamentum stabilitatis petræ, et ibi securus constituat quod fabricat adversus impetum fluminis : ut cum venerit, repercutiatur potius firmitate ædificii, quam impulsu suo ruinam faciat illi

édifice. Gardons-nous de toute négligence; ne nous contentons pas de ce qui est à la superficie ; creusons plus avant jusqu'à ce que nous arrivions à la pierre. Or, la pierre c'est Jésus-Christ. (I *Cor.*, x, 4.)

2. La leçon de ce jour a pour objet le témoignage de Jésus-Christ, qui n'a point besoin que les hommes lui rendent témoignage, parce qu'il a un témoignage plus grand que celui qui vient des hommes, et il nous apprend quel est ce témoignage. « Les œuvres que je fais, dit-il, rendent témoignage de moi; » et il ajoute : « Et mon Père qui m'a envoyé a rendu lui-même témoignage de moi. » (*Jean*, v, 36, 37.) Il déclare aussi que c'est de son Père qu'il a reçu les œuvres qu'il fait. Ainsi donc ses œuvres lui rendent témoignage, et son Père lui rend aussi témoignage. Est-ce donc que Jean ne lui a rendu aucun témoignage? Oui, sans doute, il lui a rendu témoignage, mais comme un flambeau ; ce n'était point pour rassasier ses amis, mais pour confondre ses ennemis, comme Dieu le Père l'avait prédit autrefois par la bouche de son prophète : « J'ai préparé un flambeau pour mon Christ ; je couvrirai ses ennemis de confusion, et je ferai éclater sur lui la gloire de ma sainteté. » (*Ps* cxxxi, 17, 18.) Supposez que vous soyez au milieu d'une profonde nuit, vos yeux se sont fixés sur un flambeau ; vous admirez son éclat, et vous tressaillez à la vue de sa lumière ; mais ce flambeau vous dit qu'il existe un soleil qui doit exciter en vous une joie beaucoup plus vive, et malgré la lumière qu'il répand au milieu de la nuit, il vous conseille d'attendre le jour. Il ne faut donc pas croire que le Sauveur n'eût pas besoin du témoignage de l'homme, car si ce témoignagne n'était pas nécessaire, pourquoi Dieu aurait-il envoyé Jean-Baptiste ? Le Seigneur ne veut pas que nous nous arrêtions à la lumière du flambeau, il ne veut pas davantage que nous regardions sa lumière comme inutile ; voilà pourquoi il se garde bien de dire que la lumière du flambeau est superflue, comme aussi que nous devons nous contenter de cette lumière. La sainte Ecriture lui rend encore un autre témoignage ; Dieu y rend témoignage à son Fils, et c'est dans cette Ecriture que les Juifs avaient placé leur confiance, c'est-à-dire dans la loi de Dieu qui leur avait été donnée par Moïse, serviteur de Dieu. « Scrutez les Ecritures, puisque vous pensez avoir en elles la vie éternelle, car ce sont elles qui rendent témoignage de moi. Mais vous ne voulez pas venir à moi pour avoir la vie. » (*Jean*, v, 39, 40.) Vous pensez trouver dans l'Ecriture la vie éternelle ; demandez-lui à qui elle rend témoignage, et comprenez ce que c'est que la vie éternelle. Et parce que c'était pour défendre Moïse qu'ils voulaient rejeter Jésus-Christ comme opposé aux institutions et aux préceptes que Moïse avait

---

domui. (*Matth.*, vii, 24.) Putemus Scripturam Dei tanquam agrum esse, ubi volumus aliquid ædificare. Non simus pigri, nec superficie contenti : fodiamus altius, donec perveniamus ad petram : Petra autem erat Christus. (I *Cor.*, x, 4.)

2. Hodierna lectio de testimonio Domini nobis locuta est, quia non habeat necessarium ab hominibus testimonium, sed habeat majus quam sunt homines : atque id testimonium dixit quid sit : « Opera, inquit, quæ ego facio, testimonium perhibent de me. » Deinde adjunxit : « Et testimonium perhibet de me qui misit me Pater. » (*Joan.*, v, 36.) Ipsa quoque opera quæ facit, a Patre se accepisse dicit. Testimonium ergo perhibent opera, testimonium perhibet Pater. Nullumne testimonium perhibuit Joannes ? Perhibuit plane, sed tanquam lucerna, non ad satiandos amicos, sed confundendos inimicos : jam enim antea prædictum erat a persona Patris : Paravi lucernam Christo meo ; inimicos ejus induam confusione, super ipsum autem efflorebit sanctificatio mea. (*Psal.* cxxxi, 17 et 18.) Esto tanquam in nocte positus, attendisti in lucernam, et miratus es lucernam, et exsultasti ad lumen lucernæ : sed illa lucerna dicit esse solem, in quo exultare debeas ; et quamvis ardeat in nocte, diem te jubet exspectare. Non ergo quia illius hominis testimonio non erat opus. Nam ut quid mitteretur, si non erat opus ? Sed ne in lucerna remaneat homo, et lumen lucernæ sufficere sibi arbitretur : ideo Dominus nec lucernam illam superfluam dicit fuisse, nec tamen se dicit in lucerna debere remanere. Dicit aliud testimonium Scriptura Dei : ibi utique Deus perhibuit testimonium Filio suo, et in illa Scriptura Judæi spem posuerant, in Lege scilicet Dei, ministrata sibi per Moysen famulum Dei. « Scrutamini, inquit : Scripturam, in qua vos putatis vitam æternam habere, ipsa testimonium perhibet de me, et non vultis venire ad me, ut vitam habeatis. » (*Joan.*, v, 39 et 40.) Quid vos putatis habere in Scriptura vitam æternam ? Ipsam interrogate, cui perhibet testimonium ; et intelligite quæ sit vita æterna. Et quia propter Moysen volebant repudiare Christum, tanquam adversarium

donnés, il porte de nouveau la lumière dans leur esprit à l'aide d'une autre lampe.

3. Tous les hommes, en effet, sont comme des lampes, parce qu'ils peuvent être allumés et éteints. Les lampes, lorsqu'elles sont judicieuses et intelligentes, répandent la lumière et la chaleur; si elles viennent à s'éteindre, elles répandent une odeur désagréable. Les serviteurs de Dieu sont restés des lampes lumineuses, grâce à l'huile de sa miséricorde et non par leurs propres forces. En effet, la grâce purement gratuite est l'huile qui alimente ces lampes. « J'ai travaillé plus qu'eux tous, dit une de ces lampes, » et de peur qu'on n'attribuât son ardente lumière à ses propres forces, il ajoute : « Non, pas moi toutefois, mais la grâce de Dieu avec moi. » (I *Cor.*, xv, 10.) Toute prophétie avant l'avénement du Seigneur est encore une véritable lampe au sens de l'apôtre saint Pierre : « Nous avons la parole plus ferme des prophètes à laquelle vous faites bien d'être attentifs, comme une lampe qui luit dans un lieu obscur jusqu'à ce que le jour brille et que l'étoile du matin se lève dans vos cœurs. » (II *Pier.*, I, 19.) Les prophètes sont donc des lampes, et toute prophétie est comme une seule grande lampe. Que sont les apôtres ? Ne sont-ils pas eux-mêmes des lampes ? Oui, sans aucun doute. Jésus-Christ seul n'est point une lampe, parce qu'il ne peut ni être allumé, ni être éteint; car, comme le Père a la vie en soi, ainsi il a donné au Fils d'avoir la vie en soi. Les apôtres sont donc aussi des lampes, et ils rendent grâces parce qu'ils tirent leur éclat de la lumière de la vérité et leur ardeur de l'esprit de charité, et c'est l'huile de la grâce de Dieu qui les alimente. S'ils n'étaient point des lampes, le Seigneur ne leur dirait pas : « Vous êtes la lumière du monde. » (*Matth.*, v, 14.) Mais après leur avoir dit : « Vous êtes la lumière du monde, » il leur apprend à ne pas se regarder comme la lumière dont il est dit : « Il était la vraie lumière qui éclaire tout homme venant en ce monde. » (*Jean.*, I, 9.) C'est par ce caractère particulier que l'Evangéliste le distingue de Jean-Baptiste. Il venait de dire de ce dernier : « Il n'était pas la lumière, mais pour rendre témoignage à la lumière. » (*Ibid.*, 8.) Et comment n'était-il pas la lumière, lui dont Jésus-Christ a dit qu'il était une lampe ardente ? En comparaison d'une autre lumière plus excellente, il n'était pas la lumière. « La vraie lumière est celle qui éclaire tout homme venant en ce monde. » Aussi, lorsqu'il disait à ses disciples : « Vous êtes la lumière du monde, » de peur qu'ils ne s'attribuassent ce qui ne devait s'entendre que de Jésus-Christ seul et que le vent de l'orgueil ne vint à éteindre leurs lampes, après ces paroles : « Vous êtes la lumière du monde, » il

---

institutis præceptisque Moysi; rursus eosdem ipse convincit tanquam de alia lucerna.

3. Omnes enim homines lucernæ, quia et accendi possunt et extingui. Et lucernæ quidem cum sapiunt, lucent, et spiritu fervent : nam et si ardebant et extinctæ sunt, etiam putent. Permanserunt enim servi Dei lucernæ bonæ, ex oleo misericordiæ illius, non ex viribus suis. Gratia quippe Dei gratuita, illa oleum lucernarum est. Plus enim illis omnibus laboravi (I *Cor.*, xv, 10), ait quædam lucerna : et ne viribus suis ardere videretur, adjunxit : Non ego autem, sed gratia Dei mecum. « Omnis ergo prophetia ante Domini adventum, lucerna est : de qua dicit Petrus Apostolus : Habemus certiorem propheticum sermonem, cui bene facitis intendentes quemadmodum lucernæ lucenti in obscuro loco, donec dies lucescat, et lucifer oriatur in cordibus vestris. » (II *Petr.*, I, 19.) Lucernæ itaque Prophetæ, et omnis prophetiæ una magna lucerna. Quid Apostoli, non lucernæ etiam ipsi ? plane lucernæ. Solus enim ille non lucerna. Non enim accenditur et extinguitur : quia sicut Pater habet vitam in semetipso, sic dedit Filio habere vitam in semetipso. Lucernæ ergo et Apostoli : et gratias agunt, quia et accensi sunt lumine Veritatis, et fervent Spiritu caritatis, et suppetit illis oleum gratiæ Dei. Si non essent lucernæ, non diceret illis Dominus : Vos estis lumen mundi. (*Matth.*, v, 14.) Nam postea quam dixit : Vos estis lumen mundi : ostendit ne tale lumen se putarent, quale dictum est : « Erat lumen verum, quod illuminat omnem hominem venientem in hunc mundum. » (*Joan.*, I, 9.) Tunc autem hoc a Domino dictum est, cum a Joanne distingueretur. De Joanne quippe Baptista dictum erat : Non erat ille lumen, sed ut testimonium perhiberet de lumine. (*Ibid.*, 8.) Et ne diceres : Quomodo lumen non erat, de quo Christus dicit, quia lucerna erat ? (*Joan.*, v, 35.) In comparatione alterius luminis non erat lumen. « Erat enim verum lumen, quod illuminat omnem hominem venientem in hunc » mundum. Ergo cum et discipulis diceret : Vos estis lumen mundi, ne sibi aliquid tributum putarent, quod de solo Christo intelligendum esset, et ita lucernæ vento superbiæ extinguerentur; cum dixisset : Vos estis lumen mundi : continuo subjunxit : « Non potest civitas abscondi supra montem constituta, neque accendunt lucernam et ponunt

ajoute aussitôt : « Une ville située sur une montagne ne peut être cachée, et on n'allume pas une lampe pour la mettre sous le boisseau, mais sur le chandelier afin qu'elle éclaire tous ceux qui sont dans la maison. » (*Matth.*, v, 14 et 15.) Et si Notre-Seigneur n'avait point dit à ses apôtres qu'ils étaient une lampe, mais qu'ils devaient eux-mêmes allumer la lampe qui doit être placée sur le chandelier? Ecoutez comme il déclare qu'ils sont véritablement une lampe : « Qu'ainsi votre lumière luise devant les hommes afin qu'ils voient vos bonnes œuvres et qu'ils glorifient votre Père qui est dans les cieux. » (*Ibid.*, 16.)

4. Moïse a donc rendu témoignage à Jésus-Christ, Jean a rendu témoignage à Jésus-Christ, et les autres prophètes et les apôtres lui ont également rendu témoignage. Au-dessus de tous ces témoignages il place le témoignage de ses œuvres. Moïse, Jean et les apôtres n'étaient que les instruments de Dieu qui rendait par eux témoignage à son Fils. Dieu lui rend maintenant témoignage d'une autre manière, c'est par son Fils lui-même qu'il révèle son Fils, c'est par son Fils qu'il se révèle lui-même. L'homme qui peut parvenir jusqu'à lui n'a plus besoin de lampe, et en creusant à cette profondeur il établira son édifice sur la pierre.

5. La leçon de ce jour, mes frères, n'offre pas de difficulté, mais j'ai contracté hier une dette que j'ai différé et que je ne refuse pas d'acquitter puisque Dieu daigne m'en offrir aujourd'hui l'occasion. Rappelez-vous seulement ce que vous devez demander à Dieu selon les règles de la piété et d'une humilité salutaire, c'est-à-dire qu'il faut nous élever non contre Dieu, mais vers Dieu ; élever nos âmes vers lui en la répandant en nous-mêmes à l'exemple du Psalmiste lorsqu'on lui demandait : Où est ton Dieu? « Je repassais ces paroles dans mon cœur, nous dit-il, et je répandais mon âme en moi-même. » (*Ps.* XLI, 4-5.) Levons donc nos âmes non contre Dieu, mais vers Dieu, comme faisait le même Psalmiste : « Seigneur, j'ai levé mon âme vers vous. » (*Ps.* XXIV, 1.) Levons-la avec le secours de sa grâce, car d'elle-même elle est bien pesante. Et qui la rend si pesante? « C'est le corps qui se corrompt qui appesantit l'âme, et cette habitation terrestre abat l'esprit capable des plus hautes pensées. » (*Sag.*, IX, 15.) Il nous est donc très-difficile de recueillir notre esprit répandu sur une multitude d'objets, de l'arracher à toutes ces choses pour l'appliquer à une seule (et cela nous est même impossible, comme je l'ai dit, sans le secours de Celui qui nous commande d'élever nos âmes vers lui) et de comprendre en partie seulement comment le Verbe de Dieu, le Fils unique du Père, coéternel et égal au Père, ne fait que ce qu'il voit faire au Père, alors cependant que le Père ne

---

eam sub modio, sed super candelabrum, ut luceat omnibus qui in domo sunt. » (*Matth.*, v, 14 et 15.) Sed quid, si Apostolos non dixit lucernam, sed accensores lucernæ quam ponerent super candelabrum? Audi quia ipsos dixit lucernam. « Sic luceat, inquit, lumen vestrum coram hominibus, ut videntes bona opera vestra glorificent, non vos, sed Patrem vestrum qui in cœlis est. » (*Ibid.*, 16.)

4. Ergo et Moyses perhibuit testimonium Christo, et Joannes perhibuit testimonium Christo, et cæteri Prophetæ et Apostoli perhibuerunt testimonium Christo. His omnibus testimoniis præponit testimonium operum suorum. Quia et per illos nonnisi Deus perhibuit testimonium Filio suo. Sed perhibet alio modo Deus testimonium Filio suo : per ipsum Filium suum indicat Deus Filium, indicat se per Filium. Ad hunc si potuerit homo pervenire, nec lucernis indigebit, et vere fodiendo altius, ædificium perducet ad petram.

5. Facilis est ergo, Fratres, hodierna lectio : sed propter hesternum debitum (scio enim quid distulerim, non abstulerim, et Dominus dignatus est donare etiam hodie loqui ad vos), recordamini quid reposcere debeatis, si forte aliquo modo servata pietate et salubri humilitate, extendamus nos non adversus Deum, sed ad Deum ; et levemus ad eum animam nostram, effundentes eam super nos, sicut ille in Psalmo, cui dicebatur : Ubi est Deus tuus? Hæc, inquit, meditatus sum, et effudi super me animam meam. (*Psal.* LXI, 4 et 5.) Levemus ergo animam ad Deum, non contra Deum : quia et hoc dictum est : Ad te Domine levavi animam meam. (*Psal.* XXIV, 1.) Et levemus adjuvante ipso ; nam gravis est. Unde autem gravis est? Quia corpus quod corrumpitur, aggravat animam, et deprimit terrena inhabitatio sensum multa cogitantem. (*Sap.*, IX, 15.) Ne forte ergo possimus sensum nostrum a multis colligere ad unum, et evulsum a multis relevare ad unum (quod quidem non poterimus, ut dixi, nisi adjuvet ille qui ad se vult levari animas nostras :) et contingamus ex aliqua parte, quomodo Verbum Dei unicus Patri, coæternus et æqualis Patri, non faciat nisi quod vi-

fait rien que par le Fils qui voit ce qu'il fait. Le Seigneur Jésus me paraît vouloir enseigner ici une vérité importante aux esprits attentifs, l'imprimer profondément dans les cœurs bien disposés, et exciter ceux qui ne le sont pas encore à mériter par une vie pure le don de l'intelligence. Il veut nous apprendre que l'âme humaine et l'esprit raisonnable qui a été donné à l'homme et non aux animaux, ne peuvent recevoir la vie, le bonheur, la lumière que de la substance même de Dieu. Cette âme peut sans doute agir, opérer par le moyen du corps et à l'aide du corps; le corps lui est soumis, les objets sensibles charment ou blessent les sens du corps, et par suite de la cohabitation de l'âme et du corps dans cette vie et de l'union intime qui existe entre eux, l'âme elle-même participe aux impressions agréables ou tristes produites sur les sens. Mais quant à la béatitude qui seule peut rendre l'âme véritablement heureuse, elle ne peut l'obtenir que par la participation à cette vie toujours vivante, immuable, à cette nature éternelle qui est Dieu. De même que l'âme qui est inférieure à Dieu communique la vie au corps qui lui est inférieur à elle-même, ainsi l'âme ne peut recevoir la vie qui la rend heureuse que de la nature qui lui est supérieure. L'âme est supérieure au corps, et Dieu est supérieur à l'âme. Elle donne à la nature qui lui est inférieure, elle reçoit de celle qui lui est supérieure. Qu'elle reste soumise à son Seigneur si elle ne veut être foulée aux pieds par son serviteur. Voilà, mes frères, ce qu'enseigne la religion chrétienne prêchée par tout le monde au grand effroi de ses ennemis qui murmurent quand ils sont vaincus et qui sévissent cruellement lorsqu'ils sont vainqueurs. Voilà ce qu'enseigne la religion chrétienne, il faut adorer un seul Dieu et non plusieurs dieux, parce qu'il n'y a qu'un seul Dieu qui puisse rendre l'âme heureuse. C'est par la communion avec Dieu qu'elle devient heureuse. L'âme qui est malade n'est point heureuse par la communion avec une âme sainte, l'âme sainte n'est point heureuse par la communion avec un ange; mais si l'âme est infirme désire être heureuse, qu'elle examine d'où vient à l'âme sainte son bonheur. Ce n'est point un ange qui peut vous rendre heureux, mais Celui qui rend l'ange heureux peut seul vous donner le vrai bonheur.

6. Ce principe une fois solidement établi que Dieu seul peut rendre heureuse l'âme raisonnable, que le corps ne reçoit la vie que de l'âme, et que l'âme est une nature qui tient comme le milieu entre Dieu et le corps, considérez, mes frères, et rappelez-vous avec moi, non pas la leçon de ce jour dont nous avons suffisamment parlé, mais la leçon d'hier que nous traitons, que nous expliquons pour la troisième fois, et

---

derit Patrem facientem, cum tamen Pater ipse non faciat aliquid nisi per Filium videntem. Videtur mihi quoniam Dominus Jesus in hoc loco magnum quiddam insinuare volens intentis, et infundere capacibus, incapaces autem excitare ad studium, ut nondum intelligentes bene vivendo capaces fiant, insinuavit nobis animam humanam et mentem rationalem, quæ inest homini, non inest pecori, non vegetari, non beatificari, non illuminari, nis ab ipsa substantia Dei : eamque animam facere aliquid per corpus et de corpore, atque habere subjectum corpus, et per corporalia mulceri posse sensus corporis vel offendi, et propter hoc, id est propter consortium quoddam animæ et corporis in hac vita atque complexu, delectari animam lenitis, vel contristari offensis corporis sensibus : beatitudinem tamen ejus qua fit beata ipsa anima, non fieri nisi participatione illius vitæ semper vivæ, incommutabilis, æternæque substantiæ, quæ Deus est : ut quomodo anima quæ inferior Deo est, id quod ipsa inferius est, hoc est corpus, facit vivere; sic eamdem animam non faciat beate vivere, nisi quod ipsa anima est superius. Superior enim anima quam corpus, et superior quam anima Deus. Præstat aliquid inferiori, præstatur illi a superiore. Serviat Domino suo, ne conculcetur a servo suo. Hæc est, Fratres mei, religio Christiana, quæ prædicatur per totum mundum horrentibus inimicis, et ubi vincuntur murmurantibus, ubi prævalent sævientibus. Hæc est religio Christiana, ut colatur unus Deus, non multi dii : quia non facit animam beatam nisi unus Deus. Participatione Dei fit beata. Non participatione sanctæ animæ fit beata infirma anima, nec participatione Angeli fit beata sancta anima, sed si quærit beata esse infirma anima, quærat unde beata sit sancta anima. Non enim beatus efficeris ex Angelo tu : sed unde Angelus, inde et tu.

6. His præmissis atque firmissime constitutis, animam rationalem non beatificari nisi a Deo, corpus non vegetari nisi per animam, atque esse quamdam medictatem inter Deum et corpus, animam intendite et recolite mecum, non hodiernam, de qua sufficienter locuti sumus, sed hesternam lectionem,

que nous creusons selon nos forces, jusqu'à ce que nous parvenions jusqu'à la pierre. Le Christ est le Verbe, le Christ est le Verbe de Dieu qui est en Dieu, le Christ est le Verbe et le Verbe est Dieu, et le Christ et Dieu et le Verbe ne sont qu'un seul Dieu. O âme, c'est à cette hauteur qu'il faut vous élever au-dessus de toutes les choses de la terre qui ne sont dignes que de votre mépris. Il n'y a rien de plus puissant que cette nature créée que l'on appelle l'âme raisonnable, il n'y a rien de plus sublime; au-dessus d'elle c'est le Créateur. Je vous disais donc que le Christ est le Verbe, que le Christ est le Verbe de Dieu, que le Christ est le Verbe Dieu, mais il n'est pas simplement le Verbe, car le Verbe s'est fait chair et il a habité parmi nous, donc le Christ est tout à la fois le Verbe et la chair. Lorsqu'il avait la nature de Dieu, il n'a point regardé comme une usurpation de se faire égal à Dieu. (*Philip.*, II, 6.) Et nous, créatures faibles et rampantes qui ne pouvons atteindre jusqu'à Dieu, devait-il nous laisser dans l'abîme de notre misère? A Dieu ne plaise! «Il s'est donc anéanti en prenant la nature de serviteur,» mais il n'a point perdu la nature divine. Celui qui était Dieu s'est fait homme en prenant ce qu'il n'était pas, mais sans perdre ce qu'il était; c'est ainsi que Dieu s'est fait homme. Vous avez dans ce mystère ce qui répond à votre infirmité, en même temps que vous y trouvez le principe de votre perfection. Que Jésus-Christ vous élève par sa nature humaine, qu'il vous conduise en tant qu'il est Dieu et homme jusqu'à la nature divine. Tout l'objet de la prédication et de l'économie de la rédemption par Jésus-Christ est la résurrection des âmes, la résurrection des corps. L'un et l'autre étaient morts, le corps par suite de sa faiblesse, l'âme par suite de ses péchés. Ils étaient morts tous deux, il faut que tous deux ressuscitent. Qu'est-ce à dire tous deux? l'âme et le corps. Qui peut ressusciter l'âme, si ce n'est Jésus-Christ Dieu? qui peut ressusciter le corps, si ce n'est Jésus-Christ homme? Jésus-Christ avait une âme raisonnable, une âme tout entière, non-seulement la partie de l'âme qui est dépourvue de raison, mais la partie raisonnable qu'on appelle l'esprit. Des hérétiques que l'Eglise a chassés de son sein (les Apollinaristes), ont prétendu que le corps de Jésus-Christ avait non point une âme raisonnable, mais une âme semblable à celle des animaux, car ôtez l'âme raisonnable, il n'y a plus que la vie de l'animal sans raison. Mais l'Eglise les a excommuniés, et eux-mêmes s'étaient mis en dehors de la vérité; croyez donc que Jésus-Christ tout entier c'est l'union du Verbe, de l'âme raisonnable et de la chair, voilà le Christ tout entier. Que votre âme ressuscite donc de son iniquité par la nature divine du Christ, que votre corps ressuscite de sa corruption par sa nature humaine. Veuillez donc, mes très-chers

---

quam ecce jam triduo versamus atque tractamus, et pro viribus fodimus, donec ad petram perveniamus. Verbum Christus, Verbum Dei Christus apud Deum, Verbum Christus et Deus Verbum, Christus et Deus et Verbum unus Deus. Illuc perge anima contemptis cæteris, vel etiam transcensis, illuc perge. Nihil potentius ista creatura, quæ mens dicitur rationalis, nihil creatura sublimius : quidquid supra istam est, jam Creator est. Dicebam autem quia Verbum Christus, et Verbum Dei Christus, et Deus Verbum Christus : sed non tantum Verbum Christus, quia Verbum caro factum est, et habitavit in nobis (*Joan.*, I, 14) : ergo et Verbum et caro Christus. Cum enim in forma Dei esset, non rapinam arbitratus est esse æqualis Deo. (*Philip.*, II, 6.) Et quid nos in imo, qui non poteramus infirmi et humi repentes attingere Deum, numquid relinquendi eramus? absit. Semetipsum exinanivit formam servi accipiens, non ergo formam Dei amittens. Factus est ergo homo qui erat Deus, accipiendo quod non erat, non amittendo quod erat : ita factus est homo Deus. Ibi habes aliquid propter infirmitatem tuam, ibi habes aliud propter perfectionem tuam. Erigat te Christus per id quod homo est, ducat te per id quod Deus homo est, perducat te ad id quod Deus est. Et tota prædicatio dispensatioque per Christum hæc est, Fratres, et alia non est, ut resurgant animæ, resurgant et corpora. Utrumque quippe mortuum erat, corpus ex infirmitate, anima ex iniquitate. Quia utrumque mortuum erat, resurgat utrumque. Quid utrumque? anima et corpus. Per quid ergo anima nisi per Deum Christum? Per quid corpus, nisi per hominem Christum? Erat enim et in Christo anima humana, tota anima : non irrationale tantum animæ, sed etiam rationale quod mens dicitur. Fuerunt enim quidam hæretici, et pulsi sunt ab Ecclesia, qui putarent non habere mentem rationalem corpus Christi, sed quasi animam belluinam : excepta quippe rationali mente, vita belluina est. Sed quia expulsi sunt, et veritate expulsi sunt : accipe totum Christum, Verbum mentem rationalem et carnem. Hoc totum Christus est. Resurgat anima tua ab iniquitate per id quod Deus est, resurgat corpus

frères, considérer avec attention la profondeur de cet enseignement. Voyez le but que se propose ici Jésus-Christ, c'est uniquement de nous faire connaître l'objet de sa mission, c'est-à-dire que les âmes ressuscitent de leurs iniquités, que les corps ressuscitent de leur corruption. J'ai déjà dit quel était le principe de résurrection des âmes, la nature même de Dieu; quel est le principe de la résurrection des corps? l'économie mystérieuse de Notre-Seigneur Jésus-Christ fait homme.

7. « En vérité, en vérité, je vous le dis, le Fils ne peut rien faire de lui-même, mais seulement ce qu'il voit que le Père fait, car tout ce que fait le Père, le Fils aussi le fait comme lui. » (*Jean*, v, 19.) Le ciel, la terre, la mer, tout ce qu'il y a dans le ciel, sur la terre, dans la mer, les choses visibles et invisibles, les animaux qui peuplent la terre, toutes les productions des champs, les poissons qui nagent dans les eaux, les oiseaux qui volent dans les airs, les astres qui brillent au firmament, et en dehors de toutes ces créatures, les Anges, les Vertus, les Trônes, les Dominations, les Principautés, les Puissances, tout a été fait par lui. Or, Dieu a-t-il commencé par faire toutes ces choses, et les a-t-il ensuite montrées à son Fils lorsqu'il les eut faites, afin que son Fils pût faire à son tour un autre monde rempli de toutes ces merveilles? Non sans doute.

Mais que fait donc le Fils? « Toutes les choses que fait le Père, le Fils fait les mêmes choses, et non pas d'autres, et il les fait non pas différemment, mais d'une manière absolument semblable, car le Père aime le Fils, et lui montre tout ce qu'il fait. » (*Ibid.*, 20.) Le Père montre au Fils comment les âmes sont ressuscitées, parce qu'elles sont ressuscitées par le Père et le Fils; et les âmes ne peuvent vivre, à moins que Dieu lui-même ne soit leur vie. Si donc les âmes ne peuvent vivre, à moins que Dieu ne soit leur vie, comme elles sont elles-mêmes la vie des corps, ce que le Père montre au Fils, c'est-à-dire ce qu'il fait, il le fait par son Fils. Ce n'est point en le faisant qu'il le montre à son Fils, mais c'est en le montrant qu'il le fait par son Fils. Car le Fils voit le Père lui montrer ce qu'il fait avant de le faire, et de cette action simultanée du Père qui montre et du Fils qui voit résulte la chose que le Père fait par le Fils. C'est ainsi que les âmes sont ressuscitées, si elles peuvent voir cette unité parfaite du Père qui montre et du Fils qui voit, et l'œuvre qui est le produit de l'action du Père qui montre et du Fils qui voit, œuvre qui n'est ni le Père ni le Fils, car tout ce que le Père fait par le Fils est inférieur au Père et au Fils. Quel est celui qui voit ce mystère?

8. Nous voici de nouveau revenus aux pensées de la chair, nous nous abaissons, nous descen-

---

tuum a corruptione per id quod homo est. Proinde, Carissimi, audite magnam lectionis hujus, quantum mihi videtur, profunditatem; et videte quemadmodum loquatur hic Christus, nihil aliud quam quare venerit Christus, ut resurgant animæ ab iniquitate, resurgant corpora a corruptione. Jam dixi animæ per quid resurgant, per ipsam substantiam Dei : corpora per quid resurgant, per dispensationem humanam Domini nostri Jesu Christi.

7. « Amen, amen dico vobis, non potest a se Filius facere quidquam, nisi quod viderit Patrem facientem : quæcumque enim ille fecerit, hæc et Filius similiter facit : » (*Joan.*, v, 19) cœlum, terram, mare, quæ in cœlo, quæ in terra, quæ in mari, visibilia, invisibilia, animalia in terris, frutecta in agris, natantia in aquis, in aere volantia, in cœlo lucentia; præter hæc omnia, Angelos, Virtutes, Sedes, Dominationes, Principatus, Potestates : omnia per ipsum facta sunt. Numquid Deus omnia hæc fecit, et demonstravit ea facta Filio, ut et ipse faceret alterum mundum his omnibus plenum? non utique. Sed quid? « Quæcumque enim ille fecerit, hæc, » non alia, sed « hæc et Filius, » nec dissimiliter, sed « similiter facit. »

Pater enim diligit Filium, et omnia demonstrat ei quæ ipse facit. » (v. 20.) Demonstrat Pater Filio ut animæ suscitentur, quia per Patrem et Filium animæ suscitantur : nec possunt vivere animæ, nisi earum vita sit Deus. Si ergo non possunt vivere animæ, nisi earum vita sit Deus, sicut ipsæ sunt vita corporum : quod demonstrat Pater Filio, id est, quod facit, per Filium facit. Non enim faciendo demonstrat Filio, sed demonstrando facit per Filium. Videt enim Filius Patrem demonstrantem antequam aliquid fiat, et ex demonstratione Patris et visione Filii fit quod fit a Patre per Filium. Sic animæ suscitantur, si potuerint videre istam unitatis conjunctionem, Patrem demonstrantem, Filium videntem, et per Patris demonstrationem et Filii visionem fieri creaturam : atque id fieri per Patris demonstrationem et Filii visionem, quod nec Pater sit nec Filius, sed infra Patrem et Filium, quidquid fit a Patre per Filium. Quis hoc videt?

8. Ecce iterum ad carnales sensus, ecce rursus humiliamus nos, et descendimus ad vos, si tamen aliquid aliquando ascenderamus a vobis. Vis demonstrare aliquid filio tuo, ut faciat quod facis : fac-

dons jusqu'à vous, si toutefois nous nous sommes tant soit peu élevés au-dessus de vous. Vous voulez montrer une chose à votre fils, afin qu'il fasse ce que vous faites vous-même, vous commencez par faire cette chose, et c'est ainsi que vous la lui montrez. Or cette chose que vous faites pour la montrer à votre fils, vous ne la faites point par votre fils, vous la faites seul afin qu'il puisse la voir et en faire lui-même une autre semblable. Il n'en est pas de la sorte pour Dieu, pourquoi vouloir le faire agir à votre ressemblance, et effacer en vous la ressemblance de Dieu. Non il est absolument impossible qu'il en soit ainsi. Or, j'ai trouvé un exemple où vous montrez à votre fils la chose que vous faites, avant de la faire, et où vous la faites par votre fils après l'avoir montrée. Voici cet exemple qui semble se présenter à vous. Je pense, me dites-vous, à bâtir une maison, et je veux qu'elle soit bâtie par mon fils; avant d'en commencer la construction, je montre à mon fils ce que je veux faire, et il le fait lui-même, et je le fais par lui à qui j'ai fait connaître ma volonté. Vous vous êtes éloigné de la première comparaison, mais quelle énorme distance vous sépare encore de la vérité! En effet, avant de bâtir votre maison, vous faites voir à votre fils, et vous lui montrez ce que vous voulez faire, afin qu'il exécute et que vous exécutiez par lui le plan que vous lui avez montré avant que vous l'ayez vous-même mis à exécution. Or, vous parlerez nécessairement à votre fils, des paroles s'échangeront entre vous et lui. Entre celui qui montre et celui qui voit, entre celui qui parle et celui qui entend, il y a un son articulé qui n'est ni ce que vous êtes, ni ce qu'il est. Ce son qui sort de votre bouche et qui, faisant vibrer l'air, va frapper l'oreille de votre fils, et après avoir rempli le sens de l'ouïe conduit votre pensée jusqu'au cœur, ce son n'est pas ce que vous êtes, il n'est pas non plus votre fils. Votre esprit a comme donné un signe à l'esprit de votre fils, mais ce signe n'est ni votre esprit ni l'esprit de votre fils, c'est quelque chose de distinct. Est-ce ainsi que nous pensons que le Père a parlé avec son Fils? Y a-t-il eu échange de paroles entre Dieu et le Verbe? quel a été cet échange? Est-ce que tout ce que le Père voudrait dire à son Fils, s'il voulait le dire par la parole, le Fils étant le Verbe du Père, il se servirait de la parole pour le dire à son Verbe? Dira-t-on que le Fils étant la grande parole, des paroles moins importantes devraient s'échanger entre le Père et le Fils? Peut-on dire qu'un son quelconque, qu'une chose créée, transitoire et passagère, devrait sortir de la bouche du Père et aller frapper l'oreille du Fils? Est-ce que Dieu a un corps pour que le son puisse sortir de ses lèvres, est-ce que le Verbe a des oreilles extérieures dans lesquelles le son puisse descendre? Eloignez tout ce qui est corporel, pour ne voir que la simplicité si vous êtes simple. Or, comment parviendrez-vous à être simple? Si vous

turus es ut, et sic demonstraturus. Quod igitur facturus es tu demonstres filio, non utique facis per filium : sed tu solus facis quod ipse factum videat, et aliud tale similiter faciat. Non est hoc ibi : quid pergis ad similitudinem tuam, et deles in te similitudinem Dei? Ibi omnino non est hoc. Inveni aliquid, quomodo demonstres filio tuo quod facis, antequam facis; ut cum demonstraveris, per filium facias hoc quod facis. Jam forte quasi occurrit tibi : Ecce, inquis, cogito facere domum, et volo ut per filium meum fabricetur : antequam eam ipse fabricem, ostendo filio meo quod facere volo; et facit ipse, atque ego per ipsum, cui ostendi voluntatem meam. Recessisti quidem a pristina similitudine, sed adhuc jaces in magna dissimilitudine. Ecce enim antequam facias domum, indicas filio tuo, et demonstras quid facere velis; ut te demonstrante antequam facias, faciat ipse quod demonstraveris, et tu per ipsum : sed verba dicturus es filio tuo, inter te et ipsum verba cursura sunt; et inter demonstrantem et videntem, vel loquentem et audientem sonus articulatus volat, qui non est quod tu, non est quod ipse. Sonus quippe ille qui exit de ore tuo, et verberato aere tangit aurem filii tui, et impleto sensu audiendi perducit ad cor cogitationem tuam; sonus ergo ille non est ipse tu, non est ipse filius tuus. Signum datum est ab animo tuo animo filii tui, quod signum non sit nec animus tuus, nec animus filii tui, sed aliud aliquid. Itane putamus Patrem locutum esse cum Filio? Fuerunt verba inter Deum et Verbum? quomodo istud est? An quidquid vellet Pater dicere Filio, si verbo vellet dicere, ipse Filius est Verbum Patris, numquid per verbum loqueretur ad Verbum? An quia Filius magnum Verbum, minora verba cursura erant inter Patrem et Filium? Sonus aliquis et quasi creatura quædam temporalis atque volatica, exitura erat ex ore Patris, et percussura aurem Filii? Numquid habet Deus corpus, ut quasi ex ejus labiis hoc procedat; et habet aures corporis Verbum, in quas sonus veniat? Remove omnia corporalia, sim-

n'êtes pas enlacés dans les filets du monde, si vous savez briser les liens qui vous y attachent, c'est ainsi que vous arriverez à être simple. Voyez si vous êtes capable de faire ce que je dis, ou si vous ne le pouvez pas, croyez ce que vous ne voyez pas. Vous dites une chose à votre fils, vous la dites en lui adressant la parole, cette parole qui retentit à l'oreille n'est ni vous, ni votre fils.

9. J'ai, me dites-vous, un autre moyen de faire connaître ma volonté; mon fils est si instruit, qu'il m'entend sans que je lui parle; un signe suffit pour lui montrer ce qu'il doit faire. Soit; vous lui faites connaître votre volonté par un signe, toujours est-il certain que votre esprit veut faire connaître sa pensée intérieure. Or, comment faites-vous ce signe? avec votre corps, avec vos lèvres, à l'aide de votre visage, de vos sourcils, de vos yeux, de vos mains. Toutes ces choses sont distinctes de votre esprit, ce sont des moyens; ces signes servent à faire comprendre ce qui n'est ni votre esprit, ni l'esprit de votre fils; tout ce que vous faites à l'aide du corps est au-dessous et de votre esprit et de l'esprit de votre fils, et votre fils ne peut connaître la pensée de votre esprit, si vous ne lui donnez un signe extérieur. Mais que fais-je? Il n'en est pas de la sorte en Dieu; là se trouve la plus grande simplicité. Le Père montre au Fils ce qu'il fait, et c'est en le lui montrant qu'il l'engendre. Je vois ce que je vous ai dit, mais je vois aussi quels sont ceux à qui je m'adresse, et je souhaite que vous ayez l'intelligence de ce que vous avez entendu. Si maintenant vous ne pouvez comprendre ce qu'est Dieu, comprenez du moins ce qu'il n'est pas; vous aurez beaucoup fait si vous n'avez pas de Dieu des idées contraires à sa divine nature. Vous ne pouvez encore connaître ce qu'il est; arrivez du moins à connaître ce qu'il n'est pas. Dieu n'est pas un corps; il n'est ni la terre, ni le ciel, ni soleil, ni les étoiles, ni rien de toutes les créatures corporelles. S'il n'est rien des créatures célestes, combien moins sera-t-il un des êtres terrestres? Eloignez donc tout ce qui est corporel. J'irai même plus loin : Dieu n'est pas un esprit sujet au changement. Je l'avoue, et il faut le reconnaître, puisque l'Evangile l'enseigne, Dieu est esprit. (*Jean*, IV, 24.) Mais élevez-vous au-dessus de tout esprit soumis au changement, au-dessus de l'esprit qui sait aujourd'hui, qui ne sait plus demain, en qui le souvenir fait place à l'oubli, qui veut ce qu'il ne voulait pas, qui ne veut pas ce qu'il voulait; soit qu'il éprouve dès maintenant ces modifications successives, soit qu'il en soit simplement susceptible, élevez-vous au-dessus de tout ce qui change. Vous ne trouvez point en Dieu l'ombre de changement, rien qui soit maintenant ce qu'il n'était pas auparavant. Là, où vous trouvez un état différent de celui qui a précédé, il y a eu comme une espèce de mort, car la mort c'est la destruction de ce qui existait. On dit de l'âme qu'elle est immortelle,

---

plicitatem vide, si simplex es. Quomodo autem eris simplex? Si te non mundo implicaveris, sed ex mundo explicaveris : explicando enim te simplex eris. Et vide si potes quod dico, aut si non potes, crede quod non vides. Dicis filio tuo, verbo dicis : verbum quod sonat, nec tu es, nec filius tuus.

9. Habeo, inquis, aliud quo ostendam : ita enim est eruditus filius meus, ut nec loquente me audiat, sed nutu ostendo ei quod faciat. Ecce nutu ostende quod vis, certe animus tuus vult ostendere quod in se habet. Unde facis nutum? de corpore scilicet, labiis, vultu, superciliis, oculis, manibus. Hæc omnia non sunt quod animus tuus, etiam ista media sunt : intellectum est aliquid per hæc signa, quæ non sunt quod animus tuus, nec quod animus filii tui : sed hoc totum quod corpore agis, infra animum tuum est, et infra animum filii tui; nec potest cognoscere animum tuum filius tuus, nisi dederis ei signa de corpore. Quid igitur facio? Non est hoc ibi, simplicitas ibi est. Pater ostendit Filio quod facit, et ostendendo Filium gignit. Video quid dixerim : sed quia video et quibus dixerim; fiat in vobis intellectus iste quandoque. Nunc si non potestis comprehendere quid sit Deus, vel hoc comprehendite quid non sit Deus : multum profeceritis, si non aliud quam est, de Deo senseritis. Nondum potes pervenire ad quid sit, perveni ad quid non sit. Non est Deus corpus, non terra, non cœlum, non luna, non sol, non stellæ, non corporalia ista. Si enim non cœlestia, quanto minus terrena? Tolle omne corpus. Adhuc audi aliud : Non est Deus mutabilis spiritus. Nam fateor, et fatendum est, quia Evangelium loquitur, Deus spiritus est. (*Joan.*, IV, 24.) Sed transi omnem mutabilem spiritum, transi spiritum qui modo scit, modo nescit, modo meminit, et obliviscitur; vult quod nolebat, non vult quod volebat : sive patiatur jam istas mutabilitates, sive pati possit : transi hæc omnia. Non invenis in Deo aliquid mutabilitatis, non aliquid quod aliter nunc sit, aliter paulo ante fuerit. Nam ubi invenis aliter et aliter, facta est ibi quædam mors :

et elle l'est en effet, parce qu'elle vit toujours, et qu'il y a en elle un principe de vie permanent, mais cette vie elle-même est sujette au changement. A ne considérer que les vicissitudes de cette vie, on peut dire de l'âme qu'elle est mortelle; si à une vie conforme à la sagesse succède une vie sans règle, l'âme meurt pour sa ruine; si au contraire les inspirations de la sagesse remplacent les caprices d'une vie sans règle et sans frein, elle meurt pour son bien. L'Ecriture, en effet, nous enseigne qu'il y a une mort qui nous conduit à un état plus mauvais, et une mort qui a pour fin un état bien meilleur. Ainsi c'est pour leur malheur qu'ils étaient morts ceux dont il est dit : « Laissez les morts ensevelir leurs morts; » (*Matth.*, VIII, 22) et encore : « Levez-vous, vous qui dormez, et sortez d'entre les morts, et Jésus-Christ vous éclairera. » (*Ephes.*, v 14.) Et dans cette leçon même ceux dont le Sauveur dit : « L'heure est venue où les morts entendront, et où ceux qui entendront vivront. » (*Jean*, v, 25.) Ils étaient morts pour leur malheur, c'est pour cela qu'ils reviennent à la vie. En revenant à la vie, ils meurent, mais pour leur plus grand bien, parce qu'en revenant à la vie, ils ne seront plus ce qu'ils étaient. Or, n'être plus ce qu'on était, c'est une mort. Mais si cette mort conduit à un état meilleur, doit-on l'appeler mort? L'Apôtre lui donne ce nom. Si donc, dit-il, vous êtes morts avec Jésus-Christ à ces premiers éléments du monde, pourquoi vous en faites-vous encore des lois, comme si vous viviez dans le monde? (*Coloss.*, II, 20.) Et plus loin : « Vous êtes morts, et votre vie est cachée en Dieu avec Jésus-Christ. » (*Ibid.*, III, 3.) Il veut que nous mourions pour vivre, parce que nous avons vécu pour mourir. Dieu n'est donc rien de ce qui meurt pour passer d'un état imparfait à un état meilleur, ou d'un état meilleur à un état plus mauvais, car la souveraine bonté n'est susceptible d'aucune amélioration, et la véritable éternité n'est sujette à aucune altération. La véritable éternité est celle qui est sans aucun mélange du temps. Est-elle différente aujourd'hui de ce qu'elle était hier? elle participe aux variations du temps, ce n'est plus l'éternité. Voulez-vous une preuve que Dieu n'est pas comme l'âme de l'homme? cette âme est certainement immortelle, et cependant pourquoi l'Apôtre dit-il à Dieu : « Qui seul a l'immortalité? » (I *Tim.*, VI, 16) c'est-à-dire qui seul a l'immutabilité, qui seul a la véritable éternité. En Dieu donc il n'y a aucun changement.

10. Reconnaissez en vous quelque chose que je veux vous dire, mais tout à fait au dedans de vous; non pas en vous comme dans votre corps, car on peut dire aussi que c'est en vous. La santé, l'âge que vous avez sont en vous, mais sous le rapport du corps; c'est ainsi encore que la main, que le pied sont en vous; mais ce qui est en vous intérieurement est différent de ce qui est en vous comme dans le vêtement qui vous couvre.

---

mors enim est, non esse quod fuit. Immortalis dicitur anima : est quidem, quia vivit semper anima, et est in illa quædam vita permanens, sed mutabilis vita. Secundum mutabilitatem vitæ hujus et mortalis dici potest : quia si vivebat sapienter, et desipit, mortua est in deterius ; si vivebat insipienter, et sapit, mortua est in melius. Nam esse mortem in deterius, esse mortem in melius Scriptura nos docet. Utique in deterius mortui erant, de quibus dicitur : Sine mortuos, sepeliant mortuos suos (*Matth.*, VIII, 22) : et : Surge qui dormis, et exsurge a mortuis, et illuminabit te Christus (*Ephes.*, v, 14) : et de hac lectione : « Quando mortui audient, et qui audierint vivent. » (*Joan.*, v, 25.) In deterius mortui erant, ideo reviviscunt. Reviviscendo moriuntur in melius, quia et reviviscendo non erunt quod erant : non esse autem quod erat, mors est : Sed forte, si in melius est, non appellatur mors ? Appellavit illam mortem Apostolus : « Si autem mortui estis cum Christo ab elementis hujus mundi, quid adhuc velut viventes de hoc mundo decernitis? (*Col.*, II, 20) et iterum : 'Mortui enim estis, et vita vestra abscondita est cum Christo in Deo. » (*Col.*, III, 3.) Mori nos vult ut vivamus, quia viximus ut moreremur. Quidquid ergo et a meliore in deterius, et a deteriore in melius moritur, non est hoc Deus : quia neque in melius ire potest summa bonitas, neque in deterius vera æternitas. Vera enim æternitas est, ubi temporis nihil est. Erat autem modo hoc, et modo illud? jam tempus admissum est, æternum non est. Nam ut noveritis, quia non sic Deus quomodo anima : certe immortalis est anima; quid ergo est quod ait Apostolus de Deo : Qui solus habet immortalitatem: (1 *Tim.*, VI, 16) nisi quia hoc aperte dixit, solus habet incommutabilitatem, quia solus habet veram æternitatem? Ergo ibi nulla mutabilitas.

10. Agnosce in te aliquid, quod volo dicere, intus, intus in te; non in te quasi in corpore tuo, nam et ibi potest dici in te. In te est enim sanitas, in te quælibet ætas, sed secundum corpus; in te est manus, pes tuus : sed aliud est in te intus, aliud in te tan-

Laissez donc dehors votre vêtement et votre corps; descendez en vous-même, entrez dans l'endroit le plus retiré de votre demeure, entrez dans votre âme, et là, considérez ce que je veux vous dire, si vous le pouvez. Si vous êtes loin de vous-même, comment pourrez-vous approcher de Dieu? Je vous parlais de Dieu, et vous pensiez me comprendre; je vous parle de votre âme, je vous parle de vous-même, comprenez-moi donc, c'est là que je veux vous éprouver. Je ne vais pas chercher bien loin mes exemples, lorsque je veux trouver dans votre âme un trait de ressemblance avec votre Dieu, car ce n'est pas dans son corps, mais dans son âme, que l'homme a été fait à l'image de Dieu. Cherchons donc Dieu dans sa ressemblance, reconnaissons le Créateur dans son image. C'est au plus intime de notre âme qu'il nous faut trouver, si nous le pouvons, un exemple de la vérité que nous expliquons comment le Père montre au Fils, et comment le Fils voit ce que lui montre le Père, avant que le Père le fasse par le Fils. Mais si vous arrivez à comprendre ce que j'ai à vous dire, ne croyez pas avoir par cet exemple une idée parfaite de la vérité elle-même, afin de conserver les sentiments de religieux respect que je veux voir surtout imprimés dans votre cœur. Si vous ne pouvez comprendre ce que c'est que Dieu, regardez comme un grand point de savoir ce qu'il n'est point.

11. Je vois dans votre âme deux facultés, la mémoire et la pensée, c'est-à-dire comme l'œil et le regard de l'âme. Vous voyez un objet, vous le percevez par les yeux et vous le confiez à votre mémoire; ce que vous lui confiez est au dedans de vous-même déposé secrètement comme dans un magasin, comme dans un trésor, comme dans un endroit retiré et tout à fait intime. Vous pensez à autre chose, votre intention se transporte ailleurs; cependant ce que vous avez vu est toujours dans votre mémoire, et si vous ne le voyez pas, c'est que votre pensée est appliquée à un autre objet. Je prouve ce que je dis et je parle à des personnes qui me comprendront; je nomme la ville de Carthage, vous tous qui la connaissez vous voyez aussitôt cette ville au dedans de vous-même. Peut-on dire qu'il y a autant de villes de Carthage qu'il y a d'âmes différentes parmi vous? Ce nom seul a suffi pour vous la faire voir, ces quatre syllabes qui vous sont connues, sortant de ma bouche, ont frappé vos oreilles, le sens intérieur a été averti à son tour par le corps, votre esprit a été ramené de la pensée qui l'occupait sur l'objet qui était dans sa mémoire et il a ainsi vu Carthage. Est-ce donc alors que l'image en a été imprimée dans votre âme? Non, elle y était déjà, mais elle y était cachée. Pourquoi demeurait-elle comme cachée? Parce que votre esprit était appliqué à un autre objet, mais aussitôt que votre

---

quam in veste tua. Sed relinque foris et vestem tuam et carnem tuam, descende in te, adi secretarium tuum, mentem tuam, et ibi vide quod volo dicere, si potueris. Si enim tu ipse a te longe es, Deo propinquare unde potes? Dicebam de Deo, et intellecturum te arbitrabaris : de anima dico, de te dico ; intellige, ibi te probabo. Non enim valde longe pergo in exempla, quando de mente tua volo aliquam similitudinem dare ad Deum tuum : quia utique non in corpore, sed in ipsa mente factus est homo ad imaginem Dei. In similitudine sua Deum quæramus, in imagine sua Creatorem agnoscamus. Ibi intus, si potuerimus, inveniamus hoc quod dicimus : quomodo demonstrat Pater Filio, et Filius videat quod demonstrat Pater, antequam fiat aliquid a Patre per Filium. Sed cum dixero et intellexeris, nec sic putes jam illud aliquid tale esse, ut serves ibi pietatem, quam volo a te servari, et præcipue moneo : id est, ut si non vales comprehendere Deus quid sit, parum non tibi putes esse scire quid non sit.

11. Ecce in mente tua video aliqua duo, memoriam tuam et cogitationem tuam, id est, quasi aciem quandam et obtutum animæ tuæ. Vides aliquid, et per oculos percipis, et commendas memoriæ : ibi est intus quod memoriæ commendasti, in abdito reconditum quasi in horreo, quasi in thesauro, quasi in secretario quodam et penetrali interiore. Cogitas aliunde, intentio tua alibi est : illud quod vidisti in memoria tua est, et non videtur a te, quia cogitatio tua in aliud intenditur. Modo probo, scientibus loquor : Carthaginem nomino, omnes modo intus quicumque eam nostis, vidistis Carthaginem. Numquid tot sunt Carthagines quot animæ vestræ? Omnes vidistis per nomen hoc : per quatuor has syllabas notas vobis, erumpentes ex ore meo, tactæ sunt aures vestræ, tactus est sensus animæ per corpus, et ab alia intentione reflexus est animus ad id quod ibi erat, et vidit Carthaginem. Numquid tunc est ibi Carthago facta? Jam ibi erat, sed latebat. Quare ibi latebat? Quia animus tuus in aliud attendebat : cum vero reflexa est cogitatio tua ad id quod erat in memoria, inde formata est, et visio quædam animi facta

pensée a été ramenée sur ce qui était dans votre mémoire, elle s'est formée de nouveau et votre esprit a vu en même temps Carthage. Auparavant cette vue n'existait pas, vous l'aviez seulement dans votre mémoire, votre pensée a été ramenée sur votre mémoire et la vision a eu lieu pour votre esprit. Votre mémoire a montré à votre pensée la ville de Carthage, elle a montré à la pensée, dont l'attention se concentrait sur elle, ce qui existait en elle avant cette application de l'esprit. Votre mémoire a donc montré, votre pensée a vu sans qu'aucune parole se soit interposée entre elles deux, sans qu'aucun signe extérieur ait été donné; vous n'avez fait aucun signe, vous n'avez écrit aucun mot, vous n'avez dit aucune parole et cependant votre pensée a vu ce que votre mémoire lui a fait connaître. Or, il y a ici identité de nature entre la faculté qui a montré et celle qui a vu. Mais pour que le souvenir de la ville de Carthage fût gravé dans votre mémoire, l'image a dû s'y imprimer par les yeux, car vous avez commencé par voir ce que vous deviez déposer dans votre mémoire. C'est ainsi que vous avez vu tous les objets qui se présentent à votre souvenir, une montagne, un fleuve, le visage d'un ami, d'un ennemi, d'un père, d'une mère, d'un frère, d'une sœur, d'un fils, d'un voisin; c'est ainsi que vous avez vu les lettres écrites dans un manuscrit, le manuscrit lui-même, cette basilique; vous avez vu toutes ces choses, c'est après que vous les avez vues, que vous les avez confiées à votre mémoire, et vous les y avez déposées pour les voir de nouveau lorsque vous voudriez y penser lors même qu'elles seraient absentes pour les yeux du corps. Ainsi vous avez vu Carthage lorsque vous étiez à Carthage, l'image s'en est gravée dans votre âme par vos yeux; cette image a été déposée dans votre mémoire, et lorsque vous étiez à Carthage, vous en avez gardé au dedans de vous une représentation que vous pourriez voir alors même que vous n'y seriez plus. Mais toutes ces impressions, vous les avez reçues du dehors; le Père, au contraire, ne reçoit pas du dehors ce qu'il montre à son Fils; tout se fait à l'intérieur, car aucune créature n'existerait extérieurement si le Père ne l'avait faite par le Fils. Toute créature est l'œuvre de Dieu et elle n'existait pas avant qu'il l'eût créée. Ce n'est donc point après avoir été faite qu'elle a été vue et retenue de mémoire afin que le Père pût ainsi la montrer au Fils comme la mémoire la montre à la pensée; le Père l'a montrée avant qu'elle fût faite, le Fils l'a vue avant qu'elle fût faite, et c'est en la montrant que le Père l'a faite, parce qu'il l'a faite par le Fils qui la voyait. Vous ne devez pas être arrêté par ces paroles : « Mais seulement ce qu'il voit que le Père fait ; » il n'a pas dit ce qu'il voit que le Père lui montre. Il nous apprend par là que pour le Père c'est une même chose de faire et de montrer, et il nous fait com-

est. Antea non erat visio, sed erat memoria : reflexa cogitatione ad memoriam, facta est visio. Demonstravit ergo memoria tua cogitationi tuæ Carthaginem, et quod in illa erat antequam intenderes, conversæ ad se intentioni cogitationis ostendit. Ecce facta est a memoria demonstratio, facta est in cogitatione visio; et nulla verba in medio cucurrerunt, nullum ex corpore signum datum est : nec innuisti, nec scripsisti, nec sonuisti; et tamen cogitatio vidit quod memoria demonstravit. Ejusdem autem substantiæ est, et quæ demonstravit, et cui demonstravit. Sed Carthaginem ut haberet memoria tua, per oculos hausta est imago hæc : vidisti enim quod in memoria reconderes. Sic arborem quam meministi vidisti, sic montem, sic fluvium, sic amici faciem, sic inimici, sic patris, matris, fratris, sororis, filii, vicini; sic litterarum in codice conscriptarum, sic ipsius codicis, sic hujus basilicæ; omnia ista vidisti, et visa quia jam erant, memoriæ commendasti; et tanquam posuisti illic quæ videres cogitando cum velles etiam cum ab istis corporis oculis abfuissent. Vidisti enim Carthaginem cum esses Carthagini, accepit speciem per oculos anima tua; hæc species recondita est in memoria tua, et servasti aliquid intus homo apud Carthaginem constitutus, quod posses apud te videre etiam cum ibi non esses. Hæc omnia forinsecus accepisti. Pater quæ demonstrat Filio, non accipit extrinsecus : intus totum agitur; quia nihil creaturarum esset extrinsecus, nisi hoc Pater fecisset per Filium. Creatura omnis a Deo facta est; antequam fieret non erat. Non ergo facta visa est et retenta memoriter, ut eam Pater Filio tanquam memoria cogitationi monstraret : sed faciendam Pater monstravit, faciendam Filius vidit, et eam Pater demonstrando fecit, quia per Filium videntem fecit. Et ideo movere non debet, quia dictum est, « nisi quod viderit Patrem facientem : » non dictum est, demonstrantem. Per hoc enim significatum est, id esse Patri facere, quod est demonstrare : ut ex hoc intelligatur per Filium videntem omnia facere. Nec illa demon-

prendre qu'il fait toutes choses par le Fils qui voit. Cette indication, cette vue, ne tiennent en rien du temps. C'est par le Fils que tous les temps ont été faits, ce n'est donc dans aucune partie du temps que le Père lui a fait connaître ce qu'il devait faire. Or, l'indication du Père produit la vue du Fils, de même que le Père engendre le Fils. C'est l'indication qui produit la vue, ce n'est point la vue qui produit l'indication. Si les yeux de notre âme étaient plus purs et plus parfaits, nous arriverions peut-être à connaître que le Père n'est point distinct de cette indication, que le Fils n'est autre que la vision elle-même. Mais si nous avons pu comprendre à peine, et à peine expliquer comment la mémoire fait connaître à la pensée les objets qu'elle reçoit du dehors, combien moins pourrions-nous comprendre et expliquer comment Dieu le Père montre à son Fils ce qu'il ne reçoit point d'ailleurs ou ce qui n'est autre que lui-même ? Nous sommes de petits enfants, je vous dis ce que Dieu n'est pas, je ne vous montre pas ce qu'il est ; que ferons-nous donc pour comprendre ce qu'il est ? Est-ce de moi, est-ce par moi que vous pourrez le savoir ? Je le dirai à ceux qui sont comme de petits enfants, à vous et à moi. Il est quelqu'un qui peut nous en rendre capables. Nous avons chanté, nous avons entendu il n'y a qu'un instant ces paroles : « Abandonnez au Seigneur le soin de ce qui vous regarde et lui-même vous nourrira. » (*Ps.* LIV, 23.) Vous ne pouvez comprendre, ô homme, parce que vous êtes petit ; si vous êtes petit, il faut vous nourrir, la nourriture vous fera grandir, et ce que vous ne pouviez comprendre, petit enfant, vous le comprendrez lorsque vous aurez pris de l'accroissement ; mais pour recevoir cette nourriture « abandonnez au Seigneur le soin de ce qui vous regarde et il vous nourrira. »

12. Parcourons maintenant brièvement le reste de la leçon et voyez comme le Seigneur cherche à imprimer dans votre esprit les vérités que je vous ai exposées. « Le Père aime le Fils et il lui montre tout ce qu'il fait. » (*Jean*, v, 20.) C'est lui-même qui ressuscite les âmes, mais il les ressuscite par le Fils, afin que les âmes ressuscitées jouissent de la substance de Dieu, c'est-à-dire du Père et du Fils. « Et il lui montrera des œuvres plus grandes que celles-ci. » Que celles-ci, de quelles œuvres veut-il parler ? De la guérison des corps. Nous en avons déjà parlé (Traités XIX et XXI), et nous n'avons pas à nous y arrêter davantage. En effet, la résurrection des corps pour l'éternité est un plus grand miracle que la guérison du corps obtenue pour un temps seulement par ce paralytique. « Et il lui montrera des œuvres plus grandes que celles-ci, en sorte que vous serez vous-mêmes dans l'admiration. » Il lui montrera dans le temps, c'est-à-dire comme à un homme qui a été créé dans le temps, car le Verbe Dieu n'a pas été fait puisque tous les temps ont été faits par lui ;

---

stratio, nec illa visio temporalis est. Quia enim per Filium fiunt omnia tempora, non utique aliquo tempore possent ei demonstrari facienda. Sic autem demonstratio Patris Filii visionem gignit, quemadmodum Pater Filium gignit. Demonstratio quippe generat visionem, non visio demonstrationem. Quod si purius et perfectius intueri valeremus, fortasse inveniremus, nec aliud esse Patrem, aliud ejus demonstrationem; nec aliud Filium, aliud ejus visionem. Sed si vix hoc cepimus, vix explicare potuimus, quomodo memoria quod cepit extrinsecus, ostendat cogitationi; quanto minus capere aut explicare poterimus, quomodo Pater Deus demonstrat Filio quod non habet aliunde, vel quod non est aliud quam ipse? Parvuli sumus : loquor vobis quid non sit Deus, non ostendo quid sit : ergo ut capiamus quid sit, quid faciemus? Nunquid a me, nunquid per me poteritis? Dicam hoc parvulis, et vobis et mihi : Est per quem possimus : modo cantavimus, modo audivimus : Jacta in Dominum curam tuam, et ipse te enutriet. (*Psal.* LIV, 23.) Ideo enim non potes, o homo, quia parvulus es : si parvulus es, nutriendus es : nutritus, grandis eris ; et quod parvulus non poteras, grandis videbis : sed ut nutriaris : Jacta in Dominum curam tuam, et ipse te enutriet.

12. Modo ergo percurramus breviter quæ restant, et videte hic quæ commendavi, quomodo Dominus insinuet. « Pater diligit Filium, et omnia demonstrat ei quæ ipse facit. » (*Joan.*, v, 20.) Ipse suscitat animas, sed per Filium, ut fruantur animæ suscitatæ substantia Dei, hoc est Patris et Filii. « Et majora his demonstrabit ei opera. » Quibus majora ? sanitatibus corporum. Jam et antea tractavimus, nec immorari debemus. Major est enim resurrectio corporis in æternum, quam quæ ad tempus facta est in illo languido sanitas corporis. « Et majora his demonstrabit ei opera, ut vos miremini. Demonstrabit, » quasi temporaliter : ergo quasi homini facto in tempore, quia Verbum Deus non est factus, per quem omnia facta sunt tempora ; sed homo factus Christus

mais le Christ en tant qu'homme a été fait dans le temps. On sait sous quel consuls, quel jour la Vierge Marie a enfanté Jésus-Christ qu'elle avait conçu du Saint-Esprit; comme homme il a donc été créé dans le temps, lui qui, comme Dieu, a créé tous les temps. C'est donc dans le temps qu'il lui montrera ces œuvres plus grandes, c'est-à-dire la résurrection des corps, afin que vous admiriez cette résurrection comme étant l'œuvre du Fils.

13. Le Sauveur revient ensuite à la résurrection des âmes. « Comme le Père ressuscite les morts et leur donne la vie, ainsi le Fils donne la vie à qui il veut, » (*Jean*, v, 21) c'est-à-dire la vie de l'esprit. Le Père donne la vie, le Fils donne également la vie; le Père donne la vie à qui il lui plaît, le Fils donne également la vie à qui il lui plaît; ceux à qui le Père rend la vie sont les mêmes à qui le Fils la donne, parce que toutes choses ont été faites par lui. » Car comme le Père ressuscite les morts et leur donne la vie, ainsi le Fils donne la vie à qui il lui plaît. » Notre-Seigneur veut parler ici de la résurrection des âmes; que dit-il de la résurrection des corps? Il y arrive par ces paroles : « Car le Père ne juge personne, mais il a donné au Fils toute puissance pour juger. » (*Ibid.*, 22.) La résurrection des âmes est l'œuvre de la nature éternelle et immuable du Père et du Fils, la résurrection des corps se fait par l'économie de l'humanité temporelle du Fils, humanité qui n'est pas coéternelle au Père. Aussi lorsqu'il parle du jugement où se fera la résurrection des corps, il s'exprime en ces termes : « Le Père ne juge personne, mais il a donné au Fils toute puissance pour juger. » Est-il question au contraire de la résurrection des âmes? « Comme le Père, dit-il, ressuscite les morts et leur donne la vie, ainsi le Fils donne la vie à qui il lui plaît. » Le Père et le Fils agissent ici de concert; voici maintenant comme il s'exprime sur la résurrection des corps : « Le Père ne juge personne, mais il a donné au Fils toute puissance pour juger, afin que tous honorent le Fils comme ils honorent le Père. » (*Ibid.*, 23.) Ces dernières paroles se rapportent à la résurrection des âmes. « Afin que tous honorent le Fils. » De quelle manière? « Comme ils honorent le Père. » La résurrection des âmes est donc l'œuvre du Fils comme elle est l'œuvre du Père, le Fils leur rend la vie comme le Père. Donc dans la résurrection des âmes tous doivent honorer le Fils comme ils honorent le Père. Que dit-il de l'honneur qu'il reçoit pour la résurrection du corps? « Celui qui n'honore point le Fils, n'honore point le Père qui l'a envoyé. » Il ne se sert pas ici de la particule comparative « comme, » mais il dit simplement deux fois : « Celui qui n'honore point. » En effet, le Christ en tant qu'homme reçoit des honneurs, mais non comme Dieu le Père. Pourquoi? Parce que c'est

---

in tempore. Apparet quo Consule, quo die conceptum de Spiritu sancto virgo Maria peperit Christum : ergo homo factus est in tempore, per quem Deum facta sunt tempora. Ideo tanquam in tempore demonstrabit ei opera majora, id est, resurrectionem corporum, ut vos miremini factam per Filium resurrectionem corporum.

13. Deinde redit ad illam resurrectionem animarum : « Sicut enim Pater suscitat mortuos et vivificat, sic et Filius quos vult vivificat, » (*v.* 21) sed secundum spiritum. Vivificat Pater, vivificat Filius; quos vult Pater, quos vult Filius : sed ipsos Pater quos Filius; quia omnia per ipsum facta sunt. « Sicut enim Pater suscitat mortuos et vivificat, sic et Filius quos vult vivificat. » De resurrectione animarum dictum est hoc : quid de resurrectione corporum? Redit, et dicit : « Neque enim Pater judicat quemquam, sed omne judicium dedit Filio. » (*v.* 22.) Resurrectio animarum fit per substantiam Patris et Filii æternam et incommutabilem : resurrectio vero corporum fit per dispensationem humanitatis Filii temporalem, non Patri coæternam. Ideo cum commemoraret judicium, ubi fieret resurrectio corporum : « Non enim Pater, inquit, judicat quemquam, sed omne judicium dedit Filio : » de resurrectione autem animarum : « Sicut Pater suscitat mortuos et vivificat, sic et Filius quos vult vivificat. » Illud ergo simul Pater et Filius : hoc autem de resurrectione corporum : « Non judicat Pater quemquam, sed omne judicium dedit Filio. Ut omnes honorificent Filium, sicut honorificant Patrem. » (*v.* 23.) Hoc redditum est resurrectioni animarum. « Ut omnes honorificent Filium. » Quomodo? « sicut honorificant Patrem. » Animarum enim resurrectionem sic operatur Filius, quomodo Pater : sic vivificat Filius, quomodo Pater. Ergo in animarum resurrectione « omnes honorificent Filium, sicut honorificant Patrem. » Quid de honorificatione propter resurrectionem corporis? « Qui non honorificat Filium, non honorificat Patrem qui misit illum. » Non dixit, sicut : sed « honorificat et honorificat. » Honoratur enim homo Christus, sed non sicut Pater Deus. Quare? Quia secundum hoc

TRAITÉ XXIII.

en tant qu'homme qu'il a dit : « Mon Père est plus grand que moi. » (*Jean,* XIV, 28.) Or, à quel moment le Fils est-il honoré absolument comme le Père ? lorsque le Verbe était au commencement, lorsque le Verbe était en Dieu, et que toutes choses ont été faites par lui. Aussi comment parle-t-il de ces honneurs qui viennent en second lieu ? « Celui qui n'honore point le Fils n'honore point le Père qui l'a envoyé. » Or, le Fils n'a été envoyé qu'autant qu'il s'est fait homme.

14. « En vérité, en vérité je vous le dis. » (*Jean,* v, 24.) Notre-Seigneur revient à la résurrection des âmes, il ne cesse de nous en parler pour nous la faire mieux comprendre; nous n'étions point capables de suivre une parole dite comme en passant; la parole de Dieu veut demeurer avec nous, elle habite avec nos faiblesses, elle nous entretient de nouveau de la résurrection des âmes. « En vérité, en vérité je vous le dis, celui qui entend ma parole, et qui croit à celui qui m'a envoyé, a la vie éternelle ; » mais l'a-t-il comme venant du Père ? Oui; « celui qui écoute ma parole et qui croit à celui qui m'a envoyé, reçoit du Père la vie éternelle, » en croyant à celui qui a envoyé le Fils. « Et il ne viendra pas au jugement, mais il a passé de la mort à la vie ; » et cette vie il la reçoit du Père en qui il croit. Mais quoi ! est-ce que vous-même vous ne donnez point la vie ? Reconnaissez que le Fils donne également la vie à qui il lui plaît. « En vérité, en vérité je vous le dis, l'heure vient où ceux qui sont morts entendront la voix du Fils de Dieu, et ceux qui l'entendront, vivront. » (*Ibid.,* 25.) Il ne dit point ici : Ils croiront à celui qui m'a envoyé, et par là-même ils vivront, mais c'est en entendant la voix du Fils de Dieu; « ceux qui l'entendront, » c'est-à-dire ceux qui seront dociles à la voix du Fils de Dieu, vivront. Ils recevront donc la vie du Père lorsqu'ils croiront au Père; ils la recevront du Fils, lorsqu'ils entendront la voix du Fils de Dieu. Pourquoi la recevront-ils à la fois du Père et du Fils ? Parce que « de même que le Père a la vie en soi, il a aussi donné au Fils d'avoir la vie en soi. » (*Ibid.,* 26.)

15. Le Sauveur a complété son enseignement sur la résurrection des âmes; il lui reste à parler plus clairement de la résurrection des corps : « Et il lui a donné la puissance pour juger. » (*Jean,* v, 27.) Il lui a donné la puissance non-seulement de ressusciter les âmes par la foi et par la sagesse, mais de juger. Pourquoi lui a-t-il donné cette puissance ? « Parce qu'il est le Fils de l'homme. » Le Père fait donc par le Fils de l'homme des choses, qu'il ne fait pas par sa nature divine à laquelle le Fils est égal, comme la naissance, le crucifiement, la mort, la résurrection du Christ; aucun de ces mystères ne s'est accompli dans le Père. Nous raisonnons de

---

dixit, Pater major me est. (*Joan.,* XIV, 28.) Quando autem honorificatur Filius, sicut honorificatur Pater? Cum in principio erat Verbum, et Verbum erat apud Deum, et omnia per ipsum facta sunt. Et ideo in hac honorificatione secunda quid ait ? « Qui non honorificat Filium, nec honorificat Patrem qui misit illum. » Non est missus Filius, nisi quia factus est homo.

14. « Amen, amen dico vobis. » (*Joan.,* v, 24.) Iterum redit ad resurrectionem animarum, ut assidue dicentem capiamus : quia velut volantem sermonem sequi non poteramus; ecce immoratur nobiscum sermo Dei, ecce quasi habitat cum infirmitatibus nostris : redit rursum ad commendationem resurrectionis animarum. « Amen, amen dico vobis, quia qui verbum meum audit, et credit ei qui me misit, habet vitam æternam : » sed tanquam ex Patre ? « Quia qui verbum meum audit, et credit ei qui misit me, ex Patre habet vitam æternam, » credendo in eum qui misit illum. « Et in judicium non veniet, sed transiit a morte ad vitam : » sed ex Patre vivificatur, cui credit. Quid, tu non vivificas ? Vide quia et Filius quos vult vivificat. « Amen, amen dico vobis, quia venit hora, quando mortui audient vocem Filii Dei, et qui audierint vivent. » (*v.* 25.) Hic non dixit, credent ei qui misit me, et ideo vivent : sed audiendo vocem Filii Dei, « qui audierint, » hoc est obaudierint Filio Dei, vivent. Ergo et ex Patre vivent, cum credent Patri; et ex Filio vivent, cum audient vocem Filii Dei. Quare et ex Patre vivent et ex Filio vivent ? « Sicut enim habet Pater vitam in semetipso, sic dedit Filio habere vitam in semetipso. » (*v.* 26.)

15. Implevit de resurrectione animarum, restat evidentius dicere de resurrectione corporum. « Et potestatem dedit ei et judicium facere. » (*v.* 27.) Non solum animas per fidem et sapientiam suscitare, sed et judicium facere. Quare autem hæc? « Quia Filius hominis est. » Facit ergo aliquid Pater per Filium hominis, quod non facit ex substantia sua cui æqualis est Filius ; sicut ipsum nasci, sicut ipsum crucifigi, sicut ipsum mori, sicut ipsum resurgere : non enim aliquid horum Patri contigit. Sic et resuscitationem

même de la résurrection des corps. Le Père ressuscite les âmes par sa nature, et il le fait par la nature du Fils qui lui est égal, car les âmes seules et non les corps peuvent entrer en participation de cette lumière immuable. Quant à la résurrection des corps, la Père la fait par le Fils de l'homme. « Et il lui a donné la puissance de juger, parce qu'il est le Fils de l'homme, » dans le même sens qu'il a dit plus haut : « Le Père ne juge personne. » Or, pour vous convaincre que ces paroles : « Ne vous en étonnez point, car l'heure vient, » (*Ibid.*, 28) doivent s'entendre de la résurrection des corps, il ne dit pas : Cette heure est venue, mais « l'heure vient, où tous ceux qui sont dans les tombeaux (je vous ai expliqué surabondamment hier cette vérité), entendront la voix du Fils de Dieu et sortiront. Et où iront-ils ? au jugement ; « et ceux qui auront fait le bien ressusciteront à la vie, et ceux qui auront fait le mal, ressusciteront pour le châtiment. » (*Ibid.*, 29.) Et ce sera là votre œuvre personnelle, parce que le Père a donné toute puissance de juger au Fils et qu'il ne juge personne. Oui, je la ferai seul, répond-il. Mais comment la ferez-vous ? « Je ne puis rien faire de moi-même : je juge ainsi que j'entends et mon jugement est juste. » (*Ibid.*, 30.) Lorsqu'il était question de la résurrection des âmes, il ne disait pas : J'entends, mais « je vois. » J'entends, comme l'ordre du Père qui commande. C'est donc comme homme, comme inférieur au Père, c'est dans la nature du serviteur, ce n'est point dans la nature divine, « que comme j'entends je juge, et mon jugement est véritable. » Et qui rendra véritable le jugement de l'homme ? Veuillez y faire attention, mes frères, « parce que je ne cherche pas ma volonté, mais la volonté de celui qui m'a envoyé. »

TRAITÉ XXIV.

Depuis ces paroles : « Jésus s'en alla ensuite de l'autre côté de la mer de Galilée, ou lac de Tibériade, » jusqu'à ces autres : « Celui-ci est vraiment le prophète qui doit venir dans le monde. »

1. Les miracles qu'a opérés Notre-Seigneur Jésus-Christ sont des œuvres divines qui apprennent à l'esprit de l'homme à s'élever jusqu'à la connaissance de Dieu par le spectacle des choses visibles. Comme la nature divine ne peut être vue des yeux du corps, et que d'ailleurs les prodiges que Dieu opère dans le gouvernement et l'administration de l'univers, ont perdu de leur importance à nos yeux, parce qu'ils se renouvellent tous les jours, jusque-là que presque personne ne daigne admirer l'action étonnante de la puissance divine dans le moindre grain de blé ; il s'est réservé dans sa miséricorde d'opérer certains miracles à des temps marqués et en

---

corporum. Nam resuscitationem animarum ex substantia sua Pater (*a*) facit per substantiam Filii, qua illi æqualis est ; animæ quippe fiunt participes illius incommutabilis lucis, non corpora : resuscitationem autem corporum Pater facit per filium hominis. « Et potestatem » enim « dedit ei et judicium facere, quia filius hominis est : » secundum illud quod supra dixit : « Neque enim Pater judicat quemquam. » (v. 22.) Et ut ostendat quia de resurrectione corporum hoc dixit : « Nolite mirari hoc, quia venit hora. » (v. 28.) Non « nunc est ; » sed venit hora, « in qua omnes qui in monumentis sunt : » jam hoc et hesterno die satiatissime audistis ; « audient vocem ejus, et procedent. » Et ubi ? in judicium ? « qui bene fecerunt, in resurrectionem vitæ : qui male egerunt, in resurrectionem judicii. » (v. 29.) Et tu hoc facis solus, quia omne judicium Filio Pater dedit, et non judicat quemquam ? Ego, inquit, facio. Sed quomodo facis ? « Non possum a me facere quidquam : sicut audio judico ; et judicium meum justum est. » (v. 30.) Cum ageretur de resurrectione animarum, non dicebat, « audio ; » sed, « video. » Audio enim, tanquam præcipientis Patris imperium. Jam ergo sicut homo, sicut quo major est Pater ; jam ex forma servi, non ex forma Dei, « sicut audio judico, et judicium meum justum est. » Unde est judicium justum hominis ? Fratres mei attendite : « Quia non quæro voluntatem meam, sed voluntatem ejus qui misit me. »

TRACTATUS XXIV.

Ab eo quod scriptum est : « Post hæc abiit Jesus trans mare Galilææ, quod est Tiberiadis : » usque ad id : « Hic est vere propheta qui venit in mundum. »

1. Miracula quæ fecit Dominus noster Jesus Christus, sunt quidem divina opera, et ad intelligendum Deum de visibilibus admonent humanam mentem. Quia enim ille non est talis substantia quæ videri oculis possit, et miracula ejus quibus totum mundum regit universamque creaturam administrat, assiduitate viluerunt, ita ut pene nemo dignetur attendere opera Dei mira et stupenda in quolibet seminis gra-

---

(*a*) In undecim Mss. *ex substantia sua Pater, ex substantia sua Filius, qua illi*, etc., omisso verbo, *facit*.

dehors du cours habituel et des lois ordinaires de la nature, pour émouvoir ainsi par la nouveauté, plutôt que par la grandeur de ces miracles, ceux sur lesquels les prodiges de tous les jours ne font plus d'impression. Gouverner le monde entier est sans doute un plus grand miracle que rassasier cinq mille hommes avec cinq pains, et cependant personne n'admire le premier miracle, tandis que les hommes sont ravis d'admiration en présence du second, non parce qu'il est plus grand, mais parce qu'il est plus rare. En effet, qui nourrit maintenant le monde entier, n'est-ce pas celui qui fait sortir d'abondantes moissons de quelques grains de blé ? De part et d'autre il a donc agi en Dieu. C'est par sa puissance divine qu'il fait sortir d'un petit nombre de grains de riches moissons, c'est par cette même puissance qu'il a multiplié les cinq pains. Les mains de Jésus-Christ étaient pleines d'une puissance toute divine ; ces cinq pains étaient comme des semences qui n'étaient point jetées dans la terre, mais qui étaient multipliées par celui qui a fait le ciel et la terre. Dieu a donc voulu ici frapper nos sens pour élever notre esprit, nous mettre ce prodige sous nos yeux pour exercer notre intelligence et nous faire admirer le Dieu invisible par le spectacle de ses œuvres visibles, afin qu'élevés et purifiés par la foi, nous désirions voir d'une manière inaccessible aux sens celui dont les œuvres visibles nous ont fait connaître la nature invisible.

2. Mais ce n'est pas la seule chose qu'il nous faille considérer dans les miracles de Jésus-Christ. Interrogeons ces miracles, demandons-leur ce qu'ils nous disent de Jésus-Christ ; car si nous les comprenons bien, ils ont leur langue : Jésus-Christ est le Verbe de Dieu ; toute action du Verbe est donc pour nous une parole. Nous sommes frappés de la grandeur de ce miracle, cherchons à pénétrer sa profondeur ; ne nous laissons point charmer seulement par l'apparence extérieure, considérons ses secrètes sublimités. Ce prodige, dont l'extérieur nous frappe d'admiration, contient des enseignements cachés. Nous avons vu, nous avons considéré ce prodige extraordinaire, éclatant, vraiment divin, et que Dieu seul pouvait opérer, et à l'œuvre nous avons reconnu et loué celui qui en est l'auteur. Mais de même qu'en considérant des lettres parfaitement écrites, il ne nous suffirait pas de louer la main de l'écrivain qui les a faites toutes égales et leur a donné une élégante proportion, si nous ne cherchions à lire en même temps ce qu'il a voulu exprimer par ces lettres ; ainsi celui qui se contente de regarder l'extérieur de ce miracle, est ravi de sa grandeur et de son éclat, et ne peut s'empêcher d'admirer son auteur ; mais celui qui cherche à le comprendre en fait comme une lecture attentive. Il n'en est pas de l'Ecriture comme d'une peinture. Vous voyez une

---

no : secundum ipsam suam misericordiam servavit sibi quædam, quæ faceret opportuno tempore præter usitatum cursum ordinemque naturæ, ut non majora, sed insolita videndo stuperent, quibus quotidiana viluerant. Majus enim miraculum est gubernatio totius mundi, quam saturatio quinque millium hominum de quinque panibus (*Joan.*, VI, 10) : et tamen hæc nemo miratur : illud mirantur homines non quia majus est, sed quia rarum est. Quis enim et nunc pascit universum mundum, nisi ille qui de paucis granis segetes creat ? Fecit ergo quomodo Deus. Unde enim multiplicat de paucis granis segetes, inde in manibus suis multiplicavit quinque panes. Potestas enim erat in manibus Christi : panes autem illi quinque, quasi semina erant, non quidem terræ mandata, sed ab eo qui terram fecit multiplicata. Hoc ergo admotum est sensibus, quo erigeretur mens, et exhibitum oculis ubi exerceretur intellectus, ut invisibilem Deum per visibilia opera miraremur, et erecti ad fidem et purgati per fidem, etiam ipsum invisibiliter videre cuperemus, quem de rebus visibilibus invisibilem nosceremus.

2. Nec tamen sufficit hæc intueri in miraculis Christi. Interrogemus ipsa miracula, quid nobis loquantur de Christo : habent enim si intelligantur, linguam suam. Nam quia ipse Christus Verbum Dei est, etiam factum Verbi verbum nobis est. Hoc ergo miraculum, sicut audivimus quam magnum sit, quæramus etiam quam profundum sit : non tantum ejus superficie delectemur, sed etiam altitudinem perscrutemur. Habet enim aliquid intus, hoc quod miramur foris. Vidimus, spectavimus magnum quiddam, præclarum quiddam, et omnino divinum, quod fieri nisi a Deo non possit : laudavimus de facto factorem. Sed quemadmodum si litteras pulcras alicubi inspiceremus, non nobis sufficeret laudare scriptoris articulum, quoniam eas pariles, æquales decorasque fecit, nisi etiam legeremus quid nobis per illas indicaverit : ita factum hoc qui tantum inspicit, delectatur pulchritudine facti ut admiretur artificem ; qui autem intelligit, quasi legit. Aliter enim videtur pictura, aliter videntur litteræ. Picturam cum videris,

peinture, vous avez tout vu, et vos louanges ne peuvent avoir un autre objet; au contraire, une page d'écriture est placée sous vos yeux, et le tout n'est pas de l'avoir vue; elle vous invite encore à en faire lecture. Aussi dites-vous, lorsque vous voyez une page d'écriture que vous ne pouvez lire : Que pensez-vous qu'on ait écrit sur cette page? Vous demandez ce qui est écrit, bien que l'écriture frappe vos regards; vous attendez une autre explication de celui à qui vous demandez à connaître ce que vous avez vu. Il a donc d'autres yeux que les vôtres. Est-ce que vous ne voyez pas tous deux également les lettres? Oui, mais vous ne connaissez pas également ce qu'elles signifient. Vous les voyez, et vous les admirez; il les voit aussi, il les admire, mais de plus il les lit, il les comprend. Nous avons vu aussi ce prodige, nous l'avons admiré; appliquons-nous à le lire et à le comprendre.

3. Le Seigneur est sur une montagne, appliquons-nous d'autant plus à comprendre, parce que le Seigneur sur la montagne est le Verbe sur les hauteurs. Le prodige qu'il opère sur la montagne n'est donc pas un fait obscur et ordinaire sur lequel nous puissions passer légèrement, il demande toute notre attention. Jésus lève les yeux sur cette multitude qui le suit, il voit qu'elle a faim, il la nourrit dans sa miséricorde suivant la mesure non-seulement de sa bonté, mais de sa puissance. A quoi aurait servi la bonté seule dans ce désert où il n'y avait point de pain pour nourrir cette multitude affamée? Si sa puissance n'avait été ici l'auxiliaire de la bonté, ce peuple serait resté sans nourriture pour apaiser la faim qui le pressait. Le Seigneur demande donc où on pourrait acheter du pain pour nourrir cette multitude. Et l'Évangéliste ajoute : « Il disait cela pour le tenter, » (*Jean,* VI, 6) c'est-à-dire l'apôtre Philippe qu'il avait interrogé : « Car il savait bien ce qu'il devait faire. » Pourquoi donc le tentait-il, si ce n'est pour faire connaître l'ignorance de son disciple? Or, en dévoilant cette ignorance peut-être veut-il nous donner une leçon. Nous pourrons nous en convaincre lorsqu'il nous expliquera le mystère des cinq pains et nous dévoilera les enseignements qu'il renferme, nous verrons alors pourquoi le Sauveur par cette question a voulu constater l'ignorance de son disciple qu'il connaissait parfaitement. En effet, nous interrogeons quelquefois dans le désir d'apprendre ce que nous ne savons pas; quelquefois aussi nous demandons ce que nous savons, pour nous assurer que celui que nous interrogeons le sait lui-même. Or, Notre-Seigneur savait très-bien ces deux choses, il savait ce qu'il demandait, parce qu'il savait ce qu'il devait faire et il connaissait également l'ignorance de Philippe sur ce point. Pourquoi donc l'interrogeait-il? Uniquement pour dé-

---

hoc est totum vidisse, laudasse : litteras cum videris, non hoc est totum; quoniam commoneris et legere. Etenim dicis, cum videris litteras, si forte non eas nosti legere : Quid putamus esse quod hic scriptum est? Interrogas quid sit, cum jam videas aliquid. Aliud tibi demonstraturus est, a quo quæris agnoscere quod vidisti. Alios ille oculos habet, alios tu. Nonne similiter apices videtis? Sed non similiter signa cognoscitis. Tu ergo vides et laudas : ille videt, laudat, legit et intelligit. Quia ergo vidimus, quia laudavimus, legamus et intelligamus.

3. Dominus in monte : multo magis intelligamus, quia Dominus in monte Verbum est in alto. Proinde non quasi humiliter jacet, quod in monte factum est; nec transeunter prætereundum est, sed suspiciendum. Turbas vidit, esurientes agnovit, misericorditer pavit : non solum pro bonitate, verum etiam pro potestate. Quid enim sola prodesset bonitas, ubi non erat panis, unde turba esuriens pasceretur? Nisi bonitati adesset potestas, jejuna illa turba et esuriens remaneret. Denique et discipuli qui erant cum Domino in fame, et ipsi turbas volebant pascere, ut non remanerent inanes, sed unde pascerent non habebant. Interrogavit Dominus unde emerentur panes ad turbas pascendas. Et ait Scriptura : « Hoc autem dicebat tentans eum : » (v. 6) discipulum scilicet Philippum, quem interrogaverat. « Ipse enim sciebat quid esset facturus. » Cui ergo bono tentabat, nisi quia ignorantiam discipuli demonstrabat? Et forte in demonstratione ignorantiæ discipuli aliquid significavit. Apparebit ergo, cum ipsum sacramentum de quinque panibus cœperit nobis loqui, et quid significet indicare : ibi enim videbimus, quare Dominus in hoc facto ignorantiam discipuli voluit interrogando quod sciebat, ostendere. Nam interrogamus aliquando quod nescimus, audire volentes ut discamus; aliquando interrogamus quod scimus, scire volentes utrum et ille sciat quem interrogamus : utrumque hoc noverat Dominus; et quod interrogabat sciebat, quid enim esset facturus ipse noverat; et hoc nescire Philippum sciebat similiter. Quare itaque interrogabat, nisi quia

voiler son ignorance, et nous comprendrons dans la suite la raison de cette conduite.

4. « André lui dit : Il y a ici un enfant qui a cinq pains et deux poissons, mais qu'est-ce que cela pour une si grande multitude ? » (*Jean*, VI, 9.) Lorsque Philippe eut répondu à la question du Sauveur que deux cents deniers ne suffiraient pas pour donner du pain à une si grande multitude, il y avait là un enfant qui portait avec lui cinq pains et deux poissons. « Et Jésus lui dit : Faites-les asseoir. (Il y avait beaucoup d'herbe en ce lieu-là). Tous s'assirent au nombre d'environ cinq mille. Or, Jésus prit les pains et il rendit grâces, » (*Ibid.*, 11) puis il ordonna de rompre les pains et de les distribuer à ceux qui étaient assis. Ce n'étaient plus alors les cinq pains, mais ce que le Créateur y avait ajouté en les multipliant. « Et il leur fit donner de même des poissons autant qu'ils en voulurent. » C'est peu que cette multitude ait été rassasiée, il resta une grande quantité de morceaux que Jésus fit recueillir pour qu'ils ne fussent point perdus. « Et ils emplirent douze corbeilles des morceaux qui étaient demeurés. » (*Ibid.*, 13.)

5. Pour abréger cette explication, disons que dans ces cinq pains il faut voir les cinq livres de Moïse ; ce sont des pains d'orge et non des pains de froment, parce qu'ils sont la figure de l'Ancien Testament. Vous savez que par suite de la conformation naturelle de l'orge il est très-difficile d'arriver jusqu'à la substance même du grain, car elle est revêtue d'une enveloppe de paille qui adhère on ne peut plus fortement et ne peut en être détachée qu'avec peine. C'est le symbole de la lettre de l'Ancien Testament qui est aussi revêtu de l'enveloppe des figures charnelles ; mais si l'on peut parvenir jusqu'à la moelle qu'elles recouvrent, on y trouve une nourriture des plus abondantes. Il y avait là un enfant qui portait cinq pains et deux poissons. Si nous voulons savoir quel est cet enfant, peut-être découvrirons-nous que c'est le peuple d'Israël, il portait ces pains comme un enfant sans songer à s'en nourrir. Tant que ces pains restaient entiers, ils ne faisaient que le charger, ils ne pouvaient le nourrir qu'à la condition d'être rompus. Les deux poissons me paraissent figurer les deux augustes personnages de l'Ancien Testament qui recevaient l'onction pour sanctifier et gouverner le peuple, je veux dire le grand-prêtre et le roi. Celui dont ces deux personnages étaient la figure à leur tour, est venu aussi sous l'emblème de la même figure, il se découvrait dans la moelle intérieure du grain d'orge, il était caché par la paille qui recouvrait le grain. Il est venu réunissant en lui ces deux personnages, le grand-prêtre et le roi ; du grand-prêtre, en s'offrant lui-même comme victime pour nous à Dieu ; comme roi, parce que c'est lui qui nous gouverne, et c'est ainsi que

---

illius ignorantiam demonstrabat? Et hoc quare fecerit, ut dixi, postea intelligemus.

4. « Andreas ait : Est hic puer quidam qui habet quinque panes, et duos pisces, sed hæc quid sunt ad tantos? » (v. 9.) Cum dixisset Philippus interrogatus, ducentorum denariorum panes non sufficere, quibus tanta illa turba reficeretur, erat ibi quidam puer portans quinque panes hordeaceos et duos pisces. « Et ait Jesus : Facite homines discumbere. Erat autem ibi fœnum multum, et discubuerunt ferme quinque millia hominum. (v. 10.) Accepit autem Dominus Jesus panes, gratias egit, » (v. 11) jussit, fracti sunt panes, positi ante discumbentes. Non jam quinque panes, sed quod adjecerat, qui creaverat quod auctum erat. « Et de piscibus quantum sufficiebat. » Parum est turbam illam fuisse satiatam, etiam fragmenta resederunt : et ipsa colligi jussa sunt, ne perirent. « Et impleverunt duodecim cophinos fragmentorum. » (v. 13.)

5. Breviter ut curramus, quinque panes intelliguntur quinque libri Moysi : merito non tritici, sed hordeacei; quia ad Vetus Testamentum pertinent. Nostis autem hordeum ita creatum, ut ad medullam ejus vix perveniatur : vestitur enim eadem medulla tegmine paleæ, et ipsa palea tenax et inhærens, ut cum labore exuatur. Talis est littera Veteris Testamenti, vestita tegminibus carnalium sacramentorum : sed si ad ejus medullam perveniatur, pascit et satiat. Ferebat ergo puer quidam quinque panes et duos pisces. Si quæramus quis fuerit puer iste, forte populus Israel erat : sensu puerili portabat, nec manducabat. Illa enim quæ portabat, clausa onerabant, aperta pascebant. Duo autem pisces, videntur nobis significare duas illas in Veteri Testamento sublimes personas, quæ unguebantur ad populum sanctificandum et regendum, sacerdotis et regis. Et ipse in mysterio venit aliquando, qui per illas significabatur : venit aliquando qui per medullam hordei ostendebatur, per paleam vero hordei occultabatur. Venit ipse unus utramque personam in se portans, sacerdotis et regis : sacerdotis per victimam, quam seipsum obtulit pro nobis Deo ; regis, quia regimur

sont dévoilés ces mystères qui restaient cachés lorsqu'ils étaient portés. Grâces lui soient rendues, il a accompli dans sa personne les promesses de l'Ancien Testament. Il ordonne de rompre les pains, et c'est pendant qu'ils sont rompus et distribués qu'ils se multiplient. Rien n'est plus vrai. Que de livres n'a-t-on pas faits sur les cinq livres de Moïse en les expliquant, c'est-à-dire en les rompant, en les partageant en plusieurs parties ? Mais comme cette orge recouvrait l'ignorance du peuple juif dont il est dit : « Lorsqu'ils lisent Moïse, ils ont un voile sur le cœur. » (II *Cor.*, III, 15.) En effet, le voile n'était pas encore levé, parce que Jésus-Christ n'était pas encore venu, le voile du temple n'était pas encore déchiré pendant que le Sauveur était attaché sur la croix. C'est donc parce que le peuple juif était dans l'ignorance sous la loi que Jésus voulait en éprouvant son disciple découvrir son ignorance.

6. Il n'y a donc ici aucune circonstance inutile, tout est plein d'enseignements mystérieux, mais il faut un esprit capable de les comprendre. Ainsi le nombre des personnes qui furent nourries figurent le peuple placé sous la loi. Pourquoi étaient-ils cinq mille ? Parce qu'ils étaient sous la Loi qui est renfermée dans les cinq livres de Moïse? C'est pour la même raison que les malades étaient étendus sous les cinq portiques mais sans pouvoir être guéris. (*Jean*, V, 2, etc.) Or, Celui qui guérit alors le paralytique est le même qui nourrit ici cette grande multitude avec cinq pains. Ils étaient assis sur l'herbe, leurs inclinations étaient donc encore terrestres et ils se reposaient dans les biens sensibles, car toute chair est semblable à l'herbe des champs. (*Isaïe*, XL, 10.) Que signifient encore les morceaux qui sont restés, ce que le peuple n'a pu manger ? Il faut y voir certaines vérités secrètes que la multitude ne peut comprendre. Or, que doit-on faire de ces vérités plus élevées, inaccessibles à la multitude ? Il faut les confier à ceux qui sont capables d'enseigner les autres, comme étaient les apôtres. Voilà pourquoi on emplit douze corbeilles de ces restes. Cette circonstance est admirable à raison de la grandeur même du miracle; elle est pour nous des plus utiles par les enseignements spirituels qu'elle nous donne. Ceux qui en furent alors témoins ne purent contenir leur admiration et nous restons insensibles au récit qui nous en est fait. Cependant Dieu opère ce miracle pour que cette multitude le vît de ses yeux, et il a voulu qu'il fût écrit pour que nous puissions en avoir connaissance. Ce que les yeux leur ont appris, la foi nous l'enseigne. Nous voyons par l'esprit ce que nous n'avons pu voir des yeux, et nous avons la supériorité sur ce peuple, parce que c'est de nous qu'il est dit : « Bienheureux ceux qui ne voient point et qui croient. » *Jean*, XX,

---

ab eo : et aperiuntur quæ clausa portabantur. Gratias illi, implevit per se quod per Vetus Testamentum promittebatur. Et frangi jussit panes : frangendo multiplicati sunt. Nihil verius. Quinque enim illi libri Moysi, quam multos libros cum exponuntur, tanquam frangendo, id est, disserendo, fecerunt? Sed quia in illo hordeo ignorantia primi populi tegebatur, de quo primo populo dictum est : Quamdiu legitur Moyses, velamen supra corda eorum positum est (II *Cor.*, III, 15) : (nondum enim ablatum erat velamen, quia nondum venerat Christus; nondum velum templi fuerat illo in cruce pendente conscissum) : quia ergo ignorantia populi erat in Lege, propterea illa Domini tentatio ignorantiam discipuli demonstrabat.

6. Nihil igitur vacat, omnia innuunt, sed intellectorem requirunt : nam et iste numerus pasti populi, populum significabat sub Lege constitutum. Cur enim quinque millia erant, nisi quia sub Lege erant, quæ Lex quinque libris Moysi explicatur? Unde et quinque illis porticibus languidi prodebantur, non sanabantur. (*Joan.*, V, 2, etc.) Ille autem ibi curavit languidum, qui et hic turbas de quinque panibus pavit. Nam et super fœnum discumbebant (*Joan.*, VI, 10) : carnaliter ergo sapiebant, et in carnalibus quiescebant. Omnis enim caro fœnum. (*Isa.*, XL, 6.) Quæ sunt autem illa fragmenta, nisi quæ populus non potuit manducare? Intelliguntur ergo quædam secretiora intelligentiæ, quæ multitudo non potest capere. Quid ergo restat, nisi ut secretiora intelligentiæ, quæ non potest capere multitudo, illis credantur qui idonei sunt et alios docere, sicut erant Apostoli? Unde duodecim cophini impleti sunt. Factum est hoc et mirabiliter, quia magnum factum est; et utiliter, quia spirituale factum est. (*Joan.*, VI, 13.) Qui tunc viderunt, admirati sunt : nos autem non miramur cum audimus. Factum est enim ut illi viderent, scriptum est autem ut nos audiremus. Quod in illis oculi valuerunt, hoc in nobis fides. Cernimus quippe animo, quod oculis non potuimus : et præelati sumus illis, quoniam de nobis dictum est : Beati qui non vident et credunt. (*Joan.*, XX, 29.) Addo autem,

29.) J'ajoute que nous avons probablement compris ce que cette multitude n'a pu comprendre. Nous avons donc été véritablement nourris, puisque nous avons pu parvenir jusqu'à la moelle du grain d'orge.

7. Enfin quelle impression produisit la vue de ce miracle sur ceux qui en furent les témoins ? « Or, tout ce peuple ayant vu le miracle que Jésus avait fait, disait : Celui-ci est véritablement le prophète qui doit venir dans le monde. » (*Jean*, VI, 14.) Peut-être regardaient-ils Jésus comme un prophète, parce qu'ils s'étaient assis sur l'herbe. Or, il était le Seigneur des prophètes, c'est lui qui avait accompli les oracles des prophètes, qui avait sanctifié les prophètes, mais il était en même temps prophète, car il avait été dit à Moïse : « Je leur susciterai un prophète semblable à vous, » (*Deut.*, XVIII, 18) semblable selon la chair, mais non semblable en puissance. Nous voyons clairement expliqué dans les Actes des apôtres que cette promesse divine avait Jésus-Christ pour objet. (*Actes*, VII, 37.) Le Seigneur n'a-t-il pas dit de lui-même : « Un prophète n'est sans honneur que dans son pays. » (*Jean*, IV, 44.) Le Seigneur est prophète, le Seigneur est en même temps le Verbe de Dieu, aucun prophète ne peut prophétiser sans le Verbe de Dieu, le Verbe de Dieu est avec les prophètes et le Verbe de Dieu lui-même est prophète. Les temps qui nous ont précédés ont mérité d'entendre des prophètes inspirés et remplis du Verbe de Dieu ; pour nous, nous avons mérité d'avoir pour prophète le Verbe même de Dieu. Or, le Christ est prophète et le Seigneur des prophètes, comme le Christ est ange et le Seigneur des anges. En effet, il est appelé l'Ange du grand conseil. (*Isaïe*, IX, 6, sel. les LXX.) Cependant que dit ailleurs le prophète ? « Ce n'est ni un envoyé, ni un ange, mais lui-même qui viendra vous sauver, » c'est-à-dire que pour les sauver il n'enverra ni un ambassadeur, ni un ange, mais qu'il viendra lui-même. » (*Isaïe*, XXXV, 4.) Qui viendra ? Lui-même qui est un ange. Ce n'est donc point par un ange qu'il nous sauve, à moins de prendre le nom d'ange dans le sens de Seigneur des anges. En latin le nom d'ange signifie envoyé, messager. Si Jésus-Christ ne nous annonçait rien, on ne lui donnerait point le nom d'ange ; si Jésus-Christ n'avait fait aucune prophétie, il ne serait point appelé prophète. Il nous a exhortés à embrasser la foi, à mériter la vie éternelle, il a annoncé des vérités pour le présent, il a fait des prédictions pour l'avenir ; dans le premier cas c'est un ange, dans le second c'est un prophète, et en tant qu'il est le Verbe de Dieu fait chair, il est le Seigneur des anges et des prophètes.

---

quia forte et intelleximus quod illa turba non intellexit. Et vere nos pasti sumus, qui ad medullam hordei pervenire potuimus.

7. Denique homines illi qui viderunt hoc, quid putaverunt ? « Illi, inquit, homines cum vidissent quod fecerat signum, dicebant, quia hic est vere Propheta. » (*Joan.*, VI, 14.) Forte adhuc ideo Christum Prophetam putabant, quia super fœnum discubuerant. Erat autem ille Dominus Prophetarum, impletor Prophetarum, sanctificator Prophetarum, sed et Propheta : nam et Moysi dictum est : Suscitabo eis Prophetam similem tui. (*Deut.*, XVIII, 18.) Similem secundum carnem, non secundum majestatem. Et de ipso Christo illam Domini promissionem habere intellectum, aperte in Actibus Apostolorum exponitur et legitur. (*Act.*, VII, 37.) Et ipse Dominus de se ait : Non est Propheta sine honore, nisi in patria sua. (*Joan.*, IV, 44.) Propheta Dominus, et Verbum Dei Dominus, et nullus Propheta sine Verbo Dei prophetat : cum Prophetis Verbum Dei, et Propheta Verbum Dei. Meruerunt priora tempora Prophetas afflatos, et impletos Verbo Dei : meruimus nos Prophetam ipsum Verbum Dei. Sic autem Propheta Christus, Dominus Prophetarum : sicut Angelus Christus, Dominus Angelorum. Nam et ipse dictus est magni consilii Angelus. (*Isa.*, IX, 6, sec. 70.) Verumtamen alibi quid dicit Propheta? Quia non legatus neque Angelus, sed ipse veniens salvos faciet eos (*Isa.*, XXXV, 4) : id est, ad salvos eos faciendos non mittet legatum, non mittet Angelum, sed veniet ipse. Quis veniet ? Ipse Angelus. Certe non per Angelum, nisi quia iste sic Angelus, ut etiam Dominus Angelorum. Etenim Angeli Latine nuntii sunt. Si Christus nihil annuntiaret : Angelus non diceretur : si Christus nihil prophetaret, Propheta non diceretur. Exhortatus est nos ad fidem, et ad capessendam vitam æternam : aliquid præsens annuntiavit, aliquid futurum prædixit : ex eo quod præsens annuntiavit : Angelus erat : ex eo quod futurum prædixit, Propheta erat : ex eo quod Verbum Dei caro factum est, et Angelorum et Prophetarum Dominus erat.

TRAITÉ XXV [1].

Depuis ces paroles : « Jésus sachant qu'ils venaient pour l'enlever, » etc., jusqu'à ces autres paroles : « Et je le ressusciterai au dernier jour. »

1. La leçon de l'Evangile qui vient de vous être lue et qui fera le sujet de notre instruction de ce jour, suit immédiatement celle qui vous a été lue et expliquée hier. Après ce miracle, où Jésus nourrit cinq mille hommes avec cinq pains, le peuple fut dans l'admiration, et le proclamait le grand prophète qui devait venir dans le monde. Et que fit le Sauveur ? « Jésus sachant qu'ils devaient venir pour l'enlever et le faire roi, se retira seul de nouveau sur la montagne. » (*Jean*, VI, 25.) On peut conclure de ces paroles que le Seigneur qui était assis sur la montagne avec ses disciples, voyant la multitude qui venait le trouver, était descendu de la montagne et l'avait nourrie miraculeusement dans la plaine. Car comment aurait-il pu s'enfuir de nouveau sur la montagne, s'il n'en était descendu auparavant? Il y a donc ici une signification particulière dans cette circonstance du Seigneur qui descend de la montagne pour nourrir la multitude. Il la nourrit, et se retire de nouveau sur la montagne.

2. Or, pourquoi se retire-t-il sur la montagne, lorsqu'il sait qu'ils veulent l'enlever pour le faire roi? Quoi donc! n'était-il pas roi, lui qui craignait de le devenir? Oui, il l'était, mais il n'était pas roi créé, établi par les hommes; il l'était pour les faire entrer en participation de sa royauté. Jésus veut-il nous donner encore un autre enseignement, lui dont les actions sont autant de paroles? Dirons-nous que ce fait de la multitude qui veut l'enlever pour le faire roi, et la conduite de Jésus qui s'enfuit sur la montagne ne contiennent aucune leçon, aucun enseignement? Est-ce peut-être que c'était l'enlever véritablement que de vouloir prévenir le temps de son règne? Il n'était pas venu, en effet, pour exercer cette royauté dont il doit jouir plus tard, et que nous avons en vue lorsque nous disons : « Que votre règne arrive. » (*Matth.*, VI, 10.) Sans doute il règne toujours avec son Père, en tant qu'il est Fils de Dieu, Verbe de Dieu, le Verbe par lequel tout a été fait. Mais les prophètes avaient encore prédit son règne en tant qu'il est le Christ fait homme, et qu'il a donné à ses fidèles le titre et les droits de chrétien. Plus tard donc ce règne des chrétiens qui se forme actuellement, qui se prépare, qui est acheté du sang de Jésus-Christ; ce règne paraîtra dans tout son éclat, lorsque la splendeur des saints sera manifestée à tout l'univers après le jugement que doit exercer le Fils de l'homme,

[1] Ce discours a été donné le lendemain du jour où le précédent fut prononcé.

TRACTATUS XXV.

Ab eo quod scriptum est : « Jesus ergo cum cognovisset, quod venissent ut raperent eum : » usque ad id : « Et ego resuscitabo eum in novissimo die. »

1. Hesternam ex Evangelio lectionem, ista est hodierna quæ sequitur, unde hodiernus sermo debetur. Facto illo miraculo, ubi quinque millia hominum de quinque panibus pavit Jesus, cum admiratæ essent turbæ, et eum magnum Prophetam dicerent qui venit in mundum, sequitur hoc : « Jesus ergo cum cognovisset quia venerant (*f.* venirent) ut raperent eum, et facerent eum regem, fugit iterum in montem ipse solus. » (*Joan.*, VI, 15.) Datur ergo intelligi, quod Dominus cum sederet in monte cum discipulis suis, et videret turbas ad se venientes, descenderat de monte, et circa inferiora loca turbas paverat. Nam quomodo fieri potest, ut rursus illuc fugeret, nisi ante de monte descenderet? Significat ergo aliquid, quod Dominus de alto descendit ad pascendas turbas. Pavit, et ascendit.

2. Quare autem ascendit, cum cognovisset quod eum vellent rapere et regem facere? Quid enim? Non erat rex, qui timebat fieri rex? Erat omnino : nec talis rex qui ab hominibus fieret? sed talis qui hominibus regnum daret. Numquid forte et hic aliquid significat nobis Jesus, cujus facta verba sunt? Ergo in hoc quod voluerunt eum rapere et regem facere, et propter hoc fugit in montem ipse solus, hoc in illo factum tacet, nihil loquitur, nihil significat? An forte hoc erat rapere eum, prævenire velle tempus regni ejus? Etenim venerat modo, non jam regnare, quomodo regnaturus est in eo quod dicimus : Adveniat regnum tuum. (*Matth.*, VI, 10.) Semper quidem ille cum Patre regnat secundum quod est Filius Dei, Verbum Dei, Verbum per quod facta sunt omnia. Prædixerunt autem Prophetæ regnum ejus, etiam secundum id quod homo factus est Christus, et fecit fideles suos Christianos. Erit ergo regnum Christianorum quod modo colligitur, quod modo comparatur, quod modo emitur sanguine Christi : erit aliquando manifestum regnum ejus,

comme il l'a dit plus haut. (*Jean*, v, 22.) C'est de ce règne que l'Apôtre a dit : « Lorsqu'il aura remis le royaume à Dieu son Père. » (I *Cor.*, xv, 24.) Et lui-même en parle en ces termes : « Venez, les bénis de mon Père, recevez le royaume qui vous a été préparé dès le commencement du monde. » (*Matth.*, xxv, 34.) Ses disciples et la multitude qui croyait en lui, crurent qu'il était venu pour entrer déjà en possession de ce règne. Or, en voulant l'enlever pour le faire roi, ils prevenaient le temps de son règne, et le forçaient de se cacher pour manifester sa royauté lorsque le moment serait venu et la faire éclater utilement aux yeux de tous à la fin du monde.

3. Voulez-vous vous convaincre que leur intention était de le faire roi, c'est-à-dire qu'ils voulaient devancer le temps et le déclarer publiquement roi, lui qui devait être d'abord jugé avant de juger le monde? Voyez ce qui arriva lorsqu'il fut crucifié, et que ceux qui espéraient en lui eurent perdu l'espoir de le voir ressusciter. Après sa résurrection, il en rencontre deux d'entre eux qui s'entretenaient en gémissant de ce qui venait de se passer, et dont le langage trahissait le désespoir. Il leur apparaît comme un étranger, car leurs yeux étaient fermés, et ils ne le reconnaissaient point; il se mêle à leur conversation, ils lui en font connaître l'objet, et lui disent que ce grand prophète en œuvres et en paroles avait été mis à mort par les princes des prêtres. « Et nous espérions, ajoutent-ils, qu'il rachèterait Israël. » (*Luc*, xxiv, 21.) Votre espérance était légitime et fondée, car c'est en lui que se trouve la rédemption d'Israël. Mais pourquoi tant vous hâter? Vous voulez l'enlever. Cette interprétation se trouve confirmée par la question que les disciples lui font sur la fin de sa mission : Est-ce dans ce temps que vous allez vous manifester, et quand établirez-vous le royaume d'Israël? (*Act.*, i, 6.) Ils voulaient, ils désiraient vivement voir établir dès maintenant ce royaume. C'était vouloir enlever Jésus pour le faire roi. Mais comme il devait alors monter seul au ciel : « Ce n'est point à vous de connaître les temps ou les moments que le Père a disposés en sa puissance. Mais vous recevrez la vertu du Saint-Esprit venant sur vous, et vous serez témoins pour moi dans Jérusalem, dans toute la Judée et la Samarie, et jusqu'aux extrémités de la terre. » (*Ibid.*, 7-8.) Vous voulez que je me déclare dès maintenant roi; il faut auparavant que je réunisse les éléments de mon royaume; vous aimez l'élévation, et vous y parviendrez, mais il faut me suivre par l'humilité. C'est ce que le Roi-prophète avait prédit : « Et l'assemblée des peuples vous environnera, et à cause d'elle remontez sur les hauteurs, » (*Ps.* vii, 8) c'est-à-dire afin que l'assem-

---

quando aperta erit claritas sanctorum ejus post judicium ab eo factum : quod judicium supra ipse dixit, quod filius hominis facturus sit. (*Joan.*, v, 22.) De quo regno etiam Apostolus dixit : Cum tradiderit regnum Deo et Patri. (I *Cor.*, xv, 24.) Unde etiam ipse ait : « Venite benedicti Patris mei, percipite regnum quod vobis paratum est ab initio mundi. » (*Matth.*, xxv, 34.) Discipuli autem et turbæ credentes in eum, putaverunt illum sic venisse ut jam regnaret : hoc est velle rapere et regem facere, prævenire velle tempus ejus, quod ipse apud se occultabat, ut opportune proderet, et opportune in fine sæculi declararet.

3. Nam ut noveritis, quia regem eum volebant facere, id est, antevenire, et jam habere manifestum Christi regnum, quem primo oportebat judicari, et deinde judicare: ubi crucifixus est, et illi qui in eum sperabant, spem resurrectionis ejus perdiderant, resurgens a mortuis invenit inde duos cum desperatione sibi sermocinantes, et cum gemitu quæ gesta fuerant colloquentes : et apparens eis velut incognitus, cum oculi eorum tenerentur ne ab eis agnosce- retur, sermonem tractantibus miscuit : at illi narrantes ei unde sermocinarentur, dixerunt quia ille magnus Propheta in factis et dictis occisus esset a principibus sacerdotum. Et nos, inquiunt, sperabamus, quia ipse esset redempturus Israel. (*Luc.*, xxiv, 21.) Recte sperabatis, verum sperabatis : in illo est redemptio Israel. Sed quid festinatis? Rapere vultis. Illud etiam indicat nobis hunc sensum, quia ab eo quærerent discipuli de fine, dixerunt ei : Si hoc in tempore (*a*) præsentabis, et quando regnum Israel ? (*Act.*, i, 6.) Jam enim esse cupiebant, jam volebant; hoc est rapere velle, et regem facere. Sed ait discipulis, quia adhuc solus ascensurus erat : « Non, inquit, est vestrum scire tempora vel momenta, quæ Pater posuit in sua potestate : sed accipietis virtutem ex alto, (*b*) Spiritum sanctum supervenientem in vos, et eritis mihi testes in Jerusalem, et in omni Judæa et Samaria, et usque in fines terræ. » (*Ibid.*, 7.) Vultis ut jam exhibeam regnum; prius colligam quod exhibeam : altitudinem amatis, et altitudinem adipiscemini; sed per humilitatem

(*a*) In plerisque Mss. *præsentaberis* : in uno, *præsentaveris*. — (*b*) Duo Mss. *Spiritu sancto superveniente*.

blée des peuples vous environne, et que vous puissiez les réunir en grand nombre, remontez sur les hauteurs. C'est ce qu'il a fait; il a nourri la multitude, et il s'est enfui sur la montagne.

4. Pourquoi l'Évangéliste s'est-il servi de cette expression : « Il s'enfuit, » car ce peuple n'aurait pu ni se saisir de lui, ni l'enlever contre sa volonté, puisque s'il ne l'avait voulu, ils n'auraient même pu le reconnaître? La suite vous fera voir que cette fuite n'était point l'effet de la nécessité, mais d'une disposition providentielle et figurative, puisque le Sauveur apparaît de nouveau à la multitude qui le cherchait; qu'il s'entretient longuement avec elle, et lui fait un discours très-étendu sur le pain du ciel. Ceux avec qui il s'entretient de ce pain céleste, ne sont-ils pas les mêmes qu'il avait fuis, parce qu'ils voulaient se saisir de lui? Ne pouvait-il donc échapper alors à leurs poursuites, comme il le fit lorsqu'il s'entretenait avec eux? Cette fuite contient donc un enseignement figuratif. Que signifie cette expression : « Il s'enfuit? » Ils ne purent comprendre son élévation. En effet, quand il vous est impossible de comprendre une chose, vous dites : « Elle me fuit. » Jésus s'enfuit donc de nouveau seul sur la montagne. « Il est le premier ici d'entre les morts qui soit monté au-dessus de tous les cieux et qui intercède pour nous. » (*Coloss.*, I, 18; *Rom.*, VIII, 34.)

5. Tandis que le grand prêtre qui est entré dans l'intérieur du voile est le seul qui remonte sur les hauteurs, et que le peuple demeure dehors (car ce prêtre de l'ancienne loi qui n'entrait qu'une fois dans le sanctuaire était la figure du Sauveur), tandis qu'il remonte sur les hauteurs, à quelle épreuve sont soumis les disciples dans la barque? Cette barque, en effet, qui navigue tandis que le Sauveur se retire sur la montagne, figurait l'Eglise. Si nous n'appliquons pas tout d'abord à l'Eglise ce qui nous est rapporté de cette barque, il n'y a rien ici de figuratif, tout est passager; si au contraire nous voyons s'accomplir dans l'Eglise la vérité de toutes ces circonstances symboliques, il faut en conclure que les actions de Jésus-Christ forment un genre particulier d'enseignement. « Le soir étant venu, ses disciples descendirent vers la mer, et étant montés dans la nacelle, ils vinrent au delà de la mer, vers Capharnaüm. » (*Jean*, VI, 16, 17.) L'Évangéliste nous représente comme terminé ce qui n'eut lieu qu'après. « Ils vinrent au delà de la mer, vers Capharnaüm; » et il revient sur ses pas pour raconter comment ils y arrivèrent en traversant le lac dans cette barque. Pendant qu'ils naviguaient vers l'endroit où il venait de dire qu'ils étaient parvenus, il reprend son récit, et raconte ce qui leur arriva. « Les ténèbres se répandaient déjà, et Jésus n'était pas encore

---

me sequimini. Sic de illo etiam prædictum est : Et congregatio populorum circumdabit te, et propter hanc in altum regredere : (*Ps.* VII, 8) id est, ut circumdet te congregatio populorum, ut multos colligas, regredere in altum. Sic fecit, pavit, et ascendit.

4. Quare autem dictum est, « fugit? » Neque enim vere si nollet teneretur, si nollet raperetur, qui si nollet nec agnosceretur. Nam ut noveritis hoc mystice factum, non ex necessitate, sed ex significante dispositione, modo in consequenti videbitis, quia eisdem turbis quæ cum quærebant apparuit, et cum eis loquens multa eis dixit, multa de pane cœlesti disputavit : nonne cum ipsis de pane disputans erat, a quibus ne teneretur aufugerat? (*Joan.* VI, 26, etc.) Non ergo et tunc poterat agere ut non ab eis comprehenderetur, quemadmodum postea quando cum eis loquebatur? Aliquid ergo significavit fugiendo. Quid est, « fugit? » Non potuit intelligi altitudo ejus. Quidquid enim non intellexeris : Fugit me, dicis. Ergo « fugit iterum in montem ipse solus. » (*v.* 15.) Primogenitus a mortuis ascendens super omnes cœlos, et interpellans pro nobis. (*Colos.*, I, 18; *Rom.*, VIII, 34.)

5. Interea illo sursum posito solo sacerdote magno, qui intravit in interiora veli, foris populo constituto (hunc enim sacerdos ille in Lege veteri significavit, qui hoc semel in anno faciebat (*Hebr.*, IX, 12) : illo ergo sursum posito, discipuli in navicula quid patiebantur? Nam illo in altis constituto, navicula illa Ecclesiam præsignabat. Si non hoc primo in Ecclesia intelligimus, quod illa navicula patiebatur; non erant illa significantia, sed simpliciter transeuntia : si autem videmus exprimi in Ecclesia veritatem illarum significationum; manifestum est, quia facta Christi genera sunt locutionum. « Ut autem sero factum est, inquit, descenderunt discipuli ejus ad mare : et cum ascendissent naviculam, venerunt trans mare in Capharnaum. » (*Joan.*, VI, 16, 17.) Cito dixit finitum quod postea factum est. « Venerunt trans mare in Capharnaum. » Et redit, ut exponat quomodo venerunt, quia per stagnum navigantes transierunt. Et dum navigarent ad eum locum, quo eos venisse jam dixit, recapitulando exponit quid accidit : « Tenebræ jam factæ erant, et non venerat ad eos Jesus. » Merito tenebræ, quia lux non venerat. « Tenebræ jam factæ erant, et non venerat

revenu près d'eux. » Il était naturel que les ténèbres se répandissent, parce que la lumière n'était pas encore venue. « Les ténèbres se répandaient, et Jésus n'était pas encore revenu près d'eux. » A mesure que la fin du monde approche, les erreurs s'accroissent, les sujets de terreur se multiplient, l'iniquité augmente, l'incrédulité se fortifie; la lumière que l'évangéliste saint Jean nous représente fréquemment comme la charité elle-même, jusque-là qu'il ne craint pas de dire : « Celui qui hait son frère demeure dans les ténèbres; » (I *Jean*, II, 11.) La lumière s'éteint bien souvent; les ténèbres des haines fraternelles s'accroissent, nous les voyons s'épaissir de jour en jour, et Jésus n'est pas encore venu. A quoi peut-on juger que ces ténèbres augmentent? « Parce que l'iniquité abondera, la charité d'un grand nombre se refroidira. » (*Matth.*, XXIV, 12.) Les ténèbres augmentent, et Jésus n'est pas encore venu. Les ténèbres qui s'accroissent, la charité qui se refroidit, l'iniquité qui abonde, ce sont les flots qui agitent, soulèvent la barque; les tempêtes et les vents, ce sont les cris de la malveillance et de la haine. Voilà ce qui refroidit la charité, voilà ce qui soulève les flots et agite la barque.

6. « Or, un grand vent venant à souffler, la mer s'élevait. » (*Jean*, VI, 18.) Les ténèbres devenaient plus épaisses, l'intelligence s'affaiblissait, l'iniquité augmentait. « Après donc qu'ils eurent ramé vingt-cinq ou trente stades. » Les disciples ne laissaient pas de continuer leur traversée, sans que ni les vents, ni la tempête, ni les flots, ni les ténèbres pussent arrêter la barque dans sa marche ou la briser et la submerger; au milieu de tous ces obstacles elle continue de s'avancer. Ainsi l'iniquité qui abonde, la charité d'un grand nombre qui se refroidit, soulèvent les flots, augmentent les ténèbres, déchaînent les vents; cependant la barque marche toujours. Il n'y a, en effet, que celui qui aura persévéré jusqu'à la fin qui sera sauvé. (*Matth.*, X, 22.) Le nombre de stades n'est pas ici lui-même indifférent; et il est impossible de ne pas voir une signification mystérieuse dans ces paroles : « Après qu'ils eurent ramé vingt-cinq ou trente stades, ils virent Jésus qui s'approchait d'eux. » Il suffisait, ce semble, d'énoncer l'un ou l'autre de ces deux chiffres, vingt-cinq ou trente, d'autant plus que c'était une évaluation approximative plutôt qu'une affirmation précise. La vérité aurait-elle donc été blessée, si l'Évangéliste avait dit environ trente stades, ou environ vingt-cinq stades? Mais du nombre vingt-cinq il a fait trente. Examinons d'abord le nombre vingt-cinq; de quoi se compose-t-il, quel nombre sert à le former? Le nombre cinq. Ce nombre cinq est la figure de la loi. Ce sont les cinq livres de Moïse, les cinq portiques où étaient étendus les infirmes, et les cinq pains qui servirent à nourrir cinq mille hommes. Le nombre vingt-cinq est donc aussi la figure de la

---

ad eos Jesus. » Quantum accedit finis mundi, crescunt errores, crebrescunt terrores, crescit iniquitas, crescit infidelitas : lux denique quæ caritas apud Joannem ipsum Evangelistam satis aperteque demonstratur, ita ut diceret : Qui odit fratrem suum, in tenebris est (I *Joan.*, II, 11), creberrime extinguitur : crescunt istæ tenebræ odiorum fraternorum, quotidie crescunt; et nondum venit Jesus. Unde apparet quia crescunt? Quoniam abundabit iniquitas, refrigescet caritas multorum. (*Matth.*, XXIV, 12.) Crescunt tenebræ, et nondum venit Jesus. Crescentibus tenebris, refrigescente caritate, abundante iniquitate, ipsi sunt fluctus navem turbantes : tempestates et venti, clamores sunt maledicorum. Inde caritas refrigescit, inde fluctus augentur, et turbatur navis.

6. « Vento magno flante mare exsurgebat. » (*Joan.*, VI, 18.) Tenebræ crescebant, intelligentia minuebatur, iniquitas augebatur. « Cum remigassent ergo quasi stadia viginti quinque aut triginta. » (*v.* 19.) Interea ambulabant, promovebant, nec venti illi et tempestates et fluctus et tenebræ id agebant, ut vel navis non promoveretur, vel soluta mergeretur : sed inter illa omnia mala ibat. Etenim quia abundavit iniquitas, et refrigescit caritas multorum, crescunt fluctus, augentur tenebræ, sævit ventus : sed tamen navis ambulat. Qui enim perseveraverit usque in finem, hic salvus erit. (*Matth.*, X, 22.) Nec ipse stadiorum numerus contemnendus est. Neque enim vere posset nihil significare quod dictum est : «Cum remigassent stadia viginti quinque aut triginta, tunc ad eos venit Jesus. » Sufficeret viginti quinque, sufficeret triginta, » maxime quia æstimantis erat, non affirmantis. Numquid periclitaretur veritas in æstimante, si diceret stadia ferme triginta, aut stadia ferme viginti quinque ? Sed ex viginti quinque fecit triginta. Quæramus numerum vicesimum quintum. Unde constat, unde sit? de quinario. Quinarius ille numerus ad Legem pertinet. Ipsi sunt quinque libri Moysi, ipsæ sunt quinque porticus illæ languidos continentes, ipsi quinque panes quinque millia homi-

loi, parce que cinq multiplié par cinq, c'est-à-dire cinq fois cinq font vingt-cinq, le carré de cinq. Mais cette loi, jusqu'à la prédication de l'Evangile, n'avait point la perfection. Or, la perfection est comme renfermée dans le nombre six. C'est pour cela que Dieu a créé le monde en six jours (*Gen.*, I, 31), et le nombre cinq est multiplié par six, c'est-à-dire que la loi est accomplie par l'Evangile, et c'est ainsi que six fois cinq font trente. Jésus vient donc trouver ceux qui accomplissent la loi. Et comment vient-il? En marchant sur les flots, en foulant aux pieds les vaines enflures du monde, en comprimant toutes les hauteurs du siècle. Voilà ce qu'il fait à mesure que le temps marche et que l'âge du monde avance vers la fin. Les tribulations vont en augmentant dans ce monde, les maux s'accroissent, les persécutions se multiplient, toutes ces épreuves sont à leur comble; Jésus passe en foulant les flots aux pieds.

7. Et cependant ces tribulations sont si grandes, que ceux-mêmes qui ont cru en Jésus, et qui s'efforcent de persévérer jusqu'à la fin, tremblent dans la crainte de défaillir. Jésus-Christ marche sur les flots; il abaisse les ambitions et les hauteurs du siècle, et le chrétien est saisi d'effroi. Est-ce que ces épreuves n'ont pas été prédites? La crainte qu'ils ressentent en voyant Jésus marcher sur les flots a quelque raison d'être, de même que les chrétiens, malgré l'espérance de la vie future, et tout en voyant abaisser les hauteurs du siècle, sont saisis d'effroi lorsqu'ils sont témoins du bouleversement des choses humaines. Ils ouvrent l'Evangile, ils ouvrent les Ecritures, et ils trouvent que tous ces événements ont été prédits, et que l'action du Seigneur se fait ici sentir. Il abaisse les hauteurs du siècle pour être glorifié par les humbles. C'est de ces hauteurs que le Roi-prophète a dit : « Vous détruirez les villes les plus fortifiées; » et encore : « Les glaives de l'ennemi ont été brisés à jamais. » (*Ps.* IX, 7.) Chrétiens, qu'avez-vous donc à craindre? Jésus-Christ vous dit : « C'est moi, ne craignez point. » (*Jean*, VI, 20.) Pourquoi cet effroi? Pourquoi cette crainte? C'est moi qui suis l'auteur de ces prédictions; c'est moi qui les accomplis; il faut que ces événements aient lieu. « C'est moi, ne craignez point. » Ils voulurent donc le recevoir dans la barque; et dès qu'ils l'eurent reconnu, ils sentirent renaître la joie et la sécurité. « Et aussitôt la barque aborda la terre où ils allaient. » En prenant terre, ils virent finir leurs épreuves; ils échangent l'élément humide pour la terre ferme, les flots agités pour un séjour tranquille, les fatigues du voyage pour le terme vers lequel ils se dirigeaient.

8. « Le lendemain, la multitude, qui se tenait de l'autre côté de la mer, d'où les disciples étaient venus, voyant qu'il n'y avait qu'une

---

num pascentes. Ergo Legem significat numerus vicesimus quintus : quoniam quinque per quinque, id est, quinquies quini, faciunt vigenti quinque, quadratum quinarium. Sed huic Legi antequam Evangelium veniret, deerat perfectio. Perfectio autem in senario numero comprehenditur. Propterea sex diebus Deus mundum perfecit (*Gen.*, I, 31), et quinque ipsa per sex multiplicantur, ut Lex per Evangelium adimpleatur, ut fiant sexies quini triginta. Ad eos ergo qui implent Legem, venit Jesus. Et venit. Quomodo? Calcans fluctus (*Joan.*, VI, 19), omnes tumores mundi sub pedibus habens, omnes celsitudines sæculi premens. Hoc agitur quantum additur tempori, et quantum accedit ætas sæculi. Augentur in isto mundo tribulationes, augentur mala, augentur contritiones, exaggerantur hæc omnia : Jesus transit, calcans fluctus.

7. Et tamen tantæ sunt tribulationes, ut etiam ipsi qui crediderunt in Jesum, et qui conantur perseverare usque in finem, expavescant ne deficiant : Christo fluctus calcante, sæculi ambitiones et altitudines deprimente, expavescit Christianus. Nonne hæc illi prædicta sunt? Merito et Jesu in fluctibus ambulante, « timuerunt : » quomodo Christiani quamvis habentes spem in futuro sæculo, quando viderint deprimi altitudinem sæculi hujus, plerumque conturbantur de contritione rerum humanarum. Aperiunt Evangelium, aperiunt Scripturas ; et inveniunt ibi ista omnia prædicta; quia hoc Dominus facit. Deprimit celsitudines sæculi, ut ab humilibus glorificetur. De quorum altitudine prædictum est : Civitates firmissimas destrues : et : Inimici defecerunt frameæ in finem, et civitates destruxisti. (*Psal.* IX, 7.) Quid ergo timetis Christiani? Christus loquitur : « Ego sum, nolite timere. » (*Joan.*, VI, 20.) Quid hæc expavescitis? Quid timetis? Ego ista prædixi, ego facio, necesse est ut fiant. « Ego sum, nolite timere. Voluerunt ergo eum accipere in navim, » agnoscentes ac gaudentes, securi facti. « Et statim fuit navis ad terram, in quam ibant. » (v. 21.) Factus est finis ad terram : de humido ad solidum, de turbato ad firmum, de itinere ad finem.

8. « Altera die turba quæ stabat trans mare, »

barque, et que Jésus n'y était point entré avec ses disciples, mais que ses disciples s'en étaient allés seuls, (et d'autres barques étaient venues de Tibériade près du lieu où ils avaient mangé le pain, après que le Seigneur eut rendu grâces,) la multitude voyant donc que Jésus n'était point là, ni ses disciples, monta dans les barques et vint à Capharnaüm, cherchant Jésus. » (*Jean*, VI, 22-34.) Ils pouvaient cependant pressentir un si grand miracle. Ils avaient vu, en effet, que les disciples seuls étaient montés dans la barque, et qu'il n'y avait point là d'autre barque. Il vint du même endroit d'autres barques qui abordèrent au lieu où avait eu lieu la multiplication des pains, et dans lesquelles la multitude se mit à la suite de Jésus. Le Sauveur n'était donc point monté avec ses disciples; il n'y avait point là d'autre barque; comment donc Jésus traversat-il la mer ? en marchant sur les flots, pour faire éclater sa puissance.

9. « Et la multitude l'ayant trouvé. » Voilà qu'il se présente à ce peuple auquel il avait voulu échapper en s'enfuyant sur la montagne. Il nous confirme par là que toutes ces circonstances sont pleines de mystère, que sous une forme figurative elles nous présentent les enseignements les plus importants. Comment c'est lui qui s'était enfui sur la montagne pour se dérober à la multitude, et voilà qu'il s'entretient avec elle? Ils peuvent maintenant se saisir de lui et le faire roi. « Et l'ayant trouvé au delà de la mer, ils lui dirent : Maître, quand êtes-vous venu ici ? »

10. Jésus, au miracle qu'il vient d'opérer, fait succéder l'enseignement pour nourrir spirituellement, s'il est possible, ceux qui ont reçu de lui la nourriture matérielle, et rassasier de ses enseignements l'âme de ceux dont il a rassasié le corps d'un pain miraculeux, à la condition qu'ils comprendront cette nourriture spirituelle. S'ils n'en ont point l'intelligence, qu'on recueille ce qu'ils ne comprennent point, de peur que les morceaux ne viennent à se perdre. Jésus parle, écoutons-le donc. « Jésus leur répondit : En vérité, en vérité, je vous le dis, vous me cherchez non parce que vous avez vu des miracles, mais parce que vous avez mangé du pain que je vous ai donné. » (*Jean*, VI, 26.) C'est dans l'intérêt de votre corps plutôt que de votre esprit que vous me cherchez. Combien qui ne cherchent Jésus que pour en obtenir des faveurs temporelles. Celui-ci a une affaire, il recherche la médiation des clercs ; celui-là est persécuté par un homme puissant, il choisit l'Eglise pour lieu de refuge ; un autre demande à être recommandé à un personnage auprès duquel il a peu de crédit, l'un d'une façon, l'autre d'une autre ; voilà ceux dont l'Eglise est pleine. A peine en trouve-t-on qui cherchent Jésus pour Jésus. « Vous me cherchez, non parce que vous avez vu des miracles,

---

unde illi venerant : « vidit quia navicula non erat ibi nisi una, et quia non in*t*roisset cum discipulis suis in navem, sed soli discipuli ejus abiissent (v. 22) : aliæ vero supervenerunt naves a Tiberiade, juxta locum ubi manducaverunt panem, gratias agente Domino. (v. 23.) Cum ergo vidissent turbæ, quia Jesus non esset ibi, neque discipuli ejus, ascenderunt in naviculas, et venerunt Capharnaum quærentes Jesum. » (v. 24.) Insinuatum tamen est illis tam magnum miraculum. Viderunt enim quod discipuli soli ascendissent in navem, et quia alia navis non ibi erat. Venerunt autem inde et naves juxta locum illum ubi manducaverunt panem, in quibus cum turbæ secutæ sunt. Cum discipulis ergo non ascenderat, alia navis illic non erat : unde subito trans mare factus est Jesus, nisi quia super mare ambulavit, ut miraculum monstraret ?

9. Et cum invenissent eum turbæ. » (v. 25.) Ecce præsentat se turbis, a quibus se rapi timuerat, et in montem fugerat. Omnino confirmat et insinuat nobis in mysterio dicta esse illa omnia : et facta in magno sacramento, ut aliquid significarent. Ecce est ille qui in montem fugerat turbas : nonne cum ipsis turbis loquitur ? Modo tenant, modo regem faciant. Et cum invenissent eum trans mare, dixerunt ei : Rabbi, quando huc venisti ?

10. Ille post miraculi sacramentum, et sermonem infert, ut si fieri potest, qui pasti sunt, pascantur, et quorum satiavit panibus ventres, satiet et sermonibus mentes; sed si capiunt. Et si non capiunt, sumatur quod non capiunt, ne fragmenta pereant. Loquatur ergo et audiamus : « Respondit Jesus, et dixit : Amen, amen dico vobis, quæritis me, non quia vidistis signa, sed quia manducastis ex panibus meis. » (v. 26.) Propter carnem me quæritis, non propter spiritum. Quam multi non quærunt Jesum, nisi ut illis faciat bene secundum tempus. Alius negotium habet, quærit intercessionem clericorum : alius premitur a potentiore, fugit ad ecclesiam : alius pro se vult intervenire apud eum, apud quem parum valet : ille sic, ille sic ; impletur quotidie talibus ecclesia. Vix quæritur Jesus propter Jesum. « Quæ-

mais parce que vous avez mangé du pain que je vous ai donné. Travaillez non pour la nourriture qui périt, mais pour celle qui demeure dans la vie éternelle. » (*Jean*, VI, 27.) Vous me cherchez pour une chose qui m'est étrangère, cherchez-moi pour moi-même. Il insinue qu'il est lui-même cette nourriture qu'il dévoilera plus clairement dans ce qui suit : « Que le Fils de l'homme vous donnera. » Vous vous attendriez peut-être à vous nourrir encore de pain, à vous asseoir, à être rassasié. Mais Jésus vient de vous parler d'une nourriture qui ne périt point, qui demeure dans la vie éternelle. C'est le même langage qu'il avait tenu à la Samaritaine : « Si vous saviez le don de Dieu, lui dit-il, et qui est celui qui vous dit : Donnez-moi à boire, vous lui en auriez peut-être demandé, et il vous aurait donné de l'eau vive. Cette femme lui répondit : Comment puiserez-vous cette eau vive, puisque vous n'avez point de vase pour puiser et que le puits est profond ? » (*Jean*, IV, 10, etc.) Il répondit à la Samaritaine : « Si vous connaissiez celui qui vous demande à boire, vous lui en auriez demandé et il vous aurait donné de l'eau vive qui apaise à jamais la soif, tandis que celui qui boit de cette eau aura encore soif. » Cette promesse remplit de joie cette femme qui exprima le désir de recevoir cette eau pour ne plus éprouver le besoin de la soif et ne plus se fatiguer à venir la puiser ; c'est à la faveur de ces entretiens qu'elle arrive à la boisson spirituelle, et la même chose se renouvelle ici.

11. Cette nourriture est donc « celle qui demeure dans la vie éternelle que le Fils de l'homme vous donnera, car Dieu le Père l'a scellée de son sceau. » (*Jean*, VI, 27.) Gardez-vous bien de croire que ce Fils de l'homme soit semblable aux autres fils des hommes dont il est dit : Les enfants des hommes espèreront à l'ombre de vos ailes. » (*Ps.* XXXV, 8.) Ce Fils de l'homme séparé par une grâce particulière de l'Esprit, le Fils de l'homme selon la chair, est tout à fait distinct des autres hommes, tout en étant le Fils de l'homme. Ce Fils de l'homme est en même temps Fils de Dieu, cet homme est en même temps Dieu. Dans un autre endroit il fait cette question à ses disciples : « Qui dit-on qui est le Fils de l'homme ? Ils lui répondirent : les uns disent que c'est Jean-Baptiste, d'autres Elie, d'autres Jérémie ou quelqu'un des prophètes. Et vous, leur demanda Jésus, que dites-vous que je suis ? Simon Pierre, prenant la parole, dit : Vous êtes le Christ, Fils du Dieu vivant. » (*Matth.*, XVI, 13.) Le Sauveur se nomme le Fils de l'homme, et Pierre le proclame le Fils du Dieu vivant. Jésus parle de la nature qu'il a prise pour nous dans sa miséricorde, Pierre de la nature qui demeure dans les splendeurs de l'éternité. Le Verbe de Dieu s'attache à faire ressortir son humilité,

---

ritis me, non quia vidistis signa, sed quia manducastis ex panibus meis. Operamini non cibum qui perit, sed qui permanet in vitam æternam. » (*c.* 27.) Quæritis me propter aliud, quærite me propter me. Seipsum enim insinuat istum cibum, quod in consequentibus illucescit. « Quem filius hominis dabit vobis. » Expectabas credo iterum panes manducare, iterum discumbere, iterum saginari. Sed dixerat « cibum non qui perit, sed qui permanet in vitam æternam : » quomodo dictum fuerat mulieri illi Samaritanæ : Si scires qui petit a te bibere, tu forsitan postulasses ab eo, et daret tibi aquam vivam : cum illa diceret : Unde tibi, quandoquidem non habes hauritorium, et puteus altus est? Samaritanæ respondit : « Si scires qui a te petit bibere, tu petisses ab eo, et daret tibi aquam, unde qui biberit, amplius non sitiet : nam de hac aqua qui biberit, sitiet iterum. » (*Joan.*, IV, 10, etc.) Et gavisa est illa, et voluit accipere, quasi non passura sitim corporis, quæ labore hauriendi fatigabatur : et sic inter hujusmodi sermocinationes pervenit ad potum spiritalem : omnino isto modo et hic.

11. Hunc ergo « cibum, non qui perit, sed qui permanet in vitam æternam, quem filius hominis dabit vobis : hunc enim Pater signavit Deus. » (*Joan.*, VI, 27.) Istum filium hominis nolite sic accipere, quasi alios filios hominum, de quibus dictum est : Filii autem hominum in protectione alarum tuarum sperabunt. (*Psal.* XXXV, 8.) Iste filius hominis sequestratus quadam gratia spiritus, et secundum carnem filius hominis, exceptus a numero hominum, filius hominis est. Iste filius hominis et Filius Dei est, iste homo etiam Deus. Alio loco interrogans discipulos ait : « Quem me dicunt esse homines filium hominis? Et illi : Alii Joannem, alii Eliam, alii Jeremiam, aut unum ex Prophetis. Et ille : Vos vero quem me dicitis esse? Respondit Petrus : Tu es Christus Filius Dei vivi. » (*Matth.*, XVI, 13, etc.) Ille dixit se filium hominis, et Petrus cum dixit Filium Dei vivi. Optime ille commemorabat quod misericorditer exhibuerat : ille commemorabat quod in claritate permanebat. Verbum Dei commendat humilitatem suam,

l'homme reconnaît la gloire éclatante de son Seigneur. Et, en effet, mes frères, rien de plus juste, il s'est humilié pour nous, nous devons, en retour, le glorifier ; car ce n'est point pour lui, mais pour nous qu'il est devenu Fils de l'homme. Voilà donc dans quel sens il était le Fils de l'homme, lorsque le Verbe s'est fait chair et qu'il a habité parmi nous. C'est pour cela que le Père l'a marqué d'un sceau. Qu'est-ce que marquer d'un sceau ? c'est marquer une chose d'un caractère qui lui est propre ; marquer d'un sceau, c'est marquer une chose d'un signe qui la distingue de toutes les autres. Marquer d'un sceau, c'est imprimer un signe sur un objet, et votre intention, en imprimant ce signe, est d'éviter toute confusion et de vous permettre de reconnaître facilement cet objet. « Le Père l'a donc marqué de son sceau. » Qu'est-ce à dire ? Il lui a donné un caractère particulier qui empêche de l'assimiler aux autres hommes. C'est pour cela que le Psalmiste a dit de lui : « Dieu, votre Dieu vous a sacré d'une onction de joie qui vous élève au-dessus de tous ceux qui doivent la partager. » (*Ps.* XLIV, 8.) Donc marquer d'un sceau, c'est marquer d'un signe distinctif qui tire hors du pair celui qui en est l'objet. Gardez-vous donc de me mépriser, leur dit-il, parce que je suis le Fils de l'homme, et cherchez à obtenir de moi « non la nourriture qui périt, mais celle qui demeure dans la vie éternelle. » Je suis le Fils de l'homme, il est vrai, mais sans être comme l'un d'entre vous ; je suis le Fils de l'homme marqué par Dieu le Père d'un caractère particulier. Quel est ce caractère ? c'est un signe personnel et distinctif qui me sépare de tout le genre humain et qui fait de moi le Sauveur du genre humain.

12. « Ils lui dirent donc : Que ferons-nous pour opérer les œuvres de Dieu ? » (*Jean*, VI, 28.) Il venait de leur dire : « Travaillez, non pour la nourriture qui périt, mais pour celle qui demeure dans la vie éternelle. Que ferons-nous, » lui demandent-ils, et par quelles œuvres pourrons-nous accomplir ce précepte ? « Jésus leur répondit : L'œuvre de Dieu est que vous croyiez en celui que vous avez envoyé. » (*Ibid.*, 29.) C'est donc « manger la nourriture qui ne périt pas, mais qui demeure dans la vie éternelle. » Pourquoi préparez-vous vos dents et votre estomac ? Croyez et vous avez mangé. (*De consecrat.*, dist. 2, cap. *Ut quid.*) La foi est distincte des œuvres au témoignage de l'Apôtre qui déclare que « l'homme est justifié par la foi sans les œuvres de la Loi. » (*Rom.*, III, 28.) Ajoutons qu'il y a des œuvres qui paraissent bonnes, séparées qu'elles sont de la foi en Jésus-Christ, et elles ne le sont pas, parce qu'elles ne peuvent être rapportées à la fin qui seule peut les rendre bonnes, car Jésus-Christ est la fin

---

homo agnoscit claritatem Domini sui. Et revera, Fratres, puto quia justum est : humiliavit se propter nos, glorificemus illum nos, Non enim filius hominis propter se est, sed propter nos. Ergo erat filius hominis illo modo, cum Verbum caro factum est, et habitavit in nobis. Ideo enim « hunc Deus Pater signavit. » Signare quid est, nisi proprium aliquid ponere? Hoc est enim signare, imponere aliquid quod non confundatur cum cæteris. Signare, est signum rei ponere. Cuicumque rei ponis signum, ideo ponis signum, ne confusa cum aliis, a te non possit agnosci. « Pater ergo eum signavit. «Quid est, » signavit ? » Proprium quiddam illi dedit, ne cæteris compararetur hominibus. Ideo de illo dictum est : Unxit te Deus Deus tuus oleo exultationis, præ participibus tuis. (*Psal.* XLIV, 8.) Ergo signare quid est? Exceptum habere : hoc est, præ participibus tuis. Itaque nolite, inquit, me contemnere, quia filius sum hominis : et quærite a me « cibum non qui perit, sed qui permanet in vitam æternam. » Sic enim filius hominis sum, ut non sim unus ex vobis : sic sum filius hominis, ut Pater Deus me signaret. Quid est, signaret? Proprium aliquid mihi daret, quo non confunderer cum genere humano, sed per me liberaretur genus humanum ?

12. « Dixerunt ergo ad eum : Quid faciemus ut operemur opera Dei ? » (*Joan.*, VI, 28.) Dixerat enim illis : « Operamini escam, non quæ perit, sed quæ permanet in vitam æternam. Quid faciemus : » inquiunt? Quid observando hoc præceptum implere poterimus ? « Respondit Jesus, et dixit eis : Hoc est opus Dei, ut credatis in eum quem misit ille. » (v. 29.) Hoc est ergo manducare « cibum non qui perit, sed qui permanet in vitam æternam. » Ut quid paras dentes et ventrem? Crede et manducasti. (*De consecr.*, dist. 2, cap. *Ut quid.*) Discernitur quidem ab operibus fides, sicut Apostolus dicit, justificari hominem per fidem sine operibus Legis (*Rom.*, III, 28) et sunt opera quæ videntur bona, sine fide Christi ; et non sunt bona, quia non referuntur ad eum finem ex quo sunt bona : Finis enim Legis Christus ad justitiam omni credenti. (*Rom.*, X, 4.) Ideo noluit discer-

de la loi pour justifier tous ceux qui croient. (*Rom.*, x, 4.) C'est pour cela que le Sauveur n'a point voulu distinguer ici la foi de l'œuvre et qu'il appelle la foi elle-même une œuvre, car c'est la foi qui opère par la charité. (*Gal.*, v, 6.) Et il ne dit pas : Votre œuvre, mais : « L'œuvre de Dieu est que vous croyiez en celui qu'il a envoyé, afin que celui qui se glorifie se glorifie dans le Seigneur. » (I *Cor.*, I, 31.) Or, tandis qu'il les appelait à la foi, ils lui demandaient de nouveaux prodiges pour les déterminer à croire. Voyez s'il n'est pas vrai de dire que les Juifs demandent de nouveaux miracles. « Ils lui dirent : Quel miracle faites-vous donc, pour que le voyant, nous croyions en vous? Quelles sont vos œuvres ? » (*Jean*, VI, 30.) N'était-ce donc rien que de les avoir nourris avec cinq pains ? Ils le savaient bien, mais au-dessus de cette nourriture, ils mettaient la manne qui venait du ciel. Notre-Seigneur Jésus-Christ, au contraire, se proclame ouvertement supérieur à Moïse. En effet, Moïse n'a point osé dire de lui-même qu'il donnait « non la nourriture qui périt, mais celle qui demeure dans la vie éternelle. » Il promettait donc plus que n'avait fait Moïse. Moïse promettait un royaume indépendant, une terre où coulerait le lait et le miel, la paix pour la vie présente, de nombreux enfants, la santé du corps et tous les autres biens semblables, biens temporels, mais spirituels au figuré. C'étaient les promesses que l'Ancien Testament faisait au vieil homme. Les Juifs considéraient à la fois les promesses de Moïse et les promesses de Jésus-Christ. Moïse leur promettait de les rassasier pleinement, mais d'une nourriture qui périt ; Jésus leur promettait « non la nourriture qui périt, mais celle qui demeure pour la vie éternelle. » Ils l'entendaient leur faire des promesses plus magnifiques que n'avait fait Moïse, et dans leur opinion ils ne le voyaient pas opérer de plus grands prodiges. Ils considéraient les prodiges dont Moïse était l'auteur, et ils auraient voulu en voir opérer de plus éclatants à Celui qui leur promettait de plus grands biens. « Que faites-vous, lui demandent-ils, pour que nous croyions en vous ? » Voulez-vous vous convaincre qu'ils établissaient une comparaison entre les miracles de Moïse et celui qu'avait opéré le Sauveur, et que sous ce rapport ils regardaient Jésus comme inférieur à Moïse? « Nos pères, lui disent-ils, ont mangé la manne dans le désert. » (*Ibid.*, 31.) Mais qu'est-ce que la manne? Peut-être n'a-t-elle aucun prix à vos yeux ? « Ainsi qu'il est écrit : Il leur a donné la manne à manger. » C'est par Moïse que nos pères ont reçu ce pain du ciel, et Moïse ne leur a point dit : « Travaillez pour la nourriture qui ne périt point. Pour vous, vous leur promettez non la nourriture qui périt, mais celle qui demeure pour la vie éternelle, » et vous ne faites point de miracles semblables à ceux de Moïse. Ce ne sont point des pains d'orge

---

nere ab opere fidem, sed ipsam fidem dixit esse opus. Ipsa est enim fides quæ per dilectionem operatur. (*Galat.*, v, 6.) Nec dixit : Hoc est opus vestrum, sed : « Hoc est opus Dei, ut credatis in eum quem misit ille : » ut qui gloriatur, in Domino glorietur. (I *Cor.*, I, 31.) Quia ergo invitabat eos ad fidem, illi adhuc quærebant signa quibus crederent. Vide si non Judæi signa petunt. Dixerunt ergo ei : « Quod ergo tu facis signum, ut videamus et credamus tibi? quid operaris ? » (*Joan.*, VI, 30.) Parumne erat quod de quinque panibus pasti sunt? Sciebant hoc quidem, sed huic cibo manna de cœlo præferebant. Dominus autem Jesus talem se dicebat, ut Moysi præponeret. Non enim ausus est Moyses de se dicere, quod daret « cibum non qui perit, sed qui permanet in vitam æternam. » Aliquid plus iste promittebat quam Moyses. Per Moysen quippe promittebatur regnum, et terra fluens lac et mel, temporalis pax, abundantia filiorum, salus corporis, et cætera omnia, temporalia quidem, in figura tamen spiritalia : quia veteri homini in Vetere Testamento promittebantur. Attendebant ergo promissa per Moysen, et attendebant promissa per Christum. Ille plenum ventrem promittebat in terra, sed cibo qui perit : iste promittebat « cibum non qui perit, sed qui permanet in æternum. » Attendebant cum plus promittentem, et quasi nondum videbant majora facientem. Attendebant itaque qualia fecisset Moyses, et adhuc aliqua majora volebant fieri ab eo qui tam magna pollicebatur. Quid, inquiunt, facis ut credamus tibi ? Et ut noveris quia miracula illa huic miraculo comparabant, et ideo quasi minora ista judicabant quæ faciebat Jesus : « Patres, inquiunt, nostri manna manducaverunt in deserto. » (v. 31.) Sed quid est manna? Forte contemnitis. « Sicut scriptum est : Dedit illis manna manducare. » Per Moysen patres nostri panem de cœlo acceperunt, et non eis dictum est a Moyse : « Operamini cibum non qui perit. » Tu promittis « cibum non qui perit, sed qui permanet in vitam æternam, » et non talia opera operaris qualia

qu'il a donnés, c'est la manne qui vient du ciel.

13. « Jésus leur répondit : En vérité, en vérité, je vous le dis, ce n'est pas Moïse qui vous a donné un pain céleste, mais c'est mon Père qui vous a donné le vrai pain du ciel, car le pain véritable est celui qui descend du ciel et donne la vie au monde. » (*Jean*, VI, 32-33.) Le pain véritable est donc celui qui donne la vie au monde, et il est cette nourriture, dont j'ai dit il n'y a qu'un instant : « Travaillez, non pour la nourriture qui périt, mais pour celle qui demeure dans la vie éternelle. » La manne était donc la figure de ce pain, et j'étais l'auteur et l'objet de tous ces signes figuratifs. Vous vous attachez à ces signes et vous méprisez Celui dont ils sont la figure? Moïse ne vous a donc point donné le pain du ciel, c'est Dieu qui donne ce pain. Mais quel pain? peut-être la manne? Non, mais le pain dont la manne était la figure, Notre-Seigneur Jésus-Christ lui-même. « C'est mon Père qui vous donne le vrai pain du ciel. Car le pain de Dieu est celui qui descend du ciel et qui donne la vie au monde. Ils lui dirent donc: Seigneur, donnez-nous toujours de ce pain. » (*Ibid.*, 34.) Lorsque Jésus eut dit à la Samaritaine : « Celui qui boira de cette eau n'aura plus soif; » elle prit ces paroles dans un sens matériel et dans le désir de ne plus éprouver le besoin de la soif, elle lui dit : « Seigneur, donnez-moi toujours de cette eau. » Les Juifs font ici la même demande : « Seigneur, donnez-nous toujours de ce pain qui répare nos forces et ne nous fasse jamais défaut. »

14. « Jésus leur répondit : Je suis le pain de vie, celui qui vient à moi n'aura pas faim, et celui qui croit en moi n'aura jamais soif. » (*Jean*, VI, 35.) « Celui qui vient à moi » est la même chose que « celui qui croit en moi, » et ces deux locutions « il n'aura pas faim, il n'aura jamais soif, » ont la même signification ; elles expriment toutes deux que nous serons éternellement rassasiés dans le ciel où nous n'aurons plus à craindre aucun besoin. Vous désirez le pain du ciel, vous l'avez devant vous et vous ne le mangez pas. « Mais je vous l'ai dit, vous m'avez vu et vous ne me croyez pas. » (*Ibid.*, 36.) Cependant je n'ai point pour cela perdu mon peuple. Est-ce que votre infidélité anéantira la foi de Dieu? » (*Rom.*, III, 3.) Voyez ce qui suit : « Tout ce que me donne mon Père, viendra à moi, et celui qui vient à moi je ne le jetterai pas dehors. » Quel est cet intérieur d'où l'on n'est point jeté dehors? Quelle profonde retraite, quelle douce solitude! O retraite sans ennui, sans amertume des mauvaises pensées et qui n'est troublée ni par les tentations, ni par les douleurs. N'est-ce pas dans cette retraite profonde que doit entrer le serviteur fidèle à qui le Seigneur doit dire : « En-

---

Moyses. Panes hordeaceos ille non dedit, sed dedit manna de cœlo.
13. « Dixit ergo eis Jesus : Amen, amen dico vobis, non Moyses dedit vobis panem de cœlo, sed Pater meus dedit vobis panem de cœlo (*v*. 32.) Verus enim panis est qui de cœlo descendit, et dat vitam mundo. » (*v*. 33.) Verus ergo ille panis est, qui dat vitam mundo : et ipse cibus est, de quo paulo ante locutus sum : « Operamini cibum non qui perit, sed qui permanet in vitam æternam. » Ergo et illud manna hoc significabat, et illa omnia signa mea erant. Signa mea dilexistis : qui significabatur, contemnitis? Non ergo Moyses dedit panem de cœlo : Deus dat panem. Sed quem panem? forte manna? Non, sed panem quem significavit manna, ipsum scilicet Dominum Jesum. « Pater meus dat vobis panem verum. Panis enim Dei est qui descendit de cœlo, et dat vitam mundo. Dixerunt ergo ad eum, Domine da nobis semper panem hunc. » (*v*. 34.) Quomodo mulier illa Samaritana, cui dictum est : Qui biberit de hac aqua, non sitiet unquam (*Joan.*, IV, 13, etc.) : continuo illa secundum corpus accipiens, sed tamen carere indigentia volens : Da mihi, inquit, Domine de hac aqua : sic et isti : « Domine, da nobis panem hunc, » qui nos reficiat, nec deficiat.
14. « Dixit autem eis Jesus : Ego sum panis vitæ: qui venit ad me, non esuriet ; et qui credit in me, non sitiet unquam. (*Joan.*, VI, 35.) Qui venit ad me, » hoc est quod ait, et « qui credit in me : » et quod dixit, « non esuriet, » hoc intelligendum est, « non sitiet unquam. » Utroque enim illa significatur æterna satietas, ubi nulla est egestas. Panem de cœlo desideratis : ante vos habetis, et non manducatis. « Sed dixi vobis, quia et vidistis me, et non credidistis. » (*v*. 36.) Sed non ideo ego populum perdidi. Numquid enim infidelitas vestra fidem Dei evacuavit ? (*Rom.*, III, 3.) Vide enim quod sequitur : « Omne quod dat mihi Pater, ad me veniet ; et eum qui venerit ad me, non ejiciam foras. » (*Joan.*, VI, 37.) Quale est intus illud, unde non exitur foras? Magnum penetrale, et dulce secretum. O secretum sine tædio, sine amaritudine malarum cogitationum, sine inter-

trez dans la joie de votre maître. » (*Matth.*, xxv, 23.)

15. « Et celui qui vient à moi, je ne le jetterai pas dehors, car je suis descendu du ciel non pour faire ma volonté, mais la volonté de celui qui m'a envoyé. » (*Jean*, vi, 38.) Ainsi, vous ne jetterez point dehors celui qui viendra à vous, parce que vous êtes descendu du ciel non pour faire votre volonté, mais la volonté de celui qui vous a envoyé? Il y a là un grand mystère. Je vous en prie, mes frères, frappons ensemble, afin que Dieu fasse sortir quelque vérité qui soit pour nous une nourriture solide comme elle est un attrait plein de charme. Que cette solitude est profonde, qu'elle est douce! « Celui qui viendra à moi. » Méditez, pesez attentivement ces paroles : « Celui qui viendra à moi je ne le jetterai point dehors. » Donc, nous dit le Sauveur, « je ne jetterai point dehors celui qui vient à moi. » Pourquoi ? « Parce que je suis descendu du ciel, non pour faire ma volonté, mais la volonté de celui qui m'a envoyé. » La cause pour laquelle vous ne jetterez point dehors celui qui vient à vous, c'est donc parce que vous êtes descendu du ciel non pour faire votre volonté, mais la volonté de celui qui vous a envoyé? Oui, c'est la véritable cause. Qu'avons-nous besoin de chercher si elle l'est en vérité? Pouvons-nous en douter, alors que lui-même le déclare? Nous est-il permis de soupçonner un autre motif que celui qu'il nous donne : « Celui qui viendra à moi je ne le jetterai pas dehors. » Et comme si vous en demandiez la raison, il vous répond : « Parce que je ne suis point venu faire ma volonté, mais la volonté de celui qui m'a envoyé. » Je crains que l'âme ne soit sortie de Dieu, à cause de son orgueil, ou plutôt, je ne puis en douter, car il est écrit : « Le commencement de tout péché est l'orgueil, et le commencement de l'orgueil de l'homme, c'est de se séparer de Dieu. » (*Eccli.*, x, 15.) Voilà ce qui est écrit, et c'est une vérité incontestable. Que dit encore l'Ecriture au mortel superbe, revêtu des lambeaux de la chair, comme écrasé sous le poids d'un corps corruptible, et qui cependant s'élève et oublie de quelle enveloppe il est couvert? « De quoi ce qui n'est que terre et cendre peut-il s'enorgueillir ? » (*Ibid.*, 9-19.) Pourquoi s'enorgueillit-il? Parce qu'il a rejeté en avant dans sa vie ses pensées les plus secrètes. Qu'est-ce que rejeter en avant? C'est rejeter loin de soi, c'est sortir dehors. Entrer dans l'intérieur, c'est désirer ce qu'il y a de plus intime; rejeter les pensées secrètes, c'est sortir dehors. L'orgueilleux rejette au dehors ce qu'il y a en lui de plus intime, l'humble en fait l'objet de ses désirs. L'orgueil nous jette dehors, l'humilité nous fait rentrer dans l'intérieur.

16. La source de toutes les maladies, c'est l'orgueil, parce que l'orgueil est le principe de tous les péchés. Lorsqu'un médecin entreprend de

---

pellatione tentationum et dolorum! Nonne illud secretum est quo intrabit ille, cui dicturus est Dominus servo bene merito : Intra in gaudium Domini tui? (*Matth.*, xxv, 23.)

15. « Et eum qui venit ad me, non ejiciam foras. Quia descendi de cœlo non ut faciam voluntatem meam, sed voluntatem ejus qui misit me. » (*Joan.*, vi, 38.) Ideo ergo eum qui veniet ad te, non ejicies foras, quia descendisti de cœlo, non facere voluntatem tuam, sed voluntatem ejus qui te misit? Magnum sacramentum. Obsecro vos, simul pulsemus, exeat ad nos aliquid quod nos pascat, secundum quod nos delectavit. Magnum illud et dulce secretum : « Qui veniet ad me. » Attende, attende, et appende : « Qui veniet ad me, non ejiciam foras. » Ergo, « qui veniet, inquit, non ejiciam foras. » Quare? « Quia descendi de cœlo, non ut faciam voluntatem meam, sed voluntatem ejus qui misit me, » Ipsa est ergo causa quare non ejicias eum foras qui venit ad te, quia non voluntatem tuam facere descendisti de cœlo, sed voluntatem ejus qui te misit? Ipsa

Quid quærimus utrum ipsa sit? Ipsa est, ipse loquitur. Non enim nobis fas est aliud suspicari quam loquitur : « Qui venerit ad me, non ejiciam foras. » Quare? « Et quasi quæreres : Quia non veni facere voluntatem meam, sed voluntatem ejus qui misit me. » Timeo ne foras propterea exierit anima a Deo, quia superba erat; imo non dubito. Scriptum est enim : Initium omnis peccati superbia : et : Initium superbiæ hominis apostatare a Deo. (*Eccli.*, x, 15.) Scriptum est, firmum est, verum est. Deinde quid de superbo dicitur mortali, accincto pannis carnis, prægravato pondere corporis corruptibilis, et tamen extollenti se, et obliviscenti qua pelle vestitus sit, quid ei dicit Scriptura? Quid superbit terra et cinis? (*Ibid.*, 9 et 10.) Quid superbit? Dicat quid superbit. Quoniam in vita sua projecit intima sua. Quid est, projecit, nisi porro jecit? Hoc est exire foras. Etenim intrare intro, appetere intima, projicere intima, foras exire est. Intima projicit superbus, intima appetit humilis. Si superbia ejicimur, humilitate regredimur.

16. Caput omnium morborum superbia est, quia

suivre une maladie, s'il ne cherche à guérir que les effets extérieurs, sans s'occuper de la cause qui les a produits, la guérison n'est que momentanée, et le mal revient sous l'action de la cause qui persévère. Voici un exemple qui rendra plus clairement ma pensée. L'humeur qui règne dans le corps engendre une éruption dartreuse ou un ulcère, une forte fièvre se déclare, accompagnée d'une vive douleur. Le médecin applique certains remèdes pour apaiser cette éruption et le feu de cet ulcère, et il réussit, vous voyez cet homme qui était couvert de dartres et d'ulcères, parfaitement guéri ; mais comme il n'a pas été débarrassé de l'humeur qui était la cause de sa maladie, l'ulcère reparaît bientôt. Le médecin qui s'en aperçoit, le purge et le délivre de cette humeur, il ôte la cause et l'ulcère cesse de se produire. Quelle cause fait abonder l'iniquité ? l'orgueil; guérissez l'orgueil, il n'y aura plus d'iniquité. C'est pour guérir la cause de toutes nos maladies, c'est-à-dire l'orgueil, que le Fils de Dieu est descendu sur la terre et qu'il s'est humilié. O homme, pourquoi vous enorgueillissez-vous ? Dieu s'est humilié pour vous. Vous auriez peut-être rougi d'imiter un homme qui s'humilierait, il ne doit pas vous en coûter d'imiter un Dieu qui se réduit pour vous à cet état. Le Fils de Dieu est venu ici-bas sous une forme humaine, et il s'est humilié, on vous commande de pratiquer l'humilité à son exemple, on ne vous commande pas de vous réduire d'homme que vous êtes, à la condition de l'animal sans raison. Lui qui était Dieu, s'est fait homme, vous qui êtes homme, reconnaissez que vous l'êtes en effet, toute votre humilité consiste à bien connaître ce que vous êtes. C'est donc pour nous enseigner l'humilité que Notre-Seigneur nous dit : « Je ne suis point venu faire ma volonté, mais la volonté de celui qui m'a envoyé. » Il ne peut nous recommander plus fortement l'humilité. En effet, l'orgueil fait sa volonté, l'humilité fait la volonté de Dieu. Voilà pourquoi «je ne rejetterai point dehors celui qui viendra à moi. » Pourquoi ? « Parce que je ne suis pas venu pour faire ma volonté, mais la volonté de celui qui m'a envoyé. » Je suis venu portant les livrées de l'humilité, je suis venu enseigner l'humilité, moi le maître de l'humilité. Celui qui vient à moi, devient humble; celui qui s'attache à moi pratiquera l'humilité, parce qu'il ne fait point sa volonté, mais celle de Dieu; et il ne sera point jeté dehors, parce qu'il l'a été lorsqu'il était encore livré à l'orgueil.

17. Voyez l'éloge que fait le Psalmiste de cette retraite intérieure : « Les enfants des hommes seront pleins d'espérance à l'ombre de vos ailes. » (*Ps.* xxxv, 8.) Voyez ce que c'est que d'entrer dans cet intérieur, de se réfugier sous la protection de Dieu, de courir même au devant des châtiments d'un père, car il frappe de verges

---

caput omnium peccatorum superbia. Medicus quando ægritudinem discutit, si curet quod per aliquam causam factum est, et ipsam causam qua factum est non curet, ad tempus videtur mederi, causa manente morbus repetitur. Verbi gratia, expressius hoc dicam : Humor in corpore scabiem vel ulcera gignit : in corpore fit magna febris, et non parvus dolor : exhibentur quædam medicamenta quæ scabiem compescant et fervorem illum ulceris sedent ; et adhibentur et proficiunt : vides hominem qui fuit ulcerosus et scabiosus, sanatum ; sed quia humor ille non ejectus est, rursus ad ulcus reditur. Cognoscens hoc medicus, purgat humorem, detrahit causam, et nulla erunt ulcera. Unde abundat iniquitas ? per superbiam. Cura superbiam, et nulla erit iniquitas. Ut ergo causa omnium morborum curaretur, id est, superbia, descendit et humilis factus est Filius Dei. Quid superbis homo ? Deus propter te humilis factus est. Puderet te fortasse imitari humilem hominem, saltem imitare humilem Deum. Venit Filius Dei in homine, et humilis factus est : præcipitur tibi ut sis humilis, non tibi præcipitur ut ex homine fias pecus : ille Deus factus est homo, tu homo cognosce quia es homo : tota humilitas tua, ut cognoscas te. Ergo quia humilitatem docet Deus, dixit : « Non veni facere voluntatem meam, sed ejus voluntatem qui misit me. » Hæc enim commendatio humilitatis est. Superbia quippe facit voluntatem suam, humilitas facit voluntatem Dei. Ideo « qui ad me venerit, non ejiciam foras. » Quare ? Quia non veni facere voluntatem meam, sed voluntatem ejus qui misit me. » Humilis veni, humilitatem docere veni, magister humilitatis veni : qui ad me venit, incorporatur mihi; qui ad me venit, humilis fit; qui mihi adhæret, humilis erit : quia non facit voluntatem suam, sed Dei : et ideo non ejicietur foras, quia cum superbus esset, projectus est foras.

17. Vide illa interiora commendari in Psalmo : Filii autem hominum in protectione alarum tuarum sperabunt (*Psal.* xxxv, 8) : Vide quid sit ire intro, vide quid sit ad illius protectionem confugere, vide quid sit etiam sub verbera patris currere : flagellat

tous ceux qu'il reçoit au nombre de ses enfants. « Les enfants des hommes seront pleins d'espérance à l'ombre de vos ailes. » Et quelles seront les douceurs de cette retraite? « Ils seront enivrés de l'abondance qui est dans votre maison. » (*Ibid.*, 9.) Lorsque vous les aurez introduits dans l'intérieur de cette maison, ils entreront dans la joie de leur Seigneur, « ils seront enivrés de l'abondance qui est dans votre maison, et vous les ferez boire dans le torrent de vos délices; car en vous est la source de la vie. » (*Ibid.*, 10.) Ce n'est point à l'extérieur, en dehors de vous, mais c'est à l'intérieur, en vous-même, qu'est la source de la vie. « Et c'est dans votre lumière que nous verrons la lumière. Etendez votre miséricorde sur ceux qui vous connaissent, et votre justice sur ceux qui ont le cœur droit. » (*Ibid.*, 11.) Ceux qui suivent la volonté de leur Maître, qui ne cherchent point les intérêts, mais les intérêts de Jésus-Christ, sont ceux qui ont le cœur droit et dont les pieds ne sont point ébranlés; car le Dieu d'Israël est bon à ceux qui ont le cœur droit. Pour moi, dit le Psalmiste, mes pieds m'ont pensé manquer. Pourquoi? « Parce que je me suis indigné contre les méchants, en voyant la paix des pécheurs. » (*Ps.* LXXII, 1-3.) Pour qui donc Dieu est-il bon? pour ceux qui ont le cœur droit. Lorsque mon cœur suivait des voies tortueuses, la conduite de Dieu ne me plaisait pas. Pour quelle raison? Parce qu'il accordait la félicité aux méchants, voilà pourquoi mes pieds ont chancelé, comme si j'avais inutilement servi Dieu. Or mes pieds ont chancelé, parce que mon cœur n'était pas droit. Qu'est-ce donc qu'un homme au cœur droit? Celui qui fait la volonté de Dieu. L'un a le bonheur en partage, l'autre le travail; celui-ci vit dans le crime et il est heureux; celui-là pratique la justice et il est dans le travail et la peine. Mais que l'âme innocente et cependant éprouvée cesse de s'indigner, elle a au dedans d'elle-même ce que n'a pas cet homme heureux en apparence; qu'elle cesse donc de s'attrister, de se tourmenter, de se laisser aller au découragement. Cet homme qui paraît heureux, a de l'or dans ses coffres, l'autre a Dieu dans sa conscience. Comparez maintenant l'or avec Dieu, le coffre avec la conscience. L'un a ce qui périt, et il le possède dans un coffre périssable; l'autre possède Dieu qui ne peut périr, et il le possède dans son âme d'où on ne peut le lui ôter, s'il a le cœur droit, car alors il entre dans l'intérieur et n'en sort plus. Aussi que dit le Psalmiste? « Parce qu'en vous est la source de la vie, » et non pas en nous-mêmes. Nous devons donc entrer pour avoir la vie; si nous croyons pouvoir nous suffire, nous nous dévouons à une perte certaine, si nous voulons nous désaltérer de notre propre fonds, nous serons infailliblement desséchés, il nous faut donc appliquer le bouche à cette fontaine où l'eau coule sans interruption. Adam a voulu vivre à son gré et celui qui était autrefois tombé par son

---

enim omnem filium quem recipit. Filii autem hominum sub tegmine alarum tuarum sperabunt. Et quid est intus? Inebriabuntur ab ubertate domus tuæ. « Cum miseris intro, intrantes in gaudium Domini sui; inebriabuntur ab ubertate, domus tuæ, et torrente voluptatis tuæ potabis eos. » Quoniam apud te est fons vitæ. Non foris extra te, sed intus apud te, ibi est fons vitæ. Et in lumine tuo videbimus lumen. « Prætende misericordiam tuam scientibus te, et justitiam tuam his qui recto sunt corde. » (*Psal.* XXXV, 8, 11.) Qui sequuntur voluntatem Domini sui, non quærentes sua, sed quæ Domini Jesu Christi, ipsi sunt recti corde, ipsis non commoventur pedes. Bonus enim Deus Israel rectis corde. Mei autem, inquit ille, pene commoti sunt pedes. Quare? Quia zelavi in peccatoribus, pacem peccatorum intuens. (*Psal.* LXXII, 3.) Ergo quibus bonus est Deus, nisi rectis corde? Nam mihi torto corde displicuit Deus. Quare displicuit? Quia dedit felicitatem malis : et ideo nutaverunt mihi pedes, quasi sine causa servissem Deo. Ideo ergo mei pene commoti sunt pedes, quia non fui rectus corde. Quid est ergo rectus corde? Sequens voluntatem Dei. Felix est ille : laborat ille : ille male vivit et felix est, ille juste vivit et laborat. Non indignetur juste vivens et laborans : intus habet quod felix ille non habet : non ergo tristetur, non maceretur, non deficiat. Felix ille habet ipse aurum in arca, iste Deum in conscientia. Compara nunc aurum et Deum, arcam et conscientiam. Ille illud habet quod perit, et ibi habet unde perit : iste Deum habet qui perire non potest, et ibi habet unde auferri non potest : sed si sit rectus corde; tunc enim intrat, et non exit. Ideo ille quid dicebat? Quoniam apud te est fons vitæ (*Psal.* XXXV, 10) : non apud nos. Ideo intrare debemus ut vivamus, non quasi nobis sufficere ut intremus, quasi de nostro velle satiari ut arescamus : sed os ad ipsum fontem ponere, ubi aqua non deficit. Quia voluit suo consilio vivere Adam, et lapsus est per eum qui ante ceciderat per

orgueil, l'a entraîné dans sa chute, en le faisant boire à la coupe de l'orgueil. Puisqu'en vous donc est la source de la vie, et que c'est dans votre lumière que nous verrons la lumière, buvons à cette source secrète, voyons cette lumière tout intérieure. Qui a fait sortir de cet intérieur? Ecoutez : « Que le pied du superbe ne vienne point me heurter. » (*Ps.* xxxv, 12.) Celui donc qui est sorti est celui que le pied du superbe est venu heurter. Prouvez que c'est la raison pour laquelle il est sorti : « Et que les mains des pécheurs ne m'ébranlent point, après que ce pied du superbe est venu me heurter. » Pourquoi vous exprimez-vous de la sorte? « C'est là où ceux qui commettent l'iniquité sont tombés. » (*Ibid.*, 13.) Où sont-ils tombés? dans leur orgueil même. « Ils ont été poussés et ils n'ont pu se tenir debout. » Si donc c'est l'orgueil qui a chassé dehors ceux qui n'ont pu se tenir debout, c'est l'humilité qui fait entrer ceux qui se tiendront éternellement debout. Voilà pourquoi le Psalmiste qui s'écrie : « Les os humiliés tressailliront d'allégresse, » avait commencé par dire : « Vous ferez retentir à mon oreille une parole de consolation et de joie. » (*Ps.* L, 10.) Qu'est-ce à dire « à mon oreille? » Mon bonheur est de vous entendre, votre voix me rend heureux, boire à cette source intérieure fait toute ma félicité. Voilà pourquoi je ne tombe point, voilà pourquoi les os humiliés tressailliront d'allégresse; voilà pourquoi l'ami de l'époux se tient debout et l'écoute (*Jean*, III, 29); il se tient debout, parce qu'il l'écoute. Il boit à cette source intérieure, voilà pourquoi il se tient debout. Ceux qui n'ont point voulu se désaltérer à cette source secrète sont tombés; ils ont été poussés dehors, et ils n'ont pu se tenir debout.

18. Le Maître de l'humilité est donc venu faire non sa volonté, mais la volonté de celui qui l'a envoyé. Venons à lui, entrons chez lui, incorporons-nous à lui, afin que nous aussi nous ne fassions pas notre volonté, mais la volonté de Dieu, et il ne nous chassera pas dehors, parce que nous sommes ses membres, parce qu'il a voulu être notre chef en nous enseignant l'humilité. Enfin, entendez-le lui-même vous adresser ces paroles : « Venez à moi, vous tous qui êtes fatigués et qui ployez sous le fardeau; prenez mon joug sur vous, et apprenez de moi que je suis doux et humble de cœur; lorsque vous l'aurez appris, vous trouverez le repos de vos âmes (*Matth.*, XI, 28, 29), et vous ne serez point jetés dehors, parce que je suis descendu du ciel non pour faire ma volonté, mais la volonté de celui qui m'a envoyé. » J'enseigne l'humilité, il n'y a que les humbles qui puissent venir à moi. L'orgueil seul peut nous mettre dehors, ce que n'a point à craindre celui qui conserve l'humilité et reste fidèle à la vérité. J'ai expliqué autant que je l'ai pu le sens mystérieux de ces paroles, mes frères, ce sens est caché, et je ne sais si je l'ai suffisamment mis dans son jour

---

superbiam, qui ei calicem ipsius superbiæ propinavit. « Quia ergo apud te est fons vitæ, et in lumine tuo videbimus lumen : » intus bibamus, intus videamus. Quare enim inde exitum est? Audi quare : Non veniat mihi pes superbiæ. (*v.* 12.) Ergo ille exiit, cui venit pes superbiæ. Ostende quia ideo exiit. « Et manus peccatorum non moveant me : propter pedem superbiæ. » Quare hoc dicis? Ibi ceciderunt omnes qui operantur iniquitatem. (*v.* 13.) Ubi ceciderunt? in ipsa superbia. « Expulsi sunt, nec potuerunt stare. » Si ergo superbia expulit eos, qui non potuerunt stare : humilitas intromittit, qui possint in perpetuum stare. Ideo etenim ille qui dixit : Exultabunt ossa humiliata : prædixit : Auditui meo dabis exultationem et lætitiam. (*Psal.* L, 10.) Quid est, auditui meo? Audiendo te felix sum, de voce tua felix sum : intus bibendo felix sum. Ideo non cado, ideo exultabunt ossa humiliata : ideo amicus sponsi stat, et audit eum; ideo stat, quia audit. (*Joan.*, III, 29.) De interiore fonte bibit, ideo stat. Illi qui noluerunt de interiore bibere, ibi ceciderunt, expulsi sunt, nec potuerunt stare.

18. Doctor itaque humilitatis venit non facere voluntatem suam, sed voluntatem ejus qui misit illum. Veniamus ad eum, intremus ad eum, incorporemur ei, ut nec nos faciamus voluntatem nostram, sed voluntatem Dei : et non nos ejiciet foras, quia membra ejus sumus, quia caput nostrum esse voluit docendo humilitatem. Ad extremum, ipsum audite concionantem : « Venite ad me qui laboratis et onerati estis : tollite jugum meum super vos, et discite a me quia mitis sum et humilis corde : » (*Matth.*, XI, 28 et 29) et cum hoc didiceritis, invenietis requiem animabus vestris, unde non ejiciamini foras : « quia descendi de cœlo, non ut faciam voluntatem meam, sed voluntatem ejus qui misit me : » humilitatem doceo, ad me venire non potest nisi humilis. Non mittit foras nisi superbia : quomodo exit foras qui servat humilitatem, et non labitur a veritate? Dicta sunt quanta dici potuerunt de abscondito sensu, Fratres : satis enim hic latet sensus, et nescio utrum

et dans un langage convenable. Qu'il ne chasse donc pas dehors celui qui vient à lui, parce qu'il n'est point venu faire sa volonté, mais la volonté de celui qui l'a envoyé.

19. « Or, la volonté de mon Père qui m'a envoyé est que je ne perde aucun de ceux qu'il m'a donnés. » (*Jean*, VI, 39.) Celui-là lui a été donné qui conserve l'humilité, et il le reçoit avec empressement; celui qui ne pratique point l'humilité, est loin du Maître de l'humilité. « Que je ne perde aucun de ceux qu'il m'a donnés. » Ainsi la volonté de votre Père est qu'il ne se perde pas un seul de ces petits. (*Matth.*, XVIII, 14.) Parmi les orgueilleux, il s'en trouvera qui pourront périr, mais un seul de ces petits ne périra point, car si vous ne devenez comme ce petit enfant, vous n'entrerez point dans le royaume des cieux. « Que je ne perde aucun de ceux que m'a donnés mon Père, mais que je les ressuscite au dernier jour. » Voyez comment ici même le Sauveur nous trace clairement l'idée d'une double résurrection. « Celui qui vient à moi ressuscite dès maintenant en devenant humble parmi mes membres; mais je le ressusciterai encore dans sa chair au dernier jour. » Oui, telle est la volonté de mon Père qui m'a envoyé, que quiconque voit le Fils et croit en lui ait la vie éternelle, et je le ressusciterai au dernier jour. » (*Jean*, VI, 40.) Plus haut, nous l'avons entendu dire : « Celui qui écoute ma parole et qui croit à celui qui m'a envoyé. » (*Jean*, V, 24.) Ici : « Celui qui voit le Fils et qui croit en lui. » Il n'a point dit : Celui qui voit le Fils et qui croit au Père; car croire au Fils c'est croire au Père, parce que de même que le Père a la vie en soi, il a donné aussi au Fils d'avoir la vie en soi, « afin que quiconque voit le Fils et croit en lui ait la vie éternelle, » en croyant et en passant à la vie par une première résurrection. Et comme cette résurrection n'est pas la seule, il ajoute : « Et je le ressusciterai au dernier jour. »

TRAITÉ XXVI.

Depuis ces paroles : « Cependant les Juifs murmuraient contre lui, parce qu'il avait dit : Je suis le pain de vie qui suis descendu du ciel, » jusqu'à ces autres : « Celui qui mange ce pain vivra éternellement. »

1. Lorsque Notre-Seigneur Jésus-Christ, comme nous l'avons entendu dans la lecture de l'Evangile, eut déclaré qu'il était le pain descendu du ciel, les Juifs murmurèrent et dirent : « N'est-ce pas là le fils de Joseph, dont nous connaissons le père et la mère? Comment donc dit-il : Je suis descendu du ciel? » (*Jean*, VI, 42.) Ils étaient bien loin du pain du ciel, et ils ne savaient pas avoir faim de ce pain. La bouche de leur cœur

---

congruis verbis a me sit depromptus exculptus, quare ideo non ejiciat foras qui venit ad illum, quia non venit facere voluntatem suam, sed voluntatem ejus qui misit eum.

19. « Hæc est autem, inquit, voluntas ejus qui misit me Patris, ut omne quod dedit mihi, non perdam ex eo. » (*Joan.*, VI, 39.) Ipse illi datus est, qui servat humilitatem; hunc accipit : qui non servat humilitatem, longe est a magistro humilitatis. « Ut omne quod dedit mihi, non perdam ex eo. » (*Matth.*, XVIII, 14.) Sic non est voluntas in conspectu Patris vestri, ut pereat unus de pusillis istis. De tumentibus potest perire, de pusillis nihil perit : quia nisi fueritis sicut pusillus iste, non intrabitis in regnum cœlorum. (*Ibid.*, 4.) « Omne quod dedit mihi Pater, non perdam ex eo; sed resuscitabo illud in novissimo die. » Videte quemadmodum et hic geminam illam resurrectionem delineet. « Qui venit ad me, » modo resurgit humilis factus in membris meis : sed et « resuscitabo eum in novissimo die, » secundum carnem. « Hæc est enim voluntas Patris mei qui misit me, ut omnis qui videt Filium, et credit in eum, habeat vitam æternam; et ego resuscitabo eum in novissimo die. » (*Joan.*, VI, 40.) Superius dixit : Qui audit verbum meum, et credit ei qui misit me (*Joan.*, V, 24) : modo autem : « Qui videt Filium, et credit in eum. » Non dixit : Videt Filium, et credit in Patrem : hoc est enim credere in Filium, quod et in Patrem. Quia sicut habet Pater vitam in semetipso, sic dedit et Filio vitam habere in semetipso. (*Ibid.*, 26.) « Ut omnis qui videt Filium, et credit in eum, habeat vitam æternam : » credendo et transeundo ad vitam, tanquam prima illa resurrectione. Et quia non est sola, « et resuscitabo ego eum, inquit, in novissimo die. »

TRACTATUS XXVI.

Ab eo quod scriptum est : « Murmurabant ergo Judæi de illo, quia dixisset : Ego sum panis, qui de cœlo descendi : » usque ad id : « Qui manducat hunc panem, vivet in æternum. »

1. Cum Dominus noster Jesus Christus, sicut in Evangelio cum legeretur, audivimus, panem se esse dixisset, qui de cœlo descendit, murmuraverunt Judæi, et dixerunt : « Nonne hic est Jesus filius Joseph, cujus nos novimus patrem et matrem? Quomodo ergo hic dicit, quia descendit de cœlo? » (*Joan.*, VI, 42.) Isti a pane de cœlo longe erant, nec eum esurire noverant. Fauces cordis languidas habe-

était malade, tout en ayant les oreilles ouvertes ils étaient sourds, ils voyaient et ils étaient aveugles. En effet, ce pain exige la faim de l'homme intérieur, voilà pourquoi le Sauveur dit dans un autre endroit : « Heureux ceux qui ont faim et soif de la justice, parce qu'ils seront rassasiés. » (*Matth.*, v, 6.) Or, cette justice c'est Jésus-Christ, au témoignage de l'apôtre saint Paul. (1 *Cor.*, 1-30.) Celui donc qui a faim de ce pain doit aussi avoir faim de la justice, mais de la justice qui descend du ciel, de la justice dont Dieu est l'auteur, et non pas de celle que l'homme se fait à lui-même. Si l'homme ne se faisait pas une justice à lui-même, le même Apôtre n'aurait pas dit des Juifs : « Ne connaissant pas la justice de Dieu, et s'efforçant d'établir leur propre justice, ils ne se sont point soumis à la justice de Dieu. » (*Rom.*, x, 3.) Tels étaient ceux qui ne comprenaient point quel était ce pain qui descend du ciel, parce que rassasiés de leur propre justice, ils n'avaient point faim de la justice de Dieu. Que faut-il entendre par la justice de Dieu et la justice de l'homme ? La justice de Dieu dont il est ici question n'est pas la justice par laquelle Dieu est juste, mais celle que Dieu donne à l'homme, afin que l'homme soit juste par la grâce de Dieu. Quelle était donc au contraire la justice des Juifs ? Une justice qui leur faisait présumer de leurs forces et dire qu'ils accomplissaient la loi par eux-mêmes et sans avoir besoin d'aucun secours. Or, personne ne peut accomplir la loi sans le secours de la grâce, c'est-à-dire sans le pain qui descend du ciel. La plénitude abrégée de la loi, comme dit l'Apôtre, c'est la charité, c'est l'amour, l'amour non de l'argent, mais de Dieu, l'amour non de la terre ou du ciel, mais de celui qui a fait le ciel et la terre. Quel est en l'homme le principe de cette charité ? Ecoutons le même Apôtre : « La charité de Dieu a été répandue dans nos cœurs par l'Esprit saint qui nous a été donné. » (*Rom.*, v, 5.) Le Seigneur qui devait nous donner l'Esprit saint a déclaré qu'il était le pain qui descend du ciel, en nous engageant à croire en lui. En effet, croire en lui c'est manger le pain vivant. Celui qui croit mange, il est rassasié invisiblement, parce qu'il renaît d'une manière également invisible. Il est enfant à l'intérieur, il est une créature nouvelle à l'intérieur, il est rassasié là où il a été renouvelé. (*De consecr.*, dist. 2, cap. *Credere*; IV *Sent.*, dist. 9, c. 1.)

2. Or, que répond Jésus à ces murmurateurs ? « Ne murmurez point entre vous. » Il semble leur dire : Je sais pourquoi vous n'avez pas faim de ce pain, pourquoi vous ne comprenez point, et ne cherchez point ce pain. « Ne murmurez point entre vous, nul ne peut venir à moi, si mon Père qui m'a envoyé ne l'attire. » (*Jean*, vi, 44.) Notre-Seigneur nous enseigne ici le grand besoin que nous avons de la grâce. Nul

---

bant, auribus apertis surdi erant, videbant et cæci stabant. Panis quippe iste interioris hominis quærit esuriem : unde alio loco dicit : Beati qui esuriunt et sitiunt justitiam, quoniam ipsi saturabuntur. (*Matth.*, v, 6.) Justitiam vero nobis esse Christum Paulus Apostolus dicit. (I *Cor.*, 1, 30.) Ac per hoc qui esurit hunc panem, esuriat justitiam ; sed justitiam quæ de cœlo descendit, justitiam quam dat Deus, non quam sibi facit homo. Si enim nullam sibi homo faceret justitiam, non diceret idem Apostolus de Judæis : « Ignorantes enim Dei justitiam, et suam volentes constituere, justitiæ Dei non sunt subjecti. » (*Rom.*, x, 3.) Inde erant isti qui panem de cœlo descendentem non intelligebant, quia sua justitia saturati, justitiam Dei non esuriebant. Quid est hoc, justitia Dei et justitia hominis ? Justitia Dei hic dicitur, non qua justus est Deus, sed quam dat homini Deus, ut justus sit homo per Deum. Quæ autem erat illorum justitia ? Qua de suis viribus præsumebant, et quasi impletores Legis seipsos ex sua virtute dicebant. Nemo autem implet Legem, nisi quem adjuverit gratia, id est panis qui de cœlo descendit. Legis enim plenitudo, compendio, ut ait Apostolus, caritas est (*Rom.*, XIII, 10) : caritas non nummi, sed Dei ; Caritas non terræ, non cœli, sed ejus qui fecit cœlum et terram. Unde ista caritas homini ? Ipsum audiamus : caritas, inquit, Dei diffusa est in cordibus nostris, per Spiritum sanctum qui datus est nobis. (*Rom.*, v, 5.) Daturus ergo Dominus Spiritum sanctum, dixit se panem qui de cœlo descendit, hortans ut credamus in eum. Credere enim in eum, hoc est manducare panem vivum. Qui credit, manducat : invisibiliter saginatur, qui invisibiliter renascitur. Infans intus est, novus intus est : ubi novellatur, ibi satiatur. (*De consecrat.*, dist. 2. cap. *Credere*; IV *Sent.* dist. 9, cap. 1.)

2. Quid ergo talibus murmurantibus respondit Jesus ? « Nolite murmurare ad invicem. » Tanquam dicens : Scio quare non esuriatis, et istum panem non intelligatis neque quæratis. « Nolite murmurare ad invicem : nemo potest venire ad me, nisi Pater qui misit me, traxerit eum. » Magna gratiæ commendatio.

ne peut venir s'il n'est tiré. N'entreprenez point de juger quel est celui qu'il attire, celui qu'il n'attire point; pourquoi il attire l'un et n'attire point l'autre, si vous ne voulez point tomber dans l'erreur. Recevez ces paroles et comprenez-en le sens. Vous n'êtes pas encore attiré, priez Dieu qu'il vous attire. Que disons-nous ici, mes frères? Si nous sommes attirés à Jésus-Christ, c'est donc malgré nous que nous croyons, c'est un effet de la contrainte qui nous est faite, et non une détermination de notre volonté? » (II *Sent.*, dist. 26, c. *Non est tamen.*) On peut entrer dans l'Eglise contre sa volonté, on peut approcher de l'autel, recevoir même le sacrement malgré soi, mais on ne peut croire sans le vouloir. Si la foi était un acte du corps, elle aurait lieu dans ceux-mêmes qui ne le veulent pas, mais la foi n'est pas un acte extérieur. Ecoutez l'Apôtre : « On croit de cœur pour obtenir la justice. » Et qu'ajoute-t-il? « Et confesser de bouche pour obtenir le salut. » (*Rom.*, x, 10.) C'est de la racine du cœur que sort cette confession. Vous entendez quelquefois un homme confesser la foi, et vous ne savez pas s'il croit en réalité. Mais vous ne devez pas dire qu'il confesse la foi, si vous n'êtes pas certain qu'il croit. Confesser, c'est déclarer ce que vous avez dans le cœur; mais si votre langage diffère des sentiments de votre cœur, vous parlez, vous ne confessez pas. Or si c'est de cœur que l'on croit en Jésus-Christ, ce que personne ne peut faire contre sa volonté, et que d'ailleurs, celui qui est attiré paraît comme attiré malgré lui, comment résoudre cette question : « Nul ne peut venir à moi, si mon Père qui m'a envoyé ne l'attire? »

3. Vous êtes tiré, dira quelqu'un, donc vous venez malgré vous : Non, car si je viens malgré moi, je ne crois point, et si je ne crois point, je ne viens point. En effet, ce n'est point en marchant, mais en croyant que nous venons à Jésus-Christ ; ce n'est point par le mouvement du corps, mais par la volonté du cœur que nous approchons de lui. Voilà pourquoi cette femme, qui a touché la frange de son vêtement, l'a touché bien plus réellement que la foule qui le serrait et le pressait. Aussi entendez le Seigneur dire : « Qui est-ce qui m'a touché? Et ses disciples étonnés lui répondirent : La multitude vous serre et vous presse, et vous dites : Qui est-ce qui m'a touché? » (*Luc*, VIII, 45, etc.) Et Notre-Seigneur insiste en disant : Quelqu'un m'a touché. Cette femme le touche, la foule le presse. Qu'est-ce à dire qu'elle l'a touché ? c'est-à-dire qu'elle a cru en lui. Voilà pourquoi, après sa résurrection, il dit à cette femme qui voulait se jeter à ses pieds : « Ne me touchez point, car je ne suis point encore monté vers mon Père. » (*Jean*, XX, 17.) Vous pensez que je suis seulement ce que vous voyez, ne me touchez pas. C'est-à-dire, vous croyez que je suis seulement

---

Nemo venit nisi tractus. Quem trahat et quem non trahat, quare illum trahat noli velle judicare, et illum non trahat, si non vis errare. Semel accipe, et intellige : (*a*) Nondum traheris? ora ut traharis. Quid hic dicimus, Fratres ? Si trahimur ad Christum, ergo inviti credimus? ergo violentia adhibetur, non voluntas excitatur. Intrare quisquam ecclesiam potest nolens, accedere ad altare potest nolens, accipere sacramentum potest nolens : credere non potest nisi volens. (II *Sent.* dist. XXVI, cap. *Non est tamen.*) Si corpore crederetur, fieret in nolentibus : sed non corpore creditur. Apostolum audi : Corde creditur ad justitiam. (*Rom.*, x, 10.) Et quid sequitur ? Ore autem confessio fit ad salutem. De radice cordis surgit ista confessio. Aliquando audis confitentem, et nescis credentem. (*b*) Sed nec debes vocare confitentem, quem judicas non credentem. Hoc est enim confiteri, dicere quod habes in corde : si autem aliud in corde habes, aliud dicis; loqueris, non confiteris. Cum ergo in Christum corde credatur, quod nemo utique facit invitus, qui autem trahitur, tanquam invitus cogi videtur ; quomodo istam solvimus quæstionem : « Nemo venit ad me, nisi Pater qui misit me, traxerit eum ? »

3. Si trahitur, ait aliquis, invitus venit. Si invitus venit, nec credit ; si non credit, nec venit. Non enim ad Christum ambulando currimus, sed credendo : nec motu corporis, sed voluntate cordis accedimus. « Ideo illa mulier quæ fimbriam tetigit, magis tetigit quam turba quæ pressit. Ideo Dominus dixit : Quis me tetigit? Et mirantes discipuli, dixerunt : Turbæ te comprimunt, et dicis : Quis me tetigit ? » (*Luc.*, VIII, 45, etc.) Et ille repetivit : Tetigit me aliquis. Illa tangit, turba premit. Quid est tetigit, nisi credidit ? Unde et mulieri illi post resurrectionem dixit volenti se mittere ad pedes ejus : Noli me tangere, nondum enim ascendi ad Patrem. (*Joan.*, XX, 17.) Quod vides, hoc solum me esse putas, noli me tangere. Quid est ? « Hoc solum me esse putas quod tibi appareo, noli sic credere : » hoc est : Noli me tangere,

---

(*a*) Editi, *Non traheris.* Mss. *Nondum traheris.* — (*b*) Am. Bad. et Er. addunt, *vocas confitentem, et nescis credentem.*

ce que je vous parais, cessez de le croire, car ce que signifient ces paroles : ne me touchez point, car je ne suis point encore monté vers mon Père ; je ne suis point encore monté pour vous, car, pour moi, je ne m'en suis jamais séparé. Elle ne pouvait toucher celui qui était sur la terre, comment eût-elle pu toucher celui qui montait vers son Père? Et cependant il a voulu être touché de cette manière ; c'est ainsi qu'il est touché par ceux qui le touchent comme il le désire, en montant vers son Père, en demeurant avec son Père, en étant égal à son Père.

4. En entendant ces paroles : « Nul ne vient à moi que celui qui est attiré par mon Père, » ne vous figurez point que vous êtes attiré contre votre volonté ; car l'âme est attirée par l'amour. Ne craignons point le reproche que pourraient nous faire des hommes qui ne font attention qu'à la signification littérale des mots, qui sont on ne peut plus éloignés des choses divines et qui nous accusent de faire usage d'un mot consacré par les saints Evangiles. Comment, disent-ils, puis-je croire volontairement, si je suis attiré ? Je réponds : C'est peu d'être attiré par votre volonté ; vous l'êtes encore par le plaisir. Comment est-on attiré par le plaisir ? « Mettez vos délices dans le Seigneur, et il remplira les désirs de votre cœur. » (*Ps.* xxxvi, 4.) Celui qui goûte la douceur de ce pain céleste éprouve de véritables délices intérieures. Si le poëte a pu dire : Chacun est attiré par son plaisir (*Virg.*, Eclog. 2) ; remarquez, par son plaisir et non par la nécessité, par la délectation et non par la contrainte ; à combien plus forte raison devons-nous dire qu'on est attiré à Jésus-Christ lorsqu'on fait ses délices de la vérité, de la béatitude, de la justice, de la vie éternelle, toutes choses qui ne sont autres que Jésus-Christ lui-même. Quoi ! les sens du corps auraient leurs voluptés, et l'âme n'aurait point les siennes ? Mais alors comment expliquer ces paroles du Psalmiste : « Les enfants des hommes seront pleins d'espérance à l'ombre de vos ailes ; ils seront enivrés de l'abondance de votre maison et vous les abreuverez au torrent de votre volupté, car en vous est la source de la vie, et c'est dans votre lumière que nous verrons la lumière ? » (*Ps.* xxxv, 8, etc.) Donnez-moi un cœur qui aime et il sentira ce que je dis. Donnez-moi un cœur qui désire, un cœur qui ait faim, un cœur qui se regarde comme exilé dans le désert de cette vie, qui ait soif du ciel, qui soupire après la source de l'éternelle patrie : donnez-moi un cœur animé de ces sentiments, et il comprendra ce que je dis. Mais si je parle à un cœur froid, il ne peut comprendre ma langue. Tels étaient ceux qui murmuraient entre eux : « Celui qui est attiré par mon Père, dit le Sauveur, vient à moi. »

---

nondum enim ascendi ad Patrem : tibi non ascendi, nam inde nunquam recessi. In terra non tangebat stantem, quomodo tangeret ad Patrem ascendentem ? Sic tamen, sic se tangi voluit : sic tangitur ab eis a quibus bene tangitur, ascendens ad Patrem, manens cum Patre, æqualis Patri.

4. Inde et hic si advertis : « Nemo venit ad me, nisi quem Pater attraxerit. » Noli (*a*) te cogitare invitum trahi : trahitur animus et amore. Nec timere debemus ne ab hominibus qui verba perpendunt, et a rebus maxime divinis intelligendis longe remoti sunt, in hoc Scripturarum sanctarum evangelico verbo forsitan reprehendamur, et dicatur nobis : Quomodo voluntate credo, si trahor? Ego dico : Parum est voluntate, etiam voluptate traheris. Quid est trahi voluptate? Delectare in Domino, et dabit tibi petitiones cordis tui. (*Psal.* xxxvi, 4.) Est quædam voluptas cordis, cui panis dulcis est ille cœlestis. Porro si poëtæ dicere licuit : Trahit sua quemque voluptas ; (*Virg. Eclog.*, ii) : non necessitas, sed voluptas, non obligatio, sed delectatio : quanto fortius nos dicere debemus, trahi hominem ad Christum, qui delectatur veritate, delectatur beatitudine, delectatur justitia, delectatur sempiterna vita, quod totum Christus est? An vero habent corporis sensus voluptates suas, et animus deseritur a voluptatibus suis? Si animus non habet voluptates suas, unde dicitur : « Filii autem hominum, sub tegmine alarum tuarum sperabunt : inebriabuntur ab ubertate domus tuæ, et torrente voluptatis tuæ potabis eos : quoniam apud te est fons vitæ, et in lumine tuo videbimus lumen ? » (*Psal.* xxxv, 8, etc.) Da amantem, et sentit quod dico. Da desiderantem, da (*b*) esurientem, da in ista solitudine peregrinantem atque sitientem, et fontem æternæ patriæ suspirantem : da talem, et scit quid dicam. Si autem frigido loquor, nescit quid loquor. Tales erant isti qui invicem murmurabant. « Pater, inquit, quem traxerit, venit ad me. »

(*a*) Mss. plures, *Nolite cogitare invitum trahi invitum.* — (*b*) Plerique Mss. *da ferventem.* Paulloque post, omnes omisso *nescit*, habent ita : *Si autem frigido loquor, quid loquor?*

5. Mais que signifient ces paroles : « Celui qui est attiré par mon Père, » puisque Jésus-Christ lui-même nous attire? Pourquoi s'exprime-t-il de la sorte: « Celui qui est attiré par mon Père? » Puisque nous devons être attirés, soyons-le par celui à qui une âme aimante disait : « Nous courrons sur vos pas à l'odeur de vos parfums. » (*Cant.*, 1, 4.) Considérons attentivement, mes frères, la vérité que le Sauveur veut nous faire entendre, et comprenons-la dans la mesure de nos forces. Le Père attire au Fils ceux qui croient au Fils, parce qu'ils sont persuadés qu'il a Dieu pour Père. Dieu le Père, en effet, a engendré un Fils qui lui est égal, et celui qui dans ses pensées, comme dans sa foi se dit à lui-même que celui en qui il croit est égal au Père, le Père l'attire au Fils. Arius a cru que le Fils était une créature, le Père ne l'a point attiré, parce qu'on n'a point du Père l'idée qu'on doit en avoir lorsqu'on ne croit point que le Fils lui est égal. Que dites-vous, Arius? quel est ce langage hérétique que j'entends? Qu'est-ce que le Christ? Ce n'est point le Dieu véritable, dites-vous, mais il a été fait par le Dieu véritable. Le Père ne vous a point attiré, vous n'avez point compris le Père, puisque vous niez le Fils, ce que vous avez dans l'esprit est un être tout différent du Fils; vous n'êtes point attiré par le Père, et vous n'êtes point attiré vers le Fils, car le Fils est tout autre que vous ne le dites.

Photin dit : Jésus-Christ n'est qu'un homme, il n'est pas Dieu. Celui qui croit de la sorte, n'est point attiré par le Père. Entendez celui que le Père attire : « Vous êtes le Christ, le Fils du Dieu vivant. Vous n'êtes point comme un prophète, comme Jean-Baptiste, comme un de ces hommes qui ont brillé par une vertu éminente, vous êtes comme le Fils unique, égal à son Père, vous êtes le Christ, le Fils du Dieu vivant. » (*Matth.*, XVI, 16.) Voyez comme il a été attiré et attiré par le Père. « Vous êtes bienheureux, Simon, fils de Jona, lui dit Jésus, car ce n'est ni la chair ni le sang qui vous l'ont révélé, mais mon Père qui est dans les cieux. » (*Ibid.*, 17.) Cette révélation n'est autre que l'attraction. Vous montrez à une brebis un rameau vert et vous l'attirez. Vous montrez à un enfant des amandes et vous l'attirez ; il accourt vers ce qui l'attire, il est attiré par ce qu'il aime, il est attiré sans aucune violence extérieure, par les seuls liens du cœur. Si les charmes que les délices et les voluptés terrestres révèlent aux cœurs aimants exercent sur eux une véritable puissance d'attraction suivant cette maxime : chacun est attiré par son plaisir, refuserons-nous cette puissance à Jésus-Christ qui nous est révélé par le Père? Quel est le désir le plus vif de l'âme, n'est-ce pas le désir de la vérité ? Pourquoi doit-elle avoir une faim dévorante, pourquoi doit-on lui désirer un palais sain ca-

---

5. Quid est autem, « Pater quem traxerit : » cum ipse Christus trahat? Quare voluit dicere : « Pater quem traxerit? » Si trahendi sumus, ab illo trahamur cui dicit quædam quæ diligit : Post odorem unguentorum tuorum curremus. (*Cant.*, 1, 4.) Sed quid intelligi voluit advertamus, Fratres, et quantum possumus capiamus. Trahit Pater ad Filium eos qui propterea credunt in Filium, quia eum cogitant Patrem habere Deum : Deus enim Pater æqualem sibi genuit Filium : ut qui cogitat, atque in fide sua sentit et ruminat æqualem esse Patri eum in quem credidit, ipsum trahit Pater ad Filium. Arius credidit creaturam, non eum traxit Pater ; quia non considerat Patrem, qui Filium non credit æqualem. Quid dicis o Ari? quid hæretice loqueris ? quid est Christus? Non, inquit, Deus verus ; sed quem fecit Deus verus. Non te traxit Pater; non enim intellexisti Patrem, cujus Filium negas : aliud cogitas, non est ipse Filius ; nec a Patre traheris : nec ad Filium traheris : aliud est enim Filius, aliud quod tu dicis.

Photinus dixit : Homo solum est Christus, non est et Deus. Qui sic credit, non Pater eum traxit. Quem Pater traxit : Tu es, inquit, Christus Filius Dei vivi. Non sicut Propheta, non sicut Joannes, non sicut aliquis magnus justus, sed sicut unicus, sicut æqualis, tu es Christus Filius Dei vivi. Vide quia tractus est, et a Patre tractus est. « Beatus es Simon Bar-Jona, quia non tibi revelavit caro et sanguis, sed Pater meus qui in cœlis est. » (*Matth.*, XVI, 16, 17.) Ista revelatio, ipsa et attractio. Ramum viridem ostendis ovi, et trahis illam. Nuces puero demonstrantur, et trahitur : et (*a*) quo currit trahitur; amando trahitur, sine læsione corporis trahitur, cordis vinculo trahitur. Si ergo ista quæ inter delicias et voluptates terrenas revelantur amantibus, trahunt; quoniam verum est : Trahit sua quemque voluptas, non trahit revelatus Christus a Patre? Quid enim fortius desiderat anima quam veritatem? Quo avidas fauces habere debet, unde optare ut sanum sit intus palatum vera judicandi, nisi ut manducet et

(*a*) Aliquot Mss. *Et quod currit.*

pable de discerner le vrai, si ce n'est pour qu'elle puisse manger et boire la sagesse, la justice, la vérité, l'éternité ?

6. Et où apaisera-t-elle ainsi sa faim et sa soif ? Elles ne pourront être parfaitement, vraiment et pleinement satisfaites que dans le ciel. Ici-bas, si nous avons l'espérance chrétienne, notre condition est bien plutôt d'avoir faim que d'être rassasiés. « Heureux, nous dit Jésus-Christ, ceux qui ont faim et soif de la justice, » mais c'est dans l'autre vie que s'accomplissent ces autres paroles : « Parce qu'ils seront rassasiés. » Aussi après avoir dit : « Nul ne vient à moi, si mon Père, qui m'a envoyé, ne l'attire, » qu'ajoute-t-il ? « Et je le ressusciterai au dernier jour. » (*Jean*, VI, 44.) Je lui rends l'objet de son amour, l'objet de ses espérances ; il verra ce qu'il n'a point encore vu en croyant, il se nourrira du pain dont il avait faim, et il sera rassasié de la boisson dont il avait soif. Quand sera-ce ? Dans la résurrection des morts, parce que « je le ressusciterai au dernier jour. »

7. « Il est écrit dans les prophètes : Ils seront tous enseignés de Dieu. » (*Jean*. VI, 45.) Pourquoi, ô Juifs, vous ai-je tenu ce langage ? Mon Père ne vous a pas enseignés, comment pouvez-vous me connaître ? Tous les sujets de ce royaume auront Dieu pour maître, et ne seront pas enseignés par les hommes. Et quand même ils auraient les hommes pour maîtres, cependant l'intelligence de ce qu'ils entendent leur est donnée intérieurement, et c'est au dedans de leur âme qu'elle brille et répand ses clartés. Que font les hommes par leur enseignement tout extérieur ? Que fais-je moi-même en ce moment lorsque je vous parle ? Je frappe vos oreilles du bruit de mes paroles. Mais si le maître intérieur ne vous découvre la vérité, à quoi bon mes discours, à quoi bon mes paroles ? Celui qui cultive l'arbre paraît au dehors, le Créateur est au dedans. Celui qui plante et celui qui arrose travaillent à l'extérieur, c'est ce que nous faisons nous-mêmes. « Or, celui qui plante n'est rien, non plus que celui qui arrose, mais c'est Dieu qui donne l'accroissement. » (I *Cor.*, III, 7.) Voilà ce que signifient ces paroles : « Et ils seront tous enseignés de Dieu. » Quels sont tous ceux qui seront enseignés ? « Tout homme qui a entendu le Père et appris de lui, vient à moi. » (*Jean*, VI, 45.) Vous voyez comment le Père attire les hommes à lui, c'est par le charme de son enseignement et sans imposer aucune nécessité. Voilà comme il les attire. « Ils seront tous enseignés de Dieu, » c'est la manière dont Dieu attire. « Quiconque a entendu le Père et appris de lui, vient à moi, » c'est ainsi qu'il nous attire à lui.

8. Quoi donc, mes frères, si tout homme qui a entendu le Père et appris de lui, vient à Jésus-Christ, Jésus-Christ n'a-t-il été en rien son maître ? Mais n'est-il point vrai que les hommes n'ont point vu le Père qui était leur maître, tandis qu'ils ont vu le Fils ? Le Fils parlait, c'é-

---

bibat sapientiam, justitiam, veritatem, æternitatem ?

6. Ubi autem hoc ? Ibi melius, verius ibi, plenius ibi. Nam hic facilius possumus esurire, et hoc si bonam spem habemus, quam satiari : Beati enim, inquit, qui esuriunt et sitiunt justitiam, sed hic : quoniam saturabuntur, sed ibi. (*Matth.*, V, 6.) Ideo cum dixisset: « Nemo venit ad me, nisi Pater qui misit me, traxerit eum, » quid subjecit ? « Et ego resuscitabo eum in novissimo die. » (*Joan.*, VI, 44.) Reddo illi quod amat, reddo quod sperat : videbit quod adhuc non videndo credidit ; manducabit quod esurit, saturabitur eo quod sitit. Ubi ? Ubi in resurrectione mortuorum, quia « ego resuscitabo eum in novissimo die.

7. « Scriptum est enim in Prophetis : Et erunt omnes docibiles Dei. (*v.* 45.) Quare hoc dixi, o Judæi ? Pater vos non docuit : quomodo potestis me agnoscere ? Omnes regni illius homines docibiles Dei erunt, non ab hominibus audient. Et si ab hominibus audiunt, tamen quod intelligunt, intus datur, intus coruscat, intus revelatur. Quid faciunt homines forinsecus annuntiantes ? quid facio ego modo cum loquor ? Strepitum verborum ingero auribus vestris. Nisi ergo revelet ille qui intus est, quid dico, aut quid loquor ? Exterior cultor arboris, interior est Creator. Qui plantat et qui rigat, extrinsecus operatur : hoc facimus nos. Sed neque qui plantat est aliquid, neque qui rigat, sed qui incrementum dat Deus (I *Cor.*, III, 7) : hoc est : « Erunt omnes docibiles Dei. » Qui omnes ? « Omnis qui audivit a Patre et didicit, venit ad me. » (*Joan.*, VI, 45.) Videte quomodo trahit Pater : docendo delectat, non necessitatem imponendo. Ecce quomodo trahit. « Erunt omnes docibiles Dei, » trahere Dei est. « Omnis qui audivit a Patre et didicit, venit ad me, » trahere Dei est.

8. Quid igitur fratres ? Si omnis qui audivit a Patre et didicit, ipse venit ad Christum, Christus nihil hic docuit ? Quid quod Patrem magistrum homines non viderunt, Filium viderunt ? Filius dicebat, sed

tait le Père qui enseignait. Moi, qui ne suis qu'un homme, quel est celui que j'enseigne, mes frères? Celui-la seulement qui écoute ma parole. Or, si moi qui ne suis qu'un homme, j'enseigne celui qui écoute ma parole, le Père enseigne aussi celui qui écoute son Verbe. S'il enseigne celui qui écoute son Verbe, considérez ce qu'est Jésus-Christ, et vous trouverez qu'il est le Verbe de Dieu : « Au commencement était le Verbe. » (*Jean*, I, 1.) L'Evangéliste ne dit point : Au commencement Dieu a fait le Verbe comme il est écrit : « Au commencement Dieu a fait le ciel et la terre, » (*Gen.*, I, 1) preuve évidente qu'il n'est point une créature. Apprenez donc à être attiré au Fils par le Père, laissez-vous enseigner par le Père, et pour cela écoutez son Verbe. Quel est ce Verbe que j'écoute, me dites-vous? « Au commencement était le Verbe, » il n'a point était fait, il était. « Et le Verbe était en Dieu et le Verbe était Dieu. » Comment les hommes revêtus d'une chair mortelle peuvent-ils écouter ce Verbe divin? Parce que le Verbe s'est fait chair et qu'il a habité parmi nous.

9. Le Sauveur lui-même nous explique cette vérité, et nous apprend ce que signifient ses propres paroles : « Quiconque a entendu le Père et appris de lui, vient à moi. » Il va aussitôt au-devant d'une pensée qui pouvait se présenter à notre esprit. « Non que personne ait vu le Père, si ce n'est celui qui est de Dieu, lui seul a vu le Père. » (*Jean*, VI, 46.) Quel est le sens de ces paroles : « Pour moi, j'ai vu le Père, vous, au contraire, vous ne l'avez pas vu, et cependant vous ne pouvez venir à moi sans être attirés par le Père? Comment êtes-vous attirés par le Père?» lorsque vous êtes enseignés par le Père; et être enseigné par le Père, qu'est-ce autre chose que d'entendre le Père, et entendre le Père n'est-ce pas entendre le Verbe du Père, n'est-ce pas m'entendre moi-même? Lors donc que je vous dis : « Quiconque a entendu le Père et appris de lui, » vous pourriez objecter en vous-mêmes : Mais nous n'avons jamais vu le Père, comment avons-nous pu être enseignés par lui? Ecoutez ce que je vais dire : « Non que personne ait vu le Père, si ce n'est celui qui est de Dieu, lui seul a vu le Père. Pour moi je connais le Père, je viens de lui, comme la parole vient de celui qui l'a conçue, non cette parole extérieure qui retentit au dehors et disparaît aussitôt, mais cette parole qui demeure avec celui qui la profère et qui attire celui qui l'écoute. »

10. Ce qu'il ajoute confirme cette explication : « En vérité, en vérité, je vous le dis, celui qui croit en moi a la vie éternelle. » Le Sauveur a voulu nous révéler ce qu'il était; il eût pu dire en abrégeant : Celui qui croit en moi me possède; car Jésus-Christ est le vrai Dieu et la vie éternelle. Celui qui croit en moi, dit-il, passe pour ainsi dire en moi, et celui qui

---

Pater docebat. Ego cum homo sim, quem doceo? quem, Fratres, nisi eum, qui audit verbum meum? Si ego cum homo sim, illum doceo qui audit Verbum meum, illum docet et Pater, qui audit Verbum ejus : si illum docet Pater qui audit Verbum ejus ; quære quid sit Christus, et invenies Verbum ejus : In principio erat Verbum. (*Joan.*, I, 1.) Non : In principio fecit Deus Verbum; quomodo : In principio fecit Deus cœlum et terram (*Gen.*, I, 1) : ecce quia non est creatura. Disce trahi ad Filium a Patre, doceat te Pater, audi Verbum ejus. Quod Verbum ejus, inquis, audio? In principio erat Verbum : non factum est, sed erat : Et Verbum erat apud Deum, et Deus erat Verbum. Quomodo homines in carne constituti audiant tale Verbum? Quia Verbum caro factum est, et habitavit in nobis.

9. Exponit hoc et ipse, et ostendit nobis quid dixerit : «Qui audivit a Patre et didicit, venit ad me.» (*Joan.*, VI, 46.) Continuo subjicit quod cogitare possemus : « Non quia Patrem vidit quisquam, nisi is qui est a Deo, hic vidit Patrem. » Quid est quod ait? Ego vidi Patrem, vos non vidistis Patrem; et tamen non venitis ad me, nisi trahamini a Patre. Quid est autem vos trahi a Patre, nisi discere a Patre? quid est discere a Patre, nisi audire a Patre? quid est audire a Patre, nisi audire Verbum Patris, id est me? Ne forte ergo cum dico vobis : « Omnis qui audivit a Patre et didicit, » dicatis apud vos : Sed nunquam vidimus Patrem, quomodo discere potuimus a Patre? A meipso audite : « Non quia Patrem vidit quisquam, sed qui est a Deo, hic vidit Patrem. » Ego novi Patrem, ab illo sum : sed quomodo verbum ab illo, cujus est verbum : non quod sonat et transit, sed quod manet cum dicente, et trahit audientem.

10. Admoneat quod sequitur : « Amen, amen dico vobis, qui credit in me, habet vitam æternam. » (*v.* 47.) Revelare se voluit quid esset : nam compendio dicere potuit : Qui credit in me, habet me. Ipse enim Christus verus Deus est et vita æterna. Qui ergo credit in

passe en moi me possède. Qu'est-ce à dire il me possède ? Il possède la vie éternelle. La vie éternelle s'est unie à la mort, la vie éternelle a voulu mourir, mais dans la nature qu'elle a prise de vous et non dans la sienne; c'est de vous qu'elle a reçu cette nature dans laquelle elle est morte pour vous. Il a pris une chair semblable à la chair de l'homme, mais il l'a prise d'une manière toute différente. Lui qui avait un Père dans le ciel, il a choisi une mère sur la terre, il est né sans mère dans le ciel, il est né sans père sur la terre. La vie s'est donc unie à la mort afin que la vie anéantît la mort. « Celui qui croit en moi, dit Jésus-Christ, a la vie éternelle, » non pas ce qui paraît au dehors, mais ce qui est caché aux yeux des hommes. Car la vie éternelle, le Verbe était en Dieu au commencement et le Verbe était Dieu, et la vie était la lumière des hommes. Le Verbe qui était la vie éternelle a donné à la chair dont il s'est revêtu la vie éternelle. Il est venu pour mourir, mais il est ressuscité le troisième jour. Entre ces deux termes, le Verbe se faisant chair, et la chair qui ressuscite, la mort qui est survenue a été anéantie.

11. « Je suis le pain de vie, » dit Jésus. D'où venait ici l'orgueil des Juifs ? « Vos pères, leur dit-il, ont mangé la manne dans le désert, et ils sont morts, » (*Jean*, VI, 48) quel motif avez-vous de vous enorgueillir ? « Ils ont mangé la manne et ils sont morts. » Pourquoi sont-ils morts, bien qu'ils aient mangé la manne ? Parce qu'ils ne croyaient que ce qu'ils voyaient, et qu'ils ne comprenaient point ce qui échappait à leurs regards. C'est donc à bon droit qu'ils sont vos pères, parce que vous leur ressemblez. Mais à ne parler, mes frères, que de cette mort sensible et corporelle, est-ce que nous-mêmes nous n'y sommes pas soumis, bien que nous mangions le pain qui descend du ciel ? Ils sont donc morts, comme nous mourrons nous-mêmes de la mort extérieure et sensible du corps. Mais quant à cette mort dont le Seigneur veut inspirer la crainte et dont leurs pères sont morts, Moïse a mangé la manne, Aaron et Phinées l'ont mangée également, ainsi qu'un grand nombre d'autres qui ont été agréables à Dieu, et ils ne sont pas morts. Pourquoi ? Parce qu'ils ont compris cette nourriture dans sa signification spirituelle, la faim qu'ils en avaient était spirituelle, ils l'ont mangée spirituellement, et leur esprit en a été rassasié. Et nous-mêmes aujourd'hui nous recevons un aliment visible, mais autre chose est le sacrement, autre chose la vertu du sacrement. Combien qui reçoivent de l'autel cette nourriture et qui meurent, et que la mort frappe au moment où ils la reçoivent ! C'est ce qui fait dire à l'Apôtre : « Il

---

me, inquit, *(a)* it in me; et qui it in me, habet me. Quid est autem habere me? habere vitam æternam. Vita æterna mortem assumpsit, vita æterna mori voluit; sed de tuo, non de suo : accepit a te, ubi moreretur pro te. Ab hominibus enim carnem assumpsit, sed non more hominum. Nam Patrem habens in cœlo, matrem elegit in terra : et illic natus sine matre, et hic sine Patre. Assumpsit ergo vita mortem, ut vita occideret mortem. Nam « qui in me credit, inquit, habet vitam æternam : » non quod patet, sed quod latet. Vita enim æterna Verbum in principio erat apud Deum, et Deus erat Verbum : et vita erat lux hominum. Ipse vita æterna, dedit et carni susceptæ vitam æternam. Mori venit, sed die tertio resurrexit. Inter Verbum suscipiens, et carnem resurgentem, mors media consumpta est.

11. « Ego sum, inquit, panis vitæ. » (*v.* 48.) Et unde illi superbiebant ? « Patres vestri, inquit, manducaverunt in deserto manna, et mortui sunt. » (*v.* 49.) Quid est unde superbitis ? « Manducaverunt manna, et mortui sunt. » Quare manducaverunt, et mortui sunt? Quia quod videbant, credebant : quod non videbant, non intelligebant. Ideo patres vestri, quia similes estis illorum. *(b)* Nam quantum pertinet, Fratres mei, ad mortem istam visibilem et corporalem, numquid nos non morimur qui manducamus panem de cœlo descendentem? Sic sunt mortui et illi, quemadmodum nos sumus morituri; quantum attinet, ut dixi, ad mortem hujus corporis visibilem atque carnalem. Quantum autem pertinet ad illam mortem, de qua terret Dominus, qua mortui sunt patres istorum; manducavit manna et Moyses, manducavit manna et Aaron, manducaverunt manna et Phinees, manducaverunt ibi multi qui Domino placuerunt, et mortui non sunt. Quare? Quia visibilem cibum spiritaliter intellexerunt, spiritaliter esurierunt, spiritaliter gustaverunt, ut spiritaliter satiarentur. Nam et nos hodie accipimus visibilem cibum : sed aliud est sacramentum, aliud virtus sacramenti. Quam multi de altari accipiunt et moriuntur, et acci-

---

(a) Vindocinensis Ms. *vivit in me, et qui vivit in me.* At Am. Bad et Er. carent hac sententia : *Qui credit in me, inquit, it in me; et qui it in me, habet me :* quæ tamen exstat in cæteris codicibus. — *(b)* Hic in decem Mss. additur, *et infidelium filiorum infideles patres.*

mange et il boit son jugement. » (I *Corinth.*, XI, 29.) Le pain que le Seigneur donna à Judas n'était pas un poison. Et cependant il le reçut, et à peine l'eut-il reçu que l'ennemi entra dans son âme. Ce qu'il avait reçu n'était pas mauvais, mais il était mauvais lui-même, et il reçut dans de mauvaises dispositions une chose excellente. Gardez-vous donc d'un semblable malheur, mes frères, mangez spirituellement ce pain céleste, apportez à l'autel une conscience innocente. (*De consecrat.*, dist. 2, cap. *Panem.*) Tous les jours vous péchez, mais que vos péchés ne soient point de ces fautes qui donnent la mort à l'âme. Avant d'approcher de l'autel, pesez bien le sens de cette prière : « Remettez-nous nos dettes, comme nous remettons les leurs à ceux qui nous doivent. » (*Matth.*, VI, 12.) Vous pardonnez, on vous pardonnera, approchez avec confiance, c'est un pain qu'on vous présente et non du poison. Mais examinez si vous pardonnez en vérité, car si votre pardon n'est pas sincère vous mentez, et vous mentez à celui qu'il vous est impossible de tromper. Vous pouvez mentir à Dieu, le tromper jamais. Dieu sait ce qu'il doit faire. Il vous voit dans le plus intime de votre âme, c'est là qu'il vous considère, qu'il vous examine, c'est là qu'il vous condamne ou qu'il vous récompense. Les ancêtres des Juifs étaient des pères coupables d'enfants coupables, des pères infidèles de fils infidèles, des pères murmurateurs d'enfants murmurateurs. Aucun crime en effet n'irrita autant le Seigneur que leurs continuels murmures contre Dieu. Voilà pourquoi le Sauveur, voulant montrer qu'ils étaient les dignes fils de tels pères, commence par ce reproche : « Pourquoi ces murmures entre vous, fils murmurateurs de pères murmurateurs ? Vos pères ont mangé la manne et sont morts, » non que la manne fût une nourriture mauvaise, mais parce qu'ils l'ont mangée avec des dispositions coupables.

12. « Voici le pain descendu du ciel. » (*Jean*, VI, 50.) Ce pain a été figuré par la manne, il a été figuré par l'autel de Dieu. C'étaient des symboles figuratifs; les signes extérieurs sont différents, mais ils sont semblables quant à l'objet qu'ils signifient. Écoutez l'Apôtre : « Vous ne devez pas ignorer, mes frères, que nos pères ont tous été sous la nuée, qu'ils ont tous passé la mer Rouge, et qu'ils ont tous été baptisés sous la conduite de Moïse dans la nuée et dans la mer, et qu'ils ont tous mangé la même nourriture spirituelle. » (I *Cor.*, X, 1, etc.) Vous voyez, la même nourriture spirituelle, car la nourriture extérieure était différente, puisqu'ils mangeaient la manne et nous un autre ali-

piendo moriuntur? Unde dicit Apostolus : Judicium sibi manducat, et bibit. (1 *Cor.*, XI, 29.) (*a*) Non enim buccella Dominica venenum fuit Judæ. Et tamen accepit, et cum accepit, in eum inimicus intravit : non quia malum accepit, sed quia bonum male malus accepit. Videte ergo, Fratres, Panem cœlestem spiritaliter manducate, innocentiam ad altare apportate. (*De consecr.* dist. 2; cap. *Panem de altari.*) Peccata etsi sunt quotidiana, velnon sint mortifera. Antequam ad altare accedatis, attendite quid dicatis : Dimitte nobis debita nostra, sicut et nos dimittimus debitoribus nostris. (*Matth.*, VI, 12.) Dimittis, dimittetur tibi : securus accede, panis est, non venenum. Sed vide si dimittis : nam si non dimittis, mentiris, et ei mentiris, quem non fallis. Mentiri Deo potes, Deum fallere non potes. Novit ille quid (*b*) agat. Intus te videt, intus te examinat, intus inspicit, intus judicat, intus aut damnat, aut coronat. Patres autem istorum, id est, mali patres malorum, infideles patres infidelium, murmuratores patres murmuratorum. Nam de nulla re magis Dominum offendisse ille populus dictus est, quam contra Deum murmurando. Ideo et Dominus eos volens ostendere talium filios, hinc ad eos cœpit : « Quid murmuratis invicem, » murmuratores Filii murmuratorum ? « Patres vestri manna manducaverunt, et mortui sunt : » non quia malum erat manna, sed quia male manducaverunt.

12. « Hic est panis qui de cœlo descendit. » (*Joan.*, VI, 50.) Hunc panem significavit manna, hunc panem (*c*) significavit altare Dei. Sacramenta illa fuerunt : in signis diversa sunt : in re quæ significatur, paria sunt. Apostolum audi : Nolo enim vos, inquit, ignorare fratres, quia patres nostri omnes sub nube fuerunt, et omnes mare transierunt, et omnes (*d*) in Moysen baptizati sunt in nube et in mari, et omnes eamdem escam spiritalem manducaverunt. (I *Cor.*, X, 1, etc.) Spiritalem utique eamdem : nam corporalem alteram, quia illi manna, nos aliud : spiritalem vero, quam nos. (*De consecr.*, dist. 2; cap. *Inquit.*)

(*a*) Sic Bad. Am. et omnes Mss. At Er. et Lov : *Nonne buccella Dominica venenum fuit Judæ?* Vide supra Tract. VI, n. 18. — (*b*) Er. et Lov. *agns* : refragantibus editis aliis et Mss. — (*c*) Mss. plerique, *significat altare Dei.* — (*d*) Editi, *per Moysen.* Aliquot Mss. *in Moyse.* Alii plerique, *in Moysen* : juxta Græcum, εἰς τὸν Μωυσῆν, id est, Chrysostomo interprete, θαρρήσαντες τῷ Μωυσεῖ, scilicet Moysi fidentes Israelitæ, sub nube et per mare iter ingressi sunt, ipso præeunte : ac sic nos, qui in Christum credentes baptizantur, præsignarunt.

ment (*De Consecrat.*, dist. 2, cap. *Inquit*); mais encore une fois, la nourriture spirituelle était la même. Remarquez encore que c'étaient nos pères, que nous imitons, et non pas leurs pères auxquels ils sont devenus semblables. L'Apôtre ajoute : « Et ils ont tous bu le même breuvage spirituel. » Ici encore ils buvaient un breuvage extérieur différent du nôtre, mais l'effet spirituel signifié de part et d'autre était le même. Dans quel sens donc ont-ils bu le même breuvage spirituel ? « Ils buvaient, dit saint Paul, de l'eau de la pierre spirituelle qui les suivait : » or, cette pierre était le Christ. Ce breuvage venait donc de la même source que le pain. La pierre était le Christ en figure, le Christ véritable est le Verbe uni à la chair. Et comment ont-ils bu ? La pierre fut frappée deux fois par la verge de Moïse (*Nomb.*, XX, 11), et ces deux coups figurent les deux bois de la croix. « Voici le pain descendu du ciel, afin que si quelqu'un en mange il ne meure point. » (*Jean*, VI, 50.) Mais cette promesse doit s'entendre de la vertu du sacrement et non du signe visible ; de celui qui mange intérieurement et non extérieurement ; de celui qui mange dans son cœur et non de celui qui se contente de broyer ce pain sous la dent.

13. « Je suis le pain vivant qui suis descendu du ciel, » (*Jean*, VI, 51) et je suis le pain vivant, parce que je suis descendu du ciel. La manne est aussi descendue du ciel ; mais la manne n'était qu'une ombre ; celui-ci est la vérité. « Si quelqu'un mange de ce pain, il vivra éternellement, et le pain que je donnerai est ma chair livrée pour la vie du monde. » (*Ibid.*, 52.) Comment la chair pouvait-elle comprendre que le Sauveur donnait au pain le nom de chair ? Il appelle chair ce que la chair ne peut comprendre, et elle le comprend d'autant moins qu'il donne à ce pain le nom de chair. Voilà ce qui leur fit horreur, ce qu'ils trouvèrent beaucoup trop fort, ce qu'ils déclarèrent impossible. « C'est ma chair, dit-il, qui est livrée pour la vie du monde. » Les fidèles connaissent le corps de Jésus-Christ, si toutefois ils ont soin d'être eux-mêmes le corps de Jésus-Christ. Qu'ils deviennent le corps de Jésus-Christ, s'ils veulent vivre de l'esprit de Jésus-Christ. Il n'y a que le corps de Jésus-Christ qui puisse vivre de l'esprit de Jésus-Christ. Comprenez, mes frères, ce raisonnement. Vous êtes homme, vous avez tout à la fois un esprit et un corps. Cet esprit est ce que vous appelez l'âme, par laquelle vous êtes un homme, car vous êtes composé d'un corps et d'une âme. Vous avez donc un esprit invisible et un corps visible. Or, dites-moi, quel est en vous le principe vital ? est-ce votre corps qui communique la vie à votre esprit, ou votre esprit à votre corps ? Tout homme qui vit peut répondre à cette question ; celui qui ne peut y répondre, je ne sais s'il vit réellement. Or, que répond celui qui vit ? Mon corps reçoit

---

Sed patres nostri, non patres illorum : quibus nos similes sumus, non quibus illi similes fuerunt. Et adjungit : Et omnes eumdem potum spiritalem biberunt. Aliud illi, aliud nos, sed specie visibili, quod tamen quod idem significaret virtute spiritali. Quomodo enim eumdem potum? Bibebant, inquit, de spiritali sequente petra : petra autem erat Christus. Inde panis, inde potus. Petra Christus in signo, verus Christus in Verbo et in carne. Et quomodo biberunt? Percussa est petra de virga bis (*Num.*, XX, 11) : gemina percussio, duo ligna crucis significat. « Hic est ergo panis de cœlo descendens, ut si quis manducaverit ex ipso, non moriatur. » (*Joan.*, VI, 50.) Sed quod pertinet ad virtutem sacramenti, non quod pertinet ad visibile sacramentum : qui manducat intus, non foris : qui manducat in corde, non qui premit dente.

13. « Ergo sum panis vivus, qui de cœlo descendi. » (*v.* 51.) Ideo vivus, quia de cœlo descendi. De cœlo descendit et manna : sed manna umbra erat, iste veritas est. « Si quis manducaverit ex hoc pane, vivet in æternum : et panis quem ego dabo, caro mea est pro mundi vita. » (*v.* 52.) Hoc quando caperet caro, quod dixit panem, carnem ? Vocatur caro, quod non capit caro : et ideo magis non capit caro, quia vocatur caro. Hoc enim exhorruerunt, hoc ad se multum esse dixerunt, hoc non posse fieri putaverunt. « Caro mea est, inquit, pro mundi vita. » Norunt fideles corpus Christi, si corpus Christi esse non negligant. Fiant corpus Christi, si volunt vivere de Spiritu Christi. De Spiritu Christi non (*a*) vivit, nisi corpus Christi. Intelligite fratres mei quid dixerim. Homo es, et spiritum habes, et corpus habes. Spiritum dico quæ anima vocatur, qua constat quod homo es : constas enim ex anima et corpore. Habes itaque spiritum invisibilem, corpus visibile. Dic mihi quid ex quo vivat : spiritus tuus vivit ex corpore tuo, an corpus tuum ex spiritu tuo? Respondet omnis qui vivit : (qui autem hoc non potest respondere, nescio si vivit :) quid respondet omnis qui vivit ? Corpus uti-

---

(*a*) Omnes Mss. *De Spiritu Christi non vivet, nisi sit corpus Christi.*

la vie de mon esprit. Voulez-vous donc vivre de l'esprit de Jésus-Christ? Faites partie du corps de Jésus-Christ. Est-ce que mon esprit n'est point pour mon corps le principe de la vie? Oui, mon esprit donne la vie à mon corps, comme votre esprit donne également la vie à votre corps. De même le corps de Jésus-Christ ne peut vivre que de l'esprit de Jésus-Christ. Voilà pourquoi l'Apôtre, nous enseignant quel est ce pain, ajoute : « Nous ne sommes tous qu'un seul pain et qu'un seul corps. » (I *Cor.*, x, 17.) O sacrement d'amour! ô symbole d'unité! ô lien de charité! (*De cons.*, dist. 2, cap. *Hoc Sacramentum.*) Celui qui veut vivre sait où est pour lui la source de la vie. Qu'il s'approche donc, qu'il croie, qu'il soit incorporé pour entrer en participation de la vie. Qu'il ne fuie point l'étroite union avec les membres; qu'il ne soit point un membre corrompu qui mérite d'être retranché, un membre difforme dont le corps ait à rougir; qu'il se recommande à la fois par la beauté, la proportion, la santé; qu'il s'attache étroitement au corps; qu'il vive de Dieu et pour Dieu; que par une vie de travail sur la terre, il mérite de régner un jour dans le ciel.

14. « Les Juifs donc disputaient entre eux, disant : Comment celui-ci peut-il nous donner sa chair à manger? » (*Jean*, VI, 53.) Ils se disputaient entre eux, parce qu'ils ne comprenaient pas, et ne voulaient point manger le pain qui produit l'union et la concorde; car ceux qui mangent ce pain ne se disputent jamais entre eux, parce que « nous ne sommes qu'un seul pain, et nous ne formons tous qu'un seul corps. » Et par le moyen de ce pain, Dieu fait habiter ensemble ceux qui n'ont qu'un même esprit. (*Ps.* LXVII, 7.)

15. Le Sauveur ne répond point immédiatement à ce qui fait l'objet de leurs disputes, c'est-à-dire comment il pourra leur donner sa chair à manger; mais il leur répète ce qu'il a déjà dit : « En vérité, en vérité je vous le dis, si vous ne mangez la chair du Fils de l'homme, et si vous ne buvez son sang, vous n'aurez point la vie en vous. » (*Jean*, VI, 54.) Vous ignorez comment ce pain se mange, et quelle est la manière de s'en nourrir; cependant si vous ne mangez la chair du Fils de l'homme, et si vous ne buvez son sang, vous n'aurez point la vie en vous. » Ce n'est point à des cadavres qu'il parlait, mais à des hommes vivants. Aussi dans la crainte qu'ils n'entendissent ces paroles de la vie présente, et que ce fût justement la cause de leurs disputes, il ajoute aussitôt : « Celui qui mange ma chair et qui boit mon sang, a la vie éternelle. » (*Ibid.*, 55.) La vie éternelle n'est donc point le partage de celui qui ne mange pas ce corps et ne boit point ce sang, car sans ce pain les hommes peuvent bien avoir la vie du temps,

---

que meum vivit de spiritu meo. Vis ergo et tu vivere de Spiritu Christi? In corpore esto Christi. Nunquid enim corpus meum vivit de spiritu tuo? Meum vivit de spiritu meo, et tuum de tuo. Non potest vivere corpus Christi, nisi de Spiritu Christi. Inde est quod exponens nobis Apostolus Paulus hunc panem : Unus panis, inquit, unum corpus multi sumus. (I *Cor.*, x, 17.) O sacramentum pietatis, o signum unitatis, o vinculum caritatis. (*De consec.*, dist. 2, cap. *Hoc Sacramentum.*) Qui vult vivere, habet ubi vivat, habet unde vivat. Accedat, credat, (*a*) incorporetur ut vivificetur. Non abhorreat a compage membrorum, non sit putre membrum quod resecari mereatur, non sit distortum de quo erubescatur : sit pulchrum, sit aptum, sit sanum : hæreat corpori, vivat Deo de Deo : nunc laboret in terra, ut postea regnet in cœlo.

14. « Litigabant ergo Judæi ad invicem, dicentes : Quomodo potest hic carnem suam nobis dare ad manducandum? » (*Joan.*, VI, 53.) Litigabant utique ad invicem, quoniam panem concordiæ non intelligebant, nec sumere volebant : nam qui manducant talem panem, non litigant ad invicem; quoniam unus panis, unum corpus multi sumus. Et per hunc facit Deus unius modi habitare in domo. (*Psal.* LXVII, 7.)

15. Quod autem ad invicem litigantes quærunt, quomodo possit Dominus carnem suam dare ad manducandum, non statim audiunt : sed adhuc eis dicitur : « Amen, amen dico vobis, nisi manducaveritis carnem Filii hominis, et biberitis ejus sanguinem, non habebitis vitam in vobis. » (*v.* 54.) Quomodo quidem edatur, et quisnam modus sit manducandi istum panem, ignoratis : « verumtamen nisi manducaveritis carnem filii hominis, et biberitis ejus sanguinem, non habebitis vitam in vobis. » Hæc non utique cadaveribus, sed viventibus loquebatur. Unde ne istam vitam intelligentes, et de hac re litigarent, secutus adjunxit : « Qui manducat meam carnem, et bibit meum sanguinem, habet vitam æternam. » (*v.* 55.) Hanc ergo non habet, qui istum panem non manducat, nec istum sanguinem bibit : nam temporalem vitam sine illo habere homines possunt, æter-

---

(*a*) Mss. decem, *credat, vivat in Deo, de Deo; incorporetur,* etc.

TRAITÉ XXVI.

mais ils n'auront jamais la vie éternelle. Celui donc qui ne mange pas sa chair et ne boit point son sang, n'a pas la vie ; et au contraire celui qui mange sa chair et boit son sang a la vie en lui. C'est cette double vérité que comprennent ces paroles : « Il a la vie éternelle. » Il n'en est pas ainsi de cette nourriture que nous prenons comme soutien de cette vie présente. Celui qui néglige de la prendre, ne peut espérer vivre ; mais il peut la prendre sans avoir pour cela la vie. Il peut arriver, en effet, que la vieillesse, la maladie, ou quelque autre accident soient cause de la mort pour ceux-mêmes qui prennent cette nourriture. Mais il en est tout autrement de cette nourriture et de ce breuvage, c'est-à-dire du corps et du sang de Notre-Seigneur. Celui qui ne mange pas sa chair n'a point la vie ; et celui qui s'en nourrit, a la vie et la vie éternelle. Il veut que cette nourriture et ce breuvage soient pour nous le symbole de l'union et de la société de ses membres qui est la sainte Église dans ses saints et dans ses fidèles qui sont prédestinés et appelés, comme dans ceux qui sont justifiés et glorifiés. Nous avons déjà passé par le premier degré, c'est-à-dire celui de la prédestination ; le second et le troisième état, c'est-à-dire la vocation et la justification s'accomplissent tous les jours, et continueront de s'accomplir ; le quatrième, c'est-à-dire la glorification n'existe maintenant qu'en espérance, et ne se réalisera que dans la vie future. Le sacrement, symbole de ce mystère, c'est-à-dire de l'unité du corps et du sang de Jésus-Christ, est préparé en quelques endroits tous les jours ; dans d'autres, à certains jours de distance, le dimanche, par exemple, et les fidèles le prennent sur la table du Seigneur, les uns pour la vie, les autres pour la mort ; mais la grâce dont ce sacrement est le symbole n'engendre que la vie, et ne peut produire la mort dans celui qui en devient participant.

16. Le Sauveur ne veut pas cependant qu'on s'imagine que la promesse de vie éternelle donnée à ceux qui prennent cette nourriture et ce breuvage emporte pour leur corps le privilége de l'immortalité ; il va donc au-devant de cette pensée. Après avoir dit : « Celui qui mange ma chair et qui boit mon sang, a la vie éternelle, » il ajoute aussitôt : « Et je le ressusciterai au dernier jour. » Son esprit jouira en attendant de cette vie éternelle, de cet immortel repos qui est la récompense des âmes des saints. Quant au corps, la vie éternelle lui est également assurée, mais au dernier jour, lorsqu'aura lieu la résurrection des morts.

17. Car ma chair est vraiment une nourriture et mon sang est vraiment un breuvage. » (*Jean*, VI, 56.) Ce que les hommes cherchent dans la nourriture et le breuvage, c'est d'apaiser leur faim et leur soif, mais ces heureux effets ne sont vraiment produits que par cette nourriture

---

nam vero omnino non possunt. Quia ergo non manducat ejus carnem, nec bibit ejus sanguinem, non habet in se vitam : et qui manducat ejus carnem, et bibit ejus sanguinem, habet vitam. Ad utrumque autem respondet quod dixit, æternam. Non ita est in hac esca, quam sustentandæ hujus temporalis vitæ causa sumimus. Nam qui eam non sumpserit, non vivet : nec tamen qui eam sumpserit, vivet. Fieri enim potest, ut senio, vel morbo, vel aliquo casu, plurimi et qui eam sumpserint moriantur. In hoc vero cibo et potu, id est, corpore et sanguine Domini, non ita est. Nam et qui eam non sumit, non habet vitam : et qui eam sumit, habet vitam, et hanc utique æternam. Hunc itaque cibum et potum societatem vult intelligi corporis et membrorum suorum, quod est sancta Ecclesia in prædestinatis et vocatis, et justificatis, et glorificatis sanctis, et fidelibus ejus. Quorum primum jam factum est, id est, prædestinatio : secundum et tertium factum est, et fit, et fiet, id est, vocatio et justificatio : quartum vero nunc in spe est, in re autem futurum est, id est, glorificatio.

Hujus rei sacramentum, id est, unitatis corporis et sanguinis Christi alicubi quotidie, alicubi certis intervallis dierum in Dominica mensa præparatur, et de mensa Dominica sumitur ; quibusdam ad vitam, quibusdam ad exitium : res vero ipsa cujus sacramentum est, omni homini ad vitam, nulli ad exitium, quicumque ejus participes fuerint.

16. Ne autem putarent sic in isto cibo et potu promitti vitam æternam, ut qui eam sumerent, jam nec corpore morerentur ; huic cogitationi dignatus est occurrere. Nam cum dixisset : « Qui manducat meam carnem, et bibit meum sanguinem, habet vitam æternam : » continuo subjecit : « Et ego resuscitabo eum in novissimo die. » Ut habeat interim secundum spiritum vitam æternam in requie, quæ sanctorum spiritus suscipit : quod autem ad corpus attinet, nec ejus vita æterna fraudetur, sed in resurrectione mortuorum novissimo die.

17. « Caro enim mea, inquit, vere est cibus, et sanguis meus vere est potus. » (*v*. 56.) Cum enim cibo et potu id appetant homines, ut non esuriant,

et par ce breuvage qui donnent à ceux qui les prennent l'immortalité et l'incorruptibilité, et les font entrer dans la société des saints, où on jouit d'une paix entière et d'une parfaite unité. C'est pour nous signifier ce mystère que, suivant l'explication qu'en ont donnée avant nous des hommes de Dieu (1), Notre-Seigneur Jésus-Christ nous a présenté son corps et son sang sous des symboles où nous voyons la multiplicité réduite à l'unité. D'un côté, plusieurs grains de froment ne font qu'un seul pain ; de l'autre, plusieurs grains de raisin foulés ensemble font couler une seule et même liqueur.

18. Jésus explique enfin comment doit s'accomplir ce mystère, et ce que c'est de manger son corps et de boire son sang. « Celui qui mange ma chair et qui boit mon sang demeure en moi, et moi en lui. » (*Jean*, VI, 57.) Manger cette nourriture, boire ce breuvage, c'est donc demeurer en Jésus-Christ, et avoir Jésus-Christ demeurant en soi. Donc celui qui ne demeure pas en Jésus-Christ, et en qui Jésus-Christ ne demeure pas sans contredit, ne mange pas spirituellement sa chair et ne boit point son sang (*De consec.* dist. 2 cap. *Qui discordat*), bien que sa bouche reçoive extérieurement et visiblement le sacrement du corps et du sang de Jésus-Christ. Disons plus, il mange et boit pour sa condamnation un sacrement si auguste, parce qu'il s'approche avec une conscience souillée de ces mystères qui, pour être reçus dignement, exigent une pureté entière, et que le Sauveur paraît avoir eu en vue lorsqu'il disait : « Bienheureux ceux qui ont le cœur pur, parce qu'ils verront Dieu. » (*Matth.*, V, 8.)

19. « Comme mon Père qui est vivant, m'a envoyé, et que je vis par mon Père, de même celui qui me mange, vivra aussi par moi. » (*Jean*, VI, 58.) Il ne dit pas : Comme je mange mon Père, et que je vis par mon Père ; de même celui qui me mange vivra aussi par moi. En effet, le Fils ne devient pas meilleur en participant à son Père, puisqu'il lui est égal par sa naissance, tandis que nous devenons meilleurs en participant au Fils par l'unité de son corps et de son sang qui sont figurés par cette nourriture que nous mangeons, par ce breuvage que nous buvons. Nous vivons donc par lui en le mangeant, c'est-à-dire en recevant en lui la vie éternelle que nous n'avions pas de nous-mêmes. Quant à lui, il vit par son Père, qui l'a envoyé, parce qu'il s'est anéanti lui-même en se rendant obéissant jusqu'à la mort de la croix. Si nous entendons dans le sens de ces paroles : « Je vis

---

(1) Saint Cyprien dans son épître 63 à Cécilius, et dans l'épître 76 à Magnus.

---

neque sitiant : hoc veraciter non præstat nisi iste cibus et potus, qui eos a quibus sumitur, immortales et incorruptibiles facit, id est societas ipsa sanctorum, ubi pax erit et unitas plena atque perfecta. Propterea quippe, sicut etiam ante nos hoc intellexerunt homines Dei, Dominus noster Jesus Christus corpus et sanguinem suum in eis rebus commendavit, quæ ad unum aliquid rediguntur ex multis. Namque aliud in unum ex multis granis conficit : aliud in unum ex multis acinis confluit.

18. Denique jam exponit quomodo id fiat quod loquitur, et quid sit manducare corpus ejus, et sanguinem bibere. « Qui manducat carnem meam, et bibit meum sanguinem, in me manet, et ego in illo. » (v. 57.) Hoc est ergo manducare illam escam, et illum bibere potum, in Christo manere, et illum manentem in se habere. (*De consecr.* dist. 2, cap. *Qui discordat*.) Ac per hoc qui non manet in Christo, et in quo non manet Christus, procul dubio nec manducat [(*a*) spiritaliter] carnem ejus, nec bibit ejus sanguinem, [licet carnaliter et visibiliter premat dentibus sacramentum corporis et sanguinis Christi :] sed magis tantæ rei sacramentum ad judicium sibi manducat et bibit, [quia immundus præsumpsit ad Christi accedere sacramenta, quæ aliquis non digne sumit, nisi qui mundus est : de quibus dicitur : Beati mundo corde, quoniam ipsi Deum videbunt.] (*Matth.*, V, 8.)

19. « Sicut, inquit, misit me vivens Pater, et ego vivo propter Patrem, et qui manducat me, et ipse vivet propter me. » (*Joan.*, VI, 58.) Non ait : Sicut manduco Patrem, et ego vivo propter Patrem : et qui manducat me, et ipse vivet propter me. Non enim Filius participatione Patris fit melior, qui est natus æqualis : sicut participatione Filii per unitatem corporis ejus et sanguinis, quod illa manducatio potatioque significat, nos (*b*) efficimur meliores. Vivimus ergo nos propter ipsum, manducantes eum, id est, ipsum accipientes æternam vitam, quam non habebamus ex nobis : vivit autem ipse propter Patrem, missus ab eo ; quia semetipsum exinanivit factus

---

(*a*) Sic editi quidem ; at Mss. nostri omnes habent hoc modo : *nec manducat carnem ejus, nec bibit ejus sanguinem, etiamsi tantæ rei sacramentum ad judicium sibi manducet et bibat. Sicut, inquit, misit me vivens Pater,* etc., carentque verbis cæteris, quæ hic uncinulis concluduntur : quæ verba nullo etiam e suis Mss. contineri testantur Lovanienses : habentur ipsa in Bedæ et Alcuini commentariis super Joannem. — (*b*) In omnibus fere Mss. *nos efficit.*

par mon Père; » ce qu'il dit ailleurs : « Mon Père est plus grand que moi, » (*Jean*, xiv, 28) de même nous pouvons dire que nous vivons par lui, parce qu'il est plus grand que nous, et c'est la conséquence du mystère de sa mission divine. Cette mission, c'est l'anéantissement de lui-même, c'est son union avec la forme d'esclave, anéantissement qui se concilie parfaitement avec l'égalité absolue de nature dans le Fils et dans le Père. Le Père est plus grand que son Fils en tant que ce dernier est homme, mais son Fils comme Dieu est son égal; car il est à la fois Dieu et homme, Fils de Dieu et Fils de l'homme en une seule et même personne qui est Jésus-Christ. Si nous entendons dans ce sens la doctrine du Sauveur, voici quelle serait la signification de ces paroles : « Comme mon Père qui est vivant, m'a envoyé, et que je vis par mon Père, celui qui me mange vivra par moi. » C'est par suite de l'état d'anéantissement dans lequel mon Père m'a envoyé que je vis par mon Père, et que je lui rapporte ma vie comme à un être plus grand que moi; ainsi pour vivre par moi il faut entrer en participation de moi-même et me manger comme une nourriture. C'est dans mon état d'humiliation que je vis par mon Père; le fidèle, au contraire, s'élève pour vivre par moi. Lorsque Notre-Seigneur dit : « Je vis par mon Père, » parce qu'il vient du Père sans que le Père vienne de lui, son égalité avec son Père n'en souffre nullement. Mais en promettant à celui qui le mange de vivre de lui et par lui, il n'a point voulu établir pour cela l'égalité entre nous et lui, il nous montre simplement la grâce abondante du médiateur.

20. « Voici le pain qui est descendu du ciel, » (*Jean*, vi, 59) et que nous devons manger si nous voulons vivre, parce que nous ne pouvons avoir de nous-mêmes la vie éternelle. « Ce n'est pas, poursuit-il, comme vos pères qui ont mangé la manne et qui sont morts, celui qui mange ce pain vivra éternellement. » Cette mort, il veut que nous l'entendions de la mort éternelle. Car, quant à la mort du temps, elle atteindra certainement ceux mêmes qui se nourrissent de Jésus-Christ, mais ils vivront éternellement, parce que Jésus-Christ est la vie éternelle.

TRAITÉ XXVII.

Depuis ces paroles : « Il dit ces choses, enseignant le jour du sabbat dans la synagogue à Capharnaüm, » jusqu'à ces autres : « Car c'était lui qui devait le trahir, quoique étant un des douze. »

1. Nous avons entendu dans la lecture de l'Evangile les paroles du Seigneur qui font suite à celles que nous avons expliquées hier. Vos oreilles et bien plus encore vos âmes attendent de moi un nouveau discours qui ne sera point

---

obediens usque ad mortem crucis. (*Phil.*, ii, 8.) Si enim secundum id accipimus : « Vivo propter Patrem, » (*Joan.*, xiv, 28) quod alibi ait : « Pater major me est; sicut et nos vivimus propter ipsum, qui major est nobis : hoc ex eo quod missus est, factum est. Missio quippe ejus exinanitio suimetipsius est, et formæ servilis acceptio : quod recte intelligitur, servata etiam Filii cum Patre æqualitate naturæ. Major enim est Pater homine filio, sed æqualem habet Deum Filium : cum idem ipse sit et Deus et homo, Dei Filius et hominis filius, unus Christus Jesus. In quam sententiam si recte accipiuntur hæc verba, ita dixit : « Sicut me misit vivens Pater, et ego vivo propter Patrem, et qui manducat me, et ipse vivet propter me : » ac si diceret : Ut ego vivam propter Patrem, id est, ad illum tanquam majorem referam vitam meam, exinanitio mea fecit, in qua me misit : ut autem quisque vivat propter me, participatio facit qua manducat me. Ego itaque humiliatus vivo propter Patrem, ille erectus vivit propter me. Si autem ita dictum est : « Vivo propter Patrem, » quia ipse de illo, non ille de ipso est : sine detrimento æqualitatis dictum est. Nec tamen dicendo : « et qui manducat me, et ipse vivet propter me, » eamdem suam et nostram æqualitatem significavit : sed gratiam mediatoris ostendit.

20. « Hic est panis, qui de cœlo descendit : » (*Joan.*, vi, 59) ut illum manducando vivamus, quia æternam vitam ex nobis habere non possumus. « Non sicut, inquit, manducaverunt patres vestri manna, et mortui sunt : qui manducat hunc panem, vivet in æternum. » Quod ergo illi mortui sunt, ita vult intelligi, ut non vivant in æternum. Nam temporaliter et hi profecto morientur, qui Christum manducant : sed vivunt in æternum, quia Christus est vita æterna.

TRACTATUS XXVII.

Ab eo quod scriptum est : « Hæc dixit in synogoga docens sabbato in Capharnaum : » usque ad : « Ille enim traditurus erat cum, cum esset unus ex duodecim. »

1. Verba Domini ex Evangelio, quæ sermonem pristinum consequuntur, audivimus. Hinc sermo debetur auribus et mentibus vestris, et hodierno diei non importunus est : est enim de corpore Domini, quod dicebat se dare ad manducandum propter æter-

déplacé dans la fête que nous célébrons aujourd'hui (1), car il a pour objet le corps du Seigneur qu'il déclare nous donner à manger pour nous faire obtenir la vie éternelle. Or, il nous a expliqué la manière dont il nous donne cet inestimable présent, c'est-à-dire comment il nous donne sa chair à manger en disant : « Celui qui mange ma chair et boit mon sang demeure en moi, et moi en lui. » (*Jean*, VI, 57.) Quel est le signe auquel nous reconnaissons que nous avons mangé sa chair et bu son sang ? s'il demeure en nous et si nous demeurons en lui, s'il habite en nous et si nous habitons en lui ; si nous lui sommes étroitement unis sans crainte qu'il se sépare de nous. Voilà donc l'enseignement et la leçon qu'il nous donne par ces paroles pleines de mystère, c'est que nous devons faire partie de son corps, de ses membres, être soumis à lui comme à notre chef, manger sa chair, sans jamais nous séparer de son unité. Mais un grand nombre de ceux qui étaient présents ne comprirent point ces paroles et se scandalisèrent, car, en les entendant, ils ne pensaient qu'à la chair, parce qu'ils étaient chair eux-mêmes. Or l'Apôtre déclare, et c'est la vérité, que juger des choses selon les inspirations de la chair, c'est la mort. (*Rom.*, VIII, 6.) Notre-Seigneur nous donne sa chair à manger, et entendre ces paroles suivant les idées de la chair, c'est la mort, parce qu'il est question ici de la vie éternelle. Nous ne devons donc point entendre la chair dans un sens charnel, comme le firent ceux dont parle l'Evangéliste.

2. Plusieurs de ses disciples, et non point de ses ennemis, remarquez-le bien, l'entendant, dirent : « Cette parole est dure, et qui peut l'écouter ? » (*Jean*, VI, 61.) Si ses disciples trouvèrent que cette parole était dure, quelle impression dut-elle faire sur ses ennemis ? Et cependant le Sauveur devait s'exprimer ici de manière à n'être point compris de tous ceux qui l'entendaient. Le secret de Dieu doit exciter notre attention et ne point nous rendre les ennemis de Dieu. Mais, pour ces disciples, leur foi leur fit complétement défaut en entendant ces paroles de Jésus, ils ne crurent pas à la hauteur du mystère qu'il leur enseignait, à la grâce ineffable que cachaient ses paroles, ils les entendirent à leur gré, dans un sens tout humain, et ils s'imaginèrent que Jésus avait le pouvoir ou la volonté de couper par morceaux la chair dont le Verbe était revêtu, et de la distribuer à ceux qui croyaient en lui. C'est ce qui leur fit dire : Cette parole est dure, et qui peut l'entendre ?

3. « Or, Jésus connaissant en lui-même que ses disciples murmuraient à ce sujet. » (*Jean*, VI, 62.) Ils se communiquèrent ces réflexions entre eux sans que Jésus les entendît, mais qui connaissait le fond de leurs cœurs, les entendit en lui-même, et leur répondit : « Vous êtes scandalisés de ce que j'ai dit ; je vous donne ma chair

(1) La fête de saint Laurent.

nam vitam. Exposuit autem modum attributionis hujus et doni sui, quomodo daret carnem suam manducare dicens : « Qui manducat carnem meam, et bibit sanguinem meum, in me manet et ego in illo. » (*Joan.*, VI, 57.) Signum quia manducavit et bibit, hoc est, si manet et manetur, si habitat et inhabitatur, si hæret et non deseratur. Hoc ergo nos docuit et admonuit mysticis verbis, ut simus in ejus corpore sub ipso capite in membris ejus, edentes carnem ejus, non relinquentes unitatem ejus. Sed qui aderant plures non intelligendo scandalizati sunt : non enim cogitabant hæc audiendo, nisi carnem, quod ipsi erant. Apostolus autem dicit, et verum dicit : Sapere secundum carnem, mors est. (*Rom.*, VIII, 6.) Carnem suam dat nobis Dominus manducare, et sapere secundum carnem mors est : cum de carne sua dicat, quia ibi est vita æterna. Ergo nec carnem debemus sapere secundum carnem, sicut in his verbis :

2. « Multi itaque audientes : » non ex inimicis, sed « ex discipulis ejus dixerunt : Durus est hic sermo, quis potest eum audire. » (*Joan.*, VI, 61.) Si discipuli durum habuerunt istum sermonem, quid inimici ? Et tamen sic oportebat ut diceretur, quod non ab omnibus intelligeretur. Secretum Dei intentos debet facere, non adversos. Isti autem cito defecerunt, talia loquente Domino Jesu : non crediderunt aliquid magnum dicentem, et verbis illis aliquam gratiam cooperientem : sed prout voluerunt ita intellexerunt, et more hominum, quia poterat Jesus, aut hoc disponebat Jesus, carnem qua indutum erat Verbum, veluti concisam distribuere credentibus in se. « Durus est, inquiunt, hic sermo, quis potest eum audire ? »

3. « Sciens autem Jesus apud semetipsum, quia murmurarent de eo discipuli ejus. » (v. 62.) Sic enim apud se ista dixerunt, ut ab illo non audirentur : sed ille qui eos noverat in seipsis, audiens apud semetipsum, respondit, et ait : « Hoc vos scandalizat : » quia dixi, carnem meam do vobis manducare, et

à manger et mon sang à boire, cela vous scandalise. Que sera-ce donc quand vous verrez le Fils de l'homme monter où il était auparavant? » (*Ibid.*, 63.) Que signifient ces paroles? Il résout la difficulté qui les embarrassait, il fait connaître la cause de leur scandale, s'ils veulent y faire attention. Ils s'imaginaient qu'il leur distribuerait son corps par morceaux, il leur déclare qu'il montera au ciel avec son corps tout entier. « Lorsque vous verrez le Fils de l'homme monter où il était auparavant, » alors au moins vous verrez qu'il ne vous donne point son corps à manger comme vous l'entendez ; alors au moins vous comprendrez que sa grâce ne s'altère et ne se consume point par la bouche comme une nourriture ordinaire.

4. Et il leur dit : « C'est l'esprit qui vivifie, la chair ne sert de rien. » Avant d'expliquer ces paroles selon la mesure de la grâce que le Seigneur nous donnera, nous ne devons point passer légèrement sur ce qu'il vient de dire : « Que sera-ce quand vous verrez le Fils de l'homme monter où il était auparavant ? » Le Fils de l'homme, c'est Jésus-Christ né de la Vierge Marie. Il a donc commencé à être le Fils de l'homme sur la terre où il a pris une chair qui venait de la terre. C'est ce que le Roi-prophète avait prédit : « La vérité est sortie du sein de la terre. » (*Ps.* LXXXIV, 12.) Quel est donc le sens de ces paroles : « Quand vous verrez le Fils de l'homme monter où il était auparavant ? » Elles n'offriraient aucune difficulté s'il avait dit : « Quand vous verrez le Fils de Dieu monter où il était auparavant. » Mais il dit que le Fils de l'homme doit monter où il était auparavant ; est-ce que le Fils de l'homme était dans le ciel lorsqu'il a commencé à exister sur la terre ? Le Sauveur dit : « Où il était auparavant, » comme s'il n'y était plus au moment où il parlait de la sorte. Dans un autre endroit il s'exprime en ces termes : « Nul ne monte au ciel que celui qui est descendu du ciel, le Fils de l'homme qui est dans le ciel. » (*Jean*, III, 13.) Il parlait étant sur la terre et il déclarait qu'il était dans le ciel. Et il ne dit pas : Personne ne monte au ciel que celui qui est descendu du ciel, le Fils de Dieu qui est dans le ciel. Pourquoi ce langage, si ce n'est pour nous faire comprendre, mes très-chers frères, ce que je vous ai rappelé dans le discours précédent, qu'il n'y a en Jésus-Christ Dieu et homme qu'une seule personne, et non pas deux personnes, afin que notre foi ait pour objet la Trinité et non la quaternité. Il n'y a donc qu'une seule personne en Jésus-Christ; le Verbe, l'âme et la chair ne font qu'un seul Christ ; le Fils de Dieu et le Fils de l'homme ne forment qu'une seule personne qui est le Christ. Comme Fils de Dieu il existe toujours, comme Fils de l'homme il est né dans le temps, et cependant il n'y a en lui qu'un seul Christ à cause de l'unité de personne. Il

---

sanguinem meum bibere, hoc vos nempe scandalizat. « Si ergo videritis filium hominis ascendentem ubi erat prius? » (v. 63.) Quid est hoc? Hinc solvit quod illos moverat? hinc aperuit unde fuerant scandalizati? hinc plane, si intelligerent. Illi enim putabant eum erogaturum corpus suum, ille autem dixit se ascensurum in cœlum, utique integrum. « Cum videritis filium hominis ascendentem ubi erat prius;» certe vel tunc videbitis, quia non eo modo quo putatis erogat corpus suum; certe vel tunc intelligetis, quia gratia ejus non consumitur morsibus.

4. Et ait : « Spiritus est qui vivificat, caro non prodest quidquam. » (v. 64.) Hoc antequam exponamus, ut Dominus donat, illud non negligenter prætereundum est, quod ait : « Si ergo videritis filium hominis ascendentem ubi erat prius. » Filius enim hominis Christus, ex virgine Maria. Ergo filius hominis hic cœpit esse in terra, ubi carnem assumpsit ex terra. Unde prophetice dictum erat : Veritas de terra orta est. (*Psal.* LXXXIV, 12.) Quid sibi ergo vult quod ait : « Cum videritis filium hominis ascendentem ubi erat prius? » Nulla enim esset quæstio si ita dixisset : « Si videritis Filium Dei ascendentem ubi erat prius : » cum vero filium hominis dixit ascendentem ubi erat prius, numquid filius hominis in cœlo erat prius, quando in terra esse cœpit? Hic quidem dixit, « ubi erat prius, » quasi tunc non ibi esset quando hæc loquebatur. Alio autem loco ait : Nemo ascendit in cœlum, nisi qui de cœlo descendit, filius hominis qui est in cœlo : non dixit erat, sed filius, inquit, hominis qui est in cœlo. In terra loquebatur, et in cœlo se esse dicebat. Et non ita dixit : Nemo ascendit in cœlum, nisi qui de cœlo descendit, Filius Dei qui est in cœlo. (*Joan.*, III, 13.) Quo pertinet, nisi ut intelligamus, quod etiam pristino sermone commendavi Caritati Vestræ, unam personam esse Christum Deum et hominem, non duas; ne fides nostra non sit Trinitas, sed quaternitas? Christus ergo unus est : Verbum, anima et caro unus Christus : Filius Dei et Filius hominis unus Christus. Filius Dei semper, filius hominis ex tempore; tamen unus Christus secundum unitatem personæ. In cœlo

était dans le ciel alors qu'il parlait sur la terre. Il était le Fils de l'homme dans le ciel, comme il était le Fils de Dieu sur la terre. Il était le Fils de Dieu sur la terre à cause de la chair qu'il avait prise ; il était le Fils de l'homme dans le ciel par suite de l'unité de personne.

5. Quel est donc le sens des paroles qui suivent : « C'est l'esprit qui vivifie, la chair ne sert de rien ? » (*Jean*, VI, 64.) Demandons-lui (car il souffre non pas que nous le contredisions, mais que nous manifestions le désir que nous avons de savoir), demandons-lui donc : « O Seigneur, ô bon Maître, comment peut-il se faire que la chair ne serve de rien, puisque vous avez dit : Quiconque ne mange pas ma chair et ne boit point mon sang, n'aura point la vie en lui ? » Est-ce que la vie ne sert de rien ? et pourquoi sommes-nous ce que nous sommes, si ce n'est pour avoir la vie éternelle que vous nous promettez en vertu de votre chair ? Quel est donc le sens de ces paroles : « La chair ne sert de rien ? » La chair ne sert de rien, mais dans le sens qu'il l'ont entendu, car ils ont compris qu'il nous donnerait sa chair comme celle d'un corps qu'on dépèce lorsqu'il est privé de vie, ou qu'on vend au marché, et non pas une chair que l'esprit vivifie. Le Sauveur a donc dit : « La chair ne sert de rien, » comme l'Apôtre a dit ailleurs : « La science enfle. » (I *Cor.*, VIII, 1.) Est-ce un motif pour nous de haïr la science ? Non, sans doute.

Que signifient donc ces paroles : « La science enfle ? » lorsqu'elle est seule et sans la charité. Voilà pourquoi saint Paul ajoute : « La charité édifie. » A la science, joignez donc la charité, et la science aura son utilité, non par elle-même mais par la charité. De même ici : « la chair ne sert de rien, » c'est-à-dire la chair lorsqu'elle est seule ; mais que l'esprit vienne se joindre à la chair, comme la charité se joint à la science, alors la chair a une immense utilité. En effet, si la chair ne servait de rien, est-ce que le Verbe se serait fait chair pour habiter parmi nous ? Si c'est par la chair que Jésus-Christ a répandu sur nous ses plus grandes grâces, comment peut-on dire que la chair ne sert de rien ? Mais c'est par la chair que l'Esprit saint a opéré le mystère de notre salut. La chair a été l'instrument dont il s'est servi, considérez non ce qu'elle était, mais ce qu'elle avait en elle-même. Les Apôtres ont été envoyés dans tout l'univers, dira-t-on que leur chair ne servit de rien ? Quoi la chair des Apôtres nous a été utile, et la chair du Seigneur ne nous aurait servi de rien ? Comment le son de leur parole est-il arrivé jusqu'à nous si ce n'est par la voix de la chair ? Comment ont-ils pu consigner leurs enseignements par écrit ? Toutes ces actions sont des actes de la chair, mais de la chair qui agit comme un instrument sous l'impression de l'esprit. « C'est donc l'Esprit qui vivifie, la chair ne sert de rien, » dans le sens qu'ils ont entendu la chair,

---

erat, quando in terra loquebatur. Sic erat filius hominis in cœlo, quomodo Filius Dei erat in terra : Filius Dei in terra in suscepta carne, filius hominis in cœlo in unitate personæ.

5. Quid est ergo quod adjungit : « Spiritus est qui vivificat, caro non prodest quidquam ? » (*Joan.*, VI, 64.) Dicamus ei, (patitur enim nos non contradicentes, sed nosse cupientes :) O Domine, magister bone, quomodo « caro non prodest quidquam, » (*v.* 54) cum tu dixeris : « Nisi quis manducaverit carnem meam, et biberit sanguinem meum, non habebit in se vitam ? » An vita non prodest quidquam ? et propter quid sumus quod sumus, nisi ut habeamus vitam æternam, quam tua carne promittis ? quid est ergo, « non prodest quidquam caro ? » Non prodest quidquam, sed quomodo illi intellexerunt : carnem quippe sic intellexerunt, quomodo in cadavere dilaniatur, aut in macello venditur, non quomodo spiritu vegetatur. Proinde sic dictum est : « Caro non prodest quidquam, » quomodo dictum est : Scientia inflat.

(I *Cor.*, VIII, 1.) Jam ergo debemus odisse scientiam ? absit. Et quid est : « Scientia inflat ? sola, sine caritate. » Ideo adjunxit : « Caritas vero ædificat. » Adde ergo scientiæ caritatem, et utilis erit scientia : non per se, sed per caritatem. Sic etiam nunc, « caro non prodest quidquam, » sed sola caro : accedat spiritus ad carnem, quomodo accedit caritas ad scientiam, et prodest plurimum. Nam si caro nihil prodesset, Verbum caro non fieret, ut inhabitaret in nobis. Si per carnem nobis multum profuit Christus, quomodo caro nihil prodest ? Sed per carnem Spiritus aliquid pro salute nostra egit. Caro vas fuit : quod habebat attende, non quod erat. Apostoli missi sunt, numquid caro ipsorum nihil nobis profuit ? Si caro Apostolorum nobis profuit, caro Domini potuit nihil prodesse ? Unde enim ad nos sonus verbi, nisi per vocem carnis ? unde stilus, unde conscriptio ? Ista omnia opera carnis sunt, sed agitante spiritu tanquam organum suum. « Spiritus ergo est qui vivificat, caro autem non prodest quidquam : » sicut illi

mais non dans le sens où je donne ma chair à manger.

6. « Vous le voyez donc, les paroles que je vous ai dites sont esprit et vie. » Nous avons dit, mes frères, que le fruit que Jésus nous recommande lorsque nous mangeons sa chair et que nous buvons son sang, c'est que nous demeurions en lui et qu'il demeure en nous. Nous demeurons en lui lorsque nous sommes ses membres, il demeure en nous lorsque nous sommes son temple. C'est l'unité qui nous assemble et nous réunit pour que nous puissions devenir ses membres. Mais qui produit cette unité? c'est la charité. Et la charité de Dieu d'où vient-elle? Interrogez l'Apôtre : « La charité de Dieu, nous dit-il, a été répandue dans nos cœurs par l'Esprit saint qui nous a été donné. » C'est donc l'Esprit qui vivifie, car c'est l'Esprit qui communique la vie aux membres. Mais l'Esprit ne peut communiquer la vie qu'aux membres qu'il trouve unis au corps qu'il anime et qu'il vivifie. En effet, ô homme, l'esprit qui est en vous et à qui vous devez d'être un homme, peut-il donner la vie à un membre qu'il trouverait séparé de votre corps? Par votre esprit, j'entends ici votre âme, or votre âme ne peut vivifier que les membres qui sont unis à votre corps; si vous en détachez un seul, il ne peut plus participer à la vie que donne votre âme parce qu'il a cessé de faire partie de l'unité de votre corps. Je vous parle ainsi pour vous inspirer l'amour de l'unité, et vous faire craindre jusqu'à l'ombre de la division. Un chrétien ne doit rien tant redouter que d'être séparé du corps de Jésus-Christ. S'il se sépare du corps de Jésus-Christ (II Quest., III, cap. *Nihil*), il cesse de faire partie de ses membres, s'il ne fait plus partie de ses membres, il n'est plus vivifié par son Esprit. Or, dit l'Apôtre, « celui qui n'a point l'Esprit de Jésus-Christ n'est point à lui. » (*Rom.*, VIII, 9.) C'est donc l'Esprit qui vivifie, la chair ne sert de rien. Les paroles que je vous ai dites sont esprit et vie. Qu'est-ce à dire, « elles sont esprit et vie? » elles doivent être entendues spirituellement. Vous les avez entendues spirituellement? elles sont esprit et vie; vous les entendez dans un sens charnel? Elles sont encore esprit et vie, mais ce n'est point pour vous.

7. « Mais il y en a parmi vous quelques-uns qui ne croient point. » (*Jean*, VI, 65.) Il ne dit pas : Il y en a parmi vous qui ne comprennent point, il donne la raison pour laquelle ils ne comprennent point : « Il y en a parmi vous qui ne croient point, » et c'est parce qu'ils n'ont pas la foi, qu'ils ne comprennent pas. Le prophète Isaïe nous dit : « Si vous ne croyez pas, vous ne comprendrez pas. » (*Isa.*, VII, 9, *selon les Sept.*) C'est la foi qui nous unit, c'est l'intelligence qui

---

intellexerunt carnem, non sic ego do ad manducandum carnem meam.

6. Proinde : « Verba, inquit, quæ ego locutus sum vobis, spiritus et vita est. » (*Joan.*, VI, 64.) Diximus enim, Fratres, hoc Dominum commendasse in manducatione carnis suæ et potatione sanguinis sui, ut in illo maneamus, et ipse in nobis. Manemus autem in illo, cum sumus membra ejus : manet autem ipse in nobis, cum sumus templum ejus. Ut autem simus membra ejus, unitas nos compaginat. Ut compaginet unitas, quæ facit nisi caritas? Et caritas Dei unde? Apostolum interroga : Caritas, inquit, Dei diffusa est in cordibus nostris per Spiritum sanctum, qui datus est nobis. (*Rom.*, v, 5.) Ergo « Spiritus est qui vivificat. » spiritus enim facit viva membra. Nec viva membra spiritus facit, nisi quæ in corpore quod vegetat ipse spiritus, invenerit. Nam spiritus qui est in te, o homo, quo constas ut homo sis, numquid vivificat membrum quod separatum invenerit a carne tua? Spiritum tuum dico animam tuam : anima tua non vivificat nisi membra quæ sunt in carne tua; unum si tollas, jam non vivificatur ex anima tua, quia unitati corporis tui non copulatur. Hæc dicuntur ut amemus unitatem, et timeamus separationem. Nihil enim sic debet formidare Christianus, quam separari a corpore Christi. (II q. 3, *cap. Nihil.*) Si enim separatur a corpore Christi, non est membrum ejus; si non est membrum ejus, non vegetatur Spiritu ejus : Quisquis autem, inquit Apostolus : Spiritum Christi non habet, hic non est ejus. (*Rom.*, VIII, 9.) « Spiritus ergo est qui vivificat, caro autem non prodest quidquam. Verba quæ ego locutus sum vobis, spiritus et vita sunt. » Quid est, « spiritus et vita sunt? » Spiritaliter intelligenda sunt. Intellexisti spiritaliter? « spiritus et vita sunt. » Intellexisti carnaliter? etiam sic illa « spiritus et vita sunt, » sed tibi non sunt.

7. « Sed sunt quidam, inquit, in vobis qui non credunt. » (*Joan.*, VI, 65.) Non dixit : Sunt quidam in vobis qui non intelligunt : sed causam dixit, quare non intelligant. « Sunt enim quidam in vobis qui non credunt : » et ideo non intelligunt, quia non credunt. Propheta enim dixit : Nisi credideritis, non intelligetis. (*Isa.*, VII, 9, sec. 70.) Per fidem copulamur, per intellectum vivificamur. Prius hæreamus per fidem, ut sit quod vivificetur per intellectum.

nous donne la vie. Attachons-nous d'abord au Sauveur par la foi, pour que l'intelligence puisse nous communiquer la vie. Celui qui ne s'attache point au Sauveur, lui résiste; celui qui résiste ne croit point. Comment celui qui résiste peut-il recevoir la vie ? Il s'oppose au rayon de lumière qui doit le pénétrer, il ne détourne point les yeux, mais il ferme son âme à la lumière. « Il en est donc parmi vous qui ne croient point. » Qu'ils croient, et leur âme s'ouvrira, et ils seront inondés de lumière. Car dès le commencement Jésus savait ceux qui ne croyaient point, et qui était celui qui le trahirait. » (*Jean*, VI, 65.) En effet, Judas était présent. Quelques-uns furent scandalisés, mais pour lui il demeura avec le Sauveur non dans l'intention de comprendre ses paroles, mais pour lui tendre des piéges. Et c'est parce qu'il était resté que le Sauveur crut devoir parler de lui. Il ne le nomme pas, mais il en parle pour inspirer à tous ses apôtres une crainte salutaire, bien qu'un seul d'entre eux dût se perdre. Or, après avoir ainsi séparé ceux qui ont la foi de ceux qui ne croient point, il fait connaître la cause pour laquelle ils ne croient point. « C'est pourquoi je vous ai dit que nul ne peut venir à moi, s'il ne lui est donné par mon Père. » (*Ibid.*, 66.) La foi est donc un don de Dieu, et un don des plus précieux. S'il en est ainsi, réjouissez-vous de ce que vous avez cru, mais gardez-vous de vous enorgueillir, « car qu'avez-vous que vous n'ayez reçu ? » (I *Cor.*, IV, 7.)

8. « De ce moment, plusieurs de ses disciples se retirèrent et ne l'accompagnaient plus. » Ils se retirèrent en arrière, mais après Satan et non pas après Jésus-Christ. Dans une certaine circonstance, Notre-Seigneur Jésus-Christ a donné à Pierre le nom de Satan, bien plutôt parce qu'il voulait se mettre en avant du Sauveur et donner le conseil de ne point mourir à celui qui était venu sur la terre pour mourir, afin de nous sauver de la mort éternelle; et il lui dit : « Retire-toi derrière moi, Satan, parce que tu ne goûtes pas les choses de Dieu, mais celles des hommes. » (*Matth.*, XVI, 23.) Il ne le renvoie point à la suite de Satan en l'appelant Satan, il le fait marcher derrière lui, afin qu'il cessât d'être un autre Satan en marchant à la suite du Seigneur. Mais pour ces disciples, ils se retirèrent en arrière, comme l'Apôtre le dit de certaines femmes « qui se sont éloignées pour suivre Satan. » (I *Tim.*, V, 15.) Ils cessèrent donc de marcher à la suite du Seigneur. Ils furent retranchés du corps et perdirent la vie, peut-être même ne firent-ils jamais partie du corps. Il faut les mettre au rang des infidèles, bien qu'ils aient porté le nom de disciples. Ils se retirèrent donc, non pas quelques-uns seulement, mais un grand nombre d'entre eux. Dieu le permit pour notre consolation. Souvent, en effet, il arrive qu'un homme dise la vérité et ses paroles ne sont point com-

---

Nam qui non hæret, resistit : qui resistit, non credit. Nam qui resistit, quomodo vivificatur? Adversarius est radio lucis, quo penetrandus est : non avertit aciem, sed claudit mentem. « Sunt ergo quidam qui non credunt. » Credant et aperiant, aperiant et illuminabuntur. « Sciebat enim ab initio Jesus qui essent credentes, et quis traditurus esset eum. » (*Joan.*, VI, 65.) Ibi enim erat et Judas. Nam quidam scandalizati sunt : ille autem mansit ad insidiandum, non ad intelligendum. Et quia ideo manserat, non de illo tacuit Dominus. Non illum expressit, sed nec siluit : ut omnes timerent, quamvis unus periret. Sed postea quam dixit et distinxit credentes a non credentibus, expressit causam quare non credant : « Propterea dixi vobis, inquit, quia nemo potest venire ad me, nisi fuerit ei datum a Patre meo. » (*v.* 66.) Ergo et credere datur nobis : non enim nihil est credere. Si autem magnum aliquid est, gaude quia credidisti, sed noli extolli : Quid enim habes quod non accepisti? (I *Cor.*, IV, 7.)

8. « Ex hoc multi discipulorum ejus abierunt retro, et jam non cum illo ambulaverunt. Abierunt retro, » (*Joan.*, VI, 67) sed post Satanam, non post Christum. Nam aliquando Dominus Christus Petrum appellavit Satanam, magis quia volebat præcedere Dominum suum, et consilium dare ne moreretur ille, qui venerat ut moreretur, ne nos in æternum moreremur : et ait illi : Redi post me Satanas, non enim sapis quæ Dei sunt, sed quæ hominis sunt. (*Matth.*, XVI, 23.) Non illum repulit retroire post Satanam, et appellavit Satanam : sed fecit post se ire, ut non esset Satanas ambulando post Dominum. Isti autem sic redierunt retro, quomodo de quibusdam feminis dicit Apostolus : Quædam enim conversæ sunt retro post Satanam. (I *Tim.*, V, 15.) Ulterius cum illo non ambulaverunt. Ecce præcisi a corpore vitam perdiderunt, quia forte in corpore nec fuerunt. Inter non credentes et ipsi deputandi sunt, quamvis discipuli dicerentur. Abierunt retro, non pauci, sed multi. Hoc forte factum est ad consolationem, quoniam aliquando contingit ut dicat homo verum, et quod dicit, non capiatur, atque illi qui audiunt, scandalizentur

prises, et ceux qui l'entendent se scandalisent et s'éloignent de lui. Cet homme se repent alors d'avoir dit la vérité, il se dit en lui-même : Je n'aurais pas dû parler de la sorte, je n'aurais pas dû dire ce que j'ai dit. Voici que la même chose arrive à Notre-Seigneur, il dit la vérité, et il perd un grand nombre de ses disciples, quelques-uns seulement lui restent fidèles. Cependant il n'en est pas troublé, car il connaissait dès le commencement ceux qui devaient avoir la foi, et ceux qui devaient refuser de croire; et nous, si la même épreuve se présente, notre âme est en proie au trouble et à l'agitation. Consolons-nous par l'exemple du Seigneur, et cependant que la prudence la plus grande règle toutes nos paroles.

9. Or, que dit le Sauveur à ce petit nombre qui était resté ? Jésus donc dit aux douze, c'est-à-dire aux douze qui étaient restés : « Et vous, voulez-vous aussi vous en aller ? » (*Jean*, VI, 68.) Judas lui-même ne se retira pas. Mais le Seigneur savait dès-lors et nous apprenons nous-mêmes par la suite pourquoi il était resté. Pierre répond au nom de tous, un seul pour plusieurs, l'unité pour l'universalité. Simon Pierre lui répondit donc : « Seigneur, à qui irions-nous ? » (*Ibid.*, 69.) Vous nous repoussez loin de vous, donnez-nous un autre vous-même. « A qui irions-nous ? » Si nous nous éloignons de vous, « à qui irions-nous, vous avez les paroles de la vie éternelle. » Vous voyez comme l'intelligence de Pierre se développe sous l'action de la grâce de Dieu, sous l'impression de l'Esprit saint. D'où lui vient cette intelligence ? de sa foi. « Vous avez les paroles de la vie éternelle. » Vous avez, vous nous donnez cette vie éternelle en nous donnant votre corps et votre sang. « Nous, nous croyons et nous savons. » Il ne dit pas : Nous savons et nous croyons, mais : « Nous croyons et nous savons. » Nous avons cru pour savoir, car si nous voulions arriver à la connaissance sans passer par la foi, la connaissance et la foi nous seraient également impossibles. Qu'avons-nous cru et qu'avons-nous connu ? « Que vous êtes le Christ, le Fils de Dieu, » c'est-à-dire que vous êtes vous-même la vie éternelle, et que dans votre chair et dans votre sang, vous ne donnez pas autre chose que vous-même.

10. Notre-Seigneur Jésus-Christ répondit : « Ne vous ai-je pas choisis tous les douze ? et cependant parmi vous il y a un démon ? » (*Jean*, VI, 71.) Veut-il dire qu'il n'en a choisi que onze, est-ce qu'il a choisi le démon ? est-ce que le démon est au nombre de ceux qu'il a choisis ? On donne le nom d'élus à ceux qui sont choisis dans une intention louable, dirons-nous qu'en choisissant Judas, le Sauveur a voulu accomplir par lui, contre sa volonté, et sans qu'il le sût, une œuvre dont la grandeur fût égale à la bonté ? C'est là le propre de Dieu, comme le contraire est le propre des méchants. Les méchants font servir au mal les œuvres bonnes de

et discedant. Pœnitet autem hominem dixisse quod verum est : dicit enim apud se homo : Non debui sic dicere, non hoc dicere debui. Ecce Domino contigit : dixit, et perdidit multos, remansit ad paucos. Sed non turbabatur ipse, quia ab initio noverat et qui credentes essent, et qui non credentes : nos si nobis contingat, perturbamur. Solatium in Domino inveniamus, et tamen caute verba dicamus.

9. Atque ille ad paucos qui remanserant : « Dixit ergo Jesus duodecim : » (*Joan.*, VI, 68) id est illis duodecim qui remanserunt : « Numquid vos, inquit, vultis ire ? » Non discessit nec Judas. Sed quare manebat, Domino jam apparebat, nobis postea manifestatus est. Respondit Petrus pro omnibus, unus pro multis, unitas pro universis : « Respondit ergo ei Simon Petrus, Domine ad quem ibimus ? » (*v*. 69.) Repellis nos a te, da nobis alterum te. « Ad quem ibimus ? » Si a te recedimus, ad quem ibimus ? « Verba vitæ æternæ habes. » Videte quemadmodum Petrus dante Deo, recreante Spiritu sancto, intellexit. Unde, nisi quia credidit ? « Verba vitæ æternæ habes. » Vitam enim æternam habes in ministratione corporis et sanguinis tui. « Et nos credidimus, et cognovimus. » (*v*. 70.) Non cognovimus, et credidimus, sed « credidimus, et cognovimus. » Credidimus enim ut cognosceremus : nam si prius cognoscere, et deinde credere vellemus, nec cognoscere nec credere valeremus. Quid credidimus, et quid cognovimus ? « Quia tu es Christus Filius Dei, » id est, quia ipsa vita æterna tu, es, et non das in carne et sanguine tuo nisi quod es.

10. Ait ergo Dominus Jesus : « Nonne ego vos duodecim elegi, et unus ex vobis diabolus est ? » (*v*. 71.) Ergo « undecim elegi » diceret : an eligitur et diabolus, et in electis est diabolus ? Electi in laude solent dici : an electus est et iste, de quo nolente et nesciente magnum aliquid boni fieret ? Hoc est proprium Dei : contrarium iniquis. Sicut enim iniqui male utuntur bonis operibus Dei, sic contra Deus bene utitur malis operibus hominum iniquorum. Quam bonum est

Dieu; Dieu, au contraire, fait servir au bien les œuvres mauvaises des méchants. Rien de plus admirable sans doute que la disposition des membres du corps, disposition qui a nécessairement Dieu pour auteur. Et cependant quel mauvais usage fait tous les jours des yeux l'immodestie et de la langue la tromperie? Est-ce que le faux témoin ne se sert point de sa langue pour porter à son âme un coup mortel et blesser un autre après s'être donné la mort à lui-même? Il fait un mauvais usage de sa langue, et cependant la langue n'est pas mauvaise de sa nature; la langue est l'œuvre de Dieu, mais l'iniquité fait servir au mal une œuvre bonne de Dieu. Combien en est-il qui se servent de leurs pieds pour courir se précipiter dans le crime? Combien font servir leurs mains à l'homicide? Combien de méchants font tous les jours des créatures bonnes de Dieu qui les entourent des instruments pour le mal? C'est avec l'or que l'on corrompt la justice et que l'on opprime l'innocence. Cette lumière elle-même, les méchants en font un mauvais usage, car par leur vie coupable ils font servir à l'accomplissement de leurs crimes le jour qui les éclaire. Le méchant qui sort de sa maison pour commettre une action mauvaise, veut que la lumière éclaire ses pas et l'empêche de tomber, lui dont l'âme a déjà fait une si déplorable chute, son cœur est déjà venu se heurter contre l'écueil qu'il craint pour son corps. Disons-le donc pour ne point prolonger inutilement cette énumération, le méchant fait servir au mal toutes les œuvres bonnes de Dieu; et au contraire, celui qui est bon fait servir au bien les œuvres mauvaises des méchants. Et qui peut égaler la bonté de Celui qui est le seul Dieu? Au témoignage de Notre-Seigneur lui-même : « Nul n'est bon que Dieu seul. » (*Marc*, x, 18.) Plus même il est bon et plus aussi il fait servir au bien le mal que nous faisons. Qu'y avait-il de plus mauvais que Judas? Parmi tous ceux qui s'attachent au divin Maître, parmi ses douze apôtres, c'est lui qui est choisi pour garder l'argent et prendre soin des pauvres, et cependant sans aucune reconnaissance pour un si grand bienfait, pour un si grand honneur, il reçut l'argent et perdit la justice; il a livré la vie, lui qui était mort, il a persécuté comme ennemi Celui qu'il avait suivi comme disciple. Tout ce qu'il y a de criminel dans cette conduite, est l'œuvre de Judas, mais le Seigneur a fait servir au bien un si grand crime. Il a souffert d'être trahi pour nous racheter, voilà comme il a changé en bien le crime de Judas. Combien de martyrs Satan n'a-t-il point persécutés? Or, s'il avait arrêté le cours de ses persécutions, nous ne célébrerions pas aujourd'hui le triomphe de saint Laurent. Si donc Dieu fait servir au bien les mauvaises actions dont le démon est l'auteur, le méchant, faisant servir au mal ces mêmes actions, se fait tort à lui-même, il ne peut contredire la bonté de Dieu. Il est l'artisan du mal commis et il s'en sert; mais quant au suprême artisan, il ne permettrait pas l'exis-

---

membra corporis ita esse, quemadmodum disponi non possunt nisi ab artifice Deo. Petulantia tamen quam male utitur oculis? Fallacia quam male utitur lingua? Falsus testis nonne lingua sua, et animam suam prius trucidat, et alterum laedere se perempto conatur? Male utitur lingua, nec ideo malum est lingua : opus Dei est lingua, sed bono opere Dei male utitur illa nequitia. Quomodo utuntur pedibus qui currunt ad scelera, quomodo utuntur manibus homicidae, et illis adjacentibus forinsecus bonis creaturis Dei quam male utuntur mali? Auro judicia corrumpunt, innocentes opprimunt. Luce ista mali male utuntur: male vivendo enim etiam ipsam lucem qua vident, ad ministerium scelerum suorum usurpant. Iens enim ut faciat aliquid mali malus, lucere sibi vult ne offendat, qui jam intus offendit et cecidit : quod timet in corpore, jam incurrit in corde. Omnibus ergo bonis Dei, ne per singula currere longum sit, male utitur malus : contra, malis hominum ma-lorum bene utitur bonus. Et quid tam bonum quam unus Deus? Quandoquidem ipse Dominus dixit : Nemo bonus nisi unus Deus. (*Marc.*, x, 18.) Quanto ergo ille melior, tanto melius utitur et malis nostris. Quid Juda pejus? Inter omnes adhaerentes magistro, inter duodecim, loculi illi commissi sunt, et dispensatio pauperum distributa : ingratus tanto beneficio, honori tanto, accepit pecuniam, perdidit justitiam : tradidit vitam mortuus; quem ut discipulus secutus, ut inimicus persecutus est. Totum hoc malum Judae, sed malo ejus bene usus est Dominus. Tradi se pertulit, ut redimeret nos. Ecce malum Judae in bonum conversum est. Satanas quantos Martyres persecutus est? Si Satanas persequendo cessaret, hodie tam gloriosam coronam sancti Laurentii non celebraremus. Si ergo ipsius diaboli malis operibus bene utitur Deus : quod facit malus, male utendo, sibi nocet; non bonitati Dei contradicit. Artifex illo utitur; et magnus artifex, si illo uti non nosset, nec eum esse

TRAITÉ XXVII.

tence du mal s'il ne savait en faire un bon usage. Donc il y a parmi vous un démon, bien que je vous ai choisis tous les douze. On peut donner ce sens aux paroles du Sauveur, parce que le nombre douze est un nombre sacré. Un des douze s'est perdu, mais l'honneur de ce nombre n'en a point souffert, car celui qui s'est perdu a été remplacé par un autre. Le nombre consacré, le nombre douze est resté dans son intégrité, il le fallait ainsi parce que les apôtres devaient annoncer la Trinité dans tout l'univers, c'est-à-dire aux quatre coins du monde. C'est pour cela que le nombre douze se subdivise en quatre parties, dont chacune comprend trois apôtres. Judas s'est donc perdu lui-même, mais sans diminuer l'intégrité du nombre douze; il a abandonné son maître, mais Dieu lui a donné un successeur.

11. Voici donc l'ensemble de la doctrine du Sauveur sur le mystère de sa chair et de son sang; avec la grâce de ce sacrement, il nous a promis la vie éternelle, il veut que ceux qui mangent sa chair et boivent son sang comprennent qu'ils doivent demeurer en lui, de même qu'il doit demeurer en eux; il n'y a que ceux qui croient, qui puissent comprendre; les Juifs, en entendant dans un sens charnel des vérités toutes spirituelles, ont été scandalisés; et tandis qu'ils se perdent victimes de ce scandale, le Seigneur console les disciples qui sont restés près de lui, et il leur fait cette question pour les éprouver : « Et vous, voulez-vous aussi vous en aller ? » Il les interroge pour que leur réponse nous fasse connaître leur fidélité à rester avec lui, car pour lui il la connaissait. Tout se fait donc ici pour notre instruction, mes très-chers frères, pour nous apprendre non-seulement à manger la chair et à boire le sang de Jésus-Christ dans le sacrement comme un grand nombre de chrétiens coupables, mais à manger sa chair et à boire son sang pour entrer en participation de son esprit, à demeurer unis au Seigneur comme les membres de son corps, à vivre de son esprit et à ne point nous scandaliser si un grand nombre de ceux qui participent extérieurement avec nous au sacrement du corps et du sang du Sauveur sont condamnés à la fin à des supplices éternels. Pendant la vie présente, le corps de Jésus-Christ est comme mêlé dans l'aire avec le mauvais grain, mais le Seigneur connaît ceux qui sont à lui. (II *Tim.*, II, 19.) Lorsque vous battez le blé vous savez quel est le but de cette opération, vous savez qu'il y a là une masse de grains qui restent cachés ; le battage ne détruit pas ce que le vannage doit nettoyer. Ainsi, mes frères, nous tous qui faisons partie du corps du Seigneur et qui demeurons en lui afin qu'il demeure en nous, nous savons, à n'en pouvoir douter, que pendant cette vie c'est une nécessité pour nous de vivre au milieu des méchants. Je

---

permitteret. Ergo « unus ex vobis diabolus est, ait, cum ego vos duodecim elegerim. » Potest et sic intelligi quod ait, « duodecim elegi, » quia sacratus est numerus. Non enim quia periit inde unus, ideo illius numeri honor demptus est : nam in locum pereuntis, alius subrogatus est. Mansit numerus consecratus; numerus duodenarius (*Act.*, I, 26) : quia per universum mundum, hoc est per quatuor cardines mundi : Trinitatem fuerant annuntiaturi. Ideo (*a*) ter quaterni. Se ergo exterminavit Judas, non duodenarium numerum violavit : ipse deseruit præceptorem, nam Deus illi apposuit successorem.

11. Hoc totum quod Dominus de carne et de sanguine suo locutus est, et quod in ejus distributionis gratia vitam nobis promisit æternam, et quod hinc voluit intelligi manducatores et potatores carnis et sanguinis sui, ut in illo maneant et ipse in illis, et quod non intellexerunt qui non crediderunt, et quod spiritalia carnaliter sapiendo scandalizati sunt, et quod eis scandalizatis et pereuntibus (*b*) consolationi Dominus adfuit discipulis qui remanserant, ad quos probandos interrogavit : « Numquid et vos vultis ire ? » ut responsio permansionis eorum innotesceret nobis; nam ille noverat quia manebant : hoc ergo totum ad hoc nobis valeat : Dilectissimi, ut carnem Christi et sanguinem Christi non edamus tantum in sacramento, quod et multi mali ; sed usque ad spiritus participationem manducemus et bibamus, ut in Domini corpore tanquam membra maneamus, ut ejus spiritu vegetemur, et non scandalizemur, etiam si multi modo nobiscum manducant et bibunt temporaliter sacramenta, qui habebunt in fine æterna tormenta. Modo enim corpus Christi mixtum est tanquam in area : sed novit Dominus qui sunt ejus. (II *Tim.*, II, 19.) Si tu nosti quid trituras, quia ibi est latens massa, nec consumit trituratio quod purgatura est ventilatio : certi sumus, Fratres, quia omnes qui sumus in corpore Domini, et manemus in illo, ut et ipse maneat in nobis, in hoc sæculo necesse habemus usque in finem inter malos vivere.

(*a*) Editi, hactenus, *Ideo et quaterni.* emendantur hic ad Mss. — (*b*) Sic Mss. Editi vero, *consolatio Domini adfuit.*

parle ici non des impies qui blasphèment Jésus-Christ, il en est peu aujourd'hui qui osent le blasphémer de bouche, mais combien qui le blasphèment par leur vie? Voilà les méchants au milieu desquels il nous faut passer toute notre vie.

12. Mais que signifient ces paroles : « Celui qui demeure en moi, et moi en lui? » (*Jean*, VI, 57; XV, 5.) Elles ont le même sens que ces autres qu'entendaient les martyrs : « Celui qui aura persévéré jusqu'à la fin, celui-là sera sauvé. » Comment saint Laurent, dont nous célébrons aujourd'hui la fête, est-il demeuré en lui? Il est demeuré jusqu'à la tentation, il est demeuré jusqu'à l'interrogatoire du tyran, il est demeuré jusqu'aux menaces les plus effrayantes, il est demeuré jusqu'à la mort, c'est peu dire, il est demeuré jusqu'aux plus atroces tortures. En effet, il ne fut pas mis à mort d'un seul coup, il fut torturé par le feu; on voulut prolonger sa vie, ou pour parler plus juste, on le força de souffrir le retard de sa mort. Or, dans l'attente de cette mort si lente, au milieu de ces tourments il resta comme insensible, parce qu'il avait mangé et bu dignement le corps et le sang du Sauveur, et qu'il était comme engraissé de cette nourriture et enivré de ce calice. Il avait en lui-même celui qui a dit : « C'est l'esprit qui vivifie. » (*Jean*, VI, 64.) Sa chair brûlait, mais l'esprit fortifiait son âme. Aussi il demeura vainqueur et prit possession du royaume qui lui était réservé. Le martyr saint Xyste, dont nous célébrons la fête il y a cinq jours, lui avait dit : Ne vous affligez point, mon fils; saint Xyste était évêque, et Laurent était son diacre; ne vous affligez point, lui dit-il, vous me suivrez dans trois jours. Ces trois jours sont le temps qui s'écoula entre le jour du martyre de saint Xyste et ce jour où nous célébrons le martyre de saint Laurent. Ces trois jours séparent ces deux termes. O consolation! il ne lui dit pas : Ne vous affligez point, ô mon fils, la persécution cessera, et vous serez tranquille; mais, ne vous affligez pas, vous me suivrez dans la voie où je vous précède, et vous ne tarderez pas à me suivre, trois jours encore et vous serez avec moi. Laurent crut cet oracle, il triompha du démon et parvint aux honneurs de la victoire.

TRAITÉ XXVIII [1].

Depuis ces paroles de l'Evangile : « Après cela Jésus parcourant la Galilée, » jusqu'à ces autres : « Cependant personne ne parlait de lui ouvertement à cause de la crainte des Juifs. »

1. Dans ce chapitre de l'Evangile, mes frères, Notre-Seigneur Jésus-Christ se manifeste plus particulièrement à notre foi sous le rapport de son humanité. Toutes ses paroles comme toutes

---

(1) Ce discours fut prononcé le lendemain du jour où saint Augustin avait donné le précédent.

Non inter illos dico malos, qui blasphemant Christum : rari enim jam inveniuntur qui lingua blasphemant, sed multi qui vita. Necesse est ergo ut inter illos usque in finem vivamus.

12. Sed quid est quod ait : « Qui manet in me, et ego in illo? » (*Joan.*, VI, 57; XV, 5) quid nisi quod Martyres audiebant : Qui perseveraverit usque in finem, hic salvus erit? Quomodo mansit in illo sanctus Laurentius, cujus hodie festa celebramus? Mansit usque ad tentationem, mansit usque ad tyrannicam interrogationem, mansit usque ad acerrimam comminationem, mansit usque ad peremptionem : parum est, usque ad immanem excruciationem mansit. Non enim occisus est cito, sed cruciatus est in igne : diu vivere permissus est; imo non diu vivere permissus est, sed tarde mori compulsus est. In illa ergo longa morte, in illis tormentis, quia bene manducaverat et bene biberat, tanquam illa esca saginatus et illo calice ebrius, tormenta non sensit. Ibi enim erat qui dixit : « Spiritus est qui vivificat. » (*Joan.*, VI, 64.) Caro enim ardebat, sed spiritus animam vegetabat. Non cessit, et in regnum successit. Dixerat autem illi Xystus martyr sanctus, cujus diem quinto ab hinc retro die celebravimus : Noli mœrere fili. Episcopus enim erat ille, iste diaconus. Noli mœrere, inquit, sequeris me post triduum. Triduum autem dixit medium inter diem passionis sancti Xysti, et diem hodiernæ passionis sancti Laurentii. Triduum est medium. O consolatio! non ait : Noli mœrere filii, desinet persecutio, et securus eris : sed : Noli mœrere, quo ego præcedo, tu sequeris; nec consecutio tua differtur : triduum medium erit, et mecum eris. Accepit oraculum, vicit diabolum, pervenit ad triumphum.

TRACTATUS XXVIII.

Ab eo loco Evangelii : « Et post hæc ambulabat Jesus in Galilæam : » usque ad id : « Nemo tamen palam loquebatur de eo, propter metum Judæorum. »

1. In isto Evangelii capitulo, Fratres, Dominus noster Jesus Christus secundum hominem se plurimum commendavit fidei nostræ. Etenim semper hoc

ses actions, le révèlent à notre foi comme Dieu et comme homme; comme Dieu qui nous a faits, comme homme qui nous a cherchés; comme Dieu qui est toujours avec son Père, comme homme qui est avec nous dans le temps. Il n'aurait point cherché l'homme qu'il avait fait s'il n'était devenu lui-même cet homme qu'il avait créé. Cependant souvenez-vous, et que cette pensée ne sorte point de votre esprit que Jésus-Christ fait homme n'a point cessé d'être Dieu. Celui qui a fait l'homme, s'est fait homme lui-même en restant Dieu. Lorsqu'il s'est caché comme homme, il n'a point perdu sa puissance, gardons-nous de le croire, mais il a voulu donner un exemple à notre faiblesse. On ne s'est emparé de lui que quand il l'a voulu, il a été mis à mort quand il l'a voulu. Mais comme plus tard ses membres, c'est-à-dire ses fidèles, ne devaient pas avoir la même puissance que notre Dieu possédait en propre en se cachant, en se dérobant à la fureur des hommes comme pour éviter la mort, il montrait en lui-même quelle serait la conduite de ses membres dans lesquels il était lui-même. En effet, Jésus-Christ n'est pas seulement dans la tête sans être dans le corps, il est tout entier dans le chef et dans les membres. Ce que sont ses membres, il l'est lui-même, mais ses membres ne sont pas aussitôt ce qu'il est lui-même. S'il n'était pas ce que sont ses membres, il ne dirait pas : « Saul, Saul, pourquoi me persécutez-vous ? » (*Act.*, IX, 4.) Car ce n'était pas le Christ en personne que Saul persécutait, mais ses membres, c'est-à-dire ses fidèles qui étaient sur la terre. Il n'a point cependant voulu dire mes saints, mes serviteurs, et ce qui est plus honorable encore, mes frères, mais pourquoi me persécutez-vous moi-même, c'est-à-dire mes membres dont je suis la tête.

2. Ces principes une fois établis, le chapitre qu'on vient de vous lire ne nous offrira pas de grandes difficultés, car nous avons vu bien souvent figurer dans le chef ce qui devait s'accomplir dans le corps. « Après cela, dit l'Évangéliste, Jésus parcourut la Galilée, ne voulant point aller en Judée, parce que les Juifs cherchaient à le faire mourir. » (*Jean*, VII, 1.) En cela, je l'ai dit, il donnait un exemple à notre faiblesse. Il n'avait pas perdu le pouvoir qui lui était naturel, mais il consolait notre fragilité. Il devait arriver que plusieurs de ses fidèles disciples seraient obligés de chercher dans des retraites cachées un asile contre la fureur de leurs persécuteurs, et c'est pour justifier cette fuite prudente qu'il a voulu, lui, leur chef, leur donner l'exemple que devaient un jour suivre ses membres. « Jésus ne voulait pas aller en Judée parce que les Juifs cherchaient à le faire mourir. » L'Évangéliste parle comme si Jésus-Christ ne pouvait parcourir la Judée sans être mis à mort par les Juifs. Cette puissance il l'a fait

---

agit dictis et factis suis, ut Deus credatur et homo : Deus qui nos fecit, homo qui nos quæsivit : Deus cum Patre semper, homo nobiscum ex tempore. Non enim quæreret quem fecerat, nisi fieret ipse quod fecerat. Verum hoc mementote, et de cordibus vestris nolite dimittere, sic esse Christum hominem factum, ut non destiterit Deus esse. Manens Deus accepit hominem, qui fecit hominem. Quando ergo latuit ut homo, non potentiam perdidisse putandus est, sed exemplum infirmitati præbuisse. Ille enim quando voluit detentus est, quando voluit occisus est. Sed quoniam futura erant membra ejus, id est fideles ejus, qui non haberent illam potestatem quam habebat ipse Deus noster : quod latebat, quod se tanquam ne occideretur occultabat, hoc indicabat facta esse membra sua, in quibus utique membris suis ipse erat. Non enim Christus in capite et non in corpore, sed Christus totus in capite et in corpore. Quod ergo membra ejus, ipse : quod autem ipse, non continuo membra ejus. Nam si non ipse essent membra ejus, non diceret : Saule quid me persequeris ? (*Act.*, IX, 4.) Non enim Saulus ipsum, sed membra ejus, id est, fideles ejus in terra persequebatur. Noluit tamen dicere sanctos meos, servos meos; postremo honorabilius, fratres meos : sed, me, hoc est membra mea, quibus ego sum caput.

2. His prædictis puto nos in hoc capitulo quod modo lectum est, non esse laboraturos : sæpe enim significatum est in capite, quod futurum erat in corpore. « Post hæc, inquit, ambulabat Jesus in Galilæam : non enim volebat in Judæam ambulare, quia quærebant eum Judæi interficere. » (*Joan.*, VII, 1.) Hoc est quod dixi, infirmitati nostræ præbebat exemplum. Non ipse perdiderat potestatem, sed nostram consolabatur fragilitatem. Futurum enim erat, ut dixi, ut aliquis fidelis ejus absconderet se, ne a persecutoribus inveniretur : et ne illi pro crimine objiceretur latibulum, præcessit in capite quod in membro confirmaretur. Sic enim dictum est : « Nolebat ambulare in Judæam, quia quærebant eum Judæi occidere : » quasi non posset Christus et ambulare inter Judæos, et non occidi a Judæis. Hanc enim po-

éclater quand il l'a voulu. Lorsqu'au moment de sa passion ils voulurent s'emparer de lui, il leur dit : « Qui cherchez-vous ? Ils répondirent : Jésus. C'est moi, leur dit Jésus ; » il ne cherche point à se cacher, loin de là, il se fait connaître. Ses ennemis ne purent supporter cette déclaration, ils furent renversés et tombèrent par terre. Et cependant comme Notre-Seigneur était venu pour souffrir, ils se relevèrent, s'emparèrent de lui et le mirent à mort. Mais en cela que firent-ils ? ils accomplirent cet oracle de l'Ecriture : « La terre a été livrée aux mains des impies, » la chair du Sauveur a été abandonnée à la puissance des Juifs, pourquoi ? afin qu'elle fût déchirée comme une bourse d'où s'écoulerait ainsi le prix de notre rédemption.

3. « Or la fête des Juifs, la Scénopégie, était proche. » (*Jean*, VII, 2.) Ceux qui ont lu les saintes Ecritures savent ce que c'est que la Scénopégie ou fête des Tabernacles. Les Juifs, dans cette fête, construisaient des tentes semblables à celles qu'ils avaient habitées après leur sortie d'Egypte, dans le long pèlerinage du désert. C'était pour eux un jour de fête, une grande solennité. Les Juifs célébraient cette fête en mémoire des bienfaits du Seigneur, eux qui devaient bientôt mettre à mort le Seigneur. Dans ce jour de fête (les fêtes avaient plusieurs jours chez les Juifs, et ce que l'on appelait le jour de fête comprenait plusieurs jours de fête consé-cutifs), les frères de Notre-Seigneur Jésus-Christ lui adressèrent la parole. Il faut entendre ce nom de frères d'après les principes qu'on vous a donnés, car cette qualification n'est pas nouvelle pour vous. Les parents de la Vierge Marie étaient appelés les frères du Seigneur. C'était, en effet, la coutume de l'Ecriture de donner le nom de frères à tous ceux qui étaient unis entre eux par les liens de la consanguinité ou de la parenté, contrairement à nos usages et à notre manière de parler. Personne, en effet, parmi nous, n'ira donner le nom de frère à un oncle ou au fils de sa sœur. Cependant l'Ecriture appelle frères ceux qui ne sont parents qu'à ces degrés. Ainsi Abraham et Lot sont appelés frères, alors qu'Abraham était l'oncle de Lot (*Gen.*, XIV, 14); il donne également le nom de frères à Laban et à Jacob, bien que Laban fût l'oncle de Jacob. (*Gen.*, XXIX, 15.) Lors donc que vous entendez parler des frères du Seigneur, ne pensez qu'aux liens du sang qui les unissaient à Marie, et n'y voyez point les fruits d'un nouvel enfantement de la mère du Sauveur. Dans le sépulcre où fut déposé le corps du Seigneur, aucun corps n'y fut placé soit avant, soit après. Ainsi le sein de Marie ne porta aucun autre enfant, soit avant, soit après la conception du Seigneur.

4. Nous venons de vous dire quels étaient ces frères du Seigneur, écoutons maintenant le lan-

---

tentiam quando voluit demonstravit : nam cum eum jam passurum tenere vellent, ait illis : Quem quæritis? Responderunt, Jesum. Et ille : Ego sum (*Joan.*, XVIII, 5, etc.) : non se occultans, sed manifestans. Ad eam tamen manifestationem illi non substiterunt, sed redeuntes retro ceciderunt. Et tamen quia pati venerat, surrexerunt, tenuerunt, ad judicem adduxerunt, et occiderunt. Sed quid fecerunt? Quod ait quædam Scriptura : Terra tradita est in manus impii (*Job.* IX, 24) : caro data est in potestatem Judæis. Et hoc propterea, ut quasi sacculus conscinderetur, unde nostrum pretium manaret.

3. « Erat autem in proximo dies festus Judæorum Scenopegia. » (*Joan.*, VII, 2.) Quid sit Scenopegia : Scripturas qui legerunt, noverunt. Faciebant die festo tabernacula, ad similitudinem tabernaculorum, in quibus habitaverant cum ex Ægypto educti peregrinarentur in eremo. Iste erat dies festus, magna solemnitas. Celebrabant hoc Judæi, velut reminiscentes beneficia Domini, qui occisuri erant Dominum. Hoc ergo die festo : (quia plures erant dies festi ; sic enim appellabatur apud Judæos dies festus, ut non esset dies unus, sed plures :) Locuti sunt « fratres ejus » ad Dominum Christum. (*v.* 3.) « Fratres ejus » sic accipite, sicut nostis : non enim novum est quod auditis. Consanguinei virginis Mariæ, fratres Domini dicebantur. Erat enim consuetudinis Scripturarum, appellare fratres quoslibet consanguineos et cognationis propinquos, et extra usum nostrum, non quo more nos loquimur. Nam quis dicat fratres avunculum et filium sororis? Scriptura tamen etiam hujusmodi cognationes fratres appellat. Nam Abraham et Lot fratres sunt dicti, cum esset Abraham patruus Lot (*Gen.*, XIV, 14) : et Laban et Jacob fratres sunt dicti, cum esset Laban avunculus Jacob. (*Gen.*, XXIX, 15.) Cum ergo auditis fratres Domini, Mariæ cogitate consanguinitatem, non iterum parientis ullam propaginem. Sicut enim in sepulcro ubi positum est corpus Domini, nec antea nec postea mortuus jacuit : sic uterus Mariæ nec antea nec postea quidquam mortale concepit.

4. Diximus, Fratres, qui fuerint : audiamus quid

gage qu'ils lui tiennent : « Quittez ce pays, et allez en Judée, afin que vos disciples voient les œuvres que vous faites. » (*Jean*, VII, 3.) Les disciples du Seigneur connaissaient bien ses œuvres, mais ceux-ci les ignoraient. Ces frères ou ces parents consanguins du Seigneur purent bien lui être unis par les liens du sang, mais cette parenté même les éloigna de croire en lui. C'est ce que l'Evangile nous atteste, vous l'avez entendu, et nous n'oserions pas avancer de nous-mêmes une semblable opinion. Ils poursuivent et donnent comme une leçon au Seigneur : « Car personne n'agit en secret, lorsqu'il désire être connu. » (*Ibid.*, 4.) Et ils ajoutent : « Car ses frères mêmes ne croyaient pas en lui. » (*Ibid.*, 5.) Pourquoi ne croyaient-ils pas en lui? parce qu'ils recherchaient la gloire qui vient des hommes. Cette leçon que lui donnent ses frères a pour mobile un intérêt de gloire tout humaine. Vous faites des choses merveilleuses, faites-vous connaître, c'est-à-dire manifestez-vous aux yeux de tous, afin que tous puissent vous prodiguer des louanges. C'est le langage de la chair à la chair, mais de la chair sans Dieu à la chair qui était unie à Dieu. La prudence de la chair parlait au Verbe qui a été fait chair et qui a habité parmi nous.

5. Que leur répond le Seigneur? Jésus leur dit : « Mon temps n'est pas encore venu, mais le vôtre est toujours prêt. » (*Jean*, VII, 6.) Que signifient ces paroles? Est-ce que le temps du Seigneur n'est pas encore arrivé? Pourquoi donc le Christ était-il venu, si son temps n'était pas encore arrivé? N'avons-nous pas entendu l'Apôtre nous dire : « Lorsque les temps ont été accomplis, Dieu a envoyé son Fils? » (*Galat.*, IV, 4.) Si donc il a été envoyé lorsque les temps étaient accomplis, il a été envoyé lorsqu'il devait l'être, il est venu au temps nécessaire, quel est donc le sens de ces paroles : « Mon temps n'est pas encore venu? » Comprenez bien, mes frères, dans quelle intention ils lui parlaient de la sorte, en paraissant lui donner un avertissement comme à un frère. Ils lui donnent le conseil de rechercher la gloire, obéissant en cela à des inspirations mondaines et terrestres, et ne pouvant souffrir que le Sauveur restât dans l'obscurité et dans l'oubli. En leur disant : « Mon temps n'est pas encore venu, » le Seigneur répond à ceux qui lui donnaient le conseil de rechercher la gloire : « Le temps de ma gloire n'est pas encore arrivé. » Voyez quelle profondeur de doctrine! Ils l'engagent à rechercher la gloire, mais il veut que l'humiliation précède l'élévation, et c'est par l'humilité qu'il veut se frayer un chemin à la gloire. Les disciples qui voulaient être assis l'un à la droite, l'autre à la gauche recherchaient aussi la gloire humaine, ils ne voyaient que le terme sans considérer le chemin qui devait y conduire, le Seigneur leur remet devant

---

dixerint. « Transi hinc, et vade in Judæam, ut et discipuli tui videant opera tua, quæ tu facis. » (*Joan.*, VII, 3.) Opera Domini discipulos non latebant, sed istos latebant. Isti enim fratres, id est consanguinei, Christum consanguineum habere potuerunt, credere autem in eum ipsa propinquitate fastidierunt. Dictum est in Evangelio : non enim hoc nos audemus opinari, modo audistis. Addunt, et monent : « Nemo enim in occulto quid facit, et quærit ipse in palam esse : si hæc facis, manifesta teipsum mundo. » (*v.* 4.) Et continuo : « Neque enim fratres ejus credebant in eum. » (*v.* 5.) Quare in eum non credebant? quia humanam gloriam requirebant. Nam et quod cum videntur monere fratres, gloriæ ipsius consulunt : Facis mirabilia, innotesce, id est, appare omnibus ut laudari possis ab omnibus. Loquebatur caro carni : sed caro sine Deo, carni cum Deo. Loquebatur enim prudentia carnis Verbo quod caro factum est et habitavit in nobis.

5. Quid ad hæc Dominus? « Dicit ergo eis Jesus : Tempus meum nondum venit, tempus autem vestrum semper est paratum. » (*v.* 6.) Quid est hoc? Nondum venerat tempus Christi? Quare ergo Christus venerat, si tempus ejus nondum venerat? Nonne audivimus Apostolum dicentem : Cum autem venit plenitudo temporis, misit Deus Filium suum? (*Galat.*, IV, 4.) Si ergo in plenitudine temporis missus est; quando debuit missus est, quando oportuit venit : quid est : « Tempus meum nondum venit? » — Intelligite, Fratres, quo animo illi loquebantur, qui quasi fratrem suum monere videbantur. Dabant ei consilium consequendæ gloriæ, veluti sæculariter et terreno affectu monentes, ne esset ignobilis et latitaret : quod ergo ait Dominus : « Tempus meum nondum venit, » illis respondit qui ei consilium de gloria dabant : Tempus gloriæ meæ nondum venit. Videte quam profundum sit : de gloria illi admonebant, sed ille voluit altitudinem humilitate præcedere, et ad ipsam celsitudinem per humilitatem viam sternere. Nam et illi discipuli utique gloriam requirebant, qui volebant sedere unus ad dexteram ejus, et alter ad sinistram : attendebant quo, et non videbant qua :

les yeux la voie afin qu'ils parviennent à la patrie suivant la règle établie. La patrie est élevée, la voie est humble. La patrie est la vie du Christ, la voie c'est la mort du Christ, la patrie c'est la demeure de Jésus, la voie c'est sa passion. Celui qui refuse de suivre la voie pourquoi cherche-t-il la patrie? Enfin voici la réponse qu'il fait à ces deux disciples qui désirent cette gloire sublime : « Pouvez-vous boire le calice que je boirai moi-même? » Voilà le chemin qui conduit à la gloire que vous désirez. Ce calice c'était celui de son humilité et de sa passion.

6. Donc « mon temps n'est pas encore venu, mais le vôtre, » c'est-à-dire le temps de la gloire du monde « est toujours prêt. » C'est de ce temps que le Christ parle par la bouche du prophète : « Lorsque j'aurai pris mon temps, je jugerai les justices. » Maintenant ce n'est pas le temps de juger, mais de tolérer les méchants. Que le corps de Jésus-Christ supporte donc et tolère pendant cette vie l'iniquité de ceux qui vivent dans le mal. Qu'il ait cependant la justice, avant d'avoir le jugement, c'est par la justice qu'il parviendra au jugement. Que dit l'Ecriture sainte par la bouche du Psalmiste aux membres de Jésus-Christ qui supportent l'iniquité du siècle? « Le Seigneur ne rejettera point son peuple. » (*Ps.* XCIII, 14.) Que n'a pas à souffrir son peuple au milieu des indignes, au milieu des pécheurs, au milieu des blasphémateurs, des murmurateurs, des calomniateurs, des persécuteurs, et quand ils le peuvent, des bourreaux? Vie laborieuse et pénible en effet, « mais le Seigneur ne rejettera pas son peuple, il ne délaissera pas son héritage, jusqu'à ce que la justice se tourne en jugement, » jusqu'à ce que la justice qui est maintenant dans ses saints se tourne en jugement, lorsqu'ils verront s'accomplir la promesse qui leur a été faite : « Vous serez assis sur douze trônes, pour juger les douze tribus d'Israël. » (*Matth.*, XIX, 28.) L'Apôtre avait la justice, mais il n'était pas encore en possession du jugement dont il dit lui-même : « Ne savez-vous pas que nous jugerons les anges? » (I *Cor.*, VI, 3.) Que le temps présent soit donc pour nous le temps de la vie juste et sainte, viendra ensuite le temps de juger ceux qui auront vécu dans le crime. « Jusqu'à ce que la justice, dit le Psalmiste, se tourne en jugement. » Ce sera le temps du jugement dont le Seigneur vient de dire : « Mon temps n'est pas encore venu. » Ce sera le temps de sa gloire; aux humiliations de son premier avénement succédera la gloire du second. Il est venu pour être jugé, il viendra alors pour juger; il est venu pour être mis à mort par ceux qui étaient morts, alors il viendra juger les vivants et les morts. « Dieu, dit le Psalmiste, viendra manifestement, notre Dieu viendra et sortira de son silence. » Qu'est-ce à dire qu'il viendra manifestement? C'est par opposition à

Dominus eos ut ordinate venirent ad patriam, revocavit ad viam. Excelsa est enim patria, humilis via. Patria est vita Christi, via est mors Christi : patria est mansio Christi, via est passio Christi. Qui recusat viam, quid quærit patriam? Denique et illis hoc respondit, quærentibus altitudinem : Potestis bibere calicem quem ego bibiturus sum? (*Matth.*, XX, 22.) Ecce qua venitur ad celsitudinem quam desideratis. Calicem quippe commemorabat humilitatis atque passionis.

6. Ergo et hic : « Tempus meum nondum venit, tempus autem vestrum, » id est, mundi gloria : semper est paratum. » Hoc est tempus de quo in prophetia loquitur Christus, id est, corpus Christi : Cum accepero tempus, ego justitias judicabo. Modo enim non est tempus judicandi, sed iniquos tolerandi. Ferat igitur modo corpus Christi, et toleret iniquitatem male viventium. Habeat tamen justitiam modo, antequam habeat judicium : per justitiam enim perveniet ad judicium. Tolerantibus quippe membris iniquitatem sæculi hujus, quid Scriptura sancta dicit in Psalmo? Non repellet Dominus plebem suam. (*Psal.* XCIII, 14.) Laborat quippe plebs ejus inter indignos, inter iniquos, inter blasphemantes, inter murmurantes, detrahentes, insectantes, et si liceat perimentes. « Laborat quidem : sed non repellet Dominus plebem suam, et hæreditatem suam non derelinquet, quoad usque justitia convertatur in judicium. » Quoad usque justitia quæ modo est in sanctis ejus, convertatur in judicium, cum implebitur quod eis dictum est : Sedebitis super duodecim sedes, judicantes duodecim tribus Israel. (*Matth.*, XIX, 28.) Habebat justitiam Apostolus, sed nondum illud judicium de quo dicit : Nescitis quoniam angelos judicabimus? (I *Cor.*, VI, 3.) Sit ergo modo tempus juste vivendi, postea erit tempus eos qui male vixerint, judicandi. Quoad usque justitia, inquit, convertatur in judicium. Hoc erit tempus judicii, de quo Dominus modo dixit : « Tempus meum nondum venit. » Erit enim tempus gloriæ, ut qui venit in humilitate, veniat in altitudine. Qui venit judicandus, veniet judicaturus : qui venit occidi a mortuis, veniet judicare de vivis et mortuis.

son premier avénement qui a eu lieu d'une manière cachée. Alors au contraire, il ne gardera pas le silence. Lorsqu'il est venu d'une manière cachée, il a été conduit comme une brebis à la mort, et il a été muet comme un agneau devant celui qui le tond. (*Isa.*, LIII, 7.) « Il viendra et ne gardera pas le silence. Je me suis tu, dit-il, continuerai-je toujours à me taire? » (*Is.*, XLII, 14, *sel. les Sept.*)

7. Mais dans la vie présente, quelle est la chose nécessaire à ceux qui ont la justice? Ce que nous lisons dans le même psaume : « Jusqu'à ce que la justice se tourne en jugement, et que tous ceux qui la possèdent soient droits de cœur. » (*Ps.* XCIII, 15.) Me demanderez-vous quels sont ceux qui ont le cœur droit? L'Ecriture nous apprend que ce sont ceux qui supportent les maux de ce monde sans en accuser Dieu. Vous voyez, mes frères, que je parle ici d'un oiseau bien rare sur la terre. Arrive-t-il à un homme le moindre mal, je ne sais comment il se fait qu'il s'empresse d'en accuser Dieu, tandis qu'il devrait n'en accuser que lui-même. Faites-vous quelque bien, vous vous en attribuez toute la gloire; souffrez-vous quelque mal, c'est Dieu que vous accusez. C'est l'œuvre d'un cœur tortueux, ce n'est pas là le cœur droit. Voulez-vous corriger dans votre cœur cette disposition tortueuse et injuste, votre conduite sera tout opposée. Que faisiez-vous auparavant? Vous vous attribuiez la gloire des biens dont Dieu vous comblait, et vous le rendiez responsable des maux qui vous arrivaient. Lorsque votre cœur sera changé et devenu droit, vous louerez Dieu des biens dont il est l'auteur, et vous n'accuserez que vous des maux dont vous souffrez. C'est ce que font ceux qui ont le cœur droit. Voyez le Psalmiste qui ne pouvait souffrir la félicité des méchants et les épreuves des bons, parce qu'il n'avait pas encore le cœur droit, quel est son langage lorsqu'il revient à des sentiments plus équitables? « Que le Dieu d'Israël est bon à ceux qui ont le cœur droit! Pour moi, lorsque mon cœur n'était pas encore droit, mes pieds ont été presque ébranlés, j'ai été sur le point de tomber. Pourquoi donc? Parce que j'ai conçu une vive indignation contre les pécheurs en voyant la paix dont ils jouissent. J'ai vu, me dit-il, les méchants heureux, et je n'ai point approuvé cette conduite de Dieu, car j'aurais voulu que Dieu ne permît pas le bonheur des méchants. Or, si nous le comprenons bien, Dieu ne permet jamais ce bonheur, et si nous estimons que les méchants sont heureux, c'est que nous ignorons la nature du vrai bonheur. Ayons donc le cœur droit, le temps de notre gloire n'est pas encore arrivé. Laissons dire aux amateurs du monde, tels qu'étaient les frères du Seigneur : « Votre temps est toujours prêt, notre temps n'est pas encore venu. » Osons nous-mêmes leur tenir ce langage. Nous sommes le corps de

---

Deus, inquit Psalmus, manifestus veniet, Deus noster et non silebit. (*Psal.* XL, 3.) Quid est, manifestus veniet? quia venit occultus. Tunc non silebit : nam quando venit occultus, sicut ovis ad immolandum ductus est, et sicut agnus coram tondente se non aperuit os suum. (*Isa.*, LIII, 7.) Veniet et non silebit. Tacui, inquit, numquid semper tacebo? (*Isa.*, XLII, 14, sec. 70.)

7. Modo autem quid necessarium est eis, qui habent justitiam? Quod in illo ipso Psalmo legitur. Quoadusque justitia convertatur in judicium, et qui habent eam, omnes recti corde. (*Psal.* XCIII, 15.) Quæritis fortasse qui sunt recti corde? Illos invenimus in Scriptura rectos corde, qui mala sæculi tolerant, et non accusant Deum. Videte, Fratres, rara avis est ista quam loquor. Nescio quo enim modo quando evenit homini aliquid mali, Deum currit accusare, qui deberet se. Quando boni aliquid agis, te laudas : quando mali aliquid pateris, Deum accusas. Hoc est ergo cor tortum, non rectum. Ab ista distortione et pravitate si corrigaris, convertetur in contrarium quod faciebas. Antea enim quid faciebas? Laudabas te in bonis Dei, accusabas Deum in malis tuis : converso corde et directo, laudabis Deum in bonis suis, accusabis te in malis tuis. Isti sunt recti corde. Denique ille nondum recto corde, cui displicebat felicitas malorum et labor bonorum, ait correctus : « Quam bonus Deum Israel rectis corde! Mei autem, quando non eram recto corde, pene commoti sunt pedes, paulo minus effusi sunt gressus mei. » Quare? Quia zelavi in peccatoribus, pacem peccatorum intuens. (*Psal.* LXXII, 1, etc.) Vidi, inquit, malos felices, et displicuit mihi Deus : hoc enim volebam, ut non permitteret Deus malos esse felices. Intelligat homo : nunquam hoc permittit Deus : sed ideo malus felix putatur, quia quid sit felicitas ignoratur. Simus ergo recti corde : tempus gloriæ nostræ nondum venit. Dicatur amatoribus hujus sæculi, quales erant fratres Domini : « Tempus vestrum semper est paratum : tempus nostrum nondum venit. » Audeamus enim hoc dicere et nos. Et quoniam corpus Domini nostri Jesu Christi sumus, quoniam membra ejus

Notre-Seigneur Jésus-Christ, nous sommes ses membres, nous le reconnaissons avec joie pour notre chef, redisons donc ces paroles, puisque c'est pour nous qu'il a daigné les dire le premier. Lorsque les partisans du monde insultent à notre foi, disons-leur : « Votre temps est toujours prêt, pour nous, notre temps n'est pas encore venu. » L'Apôtre nous a dit en effet : « Vous êtes morts, et votre vie est cachée en Dieu avec Jésus-Christ. Quand viendra notre temps? Lorsque Jésus-Christ, notre vie, apparaîtra, alors vous apparaîtrez aussi avec lui dans la gloire. » (*Coloss.*, III, 3.)

8. Qu'ajoute ensuite Notre-Seigneur : « Le monde ne peut pas vous haïr. » Que signifient ces paroles : Le monde ne peut haïr ceux qui l'aiment et qui sont de faux témoins? Car vous appelez bien ce qui est mal et mal ce qui est bien. « Mais pour moi il me hait, parce que je rends de lui ce témoignage que ses œuvres sont mauvaises. Pour vous, rendez-vous à ce jour de fête. » Qu'est-ce à dire « ce jour de fête ? » Ce jour où vous cherchez la gloire humaine, ce jour où vous voulez augmenter les joies de la chair, au lieu de penser aux joies éternelles. « Pour moi, je ne me rends pas à ce jour de fête, parce que mon temps n'est pas encore accompli. » Dans ce jour de fête, vous cherchez la gloire humaine, mais pour moi, mon temps, c'est-à-dire celui de ma gloire n'est pas encore venu. Mon jour de fête ne sera pas comme le vôtre un jour d'une durée courte et passagère, mais un jour qui durera éternellement. Ce sera une véritable solennité, une joie sans fin, une éternité sans tache, une sérénité sans nuage. Après leur avoir parlé de la sorte, il demeura dans la Galilée. Mais lorsque ses frères se furent rendus à Jérusalem, il se rendit lui-même à la fête, non pas ouvertement mais comme en secret. Il ne s'est pas rendu à ce jour de fête, parce que ce n'est pas un motif de gloire humaine, mais le désir d'adresser de salutaires leçons, de corriger les vices des hommes de leur rappeler le jour de la fête éternelle, et de détourner leurs cœurs de l'amour de ce monde qui l'y attirait. Mais que signifient ces paroles : « Il se rendit à la fête comme en secret ? » Cette conduite du Sauveur n'est pas sans raison, et en se rendant à la fête comme en secret, il a voulu signifier quelque vérité mystérieuse, la suite du récit nous apprend en effet qu'il vint au milieu de la fête, c'est-à-dire au milieu des jours que durait cette fête pour enseigner publiquement. Il se rendit en secret, dit l'Evangéliste, c'est-à-dire qu'il évita de se montrer aux hommes. Ce n'est donc pas sans raison que Jésus-Christ se rend comme en secret à la fête, c'est parce qu'il était lui-même secrètement l'âme de cette fête. Mes paroles sont encore enveloppées d'obscurité. Mettons-les en plein jour, ôtons le voile qui

sumus, quoniam caput nostrum gratanter agnoscimus, dicamus prorsus : quoniam propter nos et ipse hoc dignatus est dicere. Quando nobis insultant amatores hujus sæculi, dicamus eis : « Tempus vestrum semper est paratum : tempus nostrum nondum venit. » Nobis enim dixit Apostolus : Mortui enim estis, et vita vestra abscondita est cum Christo in Deo. (*Coloss.*, III, 3.) Quando veniet tempus nostrum? Cum Christus, inquit, apparuerit vita vestra, tunc et vos apparebitis cum ipso in gloria.

8. Quid deinde addit ? « Non potest mundus odisse vos. » (*Joan.*, VII, 7.) Quid est hoc, nisi : Non potest mundus odisse amatores suos, falsos testes ? Bona enim dicitis quæ mala sunt, et mala quæ bona sunt. « Me autem odit, quia ego testimonium perhibeo de illo, quia opera ejus mala sunt. (v. 8.) Vos ascendite ad diem festum hunc. » Quid est hunc ? Ubi gloriam humanam quæritis. Quid est hunc ? Ubi extendere vultis carnalia gaudia, non æterna cogitare. « Ego non ascendo ad diem festum hunc, quia meum tempus nondum impletum est. » In die festo hoc gloriam vos humanam quæritis : meum vero tempus, id est gloriæ meæ, nondum venit. Ipse erit dies festus meus, non diebus istis præcurrens et transiens, sed permanens in æternum : ipsa erit festivitas, gaudium sine fine, æternitas sine labe, serenitas sine nube. « Hæc cum dixisset, ipse mansit in Galilæa. (v. 9.) Ut autem ascenderunt fratres ejus, tunc et ipse ascendit ad diem festum; non manifeste, sed quasi in occulto. (v. 10.) Ideo non ad diem festum hunc, » quia non gloriari temporaliter, sed aliquid docere salubriter, corrigere homines, de die festo æterno admonere, amorem ab hoc sæculo avertere, et in Deum convertere cupiebat. Quid est autem, « quasi latenter ascendit ad diem festum ? » Non vacat et hoc Domini. Videtur mihi, Fratres, etiam hinc, quod quasi latenter ascendit, aliquid significare voluisse : nam consequentia docebunt, sic cum ascendisse mediato die festo, id est, mediatis illis diebus, ut etiam palam doceret. Sed « quasi latenter » dixit, ne se ostenderet hominibus. Non vacat quod latenter ascendit Christus ad diem festum, quia ipse latebat in illo die festo.

les couvre, et faisons paraître ce qui était caché.

9. Toutes les lois qui ont été données à l'ancien peuple d'Israël dans les livres si multipliés de l'Ecriture sainte, toutes ces lois et ces préceptes qui réglaient les sacrifices, les fonctions sacerdotales, la célébration des jours de fêtes, toutes les cérémonies relatives au culte de Dieu étaient l'ombre des choses futures. Quelles choses futures? Celles qui ont eu leur accomplissement en Jésus-Christ. C'est ce qui fait dire à l'Apôtre : « Toutes les promesses de Dieu ont en lui leur vérité, » c'est-à-dire ont été accomplies en lui. (II *Cor.*, I, 20.) Il dit encore dans un autre endroit : « Toutes ces choses qui leur arrivaient étaient des figures et elles ont été écrites pour nous qui nous trouvons à la fin des temps. » (I *Cor.*, x, 11.) Et ailleurs : « Jésus-Christ est la fin de la loi. » (*Rom.*, x, 4.) Et encore : « Que personne ne vous condamne pour le manger ou pour le boire, ou à cause des jours de fête, des nouvelles lunes et des jours de sabbat, puisque toutes ces choses n'ont été que l'ombre de celles qui devaient arriver. » (*Coloss.*, II, 16-17.) Si toutes ces choses étaient l'ombre de ce qui devait arriver, la Scénopégie était elle-même la figure de l'avenir. Examinons donc de quelle vérité cette fête était la figure. J'ai expliqué ce qu'était la Scénopégie, c'était la fête des tabernacles qu'on célébrait en souvenir de ce que le peuple, délivré de la servitude d'Egypte dans sa marche vers la terre promise à travers le désert, avait habité sous des tentes. Considérons attentivement cet événement et nous verrons que nous en sommes nous-mêmes l'objet, nous dis-je, qui sommes les membres de Jésus-Christ, si toutefois nous le sommes par un effet de sa grâce et non point par nos propres mérites. Voyons donc ce que nous sommes, mes frères; nous avons été tirés de l'Egypte où nous étions esclaves du démon comme d'un nouveau Pharaon sous lequel, pour satisfaire nos désirs terrestres, nous faisions des œuvres de boue qui épuisaient nos forces. Or, c'est à nous qu'il voit accablés sous le poids de ces œuvres matérielles que Jésus-Christ adresse cette invitation : « Venez à moi, vous tous qui êtes fatigués et qui êtes chargés. » (*Matth.*, XI, 28.) C'est de là que nous avons été délivrés par le baptême, nouvelle mer Rouge, ainsi appelée parce qu'elle est consacrée par le sang de Jésus-Christ. C'est dans cette mer, qui nous a servi de chemin, que tous nos ennemis qui nous poursuivaient ont trouvé la mort, c'est-à-dire que tous nos péchés ont été effacés. Mais avant d'arriver à la patrie qui nous est promise, c'est-à-dire avant d'arriver au royaume éternel, nous habitons dans le désert sous des tentes. Ceux qui comprennent ces vérités habitent sous des tentes, car plusieurs devaient ouvrir leur intelligence à ces vérités. Celui qui se

---

Adhuc etiam ego quod dixi in latibulo est. Manifestetur ergo, tollatur velum, et appareat quod erat secretum.

9. Omnia quæ dicta sunt antiquo populo Israel in multiplici scriptura sanctæ Legis, quæ agerent, sive in sacrificiis, sive in sacerdotiis, sive in diebus festis, et omnino in quibuslibet rebus quibus Deum colebant, quæcumque illis dicta et præcepta sunt, umbræ fuerunt futurorum. Quorum futurorum? quæ implentur in Christo. Unde dicit Apostolus : Quotquot enim promissiones Dei, in illo etiam (II *Cor.*, I, 20): id est, in illo impletæ sunt. Deinde dicit alio loco : Omnia in figura contingebant illis, scripta sunt autem propter nos, in quos finis sæculorum obvenit. (I *Cor.*, x, 11.) Dixit et alibi : Finis enim Legis Christus est. (*Rom.*, x, 4.) Item alio loco : Nemo vos judicet in cibo, aut in potu, aut in parte diei festi, aut neomeniæ, aut sabbatorum, quod est umbra futurorum. (*Col.*, II, 16.) Si ergo omnia illa umbræ fuerunt futurorum; et Scenopegia umbra erat futurorum. Hic ergo dies festus, quæramus cujus futuri umbra erat. Exposui quid erat Scenopegia : celebratio erat tabernaculorum, propterea quia populus de Ægypto liberatus tendens per desertum ad terram promissionis, in tabernaculis habitavit. Quid sit animadvertamus, et nos erimus; nos, inquam, qui membra Christi sumus, si sumus : illo autem dignante sumus, non nobis promerentibus. Attendamus ergo nos, Fratres : educti sumus de Ægypto, ubi diabolo tanquam Pharaoni serviebamus, ubi luteas opera in terrenis desideriis agebamus, et in eis multum laborabamus. Etenim nobis Christus quasi lateres facientibus clamavit : Venite ad me omnes qui laboratis et onerati estis. (*Matth.*, II, 28.) Hinc educti per baptismum tanquam per mare rubrum, ideo rubrum, quia Christi sanguine consecratum, mortuis omnibus inimicis nostris qui nos insectabantur, id est, deletis omnibus peccatis nostris, transjecti sumus. Modo ergo antequam ad patriam promissionis, id est, æternum regnum veniamus, in deserto in tabernaculis sumus. Qui ista agnoscunt, in tabernaculis sunt : futurum enim erat, ut quidam hoc agnoscerent. Ille enim est in taberna-

regarde comme un voyageur en ce monde, celui-là habite sous des tentes; mais pour se regarder comme voyageur, il faut soupirer après la patrie. Or, lorsque le corps de Jésus-Christ est sous des tentes, Jésus-Christ lui-même s'y trouve. Mais maintenant il y est sans paraître publiquement et d'une manière cachée. L'ombre jetait encore quelque obscurité sur la lumière, mais la lumière a fini par percer cette obscurité. Jésus-Christ était donc secrètement à la Scénopégie, il y était caché. Maintenant que ces vérités nous sont révélées, nous reconnaissons que nous traversons le désert; car si nous le savons bien entendre, nous sommes dans le désert. Qu'est-ce à dire dans le désert? c'est-à-dire dans un lieu inhabité, pourquoi? parce que nous traversons ce monde, terre sans eau, où nous ne pouvons étancher notre soif. Mais si nous avons soif, nous serons rassasiés, car « heureux ceux qui ont faim et soif de la justice, parce qu'ils seront rassasiés. » (*Matth.*, v, 6.) Nous étanchons notre soif à la source qui coule de la pierre dans le désert. « Car cette pierre était le Christ, » (I *Cor.*, x, 4) et Moïse la frappa de sa verge pour en faire jaillir l'eau. (*Nomb.*, xx, 11.) L'eau n'en a coulé que lorsqu'elle eut été frappée deux fois, à cause des deux bois de la croix. Toutes les choses donc qui leur arrivaient en figures sont devenues pour nous une réalité. Ce que l'Evangéliste dit de Notre-Seigneur n'est point non plus sans mystère : « Il se rendit à la fête, non publiquement, mais comme en secret, » pour figurer qu'il était comme caché, parce qu'en effet le Christ était caché dans ce jour de fête qui était la figure de ses membres traversant le désert de cette vie.

10. « Les Juifs le cherchaient donc durant la fête. » (*Jean*, VII, 11.) Avant qu'il s'y fût rendu, ses frères étaient venus les premiers, mais il ne voulut point se joindre à eux comme ils l'avaient pensé et selon leurs désirs pour tenir à la parole qu'il leur avait dite : « Je ne vais point à ce jour de fête, » c'est-à-dire à celui que vous désirez, au premier ou au second jour. Il s'y rendit ensuite, comme le rapporte l'Evangéliste, « vers le milieu de la fête, » c'est-à-dire lorsqu'il restait encore autant de jours de fête qu'il y en avait d'écoulés; car cette fête, il ne faut pas l'oublier, durait plusieurs jours.

11. « Les Juifs disaient donc : Où est-il? Et il y avait une grande rumeur à cause de lui dans la foule. » (*Jean*, VII, 11-12.) D'où venait cette rumeur? De la diversité des opinions. Quel en était le sujet? « Les uns disaient c'est un homme de bien; non, disaient les autres, il trompe la foule. » Voilà ce qui arrive également à tous ses serviteurs, et ils sont l'objet des mêmes jugements contradictoires. Qu'un homme se distingue par quelque mérite extraordinaire, les uns disent : « C'est un homme de bien; » les

---

culis, qui se esse in mundo intelligit peregrinum. Ille se intelligit peregrinantem, qui se videt patriæ suspirantem. Cum autem corpus Christi est in tabernaculis, Christus est in tabernaculis. Sed tunc non evidenter, sed latenter. Adhuc enim umbra lucem obscurabat : veniente luce, umbra remota est. Christus erat in occulto, in Scenopegia Christus erat, sed latens Christus. Modo jam cum manifestata sunt ista, agnoscimus nos iter agere in eremo : si enim agnoscamus, in eremo sumus. Quid est in eremo? in deserto. Quare in deserto? quia in isto mundo, ubi sititur in via inaquosa. Sed sitiamus, ut saturemur. Beati enim qui esuriunt et sitiunt justitiam, quoniam ipsi saturabuntur. (*Matth.*, v, 6.) Et sitis nostra de petra impletur in eremo : Petra enim erat Christus (I *Cor.*, x, 4), et virga percussa est, ut aqua manaret. Ut autem manaret, bis percussa est (*Num.*, xx, 11) : quia duo ligna sunt crucis. Omnia ergo hæc quæ fiebant in figura, manifestantur in nobis. Et non vacat quod de Domino dictum est : « Ascendit ad diem festum, non manifeste, sed tanquam in occulto. » Figuratum enim erat ipsum in occulto, quia in ipso die festo Christus latebat : quia ipse dies festus, Christi membra peregrinatura significabat.

10. « Judæi ergo quærebant eum in die festo : » (*Joan.*, VII, 11) antequam ascenderet. Priores enim fratres ascenderunt, et non tunc ascendit ille, quando illi putabant et volebant : ut etiam hoc impleretur quod ait : « Non ad hunc, » (v. 8) id est, ad quem vos vultis, primum vel secundum diem. Ascendit autem postea, ut Evangelium loquitur, « mediato die festo, » (v. 14) id est, cum jam illius diei festi tot dies præteriissent quot remansissent. Ipsam enim festivitatem, quantum intelligendum est, diebus pluribus celebrabant.

11. « Dicebant ergo : Ubi est ille? Et murmur multum de eo erat in turba. » (v. 11 et 12.) Unde murmur? de contentione. Quæ fuit contentio? « Quidam enim dicebant quia : Bonus est; alii autem : Non, sed seducit turbas. » De omnibus servis ejus intelligendum : hoc dicitur modo. Quicumque enim eminuerit in aliqua gratia spirituali (f. et spirituali profectu),

autres : « Il séduit le peuple. » D'où vient cela? « C'est que notre vie est cachée en Dieu avec Jésus-Christ. » (*Coloss.*, III, 3.) Les hommes peuvent bien dire pendant l'hiver : Cet arbre est mort, parce qu'en effet le figuier, le poirier ou tout autre arbre fruitier sont semblables à des arbres morts, et tant que dure l'hiver, ils paraissent privés de vie; c'est l'été qui fait connaître ce qu'ils sont, c'est le jugement qui est pour nous l'épreuve certaine et infaillible. Notre été c'est la révélation de Jésus-Christ; Dieu viendra manifestement, notre Dieu viendra et il ne se taira pas. « Le feu marchera devant lui, ce feu embrasera ses ennemis, » (*Ps.* XLIX, 3) et réduira en cendres tous les arbres desséchés et stériles. La stérilité de ces arbres apparaîtra au grand jour, quand il leur dira : « J'ai eu faim et vous ne m'avez pas donné à manger. » (*Matth.*, XXV, 42.) De l'autre côté, c'est-à-dire à la droite, on verra la fécondité, l'abondance des fruits, la beauté et la vigueur des feuilles présentant l'aspect d'une verdure éternelle; aux uns il dira comme à des arbres stériles : « Allez au feu éternel. (*Matth.*, XXV, 42.) Et voici que la hache est déjà placée à la racine de l'arbre. Tout arbre donc qui ne fait pas de bon fruit sera coupé et jeté au feu. » (*Matth.*, III, 10.) Laissez donc dire de vous si vous faites des progrès en Jésus-Christ, laissez dire aux hommes : « Il trompe la foule. » On porte sur le corps de Jésus-Christ le même jugement qu'on a porté sur lui. Rappelez-vous que le corps de Jésus-Christ est encore dans le monde, qu'il se trouve comme le grain dans l'aire, et ne soyez pas surpris s'il est comme blasphémé par la paille. La paille et le grain sont battus simultanément, mais cette opération brise la paille et nettoie le grain. Quelle consolation pour un chrétien de penser que ce qu'on dit de lui, on l'a dit auparavant de Jésus-Christ!

12. « Cependant personne ne parlait ouvertement en sa faveur par crainte des Juifs. » (*Jean*, VII, 13.) Quels étaient ceux qui ne parlaient point de lui par crainte des Juifs? Ceux qui disaient : « C'est un homme de bien, » et non ceux qui l'accusaient de tromper la foule. Cette accusation : « Il séduit la foule, » se faisait entendre comme le bruit de feuilles desséchées. On criait publiquement : « Il séduit la foule, » mais on disait à voix basse et avec réserve : « C'est un homme de bien. » Maintenant, au contraire, mes frères, bien que cette gloire de Jésus-Christ, qui doit nous rendre participants de son éternité, ne soit pas encore venue, cependant son Eglise prend tous les jours de tels accroissements, Dieu lui donne de s'étendre si rapidement dans toutes les contrées de l'univers, que les uns en sont réduits à dire secrètement : « Il séduit la foule, » tandis que les autres font publiquement cette déclaration : « C'est un homme de bien. »

---

profecto alii dicunt : « Bonus est; » alii : « Non, sed seducit turbas. » Unde hoc? Quia vita nostra abscondita est cum Christo in Deo. (*Col.*, III, 3.) Ideo licet dicere hominibus per hyemem : Mortua est ista arbor, verbi gratia, arbor fici, arbor pyri, et hujusmodi pomorum, similis est aridæ ; et quamdiu hyems est, non apparet. Æstas probat, judicium probat. Æstas nostra, revelatio Christi est : Deus manifestus veniet, Deus noster et non silebit, ignis ante eum præibit (*Psal.* XLIX, 3) : iste ignis inflammabit inimicos ejus; aridas arbores ignis comprehendet. Tunc enim aridæ apparebunt, quando eis dicetur : Esurivi, et non dedistis mihi manducare (*Matth.*, XXV, 42) : in alia vero parte, hoc est in dextera, apparebit fecunditas fructuum, dignitasque foliorum; viriditas, æternitas erit. Illis ergo tanquam aridis dicetur : Ite in ignem æternum. (*v.* 41.) Ecce enim, inquit, securis ad radicem arborum posita est. Omnis ergo arbor quæ non facit fructum bonum, excidetur, et in ignem mittetur. (*Matth.*, III, 10.) Dicant ergo de te, si proficis in Christo, dicant homines : « Seducit turbas. » De ipso, de toto corpore Christi hoc dicitur. Cogita corpus Christi adhuc in mundo, cogita corpus Christi adhuc in area, vide quemadmodum blasphemetur a palea. Simul quidem triturantur, sed paleæ conteruntur, frumenta purgantur. Quod dictum est ergo de Domino, valet ad consolationem, de quocumque hoc dictum fuerit Christiano.

12. « Nemo tamen palam loquebatur de illo propter metum Judæorum. » (*Joan.*, VII, 13.) Sed qui non loquebantur de illo propter metum Judæorum? Utique qui dicebant : « Bonus est : » non qui dicebant : « Seducit turbas. » Qui dicebant : « Seducit turbas, » sonitus eorum audiebatur tanquam aridorum foliorum. « Seducit turbas, » clarius sonabant : « Bonus est, » pressius susurrabant. Modo autem, Fratres, quamvis nondum venerit illa gloria Christi, quæ nos æternos factura est; modo tamen ita crescit Ecclesia ejus, ita eam dignatus est per cuncta diffundere, ut jam susurretur : « Seducit turbas; » et clarius personet : « Bonus est. »

TRAITÉ XXIX [1].

Depuis ces paroles de l'Evangile : « Vers le milieu de la fête, Jésus monta au temple, » jusqu'à ces autres : « Celui qui cherche la gloire de celui qui l'a envoyé est digne de foi, et il n'y a point en lui d'injustice. »

1. La suite de l'Evangile dont on vient de vous faire lecture appelle aujourd'hui notre attention, et selon ce que Dieu m'inspirera, je vais vous en donner l'explication. Nous nous sommes arrêtés hier à l'endroit où les Juifs s'entretenaient de Notre-Seigneur Jésus-Christ bien qu'ils ne l'eussent pas vu dans le temple, et disaient, les uns : « C'est un homme de bien, les autres non, mais il séduit le peuple. » (*Jean*, VII, 12.) Ces paroles ont été dites pour la consolation des prédicateurs à venir de la parole de Dieu qui devaient passer pour des séducteurs tout en étant vrais et sincères. (II *Cor.*, VI, 8.) En effet, si séduire veut dire tromper, il est évident que ni Jésus-Christ, ni les apôtres n'ont été séducteurs, et que tout chrétien doit se garder de l'être. Mais si séduire signifie amener quelqu'un à un but quelconque par la persuasion, il faut examiner les moyens qu'on emploie et le but vers lequel on tend. Si l'on conduit du mal au bien, on est un bon séducteur ; si l'on détourne du bien vers le mal, on est un mauvais séducteur. Si donc il s'agit de cette séduction exercée sur les hommes pour les amener du mal au bien, plût à Dieu que tous nous soyons appelés séducteurs et que nous le soyons en effet.

2. « Vers le milieu de la fête, Notre-Seigneur monta donc au temple et se mit à enseigner. Et les Juifs étonnés disaient : Comment sait-il les Ecritures, puisqu'il ne les a point apprises ? » (*Jean*, VII, 14.) Celui qui se cachait, enseignait, il parlait ouvertement et on ne s'emparait pas de sa personne. Il se cachait, en effet, pour nous donner l'exemple et il ne permettait pas qu'on s'emparât de lui par un effet de sa puissance. Or, « les Juifs étaient étonnés » de son enseignement. Tous, je le suppose, s'étonnaient, mais tous ne se convertissaient pas. Et d'où venait cet étonnement ? Parce que plusieurs d'entre eux savaient le lieu de sa naissance et le genre de son éducation. Ils ne l'avaient jamais vu jusque-là apprendre les Ecritures, et ils l'entendaient discuter sur la loi, citer des témoignages de la loi que personne ne pouvait citer sans les avoir lus, que personne ne pouvait lire sans avoir étudié, et voilà ce qui les jetait dans l'étonnement. Or, cet étonnement devint pour le divin Maître l'occasion de leur enseigner plus profondément la vérité. En effet, leur étonnement et les paroles qu'il leur inspire donnent lieu au Seigneur de leur révéler une vérité profonde bien digne d'être méditée, d'être expliquée. Je

[1] Ce discours a été donné à un jour de distance du précédent.

TRACTATUS XXIX.

In illud Evangelii : « Jam autem die festo mediante, ascendit Jesus in templum : » usque ad id : « Qui misit illum, hic verax est, et injustitia in illo non est. »

1. Quod sequitur de Evangelio et hodie lectum est, consequenter et nos videamus ; et quod Dominus donaverit, hinc dicamus. Hesterno die huc usque lectum erat, quia licet non vidissent Dominum Jesum in templo per diem festum, loquebantur tamen de illo : « Et alii dicebant : Bonus est ; alii autem : Non, sed seducit turbas. » (*Joan.*, VII, 12.) Dictum enim hoc est ad eorum solatium, qui postea prædicantes verbum Dei, futuri erant ut seductores et veraces. (II *Cor.*, VI, 8.) Si enim seducere decipere est ; nec Christus seductor, nec Apostoli ejus, nec quisquam seductor debet esse Christianus : si autem seducere aliunde aliquem ad aliud persuadendo ducere est, quærendum est unde et quo : si a malo ad bonum, bonus seductor est ; si a bono ad malum, malus seductor est. In hanc ergo partem qua seducuntur homines de malo ad bonum, utinam omnes seductores et vocemur et simus.

2. Ascendit ergo postea Dominus ad diem festum, « mediante die festo, et docebat. Et mirabantur Judæi dicentes : Quomodo hic litteras scit, cum non didicerit ? » (*Joan.*, VII, 14, 15.) Ille qui latebat, docebat ; et palam loquebatur, et non tenebatur. Illud enim ut lateret, erat causa exempli, hoc potestatis. Sed cum doceret, « mirabantur Judæi. » Omnes quidem, quantum arbitror, mirabantur ; sed non omnes convertebantur. Et unde admiratio ? Quia multi noverant ubi natus, quemadmodum fuerit educatus ; nunquam eum viderant litteras discentem, audiebant autem de Lege disputantem, Legis testimonia proferentem, quæ nemo posset proferre nisi legisset, nemo legere nisi litteras didicisset : et ideo mirabantur. Eorum autem admiratio Magistro facta est insinuandæ altius veritatis occasio. Ex eorum quippe admiratione et verbis, dixit Dominus profundum aliquid, et diligentius inspici et discuti dignum. Propter quod intentam facio Caritatem Vestram,

fais donc appel à votre attention, mes très-chers frères, pour que vous puissiez non-seulement écouter ce qui vous intéresse, mais encore prier Dieu pour nous.

3. Que répond Notre-Seigneur à ceux qui s'étonnaient qu'il sût les Ecritures, sans les avoir apprises? « Ma doctrine n'est pas de moi, mais de celui qui m'a envoyé. » (*Jean*, VII, 16.) Voici une première profondeur, car ce peu de paroles semble renfermer une contradiction. En effet, Notre-Seigneur ne dit pas : Cette doctrine n'est pas de moi, mais : « Ma doctrine n'est pas de moi. » Si elle n'est pas de vous, comment est-elle la vôtre? Si elle est de vous, comment n'est-elle pas la vôtre? Car vous dites à la fois « c'est ma doctrine, » et « elle n'est pas de moi. » Si le Sauveur s'était exprimé de cette manière : « Cette doctrine n'est pas de moi, » il n'y aurait aucun embarras. Maintenant, mes frères, considérez tout d'abord la difficulté qu'il s'agit d'examiner, et ensuite attendez-en la solution. Celui qui ne sait point ce dont il s'agit, comment peut-il comprendre l'explication qui lui est donnée ? Or, ce qui fait ici la difficulté, ce sont ces paroles : « Ma doctrine n'est pas de moi. » Il y a, ce semble, contradiction. Comment est-elle de moi, comment n'est-elle pas de moi ? Si nous considérons attentivement les paroles que le saint Evangéliste donne pour exorde à son Evangile : « Au commencement était le Verbe, et le Verbe était en Dieu, et le Verbe était Dieu, » nous y trouverons le principe de solution de cette difficulté. Quelle est donc la doctrine du Père, si ce n'est le Verbe du Père? Jésus-Christ est donc la doctrine du Père, s'il est le Verbe du Père. Mais comme le Verbe, la parole supposent nécessairement un sujet, il dit que c'est sa doctrine, parce qu'elle n'est autre que lui-même, et qu'elle n'est pas la sienne parce qu'il est le Verbe du Père. Qu'y a-t-il qui soit plus à vous que vous-même, et qui soit moins à vous que vous-même, si ce que vous êtes vient d'un autre ?

4. Le Verbe est donc en même temps Dieu, et il est le Verbe d'une doctrine immuable qui n'a point pour expression des syllabes dont le son frappe l'oreille et va se perdre dans les airs, mais qui demeure éternellement avec le Père. C'est à cette doctrine que nous cherchons à nous attacher, avertis que nous sommes par les sons qui passent. En effet, ce son passager ne nous appelle pas à des choses qui passent comme lui. Il nous rappelle que nous devons aimer Dieu. Tout ce que je viens de vous dire est un composé de syllabes, elles ont ébranlé l'air qu'elles ont frappé pour parvenir jusqu'à vos oreilles, et elles ont passé avec le son qu'elles ont produit. Cependant ce dont je vous ai parlé ne doit point passer, car Celui que je vous exhorte à aimer ne passe point, et lorsqu'ins-

---

non solum ad audiendum pro vobis, sed etiam ad orandum pro nobis.

·3. Quid ergo Dominus respondit eis, admirantibus quomodo sciret litteras, quas non didicerat? « Mea, inquit, doctrina non est mea, sed ejus qui misit me. » (*v*. 16.) Hæc est profunditas prima : videtur enim paucis verbis quasi contraria locutus. Non enim ait : Ista doctrina non est mea; sed : « Mea doctrina non est mea. » Si non tua, quomodo tua? Si tua, quomodo non tua? Tu enim dicis utrumque, et « mea doctrina et non mea. » Nam si dixisset : Ista doctrina non est mea, nulla esset quæstio. Nunc vero, Fratres, primitus intendite quæstionem, et sic ordine expectate solutionem. Nam qui non videt quæstionem quæ proponitur, quomodo intelligit quod exponitur? Hoc est ergo in quæstione, quod ait, « mea non mea : » hoc videtur esse contrarium, quomodo mea, quomodo et non mea. » Si ergo intueamur diligenter quod ipse in exordio dicit sanctus Evangelista : In principio erat Verbum, et Verbum erat apud Deum, et Deus erat Verbum (*Joan.*, I, 1) : inde pendet hujus solutio quæstionis. Quæ est ergo doctrina Patris, nisi Verbum Patris? Ipse ergo Christus doctrina Patris, si Verbum Patris. Sed quia Verbum non potest esse nullius, sed alicujus : et suam doctrinam dixit, seipsum; et non suam, quia Patris est Verbum. Quid enim tam tuum quam tu? et quid tam non tuum quam tu, si alicujus est quod es?

4. Verbum ergo et Deus est, et doctrinæ stabilis Verbum est, non sonabilis per syllabas et volatilis, sed manentis cum Patre, ad (*a*) quam convertamur manentem, sonis transeuntibus admoniti. Non enim nos ita admonet quod transit, ut ad transitoria vocet. Admonemur ut diligamus Deum. Totum hoc quod dixi, syllabæ fuerunt, percussum aerem verberaverunt, ut ad sensum vestrarum aurium pervenirent, sonando transierunt : non tamen illud quod vos admonui, transire debet; quia ille quem vos diligere admonui, non transit; et cum transeuntibus

---

(*a*) Lov. *ad quem* : refragantibus editis aliis et Mss.

truits par ces syllabes qui passent vous vous serez attachés à lui, vous aussi vous ne passerez plus et vous demeurerez avec celui qui demeure éternellement. Ce qu'il y a donc de grand, de haut, d'éternel dans la doctrine, c'est ce qui demeure éternellement ; c'est vers ce terme que nous appellent les choses passagères lorsqu'elles ont une signification véritable et qu'elles ne servent point d'instrument au mensonge. En effet, Dieu n'est point renfermé dans les deux syllabes si courtes qui composent son nom, ce n'est pas ces deux syllabes qui sont l'objet de notre culte et de nos adorations ; ce n'est pas vers ces deux syllabes que nous désirons vivement parvenir, car elles cessent d'exister presqu'aussitôt qu'elles ont frappé nos oreilles. La seconde ne peut se faire entendre que lorsque la première n'est plus. Il y a donc quelque chose d'élevé qu'on appelle Dieu et qui reste alors que le son qui exprime l'idée de Dieu a cessé d'exister. Appliquez-vous donc ainsi à la doctrine de Jésus-Christ, et vous parviendrez au Verbe de Dieu ; et lorsque vous serez parvenus jusqu'au Verbe de Dieu, considérez attentivement que le Verbe était Dieu, et vous comprendrez la vérité de ces paroles : « Ma doctrine. » Considérez également de qui est le Verbe, et vous comprendrez aussi que le Sauveur dit avec non moins de vérité : « Elle n'est pas de moi. »

5. Je vous le dirai en peu de mots, mes très-chers frères, ces paroles de Notre-Seigneur Jésus-Christ. « Ma doctrine n'est pas ma doctrine, » expriment cette vérité : « Je ne suis point de moi-même. » Nous disons, il est vrai, et nous croyons que le Fils est égal au Père, qu'il n'y a entre eux aucune distinction de nature et de substance, qu'il n'y a eu aucun intervalle de temps entre celui qui engendre et celui qui est engendré, mais nous affirmons en même temps que l'un est Père et que l'autre est Fils. Or, le Père n'est Père qu'autant qu'il a un Fils, et le Fils n'est Fils qu'autant qu'il a un Père ; en admettant toutefois que le Fils en venant du Père est Dieu, tandis que le Père est Dieu sans venir du Fils. Il est le Père du Fils, il n'est pas Dieu venant du Fils ; le Fils, au contraire, est le Fils du Père, et Dieu venant du Père. En effet, le Christ est appelé lumière venant de la lumière. La lumière qui ne vient point d'une autre lumière, et la lumière égale qui vient de la lumière font non pas deux lumières, mais une seule lumière.

6. Si nous avons compris, rendons-en grâce à Dieu ; l'homme a fait ce qu'il a pu, qu'il voie d'ailleurs quel peut être le principe de son espérance. Nous pouvons, comme de simples ouvriers, planter et arroser au dehors, mais c'est à Dieu de donner l'accroissement. « Ma doctrine, dit-il, n'est pas de moi, mais de celui qui m'a envoyé. » Ecoutez ce conseil, vous qui dites :

---

syllabis admoniti, conversi ad eum fueritis, nec vos transibitis, sed cum manente manebitis. Hoc est ergo in doctrina magnum, altum et æternum quod manet ; quo (a) vocant omnia quæ temporaliter transeunt, quando bene significant, nec mendaciter proferuntur. Omnia quippe signa quæ proferimus sonis, aliquid significant quod non est sonus. Non enim duæ breves syllabæ Deus est, et duas breves syllabas colimus, et duas breves syllabas adoramus, et ad duas breves syllabas pervenire desideramus : quæ pene ante desinunt sonare, quam cœperint ; nec in eis secundæ locus est, nisi prima transierit. Manet ergo aliquid magnum quod dicitur Deus, quamvis non maneat sonus cum dicitur Deus. Sic intendite doctrinam Christi, et perveneritis ad Verbum Dei : cum autem perveneritis ad Verbum Dei, intendite, Deus erat Verbum ; et videbitis verum dictum esse, « mea doctrina : » intendite etiam cujus est Verbum ; et videbitis recte dictum esse, « non est mea. »

5. Breviter ergo dico Caritati Vestræ, hoc videtur mihi dixisse Dominus Jesus Christus : « Mea doctrina non est mea, » ac si diceret : Ego non sum a meipso. Quamvis enim Filium Patri dicamus et credamus æqualem, nec ullam in eis esse naturæ substantiæque distantiam, nec inter generantem atque generatum aliquod interfuisse temporis intervallum : tamen hoc servato et custodito ista dicimus, quod ille Pater est, ille Filius. Pater autem non est, si non habeat Filium, et Filius non est, si non habeat Patrem : sed tamen Filius Deus de Patre ; Pater autem Deus, sed non de Filio. Pater Filii, non Deus de Filio : ille autem Filius Patris, et Deus de Patre. Dominus enim Christus dicitur Lumen ex Lumine. Lumen ergo quod non ex lumine, et Lumen æquale quod ex Lumine, simul unum Lumen, non duo lumina.

6. Si intelleximus, Deo gratias : si quis autem parum intellexit, fecit homo quo usque potuit, cætera videat unde speret. Forinsecus ut operarii possumus plantare et rigare, sed Dei est incrementum dare. « Mea, inquit, doctrina non est mea, sed ejus qui

---

(a) Sic Mss. At. editi Am. Bad. Er. *quod vocant :* Lov. *quo vocantur.*

Je n'ai pas encore compris. Après avoir révélé cette grande et profonde vérité, Notre-Seigneur Jésus-Christ vit que tous n'en comprendraient pas la profondeur, et il leur donne un conseil dans les paroles suivantes : « Voulez-vous comprendre ? croyez ; car Dieu a dit par son Prophète : si vous ne croyez pas, vous ne comprendrez pas. » (*Isaï.*, IX, *sel. les Sept.*) C'est cette même vérité que Notre-Seigneur exprime en ajoutant : « Si quelqu'un veut faire la volonté de Dieu, il reconnaîtra si ma doctrine est de Dieu, ou si je parle de moi-même. » (*Jean*, VII, 17.) Que signifient ces paroles : « Si quelqu'un veut faire sa volonté ? » Je vous avais dit si quelqu'un croit, et je vous avais donné ce conseil : Si vous ne comprenez pas, vous disais-je, croyez, l'intelligence est la récompense de la foi. Ne cherchez donc pas à parvenir à la foi par l'intelligence, mais croyez pour arriver à comprendre ; car si vous ne croyez pas, vous ne pourrez comprendre. Pour qu'il vous soit possible de comprendre, je vous ai donc donné le conseil de vous soumettre à la foi, et je vous ai dit que Notre-Seigneur Jésus-Christ lui-même nous donnait ce conseil dans les paroles suivantes. Quelles sont ces paroles ? « Si quelqu'un veut faire sa volonté, il reconnaîtra si ma doctrine est de moi. » Qu'est-ce à dire : « Il reconnaîtra ? » il comprendra. Quel est le sens de ces paroles : « Si quelqu'un veut faire sa volonté ? » si quelqu'un veut croire. Il est évident pour tous que l'expression « il connaîtra, » a le même sens que « il comprendra. » Mais pour comprendre à fond que ces autres paroles : « Si quelqu'un veut faire sa volonté, » se rapportent à la foi, nous avons besoin que Notre-Seigneur lui-même devienne notre maître et qu'il nous apprenne si, en effet, faire la volonté de son Père a quelque rapport à la foi. Qui ne sait que faire la volonté de Dieu, c'est faire son œuvre, c'est-à-dire ce qui lui plaît ? Notre-Seigneur lui-même s'en explique ouvertement dans un autre endroit : « L'œuvre de Dieu, dit-il, est que vous croyiez en celui qu'il a envoyé. » Remarquez, que vous croyiez en lui et non pas que vous croyiez à lui. Il est vrai que si vous croyiez en lui, à plus forte raison vous croyez à lui ; mais celui qui croit à lui, par là même ne croit point aussitôt en lui. Ainsi les démons croyaient à lui et ne croyaient pas en lui. De même encore nous pouvons dire, en parlant des Apôtres : Nous croyons à Paul, mais non pas : Nous croyons en Paul ; nous croyons à Pierre, mais non : Nous croyons en Pierre. « A celui qui croit en Celui qui justifie le pécheur, sa foi lui est imputée à justice. » (*Rom.*, IV, 5.) Qu'est-ce donc que croire en lui ? c'est joindre l'amour à la foi, c'est l'aimer en croyant en lui, c'est tendre vers lui par la foi, c'est être incor-

misit me. » (1 *Cor.*, III, 6.) Audiat consilium, qui dicit : Nondum intellexi : Magna quippe res et profunda cum fuisset dicta, vidit utique ipse Dominus Christus non tam profundum non omnes intellecturos, et in consequenti dedit consilium. Intelligere vis ? Crede. Deus enim per Prophetam dixit : Nisi credideritis, non intelligetis. (*Isa.*, VII, 9 ; *sec.* LXX.) Ad hoc pertinet quod etiam hic Dominus secutus adjunxit : « Si quis voluerit voluntatem ejus facere, cognoscet de doctrina, utrum ex Deo sit, an ego a meipso loquar. » (*Joan.*, VII, 17.) Quid est hoc : « Si quis voluerit voluntatem ejus facere ? » Sed ego dixeram : Si quis crediderit ; et hoc consilium dederam : Si non intellexisti, inquam : Crede. Intellectus enim merces est fidei. Ergo noli quærere intelligere ut credas, sed crede ut intelligas : quoniam nisi credideritis, non intelligetis. Cum ergo ad possibilitatem intelligendi consilium dederim obedientiam credendi, et dixerim Dominum Jesum Christum hoc ipsum adjunxisse in consequenti sententia, invenimus eum dixisse : « Si quis voluerit voluntatem ejus facere, cognoscet de doctrina. » Quid est : « cognoscet ? » hoc est intelliget. Quod est autem : « Si quis voluerit voluntatem ejus facere, » hoc est credere. Sed quia « cognoscet, » hoc intelliget, omnes intelligunt : quia vero quod ait : « Si quis voluerit voluntatem ejus facere, » hoc pertinet ad credere, ut diligentius intelligatur, opus est nobis ipso Domino nostro expositore, ut indicet nobis utrum re vera ad credere pertineat facere voluntatem Patris ejus. Quis nesciat hoc esse facere voluntatem Dei, operari opus ejus, id est, quod illi placet ? Ipse autem Dominus aperte alio loco dicit : Hoc est opus Dei, ut credatis in eum quem ille misit. (*Joan.*, VI, 29.) Ut credatis in eum ; non, ut credatis ei. Sed si creditis in eum, creditis ei : non autem continuo qui credit ei, credit in eum. Nam et dæmones credebant ei, et non credebant in eum. Rursus etiam de Apostolis ipsius possumus dicere : Credimus Paulo ; sed non : Credimus in Paulum : Credimus Petro, sed non : Credimus in Petrum. Credenti enim in eum qui justificat impium, deputatur fides ejus ad justitiam. (*Rom.*, IV, 5.) Quid est ergo credere in eum ? Credendo amare, credendo diligere, credendo in eum ire, et ejus membris incorporari. (III *Sent.*, dist. 23, cap. *Aliud est.*) Ipsa est ergo fides quam

poré à ses membres. (III *Sent.*, dist. 23. cap. *Aliud est.*) Voilà la foi que Dieu exige de nous, et il ne trouve point en nous ce qu'il a droit d'exiger, s'il ne nous donne lui-même ce qu'il désire trouver. Quelle est cette foi, si ce n'est celle dont l'Apôtre nous donne dans un autre endroit une définition complète quand il dit : « En Jésus-Christ, ni la circoncision, ni l'incirconcision ne servent à rien, mais la foi qui agit par la charité ? » (*Gal.*, v, 6.) Il ne s'agit donc point d'une foi quelconque, mais de la foi qui agit par la charité ; ayez en vous cette foi, et vous aurez l'intelligence de la doctrine. Que comprendrez-vous ? Que cette doctrine n'est pas de moi, mais de celui qui m'a envoyé ; c'est-à-dire vous comprendrez que Jésus-Christ, le Fils de Dieu, qui est la doctrine du Père, n'est pas de lui-même, mais qu'il est le Fils du Père.

7. Ces paroles suffisent pour détruire l'hérésie de Sabellius. En effet, les Sabelliens ont osé avancer que le Fils était le même que le Père, que c'étaient deux noms exprimant une seule et même chose. Mais si c'étaient deux noms servant à exprimer une seule et même chose, Jésus-Christ ne dirait pas : « Ma doctrine n'est pas de moi. » Si votre doctrine, Seigneur, n'est pas de vous, de qui peut-elle venir, s'il n'existe personne qui puisse en être l'auteur ? Les Sabelliens ne comprennent pas ce que vous avez dit ; ils n'ont point vu la Trinité, mais ils ont suivi les erreurs de leur cœur. Pour nous, qui confessons et adorons la Trinité, l'unité du Père, du Fils et du Saint-Esprit, et un seul Dieu, comprenons que la doctrine de Jésus-Christ n'est pas de lui. C'est pour cela qu'il affirme qu'il ne parle point de lui-même, parce que le Christ est le Fils du Père, que le Père est le Père du Christ, et que le Fils qui vient de Dieu le Père est Dieu ; tandis que le Père qui est Dieu ne vient point comme Dieu de Dieu le Fils.

8. « Celui qui parle de soi-même, cherche sa propre gloire. » (*Jean*, vii, 18.) C'est ce que fera l'Antechrist qui, comme le dit l'Apôtre, s'élèvera au-dessus de tout ce qui est appelé Dieu, ou qui est adoré comme Dieu. » (II *Thess.*, ii, 4.) Notre-Seigneur lui-même nous a prédit que l'Antechrist chercherait sa gloire et non la gloire du Père lorsqu'il disait aux Juifs : « Je suis venu au nom de mon Père et vous ne m'avez pas reçu, un autre viendra en son propre nom et vous le recevrez. » (*Jean*, v, 43.) Il leur a ainsi prédit qu'ils recevraient l'Antechrist qui ne devait chercher que sa gloire, enflé d'un mérite sans réalité, par conséquent n'ayant aucune stabilité, et devant bientôt ne laisser que des ruines. Notre-Seigneur Jésus-Christ au contraire nous a donné un grand exemple d'humilité. Il est égal à son Père car « au commencement était le Verbe, et le Verbe était en Dieu, et le Verbe était Dieu. » Il a pu dire, et il a dit en toute vérité : « Depuis

---

de nobis exigit Deus : et non invenit quod exigat, nisi donaverit quod inveniat. Quæ fides, nisi quam definivit alio loco Apostolus plenissime dicens : Neque circumcisio aliquid valet, neque præputium, sed fides quæ per dilectionem operatur ? (*Gal.*, v, 6.) Non qualiscumque fides, sed fides quæ per dilectionem operatur : hæc in te sit, et intelliges de doctrina. Quid enim intelliges ? Quia doctrina ista non est mea, sed ejus qui misit me : id est, intelliges quia Christus Filius Dei, qui est doctrina Patris, non est ex seipso, sed Filius est Patris.

7. Sabellianam hæresim sententia ista dissolvit. Sabelliani enim dicere ausi sunt, ipsum esse Filium qui est et Pater ; duo esse nomina, sed unam rem. Si duo essent nomina, et res una, non diceretur : « Mea doctrina non est mea. » Utique si tua doctrina non est tua, o Domine, cujus est, nisi alius sit cujus sit ? Quod dixisti, Sabelliani non intelligunt : non enim Trinitatem viderunt, sed sui cordis errorem secuti sunt. Nos cultores Trinitatis et unitatis Patris et Filii et Spiritus sancti, et unius Dei, intelligamus de doctrina Christi, quoniam non est ejus. Et ideo dixit non se a seipso loqui ; quoniam Christus Patris est Filius, et Pater Christi est Pater, et Filius de Deo Patre Deus est : Pater autem Deus, non de Filio Deo Deus est.

8. « Qui a semetipso loquitur, gloriam propriam quærit. » (*Joan.*, vii, 18.) Hoc erit ille qui vocatur Antichristus, extollens se, sicut Apostolus ait, supra omne quod dicitur Deus, et quod colitur. (II *Thess.*, ii, 4.) Ipsum quippe annuntians Dominus gloriam suam quæsiturum, non gloriam Patris, ait ad Judæos : Ego veni in nomine Patris mei, et non suscepistis me : alius veniet in nomine suo, hunc suscipietis. (*Joan.*, v, 43.) Significavit eos Antichristum suscepturos, qui gloriam nominis sui quæsiturus est, inflatus, non solidus ; et ideo non stabilis, sed utique ruinosus. Dominus autem noster Jesus Christus magnum exemplum nobis præbuit humilitatis : nempe æqualis est Patri, nempe in principio erat Verbum, Verbum erat apud Deum, et Deus erat Verbum ; nempe ipse dixit, et verissime dixit : Tanto

tant de temps que je suis avec vous, vous ne me connaissez pas encore? Philippe, celui qui me voit, voit mon Père. » (*Jean*, XIV, 8.) Il a dit encore et en toute vérité : « Mon Père et moi nous ne sommes qu'un. » (*Jean*, X, 30.) Si donc le Christ qui est un avec le Père, qui est égal au Père, Dieu de Dieu, Dieu en Dieu, coéternel à Dieu le Père, immortel, immuable comme lui, au-dessus de toute succession de temps, créateur et ordonnateur des temps; si donc le Christ, parce qu'il est venu sur la terre dans le temps, parce qu'il a pris la forme d'esclave, et qu'il s'est rendu semblable aux hommes, cherche la gloire de son Père et non la sienne, quelle doit être votre conduite, ô homme, vous qui, lorsque vous faites quelque bonne action, vous en attribuez toute la gloire, tandis que si vous commettez le mal vous songez à en déverser injustement la responsabilité sur Dieu? Considérez ce que vous êtes, vous êtes une simple créature, reconnaissez votre Créateur, vous êtes serviteur, ne méprisez point votre maître; vous avez été adopté, mais vous ne le devez point à vos mérites; cherchez donc la gloire de celui à qui vous devez cette adoption, la gloire qu'a cherchée celui qui est le Fils unique de Dieu. « Celui qui cherche la gloire de celui qui l'a envoyé, celui-là est vrai, et il n'y a point en lui d'injustice. » (*Jean*, XVII, 18.) L'Antechrist au contraire, est rempli d'injustice, et la vérité n'est point en lui, parce qu'il doit chercher sa gloire et non la gloire de celui dont il a reçu sa mission, car il a reçu non point la mission, mais la simple permission de venir. Nous tous donc qui faisons partie du corps de Jésus-Christ ne cherchons point notre gloire. Si Jésus-Christ a cherché la gloire de celui qui l'a envoyé, combien plus devons-nous chercher la gloire de celui qui nous a créés?

TRAITÉ XXX.

Depuis ces paroles : « Est-ce que Moïse ne vous a point donné la loi ? cependant nul de vous ne fait la loi, » jusqu'à ces autres : « Ne jugez point sur l'apparence, mais rendez un juste jugement. »

1. La leçon du saint Évangile dont vous venez d'entendre la lecture, mes très-chers frères, suit immédiatement celle que nous vous avons précédemment expliquée. Notre-Seigneur parlait à la fois à ses disciples et aux Juifs; le langage de la vérité était entendu à la fois par les hommes sincères et par les menteurs; le langage de la charité par les amis et par les ennemis, le langage de la vertu par les bons et par les méchants. Ils l'entendaient tous, mais il discernait leurs dispositions différentes, et il voyait et il prévoyait ceux à qui ses paroles étaient et devaient plus tard être utiles. Il le voyait pour ceux qui existaient alors, il le prévoyait pour nous qui devions venir dans la suite des temps. Écoutons donc l'Évangile, comme si le Seigneur lui-même

---

tempore vobiscum sum, et non cognovistis me? (*Joan.*, XIV, 8.) Philippe, qui vidit me, vidit et Patrem; nempe ipse dixit, et verissime dixit : Ego et Pater unum sumus. (*Joan.*, X, 30.) Si ergo ille cum Patre unum, æqualis Patri, Deus de Deo, Deus apud Deum, coæternus, immortalis, pariter incommutabilis, pariter sine tempore, pariter creator et dispositor temporum; tamen quia venit in tempore, et formam servi accepit, et habitu est inventus ut homo (*Philip.*, II, 7), quærit gloriam Patris, non suam : quid tu homo facere debes, qui quando aliquid boni facis, gloriam tuam quæris; quando autem aliquid mali facis, Deo calumniam meditaris? Intende tibi, creatura es, agnosce Creatorem : servus es, ne contemnas Dominum : adoptatus es, sed non meritis tuis; quære ejus gloriam, a quo habes hanc gratiam, homo adoptatus, cujus gloriam quæsivit qui est ab illo unicus natus. « Qui autem quærit gloriam ejus qui misit illum, hic verax est, et injustitia in illo non est. (*Joan.*, XVII, 18.) In Antichristo autem injustitia est, et verax non est; quia gloriam suam quæsiturus est, non ejus a quo missus est : non enim est missus, sed venire permissus. Omnes ergo pertinentes ad corpus Christi, ne inducamur in laqueos Antichristi, non quæramus gloriam nostram. Sed si ille quæsivit gloriam ejus qui eum misit, quanto magis nos ejus qui nos fecit?

TRACTATUS XXX.

Ab eo loco : « Nonne Moyses dedit vobis Legem, et nemo ex vobis facit Legem : » usque ad id : « Nolite judicare secundum faciem, sed justum judicium judicate. »

1. Evangelii sancti lectionem, de qua pridem Caritati Vestræ locuti sumus, ista quæ modo lecta est, hodierna consequitur. Dominum loquentem audiebant et discipuli et Judæi; veritatem loquentem audiebant, et veraces et mendaces; caritatem loquentem audiebant et amici et inimici; bonum loquentem audiebant et boni et mali. Illi audiebant, sed ille discernebat; et quibus sermo prodesset et profuturus esset, videbat et prævidebat. In illis enim qui tunc erant videbat, in nobis qui futuri eramus præ-

était présent et ne disons pas : Heureux ceux qui ont pu voir le Christ de leurs yeux ! car beaucoup parmi ceux qui l'ont vu, l'ont mis à mort, et un grand nombre de ceux qui ne l'ont point vu ont cru en lui. Tous les précieux enseignements qui sont sortis de la bouche du Seigneur, c'est pour nous qu'ils ont été écrits, c'est pour nous qu'ils ont été conservés, c'est pour nous qu'ils sont lus, et ils le seront encore pour nos descendants jusqu'à la fin du monde. Le Seigneur habite les hauteurs des cieux, mais le Seigneur en tant que vérité est au milieu de nous. Le corps dans lequel le Seigneur est ressuscité, ne peut être que dans un lieu, mais sa vérité est répandue partout. Ecoutons donc attentivement le Seigneur, et faisons nous-même connaître les réflexions que sa grâce nous inspire au sujet de ces paroles.

2. « Est-ce que Moïse ne vous a pas donné la loi, leur dit-il? Et néanmoins nul de vous n'accomplit la loi. Pourquoi, en effet, cherchez-vous à me faire mourir? » (*Jean*, VII, 19, 20.) Vous cherchez à me faire mourir, parce que nul de vous n'accomplit la loi. Si vous accomplissiez la loi, vous reconnaîtriez le Christ dans les saintes Ecritures, et vous ne chercheriez pas à le mettre à mort alors qu'il est présent au milieu de vous. Et ils lui répondirent, ou plutôt « la foule lui répondit. » Elle lui répond comme une multitude qui ne suit aucun ordre, et qui est dominée par le tumulte et l'agitation. Or, voyez ce que répond cette foule agitée. « Vous êtes possédé du démon, et qui est-ce qui cherche à vous faire mourir? » Mais n'était-ce pas un crime beaucoup plus grand de dire : Vous êtes possédé du démon que de le mettre à mort? Quoi, c'est à celui qui chassait les démons qu'ils reprochent d'être possédé du démon? Quel autre langage pourrait tenir une multitude en fureur? Quelle autre odeur pouvait exhaler ce bourbier fangeux qui était remué? La foule est troublée, par qui? Par la vérité. L'éclat de la lumière trouble les yeux malades de la foule. Car les yeux qui ne sont pas sains, ne peuvent supporter la clarté que répand la lumière.

3. Le Seigneur, au contraire, inaccessible au trouble, et jouissant du calme que donne la vérité, ne rend point le mal pour le mal, ni l'outrage pour l'outrage. S'il eût répondu, c'est vous qui êtes possédés du démon, il ne leur eût dit que la vérité. Car jamais ils n'auraient insulté à ce point la vérité, si l'esprit du démon, esprit de mensonge ne les avait inspirés. Que leur répond-il donc? Ecoutons nous-mêmes avec calme et abreuvons-nous de ce langage pacifique et tranquille : « J'ai fait une seule chose, et vous êtes tous dans l'étonnement; » c'est-à-dire que serait-ce si vous étiez témoins de toutes mes

---

videbat. Nos itaque sic audiamus Evangelium, quasi præsentem Dominum ; nec dicanus : O illi felices qui eum videre potuerunt ! quia multi in eis qui viderunt et occiderunt; multi autem in nobis qui non viderunt, et crediderunt. Quod enim pretiosum sonabat de ore Domini, et propter nos scriptum est, et nobis servatum, et propter nos recitatum, et recitabitur etiam propter posteros nostros, et donec sæculum finiatur. Sursum est Dominus : sed etiam hic est veritas Domini. Corpus enim (a) Domini in quo resurrexit, uno loco esse potest : veritas ejus ubique diffusa est. Dominum ergo audiamus, et quod ipse donaverit de verbis ejus, et nos dicamus.

2. « Nonne Moyses, inquit, dedit vobis Legem, et nemo ex vobis facit Legem ? Quid me quæritis interficere ? » (*Joan.*, VII, 19, 20.) Ideo enim quæritis me interficere, quia nemo ex vobis facit Legem : nam si Legem faceretis, in ipsis litteris Christum agnosceretis, et præsentem non occideretis. Et illi responderunt : « Respondit ei turba. » Respondit quasi turba non pertinentia ad ordinem, sed ad perturbationem : denique turba turbata videte quid responderit: « Dæmonium habes, quis te quærit occidere? » Quasi non pejus fuerit dicere : « Dæmonium habes, » quam cum occidere. Ei quippe dictum est quod dæmonium haberet, qui dæmones expellebat. Quid possit aliud dicere turba turbulenta? Quid possit aliud olere cœnum commotum ? Turba turbata est, unde ? a veritate. Turbam lippitudinis turbavit claritas lucis. Oculi enim non habentes sanitatem, non possunt ferre luminis claritatem.

3. Dominus autem non plane turbatus, sed in sua veritate tranquillus ; non reddidit malum pro malo, nec maledictum pro maledicto. (I *Pet.*, III, 9.) Quibus si diceret : Dæmonium habetis vos ; verum utique diceret. Non enim talia illi veritati dicerent, nisi eos diaboli falsitas irritaret. Quid ergo respondit? Audiamus tranquille, et tranquillum bibamus : « Unum opus feci, et omnes miramini. » (*Joan*, VII, 21.) Tanquam dicens : Quid si omnia opera mea

(a) Nonnulli codices omittunt, *Domini* : at postea in verbis istis, *uno loco esse potest*, Editi, et Mss. quos considerare nobis licuit, omnes conveniunt : tametsi Ivo Dear. II p. c. 8. Gratianus de consecr., dist. II, c. *Prima quidem*. Magister IV Sent. x, c. 1, postque illos Thomas Aquinas, III P. q. LXXV, a. 1, sic sententiam hanc referant, *uno loco esse oportet*.

œuvres? Ses œuvres, c'était le spectacle que le monde entier déroulait sous leurs yeux, qu'ils voyaient, tandis qu'ils ne voyaient point celui qui a créé toutes ces choses. Il fit un seul miracle et ils furent troublés de ce qu'il avait guéri un homme le jour du sabbat. Ne semble-t-il pas que si un malade guérissait de lui-même un jour du sabbat, sa guérison serait l'œuvre d'un autre que de celui qui les a scandalisés, pour avoir rendu sain un homme dans tout son corps le jour du sabbat? Car quel autre peut sauver les hommes de la maladie que celui qui est le principe et l'auteur de tout salut, et qui étend même aux animaux le salut qu'il donne à cet homme? Ce salut avait le corps pour objet. Le corps recouvre la santé, répare ses forces et ne laisse pas de mourir, et la santé qui lui est rendue, diffère pour lui la mort, mais ne peut l'en affranchir. Cependant, mes frères, la santé a toujours Dieu pour auteur ; quels que soient l'instrument ou les moyens de guérison dont il se sert pour nous la rendre, elle nous est donnée par celui à qui le Psalmiste rend ce témoignage : « Vous sauverez, Seigneur, les hommes et les bêtes, selon l'abondance de votre infinie miséricorde. » (*Ps.* xxxv, 7.) Comme vous êtes Dieu, votre miséricorde en se multipliant, s'est étendue jusqu'au salut du corps de l'homme, jusqu'au salut des animaux qui sont privés de la voix. Mais vous, Seigneur, qui donnez aux hommes et aux animaux le salut qui leur est commun, n'avez-vous pas réservé un salut particulier aux hommes? Oui, assurément, il est un autre salut qui, non-seulement n'est pas commun aux hommes et aux animaux, mais qui ne se répand même pas indifféremment sur les bons et les mauvais. Aussi après avoir parlé de ce salut que reçoivent indistinctement les hommes et les animaux, voici ce qu'il ajoute en parlant du salut que doivent espérer les hommes et les hommes vertueux : « Mais les enfants des hommes à l'ombre de vos ailes, seront pleins d'espérance. Ils seront enivrés de l'abondance qui est dans votre maison, et vous les ferez boire au torrent de vos délices, parce qu'en vous est la source de la vie, et c'est dans votre lumière que nous verrons la lumière. » (*Ibid.*, 8-10.) Voilà le salut qui est exclusivement propre aux bons que le Psalmiste appelle les enfants des hommes, après avoir dit précédemment : « Seigneur, vous sauverez les hommes et les animaux. » Quoi donc? Est-ce que ces hommes n'étaient pas des enfants des hommes pour qu'il fût nécessaire, après avoir parlé des hommes, de dire immédiatement après : « Mais les enfants des hommes, » comme si les hommes étaient distincts des enfants des hommes? Ce n'est cependant pas sans une raison particulière que l'Esprit saint a fait cette distinction. (1) (Les hommes

(1) La phrase suivante paraît faire double emploi.

videretis? Ipsius enim opera erant quæ in mundo videbant, et ipsum qui fecit omnia non videbant : fecit unam rem, et turbati sunt, quia salvum fecit hominem sabbato. Quasi vero si quisquam (*a*) ægrotus sabbato sinceraret, alius illum sanum fecisset quam ille, qui eos scandalizavit, quia unum hominem salvum fecit sabbato. Quis enim alius alios salvos fecit quam ipsa salus : qui illam salutem quam dedit huic homini, dat et jumentis? Salus enim corporalis erat. Salus carnis et reparatur, et moritur; et cum reparatur, mors differtur, non aufertur. Tamen, Fratres, etiam ipsa salus a Domino est, per quemquemlibet detur : quocumque curante et ministrante impertiatur, ab illo datur a quo est omnis salus, cui dicitur in Psalmo : « Homines et jumenta salvos facies Domine, sicut multiplicasti misericordiam tuam Deus. » (*Psal.* xxxv, 7.) Quia enim Deus es, multiplicata misericordia tua pervenit etiam ad salutem carnis humanæ, pervenit etiam ad salutem mutorum animalium : sed qui das salutem carnis hominibus jumentisque communem, numquid nulla salus est quam servas hominibus? Est certe alia quæ non solum communis non est hominibus et jumentis, sed nec ipsis hominibus communis est bonis et malis. Denique cum ibi de ista salute dixisset, quam communiter accipiunt pecora et homines; propter illam salutem quam sperare debent homines, sed boni homines, secutus adjunxit : « Filii autem hominum sub tegmine alarum tuarum sperabunt : inebriabuntur ab ubertate domus tuæ, et torrente voluptatis tuæ potabis eos : quoniam apud te est fons vitæ, et in lumine tuo videbimus lumen. » (*Ibid.*, etc.) Hæc est salus quæ ad bonos pertinet, quos appellavit filios hominum ; cum supra dixisset : Homines et jumenta salvos facies Domine. Quid enim? Illi homines non erant filii hominum, ut cum dixisset homines, sequeretur et diceret : Filii autem hominum : quasi aliud erant homines, et aliud filii hominum? Non tamen arbitror sine aliqua significatione distinctionis hoc dixisse Spiritum sanctum. [Homines ad

(*a*) In tribus Mss. *ægrotum* : in cæteris, *ægrotus sabbato sinceraret*, id est seipso, neque medici accedente opera, sanus fieret.

seraient la descendance du premier Adam, les enfants des hommes la descendance du Christ.) Les hommes paraîtraient indiquer les descendants du premier homme, et les enfants des hommes ceux qui forment la postérité du Christ.

4. « J'ai fait une seule œuvre et vous êtes tous étonnés; » et il ajoute aussitôt : « Cependant Moïse vous a donné la circoncision. » (*Jean*, VII, 22.) C'est une chose heureuse que vous ayez reçu la circoncision de Moïse. « Bien qu'elle ne soit pas de Moïse mais des patriarches. » En effet, c'est Abraham qui, le premier, reçut de Dieu lui-même la circoncision. « Et vous pratiquez la circoncision le jour du sabbat. » Vous êtes convaincus par Moïse lui-même. La loi vous fait un devoir de circoncire vos enfants le huitième jour, elle vous fait également une obligation de vous reposer le septième jour; si donc le huitième jour qui suit la naissance d'un enfant coïncide avec le septième jour du sabbat, que ferez-vous? Observerez-vous la loi du sabbat ou préférerez-vous pratiquer la circoncision pour rester fidèles au précepte du huitième jour? Mais, poursuit le Sauveur, je sais ce que vous ferez. « Vous pratiquerez la circoncision. » Pourquoi? Parce que la circoncision est comme un signe, comme un sceau du salut, et que les hommes ne doivent point le jour du sabbat rester étrangers à l'affaire de leur salut. Cessez donc « de vous indigner contre moi, parce que j'ai rendu un homme sain dans tout son corps le jour du sabbat; si pour ne pas violer la loi de Moïse on circoncit le jour du sabbat, » (*Jean*, VII, 23) (car cet établissement de la circoncision par Moïse renferme une institution utile et salutaire) pourquoi vous indigner contre moi parce que j'ai rendu sain un homme le jour du sabbat?

5. Peut-être cette circoncision était la figure du Seigneur lui-même contre lequel ils s'indignaient parce qu'il avait guéri cet homme et lui avait rendu la santé. En effet, la loi commandait de pratiquer la circoncision le huitième jour; or, en quoi consistait la circoncision? dans le dépouillement de la chair. Elle figurait donc le dépouillement des convoitises charnelles qu'il faut retrancher du cœur. Aussi ce n'est point sans dessein que Dieu l'a instituée et qu'il a commandé de la pratiquer sur ce membre qui sert à la génération. « C'est par un homme que la mort est venue, c'est aussi par un homme que vient la résurrection des morts. » (I *Cor.*, XV, 21.) « C'est par un seul homme que le péché est entré dans ce monde et la mort par le péché. » (*Rom.*, V, 12.) Tout homme naît donc sans être circoncis, parce que tout homme naît avec le vice de son origine, et Dieu ne nous purifie soit du vice de notre naissance, soit de ceux que nous y ajoutons par une vie criminelle, que par le couteau de pierre qui est Notre-Sei-

---

primum Adam, filii hominum ad Christum.] Forte enim homines pertinent ad primum hominem : filii autem hominum pertinent ad filium hominis.

4. « Unum opus feci, et omnes miramini. » Et continuo subjungit : « Propterea Moyses dedit vobis circumcisionem. » Bene factum est ut acciperetis circumcisionem a Moyse. « Non quia ex Moyse est, sed ex Patribus. » (*Joan.*, VII, 22.) Abraham quippe primus accepit circumcisionem a Domino. (*Gen.*, XVII, 10.) « Et in sabbato circumciditis. » Convicit vos Moyses. In Lege accepistis ut circumcidatis octavo die : accepistis in Lege ut vacetis septimo die : si octavus dies illius qui natus est occurret ad diem septimum sabbati, quid facietis? Vacabitis ut servetis sabbatum, an circumcidetis ut impleatis sacramentum diei octavi? Sed novi, inquit, quid faciatis. « Circumciditis hominem. » Quare? Quia circumcisio pertinet ad aliquod signaculum salutis, et non debent homines sabbato vacare a salute. Ergo nec « mihi irascamini, quia salvum feci totum hominem sabbato : si circumcisionem, inquit, accipit homo in sabbato, ut non solvatur Lex Moysi : » (*Joan.*, VII, 23) (aliquid enim per Moysen in illa constitutione circumcisionis salubriter institutum est :) mihi operanti salutem in sabbato quare indignamini?

5. Forte enim illa circumcisio ipsum Dominum significabat, cui isti curanti et sananti indignabantur. Jussa est enim adhiberi octavo die circumcisio : et quid est circumcisio, nisi carnis expoliatio? (*Levit.*, XII, 3) Significat ergo ista circumcisio expoliationem a corde cupiditatum carnalium. Non ergo sine causa data est, et in eo membro jussa fieri : quoniam per illud membrum procreatur creatura mortalium. Et per unum hominem mors, sicut per unum hominem resurrectio mortuorum (I *Cor.*, XV, 21) : et per unum hominem peccatum intravit in mundum, et per peccatum mors. (*Rom.*, V, 12.) Ideo quisque cum præputio nascitur, quia omnis homo cum vitio propaginis nascitur : et non mundat Deus sive a vitio cum quo nascimur, sive a vitiis quæ male vivendo addimus, nisi per cultellum petrinum : Dominum Christum. Petra enim erat Christus. (I *Cor.*,

gneur Jésus-Christ. « La pierre était le Christ, » dit l'Apôtre. (1 *Cor.*, x, 4.) Les Juifs se servaient de couteaux de pierre pour la circoncision; cette pierre était pour eux la figure du Christ, et ils ne le reconnaissaient pas lui qui était au milieu d'eux; que dis-je? ils voulaient le mettre à mort. Or, pourquoi la circoncision avait-elle lieu le huitième jour? C'était en figure de la résurrection de Notre-Seigneur qui eut lieu le dimanche, le jour qui suivit immédiatement le septième jour de la semaine. La résurrection de Jésus-Christ, qui eut lieu le troisième jour après sa passion et le huitième jour de la semaine, est pour nous une véritable circoncision. Apprenez de l'Apôtre quels sont ceux qui sont circoncis avec la véritable pierre : « Si donc vous êtes ressuscités avec Jésus-Christ, recherchez les choses d'en haut où le Christ est assis à la droite de Dieu, goûtez les choses d'en haut et non les choses de la terre. » (*Col.*, III, 1-2.) Il s'adresse à ceux qui sont circoncis : Jésus-Christ est ressuscité, il vous a délivrés de vos désirs charnels, il vous a délivrés des convoitises mauvaises, il vous a délivrés de ces choses inutiles et superflues que vous teniez de votre naissance et des vices beaucoup plus criants qu'avait ajoutés une vie criminelle; vous êtes circoncis par la pierre, pourquoi goûter encore les choses de la terre? Enfin puisque Moïse vous a donné la loi, et que pour lui obéir vous pratiquez la circoncision le jour du sabbat, comprenez donc que cette circoncision figurait la bonne œuvre que j'ai faite en rendant un homme sain tout entier un jour du sabbat. Il a été guéri pour recouvrer la santé du corps, et il a cru pour obtenir la santé de l'âme.

6. « Ne jugez point suivant les personnes, mais rendez un juste jugement. » (*Jean*, VII, 24.) Qu'est-ce à dire? Vous qui, pour obéir à la loi de Moïse, donnez la circoncision le jour du sabbat, vous ne vous indignez pas contre Moïse et vous vous indignez contre moi parce que j'ai ce même jour rendu la santé à un homme. Vous jugez suivant les personnes, considérez donc seulement la vérité. Je ne me préfère pas à Moïse, dit le Seigneur, bien qu'il fût le maître et le Seigneur de Moïse. Considérez-nous comme si nous étions deux hommes; jugez entre nous, mais jugez selon la justice, ne me condamnez point en me donnant tous les honneurs, mais commencez par le comprendre pour me rendre l'honneur qui m'est dû. Dans un autre endroit il leur dit : « Si vous croyiez à Moïse, vous croiriez sans doute à moi aussi, parce que c'est de moi qu'il a écrit. » Mais ici il n'a point recours à ce genre de raisonnement, il se place devant eux avec Moïse comme sur la même ligne. Pour obéir à la loi de Moïse, vous pratiquez la circoncision, même un jour de sabbat, et vous ne voulez pas que ce même jour de sabbat je répande mes bienfaits en rendant la santé aux malades. Le Seigneur est le maître de la cir-

---

x, 4.) Cultellis enim petrinis circumcidebant, et petræ nomine Christum figurabant : et præsentem non agnoscebant, sed insuper eum occidere cupiebant. Quare autem octavo die, nisi quia post septimum sabbati Dominus die Dominico resurrexit? Ergo resurrectio Christi, quæ facta est tertio quidem die passionis, sed octavo die in diebus hebdomadis, ipsa nos circumcidit. Audi circumcisos vera petra, Apostolo admonente : Si ergo resurrexistis cum Christo, quæ sursum sunt quærite, ubi Christus est in dextera Dei sedens; quæ sursum sunt sapite, non quæ super terram. (*Col.*, III, 1, 2.) Circumcisis loquitur : Resurrexit Christus, abstulit vobis desideria carnalia, abstulit concupiscentias malas, abstulit superfluum cum quo nati eratis, et multo pejus quod male vivendo addideratis : circumcisi per petram quare adhuc sapitis terram? Et ad extremum quia Legem dedit Moyses, et circumciditis hominem sabbato, intelligite hoc significari opus bonum, quod ego feci totum hominem salvum sabbato : quia et curatus est ut sanus esset in corpore, et credidit ut sanus esset in anima.

6. « Nolite judicare personaliter, sed rectum judicium judicate. » (*Joan.*, VII, 24.) Quid est hoc? Modo qui per Legem Moysi circumciditis sabbato, non irascimini Moysi; et quia ego die sabbati salvum feci hominem, irascimini mihi. Personaliter judicatis, veritatem attendite. Ego non me præfero Moysi, ait Dominus qui erat et ipsius Moysi Dominus. (*Joan.*, V, 46.) Sic attendite quomodo homines nos duos, tanquam ambos homines judicate inter nos, sed verum judicium judicate : nolite me honorato illum damnare, sed illo intellecto me honorate. Hoc enim eis alio loco dixit : Si credideritis Moysi, crederetis utique et mihi; de me enim ille scripsit. Sed hoc loco noluit hoc dicere, tanquam se et Moyse ante illos constitutis. Propter Legem Moysi circumciditis, quando etiam sabbatum occurrerit; et ego sanitatum faciendarum beneficentiam non vultis ut exhibeam per sabbatum? Quia Dominus circumcisionis

concision et du sabbat, et il est par là même l'auteur du salut. Il vous est défendu de faire des œuvres serviles le jour du sabbat; si vous entendez ces œuvres serviles dans leur véritable sens, vous ne péchez pas. « Car celui qui commet le péché est esclave du péché. » (*Jean,* VIII, 34.) Est-ce donc une œuvre servile que de guérir un homme le jour du sabbat? Vous mangez et vous buvez (pour emprunter quelque chose aux enseignements et aux paroles de Notre-Seigneur Jésus-Christ), et pourquoi mangez-vous et buvez-vous le jour du sabbat? Parce que ces actions sont nécessaires à la conservation de votre vie. Vous prouvez par là qu'on ne doit point s'abstenir le jour du sabbat des actions qui ont pour objet la conservation de la vie. « Ne jugez donc pas d'après les personnes, mais rendez un juste jugement. » Considérez-moi comme un homme, considérez également Moïse comme un homme; si vous jugez suivant la vérité, vous ne condamnerez ni Moïse, ni moi, et en connaissant la vérité vous me connaîtrez, parce que je suis moi-même la vérité. (*Jean,* XIV, 6.)

7. Il est très-difficile, mes frères, d'éviter dans ce siècle le vice que Notre-Seigneur relève ici, c'est-à-dire de ne point juger d'après les personnes, mais de juger suivant la justice. Cette leçon que Notre-Seigneur donne aux Juifs, il nous la donne aussi à nous-mêmes, il leur prouve qu'ils sont coupables, mais il nous instruit; il condamne leur conduite, il excite notre zèle. N'allons point penser que ces paroles ne s'adressent pas à nous, parce que nous n'étions pas présents lorsqu'elles ont été prononcées. Elles ont été écrites, on nous les a lues, nous les avons entendues, mais nous les avons entendues comme s'adressant aux Juifs. Ne restons pas en arrière comme pour regarder les reproches que l'on fait à nos ennemis tout en faisant nous-mêmes ce que la vérité ne peut manquer de condamner dans notre conduite. Les Juifs faisaient acception de personnes dans leurs jugements, mais aussi ils n'appartiennent point au Nouveau Testament, ils n'ont aucun droit au royaume des cieux qui nous est ouvert par Jésus-Christ, ils ne font point partie de la société des saints anges. Ils ne demandaient à Dieu que des biens matériels, la terre promise, la victoire sur leurs ennemis, la fécondité de leurs épouses, de nombreux enfants, l'abondance des fruits de la terre, tous ces biens leur avaient été promis comme à un peuple encore charnel par ce Dieu dont la bonté égale la vérité, et toutes ces promesses ont eu leur accomplissement sous l'Ancien Testament. Qu'est-ce que l'Ancien Testament? L'héritage du vieil homme. Pour nous, au contraire, nous sommes renouvelés, nous sommes devenus un homme nouveau, parce que le Sauveur est venu comme un nouvel homme. Quelle nouveauté plus grande que de naître d'une vierge?

---

et Dominus sabbati, salutis est auctor : et servilia opera prohibiti estis facere sabbato; si vere intelligatis servilia opera, non peccatis. Qui enim facit peccatum, servus est peccati. (*Joan.*, VIII, 34.) Numquid servile opus est, hominem sanare per sabbatum? Manducatis et bibitis, (ut aliquid dicam ex admonitione Domini nostri Jesu Christi, et ex verbis ejus,) utique quare manducatis et bibitis in sabbato, nisi quia pertinet ad salutem quod facitis? Per hoc ostenditis opera salutis non esse ullo modo die sabbati omittenda. Ergo « nolite personaliter judicare, sed rectum judicium judicate. » Attendite me quomodo hominem, attendite Moysen quomodo hominem : si secundum veritatem judicetis, neque Moysen, neque me condemnabitis : et veritate cognita me cognoscetis ; quia ego sum veritas. (*Joan.*, XIV, 6.)

7. Hoc vitium, Fratres, quod Dominus notavit hoc loco, evadere in hoc sæculo magni laboris est, non personaliter judicare, sed rectum judicium retinere. Admonuit quidem Dominus Judæos, sed monuit et nos : illos convicit, nos instruxit : illos redarguit, nos exacuit. Non putemus hoc nobis non ideo dictum, quia tunc ibi non fuimus. Scriptum est, legitur, cum recitaretur audivimus ; sed tanquam Judæis dictum audivimus : non nos ponamus post nos, et quasi intueamur inimicos reprehendere, et ipsi nos faciamus quod in nobis veritas ipsa reprehendat. Judæi quidem personaliter judicabant, sed ideo non pertinent ad Novum Testamentum, ideo non habent in Christo regnum cœlorum, ideo non junguntur sanctorum societati Angelorum : terrena quærebant a Domino : terra enim promissionis, victoria ab inimicis, fecunditas pariendi, multiplicatio filiorum, abundantia fructuum, quæ illis omnia a Deo quidem vero et bono, tamen ut carnalibus promissa sunt, omnia hæc fecerunt illis Vetus Testamentum. Quid est Vetus Testamentum? quasi hæreditas pertinens ad hominem veterem. Nos innovati sumus, homo novus facti sumus; quia et ille homo novus venit. Quid tam novum quam nasci de virgine? Quia ergo non erat quid in illo innovaret præceptum,

Il n'y avait en lui aucune autre nouveauté, parce qu'il était sans péché, sa naissance seule reçut ce caractère de nouveauté. En lui c'est la naissance qui est nouvelle, en nous c'est l'homme qui est nouveau. Qu'est-ce que l'homme nouveau? Celui chez qui la vétusté fait place à un état de renouvellement complet. Et dans quel but est-il renouvelé? Afin qu'il puisse désirer les choses du ciel, aspirer après les biens éternels, soupirer après la patrie qui est au-dessus de nous et ne redoute point d'ennemis, où nous ne perdons point nos amis, où nous ne craignons pas de rencontrer d'ennemis, où toutes nos affections sont saintes et ne souffrent aucune altération; où personne ne naît, parce que personne ne meurt, où personne n'avance ni ne recule, où le besoin de la faim ou de la soif ne se fait plus sentir, parce que nous sommes rassasiés d'immortalité et que la vérité même est notre nourriture. Dépositaires d'aussi belles promesses, enfants du Nouveau Testament, héritiers de ce nouvel héritage et cohéritiers du Seigneur, que nos espérances sont bien différentes de celles des Juifs! Ne jugeons donc pas d'après les personnes, mais réglons tous nos jugements sur la justice.

8. Quel est celui qui ne fait point acception de personnes dans ses jugements? Celui qui aime tous les hommes d'un amour égal. Ce n'est point lorsque nous proportionnons les honneurs que nous leur rendons aux charges dont ils sont revêtus, que nous sommes en danger de faire acception de personnes. Mais quelquefois nous jugeons entre deux parties et quelquefois entre des gens qui nous sont unis par les liens du sang, nous sommes appelés à juger entre le père et son fils; le père se plaint de la mauvaise conduite de son fils ou le fils se plaint de la dureté de son père. Nous réservons au père les honneurs qui lui sont dus, nous ne cherchons pas à y associer le fils; mais nous lui donnons droit si sa cause est bonne. Traitons-les tous deux sur le même pied, mais au point de vue de la vérité; et de cette sorte en rendant au Père l'honneur qui lui est dû, l'équité et la justice conservent leur privilége. Les paroles du Seigneur sont ainsi pour nous un principe d'avancement, et sa grâce nous aide à marcher dans la voie de la perfection.

TRAITÉ XXXI.

Depuis ces paroles : « Alors quelques-uns de Jérusalem disaient : N'est-ce pas celui qu'ils cherchent à faire mourir ? » jusqu'à ces autres : « Vous me chercherez et ne me trouverez point ; et où je suis, vous ne pouvez venir. »

1. Vous vous rappelez, mes très-chers frères, que dans les discours précédents nous avons expliqué comme nous avons pu cette leçon de l'Evangile où nous voyons Notre-Seigneur Jésus-Christ se rendre comme en secret à la fête, non dans la crainte qu'on s'emparât de lui, puisque

---

quia nullum habebat peccatum ; novus partus est datus. In illo partus novus, in nobis homo novus. Quid est homo novus? a vetustate innovatus. Ad quam rem innovatus? ad desideranda cœlestia, ad concupiscenda sempiterna, ad patriam quæ sursum est et hostem non timet, desiderandam, ubi non perdimus amicum, non timemus inimicum; ubi vivimus cum bono affectu, sine ullo defectu; ubi nemo nascitur, quia nemo moritur; ubi nemo jam proficit, et nemo deficit; ubi non esuritur, et non sititur, sed satietas est immortalitas, et cibus veritas. Hæc habentes promissa, et ad Novum Testamentum pertinentes, et novæ hæreditatis facti hæredes, et ipsius Domini cohæredes, aliam spem valde habemus : non personaliter judicemus, sed rectum judicium teneamus.

8. Quis est qui non judicat personaliter? qui diligit æqualiter. Dilectio æqualis facit non acceptari personas. Non cum homines diverso modo pro suis gradibus honoramus, tunc timendum est ne personas accipiamus. Sed quando inter duos judicamus, et aliquando inter necessarios : fit nonnunquam judicium inter patrem et Filium; queritur pater de malo filio, aut queritur filius de duro patre (II q. VII, cap. Quæritur): servamus honorificentiam patri, quæ debetur a filio; non æquamus filium patri in honore; sed præponimus, si bonam causam habet : filium æquemus patri in veritate ; et sic tribuemus honorem debitum, ut non perdat æquitas meritum. Ita verbis Domini proficimus, et ut proficiamus gratia illius adjuvamur.

TRACTATUS XXXI.

Ab eo loco : « Dicebant ergo quidam ex Jerosolymis : Nonne hic est, quem quærebant Judæi interficere : » usque ad id : « Quæretis me, et non invenietis ; et ubi sum ego, vos non potestis venire. »

1. Meminit Caritas Vestra pristinis sermonibus et lectum esse in Evangelio, et a nobis ut potuimus disputatum, quod Dominus Jesus ideo velut occulte

par sa puissance il pouvait déjouer ces tentatives, mais pour signifier qu'il était lui-même caché dans ce jour de fête que célébraient les Juifs, et que cette fête était son mystère. Dans la lecture de ce jour, nous voyons éclater cette puissance que l'on regardait peut-être pour de la timidité. Jésus enseigne publiquement pendant la fête, au point que le peuple étonné s'écrie comme nous l'avons entendu il n'y a qu'un instant : « N'est-ce pas celui qu'ils cherchent pour le faire mourir ? Et voilà qu'il parle publiquement sans qu'ils lui disent rien. Les princes du peuple auraient-ils reconnu qu'il est le Christ ? » (*Jean*, VII, 25, 26.) Ils connaissaient la cruauté de ceux qui le cherchaient, et ils s'étonnaient de la puissance qui mettait un frein à leur fureur. Mais comme ils n'avaient pas une intelligence bien claire de sa puissance, ils attribuèrent cette conduite à la connaissance qu'avaient les princes du peuple que Jésus était le Christ, et que pour cette raison ils épargnèrent celui qu'ils désiraient si ardemment faire mourir.

2. Mais bientôt ceux-mêmes qui se disaient entre eux : « Les princes du peuple auraient-ils reconnu qu'il est le Christ, » se firent une question qui semblait mettre en doute pour eux qu'il fût vraiment le Christ. Ils ajoutent en effet : « Celui-ci néanmoins nous savons d'où il est, mais quand le Christ viendra personne ne saura d'où il est. » (*Jean*, VII, 27.) Voulons-nous savoir d'où venait cette opinion parmi les Juifs que lorsque le Christ viendrait personne ne saurait d'où il est (car cette opinion avait sa raison d'être), considérons les saintes Ecritures, mes frères, nous y trouverons qu'elles ont prédit que le Christ serait appelé Nazaréen. (*Matth.*, II, 23.) Elles ont donc annoncé le lieu de son origine. Si nous cherchons maintenant le lieu de sa naissance, c'est-à-dire si ce lieu était le même que celui de son origine, nous voyons que les Juifs le connaissaient parfaitement, parce que les Ecritures l'avaient clairement prédit. En effet, lorsque sur l'apparition de l'étoile les Mages se mirent en marche pour l'adorer, ils vinrent trouver Hérode et lui firent connaître l'objet de leurs recherches et de leurs désirs. (*Matth.*, II, 2.) Ce prince réunit alors les docteurs de la loi pour savoir d'eux où le Christ devait naître ; ils lui répondirent : Dans Bethléem de Juda, et ils citèrent à l'appui le témoignage du prophète. (*Mich.*, V, 2.) Or, si les prophètes ont prédit et le lieu de son origine selon la chair, et le lieu où sa mère l'a mis au monde, d'où avait pu venir parmi les Juifs cette opinion que nous leur avons entendu exprimer : « Quand le Christ viendra, personne ne saura d'où il est, » si ce n'est des saintes Ecritures elles-mêmes, qui avaient prédit et annoncé l'un et l'autre point ? En tant qu'homme, les Ecritures avaient prédit

---

ascendit ad diem festum, non quia timebat ne teneretur, cujus potestas erat ne teneretur ; sed ut significaret etiam in ipso die festo qui celebrabatur a Judæis, se occultari, et suum esse mysterium : hodierna ergo lectione apparuit potestas, quæ putabatur timiditas : loquebatur enim palam in die festo, ita ut mirarentur turbæ, et dicerent quod audivimus, cum lectio legeretur : « Nonne hic est quem quærebant interficere ? Et ecce palam loquitur, et nihil illi dicunt : numquid vere cognoverunt principes quia hic est Christus ? » (*Joan.*, VII, 25, 26.) Qui noverant qua sævitia quærebatur, mirabantur qua potentia non tenebatur. Deinde non plene intelligentes illius potentiam, putaverunt principum esse scientiam, quod ipsi cognoverant eumdem esse Christum : ideo pepercerunt ei, quem tantopere occidendum quæsierunt.

2. Deinde illi ipsi apud seipsos, qui dixerant : « Numquid cognoverunt principes quia hic est Christus ? » fecerunt sibi quæstionem qua eis videretur non ipse esse Christus : adjungentes enim dixerunt : « Sed istum novimus unde sit, Christus autem cum venerit, nemo scit unde sit. » (v. 27.) Hæc opinio apud Judæos unde nata fuerit, quod « Christus cum venerit, nemo scit unde sit : » (non enim inaniter nata est) si consideremus Scripturas, invenimus Fratres, quoniam sanctæ Scripturæ dixerunt de Christo, quoniam Nazaræus vocabitur. (*Matth.*, II, 23.) Ergo prædixerunt unde sit. Rursus si locum nativitatis ejus quæramus, tanquam inde sit ubi natus est ; nec hoc latebat Judæos, propter Scripturas quæ ista prædixerant. Nam cum eum visa stella Magi quærerent adorare, venerunt ad Herodem (*Matth.*, II, 2), et dixerunt quid quærerent et quid vellent : ille autem convocavit eis qui Legem sciebant, quæsivit ab eis ubi Christus nasceretur : illi dixerunt, in Bethleem Judæ ; et testimonium etiam propheticum protulerunt. (*Mich.*, V, 2.) Si ergo Prophetæ prædixerant et locum unde erat origo carnis ejus, et locum ubi eum peperit mater ejus ; unde nata est ista opinio apud Judæos, quam modo audivimus : « Christus cum venerit, nemo scit unde sit, » nisi quia utrumque prædicaverant et prænuntiaverant Scripturæ ?

d'où il était ; en tant que Dieu, il était inconnu aux impies et ne se révélait qu'aux âmes pieuses. Les Juifs disent : « Quand le Christ viendra, personne ne saura d'où il est, » opinion qui leur venait de cet oracle d'Isaïe : « Qui racontera sa génération ? » (*Isai.*, LIII, 8.) Or, Notre-Seigneur répond à ces deux points : qu'ils savaient d'où il était, et qu'ils l'ignoraient, rendant ainsi témoignage à la prophétie sainte faite si longtemps auparavant et qui annonçait en lui la faiblesse de la nature humaine et la puissance de la nature divine.

3. Ecoutez donc le Verbe du Seigneur, mes frères, et voyez comme il confirme cette assertion des Juifs : « Celui-ci, nous savons d'où il est, » et cette autre : « Mais quand le Christ viendra, personne ne saura d'où il est. » Jésus enseignait donc à haute voix dans le temple, disant : « Vous me connaissez et vous savez d'où je suis ; cependant je ne suis pas venu de moi-même, mais celui qui m'a envoyé est véridique et vous ne le connaissez pas. » (*Jean*, VII, 28.) C'est leur dire : Vous me connaissez et vous ne me connaissez pas ; c'est dire : Vous savez d'où je suis, et vous ne le savez pas. Vous savez d'où je suis, Jésus de Nazareth, dont vous connaissez les parents. La seule chose qui leur était ici cachée, c'était l'enfantement virginal dont toutefois son époux était le témoin, témoin d'autant plus sûr que son honneur comme époux y était plus intéressé. A l'exception donc de cet enfantement virginal, ils connaissaient dans Jésus tout ce qui avait rapport à la nature humaine ; son extérieur, sa patrie, sa famille, le lieu de sa naissance leur étaient connus. C'est donc avec raison qu'il leur dit : « Vous me connaissez et vous savez d'où je suis ; » à ne considérer que la nature humaine dont il était revêtu ; mais sous le rapport de sa divinité il ajoutait : « Je ne suis pas venu de moi-même, mais celui qui m'a envoyé est véridique, et vous ne le connaissez pas. Or, si vous voulez le connaître, croyez en celui qu'il a envoyé. Personne n'a jamais vu Dieu, le Fils unique qui est dans le sein du Père nous l'a fait connaître. » (*Jean*, I, 18.) Et encore : « Personne ne connait le Père, si ce n'est le Fils, et celui à qui le Fils a voulu le révéler. » (*Matth.*, XI, 27.)

4. Enfin, après leur avoir dit : « Celui qui m'a envoyé est véridique, et vous ne le connaissez pas, » il veut leur apprendre comment ils pourraient savoir ce qu'ils ignoraient, et il ajoute : « Moi je le connais. » Demandez-moi donc de vous le faire connaître. « Or, si je le connais, pourquoi ? parce que je suis de lui et qu'il m'a envoyé. » Il nous a donné de ces deux vérités une magnifique démonstration. « Je suis de lui, dit-il, parce que le Fils vient du Père, et tout ce

---

Secundum hominem prædixerant Scripturæ unde esset : secundum Deum latebat impios, et quærebat pios. Ad hoc enim et isti dixerunt : « Christus cum venerit, nemo scit unde sit : » quia hanc illis opinionem generaverat quod per Isaiam dictum est : Generationem autem ejus quis enarrabit ? (*Isa.*, LIII, 8.) Denique et ipse Dominus ad utrumque respondit, et quia noverant eum unde esset, et quia non noverant ; ut attestaretur propheticæ sanctæ quæ de illo ante prædicta est, et secundum humanitatem infirmitatis, et secundum divinitatem majestatis.

3. Audite ergo Verbum Domini, Fratres, videte quemadmodum confirmavit eis et quod dixerunt : « Istum novimus unde sit : » et quod dixerunt : « Christus cum venerit, nemo scit unde sit. Clamabat ergo docens in templo Jesus : Et me scitis, et unde sim scitis ; et a meipso non veni, sed est verus qui me misit, quem vos nescitis. » (*Joan.*, VII, 28.) Hoc est dicere : Et me scitis, et me nescitis : hoc est dicere : Et unde sim scitis, et unde sim nescitis. Unde sim scitis, Jesus a Nazareth, cujus etiam parentes nostis. Solus enim in hac causa latebat virginis partus, cui tamen testis erat maritus : ipse enim hoc poterat fideliter indicare, qui (a) posset maritaliter et zelare. Hoc ergo excepto virginis partu, totum noverant in Jesu quod ad hominem pertinet : facies ipsius nota erat, patria ipsius nota erat, genus ipsius notum erat, ubi natus est sciebatur. Recte ergo dixit : « Et me nostis, et unde sim scitis, » secundum carnem et effigiem hominis quam gerebat : secundum autem divinitatem : « Et a me ipso non veni, sed est verus qui me misit, quem vos nescitis : » sed ut noveritis, credite in eum quem misit, et scietis. Deum enim nemo vidit umquam, nisi unigenitus Filius qui est in sinu Patris, ipse enarravit (*Joan.*, I, 18) : et : Patrem non cognoscit nisi Filius, et cui voluerit Filius revelare. (*Matth.*, XI, 27.)

4. Denique cum dixisset : « Sed est verus qui misit me, quem vos nescitis ; » ut ostenderet eis unde possent scire quod nesciebant, subjecit : « Ego scio eum. » (*Joan.*, VII, 29.) Ergo a me quærite, ut sciatis eum. Quare autem scio eum ? « Quia ab ipso sum,

(a) Sic Mss. cum editis Am. et Bad. At. et Lov. habent, *qui potuit maritaliter et celare.*

qu'est le Fils, il le tient de celui dont il est le Fils. » Voilà pourquoi nous disons que Notre-Seigneur Jésus-Christ est Dieu de Dieu ; mais nous disons du Père non pas qu'il est Dieu de Dieu, mais simplement qu'il est Dieu. Nous disons que Notre-Seigneur Jésus-Christ est lumière de lumière ; mais pour le Père nous disons non pas qu'il est lumière de lumière, mais simplement lumière. Voilà ce que signifient ces paroles : « Je suis de lui. » Mais si vous considérez cette nature extérieure et visible, « c'est lui qui m'a envoyé. » Dans ces paroles : « C'est lui qui m'a envoyé, » gardez-vous de voir une différence de nature, elles n'expriment que l'autorité de celui qui a engendré.

5. « Ils cherchaient donc à le prendre, et personne ne mit la main sur lui, parce que son heure n'était pas encore venue, » (*Jean*, VII, 30) c'est-à-dire parce qu'il ne le voulait pas. Que signifient ces paroles : « Son heure n'était pas encore venue? » Notre-Seigneur n'était pas né esclave de la fatalité. Vous ne le croyez pas de vous-même, oseriez-vous le croire de celui par qui vous avez été créé? Si votre heure c'est sa volonté, que peut être son heure si ce n'est cette même volonté? L'heure dont il parle n'est donc pas celle où il serait forcé de mourir, mais celle où il consentirait à être mis à mort. Il attendait le temps de sa mort, parce qu'il avait attendu le temps de sa naissance. C'est de ce temps que l'Apôtre dit : « Lorsque la plénitude des temps fut venue, Dieu envoya son Fils. » (*Galat.*, IV, 4.) Il en est un grand nombre qui demandent : Pourquoi le Christ n'est-il pas venu plutôt? Nous leur répondons que les temps marqués et dirigés par sa providence n'étaient pas encore venus, car il savait parfaitement quand il devait venir. Il fallut d'abord qu'il fût prédit pendant une longue suite de siècles et d'années, car il s'agissait d'un événement de la plus haute importance, il fallut donc le prédire longtemps d'avance, pour qu'il fût toujours l'objet de l'attente de l'univers. Plus le juge qu'on attendait était grand, plus aussi il devait être précédé par une longue suite de hérauts. Mais dès que fut venue la plénitude des temps, il vient lui-même pour nous délivrer de la servitude du temps. Ainsi affranchis du temps, nous devons arriver à cette éternité où il n'y a plus de temps. On ne dira plus alors : Quand viendra l'heure? car c'est un jour éternel qui n'est point précédé par le jour d'hier, et qui n'est point chassé par le jour de demain. Dans ce monde les jours se succèdent, les uns passent, les autres viennent, aucun ne demeure ; les moments pendant lesquels nous parlons se poussent successivement, et la première syllabe doit nécessairement passer pour que la seconde se fasse entendre. Depuis que nous avons commencé à vous parler, nous avons tant soit peu vieilli, et sans aucun doute je suis

---

et ipse me misit. » Magnifice utrumque monstravit. « Ab ipso, inquit, sum ; » quia Filius de Patre, et quidquid est Filius, de illo est cujus est Filius. Ideo Dominum Jesum dicimus Deum de Deo ; Patrem non dicimus Deum de Deo, sed tantum Deum : et dicimus Dominum Jesum lumen de lumine ; Patrem non dicimus lumen de lumine, sed tantum lumen. Ad hoc ergo pertinet, quod dixit : « Ab ipso sum. » Quod autem videtis me in carne, « ipse me misit. » Ubi audis « ipse me misit, » noli intelligere naturæ dissimilitudinem, sed generantis auctoritatem.

5. « Quærebant ergo cum apprehendere, et nemo misit in illum manus, quia nondum venerat hora ejus : » (v. 30) hoc est, quia nolebat. Quid est enim, « nondum venerat hora ejus? » Non enim Dominus sub fato natus est. Hoc nec de te credendum est, nedum de illo per quem factus es? Si tua hora voluntas est illius, illius hora quæ est nisi voluntas sua? Non ergo horam dixit qua cogeretur mori, sed qua dignaretur occidi. Tempus enim expectabat quo moreretur, quia et tempus expectavit quo nasceretur. De hoc tempore Apostolus loquens, ait : Cum autem venit plenitudo temporis, misit Deus Filium suum. (*Gal.*, IV, 4.) Ideo multi dicunt : Quare non ante venit Christus? Quibus respondendum est, quia nondum venerat plenitudo temporis, moderante illo per quem facta sunt tempora : sciebat enim quando venire deberet. Primo per multam seriem temporum et annorum prædicendus fuit ; non enim aliquid parvum venturum fuit : diu fuerat prædicendus, semper tenendus. Quanto major judex veniebat, tanto præconum longior series præcedebat. Denique ubi venit plenitudo temporis, venit et ille qui nos liberaret a tempore. Liberati enim a tempore, venturi sumus ad æternitatem illam, ubi non est tempus : Nec dicitur ibi : Quando veniet hora ; dies est enim sempiternus, qui nec præceditur hesterno, nec excluditur crastino. In hoc autem sæculo volvuntur dies, et alii transeunt, et alii veniunt, nullus manet : et momenta quibus loquimur, invicem se expellunt, nec stat prima syllaba, ut sonare possit secunda. Ex quo loquimur aliquantum senuimus, et sine ulla dubitatione

plus vieux que je ne l'étais ce matin; rien donc n'est stable, rien n'est durable sous l'action du temps. Nous devons donc donner tout notre amour à celui qui a fait les temps pour nous affranchir du temps, et nous fixer dans l'éternité où il n'y a plus à craindre aucune vicissitude des temps. C'est un acte de grande miséricorde de Notre-Seigneur Jésus-Christ que celui qui a fait les temps ait daigné lui-même se faire homme pour nous dans le temps; celui par qui toutes choses ont été faites, a été fait lui-même comme une de ses créatures, il a été fait ce qu'il fait lui-même. Oui, il a été fait ce qu'il a fait, car lui qui avait fait l'homme, s'est fait homme pour arracher à la mort ce qu'il avait fait. D'après les règles de cette économie toute divine, l'heure de sa naissance était déjà venue; mais l'heure de sa passion n'était pas encore venue, c'est pour cela qu'il ne l'avait pas encore endurée.

6. Or je veux vous faire connaître plus clairement encore qu'il meurt non par nécessité, mais par un effet de sa puissance. Je parle ici pour quelques-uns qui s'autorisent de ces paroles : « Son heure n'est pas encore venue » pour croire au destin et dont le cœur se laisse séduire par des opinions ridicules. Voulez-vous donc vous convaincre de la puissance de celui qui meurt ? Rappelez en votre souvenir sa passion, jetez les yeux sur ce crucifié (1), c'est pendant qu'il était attaché à la croix qu'il s'écrie : « J'ai soif. »

(1) Comparez le Traité XXXVII, n° 8 et les suivants.

(*Jean*, XIX, 28, etc.) Les soldats entendant ce cri lui présentèrent sur la croix une éponge pleine de vinaigre au bout d'un roseau. Jésus y goûta et dit : « Tout est accompli, » et ayant incliné la tête, il rendit l'esprit. Vous voyez ici sa puissance au moment même de sa mort; car il attendait pour mourir que toutes les circonstances qui, d'après les prophètes, devaient précéder sa mort, fussent accomplies. En effet, le Prophète avait dit : « Ils m'ont donné du fiel pour nourriture, ils m'ont présenté du vinaigre pour étancher ma soif. » (*Ps.* LXVIII, 22.) Il attendait l'accomplissement de toutes ces prophéties; aussitôt qu'elles furent accomplies, il s'écrie : « Tout est consommé, » et il sort de cette vie par un acte de sa puissance, lui qui était venu sans être forcé par la nécessité. Aussi en est-il qui ont plus admiré la puissance de Jésus mourant, que la puissance avec laquelle il opérait des miracles. Les Juifs s'approchèrent de la croix pour descendre les corps des crucifiés, parce que le jour du sabbat allait commencer, et ils trouvèrent que les deux voleurs vivaient encore. Ce qui rendait le supplice de la croix plus atroce, c'est qu'il prolongeait les souffrances, et que tous les crucifiés mouraient d'une mort lente. Or, pour ne point laisser les corps des voleurs sur la croix, on avança leur mort en leur brisant les jambes afin qu'ils pussent être détachés de la croix. Mais quant au Seigneur Jésus, les Juifs reconnurent

senior sum modo quam mane : ita nihil stat, nihil fixum manet in tempore. Amare itaque debemus per quem facta sunt tempora, ut liberemur a tempore, et figamur in æternitate, ubi jam nulla est mutabilitas temporum. Magna igitur misericordia Domini nostri Jesu Christi, factum esse cum propter nos in tempore, per quem facta sunt tempora ; factum esse inter omnia, per quem facta sunt omnia : factum esse quod fecit. Factus est enim quod fecerat ; factus est enim homo qui hominem fecerat, ne periret quod fecerat. Secundum hanc dispensationem jam venerat hora nativitatis, et natus erat : sed nondum venerat hora passionis, ideo nondum passus erat.

6. Denique ut noveritis non necessitatem, sed potestatem morientis : propter nonnullos hoc loquor, qui cum audierint, « nondum venit hora ejus, » ædificantur ad credenda fata, et fiunt corda eorum fatua : ut ergo noveritis potestatem morientis, ipsam passionem recolite, crucifixum intuemini. Dixit in ligno pendens : Sitio. Illi hoc audito, in arundine per spon-

giam obtulerunt ei acetum in cruce : accepit, et ait : Perfectum est : et inclinato capite, reddidit spiritum. (*Joan.*, XIX, 28, etc.) Videtis potestatem morientis, quia hoc expectabat, donec omnia complerentur quæ de illo prædicta fuerant ante mortem futura. Dixerat enim Propheta : Dederunt in escam meam fel, et in siti mea potaverunt me aceto. (*Psal.* LXVIII, 22.) Expectabat ut hæc omnia complerentur : postea quam completa sunt, dixit : Perfectum est : et abscessit potestate, quia non venerat necessitate. Ideo quidam plus mirati sunt istam potestatem morientis, quam potentiam miracula facientis. Ventum est enim ad crucem, ut corpora deponerentur de ligno, quoniam sabbatum illucescebat : et inventi sunt latrones viventes. Supplicium quippe crucis ideo durius erat, quia diutius cruciabat, et omnes crucifixi longa morte necabantur. Illi autem, ne remanerent in ligno, cruribus fractis coacti sunt mori, ut possent inde deponi. Dominus autem inventus est mortuus, et admirati sunt homines : et qui eum vivum contempserunt,

qu'il était mort, et ils en furent dans l'étonnement ; après l'avoir méprisé pendant sa vie, ils portèrent l'admiration pour lui après sa mort jusqu'à dire : « Il était vraiment le Fils de Dieu. » (*Matth.*, XXVII, 54.) La même puissance se révèle, mes frères, lorsqu'ayant dit à ceux qui le cherchaient : « C'est moi, » (*Jean*, XVIII, 6) tous furent renversés et tombèrent par terre. Il y avait donc en lui une puissance souveraine. Rien à cette heure ne le contraignait à mourir, mais il attendait l'heure favorable, non pour se soumettre forcément à une nécessité inévitable, mais pour accomplir sa volonté.

7. « Or beaucoup d'entre le peuple crurent en lui. » (*Jean*, VII, 31.) Le Seigneur sauvait de préférence les humbles et les pauvres. Les chefs du peuple poussaient la fureur jusqu'à l'extravagance; aussi non-seulement ils ne reconnaissaient pas le médecin, mais ils cherchaient à le mettre à mort. Un certain nombre parmi le peuple vit aussitôt sa maladie et sans tarder reconnut le remède qui pouvait la guérir. Voyez ce que dit la foule sous l'impression de ces miracles : « Quand le Christ viendra, fera-t-il plus de miracles que ;n'en fait celui-ci? » S'il n'y a point deux christs, c'est évidemment celui-ci. Ceux qui tenaient ce langage crurent donc en lui.

8. Les chefs du peuple ayant appris que la foule croyait en Jésus et qu'elle lui prodiguait secrètement des louanges, « envoyèrent des gardes pour le prendre. » (*Jean*, VII, 32.) De qui voulaient-ils se saisir ? De celui dont la volonté s'y opposait pour le moment. Comme ils ne pouvaient se saisir de lui malgré lui, leur mission n'eut d'autre effet que de les rendre témoins de ses enseignements. Or qu'enseignait-il ? Jésus leur dit : « Je suis encore avec vous un peu de temps. » (*Ibid.*, 33.) Ce que vous voulez faire aujourd'hui vous le ferez, mais plus tard, parce que je m'y oppose maintenant. Pourquoi m'y opposai-je? parce que « je suis encore avec vous un peu de temps, puis je m'en vais à celui qui m'a envoyé. » Je dois accomplir la mission qui m'a été donnée, et arriver ainsi à ma passion.

9. « Vous me chercherez et ne me trouverez point, et où je suis, vous ne pouvez venir. » (*Jean*, VII, 34.) Il prédit ici sa résurrection. Ils refusèrent de le reconnaître lorsqu'il était présent au milieu d'eux, et ils le cherchèrent ensuite lorsqu'ils virent la multitude qui croyait en lui. En effet, il s'opéra de grands prodiges au temps de la résurrection et de l'ascension du Sauveur. Les disciples firent alors de grands miracles, ou plutôt ils n'étaient ici que les instruments de Celui qui opère les prodiges par lui-même, et qui leur avait dit : « Sans moi, vous ne pouvez rien faire. » (*Jean*, XV, 5.) Lorsque ce boiteux qui était assis à la porte du temple se leva à la voix de Pierre, se tint sur ses pieds et marcha, au

---

mortuum sic admirati sunt, ut dicerent quidam : Vere Filius Dei est hic. (*Matth.*, XXVII, 54.) Unde est et illud, Fratres, ubi ait quærentibus se : Ego sum : et illi retro redeuntes omnes ceciderunt. (*Joan.*, XVIII, 6.) Erat ergo in illo potestas summa. Nec hora cogebatur mori ; sed horam expectabat, qua opportune fieret voluntas, non qua inviti impleretur necessitas.

7. « De turba autem multi crediderunt in eum. » (*Joan.*, VII, 31.) Humiles et pauperes salvos faciebat Dominus. Principes insaniebant : et ideo medicum non solum non agnoscebant, sed etiam occidere cupiebant. Erat quædam turba quæ suam ægritudinem cito vidit, et illius medicinam sine dilatione cognovit. Videte quid sibi dixerit turba ipsa commota miraculis. « Numquid Christus cum venerit, plura signa facturus est? » Utique si duo non erunt, hic est. Crediderunt ergo in eum dicentes ista.

8. Principes vero illi audita multitudinis fide, et eo murmure quo Christus glorificabatur, « miserunt ministros, ut apprehenderent eum. » (*v.* 32.) Quem apprehenderent? Adhuc nolentem? Quia ergo non poterant apprehendere nolentem, missi sunt ut audirent docentem. Quid docentem ? « Dicit ergo Jesus : Adhuc modicum tempus vobiscum sum. »(v. 33.) Quod modo vultis facere, facturi estis, sed non modo : quia modo nolo. Quare adhuc modo nolo? quia « adhuc modicum tempus vobiscum sum : et tunc vado ad eum qui me misit. » Implere debeo dispensationem meam, et sic pervenire ad passionem meam.

9. « Quæretis me, et non invenietis; et ubi sum ego, vos non potestis venire. » (v. 34.) Hic jam resurrectionem suam prædixit : noluerunt enim agnoscere præsentem, et postea quæsierunt, cum viderunt in eum multitudinem jam credentem. Magna enim signa facta sunt, etiam cum Dominus resurrexit, et ascendit in cœlum. Tunc per discipulos facta sunt magna ; sed ille per illos, qui et per seipsum : ipse quippe illis dixerat : Sine me nihil potestis facere. (*Joan.*, XV, 5.) Quando claudus ille qui sedebat ad portam, ad vocem Petri surrexit, et suis pedibus ambulavit, ita ut homines mirarentur, sic eos allocutus est

grand étonnement du peuple, Pierre leur déclare que ce n'est point par sa puissance qu'il a fait ce miracle, mais par la puissance de celui qu'ils ont mis à mort. (*Act.*, III, 12.) Et un grand nombre d'entre eux touchés de repentir, s'écrièrent : « Que ferons-nous ? » (*Act.*, II, 37.) Ils se voyaient sous le poids d'un crime énorme d'impiété, pour avoir mis à mort celui qui avait droit à leurs hommages, à leurs adorations, et ils croyaient ne pouvoir jamais expier un si grand crime. Crime énorme, en effet, dont la vue les jetait dans le désespoir, mais cependant ils ne devaient pas désespérer, puisque Notre-Seigneur avait daigné prier pour eux sur la croix. (*Luc*, XXIII, 34.) Qu'avait-il demandé pour eux ? « Mon Père, pardonnez-leur, parce qu'ils ne savent ce qu'ils font. » Parmi un grand nombre qui lui étaient étrangers, il distinguait ceux qui lui appartenaient et il demandait le pardon de ceux qui le couvraient d'outrages. Il ne considérait pas qu'il mourait par leurs mains, il ne voyait qu'une chose, c'est qu'il mourait pour leur salut. La grâce qui leur a été accordée est vraiment extraordinaire, c'est par eux et pour eux que Jésus-Christ meurt. Que personne donc ne désespère du pardon de ses péchés, puisque ceux-mêmes qui ont mis à mort Jésus-Christ ont trouvé grâce. Jésus-Christ est mort pour nous, mais ce n'est pas nous qui l'avons crucifié. Les Juifs, au contraire, ont vu Jésus-Christ mourant victime de leurs sacriléges attentats, et ils ont cru en Jésus-Christ qui leur pardonnait leurs crimes. Ils ont désespéré de leur salut jusqu'au moment où ils ont bu le sang qu'ils avaient versé. (*De consecr.*, dist. 2, cap. *Accesserunt.*) Il leur dit donc : « Vous me chercherez et vous ne me trouverez point, et où je suis vous ne pouvez venir, » parce qu'ils devaient le chercher après sa résurrection, poussés par le repentir. Et il ne dit pas : Où je serai, mais : « Où je suis. » Car Jésus-Christ n'a jamais cessé d'être là où il devait retourner, il est venu sur la terre sans cesser d'être dans le ciel. Ce qui lui fait dire dans un autre endroit : « Personne n'est monté dans le ciel que celui qui est descendu du ciel, le Fils de l'homme qui est dans le ciel. » (*Jean*, III, 13.) Remarquez qu'il ne dit pas : Qui a été dans le ciel. Il parlait sur la terre et il affirmait qu'il était dans le ciel. Il est venu sur la terre sans quitter le ciel, il y est retourné sans nous abandonner. Pourquoi nous étonner ? c'est Dieu qui opère ce prodige. L'homme, par son corps est dans un lieu, et il change de lieu, et lorsqu'il arrive dans un lieu différent du premier, il n'est plus dans celui qu'il vient de quitter ; Dieu, au contraire, remplit toutes choses, il est tout entier partout, il n'est circonscrit dans un lieu par aucun espace limité. Notre-Seigneur Jésus-Christ dans sa chair visible était, il est vrai, sur la terre, mais dans sa majesté invisible il était à la fois dans le ciel et sur la terre, voilà pourquoi il leur fait cette déclaration : « Là où je suis, vous ne pouvez venir. » Il ne leur dit

---

Petrus, quia non in sua potestate ista fecit, sed in virtute illius, quem ipsi occiderunt. (*Act.*, III, 12.) Multi compuncti dixerunt : Quid faciemus ? (*Act.*, II, 37.) Viderunt enim se ingenti crimine impietatis adstrictos, quando illum occiderunt, quem venerari et adorare debuerunt : et hoc putabant esse inexpiabile. Magnum enim facinus erat, cujus consideratio illos faceret desperare : sed non debebant desperare, pro quibus in cruce pendens Dominus est dignatus orare. Dixerat enim, Pater ignosce illis, quia nesciunt quid faciunt. (*Luc.*, XXIII, 34.) Videbat quosdam suos inter multos alienos; illis jam petebat veniam, a quibus adhuc accipiebat injuriam. Non enim attendebat quod ab ipsis moriebatur, sed quia pro ipsis moriebatur. Multum est quod illis concessum est, et ab ipsis, et pro ipsis ; ut nemo de sui peccati dimissione desperet, quando illi veniam meruerunt, qui Christum occiderunt. Mortuus est Christus pro nobis, sed numquid a nobis ? At vero illi viderunt Christum suo scelere morientem : et crediderunt in Christum suis sceleribus ignoscentem. Quousque biberent sanguinem quem fuderant, de sua salute desperaverunt. (*De consecr.*, dist. 2, cap. *Accesserunt.*) Ergo hoc dixit : « Quæretis me, et non invenietis ; et ubi sum ego, vos non potestis venire : » quia quæsituri illum erant post resurrectionem compuncti. Nec dixit, ubi ero : sed, « ubi sum. » Semper enim ibi erat Christus, quo fuerat rediturus : sic enim venit, ut non recederet. Unde alio loco ait : Nemo ascendit in cœlum, nisi qui descendit de cœlo, filius hominis qui est in cœlo (*Joan.*, III, 13) : non dixit, qui fuit in cœlo. In terra loquebatur, et in cœlo se esse dicebat. Sic venit, ut inde non abscederet : sic rediit, ut nos non derelinqueret : Quid miramini ? Deus hoc facit. Homo enim secundum corpus in loco est, et de loco migrat, et cum ad alium locum venerit, in eo loco unde venit non erit : Deus autem implet omnia, et ubique totus est, non secundum spatia tenetur locis. Erat tamen Dominus Christus secundum visibilem carnem in terra, secundum invisibilem majestatem in cœlo et in terra : ideo ait :

pas : Vous ne pourrez pas, mais : « Vous ne pouvez pas, » car tels qu'ils étaient alors, cela leur était tout à fait impossible. Pour vous apprendre que le Sauveur en parlant ainsi ne voulait pas les jeter dans le désespoir, il a tenu à ses disciples un langage semblable, lorsqu'il leur dit : « Là où je vais, vous ne pouvez venir ; » (*Jean*, XIII, 33) et encore dans la prière qu'il faisait pour eux : « Mon Père, je veux que là où je suis, ils soient avec moi. » (*Jean*, XVII, 24.) Enfin il a expliqué à Pierre le sens de ces paroles, lorsqu'il lui a dit: « Là où je vais, vous ne pouvez me suivre maintenant, mais vous me suivrez un jour. » (*Jean*, XIII, 36.)

10. Les Juifs dirent entre eux : « Où donc ira-t-il, que nous ne le trouverons point ? Doit-il aller vers ceux qui sont dispersés parmi les nations et enseigner les Gentils ? » (*Jean*, VII, 35.) Ils ne savaient pas ce qu'ils disaient, mais simples instruments de sa volonté, ils faisaient en cela une prophétie. Le Seigneur, en effet, devait aller vers les Gentils non en personne et corporellement, mais par ses pieds mystiques. Quels étaient ses pieds ? Ceux que Saul voulait écraser par la persécution lorsque la tête lui cria : « Saul, Saul, pourquoi me persécutez-vous ? » (*Act.*, IX, 4.) « Qu'est-ce que cette parole qu'il a dite : Vous me chercherez et vous ne me trouverez point, et où je suis vous ne pouvez venir ? » (*Jean*, VII, 36.) Ils ne surent pas pourquoi le Seigneur leur tenait ce langage, et cependant ils prophétisèrent sans le savoir un fait qui devait s'accomplir un jour. Le Sauveur s'exprime de la sorte parce que les Juifs ne connaissaient pas le lieu, si toutefois on peut l'appeler ainsi, le sein du Père que le Fils unique n'a jamais quitté ; et ils étaient incapables de concevoir le lieu où était Jésus-Christ, qu'il n'a jamais quitté, où il devait retourner, et où il demeurait continuellement. Comment la langue pourrait-elle expliquer un mystère que le cœur de l'homme ne peut même concevoir ? Ces paroles furent donc incompréhensibles pour les Juifs, et cependant à l'occasion de ces paroles ils ont prédit notre salut, c'est-à-dire que le Seigneur irait vers ceux qui sont dispersés parmi les nations, et qu'il accomplirait cette prédiction qu'ils lisaient sans la comprendre : « Un peuple que je ne connaissais pas m'a servi, il a prêté une oreille attentive à ma voix. » (*Ps.* XVII, 48.) Les Juifs n'ont point écouté Celui qu'ils avaient sous leurs yeux, les Gentils ont écouté Celui dont la parole seule a retenti à leurs oreilles.

11. Cette femme qui était malade d'une perte de sang était la figure de l'Eglise qui devait venir du milieu des Gentils. Elle touchait le Sauveur sans être aperçue, elle était guérie en demeurant inconnue. C'est dans un sens figuratif que le Seigneur fait cette question : « Qui m'a touché ? » (*Luc*, VIII, 45.) Il guérit comme à son insu cette

---

« Ubi ego sum, vos non potestis venire. » Nec dixit, non poteritis, sed, « non potestis : » tales enim tunc erant qui non possent. Nam ut sciatis non hoc ad desperationem dictum, et discipulis suis dixit tale aliquid : Quo ego vado, vos non potestis venire (*Joan.*, XIII, 33) : cum pro illis orans dixerit, Pater, volo ut ubi ego sum, et ipsi sint mecum. (*Joan.*, XVII, 24.) Denique hoc Petro exposuit, et ait illi : Quo ego vado, non potes me sequi modo, sequeris autem postea. (*Joan.*, XIII, 36.)

10. « Dixerunt ergo Judæi, » non ad ipsum, sed, « ad seipsos : Quo hic iturus est, quia non inveniemus eum? numquid in dispersionem gentium iturus est, et docturus gentes? » (*Joan.*, VII, 35.) Non enim sciebant quod dixerunt; sed quia ille voluit, prophetaverunt. Iturus enim erat Dominus ad gentes, non præsentia corporis sui, sed tamen pedibus suis. Qui erant pedes ejus ? Quos pedes conculcare volebat persequendo Saulus, quando ei caput clamavit, Saule, Saule, quid me persequeris ? (*Act.*, IX, 4.) « Quis est hic sermo, quem dixit : Quæretis me et non invenietis, et ubi ego sum, vos non potestis venire? (*Joan.*, VII, 36.) Unde hoc dixit Dominus, nescierunt, et tamen aliquid quod futurum erat, nescientes prænuntiaverunt. Dixit enim hoc Dominus, quia locum, si tamen dicendus est locus, id est, sinum Patris unde nunquam discedit unigenitus Filius, non illi noverant; nec cogitare idonei erant ubi erat Christus, unde non recessit Christus, quo rediturus erat Christus, ubi manebat Christus. Unde hoc cordi humano cogitare, nedum lingua explicare? Hoc ergo illi nullo modo intellexerunt; et tamen ex hac occasione salutem nostram prædixerunt, quod Dominus iturus esset ad dispersionem gentium, et impleturus quod legebant et non intelligebant : Populus quem non cognovi, servivit mihi, in obauditu auris obaudivit mihi. (*Psal.* XVII, 48.) Illi non audierunt in quorum oculis fuit, illi audierunt in quorum auribus sonuit.

11. Illius enim Ecclesiæ venturæ de gentibus typum gerebat mulier quæ fluxum sanguinis patiebatur : tangebat et non videbatur, nesciebatur et sanabatur. Figura quippe erat, quod Dominus inter-

femme qui était inconnue, c'est ce qu'il a fait à l'égard des Gentils. Nous ne l'avons pas vu dans la chair, et nous avons mérité de manger sa chair, et d'être les membres de sa chair. Pourquoi ? parce qu'il a envoyé vers nous ; et quels sont ceux qu'il a envoyés ? ses hérauts, ses disciples, ses serviteurs, ses créatures et ses frères qu'il a rachetés ; mais c'est peu dire, il a envoyé ses membres, il s'est envoyé lui-même, car il nous a envoyé ses membres pour faire aussi de nous les membres de son corps. Cependant Jésus-Christ n'a pas été parmi nous sous cette forme corporelle que les Juifs ont vue et qu'ils ont méprisée, car voilà ce que l'Apôtre atteste de lui : « Je dis que le Christ Jésus a été le ministre de la circoncision pour justifier la véracité de Dieu et confirmer les promesses faites à nos pères. » (*Rom.*, xv, 8.) Il a dû venir vers les Juifs, parce que c'étaient leurs pères qui l'avaient prédit et à qui la promesse en avait été faite. Voilà pourquoi il fait cette déclaration : « Je ne suis envoyé qu'aux brebis perdues de la maison d'Israël. » (*Matth.*, xv, 24.) Mais que dit l'Apôtre dans les paroles suivantes : « Et afin que les nations glorifient Dieu de sa miséricorde? » (*Rom.*, xv, 9.) Que dit le Seigneur lui-même : « J'ai d'autres brebis qui ne sont pas de cette bergerie? » (*Jean*, x, 16.) Comment celui qui vient de dire : « Je ne suis envoyé qu'aux brebis perdues de la maison d'Israël, » peut-il avoir d'autres brebis vers lesquelles il n'a pas été envoyé ? Il a voulu par là nous apprendre que comme envoyé de Dieu il ne devait se montrer sous une forme corporelle qu'aux Juifs seuls qui l'ont vu et l'ont mis à mort. La première moisson a été répandue du haut de la croix pour devenir la semence et le principe d'une autre moisson. Maintenant, quand la renommée de l'Evangile et sa bonne odeur amènent à la foi un grand nombre de fidèles de toutes les nations, les nations sont encore dans l'attente (*Gen.*, XLIX, 10), elles attendent le second avénement de celui qui est déjà venu une première fois, elles attendent que celui qui a été visible pour les uns, invisible pour les autres, soit vu de tous sans exception ; elles attendent que celui qui est venu pour être jugé revienne comme juge ; que celui qui est venu sans être discerné, vienne faire le discernement des uns et des autres. En effet, Jésus-Christ n'a pas été discerné des impies, mais il a été jugé avec les impies, car c'est de lui qu'il est écrit : « Il a été confondu avec les scélérats. » (*Isa.*, LIII, 12.) Un voleur insigne est mis en liberté, Jésus-Christ est condamné. On absout un scélérat et on condamne celui qui vient effacer les crimes de tous ceux qui en font l'aveu. Et toutefois, la croix, si vous y faites attention, a été un véritable tribunal : le juge siége au milieu ; d'un côté, le voleur qui a cru est délivré ; l'autre, qui a outragé le Sauveur est condamné. Il déclarait déjà ce qu'il de-

rogavit : Quis me tetigit? (*Luc.*, VIII, 45.) Quasi ignorans ignoratam sanavit : sic fecit et gentibus. Non cum didicimus in carne, et meruimus carnem ejus manducare, et in carne ejus membra esse. Quare? quia misit ad nos. Quos ? præcones suos, discipulos suos, servos suos, redemptos suos quos creavit, sed quos et redemit fratres suos : totum parum dixi : membra sua, seipsum ; misit enim ad nos membra sua, et fecit nos membra sua. Tamen secundum speciem corporis quam Judæi viderunt et contempserunt, non apud nos fuit Christus : quia et hoc de illo dictum erat, sicut et Apostolus dicit : « Dico enim Christum ministrum fuisse circumcisionis propter veritatem Dei, ad confirmandas promissiones Patrum. » (*Rom.*, xv, 8.) Ad illos debuit venire, a quorum patribus et quorum patribus est promissus : ideo et ipse sic ait : Non sum missus nisi ad oves quæ perierunt domus Israel. (*Matth.*, xv, 24.) Sed quid dicit Apostolus in sequenti? Gentes autem super misericordia glorificare Deum. (*Rom.*, xv, 9.) Quid et ipse Dominus? « Habeo alias oves quæ non sunt ex hoc ovili. » (*Joan.*, x, 16.) Qui dixerat : Non sum missus nisi ad oves quæ perierunt domus Israel : quomodo habet alias oves ad quas non est missus, nisi quia significavit præsentiam corporalem non se missum exhibere nisi solis Judæis, qui viderunt et occiderunt ? Et multi tamen inde et antea et postea crediderunt. Messis prima de cruce ventilata est, ut esset semen unde alia messis consurgeret. Nunc vero cum fama Evangelii et bono ejus odore excitati credunt fideles ejus per omnes gentes, erit expectatio gentium (*Gen.*, XLIX, 10), quando veniat qui jam venit ; quando ab omnibus videatur, qui tunc a quibusdam visus non est, a quibusdam visus est ; quando veniat judicaturus qui venit judicandus ; quando veniat discreturus, qui venit ut non discerneretur. Non enim ab impiis Christus est discretus, sed cum impiis judicatus : de illo enim dictum est : Inter iniquos reputatus est. (*Isa.*, LIII, 12.) Latro evasit : Christus damnatus est. (*Marc.*, xv, 15.) Accepit indulgentiam criminosus, damnatus est qui omnium crimina confitentium relaxavit. Tamen et ipsa crux, si attendas, tribunal

vait faire à l'égard des vivants et des morts, en plaçant les uns à sa droite et les autres à sa gauche; l'un des voleurs figurait ceux qui devaient être à sa droite, l'autre ceux qui devaient être renvoyés à sa gauche; il était jugé et il annonçait qu'il devait juger sévèrement un jour.

TRAITÉ XXXII.

Depuis ces paroles : « Le dernier jour de la fête qui en est le plus solennel, Jésus debout disait à haute voix : Si quelqu'un a soif qu'il vienne à moi et qu'il boive, » jusqu'à ces autres paroles : « L'Esprit n'avait pas encore été donné, parce que Jésus n'avait pas encore été glorifié. »

1. Au milieu de ces contradictions, de ces doutes qui partageaient les esprits des Juifs au sujet de Notre-Seigneur Jésus-Christ, et après les discours qu'il leur avait adressés, discours qui avaient confondu les uns, instruit les autres; le dernier jour de la fête, car on célébrait alors, comme nous l'avons dit précédemment, et vous ne l'avez pas oublié, la fête appelée Scénopégie, c'est-à-dire de la construction des tabernacles; Notre-Seigneur Jésus-Christ fait un appel aux Juifs non pas d'une manière ordinaire, mais à haute voix, et comme en criant : « Que celui qui a soif vienne à lui. » Si donc nous avons soif, venons à Jésus non par les pas du corps, mais par les affections de l'âme; non pas en changeant de lieu, mais en l'aimant de tout notre cœur, bien que selon l'homme intérieur on puisse dire que celui qui aime passe d'un lieu dans un autre. Pour le corps, changer de lieu a une signification toute différente que pour le cœur; changer de lieu pour le corps, c'est effectivement passer d'un lieu dans un autre par un mouvement extérieur; changer de lieu pour le cœur, c'est changer simplement ses affections. Vous aimiez une chose, vous en aimez une autre, vous n'êtes plus où vous étiez précédemment.

2. C'est donc à nous que Notre-Seigneur fait cet appel à haute voix. Il était debout, dit l'Evangéliste, et il criait : « Si quelqu'un a soif, qu'il vienne à moi et qu'il boive. Celui qui croit en moi, de son sein, comme dit l'Ecriture, couleront des fleuves d'eau vive. » (*Jean*, VII, 38.) Il est inutile de nous arrêter à ces paroles dont l'Evangéliste nous donne l'explication. Quel est, en effet, le sens de ces paroles de Notre-Seigneur : « Si quelqu'un a. soif, qu'il vienne à moi, et qu'il boive, » et encore : « Celui qui croit en moi, de son sein couleront des fleuves d'eau vive? » L'Evangéliste l'explique dans ce qui suit : « Il disait cela de l'Esprit que devaient recevoir ceux qui croiraient en lui, car l'Esprit saint n'avait pas encore été donné, parce que Jésus n'était pas encore glorifié. » (*Ibid.*, 39.) Il y a donc une soif intérieure, un sein intérieur, parce qu'il y a aussi un homme intérieur. Cet homme intérieur est invisible, tandis que

fuit : in medio enim judice constituto, unus latro qui credidit liberatus, alter qui insultavit damnatus est. Jam significabat quod facturus est de vivis et mortuis, alios posituras ad dexteram, alios ad sinistram : similis ille latro futuris ad sinistram, similis alter futuris ad dexteram. Judicabatur, et judicium minabatur.

TRACTATUS XXXII.

Ab eo loco : « In novissimo autem die festivitatis stabat Jesus et clamabat, dicens : Si quis sitit, veniat ad me, et bibat : » usque ad id : « Nondum enim erat Spiritus datus, quia Jesus nondum fuerat glorificatus. »

1. Inter dissensiones et dubitationes Judæorum de Domino Jesu Christo, inter cætera quæ dixit, quibus alii confunderentur, alii docerentur, « novissimo » illius « festivitatis die, » (*Joan.*, VII, 37) (tunc enim ista agebantur), quæ appellatur Scenopegia, id est tabernaculorum constructio, de qua festivitate jam antea meminit Caritas Vestra fuisse dissertum, vocat Dominus Jesus Christus, et hoc non utcumque loquendo, sed clamando, ut qui sitit veniat ad eum. Si sitimus, veniamus ; et non pedibus, sed affectibus; nec migrando, sed amando veniamus. Quanquam secundum interiorem hominem, et qui amat migrat. Et aliud est migrare corpore, aliud corde : migrat corpore, qui motu corporis mutat locum ; migrat corde, qui motu cordis mutat affectum. Si aliud amas, aliud amabas; non ibi es, ubi eras.

2. Clamat ergo nobis Dominus : « Stabat enim, et clamabat : Si quis sitit, veniat ad me, et bibat, et qui credit in me, sicut dicit Scriptura, flumina de ventre ejus fluent aquæ vivæ. » (*v.* 38.) Quid hoc esset, quando Evangelista exposuit, immorari non debemus. Unde enim dixerit Dominus : « Si quis sitit, veniat ad me, et bibat, » et : « Qui credit in me, flumina de ventre ejus fluent aquæ vivæ, » consequenter exposuit Evangelista, dicens : « Hoc autem dixit de Spiritu, quem accepturi erant credentes in eum. Nondum enim erat Spiritus datus, quia Jesus nondum erat glorificatus. » (*v.* 39.) Est ergo sitis interior et venter interior, quia est homo interior. Et ille

l'homme extérieur est visible ; mais l'homme intérieur est bien au-dessus de l'extérieur. Ce qui ne se voit point est l'objet d'une affection plus vive, et il est évident que l'homme intérieur est l'objet d'un plus grand amour que l'homme extérieur. Qui nous donne cette évidence? Chacun peut en trouver la preuve en soi-même. Quoique ceux qui vivent dans le crime abandonnent leur âme à leur corps, ils veulent cependant vivre, ce qui n'appartient qu'à leur âme, et ils se révèlent bien plus clairement, eux qui sont appelés à gouverner, que les choses qu'ils gouvernent. Or, le devoir de l'âme est de gouverner, celui du corps d'obéir. Chacun trouve de la joie dans le plaisir, et ce plaisir vient bien souvent du corps ; mais séparez l'âme du corps, il ne restera plus rien dans le corps qui soit susceptible de joie. Cette joie vient du corps, je le veux, mais c'est l'âme qui la ressent. Un homme éprouve de la joie à la vue de sa maison, cette joie lui sera-t-elle étrangère? Et si les objets extérieurs offrent à l'âme quelque agrément, y demeure-t-elle insensible dans son intérieur ? Il est de toute évidence que l'homme aime plus son âme que son corps. Et même dans un autre homme il aime plus l'âme que le corps. Qu'aime-t-on, en effet, dans un ami quand l'affection est pure et chaste ? Qu'aime-t-on dans un ami, est-ce l'âme ou le corps ? Si vous aimez en lui la fidélité, c'est l'âme que vous aimez ; si vous aimez la bonté, cette bonté a son siége naturel dans l'âme. Si la cause de l'affection que vous avez pour un ami est l'affection qu'il a pour vous, c'est son âme que vous aimez, car ce n'est point son corps, mais son âme qui vous aime. Vous l'aimez parce qu'il vous aime, examinez quel est le motif de son affection et l'objet de la vôtre. On aime donc plus vivement ce qu'on ne voit point.

3. Je veux ajouter encore une autre considération qui vous fera comprendre plus clairement, mes très-chers frères, la vive affection dont l'âme est l'objet et la préférence qu'on lui donne sur le corps. Ceux mêmes qui ne connaissent que les amours lascifs, que la beauté du corps séduit, que la forme des membres du corps passionne, ont un amour d'autant plus ardent qu'ils sont eux-mêmes aimés davantage. Si l'un d'eux s'aperçoit qu'on ne répond à son amour que par la haine, cet amour fera place à une colère plus vive que son amour. Pourquoi cette colère ardente? Parce qu'on ne l'a point payé de retour. Si donc ceux qui se passionnent pour les corps veulent qu'on leur rende amour pour amour, et que leur plus grande jouissance soit d'être aimés, que dirons-nous de ceux qui aiment les âmes? Et si ces amants des âmes sont si grands à nos yeux, que seront ceux qui aiment Dieu, lui qui donne aux âmes leur beauté? De même, en effet, que l'âme fait la beauté du corps, Dieu fait la beauté de l'âme. L'âme seule rend le corps aimable, à peine s'en est-elle sé-

quidem interior invisibilis, exterior autem visibilis : sed melior interior quam exterior. Et quod non videtur, hoc plus amatur : constat enim plus amari hominem interiorem quam exteriorem. Unde hoc constat? Unusquisque in seipso probet. Quamvis enim qui male vivunt, animos suos corpori addicunt: vivere tamen volunt, quod non est nisi animi, magisque seipsos indicant qui regunt, quam illa quæ reguntur. Regunt enim animi, reguntur corpora. Gaudet quisque voluptate, et capit de corpore voluptatem : sed separa animum, nihil restat in corpore quod gaudeat; et si de corpore gaudet, animus gaudet. Si gaudet de domo sua, de se non debet gaudere? et si habet animus unde oblectetur extrinsecus, sine deliciis manet intrinsecus? Omnino constat plus amare hominem animam suam quam corpus suum. Sed et in alio homine plus amat homo animam quam corpus. Quid enim amatur in amico, ubi est amor sincerior et castior? Quid amatur in amico, animus an corpus? Si fides amatur, animus amatur : si benevolentia amatur, benevolentiæ sedes animus est : si hoc amas in altero, quia et ipse amat te, animum amas; quia non caro, sed animus amat. Ideo enim amas, quia te amat : quare unde te amet, et vide quid ames. Plus ergo amatur, et non videtur.

3. Aliquid etiam volo dicere, ubi magis appareat Dilectioni Vestræ quantum ametur animus, et quemadmodum corpori præponatur. Illi ipsi lascivi amatores, qui pulchritudine corporum delectantur, et forma membrorum accenduntur, tunc amant amplius quando amantur. Nam si amet et sentiat quia odio habetur, magis irascitur quam diligit. Quare magis irascitur quam diligit? quia non ei redditur quod impendit. Si ergo ipsi corporum amatores redamari se volunt, et hoc eos magis delectat si amentur, quales sunt amatores animorum? Et si magni sunt amatores animorum, quales sunt amatores Dei, qui pulchros animos facit? Sicut enim animus facit decus in corpore, sic Deus in animo. Non enim facit corpori unde ametur nisi animus : qui cum migraverit,

parée il ne reste plus qu'un cadavre qui vous fait horreur, et quelle qu'ait été la beauté de ces membres, objets de votre affection, vous vous hâtez de les ensevelir. Ainsi l'âme est l'ornement, la gloire du corps, comme Dieu est la gloire de l'âme.

4. Notre-Seigneur nous crie donc de venir et de boire si nous avons soif intérieurement, et il nous assure que lorsque nous aurons bu, des fleuves d'eau vive couleront de notre sein. Le sein de l'homme intérieur est la conscience de son cœur. Dès qu'elle a bu cette précieuse liqueur, la conscience purifiée reprend une nouvelle vie, et en continuant d'y puiser, elle aura en elle-même, que dis-je, elle deviendra elle-même une source d'eau vive. Qu'est-ce que cette source, ce fleuve qui coule du sein de l'homme intérieur? La bonté qui lui fait prendre à cœur les intérêts du prochain; s'il croit que ce qu'il boit ne doit être que pour lui seul, l'eau vive ne coule pas de son sein, mais s'il prodigue au prochain les soins empressés de la charité, elle ne tarit point, parce qu'elle coule toujours. Nous verrons maintenant quelle est cette liqueur que boivent ceux qui croient dans le Seigneur, parce que nous sommes nous-mêmes chrétiens, et si nous croyons, nous buvons. Chacun de nous peut aussi reconnaître en lui-même s'il boit véritablement et si ce qu'il boit devient pour lui un principe de vie; car cette source ne nous abandonne jamais, si nous ne l'abandonnons les premiers.

5. L'Évangéliste nous a expliqué, comme je l'ai dit, pourquoi Notre-Seigneur fait à haute voix cet appel, et quelle est cette boisson qu'il les presse de recevoir et qu'il leur distribue : « Il disait cela de l'Esprit que devaient recevoir ceux qui croiraient en lui, car l'Esprit n'avait pas encore été donné, parce que Jésus n'était pas encore glorifié. » Quel est cet Esprit dont parle le Sauveur? Ce ne peut être que l'Esprit saint. Chacun de nous a en lui-même son propre esprit dont j'ai parlé lorsque j'établissais la supériorité de l'âme. L'âme de chacun, en effet, c'est son esprit propre dont l'apôtre saint Paul nous dit : « Qui d'entre les hommes connaît ce qui est dans l'homme, sinon l'esprit de l'homme qui est en lui? » et il ajoute : « De même, personne ne connaît ce qui est en Dieu, sinon l'Esprit de Dieu. » (I *Cor.*, II, 11.) Notre esprit seul sait ce qui se passe en nous. Je ne sais point ce que vous pensez, vous ne savez point ce que je pense; car ce que nous pensons intérieurement est un secret qui nous est propre, et nos pensées n'ont pour témoin que notre esprit. De même personne ne connaît ce qui est en Dieu, sinon l'Esprit de Dieu. Nous connaissons avec notre esprit, Dieu avec le sien, mais avec cette différence que Dieu avec son Esprit sait même ce qui se passe en nous, tandis que sans son Es-

---

cadaver horrescis; et quantumcumque pulchra illa membra dilexeris, sepelire festinas. Decus ergo corporis, animus : decus animi, Deus.

4. Clamat ergo Dominus ut veniamus et bibamus, si intus sitiamus; et dicit, quia cum biberimus, flumina aquæ vivæ fluent de ventre nostro. Venter interioris hominis conscientia cordis est. Bibito ergo isto liquore vivescit purgata conscientia; et hauriens, fontem habebit; etiam ipsa fons erit. Quid est fons, et quid est fluvius, qui manat de ventre interioris hominis? Benevolentia, qua vult consulere proximo. Si enim putet quia quod bibit sibi ipsi debet sufficere; non fluit aqua viva de ventre ejus : si autem proximo festinat consulere; ideo non siccat, quia manat. Videbimus nunc quid sit quod bibunt, qui credunt in Domino : quia utique Christiani sumus, et si credimus, bibimus. Et unusquisque in seipso debet agnoscere si bibit, et si vivit ex eo quod bibit : non enim nos deserit fons, si non deseramus fontem.

5. Exposuit Evangelista, ut dixi, unde Dominus clamasset, ad qualem potum invitasset, quid bibentibus propinasset, dicens : « Hoc autem dicebat de Spiritu quem accepturi erant credentes in eum. Nondum enim erat Spiritus datus, quia Jesus nondum erat glorificatus. » Quem dicit Spiritum, nisi sanctum Spiritum? Nam unusquisque homo habet in se proprium spiritum, de quo loquebar cum animum commendarem. Animus enim cujusque, proprius est spiritus ejus : de quo dicit Paulus apostolus : « Quis enim scit hominum quæ sunt hominis, nisi spiritus hominis qui in ipso est? deinde adjunxit : Sic et quæ Dei sunt, nemo scit nisi Spiritus Dei. » (I *Cor.*, II, 11.) Nostra nemo scit nisi spiritus noster. Non enim novi quid cogitas, aut tu quid cogito : ipsa enim sunt propria nostra, quæ interius cogitamus; et cogitationum uniuscujusque hominis ipsius spiritus testis est. Sic et quæ Dei sunt, nemo scit nisi Spiritus Dei. Nos cum spiritu nostro, Deus cum suo : ita tamen ut Deus cum suo Spiritu sciat etiam quid agatur in nobis; nos autem sine ejus Spiritu scire non possumus quid agatur in Deo. Deus autem scit in nobis,

prit nous ne pouvons pas savoir ce qui se passe en lui. Oui, Dieu connaît en nous ce que nous-mêmes n'y voyons pas. C'est ainsi que Pierre ignorait sa faiblesse lorsqu'il entendait dire au Seigneur qu'il le renierait trois fois, il était malade et il ne le savait pas, tandis que le médecin connaissait bien sa maladie. Il y a donc en nous des secrets que Dieu connaît et que nous ignorons. Cependant pour ne parler que des hommes, l'homme est celui qui connaît mieux que personne ce qu'il est ; un autre ne peut savoir ce qui se passe en lui, son esprit le sait. Or, quand nous avons reçu l'Esprit de Dieu, nous apprenons ce qui se passe en Dieu, non dans toute son étendue, parce que nous ne l'avons pas reçu dans toute sa plénitude. Nous connaissons beaucoup de choses du gage qui est en nous, car nous avons reçu un gage et la plénitude de ce gage nous sera donnée plus tard. En attendant que ce gage soit pour nous une consolation, car Celui qui a daigné nous avancer ce gage est disposé à nous donner beaucoup plus. Si les arrhes sont si magnifiques, que sera-ce que la récompense dont elles sont le gage ?

6. Mais quel est le sens de ces paroles : « L'Esprit n'avait pas encore été donné, parce que Jésus n'était pas encore glorifié ? » Elles sont faciles à comprendre. Sans doute l'Esprit de Dieu qui était en Dieu existait alors, mais il n'était pas encore dans ceux qui avaient cru en Jésus. Notre-Seigneur avait résolu, en effet, de ne leur donner cet Esprit dont nous parlons qu'après sa résurrection, et cela pour de justes raisons. Si nous cherchons à les connaître, Dieu nous accordera la grâce de les trouver, et si nous frappons, il ouvrira pour que nous puissions entrer. C'est la piété qui frappe et non la main, bien que la main frappe aussi lorsqu'elle ne cesse point de s'appliquer aux œuvres de miséricorde. Pour quelle raison donc Notre-Seigneur Jésus-Christ a-t-il résolu de ne donner l'Esprit saint que lorsqu'il serait glorifié? Avant de répondre à cette question, comme nous le pouvons, commençons par en examiner une autre qui pourrait en arrêter quelques-uns. Comment se fait-il que l'Esprit saint ne fût pas encore dans les hommes justes lorsque l'Evangile, nous racontant les événements qui suivirent la naissance du Seigneur, nous dit que Siméon le connut par l'Esprit saint, que la sainte veuve et prophétesse le connut de la même manière (*Luc*, II, 25-36), aussi bien que Jean-Baptiste qui le baptisa (*Luc*, I, 41), que Zacharie plein du Saint-Esprit prédit plusieurs événements merveilleux, que Marie elle-même reçut l'Esprit saint pour concevoir le Seigneur ? Nous avons donc une quantité de preuves de la présence de l'Esprit saint sur la terre avant que Notre-Seigneur eût été glorifié par sa résurrection. Car ce n'est point un autre esprit qui fut donné aux prophètes qui ont pré-

---

et quod ipsi nescimus in nobis. Nam infirmitatem suam Petrus nesciebat, quando a Domino quod ter esset negaturus audiebat (*Matth.*, XXVI, 33, etc.), et æger se ignorabat, medicus ægrum sciebat. Sunt ergo quædam quæ Deus novit in nobis, nescientibus nobis. Tamen quantum ad homines pertinet, nemo sic se novit quomodo ipse homo : alius nescit quid in illo agatur, sed spiritus ejus novit. Accepto autem Spiritu Dei, discimus et quid agatur in Deo : non totum, quia non accepimus totum. De pignore multa novimus : pignus enim accepimus, et hujus pignoris plenitudo postea dabitur. Interim in hac peregrinatione pignus nos consoletur, quia qui nos dignatus est oppignerare, multum paratus est dare. Si talis est arrha, quid est cujus est arrha?

6. Sed quid est quod ait : « Non enim erat Spiritus datus, quia Jesus nondum erat glorificatus? » In evidenti est intellectus. Non enim non erat Spiritus Dei, qui erat apud Deum : sed nondum erat in eis qui crediderant in Jesum. Ita enim disposuit Dominus Jesus, non eis dare Spiritum istum de quo loquimur, nisi post resurrectionem suam ; et hoc non sine causa. Et forte si quæramus, annuet ut inveniamus; et si pulsemus, aperiet ut intremus. Pietas pulsat, non manus : quanquam pulsat et manus, si ab operibus misericordiæ non cesset manus. Quæ igitur causa est : cur Dominus Jesus Christus statuerit non nisi cum esset glorificatus, dare Spiritum sanctum? Quod antequam dicamus ut possumus, prius quærendum est, ne quem forte moveat, quomodo nondum erat Spiritus in hominibus sanctis, cum de ipso Domino recens nato legatur in Evangelio, quod cum in Spiritu sancto agnoverit Simeon, agnoverit etiam Anna vidua prophetissa (*Luc.*, II, 25 et 36); agnoverit Joannes ipse, qui eum baptizavit (*Luc.*, I, 41) : impletus Spiritu sancto Zacharias multa dixit (*Ibid.*, 67) : Spiritum sanctum ipsa Maria, ut Dominum conciperet, accepit. (*Ibid.*, 35.) Multa ergo indicia præcedentia Spiritus sancti habemus, antequam Dominus glorificaretur resurrectione carnis suæ. Non enim alium spiritum etiam Prophetæ habuerunt, qui Christum venturum prænuntiaverunt. Sed modus

dit la venue de Jésus-Christ. Mais il devait être donné d'une manière tout à fait inusitée jusque-là, et c'est ce mode nouveau dont il est ici question. Nous ne voyons pas, en effet, auparavant des hommes réunis recevoir l'Esprit saint et parler aussitôt les langues de tous les peuples. Au contraire, aussitôt sa résurrection, la première fois qu'il apparut à ses disciples il leur dit : « Recevez le Saint-Esprit. » (*Jean*, xx, 22.) C'est en faisant allusion à ce mystère que Notre-Seigneur dit : « L'Esprit saint n'avait pas encore été donné, parce que Jésus n'était pas encore glorifié. » Il souffla sur leur visage, lui qui, après avoir tiré l'homme du limon de la terre, avait de son souffle donné la vie au premier homme et le mouvement aux membres de son corps, déclarant ainsi qu'il était Celui qui a soufflé sur le visage des apôtres pour les faire sortir de la boue et de toutes les œuvres terrestres. Ce fut donc après sa résurrection que l'Evangéliste appelle sa glorification que le Seigneur donna l'Esprit saint à ses disciples. Puis lorsqu'il fut resté quarante jours avec eux, comme l'atteste le livre des Actes, il monta au ciel en présence de ses apôtres qui l'accompagnaient des yeux. Enfin dix jours après, le jour de la Pentecôte, il envoya l'Esprit saint du haut des cieux, et dès que les apôtres en furent remplis, comme je l'ai dit plus haut, ils parlèrent les langues de tous les peuples.

7. Mais quoi donc, mes frères, parce que celui qui est aujourd'hui baptisé en Jésus-Christ et qui croit en Jésus-Christ, ne parle pas les langues de tous les peuples, devons-nous penser qu'il n'a point reçu le Saint-Esprit ? Gardons-nous de donner entrée dans notre cœur à un tel blasphème. Nous sommes certains que tout homme reçoit le Saint-Esprit, mais il n'en est rempli que dans la mesure du vase qu'il approche de la fontaine. Si donc on me fait cette question : Pourquoi parmi tous ceux qui reçoivent le Saint-Esprit n'en est-il aucun qui parle les langues de tous les peuples ? je répondrai : Parce que l'Eglise elle-même parle les langues de toutes les nations. L'Eglise n'existait tout d'abord que dans une seule nation, et elle y parlait le langage de tous les peuples. Cette universalité de langage signifiait qu'en se répandant parmi tous les peuples elle parlerait leur langage à tous. Celui qui n'est point dans cette Eglise n'a pas encore reçu le Saint-Esprit. Il est retranché, il est séparé de l'unité des membres, et cette unité qui parle les langues de toutes les nations que lui déclare-t-elle ? C'est qu'il ne fait point partie de cette unité. S'il fait partie de cette unité, qu'il en donne la preuve que les apôtres en donnèrent alors. Quelle est cette preuve ? Qu'il parle aussi toutes les langues. Je l'entends me répondre : Mais vous-même parlez-vous toutes les langues ? Oui, sans

quidam futurus erat dationis hujus, qui omnino antea non apparuerat : de ipso hic dicitur. Nusquam enim legimus antea congregatos homines accepto Spiritu sancto, linguis omnium gentium locutos fuisse. Post resurrectionem autem suam, primum quando apparuit discipulis suis, dixit illis : Accipite Spiritum sanctum. De hoc ergo dictum est : « Non erat Spiritus datus, quia Jesus nondum erat glorificatus. (*Joan.*, xx, 22.) Et insufflavit in faciem eorum, qui flatu primum hominem vivificavit, et de limo erexit (*Gen.*, ii, 7), quo flatu animam membris dedit; significans cum se esse, qui insufflavit in faciem eorum, ut a luto exsurgerent, et luteis operibus renuntiarent. Tunc primum post resurrectionem suam Dominus, quam dicit Evangelista glorificationem, dedit discipulis suis Spiritum sanctum. Deinde commoratus cum eis quadraginta dies, ut liber Actuum Apostolorum demonstrat, ipsis videntibus, et videndo deducentibus, ascendit in cœlum. (*Act.*, i, 3 et 9.) Ibi peractis decem diebus, die Pentecostes misit de super Spiritum sanctum. (*Act.*, ii, 1, etc.) Quo, sicut dixi, qui fuerant in uno loco congregati, accepto impleti, omnium gentium linguis locuti sunt.

7. Quid ergo, Fratres, quia modo qui baptizatur in Christo, et credit in Christum, non loquitur omnium gentium linguis, non est credendus accepisse Spiritum sanctum ? Absit ut ista perfidia tentetur cor nostrum. Certi sumus omnem hominem accipere : sed quantum vas fidei attulerit ad fontem, tantum implet. Cum ergo et modo accipiatur, dixerit aliquis : Quare nemo loquitur linguis omnium gentium ? Quia jam ipsa Ecclesia linguis omnium gentium loquitur. Antea in una gente erat Ecclesia, ubi omnium linguis loquebatur. Loquendo linguis omnium, significabat futurum, ut crescendo per gentes, loqueretur linguis omnium. In hac Ecclesia qui non est, nec modo accipit Spiritum sanctum. Præcisus enim et divisus ab unitate membrorum, quæ unitas linguis omnium loquitur, renuntiet sibi : non habet. Nam si habet, det signum quod tunc dabatur. Quid est, det signum quod tunc dabatur ? Loquatur omnibus linguis. Respondet mihi : Quid enim, tu loqueris

doute, parce que toute langue est la même, c'est-à-dire la langue du corps dont je suis le membre. L'Eglise répandue par toutes les nations parle toutes les langues; l'Eglise est le corps de Jésus-Christ, vous êtes membre de ce corps; or, puisque vous êtes membre d'un corps qui parle toutes leurs langues, croyez que vous les parlez vous-mêmes. La charité établit une parfaite harmonie entre les membres qui sont dans l'unité, et cette unité parle les mêmes langues que parlait alors un seul homme.

8. Nous recevons donc le Saint-Esprit, si nous aimons l'Eglise, si nous sommes étroitement unis par la charité, si nous mettons toute notre joie dans le nom chrétien, dans la foi catholique. Croyons-le fermement, mes frères, plus on aime l'Eglise de Jésus-Christ, plus aussi on entre en participation de l'Esprit saint. « L'Esprit saint, dit l'Apôtre, est donné pour être manifesté. » (I *Cor.*, XII, 7.) Dans quel sens? Il l'explique lui-même : « A l'un est donné par l'Esprit le don de parler avec sagesse, à un autre le don de parler avec science selon le même Esprit; à un autre la foi par le même Esprit; à un autre la grâce des guérisons; à un autre la vertu d'opérer des miracles dans le même Esprit. » (*Ibid.*, 8 *et suiv.*) Dieu donne une multitude de grâces pour se manifester au dehors, mais peut-être vous n'avez aucune de celles que je viens d'énumérer. Si vous aimez, vous n'en êtes nullement privés, car si vous aimez l'unité, celui qui possède ces grâces en vertu de l'unité ne les possède que pour vous. Faites disparaître l'envie, ce qui est à vous, je l'ai moi-même, je bannis de mon cœur tout sentiment de jalousie, et ce qui est à vous devient ma propriété. La jalousie divise, la charité qui est la santé de l'âme réunit. L'œil seul, de tous les membres du corps, est doué de la faculté de voir, est-ce pour lui seul qu'il voit? Non sans doute, il voit pour la main, il voit pour le pied, il voit pour les autres membres. Si le pied vient se heurter contre un obstacle, l'œil se détourne-t-il pour ne pas s'en occuper? Voyez la main, elle agit seule dans le corps, mais agit-elle seulement dans son intérêt? Non, elle agit pour l'œil, car si un coup vient à tomber non sur la main mais sur le visage, la main dira-t-elle je n'ai rien à faire parce que ce coup ne m'a pas atteint? De même encore le pied, en marchant, combat pour tous les membres; tous les membres encore se taisent, et la langue parle pour eux tous. Nous avons donc l'Esprit saint, si nous aimons l'Eglise, et nous l'aimons si nous sommes établis dans son union et dans sa charité. Ecoutez, en effet, l'Apôtre, lorsqu'il a énuméré les diverses grâces que Dieu distribue diversement aux hommes, comme les fonctions qu'il assigne à chaque membre : « Mais je vous montrerai encore, ajoute-t-il, une voie beaucoup plus parfaite, » (I *Cor.*, XII, 31) et il commence l'éloge de la charité.

---

omnibus linguis? Loquor plane, quia omnis lingua mea est, id est, ejus corporis cujus membrum sum. Diffusa Ecclesia per gentes loquitur omnibus linguis: Ecclesia est corpus Christi, in hoc corpore membrum es : cum ergo membrum sis ejus corporis quod loquitur omnibus linguis, crede te loqui omnibus linguis. Unitas enim membrorum caritate concordat : et ipsa unitas loquitur, quomodo tunc unus homo loquebatur.

8. Accipimus ergo et nos Spiritum sanctum si amamus Ecclesiam, si caritate compaginamur, si catholico nomine et fide gaudemus. Credamus, Fratres : Quantum quisque amat Ecclesiam Christi, tantum habet Spiritum sanctum. Datus est enim Spiritus, sicut Apostolus dicit, ad manifestationem. (I *Cor.*, XII, 7.) Quam manifestationem? Sicut ipse idem dicit : « Quia alii datur per Spiritum sermo sapientiæ, alii sermo scientiæ secundum eumdem Spiritum, alii fides in eodem Spiritu, alii donatio curationum in uno Spiritu, alii operatio virtutum in eodem Spiritu. » (*Ibid.*, 8, etc.) Multa enim dantur ad manifestationem, sed tu forsitan eorum omnium quæ dixi nihil habes. Si amas, non nihil habes : si enim amas unitatem, etiam tibi habet quisquis in illa habet aliquid. Tolle invidiam, et tuum est quod habeo : tollam invidiam, et meum est quod habes. Livor separat, sanitas jungit. Oculus solus videt in corpore : sed numquid soli sibi oculus videt? Et manui videt, et pedi videt, et cæteris membris videt : non enim si aliquis ictus in pedem veniat, avertit se oculus inde ut non præcaveat. Rursus sola manus operatur in corpore : sed numquid sibi soli operatur? Et oculo operatur : nam si ictus aliquis veniens non est in manum, sed tantum in faciem, numquid dicit manus : Non me moveo, quia non tendit ad me? Sic pes ambulando omnibus membris militat : membra cætera tacent, et lingua omnibus loquitur. Habemus ergo Spiritum sanctum, si amamus Ecclesiam : amamus autem, si in ejus compage et caritate consistimus. Nam ipse Apostolus cum dixisset diversa dona dari diversis hominibus, tanquam officia quorumque membrorum : Adhuc, inquit, supereminentiorem viam vobis demonstro : et cœpit loqui de caritate.

Il la met au-dessus du don de parler toutes les langues des hommes et des anges, au-dessus des miracles de la foi, au-dessus du don de science et de prophétie, au-dessus des œuvres si excellentes de la miséricorde qui nous fait distribuer aux pauvres tout ce que nous possédons, enfin au-dessus même du martyre du corps. Il la préfère de beaucoup à tous ces dons si grands et si extraordinaires. Ayez donc la charité, et vous aurez tout avec elle; car sans elle, tout ce que vous pourrez avoir sera inutile. Or, comme l'Esprit saint est le principe de cette charité dont nous parlons (nous revenons ainsi à la question sur l'Esprit saint que la lecture de l'Evangile a fait naître), écoutez encore ce que dit l'Apôtre : « La charité de Dieu a été répandue dans nos cœurs par l'Esprit saint qui nous a été donné. »

9. Pourquoi donc Notre-Seigneur n'a-t-il voulu envoyer l'Esprit saint, source pour nous des plus grandes grâces, qu'après sa résurrection? et quelle leçon nous est ici donnée? C'est que dans notre résurrection, notre charité doit être ardente, nous détacher de l'amour du siècle pour se diriger tout entière vers Dieu. Ici-bas, nous ne naissons que pour mourir; n'aimons pas une telle vie, sortons-en par la charité, habitons dans le ciel par cette charité qui nous fait aimer Dieu. Que l'unique objet de nos méditations dans le pèlerinage de cette vie soit cette pensée, que nous ne resterons pas toujours sur cette terre, et alors par une vie sainte nous nous préparerons une place dans ce royaume, d'où nous ne sortirons jamais. Notre-Seigneur Jésus-Christ une fois ressuscité, ne meurt plus, « la mort, dit l'Apôtre, n'a plus d'empire sur lui. » (*Rom.*, VI, 9.) Voilà ce qu'il nous faut aimer. Si nous vivons véritablement, si nous croyons en celui qui est ressuscité, il nous donnera non pas ces biens qu'aiment ici-bas les hommes qui n'aiment point Dieu, et qu'ils aiment d'autant plus qu'ils n'ont point d'amour pour Dieu, de même qu'ils les aimeraient d'autant moins qu'ils auraient plus d'amour pour lui. Mais voyons ce que Dieu nous a promis : Ce ne sont point les richesses de la terre et du temps; ce ne sont point les honneurs et les dignités de ce monde, car vous le voyez, ces biens sont donnés en partage même aux méchants, afin que les bons n'en aient pas une trop grande estime. Ce n'est pas enfin la santé du corps; sans doute, c'est à Dieu que nous en sommes redevables, mais enfin il la donne aux animaux comme aux hommes. Ce n'est pas une longue vie, peut-on appeler long ce qui doit un jour finir? Non, il n'a pas voulu nous promettre comme une grande récompense à nous qui croyons ou une longue vie, ou une vieillesse décrépite, vieillesse que tous désirent avant qu'elle soit venue, et dont tous murmurent aussitôt qu'elle est arrivée. Ce n'est pas non plus la beauté du corps, qu'une maladie ou que cette

---

(I *Cor.*, XII, 31.) Præposuit eam linguis hominum et Angelorum, præposuit miraculis fidei, præposuit scientiæ et prophetiæ, præposuit etiam illi magno operi misericordiæ, quo sua quæ possidet distribuit quisque pauperibus; et ad extremum præposuit eam etiam corporis passioni : his omnibus tam magnis rebus præposuit caritatem. Ipsam habeto, et cuncta habebis : quia sine illa nihil proderit, quidquid habere potueris. Quia vero ad Spiritum sanctum pertinet caritas de qua loquimur (quæstio enim modo in Evangelio de Spiritu sancto retractatur), audi Apostolum dicentem : Caritas Dei diffusa est in cordibus nostris, per Spiritum sanctum, qui datus est nobis. (*Rom.*, v, 5.)

9. Quare ergo Dominus Spiritum, cujus maxima beneficia sunt in nobis, quia caritas Dei per ipsum diffusa est in cordibus nostris, post resurrectionem suam dare voluit? quid significavit? Ut in resurrectione nostra caritas nostra flagret, et ab amore sæculi separet, ut tota currat in Deum. Hic enim nascimur, et morimur, hoc non amemus : caritate migremus, caritate sursum habitemus, caritate illa qua diligimus Deum. Nihil aliud in hac vitæ nostræ peregrinatione meditemur, nisi quia et hic non semper erimus, et ibi nobis locum bene vivendo præparabimus, unde nunquam migremus. Dominus enim noster Jesus Christus, postea quam resurrexit, jam non moritur, mors illi ultra, sicut Apostolus dicit, non dominabitur. (*Rom.*, VI, 9.) Ecce quod amemus. Si vivimus, si in ipsum credimus qui resurrexit; dabit nobis, non quod hic amant homines, qui Deum non amant, aut tanto plus amant, quanto illum minus amant : tanto autem hoc minus amant, quanto illum plus amant. Sed videamus quid nobis promisit : non divitias terrenas et temporales, non honores et potestates in sæculo isto : videtis enim omnia hæc dari et hominibus malis, ne magnipendantur a nobis. Non ipsam postremo corporis sanitatem : non quia ipse illam non dat, sed quia et videtis et pecoribus dat. Non vitam longam. Quid est enim longum quod aliquando finitur? Non pro magno nobis credentibus promisit longævitatem,

vieillesse même tant désirée, détruit sans retour. On voudrait pouvoir unir la beauté avec la vieillesse, ces deux désirs sont contradictoires, si vous devenez vieux, n'espérez pas conserver la beauté, elle fuira devant les approches de la vieillesse, et on ne peut voir habiter ensemble dans une même personne la force de la beauté et les lamentations de la vieillesse. Ce ne sont donc point là les biens que nous a promis celui qui a dit : « Celui qui croit en moi qu'il vienne et qu'il boive, et de son sein couleront des fleuves d'eau vive. » Il nous a promis la vie éternelle où nous n'aurons plus aucun sujet de crainte ou de trouble, où nous serons affranchis de la nécessité de changer de séjour et de mourir, où nous n'aurons plus ni à pleurer ceux qui nous précèdent, ni à espérer ceux qui viennent après nous. Voilà donc les biens inestimables que Dieu nous a promis si nous l'aimons, si nos cœurs sont embrasés de la charité de l'Esprit saint, et c'est à cause de la grandeur de ces biens qu'il n'a voulu donner le Saint-Esprit qu'après qu'il fut glorifié, pour nous offrir dans son corps un modèle de la vie que nous n'avons pas encore, mais que nous espérons après la résurrection.

TRAITÉ XXXIII.

Depuis ces paroles de l'Evangile : « Parmi la foule qui avait entendu ces paroles, » etc., jusqu'à ces autres : « Ni moi non plus je ne vous condamnerai ; allez et ne péchez plus. »

1. Vous vous souvenez, mes très-chers frères, que dans le discours précédent, à l'occasion de la lecture de l'Evangile, nous vous avons parlé de l'Esprit saint. C'est à venir puiser à cette source divine que Notre-Seigneur invitait ceux qui croyaient en lui, et cela au milieu de ceux qui pensaient à s'emparer de lui, et qui désiraient le mettre à mort, mais qui ne pouvaient accomplir leurs desseins, parce que Jésus s'y opposait. Lors donc qu'il eut achevé ces paroles, diverses opinions coururent dans la foule à son sujet : les uns croyaient qu'il était le Christ, les autres soutenaient que le Christ ne devait point sortir de la Galilée. Or, ceux qu'on avait envoyés pour se saisir de lui revinrent sans avoir exécuté cet ordre criminel, et pleins d'admiration pour sa personne, ils rendirent un témoignage public à sa divine doctrine, lorsqu'interrogés par ceux qui les avaient envoyés : « Pourquoi ne l'avez-vous pas amené ? » (*Jean*, VII, 45) ils répondirent qu'ils n'avaient jamais entendu un homme parler de la sorte : « Jamais homme n'a parlé de la sorte. » (*Ibid.*, 46.) Or, il parlait de la sorte parce qu'il était à la fois Dieu et homme. Cependant les pharisiens ne se rendirent pas à ce témoignage, et ils leur dirent : « Vous a-t-il donc aussi séduits ? » (*Ibid.*, 47.) Car nous vous voyons fascinés par le charme de ses discours. « Y a-t-il quelqu'un parmi les princes du peuple qui ait cru en lui ? Y en a-t-il parmi les pharisiens ? Pour cette populace qui ne connaît point la loi, ce sont des gens maudits. » (*Ibid.*, 48, 49.) Ainsi

---

aut decrepitam senectutem ; quam omnes optant antequam veniat, omnes de illa cum venerit murmurant. Non pulchritudinem corporis, quam vel corporis morbus, vel ipsa senectus quæ optatur, exterminat. Vult esse pulcher, et vult esse senex : ista duo desideria sibi invicem concordare non possunt : si senex eris, pulcher non eris : quando senectus venerit, pulchritudo fugiet ; et in uno habitare non possunt vigor pulchritudinis, et gemitus senectutis. Omnia ergo ista non nobis promisit, qui dixit : « Qui credit in me, veniat, et bibat, et flumina de ventre ejus fluent aquæ vivæ. » Vitam æternam promisit, ubi nihil timeamus, ubi non conturbemur, unde non migremus, ubi non moriamur ; ubi nec decessor plangatur, nec successor speretur. Quia ergo tale est quod nobis promisit amantibus, et Spiritus sancti caritate ferventibus ; ideo ipsum Spiritum noluit dare, nisi cum esset glorificatus : ut in suo corpore ostenderet vitam, quam modo non habemus, sed in resurrectione speramus.

TRACTATUS XXXIII.

Ab eo loco Evangelii : « Ex illa ergo turba cum audissent hos sermones ejus, » etc., usque ad id : « Nec ego te condemnabo vade, et amplius noli peccare. »

1. Meminit Caritas Vestra, sermone pristino ex occasione lectionis Evangelicæ locutos nos esse vobis de Spiritu sancto. Ad hunc potandum cum Dominus invitasset credentes in se ; loquens inter eos qui illum tenere cogitabant, et interficere cupiebant, nec valebant, quia ille nolebat : cum ergo hæc locutus esset, nata est de illo in turba dissensio, aliis putantibus quod ipse esset Christus, aliis dicentibus, quia de Galilæa non exsurget Christus. Qui vero missi fuerant, ut eum tenerent, redierunt immunes a crimine, et pleni admiratione perhibuerunt divinæ doctrinæ ejus, cum dicerent a quibus missi fuerant : « Quare non adduxistis eum ? » (*Joan.*, VII, 45). Responderunt enim nunquam se audisse hominem sic locutum : « Non enim quis-

ceux qui ne connaissaient point la loi, croyaient en celui qui avait donné la loi, et les docteurs eux-mêmes de la loi méprisaient l'auteur de la loi; accomplissant ainsi ce que le Seigneur lui-même avait dit : « Je suis venu pour que ceux qui ne voient point, voient; et pour que ceux qui voient deviennent aveugles. » Les pharisiens, docteurs de la loi sont devenus aveugles, tandis que la lumière s'est répandue à flots sur ceux qui ne connaissaient point la loi, mais qui croyaient en celui qui était l'auteur de la loi.

2. « Cependant Nicodème, un des pharisiens qui était venu de nuit trouver Jésus, » (*Jean*, VII, 50) et qui n'était pas incrédule mais simplement timide, car il était venu de nuit trouver la lumière, parce qu'au désir d'être éclairé il joignait la crainte d'être connu; Nicodème donc leur dit : « Notre loi condamne-t-elle un homme sans l'avoir entendu et sans avoir instruit sa cause ? » (*Ibid.*, 51.) En effet, la perversité de leur esprit les portait à le condamner sans avoir connu ce qu'il avait fait. Nicodème savait ou plutôt il croyait que s'ils consentaient seulement à l'entendre patiemment, ils partageraient les impressions de ceux qu'ils avaient envoyés pour se saisir de lui. « Mais ils lui répondirent » en suivant les préjugés de leur cœur : « Est-ce que vous êtes aussi Galiléen ? » (*Ibid.*, 52) c'est-à-dire séduit par ce Galiléen. Notre-Seigneur était appelé Galiléen, parce que ses parents étaient de la ville de Nazareth. Je dis ses parents par Marie et non par un homme qui serait son père; car celui qui avait un Père dans les cieux, n'a voulu avoir qu'une mère sur la terre. Aussi sa double naissance est également admirable, la naissance divine qui est sans mère, la naissance humaine qui eut lieu sans père. Que veulent donc dire ces prétendus docteurs de la loi, lorsqu'ils donnent à Nicodème ce conseil : « Lisez avec soin les Ecritures, et vous verrez que de la Galilée, il ne sort point de prophète ? » (*Ibid.*, 53.) Oui, mais le Maître des prophètes en est sorti. « Et ils s'en retournèrent chacun dans sa maison, » dit l'Evangéliste. (*Ibid.*, 53.)

3. « De là Jésus s'en alla sur la montagne des Oliviers, » (*Jean*, VIII, 1) sur la montagne des fruits, sur la montagne des parfums, sur la montagne de l'onction. Où, en effet, le Christ pouvait-il plus convenablement enseigner que sur la montagne des Oliviers ? Le nom de Christ vient de *Chrisma*, et le mot grec χρῖσμα signifie en latin onction. Or, le Christ nous a donné cette onction pour nous rendre forts dans la lutte contre le démon. « Et, dès le point du jour il retourna dans le temple, où tout le peuple

---

quam sic loquitur homo. » (*v.* 46.) Ille autem sic locutus est, quia Deus erat et homo. Tamen Pharisæi testimonium eorum repellentes, dixerunt eis : « Numquid et vos seducti estis ? » (*v.* 47.) Videmus enim delectatos vos esse sermonibus illius. « Numquid aliquid de principibus credidit in eum, aut ex Pharisæis ? (*v.* 48.) Sed turba hæc quæ non novit Legem, maledicti sunt. » (*v.* 49.) Qui non noverant Legem, ipsi credebant in eum qui miserat Legem; et eum qui miserat Legem, contemnebant illi qui docebant Legem : ut impleretur quod dixerat ipse Dominus : Ego veni ut non videntes videant, et videntes cæci fiant. Cæci enim facti sunt Pharisæi doctores, illuminati sunt populi nescientes Legem, et in auctorem Legis credentes.

2. « Nicodemus tamen unus ex Pharisæis, qui ad Dominum nocte venerat, » (*v.* 50) et ipse non quidem incredulus, sed timidus ; nam ideo nocte venerat ad lucem, quia illuminari volebat, et sciri timebat : respondit Judæis : « Numquid Lex nostra judicat hominem, nisi audierit ab ipso prius et cognoverit quid faciat ? » (*v.* 51.) Volebant enim illi perverse ante esse damnatores quam cognitores. Sciebat enim Nicodemus, vel potius credebat, quia si tantummodo eum vellent patienter audire, forte similes fierent illis qui missi sunt tenere, et maluerunt credere. « Illi responderunt, » ex præjudicio cordis sui, quod et illis : « Numquid et tu Galilæus es ? » (*v.* 52.) Id est, quasi a Galilæo seductus. Dominus enim Galilæus dicebatur, quoniam de Nazareth civitate erant parentes ejus. Secundum Mariam dixi parentes, non secundum virile semen : non enim quæsivit in terra nisi matrem, qui jam habebat de super Patrem. Nam utraque ejus nativitas mirabilis fuit, divina sine matre, humana sine patre. Quid ergo illi quasi Legis doctores ad Nicodemum dixerunt ? « Scrutare Scripturas, et vide quia Propheta a Galilæa non surgit. » Sed Dominus Prophetarum inde surrexit. « Reversi sunt, » inquit Evangelista, « unusquisque in domum suam. » (*v.* 53.)

3. « Inde Jesus perrexit in montem : » (*Joan.*, VIII, 1) in montem autem « Oliveti, » in montem fructuosum, in montem unguenti, in montem chrismatis. Ubi enim decebat docere Christum nisi in monte Oliveti ? Christi enim nomen a chrismate dictum est : χρῖσμα autem Græcæ : Latine unctio nuncupatur. Ideo autem nos unxit, quia luctatores contra diabolum fecit. « Et diluculo iterum venit in tem-

vint à lui ; et, s'étant assis, il les enseignait. » (*Ibid.*, 2.) Et ils ne se saisissaient pas de lui, parce qu'il ne daignait pas encore se livrer aux souffrances.

4. Considérez maintenant dans quelles circonstances ils viennent tenter la douceur de Notre-Seigneur. « Alors les scribes et les pharisiens lui amenèrent une femme surprise en adultère. L'ayant placée au milieu de la foule, ils dirent à Jésus : Maître, cette femme vient d'être surprise en adultère. Or, Moïse, dans la loi, nous a ordonné de lapider les adultères. Vous donc que dites-vous? Ils l'interrogeaient ainsi pour le tenter, afin de pouvoir l'accuser. » (*Ibid.*, 3, 6.) Et de quoi pouvaient-ils l'accuser? L'avaient-ils surpris dans quelque crime, ou cette femme passait-elle pour avoir été en relations avec lui de quelque manière que ce fût? Que signifient donc ces paroles : « Ils le tentaient afin de pouvoir l'accuser? » Nous savons, mes frères, que Notre-Seigneur se faisait surtout remarquer par une admirable douceur. Ils avaient donc remarqué cette douceur, cette mansuétude excessive, car c'est de lui que le Roi-prophète avait prédit : « Ceignez votre glaive à votre côté, car vous qui êtes le Tout-Puissant, revêtez votre gloire et votre majesté, avancez-vous, soyez heureux, établissez votre règne par la vérité, par la douceur et par la justice. » (*Ps.* XLIV, 4, 5.) Il nous a donc apporté la vérité comme docteur, la douceur comme notre libérateur, et la justice comme celui qui connaît tout. C'est en vertu de ces trois attributs qu'il devait régner dans l'Esprit saint, suivant la prédiction des prophètes. (*Isa.*, XI.) Lorsqu'il parlait, on reconnaissait la vérité de ses paroles ; lorsqu'il ne répondait aux attaques de ses ennemis que par le calme, on ne pouvait s'empêcher de louer sa douceur. Comme la vérité et la mansuétude du Sauveur étaient un véritable supplice pour ses ennemis dévorés par la jalousie et par l'envie, ils cherchent à lui tendre un piége sur le troisième point, sur la justice. Comment s'y prennent-ils? La loi commandait de lapider les adultères, et la loi ne peut commander ce qui est injuste ; si donc on allait à l'encontre d'un précepte de la loi, on se rendait par là même coupable d'injustice. Ils se dirent donc entre eux : Il passe pour ami de la vérité, on exalte sa douceur, cherchons à l'attaquer sur la justice, présentons-lui une femme surprise en adultère, rappelons-lui le supplice que la loi ordonne de lui infliger ; s'il ordonne qu'elle soit lapidée, il perdra sa réputation de douceur ; s'il déclare qu'il faut la renvoyer, il n'observera pas les prescriptions de la justice. Or, comme il ne voudra point sacrifier le bénéfice de cette douceur qui l'a rendu si aimable au peuple, sans nul doute il jugera qu'il faut la renvoyer. C'est donc pour nous une occasion de l'accuser, et de le

déclarer coupable comme prévaricateur de la loi, et nous serons autorisés à lui dire : Vous êtes un ennemi de la loi, votre réponse est opposée à la loi de Moïse ou plutôt à Celui qui a donné la loi par Moïse, vous êtes digne de mort et vous devez être lapidé avec cette femme. Ces paroles, ces raisonnements étaient de nature à donner un nouvel aliment à l'envie, à faire presser l'accusation et demander la condamnation de Jésus. Mais qui raisonne ainsi et contre qui ? C'est la perversité contre la droiture, le mensonge contre la vérité, la corruption contre le cœur pur, la folie contre la sagesse. Ils lui tendent des embûches, et ils sont les premiers à se précipiter en aveugles dans des piéges dont ils ne pourront se tirer. En effet, le Seigneur, dans la réponse qu'il leur fait, restera fidèle à la justice, sans s'écarter de sa douceur habituelle. Ce n'est pas celui à qui on tendait des piéges qui est pris, ce sont bien plutôt ceux qui les ont tendus, parce qu'ils ne croyaient point en celui qui pouvait les délivrer de ces piéges.

5. Que leur répondit donc le Seigneur Jésus ? que répondit la vérité ? que répondit la sagesse ? que répondit la justice contre laquelle la calomnie était dirigée ? Jésus ne leur dit pas : Elle ne doit pas être lapidée, pour ne point paraître se mettre en opposition avec la loi. Encore moins leur dit-il : Qu'elle soit lapidée, car il n'est point venu perdre ce qu'il avait trouvé, mais bien plutôt chercher ce qui avait péri. (*Luc*, XIX, 10.) Quelle est donc sa réponse ? Voyez comme elle respire à la fois la justice, la douceur, la vérité : « Que celui qui est sans péché jette la première pierre contre elle. » (*Jean*, VIII, 7.) O réponse dictée par la sagesse elle-même ! Comment les force-t-il de rentrer en eux-mêmes ? Leurs calomnies se produisaient au dehors, et ils n'examinaient pas leur intérieur ; ils voyaient une adultère, et ils ne se connaissaient pas. Prévaricateurs de la loi, ils désiraient accomplir la loi, et cela par leurs calomnies et non comme l'exigeait la vérité en condamnant l'adultère au nom de la chasteté. Vous avez entendu Juifs, vous avez entendu pharisiens, vous avez entendu docteurs de la loi, le gardien de la loi, mais vous n'avez pas encore compris qu'il est le souverain Législateur. Que veut-il nous apprendre autre chose en écrivant de son doigt sur la terre ? En effet, la loi a été écrite avec le doigt de Dieu, mais à cause de la dureté des cœurs, elle a été écrite sur la pierre. (*Exod.*, XXXI, 18.) Maintenant Notre-Seigneur écrivait sur la terre parce qu'il cherchait le fruit de la loi. Vous l'avez donc entendu ; que la loi soit accomplie, que l'adultère soit lapidée, mais convient-il que la loi qui la condamne à mort soit accomplie par ceux qui méritent le même châtiment ? Que chacun de vous se considère, qu'il rentre en lui-même, qu'il monte sur le tri-

---

dimitti debere dicturus est. Hinc nos invenimus accusandi occasionem, et reum facimus tanquam Legis prævaricatorem : dicentes ei : Hostis es Legis, contra Moysen respondes, imo contra eum qui per Moysen Legem dedit : reus es mortis, cum illa et tu ipse lapidandus. Posset his verbis atque his sententiis inflammari invidia, fervere accusatio, flagitari damnatio. Sed cui hoc ? Perversitas rectitudini, falsitas veritati, corruptum cor cordi recto, stultitia sapientiæ. Quando illi laqueos præpararent, in quos non prius ipsi caput injicerent ? Ecce Dominus in respondendo et justitiam servaturus est, et a mansuetudine non recessurus. Non est captus cui tendebatur, sed potius capti sunt qui tendebant ; quia in eum qui eos posset de laqueis eruere, non credebant.

5. Quid ergo respondit Dominus Jesus ? quid respondit veritas ? quid respondit sapientia ? quid respondit ipsa cui calumnia parabatur justitia ? Non dixit : Non lapidetur ; ne contra Legem dicere videretur. Absit autem ut diceret : Lapidetur : venit enim non perdere quod invenerat, sed quærere quod perierat. (*Luc.*, XIX, 10.) Quid ergo respondit ? Videte quam plenum sit justitia, plenum mansuetudine et veritate. « Qui sine peccato est vestrum, inquit, prior in illam lapidem mittat. » (*Joan.*, VIII, 7.) O responsa sapientiæ ! Quomodo eos intromisit in se ? Foris enim calumniabantur, seipsos intrinsecus non perscrutabantur : adulteram videbant, se non perspiciebant. Prævaricatores Legis Legem impleri cupiebant, et hoc calumniando, non vere, tanquam adulteria castitate damnando. Audistis Judæi, audistis Pharisæi, audistis Legis doctores Legis custodem, sed nondum intellexistis Legislatorem. Quid vobis aliud significat, cum digito scribit in terra? (*Ibid.*, VI) Digito enim Dei Lex scripta est, sed propter duros in lapide scripta est. (*Exod.*, XXXI, 18.) Nunc jam Dominus in terra scribebat, quia fructum quærebat. Audistis ergo : Impleatur Lex, lapidetur adultera : sed numquid in illa punienda Lex implenda est a puniendis ? Consideret se unusquisque vestrum, intret in semetipsum, ascendat tribunal mentis suæ, constituat se ante conscientiam

bunal de son âme, qu'il se place devant sa conscience, qu'il se force à faire l'aveu de ses crimes. Il sait quel il est, car « personne ne peut savoir ce qui se passe dans l'homme, si ce n'est l'esprit de l'homme qui est en lui. » (I *Cor.*, II, 11.) Chacun de vous, en se considérant attentivement, se trouvera nécessairement pécheur. Laissez donc aller cette femme, ou soumettez-vous avec elle au châtiment de la loi. Si le Sauveur disait : Que l'adultère ne soit point lapidée, il serait accusé d'injustice ; s'il disait : Qu'elle soit lapidée, sa douceur en souffrirait ; qu'il fasse donc une réponse qui concilie les droits de la douceur et de la justice. « Que celui de vous qui est sans péché lui jette la première pierre. » C'est la justice elle-même qui parle. Que celle qui est coupable soit punie, mais non par ceux qui sont aussi coupables qu'elle ; que la loi reçoive son accomplissement, mais non des transgresseurs de la loi. Cette décision si juste est comme une poutre qui vient les frapper, ils se considèrent et se trouvent tous coupables sans exception, et ils s'en allèrent l'un après l'autre. « Ils ne restèrent que deux : la misère et la miséricorde. Après les avoir percés des traits de sa justice, Notre-Seigneur ne daigne pas même faire attention à leur humiliation, il détourne d'eux ses regards et écrit de nouveau sur la terre. » (*Ibid.*, 8.)

6. Cette femme était donc restée seule, et tous ses accusateurs étaient partis ; Jésus leva alors les yeux sur elle. Nous avons entendu la voix de la justice, écoutons la voix de la douceur. Cette femme, à mon avis, avait été vivement effrayée lorsqu'elle entendit le Seigneur dire : « Que celui d'entre vous qui est sans péché jette la première pierre contre elle. » Ces hommes, considérant ce qu'ils étaient, et faisant l'aveu de leurs crimes, par là même qu'ils se retiraient, avaient laissé cette femme coupable d'un grand péché à celui qui était sans péché. Comme elle lui avait entendu dire : « Que celui de vous qui est sans péché, jette la première pierre contre elle, » elle pouvait craindre d'être punie par celui qu'il lui était impossible de convaincre de péché. Mais Jésus, qui avait confondu ses ennemis par le langage de la justice, jette sur elle un regard plein de douceur et lui fait cette question : « Personne ne vous a condamnée ? Elle lui répondit : Personne, Seigneur. Jésus lui dit : Ni moi non plus je ne vous condamnerai. » (*Jean*, X, 10, 11.) Bien que vous ayez pu le craindre, parce que vous n'avez pas trouvé de péché en moi, « je ne vous condamnerai pas. » Qu'est-ce à dire, Seigneur ? Vous favorisez donc les crimes ? Non, assurément. Ecoutez la suite : « Allez, et ne péchez plus. » Le Seigneur condamne donc le péché, sans condamner l'homme. S'il favorisait le péché, il aurait dit à cette femme : Je ne vous condamnerai pas non plus, allez, vivez comme

---

suam, cogat se confiteri. Scit enim qui sit : quia nemo scit hominum quæ sunt hominis, nisi spiritus hominis qui in ipso est. (I *Cor.*, II, 11.) Unusquisque in se intendens, peccatorem se invenit. Ita plane. Ergo aut istam dimittite, aut simul cum illa pœnam Legis excipite. Si diceret : Non lapidetur adultera ; injustus convinceretur : si diceret : Lapidetur ; mansuetus non videretur : dicat quod dicere debet et mansuetus et justus : « Qui sine peccato est vestrum, prior in illam lapidem mittat. » Hæc vox justitiæ est : Puniatur peccatrix, sed non a peccatoribus : impleatur Lex, sed non a prævaricatoribus Legis. Hæc vox omnino justitiæ est : qua justitia illi tanquam trabali telo percussi, sese inspicientes et reos invenientes, « unus post unum omnes recesserunt. » (*Joan.*, VIII, 9.) Relicti sunt duo, misera et misericordia. Dominus autem cum eos illo telo justitiæ percussisset, nec dignatus est cadentes attendere : sed averso ab eis obtutu, « rursum digito scribebat in terra. » (*v.* 8.)

6. Relicta autem sola illa muliere, omnibusque abeuntibus, levavit oculos suos ad mulierem. Audivimus vocem justitiæ, audiamus et mansuetudinis. Plus enim, credo, territa erat illa mulier cum audisset a Domino dictum : « Qui sine peccato est vestrum, prior in illam lapidem mittat. » Illi ergo attendentes se, et abscessu ipso confessi de se, reliquerant mulierem cum grandi peccato, ei qui erat sine peccato. Et quia illa hoc audierat : « Qui sine peccato est, prior in illam lapidem mittat ; » ab illo se sperabat puniendam, in quo peccatum inveniri non poterat. Ille autem qui adversarios ejus repulerat lingua justitiæ, levans in eam oculos mansuetudinis, interrogavit eam : « Nemo te condemnavit ? » (*v.* 10.) Respondit illa : « Domine nemo. » Et ille : « Nec ego te condemnabo : » (*v.* 11) a quo te forte damnari timuisti, quia in me peccatum non invenisti. « Nec ego te damnabo. » Quid est Domine ? Faves ergo peccatis ? Non plane ita. Attende quod sequitur : « Vade, deinceps jam noli peccare. » Ergo et Dominus damnavit, sed peccatum, non hominem. Nam si peccatorum fautor esset, diceret : Nec ego te

vous l'entendez, soyez assurée que je serai votre libérateur ; quelqu'énormes que soient vos crimes, je vous délivrerai de tous les supplices, de toutes les souffrances de l'enfer ; tel n'a point été son langage.

7. Qu'ils fassent donc ici attention ceux qui aiment dans le Sauveur la douceur, et qu'ils craignent la vérité, car il est à la fois doux et juste. Vous l'aimez parce qu'il est doux, craignez-le parce qu'il est juste. C'est sa douceur qui vous dit : « Je me suis tu, » mais c'est sa justice qui ajoute : « Garderai-je toujours le silence ? » (*Isaïe*, XLII, 14, *sel. les Sept.*) Le Seigneur est plein de miséricorde et de compassion, ajoutez même de longanimité, ajoutez encore que sa miséricorde est excessive (*Ps.* LXXXV, 12), mais craignez l'attribut qu'il doit faire éclater au dernier jour, sa vérité. Ceux dont il supporte maintenant les iniquités, il jugera un jour leurs mépris. « Est-ce que vous méprisez les richesses de sa longue tolérance et de sa douceur ? Ignorez-vous que la patience de Dieu vous invite à la pénitence ? Et cependant par votre dureté et par l'impénitence de votre cœur vous vous amassez un trésor de colère pour le jour de la colère et de la manifestation du juste jugement de Dieu qui rendra à chacun selon ses œuvres. » (*Rom.*, II, 4-6.) Oui, le Seigneur est doux, le Seigneur est patient, le Seigneur est miséricor-

dieux, mais le Seigneur est aussi plein de justice et de vérité. Il vous donne le temps de vous corriger, mais vous aimez mieux jouir de ce délai que de changer de vie. Vous avez été mauvais hier, soyez bon aujourd'hui ; vous avez passé dans le mal le jour d'aujourd'hui, du moins changez demain de conduite. Vous attendez toujours et vous vous promettez beaucoup de la miséricorde de Dieu, comme si Celui qui a promis le pardon au repentir vous avait aussi promis une plus longue vie. Qui vous assure de ce que sera pour vous le jour de demain ? Vous dites bien et avec raison : Quand je changerai de vie Dieu me pardonnera tous mes péchés. Nous ne pouvons nier, en effet, que Dieu n'ait promis le pardon à ceux qui se convertissent et qui changent de vie ; mais dans ce même Prophète où vous me faites lire que Dieu a promis le pardon à celui qui change de vie, vous ne lisez pas que Dieu vous ait promis une longue vie.

8. Les hommes viennent donc ici se briser contre deux écueils, contre l'espérance présomptueuse et le désespoir, deux choses diamétralement opposées et qui viennent de sentiments tout à fait contraires. L'espérance trompe celui qui dit : Dieu est bon, Dieu est miséricordieux, je ferai ce qui me plaît, ce qui m'est agréable, je lâcherai les rênes à mes passions, je satisferai les désirs de mon âme. Pourquoi cela ? Parce

---

damnabo; vade, vive ut vis : de mea liberatione esto secura, ego quantumcumque peccaveris, te ab omni pœna etiam gehennæ et inferni tortoribus liberabo. Non hoc dixit.

7. Intendant ergo qui amant in Domino mansuetudinem, et timeant veritatem. Etenim dulcis et rectus Dominus. (*Psal.* XXIV, 8.) Amas quod dulcis est, time quod rectus est. Tanquam mansuetus dixit : Tacui (*Isa.*, XLII, 14, sec. 70) : sed tanquam justus : Numquid semper tacebo ? Misericors et miserator Dominus. (*Psal.* LXXXV, 13.) Ita plane. Adhuc adde, longanimis ; adhuc adde, et multum misericors : sed time quod est in novissimo, et verax. Quos enim modo sustinet peccantes, judicaturus est contemnentes. « An divitias longanimitatis et mansuetudinis ejus contemnis, ignorans quia patientia Dei ad pœnitentiam te adducit ? Tu autem secundum duritiam cordis tui et cor impœnitens, thesaurizas tibi iram in die iræ et revelationis justi judicii Dei, qui reddet unicuique secundum opera sua. » (*Rom.*, II, 4, etc.) Mansuetus Dominus, longanimis Dominus, miseri-

cors Dominus : sed et justus Dominus, et verax Dominus. Largitur tibi spatium correctionis : sed tu plus amas dilationem quam emendationem. Malus fuisti heri ? hodie bonus esto. Et hodiernum diem in malitia peregisti ? vel cras mutare. Semper expectas, et de misericordia Dei tibi plurimum polliceris : quasi ille qui tibi per (*a*) pœnitentiam promisit indulgentiam, promiserit tibi etiam prolixiorem vitam. Unde scis quid pariat crastinus dies ? Recte dicis in corde tuo : Quando me correxero, Deus mihi omnia peccata dimittet. Negare non possumus, quod correctis atque conversis indulgentiam Deus promisit. Nam in quo Propheta mihi legis quia promisit correcto indulgentiam, non mihi legis quia promisit tibi Deus longam vitam.

8. Ex utroque igitur homines periclitantur, et sperando et desperando, contrariis rebus, contrariis affectionibus. Sperando decipitur, qui decipitur, qui dicit : Bonus est Deus, misericors est Deus, faciam quod mihi placet, quod libet, laxem habenas cupiditatibus meis, impleam desideria animæ meæ. Quare

---

(*a*) Sic Ms. Carcassonensis. At cæteri libri, *per patientiam*.

que Dieu est miséricordieux, parce que Dieu est bon, parce que Dieu est doux. C'est cette espérance présomptueuse qui les expose aux plus grands dangers. Ceux qui désespèrent, au contraire, lorsqu'ils tombent dans des fautes graves, pensent qu'elles ne leur seront point pardonnées, lors même qu'ils s'en repentiraient, ils se considèrent comme destinés à la damnation, ils se disent : Nous serons certainement damnés, pourquoi n'agirions-nous pas au gré de nos désirs comme les gladiateurs destinés à mourir par le fer? Voilà ce qui rend si à charge ceux qui se laissent aller au désespoir, ils n'ont plus aucun motif de crainte et ils n'en sont que plus à craindre. Les uns sont donc victimes du désespoir, les autres de l'espérance. L'âme flotte entre ces deux extrêmes, l'espérance, le désespoir. Craignez que l'espérance ne soit la cause de votre perte, et qu'une trop grande confiance dans la miséricorde de Dieu ne vous fasse tomber dans les mains de sa justice. Craignez également d'être victime du désespoir, et qu'en regardant comme impossible le pardon des fautes graves que vous avez commises, vous refusiez de faire pénitence et que vous ne soyez amené devant le tribunal de la Sagesse qui vous dit : « Moi je me rirai à mon tour de votre ruine. » (*Prov.*, I, 26.) Or, que fait le Seigneur avec ceux que l'une ou l'autre de ces maladies met en danger? A ceux que l'espérance aveugle, il dit : « Ne tardez pas à vous convertir au Seigneur et ne différez point de jour en jour, car sa colère viendra soudain et au jour de la vengeance il vous perdra. » (*Eccli.*, V, 8-9.) A ceux, au contraire, que le désespoir abat, que dit-il? « En quelque temps que l'impie se convertira, j'oublierai toutes ses iniquités. » (*Ezech.*, XVIII, 27.) A ceux donc que le désespoir va perdre, il offre le port de la miséricorde ; à ceux que la présomption aveugle et qui sont le jouet de leurs continuels délais, il a caché le jour de leur mort. Vous ne savez, en effet, quand viendra votre dernier jour, et vous ne savez pas reconnaître la grâce de Dieu qui vous donne ce jour actuel pour changer de vie. C'est le sens des paroles qu'il adresse à cette femme : « Ni moi non plus je ne vous condamnerai, » mais assurée de votre pardon pour le passé, mettez-vous en garde pour l'avenir. « Ni moi non plus je ne vous condamnerai, » j'ai effacé les fautes que vous avez commises, observez le précepte que je vous fais afin de pouvoir obtenir la récompense que j'ai promise.

TRAITÉ XXXIV [1].

Sur ces paroles : « Je suis la lumière du monde, celui qui me suit, ne marche pas dans les ténèbres, mais il aura la lumière de la vie. »

1. Je ne doute pas que tous nous ne nous

(1) Ce discours a été donné un jour avant le suivant.

hoc? Quia misericors est Deus, bonus est Deus, mansuetus est Deus. Spe isti periclitantur. Desperatione autem, qui cum inciderint in gravia peccata, putantes sibi non posse jam ignosci pœnitentibus, et statuentes se ad damnationem sine dubio destinatos, dicunt apud seipsos : Jam (*a*) damnandi sumus, quare non quod volumus facimus? animo gladiatorum ferro destinatorum. Ideo molesti sunt desperati : jam enim quod timeant non habent, et vehementer timendi sunt. Istos desperatio necat, spes illos. Inter spem et desperationem fluctuat animus. Metuendum est ne te occidat spes, et cum multum speras de misericordia, incidas in judicium : metuendum est rursus ne te occidat desperatio, et cum putas jam tibi non ignosci quæ gravia commisisti, non agas pœnitentiam, et incurras in judicem sapientiam, quæ dicit : Et ego vestræ perditioni superridebo. (*Prov.*, I, 26.) Quid ergo agit Dominus cum periclitantibus utroque morbo? Illis qui spe periclitantur, hoc dicit : « Ne tardes converti ad Dominum, neque differas de die in diem, subito enim veniet ira illius, et in tempore vindictæ disperdet te. » (*Eccl.*, V, 8.) Illis qui desperatione periclitantur, quid dicit? In quacumque die iniquus conversus fuerit, omnes iniquitates ejus obliviscar. (*Ezech.*, XVIII, 27.) Propter illos ergo qui desperatione periclitantur, proposuit indulgentiæ portum : propter illos qui spe periclitantur et dilationibus illuduntur, fecit diem mortis incertum. Quando veniat ultimus dies, nescis. Ingratus es, quia hodiernum habes, in quo corrigaris? Sic ergo ad istam mulierem : « Nec ego te damnabo : » sed facta secura de præterito, cave futura : « Nec ego te damnabo : » delevi quod commisisti, observa quod præcepi, ut invenias quod promisi.

TRACTATUS XXXIV.

In illud : « Ego sum lux mundi : qui sequitur me, non ambulat in tenebris, sed habebit lumen vitæ. »

1. Quod modo audivimus et intenti accepimus,

(*a*) In duobus Mss. *jam damnati sumus.*

soyons efforcés de comprendre la lecture du saint Évangile qui vient d'être faite et que nous avons écoutée avec une religieuse attention. Chacun de nous, suivant la mesure de son intelligence, a pris sa part dans ces enseignements si élevés et personne ne peut se plaindre de n'avoir point goûté du pain de la parole qui lui a été servi. Mais je ne suis pas moins certain qu'il n'en est pas un seul qui ait compris ces grandes vérités dans toute leur étendue. Cependant en supposant que quelqu'un parmi vous comprenne suffisamment les paroles de Notre-Seigneur Jésus-Christ qu'on vient de vous lire, qu'il nous permette d'exercer notre ministère, afin qu'avec la grâce de Dieu nous puissions étendre à tous ou du moins à un grand nombre l'intelligence de ces vérités que quelques-uns seulement sont heureux d'avoir comprises.

2. Ces paroles du Seigneur : « Je suis la lumière du monde, » (*Jean*, VIII, 12) sont claires pour ceux qui ont les yeux qui les font entrer en participation de cette lumière ; mais ceux qui n'ont que les yeux du corps s'étonnent d'entendre dire à Notre-Seigneur Jésus-Christ : « Je suis la lumière du monde. » Peut-être même en est-il qui se disent intérieurement : Est-ce que Notre-Seigneur Jésus-Christ serait ce soleil qui fixe la durée du jour par l'alternative de son lever et de son coucher ? Il s'est trouvé, en effet, des hérétiques qui ont soutenu cette opinion. Les Manichéens ont cru que ce soleil visible qui frappe de ses rayons tous les yeux non-seulement des hommes, mais des animaux, était Notre-Seigneur Jésus-Christ. Mais la foi de l'Église catholique condamne de pareilles inventions et les regarde comme la doctrine du démon. Non-seulement elle proclame par sa foi que ce sont des erreurs, mais elle cherche à en convaincre ceux qu'elle peut par ses raisonnements. Condamnons donc nous-mêmes cette erreur que la sainte Église a frappée dès le commencement de ses anathèmes. Gardons-nous de penser que Notre-Seigneur Jésus-Christ soit ce soleil que nous voyons se lever à l'Orient et se coucher à l'Occident, à la course duquel succède la nuit dont les rayons sont obscurcis par les nuages, et qui par ses révolutions déterminées, passe d'un lieu dans un autre. Non, ce n'est pas là Notre-Seigneur Jésus-Christ. Il n'est pas ce soleil qui a été fait, mais il est Celui par qui le soleil a été fait. « Car tout a été fait par lui, et rien de ce qui a été fait n'a été fait sans lui. » (*Jean*, I, 3.)

3. Il est donc la lumière qui a fait la lumière que nous voyons ; aimons cette divine lumière, désirons la comprendre, ayons soif de cette lumière afin que nous puissions sous sa conduite arriver un jour jusqu'à elle et que nous vivions en elle de manière à ne jamais mourir. C'est cette lumière que le Roi-prophète a chantée autrefois en ces termes dans un de ses psaumes :

---

cum sanctum Evangelium legeretur, non dubito quod omnes etiam intelligere conati sumus : et quisque nostrum de re tam magna quæ lecta est, pro suo modulo cepit quod potuit ; et posito pane verbi, nemo est qui se queratur nihil gustasse. Sed iterum non dubito, quia difficile quisquam est, qui totum intellexerit. Tamen etiam si est qui omnia verba Domini nostri Jesu Christi modo ex Evangelio recitata satis intelligat ; toleret ministerium nostrum, quo usque, si possimus, illo adjuvante tractando, faciamus ut vel omnes vel multi intelligant, quod se pauci intellexisse lætantur.

2. Quod ait Dominus : « Ego sum lux mundi, » (*Joan.*, VIII, 12) clarum puto esse eis qui habent oculos, unde hujus lucis participes fiant : qui autem non habent oculos nisi in sola carne, mirantur quod dictum est a Domino Jesu Christo : « Ego sum lux mundi. » Et forte non desit qui dicat apud semetipsum : Numquid forte Dominus Christus est sol iste, qui ortu et occasu peragit diem ? Non enim defuerunt hæretici qui ista senserunt. Manichæi solem istum oculis carnis visibilem expositum et publicum non tantum hominibus, sed etiam pecoribus ad videndum, Christum Dominum esse putaverunt. Sed catholicæ Ecclesiæ recta fides improbat tale commentum, et diabolicam doctrinam esse cognoscit : nec solum agnoscit credendo, sed in quibus potest convincit etiam disputando. Improbemus itaque hujusmodi errorem, quem sancta ab initio anathematizavit Ecclesia. Non arbitremur Dominum Jesum Christum hunc esse solem quem videmus oriri ab Oriente, occidere in Occidente ; cujus cursui nox succedit, cujus radii nube obumbrantur, qui certa de loco in locum motione commigrat : non est hoc Dominus Christus. Non est Dominus Christus sol factus, sed per quem sol factus est. Omnia enim per ipsum facta sunt, et sine ipso factum est nihil. (*Joan.*, I, 3.)

3. Est ergo lux, quæ fecit hanc lucem : hanc amemus, hanc intelligere cupiamus, ipsam sitiamus ; ut ad ipsam duce ipsa aliquando veniamus, et in illa ita vivamus, ut nunquam omnino moriamur. Ista enim lux est, de qua prophetia olim præmissa ita in

« Vous sauverez également les hommes et les animaux selon l'étendue de votre infinie miséricorde, ô mon Dieu. » (*Ps.* xxxv, 7-8.) Voilà les paroles d'un psaume divinement inspiré; considérez attentivement ce que proclame dans cette prophétie si ancienne un des plus saints serviteurs de Dieu : « Vous sauverez également les hommes et les animaux selon l'étendue de votre infinie miséricorde. » Vous êtes Dieu et votre miséricorde est infinie, aussi s'étend-elle non-seulement aux hommes que vous avez créés à votre image, mais aux animaux que vous avez soumis aux hommes. Celui qui sauve l'homme sauve également l'animal sans raison. Loin de rougir, soyez heureux et fier d'avoir ces idées à l'égard de votre Dieu et gardez-vous de penser autrement. Celui qui vous sauve, sauve aussi votre cheval, votre brebis, et pour en venir aux plus petits animaux, il sauve votre poule. C'est au Seigneur seul qu'il appartient de sauver (*Ps.* iii, 9), et il sauve tous ces êtres privés de raison. Cela vous étonne, vous voulez interroger, vos doutes me surprennent à mon tour. Dédaignera-t-il de sauver ce qu'il n'a pas dédaigné de créer? C'est au Seigneur qu'il appartient de sauver les anges, les hommes, les animaux, c'est à lui de sauver tout ce qui existe. Aucun être ne tient l'existence de lui-même, aucun ne peut se sauver de soi-même. C'est donc une vérité des plus importantes que le Psalmiste proclame lorsqu'il dit : « Seigneur, vous sauverez les hommes et les animaux. » Pourquoi? « Parce que votre miséricorde est infinie. » Vous êtes Dieu, vous avez créé, vous sauvez, vous avez donné l'être, vous assurez la conservation de l'existence.

4. Si donc la miséricorde de Dieu, par son étendue même, sauve les hommes et les animaux, les hommes n'auront-ils point quelque chose de particulier que leur donnera le Dieu créateur à l'exclusion des animaux? N'y aurait-il ici aucune distinction entre l'homme qui est fait à l'image de Dieu et l'animal soumis à l'image de Dieu? Gardons-nous de le penser, outre ce salut qui nous est commun avec les animaux privés de langage et de raison, il en est un autre dont nous sommes l'objet et auquel les animaux n'ont aucun droit. Quel est-il? Voyez la suite du même psaume : « Les enfants des hommes seront pleins d'espérance à l'ombre de vos ailes. » Le salut ici-bas leur est commun avec les animaux, mais les enfants des hommes espéreront à l'ombre de vos ailes. Ils sont sauvés ici-bas en réalité, mais ils espèrent un autre salut. Celui qui leur est donné ici-bas leur est commun avec les animaux, mais il en est un autre qui est l'objet de l'espérance des hommes, ceux qui l'espèrent le reçoivent, ceux qui n'ont point l'espérance n'y ont aucun droit. « Les enfants des hommes, dit le Roi-prophète, espéreront à l'ombre de vos ailes. » Ceux donc qui ne cessent d'espérer,

---

Psalmo cecinit : Homines et jumenta salvos facies Domine, sicut multiplicata est misericordia tua Deus. (*Psal.* xxxv, 7 et 8.) Psalmi sancti ista verba sunt : advertite quid de tali luce antiquus sanctorum hominum Dei sermo præmiserit. « Homines, inquit, et jumenta salvos facies Domine, sicut multiplicata est misericordia tua Deus. » Quoniam enim Deus es, et habes multiplicem misericordiam; pervenit eadem multiplicitas misericordiæ tuæ, non solum ad homines quos creasti ad imaginem tuam, sed etiam ad pecora quæ hominibus subdidisti. A quo enim salus hominis, ab illo salus et pecoris. Non erubescas hoc sentire de Domino Deo tuo : imo præsumas et fidas, et caveas ne aliter sentias. Qui salvum facit te, ipse salvum facit equum tuum, ipse ovem tuam; ad minima omnino veniamus, ipse gallinam salvat : Domini est salus (*Psal.* iii, 9), et ista Deus salvat. Movet te, interrogas, miror quid dubitas. Dedignabitur salvare, qui dignatus est creare? Domini est salus Angelorum, hominum, pecorum : Domini est salus. Sicut nemo est a seipso, ita nemo salvus est a seipso. Proinde verissime Psalmus atque optime ait : Homines et jumenta salvos facies Domine. (*Psal.* xxxvii, 7, etc.) Quare? Sicut multiplicata est misericordia tua Deus. Tu enim es Deus, tu creasti, tu salvas : tu dedisti esse, tu das sanum esse.

4. Si ergo sicut multiplicata est misericordia Dei, ab illo homines et jumenta salvantur : nonne homines habent aliquid aliud quod eis Deus præstet creator, quod jumentis non præstat? Nullane discretio est inter animal factum ad imaginem Dei, et animal subditum imagini Dei? Est plane : præter salutem istam communem nobis cum animantibus mutis, est quod nobis præstet Deus, illis autem non præstat. Quid est hoc? Sequere in eodem Psalmo, Filii autem hominum, sub tegmine alarum tuarum sperabunt. Habentes modo salutem communem cum pecoribus suis, filii hominum sub tegmine alarum tuarum sperabunt. Aliam habent salutem in re, aliam in spe. Salus ista quæ in præsenti est, hominibus pecoribusque communis est : sed est alia quam sperant homines; et accipiunt qui sperant, non accipiunt qui des-

grâce à votre protection, ne succomberont jamais aux efforts du démon qui voudrait leur ravir l'espérance ; ils espèreront donc à l'ombre de vos ailes. Or, s'ils espèrent, quel sera l'objet de leurs espérances ? Un bonheur qui ne peut être le partage des animaux. « Ils seront enivrés de l'abondance de votre maison et vous les abreuverez au torrent de vos délices. » (*Ps.* xxxv, 9.) Quel est ce vin dont il est glorieux de s'enivrer? Quel est ce vin qui ne trouble point, mais qui règle l'esprit? Quel est ce vin qui donne une santé éternelle et ne produit point la folie, suite ordinaire de l'ivresse? « Ils seront enivrés. » Comment? « De l'abondance de votre maison et vous les abreuverez au torrent de vos délices. » Pourquoi ? « Parce qu'en vous est la source de la vie. » Cette source de la vie marchait sur la terre et faisait cet appel : « Que celui qui a soif vienne à moi. » (*Jean,* vii, 37.) Voilà la source. Mais nous avons commencé à parler de la lumière, et la question qui a pris naissance de la lecture de l'Evangile, a pour objet la lumière. Nous avons entendu, en effet, ces paroles du Seigneur : « Je suis la lumière du monde. » Nous avons d'abord écarté l'interprétation grossière qui soutient que cette lumière c'est le soleil qui nous éclaire. Puis nous sommes arrivés à ce psaume où nous avons trouvé que le Seigneur était une source de vie. Buvez donc et vivez. « En vous, dit le Psalmiste, est une source de vie. » C'est pour cela que les hommes espèrent à l'ombre de vos ailes et cherchent à s'enivrer à cette source. Mais il est question de lumière. Voyez la suite. Le Prophète, après avoir dit : « En vous est la source de la vie, » ajoute : « Et dans votre lumière nous verrons la lumière. » Dieu de Dieu, lumière de lumière. C'est par cette lumière que la lumière du soleil a été faite, et cette même lumière qui nous a créés nous-mêmes sous le soleil, s'est faite elle-même sous le soleil pour nous éclairer. Oui, la lumière qui a fait le soleil a été faite elle-même sous le soleil. Ne dédaignez pas le nuage de la chair qui la recouvre, elle est voilée par le nuage, non pour obscurcir, mais pour tempérer son éclat.

5. C'est donc cette lumière éternelle, cette lumière de la sagesse qui, sous le voile de la chair, dit aux hommes : « Je suis la lumière du monde, celui qui me suit ne marchera point dans les ténèbres, mais il aura la lumière de la vie. » (*Jean,* viii, 12.) Comme il vous sépare des yeux de la chair pour vous ramener aux yeux du cœur ! Ce n'est pas assez pour lui de dire : « Celui qui me suit, ne marchera pas dans les ténèbres, mais il aura la lumière, » il ajoute encore : « De la vie, » expression correspondante à celle du Psalmiste : « En vous est la source de la vie. » Voyez, mes frères, comme les paroles du Seigneur s'accordent avec le témoignage inspiré du Psalmiste. A la lumière il

---

perant. Filii enim hominum sub tegmine, inquit, alarum tuarum sperabunt. Qui autem perseveranter sperant, a te proteguntur, ne de spe a diabolo dejiciantur : sub tegmine alarum tuarum sperabunt. Si ergo sperabunt, quid sperabunt nisi quod pecora non habebunt? Inebriabuntur ab ubertate domus tuæ, et torrente voluptatis tuæ potabis eos. Quale vinum est, unde inebriari laudabile est ? quale vinum est, quod non turbat, sed dirigit mentem ? quale vinum est, quod facit perpetuo sanum, non inebriando facit insanum ? Inebriabuntur. Unde ? ab ubertate domus tuæ, et torrente voluptatis tuæ potabis eos. Unde? Quoniam apud te fons vitæ. (*Joan.,* vii, 37.) Ipse fons vitæ ambulabat in terra, ipse dicebat : Qui sitit, veniat ad me. Ecce fons. Sed nos de lumine loqui cœperamus, et propositam ex Evangelio quæstionem de lumine tractabamus. Lectum est enim nobis dicente Domino : « Ego sum lux mundi. » Inde quæstio, ne quis carnaliter sapiens solem istum intelligendum putaret : venimus inde ad Psalmum, quo considerato, invenimus interim Dominum fontem vitæ. Bibe et vive. Apud te, inquit, fons vitæ : ideo sub umbraculo alarum tuarum sperant filii hominum, inebriari isto fonte quærentes. Sed de lumine dicebamus. Sequere ergo : nam Propheta cum dixisset. Apud te fons vitæ, secutus adjunxit : In lumine tuo videbimus lumen : Deum de Deo, lumen de lumine. Per hoc lumen factum est solis lumen : et lumen quod fecit solem, sub quo fecit et nos, factum est sub sole propter nos. Factum est, inquam, propter nos sub sole lumen quod fecit solem. Noli contemnere nubem carnis : nube tegitur, non ut obscuretur, sed ut temperetur.

5. Loquens ergo per nubem carnis lumen indeficiens, lumen sapientiæ, ait hominibus : « Ego sum lux mundi : qui sequitur me, non ambulabit in tenebris : sed habebit lumen vitæ. » (*Joan.,* viii, 12.) Quomodo te abstulit ab oculis carnis, et revocavit ad oculos cordis? Non enim sufficit dicere : « Qui me sequitur, non ambulabit in tenebris, sed habebit lumen : » addidit enim, vitæ; sicut ibi dictum est : Quoniam apud te fons vitæ. Videte itaque, Fratres mei, quomodo verba Domini cum illius Psalmi veri-

joint la source de la vie et le Seigneur lui-même nous promet la lumière de la vie. Mais dans l'usage de la vie ordinaire la lumière est différente de la source, le gosier altéré cherche la source, les yeux demandent la lumière. Lorsque nous avons soif, nous cherchons la source ; lorsque nous sommes dans les ténèbres, nous cherchons la lumière, et si la soif nous prend pendant la nuit nous nous procurons de la lumière pour nous conduire jusqu'à la source. Il n'en est pas ainsi en Dieu, la lumière et la source sont une seule et même chose ; le même qui fait luire la lumière à vos yeux, coule pour vous inviter à boire.

6. Vous voyez donc, mes frères, si vous avez les yeux intérieurs, quelle est cette lumière dont le Seigneur a dit : « Celui qui me suit ne marche point dans les ténèbres. » Suivez ce soleil, et voyons si vous ne marcherez point dans les ténèbres. Voici qu'il se lève et qu'il se présente à vous ; en suivant la route qui lui est tracée, il marche vers l'Occident. Si au lieu de prendre une route opposée à la sienne, vous préférez le suivre, vous vous égarerez certainement et vous prendrez l'Occident pour l'Orient. Vous ferez donc fausse route si vous le suivez sur la terre ; de même que le matelot ne manquera point de s'égarer en le suivant sur la mer. Enfin vous croyez devoir prendre le soleil pour guide et vous diriger vous-même comme lui vers l'Occident, lorsqu'il sera couché ne marcherez-vous point dans les ténèbres ? Vous le voyez donc, quand même vous ne voudriez point vous en séparer, il se séparerait de vous en accomplissant sa course de chaque jour pour obéir aux lois qui lui sont imposées. Notre-Seigneur Jésus-Christ, au contraire, alors même que sous le voile de la chair il ne pouvait se manifester à tous, voyait tout soumis à la puissance de sa sagesse. Votre Dieu est tout entier partout, si vous ne faites pas de chute qui vous sépare de lui, son coucher ne le fera jamais disparaître à vos regards.

7. « Celui donc qui me suit ne marchera point dans les ténèbres, mais il aura la lumière de la vie. » Il met au futur l'effet de ses promesses, il ne dit pas : Il a, mais : « Il aura la lumière de vie. » Cependant il n'a point dit précédemment : Celui qui me suivra, mais : « Celui qui me suit. » S'agit-il de ce que nous devons faire ? il se sert du présent ; est-il question de la récompense promise ? il emploie le futur. « Celui qui me suit aura. » Il suit maintenant, il aura par la suite, il me suit maintenant par la foi, il me possédera un jour à découvert. « Tant que nous sommes dans ce corps, dit l'Apôtre, nous marchons loin du Seigneur, car nous n'allons vers lui que par la foi, et nous ne le voyons pas encore à découvert. » (II *Cor.*, v, 6.) Quand le verrons-nous à découvert ? Lorsque nous au-

---

tate concordant : et ibi lumen positum est cum fonte vitæ, et a Domino dictum est « lumen vitæ. » In istis autem usibus corporalibus aliud est lumen, aliud fons : fontem fauces quærunt, lumen oculi : quando sitimus, quærimus fontem ; quando in tenebris sumus, quærimus lumen ; et si forte nocte sitiamus, lumen accendimus ut ad fontem veniamus. Non sic apud Deum : quod lumen est, hoc est fons : qui tibi lucet ut videas, ipse tibi manat ut bibas.

6. Videtis ergo, Fratres mei, videtis, si intus videtis, quale hoc lumen est de quo Dominus dicit : « Qui me sequitur, non ambulabit in tenebris. » Sequere istum solem, videamus si non ambulabis in tenebris. Ecce oriundo exit ad te : ille cursu suo ad Occidentem pergit, tibi forte ad Orientem profectio est : nisi tu in contrariam partem pergas, non qua ille tendit, sequendo cum profecto errabis, et pro Oriente Occidentem tenebis. Tu cum in terra si sequaris, errabis : nauta si cum in mari sequatur, errabit. Postremo videtur tibi sequendum esse solem, et tendis etiam ipse ad Occidentem, quo et ille tendit : videamus cum occiderit, si non ambulabis in tenebris. Vide quemadmodum etsi nolueris eum tu deserere, ipse te deseret, servitutis suæ necessitate peragens diem. Dominus autem noster Jesus Christus interim et cum per carnis nubem non omnibus apparebat, per sapientiæ potestatem omnia tenebat. Deus tuus ubique totus est : si non ab illo facias casum, nunquam a te ipse facit occasum.

7. Qui ergo « me, inquit, sequitur, non ambulabit in tenebris, sed habebit lumen vitæ. » Quod promisit, futuri temporis verbo posuit : non enim ait, habet ; sed « habebit, inquit, lumen vitæ. » Nec ait tamen, qui sequetur me ; sed, « qui sequitur me. » In eo quod facere debemus, præsens tempus posuit : quod autem promisit facientibus, futuri temporis verbo significavit : « Qui sequitur, habebit. » Modo sequitur, post habebit : modo sequitur per fidem, post habebit per speciem. Quandiu enim sumus in corpore, ait Apostolus, peregrinamur a Domino : per fidem enim ambulamus, non per speciem. (II *Cor.*, v, 6.) Quando per speciem ? Cum habuerimus lumen

rons la lumière de vie, lorsque nous serons parvenus à la claire vision, lorsque cette nuit sera dissipée. C'est de ce jour qui doit se lever pour nous qu'il est dit : « Je me tiendrai près de vous dès le matin, et je contemplerai. » (*Ps.* v, 5.) Q'est-ce à dire dès le matin? Lorsque la nuit de ce siècle se sera écoulée, lorsque les terreurs des tentations seront passées, lorsque le lion qui tourne autour de nous la nuit en rugissant, cherchant quelqu'un qu'il puisse dévorer, sera vaincu. (I *Pier.*, v, 8.) « Je me présenterai devant vous dès le matin, et je contemplerai. » Mais en attendant, mes frères, quelles sont les occupations qui conviennent au temps présent ? Le Psalmiste nous les indique : « Ma couche, toutes les nuits, sera baignée de mes pleurs, et j'arroserai mon lit de mes larmes. » (*Ps.* vi, 7.) Je pleurerai toutes les nuits, je brûlerai du désir de voir la lumière. Le Seigneur voit quel est mon désir comme il est dit dans un autre Psaume : « Tout mon désir est devant vous, et mes gémissements ne vous sont point cachés. » (*Ps.* xxxvii, 10.) Vous désirez avoir de l'or, vous pouvez être vu, car en cherchant cet or vous vous découvrez nécessairement aux hommes. Vous désirez avoir du blé, vous en demandez à ceux qui en possèdent, et cherchant à satisfaire ce désir vous le faites nécessairement connaître. Au contraire, vous désirez Dieu, qui peut vous voir, si ce n'est Dieu seul ? A qui, en effet, demandez-vous Dieu, comme vous demandez du pain, de l'eau, de l'or, de l'argent, du blé? A qui demandez-vous Dieu, si ce n'est à Dieu lui-même. C'est à Dieu seul qu'il faut demander Dieu, parce qu'il ne promet d'autre récompense que lui-même. Que l'âme étende donc ses désirs, qu'elle élargissse son intérieur pour pouvoir comprendre ce que l'œil n'a point vu, ce que l'oreille n'a point entendu, ce que le cœur de l'homme n'a point compris. Il peut être l'objet de nos désirs les plus ardents, de nos brûlants soupirs, mais jamais nos pensées ne pourront l'atteindre, jamais nos paroles ne pourront l'expliquer dignement.

8. Donc, mes frères, puisque Notre-Seigneur, dans ce peu de mots : « Je suis la lumière du monde, celui qui me suit ne marchera point dans les ténèbres, mais il aura la lumière de vie, » distingue entre ce qu'il commande et ce qu'il promet, commençons par faire ce qu'il commande pour n'être pas coupables en désirant ses promesses, d'impudente témérité, et ne pas nous attirer ce reproche au jour du jugement : Avez-vous fait ce j'ai ordonné pour exiger ce que j'ai promis? Qu'avez-vous donc ordonné, Seigneur notre Dieu ? Il vous l'a dit : « De me suivre. » Vous avez demandé le conseil de la vie. De quelle vie? De celle dont le Psalmiste a dit : « En vous est la source de la vie. » (*Ps.* xxxv, 10.) Un jeune homme entendit Jésus lui dire : « Allez, vendez tout ce que vous avez et donnez-le aux pauvres, et vous aurez un trésor dans le ciel, puis venez et suivez-moi. » (*Matth.*, xix, 21.) Et il s'en alla

---

vitæ, cum ad illam visionem venerimus, quando nox ista transierit. De illo quippe die qui exorturus est, dictum est : Mane adstabo tibi, et contemplabor. (*Psal.* v, 5.) Quid est, mane? Transacta nocte sæculi hujus, transactis terroribus tentationum, superato illo leone qui nocte rugiens circuit, quem devoret quærens. (1 *Pet.*, v, 8.) Mane adstabo tibi, et contemplabor. Nunc vero quid putamus, Fratres, huic tempori congruere, nisi quod rursus in Psalmo dicitur? Lavabo per singulas noctes lectum meum, lacrymis meis stratum meum rigabo. (*Psal.* vi, 7.) Per singulas noctes, inquit, flebo : desiderio lucis ardebo. Videt Dominus desiderium meum; quoniam dicit illi alter Psalmus : Ante te est omne desiderium meum, et gemitus meus a te non est absconditus. (*Psal.* xxxvii, 10.) Desideras aurum? videri potes; quærens enim aurum manifestus eris hominibus. Desideras frumentum? interrogas qui habeat; cui et cupiens pervenire ad id quod desideras, indicas : Desideras Deum? qui videt, nisi Deus? A quo enim petis Deum, sicut panem, sicut aquam, sicut aurum, sicut argentum, sicut frumentum? a quo petis Deum nisi a Deo? Ipse petitur a seipso, qui promittit seipsum. Extendat anima cupiditatem suam : et sinu capaciore quærat comprehendere quod oculus non vidit, nec auris audivit, nec in cor hominis ascendit. Desiderari potest, concupisci potest, suspirari in illud potest : digne cogitari, et verbis explicari non potest.

8. Ergo, Fratres mei, quoniam Dominus breviter ait : « Ego sum lux mundi, qui me sequitur, non ambulabit in tenebris, sed habebit lumen vitæ : » quibus verbis aliud est quod jussit, aliud quod promisit : faciamus quod jussit, ne impudenti fronte desideremus quod promisit : ne dicat nobis in judicio suo : Fecisti enim quod jussi, ut expetas quod promisi? Quid ergo jussisti Domine Deus noster? Dicit tibi : Ut sequereris me. Consilium vitæ petiisti. Cujus vitæ, nisi de qua dictum est : Apud te fons vitæ? (*Psal.* xxxv, 10) Audivit quidam : Vade, vende omnia quæ habes, et da pauperibus, et habebis the-

triste, sans suivre le Sauveur. Il avait recherché le bon Maître, il l'avait interrogé comme docteur, et il ne se rendit point à ses enseignements. Il s'en alla triste, esclave de ses convoitises, il s'en alla triste en portant sur ses épaules le lourd fardeau de son avarice. Il succombait sous le poids de la fatigue, et il ne consent point à suivre celui qui voulait l'en décharger, et il s'en éloigne. Mais lorsque Notre-Seigneur eut fait dans son Evangile cet appel public : « Venez à moi vous tous qui travaillez et qui êtes fatigués, et je vous soulagerai; prenez mon joug sur vous et apprenez de moi que je suis doux et humble de cœur. » (*Matth.*, XI, 28, 29.) Combien, en entendant ces paroles, se sont empressés de pratiquer le conseil que le Sauveur lui-même donna inutilement à ce jeune homme qui était riche? Pour nous, soyons dociles à ce conseil, suivons le Seigneur, brisons les chaînes qui entravent notre marche. Et qui pourra briser ces liens sans le secours de celui dont il est dit : « Vous avez rompu mes liens? » (*Ps.* CXV, 17) et dans un autre Psaume : « Le Seigneur délie ceux qui sont enchaînés, le Seigneur relève ceux qui sont brisés? » (*Ps.* CXLV, 8.)

9. Et que suivent donc ceux dont Dieu brise les chaînes et qu'il relève, si ce n'est la lumière dont il est dit : « Je suis la lumière du monde, celui qui me suit ne marchera pas dans les ténèbres, » parce qu'en effet le Seigneur éclaire ceux qui sont aveugles. Nous sommes donc éclairés dès cette vie, mes frères, par le collyre de la foi. Il a commencé par mêler sa salive avec de la terre pour l'étendre sur les yeux de l'aveugle-né. (*Jean*, IX, 6.) Et nous aussi, enfants d'Adam, nous sommes des aveugles-nés, et nous avons besoin que le Sauveur nous éclaire. Il mêle sa salive avec de la terre. « Et le Verbe a été fait chair, et il a habité parmi nous. » (*Jean*, I, 14.) Il a mêlé sa salive avec de la terre, et c'est pour cela qu'il est écrit : « La vérité s'est levée de terre, » (*Ps.* LXXXIV, 12) et que Notre-Seigneur a dit : « Je suis la voie, la vérité et la vie. » (*Jean*, XIV, 6.) Nous jouirons de la vérité, lorsque nous le verrons face à face, comme il nous l'a promis. Car qui oserait espérer ce que le Seigneur n'aurait daigné ni nous promettre, ni nous donner? Nous le verrons face à face. « Maintenant, dit l'Apôtre, je ne le connais qu'imparfaitement, comme dans un miroir et sous des images obscures, mais alors je le connaîtrai face à face. » (I *Cor.*, XIII, 12.) Saint Jean lui-même nous dit dans son épître : « Mes bien-aimés, nous sommes maintenant les enfants de Dieu, mais ce que nous serons un jour ne paraît pas encore. Nous savons que quand il viendra dans sa gloire, nous serons semblables à lui, parce que nous le verrons tel qu'il est. » (I *Jean*, III, 2.) Voilà la grande promesse qui vous est faite, si vous aimez, suivez-le donc. Je l'aime, me dites-vous, mais par quelle

---

saurum in cœlo, et veni, sequere me. (*Matth.*, XIX, 21.) Tristis abscessit, non est secutus : quæsivit magistrum bonum, interpellavit doctorem, et contempsit docentem : tristis abscessit, ligatus cupiditatibus suis : tristis abscessit, habens grandem sarcinam avaritiæ super humeros suos. Laborabat, æstuabat : et qui ab illo sarcinam deponere voluit, non est sequendus putatus, sed deserendus. Postea vero quam Dominus per Evangelium clamavit : « Venite ad me omnes qui laboratis et onerati estis, et ego vos reficiam ; tollite jugum meum super vos, et discite a me quia mitis sum et humilis corde : » (*Matth.*, XI, 28, 29) quam multi fecerunt audito Evangelio, quod ex ore ipsius auditum dives ille non fecit? Ergo modo faciamus, sequamur Dominum ; solvamus compedes, quibus impedimur sequi. Et quis idoneus solvere tales nodos, nisi ille adjuvet cui dictum est : Dirupisti vincula mea? (*Ps.* CXV, 17.) De quo alius Psalmus dicit : Dominus solvit compeditos : Dominus erigit elisos. (*Psal.* CXLV, 8.)

9. Et quid sequuntur soluti et erecti, nisi lumen a quo audiunt : « Ego sum lumen mundi : qui me sequitur, non ambulabit in tenebris ? » quia Dominus illuminat cæcos. Illuminamur ergo modo, Fratres, habentes collyrium fidei. Præcessit enim ejus saliva cum terra, unde inungueretur qui cæcus erat natus. (*Joan.*, IX, 6.) Et nos de Adam cæci nati sumus, et illo illuminante opus habemus. Miscuit salivam cum terra : Verbum caro factum est, et habitavit in nobis. (*Joan.*, I, 14.) Miscuit salivam cum terra ; ideo prædictum est : Veritas de terra orta est (*Psal.* LXXXIV, 12) : ipse autem dixit : Ego sum via, veritas et vita. (*Joan.*, XIV, 6.) Veritate perfruemur, cum viderimus facie ad faciem : quia et hoc promittitur nobis. Nam quis auderet sperare, quod Deus non dignatus esset vel polliceri vel dare? Videbimus facie ad faciem. Apostolus dicit : Nunc scio ex parte, nunc in ænigmate per speculum, tunc autem facie ad faciem. (I *Cor.*, XIII, 12.) Et Joannes Apostolus in epistola sua : « Dilectissimi, nunc filii Dei sumus, et nondum apparuit quid erimus : scimus quia cum apparuerit, similes ei erimus ; quoniam videbimus eum sicuti est. » (I *Joan.*, III, 2.) Hæc est magna pro-

voie le suivre? Si le Seigneur votre Dieu vous avait dit : « Je suis la vérité et la vie, le désir de la vérité, l'amour de la vie vous aurait fait chercher la voie qui conduit à ces deux grands biens, et vous vous seriez dit : C'est un don précieux que la vérité, c'est un présent inestimable que la vie, si mon âme savait comment on y arrive. Vous demandez le chemin qu'il faut prendre, écoutez le Sauveur vous dire tout d'abord : « Je suis la voie. » Et où aboutit cette voie? « Je suis la vérité et la vie. » Il vous a dit d'abord la voie que vous devez suivre, et ensuite le terme où vous devez tendre. « Je suis la voie, la vérité et la vie. » Il est la vérité et la vie en tant qu'il demeure dans le sein de son Père, et il s'est fait notre voie en se revêtant de notre chair. On ne vous dit pas : efforcez-vous de chercher la voie qui conduit à la vérité et à la vie, non, on ne vous tient pas ce langage. Ame indolente, levez-vous, la voie est venu vous trouver, elle vous réveille de votre sommeil, si toutefois vous entendez sa voix, elle vous dit : Levez-vous et marchez. Peut-être essayez-vous de marcher et vos efforts demeurent impuissants, parce que vos pieds sont malades. Et qui les a rendus malades? N'ont-ils pas couru par des voies difficiles pour obéir à l'avarice? Toutefois le Verbe de Dieu a guéri aussi les boiteux. Mais me dites-vous, mes pieds sont en bon état, seulement je n'aperçois point la voie. Rassurez-vous, le Verbe de Dieu a éclairé les aveugles.

10. Tout cela s'accomplit par la foi, tant que nous sommes éloignés du Seigneur, et que nous habitons dans ce corps; mais lorsque nous serons arrivés au terme de la voie, et parvenus à la patrie, quelle joie plus vive que la nôtre! quelle félicité plus grande! car il n'y aura point de paix plus profonde, puisque toute révolte contre l'homme aura cessé. Ici-bas, mes frères, nous sommes presque toujours en guerre, nous sommes appelés à vivre en parfaite union, il nous est commandé d'avoir la paix entre nous; toutes nos actions, tous nos efforts doivent tendre vers la paix la plus parfaite, et cependant nous sommes presque toujours en guerre avec ceux dont les intérêts nous sont chers. Votre frère s'égare, vous voulez le conduire à la vie, il vous résiste, vous contestez avec lui; c'est un païen qui refuse de se rendre à vos raisons, vous discutez contre les erreurs des idoles et des démons. C'est un hérétique qui vous résiste, vous réfutez ces autres doctrines dont le démon est le père; c'est un mauvais catholique dont la vie est opposée à l'Evangile, vous reprenez ce frère qui habite la même maison que vous, et qui suit des voies détournées et perdues. Votre plus vive sollicitude est de le ramener dans le bon chemin, afin que vous puissiez rendre bon compte à Dieu de l'un comme de l'autre. Quelles occasions multipliées de contestations nécessaires? Aussi la plupart du

---

missio : si amas, sequere. Amo, inquis : sed qua sequor? Si dixisset tibi Dominus Deus tuus : Ego sum veritas et vita : desiderans veritatem, concupiscens vitam, viam qua ad hæc pervenire posses profecto quæreres, et diceres tibi : Magna res veritas, magna res vita, si esset quomodo illuc perveniret anima mea. Quæris qua? audi eum dicentem primo : Ego sum via. Antequam diceret tibi quo, præmisit qua : Ego sum, inquit via. Quo via? Et veritas et vita. Primo dixit qua venias, postea dixit quo venias. Ego sum via, ego sum veritas, ego vita. Manens apud Patrem, veritas et vita : induens se carnem, factus est via. Non tibi dicitur, labora quærendo viam, ut pervenias ad veritatem et vitam; non hoc tibi dicitur. Piger surge, via ipsa ad te venit, et te de somno dormientem excitavit, si tamen excitavit : surge, et ambula. Forte conaris ambulare, et non potes, quia dolent pedes. Unde dolent pedes? an jubente avaritia per aspera cucurrerunt? Sed Dei Verbum sanavit et claudos. Ecce, inquis, sanos habeo pedes, sed ipsam viam non video. Illuminavit et cæcos.

10. Hoc totum per fidem, quamdiu peregrinamur a Domino, manentes in corpore : cum autem perambulaverimus viam, et ad ipsam patriam venerimus, quid erit nobis lætius? quid erit nobis beatius? Quia nihil pacatius : nihil enim adversus hominem rebellabit. Nunc vero, Fratres, difficile sine rixa sumus. Ad concordiam quidem vocati sumus, jubemur pacem habere inter nos; ad hoc conandum est, omnibusque nitendum viribus, ut aliquando veniamus ad perfectissimam pacem : modo autem litigamus plerumque cum eis, quibus consulere volumus. Ille errat, tu vis ducere ad viam; resistit tibi, litigas : resistit paganus, disputas contra errores idolorum et dæmoniorum : resistit hæreticus, disputas contra alias doctrinas dæmoniorum : malus catholicus non vult bene vivere, corripis etiam interiorem fratrem tuum : tecum manet in domo, et perditas vias quærit; æstuas quomodo corrigas, ut de illo bonam rationem Domino amborum reddas. Quantæ undique rixarum necessitates? Plerumque homo tædio affectus, dicit apud semetipsum : Quid mihi est pati

temps l'homme profondément ennuyé de ces luttes se dit en lui-même : A quoi bon m'exposer aux contradictions et à souffrir le mal pour le bien ? Je veux leur faire du bien, ils veulent se perdre ; je consume ma vie en discussions, je n'ai point la paix ; je me fais des ennemis de ceux que je devrais avoir pour amis, s'ils comprenaient l'affection qui me dicte ces conseils ; encore une fois, à quoi bon toutes ces contrariétés ? Je rentrerai en moi-même, et seul avec moi, j'invoquerai mon Dieu. Rentrez en vous-même, vous y trouverez encore des causes de guerre. Vous commencez à suivre Dieu, voilà un sujet de lutte. Quelle lutte, me direz-vous ? « La chair convoite contre l'esprit, et l'esprit contre la chair. » (*Gal.*, v, 17.) Vous êtes là, vous êtes seul avec vous-même, sans qu'aucun autre homme trouble votre repos ; mais vous voyez dans vos membres une autre loi qui combat contre la loi de votre esprit, et qui vous tient captif sous la loi du péché qui est dans vos membres. (*Rom.*, VII, 23.) Appelez donc à votre secours, et du milieu de cette lutte intérieure demandez à Dieu par vos cris qu'il vous rende la paix. « Malheureux homme que je suis, qui me délivrera de ce corps de mort ? La grâce de Dieu par Jésus-Christ Notre-Seigneur. » (*Rom.*, VII, 24.) « Car celui qui me suit, nous dit-il, ne marchera point dans les ténèbres, mais il aura la lumière de la vie. » A toutes ces luttes succédera l'immortalité, « car la mort sera le dernier ennemi qui sera détruit. » (I *Cor.*, XV, 25.) Et quelle sera cette paix ? « Il faut que ce corps corruptible soit revêtu d'incorruptibilité, et que ce corps mortel soit revêtu d'immortalité. » (*Ibid.*, 53.) Voulons-nous parvenir à ce bonheur qui nous sera donné alors en réalité ? suivons maintenant en espérance celui qui a dit : « Je suis la lumière du monde, celui qui me suit ne marchera point dans les ténèbres, mais il aura la lumière de la vie. »

TRAITÉ XXXV [1].

Depuis ces paroles : « Les Pharisiens donc lui dirent : Vous rendez vous-même témoignage de vous, » jusqu'à ces autres : « Mon témoignage est véritable, parce que je sais d'où je viens et où je vais. »

1. Ceux d'entre vous qui étaient hier ici présents se rappellent que nous avons longuement discuté ces paroles de Notre-Seigneur Jésus-Christ : « Je suis la lumière du monde, celui qui me suit ne marchera point dans les ténèbres, mais il aura la lumière de la vie. » (*Jean*, VIII, 12.) Nous pourrions encore, si nous le voulions, prolonger la discussion sur cette lumière, car on ne peut la renfermer dans les bornes d'un discours abrégé. Suivons donc, mes frères, suivons Jésus-Christ la lumière du monde, pour ne point marcher dans les ténèbres. Les ténèbres

[1] Ce discours a été donné le lendemain du jour où saint Augustin avait prononcé le précédent.

---

contradictores, pati eos qui reddunt mala pro bonis ? Ego volo consulere, illi volunt perire : consumo vitam meam litigando ; pacem non habeo : inimicos insuper facio, quos amicos habere deberem, si benevolentiam consulentis attenderent : quid mihi est ista perpeti ? redeam ad me, mecum ero : Deum meum invocabo. Redi ad teipsum, ibi invenis rixam : si cœpisti Deum sequi, ibi invenis rixam. Quam rixam, inquis invenio ? Caro concupiscit adversus spiritum, et spiritus adversus carnem. (*Gal.*, v, 17.) Ecce tu ipse es, ecce tu solus es, ecce tecum es, ecce alium nullum hominem pateris : sed vides aliam legem in membris tuis, repugnantem legi mentis tuæ, et captivantem te in lege peccati quæ est in membris tuis. (*Rom.*, VII, 23.) Exclama ergo, et a rixa interiore clama ad Deum, ut tibi pacificet te : Miser ego homo, quis me liberabit de corpore mortis hujus ! « Gratia Dei per Jesum Christum Dominum nostrum. » (*Rom.*, VII, 24.) Quia « qui me, inquit, sequitur, non ambulabit in tenebris, sed habebit lumen vitæ. » Finita tota rixa, immortalitas consequetur, quia novissima inimica destruetur mors. Et qualis pax erit ? Oportet corruptibile hoc induere incorruptionem, et mortale hoc induere immortalitatem. (I *Cor.*, XV, 53.) Quo ut veniamus, quia tunc erit in re, nunc sequamur in spe cum qui dixit : « Ego sum lux mundi : qui me sequitur, non ambulabit in tenebris, sed habebit lumen vitæ. »

TRACTATUS XXXV.

Ab eo quod legitur : « Dixerunt ergo Pharisæi : Tu de te ipso testimonium perhibes, » etc., usque ad id : « Verum est testimonium meum, quia scio unde veni et quo vado. »

1. De verbis Domini nostri Jesu Christi, ubi ait : « Ego sum lux mundi : qui me sequitur, non ambulabit in tenebris, sed habebit lumen vitæ, » (*Joan.*, VIII, 12) hesterno die qui adfuistis, diu disputatum esse meministis : et si adhuc velimus de illo lumine disputare, diu loqui possumus : nam non possumus explicare compendio. Itaque, Fratres mei, sequamur Christum lumen mundi, ne ambulemus in tenebris.

qui sont à craindre, ce sont les ténèbres des mœurs, et non les ténèbres des yeux, ou bien ce sont les ténèbres qui couvrent non les yeux du corps, mais les yeux de l'âme qui nous font discerner non le blanc du noir, mais le juste de l'injuste.

2. A ces paroles de Notre-Seigneur Jésus-Christ les Juifs répondirent : « Vous rendez témoignage de vous-même, votre témoignage n'est pas véritable. » (*Jean*, VIII, 12.) Avant que Notre-Seigneur Jésus-Christ vint sur la terre, il avait allumé et envoyé devant lui un grand nombre de flambeaux prophétiques. De ce nombre était Jean-Baptiste, à qui la lumière par excellence, Notre-Seigneur Jésus-Christ, rendit ce témoignage qu'elle ne rendit à aucun autre homme. « Parmi les enfants des femmes, il n'en a point paru de plus grand que Jean-Baptiste. » (*Matth.*, XI, 11.) Et cependant entendez ce que Jean, le plus grand des enfants des femmes, dit de Notre-Seigneur Jésus-Christ : « Moi, je baptise dans l'eau ; mais celui qui vient est plus grand que moi, et je ne suis pas digne de dénouer la courroie de sa chaussure. » (*Jean*, I, 26.) Voyez comme le flambeau s'humilie devant la lumière. Jean était un flambeau, Notre-Seigneur lui-même l'atteste : « Il était une lampe ardente et luisante, et un moment vous avez voulu vous réjouir à sa lumière. » (*Jean*, V, 35.) Or, lorsque les Juifs firent à Jésus cette question : « Dites-nous par quelle autorité vous faites ces choses ? » (*Matth.*, XXI, 23) le Sauveur savait qu'ils avaient Jean-Baptiste en très-grande estime et que le saint précurseur, si grand à leurs yeux, lui avait, devant eux, rendu témoignage. « Il leur répondit donc, je vous ferai, moi aussi, une question : Dites-moi, le baptême de Jean, d'où était-il ? Du ciel ou des hommes ? » Les Juifs, troublés, faisaient en eux-mêmes cette réflexion : Si nous répondons des hommes, nous nous exposons à être lapidés par le peuple qui tenait Jean pour un prophète ; si nous répondons du ciel, il aura droit de nous dire : Celui que vous reconnaissez comme un prophète inspiré du ciel m'a rendu témoignage, et c'est de lui que vous avez appris par quelle autorité je fais ces choses. Ils virent donc que, quelle que fût leur réponse, ils tomberaient dans le piège, et ils répondirent : Nous ne savons pas. Et moi, dit Jésus, je ne vous dis pas non plus par quelle autorité je fais ces choses. » (*Matth.*, XXI, 27.) Je ne vous dis pas ce que je sais parce que vous ne voulez pas avouer ce que vous savez. Ils se retirèrent justement confondus et couverts de honte, et on vit s'accomplir en eux ce que Dieu le Père dit dans un psaume par la bouche du Prophète : « J'ai préparé un flambeau à mon Christ, c'est-à-dire Jean, et je couvrirai ses ennemis de confusion. » (*Ps.* CXXXI, 17.)

Tenebræ metuendæ sunt, morum, non oculorum : et si oculorum, non exteriorum, sed interiorum, unde discernitur non album et nigrum, sed justum et injustum.

2. Cum hæc ergo dixisset Dominus noster Jesus Christus, responderunt Judæi : « Tu de te testimonium dicis, testimonium tuum non est verum. » (*v.* 13.) Antequam veniret Dominus noster Jesus Christus, multas ante se lucernas propheticas accendit et misit. De his etiam erat Joannes Baptista, cui tam magnum ipsum lumen, quod est Dominus Christus, perhibuit testimonium, quale nulli hominum : ait enim : In natis mulierum non surrexit major Joanne Baptista. (*Matth.*, XI, 11.) Hic tamen, quo nemo erat major in natis mulierum, dicit de Domino Jesu Christo : « Ego quidem baptizo vos in aqua, qui autem venit fortior me est, cujus non sum dignus calceamentum solvere. » (*Joan.*, I, 26.) Videte quemadmodum se lucerna diei submittat. Lucernam vero ipsum Joannem fuisse Dominus ipse testatur : « Ille erat, inquit, lucerna ardens et lucens, et vos voluistis ad horam exultare in lumine ejus. » (*Joan.*, V, 35.) Quando autem dixerunt Judæi Domino : Dic nobis, in qua potestate ista facis : sciens Dominus quia Joannem Baptistam pro magno haberent, et quod ipse quem pro magno habebant, eis de Domino testimonium perhibuisset, respondit eis : Interrogabo et ego vos unum sermonem : Dicite mihi, baptismus Joannis unde est, de cœlo an ex hominibus ? (*Matth.*, XXI, 23.) Turbati illi intra semetipsos cogitabant, quia si dicerent ab hominibus, lapidari possent a turba, quæ Joannem prophetam esse credebant : si dicerent de cœlo, responderet eis : Ille quem confitemini de cœlo habuisse prophetiam, mihi testimonium perhibuit, et ab illo audistis in qua ego ista faciam potestate. Viderunt ergo, quodlibet horum respondissent, in laqueum se casuros ; et dixerunt : Nescimus. Et Dominus eis : Nec ego dico vobis, in qua potestate ista facio. Non vobis dico quod scio, quia non vultis fateri quod scitis. Justissime utique repulsi, confusi abscesserunt : et impletum est quod in Psalmo per Prophetam dicit Deus Pater : Paravi lucernam Christo meo, id est, ipsum Joannem : inimicos ejus induam confusione. (*Psal.* CXXXI, 17.)

TRAITÉ XXXV.

3. Notre-Seigneur Jésus-Christ avait donc le témoignage des prophètes qu'il avait envoyés devant lui, le témoignage des hérauts qui précédaient le juge, il avait le témoignage de Jean, toutefois le témoignage qu'il se rendait était plus grand que tous les autres. Mais les Juifs, dont les yeux étaient malades, cherchaient la lumière des flambeaux, parce qu'ils ne pouvaient supporter celle du jour. En effet, l'apôtre saint Jean lui-même, dont nous avons l'Evangile entre les mains, a dit de Jean en tête de son Evangile : « Il y eut un homme envoyé de Dieu, nommé Jean. Il vint en témoignage, pour rendre témoignage à la lumière, afin que tous crussent par lui. Il n'était pas la lumière, mais pour rendre témoignage à la lumière. Celui-là était la vraie lumière qui éclaire tout homme venant en ce monde. » (*Jean*, I, 6-9.) S'il éclaire tout homme, il éclaire donc Jean, ce qui fait dire à ce dernier : « Nous avons tous reçu de sa plénitude. » (*Ibid.*, 16.) Sachez donc discerner ces deux sortes de lumière, si vous voulez que votre esprit fasse des progrès dans la foi de Jésus-Christ, et pour ne pas toujours être des enfants qui cherchent le sein de leur mère et repoussent une nourriture plus solide. Enfants de la sainte Eglise de Jésus-Christ, votre mère, vous devez être nourris et sevrés par elle, et vous nourrir non pas extérieurement, mais dans votre âme d'aliments plus solides. Sachez donc discerner la lumière qui éclaire de celle qui a besoin d'être éclairée. Nos yeux portent eux-mêmes le nom de lumières. Suivant une formule de serment en usage, chacun de vous dit : Qu'ainsi vivent mes yeux. Si ce sont de véritables lumières, lorsque vous avez fait disparaître toute lumière de votre appartement fermé, qu'elles s'ouvrent et qu'elles vous éclairent ; cela leur est impossible. Ces yeux que nous avons au haut de la tête, et que nous appelons lumières, lors même qu'ils sont sains et parfaitement avertis, ont besoin d'une autre lumière extérieure qui vienne à leur aide ; supposez l'absence ou la disparition de cette lumière, ils ont beau être sains, être bien ouverts, ils ne verront rien. Il en est ainsi de notre esprit, qui est l'œil de l'âme. S'il ne reçoit point les rayons de la vérité, s'il n'est point illuminé par cette lumière admirable qui éclaire sans être elle-même éclairée, il ne pourra jamais parvenir à la sagesse, à la justice. En effet, notre voie c'est de vivre selon la justice. Mais comment marcher dans la voie sans se heurter, à moins d'être éclairé ? C'est donc une nécessité, c'est aussi un don précieux que de voir en suivant cette voie. Tobie avait les yeux du corps fermés, et son fils lui donnait la main ; mais le père traçait à son fils, par ses conseils, la voie qu'il devait suivre. (*Tob.*, II, 13, etc.)

---

3. Habebat ergo Dominus Jesus Christus testimonium Prophetarum ante se præmissorum, præconum judicem præcedentium ; habebat testimonium a Joanne : sed (*a*) ipse majus testimonium erat, quod sibi perhibebat. Illi autem infirmis oculis lucernas quærebant, quia diem ferre non poterant : nam Joannes idem ipse apostolus, cujus Evangelium in manibus habemus, in ipsius Evangelii sui capite ait de Joanne : « Erat homo missus a Deo, cui nomen erat Joannes : hic venit in testimonium, ut testimonium perhiberet de lumine, ut omnes crederent per eum. Non erat ille lumen, sed ut testimonium perhiberet de lumine. Erat lumen verum, quod illuminat omnem hominem venientem in mundum. » (*Joan.*, I, 6, etc.) Si omnem, ergo et Joannem. Unde dicit et ipse Joannes : « Nos omnes de plenitudine ejus accepimus. (*Ibid.*, 16.) Discernite ergo ista, ut proficiat mens vestra in fide Christi : ne semper infantes sitis ubera quærentes, et a cibo solido resilientes. Debetis apud matrem sanctam Ecclesiam Christi nutriri et ablactari, et ad escas solidiores accedere, mente non ventre. Hoc ergo discernite, aliud esse lumen quod illuminat, aliud esse quod illuminatur. Nam et oculi nostri lumina dicuntur : et unusquisque ita jurat, tangens oculos suos, per lumina sua : Sic vivant lumina mea : usitata juratio est. Quæ lumina si lumina sunt, desit lumen in cubiculo tuo clauso, pateant et luceant tibi : non utique possunt. Quomodo ergo ista in facie quæ habemus, et quando sana sunt et quando patent, indigent extrinsecus adjutorio luminis ; quo ablato aut non illato, sana sunt, aperta sunt, nec tamen vident : sic mens nostra, qui est oculus animæ : nisi veritatis lumine radietur, et ab illo qui illuminat nec illuminatur, mirabiliter illustratur, nec ad sapientiam nec ad justitiam poterit pervenire. Ipsa est enim via nostra juste vivere. Quomodo autem non offendat in via, cui non lucet lumen ? Ac per hoc in tali via videre opus est, in tali via videre opus est, in tali via videre magnum est. Nam Tobias in facie oculos clausos habebat, et filius patri manum dabat, pater filio viam præcipiendo monstrabat. (*Tob.*, II, 13, etc.)

(*a*) Lov. *ipsum majus*. At Am. Bad. Er. *ipse* : sic etiam Mss. e quibus plerique loco *majus*, habent *magis*.

4. Les Juifs lui dirent : « Vous rendez témoignage de vous-même, votre témoignage n'est pas véritable. » Voyons la réponse qu'ils vont entendre, écoutons-la nous-mêmes, mais avec des dispositions toutes différentes. Ils n'avaient que du mépris pour le Sauveur, nous croyons en lui ; ils voulaient mettre Jésus-Christ à mort, nous désirons vivre par Jésus-Christ. Que nos oreilles comme nos esprits s'éloignent donc de leurs sentiments, et écoutons ce que le Seigneur répond aux Juifs : « Jésus leur répondit et leur dit : Quoique je rende témoignage moi-même de moi, mon témoignage est véritable, parce que je sais d'où je viens et où je vais. » (*Jean*, VIII, 14.) La lumière découvre les objets qu'elle éclaire, en même temps qu'elle se découvre elle-même. Vous allumez un flambeau pour chercher un vêtement, à l'aide de ce flambeau allumé vous le trouvez ; allumez-vous un second flambeau pour voir ce flambeau allumé ? Non, ce flambeau suffit à la fois pour découvrir les objets enveloppés dans les ténèbres et pour se découvrir lui-même à vos yeux. C'est ainsi que Notre-Seigneur Jésus-Christ discernait ceux qui croyaient en lui des Juifs ses ennemis, comme il discernait la lumière des ténèbres ceux qu'il pénétrait des rayons de la foi, et ceux dont les yeux fermés étaient entourés de sa lumière. En effet, le soleil éclaire le visage de l'aveugle comme de celui qui a les yeux ouverts, tous deux se tiennent également le visage tourné vers cet astre, il éclaire également leur corps, mais leurs yeux ne s'ouvrent pas également à sa lumière. L'un voit, l'autre ne voit point ; le soleil fait sentir à tous deux sa présence, mais l'un d'eux est absent pour le soleil. C'est ainsi que la sagesse de Dieu, le Verbe de Dieu, Notre-Seigneur Jésus-Christ est présent partout, parce qu'il est partout la vérité, partout la sagesse. Un habitant de l'Orient a la connaissance de la justice, un habitant de l'Occident la connaît aussi, peut-on supposer ici deux justices différentes ? Leurs corps sont séparés, mais les yeux de leur âme sont fixés sur un seul et même objet. La justice que je considère là où je suis, si c'est la vraie justice, est la même que voit ce juste séparé extérieurement de moi par je ne sais quelle distance, mais qui s'unit à moi dans la lumière de cette justice. La lumière se rend donc témoignage à elle-même, elle ouvre les yeux sains, et elle est à elle-même son témoin pour se faire connaître. Mais que dirons-nous des infidèles ? La lumière leur est-elle présente ? Oui, elle leur fait aussi sentir sa présence, mais ils n'ont pas les yeux du cœur qui leur permettraient de la voir. Ecoutez la sentence que l'Evangile prononce contre eux : « Et la lumière luit dans les ténèbres, et les ténèbres ne l'ont pas comprise. » Le Seigneur exprime donc une vérité quand il dit : « Quoique je rende témoignage moi-même

---

4. Responderunt ergo Judæi : « Tu de te testimonium dicis, testimonium tuum non est verum. » Videamus quid audiant : audiamus et nos, sed non sicut illi. Illi contemnentes, nos credentes : illi occidere Christum volentes, nos per Christum vivere cupientes. Interim ista distantia distinguat aures mentesque nostras, et audiamus quid Judæis responderit Dominus. « Respondit Jesus, et dixit eis : Etsi ego de me testimonium perhibeo, verum est testimonium meum ; quia scio unde veni et quo vado. » (*Joan.*, VIII, 14.) Lumen et alia demonstrat et seipsum. Accendis lucernam, verbi gratia, ut quæras tunicam, et præstat tibi ardens lucerna ut invenias tunicam : numquid accendis lucernam ut videas ardentem lucernam ? Lucerna quippe ardens idonea est et alia quæ tenebris operiebantur nudare, et seipsam tuis oculis demonstrare. Sic et Dominus Christus et inter fideles suos, et inimicos Judæos, tanquam inter lucem et tenebras distinguebat ; tanquam inter illos quos radio fidei perfundebat, et illos quorum clausos oculos circumfundebat. Nam etiam sol iste et videntis faciem illustrat, et cæci : ambo pariter stantes, et faciem ad solem habentes illustrantur in carne, sed non ambo illuminantur in acie : videt ille, ille non videt : ambobus sol præsens est, sed præsenti soli unus est absens. Sic et sapientia Dei : Verbum Dei, Dominus Jesus Christus ubique præsens est : quia ubique est veritas, ubique est sapientia. Intelligit quis in Oriente justitiam ; intelligit alius in Occidente justitiam : numquid alia est justitia quam ille intelligit, alia quam iste? Separati sunt corpore, et in uno habent acies mentium suarum. Quam video justitiam hic constitutus, si justitia est, ipsam videt justus nescio quot mansionibus a me carne sejunctus, et in illius justitiæ luce conjunctus. Ergo testimonium sibi perhibet lux ; aperit sanos oculos, et sibi ipsa testis est, ut cognoscatur lux. Sed quid agimus de infidelibus ? numquid illis non est præsens ? Est præsens et illis : sed quibus eam videant, oculos non habent cordis. Audi de illis ex Evangelio ipso prolatam sententiam. Et lux lucet in tenebris, et tenebræ eam non comprehenderunt. (*Joan.*, I, 5.)

de moi, mon témoignage est véritable, parce que je sais d'où je viens et où je vais. » Il veut ici parler de son Père, le Fils rendait gloire à son Père. Il est son égal, et cependant il glorifie celui qui l'a envoyé, combien plus l'homme doit-il rendre gloire à celui qui l'a créé?

5. « Je sais d'où je viens et où je vais. » Celui que vous voyez et qui vous parle a en lui-même ce qu'il n'a jamais quitté, et cependant il est venu sur la terre; car en venant sur la terre il n'a point quitté le ciel, et en y retournant il ne nous a point abandonnés. Pourquoi vous étonner? il est Dieu. Cela est impossible à l'homme, cela est impossible au soleil lui-même. Lorsqu'il marche vers l'Occident, il s'éloigne de l'Orient et il cesse d'y être jusqu'à ce qu'il y revienne pour se lever de nouveau. Notre-Seigneur Jésus-Christ, au contraire, est venu ici-bas et il est dans le ciel, il retourne dans le ciel et il continue d'être sur la terre. Ecoutez ce que vous dit l'Evangéliste dans un autre endroit et comprenez-le si vous le pouvez; si vous ne pouvez comprendre, croyez. « Personne n'a jamais vu Dieu, le Fils unique qui est dans le sein du Père nous l'a fait connaître. » (*Jean*, I, 18.) Il ne dit pas : Il a été dans le sein du Père, comme s'il l'avait quitté en venant sur la terre. Jésus-Christ parle sur la terre et il déclare qu'il est dans le ciel; et lorsqu'il est sur le point de remonter vers le ciel, que dit-il à ses apôtres? « Voici que je suis avec vous jusqu'à la consommation des siècles. » (*Matth.*, XXVIII, 20.)

6. Le témoignage de la lumière est donc vrai, soit qu'elle se découvre elle-même, soit qu'elle se répande sur d'autres objets. Sans lumière, en effet, vous ne pouvez voir la lumière, et sans cette même lumière vous ne pouvez voir les autres objets différents de la lumière. Si la lumière a la propriété de découvrir les objets qui ne sont point la lumière, perdrait-elle cette puissance pour elle-même et ne pourrait-elle se découvrir à tous les regards, alors que sans elle tous les objets restent plongés dans les ténèbres? Un prophète annonce la vérité, il est vrai, mais à quelle source a-t-il puisé ses oracles? A la source de la vérité. Jean aussi a dit la vérité, mais sous quelle inspiration a-t-il parlé? écoutez-le : « Nous avons tous reçu de sa plénitude. » (*Jean*, I, 16.) Notre-Seigneur Jésus-Christ peut donc parfaitement se rendre témoignage. Au milieu de la nuit de ce siècle, mes frères, prêtons une oreille attentive aux oracles prophétiques, car c'est pour condescendre à notre fragilité et aux profondes ténèbres qui enveloppent notre cœur que Notre-Seigneur Jésus-Christ a voulu venir sous une apparence si humble. Il est venu comme homme pour être méprisé et pour être honoré, il est venu pour être renié et pour être reconnu ; pour être méprisé et renié par les Juifs, pour être honoré et confessé par les vrais chrétiens;

Ergo ait Dominus, et verum ait : « Etsi ego de me testimonium perhibeo, verum est testimonium meum : quia scio unde veni et quo vado. Patrem volebat intelligi : Patri gloriam dabat Filius. Æqualis glorificat eum a quo est missus : quantum debet homo glorificare eum a quo est creatus?

5. « Scio unde veni et quo vado. » Iste qui in præsentia vobis loquitur, habet quod non deseruit, sed tamen venit : non enim veniendo inde discessit, aut redeundo nos dereliquit. Quid miramini? Deus est. Non potest hoc fieri ab homine : non potest hoc fieri ab ipso sole. Quando pergit ad Occidentem, deserit Orientem, et donec oriturus redeat ad Orientem, non est in Oriente : Dominus autem noster Jesus Christus et venit, et ibi est; et redit, et hic est. Audi ipsum Evangelistam alio loco dicentem, et si potes, cape; si non potes, crede. Deum, inquit, nemo vidit unquam, nisi unigenitus Filius, qui est in sinu Patris, ipse enarravit. (*Joan.*, I, 18.) Non dixit, fuit in sinu Patris, quasi veniendo deseruerit sinum Patris. Hic loquebatur, et ibi se esse dicebat : qui et hinc discessurus, quid dixit? Ecce ego vobiscum sum usque ad consummationem sæculi. (*Matth.*, XXVIII, 20.)

6. Ergo verum est testimonium luminis, sive se ostendat, sive alia : quia sine lumine non potes videre lumen, et sine lumine non potes videre quod libet aliud quod non est lumen. Si idoneum est lumen ad demonstranda ea quæ non sunt lumina, numquid in se deficit? numquid se non aperit, sine quo alia patere non possunt? Locutus est Propheta verum : sed unde haberet, nisi de fonte veritatis hauriret? Locutus est Joannes verum : sed unde locutus est, ipsum interroga : Nos omnes, inquit, de plenitudine ejus accepimus. (*Joan.*, I, 16.) Ergo idoneus est Dominus noster Jesus Christus, qui sibi perhibeat testimonium. Sed plane, Fratres mei, in nocte hujus sæculi audiamus et prophetiam intente : modo enim ad fragilitatem nostram nocturnasque cordis nostri intimas tenebras humilis voluit venire Dominus noster. Homo venit contemnendus et honorandus, venit negandus et confitendus; contemnendus et negandus a Judæis, honorandus et confitendus a nobis : judi-

il est venu pour juger et pour être jugé, pour être jugé injustement et pour juger dans la justice. Il est venu dans un extérieur où il fallait que le flambeau lui rendît témoignage. Pourquoi, en effet, Jean-Baptiste aurait-il comme un flambeau rendu témoignage au jour, si le jour pouvait être aperçu de nos yeux faibles et malades? Mais cela nous était impossible; il s'est donc rendu infirme dans l'intérêt des infirmes, son infirmité a guéri la nôtre; par sa chair soumise à la mortalité il a détruit la mort qui régnait sur la chair, il a fait de son corps comme un collyre pour guérir nos yeux. Or, puisque Notre-Seigneur est venu et que nous sommes encore dans la nuit de ce siècle, il nous faut écouter les prophéties.

7. En effet, c'est par les prophéties que nous répondons victorieusement aux attaques des païens. Qu'est-ce que Jésus-Christ, nous dit un infidèle ? Nous lui répondons : Celui que les prophètes ont annoncé d'avance. Quels sont ces prophètes, demande-t-il? Nous lui citons : Isaïe, Daniel, Jérémie et les autres saints prophètes, et nous lui apprenons qu'ils sont venus bien longtemps avant lui et ont précédé d'un grand nombre de siècles son avènement. Voilà donc la réponse que nous leur faisons : Les prophètes sont venus avant lui et ont prédit son avènement. Quels prophètes? poursuit l'un d'eux. Nous lui citons ceux dont on nous lit tous les jours les témoignages. Il insiste : Quels sont ces prophètes ? Nous lui répondons : Ceux qui ont prédit les événements dont nous voyons l'accomplissement. Mais c'est vous, nous dit-il, qui avez inventé ces prétendus oracles; témoins de ces événements, vous les avez transformés en prédictions faites à l'avance et vous les avez écrites dans les livres que vous avez voulu choisir. Nous avons à opposer ici aux païens nos ennemis, le témoignage d'autres ennemis. Nous produisons les livres qui sont entre les mains des Juifs, et nous disons aux païens : Ils sont comme vous les ennemis de notre foi et Dieu les a dispersés parmi les nations pour que nous puissions convaincre nos ennemis par d'autres ennemis. Qu'on demande aux Juifs le livre d'Isaïe, voyons si je n'y lis pas : « Il a été conduit à la mort comme une brebis, il a été muet comme un agneau devant celui qui le tond, à cause de son humiliation il a été condamné sans jugement. Nous avons été guéris par ses meurtrissures, nous nous sommes tous égarés comme des brebis errantes, et il a été livré pour nos iniquités. » (*Isaïe*, LIII, 6-8.) Voici un flambeau; il faut en produire un autre, ouvrons le livre des psaumes pour y lire le récit de la passion de Jésus-Christ : « Ils ont percé mes mains et mes pieds, ils ont compté tous mes os, ils m'ont regardé, ils m'ont considéré attentivement, ils se sont partagé mes vêtements, ils ont tiré ma robe au sort. Vous serez le sujet de

---

candus et judicaturus; judicandus injuste, judicaturus juste. Talis ergo venit, ut oporteret ei lucernam testimonium perhibere. Nam quid opus erat, ut Joannes tanquam lucerna perhiberet testimonium diei, si dies ipse ab infirmitate nostra posset videri? Sed non poteramus : infirmus factus est infirmis, per infirmitatem sanavit infirmitatem : per mortalem carnem, carnis abstulit mortem : de corpore suo collyrium fecit luminibus nostris. Quia ergo Dominus venit, et in nocte sæculi adhuc sumus, oportet ut et prophetias audiamus.

7. Nam de prophetia convincimus contradicentes Paganos. Quis est Christus, dicit Paganus? Cui respondemus : Quem prænuntiaverunt Prophetæ. Et ille : Qui Prophetæ? Recitamus Isaiam, Danielem, Jeremiam, alios sanctos Prophetas, dicimus quam longe ante illum venerint, quanto tempore adventum ejus præcesserint. Hoc ergo respondemus : Prævenerunt eum Prophetæ, prædixerunt eum esse venturum. Respondet aliquis eorum : Qui Prophetæ? Nos recitamus, qui nobis quotidie recitantur. Et ille : Qui sunt hi Prophetæ? Nos respondemus : Qui et prædixerunt ea quæ fieri videmus. Et ille : Vos, inquit, vobis ista finxistis, vidistis ea fieri, et quasi ventura prædicta essent, in libris quibus voluistis conscripsistis. Hic contra inimicos Paganos occurrit nobis aliorum testimonium inimicorum. Proferimus codices a Judæis, et respondemus : Nempe et vos et illi, fidei nostræ estis inimici. Ideo sparsi sunt per gentes, ut alios ex aliis convincamus inimicis. Codex Isaiæ proferatur a Judæis, videamus si non ibi lego : « Sicut ovis ad immolandum ductus est, et sicut agnus coram tondente fuit sine voce, sic non aperuit os suum : in humilitate judicium ejus sublatum est : livore ejus sanati sumus : omnes ut oves erravimus, et ipse traditus est pro peccatis nostris. » (*Isa.*, LIII, 7, etc.) Ecce lucerna una. Alia proferatur : Psalmus aperiatur, etiam inde prædicta passio Christi recitetur. « Foderunt manus meas et pedes meos, dinumeraverunt omnia ossa mea : ipsi vero consideraverunt et conspexerunt me, diviserunt sibi vestimenta mea, et super vestimentum meum miserunt sortem.

mes louanges, je vous louerai au milieu d'une grande assemblée. Toutes les extrémités de la terre se souviendront et se convertiront au Seigneur, tous les peuples des nations seront dans l'adoration en sa présence, parce que l'empire est au Seigneur et il régnera sur les nations. » (*Ps.* XXI, 17 et suiv.) Qu'un des ennemis rougisse en entendant ces témoignages que je tiens d'un autre ennemi non moins acharné. A l'aide de ces témoignages que l'un m'a fournis, j'ai triomphé de l'autre ; mais je n'abandonne pas celui qui m'a remis le livre accusateur, je veux y trouver les instruments d'une nouvelle victoire. Je lis dans un autre prophète et j'y trouve le Seigneur disant aux Juifs : « Mon affection n'est point en vous, dit le Seigneur des armées, et je ne recevrai point de sacrifice de vos mains ; car depuis le lever du soleil jusqu'à son couchant, un sacrifice pur est offert en mon nom. » (*Malach.*, I, 10-11.) Vous ne venez point, ô Juif, offrir ce sacrifice sans tache, vous êtes convaincu par là même de n'être point pur.

8. Voilà donc le témoignage que les flambeaux rendent au jour, témoignage rendu nécessaire par notre infirmité qui ne peut ni supporter, ni voir la clarté du jour. Car nous-mêmes qui sommes chrétiens, nous sommes lumière, il est vrai, en comparaison des infidèles, ce qui fait dire à l'Apôtre : « Vous avez été autrefois ténèbres, vous êtes maintenant lumière dans le Seigneur ; marchez comme des enfants de lumière ; » (*Ephés.*, V, 8) et ailleurs encore : « La nuit est déjà avancée et le jour s'approche. Quittons donc les œuvres de ténèbres et revêtons-nous des armes de lumière ; marchons dans la décence comme durant le jour. » (*Rom.*, XIII, 12.) Cependant écoutez l'apôtre saint Pierre nous apprenant que comparé à cette lumière à laquelle nous espérons parvenir, ce jour est une véritable nuit. Il nous rappelle cette voix qui se lit entendre sur Jésus-Christ et où la gloire de Dieu parut avec tant d'éclat : « Vous êtes mon Fils bien-aimé en qui j'ai mis mes complaisances. » (*Matth.*, XVII, 5.) « Cette voix, dit-il, nous l'entendimes nous-mêmes qui venait du ciel lorsque nous étions avec lui sur la sainte montagne. » (II *Pier.*, I, 18.) Mais comme nous n'y étions pas nous-mêmes et que nous n'avons pas entendu cette voix qui venait du ciel, saint Pierre ajoute : « Et nous avons les oracles des prophètes dont la certitude est plus affermie. » Vous n'avez pas entendu cette voix qui venait du ciel, mais vous avez la parole plus certaine des prophètes. Notre-Seigneur Jésus-Christ prévoyait qu'il se trouverait des impies qui calomnieraient ses miracles en les attribuant à des opérations magiques, et c'est pour cela qu'il a envoyé devant lui les prophètes. Car s'il n'a été qu'un magicien, si c'est à ses opérations magiques qu'il doit d'être adoré après sa mort, ose-

---

Apud te laus mea, in Ecclesia magna confitebor tibi. Commemorabuntur et convertentur ad Dominum universi fines terræ : et adorabunt in conspectu ejus universæ patriæ gentium ; quia Domini est regnum, et ipse dominabitur gentium. » (*Ps.*, XXI, 17, etc.) Erubescat unus inimicus, quia codicem mihi ministrat alius inimicus. Sed ecce de codicibus prolatis ab uno inimico alterum vici : et ipse qui mihi codicem protulit, non relinquatur ; ab illo proferatur, unde et ipse vincatur. Lego alium Prophetam, et invenio Dominum loquentem ad Judæos : « Non est mihi voluntas in vobis, dicit Dominus, nec accipiam sacrificium de manibus vestris : quoniam ab ortu solis usque ad occasum, sacrificium mundum offertur nomini meo. » (*Malac.*, I, 10 et 11.) Non venis, Judæe ad sacrificium mundum : convinco te immundum.

8. Ecce et lucernæ perhibent testimonium diei propter infirmitatem nostram, quia diei claritatem tolerare et videre non possumus. Nam et nos ipsi Christiani in comparatione quidem infidelium lux jam sumus ; unde dicit Apostolus : « Fuistis enim aliquando tenebræ, nunc autem lux in Domino, sicut filii lucis ambulate : » (*Ephes.*, V, 8) et alibi dixit : « Nox præcessit, dies autem appropinquavit : abjiciamus ergo opera tenebrarum, et induamus nos arma lucis, sicut in die honeste ambulemus. » (*Rom.*, XIII, 12.) Tamen quia in comparatione illius lucis ad quam venturi sumus, adhuc nox est etiam dies in quo sumus, audi Petrum Apostolum : delatam dicit Domino Christo vocem de magnifica potestate : « Tu es Filius meus dilectus, in quo bene sensi. Hanc vocem, inquit, nos de cœlo audivimus delatam, cum essemus cum illo in monte sancto. » (II *Petr.*, I, 17 ; *Matth.*, XVII, 5.) Sed quia nos non ibi fuimus, et istam vocem de cœlo tunc non audivimus : ait ad nos ipse Petrus : « Et habemus certiorem propheticum sermonem. » Non audistis vocem de cœlo delatam, sed certiorem habetis propheticum sermonem. Prævidens enim Dominus Jesus Christus impios quosdam futuros, qui miraculis ejus calumniarentur, magicis artibus ea tribuendo, Prophetas ante præmisit. Numquid enim, si magus erat et magicis artibus

rez-vous dire qu'il était magicien même avant sa naissance? Ecoutez donc les prophètes, ô vous qui êtes mort et dont les calomnies sont engendrées par la corruption, écoutez les prophètes que je vais vous lire, écoutez ceux qui ont précédé Jésus-Christ. « Nous avons, dit l'apôtre saint Pierre, les oracles des prophètes dont la certitude est plus affermie, auxquels vous faites bien de vous arrêter comme à un flambeau qui luit dans un lieu obscur jusqu'à ce que le jour commence à paraître et que l'étoile du matin se lève dans vos cœurs. » (II *Pier.*, I, 19.)

9. Lors donc que Notre-Seigneur Jésus-Christ sera venu et lorsqu'au témoignage de l'apôtre saint Paul « il aura éclairé ce qui est caché dans les ténèbres et découvert les plus secrètes pensées des cœurs, et que chacun aura reçu de Dieu la louange qui lui sera due » (I *Cor.*, IV, 5) devant l'éclat de ce jour les flambeaux ne seront plus nécessaires, nous n'aurons plus besoin qu'on nous lise les prophètes, qu'on ouvre les épîtres de l'Apôtre, nous ne demanderons plus le témoignage de Jean, nous n'aurons même plus besoin de l'Evangile. Toutes les Ecritures qui, au milieu de la nuit de ce siècle étaient pour nous comme autant de flambeaux allumés pour éclairer nos ténèbres, disparaîtront. Lors donc qu'elles auront disparu avec la lumière dont nous cesserons d'avoir besoin, lorsque les hommes de Dieu dont il s'est servi pour allumer ces flambeaux contempleront avec nous cette lumière dont la splendeur égalera la vérité, libres de tous ces auxiliaires, que verrons-nous? Quelle sera la nourriture de notre âme? Qui fera la joie de nos regards? Quel sera le principe de cette joie que l'œil de l'homme n'a point vue, que son oreille n'a pas entendue et que son cœur n'a point comprise? (*Isaïe*, LXII; I *Cor.*, II, 9.) Que verrons-nous encore une fois? Je vous en conjure, courez en vous associant à mon amour, à ma foi, désirons la patrie des cieux, soupirons après elle, comprenons que nous sommes voyageurs ici-bas. Que verrons-nous alors? Que l'Evangile nous l'apprenne : « Au commencement était le Verbe, et le Verbe était en Dieu, et le Verbe était Dieu. » (*Jean*, 1.) Vous viendrez puiser à cette source d'où la rosée s'est répandue sur vous, d'où sont partis ces rayons obliques et brisés qui arrivaient par mille détours jusqu'à votre cœur enveloppé de ténèbres, vous verrez à découvert la lumière elle-même dont vous vous préparez à supporter l'éclat en purifiant votre cœur. Mes biens-aimés frères, c'est l'apôtre saint Jean qui vous confirme ce que je vous ai rappelé hier : « Nous sommes maintenant les enfants de Dieu, mais ce que nous serons un jour ne paraît pas encore. Nous savons que quand il viendra dans sa gloire nous serons semblables à lui, parce que nous le verrons tel qu'il est. » (I *Jean*, III, 2.) Je sens vos affections s'élever avec moi jusque dans les cieux, mais le corps

---

fecit ut coleretur et mortuus, magus erat antequam natus? Prophetas audi, o homo mortue, et vermescendo calumniose : Prophetas audi : lego, audi qui ante Dominum venerunt. « Habemus, inquit Apostolus Petrus, certiorem propheticum sermonem, cui bene facitis attendentes, sicut lucernæ in obscuro loco, donec dies lucescat, et lucifer oriatur in cordibus vestris. (II *Petr.*, I, 19.)

9. Quando ergo Dominus noster Jesus Christus venerit, et, sicut dicit etiam apostolus Paulus, illuminaverit occulta tenebrarum, et manifestaverit cogitationes cordis, ut laus sit unicuique a Deo (I *Cor.*, IV, 5), tunc præsente tali die lucernæ non erunt necessariæ : non legetur nobis Propheta, non aperietur codex Apostoli, non requiremus testimonium Joannis, non ipso indigebimus Evangelio. Ergo omnes Scripturæ tollentur de medio, quæ nobis in hujus sæculi nocte tanquam lucernæ accendebantur, ne in tenebris remaneremus : istis omnibus sublatis, ne quasi nobis luceant indigentibus, et ipsis hominibus Dei, per quos hæc ministrata sunt, nobiscum lumen illud verum clarumque videntibus, remotis ergo his adjumentis quid videbimus? Unde pascetur mens nostra? unde obtutus ille lætabitur? unde erit illud gaudium, quod nec oculus vidit, nec auris audivit, nec in cor hominis ascendit? (*Isa.*, LXIV, 4; I *Cor.*, II, 9) quid videbimus? Obsecro vos, amate mecum, currite credendo mecum : patriam supernam desideremus, supernæ patriæ suspiremus, peregrinos hic esse sentiamus. Quid tunc videbimus? Dicat nunc Evangelium : In principio erat Verbum, et Verbum erat apud Deum, et Deus erat Verbum. (*Joan.*, I, 1.) Unde tibi ros inspersus est, ad fontem venies : unde radius per obliqua et per anfractuosa tibi ad cor tenebrosum missus est, nudam ipsam lucem videbis, cui videndæ ferendæque mundaris. Dilectissimi, quod et hesterno commemoravi : Joannes ipse dicit : « Filii Dei sumus, et nondum apparuit quid erimus : scimus quia cum apparuerit, similes ei erimus, quoniam videbimus eum sicuti est. » (I *Joan.*, III, 2.)

qui se corrompt appesantit l'âme, et cette habitation terrestre abat l'esprit capable des plus hautes pensées. (*Sag.*, IX, 15.) Je vais déposer moi-même ce livre et vous allez vous retirer chacun dans votre demeure. Il a été bon pour nous de jouir de cette lumière qui nous est commune, elle a été pour nous la cause de la joie la plus vive, des plus doux transports. Nous nous séparons les uns des autres, mais ne nous séparons point de cette lumière.

Sentio vestros affectus attolli mecum in superna : sed corpus quod corrumpitur aggravat animam, et deprimit terrena inhabitatio sensum multa cogitantem. (*Sap.*, IX, 15.) Depositurus sum et ego codicem istum, discessuri estis et vos quisque ad sua. Bene nobis fuit in luce communi, bene gavisi sumus, bene exultavimus : sed cum ab invicem recedimus, ab illo non recedamus.

FIN DU TOME NEUVIÈME.

TABLE DES MATIÈRES DU TOME NEUVIÈME

DE L'ACCORD DES ÉVANGÉLISTES.

Livre quatrième. — *De quelques faits particuliers racontés par saint Marc, saint Luc et saint Jean* . . 1
Prologue 1
Chapitre Iᵉʳ. — Entrée de Jésus à Capharnaüm 1
— II. — Du possédé du démon. 2
— III. — Du nom donné à Pierre 2
— IV. — Plus Jésus commande le silence à ceux qui sont témoins de ses miracles, et plus ils les publient 4
— V. — Deux maximes du Seigneur conciliées ensemble 5
— VI. — Enseignements de Jésus-Christ à l'occasion de cet homme qui chassait les démons en son nom 6
— VII. — La pauvre veuve 7
— VIII. — Du préambule de l'Évangile selon saint Luc. 8
— IX. — De la pêche des poissons 9
— X. — De l'évangéliste saint Jean, en quoi il diffère des autres. 10

EXPLICATION DU SERMON SUR LA MONTAGNE.

Avertissement 19
Livre premier. — *Explication de la première partie du sermon de Notre-Seigneur sur la montagne contenue dans le chapitre* v *de saint Matthieu.* 20
Chapitre Iᵉʳ. — Règle de la vie chrétienne, première béatitude 20
— II. — Les six béatitudes suivantes 22
— III. — Huitième béatitude. Gradation des huit béatitudes. 24
— IV. — Rapport avec les sept dons du Saint-Esprit, signification mystérieuse du nombre huit. . 25
— V. — Souffrir persécution pour la justice 28
— VI. — Les Apôtres, le sel de la terre et la lumière du monde. 30
— VII. — Édifier le monde par ses bonnes œuvres, sans rechercher sa gloire 31
— VIII. — Accomplissement parfait de la loi. 33
— IX. — Excellence de la justice chrétienne, haine, colère, parole injurieuse 33
— X. — Réconciliation avant le sacrifice 37
— XI. — Quel est ce juge, ce ministre, cet adversaire avec lequel il faut se réconcilier . . . 39
— XII. — Délicatesse de la chasteté, les trois conditions nécessaires pour qu'il y ait péché . . 43
— XIII. — Fuir toute occasion de scandale 45
— XIV. — Indissolubilité du mariage 46
— XV. — Comment concilier ce précepte avec le précepte rapporté par saint Luc. . . 47
— XVI. — Comment faut-il entendre la fornication qui permet au mari de renvoyer son épouse . . 50
— XVII. — Ne jurer point, simplicité chrétienne 55
— XVIII. — Difficultés de la vie chrétienne 58
— XIX. — Étendue de la charité fraternelle, fuir toute vengeance 60
— XX. — Notre-Seigneur ne défend pas la vengeance qui a pour objet la correction fraternelle . . 65
— XXI. — Amour des ennemis. 69
— XXII. — Doit-on prier pour celui qui a commis un péché qui va à la mort ? Péché contre le Saint-Esprit. 71
— XXIII. — Comment nous devons ressembler à Dieu pour devenir ses enfants 75

TABLE DES MATIÈRES.

LIVRE SECOND. — *Deuxième partie du sermon sur la montagne qui se trouve comprise dans les chapitres* VI *et* VII *de saint Matthieu*. 77

CHAPITRE Ier. — Cœur pur. Eviter la vaine gloire dans les bonnes œuvres 77
— II. — Dans l'aumône surtout. 79
— III. — Prière et présence de Dieu dans le secret 83
— IV. — Préface de l'oraison dominicale : Notre Père. 85
— V. — Qui êtes dans les cieux. Première demande 87
— VI. — Deuxième et troisième demande 89
— VII. — Quatrième demande. 92
— VIII. — Cinquième demande. 94
— IX. — Sixième et septième demande. 95
— X. — Distinction et liaison des sept demandes de l'oraison dominicale. . 99
— XI. — Rapport des sept demandes avec les béatitudes. 101
— XII. — Du jeûne. 102
— XIII. — Trésor dans le ciel, œil simple 104
— XIV. — Impossibilité de servir deux maîtres 106
— XV. — Ne se point inquiéter pour cette vie 107
— XVI. — Confiance en la Providence. Ne point évangéliser pour vivre . . 109
— XVII. — Chercher avant tout Dieu et sa justice. 112
— XVIII. — Ne point juger 115
— XIX. — Comment doit-on remplir le devoir de la réprimande. Le fétu et la poutre . 118
— XX. — La chose sainte, discernement dans la prédication de l'Evangile . 118
— XXI. — Prier avec foi, demander, chercher, frapper 121
— XXII. — Faire aux autres ce qu'on désire pour soi-même 125
— XXIII. — Entrer par la porte étroite. 127
— XXIV. — Se garder des faux prophètes. 128
— XXV. — Joindre à la prière la pratique des bonnes œuvres. 131

LES DEUX LIVRES DES QUESTIONS SUR LES ÉVANGILES.

PROLOGUE 135

TITRES DES QUESTIONS DU LIVRE Ier.

QUESTION I. — Sur ces paroles de Notre-Seigneur : « Personne ne connaît le Fils si ce n'est le Père. ». . 139
— II. — Les disciples froissent les épis et les mangent 140
— III. — La mèche qui fume 139
— IV. — L'aveugle et le muet. 139
— V. — Sur ces paroles : « Et si je chasse les démons au nom de Béelzébub. » . 140
— VI. — Sur ces paroles : « Race de vipères. » 140
— VII. — Sur ces paroles : « Comme Jonas a été trois jours et trois nuits dans le sein de la baleine. ». 140
— VIII. — Sur ces autres : « Lorsque l'esprit immonde est sorti d'un homme. » . 140
— IX. — Du fruit qui rapporte, cent, soixante, trente. 141
— X. — Sur ces paroles : « Recueillez premièrement l'ivraie. » 141
— XI. — Du grain de sénevé qui devient le plus grand des légumes . . . 141
— XII. — Du levain qu'une femme prend et mêle dans trois mesures de farine . 142
— XIII. — Du trésor caché dans un champ 142
— XIV. — Sur ce que dirent les Juifs : « D'où lui vient cette sagesse et cette puissance ? ». 142
— XV. — Jésus marche sur la mer pour aller rejoindre ses disciples . . . 142
— XVI. — Explication de ces paroles : « Toute offrande que je ferai tournera à votre profit. » . 142
— XVII. — Sur ces paroles : « Tout plant que mon Père n'a point planté sera arraché. ». 143
— XVIII. — Du serviteur du centurion et de la fille de la Chananéenne . 143
— XIX. — Que représentent les muets, les aveugles, les sourds et les boiteux que l'on amène à Notre-Seigneur pour être guéris. 143
— XX. — Sur ces paroles : « Le soir venu, vous dites : Il fera beau, parce que le ciel est rouge. ». 143
— XXI. — Sur ces paroles : « Elie viendra, et rétablira toutes choses. ». 143
— XXII. — De l'homme qui tombait souvent dans le feu, quelquefois dans l'eau . 143
— XXIII. — Sur cette parole du Sauveur lorsqu'on exigeait de lui le paiement de l'impôt : « Donc les enfants sont libres. » 144
— XXIV. — Sur ces paroles : « Celui qui aura scandalisé un de ces petits. » . 144
— XXV. — Du débiteur qui devait dix mille talents 144
— XXVI. — Du riche qui ne peut entrer dans le royaume des cieux . . . 144

TABLE DES MATIÈRES.

QUESTION XXVII. — Notre-Seigneur prédit sa passion à deux de ses disciples en particulier. (Aux douze, II, *Retr.*, 12.) 145
— XXVIII. — Il rend la vue à deux aveugles en sortant de Jéricho 145
— XXIX. — Sur ce qu'il dit à ses disciples : « Vous direz à cette montagne, lève-toi, et jette-toi dans la mer. » 146
— XXX. — Sur ces paroles : « Celui qui tombera sur cette pierre sera brisé. » 146
— XXXI. — Du roi qui célébra les noces de son fils 146
— XXXII. — Des sept frères qui n'ont eu qu'une seule femme. 146
— XXXIII. — Explication de ces paroles : « Toute la loi est renfermée dans ces deux préceptes. » . 146
— XXXIV. — Sur ces paroles : « Quel est le plus grand de l'or ou du temple qui sanctifie l'or. » . 147
— XXXV. — Sur ces paroles : « Ils rejettent un moucheron, et ils avalent un chameau. ». 147
— XXXVI. — Sur ces paroles : « Combien de fois ai-je voulu rassembler tes enfants comme une poule. » 147
— XXXVII. — Sur ces paroles : « Priez que votre fuite n'ait pas lieu l'hiver ou le jour du sabbat . . 148
— XXXVIII. — Sur ces paroles : « Comme l'éclair part de l'Orient et va jusqu'à l'Occident. ». . . . 148
— XXXIX. — Sur ces paroles : « Apprenez cette comparaison tirée du figuier. » 148
— XL. — Sur ce que Notre-Seigneur dit de Judas : « Il eût été bon pour lui qu'il ne fût pas né. » . 149
— XLI. — Jésus vendu trente deniers 149
— XLII. — Sur ces paroles : « Là où le corps sera, les aigles s'assembleront. » 149
— XLIII. — Sur ces paroles : « Je ne boirai plus désormais du fruit de la vigne. » 150
— XLIV. — Les Juifs crachent à la face de Jésus et lui donnent des soufflets 150
— XLV. — Du triple reniement de Pierre. 150
— XLVI. — Pierre suit de loin le Sauveur se rendant au lieu de ses souffrances. 151
— XLVII. — Notre-Seigneur prie trois fois avant d'être trahi 151

TITRES DES QUESTIONS DU LIVRE II.

QUESTION I. — Zacharie reçoit de l'ange l'assurance que sa prière a été exaucée 151
— II. — Jésus monte sur une barque pour enseigner la foule. 152
— III. — Sur ces paroles qu'il adresse au lépreux qu'il a guéri : « Allez, montrez-vous au prêtre. » . 153
— IV. — Du paralytique qu'on descend par le toit à ses pieds 153
— V. — Comment Joseph a pu avoir deux pères 154
— VI. — Des soixante-dix-sept générations 155
— VII. — De l'homme qui avait la main droite desséchée 156
— VIII. — Sur ces paroles : « On versera dans votre sein une mesure bien pleine, pressée, entassée, et se répandant par dessus. ». 157
— IX. — Sur ces paroles : « Est-ce qu'un aveugle peut conduire un aveugle ? » 157
— X. — De celui qui creuse à fond pour asseoir sur la pierre le fondement de sa maison. . . . 157
— XI. — Des enfants qui s'assoient sur la place publique et crient les uns aux autres. 157
— XII. — Sur ces paroles : « Personne n'allume une lampe pour la cacher sous un vase ou la placer sous un lit. ». 159
— XIII. — Du possédé dans lequel se trouvait une légion de démons 159
— XIV. — Des soixante et douze disciples. 160
— XV. — Sur ces paroles : « Si la lumière qui est en vous est ténèbres, combien grandes seront les ténèbres elles-mêmes. » 160
— XVI. — Sur ces paroles : « Maintenant vous, ô pharisiens ! vous nettoyez le dehors de la coupe et du plat. ». 160
— XVII. — Du doigt de Dieu. 161
— XVIII. — Du jeûne des enfants de l'Epoux. 161
— XIX. — Du voyageur qui allant de Jérusalem à Jéricho tomba dans les mains des voleurs . . . 162
— XX. — Marthe reçoit Jésus dans sa maison, où Marie s'assied aux pieds du Sauveur 162
— XXI. — De celui qui demande à son ami trois pains au milieu de la nuit 163
— XXII. — Du pain, du poisson et de l'œuf. 164
— XXIII. — Sur ces paroles : « Vous avez pris la clef de la science. ». 164
— XXIV. — Sur ces paroles : « L'âme est plus que la nourriture. ». 164
— XXV. — Sur ces paroles : « Ayez vos reins ceints et des lampes dans vos mains. » 164
— XXVI. — De la mesure de blé que donne l'économe fidèle à la famille. 164
— XXVII. — Sur ces paroles : « Lorsque vous verrez une nuée s'élevant du côté du couchant. » . . . 165
— XXVIII. — Sur ce que dit Notre-Seigneur de la taille du corps à laquelle on ne peut rien ajouter . 165
— XXIX. — Sur ces paroles : « Ne soyez pas comme suspendus en l'air. » 165
— XXX. — Des invités au festin 165
— XXXI. — Des dépenses nécessaires pour bâtir une tour, et du roi qui a vingt mille hommes . . 166
— XXXII. — Du sel affadi et de la brebis perdue 166

TABLE DES MATIÈRES.

Question XXXIII.	— Des deux fils, dont le plus jeune part pour une région lointaine	167
— XXXIV.	— Sur ces paroles : « Faites-vous des amis avec l'argent de l'iniquité. »	173
— XXXV.	— Sur ces paroles : « Si vous n'avez pas géré fidèlement un bien étranger. » . .	174
— XXXVI.	— Sur ces paroles : « Nul ne peut servir deux maîtres. »	174
— XXXVII.	— Sur ces paroles : « Le royaume des cieux souffre violence. »	175
— XXXVIII.	— Du riche à la porte duquel était couché Lazare couvert d'ulcères	175
— XXXIX.	— Sur cette demande des disciples au Seigneur : « Augmentez en nous la foi. »	178
— XL.	— Des dix lépreux	181
— XLI.	— De celui qui est sur le toit et dont les meubles sont dans la maison	184
— XLII.	— De celui qui est dans son champ et ne doit point revenir sur ses pas.	184
— XLIII.	— De la femme de Loth	185
— XLIV.	— Des deux hommes couchés dans un lit, des deux femmes qui tournent la meule, et des deux hommes dans un champ	185
— XLV.	— Du juge injuste interpellé par une veuve	186
— XLVI.	— De l'homme noble qui s'en va dans un pays étranger prendre possession d'un royaume.	188
— XLVII.	— Du chameau qui passe par le trou d'une aiguille.	189
— XLVIII.	— De l'aveugle qui recouvre la vue aux portes de Jéricho	190
— XLIX.	— De la vie des saints après la résurrection	191
— L.	— Sur ces paroles : « Priez pour ne point entrer en tentation. »	191
— LI.	— Sur ce que l'Evangéliste dit du Seigneur, qu'il fit semblant d'aller plus loin. . . .	191

LE LIVRE DES DIX-SEPT QUESTIONS SUR L'ÉVANGILE SELON S. MATTHIEU.

Avertissement		194
Question I.	— Les saints innocents, figure des humbles	197
— II.	— Publicité de la prédication de l'Evangile	197
— III.	— Notre-Seigneur n'est pas venu apporter la paix, mais la guerre	197
— IV.	— Ce que nous apprend la guérison du lépreux	197
— V.	— Détachement que Jésus exige de ceux qui le suivent.	198
— VI.	— Laisser les morts ensevelir leurs morts	198
— VII.	— Pourquoi il commande aux apôtres de secouer la poussière de leurs pieds lorsqu'on refusera de les écouter	198
— VIII.	— Prudence du serpent et simplicité de la colombe	198
— IX.	— Dans quel sens Jésus rend gloire à son Père.	198
— X.	— Comment il justifie ses disciples d'avoir rompu des épis le jour du sabbat. . .	199
— XI.	— Que signifie l'ivraie semée au milieu du froment.	199
— XII.	— L'herbe ayant poussé, l'ivraie parut aussi	203
— XIII.	— Le royaume des cieux semblable à une perle précieuse	205
— XIV.	— Dans quel sens Dieu a-t-il aveuglé les yeux des Juifs et endurci leur cœur . .	206
— XV.	— Dans quel sens est-il vrai que le Sauveur ne parlait qu'en paraboles. . . .	209
— XVI.	— Ce que c'est que le trésor des choses anciennes et des choses nouvelles . . .	210
— XVII.	— Ce qu'il faut entendre par les frères de Notre-Seigneur	210

TRAITÉS SUR L'ÉVANGILE DE S. JEAN.

Avertissement	213
Préface d'un auteur inconnu	215
Traité I. — Sur ces paroles de saint Jean : « Au commencement était le Verbe, et le Verbe était en Dieu, » etc., jusqu'à ces autres : « Et les ténèbres ne l'ont point comprise. » (Chap. I, vers. 1-5.) . . .	217
Traité II. — Sur ces paroles : « Il y eut un homme envoyé de Dieu, et son nom était Jean, » etc., jusqu'à ces autres : « Plein de grâce et de vérité. » (I, 6-14.)	230
Traité III. — Depuis ces paroles : « Jean rend témoignage de lui, » etc., jusqu'à ces autres : « Le Fils unique qui est dans le sein du Père, nous l'a fait connaître. » (I, 15, 18.)	241
Traité IV. — Depuis ces paroles : « Or, voici le témoignage de Jean, lorsque les Juifs lui envoyèrent de Jérusalem des prêtres, » etc.; jusqu'à ces autres : « C'est lui qui baptise dans l'Esprit saint. » (I, 19-33) . .	255
Traité V. — Sur ces mêmes paroles : « Et moi je ne le connaissais pas, » etc. Quelle vérité nouvelle le Seigneur a révélé à Jean par le ministère de la colombe. (I, 33.)	267
Traité VI. — Sur les mêmes paroles qui précèdent : Pourquoi Dieu a voulu que l'Esprit saint se manifestât sous la forme d'une colombe. (I, 32, 33.)	282

TABLE DES MATIÈRES.

Traité VII. — Depuis ces paroles : « J'ai vu et j'ai rendu témoignage qu'il est le Fils de Dieu, » jusqu'à ces autres : « En vérité, je vous le dis, vous verrez les anges de Dieu monter et descendre sur le Fils de l'Homme. » (I, 34-51.) 301

Traité VIII. — Depuis ces paroles de l'Evangile : « Trois jours après il se fit des noces en Galilée; » jusqu'à ces autres : « Femme qu'y a-t-il de commun entre vous et moi ? mon heure n'est pas encore venue. » (II, 1-4.) 319

Traité IX. — Sur le même sujet. Quel mystère est renfermé dans le miracle que Jésus a opéré à Cana, en Galilée. (II, 1-11.) 331

Traité X. — Depuis ces paroles de l'Evangile : « Ensuite, il descendit à Capharnaüm, lui et sa mère, » etc.; jusqu'à ces autres : « Il parlait du temple de son corps. » (II, 12-21.) 343

Traité XI. — Depuis ces paroles : « Lorsque Jésus était à Jérusalem pendant la fête de Pâques, beaucoup crurent en son nom; » jusqu'à ces autres : « Nul s'il ne renaît de l'eau et du Saint-Esprit, ne peut entrer dans le royaume des cieux. » (II, 23-25) 354

Traité XII. — Depuis ces paroles : « Ce qui est né de la chair est chair, » etc.; jusqu'à ces autres : « Celui qui fait la vérité, vient à la lumière, afin que ses œuvres apparaissent, parce qu'elles sont faites en Dieu. » (III, 6-21.) 368

Traité XIII. — Depuis ces paroles : « Après cela Jésus vint à ses disciples dans la terre de Judée, » etc.; jusqu'à ces autres : « L'ami de l'époux, qui se tient debout et l'écoute, est rempli de joie à cause de la voix de l'époux. » (III, 22-29.) 380

Traité XIV. — Depuis ces paroles : « Cette joie est donc pleinement réalisée par moi, » etc.; jusqu'à ces autres : « Celui qui ne croit point au Fils, ne verra point la vie, mais la colère de Dieu demeure sur lui. » (III, 29-36.) 395

Traité XV. — Depuis ces paroles de l'Evangile : « Jésus donc ayant su que les pharisiens avaient appris qu'il faisait plus de disciples, » etc.; jusqu'à ces autres : « Et nous savons qu'il est vraiment le Sauveur du monde. » (IV, 1-42.) 407

Traité XVI. — Depuis ces paroles de l'Evangile : « Deux jours après, il partit de là, et s'en alla en Galilée, » jusqu'à ces autres : « Et il crut, lui et toute sa maison. » (IV, 43-53.) 424

Traité XVII. — Depuis ces paroles : « Après cela le jour de la fête des Juifs étant venu, Jésus monta à Jérusalem; » jusqu'à ces autres : « Les Juifs cherchaient à le faire mourir, parce que non content de violer le sabbat, il disait encore que Dieu était son père, se faisant égal à Dieu. » (V, 1-18.) 431

Traité XVIII. — Sur ces paroles : « En vérité, en vérité je vous le dis, le Fils ne peut rien faire de lui-même, mais seulement ce qu'il voit que le Père fait ; car tout ce que fait le Père, le Fils aussi le fait comme lui. » (V, 19.) 443

Traité XIX. — Depuis ces paroles : « Le Fils ne peut rien faire de lui-même, mais seulement ce qu'il voit que le Père fait, » jusqu'à ces autres : « Parce que je ne cherche pas ma volonté, mais la volonté de celui qui m'a envoyé. » (V, 19-30.) 454

Traité XX. — Encore sur ces paroles : « En vérité, en vérité, je vous le dis; le Fils ne peut rien faire de lui-même, mais seulement ce qu'il voit que le Père fait, car tout ce que fait le Père, le Fils aussi le fait comme lui. » (V, 19.) 473

Traité XXI. — Depuis ces paroles : « Le Père aime le Fils, et lui montre tout ce qu'il fait, » jusqu'à ces autres : « Celui qui n'honore pas le Fils n'honore pas le Père qui l'a envoyé. » (V, 20-23.) 485

Traité XXII. — Depuis ces paroles : « En vérité, en vérité, je vous le dis, celui qui écoute ma parole et croit à celui qui m'a envoyé, a la vie éternelle, » jusqu'à ces autres paroles : « Parce que je ne cherche pas ma volonté, mais la volonté de celui qui m'a envoyé. » (V, 24-30.) 499

Traité XXIII. — Sur ces paroles de l'Evangile : « Si je rends témoignage de moi-même, » etc., jusqu'à ces autres : « Et vous ne voulez pas venir à moi pour avoir la vie; » saint Augustin y reprend aussi le sujet des leçons précédentes depuis ces paroles : « En vérité, en vérité, je vous le dis, le Fils ne peut rien faire de lui-même, » etc. (V, 19-40.) 511

Traité XXIV. — Depuis ces paroles : « Jésus s'en alla ensuite de l'autre côté de la mer de Galilée, ou lac de Tibériade, » jusqu'à ces autres : « Celui-ci est vraiment le prophète qui doit venir dans le monde. » (VI, 1-14.) 526

Traité XXV. — Depuis ces paroles : « Jésus sachant qu'ils venaient pour l'enlever, » etc., jusqu'à ces autres paroles : « Et je le ressusciterai au dernier jour. » 532

Traité XXVI. — Depuis ces paroles : « Cependant les Juifs murmuraient contre lui, parce qu'il avait dit : Je suis le pain de vie qui suis descendu du ciel, » jusqu'à ces autres : « Celui qui mange ce pain vivra éternellement. » (VI, 15, 44.) 546

Traité XXVII. — Depuis ces paroles : « Il dit ces choses dans la synagogue, en enseignant dans Capharnaüm, » jusqu'à ces autres : « C'était lui qui devait le trahir, quoiqu'il fût l'un des douze. » (VI, 60-72.) . 559

TABLE DES MATIÈRES.

TRAITÉ XXVIII. — Depuis ces paroles : « Après cela Jésus parcourut la Galilée, » jusqu'à ces autres : « Toutefois nul ne parlait ouvertement de lui, dans la crainte des Juifs. » (VII, 1-13.) 568

TRAITÉ XXIX. — Sur ces paroles : « Et comme la fête était déjà à demi-passée, Jésus monta au temple, » jusqu'à ces autres : « Celui qui l'a envoyé, celui-là est vrai, et il n'y a point d'injustice en lui » (VII, 14, 18.). 578

TRAITÉ XXX. — Depuis cet endroit : « Moïse ne vous a-t-il pas donné la loi, et nul de vous n'accomplit la loi ? » jusqu'à cet autre : « Ne jugez point selon l'apparence, mais jugez selon la justice. » (VII, 19-24.) . 583

TRAITÉ XXXI. — Depuis cet endroit : « Quelques-uns de Jérusalem disaient : N'est-ce pas celui qu'ils cherchent à faire mourir ? » jusqu'à cet autre : « Vous me chercherez et ne me trouverez point ; et là où je serai vous ne pouvez venir. » (VII, 25-36.), ... 589

TRAITÉ XXXII. — Depuis cet endroit : « Or, le dernier jour de la fête, qui est le plus solennel, Jésus était là criant et disant : « Si quelqu'un a soif, qu'il vienne à moi et qu'il boive, » jusqu'à cet autre : « Le Saint-Esprit n'était pas encore donné, parce que Jésus n'était pas encore glorifié. » (VII, 37-39.) 598

TRAITÉ XXXIII. — Depuis cet endroit : « Parmi la foule qui avait entendu ces paroles, » etc., jusqu'à cet autre : « Ni moi non plus je ne vous condamnerai, allez et ne péchez plus. » (VII, 40-53 ; VIII, 1-11.). . . 605

TRAITÉ XXXIV. — Sur ces paroles : « Je suis la lumière du monde, celui qui me suit ne marche point dans les ténèbres, mais il aura la lumière de vie. » (VIII, 12.). 611

TRAITÉ XXXV. — Depuis ces paroles : « Alors les pharisiens lui dirent : Vous rendez témoignage de vous-même, » etc., jusqu'à ces autres : « Mon témoignage est véritable, car je sais d'où je suis venu et où je vais. » (VIII, 13-14.). 619

FIN DE LA TABLE DU TOME NEUVIÈME.

Besançon. — Imprimerie d'Outhenin-Chalandre fils.